Xi story

대한민국 **No.1** 수능 기출 문제집

Xistory stands for eXtra Intensive story for the University Entrance Examination.

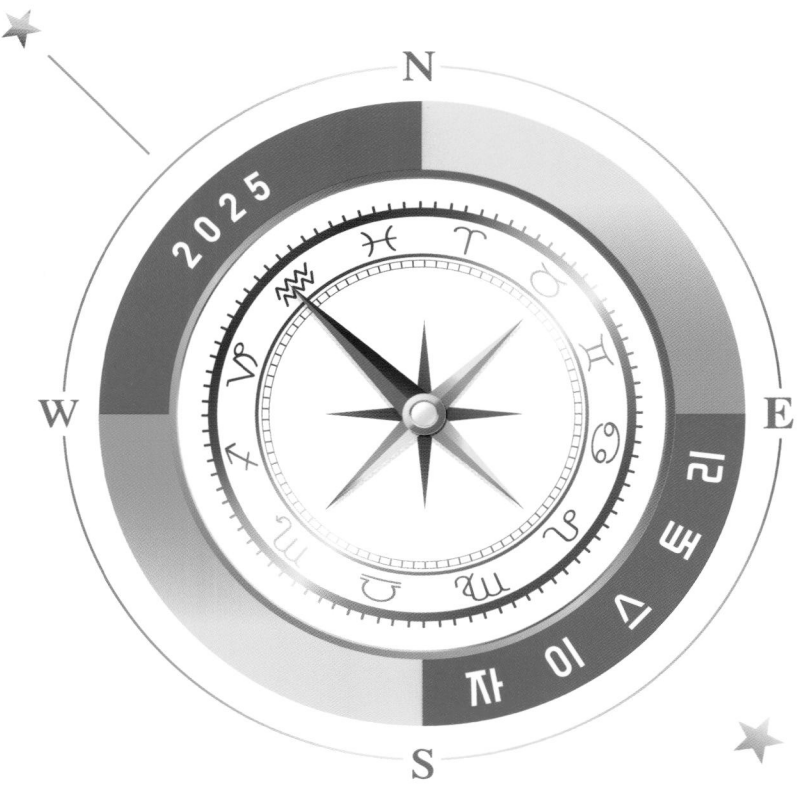

2025

고2 수학 Ⅰ

★ 최신 유형 문제 · 최다 수록

▲ 최신 5개년 고2 학력평가 기출 전 문항 수록

▲ 최신 10개년 수능 대비 기출 문제 수록 (고2 난이도 선별)

▲ 단계별 서술형 문제 – 내신 1등급 대비 기출 변형

▲ 최종 실력 점검을 위한 내신 + 수능 대비 단원별 모의고사

▲ 1등급 · 2등급 문제 분석법 – 단서, 발상, 적용

▲ 다른 풀이, 톡톡 풀이, 쉬운 풀이 대폭 강화

▲ 중요 문제 동영상

강의 QR코드

since 2004
강남구
강남인강 강의 교재
edu.ingang.go.kr

수경출판사

Believe in yourself!
Have faith in your abilities!
Without a humble but reasonable
confidence in your own powers,
you cannot be successful or happy.

최 윤 서
연세대 융합인문사회과학부 2024년 입학
서울 하나고 졸

실수 노트를 작성하며 자주 하는 실수를 파악하면 실수를 줄일 수 있어.

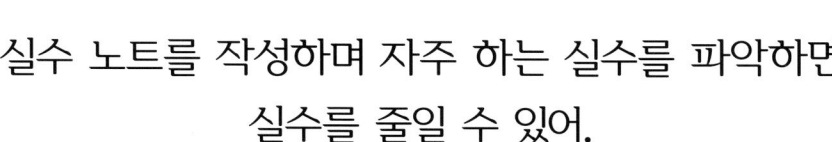

■ **문제를 추리며 효율을 따지기보다 기본에 충실하게 공부하자**

나는 자이스토리 시리즈를 모두 구매한 후 교재에 수록된 모든 문제를 단 하나도 빠짐없이 모두 풀겠다는 목표를 세웠어. 여기서 중요한 점은 '단 하나도 빠짐없이 모두' 푸는 것이야! 자이스토리 교재는 문제별 난이도가 표시되어 있는데 전에는 이 정도 난이도라면 쉽게 풀겠지 하고 넘어갔던 문제들이 막상 풀어보니 잘 풀리지 않는 문제들도 있었어. 특히 이러한 문제 중에는 기본 개념을 정확히 아는지 물어보는 문제들이 많은데 기계적으로 문제를 풀다 보니 개념을 잘 알고 있다고 착각하고 넘어가는 경우가 많았던 거지. 자이스토리의 문제 수가 많기 때문에 교재의 문제를 모두 푸는 것이 힘들 수 있지만 놓치는 부분 없이 꼼꼼하게 공부한다면 교재를 마무리한 이후에는 성취감과 수학 과목에 대한 자신감도 생길 거야.

■ **자이스토리 교재 활용법!**

1. 강의와 적절히 병행하자.

강의를 듣는 것은 해설을 누가 나에게 떠먹여 주는 것이야. 그런데 수학은 내가 직접 떠먹는 것이 정말 중요해. 수학 문제를 풀며 해설의 도움을 최소화하려 했고 도움을 받더라도 내가 직접 텍스트로 읽으며 이해하려 노력했어.

강의는 나 혼자 터득하기에는 어려운 풀이법을 배울 수 있어. 하지만 중요한 것은 배운 내용을 내 것으로 만드는 것이지. 강의에 의존하기보다는 적절히 병행하며 남이 가르쳐 준 풀이와 나만의 풀이 등 여러 방식으로 풀어보며 나에게 가장 적합한 방식을 찾아야 해.

2. 일주일 공부법

몇 번의 시행착오를 통해 나의 망각의 기간은 일주일이라는 것을 알았어. 문제를 힘겹게 풀어냈거나 해설 등의 도움을 받아 답을 내었을 때 그 문제를 일주일 뒤 다시 풀어보면 이전에 막혔던 부분에서 똑같이 막히는 경우가 많았어. 반복하여 풀며 결국에는 스스로 풀어낼 수 있도록 공부해야 해.

자이스토리는 앞쪽의 학습 계획표를 적는 페이지에 틀린 문제와 헷갈리는 문제의 번호를 적고 풀이 날짜와 복습 날짜까지 적을 수 있어서 다시 풀어볼 때 활용하기 좋았어.

3. 실수 줄이기

수학 과목을 공부하다 보면 실수를 하는 경우가 많아. 실수로 어떤 문제를 틀리면 '이번에는 실수로 틀렸는데 원래는 아는 문제야.' 이렇게 생각하고 넘어가는 경우가 많은데 이런 습관은 시험에서의 실수로 이어질 수 있어서 위험해. 자이스토리는 해설 중간에 실수를 하기 쉬운 부분을 강조하여 주의해야 할 부분을 파악할 수 있어. 그리고 실수를 하는 이유가 연산 때문인지 개념 부족 때문인지 설명하여 보완해 주며 실수를 줄일 수 있어.

수험생활을 마무리할 때 즈음 수학 문제를 풀 때 하는 실수가 몇 가지로 정리 가능하다는 것을 깨달았어. 내가 자주 하는 실수를 스스로 파악하고 있다면 문제 풀이 과정에서 해당 내용이 나왔을 때 더 집중하여 풀며 실수를 줄일 수 있어서 어떤 실수를 자주 하는지 파악하는 것이 중요해. 실수 노트를 쓰면 나중에 다시 읽어보지 않더라도 스스로 정리하며 되새기는 과정 자체가 실수를 파악하는 데 도움이 돼.

4. 오답 노트 만들기

오답 노트를 만드는 데 시간을 많이 쏟기보다는 틀린 문제는 사진을 찍고 아이패드에 날짜와 사진을 첨부해놨어. 이때, 실수는 실수 노트에 모으고, 문제 풀이에 어려움이 있는 문제는 오답 노트에 모아 일주일 후에 다시 풀어보았어.

■ **자이스토리의 장점은 자세한 해설이야.**

문제 풀이가 막혀 해설을 봤을 때 자이스토리는 단서가 적혀 있어 문제를 읽을 때부터 어떤 사고를 해야 하는지, 어떤 행동을 해야 하는지가 적혀 있어 다음에 비슷한 문제를 풀어봤을 때 적용이 잘 된다는 장점이 있어. 또한, 풀이 과정이 단계별로 나뉘어 이해하기 쉬웠어.

My Story *Xi Story* [고2 수학 Ⅰ]

자이스토리 32개년 역사

- 수능 난이도 ⑧ 빨간색
- 수능 난이도 ⑧ 검정색
- 수능 난이도 ⑧ 파란색

2024
11. 14
축축하고 어색한 수능 날씨! 국어, 수학 난이도는 그냥저냥 했는데 영어는 까탈스러움. 선택과목별 난이도 편차가 커서 표준점수 영향력이 커질 듯. 의대 증원으로 21년만에 최대로 폭발한 최상위권 N수생. 과탐 응시자는 줄고 사과탐 혼합 응시는 늘고, 수능 등급을 짐작하기 너무나 어렵다 ㅠㅠ

2023
11. 16
킬러를 없앤다고 했는데, 국어·영어는 매력적 오답들을 지뢰밭처럼 쫙 깔아 놨네ㅠㅠ 수학은 킬러 문제 대신에 무늬만 준킬러 문제들을 우중충하게 많이 깔아 놓고ㅠㅠ 서울대가 과탐Ⅱ과목 필수 응시를 폐지해서 표준 점수가 요동치지 않을까? 이과생들의 문과 침공이 또 다른 입시 변수가 될까?

2022
11. 17
따뜻했지만 가슴은 쿵쿵! 떨렸던 1교시 국어, 휴~ 그렇게 어렵진 않았어. 수학은 킬러 문항은 없었지만 까다로운 문제가 많아서 등급이~ ㅠㅠ. 영어는 듣기 속도가 평소보다 빨라서 귀가 빨간 토끼처럼 되어버렸네. 통합 수능 2년차, n수생들이 많아서 입시 전략 짜기 머리가 뽀개질듯!

2021
11. 18
창문을 열어도 춥지 않던 따뜻한 수능날이었어. 선택과목이 생겨서 안 그래도 혼란스러운 수학은 빈칸추론 문제의 등장으로 우리의 머리를 뜨겁게 달구는데... 마음을 다잡으며 풀기 시작한 영어는 듣기 뒷부분이 마치 독해처럼 길고 어려워서 채 식지 않은 열이 더욱 활활 타올랐어 @_@!

2020
12. 03
코로나 때문에 플라스틱 칸막이 장벽을 마주하고 치러진 수능. 이러한 수험생들의 고충을 고려해서인지 대체로 평이하게 나왔어! 그렇지만 수학 가형 30번 문제는 까다로웠지. 마스크를 끼고, 쉬는 시간마다 창문을 열어 환기를 해서 춥고, 방호복까지 등장한 수능이었지만, 처음 겪는 멘붕 상황에서도 무사히 수능을 치른 것에 엄지 척! 올려 주고 싶어 :)

2019
11. 14
별밭에 누워 너무 맑고 초롱한 눈으로, 8년 만에 바뀐 샤프로 수능을 보면 점수가 잘 나올까? 다행히 BIS비율 관련 지문을 제외하고 국어 난이도는 평이했어. 그러나 역시 수능은 수능! 수학 나형의 30번 문제, 좀 당황스럽더라. 국어와 영어는 까다롭지 않았지만 수학으로 변별력을 키운 2020 수능, 작은 실수가 뼈 때릴 듯!

2018
11. 15
국어 너.... 좀 낯설다? 중국 천문학은 뭐고, 〈출생기〉는 또 뭐야? 국어는 독서와 문학 모두 낯섦의 결정체였어. 역대급 난이도의 국어를 풀고 나니 수학은 그래도 평이했어. 근데 작년보다 훨씬 어려워진 영어 때문에 또 다시 긴장 백배였지. 일명 "국어 쇼크, 역대 최저 등급컷!" but, 내가 어려웠으면 남도 어려웠을 것이니 마음 편히 먹으면 좋은 결과가 있을 듯^^

2017
11. 23
어서 와~ 수능 연기는 처음이지? 일주일 동안 마음을 다잡고 힘겹게 수능 시험을 맞이했는데 날씨도 마음도 추운 시험 날이었어. 국어의 낯선 시와 긴 독서 지문. 수학은 그래프 유형 추론 문제. 어려워진 탐구 영역. 여긴 올해 불안한데 문제까지 어려웠지. 올해 수능은 우리들의 정신력과 의지로 헤쳐 낸 〈강 건너던 노래〉였어.

2016
11. 17
지문을 다 읽었는데 기억이 안 난다ㅠ 생소한 주제의 제시문과 복합 유형까지! 1교시 국어 영역은 길고 낯설었다. 2교시, 세트 문제가 없어지고, 언어적 독해력을 묻는 문제도 출제된 수학(나형), 안 그래도 이미 쿠크다스처럼 깨진 내 정신은 이제 먼지가 되어 사라짐;; 덕분에 상위권 변별력은 커졌으나 우리는 그 누구랑 다르게 오직 실력으로 당당히 대학 가자!!

2015
11. 12
수능 날인데 날씨가 따뜻했다. 평가원에서는 포근한 난이도 출제를 발표하였다. 하지만 EBS 체감 연계율이 하락한 영어와 국어에서 수험생들은 당황했다. 수학 A형에서는 귀납적 추론 문제 때문에 중하위권 수험생들의 심장이 요동쳤다. 모의평가보다 상승한 난이도로 '매운맛 수능'이 된 2016 수능!

2014
11. 13
입시 한파가 수험생들을 꽁꽁 얼리고ㅠ.ㅠ 낯선 지문으로 까다롭게 출제된 국어 A·B형 때문에 수능 체감 난이도 급상승! 무난한 난이도였던 수학에서는 실수와의 싸움이 등급을 결정하고~ '쉬운 영어' 방침에 따라 변별력이 떨어진 영어의 등급 컷은 하늘을 찌를 듯... 들쭉날쭉한 난이도로 수험생들을 당황시킨 2015 수능!

2013
11. 07
출제 위원도 수험생도 떨렸던 첫 수준별 수능!! 국어 A형의 과학 지문이 최상위권을 나누다... 수학 A·B형은 모두 주관식이 최고난도 문항으로 출제되고ㅠ.ㅠ 영어 B형에 상위권 학생들이 몰려 대입 당락의 변수가 될 전망!! 고난도 문제들은 EBS 연계와 전혀 무관했던 2014 수능~ 상위권 수험생들의 입시 경쟁이 치열할 터!

2012
11. 08
수준별 A·B형 체제로 개편되기 전의 마지막 수능 – 변별력 있는 고난도 문제가 여러 개 나와 상위권의 수학 실력을 제대로 세분화시키고... 빈칸 추론 유형 때문에 난이도가 급상승한 외국어가 또 한 번 수험생들의 발목을 잡았다고 –_–

2011
11. 10
쉬운 수능이었지만 복병은 존재~ 비문학 지문이 까다로웠던 언어 때문에 1교시부터 쩔쩔 매다! 수리 가형은 조금 어려웠지만, 난이도 조절에 실패해서 너무 쉬웠던 외국어는 점수가 대폭 상승?? 변별력을 잃은 수능 때문에 논술이 더더욱 중요해지고~

2010
11. 18
EBS와 연계 출제되었다고 하지만 체감 난이도는 더욱 더 상승↑ 비문학 지문 때문에 시간이 부족했던 언어와 최상위권 변별력 확보를 위해 확 어려워진 수리 영역~!! 외국어마저 어려운 어휘와 고난도 독해가 출제되어, EBS만 믿고 공부한 수험생들 제대로 배신 당하다...

2009
11. 12
2009년을 휩쓴 신종 인플루엔자 때문에 공부하기도, 시험보기도 힘들었던 수험생들을 위해 언어와 수리는 몸풀기 난이도로 출제! 하지만 오후엔 강력 외국어 펀치를 날리고, 이어지는 들쭉날쭉 난이도의 사과탐 펀치... 이래저래 원서 접수로 머리가 뽀개질 2010 대학입시!!!

2008
11. 13
표준점수와 백분위가 다시 부활한 09수능! 언어와 외국어, 사·과탐은 대체로 평이하게 출제되었으나 ~ 수험생들 간의 변별력 확보를 위해서인지 유독 까다로운 문항이 많았던 수리 가형과 수리 나형 때문에 체감 난이도 급상승↑ 수리 영역이 주요 변수로 작용하다!

2007
11. 15
등급제가 처음으로 적용된 08수능! 언어와 수리 나형은 어렵게, 수리 가형, 사·과탐, 외국어는 평이한 수준으로 출제돼 등급 블랭크를 없애기 위한 등급 간 변별력 확보는 성공~ 하지만 등급 내 동점자의 대거 발생으로 단 1점 차이로 희비가 엇갈리다!

2006
11. 16
수리 나형과 외국어는 만만~, 언어와 사·과탐은 지난해보다 유독 까다롭고 어려웠던 07수능! 결국 언어와 사·과탐 점수가 당락의 변수로 작용하다. 선택과목 간 난이도 조절 실패로, 휴~ 앞으로는 재수도 힘들다는데...

2005
11. 23
2006 수능 기상도 '맑다가 차차 흐림'– "너무 쉬웠어. 하하~"(언어 영역 종료 후)→"머릴 얻어맞은 느낌이야."(수리 영역 종료 후)→"그냥 찍었어."(외국어 영역 종료 후)→"망했어!!"(탐구 영역 종료 후)

2004
11. 17
♪♫외로워도 슬퍼도 나는 안 울어~. 언어 듣기에 느닷없이 등장한 캔디 주제곡은 일종의 복선이었을까…. 수험생들을 1교시는 웃게, 2·3교시는 내리 울게 만들었던 2005 수능. 그래도 모의평가 수준으로 평이하게 출제된 데자뷰 효과 덕이었는지 중·상위권 인플레 또 다시 야기.

2003
11. 05
대체로 교과서에 충실한 평이한 수준의 문제 출제가 이루어졌으나, 예상 지문 출제와 사상 첫 복수 정답 인정 논란으로 말도 많고 탈도 많던 2004 수능. 재수생의 연이은 강세로 고교 4학년 시대 가속화 되다!

2002
11. 06
너무 쉬웠던 2001 수능과 너무 어려웠던 2002 수능 사이의 적정선을 유지하며 널뛰기 논란을 일순간 잠재우는 듯 했으나, 고3의 학력 수준을 고려하지 않은 문제 출제로 난이도 조절 실패~

2001
11. 07
터무니없이 어려운 문제에 수험생들 쩔쩔. 작년과는 반대로 언어와 수리가 오히려 점수 하락을 주도하였으며, 쉬운 수능에 눈높이가 맞춰진 수험생들의 체감 난이도 상승으로 1, 2교시 이후 시험 중도 포기가 속출했다. 난이도 조절 大실패! 수능 평균 66점 하락↓

2000
11. 15
수능 만점자 66명, 풍년이로세! 수능 무용론이 나돌 정도로 변별력 상실 지속~ 변별력을 잃은 언어와 수리가 점수밭으로 작용하며 널뛰기식 난이도가 도마 위에 올랐다.

1999
11. 17
변별력을 아예 상실하다! 유독 깐깐했던 언어 영역을 제외하고 대체로 작년보다 쉽게 출제되면서 또다시 중·상위권 인플레 현상 야기. 1명의 수능 만점자 배출과 함께 300점 이상을 25만명이나 늘린 2000 수능!!

1998
11. 18
쉽게 낸다는 애초 발표와는 달리 수리가 어렵고 까다롭게 출제되는 바람에 수험생들 배신감에 부들부들~. 그러나 나머지 영역이 총점의 하락폭을 상쇄시켜 평균 27점 상승↑ 수능에서 첫 만점자가 탄생했으나, 쉽기로 소문난 99 수능 하마터면 만점자가 쏟아질 뻔!—;

1997
11. 19
교과서 내에서 자주 접해온 평이한 수준의 문제와 기출과 유사한 유형의 다수 출제로 평균 42점 상승↑ 변별력 논란을 일으키며, 상·하위권이 좁았던 기존의 항아리형에서 중·하위권이 비대한 꽃개형 점수대 분포로 변화!

1996
11. 13
1교시 언어가 예상보다 쉬워 내쉬던 안도의 한숨을 여지없이 끊어버린 수리와 사·과탐의 연이은 高난이도 출제는 재수생들을 두 번 죽이는 일이었다! 수능 사적으로 볼 때, 바야흐로 이 시기는 수리 주관식 문제와 총점 400점이 처음 도입되고, 영어 듣기가 17문항으로 늘어난 수능 과도기 시점.

1995
11. 22
영역별 난이도 예상과 달라 당황~ 수리&외국어=easy, 언어&사·과탐=hard 특히 생소한 지문으로 어렵게 1교시 언어와 통합 교과 소재의 高난이도 사·과탐이 수능 총점 초토화~! 지난해보다 평균 7점 down↓ 96 수능 시험 0점 지난해 3배!

1994
11. 23
수능 연 1회 시행의 시발점이었으나, 수능 高난이도 연속 행진 계속! 10문항이 늘어난 수리와 외국어는 무난했으나, 의외의 복병이었던 사·과탐의 난이도가 특히 높아 점수를 마구 갉아먹다.

고등 수학,
개념과 유형을 제대로 익히면 누구나 잘 할 수 있습니다.

고등학교 수학은 개념이 어렵다고
공식만 암기하면서 공부해서는 안 됩니다.
개념을 꼼꼼히 이해하고 각 개념의 필수 공식과 문제 유형들을
단계화된 문제를 통해서 정확히 익혀야 합니다.

자이스토리는 학교시험과 최신 학력평가 문제를
철저히 분석해 촘촘하게 유형을 분류하고 개념을 알맞게 적용시키는
세분화된 문제 유형 훈련으로 수학 기본 실력이 탄탄하게 다져집니다.
그래서 하루가 다르게 수학 성적이 향상됨을 느낄 수 있습니다.

또한, 자이스토리의 명쾌한 문제 분석과 풍부한 보충 첨삭 해설,
다른 풀이, 톡톡 풀이, 쉬운 풀이 등은 수학 공부에
흥미와 성취감을 북돋아 줄 것입니다.

어떤 목표를 달성하는 데 가장 중요한 것은 자신감이라고 하지요?
해낼 수 있다는 자신감을 갖고 자이스토리와 함께 하면
수학 1 등급을 반드시 이룰 수 있습니다.

– 대한민국 No.1 수능 문제집 자이스토리 –

✿ 학교시험 ①등급 완성 학습 계획표 [34일]

Day	문항 번호	틀린 문제 / 헷갈리는 문제 번호 적기	날짜		복습 날짜	
1	**A**01~56		월	일	월	일
2	57~115		월	일	월	일
3	116~151		월	일	월	일
4	**B**01~70		월	일	월	일
5	71~134		월	일	월	일
6	135~172		월	일	월	일
7	**C**01~64		월	일	월	일
8	65~104		월	일	월	일
9	105~145		월	일	월	일
10	146~182		월	일	월	일
11	183~216		월	일	월	일
12	**D**01~68		월	일	월	일
13	69~128		월	일	월	일
14	129~175		월	일	월	일
15	**E**01~66		월	일	월	일
16	67~106		월	일	월	일
17	107~151		월	일	월	일
18	152~200		월	일	월	일
19	201~229		월	일	월	일
20	**F**01~50		월	일	월	일
21	51~98		월	일	월	일
22	99~136		월	일	월	일
23	**G**01~56		월	일	월	일
24	57~99		월	일	월	일
25	100~138		월	일	월	일
26	139~162		월	일	월	일
27	**H**01~68		월	일	월	일
28	69~129		월	일	월	일
29	130~171		월	일	월	일
30	**I** 01~57		월	일	월	일
31	58~89		월	일	월	일
32	모의 A, B, C		월	일	월	일
33	모의 D, E, F		월	일	월	일
34	모의 G, H, I		월	일	월	일

• 나는 _____ 대학교 _____ 학과 _____ 학번이 된다.

• 磨斧作針 (마부작침) – 도끼를 갈아 바늘을 만든다. (아무리 어려운 일이라도 끈기 있게 노력하면 이룰 수 있음을 비유하는 말)

🍀 집필진 · 감수진 선생님들

🍀 자이스토리는 수능 준비를 가장 효과적으로 할 수 있도록
수능, 평가원, 학력평가 기출문제를 개념별, 유형별, 난이도별로
수록하였으며, 명강의로 소문난 학교·학원 선생님들께서
명쾌한 해설을 입체 첨삭으로 집필하셨습니다.

[집필진]

김덕환 대전 대성여자고등학교	**신건률** 대치 다원교육	**위경아** 서울 강남대성기숙의대관	**지강현** 안양 신성고등학교
김대식 하남 하남고등학교	**신명선** 안양 신성고등학교	**장광걸** 김포 김포외국어고등학교	**홍지우** 안양 평촌고등학교
민경도 서울 강남 종로학원	**신현준** 안양 신성고등학교	**장경호** 오산 운천고등학교	**홍지언** 부산대 수학 박사과정
박소희 안양 안양외국어고등학교	**윤장노** 안양 신성고등학교	**장철희** 서울 보성고등학교	**황광희** 시흥 시흥고등학교
박숙녀 아산 충남삼성고등학교	**이종석** 일등급 수학 저자	**전경준** 서울 풍문고등학교	**수경 수학 컨텐츠 연구소**
배수나 서울 가인아카데미	**이창희** 서울 다원교육 고등부	**조승원** 수원 경기과학고등학교	

[다른 풀이 집필]

김연주 목동쌤올림수학	**사공 원** 의정부 호연지기	**장영환** 제주 제로링수학교실
김호원 성남 원수학학원	**유대호** 평촌 플랜지에듀	**정광조** 서울 로드맵수학
박소영 분당 수이학원	**이강수** 반포 뉴파인	

개념&문제 풀이
강의 선생님
유튜브 채널
'셀프수학'

[특별 감수진]

김윤기 가평 가평고등학교	**양경진** 성남 성일고등학교	**이나라** 이천 양정여자고등학교
김인하 김포 양곡고등학교	**양해영** 서울 청출어람학원	**이현래** 문경 점촌고등학교
김자영 고양 백석고등학교	**양호석** 남양주 광동고등학교	**최선락** 서울 중계수학의중심학원
김재영 울산 현대청운고등학교	**오승미** 파주 한민고등학교	**허재민** 안동 성희여자고등학교
박우혁 광주 종로학원/원픽학원	**원기찬** 부산 용인고등학교	**황화연** 전주 근영여자고등학교

[감수진]

강마루 이천 이강학원	**박유건** 대구 닥터박수학학원	**이창현** 서울 중계미래탐구
강명훈 광주 강샘수학	**박재홍** 용인 열린학원	**이화정** 서울 잠실구주이배수학학원
강성운 광주 더오름학원	**박제성** 청주 PJS Math	**장혜민** 성남 분당수학의아침
강승혁 제주 탐수학	**박진재** 파주 운정원픽학원	**전호동** 대전 호동쌤수학학원
강하나 수원 강하나수학	**배지후** 세종 해밀학원	**정미년** 청주 큐엔에이학원
강학구 성남 대두수학학원	**서동원** 대전 수학의중심학원	**정소라** 대구 에이원수학
권상수 울산 호크마에듀	**서영란** 천안 아너스수학학원	**정황우** 파주 정석수학학원
기진영 인천 밀턴수학	**서영준** 대전 힐탑학원	**조정권** 서울 서초베리타스수학학원
김광찬 울산 탑엘리트학원	**서지은** 성남 분당지은쌤수학	**채준호** 성남 우리들학원
김리안 인천 수리안학원	**송우성** 서울 에듀서강	**최상민** 안양 디피에듀학원
김민영 군포 산본상승수학	**양우석** 서울 강의하는아이들	**최순학** 서울 수본수학학원
김상윤 의정부 골드클래스학원	**오성민** 광주 프리마수학학원	**최영석** 시흥 편한수학학원
김서준 대전 도안쭌쌤수학	**오종민** 울산 수학공작소학원	**최정원** 수원 MNB수학학원
김석영 부산 영매쓰수학학원	**오진석** 서울 장안동맨투맨학원	**하홍민** 포항 홍수학
김이수 대구 엠프로학원	**유연준** 인천 두드림수학	**한철용** 광주 위드런수학학원
김주희 인천 비콘수학	**윤성희** 청주 윤성수학	**함정용** 서울 반포샤크에듀
김진혁 세종 일등급수학학원	**이규철** 대구 좋은수학	**현 명** 용인 카이스트학원
김충현 통영 메카수학전문학원	**이민규** 인천 투스카이수학학원	**홍동균** 시흥 (배곧)M2수학학원
김혜영 창원 프라임수학	**이민형** 서울 목동PGA학원	**황금별** 군포 하이엔드고밀도학원
김호원 성남 분당원수학학원	**이병준** 대구 경문학원	**황금주** 울산 제이티수학전문학원
노유진 광주 휴브레인수학학원	**이선경** 대구 아르케수학학원	**황보정** 서울 구주이배(송파)
류가은 광주 이지엘수학	**이애희** 인천 에이탑수학	
마계춘 광주 어썸수학전문학원	**이영주** 제주 피드백수학학원	[My Top Secret 집필]
맹규영 화성 배움트리2지구학원	**이유진** 창원 멘토수학	**곽지훈** 서울대 수학교육과
박경득 대구 파란수학	**이정아** 대전 연세수학	**김진형** 서울대 약학과
박경훈 부산 에듀스미스학원	**이준용** 서울 강동대산학원	**정서린** 서울대 약학과
박래정 광주 RJ수학	**이지훈** 인천 쌤과통하는학원	**정호재** 서울대 경제학부
박승철 동탄 마테마티카초중등수학	**이창민** 부산 참수학	**황대윤** 서울대 수리과학부

🍀 차 례 [총 156개 유형 분류]

다른 풀이,
쉬운, 톡톡 풀이
대폭 강화

Ⅲ 수열

 **Special** 내신+수능 대비 **단원별 모의고사**

개념&문제 풀이 강의 선생님 유튜브 채널

'셀프수학'

🍀 세분화된 유형 문제 + 서술형 문제 훈련으로 내신  완성

1️⃣ 핵심 개념 정리 – 쉽게 이해되는 개념과 공식

고2 수학의 각 단원에서 가장 중요하고 꼭 알아야 하는 개념을 요약 정리하였습니다. 또한, QR코드를 통해 개념과 공식을 쉽게 이해할 수 있도록 강의하였습니다.

- **중요도 ✪✪✪** : 시험에 자주 나오는 개념과 유형의 중요 정도 제시
- **+개념보충**, **한걸음 더**, **왜 그럴까?** : 공식이 유도되는 과정 중 반드시 알아야 하는 내용이나 확장 개념을 제시
- **출제** : 2024 수능과 2025 대비 평가원 출제 경향 분석

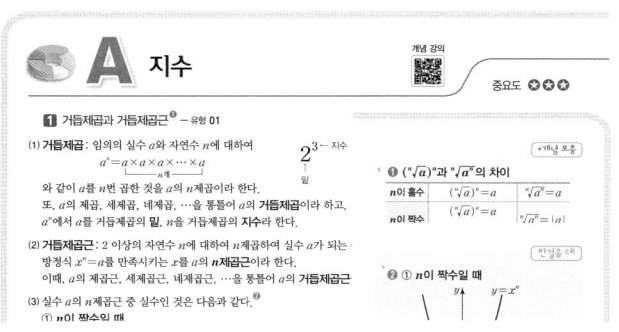

2️⃣ 개념 확인 문제 – 개념에 대한 이해도 확인 문제

앞에서 공부한 핵심 개념을 잘 기억하고 있는지 확인할 수 있는 개념 이해 필수 문제를 수록하였습니다.

1️⃣ 거듭제곱과 거듭제곱근	**3️⃣ 지수의 확장**
[A01~02] 다음 거듭제곱근을 구하시오.	[A17~20] 다음 값을 구하시오.
A 01 -1의 세제곱근	**A 17** $(-3)^0$ **A 18** 5^{-2}
A 02 16의 네제곱근	**A 19** $\left(\frac{1}{2}\right)^{-5}$ **A 20** $\left(\frac{4}{3}\right)^{-3}$
[A03~04] 다음 거듭제곱근 중 실수인 것을 구하시오	[A21~23] 다음 식을 간단히 하시오. (단, $a \neq 0$)

3️⃣ 내신 유형별 서술형 문제 – 단계별 문제 해결 방법 제시

학교시험에서 출제되는 다양한 서술형 문제를 단계별 풀이 과정을 훈련해서 서술형 문제에 대한 자신감을 키울 수 있게 구성하였습니다.

내신 유형별 서술형 문제 문제에서 단서를 찾고 풀이 방법을 생각해 냅니.

B159 ✪✪✪   유형01
모든 실수 x에 대하여 $\log_3 (x^2+ax+a+k)$가 정의되기 위한 정수 a의 개수가 5이다. 이를 만족시키는 모든 자연수 k의 개수를 구하고 그 과정을 서술하시오.

B162 ✪✪✪   유형
이차방정식 $x^2-10x+5=0$의 두 근이 $\log_3 \alpha$, $\log_3 \beta$일 때, 다음 물음에 답하시오. (10점)

- **1st**, **2nd**, **3rd** : 풀이의 시작과 끝을 막힘없이 따라갈 수 있게 도와주는 단계별 접근을 제시하였습니다.

4️⃣ 유형별 기출 문제 – 유형+개념+난이도에 따른 문제 배열

최신 수능 출제 유형을 촘촘하게 세분화하여 유형순, 개념순, 난이도순으로 문항을 배열하였습니다.

- **(tip)** : 유형에 따라 다시 한 번 더 상기해야 할 개념과 접근법을 제시하였습니다.
- **QR 코드** : 유형별 핵심 문제와 혼자 풀기 어려운 문제의 풀이 과정을 동영상 강의를 통해 한 번 더 학습할 수 있도록 하였습니다.

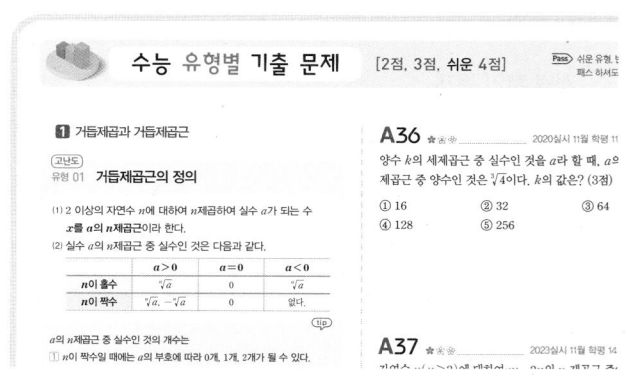

- **유형 분류** : **빈출** – 시험에서 자주 출제되는 유형
  고난도 – 여러 개념을 복합적으로 묻는 고난도 유형입니다.
- **대표** : 제시된 유형에서 가장 자주 출제되는 대표 유형 문제입니다.

- **난이도** : ✿✿✿ – 기본 문제   ✿✿✿ – 중급 문제
  ✿✿✿ – 중상급 문제
- **Pass** : 중복되는 간단한 계산 문제로 패스해도 되는 문제입니다.

- **출처표시** : 수능, 평가원 – 대비연도, 학력평가 – 실시연도
  - 2022대비 수능(홀) 1 (고3) : 2021년 11월에 실시한 수능
  - 2022대비 6월 모평 2 (고3) : 2021년 6월에 실시한 평가원
  - 2022실시 4월 학평 3 (고3) : 2022년 4월에 실시한 학력평가
  - 2023대비 9월 모평 4 (고3) : 2022년 9월에 실시한 평가원
  - 표시 없는 문제 : 기출 변형 문제

5️⃣ 내신+수능 대비 단원별 모의고사 – 최종 실력 점검

중단원별 학교시험 필수 문제와 수능형 문항, 서술형 문항을 수록하여 학교시험을 더욱 충실히 대비할 수 있습니다.

내신+수능 대비 단원별 모의고사 **A 지수**

모의
A01 ✪✪✪
-216의 세제곱근 중 실수인 것을 a, $\frac{1}{81}$의 네제곱근 중 실수인 것을 b라 할 때, ab의 최댓값을 구하시오. (3점)

모의
A04 ✪✪✪   2013(나)/수능(홀) 26
$2 \leq n \leq 100$인 자연수 n에 대하여 $(\sqrt[3]{3})^n$이 어떤 수의 n제곱근이 되도록 하는 n의 개수를 구하시오

6 1등급 마스터 문제 – 대비 문제로 1등급 대비

1등급을 가르는 변별력 있는 고난도 문제를 엄선하여 별도로
수록하였습니다.

● ★★★ – 상급 문제

✪ 2등급 대비 : 정답률이 9~15%인 문제로 1, 2등급으로 발돋움하는 데
도움이 되는 고난도 문제

✪ 1등급 대비 : 정답률이 9% 미만인 문제로 1등급을 가르는 최고난도
문제

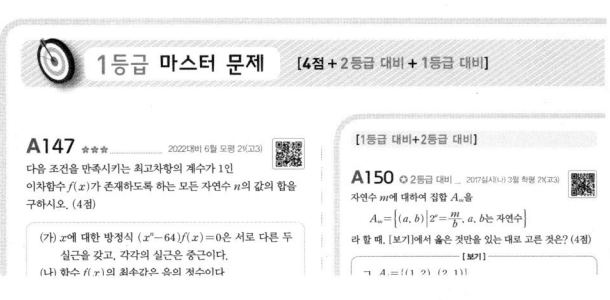

7 1등급 대비·2등급 대비 문제 특별 해설

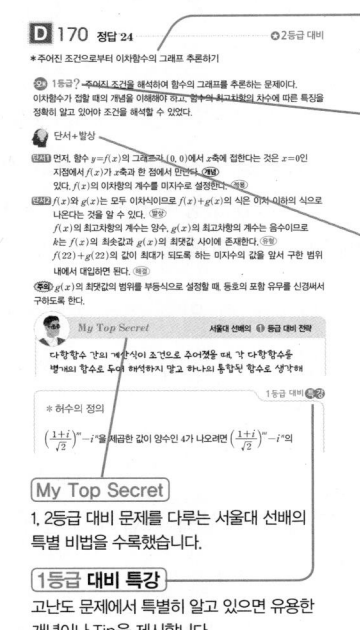

문제 분석
어떤 유형이 1, 2등급 대비
문제로 출제되었는지 알려줍니다.

왜 1등급, 왜 2등급
1, 2등급 대비 문제의 핵심 내용과
구하고자 하는 목표를 확실히
알도록 제시해줍니다.

단서 + 발상
단서 문제 풀이의 핵심이 되는
단서를 꼭 짚어 설명합니다.

개념 문제 풀이에 필요한 개념을
다시 한 번 확인합니다.

유형 숨어 있는 기출 유형을 찾아
설명합니다.

발상 핵심 단서로 문제 풀이 방법을
구체적으로 설명합니다.

적용 생각하기 힘든 개념이나 꼬여
있는 문제의 답을 얻기 위해 적용해야
할 내용입니다.

해결 찾아야 하는 것들을 다 찾은
뒤 공식을 적용하여 해결합니다.

My Top Secret
1, 2등급 대비 문제를 다루는 서울대 선배의
특별 비법을 수록했습니다.

1등급 대비 특강
고난도 문제에서 특별히 알고 있으면 유용한
개념이나 Tip을 제시합니다.

8 입체 첨삭 해설!

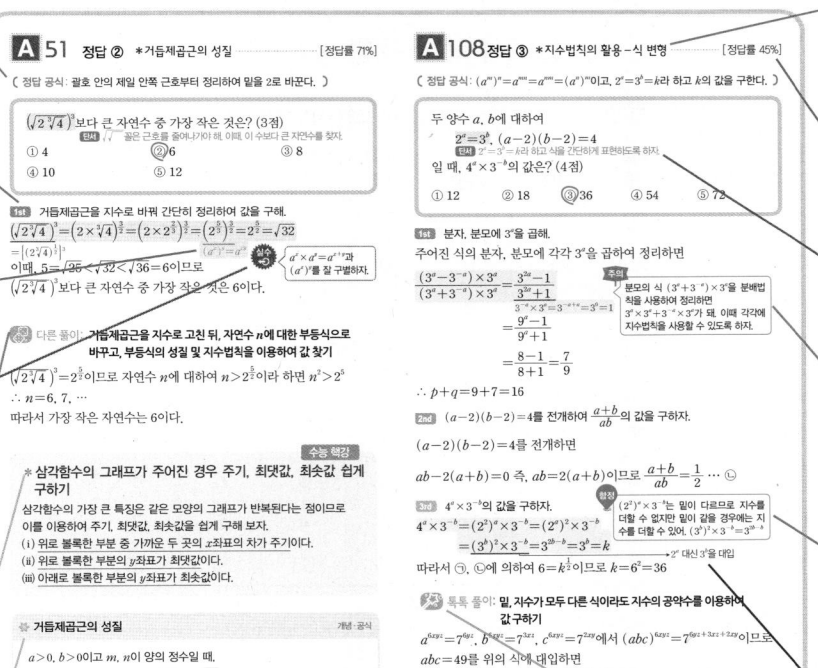

정답 공식
출제 의도를 짚어 주고, 문제 속의
숨은 조건을 해석하여 풀이
전략을 세우도록 도와줍니다.

단계별 명쾌 풀이
문제를 푸는 데 요구되는 사고의
순서를 구체적으로 단계를 나누어
제시하였습니다.

해설 적용 공식
해설에 직접적, 간접적으로
사용된 개념, 공식을 보여줍니다.

실수
문제를 푸는 과정이나 잘못된
개념을 적용하는 실수를 지적해
주고 해결의 열쇠를 제공해
주는 코너입니다.

다른 풀이
문제를 풀 때는 다각적으로
사고하는 연습이 필요합니다.
이에 다른 방법으로 문제에 접근할
수 있는 방법을 알려줍니다.

수능 핵강
문제를 조금 더 쉽고 빠르게
풀 수 있는 스킬 등을 자세히
설명하였습니다.

개념 공식
문제를 풀기 위해 요구되는 주요
개념과 공식을 정리하였습니다.

생생체험
수능을 먼저 정복한 선배들의 경험이 100%
녹아 있는 실제적인 조언을 담았습니다.

평가원 해설
오답 이의제기된 문항에 대해 평가원 출제 위원들이
요구한 사고 과정을 확인할 수 있습니다.

출제 개념
문제에 적용된 핵심 개념을
제시하여 비슷한 유형의
문제에서 같은 개념을
사용할 수 있도록 하였습니다.

정답률
교육청 자료, 기타 기관 공지
자료와 내부 분석 검토 과정을
거쳐서 제시됩니다.

핵심 단서
문제를 푸는 데 핵심이 되는
단서와 그 단서를 문제 풀이에
적용하는 방법을 설명하였습니다.

주의
풀이 과정에서 주어진 조건을
빼먹거나 잘못 이용할 가능성이
있을 때, 적절한 주의를 주어서
올바른 풀이로 나아갈 수 있도록
한 코너입니다.

함정
개념을 정확히 이해하지 못한다면
반드시 빠지게 되어 있는 함정을
체크해 주고 해결할 수 있는
방법을 제시하였습니다.

보충 설명
더욱 정확하고 완벽하게 해설을
이해할 수 있도록 해설에
내재된 내용을 설명하였습니다.

쉬운 풀이, 톡톡 풀이
직관적으로 풀거나, 교육과정
외의 개념 또는 특이한 풀이
방법을 알려줍니다.

🍀 문항 배열 및 구성 [1594제]

❶ 개념 이해를 체크할 수 있는 개념 확인 문제 [227제]

개념 하나하나에 대한 맞춤 확인 문제를 제시하여 개념 이해도를 높이고 기초실력을 쌓도록 구성하였습니다.

❷ 수능, 평가원 및 학력평가 기출 문제 [156유형, 문제 1148제]

- 최신 5개년 고2 학력평가 전문항 수록＋2019~2005 고2 학력평가 문제 선별 수록 [580제]
- 고2 난이도에 맞는 고3 수능＋평가원＋학력평가 문제 선별 수록 [557제]
- 고2 난이도에 맞는 고1 학력평가 문제 선별 수록 [11제]

❸ 학교시험＋수능 대비를 위한 수능 기출 변형 문제 [131제]

수능에 적합한 개념과 공식을 이해하고 활용할 수 있도록 수능 기출 문제를 변형하여 추가 수록하였습니다.

❹ 서술형 단계별 훈련 – 내신 기출 변형 서술형 문제 [90제]

각 단원 중 서술형 출제 방식에 적합하고 출제 비율이 높은 내신 기출 변형 문제를 새롭게 구성하였습니다.

❺ 내신＋수능 단원별 모의고사 [기출 문제＋수능 기출 변형 문제 93제]
각 단원에 출제 빈도가 높은 문제를 최신 출제 경향에 따라 구성하였습니다.

[고2 수학 Ⅰ 문항 구성표]

연도	고1, 2 (실시 연도)				고3 (대비 연도) – 고2 난이도 수준							합계
	3월 학평	6월 학평	9월 학평	11월 학평	3월 학평	4,5월 학평	6월 모평	7월 학평	9월 모평	10월 학평	수능	
2024	0	30	26	0	0	0	0	0	0	0	0	56
2023	0	29	25	16	0	0	0	0	0	0	0	70
2022	0	30	27	19	6	4	6	5	2	1	3	103
2021	0	25	22	19	5	6	5	3	5	7	4	101
2020	0	24	23	18	10	5	5	3	5	0	2	95
2019	0	44	29	29	14	9	6	7	4	0	4	146
2018	3	3	15	11	12	10	5	6	6	2	5	78
2017	5	7	3	2	12	7	4	5	7	8	6	66
2017 이전	28	32	17	11	48	56	63	31	50	25	59	420

2022, 2014, 2005 대비 예비 평가 문항 수	11
수능 기출 변형 문항 수 (156개 유형 수능 기출 변형 문제)	131
개념 확인 문항 수	227
서술형 문항 수	90
총 문항 수	1594

A 지수

★ 최신 3개년 수능+모평 출제 경향

학년도		출제 유형	난이도
2025	수능		
	9월	유형 03 지수법칙 – 밑이 같은 계산	❀❀❀
	6월	유형 03 지수법칙 – 밑이 같은 계산	❀❀❀
2024	수능	유형 04 지수법칙 – 밑이 다른 계산 (곱셈)	❀❀❀
	9월	유형 03 지수법칙 – 밑이 같은 계산	❀❀❀
	6월	유형 04 지수법칙 – 밑이 다른 계산 (곱셈)	❀❀❀
2023	수능	유형 03 지수법칙 – 밑이 같은 계산	❀❀❀
	9월	유형 02 거듭제곱근의 성질 유형 03 지수법칙 – 밑이 같은 계산	❀❀❀ ❀❀❀
	6월	유형 03 지수법칙 – 밑이 같은 계산	❀❀❀

★ 자주 출제되는 필수 개념 학습법

• 최근 거듭제곱근의 성질을 이용하여 거듭제곱근이 자연수가
되도록 하는 자연수를 구하는 유형의 문제의 출제 빈도가
높아지고 있다. 기본적인 거듭제곱근에 대한 성질을 정확히 알고
있으면 풀리는 문제들이다. 그리고 거듭제곱근으로 나오는
실근의 개수에 대한 문제도 종종 나오고 있으므로
거듭제곱근의 해에 대한 지식이 필요하다.

• 지수법칙을 이용하는 간단한 계산문제는 지수의 여러 가지 성질과
함께 출제될 가능성이 높다. 쉬운 문제이지만 계산 실수에
주의하여야 하고 지수법칙을 정확히 알고 있어야 한다.

• 지수를 포함한 등식의 활용 문제는 곱셈 공식, 인수분해,
유리식이나 비례식 등을 활용하여 변형하는 연습이 충분히
되어야 한다. 고1 수학에서 배웠던 내용도 한 번 더 정리하자.

• 지수를 사용하여 정의된 식이 주어지는 실생활 문제의 출제
비율이 높으므로 문제의 문자가 의미하는 것을 바르게
파악하여 주어진 식에 정확히 대입하도록 충분한 연습이 필요하다.

 **A 지수**

중요도 ★★★

1 거듭제곱과 거듭제곱근 [1] — 유형 01

(1) 거듭제곱: 임의의 실수 a와 자연수 n에 대하여

$$a^n = \underbrace{a \times a \times a \times \cdots \times a}_{n개}$$

2^{3} ← 지수
↑
밑

와 같이 a를 n번 곱한 것을 a의 n제곱이라 한다.

또, a의 제곱, 세제곱, 네제곱, …을 통틀어 a의 **거듭제곱**이라 하고,

a^n에서 a를 거듭제곱의 **밑**, n을 거듭제곱의 **지수**라 한다.

(2) 거듭제곱근: 2 이상의 자연수 n에 대하여 n제곱하여 실수 a가 되는 수, 즉

방정식 $x^n = a$를 만족시키는 x를 a의 **n제곱근**이라 한다.

이때, a의 제곱근, 세제곱근, 네제곱근, …을 통틀어 a의 **거듭제곱근**이라 한다.

(3) 실수 a의 n제곱근 중 실수인 것은 다음과 같다. [2]

① **n이 짝수일 때**

$a > 0$이면 양수 $\sqrt[n]{a}$와 음수 $-\sqrt[n]{a}$의 2개가 있고,

그 절댓값은 같다.

$a = 0$이면 $\sqrt[n]{0}$, 즉 0뿐이다.

$a < 0$이면 없다.

② **n이 홀수일 때**

a의 n제곱근 중 실수인 것은 $\sqrt[n]{a}$ 오직 하나뿐이다.

n \ a	$a > 0$	$a = 0$	$a < 0$
n이 홀수일 때	$\sqrt[n]{a}$	0	$\sqrt[n]{a}$
n이 짝수일 때	$\sqrt[n]{a},\ -\sqrt[n]{a}$	0	없다.

2 거듭제곱근의 성질 [3] — 유형 02

$a > 0$, $b > 0$이고 m, n이 양의 정수일 때

① $\sqrt[n]{a}\,\sqrt[n]{b} = \sqrt[n]{ab}$

② $\dfrac{\sqrt[n]{a}}{\sqrt[n]{b}} = \sqrt[n]{\dfrac{a}{b}}$

③ $(\sqrt[n]{a})^m = \sqrt[n]{a^m}$

④ $\sqrt[m]{\sqrt[n]{a}} = \sqrt[mn]{a}$

⑤ $\sqrt[np]{a^{mb}} = \sqrt[n]{a^m}$ (단, p는 자연수)

3 지수의 확장 [4] — 유형 03~12

(1) 지수가 0 또는 음의 정수인 경우

$$a^0 = 1,\quad a^{-n} = \frac{1}{a^n} \quad (단,\ a \neq 0,\ n은\ 자연수)$$

출제
2025 9월 모평 1번
2025 6월 모평 1번
2024 수능 1번

★ 주어진 식에서 밑을 통일하고 지수법칙을 이용하여 값을 구하는 아주 쉬운 문제가 1번 문제로 계속 출제되고 있다.

(2) 지수가 유리수인 경우

$$a^{\frac{m}{n}} = \sqrt[n]{a^m},\quad a^{\frac{1}{n}} = \sqrt[n]{a} \quad (단,\ a > 0,\ m,\ n은\ 정수,\ n > 0)$$

(3) 지수법칙 [5]

$a > 0$, $b > 0$이고 x, y가 실수일 때,

① $a^x a^y = a^{x+y}$ 예 $2^2 \times 2^3 = 2^{2+3} = 2^5$

② $a^x \div a^y = a^{x-y}$ 예 $3^5 \div 3^2 = 3^{5-2} = 3^3$

③ $(a^x)^y = a^{xy}$ 예 $(5^2)^4 = 5^{2 \times 4} = 5^8$

④ $(ab)^x = a^x b^x$ 예 $(7 \times 11)^2 = 7^2 \times 11^2$

+개념 보충

[1] $(\sqrt[n]{a})^n$과 $\sqrt[n]{a^n}$의 차이

	$(\sqrt[n]{a})^n$	$\sqrt[n]{a^n}$
n이 홀수	$(\sqrt[n]{a})^n = a$	$\sqrt[n]{a^n} = a$
n이 짝수	$(\sqrt[n]{a})^n = a$ $(a > 0)$	$\sqrt[n]{a^n} = \|a\|$

한걸음 더!

[2] ① n이 짝수일 때

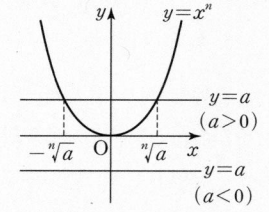

② n이 홀수일 때

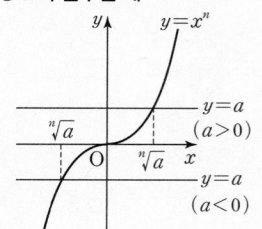

[3] $a > 0$이고 n이 2 이상의 자연수일 때,
$\sqrt[n]{a^n} = (\sqrt[n]{a})^n = a$

+개념 보충

[4] $a^{\frac{m}{n}}$과 같이 지수가 유리수인 경우,

a가 자연수일 때, $a^{\frac{m}{n}}$이 자연수가 되기 위한 조건은 m이 n의 배수 또는 n이 m의 약수일 때이다.

[5] 밑이 같을 때와 다를 때를 구분해! 간단한 계산 문제뿐만 아니라 문장제 문제도 꼭 하나씩 출제된다. 지수법칙을 이용할 때는 먼저 밑이 같은지 다른지를 확인하고 같은 밑에 대해서 지수끼리 더할지, 곱할지를 정확하게 계산하자.

1 거듭제곱과 거듭제곱근

[A01~02] 다음 거듭제곱근을 구하시오.

A 01 -1의 세제곱근

A 02 16의 네제곱근

[A03~04] 다음 거듭제곱근 중 실수인 것을 구하시오.

A 03 -8의 세제곱근

A 04 81의 네제곱근

[A05~08] 다음 값을 구하시오.

A 05 $\sqrt[3]{8}$ 　　　　　 **A 06** $-\sqrt[4]{16}$

A 07 $\sqrt[5]{(-5)^5}$ 　　　 **A 08** $\sqrt[4]{256}$

2 거듭제곱근의 성질

[A09~12] 다음 식을 간단히 하시오.

A 09 $\sqrt[3]{5}\sqrt[3]{25}$ 　　　 **A 10** $\dfrac{\sqrt[4]{729}}{\sqrt[4]{9}}$

A 11 $\left(\sqrt[8]{100}\right)^4$ 　　 **A 12** $\sqrt[3]{\sqrt{64}}$

[A13~14] 다음 식을 간단히 하시오.

A 13 $\sqrt[3]{3\sqrt{4}}\times\sqrt[6]{\dfrac{16}{9}}$ 　　 **A 14** $\dfrac{\sqrt[6]{27}\times\sqrt[12]{9}}{\sqrt[6]{81}}$

[A15~16] 다음 거듭제곱근의 값을 구하시오.

A 15 $\sqrt{\dfrac{9^7+3^{11}}{9^4+3^5}}$ 　　 **A 16** $\sqrt{\dfrac{8^{10}+4^{10}}{8^4+4^{11}}}$

3 지수의 확장

[A17~20] 다음 값을 구하시오.

A 17 $(-3)^0$ 　　　　　 **A 18** 5^{-2}

A 19 $\left(\dfrac{1}{2}\right)^{-5}$ 　　　 **A 20** $\left(\dfrac{4}{3}\right)^{-3}$

[A21~23] 다음 식을 간단히 하시오. (단, $a\neq0$)

A 21 $a^4\times a^3\div a^6$

A 22 $(a^{-2})^4\times(a^{-3})^{-5}$

A 23 $\dfrac{(a^{-6})^3\times(a^3)^6}{a^3\times a^{-6}}$

[A24~26] 다음 식을 간단히 하시오.

A 24 $2^{-2}\times 8^{\frac{7}{3}}$

A 25 $\left(5^{\sqrt{8}}\right)^{\sqrt{2}}\div 125$

A 26 $9^{\frac{1}{2}}\times 3^{-3}\div 27^{-\frac{2}{3}}$

[A27~28] $a=\sqrt{2}$, $b=\sqrt[3]{3}$일 때, 다음 거듭제곱을 a, b를 이용하여 나타내시오.

A 27 $\sqrt[6]{12}$ 　　　　　 **A 28** 6^6

[A29~31] 곱셈공식을 이용하여 다음 식을 간단히 하시오.

(단, a, b는 양수)

A 29 $(a-b)\div\left(a^{\frac{1}{2}}-b^{\frac{1}{2}}\right)$

A 30 $\left(a^{\frac{1}{3}}+b^{\frac{1}{3}}\right)\left(a^{\frac{2}{3}}-a^{\frac{1}{3}}b^{\frac{1}{3}}+b^{\frac{2}{3}}\right)$

A 31 $\left(a^{\frac{1}{4}}-b^{\frac{1}{4}}\right)\left(a^{\frac{1}{4}}+b^{\frac{1}{4}}\right)\left(a^{\frac{1}{2}}+b^{\frac{1}{2}}\right)$

A 32 두 실수 x, y에 대하여 $15^x=25$, $375^y=125$일 때, $\dfrac{2}{x}-\dfrac{3}{y}$의 값을 구하시오.

A 33 $a^{2x}=\sqrt{2}-1$일 때, $\dfrac{a^{3x}+a^{-3x}}{a^x+a^{-x}}$의 값을 구하시오.

1 거듭제곱과 거듭제곱근

유형 01 **거듭제곱근의 정의**

(1) 2 이상의 자연수 n에 대하여 n제곱하여 실수 a가 되는 수 x를 a의 n제곱근이라 한다.

(2) 실수 a의 n제곱근 중 실수인 것은 다음과 같다.

	$a>0$	$a=0$	$a<0$
n이 홀수	$\sqrt[n]{a}$	0	$\sqrt[n]{a}$
n이 짝수	$\sqrt[n]{a},\ -\sqrt[n]{a}$	0	없다.

(tip)

a의 n제곱근 중 실수인 것의 개수는

① n이 짝수일 때에는 a의 부호에 따라 0개, 1개, 2개가 될 수 있다.

② n이 홀수일 때에는 항상 1개이다.

A34 대표 ⋯⋯⋯⋯⋯⋯⋯ 2024실시 9월 학평 14(고2)

$2\leq n\leq 10$인 자연수 n에 대하여 n^2+1의 n 제곱근 중 실수인 것의 개수를 $f(n)$, $n^2-8n+12$의 n 제곱근 중 실수인 것의 개수를 $g(n)$이라 하자. $f(n)=2g(n)$을 만족시키는 모든 자연수 n의 값의 합은? (4점)

① 6   ② 7   ③ 8

④ 9   ⑤ 10

A35 ✽✽✽ ⋯⋯⋯⋯⋯⋯⋯ 2016실시(나) 11월 학평 13(고2)

실수 a, b에 대하여 a는 2의 세제곱근이고 $\sqrt{2}$는 b의 네제곱근일 때, $\left(\dfrac{b}{a}\right)^3$의 값은? (3점)

① 2   ② 4   ③ 8

④ 16   ⑤ 32

A36 ✽✽✽ ⋯⋯⋯⋯⋯⋯⋯ 2020실시 11월 학평 11(고2)

양수 k의 세제곱근 중 실수인 것을 a라 할 때, a의 네 제곱근 중 양수인 것은 $\sqrt[3]{4}$이다. k의 값은? (3점)

① 16   ② 32   ③ 64

④ 128   ⑤ 256

A37 ✽✽✽ ⋯⋯⋯⋯⋯⋯⋯ 2023실시 11월 학평 14(고2)

자연수 $n(n\geq 2)$에 대하여 $m-2n$의 n 제곱근 중에서 실수인 것의 개수를 $f(n)$이라 할 때, $f(2)+f(3)+f(4)=3$을 만족시키는 모든 자연수 m의 값의 합은? (4점)

① 18   ② 23   ③ 28

④ 33   ⑤ 38

A38 ✽✽✽ ⋯⋯⋯⋯⋯⋯⋯ 2019실시(가) 6월 학평 26(고2)

두 집합 $A=\{5,\ 6\}$, $B=\{-3,\ -2,\ 2,\ 3,\ 4\}$가 있다. 집합 $C=\{x\,|\,x^a=b,\ x$는 실수, $a\in A,\ b\in B\}$에 대하여 $n(C)$의 값을 구하시오. (4점)

A39 ✽✽✽ ⋯⋯⋯⋯⋯⋯⋯ 2024실시 6월 학평 26(고2)

자연수 n에 대하여 $\sqrt[n+1]{8}$이 어떤 자연수의 네제곱근이 되도록 하는 모든 n의 값의 합을 구하시오. (4점)

A40 ✽✽❀ _____ 2023실시 9월 학평 14(고2)

$4 \leq n \leq 12$인 자연수 n에 대하여 $n^2 - 15n + 50$의
n 제곱근 중 실수인 것의 개수를 $f(n)$이라 하자.
$f(n) = f(n+1)$을 만족시키는 모든 n의 값의 합은? (4점)

① 15 ② 17 ③ 19
④ 21 ⑤ 23

❷ 거듭제곱근의 성질

유형 02 거듭제곱근의 성질

(1) **거듭제곱근의 성질**

두 양수 a, b에 대하여 m, n이 2 이상의 정수일 때,

① $\sqrt[n]{a}\sqrt[n]{b} = \sqrt[n]{ab}$ ② $\dfrac{\sqrt[n]{a}}{\sqrt[n]{b}} = \sqrt[n]{\dfrac{a}{b}}$

③ $\sqrt[n]{a^m} = (\sqrt[n]{a})^m$ ④ $\sqrt[m]{\sqrt[n]{a}} = \sqrt[mn]{a}$

⑤ $\sqrt[np]{a^{mp}} = \sqrt[n]{a^m}$ (단, p는 자연수)

(2) **거듭제곱근의 대소 관계**

자연수 n에 대하여 $a > 0$, $b > 0$일 때,
$\sqrt[n]{a} < \sqrt[n]{b}$이면 $a < b$이다.

(tip)

① 거듭제곱근의 성질은 양수에서만 적용된다.

② 실수 a에 대하여 $\sqrt[n]{a^n} = \begin{cases} |a| & (n\text{이 짝수}) \\ a & (n\text{이 홀수}) \end{cases}$를 이용하여 식을 간단히 하기도 한다.

③ 거듭제곱근의 대소 비교는 $\sqrt[n]{}$에서 n의 값을 통일시킨다.

A41 대표 _____ 2018실시(나) 3월 학평 2(고3)

$\sqrt{4} \times \sqrt[3]{8}$의 값은? (2점)

① 4 ② 6 ③ 8
④ 10 ⑤ 12

A42 ❀❀❀ _____ 2021실시 6월 학평 1(고2)

$\sqrt[3]{3} \times \sqrt[3]{9}$의 값은? (2점)

① 1 ② 2 ③ 3
④ 4 ⑤ 5

A43 ❀❀❀ _____ 2020실시 9월 학평 3(고2)

$\sqrt[3]{-8} + \sqrt[4]{81}$의 값은? (2점)

① 1 ② 2 ③ 3
④ 4 ⑤ 5

A44 ❀❀❀ Pass _____ 2020실시 6월 학평 1(고2)

$\sqrt[3]{27}$의 값은? (2점)

① 1 ② 2 ③ 3
④ 4 ⑤ 5

A45 ❀❀❀ Pass _____ 2019실시(나) 6월 학평 1(고2)

$(\sqrt[3]{3})^3$의 값은? (2점)

① 1 ② 2 ③ 3
④ 4 ⑤ 5

A46 ❀❀❀ 2019실시(가) 6월 학평 22(고2)

$\sqrt[3]{5} \times \sqrt[3]{25}$의 값을 구하시오. (3점)

A47 ❀❀❀ Pass 2009대비(나) 6월 모평 1(고3)

$\left(\sqrt{2\sqrt{6}}\right)^4$의 값은? (2점)

① 16 ② 18 ③ 20
④ 22 ⑤ 24

A48 ❀❀❀ 2023실시 6월 학평 22(고2)

$\sqrt[3]{27^2} \times 3^2$의 값을 구하시오. (3점)

A49 ❀❀❀ Pass 2022실시 6월 학평 1(고2)

$\sqrt[4]{3} \times \sqrt[4]{27}$의 값은? (2점)

① 1 ② $\sqrt{3}$ ③ 3
④ $3\sqrt{3}$ ⑤ 9

A50 ❀❀❀ 2019실시(나) 6월 학평 10(고2)

$\sqrt{(-2)^6} + (\sqrt[3]{3} - \sqrt[3]{2})(\sqrt[3]{9} + \sqrt[3]{6} + \sqrt[3]{4})$의 값은? (3점)

① 7 ② 9 ③ 11
④ 13 ⑤ 15

A51 ✿❀❀ 2019실시(가) 9월 학평 25(고2)

모든 실수 x에 대하여 $\sqrt[3]{-x^2+2ax-6a}$가 음수가 되도록 하는 모든 자연수 a의 값의 합을 구하시오. (3점)

A52 ✿❀❀ 2013대비(나) 9월 모평 6(고3)

$\left(\sqrt{2\sqrt[3]{4}}\right)^3$보다 큰 자연수 중 가장 작은 것은? (3점)

① 4 ② 6 ③ 8
④ 10 ⑤ 12

A53 ★★★✤

2019실시(나) 3월 학평 15(고3)

자연수 n에 대하여 $n(n-4)$의 세제곱근 중 실수인 것의 개수를 $f(n)$이라 하고, $n(n-4)$의 네제곱근 중 실수인 것의 개수를 $g(n)$이라 하자. $f(n)>g(n)$을 만족시키는 모든 n의 값의 합은? (4점)

① 4 ② 5 ③ 6
④ 7 ⑤ 8

A54 ★★★✤

2018실시(나) 3월 학평 14(고3)

x에 대한 이차방정식 $x^2-\sqrt[3]{81}\,x+a=0$의 두 근이 $\sqrt[3]{3}$과 b일 때, ab의 값은? (단, a, b는 상수이다.) (4점)

① 6 ② $3\sqrt[3]{9}$ ③ $6\sqrt[3]{3}$
④ 12 ⑤ $6\sqrt[3]{9}$

A55 ★★★★

2005대비(나) 9월 모평 5(고3)

세 수 $A=\sqrt[3]{\sqrt{10}}$, $B=\sqrt{5}$, $C=\sqrt[3]{\sqrt{28}}$의 대소 관계를 바르게 나타낸 것은? (3점)

① $A<B<C$ ② $A<C<B$ ③ $B<A<C$
④ $B<C<A$ ⑤ $C<A<B$

A56 ★★★✤

2009실시(가) 9월 학평 16(고2)

[그림 1]과 같은 두 종류의 연산 장치 ◇L◇, ☐R☐가 있다.

2 이상의 두 자연수 a, b에 대하여 연산 장치 ◇L◇에 두 수 a, b가 입력될 때 출력되는 수 p는 $p=\log_a b$이고, 연산 장치 ☐R☐에 두 수 a, b가 입력될 때 출력되는 수 q는 $q=\sqrt[a]{b}$이다.

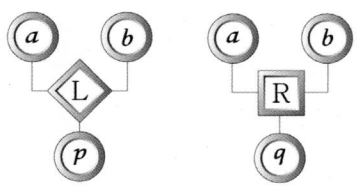

[그림 1]

위의 두 종류의 연산 장치를 결합하여 만든 [그림 2]의 각 연산 장치에서 출력되는 세 수 x, y, z의 대소 관계를 옳게 나타낸 것은? (4점)

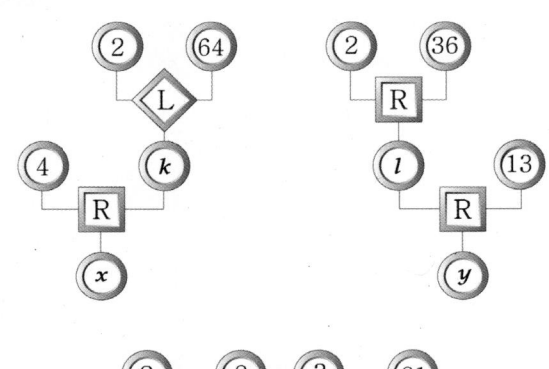

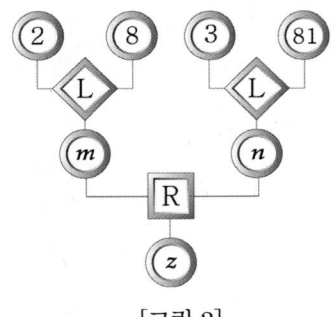

[그림 2]

① $x<y<z$ ② $x<z<y$ ③ $y<x<z$
④ $y<z<x$ ⑤ $z<x<y$

유형 03 지수법칙 – 밑이 같은 계산

$a>0$, $b>0$이고 m, n이 실수일 때,

① $a^m a^n = a^{m+n}$ ② $a^m \div a^n = a^{m-n}$

③ $(a^m)^n = a^{mn}$ ④ $(ab)^n = a^n b^n$

⑤ $\left(\dfrac{b}{a}\right)^n = \dfrac{b^n}{a^n}$ ⑥ $a^{-1} = \dfrac{1}{a}$, $a^0 = 1$

tip

밑이 같은지 살펴보고, 지수에서
1 곱은 합으로,
2 나누기는 빼기로,
3 제곱의 제곱은 곱으로
바뀐다는 것을 확인하여 계산하자.

A57 대표   2024실시 9월 학평 1(고2)

$2^{-1} \times 8^{\frac{5}{3}}$의 값은? (2점)

① 1   ② 2   ③ 4
④ 8   ⑤ 16

A58 ✿✿✿   2022실시 9월 학평 1(고2)

$27^{\frac{2}{3}}$의 값은? (2점)

① 5   ② 6   ③ 7
④ 8   ⑤ 9

A59 ✿✿✿   2022실시 6월 학평 22(고2)

$4^{\frac{3}{2}} \times 2^2$의 값을 구하시오. (3점)

A60 ✿✿✿   2022대비 5월 예시 1(고2)

$\dfrac{3^{\sqrt{5}+1}}{3^{\sqrt{5}-1}}$의 값은? (2점)

① 1   ② $\sqrt{3}$ ③ 3
④ $3\sqrt{3}$ ⑤ 9

A61 ✿✿✿ Pass   2020실시 9월 학평 22(고2)

$3^4 \times 9^{-1}$의 값을 구하시오. (3점)

A62 ✿✿✿ Pass   2020실시 6월 학평 22(고2)

$2^{\frac{1}{2}} \times 8^{\frac{1}{2}}$의 값을 구하시오. (3점)

A63 ✿✿✿ Pass   2020대비(나) 수능 1(고3)

16×2^{-3}의 값은? (2점)

① 1   ② 2   ③ 4
④ 8   ⑤ 16

A64 ✽✽✽ 2024실시 6월 학평 1(고2)

$\sqrt[3]{4} \times 2^{\frac{1}{3}}$의 값은? (2점)

① $\frac{1}{4}$ ② $\frac{1}{2}$ ③ 1

④ 2 ⑤ 4

A65 ✽✽✽ Pass 2019실시(나) 6월 학평 2(고2)

$8^{\frac{1}{3}} \times 16^{\frac{1}{4}}$의 값은? (2점)

① 1 ② 2 ③ 4

④ 8 ⑤ 16

A66 ✽✽✽ Pass 2018실시(나) 11월 학평 1(고2)

$5^3 \times 5^{-2}$의 값은? (2점)

① 1 ② 3 ③ 5

④ 7 ⑤ 9

A67 ✽✽✽ Pass 2018실시(나) 9월 학평 1(고2)

$3 \times 9^{\frac{1}{2}}$의 값은? (2점)

① 6 ② 9 ③ 12

④ 15 ⑤ 18

A68 ✽✽✽ Pass 2018실시(가) 9월 학평 1(고2)

$2^5 \times 2^{-3}$의 값은? (2점)

① 2 ② 4 ③ 6

④ 8 ⑤ 10

A69 ✽✽✽ Pass 2019대비(나) 6월 모평 1(고3)

$2^2 \times 8^{\frac{1}{3}}$의 값은? (2점)

① 2 ② 4 ③ 6

④ 8 ⑤ 10

A70 ✽✽✽ 2023실시 9월 학평 1(고2)

$2 \times 16^{\frac{1}{2}}$의 값은? (2점)

① $2\sqrt{2}$ ② 4 ③ $4\sqrt{2}$

④ 8 ⑤ $8\sqrt{2}$

A71 ✽✽✽ Pass 2017대비(나) 수능 1(고3)

8×2^{-2}의 값은? (2점)

① 1 ② 2 ③ 4

④ 8 ⑤ 16

A72 ❀❀❀ .... 2024실시 6월 학평 22(고2)

$(5^{2-\sqrt{3}})^{2+\sqrt{3}}$의 값을 구하시오. (3점)

A73 ❀❀❀ .... 2019실시(가) 9월 학평 2(고2)

$(2^3 \times 2)^{\frac{1}{2}}$의 값은? (2점)

① 1   ② 2   ③ 3

④ 4   ⑤ 5

A74 ❀❀❀ .... 2023실시 11월 학평 1(고2)

$8^{-\frac{1}{2}} \div \sqrt{2}$의 값은? (2점)

① $\frac{1}{8}$ ② $\frac{1}{4}$ ③ $\frac{1}{2}$

④ 1   ⑤ 2

A75 ❀❀❀ Pass .... 2021실시 9월 학평 1(고2)

$(3^4)^{\frac{1}{2}}$의 값은? (2점)

① 1   ② 3   ③ 9

④ 27   ⑤ 81

A76 ❀❀❀ Pass .... 2021실시 6월 학평 22(고2)

$2 \times \left(2^{\frac{2}{3}}\right)^3$의 값은? (2점)

① 2   ② 4   ③ 6

④ 8   ⑤ 10

A77 ❀❀❀ .... 2022실시 11월 학평 1(고2)

$2^{\frac{7}{3}} \times 16^{\frac{2}{3}}$의 값은? (2점)

① 4   ② 8   ③ 16

④ 32   ⑤ 64

A78 ❀❀❀ Pass .... 2021실시 9월 학평 1(고2)

$3^{-2} \times 9^{\frac{3}{2}}$의 값은? (2점)

① $\frac{1}{9}$ ② $\frac{1}{3}$ ③ 1

④ 3   ⑤ 9

A79 ❀❀❀ .... 2021실시 6월 학평 22(고2)

$5^{\frac{7}{3}} \div 5^{\frac{1}{3}}$의 값을 구하시오. (3점)

A80 ✿✿✿ ──────── 2023실시 6월 학평 1(고2)

$(3^{2+\sqrt{2}})^{2-\sqrt{2}}$의 값은? (2점)

① 1   ② 3   ③ 9

④ 27   ⑤ 81

A81 ✿✿✿ ──────── 2022대비 수능 1(고3)

$(2^{\sqrt{3}}\times 4)^{\sqrt{3}-2}$의 값은? (2점)

① $\frac{1}{4}$ ② $\frac{1}{2}$ ③ 1

④ 2   ⑤ 4

유형 04 **지수법칙 – 밑이 다른 계산(곱셈)** 　빈출

$a>0$, $b>0$이고 m, n이 실수일 때,

① $a^m a^n = a^{m+n}$ ② $a^m \div a^n = a^{m-n}$

③ $(a^m)^n = a^{mn}$ ④ $(ab)^n = a^n b^n$

⑤ $\left(\dfrac{b}{a}\right)^n = \dfrac{b^n}{a^n}$ ⑥ $a^{-1} = \dfrac{1}{a}$, $a^0 = 1$

（tip）

밑이 다른 경우에는 먼저 밑이 같은 것끼리 지수에서
1 곱은 합으로,
2 나누기는 빼기로,
3 제곱의 제곱은 곱으로
바꾸어 간단히 한 후 계산한다.

A82 대표 ──────── 2018실시(나) 7월 학평 1(고3)

24×2^{-3}의 값은? (2점)

① 1   ② 2   ③ 3

④ 4   ⑤ 5

A83 ✿✿✿ ──────── 2018실시(나) 6월 학평 1(고2)

6×2^{-1}의 값은? (2점)

① 1   ② 2   ③ 3

④ 4   ⑤ 5

A84 ✿✿✿ ──────── 2017대비(나) 9월 모평 1(고3)

$6 \times 8^{\frac{1}{3}}$의 값은? (2점)

① 3   ② 6   ③ 9

④ 12   ⑤ 15

A85 ✿✿✿ ──────── 2016대비(A) 9월 모평 1(고3)

$2 \times 27^{\frac{1}{3}}$의 값은? (2점)

① 6   ② 8   ③ 10

④ 12   ⑤ 14

A86 ✿✿✿ Pass ──────── 2015대비(A) 6월 모평 1(고3)

$3 \times 8^{\frac{2}{3}}$의 값은? (2점)

① 12   ② 15   ③ 18

④ 21   ⑤ 24

A87 ✿✿✿ Pass ──────── 2017대비(나) 6월 모평 1(고3)

$2^0 \times 9^{\frac{1}{2}}$의 값은? (2점)

① 1   ② 2   ③ 3

④ 4   ⑤ 5

A88 ✿✾✾ ─────────── 2016실시(나) 6월 학평 1(고2)

$\sqrt[3]{27} \times 2^3$의 값은? (2점)

① 16   ② 18   ③ 20

④ 22   ⑤ 24

유형 05   지수법칙 – 밑이 다른 계산(덧셈)

$a>0$, $b>0$이고 m, n이 실수일 때,

① $a^m a^n = a^{m+n}$ ② $a^m \div a^n = a^{m-n}$

③ $(a^m)^n = a^{mn}$ ④ $(ab)^n = a^n b^n$

⑤ $\left(\dfrac{b}{a}\right)^n = \dfrac{b^n}{a^n}$ ⑥ $a^{-1} = \dfrac{1}{a}$, $a^0 = 1$

(tip)

① 지수법칙을 이용하여 주어진 식을 정리하면 식의 값을 구할 수 있다.
② 지수가 정수가 아닌 유리수인 경우에는 밑이 음수이면 지수법칙을 이용할 수 없다.

A89 대표 ─────────── 2017실시(나) 3월 학평 1(고3)

$4^{\frac{1}{2}} + 3^0$의 값은? (2점)

① 1   ② 2   ③ 3

④ 4   ⑤ 5

A90 ✿✾✾ ─────────── 2016대비(A) 수능 2(고3)

$8^{\frac{1}{3}} + 27^{\frac{2}{3}}$의 값은? (2점)

① 8   ② 9   ③ 10

④ 11   ⑤ 12

A91 ✿✾✾ ─────────── 2016대비(A) 6월 모평 2(고3)

$8^{\frac{1}{3}} + 9^{\frac{1}{2}}$의 값은? (2점)

① 1   ② 2   ③ 3

④ 4   ⑤ 5

유형 06   거듭제곱근이 자연수, 유리수가 되는 조건

(1) a가 소수이고, m, n이 자연수일 때, $a^{\frac{m}{n}}$이 자연수가 되려면 m은 n의 배수(또는 n은 m의 약수)이어야 한다.

(2) **거듭제곱근의 성질**

① $\sqrt[n]{a}\,\sqrt[n]{b} = \sqrt[n]{ab}$ ② $\dfrac{\sqrt[n]{a}}{\sqrt[n]{b}} = \sqrt[n]{\dfrac{a}{b}}$

③ $\sqrt[n]{a^m} = (\sqrt[n]{a})^m$ ④ $\sqrt[m]{\sqrt[n]{a}} = \sqrt[mn]{a}$

⑤ $\sqrt[np]{a^{mp}} = \sqrt[n]{a^m}$ (단, p는 자연수)

(tip)

① 주어진 식의 값이 자연수가 되는 조건을 묻는 문제는 다음의 순서로 풀어보자.
  (ⅰ) 지수법칙을 이용하여 식을 $a^{\frac{m}{n}}$의 꼴로 나타낸다.
  (ⅱ) $a^{\frac{m}{n}}$이 자연수가 되는 조건을 따져본다.
② 분수의 거듭제곱근으로 표현된 어떤 수가 유리수가 되는 조건은 분자와 분모를 동시에 자연수가 되게 하는 조건과 같다.

A92 대표 ─────────── 2019실시(나) 3월 학평 7(고3)

10 이하의 자연수 a에 대하여 $\left(a^{\frac{2}{3}}\right)^{\frac{1}{2}}$의 값이 자연수가 되도록 하는 모든 a의 값의 합은? (3점)

① 5   ② 7   ③ 9

④ 11   ⑤ 13

A93 ✿✾✾ ─────────── 2019실시(나) 6월 학평 6(고2)

$1 \le n \le 15$인 자연수 n에 대하여 $(\sqrt[3]{7})^n$이 자연수가 되도록 하는 모든 n의 개수는? (3점)

① 1   ② 2   ③ 3

④ 4   ⑤ 5

A94 ✽✽✽ 2016실시(나) 3월 학평 24(고3)

100 이하의 자연수 n에 대하여 $\sqrt[3]{4^n}$이 정수가 되도록 하는 n의 개수를 구하시오. (3점)

A95 ✽✽✽ 2018실시(나) 4월 학평 27(고3)

2 이상의 자연수 n에 대하여 $(\sqrt{3^n})^{\frac{1}{2}}$과 $\sqrt[n]{3^{100}}$이 모두 자연수가 되도록 하는 모든 n의 값의 합을 구하시오. (4점)

A96 ✽✽✽ 2018실시(나) 9월 학평 27(고2)

$(\sqrt{2\sqrt[3]{4}})^n$이 네 자리 자연수가 되도록 하는 자연수 n의 값을 구하시오. (4점)

A97 ✽✽✽ 2021실시 7월 학평 9(고2)

2 이상의 자연수 n에 대하여 넓이가 $\sqrt[n]{64}$인 정사각형의 한 변의 길이를 $f(n)$이라 할 때, $f(4) \times f(12)$의 값을 구하시오. (4점)

A98 ✽✽✽ 2015실시(A) 3월 학평 24(고3)

$30 \leq a \leq 40$, $150 \leq b \leq 294$일 때, $\sqrt{a} + \sqrt[3]{b}$의 값이 자연수가 되도록 하는 두 자연수 a, b에 대하여 $a+b$의 값을 구하시오. (3점)

A99 ✽✽✽ 2016실시(나) 3월 학평 27(고2)

$\sqrt{\dfrac{3}{2}} \times \sqrt[4]{a}$가 자연수가 되도록 하는 자연수 a의 최솟값을 구하시오. (4점)

A100 ✿❀❀
2023실시 6월 학평 14(고2)

등식 $\left(\dfrac{\sqrt[6]{5}}{\sqrt[4]{2}}\right)^m \times n = 100$을 만족시키는 두 자연수 m, n에 대하여 $m+n$의 값은? (4점)

① 40   ② 42   ③ 44
④ 46   ⑤ 48

A101 ✿✿❀
2017실시(나) 4월 학평 17(고3)

두 자연수 a, b에 대하여

$$\sqrt{\dfrac{2^a \times 5^b}{2}}$$ 이 자연수, $$\sqrt[3]{\dfrac{3^b}{2^{a+1}}}$$ 이 유리수

일 때, $a+b$의 최솟값은? (4점)

① 11   ② 13   ③ 15
④ 17   ⑤ 19

A102 ✿❀❀
2021실시 7월 학평 9(고3)

2 이상의 두 자연수 a, n에 대하여 $(\sqrt[n]{a})^3$의 값이 자연수가 되도록 하는 n의 최댓값을 $f(a)$라 하자. $f(4)+f(27)$의 값은? (4점)

① 13   ② 14   ③ 15
④ 16   ⑤ 17

유형 07 지수법칙의 활용 – 문자로 표현하기

(1) 거듭제곱근의 성질

$a>0$, $b>0$이고 m, n이 양의 정수일 때,

① $\sqrt[n]{a}\,\sqrt[n]{b}=\sqrt[n]{ab}$ ② $\dfrac{\sqrt[n]{a}}{\sqrt[n]{b}}=\sqrt[n]{\dfrac{a}{b}}$

③ $\sqrt[n]{a^m}=(\sqrt[n]{a})^m$ ④ $\sqrt[m]{\sqrt[n]{a}}=\sqrt[mn]{a}$

⑤ $\sqrt[np]{a^{mp}}=\sqrt[n]{a^m}$ (단, p는 자연수)

(2) 지수법칙

$a>0$, $b>0$이고 m, n이 실수일 때,

① $a^m a^n = a^{m+n}$ ② $a^m \div a^n = a^{m-n}$

③ $(a^m)^n = a^{mn}$ ④ $(ab)^n = a^n b^n$

⑤ $\left(\dfrac{b}{a}\right)^n = \dfrac{b^n}{a^n}$

> (tip)
> 1 주어진 조건을 거듭제곱근의 성질과 지수법칙을 이용하여 구하고자 하는 식으로 변형하자.
> 2 거듭제곱근의 꼴로 나타내어진 식은 지수의 꼴로 바꿔서 이용하면 좀 더 계산하기 편리하다.

A103 대표
2016실시(나) 10월 학평 3(고3)

$a=\sqrt{2}$, $b=\sqrt[3]{3}$일 때, $(ab)^6$의 값은? (2점)

① 60   ② 66   ③ 72
④ 78   ⑤ 84

A104 ❀❀❀
2008대비(나) 수능 4(고3)

$a=\sqrt{2}$, $b^3=\sqrt{3}$일 때, $(ab)^2$의 값은? (단, b는 실수이다.) (3점)

① $2 \times 3^{\frac{1}{3}}$ ② $2 \times 3^{\frac{2}{3}}$ ③ $2^{\frac{1}{2}} \times 3^{\frac{1}{3}}$
④ $3 \times 2^{\frac{1}{3}}$ ⑤ $3 \times 2^{\frac{2}{3}}$

A105 ✤✤✤ 2006대비(나) 6월 모평 4(고3)

$a=\sqrt{2}$, $b=\sqrt[3]{3}$일 때, $\sqrt[6]{6}$을 a, b로 나타낸 것은? (3점)

① $a^{\frac{1}{3}}b^{\frac{1}{2}}$ ② $a^{\frac{1}{2}}b^{\frac{1}{3}}$ ③ $a^{\frac{1}{2}}b^{\frac{1}{6}}$

④ $a^{\frac{1}{6}}b^{\frac{1}{3}}$ ⑤ $a^{\frac{1}{6}}b^{\frac{1}{6}}$

유형 08 지수법칙의 활용 – 식 변형

(1) $a^x=b^y=k$의 조건이 주어진 문제는 $a=k^{\frac{1}{x}}$, $b=k^{\frac{1}{y}}$으로 놓고 지수법칙을 이용하여 식의 값을 구한다.

(2) **지수법칙**

$a>0$, $b>0$이고 m, n이 실수일 때,

① $a^m a^n=a^{m+n}$ ② $a^m \div a^n=a^{m-n}$

③ $(a^m)^n=a^{mn}$ ④ $(ab)^n=a^n b^n$

⑤ $\left(\dfrac{b}{a}\right)^n=\dfrac{b^n}{a^n}$

（tip）

① 지수법칙을 적절히 써서 식을 분해하여 대입하고, 반복되는 것은 치환하여 간단하게 나타낸다.

② 네 양수 a, b, c, d에 대하여 $a^x=b^y=c^z=d$의 조건이 주어진 경우에는 세 등식 $a^x=d$, $b^y=d$, $c^z=d$로 놓으면 계산하기에 편리하다.

A106 대표 2019실시(가) 6월 학평 4(고2)

실수 x가 $5^x=\sqrt{3}$을 만족시킬 때, $5^{2x}+5^{-2x}$의 값은? (3점)

① $\dfrac{19}{6}$ ② $\dfrac{10}{3}$ ③ $\dfrac{7}{2}$

④ $\dfrac{11}{3}$ ⑤ $\dfrac{23}{6}$

A107 ✤✤✤ 2019실시(나) 4월 학평 16(고3)

두 실수 a, b에 대하여 $2^a=3$, $6^b=5$일 때, 2^{ab+a+b}의 값은? (4점)

① 15   ② 18   ③ 21

④ 24   ⑤ 27

A108 ✤✤✤ 2018실시(나) 9월 학평 17(고2)

두 실수 a, b에 대하여

$$2^{\frac{4}{a}}=100, \quad 25^{\frac{2}{b}}=10$$

이 성립할 때, $2a+b$의 값은? (4점)

① 3   ② $\dfrac{13}{4}$ ③ $\dfrac{7}{2}$

④ $\dfrac{15}{4}$ ⑤ 4

A109 ✤✤✤ 2013실시(A) 11월 학평 8(고2)

실수 x, y에 대하여 $27^x=5$, $125^y=9$일 때, xy의 값은? (3점)

① $\dfrac{1}{9}$ ② $\dfrac{2}{9}$ ③ $\dfrac{1}{3}$

④ $\dfrac{4}{9}$ ⑤ $\dfrac{5}{9}$

A110 ✿✿✿ 2009실시(나) 7월 학평 10(고3)

세 양수 a, b, c가 $a^x = b^{2y} = c^{3z} = 7$, $abc = 49$를 만족할 때, $\dfrac{6}{x} + \dfrac{3}{y} + \dfrac{2}{z}$의 값은? (3점)

① 8   ② 10   ③ 12

④ 14   ⑤ 16

A111 ✿✿✿ 2009대비(나) 9월 모평 20(고3)

두 실수 a, b가 $3^{a+b} = 4$, $2^{a-b} = 5$를 만족할 때, $3^{a^2-b^2}$의 값을 구하시오. (3점)

A112 ✿✿✿ 2020실시 11월 학평 24(고2)

실수 a에 대하여 $4^a = \dfrac{4}{9}$일 때, 2^{3-a}의 값을 구하시오.

(3점)

A113 ✿✿✿ 2019실시(가) 6월 학평 14(고2)

양수 a와 두 실수 x, y가

$$15^x = 8, \quad a^y = 2, \quad \frac{3}{x} + \frac{1}{y} = 2$$

를 만족시킬 때, a의 값은? (4점)

① $\dfrac{1}{15}$ ② $\dfrac{2}{15}$ ③ $\dfrac{1}{5}$

④ $\dfrac{4}{15}$ ⑤ $\dfrac{1}{3}$

A114 ✿✿✿ 2017실시(나) 9월 학평 15(고2)

두 양수 a, b에 대하여

$$2^a = 3^b, \quad (a-2)(b-2) = 4$$

일 때, $4^a \times 3^{-b}$의 값은? (4점)

① 12   ② 18   ③ 36

④ 54   ⑤ 72

A115 ✿✿✿ 2012실시(나) 3월 학평 10(고3)

$80^x = 2$, $\left(\dfrac{1}{10}\right)^y = 4$, $a^z = 8$을 만족시키는 세 실수 x, y, z에 대하여 $\dfrac{1}{x} + \dfrac{2}{y} - \dfrac{1}{z} = 1$이 성립할 때, 양수 a의 값은? (3점)

① 32   ② 64   ③ 96

④ 128   ⑤ 160

유형 09 지수법칙의 활용 $-a^x+a^{-x}$ 꼴

$x>0$일 때,

(1) $\left(x^{\frac{1}{2}}\pm x^{-\frac{1}{2}}\right)^2=x+x^{-1}\pm 2$ (복호동순)

(2) $\left(x^{\frac{1}{3}}\pm x^{-\frac{1}{3}}\right)^3=(x\pm x^{-1})\pm 3\left(x^{\frac{1}{3}}\pm x^{-\frac{1}{3}}\right)$ (복호동순)

tip

주어진 조건식을 다음 곱셈 공식을 이용하여 대입하기 쉬운 꼴로 변형한다.

① $a^2+b^2=(a+b)^2-2ab=(a-b)^2+2ab$

② $a^2-b^2=(a+b)(a-b)$

A116 대표 .... 2012실시(나) 3월 학평 23(고3)

$a^{\frac{1}{2}}+a^{-\frac{1}{2}}=10$을 만족시키는 양수 a에 대하여 $a+a^{-1}$의 값을 구하시오. (3점)

A117 ✿✿✿ .... 2023실시 6월 학평 26(고2)

등식 $(3^a+3^{-a})^2=2(3^a+3^{-a})+8$을 만족시키는 실수 a에 대하여 27^a+27^{-a}의 값을 구하시오. (4점)

A118 ✿✿✿ .... 2018실시(나) 3월 학평 25(고3)

두 실수 a, b에 대하여

$$2^a+2^b=2,\ 2^{-a}+2^{-b}=\frac{9}{4}$$

일 때, 2^{a+b}의 값은 $\frac{q}{p}$이다. $p+q$의 값을 구하시오.

(단, p와 q는 서로소인 자연수이다.) (3점)

A119 ✿✿✿ .... 2011실시(나) 3월 학평 4(고3)

$3^x+3^{1-x}=10$일 때, 9^x+9^{1-x}의 값은? (3점)

① 91　　　　② 92　　　　③ 93

④ 94　　　　⑤ 95

유형 10 지수법칙의 활용 $-\dfrac{a^{kx}\pm a^{-kx}}{a^x+a^{-x}}$ 꼴

분자, 분모에 a^x, a^{kx} 등을 적절히 곱하여 식을 간단히 정리한 후, 주어진 조건을 이용하여 식의 값을 계산한다.

tip

$a>0$에 대하여 $a^x a^x=a^{2x}$, $a^x a^{-x}=1$이 성립함을 이용하자.

A120 대표

$a>0$에 대하여 $a^{2x}=2$일 때, $\dfrac{a^{3x}-a^{-3x}}{a^x+a^{-x}}$의 값은? (3점)

① $\dfrac{2}{3}$　　　　② $\dfrac{5}{6}$　　　　③ 1

④ $\dfrac{7}{6}$　　　　⑤ $\dfrac{4}{3}$

A121 ✿✿✿

$3^{\frac{1}{x}}=4$일 때, $\dfrac{2^{5x}+2^{-x}}{2^{3x}+2^{-x}}$의 값을 구하시오. (3점)

A122 ✿✣✣ 2016실시(가) 3월 학평 25(고2)

실수 a에 대하여 $9^a=8$일 때, $\dfrac{3^a-3^{-a}}{3^a+3^{-a}}$의 값을 $\dfrac{q}{p}$라 하자. $p+q$의 값을 구하시오. (단, p와 q는 서로소인 자연수이다.) (3점)

고난도
유형 11 **지수법칙의 활용**

$a>0$, $b>0$이고 m, n이 실수일 때,

① $a^m a^n = a^{m+n}$　　② $a^m \div a^n = a^{m-n}$

③ $(a^m)^n = a^{mn}$　　④ $(ab)^n = a^n b^n$

⑤ $\left(\dfrac{b}{a}\right)^n = \dfrac{b^n}{a^n}$　　⑥ $a^{-1} = \dfrac{1}{a}$, $a^0 = 1$

(tip)

① 다른 단원과 통합된 문제들이 나올 수 있으므로 각 단원의 기본 개념을 정확하게 이해하여 문제 풀이에 적용할 수 있게 하자.

② 그래프를 활용하는 문제에서는 주어진 점의 좌표의 특징을 이용하면 쉽게 문제를 해결할 수 있다.

A123 대표 2016실시(가) 6월 학평 13(고2)

자연수 n에 대하여 직선 $x=n$이 두 무리함수 $y=\sqrt{x}$, $y=2\sqrt{x}$의 그래프와 만나는 점을 각각 A_n, B_n이라 하자.

삼각형 $\mathrm{OA}_n\mathrm{B}_n$의 넓이를 $S(n)$이라고 할 때, $S(2^{10})=2^k$이다. k의 값은? (단, O는 원점이다.) (3점)

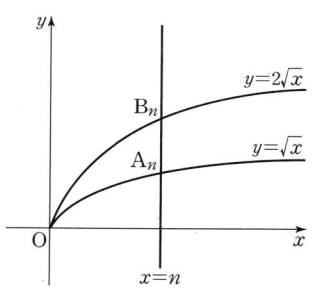

① 10　　② 11　　③ 12

④ 13　　⑤ 14

A124 ✿✣✣ 2009실시(나) 7월 학평 18(고3)

$a>0$, $a\neq 1$에 대하여 $\left\{\dfrac{\sqrt{a^3}}{\sqrt[3]{\sqrt{a^4}}} \times \sqrt{\left(\dfrac{1}{a}\right)^{-4}}\right\}^6 = a^k$일 때, 상수 k의 값을 구하시오. (3점)

A125 ✿✿✣ 2017실시(나) 3월 학평 15(고3)

그림과 같이 좌표평면에 두 함수 $f(x)=x^2$, $g(x)=x^3$의 그래프가 있다. 곡선 $y=f(x)$ 위의 한 점 $\mathrm{P}_1(a, f(a))(a>1)$에서 x축에 내린 수선의 발을 Q_1이라 하자. 선분 OQ_1을 한 변으로 하는 정사각형 $\mathrm{OQ}_1\mathrm{AB}$의 한 변 AB가 곡선 $y=g(x)$와 만나는 점을 P_2, 점 P_2에서 x축에 내린 수선의 발을 Q_2라 하자. 선분 OQ_2를 한 변으로 하는 정사각형 $\mathrm{OQ}_2\mathrm{CD}$의 한 변 CD가 곡선 $y=f(x)$와 만나는 점을 P_3, 점 P_3에서 x축에 내린 수선의 발을 Q_3이라 하자. 두 점 Q_2, Q_3의 x좌표를 각각 b, c라 할 때, $bc=2$가 되도록 하는 점 P_1의 y좌표의 값은? (단, O는 원점이고, 두 점 A, C는 제1사분면에 있다.) (4점)

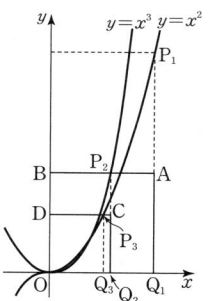

① 8　　② 10　　③ 12

④ 14　　⑤ 16

A126 ✽✽✽

$P_n = 3^{\frac{1}{n(n+1)}}$ 에 대하여

$P_1 \times P_2 \times P_3 \times \cdots \times P_{2010} = 3^k$ 일 때, 상수 k의 값은?

(단, n은 자연수이다.) (3점)

① $\dfrac{2009}{2010}$ ② $\dfrac{2010}{2011}$ ③ 1

④ $\dfrac{2011}{2010}$ ⑤ $\dfrac{2010}{2009}$

유형 12 지수법칙의 실생활 응용

(1) 지수로 표현된 관계식이 주어진 문제는 조건에서 주어진 값들을 관계식의 변수에 적절히 대입하여 해결한다.

(2) 관계식이 주어지지 않은 경우에는 주어진 상황을 식으로 나타내어 해결한다.

(tip)

실생활 소재 문제는 문제의 길이가 긴 경우가 있지만, 대부분 식이 주어지므로 이것을 이용하면 쉽게 풀 수 있다.

① 문제를 읽어나가며 변수에 들어간 값들을 체크한다.

② 주어진 관계식에 대입한 후, 지수법칙을 이용한다.

A127 대표

반지름의 길이가 r인 원형 도선에 세기가 I인 전류가 흐를 때, 원형 도선의 중심에서 수직 거리 x만큼 떨어진 지점에서의 자기장의 세기를 B라 하면 다음과 같은 관계식이 성립한다고 한다.

$$B = \frac{kIr^2}{2(x^2+r^2)^{\frac{3}{2}}}$$ (단, k는 상수이다.)

전류의 세기가 $I_0 (I_0 > 0)$으로 일정할 때, 반지름의 길이가 r_1인 원형 도선의 중심에서 수직 거리 x_1만큼 떨어진 지점에서의 자기장의 세기를 B_1, 반지름의 길이가 $3r_1$인 원형 도선의 중심에서 수직 거리 $3x_1$만큼 떨어진 지점에서의 자기장의 세기를 B_2라 하자. $\dfrac{B_2}{B_1}$의 값은? (단, 전류의 세기의 단위는 A, 자기장의 세기의 단위는 T, 길이와 거리의 단위는 m이다.) (4점)

① $\dfrac{1}{6}$ ② $\dfrac{1}{4}$ ③ $\dfrac{1}{3}$

④ $\dfrac{5}{12}$ ⑤ $\dfrac{1}{2}$

A128 ✽✽✽

그림과 같이 64 MHz에서 125 MHz까지의 주파수를 나타내는 반원 모양의 어떤 계기판이 있다. 64 MHz를 가리키던 바늘이 시계방향으로 θ(라디안)만큼 회전했을 때 가리키는 주파수를 f MHz라 하면

$$f = ka^\theta \ (k, a는 상수, 0 \le \theta \le \pi)$$

인 관계가 성립한다.

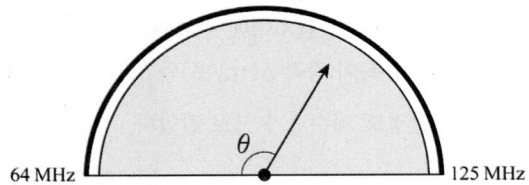

$\theta = \dfrac{2}{3}\pi$일 때, 바늘이 가리키는 주파수는? (4점)

① $96\,\text{MHz}$ ② $98\,\text{MHz}$ ③ $100\,\text{MHz}$

④ $102\,\text{MHz}$ ⑤ $104\,\text{MHz}$

A129 ✽✽✽

그림과 같이 세 개의 옥타브로 이루어진 어떤 피아노가 있다. 각 옥타브마다 '도'를 0번 음으로 하고 나머지 음에 순서대로 번호를 붙이면 '솔'은 7번 음, '라'는 9번 음이 된다.

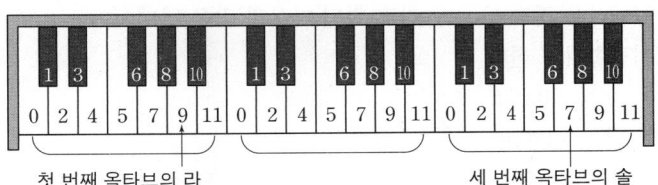

이 피아노의 m번째 옥타브의 p번 음의 진동수 $N\,(\text{Hz})$는 다음과 같다.

$$N = k \times 2^m \times (\sqrt[12]{2})^p$$ (단, k는 상수이다.)

세 번째 옥타브의 '솔'의 진동수는 첫 번째 옥타브의 '라'의 진동수의 몇 배인가? (3점)

① $2^{\frac{7}{6}}$ ② $2^{\frac{3}{2}}$ ③ $2^{\frac{11}{6}}$

④ $2^{\frac{13}{6}}$ ⑤ $2^{\frac{5}{2}}$

A130 ✳✳✳ ────── 2014대비(A) 6월 모평 15(고3)

지면으로부터 H_1인 높이에서 풍속이 V_1이고 지면으로부터 H_2인 높이에서 풍속이 V_2일 때, 대기 안정도 계수 k는 다음 식을 만족시킨다.

$$V_2 = V_1 \times \left(\frac{H_2}{H_1}\right)^{\frac{2}{2-k}}$$

(단, $H_1 < H_2$이고, 높이의 단위는 m, 풍속의 단위는 m/초이다.)
A지역에서 지면으로부터 12 m와 36 m인 높이에서 풍속이 각각 2(m/초)와 8(m/초)이고, B지역에서 지면으로부터 10 m와 90 m인 높이에서 풍속이 각각 a(m/초)와 b(m/초)일 때, 두 지역의 대기 안정도 계수 k가 서로 같았다. $\dfrac{b}{a}$의 값은?

(단, a, b는 양수이다.) (4점)

① 10   ② 13   ③ 16
④ 19   ⑤ 22

A131 ✳✳✳ ────── 2010대비(나) 수능 10(고3)

조개류는 현탁물을 여과한다. 수온이 t(℃)이고 개체 중량이 w(g)일 때, A 조개와 B 조개가 1시간 동안 여과하는 양(L)을 각각 Q_A, Q_B라고 하면 다음과 같은 관계식이 성립한다고 한다.

$$Q_A = 0.01t^{1.25}w^{0.25}$$
$$Q_B = 0.05t^{0.75}w^{0.30}$$

수온이 20 ℃이고 A 조개와 B 조개의 개체중량이 각각 8 g일 때, $\dfrac{Q_A}{Q_B}$의 값은 $2^a \times 5^b$이다. $a+b$의 값은? (단, a, b는 유리수이다.)

(3점)

① 0.15   ② 0.35   ③ 0.55
④ 0.75   ⑤ 0.95

A132 ✳✳✳ ────── 2005대비 12월 예비(나) 26(고3)

어떤 호수에서 수면에서의 빛의 세기가 I_0일 때, 수심이 d m인 곳에서의 빛의 세기 I_d는 다음과 같이 나타내어진다고 한다.

$$I_d = I_0 2^{-0.25d}$$

이 호수에서 빛의 세기가 수면에서의 빛의 세기의 25 %인 곳의 수심은? (3점)

① 16 m   ② 12 m   ③ 10 m
④ 8 m   ⑤ 4 m

A133 ✳✳✳ ────── 2021실시 6월 학평 21(고2)

폭약에 의한 수중 폭발이 일어나면 폭발 지점에서 가스버블이 생긴다. 수면으로부터 폭발 지점까지의 깊이가 D(m)인 지점에서 무게가 W(kg)인 폭약이 폭발했을 때의 가스버블의 최대반경을 R(m)라고 하면 다음과 같은 관계식이 성립한다고 한다.

$$R = k\left(\frac{W}{D+10}\right)^{\frac{1}{3}}$$ (단, k는 양의 상수이다.)

수면으로부터 깊이가 d(m)인 지점에서 무게가 160 kg인 폭약이 폭발했을 때의 가스버블의 최대반경을 R_1(m)이라 하고, 같은 폭발 지점에서 무게가 p(kg)인 폭약이 폭발했을 때의 가스버블의 최대반경을 R_2(m)라 하자. $\dfrac{R_1}{R_2} = 2$일 때, p의 값은? (단, 폭약의 종류는 같다.) (3점)

① 8   ② 12   ③ 16
④ 20   ⑤ 24

A134 ✿❀❀

단원자 이상기체의 단열 과정에서 단열 팽창 전 온도와 부피를 각각 T_i, V_i라 하고 단열 팽창 후 온도와 부피를 각각 T_f, V_f라 하자. 단열 팽창 전과 단열 팽창 후의 온도와 부피 사이에는 다음과 같은 관계식이 성립한다고 한다.

$$T_i V_i^{\gamma-1} = T_f V_f^{\gamma-1}$$

$\left(\text{단, 기체몰 열용량의 비 } \gamma = \dfrac{5}{3} \text{이고, 온도의 단위는 K, 부피의 단위는 } \text{m}^3 \text{이다.}\right)$

단열 팽창 전 온도가 $480(\text{K})$이고 부피가 $5(\text{m}^3)$인 단원자 이상기체가 있다. 이 기체가 단열 팽창하여 기체의 온도가 $270(\text{K})$가 되었을 때, 기체의 부피(m^3)는? (3점)

① $\dfrac{308}{27}$ ② $\dfrac{311}{27}$ ③ $\dfrac{314}{27}$

④ $\dfrac{317}{27}$ ⑤ $\dfrac{320}{27}$

A135 ✿❀❀

어떤 물질의 부패지수 P와 일평균 습도 $H(\%)$, 일평균 기온 $t(℃)$ 사이에는 다음과 같은 관계식이 성립한다고 한다.

$$P = \frac{H-65}{14} \times (1.05)^t$$

일평균 습도가 72 %, 일평균 기온이 10 ℃인 날에 이 물질의 부패지수를 P_1이라 하자. 일평균 습도가 79 %, 일평균 기온이 x ℃인 날에 이 물질의 부패지수가 $4P_1$일 때, x의 값은?

(단, $1.05^{14} = 2$로 계산한다.) (4점)

① 22 ② 24 ③ 26

④ 28 ⑤ 30

A136 ✿❀❀

어느 도시의 t년도 인구수를 $P \times 10^6$(명)이라 하면

$$P = 5 \times 2^{\frac{t-2001}{15}}$$

인 관계가 성립한다고 한다. 이 도시의 인구수가 2006년 인구수의 2배가 되는 해는? (3점)

① 2017년 ② 2019년 ③ 2021년

④ 2023년 ⑤ 2025년

A137 ✱❀❀ ──────── 유형 01

2 이상 30 이하인 자연수 n에 대하여 $n-9$의
n제곱근 중 양의 실수가 존재하고, $n-20$의 n제곱근 중
음의 실수가 존재하도록 하는 n의 개수를 구하고 그 과정을
서술하시오. (10점)

1st $n-9$의 n제곱근 중 양의 실수가 존재하는 n의 조건을
구한다.

2nd $n-20$의 n제곱근 중 음의 실수가 존재하는 n의 조건을 구한다.

3rd 자연수 n의 개수를 구한다.

A138 ✱✱❀ ──────── 유형 06

2 이상의 두 자연수 m, n에 대하여 x에 대한 방정식
$$(x^m - 2^6)(x^n + 2^9) = 0$$
이 서로 다른 세 실근 α_1, α_2, α_3을 가진다. 세 수 α_1, α_2, α_3이
모두 정수일 때, $m+n=k$를 만족시키는 모든 자연수 k의
값의 합을 구하고 그 과정을 서술하시오. (10점)

1st 세 실근을 가지기 위한 m, n의 조건과 실근의 집합
$\{\alpha_1, \alpha_2, \alpha_3\}$을 구한다.

2nd α_1, α_2, α_3이 서로 다른 정수가 되기 위한 m, n, k의 값을
각각 구한다.

A139 ✱❀❀ ──────── 유형 11

등식
$$\left(\frac{1-2^{-1}+2^{-2}-2^{-3}+2^{-4}-2^{-5}}{2^5+2^4+2^3+2^2+2+1}\right)^{-3} \times (\sqrt[3]{4}-\sqrt[3]{2}+1)^{-3}$$
$$= (2^a + 2^b)^3$$
을 만족시키는 유리수 a, b에 대하여 $3a+b$의 값을 구하고
그 과정을 서술하시오. (단, $a>b$) (10점)

1st $\left(\dfrac{1-2^{-1}+2^{-2}-2^{-3}+2^{-4}-2^{-5}}{2^5+2^4+2^3+2^2+2+1}\right)^{-3}$의 값을 구한다.

2nd $(\sqrt[3]{4}-\sqrt[3]{2}+1)^{-3}$의 값을 구한다.

3rd $3a+b$의 값을 구한다.

A140 ✱✱✱ ──────── 유형 02

1이 아닌 세 양수 a, b, c가 다음 조건을 모두
만족시킨다.

> (가) a는 b의 5제곱근이다.
> (나) c는 $\sqrt[3]{a}$의 네제곱근이다.

$\dfrac{b}{c} = a^x$일 때, 실수 x의 값을 $\dfrac{q}{p}$라 하자. $q-p$의 값을 구하고 그
과정을 서술하시오. (단, p, q는 서로소인 자연수이다.) (10점)

1st 거듭제곱근의 정의를 활용해서 a, b, c의 관계를 구한다.

2nd a, b, c를 한 문자로 표현하여 x의 값을 구한다.

A141 ✽✽✽   유형 08

0이 아닌 네 실수 a, b, c, k가 다음 조건을 만족시킬 때, k의 값을 구하고 그 과정을 서술하시오. (10점)

> (가) $27^a = 25^b = 15^c$
> (나) $kab = (2b + 3a)c$

A142 ✽✽✽   유형 11

x에 대한 이차방정식

$$\frac{1}{\sqrt{3}}x^2 - 18x + \sqrt{a} \times {}^{2 \times 3}\!\sqrt{a} \times {}^{3 \times 4}\!\sqrt{a} = 0$$

의 서로 다른 두 실근 α, β에 대하여 $\alpha \times \beta$의 값이 정수가 되도록 하는 모든 자연수 a의 값의 합을 구하고 그 과정을 서술하시오.

(10점)

A143 ✽✽✽   유형 09

1이 아닌 두 양수 a, b와 두 실수 x, y가 다음 조건을 만족시킨다.

> (가) $a^{\frac{b}{a}} = b^a = (ab)^{ab}$
> (나) $a^{\frac{2}{x}} = 3$
> (다) $b^{2y} + 1 = 6b^{y+1}$

$36 \times 3^x - \dfrac{2 + b^{2y} + b^{-2y}}{3^x - 1}$의 값을 구하고 그 과정을 서술하시오.

(10점)

A144 ✽✽✽   유형 06

$\left(\dfrac{n}{18}\right)^{\frac{n}{12}}$이 자연수가 되도록 하는 500보다 작은 모든 자연수 n의 개수를 구하고 그 과정을 서술하시오. (10점)

A145 ✽✽✽   유형 06

$x = \dfrac{1}{2}(3^{10} - 2 \times 3^{-10})$일 때, $\sqrt[n]{x + \sqrt{x^2 + 2}}$ 가 자연수가 되는 1보다 큰 자연수 n의 개수를 구하고 그 과정을 서술하시오. (10점)

A146 ✽✽✽   유형 12

사람의 몸 안에 들어온 방사성 물질 세슘 137은 신체 대사 작용을 통해 시간이 지남에 따라 일정한 비율로 몸 밖으로 빠져나간다. 이때 이 물질이 절반만큼 몸 밖으로 빠져나가는 데 걸리는 시간을 세슘 137의 생물학적 반감기라 하고 세슘 137의 생물학적 반감기는 110일이다. 세슘 137이 몸 안에 들어왔을 때 응급약인 프러시안 블루를 처방하면 세슘 137의 생물학적 반감기를 30일로 줄일 수 있다고 한다. 어떤 사고로 A와 B의 몸 안에 세슘 137이 각각 320 mg, 20 mg이 들어와서 응급조치가 필요한 A에게만 프러시안 블루를 처방하였을 때, A의 체내 세슘 137의 양이 B의 세슘 137의 양과 같아지는 시점은 사고일로부터 n일 후라고 한다. 자연수 n의 값을 구하고 그 과정을 서술하시오.

(단, n은 자연수) (10점)

A147 ★★★ 2022대비 6월 모평 21(고3)

다음 조건을 만족시키는 최고차항의 계수가 1인 이차함수 $f(x)$가 존재하도록 하는 모든 자연수 n의 값의 합을 구하시오. (4점)

(가) x에 대한 방정식 $(x^n - 64)f(x) = 0$은 서로 다른 두 실근을 갖고, 각각의 실근은 중근이다.

(나) 함수 $f(x)$의 최솟값은 음의 정수이다.

A148 ★★★ 2019실시(가) 6월 학평 21(고2)

자연수 n에 대하여 $f(n)$이 다음과 같다.

$$f(n) = \begin{cases} \sqrt[4]{9 \times 2^{n+1}} & (n\text{이 홀수}) \\ \sqrt[4]{4 \times 3^n} & (n\text{이 짝수}) \end{cases}$$

10 이하의 두 자연수 p, q에 대하여 $f(p) \times f(q)$가 자연수가 되도록 하는 모든 순서쌍 (p, q)의 개수는? (4점)

① 36　　　② 38　　　③ 40

④ 42　　　⑤ 44

A149 ★★★ .... 2017실시(가) 6월 학평 17(고2)

두 집합 $A=\{3, 4\}$, $B=\{-9, -3, 3, 9\}$에 대하여
집합 X를

$$X=\{x \mid x^a=b, \; a \in A, \; b \in B, \; x \text{ 는 실수}\}$$

라 할 때, [보기]에서 옳은 것만을 있는 대로 고른 것은? (4점)

─ [보기] ─
ㄱ. $\sqrt[3]{-9} \in X$
ㄴ. 집합 X의 원소의 개수는 8이다.
ㄷ. 집합 X의 원소 중 양수인 모든 원소의 곱은 $\sqrt[4]{3^7}$이다.

① ㄱ   ② ㄱ, ㄴ   ③ ㄱ, ㄷ
④ ㄴ, ㄷ   ⑤ ㄱ, ㄴ, ㄷ

[1등급 대비+2등급 대비]

A150 ✿ 2등급 대비 ..... 2017실시(나) 3월 학평 21(고3)

자연수 m에 대하여 집합 A_m을

$$A_m=\left\{(a, b) \;\middle|\; 2^a=\frac{m}{b}, \; a, \; b \text{ 는 자연수}\right\}$$

라 할 때, [보기]에서 옳은 것만을 있는 대로 고른 것은? (4점)

─ [보기] ─
ㄱ. $A_4=\{(1, 2), (2, 1)\}$
ㄴ. 자연수 k에 대하여 $m=2^k$이면 $n(A_m)=k$이다.
ㄷ. $n(A_m)=1$이 되도록 하는 두 자리 자연수 m의
　　개수는 23이다.

① ㄱ   ② ㄱ, ㄴ   ③ ㄱ, ㄷ
④ ㄴ, ㄷ   ⑤ ㄱ, ㄴ, ㄷ

A151 ✿ 2등급 대비 .... 2016대비(A) 수능 16(고3)

어느 금융상품에 초기자산 W_0을 투자하고 t년이
지난 시점에서의 기대자산 W가 다음과 같이 주어진다고 한다.

$$W=\frac{W_0}{2} \times 10^{at}(1+10^{at})$$

(단, $W_0>0$, $t \geq 0$이고, a는 상수이다.)

이 금융상품에 초기자산 w_0을 투자하고 15년이 지난 시점에서의
기대자산은 초기자산의 3배이다. 이 금융상품에 초기자산 w_0을
투자하고 30년이 지난 시점에서의 기대자산이 초기자산의
k배일 때, 실수 k의 값은? (단, $w_0>0$) (4점)

① 9   ② 10   ③ 11
④ 12   ⑤ 13

방그사 (방과 후 그린 사업)

서울대학교 에너지환경 동아리

지속가능한 미래를 위한 '방그사'

방그사는 '방과 후 그린 사업'이란 뜻을 지닌 동아리로, 2020년에 신설된 젊은 동아리입니다. 2019년에 에너지자원공학과 학생 11명이 환경 NGO 대자연과 함께하는 #MakeZero #MakeGreenCampus 에너지 절약 실천 사업에 참여하면서 방그사가 시작되었습니다.

기후 변화 문제에 대처하는 하나의 주제(텀블러 사용, 분리수거 등)를 선정하여 한 달에 4번 이상 실천한 사진을 자신의 SNS에 인증하는 활동을 합니다.
또 초등학교 3, 4학년을 대상으로 한 환경 교육 수업 동영상을 제작하고, '기업의 환경 활동'을 주제로 한 기고문을 작성하여 Climate Times에 기고도 합니다.

그린캠퍼스 교육을 연수하고, 타 대학 그린캠퍼스 환경 동아리 및 환경 단체와 교류도 하는데, 이러한 활동의 노고를 인정받아 에코리그에서 서울시장상을 수상하기도 하였습니다.

기후 변화에 대처하고, 건강한 지구를 만드는 데 관심이 있는 신입 부원을 기다립니다.

B 로그

★ 최신 3개년 수능＋모평 출제 경향

학년도		출제 유형	난이도
2025	수능		
	9월	출제되지 않음	
	6월	출제되지 않음	
2024	수능	유형 04 로그의 성질의 활용 – 식의 값	✲❀❀
	9월	유형 05 로그의 성질의 활용 – 식의 정리	✲❀❀
	6월	출제되지 않음	
2023	수능	출제되지 않음	
	6월	유형 06 로그의 성질의 응용	✲✲✲

★ 자주 출제되는 필수 개념 학습법

• 로그의 정의와 성질을 이용한 식의 값을 계산하는 간단한 문제가 자주 출제된다. 특히 로그의 정의 중 진수와 밑의 조건을 제대로 알고 있는지 묻는 간단한 문제로 출제되는 경우가 많기 때문에 방심하기 쉬워 실수하기 쉬운 부분이다.

• 지수나 로그를 사용해 정의된 식이 주어지는 실생활 문제가 자주 출제되므로 지수와 로그의 성질을 활용하여 주어진 식에 빠르고 정확하게 대입하도록 연습하자.

• 최근에 상용로그표를 보고 상용로그의 값을 구하는 기초적인 문제가 출제되고 있다. 직접 상용로그의 값을 구할 수 없을 경우 로그의 성질을 이용하여 값을 구할 수 있는 범위로 변형할 수 있어야 한다.

• 상용로그의 정수 부분과 소수 부분의 정의와 성질을 정확하게 이해하고, 문제의 조건에 따라 변형하여 사용할 수 있어야 한다.

개념 강의

중요도 ★★★

1 로그의 정의[1] — 유형 01

$a>0$, $a\neq1$일 때, 임의의 양수 b에 대하여 $a^x=b$를 만족시키는 실수 x를 $\log_a b$로 나타내고, 이 값 x를 a를 밑으로 하는 b의 **로그**라 한다.

$$a^x=b \iff x=\log_a \overset{\text{진수}}{b}$$
$$\underset{\text{밑}}{}$$

+개념 보충

[1] $\log_a N$이 정의되기 위해서는
① 밑의 조건 : $a>0$, $a\neq1$
② 진수의 조건 : $N>0$

2 로그의 성질 — 유형 02~10

(1) 로그의 성질[2]

$a>0$, $a\neq1$, $x>0$, $y>0$일 때,

① $\log_a 1=0$, $\log_a a=1$ ⟮예⟯ $\log_2 1=0$, $\log_2 2=1$

② $\log_a xy=\log_a x+\log_a y$ ⟮예⟯ $\log_3 6=\log_3 3+\log_3 2=1+\log_3 2$

③ $\log_a \dfrac{x}{y}=\log_a x-\log_a y$ ⟮예⟯ $\log_4 \dfrac{4}{7}=\log_4 4-\log_4 7=1-\log_4 7$

④ $\log_a x^k=k\log_a x$ (단, k는 실수) ⟮예⟯ $\log_5 2^6=6\log_5 2$

(2) 로그의 밑의 변환 공식[3]

$a>0$, $a\neq1$이고 $b>0$일 때,

① $\log_a b=\dfrac{\log_c b}{\log_c a}$ (단, $c>0$, $c\neq1$) ⟮예⟯ $\log_2 5=\dfrac{\log_3 5}{\log_3 2}$

② $\log_a b=\dfrac{1}{\log_b a}$ (단, $b\neq1$) ⟮예⟯ $\log_2 3=\dfrac{1}{\log_3 2}$

(3) 로그의 여러 가지 성질[4]

$a>0$, $a\neq1$, $b>0$이고, m, n은 실수일 때,

① $\log_{a^m} b^n=\dfrac{n}{m}\log_a b$ (단, $m\neq0$)

② $a^{\log_c b}=b^{\log_c a}$ (단, $c>0$, $c\neq1$)

③ $a^{\log_a b}=b$

④ $\log_a b\times\log_b a=1$ (단, $b\neq1$)

 출제 **2024 수능 9번**

★ 수직선 위의 좌표가 로그로 나타내어진 두 점에 대하여 두 점을 연결한 선분의 내분점을 로그의 성질을 이용하여 구하는 중 난이도의 문제가 출제되었다.

왜 그럴까?

[2] 로그의 계산에서 다음에 주의한다.
① $\log_a (M+N)$
   $\neq\log_a M+\log_a N$
② $\log_a M\times\log_a N$
   $\neq\log_a M+\log_a N$
③ $\log_a (M-N)$
   $\neq\log_a M-\log_a N$
④ $\dfrac{\log_a M}{\log_a N}$
   $\neq\log_a M-\log_a N$
⑤ $\log_a N^k\neq(\log_a N)^k$

[3] 로그의 밑의 변환
$\log_a b$를 밑이 b인 로그로 나타내면
$\log_a b=\dfrac{\log_b b}{\log_b a}=\dfrac{1}{\log_b a}$

한걸음 더!

[4] 문장제 문제는 빈출이므로 복잡해도 간단하게 정리한 후 로그의 성질을 이용해서 계산할 수 있어야 한다.
이때, 로그의 정의를 정확히 기억해서 지수를 로그로, 로그를 지수로 바꾸는 게 자연스럽다면 계산하는 데도 도움이 될 것이다.

3 상용로그[5] — 유형 11~16

(1) 상용로그의 뜻

$\log_{10} N$과 같이 10을 밑으로 하는 로그를 **상용로그**라 하고, 흔히 밑 10을 생략하여 $\log N$으로 나타낸다.

즉, $\log_{10} N \iff \log N$ (단, $N>0$)

(2) 상용로그의 정수 부분과 소수 부분

임의의 양수 N에 대하여 $\log N=n+\alpha$ (n은 정수, $0\le\alpha<1$)로 나타낼 때, n을 $\log N$의 정수 부분, α를 $\log N$의 소수 부분이라 한다.

(3) 상용로그의 성질

① 정수 부분이 n자리인 수의 상용로그의 정수 부분은 $(n-1)$이다.

② 소수점 아래 n째 자리에서 처음으로 0이 아닌 숫자가 나타내는 수의 상용로그의 정수 부분은 $-n$이다.

③ 숫자의 배열이 같고 소수점의 위치만 다른 양수의 상용로그의 소수 부분은 모두 같다.

왜 그럴까?

[5] n자리인 수를 A라 하면
$10^{n-1}\le A<10^n$
각각 상용로그를 취하면
$\log 10^{n-1}\le\log A<\log 10^n$
$\therefore n-1\le\log A<n$
즉, $\log A$의 정수 부분은 $n-1$이 된다.

1 로그의 정의

[B01~04] 다음 등식을 로그를 사용하여 나타내시오.

B01 $3^3 = 27$ **B02** $2^{-3} = 0.125$

B03 $49^{\frac{1}{2}} = 7$ **B04** $5^0 = 1$

[B05~08] 다음 등식을 지수를 사용하여 나타내시오.

B05 $\log_5 25 = 2$ **B06** $\log_3 \sqrt{3} = \frac{1}{2}$

B07 $\log_4 64 = 3$ **B08** $\log_{\frac{1}{2}} \frac{1}{16} = 4$

[B09~12] 다음이 정의되도록 하는 실수 x의 값의 범위를 구하시오.

B09 $\log_3 (x-4)$ **B10** $\log_{x-1} 5$

B11 $\log_{(x-2)} (10-x)$ **B12** $\log_x (x^2-4)$

2 로그의 성질

[B13~16] 다음 값을 구하시오.

B13 $\log_2 64$ **B14** $\log_{\frac{1}{5}} 125$

B15 $\log_9 3$ **B16** $\log_3 1$

[B17~20] 다음 등식을 만족시키는 x의 값을 구하시오.

B17 $\log_3 x = 2$ **B18** $\log_x 81 = 2$

B19 $\log_x \frac{1}{10} = -\frac{1}{3}$ **B20** $\log_4 x = \frac{1}{2}$

[B21~24] 다음 값을 구하시오.

B21 $\log_2 9 + \log_2 \left(\frac{8}{3}\right)^2$

B22 $3 \log_5 3 - 2 \log_5 75$

B23 $\log_3 4 \times \log_4 9$

B24 $(\log_2 3 + \log_4 9)(\log_3 4 + \log_9 2)$

[B25~26] $\log_5 2 = a$, $\log_5 3 = b$일 때, 다음 식을 a, b를 사용하여 나타내시오.

B25 $\log_2 3$ **B26** $\log_5 \frac{2}{\sqrt{6}}$

3 상용로그

[B27~28] 다음 값을 구하시오.

B27 $\log 1000$ **B28** $\log \frac{1}{\sqrt[5]{1000}}$

[B29~32] $\log 3.13 = 0.4955$일 때, 다음 상용로그의 값을 구하시오.

B29 $\log 31.3$ **B30** $\log 313$

B31 $\log 0.0313$ **B32** $\log 0.00313$

[B33~34] $\log 2 = 0.3010$, $\log 3 = 0.4771$일 때, 다음 상용로그의 값을 구하시오.

B33 $\log 6$ **B34** $\log \sqrt{72}$

[B35~36] 다음 수가 n자리 정수일 때, n의 값을 구하시오.
(단, $\log 2 = 0.3010$, $\log 3 = 0.4771$로 계산한다.)

B35 2^{100} **B36** $4^{10} \times 5^{17}$

수능 유형별 기출 문제 [2점, 3점, 쉬운 4점]

Pass 쉬운 유형, 반복 계산 문제로 패스 하셔도 좋습니다.

1 로그의 정의

유형 01 로그의 정의

(1) $a^x = N \iff x = \log_a N$

(2) $\log_a N$에서 a를 **로그의 밑**, N을 **로그의 진수**라고 한다.

이때, 로그가 정의되기 위한 조건은 다음과 같다.

① 밑의 조건 : $a > 0$, $a \neq 1$

② 진수의 조건 : $N > 0$

(tip)

① 지수를 로그로 바꿀 때, 지수의 밑은 로그의 밑으로 가고, 로그를 지수로 바꿀 때, 로그의 밑은 지수의 밑으로 간다.

② 로그가 정의되려면
• 밑은 1이 아닌 양수   • 진수는 양수
인 조건을 모두 만족시켜야 한다.

B37 대표 .... 2024실시 6월 학평 14(고2)

모든 실수 x에 대하여 $\log_a (x^2 + ax + a + 8)$이 정의되기 위한 모든 정수 a의 값의 합은? (4점)

① 27   ② 29   ③ 31
④ 33   ⑤ 35

B38 ✽✽✽ .... 2019실시(나) 6월 학평 23(고2)

$\log_3 (6-x)$가 정의되도록 하는 모든 자연수 x의 값의 합을 구하시오. (3점)

B39 ✽✽✽ .... 2018실시(나) 4월 학평 12(고3)

$\log_a(-2a+14)$가 정의되도록 하는 정수 a의 개수는? (3점)

① 1   ② 2   ③ 3
④ 4   ⑤ 5

B40 ✽✽✽ .... 2009실시(나) 4월 학평 19(고3)

$\log_{(x-3)} (-x^2 + 11x - 24)$가 정의되기 위한 모든 정수 x의 합을 구하시오. (3점)

B41 ✽✽✽ .... 2019실시(가) 6월 학평 24(고2)

$\log_{(a+3)} (-a^2 + 3a + 28)$이 정의되도록 하는 모든 정수 a의 개수를 구하시오. (3점)

B42 ✽✽✽ .... 2019실시(나) 3월 학평 26(고3)

$\log_x (-x^2 + 4x + 5)$가 정의되기 위한 모든 정수 x의 값의 합을 구하시오. (4점)

B43 ✽✽✽ .... 2017실시(나) 4월 학평 13(고3)

모든 실수 x에 대하여 $\log_a (x^2 + 2ax + 5a)$가 정의되기 위한 모든 정수 a의 값의 합은? (3점)

① 9   ② 11   ③ 13
④ 15   ⑤ 17

유형 02 **로그의 성질**

$a > 0$, $a \neq 1$, $x > 0$, $y > 0$일 때,
① $\log_a 1 = 0$, $\log_a a = 1$
② $\log_a xy = \log_a x + \log_a y$
③ $\log_a \dfrac{x}{y} = \log_a x - \log_a y$
④ $\log_a x^k = k \log_a x$ (단, k는 실수)

tip

로그의 계산 문제에서는 지수법칙을 이용하는 경우가 많다. 지수법칙을 정확히 알아두고, 계산에서 실수하지 않도록 주의하자.

B44 대표 ·········· 2024실시 6월 학평 2(고2)

$\log_3 24 + \log_3 \dfrac{3}{8}$의 값은? (2점)

① 1   ② 2   ③ 3
④ 4   ⑤ 5

B45 ✿✿✿ ·········· 2019실시(가) 9월 학평 1(고2)

$\log_3 9$의 값은? (2점)

① 1   ② 2   ③ 3
④ 4   ⑤ 5

B46 ✿✿✿ ·········· 2020실시 9월 학평 1(고2)

$\log 4 + \log 25$의 값은? (2점)

① 1   ② 2   ③ 3
④ 4   ⑤ 5

B47 ✿✿✿ ·········· 2023실시 9월 학평 22(고2)

$\log_2 8 + \log_2 \dfrac{1}{2}$의 값을 구하시오. (3점)

B48 ✿✿✿ Pass ·········· 2019실시(나) 9월 학평 3(고2)

$\log 10^3$의 값은? (2점)

① 1   ② 2   ③ 3
④ 4   ⑤ 5

B49 ✿✿✿ Pass ·········· 2019실시(가) 9월 학평 23(고2)

$\log 20 + \log 5$의 값을 구하시오. (3점)

B50 ✿✿✿ ·········· 2019실시(나) 7월 학평 12(고3)

1보다 큰 두 실수 a, b에 대하여 $\log_a \dfrac{a^3}{b^2} = 2$가 성립할 때, $\log_a b + 3 \log_b a$의 값은? (3점)

① $\dfrac{9}{2}$ ② 5   ③ $\dfrac{11}{2}$
④ 6   ⑤ $\dfrac{13}{2}$

B51 ✿✿✿

$\log_2 \dfrac{4}{3} + \log_2 12$의 값은? (3점)

① 1　　　　② 2　　　　③ 3
④ 4　　　　⑤ 5

B52 ✿✿✿

$\log_2 12 - \log_2 3$의 값은? (2점)

① 1　　　　② 2　　　　③ 3
④ 4　　　　⑤ 5

B53 ✿✿✿ Pass

$\log_2 48 - \log_2 3$의 값은? (2점)

① 1　　　　② 2　　　　③ 3
④ 4　　　　⑤ 5

B54 ✿✿✿

$\log_3 18 - \log_3 2$의 값은? (2점)

① 1　　　　② 2　　　　③ 3
④ 4　　　　⑤ 5

B55 ✿✿✿ Pass

$\log_3 36 - \log_3 4$의 값은? (2점)

① 1　　　　② 2　　　　③ 3
④ 4　　　　⑤ 5

B56 ✿✿✿

$a = 9^{11}$일 때, $\dfrac{1}{\log_a 3}$의 값을 구하시오. (3점)

B57 ✿✿✿ Pass

$\log_5 50 + \log_5 \dfrac{1}{2}$의 값을 구하시오. (3점)

B58 ✿✿✿ Pass

$\log_6 3 + \log_6 12$의 값을 구하시오. (3점)

B59 ❀❀❀ Pass .... 2018실시(나) 3월 학평 23(고3)

$\log_2(2^2 \times 2^3)$의 값을 구하시오. (3점)

B60 ❀❀❀ Pass .... 2017실시(나) 7월 학평 2(고3)

$\log_2 2 + \log_3 9$의 값은? (2점)

① 1   ② 3   ③ 5

④ 7   ⑤ 9

B61 ❀❀❀ Pass .... 2018대비(나) 6월 모평 25(고3)

$\log_3 \dfrac{9}{2} + \log_3 6$의 값을 구하시오. (3점)

B62 ❀❀❀ Pass .... 2017대비(나) 9월 모평 4(고3)

$\log_3 6 - \log_3 2$의 값은? (3점)

① 1   ② 2   ③ 3

④ 4   ⑤ 5

B63 ❀❀❀ Pass .... 2015실시(B) 10월 학평 22(고3)

$9^{\frac{1}{2}} \times \log_2 8$의 값을 구하시오. (3점)

B64 ❀❀❀ Pass .... 2014대비 5월 예비(A) 1(고3)

$4^{-\frac{1}{2}} \times \log_3 9$의 값은? (2점)

① 1   ② 2   ③ 3

④ 4   ⑤ 5

B65 ❀❀❀

$4^{\frac{3}{2}} \times \log_5 \sqrt{5}$의 값은? (2점)

① 5   ② 4   ③ 3

④ 2   ⑤ 1

B66 ❀❀❀ Pass .... 2021실시 6월 학평 2(고2)

$\log_2 \sqrt{2} + \log_2 2\sqrt{2}$의 값은? (2점)

① 1   ② 2   ③ 3

④ 4   ⑤ 5

B67 ✿✿✿ —————————— 2017실시(나) 3월 학평 22(고3)

$\left(\dfrac{1}{4}\right)^{-2} \times \log_2 8$의 값을 구하시오. (3점)

B68 ✿✿✿ —————————— 2016실시(가) 6월 학평 23(고2)

$\log_2(3+\sqrt{5}) + \log_2(3-\sqrt{5})$의 값을 구하시오. (3점)

B69 ✿✿✿ Pass ————————— 2019실시(나) 11월 학평 22(고2)

$\log_3 18 - \log_3 2$의 값을 구하시오. (3점)

B70 ✿✿✿ ——————————— 2022실시 6월 학평 11(고2)

81의 세제곱근 중 실수인 것을 a라 할 때, $\log_9 a$의 값은? (3점)

① $\dfrac{1}{3}$ ② $\dfrac{4}{9}$ ③ $\dfrac{5}{9}$

④ $\dfrac{2}{3}$ ⑤ $\dfrac{7}{9}$

유형 03 로그의 여러 가지 성질

(1) **로그의 밑의 변환**

$a>0$, $a\neq1$, $b>0$, $b\neq1$일 때,

① $\log_a b = \dfrac{\log_c b}{\log_c a}$ (단, $c>0$, $c\neq1$)

② $\log_a b = \dfrac{1}{\log_b a}$

(2) **로그의 여러 가지 성질**

① $\log_{a^m} b^n = \dfrac{n}{m}\log_a b$ (단, $m\neq0$)

② $a^{\log_c b} = b^{\log_c a}$ (단, $c>0$, $c\neq1$)

③ $a^{\log_a b} = b$

tip

1️⃣ 로그의 밑이 같지 않은 경우에는 밑의 변환 공식을 이용하여 밑을 같게한 후 주어진 식을 간단히 정리한다.

2️⃣ 착각하기 쉬운 로그의 성질

$\log_a(x+y) \neq \log_a x \times \log_a y$, $\log_a x \times \log_a y \neq \log_a x + \log_a y$

$\dfrac{\log_a x}{\log_a y} \neq \log_a x - \log_a y$, $(\log_a x)^n \neq n\log_a x$

B71 대표 ——————————— 2018실시(나) 3월 학평 12(고3)

$\dfrac{1}{\log_4 18} + \dfrac{2}{\log_9 18}$의 값은? (3점)

① 1   ② 2   ③ 3

④ 4   ⑤ 5

B72 ✿✿✿ ——————————— 2023실시 6월 학평 2(고2)

$\dfrac{\log_4 64}{\log_4 8}$의 값은? (2점)

① 1   ② 2   ③ 3

④ 4   ⑤ 5

B73 ✿✿✿ ——————————— 2024실시 9월 학평 6(고2)

$\log_2 5 \times \log_5 3 + \log_2 \dfrac{16}{3}$의 값은? (3점)

① 1   ② 2   ③ 3

④ 4   ⑤ 5

B74 ✿✿✿ 2022실시 11월 학평 3(고2)

$\log_{81} 12 - \log_{81} 4$의 값은? (2점)

① $\dfrac{1}{8}$ ② $\dfrac{1}{4}$ ③ $\dfrac{3}{8}$

④ $\dfrac{1}{2}$ ⑤ $\dfrac{5}{8}$

B75 ✿✿✿ 2021실시 6월 학평 7(고2)

$(\sqrt{2})^{1+\log_2 3}$의 값은? (3점)

① $\sqrt{6}$ ② $2\sqrt{2}$ ③ $\sqrt{10}$

④ $2\sqrt{3}$ ⑤ $\sqrt{14}$

유형 04 로그의 성질의 활용 – 식의 값

(i) 주어진 조건식과 구하는 식의 밑을 통일한다.
(ii) 구하는 식의 진수를 곱의 형태로 바꾸고, 로그의 합으로 나타낸다.
(iii) (ii)에 주어진 조건식을 대입한다.

(tip)

쉬운 문제로 앞에서 배운 로그의 정의(유형 01)와 로그의 성질(유형 02)을 이용하여 구하고자 하는 식의 값이 바로 나오는 문제도 종종 출제되므로 다시 한 번 개념을 정리하고 넘어가자.

B76 대표 2016실시(나) 4월 학평 4(고3)

두 양수 a, b에 대하여 $\log_2 a = 54$, $\log_2 b = 9$일 때, $\log_b a$의 값은? (3점)

① 3 ② 6 ③ 9

④ 12 ⑤ 15

B77 ✿✿✿ 2022대비 5월 예시 18(고2)

두 양수 x, y가

$$\log_2 (x+2y) = 3, \quad \log_2 x + \log_2 y = 1$$

을 만족시킬 때, $x^2 + 4y^2$의 값을 구하시오. (3점)

B78 ✿✿✿ 2017실시(가) 6월 학평 10(고2)

$\log_2 5 = a$, $\log_5 7 = b$일 때, $(2^a)^b$의 값은? (3점)

① 7 ② 9 ③ 11

④ 13 ⑤ 15

B79 ✿✿✿ 2022실시 9월 학평 24(고2)

$\log_5 2 = a$, $\log_2 7 = b$일 때, 25^{ab}의 값을 구하시오.

(3점)

B80 ✿✿✿ 2021실시 11월 학평 8(고2)

1이 아닌 양수 a에 대하여 $\log_2 3 \times \log_a 4 = \dfrac{1}{2}$일 때, $\log_3 a$의 값은? (3점)

① 2 ② $\dfrac{5}{2}$ ③ 3

④ $\dfrac{7}{2}$ ⑤ 4

B81 ✿✿✿ 2016실시(나) 3월 학평 5(고3)

양수 a에 대하여 $\log_2 \dfrac{a}{4} = b$일 때, $\dfrac{2^b}{a}$의 값은? (3점)

① $\dfrac{1}{16}$ ② $\dfrac{1}{8}$ ③ $\dfrac{1}{4}$

④ $\dfrac{1}{2}$ ⑤ 1

B82 ❀❀❀ 2016실시(나) 3월 학평 8(고3)

1이 아닌 두 양수 a, b에 대하여 $7\log a = 2\log b$일 때, $\dfrac{8}{21}\log_a b$의 값은? (3점)

① $\dfrac{1}{3}$ ② $\dfrac{2}{3}$ ③ 1

④ $\dfrac{4}{3}$ ⑤ $\dfrac{5}{3}$

B83 ❀❀❀ 2020대비(나) 6월 모평 8(고3)

$\log_2 5 = a$, $\log_5 3 = b$일 때, $\log_5 12$를 a, b로 옳게 나타낸 것은? (3점)

① $\dfrac{1}{a} + b$ ② $\dfrac{2}{a} + b$ ③ $\dfrac{1}{a} + 2b$

④ $a + \dfrac{1}{b}$ ⑤ $2a + \dfrac{1}{b}$

B84 ❀❀❀ 2019실시(가) 6월 학평 9(고2)

$\log 2 = a$, $\log 3 = b$라 할 때, $\log_5 18$을 a, b로 나타낸 것은? (3점)

① $\dfrac{2a+b}{1+a}$ ② $\dfrac{a+2b}{1+a}$ ③ $\dfrac{a+b}{1-a}$

④ $\dfrac{2a+b}{1-a}$ ⑤ $\dfrac{a+2b}{1-a}$

B85 ❀❀❀ 2017실시(나) 3월 학평 8(고3)

$\log 2 = a$, $\log 3 = b$라 할 때, $\log \dfrac{4}{15}$를 a, b로 나타낸 것은? (3점)

① $3a - b - 1$ ② $3a + b - 1$ ③ $2a - b + 1$
④ $2a + b - 1$ ⑤ $a - 3b + 1$

B86 ❀❀❀ 2018대비(나) 9월 모평 13(고3)

두 실수 a, b가
$$ab = \log_3 5, \quad b - a = \log_2 5$$
를 만족시킬 때, $\dfrac{1}{a} - \dfrac{1}{b}$의 값은? (3점)

① $\log_5 2$ ② $\log_3 2$ ③ $\log_3 5$
④ $\log_2 3$ ⑤ $\log_2 5$

B87 ❀❀❀ 2016실시(나) 7월 학평 24(고3)

1보다 큰 세 실수 a, b, c에 대하여
$$\log_c a : \log_c b = 2 : 3$$
일 때, $10\log_a b + 9\log_b a$의 값을 구하시오. (3점)

유형 05 로그의 성질의 활용 - 식의 정리

(i) 주어진 조건식과 구하는 식의 밑을 통일하여 문자 사이의 관계식을 구한다.

(ii) 구하는 식의 진수를 곱의 형태로 바꾸고, 로그의 합으로 나타낸다.

(iii) (ii)에 주어진 조건식을 대입한다.

tip

식을 변형하고 계산하는 데 로그의 정의와 성질을 이용한다. 이때, 조건식이 다항식 또는 밑이 다른 로그로 주어져 있을 때에는 로그의 밑의 변환을 이용하여 밑을 통일시켜 주는 것이 중요하다.

B88 대표 .... 2018실시(나) 9월 학평 15(고2)

1보다 큰 두 실수 a, b에 대하여

$$\log_a a^2 b^3 = 3$$

이 성립할 때, $\log_b a$의 값은? (4점)

① 2   ② $\dfrac{5}{2}$ ③ 3

④ $\dfrac{7}{2}$ ⑤ 4

B89 ✿✿✿ .... 2020실시 9월 학평 8(고2)

1이 아닌 두 양수 a, b에 대하여

$$\log_2 a = \log_8 b$$

가 성립할 때, $\log_a b$의 값은? (3점)

① $\dfrac{1}{3}$ ② $\dfrac{1}{2}$ ③ 2

④ 3   ⑤ 4

B90 ✿✿✿ .... 2023실시 9월 학평 9(고2)

두 양수 m, n에 대하여

$$\log_2 \left(m^2 + \dfrac{1}{4} \right) = -1, \quad \log_2 m = 5 + 3\log_2 n$$

일 때, $m+n$의 값은? (3점)

① $\dfrac{5}{8}$ ② $\dfrac{11}{16}$ ③ $\dfrac{3}{4}$

④ $\dfrac{13}{16}$ ⑤ $\dfrac{7}{8}$

B91 ✿✿✿ .... 2023실시 9월 학평 16(고2)

세 양수 a, b, c가

$$2^a = 3^b = c, \quad a^2 + b^2 = 2ab(a+b-1)$$

을 만족시킬 때, $\log_6 c$의 값은? (4점)

① $\dfrac{\sqrt{2}}{4}$ ② $\dfrac{1}{2}$ ③ $\dfrac{\sqrt{2}}{2}$

④ 1   ⑤ $\sqrt{2}$

B92 ✿✿✿ .... 2020실시 6월 학평 26(고2)

다음 조건을 만족시키는 두 실수 a, b에 대하여 $a+b$의 값을 구하시오. (4점)

> (가) $\log_2 (\log_4 a) = 1$
>
> (나) $\log_a 5 \times \log_5 b = \dfrac{3}{2}$

B93 ✿✿✿ .... 2022실시 6월 학평 26(고2)

1보다 큰 두 실수 a, b에 대하여

$$\log_{16} a = \dfrac{1}{\log_b 4}, \quad \log_6 ab = 3$$

이 성립할 때, $a+b$의 값을 구하시오. (4점)

B94 ✿✿✿ .... 2018대비(나) 수능 16(고3)

1보다 큰 두 실수 a, b에 대하여

$$\log_{\sqrt{3}} a = \log_9 ab$$

가 성립할 때, $\log_a b$의 값은? (4점)

① 1   ② 2   ③ 3

④ 4   ⑤ 5

B95 ✽❀❀   2016실시(나) 10월 학평 25(고3)

1이 아닌 두 양수 a, b에 대하여

$$\frac{\log_a b}{2a} = \frac{18\log_b a}{b} = \frac{3}{4}$$

이 성립할 때, ab의 값을 구하시오. (3점)

B96 ✽❀❀   2015실시(B) 3월 학평 6(고3)

두 실수 x, y가 $2^x = 3^y = 24$를 만족시킬 때, $(x-3)(y-1)$의 값은? (3점)

① 1   ② 2   ③ 3

④ 4   ⑤ 5

B97 ✽❀❀   2014실시(A) 4월 학평 15(고3)

1보다 크고 10보다 작은 세 자연수 a, b, c에 대하여

$$\frac{\log_c b}{\log_a b} = \frac{1}{2}, \ \frac{\log_b c}{\log_a c} = \frac{1}{3}$$

일 때, $a+2b+3c$의 값은? (4점)

① 21   ② 24   ③ 27

④ 30   ⑤ 33

B98 ✽❀❀   2024실시 6월 학평 27(고2)

1보다 큰 세 실수 a, b, c가 $\log_a b = 81$, $\log_c \sqrt{a} = \log_{\sqrt{b}} c$를 만족시킬 때, $\log_c b$의 값을 구하시오.

(4점)

B99 ✽❀❀   2021실시 9월 학평 24(고2)

1보다 큰 두 실수 a, b에 대하여

$$\log_9 \sqrt{a} = \log_3 b$$

일 때, $50 \times \log_b \sqrt{a}$의 값을 구하시오. (3점)

B100 ✽✽❀   2019대비(나) 수능 15(고3)

2 이상의 자연수 n에 대하여 $5\log_n 2$의 값이 자연수가 되도록 하는 모든 n의 값의 합은? (4점)

① 34   ② 38   ③ 42

④ 46   ⑤ 50

B101 ✿✿✾
2021실시 6월 학평 27(고2)

1보다 큰 세 실수 a, b, c가

$$\log_a b = \frac{\log_b c}{2} = \frac{\log_c a}{3} = k \ (k\text{는 상수})$$

를 만족시킬 때, $120k^3$의 값을 구하시오. (4점)

유형 06 로그의 성질의 응용

$a > 0$, $a \neq 1$, $x > 0$, $y > 0$일 때,

① $\log_a 1 = 0$, $\log_a a = 1$

② $\log_a xy = \log_a x + \log_a y$

③ $\log_a \dfrac{x}{y} = \log_a x - \log_a y$

④ $\log_{a^m} b^n = \dfrac{n}{m} \log_a b$ (단, $m \neq 0$)

⑤ $a^{\log_c b} = b^{\log_c a}$ (단, $c > 0$, $c \neq 1$)

(tip)

다른 단원과 통합된 문제들이 나올 수 있으므로 각 단원마다 기본 개념을 정확히 알아두자.

① 이차방정식 $ax^2 + bx + c = 0 \ (a \neq 0)$의 두 근이 α, β이면

$$\alpha + \beta = -\frac{b}{a}, \ \alpha\beta = \frac{c}{a}$$

② $a > 0$, $b > 0$일 때, $\dfrac{a+b}{2} \geq \sqrt{ab}$ (단, 등호는 $a = b$일 때 성립)

B102 대표
2019대비(나) 6월 모평 13(고3)

좌표평면 위의 두 점 $(1, \log_2 5)$, $(2, \log_2 10)$을 지나는 직선의 기울기는? (3점)

① 1   ② 2   ③ 3

④ 4   ⑤ 5

B103 ✿✿✿
2005대비(나) 수능 5(고3)

[보기]에서 옳은 것을 모두 고른 것은? (3점)

— [보기] —

ㄱ. $2^{\log_2 1 + \log_2 2 + \log_2 3 + \cdots + \log_2 10} = 10!$

ㄴ. $\log_2 (2^1 \times 2^2 \times 2^3 \times \cdots \times 2^{10})^2 = 55^2$

ㄷ. $(\log_2 2^1)(\log_2 2^2)(\log_2 2^3)\cdots(\log_2 2^{10}) = 55$

① ㄱ   ② ㄴ   ③ ㄷ

④ ㄱ, ㄷ   ⑤ ㄱ, ㄴ, ㄷ

B104 ✿✿✿
2023실시 6월 학평 27(고2)

자연수 전체의 집합의 두 부분집합

$$A = \{a, b, c\}, \ B = \{\log_2 a, \log_2 b, \log_2 c\}$$

에 대하여 $a + b = 24$이고 집합 B의 모든 원소의 합이 12일 때, 집합 A의 모든 원소의 합을 구하시오.

(단, a, b, c는 서로 다른 세 자연수이다.) (4점)

B105 ✿✿✿
2016실시(나) 6월 학평 12(고2)

$\dfrac{1}{4} \log 2^{2n} + \dfrac{1}{2} \log 5^n$이 정수가 되도록 하는 50 이하의 자연수 n의 개수는? (3점)

① 28   ② 25   ③ 22

④ 19   ⑤ 16

B106 ✽✽✽ .... 2004실시(나) 3월 학평 17(고3)

$a>1$, $b>1$일 때, $\log_{a^3} b^2 + \log_{b^4} a^3$의 최솟값은? (4점)

① 1   ② $\sqrt{2}$ ③ $\sqrt{3}$

④ 2   ⑤ $\sqrt{5}$

B107 ✽✽✽ .... 2020실시 6월 학평 28(고2)

자연수 k에 대하여 두 집합

$\quad A = \{\sqrt{a} \mid a$는 자연수, $1 \le a \le k\}$,

$\quad B = \{\log_{\sqrt{3}} b \mid b$는 자연수, $1 \le b \le k\}$

가 있다. 집합 C를

$\quad C = \{x \mid x \in A \cap B, x$는 자연수$\}$

라 할 때, $n(C) = 3$이 되도록 하는 모든 자연수 k의 개수를 구하시오. (4점)

B108 ✽✽✽ .... 2019실시(나) 9월 학평 17(고2)

2 이상의 자연수 n에 대하여 $\log_n 4 \times \log_2 9$의 값이 자연수가 되도록 하는 모든 n의 값의 합은? (4점)

① 93   ② 94   ③ 95

④ 96   ⑤ 97

B109 ✽✽✽ .... 2019실시(나) 6월 학평 19(고2)

자연수 n에 대하여 $2^{\frac{1}{n}} = a$, $2^{\frac{1}{n+1}} = b$라 하자.

$\left\{\dfrac{3^{\log_2 ab}}{3^{(\log_2 a)(\log_2 b)}}\right\}^5$이 자연수가 되도록 하는 모든 n의 값의 합은?

(4점)

① 14   ② 15   ③ 16

④ 17   ⑤ 18

B110 ✽✽✽ .... 2021대비(가) 수능 27(고3)

$\log_4 2n^2 - \dfrac{1}{2}\log_2 \sqrt{n}$의 값이 40 이하의 자연수가 되도록 하는 자연수 n의 개수를 구하시오. (4점)

B111 ✽✽✽ .... 2020실시(나) 3월 학평 25(고3)

$10 \le x < 1000$인 실수 x에 대하여 $\log x^3 - \log \dfrac{1}{x^2}$의 값이 자연수가 되도록 하는 모든 x의 개수를 구하시오. (3점)

유형 07 로그의 성질을 이용한 추론 – 빈칸

$a>0$, $a\neq 1$, $x>0$, $y>0$일 때,

① $\log_a 1=0$, $\log_a a=1$

② $\log_a xy=\log_a x+\log_a y$

③ $\log_a \dfrac{x}{y}=\log_a x-\log_a y$

④ $\log_{a^m} b^n=\dfrac{n}{m}\log_a b$ (단, $m\neq 0$)

⑤ $a^{\log_c b}=b^{\log_c a}$ (단, $c>0$, $c\neq 1$)

(tip)

주어진 과정을 따라가며 앞뒤의 관계를 파악하여 빈칸을 채운다. 로그의 정의와 성질을 이용하여 빈칸에 알맞은 식을 구한다.

B112 대표 ······· 2005대비 12월 예비(나) 14(고3)

다음은 $\log_a b$를 임의의 양수 c $(c\neq 1)$를 밑으로 하는 로그로 바꾸어 나타낼 수 있음을 증명한 것이다.

—— [증명] ——

$\log_a b=x$, $\log_c a=y$라고 하면

$a^x=b$, $c^y=a$이다.

이때, $b=c^{\boxed{\text{(가)}}}$이므로 $\boxed{\text{(가)}}=\log_c b$이다.

즉, $\log_a b\times \log_c a=\log_c b$이다.

여기서 $\boxed{\text{(나)}}$이므로 $\log_c a\neq 0$이다.

따라서 $\log_a b=\dfrac{\log_c b}{\log_c a}$

위의 증명에서 (가)와 (나)에 알맞은 것은? (3점)

	(가)	(나)
①	xy	$a\neq 1$
②	xy	$a>0$
③	$x+y$	$a\neq 1$
④	$x+y$	$a>0$
⑤	$\dfrac{x}{y}$	$a\neq 1$

B113 ❀❀❀ ······· 2005대비(나) 9월 모평 15(고3)

다음은 로그의 성질 $\log_b q^r=r\log_b q$를 이용하여 m이 0이 아닌 실수일 때,

$$\log_{a^m} b^n=\dfrac{n}{m}\log_a b \text{ (단, } a\text{는 1이 아닌 양수, } b\text{는 양수)}$$

가 성립함을 증명한 것이다.

—— [증명] ——

$x=\log_{a^m} b^n$으로 놓으면

$b^n=\boxed{\text{(가)}}=(a^x)^{\boxed{\text{(나)}}}$이므로

$a^x=\boxed{\text{(다)}}$

따라서 $x=\log_a \boxed{\text{(다)}}=\dfrac{n}{m}\log_a b$가 성립한다.

위의 증명에서 (가), (나), (다)에 알맞은 것을 차례로 나열한 것은? (3점)

	(가)	(나)	(다)
①	a^x	m	b^n
②	a^x	$\dfrac{m}{n}$	$b^{\frac{n}{m}}$
③	$(a^m)^x$	m	$b^{\frac{n}{m}}$
④	$(a^m)^x$	m	b^n
⑤	$(a^m)^x$	$\dfrac{m}{n}$	$b^{\frac{n}{m}}$

B114 ✽❋❋

다음은 자연수 n에 대하여 $\log_2 n$이 유리수이면 n을

$$n=2^k \text{ (단, } k\text{는 } k \geq 0\text{인 정수)}$$

의 꼴로 나타낼 수 있음을 증명한 것이다.

───────── [증명] ─────────

자연수 n에 대하여 $\log_2 n$이 유리수라고 하자.

n이 자연수이므로

$$n=2^k \times m$$

을 만족시키는 $k \geq 0$인 정수 k와 홀수인 자연수 m이 존재한다.

그러면

$$\log_2 n = \boxed{\text{(가)}}$$

따라서 $\log_2 n$이 유리수이면 $\log_2 m$도 유리수이어야 하므로

$$\log_2 m = \frac{q}{p} \text{ (단, } p\text{는 자연수이고 } q\text{는 정수)}$$

로 놓을 수 있다. 그러면

$$\boxed{\text{(나)}}$$

m이 홀수이므로 m^p은 홀수이다.

따라서 2^q도 홀수이어야 하므로

$$\boxed{\text{(다)}}$$

이고 $m=1$이다. 따라서 n을

$$n=2^k \text{ (단, } k\text{는 } k \geq 0\text{인 정수)}$$

의 꼴로 나타낼 수 있다.

───────────────────────

위의 증명에서 (가), (나), (다)에 알맞은 것은? (3점)

	(가)	(나)	(다)
①	$k\log_2 m$	$m^q=2^p$	$q=1$
②	$k\log_2 m$	$m^p=2^q$	$q=1$
③	$k+\log_2 m$	$m^q=2^p$	$q=0$
④	$k+\log_2 m$	$m^p=2^q$	$q=1$
⑤	$k+\log_2 m$	$m^p=2^q$	$q=0$

유형 08 로그의 성질을 이용한 추론 – 진위형

$a>0$, $a\neq 1$, $x>0$, $y>0$일 때,

① $\log_a 1 = 0$, $\log_a a = 1$

② $\log_a xy = \log_a x + \log_a y$

③ $\log_a \frac{x}{y} = \log_a x - \log_a y$

④ $\log_{a^m} b^n = \frac{n}{m}\log_a b$ (단, $m\neq 0$)

⑤ $a^{\log_c b} = b^{\log_c a}$ (단, $c>0$, $c\neq 1$)

(tip)

로그의 정의와 성질을 기억하고, 문제 풀이에 이용하자. 새롭게 정의된 함수나 식이 주어진 경우에는 조건에 숫자를 대입하여 문제를 해결한다.

B115 대표

2 이상인 두 자연수 a, b에 대하여 $R(a, b)$를 $R(a, b) = \sqrt[a]{b}$로 정의할 때, [보기]에서 옳은 것을 모두 고른 것은? (4점)

───────── [보기] ─────────

ㄱ. $R(16, 4) = R(8, 2)$

ㄴ. $R(a, 5) \times R(b, 5) = R(a+b, 5)$

ㄷ. $R(a, b) = k$이면 $a = \log_k b$이다.

───────────────────────

① ㄱ   ② ㄴ   ③ ㄱ, ㄷ

④ ㄴ, ㄷ   ⑤ ㄱ, ㄴ, ㄷ

B116 ✽❋❋

1이 아닌 양의 실수 x, y에 대하여 ◎을 $x◎y = \log_x y + \log_y x$로 정의할 때, [보기]에서 옳은 것을 모두 고른 것은?

(단, a, b는 양수이다.) (3점)

───────── [보기] ─────────

ㄱ. $4◎16 = \frac{5}{2}$

ㄴ. $a^k◎b^k = a◎b$

ㄷ. $a^b◎b^a = a◎b^{\frac{a}{b}}$

───────────────────────

① ㄱ   ② ㄴ   ③ ㄱ, ㄷ

④ ㄴ, ㄷ   ⑤ ㄱ, ㄴ, ㄷ

B117 ✳✿✿ ⸺⸺⸺ 2007대비(나) 6월 모평 7(고3)

자연수 n에 대하여 $f(n)=2^n-\log_2 n$이라 할 때, [보기]에서 옳은 것을 모두 고른 것은? (3점)

─[보기]─

ㄱ. $f(2)=3$
ㄴ. $f(8)=-f(\log_2 8)$
ㄷ. $f(2^n)+n=\{f(2^{n-1})+n-1\}^2$

① ㄱ ② ㄴ ③ ㄱ, ㄴ
④ ㄱ, ㄷ ⑤ ㄴ, ㄷ

B118 ✳✳✿ ⸺⸺⸺ 2010실시(나) 3월 학평 10(고3)

서로 다른 세 실수 x, y, z가 $2^x=3^y=6^z$을 만족시킬 때, 옳은 것만을 [보기]에서 있는 대로 고른 것은? (3점)

─[보기]─

ㄱ. $2^x\times 3^y=36^z$
ㄴ. $2^z\times 3^{z-y}=1$
ㄷ. $x+y=1$이면 $z=\log_6 2\times\log_6 3$이다.

① ㄱ ② ㄱ, ㄴ ③ ㄱ, ㄷ
④ ㄴ, ㄷ ⑤ ㄱ, ㄴ, ㄷ

(고난도)
유형 09 로그의 성질을 이용한 추론

(i) 주어진 조건을 등식으로 나타내고, 이 식을 정리하여 간단히 나타낸다.
(ii) (i)의 식과 구하는 식의 밑을 통일한다.
(iii) 구하는 식의 진수를 곱의 형태로 바꾸고, 로그의 합으로 나타낸다.
(iv) (iii)에 주어진 조건식을 대입한다.

(tip)

공통된 한 문자로 나타내어 주어진 조건식을 정리하면 구하고자 하는 식의 값을 구할 수 있다.
$a^x=b^y=c^z=k$로 놓고 로그의 정의와 성질을 이용한다.

B119 대표 ⸺⸺⸺ 2018실시(나) 4월 학평 19(고3)

2 이상의 세 실수 a, b, c가 다음 조건을 만족시킨다.

(가) $\sqrt[3]{a}$는 ab의 네제곱근이다.
(나) $\log_a bc+\log_b ac=4$

$a=\left(\dfrac{b}{c}\right)^k$이 되도록 하는 실수 k의 값은? (4점)

① 6 ② $\dfrac{13}{2}$ ③ 7
④ $\dfrac{15}{2}$ ⑤ 8

B120 ✳✿✿ ⸺⸺⸺ 2019실시(나) 6월 학평 16(고2)

두 양수 a, $b(b\neq 1)$가 다음 조건을 만족시킬 때, a^2+b^2의 값은? (4점)

(가) $(\log_2 a)(\log_b 3)=0$
(나) $\log_2 a+\log_b 3=2$

① 3 ② 4 ③ 5
④ 6 ⑤ 7

B121 ✱✱❀ .... 2023실시 11월 학평 17(고2)

1이 아닌 세 양수 a, b, c가

$$-4\log_a b = 54\log_b c = \log_c a$$

를 만족시킨다. $b \times c$의 값이 300 이하의 자연수가 되도록 하는 모든 자연수 a의 값의 합은? (4점)

① 91   ② 93   ③ 95
④ 97   ⑤ 99

B122 ✱✱❀ .... 2023실시 6월 학평 20(고2)

1이 아닌 두 자연수 a, b가 다음 조건을 만족시킨다.

> (가) $a < b < a^2$
> (나) $\log_a b$는 유리수이다.

$\log a < \dfrac{3}{2}$일 때, $a+b$의 최댓값은? (4점)

① 250   ② 270   ③ 290
④ 310   ⑤ 330

유형 10 로그와 이차방정식

이차방정식 $ax^2+bx+c=0$의 두 근이 $\log_k \alpha$, $\log_k \beta$라 하면 이차방정식의 근과 계수의 관계에 의하여

(1) $\log_k \alpha + \log_k \beta = \log_k \alpha\beta = -\dfrac{b}{a}$

(2) $\log_k \alpha \times \log_k \beta = \dfrac{c}{a}$

(tip)

이차방정식의 두 근이 $\log_a \alpha$, $\log_a \beta$와 같이 로그로 표현될 때, $\alpha\beta$의 값을 구하라는 문제는 이차방정식의 근과 계수의 관계를 이용하면 쉽게 풀 수 있다.

B123 대표 ....

이차방정식 $x^2-3x-3=0$의 두 근을 $\log_3 \alpha$, $\log_3 \beta$일 때, $\alpha\beta$의 값은? (3점)

① 3   ② 9   ③ 27
④ 81   ⑤ 243

B124 ❀❀❀ ....

이차방정식 $x^2-2x+a=0$의 두 근이 3, $\log_2 b$일 때, 상수 a, b에 대하여 $\dfrac{a}{b}$의 값은? (3점)

① -10 ② -6 ③ -2
④ 2   ⑤ 4

B125 ✱❀❀ .... 2017실시(나) 4월 학평 8(고3)

이차방정식 $x^2-18x+6=0$의 두 근을 α, β라 할 때, $\log_2(\alpha+\beta)-2\log_2 \alpha\beta$의 값은? (3점)

① -5 ② -4 ③ -3
④ -2 ⑤ -1

B126 ✱❀❀ ....

이차방정식 $2x^2+5x+1=0$의 두 근을 $\log_2 \alpha$, $\log_2 \beta$라 할 때, $(\log_2 \alpha)^2 + (\log_2 \beta)^2$의 값은? (3점)

① 5   ② $\dfrac{21}{4}$ ③ $\dfrac{11}{2}$
④ $\dfrac{23}{4}$ ⑤ 6

3 상용로그

유형 11 **상용로그표를 이용하여 값 구하기**

상용로그표는 1.00부터 9.99까지의 상용로그의 값을 반올림하여 소수점 아래 넷째 자리까지 나타낸 표이다.

⑩ log 1.23을 구할 때, 1.2의 가로줄과 3의 세로줄이 만나는 수가 .0899이므로 log 1.23＝0.0899

수	0	1	2	3	4	5	...
1.0	.0000	.0043	.0086	.0128	.0170	.0212	...
1.1	.0414	.0453	.0492	.0531	.0569	.0607	...
1.2	.0792	.0828	.0864	.0899	.0934	.0969	...
1.3	.1139	.1173	.1206	.1239	.1271	.1303	...
...	...	...	...	...	...	...	...

(tip)

양수 x에 대하여 $\log x = p$일 때,

$\log x^n = np$, $\log(x \times 10^n) = n + p$ (단, n은 자연수)

B127 대표 .... 2024실시 6월 학평 5(고2)

다음은 상용로그표의 일부이다.

수	...	4	5	6	...
⋮	⋮	⋮	⋮	⋮	⋮
4.2	...	.6274	.6284	.6294	...
4.3	...	.6375	.6385	.6395	...
4.4	...	.6474	.6484	.6493	...

위의 표를 이용하여 log 43.5의 값을 구한 것은? (3점)

① 1.6385　　② 1.6395　　③ 1.6474

④ 2.6385　　⑤ 2.6395

B128 ✿✿✿ .... 2020실시 6월 학평 5(고2)

다음은 상용로그표의 일부이다.

수	...	2	3	4	...
⋮	⋮	⋮	⋮	⋮	⋮
3.0	...	.4800	.4814	.4829	...
3.1	...	.4942	.4955	.4969	...
3.2	...	.5079	.5092	.5105	...
3.3	...	.5211	.5224	.5237	...

log 32.4의 값을 위의 표를 이용하여 구한 것은? (3점)

① 0.4800　　② 0.4955　　③ 1.4955

④ 1.5105　　⑤ 2.5105

B129 ✿✿✿ .... 2023실시 6월 학평 5(고2)

다음은 상용로그표의 일부이다.

수	...	7	8	9
⋮	⋮	⋮	⋮	⋮
5.9	...	.7760	.7767	.7774
6.0	...	.7832	.7839	.7846
6.1	...	.7903	.7910	.7917

위의 표를 이용하여 log 619의 값을 구한 것은? (3점)

① 1.7910　　② 1.7917　　③ 2.7903

④ 2.7917　　⑤ 3.7903

B130 ✿✿✿ .... 2022실시 6월 학평 5(고2)

다음은 상용로그표의 일부이다.

수	...	6	7	8	...
⋮	⋮	⋮	⋮	⋮	⋮
5.0	...	.7042	.7050	.7059	...
5.1	...	.7126	.7135	.7143	...
5.2	...	.7210	.7218	.7226	...

log 517의 값을 위의 표를 이용하여 구한 것은? (3점)

① 0.7126　　② 1.7042　　③ 1.7135

④ 2.7042　　⑤ 2.7135

B131 ✿✿✿ .... 2019실시(가) 6월 학평 7(고2)

다음은 상용로그표의 일부이다.

수	...	4	5	6	...
⋮	⋮	⋮	⋮	⋮	⋮
5.9	...	.7738	.7745	.7752	...
6.0	...	.7810	.7818	.7825	...
6.1	...	.7882	.7889	.7896	...

이 표를 이용하여 구한 $\log \sqrt{6.04}$의 값은? (3점)

① 0.3905　　② 0.7810　　③ 1.3905

④ 1.7810　　⑤ 2.3905

B132 ❀❀❀

오른쪽 상용로그표를 이용하여
$\log 134 - \log 15.3$
의 값을 계산한 것은? (3점)

수	⋯	2	3	4	5
1.3	⋯	.1206	.1239	.1271	.1303
1.4	⋯	.1523	.1553	.1584	.1614
1.5	⋯	.1818	.1847	.1875	.1903

① 0.9331   ② 0.9424

③ 0.9428   ④ 1.0250

⑤ 1.0311

B133 ❀❀❀

오른쪽 상용로그표를 이용
하여 다음 등식을 만족시키는
실수 x의 값을 구하시오.

(3점)

수	0	1	2	3	4
2.2	.3424	.3444	.3464	.3483	.3502
2.3	.3617	.3636	.3655	.3674	.3692
2.4	.3802	.3820	.3838	.3856	.3874

$$\log x - \log 2.31 = 0.022$$

B134 ❀❀❀   2021실시 6월 학평 5(고2)

다음은 상용로그표의 일부이다.

수	⋯	4	5	6	⋯
⋮		⋮	⋮	⋮	
3.1	⋯	.4969	.4983	.4997	⋯
3.2	⋯	.5105	.5119	.5132	⋯
3.3	⋯	.5237	.5250	.5263	⋯

$\log(3.14 \times 10^{-2})$의 값을 위의 표를 이용하여 구한 것은? (3점)

① -2.5119 ② -2.5031 ③ -2.4737

④ -1.5119 ⑤ -1.5031

유형 12   합 또는 차가 정수가 되는 상용로그

⑴ 두 상용로그의 합 또는 차가 정수가 되는 경우 진수가
10^k (k는 정수) 꼴임을 이용한다.

⑵ 두 상용로그 $\log A$, $\log B$의 차가 정수인 경우, A와 B의
숫자배열이 같으므로 $A = 10^k B$ (k는 정수)이다.

(tip)

$10^m < x < 10^n \iff m < \log x < n$

B135 대표

$1 < x < 100$일 때, $\log x^3$과 $\log x\sqrt{x}$의 차가 정수가
되도록 하는 x의 값들을 모두 곱한 것은? (3점)

① $\sqrt[3]{100}$ ② $10\sqrt[3]{10}$ ③ $10\sqrt{10}$

④ 100 ⑤ $100\sqrt{10}$

B136 ❀❀❀

$100 < x < 10000$일 때, $\log x^2$과 $\log \sqrt{x}$의 합이 정수가 되도록
하는 x의 개수를 구하시오. (3점)

B137 ❀❀❀

x가 세 자리의 자연수, y가 두 자리의 자연수일 때, $\log x$와
$\log y$의 합이 정수가 되도록 하는 xy의 값을 모두 구한 것은?

(3점)

① $10, 10^3$ ② $10^2, 10^3$ ③ $10^3, 10^4$

④ $10^4, 10^4$ ⑤ $10^4, 10^5$

유형 13 상용로그의 응용 – 식 대입

(1) 실생활 관련 소재에 로그로 표현된 관계식이 주어지면 조건에서 주어진 값을 관계식의 변수에 적절히 대입하여 문제를 해결한다.

(2) A가 B의 몇 배인지 조건으로 주어지거나 그 값을 구해야 할 때에는 $\log A - \log B = \log \dfrac{A}{B}$를 이용한다.

(tip)

전파감쇄비, 반감기, 온도변화, 상대밀도, 이온 농도, 주파수 등 공식에 상용로그가 있는 것들은 언제든지 실생활 문제로 나올 수 있다.

B138 대표 .... 2015대비(A) 수능 10(고3)

디지털 사진을 압축할 때 원본 사진과 압축한 사진의 다른 정도를 나타내는 지표인 최대 신호 대 잡음비를 P, 원본 사진과 압축한 사진의 평균제곱오차를 E라 하면 다음과 같은 관계식이 성립한다고 한다.

$$P = 20\log 255 - 10\log E \, (E > 0)$$

두 원본 사진 A, B를 압축했을 때 최대 신호 대 잡음비를 각각 P_A, P_B라 하고, 평균제곱오차를 각각 $E_A(E_A > 0)$, $E_B\,(E_B > 0)$이라 하자. $E_B = 100E_A$일 때, $P_A - P_B$의 값은? (3점)

① 30   ② 25   ③ 20
④ 15   ⑤ 10

B139 ✿✿✿ .... 2015대비(A) 9월 모평 10(고3)

도로용량이 C인 어느 도로구간의 교통량을 V, 통행시간을 t라 할 때, 다음과 같은 관계식이 성립한다고 한다.

$$\log\left(\frac{t}{t_0} - 1\right) = k + 4\log \frac{V}{C} \, (t > t_0)$$

(단, t_0는 도로 특성 등에 따른 기준통행시간이고, k는 상수이다.)
이 도로구간의 교통량이 도로용량의 2배일 때 통행시간은 기준 통행시간 t_0의 $\dfrac{7}{2}$배이다. k의 값은? (3점)

① $-4\log 2$ ② $1 - 7\log 2$ ③ $-3\log 2$
④ $1 - 6\log 2$ ⑤ $1 - 5\log 2$

B140 ✿✿✿ .... 2015대비(A) 6월 모평 15(고3)

세대당 종자의 평균 분산거리가 D이고 세대당 종자의 증식률이 R인 나무의 10세대 동안 확산에 의한 이동거리를 L이라 하면 다음과 같은 관계식이 성립한다고 한다.

$$L^2 = 100D^2 \times \log_3 R$$

세대당 종자의 평균 분산거리가 20이고 세대당 종자의 증식률이 81인 나무의 10세대 동안 확산에 의한 이동거리 L의 값은? (단, 거리의 단위는 m이다.) (4점)

① 400   ② 500   ③ 600
④ 700   ⑤ 800

B141 ✿✿✿ .... 2020실시 6월 학평 13(고2)

별의 밝기를 나타내는 방법으로 절대 등급과 광도가 있다. 임의의 두 별 A, B에 대하여 별 A의 절대 등급과 광도를 각각 M_A, L_A라 하고, 별 B의 절대 등급과 광도를 각각 M_B, L_B라 하면 다음과 같은 관계식이 성립한다고 한다.

$$M_A - M_B = -2.5 \log\left(\frac{L_A}{L_B}\right) \text{ (단, 광도의 단위는 W이다.)}$$

절대 등급이 4.8인 별의 광도가 L일 때, 절대 등급이 1.3인 별의 광도는 kL이다. 상수 k의 값은? (3점)

① $10^{\frac{11}{10}}$ ② $10^{\frac{6}{5}}$ ③ $10^{\frac{13}{10}}$
④ $10^{\frac{7}{5}}$ ⑤ $10^{\frac{3}{2}}$

B142 ✿❀❀ 2016실시(가) 3월 학평 17(고2)

약물을 투여한 후 약물의 흡수율을 K, 배설률을 E, 약물의 혈중농도가 최고치에 도달하는 시간을 T(시간)라 할 때, 다음과 같은 관계식이 성립한다고 한다.

$$T = c \times \frac{\log K - \log E}{K - E} \text{ (단, } c \text{는 양의 상수이다.)}$$

흡수율이 같은 두 약물 A, B의 배설률은 각각 흡수율의 $\frac{1}{2}$배, $\frac{1}{4}$배이다. 약물 A를 투여한 후 약물 A의 혈중농도가 최고치에 도달하는 시간이 3시간일 때, 약물 B를 투여한 후 약물 B의 혈중농도가 최고치에 도달하는 시간은 a(시간)이다. a의 값은? (4점)

① 3 　　② 4 　　③ 5
④ 6 　　⑤ 7

B143 ✿❀❀ 2016대비(A) 9월 모평 16(고3)

고속철도의 최고소음도 $L(\mathrm{dB})$을 예측하는 모형에 따르면 한 지점에서 가까운 선로 중앙 지점까지의 거리를 $d(\mathrm{m})$, 열차가 가까운 선로 중앙 지점을 통과할 때의 속력을 $v(\mathrm{km/h})$라 할 때, 다음과 같은 관계식이 성립한다고 한다.

$$L = 80 + 28\log \frac{v}{100} - 14\log \frac{d}{25}$$

가까운 선로 중앙 지점 P까지의 거리가 75 m인 한 지점에서 속력이 서로 다른 두 열차 A, B의 최고소음도를 예측하고자 한다. 열차 A가 지점 P를 통과할 때의 속력이 열차 B가 지점 P를 통과할 때의 속력의 0.9배일 때, 두 열차 A, B의 예측 최고 소음도를 각각 L_A, L_B라 하자. $L_B - L_A$의 값은? (4점)

① $14 - 28\log 3$ 　② $28 - 56\log 3$ 　③ $28 - 28\log 3$
④ $56 - 34\log 3$ 　⑤ $56 - 56\log 3$

B144 ✿❀❀ 2015실시(A) 4월 학평 16(고3)

어떤 앰프에 스피커를 접속 케이블로 연결하여 작동시키면 접속 케이블의 저항과 스피커의 임피던스(스피커에 교류전류가 흐를 때 생기는 저항)에 따라 전송 손실이 생긴다. 접속 케이블의 저항을 R, 스피커의 임피던스를 r, 전송 손실을 L이라 하면 다음과 같은 관계식이 성립한다고 한다.

$$L = 10\log\left(1 + \frac{2R}{r}\right)$$

(단, 전송 손실의 단위는 dB, 접속 케이블의 저항과 스피커의 임피던스의 단위는 Ω이다.)

이 앰프에 임피던스가 8인 스피커를 저항이 5인 접속 케이블로 연결하여 작동시켰을 때의 전송 손실은 저항이 a인 접속 케이블로 교체하여 작동시켰을 때의 전송 손실의 2배이다. 양수 a의 값은? (4점)

① $\frac{1}{2}$ 　　② 1 　　③ $\frac{3}{2}$
④ 2 　　⑤ $\frac{5}{2}$

엠프　　　접속 케이블　　　스피커

B145 ✿❀❀ 2013실시(A) 7월 학평 20(고3)

컴퓨터 통신이론에서 디지털 신호를 아날로그 신호로 바꾸는 통신장치의 성능을 평가할 때, 전송대역폭은 중요한 역할을 한다. 서로 다른 신호요소의 개수를 L, 필터링과 관련된 변수를 r, 데이터 전송률을 $R(\mathrm{bps})$, 신호의 전송대역폭을 $B(\mathrm{Hz})$라고 할 때, 다음의 식이 성립한다고 한다.

$$B = \left(\frac{1+r}{\log_2 L}\right) \times R$$

데이터 전송률이 같은 두 통신장치 P, Q의 서로 다른 신호요소의 개수, 필터링과 관련된 변수, 신호의 전송대역폭이 다음과 같을 때, k의 값은? (4점)

	서로 다른 신호요소의 개수	필터링과 관련된 변수	신호의 전송대역폭
P	l^3	0.32	b
Q	l	k	$4b$

① 0.74 　　② 0.75 　　③ 0.76
④ 0.77 　　⑤ 0.78

B146 ✲❀❀ 　　　　　　　　　　2013실시(A) 4월 학평 15(고3)

맥동변광성은 팽창과 수축을 반복하여 광도가 바뀌는 별이다. 맥동변광성의 반지름의 길이가 $R_1(\text{km})$, 표면온도가 $T_1(\text{K})$일 때의 절대등급이 M_1이고, 이 맥동변광성이 팽창하거나 수축하여 반지름의 길이가 $R_2(\text{km})$, 표면온도가 $T_2(\text{K})$일 때의 절대등급을 M_2라고 하면 이들 사이에는 다음 관계식이 성립한다고 한다.

$$M_2 - M_1 = 5\log\frac{R_1}{R_2} + 10\log\frac{T_1}{T_2}$$

어느 맥동변광성의 반지름의 길이가 $5.88 \times 10^6(\text{km})$, 표면온도가 $5000(\text{K})$일 때의 절대등급이 0.7이었고, 이 맥동변광성이 수축하여 반지름의 길이가 $R(\text{km})$, 표면온도가 $7000(\text{K})$일 때의 절대등급이 −0.3이었다. 이때, R의 값은? (4점)

① $3 \times 10^{6.2}$ 　　② $2.5 \times 10^{6.2}$ 　　③ $3 \times 10^{6.1}$

④ $2 \times 10^{6.2}$ 　　⑤ $2.5 \times 10^{6.1}$

B147 ✲❀❀ 　　　　　　　　　　2010대비(나) 9월 모평 6(고3)

어느 도시의 중심온도 $u(℃)$, 근교의 농촌온도 $r(℃)$, 도시화된 지역의 넓이 $a(\text{km}^2)$ 사이에는 다음과 같은 관계가 있다고 한다.

$$u = r + 0.65 + 1.6\log a$$

10년 전에 비하여 이 도시의 도시화된 지역의 넓이가 25 % 확장되었고 근교의 농촌온도는 변하지 않았을 때, 도시의 중심온도는 10년 전에 비하여 $x(℃)$ 높아졌다. x의 값은? (단, 도시 중심의 위치는 10년 전과 같고, $\log 2$는 0.30으로 계산한다.) (3점)

① 0.12 　　② 0.13 　　③ 0.14

④ 0.15 　　⑤ 0.16

유형 14 상용로그의 응용 – 식 비교

(ⅰ) 주어진 관계식에 알맞은 문자 또는 값을 대입한다.
(ⅱ) (ⅰ)을 로그의 정의 및 성질을 이용한다.

(tip)

실생활 소재 문제는 문제의 길이가 긴 경우가 있지만 대부분 식이 주어지므로 이것을 이용하면 쉽게 풀 수 있다. 문제를 읽어나가며 변수에 들어갈 값을 체크하고, 주어진 관계식에 대입하자.

B148 대표 　　　　　　　　　　2016실시(나) 4월 학평 16(고3)

어떤 지역의 먼지농도에 따른 대기오염 정도는 여과지에 공기를 여과시켜 헤이즈계수를 계산하여 판별한다. 광화학적 밀도가 일정하도록 여과지 상의 빛을 분산시키는 고형물의 양을 헤이즈계수 H, 여과지 이동거리를 $L(\text{m})$ $(L > 0)$, 여과지를 통과하는 빛전달률을 $S(0 < S < 1)$라 할 때, 다음과 같은 관계식이 성립한다고 한다.

$$H = \frac{k}{L}\log\frac{1}{S} \text{ (단, } k\text{는 양의 상수이다.)}$$

두 지역 A, B의 대기오염 정도를 판별할 때, 각각의 헤이즈계수를 H_A, H_B, 여과지 이동거리를 L_A, L_B, 빛전달률을 S_A, S_B라 하자. $\sqrt{3}H_A = 2H_B$, $L_A = 2L_B$일 때, $S_A = (S_B)^p$을 만족시키는 실수 p의 값은? (4점)

① $\sqrt{3}$ 　　② $\dfrac{4\sqrt{3}}{3}$ 　　③ $\dfrac{5\sqrt{3}}{3}$

④ $2\sqrt{3}$ 　　⑤ $\dfrac{7\sqrt{3}}{3}$

B149 ✲❀❀ 　　　　　　　　　　2013대비(나) 9월 모평 7(고3)

어떤 물질이 녹아 있는 용액에 단색광을 투과시킬 때 투과 전 단색광의 세기에 대한 투과 후 단색광의 세기의 비를 그 단색광의 투과도라고 한다. 투과도를 T, 단색광이 투과한 길이를 l, 용액의 농도를 d라 할 때, 다음 관계가 성립한다.

$$\log T = -kld \text{(단, } k\text{는 양의 상수이다.)}$$

이 물질에 대하여 투과길이가 $l_0(l_0 > 0)$이고 용액의 농도가 $3d_0(d_0 > 0)$일 때의 투과도를 T_1, 투과길이가 $2l_0$이고 용액의 농도가 $4d_0$일 때의 투과도를 T_2라 하자. $T_2 = T_1{}^n$을 만족시키는 n의 값은? (3점)

① 2 　　② $\dfrac{13}{6}$ 　　③ $\dfrac{7}{3}$

④ $\dfrac{5}{2}$ 　　⑤ $\dfrac{8}{3}$

❖ 정답 및 해설 63~66p

B150 ✿✿❀ 2015실시(A) 3월 학평 15(고3)

컴퓨터 화면에서 마우스 커서(👆)가 아이콘까지 이동하는
시간을 $T(초)$, 현재 마우스 커서의 위치로부터 아이콘의
중심까지의 거리를 $D(cm)$, 마우스 커서가 움직이는 방향으로
측정한 아이콘의 폭을 $W(cm)$라 하면 다음과 같은 관계식이
성립한다고 한다. (단, $D>0$)

$$T=a+\frac{1}{10}\log_2\left(\frac{D}{W}+1\right) \text{ (단, } a\text{는 상수)}$$

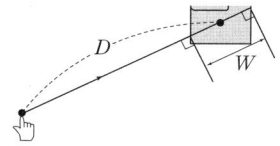

그림과 같이 컴퓨터 화면에 두 개의 아이콘 A, B가 있다.

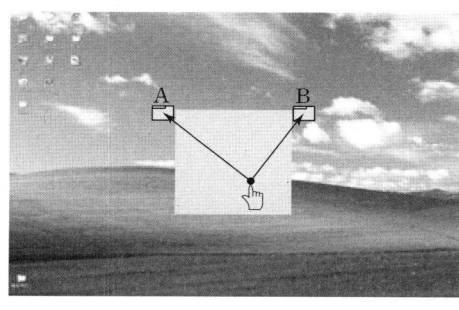

현재 마우스 커서의 위치에서 아이콘 A의 방향으로 측정한
아이콘 A의 폭 W_A와 아이콘 B의 방향으로 측정한 아이콘 B의
폭 W_B는 모두 1 cm로 같다. 현재 마우스 커서의 위치로부터
아이콘 A의 중심까지의 거리와 아이콘 B의 중심까지의 거리를
각각 $D_A(cm)$, $D_B(cm)$라 할 때, 마우스 커서가 아이콘 A까지
이동하는 시간 T_A, 아이콘 B까지 이동하는 시간 T_B는 각각
0.71초, 0.66초이다. $\dfrac{D_A+1}{D_B+1}$의 값은? (4점)

① 1　　　　　　② $\sqrt{2}$　　　　　　③ 2

④ $2\sqrt{2}$　　　　　⑤ 4

(고난도)
유형 15 상용로그의 활용 – 소수 부분

(1) **상용로그** : 양수 N에 대하여 $\log_{10} N$과 같이 10을 밑으로
　　하는 로그를 상용로그라 하고, 상용로그 $\log_{10} N$은 보통 밑
　　10을 생략하여 $\log N$과 같이 나타낸다.

(2) 임의의 양수 N에 대하여
　　　　$\log N = n + a$ (단, n은 정수, $0 \le a < 1$)
　　로 나타날 때, **n을 $\log N$의 정수 부분**, **a를 $\log N$의 소수
　　부분**이라 한다.

(tip)

① $\log A$가 정수이면 A는 10의 거듭제곱 꼴이다.
② $\log A$와 $\log B$의 소수 부분의 합이 1이면 AB는 10의 거듭제곱 꼴이다.

B151 대표 2008대비(나) 수능 30(고3)

두 자리의 자연수 N에 대하여 $\log N$의 소수 부분이
a일 때,

$$\frac{1}{2}+\log N = a + \log_4 \frac{N}{8}$$

을 만족시키는 N의 값을 구하시오. (4점)

B152 ✿❀❀ 2007대비(나) 9월 모평 8(고3)

$\log x$의 소수 부분 a가 $0 < a < \dfrac{1}{4}$일 때, $\log x^2$의 소수 부분과

$\log \dfrac{\sqrt{10}}{x^2}$의 소수 부분의 합은? (3점)

① 1　　　　　　② $\dfrac{1}{2}$　　　　　　③ $\dfrac{1}{3}$

④ $\dfrac{1}{4}$　　　　　⑤ $\dfrac{1}{5}$

B153 ✽✽✽ 　　　　　　　　2014실시(A) 7월 학평 27(고3)

$10<x<100$인 x에 대하여 $\log\sqrt{x}$의 소수 부분이 $\log\dfrac{1}{x}$의 소수 부분의 5배이다. $\log x=\dfrac{q}{p}$일 때, $p+q$의 값을 구하시오. (단, p, q는 서로소인 자연수이다.) (4점)

B154 ✽✽✽ 　　　　　　　2010대비(나) 6월 모평 10(고3)

100보다 작은 두 자연수 a, $b(a<b)$에 대하여 $\log a$의 소수 부분과 $\log b$의 소수 부분의 합이 1이 되는 순서쌍 (a, b)의 개수는? (4점)

① 2 　　　　　② 4 　　　　　③ 6
④ 8 　　　　　⑤ 10

B155 ✽✽✽ 　　　　　　　2007대비(나) 6월 모평 23(고3)

$\log a^3$의 소수 부분과 $\log b^5$의 소수 부분이 모두 0이 되도록 하는 양의 실수 a, $b(1<a<10, 1<b<10)$에 대하여 ab의 최댓값이 $10^{\frac{q}{p}}$일 때, $p+q$의 값을 구하시오. (단, p와 q는 서로소인 자연수이다.) (4점)

유형 16 상용로그의 활용 – 정수 부분과 소수 부분

(1) 임의의 양수 N에 대하여
$$\log N=n+\alpha \text{ (단, } n\text{은 정수, } 0\le\alpha<1)$$
로 나타날 때, n을 $\log N$의 정수 부분, α를 $\log N$의 소수 부분이라 한다.

(2) 상용로그의 정수 부분이 n인 자연수를 A라 하면
$$n\le\log A<n+1, \text{ 즉 } 10^n\le A<10^{n+1}\text{이다.}$$

(tip)

① $\log A$의 정수 부분을 n이라 하면 소수 부분 α는 $\alpha=\log A-n$이다.
② $\log M=m+\alpha$, $\log N=n+\alpha$ (m, n은 정수, $0\le\alpha<1$)와 같이 소수 부분이 같은 두 수 M, N의 숫자 배열은 같다.

B156 대표 　　　　　　　　2016대비(B) 수능 20(고3)

양수 x에 대하여 $\log x$의 정수 부분을 $f(x)$라 하자.
$$f(n+10)=f(n)+1$$
을 만족시키는 100 이하의 자연수 n의 개수는? (4점)

① 11 　　　　　② 13 　　　　　③ 15
④ 17 　　　　　⑤ 19

B157 ✽✽✽ 　　　　　　　2016실시(나) 9월 학평 23(고2)

양의 실수 A에 대하여 $\log A=2.1673$일 때, A의 값을 구하시오. (단, $\log 1.47=0.1673$으로 계산한다.) (3점)

B158 ✽✽✽ 　　　　　　　2015실시(A) 3월 학평 14(고3)

양의 실수 x에 대하여 $f(x)$가 $f(x)=\log x$이다. $f(n)$의 정수 부분이 1, 소수 부분이 α일 때, 2α의 정수 부분이 1인 모든 자연수 n의 개수는? (단, $3.1<\sqrt{10}<3.2$) (4점)

① 64 　　　　　② 66 　　　　　③ 68
④ 70 　　　　　⑤ 72

B159 ✲✲✲ _____ 유형 01

모든 실수 x에 대하여 $\log_{3-a}(x^2+ax+a+k)$가 정의되기 위한 정수 a의 개수가 5이다. 이를 만족시키는 모든 자연수 k의 개수를 구하고 그 과정을 서술하시오.

(단, a, k는 상수이다.) (10점)

1st 밑의 조건에서 a의 값의 범위를 구한다.

2nd 진수의 조건에서 a의 값의 범위를 구한다.

3rd 자연수 k의 개수를 구한다.

B160 ✲✲✲ _____ 유형 03

$a>0$, $a\neq1$, $b>0$, $c>0$, $c\neq1$일 때,

$\log_a b=\dfrac{\log_c b}{\log_c a}$임을 증명하는 과정을 서술하시오. (10점)

1st $\log_a b=x$, $\log_c a=y$로 놓고 로그의 정의에 따라 지수로 변형한다.

2nd c를 밑으로 하는 로그로 나타낸다.

B161 ✲✲✲ _____ 유형 09

자연수 n에 대하여 $\dfrac{3}{4}\log_{\sqrt{2}}(n+8)-\log_4 27+\dfrac{3}{2}$의

값이 자연수가 되도록 하는 500 이하의 모든 n의 값의 합을 구하고 그 과정을 서술하시오. (10점)

1st 주어진 식을 간단히 한다.

2nd 자연수 n을 구한다.

B162 ✲✲✲ _____ 유형 10

이차방정식 $x^2-10x+5=0$의 두 근이 $\log_3\alpha$, $\log_3\beta$일 때, 다음 물음에 답하시오. (10점)

(1) $\log_\alpha\beta+\log_\beta\alpha$의 값을 구하고 그 과정을 서술하시오.

(2) 이차방정식 $ax^2+bx+1=0$의 두 근은 $\log_\alpha 9$, $\log_\beta 9$이다. 이때 $4a+b$의 값을 구하고 그 과정을 서술하시오.

(단, a, b는 상수이다.)

1st $\log_3\alpha$, $\log_3\beta$의 관계를 구한다.

2nd (1) $\log_\alpha\beta+\log_\beta\alpha$의 값을 구한다.

3rd (2) $4a+b$의 값을 구한다.

B163 ✲✲✲ _____ 유형 06

1이 아닌 세 양수 a, b, c가 $a=b^{\frac{1}{2}}=c^{\frac{1}{3}}$, $abc=2$를 만족시킬 때, 1보다 큰 두 실수 m, n에 대하여

$\log_c n\times\log_b m\times\log_a b=48$

이 성립한다. m과 n의 곱이 자연수일 때, mn의 최솟값을 구하고 그 과정을 서술하시오. (단, $m\neq n$) (10점)

1st a, b, c의 값을 구한다.

2nd $\log_2 m\times\log_2 n$의 값을 구한다.

3rd mn의 최솟값을 구한다.

B164 ✿✿✿❀   유형04

좌표평면 위의 두 점 $P\left(\dfrac{31}{3}-\log k,\ 3\right)$, $Q\left(\dfrac{11}{3},\ 1\right)$을 지나는 직선을 l이라 하자. 직선 l의 기울기가 양수이고 직선 l의 x절편이 자연수가 되도록 하는 모든 양수 k의 값의 곱을 A라 할 때, $\log A$의 값을 구하고 그 과정을 서술하시오. (10점)

B165 ✿✿✿❀   유형09

1이 아닌 두 양수 a, b가 다음 조건을 만족시킬 때, $a^{\frac{1}{3}}+b^{\frac{1}{3}}$의 값을 구하고 그 과정을 서술하시오. (단, $a+b\neq1$)
(10점)

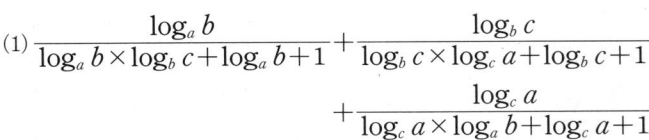

(가) $\dfrac{1}{\log_{a+b}3}=\dfrac{1}{\log_{4}3}+\dfrac{3}{2}$

(나) $\dfrac{3}{\log_{a}3+\log_{b}3}=\dfrac{4\log_{2}3}{\log_{a}9\times\log_{b}9}$

B166 ✿✿✿❀   유형05

1이 아닌 세 양수 a, b, c에 대하여 다음 물음에 답하시오. (10점)

(1) $\dfrac{\log_{a}b}{\log_{a}b\times\log_{b}c+\log_{a}b+1}+\dfrac{\log_{b}c}{\log_{b}c\times\log_{c}a+\log_{b}c+1}$
$\qquad+\dfrac{\log_{c}a}{\log_{c}a\times\log_{a}b+\log_{c}a+1}$
의 값을 구하고 그 과정을 서술하시오.

(2) 등식 $\log_{a}b+\log_{b}c+\log_{c}a=\log_{b}a+\log_{c}b+\log_{a}c$가 성립할 때, $(a-b)(b-c)(c-a)$의 값을 구하고 그 과정을 서술하시오.

(3) (2)의 등식이 성립하고, $\log_{a}b+\log_{b}c+\log_{c}a=3$이 성립할 때, a, b, c의 관계식을 구하고 그 과정을 서술하시오.

B167 ❀✿✿✿   유형13

암석 N 속의 A 물질은 시간이 지남에 따라 B 물질로 바뀌고, 암석 N 속의 A 물질의 양과 B 물질의 양을 비교하여 암석의 나이를 추정할 수 있다고 한다. 암석 N 속에 함유된 B 물질의 양이 A 물질의 양의 r배일 때, 이 암석 N의 나이를 t년이라 하면 다음과 같은 관계식이 성립한다고 한다.

$\qquad t=k\times\log_{2}(1+8r)$ (k는 상수)

이 암석 N의 나이가 100만 년이 되는 시점에서 이 암석 N 속에 함유된 B 물질의 양이 A 물질의 양의 $\dfrac{1}{8}$배이다. 이 암석 N의 나이가 300만 년이 되는 시점에서 이 암석 N 속에 함유된 B 물질의 양은 A 물질의 양의 $\dfrac{q}{p}$배이다. 이때 $p+q$의 값을 구하고 그 과정을 서술하시오. (단, B 물질은 A 물질로 바뀌지 않고, p, q는 서로소인 자연수이다.) (10점)

B168 ✿✿✿✿   유형14

건강보험심사평가원에 따르면 올해 우리나라의 한 해 약제비는 같은 기간 OECD(경제개발협력기구) 국가 평균 한 해 약제비의 0.9배로 집계되었다고 한다. 우리나라의 한 해 약제비와 OECD 국가 평균 한 해 약제비가 이전 연도에 비해 각각 9.7 %, 4.2 %씩 매년 일정하게 증가한다고 가정할 때, 우리나라의 한 해 약제비가 처음으로 같은 기간 OECD 국가 평균 한 해 약제비의 2배를 넘는 것으로 집계되는 해는 올해로부터 n년 후라고 한다. 자연수 n의 값을 구하고 그 과정을 서술하시오. (단, $\log 1.042=0.018$, $\log 1.097=0.040$, $\log 2=0.301$, $\log 3=0.477$로 계산한다.)
(10점)

B169 ★★★ .... 2015실시(A) 3월 학평 29(고3)　

$\log_2(-x^2+ax+4)$의 값이 자연수가 되도록 하는
실수 x의 개수가 6일 때, 모든 자연수 a의 값의 곱을 구하시오.
(4점)

B170 ★★★ .... 2015실시(B) 4월 학평 27(고3)　

양수 x에 대하여

　　$\log x=f(x)+g(x)$ ($f(x)$는 정수, $0\leq g(x)<1$)

이라 하자. $\{f(x)\}^2+3g(x)$의 값이 3이 되도록 하는 모든 x의
값의 곱은 $10^{\frac{q}{p}}$이다. $10(p+q)$의 값을 구하시오.

　　　　　　(단, p, q는 서로소인 자연수이다.) (4점)

B171 ✿2등급 대비 .... 2022실시 6월 학평 29(고2)　

자연수 m $(m\geq2)$에 대하여 집합 A_m을

　　$A_m=\{\log_m x\,|\,x$는 100 이하의 자연수$\}$

라 하고, 집합 B를

　　$B=\{2^k\,|\,k$는 10 이하의 자연수$\}$

라 하자. 집합 B의 원소 b에 대하여 $n(A_4\cap A_b)=4$가 되도록
하는 모든 b의 값의 합을 구하시오. (4점)

B172 ✿2등급 대비 ... 2012대비(나) 6월 모평 30(고3)

100 이하의 자연수 전체의 집합을 S라 할 때,
$n\in S$에 대하여 집합

　　$\{k\,|\,k\in S$이고 $\log_2 n-\log_2 k$는 정수$\}$

의 원소의 개수를 $f(n)$이라 하자. 예를 들어, $f(10)=5$이고
$f(99)=1$이다. 이때, $f(n)=1$인 n의 개수를 구하시오. (4점)

지수함수와 로그함수

★ 최신 3개년 수능+모평 출제 경향

학년도		출제 유형	난이도
2025	수능		
	9월	유형 18 로그함수와 지수함수의 그래프 사이의 관계	✿✿✾
	6월	유형 22 지수함수, 로그함수의 그래프와 도형의 넓이	✿✿✾
2024	수능	유형 15 로그함수의 최대·최소	✿✿✿
	9월	유형 03 지수함수의 대칭이동	✿✿✿
	6월	유형 18 로그함수와 지수함수의 그래프 사이의 관계 유형 19 로그함수의 그래프의 교점	✿✿✿ ✾✾✾
2023	수능	출제되지 않음	
	9월	유형 09 지수함수의 그래프의 교점	✿✿✾
	6월	출제되지 않음	

★ 자주 출제되는 필수 개념 학습법

· 지수함수와 로그함수의 그래프의 평행이동과 대칭이동은 매우 중요한 개념이므로 출제 빈도가 높다. 평행이동과 대칭이동에 의해 점근선도 똑같이 바뀌게 되므로 주의해야 한다. 그리고 그래프의 개형을 결정하는 밑의 크기를 놓치지 말아야 한다.

· 지수와 로그의 대소 관계를 따질 때, 지수함수와 로그함수의 밑의 크기가 1보다 작은 양수인가 1보다 큰 수인가에 따라 증가, 감소가 다르다. 기본적인 지수함수와 로그함수가 증가함수이면 x의 값의 크기가 커짐에 따라 y의 값도 커지고, 감소함수이면 x의 값의 크기가 커짐에 따라 y의 값은 작아지게 된다.

· 지수함수, 로그함수의 그래프와 다른 함수의 그래프의 교점 사이의 관계를 파악할 수 있는지 또는 두 함수 $y=a^x$, $y=\log_a x$의 그래프가 직선 $y=x$에 대하여 대칭이 됨을 알고 있는 지를 묻는 문제가 출제될 수 있으므로 지수함수, 로그함수의 그래프를 그리는 연습을 충분히 해야 한다.

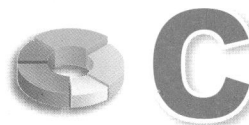 # C 지수함수와 로그함수

개념 강의

중요도 ★★★

1 지수함수의 그래프 — 유형 01~09, 17~23

(1) 지수함수 $y=a^x$ ($a>0$, $a\neq1$)의 그래프와 성질 ❶

① 정의역은 실수 전체의 집합이고, 치역은 양의 실수 전체의 집합이다.

② $a>1$일 때, x의 값이 증가하면 y의 값도 증가하고
$0<a<1$일 때, x의 값이 증가하면 y의 값은 감소한다.

③ 그래프는 점 $(0, 1)$을 지나고 x축을 점근선 ❷으로 갖는다.

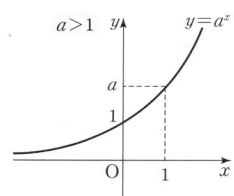 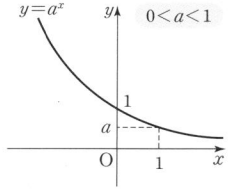

출제 2025 6월 모평 12번

★ 두 지수함수의 그래프 위의 점으로 만들어지는 사각형의 두 변의 길이 사이의 관계를 이용하여 각 점의 좌표를 구하고 그 사각형의 넓이를 구하는 중상 난이도의 문제가 출제되었다.

+개념 보충

❶ 지수함수 $y=a^x$ ($a>0$, $a\neq1$)의 그래프를
(1) x축의 방향으로 m만큼, y축의 방향으로 n만큼 평행이동하면
$y=a^{x-m}+n$
(2) x축에 대하여 대칭이동
$\Rightarrow y=-a^x$
y축에 대하여 대칭이동
$\Rightarrow y=a^{-x}$
원점에 대하여 대칭이동
$\Rightarrow y=-a^{-x}$

❷ 곡선 위의 점이 어떤 직선에 한없이 가까워질 때, 이 직선을 그 곡선의 점근선이라 한다.

(2) 지수함수의 최대 · 최소

정의역이 $\{x \,|\, m\leq x\leq n\}$인 지수함수 $y=a^x$ ($a>0$, $a\neq1$)은

① $a>1$이면 $x=n$일 때 최댓값 a^n, $x=m$일 때 최솟값 a^m을 갖는다.

② $0<a<1$이면 $x=m$일 때 최댓값 a^m, $x=n$일 때 최솟값 a^n을 갖는다.

2 로그함수의 그래프 — 유형 10~23

(1) 로그함수 $y=\log_a x$ ($a>0$, $a\neq1$)의 그래프와 성질 ❸

① 정의역은 양의 실수 전체의 집합이고, 치역은 실수 전체의 집합이다.

② $a>1$일 때, x의 값이 증가하면 y의 값도 증가하고
$0<a<1$일 때, x의 값이 증가하면 y의 값은 감소한다.

③ 그래프는 점 $(1, 0)$을 지나고 y축을 점근선으로 갖는다.

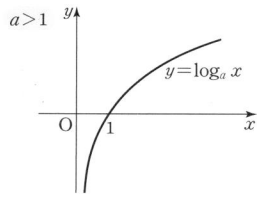 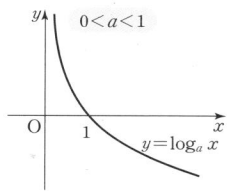

+개념 보충

❸ 로그함수 $y=\log_a x$ ($a>0$, $a\neq1$)의 그래프를
(1) x축의 방향으로 m만큼, y축의 방향으로 n만큼 평행이동하면
$y=\log_a (x-m)+n$
(2) x축에 대하여 대칭이동
$\Rightarrow y=-\log_a x$
y축에 대하여 대칭이동
$\Rightarrow y=\log_a (-x)$
원점에 대하여 대칭이동
$\Rightarrow y=-\log_a (-x)$

(2) 로그함수의 최대 · 최소

정의역이 $\{x \,|\, m\leq x\leq n\}$인 로그함수
$y=\log_a x$ ($a>0$, $a\neq1$)는

① $a>1$이면 $x=n$일 때 최댓값 $\log_a n$,
$x=m$일 때 최솟값 $\log_a m$을 갖는다.

② $0<a<1$이면 $x=m$일 때 최댓값 $\log_a m$,
$x=n$일 때 최솟값 $\log_a n$을 갖는다.

출제 2024 수능 21번

★ 로그함수의 그래프를 그리고 주어진 함수의 최댓값에 대한 새로운 함수의 최솟값의 조건을 만족시키는 미정계수를 구하는 고난도 문제가 출제되었다.

(3) 지수함수와 로그함수의 관계 ❹

지수함수 $y=a^x$과 로그함수 $y=\log_a x$는 서로 역함수 관계이므로 두 함수의 그래프는 직선 $y=x$에 대하여 대칭이다.

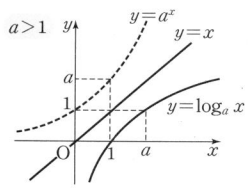 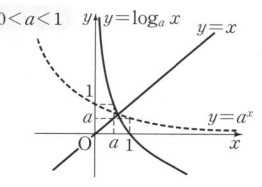

출제 2025 9월 모평 14번

★ 지수함수의 그래프 위의 두 점을 지나는 원이 지수함수의 역함수인 로그함수의 그래프와 만나는 점의 x좌표를 구하는 중상 난이도의 문제가 출제되었다.

한걸음 더

❹ 지수함수와 로그함수의 역함수 관계 이용하기
$a>0$, $a\neq1$일 때, 두 함수 $f(x)=a^x$, $g(x)=\log_a x$는 서로 역함수 관계임을 파악해야 한다.
즉, 두 함수 $y=f(x)$, $y=g(x)$의 그래프의 교점을 찾을 때 두 그래프가 직선 $y=x$에 대하여 대칭이거나 점 (α, β)가 함수 $y=f(x)$의 그래프 위의 점이면 점 (β, α)는 함수 $y=g(x)$의 그래프 위의 점임을 이용할 수 있어야 한다.

1 지수함수의 그래프

[C01~04] 함수 $f(x)=3^{x-2}$에 대하여 다음을 구하시오.

C01 $f(3)$ **C02** $f(-1)$

C03 $f(0) \times f(4)$ **C04** $\left\{ f\left(\dfrac{3}{2}\right) \right\}^2$

C05 함수 $y=2^x$의 그래프를 x축의 방향으로 -5만큼, y축의 방향으로 2만큼 평행이동한 그래프의 식을 구하시오.

[C06~08] 함수 $y=\left(\dfrac{1}{6}\right)^x$의 그래프를 다음과 같이 대칭이동한 그래프의 식을 구하시오.

C06 x축에 대하여 대칭이동

C07 y축에 대하여 대칭이동

C08 원점에 대하여 대칭이동

[C09~10] 다음 지수함수의 치역과 점근선의 방정식을 각각 구하시오.

C09 $y=2^{x-1}$

C10 $y=\left(\dfrac{1}{3}\right)^x+4$

[C11~12] 정의역이 $\{x \mid -3 \le x \le 2\}$일 때, 다음 함수의 최댓값과 최솟값을 각각 구하시오.

C11 $y=3^x$

C12 $y=\left(\dfrac{1}{4}\right)^x$

[C13~14] 정의역이 $\{x \mid -1 \le x \le 4\}$일 때, 다음 함수의 최댓값과 최솟값을 각각 구하시오.

C13 $y=4^{x-2}+5$

C14 $y=\left(\dfrac{1}{2}\right)^{x+1}-4$

2 로그함수의 그래프

[C15~18] 함수 $f(x)=\log_2(x+3)$에 대하여 다음을 구하시오.

C15 $f(-1)$ **C16** $f(1)$

C17 $f(5) \times f(-2)$ **C18** $2^{f(2)}$

C19 함수 $y=\log_{\frac{1}{5}} x$의 그래프를 x축의 방향으로 -4만큼, y축의 방향으로 -5만큼 평행이동한 그래프의 식을 구하시오.

[C20~22] 함수 $y=\log_3 x$의 그래프를 다음과 같이 대칭이동한 그래프의 식을 구하시오.

C20 x축에 대하여 대칭이동

C21 y축에 대하여 대칭이동

C22 원점에 대하여 대칭이동

[C23~24] 다음 로그함수의 정의역과 점근선의 방정식을 각각 구하시오.

C23 $y=\log_5(x+2)$

C24 $y=-\log_{\frac{1}{3}} x$

[C25~26] 정의역이 $\{x \mid 2 \le x \le 8\}$일 때, 다음 함수의 최댓값과 최솟값을 각각 구하시오.

C25 $y=\log_2 x$

C26 $y=\log_{\frac{1}{4}} x$

[C27~28] 정의역이 $\{x \mid 4 \le x \le 10\}$일 때, 다음 함수의 최댓값과 최솟값을 각각 구하시오.

C27 $y=\log_3(x-1)+2$

C28 $y=\log_{\frac{1}{3}}(x+5)+1$

1 지수함수의 그래프

유형 01 **지수함수의 이해**

함수 $y=f(x)$의 그래프가 점 (α, β)를 지나면 $\beta=f(\alpha)$가 성립한다.

즉, 지수함수 $y=a^x (a>0, a\neq1)$의 그래프가 점 (α, β)를 지나면 함수의 식에 $x=\alpha$를 대입하였을 때 $\beta=a^\alpha$이 성립한다.

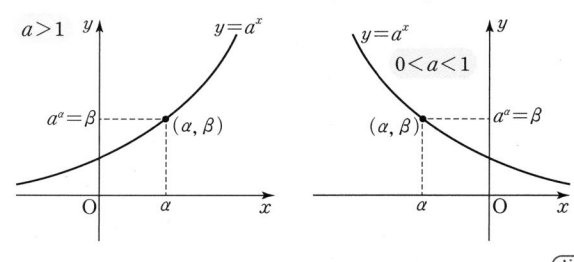

(tip)

함수 $y=a^x$에서

① $a=1$이면 모든 실수 x에 대하여 $y=1^x=1$이다. 이때의 함수 $y=a^x$은 상수함수이므로 지수함수에서는 밑이 1이 아닌 양수인 경우만 생각한다.

② a가 1이 아닌 양수일 때, 실수 x를 a^x에 대응시키면 그 값은 오직 하나로 정해지므로 $y=a^x$은 x의 함수이다.

C29 대표 .... 2015실시(A) 4월 학평 6(고3)

실수 a, b에 대하여 좌표평면에서 함수 $y=a\times2^x$의 그래프가 두 점 $(0, 4)$, $(b, 16)$을 지날 때, $a+b$의 값은? (3점)

① 6   ② 7   ③ 8
④ 9   ⑤ 10

C30 ❀❀❀ .... 2015실시(A) 3월 학평 10(고3)

지수함수 $y=3^x$의 그래프 위의 한 점 A의 y좌표가 $\frac{1}{3}$이다.

이 그래프 위의 한 점 B에 대하여 선분 AB를 $1:2$로 내분하는 점 C가 y축 위에 있을 때, 점 B의 y좌표는? (3점)

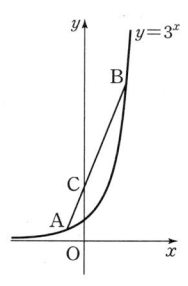

① 3   ② $3\sqrt[3]{3}$ ③ $3\sqrt{3}$
④ $3\sqrt[3]{9}$ ⑤ 9

C31 ❀❀❀ .... 2014실시(A) 10월 학평 8(고3)

지수함수 $f(x)=a^x$의 그래프가 그림과 같다.

$f(b)=3$, $f(c)=6$일 때, $f\left(\frac{b+c}{2}\right)$의 값은? (3점)

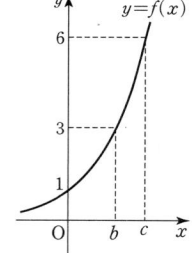

① 4   ② $\sqrt{17}$
③ $3\sqrt{2}$ ④ $\sqrt{19}$
⑤ $2\sqrt{5}$

C32 ❀❀❀ .... 2020실시 6월 학평 14(고2)

함수 $y=3^x-a$의 역함수의 그래프가 두 점 $(3, \log_3 b)$, $(2b, \log_3 12)$를 지나도록 하는 두 상수 a, b에 대하여 $a+b$의 값은? (4점)

① 7   ② 8   ③ 9
④ 10   ⑤ 11

C33 ✿❀❀
2005대비(나) 9월 모평 12(고3)

집합 $G=\{(x, y)\,|\,y=5^x, x\text{는 실수}\}$에 대하여 [보기]에서 항상 옳은 것을 모두 고르면? (3점)

─── [보기] ───

ㄱ. $(a, b)\in G$이면 $\left(\dfrac{a}{2}, \sqrt{b}\right)\in G$이다.

ㄴ. $(-a, b)\in G$이면 $\left(a, \dfrac{1}{b}\right)\in G$이다.

ㄷ. $(2a, b)\in G$이면 $(a, b^2)\in G$이다.

① ㄱ   ② ㄱ, ㄴ   ③ ㄱ, ㄷ

④ ㄴ, ㄷ   ⑤ ㄱ, ㄴ, ㄷ

유형 02   지수함수의 그래프의 평행이동

지수함수 $y=a^x$ $(a>0, a\neq1)$의 그래프를

(1) x축의 방향으로 m만큼, y축의 방향으로 n만큼 평행이동한 그래프의 식은 $y=a^{x-m}+n$

(2) 정의역은 $\{x\,|\,x\text{는 실수}\}$, 치역은 $\{y\,|\,y>n\text{인 실수}\}$

(3) 점근선은 직선 $y=n$이다.

(4) a의 값에 상관없이 점 $(m, n+1)$을 지난다.

tip

함수 $f(x)$에 대하여 곡선 $y=f(x)$를 x축의 방향으로 m만큼, y축의 방향으로 n만큼 평행이동한 곡선의 식은 x 대신 $x-m$을, y 대신 $y-n$을 대입하여 구한다.

C34 대표
2024실시 6월 학평 11(고2)

함수 $y=4^x-6$의 그래프를 x축의 방향으로 a만큼, y축의 방향으로 b만큼 평행이동한 그래프가 원점을 지나고 점근선이 직선 $y=-2$일 때, ab의 값은?

(단, a, b는 상수이다.) (3점)

① -5 ② -4 ③ -3

④ -2 ⑤ -1

C35 ❀❀❀
2022대비 5월 예시 3(고2)

함수 $y=2^x$의 그래프를 y축의 방향으로 m만큼 평행이동한 그래프가 점 $(-1, 2)$를 지날 때, 상수 m의 값은? (3점)

① $\dfrac{1}{2}$ ② 1 ③ $\dfrac{3}{2}$

④ 2 ⑤ $\dfrac{5}{2}$

C36 ❀❀❀
2023실시 6월 학평 7(고2)

두 상수 a, b에 대하여 함수 $y=2^{x+a}+b$의 그래프가 그림과 같을 때, $a+b$의 값은?

(단, 직선 $y=3$은 함수의 그래프의 점근선이다.) (3점)

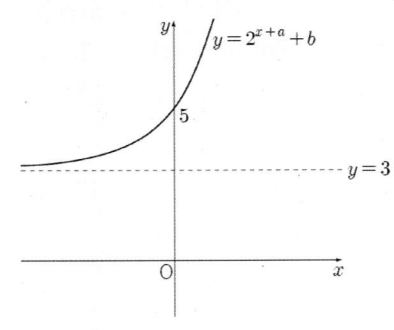

① 2 ② 4 ③ 6

④ 8 ⑤ 10

C37 ❀❀❀
2022실시 6월 학평 7(고2)

함수 $y=\log_3 x$의 그래프를 x축의 방향으로 2만큼, y축의 방향으로 5만큼 평행이동한 그래프가 점 $(5, a)$를 지날 때, 상수 a의 값은? (3점)

① 6 ② 7 ③ 8

④ 9 ⑤ 10

C38 ✿✿✿ 2022실시 6월 학평 9(고2)

두 상수 a, b에 대하여 함수 $y=3^x+a$의 그래프가 점 $(2, b)$를 지나고 점근선이 직선 $y=5$일 때, $a+b$의 값은?

(3점)

① 15   ② 16   ③ 17

④ 18   ⑤ 19

C39 ✿✿✿ 2021실시 9월 학평 8(고2)

함수 $y=3^x$의 그래프를 x축의 방향으로 m만큼, y축의 방향으로 n만큼 평행이동한 그래프는 점 $(7, 5)$를 지나고, 점근선의 방정식이 $y=2$이다. $m+n$의 값은? (단, m, n은 상수이다.) (3점)

① 6   ② 8   ③ 10

④ 12   ⑤ 14

C40 ✿✿✿ 2019실시(가) 6월 학평 6(고2)

함수 $f(x)=2^{x+3}-1$의 그래프의 점근선이 직선 $y=k$일 때, $f(k)$의 값은? (단, k는 상수이다.) (3점)

① 1   ② 3   ③ 5

④ 7   ⑤ 9

C41 ✿✿✿ 2014실시(A) 7월 학평 8(고3)

그림과 같이 함수 $y=3^{x+1}$의 그래프 위의 한 점 A와 함수 $y=3^{x-2}$의 그래프 위의 두 점 B, C에 대하여 선분 AB는 x축에 평행하고 선분 AC는 y축에 평행하다. $\overline{AB}=\overline{AC}$가 될 때, 점 A의 y좌표는? (단, 점 A는 제1사분면 위에 있다.) (3점)

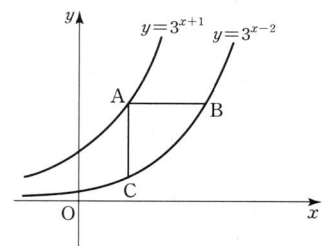

① $\dfrac{81}{26}$ ② $\dfrac{44}{13}$ ③ $\dfrac{95}{26}$

④ $\dfrac{101}{26}$ ⑤ $\dfrac{54}{13}$

C42 ✿✿✿ 2009대비(나) 9월 모평 7(고3)

오른쪽 그림은 일차함수 $y=f(x)$의 그래프이다. 함수 $y=2^{2-f(x)}$의 그래프의 개형으로 알맞은 것은? (3점)

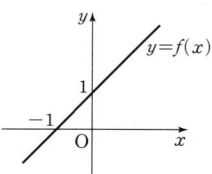

①
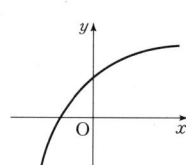

②
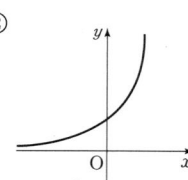

③
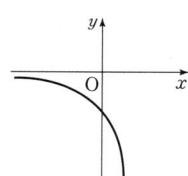

④
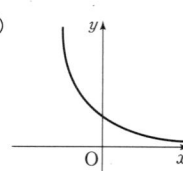

⑤
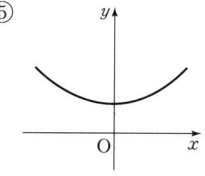

C43 ✽✽✽ .... 2008대비(나) 수능 26(고3)

함수 $f(x) = 2^x$의 그래프를 x축 방향으로 m만큼,
y축 방향으로 n만큼 평행이동시키면 함수 $y = g(x)$의
그래프가 되고, 이 평행이동에 의하여 점 $A(1, f(1))$이
점 $A'(3, g(3))$으로 이동된다. 함수 $y = g(x)$의 그래프가
점 $(0, 1)$을 지날 때, $m + n$의 값은? (3점)

① $\dfrac{11}{4}$ ② 3   ③ $\dfrac{13}{4}$

④ $\dfrac{7}{2}$ ⑤ $\dfrac{15}{4}$

C44 ✽✽✽ .... 2020실시 9월 학평 26(고2)

지수함수 $y = 5^x$의 그래프를 x축의 방향으로 a만큼,
y축의 방향으로 b만큼 평행이동하면 함수 $y = \dfrac{1}{9} \times 5^{x-1} + 2$의
그래프와 일치한다. $5^a + b$의 값을 구하시오.
(단, a, b는 상수이다.) (4점)

C45 ✽✽✽ .... 2021실시 3월 학평 13(고3)

함수
$$f(x) = \begin{cases} 2^x & (x < 3) \\ \left(\dfrac{1}{4}\right)^{x+a} - \left(\dfrac{1}{4}\right)^{3+a} + 8 & (x \geq 3) \end{cases}$$

에 대하여 곡선 $y = f(x)$ 위의 점 중에서 y좌표가 정수인 점의
개수가 23일 때, 정수 a의 값은? (4점)

① -7 ② -6 ③ -5
④ -4 ⑤ -3

유형 03 **지수함수의 그래프의 대칭이동**

지수함수 $y = a^x$ ($a > 0$, $a \neq 1$)의 그래프를

(1) x축에 대하여 대칭이동한 그래프의 식은 $y = -a^x$

(2) y축에 대하여 대칭이동한 그래프의 식은 $y = a^{-x} = \left(\dfrac{1}{a}\right)^x$

(3) 원점에 대하여 대칭이동한 그래프의 식은 $y = -a^{-x} = -\left(\dfrac{1}{a}\right)^x$

tip

x축에 대하여 대칭이동, y축에 대하여 대칭이동한 곡선의 식은 각각
y 대신 $-y$, x 대신 $-x$를 대입하여 구하고 원점에 대하여 대칭이동한
곡선의 식은 x 대신 $-x$, y 대신 $-y$를 대입하여 구한다.

C46 대표 .... 2012실시(나) 4월 학평 11(고3)

점근선의 방정식이 $y = 2$인 지수
함수 $y = 2^{2x+a} + b$의 그래프를
y축에 대하여 대칭이동시킨 함수
$y = f(x)$의 그래프가 그림과
같다. 함수 $y = f(x)$의 그래프가
점 $(-1, 10)$을 지날 때,
두 상수 a, b에 대하여
$a + b$의 값은? (3점)

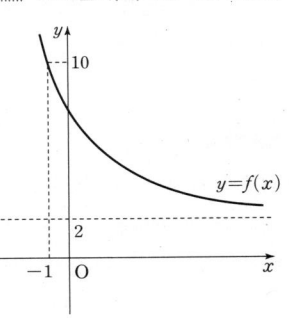

① $\dfrac{5}{2}$ ② 3   ③ $\dfrac{7}{2}$

④ 4   ⑤ $\dfrac{9}{2}$

C47 ✽✽✽ .... 2009대비(나) 수능 7(고3)

두 지수함수 $f(x) = a^{bx-1}$, $g(x) = a^{1-bx}$이 다음 조건을
만족시킨다.

> (가) 함수 $y = f(x)$의 그래프와 함수 $y = g(x)$의
> 그래프는 직선 $x = 2$에 대하여 대칭이다.
> (나) $f(4) + g(4) = \dfrac{5}{2}$

두 상수 a, b의 합 $a + b$의 값은? (단, $0 < a < 1$) (3점)

① 1   ② $\dfrac{9}{8}$ ③ $\dfrac{5}{4}$

④ $\dfrac{11}{8}$ ⑤ $\dfrac{3}{2}$

유형 04 지수함수의 그래프의 평행이동과 대칭이동

(1) 지수함수 $y=a^{x-m}+n$의 그래프는
지수함수 $y=a^x\,(a>0,\ a\ne1)$의 그래프를 x축의 방향으로 m만큼, y축의 방향으로 n만큼 평행이동한 것이다.

(2) 지수함수 $y=a^x\,(a>0,\ a\ne1)$의 그래프를 x축에 대하여 대칭이동, y축에 대하여 대칭이동한 곡선의 식은
각각 y 대신 $-y$, x 대신 $-x$를 대입하여 구하고 원점에 대하여 대칭이동한 곡선의 식은 x 대신 $-x$, y 대신 $-y$를 대입하여 구한다.

(tip)

지수함수의 그래프를 평행이동하고, 대칭이동하는 경우에는 평행이동과 대칭이동 중 어떤 것을 먼저 해야 하는지 순서는 상관없다.
다만 평행이동을 먼저 적용하고 대칭이동을 나중에 적용하는 것이 식으로 나타낼 때 더 편리할 수 있다.

C48 대표

좌표평면에서 지수함수 $y=a^x$의 그래프를 y축에 대하여 대칭이동시킨 후, x축의 방향으로 4만큼, y축의 방향으로 3만큼 평행이동시킨 그래프가 점 $(2,\,7)$을 지난다. 양수 a의 값을 구하시오. (3점)

C49 ✽❀❀ 2019대비(가) 9월 모평 7(고3)

함수 $f(x)=-2^{4-3x}+k$의 그래프가 제2사분면을 지나지 않도록 하는 자연수 k의 최댓값은? (3점)

① 10   ② 12   ③ 14
④ 16   ⑤ 18

C50 ✽❀❀ 2017실시(가) 3월 학평 27(고3)

그림과 같이 곡선 $y=2^x$을 y축에 대하여 대칭이동한 후, x축의 방향으로 $\dfrac{1}{4}$만큼, y축의 방향으로 $\dfrac{1}{4}$만큼 평행이동한 곡선을 $y=f(x)$라 하자. 곡선 $y=f(x)$와 직선 $y=x+1$이 만나는 점 A와 점 $\mathrm{B}(0,\,1)$ 사이의 거리를 k라 할 때, $\dfrac{1}{k^2}$의 값을 구하시오. (4점)

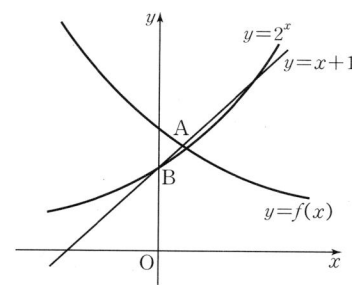

유형 05 지수가 일차식인 지수함수의 최대·최소

지수함수 $y=a^x\,(a>0,\ a\ne1)$의 정의역이 $\{x\,|\,\alpha\le x\le\beta\}$일 때,
① $a>1$이면 $x=\alpha$일 때 최솟값 a^α, $x=\beta$일 때 최댓값 a^β을 갖는다.
② $0<a<1$이면 $x=\alpha$일 때 최댓값 a^α, $x=\beta$일 때 최솟값 a^β을 갖는다.

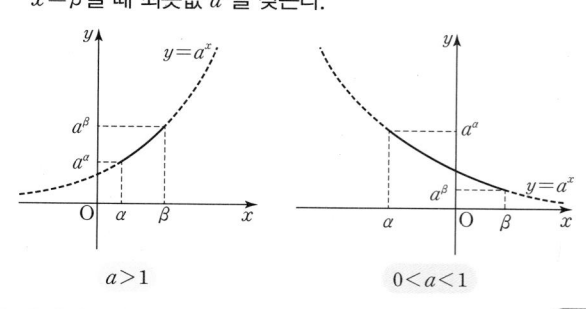

(tip)

지수함수 $y=a^x\,(a>0,\ a\ne1)$은 a의 값의 범위에 따라 증가하는 함수이거나 감소하는 함수이므로 지수함수의 그래프의 개형을 정확히 파악하여 어떤 x의 값에서 최댓값, 최솟값을 갖는지를 구해야 한다.

C51 대표 2018실시(가) 11월 학평 23(고2)

닫힌구간 $[1,\,5]$에서 함수 $f(x)=\left(\dfrac{1}{3}\right)^{x-5}$의 최댓값을 구하시오. (3점)

C52 ✽✽✽
2021실시 9월 학평 23(고2)

$-4 \leq x \leq -2$에서 정의된 함수 $y = \left(\dfrac{1}{3}\right)^{x} + 1$의
최댓값을 구하시오. (3점)

C53 ✽✽✽
2020실시 6월 학평 7(고2)

$-1 \leq x \leq 2$에서 함수 $f(x) = 2 + \left(\dfrac{1}{3}\right)^{2x}$의 최댓값은? (3점)

① 11   ② 13   ③ 15
④ 17   ⑤ 19

C54 ✽✽✽
2019실시(가) 11월 학평 11(고2)

두 함수 $f(x) = 3^{x}$, $g(x) = 3^{2-x} + a$의 그래프가 만나는 점의
x좌표가 2일 때, 닫힌구간 $[1, 3]$에서 함수 $f(x)g(x)$의
최솟값은? (단, a는 상수이다.) (3점)

① 31   ② 32   ③ 33
④ 34   ⑤ 35

C55 ✽✽✽
2018실시(가) 4월 학평 4(고3)

닫힌구간 $[2, 4]$에서 함수 $f(x) = \left(\dfrac{1}{2}\right)^{x-2}$의 최솟값은? (3점)

① $\dfrac{1}{32}$ ② $\dfrac{1}{16}$ ③ $\dfrac{1}{8}$
④ $\dfrac{1}{4}$ ⑤ $\dfrac{1}{2}$

C56 ✽✽✽
2018대비(가) 수능 5(고3)

닫힌구간 $[1, 3]$에서 함수 $f(x) = 1 + \left(\dfrac{1}{3}\right)^{x-1}$의 최댓값은? (3점)

① $\dfrac{5}{3}$ ② 2   ③ $\dfrac{7}{3}$
④ $\dfrac{8}{3}$ ⑤ 3

C57 ✽✽✽
2015대비(A) 6월 모평 24(고3)

닫힌구간 $[-1, 3]$에서 두 함수

$$f(x) = 2^{x}, \quad g(x) = \left(\dfrac{1}{2}\right)^{2x}$$

의 최댓값을 각각 a, b라 하자. ab의 값을 구하시오. (3점)

C58 ✽✽✽
2022실시 6월 학평 6(고2)

$-3 \leq x \leq -1$에서 함수 $f(x) = 2^{-x} + 5$의 최솟값은?
(3점)

① 6   ② 7   ③ 8
④ 9   ⑤ 10

C59 ✿✿✿
2021실시 11월 학평 9(고2)

닫힌구간 $[1, 3]$에서 정의된 함수

$f(x)=\left(\dfrac{1}{2}\right)^{x-a}+1$의 최댓값이 5일 때, 함수 $f(x)$의

최솟값은? (단, a는 상수이다.) (3점)

① $\dfrac{3}{2}$　　　　② 2　　　　③ $\dfrac{5}{2}$

④ 3　　　　⑤ $\dfrac{7}{2}$

C60 ✿✿✿

정의역이 $\{x \mid -1 \le x \le 3\}$인 두 지수함수 $f(x)=25^x$,

$g(x)=\left(\dfrac{1}{5}\right)^x$에 대하여 $f(x)$의 최댓값을 M, $g(x)$의

최솟값을 m이라 할 때, Mm의 값을 구하시오. (3점)

C61 ✿✿✿
2018대비(가) 9월 모평 7(고3)

$0<a<1$인 실수 a에 대하여 함수 $f(x)=a^x$은 닫힌구간

$[-2, 1]$에서 최솟값 $\dfrac{5}{6}$, 최댓값 M을 갖는다. $a \times M$의 값은?

(3점)

① $\dfrac{2}{5}$　　　　② $\dfrac{3}{5}$　　　　③ $\dfrac{4}{5}$

④ 1　　　　⑤ $\dfrac{6}{5}$

C62 ✿✿✿
2021실시 6월 학평 8(고2)

$-1 \le x \le 2$에서 함수 $f(x)=a \times 2^{2-x}+b$의

최댓값이 5, 최솟값이 -2일 때, $f(0)$의 값은?

(단, $a>0$이고, a와 b는 상수이다.) (3점)

① 1　　　　② $\dfrac{3}{2}$　　　　③ 2

④ $\dfrac{5}{2}$　　　　⑤ 3

C63 ✿✿✿
2018실시(가) 3월 학평 11(고3)

닫힌구간 $[-1, 2]$에서 함수 $f(x)=\left(\dfrac{3}{a}\right)^x$의 최댓값이 4가

되도록 하는 모든 양수 a의 값의 곱은? (3점)

① 16　　　　② 18　　　　③ 20
④ 22　　　　⑤ 24

C64 ✿✿✿
2019실시(가) 3월 학평 25(고3)

닫힌구간 $[2, 3]$에서 함수 $f(x)=\left(\dfrac{1}{3}\right)^{2x-a}$의

최댓값은 27, 최솟값은 m이다. $a \times m$의 값을 구하시오.

(단, a는 상수이다.) (3점)

유형 06 지수가 이차식인 지수함수의 최대·최소

함수 $y=a^{f(x)}$ $(a>0, a\neq1)$에 대하여

(1) $a>1$이면 $f(x)$가 최대일 때 y도 최대이고,
$f(x)$가 최소일 때 y도 최소이다.

(2) $0<a<1$이면 $f(x)$가 최대일 때 y는 최소이고,
$f(x)$가 최소일 때 y는 최대이다.

(tip)

a^x의 꼴이 반복되는 함수는 $a^x=t$ $(t>0)$로 치환한 후 x의 값의 범위가 아닌 t의 값의 범위 내에서 최댓값, 최솟값을 각각 구한다.

C65 대표

함수 $f(x)=4^{x^2}\times\left(\dfrac{1}{4}\right)^{2x-3}$의 최솟값은? (3점)

① $\dfrac{1}{64}$ ② $\dfrac{1}{16}$ ③ 2

④ 8   ⑤ 16

C66 ✿✿✿ 2019실시(나) 6월 학평 13(고2)

함수 $f(x)=\left(\dfrac{1}{5}\right)^{x^2-4x+1}$은 $x=a$에서 최댓값 M을 갖는다. $a+M$의 값은? (3점)

① 127   ② 129   ③ 131
④ 133   ⑤ 135

C67 ✿✿✿ 2013실시(A) 3월 학평 18(고3)

두 함수 $f(x)$, $g(x)$를
$$f(x)=x^2-6x+3, \quad g(x)=a^x \ (a>0, a\neq1)$$
이라 하자. $1\leq x\leq4$에서 함수 $(g\circ f)(x)$의 최댓값은 27, 최솟값은 m이다. m의 값은? (4점)

① $\dfrac{1}{27}$ ② $\dfrac{1}{3}$ ③ $\dfrac{\sqrt{3}}{3}$
④ 3   ⑤ $3\sqrt{3}$

C68 ✿✿✿ 2011실시(나) 7월 학평 8(고3)

함수 $y=\dfrac{3^{2x}+3^x+9}{3^x}$의 최솟값은? (3점)

① 3   ② 4   ③ 5
④ 6   ⑤ 7

유형 07 지수함수의 최대·최소 $- a^x$이 반복되는 꼴

지수함수 $y=pa^{2x}+qa^x+r$ ($p\neq 0$, p, q, r는 상수)의
최댓값(최솟값)을 구할 때에는 $a^x=t$ ($t>0$)로 치환하여
이차함수 $y=pt^2+qt+r$ ($t>0$)의 최댓값(최솟값)을 구한다.

(tip)

① $a^x=t$로 치환할 때, $a^x>0$이므로 $t>0$인 범위에서 이차함수의
최대·최소를 구해야 한다.
② 정의역이 제한된 범위일 때, 밑 a의 범위($0<a<1$ 또는 $a>1$)에
따라 최대·최소가 달라짐에 유의한다.

C69 대표 ⋯⋯⋯⋯⋯⋯⋯⋯⋯⋯⋯ 2024실시 9월 학평 15(고2)

함수 $f(x)=4^{x-a}-8\times 2^{x-a}$가 $x=5$에서 최솟값 b를
가질 때, $a+b$의 값은? (단, a는 상수이다.) (4점)

① -13 ② -11 ③ -9
④ -7 ⑤ -5

C70 ✿❀❀

정의역이 $\{x|-1\leq x\leq 2\}$인 함수 $y=-2^{2x}+4\times 2^x+5$의
최솟값을 m, 최댓값을 M이라 할 때, $M+m$의 값을 구하시오.
(3점)

C71 ✿✿✿

정의역이 $\{x|-1\leq x\leq 2\}$인 함수 $y=3\times 4^{-x}-3\times 2^{1-x}-2$는
$x=p$에서 최솟값을 갖고, $x=q$에서 최댓값을 갖는다. 이때,
$p-q$의 값은? (3점)

① -2 ② -1 ③ 0
④ 1 ⑤ 2

(고난도)

유형 08 지수함수를 이용한 대소 관계

(1) 양수 a와 실수 m, n에 대하여 $a^n<a^m$일 때,
   ① $a>1$이면 $n<m$
   ② $0<a<1$이면 $n>m$
(2) 양수 a, b와 자연수 n에 대하여 $a^n<b^n$일 때, $a<b$

(tip)

지수함수 $y=a^x$ ($a>0$, $a\neq 1$)에서
① $a>1$일 때, x의 값이 증가하면 y의 값도 증가하므로 $x_1<x_2$이면
$a^{x_1}<a^{x_2}$
② $0<a<1$일 때, x의 값이 증가하면 y의 값은 감소하므로 $x_1<x_2$이면
$a^{x_1}>a^{x_2}$

C72 대표

$0<c<b<a<1$을 만족시키는 세 실수 a, b, c에
대하여
$$A=a^a b^b c^c,\ B=a^b b^c c^b,\ C=a^b b^c c^a$$
이라 할 때, A, B, C의 대소 관계로 옳은 것은? (4점)

① $A<B<C$ ② $A<C<B$ ③ $B<A<C$
④ $C<A<B$ ⑤ $C<B<A$

C73 ✿❀❀ ⋯⋯⋯⋯⋯⋯⋯⋯⋯ 2006대비(나) 수능 9(고3)

부등식 $a^m<a^n<b^n<b^m$을 만족시키는 양수 a, b와
자연수 m, n에 대하여 옳은 것은? (3점)

① $a<1<b$, $m>n$ ② $a<1<b$, $m<n$
③ $a<b<1$, $m<n$ ④ $1<a<b$, $m>n$
⑤ $1<a<b$, $m<n$

C74 ✵✵❀

부등식

$$(\sqrt{2}-1)^m \geq (3-2\sqrt{2})^{5-n}$$

을 만족시키는 자연수 m, n의 모든 순서쌍 (m, n)의 개수는? (4점)

① 17 ② 18 ③ 19
④ 20 ⑤ 21

C75 ✵❀❀

그림에서 함수 $y=2^x-1$의 그래프 위의 서로 다른 두 점 P, Q의 x좌표를 각각 a, b라 할 때, $A=\dfrac{2^a-1}{a}$, $B=\dfrac{2^b-1}{b}$, $C=\dfrac{2^b-2^a}{b-a}$의 대소 관계를 옳게 나타낸 것은?

(단, $0<a<b<1$) (3점)

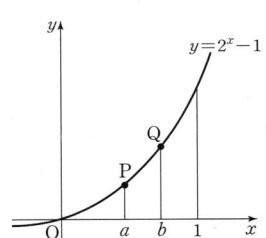

① $A<B<C$ ② $A<C<B$ ③ $B<A<C$
④ $B<C<A$ ⑤ $C<A<B$

C76 ✵❀❀

지수함수 $f(x)=3^{-x}$에 대하여

$$a_1=f(2),\ a_{n+1}=f(a_n)\ (n=1,\ 2,\ 3)$$

일 때, a_2, a_3, a_4의 대소 관계를 옳게 나타낸 것은? (3점)

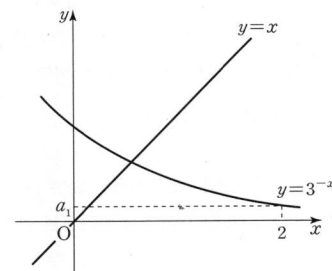

① $a_2<a_3<a_4$ ② $a_4<a_3<a_2$
③ $a_2<a_4<a_3$ ④ $a_3<a_2<a_4$
⑤ $a_3<a_4<a_2$

C77 ✵❀❀

1이 아닌 양수 a, $b\,(a>b)$에 대하여 두 함수 $f(x)=a^x$, $g(x)=b^x$이라 하자. 양수 n에 대하여 [보기]에서 항상 옳은 것을 모두 고른 것은? (4점)

───── [보기] ─────

ㄱ. $f(n)>g(n)$
ㄴ. $f(n)<g(-n)$이면 $a>1$이다.
ㄷ. $f(n)=g(-n)$이면 $f\left(\dfrac{1}{n}\right)=g\left(-\dfrac{1}{n}\right)$이다.

① ㄱ ② ㄴ ③ ㄱ, ㄷ
④ ㄴ, ㄷ ⑤ ㄱ, ㄴ, ㄷ

유형 09 지수함수의 그래프의 교점

(1) 지수함수 $y=a^x$ $(a>0, a\neq1)$의 그래프와 직선 $x=k$의
교점의 x좌표는 k이므로 y좌표는 a^k이다.
(2) 두 지수함수 $y=a^x$, $y=b^x$ $(a>0, a\neq1, b>0, b\neq1)$의
그래프가 직선 $y=k$와 만나는 두 점을 각각 A, B라 하면
이 두 점의 y좌표는 모두 k로 같으므로 선분 AB의 길이는
두 점 A, B의 x좌표의 차이다.

tip

① 지수함수와 그 역함수의 그래프의 교점을 구하는 경우 두 함수의
그래프가 만나는 두 점을 직접 구하는 것보다 지수함수와
직선 $y=x$의 교점을 구하는 것이 실수를 줄일 수 있다.
② 교점의 개수를 파악할 때는 실제로 그래프를 그려 확인한다.
③ 주어진 두 곡선의 교점을 구하기 어려운 경우, 한 곡선을 평행이동
또는 대칭이동하면 교점을 구하기 쉬운 다른 곡선에 겹쳐질 수 있는
경우가 대부분이므로 평행이동 또는 대칭이동된 식을 찾아본다.

C78 대표 2016실시(가) 7월 학평 15(고3)

두 곡선 $y=2^x$, $y=-4^{x-2}$이 y축과 평행한 한 직선과
만나는 서로 다른 두 점을 각각 A, B라 하자. $\overline{OA}=\overline{OB}$일 때,
삼각형 AOB의 넓이는? (단, O는 원점이다.) (4점)

① 64   ② 68   ③ 72
④ 76   ⑤ 80

C79 ✽✽✽ 2014실시(B) 3월 학평 13(고3)

2보다 큰 실수 a에 대하여 두 곡선 $y=2^x$, $y=-2^x+a$가 y축과
만나는 점을 각각 A, B라 하고, 두 곡선의 교점을 C라 하자.

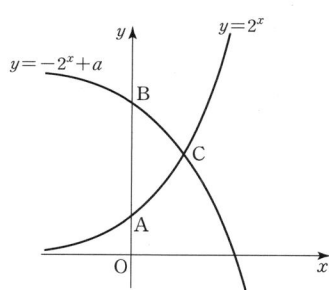

$a=6$일 때, 삼각형 ACB의 넓이는? (3점)

① $2\log_2 3$ ② $\dfrac{5}{2}\log_2 3$ ③ $3\log_2 3$
④ $\dfrac{7}{2}\log_2 3$ ⑤ $4\log_2 3$

C80 ✽✽✽ 2010실시(나) 10월 학평 20(고3)

그림과 같이 두 곡선 $y=2^x$, $y=2^{x-2}$과 직선 $y=k$의 교점을
각각 P_k, Q_k라 하고, 삼각형 OP_kQ_k의 넓이를 A_k라 하자.
$A_1+A_4+A_7+A_{10}$의 값을 구하시오.

(단, k는 자연수이고, O는 원점이다.) (3점)

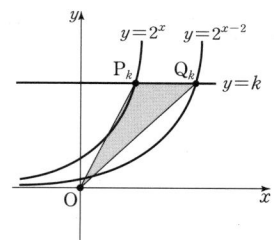

C81 ✽✽✽ 2008대비(나) 수능 10(고3)

지수함수 $f(x)=a^{x-m}$의 그래프와 그 역함수의 그래프가
두 점에서 만나고, 두 교점의 x좌표가 1과 3일 때,
$a+m$의 값은? (3점)

① $2-\sqrt{3}$ ② 2 ③ $1+\sqrt{3}$
④ 3 ⑤ $2+\sqrt{3}$

C82 ✽✽✽ 2022실시 6월 학평 14(고2)

함수 $y=3^x$의 그래프 위의 x좌표가 양수인 점 A와
함수 $y=\left(\dfrac{1}{3}\right)^x-6$의 그래프 위의 점 B에 대하여 선분 AB의
중점의 좌표가 $(0, 2)$일 때, 점 A의 y좌표는? (4점)

① 4 ② $\dfrac{9}{2}$ ③ 5
④ $\dfrac{11}{2}$ ⑤ 6

C83 ✿❀❀   2020대비(가) 수능 15(고3)

지수함수 $y=a^x$ $(a>1)$의 그래프와 직선 $y=\sqrt{3}$이 만나는 점을 A라 하자. 점 B$(4, 0)$에 대하여 직선 OA와 직선 AB가 서로 수직이 되도록 하는 모든 a의 값의 곱은?

(단, O는 원점이다.) (4점)

① $3^{\frac{1}{3}}$ ② $3^{\frac{2}{3}}$ ③ 3

④ $3^{\frac{4}{3}}$ ⑤ $3^{\frac{5}{3}}$

C84 ✿❀❀   2020실시 6월 학평 27(고2)

그림과 같이 두 함수 $f(x)=\left(\dfrac{1}{2}\right)^{x-1}$, $g(x)=4^{x-1}$의 그래프와 직선 $y=k$ $(k>2)$가 만나는 점을 각각 A, B라 하자. 점 C$(0, k)$에 대하여 $\overline{AC} : \overline{CB}=1 : 5$일 때, k^3의 값을 구하시오. (4점)

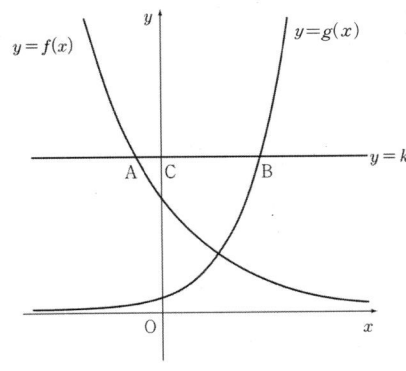

C85 ✿❀❀   2019실시(나) 11월 학평 11(고2)

그림과 같이 곡선 $y=\dfrac{2^x}{3}$이 두 직선 $y=1$, $y=4$와 만나는 점을 각각 A, B라 할 때, 직선 AB의 기울기는? (3점)

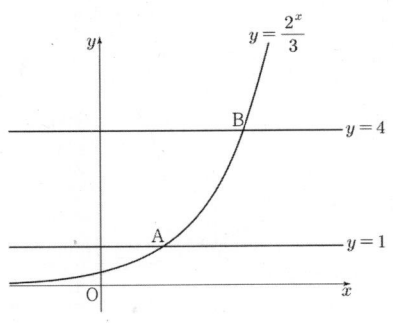

① $\dfrac{5}{4}$ ② $\dfrac{3}{2}$ ③ $\dfrac{7}{4}$

④ 2 ⑤ $\dfrac{9}{4}$

C86 ✿❀❀   2019실시(가) 9월 학평 11(고2)

두 곡선 $y=\left(\dfrac{1}{3}\right)^x$, $y=\left(\dfrac{1}{9}\right)^x$이 직선 $y=9$와 만나는 점을 각각 A, B라 할 때, 삼각형 OAB의 넓이는? (단, O는 원점이다.)

(3점)

① $\dfrac{9}{2}$ ② 5 ③ $\dfrac{11}{2}$

④ 6 ⑤ $\dfrac{13}{2}$

C87 ✿❀❀   2023실시 11월 학평 8(고2)

곡선 $y=\dfrac{1}{16}\times\left(\dfrac{1}{2}\right)^{x-m}$이 곡선 $y=2^x+1$과 제1사분면에서 만나도록 하는 자연수 m의 최솟값은? (3점)

① 2 ② 4 ③ 6

④ 8 ⑤ 10

C88 ✿❀❀ · 2014실시(A) 3월 학평 10(고3)

세 지수함수

$$f(x)=a^{-x}, g(x)=b^x, h(x)=a^x \ (1<a<b)$$

에 대하여 직선 $y=2$가 세 곡선 $y=f(x)$, $y=g(x)$, $y=h(x)$
와 만나는 점을 각각 P, Q, R라 하자. $\overline{PQ}:\overline{QR}=2:1$이고
$h(2)=2$일 때, $g(4)$의 값은? (3점)

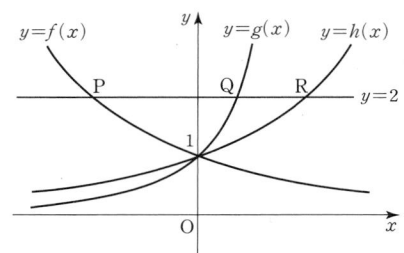

① 16 ② $16\sqrt{2}$ ③ 32
④ $32\sqrt{2}$ ⑤ 64

C89 ✿❀❀ · 2023실시 6월 학평 18(고2)

그림과 같이 두 곡선 $y=2^{x+1}$, $y=2^{-x+1}$과
세 점 A$(-1, 1)$, B$(1, 1)$, C$(0, 2)$가 있다.
실수 $k(1<k<2)$에 대하여 두 곡선 $y=2^{x+1}$, $y=2^{-x+1}$과
직선 $y=k$가 만나는 점을 각각 D, E, 직선 $y=2k$가 만나는
점을 각각 F, G라 하자.
사각형 ABED의 넓이와 삼각형 CFG의 넓이가 같을 때, k의
값은? (4점)

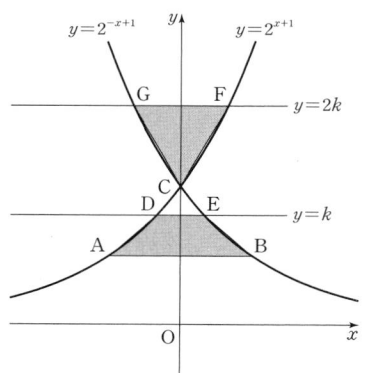

① $2^{\frac{1}{6}}$ ② $2^{\frac{1}{3}}$ ③ $2^{\frac{1}{2}}$
④ $2^{\frac{2}{3}}$ ⑤ $2^{\frac{5}{6}}$

C90 ✿❀❀ · 2014대비 5월 예비(A) 9(고3)

좌표평면에서 함수 $f(x)=2^x$의 그래프와 함수 $g(x)=-x$의
그래프가 만나는 점을 P$(a, -a)$라 할 때, 옳은 것만을
[보기]에서 있는 대로 고른 것은? (3점)

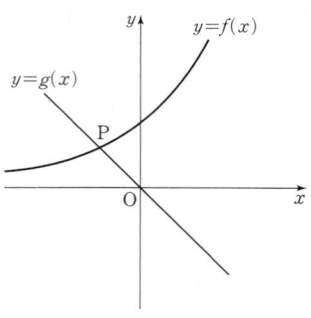

─────── [보기] ───────

ㄱ. $a<-1$
ㄴ. $t>0$이면 $|f(-t)-g(-t)|<|f(t)-g(t)|$이다.
ㄷ. 함수 $y=f^{-1}(x)$의 그래프와 함수 $y=g(x)$의
　　그래프가 만나는 점의 좌표는 $(-a, a)$이다.

① ㄱ ② ㄴ ③ ㄷ
④ ㄱ, ㄴ ⑤ ㄴ, ㄷ

C91 ✿❀❀ · 2021대비(나) 6월 모평 21(고3)

두 곡선 $y=2^x$과 $y=-2x^2+2$가 만나는 두 점을
(x_1, y_1), (x_2, y_2)라 하자. $x_1<x_2$일 때, [보기]에서 옳은 것만을
있는 대로 고른 것은? (4점)

─────── [보기] ───────

ㄱ. $x_2>\dfrac{1}{2}$
ㄴ. $y_2-y_1<x_2-x_1$
ㄷ. $\dfrac{\sqrt{2}}{2}<y_1y_2<1$

① ㄱ ② ㄱ, ㄴ ③ ㄱ, ㄷ
④ ㄴ, ㄷ ⑤ ㄱ, ㄴ, ㄷ

C92 ✽✽✽ 　　　　　　　2009실시(나) 7월 학평 13(고3)

정의역이 $x<4$인 두 함수 $f(x)=2^x$, $g(x)=x^2$의 그래프가 만나는 두 점을 (x_1, y_1), (x_2, y_2)라 할 때, [보기]에서 옳은 것만을 있는 대로 고른 것은? (단, $x_1 < x_2$) (3점)

――――――――― [보기] ―――――――――

ㄱ. $x_1 + x_2 > 0$

ㄴ. $x_1 \times y_1 + x_2 \times y_2 < 0$

ㄷ. $|x_1 \times y_2| - |x_2 \times y_1| > 0$

① ㄱ　　　　　② ㄴ　　　　　③ ㄱ, ㄷ

④ ㄴ, ㄷ　　　　⑤ ㄱ, ㄴ, ㄷ

C93 ✽✽✽ 　　　　　　　2020실시 9월 학평 18(고2)

그림과 같이 2보다 큰 실수 t에 대하여 두 곡선 $y=2^x$과 $y=-\left(\dfrac{1}{2}\right)^x+t$가 만나는 점을 각각 A, B라 하고, 두 곡선 $y=2^x$, $y=-\left(\dfrac{1}{2}\right)^x+t$가 y축과 만나는 점을 각각 C, D라 하자. [보기]에서 옳은 것만을 있는 대로 고른 것은? (단, O는 원점이다.) (4점)

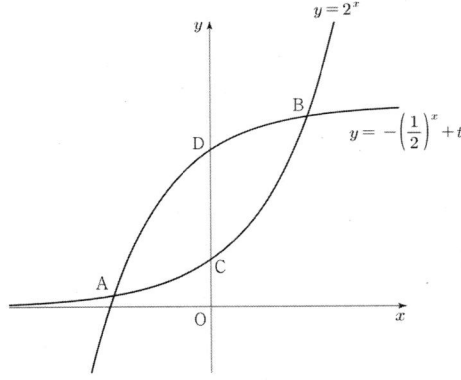

――――――――― [보기] ―――――――――

ㄱ. $\overline{CD} = t-2$

ㄴ. $\overline{AC} = \overline{DB}$

ㄷ. 삼각형 ABD의 넓이는 삼각형 AOB의 넓이의 $\dfrac{t-2}{t}$배이다.

① ㄱ　　　　　② ㄷ　　　　　③ ㄱ, ㄴ

④ ㄱ, ㄷ　　　　⑤ ㄱ, ㄴ, ㄷ

C94 ✽✽✽ 　　　　　　　2022실시 6월 학평 17(고2)

$0<t<1$인 실수 t에 대하여 직선 $y=t$가 함수 $y=|2^x-1|$의 그래프와 제1사분면에서 만나는 점을 A, 제2사분면에서 만나는 점을 B라 하자. 양수 a에 대하여 점 A를 지나고 x축에 수직인 직선이 함수 $y=-a|2^x-1|$의 그래프와 만나는 점을 C라 하자. $\overline{AB}=\overline{AC}=1$일 때, $a+t$의 값은? (4점)

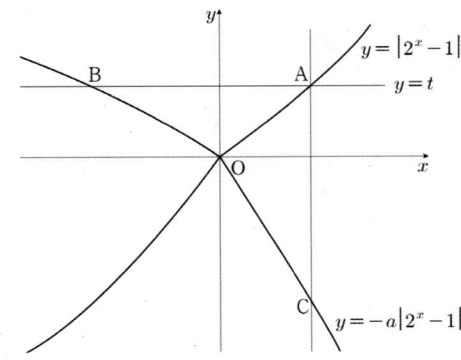

① 2　　　　　② $\dfrac{7}{3}$　　　　　③ $\dfrac{8}{3}$

④ 3　　　　　⑤ $\dfrac{10}{3}$

C95 ✽✽✽ 　　　　　　　2010실시(나) 10월 학평 10(고3)

실수 전체의 집합에서 정의된 함수 f가 다음 조건을 만족시킨다.

――――――――――――――――――――――

(가) $-2 \le x \le 0$일 때, $f(x)=|x+1|-1$

(나) 모든 실수 x에 대하여 $f(x)+f(-x)=0$

(다) 모든 실수 x에 대하여 $f(2-x)=f(2+x)$

――――――――――――――――――――――

$-10 \le x \le 10$에서 $y=f(x)$의 그래프와 $y=\left(\dfrac{1}{2}\right)^x$의 그래프의 교점의 개수는? (4점)

① 2　　　　　② 3　　　　　③ 4

④ 5　　　　　⑤ 6

C96 ✷✷❀   2020실시 9월 학평 19(고2)

그림과 같이 실수 $t\,(1<t<100)$에 대하여 점 $P(0,\,t)$를 지나고 x축에 평행한 직선이 곡선 $y=2^x$과 만나는 점을 A, 점 A에서 x축에 내린 수선의 발을 Q라 하자. 점 $R(0,\,2t)$를 지나고 x축에 평행한 직선이 곡선 $y=2^x$과 만나는 점을 B, 점 B에서 x축에 내린 수선의 발을 S라 하자. 사각형 ABRP의 넓이를 $f(t)$, 사각형 AQSB의 넓이를 $g(t)$라 할 때, $\dfrac{f(t)}{g(t)}$의 값이 자연수가 되도록 하는 모든 t의 값의 곱은? (4점)

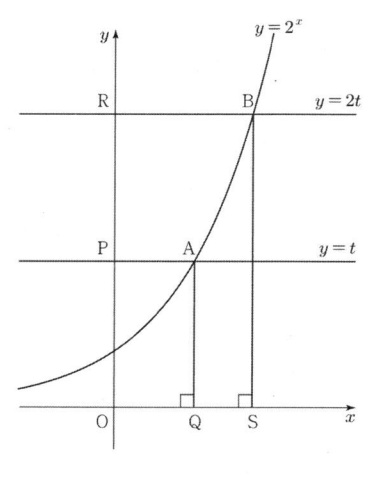

① 2^{11} ② 2^{12} ③ 2^{13}

④ 2^{14} ⑤ 2^{15}

---

② 로그함수의 그래프

유형 10   로그함수의 값

로그함수 $f(x)=\log_a x\ (a>0,\ a\neq1)$에서 $f(\alpha)$의 값은 x 대신 α를 대입한 값이므로

$$f(\alpha)=\log_a \alpha$$

tip

로그의 정의에 의해

$$\log_a \alpha=\beta \iff \alpha=a^\beta$$

C97 대표   2019실시(나) 6월 학평 7(고2)

함수 $f(x)=\log_3(x+12)+2$에 대하여 $f^{-1}(5)$의 값은? (3점)

① 15   ② 16   ③ 17

④ 18   ⑤ 19

C98 ❀❀❀

함수 $f(x)=\log_2 x$에 대하여 $f(4)+f(a)=5$를 만족시킬 때, 실수 a의 값을 구하시오. (3점)

C99 ❀❀❀

두 함수 $f(x)=\left(\dfrac{1}{3}\right)^x$, $g(x)=\log_5 x$에 대하여 $f(-2)+g(125)$의 값을 구하시오. (3점)

C100 ❀❀❀

함수 $f(x)=\log_3(x^2-x+1)$에 대하여 $f(-1)=f(k)$를 만족시키는 실수 k의 값은? (단, $k\neq-1$) (3점)

① $\dfrac{1}{2}$ ② 1   ③ $\dfrac{3}{2}$

④ 2   ⑤ $\dfrac{5}{2}$

C101 ✷❀❀   2021실시 6월 학평 14(고2)

$x>0$에서 정의된 함수

$$f(x)=\begin{cases}0 & (0<x\leq1)\\ \log_3 x & (x>1)\end{cases}$$

에 대하여 $f(t)+f\left(\dfrac{1}{t}\right)=2$를 만족시키는 모든 양수 t의 값의 합은? (4점)

① $\dfrac{76}{9}$ ② $\dfrac{79}{9}$ ③ $\dfrac{82}{9}$

④ $\dfrac{85}{9}$ ⑤ $\dfrac{88}{9}$

유형 11 로그함수의 이해

로그함수 $y=\log_a x\ (a>0,\ a\neq 1)$의 성질

(1) 정의역은 양의 실수 전체의 집합이고,
   치역은 실수 전체의 집합이다.

(2) 그래프는 두 점 $(1, 0)$, $(a, 1)$을 지나고, y축을 점근선으로 한다.

(3) 그래프가 점 (α, β)를 지나면 $\beta=\log_a \alpha$가 성립한다.

(tip)

① 로그함수 $y=\log_a x\ (a>0,\ a\neq 1)$는 $x>0$인 경우에만 정의된다.
   즉, 로그함수의 그래프는 직선 $x=0\ (y$축$)$을 점근선으로 한다.

② $a\neq 1$인 양수 a에 대하여 두 함수 $y=\log_a x^2$, $y=2\log_a x$의
   정의역이 각각 $\{x|x\neq 0\}$, $\{x|x>0\}$이므로 $\log_a x^2=2\log_a x$이지만
   두 함수는 다른 함수이다.

C102 대표 .... 2007대비(나) 9월 모평 5(고3)

함수 $y=\log(10-x^2)$의 정의역을 A,
함수 $y=\log(\log x)$의 정의역을 B라 할 때, $A\cap B$의 원소 중
정수의 개수는? (3점)

① 1   ② 2   ③ 3
④ 4   ⑤ 5

C103 ✿✿✿

두 함수 $f(x)=7^{3x}$, $g(x)=\dfrac{1}{3}\log_7 x$에 대하여 $f(g(7))$의 값을
구하시오. (3점)

C104 ✿✿✿ .... 2019실시(가) 6월 학평 20(고2)

함수 $f(x)=\log_3 x$에 대하여 두 양수 a, b가
다음 조건을 만족시킨다.

> (가) $|f(a)-f(b)|\leq 1$
> (나) $f(a+b)=1$

ab의 최솟값을 m이라 할 때, $f(m)=3-\log_3 k$이다. 자연수
k의 값은? (4점)

① 16   ② 19   ③ 22
④ 25   ⑤ 28

유형 12 로그함수의 그래프의 평행이동과 대칭이동

로그함수 $y=\log_a x\ (a>0,\ a\neq 1)$의 그래프를

(1) x축의 방향으로 m만큼, y축의 방향으로 n만큼 평행이동한
   그래프의 식은 $y=\log_a(x-m)+n$

(2) x축에 대하여 대칭이동한 그래프의 식은 $y=-\log_a x$

(3) y축에 대하여 대칭이동한 그래프의 식은 $y=\log_a(-x)$

(4) 원점에 대하여 대칭이동한 그래프의 식은 $y=-\log_a(-x)$

(5) 직선 $y=x$에 대하여 대칭이동한 그래프의 식은 $y=a^x$

(tip)

① 두 함수 $y=a^x$, $y=\log_a x$는 서로 역함수 관계이다. 즉, 두 함수의
   그래프는 직선 $y=x$에 대하여 대칭이다.

② 함수 $y=\log_a(x-m)+n$의 정의역은 $\{x|x>m\}$이고 그래프는
   직선 $x=m$을 점근선으로 한다.

③ 곡선 $y=f(x)$를 연속하여 대칭이동과 평행이동시키는 경우 이동된
   곡선의 방정식을 구할 때는 반드시 주어진 순서대로 이동시킨다.

C105 대표 .... 2024실시 6월 학평 8(고2)

함수 $y=\log_3(x+a)+b$의 그래프가 점 $(5, 0)$을
지나고 점근선이 직선 $x=-4$일 때, $a+b$의 값은?

(단, a, b는 상수이다.) (3점)

① 2   ② 4   ③ 6
④ 8   ⑤ 10

C106 ✿✿✿ 2020실시 6월 학평 8(고2)

함수 $y=\log_2 x$의 그래프를 x축의 방향으로 a만큼, y축의 방향으로 1만큼 평행이동한 그래프가 점 $(9, 3)$을 지날 때, 상수 a의 값은? (3점)

① 5   ② 6   ③ 7
④ 8   ⑤ 9

C107 ✿✿✿ 2021실시 6월 학평 9(고2)

두 상수 a, b에 대하여 함수 $y=\log_2 (x-a)+1$의 그래프가 점 $(7, b)$를 지나고 점근선이 직선 $x=3$일 때, $a+b$의 값은? (3점)

① 3   ② 4   ③ 5
④ 6   ⑤ 7

C108 ✿✿✿ 2017실시(가) 7월 학평 24(고3)

함수 $f(x)=\log_6 (x-a)+b$의 그래프의 점근선이 직선 $x=5$이고, $f(11)=9$이다. 상수 a, b에 대하여 $a+b$의 값을 구하시오. (3점)

C109 ✿✿✿ 2017대비(가) 9월 모평 23(고3)

곡선 $y=\log_2 (x+5)$의 점근선이 직선 $x=k$이다. k^2의 값을 구하시오. (단, k는 상수이다.) (3점)

C110 ✿✿✿

함수 $y=\log_3 \dfrac{3}{x-1}$의 그래프의 개형으로 알맞은 것은? (3점)

①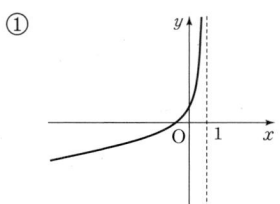

②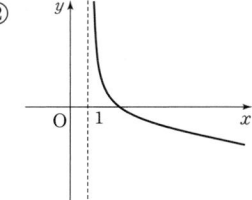

③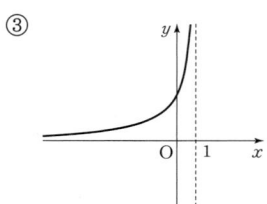

④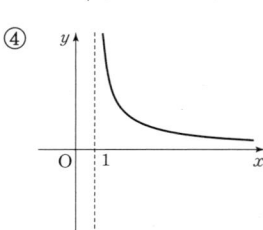

⑤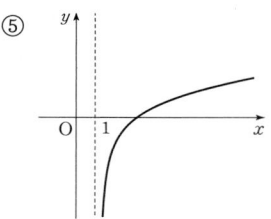

C111 ✽❀❀ 2019실시(가) 6월 학평 12(고2)

함수 $y=2+\log_2 x$의 그래프를 x축의 방향으로 -8만큼, y축의 방향으로 k만큼 평행이동한 그래프가 제4사분면을 지나지 않도록 하는 실수 k의 최솟값은? (3점)

① -1 ② -2 ③ -3
④ -4 ⑤ -5

C112 ✽❀❀ 2021실시 6월 학평 26(고2)

함수 $y=f(x)$의 그래프는 함수 $y=\log_2 x$의
그래프를 x축의 방향으로 m만큼 평행이동한 후
직선 $y=x$에 대하여 대칭이동한 그래프와 일치한다.
함수 $y=f(x)$의 그래프가 점 $(1, 5)$를 지날 때, $f(m)$의 값을
구하시오. (단, m은 상수이다.) (4점)

C113 ✽❀❀ 2018실시(가) 11월 학평 15(고2)

함수 $y=\log_3 x$의 그래프 위에 두 점 A$(a, 1)$, B$(27, b)$가
있다. 함수 $y=\log_3 x$의 그래프를 x축의 방향으로 m만큼
평행이동한 그래프가 두 점 A, B의 중점을 지날 때, 상수 m의
값은? (4점)

① 6   ② 7   ③ 8
④ 9   ⑤ 10

C114 ✽✽✽ 2019실시(나) 6월 학평 28(고2)

곡선 $y=\log_2 x$를 원점에 대하여 대칭이동한 후
x축의 방향으로 $\frac{5}{2}$만큼 평행이동한 곡선을 $y=f(x)$라 하자.
두 곡선 $y=\log_2 x$와 $y=f(x)$의 두 교점을 A, B라 할 때, 직선
AB의 기울기는 $\frac{q}{p}$이다. $10p+q$의 값을 구하시오. (단, p와
q는 서로소인 자연수이다.) (4점)

C115 ✽✽❀ 2019실시(나) 9월 학평 16(고2)

그림과 같이 두 함수 $f(x)=\log_2 x$, $g(x)=\log_2 3x$
의 그래프 위에 네 점 A$(1, f(1))$, B$(3, f(3))$, C$(3, g(3))$,
D$(1, g(1))$이 있다. 두 함수 $y=f(x)$, $y=g(x)$의 그래프와
선분 AD, 선분 BC로 둘러싸인 부분의 넓이는? (4점)

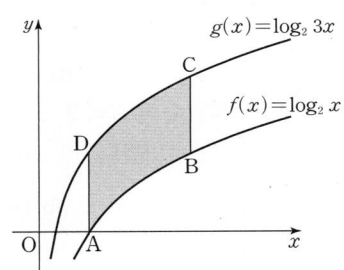

① 3   ② $2\log_2 3$ ③ 4
④ $3\log_2 3$ ⑤ 5

유형 13 로그함수의 그래프 위의 점

로그함수 $y = \log_a (x - m) + n$ $(a > 0, a \neq 1)$에 대하여
(1) 정의역은 $\{x \mid x > m\}$이고 치역은 실수 전체의 집합이다.
(2) 그래프의 점근선의 방정식은 $x = m$이다.
(3) 그래프가 점 (α, β)를 지나면 $\beta = \log_a (\alpha - m) + n$이
성립한다.

(tip)

1. 곡선 $y = f(x)$를 x축에 대하여 m만큼 평행이동한 곡선이
$y = g(x)$일 때, 직선 $y = k$가 이 두 곡선과 만나는 점 사이의 거리는 m이다.
2. 곡선 $y = f(x)$를 y축에 대하여 n만큼 평행이동한 곡선이 $y = g(x)$일
때, 직선 $x = k$가 이 두 곡선과 만나는 점 사이의 거리는 n이다.

C116 대표 .... 2012대비(나) 6월 모평 13(고3)

곡선 $y = \log_2 (ax + b)$가
점 $(-1, 0)$과 점 $(0, 2)$를
지날 때, 두 상수 a, b의 합
$a + b$의 값은? (3점)

① 5   ② 7
③ 9   ④ 11
⑤ 13

C117 ✽✽✽ .... 2022실시 9월 학평 8(고2)

함수 $y = \log_3 (2x + 1)$의 역함수의 그래프가
점 $(4, a)$를 지날 때, a의 값은? (3점)

① 40   ② 42   ③ 44
④ 46   ⑤ 48

C118 ✽✽✽ .... 2011대비(나) 6월 모평 27(고3)

1보다 큰 양수 a에 대하여 두 곡선 $y = a^{-x-2}$과
$y = \log_a (x - 2)$가 직선 $y = 1$과 만나는 두 점을 각각 A, B라
하자. $\overline{AB} = 8$일 때, a의 값은? (3점)

① 2   ② 4   ③ 6
④ 8   ⑤ 10

C119 ✽✽✽

함수 $y = \log_3 x$의 그래프 위의 두 점 A, B의 x좌표를 각각 a,
b라 하자. 선분 AB를 2 : 1로 내분하는 점이 x축 위에 있을 때,
ab^2의 값을 구하시오. (3점)

C120 ✽✽✽ .... 2020실시 6월 학평 16(고2)

함수 $y = \log_2 x$의 그래프 위에 서로 다른 두 점 A,
B가 있다. 선분 AB의 중점이 x축 위에 있고, 선분 AB를
1 : 2로 외분하는 점이 y축 위에 있을 때, 선분 AB의 길이는?
(4점)

① 1   ② $\dfrac{\sqrt{6}}{2}$ ③ $\sqrt{2}$
④ $\dfrac{\sqrt{10}}{2}$ ⑤ $\sqrt{3}$

C121 ✽✽✽ .... 2019실시(가) 11월 학평 13(고2)

그림과 같이 두 곡선 $y = \log_2 (x + 4)$, $y = \log_2 x + 1$이 x축과
만나는 점을 각각 A, B라 하고 두 곡선이 만나는 점을 C라 할
때, 삼각형 ABC의 넓이는? (3점)

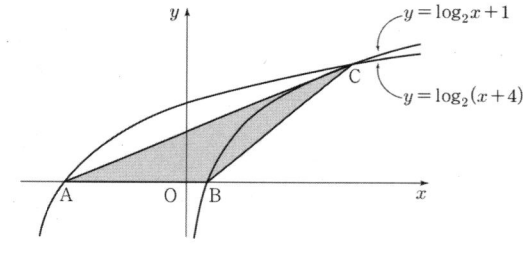

① 5   ② $\dfrac{21}{4}$ ③ $\dfrac{11}{2}$
④ $\dfrac{23}{4}$ ⑤ 6

C122 ✽❀❀ 　　　　　　　　　　2022실시 9월 학평 11(고2)

그림과 같이 곡선 $y=\log_4 x$ 위의 점 A와 곡선
$y=-\log_4(x+1)$ 위의 점 B가 있다. 점 A의 y좌표가 1이고,
x축이 삼각형 OAB의 넓이를 이등분할 때,
선분 OB의 길이는? (단, O는 원점이다.) (3점)

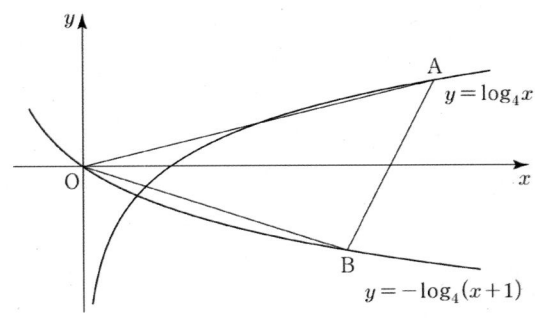

① $\sqrt{6}$ 　　　　　 ② $2\sqrt{2}$ 　　　　　 ③ $\sqrt{10}$
④ $2\sqrt{3}$ 　　　　　 ⑤ $\sqrt{14}$

C123 ✽❀❀ 　　　　　　　　　　2015실시(A) 7월 학평 28(고3)

그림과 같이 세 로그함수 $f(x)=k\log x$, $g(x)=k^2\log x$,
$h(x)=4k^2\log x$의 그래프가 있다. 점 $P(2,0)$을 지나고
y축에 평행한 직선이 두 곡선 $y=g(x)$, $y=h(x)$와 만나는
점의 y좌표를 각각 p, q라 하자. 직선 $y=p$와 곡선 $y=f(x)$가
만나는 점을 $Q(a,p)$, 직선 $y=q$와 곡선 $y=g(x)$가 만나는
점을 $R(b,q)$라 하자. 세 점 P, Q, R가 한 직선 위에 있을 때,
두 실수 a, b의 곱 ab의 값을 구하시오. (단, $k>1$) (4점)

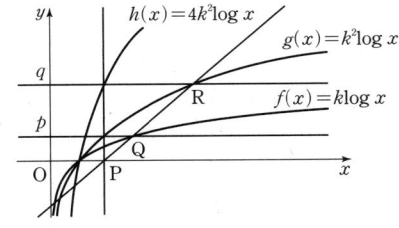

C124 ✽❀❀ 　　　　　　　　　　2015대비(B) 6월 모평 19(고3)

$0<a<1<b$인 두 실수 a, b에 대하여 두 함수
$$f(x)=\log_a(bx-1), \quad g(x)=\log_b(ax-1)$$
이 있다. 곡선 $y=f(x)$와 x축의 교점이 곡선 $y=g(x)$의
점근선 위에 있도록 하는 a와 b 사이의 관계식과 a의 값의
범위를 옳게 나타낸 것은? (4점)

① $b=-2a+2\left(0<a<\dfrac{1}{2}\right)$ 　② $b=2a\left(0<a<\dfrac{1}{2}\right)$

③ $b=2a\left(\dfrac{1}{2}<a<1\right)$ 　　　　④ $b=2a+1\left(0<a<\dfrac{1}{2}\right)$

⑤ $b=2a+1\left(\dfrac{1}{2}<a<1\right)$

C125 ✽❀❀ 　　　　　　　　　　2011대비(나) 9월 모평 15(고3)

함수 $y=\log_2 4x$의 그래프 위의 두 점 A, B와 함수
$y=\log_2 x$의 그래프 위의 점 C에 대하여 선분 AC가 y축에
평행하고 삼각형 ABC가 정삼각형일 때, 점 B의 좌표는
(p,q)이다. $p^2\times 2^q$의 값은? (4점)

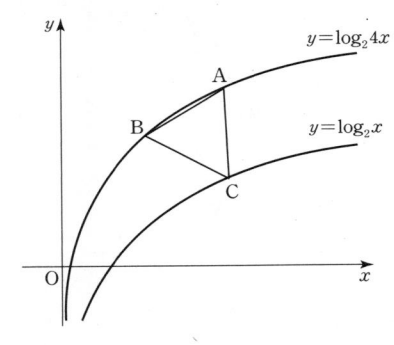

① $6\sqrt{3}$ 　　　　　 ② $9\sqrt{3}$ 　　　　　 ③ $12\sqrt{3}$
④ $15\sqrt{3}$ 　　　　　 ⑤ $18\sqrt{3}$

C126 ✿✿✿   2010대비(나) 9월 모평 24(고3)

좌표평면에서 세 점 $(15, 4)$, $(15, 1)$, $(64, 1)$을 꼭짓점으로 하는 삼각형과 로그함수 $y = \log_k x$의 그래프가 만나도록 하는 자연수 k의 개수를 구하시오. (4점)

C127 ✿✿✿   2007대비(나) 9월 모평 23(고3)

자연수 n에 대하여 두 함수 $y = 2^x$, $y = \log_2 x$의 그래프가 직선 $x = n$과 만나는 교점의 y좌표를 각각 a, b라 하자. $a + b$가 세 자리의 자연수일 때, $a + b$의 값을 구하시오. (4점)

C128 ✿✿✿   2005실시(가) 4월 학평 9(고3)

두 함수 $y = x$와 $y = \log_2 x$의 그래프를 이용하여 [보기]에서 옳은 것을 모두 고른 것은? (4점)

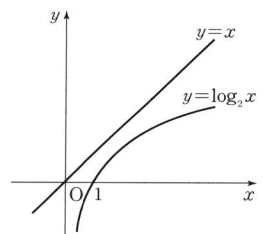

[보기]

ㄱ. $\dfrac{\log_2 x}{x} < 1$

ㄴ. $\dfrac{\log_2 x}{x-1} < 1 \ (x \neq 1)$

ㄷ. $\dfrac{\log_2 (x+1)}{x} < 1 \ (x \neq 0)$

① ㄱ   ② ㄴ   ③ ㄱ, ㄷ
④ ㄴ, ㄷ   ⑤ ㄱ, ㄴ, ㄷ

C129 ✿✿✿   2020실시 6월 학평 20(고2)

1보다 큰 실수 a에 대하여

두 곡선 $y = \log_a x$, $y = \log_{a+2} x$가 직선 $y = 2$와 만나는 점을 각각 A, B라 하자. 점 A를 지나고 y축에 평행한 직선이 곡선 $y = \log_{a+2} x$와 만나는 점을 C, 점 B를 지나고 y축에 평행한 직선이 곡선 $y = \log_a x$와 만나는 점을 D라 할 때, [보기]에서 옳은 것만을 있는 대로 고른 것은? (4점)

[보기]

ㄱ. 점 A의 x좌표는 a^2이다.

ㄴ. $\overline{AC} = 1$이면 $a = 2$이다.

ㄷ. 삼각형 ACB와 삼각형 ABD의 넓이를 각각 S_1, S_2라 할 때, $\dfrac{S_2}{S_1} = \log_a (a+2)$이다.

① ㄱ   ② ㄷ   ③ ㄱ, ㄴ
④ ㄴ, ㄷ   ⑤ ㄱ, ㄴ, ㄷ

C130 ✿✿✿   2019실시(가) 6월 학평 19(고2)

그림과 같이 함수 $f(x) = 2^{1-x} + a - 1$의 그래프가 두 함수 $g(x) = \log_2 x$, $h(x) = a + \log_2 x$의 그래프와 만나는 점을 각각 A, B라 하자. 점 A를 지나고 x축에 수직인 직선이 함수 $h(x)$의 그래프와 만나는 점을 C, x축과 만나는 점을 H라 하고, 함수 $g(x)$의 그래프가 x축과 만나는 점을 D라 하자. [보기]에서 옳은 것만을 있는 대로 고른 것은? (단, $a > 0$) (4점)

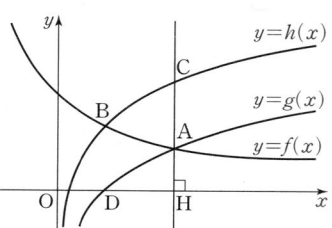

[보기]

ㄱ. 점 B의 좌표는 $(1, a)$이다.

ㄴ. 점 A의 x좌표가 4일 때, 사각형 ACBD의 넓이는 $\dfrac{69}{8}$이다.

ㄷ. $\overline{CA} : \overline{AH} = 3 : 2$이면 $0 < a < 3$이다.

① ㄱ   ② ㄷ   ③ ㄱ, ㄴ
④ ㄴ, ㄷ   ⑤ ㄱ, ㄴ, ㄷ

C131 ✱✱❀ .... 2019실시(가) 3월 학평 27(고3)

그림과 같이 직선 $y=2$가 두 곡선 $y=\log_2 4x$, $y=\log_2 x$와 만나는 점을 각각 A, B라 하고, 직선 $y=k(k>2)$가 두 곡선 $y=\log_2 4x$, $y=\log_2 x$와 만나는 점을 각각 C, D라 하자. 점 B를 지나고 y축과 평행한 직선이 직선 CD와 만나는 점을 E라 하면 점 E는 선분 CD를 $1:2$로 내분한다. 사각형 ABDC의 넓이를 S라 할 때, $12S$의 값을 구하시오. (4점)

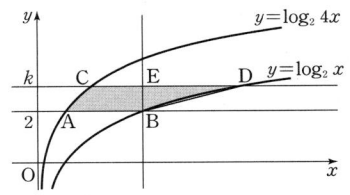

유형 14 로그함수의 그래프를 이용한 대소 관계

로그함수 $y=\log_a x\ (a>0, a\neq 1)$에서

(1) $a>1$일 때, x의 값이 증가하면 y의 값도 증가하므로
  $0<x_1<x_2$이면 $\log_a x_1<\log_a x_2$

(2) $0<a<1$일 때, x의 값이 증가하면 y의 값은 감소하므로
  $0<x_1<x_2$이면 $\log_a x_1>\log_a x_2$

(tip)

① 두 수의 대소 관계를 비교할 때는 $A<B$이면 $A-B<0$ 또는 $\dfrac{A}{B}<1$임을 이용한다.

② 로그함수를 이용하여 대소 관계를 비교할 때 다음의 성질이 자주 사용된다.

$\log_a x-\log_a y=\log_a \dfrac{x}{y}, a=\log_b c \Longleftrightarrow c=b^a$

C132 대표 .... 2007실시(나) 7월 학평 10(고3)

함수 $f(x)=\log_a x$, $g(x)=\log_b x$가 $0<x<1$에서 $f(x)>g(x)$가 성립하기 위한 조건으로 [보기]에서 옳은 것을 모두 고른 것은? (4점)

[보기]

ㄱ. $1<b<a$
ㄴ. $0<a<b<1$
ㄷ. $0<a<1<b$

① ㄱ   ② ㄴ   ③ ㄱ, ㄷ
④ ㄴ, ㄷ   ⑤ ㄱ, ㄴ, ㄷ

C133 ✱❀❀ .... 2008대비(나) 6월 모평 27(고3)

함수 $f(x)=\log_5 x$이고 $a>0$, $b>0$일 때, [보기]에서 항상 옳은 것을 모두 고른 것은? (4점)

[보기]

ㄱ. $\left\{f\left(\dfrac{a}{5}\right)\right\}^2=\left\{f\left(\dfrac{5}{a}\right)\right\}^2$
ㄴ. $f(a+1)-f(a)>f(a+2)-f(a+1)$
ㄷ. $f(a)<f(b)$이면 $f^{-1}(a)<f^{-1}(b)$이다.

① ㄱ   ② ㄴ   ③ ㄱ, ㄴ
④ ㄱ, ㄷ   ⑤ ㄱ, ㄴ, ㄷ

C134 ✱❀❀ ....

n이 자연수일 때, [보기]의 부등식 중 항상 성립하는 것을 모두 고르면? (3점)

[보기]

ㄱ. $\log_3(n+4)>\log_3(n+3)$
ㄴ. $\log_3(n+3)>\log_4(n+3)$
ㄷ. $\log_3(n+3)>\log_4(n+4)$

① ㄱ   ② ㄱ, ㄴ   ③ ㄱ, ㄷ
④ ㄴ, ㄷ   ⑤ ㄱ, ㄴ, ㄷ

C135 ✿✿✿ .... 2011실시(가) 6월 학평 15(고2)

함수 $y=\log_a(x+b)$ $(a>0,\ a\neq1)$의 그래프가 그림과 같다.

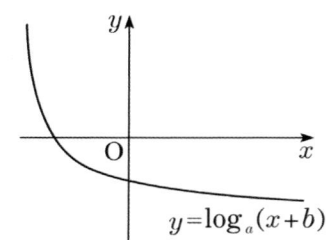

$y=\log_a(x+b)$

이때, 함수 $y=\log_b(x+a)$의 그래프로 알맞은 것은? (4점)

① 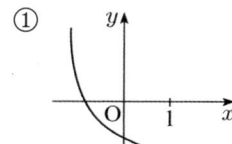　　②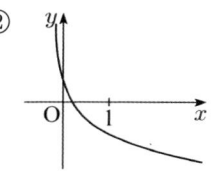

③ 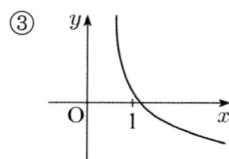　　④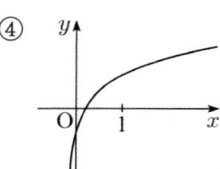

⑤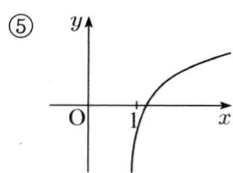

C136 ✿✿✿ .... 2010대비(나) 수능 16(고3)
자연수 $n\,(n\geq2)$에 대하여 직선 $y=-x+n$과 곡선 $y=|\log_2 x|$가 만나는 서로 다른 두 점의 x좌표를 각각 a_n, $b_n\,(a_n<b_n)$이라 할 때, 옳은 것만을 [보기]에서 있는 대로 고른 것은? (4점)

───────[보기]───────
ㄱ. $a_2<\dfrac{1}{4}$

ㄴ. $0<\dfrac{a_{n+1}}{a_n}<1$

ㄷ. $1-\dfrac{\log_2 n}{n}<\dfrac{b_n}{n}<1$
──────────────────

① ㄱ　　　　② ㄴ　　　　③ ㄷ

④ ㄴ, ㄷ　　　⑤ ㄱ, ㄴ, ㄷ

유형 15 **로그함수의 최대·최소**

(1) 로그함수 $y=\log_a x\,(a>0,\ a\neq1)$의 정의역이 $\{x|\alpha\leq x\leq\beta\}$일 때,
　① $a>1$이면 $x=\alpha$일 때 최솟값 $\log_a\alpha$, $x=\beta$일 때 최댓값 $\log_a\beta$를 갖는다.
　② $0<a<1$이면 $x=\alpha$일 때 최댓값 $\log_a\alpha$, $x=\beta$일 때 최솟값 $\log_a\beta$를 갖는다.

(2) 로그함수 $y=\log_a f(x)\,(a>0,\ a\neq1)$에 대하여
　① $a>1$이면 $f(x)$가 최대일 때 y도 최대이고, $f(x)$가 최소일 때 y도 최소이다.
　② $0<a<1$이면 $f(x)$가 최대일 때 y는 최소이고, $f(x)$가 최소일 때 y는 최대이다.

(tip)

1 로그함수 $y=\log_a x\,(a>0,\ a\neq1)$는 a의 값의 범위에 따라 증가하는 함수이거나 감소하는 함수이므로 로그함수의 그래프의 개형을 정확히 파악하여 어떤 x의 값에서 최댓값, 최솟값을 갖는지를 기억하자.

2 $\log_a x$의 꼴이 반복되는 함수는 $\log_a x=t$ (t는 실수)로 치환한 후 최댓값, 최솟값을 각각 구한다.

C137 대표 .... 2023실시 9월 학평 24(고2)

집합 $\{x|1\leq x\leq25\}$에서 정의된 함수 $y=6\log_3(x+2)$의 최댓값을 M, 최솟값을 m이라 할 때, $M+m$의 값을 구하시오. (3점)

C138 ✿✿✿ .... 2022실시 11월 학평 8(고2)
함수 $f(x)=\log_a(3x+1)+2$가 닫힌구간 $[0,\ 5]$에서 최솟값 $\dfrac{2}{3}$를 가질 때, a의 값은? (단, a는 1이 아닌 양의 상수이다.) (3점)

① $\dfrac{1}{32}$　　② $\dfrac{1}{8}$　　③ $\dfrac{1}{2}$　　④ 2　　⑤ 8

C139 ✿✿✿ .... 2017실시(가) 11월 학평 12(고2)
닫힌구간 $[-1,\ 2]$에서 함수 $f(x)=\log_2(x^2-2x+a)$의 최솟값이 3일 때, 상수 a의 값은? (3점)

① 7　　　　　② 9　　　　　③ 11
④ 13　　　　⑤ 15

C140 ✿✿✿   2024실시 9월 학평 9(고2)

집합 $\{x \mid -3 \leq x \leq 3\}$에서 정의된 함수
$$y = \log_{\frac{1}{3}} (x+m)$$
이 최댓값 -2를 가질 때, 상수 m의 값은? (3점)

① 11   ② 12   ③ 13

④ 14   ⑤ 15

C141 ✿✿✿   2024실시 6월 학평 24(고2)

$0 \leq x \leq 6$에서 함수 $y = \log_{\frac{1}{3}} (x+3) + 30$의
최댓값을 구하시오. (3점)

C142 ✿✿✿   2020실시 11월 학평 23(고2)

$1 \leq x \leq 7$에서 정의된 함수 $y = \log_2 (x+1) + 2$의
최댓값을 구하시오. (3점)

C143 ✿✿✿   2010실시(가) 4월 학평 23(고3)

$\frac{1}{3} \leq x \leq 3$에서 정의된 함수 $f(x) = 9x^{-2+\log_3 x}$의 최댓값을 M,
최솟값을 m이라 할 때, $M+m$의 값을 구하시오. (4점)

C144 ✿✿✿   2021실시 9월 학평 14(고2)

$0 \leq x \leq 5$에서 함수
$$f(x) = \log_3 (x^2 - 6x + k) \quad (k > 9)$$
의 최댓값과 최솟값의 합이 $2 + \log_3 4$가 되도록 하는 상수 k의
값은? (4점)

① 11   ② 12   ③ 13

④ 14   ⑤ 15

C145 ✿✿✿   2024실시 9월 학평 18(고2)

함수
$$f(x) = \begin{cases} -2^x + 2 & (x < 1) \\ \log_2 x & (x \geq 1) \end{cases}$$
에 대하여 $a-1 \leq x \leq a+1$에서 함수 $f(x)$의 최댓값과
최솟값의 차가 1이 되도록 하는 모든 실수 a의 값의 합은?

(4점)

① 3   ② $\log_2 \dfrac{32}{3}$ ③ $\log_2 \dfrac{40}{3}$

④ 4   ⑤ $\log_2 \dfrac{56}{3}$

유형 16   로그함수의 최대·최소 – 산술평균과 기하평균의 관계

$\log_a b > 0$일 때, 산술평균과 기하평균의 관계를 이용하면
$$\log_a b + \log_b a \geq 2\sqrt{\log_a b \times \log_b a} = 2$$
$\qquad\qquad$ (단, 등호는 $\log_a b = \log_b a$일 때 성립)

(tip)

① $\log_a b > 0$이면 $\log_b a = \dfrac{1}{\log_a b} > 0$

② $\log_a b \times \log_b a = 1$, $\log_a c \times \log_c b \times \log_b a = 1$

C146 대표

$x > 1$일 때, 함수 $y = \log_5 125x + \log_x 5$의
최솟값은? (3점)

① 2   ② 3   ③ 4

④ 5   ⑤ 6

C147 ✿❀❀

$x>1$일 때, 함수 $y=\log_3 x+\log_x 3$이 최소가 되는 x의 값은? (3점)

① 2   ② 3   ③ 9
④ 27   ⑤ 81

C148 ✿❀❀

$\dfrac{1}{2}<x<50$일 때, 함수 $y=(\log 2x)\left(\log \dfrac{50}{x}\right)$은 $x=k$에서 최댓값 M을 갖는다. 이때, $k-M$의 값을 구하시오. (3점)

C149 ✿❀❀ .... 2021대비(나) 9월 모평 17(고3)

$\angle A=90°$이고 $\overline{AB}=2\log_2 x$, $\overline{AC}=\log_4 \dfrac{16}{x}$인 삼각형 ABC의 넓이를 $S(x)$라 하자. $S(x)$가 $x=a$에서 최댓값 M을 가질 때, $a+M$의 값은? (단, $1<x<16$) (4점)

① 6   ② 7   ③ 8
④ 9   ⑤ 10

유형 17   지수함수와 로그함수의 역함수 구하기

(1) **함수 $y=f(x)$의 역함수 $y=f^{-1}(x)$를 구하는 순서**
  (i) $y=f(x)$를 x에 대하여 풀어 $x=f^{-1}(y)$ 꼴로 나타낸다.
  (ii) $x=f^{-1}(y)$의 x와 y를 서로 바꾸어 $y=f^{-1}(x)$로 나타낸다.

(2) 함수 $f(x)$의 역함수를 $g(x)$라 할 때, $f(a)=b \iff g(b)=a$가 성립한다.

tip

① 두 함수 $f(x)$, $g(x)$가 서로 역함수 관계이면 두 함수의 그래프는 직선 $y=x$에 대하여 대칭이고 $(f \circ g)(x)=(g \circ f)(x)=x$가 성립한다.
② 함수 $y=\log_a x$의 그래프를 x축의 방향으로 m만큼, y축의 방향으로 n만큼 평행이동시킨 그래프의 식은 $y=\log_a (x-m)+n$이다.

C150 대표 .... 2024실시 6월 학평 10(고2)

함수 $y=5^x+1$의 역함수의 그래프가 점 $(4, \log_5 a)$를 지날 때, a의 값은? (3점)

① 1   ② 2   ③ 3
④ 4   ⑤ 5

C151 ✿❀❀ .... 2023실시 6월 학평 12(고2)

함수 $f(x)=3^{x-2}+a$의 역함수의 그래프가 점 $(a+5, a+2)$를 지날 때, 3^a의 값은? (단, a는 상수이다.) (3점)

① 5   ② 6   ③ 7
④ 8   ⑤ 9

C152 ✿❀❀ .... 2020실시 11월 학평 13(고2)

함수 $f(x)=\log_2 (x+a)+b$의 역함수를 $g(x)$라 하자. 곡선 $y=g(x)$의 점근선이 직선 $y=1$이고 곡선 $y=g(x)$가 점 $(3, 2)$를 지날 때, $a+b$의 값은? (단, a, b는 상수이다.) (3점)

① 1   ② 2   ③ 3
④ 4   ⑤ 5

유형 18 로그함수와 지수함수의 그래프 사이의 관계 빈출

(1) 두 함수 $y=a^x$, $y=\log_a x$는 서로 역함수 관계이므로 두 함수의 그래프는 직선 $y=x$에 대하여 대칭이다.

(2) 두 함수 $y=a^x$, $y=\log_a x$의 그래프의 교점을 구하기 위해서는 두 함수 중 한 함수의 그래프와 직선 $y=x$의 교점을 생각하자.

tip

두 함수 $f(x)$, $g(x)$가 서로 역함수 관계이면 두 함수의 그래프는 직선 $y=x$에 대하여 대칭이고 $(f \circ g)(x)=(g \circ f)(x)=x$가 성립한다.

C153 대표 · · · · · · 2022실시 11월 학평 24(고2)

함수 $y=2^x$의 그래프를 x축의 방향으로 a만큼, y축의 방향으로 3만큼 평행이동한 그래프가 함수 $y=\log_2 (4x-b)$의 그래프와 직선 $y=x$에 대하여 대칭일 때, $a+b$의 값을 구하시오. (단, a와 b는 상수이다.) (3점)

C154 ✲✲✲ · · · · · · 2023실시 6월 학평 8(고2)

함수 $y=\log_2 x+1$의 그래프를 x축의 방향으로 a만큼 평행이동한 후 직선 $y=x$에 대하여 대칭이동하였더니 함수 $y=2^{x-1}+5$의 그래프와 일치하였다. 상수 a의 값은? (3점)

① 1 ② 2 ③ 3
④ 4 ⑤ 5

C155 ✲✲✲ · · · · · · 2019실시(가) 11월 학평 26(고2)

곡선 $y=3^x+1$을 직선 $y=x$에 대하여 대칭이동한 후, x축의 방향으로 a만큼, y축의 방향으로 b만큼 평행이동한 곡선을 $y=f(x)$라 하자. 곡선 $y=f(x)$의 점근선이 직선 $x=5$이고 곡선 $y=f(x)$가 곡선 $y=3^x+1$의 점근선과 만나는 점의 x좌표가 6일 때, 두 상수 a, b에 대하여 $a+b$의 값을 구하시오. (4점)

C156 ✲✲✲ · · · · · · 2011실시(가) 9월 학평 9(고2)

그림은 세 양수 a, b, c를 밑으로 하는 로그함수의 그래프이다.

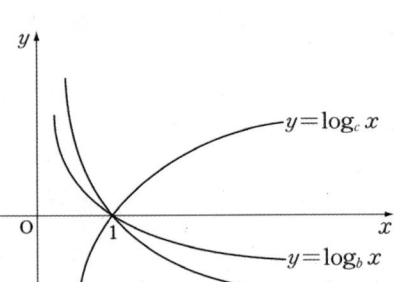

$a^{x_1}=b^{x_2}=c^{x_3}>1$일 때, x_1, x_2, x_3의 대소 관계를 옳게 나타낸 것은? (4점)

① $x_1>x_2>x_3$ ② $x_2>x_1>x_3$ ③ $x_2>x_3>x_1$
④ $x_3>x_1>x_2$ ⑤ $x_3>x_2>x_1$

C157 ✲✲✲ · · · · · · 2008대비(나) 9월 모평 8(고3)

다음은 1이 아닌 세 양수 a, b, c에 대하여 세 함수
$$y=\log_a x, \ y=\log_b x, \ y=c^x$$
의 그래프를 나타낸 것이다. 세 양수 a, b, c의 대소 관계를 옳게 나타낸 것은? (3점)

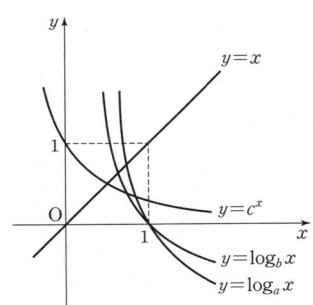

① $a>b>c$ ② $a>c>b$ ③ $b>a>c$
④ $b>c>a$ ⑤ $c>b>a$

C158 ✿✿✿✿

상수 $k(k>3)$에 대하여 직선 $y=-x+2k$가 두 함수

$$f(x)=\log_2(x-k),\ g(x)=2^{x+1}+k+1$$

의 그래프와 만나는 점을 각각 A, B라 하자. $\overline{AB}=7\sqrt{2}$일 때, k의 값은? (4점)

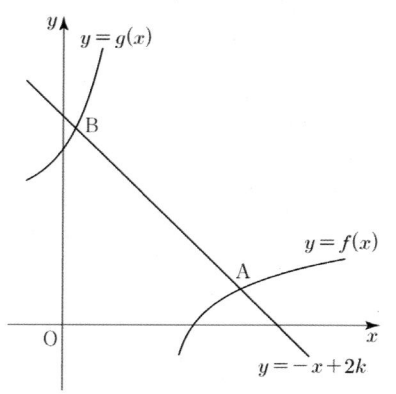

① $\log_2 21$ ② $\log_2 22$ ③ $\log_2 23$

④ $\log_2 24$ ⑤ $\log_2 25$

C159 ✿✿✿✿

그림과 같이 상수 $k(5<k<6)$에 대하여 직선

$y=-x+k$가 두 곡선 $y=-\log_3 x+4$, $y=3^{-x+4}$과 만나는

네 점을 x좌표가 작은 점부터 차례로 A, B, C, D라 하자.

$\overline{AD}-\overline{BC}=4\sqrt{2}$일 때, k의 값은? (4점)

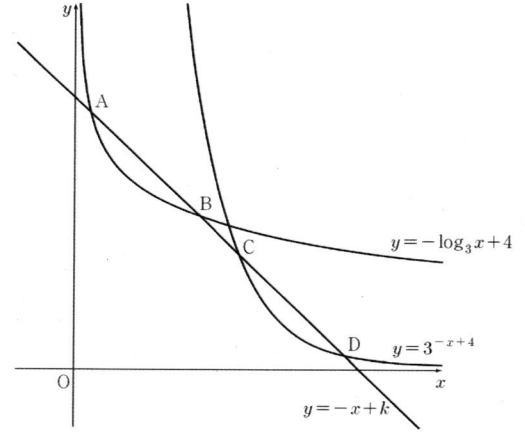

① $\dfrac{19}{4}+\log_3 2$ ② $\dfrac{17}{4}+2\log_3 2$ ③ $\dfrac{17}{4}+\log_3 5$

④ $\dfrac{9}{2}+2\log_3 2$ ⑤ $\dfrac{9}{2}+\log_3 5$

유형 19 로그함수의 그래프의 교점

(1) 두 로그함수 $y=\log_a x$, $y=\log_b x\ (a>0,\ a\neq1,\ b>0,\ b\neq1)$
의 그래프의 교점은 $(1,\ 0)$이다.

(2) 로그함수와 그 역함수의 그래프의 교점이 존재한다면
두 그래프는 직선 $y=x$에 대하여 대칭이므로 교점은 직선
$y=x$ 위에 위치한다. 즉, 교점의 좌표는 $(k,\ k)$로 놓을 수 있다.

(tip)

① 두 함수의 그래프의 교점의 개수가 2이고 이 두 교점의 좌표가 각각
A$(x_1,\ y_1)$, B$(x_2,\ y_2)$일 때, x_1, x_2, y_1, y_2 사이의 관계식이 주어진다면
원점 O에 대하여 세 직선 OA, OB, AB의 직선의 기울기를 생각해 본다.

② 주어진 두 곡선의 교점을 구하기 어려운 경우, 한 곡선을 평행이동
또는 대칭이동하면 다른 곡선에 겹쳐질 수 있는 경우가 대부분이므로
평행이동 또는 대칭이동된 식을 찾아본다.

C160 대표

$k>1$인 실수 k에 대하여 직선 $x=k$가 두 곡선

$y=1+\log_2 x$, $y=\log_4 x$와 만나는 점을 각각 A, B라 하자.

$\overline{AB}=4$일 때, k의 값을 구하시오. (3점)

C161 ✿✿✿✿

함수 $y=2^x-1$의 그래프의 점근선과 함수 $y=\log_2(x+k)$의

그래프가 만나는 점이 y축 위에 있을 때, 상수 k의 값은? (3점)

① $\dfrac{1}{4}$ ② $\dfrac{1}{2}$ ③ $\dfrac{3}{4}$

④ 1 ⑤ $\dfrac{5}{4}$

C162 ✿✿✿✿

좌표평면에서 함수 $y=3^x+2$의 그래프의 점근선과 함수

$y=\log_3(x-4)$의 그래프의 점근선이 만나는 점의 좌표를

$(a,\ b)$라 할 때, $a+b$의 값을 구하시오. (3점)

C163 ❀❀❀❀ .... 2018대비(가) 9월 모평 5(고3)

곡선 $y=2^x+5$의 점근선과 곡선 $y=\log_3 x+3$의 교점의
x좌표는? (3점)

① 3   ② 6   ③ 9

④ 12   ⑤ 15

C164 ❀❀❀ .... 2017실시(가) 3월 학평 11(고3)

그림과 같이 두 곡선 $y=\log_a x$, $y=\log_b x(1<a<b)$와
직선 $y=1$이 만나는 점을 A_1, B_1이라 하고, 직선 $y=2$가 만나는
점을 A_2, B_2라 하자. 선분 A_1B_1의 중점의 좌표는 $(2, 1)$이고
$\overline{A_1B_1}=1$일 때, $\overline{A_2B_2}$의 값은? (3점)

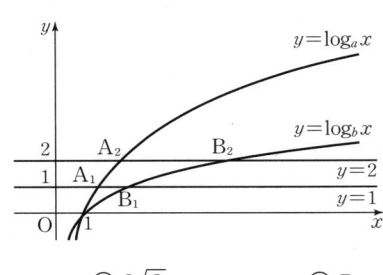

① 4   ② $3\sqrt{2}$ ③ 5

④ $4\sqrt{2}$ ⑤ 6

C165 ❀❀❀ .... 2016실시(가) 4월 학평 4(고3)

좌표평면에서 두 곡선 $y=\log_2 x$, $y=\log_4 x$가 직선 $x=16$과
만나는 점을 각각 P, Q라 하자. 두 점 P, Q 사이의 거리는? (3점)

① 1   ② 2   ③ 3

④ 4   ⑤ 5

C166 ❀❀❀

함수 $y=\log_a x$의 그래프와 함수 $y=\log_3 x$의 그래프를 x축의
방향으로 b만큼 평행이동시킨 그래프가 점 $(16, 2)$에서 만날
때, $a+b$의 값을 구하시오. (4점)

C167 ❀❀❀❀ .... 2023실시 9월 학평 18(고2)

그림과 같이 두 곡선 $y=\log_2 x$,
$y=\log_2(x-p)+q$가 점 $(4, 2)$에서 만난다. 두 곡선
$y=\log_2 x$, $y=\log_2(x-p)+q$가 x축과 만나는 점을 각각
A, B라 하고, 직선 $y=3$과 만나는 점을 각각 C, D라 하자.
$\overline{CD}-\overline{BA}=\dfrac{3}{4}$일 때, $p+q$의 값은? (단, $0<p<4$, $q>0$)

(4점)

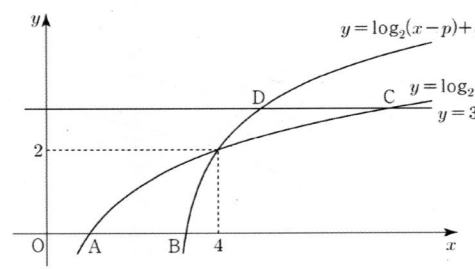

① $\dfrac{7}{2}$ ② 4   ③ $\dfrac{9}{2}$

④ 5   ⑤ $\dfrac{11}{2}$

C168 ❀❀❀ .... 2024실시 6월 학평 28(고2)

두 양수 a, b에 대하여 $x\geq 0$에서 정의된 함수 $f(x)$는

$$f(x)=\begin{cases} a(4-x^2) & (0\leq x<3) \\ b\log_2 \dfrac{x}{3}-5a & (x\geq 3) \end{cases}$$

이다. 함수 $y=f(x)$의 그래프가 x축과 만나는 두 점을 각각
A, B라 하자. $\overline{AB}=10$이고 $f(b)=2b$일 때, $5a+b$의 값을
구하시오. (4점)

C169 ✻✻✻✻ ...... 2022실시 6월 학평 27(고2)

$a > 2$인 실수 a에 대하여 그림과 같이 직선
$y = -x + 5$가 세 곡선 $y = a^x$, $y = \log_a x$,
$y = \log_a(x-1) - 1$과 만나는 점을 각각 A, B, C라 하자.
$\overline{AB} : \overline{BC} = 2 : 1$일 때, $4a^3$의 값을 구하시오. (4점)

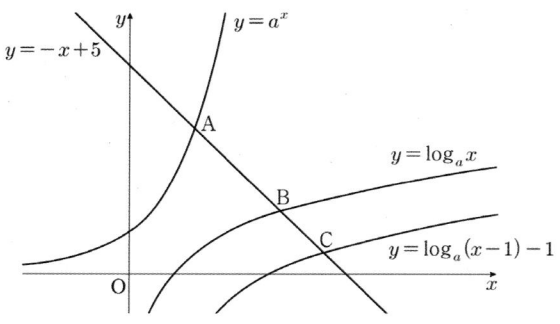

C170 ✻✻✻✻ ...... 2019실시(나) 11월 학평 20(고2)

그림과 같이 자연수 n에 대하여 곡선
$y = |\log_2 x - n|$이 직선 $y = 1$과 만나는 두 점을 각각 A_n,
B_n이라 하고 곡선 $y = |\log_2 x - n|$이 직선 $y = 2$와 만나는
두 점을 각각 C_n, D_n이라 하자. [보기]에서 옳은 것만을 있는
대로 고른 것은? (4점)

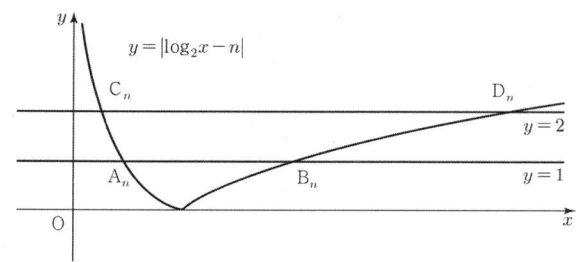

─────[보기]─────

ㄱ. $\overline{A_1B_1} = 3$

ㄴ. $\overline{A_nB_n} : \overline{C_nD_n} = 2 : 5$

ㄷ. 사각형 $A_nB_nD_nC_n$의 넓이를 S_n이라 할 때,
$21 \le S_k \le 210$을 만족시키는 모든 자연수 k의 합은
25이다.

① ㄱ   ② ㄱ, ㄴ   ③ ㄱ, ㄷ
④ ㄴ, ㄷ   ⑤ ㄱ, ㄴ, ㄷ

유형 20   로그함수의 그래프의 교점의 개수

두 로그함수 $y = \log_a x$, $y = \log_b x$ $(a > 0,\ a \ne 1,\ b > 0,\ b \ne 1)$
의 그래프에 대하여

(1) 직선 $x = \alpha$와 만나는 두 점을 각각 A, B라 하면 이 두 점의
x좌표는 모두 α로 같으므로 선분 AB의 길이는 두 점 A, B
의 y좌표의 차이다.

(2) 직선 $y = \beta$와 만나는 두 점을 각각 C, D라 하면 이 두 점의
y좌표는 모두 β로 같으므로 선분 CD의 길이는 두 점 C, D의
x좌표의 차이다.

(tip)

① 교점의 개수를 파악할 때는 실제로 그래프를 그려 확인한다.

② 지수함수 $y = a^x$와 로그함수 $y = \log_a x$는 밑인 a의 값의 범위에 따라
증가함수인지 감소함수인지 정해지므로 a의 값을 잘 살펴보자.

C171   대표 ...... 2006대비(나) 수능 10(고3)

오른쪽 그림은 중심이 $(1, 1)$이고
반지름의 길이가 각각

$$\frac{1}{3},\ \frac{2}{3},\ 1,\ \frac{4}{3},\ \frac{5}{3},\ 2$$

인 6개의 반원을 그린 것이다.
세 함수

$$y = \log_{\frac{1}{4}} x$$

$$y = \left(\frac{2}{3}\right)^x$$

$$y = 3^x$$

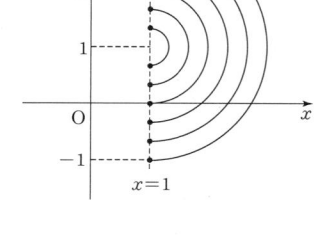

의 그래프가 반원과 만나는 교점의 개수를 각각 a, b, c라 하자.
a, b, c의 대소 관계를 옳게 나타낸 것은?

(단, $x \ge 1$이고 반원은 지름의 양 끝점을 포함한다.) (4점)

① $a < b < c$ ② $a < c < b$ ③ $b < c < a$
④ $c < a < b$ ⑤ $c < b < a$

C172 ✻✻✻✻ ...... 2014대비 5월 예비(A) 20(고3)

정의역이 $\{x \mid 1 \le x < 100\}$이고 함숫값이 $\log x$의
소수 부분인 함수를 $f(x)$라 하자. 함수 $y = f(x)$의 그래프와
직선 $y = 2 - \dfrac{x}{n}$가 만나는 점의 개수가 2가 되도록 하는 자연수
n의 개수는? (4점)

① 1   ② 2   ③ 3
④ 4   ⑤ 5

유형 21. 로그함수의 그래프의 교점의 활용

두 로그함수 $y=\log_a x$, $y=\log_b x$ ($a>0$, $a\neq1$, $b>0$, $b\neq1$) 의 그래프에 대하여

(1) 직선 $x=\alpha$와 만나는 두 점을 각각 A, B라 하면 이 두 점의 x좌표는 모두 α로 같으므로 선분 AB의 길이는 두 점 A, B의 y좌표의 차이다.

(2) 직선 $y=\beta$와 만나는 두 점을 각각 C, D라 하면 이 두 점의 y좌표는 모두 β로 같으므로 선분 CD의 길이는 두 점 C, D의 x좌표의 차이다.

tip

① 밑이 모두 a인 지수함수와 로그함수의 그래프의 교점을 파악하는 경우에는 두 함수가 서로 역함수 관계에 있을 수 있음을 인지하고 문제 풀이에 들어간다.

② 주어진 곡선 또는 함수의 그래프를 좌표평면에 나타내고, 점의 좌표를 이용하면 문제를 쉽게 해결할 수 있다.

C173 대표 .... 2018대비(가) 9월 모평 16(고3)

$a>1$인 실수 a에 대하여 곡선 $y=\log_a x$와

원 C : $\left(x-\dfrac{5}{4}\right)^2+y^2=\dfrac{13}{16}$의 두 교점을 P, Q라 하자.

선분 PQ가 원 C의 지름일 때, a의 값은? (4점)

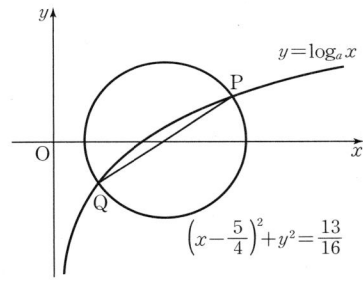

① 3
② $\dfrac{7}{2}$
③ 4
④ $\dfrac{9}{2}$
⑤ 5

C174 ✱✲✲ .... 2023실시 6월 학평 16(고2)

0이 아닌 실수 t에 대하여 두 곡선 $y=\log_2 x$, $y=\log_4 x$와 직선 $y=t$가 만나는 점을 각각 P, Q라 하자. 삼각형 OPQ의 넓이를 $S(t)$라 할 때, [보기]에서 옳은 것만을 있는 대로 고른 것은? (단, O는 원점이다.) (4점)

[보기]

ㄱ. $S(1)=1$

ㄴ. $S(2)=64\times S(-2)$

ㄷ. $t>0$일 때, t의 값이 증가하면 $\dfrac{S(t)}{S(-t)}$의 값도 증가한다.

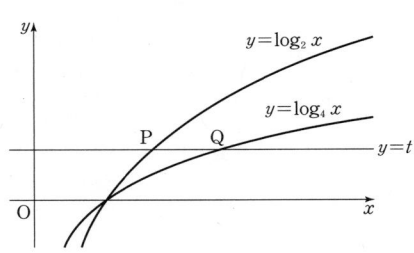

① ㄱ
② ㄴ
③ ㄱ, ㄴ
④ ㄴ, ㄷ
⑤ ㄱ, ㄴ, ㄷ

C175 ✱✱✱✲ .... 2021대비(나) 수능 18(고3)

$\dfrac{1}{4}<a<1$인 실수 a에 대하여 직선 $y=1$이 두 곡선 $y=\log_a x$, $y=\log_{4a} x$와 만나는 점을 각각 A, B라 하고, 직선 $y=-1$이 두 곡선 $y=\log_a x$, $y=\log_{4a} x$와 만나는 점을 각각 C, D라 하자. [보기]에서 옳은 것만을 있는 대로 고른 것은? (4점)

[보기]

ㄱ. 선분 AB를 1 : 4로 외분하는 점의 좌표는 (0, 1)이다.

ㄴ. 사각형 ABCD가 직사각형이면 $a=\dfrac{1}{2}$이다.

ㄷ. $\overline{AB}<\overline{CD}$이면 $\dfrac{1}{2}<a<1$이다.

① ㄱ
② ㄷ
③ ㄱ, ㄴ
④ ㄴ, ㄷ
⑤ ㄱ, ㄴ, ㄷ

C176 ★★✿ .... 2011대비(나) 수능 16(고3)

좌표평면에서 두 곡선 $y=|\log_2 x|$와 $y=\left(\dfrac{1}{2}\right)^x$이

만나는 두 점을 $P(x_1, y_1)$, $Q(x_2, y_2)\,(x_1<x_2)$라 하고, 두 곡선 $y=|\log_2 x|$와 $y=2^x$이 만나는 점을 $R(x_3, y_3)$이라 하자. 옳은 것만을 [보기]에서 있는 대로 고른 것은? (4점)

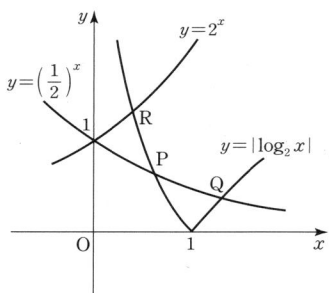

---- [보기] ----

ㄱ. $\dfrac{1}{2}<x_1<1$

ㄴ. $x_2 y_2 - x_3 y_3 = 0$

ㄷ. $x_2(x_1-1)>y_1(y_2-1)$

---

① ㄱ   ② ㄷ   ③ ㄱ, ㄴ

④ ㄴ, ㄷ   ⑤ ㄱ, ㄴ, ㄷ

유형 22 지수함수, 로그함수의 그래프와 도형의 넓이

(1) 두 함수 $y=\log_a x$, $y=b^x$ $(a>0,\ a\neq 1,\ b>0,\ b\neq 1)$의 그래프의 교점이 (α, β)이면 $\beta=\log_a \alpha$, $\beta=b^\alpha$이 성립한다.

(2) 1이 아닌 양수 a와 양수 n에 대하여 두 함수 $y=a^x$, $y=a^x+n$의 그래프(또는 두 함수 $y=\log_a x$, $y=\log_a x+n$의 그래프)와 두 직선 $x=\alpha$, $x=\beta$로 둘러싸인 도형의 넓이는 그림과 같이 사각형 ABCD의 넓이와 같다.

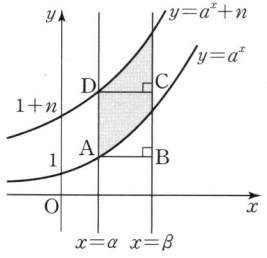
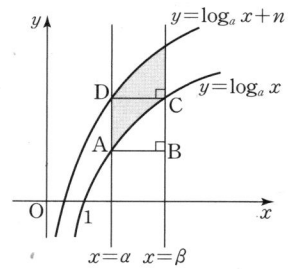

tip

지수함수와 로그함수의 그래프를 이용한 도형에 대한 문제는 지수함수, 로그함수의 그래프의 성질이나 교점의 특징을 파악하는 것이 중요하다. 다음과 같은 중요 유형을 기출 문제로 연습하자.

① 지수함수와 로그함수의 그래프와 직선 등에 의하여 나타나는 도형의 넓이를 구하기

② 주어진 넓이를 이용하여 미지수 또는 식의 값을 구하기

C177 대표 .... 2015대비(A) 9월 모평 11(고3)

그림과 같이 두 곡선 $y=3^{x+1}-2$, $y=\log_2 (x+1)-1$이 y축과 만나는 점을 각각 A, B라 하자. 점 A를 지나고 x축에 평행한 직선이 곡선 $y=\log_2 (x+1)-1$과 만나는 점을 C, 점 B를 지나고 x축에 평행한 직선이 곡선 $y=3^{x+1}-2$와 만나는 점을 D라 할 때, 사각형 ADBC의 넓이는? (3점)

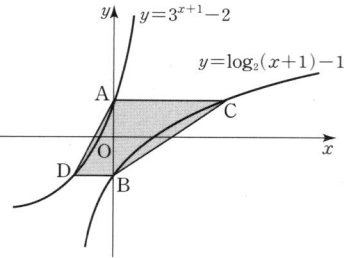

① 3   ② $\dfrac{13}{4}$ ③ $\dfrac{7}{2}$

④ $\dfrac{15}{4}$ ⑤ 4

C178 ✿❀❀　　　　　　　　2018실시(가) 7월 학평 15(고3)

점 A$(4, 0)$을 지나고 y축에 평행한 직선이 곡선 $y=\log_2 x$와
만나는 점을 B라 하고, 점 B를 지나고 기울기가 -1인 직선이
곡선 $y=2^{x+1}+1$과 만나는 점을 C라 할 때, 삼각형 ABC의
넓이는? (4점)

① 3　　　　　② $\dfrac{7}{2}$　　　　　③ 4

④ $\dfrac{9}{2}$　　　　　⑤ 5

C179 ✿❀❀　　　　　　　　2011실시(나) 7월 학평 6(고3)

그림과 같이 직선 $y=x$와 수직으로 만나는 평행한 두 직선 l,
m이 있다. 두 직선 l, m이 함수 $f(x)=\log_2 x$, $g(x)=2^x$의
그래프와 만나는 교점을 A, B, C, D라 하자.
$f(b)=g(1)=a$일 때, 사각형 ABCD의 넓이는? (3점)

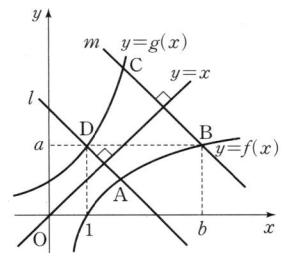

① $\dfrac{5}{2}$　　　　　② 3　　　　　③ $\dfrac{7}{2}$

④ 4　　　　　⑤ $\dfrac{9}{2}$

C180 ✿❀❀　　　　　　　　2009대비(나) 6월 모평 10(고3)

그림과 같이 곡선 $y=2\log_2 x$ 위의 한 점 A를 지나고 x축에
평행한 직선이 곡선 $y=2^{x-3}$과 만나는 점을 B라 하자. 점 B를
지나고 y축에 평행한 직선이 곡선 $y=2\log_2 x$와 만나는 점을
D라 하자. 점 D를 지나고 x축에 평행한 직선이
곡선 $y=2^{x-3}$과 만나는 점을 C라 하자. $\overline{AB}=2$, $\overline{BD}=2$일 때,
사각형 ABCD의 넓이는? (4점)

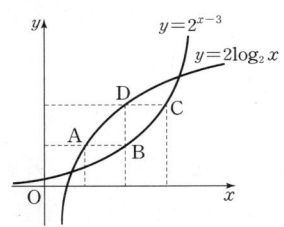

① 2　　　　　② $1+\sqrt{2}$　　　　　③ $\dfrac{5}{2}$

④ 3　　　　　⑤ $2+\sqrt{2}$

C181 ❀❀✿　　　　　　　　2010대비(나) 6월 모평 16(고3)

그림과 같이 함수 $y=\log_2 x$의 그래프 위의 한 점
A_1에서 y축에 평행한 직선을 그어 직선 $y=x$와 만나는 점을
B_1이라 하고, 점 B_1에서 x축에 평행한 직선을 그어
이 그래프와 만나는 점을 A_2라 하자. 이와 같은 과정을 반복하여
점 A_2로부터 점 B_2와 점 A_3을, 점 A_3으로부터 점 B_3과 점 A_4를
얻는다. 네 점 A_1, A_2, A_3, A_4의 x좌표를 차례로 a, b, c, d라
하자. 네 점 $(c, 0)$, $(d, 0)$, $(d, \log_2 d)$, $(c, \log_2 c)$를
꼭짓점으로 하는 사각형의 넓이를 함수 $f(x)=2^x$을 이용하여
a, b로 나타낸 것과 같은 것은? (3점)

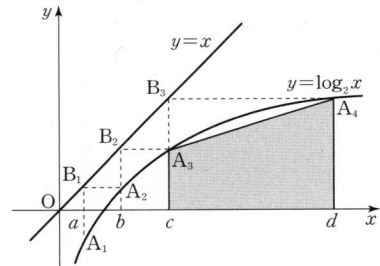

① $\dfrac{1}{2}\{f(b)+f(a)\}\{(f\circ f)(b)-(f\circ f)(a)\}$

② $\dfrac{1}{2}\{f(b)-f(a)\}\{(f\circ f)(b)+(f\circ f)(a)\}$

③ $\{f(b)+f(a)\}\{(f\circ f)(b)+(f\circ f)(a)\}$

④ $\{f(b)+f(a)\}\{(f\circ f)(b)-(f\circ f)(a)\}$

⑤ $\{f(b)-f(a)\}\{(f\circ f)(b)+(f\circ f)(a)\}$

C182 ★★✽ .... 2009대비(나) 6월 모평 17(고3)

함수 $y=\log_2|5x|$의 그래프와 함수 $y=\log_2(x+2)$의 그래프가 만나는 서로 다른 두 점을 각각 A, B라고 하자. $m>2$인 자연수 m에 대하여 함수 $y=\log_2|5x|$의 그래프와 함수 $y=\log_2(x+m)$의 그래프가 만나는 서로 다른 두 점을 각각 C(p, q), D(r, s)라고 하자. [보기]에서 항상 옳은 것을 모두 고른 것은?
(단, 점 A의 x좌표는 점 B의 x좌표보다 작고 $p<r$이다.) (4점)

─────── [보기] ───────

ㄱ. $p<-\dfrac{1}{3}$, $r>\dfrac{1}{2}$

ㄴ. 직선 AB의 기울기와 직선 CD의 기울기는 같다.

ㄷ. 점 B의 y좌표와 점 C의 y좌표가 같을 때, 삼각형 CAB의 넓이와 삼각형 CBD의 넓이는 같다.

① ㄱ   ② ㄴ   ③ ㄱ, ㄴ
④ ㄱ, ㄷ   ⑤ ㄱ, ㄴ, ㄷ

유형 23   도형의 넓이를 이용한 미정계수의 결정

(1) 두 함수 $y=a^x$, $y=\log_a x$는 서로 역함수 관계이므로 두 함수의 그래프는 직선 $y=x$에 대칭이다.

(2) 두 함수 $y=\log_a x$, $y=b^x$ $(a>0,\ a\neq1,\ b>0,\ b\neq1)$의 그래프의 교점이 $(\alpha,\ \beta)$이면 $\beta=\log_a\alpha$, $\beta=b^\alpha$이 성립한다.

도형의 넓이를 이용하여 함수의 미정계수를 결정하는 유형의 문제는 다른 단원과의 통합 문제로도 많이 출제되므로 다음의 개념을 다시 확인하고 넘어가자.   (tip)

① 두 점 P(x_1, y_1), Q(x_2, y_2)에 대하여 두 점의 중점의 좌표는 $\left(\dfrac{x_1+x_2}{2},\ \dfrac{y_1+y_2}{2}\right)$이고, 선분 PQ를 $m:n$으로 내분하는 점의 좌표는 $\left(\dfrac{mx_2+nx_1}{m+n},\ \dfrac{my_2+ny_1}{m+n}\right)$이다.

② 두 점 (x_1, y_1), (x_2, y_2) 사이의 거리는 $\sqrt{(x_2-x_1)^2+(y_2-y_1)^2}$이다.

③ 두 도형의 닮음비가 $m:n$이면 두 도형의 넓이의 비는 $m^2:n^2$이고, 높이가 같은 두 삼각형의 넓이의 비는 밑변의 길이의 비와 같다.

C183 대표.......................... 2015실시(A) 3월 학평 11(고3)

그림과 같이 함수 $y=\log_2 x$의 그래프 위의 두 점 A, B에서 x축에 내린 수선의 발을 각각 C(p, 0), D($2p$, 0)이라 하자. 삼각형 BCD와 삼각형 ACB의 넓이의 차가 8일 때, 실수 p의 값은? (단, $p>1$) (3점)

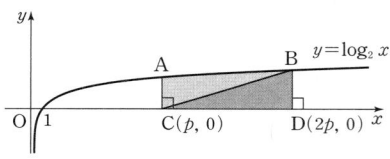

① 4   ② 8   ③ 12
④ 16   ⑤ 20

C184 ✿✿✿

그림과 같이 함수 $f(x)=\log_2\left(x+\dfrac{1}{2}\right)$의 그래프와

함수 $g(x)=a^x\,(a>1)$의 그래프가 있다. 곡선 $y=g(x)$가 y축과 만나는 점을 A, 점 A를 지나고 x축에 평행한 직선이 곡선 $y=f(x)$와 만나는 점 중 점 A가 아닌 점을 B, 점 B를 지나고 y축에 평행한 직선이 곡선 $y=g(x)$와 만나는 점을 C라 하자.

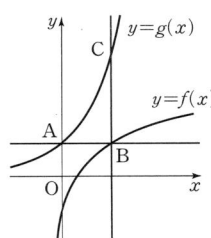

삼각형 ABC의 넓이가 $\dfrac{21}{4}$일 때, a의 값은? (3점)

① 4   ② $\dfrac{9}{2}$ ③ 5

④ $\dfrac{11}{2}$ ⑤ 6

C185 ✿✿✿

두 곡선 $y=\log_2 x$, $y=\log_a x\,(0<a<1)$이 x축 위의 점 A에서 만난다. 직선 $x=4$가 곡선 $y=\log_2 x$와 만나는 점을 B, 곡선 $y=\log_a x$와 만나는 점을 C라 하자. 삼각형 ABC의

넓이가 $\dfrac{9}{2}$일 때, 상수 a의 값은? (3점)

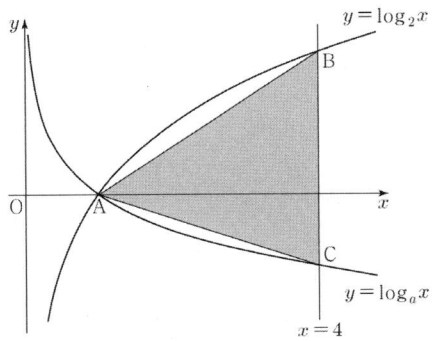

① $\dfrac{1}{16}$ ② $\dfrac{1}{8}$ ③ $\dfrac{3}{16}$

④ $\dfrac{1}{4}$ ⑤ $\dfrac{5}{16}$

C186 ✿✿✿

그림과 같이 $a>1$인 실수 a에 대하여 두 곡선 $y=a\log_2(x-a+1)$과 $y=2^{x-a}-1$이 서로 다른 두 점 A, B에서 만난다. 점 A가 x축 위에 있고 삼각형 OAB의 넓이가 $\dfrac{7}{2}a$일 때, 선분 AB의 중점은 M$(p,\,q)$이다. $p+q$의 값은?

(단, O는 원점이다.) (4점)

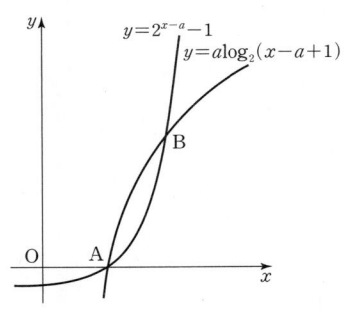

① $\dfrac{13}{2}$ ② 7   ③ $\dfrac{15}{2}$

④ 8   ⑤ $\dfrac{17}{2}$

C187 ✿✿✿

그림과 같이 기울기가 -1인 직선이 두 곡선 $y=2^x$, $y=\log_2 x$와 만나는 두 점을 각각 A, B라 하고, 점 B를 지나고 x축과 평행한 직선이 곡선 $y=2^x$과 만나는 점을 C라 하자. 선분 AB의 길이가 $12\sqrt{2}$, 삼각형 ABC의 넓이가 84이다. 점 A의 x좌표를 a라 할 때, $a-\log_2 a$의 값은? (4점)

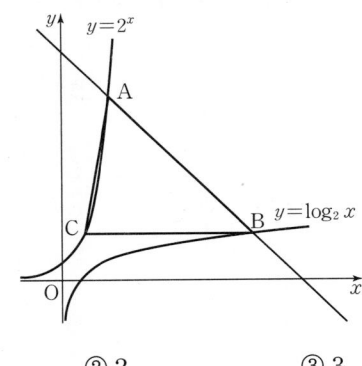

① 1   ② 2   ③ 3

④ 4   ⑤ 5

C188 ❀❀❀ 　　　　　　　　　　2015실시(A) 3월 학평 18(고3)

그림과 같이 직선 $y=-x+a$가 두 곡선 $y=2^x$, $y=\log_2 x$와 만나는 점을 각각 A, B라 하고, x축과 만나는 점을 C라 할 때, 점 A, B, C가 다음 조건을 만족시킨다.

(가) $\overline{AB}:\overline{BC}=3:1$
(나) 삼각형 OBC의 넓이는 40이다.

점 A의 좌표를 A$(p,\ q)$라 할 때, $p+q$의 값은?

(단, O는 원점이고, a는 상수이다.) (4점)

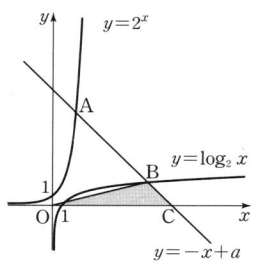

① 10　　　　② 15　　　　③ 20

④ 25　　　　⑤ 30

C189 ❀❀❀ 　　　　　　　　　　2013실시(A) 3월 학평 14(고3)

그림과 같이 기울기가 1인 직선 l이 곡선 $y=\log_2 x$와 서로 다른 두 점 A$(a,\ \log_2 a)$, B$(b,\ \log_2 b)$에서 만난다. 직선 l과 두 직선 $x=b$, $y=\log_2 a$로 둘러싸인 부분의 넓이가 2일 때, $a+b$의 값은? (단, $0<a<b$이다.) (4점)

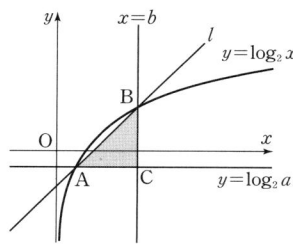

① 2　　　　② $\dfrac{7}{3}$　　　　③ $\dfrac{8}{3}$

④ 3　　　　⑤ $\dfrac{10}{3}$

C190 ❀❀❀ 　　　　　　　　　　2021실시 6월 학평 16(고2)

상수 k에 대하여 그림과 같이 직선 $x=k\ (k>1)$이 두 함수 $y=\log_2 x$, $y=\log_a x\ (a>2)$의 그래프와 만나는 점을 각각 A, B라 하고, 점 B를 지나고 x축에 평행한 직선이 함수 $y=\log_2 x$의 그래프와 만나는 점을 C라 하자. 함수 $y=\log_2 x$의 그래프가 x축과 만나는 점을 D라 할 때, 삼각형 ACB와 삼각형 BCD의 넓이의 비는 $3:2$이다. 상수 a의 값은? (4점)

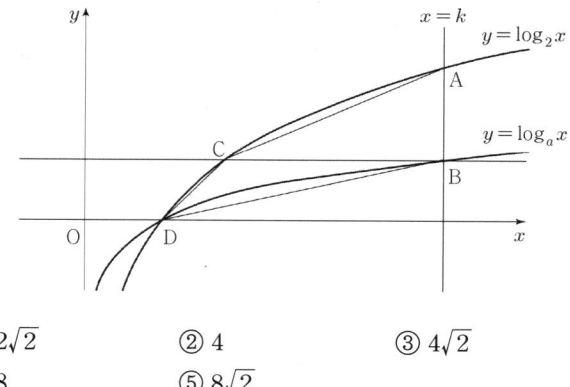

① $2\sqrt{2}$　　　　② 4　　　　③ $4\sqrt{2}$

④ 8　　　　⑤ $8\sqrt{2}$

C191 ❀❀❀ 　　　　　　　　　　2010실시(나) 7월 학평 12(고3)

그림과 같이 함수 $y=\log_2 x$의 그래프와 직선 $y=mx$의 두 교점을 A, B라 하고, 함수 $y=2^x$의 그래프와 직선 $y=nx$의 두 교점을 C, D라 하자. 사각형 ABDC는 등변사다리꼴이고 삼각형 OBD의 넓이는 삼각형 OAC의 넓이의 4배일 때, $m+n$의 값은? (단, O는 원점) (3점)

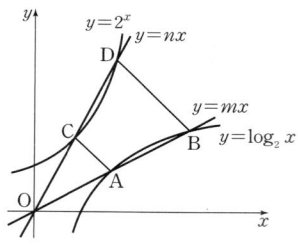

① 2　　　　② $\dfrac{5}{2}$　　　　③ 3

④ $\dfrac{10}{3}$　　　　⑤ 4

C192 ✷✷❀ 2021실시 7월 학평 11(고3)

$a>1$인 실수 a에 대하여 두 함수

$$f(x)=\frac{1}{2}\log_a(x-1)-2,\ g(x)=\log_{\frac{1}{a}}(x-2)+1$$

이 있다. 직선 $y=-2$와 함수 $y=f(x)$의 그래프가 만나는 점을 A라 하고, 직선 $x=10$과 두 함수 $y=f(x)$, $y=g(x)$의 그래프가 만나는 점을 각각 B, C라 하자. 삼각형 ACB의 넓이가 28일 때, a^{10}의 값은? (4점)

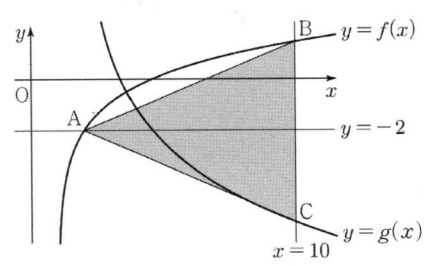

① 15   ② 18   ③ 21
④ 24   ⑤ 27

C193 ✷✷✷❀ 2019실시(나) 9월 학평 19(고2)

실수 k에 대하여 지수함수 $y=a^x (a>0,\ a\neq1)$의 그래프를 x축의 방향으로 k만큼 평행이동한 그래프가 나타내는 함수를 $y=f(x)$라 하자. 함수 $f(x)$가 다음 조건을 만족시킨다.

> 모든 실수 x에 대하여 $f(2+x)f(2-x)=1$이다.

[보기]에서 옳은 것만을 있는 대로 고른 것은? (4점)

[보기]
ㄱ. $f(2)=1$
ㄴ. 함수 $y=f(x)$의 그래프와 역함수 $y=f^{-1}(x)$의 그래프의 교점의 개수는 2이다.
ㄷ. 모든 실수 t에 대하여 $f(t+1)-f(t)<f(t+2)-f(t+1)$이다.

① ㄱ   ② ㄴ   ③ ㄱ, ㄷ
④ ㄴ, ㄷ   ⑤ ㄱ, ㄴ, ㄷ

C194 ✷✷✷❀ 2021실시 9월 학평 11(고2)

양수 p에 대하여 두 함수

$$f(x)=\log_2(x-p),\ g(x)=2^x+1$$

이 있다. 곡선 $y=f(x)$의 점근선이 곡선 $y=g(x)$, x축과 만나는 점을 각각 A, B라 하고, 곡선 $y=g(x)$의 점근선이 곡선 $y=f(x)$와 만나는 점을 C라 하자. 삼각형 ABC의 넓이가 6일 때, p의 값은? (3점)

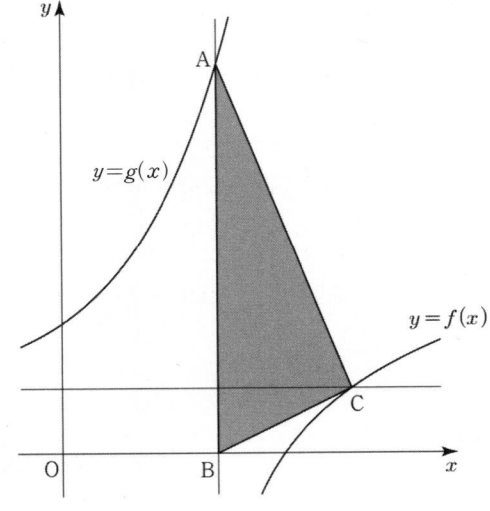

① 2   ② $\log_2 5$ ③ $\log_2 6$
④ $\log_2 7$ ⑤ 3

C195 ✽✽✽   유형 13

좌표평면에서 함수 $f(x) = \log_3(5x)$의 그래프 위의
서로 다른 두 점 P, Q의 x좌표를 각각 p, q라 하자. x축이
선분 PQ의 길이를 이등분할 때, $100pq$의 값을 구하고
그 과정을 서술하시오. (10점)

1st 함수식을 이용하여 그래프 위의 두 점 P, Q의 좌표를 구한다.

2nd 로그를 이용하여 주어진 조건을 식으로 나타낸다.

3rd 로그의 정의를 이용하여 $100pq$의 값을 구한다.

C196 ✽✽✽   유형 07

두 실수 x, y에 대하여 $x + 2y = 5$일 때,
$4 \times 2^x + 2 \times 4^y$의 최솟값을 구하고 그 과정을 서술하시오.
(10점)

1st 지수법칙을 이용하여 주어진 식의 밑을 2로 통일한다.

2nd 주어진 조건을 이용하여 식을 하나의 미지수로 나타낸다.

3rd 산술평균과 기하평균의 관계를 이용하여 최솟값을 구한다.

C197 ✽✽✽   유형 06

$0 \le x \le 3$에서 함수 $f(x) = \left(\dfrac{1}{2}\right)^{-x^2+2x+a}$의 최댓값이
32일 때, 함수 $f(x)$의 최댓값을 구하고 그 과정을 서술하시오.
(단, a는 상수이다.) (10점)

1st 주어진 함수의 지수인 이차함수의 최댓값과 최솟값을 구한다.

2nd 지수함수의 성질을 이용하여 a의 값을 구한다.

3rd 지수함수의 성질을 이용하여 함수 $f(x)$의 최댓값을 구한다.

C198 ✽✽✽   유형 17

좌표평면에서 함수 $y = \left(\dfrac{1}{3}\right)^{x-1}$의 그래프를 직선
$y = x$에 대하여 대칭이동한 후 x축의 방향으로 m만큼, y축의
방향으로 n만큼 평행이동한 그래프가 두 점 $(-2, 4)$,
$(6, 2)$를 지난다. $m^2 + n^2$의 값을 구하고 그 과정을
서술하시오. (10점)

1st 함수의 평행이동과 대칭이동을 이용하여 이동한 그래프의 식을
구한다.

2nd 그래프가 지나는 점의 좌표를 이용하여 m의 값을 구한다.

3rd n의 값을 구하여 $m^2 + n^2$의 값을 계산한다.

C199 ✽✽✽   유형 15

$1 \le x \le \sqrt{512}$에서 함수 $y = \left(\log_2 \dfrac{4}{x}\right)^2 + \log_2 \dfrac{16}{x^2}$의
최댓값과 최솟값을 각각 M, m이라 할 때, $M + m$의 값을
구하고 그 과정을 서술하시오. (10점)

1st 주어진 식을 $\log_2 x$에 대한 식으로 정리한다.

2nd 주어진 식과 구간을 각각 $\log_2 x = t$로 치환하여 나타낸다.

3rd $M + m$의 값을 구한다.

C200 ✽✽✽   유형 16

0이 아닌 실수 x에서 정의된 함수 $f(x)$가
$f(x) = \log_{\frac{1}{2}}(x^4 + 8) + \log_4 x^4 + 8$일 때, 함수 $f(x)$의 최댓값을
M이라 하자. $10M$의 값을 구하고 그 과정을 서술하시오. (10점)

1st 로그의 성질을 이용하여 식을 간단히 정리한다.

2nd 로그의 값이 최대가 되도록 하는 진수의 최솟값을 구한다.

3rd 주어진 함수의 최댓값을 구하여 $10M$의 값을 계산한다.

C201 ✽❀❀   유형 01

그림과 같이 지수함수 $f(x) = \left(\dfrac{5}{2}\right)^x$의 그래프가

세 점 $\left(a, \dfrac{5}{18}\right)$, $\left(b, \dfrac{\sqrt{5}}{2}\right)$, $(c, 15)$를 지난다.

$a + 4b + 2c$의 값을 구하고 그 과정을 서술하시오. (10점)

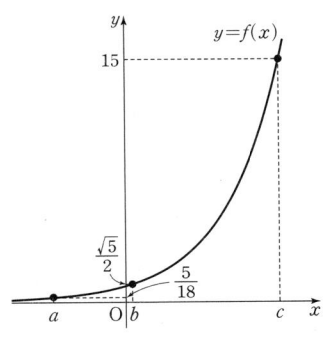

C202 ✽✽❀   유형 23

좌표평면에서 곡선 $y = 2^{x-1}$과 직선 $y = 2x - 2$가

만나는 두 점을 A, B라 하자. 그림과 같이 곡선 $y = -2^{m-x} + n$

위의 두 점 C, D에 대하여 사각형 ABCD가 넓이가 5인

정사각형일 때, mn의 값을 구하고 그 과정을 서술하시오.

(단, m, n은 상수이고, 점 D는 y축 위에 있다.) (10점)

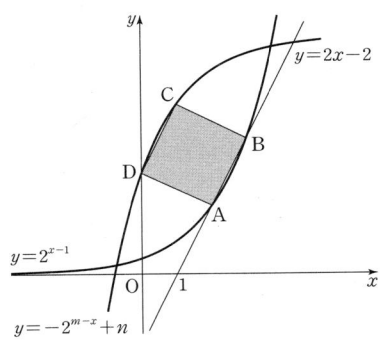

C203 ✽❀❀   유형 09

그림과 같이 지수함수 $y = 3^x$의 그래프 위의 두 점 P,

Q에서 x축에 내린 수선의 발을 각각 P′, Q′이라 하자. 점 P가

선분 OQ를 1 : 2로 내분하는 점일 때, 사다리꼴 PP′Q′Q의

넓이를 S라 하자. S^2의 값을 구하고 그 과정을 서술하시오.

(단, O는 원점이다.) (10점)

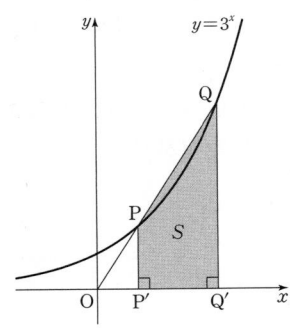

C204 ✽✽✽❀   유형 21

좌표평면에서 직선 $y = \dfrac{3}{2}x + 1$ 위를 움직이는 점 P가

있다. 그림과 같이 점 P를 지나고 x축에 평행한 직선이 곡선

$y = 8^{\frac{1}{2}x} + 1$과 만나는 점을 Q라 하고, 점 P를 지나고 y축에

평행한 직선이 곡선 $y = \log_2 (3x)$와 만나는 점을 R라 하자.

자연수 n에 대하여 점 P의 x좌표가 n일 때, $f(n)$을

$$f(n) = \dfrac{\overline{PQ} \times \overline{PR}}{\overline{QR}^2}$$

라 하자. 이때 $f(1) + f(2) + f(3) + \cdots + f(13)$의 값을 구하고

그 과정을 서술하시오. (10점)

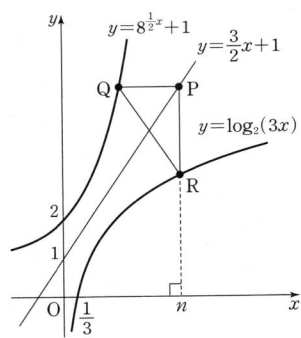

C205 ★★★ .... 2021실시 6월 학평 28(고2)

두 자연수 a, b에 대하여 좌표평면 위에 두 점
A$(a, \log_4 b)$, B$(1, \log_8 \sqrt[4]{27})$이 있다. 선분 AB를 2 : 1로
외분하는 점이 곡선 $y = -\log_4 (3-x)$ 위에 있고,
집합 $\{n \mid b < 2^n \times a \le 32b, n$은 정수$\}$의 모든 원소의 합은
25이다. $a+b$의 최댓값을 구하시오. (4점)

C206 ★★★ .... 2022실시 9월 학평 19(고2)

그림과 같이 곡선 $y = \log_2 x$ 위의 한 점 A(x_1, y_1)을
지나고 기울기가 -1인 직선이 곡선 $y = 2^x$과 만나는 점을
B(x_2, y_2)라 하고, 두 점 B, O를 지나는 직선 l이 곡선
$y = \left(\dfrac{1}{2}\right)^x$과 만나는 점을 C$(x_3, y_3)$이라 하자. 삼각형 OAB의
넓이가 삼각형 OAC의 넓이의 2배일 때, [보기]에서 옳은
것만을 있는 대로 고른 것은? (단, $x_1 > 1$이고, O는 원점이다.)

(4점)

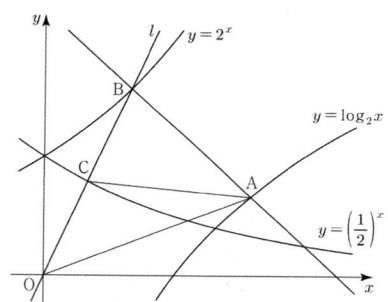

[보기]

ㄱ. $\overline{OC} = \dfrac{1}{2}\overline{OA}$

ㄴ. $x_2 + y_1 = 4x_3$

ㄷ. 직선 l의 기울기는 $3 \times \left(\dfrac{1}{2}\right)^{\frac{1}{3}}$이다.

① ㄱ   ② ㄱ, ㄴ   ③ ㄱ, ㄷ
④ ㄴ, ㄷ   ⑤ ㄱ, ㄴ, ㄷ

C207 ★★★ .... 2024실시 6월 학평 21(고2)

2 이상의 자연수 n에 대하여 함수 $f(x) = 3^x - n$의
그래프가 함수 $y = f^{-1}(x)$의 그래프와 만나는 두 점의 x좌표
중 큰 값을 $g(n)$이라 하자. $k \le g(n) < k+1$을 만족시키는
자연수 k를 $h(n)$이라 할 때, $h(n) < h(n+1)$을 만족시키는
100 이하의 모든 n의 값의 합은? (4점)

① 103   ② 105   ③ 107
④ 109   ⑤ 111

[1등급 대비+2등급 대비]

C208 ✪ 1등급 대비 .... 2019실시(가) 6월 학평 29(고2)

$0 \le x \le 8$에서 정의된 함수 $f(x)$가 다음 조건을 만족
시킨다.

(가) $f(x) = \begin{cases} 2^x - 1 & (0 \le x \le 1) \\ 2 - 2^{x-1} & (1 < x \le 2) \end{cases}$

(나) $n = 1, 2, 3$일 때,
$2^n f(x) = f(x - 2n)$ $(2n < x \le 2n+2)$

함수 $y = f(x)$의 그래프와 x축으로 둘러싼 부분의 넓이를
S라 할 때, $32S$의 값을 구하시오. (4점)

C209 ☆2등급 대비 ⋯⋯ 2022실시 9월 학평 27(고2)

두 함수

$$f(x)=\left(\frac{1}{2}\right)^{x-a}, \quad g(x)=(x-1)(x-3)$$

에 대하여 합성함수 $h(x)=(f \circ g)(x)$라 하자. 함수 $h(x)$가 $0 \le x \le 5$에서 최솟값 $\frac{1}{4}$, 최댓값 M을 갖는다. M의 값을 구하시오. (단, a는 상수이다.) (4점)

C210 ☆2등급 대비 ⋯⋯ 2021실시 11월 학평 20(고2)

그림과 같이 1보다 큰 두 실수 a, b에 대하여 직선 $y=a$가 두 곡선 $y=2^x$, $y=\left(\frac{1}{4}\right)^x$과 만나는 점을 각각 A, B라 하고, 직선 $y=\frac{1}{b}$이 두 곡선 $y=2^x$, $y=\left(\frac{1}{4}\right)^x$과 만나는 점을 각각 C, D라 하자. [보기]에서 옳은 것만을 있는 대로 고른 것은? (4점)

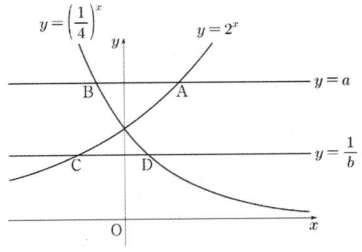

─── [보기] ───

ㄱ. $a=b$이면 $\overline{AB}=\overline{CD}$이다.

ㄴ. 직선 AC의 기울기를 m_1, 직선 BD의 기울기를 m_2라 하면 $2m_1+m_2=0$이다.

ㄷ. 직선 AC와 직선 BD가 서로 수직이고 직선 AD의 기울기가 $2\sqrt{2}$이면 사각형 ABCD는 마름모이다.

① ㄱ ② ㄷ ③ ㄱ, ㄴ
④ ㄴ, ㄷ ⑤ ㄱ, ㄴ, ㄷ

C211 ☆2등급 대비 ⋯⋯ 2022실시 11월 학평 30(고2)

양의 실수 a에 대하여 함수 $f(x)$를

$$f(x)=\begin{cases} 2^x+2^{-a}-2 & (x<a) \\ 2^{-x}+2^a-2 & (x \ge a) \end{cases}$$

라 할 때, 함수 $f(x)$가 다음 조건을 만족시키도록 하는 a의 최댓값을 M, 최솟값을 m이라 하자.

┌─────────────────────────────┐
│ 함수 $y=|f(x)|$의 그래프와 직선 $y=k$가 서로 다른 │
│ 두 점에서 만나도록 하는 양수 k는 오직 하나뿐이다. │
└─────────────────────────────┘

$2^{M+m}=p+\sqrt{q}$일 때, $p+q$의 값을 구하시오.

(단, p와 q는 자연수이다.) (4점)

C212 ☆2등급 대비 ⋯⋯ 2021실시 9월 학평 20(고2)

그림과 같이 기울기가 $\frac{1}{3}$인 직선 l이 곡선 $y=\log_4 ax$와 서로 다른 두 점 $A(x_1, y_1)$, $B(x_2, y_2)$에서 만나고, 곡선 $y=b \times \left(\frac{1}{3}\right)^x$이 점 A를 지난다. 점 B를 지나고 직선 l에 수직인 직선이 곡선 $y=b \times \left(\frac{1}{3}\right)^x$과 만나는 점을 $C(x_3, y_3)$이라 하자. $\overline{AB}=\overline{BC}=\sqrt{10}$일 때, [보기]에서 옳은 것만을 있는 대로 고른 것은? (단, a, b는 양수이고, $x_1<x_2<x_3$이다.)
(4점)

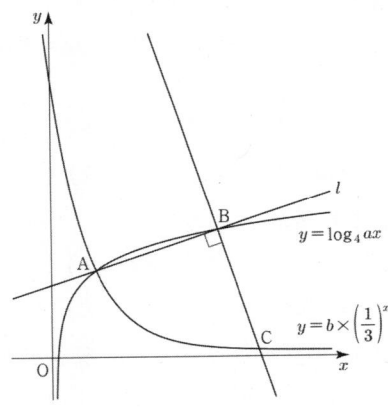

─── [보기] ───

ㄱ. $x_2-x_1=3$

ㄴ. $x_3-x_1=2(y_1-y_3)$

ㄷ. $a^2=4^b$

① ㄱ ② ㄱ, ㄴ ③ ㄱ, ㄷ
④ ㄴ, ㄷ ⑤ ㄱ, ㄴ, ㄷ

C213 ✪1등급 대비 ...... 2020실시 9월 학평 21(고2)

실수 전체의 집합에서 정의된 함수 $f(x)$가 다음 조건을 만족시킨다.

(가) $f(x)=\begin{cases}x+2 & (0\le x<1)\\ -2x+5 & (1\le x\le 2)\end{cases}$

(나) 모든 실수 x에 대하여
$f(-x)=f(x)$이고 $f(x)=f(x+4)$이다.

n이 자연수일 때, 함수 $y=\log_{2^n}(x+2n)$의 그래프와 함수 $y=f(x)$의 그래프가 만나는 서로 다른 모든 점의 개수를 a_n이라 하자. $a_1+a_2+a_3$의 값은? (4점)

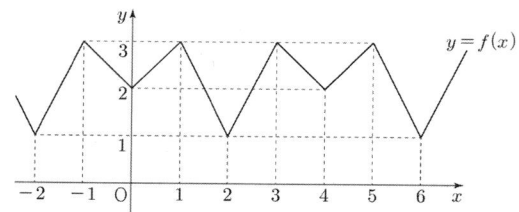

① 532   ② 535   ③ 538
④ 541   ⑤ 544

C214 ✪1등급 대비 .... 2021실시 6월 학평 21(고2)

상수 k에 대하여 정의역과 공역이 각각 실수 전체의 집합인 함수

$$f(x)=\begin{cases}2^{-x-2}-2 & (x<k)\\ -\log_2(x+2)-2 & (x\ge k)\end{cases}$$

가 일대일대응이다. 함수 $g(x)$를

$$g(x)=\begin{cases}\log_2(2-x)+2 & (x<-k)\\ -2^{x-2}+2 & (x\ge -k)\end{cases}$$

라 할 때, $f(a)\le b\le g(a)$를 만족시키는 정수 a, b의 모든 순서쌍 (a, b)의 개수는? (단, $-2\le a\le 2$) (4점)

① 31   ② 33   ③ 35
④ 37   ⑤ 39

C215 ✪2등급 대비 ...... 2022실시 6월 학평 20(고2)

$1<a<4$인 실수 a에 대하여 함수 $y=\log_a x$의 그래프와 함수 $y=\dfrac{1}{x}$의 그래프가 만나는 점을 A(p, q)라 할 때, [보기]에서 옳은 것만을 있는 대로 고른 것은? (4점)

— [보기] —

ㄱ. $pq=1$
ㄴ. $a=2$일 때, $p>\sqrt{2}$이다.
ㄷ. 원점 O와 점 B$(p+q, 0)$에 대하여 삼각형 AOB의 넓이를 $S(p)$라 할 때, $S(p)<\dfrac{a+1}{2a}$이다.

① ㄱ   ② ㄱ, ㄴ   ③ ㄱ, ㄷ
④ ㄴ, ㄷ   ⑤ ㄱ, ㄴ, ㄷ

C216 ✪2등급 대비 2020실시(나) 10월 학평 21(고3)

두 곡선 $y=2^{-x}$과 $y=|\log_2 x|$가 만나는 두 점을 (x_1, y_1), (x_2, y_2)라 하자. $x_1<x_2$일 때, [보기]에서 옳은 것만을 있는 대로 고른 것은? (4점)

— [보기] —

ㄱ. $\dfrac{1}{2}<x_1<\dfrac{\sqrt{2}}{2}$
ㄴ. $\sqrt[3]{2}<x_2<\sqrt{2}$
ㄷ. $y_1-y_2<\dfrac{3\sqrt{2}-2}{6}$

① ㄱ   ② ㄱ, ㄴ   ③ ㄱ, ㄷ
④ ㄴ, ㄷ   ⑤ ㄱ, ㄴ, ㄷ

❖ 정답 및 해설 161~165p

D 지수함수와 로그함수의 활용

★ 최신 3개년 수능＋모평 출제 경향

학년도		출제 유형	난이도
2025	수능		
	9월	유형 09 밑을 같게 할 수 있는 로그방정식의 해	✿✿✿
		유형 10 $\log_a x$ 꼴이 반복되는 로그방정식의 해	✿✿✿
	6월	유형 09 밑을 같게 할 수 있는 로그방정식의 해	✿✿✿
		유형 18 로그부등식의 활용	✿✿✿
2024	수능	유형 01 밑을 같게 할 수 있는 지수방정식의 해	✿✿✿
	9월	유형 09 밑을 같게 할 수 있는 로그방정식의 해	✿✿✿
	6월	유형 04 밑을 같게 할 수 있는 지수부등식의 해	✿✿✿
2023	수능	유형 09 밑을 같게 할 수 있는 로그방정식의 해	✿✿✿
		유형 15 로그방정식의 활용	✿✿✿
	9월	유형 09 밑을 같게 할 수 있는 로그방정식의 해	✿✿✿
	6월	유형 09 밑을 같게 할 수 있는 로그방정식의 해	✿✿✿

★ 자주 출제되는 필수 개념 학습법

• 지수함수의 그래프와 그 역함수인 로그함수의 그래프의 교점을 구하는 문제가 자주 출제되고 있는데, 지수함수와 로그함수를 직접 연립하여 해를 구하는 것보다는 지수함수 또는 로그함수의 그래프와 직선 $y=x$의 교점을 구하는 것이 더 낫다. 두 함수의 그래프의 교점이나 방정식의 해를 구할 때, 역함수의 성질을 충분히 이용할 수 있어야 한다.

• 로그방정식과 로그부등식의 경우 그 형태가 복잡할 경우 양변에 로그를 취하거나 치환하여 형태를 단순하게 한 후 그 해를 구하도록 한다.

• 지수함수와 로그함수의 경우 실생활에 적용되는 문항이 많으므로 주어진 변수 사이의 관계를 파악하여 방정식 또는 부등식을 세울 수 있어야 한다.

 **D** 지수함수와 로그함수의 활용

 개념 강의

중요도 ★★★

1 지수방정식과 지수부등식 – 유형 01~08

+개념 보충

(1) 지수방정식의 풀이

① **밑을 같게 할 수 있는 경우**❶

  (i) $a^{f(x)}=a^{g(x)}$ ($a>0$, $a\neq1$) 꼴로 변형한다.

  (ii) 방정식 $f(x)=g(x)$를 푼다.

② a^x **꼴이 반복되는 경우**❷

  (i) $a^x=t$ ($t>0$)로 치환한다.

  (ii) t에 대한 방정식을 푼 다음 x의 값을 구한다.

(2) 지수부등식의 풀이❸

① **밑을 같게 할 수 있는 경우**

  (i) $a>1$일 때, $a^{f(x)}<a^{g(x)} \Longleftrightarrow f(x)<g(x)$

  (ii) $0<a<1$일 때, $a^{f(x)}<a^{g(x)} \Longleftrightarrow f(x)>g(x)$

② a^x **꼴이 반복되는 경우**

  (i) $a^x=t$ ($t>0$)로 치환한다.

  (ii) t에 대한 부등식을 푼 다음 x의 값의 범위를 구한다.

> **출제** 2024 수능 16번
>
> ★ 지수법칙을 이용하여 양변의 밑을 통일하고 양변의 지수끼리 비교하여 방정식의 해를 구하는 하 난이도의 문제가 출제되었다.

❶ 지수를 포함한 방정식에서 밑에 미지수가 있는 경우는 밑이 1인 경우도 생각해줘야 한다. 즉,
$x^{f(x)}=x^{g(x)}$
$\Longleftrightarrow x=1$ 또는 $f(x)=g(x)$

❷ 지수가 같은 지수방정식의 경우 밑이 같거나 지수가 0인 경우이다.

❸ 밑이 1보다 큰지 작은지에 따라 부등호의 방향이 달라짐에 유의하자.

2 로그방정식과 로그부등식 – 유형 09~19

+개념 보충

(1) 로그방정식의 풀이❹

① **밑을 같게 할 수 있는 경우**

  (i) $\log_a f(x)=\log_a g(x)$ ($a>0$, $a\neq1$) 꼴로 변형한다.

  (ii) 방정식 $f(x)=g(x)$를 푼다. (단, $f(x)>0$, $g(x)>0$)

② $\log_a x$ **꼴이 반복되는 경우**

  (i) $\log_a x=t$로 치환한다.

  (ii) t에 대한 방정식을 푼 다음 x의 값을 구한다.

                                   (단, $x>0$)

③ **지수에 로그가 있는 경우**

  양변에 로그를 취하여 푼다.

> **출제** 2025 9월 모평 16번
> 　　　　 2025 6월 모평 16번
>
> ★ 로그의 성질을 이용하여 밑을 통일하고 밑이 같은 두 로그는 진수가 같음을 이용하여 로그를 포함한 방정식의 해를 구하는 쉬운 문제가 출제되었다.

❹ 로그를 포함한 방정식에서 $\log_a f(x)=b$ 꼴인 경우는 지수와 로그 사이의 관계를 이용하여 푼다. 즉,
$\log_a f(x)=b \Longleftrightarrow f(x)=a^b$
　　　　　(단, $f(x)>0$)

한걸음 더!

(2) 로그부등식의 풀이❺

① **밑을 같게 할 수 있는 경우**

  (i) $a>1$일 때, $\log_a f(x)<\log_a g(x) \Longleftrightarrow 0<f(x)<g(x)$

  (ii) $0<a<1$일 때, $\log_a f(x)<\log_a g(x) \Longleftrightarrow f(x)>g(x)>0$

② $\log_a x$ **꼴이 반복되는 경우**

  (i) $\log_a x=t$로 치환한다.

  (ii) t에 대한 부등식을 푼 다음 x의 값의 범위를 구한다. (단, $x>0$)

③ **지수에 로그가 있는 경우**

  양변에 로그를 취하여 푼다. 이때, $0<$(밑)<1이면 부등호의 방향이 바뀐다.

(3) 지수, 로그를 포함한 방정식과 부등식의 활용❻

① 방정식과 부등식을 이용하여 지수함수와 로그함수의 그래프의 교점의 좌표를 찾거나 교점의 개수를 구한다.

② 지수나 로그를 포함한 실생활에 관련된 관계식이 나오면 주어진 조건을 관계식에 대입하여 방정식 또는 부등식을 푼다.

> **출제** 2025 9월 모평 8번
> 　　　　 2025 6월 모평 14번
>
> ★ 9월에는 두 로그의 합과 곱을 방정식으로 나타내어 로그의 성질을 이용하여 밑을 통일하는 중하 난이도의 문제가 출제되었다. 6월에는 로그의 값이 양수가 되도록 하는 n의 값의 범위를 찾아 조건을 만족시키는 자연수 k의 값을 구하는 중상 난이도의 문제가 출제되었다.

❺ 로그부등식의 풀이에서 주의할 점
① 로그의 밑 a에 대하여 $a>1$일 때에는 부등호의 방향은 그대로, $0<a<1$일 때에는 부등호의 방향은 반대가 된다.
② 로그부등식을 푼 후 진수의 조건과 밑의 조건을 동시에 만족시키는 범위에서 해를 구해야 한다.
③ 양변에 로그를 취할 때, 밑이 1보다 큰 로그를 취하면 부등호 방향은 그대로, 밑이 0보다 크고 1보다 작은 로그를 취하면 부등호 방향은 반대가 된다.

❻ 지수함수와 로그함수의 역함수 관계 이용하기
지수함수 또는 로그함수의 그래프가 주어지고 그에 따른 도형의 길이, 넓이 또는 교점의 개수 등을 구하는 문제에서는 기본적으로 지수, 로그를 포함한 방정식과 부등식의 정확한 풀이가 뒷받침되어야 한다.

1 지수방정식과 지수부등식

[D01~04] 다음 지수방정식의 해를 구하시오.

D 01 $7^x = 49$

D 02 $\left(\dfrac{1}{4}\right)^x = \sqrt{2}$

D 03 $25^{-x-4} = \dfrac{1}{625}$

D 04 $\left(\dfrac{1}{9}\right)^{-2x} = 27^{x+1}$

[D05~06] 다음 지수방정식의 해를 구하시오.

D 05 $4^x - 10 \times 2^x + 16 = 0$

D 06 $\left(\dfrac{1}{9}\right)^x - 5 \times \left(\dfrac{1}{3}\right)^x - 36 = 0$

[D07~09] 다음 지수부등식의 해를 구하시오.

D 07 $2^x > 128$

D 08 $\left(\dfrac{1}{3}\right)^{4x} > 243$

D 09 $9^{-4x-3} \geq \left(\dfrac{1}{3}\right)^{x^2-14}$

[D10~11] 다음 지수부등식의 해를 구하시오.

D 10 $4^{x+1} - 3 \times 2^x - 1 > 0$

D 11 $\left(\dfrac{1}{4}\right)^x - 10 \times \left(\dfrac{1}{2}\right)^x + 16 \leq 0$

2 로그방정식과 로그부등식

[D12~15] 다음 로그방정식의 해를 구하시오.

D 12 $\log_2 (3x-1) = 1$

D 13 $\log_{\frac{1}{5}} (2x+3) = -2$

D 14 $\log_3 (x+1) + \log_3 (x-1) = 3$

D 15 $\log_{\frac{1}{2}} (x+2) = \log_{\frac{1}{4}} (6x+3)$

[D16~17] 다음 로그방정식의 해를 구하시오.

D 16 $(\log_3 x)^2 - 6\log_3 x - 27 = 0$

D 17 $(\log_{\frac{1}{2}} x)^2 + 3\log_{\frac{1}{2}} x - 4 = 0$

D 18 다음은 방정식 $x^{\log_2 x} = 16$의 해를 구하는 과정이다. (가)~(다)에 알맞은 것을 써넣으시오.

> $x^{\log_2 x} = 16$의 양변에 밑이 2인 로그를 취하면
>
> $\log_2 x^{\log_2 x} = \log_2 16$, $(\boxed{\text{(가)}})^2 = 4$
>
> $\log_2 x = (\boxed{\text{(나)}})$ 또는 $\log_2 x = 2$
>
> $\therefore x = (\boxed{\text{(다)}})$ 또는 $x = 4$

[D19~21] 다음 로그부등식의 해를 구하시오.

D 19 $\log_3 5x > \log_3 (2x+3)$

D 20 $\log_{\frac{1}{6}} (x-8) < \log_{\frac{1}{6}} (10-x)$

D 21 $\log_5 x + \log_5 (4-x) \geq \log_5 (3x-6)$

[D22~23] 다음 로그부등식의 해를 구하시오.

D 22 $(\log_2 x)^2 - 4\log_2 x + 3 < 0$

D 23 $\log_{\frac{1}{5}} x \times \log_{\frac{1}{5}} 5x \leq 2$

D 24 다음은 부등식 $x^{\log x} > 10$의 해를 구하는 과정이다. (가)~(라)에 알맞은 것을 써넣으시오.

> 진수의 조건에서 $x > 0$ ··· ㉠
>
> $x^{\log x} > 10$의 양변에 상용로그를 취하면
>
> $\log x^{\log x} > \log 10$, $(\boxed{\text{(가)}})^2 > 1$
>
> $\log x < -1$ 또는 $\log x > (\boxed{\text{(나)}})$
>
> 이때, 밑이 10이고 $10 > 1$이므로
>
> $x < \dfrac{1}{10}$ 또는 $x > (\boxed{\text{(다)}})$ ··· ㉡
>
> 따라서 ㉠, ㉡의 공통 범위를 구하면
>
> $(\boxed{\text{(라)}}) < x < \dfrac{1}{10}$ 또는 $x > (\boxed{\text{(다)}})$

수능 유형별 기출 문제 [2점, 3점, 쉬운 4점]

Pass 쉬운 유형, 반복 계산 문제로 패스 하셔도 좋습니다.

1 지수방정식과 지수부등식

유형 01 밑을 같게 할 수 있는 지수방정식의 해

밑을 같게 할 수 있는 지수방정식은 다음과 같이 푼다.
(i) $a^{f(x)} = a^{g(x)}$ ($a > 0$, $a \neq 1$) 꼴로 변형한다.
(ii) 방정식 $f(x) = g(x)$를 푼다.

tip

지수함수 $y = a^x$ ($a > 0$, $a \neq 1$)은 실수 전체의 집합에서 양의 실수 전체의 집합으로의 일대일대응이므로 양수 k에 대하여 방정식 $a^x = k$는 단 하나의 해를 갖는다. 즉, 밑을 같게 할 수 있는 지수방정식은 다음을 이용하여 푼다.

$$a^{f(x)} = a^{g(x)} \Longleftrightarrow f(x) = g(x)$$

D25 대표 .... 2024실시 9월 학평 22(고2)

방정식 $3^{2x-1} = 27$을 만족시키는 실수 x의 값을 구하시오. (3점)

D26 ✿✿✿ .... 2017실시(가) 4월 학평 6(고3)

방정식 $\left(\dfrac{1}{8}\right)^{2-x} = 2^{x+4}$을 만족시키는 실수 x의 값은? (3점)

① 1   ② 2   ③ 3
④ 4   ⑤ 5

D27 ✿✿✿ Pass .... 2017대비(가) 9월 모평 2(고3)

방정식 $3^{x+1} = 27$을 만족시키는 실수 x의 값은? (2점)

① 1   ② 2   ③ 3
④ 4   ⑤ 5

D28 ✿✿✿ Pass .... 2017대비(가) 6월 모평 25(고3)

방정식 $3^{-x+2} = \dfrac{1}{9}$을 만족시키는 실수 x의 값을 구하시오. (3점)

D29 ✿✿✿ Pass .... 2016실시(가) 3월 학평 22(고3)

방정식 $2^{\frac{1}{8}x-1} = 16$의 해를 구하시오. (3점)

D30 ✿✿✿

두 함수 $f(x) = x+2$, $g(x) = x^2 - 4x + 4$가 $(g \circ f)(3^x) = 27$을 만족시킬 때, x의 값은? (3점)

① 1   ② $\dfrac{3}{2}$ ③ 2
④ $\dfrac{5}{2}$ ⑤ 3

D31 ✿✿✿ .... 2021실시 6월 학평 11(고2)

방정식 $2^{x-6} = \left(\dfrac{1}{4}\right)^{x^2}$의 모든 해의 합은? (3점)

① $-\dfrac{9}{2}$ ② $-\dfrac{7}{2}$ ③ $-\dfrac{5}{2}$
④ $-\dfrac{3}{2}$ ⑤ $-\dfrac{1}{2}$

유형 02 a^x 꼴이 반복되는 지수방정식의 해

a^x 꼴이 반복되는 지수방정식은 다음과 같이 푼다.

(i) $a^x = t \ (t > 0)$로 치환한다.

(ii) $t > 0$임에 주의하여 t에 대한 방정식을 푼다.

(iii) x의 값을 구한다.

ⓣⓘⓟ

① 실수 전체의 집합에서 $a^x > 0$이므로 $a^x = t$라 하면 $t > 0$이다.

② 실수 전체의 집합에서 $a^x > 0$, $a^{-x} > 0$이므로 산술평균과 기하평균의 관계에 의하여 $a^x + a^{-x} \geq 2\sqrt{a^x \times a^{-x}} = 2$ 즉, $a^x + a^{-x} = t$라 하면 $t \geq 2$이다.

D32 대표 .... 2019실시(가) 9월 학평 24(고2)

방정식 $3^x - 3^{4-x} = 24$를 만족시키는 실수 x의 값을 구하시오. (3점)

D33 ✿✿✿ .... 2022실시 9월 학평 23(고2)

방정식 $4^x - 15 \times 2^{x+1} - 64 = 0$을 만족시키는 실수 x의 값을 구하시오. (3점)

D34 ✿✿✿

방정식 $3^x + 3^{4-x} = 82$의 모든 실근의 합을 구하시오. (3점)

D35 ✿✿✿ .... 2022실시 6월 학평 13(고2)

방정식 $4^x - 2^{x+3} + 15 = 0$의 두 실근을 $\alpha, \beta (\alpha < \beta)$라 할 때, $2^\alpha \times \beta$의 값은? (3점)

① $2 \log_2 3$ ② $3 \log_2 3$ ③ $3 \log_2 5$
④ $4 \log_2 5$ ⑤ $5 \log_2 5$

D36 ✿✿✿ .... 2023실시 9월 학평 25(고2)

방정식 $9^x - 10 \times 3^{x+1} + 81 = 0$의 서로 다른 두 실근을 α, β라 할 때, $\alpha^2 + \beta^2$의 값을 구하시오. (3점)

D37 ✿✿✿ .... 2012실시(A) 9월 학평 17(고2)

방정식 $3^{2x} - k \times 3^{x+1} + 3k + 15 = 0$의 두 실근의 비가 $1 : 2$일 때, 실수 k의 값은? (4점)

① 4 ② 6 ③ 8
④ 10 ⑤ 12

D38 ✿✿✿ .... 2008대비(나) 9월 모평 21(고3)

x에 관한 방정식 $a^{2x} - a^x = 2 \ (a > 0, \ a \neq 1)$의 해가 $\dfrac{1}{7}$이 되도록 하는 상수 a의 값을 구하시오. (3점)

D39 ✽✽✽ 2012실시(나) 3월 학평 7(고3)

지수방정식 $5^{2x}-5^{x+1}+k=0$이 서로 다른 두 개의 양의
실근을 갖도록 하는 정수 k의 개수는? (3점)

① 1 　　　　② 2 　　　　③ 3
④ 4 　　　　⑤ 5

D40 ✽✽✽ 2016실시(가) 10월 학평 16(고3)

함수 $f(x)=\dfrac{3^x}{3^x+3}$에 대하여 점 (p, q)가 곡선 $y=f(x)$ 위의
점이면 실수 p의 값에 관계없이 점 $(2a-p, a-q)$도 항상 곡선
$y=f(x)$ 위의 점이다. 다음은 상수 a의 값을 구하는 과정이다.

점 $(2a-p, a-q)$가 곡선 $y=f(x)$ 위의 점이므로

$$\dfrac{3^{2a-p}}{3^{2a-p}+3}=a-\boxed{(가)} \cdots \bigcirc$$

이다. $\bigcirc$은 실수 p의 값에 관계없이 항상 성립하므로

$p=0$일 때, $\dfrac{3^{2a}}{3^{2a}+3}=a-\dfrac{1}{4} \cdots \bigcirc\!\!\bigcirc$

이고,

$p=1$일 때, $\dfrac{3^{2a}}{3^{2a}+\boxed{(나)}}=a-\dfrac{1}{2} \cdots \bigcirc\!\!\bigcirc\!\!\bigcirc$

이다. $\bigcirc\!\!\bigcirc$, $\bigcirc\!\!\bigcirc\!\!\bigcirc$에서

$(3^{2a}+3)(3^{2a}+\boxed{(나)})=24\times 3^{2a}$

이므로

$a=\dfrac{1}{2}$ 또는 $a=\boxed{(다)}$

이다. 이때, $\bigcirc\!\!\bigcirc\!\!\bigcirc$에서 좌변이 양수이므로 $a>\dfrac{1}{2}$이다.

따라서 $a=\boxed{(다)}$이다.

위의 (가)에 알맞은 식을 $g(p)$라 하고 (나)와 (다)에 알맞은 수
를 각각 m, n이라 할 때, $(m-n)\times g(2)$의 값은? (4점)

① 4 　　　　② $\dfrac{9}{2}$ 　　　　③ 5
④ $\dfrac{11}{2}$ 　　　　⑤ 6

유형 03 **여러 가지 지수방정식의 풀이**

(1) 방정식 $x^{f(x)}=x^{g(x)}$ $(x>0)$의 해는 $f(x)=g(x)$ 또는 $x=1$
　　임을 이용하여 구한다.

(2) 방정식 $\{f(x)\}^x=\{g(x)\}^x(f(x)>0, g(x)>0)$의 해는
　　$f(x)=g(x)$ 또는 $x=0$임을 이용하여 구한다.

　　　　　　　　　　　　　　　　　　　　　　　　　tip

[1] $1^2=1^3=1^4=\cdots=1$이므로 지수가 서로 달라도 밑이 1로 같으면
　　등식이 성립한다.
　　따라서 방정식 $x^{f(x)}=x^{g(x)}$ $(x>0)$의 해는
　　$f(x)=g(x)$ 또는 $x=1$임을 이용하여 구한다.

[2] $2^0=3^0=4^0=\cdots=1$이므로 밑이 서로 달라도 지수가 0으로 같으면
　　등식이 성립한다.
　　따라서 방정식 $\{f(x)\}^x=\{g(x)\}^x$ $(f(x)>0, g(x)>0)$의 해는
　　$f(x)=g(x)$ 또는 $x=0$임을 이용하여 구한다.

D41 대표 2013대비(나) 6월 모평 29(고3)

방정식 $4^x+4^{-x}+a(2^x-2^{-x})+7=0$이 실근을 갖기
위한 양수 a의 최솟값을 m이라 할 때, m^2의 값을 구하시오.

(4점)

D42 ✽✽✽ 2020실시 6월 학평 11(고2)

방정식 $8^x=18$을 만족시키는 x의 값이 $\dfrac{1}{3}+k\log_2 3$일 때,
상수 k의 값은? (3점)

① $\dfrac{2}{9}$ 　　　　② $\dfrac{1}{3}$ 　　　　③ $\dfrac{4}{9}$
④ $\dfrac{5}{9}$ 　　　　⑤ $\dfrac{2}{3}$

D43 ✽✽✽ 2009실시(나) 7월 학평 22(고3)

x, y에 대한 연립방정식 $\begin{cases} 2^x-3^{y-1}=5 \\ 2^{x+1}-3^y=-17 \end{cases}$ 을 만족시키는 해를
$x=a, y=b$라 하자. a, b의 곱 ab의 값을 구하시오. (3점)

D44 ✽❀❀ _____ 2009대비(나) 6월 모평 20(고3)

함수 $f(x)=2^{-x}$에 대하여

$$f(2a)f(b)=4,\ f(a-b)=2$$

일 때, $2^{3a}+2^{3b}$의 값은 $\dfrac{q}{p}$이다. $p+q$의 값을 구하시오.

(단, p, q는 서로소인 자연수이다.) (3점)

유형 04 밑을 같게 할 수 있는 지수부등식의 해 빈출

밑을 같게 할 수 있는 지수부등식은 다음과 같이 푼다.

(i) $a^{f(x)}<a^{g(x)}$ $(a>0,\ a\neq1)$ 꼴로 변형한다.

(ii) 밑의 크기에 따라 해를 구한다.

  ① $a>1$일 때, $a^{f(x)}<a^{g(x)} \Longleftrightarrow f(x)<g(x)$

  ② $0<a<1$일 때, $a^{f(x)}<a^{g(x)} \Longleftrightarrow f(x)>g(x)$

tip

지수함수 $y=a^x$ $(a>0,\ a\neq1)$에서 $a>1$이면 x의 값이 증가하면 y의 값도 증가하고, $0<a<1$이면 x의 값이 증가하면 y의 값은 감소한다. 따라서 밑을 같게 한 후 지수를 비교할 때는 밑의 값의 범위에 주의해야 한다.

① (밑)>1이면 부등호 방향은 그대로

② $0<$(밑)<1이면 부등호 방향은 반대로

D45 대표 _____ 2017대비(가) 수능 23(고3)

부등식 $\left(\dfrac{1}{2}\right)^{x-5}\geq4$를 만족시키는 모든 자연수 x의 값의 합을 구하시오. (3점)

D46 ❀❀❀ Pass _____ 2019실시(가) 11월 학평 23(고2)

부등식 $4^{x-2}\leq32$를 만족시키는 모든 자연수 x의 값의 합을 구하시오. (3점)

D47 ❀❀❀ Pass _____ 2012실시(나) 4월 학평 5(고3)

지수부등식 $4^{-x^2}>\left(\dfrac{1}{2}\right)^{4x}$의 해가 $\alpha<x<\beta$일 때, $\alpha+\beta$의 값은?

(3점)

① 2   ② 4   ③ 6

④ 8   ⑤ 10

D48 ❀❀❀ Pass _____ 2021실시 11월 학평 5(고2)

부등식 $\left(\dfrac{1}{3}\right)^{x-7}\geq9$를 만족시키는 모든 자연수 x의 개수는? (3점)

① 4   ② 5   ③ 6

④ 7   ⑤ 8

D49 ❀❀❀ _____ 2022실시 6월 학평 24(고2)

부등식 $\left(\dfrac{1}{5}\right)^{x-1}\leq5^{7-2x}$을 만족시키는 모든 자연수 x의 개수를 구하시오. (3점)

D50 ✽✽✽ 2019대비(가) 6월 모평 7(고3)

부등식 $\dfrac{27}{9^x} \ge 3^{x-9}$을 만족시키는 모든 자연수 x의 개수는?

(3점)

① 1   ② 2   ③ 3
④ 4   ⑤ 5

D51 ✽✽✽ 2017실시(가) 3월 학평 22(고3)

부등식 $3^{x-4} \le \dfrac{1}{9}$을 만족시키는 모든 자연수 x의 값의 합을 구하시오. (3점)

D52 ✽✽✽ 2023실시 6월 학평 13(고2)

부등식 $(2^x - 8)\left(\dfrac{1}{3^x} - 9\right) \ge 0$을 만족시키는 정수 x의 개수는? (3점)

① 6   ② 7   ③ 8
④ 9   ⑤ 10

D53 ✽✽✽ 2019실시(가) 6월 학평 27(고2)

함수 $f(x) = \begin{cases} -3x + 6 & (x < 3) \\ 3x - 12 & (x \ge 3) \end{cases}$의 그래프가 그림과 같다.

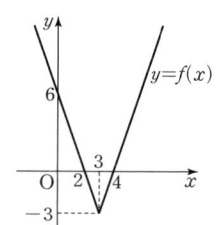

부등식 $2^{f(x)} \le 4^x$을 만족시키는 x의 최댓값과 최솟값을 각각 M, m이라 할 때, $M + m = \dfrac{q}{p}$이다. $p + q$의 값을 구하시오.

(단, p와 q는 서로소인 자연수이다.) (4점)

D54 ✽✽✽ 2010실시(가) 6월 학평 17(고2)

이차함수 $y = f(x)$의 그래프와 일차함수 $y = g(x)$의 그래프가 그림과 같을 때, 부등식 $\left(\dfrac{1}{2}\right)^{f(x-2)} < 2^{-g(x+1)}$의 해는?

(3점)

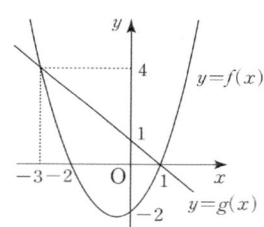

① $x < -2$ 또는 $x > 2$ ② $x < 0$ 또는 $x > 1$
③ $x < 0$ 또는 $x > 2$ ④ $-3 < x < 1$
⑤ $0 < x < 2$

유형 05 a^x 꼴이 반복되는 지수부등식의 해

a^x 꼴이 반복되는 지수부등식은 다음과 같이 푼다.
(i) $a^x = t$ $(t > 0)$로 치환한다.
(ii) $t > 0$임에 주의하여 t에 대한 부등식을 푼다.
(iii) x의 값의 범위를 구한다.

(tip)

$a^x + a^{-x}$ 꼴이 반복되는 지수부등식은 $a^x + a^{-x} = t$ $(t \geq 2)$로 치환한 후 $t \geq 2$에서 t에 대한 지수부등식을 푼다.

D55 대표 .... 2020실시 6월 학평 12(고2)

부등식 $4^x - 10 \times 2^x + 16 \leq 0$을 만족시키는 모든 자연수 x의 값의 합은? (3점)

① 3   ② 4   ③ 5
④ 6   ⑤ 7

D56 ✿✿✿ .... 2007대비(나) 9월 모평 19(고3)

부등식 $9^x - 3^{x+2} + 18 < 0$의 해가 $\alpha < x < \beta$일 때, $3^\alpha \times 3^\beta$의 값을 구하시오. (3점)

D57 ✿✿✿ .... 2024실시 6월 학평 13(고2)

부등식 $2^{2x+3} + 2 \leq 17 \times 2^x$을 만족시키는 정수 x의 개수는? (3점)

① 1   ② 3   ③ 5
④ 7   ⑤ 9

D58 ✿✿✿ .... 2020실시 9월 학평 28(고2)

x에 대한 부등식
$$\left(\frac{1}{4}\right)^x - (3n+16) \times \left(\frac{1}{2}\right)^x + 48n \leq 0$$
을 만족시키는 정수 x의 개수가 2가 되도록 하는 모든 자연수 n의 개수를 구하시오. (4점)

D59 ✿✿✿

임의의 실수 x에 대하여 부등식 $4^{x+1} - 4^{\frac{x+4}{2}} + a \geq 0$이 성립하도록 하는 실수 a의 최솟값을 구하시오. (4점)

D60 ✿✿✿ .... 2009실시(나) 7월 학평 26(고3)

모든 실수 x에 대하여 부등식 $k \times 2^x \leq 4^x - 2^x + 4$가 성립하도록 하는 실수 k의 값의 범위는? (3점)

① $k \leq -1$ ② $-4 \leq k \leq 3$ ③ $-1 \leq k \leq 3$
④ $k \leq 3$ ⑤ $k \geq 0$

D

(1) 방정식 $f(x)=0$의 해는 함수 $y=f(x)$의 그래프와 x축의
   교점의 x좌표이다.
(2) 방정식 $f(x)=g(x)$의 해는 두 함수 $y=f(x)$, $y=g(x)$의
   그래프의 교점의 x좌표이다.

(tip)

지수방정식과 일차방정식 또는 두 지수방정식의 연립방정식의 경우
주어진 두 방정식 중 정리하기 쉬운 것부터 정리하여 해를 구한다.

D61 대표 .... 2018실시(가) 3월 학평 9(고3)

그림과 같이 두 함수 $f(x)=2^x+1$,
$g(x)=-2^{x-1}+7$의 그래프가 y축과 만나는 점을 각각
A, B라 하고, 곡선 $y=f(x)$와 곡선 $y=g(x)$가 만나는 점을
C라 할 때, 삼각형 ACB의 넓이는? (3점)

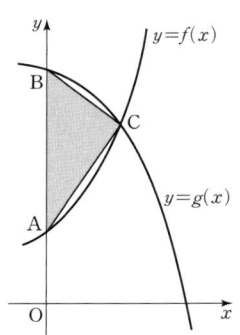

① $\dfrac{5}{2}$ ② 3 ③ $\dfrac{7}{2}$

④ 4 ⑤ $\dfrac{9}{2}$

D62 ✽✽✽ .... 2009대비(나) 6월 모평 4(고3)

두 곡선 $y=3^{x+m}$, $y=3^{-x}$이 y축과 만나는 점을 각각
A, B라고 하자. $\overline{AB}=8$일 때, m의 값은? (3점)

① 2 ② 4 ③ 6

④ 8 ⑤ 10

D63 ✽✽✽ .... 2008대비(나) 6월 모평 9(고3)

두 함수 $y=2^x$, $y=-\left(\dfrac{1}{2}\right)^x+k$의 그래프가 서로 다른 두 점

A, B에서 만난다. 선분 AB의 중점의 좌표가 $\left(0, \dfrac{5}{4}\right)$일 때,

상수 k의 값은? (3점)

① $\dfrac{1}{2}$ ② 1 ③ $\dfrac{3}{2}$

④ 2 ⑤ $\dfrac{5}{2}$

D64 ✽✽✽ .... 2022대비 수능 9(고3)

직선 $y=2x+k$가 두 함수
$$y=\left(\dfrac{2}{3}\right)^{x+3}+1, \ y=\left(\dfrac{2}{3}\right)^{x+1}+\dfrac{8}{3}$$
의 그래프와 만나는 점을 각각 P, Q라 하자. $\overline{PQ}=\sqrt{5}$일 때,
상수 k의 값은? (4점)

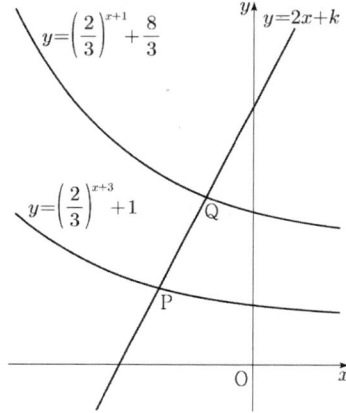

① $\dfrac{31}{6}$ ② $\dfrac{16}{3}$ ③ $\dfrac{11}{2}$

④ $\dfrac{17}{3}$ ⑤ $\dfrac{35}{6}$

D65 ✿❀❀ .... 2019실시(나) 11월 학평 18(고2)

그림과 같이 가로줄 l_1, l_2, l_3과 세로줄 l_4, l_5, l_6이 만나는 곳에 있는 9개의 메모판에 모두 x에 대한 식이 하나씩 적혀 있고, 그중 4개의 메모판은 접착 메모지로 가려져 있다.

$x=a$일 때, 각 줄 $l_k (k=1, 2, 3, 4, 5, 6)$에 있는 3개의 메모판에 적혀 있는 모든 식의 값의 합을 S_k라 하자.

$S_k (k=1, 2, 3, 4, 5, 6)$의 값이 모두 같게 되는 모든 실수 a의 값의 합은? (4점)

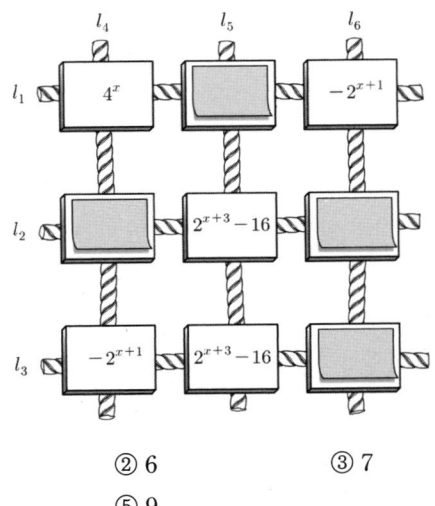

① 5   ② 6   ③ 7

④ 8   ⑤ 9

D66 ★★★✿ .... 2020실시 11월 학평 18(고2)

그림과 같이 두 곡선 $y=2^{x-3}+1$과 $y=2^{x-1}-2$가 만나는 점을 A라 하자. 상수 k에 대하여 직선 $y=-x+k$가 두 곡선 $y=2^{x-3}+1$, $y=2^{x-1}-2$와 만나는 점을 각각 B, C라 할 때, 선분 BC의 길이는 $\sqrt{2}$이다. 삼각형 ABC의 넓이는?

(단, 점 B의 x좌표는 점 A의 x좌표보다 크다.) (4점)

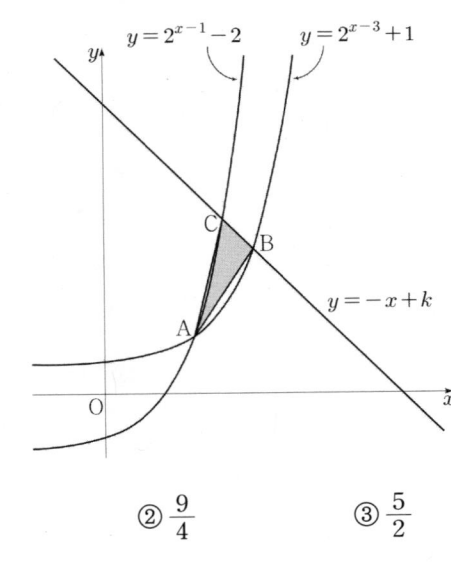

① 2   ② $\dfrac{9}{4}$ ③ $\dfrac{5}{2}$

④ $\dfrac{11}{4}$ ⑤ 3

D67 ✿❀❀ .... 2020실시(나) 10월 학평 13(고3)

실수 t에 대하여 직선 $x=t$가 곡선 $y=3^{2-x}+8$과 만나는 점을 A, x축과 만나는 점을 B라 하자. 직선 $x=t+1$이 x축과 만나는 점을 C, 곡선 $y=3^{x-1}$과 만나는 점을 D라 하자. 사각형 ABCD가 직사각형일 때, 이 사각형의 넓이는? (3점)

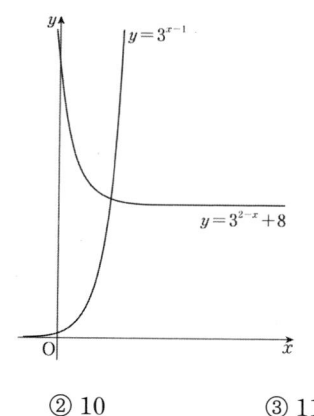

① 9   ② 10   ③ 11

④ 12   ⑤ 13

D68 ✿❀❀ .... 2021대비(나) 9월 모평 15(고3)

곡선 $y=2^{ax+b}$과 직선 $y=x$가 서로 다른 두 점 A, B에서 만날 때, 두 점 A, B에서 x축에 내린 수선의 발을 각각 C, D라 하자. $\overline{AB}=6\sqrt{2}$이고 사각형 ACDB의 넓이가 30일 때, $a+b$의 값은? (단, a, b는 상수이다.) (4점)

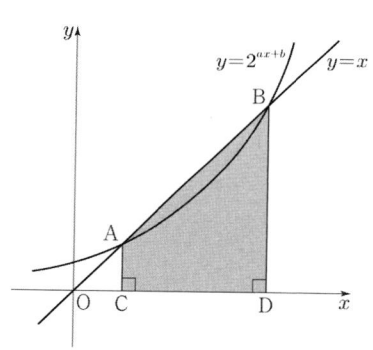

① $\dfrac{1}{6}$ ② $\dfrac{1}{3}$ ③ $\dfrac{1}{2}$

④ $\dfrac{2}{3}$ ⑤ $\dfrac{5}{6}$

유형 07 지수방정식의 실생활 응용

(1) 방정식 $f(x)=0$의 해는 함수 $y=f(x)$의 그래프와 x축의 교점의 x좌표이다.
(2) 방정식 $f(x)=g(x)$의 해는 두 함수 $y=f(x)$, $y=g(x)$의 그래프의 교점의 x좌표이다.

tip

지수방정식의 실생활 응용 문제는 다양한 분야에서 쓰이는 지수를 포함한 관계식이 주어지는 경우가 많다. 주어진 관계식에서 문자가 의미하는 것을 정확히 파악한 후 관계식에 조건을 정확히 대입해야 한다.

D69 대표 .... 2016실시(가) 11월 학평 12(고2)

지진의 세기를 나타내는 수정머칼리진도가 x이고 km당 매설관 파괴 발생률을 n이라 하면 다음과 같은 관계식이 성립한다고 한다.

$$n=C_d C_g 10^{\frac{4}{5}(x-9)}$$

(단, C_d는 매설관의 지름에 따른 상수이고, C_g는 지반 조건에 따른 상수이다.)

C_g가 2인 어느 지역에 C_d가 $\dfrac{1}{4}$인 매설관이 묻혀 있다.

이 지역에 수정머칼리진도가 a인 지진이 일어났을 때, km당 매설관 파괴 발생률이 $\dfrac{1}{200}$이었다. a의 값은? (3점)

① 5   ② $\dfrac{11}{2}$ ③ 6

④ $\dfrac{13}{2}$ ⑤ 7

D70 ❀❀❀ .... 2018실시(가) 3월 학평 8(고3)

최대 충전 용량이 Q_0 ($Q_0>0$)인 어떤 배터리를 완전히 방전시킨 후 t시간 동안 충전한 배터리의 충전 용량을 $Q(t)$라 할 때, 다음 식이 성립한다고 한다.

$$Q(t)=Q_0\left(1-2^{-\frac{t}{a}}\right)$$ (단, a는 양의 상수이다.)

$\dfrac{Q(4)}{Q(2)}=\dfrac{3}{2}$일 때, a의 값은? (단, 배터리의 충전 용량의 단위는 mAh이다.) (3점)

① $\dfrac{3}{2}$ ② 2   ③ $\dfrac{5}{2}$

④ 3   ⑤ $\dfrac{7}{2}$

D71 ✽✽✽ ──────── 2007대비(나) 수능 11(고3)

주위가 순간적으로 어두워지더라도 사람의 눈은 그 변화를
서서히 지각하게 된다. 빛의 세기가 1000에서 10으로
순간적으로 바뀐 후 t초가 경과했을 때, 사람이 지각하는
빛의 세기 $I(t)$는

$$I(t)=10+990 \times a^{-5t} \text{ (단, }a\text{는 }a>1\text{인 상수)}$$

이라 한다. 빛의 세기가 1000에서 10으로 순간적으로 바뀐 후,
사람이 빛의 세기를 21로 지각하는 순간까지 s초가 경과했다고
할 때, s의 값은? (단, 빛의 세기의 단위는 Td(트롤랜드)이다.)

(3점)

① $\dfrac{1+2\log 3}{5\log a}$ ② $\dfrac{1+3\log 3}{5\log a}$ ③ $\dfrac{2+\log 3}{5\log a}$

④ $\dfrac{2+2\log 3}{5\log a}$ ⑤ $\dfrac{2+3\log 3}{5\log a}$

D72 ✽✽✽ ──────── 2000대비(인) 수능 7(고3)

시간 t에 따라 감소하는 함수 $f(t)$에 대하여

$$f(t+c)=\frac{1}{2}f(t)$$

를 만족시키는 양의 실수 c를 $f(t)$의 반감기라 한다.
함수 $f(t)=3^{-t}$의 반감기는? (3점)

① $\dfrac{1}{3}\log_3 2$ ② $\dfrac{1}{2}\log_3 2$ ③ $\log_3 2$

④ $2\log_3 2$ ⑤ $3\log_3 2$

유형 08 지수부등식의 활용과 실생활 응용

(1) 부등식 $f(x)>g(x)$의 해는 함수 $y=f(x)$의 그래프가
함수 $y=g(x)$의 그래프보다 위쪽에 있는 x의 값의 범위이다.

(2) 모든 실수 x에 대하여 부등식 $(a^x)^2+pa^x+q>0$ (p, q는
상수)이 성립할 때, $a^x=t$ ($t>0$)로 치환하면 t에 대한
부등식 $t^2+pt+q>0$은 $t>0$에서 항상 성립한다.

(tip)

문제가 길게 주어져 어려워 보이나 문제의 의미를 정확히 파악한 후
부등식을 세우면 앞에서 배운 지수부등식의 풀이 방법을 이용하여 쉽게
풀 수 있는 것이 대부분이다.

D73 대표 ──────── 2016대비(B) 6월 모평 18(고3)

좌표평면 위의 두 곡선 $y=|9^x-3|$과 $y=2^{x+k}$이 만
나는 서로 다른 두 점의 x좌표를 x_1, x_2 ($x_1<x_2$)라 할 때,
$x_1<0$, $0<x_2<2$를 만족시키는 모든 자연수 k의 값의 합은?

(4점)

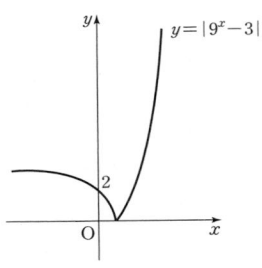

① 8   ② 9   ③ 10
④ 11   ⑤ 12

D74 ✿❀❀　　　　　2019대비(가) 수능 14(고3)

이차함수 $y=f(x)$의 그래프와 일차함수 $y=g(x)$의 그래프가 그림과 같을 때, 부등식 $\left(\dfrac{1}{2}\right)^{f(x)g(x)} \geq \left(\dfrac{1}{8}\right)^{g(x)}$을 만족시키는 모든 자연수 x의 값의 합은? (4점)

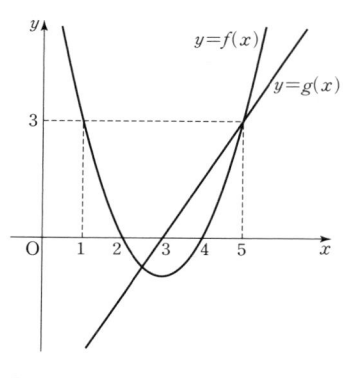

① 7
② 9
③ 11
④ 13
⑤ 15

D75 ✿❀❀　　　　　2016대비(A) 6월 모평 28(고3)

일차함수 $y=f(x)$의 그래프가 그림과 같고 $f(-5)=0$이다. 부등식 $2^{f(x)} \leq 8$의 해가 $x \leq -4$일 때, $f(0)$의 값을 구하시오.

(4점)

D76 ✿❀❀　　　　　2006대비(나) 6월 모평 13(고3)

어떤 학생이 MP3 플레이어를 구입하기 위하여 가격에 대한 정보를 알아보았더니, 현재 제품 A의 가격은 24만 원, 제품 B의 가격은 16만 원이고, 3개월마다 제품 A는 10 %, 제품 B는 5 %의 가격 하락이 있었다. 이런 추세가 계속된다고 가정할 때, 두 제품의 가격 차이가 구입 시점의 제품 B 가격의 20 % 이하가 되면 제품 A를 구입하기로 하였다. 이 학생이 제품 A를 구입할 수 있는 최초의 시기는? (단, $\log 2 = 0.30$, $\log 3 = 0.48$, $\log 0.95 = -0.02$로 계산한다.) (4점)

① 12개월 후
② 15개월 후
③ 18개월 후
④ 21개월 후
⑤ 24개월 후

D77 ✿❀❀　　　　　2005대비(나) 수능 17(고3)

총 인구에서 65세 이상 인구가 차지하는 비율이 20 % 이상인 사회를 '초고령화 사회'라고 한다.
2000년 어느 나라의 총 인구는 1000만 명이고 65세 이상 인구는 50만 명이었다. 총 인구는 매년 전년도보다 0.3 %씩 증가하고 65세 이상 인구는 매년 전년도보다 4 %씩 증가한다고 가정할 때, 처음으로 '초고령화 사회'가 예측되는 시기는?
(단, $\log 1.003 = 0.0013$, $\log 1.04 = 0.0170$, $\log 2 = 0.3010$)

(4점)

① 2048년 ~ 2050년
② 2038년 ~ 2040년
③ 2028년 ~ 2030년
④ 2018년 ~ 2020년
⑤ 2008년 ~ 2010년

❷ 로그방정식과 로그부등식

유형 09 밑을 같게 할 수 있는 로그방정식의 해 (빈출)

(1) $\log_a f(x) = b$ 꼴인 로그방정식의 풀이 순서
   $\log_a f(x) = b \Longleftrightarrow f(x) = a^b$임을 이용하여 푼다.

(2) 밑을 같게 할 수 있는 로그방정식의 풀이 순서
   (i) $\log_a f(x) = \log_a g(x)$ $(a > 0,\ a \neq 1)$ 꼴로 변형한다.
   (ii) 방정식 $f(x) = g(x)$를 푼다.

(tip)

① 로그방정식을 풀 때는 구한 해가 밑 또는 진수 조건을 만족시키는지 반드시 확인한다.

② 로그함수 $y = \log_a x$ $(a > 0,\ a \neq 1)$는 양의 실수 전체의 집합에서 실수 전체의 집합으로의 일대일 대응이므로 임의의 실수 k에 대하여 방정식 $\log_a x = k$는 단 하나의 해를 갖는다. 즉, 로그방정식은 다음을 이용하여 푼다. $\log_a f(x) = \log_a g(x) \Longleftrightarrow f(x) = g(x)$

D78 대표 ·········· 2024실시 6월 학평 23(고2)
방정식 $\log_4 (x-1) = 3$의 해를 구하시오. (3점)

D79 ❀❀❀ Pass ·········· 2020실시 6월 학평 23(고2)
방정식 $\log_2 (x+5) = 4$의 해를 구하시오. (3점)

D80 ❀❀❀ Pass ·········· 2022실시 6월 학평 23(고2)
방정식 $\log_5 (x+1) = 2$의 해를 구하시오. (3점)

D81 ❀❀❀ ·········· 2023실시 6월 학평 23(고2)
방정식 $\log_{\frac{1}{2}} (x+3) = -4$의 해를 구하시오. (3점)

D82 ❀❀❀ ·········· 2021실시 6월 학평 23(고2)
방정식 $\log_3 (x-2) = 1$의 해를 구하시오. (3점)

D83 ❀❀❀ ·········· 2021실시 11월 학평 24(고2)
방정식 $2\log_4 (x-3) + \log_2 (x-10) = 3$을 만족시키는 실수 x의 값을 구하시오. (3점)

D84 ❀❀❀ ·········· 2019대비(가) 9월 모평 23(고3)
방정식 $2\log_4 (5x+1) = 1$의 실근을 α라 할 때, $\log_5 \dfrac{1}{\alpha}$의 값을 구하시오. (3점)

D85 ✿✿✿ 2016대비(B) 9월 모평 8(고3)

로그방정식 $\log_2(4+x)+\log_2(4-x)=3$을 만족시키는 모든 실수 x의 값의 곱은? (3점)

① -10 ② -8 ③ -6

④ -4 ⑤ -2

D86 ✿✿✿ 2015대비(B) 9월 모평 23(고3)

로그방정식 $\log_8 x-\log_8(x-7)=\dfrac{1}{3}$의 해를 구하시오. (3점)

유형 10 $\log_a x$ 꼴이 반복되는 로그방정식의 해

$\log_a x$ 꼴이 반복되는 로그방정식의 풀이 순서

(i) $\log_a x=t$로 치환한다.

(ii) t에 대한 방정식을 푼다.

(iii) x의 값을 구한다.

(tip)

$\log_a x$, $\log_x a$ 꼴이 같이 있는 로그방정식은 $\log_a x=t$로 치환하면

$\log_x a=\dfrac{1}{\log_a x}=\dfrac{1}{t}$임을 이용하여 방정식을 푼다.

D87 대표 2015실시(B) 4월 학평 5(고3)

방정식 $(\log_3 x)^2+4\log_9 x-3=0$의 모든 실근의 곱은? (3점)

① $\dfrac{1}{9}$ ② $\dfrac{1}{3}$ ③ $\dfrac{5}{9}$

④ $\dfrac{7}{9}$ ⑤ 1

D88 ✿✿✿ 2014대비(A) 9월 모평 25(고3)

방정식 $(\log_3 x)^2-6\log_3\sqrt{x}+2=0$의 서로 다른 두 실근을 α, β라 할 때, $\alpha\beta$의 값을 구하시오. (3점)

D89 ✿✿✿

로그방정식 $(\log_2 x)^2-a\log_2 x-12=0$의 두 근의 곱이 8일 때, 상수 a의 값을 구하시오. (3점)

D90 ✿✿✿ 2023실시 11월 학평 25(고2)

방정식 $\log_2 x-3=\log_x 16$을 만족시키는 모든 실수 x의 값의 곱을 구하시오. (3점)

D91 ✿✿✿ 2019실시(나) 6월 학평 26(고2)

방정식 $\left(\log_2\dfrac{x}{2}\right)(\log_2 4x)=4$의 서로 다른 두 실근 α, β에 대하여 $64\alpha\beta$의 값을 구하시오. (4점)

유형 11 여러 가지 로그방정식의 풀이

(1) **진수가 같은 로그방정식의 풀이**
밑이 같거나 진수가 1임을 이용하여 푼다.
$$\log_a f(x) = \log_b f(x) \Longleftrightarrow a=b \text{ 또는 } f(x)=1$$
$$(\text{단, } f(x)>0, a>0, a\neq1, b>0, b\neq1)$$

(2) 지수에 로그가 있는 경우 양변에 로그를 취한 후 로그방정식을 푼다.

tip

$\log_2 1 = \log_3 1 = \log_4 1 = \cdots = 0$이므로 밑이 서로 달라도 진수가 1로 같으면 등식이 성립한다. 따라서 방정식 $\log_a f(x) = \log_b f(x)$의 해는 $a=b$ 또는 $f(x)=1$임을 이용하여 구한다.

D92 대표 ·········· 2015실시(A) 4월 학평 12(고3)

두 양수 a, $b\,(a<b)$가 다음 조건을 만족시킬 때, $\log \dfrac{b}{a}$의 값은? (3점)

(가) $ab=10^2$
(나) $\log a \times \log b = -3$

① 4 　　② 5 　　③ 6
④ 7 　　⑤ 8

D93 ✽❀❀ ·········· 2013실시(A) 4월 학평 26(고3)

두 실수 x, y에 대한 연립방정식 $\begin{cases} 2^x - 2\times 4^{-y} = 7 \\ \log_2(x-2) - \log_2 y = 1 \end{cases}$의 해를 $x=\alpha$, $y=\beta$라 할 때, $10\alpha\beta$의 값을 구하시오. (4점)

D94 ✽❀❀ ·········· 2014대비(A) 6월 모평 27(고3)

방정식 $x^{\log_2 x} = 8x^2$의 두 실근을 α, β라 할 때, $\alpha\beta$의 값을 구하시오. (4점)

D95 ✽❀❀ ·········· 2012실시(나) 4월 학평 26(고3)

두 실수 x, y에 대한 연립방정식
$$\begin{cases} 3^x = 9^y \\ (\log_2 8x)(\log_2 4y) = -1 \end{cases}$$
의 해를 $x=\alpha$, $y=\beta$라 할 때, $\dfrac{1}{\alpha\beta}$의 값을 구하시오. (3점)

D96 ✽❀❀ ·········· 2011실시(나) 4월 학평 28(고3)

연립방정식 $\begin{cases} \log_2 x + \log_3 y = 5 \\ \log_3 x \log_2 y = 6 \end{cases}$의 해를 $x=\alpha$, $y=\beta$라 할 때, $\beta - \alpha$의 최댓값을 구하시오. (4점)

D97 ✽❀❀ ·········· 2005대비(나) 6월 모평 29(고3)

두 실수 x, y에 관한 연립방정식
$$\begin{cases} x^2 + y^2 = 25 \\ \log_2 x + \log_2 y = (\log_2 xy)^2 \end{cases}$$
의 해의 개수는? (4점)

① 1 　　② 2 　　③ 3
④ 4 　　⑤ 5

D98 ✿✿✾   2022실시 11월 학평 18(고2)

1이 아닌 양의 실수 전체의 집합에서 정의된 함수 $f(x)$를 $f(x)=2^{\frac{1}{\log_2 x}}$이라 하자.

다음은 방정식 $8 \times f(f(x))=f(x^2)$의 모든 해의 곱을 구하는 과정이다.

$x \ne 1$인 모든 양의 실수 x에 대하여

$f(f(x))=2^{\frac{1}{\log_2 f(x)}}$에서

$8 \times f(f(x))=2^{\left(\boxed{(가)} + \frac{1}{\log_2 f(x)} \right)}$이고,

$f(x)=2^{\frac{1}{\log_2 x}}$에서 $\log_2 f(x)=\dfrac{1}{\boxed{(나)}}$이다.

방정식 $8 \times f(f(x))=f(x^2)$에서

$2^{\left(\boxed{(가)} + \boxed{(나)} \right)}=2^{\frac{1}{2\log_2 x}}$

$\boxed{(가)} + \boxed{(나)} = \dfrac{1}{2\log_2 x}$

그러므로 방정식 $8 \times f(f(x))=f(x^2)$의 모든 해는

방정식 $\left(\boxed{(가)} + \boxed{(나)} \right) \times 2\log_2 x=1$의

모든 해와 같다.

따라서 방정식 $8 \times f(f(x))=f(x^2)$의 모든 해의 곱은

$\boxed{(다)}$이다.

위의 (가), (다)에 알맞은 수를 각각 p, q라 하고, (나)에 알맞은 식을 $g(x)$라 할 때, $p \times q \times g(4)$의 값은? (4점)

① $\dfrac{1}{4}$　　　② $\dfrac{3}{8}$　　　③ $\dfrac{1}{2}$

④ $\dfrac{5}{8}$　　　⑤ $\dfrac{3}{4}$

유형 12 로그부등식의 해

밑을 같게 할 수 있는 로그부등식은 다음과 같이 푼다.

(i) $\log_a f(x) < \log_a g(x)$ $(f(x)>0, g(x)>0, a>0, a \ne 1)$ 꼴로 변형한다.

(ii) 밑의 크기에 따라 해를 구한다.

　① $a>1$일 때, $\log_a f(x) < \log_a g(x) \iff 0 < f(x) < g(x)$

　② $0<a<1$일 때, $\log_a f(x) < \log_a g(x) \iff f(x) > g(x) > 0$

(tip)

로그함수 $y=\log_a x$ $(a>0, a \ne 1)$에서 $a>1$이면 x의 값이 증가하면 y의 값도 증가하고, $0<a<1$이면 x의 값이 증가하면 y의 값은 감소한다. 따라서 밑을 같게 한 후 진수를 비교할 때는 밑의 값의 범위에 주의해야 한다.

① (밑)>1이면 부등호 방향은 그대로

② 0<(밑)<1이면 부등호 방향은 반대로

D99 대표   2017실시(가) 11월 학평 7(고2)

부등식 $1+\log_2 x \le \log_2 (x+5)$를 만족시키는 모든 정수 x의 값의 합은? (3점)

① 15　　　② 16　　　③ 17

④ 18　　　⑤ 19

D100 ✿✿✾ (Pass)   2020실시 11월 학평 6(고2)

부등식 $\log 3x < 2$를 만족시키는 정수 x의 최댓값은? (3점)

① 31　　　② 33　　　③ 35

④ 37　　　⑤ 39

D101 ✿✿✿ 2016실시(가) 11월 학평 7(고2)

부등식 $\log_3{(2x+1)} \geq 1 + \log_3{(x-2)}$를 만족시키는 모든 자연수 x의 값의 합은? (3점)

① 10   ② 15   ③ 20
④ 25   ⑤ 30

D102 ✿✿✿ 2018실시(가) 3월 학평 22(고3)

부등식 $\log_2{(x-2)} < 2$를 만족시키는 모든 자연수 x의 값의 합을 구하시오. (3점)

D103 ✿✿✿ 2022실시 6월 학평 12(고2)

부등식

$$\log_3{(x+5)} < 8\log_9{2}$$

를 만족시키는 정수 x의 최댓값과 최솟값의 합은? (3점)

① 6   ② 7   ③ 8
④ 9   ⑤ 10

D104 ✿✿✿ 2019실시(가) 7월 학평 5(고3)

부등식 $\log_3{(x-3)} + \log_3{(x+3)} \leq 3$을 만족시키는 모든 정수 x의 값의 합은? (3점)

① 15   ② 17   ③ 19
④ 21   ⑤ 23

D105 ✿✿✿ 2019실시(가) 6월 학평 13(고2)

부등식

$$\log_4{(x+3)} - \log_2{(x-3)} \geq 0$$

을 만족시키는 모든 자연수 x의 값의 합은? (3점)

① 13   ② 14   ③ 15
④ 16   ⑤ 17

D106 ✿✿✿ 2019실시(가) 3월 학평 10(고3)

부등식

$$\log_2{(x^2-1)} + \log_2{3} \leq 5$$

를 만족시키는 정수 x의 개수는? (3점)

① 1   ② 2   ③ 3
④ 4   ⑤ 5

D107 ✿✿✿ 2018실시(가) 11월 학평 9(고2)

부등식 $2 - \log_{\frac{1}{2}}{(x-2)} < \log_2{(3x+4)}$를 만족시키는 정수 x의 개수는? (3점)

① 6   ② 7   ③ 8
④ 9   ⑤ 10

D108 ✿❀❀ ⸻⸻ 2018대비(가) 6월 모평 8(고3)

부등식 $2\log_2 |x-1| \le 1 - \log_2 \dfrac{1}{2}$ 을 만족시키는

모든 정수 x의 개수는? (3점)

① 2   ② 4   ③ 6
④ 8   ⑤ 10

D109 ✿❀❀ ⸻⸻ 2016대비(A) 수능 11(고3)

x에 대한 로그부등식 $\log_5 (x-1) \le \log_5 \left(\dfrac{1}{2}x+k \right)$ 를 만족시키는

모든 정수 x의 개수가 3일 때, 자연수 k의 값은? (3점)

① 1   ② 2   ③ 3
④ 4   ⑤ 5

D110 ✿❀❀

로그부등식 $\log_{\frac{1}{2}} (x^2+x-2) > \log_{\frac{1}{2}} (-2x+2)$ 의 해가
$\alpha < x < \beta$일 때, $\alpha\beta$의 값을 구하시오. (3점)

D111 ✿❀❀ ⸻⸻ 2008대비(나) 6월 모평 8(고3)

$1 \le \log n < 3$인 자연수 n에 대하여 $\log_2 n$이 정수가 되도록
하는 n의 개수는? (3점)

① 3   ② 4   ③ 5
④ 6   ⑤ 7

유형 13 $\log_a x$ 꼴이 반복되는 로그부등식의 풀이

$\log_a x$ 꼴이 반복되는 로그부등식의 풀이 순서

(ⅰ) $\log_a x = t$로 치환한다.
(ⅱ) t에 대한 부등식을 푼다.
(ⅲ) x의 값의 범위를 구한다.

(tip)

로그함수 $y = \log_a x \,(a>0, a\ne1)$에 대하여
1️⃣ 정의역은 $\{x \mid x>0\}$이다.
2️⃣ 치역은 실수 전체의 집합이다.
즉, $\log_a x$ 꼴이 반복되는 로그부등식을 풀 때는 지수방정식 또는 지수부등식
과 달리 $\log_a x = t$로 치환하여도 t의 값의 범위에 신경을 쓰지 않아도 된다.

D112 대표 ⸻⸻ 2005대비(나) 6월 모평 8(고3)

로그부등식 $(\log_2 x)^2 - \log_2 x^5 + 6 < 0$의 해가
$\alpha < x < \beta$일 때, $\alpha\beta$의 값은? (3점)

① 6   ② 8   ③ 16
④ 24   ⑤ 32

D113 ✿✿✿ .... 2019실시(가) 11월 학평 9(고2)

부등식 $10^n < 24^{10} < 10^{n+1}$을 만족시키는 자연수 n의 값은?
(단, $\log 2 = 0.3010$, $\log 3 = 0.4771$로 계산한다.) (3점)

① 11　　　　② 13　　　　③ 15
④ 17　　　　⑤ 19

D114 ✿✿✿ .... 2011대비(나) 9월 모평 5(고3)

로그부등식 $(1 + \log_3 x)(a - \log_3 x) > 0$의 해가 $\frac{1}{3} < x < 9$일 때, 상수 a의 값은? (3점)

① 1　　　　② 2　　　　③ 3
④ 4　　　　⑤ 5

D115 ✿✿✿ .... 2008대비(나) 수능 19(고3)

부등식 $(\log_3 x)(\log_3 3x) \le 20$을 만족시키는 자연수 x의 최댓값을 구하시오. (3점)

유형 14 여러 가지 로그부등식의 풀이

지수에 로그가 있는 경우에는 양변에 로그를 취한 후 로그부등식을 푼다. 이때, 취한 로그의 밑이 (밑)>1인 경우 부등호의 방향은 그대로, 0<(밑)<1인 경우 부등호의 방향이 바뀜에 주의한다.

(tip)

부등식 $x^{\log_a x} > f(x)$ 꼴의 부등식에서 양변에 밑이 a인 로그를 취하면

① $a > 1$일 때, $\log_a x^{\log_a x} > \log_a f(x)$에서 $(\log_a x)^2 > \log_a f(x)$

② $0 < a < 1$일 때, $\log_a x^{\log_a x} < \log_a f(x)$에서 $(\log_a x)^2 < \log_a f(x)$

D116 대표 .... 2024실시 9월 학평 11(고2)

x에 대한 연립부등식

$$\begin{cases} 4^x - 2^x - 2 < 0 \\ \log_a x + 1 > 0 \end{cases}$$

을 만족시키는 모든 x의 값의 범위가 $\frac{1}{5} < x < b$일 때, 두 상수 a, b에 대하여 $a + b$의 값은? (단, $a > 1$) (3점)

① 6　　　　② 7　　　　③ 8
④ 9　　　　⑤ 10

D117 ✿✿✿ .... 2007대비(나) 6월 모평 6(고3)

연립부등식

$$\begin{cases} 2^{x+3} > 4 \\ 2\log(x+3) < \log(5x+15) \end{cases}$$

를 만족시키는 정수 x의 개수는? (3점)

① 2　　　　② 4　　　　③ 6
④ 8　　　　⑤ 10

D118 ✿✿✿ .... 2005대비(나) 수능 19(고3)

연립부등식

$$\begin{cases} \log_3 |x-3| < 4 \\ \log_2 x + \log_2 (x-2) \ge 3 \end{cases}$$

을 만족시키는 정수 x의 개수를 구하시오. (3점)

(1) 방정식 $(\log_a x)^2 + p\log_a x + q = 0$의 두 근을 α, β라 할 때, $\log_a x = t$로 치환하면 t에 대한 이차방정식 $t^2 + pt + q = 0$의 두 근은 $\log_a \alpha$, $\log_a \beta$이다.

(2) 방정식 $f(x) = g(x)$의 해는 두 함수 $y = f(x)$, $y = g(x)$의 그래프의 교점의 x좌표이다.

(tip)

① 이차방정식의 근의 개수에 대한 문제가 주어지면 이차방정식의 판별식을 떠올린다.

② '이차방정식의 두 근~'이라는 표현이 나오면 이차방정식의 근과 계수의 관계를 떠올린다.

D119 대표 .... 2008대비(나) 6월 모평 24(고3)

다음 조건을 만족시키는 세 정수 a, b, c를 더한 값을 k라 할 때, k의 최댓값과 최솟값의 합을 구하시오. (4점)

(가) $1 \le a \le 5$
(나) $\log_2 (b-a) = 3$
(다) $\log_2 (c-b) = 2$

D120 ✿❀❀ .... 2022대비 5월 예시 10(고2)

$\dfrac{1}{2} < \log a < \dfrac{11}{2}$인 양수 a에 대하여 $\dfrac{1}{3} + \log \sqrt{a}$의 값이 자연수가 되도록 하는 모든 a의 값의 곱은? (4점)

① 10^{10} ② 10^{11} ③ 10^{12}
④ 10^{13} ⑤ 10^{14}

D121 ✿❀❀ .... 2019대비(가) 6월 모평 14(고3)

직선 $x = k$가 두 곡선 $y = \log_2 x$, $y = -\log_2 (8-x)$와 만나는 점을 각각 A, B라 하자. $\overline{AB} = 2$가 되도록 하는 모든 실수 k의 값의 곱은? (단, $0 < k < 8$) (4점)

① $\dfrac{1}{2}$ ② 1 ③ $\dfrac{3}{2}$

④ 2 ⑤ $\dfrac{5}{2}$

D122 ✿❀❀ .... 2021실시 10월 학평 8(고3)

2보다 큰 상수 k에 대하여 두 곡선 $y = |\log_2 (-x+k)|$, $y = |\log_2 x|$가 만나는 세 점 P, Q, R의 x좌표를 각각 x_1, x_2, x_3이라 하자. $x_3 - x_1 = 2\sqrt{3}$일 때, $x_1 + x_3$의 값은? (단, $x_1 < x_2 < x_3$) (3점)

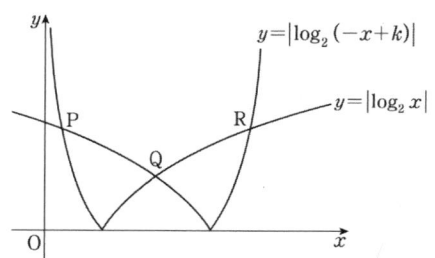

① $\dfrac{7}{2}$ ② $\dfrac{15}{4}$ ③ 4
④ $\dfrac{17}{4}$ ⑤ $\dfrac{9}{2}$

D123 ✿❀❀

그림과 같이 1보다 큰 실수 a에 대하여 곡선 $y=|\log_a x|$가 직선 $y=k\ (k>0)$과 만나는 두 점을 각각 A, B라 하고, 직선 $y=k$가 y축과 만나는 점을 C라 하자.
$\overline{OC}=\overline{CA}=\overline{AB}$일 때, 곡선 $y=|\log_a x|$와 직선 $y=2\sqrt{2}$가 만나는 두 점 사이의 거리가 d이다. $20d$의 값을 구하시오.
(단, O는 원점이고, 점 A의 x좌표는 점 B의 x좌표보다 작다.)
(4점)

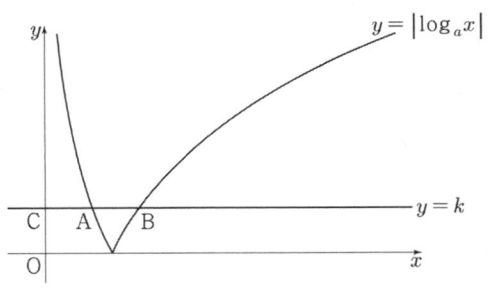

D124 ✿❀❀

함수 $y=\log_3|2x|$의 그래프와 함수 $y=\log_3(x+3)$의 그래프가 만나는 서로 다른 두 점을 각각 A, B라 하자. 점 A를 지나고 직선 AB와 수직인 직선이 y축과 만나는 점을 C라 할 때, 삼각형 ABC의 넓이는?
(단, 점 A의 x좌표는 점 B의 x좌표보다 작다.) (4점)

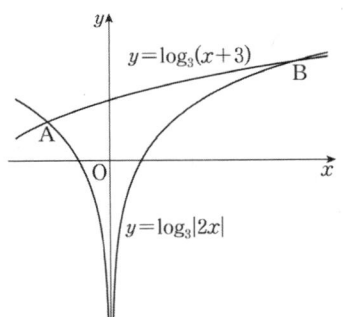

① $\dfrac{13}{2}$ ② 7 ③ $\dfrac{15}{2}$

④ 8 ⑤ $\dfrac{17}{2}$

D125 ✿❀❀

그림과 같이 두 함수 $y=\log_2 x$, $y=\log_2(x-2)$의 그래프가 x축과 만나는 점을 각각 A, B라 하자. 직선 $x=k\ (k>3)$가 두 함수 $y=\log_2 x$, $y=\log_2(x-2)$의 그래프와 만나는 점을 각각 P, Q라 하고, x축과 만나는 점을 R라 하자. 점 Q가 선분 PR의 중점일 때, 사각형 ABQP의 넓이는? (3점)

① $\dfrac{3}{2}$ ② 2 ③ $\dfrac{5}{2}$

④ 3 ⑤ $\dfrac{7}{2}$

D126 ✿❀❀

그림과 같이 두 곡선 $y=a^x$, $y=b^x\ (1<a<b)$이 직선 $y=t\ (t>1)$와 만나는 점의 x좌표를 각각 $f(t)$, $g(t)$라 할 때, $2f(a)=3g(a)$가 성립한다. $f(c)=g(27)$을 만족시키는 실수 c의 값은? (4점)

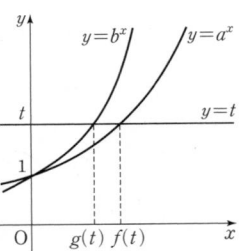

① 6 ② 9 ③ 12

④ 15 ⑤ 18

D127 ✽❀❀   2014대비 5월 예비(B) 8(고3)

곡선 $y=-2^x$을 y축의 방향으로 m만큼 평행이동시킨 곡선을
$y=f(x)$라 하고, 곡선 $y=f(x)$가 x축과 만나는 점을 A라
하자. (단, $m>2$이다.)

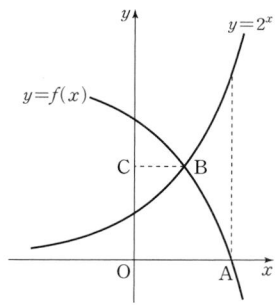

곡선 $y=2^x$이 곡선 $y=f(x)$와 만나는 점을 B, 점 B에서 y축에
내린 수선의 발을 C라 하자. $\overline{OA}=2\overline{BC}$일 때, m의 값은?

(3점)

① $2\sqrt{2}$ ② 4 ③ $4\sqrt{2}$
④ 8 ⑤ $8\sqrt{2}$

D128 ✽✽✽❀   2024실시 6월 학평 19(고2)

두 상수 $a, k(1<a<4, 0<k<1)$에 대하여
직선 $y=4$가 두 곡선 $y=a^{1-x}$, $y=4^{1-x}$과 만나는 두 점을 각각
A, B라 하고, 직선 $y=k$가 두 곡선 $y=a^{1-x}$, $y=4^{1-x}$과
만나는 두 점을 각각 C, D라 하자. 사각형 ADCB의 넓이가
$\dfrac{15}{2}$인 평행사변형일 때, $4ak$의 값은? (4점)

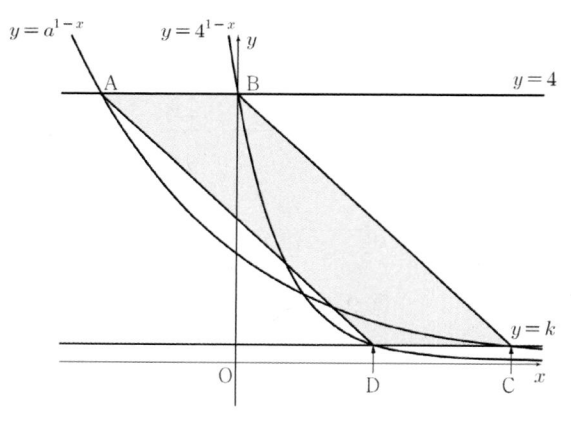

① $2\frac{1}{3}$ ② $2\frac{5}{12}$ ③ $2\frac{1}{2}$
④ $2\frac{7}{12}$ ⑤ $2\frac{2}{3}$

유형 16   로그방정식의 실생활 응용 – 두 변수의 비율

(1) 어떤 양 a가 매년 일정한 비율 k %로 증가할 때, n년 후의 양은
$$a\left(1+\frac{k}{100}\right)^n$$

(2) 어떤 양 a가 매년 일정한 비율 k %로 감소할 때, n년 후의 양은
$$a\left(1-\frac{k}{100}\right)^n$$

tip

로그방정식의 실생활에서의 응용 문제는 다음과 같은 순서로 푼다.
(i) 조건을 이용하여 방정식을 세운다.
(ii) 양변에 상용로그를 취한 후 방정식을 푼다.

D129 대표   2013실시(A) 10월 학평 12(고3)

어떤 무선 수신기에서 수신 가능한 신호의 최소 크기
P와 수신기의 잡음 지수 $F(\text{dB})$ 그리고 수신기의 주파수
대역 $B(\text{Hz})$ 사이에는 다음과 같은 관계가 있다고 한다.
$$P=a+F+10\log B \text{ (단, } a\text{는 상수이다.)}$$
잡음 지수가 5이고 주파수 대역이 B_1일 때의 수신 가능한
신호의 최소 크기와 잡음 지수가 15이고 주파수 대역이 B_2일
때의 수신 가능한 신호의 최소 크기가 같을 때, $\dfrac{B_2}{B_1}$의 값은?

(3점)

① $\dfrac{1}{20}$ ② $\dfrac{1}{10}$ ③ $\dfrac{1}{5}$
④ 10 ⑤ 20

D130 ❀❀❀❀   2016실시(가) 4월 학평 10(고3)

진동가속도레벨 $V(\text{dB})$는 공해진동에 사용되는 단위로 진동
가속도 크기를 의미하며 편진폭 $A(\text{m})$, 진동수 $w(\text{Hz})$에
대하여 다음과 같은 관계식이 성립한다고 한다.
$$V=20\log\frac{Aw^2}{k} \text{ (단, } k\text{는 양의 상수이다.)}$$
편진폭이 A_1, 진동수가 10π일 때 진동가속도레벨이 83이고,
편진폭이 A_2, 진동수가 80π일 때 진동가속도레벨이 91이다.
$\dfrac{A_2}{A_1}$의 값은? (3점)

① $\dfrac{1}{32}\times10^{\frac{1}{5}}$ ② $\dfrac{1}{32}\times10^{\frac{2}{5}}$ ③ $\dfrac{1}{64}\times10^{\frac{1}{5}}$
④ $\dfrac{1}{64}\times10^{\frac{2}{5}}$ ⑤ $\dfrac{1}{64}\times10^{\frac{3}{5}}$

D131 ❀❀❀ 2015실시(B) 7월 학평 25(고3)

총 공기흡인량이 $V(\text{m}^3)$이고 공기 포집 전후 여과지의 질량 차가 $W(\text{mg})$일 때의 공기 중 먼지 농도 $C(\mu\text{g/m}^3)$는 다음 식을 만족시킨다고 한다.

$$\log C = 3 - \log V + \log W \ (W > 0)$$

A 지역에서 총 공기흡인량이 V_0이고 공기 포집 전후 여과지의 질량 차가 W_0일 때의 공기 중 먼지 농도를 C_A, B 지역에서 총 공기흡인량이 $\dfrac{1}{9}V_0$이고 공기 포집 전후 여과지의 질량 차가 $\dfrac{1}{27}W_0$일 때의 공기 중 먼지 농도를 C_B라 하자. $C_A = kC_B$를 만족시키는 상수 k의 값을 구하시오. (단, $W_0 > 0$) (3점)

D132 ❀❀❀ 2013대비(나) 6월 모평 7(고3)

밀폐된 용기 속의 액체에서 증발과 응축이 계속하여 같은 속도로 일어나는 동적 평형 상태의 증기압을 포화 증기압이라 한다. 밀폐된 용기 속에 있는 어떤 액체의 경우 포화 증기압 $P(\text{mmHg})$와 용기 속의 온도 $t \ (^\circ\text{C})$ 사이에 다음과 같은 관계식이 성립한다고 한다.

$$\log P = 8.11 - \frac{1750}{t + 235} \ (0 < t < 60)$$

용기 속의 온도가 $15\,^\circ\text{C}$일 때의 포화 증기압을 P_1, $45\,^\circ\text{C}$일 때의 포화 증기압을 P_2라 할 때, $\dfrac{P_2}{P_1}$의 값은? (3점)

① $10^{\frac{1}{4}}$ ② $10^{\frac{1}{2}}$ ③ $10^{\frac{3}{4}}$
④ 10 ⑤ $10^{\frac{5}{4}}$

D133 ❀❀❀ 2009대비(나) 9월 모평 19(고3)

지진의 규모 R와 지진이 일어났을 때 방출되는 에너지 E 사이에는 다음과 같은 관계가 있다고 한다.

$$R = 0.67\log\,(0.37E) + 1.46$$

지진의 규모가 6.15일 때 방출되는 에너지를 E_1, 지진의 규모가 5.48일 때 방출되는 에너지를 E_2라 할 때, $\dfrac{E_1}{E_2}$의 값을 구하시오. (3점)

D134 ❀❀❀ 2010대비(나) 6월 모평 11(고3)

어느 무선시스템에서 송신기와 수신기 사이의 거리 R와 수신기의 수신 전력 S 사이에는 다음과 같은 관계식이 성립한다고 한다.

$$S = P - 20\log\left(\frac{4\pi fR}{c}\right)$$

(단, P는 송신기의 송신 전력, f와 c는 각각 주파수와 빛의 속도를 나타내는 상수이고, 거리의 단위는 m, 송·수신 전력의 단위는 dBm이다.)

어느 실험실에서 송신기의 위치를 고정하고 송신기와 수신기 사이의 거리에 따른 수신 전력의 변화를 측정하였다. 그 결과 두 지점 A, B에서 측정한 수신 전력이 각각 -25, -5로 나타났다. 두 지점 A, B에서 송신기까지의 거리를 각각 R_A, R_B라 할 때, $\dfrac{R_A}{R_B}$의 값은? (3점)

① $\dfrac{1}{100}$ ② $\dfrac{1}{10}$ ③ $\sqrt{10}$
④ 10 ⑤ 100

유형 17 로그방정식의 실생활 응용 – 상수의 값

(1) **진수가 같은 로그방정식의 풀이**
밑이 같거나 진수가 1임을 이용하여 푼다.
$$\log_a f(x) = \log_b f(x) \iff a=b \text{ 또는 } f(x)=1$$
$$(\text{단, } f(x)>0,\ a>0,\ a\neq1,\ b>0,\ b\neq1)$$

(2) 지수에 로그가 있는 경우 양변에 로그를 취한 후 로그방정식을 푼다.

(tip)
로그방정식의 실생활 응용 문제는 다양한 분야에서 쓰이는 로그를 포함한 관계식이 주어지는 경우가 많다. 주어진 관계식에서 문자가 의미하는 것을 정확히 파악한 후 관계식에 조건을 정확히 대입해야 한다.

D135 대표
2015실시(B) 10월 학평 10(고3)

어떤 약물을 사람의 정맥에 일정한 속도로 주입하기 시작한 지 t분 후 정맥에서의 약물 농도가 $C\,(\text{ng/mL})$일 때, 다음 식이 성립한다고 한다.

$$\log(10-C)=1-kt \text{ (단, } C<10\text{이고, } k\text{는 양의 상수이다.)}$$

이 약물을 사람의 정맥에 일정한 속도로 주입하기 시작한 지 30분 후 정맥에서의 약물 농도는 $2\,\text{ng/mL}$이고, 주입하기 시작한 지 60분 후 정맥에서의 약물 농도가 $a\,(\text{ng/mL})$일 때, a의 값은? (3점)

① 3 ② 3.2 ③ 3.4
④ 3.6 ⑤ 3.8

D136 ✽✽✽
2021실시 6월 학평 12(고2)

주어진 채널을 통해 신뢰성 있게 전달할 수 있는 최대 정보량을 채널용량이라 한다. 채널용량을 C, 대역폭을 W, 신호전력을 S, 잡음전력을 N이라 하면 다음과 같은 관계식이 성립한다고 한다.

$$C=W\log_2\left(1+\frac{S}{N}\right)$$

대역폭이 15, 신호전력이 186, 잡음전력이 a인 채널용량이 75일 때, 상수 a의 값은? (단, 채널용량의 단위는 bps, 대역폭의 단위는 Hz, 신호전력과 잡음전력의 단위는 모두 Watt이다.)
(3점)

① 3 ② 4 ③ 5
④ 6 ⑤ 7

D137 ✽✽✽
2015대비(B) 6월 모평 10(고3)

세대당 종자의 평균 분산거리가 D이고 세대당 종자의 증식률이 R인 나무의 10세대 동안 확산에 의한 이동거리를 L이라 하면 다음과 같은 관계식이 성립한다고 한다.

$$L^2=100D^2\times\log_3 R$$

세대당 종자의 평균 분산거리가 각각 20, 30인 A나무와 B나무의 세대당 종자의 증식률을 각각 R_A, R_B라 하고 10세대 동안 확산에 의한 이동거리를 각각 L_A, L_B라 하자. $\dfrac{R_A}{R_B}=27$이고 $L_A=400$일 때, L_B의 값은? (단, 거리의 단위는 m이다.) (3점)

① 200 ② 300 ③ 400
④ 500 ⑤ 600

D138 ✽✽✽
2014대비(A) 수능 10(고3)

단면의 반지름의 길이가 $R\,(R<1)$인 원기둥 모양의 어느 급수관에 물이 가득 차 흐르고 있다. 이 급수관의 단면의 중심에서의 물의 속력을 v_c, 급수관의 벽면으로부터 중심 방향으로 $x\,(0<x\leq R)$만큼 떨어진 지점에서의 물의 속력을 v라 하면 다음과 같은 관계식이 성립한다고 한다.

$$\frac{v_c}{v}=1-k\log\frac{x}{R}$$

(단, k는 양의 상수이고, 길이의 단위는 m, 속력의 단위는 m/초이다.)

$R<1$인 이 급수관의 벽면으로부터 중심 방향으로 $R^{\frac{27}{23}}$만큼 떨어진 지점에서의 물의 속력이 중심에서의 물의 속력의 $\dfrac{1}{2}$일 때, 급수관의 벽면으로부터 중심 방향으로 R^a만큼 떨어진 지점에서의 물의 속력이 중심에서의 물의 속력의 $\dfrac{1}{3}$이다.

a의 값은? (3점)

① $\dfrac{39}{23}$ ② $\dfrac{37}{23}$ ③ $\dfrac{35}{23}$
④ $\dfrac{33}{23}$ ⑤ $\dfrac{31}{23}$

D139 ❀❀❀

질량 $a(\text{g})$의 활성탄 A를 염료 B의 농도가 $c(\%)$인 용액에 충분히 오래 담가 놓을 때 활성탄 A에 흡착되는 염료 B의 질량 $b(\text{g})$는 다음 식을 만족시킨다고 한다.

$$\log \frac{b}{a} = -1 + k\log c \quad (\text{단, } k\text{는 상수이다.})$$

$10\,\text{g}$의 활성탄 A를 염료 B의 농도가 $8\,\%$인 용액에 충분히 오래 담가 놓을 때 활성탄 A에 흡착되는 염료 B의 질량은 $4\,\text{g}$이다. $20\,\text{g}$의 활성탄 A를 염료 B의 농도가 $27\,\%$인 용액에 충분히 오래 담가 놓을 때 활성탄 A에 흡착되는 염료 B의 질량(g)은? (단, 각 용액의 양은 충분하다.) (4점)

① 10   ② 12   ③ 14
④ 16   ⑤ 18

D140 ❀❀❀

공기 중의 암모니아 농도가 C일 때 냄새의 세기 I는 다음 식을 만족시킨다고 한다.

$$I = k\log C + a \quad (\text{단, } k\text{와 } a\text{는 상수이다.})$$

공기 중의 암모니아 농도가 40일 때 냄새의 세기는 5이고, 공기 중의 암모니아 농도가 10일 때 냄새의 세기는 4이다. 공기 중의 암모니아 농도가 p일 때 냄새의 세기는 2.5이다. $100p$의 값을 구하시오. (단, 암모니아 농도의 단위는 ppm이다.) (4점)

D141 ❀❀❀

통신이론에서 신호의 주파수 대역폭이 $B(\text{Hz})$이고 신호잡음전력비가 x일 때, 전송할 수 있는 신호의 최대 전송 속도 $C(\text{bps})$는 다음과 같이 계산된다고 한다.

$$C = B \times \log_2(1 + x)$$

신호의 주파수 대역폭이 일정할 때, 신호잡음전력비를 a에서 $33a$로 높였더니 신호의 최대 전송 속도가 2배가 되었다. 양수 a의 값을 구하시오. (단, 신호잡음전력비는 잡음전력에 대한 신호전력의 비이다.) (4점)

D142 ❀❀❀

Wi–Fi 네트워크의 신호 전송 범위 d와 수신 신호 강도 R 사이에는 다음과 같은 관계식이 성립한다고 한다.

$$R = k - 10\log d^n$$

(단, 두 상수 k, n은 환경에 따라 결정된다.)

어떤 환경에서 신호 전송 범위 d와 수신 신호 강도 R 사이의 관계를 나타낸 그래프가 다음과 같다. 이 환경에서 수신 신호 강도가 -65일 때, 신호 전송 범위는? (3점)

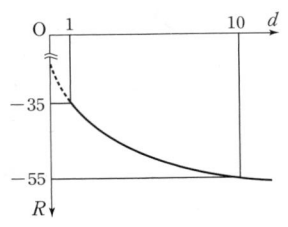

① $10^{\frac{6}{5}}$ ② $10^{\frac{13}{10}}$ ③ $10^{\frac{7}{5}}$
④ $10^{\frac{3}{2}}$ ⑤ $10^{\frac{8}{5}}$

모든 실수 x에 대하여 이차부등식이 항상 성립할 조건

(1) $ax^2+bx+c>0 \iff a>0, b^2-4ac<0$
(2) $ax^2+bx+c<0 \iff a<0, b^2-4ac<0$
(3) $ax^2+bx+c\geq0 \iff a>0, b^2-4ac\leq0$
(4) $ax^2+bx+c\leq0 \iff a<0, b^2-4ac\leq0$

tip

이차함수 $f(x)$에 대하여 모든 실수 x에 대하여 부등식 $f(x)>0$이 성립하면 함수 $y=f(x)$의 그래프는 x축과 만나지 않는다. 즉, 함수 $f(x)$의 최고차항의 계수는 양수이고, 이차방정식 $f(x)=0$의 판별식을 D라 하면 $D<0$이다.

D143 대표 .... 2019실시(가) 4월 학평 12(고3)

정수 전체의 집합의 두 부분집합

$A=\{x|\log_2(x+1)\leq k\}$,
$B=\{x|\log_2(x-2)-\log_{\frac{1}{2}}(x+1)\geq2\}$

에 대하여 $n(A\cap B)=5$를 만족시키는 자연수 k의 값은? (3점)

① 3   ② 4   ③ 5
④ 6   ⑤ 7

D144 ✿❀❀ .... 2021실시 9월 학평 27(고2)

부등식

$\log|x-1|+\log(x+2)\leq1$

을 만족시키는 모든 정수 x의 값의 합을 구하시오. (4점)

D145 ✿❀❀ .... 2022대비 6월 모평 10(고3)

$n\geq2$인 자연수 n에 대하여 두 곡선

$y=\log_n x, \ y=-\log_n(x+3)+1$

이 만나는 점의 x좌표가 1보다 크고 2보다 작도록 하는 모든 n의 값의 합은? (4점)

① 30   ② 35   ③ 40
④ 45   ⑤ 50

D146 ✿❀❀ .... 2021실시 3월 학평 17(고3)

모든 실수 x에 대하여 이차부등식

$3x^2-2(\log_2 n)x+\log_2 n>0$이 성립하도록 하는 자연수 n의 개수를 구하시오. (3점)

D147 ✿❀❀ .... 2020실시 9월 학평 15(고2)

$-1\leq x\leq1$에서 정의된 함수 $f(x)=-\log_3(mx+5)$에 대하여 $f(-1)<f(1)$이 되도록 하는 모든 정수 m의 개수는?

(4점)

① 1   ② 2   ③ 3
④ 4   ⑤ 5

D148 ✿❀❀ 2017실시(가) 4월 학평 17(고3)

두 집합

$$A=\{x\,|\,x^2-5x+4\leq0\},$$
$$B=\{x\,|\,(\log_2 x)^2-2k\log_2 x+k^2-1\leq0\}$$

에 대하여 $A\cap B\neq\varnothing$ 을 만족시키는 정수 k의 개수는? (4점)

① 5   ② 6   ③ 7

④ 8   ⑤ 9

D149 ✿❀❀ 2009대비(나) 6월 모평 26(고3)

부등식 $|a-\log_2 x|\leq1$을 만족시키는 x의 최댓값과 최솟값의 차가 18일 때, 2^a의 값은? (3점)

① 10   ② 12   ③ 14

④ 16   ⑤ 18

D150 ✿❀❀ 2007대비(나) 수능 13(고3)

정수 n에 대하여 두 집합 $A(n)$, $B(n)$이

$$A(n)=\{x\,|\,\log_2 x\leq n\}$$
$$B(n)=\{x\,|\,\log_4 x\leq n\}$$

일 때, [보기]에서 옳은 것을 모두 고른 것은? (4점)

─── [보기] ───
ㄱ. $A(1)=\{x\,|\,0<x\leq1\}$
ㄴ. $A(4)=B(2)$
ㄷ. $A(n)\subset B(n)$일 때, $B(-n)\subset A(-n)$이다.

① ㄱ   ② ㄴ   ③ ㄷ

④ ㄱ, ㄷ   ⑤ ㄴ, ㄷ

D151 ✿❀❀ 2007대비(나) 수능 27(고3)

$0<a<1$인 a에 대하여 10^a을 3으로 나눌 때, 몫이 정수이고 나머지가 2가 되는 모든 a의 값의 합은? (4점)

① $3\log 2$ ② $6\log 2$ ③ $1+3\log 2$

④ $1+6\log 2$ ⑤ $2+3\log 2$

D152 ✿✿✿❀ 2024실시 9월 학평 16(고2)

다음 조건을 만족시키는 두 자연수 a, b의 모든 순서쌍 (a, b)의 개수는? (4점)

─────────────
(가) $0<\log b-\log a<1$
(나) $2a+\log b<9$
─────────────

① 56   ② 58   ③ 60

④ 62   ⑤ 64

D153 ✿✿✿❀ 2007실시(나) 10월 학평 27(고3)

두 집합

$$A=\{x\,|\,2^{x(x-3a)}<2^{a(x-3a)}\},\quad B=\{x\,|\,\log_3(x^2-2x+6)<2\}$$

에 대하여 $A\cap B=A$가 성립하도록 하는 실수 a의 값의 범위는? (3점)

① $-1\leq a\leq0$ ② $-1\leq a\leq\dfrac{1}{3}$ ③ $-\dfrac{1}{3}\leq a\leq1$

④ $\dfrac{1}{3}\leq a\leq3$ ⑤ $1\leq a\leq3$

D154 ✿✿✿
2024실시 9월 학평 26(고2)

$10 < a < 100$인 실수 a에 대하여 수직선 위의 서로 다른 네 점 $P(p)$, $Q(q)$, $R(r)$, $S(s)$가 다음 조건을 만족시킨다.

(가) $p < q < r < s$

(나) 두 집합

$\quad A = \{p, q, r, s\}$,

$\quad B = \left\{\log 10a,\ \log \dfrac{10}{a},\ \log_a 10a,\ \log_a \dfrac{a}{10}\right\}$

에 대하여 $A = B$이다.

$\overline{PS} = \dfrac{10}{3}$일 때, $30 \times \overline{QR}$의 값을 구하시오. (4점)

D155 ✿✿✿
2014실시(A) 3월 학평 14(고3)

자연수 n에 대하여 좌표평면에서 직선 $\dfrac{x}{3} + \dfrac{y}{4} = \left(\dfrac{3}{4}\right)^n$을 l_n이라 하자.

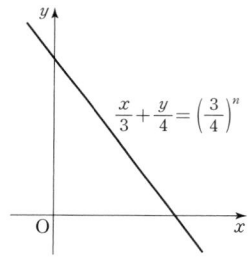

직선 l_n과 x축, y축으로 둘러싸인 부분의 넓이가 $\dfrac{1}{10}$ 이하가 되도록 하는 자연수 n의 최솟값은?

(단, $\log 2 = 0.30$, $\log 3 = 0.48$로 계산한다.) (4점)

① 6   ② 7   ③ 8

④ 9   ⑤ 10

유형 19   로그부등식의 실생활 응용

로그부등식의 실생활 응용 문제 풀이 순서

(i) 문장으로 나타난 것을 로그부등식 꼴로 나타낸다.

(ii) 로그부등식의 풀이를 이용하여 해를 구한다.

로그부등식으로 나타낼 때 '최초, 처음으로'라는 말이 있을 경우 구한 범위를 만족시키는 값 중 가장 작은 것을 구한다.

(tip)

1️⃣ 지수부등식의 실생활 응용 문제는 로그를 포함한 다양한 관계식이 주어진다.

2️⃣ 이 관계식에서 문자가 의미하는 것을 정확히 파악한 후 관계식에 조건을 정확히 대입해서 부등식을 세워야 한다.

D156 대표
2012대비(나) 9월 모평 7(고3)

특정 환경의 어느 웹사이트에서 한 메뉴 안에 선택할 수 있는 항목이 n개 있는 경우, 항목을 1개 선택하는 데 걸리는 시간 T(초)가 다음 식을 만족시킨다.

$$T = 2 + \frac{1}{3} \log_2 (n+1)$$

메뉴가 여러 개인 경우, 모든 메뉴에서 항목을 1개씩 선택하는 데 걸리는 전체 시간은 각 메뉴에서 항목을 1개씩 선택하는 데 걸리는 시간을 모두 더하여 구한다. 예를 들어, 메뉴가 3개이고 각 메뉴 안에 항목이 4개씩 있는 경우, 모든 메뉴에서 항목을 1개씩 선택하는 데 걸리는 전체 시간은 $3\left(2 + \dfrac{1}{3} \log_2 5\right)$초이다.

메뉴가 10개이고 각 메뉴 안에서 항목이 n개씩 있을 때, 모든 메뉴에서 항목을 1개씩 선택하는 데 걸리는 전체 시간이 30초 이하가 되도록 하는 n의 최댓값은? (3점)

① 7   ② 8   ③ 9

④ 10   ⑤ 11

D157 ✤✤✤ .... 2006대비(나) 6월 모평 27(고3) 오답 이의제기

아열대 해역에 서식하는 수명이 짧은 어류의 성장 정도를
알아보는 방법 중의 하나는 길이(cm)를 측정하는 것이다.
이 해역에 서식하는 어떤 물고기의 연령 t에 따른 길이 $f(t)$를
근사적으로 추정하면 다음과 같다고 한다.

$$f(t) = 20\{1 - a^{-0.7(t+0.4)}\}$$

이 물고기의 길이가 16 cm 이상 되기 위한 최소 연령은?

(단, a는 $a > 1$인 상수이고, $\log_a 5 = 1.4$로 계산한다.) (4점)

① 1   ② 1.6   ③ 2
④ 2.6   ⑤ 3

D158 ✤✤✤ .... 2005대비(나) 수능 15(고3)

소리가 건물의 벽을 통과할 때, 일정 비율만 실내로 투과되고
나머지는 반사되거나 흡수된다. 이때, 실내로 투과되는 소리의
비율을 투과율이라 한다.
확성기의 음향출력이 W(와트)일 때, 투과율이 α인 건물에서
r(m)만큼 떨어진 지점에 있는 확성기로부터 실내로 투과되는
소리의 세기 P(데시벨)는 다음과 같다.

$$P = 10\log\frac{\alpha W}{I_0} - 20\log r - 11$$

(단, $I_0 = 10^{-12}$(와트/m²)이고 $r > 1$이다.)

확성기에서 음향출력이 100(와트)인 소리가 나오고 있다.

투과율이 $\dfrac{1}{100}$인 건물의 실내로 투과되는 소리의 세기가

59(데시벨) 이하가 되게 할 때, 확성기와 건물 사이의
최소 거리는? (단, 소리는 공간으로 골고루 퍼져나가고,
투과율 이외의 다른 요인은 고려하지 않는다고 가정한다.) (4점)

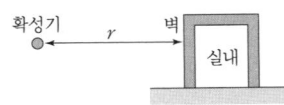

① 10^2 m   ② $10^{\frac{17}{8}}$ m   ③ $10^{\frac{13}{6}}$ m
④ $10^{\frac{9}{4}}$ m   ⑤ $10^{\frac{5}{2}}$ m

D159 ✤✤✤ .... 2005대비(나) 9월 모평 24(고3)

어떤 물질의 시각 t에서의 농도 $M(t)$는 함수

$$M(t) = ar^t + 24 \ (a, r\text{는 양의 상수})$$

로 나타내어진다고 한다. 다음 표는 이 물질의 농도를 1분
간격으로 측정한 것이다.

t	0	1	2	3	⋯
$M(t)$	124	64	40	30.4	⋯

이 물질의 농도가 처음으로 24.001 이하가 되는 시각은 n분과
$(n+1)$분 사이이다. 자연수 n의 값을 구하시오.

(단, $\log 2$는 0.3010으로 계산한다.) (3점)

D160 ✤✤✤ .... 2009대비(나) 9월 모평 14(고3)

어느 제과점에서는 다음과 같은 방법으로 빵의
가격을 실질적으로 인상한다.

> 빵의 개당 가격은 그대로 유지하고, 무게를 그 당시
> 무게에서 10 % 줄인다.

이 방법을 n번 시행하면 빵의 단위 무게당 가격이 처음의 1.5배
이상이 된다. n의 최솟값은?

(단, $\log 2 = 0.3010$, $\log 3 = 0.4771$로 계산한다.) (3점)

① 3   ② 4   ③ 5
④ 6   ⑤ 7

D161 ✤✤✤ .... 1994대비(2차) 수능 13(고3)

부등식 $|\log_2 a - \log_2 10| + \log_2 b \le 1$을
만족시키는 두 자연수 a, b의 순서쌍 (a, b)의 개수는? (2점)

① 15   ② 17   ③ 19
④ 21   ⑤ 23

내신 유형별 서술형 문제

D162 ✽❁❁ ······················ 유형 03

연립방정식 $\begin{cases} 2^x = \left(\dfrac{3}{2}\right)^y \\ \dfrac{xy}{x+2y} = \log_6 \dfrac{9}{2} \end{cases}$ 의 해 $x=a$, $y=b$에

대하여 $\dfrac{4ab+a-b}{3a+b}$ 의 값을 구하고 그 과정을 서술하시오.

(10점)

1st 방정식 $2^x = \left(\dfrac{3}{2}\right)^y$ 을 이용하여 $\dfrac{a}{b}$ 의 값을 구한다.

2nd 주어진 연립방정식 중 2번째 방정식을 이용하여 a의 값을 구한다.

3rd 식을 적절히 변형하여 a, $\dfrac{a}{b}$ 의 값을 각각 이용하여 $\dfrac{4ab+a-b}{3a+b}$ 의 값을 구한다.

D163 ✽❁❁ ······················ 유형 10

방정식 $(\log_3 3x - 10)\left(\log_3 \dfrac{x}{3} + 10\right) = 48 \log_9 x$ 의

두 근을 α, β라 할 때, $\log_\alpha \dfrac{1}{\beta}$ 의 값을 구하고 그 과정을

서술하시오. (단, $\alpha < \beta$) (10점)

1st 주어진 식을 $\log_3 x$에 대한 식으로 정리한다.

2nd $\log_3 x = t$로 치환하여 로그방정식을 풀고, 두 근 α, β의 값을 구한다.

3rd 로그의 성질을 이용하여 $\log_\alpha \dfrac{1}{\beta}$ 의 값을 구한다.

D164 ❁❁❁ ······················ 유형 02

방정식 $4^x + 4^{-x} = 4$의 실근이 α일 때,

$\dfrac{2^{5\alpha} - 2^{-\alpha}}{2^{3\alpha} - 2^{\alpha}}$ 의 값을 구하고 그 과정을 서술하시오. (10점)

1st $4^\alpha = t$로 치환하여 4^α의 거듭제곱을 t에 대한 식으로 나타낸다.

2nd 분수식의 분모와 분자에 2^α을 곱하여 4^α에 대한 식으로 나타낸다.

3rd 분수식을 t로 나타내고 정리하여 식의 값을 구한다.

D165 ✽❁❁ ······················ 유형 03

두 집합
$$A = \{x \mid (x+1)^x = 5^x, \ x > -1\},$$
$$B = \{x \mid x^{x+1} = x^{3x-5}, \ x > 0\}$$
에 대하여 집합 $A \cup B$의 모든 원소의 합 a, 모든 원소의 곱을
b라 할 때, $a+b$의 값을 구하고 그 과정을 서술하시오. (10점)

1st 지수가 같은 경우의 지수방정식을 풀어 집합 A를 구한다.

2nd 밑이 같은 경우의 지수방정식을 풀어 집합 B를 구한다.

3rd 집합 $A \cup B$의 모든 원소의 합과 곱을 구한다.

D166 ✽✽❁ ······················ 유형 18

부등식 $1 < 2^{|\log_3 x + \log_x 9 - 3|} < 64^{\log_x 3}$을 만족하는

정수 x의 개수를 구하고 그 과정을 서술하시오. (10점)

1st 로그의 밑과 진수 조건을 확인한 후, 주어진 부등식을 $\log_3 x$에 대한 식으로 정리한다.

2nd $\log_3 x = t$로 치환하여 부등식을 푼다.

3rd 로그부등식을 만족하는 정수 x의 개수를 구한다.

D167 ✿✿✾ 유형 03+11

$x \geq 0$에서 정의된 함수

$$f(x) = \begin{cases} \log_{\frac{1}{3}} (x+a) + b & (0 \leq x \leq 3) \\ 2^{x-2} - 1 & (x > 3) \end{cases}$$

의 역함수를 $g(x)$라 할 때, 함수 $g(x)$도 $x \geq 0$에서 정의된 함수이다. $(g \circ g)(c) = \log_2 10$일 때, 세 상수 a, b, c에 대하여 $2a - b + c$의 값을 구하고 그 과정을 서술하시오.

(10점)

D168 ✿✿✾ 유형 18

그림과 같이 곡선 $y = \log_4 x$ 위의 두 점 A, B에 대하여 직선 AB가 x축과 만나는 점을 C라 하고, 점 A를 지나면서 x축에 수직인 직선이 곡선 $y = \log_{\frac{1}{2}} x$와 만나는 점을 D라 하자. 직선 AB의 기울기를 m, 삼각형 BDC의 넓이를 S라 할 때, 다음 조건을 만족한다.

> (가) $\overline{AC} = \overline{BC}$
> (나) $mS \geq 6$

점 A의 x좌표를 a라 할 때, $144a$의 최댓값을 구하고 그 과정을 서술하시오. (단, $0 < a < 1$) (10점)

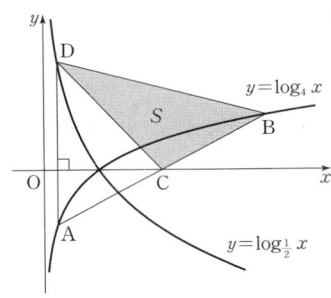

D169 ✿✿✿ 유형 11

연립방정식 $\begin{cases} \log_9 x^2 + \log_9 y^2 = 5 \\ \log_x 729 + \log_3 y = 0 \end{cases}$ 을 만족하는 1이 아닌 두 양수 x, y에 대하여 $x < y$일 때, $3x + y$의 값을 구하고 그 과정을 서술하시오. (10점)

D170 ✿✾✾ 유형 08

철수는 통장에 예금해둔 25만 원을 이용하여 태블릿을 구입하려고 한다. 예금은 6개월마다 2 %의 이자를 얻을 수 있고, 구입하려고 하는 태블릿은 현재 50만 원이고 6개월마다 6 %의 가격하락이 있다고 하자. 예금액이 태블릿 가격의 80 % 이상이 될 때 구입한다고 가정하면 철수가 그 태블릿을 구입하는 최초의 시기는 현재로부터 n개월 후이다. 자연수 n의 값을 구하고 그 과정을 서술하시오.
(단, $\log 0.94 = -0.027$, $\log 1.02 = 0.009$, $\log 2 = 0.301$로 계산한다.) (10점)

D171 ✿✾✾ 유형 08

방사성 동위원소인 요오드 131 (^{131}I)는 시간이 지남에 따라 자연 붕괴하여 일정한 비율로 양이 감소한다. 요오드 131 (^{131}I)가 처음의 양의 절반이 되는 데 8일이 걸린다고 할 때, 처음의 양의 5 % 이하가 되려면 최소 n일이 걸린다고 한다. 자연수 n의 값을 구하고 그 과정을 서술하시오. (단, $\log 2 = 0.3010$으로 계산한다.) (10점)

D172 ★★★   2019실시(가) 6월 학평 28(고2)

100 이하의 자연수 k에 대하여 $2 \leq \log_n k < 3$을 만족시키는 자연수 n의 개수를 $f(k)$라 하자. 예를 들어 $f(30) = 2$이다. $f(k) = 4$가 되도록 하는 k의 최댓값을 구하시오. (4점)

D173 ★★★   2014대비(A) 6월 모평 20(고3)

그림과 같이 함수 $y = 2^x$의 그래프 위의 한 점 A를 지나고 x축에 평행한 직선이 함수 $y = 15 \times 2^{-x}$의 그래프와 만나는 점을 B라 하자. 점 A의 x좌표를 a라 할 때, $1 < \overline{AB} < 100$을 만족시키는 2 이상의 자연수 a의 개수는? (4점)

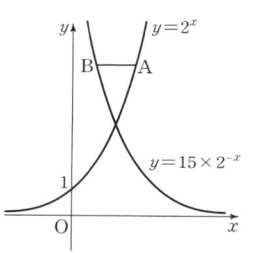

① 40   ② 43   ③ 46
④ 49   ⑤ 52

D174 ★★★   2011실시(나) 3월 학평 13(고3)

액체의 끓는 온도 $T(℃)$와 증기압력 $P(\mathrm{mmHg})$ 사이에

$$\log P = a + \frac{b}{c+T} \ (a, b, c는 \ 상수이고 \ T > -c)$$

인 관계가 성립한다. 표는 어떤 액체의 끓는 온도에 대한 증기압력을 나타낸 것이다.

끓는 온도(℃)	0	5	10
증기압력(mmHg)	4.8	6.6	8.8

이 표를 이용하여 옳은 것만을 [보기]에서 있는 대로 고른 것은? (단, $\log 2 = 0.301$로 계산한다.) (4점)

[보기]
ㄱ. $0.602 < a + \dfrac{b}{c} < 0.699$

ㄴ. $b < 0$

ㄷ. $P < 10^a$

① ㄱ   ② ㄱ, ㄴ   ③ ㄱ, ㄷ
④ ㄴ, ㄷ   ⑤ ㄱ, ㄴ, ㄷ

D175 ✿ 2등급 대비   2020실시 6월 학평 29(고2)

자연수 $k \ (k \leq 39)$에 대하여 함수 $f(x) = 2\log_{\frac{1}{2}}(x - 7 + k) + 2$의 그래프와 원 $x^2 + y^2 = 64$가 만나는 서로 다른 두 점의 x좌표를 a, b라 하자. 다음 조건을 만족시키는 k의 최댓값과 최솟값을 각각 M, m이라 할 때, $M + m$의 값을 구하시오. (4점)

(가) $ab < 0$
(나) $f(a)f(b) < 0$

E 삼각함수

★ 최신 3개년 수능+모평 출제 경향

★ 자주 출제되는 필수 개념 학습법

- 삼각함수의 최대, 최소를 구하는 문제는 꾸준히 출제되고 있는 유형이다. 특히 이차식 꼴일 때, $\sin^2 x + \cos^2 x = 1$임을 이용하여 삼각함수를 하나로 통일하고, 치환을 이용하여 만들어진 이차식의 최대, 최소를 구한다. 이때, 치환한 값의 범위가 -1과 1을 포함한 사이의 값이므로 제한된 범위에서 이차함수의 최대, 최소를 구하는 방법을 이용한다.

- 삼각방정식과 삼각부등식을 푸는 방법은 비슷하지만 그 차이점을 명확히 파악해야 한다. 삼각방정식은 삼각함수와 직선의 그래프의 교점의 x좌표이고, 삼각부등식은 삼각함수와 직선의 그래프의 교점의 x좌표의 범위이다. 그리고 삼각방정식이나 삼각부등식이 이차식 꼴일 때는 $\sin^2 x + \cos^2 x = 1$을 이용하여 삼각함수를 하나로 통일하고, 치환하여 나오는 이차방정식 또는 이차부등식을 풀면 된다.

E 삼각함수

개념 강의

중요도 ★★○

1 삼각함수의 뜻과 그 성질 – 유형 01~10

(1) 호도법과 부채꼴의 넓이

① 호도법과 육십분법❶ 사이의 관계 : 1라디안$=\dfrac{180°}{\pi}$, $1°=\dfrac{\pi}{180}$라디안

② 부채꼴의 호의 길이와 넓이 : 반지름의 길이가 r, 중심각의 크기가
θ (라디안)인 부채꼴의 호의 길이를 l, 넓이를 S라 하면

$$l=r\theta,\ S=\dfrac{1}{2}r^2\theta=\dfrac{1}{2}rl$$

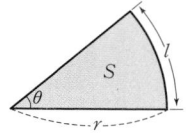

(2) 삼각함수 사이의 관계

① $\tan\theta=\dfrac{\sin\theta}{\cos\theta}$

② $\sin^2\theta+\cos^2\theta=1$, $1+\tan^2\theta=\dfrac{1}{\cos^2\theta}$

2 삼각함수의 그래프 ❷ – 유형 11~22

(1) 함수 $y=\sin x$, $y=\cos x$의 성질

① 정의역은 실수 전체의 집합이고,
치역은 $\{y\,|\,-1\le y\le 1\}$이다.

② 주기가 2π인 주기함수❸이다.

③ $y=\sin x$의 그래프는 원점,
$y=\cos x$의 그래프는
y축에 대하여 대칭이다.

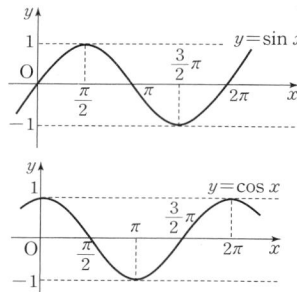

출제 2025 9월 모평 20번
2025 6월 모평 20번

★ 6월, 9월 모두 평행이동한
삼각함수의 그래프와
x축에 평행한 직선이
만나는 서로 다른 점의
개수에 대한 조건을
해석하는 중상 난이도의
문제가 출제되었다.

(2) 함수 $y=\tan x$의 성질

① 정의역은 $x\ne n\pi+\dfrac{\pi}{2}$ (n은 정수)인
실수 전체의 집합이고, 치역은 실수
전체의 집합이다.

② 주기가 π인 주기함수이다.

③ 그래프는 원점에 대하여 대칭이고,
점근선은 직선 $x=n\pi+\dfrac{\pi}{2}$ (n은 정수)이다.

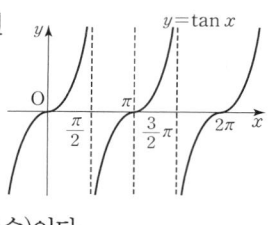

(3) 일반각에 대한 삼각함수의 성질❹ (복호동순)

① $\sin(-\theta)=-\sin\theta$, $\cos(-\theta)=\cos\theta$,
$\tan(-\theta)=-\tan\theta$

② $\sin(\pi\pm\theta)=\mp\sin\theta$, $\cos(\pi\pm\theta)=-\cos\theta$
$\tan(\pi\pm\theta)=\pm\tan\theta$

③ $\sin\left(\dfrac{\pi}{2}\pm\theta\right)=\cos\theta$, $\cos\left(\dfrac{\pi}{2}\pm\theta\right)=\mp\sin\theta$,
$\tan\left(\dfrac{\pi}{2}\pm\theta\right)=\mp\dfrac{1}{\tan\theta}$

출제 2025 9월 모평 6번
2025 6월 모평 6번
2024 수능 3번

★ 9월에는 $\pi+\theta$, 6월에는 $\theta-\dfrac{\pi}{2}$,
2024 수능에는 $-\theta$에 대한
삼각함수의 성질을 이용하는
쉬운 문제가 출제되었다.

3 삼각방정식과 삼각부등식 ❺ – 유형 23~27

(1) 삼각방정식

$\sin x=k$ (또는 $\cos x=k$ 또는 $\tan x=k$)의 해는
$y=\sin x$ 또는 $y=\cos x$ 또는 $y=\tan x$의 그래프와
직선 $y=k$의 교점의 x좌표의 값이다.

(2) 삼각부등식

$\sin x>k$ (또는 $\cos x>k$ 또는 $\tan x>k$)의 해는
$y=\sin x$ 또는 $y=\cos x$ 또는 $y=\tan x$의 그래프가
직선 $y=k$의 위쪽에 있는 x좌표의 값의 범위이다.

출제 2024 수능 19번

★ $\dfrac{\pi}{2}\pm\theta$에 대한 삼각함수의 성질을
이용하여 부등식의 해를 구하는 중상
난이도의 문제가 출제되었다.

+개념 보충

❶ 육십분법
원의 둘레를 360등분하여 각 호에 대한
중심각의 크기를 1°(도), 1°의 $\dfrac{1}{60}$을
1′(분), 1′의 $\dfrac{1}{60}$을 1″(초)로 정의하여
각의 크기를 나타내는 방법을
육십분법이라 한다.

한걸음 더

❷ (1) 함수 $y=a\sin(bx+c)+d$,
$y=a\cos(bx+c)+d$의
① 치역:
$\{y\,|\,-|a|+d\le y\le |a|+d\}$
② 주기: $\dfrac{2\pi}{|b|}$
(2) 함수 $y=a\tan(bx+c)+d$의
① 치역 : 실수 전체의 집합
② 주기 : $\dfrac{\pi}{|b|}$

❸ 함수 $f(x)$가 모든 실수 x에 대하여
$f(x)=f(x+p)$를 만족시키는 0이
아닌 상수 p가 존재하면 함수 $f(x)$를
주기함수라 한다. 상수 p 중에서 최소인
양수를 그 함수의 주기라 한다.

+개념 보충

❹ $\dfrac{n}{2}\pi\pm\theta$의 삼각함수
(단, n은 정수, θ는 예각)
여러 가지 각의 삼각함수는 각을
$\dfrac{n}{2}\pi\pm\theta$ (n은 정수)의 꼴로 고친 후
다음의 순서로 그 값을 구한다.
(i) n이 짝수이면 삼각함수는 그대로
(ii) n이 홀수이면 $\sin\to\cos$,
$\cos\to\sin$, $\tan\to\dfrac{1}{\tan}$로
바뀐다.
(iii) 부호는 동경이 어느 사분면에 있는지
알아본다. 이때, 그 사분면에서
처음 주어진 삼각함수의 부호가
양이면 $+$, 음이면 $-$를 붙인다.

한걸음 더

❺ 여러 삼각함수가 포함된 삼각방정식 또는
삼각부등식은 $\sin^2 x+\cos^2 x=1$을
이용하여 삼각함수를 하나로 통일하고,
통일된 삼각함수를 t $(-1\le t\le 1)$로
치환한 후 방정식 또는 부등식의
해를 구한다.

1 삼각함수의 뜻과 그 성질

[E01~02] 다음 각의 동경이 나타내는 일반각을 구하시오.

E01 $1125°$

E02 $-570°$

[E03~04] 다음 각을 호도법으로 나타내시오.

E03 $135°$

E04 $-300°$

[E05~06] 다음 각을 육십분법으로 나타내시오.

E05 $\dfrac{\pi}{5}$

E06 $-\dfrac{7}{6}\pi$

E07 반지름의 길이가 5이고 중심각의 크기가 $\dfrac{\pi}{5}$인 부채꼴의 호의 길이 l과 넓이 S를 각각 구하시오.

E08 반지름의 길이가 6이고 호의 길이가 4π인 부채꼴의 중심각의 크기 θ와 넓이 S를 각각 구하시오.

[E09~11] 원점 O와 점 $\mathrm{P}(-3, 4)$에 대하여 동경 OP가 나타내는 각을 θ라 할 때, 다음 값을 구하시오.

E09 $\sin\theta$

E10 $\cos\theta$

E11 $\tan\theta$

E12 θ가 제2사분면의 각이고 $\cos\theta=-\dfrac{5}{13}$일 때, $\sin\theta$, $\tan\theta$의 값을 각각 구하시오.

[E13~14] $\sin\theta+\cos\theta=\dfrac{1}{3}$일 때, 다음 식의 값을 구하시오.

E13 $\sin\theta\cos\theta$

E14 $\dfrac{1}{\sin\theta}+\dfrac{1}{\cos\theta}$

2 삼각함수의 그래프

❖ 정답 및 해설 222~224p

[E15~17] 다음 함수의 최댓값, 최솟값, 주기를 각각 구하시오.

E15 $y=4\sin 2x$

E16 $y=\dfrac{1}{3}\cos(x+\pi)-1$

E17 $y=2\tan\left(\dfrac{1}{2}x-\dfrac{\pi}{6}\right)+1$

[E18~21] 다음 삼각함수의 값을 구하시오.

E18 $\sin\dfrac{7}{3}\pi$

E19 $\cos\left(-\dfrac{\pi}{4}\right)$

E20 $\tan\dfrac{5}{6}\pi$

E21 $\sin\left(-\dfrac{13}{6}\pi\right)$

[E22~23] 다음 식의 값을 구하시오.

E22 $\tan(\pi-\theta)\times\dfrac{1}{\tan\theta}$

E23 $\dfrac{\sin(\pi+\theta)}{\cos\left(\dfrac{\pi}{2}+\theta\right)}$

3 삼각방정식과 삼각부등식

[E24~26] 다음 방정식을 푸시오. (단, $0\le x<2\pi$)

E24 $\sin x=-\dfrac{1}{2}$

E25 $2\cos x-\sqrt{3}=0$

E26 $\tan x+1=0$

[E27~29] 다음 부등식을 푸시오. (단, $0\le x<2\pi$)

E27 $2\sin x\le\sqrt{2}$

E28 $2\cos x+1>0$

E29 $\tan x\ge\dfrac{\sqrt{3}}{3}$

1 삼각함수의 뜻과 성질

유형 01 사분면과 일반각

정수 n과 각 θ에 대하여
① 제1사분면의 각 : $360°n < \theta < 360°n + 90°$
② 제2사분면의 각 : $360°n + 90° < \theta < 360°n + 180°$
③ 제3사분면의 각 : $360°n + 180° < \theta < 360°n + 270°$
④ 제4사분면의 각 : $360°n + 270° < \theta < 360°n + 360°$

(tip) 각이 주어지면 일반각으로 나타내어 $360° + \alpha°$에서 $\alpha°$가 몇 사분면에 있는지 확인한다.

E30 대표

θ가 제1사분면의 각일 때, $\dfrac{\theta}{2}$는 몇 사분면의 각인지 구하시오. (3점)

E31 ✿❁❁

θ가 제3사분면의 각일 때, $\dfrac{\theta}{3}$를 나타내는 동경이 있을 수 <u>없는</u> 사분면을 구하시오. (3점)

E32 ✿❁❁

2θ가 제2사분면의 각일 때, θ는 몇 사분면의 각인지 구하시오. (3점)

유형 02 호도법

(1) **호도법** : 반지름의 길이와 호의 길이가 같은 부채꼴의 중심각의 크기를 **1라디안**이라 하고, 이것을 단위로 하여 각의 크기를 나타내는 방법을 **호도법**이라 한다.

(2) 육십분법과 호도법 사이의 관계 :
$$\pi = 180° \text{에서 } 1° = \frac{\pi}{180} \text{라디안, 1라디안} = \frac{180°}{\pi}$$

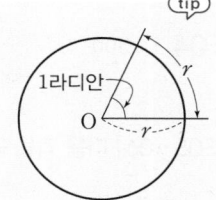

반지름의 길이가 r인 원에서 길이가 r인 호에 대한 중심각의 크기를 $\alpha°$라 하면 호의 길이는 중심각의 크기에 정비례하므로

$r : 2\pi r = \alpha° : 360°$에서 $\alpha° = \dfrac{180°}{\pi}$

따라서 반지름의 길이가 r인 원에서 길이가 r인 호에 대한 중심각의 크기 $\alpha°$는 원의 반지름의 길이에 관계없이 $\dfrac{180°}{\pi}$(1라디안)으로 일정하다.

E33 대표

다음 [보기]에서 옳은 것만을 있는 대로 고른 것은? (3점)

──── [보기] ────
ㄱ. $\dfrac{60°}{\pi} = \dfrac{1}{3}$ ㄴ. $120° = \dfrac{5}{6}\pi$

ㄷ. $2\pi = 180°$ ㄹ. $\dfrac{4}{3}\pi = 240°$

① ㄱ   ② ㄱ, ㄷ   ③ ㄱ, ㄹ
④ ㄴ, ㄷ   ⑤ ㄴ, ㄷ, ㄹ

E34 ❁❁❁ 2023실시 9월 학평 3(고2)

$4\cos\dfrac{\pi}{3}$의 값은? (2점)

① $\dfrac{1}{2}$ ② $\dfrac{\sqrt{2}}{2}$ ③ 1
④ $\sqrt{2}$ ⑤ 2

E35 ✾✾✾

다음은 호도법에 대한 설명이다.

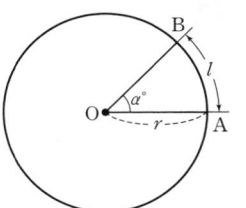

그림과 같이 반지름의 길이가 r, 중심이 O인 원에서 길이가 l인 호 AB에 대한 중심각 AOB의 크기를 $a°$라 하면, 호 AB의 길이는 중심각의 크기 $a°$에 비례한다.

따라서 $\dfrac{l}{\boxed{(가)}} = \dfrac{a°}{360°}$

여기서 $l = r$이면 $a° = \boxed{(나)}$

이 경우 중심각의 크기 $a°$는 원의 반지름의 길이에 관계 없이 항상 일정하다. 이 일정한 각의 크기를 1라디안이라 하고, 이것을 단위로 하여 각의 크기를 나타내는 방법을 호도법이라 한다.

위에서 (가), (나)에 알맞은 것을 순서대로 적으면? (3점)

① $2\pi r$, $\dfrac{180°}{\pi}$ ② $2\pi r$, $\dfrac{\pi}{180°}$

③ $2\pi r$, $\dfrac{360°}{\pi}$ ④ πr, $\dfrac{\pi}{180°}$

⑤ πr, $\dfrac{360°}{\pi}$

유형 03   두 동경의 위치 관계

두 각 α, β를 나타내는 동경의 위치 관계가 다음과 같을 때,
(단, n은 정수)

(1) 일치하는 경우 : $\alpha - \beta = 2n\pi$

(2) 원점에 대하여 대칭인 경우 : $\alpha - \beta = (2n+1)\pi$

(3) x축에 대하여 대칭인 경우 : $\alpha + \beta = 2n\pi$

(4) y축에 대하여 대칭인 경우 : $\alpha + \beta = (2n+1)\pi$

(tip)

두 각 α, β를 나타내는 동경이 직선 $y = x$에 대하여 대칭인 경우
$\alpha + \beta = 2n\pi + \dfrac{\pi}{2}$ (단, n은 정수)

E36 대표

두 각 θ와 7θ의 동경이 일치할 때, 각 θ의 크기는?

$$\left(단,\ \frac{\pi}{2} < \theta < \pi\right) \text{(3점)}$$

① $\dfrac{2}{3}\pi$ ② $\dfrac{3}{4}\pi$ ③ $\dfrac{3}{5}\pi$

④ $\dfrac{4}{5}\pi$ ⑤ $\dfrac{5}{6}\pi$

E37 ✾✾✾

좌표평면 위의 점 P에 대하여 동경 OP가 나타내는 각의 크기 중 하나를 $\theta\left(\dfrac{\pi}{2} < \theta < \pi\right)$라 하자. 각의 크기 6θ를 나타내는 동경이 동경 OP와 일치할 때, θ의 값은?

(단, O는 원점이고, x축의 양의 방향을 시초선으로 한다.) (3점)

① $\dfrac{3}{5}\pi$ ② $\dfrac{2}{3}\pi$ ③ $\dfrac{11}{15}\pi$

④ $\dfrac{4}{5}\pi$ ⑤ $\dfrac{13}{15}\pi$

E38 ✾✾✾

두 각 2θ와 6θ의 동경이 원점에 대하여 대칭일 때, 각 θ의 개수를 구하시오. $\left(단,\ 0 < \theta < \dfrac{3}{2}\pi\right)$ (3점)

E39 ✾✾✾✾

두 각 2θ와 4θ의 동경이 x축에 대하여 대칭일 때, 모든 θ의 크기의 합은? (단, $\pi < \theta < 2\pi$) (4점)

① $\dfrac{7}{3}\pi$ ② $\dfrac{5}{2}\pi$ ③ $\dfrac{8}{3}\pi$

④ $\dfrac{17}{6}\pi$ ⑤ 3π

반지름의 길이가 r인 원에서 중심각의
크기가 θ(라디안)인 부채꼴의 호의
길이를 l, 넓이를 S라 하면

$$l = r\theta,$$

$$S = \frac{1}{2}r^2\theta = \frac{1}{2}rl$$

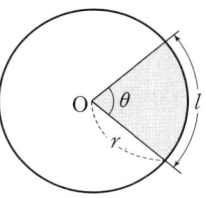

(tip)

1️⃣ 부채꼴의 중심각의 크기 θ는 호도법으로 나타낸 각임에 주의한다.

2️⃣ 중심각의 크기가 육십분법으로 주어진 경우 호도법으로 고쳐서 공식을
적용한다.

E40 대표 .... 2023실시 6월 학평 3(고2)

반지름의 길이가 4이고 중심각의 크기가 $\frac{5}{12}\pi$인
부채꼴의 넓이는? (2점)

① $\frac{10}{3}\pi$ ② $\frac{11}{3}\pi$ ③ 4π

④ $\frac{13}{3}\pi$ ⑤ $\frac{14}{3}\pi$

E41 ✽✽✽ .... 2024실시 9월 학평 7(고2)

중심각의 크기가 $\frac{\pi}{4}$이고 넓이가 18π인 부채꼴의 호의
길이는? (3점)

① 2π ② 3π ③ 4π
④ 5π ⑤ 6π

E42 ✽✽✽ Pass .... 2021실시 6월 학평 3(고2)

반지름의 길이가 6이고 넓이가 15π인 부채꼴의
중심각의 크기는? (2점)

① $\frac{\pi}{6}$ ② $\frac{\pi}{3}$ ③ $\frac{\pi}{2}$
④ $\frac{2}{3}\pi$ ⑤ $\frac{5}{6}\pi$

E43 ✽✽✽ .... 2024실시 6월 학평 3(고2)

중심각의 크기가 $\frac{3}{4}\pi$이고 호의 길이가 $\frac{2}{3}\pi$인
부채꼴의 반지름의 길이는? (2점)

① $\frac{4}{9}$ ② $\frac{5}{9}$ ③ $\frac{2}{3}$
④ $\frac{7}{9}$ ⑤ $\frac{8}{9}$

E44 ✽✽✽ .... 2023실시 11월 학평 23(고2)

중심각의 크기가 $\frac{4}{5}\pi$이고 호의 길이가 12π인
부채꼴의 반지름의 길이를 구하시오. (3점)

E45 ✽✽✽ .... 2023실시 9월 학평 23(고2)

호의 길이가 2π이고 넓이가 6π인 부채꼴의 반지름의
길이를 구하시오. (3점)

E46 ✽✽✽ Pass .... 2022실시 6월 학평 3(고2)

반지름의 길이가 6이고 호의 길이가 4π인 부채꼴의
중심각의 크기는? (2점)

① $\frac{\pi}{6}$ ② $\frac{\pi}{3}$ ③ $\frac{\pi}{2}$
④ $\frac{2}{3}\pi$ ⑤ $\frac{5}{6}\pi$

E47 ✽✽✽ Pass .... 2022실시 9월 학평 7(고2)

중심각의 크기가 $\frac{\pi}{6}$이고 호의 길이가 π인 부채꼴의
넓이는? (3점)

① π ② 2π ③ 3π
④ 4π ⑤ 5π

E48 ✿❀❀

그림과 같이 $\overline{OA}=\overline{OB}=1$, $\angle AOB=\theta$인 이등변 삼각형 OAB가 있다. 선분 AB를 지름으로 하는 반원이 선분 OA와 만나는 점 중 A가 아닌 점을 P, 선분 OB와 만나는 점 중 B가 아닌 점을 Q라 하자. 선분 AB의 중점을 M이라 할 때, 다음은 부채꼴 MPQ의 넓이 $S(\theta)$를 구하는 과정이다.

$$\left(\text{단, } 0<\theta<\frac{\pi}{2}\right)$$

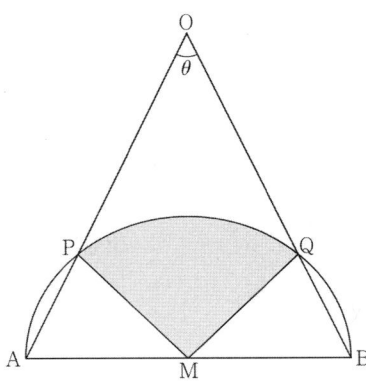

삼각형 OAM에서 $\angle OMA=\dfrac{\pi}{2}$, $\angle AOM=\dfrac{\theta}{2}$이므로

$$\overline{MA}=\boxed{\text{(가)}}$$

이다. 한편, $\angle OAM=\dfrac{\pi}{2}-\dfrac{\theta}{2}$이고 $\overline{MA}=\overline{MP}$이므로

$$\angle AMP=\boxed{\text{(나)}}$$

이다. 같은 방법으로

$\angle OBM=\dfrac{\pi}{2}-\dfrac{\theta}{2}$이고 $\overline{MB}=\overline{MQ}$이므로

$$\angle BMQ=\boxed{\text{(나)}}$$

이다. 따라서 부채꼴 MPQ의 넓이 $S(\theta)$는

$$S(\theta)=\frac{1}{2}\times\left(\boxed{\text{(가)}}\right)^2\times\boxed{\text{(다)}}$$

이다.

위의 (가), (나), (다)에 알맞은 식을 각각 $f(\theta)$, $g(\theta)$, $h(\theta)$라

할 때, $\dfrac{f\left(\dfrac{\pi}{3}\right)\times g\left(\dfrac{\pi}{6}\right)}{h\left(\dfrac{\pi}{4}\right)}$의 값은? (4점)

① $\dfrac{5}{12}$ ② $\dfrac{1}{3}$ ③ $\dfrac{1}{4}$

④ $\dfrac{1}{6}$ ⑤ $\dfrac{1}{12}$

E49 ✿❀❀

중심각이 θ이고 반지름의 길이가 2인 부채꼴 PAB의 중심 P가 반지름의 길이가 1인 원 O 위에 있다. 그림과 같이 부채꼴 PAB가 원 O에 접하며 한 바퀴 돌아서 중심 P가 제자리에 왔다. 이때, 중심각 θ의 값은? (4점)

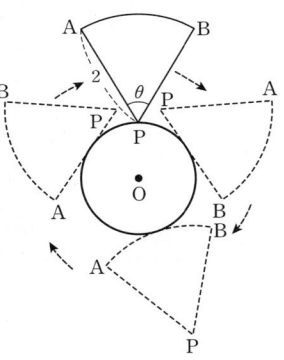

① $\pi-\dfrac{5}{2}$ ② $\pi-2$ ③ $\pi-\dfrac{3}{2}$

④ $\pi-1$ ⑤ $\pi-\dfrac{1}{2}$

E50 ✿❀❀

그림과 같이 부채꼴 모양의 종이로 고깔모자를 만들었더니, 밑면의 반지름의 길이가 8 cm이고, 모선의 길이가 20 cm인 원뿔 모양이 되었다. 이 종이의 넓이는?

(단, 종이는 겹치지 않도록 한다.) (3점)

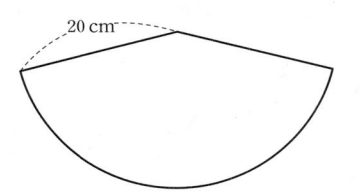 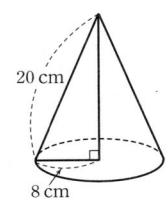

① 160π cm² ② 170π cm² ③ 180π cm²
④ 190π cm² ⑤ 200π cm²

E51 ✿❀❀   2001대비(인) 수능 9(고3)

반지름의 길이가 r이고 높이가 1인 원기둥에 물이 들어 있다. 원기둥을 수평으로 뉘였을 때 수면과 옆면이 만나서 이루는 현에 대한 중심각을 θ라 하자. 원기둥을 세웠을 때 수면의 높이 h를 θ로 표시하면? $\left(\text{단, } 0<\theta<\pi,\ 0<h<\dfrac{1}{2}\right)$ (2점)

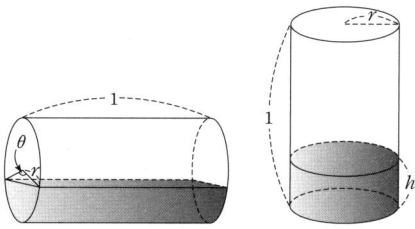

① $h=\dfrac{1}{2\pi}\theta$ ② $h=\dfrac{1}{2\pi}\sin\theta$

③ $h=\theta-\sin\theta$ ④ $h=\dfrac{1}{2\pi}(\theta+\sin\theta)$

⑤ $h=\dfrac{1}{2\pi}(\theta-\sin\theta)$

E52 ✿✿❀   2022실시 11월 학평 25(고2)

선분 AB를 지름으로 하는 반원의 호 AB 위에 점 C가 있다. 선분 AB의 중점을 O라 할 때, 호 AC의 길이가 π이고 부채꼴 OBC의 넓이가 15π이다. 선분 OA의 길이를 구하시오. (단, 점 C는 점 A도 아니고 점 B도 아니다.) (3점)

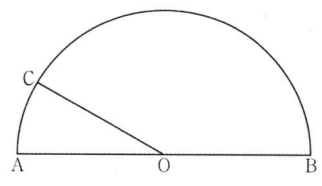

E53 ✿✿✿   2019실시(가) 6월 학평 17(고2)

그림과 같이 반지름의 길이가 4이고 중심각의 크기가 $\dfrac{\pi}{6}$인 부채꼴 OAB가 있다. 선분 OA 위의 점 P에 대하여 선분 PA를 지름으로 하고 선분 OB에 접하는 반원을 C라 할 때, 부채꼴 OAB의 넓이를 S_1, 반원 C의 넓이를 S_2라 하자. S_1-S_2의 값은? (4점)

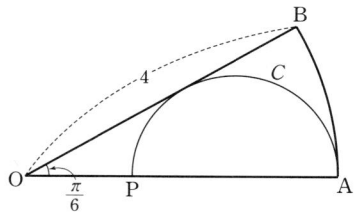

① $\dfrac{\pi}{9}$ ② $\dfrac{2}{9}\pi$ ③ $\dfrac{\pi}{3}$

④ $\dfrac{4}{9}\pi$ ⑤ $\dfrac{5}{9}\pi$

E54 ✿❀❀   2021실시 9월 학평 13(고2)

반지름의 길이가 2이고 중심각의 크기가 θ인 부채꼴이 있다. θ가 다음 조건을 만족시킬 때, 이 부채꼴의 넓이는? (3점)

> (가) $0<\theta<\dfrac{\pi}{2}$
>
> (나) 각의 크기 θ를 나타내는 동경과 각의 크기 8θ를 나타내는 동경이 일치한다.

① $\dfrac{3}{7}\pi$ ② $\dfrac{\pi}{2}$ ③ $\dfrac{4}{7}\pi$

④ $\dfrac{9}{14}\pi$ ⑤ $\dfrac{5}{7}\pi$

E55 ✽✿❀

그림과 같이 두 점 O, O'을 각각 중심으로 하고 반지름의 길이가 3인 두 원 O, O'이 한 평면 위에 있다.

두 원 O, O'이 만나는 점을 각각 A, B라 할 때, $\angle AOB = \frac{5}{6}\pi$이다.

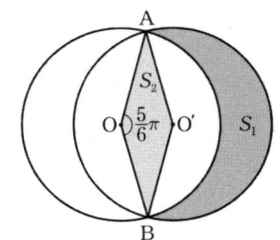

원 O의 외부와 원 O'의 내부의 공통부분의 넓이를 S_1, 마름모 AOBO'의 넓이를 S_2라 할 때, $S_1 - S_2$의 값은? (4점)

① $\frac{5}{4}\pi$　　　② $\frac{4}{3}\pi$　　　③ $\frac{17}{12}\pi$

④ $\frac{3}{2}\pi$　　　⑤ $\frac{19}{12}\pi$

E56 대표

둘레의 길이가 8인 부채꼴의 넓이가 최대가 되는 반지름의 길이는? (4점)

① $\frac{1}{2}$　　　② 1　　　③ $\frac{3}{2}$

④ 2　　　⑤ $\frac{5}{2}$

E57 ✽✽❀

길이가 40 cm인 끈을 이용하여 부채꼴 모양을 만들려고 한다. 이 부채꼴의 모양의 넓이의 최댓값은? (4점)

① 50 cm²　　　② 100 cm²　　　③ 150 cm²
④ 200 cm²　　　⑤ 250 cm²

유형 05 부채꼴의 둘레의 길이와 넓이의 최대·최소

반지름의 길이가 r, 둘레의 길이가 k인 부채꼴의 넓이 S는

$S = \frac{1}{2}r(k-2r)$ (단, $0 < r < \frac{k}{2}$)

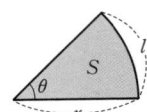

tip

반지름의 길이가 r, 호의 길이가 l인 부채꼴의 둘레의 길이가 k일 때,

$k = r + r + l = 2r + l$, $l = k - 2r$

따라서 부채꼴의 넓이 S는 $S = \frac{1}{2}rl = \frac{1}{2}r(k-2r)$

$S = -r^2 + \frac{k}{2}r = -\left(r - \frac{k}{4}\right)^2 + \frac{k^2}{16}$이므로 $r = \frac{k}{4}$일 때 부채꼴의 넓이는

$\frac{k^2}{16}$으로 최대가 된다.

E58 ✽✽❀

부채꼴의 넓이가 16일 때, 둘레의 길이의 최솟값은?
(4점)

① 8　　　② 10　　　③ 12
④ 14　　　⑤ 16

좌표평면에서 중심이 원점이고 반지름의 길이가 r인 원 위의 동점 $P(x, y)$에 대하여 동경 OP가 나타내는 일반각의 크기를 θ라 할 때,

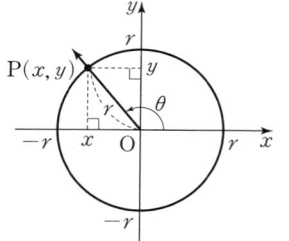

$\sin\theta = \dfrac{y}{r}$, $\cos\theta = \dfrac{x}{r}$,

$\tan\theta = \dfrac{y}{x}$ $(x \neq 0)$로 정의한다.

(tip)

특수한 각인 30°, 45°, 60°에 대한 삼각비는 다음 표와 같다.

삼각비 \ 각	30°	45°	60°
sin	$\dfrac{1}{2}$	$\dfrac{\sqrt{2}}{2}$	$\dfrac{\sqrt{3}}{2}$
cos	$\dfrac{\sqrt{3}}{2}$	$\dfrac{\sqrt{2}}{2}$	$\dfrac{1}{2}$
tan	$\dfrac{1}{\sqrt{3}}$	1	$\sqrt{3}$

E59 대표
2019실시(가) 6월 학평 8(고2)

좌표평면 위의 원점 O에서 x축의 양의 방향으로 시초선을 잡을 때, 원점 O와 점 $P(5, 12)$를 지나는 동경 OP가 나타내는 각의 크기를 θ라 하자. $\sin\left(\dfrac{3}{2}\pi + \theta\right)$의 값은? (3점)

① $-\dfrac{12}{13}$　　② $-\dfrac{7}{13}$　　③ $-\dfrac{5}{13}$

④ $\dfrac{5}{13}$　　⑤ $\dfrac{7}{13}$

E60 ✽❀❀
2022실시 11월 학평 13(고2)

좌표평면 위에 두 점 $P(a, b)$, $Q(a^2, -2b^2)$ $(a>0, b>0)$이 있다.
두 동경 OP, OQ가 나타내는 각의 크기를 θ_1, θ_2라 하자. $\tan\theta_1 + \tan\theta_2 = 0$일 때, $\sin\theta_1$의 값은?
(단, O는 원점이고, x축의 양의 방향을 시초선으로 한다.) (3점)

① $\dfrac{2}{5}$　　② $\dfrac{\sqrt{5}}{5}$　　③ $\dfrac{\sqrt{6}}{5}$

④ $\dfrac{\sqrt{7}}{5}$　　⑤ $\dfrac{2\sqrt{2}}{5}$

E61 ✽❀❀
2019실시(나) 11월 학평 15(고2)

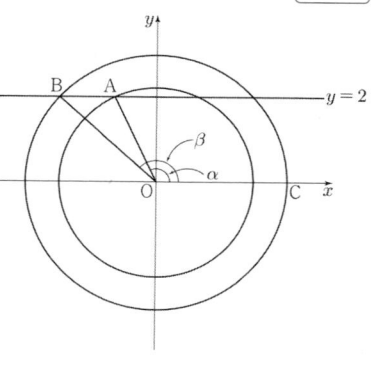

그림과 같이 좌표평면에서 직선 $y=2$가 두 원 $x^2+y^2=5$, $x^2+y^2=9$와 제2사분면에서 만나는 점을 각각 A, B라 하자.
점 $C(3, 0)$에 대하여 $\angle COA = \alpha$, $\angle COB = \beta$라 할 때, $\sin\alpha \times \cos\beta$의 값은?

$\left(\text{단, O는 원점이고, } \dfrac{\pi}{2} < \alpha < \beta < \pi\right)$ (4점)

① $\dfrac{1}{3}$　　② $\dfrac{1}{12}$　　③ $-\dfrac{1}{6}$

④ $-\dfrac{5}{12}$　　⑤ $-\dfrac{2}{3}$

E62 ✽❀❀
2022실시 6월 학평 15(고2)

좌표평면 위의 원점 O에서 x축의 양의 방향으로 시초선을 잡을 때, 원점 O와 점 $P(5, a)$를 지나는 동경 OP가 나타내는 각의 크기를 θ, 선분 OP의 길이를 r라 하자.
$\sin\theta + 2\cos\theta = 1$일 때, $a+r$의 값은? (단, a는 상수이다.)

(4점)

① $\dfrac{5}{2}$　　② 3　　③ $\dfrac{7}{2}$

④ 4　　⑤ $\dfrac{9}{2}$

E63 ✽❀❀
2024실시 6월 학평 15(고2)

좌표평면에서 원 $x^2+y^2=r^2(r>2)$와 직선 $x=-2$가 만나는 두 점 중 y좌표가 양수인 점을 A, y좌표가 음수인 점을 B라 하고, 두 동경 OA, OB가 나타내는 각의 크기를 각각 α, β라 하자. $2\cos\alpha = 3\sin\beta$일 때, $r(\sin\alpha + \cos\beta)$의 값은? (단, O는 원점이고, x축의 양의 방향을 시초선으로 한다.) (4점)

① $-\dfrac{8}{3}$　　② $-\dfrac{5}{3}$　　③ $-\dfrac{2}{3}$

④ $\dfrac{1}{3}$　　⑤ $\dfrac{4}{3}$

E64 ✽❀❀
2006실시 3월 학평 25(고1)

그림과 같이 ∠A=120°, $\overline{CD}$=6 cm인 사각형 ABCD가 있다. 이 사각형이 원에 내접하고 ∠BDC=90°일 때, 외접원의 지름의 길이는 x cm이다. x의 값을 구하시오. (3점)

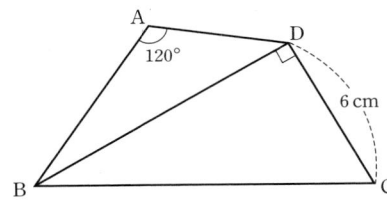

E65 ✽❀❀
2000대비(인) 수능 27(고3)

직선 $y=x$에 대하여 대칭인 두 직선 $y=ax$, $y=bx$가 이루는 각이 30°일 때, $3(a^2+b^2)$의 값을 구하시오. (3점)

E66 ✽✽❀
2019실시(가) 6월 학평 18(고2)

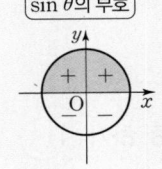

좌표평면 위의 두 점 A(-1, 0), B(1, 0)에 대하여 선분 AB를 지름으로 하는 원 C가 있다. $a>1$인 실수 a에 대하여 함수 $y=\log_a x$의 그래프와 원 C가 만나는 두 점 중에서 B가 아닌 점을 P라 하자. $\overline{AP}=\sqrt{3}$일 때, $a^{\sqrt{3}}$의 값은? (4점)

① 3   ② 4   ③ 5
④ 6   ⑤ 7

유형 07 삼각함수의 값의 부호

각 θ가 속한 사분면에 대한 삼각함수의 값의 부호는 다음과 같다.

사분면 삼각함수	제1사분면	제2사분면	제3사분면	제4사분면
$\sin\theta$	+	+	−	−
$\cos\theta$	+	−	−	+
$\tan\theta$	+	−	+	−

(tip)

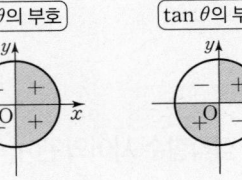

E67 대표

$\sin\theta-\cos\theta<0$, $\sin\theta\cos\theta<0$을 동시에 만족시킬 때, 다음 중 옳은 것은? (3점)

① $\sin\theta>0$ ② $\cos\theta<0$
③ $\tan\theta>0$ ④ $\sin\theta\tan\theta<0$
⑤ $\dfrac{\cos\theta}{\tan\theta}<0$

E68 ✽❀❀

$\dfrac{\pi}{2}<\theta<\pi$일 때,

$$\sqrt{\cos^2\theta}+|\sin\theta-\cos\theta|+2\cos\theta-\sin\theta$$

를 간단히 한 것은? (3점)

① 0   ② $\sin\theta$ ③ $\cos\theta$
④ $2\sin\theta$ ⑤ $2\cos\theta$

E69 ✽❀❀
2022대비 수능 7(고3)

$\pi<\theta<\dfrac{3}{2}\pi$인 θ에 대하여 $\tan\theta-\dfrac{6}{\tan\theta}=1$일 때, $\sin\theta+\cos\theta$의 값은? (3점)

① $-\dfrac{2\sqrt{10}}{5}$ ② $-\dfrac{\sqrt{10}}{5}$ ③ 0
④ $\dfrac{\sqrt{10}}{5}$ ⑤ $\dfrac{2\sqrt{10}}{5}$

E70 ✿❀❀

각 θ에 대하여 $\sqrt{\tan\theta}\,\sqrt{\cos\theta}=-\sqrt{\tan\theta\cos\theta}$를 만족시킬 때, 다음 중 항상 옳은 것은? (단, $\tan\theta\neq0$) (4점)

① $\sin\theta\cos\theta>0$ ② $\cos\theta+\tan\theta>0$

③ $\sin\theta+\tan\theta>0$ ④ $\sin\theta\tan\theta>0$

⑤ $\sin\theta-\cos\theta>0$

유형 08   삼각함수 사이의 관계 - 식을 간단히 하기 빈출

(1) $\tan\theta=\dfrac{\sin\theta}{\cos\theta}$

(2) $\sin^2\theta+\cos^2\theta=1$

(3) $1+\tan^2\theta=\dfrac{1}{\cos^2\theta}$

tip

$\dfrac{1}{\tan\theta}=\dfrac{\cos\theta}{\sin\theta}$, $\cos^2\theta=1-\sin^2\theta$ 등으로 적절히 변형하여 이용한다.

E71 대표   2019실시(나) 6월 학평 12(고2)

$\cos\theta=-\dfrac{1}{3}$일 때, $\tan\theta-\sin\theta$의 값은?

$\left(\text{단, }\pi<\theta<\dfrac{3}{2}\pi\right)$ (3점)

① $\dfrac{5\sqrt{2}}{3}$ ② $2\sqrt{2}$ ③ $\dfrac{7\sqrt{2}}{3}$

④ $\dfrac{8\sqrt{2}}{3}$ ⑤ $3\sqrt{2}$

E72 ❀❀❀ Pass   2022실시 6월 학평 8(고2)

$\dfrac{\pi}{2}<\theta<\pi$인 θ에 대하여 $\cos\theta=-\dfrac{2}{3}$일 때, $\sin\theta$의 값은? (3점)

① $-\dfrac{\sqrt{3}}{3}$ ② $-\dfrac{\sqrt{2}}{3}$ ③ $\dfrac{1}{3}$

④ $\dfrac{2}{3}$ ⑤ $\dfrac{\sqrt{5}}{3}$

E73 ❀❀❀ Pass   2022실시 9월 학평 22(고2)

$\cos\theta=\dfrac{1}{3}$일 때, $9\sin^2\theta$의 값을 구하시오. (3점)

E74 ❀❀❀   2023실시 9월 학평 6(고2)

$\pi<\theta<\dfrac{3}{2}\pi$인 θ에 대하여 $\tan\theta=2$일 때, $\cos\theta$의 값은? (3점)

① $-\dfrac{2\sqrt{5}}{5}$ ② $-\dfrac{\sqrt{5}}{5}$ ③ $-\dfrac{1}{5}$

④ $\dfrac{1}{5}$ ⑤ $\dfrac{\sqrt{5}}{5}$

E75 ❀❀❀   2023실시 6월 학평 9(고2)

$\pi<\theta<\dfrac{3}{2}\pi$인 θ에 대하여 $\sin\theta=-\dfrac{1}{3}$일 때, $\tan\theta$의 값은? (3점)

① $-\dfrac{\sqrt{3}}{4}$ ② $-\dfrac{\sqrt{2}}{4}$ ③ $\dfrac{1}{4}$

④ $\dfrac{\sqrt{2}}{4}$ ⑤ $\dfrac{\sqrt{3}}{4}$

E76 ❀❀❀   2024실시 9월 학평 4(고2)

$\dfrac{\pi}{2}<\theta<\pi$인 θ에 대하여 $\sin\theta=-3\cos\theta$일 때, $\cos\theta$의 값은? (3점)

① $-\dfrac{3\sqrt{10}}{10}$ ② $-\dfrac{\sqrt{10}}{5}$ ③ $-\dfrac{\sqrt{10}}{10}$

④ $\dfrac{\sqrt{10}}{10}$ ⑤ $\dfrac{\sqrt{10}}{5}$

E77 ✿✿✿

$\frac{\pi}{2} < \theta < \pi$인 θ에 대하여 $\cos\theta = -\frac{3}{4}$일 때,
$\sin\theta$의 값은? (3점)

① $-\frac{\sqrt{7}}{4}$ ② $-\frac{\sqrt{3}}{4}$ ③ $\frac{1}{4}$

④ $\frac{\sqrt{3}}{4}$ ⑤ $\frac{\sqrt{7}}{4}$

E78 ✿✿✿

$0 < \sin\theta < \cos\theta$일 때, $\sqrt{1+2\sin\theta\cos\theta} - \sqrt{1-2\sin\theta\cos\theta}$
를 간단히 하면? (4점)

① $-2\cos\theta$ ② $-2\sin\theta$ ③ 0
④ $2\sin\theta$ ⑤ $2\cos\theta$

E79 ✿✿✿

$\pi < \theta < 2\pi$인 θ에 대하여

$\frac{\sin\theta\cos\theta}{1-\cos\theta} + \frac{1-\cos\theta}{\tan\theta} = 1$일 때, $\cos\theta$의 값은? (3점)

① $-\frac{2\sqrt{5}}{5}$ ② $-\frac{\sqrt{5}}{5}$ ③ $\frac{1}{5}$

④ $\frac{\sqrt{5}}{5}$ ⑤ $\frac{2\sqrt{5}}{5}$

E80 ✿✿✿

좌표평면에서 곡선 $y=\sqrt{x}\,(x>0)$위의 점 P에
대하여 동경 OP가 나타내는 각의 크기를 θ라 하자.
$\cos^2\theta - 2\sin^2\theta = -1$일 때, 선분 OP의 길이는? (단, O는
원점이고, x축의 양의 방향을 시초선으로 한다.) (4점)

① $\frac{1}{2}$ ② $\frac{\sqrt{2}}{2}$ ③ $\frac{\sqrt{3}}{2}$

④ 1 ⑤ $\frac{\sqrt{5}}{2}$

E81 ✿✿✿

다음은 $0 < \theta < 2\pi$에서 $3+2\sin^2\theta + \frac{1}{3-2\cos^2\theta}$의
최솟값을 구하는 과정이다.

> $3+2\sin^2\theta = t$로 놓으면
> $$3+2\sin^2\theta + \frac{1}{3-2\cos^2\theta} = t + \frac{1}{\boxed{(가)}}$$
> 이다. $0 < \theta < 2\pi$에서 $t \geq 3$이므로 $\boxed{(가)} > 0$이다.
> $$t + \frac{1}{\boxed{(가)}} = t - 2 + \frac{1}{\boxed{(가)}} + 2 \geq 4$$
> 이다. (단, 등호는 $t = \boxed{(나)}$일 때 성립한다.)
> 따라서 $3+2\sin^2\theta + \frac{1}{3-2\cos^2\theta}$은 $\theta = \boxed{(다)}$에서
> 최솟값 4를 갖는다.

위의 (가)에 알맞은 식을 $f(t)$, (나)와 (다)에 알맞은 수를 각각
p, q라 할 때, $f(p) + \tan^2\left(q + \frac{\pi}{3}\right)$의 값은? (4점)

① 4 ② 5 ③ 6
④ 7 ⑤ 8

E82 ✿✿✿

그림과 같이 길이가 2인 선분 AB를 지름으로 하고
중심이 O인 반원이 있다. 호 AB 위에 점 P를
$\cos(\angle BAP) = \frac{4}{5}$가 되도록 잡는다. 부채꼴 OBP에
내접하는 원의 반지름의 길이가 r_1, 호 AP를 이등분하는 점과
선분 AP의 중점을 지름의 양 끝점으로 하는 원의 반지름의
길이가 r_2일 때, $r_1 r_2$의 값은? (4점)

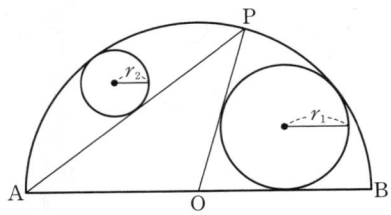

① $\frac{3}{40}$ ② $\frac{1}{10}$ ③ $\frac{1}{8}$

④ $\frac{3}{20}$ ⑤ $\frac{7}{40}$

유형 09 삼각함수 사이의 관계
$-\sin\theta\times\cos\theta$, $\sin\theta\pm\cos\theta$

$\sin\theta\times\cos\theta$, $\sin\theta\pm\cos\theta$의 값이 주어진 경우
$(\sin\theta\pm\cos\theta)^2=\sin^2\theta\pm2\sin\theta\cos\theta+\cos^2\theta$를 이용한다.

tip

$\sin^2\theta+\cos^2\theta=1$이므로 주어진 식을 $\sin^2\theta+\cos^2\theta$가 나오도록 적절히 변형하여 대입한다.

E83 대표 .... 2019실시(나) 6월 학평 24(고2)

$\sin\theta-\cos\theta=\dfrac{1}{2}$일 때, $8\sin\theta\cos\theta$의 값을 구하시오. (3점)

E84 ✿❀❀ .... 2020실시(나) 7월 학평 11(고3)

$\sin\theta+\cos\theta=\dfrac{1}{2}$일 때, $\dfrac{1+\tan\theta}{\sin\theta}$의 값은? (3점)

① $-\dfrac{7}{3}$ ② $-\dfrac{4}{3}$ ③ $-\dfrac{1}{3}$

④ $\dfrac{2}{3}$ ⑤ $\dfrac{5}{3}$

E85 ✿❀❀ .... 2021실시 11월 학평 16(고2)

$\dfrac{\pi}{2}<\theta<\pi$인 θ에 대하여 $\sin^4\theta+\cos^4\theta=\dfrac{23}{32}$일 때, $\sin\theta-\cos\theta$의 값은? (4점)

① $\dfrac{\sqrt{3}}{2}$ ② 1 ③ $\dfrac{\sqrt{5}}{2}$

④ $\dfrac{\sqrt{6}}{2}$ ⑤ $\dfrac{\sqrt{7}}{2}$

E86 ✿✿❀ .... 2020실시 11월 학평 16(고2)

$3\sin\theta-4\tan\theta=4$일 때, $\sin\theta+\cos\theta$의 값은?

(4점)

① $-\dfrac{2}{3}$ ② $-\dfrac{1}{3}$ ③ 0

④ $\dfrac{1}{3}$ ⑤ $\dfrac{2}{3}$

유형 10 삼각함수와 이차방정식의 근과 계수의 관계

이차함수 $ax^2+bx+c=0$ $(a\neq0)$의 두 근이 삼각함수 꼴로 나타나면 이차방정식의 근과 계수의 관계를 이용하여 삼각함수 사이의 관계식을 유도한다.

tip

이차함수 $ax^2+bx+c=0$ $(a\neq0)$의 두 근이 $\sin\theta$, $\cos\theta$일 때, 근과 계수의 관계에 의하여 $\sin\theta+\cos\theta=-\dfrac{b}{a}$, $\sin\theta\cos\theta=\dfrac{c}{a}$

E87 대표

이차방정식 $2x^2-kx+1=0$의 두 근이 $\sin\theta$, $\cos\theta$일 때, 상수 k에 대하여 k^2의 값을 구하시오. (4점)

E88 ✿❀❀

이차방정식 $2x^2-3x+k=0$의 두 근이 $2\sin\theta$, $\sin\theta$일 때, 상수 k의 값을 구하시오. (4점)

E89 ✽✽✿
2020실시 11월 학평 27(고2)

이차방정식 $x^2-k=0$이 서로 다른 두 실근 $6\cos\theta$, $5\tan\theta$를 가질 때, 상수 k의 값을 구하시오. (4점)

2 삼각함수의 그래프

유형 11 삼각함수의 그래프

(1) **함수 $y=\sin\theta$, $y=\cos\theta$의 그래프**
  ① 정의역은 실수 전체의 집합이다.
  ② 치역은 $\{y\,|-1\leq y\leq1\}$이다.
  ③ 함수 $y=\sin\theta$의 그래프는 원점에 대하여 대칭이고, 함수 $y=\cos\theta$의 그래프는 y축에 대하여 대칭이다.
  ④ 주기가 2π인 주기함수이다.

(2) **함수 $y=\tan\theta$의 그래프**
  ① 정의역은 $x\neq n\pi+\dfrac{\pi}{2}$ (단, n은 정수)인 실수 전체의 집합이다.
  ② 치역은 실수 전체의 집합이다.
  ③ 함수의 그래프는 원점에 대하여 대칭이다.
  ④ 주기가 π인 주기함수이다.
  ⑤ 그래프의 점근선은 $\theta=n\pi+\dfrac{\pi}{2}$ (단, n은 정수)이다.

(tip)

① 삼각함수는 주기함수이므로 주기함수의 성질을 이용하여 삼각함수의 식을 간단히 고칠 수 있다. 이는 앞으로 나오는 삼각함수 문제 풀이의 기본이 되므로 반드시 이해해야 한다.
② 함수 $y=f(x)$의 그래프가
y축에 대하여 대칭이면 $f(x)=f(-x)$가 성립하고
원점에 대하여 대칭이면 $f(x)=-f(-x)$가 성립한다.

E90 대표
2024실시 6월 학평 25(고2)

함수 $y=6\cos\left(x+\dfrac{\pi}{2}\right)+k$의 그래프가 점 $\left(\dfrac{5}{6}\pi,\ 9\right)$를 지날 때, 상수 k의 값을 구하시오. (3점)

E91 ✿✿✿
2023실시 11월 학평 5(고2)

$0<x<5\pi$에서 함수 $y=\tan x$의 그래프와 직선 $y=2$가 만나는 점의 개수는? (3점)

① 3　　　　② 4　　　　③ 5
④ 6　　　　⑤ 7

E92 ✽✿✿
2023실시 6월 학평 25(고2)

함수 $f(x)=4\cos(x+\pi)+k$의 그래프가 점 $\left(\dfrac{\pi}{3},\ 5\right)$를 지날 때, 상수 k의 값을 구하시오. (3점)

E93 ✽✿✿
2022실시 6월 학평 25(고2)

함수 $y=3\sin(x+\pi)+k$의 그래프가 점 $\left(\dfrac{\pi}{6},\ \dfrac{5}{2}\right)$를 지날 때, 상수 k의 값을 구하시오. (3점)

E94 ✿✿✿
2020실시 6월 학평 25(고2)

함수 $y=k\sin\left(x+\dfrac{\pi}{2}\right)+10$의 그래프가 점 $\left(\dfrac{\pi}{3},\ 14\right)$를 지날 때, 상수 k의 값을 구하시오. (3점)

E95 ✿❀❀❀

2024실시 9월 학평 12(고2)

함수 $f(x) = a\tan\dfrac{\pi}{4}x$에 대하여 함수 $y = f(x)$의

그래프 위의 점 A$(3, -2)$를 x축의 방향으로 6만큼,

y축의 방향으로 b만큼 평행이동한 점을 A′이라 하자.

점 A′이 함수 $y = f(x)$의 그래프 위의 점일 때, $a+b$의 값은?

(단, a, b는 상수이다.) (3점)

① 4   ② 6   ③ 8

④ 10   ⑤ 12

E96 ✿✿✿❀

2024실시 9월 학평 19(고2)

함수 $f(x) = 3\sin\dfrac{\pi}{2}x \ (0 \le x \le 7)$과

실수 $t(0 < t < 3)$에 대하여 한 변의 길이가 4인

정삼각형 ABC의 세 꼭짓점 A, B, C가 다음 조건을 만족시킬 때,

t의 값은? (4점)

> (가) 두 점 A, B는 곡선 $y = f(x)$와 직선 $y = -t$가 만나는 점이다.
>
> (나) 점 C는 곡선 $y = f(x)$ 위의 점이다.

① $\dfrac{\sqrt{3}}{2}$ ② $\dfrac{3\sqrt{3}}{4}$ ③ $\sqrt{3}$

④ $\dfrac{5\sqrt{3}}{2}$ ⑤ $\dfrac{3\sqrt{3}}{2}$

E97 ✿✿✿❀

2019실시(가) 3월 학평 26(고3)

$0 \le x \le \pi$일 때, 2 이상의 자연수 n에 대하여 두

곡선 $y = \sin x$와 $y = \sin(nx)$의 교점의 개수를 a_n이라 하자.

$a_3 + a_5$의 값을 구하시오. (4점)

유형 12   삼각함수의 값의 대소 관계

(1) $0 < \theta \le \dfrac{\pi}{4}$일 때, $\sin\theta \le \cos\theta$, $\sin\theta < \tan\theta$

(2) $\dfrac{\pi}{4} \le \theta < \dfrac{\pi}{2}$일 때, $\cos\theta \le \sin\theta$, $\sin\theta < \tan\theta$

(3) $0 < \theta_1 < \theta_2 < \dfrac{\pi}{2}$일 때,

     $\sin\theta_1 < \sin\theta_2$, $\cos\theta_1 > \cos\theta_2$, $\tan\theta_1 < \tan\theta_2$

(tip)

① $0 \le \theta \le \dfrac{\pi}{2}$에서 $\sin\theta = \cos\theta$인 $\theta = \dfrac{\pi}{4}$

② $\cos 0 = \sin\dfrac{\pi}{2} = \tan\dfrac{\pi}{4} = 1$

E98 대표

함수 $f(x) = \sin x$에 대하여 다음 함숫값 중 가장 큰 것은? (3점)

① $f\left(\dfrac{\pi}{4}\right)$ ② $f\left(\dfrac{2}{5}\pi\right)$ ③ $f\left(\dfrac{\pi}{6}\right)$

④ $f\left(\dfrac{5}{12}\pi\right)$ ⑤ $f\left(\dfrac{7}{20}\pi\right)$

E99 ✿❀❀❀

다음 중 대소 관계로 옳은 것은? (4점)

① $\sin\dfrac{2}{5}\pi < \sin\dfrac{2}{7}\pi$ ② $\cos\dfrac{\pi}{12} < \cos\dfrac{\pi}{10}$

③ $\tan\dfrac{\pi}{5} < \tan\dfrac{\pi}{8}$ ④ $\sin\dfrac{\pi}{9} < \cos\dfrac{\pi}{9}$

⑤ $\tan\dfrac{3}{16}\pi < \sin\dfrac{3}{16}\pi$

E100 ✿❀❀❀

$\dfrac{\pi}{4} < \theta < \dfrac{\pi}{2}$일 때, $A = (\sin\theta + 2)\sin\theta$, $B = \cos^2\theta + 2\sin\theta$의

대소 관계로 옳은 것은? (4점)

① $A > B$ ② $A < B$ ③ $A = B$

④ $A \ge B$ ⑤ $A \le B$

E101 ✽✽❀ 　　　　2019실시(나) 6월 학평 20(고2)

$0<\theta<\dfrac{\pi}{4}$인 θ에 대하여 [보기]에서 옳은 것만을 있는 대로 고른 것은? (4점)

────── [보기] ──────

ㄱ. $0<\sin\theta<\cos\theta<1$

ㄴ. $0<\log_{\sin\theta}\cos\theta<1$

ㄷ. $(\sin\theta)^{\cos\theta}<(\cos\theta)^{\cos\theta}<(\cos\theta)^{\sin\theta}$

① ㄱ　　　　　　② ㄱ, ㄴ　　　　　　③ ㄱ, ㄷ

④ ㄴ, ㄷ　　　　⑤ ㄱ, ㄴ, ㄷ

유형 13 삼각함수의 대칭성

(1) $0<x<\pi$에서 함수 $y=\sin x$의 그래프와 직선 $y=k$가 만나는 x좌표가 α, β이면 α와 β는 $\dfrac{\pi}{2}$에 대하여 대칭이다. ⇨ $\dfrac{\alpha+\beta}{2}=\dfrac{\pi}{2}$

(2) $0<x<2\pi$에서 함수 $y=\cos x$의 그래프와 직선 $y=k$가 만나는 x좌표가 α, β이면 α와 β는 π에 대하여 대칭이다. ⇨ $\dfrac{\alpha+\beta}{2}=\pi$

(tip) $\tan x=k$를 만족시키는 x의 값이 α, β이면 $\alpha-\beta=n\pi$ (n은 정수)

E102 대표

$0<x<\pi$에서 함수 $y=\sin x$의 그래프와 직선 $y=\dfrac{1}{3}$이 만나는 점의 x좌표가 α, β이고,

함수 $y=\sin x$의 그래프와 직선 $y=\dfrac{1}{4}$이 만나는 점의 x좌표가 γ, δ일 때, $\alpha+\beta+\gamma+\delta$의 값은? (4점)

① π　　　　　　② 2π　　　　　　③ 3π

④ 4π　　　　　⑤ 5π

E103 ✽❀❀ 　　　　2011실시 3월 학평 17(고2)

함수 $f(x)=\sin\pi x$ $(x\geq0)$의 그래프와 직선 $y=\dfrac{2}{3}$가 만나는 점의 x좌표를 작은 것부터 차례대로 α, β, γ라 할 때, $f(\alpha+\beta+\gamma+1)+f\left(\alpha+\beta+\dfrac{1}{2}\right)$의 값은? (4점)

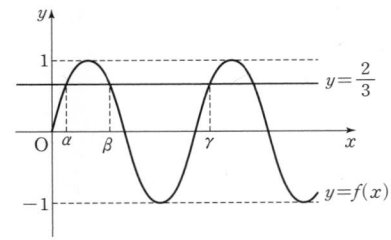

① $-\dfrac{2}{3}$　　　　② $-\dfrac{1}{3}$　　　　③ 0

④ $\dfrac{1}{3}$　　　　　⑤ $\dfrac{2}{3}$

E104 ✽❀❀ 　　　　2009실시 3월 학평 13(고2)

그림과 같이 함수 $y=\sin2x$ $(0\leq x\leq\pi)$의 그래프가 직선 $y=\dfrac{3}{5}$과 두 점 A, B에서 만나고, 직선 $y=-\dfrac{3}{5}$과 두 점 C, D에서 만난다. 네 점 A, B, C, D의 x좌표를 각각 α, β, γ, δ라 할 때, $\alpha+2\beta+2\gamma+\delta$의 값은? (4점)

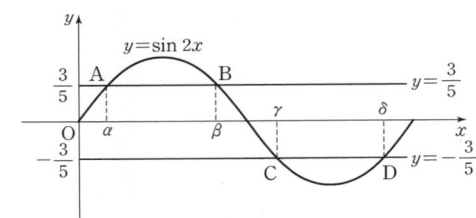

① $\dfrac{9}{4}\pi$　　　　② $\dfrac{5}{2}\pi$　　　　③ 3π

④ $\dfrac{7}{2}\pi$　　　　⑤ 4π

E105 ✽❀❀

$0<x<2\pi$에서 함수 $y=\cos x$의 그래프와 직선 $y=\dfrac{3}{5}$이 만나는 점의 x좌표가 α, β일 때, $\cos\left(\dfrac{\alpha+\beta}{4}\right)$의 값은? (4점)

① 0　　　　　　② $\dfrac{1}{2}$　　　　　　③ $\dfrac{\sqrt{2}}{2}$

④ $\dfrac{\sqrt{3}}{2}$　　　　⑤ 1

E106 ✽❀❀

$0 < x < 2\pi$에서 함수 $y = \sin x$의 그래프와 함수 $y = \cos x$의 그래프가 직선 $y = \dfrac{1}{5}$과 만나는 점의 x좌표가 각각 α, β와 γ, δ라 할 때, $\dfrac{\gamma + \delta}{\alpha + \beta}$의 값은? (4점)

① $\dfrac{1}{2}$ ② 1 ③ $\dfrac{3}{2}$

④ 2 ⑤ $\dfrac{5}{2}$

유형 14 삼각함수의 주기와 최대·최소 − 일차식 꼴

(1) 두 함수 $y = a \sin b(x - m) + n$, $y = a \cos b(x - m) + n$에 대하여

  ① 두 함수의 그래프의 주기는 $\dfrac{2\pi}{|b|}$

  ② 최댓값과 최솟값은 각각 $|a| + n$, $-|a| + n$

(2) 함수 $y = a \tan b(x - m) + n$에 대하여

  ① 이 함수의 그래프의 주기는 $\dfrac{\pi}{|b|}$

  ② 최댓값과 최솟값은 없다.

(tip)

두 함수 $y = a \sin b(x - m) + n$, $y = a \cos b(x - m) + n$에 대하여 $a > 0$, $b > 0$인 경우는 주기가 $\dfrac{2\pi}{b}$, 최댓값은 $a + n$, 최솟값은 $-a + n$이다.

E107 대표

2019실시(나) 9월 학평 6(고2)

함수 $f(x) = 2 \cos\left(x + \dfrac{\pi}{2}\right) + 3$의 최솟값은? (3점)

① 1 ② 2 ③ 3

④ 4 ⑤ 5

E108 ❀❀❀ Pass

2021실시 9월 학평 3(고2)

함수 $y = \cos \dfrac{x}{3}$의 주기는? (2점)

① 2π ② 3π ③ 4π

④ 5π ⑤ 6π

E109 ❀❀❀

2024실시 6월 학평 9(고2)

함수 $y = \tan ax + b$의 그래프가 그림과 같을 때, ab의 값은? (단, a, b는 상수이다.) (3점)

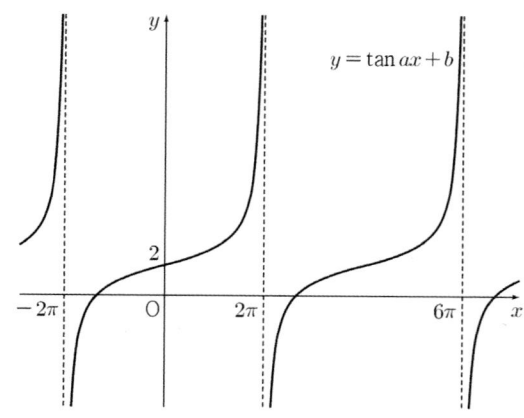

① $\dfrac{1}{4}$ ② $\dfrac{1}{2}$ ③ $\dfrac{3}{4}$

④ 1 ⑤ $\dfrac{5}{4}$

E110 ❀❀❀ Pass

2020실시 11월 학평 2(고2)

함수 $y = \tan \dfrac{x}{4}$의 주기는? (2점)

① π ② 2π ③ 3π

④ 4π ⑤ 5π

E111 ❀❀❀

2023실시 6월 학평 24(고2)

두 함수 $y = \cos \dfrac{2}{3} x$와 $y = \tan \dfrac{3}{a} x$의 주기가 같을 때, 양수 a의 값을 구하시오. (3점)

E112 ✾✾✾ Pass
2021대비(나) 6월 모평 22(고3)

함수 $f(x) = 5\sin x + 1$의 최댓값을 구하시오. (3점)

E113 ✾✾✾
2019실시(가) 4월 학평 10(고3)

두 상수 a, b에 대하여 함수 $f(x) = a\cos bx$의 그래프가 그림과 같다. 함수 $g(x) = b\sin x + a$의 최댓값은? (단, $b > 0$)
(3점)

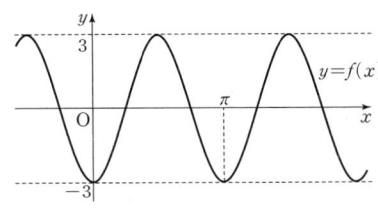

① -2 ② -1 ③ 0
④ 1 ⑤ 2

E114 ✾✾✾
2017실시(가) 3월 학평 6(고3)

함수 $y = a\sin\dfrac{\pi}{2b}x$의 최댓값은 2이고 주기는 2이다. 두 양수 a, b의 합 $a+b$의 값은? (3점)

① 2 ② $\dfrac{17}{8}$ ③ $\dfrac{9}{4}$
④ $\dfrac{19}{8}$ ⑤ $\dfrac{5}{2}$

E115 ✾✾✾
2021실시 11월 학평 11(고2)

두 상수 a, b에 대하여 함수 $f(x) = 4\cos\dfrac{\pi}{a}x + b$의 주기가 4이고 최솟값이 -1일 때, $a+b$의 값은?
(단, $a > 0$) (3점)

① 5 ② 7 ③ 9
④ 11 ⑤ 13

E116 ✾✾✾
2020실시 6월 학평 15(고2)

$0 \le x \le 2$에서 함수 $y = \tan \pi x$의 그래프와 직선 $y = -\dfrac{10}{3}x + n$이 서로 다른 세 점에서 만나도록 하는 자연수 n의 최댓값은? (4점)

① 2 ② 3 ③ 4
④ 5 ⑤ 6

E117 ✾✾✾
2010실시(가) 6월 학평 20(고2)

두 함수 $y = 4\sin 3x$, $y = 3\cos 2x$의 그래프가 x축과 만나는 점을 각각 $A(a, 0)$, $B(b, 0)$ $\left(\text{단, } 0 < a < \dfrac{\pi}{2} < b < \pi\right)$라 하자. $y = 4\sin 3x$의 그래프 위의 임의의 점 P에 대하여 $\triangle ABP$의 넓이의 최댓값은? (3점)

① $\dfrac{\pi}{3}$ ② $\dfrac{\pi}{2}$ ③ $\dfrac{2}{3}\pi$
④ $\dfrac{5}{6}\pi$ ⑤ π

E118 ✿❀❀ 2023실시 6월 학평 10(고2)

세 상수 a, b, c에 대하여 함수 $y = a \sin bx + c$의
그래프가 그림과 같을 때, $a \times b \times c$의 값은? (단, $a > 0$, $b > 0$)

(3점)

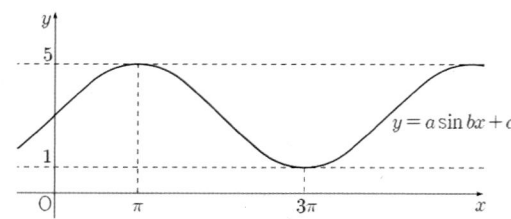

① 1 ② $\dfrac{3}{2}$ ③ 2

④ $\dfrac{5}{2}$ ⑤ 3

E119 ✿❀❀ 2023실시 9월 학평 12(고2)

세 양수 a, b, c에 대하여 함수 $y = a \tan(bx + c)$의
그래프가 그림과 같을 때, $a \times b \times c$의 값은? (단, $0 < c < \pi$)

(3점)

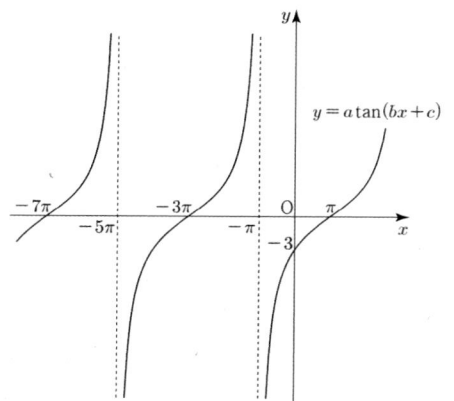

① $\dfrac{9}{16}\pi$ ② $\dfrac{5}{8}\pi$ ③ $\dfrac{11}{16}\pi$

④ $\dfrac{3}{4}\pi$ ⑤ $\dfrac{13}{16}\pi$

E120 ✿❀❀ 2021실시 6월 학평 10(고2)

세 양수 a, b, c에 대하여 함수 $y = a \tan bx + c$의
그래프가 그림과 같을 때, $a \times b \times c$의 값은? (3점)

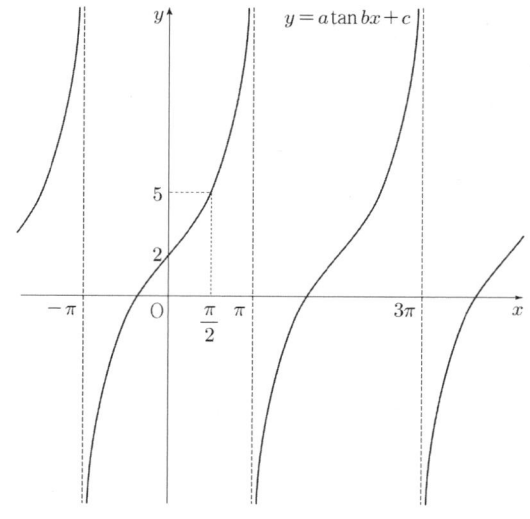

① 1 ② 2 ③ 3

④ 4 ⑤ 5

E121 ✿✿❀ 2023실시 11월 학평 29(고2)

두 상수 a, b $(0 \le b \le \pi)$에 대하여

닫힌구간 $\left[\dfrac{\pi}{2}, a\right]$에서 함수 $f(x) = 2\cos(3x + b)$의

최댓값은 1이고 최솟값은 $-\sqrt{3}$이다.

$a \times b = \dfrac{q}{p}\pi^2$일 때, $p + q$의 값을 구하시오.

(단, p와 q는 서로소인 자연수이다.) (4점)

E122 ✿✿✾ ·············· 2019실시(가) 11월 학평 16(고2)

$0 \leq t \leq 3$인 실수 t와 상수 k에 대하여 $t \leq x \leq t+1$에서 방정식 $\sin \dfrac{\pi}{2}x = k$의 모든 해의 개수를 $f(t)$라 하자. 함수 $f(t)$가

$$f(t) = \begin{cases} 1 & (0 \leq t < a \text{ 또는 } a < t \leq b) \\ 2 & (t = a) \\ 0 & (b < t \leq 3) \end{cases}$$

일 때, $a^2 + b^2 + k^2$의 값은?

(단, a, b는 $0 < a < b < 3$인 상수이다.) (4점)

① 2   ② $\dfrac{5}{2}$ ③ 3

④ $\dfrac{7}{2}$ ⑤ 4

E123 ✿✿✾ ·············· 2022실시 6월 학평 18(고2)

자연수 n에 대하여 $-\dfrac{\pi}{2n} < x < \dfrac{\pi}{2n}$에서 정의된 함수 $f(x) = 3\sin 2nx$가 있다. 원점 O를 지나고 기울기가 양수인 직선과 함수 $y = f(x)$의 그래프가 서로 다른 세 점 O, A, B에서 만날 때, 점 $\text{C}\left(\dfrac{\pi}{2n}, 0\right)$에 대하여 넓이가 $\dfrac{\pi}{12}$인 삼각형 ABC가 존재하도록 하는 n의 최댓값은? (4점)

① 12   ② 14   ③ 16

④ 18   ⑤ 20

E124 ✿✿✾ ·············· 2019실시(나) 6월 학평 27(고2)

두 함수 $f(x) = \log_3 x + 2$, $g(x) = 3\tan\left(x + \dfrac{\pi}{6}\right)$가 있다. $0 \leq x \leq \dfrac{\pi}{6}$에서 정의된 합성함수 $(f \circ g)(x)$의 최댓값과 최솟값을 각각 M, m이라 할 때, $M+m$의 값을 구하시오. (4점)

유형 15 삼각함수의 최대·최소 – 이차식 꼴

주어진 삼각함수가 이차식 꼴일 때, 다음과 같은 과정으로 푼다.

(1) $\sin^2 x + \cos^2 x = 1$을 이용하여 삼각함수를 한 종류로 통일한다.

(2) 삼각함수를 t로 치환한다.

(3) t에 대한 이차함수의 그래프를 그려서 이차식의 최대·최소를 구한다.

> **tip**
>
> $\sin x = t$ 또는 $\cos x = t$로 치환할 때, t의 범위가 $-1 \leq t \leq 1$이 됨에 유의하자.
>
> $\alpha \leq x \leq \beta$에서 이차함수 $f(x)$의 꼭짓점의 x좌표가 m일 때
>
> ① $\alpha \leq m \leq \beta$이면 함숫값 $f(\alpha)$, $f(\beta)$, $f(m)$ 중 가장 큰 값이 최댓값, 가장 작은 값이 최솟값이다.
>
> ② $m < \alpha$ 또는 $m > \beta$이면 $f(\alpha)$, $f(\beta)$ 중 가장 큰 값이 최댓값, 가장 작은 값이 최솟값이다.

E125 대표 ·············· 2024실시 6월 학평 12(고2)

실수 k에 대하여 함수 $f(x) = 2\cos^2 x + 2\sin x + k$의 최댓값이 $\dfrac{15}{2}$일 때, 함수 $f(x)$의 최솟값은? (3점)

① 1   ② 2   ③ 3

④ 4   ⑤ 5

E126 ✿✿✿ ·············· 2018실시(가) 3월 학평 25(고3)

함수 $f(x) = \sin^2 x + \sin\left(x + \dfrac{\pi}{2}\right) + 1$의 최댓값을 M이라 할 때, $4M$의 값을 구하시오. (3점)

E127 ✿✿✿ 2019대비(가) 9월 모평 14(고3)

실수 k에 대하여 함수

$$f(x)=\cos^2\left(x-\frac{3}{4}\pi\right)-\cos\left(x-\frac{\pi}{4}\right)+k$$

의 최댓값은 3, 최솟값은 m이다. $k+m$의 값은? (4점)

① 2   ② $\frac{9}{4}$ ③ $\frac{5}{2}$

④ $\frac{11}{4}$ ⑤ 3

E128 ✿✿✿ 2020실시 6월 학평 19(고2)

그림과 같이 두 점 $A(-1, 0)$, $B(1, 0)$과
원 $x^2+y^2=1$이 있다.

원 위의 점 P에 대하여 $\angle PAB=\theta\left(0<\theta<\frac{\pi}{2}\right)$라 할 때,
반직선 PB 위에 $\overline{PQ}=3$인 점 Q를 정한다. 점 Q의 x좌표가
최대가 될 때, $\sin^2\theta$의 값은? (4점)

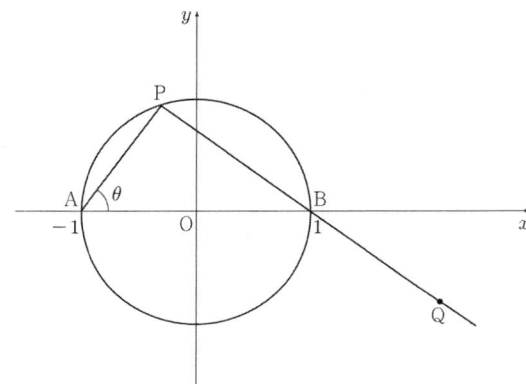

① $\frac{7}{16}$ ② $\frac{1}{2}$ ③ $\frac{9}{16}$

④ $\frac{5}{8}$ ⑤ $\frac{11}{16}$

E129 ✿✿✿

$0\le x<2\pi$에서 함수 $y=-\sin^2 x+4\cos x+k$는
$x=\alpha$에서 최솟값 2를 가질 때, 실수 k, α에 대하여 $k\alpha$의 값을
구하시오. (4점)

유형 16   삼각함수의 최대·최소 – 분수식 꼴

주어진 삼각함수가 분수식 꼴일 때, 다음과 같은 과정으로 푼다.

⑴ 삼각함수를 t로 치환한다.
⑵ t에 대한 분수식의 그래프를 그려서 최대·최소를 구한다.

(tip)

✚ **유리식 $y=\dfrac{k}{x-m}+n$의 그래프**

① 점근선의 방정식 $x=m$, $y=n$을 그린다.
② $k>0$이면 점근식의 교점을 기준으로 왼쪽 아래와 오른쪽 위에
그래프를 나타내고, $k<0$이면 점근식의 교점을 기준으로 왼쪽 위와
오른쪽 아래에 그래프를 나타낸다.
③ $\sin x=t$ 또는 $\cos x=t$로 치환할 때, t의 범위가 $-1\le t\le1$이 됨에
유의하여 최대·최소를 구한다.

E130 대표

함수 $y=\dfrac{\sin x-1}{\sin x+1}$의 최댓값은? (3점)

① -2 ② -1 ③ 0

④ 1   ⑤ 2

E131 ✿✿✿

함수 $y=\dfrac{-3\cos x+k}{\cos x+2}$의 최댓값이 1일 때, 상수 k의 값은?

(단, $k>-6$) (4점)

① -1 ② -2 ③ -3

④ -4 ⑤ -5

E132 ✿✿✿

다음 중 함수 $y=\dfrac{-2}{\tan\left(\dfrac{\pi}{2}+x\right)(\tan x-3)}$에

대하여 함숫값이 될 수 없는 것은? (단, $\tan x\ne3$) (4점)

① $\frac{1}{2}$ ② 1   ③ $\frac{3}{2}$

④ 2   ⑤ $\frac{5}{2}$

유형 17 삼각함수의 그래프의 평행이동

함수 $y=a \sin (bx+c)+d=a \sin b\left(x+\dfrac{c}{b}\right)+d$의 그래프는

함수 $y=a \sin bx$의 그래프를 x축의 방향으로 $-\dfrac{c}{b}$만큼 y축의 방향으로 d만큼 평행이동한 그래프이다.

① 함수 $y=a \cos (bx+c)+d=a \cos b\left(x+\dfrac{c}{b}\right)+d$의 그래프도 함수 $y=a \cos bx$의 그래프를 마찬가지 방법으로 평행이동한 것이다.

② 두 함수 $y=a \sin (bx+c)+d$, $y=a' \sin (b'x+c')+d'$의 그래프가 평행이동으로 일치가 되기 위한 조건은 $a=a'$, $b=b'$이다.

E133 대표

함수 $y=3 \sin(2x-4)$의 그래프는 함수 $y=3 \sin 2x$의 그래프를 x축의 방향으로 k만큼 평행이동한 그래프이다. 이때, 상수 k의 값은? (3점)

① -2 ② -1 ③ 1

④ 2 ⑤ 4

E134 ✽✽✽

함수 $y=-2 \cos (3x+m)+5$를 x축의 방향으로 2만큼 y축의 방향으로 n만큼 평행이동하였더니 $y=-2 \cos (3x+2)-1$과 일치하였다. 상수 m, n에 대하여 $m+n$의 값을 구하시오. (3점)

E135 ✽✽✽ 2019실시(나) 6월 학평 29(고2)

함수 $y=k \sin \left(2x+\dfrac{\pi}{3}\right)+k^2-6$의 그래프가

제1사분면을 지나지 않도록 하는 모든 정수 k의 개수를 구하시오. (4점)

E136 ★★✽ 2020실시(나) 10월 학평 26(고3)

함수 $y=\tan \left(nx-\dfrac{\pi}{2}\right)$의 그래프가 직선 $y=-x$와 만나는 점의 x좌표가 구간 $(-\pi, \pi)$에 속하는 점의 개수를 a_n이라 할 때, a_2+a_3의 값을 구하시오. (4점)

유형 18 삼각함수의 미정계수 구하기

(1) 함수 $y=a \sin bx+c$ (또는 $y=a \cos bx+c$)에서 상수 a, c는 함수의 최댓값과 최솟값을 결정하고, 상수 b는 함수의 주기를 결정한다.

(2) 함수 $y=a \tan bx+c$에서 상수 b는 함수의 주기와 점근선을 결정한다.

그래프로 주어질 때, 삼각함수 $y=a \sin bx+c$, $y=a \cos bx+c$, $y=a \tan bx+c$의 a, b, c의 값은 최대, 최소, 주기를 살펴서 결정한다.

E137 대표 2019실시(나) 6월 학평 14(고2)

함수 $y=a \sin bx+c$의 그래프가 그림과 같을 때, 세 상수 a, b, c에 대하여 $2a+b+c$의 값은? (단, $a>0$, $b>0$) (4점)

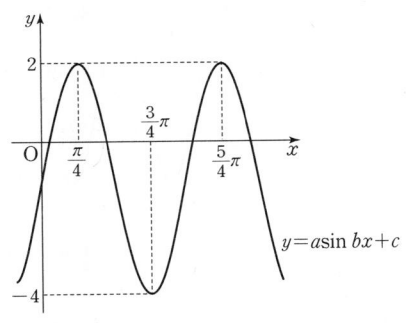

① 1 ② 3 ③ 5

④ 7 ⑤ 9

E138 ❀❀❀ 2020실시 6월 학평 10(고2)

세 상수 a, b, c에 대하여 함수 $y=a\sin bx+c$의 그래프가 그림과 같을 때, $a+b+c$의 값은? (단, $a>0$, $b>0$) (3점)

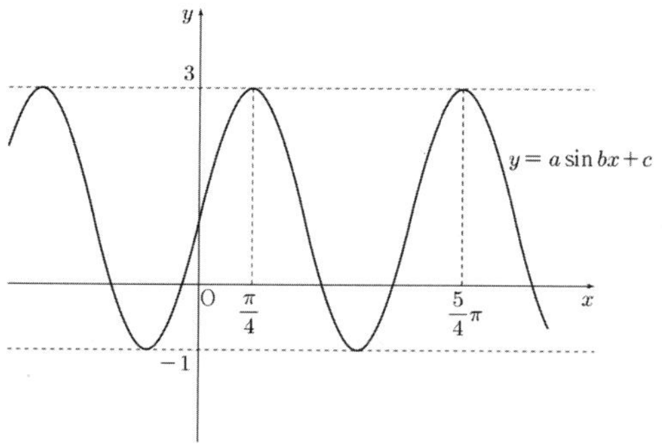

① 4 ② 5 ③ 6
④ 7 ⑤ 8

E139 ❀❀❀ 2019실시(가) 6월 학평 10(고2)

세 양수 a, b, c에 대하여 함수 $y=a\cos bx+c$의 그래프가 그림과 같을 때, $2a+b+c$의 값은? (3점)

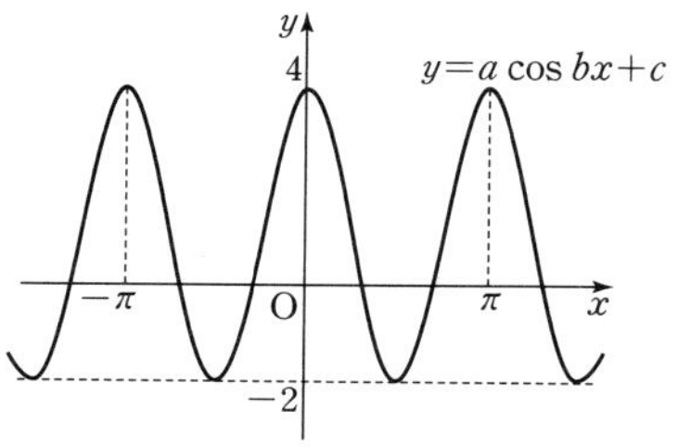

① 7 ② 8 ③ 9
④ 10 ⑤ 11

E140 ❀❀❀

그림은 함수 $f(x)=a\sin b\left(x+\frac{\pi}{8}\right)$의 그래프이다.

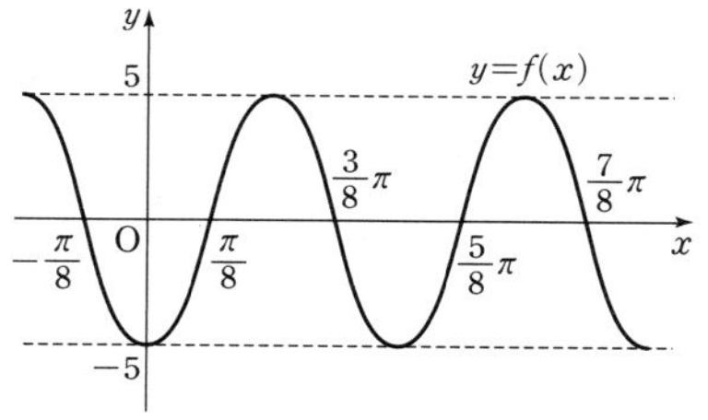

a^2+b^2의 값을 구하시오. (단, a, b는 상수이다.) (3점)

E141 ❀❀❀ 2022실시 6월 학평 10(고2)

세 상수 a, b, c에 대하여 함수 $y=a\cos bx+c$의 그래프가 그림과 같을 때, $a\times b\times c$의 값은? (단, $a>0$, $b>0$)

(3점)

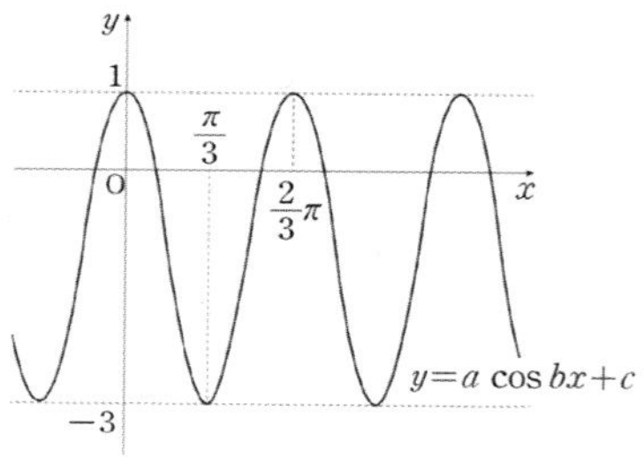

① −10 ② −8 ③ −6
④ −4 ⑤ −2

E142 ✿❀❀

함수 $f(x) = 3 \sin \dfrac{\pi(x+a)}{2} + b$의 그래프가 그림과

같다. 두 양수 a, b에 대하여 $a \times b$의 최솟값을 구하시오. (4점)

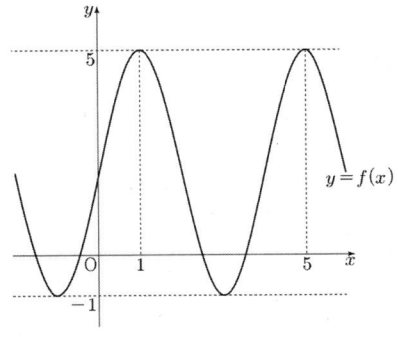

E143 ✿❀❀

그림은 함수 $f(x) = a \cos \dfrac{\pi}{2b} x + 1$의 그래프이다.

두 양수 a, b에 대하여 $a+b$의 값은? (3점)

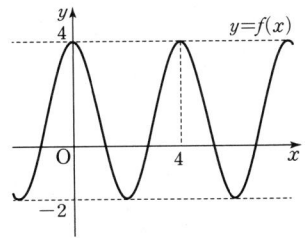

① $\dfrac{7}{2}$　　　② 4　　　③ $\dfrac{9}{2}$

④ 5　　　⑤ $\dfrac{11}{2}$

E144 ✿❀❀

그림은 함수 $y = \cos a(x+b) + 1$의 그래프이다. 상수 a, b에
대하여 ab의 값은? (단, $a > 0$, $0 < b < \pi$이고, O는 원점이다.)

(3점)

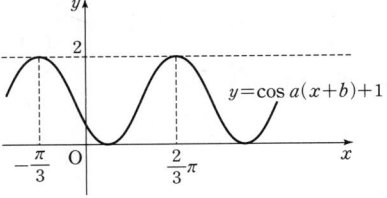

① $\dfrac{2}{3}\pi$　　　② π　　　③ $\dfrac{4}{3}\pi$

④ $\dfrac{5}{3}\pi$　　　⑤ 2π

E145 ✿❀❀

함수 $f(x) = a \cos bx + c$의 최댓값은 9이고, 주기는 $\dfrac{2}{3}\pi$이다.

함수 $f(x)$는 점 $\left(\dfrac{\pi}{9}, 8 \right)$을 지날 때, 상수 a, b, c에 대하여

$a - b + c$의 값을 구하시오. (단, $a > 0$, $b > 0$) (4점)

E146 ✶❀❀ 2022대비 9월 모평 10(고3)

두 양수 a, b에 대하여 곡선

$y = a \sin b\pi x \left(0 \le x \le \dfrac{3}{b} \right)$이 직선 $y = a$와 만나는 서로 다른

두 점을 A, B라 하자. 삼각형 OAB의 넓이가 5이고 직선

OA의 기울기와 직선 OB의 기울기의 곱이 $\dfrac{5}{4}$일 때, $a+b$의

값은? (단, O는 원점이다.) (4점)

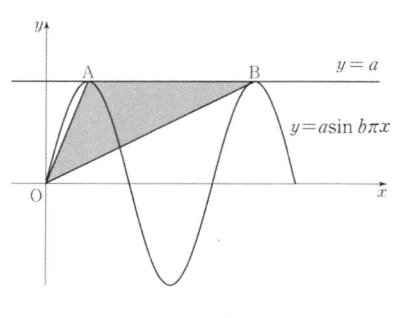

① 1   ② 2   ③ 3

④ 4   ⑤ 5

E147 ✶✶❀ 2019실시(가) 11월 학평 18(고2)

$x \ge 0$에서 정의된 함수 $f(x) = a \cos bx + c$의

최댓값이 3, 최솟값이 -1이다. 그림과 같이 함수 $y = f(x)$의

그래프와 직선 $y = 3$이 만나는 점 중에서 x좌표가 가장 작은

점과 두 번째로 작은 점을 각각 A, B라 하고, 함수 $y = f(x)$의

그래프와 x축이 만나는 점 중에서 x좌표가 가장 작은 점과 두

번째로 작은 점을 각각 C, D라 하자. 사각형 ACDB의 넓이가

6π일 때, $0 \le x \le 4\pi$에서 방정식 $f(x) = 2$의 모든 해의 합은?

(단, a, b, c는 양수이다.) (4점)

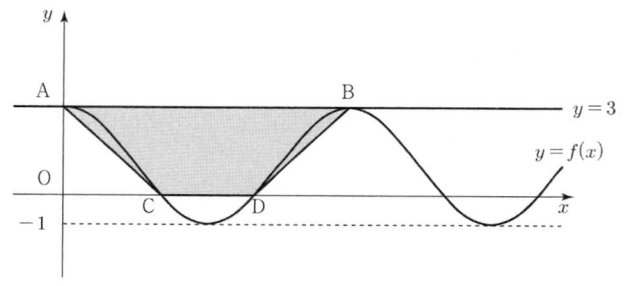

① 6π ② $\dfrac{13}{2}\pi$ ③ 7π

④ $\dfrac{15}{2}\pi$ ⑤ 8π

유형 19 절댓값 기호가 포함된 삼각함수의 그래프

(1) 함수 $y = f(|x|)$의 그래프
  $x \ge 0$일 때의 함수 $y = f(x)$의 그래프를 그리고, y축에
  대하여 대칭이동하여 $x < 0$일 때의 그래프를 그린다.

(2) 함수 $y = |f(x)|$의 그래프
  함수 $y = f(x)$의 그래프에서 x축의 아랫 부분의 그래프를
  x축에 대하여 대칭이동하여 그린다.

tip

① 함수 $f(x)$가 y축에 대하여 대칭이면 $y = f(x)$의 그래프와
  $y = f(|x|)$의 그래프는 같다.

② $y = |\sin bx|$, $y = |\cos bx|$, $y = |\tan bx|$의 주기는 $\dfrac{\pi}{|b|}$

③ $y = a|\sin(bx+c)| + d$ 또는 $y = a|\cos(bx+c)| + d$에서
  ① $a > 0$일 때, 최솟값: d, 최댓값: $a+d$, 주기 $\dfrac{\pi}{|b|}$
  ② $a < 0$일 때, 최솟값: $a+d$, 최댓값: d, 주기 $\dfrac{\pi}{|b|}$

E148 대표

함수 $y = 5|\cos 2\pi(x+1)| - 2$의 최댓값을 M,

주기를 k라 할 때, $k + M$의 값은? (4점)

① $\dfrac{3}{2}$ ② 2   ③ $\dfrac{5}{2}$

④ 3   ⑤ $\dfrac{7}{2}$

E149 ✶✶❀

$-\pi \le x \le \pi$에서 함수 $y = 2\sin|x|$의 그래프와 직선

$y = \dfrac{4}{3}$가 만나는 점의 x좌표를 작은 것부터 차례대로

α, β, γ, δ라 할 때, $\tan(\alpha+\beta+\gamma+\delta)$의 값을 구하시오. (4점)

E150 ✱✱❋

2022실시 9월 학평 18(고2)

집합 $\{x|-\pi\leq x\leq\pi\}$에서 정의된 함수

$$f(x)=\left|\sin 2x+\frac{2}{3}\right|$$

가 있다. 양수 k에 대하여 함수 $y=f(x)$의 그래프가 두 직선 $y=3k$, $y=k$와 만나는 서로 다른 점의 개수를 각각 m, n이라 할 때, $|m-n|=3$을 만족시킨다. $-\pi\leq x\leq\pi$일 때, x에 대한 방정식 $f(x)=k$의 모든 실근의 합은? (4점)

① $\dfrac{3}{2}\pi$　　　　② 2π　　　　③ $\dfrac{5}{2}\pi$

④ 3π　　　　⑤ $\dfrac{7}{2}\pi$

유형 20 삼각함수의 성질

(1) $\sin(-\theta)=-\sin\theta$, $\cos(-\theta)=\cos\theta$, $\tan(-\theta)=-\tan\theta$

(2) $\sin(\pi\pm\theta)=\mp\sin\theta$, $\cos(\pi\pm\theta)=-\cos\theta$
$\tan(\pi\pm\theta)=\pm\tan\theta$ (복호동순)

(3) $\sin\left(\dfrac{\pi}{2}\pm\theta\right)=\cos\theta$, $\cos\left(\dfrac{\pi}{2}\pm\theta\right)=\mp\sin\theta$
$\tan\left(\dfrac{\pi}{2}\pm\theta\right)=\mp\dfrac{1}{\tan\theta}$ (복호동순)

(tip)

삼각함수 $\left(\dfrac{n\pi}{2}\pm\theta\right)$를 $\pm$(삼각함수)θ로 바꾸는 방법을 공식화하여 순서대로 기억하자.

(i) n이 짝수이면 삼각함수는 그대로 두고, n이 홀수이면 $\sin \Longleftrightarrow \cos$, $\tan \Longleftrightarrow \dfrac{1}{\tan}$로 서로 바꾼다.

(ii) 부호는 처음의 삼각함수의 동경의 위치에 따라 결정한다.
(단, θ는 예각으로 간주한다.)

E152 대표

2019실시(나) 9월 학평 4(고2)

$\tan\dfrac{5}{4}\pi$의 값은? (3점)

① $-\sqrt{3}$　　　　② -1　　　　③ 0
④ 1　　　　⑤ $\sqrt{3}$

E151 ✱✱❋

함수 $y=|\sin x|$의 그래프와 직선 $y=\dfrac{1}{4\pi}x$의 교점의 개수를 m, 함수 $y=|\cos x|$의 그래프와 직선 $y=\dfrac{1}{4\pi}x$의 교점의 개수를 n이라 할 때, $m+n$의 값을 구하시오. (4점)

E153 ❋❋❋ Pass

2022실시 9월 학평 3(고2)

$12\cos\dfrac{4}{3}\pi$의 값은? (2점)

① -7　　　　② -6　　　　③ -5
④ -4　　　　⑤ -3

E154 ❋❋❋ Pass

2021실시 11월 학평 1(고2)

$\tan\dfrac{10}{3}\pi$의 값은? (2점)

① $\dfrac{1}{3}$　　　　② $\dfrac{\sqrt{3}}{3}$　　　　③ 1
④ $\sqrt{3}$　　　　⑤ 3

E155 ✿✿✿ 　　　　　　　　　　2019실시(나) 6월 학평 8(고2)

$\sin\dfrac{5}{6}\pi+\cos\left(-\dfrac{8}{3}\pi\right)$의 값은? (3점)

① $-\sqrt{3}$ 　　　　② -1 　　　　③ 0

④ 1 　　　　⑤ $\sqrt{3}$

E156 ✿✿✿ Pass 　　　　　　　　　2016실시(가) 10월 학평 2(고3)

$\sin\theta=\dfrac{1}{3}$일 때, $\cos\left(\theta+\dfrac{\pi}{2}\right)$의 값은? (2점)

① $-\dfrac{7}{9}$ 　　　　② $-\dfrac{2}{3}$ 　　　　③ $-\dfrac{5}{9}$

④ $-\dfrac{4}{9}$ 　　　　⑤ $-\dfrac{1}{3}$

E157 ✿✿✿ 　　　　　　　　　　2022실시 11월 학평 16(고2)

$3\sin^2\left(\theta+\dfrac{2}{3}\pi\right)=8\sin\left(\theta+\dfrac{\pi}{6}\right)$일 때,

$\cos\left(\theta-\dfrac{\pi}{3}\right)$의 값은? (4점)

① $\dfrac{1}{6}$ 　　　　② $\dfrac{1}{5}$ 　　　　③ $\dfrac{1}{4}$

④ $\dfrac{1}{3}$ 　　　　⑤ $\dfrac{1}{2}$

E158 ✿✿✿ 　　　　　　　　　　2021실시 11월 학평 10(고2)

좌표평면 위의 점 $P(4,\ -3)$에 대하여 동경 OP가

나타내는 각의 크기를 θ라 할 때, $\sin\left(\dfrac{\pi}{2}+\theta\right)-\sin\theta$의 값은?

(단, O는 원점이고, x축의 양의 방향을 시초선으로 한다.) (3점)

① -1 　　　　② $-\dfrac{2}{5}$ 　　　　③ $\dfrac{1}{5}$

④ $\dfrac{4}{5}$ 　　　　⑤ $\dfrac{7}{5}$

E159 ✿✿✿ 　　　　　　　　　　2008실시(가) 6월 학평 20(고2)

$\theta=15°$일 때,

$$\log_3\tan\theta+\log_3\tan 3\theta+\log_3\tan 5\theta$$

를 간단히 하면? (3점)

① -1 　　　　② $-\dfrac{1}{2}$ 　　　　③ 0

④ $\dfrac{1}{2}$ 　　　　⑤ 1

E160 ✿✿✿ 　　　　　　　　　　2008실시 3월 학평 11(고2)

직선 $y=-\dfrac{4}{3}x$ 위의 점 $P(a,\ b)\,(a<0)$에 대하여 선분 OP가

x축의 양의 방향과 이루는 각의 크기를 θ라 할 때,

$\sin(\pi-\theta)+\cos(\pi+\theta)$의 값은? (단, O는 원점이다.) (4점)

① $\dfrac{7}{5}$ 　　　　② $\dfrac{1}{5}$ 　　　　③ 0

④ $-\dfrac{1}{5}$ 　　　　⑤ $-\dfrac{7}{5}$

E161 ✿❀❀
2006실시 3월 학평 5(고2)

직선 $x-3y+3=0$이 x축의 양의 방향과 이루는 각의 크기를 θ라 할 때, $\cos(\pi+\theta)+\sin\left(\dfrac{\pi}{2}-\theta\right)+\tan(-\theta)$의 값은?

(3점)

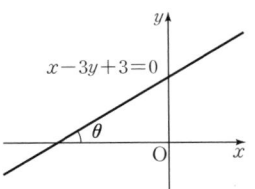

① -3 ② $-\dfrac{1}{3}$ ③ 0

④ $\dfrac{1}{3}$ ⑤ 3

E162 ✿❀❀
2023실시 11월 학평 9(고2)

$2\sin\left(\dfrac{\pi}{2}-\theta\right)=\sin\theta\times\tan(\pi+\theta)$일 때, $\sin^2\theta$의 값은? (3점)

① $\dfrac{1}{3}$ ② $\dfrac{4}{9}$ ③ $\dfrac{5}{9}$

④ $\dfrac{2}{3}$ ⑤ $\dfrac{7}{9}$

E163 ✿❀❀
2001대비(인) 수능 5(고3)

그림과 같이 직사각형 ABCD가 중심이 원점이고 반지름의 길이가 1인 원에 내접해 있다. x축과 선분 OA가 이루는 각을 θ라 할 때, $\cos(\pi-\theta)$와 같은 것은? $\left(\text{단, } 0<\theta<\dfrac{\pi}{4}\right)$ (3점)

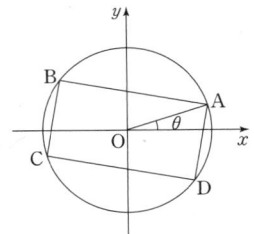

① A의 x좌표   ② B의 y좌표   ③ C의 x좌표
④ C의 y좌표   ⑤ D의 x좌표

유형 21 규칙이 있는 삼각함수의 값 구하기

(1) $\sin\left(\dfrac{\pi}{2}-\theta\right)=\cos\theta,\ \cos\left(\dfrac{\pi}{2}-\theta\right)=\sin\theta$

(2) $\tan\left(\dfrac{\pi}{2}-\theta\right)=\dfrac{1}{\tan\theta}$

(3) $\sin^2\theta+\cos^2\theta=1$

tip 각의 크기가 일정하게 증가하거나 감소하는 식을 위의 공식을 적절히 이용하여 식을 간단히 만들자.

E164 대표

$\cos^2 10°+\cos^2 20°+\cos^2 30°+\cdots+\cos^2 90°$의 값은? (3점)

① 3 ② 4 ③ 5
④ 6 ⑤ 7

E165 ✿❀❀

$\tan 10°\times\tan 20°\times\tan 30°\times\cdots\times\tan 80°$의 값은? (3점)

① 1 ② 2 ③ 3
④ 4 ⑤ 5

E166 ✿✿✿

크기가 $\dfrac{\pi}{2}$인 각을 12등분한 한 각의 크기를 θ라 하자. $\sin^2\theta+\sin^2 2\theta+\sin^2 3\theta+\cdots+\sin^2 12\theta$의 값을 구하시오. (3점)

유형 22 삼각함수의 정의와 성질의 활용

(1) **삼각함수**
좌표평면에서 중심이 원점이고, 반지름의 길이가 r인 원 위의 동점 $P(x, y)$에 대하여 동경 OP가 나타내는 일반각의 크기를 θ라 할 때, $\sin\theta = \dfrac{y}{r}$, $\cos\theta = \dfrac{x}{r}$, $\tan\theta = \dfrac{y}{x}$ $(x \neq 0)$로 삼각함수를 정의한다.

(2) **삼각함수의 성질**
$\sin(\pi \pm \theta) = \mp\sin\theta$, $\cos(\pi \pm \theta) = -\cos\theta$
$\tan(\pi \pm \theta) = \pm\tan\theta$ (복호동순)

ⓣⓘⓟ

① 보조선을 그어 삼각함수의 정의와 성질을 가장 잘 활용할 수 있는 직각삼각형을 찾아야 한다.

② 삼각함수의 값의 부호는 각이 제 몇 사분면의 각인지에 따라 달라지므로 조건을 만족시키는 각 θ가 제 몇 사분면의 각인지 따져주는 것이 중요하다.

E167 대표
2013실시(A) 3월 학평 27(고2)

한 개의 주사위를 던져서 나오는 눈의 수를 원소로 가지는 집합 A에 대하여 집합 X를

$$X = \left\{ x \,\middle|\, x = \sin\frac{a}{6}\pi, \, a \in A \right\}$$

라 하자. 집합 X의 원소의 개수를 구하시오. (4점)

E168 ✽✽✽
2002실시(인) 3월 학평 9(고3)

$\triangle$ABC에서 $A = 30°$, $\overline{AC} = 8$, $\overline{BC} = 4\sqrt{2}$일 때, 예각 C의 크기는? (3점)

① 15°　　　② 30°　　　③ 45°
④ 60°　　　⑤ 75°

E169 ✽✽✽
2017실시(가) 3월 학평 25(고3)

그림과 같이 길이가 12인 선분 AB를 지름으로 하는 반원이 있다. 반원 위에서 호 BC의 길이가 4π인 점 C를 잡고 점 C에서 선분 AB에 내린 수선의 발을 H라 하자. $\overline{\text{CH}}^2$의 값을 구하시오. (3점)

E170 ✽✽✽
2007실시 6월 학평 21(고1)

선원들은 항해하는 배와 등대 사이의 거리를 측정하는 방법 중 각을 두 배로 하여 측정하는 방법을 쓰고 있다. 그림과 같이 시속 10 km의 속도로 지점 A에서 지점 P를 향해 일직선으로 항해하는 배가 지점 B까지 2시간 동안 항해하여 $2\angle\text{LAP} = \angle\text{LBP}$가 되었다. $\angle\text{LAP} = 30°$일 때, 지점 A에서 등대 L까지의 거리는? (4점)

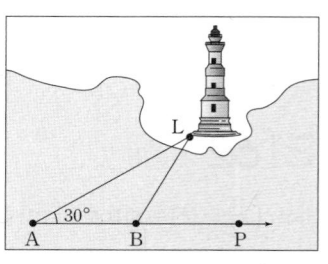

① $15\sqrt{2}$ km　　② $15\sqrt{3}$ km　　③ $20\sqrt{2}$ km
④ $20\sqrt{3}$ km　　⑤ $25\sqrt{2}$ km

E171 ✽✽✽
2007실시 3월 학평 7(고1)

그림과 같이 평평한 지면 위에 설치된 가로등이 있다. 지면에 수직으로 세워진 기둥의 길이는 4 m이고, 그 위로 길이가 2 m인 기둥이 수직인 기둥과 150°의 각을 이루며 연결되어 있다. 이 가로등의 지면으로부터의 높이가 h m일 때, h의 값은? (3점)

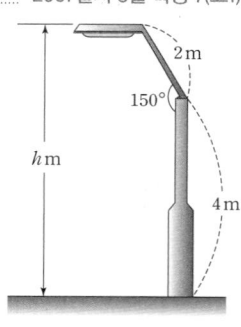

① 5　　　② $\dfrac{11}{2}$　　　③ $4 + \sqrt{2}$
④ $4 + 2\sqrt{2}$　　⑤ $4 + \sqrt{3}$

E172 ★★❀ 2011실시(가) 3월 학평 21(고2)

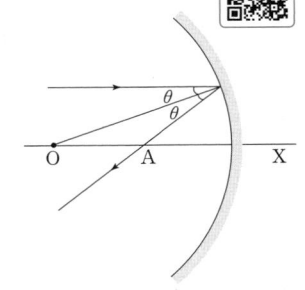

좌표평면에서 원 $x^2+y^2=1$ 위의 두 점 P, Q가
점 A$(1, 0)$에서 동시에 출발하여 시곗바늘이 도는 방향과
반대 방향으로 매초 $\frac{2}{3}\pi$, $\frac{4}{3}\pi$의 속력으로 각각 움직인다.
출발 후 100초가 될 때까지 두 점 P, Q의 y좌표가 같아지는
횟수는? (4점)

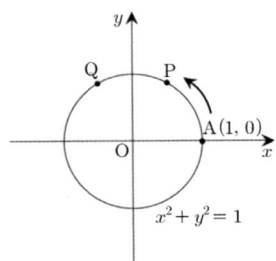

① 132   ② 133   ③ 134
④ 135   ⑤ 136

E173 ★★★❀ 2010실시 3월 학평 21(고2)

그림과 같이 원점 O를 중심으로 하고
반지름의 길이가 1인 원 위의 점 A가
제2사분면에 있을 때 동경 OA가 나타
내는 각의 크기를 θ라 하자.

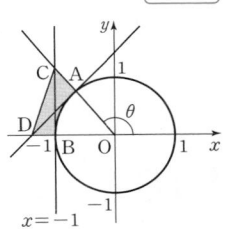

점 B$(-1, 0)$을 지나는 직선 $x=-1$
과 동경 OA가 만나는 점을 C,
점 A에서의 접선이 x축과 만나는 점을 D라 하자.
다음 중 삼각형 OCD의 넓이에서 부채꼴 OAB의 넓이를 **뺀**
어두운 부분의 넓이와 항상 같은 것은? $\left(\text{단, } \frac{\pi}{2}<\theta<\pi\right)$ (4점)

① $\frac{1}{2}\left(-\frac{\cos\theta}{\sin^2\theta}-\pi+\theta\right)$ ② $\frac{1}{2}\left(-\frac{\sin\theta}{\cos^2\theta}-\pi+\theta\right)$
③ $\frac{1}{2}\left(\frac{\cos^2\theta}{\sin\theta}-\theta\right)$ ④ $\frac{1}{2}\left(\frac{\sin\theta}{\cos^2\theta}-\pi+\theta\right)$
⑤ $\frac{1}{2}\left(\frac{\sin^2\theta}{\cos\theta}-\theta\right)$

E174 ★★❀ 2003대비(인) 수능 9(고3)

중심이 O이고 반지름의 길이가
R인 구면거울이 있다. 그림과 같이
OX축에 평행하게 입사된 빛이
거울에 반사된 후 X축과 만나는
점을 A라고 할 때, 선분 OA의
길이는? (단, 입사각과 반사각의
크기는 θ로 같고,
$0°<\theta<20°$이다.) (2점)

① $\frac{R}{2\cos\theta}$ ② $\frac{R}{2\sin\theta}$ ③ $R(1-\cos\theta)$
④ $\frac{R}{2\cos 2\theta}$ ⑤ $\frac{R}{2\sin 2\theta}$

3 삼각방정식과 삼각부등식

유형 23 삼각방정식 – 일차식 꼴

일차식 꼴인 삼각방정식의 풀이
(1) $\sin x=a$ (또는 $\cos x=a$ 또는 $\tan x=a$)의 형태로 고친다.
(2) 함수 $y=\sin x$ (또는 $y=\cos x$ 또는 $y=\tan x$)의
그래프와 직선 $y=a$의 교점의 x좌표를 구한다.

(tip)

1 $\sin x=t$ 또는 $\cos x=t$로 치환할 때, t의 범위가 $-1\le t\le 1$이 됨에
유의하자.
2 $\sin(ax+b)=k$ 꼴의 방정식은 $ax+b=l$로 치환하여 해를 구한다.
이때, l의 값의 범위에 주의한다.
3 두 종류 이상의 삼각함수를 포함한 방정식은 삼각함수 사이의 관계를
이용하여 한 종류의 삼각함수로 통일하여 해를 구한다.

E175 대표 2022실시 11월 학평 5(고2)

$0\le x\le 3\pi$일 때, 방정식 $\sqrt{2}\cos x-1=0$의 모든
해의 합은? (3점)

① $\frac{15}{4}\pi$ ② 4π ③ $\frac{17}{4}\pi$
④ $\frac{9}{2}\pi$ ⑤ $\frac{19}{4}\pi$

❖ 정답 및 해설 270~274p

E176 ❀❀❀   2023실시 6월 학평 4(고2)

함수 $-\dfrac{\pi}{2}<x<\dfrac{\pi}{2}$일 때, 방정식 $2\sin x-1=0$의 해는? (3점)

① $-\dfrac{\pi}{3}$ ② $-\dfrac{\pi}{6}$ ③ 0

④ $\dfrac{\pi}{6}$ ⑤ $\dfrac{\pi}{3}$

E177 ❀❀❀   2022실시 6월 학평 4(고2)

$\dfrac{\pi}{2}<x<\dfrac{3}{2}\pi$일 때, 방정식 $\tan x=1$의 해는? (3점)

① $\dfrac{2}{3}\pi$ ② $\dfrac{3}{4}\pi$ ③ $\dfrac{5}{6}\pi$

④ $\dfrac{5}{4}\pi$ ⑤ $\dfrac{4}{3}\pi$

E178 ❀❀❀   2017실시(가) 4월 학평 9(고3)

$0\le x<2\pi$일 때, 방정식 $|\sin 2x|=\dfrac{1}{2}$의 모든 실근의 개수는? (3점)

① 2   ② 4   ③ 6

④ 8   ⑤ 10

E179 ❀❀❀   2001대비(인) 수능 19(고3)

$0<\theta<\dfrac{\pi}{2}$일 때, $\log(\sin\theta)-\log(\cos\theta)=\dfrac{1}{2}\log 3$을 만족시키는 θ의 값은? (단, log는 상용로그이다.) (3점)

① $\dfrac{\pi}{6}$ ② $\dfrac{\pi}{4}$ ③ $\dfrac{2}{7}\pi$

④ $\dfrac{\pi}{3}$ ⑤ $\dfrac{2}{5}\pi$

E180 ❀❀❀   2024실시 6월 학평 4(고2)

$0\le x\le\pi$일 때, 방정식 $2\cos x+1=0$의 해는? (3점)

① $\dfrac{\pi}{6}$ ② $\dfrac{\pi}{4}$ ③ $\dfrac{\pi}{3}$

④ $\dfrac{2}{3}\pi$ ⑤ $\dfrac{5}{6}\pi$

E181 ✿❀❀   2004실시(가) 4월 학평 27(고3)

삼각방정식 $\sin(\pi\cos x)=0$의 해의 개수는? (단, $0\le x<2\pi$) (4점)

① 0   ② 1   ③ 2

④ 3   ⑤ 4

E182 ✿✿❀   2020실시 9월 학평 14(고2)

$0\le x<\pi$일 때, x에 대한 방정식

$$\sin nx=\dfrac{1}{5}\ (n\text{은 자연수})$$

의 모든 해의 합을 $f(n)$이라 하자. $f(2)+f(5)$의 값은? (4점)

① $\dfrac{3}{2}\pi$ ② 2π ③ $\dfrac{5}{2}\pi$

④ 3π ⑤ $\dfrac{7}{2}\pi$

E183 ★★✿ .... 2020실시 6월 학평 17(고2)

상수 k $(0<k<1)$에 대하여 $0\le x<2\pi$일 때, 방정식

$\sin x=k$의 두 근을 α, β $(\alpha<\beta)$라 하자. $\sin\dfrac{\beta-\alpha}{2}=\dfrac{5}{7}$일

때, k의 값은? (4점)

① $\dfrac{2\sqrt{6}}{7}$ ② $\dfrac{\sqrt{26}}{7}$ ③ $\dfrac{2\sqrt{7}}{7}$

④ $\dfrac{\sqrt{30}}{7}$ ⑤ $\dfrac{4\sqrt{2}}{7}$

E184 ★★★✿ .... 2023실시 6월 학평 15(고2)

$-\dfrac{3}{2}\pi\le x\le\dfrac{3}{2}\pi$에서 정의된 함수

$$f(x)=a\cos\dfrac{2}{3}x+a\,(a>0)$$

이 있다. 함수 $y=f(x)$의 그래프가 y축과 만나는 점을 A, 직선

$y=\dfrac{a}{2}$와 만나는 두 점을 각각 B, C라 하자. 삼각형 ABC가

정삼각형일 때, a의 값은? (4점)

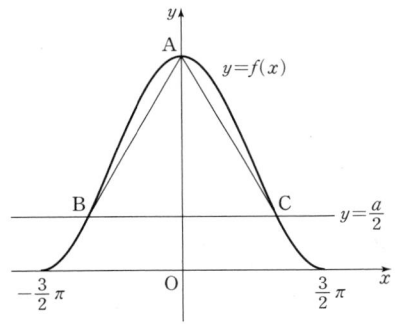

① $\dfrac{\sqrt{3}}{3}\pi$ ② $\dfrac{5\sqrt{3}}{12}\pi$ ③ $\dfrac{\sqrt{3}}{2}\pi$

④ $\dfrac{7\sqrt{3}}{12}\pi$ ⑤ $\dfrac{2\sqrt{3}}{3}\pi$

E185 ★★★✿ .... 2022실시 9월 학평 16(고2)

집합 $\{x\,|\,-4\le x\le 4\}$에서 정의된 함수

$$f(x)=2\sin\dfrac{\pi x}{4}$$

가 있다. 그림과 같이 함수 $y=f(x)$의 그래프가 직선 $y=\sqrt{2}$와

만나는 서로 다른 두 점을 A, B라 하고, 두 점 B, O를 지나는

직선이 함수 $y=f(x)$의 그래프와 만나는 점 중 B와 O가 아닌

점을 C라 하자. $\angle BAC=\theta$라 할 때, $\sin\theta$의 값은?

(단, 점 B의 x좌표는 점 A의 x좌표보다 크고, O는 원점이다.)

(4점)

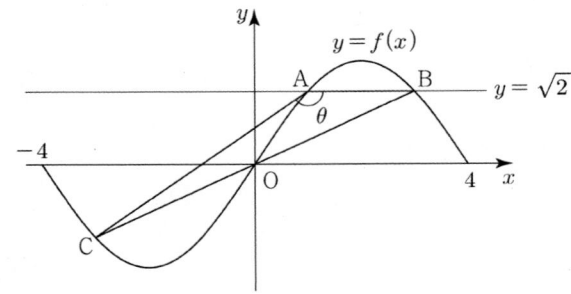

① $\dfrac{\sqrt{3}}{3}$ ② $\dfrac{7\sqrt{3}}{18}$ ③ $\dfrac{4\sqrt{3}}{9}$

④ $\dfrac{\sqrt{3}}{2}$ ⑤ $\dfrac{5\sqrt{3}}{9}$

유형 24 삼각방정식 – 이차식 꼴

이차식 꼴인 삼각방정식의 풀이

(1) $\sin^2 x+\cos^2 x=1$을 이용하여 삼각함수를 한 종류로 통일한다.

(2) 삼각함수를 t로 치환하여 t에 대한 이차방정식으로 변형한다.

(3) 이차방정식의 해를 구한 후, t를 원래의 삼각함수로 바꾼다.

(4) 일차식 꼴의 삼각방정식의 풀이를 이용하여 x의 값을 구한다.

(tip)

① 삼각방정식의 해를 구할 때, x의 값의 범위를 주의해야 한다.

② x의 값의 범위가 제시되지 않으면 해는 일반각의 형태로 나타낸다.

E186 대표 .... 2023실시 9월 학평 8(고2)

$0\le x\le 2\pi$일 때, 방정식 $2\sin^2 x+3\sin x-2=0$의

모든 해의 합은? (3점)

① $\dfrac{\pi}{2}$ ② $\dfrac{3}{4}\pi$ ③ π

④ $\dfrac{5}{4}\pi$ ⑤ $\dfrac{3}{2}\pi$

E187 ✿✿✿
2018실시(가) 11월 학평 16(고2)

$0 \leq x \leq \pi$일 때, 방정식
$$2\cos^2 x + (2+\sqrt{3})\sin x - (2+\sqrt{3}) = 0$$
의 모든 해의 합은? (4점)

① $\dfrac{3}{4}\pi$ ② π ③ $\dfrac{5}{4}\pi$

④ $\dfrac{3}{2}\pi$ ⑤ $\dfrac{7}{4}\pi$

E188 ✿✿✿
2019대비(가) 수능 11(고3)

$0 \leq \theta < 2\pi$일 때, x에 대한 이차방정식
$$6x^2 + (4\cos\theta)x + \sin\theta = 0$$
이 실근을 갖지 않도록 하는 모든 θ의 값의 범위는
$\alpha < \theta < \beta$이다. $3\alpha + \beta$의 값은? (3점)

① $\dfrac{5}{6}\pi$ ② π ③ $\dfrac{7}{6}\pi$

④ $\dfrac{4}{3}\pi$ ⑤ $\dfrac{3}{2}\pi$

E189 ✿✿✿
2024실시 9월 학평 8(고2)

$0 < x \leq 2\pi$일 때, 방정식 $\cos^2 x - 1 = 2\sin x$의
모든 해의 합은? (3점)

① $\dfrac{3}{2}\pi$ ② 2π ③ $\dfrac{5}{2}\pi$

④ 3π ⑤ $\dfrac{7}{2}\pi$

E190 ✿✿✿
2021실시 4월 학평 11(고3)

$0 < x < 2\pi$일 때, 방정식 $2\cos^2 x - \sin(\pi+x) - 2 = 0$의
모든 해의 합은? (4점)

① π ② $\dfrac{3}{2}\pi$ ③ 2π

④ $\dfrac{5}{2}\pi$ ⑤ 3π

유형 25 삼각부등식 – 일차식 꼴

일차식 꼴인 삼각부등식의 풀이

(1) $\sin x < a$ (또는 $\cos x < a$ 또는 $\tan x < a$)의 형태로 고친다.

(2) 함수 $y = \sin x$ (또는 $y = \cos x$ 또는 $y = \tan x$)의 그래프와
직선 $y = a$의 교점의 x좌표를 구한다.

(3) 함수 $y = \sin x$ (또는 $y = \cos x$ 또는 $y = \tan x$)의 그래프가
직선 $y = a$보다 아래쪽에 있는 x의 값의 범위를 구한다.

> **tip**
> $\sin x > a$ (또는 $\cos x > a$ 또는 $\tan x > a$)의 형태일 때,
> 함수 $y = \sin x$ (또는 $y = \cos x$ 또는 $y = \tan x$)의 그래프가
> 직선 $y = a$보다 위쪽에 있는 x의 값의 범위를 구한다.

E191 대표

삼각부등식 $\sin x > \dfrac{1}{2}$ (단, $0 \leq x < 2\pi$)의
해가 $a < x < b$일 때, $a+b$의 값은? (2점)

① $\dfrac{\pi}{6}$ ② $\dfrac{\pi}{3}$ ③ $\dfrac{\pi}{2}$

④ π ⑤ $\dfrac{5}{6}\pi$

E192 ✿✿✿
2018실시(가) 4월 학평 9(고3)

$0 \leq x < 2\pi$에서 부등식 $2\sin x + 1 < 0$의 해가 $\alpha < x < \beta$일 때,
$\cos(\beta - \alpha)$의 값은? (3점)

① $-\dfrac{\sqrt{3}}{2}$ ② $-\dfrac{1}{2}$ ③ 0

④ $\dfrac{1}{2}$ ⑤ $\dfrac{\sqrt{3}}{2}$

E193 ✿✿✿
2021실시 6월 학평 13(고2)

$0 \leq x < 2\pi$일 때, 부등식 $3\sin x - 2 > 0$의 해가
$\alpha < x < \beta$이다. $\cos(\alpha + \beta)$의 값은? (3점)

① -1 ② $-\dfrac{1}{2}$ ③ 0

④ $\dfrac{1}{2}$ ⑤ 1

E194 ✽✽❀
2024실시 9월 학평 25(고2)

$0 < x \leq 10$일 때, 부등식

$$\cos \frac{\pi}{5} x < \sin \frac{\pi}{5} x$$

를 만족시키는 모든 자연수 x의 값의 합을 구하시오. (3점)

E195 ✽✽❀
2024실시 6월 학평 18(고2)

실수 $k(0 \leq k \leq 2\pi)$에 대하여 $-\pi \leq x \leq k$에서 부등식

$$\sin x + \cos \frac{\pi}{8} < 0$$

을 만족시키는 모든 x의 값의 범위가 $-\pi - \alpha < x < \alpha$가 되도록 하는 k의 최댓값은? (4점)

① $\dfrac{5}{8}\pi$ ② $\dfrac{7}{8}\pi$ ③ $\dfrac{9}{8}\pi$

④ $\dfrac{11}{8}\pi$ ⑤ $\dfrac{13}{8}\pi$

유형 26 삼각부등식 – 이차식 꼴

이차식 꼴인 삼각부등식의 풀이

(1) $\sin^2 x + \cos^2 x = 1$을 이용하여 삼각함수를 한 종류로 통일한다.

(2) 삼각함수를 t로 치환하여 t에 대한 이차부등식으로 변형한다.

(3) 이차부등식의 해를 구한 후, t를 원래의 삼각함수로 바꾼다.

(4) 일차식 꼴의 삼각방정식의 풀이를 이용하여 x의 값의 범위를 구한다.

(tip)

1 $\sin(ax+b) > k$ 꼴의 부등식은 $ax+b = l$로 치환하여 해를 구한다.
이때, l의 값의 범위에 주의한다.

2 이차식 꼴인 삼각부등식은 대부분 인수분해를 통해 해를 구할 수 있다.
이때, 삼각함수를 치환한 t의 값의 범위가 $-1 \leq t \leq 1$이다.

E196 대표

$0 \leq x < 2\pi$에서 $2\sin^2 x - 3\cos x \geq 0$의 해는?

(3점)

① $0 < x < \dfrac{5}{3}\pi$ ② $\dfrac{\pi}{3} < x < \dfrac{5}{3}\pi$ ③ $\dfrac{\pi}{3} \leq x \leq \dfrac{5}{3}\pi$

④ $\dfrac{5}{3}\pi < x < \dfrac{7}{3}\pi$ ⑤ $\dfrac{5}{3}\pi \leq x \leq \dfrac{7}{3}\pi$

E197 ✽❀❀
2021실시 11월 학평 26(고2)

$0 \leq x < 2\pi$에서 x에 대한 부등식

$$(2a+6)\cos x - a\sin^2 x + a + 12 < 0$$

의 해가 존재하도록 하는 자연수 a의 최솟값을 구하시오. (4점)

E198 ✽✽✽
2020실시 9월 학평 12(고2)

$0 \leq x < 2\pi$일 때, x에 대한 부등식

$$\sin^2 x - 4\sin x - 5k + 5 \geq 0$$

이 항상 성립하도록 하는 실수 k의 최댓값은? (3점)

① $\dfrac{2}{5}$ ② $\dfrac{1}{2}$ ③ $\dfrac{3}{5}$

④ $\dfrac{7}{10}$ ⑤ $\dfrac{4}{5}$

E199 ✱✱✿

$0 \le \theta < 2\pi$에서 x에 대한 방정식
$x^2 - (2\sin\theta + 1)x + 1 = 0$이 실근을 갖는 θ의 값의 범위가
$\alpha \le \theta \le \beta$일 때, $\beta - \alpha$의 값을 구하시오. (4점)

E200 ✱✱✱

모든 실수 x에 대하여 부등식 $\cos^2 x - 6\sin x + k \ge 0$
이 성립하도록 하는 실수 k의 최솟값은? (4점)

① 5 ② 6 ③ 7
④ 8 ⑤ 9

유형 27 삼각방정식과 삼각부등식의 활용

(1) 방정식 $f(x) = g(x)$의 실근은 두 함수 $y = f(x)$, $y = g(x)$
의 그래프의 교점의 x좌표이다. 따라서 방정식 $f(x) = g(x)$
의 서로 다른 실근의 개수는 교점의 개수와 같다.

(2) 계수가 삼각함수인 이차방정식 또는 이차부등식의 근에 대한
조건이 주어진 경우 이차방정식의 판별식을 이용한다.

(tip)

삼각방정식(삼각부등식)의 활용 문제는 삼각함수의 그래프와 연관되어
출제되는 경우가 많다. 따라서 삼각함수의 주기와 최대, 최소를 정확히
파악하여 그래프를 그리는 연습을 충분히 해야 한다.

E201 대표
2013실시(A) 3월 학평 7(고2)

어떤 건물의 난방기에는 자동 온도 조절 장치가
있어서 실내 온도가 2시간 주기로 변한다. 이 난방기의 온도를
$B(°C)$로 설정하였을 때, 가동한 지 t분 후의 실내 온도는
$T(°C)$가 되어 다음 식이 성립한다고 한다.

$$T = B - \frac{k}{6}\cos\frac{\pi}{60}t \text{ (단, } B, k\text{는 양의 상수이다.)}$$

이 난방기를 가동한 지 20분 후의 실내 온도가 18 °C이었고,
40분 후의 실내 온도가 20 °C이었다. k의 값은? (3점)

① 11 ② 12 ③ 13
④ 14 ⑤ 15

E202 ✿✿✿
2022대비 5월 예시 8(고2)

함수 $y = 6\sin\frac{\pi}{12}x$ $(0 \le x \le 12)$의 그래프와 직선 $y = 3$이
만나는 두 점을 각각 A, B라 할 때, 선분 AB의 길이는? (3점)

① 6 ② 7 ③ 8
④ 9 ⑤ 10

E203 ✿✿✿
2003실시 12월 학평 30(고1)

그림과 같이 $y = 2\cos\frac{x}{3}$
$(0 \le x \le 6\pi)$의 그래프와
직선 $y = 1$의 두 교점을 각
각 P, Q라 할 때, 선분 PQ
의 길이를 소수점 아래
둘째 자리까지 구하시오.

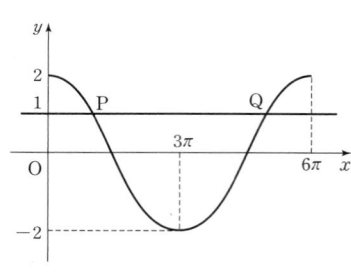

(단, π는 3.14로 계산한다.) (4점)

E204 ✽✽❀ 2021대비(가) 6월 모평 14(고3)

$0 \le \theta < 2\pi$일 때, x에 대한 이차방정식

$$x^2 - (2\sin\theta)x - 3\cos^2\theta - 5\sin\theta + 5 = 0$$

이 실근을 갖도록 하는 θ의 최솟값과 최댓값을 각각 α, β라 하자. $4\beta - 2\alpha$의 값은? (4점)

① 3π ② 4π ③ 5π

④ 6π ⑤ 7π

E205 ✽✽❀ 2014실시(A) 3월 학평 25(고2)

그림과 같이 어떤 용수철에 질량이 m g인 추를 매달아 아래쪽으로 L cm만큼 잡아당겼다가 놓으면 추는 지면과 수직인 방향으로 진동한다. 추를 놓은 지 t초가 지난 후의 추의 높이를 h cm라 하면 다음 관계식이 성립한다.

$$h = 20 - L\cos\frac{2\pi t}{\sqrt{m}}$$

이 용수철에 질량이 144 g인 추를 매달아 아래쪽으로 10 cm만큼 잡아당겼다가 놓은 지 2초가 지난 후의 추의 높이와, 질량이 a g인 추를 매달아 아래쪽으로 $5\sqrt{2}$ cm만큼 잡아당겼다가 놓은 지 2초가 지난 후의 추의 높이가 같을 때, a의 값을 구하시오.
(단, $L < 20$이고 $a \ge 100$이다.) (3점)

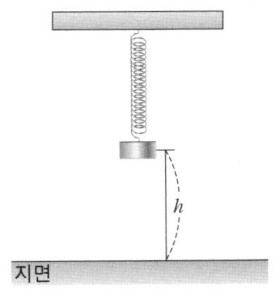

E206 ✽✽✽ 2013실시(A) 3월 학평 21(고2)

함수 $f(x)$가 다음 세 조건을 만족시킨다.

> (가) 모든 실수 x에 대하여 $f(x+\pi) = f(x)$이다.
>
> (나) $0 \le x \le \dfrac{\pi}{2}$일 때, $f(x) = \sin 4x$
>
> (다) $\dfrac{\pi}{2} < x \le \pi$일 때, $f(x) = -\sin 4x$

이때, 함수 $f(x)$의 그래프와 직선 $y = \dfrac{x}{\pi}$가 만나는 점의 개수는? (4점)

① 4   ② 5   ③ 6

④ 7   ⑤ 8

E207 ✽✽✽ 2007실시 3월 학평 11(고2)

$0 \le x \le 2\pi$에서 두 함수 $y = \sin x$와 $y = -\sin x + a$의 그래프가 만나는 점의 개수를 $N(a)$라 할 때, 옳은 것을 [보기]에서 모두 고른 것은? (단, a는 실수이다.) (4점)

─── [보기] ───

ㄱ. $N(0) = 3$

ㄴ. $|a| > 2$이면 $N(a) = 0$

ㄷ. $N(a) = 2$이면 $N(-a) = 2$

① ㄱ   ② ㄴ   ③ ㄱ, ㄷ

④ ㄴ, ㄷ   ⑤ ㄱ, ㄴ, ㄷ

 문제에서 단서를 찾고
풀이 방법을 생각해 냅니다!

E208 ✽❀❀ 유형 03

두 각 3θ와 5θ의 동경이 y축에 대하여 대칭일 때,
모든 θ의 크기의 합을 구하고 그 과정을 서술하시오.
(단, $0<\theta<\pi$) (10점)

1st 두 각의 동경이 y축에 대하여 대칭인 경우의
두 각의 합을 구한다.

2nd 주어진 각의 범위를 이용하여 각 θ의 크기를 구한다.

3rd 모든 θ의 크기의 합을 계산한다.

E209 ✽❀❀ 유형 05

그림과 같이 점 O를 중심으로 하는 두 원과 점 O를
지나는 두 직선으로 둘러싸인 도형이 있다. 작은 원의 반지름의
길이가 6이고, 도형의 둘레의 길이가 44일 때, 이 도형의
넓이가 최대가 되도록 하는 큰 원의 반지름의 길이를 구하고
그 과정을 서술하시오. (10점)

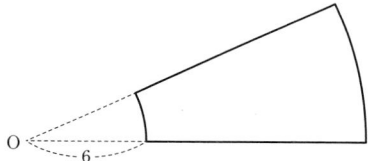

1st 주어진 도형의 넓이를 식으로 나타낸다.

2nd 도형의 둘레의 길이를 이용하여 도형의 넓이의 식을 구한다.

3rd 도형의 넓이의 식에서 넓이가 최대가 될 때 큰 원의
반지름의 길이를 구한다.

E210 ✽❀❀ 유형 08

θ가 제2사분면의 각이고
$$\frac{1-\cos\theta}{\sin\theta}+\frac{\sin\theta}{1-\cos\theta}=2\sqrt{5}$$
일 때, $4\tan\theta$의 값을 구하고 그 과정을 서술하시오. (10점)

1st 주어진 식을 간단히 정리한다.

2nd $\sin\theta$, $\cos\theta$의 값을 구한다.

3rd $\tan\theta$의 값을 구한다.

E211 ✽❀❀ 유형 18

세 상수 a, b, c에 대하여 함수 $y=a\sin(bx-c)$의
그래프가 그림과 같을 때, abc의 값을 구하고 그 과정을
서술하시오. (단, $a>0$, $b>0$, $0<c<2\pi$) (10점)

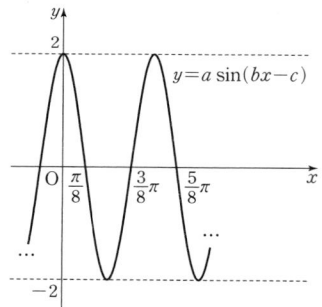

1st 함수 $y=a\sin(bx-c)$의 최댓값과 최솟값을 각각 구한다.

2nd 함수 $y=a\sin(bx-c)$의 주기를 구한다.

3rd 함수 $y=a\sin bx$의 그래프를 x축의 방향으로 평행이동하여
함수를 구한다.

E212 ✸✸✸✸   유형 15

$0 \le x < 2\pi$에서 함수

$$y = \cos^2\left(x + \frac{3}{2}\pi\right) + 5\cos^2(x - \pi) - 4\sin(x - 2\pi)$$

의 최댓값을 M, 최솟값을 m이라 할 때, $M - m$의 값을 구하고 그 과정을 서술하시오. (10점)

E213 ✸✸✸✸   유형 14

a, b, c가 자연수일 때, 다음 조건을 만족시키는 함수 $f(x) = a\cos\left(\pi - \dfrac{x}{b}\right) + c$에 대하여 함수 $f(x)$의 최댓값을 구하고 그 과정을 서술하시오. (10점)

(가) 함수 $f(x)$의 주기는 4π이다.

(나) 함수 $f(x)$의 최솟값은 -4이다.

(다) 함수 $f(x)$의 그래프가 점 $\left(\dfrac{2}{3}\pi,\ 1\right)$을 지난다.

E214 ✸✸✸✸   유형 10

이차방정식 $x^2 - \left(1 + \dfrac{2}{k}\right)x + \left(1 + \dfrac{1}{k}\right) = 0$의 두 근이 $\sin\theta$, $\cos\theta$일 때, $k + 3\sin\theta$의 값을 구하고 그 과정을 서술하시오. (단, k는 0이 아닌 상수이고, $\pi < \theta < 2\pi$이다.) (10점)

E215 ✸✸✸✸   유형 22

원 $x^2 + y^2 = 1$에 내접하는 정36각형의 각 꼭짓점의 좌표를 (x_1, y_1), (x_2, y_2), $\cdots$, (x_{36}, y_{36})이라 할 때, $y_1^2 + y_2^2 + y_3^2 + \cdots + y_{36}^2$의 값을 구하고 그 과정을 서술하시오. (10점)

E216 ✸✸✸✸   유형 23

$0 \le x < \dfrac{3}{2}\pi$일 때, 방정식 $|\sin 2x| = \dfrac{\sqrt{2}}{4}$의 모든 실근의 합을 구하고 그 과정을 서술하시오. (10점)

E217 ✸✸✸✸   유형 27

이차함수 $y = x^2 - x\cos\theta - 5\cos\theta + \sin^2\theta$의 그래프와 직선 $y = x\cos\theta + 3$이 서로 만나지 않도록 하는 θ의 값의 범위를 구하고 그 과정을 서술하시오.

(단, $0 \le \theta < 2\pi$) (10점)

1등급 마스터 문제

[4점 + 2등급 대비 + 1등급 대비]

E218 ✱✱✱ ─────── 2008실시(가) 6월 학평 18(고2)

그림과 같이 △ABC와 △CDE는 한 변의 길이가 a인 정삼각형이고, $\angle ACE = \frac{2}{3}\pi$이다. 반지름의 길이가 $\sqrt{3}$인 원 P가 △ABC와 △CDE의 둘레를 외접하면서 시계 방향으로 한 바퀴 돌아 처음 출발한 자리로 왔을 때, 원 P의 중심이 움직인 거리가 $23 + \frac{8\sqrt{3}}{3}\pi$이다. a의 값은? (4점)

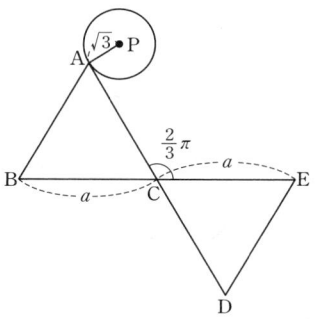

① 4
② $\frac{9}{2}$
③ 5

④ $\frac{11}{2}$
⑤ 6

E219 ✱✱✱ ─────── 2007실시(가) 6월 학평 11(고2)

반지름의 길이가 2인 원 O에 내접하는 정육각형이 있다. 그림과 같이 정육각형의 각 변을 지름으로 하는 원 6개를 그릴 때, 어두운 부분의 넓이는? (4점)

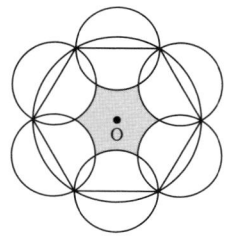

① $3\sqrt{3} - \pi$
② $3\sqrt{3} + \pi$
③ $2\sqrt{3} - \frac{\pi}{3}$

④ $2\sqrt{3} + \frac{\pi}{3}$
⑤ $\frac{\sqrt{3}}{4} + \frac{\pi}{3}$

E220 ✱✱✱ ─────── 2022실시 11월 학평 28(고2)

자연수 n에 대하여 닫힌구간 $[0, n]$에서 함수 $y = 2\sin\left\{\frac{\pi}{6}(x+1)\right\}$의 최댓값을 $f(n)$, 최솟값을 $g(n)$이라 할 때, 부등식 $2 < f(n) - g(n) < 4$를 만족시키는 모든 n의 값의 합을 구하시오. (4점)

E221 ✱✱✱ ─────── 2023실시 6월 학평 21(고2)

자연수 n에 대하여 $\frac{n-1}{6}\pi \le x \le \frac{n+2}{6}\pi$에서 함수

$$f(x) = \left| \sin x - \frac{1}{2} \right|$$

의 최댓값을 $g(n)$이라 하자. 40 이하의 자연수 k에 대하여 $g(k)$가 무리수가 되도록 하는 모든 k의 값의 합은? (4점)

① 115
② 117
③ 119

④ 121
⑤ 123

E222 ★★★   2023실시 6월 학평 28(고2)

자연수 n에 대하여 $0 \le x \le 4$일 때, x에 대한 방정식

$$\sin \pi x - \frac{(-1)^{n+1}}{n} = 0$$

의 모든 실근의 합을 $f(n)$이라 하자.
$f(1)+f(2)+f(3)+f(4)+f(5)$의 값을 구하시오. (4점)

E224 ✪ 1등급 대비   2021실시 6월 학평 30(고2)

두 자연수 a, b에 대하여 세 함수

$$f(x)=\cos \pi x, \ g(x)=\sin \pi x, \ h(x)=ax+b$$

가 다음 조건을 만족시킨다.

> (가) $0 \le x \le 4$일 때, 방정식 $(f \circ h)(x)=(h \circ g)\left(\dfrac{3}{2}\right)$
> 의 서로 다른 실근의 개수는 홀수이다.
>
> (나) $0 \le x \le 4$일 때, 방정식 $(f \circ h)(x)=(h \circ g)(t)$의
> 서로 다른 모든 실근의 합이 56이 되도록 하는 실수
> t가 존재한다.

$\dfrac{a \times b}{\cos^2 \pi t}$의 값을 구하시오. (4점)

[1등급 대비+2등급 대비]

E223 ✪ 2등급 대비   2019실시(나) 9월 학평 29(고2)

그림과 같이 반지름의 길이가 6인 원 O_1이 있다. 원
O_1 위에 서로 다른 두 점 A, B를 $\overline{AB}=6\sqrt{2}$가 되도록 잡고, 원
O_1의 내부에 점 C를 삼각형 ACB가 정삼각형이 되도록 잡는
다. 정삼각형 ACB의 외접원을 O_2라 할 때, 원 O_1과 원 O_2의
공통부분의 넓이는 $p+q\sqrt{3}+r\pi$이다. $p+q+r$의 값을
구하시오. (단, p, q, r는 유리수이다.) (4점)

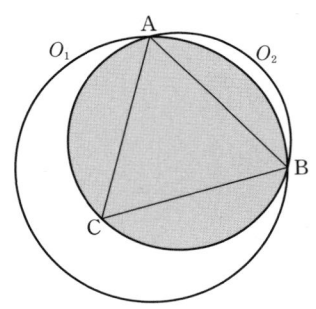

E225 ✪ 1등급 대비   2022실시 6월 학평 30(고2)

두 실수 a, b와 두 함수

$$f(x)=\sin x, \ g(x)=a\cos x+b$$

에 대하여 $0 \le x \le 2\pi$에서 정의된 함수

$$h(x)=\frac{|f(x)-g(x)|+f(x)+g(x)}{2}$$

가 다음 조건을 만족시킨다.

> (가) 함수 $h(x)$의 최솟값은 $-\dfrac{\sqrt{3}}{2}$이다.
>
> (나) $0 < c < \dfrac{\pi}{2}$인 어떤 실수 c에 대하여
> $h(c)=h(c+\pi)=\dfrac{1}{2}$이다.

상수 $k\left(k>\dfrac{1}{2}\right)$에 대하여 방정식 $h(x)=k$가 서로 다른

세 실근을 가질 때, $a+20\left(\dfrac{k}{b}\right)^2$의 값을 구하시오. (4점)

E226 ✪1등급 대비 ········ 2024실시 6월 학평 30(고2)

1보다 큰 실수 k에 대하여 함수

$$f(x)=\left|2\sin\frac{\pi}{k}x+\frac{1}{2}\right|$$

이 다음 조건을 만족시킨다.

> 실수 $t\,(0\le t\le 2k)$에 대하여 $t\le x\le t+1$에서 함수
> $f(x)$의 최댓값이 $\frac{1}{2}$이 되도록 하는 t의 값은 α와 β뿐이다.

$k\alpha+\beta$의 값을 구하시오. (단, $\alpha<\beta$) (4점)

E227 ✪1등급 대비 ········ 2022실시 6월 학평 21(고2)

자연수 $k\,(1<k<12)$에 대하여 $0\le x\le 12$에서
정의된 함수 $f(x)$를

$$f(x)=\begin{cases} \dfrac{1}{2}\sin\pi x & (0\le x<k) \\ \left(\dfrac{2}{3}\right)^{x-k}-1 & (k\le x\le 12) \end{cases}$$

라 하자. 실수 $a\left(0<a\le\dfrac{1}{2}\right)$에 대하여 방정식

$f(x)+a=0$의 모든 실근의 합이 46일 때, $\dfrac{k}{a}$의 값은? (4점)

① 24   ② 27   ③ 30
④ 33   ⑤ 36

E228 ✪2등급 대비 ········ 2020실시 6월 학평 21(고2)

자연수 n에 대하여 $0<x<\dfrac{n}{12}\pi$일 때, 방정식

$$\sin^2(4x)-1=0$$

의 실근의 개수를 $f(n)$이라 하자. $f(n)=33$이 되도록 하는
모든 n의 값의 합은? (4점)

① 295   ② 297   ③ 299
④ 301   ⑤ 303

E229 ✪1등급 대비 ········ 2019실시(나) 6월 학평 21(고2)

음이 아닌 세 정수 a, b, n에 대하여

$$(a^2+b^2+2ab-4)\cos\frac{n}{4}\pi+(b^2+ab+2)\tan\frac{2n+1}{4}\pi=0$$

일 때, $a+b+\sin^2\dfrac{n}{8}\pi$의 값은? (단, $a\ge b$) (4점)

① 4   ② $\dfrac{19}{4}$ ③ $\dfrac{11}{2}$
④ $\dfrac{25}{4}$ ⑤ 7

삼각함수의 활용

★ 최신 3개년 수능＋모평 출제 경향

학년도		출제 유형	난이도
2025	수능		
	9월	유형 02 사인법칙과 삼각형의 외접원	✿✿✿
	6월	유형 10 삼각형의 넓이	✿✿✿
2024	수능	유형 05 사인법칙과 코사인법칙	✿✿✿
	9월	유형 05 사인법칙과 코사인법칙	✿✿✿
	6월	유형 05 사인법칙과 코사인법칙	✿✿✿
2023	수능	유형 05 사인법칙과 코사인법칙	✿✿✿
	9월	유형 05 사인법칙과 코사인법칙	✿✿✿
	6월	유형 04 코사인법칙	✿✿✿

★ 자주 출제되는 필수 개념 학습법

• **사인법칙을 정확히 기억하고**
 (ⅰ) 한 변의 길이와 두 각의 크기가 주어졌을 때
 (ⅱ) 두 변의 길이와 끼인각이 아닌 한 각이 주어졌을 때에는
  사인법칙이 적용됨을 알자.

• **코사인법칙을 정확히 기억하고**
 (ⅰ) 두 변의 길이와 끼인각의 크기가 주어졌을 때
 (ⅱ) 세 변의 길이가 주어졌을 때에는 코사인법칙이 적용됨을 알자.

• **사인법칙과 삼각형의 외접원의 반지름의 관계를 이용한 문제들**이
 출제되고 있다. 사인법칙을 유도하는 과정에서 원주각의 성질이나
 삼각비의 이용 등 다양한 개념들이 혼합되어 있으므로 잘 익혀두자.

• **사인법칙과 코사인법칙이 혼합된 문제가 출제된다.**
 특히 사인법칙을 변형하여 외접원의 반지름으로 표현하여
 이용할 수 있는지, 코사인법칙을 변형하여 세 변의 길이를 알 때,
 특수한 각의 크기를 알 수 있는지를 묻는 문제가 종종 출제된다.

• **삼각형의 넓이를 이용한 활용 문제가 출제되고 있다.**
 두 변과 그 사잇각을 알면 삼각형의 넓이를 구할 수 있다.
 그리고 평행사변형과 사각형의 넓이도 활용 문제로 등장하므로
 공식을 적절히 이용할 수 있어야 한다.

F 삼각함수의 활용

 개념 강의

중요도 ★★○

1 사인법칙 – 유형 01~03

(1) 사인법칙 ❶

삼각형 ABC의 외접원의 반지름의 길이를 R라 하면
삼각형의 세 변의 길이와 세 각의 크기 사이는 다음과 같은
관계가 성립한다.

$$\frac{a}{\sin A}=\frac{b}{\sin B}=\frac{c}{\sin C}=2R$$

즉, 삼각형에서 변의 길이와 마주 보는 각의 크기에 대한
사인함수의 값의 비는 일정하다.

(2) 사인법칙의 변형 ❷

① $\sin A=\dfrac{a}{2R}$, $\sin B=\dfrac{b}{2R}$, $\sin C=\dfrac{c}{2R}$

② $a=2R\sin A$, $b=2R\sin B$, $c=2R\sin C$

③ $a:b:c=\sin A:\sin B:\sin C$

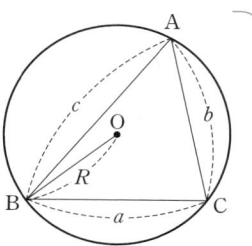

출제 2025 9월 모평 10번

★ 삼각형의 외접원의 반지름의 길이, 내각의 크기에 대한 사인값을 이용하여 삼각형의 변의 길이를 나타내는 중 난이도의 문제가 출제되었다.

2 코사인법칙 – 유형 04~08

(1) 코사인법칙 ❸

삼각형 ABC의 세 변의 길이와 세 각의 크기
사이에는 다음과 같은 관계가 성립한다.
$$a^2=b^2+c^2-2bc\cos A$$
$$b^2=c^2+a^2-2ca\cos B$$
$$c^2=a^2+b^2-2ab\cos C$$

(2) 코사인법칙의 변형 ❹

$\cos A=\dfrac{b^2+c^2-a^2}{2bc}$

$\cos B=\dfrac{c^2+a^2-b^2}{2ca}$

$\cos C=\dfrac{a^2+b^2-c^2}{2ab}$

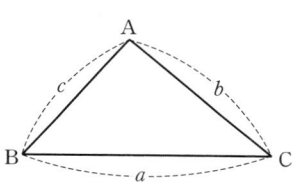

출제 2024 수능 13번

★ 삼각형의 한 변의 길이를 코사인법칙으로, 외접원의 반지름의 길이를 사인법칙으로 구하는 중 난이도의 문제가 출제되었다.

3 삼각형의 넓이 – 유형 09~12

삼각형 ABC의 넓이를 S라 하면 ❺

(1) $S=\dfrac{1}{2}bc\sin A=\dfrac{1}{2}ca\sin B=\dfrac{1}{2}ab\sin C$

(2) 외접원의 반지름의 길이 R를 알 때,

$S=\dfrac{abc}{4R}=2R^2\sin A\sin B\sin C$ ❻

(3) 내접원의 반지름의 길이 r를 알 때,

$S=\dfrac{1}{2}r(a+b+c)$

(4) 헤론의 정리

$S=\sqrt{s(s-a)(s-b)(s-c)}$ $\left(단,\ s=\dfrac{a+b+c}{2}\right)$

출제 2025 6월 모평 10번

★ 사인법칙으로 삼각형의 각 변의 길이의 비를 구하고 코사인법칙으로 삼각형의 각 변의 길이를 결정한 후 삼각형의 넓이를 구하는 중상 난이도의 문제가 출제되었다.

한걸음 더!

❶ 사인법칙의 적용
(1) 한 변의 길이와 그 양 끝각의 크기를 알 때, 나머지 두 변의 길이 구하기
(2) 두 변의 길이와 끼인각이 아닌 한 각의 크기를 알 때, 나머지 한 변의 길이 구하기

❷ 삼각형에서 외접원의 반지름의 길이와 관련된 문제는 사인법칙을 이용하자.

한걸음 더!

❸ 코사인법칙의 적용
(1) 세 변의 길이가 모두 주어질 때, 세 각의 크기 구하기
(2) 두 변의 길이와 끼인각의 크기가 주어질 때, 나머지 한 변의 길이 구하기

❹ 삼각형의 결정
각을 변으로 바꿀 때, 사인법칙과 코사인법칙의 변형을 이용하여 변과 변 사이의 관계를 구한다.
두 변의 길이가 같으면 이등변삼각형이고, 피타고라스 정리가 성립되면 직각삼각형이다.

+개념 보충

❺ 사각형의 넓이
(1) 평행사변형의 이웃하는 두 변의 길이가 a, b이고 그 끼인각의 크기가 θ일 때, 평행사변형의 넓이 S는
$S=ab\sin\theta$
(2) 사각형의 두 대각선의 길이가 p, q이고 두 대각선이 이루는 각의 크기가 θ일 때, 사각형의 넓이 S는
$S=\dfrac{1}{2}pq\sin\theta$

❻ 삼각형 ABC의 외접원의 반지름의 길이를 R라 하면
$\sin A=\dfrac{a}{2R}$이므로
$S=\dfrac{1}{2}bc\sin A$
$=\dfrac{1}{2}bc\times\dfrac{a}{2R}=\dfrac{abc}{4R}$

1 사인법칙

F 01 삼각형 ABC에서 $\sin B$의 값을 구하시오.

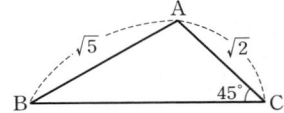

[F02~04] 삼각형 ABC에 대하여 다음을 구하시오.

F 02 $a=4\sqrt{6}$, $A=60°$, $B=45°$일 때, b의 값

F 03 $a=10$, $c=10\sqrt{3}$, $A=30°$일 때, 예각 C의 크기

F 04 $c=12$, $C=45°$, $B=60°$일 때, b의 값

[F05~06] 다음 삼각형 ABC에서 외접원의 반지름의 길이 R의 값을 구하시오.

F 05 $a=9$, $A=60°$

F 06 $b=2$, $A=60°$, $C=90°$

[F07~08] 다음 조건을 만족시키는 삼각형 ABC는 어떤 삼각형인지 구하시오.

F 07 $a\sin^2 A=b\sin^2 B$

F 08 $\sin^2 A=\sin^2 B+\sin^2 C$

2 코사인법칙

F 09 삼각형 ABC에서 $\overline{BC}=6$, $\overline{AC}=4\sqrt{2}$, $C=45°$일 때, 선분 AB의 길이를 구하시오.

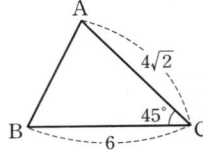

[F10~12] 삼각형 ABC에서 다음 값을 구하시오.

F 10 $a=2$, $c=2\sqrt{2}$, $B=45°$일 때, b의 값

F 11 $a=7$, $b=8$, $C=120°$일 때, c의 값

F 12 $a=\sqrt{7}$, $b=\sqrt{5}$, $c=\sqrt{2}$일 때, $\cos C$의 값

[F13~14] 다음 조건을 만족시키는 삼각형 ABC는 어떤 삼각형인지 구하시오.

F 13 $a\cos C-c\cos A=b$

F 14 $\sin B=2\sin A\cos C$

3 삼각형의 넓이

[F15~16] 다음 삼각형 ABC의 넓이 S를 구하시오.

F 15

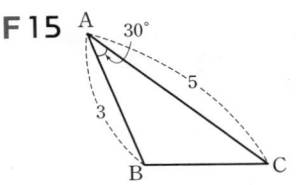

F 16

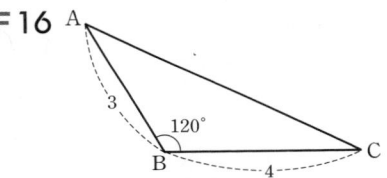

F 17 $\angle A=120°$, $\overline{AB}=6$, $\overline{AC}=3$인 삼각형 ABC에서 $\angle A$의 이등분선이 선분 BC와 만나는 점을 D라 할 때, 선분 AD의 길이를 구하시오.

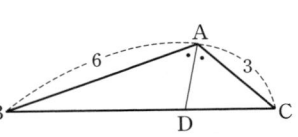

F 18 원 O에 내접하는 사각형 ABCD에서 $\overline{AB}=7$, $\overline{CD}=5$, $\overline{DA}=3$, $\angle ADC=\frac{2}{3}\pi$일 때, □ABCD의 넓이를 구하시오.

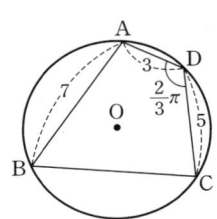

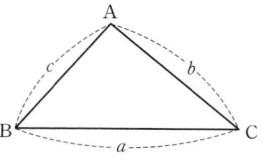
1 사인법칙

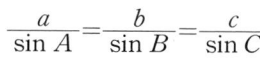

유형 01 **사인법칙**

삼각형 ABC의 세 변의 길이와 세 각의 크기 사이에는 다음과 같은 관계가 성립한다.

$$\frac{a}{\sin A}=\frac{b}{\sin B}=\frac{c}{\sin C}$$

즉, 삼각형에서 변의 길이와 마주 보는 각에 대한 사인함수의 값의 비는 일정하다.

tip

두 변의 길이 a, b와 한 대각의 크기 A를 알 때, $\frac{a}{\sin A}=\frac{b}{\sin B}$를 이용하여 B의 크기를 구한다.

F19 대표 ⟨2013실시(B) 3월 학평 8(고2)⟩

삼각형 ABC에서 $\angle A=105°$, $\angle B=30°$이고 $\overline{AB}=12$일 때, $\overline{AC}^2$의 값은? (3점)

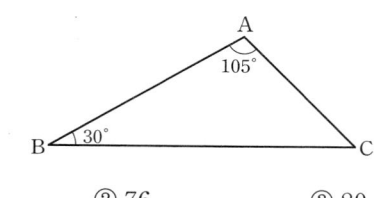

① 72   ② 76   ③ 80

④ 84   ⑤ 88

F20 ✿✿✿

삼각형 ABC에서 $\angle B=45°$, $\overline{BC}=12$, $\overline{AC}=12\sqrt{2}$일 때, $\angle A$의 크기는? (3점)

① 150°   ② 120°   ③ 90°

④ 60°   ⑤ 30°

F21 ✿✿✿ ⟨2021대비(나) 9월 모평 9(고3)⟩

$\overline{AB}=8$이고 $\angle A=45°$, $\angle B=15°$인 삼각형 ABC에서 선분 BC의 길이는? (3점)

① $2\sqrt{6}$ ② $\frac{7\sqrt{6}}{3}$ ③ $\frac{8\sqrt{6}}{3}$

④ $3\sqrt{6}$ ⑤ $\frac{10\sqrt{6}}{3}$

F22 ✿✿✿✿ ⟨2006실시(가) 6월 학평 15(고2)⟩

세 변의 길이가 모두 다른 △ABC의 내부의 점 P에서 변 AB, BC, CA까지의 거리를 각각 p, q, r라 하자. 다음은 $p\overline{AB}=q\overline{BC}=r\overline{CA}$이면 점 P가 △ABC의 (가) 임을 증명한 것이다.

[증명]

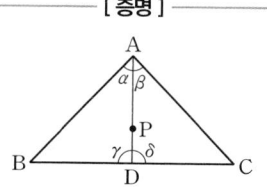

i) 점 A에서 선분 AP의 연장선과 변 BC가 만나는 점을 D라 하자. 사인법칙에 의하여 다음 식이 성립한다.

$$\frac{\overline{BD}}{\sin \alpha}=\frac{\overline{AB}}{\sin \gamma}, \quad \frac{\overline{DC}}{\sin \beta}=\frac{\overline{CA}}{\sin \delta}$$

따라서 $\frac{\overline{BD}}{\overline{DC}}=\frac{\overline{AB}\sin \alpha}{\overline{CA}\sin \beta}=$ (나)

따라서 선분 AD는 △ABC의 (다) 이다.

ii) 점 B, C에서도 위와 같은 방법으로 증명하면, 점 P가 △ABC의 (가) 임을 알 수 있다.

위의 증명에서 (가), (나), (다)에 알맞은 것은? (4점)

	(가)	(나)	(다)
①	내심	1	각의 이등분선
②	수심	2	수선
③	수심	1	수선
④	무게중심	2	중선
⑤	무게중심	1	중선

F23 ✻✻✻❀

오른쪽 그림과 같이 두 반직선 OX, OY가 점 O에서 60°의 각을 이루고 있다. 반직선 OX 위의 점 P와 반직선 OY 위의 점 Q가 $\overline{PQ}=4$일 때, 선분 OQ의 길이의 최댓값은? (단, 두 점 P, Q는 점 O가 아니다.) (4점)

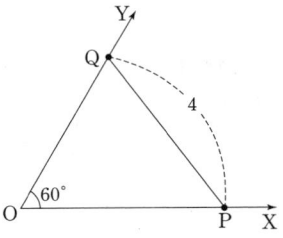

① $\dfrac{8\sqrt{3}}{3}$ ② $\dfrac{7\sqrt{3}}{3}$ ③ $2\sqrt{3}$

④ $\dfrac{5\sqrt{3}}{3}$ ⑤ $\dfrac{4\sqrt{3}}{3}$

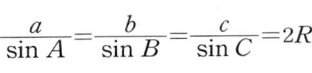
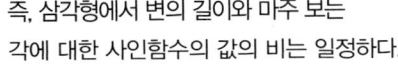

유형 02   사인법칙과 삼각형의 외접원

삼각형 ABC의 외접원의 반지름의 길이를 R라 하면 삼각형의 세 변의 길이와 세 각의 크기 사이에는 다음과 같은 관계가 성립한다.

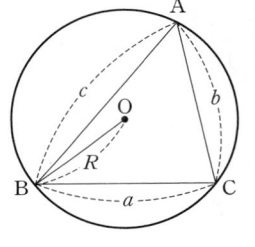

$$\frac{a}{\sin A}=\frac{b}{\sin B}=\frac{c}{\sin C}=2R$$

즉, 삼각형에서 변의 길이와 마주 보는 각에 대한 사인함수의 값의 비는 일정하다.

(tip)

1️⃣ 삼각형에서 외접원의 반지름의 길이와 관련된 문제는 사인법칙을 이용하여 해결한다.

2️⃣ 한 원에서 같은 호에 대한 원주각의 크기는 같고, 그 각의 크기는 중심각의 크기의 $\dfrac{1}{2}$임을 잘 기억해 두자.

F24 대표 2019실시(나) 9월 학평 12(고2)

선분 BC의 길이가 5이고, $\angle BAC=\dfrac{\pi}{6}$인 삼각형 ABC의 외접원의 반지름의 길이는? (3점)

① 3   ② $\dfrac{7}{2}$ ③ 4

④ $\dfrac{9}{2}$ ⑤ 5

F25 ✻✻✻ 2019실시(가) 9월 학평 7(고2)

반지름의 길이가 5인 원에 내접하는 삼각형 ABC에 대하여 $\angle BAC=\dfrac{\pi}{4}$일 때, 선분 BC의 길이는? (3점)

① $3\sqrt{2}$ ② $\dfrac{7\sqrt{2}}{2}$ ③ $4\sqrt{2}$

④ $\dfrac{9\sqrt{2}}{2}$ ⑤ $5\sqrt{2}$

F26 ✻✻✻ 2011실시 3월 학평 25(고2)

그림과 같이 한 원에 내접하는 두 삼각형 ABC, ABD에서 $\overline{AB}=16\sqrt{2}$, $\angle ABD=45°$, $\angle BCA=30°$일 때, 선분 AD의 길이를 구하시오. (3점)

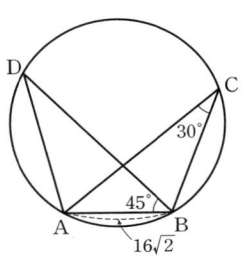

F27 ✻✻✻ 2024실시 6월 학평 6(고2)

반지름의 길이가 6인 원에 내접하는 삼각형 ABC에서 $\sin A=\dfrac{1}{4}$일 때, $\overline{BC}$의 값은? (3점)

① 2   ② $\dfrac{5}{2}$ ③ 3

④ $\dfrac{7}{2}$ ⑤ 4

F28

2020실시(나) 4월 학평 13(고3)

그림과 같이 반지름의 길이가 4인 원에 내접하고 변 AC의 길이가 5인 삼각형 ABC가 있다. ∠ABC=θ라 할 때, $\sin \theta$의 값은? (단, $0 < \theta < \pi$) (3점)

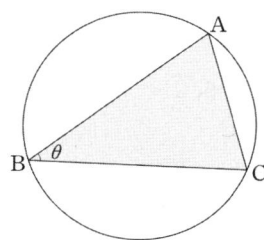

① $\dfrac{1}{4}$ 　　　② $\dfrac{3}{8}$ 　　　③ $\dfrac{1}{2}$

④ $\dfrac{5}{8}$ 　　　⑤ $\dfrac{3}{4}$

F29

2023실시 6월 학평 11(고2)

반지름의 길이가 4인 원에 내접하는 삼각형 ABC가 있다. 이 삼각형의 둘레의 길이가 12일 때, $\sin A + \sin B + \sin(A+B)$의 값은? (3점)

① $\dfrac{3}{2}$ 　　　② $\dfrac{8}{5}$ 　　　③ $\dfrac{17}{10}$

④ $\dfrac{9}{5}$ 　　　⑤ $\dfrac{19}{10}$

F30

2013실시(A) 3월 학평 14(고2)

$\overline{AB} = \overline{AC} = 5$인 이등변삼각형 ABC의 외심을 O라 하자. $14\cos^2 A - 11\sin A + 1 = 0$을 만족시킬 때, 삼각형 AOC의 외접원의 지름의 길이는? (3점)

① 7 　　　② 8 　　　③ 9

④ 10 　　　⑤ 11

F31

그림과 같이 넓이가 100π이고 중심이 O인 원 위의 두 점 A, B에 대하여 호 AB의 길이는 반지름의 길이의 2배이다. 선분 AB의 길이는?

(단, 호 AB에 대한 중심각 θ의 크기는 $0 < \theta < \pi$이다.) (4점)

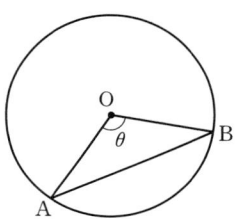

① $18 \sin 1$ 　　　② $20 \sin 1$ 　　　③ $22 \sin 1$

④ $18 \sin 2$ 　　　⑤ $20 \sin 2$

F32 ✽✾✾
2004실시(가) 6월 학평 28(고2)

두 원 C_1, C_2가 그림과 같이 두 점 A, B에서 만난다. 선분 AB의 길이는 12이고, 그에 대한 원주각의 크기는 각각 60°, 30°이다. 두 원 C_1, C_2의 반지름의 길이를 각각 R_1, R_2라고 할 때, $R_1^2+R_2^2$의 값을 구하시오. (4점)

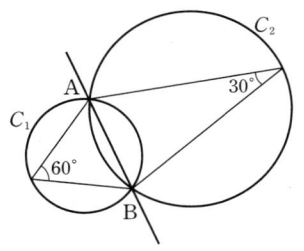

F33 ✽✽✾
2019실시(가) 11월 학평 28(고2)

그림과 같이 반지름의 길이가 6인 원에 내접하는 사각형 ABCD에 대하여 $\overline{AB}=\overline{CD}=3\sqrt{3}$, $\overline{BD}=8\sqrt{2}$일 때, 사각형 ABCD의 넓이를 S라 하자. $\dfrac{S^2}{13}$의 값을 구하시오.

(4점)

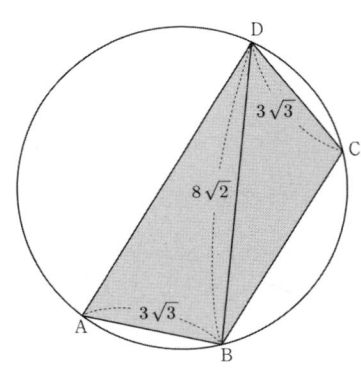

F34 ✽✽✽
2009실시 3월 학평 19(고2)

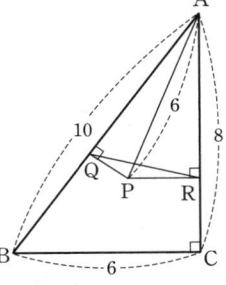

그림과 같이 $\overline{AB}=10$, $\overline{BC}=6$, $\overline{CA}=8$인 삼각형 ABC와 그 삼각형의 내부에 $\overline{AP}=6$인 점 P가 있다. 점 P에서 변 AB와 변 AC에 내린 수선의 발을 각각 Q, R라 할 때, 선분 QR의 길이는? (4점)

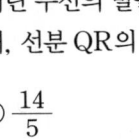

① $\dfrac{14}{5}$ ② 3

③ $\dfrac{16}{5}$ ④ $\dfrac{17}{5}$ ⑤ $\dfrac{18}{5}$

F35 ✽✾✾
2020실시(가) 10월 학평 17(고3)

그림과 같이 $\angle ABC=\dfrac{\pi}{2}$인 삼각형 ABC에 내접하고 반지름의 길이가 3인 원의 중심을 O라 하자. 직선 AO가 선분 BC와 만나는 점을 D라 할 때, $\overline{DB}=4$이다. 삼각형 ADC의 외접원의 넓이는? (4점)

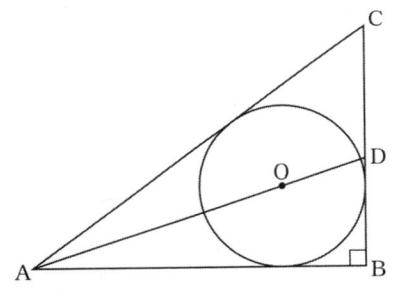

① $\dfrac{125}{2}\pi$ ② 63π ③ $\dfrac{127}{2}\pi$

④ 64π ⑤ $\dfrac{129}{2}\pi$

사인법칙을 다음과 같이 변형할 수 있다.

(1) $\sin A = \dfrac{a}{2R}$, $\sin B = \dfrac{b}{2R}$, $\sin C = \dfrac{c}{2R}$

(2) $a = 2R\sin A$, $b = 2R\sin B$, $c = 2R\sin C$

(3) $a : b : c = \sin A : \sin B : \sin C$

(tip)

① 한 변의 길이 a와 그 양 끝각의 크기 B, C를 알 때,

$\dfrac{a}{\sin A} = \dfrac{b}{\sin B}$, $\dfrac{a}{\sin A} = \dfrac{c}{\sin C}$임을 이용하여 b, c의 값을 각각 구한다.

② 삼각형의 세 각의 크기의 비 또는 세 변의 길이의 비를 알 때, 사인법칙의 변형을 이용하자.

F36 대표 _____ 2002실시(인) 6월 학평 5(고2)

오른쪽 그림과 같이 $\overline{AB}=2$, $\overline{BC}=3$, $\overline{CA}=4$인 $\triangle ABC$에서 $\dfrac{\sin B}{\sin A}$의 값은? (2점)

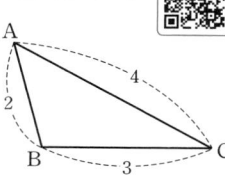

① $\dfrac{1}{2}$ ② $\dfrac{2}{3}$ ③ $\dfrac{3}{2}$

④ $\dfrac{3}{4}$ ⑤ $\dfrac{4}{3}$

F37 ✽✽✽ _____ 2000대비(인) 수능 12(고3)

$\triangle ABC$에서 $6\sin A = 2\sqrt{3}\sin B = 3\sin C$가 성립할 때, $\angle A$의 크기는? (3점)

① $120°$ ② $90°$ ③ $60°$

④ $45°$ ⑤ $30°$

F38 ✽✽✽ _____

삼각형 ABC에서 $\overline{BC}=a$, $\overline{CA}=b$, $\overline{AB}=c$일 때,

$$(a+b):(b+c):(c+a)=7:9:10$$

이 성립한다. $\sin A : \sin B : \sin C$는? (3점)

① $3:4:2$ ② $3:4:5$ ③ $4:3:6$

④ $5:3:6$ ⑤ $6:5:4$

F39 ✽✽✽ _____

삼각형 ABC에서 $ab:bc:ca=6:8:9$일 때,

$\dfrac{\sin A+\sin B}{\sin C}$의 값은? (3점)

① $\dfrac{13}{10}$ ② $\dfrac{15}{11}$ ③ $\dfrac{17}{12}$

④ $\dfrac{19}{13}$ ⑤ $\dfrac{19}{15}$

F40 ✽✽✽ _____

삼각형 ABC에서 $\overline{AB}=2\sqrt{6}$, $\angle A=75°$, $\angle B=45°$일 때, 선분 BC 위로 움직이는 점 P에 대하여 $\dfrac{\overline{CP}}{\sin(\angle CAP)}$의 최솟값은? (4점)

① $\sqrt{2}$ ② $\sqrt{3}$ ③ 2

④ $\sqrt{6}$ ⑤ 4

F41 ✽✽✽✽ 2022실시 6월 학평 19(고2)

그림과 같이 중심이 O, 반지름의 길이가 1이고
중심각의 크기가 θ인 부채꼴 OAB가 있다.
호 AB의 삼등분점 중 점 A에 가까운 점을 C라 하고,
직선 OA와 직선 BC가 만나는 점을 D라 하자.
다음은 두 선분 AD, CD와 호 AC로 둘러싸인 부분의
넓이 $S(\theta)$를 구하는 과정이다. $\left(\text{단, } 0<\theta<\dfrac{3}{4}\pi\right)$

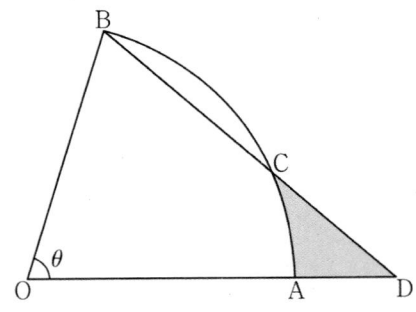

점 C가 호 AB의 삼등분점 중 점 A에 가까운 점이므로
$$\angle BOC = \boxed{(가)}$$
이다. 또한, 삼각형 BOC에서
$$\angle OBC = \angle OCB = \frac{1}{2}\left(\pi - \boxed{(가)}\right)$$
이다. 한편, 삼각형 BOD에서 사인법칙에 의하여
$$\overline{OD} = \frac{\cos\dfrac{\theta}{3}}{\boxed{(나)}}$$
이다. $S(\theta)$는 삼각형 COD의 넓이에서 부채꼴 OAC의
넓이를 뺀 값이므로
$$S(\theta) = \frac{1}{2} \times \frac{\cos\dfrac{\theta}{3}}{\boxed{(나)}} \times \sin\frac{\theta}{3} - \boxed{(다)}$$
이다.

위의 (가), (나), (다)에 알맞은 식을 각각 $f(\theta)$, $g(\theta)$, $h(\theta)$라
할 때, $\dfrac{f\left(\dfrac{\pi}{2}\right) \times g\left(\dfrac{\pi}{4}\right)}{h\left(\dfrac{\pi}{8}\right)}$의 값은? (4점)

① $8\sqrt{3}$ ② $\dfrac{17\sqrt{3}}{2}$ ③ $9\sqrt{3}$

④ $\dfrac{19\sqrt{3}}{2}$ ⑤ $10\sqrt{3}$

---

2 코사인법칙

유형 04 코사인법칙

삼각형 ABC의 세 변의 길이와 세 각의 크기 사이에는 다음과
같은 관계가 성립한다.
(1) $a^2 = b^2 + c^2 - 2bc\cos A$
(2) $b^2 = c^2 + a^2 - 2ca\cos B$
(3) $c^2 = a^2 + b^2 - 2ab\cos C$
(tip)

두 변의 길이와 그 끼인각의 크기를 알 때,
코사인법칙을 이용하여 나머지 한 변의 길이를 구한다.

F42 대표 1998대비(인) 수능 26(고3)

$\triangle ABC$에서 $b=8$, $c=7$, $\angle A = 120°$일 때,
a의 값을 구하시오. (3점)

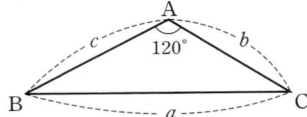

F43 ✽✽✽ 2019실시(나) 11월 학평 10(고2)

$\overline{AB}=4$, $\overline{BC}=5$, $\overline{CA}=\sqrt{11}$인 삼각형 ABC에서
$\angle ABC = \theta$라 할 때, $\cos\theta$의 값은? (3점)

① $\dfrac{2}{3}$ ② $\dfrac{3}{4}$ ③ $\dfrac{4}{5}$

④ $\dfrac{5}{6}$ ⑤ $\dfrac{6}{7}$

❖ 정답 및 해설 313~316p

F44 ✿✿✿

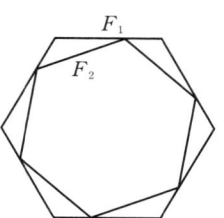

$\overline{AB}=3$, $\overline{BC}=6$인 삼각형 ABC가 있다.

$\angle ABC = \theta$에 대하여 $\sin\theta = \dfrac{2\sqrt{14}}{9}$일 때,

선분 AC의 길이는? $\left(\text{단, } 0 < \theta < \dfrac{\pi}{2}\right)$ (3점)

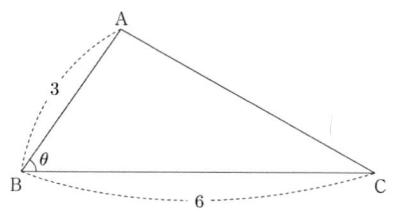

① 4   ② $\dfrac{13}{3}$ ③ $\dfrac{14}{3}$

④ 5   ⑤ $\dfrac{16}{3}$

F45 ✿✿✿ Pass

삼각형 ABC에서 $\angle A = 60°$, $\overline{AB}=6$, $\overline{AC}=4$일 때, $\overline{BC}^{\,2}$의 값을 구하시오. (2점)

F46 ✿✿✿

그림과 같이 원 O의 지름 AB의 길이는 2이고 호 BP의 길이는 θ일 때, 선분 AP의 길이를 θ를 이용하여 나타낸 것은? (3점)

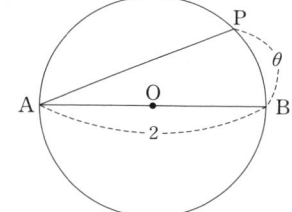

① $\sqrt{1-\cos\theta}$
② $\sqrt{2+\cos\theta}$
③ $\sqrt{2-2\cos\theta}$
④ $\sqrt{2+2\cos\theta}$
⑤ $\sqrt{2-\cos\theta}$

F47 ✿✿✿

그림과 같이 한 변의 길이가 3인 정육각형 F_1의 각 변을 2 : 1로 내분하는 점들을 이어 정육각형 F_2를 만들었다.

F_1, F_2의 넓이를 각각 S_1, S_2라 할 때, $\dfrac{S_2}{S_1}$의 값은? (3점)

① $\dfrac{1}{3}$ ② $\dfrac{4}{9}$ ③ $\dfrac{5}{9}$

④ $\dfrac{2}{3}$ ⑤ $\dfrac{7}{9}$

F48 ✿✿✿

그림과 같이 중심이 O이고 길이가 2인 선분 AB를 지름으로 하는 반원이 있다. 호 AB 위의 세 점 C, D, E가

$$\overline{DE}=\overline{EB}, \quad \overline{CD} : \overline{DE}=1 : \sqrt{2}, \quad \angle COE = \dfrac{\pi}{2}$$

를 만족시킨다. $\cos(\angle OBE)$의 값은?

(단, 점 D는 점 B가 아니다.) (4점)

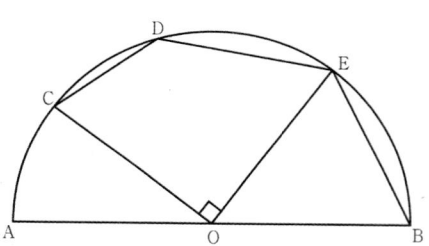

① $\dfrac{\sqrt{14}}{10}$ ② $\dfrac{2}{5}$ ③ $\dfrac{3\sqrt{2}}{10}$

④ $\dfrac{\sqrt{5}}{5}$ ⑤ $\dfrac{\sqrt{22}}{10}$

F49 ✱✱✱✿

2019실시(나) 9월 학평 27(고2)

그림과 같이 $\overline{AB}=3$, $\overline{BC}=6$인 직사각형 ABCD에서 선분 BC를 1 : 5로 내분하는 점을 E라 하자. $\angle EAC=\theta$라 할 때, $50 \sin \theta \cos \theta$의 값을 구하시오. (4점)

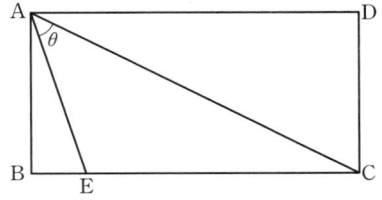

F50 ✱✱✱✿

2022대비 6월 모평 12(고3)

그림과 같이 $\overline{AB}=4$, $\overline{AC}=5$이고 $\cos (\angle BAC)=\dfrac{1}{8}$인 삼각형 ABC가 있다. 선분 AC 위의

점 D와 선분 BC 위의 점 E에 대하여
$$\angle BAC=\angle BDA=\angle BED$$
일 때, 선분 DE의 길이는? (4점)

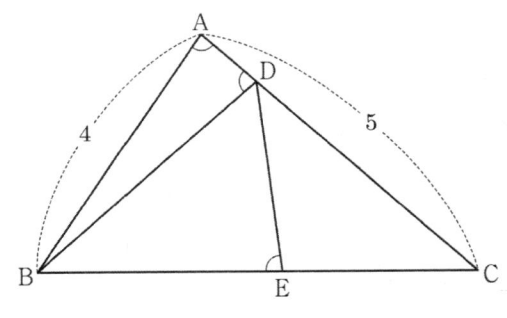

① $\dfrac{7}{3}$ ② $\dfrac{5}{2}$ ③ $\dfrac{8}{3}$

④ $\dfrac{17}{6}$ ⑤ 3

유형 05   사인법칙과 코사인법칙   (빈출)

(1) **사인법칙** : $\sin A=\dfrac{a}{2R}$, $\sin B=\dfrac{b}{2R}$, $\sin C=\dfrac{c}{2R}$
(단, R는 외접원의 반지름의 길이)

(2) **코사인법칙** : $a^2=b^2+c^2-2bc \cos A$
$b^2=c^2+a^2-2ca \cos B$
$c^2=a^2+b^2-2ab \cos C$

(tip)

① 두 변의 길이와 그 끼인각의 크기가 주어지면 사인법칙과 코사인법칙을 이용한다.

② 세 변의 길이가 주어지면 코사인법칙의 변형을 이용한다.

F51 대표

2023실시 11월 학평 18(고2)

그림과 같이 $2\overline{AB}=\overline{AC}$인 삼각형 ABC에 대하여 선분 AB의 중점을 M, 선분 AC를 3 : 5로 내분하는 점을 N이라 하자.

$\overline{MN}=\overline{AB}$이고 삼각형 AMN의 외접원의 넓이가 16π일 때, 삼각형 ABC의 넓이는? (4점)

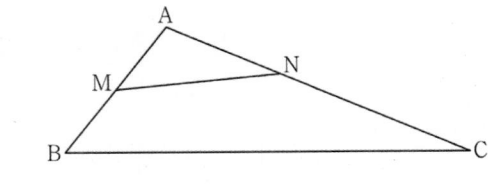

① $24\sqrt{3}$ ② $13\sqrt{13}$ ③ $14\sqrt{14}$

④ $15\sqrt{15}$ ⑤ 64

F52 ✱✱✱

삼각형 ABC에서 $\sin A : \sin B : \sin C=13 : 8 : 7$일 때, 삼각형 ABC의 내각 중 가장 큰 각의 크기는? (3점)

① 60°   ② 90°   ③ 120°

④ 135°   ⑤ 150°

F53 ✽❀❀ 2007실시 3월 학평 27(고2)

그림과 같이 반지름의 길이가 R인 원 O에 내접하는 삼각형 ABC가 있다.

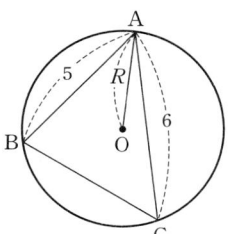

$\overline{AB}=5$, $\overline{AC}=6$, $\cos A=\dfrac{3}{5}$일 때, $16R$의 값을 구하시오. (4점)

F54 ✽❀❀ 2021실시 6월 학평 15(고2)

그림과 같이 $\overline{AB}=3$, $\overline{AC}=1$이고 $\angle BAC=\dfrac{\pi}{3}$인 삼각형 ABC가 있다. $\angle BAC$의 이등분선이 선분 BC와 만나는 점을 P라 할 때, 삼각형 APC의 외접원의 넓이는? (4점)

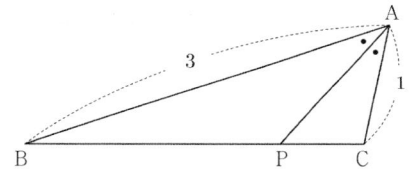

① $\dfrac{\pi}{4}$ ② $\dfrac{5}{16}\pi$ ③ $\dfrac{3}{8}\pi$

④ $\dfrac{7}{16}\pi$ ⑤ $\dfrac{\pi}{2}$

F55 ✽❀❀ 2022실시 9월 학평 14(고2)

그림과 같이 중심이 O이고 반지름의 길이가 6인 부채꼴 OAB가 있다. $\overline{AB}=8\sqrt{2}$이고 부채꼴 OAB의 호 AB 위의 한 점 P에 대하여 $\angle BPA>90°$, $\overline{AP}:\overline{BP}=3:1$일 때, 선분 BP의 길이는? (4점)

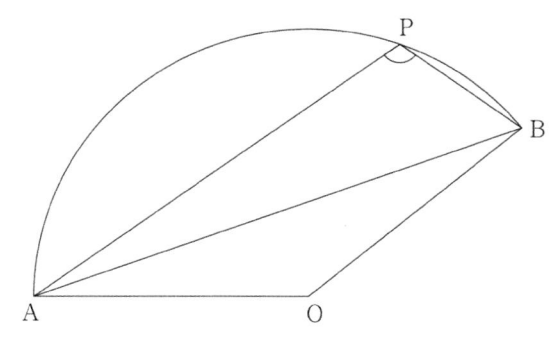

① $\dfrac{2\sqrt{6}}{3}$ ② $\dfrac{5\sqrt{6}}{6}$ ③ $\sqrt{6}$

④ $\dfrac{7\sqrt{6}}{6}$ ⑤ $\dfrac{4\sqrt{6}}{3}$

F56 ✽❀❀ 2022대비 9월 모평 12(고3)

반지름의 길이가 $2\sqrt{7}$인 원에 내접하고 $\angle A=\dfrac{\pi}{3}$인 삼각형 ABC가 있다. 점 A를 포함하지 않는 호 BC 위의 점 D에 대하여 $\sin(\angle BCD)=\dfrac{2\sqrt{7}}{7}$일 때, $\overline{BD}+\overline{CD}$의 값은? (4점)

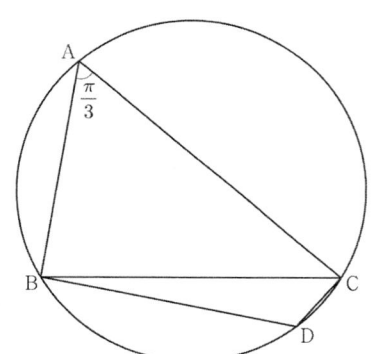

① $\dfrac{19}{2}$ ② 10 ③ $\dfrac{21}{2}$

④ 11 ⑤ $\dfrac{23}{2}$

F57 ✿❀❀ 2020실시(나) 3월 학평 19(고3)

길이가 각각 10, a, b인 세 선분 AB, BC, CA를 각 변으로 하는 예각삼각형 ABC가 있다. 삼각형 ABC의 세 꼭짓점을 지나는 원의 반지름의 길이가 $3\sqrt{5}$이고

$$\dfrac{a^2+b^2-ab\cos C}{ab}=\dfrac{4}{3}$$일 때, ab의 값은? (4점)

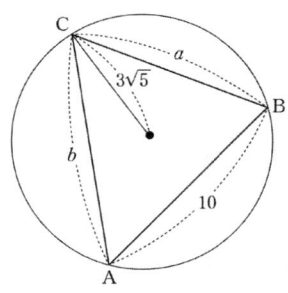

① 140   ② 150   ③ 160

④ 170   ⑤ 180

F58 ✿✿❀ 2022대비 5월 예시 21(고2)

그림과 같이 한 평면 위에 있는 두 삼각형 ABC, ACD의 외심을 각각 O, O'이라 하고 $\angle ABC=\alpha$, $\angle ADC=\beta$라 할 때,

$$\dfrac{\sin\beta}{\sin\alpha}=\dfrac{3}{2},\ \cos(\alpha+\beta)=\dfrac{1}{3},\ \overline{OO'}=1$$

이 성립한다. 삼각형 ABC의 외접원의 넓이가 $\dfrac{q}{p}\pi$일 때, $p+q$의 값을 구하시오. (단, p와 q는 서로소인 자연수이다.)

(4점)

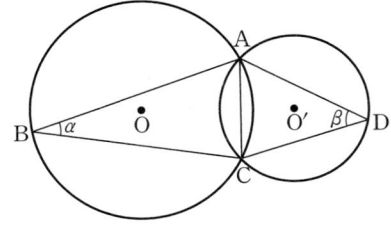

F59 ✿✿✿ 2022실시 11월 학평 20(고2)

반지름의 길이가 $\sqrt{3}$인 원 C에 내접하는 삼각형 ABC에 대하여 $\angle BAC$의 이등분선이 원 C와 만나는 점 중 A가 아닌 점을 D라 하고, 두 선분 BC, AD의 교점을 E라 하자. $\overline{BD}=\sqrt{3}$일 때, [보기]에서 옳은 것만을 있는 대로 고른 것은? (4점)

[보기]

ㄱ. $\sin(\angle DBE)=\dfrac{1}{2}$

ㄴ. $\overline{AB}^2+\overline{AC}^2=\overline{AB}\times\overline{AC}+9$

ㄷ. 삼각형 ABC의 넓이가 삼각형 BDE의 넓이의 4배가 되도록 하는 모든 $\overline{BE}$의 값의 합은 $\dfrac{9}{4}$이다.

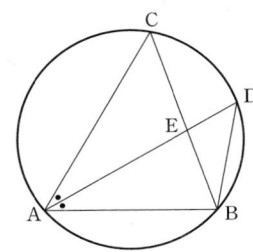

① ㄱ   ② ㄷ   ③ ㄱ, ㄴ

④ ㄴ, ㄷ   ⑤ ㄱ, ㄴ, ㄷ

F

F60 ✱✱❋ .... 2024실시 9월 학평 27(고2)

그림과 같이 둘레의 길이가 20이고

$\cos(\angle ABC) = \dfrac{1}{4}$인 평행사변형 ABCD가 있다.

삼각형 ABC의 외접원의 넓이가 $\dfrac{32}{3}\pi$일 때, 삼각형 ABD의

외접원의 넓이는 $\dfrac{q}{p}\pi$이다. $p+q$의 값을 구하시오.

(단, $\overline{AB} < \overline{AD}$이고, p와 q는 서로소인 자연수이다.) (4점)

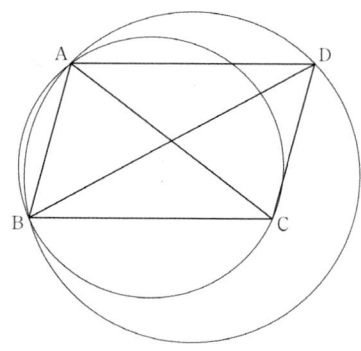

F61 ✱✱❋ .... 2021대비(나) 수능 28(고3)

$\angle A = \dfrac{\pi}{3}$이고 $\overline{AB} : \overline{AC} = 3 : 1$인 삼각형 ABC가 있다.

삼각형 ABC의 외접원의 반지름의 길이가 7일 때,
선분 AC의 길이를 k라 하자. k^2의 값을 구하시오. (4점)

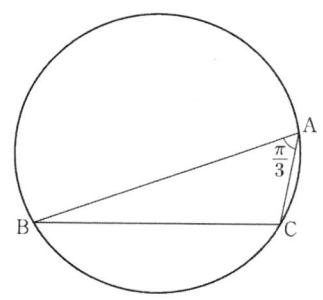

F62 ✱✱❋ .... 2021실시 7월 학평 20(고3)

그림과 같이 선분 AB를 지름으로 하는 원 위의 점 C
에 대하여 $\overline{BC} = 12\sqrt{2}$, $\cos(\angle CAB) = \dfrac{1}{3}$이다. 선분 AB를

5 : 4로 내분하는 점을 D라 할 때, 삼각형 CAD의 외접원의

넓이는 S이다. $\dfrac{S}{\pi}$의 값을 구하시오. (4점)

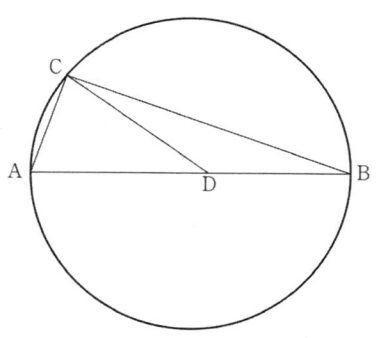

F63 ✱✱✱❋ .... 2021실시 4월 학평 20(고3)

$\overline{AB} : \overline{BC} : \overline{CA} = 1 : 2 : \sqrt{2}$인 삼각형 ABC가 있다. 삼각형
ABC의 외접원의 넓이가 28π일 때, 선분 CA의 길이를
구하시오. (4점)

F64 ★★★☆ ‥‥‥‥‥ 2020실시(나) 10월 학평 19(고3)

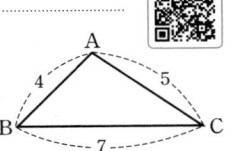

정삼각형 ABC가 반지름의 길이가 r인 원에 내접하고 있다. 선분 AC와 선분 BD가 만나고 $\overline{BD}=\sqrt{2}$가 되도록 원 위에서 점 D를 잡는다. $\angle DBC=\theta$라 할 때, $\sin\theta=\dfrac{\sqrt{3}}{3}$이다. 반지름의 길이 r의 값은? (4점)

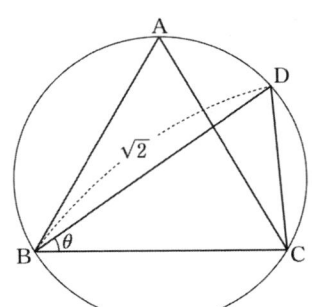

① $\dfrac{6-\sqrt{6}}{5}$ ② $\dfrac{6-\sqrt{5}}{5}$ ③ $\dfrac{4}{5}$

④ $\dfrac{6-\sqrt{3}}{5}$ ⑤ $\dfrac{6-\sqrt{2}}{5}$

유형 06 코사인법칙의 변형

코사인법칙 $a^2=b^2+c^2-2bc\cos A$에서
a^2을 우변으로, $-2bc\cos A$를 좌변으로 이항하면
$2bc\cos A=b^2+c^2-a^2$
이때, $b>0$, $c>0$이므로
$bc>0$ $\therefore \cos A=\dfrac{b^2+c^2-a^2}{2bc}$
마찬가지로 $b^2=c^2+a^2-2ca\cos B$와 $c^2=a^2+b^2-2ab\cos C$의
식을 각각 정리하면
$\cos B=\dfrac{c^2+a^2-b^2}{2ca}$, $\cos C=\dfrac{a^2+b^2-c^2}{2ab}$
이다.

(tip)

① 세 변의 길이의 비를 알 때, 양수 k에 대하여 세 변의 길이를 각각
   $a=lk$, $b=mk$, $c=nk$로 놓고 코사인법칙의 변형을 이용하여
   세 각의 크기를 구한다.
② 두 변의 길이와 그 끼인각의 크기가 주어지거나 세 변의 길이가
   주어질 때 사용한다.

F65 대표

그림과 같은 삼각형 ABC에서 $\overline{AB}=4$, $\overline{BC}=7$, $\overline{CA}=5$일 때, $\sin A$의 값은? (3점)

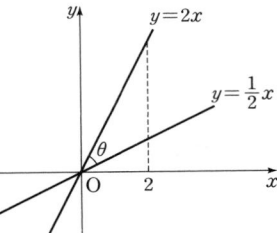

① $\dfrac{\sqrt{3}}{5}$ ② $\dfrac{\sqrt{6}}{5}$ ③ $\dfrac{2\sqrt{2}}{5}$

④ $\dfrac{2\sqrt{3}}{5}$ ⑤ $\dfrac{2\sqrt{6}}{5}$

F66 ★★★ ‥‥‥‥‥ 2004대비(인) 수능 21(고3)

두 직선 $y=2x$와 $y=\dfrac{1}{2}x$가 이루는 예각의 크기를 θ라 할 때, 오른쪽 그림을 이용하여 $\cos\theta$의 값을 구하면? (3점)

① $\dfrac{4}{5}$ ② $\dfrac{3}{5}$

③ $\dfrac{\sqrt{5}}{5}$ ④ $\dfrac{2}{5}$ ⑤ $\dfrac{1}{5}$

F67 ★★★ ‥‥‥‥‥ 2020실시 9월 학평 10(고2)

삼각형 ABC에서
$$\frac{2}{\sin A}=\frac{3}{\sin B}=\frac{4}{\sin C}$$
일 때, $\cos C$의 값은? (3점)

① $-\dfrac{1}{2}$ ② $-\dfrac{1}{4}$ ③ 0

④ $\dfrac{1}{4}$ ⑤ $\dfrac{1}{2}$

F68 ✿❀❀ · · · · · · · · · · · · · · · 2006실시(가) 6월 학평 21(고2)

사각형 ABCD에서 변 AB와 변 CD는 평행이고 $\overline{BC}=2$, $\overline{AB}=\overline{AC}=\overline{AD}=3$일 때, 대각선 BD의 길이는? (4점)

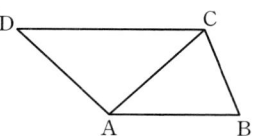

① 5   ② $4\sqrt{2}$ ③ 6

④ $5\sqrt{2}$ ⑤ 8

F69 ✿❀❀ · · · · · · · · · · · · · · · 2024실시 6월 학평 16(고2)

그림과 같이 사각형 ABCD가 한 원에 내접하고
$$\overline{AB}=4, \overline{AD}=5, \overline{BD}=\sqrt{33}$$
이다. 삼각형 BCD의 넓이가 $2\sqrt{6}$일 때, $\overline{BC}\times\overline{CD}$의 값은?

(4점)

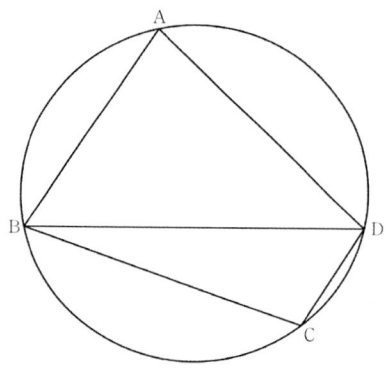

① 10   ② $\dfrac{21}{2}$ ③ 11

④ $\dfrac{23}{2}$ ⑤ 12

F70 ✿❀❀ · · · · · · · · · · · · · · · 2021대비(나) 9월 모평 25(고3)

$\overline{AB}=6$, $\overline{AC}=10$인 삼각형 ABC가 있다. 선분 AC 위에 점 D를 $\overline{AB}=\overline{AD}$가 되도록 잡는다. $\overline{BD}=\sqrt{15}$일 때, 선분 BC의 길이를 k라 하자. k^2의 값을 구하시오. (3점)

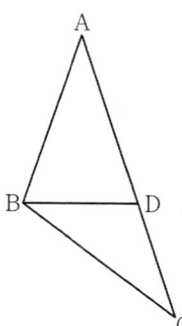

F71 ✿❀❀ · · · · · · · · · · · · · · · 2022실시 6월 학평 16(고2)

그림과 같이 반지름의 길이가 2이고 중심각의 크기가 $\dfrac{\pi}{2}$인 부채꼴 OAB가 있다. 호 AB 위에 점 C를 $\overline{AC}=1$이 되도록 잡는다. 선분 OC 위의 점 O가 아닌 점 D에 대하여 삼각형 BOD의 넓이가 $\dfrac{7}{6}$일 때, 선분 OD의 길이는? (4점)

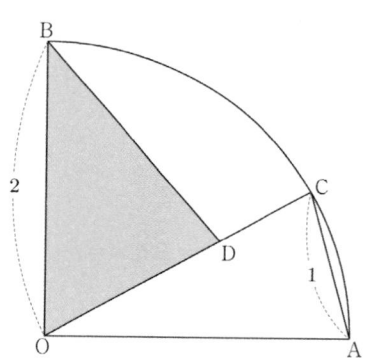

① $\dfrac{5}{4}$ ② $\dfrac{31}{24}$ ③ $\dfrac{4}{3}$

④ $\dfrac{11}{8}$ ⑤ $\dfrac{17}{12}$

F72 ✽✽✽✽   2008실시(가) 6월 학평 14(고2)

다음은 ∠A가 둔각인 △ABC에 대하여 $\overline{AB}=c$, $\overline{BC}=a$, $\overline{AC}=b$라 할 때, $\cos A=\dfrac{b^2+c^2-a^2}{2bc}$임을 증명하는 과정이다.

[증명]

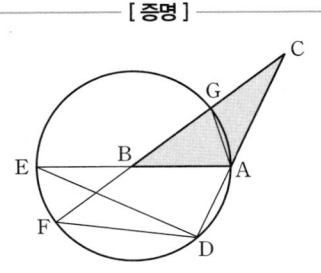

그림과 같이 점 B를 중심으로 하고 $\overline{AB}$를 반지름으로 하는 원을 그리고, 선분 $\overline{BC}$와 원이 만나는 점을 G라 하자. △ABC의 세 변 $\overline{CA}$, $\overline{AB}$, $\overline{BC}$의 연장선과 원이 만나는 점을 각각 D, E, F라 할 때, $\dfrac{\overline{AD}}{\overline{AE}}=$ (가) 이다.

또 △ACG∽ (나) 이므로 $(a-c):b=$ (다) $:(a+c)$

$\therefore \cos A=\dfrac{b^2+c^2-a^2}{2bc}$

위 증명에서 (가), (나), (다)에 알맞은 것은? (4점)

	(가)	(나)	(다)
①	$\cos A$	△ABC	$b+2c\cos A$
②	$\cos A$	△ABC	$b-2c\cos A$
③	$-\cos A$	△ABC	$b+2c\cos A$
④	$-\cos A$	△FCD	$b-2c\cos A$
⑤	$-\cos A$	△FCD	$b+2c\cos A$

유형 07 삼각형의 결정

삼각형 ABC에서 세 각 A, B, C에 대한 관계식이 주어지면

(1) **사인법칙** : $\sin A=\dfrac{a}{2R}$, $\sin B=\dfrac{b}{2R}$, $\sin C=\dfrac{c}{2R}$

(단, R는 외접원의 반지름의 길이)

(2) **코사인법칙의 변형** :

$\cos A=\dfrac{b^2+c^2-a^2}{2bc}$, $\cos B=\dfrac{c^2+a^2-b^2}{2ca}$, $\cos C=\dfrac{a^2+b^2-c^2}{2ab}$

을 이용하여 세 변 a, b, c에 대한 식으로 나타낸다.

(tip)

1 삼각형의 모양은 각의 크기 사이의 관계를 변의 길이 사이의 관계로 변형하여 결정하고, 삼각형의 세 변의 길이는 모두 양수이므로 두 변의 길이의 합 또는 세 변의 길이의 합은 항상 양수임을 기억하자.

2 $c^2=a^2+b^2$을 만족시키는 삼각형 ABC는 ∠C=90°인 직각삼각형이다.

F73 대표

등식 $2\sin A\cos B=\sin C$를 만족시키는 삼각형 ABC는 어떤 삼각형인가? (3점)

① 정삼각형

② ∠A=90°인 직각삼각형

③ ∠C=90°인 직각삼각형

④ ∠A=∠B인 이등변삼각형

⑤ ∠A=∠C인 이등변삼각형

F74 ✽✽✽

등식 $(\cos A-\cos B)(\cos A+\cos B)=\sin^2 C$를 만족시키는 삼각형 ABC는 어떤 삼각형인가? (3점)

① ∠A=90°인 직각삼각형

② ∠B=90°인 직각삼각형

③ $a=b$인 이등변삼각형

④ $b=c$인 이등변삼각형

⑤ $c=a$인 이등변삼각형

F75 ✽✽✽

삼각형 ABC가 $b^2\tan A=a^2\tan B$를 만족시킬 때, 삼각형 ABC의 모양이 될 수 있는 것만을 [보기]에서 있는 대로 고른 것은? (3점)

[보기]

ㄱ. ∠A=90°인 직각삼각형

ㄴ. ∠C=90°인 직각삼각형

ㄷ. $a=b$인 이등변삼각형

① ㄱ   ② ㄴ   ③ ㄷ

④ ㄴ, ㄷ   ⑤ ㄱ, ㄴ, ㄷ

코사인법칙과 코사인법칙의 변형을 문제의 상황에 맞게
적절하게 적용하여 해결한다.

(1) 코사인법칙 : $a^2=b^2+c^2-2bc\cos A$

$b^2=c^2+a^2-2ca\cos B$

$c^2=a^2+b^2-2ab\cos C$

(2) 코사인법칙의 변형 :

$$\cos A=\frac{b^2+c^2-a^2}{2bc}, \cos B=\frac{c^2+a^2-b^2}{2ca}, \cos C=\frac{a^2+b^2-c^2}{2ab}$$

tip

① 주어진 상황에서 삼각형의 각의 크기, 변의 길이 등을 알아내어
코사인법칙에 대입한다.

② 모든 공식을 외우기보다는 삼각형에서 상황을 이해하고 하나의
공식만 정확하게 외워서 적용하는 연습을 하자.

F76 대표 .... 2023실시 6월 학평 6(고2)

$\overline{AB}=3$, $\overline{AC}=6$이고 $\cos A=\dfrac{5}{9}$인

삼각형 ABC에서 선분 BC의 길이는? (3점)

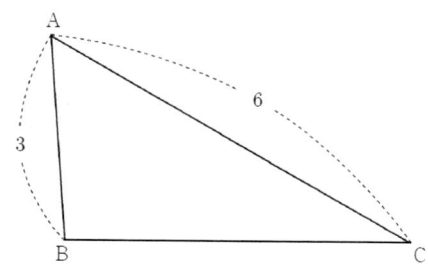

① 4   ② $\dfrac{9}{2}$ ③ 5

④ $\dfrac{11}{2}$ ⑤ 6

F77 ✿❀❀ .... 2010실시 9월 학평 30(고1)

그림은 화가 라파엘로의 벽화 '아테네 학당'의
일부이다.

은호는 수학자 유클리드가 컴퍼스를 이용하여 도형을 작도하고
있는 칠판을 보고, 반지름의 길이가 5인 원 O에 내접하는
정삼각형 ABC와 정삼각형 PQR를 이용하여 다음과 같은
도형을 만들었다. 어두운 부분의 넓이의 최솟값을 구하기
위하여 정삼각형 PQR를 원 O에 내접하면서 움직였더니,
어두운 부분의 넓이의 최솟값이 $a\pi-b\sqrt{3}$이었다.
이때, $a+b$의 값을 구하시오. (단, a, b는 유리수) (4점)

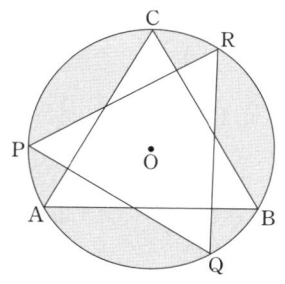

F78 ✿❀❀ .... 2008실시 3월 학평 21(고2)

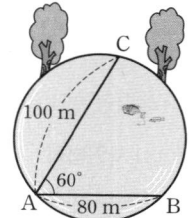

원 모양의 호수의 넓이를 구하기 위해
호수의 가장자리의 세 지점 A, B, C에서
거리와 각을 측정한 결과가 다음과 같았다.
$\overline{AB}=80$ m, $\overline{AC}=100$ m, $\angle CAB=60°$
이때, 이 호수의 넓이는? (4점)

① 2400π m^2 ② 2500π m^2

③ 2600π m^2 ④ 2700π m^2

⑤ 2800π m^2

F79 ✿✿✿ 　　　　　　　　　　　　　　　2002대비(인) 수능 22(고3)

어떤 물질은 원자를 구로 나타낼 경우 똑같은 구들을 규칙적으로 배열하여 얻은 정육각형 격자구조를 갖는다. 아래 그림은 이 격자구조의 한 단면에 놓여 있는 원자의 중심을 연결한 것이다. 이 구조에서 한 원자의 에너지는 인접한 원자의 수와 거리에 영향을 받는다. 가장 인접한 원자의 중심간의 거리가 모두 1일 때, 동일 평면상에서 고정된 한 원자와 중심 사이의 거리가 $\sqrt{7}$인 원자의 개수는? (3점)

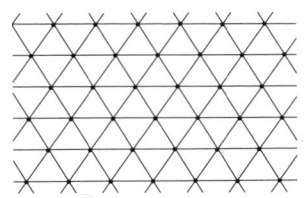

① 4　　　　② 6　　　　③ 8

④ 12　　　⑤ 16

F80 ✿✿✿ 　　　　　　　　　　　　　　　2020실시 9월 학평 27(고2)

그림과 같이 반지름의 길이가 2이고 중심각의 크기가 $\frac{3}{2}\pi$인 부채꼴 OBA가 있다. 호 BA 위에 점 P를 $\angle BAP = \frac{\pi}{6}$가 되도록 잡고, 점 B에서 선분 AP에 내린 수선의 발을 H라 할 때, $\overline{OH}^2$의 값은 $m + n\sqrt{3}$이다. $m^2 + n^2$의 값을 구하시오. (단, m, n은 유리수이다.) (4점)

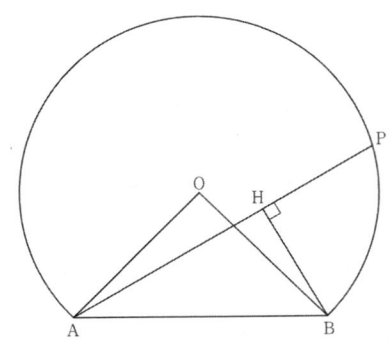

F81 ✿✿✿ 　　　　　　　　　　　　　　　2007실시(나) 6월 학평 15(고2)

그림과 같이 밑면의 반지름의 길이가 2, 모선의 길이가 6, 꼭짓점이 O인 직원뿔에 대하여, 밑면의 지름의 양끝을 A, B라 하고 $\overline{OA}$의 중점을 A′라 하자. 점 P가 점 B에서부터 직원뿔의 옆면을 따라 점 A′까지 움직인 최단거리는? (4점)

① $\sqrt{3}$　　　② $2\sqrt{3}$　　　③ $3\sqrt{3}$

④ $4\sqrt{3}$　　　⑤ $5\sqrt{3}$

F82 ✿✿✿ 　　　　　　　　　　　　　　　2006실시(가) 3월 학평 19(고2)

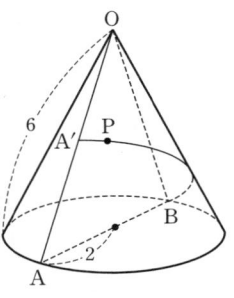

그림과 같이 $\overline{AB}=3$, $\overline{BC}=a$, $\overline{AC}=4$인 삼각형 ABC가 원에 내접하고 있다. 이 원의 반지름의 길이를 R라 할 때, 옳은 내용을 [보기]에서 모두 고른 것은? (4점)

[보기]

ㄱ. $a = 5$이면 $R = \frac{5}{2}$이다.

ㄴ. $R = 4$이면 $a = 8\sin A$이다.

ㄷ. $1 < a^2 \le 13$일 때, $\angle A$의 최댓값은 60°이다.

① ㄱ　　　　② ㄷ　　　　③ ㄱ, ㄴ

④ ㄴ, ㄷ　　　⑤ ㄱ, ㄴ, ㄷ

F83 ✿✿❀
2021실시 3월 학평 15(고3)

그림과 같이 $\overline{AB}=5$, $\overline{BC}=4$, $\cos(\angle ABC)=\dfrac{1}{8}$

인 삼각형 ABC가 있다. ∠ABC의 이등분선과 ∠CAB의
이등분선이 만나는 점을 D, 선분 BD의 연장선과
삼각형 ABC의 외접원이 만나는 점을 E라 할 때, [보기]에서
옳은 것만을 있는 대로 고른 것은? (4점)

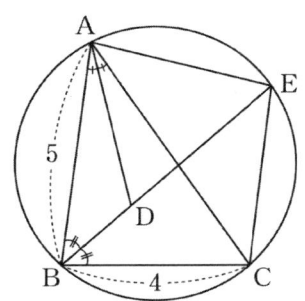

[보기]

ㄱ. $\overline{AC}=6$

ㄴ. $\overline{EA}=\overline{EC}$

ㄷ. $\overline{ED}=\dfrac{31}{8}$

① ㄱ   ② ㄱ, ㄴ   ③ ㄱ, ㄷ

④ ㄴ, ㄷ   ⑤ ㄱ, ㄴ, ㄷ

3 삼각형의 넓이

유형 09 삼각형의 넓이

삼각형 ABC의 넓이를 S라 하면
두 변의 길이와 그 끼인각의 크기를 알 때,

$$S=\frac{1}{2}ab\sin C=\frac{1}{2}bc\sin A=\frac{1}{2}ca\sin B$$

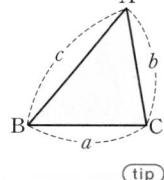

(tip)

1. 세 변의 길이를 알 때, 코사인법칙을 이용하여 한 각의 크기를 구한
   뒤에 위의 공식을 이용하여 삼각형의 넓이를 구한다.
2. 삼각형 ABC의 ∠A의 이등분선이 변 BC와 만나는 점을 D라 하면
   $\overline{AB}:\overline{AC}=\overline{BD}:\overline{CD}$가 성립한다.

F84 대표
2023실시 9월 학평 10(고2)

$\overline{AB}=6$, $\overline{BC}=7$인 삼각형 ABC가 있다.
삼각형 ABC의 넓이가 15일 때, $\cos(\angle ABC)$의 값은?

$$\left(\text{단, } 0<\angle ABC<\frac{\pi}{2}\right) \text{(3점)}$$

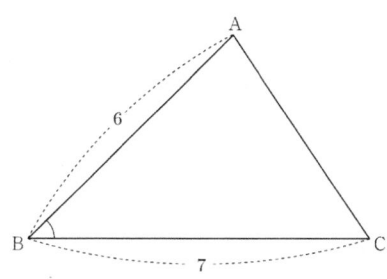

① $\dfrac{\sqrt{21}}{7}$ ② $\dfrac{2\sqrt{6}}{7}$ ③ $\dfrac{3\sqrt{3}}{7}$

④ $\dfrac{\sqrt{30}}{7}$ ⑤ $\dfrac{\sqrt{33}}{7}$

F85 ✿❀❀

오른쪽 그림과 같이 $\overline{AB}=8$,
$\overline{AC}=6$, ∠A$=60°$인 삼각형
ABC에서 ∠A의 이등분선이
변 BC와 만나는 점을 D라 할 때,
삼각형 ABD의 넓이는? (3점)

① $\dfrac{12\sqrt{3}}{7}$ ② $\dfrac{24\sqrt{3}}{7}$

③ $\dfrac{44\sqrt{3}}{7}$ ④ $\dfrac{46\sqrt{3}}{7}$ ⑤ $\dfrac{48\sqrt{3}}{7}$

F86 ❀❀❀
2020실시(나) 4월 학평 17(고3)

그림과 같이 길이가 12인 선분 AB를 지름으로 하는 반원의
호 AB 위에 점 C가 있다. 호 CB의 길이가 2π일 때, 두 선분
AB, AC와 호 CB로 둘러싸인 부분의 넓이는? (4점)

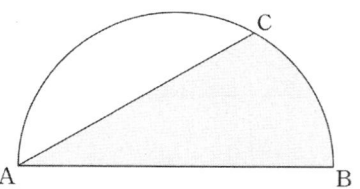

① $5\pi+9\sqrt{3}$ ② $5\pi+10\sqrt{3}$ ③ $6\pi+9\sqrt{3}$

④ $6\pi+10\sqrt{3}$ ⑤ $7\pi+9\sqrt{3}$

F87 ✿❀❀   2019실시(가) 11월 학평 10(고2)

그림과 같이 중심각의 크기가 $\dfrac{\pi}{3}$인 부채꼴 OAB의

호의 길이가 π일 때, 삼각형 OAB의 넓이는? (3점)

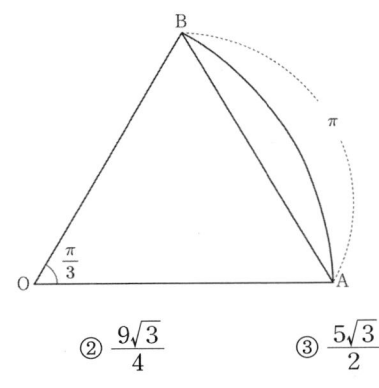

① $2\sqrt{3}$ ② $\dfrac{9\sqrt{3}}{4}$ ③ $\dfrac{5\sqrt{3}}{2}$

④ $\dfrac{11\sqrt{3}}{4}$ ⑤ $3\sqrt{3}$

F88 ✿❀❀   2019실시(나) 11월 학평 25(고2)

$\overline{AB}=15$이고 넓이가 50인 삼각형 ABC에 대하여 $\angle ABC=\theta$ 라 할 때 $\cos\theta=\dfrac{\sqrt{5}}{3}$이다. 선분 BC의 길이를 구하시오. (3점)

F89 ✿❀❀   2010실시 6월 학평 27(고1)

그림과 같이 세 정사각형 OABC, ODEF, OGHI와 세 삼각형 OCD, OFG, OIA는 한 점 O에서 만나고, $\angle COD = \angle FOG = \angle IOA = 30°$이다.

세 삼각형 넓이의 합이 26이고, 세 정사각형 둘레의 길이의 합이 72일 때, 세 정사각형의 넓이의 합을 구하시오. (4점)

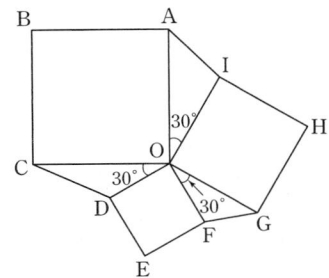

F90 ✿❀❀   2009실시 3월 학평 15(고2)

그림과 같이 직각삼각형 ABC의 세 변 AB, BC, CA를 각각 한 변으로 하는 정사각형 APQB, BRSC, CTUA를 그린다. 세 변 AB, BC, CA의 길이를 각각 c, a, b라 할 때, 다음 중 육각형 PQRSTU의 넓이를 나타낸 것은? (4점)

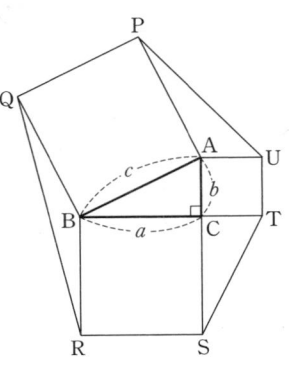

① $2(a^2+bc)$ ② $2(b^2+ca)$

③ $2(c^2+ab)$ ④ $ab+bc+ca+2a^2$

⑤ $ab+bc+ca+2c^2$

F91 ✿❀❀   2005실시(가) 6월 학평 11(고2)

그림은 세 도시 A, B, C를 서로 잇는 직선도로를 나타낸 것이다. $\angle A=120°$, $\overline{AB}=15$ km, $\overline{AC}=20$ km이고 두 도시 B, C 사이에 선분 BC를 3 : 4로 내분하는 지점 D에 도서관을 세울 때, 직선도로 $\overline{AD}$의 길이는 몇 km인가? (4점)

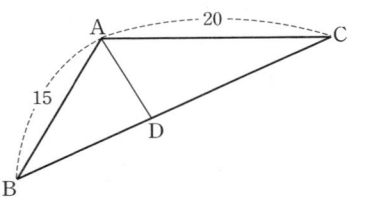

① $\dfrac{60}{7}$ ② $\dfrac{64}{7}$ ③ $\dfrac{68}{7}$

④ $\dfrac{72}{7}$ ⑤ $\dfrac{76}{7}$

F92 ✽❀❀   2005실시 6월 학평 30(고1)

그림과 같이 넓이가 18인
삼각형 ABC가 있다. 각 변
위의 점 L, M, N은
$\overline{AL}=2\overline{BL}$, $\overline{BM}=\overline{CM}$,
$\overline{CN}=2\overline{AN}$을 만족할 때,
삼각형 LMN의 넓이를
구하시오. (4점)

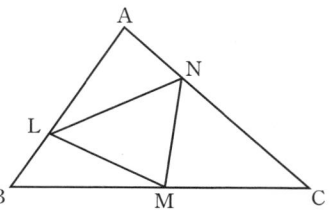

F93 ✽❀❀   2003실시(나) 6월 학평 18(고2)

다음은 △ABC에서 한 변의 길이 a와 그 양 끝각 ∠B, ∠C의

크기가 주어졌을 때, △ABC의 넓이 S는 $S=\dfrac{a^2\sin B\sin C}{2\sin(B+C)}$

임을 증명한 것이다. (단, $\overline{BC}=a$, $\overline{CA}=b$, $\overline{AB}=c$)

─────────────── [증명] ───────────────

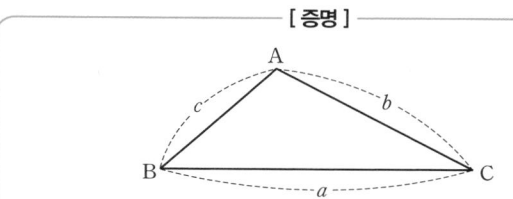

△ABC의 넓이는 $S=\dfrac{1}{2}ab\times\boxed{(가)}$이다.

사인법칙에 의해 $b=a\times\dfrac{\boxed{(나)}}{\sin A}$이고

$A+B+C=180°$에서 $\sin A=\boxed{(다)}$

따라서 $S=\dfrac{a^2\sin B\sin C}{2\sin(B+C)}$

─────────────────────────────────────

위의 증명에서 (가), (나), (다)에 알맞은 것은? (3점)

	(가)	(나)	(다)
①	$\cos C$	$\sin C$	$\cos(B+C)$
②	$\sin C$	$\sin B$	$\sin(B+C)$
③	$\sin C$	$\sin B$	$\cos(B+C)$
④	$\sin C$	$\sin C$	$\sin(B+C)$
⑤	$\cos C$	$\sin B$	$\sin(B+C)$

F94 ✽❀❀   2005실시 6월 학평 30(고1)

오른쪽 그림과 같은 삼각형
ABC의 세 변의 길이의 합이
28이고, $A=120°$, $\overline{BC}=13$일
때, 삼각형 ABC의 넓이는? (3점)

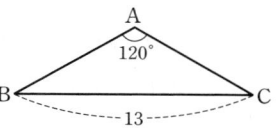

① 14   ② $14\sqrt{2}$ ③ $14\sqrt{3}$

④ $15\sqrt{2}$ ⑤ $15\sqrt{3}$

F95 ✽❀❀   2021실시 9월 학평 9(고2)

$\overline{AB}=\overline{AC}=2$인 삼각형 ABC에서

∠BAC$=\theta$ $(0<\theta<\pi)$라 하자. 삼각형 ABC의 넓이가 1보다
크도록 하는 모든 θ의 값의 범위가 $\alpha<\theta<\beta$일 때, $2\alpha+\beta$의
값은? (3점)

① $\dfrac{7}{6}\pi$ ② $\dfrac{4}{3}\pi$ ③ $\dfrac{3}{2}\pi$

④ $\dfrac{5}{3}\pi$ ⑤ $\dfrac{11}{6}\pi$

F96 ✿✿❀ 2020실시 11월 학평 14(고2)

그림과 같이 반지름의 길이가 4, 호의 길이가 π인 부채꼴 OAB가 있다. 부채꼴 OAB의 넓이를 S, 선분 OB 위의 점 P에 대하여 삼각형 OAP의 넓이를 T라 하자. $\dfrac{S}{T}=\pi$일 때, 선분 OP의 길이는? (단, 점 P는 점 O가 아니다.)

(4점)

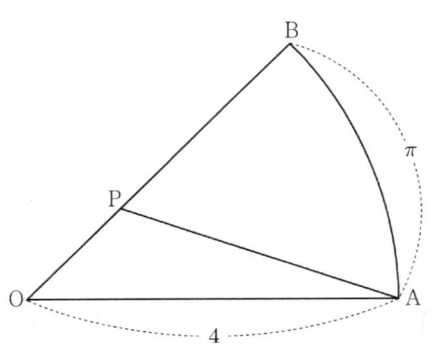

① $\dfrac{\sqrt{2}}{2}$　　② $\dfrac{3}{4}\sqrt{2}$　　③ $\sqrt{2}$

④ $\dfrac{5}{4}\sqrt{2}$　　⑤ $\dfrac{3}{2}\sqrt{2}$

F97 ✿✿❀ 2020실시 9월 학평 16(고2)

그림과 같이 한 변의 길이가 1인 정삼각형 ABC에서 선분 AB의 연장선과 선분 AC의 연장선 위에 $\overline{AD}=\overline{CE}$가 되도록 두 점 D, E를 잡는다. $\overline{DE}=\sqrt{13}$일 때, 삼각형 BDE의 넓이는? (4점)

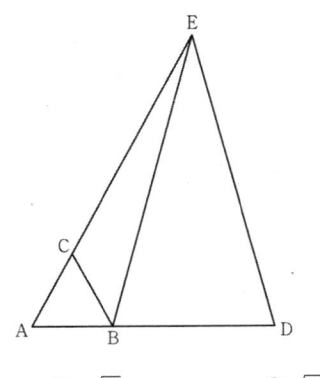

① $\sqrt{6}$　　② $2\sqrt{2}$　　③ $\sqrt{10}$

④ $2\sqrt{3}$　　⑤ $\sqrt{14}$

F98 ✿✿✿ 1995대비(인) 수능 21(고3)

그림과 같은 사다리꼴 ABCD가 있다. $\overline{AB}=\overline{AD}=1$, $\overline{BC}=2$, ∠A와 ∠B의 크기는 $\dfrac{\pi}{2}$이다. 윗변 AD에 임의의 점 P를 잡아 $\overline{PB}=x$, $\overline{PC}=y$라 할 때, 다음 [보기] 중 옳은 것을 모두 고르면? (1.5점)

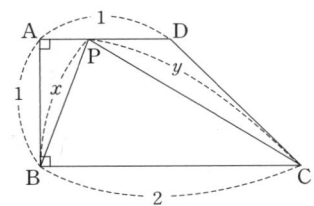

─────── [보기] ───────
ㄱ. $xy \geq 2$이다.
ㄴ. $xy=2$이면, △BCP는 직각삼각형이다.
ㄷ. $xy \leq \sqrt{5}$이다.
────────────────────────

① ㄱ　　② ㄷ　　③ ㄱ, ㄷ
④ ㄴ, ㄷ　　⑤ ㄱ, ㄴ, ㄷ

유형 10　삼각형의 넓이의 활용

삼각형 ABC의 넓이를 S라 하면
(1) 두 변의 길이와 그 끼인각의 크기를 알 때,

$$S=\dfrac{1}{2}ab\sin C=\dfrac{1}{2}bc\sin A=\dfrac{1}{2}ca\sin B$$

(2) 외접원의 반지름의 길이를 알 때,

$$S=\dfrac{abc}{4R}=2R^2\sin A \sin B \sin C \ (단, R는 외접원의 반지름)$$

tip

세 변의 길이를 알 때, 코사인법칙을 이용하여 한 각의 크기를 구한 뒤에 (1)의 공식을 이용하여 삼각형의 넓이를 구한다.

F99 대표 2011실시 11월 학평 16(고1)

좌표평면 위에 중심의 좌표가 $\left(-\dfrac{1}{2},\ 0\right)$이고 반지름의 길이가 1인 원 O_1이 있다. 원 O_1을 y축에 대하여 대칭이동한 원을 O_2라 하고 x축의 방향으로 2만큼 평행이동한 원을 O_3이라 하자. 원 O_1의 내부와 원 O_2의 내부의 공통부분의 넓이와 원 O_2의 내부와 원 O_3의 내부의 공통부분의 넓이의 합은? (4점)

① $\dfrac{4}{3}\pi-2\sqrt{3}$　　② $\dfrac{2}{3}\pi-\dfrac{\sqrt{3}}{2}$　　③ $\dfrac{4}{3}\pi-\sqrt{3}$

④ $\dfrac{2}{3}\pi+\dfrac{\sqrt{3}}{2}$　　⑤ $\dfrac{2}{3}\pi+\sqrt{3}$

F100 ❀❀❀

오른쪽 그림과 같은 삼각형 ABC에서
$\overline{AB}=6$, $\overline{BC}=4$, $\overline{CA}=8$일 때,
삼각형 ABC의 넓이는? (3점)

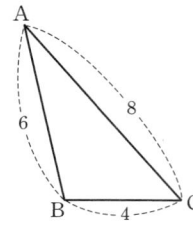

① $3\sqrt{5}$ ② $5\sqrt{5}$

③ 15   ④ $3\sqrt{15}$

⑤ $5\sqrt{15}$

F101 ❀❀❀

2020실시(가) 4월 학평 10(고3)

그림과 같이 중심각의 크기가 $\dfrac{\pi}{3}$인 부채꼴 OAB에서

선분 OA를 $3:1$로 내분하는 점을 P, 선분 OB를 $1:2$로
내분하는 점을 Q라 하자. 삼각형 OPQ의 넓이가 $4\sqrt{3}$일 때,
호 AB의 길이는? (3점)

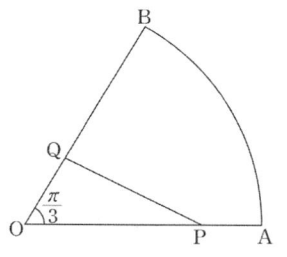

① $\dfrac{5}{3}\pi$ ② 2π ③ $\dfrac{7}{3}\pi$

④ $\dfrac{8}{3}\pi$ ⑤ 3π

F102 ❀❀❀

오른쪽 그림과 같이 세 변의 길이가
4, 5, 7인 삼각형 ABC의 외접원의
반지름의 길이 R와 내접원의 반지름의
길이 r에 대하여 $R-r$의 값은? (3점)

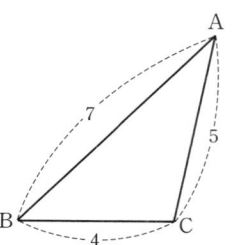

① $\dfrac{\sqrt{6}}{2}$ ② $\dfrac{23\sqrt{6}}{24}$

③ $\sqrt{6}$ ④ $\dfrac{37\sqrt{6}}{24}$

⑤ $2\sqrt{6}$

F103 ❀❀❀

오른쪽 그림과 같이 반지름의 길이가
10인 원에서
$$\overset{\frown}{AB} : \overset{\frown}{BC} : \overset{\frown}{CA} = 3:4:5$$
일 때, 삼각형 ABC의 넓이는? (4점)

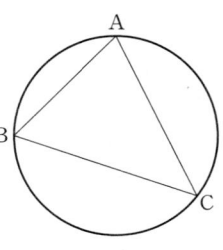

① $20(3+\sqrt{3})$ ② $25(1+\sqrt{3})$

③ $25(3+\sqrt{3})$ ④ $30(1+\sqrt{3})$

⑤ $30(3+\sqrt{3})$

F104 ❀❀❀

오른쪽 그림과 같이 $\overline{AB}=4$,
$\overline{AC}=5$, $\angle A=60°$인 삼각형
ABC에서 두 선분 AB, AC
위에 각각 두 점 P, Q를 잡을 때,
선분 PQ에 의하여 삼각형
ABC의 넓이가 이등분되는 선분
PQ의 길이의 최솟값은? (4점)

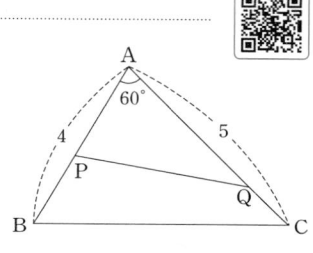

① $\sqrt{6}$ ② $\sqrt{7}$ ③ $\sqrt{10}$

④ $\sqrt{11}$ ⑤ $\sqrt{13}$

F105 ✿✿✿✿

그림과 같이 길이가 4인 선분 AB를 지름으로 하는 반원이 있다. 선분 AB의 중점을 O라 하고, 호 AB 위의 점 C에 대하여 점 A를 지나고 선분 OC와 평행한 직선과 호 AB의 교점을 P, 선분 OC와 선분 BP의 교점을 Q라 하자. 점 Q를 지나고 선분 PO와 평행한 직선과 선분 OB의 교점을 D라 하자. $\angle CAB = \theta$라 할 때, 삼각형 QDB의 넓이를 $S(\theta)$, 삼각형 PQC의 넓이를 $T(\theta)$라 하자. 다음은 $S(\theta)$와 $T(\theta)$를 구하는 과정이다. $\left(\text{단, } 0 < \theta < \dfrac{\pi}{4}\right)$

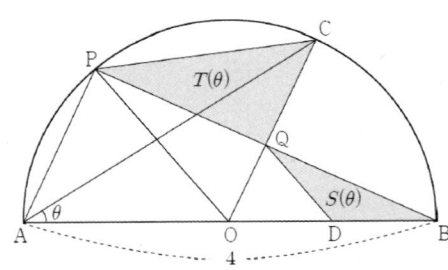

$\angle CAB = \theta$이므로 $\angle COB = 2\theta$이다.

삼각형 POB가 이등변삼각형이고 $\angle OQB = \dfrac{\pi}{2}$이므로

점 Q는 선분 PB의 중점이고 $\angle POQ = 2\theta$이다.

선분 PO와 선분 QD가 평행하므로

삼각형 POB와 삼각형 QDB는 닮음이다.

따라서 $\overline{QD} = \boxed{\text{(가)}}$ 이고 $\angle QDB = \boxed{\text{(나)}}$ 이므로

$$S(\theta) = \frac{1}{2} \times \boxed{\text{(가)}} \times 1 \times \sin\left(\boxed{\text{(나)}}\right)$$

이다. $\overline{CQ} = \overline{CO} - \overline{QO}$이므로

$$T(\theta) = \frac{1}{2} \times \overline{PQ} \times \overline{CQ} = \sin 2\theta \times \left(2 - \boxed{\text{(다)}}\right)$$

이다.

위의 (가)에 알맞은 수를 p라 하고, (나), (다)에 알맞은 식을 각각 $f(\theta)$, $g(\theta)$라 할 때, $p \times f\left(\dfrac{\pi}{16}\right) \times g\left(\dfrac{\pi}{8}\right)$의 값은? (4점)

① $\dfrac{\sqrt{2}}{4}\pi$　　　② $\dfrac{\sqrt{2}}{5}\pi$　　　③ $\dfrac{\sqrt{2}}{6}\pi$

④ $\dfrac{\sqrt{2}}{7}\pi$　　　⑤ $\dfrac{\sqrt{2}}{8}\pi$

F106 ✿✿✿✿

$0 < \theta < \dfrac{\pi}{4}$인 임의의 실수 θ에 대하여 그림과 같이 $\overline{AB} = 3$, $\angle ABC = \theta$, $\angle CAB = 3\theta$인 삼각형 ABC가 있다. 선분 BC 위에 점 D를 $\angle DAC = \theta$가 되도록 잡고, 선분 AC 위에 점 E를 $\angle EDC = \theta$가 되도록 잡는다.

다음은 삼각형 ADE의 넓이 $S(\theta)$를 구하는 과정이다.

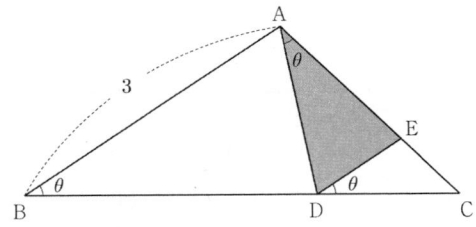

$\angle ABC = \theta$, $\angle DAB = 2\theta$이므로 $\angle BDA = \pi - 3\theta$이다.

삼각형 ABD에서 사인법칙에 의하여

$$\frac{\overline{AD}}{\sin\theta} = \frac{\overline{AB}}{\boxed{\text{(가)}}}$$

이므로 $\overline{AD} = \dfrac{3\sin\theta}{\boxed{\text{(가)}}}$이다.

또한 $\angle ADE = 2\theta$이므로

$$\overline{DE} = \boxed{\text{(나)}} \times \overline{AD}^2$$

이다. 따라서 삼각형 ADE의 넓이 $S(\theta)$는

$$S(\theta) = \frac{9}{2} \times \left(\frac{\sin\theta}{\sin 3\theta}\right)^3 \times \boxed{\text{(다)}}$$

이다.

위의 (가), (다)에 알맞은 식을 각각 $f(\theta)$, $g(\theta)$라 하고, (나)에 알맞은 수를 p라 할 때, $p \times f\left(\dfrac{\pi}{6}\right) \times g\left(\dfrac{\pi}{12}\right)$의 값은? (4점)

① $\dfrac{1}{12}$　　　② $\dfrac{1}{6}$　　　③ $\dfrac{1}{4}$

④ $\dfrac{1}{3}$　　　⑤ $\dfrac{5}{12}$

F107 ✿✿❀

반지름의 길이가 $\dfrac{4\sqrt{3}}{3}$인 원이 삼각형 ABC에

내접하고 있다. 원이 선분 BC와 만나는 점을 D라 하고
$\overline{BD}=12$, $\overline{DC}=4$일 때, 삼각형 ABC의 둘레의 길이는? (4점)

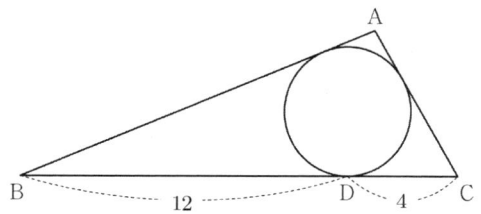

① $\dfrac{71}{2}$ ② 36 ③ $\dfrac{73}{2}$

④ 37 ⑤ $\dfrac{75}{2}$

유형 11 평행사변형의 넓이

평행사변형 ABCD의 넓이를
S라 하면 이웃하는 두 변의 길이가
a, b이고 그 끼인각의 크기가 θ인
평행사변형의 넓이 S는
$S=ab\sin\theta$

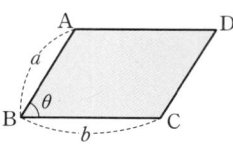

(tip)

평행사변형의 대각선의 길이
코사인법칙에 의하여 $\overline{AC}^2=\overline{AB}^2+\overline{BC}^2-2\times\overline{AB}\times\overline{BC}\cos B$

F108 대표

오른쪽 그림과 같이 $\overline{AB}=3$,
$B=45°$인 평행사변형 ABCD의
넓이가 $3\sqrt{2}$일 때, $\overline{BC}$의 길이는?

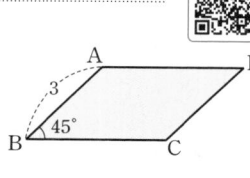

(3점)

① $\sqrt{2}$ ② 2 ③ $2\sqrt{2}$

④ 3 ⑤ $2\sqrt{3}$

F109 ✿❀❀

그림과 같이 $\overline{AB}=2\sqrt{3}$, $\overline{BC}=4$인 평행사변형 ABCD의
넓이가 12일 때, $\overline{AC}^2$의 값은? (단, $0°<B<90°$) (4점)

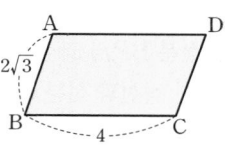

① $26-8\sqrt{3}$ ② $28-8\sqrt{3}$ ③ $30-8\sqrt{3}$
④ $28-4\sqrt{3}$ ⑤ $32-4\sqrt{3}$

F110 ✿✿❀

둘레의 길이가 8인 평행사변형 중 넓이가 최대가
되는 평행사변형의 넓이를 구하시오. (4점)

유형 12 사각형의 넓이

두 대각선의 길이가 a, b이고
두 대각선이 이루는 각의 크기가 θ인
사각형의 넓이 S는

$S = \dfrac{1}{2}ab\sin\theta$

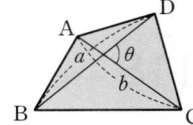

(tip)

두 대각선이 이루는 각은 예각과 둔각으로 2개가 있으나 $\sin\theta$에
대입했을 때 $\sin(\pi-\theta)=\sin\theta$로 그 값이 같으므로 어느 것을 택해도
관계없다.

F111 대표

그림과 같이 $\overline{AB}=4$, $\overline{BC}=6$, $\overline{CD}=3$,
$\angle ABD=30°$, $\angle BCD=60°$인 사각형 ABCD의 넓이는?

(3점)

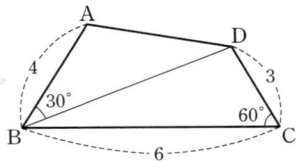

① $\dfrac{15\sqrt{3}}{2}$ ② $\dfrac{17\sqrt{3}}{2}$ ③ $\dfrac{19\sqrt{3}}{2}$

④ $\dfrac{23\sqrt{3}}{2}$ ⑤ $\dfrac{25\sqrt{3}}{2}$

F112 ✽✿✿

2008실시 3월 학평 18(고1)

그림은 선분 AB를 지름으로 하는 원 O에 내접하는 사각형
APBQ를 나타낸 것이다. $\overline{AP}=4$, $\overline{BP}=2$이고
$\overline{QA}=\overline{QB}$일 때, 선분 PQ의 길이는? (4점)

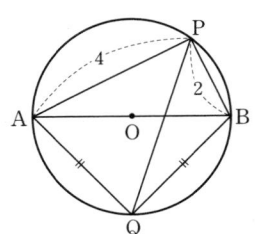

① $3\sqrt{2}$ ② $\dfrac{10\sqrt{2}}{3}$ ③ $\sqrt{14}$

④ $\dfrac{4\sqrt{10}}{3}$ ⑤ 4

F113 ✽✿✿

2005실시 6월 학평 28(고1)

한 변의 길이가 $4\sqrt{3}$인 정사각형 모양의 시계에서 1과 2 사이의
어두운 사각형의 넓이가 $a-b\sqrt{3}$일 때, ab를 구하시오.

(단, a와 b는 유리수) (4점)

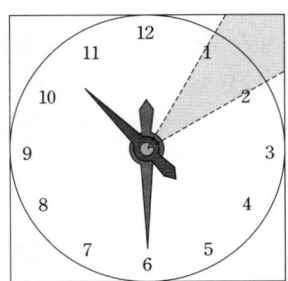

F114 ✽✿✿

오른쪽 그림과 같이 원에 내접하
는 사각형 ABCD에서 $\overline{AB}=1$,
$\overline{BC}=2$, $\overline{CD}=3$, $\overline{DA}=4$일 때,
사각형 ABCD의 넓이는? (4점)

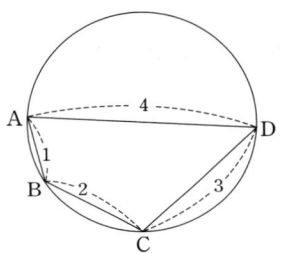

① 4 ② $2\sqrt{5}$

③ $2\sqrt{6}$ ④ $3\sqrt{3}$

⑤ $4\sqrt{2}$

F115 ✽✿✿

두 대각선의 길이의 합이 6인 사각형의 넓이의 최댓값은? (4점)

① 2 ② $\dfrac{9}{2}$ ③ $\dfrac{11}{2}$

④ 6 ⑤ 9

내신 유형별 서술형 문제

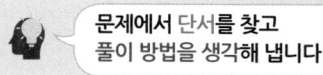
F116 ✽✽✽✾
유형 02

그림과 같이 ∠C=90°, $\overline{AD}=3\sqrt{6}$, $\overline{BC}=9$인
사각형 ABCD에서 ∠BAC=60°, ∠DBC=30°일 때,
∠ACB의 크기를 구하고 그 과정을 서술하시오. (10점)

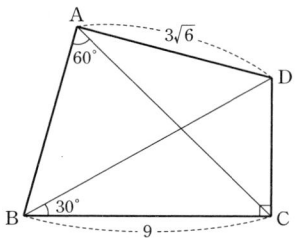

1st 삼각형 DBC에서 ∠BDC의 크기를 구한다.

2nd 네 점 A, B, C, D가 한 원 위에 있음을 구한다.

3rd 사인법칙을 이용하여 ∠ACB의 크기를 구한다.

F117 ✽✽✽✾
유형 04

그림과 같이 원에 내접하는 사각형 ABCD에서
$\overline{AD}=5$, $\overline{AB}=3$, $\overline{BC}=2$, ∠DAB=$\dfrac{\pi}{3}$일 때, 선분 CD의
길이를 구하고 그 과정을 서술하시오. (10점)

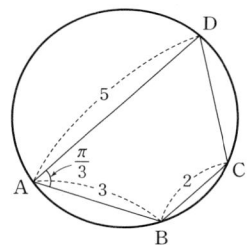

1st 코사인법칙을 이용하여 $\overline{BD}^2$의 값을 구한다.

2nd 원에 내접하는 사각형의 성질을 이용하여 ∠BCD의 크기를
구한다.

3rd 선분 CD의 길이를 구한다.

F118 ✽✽✽✾
유형 06

삼각형 ABC에서 $\overline{BC}=5$, $\overline{AC}=10$일 때,
∠BAC의 크기가 최대가 되도록 하는 선분 AB의 길이를
구하고 그 과정을 서술하시오. (10점)

1st 삼각형 ABC에서 ∠BAC=θ라 하고, θ의 크기가
최대가 되는 조건을 찾는다.

2nd 코사인법칙을 이용하여 $\cos\theta$의 값을 구한다.

3rd 산술평균과 기하평균의 관계를 이용하여 선분 AB의 길이를 구한다.

F119 ✽✽✽✾
유형 12
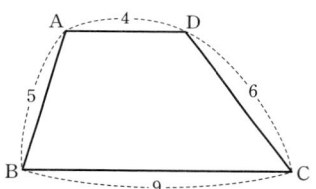

그림과 같이 사각형 ABCD에서 $\overline{AD}\,/\!/\,\overline{BC}$이고
$\overline{AB}=5$, $\overline{BC}=9$, $\overline{CD}=6$, $\overline{AD}=4$일 때, 사각형 ABCD의
넓이를 구하고 그 과정을 서술하시오. (10점)

1st $\overline{DC}$에 평행하도록 $\overline{AE}$를 긋고 ∠AEB=θ라 하고
$\sin\theta$의 값을 구한다.

2nd 삼각형 ABE의 넓이를 구한다.

3rd 사각형 AECD의 넓이를 이용하여 사각형 ABCD의 넓이를
구한다.

F120 ✽❋❋   유형 02

삼각형 ABC에 대하여 $\angle A + \angle B = 2\angle C$이고,
$\overline{AB} = 12$일 때, 삼각형 ABC의 외접원의 넓이를 구하고
그 과정을 서술하시오. (10점)

F121 ✽❋❋   유형 03

삼각형 ABC에 대하여
$$8\sin A = 3\sin B = 4\sin C$$
가 성립한다. 삼각형 ABC의 가장 긴 변의 길이를 x, 가장 짧은

변의 길이를 y라 할 때, $\dfrac{x}{y}$의 값을 구하고 그 과정을 서술하시오.

(10점)

F122 ✽✽❋   유형 11

그림과 같이 평행사변형 ABCD에서 $\overline{AC} = 5$,
$\overline{BD} = 3\sqrt{6}$, $\angle ABC = 60°$일 때, 평행사변형 ABCD의 넓이를
구하고 그 과정을 서술하시오. (10점)

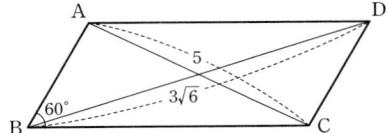

F123 ✽❋❋   유형 05

반지름의 길이가 $14\sqrt{3}$인 원에 내접하는
삼각형 ABC가 있다. 삼각형 ABC에서
$\sin A : \sin B : \sin C = 7 : 3 : 5$일 때, 삼각형 ABC의 둘레의
길이를 구하고 그 과정을 서술하시오. (10점)

F124 ✽✽❋   유형 09

두 변의 길이가 각각 8, 14인 예각삼각형이 있다.
이 삼각형의 넓이가 $28\sqrt{3}$일 때, 나머지 한 변의 길이를
구하고 그 과정을 서술하시오. (10점)

F125 ✽✽❋   유형 10

그림과 같이 원이 삼각형 ABC에 내접하고 있다.
원이 선분 AB, 선분 BC, 선분 CA와 만나는 점을 각각 D, E,
F라 하고, $\overline{AD} = 10$, $\overline{BE} = 4$, $\overline{CF} = 6$일 때, 내접원의 넓이를
구하고 그 과정을 서술하시오. (10점)

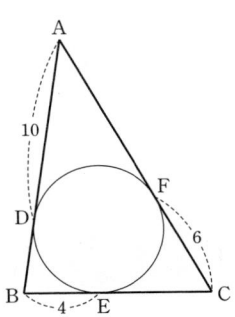

F126 ✳✳✳ .... 2022실시 9월 학평 20(고2)

그림과 같이 양수 a에 대하여 $\overline{AB}=4$, $\overline{BC}=a$, $\overline{CA}=8$인 삼각형 ABC가 있다.

∠BAC의 이등분선이 선분 BC와 만나는 점을 P라 하자. $a(\sin B + \sin C)=6\sqrt{3}$일 때, 선분 AP의 길이는?

(단, ∠BAC > 90°) (4점)

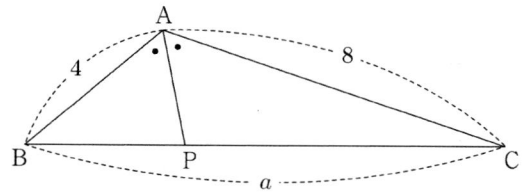

① $\dfrac{7}{3}$ ② $\dfrac{8}{3}$ ③ 3

④ $\dfrac{10}{3}$ ⑤ $\dfrac{11}{3}$

F127 ✳✳✳ .... 2021실시 9월 학평 19(고2)

중심이 O이고 길이가 10인 선분 AB를 지름으로 하는 반원의 호 위에 점 P가 있다. 그림과 같이 선분 PB의 연장선 위에 $\overline{PA}=\overline{PC}$인 점 C를 잡고, 선분 PO의 연장선 위에 $\overline{PA}=\overline{PD}$인 점 D를 잡는다. ∠PAB=$\theta$에 대하여 $4\sin\theta=3\cos\theta$일 때, 삼각형 ADC의 넓이는? (4점)

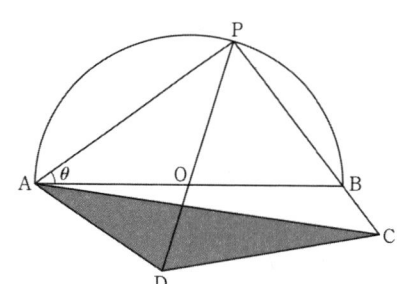

① $\dfrac{63}{5}$ ② $\dfrac{127}{10}$ ③ $\dfrac{64}{5}$

④ $\dfrac{129}{10}$ ⑤ 13

F128 ✳✳✳ .... 2020실시 11월 학평 21(고2)

그림과 같이 한 변의 길이가 1인 정삼각형 ABC가 있다. 선분 AB 위의 점 P, 선분 BC 위의 점 Q, 선분 CA 위의 점 R에 대하여 세 점 P, Q, R가

$$\overline{AP}+\overline{BQ}+\overline{CR}=1, \quad \overline{PQ}=\overline{PR}$$

를 만족시킬 때, [보기]에서 옳은 것만을 있는 대로 고른 것은? (단, 세 점 P, Q, R는 각각 점 A, 점 B, 점 C가 아니다.) (4점)

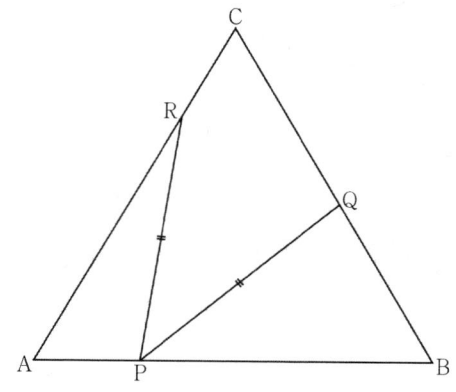

―――――[보기]―――――

ㄱ. $3\overline{AP}+2\overline{BQ}=2$

ㄴ. $\overline{QR}=\sqrt{3}\times\overline{AP}$

ㄷ. 삼각형 PBQ의 외접원의 넓이가 삼각형 CRQ의 외접원의 넓이의 2배일 때, $\overline{AP}=\dfrac{\sqrt{21}-3}{6}$이다.

① ㄱ ② ㄴ ③ ㄷ

④ ㄴ, ㄷ ⑤ ㄱ, ㄴ, ㄷ

F129 ✪2등급 대비 ········ 2023실시 6월 학평 29(고2)

그림과 같이 $\overline{AB}=\overline{AC}=1$, $\angle BAC=\dfrac{\pi}{2}$인 삼각형 ABC 모양의 종이가 있다. 선분 BC 위의 점 D, 선분 AB 위의 점 E, 선분 AC 위의 점 F에 대하여 선분 EF를 접는 선으로 하여 점 A가 점 D와 겹쳐지도록 접었다. 삼각형 BDE와 삼각형 DCF의 외접원의 반지름의 길이의 비가 $2:1$일 때, 선분 DF의 길이는 $\dfrac{q}{p}$이다. $p+q$의 값을 구하시오. (단, 종이의 두께는 고려하지 않으며, p와 q는 서로소인 자연수이다.) (4점)

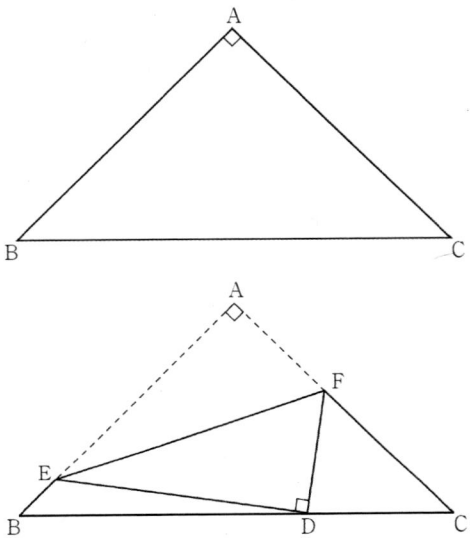

F130 ✪2등급 대비 ········ 2023실시 9월 학평 28(고2)

그림과 같이 $\overline{AB}=2$, $\cos(\angle BAC)=\dfrac{\sqrt{3}}{6}$인 삼각형 ABC가 있다. 선분 AC 위의 한 점 D에 대하여 직선 BD가 삼각형 ABC의 외접원과 만나는 점 중 B가 아닌 점을 E라 하자. $\overline{DE}=5$, $\overline{CD}+\overline{CE}=5\sqrt{3}$일 때, 삼각형 ABC의 외접원의 넓이는 $\dfrac{q}{p}\pi$이다. $p+q$의 값을 구하시오.

(단, p와 q는 서로소인 자연수이다.) (4점)

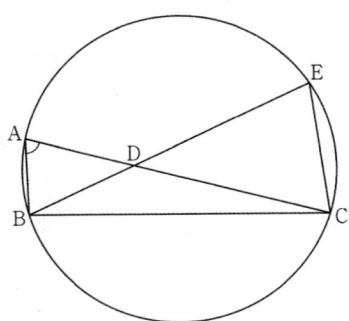

F131 ★2등급 대비 .... 2020실시 9월 학평 29(고2)

그림과 같이 1보다 큰 두 실수 a, t에 대하여 직선 $y=-x+t$가 두 곡선 $y=a^x$, $y=\log_a x$와 만나는 점을 각각 A, B라 하자. 점 A에서 x축에 내린 수선의 발을 H라 할 때, 세 점 A, B, H는 다음 조건을 만족시킨다.

(가) $\overline{\text{OH}}:\overline{\text{AB}}=1:2$

(나) 삼각형 AOB의 외접원의 반지름의 길이는 $\dfrac{\sqrt{2}}{2}$이다.

$200(t-a)$의 값을 구하시오. (단, O는 원점이다.) (4점)

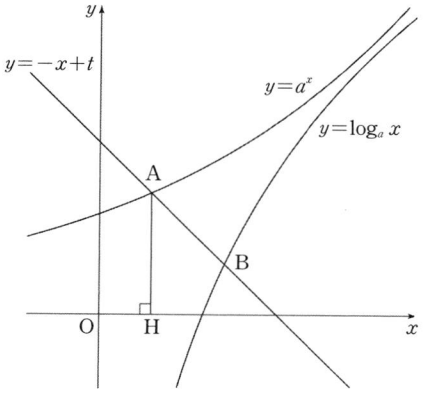

F132 ★2등급 대비 .... 2021실시 9월 학평 29(고2)

그림과 같이 $\overline{\text{AB}}=3$, $\overline{\text{AC}}=4$인 예각삼각형 ABC가 있다. 점 B에서 변 AC에 내린 수선의 발을 D, 점 C에서 변 AB에 내린 수선의 발을 E라 하고, 두 선분 BD, CE의 교점을 P라 하자. 삼각형 ABC의 외접원의 넓이와 삼각형 ADE의 외접원의 넓이의 차가 4π일 때, 삼각형 PDE의 외접원의 넓이는 $a\pi$이다. $55a$의 값을 구하시오. (단, a는 상수이다.) (4점)

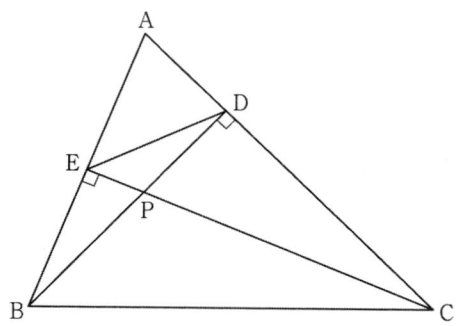

F133 ✪ 2등급 대비 ....

그림과 같이 $\overline{AC}>2\sqrt{7}$인 삼각형 ABC에 대하여

선분 AC 위의 점 D가 $\overline{CD}=2\sqrt{7}$, $\cos(\angle BDA)=\dfrac{\sqrt{7}}{4}$ 을

만족시킨다. 삼각형 ABC와 삼각형 ABD의 외접원의

반지름의 길이를 각각 R_1, R_2라 하자. $R_1 : R_2 = 4 : 3$일 때,

$\overline{BC}+\overline{BD}$의 값을 구하시오. (4점)

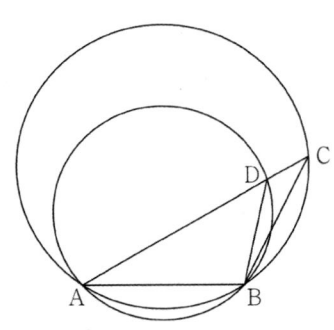

F134 ✪ 2등급 대비 ....

$\angle ABC=\dfrac{\pi}{3}$, $\overline{BC}=6$인 삼각형 ABC가 있다.

선분 BC 위에 점 B와 점 C가 아닌 점 D를 잡고,
삼각형 ABD의 외접원의 반지름의 길이를 r_1, 삼각형 ACD의

외접원의 반지름의 길이를 r_2라 하자. $\dfrac{r_2}{r_1}=\dfrac{\sqrt{13}}{3}$일 때,

선분 AB의 길이는 $\dfrac{q}{p}$이다. $p+q$의 값을 구하시오.

(단, p와 q는 서로소인 자연수이다.) (4점)

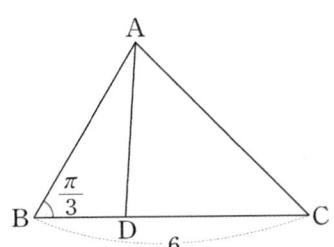

F135 ✪ 2등급 대비 ....

삼각형 ABC가 다음 조건을 만족시킨다.

> (가) $\cos A=-\dfrac{1}{4}$
>
> (나) $\sin B+\sin C=\dfrac{9}{8}$

삼각형 ABC의 넓이가 $\sqrt{15}$일 때, 삼각형 ABC의 외접원의

넓이는 $\dfrac{q}{p}\pi$이다. $p+q$의 값을 구하시오.

(단, p와 q는 서로소인 자연수이다.) (4점)

F

F136 ✪ 2등급 대비 ....

$\overline{DA}=2\overline{AB}$, $\angle DAB=\dfrac{2}{3}\pi$이고 반지름의 길이가

1인 원에 내접하는 사각형 ABCD가 있다. 두 대각선 AC, BD의
교점을 E라 할 때, 점 E는 선분 BD를 3 : 4로 내분한다. 사각형

ABCD의 넓이가 $\dfrac{q}{p}\sqrt{3}$일 때, $p+q$의 값을 구하시오.

(단, p와 q는 서로소인 자연수이다.) (4점)

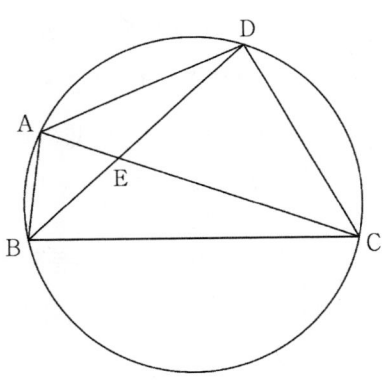

CHEERO (치어로)

포항공과대학교 응원단

가슴 벅차오르는 열정으로!

CHEERO (치어로)는 포항공과대학교 대표 응원단으로, 2003년 창립 후 꾸준히 활동해오고 있습니다. 주요 활동으로는 이공계 대탐험 공연, 축제, 포스텍-카이스트 학생대제전 공연, 새내기 새로 배움터 응원 OT 등이 있습니다.

'응원'은 스포츠 경기에 재미와 활력을 불어 넣어주고 현장의 뜨거운 열기를 끌어내는, 스포츠와 떨어질 수 없는 아주 중요한 활동입니다. 사람들의 사기를 북돋아 주고, 선수들이 힘을 낼수 있도록 도와주며 자신의 소속감을 느끼게 해주어 경기를 승리로 이끌어주기 때문입니다. 이렇게 포스테키안들이 하나가 되는 포스텍 응원의 중심엔 바로 치어로가 있습니다.

연습은 주로 여름방학, 겨울방학에 합숙하며 집중적으로 이루어집니다. 방학 동안 단원들과 대부분 시간을 함께 땀을 흘리며 훈련을 하여, 단원들의 사이가 더욱 끈끈해지고 돈독해집니다. 훈련뿐만이 아니라 맛집 탐방, MT, 놀이공원, 찜질방 등 대학 생활의 추억들 또한 한가득 만들어 갑니다.

포항공대의 가장 큰 행사인 '포카전'에서 하이라이트를 장식합니다. 카이스트 응원단과의 합동무대, 포항공대의 사기를 뜨겁게 북돋아 주는 응원가 무대, 강렬한 춤 퍼포먼스 등으로 공연이 이루어집니다. 응원의 힘으로 열심히 달리는 포항공대 선수들과 행사를 즐기는 관중들의 모습을 보며 힘을 얻고 보람을 느낍니다.

춤을 잘 추지 못해도, 운동을 잘하지 않아도, 뜨거운 열정만 있다면 누구나 환영합니다.
하나가 되어 외치는 승리의 함성으로 포항공대의 붉은 물결을 만들어 보아요!

G 등차수열과 등비수열

★ 최신 3개년 수능＋모평 출제 경향

학년도		출제 유형	난이도
2025	수능		
	9월	유형 13 등비수열의 특정 항 구하기 – 특정 항 이용	✭✩✩
	6월	유형 13 등비수열의 특정 항 구하기 – 특정 항 이용	✭✩✩
2024	수능	유형 19 등비수열의 합의 활용	✭✩✩
	9월	유형 13 등비수열의 특정 항 구하기 – 특정 항 이용	✭✩✩
	6월	유형 07 여러 가지 등차수열의 활용	✭✭✩
2023	수능	유형 13 등비수열의 특정 항 구하기 – 특정 항 이용	✭✩✩
	9월	유형 03 등차수열의 특정 항 구하기 – 특정 항 이용	✭✩✩
	6월	유형 12 등비수열의 특정 항 구하기 　　　 – 첫째항 또는 공비 이용 유형 17 등비수열의 활용 – 그래프와 도형	✭✩✩ ✭✭✩

★ 자주 출제되는 필수 개념 학습법

• 등차수열 또는 등비수열에 대하여 단순한 대입으로
특정 항을 구할 수 있었던 과거 출제 경향에서 특정 항을 주고
다른 특정 항을 구하는 경향으로 바뀐 것이다. 등차수열 또는
등비수열의 일반항을 적절히 쓸 수 있느냐를 알 수 있기 때문이다.

• 최근에는 단순한 등차중항 또는 등비중항을 구하는 문제가
아니고, 다른 개념과 혼합된 형태로 출제되고 있기 때문에
개념을 확실히 적용하는 훈련이 필요하다.

• 좌표평면 위의 점 또는 도형과 관련된 수열의 규칙을 추론하는
고난도 문제가 출제될 것으로 예상되므로 등차중항, 등비중항
등 여러 개념을 정확히 알고 적용하는 연습을 하자.

• 수열의 합과 일반항 사이의 관계를 이해하여 활용하는 문제는
꾸준히 출제될 것으로 예상되므로 $a_n = S_n - S_{n-1}(n \geq 2)$,
$a_1 = S_1$의 개념을 기억하자.

  # G 등차수열과 등비수열

개념 강의

중요도 ★★★

1 수열[1]

(1) **수열** : 차례대로 나열된 수의 열

(2) **항** : 수열을 이루는 각각의 수를 그 수열의 항이라 하고, 각 항을 앞에서부터 차례대로 첫째항, 둘째항, 셋째항, … 또는 제1항, 제2항, 제3항, …이라고 한다.

(3) **수열의 일반항** : 수열을 나타낼 때에는 a_1, a_2, a_3, …, a_n, …과 같이 나타낸다. n번째 항 a_n을 수열의 일반항이라 하고, 일반항이 a_n인 수열을 간단히 $\{a_n\}$과 같이 나타낸다.[2]

2 등차수열[3] – 유형 01~11

(1) **등차수열** : 첫째항부터 차례대로 일정한 수를 더하여 만든 수열

(2) **공차** : 등차수열에서 더하는 일정한 수

(3) **등차수열의 일반항** : 첫째항이 a_1, 공차가 d인 등차수열 $\{a_n\}$의 일반항 a_n은
$$a_n = a_1 + (n-1)d$$

(4) **등차중항** : 세 수 a, b, c가 이 순서대로 등차수열을 이룰 때, b를 a와 c의 **등차중항**이라 하고, $b = \dfrac{a+c}{2}$가 성립한다.

(5) **등차수열의 합**[4]
등차수열의 첫째항부터 제n항까지의 합을 S_n이라 하면
① 첫째항이 a, 공차가 d일 때, $S_n = \dfrac{n\{2a+(n-1)d\}}{2}$
② 첫째항이 a, 제n항이 l일 때, $S_n = \dfrac{n(a+l)}{2}$

3 등비수열 – 유형 12~20

(1) **등비수열** : 첫째항부터 차례대로 일정한 수를 곱하여 만든 수열

(2) **공비** : 등비수열에서 곱하는 일정한 수

(3) **등비수열의 일반항** : 첫째항이 a_1, 공비가 r인 등비수열 $\{a_n\}$의 일반항 a_n은 $a_n = a_1 r^{n-1}$

(4) **등비중항** : 0이 아닌 세 수 a, b, c가 이 순서대로 등비수열을 이룰 때, b를 a와 c의 **등비중항**이라 하고, $b^2 = ac$가 성립한다.

(5) **등비수열의 합**
첫째항이 a_1, 공비가 r인 등비수열의 첫째항부터 제 n항까지의 합을 S_n이라 하면
① $r \neq 1$일 때, $S_n = \dfrac{a_1(1-r^n)}{1-r} = \dfrac{a_1(r^n-1)}{r-1}$
② $r = 1$일 때, $S_n = na_1$

 출제
2025 9월 모평 3번
2025 6월 모평 8번
2024 수능 6번

★ 6월과 9월에는 등비수열의 두 항 사이의 관계에 대한 식과 한 항에 대한 조건을 주고 특정 항을 구하는 쉬운 문제가 출제되었다.
2024 수능에는 등비수열의 합과 특정 항 사이의 관계식을 이용하여 특정 항을 구하는 쉬운 문제가 출제되었다.

4 수열의 합 S_n과 일반항 a_n 사이의 관계[5] – 유형 21~23

수열 $\{a_n\}$의 첫째항부터 제n항까지의 합을 S_n이라 하면
$$a_1 = S_1, \quad a_n = S_n - S_{n-1} \ (n \geq 2)$$

> 한걸음 더
>
> **1** 일정한 규칙 없이 수를 나열한 것도 수열이지만 여기서는 규칙성이 있는 수열을 주로 다룬다.
>
> **2** 수열의 일반항 a_n이 n에 대한 식으로 주어지면 n에 1, 2, 3, …을 차례로 대입하면 수열의 모든 항을 구할 수 있다.

> +개념보충
>
> **3** 등차수열을 이루는 수를 다음과 같이 놓으면 계산이 편리하다.
> ① 세 수가 등차수열을 이루면
> ➡ $a-d$, a, $a+d$
> ② 네 수가 등차수열을 이루면
> ➡ $a-3d$, $a-d$, $a+d$, $a+3d$

> 왜 그럴까?
>
> **4** 첫째항이 a이고 공차가 d인 등차수열 $\{a_n\}$의 제n항을 l이라 하면 $a_n = l = a + (n-1)d$이므로 수열 $\{a_n\}$의 첫째항부터 제n항까지의 합 S_n은
> $$S_n = \frac{n\{2a+(n-1)d\}}{2}$$
> $$= \frac{n\{a+a+(n-1)d\}}{2}$$
> $$= \frac{n(a+l)}{2}$$

> +개념보충
>
> **5** $a_1 = S_1$과 $a_n = S_n - S_{n-1}(n \geq 2)$ 구하기
> 일반적으로 쉽게 풀리는 문제 이외에 수열 $\{S_n\}$, $\{S_n+p\}$, $\{S_{2n-1}\}$ 등의 다양한 형태와 등차 · 등비수열의 조건이 같이 주어지므로 첫째항, 공차, 공비와 규칙을 정확히 파악하자.

1 수열

[G01~02] 다음 수열의 첫째항부터 제5항까지를 구하시오.

G01 $\{4n-3\}$ **G02** $\{n^2\}$

[G03~04] 일반항 $a_n = n^2 - n$일 때, 다음의 값을 구하시오.

G03 a_1 **G04** a_{10}

2 등차수열

[G05~07] 다음 등차수열의 일반항 a_n을 구하시오.

G05 1, 3, 5, 7, 9, $\cdots$

G06 53, 47, 41, 35, 29, $\cdots$

G07 첫째항이 8, 공차가 3

[G08~09] 다음 주어진 항을 이용하여 등차수열의 일반항 a_n을 구하시오.

G08 $a_1 = 4$, $a_{12} = 26$

G09 $a_3 = 23$, $a_7 = 11$

G10 네 수 4, x, y, -5가 이 순서대로 등차수열을 이룰 때, 상수 x, y의 값을 각각 구하시오.

[G11~12] 다음을 구하시오.

G11 첫째항이 6, 공차가 2인 등차수열의 첫째항부터 제15항까지의 합

G12 첫째항이 3, 제20항이 22인 등차수열의 첫째항부터 제20항까지의 합

[G13~14] 다음 값을 구하시오.

G13 $(-5) + (-1) + 3 + 7 + \cdots + 31$

G14 $37 + 32 + 27 + 22 + \cdots + 2$

3 등비수열

[G15~17] 다음 등비수열의 일반항 a_n을 구하시오.

G15 1, 2, 4, 8, $\cdots$

G16 3, -9, 27, -81, $\cdots$

G17 256, 128, 64, 32, $\cdots$

[G18~19] 다음 주어진 항을 이용하여 등비수열의 일반항 a_n을 구하시오.

G18 $a_3 = 2$, $a_8 = 64$

G19 $a_2 = -324$, $a_5 = 12$

G20 세 수 4, x, 9가 이 순서대로 등비수열을 이룰 때, 양수 x의 값을 구하시오.

[G21~23] 다음을 구하시오.

G21 첫째항이 3, 공비가 2인 등비수열 $\{a_n\}$의 첫째항부터 제10항까지의 합

G22 $a_2 = -2$, $a_5 = 16$인 등비수열 $\{a_n\}$의 첫째항부터 제8항까지의 합

G23 $4 + (-2) + 1 + \left(-\dfrac{1}{2}\right) + \cdots + \dfrac{1}{16}$의 값

4 수열의 합 S_n과 일반항 a_n 사이의 관계

[G24~25] 수열 $\{a_n\}$의 첫째항부터 제 n항까지의 합 S_n이 다음과 같을 때, 일반항 a_n을 구하시오.

G24 $S_n = n^2 - 2n$ **G25** $S_n = n^2 - 1$

G26 수열 $\{a_n\}$의 첫째항부터 제n항까지의 합 S_n이 $S_n = n^2 + 3n$일 때, $a_{30} - a_{20}$의 값을 구하시오.

1+2 수열, 등차수열

유형 01 등차수열의 특정 항 구하기 - 첫째항 이용

(1) **등차수열** : 첫째항부터 차례로 일정한 수를 더하여 만든 수열
(2) 첫째항이 a, 공차가 d인 등차수열의 일반항 a_n은
$a_n = a + (n-1)d$ (단, $n=1, 2, \cdots$)

tip

① 첫째항이 주어진 등차수열의 공차를 d라 하고, 주어진 조건을 이용하여 d의 값을 구하자.
② 공차가 d인 등차수열은 제n항에 d를 더하면 $(n+1)$번째 항이 된다.
$\Rightarrow a_{n+1} = a_n + d$

G27 대표 .... 2019실시(나) 9월 학평 2(고2)

등차수열 $\{a_n\}$에 대하여 $a_1 = 3$, $a_2 = 5$일 때, a_4의 값은? (2점)

① 6 ② 7 ③ 8
④ 9 ⑤ 10

G28 ❀❀❀ Pass .... 2019대비(나) 수능 5(고3)

첫째항이 4인 등차수열 $\{a_n\}$에 대하여
$a_{10} - a_7 = 6$
일 때, a_4의 값은? (3점)

① 10 ② 11 ③ 12
④ 13 ⑤ 14

G29 ❀❀❀ .... 2015실시(B) 4월 학평 6(고3)

등차수열 $\{a_n\}$에 대하여
$a_1 = 1$, $a_4 + a_5 + a_6 + a_7 + a_8 = 55$
일 때, a_{11}의 값은? (3점)

① 21 ② 24 ③ 27
④ 30 ⑤ 33

유형 02 등차수열의 특정 항 구하기 - 공차 이용

(1) **공차** : 등차수열에서 일정하게 더해지는 수
(2) 첫째항이 a, 공차가 d인 등차수열의 일반항 a_n은
$a_n = a + (n-1)d$ (단, $n=1, 2, \cdots$)

tip

① 등차수열 $\{a_n\}$의 공차를 d라 하면
$d = a_2 - a_1 = a_3 - a_2 = a_4 - a_3 = \cdots = a_n - a_{n-1}$
② 등차수열 $\{a_n\}$의 공차를 d라 하면 $a_m - a_n = (m-n)d$

G30 대표 .... 2018실시(나) 3월 학평 22(고3)

첫째항이 10이고 공차가 5인 등차수열 $\{a_n\}$에 대하여 a_3의 값을 구하시오. (3점)

G31 ❀❀❀ Pass .... 2022실시 11월 학평 2(고2)

공차가 3인 등차수열 $\{a_n\}$에 대하여 $a_7 - a_2$의 값은?

(2점)

① 6 ② 9 ③ 12
④ 15 ⑤ 18

G32 ❀❀❀ .... 2023실시 11월 학평 3(고2)

네 수 2, a, b, 14가 이 순서대로 등차수열을 이룰 때, $a+b$의 값은? (2점)

① 8 ② 10 ③ 12
④ 14 ⑤ 16

G33 ❀❀❀ .... 2017실시(나) 3월 학평 10(고2)

첫째항이 a이고 공차가 -2인 등차수열 $\{a_n\}$에 대하여 $a_3 \neq 0$, $(a_2 + a_4)^2 = 16a_3$일 때, a의 값은? (3점)

① 5 ② 6 ③ 7
④ 8 ⑤ 9

유형 03 등차수열의 특정 항 구하기 – 특정 항 이용

(i) 등차수열 $\{a_n\}$의 첫째항을 a_1, 공차를 d라 하고, 주어진 조건을 이용하여 방정식을 세운다.

(ii) (i)의 방정식을 연립하여 풀어 a_1, d의 값을 각각 구한다.

(iii) $a_n = a_1 + (n-1)d$에 a_1, d의 값을 대입하여 일반항을 구한다.

(tip)

연립방정식의 해를 구하는 방법

① 가감법 : 두 방정식을 더하거나 빼서 한 미지수를 소거하는 방법

② 대입법 : 두 방정식 중 한 방정식을 한 미지수에 대하여 풀고, 이것을 다른 방정식에 대입하여 해를 구하는 방법

G34 대표 .... 2018실시(나) 11월 학평 14(고2)

등차수열 $\{a_n\}$에 대하여 $a_6 - a_2 = a_4$, $a_1 + a_3 = 20$일 때, a_{10}의 값은? (4점)

① 30   ② 35   ③ 40

④ 45   ⑤ 50

G35 ✷✷✷ .... 2023실시 9월 학평 4(고2)

네 수 a, 4, b, 10이 이 순서대로 등차수열을 이룰 때, $a + 2b$의 값은? (3점)

① 11   ② 13   ③ 15

④ 17   ⑤ 19

G36 ✷✷✷ .... 2019대비(나) 6월 모평 24(고3)

등차수열 $\{a_n\}$에 대하여 $a_5 = 5$, $a_{15} = 25$일 때, a_{20}의 값을 구하시오. (3점)

G37 ✷✷✷ .... 2020실시 11월 학평 25(고2)

첫째항이 양수인 등차수열 $\{a_n\}$에 대하여 $a_5 = 3a_1$, $a_1^2 + a_3^2 = 20$일 때, a_5의 값을 구하시오. (3점)

G38 ✷✷✷ .... 2024실시 9월 학평 3(고2)

등차수열 $\{a_n\}$에 대하여 $a_4 = 10$, $a_7 - a_5 = 6$일 때, a_1의 값은? (2점)

① 1   ② 2   ③ 3

④ 4   ⑤ 5

유형 04 등차중항

세 수 a, b, c가 이 순서대로 등차수열을 이룰 때 $b = \dfrac{a+c}{2}$가 성립한다.

이때, b를 a와 c의 등차중항이라 한다.

(tip)

세 수 a, b, c가 이 순서대로 등차수열을 이루면

① $b - a = c - b$ ② $2b = a + c$ ③ $b = \dfrac{a+c}{2}$

G39 대표 .... 2019실시(나) 9월 학평 24(고2)

이차방정식 $x^2 - 24x + 10 = 0$의 두 근 α, β에 대하여 세 수 α, k, β가 이 순서대로 등차수열을 이룬다. 상수 k의 값을 구하시오. (3점)

G40 ✷✷✷ .... 2024실시 9월 학평 23(고2)

등차수열 $\{a_n\}$에 대하여 $a_3 + a_5 + a_7 = 18$일 때, $a_4 + a_6$의 값을 구하시오. (3점)

G41 ✷✷✷ .... 2017실시(나) 10월 학평 6(고3)

등차수열 $\{a_n\}$에 대하여 세 수 a_1, $a_1 + a_2$, $a_2 + a_3$이 이 순서대로 등차수열을 이룰 때, $\dfrac{a_3}{a_2}$의 값은? (단, $a_1 \neq 0$) (3점)

① $\dfrac{1}{2}$ ② 1   ③ $\dfrac{3}{2}$

④ 2   ⑤ $\dfrac{5}{2}$

G42 ✿❀❀ 　　　　　　2020대비(나) 6월 모평 13(고3)

자연수 n에 대하여 x에 대한 이차방정식

$$x^2 - nx + 4(n-4) = 0$$

이 서로 다른 두 실근 α, β $(\alpha < \beta)$를 갖고, 세 수 1, α, β가
이 순서대로 등차수열을 이룰 때, n의 값은? (3점)

① 5　　　　　② 8　　　　　③ 11

④ 14　　　　⑤ 17

유형 05　등차수열의 활용 – 등차수열의 변형

(1) 등차수열의 활용 문제는 공차, 등차중항 등의 성질을 이용한다.
(2) 등차수열의 일반항은 n에 대한 일차식 또는 상수로 표현된다.
　　이때, n의 계수가 공차이다.

tip

① 주어진 조건으로부터 등차수열의 첫째항과 공차를 찾아 일반항을
　구할 수 있어야 한다.
② 수열 $\{a_n\}$이 공차가 d인 등차수열이면, 상수 k에 대하여
　수열 $\{a_{kn}\}$, $\{ka_n\}$은 공차가 kd인 등차수열이다.

G43 대표 　　　　　　　　　　2020대비(나) 9월 모평 7(고3)

등차수열 $\{a_n\}$에 대하여 $a_1 = a_3 + 8$, $2a_4 - 3a_6 = 3$일
때, $a_k < 0$을 만족시키는 자연수 k의 최솟값은? (3점)

① 8　　　　　② 10　　　　③ 12

④ 14　　　　⑤ 16

G44 ❀❀❀ 　　　　　　　　　2014실시(A) 7월 학평 25(고3)

수열 $\{a_n\}$과 공차가 3인 등차수열 $\{b_n\}$에 대하여
$b_n - a_n = 2n$이 성립한다. $a_{10} = 11$일 때, b_5의 값을 구하시오.

(3점)

G45 ✿❀❀ 　　　　　　　　　　2017대비(나) 수능 15(고3)

공차가 양수인 등차수열 $\{a_n\}$이 다음 조건을 만족시킬 때,
a_2의 값은? (4점)

> (가) $a_6 + a_8 = 0$
> (나) $|a_6| = |a_7| + 3$

① -15　　　　② -13　　　　③ -11

④ -9　　　　⑤ -7

G46 ✿❀❀ 　　　　　　　　2007실시(나) 7월 학평 4(고3)

등차수열 $\{a_n\}$, $\{b_n\}$의 공차가 각각 -2, 3일 때, 등차수열
$\{3a_n + 5b_n\}$의 공차는? (3점)

① 4　　　　　② 6　　　　　③ 8

④ 9　　　　　⑤ 15

고난도
유형 06　등차수열의 활용 – 그래프와 도형

등차수열을 이루는 수는 다음과 같이 놓으면 계산이 편리하다.
① 등차수열을 이루는 세 수 ⇨ $a-d$, a, $a+d$
② 등차수열을 이루는 네 수 ⇨ $a-3d$, $a-d$, $a+d$, $a+3d$

tip

세 수 a, b, c가 이 순서대로 등차수열을 이루면 $2b = a + c$가 성립한다.

G47 대표 　　　　　2015실시(A) 7월 학평 13(고3)

두 함수 $f(x) = x^2$과 $g(x) = -(x-3)^2 + k(k>0)$
에 대하여 직선 $y = k$와 함수 $y = f(x)$의 그래프가 만나는 두
점을 A, B라 하고, 함수 $y = g(x)$의 꼭짓점을 C라 하자. 세
점 A, B, C의 x좌표가 이 순서대로 등차수열을 이룰 때, 상수
k의 값은? (단, A는 제2사분면 위의 점이다.) (3점)

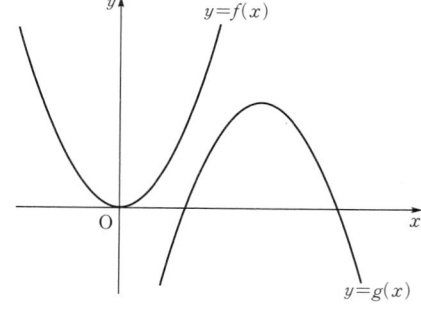

① 1　　　　　② $\dfrac{5}{4}$　　　　③ $\dfrac{3}{2}$

④ $\dfrac{7}{4}$　　　　⑤ 2

G48 ✽✽✽✿ .... 2014실시(A) 4월 학평 20(고3)

그림과 같이 함수 $y=|x^2-9|$ 의 그래프가
직선 $y=k$와 서로 다른 네 점에서 만날 때, 네 점의 x좌표를
각각 a_1, a_2, a_3, a_4 라 하자. 네 수 a_1, a_2, a_3, a_4가 이 순서대로
등차수열을 이룰 때, 상수 k의 값은? (단, $a_1<a_2<a_3<a_4$) (4점)

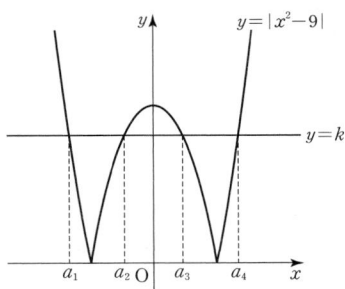

① $\dfrac{34}{5}$ ② 7 ③ $\dfrac{36}{5}$

④ $\dfrac{37}{5}$ ⑤ $\dfrac{38}{5}$

G49 ✽✽✽✿ .... 2006실시(가) 4월 학평 13(고3)

원 O 위에 두 점 A, B가 있다. 점 A에서 원 O에
접하는 접선 l과 선분 AB가 이루는 예각의 크기가 $18°$이다.
선분 OB 위의 한 점 C에 대하여 삼각형 OAC의 세 내각의
크기가 등차수열을 이룰 때, 가장 큰 내각의 크기는? (4점)

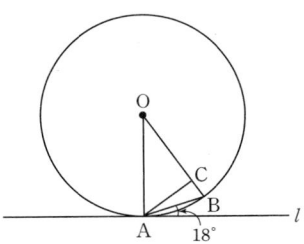

① $68°$ ② $72°$ ③ $76°$
④ $80°$ ⑤ $84°$

G50 ✽✽✽✿ .... 2006실시(나) 3월 학평 14(고3)

그림과 같이 좌표축 위의 다섯 개의 점 A, B, C, D,
E에 대하여 $\overline{AB}\perp\overline{BC}$, $\overline{BC}\perp\overline{CD}$, $\overline{CD}\perp\overline{DE}$가 성립한다.
세 선분 AO, OC, EA의 길이가 이 순서대로 등차수열을 이룰
때, 직선 AB의 기울기는? (단, O는 원점이고 $\overline{OA}<\overline{OB}$이다.)
(4점)

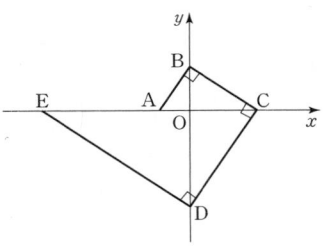

① $\sqrt{2}$ ② $\sqrt{3}$ ③ 2
④ $\sqrt{5}$ ⑤ $\sqrt{6}$

[고난도]

유형 07 여러 가지 등차수열의 활용

등차수열의 일반항은 n에 대한 일차식 또는 상수로 표현된다.
이때, n의 계수가 공차이다.

(tip)

1. 첫째항이 a, 공차가 d인 등차수열의 일반항 a_n은
   $a_n=a+(n-1)d$ (단, $n=1, 2, 3, \cdots$)
2. 수열 $\{a_n\}$이 공차가 d인 등차수열이면, 상수 k에 대하여
   수열 $\{a_{kn}\}$, $\{ka_n\}$은 공차가 kd인 등차수열이다.

G51 [대표] .... 2013대비(나) 수능 23(고3)

등차수열 $\{a_n\}$에 대하여 $a_2=16$, $a_5=10$일 때,
$a_k=0$을 만족시키는 k의 값을 구하시오. (3점)

G52 ✽✽✽✿ .... 2007실시(나) 10월 학평 11(고3)

첫째항이 3이고 공차가 d인 등차수열 $\{a_n\}$에 대하여
$a_n=3d$를 만족시키는 n이 존재하도록 하는 모든 자연수 d의
값의 합은? (3점)

① 3 ② 4 ③ 5
④ 6 ⑤ 7

G53 ✾✾✾

모든 항이 양수이고 다음 조건을 만족시키는 모든 수열 $\{a_n\}$에 대하여 a_4+a_6의 최솟값은? (4점)

(가) 모든 자연수 n에 대하여 $2a_{n+1}=a_n+a_{n+2}$이다.
(나) $a_3 \times a_{22} = a_7 \times a_8 + 10$

① 5 ② 6 ③ 7
④ 8 ⑤ 9

G54 ✾✾✾

등차수열 $\{a_n\}$에 대하여 $a_3+a_5=36$이고 $a_2 a_4=180$일 때, $a_n<100$을 만족시키는 n의 최댓값을 구하시오. (3점)

G55 ✾✾✾

공차가 d인 등차수열 $\{a_n\}$이 다음 조건을 만족시키도록 하는 모든 자연수 d의 값의 합을 구하시오. (4점)

(가) $a_8=2a_5+10$
(나) 모든 자연수 n에 대하여 $a_n \times a_{n+1} \geq 0$이다.

G56 ✾✾✾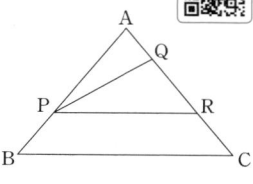

오른쪽 그림과 같이 삼각형 ABC의 변 AB를 2 : 1로 내분하는 내분점을 P로 잡고, 변 AC 위에 두 점 Q, R를 잡자. 삼각형 APQ, PRQ와 사각형 PBCR의 넓이가 차례로 첫째항이 a이고 공차가 d인 등차수열을 이룰 때, 다음은 $\dfrac{\overline{CQ}}{\overline{AR}}$의 값을 a와 d로 나타내는 과정이다.

삼각형 APQ의 넓이는 a이므로 삼각형 APR의 넓이는 $2a+d$가 되어

$$a : 2a+d = \triangle APQ : \triangle APR$$
$$= \frac{1}{2}\overline{AP} \times \overline{AQ}\sin A : \frac{1}{2}\overline{AP} \times \overline{AR}\sin A$$

가 성립한다. 따라서 $\dfrac{\overline{AQ}}{\overline{AR}} = \dfrac{a}{2a+d}$ … ㉠

같은 방법으로, 삼각형 ABC의 넓이는 (가) 이므로

$$a : \boxed{(가)} = \triangle APQ : \triangle ABC$$
$$= \frac{1}{2}\overline{AP} \times \overline{AQ}\sin A : \frac{1}{2}\overline{AB} \times \overline{AC}\sin A$$

또한, 점 P는 변 AB를 2 : 1로 내분하는 내분점이므로

$$\overline{AP} = \frac{2}{3}\overline{AB}$$

따라서 $\dfrac{\overline{AQ}}{\overline{AC}} = \boxed{(나)}$

그러므로 $\dfrac{\overline{CQ}}{\overline{AQ}} = \dfrac{\overline{AC}-\overline{AQ}}{\overline{AQ}} = \boxed{(다)}$ … ㉡

㉠, ㉡에 의하여 $\dfrac{\overline{CQ}}{\overline{AR}} = \dfrac{\overline{CQ}}{\overline{AQ}} \times \dfrac{\overline{AQ}}{\overline{AR}} = \dfrac{a+2d}{2a+d}$

위의 과정에서 (가), (나), (다)에 알맞은 것은? (4점)

	(가)	(나)	(다)
①	$a+2d$	$\dfrac{a}{3(a+d)}$	$\dfrac{2a+3d}{a}$
②	$a+2d$	$\dfrac{a+d}{2a+3d}$	$\dfrac{a+2d}{a+d}$
③	$3(a+d)$	$\dfrac{a}{2(a+d)}$	$\dfrac{a+2d}{a+d}$
④	$3(a+d)$	$\dfrac{a}{2(a+d)}$	$\dfrac{a+2d}{a}$
⑤	$3(a+d)$	$\dfrac{a}{3(a+d)}$	$\dfrac{2a+3d}{a}$

등차수열의 첫째항부터 제n항까지의 합 S_n은

(1) 첫째항 a, 공차 d가 주어졌을 때

$$\Rightarrow S_n = \frac{n\{2a+(n-1)d\}}{2}$$

(2) 첫째항 a, 제n항(끝항) l이 주어졌을 때

$$\Rightarrow S_n = \frac{n(a+l)}{2} \ (단, \ l=a_n=a+(n-1)d)$$

(tip)

① $S_n = a_1+a_2+\cdots+a_n = \frac{n(a_1+a_n)}{2}$

② 등차수열은 다음의 성질이 있다.

$a_1+a_n = a_2+a_{n-1} = a_3+a_{n-2} = \cdots$

③ 등차수열의 합 S_n은 $\square n^2 + \diamondsuit n$ 꼴이다.

G57 대표 2017실시(나) 4월 학평 5(고3)

첫째항이 3이고 공차가 2인 등차수열 $\{a_n\}$의
첫째항부터 제10항까지의 합은? (3점)

① 80   ② 90   ③ 100
④ 110   ⑤ 120

G58 ✽✽✽ Pass 2014대비 5월 예비(A) 23(고3)

첫째항이 -6이고 공차가 2인 등차수열의 첫째항부터
제n항까지의 합이 30일 때, n의 값을 구하시오. (3점)

G59 ✽✽✽ 2007실시(나) 4월 학평 22(고3)

등차수열 $\{a_n\}$에서 $a_3 = -2$, $a_9 = 46$일 때,
$|a_1| + |a_2| + |a_3| + \cdots + |a_{10}|$의 값을 구하시오. (3점)

G60 ✽✽✽ 2022대비 6월 모평 7(고3)

첫째항이 2인 등차수열 $\{a_n\}$의 첫째항부터
제n항까지의 합을 S_n이라 하자. $a_6 = 2(S_3 - S_2)$일 때, S_{10}의
값은? (3점)

① 100   ② 110   ③ 120
④ 130   ⑤ 140

어떤 수열의 첫째항부터 제n항까지의 합이
$S_n = An^2 + Bn + C$로 주어졌을 때,

(1) $C=0$이면 수열 $\{a_n\}$은 등차수열이다.

(2) $C \neq 0$이면 수열 $\{a_n\}$은 둘째 항부터 등차수열을 이룬다.

(tip)

두 수 a, b 사이에 n개의 수를 넣어서 만든 등차수열의 합을 S라 하면 S는
첫째항이 a, 끝항이 b, 항의 개수가 $n+2$인 등차수열의 합이다.

G61 대표 2018실시(나) 7월 학평 25(고3)

등차수열 $\{a_n\}$의 첫째항부터 제n항까지의 합을
S_n이라 하자.

$$a_2 = 7, \ S_7 - S_5 = 50$$

일 때, a_{11}의 값을 구하시오. (3점)

G62 ✽✽✽ Pass 2011대비(나) 6월 모평 6(고3)

1과 2 사이에 n개의 수를 넣어 만든 등차수열

$$1, \ a_1, \ a_2, \ \cdots, \ a_n, \ 2$$

의 합이 24일 때, n의 값은? (3점)

① 11   ② 12   ③ 13
④ 14   ⑤ 15

G63 ✱❀❀ .... 2008실시(나) 3월 학평 25(고3)

오른쪽 그림과 같이 반지름의
길이가 15인 원을 5개의
부채꼴로 나누었더니 부채꼴의
넓이가 작은 것부터 차례로
등차수열을 이루었다. 가장 큰
부채꼴의 넓이가 가장 작은
부채꼴의 넓이의 2배일 때, 가장
큰 부채꼴의 넓이는 $k\pi$이다.
이때, k의 값을 구하시오. (4점)

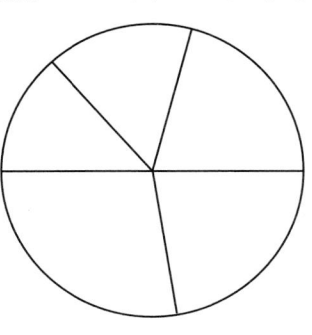

G64 ✱❀❀ .... 2007실시(나) 3월 학평 21(고3)

그림과 같이 두 직선 $y=x$, $y=a(x-1)$ $(a>1)$의
교점에서 오른쪽 방향으로 y축에 평행한 14개의 선분을 같은
간격으로 그었다.

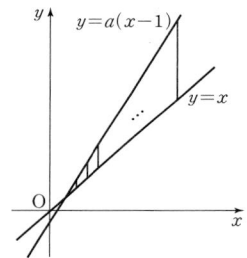

이들 중 가장 짧은 선분의 길이는 3이고, 가장 긴 선분의
길이는 42일 때, 14개의 선분의 길이의 합을 구하시오. (단, 각
선분의 양 끝점은 두 직선 위에 있다.) (3점)

G65 ✱❀❀ .... 2021대비(나) 6월 모평 18(고3)

공차가 2인 등차수열 $\{a_n\}$의 첫째항부터
제n항까지의 합을 S_n이라 하자. $S_k=-16$, $S_{k+2}=-12$를
만족시키는 자연수 k에 대하여 a_{2k}의 값은? (4점)

① 6 ② 7 ③ 8
④ 9 ⑤ 10

G66 ✱❀❀ .... 2022실시 9월 학평 15(고2)

첫째항이 양수이고 공차가 2인 등차수열 $\{a_n\}$의
첫째항부터 제n항까지의 합을 S_n이라 하자.
$a_k=31$, $S_{k+10}=640$을 만족시키는 자연수 k에 대하여
S_k의 값은? (4점)

① 200 ② 205 ③ 210
④ 215 ⑤ 220

G67 ✱✱❀ .... 2022실시 11월 학평 21(고2)

공차가 음수인 등차수열 $\{a_n\}$이 다음 조건을
만족시킬 때, 모든 a_1의 값의 합은? (4점)

$|a_m|=2|a_{m+2}|$이면서
S_m, S_{m+1}, S_{m+2} 중에서 가장 큰 값이 460이고
가장 작은 값이 450이 되도록 하는 자연수 m이 존재한다.
(단, S_n은 수열 $\{a_n\}$의 첫째항부터 제n항까지의 합이다.)

---

① 144 ② 148 ③ 152
④ 156 ⑤ 160

유형 10 등차수열의 합의 최댓값과 최솟값

등차수열의 합 S_n의 최댓값과 최솟값

(1) S_n의 최댓값은 양수인 항만 최대로 더할 때 나온다.
　　⇨ 음수인 항이 나오는 n의 값을 구하자.

(2) S_n의 최솟값은 음수인 항만 최대로 더할 때 나온다.
　　⇨ 양수인 항이 나오는 n의 값을 구하자.

(tip)

$|a+b|$와 $|a|+|b|$에 대하여
① $ab>0$이면 $|a+b|=|a|+|b|$
② $ab<0$이면 $|a+b|<|a|+|b|$

G68 대표 ……………… 2015실시(B) 3월 학평 9(고3)

등차수열 $\{a_n\}$에 대하여 $a_3=26$, $a_9=8$일 때, 첫째항부터
제 n항까지의 합이 최대가 되도록 하는 자연수 n의 값은? (3점)

① 11 　　　② 12 　　　③ 13
④ 14 　　　⑤ 15

G69 ✿❁❁ ……………… 2014실시(B) 3월 학평 28(고3)

첫째항이 a이고 공차가 -4인 등차수열 $\{a_n\}$의 첫째항부터
제 n항까지의 합을 S_n이라 하자. 모든 자연수 n에 대하여
$S_n<200$일 때, 자연수 a의 최댓값을 구하시오. (4점)

G70 ✿❁❁ ……………… 2010실시(나) 7월 학평 6(고3)

첫째항과 공차가 같은 등차수열 $\{a_n\}$의 첫째항부터
제 n항까지의 합을 S_n이라 할 때, $S_n=ka_n$을 만족하는 k가
두 자리 자연수가 되게 하는 n의 최댓값은? (단, $a_1\neq0$) (3점)

① 191 　　　② 193 　　　③ 195
④ 197 　　　⑤ 199

G71 ✿❁❁ ……………… 2009실시(나) 4월 학평 21(고3)

등차수열 $\{a_n\}$에서 $a_3=40$, $a_8=30$일 때,
$|a_2+a_4+\cdots+a_{2n}|$이 최소가 되는 자연수 n의 값을 구하시오.

(3점)

유형 11 등차수열의 합의 활용 – 실생활 응용

(1) 등차수열의 특정 항 또는 몇 개의 항들의 합이 주어지면
　　주어진 조건을 a와 d에 대한 식으로 나타내자.

(2) 도형 또는 실생활 활용 문제에서 일정한 크기로 증가, 감소하는
　　조건을 찾아 등차수열의 일반항 또는 합에 대한 식을 구한다.

(tip)

1️⃣ 첫째항이 a, 공차가 d인 등차수열의 일반항 a_n은
　　$a_n=a+(n-1)d$ (단, $n=1, 2, 3, \cdots$)

2️⃣ 첫째항이 a, 공차가 d, 제 n항이 l인 등차수열의
　　첫째항부터 제 n항까지의 합 S_n은
　　$S_n=\dfrac{n\{2a+(n-1)d\}}{2}=\dfrac{n(a+l)}{2}$

G72 대표 ……………… 2006실시(나) 3월 학평 25(고3)

선미는 문제 수가 x인 수학책을 첫째 날에는 15문제를
풀고 둘째 날부터 매일 문제 수를 d만큼씩 증가시키면서
풀어 아홉째 날까지 문제를 풀고 나면 24문제가 남게 된다. 또,
첫째 날에는 30문제를 풀고 둘째 날부터 매일 문제 수를 d만큼씩
증가시키면서 풀어 일곱째 날까지 문제를 풀고 나면 39문제가
남게 된다. 선미가 풀고자 하는 이 수학책의 문제 수 x의 값을
구하시오. (4점)

G73 ✦✦✿ .... 2008실시(나) 4월 학평 27(고3)

수학자 드 므와브르에 대하여 다음과 같은 일화가 전해지고 있다.

> 드 므와브르는 자신의 수면 시간이 매일 15분씩 길어진다는 것을 깨닫고, 수면 시간이 24시간이 되는 날을 계산하여 그날에 자신이 죽을 것이라고 예측하였다.
> 그런데 놀랍게도 그날에 수면하는 상태에서 생을 마쳤다.

드 므와브르가 매일 밤 12시에 잠든다고 가정할 때, 처음 이 사실을 알게 된 날의 수면 시간이 14시간이었다면 그날부터 생을 마칠 때까지 깨어있는 시간의 합은? (3점)

① 197   ② 205   ③ 214
④ 224   ⑤ 235

---

❸ 등비수열

유형 12   등비수열의 특정 항 구하기 – 첫째항 또는 공비 이용

(1) **등비수열** : 첫째항부터 차례로 일정한 수를 곱하여 만든 수열

(2) 첫째항이 a, 공비가 r인 등비수열의 일반항 a_n은
$$a_n = ar^{n-1} \ (\text{단}, \ n = 1, 2, \cdots)$$

▶tip◀

① 첫째항이 주어진 등비수열의 공비를 r라 하고, 주어진 조건에 대입하여 r의 값을 구한다.

② 공비가 주어진 등비수열의 첫째항을 a_1이라 하고, 주어진 조건에 대입하여 a_1의 값을 구한다.

③ 공비가 r인 등비수열은 제 n항에 r를 곱하면 $(n+1)$번째 항이 된다.
$$\Rightarrow a_{n+1} = r \times a_n$$

G74 대표 .... 2019실시(나) 9월 학평 23(고2)

공비가 3인 등비수열 $\{a_n\}$에 대하여 $a_2 = 9$일 때, a_5의 값을 구하시오. (3점)

G75 ✿✿✿ Pass .... 2017실시(나) 6월 학평 4(고2)

첫째항이 2이고 공비가 3인 등비수열 $\{a_n\}$에 대하여 a_3의 값은? (3점)

① 9   ② 12   ③ 15
④ 18   ⑤ 21

G76 ✿✿✿ .... 2018실시(나) 9월 학평 25(고2)

공비가 양수인 등비수열 $\{a_n\}$이 $a_1 = \dfrac{1}{2}$, $a_3 \times a_4 = a_5$를 만족시킬 때, a_7의 값을 구하시오. (3점)

G77 ✿✿✿ Pass .... 2016실시(나) 9월 학평 5(고2)

모든 항이 양수인 등비수열 $\{a_n\}$에 대하여 $a_1 = 1$, $a_2 + a_3 = 6$일 때, a_6의 값은? (3점)

① 8   ② 16   ③ 32
④ 64   ⑤ 128

G78 ✽❀❀　　　　　2018대비(나) 6월 모평 26(고3)

첫째항이 3인 등비수열 $\{a_n\}$에 대하여

$$\frac{a_3}{a_2} - \frac{a_6}{a_4} = \frac{1}{4}$$

일 때, $a_5 = \dfrac{q}{p}$이다. $p+q$의 값을 구하시오.

(단, p와 q는 서로소인 자연수이다.) (4점)

G79 대표　　　　　　　2020실시 9월 학평 9(고2)

모든 항이 양수인 등비수열 $\{a_n\}$에 대하여

$$a_3 = 4a_1 + 3a_2$$

일 때, $\dfrac{a_6}{a_4}$의 값은? (3점)

① 10　　　　　② 12　　　　　③ 14
④ 16　　　　　⑤ 18

G80 ❀❀❀　　　　　2022실시 11월 학평 23(고2)

등비수열 $\{a_n\}$에 대하여 $a_2 = 2$, $a_6 = 9$일 때,
$a_3 \times a_5$의 값을 구하시오. (3점)

G81 ✽❀❀　　　　　2024실시 9월 학평 13(고2)

첫째항이 음수인 등비수열 $\{a_n\}$에 대하여

$$a_3 a_5 = 8a_8, \quad a_1 + |a_2| + |2a_3| = 0$$

일 때, a_2의 값은? (3점)

① -1　　　　② $-\dfrac{1}{2}$　　　　③ $\dfrac{1}{2}$
④ 1　　　　　⑤ 2

G82 ✽❀❀　　　　　2023실시 11월 학평 11(고2)

$a_3 = 6$이고 공비가 양수인 등비수열 $\{a_n\}$에 대하여
$a_4 + a_5 = 2(a_6 + a_7) + 3(a_8 + a_9)$일 때, a_1의 값은? (3점)

① 10　　　　　② 12　　　　　③ 14
④ 16　　　　　⑤ 18

G83 ✽❀❀　　　　　2022실시 9월 학평 4(고2)

모든 항이 양수인 등비수열 $\{a_n\}$에 대하여
$a_3 = 6$, $a_6 = 3a_4$일 때, a_9의 값은? (3점)

① 153　　　　② 156　　　　③ 159
④ 162　　　　⑤ 165

G84 ✽❀❀　　　　　2021실시 4월 학평 19(고3)

첫째항이 $\dfrac{1}{4}$이고 공비가 양수인 등비수열 $\{a_n\}$에 대하여

$$a_3 + a_5 = \frac{1}{a_3} + \frac{1}{a_5}$$

일 때, a_{10}의 값을 구하시오. (3점)

유형 14 등비중항

0이 아닌 세 수 a, b, c가 이 순서대로 등비수열을 이룰 때 $b^2=ac$가 성립한다. 이때, b를 a와 c의 등비중항이라 한다.

(tip)

0이 아닌 세 수 a, b, c가 이 순서대로 등비수열을 이룬다. 즉,

$$\frac{b}{a}=\frac{c}{b} \ (=공비) \Longleftrightarrow b^2=ac$$

G85 대표 ─────── 2018실시(나) 4월 학평 24(고3)

두 양수 a, b에 대하여 세 수 a^2, 12, b^2이 이 순서대로 등비수열을 이룰 때, $a \times b$의 값을 구하시오. (3점)

G86 ✽✽✽ Pass ─────── 2021실시 11월 학평 23(고2)

세 수 $\frac{a}{3}$, $4\sqrt{2}$, $6a$가 이 순서대로 등비수열을 이룰 때, 양수 a의 값을 구하시오. (3점)

G87 ✽✽✽ Pass ─────── 2016실시(가) 9월 학평 23(고2)

세 수 $a+10$, a, 5가 이 순서대로 등비수열을 이루도록 하는 양수 a의 값을 구하시오. (3점)

G88 ✽✽✽ Pass ─────── 2016실시(가) 6월 학평 4(고2)

실수 a에 대하여 세 수 a, $a+4$, $a+9$가 이 순서대로 등비수열을 이룰 때, a의 값은? (3점)

① 8　　　　② 10　　　　③ 12
④ 14　　　　⑤ 16

G89 ✽✽✽ ─────── 2019실시(나) 4월 학평 27(고3)

세 실수 3, a, b가 이 순서대로 등비수열을 이루고 $\log_a 3b+\log_3 b=5$를 만족시킨다. $a+b$의 값을 구하시오. (4점)

G90 ✽✽✽ ─────── 2018실시(나) 9월 학평 14(고2)

x에 대한 다항식 x^3-ax+b를 $x-1$로 나눈 나머지가 57이다. 세 수 1, a, b가 이 순서대로 공비가 양수인 등비수열을 이룰 때, $\frac{b}{a}$의 값은? (단, a와 b는 상수이다.) (4점)

① 2　　　　② 4　　　　③ 8
④ 16　　　　⑤ 32

G91 ✽✽✽ ─────── 2017실시(나) 3월 학평 15(고2)

유리함수 $f(x)=\frac{k}{x}$와 $a<b<12$인 두 자연수 a, b에 대하여 $f(a)$, $f(b)$, $f(12)$가 이 순서대로 등비수열을 이룬다. $f(a)=3$일 때, $a+b+k$의 값은? (단, k는 상수이다.) (4점)

① 10　　　　② 12　　　　③ 14
④ 16　　　　⑤ 18

G92 ✽✽✽ ─────── 2008대비(나) 9월 모평 23(고3)

이차방정식 $x^2-kx+125=0$의 두 근 α, $\beta(\alpha<\beta)$에 대하여 α, $\beta-\alpha$, β가 이 순서로 등비수열을 이룰 때, 양수 k의 값을 구하시오. (4점)

유형 15 등비중항의 활용

0이 아닌 세 수 a, b, c가 이 순서대로 등비수열을 이룰 때 $b^2=ac$가 성립한다. 이때, b를 a와 c의 등비중항이라 한다.

tip

등차중항과 등비중항의 개념이 섞인 문제가 종종 출제되므로 두 개념을 정확하게 기억하자.
- 세 수 a, b, c가 이 순서대로 등차수열 ⇨ $2b=a+c$
- 0이 아닌 세 수 a, b, c가 이 순서대로 등비수열 ⇨ $b^2=ac$

G93 대표 · · · · · · · · · · · · · · · 2019실시(가) 9월 학평 14(고2)

첫째항과 공차가 모두 0이 아닌 등차수열 $\{a_n\}$에 대하여 세 항 a_2, a_5, a_{14}가 이 순서대로 등비수열을 이룰 때, $\dfrac{a_{23}}{a_3}$의 값은? (4점)

① 6   ② 7   ③ 8
④ 9   ⑤ 10

G94 ❋❋❋ · · · · · · · · · · · · 2016대비(A) 6월 모평 16(고3)

공차가 6인 등차수열 $\{a_n\}$에 대하여 세 항 a_2, a_k, a_8은 이 순서대로 등차수열을 이루고, 세 항 a_1, a_2, a_k는 이 순서대로 등비수열을 이룬다. $k+a_1$의 값은? (4점)

① 7   ② 8   ③ 9
④ 10   ⑤ 11

G95 ❋❋❋ · · · · · · · · · · · · 2012실시(나) 4월 학평 10(고3)

두 양수 a, b에 대하여 세 수 $a+3$, 3, b는 이 순서대로 등차수열을 이루고, 세 수 $\dfrac{2}{b}$, 1, $\dfrac{2}{a+3}$는 이 순서대로 등비수열을 이룬다. 이때, $b-a$의 값은? (3점)

① $-5-2\sqrt{5}$ ② $-3-2\sqrt{5}$ ③ $-1-2\sqrt{5}$
④ $1-2\sqrt{5}$ ⑤ $3-2\sqrt{5}$

G96 ❋❋❋ · · · · · · · · · · · · · · · 2012대비(나) 6월 모평 8(고3)

등비수열 $\{a_n\}$에 대하여 $a_3=\sqrt{5}$일 때, $a_1\times a_2\times a_4\times a_5$의 값은? (3점)

① $\sqrt{5}$ ② 5   ③ $5\sqrt{5}$
④ 25   ⑤ $25\sqrt{5}$

G97 ❋❋❋ · · · · · · · · · · · · · · · 2019실시(나) 11월 학평 14(고2)

서로 다른 두 실수 a, b에 대하여 세 수 a, b, 6이 이 순서대로 등차수열을 이루고, 세 수 a, 6, b가 이 순서대로 등비수열을 이룬다. $a+b$의 값은? (4점)

① -15 ② -8 ③ -1
④ 6   ⑤ 13

G98 ❋❋❋ · · · · · · · · · · · · · · · 2005실시(나) 7월 학평 18(고3)

세 수 1, x, 5는 이 순서대로 등차수열을 이루고, 세 수 1, y, 5는 이 순서대로 등비수열을 이룰 때, x^2+y^2의 값을 구하시오. (2점)

G99 ✽✽❀ .... 2016실시(나) 10월 학평 27(고3)

등차수열 $\{a_n\}$과 공비가 1보다 작은 등비수열 $\{b_n\}$이

$$a_1+a_8=8, \ b_2b_7=12, \ a_4=b_4, \ a_5=b_5$$

를 모두 만족시킬 때, a_1의 값을 구하시오. (4점)

유형 16 등비수열의 활용 – 등비수열의 변형

(1) 등비수열의 활용문제는 공비, 등비중항 등의 성질을 이용한다.

$$\frac{a_{n+1}}{a_n}=r \ (r는 \ 상수) \Longleftrightarrow 공비가 \ r인 \ 등비수열 \ \{a_n\}$$

$$a_n^{\,2}=a_{n-1}\times a_{n+1} \Longleftrightarrow 등비수열 \ \{a_n\}$$

(2) 주어진 조건을 첫째항 a와 공비 r로 나타내어 방정식을 풀자.
a와 r의 값을 알면 일반항을 구할 수 있다. $\Rightarrow a_n=ar^{n-1}$

(tip)

1️⃣ 등비수열의 일반항은 $a_n=A\times B^n$의 꼴이다.
(이때, 첫째항은 $n=1$을 대입한 AB이고, 공비는 n을 지수로 갖는 밑인 B이다.)

2️⃣ 등비수열에서는 두 개의 식 ⓐ=ⓑ, ⓒ=ⓓ를 연립할 때 $\frac{ⓐ}{ⓒ}=\frac{ⓑ}{ⓓ}$와 같이 양변을 나누는 방법을 자주 사용한다.

G100 대표 .... 2013대비(나) 6월 모평 8(고3)

첫째항이 1이고 공비가 2인 등비수열 $\{a_n\}$에 대하여

$$b_n=(a_{n+1})^2-(a_n)^2$$

일 때, $\dfrac{b_6}{b_3}$의 값은? (3점)

① 56   ② 58   ③ 60

④ 62   ⑤ 64

G101 ✽✽✽ .... 2010실시(나) 4월 학평 10(고3)

모든 항이 양수인 두 수열 $\{a_n\}$, $\{b_n\}$에 대하여 a_n, b_n, a_{n+1}은 이 순서대로 등차수열을 이루고 b_n, a_{n+1}, b_{n+1}은 이 순서대로 등비수열을 이룰 때, 일반항 a_n과 b_n을 구하는 과정이다.

(단, $a_1=1$, $a_2=3$, $b_1=2$)

---

a_n, b_n, a_{n+1}은 이 순서대로 등차수열을 이루므로

$$2b_n=a_n+a_{n+1} \cdots ㉠$$

이다.

b_n, a_{n+1}, b_{n+1}은 이 순서대로 등비수열을 이루므로

$$(a_{n+1})^2=b_nb_{n+1}$$

이고, $a_{n+1}>0$, $a_{n+2}>0$이므로

$$a_{n+1}=\sqrt{b_nb_{n+1}}, \ a_{n+2}=\sqrt{b_{n+1}b_{n+2}} \cdots ㉡$$

이다.

또한, ㉠, ㉡에서 얻어진 $2b_{n+1}=\sqrt{b_nb_{n+1}}+\sqrt{b_{n+1}b_{n+2}}$의 양변을 $\sqrt{b_{n+1}}$로 나누면 $2\sqrt{b_{n+1}}=\sqrt{b_n}+\sqrt{b_{n+2}}$이므로 수열 $\{\sqrt{b_n}\}$은 (가) 수열이다.

그러므로 $a_2=3$, $b_1=2$, $(a_2)^2=b_1b_2$에서

$b_2=\dfrac{9}{2}$이므로 $b_n=$ (나) 이다.

따라서 $a_n=$ (다) 이다.

위 증명에서 (가), (나), (다)에 알맞은 것은? (4점)

	(가)	(나)	(다)
①	등차	$\frac{1}{2}(n+1)^2$	$\frac{n(n+1)}{4}$
②	등비	$\frac{1}{2}(n+1)^2$	$\frac{n(n+1)}{2}$
③	등차	$\frac{1}{4}(n+1)^2$	$\frac{n(n+1)}{4}$
④	등비	$\frac{1}{4}(n+1)^2$	$\frac{n(n+1)}{4}$
⑤	등차	$\frac{1}{2}(n+1)^2$	$\frac{n(n+1)}{2}$

G102 ✲❀❀ — 2019실시(나) 11월 학평 17(고2)

첫째항이 양수이고 공비가 음수인 등비수열 $\{a_n\}$의 첫째항부터 제n항까지의 합 S_n에 대하여

$$a_2 a_6 = 1, \quad S_3 = 3a_3$$

일 때, a_7의 값은? (4점)

① $\dfrac{1}{32}$　　　② $\dfrac{1}{16}$　　　③ $\dfrac{1}{8}$

④ $\dfrac{1}{4}$　　　⑤ $\dfrac{1}{2}$

G103 ✲❀❀ — 2006대비(나) 수능 19(고3)

수열 $\{a_n\}$에서 $a_1 = 1$, $a_2 = 4$, $a_3 = 10$이고, 수열 $\{a_{n+1} - a_n\}$은 등비수열일 때, a_5의 값을 구하시오. (3점)

G104 ✲✲✲❀ — 2019실시(가) 11월 학평 27(고2)

$\dfrac{1}{4}$과 16 사이에 n개의 수를 넣어 만든 공비가 양수 r인 등비수열

$$\dfrac{1}{4}, \ a_1, \ a_2, \ a_3, \ \cdots, \ a_n, \ 16$$

의 모든 항의 곱이 1024일 때, r^9의 값을 구하시오. (4점)

G105 ✲✲✲ — 2007실시(나) 3월 학평 14(고3)

a, b, c가 서로 다른 세 실수일 때, 이차함수 $f(x) = ax^2 + 2bx + c$에 대한 [보기]의 설명 중 옳은 것을 모두 고른 것은? (4점)

[보기]
ㄱ. a, b, c가 이 순서로 등차수열을 이루면 $f(1) = 4b$ 이다.
ㄴ. a, b, c가 이 순서로 등차수열을 이루면 $y = f(x)$의 그래프는 x축과 서로 다른 두 점에서 만난다.
ㄷ. a, b, c가 이 순서로 등비수열을 이루면 $y = f(x)$의 그래프는 x축과 만나지 않는다.

① ㄱ　　　② ㄷ　　　③ ㄱ, ㄴ
④ ㄴ, ㄷ　　　⑤ ㄱ, ㄴ, ㄷ

G106 ✲✲✲❀ — 2005대비(나) 6월 모평 11(고3)

다섯 개의 실수 a, b, c, d, e를 적당히 배열하여 공비가 1보다 큰 등비수열을 만들었다. a, b, c, d, e가 다음 조건을 만족시킬 때, b가 이 수열의 제n항이라면, n의 값은? (4점)

| (가) $e = \sqrt{cd}$ | (나) $\dfrac{a}{e} = \dfrac{c}{d}$ | (다) $a < b$ |

① 1　　　② 2　　　③ 3
④ 4　　　⑤ 5

유형 17 등비수열의 활용 – 그래프와 도형

(1) 주어진 조건을 첫째항 a와 공비 r로 나타내어 방정식을 풀자.
a와 r의 값을 알면 일반항을 구할 수 있다. $\Rightarrow a_n = ar^{n-1}$
(2) 0이 아닌 세 수 a, b, c가 이 순서대로 등비수열을 이룰 때,
$b^2 = ac$가 성립한다.

tip

① 등비수열의 일반항은 $a_n = A \times B^n$ 꼴이다.
(이때, 첫째항은 $n=1$을 대입한 AB이고, 공비는 n을 지수로 갖는 밑인 B이다.)

② 도형 또는 실생활 활용 문제에서 일정한 비율로 증가, 감소할 때, 처음 몇 개의 항을 나열하여 규칙성을 파악하고, 등비수열의 일반항 또는 합에 대한 식을 구한다.

G107
대표 .... 2007실시(나) 3월 학평 16(고3)

오른쪽 그림과 같이 각 단의 부피가 일정한 비율로 감소하는 8단 케이크를 만들었다.
이 케이크의 제2단의 부피를 p, 제4단의 부피를 q라 할 때, 제8단의 부피를 p와 q로 나타낸 것은? (4점)

제8단
⋮
제3단
제2단
제1단

① $\dfrac{q^3}{p^2}$　　② $\dfrac{q^2}{p^2}$

③ $\dfrac{p^3}{q^2}$　　④ $\dfrac{p^3}{q}$　　⑤ $\dfrac{p^2}{q}$

G108 ✿✿✿ .... 2015실시(B) 7월 학평 13(고3)

구간 $x>0$에서 정의된 함수 $f(x)=\dfrac{p}{x}$ $(p>1)$의 그래프는 그림과 같다. 세 수 $f(a)$, $f(\sqrt{3})$, $f(a+2)$가 이 순서대로 등비수열을 이룰 때, 양수 a의 값은? (3점)

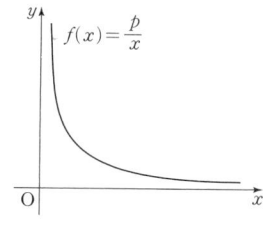

① 1　　② $\dfrac{9}{8}$　　③ $\dfrac{5}{4}$

④ $\dfrac{11}{8}$　　⑤ $\dfrac{3}{2}$

G109 ✿✿✿ .... 2010(가)실시 9월 학평 14(고2)

한 평면 위에 다음과 같은 단계에 따라 선분들을 차례대로 그림과 같이 그려 나간다.

> [1단계]: 길이가 1인 선분을 그린다.
>
> [2단계]: [1단계]에서 그린 선분의 길이의 $\dfrac{1}{2}$만큼 왼쪽에, $\dfrac{1}{4}$만큼 오른쪽에 [1단계]에 그려진 선분에 붙여 그린다.
>
> [3단계]: [2단계]에서 그린 각 선분의 길이의 $\dfrac{1}{2}$만큼 왼쪽에, $\dfrac{1}{4}$만큼 오른쪽에 [2단계]에 그려진 선분에 붙여 그린다.
>
> ⋮

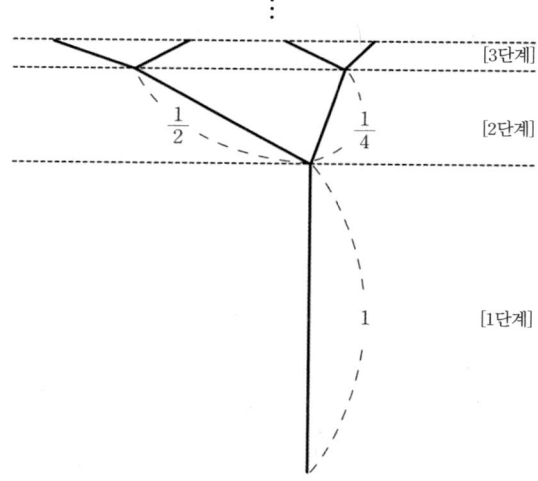

[3단계]

$\dfrac{1}{2}$　　$\dfrac{1}{4}$　　[2단계]

1　　[1단계]

이와 같은 과정을 계속하여 [n단계]에서 그린 선분들의 길이의 합을 a_n이라 하자. 이때, a_{10}의 값은? (4점)

① $\left(\dfrac{4}{5}\right)^{10}$　　② $\left(\dfrac{3}{4}\right)^{9}$　　③ $\left(\dfrac{4}{5}\right)^{9}$

④ $\left(\dfrac{3}{4}\right)^{8}$　　⑤ $\left(\dfrac{4}{5}\right)^{8}$

G110 ✿✿✿ ⋯⋯⋯⋯ 2014실시(A) 4월 학평 13(고3)

그림과 같이 좌표평면 위의
두 원
$C_1 : x^2+y^2=1$
$C_2 : (x-1)^2+y^2=r^2$
$\quad\quad\quad (0<r<\sqrt{2})$

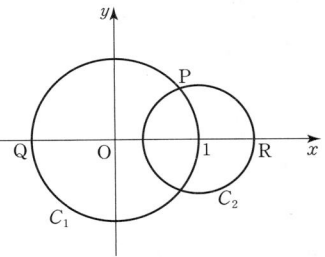

이 제1사분면에서 만나는
점을 P라 하고, 원 C_1이
x축과 만나는 점 중에서 x좌표가 0보다 작은 점을 Q, 원 C_2가
x축과 만나는 점 중에서 x좌표가 1보다 큰 점을 R라 하자.
$\overline{OP}$, $\overline{OR}$, $\overline{QR}$가 이 순서대로 등비수열을 이룰 때, 원 C_2의
반지름의 길이는? (단, O는 원점이다.) (3점)

① $\dfrac{-2+\sqrt{5}}{2}$ ② $\dfrac{2-\sqrt{3}}{2}$ ③ $\dfrac{-1+\sqrt{3}}{2}$

④ $\dfrac{-1+\sqrt{5}}{2}$ ⑤ $\dfrac{3-\sqrt{3}}{2}$

G111 ✿✿✿ ⋯⋯⋯⋯ 2014실시(A) 10월 학평 15(고3)

자연수 n에 대하여 곡선 $y=ax^2 (a>0)$ 위의
점 P_n을 다음 규칙에 따라 정한다.

> (가) 점 P_1의 좌표는 (x_1, ax_1^2)이다.
> (나) 점 P_{n+1}은 점 $P_n(x_n, ax_n^2)$을 지나는
> 직선 $y=-ax_nx+2ax_n^2$과 곡선 $y=ax^2$이 만나는
> 점 중에서 점 P_n이 아닌 점이다.

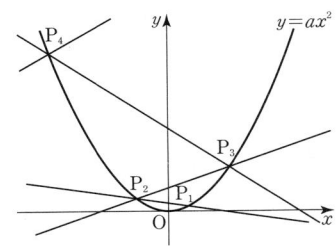

점 P_n의 x좌표로 이루어진 수열 $\{x_n\}$에서 $x_1=\dfrac{1}{2}$일 때, x_{10}의
값은? (4점)

① -1024 ② -512 ③ -256

④ 512 ⑤ 1024

유형 18 등비수열의 합 구하기

첫째항 a, 공비 r인 등비수열의 첫째항부터 제n항까지의 합 S_n은

$$S_n=\frac{a(r^n-1)}{r-1}=\frac{a(1-r^n)}{1-r} \text{ (단, } r\neq1)$$

① $S_n=\dfrac{(첫째항)\times\{(공비)^{(항의 개수)}-1\}}{(공비)-1}$

② 등비수열은 다음의 성질이 있다.
$\quad a_1\times a_n=a_2\times a_{n-1}=a_3\times a_{n-2}=\cdots=a_k\times a_{n-(k-1)}=\cdots$

③ 등비수열의 합 S_n은 $\Box(r^n-1)$ 또는 $\Box(1-r^n)$꼴이다.

G112 대표 ⋯⋯⋯⋯ 2013실시(A) 4월 학평 14(고3)

모든 항이 양수인 등비수열 $\{a_n\}$에 대하여 $a_1a_2=a_{10}$,
$a_1+a_9=20$일 때, $(a_1+a_3+a_5+a_7+a_9)(a_1-a_3+a_5-a_7+a_9)$
의 값은? (4점)

① 494   ② 496   ③ 498

④ 500   ⑤ 502

G113 ✿✿✿ ⋯⋯⋯⋯ 2024실시 9월 학평 10(고2)

공비가 양수인 등비수열 $\{a_n\}$의 첫째항부터
제n항까지의 합을 S_n이라 하자. $a_2=2$, $S_6=9S_3$일 때,
a_4의 값은? (3점)

① 6   ② 8   ③ 10

④ 12   ⑤ 14

G114 ✿✿✿ ⋯⋯⋯⋯ 2005실시(나) 10월 학평 6(고3)

첫째항이 1, 공비가 3인 등비수열 $\{a_n\}$에서 첫째항부터 제n항
까지의 합을 S_n이라 하자. 수열 $\{S_n+p\}$가 등비수열을
이루도록 하는 상수 p의 값은? (3점)

① 1   ② $\dfrac{1}{2}$ ③ $\dfrac{1}{3}$

④ $\dfrac{1}{4}$ ⑤ $\dfrac{1}{5}$

G115 ✿❀❀   2012대비(나) 9월 모평 8(고3)

등비수열 $\{a_n\}$의 첫째항부터 제n항까지의 합 S_n에 대하여 $\dfrac{S_4}{S_2}=9$일 때, $\dfrac{a_4}{a_2}$의 값은? (3점)

① 3   ② 4   ③ 6

④ 8   ⑤ 9

G116 ✿❀❀   2023실시 9월 학평 11(고2)

첫째항이 3이고 공비가 1보다 큰 등비수열 $\{a_n\}$의 첫째항부터 제 n항까지의 합을 S_n이라 하자.

$$\frac{S_4}{S_2}=\frac{6a_3}{a_5}$$

일 때, a_7의 값은? (3점)

① 24   ② 27   ③ 30

④ 33   ⑤ 36

G117 ✿❀❀   2017실시(가) 9월 학평 12(고2)

첫째항이 1이고 공비가 r인 등비수열 $\{a_n\}$의 첫째항부터 제n항까지의 합을 S_n이라 할 때,

$$\frac{S_6-S_4}{3}=\frac{a_6-a_4}{2}$$

가 성립한다. 양수 r의 값은? (3점)

① 2   ② $\dfrac{5}{2}$ ③ 3

④ $\dfrac{7}{2}$ ⑤ 4

G118 ✿❀❀   2017실시(나) 6월 학평 13(고2)

등비수열 $\{a_n\}$의 첫째항부터 제n항까지의 합 S_n에 대하여 $S_3=21$, $S_6=189$일 때, a_5의 값은? (3점)

① 45   ② 48   ③ 51

④ 54   ⑤ 57

G119 ✿❀❀   2017실시(가) 3월 학평 18(고2)

첫째항이 2인 등비수열 $\{a_n\}$의 첫째항부터 제n항까지의 합 S_n이 다음 조건을 만족시킬 때, a_4의 값은? (4점)

> (가) $S_{12}-S_2=4S_{10}$
> (나) $S_{12}<S_{10}$

① -24 ② -16 ③ -8

④ 16   ⑤ 24

G120 ✿❀❀   2021실시 7월 학평 8(고3)

첫째항이 $a(a>0)$이고, 공비가 r인 등비수열 $\{a_n\}$의 첫째항부터 제n항까지의 합을 S_n이라 하자. $2a=S_2+S_3$, $r^2=64a^2$일 때, a_5의 값은? (3점)

① 2   ② 4   ③ 6

④ 8   ⑤ 10

유형 19   등비수열의 합의 활용

(1) 첫째항이 a, 공비가 r인 등비수열 $\{a_n\}$의 일반항 a_n은
$$a_n=ar^{n-1}$$

(2) 첫째항이 a, 공비가 r인 등비수열의 첫째항부터 제n항까지의 합 S_n은
$$S_n=\frac{a(r^n-1)}{r-1}=\frac{a(1-r^n)}{1-r} \ (\text{단}, r\neq1)$$

(tip)

등비수열의 특정 항 또는 몇 개의 항들의 합이 주어지면, 조건을 a와 r에 대한 식으로 나타내자.

G121 대표   2020실시(나) 10월 학평 25(고3)

함수 $f(x)=(1+x^4+x^8+x^{12})(1+x+x^2+x^3)$일 때, $\dfrac{f(2)}{\{f(1)-1\}\{f(1)+1\}}$의 값을 구하시오. (3점)

G122 ✿❀❀

모든 항이 양수인 수열 $\{a_n\}$이 모든 자연수 n에 대하여

$$\log_2 \frac{a_{n+1}}{a_n} = \frac{1}{2}$$

을 만족시킨다. 수열 $\{a_n\}$의 첫째항부터 제 n항까지의 합을 S_n이라 할 때, $\dfrac{S_{12}}{S_6}$의 값은? (3점)

① $\dfrac{17}{2}$ 　　② 9 　　③ $\dfrac{19}{2}$

④ 10 　　⑤ $\dfrac{21}{2}$

G123 ✿❀❀

등비수열 $\{a_n\}$에서 첫째항부터 제5항까지의 합이 $\dfrac{31}{2}$이고 곱이 32일 때, $\dfrac{1}{a_1} + \dfrac{1}{a_2} + \dfrac{1}{a_3} + \dfrac{1}{a_4} + \dfrac{1}{a_5}$의 값은? (3점)

① $\dfrac{31}{4}$ 　　② $\dfrac{31}{8}$ 　　③ $\dfrac{31}{12}$

④ $\dfrac{8}{31}$ 　　⑤ $\dfrac{4}{31}$

G124 ✿❀❀

다항식 $x^{10} + x^9 + \cdots + x^2 + x + 1$을 $x-1$로 나눈 몫을 $f(x)$라고 할 때, $f(x)$를 $x-2$로 나눈 나머지는? (3점)

① $2^{10} - 10$ 　　② $2^{10} + 11$ 　　③ $2^{11} - 12$

④ $2^{11} - 10$ 　　⑤ $2^{11} + 11$

[고난도]
유형 20 등비수열의 합의 응용

(1) 도형의 길이, 넓이, 부피 등이 일정한 비율로 변하는 문제는 처음 몇 개의 항을 구하여 첫째항과 공비를 각각 구하자.

(2) 등비수열의 특정 항 또는 몇 개의 항들의 합이 주어지면, 조건을 a와 r의 식으로 나타내자.

tip

① 수열의 활용 문제에서 주어진 조건으로 몇 개의 항을 나열하여 등차수열 또는 등비수열인지 파악하는 것이 중요하다.

② 문제에서 제시된 규칙을 가지고 다음을 등비수열의 합의 공식을 이용한다.
 • 점의 좌표의 x좌표 또는 y좌표
 • 제 n번째 행이나 열의 수의 합

G125 [대표]

그림과 같이 한 변의 길이가 2인 정사각형 모양의 종이 ABCD에서 각 변의 중점을 각각 A_1, B_1, C_1, D_1이라 하고 $\overline{A_1B_1}$, $\overline{B_1C_1}$, $\overline{C_1D_1}$, $\overline{D_1A_1}$을 접는 선으로 하여 네 점 A, B, C, D가 한 점에서 만나도록 접은 모양을 S_1이라 하자. S_1에서 정사각형 $A_1B_1C_1D_1$의 각 변의 중점을 각각 A_2, B_2, C_2, D_2라 하고 $\overline{A_2B_2}$, $\overline{B_2C_2}$, $\overline{C_2D_2}$, $\overline{D_2A_2}$를 접는 선으로 하여 네 점 A_1, B_1, C_1, D_1이 한 점에서 만나도록 접은 모양을 S_2라 하자. 이와 같은 과정을 계속하여 n번째 얻은 모양을 S_n이라 하고, S_n을 정사각형 모양의 종이 ABCD와 같도록 펼쳤을 때 접힌 모든 선들의 길이의 합을 l_n이라 하자. 예를 들어, $l_1 = 4\sqrt{2}$이다. l_5의 값은? (단, 종이의 두께는 고려하지 않는다.) (4점)

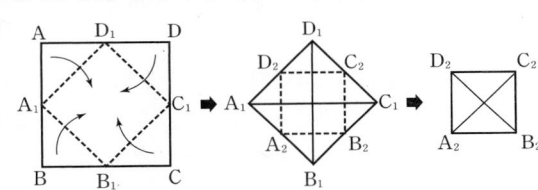

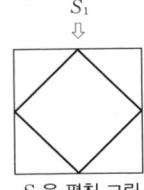
　S_1을 펼친 그림

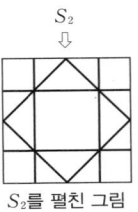
　S_2를 펼친 그림

① $24 + 28\sqrt{2}$ 　　② $28 + 28\sqrt{2}$ 　　③ $28 + 32\sqrt{2}$

④ $32 + 32\sqrt{2}$ 　　⑤ $36 + 32\sqrt{2}$

G126 ✤✤✤ .... 2020실시(나) 3월 학평 10(고3)

그림은 16개의 칸 중 3개의 칸에 다음 규칙을 만족시키도록 수를 써 넣은 것이다.

> (가) 가로로 인접한 두 칸에서 오른쪽 칸의 수는 왼쪽 칸의 수의 2배이다.
> (나) 세로로 인접한 두 칸에서 아래쪽 칸의 수는 위쪽 칸의 수의 2배이다.

첫 번째 줄 →
두 번째 줄 → 2 4
세 번째 줄 → 4
네 번째 줄 →

이 규칙을 만족시키도록 나머지 칸에 수를 써 넣을 때, 네 번째 줄에 있는 모든 수의 합은? (3점)

① 119   ② 127   ③ 135

④ 143   ⑤ 151

G127 ✤✤✤ .... 2010실시(나) 4월 학평 21(고3)

그림과 같이 자연수를 다음 규칙에 따라 나열하였다.

> [규칙1] 1행에는 2, 3, 6의 3개의 수를 차례대로 나열한다.
> [규칙2] $n+1$행에 나열된 수는 1열에 2, 2열부터는 n행에 나열된 각 수에 2를 곱하여 차례대로 나열한다.

           [1열] [2열] [3열] [4열] [5열]   ...
[1행]   2   3   6
[2행]   2   4   6   12
[3행]   2   4   8   12   24
     ⋮   ⋮

10행에 나열된 모든 자연수의 합을 S라 할 때, $S=p\times 2^9-2$ 이다. 이때, p의 값을 구하시오. (3점)

G128 ✤✤✤ .... 2007대비(나) 9월 모평 16(고3)

자연수 n에 대하여 점 P_n을 다음 규칙에 따라 정한다.

> (가) 점 P_1의 좌표는 $(1, 1)$이다.
> (나) 점 P_n의 좌표가 (a, b)일 때,
> $b<2^a$이면 점 P_{n+1}의 좌표는 $(a, b+1)$이고
> $b=2^a$이면 점 P_{n+1}의 좌표는 $(a+1, 1)$이다.

점 P_n의 좌표가 $(10, 2^{10})$일 때, n의 값은? (4점)

① $2^{10}-2$ ② $2^{10}+2$ ③ $2^{11}-2$

④ 2^{11} ⑤ $2^{11}+2$

4 수열의 합 S_n과 일반항 a_n 사이의 관계

유형 21 수열의 합을 이용한 일반항 구하기

수열의 합 S_n과 일반항 a_n 사이의 관계
수열 $\{a_n\}$의 첫째항부터 제n항까지의 합 S_n에 대하여
(i) $a_1=S_1$ (ii) $a_n=S_n-S_{n-1}$ $(n\geq 2)$

① (ii)에 $n=1$을 대입한 값 a_1과 (i)의 S_1의 값이 같으면, 모든 자연수 n에 대하여 $a_n=S_n-S_{n-1}$이 성립한다.
② (i)의 내용은 모든 수열에서 성립한다.

G129 대표 .... 2015실시(A) 7월 학평 6(고3)

수열 $\{a_n\}$의 첫째항부터 제n항까지의 합 S_n이 $S_n=n+2^n$일 때, a_6의 값은? (3점)

① 31   ② 33   ③ 35

④ 37   ⑤ 39

G130 ✤✤✤ .... 2019실시(가) 11월 학평 24(고2)

수열 $\{a_n\}$의 첫째항부터 제n항까지의 합을 S_n이라 하자.
$$S_n=n^2+n+1$$
일 때, a_1+a_4의 값을 구하시오. (3점)

G131 ✿✿✿

수열 $\{a_n\}$의 첫째항부터 제n항까지의 합 S_n이 $S_n = \dfrac{n}{n+1}$일 때, a_4의 값은? (3점)

① $\dfrac{1}{22}$ ② $\dfrac{1}{20}$ ③ $\dfrac{1}{18}$

④ $\dfrac{1}{16}$ ⑤ $\dfrac{1}{14}$

G132 ✿✿✿

수열 $\{a_n\}$의 첫째항부터 제n항까지의 합 S_n이 $S_n = n^2 - 10n$일 때, $a_n < 0$을 만족시키는 자연수 n의 개수는? (3점)

① 5   ② 6   ③ 7

④ 8   ⑤ 9

G133 ✿✿✿

수열 $\{a_n\}$의 첫째항부터 제 n항까지의 합을 S_n이라 하자. $S_n = n^3 + n$일 때, a_4의 값은? (3점)

① 32   ② 34   ③ 36

④ 38   ⑤ 40

유형 22 수열의 합을 이용한 일반항 구하기 – 활용

(1) $S_n = An^2 + Bn + C$로 주어졌을 때,
 • $C = 0$이면, 수열 $\{a_n\}$은 등차수열이다.
 • $C \neq 0$이면, 수열 $\{a_n\}$은 둘째항부터 등차수열을 이룬다.

(2) $S_n = Ar^n + B$로 주어졌을 때,
 • $A + B = 0$이면, 수열 $\{a_n\}$은 등비수열이다.
 • $A + B \neq 0$이면, 수열 $\{a_n\}$은 둘째항부터 등비수열을 이룬다.

(tip) 둘째항부터 등차수열을 이루거나 등비수열을 이루는 경우를 잘 따지자.

G

G134 대표

수열 $\{a_n\}$의 첫째항부터 제n항까지의 합을 S_n이라 할 때, 이차함수 $f(x) = -\dfrac{1}{2}x^2 + 3x$에 대하여 $S_n = 2f(n)$이다. a_6의 값은? (3점)

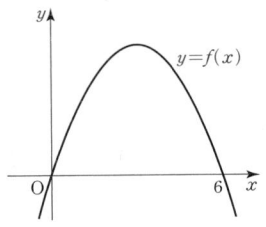

① -9 ② -7 ③ -5

④ -3 ⑤ -1

G135 ✿✿✿

수열 $\{a_n\}$의 첫째항부터 제n항까지의 합을 S_n이라 할 때, 두 수열 $\{a_n\}$, $\{S_n\}$과 상수 k가 다음 조건을 만족시킨다.

> 모든 자연수 n에 대하여 $a_n + S_n = k$이다.

$S_6 = 189$일 때, k의 값은? (4점)

① 192   ② 196   ③ 200

④ 204   ⑤ 208

G136 ❋❋❋ ········· 2010대비(나) 수능 30(고3)

수열 $\{a_n\}$에 대하여 첫째항부터 제n항까지의 합을 S_n이라 하자. 수열 $\{S_{2n-1}\}$은 공차가 -3인 등차수열이고, 수열 $\{S_{2n}\}$은 공차가 2인 등차수열이다. $a_2=1$일 때, a_8의 값을 구하시오. (4점)

G137 ❋❋❋ ········· 2009대비(나) 6월 모평 16(고3)

공차가 d_1, d_2인 두 등차수열 $\{a_n\}$, $\{b_n\}$의 첫째항부터 제n항까지의 합을 각각 S_n, T_n이라 하자.

$$S_n T_n = n^2(n^2-1)$$

일 때, [보기]에서 항상 옳은 것을 모두 고른 것은? (4점)

─────── [보기] ───────

ㄱ. $a_n=n$이면 $b_n=4n-4$이다.
ㄴ. $d_1 d_2=4$
ㄷ. $a_1 \neq 0$이면 $a_n=n$이다.

① ㄱ　　　　② ㄴ　　　　③ ㄱ, ㄴ
④ ㄱ, ㄷ　　⑤ ㄱ, ㄴ, ㄷ

G138 ❋❋❋ ········· 2004대비(인) 수능 19(고3)

자료 x_1, x_2, x_3, $\cdots$, x_{100}에 대하여 다음 과정을 순서대로 시행하였다.

(가) 처음 두 수 x_1과 x_2의 평균을 구한다.
(나) x_3을 추가하여 x_1, x_2, x_3의 평균을 구한다.
(다) x_4를 추가하여 x_1, x_2, x_3, x_4의 평균을 구한다.
                     ⋮
    x_{100}을 추가하여 x_1, x_2, $\cdots$, x_{100}의 평균을 구한다.

위의 과정을 시행한 결과, x_1과 x_2의 평균이 5이고, 자료 하나가 추가될 때마다 평균이 1씩 증가하였다. 이때, x_{100}의 값은? (3점)

① 194　　　　② 196　　　　③ 198
④ 200　　　　⑤ 202

─────────────────────────────

고난도
유형 23 수열의 규칙 찾기

수열의 규칙을 찾는 방법

① $n=1, 2, 3, \cdots$을 차례로 대입해본다.
② 조건에 $(-1)^n$과 같은 식을 포함하는 경우, n의 값이 홀수, 짝수일 때를 나누어 각각의 일반항을 구한다.
③ 모든 자연수 n에 대하여 $a_n=a_{n+k}$ $(k>1)$를 만족시키면 주기성을 이용한다.
④ 변하는 양에 일정한 차이가 있을 때 등차수열을, 일정한 비율이 있을 때 등비수열을 이용한다.

💬 tip

1️⃣ 수열 $\{a_n\}$이 등차수열일 때,
$a_1+a_n=a_2+a_{n-1}=a_3+a_{n-2}=\cdots$ ⇨ 합이 같다.
2️⃣ 수열 $\{a_n\}$이 등비수열일 때,
$a_1\times a_n=a_2\times a_{n-1}=a_3\times a_{n-2}=\cdots$ ⇨ 곱이 같다.

$a_1 \quad a_2 \quad a_3 \quad \cdots \quad a_{n-2} \quad a_{n-1} \quad a_n$

G139 대표 ········· 2015실시(나) 9월 학평 27(고2)

두 집합

$$A=\{2^l \mid l\text{은 자연수}\}, \quad B=\{3m-2 \mid m\text{은 자연수}\}$$

에 대하여 집합 $A \cap B$의 모든 원소를 작은 수부터 순서대로 모두 나열하여 만든 수열을 $\{a_n\}$이라 하자. a_4의 값을 구하시오. (4점)

G140 ❋❋❋ ········· 2022실시 9월 학평 13(고2)

첫째항이 $\dfrac{1}{2}$인 수열 $\{a_n\}$이 모든 자연수 n에 대하여

$$a_{n+1}=-\dfrac{1}{a_n-1}$$

을 만족시킨다. 수열 $\{a_n\}$의 첫째항부터 제n항까지의 합을 S_n이라 할 때, $S_m=11$을 만족시키는 자연수 m의 값은? (3점)

① 20　　　　② 21　　　　③ 22
④ 23　　　　⑤ 24

G141 ✿✿✿ 2006(가)실시 11월 학평 21(고2)

다음과 같은 등차수열 $\{a_n\}$, $\{b_n\}$, $\{c_n\}$이 있다.

- 수열 $\{a_n\}$은 첫째항 a_1이 5이고 공차는 2이다.
- 수열 $\{b_n\}$은 첫째항 b_1이 2이고 공차는 3이다.
- 수열 $\{c_n\}$은 첫째항 c_1이 28이고 공차는 -2이다.

$a_i(i=1,\ 2,\ \cdots,\ 12)$, $b_j(j=1,\ 2,\ \cdots,\ 12)$, $c_k(k=1,\ 2,\ \cdots,\ 12)$가 시계방향 순서대로 적혀 있는 크기가 서로 다른 세 개의 원판이 있다.
각각의 원판은 같은 중심을 축으로 자유롭게 따로따로 회전하도록 되어 있으며, 세 개의 원판이 회전하다가 모두 멈추었을 때는 수열 $\{a_n\}$, $\{b_n\}$, $\{c_n\}$의 각각의 항을 구분하는 직선들은 반드시 일직선상에 놓이게 된다고 하자.
그림은 세 개의 원판이 모두 멈추었을 때, 세 개의 항 a_2, b_7, c_3이 일렬로 놓인 경우의 예이다.

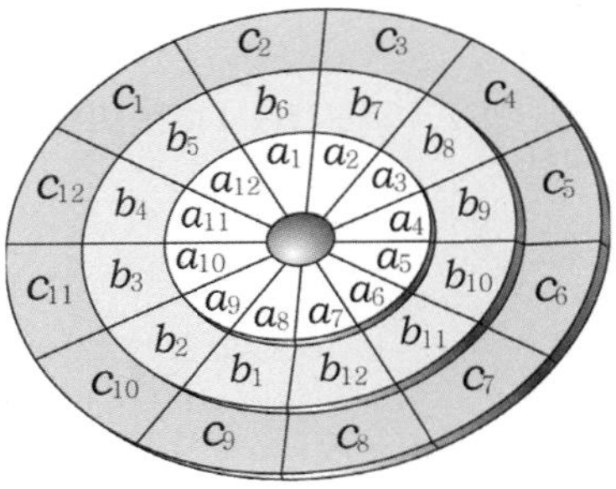

위의 세 개의 원판들이 회전하다가 모두 멈추었을 때, 세 개의 항 a_3, b_2, c_{12}가 일렬로 놓였다면, 일렬로 놓인 세 개의 항 a_i, b_j, c_k의 합 $a_i+b_j+c_k$의 최소값은? (4점)

① 10 ② 12 ③ 15 ④ 17 ⑤ 19

G142 ✿✿✿ 2015대비(A) 6월 모평 28(고3)

자연수 n에 대하여 순서쌍 $(x_n,\ y_n)$을 다음 규칙에 따라 정한다.

(가) $(x_1,\ y_1)=(1,\ 1)$
(나) n이 홀수이면 $(x_{n+1},\ y_{n+1})=(x_n,\ (y_n-3)^2)$이고,
n이 짝수이면 $(x_{n+1},\ y_{n+1})=((x_n-3)^2,\ y_n)$이다.

순서쌍 $(x_{2015},\ y_{2015})$에서 $x_{2015}+y_{2015}$의 값을 구하시오. (4점)

G143 ✿✿✿ 2015실시(A) 10월 학평 18(고3)

수열 $\{a_n\}$에 대하여

$n=2^p\times q$ (p는 음이 아닌 정수, q는 홀수)

일 때, $a_n=p$이다. 예를 들어, $20=2^2\times 5$이므로 $a_{20}=2$이다.
$a_m=1$일 때,

$a_m+a_{2m}+a_{3m}+a_{4m}+a_{5m}+a_{6m}+a_{7m}+a_{8m}+a_{9m}+a_{10m}$

의 값은? (4점)

① 15 ② 16 ③ 17 ④ 18 ⑤ 19

G144 ✿✿✿ 2014실시(B) 4월 학평 18(고3)

자연수 n에 대하여 좌표평면 위의 점 A_n을 다음 규칙에 따라 정한다.

(가) 점 A_1의 좌표는 $(0,\ 0)$이다.
(나) n이 짝수이면 점 A_n은 점 A_{n-1}을 y축의 방향으로 $(-1)^{\frac{n}{2}}\times(n+1)$만큼 평행이동한 점이다.
(다) n이 3 이상의 홀수이면 점 A_n은 점 A_{n-1}을 x축의 방향으로 $(-1)^{\frac{n-1}{2}}\times n$만큼 평행이동한 점이다.

위의 규칙에 따라 정해진 점 A_{30}의 좌표를 $(p,\ q)$라 할 때, $p+q$의 값은? (4점)

① -6 ② -3 ③ 0 ④ 3 ⑤ 6

G145 ✿✿✿ 2009대비(나) 6월 모평 28(고3) 오답 이의제기

자연수 n의 모든 양의 약수를 $a_1,\ a_2,\ \cdots,\ a_k$라 할 때,

$x_n=(-1)^{a_1}+(-1)^{a_2}+\cdots+(-1)^{a_k}$

이라 하자. [보기]에서 옳은 것을 모두 고른 것은? (4점)

[보기]
ㄱ. $x_8=2$
ㄴ. $n=3^m$이면 $x_n=-m+1$이다.
ㄷ. $n=10^m$이면 $x_n=m^2-1$이다.

① ㄱ ② ㄴ ③ ㄱ, ㄴ ④ ㄱ, ㄷ ⑤ ㄱ, ㄴ, ㄷ

❖ 정답 및 해설 401~405p

내신 유형별 서술형 문제

문제에서 단서를 찾고
풀이 방법을 생각해 냅니다!

G146 ✽❀❀ ················· 유형 03

$\log_3 2$와 $\log_3 \dfrac{1}{2}$ 사이에 19개의 수 a_1, a_2, a_3, $\cdots$, a_{19}를 넣어 등차수열을 이루도록 할 때, a_{10}의 값을 구하고 그 과정을 서술하시오. (10점)

1st 등차수열 b_1, $b_2 = a_1$, $b_3 = a_2$, $\cdots$, $b_{20} = a_{19}$, b_{21}이라 하고 $b_{21} = b_1 + 20d$에서 공차 d를 구한다.

2nd $a_{10} = b_{11} = b_1 + 10d$를 이용하여 a_{10}의 값을 구한다.

G147 ✽❀❀ ················· 유형 10

수열 $\{a_n\}$이 다음 조건을 만족시킨다.

> (가) $a_3 = 3a_1$
> (나) $a_{n+1} = a_n + 2$ ($n = 1, 2, 3, \cdots$)

$a_1 + a_2 + a_3 + \cdots + a_{2n} > 500$을 만족시키는 자연수 n의 최솟값을 구하고 그 과정을 서술하시오. (10점)

1st 조건 (나)에서 두 항의 차가 상수인 것을 이용하여 등차수열의 공차를 구한다.

2nd 조건 (가)에서 첫째항과 공차와의 관계식을 구한다.

3rd 등차수열의 합 $S_n = \dfrac{n\{2a + (n-1)d\}}{2}$를 이용하여 $S_{2n} > 500$을 만족시키는 자연수 n의 최솟값을 구한다.

G148 ✽❀❀ ················· 유형 04

이차방정식 $x^2 - 8x + 14 = 0$의 두 근을 α, β라 하자. 세 수 α^2, k, β^2이 이 순서대로 등차수열을 만족시킨다. 이때 첫째항과 공차가 모두 실수 k인 수열 $\{a_n\}$에서 a_{18}의 값을 구하고 그 과정을 서술하시오. (10점)

1st 이차방정식에서 근과 계수와의 관계를 이용하여 $\alpha + \beta$, $\alpha\beta$의 값을 구한다.

2nd 등차중항을 이용하여 실수 k의 값을 구한다.

3rd 등차수열의 일반항 $a_n = a_1 + (n-1)d$를 이용하여 a_{18}의 값을 구한다.

G149 ✽✽❀ ················· 유형 21

첫째항이 1인 수열 $\{a_n\}$이 $0 < k < 1$인 실수 k에 대하여

$$\frac{1}{a_1} + \frac{1}{a_2} + \frac{1}{a_3} + \cdots + \frac{1}{a_n} = \frac{1}{a_{n+1}} + k \,(n = 1, 2, 3, \cdots)$$

을 만족시킨다. $a_{12} = \dfrac{1}{64}$일 때, k의 값을 구하고 그 과정을 서술하시오. (10점)

1st 주어진 식을 a_n과 a_{n+1}의 식으로 변형한다.

2nd 일반항 a_n을 n과 k의 식으로 나타낸다.

3rd $a_{12} = \dfrac{1}{64}$을 이용하여 실수 k의 값을 구한다.

G150 ✽✤✤   유형 19

모든 항이 실수인 등비수열 $\{a_n\}$에 대하여
$$a_1 a_2 a_3 a_4 a_5 = 243, \quad a_4 a_6 a_8 = 81 a_5 a_7$$
이다. 수열 $\{a_n\}$의 첫째항부터 제n항까지의 합을 S_n이라 할

때, $\dfrac{S_9}{S_3}$의 값을 구하고 그 과정을 서술하시오. (10점)

G151 ✽✤✤   유형 21

첫째항이 $\sqrt{3}$이고 모든 항이 양수인 수열 $\{a_n\}$의
첫째항부터 제n항까지의 합을 S_n이라 할 때,
$$\log_3 S_n - \log_3 S_{n-1} = \frac{1}{2} \ (n=2,\ 3,\ 4,\ \cdots)$$

가 성립한다. $\dfrac{a_5}{a_1} = p + q\sqrt{3}$일 때, 두 유리수 p, q의 합 $p+q$의

값을 구하고 그 과정을 서술하시오. (10점)

G152 ✽✤✤   유형 07

두 수열 $\{a_n\}$, $\{b_n\}$이 모든 자연수 k에 대하여
$$b_{2k-1} = \left(\frac{1}{3}\right)^{a_2 + a_4 + a_6 + \cdots + a_{2k}},$$
$$b_{2k} = 3^{a_1 + a_3 + a_5 + \cdots + a_{2k-1}}$$

을 만족시킨다. 수열 $\{a_n\}$은 등차수열이고,
$b_1 \times b_2 \times b_3 \times \cdots \times b_{20} = \dfrac{1}{243}$일 때, 수열 $\{a_n\}$의 공차를 구하고

그 과정을 서술하시오. (10점)

G153 ✽✤✤   유형 17

그림과 같이 이차함수 $y = -x^2 + kx$의 그래프와

직선 $y = 9$가 서로 다른 두 점 A, B에서 만난다. 두 점 A, B의

x좌표를 각각 α, β라 할 때, 세 수 $\dfrac{2}{\alpha^2}$, $\dfrac{1}{\alpha} + \dfrac{1}{\beta}$, $\dfrac{50}{\beta^2}$이

이 순서대로 등비수열을 이루도록 하는 실수 k의 값을 구하고

그 과정을 서술하시오. (단, $0 < \alpha < \beta < k$) (10점)

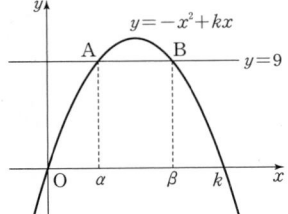

G154 ✽✽✤   유형 09

등차수열 $\{a_n\}$이 모든 자연수 n에 대하여
$$a_1 + a_3 + a_5 + \cdots + a_{2n-1} = 5n^2$$
을 만족시킬 때, $a_2 + a_4 + a_6 + a_8 + \cdots + a_{20}$의 값을 구하고
그 과정을 서술하시오. (10점)

G155 ✽✽✤   유형 21

자연수 n에 대하여 원 O_n의 둘레의 길이와 넓이를
각각 l_n, a_n이라 하고, 수열 $\{a_n\}$의 첫째항부터 제n항까지의
합을 S_n이라 하자. 모든 자연수 n에 대하여
$S_n = \dfrac{n^2(n+1)^2}{2}\pi$일 때, $l_m = 10\sqrt{10}\pi$를 만족시키는

자연수 m의 값을 구하고 그 과정을 서술하시오. (10점)

G156 ★★★ ⋯⋯⋯⋯ 2009실시(나) 4월 학평 10(고3)

등차수열 $\{a_n\}$의 공차와 각 항이 0이 아닌 실수일 때, 방정식 $a_{n+2}x^2 + 2a_{n+1}x + a_n = 0$의 한 근을 b_n이라 하면 등차수열 $\left\{\dfrac{b_n}{b_n+1}\right\}$의 공차는? (단, $b_n \neq -1$) (4점)

① $-\dfrac{1}{2}$ ② $-\dfrac{1}{4}$ ③ $\dfrac{1}{8}$

④ $\dfrac{1}{4}$ ⑤ $\dfrac{1}{2}$

G157 ★★★ ⋯⋯⋯⋯ 2007실시(나) 3월 학평 22(고3)

n개의 항으로 이루어진 등차수열 $a_1, a_2, a_3, \cdots, a_n$이 다음 조건을 만족한다.

> (가) 처음 4개 항의 합은 26이다.
> (나) 마지막 4개 항의 합은 134이다.
> (다) $a_1 + a_2 + a_3 + \cdots + a_n = 260$

이때, n의 값을 구하시오. (4점)

G158 ★★★ ⋯⋯⋯⋯ 2021실시 9월 학평 28(고2)

수열 $\{a_n\}$의 첫째항부터 제n항까지의 합을 S_n이라 할 때, 수열 $\{a_n\}$이 모든 자연수 n에 대하여 다음 조건을 만족시킨다.

> (가) $S_{2n-1} = 1$
> (나) 수열 $\{a_n a_{n+1}\}$은 등비수열이다.

$S_{10} = 33$일 때, S_{18}의 값을 구하시오. (4점)

G159 ☆ 1등급 대비 ⋯⋯⋯⋯ 2024실시 9월 학평 29(고2)

자연수 p와 실수 $q(q \geq 0)$에 대하여 함수 $f(x)$는
$$f(x) = |p\sin x - q|$$
이다. $f(a) = q$인 서로 다른 모든 양수 a를 작은 수부터 크기순으로 나열할 때, n번째 수를 a_n이라 하자. 수열 $\{a_n\}$과 함수 $f(x)$가 다음 조건을 만족시킨다.

> (가) 세 항 a_1, a_4, a_7은 이 순서대로 등차수열을 이룬다.
> (나) 함수 $f(x)$의 최댓값은 15이다.

두 수 p, q의 모든 순서쌍 (p, q)의 개수를 구하시오. (4점)

G160 ✪2등급 대비   2013실시(A) 10월 학평 30(고3)

두 수열 $\{a_n\}$, $\{b_n\}$이 다음 조건을 만족시킨다.

(가) $a_1=b_1=6$

(나) 수열 $\{a_n\}$은 공차가 p인 등차수열이고, 수열 $\{b_n\}$은 공비가 p인 등비수열이다.

수열 $\{b_n\}$의 모든 항이 수열 $\{a_n\}$의 항이 되도록 하는 1보다 큰 모든 자연수 p의 합을 구하시오. (4점)

G161 ✪2등급 대비 .... 2022실시 9월 학평 21(고2)

양수 a와 0이 아닌 실수 d에 대하여 첫째항이 모두 a이고, 공차가 각각 d, $-2d$인 두 등차수열 $\{a_n\}$과 $\{b_n\}$이 다음 조건을 만족시킨다.

(가) $|a_1|=|b_7|$

(나) $S_n=\sum_{k=1}^{n}(|a_k|-|b_k|)$라 할 때, 모든 자연수 n에 대하여 $S_n\leq108$이고, $S_p=108$인 자연수 p가 존재한다.

$S_n\geq0$을 만족시키는 자연수 n의 최댓값을 m이라 할 때, a_m의 값은? (4점)

① 46   ② 50   ③ 54
④ 58   ⑤ 62

G162 ✪1등급 대비   2019실시(나) 9월 학평 30(고2)

자연수 n에 대하여 함수 $f(x)$는 $f(x)=x^2+n$이다.
함수 $y=f(x)$의 그래프와 직선 $y=mx$가 만나도록 하는 자연수 m의 최솟값을 a_n이라 하자. $a_n<a_{n+1}$을 만족시키는 33 이하의 모든 n의 값의 합을 구하시오. (4점)

G

연세문학회

연세대학교 문예 창작 동아리

윤동주가 동아리 선배라고?!

〈연세문학회〉는 윤동주, 정현종, 기형도, 나희덕, 마광수, 성석제, 원재길,
황경신, 우상호 등 유명한 문인들을 배출한 문예 창작 동아리입니다.

1941년 윤동주 시인이 만든 〈문우〉에서 출발하여
1958년 정현종 시인에 의해 〈연세문학회〉라는 현재의 이름을 얻었습니다.

매주 문학에 열정을 가진 학우들이 모여
시, 소설, 독서, 합평 분야별로 창작 활동을 합니다.
학우들이 직접 쓴 작품을 함께 읽으며 창조적 비평을 진행하고,
학기 말에는 학우들의 작품을 수합하여 정기 문집《연세문학》을 발간합니다.
또한 합동 합평회를 통해 다른 학교의 문학 동아리와 교류하기도 합니다.

〈연세문학회〉는 연세 대학교의 문학청년들이
마음껏 창작의 나래를 펼치는 드넓은 '광장'입니다.

전공과 관계없이, 문학을 사랑하는 학우라면 〈연세문학회〉의 문을 두드리세요!

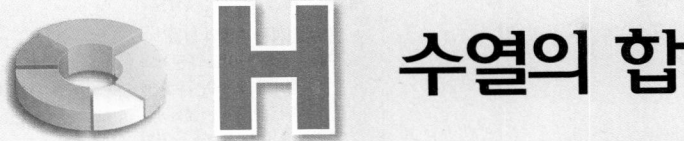

수열의 합

★ 최신 3개년 수능+모평 출제 경향

학년도		출제 유형	난이도
2025	수능		
	9월	유형 01 합의 기호 $\sum$ 유형 10 $\sum$의 활용 – 새롭게 정의된 수열	✿✿✿ ✿✿✿
	6월	유형 02 합의 기호 $\sum$의 성질 유형 08 자연수의 거듭제곱의 합	✿✿✿ ✿✿✿
2024	수능	유형 02 합의 기호 $\sum$의 성질 유형 08 $\sum$의 활용 – 부분분수	✿✿✿ ✿✿✿
	9월	유형 02 합의 기호 $\sum$의 성질 유형 05 $\sum$로 나타내어진 등차수열의 합	✿✿✿ ✿✿✿
	6월	유형 02 합의 기호 $\sum$의 성질 유형 08 $\sum$의 활용 – 부분분수	✿✿✿ ✿✿✿
2023	수능	유형 02 합의 기호 $\sum$의 성질 유형 09 $\sum$의 활용 – 유리화 유형 10 $\sum$의 활용 – 새롭게 정의된 수열	✿✿✿ ✿✿✿ ✿✿✿
	9월	유형 02 합의 기호 $\sum$의 성질 유형 08 $\sum$의 활용 – 부분분수	✿✿✿ ✿✿✿
	6월	유형 03 자연수의 거듭제곱의 합 유형 05 $\sum$로 나타내어진 등차수열의 합	✿✿✿ ✿✿✿

★ 자주 출제되는 필수 개념 학습법

- $\sum$의 뜻과 성질을 정확히 이해하고 적용하는 연습을 해야 한다. 특히, $\sum\limits_{n=i}^{k} a_n$이 주어진 경우는 수열 $\{a_n\}$의 제i항부터 제k항까지의 합이므로 $\sum$의 아래, 위 숫자를 정확히 확인해야 한다.

- 여러 가지 수열의 합을 $\sum$으로 나타내어진 경우 부분분수 또는 분모의 유리화 등을 이용하여 간단히 한 후 첫째항부터 차례로 나열하여 합을 구하는 연습을 하자.

- 자연수의 거듭제곱의 합과 부분분수의 변형을 이용하는 수열의 합을 구하는 문제는 직접적으로 여러 단원에서 간접적으로 자주 이용되는 매우 중요한 개념이다. 이처럼 자주 이용되는 자연수의 거듭제곱의 합, 부분분수, 분모의 유리화의 개념은 반드시 기억해야 한다.

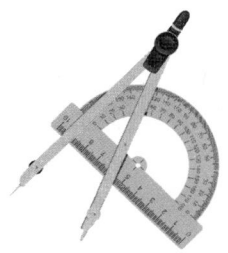

 # 수열의 합

중요도 ★★○

1 합의 기호 $\sum$❶ — 유형 01

수열 $\{a_n\}$의 첫째항부터 제 n 항까지의 합
$a_1+a_2+a_3+\cdots+a_n$을 기호 $\sum$를 사용하여 다음과 같이
나타낸다.

$$a_1+a_2+a_3+\cdots+a_n=\sum_{k=1}^{n}a_k❷$$

(예) 수열 $\{a_n\}$의 일반항이 $a_n=2n$일 때, 수열 $\{a_n\}$의 첫째항부터
제 n항까지의 합을 기호 $\sum$를 사용하여 나타내면 다음과 같다.

$$2+4+6+\cdots+2n=\sum_{k=1}^{n}2k$$

출제
2025 9월 모평 12번
2025 9월 모평 18번
★ $\sum$로 정의된 수열의 합을 구하는 중하 난이도의 문제와 $\sum$의 정의에 의하여 각 항을 '+'로 나열한 뒤 두 식을 연립하여 주어진 값을 구하는 중하 난이도의 문제가 출제되었다.

한걸음 더

❶ k 대신에 다른 문자를 사용해도 된다.
$$\sum_{k=1}^{n}a_k=\sum_{i=1}^{n}a_i=\sum_{j=1}^{n}a_j$$

❷ 시그마의 합
시그마의 합에서 첫째항과 끝항이 반드시 a_1, a_n을 뜻하지는 않으므로 간단한 계산문제라 하더라도 시작항과 끝항을 반드시 확인하자.
(예) $$\sum_{k=m}^{n}a_k=\sum_{k=1}^{n}a_k-\sum_{k=1}^{m-1}a_k$$
(단, $n>m$)

2 $\sum$의 성질❸ — 유형 02

두 수열 $\{a_n\}$, $\{b_n\}$과 상수 c에 대하여 다음이 성립한다.

(1) $\sum_{k=1}^{n}(a_k+b_k)=\sum_{k=1}^{n}a_k+\sum_{k=1}^{n}b_k$

(2) $\sum_{k=1}^{n}(a_k-b_k)=\sum_{k=1}^{n}a_k-\sum_{k=1}^{n}b_k$

(3) $\sum_{k=1}^{n}ca_k=c\sum_{k=1}^{n}a_k$

(4) $\sum_{k=1}^{n}c=cn$

(예) 두 수열 $\{a_n\}$, $\{b_n\}$의 일반항이 $a_n=3n+2$, $b_n=n-2$일 때,

$$2\sum_{k=1}^{n}a_k+3\sum_{k=1}^{n}b_k=\sum_{k=1}^{n}2a_k+\sum_{k=1}^{n}3b_k=\sum_{k=1}^{n}(2a_k+3b_k)$$
$$=\sum_{k=1}^{n}\{2(3n+2)+3(n-2)\}$$
$$=\sum_{k=1}^{n}\{(6n+4)+(3n-6)\}=\sum_{k=1}^{n}(9n-2)$$

출제
2025 6월 모평 3번
2024 수능 18번
★ 6월과 2024 수능 모두 $\sum$의 계산을 이용한 쉬운 계산 문제가 출제되었다. $\sum$의 성질은 수열의 합을 간단하게 구할 수 있는 도구이므로 성질을 꼭 기억한다.

❸ 틀리기 쉬운 $\sum$의 성질

(1) $\sum_{k=1}^{n}a_kb_k\neq\left(\sum_{k=1}^{n}a_k\right)\times\left(\sum_{k=1}^{n}b_k\right)$

(2) $\sum_{k=1}^{n}\dfrac{a_k}{b_k}\neq\dfrac{\sum_{k=1}^{n}a_k}{\sum_{k=1}^{n}b_k}$

(3) $\sum_{k=1}^{n}a_k^2\neq\left(\sum_{k=1}^{n}a_k\right)^2$

3 자연수의 거듭제곱의 합❹ — 유형 03~04

$1^3+2^3+3^3+\cdots+n^3=(1+2+3+\cdots+n)^2$이므로
$\sum_{k=1}^{n}k^3=\left(\sum_{k=1}^{n}k\right)^2$으로 외우고 있으면 공식이 헷갈리지 않고, 정확히 기억할 수 있다.

(1) $\sum_{k=1}^{n}k=1+2+3+\cdots+n=\dfrac{n(n+1)}{2}$

(2) $\sum_{k=1}^{n}k^2=1^2+2^2+3^2+\cdots+n^2=\dfrac{n(n+1)(2n+1)}{6}$

(3) $\sum_{k=1}^{n}k^3=1^3+2^3+3^3+\cdots+n^3=\left\{\dfrac{n(n+1)}{2}\right\}^2$

(예) $\sum_{k=1}^{5}k=\dfrac{5\times 6}{2}=15$, $\sum_{k=1}^{5}k^2=\dfrac{5\times 6\times 11}{6}=55$, $\sum_{k=1}^{5}k^3=\left(\dfrac{5\times 6}{2}\right)^2=225$

출제
2025 6월 모평 18번
★ $\sum$의 성질을 이용하여 식을 정리한 후 자연수의 거듭제곱의 합을 이용하여 값을 구하는 쉬운 문제가 출제되었다.

한걸음 더

❹ 일반항이 $k(k+1)$, $k(k+1)(k+2)$인 수열의 합

(1) $\sum_{k=1}^{n}k(k+1)=\dfrac{n(n+1)(n+2)}{3}$

(2) $\sum_{k=1}^{n}k(k+1)(k+2)$
$=\dfrac{n(n+1)(n+2)(n+3)}{4}$

4 여러 가지 수열의 합❺ — 유형 05~16

(1) $\sum_{k=1}^{n}\dfrac{1}{k(k+1)}=\sum_{k=1}^{n}\left(\dfrac{1}{k}-\dfrac{1}{k+1}\right)$

(2) $\sum_{k=1}^{n}\dfrac{1}{(k+a)(k+b)}=\dfrac{1}{b-a}\sum_{k=1}^{n}\left(\dfrac{1}{k+a}-\dfrac{1}{k+b}\right)$ $(a\neq b)$

(3) $\sum_{k=1}^{n}\dfrac{1}{\sqrt{k+1}+\sqrt{k}}=\sum_{k=1}^{n}(\sqrt{k+1}-\sqrt{k})$

 +개념보충

❺ (1) 부분분수
$$\dfrac{1}{AB}=\dfrac{1}{B-A}\left(\dfrac{1}{A}-\dfrac{1}{B}\right)$$
$(A\neq B)$

(2) 분모의 유리화
$$\dfrac{1}{\sqrt{A}-\sqrt{B}}=\dfrac{\sqrt{A}+\sqrt{B}}{A-B}$$
$(A\neq B)$

1 합의 기호 $\sum$

[H01~03] 다음을 수의 합의 꼴로 나타내시오.

H01 $\displaystyle\sum_{k=1}^{6} 2k$

H02 $\displaystyle\sum_{i=1}^{5} (i^2+2)$

H03 $\displaystyle\sum_{j=1}^{10} (3j+1)$

[H04~06] 다음을 합의 기호 $\sum$를 사용하여 나타내시오.

H04 $1+2+3+\cdots+100$

H05 $1^2+2^2+3^2+\cdots+50^2$

H06 $1\times2+2\times3+\cdots+100\times101$

2 $\sum$의 성질

[H07~08] 두 수열 $\{a_n\}$, $\{b_n\}$에 대하여 $\displaystyle\sum_{k=1}^{10} a_k=20$, $\displaystyle\sum_{k=1}^{10} b_k=30$일 때, 다음의 값을 구하시오.

H07 $\displaystyle\sum_{k=1}^{10} (2a_k-b_k)$

H08 $\displaystyle\sum_{k=1}^{10} (4a_k-3b_k-2)$

H09 $\displaystyle\sum_{k=1}^{100} (a_k+2b_k)^2=150$, $\displaystyle\sum_{k=1}^{100} (2a_k-b_k)^2=100$일 때, $\displaystyle\sum_{k=1}^{100} (a_k^2+b_k^2+5)$의 값을 구하시오.

[H10~11] 다음 식의 값을 구하시오.

H10 $\displaystyle\sum_{k=1}^{5} (k+5)-\sum_{k=1}^{5} (k-2)$

H11 $\displaystyle\sum_{k=1}^{20} (k+1)^2-\sum_{k=1}^{20} (k^2+2k)$

3 자연수의 거듭제곱의 합

[H12~15] 다음 식의 값을 구하시오.

H12 $\displaystyle\sum_{k=1}^{10} (4k+1)^2-\sum_{k=1}^{10} (4k-1)^2$

H13 $\displaystyle\sum_{k=1}^{20} (k+2)(k-2)$

H14 $\displaystyle\sum_{k=1}^{10} (k^3-k^2+2k)$

H15 $\displaystyle\sum_{k=1}^{5} (3^k-3k)$

[H16~17] 다음 식의 값을 구하시오.

H16 $1\times3+2\times5+3\times7+\cdots+10\times21$

H17 $1+(1+2)+(1+2+3)+\cdots+(1+2+3+\cdots+10)$

H18 수열 $\{a_n\}$의 첫째항부터 제n항까지의 합 S_n이 $S_n=2n^2-n$일 때, $\displaystyle\sum_{k=1}^{10} a_{2k}$의 값을 구하시오.

H19 이차방정식 $x^2-2x-2=0$의 두 근을 α, β라 할 때, $\displaystyle\sum_{k=1}^{10} (k-\alpha)(k-\beta)$의 값을 구하시오.

4 여러 가지 수열의 합

[H20~21] 다음 식의 값을 구하시오.

H20 $\displaystyle\sum_{k=1}^{10} \frac{2}{(2k-1)(2k+1)}$

H21 $\dfrac{1}{1+\sqrt{2}}+\dfrac{1}{\sqrt{2}+\sqrt{3}}+\cdots+\dfrac{1}{\sqrt{99}+\sqrt{100}}$

H22 $\dfrac{1}{1\times3}+\dfrac{1}{3\times5}+\cdots+\dfrac{1}{(2n-1)(2n+1)}=\dfrac{50}{101}$ 일 때, 자연수 n의 값을 구하시오.

1 합의 기호 $\sum$

유형 01 **합의 기호 $\sum$**

수열 $\{a_n\}$의 첫째항부터 제n항까지의 합 $a_1+a_2+a_3+\cdots+a_n$을 합의 기호 $\sum$를 사용하여 다음과 같이 나타낸다. 즉,

$$a_1+a_2+a_3+\cdots+a_n=\sum_{k=1}^{n}a_k=S_n$$

tip
기호 $\sum$는 합을 뜻하는 Sum의 첫 글자 S에 해당하는 그리스 문자로 'sigma'라고 읽는다. 또한, $\sum_{k=1}^{n}a_k$는 수열의 일반항 a_k의 k에 1, 2, 3, $\cdots$, n을 차례로 대입하여 모두 더한다는 뜻이다.

H23 대표 .... 2018실시(나) 3월 학평 9(고3)

등식 $\sum_{k=1}^{5}\dfrac{1}{k}=a+\sum_{k=1}^{5}\dfrac{1}{k+1}$을 만족시키는 a의 값은?

(3점)

① $\dfrac{1}{6}$ ② $\dfrac{1}{3}$ ③ $\dfrac{1}{2}$

④ $\dfrac{2}{3}$ ⑤ $\dfrac{5}{6}$

H24 ✿✿✿

함수 $f(x)$에 대하여 $f(22)=45$, $f(3)=6$일 때, $\sum_{k=1}^{19}f(k+3)-\sum_{k=5}^{23}f(k-2)$의 값은? (3점)

① 38 ② 39 ③ 40

④ 41 ⑤ 42

H25 ✿✿✿ Pass .... 2020대비(나) 9월 모평 12(고3)

$\sum_{k=1}^{9}(k+1)^2-\sum_{k=1}^{10}(k-1)^2$의 값은? (3점)

① 91 ② 93 ③ 95

④ 97 ⑤ 99

H26 ✿✿✿ .... 2021대비(나) 수능 12(고3)

수열 $\{a_n\}$은 $a_1=1$이고, 모든 자연수 n에 대하여

$$\sum_{k=1}^{n}(a_k-a_{k+1})=-n^2+n$$을 만족시킨다. a_{11}의 값은? (3점)

① 88 ② 91 ③ 94

④ 97 ⑤ 100

2 $\sum$의 성질

유형 02 **합의 기호 $\sum$의 성질**

 빈출

(1) $\sum_{k=1}^{n}(a_k+b_k)=\sum_{k=1}^{n}a_k+\sum_{k=1}^{n}b_k$

(2) $\sum_{k=1}^{n}(a_k-b_k)=\sum_{k=1}^{n}a_k-\sum_{k=1}^{n}b_k$

(3) $\sum_{k=1}^{n}ca_k=c\sum_{k=1}^{n}a_k$ (단, c는 상수)

(4) $\sum_{k=1}^{n}c=cn$ (단, c는 상수)

tip
① 시그마는 곱과 나눗셈에서는 분리할 수 없고, 시그마에서 변수는 $\sum$의 앞으로 나올 수 없다.

• $\sum_{k=1}^{n}a_kb_k\neq\left(\sum_{k=1}^{n}a_k\right)\times\left(\sum_{k=1}^{n}b_k\right)$

• $\sum_{k=1}^{n}\dfrac{a_k}{b_k}\neq\dfrac{\sum_{k=1}^{n}a_k}{\sum_{k=1}^{n}b_k}$

• $\sum_{k=1}^{n}ka_k\neq k\sum_{k=1}^{n}a_k$

② $\sum_{k=1}^{n}c$는 c를 n번 더한 것이므로 $\sum_{k=1}^{n}c\neq c$이다.

H27 대표 .... 2019실시(가) 9월 학평 6(고2)

두 수열 $\{a_n\}$, $\{b_n\}$에 대하여

$$\sum_{n=1}^{10}(2a_n-b_n)=7, \quad \sum_{n=1}^{10}(a_n+b_n)=5$$

일 때, $\sum_{n=1}^{10}(a_n-2b_n)$의 값은? (3점)

① 1 ② 2 ③ 3

④ 4 ⑤ 5

H28 ✽✽✽ 2023실시 9월 학평 7(고2)

수열 $\{a_n\}$에 대하여

$$\sum_{k=1}^{5}(2a_k-1)^2=61, \quad \sum_{k=1}^{5}a_k(a_k-4)=11$$

일 때, $\sum_{k=1}^{5}a_k^2$의 값은? (3점)

① 12　　　　② 13　　　　③ 14
④ 15　　　　⑤ 16

H29 ✽✽✽ 2020실시 9월 학평 24(고2)

두 수열 $\{a_n\}$, $\{b_n\}$에 대하여

$$\sum_{n=1}^{5}(a_n-b_n)=10, \quad \sum_{n=1}^{6}(2a_n-2b_n)=56$$

일 때, a_6-b_6의 값을 구하시오. (3점)

H30 ✽✽✽ 2018실시(나) 11월 학평 17(고2)

어떤 자연수 m에 대하여 수열 $\{a_n\}$이

$$\sum_{k=1}^{m}a_k=-1, \quad \sum_{k=1}^{m}a_k^2=3$$

을 만족시킨다. $\sum_{k=1}^{m}(a_k+3)^2=60$일 때, m의 값은? (4점)

① 3　　　　② 4　　　　③ 5
④ 6　　　　⑤ 7

H31 ✽✽✽ 2021실시 11월 학평 6(고2)

두 수열 $\{a_n\}$, $\{b_n\}$에 대하여 $\sum_{k=1}^{10}a_k=5$, $\sum_{k=1}^{10}b_k=20$일 때,

$\sum_{k=1}^{10}(a_k+2b_k-1)$의 값은? (3점)

① 25　　　　② 30　　　　③ 35
④ 40　　　　⑤ 45

H32 ✽✽✽ Pass 2019대비(나) 6월 모평 7(고3)

수열 $\{a_n\}$에 대하여

$$\sum_{k=1}^{10}a_k=3, \quad \sum_{k=1}^{10}a_k^2=7$$

일 때, $\sum_{k=1}^{10}(2a_k^2-a_k)$의 값은? (3점)

① 8　　　　② 9　　　　③ 10
④ 11　　　　⑤ 12

H33 ✽✽✽ 2017대비(나) 9월 모평 9(고3)

수열 $\{a_n\}$이

$$\sum_{k=1}^{7}a_k=\sum_{k=1}^{6}(a_k+1)$$

을 만족시킬 때, a_7의 값은? (3점)

① 6　　　　② 7　　　　③ 8
④ 9　　　　⑤ 10

H34 ✽✽✽

두 수열 $\{a_n\}$, $\{b_n\}$에 대하여

$$\sum_{k=1}^{20}(a_k+b_k)^2=81, \quad \sum_{k=1}^{20}(a_k-b_k)^2=25$$

일 때, $\sum_{k=1}^{20}(a_kb_k-2)$의 값은? (3점)

① −38　　　　② −32　　　　③ −26
④ −20　　　　⑤ −14

H35 ✽❀❀ 2019실시(가) 11월 학평 14(고2)

수열 $\{a_n\}$이 모든 자연수 n에 대하여

$$\sum_{k=1}^{n} a_{2k-1} = 3n^2 - n, \quad \sum_{k=1}^{2n} a_k = 6n^2 + n$$

을 만족시킬 때, $\sum_{k=1}^{24} (-1)^k a_k$의 값은? (4점)

① 18   ② 24   ③ 30
④ 36   ⑤ 42

H36 ✽❀❀ 2022실시 9월 학평 25(고2)

수열 $\{a_n\}$에 대하여

$$\sum_{k=1}^{10} (a_k)^2 = 20, \quad \sum_{k=1}^{10} (a_k + 1)^2 = 50$$

일 때, $\sum_{k=1}^{10} a_k$의 값을 구하시오. (3점)

H37 ✽❀❀ 2018대비(나) 수능 27(고3)

수열 $\{a_n\}$에 대하여

$$\sum_{k=1}^{10} (a_k + 1)^2 = 28, \quad \sum_{k=1}^{10} a_k(a_k + 1) = 16$$

일 때, $\sum_{k=1}^{10} (a_k)^2$의 값을 구하시오. (4점)

H38 ✽✽✽ 2022실시 11월 학평 12(고2)

수열 $\{a_n\}$에 대하여 $a_1 = 1$, $a_{10} = 4$이고

$$\sum_{k=1}^{9} (a_k + a_{k+1}) = 25$$

일 때, $\sum_{k=1}^{10} a_k$의 값은? (3점)

① 11   ② 12   ③ 13
④ 14   ⑤ 15

H39 ✽❀❀ 2018대비(나) 9월 모평 11(고3)

두 수열 $\{a_n\}$, $\{b_n\}$이 모든 자연수 n에 대하여 $a_n + b_n = 10$을 만족시킨다. $\sum_{k=1}^{10} (a_k + 2b_k) = 160$일 때, $\sum_{k=1}^{10} b_k$의 값은? (3점)

① 60   ② 70   ③ 80
④ 90   ⑤ 100

H40 ✽❀❀ 2021실시 9월 학평 25(고2)

두 수열 $\{a_n\}$, $\{b_n\}$에 대하여

$$\sum_{n=1}^{10} a_n^2 = 10, \quad \sum_{n=1}^{10} a_n(2b_n - 3a_n) = 16$$

일 때, $\sum_{n=1}^{10} a_n(6a_n + 7b_n)$의 값을 구하시오. (3점)

❸ 자연수의 거듭제곱의 합

유형 03   **자연수의 거듭제곱의 합**

(1) $\displaystyle\sum_{k=1}^{n} k = 1+2+\cdots+n = \dfrac{n(n+1)}{2}$

(2) $\displaystyle\sum_{k=1}^{n} k^2 = 1^2+2^2+\cdots+n^2 = \dfrac{n(n+1)(2n+1)}{6}$

(3) $\displaystyle\sum_{k=1}^{n} k^3 = 1^3+2^3+\cdots+n^3 = \left\{\dfrac{n(n+1)}{2}\right\}^2$

(tip)

Σ의 아래끝, 위끝이 같으면 합칠 수 있다.

$$\sum_{k=1}^{n} a_k + \sum_{k=1}^{n} b_k = \sum_{k=1}^{n} (a_k+b_k)$$

H41   대표   2016실시(나) 4월 학평 23(고3)

$\displaystyle\sum_{k=1}^{6} (k^2+5)$의 값을 구하시오. (3점)

H42   ✲✲✲ Pass⟩   2020실시(나) 3월 학평 22(고3)

$\displaystyle\sum_{k=1}^{5} k^2$의 값을 구하시오. (3점)

H43   ✲✲✲   2016대비(A) 6월 모평 24(고3)

$\displaystyle\sum_{k=1}^{10} (2k+a) = 300$일 때, 상수 a의 값을 구하시오. (3점)

H44   ✲✲✲   2021실시 11월 학평 25(고2)

$\displaystyle\sum_{k=1}^{10} (k^2-ak) = 275$일 때, 상수 a의 값을 구하시오.

(3점)

H45   ✲✲✲   2023실시 11월 학평 13(고2)

두 수열 $\{a_n\}$, $\{b_n\}$이 모든 자연수 n에 대하여

$a_n+b_n=n$을 만족시킨다. $\displaystyle\sum_{k=1}^{10} (3a_k+1) = 40$일 때,

$\displaystyle\sum_{k=1}^{10} b_k$의 값은? (3점)

① 30   ② 35   ③ 40

④ 45   ⑤ 50

H46   ✲✲✲   2017실시(나) 6월 학평 14(고2)

$\displaystyle\sum_{k=1}^{10} \dfrac{k^3}{k+1} + \sum_{k=1}^{10} \dfrac{1}{k+1}$의 값은? (4점)

① 340   ② 360   ③ 380

④ 400   ⑤ 420

H47   ✲✲✲   2020실시 11월 학평 26(고2)

두 수열 $\{a_n\}$, $\{b_n\}$에 대하여

$$\sum_{k=1}^{10} a_k = 3, \quad \sum_{k=1}^{10} (a_k+b_k) = 9$$

일 때, $\displaystyle\sum_{k=1}^{10} (b_k+k)$의 값을 구하시오. (4점)

유형 04 자연수의 거듭제곱의 합의 활용

(1) $\displaystyle\sum_{k=1}^{n} k = 1+2+\cdots+n = \dfrac{n(n+1)}{2}$

(2) $\displaystyle\sum_{k=1}^{n} k^2 = 1^2+2^2+\cdots+n^2 = \dfrac{n(n+1)(2n+1)}{6}$

(3) $\displaystyle\sum_{k=1}^{n} k^3 = 1^3+2^3+\cdots+n^3 = \left\{\dfrac{n(n+1)}{2}\right\}^2$

(tip)

∑의 아래끝, 위끝이 다르면 다음을 이용한다.

$$\sum_{k=m}^{n} a_k = \sum_{k=1}^{n} a_k - \sum_{k=1}^{m-1} a_k \ (2 \leq m < n)$$

H48 대표 · · · · · · · · · · 2019실시(나) 9월 학평 11(고2)

자연수 n에 대하여 직선 $y=-2x+n^2+1$의

x절편을 x_n이라 할 때, $\displaystyle\sum_{n=1}^{8} x_n$의 값은? (3점)

① 104 ② 105 ③ 106
④ 107 ⑤ 108

H49 ❋❋❋ · · · · · · · · · · 2017대비(나) 수능 25(고3)

함수 $f(x)=\dfrac{1}{2}x+2$에 대하여 $\displaystyle\sum_{k=1}^{15} f(2k)$의 값을 구하시오. (3점)

H50 ❋❋❋ · · · · · · · · · · 2016실시(나) 3월 학평 10(고3)

x에 대한 이차방정식 $nx^2-(2n^2-n)x-5=0$의 두 근의 합을

a_n (n은 자연수)이라 하자. $\displaystyle\sum_{k=1}^{10} a_k$의 값은? (3점)

① 88 ② 91 ③ 94
④ 97 ⑤ 100

H51 ❋❋❋ · · · · · · · · · · 2024실시 9월 학평 24(고2)

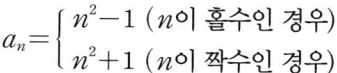

수열 $\{a_n\}$이 모든 자연수 n에 대하여

$$a_n = \begin{cases} n^2-1 & (n \text{이 홀수인 경우}) \\ n^2+1 & (n \text{이 짝수인 경우}) \end{cases}$$

를 만족시킬 때, $\displaystyle\sum_{k=1}^{10} a_k$의 값을 구하시오. (3점)

H52 ❋❋❋ · · · · · · · · · · 2020실시(가) 4월 학평 13(고3)

$\displaystyle\sum_{n=1}^{20} (-1)^n n^2$의 값은? (3점)

① 195 ② 200 ③ 205
④ 210 ⑤ 215

H53 ❋❋❋ · · · · · · · · · · 2021대비(나) 9월 모평 11(고3)

n이 자연수일 때, x에 대한 이차방정식

$$(n^2+6n+5)x^2-(n+5)x-1=0$$

의 두 근의 합을 a_n이라 하자. $\displaystyle\sum_{k=1}^{10} \dfrac{1}{a_k}$의 값은? (3점)

① 65 ② 70 ③ 75
④ 80 ⑤ 85

4 여러 가지 수열의 합

유형 05 ∑로 나타내어진 등차수열의 합 〈빈출〉

등차수열의 첫째항, 공차, 항의 수를 구하고 등차수열의 합 공식을 이용한다.
즉, 첫째항이 a, 공차가 d, 항의 수가 n인 등차수열 $\{a_n\}$에 대하여
$\displaystyle\sum_{k=1}^{n} a_k$의 값은

$$\sum_{k=1}^{n} a_k = S_n = \frac{n\{2a+(n-1)d\}}{2}$$

(tip)

① 첫째항이 a_1, 공차가 d인 등차수열의 일반항이
  $a_n = a_1 + (n-1)d$임을 이용한다.
② 다항식의 ∑ 계산은 자연수의 거듭제곱의 합 공식을 이용한다.

H54 대표 .... 2018실시(가) 9월 학평 15(고2)

등차수열 $\{a_n\}$이

$$\sum_{k=1}^{15} a_k = 165, \quad \sum_{k=1}^{21} (-1)^k a_k = -20$$

을 만족시킬 때, a_{21}의 값은? (4점)

① 45   ② 50   ③ 55
④ 60   ⑤ 65

H55 ❋❋❋ .... 2022실시 9월 학평 6(고2)

등차수열 $\{a_n\}$에 대하여 $\displaystyle\sum_{k=1}^{5} a_k = 30$일 때, $a_2 + a_4$의
값은? (3점)

① 12   ② 14   ③ 16
④ 18   ⑤ 20

H56 ❋❋❋ Pass .... 2006대비(나) 9월 모평 18(고3)

첫째항이 2인 등차수열 $\{a_n\}$에서 $\displaystyle\sum_{n=1}^{10} a_n = 200$일 때, a_{11}의 값을
구하시오. (3점)

H57 ❋❋❋ .... 2018대비(나) 수능 14(고3)

등차수열 $\{a_n\}$이

$$a_5 + a_{13} = 3a_9, \quad \sum_{k=1}^{18} a_k = \frac{9}{2}$$

를 만족시킬 때, a_{13}의 값은? (4점)

① 2   ② 1   ③ 0
④ −1   ⑤ −2

H58 ❋❋❋ .... 2018대비(나) 6월 모평 15(고3)

공차가 양수인 등차수열 $\{a_n\}$에 대하여 이차방정식
$x^2 - 14x + 24 = 0$의 두 근이 a_3, a_8이다. $\displaystyle\sum_{n=3}^{8} a_n$의 값은? (4점)

① 40   ② 42   ③ 44
④ 46   ⑤ 48

H59 ❋❋❋ .... 2015실시(A) 4월 학평 9(고3)

수열 $\{a_n\}$에서 $a_n = 2n - 3$일 때, $\displaystyle\sum_{k=2}^{m} a_{k+1} = 48$을 만족시키는
m의 값은? (3점)

① 4   ② 5   ③ 6
④ 7   ⑤ 8

H60 ❋❋❋ .... 2015대비(A) 6월 모평 26(고3)

수열 $\{a_n\}$은 $a_1 = 15$이고,

$$\sum_{k=1}^{n} (a_{k+1} - a_k) = 2n + 1 \ (n \geq 1)$$

을 만족시킨다. a_{10}의 값을 구하시오. (4점)

❖ 정답 및 해설 424~427p

H61 ✿❀❀   2014대비(B) 9월 모평 24(고3)

등차수열 $\{a_n\}$이 $a_2=-2$, $a_5=7$일 때, $\sum_{k=1}^{10} a_{2k}$의 값을 구하시오.

(3점)

H62 ✿❀❀   2008실시(나) 3월 학평 20(고3)

두 등차수열 $\{a_n\}$, $\{b_n\}$에 대하여

$$a_1+b_1=45, \quad \sum_{k=1}^{10} a_k + \sum_{k=1}^{10} b_k = 500$$

일 때, $a_{10}+b_{10}$의 값을 구하시오. (3점)

H63 ✿❀❀

첫째항이 -5이고 공차가 2인 등차수열 $\{a_n\}$에 대하여 $\sum_{k=1}^{20} a_k$의 값은? (3점)

① 260   ② 265   ③ 270
④ 275   ⑤ 280

H64 ✿✿❀   2022대비 5월 예시 20(고2)

공차가 정수인 등차수열 $\{a_n\}$에 대하여

$$a_3+a_5=0, \quad \sum_{k=1}^{6} (|a_k|+a_k) = 30$$

일 때, a_9의 값을 구하시오. (4점)

H65 ✿❀❀   2020실시 11월 학평 17(고2)

$a_3=1$인 등차수열 $\{a_n\}$이 $\sum_{k=1}^{20} a_{2k} - \sum_{k=1}^{12} a_{2k+8} = 48$을 만족시킬 때, a_{39}의 값은? (4점)

① 11   ② 12   ③ 13
④ 14   ⑤ 15

H66 ✿✿❀   2020실시 9월 학평 17(고2)

공차가 정수인 등차수열 $\{a_n\}$이 다음 조건을 만족시킨다.

> (가) $a_7=37$
>
> (나) 모든 자연수 n에 대하여 $\sum_{k=1}^{n} a_k \leq \sum_{k=1}^{13} a_k$이다.

$\sum_{k=1}^{21} |a_k|$의 값은? (4점)

① 681   ② 683   ③ 685
④ 687   ⑤ 689

H67 ✿✿❀   2019실시(나) 11월 학평 28(고2)

첫째항이 자연수이고 공차가 음수인 등차수열 $\{a_n\}$이 다음 조건을 만족시킬 때, a_1의 값을 구하시오. (4점)

> (가) $|a_5|+|a_6|=|a_5+a_6|+2$
>
> (나) $\sum_{n=1}^{6} |a_n| = 37$

H68 ✲✲✾ ──────── 2014실시(A) 3월 학평 18(고3)

수열 $\{a_n\}$에 대하여 $\sum_{n=1}^{20} a_n = p$라 할 때, 등식

$$2a_n + n = p \, (n \geq 1)$$

가 성립한다. a_{10}의 값은? (단, p는 상수이다.) (4점)

① $\dfrac{2}{3}$　　　　② $\dfrac{3}{4}$　　　　③ $\dfrac{5}{6}$

④ $\dfrac{11}{12}$　　　　⑤ 1

유형 06 ∑로 나타내어진 등비수열의 합

첫째항이 a, 공비가 r인 등비수열 $\{a_n\}$의 합은

$$\sum_{k=1}^{n} ar^{k-1} = \frac{a(r^n - 1)}{r-1} = \frac{a(1-r^n)}{1-r} \ (단, \ r \neq 1)$$

(tip)

① 지수식의 ∑ 계산은 등비수열의 합 공식을 이용한다.

② $\sum_{k=1}^{n} r^k$은 공비가 r인 등비수열의 합을 나타낸다.

H69 대표 ──────── 2019실시(나) 9월 학평 25(고2)

공비가 2인 등비수열 $\{a_n\}$이 $\sum_{n=1}^{5} a_n = 310$을 만족시킬 때, a_7의 값을 구하시오. (3점)

H70 ✾✾✾ ──────── 2020대비(나) 6월 모평 24(고3)

공비가 양수인 등비수열 $\{a_n\}$에 대하여

$$a_1 = 2, \ \frac{a_5}{a_3} = 9$$

일 때, $\sum_{k=1}^{4} a_k$의 값을 구하시오. (3점)

H71 ✾✾✾ ──────── 2019대비(나) 6월 모평 15(고3)

등비수열 $\{a_n\}$에 대하여

$$a_3 = 4(a_2 - a_1), \ \sum_{k=1}^{6} a_k = 15$$

일 때, $a_1 + a_3 + a_5$의 값은? (4점)

① 3　　　　② 4　　　　③ 5

④ 6　　　　⑤ 7

H72 ✲✾✾ ──────── 2020실시 9월 학평 11(고2)

첫째항이 $\dfrac{1}{5}$이고 공비가 양수인 등비수열 $\{a_n\}$에 대하여 $a_4 = 4a_2$일 때, $\sum_{k=1}^{n} a_k = \dfrac{3}{13} \sum_{k=1}^{n} a_k^2$을 만족시키는 자연수 n의 값은? (3점)

① 5　　　　② 6　　　　③ 7

④ 8　　　　⑤ 9

H73 ✲✾✾ ──────── 2019실시(나) 7월 학평 26(고3)

첫째항이 2이고 모든 항이 양수인 수열 $\{a_n\}$이 있다. x에 대한 이차방정식 $a_n x^2 - a_{n+1} x + a_n = 0$이 모든 자연수 n에 대하여 중근을 가질 때, $\sum_{k=1}^{8} a_k$의 값을 구하시오. (4점)

H74 ✲✾✾ ──────── 2006대비(나) 9월 모평 4(고3)

수열 $\{a_n\}$에서 $a_n = 2^n + (-1)^n$일 때, $a_1 + a_2 + a_3 + \cdots + a_9$의 값은? (3점)

① $2^{10} - 3$　　　　② $2^{10} - 1$　　　　③ 2^{10}

④ $2^{10} + 1$　　　　⑤ $2^{10} + 3$

H75 ✽✽❀ 2019실시(가) 9월 학평 26(고2)

첫째항과 공비가 모두 자연수인 등비수열 $\{a_n\}$에 대하여 $5 \le a_2 \le 6$, $42 \le a_4 \le 96$일 때, $\sum_{n=1}^{5} a_n$의 값을 구하시오.

(4점)

H76 ✽✽❀ 2018실시(나) 11월 학평 27(고2)

모든 항이 양수인 등비수열 $\{a_n\}$이 다음 조건을 만족시킬 때, a_3의 값을 구하시오. (4점)

> (가) $a_1 \times a_2 = 2a_3$
>
> (나) $\sum_{k=1}^{20} a_k = \dfrac{a_{21} - a_1}{3}$

H77 ✽❀❀ 2022실시 11월 학평 15(고2)

모든 항이 실수인 등비수열 $\{a_n\}$에 대하여

$$\sum_{k=1}^{20} a_k + \sum_{k=1}^{10} a_{2k} = 0$$

이 성립한다. $a_3 + a_4 = 3$일 때, a_1의 값은? (4점)

① 12   ② 16   ③ 20
④ 24   ⑤ 28

H78 ✽✽✽ 2014실시(B) 10월 학평 26(고3)

수열 $\{a_n\}$은 첫째항이 양수이고 공비가 1보다 큰 등비수열이다. $a_3 a_5 = a_1$일 때, $\sum_{k=1}^{n} \dfrac{1}{a_k} = \sum_{k=1}^{n} a_k$를 만족시키는 자연수 n의 값을 구하시오. (4점)

유형 07 $\sum\limits_{k=1}^{n} a_k$와 a_n 사이의 관계

$S_n = \sum\limits_{k=1}^{n} a_k$가 주어지면

(i) $a_1 = \sum\limits_{k=1}^{1} a_k$

(ii) $a_n = \sum\limits_{k=1}^{n} a_k - \sum\limits_{k=1}^{n-1} a_k$ ($n \ge 2$)임을 이용하여

    수열 $\{a_n\}$의 일반항을 구한다.

(tip)

수열의 합 $\sum\limits_{k=1}^{n} a_k$와 일반항 a_n 사이의 관계

⇨ $a_n = \sum\limits_{k=1}^{n} a_k - \sum\limits_{k=1}^{n-1} a_k$

H79 대표 2018실시(가) 9월 학평 6(고2)

수열 $\{a_n\}$이 모든 자연수 n에 대하여

$\sum\limits_{k=1}^{n} a_k = n^2 + 5n$을 만족시킬 때, a_6의 값은? (3점)

① 8   ② 12   ③ 16
④ 20   ⑤ 24

H80 ❀❀❀ 2018실시(가) 6월 학평 15(고2)

수열 $\{a_n\}$이 $\sum\limits_{k=1}^{n} k a_k = n(n+1)(n+2)$를 만족시킬 때,

$\sum\limits_{k=1}^{10} a_k$의 값은? (4점)

① 185   ② 195   ③ 205
④ 215   ⑤ 225

H81 ❀❀❀ 2016실시(나) 3월 학평 23(고3)

수열 $\{a_n\}$이 $\sum\limits_{k=1}^{n} a_k = 2n - 1$을 만족시킬 때, a_{10}의 값을 구하시오.

(3점)

H82 ✿✿✿
2021실시 11월 학평 14(고2)

모든 항이 양수인 등비수열 $\{a_n\}$의 첫째항부터
제n항까지의 합을 S_n이라 하자.

$a_1=3$, $\dfrac{S_6}{S_5-S_2}=\dfrac{a_2}{2}$일 때, a_4의 값은? (4점)

① 6   ② 9   ③ 12
④ 15   ⑤ 18

H83 ✺✿✿
2015대비(B) 6월 모평 13(고3)

수열 $\{a_n\}$에 대하여 $\sum\limits_{k=1}^{n}a_k=n^2-n\ (n\geq1)$일 때, $\sum\limits_{k=1}^{10}ka_{4k+1}$의
값은? (3점)

① 2960   ② 3000   ③ 3040
④ 3080   ⑤ 3120

H84 ✿✿✿
2017실시(나) 7월 학평 26(고3)

첫째항이 2, 공차가 4인 등차수열 $\{a_n\}$에 대하여

$\sum\limits_{k=1}^{n}a_kb_k=4n^3+3n^2-n$일 때, b_5의 값을 구하시오. (4점)

H85 ✿✿✺
2017실시(나) 4월 학평 27(고3)

수열 $\{a_n\}$에 대하여

$$\sum\limits_{k=1}^{n}(2k-1)a_k=n(n+1)(4n-1)$$

일 때, a_{20}의 값을 구하시오. (4점)

H86 ✿✿✿
2022실시 11월 학평 26(고2)

수열 $\{a_n\}$의 첫째항부터 제n항까지의 합을 S_n이라
하자. 모든 자연수 n에 대하여 $S_n=\dfrac{n}{2n+1}$일 때,

$\sum\limits_{k=1}^{6}\dfrac{1}{a_k}$의 값을 구하시오. (4점)

H87 ✿✿✿
2024실시 9월 학평 17(고2)

수열 $\{a_n\}$이 다음 조건을 만족시킨다.

> (가) $a_{12}-a_{10}=5$
> (나) 모든 자연수 n에 대하여 $\sum\limits_{k=1}^{n}a_{2k}=\sum\limits_{k=1}^{n}a_{2k-1}+n^2$이다.

$a_9=16$일 때, a_{11}의 값은? (4점)

① 17   ② 18   ③ 19
④ 20   ⑤ 21

유형 08 ∑의 활용 – 부분분수 〔빈출〕

부분분수를 이용한 수열의 합

$$\sum\limits_{k=1}^{n}\dfrac{1}{k(k+1)}=\sum\limits_{k=1}^{n}\left(\dfrac{1}{k}-\dfrac{1}{k+1}\right)$$

(tip)

① 분수 꼴로 나타내어진 수열의 합을 구할 때는 부분분수로 고친다.

$\dfrac{1}{AB}=\dfrac{1}{B-A}\left(\dfrac{1}{A}-\dfrac{1}{B}\right)$ (단, $A\neq B$)

② 항이 연쇄적으로 소거될 때, 앞에서 남는 항과 뒤에서 남는 항은 서로
대칭이 되는 위치에 있다.

H88 대표
2018실시(나) 7월 학평 12(고3)

n이 자연수일 때, x에 대한 다항식
$x^3+(1-n)x^2+n$을 $x-n$으로 나눈 나머지를 a_n이라 하자.

$\sum\limits_{n=1}^{10}\dfrac{1}{a_n}$의 값은? (3점)

① $\dfrac{7}{8}$ ② $\dfrac{8}{9}$ ③ $\dfrac{9}{10}$
④ $\dfrac{10}{11}$ ⑤ $\dfrac{11}{12}$

H89 ✾✾✾ Pass
2015대비(A) 6월 모평 10(고3)

$\sum_{k=1}^{n} \dfrac{4}{k(k+1)} = \dfrac{15}{4}$일 때, n의 값은? (3점)

① 11   ② 12   ③ 13

④ 14   ⑤ 15

H90 ✾✾✾
2020실시(가) 7월 학평 8(고3)

수열 $\{a_n\}$의 일반항이 $a_n = 2n+1$일 때, $\sum_{n=1}^{12} \dfrac{1}{a_n a_{n+1}}$의 값은? (3점)

① $\dfrac{1}{9}$ ② $\dfrac{4}{27}$ ③ $\dfrac{5}{27}$

④ $\dfrac{2}{9}$ ⑤ $\dfrac{7}{27}$

H91 ✾✾✾
2022실시 9월 학평 10(고2)

첫째항이 1이고 공차가 3인 등차수열 $\{a_n\}$에 대하여

$\sum_{k=1}^{10} \dfrac{1}{a_k a_{k+1}}$의 값은? (3점)

① $\dfrac{10}{31}$ ② $\dfrac{11}{31}$ ③ $\dfrac{12}{31}$

④ $\dfrac{13}{31}$ ⑤ $\dfrac{14}{31}$

H92 ✾✾✾
2019실시(나) 9월 학평 15(고2)

수열 $\{a_n\}$이 모든 자연수 n에 대하여

$$a_n = {}_{n+1}C_2$$

를 만족시킬 때, $\sum_{n=1}^{9} \dfrac{1}{a_n}$의 값은? (4점)

① $\dfrac{7}{5}$ ② $\dfrac{3}{2}$ ③ $\dfrac{8}{5}$

④ $\dfrac{17}{10}$ ⑤ $\dfrac{9}{5}$

H93 ✾✾✾
2016실시(나) 9월 학평 7(고2)

$\sum_{k=1}^{7} \dfrac{1}{(k+1)(k+2)}$의 값은? (3점)

① $\dfrac{1}{6}$ ② $\dfrac{2}{9}$ ③ $\dfrac{5}{18}$

④ $\dfrac{1}{3}$ ⑤ $\dfrac{7}{18}$

H94 ✾✾✾
2021실시 9월 학평 10(고2)

자연수 n에 대하여 곡선 $y = x^2$과 직선 $y = \sqrt{n}\,x$가 만나는 서로 다른 두 점 사이의 거리를 $f(n)$이라 하자.

$\sum_{n=1}^{10} \dfrac{1}{\{f(n)\}^2}$의 값은? (3점)

① $\dfrac{9}{11}$ ② $\dfrac{19}{22}$ ③ $\dfrac{10}{11}$

④ $\dfrac{21}{22}$ ⑤ 1

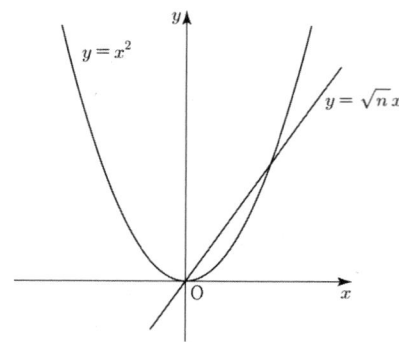

H95 ✽✽✽✽
2020실시 9월 학평 13(고2)

자연수 n에 대하여 좌표평면 위의 점 $(n, 0)$을
중심으로 하고 반지름의 길이가 1인 원을 O_n이라 하자.
점 $(-1, 0)$을 지나고 원 O_n과 제1사분면에서 접하는 직선의

기울기를 a_n이라 할 때, $\sum_{n=1}^{5} a_n^2$의 값은? (3점)

① $\dfrac{1}{2}$ ② $\dfrac{23}{42}$ ③ $\dfrac{25}{42}$

④ $\dfrac{9}{14}$ ⑤ $\dfrac{29}{42}$

H96 ✽✽✽✽
2017실시(나) 3월 학평 27(고3)

함수 $f(x)=x^2+x-\dfrac{1}{3}$에 대하여 부등식

$$f(n)<k<f(n)+1(n=1, 2, 3, \cdots)$$

을 만족시키는 정수 k의 값을 a_n이라 하자. $\sum_{n=1}^{100} \dfrac{1}{a_n}=\dfrac{q}{p}$일 때,
$p+q$의 값을 구하시오. (단, p와 q는 서로소인 자연수이다.) (4점)

H97 ✽✽✽✽
2013실시(A) 3월 학평 17(고3)

수열 $\{a_n\}$이 자연수 n에 대하여 $\sum_{k=1}^{n} \dfrac{a_k}{k+1}=n^2+n$을

만족시킬 때, $\sum_{n=1}^{10} \dfrac{1}{a_n}$의 값은? (4점)

① $\dfrac{5}{11}$ ② $\dfrac{1}{2}$ ③ $\dfrac{6}{11}$

④ $\dfrac{13}{22}$ ⑤ $\dfrac{7}{11}$

H98 ✽✽✽✽
2010실시(나) 4월 학평 20(고3)

n이 자연수일 때, x에 대한 이차방정식
$x^2-33x+n(n+1)=0$의 두 근을 α_n, β_n이라 하자.

이때, $\sum_{n=1}^{10} \left(\dfrac{1}{\alpha_n} + \dfrac{1}{\beta_n} \right)$의 값을 구하시오. (3점)

H99 ✽✽✽✽
2007실시(나) 4월 학평 8(고3)

[보기]에서 항상 옳은 것을 모두 고르면? (3점)

— [보기] —

ㄱ. $\sum_{k=1}^{n} (2k-1)=n^2$

ㄴ. $\sum_{k=1}^{n} \dfrac{1}{k}=\dfrac{2}{n(n+1)}$

ㄷ. $\sum_{k=1}^{n} \left(\sum_{l=1}^{k} l \right) = \dfrac{n(n+1)(n+2)}{6}$

① ㄱ ② ㄴ ③ ㄱ, ㄷ

④ ㄴ, ㄷ ⑤ ㄱ, ㄴ, ㄷ

유형 09 ∑의 활용 – 유리화 (빈출)

근호를 포함한 식으로 나타내어지는 수열의 합

(i) 일반항의 분모를 유리화한다.

(ii) 합의 기호 ∑를 풀어 계산한다.

(tip)

분모에 근호가 포함된 식은 분모를 유리화한다.

$\dfrac{1}{\sqrt{a}+\sqrt{b}}=\dfrac{\sqrt{a}-\sqrt{b}}{a-b}$ (단, $a \neq b$)

H100 대표
2017대비(나) 9월 모평 14(고3)

첫째항이 4이고 공차가 1인 등차수열 $\{a_n\}$에 대하여

$$\sum_{k=1}^{12} \dfrac{1}{\sqrt{a_{k+1}}+\sqrt{a_k}}$$

의 값은? (4점)

① 1 ② 2 ③ 3

④ 4 ⑤ 5

H101 ✽❀❀ ...... 2018실시(나) 9월 학평 16(고2)

자연수 n에 대하여 직선 $x=n$이 두 곡선 $y=\sqrt{x}$, $y=-\sqrt{x+1}$ 과 만나는 점을 각각 A_n, B_n이라 하자. 삼각형 A_nOB_n의 넓이를 T_n이라 할 때, $\sum_{n=1}^{24}\dfrac{n}{T_n}$의 값은? (단, O는 원점이다.) (4점)

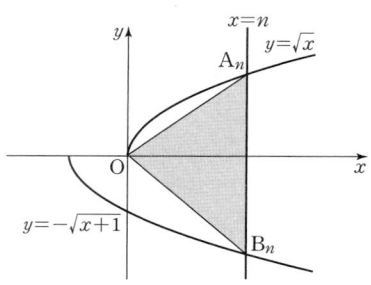

① $\dfrac{13}{2}$

② 7

③ $\dfrac{15}{2}$

④ 8

⑤ $\dfrac{17}{2}$

H102 ✽✽❀ ...... 2020대비(나) 9월 모평 26(고3)

n이 자연수일 때, x에 대한 이차방정식

$$x^2-(2n-1)x+n(n-1)=0$$

의 두 근을 α_n, β_n이라 하자. $\sum_{n=1}^{81}\dfrac{1}{\sqrt{\alpha_n}+\sqrt{\beta_n}}$의 값을 구하시오.

(4점)

유형 10 ∑의 활용 – 새롭게 정의된 수열 (빈출)

(ⅰ) 주어진 조건을 이용하여 일반항 a_k를 찾는다.

(ⅱ) 합의 기호 ∑의 성질 또는 자연수의 거듭제곱의 합을 이용하여 구하고자 하는 값을 찾는다.

(tip)

자주 사용되는 다음 공식은 꼭 암기하자.

1️⃣ $\sum_{k=1}^{n}k=1+2+\cdots+n=\dfrac{n(n+1)}{2}$

2️⃣ $\sum_{k=1}^{n}k^2=1^2+2^2+\cdots+n^2=\dfrac{n(n+1)(2n+1)}{6}$

3️⃣ $\sum_{k=1}^{n}c=cn$ (단, c는 상수)

4️⃣ $\sum_{k=1}^{n}ar^{k-1}=\dfrac{a(r^n-1)}{r-1}=\dfrac{a(1-r^n)}{1-r}$ (단, $r\neq1$)

H103 대표 ...... 2011실시(나) 7월 학평 11(고3)

두 점 $P(x_1, y_1)$, $Q(x_2, y_2)$에 대하여 $d(P, Q)$를

$$d(P, Q)=|x_1-x_2|+|y_1-y_2|$$

라 정의하자. 두 점 $A(1, 0)$과 $P_n(n, 2^n)$에 대하여

$\sum_{n=1}^{10}d(A, P_n)$의 값은? (3점)

① 2^9+45

② $2^{10}+43$

③ $2^{10}+45$

④ $2^{11}+43$

⑤ $2^{11}+45$

H104 ✽❀❀ ...... 2020실시 11월 학평 15(고2)

자연수 n에 대하여 수열 $\{a_n\}$의 일반항이

$a_n={}^{n+1}\sqrt{{}^{n+2}\sqrt{4}}$일 때, $\sum_{k=1}^{10}\log_2 a_k$의 값은? (4점)

① $\dfrac{1}{6}$

② $\dfrac{1}{3}$

③ $\dfrac{1}{2}$

④ $\dfrac{2}{3}$

⑤ $\dfrac{5}{6}$

H105 ✽✽❀ ...... 2016실시(나) 3월 학평 20(고3)

자연수 n에 대하여

$$\left|\left(n+\dfrac{1}{2}\right)^2-m\right|<\dfrac{1}{2}$$

을 만족시키는 자연수 m을 a_n이라 하자. $\sum_{k=1}^{5}a_k$의 값은? (4점)

① 65

② 70

③ 75

④ 80

⑤ 85

H106 ✽✽❀ ...... 2015실시(A) 3월 학평 25(고3)

자연수 n에 대하여 2^{n-1}의 모든 양의 약수의 합을 a_n이라 할 때, $\sum_{n=1}^{8}a_n$의 값을 구하시오. (3점)

유형 11 ∑의 활용 – 대입하여 수열 유추

합의 기호 ∑의 정의에 의하여

$\sum_{k=1}^{n} a_k = a_1 + a_2 + \cdots + a_n$ 이므로 $n = 1, 2, 3, \cdots$을 차례로

대입해 나가며 각 항의 규칙을 찾는다.

tip

$\sum_{k=1}^{n} a_k$에서 n이 큰 수일 때에는 수열 $\{a_n\}$의 각 항이 특정한 값으로
반복되거나 몇 개의 항을 묶어서 계산하면 쉽게 문제를 해결할 수 있다.

H107 대표 .... 2016실시(나) 10월 학평 13(고3)

첫째항이 $\frac{1}{5}$인 수열 $\{a_n\}$이 모든 자연수 n에 대하여

$a_{n+1} = \begin{cases} 2a_n & (a_n \le 1) \\ a_n - 1 & (a_n > 1) \end{cases}$ 을 만족시킬 때, $\sum_{n=1}^{20} a_n$의 값은? (3점)

① 13 ② 14 ③ 15
④ 16 ⑤ 17

H108 ✿❀❀ .... 2018실시(가) 6월 학평 25(고2)

두 수열 $\{a_n\}$, $\{b_n\}$이

$a_n = $ (자연수 n을 3으로 나누었을 때의 몫),
$b_n = (-1)^{n-1} \times 5^{a_n}$

일 때, $\sum_{k=1}^{9} b_k$의 값을 구하시오. (3점)

H109 ✿✿❀ .... 2010대비(나) 6월 모평 8(고3)

수열 $\{a_n\}$에서 $a_n = (-1)^{\frac{n(n+1)}{2}}$일 때, $\sum_{n=1}^{2010} na_n$의
값은? (4점)

① -2011 ② -2010 ③ 0
④ 2010 ⑤ 2011

H110 ✿✿❀ .... 2023실시 9월 학평 19(고2)

수열 $\{a_n\}$이 다음 조건을 만족시킨다.

(가) 네 수 a_1, a_3, a_5, a_7은 이 순서대로 공비가 양수인
등비수열을 이룬다.
(나) 8 이하의 모든 자연수 n에 대하여 $a_n \times a_{9-n} = 75$이다.

$a_1 + a_2 = \frac{10}{3}$, $\sum_{k=1}^{8} a_k = \frac{400}{3}$일 때, $a_3 + a_8$의 값은? (4점)

① $\frac{110}{3}$ ② 40 ③ $\frac{130}{3}$
④ $\frac{140}{3}$ ⑤ 50

H111 ✿✿✿ .... 2005대비(나) 9월 모평 30(고3)

방정식 $x^3 + 1 = 0$의 한 허근을 ω라 하자.
자연수 n에 대하여 $f(n)$을 ω^n의 실수 부분으로 정의할 때,

$\sum_{k=1}^{999} \left\{ f(k) + \frac{1}{3} \right\}$의 값을 구하시오. (3점)

H112 ✿❀❀ .... 2022대비 6월 모평 13(고3)

실수 전체의 집합에서 정의된 함수 $f(x)$가 구간
$(0, 1]$에서

$f(x) = \begin{cases} 3 & (0 < x < 1) \\ 1 & (x = 1) \end{cases}$

이고 모든 실수 x에 대하여 $f(x+1) = f(x)$를 만족시킨다.
$\sum_{k=1}^{20} \frac{k \times f(\sqrt{k})}{3}$의 값은? (4점)

① 150 ② 160 ③ 170
④ 180 ⑤ 190

H113 ✿✿❀ 2021실시 11월 학평 17(고2)

2 이상의 자연수 n에 대하여 $2^{n-3}-8$의 n제곱근 중 실수인 것의 개수를 $f(n)$이라 할 때, $\sum_{n=2}^{m} f(n)=15$가 되도록 하는 자연수 m의 값은? (4점)

① 12 ② 14 ③ 16
④ 18 ⑤ 20

H114 ✿✿❀ 2021실시 9월 학평 15(고2)

2 이상의 자연수 n에 대하여 $(2n-5)(2n-9)$의 n제곱근 중 실수인 것의 개수를 $f(n)$이라 하자. $\sum_{n=2}^{8} f(n)$의 값은? (4점)

① 5 ② 7 ③ 9
④ 11 ⑤ 13

H115 ✿✿❀ 2021대비(가) 6월 모평 21(고3)

수열 $\{a_n\}$의 일반항은

$$a_n=\log_2 \sqrt{\frac{2(n+1)}{n+2}}$$

이다. $\sum_{k=1}^{m} a_k$의 값이 100 이하의 자연수가 되도록 하는 모든 자연수 m의 값의 합은? (4점)

① 150 ② 154 ③ 158
④ 162 ⑤ 166

유형 12 Σ의 활용 – 조건을 만족시키는 수열

(1) 합의 기호 Σ의 정의에 의하여

$\sum_{k=1}^{n} a_k=a_1+a_2+\cdots+a_n$이므로 $n=1, 2, 3, \cdots$을 차례로 대입하여 나가며 각 항의 규칙을 찾는다.

(2) **자연수의 거듭제곱의 합**

$$\sum_{k=1}^{n} k=\frac{n(n+1)}{2}$$

$$\sum_{k=1}^{n} k^2=\frac{n(n+1)(2n+1)}{6}$$

tip

$\sum_{k=1}^{n} a_k$에서 n이 큰 수일 때에는 수열 $\{a_n\}$의 각 항이 특정한 값으로 반복되거나 몇 개의 항을 묶어서 계산하면 쉽게 문제를 해결할 수 있다.

H116 대표 2014대비(A) 6월 모평 28(고3)

수열 $\{a_n\}$은 $a_1=7$이고, 다음 조건을 만족시킨다.

(가) $a_{n+2}=a_n-4$ $(n=1, 2, 3, 4)$
(나) 모든 자연수 n에 대하여 $a_{n+6}=a_n$이다.

$\sum_{k=1}^{50} a_k=258$일 때, a_2의 값을 구하시오. (4점)

H117 ✿✿❀ 2015실시(A) 4월 학평 28(고3)

수열 $\{a_n\}$은 다음 조건을 만족시킨다.

(가) $a_1=1$, $a_2=2$
(나) a_n은 a_{n-2}와 a_{n-1}의 합을 4로 나눈 나머지 $(n\geq3)$

$\sum_{k=1}^{m} a_k=166$일 때, m의 값을 구하시오. (4점)

H118 ✱✱❀ 2006대비(나) 수능 29(고3)

$p \geq 2$인 자연수 p에 대하여 수열 $\{a_n\}$이 다음
세 조건을 만족시킨다.

> (가) $a_1 = 0$
> (나) $a_{k+1} = a_k + 1$ $(1 \leq k \leq p-1)$
> (다) $a_{k+p} = a_k$ $(k=1, 2, 3, \cdots)$

[보기]에서 옳은 것을 모두 고른 것은? (4점)

> ─── [보기] ───
> ㄱ. $a_{2k} = 2a_k$
> ㄴ. $a_1 + a_2 + \cdots + a_p = \dfrac{p(p-1)}{2}$
> ㄷ. $a_p + a_{2p} + \cdots + a_{kp} = k(p-1)$

① ㄱ   ② ㄴ   ③ ㄷ
④ ㄴ, ㄷ   ⑤ ㄱ, ㄴ, ㄷ

유형 13 ∑의 활용 – 빈칸 채우기

(1) **빈칸을 채우는 문제**
앞뒤의 계산 과정을 비교해 나가며 빈칸을 채운다.

(2) **시그마의 성질**

$\displaystyle\sum_{k=1}^{n}(a_k \pm b_k) = \sum_{k=1}^{n}a_k \pm \sum_{k=1}^{n}b_k$ (복호동순)

$\displaystyle\sum_{k=1}^{n}ca_k = c\sum_{k=1}^{n}a_k,\ \sum_{k=1}^{n}c = cn$ (단, c는 상수)

(3) **자연수의 거듭제곱의 합**

$\displaystyle\sum_{k=1}^{n}k = \frac{n(n+1)}{2}$

$\displaystyle\sum_{k=1}^{n}k^2 = \frac{n(n+1)(2n+1)}{6}$

(tip)

① 앞뒤의 계산 과정을 비교하며 시그마의 성질과 자연수의 거듭제곱의
합의 계산을 이용하여 주어진 식을 간단히 한다.

② $\displaystyle\sum_{i=1}^{n}ki$에서 k는 상수이다.

H119 대표 2018실시(나) 11월 학평 18(고2)

다음은 $\displaystyle\sum_{k=1}^{14} \log_2 \{\log_{k+1}(k+2)\}$의 값을 구하는
과정이다.

> 자연수 n에 대하여
>
> $\log_{n+1}(n+2) = \dfrac{\boxed{\text{(가)}}}{\log_2(n+1)}$이므로
>
> $\displaystyle\sum_{k=1}^{14} \log_2 \{\log_{k+1}(k+2)\}$
>
> $= \log_2 \left(\dfrac{\boxed{\text{(나)}}}{\log_2 2} \right)$
>
> 따라서
>
> $\displaystyle\sum_{k=1}^{14} \log_2 \{\log_{k+1}(k+2)\} = \boxed{\text{(다)}}$

위의 (가)에 알맞은 식을 $f(n)$이라 하고, (나), (다)에 알맞은
수를 각각 p, q라 할 때, $f(p+q)$의 값은? (4점)

① 3   ② 4   ③ 5
④ 6   ⑤ 7

H120 ✱❀❀ 2007대비(나) 9월 모평 11(고3)

수열 $\{a_n\}$이 $a_1 = 0$, $a_n + a_{n+1} = n$을 만족시킨다. 다음은
두 자연수 m, n에 대하여 $\displaystyle\sum_{k=n-m+1}^{n+m} a_k$의 값을 구하는 과정이다.
(단, $m < n$)

> $\displaystyle\sum_{k=n-m+1}^{n+m} a_k$
>
> $= a_{n-m+1} + a_{n-m+2} + \cdots + a_{n+m-1} + a_{n+m}$
>
> $= (n-m+1) + (n-m+3) + \cdots + (n+m-3)$
> $\qquad\qquad\qquad\qquad\qquad + (\boxed{\text{(가)}})$
>
> $= \dfrac{(\boxed{\text{(나)}})\{(n-m+1) + (\boxed{\text{(가)}})\}}{2}$
>
> $= \boxed{\text{(다)}}$

위 과정에서 (가), (나), (다)에 알맞은 것은? (3점)

	(가)	(나)	(다)
①	$n+m-1$	m	mn
②	$n+m-1$	m	n^2
③	$n+m-1$	n	n^2
④	$n+m$	$m-1$	mn
⑤	$n+m$	$n-1$	n^2

두 수열 $\{a_n\}$, $\{b_n\}$에 대하여

$$b_n = \frac{a_1 + 2a_2 + 3a_3 + \cdots + na_n}{1 + 2 + \cdots + n} \quad (n \geq 1)$$

이 성립한다. 다음은 $\{a_n\}$이 등차수열이기 위한 필요충분조건은 $\{b_n\}$이 등차수열임을 증명하는 과정이다.

[증명]

수열 $\{a_n\}$을 첫째항 a, 공차 d인 등차수열이라 하면,

$$b_n = \frac{a + 2(a+d) + 3(a+2d) + \cdots + n\{a+(n-1)d\}}{1 + 2 + \cdots + n}$$

$$= \frac{a(1+2+\cdots+n) + d\{2 + 3\times2 + \cdots + n\times(n-1)\}}{1+2+\cdots+n}$$

$$= a + \frac{2d\left\{ \boxed{(가)} - \frac{n(n+1)}{2} \right\}}{n(n+1)}$$

$$= a + \boxed{(나)} \times (n-1)$$

이므로 수열 $\{b_n\}$은 공차가 $\boxed{(나)}$인 등차수열이다.
역으로 수열 $\{b_n\}$을 등차수열이라 하면,

$$b_{n+1}$$

$$= \frac{a_1 + 2a_2 + 3a_3 + \cdots + na_n}{1 + 2 + \cdots + (n+1)} + \frac{(n+1)a_{n+1}}{1 + 2 + \cdots + (n+1)}$$

$$= \boxed{(다)} \times b_n + \frac{2}{n+2}a_{n+1}$$

$$\vdots$$

이므로 수열 $\{a_n\}$은 등차수열이다.

위의 증명 과정에서 (가), (나), (다)에 알맞은 것은? (4점)

	(가)	(나)	(다)
①	$\dfrac{n(n+1)(2n+1)}{6}$	$\dfrac{2}{3}d$	$\dfrac{n}{n+2}$
②	$\dfrac{n(n+1)(2n+1)}{6}$	$\dfrac{2}{3}d$	$\dfrac{n-1}{n+2}$
③	$\dfrac{n(n+1)(2n+1)}{3}$	$\dfrac{3}{2}d$	$\dfrac{n}{n+2}$
④	$\dfrac{n(n+1)(2n+1)}{3}$	$\dfrac{2}{3}d$	$\dfrac{n}{n+2}$
⑤	$\dfrac{n(n+1)(2n+1)}{3}$	$\dfrac{3}{2}d$	$\dfrac{n+1}{n+2}$

다음은 수열 $\{a_n\}$이 모든 자연수 n에 대하여

$$\sum_{k=1}^{n}\left(\frac{1}{k} - \frac{1}{n+1} \right)a_k = n^2$$

을 만족시킬 때, $\sum_{k=1}^{n}a_k$를 구하는 과정이다.

$T_n = \sum_{k=1}^{n}\left(\frac{1}{k} - \frac{1}{n+1} \right)a_k$라 하자.

(i) $T_1 = 1$이므로 $a_1 = \boxed{(가)}$이다.

(ii) 2 이상의 자연수 n에 대하여
$T_n = n^2$에서
$T_n - T_{n-1} = 2n - 1$이고
$T_n = \sum_{k=1}^{n}\frac{a_k}{k} - \frac{1}{\boxed{(나)}} \times \sum_{k=1}^{n}a_k$에서
$T_n - T_{n-1} = \frac{1}{\boxed{(다)}} \times \sum_{k=1}^{n}a_k$이므로

$$\sum_{k=1}^{n}a_k = (2n-1) \times (\boxed{(다)})$$이다.

(i), (ii)에 의하여 모든 자연수 n에 대하여

$$\sum_{k=1}^{n}a_k = (2n-1) \times (\boxed{(다)})$$이다.

(가)에 알맞은 수를 p, (나), (다)에 알맞은 식을 각각 $f(n)$, $g(n)$이라 할 때, $f(2p) \times g(3p)$의 값은? (4점)

① 190 ② 200 ③ 210
④ 220 ⑤ 230

H123 ✽✽✾
2020실시 11월 학평 19(고2)

다음은 공차가 1보다 크고 $a_3+a_5=2$인 등차수열 $\{a_n\}$에 대하여 $\sum\limits_{k=1}^{5}(a_k^2-5|a_k|)$의 값이 최소가 되도록 하는 수열 $\{a_n\}$의 공차를 구하는 과정이다.

$a_3+a_5=2$에서 $a_4=$ (가)

등차수열 $\{a_n\}$의 공차를 d라 하고

$\sum\limits_{k=1}^{5}a_k^2$과 $\sum\limits_{k=1}^{5}|a_k|$를 각각 d에 대한 식으로 나타내면

$$\sum_{k=1}^{5}a_k^2=15d^2-10d+5$$

$$\sum_{k=1}^{5}|a_k|=\text{(나)}$$

따라서 $\sum\limits_{k=1}^{5}(a_k^2-5|a_k|)$의 값이 최소가 되도록 하는 수열 $\{a_n\}$의 공차는 (다) 이다.

위의 (가), (다)에 알맞은 수를 각각 p, q라 하고 (나)에 알맞은 식을 $f(d)$라 할 때, $f(p+2q)$의 값은? (4점)

① 21
② 23
③ 25
④ 27
⑤ 29

H124 ✽✽✽
2019실시(가) 11월 학평 17(고2)

다음은 21 이하의 서로 다른 4개의 자연수 a, b, c, d $(a<b<c<d)$에 대하여 $2b=a+d$를 만족시키는 모든 순서쌍 (a, b, c, d)의 개수를 구하는 과정이다.

세 자연수 a, b, d는 $2b=a+d$를 만족시키므로 이 순서대로 등차수열을 이룬다.

이 등차수열의 공차가 될 수 있는 가장 작은 값은 2, 가장 큰 값은 (가) 이다.

이 등차수열의 공차를 $k(2\le k\le$ (가) $)$라 하면 $a<a+k<c<a+2k$이므로

c가 될 수 있는 모든 자연수의 개수는 $k-1$이고

a가 될 수 있는 모든 자연수의 개수는 (나) 이다.

따라서 구하는 모든 순서쌍 (a, b, c, d)의 개수는

$$\sum_{k=2}^{\text{(가)}}\{(k-1)\times(\text{(나)})\}=\text{(다)}$$

위의 (가), (다)에 알맞은 수를 각각 p, q라 하고, (나)에 알맞은 식을 $f(k)$라 할 때, $p+q+f(3)$의 값은? (4점)

① 304
② 307
③ 310
④ 313
⑤ 316

H125 ✽✽✽
2018실시(나) 9월 학평 18(고2)

다음은 모든 자연수 n에 대하여
$$1\times 2n+3\times(2n-2)+5\times(2n-4)+\cdots+(2n-1)\times 2$$
$$=\frac{n(n+1)(2n+1)}{3}$$
이 성립함을 보이는 과정이다.

$$1\times 2n+3\times(2n-2)+5\times(2n-4)+\cdots+(2n-1)\times 2$$
$$=\sum_{k=1}^{n}(\text{(가)})\{2n-(2k-2)\}$$
$$=\sum_{k=1}^{n}(\text{(가)})\{2(n+1)-2k\}$$
$$=2(n+1)\sum_{k=1}^{n}(\text{(가)})-2\sum_{k=1}^{n}(2k^2-k)$$
$$=2(n+1)\{n(n+1)-n\}$$
$$\qquad -2\left\{\frac{n(n+1)(2n+1)}{\text{(나)}}-\frac{n(n+1)}{2}\right\}$$
$$=2(n+1)n^2-\frac{1}{3}n(n+1)(\text{(다)})$$
$$=\frac{n(n+1)(2n+1)}{3}$$
이다.

위의 (가), (다)에 알맞은 식을 각각 $f(k)$, $g(n)$이라 하고, (나)에 알맞은 수를 a라 할 때, $f(a)\times g(a)$의 값은? (4점)

① 50
② 55
③ 60
④ 65
⑤ 70

실수 $a(a>1)$과 자연수 n에 대하여 직선 $x=n$이
두 함수

$$y=3a^x,\ y=3a^{x-1}$$

의 그래프와 만나는 점을 각각 P_n, Q_n이라 하자. 선분 $\mathrm{P}_n\mathrm{Q}_n$의
길이를 l_n, 사다리꼴 $\mathrm{P}_n\mathrm{Q}_n\mathrm{Q}_{n+2}\mathrm{P}_{n+2}$의 넓이를 S_n이라 하자.

두 실수 L, S에 대하여 $\sum_{k=1}^{20} l_k=L$, $\sum_{k=1}^{5} S_{4k-3}=S$일 때,

다음은 $\dfrac{S}{L}=\dfrac{2}{5}$를 만족시키는 a의 값을 구하는 과정이다.

두 점 P_n, Q_n의 좌표는 각각 $(n,\ 3a^n)$, $(n,\ 3a^{n-1})$
선분 $\mathrm{P}_n\mathrm{Q}_n$의 길이 l_n은

$$l_n=3(a-1)\times a^{n-1}$$이므로

$$L=\sum_{k=1}^{20} l_k=3\times(\boxed{(가)})$$이다.

사다리꼴 $\mathrm{P}_n\mathrm{Q}_n\mathrm{Q}_{n+2}\mathrm{P}_{n+2}$의 넓이 S_n은

$$S_n=3(a-1)\times(a^{n-1}+a^{n+1})$$이므로

$$\begin{aligned}S&=\sum_{k=1}^{5} S_{4k-3}\\&=S_1+S_5+S_9+S_{13}+S_{17}\\&=\frac{3}{(\boxed{(나)})}\times(\boxed{(가)})\end{aligned}$$이다.

따라서

$$\frac{S}{L}=\frac{\dfrac{3}{(\boxed{(나)})}\times(\boxed{(가)})}{3\times(\boxed{(가)})}=\frac{1}{(\boxed{(나)})}=\frac{2}{5}$$

이므로 $a=\boxed{(다)}$이다.

위의 (가), (나)에 알맞은 식을 각각 $f(a)$, $g(a)$라 하고, (다)에
알맞은 수를 p라 할 때, $\dfrac{f(\sqrt2)}{g(20p)}$의 값은? (4점)

① 24   ② 27   ③ 30

④ 33   ⑤ 36

다음은 2 이상의 자연수 n에 대하여 함수 $y=\sqrt{x}$의
그래프와 x축 및 직선 $x=n^2$으로 둘러싸인 도형의 내부에
있는 점 중에서 x좌표와 y좌표가 모두 정수인 점의 개수 a_n을
구하는 과정이다.

$n=2$일 때, 곡선 $y=\sqrt{x}$, x축 및 직선 $x=4$로 둘러싸인
도형의 내부에 있는 점 중에서 x좌표와 y좌표가 모두
정수인 점은 $(2,\ 1)$, $(3,\ 1)$이므로

$$a_2=\boxed{(가)}$$

이다.

3 이상의 자연수 n에 대하여 a_n을 구하여 보자.

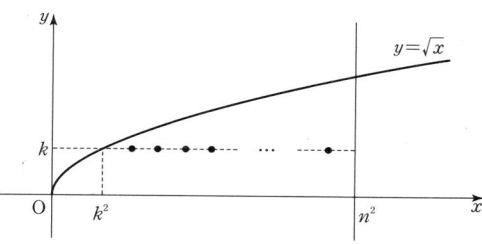

위의 그림과 같이 $1\le k\le n-1$인 정수 k에 대하여
주어진 도형의 내부에 있는 점 중에서 x좌표가 정수이고,
y좌표가 k인 점은

$$(k^2+1,\ k),\ (k^2+2,\ k),\ \cdots,\ (\boxed{(나)},\ k)$$

이므로 이 점의 개수를 b_k라 하면

$$b_k=\boxed{(나)}-k^2$$

이다. 따라서

$$a_n=\sum_{k=1}^{n-1} b_k=\boxed{(다)}$$

이다.

위의 (가)에 알맞은 수를 p라 하고, (나), (다)에 알맞은 식을
각각 $f(n)$, $g(n)$이라 할 때, $p+f(4)+g(6)$의 값은? (4점)

① 131   ② 133   ③ 135

④ 137   ⑤ 139

자연수 n과 $0 \le p < r \le n+1$, $0 \le q < s \le n$을 만족시키는 네 정수 p, q, r, s에 대하여 좌표평면에서 네 점 $A(p, q)$, $B(r, q)$, $C(r, s)$, $D(p, s)$를 꼭짓점으로 하고 넓이가 k^2인 정사각형의 개수를 a_k라고 하자. 다음은 $\sum\limits_{k=1}^{n} a_k$의 값을 구하는 과정이다.

(단, k는 n 이하의 자연수이다.)

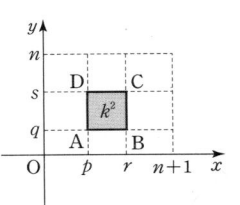

그림과 같이 넓이가 k^2인 정사각형 ABCD를 만들 때, 두 점 A, B의 y좌표가 주어지면 x좌표의 차가 $r-p=k$인 변 AB를 택하는 경우의 수는 (가) 이다. 또 두 점 A, D의 x좌표가 주어지면 y좌표의 차가 $s-q=k$인 변 AD를 택하는 경우의 수는 (나) 이다.
따라서
$$a_k = (n+1)(n+2) - (2n+3)k + k^2$$
이다. 그러므로
$$\sum_{k=1}^{n} a_k = \sum_{k=1}^{n} \{(n+1)(n+2) - (2n+3)k + k^2\}$$
$$= \boxed{(\text{다})}$$

(가), (나), (다)에 들어갈 식으로 알맞은 것은? (3점)

	(가)	(나)	(다)
①	$n-k+1$	$n-k+2$	$\dfrac{n(n+1)(n+2)}{6}$
②	$n-k+2$	$n-k+1$	$\dfrac{n(n+1)(n+2)}{6}$
③	$n-k+1$	$n-k+2$	$\dfrac{n(n+1)(n+2)}{3}$
④	$n-k+2$	$n-k+1$	$\dfrac{n(n+1)(n+2)}{3}$
⑤	$n-k+1$	$n-k+2$	$\dfrac{n(n+1)(n+2)}{2}$

자연수 n에 대하여 $A_n(n, n^2)$을 지나고 직선 $y = nx$에 수직인 직선이 x축과 만나는 점을 B_n이라 하자.

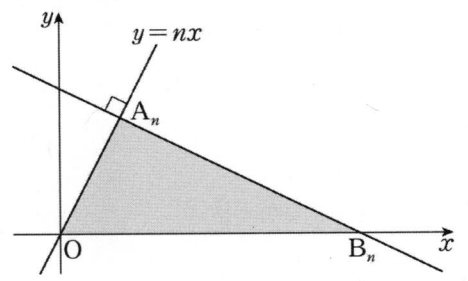

다음은 삼각형 $A_n O B_n$의 넓이를 S_n이라 할 때, $\sum\limits_{n=1}^{8} \dfrac{S_n}{n^3}$의 값을 구하는 과정이다. (단, O는 원점이다.)

점 $A_n(n, n^2)$을 지나고 직선 $y = nx$에 수직인 직선의 방정식은
$$y = \boxed{(\text{가})} \times x + n^2 + 1$$
이므로 두 점 A_n, B_n의 좌표를 이용하여 S_n을 구하면
$$S_n = \boxed{(\text{나})}$$
따라서 $\sum\limits_{n=1}^{8} \dfrac{S_n}{n^3} = \boxed{(\text{다})}$ 이다.

위의 (가), (나)에 알맞은 식을 각각 $f(n)$, $g(n)$이라 하고, (다)에 알맞은 수를 r라 할 때, $f(1) + g(2) + r$의 값은? (4점)

① 105   ② 110   ③ 115
④ 120   ⑤ 125

유형 14 $\sum$의 활용 – 도형

(1) $\displaystyle\sum_{k=1}^{n} k = 1+2+\cdots+n = \frac{n(n+1)}{2}$

(2) $\displaystyle\sum_{k=1}^{n} k^2 = 1^2+2^2+\cdots+n^2 = \frac{n(n+1)(2n+1)}{6}$

(3) $\displaystyle\sum_{k=1}^{n} k^3 = 1^3+2^3+\cdots+n^3 = \left\{\frac{n(n+1)}{2}\right\}^2$

(tip)

1 도형의 넓이

• 삼각형의 넓이는 $\frac{1}{2} \times$ (밑변) $\times$ (높이)

• 직사각형의 넓이는 (가로) $\times$ (세로)

2 좌표평면 위의 두 점 (x_1, y_1), (x_2, y_2)에 대하여

• $m:n$으로 내분하는 점 $\left(\dfrac{mx_2+nx_1}{m+n}, \dfrac{my_2+ny_1}{m+n}\right)$

• $m:n$으로 외분하는 점 $\left(\dfrac{mx_2-nx_1}{m-n}, \dfrac{my_2-ny_1}{m-n}\right)$ $(m\neq n)$

• 두 점 사이의 거리는 $\sqrt{(x_2-x_1)^2+(y_2-y_1)^2}$

H130 대표 2017대비(나) 9월 모평 17(고3)

자연수 n에 대하여 곡선 $y=\dfrac{3}{x}$ $(x>0)$ 위의 점

$\left(n, \dfrac{3}{n}\right)$과 두 점 $(n-1, 0)$, $(n+1, 0)$을 세 꼭짓점으로 하는

삼각형의 넓이를 a_n이라 할 때, $\displaystyle\sum_{n=1}^{10} \dfrac{9}{a_n a_{n+1}}$의 값은? (4점)

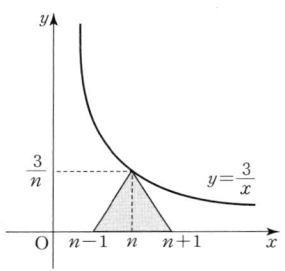

① 410   ② 420   ③ 430

④ 440   ⑤ 450

H131 ✿❀❀ 2023실시 9월 학평 15(고2)

자연수 n에 대하여 원 $x^2+y^2=n$이 직선 $y=\sqrt{3}x$와

제1사분면에서 만나는 점의 x좌표를 x_n이라 하자.

$\displaystyle\sum_{k=1}^{80} \dfrac{1}{x_k+x_{k+1}}$의 값은? (4점)

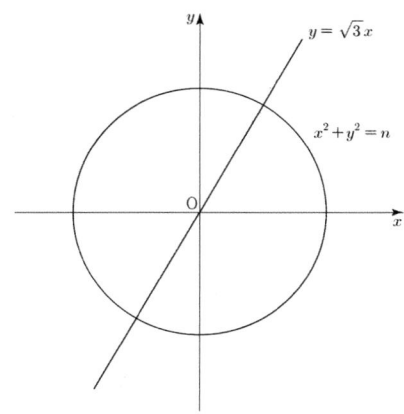

① 8   ② 10   ③ 12

④ 14   ⑤ 16

H132 ✿❀❀ 2011실시(가) 9월 학평 28(고2)

그림은 한 변의 길이가 10인 정삼각형을 한 변의
길이가 1인 작은 정삼각형으로 나눈 후 총 66개의 꼭짓점에
숫자를 써넣을 수 있게 만든 숫자판이다.

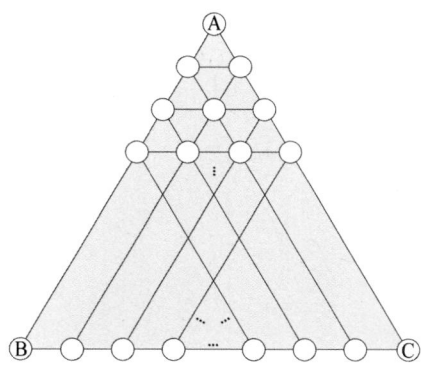

위 숫자판에 모든 수들이 일직선 위에서 차례대로 등차수열이
되도록 써넣었다. A가 1, B가 4, C가 9일 때, 꼭짓점에 쓰인
66개의 수들의 총합을 구하시오. (4점)

H133 ✹✹✹✹ 2019실시(가) 11월 학평 15(고2)

그림과 같이 자연수 n에 대하여 함수 $y=a^x-1$ $(a>1)$ 의 그래프가 두 직선 $y=n$, $y=n+1$과 만나는 점을 각각 A_n, A_{n+1}이라 하자. 선분 A_nA_{n+1}을 대각선으로 하고, 각 변이 x축 또는 y축과 평행한 직사각형의 넓이를 S_n이라 하자.

$\sum_{n=1}^{14} S_n = 6$일 때, 상수 a의 값은? (4점)

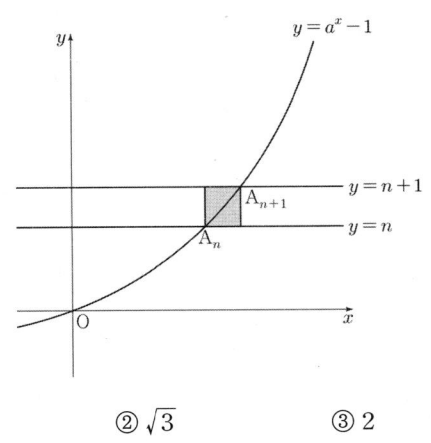

① $\sqrt{2}$ ② $\sqrt{3}$ ③ 2
④ $\sqrt{5}$ ⑤ $\sqrt{6}$

H134 ✹✹✹✹ 2018실시(나) 4월 학평 20(고3)

그림과 같이 자연수 n에 대하여 한 변의 길이가 $2n$인 정사각형 ABCD가 있고, 네 점 E, F, G, H가 각각 네 변 AB, BC, CD, DA 위에 있다. 선분 HF의 길이는 $\sqrt{4n^2+1}$이고 선분 HF와 선분 EG가 서로 수직일 때, 사각형 EFGH의 넓이를 S_n이라 하자. $\sum_{n=1}^{10} S_n$의 값은? (4점)

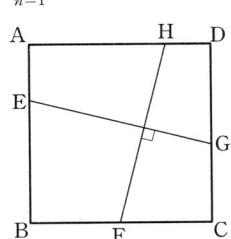

① 765   ② 770   ③ 775
④ 780   ⑤ 785

H135 ✹✹✹✹ 2015실시(가) 9월 학평 14(고2)

자연수 n에 대하여 함수 $f(x)$가 다음과 같다.

$$f(x) = \frac{x+2n^2+n}{x-n}$$

$n=k(k=1, 2, 3, \cdots)$일 때, 곡선 $y=f(x)$의 제1사분면 위의 점 중에서 x축, y축까지의 거리가 같게 되는 점을 P_k라 하고, 점 P_k에서 x축, y축에 내린 수선의 발을 각각 Q_k, R_k라 하자.

사각형 $OQ_kP_kR_k$의 넓이를 A_k라 할 때, $\sum_{k=1}^{10} A_k$의 값은? (4점)

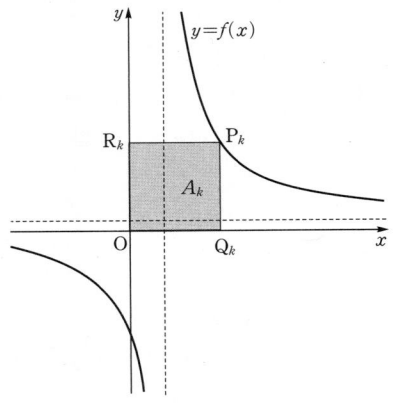

① 1770   ② 1780   ③ 1790
④ 1800   ⑤ 1810

유형 15 $\sum$의 활용 – 그래프

(1) **정수 순서쌍의 개수로 정의된 수열 문제**

$n=1, 2, 3, \cdots$을 차례로 대입해 나가며 순서쌍의 개수에 대한 규칙을 찾는다.

(2) **두 함수의 교점으로 정의된 수열 문제**

그래프를 그리고 교점을 구한 후, $n=1, 2, 3, \cdots$을 차례로 대입해 나가며 일반항의 규칙을 찾는다.

(tip)

① 분수 꼴로 나타내어진 수열의 합을 구할 때는 부분분수로 고친다.

$\dfrac{1}{AB}=\dfrac{1}{B-A}\left(\dfrac{1}{A}-\dfrac{1}{B}\right)$ (단, $A\neq B$)

② 좌표평면 위의 두 점 (x_1, y_1), (x_2, y_2)에 대하여 두 점 사이의 거리 $\sqrt{(x_2-x_1)^2+(y_2-y_1)^2}$이다.

H136 대표 .... 2015실시(나) 6월 학평 14(고2)

자연수 n에 대하여 직선 $x=n$이 무리함수 $f(x)=\sqrt{2x+2}+3$의 그래프와 만나는 점을 A_n, x축과 만나는 점을 B_n이라 하자.

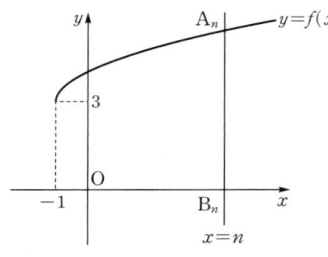

선분 A_nB_n의 길이보다 크지 않은 최대의 정수를 a_n이라 할 때, $\sum\limits_{n=1}^{10} a_n$의 값은? (4점)

① 61   ② 62   ③ 63

④ 64   ⑤ 65

H137 ✸✸✸✹ .... 2016실시(나) 3월 학평 30(고3)

유리함수 $f(x)=\dfrac{8x}{2x-15}$와 수열 $\{a_n\}$에 대하여

$a_n=f(n)$이다. $\sum\limits_{n=1}^{m} a_n \leq 73$을 만족시키는 자연수 m의 최댓값을 구하시오. (4점)

H138 ✸✸✸✹ .... 2015실시(A) 4월 학평 14(고3)

좌표평면에서 자연수 n에 대하여 그림과 같이 곡선 $y=x^2$과 직선 $y=\sqrt{n}x$가 제1사분면에서 만나는 점을 P_n이라 하자. 점 P_n을 지나고 직선 $y=\sqrt{n}x$와 수직인 직선이 x축, y축과 만나는 점을 각각 Q_n, R_n이라 하자. 삼각형 OQ_nR_n의 넓이를 S_n이라 할 때, $\sum\limits_{n=1}^{5} \dfrac{2S_n}{\sqrt{n}}$의 값은? (단, O는 원점이다.) (4점)

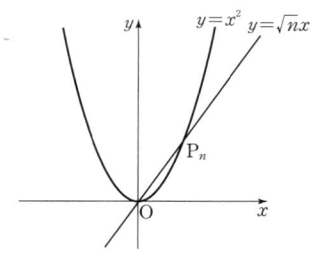

① 80   ② 85   ③ 90

④ 95   ⑤ 100

H139 ✸✸✸✹ .... 2012실시(나) 7월 학평 11(고3)

자연수 n에 대하여 두 함수

$f(x)=x^2-(n+1)x+n^2$, $g(x)=n(x-1)$의 그래프의 두 교점의 x좌표를 a_n, b_n이라 할 때, $\sum\limits_{n=1}^{19} \dfrac{100}{a_nb_n}$의 값은? (3점)

① 80   ② 85   ③ 90

④ 95   ⑤ 100

H140 ✳✳✿

2010대비(나) 9월 모평 7(고3)

다음 그림은 좌표평면에서 원점을 중심으로 하고

반지름의 길이가 1부터 1씩 증가하는 원들이 두 직선 $y=\dfrac{3}{4}x$,

$y=0$과 각각 만나는 점들의 일부를 P_1부터 시작하여 화살표

방향을 따라 P_1, P_2, P_3, $\cdots$으로 나타낸 것이다.

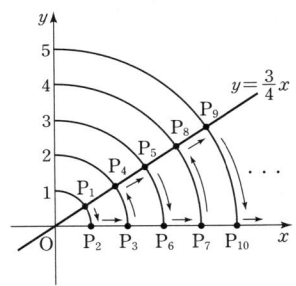

점 P_{25}의 x좌표는? (3점)

① $\dfrac{52}{5}$ ② 11 ③ $\dfrac{56}{5}$

④ 12 ⑤ $\dfrac{64}{5}$

H141 ✳✳✳✿

2021실시 9월 학평 17(고2)

자연수 n에 대하여 $0 \le x \le 2^{n+1}$에서

함수 $y=2\sin\left(\dfrac{\pi}{2^n}x\right)$의 그래프가 직선 $y=\dfrac{1}{n}$과 만나는 모든

점의 x좌표의 합을 x_n이라 하자. $\displaystyle\sum_{n=1}^{6} x_n$의 값은? (4점)

① 122 ② 126 ③ 130

④ 134 ⑤ 138

유형 16 ∑의 활용 – 규칙 찾기

고난도

주어진 수열이 규칙성을 갖도록 묶는다.

(1) 숫자가 행과 열로 나열될 때, 행 또는 열을 기준으로 규칙을
찾는다.

(2) 도형의 둘레에 숫자가 나열될 때, 단계별로 새로 생기는
숫자의 개수를 구하여 규칙을 찾는다.

> **tip**
> 규칙을 찾아서 유추한 수열의 일반항이 조건에 맞는지 확인하기 위하여
> 주어진 조건으로 하나씩 구한 값과 일반항에 숫자를 넣은 값을 비교해 보자.

H142 대표

2019실시(나) 3월 학평 11(고3)

그림과 같이 한 변의 길이가 1인 정사각형 3개로
이루어진 도형 R가 있다.

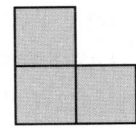

자연수 n에 대하여 $2n$개의 도형 R를 겹치지 않게 빈틈없이 붙여서

만든 직사각형의 넓이를 a_n이라 할 때, $\displaystyle\sum_{n=10}^{15} a_n$의 값은? (3점)

① 378 ② 396 ③ 414

④ 432 ⑤ 450

H143 ✳✳✳✿

2018실시(가) 9월 학평 17(고2)

첫째항이 3이고 공비가 $r\,(r>1)$인 등비수열 $\{a_n\}$에 대하여

수열 $\{b_n\}$의 각 항이

$$b_1 = \log_{a_1} a_2$$
$$b_2 = (\log_{a_1} a_2) \times (\log_{a_2} a_3)$$
$$b_3 = (\log_{a_1} a_2) \times (\log_{a_2} a_3) \times (\log_{a_3} a_4)$$
$$\vdots$$
$$b_n = (\log_{a_1} a_2) \times (\log_{a_2} a_3) \times (\log_{a_3} a_4) \times \cdots \times (\log_{a_n} a_{n+1})$$
$$\vdots$$

일 때, $\displaystyle\sum_{k=1}^{10} b_k = 120$이다. $\log_3 r$의 값은? (4점)

① $\dfrac{1}{2}$ ② 1 ③ $\dfrac{3}{2}$

④ 2 ⑤ $\dfrac{5}{2}$

H144 ✽❀❀ 2006실시(가) 11월 학평 17(고2)

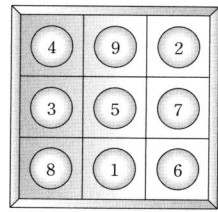

[그림 1]은 가로와 세로가 각각 20개의 칸으로
되어 있는 정사각형에 1부터 400까지의 자연수를 차례로
써넣은 것이다.

	1열	2열	3열	⋯	20열
1행	1	2	3	⋯	20
2행	21	22	23	⋯	40
3행	41	42	43	⋯	60
⋮	⋮	⋮	⋮	⋮	⋮
20행	381	382	383	⋯	400

[그림 1]

1	2	3	⋯	**20**
21	22	23	⋯	40
41	42	43	⋯	60
⋮	⋮	⋮	⋮	⋮
381	382	383	⋯	400

[그림 2]

[그림 1]에서 각각의 행과 열에 대하여 중복되거나 빠지지 않게
각 행마다 한 개씩 수를 선택하고자 한다.
예를 들어 1행의 20과 3행의 42가 이미 선택되었다면,
다른 행의 수를 선택할 때에는 [그림 2]와 같이 20과 42가
포함된 행과 열의 어떤 수도 선택할 수 없다. 이와 같이 20개의
수들을 선택할 때, 선택되어진 수들의 합은? (4점)

① 2090 ② 3030 ③ 3070
④ 4010 ⑤ 4050

H145 ✽❀❀ 2015실시(A) 3월 학평 21(고3)

수열 $\{a_n\}$은 15와 서로소인 자연수를 작은 수부터 차례대로
모두 나열하여 만든 것이다. 예를 들면 $a_2=2$, $a_4=7$이다.
$\sum\limits_{n=1}^{16} a_n$의 값은? (4점)

① 240 ② 280 ③ 320
④ 360 ⑤ 400

H146 ✽❀❀ 2004실시(나) 4월 학평 11(고3)

1부터 9까지 번호가 적힌 9개의 공이 있다. 아래 그림과 같이
가로, 세로, 대각선의 방향에 놓여 있는 공에 적힌 수들의 합이
각각 15가 되도록 3×3 격자판 위에 빈칸 없이 공을 배열하였다.

4	9	2
3	5	7
8	1	6

위와 같은 방법으로 5부터 40까지 번호가 적힌 36개의 공을
가로, 세로, 대각선 방향에 놓여 있는 공에 적힌 수들의 합이
각각 m이 되도록 $n \times n$ 격자판 위에 빈칸 없이 모두 배열할 때,
$m+n$의 값은? (4점)

① 137 ② 139 ③ 141
④ 143 ⑤ 145

H147 ✽✽❀ 2015실시(B) 10월 학평 13(고3)

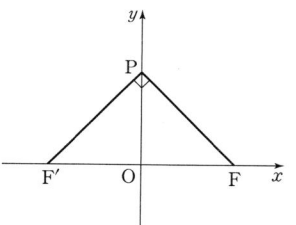

그림과 같이 좌표평면에 x축 위의 두 점 F, F′과
점 $P(0, n)(n>0)$이 있다. 삼각형 PF′F가 $\angle FPF'=90°$인
직각이등변삼각형이다. n이 자연수일 때, 삼각형 PF′F의
세 변 위에 있는 점 중에서 x좌표와 y좌표가 모두 정수인 점의
개수를 a_n이라 하자. $\sum\limits_{n=1}^{5} a_n$의 값은? (3점)

① 40 ② 45 ③ 50
④ 55 ⑤ 60

H148 ✻✻✻✻ 2014실시(A) 7월 학평 14(고3)

좌표평면의 원점에 점 P가 있다. 한 개의 동전을 1번 던질 때마다 다음 규칙에 따라 점 P를 이동시키는 시행을 한다.

(가) 앞면이 나오면 x축의 방향으로 1만큼 평행이동시킨다.
(나) 뒷면이 나오면 y축의 방향으로 1만큼 평행이동시킨다.

시행을 1번 한 후 점 P가 위치할 수 있는 점들을 x좌표가 작은 것부터 차례로 P_1, P_2라 하고, 시행을 2번 한 후 점 P가 위치할 수 있는 점들을 x좌표가 작은 것부터 차례로 P_3, P_4, P_5라 하자. 예를 들어, 점 P_5의 좌표는 $(2, 0)$이고 점 P_6의 좌표는 $(0, 3)$이다. 이와 같은 방법으로 정해진 점 P_{100}의 좌표를 (a, b)라 할 때, $a-b$의 값은? (4점)

① 1   ② 3   ③ 5
④ 7   ⑤ 9

H149 ✻✻✻✻ 2011대비(나) 9월 모평 25(고3)

그림과 같이 1행에는 1개, 2행에는 2개, ⋯, n행에는 n개의 원을 나열하고 그 안에 다음 규칙에 따라 0 또는 1을 써넣는다.

(가) 1행의 원 안에는 1을 써넣는다.
(나) $n \geq 2$일 때, 1행부터 $(n-1)$행까지 나열된 모든 원 안의 수의 합이 n 이상이면 n행에 나열된 모든 원 안에 0을 써넣고, n 미만이면 n행에 나열된 모든 원 안에 1을 써넣는다.

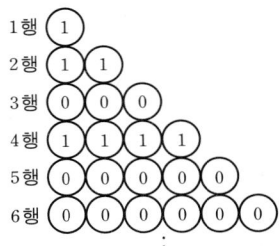

1행부터 32행까지 나열된 원 안에 써넣은 모든 수의 합을 구하시오. (4점)

H150 ✻✻✻✻ 2008실시(나) 7월 학평 20(고3)

그림과 같이 넓이가 1인 정삼각형 모양의 타일을 다음과 같은 규칙으로 붙인다.

[1단계] : 정삼각형 모양의 타일을 한 개 붙인다.
[n단계] : $(n-1)$단계에서 붙여진 타일의 바깥쪽 테두리의 각변에 정삼각형 모양의 타일을 붙인다.

이와 같이 10단계를 시행했을 때, 타일로 덮인 부분의 전체의 넓이를 구하시오. (3점)

[1단계]   [2단계]   [3단계]

 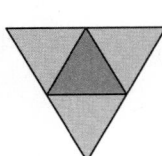 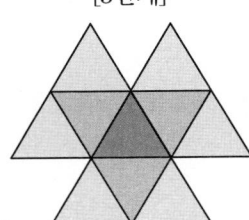

H151 ✿✿✿   유형 08

자연수 n에 대하여 이차방정식

$$x^2-(4n^2-n)x+n-2=0$$

의 서로 다른 두 실근을 α_n, β_n이라 할 때,

$\displaystyle\sum_{n=1}^{50}\dfrac{1}{(\alpha_n+1)(\beta_n+1)}$의 값을 구하고 그 과정을 서술하시오.

(10점)

1st 근과 계수의 관계를 이용하여 $\alpha_n+\beta_n$, $\alpha_n\beta_n$의 식을 구한다.

2nd 부분분수를 이용하여 $\dfrac{1}{(\alpha_n+1)(\beta_n+1)}$을 정리한다.

3rd $\displaystyle\sum_{n=1}^{50}\dfrac{1}{(\alpha_n+1)(\beta_n+1)}$의 값을 구한다.

H152 ✿✿✿   유형 16

그림과 같이 크기가 같은 정육각형을 [1단계]에서는
1개를 그리고 [2단계]에서는 [1단계]에서 그린 정육각형 아래로
2개의 정육각형을 더 그린다. [3단계]에서는 [2단계]에서 그린
정육각형 아래로 3개의 정육각형을 더 그린다.
이와 같은 방법으로 [n단계]에서 n개의 정육각형을 그릴 때,
[n단계]에 그려진 모든 정육각형의 변의 개수를
$a_n(n=1, 2, 3, \cdots)$이라 하자. 예를 들면 $a_1=6$, $a_2=15$이다.
이때 $\displaystyle\sum_{k=1}^{10}\dfrac{2}{3}a_k$의 값을 구하고 그 과정을 서술하시오. (10점)

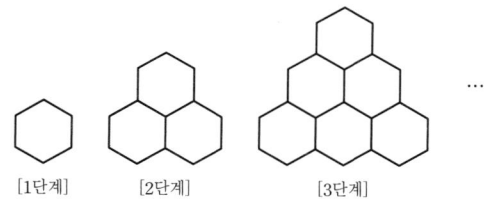

[1단계]   [2단계]   [3단계]

1st 수열 $\{a_n\}$의 n항과 $(n-1)$항 사이의 규칙을 찾는다.

2nd a_n을 n에 대한 식으로 나타낸다.

3rd 거듭제곱의 합의 공식을 이용하여 $\displaystyle\sum_{k=1}^{10}\dfrac{2}{3}a_k$의 값을 구한다.

H153 ✿✿✿   유형 15

이차항의 계수가 1인 이차함수 $f(x)$의 그래프는
x축에 접하고 모든 실수 x에 대하여 $f(1+x)=f(1-x)$를
만족한다. 자연수 n에 대하여 함수 $y=f(x)$의 그래프와
직선 $y=x+n$이 만나는 두 점을 각각 P_n, Q_n이라 할 때,
$\displaystyle\sum_{k=1}^{10}\overline{P_kQ_k}^2$의 값을 구하고 그 과정을 서술하시오. (10점)

1st 조건을 만족하는 이차함수 $f(x)$를 구한다.

2nd 두 점 P_n, Q_n의 x좌표 사이의 관계식을 구한다.

3rd 두 점 사이의 길이를 n에 대한 식으로 나타내고
$\displaystyle\sum_{k=1}^{10}\overline{P_kQ_k}^2$의 값을 구한다.

H154 ✿✿✿   유형 14

자연수 n에 대하여 한 변의 길이가 n인 정삼각형의
각 변을 n등분한 점을 각 변에 평행하게 연결하여 만든 도형을
T_n이라 하자. 그림은 도형 T_1, T_2, T_3을 나타낸 것이다.
도형 T_n에 그려진 모든 선분의 길이를 a_n이라 하고
$a_{n+1}-a_n=b_n(n=1, 2, 3, \cdots)$이라 할 때,
$\displaystyle\sum_{k=1}^{10}\dfrac{2a_k-b_k}{3}$의 값을 구하고 그 과정을 서술하시오. (10점)

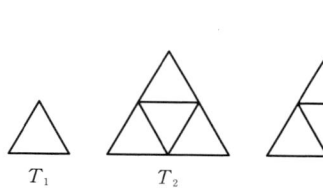

T_1 T_2 T_3

1st 수열 $\{a_n\}$의 n항과 $(n-1)$항 사이의 규칙을 찾는다.

2nd a_n을 n에 대한 식으로 나타낸다.

3rd a_n의 식을 이용하여 b_n을 구한 후 $\displaystyle\sum_{k=1}^{10}\dfrac{2a_k-b_k}{3}$의 값을 구한다.

H155 ✽✽✽❀ ——————— 유형 10

수열 $\{a_n\}$을 다음과 같이 정의하고

$$a_n=(-1)^n\times n^2 (n=1,\,2,\,3,\,\cdots)$$

수열 $\{a_n\}$의 첫째항부터 제n항까지의 합을 S_n이라 할 때,

$\dfrac{S_{2n+1}-S_{2n}}{S_{2n+1}+S_{2n}}=51$을 만족시키는 자연수 n의 값을 구하고

그 과정을 서술하시오. (10점)

H156 ✽✽❀ ——————— 유형 16

자연수 n에 대하여 수열 $\{a_n\}$은

$$a_1=1,\ a_{n+1}-a_n=(-1)^n\times\dfrac{2n+1}{n(n+1)}$$

을 만족시킨다. $a_{30}-a_{10}$의 값을 구하고 그 과정을 서술하시오.

(10점)

H157 ✽✽✽❀ ——————— 유형 15

오른쪽 그림과 같이 자연수 n에 대하여 좌표평면에서 직선

$y=\dfrac{x}{n+1}$와 곡선 $y=\dfrac{n}{x}$이 만나는

점 P의 y좌표를 a_n이라 하자.

$\displaystyle\sum_{n=1}^{50}(a_{n+1}{}^2-a_n{}^2)$의 값을 구하고

그 과정을 서술하시오.

(단, 점 P는 제1사분면 위의 점이고 O는 원점이다.) (10점)

H158 ✽✽✽❀ ——————— 유형 16

자연수 n에 대하여 n을 9로 나눈 나머지를 $R(n)$이라 하자. $a_1=9$, $a_{18}-a_9=18$을 만족하는 수열 $\{a_n\}$에 대하여 $b_n=a_n+R(n)(n=1,\,2,\,3,\,\cdots)$으로 정의된 수열 $\{b_n\}$이 등차수열일 때, $\displaystyle\sum_{k=1}^{20}\dfrac{a_k+b_k}{5}$의 값을 구하고 그 과정을 서술하시오.

(10점)

H159 ✽✽✽❀ ——————— 유형 14

그림과 같이 함수 $f(x)=\log_a x$ $(a>1)$의 그래프와 x축의 교점을 P, 함수 $y=f(x)$의 그래프 위의 제1사분면에 점 A에서 x축, y축에 내린 수선의 발을 각각 Q, R라 할 때, $\overline{OR}=3$이고, 사각형 OPAR와 삼각형 APQ의 넓이의 비는 $5:3$이다. 이때 $\displaystyle\sum_{k=1}^{10}\{f(16^k)-f(4^k)\}$의 값을 구하고 그 과정을 서술하시오. (단, O는 원점이다.) (10점)

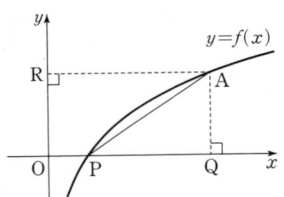

H160 ✽✽✽❀ ——————— 유형 11

수열 $\{a_n\}$이 $a_1=1$, $a_2=3$이고 모든 자연수 n에 대하여

$$a_n+a_{n+1}+a_{n+2}=0$$

이 성립한다. $\displaystyle\sum_{k=1}^{n}|a_k|>1234$를 만족시키는 자연수 n의 최솟값을 구하고 그 과정을 서술하시오. (10점)

H161 ✱✱✱ .... 2009대비(나) 수능 23(고3)

자연수 $n\,(n \geq 2)$으로 나누었을 때, 몫과 나머지가
같아지는 자연수를 모두 더한 값을 a_n이라 하자. 예를 들어
4로 나누었을 때, 몫과 나머지가 같아지는 자연수는 5, 10,
15이므로 $a_4 = 5 + 10 + 15 = 30$이다. $a_n > 500$을 만족시키는
자연수 n의 최솟값을 구하시오. (4점)

H162 ✱✱✱ .... 2009대비(나) 9월 모평 22(고3)

수열 $\{a_n\}$의 제n항 a_n을 자연수 k의 양의 제곱근
$\sqrt{k}$를 소수점 아래 첫째 자리에서 반올림하여 n이 되는 k의

개수라 하자. $\sum\limits_{i=1}^{10} a_i$의 값을 구하시오. (4점)

H163 ✱✱✱ .... 2021실시 11월 학평 27(고2)

공차가 2인 등차수열 $\{a_n\}$과 자연수 m이

$$\sum_{k=1}^{m} a_{k+1} = 240,\quad \sum_{k=1}^{m}(a_k + m) = 360$$

을 만족시킬 때, a_m의 값을 구하시오. (4점)

H164 ✱✱✱ .... 2007대비(나) 수능 16(고3)

좌표평면에서 자연수 n에 대하여 A_n을 4개의 점
$$(n^2,\ n^2),\ (4n^2,\ n^2),\ (4n^2,\ 4n^2),\ (n^2,\ 4n^2)$$
을 꼭짓점으로 하는 정사각형이라 하자.
정사각형 A_n과 함수 $y = k\sqrt{x}$의 그래프가 만나도록 하는
자연수 k의 개수를 a_n이라 할 때, [보기]에서 옳은 것을 모두
고른 것은? (4점)

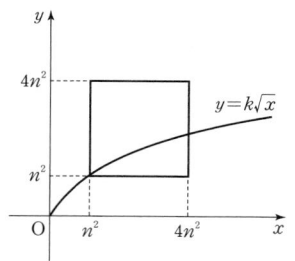

[보기]
ㄱ. $a_5 = 15$ ㄴ. $a_{n+2} - a_n = 7$ ㄷ. $\sum\limits_{k=1}^{10} a_k = 200$

① ㄴ   ② ㄷ   ③ ㄱ, ㄴ
④ ㄴ, ㄷ   ⑤ ㄱ, ㄴ, ㄷ

H165 ✱✱✱ .... 2023실시 9월 학평 27(고2)

$n \geq 4$인 자연수 n에 대하여 집합 $\{x \mid 0 \leq x \leq 4\}$에서
정의된 함수

$$f(x) = \frac{n}{2}\cos \pi x + 1$$

이 있다. 방정식 $|f(x)| = 3$의 서로 다른 모든 실근의 합을
$g(n)$이라 할 때, $\sum\limits_{n=4}^{10} g(n)$의 값을 구하시오. (4점)

H166 ⚙1등급 대비 ...... 2022실시 9월 학평 28(고2)

2 이상의 자연수 n과 상수 k에 대하여
$n^2-17n+19k$의 n제곱근 중 실수인 것의 개수를 $f(n)$이라
하자. $\sum_{n=2}^{19} f(n)=19$를 만족시키는 자연수 k의 값을 구하시오.

(4점)

H167 ⚙1등급 대비 ...... 2019실시(가) 11월 학평 30(고2)

두 정수 l, m에 대하여 두 등차수열 $\{a_n\}$, $\{b_n\}$의
일반항이

$$a_n=12+(n-1)l,$$
$$b_n=-10+(n-1)m$$

일 때,

$$\sum_{k=1}^{10}|a_k+b_k|=\sum_{k=1}^{10}(|a_k|-|b_k|)=31$$

을 만족시키는 모든 순서쌍 (l, m)의 개수를 구하시오. (4점)

H168 ✪2등급 대비 ...... 2021실시 11월 학평 21(고2)

수열 $\{a_n\}$이 다음 조건을 만족시킨다.

> (가) a_1은 1이 아닌 양수이다.
> (나) 모든 자연수 n에 대하여
> $a_{2n-1}+a_{2n}=1$이고 $a_{2n}\times a_{2n+1}=1$이다.

$\sum_{n=1}^{14}(|a_n|-a_n)=10$이 되도록 하는 모든 a_1의 값의 합은? (4점)

① $\dfrac{10}{3}$ ② 4 ③ $\dfrac{14}{3}$

④ $\dfrac{16}{3}$ ⑤ 6

H169 ⚙1등급 대비 ...... 2023실시 9월 학평 29(고2)

다음 조건을 만족시키는 모든 수열 $\{a_n\}$에 대하여
$\sum_{n=1}^{10} a_n$의 최댓값을 구하시오. (4점)

> (가) 모든 자연수 k에 대하여 a_k는 x에 대한 방정식
> $x^2+3x+(8-k)(k-5)=0$의 근이다.
> (나) $a_n\times a_{n+1}\le0$을 만족시키는 10 이하의 자연수 n의
> 개수는 2이다.

H170 ⭐1등급 대비 ······· 2022실시 9월 학평 30(고2)

$\dfrac{12}{5}<k\le 4$인 상수 k와 자연수 n에 대하여 수열 $\{a_n\}$

이 다음 조건을 만족시킨다.

(가) n이 짝수이면

a_n은 $0\le x\le 2$에서 직선 $y=-\dfrac{k}{2n}$와 곡선

$y=2\sin\left(n\pi x+\dfrac{\pi}{2}\right)+|k\sin^2(n\pi x)-(k-1)|$

이 만나는 서로 다른 점의 개수와 같다.

(나) n이 홀수이면

a_n은 $0\le x\le 2$에서 직선 $y=\dfrac{k+1}{n}$과 곡선

$y=2\sin\left(n\pi x+\dfrac{\pi}{2}\right)+|k\sin^2(n\pi x)-(k-1)|$

이 만나는 서로 다른 점의 개수와 같다.

$0<a_2<6$일 때, $\displaystyle\sum_{n=1}^{5}a_n$의 값을 구하시오. (4점)

H171 ⭐2등급 대비 ······ 2006실시(가) 4월 학평 25(고3)

어떤 학생이 계발 활동 시간에 목걸이를 만들고자
한다. 그림과 같이 세 종류의 인조 보석 ◈, ◎, ☆을 사용하여
처음에는 ◈ 1개, ◎ 1개, ☆ 2개를 꿰고 난 뒤, 다음 규칙을
순서대로 반복한다.

Ⅰ. ◈는 바로 전 단계에 꿴 ◈의 개수보다 1개 더 많이 꿴다.

Ⅱ. ◎는 바로 전 단계에 꿴 ◎의 개수보다 2개 더 많이 꿴다.

Ⅲ. ☆는 Ⅰ과 Ⅱ에서 꿴 ◈과 ◎의 개수를 더한 만큼 꿴다.

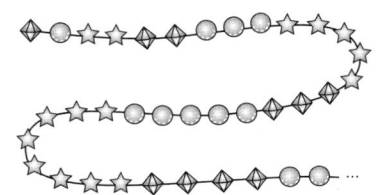

인조 보석 200개를 사용하여 목걸이를 만들었을 때, 목걸이에
있는 ◎의 개수를 구하시오. (4점)

❖ 정답 및 해설 **481~484p**

01 수학적 귀납법

★ 최신 3개년 수능＋모평 출제 경향

학년도		출제 유형	난이도
2025	수능		
	9월	유형 04 수열의 귀납적 정의의 활용	✿✿✿
	6월	유형 04 수열의 귀납적 정의의 활용	✿✿✿
2024	수능	유형 04 수열의 귀납적 정의의 활용	✿✿✿
	9월	유형 04 수열의 귀납적 정의의 활용	✿✿✿
	6월	유형 05 수열의 귀납적 정의의 활용 – 항의 수	✿✿✿
2023	수능	유형 05 수열의 귀납적 정의의 활용 – 항의 수	✿✿✿
	9월	유형 04 수열의 귀납적 정의의 활용	✿✿✿
	6월	유형 05 수열의 귀납적 정의의 활용 – 항의 수	✿✿✿

★ 자주 출제되는 필수 개념 학습법

• 수열의 전체적인 흐름을 파악하여 규칙을 찾는 연습을 해야 한다.
이때, 수열의 일반항에 $n=1, 2, 3, \cdots$을 차례로 대입해서
몇 개의 항을 구해보는 것도 한 방법이다.

• 수열의 귀납적 정의에 의해 주어진 식을 이용하여 조건을
만족시키는 상수를 구하는 문제가 꾸준히 출제되고 있다.
정의된 대로 하나씩 항의 값을 구하여 풀면 구할 수 있다.

• 빈칸 추론형 문항이 자주 출제되는 단원으로 주어진 풀이에서
빈칸의 앞, 뒤 과정을 살펴 파악하면 답을 구할 수 있지만
이 유형을 연습할 때에는 문제에 주어진 모든 과정을 따라가며
직접 써보는 연습이 필요하다. 수열 단원의 모든 것을
함축적으로 묻는 경우가 많으므로 수열의 정의와 개념을
정확히 알고 있자.

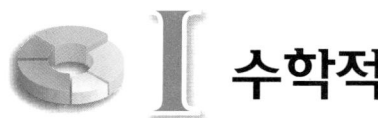

개념 강의

중요도 ★★○

1 수열의 귀납적 정의❶ – 유형 01

(1) 처음 몇 개의 항과 이웃하는 여러 항 사이의 관계식으로 수열 $\{a_n\}$을 정의하는 것을 **수열의 귀납적 정의**라고 한다.
일반적으로 수열 $\{a_n\}$을 다음과 같이 귀납적으로 정의할 수 있다.
① 첫째항 a_1의 값
② 두 항 a_n, a_{n+1} 사이의 관계식

(2) **등차수열과 등비수열의 귀납적 정의❷**
수열 $\{a_n\}$에서 $n=1, 2, 3, \cdots$일 때,
① $a_{n+1}-a_n=d$ (일정) ⇒ 공차가 d인 등차수열
$2a_{n+1}=a_n+a_{n+2}$ (또는 $a_{n+1}-a_n=a_{n+2}-a_{n+1}$) ⇒ 등차수열
② $a_{n+1}\div a_n=r$ (일정) ⇒ 공비가 r인 등비수열
$a_{n+1}{}^2=a_n a_{n+2}$ (또는 $a_{n+1}\div a_n=a_{n+2}\div a_{n+1}$) ⇒ 등비수열

> 한걸음 더!
>
> ❶ (1) $2a_{n+1}=a_n+a_{n+2}$ (등차수열)
> (2) $a_{n+1}=a_n+d$ (등차수열)
> (3) $(a_{n+1})^2=a_n a_{n+2}$ (등비수열)
> (4) $2\log a_{n+1}=\log a_n+\log a_{n+2}$ (등비수열)
> (5) $a_{n+1}=ra_n$ (등비수열)

> +개념보충
>
> ❷ 연속된 수가 일정한 '크기'로 증가, 감소하는 것을 등차수열이라 한다.
> 연속된 수가 일정한 '비율'로 증가, 감소하는 것을 등비수열이라 한다.

2 여러 가지 수열의 귀납적 정의❸ – 유형 02~06

(1) $a_{n+1}=a_n+f(n)$ 꼴
n에 $1, 2, 3, \cdots, n-1$을 차례로 대입하여 변끼리 더한다.
$a_2=a_1+f(1)$
$a_3=a_2+f(2)$
$\vdots$
$+\ ) \ a_n=a_{n-1}+f(n-1)$
$a_n=a_1+f(1)+f(2)+\cdots+f(n-1)=a_1+\displaystyle\sum_{k=1}^{n-1}f(k)$

(2) $a_{n+1}=a_n f(n)$ 꼴
n에 $1, 2, 3, \cdots, n-1$을 차례로 대입하여 변끼리 곱한다.
$a_2=a_1 f(1)$
$a_3=a_2 f(2)$
$\vdots$
$\times\ ) \ a_n=a_{n-1}f(n-1)$
$a_n=a_1 f(1)f(2)\cdots f(n-1)$

(3) $a_{n+1}=pa_n+q$ $(p\neq1,\ pq\neq0)$ 꼴
⇒ $a_{n+1}-\alpha=p(a_n-\alpha)$ (α는 상수)로 변형하여 수열
$\{a_n-\alpha\}$는 첫째항이 $a_1-\alpha$, 공비가 p인 등비수열임을 이용한다.

>
> **출제**
> 2025 9월 모평 22번
> 2025 6월 모평 22번
> 2024 수능 15번
>
> ★ 9월에는 주어진 식에서 a_n과 a_{n+1}의 관계식을 찾아 해결하는 고난도 문제가, 6월에는 n의 값과 a_n의 부호에 따라 a_{n+1}이 결정되는 고난도 문제가 출제되었고, 2024 수능에는 a_n의 값이 홀수일 때와 짝수일 때 a_{n+1}의 값이 결정되는 상 난이도의 문제가 출제되었다.

> 한걸음 더!
>
> ❸ 관계식이 주어지면 직접 수를 대입해!
> 두 항 사이의 관계식이 주어질 때, 이 관계식에 n 대신 $1, 2, 3, \cdots$을 차례로 대입해 보자. 그리고 변변끼리 합하거나 곱해서 필요없는 항들을 없애는 방법을 잘 연습해 두자. 문제에서 묻는 항이 마지막에 나오도록 하는게 포인트이다.
> 등차수열 또는 등비수열이 아닌 수열이 귀납적으로 정의된 경우, 이웃하는 항 사이의 관계가 복잡한 경우가 많으므로 n 대신 $1, 2, 3, \cdots$을 대입하여 항의 값을 하나씩 구하자.

3 수학적 귀납법❹ – 유형 07~08

자연수 n에 대한 명제 $p(n)$이 모든 자연수 n에 대하여 성립한다는 것을 증명하려면 다음 두 가지를 보이면 된다.
(ⅰ) $n=1$일 때, 명제 $p(n)$이 성립한다.
(ⅱ) $n=k$일 때, 명제 $p(n)$이 성립한다고 가정하면 $n=k+1$일 때도 명제 $p(n)$이 성립한다.
이와 같이 자연수에 대하여 어떤 명제가 참임을 증명하는 방법을 **수학적 귀납법**이라고 한다.

> +개념보충
>
> ❹ $n\geq a$(a는 자연수)인 모든 자연수 n에 대하여 명제 $p(n)$이 성립함을 증명하려면
> (ⅰ) $n=a$일 때, 명제 $p(n)$이 성립한다.
> (ⅱ) $n=k(k\geq a)$일 때, 명제 $p(n)$, 성립한다고 가정하면 $n=k+1$일 때도 명제 $p(n)$이 성립한다.
> (ⅰ), (ⅱ)를 보이면 된다.

1 수열의 귀납적 정의

[I01~03] 수열 $\{a_n\}$을 다음과 같이 정의할 때, a_5의 값을 구하시오.
(단, $n=1, 2, 3, \cdots$)

I01　$a_1=1$, $a_2=2$, $a_{n+2}=a_{n+1}+a_n$

I02　$a_1=5$, $a_{n+1}=2a_n-1$

I03　$a_1=1$, $a_{n+1}=a_n+(n+1)$

[I04~05] 수열 $\{a_n\}$을 다음과 같이 정의할 때, 일반항 a_n을 구하시오. (단, $n=1, 2, 3, \cdots$)

I04　$\begin{cases} a_1=1 \\ a_{n+1}=a_n+5 \end{cases}$

I05　$\begin{cases} a_1=2 \\ a_{n+1}=3a_n \end{cases}$

2 여러 가지 수열의 귀납적 정의

[I06~07] 수열 $\{a_n\}$을 다음과 같이 정의할 때, 일반항 a_n을 구하시오. (단, $n=1, 2, 3, \cdots$)

I06　$a_1=1$, $a_{n+1}=a_n+n$

I07　$a_1=2$, $a_{n+1}=\dfrac{n}{n+1}\times a_n$

I08　수열 $\{a_n\}$을
$$a_1=1, (2n-1)a_{n+1}=(2n+1)a_n$$
$$(n=1, 2, 3, \cdots)$$
으로 정의할 때, a_{20}의 값을 구하시오.

I09　수열 $\{a_n\}$이 $a_1=1$, $a_{n+1}=\dfrac{a_n}{2a_n+1}$ $(n=1, 2, 3, \cdots)$과
같이 정의될 때, $a_n>\dfrac{1}{200}$을 만족시키는 자연수 n의
최댓값을 구하시오.

3 수학적 귀납법

I10　모든 자연수 n에 대하여 등식
$$1+3+5+\cdots+(2n-1)=n^2 \cdots \bigcirc$$
이 성립함을 수학적 귀납법으로 보이는 과정이다.

> (i) 　(가)　일 때, (좌변)=1, (우변)=1이므로
> $\bigcirc$이 성립한다.
> (ii) $n=k$일 때 성립한다고 가정하면
> $$1+3+5+\cdots+(2k-1)=k^2 \cdots ①$$
> ①의 양변에 제$k+1$항인 (　(나)　)을 더하면
> $$1+3+5+\cdots+(2k-1)+(\boxed{\text{(나)}})$$
> $$=k^2+(\boxed{\text{(나)}})=(k+1)^2$$이므로 $n=k+1$일
> 때도 $\bigcirc$이 성립한다.
> (i), (ii)에 의하여 모든 자연수 n에 대하여 $\bigcirc$이
> 성립한다.

위의 (가), (나)에 알맞은 것을 각각 넣으시오.

I11　$n\geq 5$인 모든 자연수 n에 대하여 부등식
$$2^n>n^2 \cdots \bigcirc$$
이 성립함을 보이는 과정이다.

> (i) $n=$　(가)　일 때,
> (좌변)$=2^5=32>$(우변)$=5^2=25$이므로 $\bigcirc$이
> 성립한다.
> (ii) $n=k\,(k\geq 5)$일 때, 성립한다고 가정하면
> $$2^k>k^2$$
> 양변에 2를 곱하면 $2^{k+1}>2k^2$
> $k\geq 5$일 때
> $$2k^2-(k+1)^2=k^2-2k-1$$
> $$=(k-1)^2-2>0$$
> 즉, $2k^2>$　(나)　이므로 $n=k+1$일 때에도
> $\bigcirc$이 성립한다.
> (i), (ii)에 의하여 $n\geq 5$인 모든 자연수 n에 대하여
> $\bigcirc$이 성립한다.

위의 과정에서 (가)에 알맞은 수를 p라 하고, (나)에
알맞은 식을 $f(k)$라 할 때, $f(p)$의 값을 구하시오.

1 수열의 귀납적 정의

유형 01 수열의 귀납적 정의

(1) **수열의 귀납적 정의**

일반적으로 수열 $\{a_n\}$을

① 첫째항 a_1의 값

② 두 항 a_n, a_{n+1} 사이의 관계식 ($n=1, 2, 3, \cdots$)과 같이 처음 몇 개의 항과 이웃하는 여러 항 사이의 관계식으로 정의하는 것을 수열의 귀납적 정의라 한다.

(2) **등차수열의 귀납적 정의**

첫째항이 a, 공차가 d인 등차수열의 귀납적 정의는

$a_1=a$, $a_{n+1}=a_n+d$ ($n=1, 2, 3, \cdots$)

(3) **등비수열의 귀납적 정의**

첫째항이 a, 공비가 r ($r \neq 0$)인 등비수열의 귀납적 정의는

$a_1=a$, $a_{n+1}=ra_n$ ($n=1, 2, 3, \cdots$)

tip

① 등차수열을 나타내는 관계식

$a_{n+1}-a_n=d$ (일정)

$2a_{n+1}=a_n+a_{n+2}$ (등차중항)

② 등비수열을 나타내는 관계식

$\dfrac{a_{n+1}}{a_n}=r$ 또는 $a_{n+1} \div a_n=r$ (일정)

$a_{n+1}^{\;2}=a_n a_{n+2}$ (등비중항)

I12 대표 .... 2019실시(나) 9월 학평 13(고2)

수열 $\{a_n\}$은 $a_1=3$이고, 모든 자연수 n에 대하여

$$a_{n+1}=\begin{cases} a_n+3 & (n\text{이 홀수인 경우}) \\ 2a_n & (n\text{이 짝수인 경우}) \end{cases}$$

를 만족시킨다. a_6의 값은? (3점)

① 27   ② 30   ③ 33

④ 36   ⑤ 39

I13 ❀❀❀ Pass .... 2020실시 9월 학평 7(고2)

수열 $\{a_n\}$이 모든 자연수 n에 대하여

$$a_{n+1}=2a_n+1$$

을 만족시킨다. $a_4=31$일 때, a_2의 값은? (3점)

① 7   ② 8   ③ 9

④ 10   ⑤ 11

I14 ❀❀❀ .... 2019실시(나) 11월 학평 8(고2)

수열 $\{a_n\}$은 $a_1=1$이고, 모든 자연수 n에 대하여

$$a_{n+1}+a_n=n+3$$

을 만족시킨다. a_4의 값은? (3점)

① 1   ② 2   ③ 3

④ 4   ⑤ 5

I15 ❀❀❀ .... 2020실시 11월 학평 10(고2)

수열 $\{a_n\}$은 $a_1=4$이고, 모든 자연수 n에 대하여

$$a_{n+1}=\begin{cases} a_n-3 & (a_n \geq 6) \\ (a_n-1)^2 & (a_n < 6) \end{cases}$$

을 만족시킨다. a_{10}의 값은? (3점)

① 1   ② 3   ③ 5

④ 7   ⑤ 9

I16 ✿❀❀ Pass

수열 $\{a_n\}$은 $a_1=1$이고, 모든 자연수 n에 대하여

$$a_{n+1}=\begin{cases} (a_n)^2+1 & (a_n\text{이 짝수인 경우}) \\ 3a_n-1 & (a_n\text{이 홀수인 경우}) \end{cases}$$

를 만족시킨다. a_4의 값은? (3점)

① 10   ② 11   ③ 12
④ 13   ⑤ 14

I17 ✿❀❀

첫째항이 4인 수열 $\{a_n\}$이 모든 자연수 n에 대하여

$$a_{n+2}=a_{n+1}+a_n$$

을 만족시킨다. $a_4=34$일 때, a_2의 값을 구하시오. (3점)

I18 ✿❀❀

수열 $\{a_n\}$이 모든 자연수 n에 대하여 $a_{n+1}=3a_n$을 만족시킨다. $a_2=2$일 때, a_4의 값은? (3점)

① 6   ② 9   ③ 12
④ 15   ⑤ 18

I19 ✿❀❀

수열 $\{a_n\}$이 다음 조건을 만족시킨다.

> (가) $a_1=a_2+3$
> (나) $a_{n+1}=-2a_n$ $(n\geq 1)$

a_9의 값을 구하시오. (3점)

I20 ✿❀❀

수열 $\{a_n\}$에 대하여 첫째항부터 제 n 항까지의 합을 S_n이라 하자. (단, $a_1<a_2<a_3<\cdots<a_n<\cdots$이다.)

$$a_1=1,\ a_2=3,\ (S_{n+1}-S_{n-1})^2=4a_na_{n+1}+4\ (n=2,\ 3,\ 4,\ \cdots)$$

일 때, a_{20}의 값은? (3점)

① 39   ② 43   ③ 47
④ 51   ⑤ 55

I21 ✿❀❀

수열 $\{a_n\}$이 모든 자연수 n에 대하여

$$a_{n+1}=\begin{cases} \log_2 a_n & (n\text{이 홀수인 경우}) \\ 2^{a_n+1} & (n\text{이 짝수인 경우}) \end{cases}$$

를 만족시킨다. $a_8=5$일 때, a_6+a_7의 값은? (3점)

① 36   ② 38   ③ 40
④ 42   ⑤ 44

I22 ✿❀❀

두 수열 $\{a_n\}$, $\{b_n\}$은 $a_1=1$, $b_1=-1$이고, 모든 자연수 n에 대하여

$$a_{n+1}=a_n+b_n,\ b_{n+1}=2\cos\frac{a_n}{3}\pi$$

를 만족시킨다. $a_{2021}-b_{2021}$의 값은? (4점)

① -2 ② 0   ③ 2
④ 4   ⑤ 6

I23 ✿❀❀

수열 $\{a_n\}$의 첫째항부터 제 n 항까지의 합을 S_n이라 하자. $a_1=2$, $a_2=4$이고 2 이상의 모든 자연수 n에 대하여

$$a_{n+1}S_n=a_nS_{n+1}$$

이 성립할 때, S_5의 값을 구하시오. (3점)

2 여러 가지 수열의 귀납적 정의

유형 02 수열의 귀납적 정의 - $a_{n+1} = a_n + f(n)$

$a_{n+1} = a_n + f(n)$의 꼴

(i) $a_{n+1} = a_n + f(n)$의 n에 $1, 2, 3, \cdots n-1$을 차례로 대입한다.

(ii) 변끼리 더한다.

$\Rightarrow a_n = a_1 + f(1) + f(2) + \cdots + f(n-1)$

두 항 사이의 관계식이 주어질 때, 이 관계식에 n대신 $1, 2, 3, \cdots$을 차례로 대입해 보자.

$a_{n+1} = a_n + f(n)$의 꼴일 때, 각 변끼리 더하면 필요 없는 항들이 소거된다. 문제에서 묻는 항이 마지막에 나오도록 하는게 포인트이다.

I24 대표 ⎯⎯⎯⎯⎯⎯⎯⎯ 2019실시(가) 9월 학평 9(고2)

수열 $\{a_n\}$에 대하여

$\quad a_1 = 6,\ a_{n+1} = a_n + 3^n\ (n=1, 2, 3, \cdots)$

일 때, a_4의 값은? (3점)

① 39   ② 42   ③ 45

④ 48   ⑤ 51

I25 ❀❀❀ ⎯⎯⎯⎯⎯⎯⎯⎯ 2015실시(A) 4월 학평 26(고3)

수열 $\{a_n\}$이 다음 조건을 만족시킨다.

> (가) $a_1 = 36$
>
> (나) $a_{n+1} - a_n = 2n - 14\ (n \ge 1)$

$a_n = 6$일 때, 모든 n의 값의 합을 구하시오. (4점)

I26 ❀❀❀ Pass ⎯⎯⎯⎯⎯⎯⎯⎯ 2010대비(나) 수능 26(고3)

수열 $\{a_n\}$이 $a_{n+1} - a_n = 2n$을 만족시킨다. $a_{10} = 94$일 때, a_1의 값은? (3점)

① 5   ② 4   ③ 3

④ 2   ⑤ 1

I27 ❀❀❀ Pass

수열 $\{a_n\}$이 $a_1 = 3$이고 $a_{n+1} - a_n = 4n - 3$일 때, a_{15}의 값을 구하시오. (3점)

유형 03 수열의 귀납적 정의 - $a_{n+1} = f(n)a_n$

$a_{n+1} = f(n)a_n$의 꼴

(i) $a_{n+1} = f(n)a_n$의 n에 $1, 2, 3, \cdots$을 차례로 대입한다.

(ii) 변끼리 곱한다.

$\Rightarrow a_n = a_1 \times f(1) \times f(2) \times \cdots \times f(n-1)$

두 항 사이의 관계식이 주어질 때, 이 관계식에 n 대신 $1, 2, 3, \cdots$을 차례로 대입해 보자.

$a_{n+1} = f(n)a_n$의 꼴일 때, 각 변끼리 곱하여 일반항을 구하면 된다. 구하고자 하는 항이 마지막에 나오도록 하는 것이 중요하다.

I28 대표 ⎯⎯⎯⎯⎯⎯⎯⎯ 2012대비(나) 수능 5(고3)

수열 $\{a_n\}$이 $a_1 = 1$이고, 모든 자연수 n에 대하여

$\quad a_{n+1} = \dfrac{2n}{n+1} a_n$

을 만족시킬 때, a_4의 값은? (3점)

① $\dfrac{3}{2}$ ② 2   ③ $\dfrac{5}{2}$

④ 3   ⑤ $\dfrac{7}{2}$

I29 ❀❀❀

수열 $\{a_n\}$이 $a_1 = 10$이고, 모든 자연수 n에 대하여

$\quad a_{n+1} = \dfrac{n}{n+2} a_n$

을 만족시킬 때, a_{10}의 값은? (3점)

① $\dfrac{1}{10}$ ② $\dfrac{2}{11}$ ③ $\dfrac{1}{4}$

④ $\dfrac{4}{13}$ ⑤ $\dfrac{5}{14}$

I30 ✿❀❀ ⟶ 2012실시(나) 4월 학평 24(고3)

수열 $\{a_n\}$이 $a_1=1$이고, 모든 자연수 n에 대하여

$$\frac{a_{n+1}}{a_n}=1-\frac{1}{(n+1)^2}$$

을 만족시킬 때, $100a_{10}$의 값을 구하시오. (3점)

유형 04 수열의 귀납적 정의의 활용

이웃하는 항 사이의 관계가 수식이나 문장으로 주어지고 특정한 항의 값을 구하는 문제는

(i) 주어진 조건을 수식으로 나타낸다.

(ii) $n=1, 2, 3, \cdots$을 차례로 대입한다.

(iii) 여러 가지 수열의 귀납적 정의를 이용하여 일반항을 찾는다. (tip)

① 수열 $\{a_n\}$의 일반항을 구할 수 없는 경우 주어진 식의 n대신에 1, 2, 3, ⋯을 차례대로 대입하여 항을 구한다.

② 주어진 식에 n 대신에 1, 2, 3, ⋯을 차례대로 대입하여 같은 수가 반복되는 규칙을 찾는다.

③ $a_1=S_1$, $a_n=S_n-S_{n-1}$ $(n\geq 2)$임을 이용하여 주어진 등식을 a_n 또는 S_n에 대한 식으로 변형한다.

I31 대표 ⟶ 2020대비(나) 9월 모평 24(고3)

수열 $\{a_n\}$이 모든 자연수 n에 대하여

$$a_{n+1}+a_n=3n-1$$

을 만족시킨다. $a_3=4$일 때, a_1+a_5의 값을 구하시오. (3점)

I32 ✿❀❀ ⟶ 2022실시 11월 학평 14(고2)

첫째항이 1인 수열 $\{a_n\}$이 모든 자연수 n에 대하여

$$a_{n+1}=\begin{cases} a_n-4 & (a_n\geq 0) \\ a_n{}^2 & (a_n<0) \end{cases}$$

일 때, $\displaystyle\sum_{k=1}^{22}a_k$의 값은? (4점)

① 50   ② 54   ③ 58

④ 62   ⑤ 66

I33 ✿❀❀ ⟶ 2017실시(나) 4월 학평 25(고3)

수열 $\{a_n\}$이 $a_1=2$이고, 모든 자연수 n에 대하여

$$a_{n+1}=2(a_n+2)$$

를 만족시킨다. a_5의 값을 구하시오. (3점)

I34 ✿❀❀ ⟶ 2020대비(나) 6월 모평 9(고3)

수열 $\{a_n\}$은 $a_1=1$이고, 모든 자연수 n에 대하여

$$a_{n+1}+(-1)^n\times a_n=2^n$$

을 만족시킨다. a_5의 값은? (3점)

① 1   ② 3   ③ 5

④ 7   ⑤ 9

I35 ✿❀❀ ⟶ 2023실시 9월 학평 13(고2)

첫째항이 2인 수열 $\{a_n\}$이 모든 자연수 n에 대하여

$$a_{n+1}=\begin{cases} 2a_n-1 & (a_n<8) \\ \dfrac{1}{3}a_n & (a_n\geq 8) \end{cases}$$

을 만족시킬 때, $\displaystyle\sum_{k=1}^{16}a_k$의 값은? (3점)

① 78   ② 81   ③ 84

④ 87   ⑤ 90

I36 ✿❀❀ ⟶ 2018실시(나) 11월 학평 19(고2)

수열 $\{a_n\}$이 모든 자연수 n에 대하여

$$a_{n+1}+a_n=2n^2$$

을 만족시킨다. $a_3+a_5=26$일 때, a_2의 값은? (4점)

① 1   ② 2   ③ 3

④ 4   ⑤ 5

I37 ❀❀❀ 2019대비(나) 9월 모평 11(고3)

수열 $\{a_n\}$이 모든 자연수 n에 대하여

$$a_n a_{n+1} = 2n$$

이고 $a_3 = 1$일 때, $a_2 + a_5$의 값은? (3점)

① $\dfrac{13}{3}$ ② $\dfrac{16}{3}$ ③ $\dfrac{19}{3}$

④ $\dfrac{22}{3}$ ⑤ $\dfrac{25}{3}$

I38 ❀❀❀ 2018실시(나) 9월 학평 28(고2)

수열 $\{a_n\}$이 $a_1 = 88$이고, 모든 자연수 n에 대하여

$$a_{n+1} = \begin{cases} a_n - 3 & (a_n \geq 65) \\ \dfrac{1}{2}a_n & (a_n < 65) \end{cases}$$

를 만족시킬 때, $\displaystyle\sum_{n=1}^{15} a_n$의 값을 구하시오. (4점)

I39 ❀❀❀ 2018실시(나) 7월 학평 13(고3)

수열 $\{a_n\}$은 $a_1 = 2$, $a_2 = 3$이고, 모든 자연수 n에 대하여

$$a_{n+2} - a_{n+1} + 2a_n = 5$$

를 만족시킨다. a_6의 값은? (3점)

① -1 ② 0 ③ 1

④ 2 ⑤ 3

I40 ❀❀❀ 2018대비(나) 수능 13(고3)

수열 $\{a_n\}$은 $a_1 = 2$이고, 모든 자연수 n에 대하여

$$a_{n+1} = \begin{cases} a_n - 1 & (a_n \text{이 짝수인 경우}) \\ a_n + n & (a_n \text{이 홀수인 경우}) \end{cases}$$

를 만족시킨다. a_7의 값은? (3점)

① 7 ② 9 ③ 11

④ 13 ⑤ 15

I41 ❀❀❀ 2022대비 6월 모평 9(고3)

수열 $\{a_n\}$이 모든 자연수 n에 대하여

$$a_{n+1} = \begin{cases} \dfrac{1}{a_n} & (n \text{이 홀수인 경우}) \\ 8a_n & (n \text{이 짝수인 경우}) \end{cases}$$

이고 $a_{12} = \dfrac{1}{2}$일 때, $a_1 + a_4$의 값은? (4점)

① $\dfrac{3}{4}$ ② $\dfrac{9}{4}$ ③ $\dfrac{5}{2}$

④ $\dfrac{17}{4}$ ⑤ $\dfrac{9}{2}$

I42 ❀❀❀ 2017실시(나) 3월 학평 9(고3)

수열 $\{a_n\}$이 모든 자연수 n에 대하여

$$a_1 = 1, \quad a_{n+1} = \dfrac{k}{a_n + 2}$$

를 만족시킬 때, $a_3 = \dfrac{3}{2}$이 되도록 하는 상수 k의 값은? (3점)

① 4 ② 5 ③ 6

④ 7 ⑤ 8

I43 ✿✿✿❀

$a_3=3$인 수열 $\{a_n\}$이 모든 자연수 n에 대하여

$$a_{n+1}=\begin{cases} \dfrac{a_n+3}{2} & (a_n\text{이 홀수인 경우}) \\[2mm] \dfrac{a_n}{2} & (a_n\text{이 짝수인 경우}) \end{cases}$$

이다. $a_1\geq 10$일 때, $\displaystyle\sum_{k=1}^{5}a_k$의 값을 구하시오. (4점)

I44 ✿✿✿❀

첫째항이 6인 수열 $\{a_n\}$이 모든 자연수 n에 대하여

$$a_{n+1}=\begin{cases} 2-a_n & (a_n\geq 0) \\ a_n+p & (a_n<0) \end{cases}$$

을 만족시킨다. $a_4=0$이 되도록 하는 모든 실수 p의 값의 합을 구하시오. (4점)

I45 ✿✿✿❀

두 수열 $\{a_n\}$, $\{b_n\}$은 $a_1=a_2=1$, $b_1=k$이고, 모든 자연수 n에 대하여

$$a_{n+2}=(a_{n+1})^2-(a_n)^2, \quad b_{n+1}=a_n-b_n+n$$

을 만족시킨다. $b_{20}=14$일 때, k의 값은? (4점)

① -3 ② -1 ③ 1
④ 3 ⑤ 5

I46 ✿✿✿❀

첫째항이 a인 수열 $\{a_n\}$은 모든 자연수 n에 대하여

$$a_{n+1}=\begin{cases} a_n+(-1)^n\times 2 & (n\text{이 3의 배수가 아닌 경우}) \\ a_n+1 & (n\text{이 3의 배수인 경우}) \end{cases}$$

를 만족시킨다. $a_{15}=43$일 때, a의 값은? (4점)

① 35   ② 36   ③ 37
④ 38   ⑤ 39

I47 ✿✿✿❀

모든 항이 자연수이고 다음 조건을 만족시키는 모든 수열 $\{a_n\}$에 대하여 a_1의 최댓값과 최솟값을 각각 M, m이라 할 때, $M-m$의 값은? (4점)

> (가) $a_5=63$
> (나) 모든 자연수 n에 대하여
> $$a_{n+2}=\begin{cases} a_{n+1}+a_n & (a_{n+1}\times a_n\text{이 홀수인 경우}) \\ a_{n+1}+a_n-2 & (a_{n+1}\times a_n\text{이 짝수인 경우}) \end{cases}$$
> 이다.

① 16   ② 19   ③ 22
④ 25   ⑤ 28

I48 ✿✿✿❀

수열 $\{a_n\}$이 모든 자연수 n에 대하여 다음 조건을 만족시킨다.

> (가) n이 3의 배수가 아닌 경우 $a_{n+1}=(-1)^n\times a_n$이다.
> (나) n이 3의 배수인 경우 $a_{n+3}=-a_n-n$이다.

$a_{20}+a_{21}=0$일 때, $\displaystyle\sum_{k=1}^{18}a_k$의 값은? (4점)

① 57   ② 60   ③ 63
④ 66   ⑤ 69

(i) n의 값에 따라 a_n의 값이 달라지는 경우에 규칙이 발견될 때까지, n 대신 1, 2, 3, …을 차례로 대입해 보자.

(ii) 추론한 결과를 이용하여 구하고자 하는 값을 구하자.

(tip)

규칙이 바로 보이지 않을 때에는 n 대신에 1, 2, 3, …을 차례대로 대입하여 첫째항부터 몇 개의 항을 구해보며 규칙을 찾는다.

I49 대표

수열 $\{a_n\}$이

$$\begin{cases} a_1 = 2 \\ 2a_{n+1} = a_n + 6 \ (n=1, 2, 3, \cdots) \end{cases}$$

으로 정의될 때, $a_{k+1} - a_k < \dfrac{1}{250}$을 만족시키는 자연수 k의

최솟값은? (3점)

① 8   ② 9   ③ 10

④ 11   ⑤ 12

I50 ✿❀❀   2015실시(B) 4월 학평 26(고3)

수열 $\{a_n\}$이 $a_1 = 3$이고,

$$a_{n+1} = \begin{cases} \dfrac{a_n}{2} & (a_n \text{은 짝수}) \\ \dfrac{a_n + 93}{2} & (a_n \text{은 홀수}) \end{cases}$$

가 성립한다. $a_k = 3$을 만족시키는 50 이하의 모든 자연수 k의 값의 합을 구하시오. (4점)

I51 ✿❀❀   2009실시(나) 7월 학평 28(고3)

수열 $\{a_n\}$은

$$a_1 = 5 \times 6^5 + 5 \times 6^4 + 5 \times 6^3 + 5 \times 6^2 + 5 \times 6 + 5,$$

$$a_{n+1} = \begin{cases} \dfrac{1}{6}a_n & (a_n \text{이 6의 배수일 때}) \\ a_n - 1 & (a_n \text{이 6의 배수가 아닐 때}) \end{cases}$$

이다. $a_k = 1$일 때, k의 값은? (4점)

① 34   ② 35   ③ 36

④ 37   ⑤ 38

(고난도) 유형 06 **수열의 귀납적 정의의 응용**

이웃하는 항 사이의 관계가 수식이나 문장으로 주어지고 특정한 항의 값을 구하는 문제는

(i) 주어진 조건을 수식으로 나타낸 후

(ii) $n=1, 2, 3, \cdots$을 차례로 대입해 보거나

(iii) 여러 가지 수열의 귀납적 정의를 이용하여 일반항을 찾는다.

(tip)

① n의 값에 따라 점화식이 달라지는 경우, 몇 개의 항을 구해보며 규칙을 찾는다.

② 익숙하지 않은 점화식이 나오는 경우, 익숙한 모양이 나오도록 식을 적절히 변형한다.

I52 대표   2007대비(나) 9월 모평 28(고3)

다음은 어느 시력검사표에 표시된 시력과 그에 해당되는 문자의 크기를 나타낸 것의 일부이다.

시력	0.1	0.2	0.3	0.4	...	1.0
문자의 크기	a_1	a_2	a_3	a_4	...	a_{10}

문자의 크기 a_n은 다음 관계식을 만족시킨다.

$$a_1 = 10A, \ a_{n+1} = \dfrac{10A \times a_n}{10A + a_n}$$

(단, A는 상수이고, $n=1, 2, 3, \cdots, 9$)

이 시력검사표에서 0.8에 해당되는 문자의 크기는? (4점)

① $2A$ ② $\dfrac{3}{2}A$ ③ $\dfrac{4}{3}A$

④ $\dfrac{5}{4}A$ ⑤ $\dfrac{6}{5}A$

I53 ✿✿✿

수열 $\{a_n\}$의 첫째항부터 제 n항까지의 합을 S_n이라 하자. 다음은 모든 자연수 n에 대하여

$$\sum_{k=1}^{n} \frac{S_k}{k!} = \frac{1}{(n+1)!}$$

이 성립할 때, $\sum_{k=1}^{n} \frac{1}{a_k}$을 구하는 과정이다.

$n=1$일 때, $a_1 = S_1 = \frac{1}{2}$이므로 $\frac{1}{a_1} = 2$이다.

$n=2$일 때, $a_2 = S_2 - S_1 = -\frac{7}{6}$이므로 $\sum_{k=1}^{2} \frac{1}{a_k} = \frac{8}{7}$이다.

$n \geq 3$인 모든 자연수 n에 대하여

$$\frac{S_n}{n!} = \sum_{k=1}^{n} \frac{S_k}{k!} - \sum_{k=1}^{n-1} \frac{S_k}{k!} = -\frac{\boxed{(가)}}{(n+1)!}$$

즉, $S_n = -\dfrac{\boxed{(가)}}{n+1}$이므로

$a_n = S_n - S_{n-1} = -(\boxed{(나)})$

이다. 한편 $\sum_{k=3}^{n} k(k+1) = -8 + \sum_{k=1}^{n} k(k+1)$이므로

$$\sum_{k=1}^{n} \frac{1}{a_k} = \frac{8}{7} - \sum_{k=3}^{n} k(k+1)$$

$$= \frac{64}{7} - \frac{n(n+1)}{2} - \sum_{k=1}^{n} \boxed{(다)}$$

$$= -\frac{1}{3}n^3 - n^2 - \frac{2}{3}n + \frac{64}{7}$$

이다.

위의 (가), (나), (다)에 알맞은 식을 각각 $f(n)$, $g(n)$, $h(k)$라 할 때, $f(5) \times g(3) \times h(6)$의 값은? (4점)

① 3　　　　② 6　　　　③ 9
④ 12　　　　⑤ 15

I54 ✿✿✿

자연수 n에 대하여 좌표평면 위의 점 P_n을 다음 규칙에 따라 정한다.

(가) 세 점 P_1, P_2, P_3의 좌표는 각각 $(-1, 0)$, $(1, 0)$, $(-1, 2)$이다.

(나) 선분 $P_n P_{n+1}$의 중점과 선분 $P_{n+2} P_{n+3}$의 중점은 같다.

예를 들어, 점 P_4의 좌표는 $(1, -2)$이다. 점 P_{25}의 좌표가 (a, b)일 때, $a+b$의 값을 구하시오. (4점)

I

I55 ✿✿✿

수직선 위에 점 $P_n (n=1, 2, 3, \cdots)$을 다음 규칙에 따라 정한다.

(가) 점 P_1의 좌표는 $P_1(0)$이다.

(나) $\overline{P_1 P_2} = 1$이다.

(다) $\overline{P_n P_{n+1}} = \dfrac{n-1}{n+1} \times \overline{P_{n-1} P_n}$ $(n=2, 3, 4, \cdots)$

선분 $P_n P_{n+1}$을 밑변으로 하고 높이가 1인 직각삼각형의 넓이를 S_n이라 하자. $S_1 + S_2 + S_3 + \cdots + S_{50} = \dfrac{q}{p}$일 때, $p+q$의 값을 구하시오. (단, p, q는 서로소인 자연수이다.) (4점)

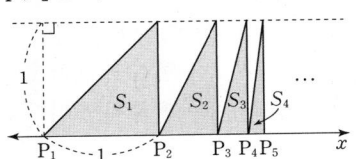

I56 ★★❀ .... 2010대비(나) 수능 22(고3)

자연수 n에 대하여 점 A_n이 x축 위의 점일 때,
점 A_{n+1}을 다음 규칙에 따라 정한다.

> (가) 점 A_1의 좌표는 $(2, 0)$이다.
> (나) (1) 점 A_n을 지나고 y축에 평행한 직선이 곡선
> $$y = \frac{1}{x} (x>0)$$과 만나는 점을 P_n이라 한다.
> (2) 점 P_n을 직선 $y=x$에 대하여 대칭이동한 점을
> Q_n이라 한다.
> (3) 점 Q_n을 지나고 y축에 평행한 직선이 x축과
> 만나는 점을 R_n이라 한다.
> (4) 점 R_n을 x축의 방향으로 1만큼 평행이동한 점을
> A_{n+1}이라 한다.

점 A_n의 x좌표를 x_n이라 하자. $x_5 = \dfrac{q}{p}$일 때, $p+q$의 값을
구하시오. (단, p, q는 서로소인 자연수이다.) (3점)

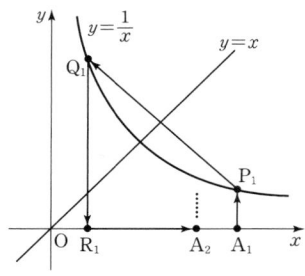

I57 ★★★❀ .... 2008대비(나) 6월 모평 16(고3)

다음은 19세기 초 조선의 유학자 홍길주가 소개한
제곱근을 구하는 계산법의 일부를 재구성한 것이다.

> 1보다 큰 자연수 p에서 1을 뺀 수를 p_1이라 한다.
> p_1이 2보다 크면 p_1에서 2를 뺀 수를 p_2라 한다.
> p_2가 3보다 크면 p_2에서 3을 뺀 수를 p_3이라 한다.
> $\vdots$
> p_{k-1}이 k보다 크면 p_{k-1}에서 k를 뺀 수를 p_k라 한다.
> 이와 같은 과정을 계속하여 n번째 얻은 수 p_n이 $(n+1)$
> 보다 작으면 이 과정을 멈춘다.
> 이때, $2p_n$이 $(n+1)$과 같으면 p는 [(가)]이다.

(가)에 들어갈 식으로 알맞은 것은? (4점)

① $n+1$
② $\dfrac{(n+1)^2}{2}$
③ $\left\{\dfrac{(n+1)}{2}\right\}^2$
④ 2^{n+1}
⑤ $(n+1)!$

---

❸ 수학적 귀납법

유형 07 **수학적 귀납법 – 등식의 증명**

명제 $P(n)$에 대하여
(i) $n=1$일 때, 명제 $P(n)$이 성립한다.
(ii) $n=k$일 때, 명제 $P(k)$가 성립한다고 가정하면,
$\quad n=k+1$일 때 명제 $P(k+1)$도 성립한다.
위의 (i), (ii)가 성립함을 보이면 모든 자연수 n에 대하여
명제 $P(n)$이 성립한다.

⬤ tip

모든 자연수 n에 대하여 등식이 성립함을 증명할 때,
(i) $n=1$일 때, 등식이 성립함을 확인한다.
(ii) $n=k$일 때, 등식이 성립한다고 가정하고,
$\quad n=k+1$일 때 등식이 성립함을 확인한다.

I58 대표 .... 2018실시(가) 3월 학평 17(고2)

다음은 모든 자연수 n에 대하여
$$\sum_{k=1}^{n} k\{k+(k+1)+(k+2)+\cdots+n\}$$
$$= \frac{n(n+1)(n+2)(3n+1)}{24} \cdots (*)$$

이 성립함을 수학적 귀납법으로 증명하는 과정이다.

> ─── [증명] ───
> (i) $n=1$일 때,
> (좌변)=(우변)=[(가)]이므로 $(*)$이 성립한다.
> (ii) $n=m$일 때, $(*)$이 성립한다고 가정하면
> $$\sum_{k=1}^{m} k\{k+(k+1)+(k+2)+\cdots+m\}$$
> $$= \frac{m(m+1)(m+2)(3m+1)}{24}$$
> 이다. $n=m+1$일 때, $(*)$이 성립함을 보이자.
> $$\sum_{k=1}^{m+1} k\{k+(k+1)+(k+2)+\cdots+(m+1)\}$$
> $$= \sum_{k=1}^{m} k\{k+(k+1)+(k+2)+\cdots+(m+1)\} + [(나)]$$
> $$= [(다)] + \frac{m(m+1)^2}{2} + [(나)]$$
> $$= \frac{(m+1)(m+2)(m+3)(3m+4)}{24}$$
> 따라서 $n=m+1$일 때도 성립한다.
> (i), (ii)에 의하여 모든 자연수 n에 대하여 $(*)$이 성립한다.

위의 (가)에 알맞은 수를 a, (나), (다)에 알맞은 식을 각각
$f(m)$, $g(m)$이라 할 때, $a+f(2)+g(3)$의 값은? (4점)

① 35
② 36
③ 37
④ 38
⑤ 39

다음은 모든 자연수 n에 대하여

$$\frac{4}{3}+\frac{8}{3^2}+\frac{12}{3^3}+\cdots+\frac{4n}{3^n}=3-\frac{2n+3}{3^n} \cdots (*)$$

이 성립함을 수학적 귀납법으로 증명한 것이다.

[증명]

(1) $n=1$일 때, (좌변)$=\dfrac{4}{3}$,

(우변)$=3-\dfrac{5}{3}=\dfrac{4}{3}$이므로 $(*)$이 성립한다.

(2) $n=k$일 때, $(*)$이 성립한다고 가정하면

$$\frac{4}{3}+\frac{8}{3^2}+\frac{12}{3^3}+\cdots+\frac{4k}{3^k}=3-\frac{2k+3}{3^k}$$

이다.

위 등식의 양변에 $\dfrac{4(k+1)}{3^{k+1}}$을 더하여 정리하면

$$\frac{4}{3}+\frac{8}{3^2}+\frac{12}{3^3}+\cdots+\frac{4k}{3^k}+\frac{4(k+1)}{3^{k+1}}$$

$$=3-\frac{1}{3^k}\left\{(2k+3)-\left(\boxed{\text{(가)}}\right)\right\}$$

$$=3-\frac{\boxed{\text{(나)}}}{3^{k+1}}$$

따라서 $n=k+1$일 때도 $(*)$이 성립한다.

(1), (2)에 의하여 모든 자연수 n에 대하여 $(*)$이 성립한다.

위의 (가), (나)에 알맞은 식을 각각 $f(k)$, $g(k)$라 할 때, $f(3)\times g(2)$의 값은? (4점)

① 36   ② 39   ③ 42

④ 45   ⑤ 48

다음은 모든 자연수 n에 대하여

$$\sum_{k=1}^{n}(-1)^{k+1}k^2=(-1)^{n+1}\times\frac{n(n+1)}{2} \cdots (*)$$

이 성립함을 수학적 귀납법으로 증명한 것이다.

[증명]

(i) $n=1$일 때,

(좌변)$=(-1)^2\times 1^2=1$

(우변)$=(-1)^2\times\dfrac{1\times 2}{2}=1$

따라서 $(*)$이 성립한다.

(ii) $n=m$일 때, $(*)$이 성립한다고 가정하면

$$\sum_{k=1}^{m+1}(-1)^{k+1}k^2=\sum_{k=1}^{m}(-1)^{k+1}k^2+\boxed{\text{(가)}}$$

$$=\boxed{\text{(나)}}+\boxed{\text{(가)}}$$

$$=(-1)^{m+2}\times\frac{(m+1)(m+2)}{2}$$

이다.

따라서 $n=m+1$일 때도 $(*)$이 성립한다.

(i), (ii)에 의하여 모든 자연수 n에 대하여 $(*)$이 성립한다.

위의 (가), (나)에 알맞은 식을 각각 $f(m)$, $g(m)$이라 할 때,

$\dfrac{f(5)}{g(2)}$의 값은? (4점)

① 8   ② 10   ③ 12

④ 14   ⑤ 16

161 ★★★❀ 2020실시 9월 학평 20(고2)

다음은 모든 자연수 n에 대하여

$$\sum_{k=1}^{2n}(-1)^{k-1}\frac{1}{k}=\sum_{k=1}^{n}\frac{1}{n+k}\cdots(\bigstar)$$

이 성립함을 수학적 귀납법으로 증명한 것이다.

[증명]

($\bigstar$)에서

$S_n=\sum_{k=1}^{2n}(-1)^{k-1}\dfrac{1}{k}$, $T_n=\sum_{k=1}^{n}\dfrac{1}{n+k}$이라 하자.

(i) $n=1$일 때,

    $S_1=\boxed{\text{(가)}}=T_1$이므로 ($\bigstar$)이 성립한다.

(ii) $n=m$일 때,

    ($\bigstar$)이 성립한다고 가정하면 $S_m=T_m$이다.

    $n=m+1$일 때, ($\bigstar$)이 성립함을 보이자.

    $S_{m+1}=S_m+\dfrac{1}{2m+1}+\boxed{\text{(나)}}$,

    $T_{m+1}=T_m+\boxed{\text{(다)}}+\dfrac{1}{2m+1}+\dfrac{1}{2m+2}$이다.

    $S_{m+1}-T_{m+1}=S_m-T_m$이고,

    $S_m=T_m$이므로 $S_{m+1}=T_{m+1}$이다.

    따라서 $n=m+1$일 때도 ($\bigstar$)이 성립한다.

(i), (ii)에 의하여 모든 자연수 n에 대하여 ($\bigstar$)이 성립한다.

위의 (가)에 알맞은 수를 a라 하고, (나), (다)에 알맞은 식을 각각 $f(m)$, $g(m)$이라 할 때, $a+\dfrac{g(5)}{f(14)}$의 값은? (4점)

① $\dfrac{7}{2}$ ② $\dfrac{9}{2}$ ③ $\dfrac{11}{2}$

④ $\dfrac{13}{2}$ ⑤ $\dfrac{15}{2}$

162 ★★★❀ 2017실시(가) 3월 학평 16(고2)

자연수 N을 음이 아닌 정수 m과 홀수 p에 대하여

$$N=2^m\times p$$

로 나타낼 때, $f(N)=m$이라 하자.

예를 들어, $40=2^3\times5$이므로 $f(40)=3$이다.

다음은 모든 자연수 n에 대하여

$$f(3^{2n-1}+1)=2\cdots(*)$$

임을 수학적 귀납법을 이용하여 증명한 것이다.

[증명]

(i) $n=1$일 때,

    $3^1+1=2^2\times1$이므로 $f(3^1+1)=2$이다.

    따라서 $n=1$일 때 ($*$)이 성립한다.

(ii) $n=k$일 때 ($*$)이 성립한다고 가정하면

$$f(3^{2k-1}+1)=2$$

    음이 아닌 정수 m과 홀수 p에 대하여

$$3^{2k-1}+1=2^m\times p$$

    로 나타낼 수 있으므로

$$3^{2k-1}+1=\boxed{\text{(가)}}\times p$$

    이다.

$$3^{2(k+1)-1}+1=9\times3^{2k-1}+1=2^2(\boxed{\text{(나)}})$$

    이고, p는 홀수이므로 $\boxed{\text{(나)}}$도 홀수이다.

    따라서 $f(3^{2(k+1)-1}+1)=2$이다.

    그러므로 $n=k+1$일 때도 ($*$)이 성립한다.

(i), (ii)에 의하여 모든 자연수 n에 대하여

$$f(3^{2n-1}+1)=2$$이다.

위의 (가)에 알맞은 수를 a, (나)에 알맞은 식을 $g(p)$라 할 때, $a+g(7)$의 값은? (4점)

① 65   ② 67   ③ 69

④ 71   ⑤ 73

다음은 모든 자연수 n에 대하여

$$\sum_{k=1}^{n}(2k-1)(2n+1-2k)^2=\frac{n^2(2n^2+1)}{3}$$

이 성립함을 수학적 귀납법으로 증명한 것이다.

[증명]

(i) $n=1$일 때, (좌변)$=1$, (우변)$=1$
이므로 주어진 등식은 성립한다.

(ii) $n=m$일 때, 등식

$$\sum_{k=1}^{m}(2k-1)(2m+1-2k)^2=\frac{m^2(2m^2+1)}{3}$$

이 성립한다고 가정하자. $n=m+1$일 때,

$$\sum_{k=1}^{m+1}(2k-1)(2m+3-2k)^2$$

$$=\sum_{k=1}^{m}(2k-1)(2m+3-2k)^2+\boxed{(가)}$$

$$=\sum_{k=1}^{m}(2k-1)(2m+1-2k)^2$$

$$+\boxed{(나)}\times\sum_{k=1}^{m}(2k-1)(m+1-k)+\boxed{(가)}$$

$$=\frac{(m+1)^2\{2(m+1)^2+1\}}{3}$$

이다. 따라서 $n=m+1$일 때도 주어진 등식이 성립한다.

(i), (ii)에 의하여 모든 자연수 n에 대하여 주어진 등식이
성립한다.

위의 (가)에 알맞은 식을 $f(m)$, (나)에 알맞은 수를 p라 할 때,
$f(3)+p$의 값은? (4점)

① 11　　　　　② 13　　　　　③ 15

④ 17　　　　　⑤ 19

수열 $\{a_n\}$은 $a_1=3$이고

$$na_{n+1}-2na_n+\frac{n+2}{n+1}=0\,(n\geq1)$$

을 만족시킨다. 다음은 일반항 a_n이 $a_n=2^n+\dfrac{1}{n}\cdots(*)$임을
수학적 귀납법을 이용하여 증명한 것이다.

[증명]

(i) $n=1$일 때, (좌변)$=a_1=3$, (우변)$=2^1+\dfrac{1}{1}=3$이므로
$(*)$이 성립한다.

(ii) $n=k$일 때, $(*)$이 성립한다고 가정하면

$$a_k=2^k+\frac{1}{k}$$이므로

$$ka_{k+1}=2ka_k-\frac{k+2}{k+1}$$

$$=\boxed{(가)}-\frac{k+2}{k+1}=k2^{k+1}+\boxed{(나)}$$

이다. 따라서 $a_{k+1}=2^{k+1}+\dfrac{1}{k+1}$이므로
$n=k+1$일 때도 $(*)$이 성립한다.

(i), (ii)에 의하여 모든 자연수 n에 대하여 $a_n=2^n+\dfrac{1}{n}$이다.

위의 (가), (나)에 알맞은 식을 각각 $f(k)$, $g(k)$라 할 때,
$f(3)\times g(4)$의 값은? (3점)

① 32　　　　　② 34　　　　　③ 36

④ 38　　　　　⑤ 40

다음 모든 자연수 n에 대하여 등식

$$\sum_{k=1}^{n}(-1)^{k-1}(n+1-k)^2=\sum_{k=1}^{n}k \cdots \text{㉠}$$

가 성립함을 수학적 귀납법으로 증명한 것이다.

— [증명] —

(1) $n=1$일 때, (좌변)$=1$, (우변)$=1$이므로 ㉠이 성립한다.

(2) $n=m$일 때, ㉠이 성립한다고 가정하면

$$\sum_{k=1}^{m}(-1)^{k-1}(m+1-k)^2=\sum_{k=1}^{m}k$$

이다. $n=m+1$일 때 ㉠이 성립함을 보이자.

$$\sum_{k=1}^{m+1}(-1)^{k-1}(m+2-k)^2$$
$$=(-1)^0(m+1)^2+(-1)^1m^2+\cdots+(-1)^m\cdot 1^2$$
$$=(m+1)^2+\boxed{\text{(가)}}\cdot\sum_{k=1}^{m}(-1)^{k-1}(m+1-k)^2$$
$$=(m+1)^2+\boxed{\text{(나)}}=\sum_{k=1}^{m+1}k$$

그러므로 $n=m+1$일 때도 ㉠이 성립한다.

따라서 (1), (2)에 의하여 모든 자연수 n에 대하여 ㉠이 성립한다.

위의 증명에서 (가)에 알맞은 수를 a라 하고, (나)에 알맞은 식을 $f(m)$이라 할 때, $a+f(9)$의 값은? (4점)

① -46 ② -44 ③ -42

④ -40 ⑤ -38

수열 $\{a_n\}$이

$$T_n=2a_1+3a_2+\cdots+(n+1)a_n=\frac{n}{2n+4}(\text{단, } n=1, 2, 3, \cdots)$$

을 만족할 때, 다음은 모든 자연수 n에 대하여

$$\sum_{k=1}^{n}a_k=\sum_{k=1}^{n}\frac{1}{(k+1)^2}-T_n \cdots (*)$$

이 성립함을 수학적 귀납법으로 증명한 것이다.

— [증명] —

(i) $n=1$일 때,

(좌변)$=a_1=\boxed{\text{(가)}}$

(우변)$=\dfrac{1}{(1+1)^2}-T_1=\boxed{\text{(가)}}$

이므로 $(*)$이 성립한다.

(ii) $n=m$일 때, $(*)$이 성립한다고 가정하면

$$\sum_{k=1}^{m}a_k=\sum_{k=1}^{m}\frac{1}{(k+1)^2}-T_m$$

이다. $n=m+1$일 때, $(*)$이 성립함을 보이자.

$$\sum_{k=1}^{m+1}a_k=\sum_{k=1}^{m}\frac{1}{(k+1)^2}-T_m+a_{m+1}$$
$$=\sum_{k=1}^{m}\frac{1}{(k+1)^2}-T_m+\boxed{\text{(나)}}(T_{m+1}-T_m)$$
$$=\sum_{k=1}^{m}\frac{1}{(k+1)^2}-T_{m+1}+\frac{m+3}{m+2}(T_{m+1}-T_m)$$
$$=\sum_{k=1}^{m}\frac{1}{(k+1)^2}-T_{m+1}+\frac{1}{(m+2)^2}$$
$$=\sum_{k=1}^{m+1}\frac{1}{(k+1)^2}-T_{m+1}$$

그러므로 $n=m+1$일 때도 $(*)$이 성립한다.

따라서 모든 자연수 n에 대하여 $(*)$이 성립한다.

위의 (가)에 알맞은 수를 α, (나)에 알맞은 식을 $f(m)$이라 할 때, $\dfrac{\alpha}{f(2)}$의 값은? (3점)

① $\dfrac{1}{12}$ ② $\dfrac{1}{6}$ ③ $\dfrac{1}{4}$

④ $\dfrac{1}{3}$ ⑤ $\dfrac{1}{2}$

수열 $\{a_n\}$을 $a_n = \sum\limits_{k=1}^{n} \dfrac{1}{k}$ 이라 할 때,

다음은 모든 자연수 n에 대하여 등식

$$a_1 + 2a_2 + 3a_3 + \cdots + na_n = \frac{n(n+1)}{4}(2a_{n+1}-1) \cdots (\bigstar)$$

이 성립함을 수학적 귀납법으로 증명한 것이다.

(i) $n=1$일 때,

(좌변)$=a_1$, (우변)$=a_2 - \boxed{(가)} = 1 = a_1$

이므로 $(\bigstar)$이 성립한다.

(ii) $n=m$일 때, $(\bigstar)$이 성립한다고 가정하면

$$a_1 + 2a_2 + 3a_3 + \cdots + ma_m = \frac{m(m+1)}{4}(2a_{m+1}-1)$$

이다.

$n=m+1$일 때, $(\bigstar)$이 성립함을 보이자.

$a_1 + 2a_2 + 3a_3 + \cdots + ma_m + (m+1)a_{m+1}$

$= \dfrac{m(m+1)}{4}(2a_{m+1}-1) + (m+1)a_{m+1}$

$= (m+1)a_{m+1}\left(\boxed{(나)}+1\right) - \dfrac{m(m+1)}{4}$

$= \dfrac{(m+1)(m+2)}{2}\left(a_{m+2}-\boxed{(다)}\right) - \dfrac{m(m+1)}{4}$

$= \dfrac{(m+1)(m+2)}{4}(2a_{m+2}-1)$

따라서 $n=m+1$일 때도 $(\bigstar)$이 성립한다.

(i), (ii)에 의하여 모든 자연수 n에 대하여

$$a_1 + 2a_2 + 3a_3 + \cdots + na_n = \frac{n(n+1)}{4}(2a_{n+1}-1)$$

이 성립한다.

위의 (가)에 알맞은 수를 p, (나), (다)에 알맞은 식을 각각 $f(m)$, $g(m)$이라 할 때, $p + \dfrac{f(5)}{g(3)}$ 의 값은? (4점)

① 9   ② 10   ③ 11
④ 12   ⑤ 13

첫째항이 1인 수열 $\{a_n\}$의 첫째항부터 제 n 항까지의 합을 S_n이라 하자. 다음은 모든 자연수 n에 대하여

$$(n+1)S_{n+1} = \log_2 (n+2) + \sum_{k=1}^{n} S_k \cdots (*)$$

가 성립할 때, $\sum\limits_{k=1}^{n} ka_k$를 구하는 과정이다.

주어진 식 $(*)$에 의하여

$$nS_n = \log_2 (n+1) + \sum_{k=1}^{n-1} S_k \ (n \geq 2) \cdots \text{㉠}$$

이다. $(*)$에서 ㉠을 빼서 정리하면

$(n+1)S_{n+1} - nS_n$

$= \log_2 (n+2) - \log_2 (n+1) + \sum\limits_{k=1}^{n} S_k - \sum\limits_{k=1}^{n-1} S_k \ (n \geq 2)$

이므로 $\left(\boxed{(가)}\right) \times a_{n+1} = \log_2 \dfrac{n+2}{n+1} \ (n \geq 2)$ 이다.

$a_1 = 1 = \log_2 2$ 이고,

$2S_2 = \log_2 3 + S_1 = \log_2 3 + a_1$ 이므로

모든 자연수 n에 대하여 $na_n = \boxed{(나)}$ 이다.

따라서 $\sum\limits_{k=1}^{n} ka_k = \boxed{(다)}$ 이다.

위의 (가), (나), (다)에 알맞은 식을 각각 $f(n)$, $g(n)$, $h(n)$이라 할 때, $f(8)-g(8)+h(8)$의 값은? (4점)

① 12   ② 13   ③ 14
④ 15   ⑤ 16

유형 08 수학적 귀납법 – 부등식의 증명

모든 자연수 n에 대하여 부등식이 성립함을 증명할 때,

(ⅰ) $n=1$일 때, 부등식이 성립함을 확인한다.

(ⅱ) $n=k$일 때, 부등식이 성립한다고 가정한다.

(ⅲ) $n=k+1$일 때, 부등식이 성립함을 확인한다.

tip

$n \geq m$ (m은 2 이상의 자연수)인 모든 자연수 n에 대하여 부등식이 성립함을 보이려면

(ⅰ) $n=m$일 때, 부등식이 성립함을 확인한다.

(ⅱ) $n=k$ ($k \geq m$)일 때 부등식이 성립한다고 가정하고, $n=k+1$일 때 부등식이 성립함을 보인다.

I69 대표 .... 2017실시(나) 6월 학평 17(고2)

다음은 $n \geq 2$인 모든 자연수 n에 대하여 부등식

$$\left(1+\frac{1}{2}+\frac{1}{3}+\cdots+\frac{1}{n}\right)(1+2+3+\cdots+n) > n^2 \cdots (*)$$

이 성립함을 수학적 귀납법을 이용하여 증명하는 과정이다.

[증명]

주어진 식 $(*)$의 양변을 $\dfrac{n(n+1)}{2}$로 나누면

$$1+\frac{1}{2}+\frac{1}{3}+\cdots+\frac{1}{n} > \frac{2n}{n+1} \cdots ㉠$$

이다. $n \geq 2$인 자연수 n에 대하여

(ⅰ) $n=2$일 때,

(좌변)$=$ (가) , (우변)$=\dfrac{4}{3}$이므로 ㉠이 성립한다.

(ⅱ) $n=k$ ($k \geq 2$)일 때, ㉠이 성립한다고 가정하면

$$1+\frac{1}{2}+\frac{1}{3}+\cdots+\frac{1}{k} > \frac{2k}{k+1} \cdots ㉡$$

이다. ㉡의 양변에 $\dfrac{1}{k+1}$을 더하면

$$1+\frac{1}{2}+\frac{1}{3}+\cdots+\frac{1}{k}+\frac{1}{k+1} > \frac{2k+1}{k+1}$$

이 성립한다. 한편,

$$\frac{2k+1}{k+1} - \boxed{(나)} = \frac{k}{(k+1)(k+2)} > 0$$

이므로

$$1+\frac{1}{2}+\frac{1}{3}+\cdots+\frac{1}{k}+\frac{1}{k+1} > \boxed{(나)}$$

이다. 따라서 $n=k+1$일 때도 ㉠이 성립한다.

(ⅰ), (ⅱ)에 의하여 $n \geq 2$인 모든 자연수 n에 대하여 ㉠이 성립하므로 $(*)$도 성립한다.

위의 (가)에 알맞은 수를 p, (나)에 알맞은 식을 $f(k)$라 할 때, $8p \times f(10)$의 값은? (4점)

① 14   ② 16   ③ 18

④ 20   ⑤ 22

I70 ✽❀❀ .... 2008(나)실시 6월 학평 14(고3)

다음은 모든 자연수 n에 대하여 부등식

$$\frac{1!+2!+3!+\cdots+n!}{(n+1)!} < \frac{2}{n+1}$$

가 성립함을 수학적 귀납법으로 증명한 것이다.

[증명]

자연수 n에 대하여

$$a_n = \frac{1!+2!+3!+\cdots+n!}{(n+1)!}$$

이라 할 때, $a_n < \dfrac{2}{n+1}$임을 보이면 된다.

(1) $n=1$일 때, $a_1 = \dfrac{1!}{2!} = \dfrac{1}{2} < 1$이므로 주어진 부등식은 성립한다.

(2) $n=k$일 때, $a_k < \dfrac{2}{k+1}$라고 가정하면

$n=k+1$일 때,

$$a_{k+1} = \frac{1!+2!+3!+\cdots+(k+1)!}{(k+2)!}$$

$$= \boxed{(가)}(1+a_k)$$

$$< \boxed{(가)}\left(1+\frac{2}{k+1}\right)$$

$$= \frac{1}{k+2} + \boxed{(나)}$$

이다.

자연수 k에 대하여 $\dfrac{2}{k+1} \leq 1$이므로 $\boxed{(나)} \leq \dfrac{1}{k+2}$

이고 $a_{k+1} < \dfrac{2}{k+2}$이다.

따라서 $n=k+1$일 때도 주어진 부등식은 성립한다.

그러므로 모든 자연수 n에 대하여 주어진 부등식은 성립한다.

위 증명에서 (가), (나)에 들어갈 식으로 알맞은 것은? (3점)

	(가)	(나)
①	$\dfrac{1}{k+2}$	$\dfrac{1}{(k+1)(k+2)}$
②	$\dfrac{1}{k+2}$	$\dfrac{2}{(k+1)(k+2)}$
③	$\dfrac{1}{k+1}$	$\dfrac{1}{(k+1)(k+2)}$
④	$\dfrac{1}{k+1}$	$\dfrac{2}{(k+1)(k+2)}$
⑤	$\dfrac{1}{k+1}$	$\dfrac{2}{(k+1)^2}$

다음은 모든 자연수 n에 대하여

$$\frac{1}{2} \times \frac{3}{4} \times \frac{5}{6} \times \cdots \times \frac{2n-1}{2n} \leq \frac{1}{\sqrt{3n+1}} \cdots (*)$$

이 성립함을 증명하는 과정이다.

──────── [증명] ────────

(i) $n=1$일 때,

$\dfrac{1}{2} \leq \dfrac{1}{\sqrt{4}}$이므로 $(*)$이 성립한다.

(ii) $n=k$일 때, $(*)$이 성립한다고 가정하면

$$\frac{1}{2} \times \frac{3}{4} \times \frac{5}{6} \times \cdots \times \frac{2k-1}{2k} \times \frac{2k+1}{2k+2}$$

$$\leq \frac{1}{\sqrt{3k+1}} \times \frac{2k+1}{2k+2} = \frac{1}{\sqrt{3k+1}} \times \frac{1}{1+\boxed{(가)}}$$

$$= \frac{1}{\sqrt{3k+1}} \times \frac{1}{\sqrt{(1+\boxed{(가)})^2}}$$

$$= \frac{1}{\sqrt{3k+1+2(3k+1)\times(\boxed{(가)})+(3k+1)\times(\boxed{(가)})^2}}$$

$$< \frac{1}{\sqrt{3k+1+2(3k+1)\times(\boxed{(가)})+(\boxed{(나)})\times(\boxed{(가)})^2}}$$

$$= \frac{1}{\sqrt{3(k+1)+1}}$$

따라서 $n=k+1$일 때도 $(*)$이 성립한다.

그러므로 (i), (ii)에 의하여 모든 자연수 n에 대하여 $(*)$이 성립한다.

위의 증명에서 (가), (나)에 알맞은 식을 각각 $f(k)$, $g(k)$라 할 때, $f(4) \times g(13)$의 값은? (4점)

① 1   ② 2   ③ 3

④ 4   ⑤ 5

다음은 모든 자연수 n에 대하여 부등식

$$\sum_{i=1}^{2n+1} \frac{1}{n+i} = \frac{1}{n+1} + \frac{1}{n+2} + \cdots + \frac{1}{3n+1} > 1$$

이 성립함을 수학적 귀납법으로 증명한 것이다.

──────── [증명] ────────

자연수 n에 대하여

$a_n = \dfrac{1}{n+1} + \dfrac{1}{n+2} + \cdots + \dfrac{1}{3n+1}$이라 할 때,

$a_n > 1$임을 보이면 된다.

(1) $n=1$일 때, $a_1 = \dfrac{1}{2} + \dfrac{1}{3} + \dfrac{1}{4} > 1$이다.

(2) $n=k$일 때, $a_k > 1$이라고 가정하면

$n=k+1$일 때,

$$a_{k+1} = \frac{1}{k+2} + \frac{1}{k+3} + \cdots + \frac{1}{3k+4}$$

$$= a_k + \left(\frac{1}{3k+2} + \frac{1}{3k+3} + \frac{1}{3k+4} \right) - \boxed{(가)}$$

한편, $(3k+2)(3k+4)\boxed{(나)}(3k+3)^2$이므로

$$\frac{1}{3k+2} + \frac{1}{3k+4} > \boxed{(다)}$$

그런데 $a_k > 1$이므로

$$a_{k+1} > a_k + \left(\frac{1}{3k+3} + \boxed{(다)} \right) - \boxed{(가)} > 1$$

그러므로 (1), (2)에 의해서 모든 자연수 n에 대하여 $a_n > 1$이다.

위의 증명에서 (가), (나), (다)에 알맞은 것은? (3점)

	(가)	(나)	(다)
①	$\dfrac{1}{k+1}$	$>$	$\dfrac{2}{3k+3}$
②	$\dfrac{1}{k+1}$	$<$	$\dfrac{2}{3k+3}$
③	$\dfrac{1}{k+1}$	$<$	$\dfrac{4}{3k+3}$
④	$\dfrac{2}{k+1}$	$>$	$\dfrac{4}{3k+3}$
⑤	$\dfrac{2}{k+1}$	$<$	$\dfrac{1}{k+1}$

I 73 ✻❀❀ ────────── 유형 07

모든 자연수 n에 대하여 4^n-1이 3의 배수임을 수학적 귀납법으로 증명하는 과정을 서술하시오. (10점)

1st $n=1$일 때 식의 값이 3의 배수인지 확인한다.

2nd $n=k$일 때 4^k-1이 3의 배수라 가정하고 $n=k+1$일 때 3의 배수가 되는지 증명해 본다.

I 74 ✻❀❀ ────────── 유형 07

모든 자연수 n에 대하여
$$1^3+2^3+3^3+\cdots+n^3=\left\{\dfrac{n(n+1)}{2}\right\}^2$$
이 성립함을 수학적 귀납법으로 증명하는 과정을 서술하시오. (10점)

1st $n=1$일 때 등식이 성립하는지 확인한다.

2nd $n=k$일 때 등식이 성립한다 가정하고 $n=k+1$일 때 등식이 성립하는지 증명해 본다.

I 75 ✻❀❀ ────────── 유형 08

$n\geq5$인 모든 자연수 n에 대하여 부등식 $2^n>n^2$이 성립함을 수학적 귀납법으로 증명하는 과정을 서술하시오. (10점)

1st $n=5$일 때 부등식이 성립하는지 확인한다.

2nd $n=k$일 때 부등식 $2^k>k^2$이 성립한다 가정하고 $n=k+1$일 때 부등식이 성립하는지 증명해 본다.

I 76 ✻✻❀ ────────── 유형 09

모든 자연수 n에 대하여 $2\leq a_n<3$인 수열 $\{a_n\}$이 $a_1=2$, $a_{n+1}=4-\dfrac{3}{a_n}$ $(n=1,\ 2,\ 3,\ \cdots)$으로 정의될 때,

$3-a_n\leq\dfrac{1}{2^{n-1}}$이 성립함을 수학적 귀납법으로 증명하는 과정을 서술하시오. (10점)

1st 모든 자연수 n에 대하여 $a_{n+1}\geq a_n$이 성립함을 확인한다.

2nd $n=1$일 때 부등식이 성립하는지 확인한다.

3rd $n=k$일 때 부등식이 성립한다 가정하고, $n=k+1$일 때 부등식이 성립하는지 증명해 본다.

177 ✾✾✾ 유형 08

$n \geq 2$인 모든 자연수 n에 대하여 부등식

$$1 + \frac{1}{2} + \frac{1}{3} + \cdots + \frac{1}{n} > \frac{2n}{n+1}$$

이 성립함을 수학적 귀납법으로 증명하는 과정을 서술하시오.

(10점)

178 ✾✾✾ 유형 07

모든 자연수 n에 대하여 $3^n + 2n + 3$이 4의 배수임을 수학적 귀납법으로 증명하는 과정을 서술하시오. (10점)

179 ✾✾✾ 유형 08

$n \geq 2$인 모든 자연수 n에 대하여 부등식

$$(a+b)^n > a^n + b^n$$

이 성립함을 수학적 귀납법으로 증명하는 과정을 서술하시오.

(단, $a > 0$, $b > 0$) (10점)

180 ✾✾✾ 유형 07

모든 자연수 n에 대하여

$$1^2 + 2^2 + 3^2 + \cdots + n^2 = \frac{n(n+1)(2n+1)}{6}$$

이 성립함을 수학적 귀납법으로 증명하는 과정을 서술하시오.

(10점)

181 ✾✾✾ 유형 08

$n \geq 2$인 모든 자연수 n에 대하여 부등식

$$1 + \frac{1}{2^3} + \frac{1}{3^3} + \cdots + \frac{1}{n^3} < \frac{1}{2}\left(3 - \frac{1}{n^2}\right)$$

이 성립함을 수학적 귀납법으로 증명하는 과정을 서술하시오.

(10점)

182 ✾✾✾ 유형 07

모든 자연수 n에 대하여

$$\sum_{k=1}^{n}\left(\frac{1}{2k-1} - \frac{1}{2k}\right) = \frac{1}{n+1} + \frac{1}{n+2} + \frac{1}{n+3} + \cdots + \frac{1}{2n}$$

이 성립함을 수학적 귀납법으로 증명하는 과정을 서술하시오.

(10점)

1등급 마스터 문제

[4점 + 2등급 대비 + 1등급 대비]

I83 ★★★ ········· 2021실시 4월 학평 21(고3)

첫째항이 자연수인 수열 $\{a_n\}$이 모든 자연수 n에 대하여

$$a_{n+1}=\begin{cases} a_n-2 & (a_n \geq 0) \\ a_n+5 & (a_n < 0) \end{cases}$$

을 만족시킨다. $a_{15}<0$이 되도록 하는 a_1의 최솟값을 구하시오. (4점)

I84 ★★★ ········· 2017실시(나) 10월 학평 29(고3)

자연수 n에 대하여 좌표평면 위의 점 P_n의 좌표를 $(n, an-a)$라 하자. 두 점 Q_n, Q_{n+1}에 대하여 점 P_n이 삼각형 $Q_nQ_{n+1}Q_{n+2}$의 무게중심이 되도록 점 Q_{n+2}를 정한다. 두 점 Q_1, Q_2의 좌표가 각각 $(0, 0)$, $(1, -1)$이고 점 Q_{10}의 좌표가 $(9, 90)$이다. 점 Q_{13}의 좌표를 (p, q)라 할 때, $p+q$의 값을 구하시오. (단, $a>1$) (4점)

I85 ★★★ ········· 2018대비(나) 6월 모평 29(고3)

공차가 0이 아닌 등차수열 $\{a_n\}$이 있다. 수열 $\{b_n\}$은

$$b_1=a_1$$

이고, 2 이상의 자연수 n에 대하여

$$b_n=\begin{cases} b_{n-1}+a_n & (n\text{이 3의 배수가 아닌 경우}) \\ b_{n-1}-a_n & (n\text{이 3의 배수인 경우}) \end{cases}$$

이다. $b_{10}=a_{10}$일 때, $\dfrac{b_8}{b_{10}}=\dfrac{q}{p}$이다. $p+q$의 값을 구하시오.

(단, p와 q는 서로소인 자연수이다.) (4점)

I86 ★★★ ········· 2016실시(나) 4월 학평 29(고3)

그림과 같이 자연수 n에 대하여 기울기가 1이고 y절편이 양수인 직선이 원 $x^2+y^2=\dfrac{n^2}{2}$에 접할 때, 이 직선이 x축, y축과 만나는 점을 각각 A_n, B_n이라 하자. 점 A_n을 지나고 기울기가 -2인 직선이 y축과 만나는 점을 C_n이라 할 때, 삼각형 $A_nC_nB_n$과 그 내부의 점들 중 x좌표와 y좌표가 모두 정수인 점의 개수를 a_n이라 하자. $\displaystyle\sum_{n=1}^{10} a_n$의 값을 구하시오. (4점)

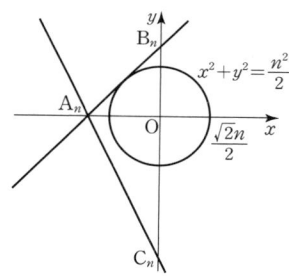

I87 ★★★ .... 2011실시(나) 3월 학평 20(고3)

어느 공원에는 아래 그림과 같이 A 지점에서 출발하여 A 지점으로 돌아오는 제1산책로, A 지점에서 출발하여 B 지점으로 이어지는 제2산책로, B 지점에서 출발하여 A 지점으로 이어지는 제3산책로가 있고, 각 산책로의 거리는 1 km이다.

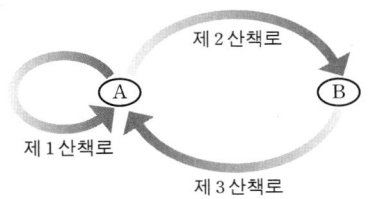

이 산책로들을 따라 다음과 같은 규칙으로 산책한 거리가 n km일 때, A 지점에서 출발하여 A 지점에 도착하는 방법의 수를 a_n, A 지점에서 출발하여 B 지점에 도착하는 방법의 수를 b_n이라 하자.

(가) 각 산책로에서는 화살표 방향으로만 진행해야 한다.
(나) 같은 산책로를 반복할 수 있다.
(다) 지나지 않는 산책로가 있을 수 있다.

$a_7 + b_7$의 값은? (단, n은 자연수이다.) (4점)

① 21   ② 29   ③ 34
④ 42   ⑤ 55

[1등급 대비+2등급 대비]

I88 ✿ 1등급 대비 .... 2024실시 9월 학평 30(고2)

첫째항이 정수인 수열 $\{a_n\}$이 두 정수 d, r에 대하여 다음 조건을 만족시킨다.

(가) 모든 자연수 n에 대하여
$$a_{n+1} = \begin{cases} a_n + d & (a_n \geq 0) \\ ra_n & (a_n < 0) \end{cases}$$
이다.
(나) $a_k = a_{k+12} = 0$인 자연수 k가 존재한다.

$a_2 + a_3 = 0$, $a_5 = 16$이 되도록 하는 모든 a_1의 값의 합을 구하시오. (4점)

I89 ✿ 1등급 대비 .... 2022대비 5월 예시 15(고2)

다음 조건을 만족시키는 모든 수열 $\{a_n\}$에 대하여 $\sum_{k=1}^{100} a_k$의 최댓값과 최솟값을 각각 M, m이라 할 때, $M - m$의 값은? (4점)

(가) $a_5 = 5$
(나) 모든 자연수 n에 대하여
$$a_{n+1} = \begin{cases} a_n - 6 & (a_n \geq 0) \\ -2a_n + 3 & (a_n < 0) \end{cases}$$
이다.

① 64   ② 68   ③ 72
④ 76   ⑤ 80

Caffe人(카페인)

서울대학교 커피 동아리

잠 쫓기 위해 마시던 커피, 이제 맛과 향을 즐겨 보아요!

2007년 3월, 국내 최초의 커피 동아리로 태어났습니다.

카페인(Caffe人)에는 커피와 디저트의 강렬한 유혹을 뿌리치지 않은 사람들이 모여 있습니다.

때문에 커피를 사랑하고 아침에 만든 갓 볶은 커피의 향기를 알고 있다면 누구나 카페인에 들어올 수 있습니다.

모든 단과대에 걸쳐 많은 학생들이 모여 있고, 대학원생도 가입 가능합니다.

동아리의 주된 활동으로는 커피 모임, 커피 교육 등이 있습니다.

커피 모임은 서울의 유명한 카페들을 찾아다니는 활동입니다.

한 학기에 한 두번씩 커피 교육을 진행하고, 평소에는 동아리방에서 커피를 직접 내려 마실 수도 있습니다.

3월 초에 열리는 동소제에 오셔서 자세한 사항을 물어보세요!

★ 내신 + 수능 대비

단원별 모의고사

[제한시간 50분]

모의 A01 ✽✽✽ ....

-216의 세제곱근 중 실수인 것을 a, $\dfrac{1}{81}$의 네제곱근 중 실수인 것을 b라 할 때, ab의 최댓값을 구하시오. (3점)

모의 A02 ✽✽✽ ....

$3 \times \sqrt[3]{16} + 2 \times \sqrt[3]{54} = \sqrt[3]{k}$를 만족시키는 자연수 k에 대하여 $\dfrac{k}{48}$의 값은? (4점)

① 12　　　　② 36　　　　③ 54
④ 72　　　　⑤ 96

모의 A03 ✽✽✽ .... 2017실시(나) 3월 학평 3(고2)

$8^{\frac{2}{3}} \times 27^{-\frac{1}{3}}$의 값은? (2점)

① $\dfrac{7}{6}$　　　　② $\dfrac{4}{3}$　　　　③ $\dfrac{3}{2}$
④ $\dfrac{5}{3}$　　　　⑤ $\dfrac{11}{6}$

모의 A04 ✽✽✽ .... 2013대비(나) 수능 26(고3)

$2 \leq n \leq 100$인 자연수 n에 대하여 $\left(\sqrt[3]{3^5}\right)^{\frac{1}{2}}$이 어떤 자연수의 n제곱근이 되도록 하는 n의 개수를 구하시오. (4점)

모의 A05 ✽✽✽ .... 2007대비(나) 9월 모평 20(고3)

세 양수 a, b, c에 대하여 $a^6 = 3$, $b^5 = 7$, $c^2 = 11$일 때, $(abc)^n$이 자연수가 되는 최소의 자연수 n의 값을 구하시오.
(3점)

모의 A06 ✽✽✽ .... 2015실시(A) 3월 학평 7(고3)

두 실수 a, b에 대하여 $2^a = 3$, $3^b = \sqrt{2}$가 성립할 때, ab의 값은?
(3점)

① $\dfrac{1}{6}$　　　　② $\dfrac{1}{4}$　　　　③ $\dfrac{1}{3}$
④ $\dfrac{1}{2}$　　　　⑤ 1

실수 a가 $\dfrac{2^a+2^{-a}}{2^a-2^{-a}}=-2$를 만족시킬 때, 4^a+4^{-a}의 값은? (3점)

① $\dfrac{5}{2}$ ② $\dfrac{10}{3}$ ③ $\dfrac{17}{4}$

④ $\dfrac{26}{5}$ ⑤ $\dfrac{37}{6}$

$f(n)=a^{\frac{1}{n}}$ (단, $a>0$, $a\neq1$)일 때,
$$f(2\times3)\times f(3\times4)\times\cdots\times f(9\times10)=f(k)$$
를 만족하는 상수 k에 대하여 $10k$의 값을 구하시오. (4점)

원기둥 모양의 수도관에서 단면인 원의 넓이를 S,
원의 둘레의 길이를 L이라 하고, 수도관의 기울기를 I라 하자.
이 수도관에서 물이 가득 찬 상태로 흐를 때 물의 속력을 v라 하면
$$v=c\left(\dfrac{S}{L}\right)^{\frac{2}{3}}\times I^{\frac{1}{2}}\ (\text{단, }c\text{는 상수이다.})$$
이 성립한다고 한다.
단면인 원의 반지름의 길이가 각각 a, b인 원기둥 모양의 두
수도관 A, B에서 물이 가득 찬 상태로 흐르고 있다. 두 수도관
A, B의 기울기가 각각 0.01, 0.04이고, 흐르는 물의 속력을 각각
v_A, v_B라고 하자. $\dfrac{v_A}{v_B}=2$일 때, $\dfrac{a}{b}$의 값은? (단, 두 수도관 A,
B에 대한 상수 c의 값은 서로 같다.) (4점)

① 4 ② $4\sqrt{2}$ ③ 8
④ $8\sqrt{2}$ ⑤ 16

✖ 서술형

어떤 생물의 개체수를 측정하기 시작하여
시각 t에서의 개체수를 $N(t)$라 할 때, 다음 관계식이
성립한다고 한다.
$$N(t)=\dfrac{K}{1+c\cdot a^{-bt}}\ (\text{단, }a,\ b,\ c\text{는 양의 상수})$$
이때, K는 이 생물의 최대개체량이다.
이 생물의 개체수를 측정하기 시작하여 $t=5$일 때의 개체수는
최대개체량의 $\dfrac{1}{2}$이었고, $t=7$일 때의 개체수는 최대개체량의
$\dfrac{3}{4}$이었다. 이 생물의 개체수를 측정하기 시작하여 $t=9$일 때의
개체수를 $\dfrac{q}{p}K$라 할 때, $p+q$의 값을 구하시오. (단, p와 q는
서로소인 자연수이다.) (10점)

B01 ❀❀❀ _____ 2016실시(나) 3월 학평 22(고3)

$\log_4 a = \dfrac{7}{2}$일 때, a의 값을 구하시오. (3점)

B02 ❀❀❀ _____ 2017대비(나) 수능 3(고3)

$\log_{15} 3 + \log_{15} 5$의 값은? (2점)

① 1 ② 2 ③ 3
④ 4 ⑤ 5

B03 ❀❀❀ _____ 2015실시(A) 4월 학평 5(고3)

$\log_5 27 \times \log_3 5$의 값은? (3점)

① 1 ② 2 ③ 3
④ 4 ⑤ 5

B04 ❀❀❀ _____ 2009대비(나) 수능 6(고3)

$a = \log_2 10$, $b = 2\sqrt{2}$일 때, $a\log b$의 값은? (3점)

① 1 ② $\dfrac{3}{2}$ ③ 2
④ $\dfrac{5}{2}$ ⑤ 3

B05 ❀❀❀ _____ 2006대비(나) 수능 20(고3)

두 양수 a, b에 대하여

$$\begin{cases} ab = 27 \\ \log_3 \dfrac{b}{a} = 5 \end{cases}$$

가 성립할 때, $4\log_3 a + 9\log_3 b$의 값을 구하시오. (3점)

B06 ❀❀❀ _____ 2006대비(나) 모평 20(고3)

두 실수 a, b가

$$a\log_3 2 = 4$$
$$\log_3 b = 1 - \log_3 (\log_2 3)$$

을 만족시킬 때, ab의 값을 구하시오. (3점)

B07 ❋❋❀ 2009실시(나) 10월 학평 10(고3)

세 자연수 a, b, c가 다음 조건을 만족시킨다.

> (가) $a\log_{500} 2 + b\log_{500} 5 = c$
> (나) a, b, c의 최대공약수는 2이다.

이때, $a+b+c$의 값은? (4점)

① 6   ② 12   ③ 18

④ 24   ⑤ 30

B08 ❋❀❀ 2011실시(나) 4월 학평 12(고3)

이상기체 1몰의 부피가 V_0에서 V_i로 변할 때, 엔트로피 변화량 S_i(J/K)는 다음과 같이 구할 수 있다고 한다.

$$S_i = C\log \frac{V_i}{V_0} \text{ (단, } C\text{는 상수이고 부피의 단위는 m}^3\text{이다.)}$$

이상기체 1몰의 부피가 V_0에서 V_1로 a배 변할 때 $S_1 = 6.02$이고, 이상기체 1몰의 부피가 V_0에서 V_2로 b배 변할 때 $S_2 = 36.02$이다.

이때, $\dfrac{b}{a}$의 값은? (단, 몰은 기체입자수의 단위이고

$C = 20$(J/K)으로 계산한다.) (3점)

① 10   ② $6\sqrt{6}$ ③ $10\sqrt{10}$

④ $15\sqrt{15}$ ⑤ 100

B09 ❋❀❀ 2007대비(나) 9월 모평 22(고3)

단일 재료로 만들어진 벽면의 소음차단 성능을 표시하는 방법 중의 하나는 음향투과손실을 측정하는 것이다. 어느 주파수 영역에서 벽면의 음향투과손실 L(데시벨)은 벽의 단위면적당 질량 m(kg/m^2)과 음향의 주파수 f(헤르츠)에 대하여

$$L = 20\log mf - 48$$

이라 한다. 주파수가 일정할 때, 벽의 단위 면적당 질량이 5배가 되면 음향투과손실은 a(데시벨)만큼 증가한다. a의 값을 구하시오. (단, $\log 2 = 0.3$으로 계산한다.) (4점)

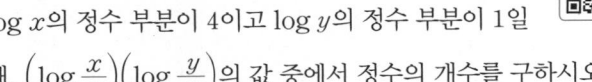

✖ 서술형

B10 ❋❀❀

$\log x$의 정수 부분이 4이고 $\log y$의 정수 부분이 1일 때, $\left(\log \dfrac{x}{y}\right)\left(\log \dfrac{y}{x}\right)$의 값 중에서 정수의 개수를 구하시오.

(7점)

모의 C01 ✿✿✿ ──────── 2009대비(나) 수능 18(고3)

지수함수 $y=5^{x-1}$의 그래프가 두 점 $(a, 5)$, $(3, b)$를 지날 때, $a+b$의 값을 구하시오. (3점)

모의 C02 ✿✿✿ ──────── 2012실시(A) 11월 학평 18(고2)

좌표평면에서 지수함수 $y=a \cdot 3^x$ $(a \neq 0)$의 그래프를 원점에 대하여 대칭이동시킨 후, x축의 방향으로 2만큼, y축의 방향으로 3만큼 평행이동시킨 그래프가 점 $(1, -6)$을 지난다. 이때, 상수 a의 값은? (3점)

① 1   ② 2   ③ 3
④ 4   ⑤ 5

모의 C03 ✿✿✿ ──────── 2008실시(나) 10월 학평 19(고3)

$0 \leq x \leq 3$에서 함수 $f(x)=2^{-x^2+4x+a}$의 최솟값이 4일 때, $f(x)$의 최댓값을 구하시오. (단, a는 상수이다.) (3점)

모의 C04 ✿✿✿ ──────── 2014실시(B) 9월 학평 13(고2)

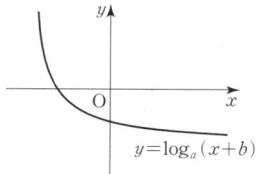

두 곡선 $y=2^x$, $y=4^x$이 직선 $x=k$와 만나는 점을 각각 A와 B, 직선 $y=m$ $(0<m<1)$과 만나는 점을 각각 C와 D라 하자. $k=\log_2 3$이고 $\overline{AB}=\overline{CD}$일 때, m의 값은? (3점)

① $\dfrac{1}{2^4}$ ② $\dfrac{1}{2^6}$ ③ $\dfrac{1}{2^8}$

④ $\dfrac{1}{2^{10}}$ ⑤ $\dfrac{1}{2^{12}}$

모의 C05 ✿✿✿ ──────── 2011실시(가) 6월 학평 15(고2)

함수 $y=\log_a(x+b)$ $(a>0, a \neq 1)$의 그래프가 그림과 같다.

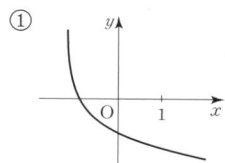

이때, 함수 $y=\log_b(x+a)$의 그래프로 알맞은 것은? (4점)

①   ②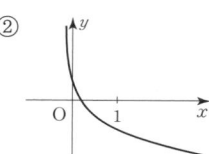

③ 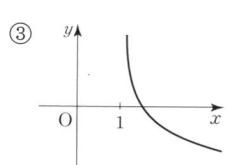   ④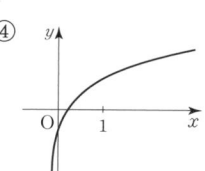

⑤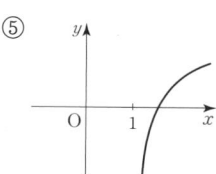

모의
C06 ✽✽✽ ....

함수 $y=\log_3\left(\dfrac{x}{9}-1\right)$의 그래프는 함수 $y=\log_3 x$의 그래프를 x축의 방향으로 m만큼, y축의 방향으로 n만큼 평행이동시킨 것이라 할 때, $10(m+n)$의 값을 구하시오. (3점)

모의
C07 ✽✽✽

정의역이 $\{x|-5\le x\le 10\}$인 함수 $y=\log_{\frac{1}{5}}(x+a)$의 최솟값이 -2일 때, 상수 a의 값을 구하시오. (3점)

모의
C08 ✽✽✽ ....

지수함수 $y=3^{\frac{x-1}{2}}-4$의 역함수가 $y=a\log_3(x+b)+c$일 때, 세 상수 a, b, c의 합 $a+b+c$의 값은? (3점)

① 3   ② 4   ③ 5
④ 6   ⑤ 7

모의
C09 ✽✽✽ ....

좌표평면에서 꼭짓점의 좌표가 O$(0, 0)$, A$(2^n, 0)$, B$(2^n, 2^n)$, C$(0, 2^n)$인 정사각형 OABC와 두 곡선 $y=2^x$, $y=\log_2 x$에 대하여 선분 AB가 곡선 $y=\log_2 x$와 만나는 점을 D라 하자. 선분 AD를 $2:3$으로 내분하는 점을 지나고 y축에 수직인 직선이 곡선 $y=\log_2 x$와 만나는 점을 E, 점 E를 지나고 x축에 수직인 직선이 곡선 $y=2^x$과 만나는 점을 F라 하자. 점 F의 y좌표가 16일 때, 직선 DF의 기울기는?

(단, n은 자연수이다.) (3점)

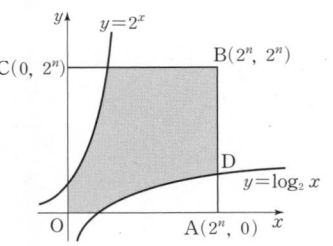

① $-\dfrac{13}{28}$ ② $-\dfrac{25}{56}$ ③ $-\dfrac{3}{7}$

④ $-\dfrac{23}{56}$ ⑤ $-\dfrac{11}{28}$

✖ 서술형

모의
C10 ✽✽✽

그림과 같이 곡선 $y=\log_2 x$와 직선 $y=x-p$가 x축과 만나는 점을 각각 A, B라 하자. 곡선 $y=\log_2 x$와 직선 $y=x-p$가 제 1사분면에서 만나는 점을 C라 하고 점 C에서 x축에 내린 수선의 발을 D라 하자. △BDC의 넓이가 8일 때, △ABC의 넓이를 구하시오. (단, $p>1$) (7점)

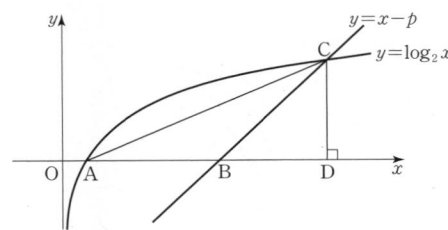

모의 D01 ✿❀❀ .... 2013실시(B) 3월 학평 5(고3)

4의 세제곱근 중 실수인 것을 a라 할 때,
지수방정식 $\left(\dfrac{1}{2}\right)^{x+1}=a$의 해는? (3점)

① $-\dfrac{5}{3}$ ② $-\dfrac{4}{3}$ ③ -1

④ $-\dfrac{2}{3}$ ⑤ $-\dfrac{1}{3}$

모의 D02 ✿❀❀ .... 2014실시(B) 11월 학평 5(고2)

지수방정식 $2^{2x+1}-9\times 2^x+4=0$의 모든 실근의 합은? (3점)

① -2 ② -1 ③ 0

④ 1 ⑤ 2

모의 D03 ✿✿❀ .... 2013실시(A) 9월 학평 28(고2)

두 함수 $f(x)=2^x$과 $g(x)=10-2^{4-x}$의 그래프의 교점을 각각 A, B라 하고 A와 B에서 x축에 내린 수선의 발을 각각 C, D라 할 때, 사다리꼴 ACDB의 넓이를 구하시오.

(4점)

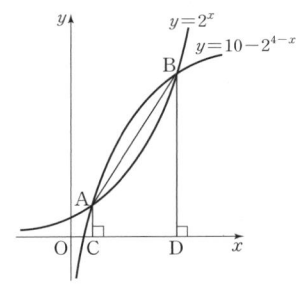

모의 D04 ❀❀❀ .... 2015대비(B) 수능 22(고3)

로그방정식 $\log_2(x+6)=5$의 해를 구하시오. (3점)

모의 D05 ✿✿❀ .... 2011실시(나) 9월 학평 12(고2)

함수 $y=\log_2 x+1$의 그래프 위의 서로 다른 두 점 A, B에서 x축에 내린 수선의 발을 각각 P, Q라 하자. 점 P의 좌표가 $\left(\dfrac{3}{2},\,0\right)$이고 $\overline{AB}=\overline{AQ}$일 때, $\triangle ABQ$의 넓이는? (4점)

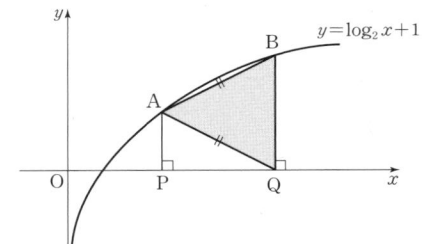

① $2\log_2 3$ ② $\dfrac{5}{2}\log_2 3$ ③ $3\log_2 3$

④ $\dfrac{7}{2}\log_2 3$ ⑤ $4\log_2 3$

모의 D06 ❀❀❀ .... 2018실시(가) 7월 학평 23(고3)

부등식 $4^x-10\times 2^x+16\leq 0$을 만족시키는 모든 자연수 x의 값의 합을 구하시오. (3점)

D07 ✽✾✾

화학 퍼텐셜 이론에 의하면 절대온도 $T(\mathrm{K})$에서 이상 기체의 압력을 P_1(기압)에서 P_2(기압)으로 변화시켰을 때의 이상 기체의 화학 퍼텐셜 변화량을 $E(\mathrm{kJ/mol})$이라 하면 다음 관계식이 성립한다고 한다.

$$E = RT \log_a \frac{P_2}{P_1} \text{ (단, } a, R \text{는 1이 아닌 양의 상수이다.)}$$

절대온도 300K에서 이상 기체의 압력을 1기압에서 16기압으로 변화시켰을 때의 이상 기체의 화학 퍼텐셜 변화량을 E_1, 절대온도 240K에서 이상 기체의 압력을 1기압에서 x기압으로 변화시켰을 때의 이상 기체의 화학 퍼텐셜 변화량을 E_2라 하자. $E_1 = E_2$를 만족시키는 x의 값을 구하시오. (3점)

D08 ✽✾✾

지수부등식 $\left(\dfrac{1}{5}\right)^{1-2x} \leq 5^{x+4}$을 만족시키는 모든 자연수 x의 값의 합은? (4점)

① 11   ② 12   ③ 13

④ 14   ⑤ 15

D09 ✽✾✾

모든 실수 x에 대하여 지수부등식 $5^{2x} \geq k \cdot 5^x - 2k - 5$가 항상 성립하도록 하는 실수 k의 값의 범위는 $\alpha \leq k \leq \beta$이다. $|\alpha\beta|$의 값을 구하시오. (4점)

D10 ✽✾✾

부등식 $\log_3(x-1) + \log_3(4x-7) \leq 3$을 만족시키는 정수 x의 개수는? (3점)

① 1   ② 2   ③ 3

④ 4   ⑤ 5

✖ 서술형

D11 ✽✾✾

x에 대한 연립부등식
$$\begin{cases} \log_2 x + \log_2(10-x) \leq 4 \\ x^2 - ax < 0 \end{cases}$$
을 만족시키는 x의 값 중 정수가 2개가 되도록 하는 자연수 a의 개수를 구하시오. (6점)

• 문항 수 11개
• 배점 40점
• 제한시간 50분

모의
E01 ❋❋❋

θ가 제 2사분면의 각일 때, $\dfrac{\theta}{3}$가 속하는 사분면은? (3점)

① 제 1사분면 또는 제 2사분면
② 제 1사분면 또는 제 3사분면
③ 제 1사분면 또는 제 4사분면
④ 제 1사분면 또는 제 2사분면 또는 제 4사분면
⑤ 제 1사분면 또는 제 3사분면 또는 제 4사분면

모의
E02 ❋❋❋ <small>2010실시(가) 6월 학평 28(고2)</small>

그림과 같이 △ABC의 두 꼭짓점 A, B를 각각 중심

으로 하고 반지름의 길이가 같은 두 원이 외접한다. $\angle B = \dfrac{\pi}{3}$,

$\overline{AC} = 2\sqrt{6}$, $\overline{CD} = 2\sqrt{3}$일 때, △ABC의 내부의 두 부채꼴

(어두운 부분)의 넓이의 합은 $k\pi$이다. $100k$의 값을 구하시오.

(4점)

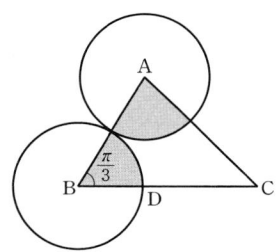

모의
E03 ❋❋❋ <small>2016실시(가) 7월 학평 6(고3)</small>

$\sin\theta - \cos\theta = \dfrac{\sqrt{3}}{2}$일 때, $\tan\theta + \dfrac{1}{\tan\theta}$의 값은? (3점)

① 6   ② 7   ③ 8
④ 9   ⑤ 10

모의
E04 ❋❋❋ <small>2013실시(B) 3월 학평 23(고2)</small>

두 양수 a, b에 대하여 삼각함수 $y = a\sin bx$의 그래프가

그림과 같을 때, ab의 값을 구하시오. (3점)

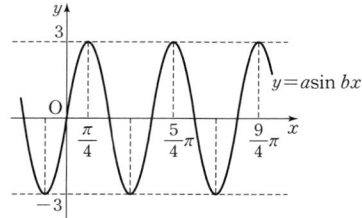

모의
E05 ❋❋❋

함수 $y = \tan(ax + b\pi)$의 그래프가 그림과 같을 때, 상수 a,

b에 대하여 ab의 값을 구하시오. (단, $a > 0$, $0 < b < 1$) (3점)

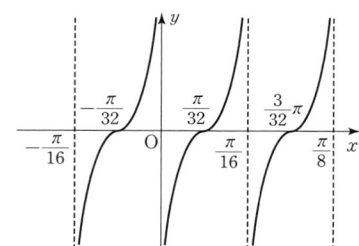

E06 ✿✿✿ 　　　　　　　　2016실시(가) 3월 학평 5(고3)

함수 $f(x) = a\sin x + 1$의 최댓값을 M, 최솟값을 m이라 하자. $M - m = 6$일 때, 양수 a의 값은? (3점)

① 2 　　　　② $\dfrac{5}{2}$ 　　　　③ 3

④ $\dfrac{7}{2}$ 　　　　⑤ 4

E07 ✿✿✿ 　　　　　　　　2017실시(가) 7월 학평 2(고3)

$\sin \dfrac{7}{6}\pi$의 값은? (2점)

① -1 　　　　② $-\dfrac{\sqrt{3}}{2}$ 　　　　③ $-\dfrac{\sqrt{2}}{2}$

④ $-\dfrac{1}{2}$ 　　　　⑤ 0

E08 ✿✿✿

직선 $3x - y + 3 = 0$이 x축의 양의 방향과 이루는 각의 크기를 θ라 할 때,

$\sin(\pi + \theta) + \cos\left(\dfrac{\pi}{2} - \theta\right)$

$+ \tan(-\theta)$의 값은? (3점)

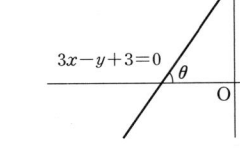

① -3 　　　　② $-\dfrac{1}{3}$

③ 0 　　　　④ $\dfrac{1}{3}$ 　　　　⑤ 3

E09 ✿✿✿ 　　　　　　　　2017실시(가) 7월 학평 11(고3)

$0 \le x \le \pi$일 때, 방정식 $(\sin x + \cos x)^2 = \sqrt{3}\sin x + 1$의 모든 실근의 합은? (3점)

① $\dfrac{7}{6}\pi$ 　　　　② $\dfrac{4}{3}\pi$ 　　　　③ $\dfrac{3}{2}\pi$

④ $\dfrac{5}{3}\pi$ 　　　　⑤ $\dfrac{11}{6}\pi$

E10 ✿✿✿ 　　　　　　　　2009실시 3월 학평 21(고2)

하루 중 해수면의 높이가 가장 높아졌을 때를 만조, 가장 낮아졌을 때를 간조라 하고, 만조와 간조 때의 해수면 높이의 차를 조차라 한다. 어느 날 A지점에서 시각 x(시)와 해수면의 높이 y(m) 사이에는 다음과 같은 식이 성립한다고 한다.

$y = a\cos b\pi(x - c) + 4.5 \ (0 \le x < 24)$

이 날 A지점의 조차가 8 m이고, 만조와 간조 시각이 표와 같다. 이때, $a + 100b + 10c$의 값은?

(단, $a > 0$, $b > 0$, $0 < c < 6$이다.) (4점)

	시각
만조	04시 30분 17시 00분
간조	10시 45분 23시 15분

① 35 　　　　② 45 　　　　③ 55

④ 65 　　　　⑤ 75

✖ 서술형

E11 ✿✿✿

$0 \le x \le 6\pi$일 때, 방정식 $2\sin^2 x + 7\cos x + 2 = 0$의 모든 실근의 합은 $a\pi$이다. a의 값을 구하시오. (9점)

모의 F01 ✿✿✿

그림과 같은 삼각형 ABC에서 $\angle A = \dfrac{\pi}{6}$, $a=3$, $c=6$일 때,

$\angle B$의 크기는? (3점)

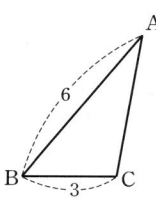

① $\dfrac{\pi}{6}$　　　② $\dfrac{\pi}{4}$　　　③ $\dfrac{\pi}{3}$

④ $\dfrac{\pi}{2}$　　　⑤ $\dfrac{2}{3}\pi$

모의 F02 ✿✿✿

그림과 같은 삼각형 ABC에서 $\angle A = \dfrac{\pi}{3}$, $\overline{BC}=4$일 때,

외접원의 반지름 R의 길이는? (3점)

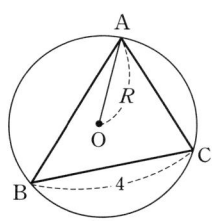

① $\dfrac{\sqrt{3}}{3}$　　　② $\dfrac{2\sqrt{3}}{3}$　　　③ $\sqrt{3}$

④ $\dfrac{4\sqrt{3}}{3}$　　　⑤ $\dfrac{5\sqrt{3}}{3}$

모의 F03 ✿✿✿

그림은 유미가 공중에 떠 있는 드론을 올려다본 각도를 나타낸 것이다. 유미가 A지점에서 드론을 올려다 본 각의 크기가 $\dfrac{\pi}{6}$이고, 동쪽으로 $30\sqrt{3}$ m 걸어간 B지점에서 드론을 올려다 본 각의 크기가 $\dfrac{\pi}{3}$이다. 이 드론은 지면으로부터 몇 m 높이에 있는가? (단, 유미의 눈의 높이는 1.6 m로 한다.) (3점)

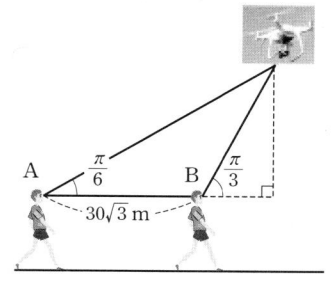

① 45.6 m　② 46.6 m　③ 47.6 m　④ 48.6 m　⑤ 49.6 m

모의 F04 ✿✿✿

다음은 반지름의 길이가 6인 원의 두 현 AC, BD가 원의 내부에서 수직으로 만날 때, $\overline{AB}+\overline{CD}$의 최댓값을 구하는 과정이다.

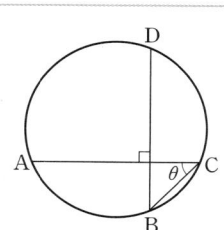

$\angle ACB = \theta$라 하면 $\angle DBC = $ (가) 이다.
사인법칙에 의하여

$\dfrac{\overline{AB}}{\sin\theta}=12$이고 $\overline{CD}=$ (나) 이다.

따라서, $\overline{AB}+\overline{CD}$의 최댓값은 (다) 이다.

위의 과정에서 (가), (다)에 들어갈 알맞은 수를 각각 a, b라 하고, (나)에 들어갈 알맞은 식을 $f(\theta)$라 할 때, $b+f(a+\theta)$의 값은? (4점)

① $12\sqrt{2}$　　② $12\sqrt{3}$　　③ 24　　④ $12\sqrt{5}$　　⑤ $12\sqrt{6}$

F05 ✿✿✿

그림과 같이 삼각형 ABC에서 $\overline{AB}=\sqrt{2}$, $\overline{BC}=\sqrt{6}$, $\overline{CA}=\sqrt{7}$ 일 때, $\cos B$의 값은? (3점)

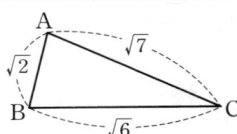

① $\dfrac{1}{12}$　　② $\dfrac{\sqrt{2}}{12}$　　③ $\dfrac{\sqrt{3}}{12}$

④ $\dfrac{\sqrt{5}}{12}$　　⑤ $\dfrac{\sqrt{7}}{12}$

F06 ✿✿✿✿

그림과 같이 갑이 탄 배는 항구 A지점에서 출발하여 800 m 떨어진 등대 B지점을 향해 속력 100 m/분으로 직선 경로를 따라서 항해하고, 을이 탄 배는 섬 C지점에서 출발하여 1000 m 떨어진 A지점을 향해 속력 200 m/분으로 직선 경로를 따라서 항해하고 있다. 동시에 출발한 갑, 을이 탄 두 배가 지나는 지점을 잇는 선분이 B지점과 C지점을 잇는 선분과 평행이 되는 순간의 두 배 사이의 거리는?

(단, $\angle A=\dfrac{\pi}{3}$이고, 두 배의 크기는 무시한다.) (4점)

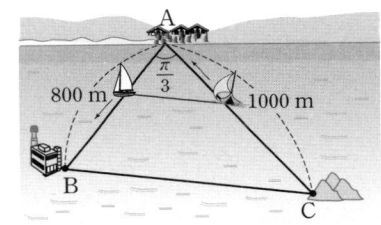

① $\dfrac{1000\sqrt{21}}{9}$　　② $\dfrac{1000\sqrt{21}}{11}$　　③ $\dfrac{1000\sqrt{21}}{13}$

④ $\dfrac{1000\sqrt{21}}{17}$　　⑤ $\dfrac{1000\sqrt{21}}{19}$

F07 ✿✿✿

삼각형 ABC에서 $\dfrac{\sin A}{7}=\dfrac{\sin B}{5}=\dfrac{\sin C}{3}$일 때, 이 삼각형의 가장 큰 각의 크기는? (4점)

① $\dfrac{\pi}{3}$　　② $\dfrac{\pi}{2}$　　③ $\dfrac{2}{3}\pi$

④ $\dfrac{3}{4}\pi$　　⑤ $\dfrac{4}{5}\pi$

F08 ✿✿✿

그림과 같이 $\angle B=\dfrac{2}{3}\pi$, $\overline{AB}=3$, $\overline{BC}=4$인 삼각형 ABC의 넓이는? (3점)

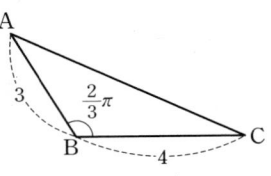

① $\sqrt{3}$　　② $2\sqrt{3}$　　③ $3\sqrt{3}$

④ $4\sqrt{3}$　　⑤ $5\sqrt{3}$

F09 ✿✿✿

그림과 같이 $\angle A=120°$, $\overline{AB}=6$, $\overline{AC}=3$인 삼각형 ABC에서 $\angle A$의 이등분선이 선분 BC와 만나는 점을 D라 할 때, 선분 AD의 길이는? (3점)

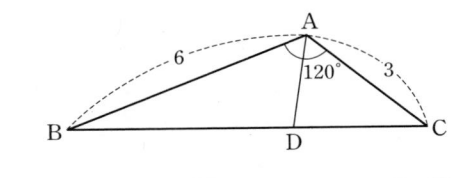

① 1　　② $\sqrt{2}$　　③ $\sqrt{3}$

④ 2　　⑤ $\sqrt{5}$

✖ 서술형

F10 ✿✿✿

그림과 같이 세 변의 길이가 5, 6, 7인 삼각형 ABC의 내접원의 넓이를 S_1, 외접원의 넓이를 S_2라 할 때, $\sqrt{\dfrac{S_2}{S_1}}=\dfrac{q}{p}$이다. $p+q$의 값을 구하시오. (단, p와 q는 서로소인 자연수이다.)

(10점)

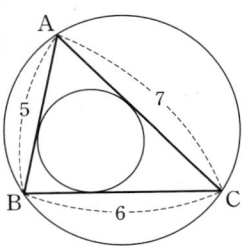

모의 G01 ✿✿✿ ⋯⋯⋯⋯⋯⋯⋯⋯⋯⋯⋯ 2017실시(나) 4월 학평 23(고3)

등차수열 $\{a_n\}$에 대하여 $a_2=8$, $a_6=16$일 때, a_4의 값을 구하시오. (3점)

모의 G02 ✿✿✿ ⋯⋯⋯⋯⋯⋯⋯⋯⋯⋯⋯ 2005실시(나) 7월 학평 23(고3)

두 수열 $\{a_n\}$, $\{b_n\}$이 다음과 같이 정의되어 있다.

$$a_n=2n+1, \ b_n=3n+3 \ (n=1, 2, 3, \cdots)$$

두 수열 $\{a_n\}$, $\{b_n\}$에서 공통인 항을 작은 것부터 순서대로 나열한 수열을 $\{c_n\}$이라 한다. 이때, c_{30}의 값을 구하시오. (4점)

모의 G03 ✱✱✿ ⋯⋯⋯⋯⋯⋯⋯⋯⋯⋯⋯ 2008대비(나) 6월 모평 23(고3)

다음 그림은 동심원 O_1, O_2, O_3, $\cdots$과 직선 l_1, l_2, l_3, l_4의 교점 위에 자연수를 1부터 차례로 적은 것이다.

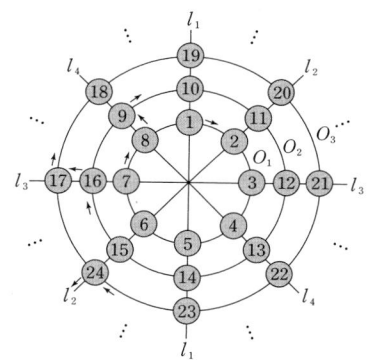

이미 채워진 수들의 규칙에 따라 계속하여 적어 나가면 475는 원 O_m과 직선 l_n의 교점 위에 있다. $m+n$의 값을 구하시오. (4점)

모의 G04 ✱✿✿ ⋯⋯⋯⋯⋯⋯⋯⋯⋯⋯⋯ 2006실시(나) 10월 학평 5(고3)

첫째항이 400, 공차가 -5인 등차수열 $\{a_n\}$에 대하여

$$\frac{1}{\sqrt{a_1}+\sqrt{a_3}}+\frac{1}{\sqrt{a_3}+\sqrt{a_5}}+\cdots+\frac{1}{\sqrt{a_{59}}+\sqrt{a_{61}}}$$

의 값은? (3점)

① 1   ② 3   ③ 5
④ 7   ⑤ 9

모의 G05 ✿✿✿ ⋯⋯⋯⋯⋯⋯⋯⋯⋯⋯⋯ 2014대비(A) 수능 6(고3)

첫째항이 6이고 공차가 d인 등차수열 $\{a_n\}$의 첫째항부터 제n항까지의 합을 S_n이라 할 때,

$$\frac{a_8-a_6}{S_8-S_6}=2$$

가 성립한다. d의 값은? (3점)

① -1 ② -2 ③ -3
④ -4 ⑤ -5

모의 G06 ✿✿✿ ⋯⋯⋯⋯⋯⋯⋯⋯⋯⋯⋯ 2016실시 11월 학평 10(고2)

공비가 $\frac{1}{3}$이고 모든 항이 양수인 등비수열 $\{a_n\}$에 대하여 $a_3a_5=1$일 때, a_2의 값은? (3점)

① 1   ② 3   ③ 3
④ 9   ⑤ 12

모의 G07 ✿✿✿ ⋯⋯⋯⋯⋯⋯⋯⋯⋯⋯⋯ 2015실시(A) 10월 학평 5(고3)

모든 항이 실수인 등비수열 $\{a_n\}$에 대하여 $a_2{}^3=8$, $a_3=4$일 때, a_5의 값은? (3점)

① 4   ② $4\sqrt{2}$ ③ 8
④ $8\sqrt{2}$ ⑤ 16

^{모의}G08 ✤✤✤ 2017대비 (나) 수능 5(고3)

세 수 $\frac{9}{4}$, a, 4가 이 순서대로 등비수열을 이룰 때, 양수 a의 값은?

(3점)

① $\frac{8}{3}$ ② 3   ③ $\frac{10}{3}$

④ $\frac{11}{3}$ ⑤ 4

^{모의}G09 ✤✤✤ 2011대비 (나) 수능 22(고3)

공차가 0이 아닌 등차수열 $\{a_n\}$의 세 항 a_2, a_4, a_9가 이 순서대로 공비 r인 등비수열을 이룰 때, $6r$의 값을 구하시오. (4점)

^{모의}G10 ✤✤✤ 2013실시 (A) 4월 학평 12(고3)

그림과 같이 두 함수 $y=3\sqrt{x}$, $y=\sqrt{x}$의 그래프와 직선 $x=k$가 만나는 점을 각각 A, B라 하고, 직선 $x=k$가 x축과 만나는 점을 C라 하자.

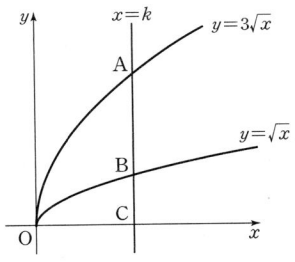

$\overline{BC}$, $\overline{OC}$, $\overline{AC}$가 이 순서대로 등비수열을 이룰 때, 양수 k의 값은? (단, $k>0$이고, O는 원점이다.) (3점)

① 1   ② $\sqrt{3}$ ③ 3

④ $3\sqrt{3}$ ⑤ 9

^{모의}G11 ✤✤✤ 2011실시 (나) 4월 학평 7(고3)

수열 $\{a_n\}$에 대하여 첫째항부터 제n항까지의 합 S_n이 $S_n=n^2+3n+1$일 때, a_1+a_6의 값은? (3점)

① 17   ② 18   ③ 19

④ 20   ⑤ 21

^{모의}G12 ✤✤✤ 2018실시 (나) 9월 학평 26(고2)

x에 대한 다항식 x^3-ax+b를 $x-1$로 나눈 나머지가 57이다. 세 수 1, a, b가 이 순서대로 공비가 양수인 등비수열을 이룰 때, $a+b$의 값을 구하시오. (단, a와 b는 상수이다.) (4점)

✖ 서술형

^{모의}G13 ✤✤✤

거리가 3인 두 점 O, O'이 있다. 점 O를 중심으로 반지름의 길이가 각각 1, 2, ⋯, n인 n개의 원과 점 O'을 중심으로 반지름의 길이가 각각 1, 2, ⋯, n인 n개의 원이 있다. 이 $2n$개 원의 모든 교점의 개수를 a_n이라 하자. 예를 들어, 그림에서와 같이 $a_3=14$, $a_4=26$이다. a_{20}의 값을 구하시오. (4점)

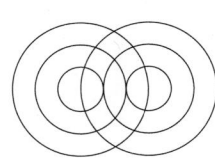 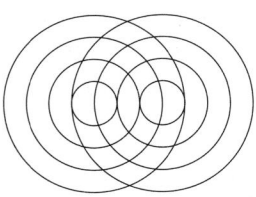

모의 H01 ✿❀❀ .... 2016대비(A) 6월 모평 8(고3)

두 수열 $\{a_n\}$, $\{b_n\}$에 대하여 $\sum\limits_{k=1}^{11} a_k=4$, $\sum\limits_{k=1}^{11} b_k=24$일 때,

$\sum\limits_{k=1}^{11} (5a_k+b_k)$의 값은? (3점)

① 36   ② 40   ③ 44
④ 48   ⑤ 52

모의 H02 ❀❀❀ .... 2017실시(나) 7월 학평 4(고3)

두 수열 $\{a_n\}$, $\{b_n\}$에 대하여

$$\sum\limits_{k=1}^{10} a_k=2, \ \sum\limits_{k=1}^{10} b_k=3$$

일 때, $\sum\limits_{k=1}^{10} (2a_k+b_k)$의 값은? (3점)

① 4   ② 5   ③ 6
④ 7   ⑤ 8

모의 H03 ❀❀❀ .... 2006실시(나) 3월 학평 2(고3)

$\sum\limits_{k=1}^{10} (k+1)^2 -2\sum\limits_{k=1}^{10} (k+2) +\sum\limits_{k=1}^{10} 3$의 값은? (2점)

① 365   ② 370   ③ 375
④ 380   ⑤ 385

모의 H04 ❀❀❀ .... 2013대비(나) 6월 모평 16(고3)

이차방정식 $x^2-2x-1=0$의 두 근을 α, β라 할 때,

$\sum\limits_{k=1}^{10} (k-\alpha)(k-\beta)$의 값은? (4점)

① 255   ② 265   ③ 275
④ 285   ⑤ 295

모의 H05 ✿❀❀ .... 2015대비(A) 9월 모평 24(고3)

등차수열 $\{a_n\}$에 대하여 $a_1+a_{10}=22$일 때, $\sum\limits_{k=2}^{9} a_k$의 값을

구하시오. (3점)

다음 식의 값을 구하시오. (3점)

$$\sum_{n=1}^{9} 2^{n-1}$$

등차수열 $\{a_n\}$이 $\sum_{k=1}^{n} a_{2k-1} = 3n^2 + n$을 만족시킬 때, a_8의 값은?

(4점)

① 16   ② 19   ③ 22
④ 25   ⑤ 28

수열 $\{a_n\}$에 대하여 $\sum_{k=1}^{n} a_k = n^2 + n$일 때, a_{47}의 값을 구하시오.

(3점)

자연수 n에 대하여 좌표평면 위의 점 P_n을 다음 규칙에 따라 정한다.

(가) 점 A의 좌표는 $(1, 0)$이다.
(나) 점 P_n은 선분 OA를 $2^n : 1$로 내분하는 점이다.

$l_n = \overline{OP_n}$이라 할 때, $\sum_{n=1}^{10} \frac{1}{l_n}$의 값은? (단, O는 원점이다.) (4점)

① $10 - \left(\frac{1}{2}\right)^{10}$ ② $10 + \left(\frac{1}{2}\right)^{10}$ ③ $11 - \left(\frac{1}{2}\right)^{10}$

④ $11 + \left(\frac{1}{2}\right)^{10}$ ⑤ $12 - \left(\frac{1}{2}\right)^{10}$

✖ 서술형

x에 대한 이차방정식 $x^2 + 4x - (2n-1)(2n+1) = 0$의 두 근 α_n, β_n에 대하여 $\sum_{n=1}^{10} \left(\frac{1}{\alpha_n} + \frac{1}{\beta_n}\right)$의 값이 $\frac{q}{p}$일 때, $p+q$의 값을 구하시오. (단, p와 q는 서로소인 자연수이다.) (6점)

모의고사
H

모의 I01 ✽❀❀ ──────────── 2013실시(A) 3월 학평 8(고3)

수열 $\{a_n\}$이 다음 조건을 만족시킨다.

(가) $a_1=1$, $a_2=3$, $a_3=7$
(나) 수열 $\{a_{n+1}-a_n\}$은 등차수열이다.

a_8의 값은? (3점)

① 49   ② 51   ③ 53
④ 55   ⑤ 57

모의 I02 ✽❀❀ ────────────

수열 $\{a_n\}$이

$$a_1=27^3,\ \frac{a_{n+1}}{a_n}=\frac{1}{3}\ (n=1,\ 2,\ 3,\ \cdots)$$

로 정의될 때, $a_k=\dfrac{1}{3^5}$을 만족시키는 자연수 k의 값은? (3점)

① 9   ② 11   ③ 13
④ 15   ⑤ 17

모의 I03 ✽❀❀ ──────────── 2007대비(나) 수능 26(고3)

수열 $\{a_n\}$에 대하여 $a_1=2$이고 $a_{n+1}=2a_n+2$일 때, a_{10}의 값은? (3점)

① 1022   ② 1024   ③ 2021
④ 2046   ⑤ 2082

모의 I04 ✽❀❀ ──────────── 2013대비(나) 6월 모평 15(고3)

수열 $\{a_n\}$은 $a_1=2$이고, $S_n=\sum\limits_{k=1}^{n}a_k$라 할 때,

$$a_{n+1}=\frac{S_n}{a_n}\ (n\geq 1)$$

을 만족시킨다. 다음은 S_n을 구하는 과정이다.

주어진 식으로부터 $a_2=\dfrac{S_1}{a_1}=1$이다.

$n\geq 3$일 때,

$$a_n=\frac{S_{n-1}}{a_{n-1}}=\frac{S_{n-2}+a_{n-1}}{a_{n-1}}=\frac{a_{n-2}a_{n-1}+a_{n-1}}{a_{n-1}}$$

이므로

$$a_n=a_{n-2}+1$$

이다. 따라서 일반항 a_n을 구하면, 자연수 k에 대하여
$n=2k-1$일 때, $a_{2k-1}=k+1$
$n=2k$일 때, $a_{2k}=\boxed{\text{(가)}}$
이다. 한편, $S_n=a_n a_{n+1}$이므로

$$S_n=\begin{cases}(k+1)\times\boxed{\text{(가)}} & (n=2k-1)\\ \boxed{\text{(나)}} & (n=2k)\end{cases}$$

이다.

위의 (가), (나)에 알맞은 식을 각각 $f(k)$, $g(k)$라 할 때, $f(6)+g(7)$의 값은? (4점)

① 65   ② 67   ③ 69
④ 71   ⑤ 73

수열 $\{a_n\}$은 $a_1=1$이고 $a_{n+1}=\dfrac{na_n+6}{n+2}$ $(n\ge 1)$을 만족시킨다. 다음은 일반항 a_n을 구하는 과정이다.

주어진 식에 의하여
$$(n+2)a_{n+1}=na_n+6$$
이다. $b_n=n(n+1)a_n$이라 하면
$$b_{n+1}=b_n+\boxed{(가)}$$
이고, $b_1=2$이므로
$$b_n=\boxed{(나)}\ (n\ge 1)$$
이다. 따라서
$$a_n=\dfrac{\boxed{(나)}}{n(n+1)}\ (n\ge 1)$$
이다.

위의 (가), (나)에 들어갈 식을 각각 $f(n)$, $g(n)$이라 할 때, $f(4)+g(10)$의 값은? (4점)

① 356   ② 357   ③ 358
④ 359   ⑤ 360

수열 $\{a_n\}$이
$$\begin{cases} a_1=1,\ a_2=3,\ a_3=5,\ a_4=7 \\ a_{k+4}=2a_k(k=1,2,3,\cdots) \end{cases}$$
로 정의될 때, $\displaystyle\sum_{k=1}^{20}a_k$의 값을 구하시오. (4점)

함수 $y=x^2$의 그래프 위에 다음 조건을 만족시키도록 점 P_1, P_2, P_3, $\cdots$을 차례로 정한다.

(가) 점 P_1의 좌표는 $(1, 1)$이다.
(나) 직선 P_nP_{n+1}의 기울기는 n이다. $(n=1, 2, 3, \cdots)$

점 P_{2009}의 x좌표는? (4점)

① 1001   ② 1002   ③ 1003
④ 1004   ⑤ 1005

🗙 서술형

다음은 자연수 n에 대하여 등식
$$\sum_{i=1}^{2n-1}\{i+(n-1)^2\}=(n-1)^3+n^3 \cdots (*)$$
이 성립함을 수학적 귀납법으로 증명한 것이다.

[증명]

(1) $n=1$일 때, $1+0^2=0^3+1^3$이므로 $(*)$이 성립한다.
(2) $n=k$일 때, $(*)$이 성립한다고 가정하고,
   $n=k+1$일 때 $(*)$이 성립함을 보이자.
$$\sum_{i=1}^{2k+1}(i+k^2)$$
$$=\sum_{i=1}^{2k-1}\{i+(k-1)^2\}+\sum_{i=1}^{2k-1}(2k-1)+\boxed{(가)}$$
$$=\boxed{(나)}$$
그러므로 $n=k+1$일 때도 $(*)$이 성립한다.
따라서 (1), (2)에 의하여 모든 자연수 n에 대하여 $(*)$이 성립한다.

위의 (가)에 알맞은 식을 $f(k)$, (나)에 알맞은 식을 $g(k)$라 할 때, $\dfrac{g(4)}{f(4)}=\dfrac{q}{p}$이다. $p+q$의 값을 구하시오. (단, p와 q는 서로소인 자연수이다.) (10점)

A 지수

01 $-1, \dfrac{1\pm\sqrt{3}i}{2}$ 02 $\pm 2i, \pm 2$ 03 -2 04 $-3, 3$

05 2 06 -2 07 -5 08 4 09 5 10 3 11 10 12 2

13 2 14 1 15 27 16 16 17 1 18 $\dfrac{1}{25}$ 19 32 20 $\dfrac{27}{64}$

21 a 22 a^7 23 a^3 24 32 25 5 26 1 27 $a^{\frac{2}{3}}b^{\frac{1}{2}}$ 28 $a^{12}b^{18}$

29 $a^{\frac{1}{2}}+b^{\frac{1}{2}}$ 30 $a+b$ 31 $a-b$ 32 -2 33 $2\sqrt{2}-1$

34 ③ 35 ⑤ 36 ⑤ 37 ① 38 11 39 22 40 ③ 41 ① 42 ③ 43 ①

44 ③ 45 ③ 46 5 47 ⑤ 48 81 49 ③ 50 ② 51 15 52 ② 53 ③

54 ④ 55 ② 56 ③ 57 ⑤ 58 ⑤ 59 32 60 ⑤ 61 9 62 4 63 ②

64 ④ 65 ③ 66 ③ 67 ② 68 ② 69 ④ 70 ④ 71 ② 72 5 73 ④

74 ② 75 ③ 76 ④ 77 ④ 78 ④ 79 25 80 ③ 81 ② 82 ③ 83 ③

84 ④ 85 ① 86 ① 87 ③ 88 ⑤ 89 ③ 90 ④ 91 ⑤ 92 ③ 93 ⑤

94 33 95 124 96 12 97 2 98 25 99 36 100 ③ 101 ① 102 ③ 103 ③

104 ① 105 ① 106 ② 107 ① 108 ⑤ 109 ② 110 ⑤ 111 25 112 12 113 ④

114 ③ 115 ② 116 98 117 52 118 17 119 ④ 120 ④ 121 $\dfrac{14}{5}$ 122 16 123 ⑤

124 17 125 ⑤ 126 ② 127 ③ 128 ③ 129 ③ 130 ③ 131 ② 132 ④ 133 ④

134 ⑤ 135 ② 136 ③ 137 10 138 20 139 21 140 47 141 6 142 153 143 36

144 16 145 3 146 165 147 24 148 ⑤ 149 ⑤ 150 ⑤ 151 ②

B 로그

01 $3=\log_3 27$ 02 $-3=\log_2 0.125$ 03 $\dfrac{1}{2}=\log_{49} 7$

04 $0=\log_5 1$ 05 $5^2=25$ 06 $3^{\frac{1}{2}}=\sqrt{3}$ 07 $4^3=64$

08 $\left(\dfrac{1}{2}\right)^4=\dfrac{1}{16}$ 09 $x>4$ 10 $1<x<2$ 또는 $x>2$

11 $2<x<3$ 또는 $3<x<10$ 12 $x>2$ 13 6 14 -3

15 $\dfrac{1}{2}$ 16 0 17 9 18 9 19 1000 20 2 21 6

22 $\log_5 3-4$ 23 2 24 5 25 $\dfrac{b}{a}$ 26 $\dfrac{1}{2}a-\dfrac{1}{2}b$ 27 3

28 $-\dfrac{3}{5}$ 29 1.4955 30 2.4955 31 -1.5045

32 -2.5045 33 0.7781 34 0.9286 35 31 36 18 37 ①

38 15 39 ⑤ 40 18 41 8 42 9 43 ① 44 ② 45 ② 46 ② 47 2

48 ③ 49 2 50 ⑤ 51 ④ 52 ② 53 ④ 54 ② 55 ② 56 22 57 2

58 2 59 5 60 ② 61 3 62 ① 63 9 64 ① 65 ② 66 ② 67 48

68 2 69 2 70 ④ 71 ② 72 ② 73 ④ 74 ② 75 ① 76 ② 77 56

78 ① 79 49 80 ⑤ 81 ② 82 ② 83 ② 84 ⑤ 85 ① 86 ④ 87 21

88 ③ 89 ④ 90 ③ 91 ② 92 80 93 42 94 ③ 95 16 96 ③ 97 ④

98 18 99 100 100 ① 101 20 102 ① 103 ① 104 56 105 ② 106 ② 107 45

108 ① 109 ① 110 13 111 10 112 ① 113 ③ 114 ⑤ 115 ③ 116 ⑤ 117 ④

118 ⑤ 119 ① 120 ② 121 ② 122 ② 123 ① 124 ② 125 ⑤ 126 ② 127 ①

128 ④ 129 ④ 130 ⑤ 131 ① 132 ② 133 2.43 134 ⑤ 135 ④ 136 4 137 ③

138 ③ 139 ④ 140 ① 141 ④ 142 ③ 143 ② 144 ④ 145 ③ 146 ① 147 ⑤

148 ② 149 ⑤ 150 ② 151 64 152 ② 153 31 154 ③ 155 37 156 ⑤ 157 147

158 ③ 159 3 160 해설참조 161 480 162 (1) 18 (2) 0 163 17 164 10

165 $2\sqrt{3}$ 166 (1) 1 (2) 0 (3) $a=b=c$ 167 15 168 16 169 30

170 70 171 72 172 25

C 지수함수와 로그함수

01 3 02 $\dfrac{1}{27}$ 03 1 04 $\dfrac{1}{3}$ 05 $y=2^{x+5}+2$

06 $y=-\left(\dfrac{1}{6}\right)^x$ 07 $y=6^x$ 08 $y=-6^x$

09 치역: $\{y|y>0\}$, 점근선의 방정식: $y=0$

10 치역: $\{y|y>4\}$, 점근선의 방정식: $y=4$

11 최댓값: 9, 최솟값: $\dfrac{1}{27}$ 12 최댓값: 64, 최솟값: $\dfrac{1}{16}$

13 최댓값: 21, 최솟값: $\dfrac{321}{64}$ 14 최댓값: -3, 최솟값: $-\dfrac{127}{32}$

15 1 16 2 17 0 18 5 19 $y=\log_{\frac{1}{5}}(x+4)-5$

20 $y=-\log_3 x$ 21 $y=\log_3(-x)$ 22 $y=-\log_3(-x)$

23 정의역: $\{x|x>-2\}$, 점근선의 방정식: $x=-2$

24 정의역: $\{x|x>0\}$, 점근선의 방정식: $x=0$

25 최댓값: 3, 최솟값: 1 26 최댓값: $-\dfrac{1}{2}$, 최솟값: $-\dfrac{3}{2}$

27 최댓값: 4, 최솟값: 3 28 최댓값: -1, 최솟값: $-\log_3 5$

29 ① 30 ⑤ 31 ③ 32 ① 33 ② 34 ④ 35 ③ 36 ② 37 ① 38 ⑤

39 ② 40 ② 41 ① 42 ④ 43 ① 44 47 45 ③ 46 ② 47 ① 48 2

49 ④ 50 8 51 81 52 82 53 ① 54 ③ 55 ④ 56 ② 57 32 58 ②

59 ② 60 125 61 ⑤ 62 ① 63 ② 64 21 65 ⑤ 66 ① 67 ② 68 ⑤

69 ① 70 14 71 ④ 72 ⑤ 73 ① 74 ④ 75 ① 76 ⑤ 77 ③ 78 ①

79 ① 80 22 81 ③ 82 ③ 83 ② 84 16 85 ② 86 ① 87 ③ 88 ⑤

89 ④ 90 ⑤ 91 ⑤ 92 ③ 93 ⑤ 94 ② 95 ⑤ 96 ③ 97 ① 98 8

99 12 100 ④ 101 ③ 102 ② 103 7 104 ① 105 ① 106 ① 107 ④ 108 13

109 25 110 ② 111 ⑤ 112 11 113 ① 114 34 115 ② 116 ② 117 ① 118 ②

119 1 120 ② 121 ② 122 ⑤ 123 88 124 ③ 125 ③ 126 63 127 259 128 ①

129 ⑤ 130 ② 131 54 132 ③ 133 ⑤ 134 ⑤ 135 ④ 136 ④ 137 24 138 ②

139 ② 140 ② 141 29 142 5 143 246 144 ② 145 ② 146 ④ 147 ② 148 4

149 ① 150 ② 151 ① 152 ② 153 14 154 ⑤ 155 5 156 ⑤ 157 ① 158 ④

159 ② 160 64 161 ② 162 6 163 ② 164 ① 165 ② 166 11 167 ④ 168 144

169 49 170 ② 171 ④ 172 ⑤ 173 ① 174 ⑤ 175 ③ 176 ③ 177 ⑤ 178 ①

179 ⑤ 180 ④ 181 ① 182 ④ 183 ④ 184 ① 185 ④ 186 ⑤ 187 ② 188 ③

189 ⑤ 190 ③ 191 ② 192 ④ 193 ③ 194 ② 195 4 196 32 197 512 198 18

199 7 200 55 201 5 202 14 203 12 204 6 205 15 206 ⑤ 207 ② 208 60

209 128 210 ⑤ 211 4 212 ② 213 ② 214 ① 215 ⑤ 216 ⑤

01 $x=2$ 02 $x=-\dfrac{1}{4}$ 03 $x=-2$ 04 $x=3$

05 $x=1$ 또는 $x=3$ 06 $x=-2$ 07 $x>7$

08 $x<-\dfrac{5}{4}$ 09 $x\le-2$ 또는 $x\ge10$ 10 $x>0$

11 $-3\le x\le-1$ 12 $x=1$ 13 $x=11$ 14 $x=2\sqrt{7}$

15 $x=1$ 16 $x=\dfrac{1}{27}$ 또는 $x=3^9$ 17 $x=\dfrac{1}{2}$ 또는 $x=16$

18 (가) $\log_2 x$ (나) -2 (다) $\dfrac{1}{4}$ 19 $x>1$

20 $9<x<10$ 21 $2<x\le3$ 22 $2<x<8$

23 $\dfrac{1}{25}\le x\le5$ 24 (가) $\log x$ (나) 1 (다) 10 (라) 0

25 2 26 ⑤ 27 ② 28 4 29 40 30 ② 31 ⑤ 32 3 33 5 34 4
35 ③ 36 10 37 ① 38 128 39 ② 40 ⑤ 41 36 42 ⑤ 43 20 44 17
45 6 46 10 47 ① 48 ② 49 6 50 ④ 51 3 52 ① 53 71 54 ③
55 ④ 56 18 57 ③ 58 12 59 16 60 ④ 61 ⑤ 62 ① 63 ⑤ 64 ④
65 ① 66 ③ 67 ① 68 ④ 69 ④ 70 ② 71 ① 72 ③ 73 ② 74 ④
75 15 76 ② 77 ② 78 65 79 11 80 24 81 13 82 5 83 11 84 1
85 ② 86 14 87 ① 88 27 89 3 90 8 91 32 92 ① 93 15 94 4
95 32 96 23 97 ④ 98 ⑤ 99 ① 100 ② 101 ④ 102 12 103 ① 104 ①
105 ③ 106 ④ 107 ④ 108 ② 109 ① 110 8 111 ④ 112 ⑤ 113 ② 114 ②
115 81 116 ① 117 ① 118 80 119 58 120 ① 121 ② 122 ③ 123 75 124 ⑤
125 ③ 126 ② 127 ② 128 ⑤ 129 ② 130 ④ 131 3 132 ③ 133 10 134 ④
135 ④ 136 ④ 137 ② 138 ⑤ 139 ⑤ 140 125 141 31 142 ④ 143 ① 144 4
145 ② 146 6 147 ④ 148 ① 149 ② 150 ⑤ 151 ⑤ 152 ① 153 ③ 154 36
155 ③ 156 ① 157 ② 158 ⑤ 159 12 160 ② 161 ② 162 3 163 9 164 5
165 8 166 77 167 2 168 9 169 730 170 36 171 35 172 80 173 ④ 174 ⑤
175 24

01 $360°\times n+45°$ (단, n은 정수)

02 $360°\times n+150°$ (단, n은 정수)   03 $\dfrac{3}{4}\pi$ 04 $-\dfrac{5}{3}\pi$

05 $36°$ 06 $-210°$ 07 $l=\pi,\ S=\dfrac{5}{2}\pi$

08 $\theta=\dfrac{2}{3}\pi,\ S=12\pi$ 09 $\dfrac{4}{5}$ 10 $-\dfrac{3}{5}$ 11 $-\dfrac{4}{3}$

12 $\sin\theta=\dfrac{12}{13},\ \tan\theta=-\dfrac{12}{5}$ 13 $-\dfrac{4}{9}$ 14 $-\dfrac{3}{4}$

15 최댓값 : 4, 최솟값 : -4, 주기 : π

16 최댓값 : $-\dfrac{2}{3}$, 최솟값 : $-\dfrac{4}{3}$, 주기 : 2π

17 최댓값, 최솟값 : 없다, 주기 : 2π 18 $\dfrac{\sqrt{3}}{2}$ 19 $\dfrac{\sqrt{2}}{2}$

20 $-\dfrac{\sqrt{3}}{3}$ 21 $-\dfrac{1}{2}$ 22 -1 23 1

24 $x=\dfrac{7}{6}\pi$ 또는 $x=\dfrac{11}{6}\pi$ 25 $x=\dfrac{\pi}{6}$ 또는 $x=\dfrac{11}{6}\pi$

26 $x=\dfrac{3}{4}\pi$ 또는 $x=\dfrac{7}{4}\pi$

27 $0\le x\le\dfrac{\pi}{4}$ 또는 $\dfrac{3}{4}\pi\le x<2\pi$

28 $0\le x<\dfrac{2}{3}\pi$ 또는 $\dfrac{4}{3}\pi<x<2\pi$

29 $\dfrac{\pi}{6}\le x<\dfrac{\pi}{2}$ 또는 $\dfrac{7}{6}\pi\le x<\dfrac{3}{2}\pi$ 30 제1, 3사분면

31 제2사분면 32 제1, 3사분면 33 ③ 34 ⑤ 35 ① 36 ①
37 ④ 38 3 39 ⑤ 40 ① 41 ② 42 ⑤ 43 ⑤ 44 15 45 6 46 ④
47 ③ 48 ④ 49 ② 50 ① 51 ⑤ 52 6 53 ④ 54 ③ 55 ④ 56 ④
57 ② 58 ⑤ 59 ③ 60 ② 61 ⑤ 62 ① 63 ③ 64 12 65 10 66 ②
67 ⑤ 68 ① 69 ① 70 ⑤ 71 ④ 72 ⑤ 73 8 74 ② 75 ④ 76 ③
77 ⑤ 78 ④ 79 ② 80 ③ 81 ① 82 ① 83 3 84 ② 85 ⑤ 86 ②
87 8 88 1 89 20 90 12 91 ③ 92 7 93 4 94 8 95 ② 96 ③
97 9 98 ④ 99 ④ 100 ① 101 ⑤ 102 ② 103 ② 104 ① 105 ① 106 ④
107 ① 108 ⑤ 109 ② 110 ④ 111 9 112 6 113 ② 114 ⑤ 115 ① 116 ⑤
117 ④ 118 ⑤ 119 ① 120 ③ 121 14 122 ③ 123 ④ 124 6 125 ③ 126 9
127 ③ 128 ③ 129 6π 130 ③ 131 ② 132 ④ 133 ④ 134 2 135 5 136 10
137 ④ 138 ② 139 ④ 140 41 141 ③ 142 8 143 ② 144 ① 145 6 146 ③
147 ② 148 ⑤ 149 0 150 ② 151 17 152 ④ 153 ④ 154 ④ 155 ③ 156 ⑤
157 ④ 158 ⑤ 159 ③ 160 ① 161 ② 162 ④ 163 ③ 164 ② 165 ① 166 $\dfrac{13}{2}$
167 4 168 ① 169 27 170 ④ 171 ⑤ 172 ② 173 ④ 174 ① 175 ③ 176 ④
177 ④ 178 ④ 179 ④ 180 ④ 181 ⑤ 182 ⑤ 183 ① 184 ⑤ 185 ① 186 ③
187 ④ 188 ④ 189 ④ 190 ③ 191 ④ 192 ② 193 ① 194 20 195 ④ 196 ③
197 7 198 ① 199 $\dfrac{2}{3}\pi$ 200 ② 201 ② 202 ③ 203 12.56 204 ① 205 256 206 ⑤
207 ⑤ 208 2π 209 17 210 -2 211 12π 212 9 213 16 214 -4 215 18 216 $\dfrac{9}{2}\pi$
217 $\dfrac{2}{3}\pi<\theta<\dfrac{4}{3}\pi$ 218 ② 219 ① 220 13 221 ⑤ 222 35 223 13 224 686 225 59
226 47 227 ② 228 ② 229 ①

F 삼각함수의 활용

01 $\frac{\sqrt{5}}{5}$ 02 8 03 60° 04 6√6 05 3√3 06 2

07 $a=b$인 **이등변삼각형** 08 ∠A=90°인 **직각삼각형**

09 2√5 10 2 11 13 12 $\frac{\sqrt{35}}{7}$

13 ∠A=90°인 **직각삼각형** 14 $a=c$인 **이등변삼각형**

15 $\frac{15}{4}$ 16 3√3 17 2 18 16√3 19 ① 20 ⑤ 21 ③

22 ⑤ 23 ① 24 ⑤ 25 ⑤ 26 32 27 ③ 28 ④ 29 ① 30 ① 31 ②
32 192 33 192 34 ⑤ 35 ① 36 ⑤ 37 ⑤ 38 ③ 39 ③ 40 ⑤ 41 ①
42 13 43 ② 44 ④ 45 28 46 ④ 47 ⑤ 48 ④ 49 25 50 ③ 51 ④
52 ③ 53 50 54 ④ 55 ⑤ 56 ② 57 ② 58 26 59 ⑤ 60 271 61 21
62 27 63 7 64 ① 65 ⑤ 66 ① 67 ② 68 ② 69 ① 70 41 71 ③
72 ④ 73 ④ 74 ② 75 ④ 76 ③ 77 50 78 ⑤ 79 ④ 80 20 81 ③
82 ⑤ 83 ② 84 ② 85 ⑤ 86 ③ 87 ② 88 10 89 116 90 ③ 91 ①
92 5 93 ② 94 ③ 95 ① 96 ③ 97 ④ 98 ⑤ 99 ③ 100 ④ 101 ④
102 ② 103 ③ 104 ③ 105 ① 106 ② 107 ② 108 ② 109 ② 110 4 111 ①
112 ① 113 48 114 ③ 115 ② 116 45° 117 3 118 5√3 119 $\frac{156}{5}$ 120 48π 121 $\frac{8}{3}$
122 $\frac{29\sqrt{3}}{4}$ 123 90 124 2√37 125 12π 126 ② 127 ③ 128 ④ 129 17 130 191
131 50 132 36 133 28 134 11 135 71 136 13

G 등차수열과 등비수열

01 1, 5, 9, 13, 17 02 1, 4, 9, 16, 25 03 0 04 90
05 $a_n=2n-1$ 06 $a_n=-6n+59$ 07 $a_n=3n+5$
08 $a_n=2n+2$ 09 $a_n=-3n+32$ 10 $x=1, y=-2$
11 300 12 250 13 130 14 156 15 $a_n=2^{n-1}$
16 $a_n=3\times(-3)^{n-1}$ 17 $a_n=2^{9-n}$ 18 $a_n=2^{n-2}$
19 $a_n=972\times\left(-\frac{1}{3}\right)^{n-1}$ 20 6 21 3069 22 −85

23 $\frac{43}{16}$ 24 $a_n=2n-3\,(n\geq1)$

25 $a_n=\begin{cases} 0 & (n=1) \\ 2n-1 & (n\geq2) \end{cases}$ 26 20 27 ④ 28 ① 29 ① 30 20

31 ④ 32 ⑤ 33 ④ 34 ⑤ 35 ③ 36 35 37 6 38 ① 39 12 40 12
41 ③ 42 ③ 43 ② 44 16 45 ① 46 ④ 47 ① 48 ③ 49 ⑤ 50 ①
51 10 52 ② 53 ④ 54 24 55 18 56 ④ 57 ⑤ 58 10 59 240 60 ②
61 43 62 ④ 63 60 64 315 65 ② 66 ⑤ 67 ③ 68 ① 69 37 70 ④
71 22 72 375 73 ② 74 243 75 ④ 76 32 77 ③ 78 19 79 ④ 80 18
81 ⑤ 82 ③ 83 ④ 84 16 85 12 86 4 87 10 88 ⑤ 89 36 90 ③
91 ⑤ 92 25 93 ④ 94 ② 95 ⑤ 96 ④ 97 ① 98 14 99 18 100 ⑤
101 ⑤ 102 ③ 103 46 104 64 105 ③ 106 ⑤ 107 ① 108 ① 109 ② 110 ④
111 ③ 112 ② 113 ② 114 ② 115 ④ 116 ① 117 ③ 118 ② 119 ② 120 ②
121 257 122 ② 123 ② 124 ③ 125 ① 126 ② 127 13 128 ② 129 ② 130 11
131 ② 132 ① 133 ④ 134 ③ 135 ① 136 16 137 ③ 138 ⑤ 139 256 140 ③
141 ④ 142 8 143 ④ 144 ② 145 ①,④ 146 0 147 11 148 324 149 $\frac{15}{16}$ 150 757
151 6 152 $\frac{1}{11}$ 153 10 154 550 155 5 156 ① 157 13 158 513 159 11 160 11
161 ③ 162 125

H 수열의 합

01 $2+4+6+\cdots+12$ 02 $3+6+11+18+27$

03 $4+7+10+\cdots+31$ 04 $\sum\limits_{k=1}^{100} k$ 05 $\sum\limits_{k=1}^{50} k^2$

06 $\sum\limits_{k=1}^{100} k(k+1)$ 07 10 08 -30 09 550 10 35

11 20 12 880 13 2790 14 2750 15 318

16 825 17 220 18 410 19 255 20 $\dfrac{20}{21}$

21 9 22 250 23 ⑤ 24 ② 25 ⑤ 26 ② 27 ② 28 ④ 29 18 30 ⑤
31 ③ 32 ④ 33 ① 34 ③ 35 ④ 36 10 37 14 38 ⑤ 39 ① 40 221
41 121 42 55 43 19 44 2 45 ④ 46 ① 47 61 48 ③ 49 150 50 ⑤
51 385 52 ④ 53 ① 54 ② 55 ① 56 42 57 ① 58 ② 59 ④ 60 34
61 250 62 55 63 ⑤ 64 25 65 ① 66 ⑤ 67 13 68 ③ 69 640 70 80
71 ③ 72 ② 73 510 74 ① 75 242 76 128 77 ④ 78 13 79 ③ 80 ⑤
81 2 82 ① 83 ④ 84 15 85 120 86 358 87 ③ 88 ④ 89 ⑤ 90 ②
91 ① 92 ⑤ 93 ⑤ 94 ③ 95 ③ 96 201 97 ① 98 30 99 ③ 100 ②
101 ④ 102 9 103 ④ 104 ⑤ 105 ② 106 502 107 ③ 108 105 109 ① 110 ⑤
111 332 112 ⑤ 113 ② 114 ④ 115 ④ 116 11 117 123 118 ④ 119 ① 120 ①
121 ① 122 ③ 123 ④ 124 ① 125 ② 126 ④ 127 ④ 128 ④ 129 ⑤ 130 ④
131 ⑤ 132 308 133 ① 134 ③ 135 ① 136 ① 137 16 138 ② 139 ④ 140 ①
141 ② 142 ⑤ 143 ④ 144 ④ 145 ① 146 ③ 147 ⑤ 148 ③ 149 63 150 136
151 $\dfrac{50}{101}$ 152 550 153 540 154 375 155 25 156 $\dfrac{1}{15}$ 157 $\dfrac{25}{52}$ 158 217 159 165 160 464
161 11 162 110 163 29 164 ④ 165 74 166 3 167 7 168 ③ 169 5 170 53
171 64

I 수학적 귀납법

01 8 02 65 03 15 04 $a_n=5n-4$ 05 $a_n=2\times 3^{n-1}$

06 $a_n=\dfrac{n^2-n+2}{2}\,(n\geq 1)$ 07 $a_n=\dfrac{2}{n}\,(n\geq 1)$ 08 39

09 100 10 (가) $n=1$ (나) $2k+1$

11 36 12 ③ 13 ① 14 ④ 15 ⑤ 16 ⑤ 17 15 18 ⑤ 19 256 20 ①
21 ① 22 ⑤ 23 162 24 ③ 25 15 26 ② 27 381 28 ② 29 ② 30 55
31 8 32 ③ 33 92 34 ④ 35 ④ 36 ② 37 ② 38 747 39 ① 40 ②
41 ⑤ 42 ③ 43 27 44 8 45 ① 46 ⑤ 47 ④ 48 ③ 49 ③ 50 235
51 ② 52 ④ 53 ⑤ 54 23 55 101 56 21 57 ② 58 ① 59 ⑤ 60 ③
61 ③ 62 ① 63 ③ 64 ⑤ 65 ① 66 ④ 67 ⑤ 68 ① 69 ⑤ 70 ②
71 ③ 72 ② 73 해설참조 74 해설참조 75 해설참조 76 해설참조
77 해설참조 78 해설참조 79 해설참조 80 해설참조 81 해설참조
82 해설참조 83 5 84 132 85 13 86 725 87 ③ 88 28 89 ③

〈내신+수능 대비 단원별 모의고사〉

A 지수
01 2 02 ④ 03 ② 04 16 05 30 06 ④ 07 ② 08 25 09 ③ 10 19

B 로그
01 128 02 ① 03 ③ 04 ② 05 32 06 12 07 ② 08 ③ 09 14 10 11

C 지수함수와 로그함수
01 27 02 ③ 03 64 04 ⑤ 05 ④ 06 70 07 15 08 ⑤ 09 ⑤ 10 22

D 지수함수와 로그함수의 활용
01 ① 02 ④ 03 10 04 26 05 ③ 06 6 07 32 08 ⑤ 09 25 10 ③
11 6

E 삼각함수
01 ④ 02 150 03 ③ 04 6 05 8 06 ③ 07 ④ 08 ① 09 ① 10 ④
11 18

F 삼각함수의 활용
01 ③ 02 ④ 03 ② 04 ① 05 ③ 06 ③ 07 ③ 08 ③ 09 ④ 10 51

G 등차수열과 등비수열
01 12 02 183 03 64 04 ① 05 ① 06 ④ 07 ⑤ 08 ② 09 15 10 ③
11 ③ 12 72 13 218

H 수열의 합
01 ③ 02 ④ 03 ⑤ 04 ② 05 88 06 511 07 ④ 08 94 09 ③ 10 61

I 수학적 귀납법
01 ⑤ 02 ④ 03 ④ 04 ③ 05 ① 06 496 07 ⑤ 08 34

 memo

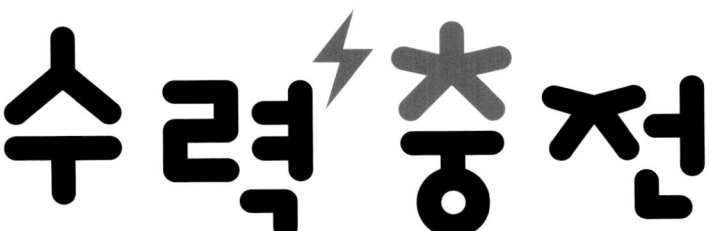

Xi story

대한민국 No.1 수능 기출 문제집

국어
- 비문학 독해 ① (고1), ② (고2)
- 문학 독해 ① (고1), ② (고2)
- 국어 기본 (고1) ★
- 언어(문법) 기본
- 언어와 매체 실전 (고3)
- 화법과 작문 실전 (고3)
- 독서 기본 (고1)
- 독서 완성 (고2)
- 독서 실전 (고3) ★
- 문학 기본 (고1)
- 문학 완성 (고2)
- 문학 실전 (고3) ★
- 개념어 총정리
- 고전 시가 총정리 ★
- 고등 국어 문법 총정리 ★
- 고난도 국어 독서 · 문학
- 전국연합 모의고사 고1 국어 ★
- 전국연합 모의고사 고2 국어 ★
- 연도별 모의고사 고3 국어 (화법과 작문)
- 연도별 모의고사 고3 국어 (언어와 매체)

영어
- 독해 기본 (고1) ★
- 독해 완성 (고2) ★
- 독해 실전 (고3) ★
- 고난도 영어 독해
- 고등 영문법 기본
- 어법 · 어휘 기본 (고1) ★
- 어법 · 어휘 완성 (고2)
- 어법 · 어휘 실전 (고3) ★
- 듣기 기본 (고1 전국연합 모의고사 24회)
- 듣기 완성 (고2 전국연합 모의고사 24회)
- 듣기 실전 (고3 수능 대비 모의고사 35회)
- 전국연합 모의고사 고1 영어
- 전국연합 모의고사 고2 영어
- 연도별 모의고사 고3 영어

★ 는 강남인강 강의교재

수학
- 공통수학 1 ★
- 공통수학 2 ★
- 고2 수학 I ★
- 고2 수학 II ★
- 고2 미적분
- 고2 확률과 통계
- 고3 수학 I ★
- 고3 수학 II ★
- 고3 미적분 ★
- 고3 확률과 통계 ★
- 고3 기하
- 고난도 1등급 수학
  (수학 I, 수학 II, 확률과 통계)
  (수학 I, 수학 II, 미적분)
- 전국연합 모의고사 고1 공통수학
- 연도별 모의고사 고3 수학
- 내신 핵심 기출 1000제 공통수학 1
- 내신 핵심 기출 1000제 공통수학 2

사회
- 통합사회 1, 2 ★
- 내신 한국사 1, 2
- 사회 · 문화 ★
- 한국지리
- 세계지리
- 윤리와 사상
- 생활과 윤리 ★
- 수능 한국사 ★
- 동아시아사
- 전국연합 모의고사 고1 통합사회

과학
- 통합과학 1, 2 ★
- 개념 화학 I
- 개념 생명과학 I
- 개념 물리학 I
- 개념 지구과학 I
- 화학 I ★
- 화학 II
- 생명과학 I ★
- 생명과학 II
- 물리학 I ★
- 지구과학 I ★
- 지구과학 II
- 전국연합 모의고사 고1 통합과학

학교 시험 + 수능 1등급을 위한
고품격 유형서!

일등급 수학

- 공통수학 1 ★
- 공통수학 2 ★
- 수학 I ★
- 수학 II ★
- 확률과 통계 ★
- 미적분 ★
- 기하 ★

자이스토리는...
수능 문제 은행 최고의 교재입니다.

수능 공부는 자이스토리가 제일 중요합니다.
자이스토리에 수록된 수능 기출문제는
일반 문제와 달리 출제위원들이 심혈을 기울여
만든 고품격의 문제들이면서, 수능에 또다시
출제될 수 있기 때문입니다. 그래서 일반
문제집 10권을 푸는 것보다 자이스토리를
한 번 더 푸는 게 훨씬 효과적입니다.

자이스토리는...
수능 유형 분석이 쉽고 빠릅니다.

자이스토리는 수능 문제와 평가원 모의고사
문제를 유형별, 단원별로 수록했습니다.
문제를 풀면서 답을 구하는 과정을 통해
출제자의 의도와 유형을 쉽게 파악할 수
있습니다. 더불어 자주 출제되는 유형, 정답을
빨리 찾는 방법, 매력적인 오답을 피하는 방법
등도 자연스럽게 체득할 수 있습니다.

자이스토리는...
수능 문제를 수험생 스스로 예측합니다.

단원별, 유형별, 난이도별로 분류된
자이스토리를 차례대로 풀어 가면 난이도의
흐름, 출제 빈도의 흐름, 신유형 문제의 출제
변화 양상 등을 쉽게 파악할 수 있습니다.
그래서 '이번 수능에는 이런 문제들이 반드시
출제될 거야.'라는 예측을 수험생 스스로 할 수
있습니다.

Xistory stands for e**X**tra **I**ntensive story for the University Entrance Examination.
Xistory는 e**X**tra **I**ntensive story의 약자로 [**특별한 수능 단련 이야기**]라는 의미입니다.

검색 수경출판사 · 자이스토리   ID: xistory_insta

등록번호 제2013-000088호   발행처 (주) 수경출판사   발행인 박영란   발행일 2025년 2월 15일 (제3쇄)
홈페이지 www.book-sk.co.kr   대표전화 02-333-6080   구입문의 02-333-7812   팩스 02-333-7197
주소 서울시 영등포구 양평로 21길 26 (양평동 5가) IS비즈타워 807호 (우07207)
내용문의 02-333-5976   편집책임 강병주 / 라지혜 / 이윤경 / 장효선 / 김성근 / 유주리
디자인 박지영 / 전찬우   마케팅 임순규 / 손형관 / 서정훈 / 김민주   제작물류 조인호 / 류혜리 / 임영훈

※ 이미지 출처: www.gettyimagesbank.com
※ 이 책에 실린 모든 내용에 대한 저작권은 (주)수경출판사에 있습니다. 무단 복사·복제를 일절 금합니다.
※ 페이지가 누락되었거나 파손된 교재는, 사용 여부에 관계없이 구입하신 곳에서 즉시 교환해 드립니다.

자이스토리 · 고2 수학 I
53370
9791162406946
ISBN 979-11-6240-694-6
정가 21,500원

story

대한민국 No.1 수능 기출 문제집

Xistory stands for eXtra Intensive story for the University Entrance Examination.

해 설 편

고2 수학 I

수경출판사

✋ 입체 첨삭 해설!

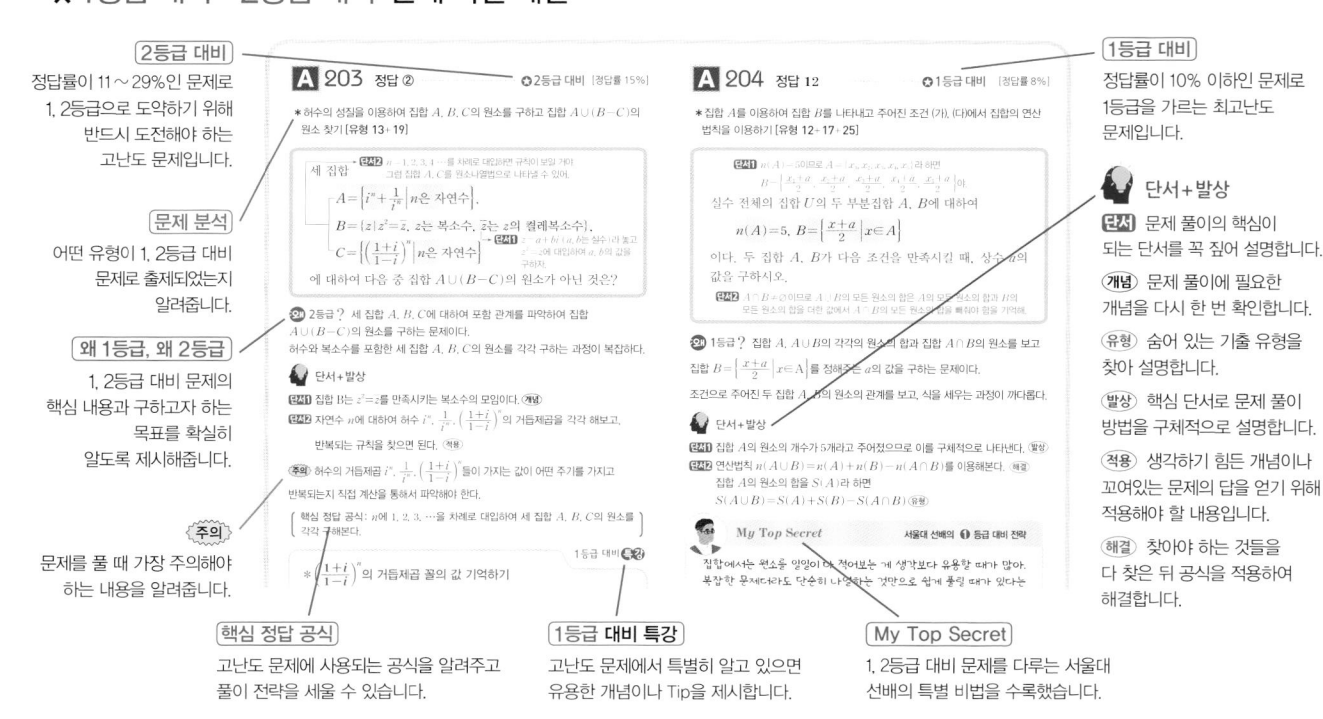

정답 공식
문제 속의 숨은 조건을 해석하여 풀이 전략을 세우도록 도와줍니다.

단계별 명쾌 풀이
문제를 푸는 데 요구되는 사고의 순서를 구체적으로 단계를 나누어 제시하였습니다.

실수
문제를 푸는 과정이나 잘못된 개념을 적용하는 실수를 지적해주고 해결의 열쇠를 제공해 주는 코너입니다.

해설 적용 공식
해설에 사용된 개념, 공식을 보여줍니다.

다른 풀이
다른 방법으로 문제에 접근할 수 있는 방법을 알려줍니다.

수능 핵강
조금 더 쉽고 빠르게 풀 수 있는 스킬을 설명하였습니다.

개념 공식
주요 개념과 공식을 정리하였습니다.

생생체험
수능을 먼저 정복한 선배들의 경험이 100% 녹아 있는 실제적인 조언을 담았습니다.

평가원 해설
오답 이의 제기된 문항에 대해 평가원 출제 위원들이 요구한 사고 과정을 확인할 수 있습니다.

출제 개념
문제에 적용된 핵심 개념을 제시하였습니다.

정답률
교육청 자료, 기타 기관 공지 자료와 내부 분석 검토 과정을 거쳐서 제시됩니다.

핵심 단서
핵심이 되는 단서와 문제 풀이에 적용하는 방법을 설명하였습니다.

주의
주어진 조건을 빼먹거나 잘못 이용할 가능성이 있을 때, 주의를 주어서 올바른 풀이로 나아갈 수 있도록 하였습니다.

함정
쉽게 빠질 수 있는 함정을 체크해 주고 해결할 수 있는 방법을 제시하였습니다.

보충 설명
정확하고 완벽하게 이해할 수 있도록 내재된 내용을 설명하였습니다.

쉬운 풀이, 톡톡 풀이
직관적으로 풀거나, 교육과정 외의 개념 또는 특이한 풀이 방법을 알려줍니다.

★ 1등급 대비 · 2등급 대비 문제 특별 해설

2등급 대비
정답률이 11~29%인 문제로 1, 2등급으로 도약하기 위해 반드시 도전해야 하는 고난도 문제입니다.

문제 분석
어떤 유형이 1, 2등급 대비 문제로 출제되었는지 알려줍니다.

왜 1등급, 왜 2등급
1, 2등급 대비 문제의 핵심 내용과 구하고자 하는 목표를 확실히 알도록 제시해줍니다.

주의
문제를 풀 때 가장 주의해야 하는 내용을 알려줍니다.

핵심 정답 공식
고난도 문제에 사용되는 공식을 알려주고 풀이 전략을 세울 수 있습니다.

1등급 대비 특강
고난도 문제에서 특별히 알고 있으면 유용한 개념이나 Tip을 제시합니다.

My Top Secret
1, 2등급 대비 문제를 다루는 서울대 선배의 특별 비법을 수록했습니다.

1등급 대비
정답률이 10% 이하인 문제로 1등급을 가르는 최고난도 문제입니다.

단서+발상
단서 문제 풀이의 핵심이 되는 단서를 꼭 짚어 설명합니다.
개념 문제 풀이에 필요한 개념을 다시 한 번 확인합니다.
유형 숨어 있는 기출 유형을 찾아 설명합니다.
발상 핵심 단서로 문제 풀이 방법을 구체적으로 설명합니다.
적용 생각하기 힘든 개념이나 꼬여있는 문제의 답을 얻기 위해 적용해야 할 내용입니다.
해결 찾아야 하는 것들을 다 찾은 뒤 공식을 적용하여 해결합니다.

🍀 차 례

 **A 지수**

A 01 정답 $-1, \dfrac{1\pm\sqrt{3}i}{2}$ ······· *거듭제곱과 거듭제곱근

-1의 세제곱근을 x라 하면 $x^3=-1$이므로
$x^3+1=0$, $(x+1)(x^2-x+1)=0$
$\therefore x=-1$ 또는 $x=\dfrac{1\pm\sqrt{3}i}{2}$

따라서 -1의 세제곱근은 $-1, \dfrac{1\pm\sqrt{3}i}{2}$이다.

A 02 정답 $\pm2i, \pm2$ ······· *거듭제곱과 거듭제곱근

16의 네제곱근을 x라 하면 $x^4=16$이므로
$x^4-16=0$, $(x^2+4)(x^2-4)=0$
$(x+2i)(x-2i)(x+2)(x-2)=0$
$\therefore x=\pm2i$ 또는 $x=\pm2$
따라서 16의 네제곱근은 $\pm2i, \pm2$이다.

A 03 정답 -2 ······· *거듭제곱과 거듭제곱근

-8의 세제곱근을 x라 하면 $x^3=-8$이므로
$x^3+8=0$, $(x+2)(x^2-2x+4)=0$
이때, $x^2-2x+4=0$은 실근을 갖지 않으므로 $x+2=0$에서 $x=-2$
따라서 -8의 세제곱근 중 실근인 것은 -2이다.

A 04 정답 $-3, 3$ ······· *거듭제곱과 거듭제곱근

81의 네제곱근을 x라 하면 $x^4=81$이므로
$x^4-81=0$, $(x^2-9)(x^2+9)=0$
이때, $x^2+9=0$은 실근을 갖지 않으므로 $x^2-9=0$에서
$(x+3)(x-3)=0$ $\therefore x=-3$ 또는 $x=3$
따라서 81의 네제곱근 중 실근인 것은 $-3, 3$이다.

A 05 정답 2 ······· *거듭제곱과 거듭제곱근

$\sqrt[3]{8}=\sqrt[3]{2^3}=2$

A 06 정답 -2 ······· *거듭제곱과 거듭제곱근

$-\sqrt[4]{16}=-\sqrt[4]{2^4}=-2$

A 07 정답 -5 ······· *거듭제곱과 거듭제곱근

$\sqrt[5]{(-5)^5}=-5$

A 08 정답 4 ······· *거듭제곱과 거듭제곱근

$\sqrt[4]{256}=\sqrt[4]{4^4}=4$

A 09 정답 5 ······· *거듭제곱근의 성질

$\sqrt[3]{5}\sqrt[3]{25}=\sqrt[3]{5\times25}=\sqrt[3]{125}=\sqrt[3]{5^3}=5$

A 10 정답 3 ······· *거듭제곱근의 성질

$\dfrac{\sqrt[4]{729}}{\sqrt[4]{9}}=\sqrt[4]{\dfrac{729}{9}}=\sqrt[4]{81}=\sqrt[4]{3^4}=3$

A 11 정답 10 ······· *거듭제곱근의 성질

$(\sqrt[8]{100})^4=\sqrt[8]{100^4}=\sqrt[8]{10^8}=10$

A 12 정답 2 ······· *거듭제곱근의 성질

$\sqrt[3]{\sqrt{64}}=\sqrt[6]{64}=\sqrt[6]{2^6}=2$

A 13 정답 2 ······· *거듭제곱근의 성질

$\sqrt[3]{3\sqrt{4}}\times\sqrt[6]{\dfrac{16}{9}}=\sqrt[3]{6}\times\sqrt[3]{\dfrac{4}{3}}=\sqrt[3]{6\times\dfrac{4}{3}}=\sqrt[3]{8}=\sqrt[3]{2^3}=2$

A 14 정답 1 ······· *거듭제곱근의 성질

$\dfrac{\sqrt[6]{27}\times\sqrt[12]{9}}{\sqrt[6]{81}}=\dfrac{\sqrt[6]{3^3}\times\sqrt[12]{3^2}}{\sqrt[6]{3^4}}=\dfrac{\sqrt[6]{3^3}\times\sqrt[6]{3}}{\sqrt[6]{3^4}}=\sqrt[6]{\dfrac{3^3\times3}{3^4}}=\sqrt[6]{\dfrac{3^4}{3^4}}=\sqrt[6]{1}=1$

A 15 정답 27 ······· *거듭제곱근의 성질

$\sqrt{\dfrac{9^7+3^{11}}{9^4+3^5}}=\sqrt{\dfrac{3^{14}+3^{11}}{3^8+3^5}}=\sqrt{\dfrac{3^{11}(3^3+1)}{3^5(3^3+1)}}=\sqrt{3^6}=3^3=27$

A 16 정답 16 ······· *거듭제곱근의 성질

$\sqrt{\dfrac{8^{10}+4^{10}}{8^4+4^{11}}}=\sqrt{\dfrac{2^{30}+2^{20}}{2^{12}+2^{22}}}=\sqrt{\dfrac{2^{20}(2^{10}+1)}{2^{12}(1+2^{10})}}=\sqrt{2^8}=2^4=16$

A 17 정답 1 ······· *지수의 확장

$(-3)^0=1$

A 18 정답 $\dfrac{1}{25}$ ······· *지수의 확장

$5^{-2}=\dfrac{1}{5^2}=\dfrac{1}{25}$

A 19 정답 32 ······· *지수의 확장

$\left(\dfrac{1}{2}\right)^{-5}=2^5=32$

A 20 정답 $\dfrac{27}{64}$ ······· *지수의 확장

$\left(\dfrac{4}{3}\right)^{-3}=\left(\dfrac{3}{4}\right)^3=\dfrac{27}{64}$

A 21 정답 a ······· *지수의 확장

$a^4\times a^3\div a^6=a^{4+3-6}=a$

A 22 정답 a^7 ······· *지수의 확장

$(a^{-2})^4\times(a^{-3})^{-5}=a^{-8}\times a^{15}=a^{-8+15}=a^7$

A 23 정답 a^3 ······ *지수의 확장

$$\frac{(a^{-6})^3 \times (a^3)^6}{a^3 \times a^{-6}} = \frac{a^{-18} \times a^{18}}{a^{3+(-6)}} = \frac{a^{(-18)+18}}{a^{-3}} = a^{0-(-3)} = a^3$$

A 24 정답 **32** ······ *지수의 확장

$$2^{-2} \times 8^{\frac{7}{3}} = 2^{-2} \times (2^3)^{\frac{7}{3}} = 2^{-2} \times 2^7 = 2^{-2+7} = 2^5 = 32$$

A 25 정답 **5** ······ *지수의 확장

$$(5^{\sqrt{8}})^{\sqrt{2}} \div 125 = 5^{\sqrt{16}} \div 5^3 = 5^4 \div 5^3 = 5^{4-3} = 5$$

A 26 정답 **1** ······ *지수의 확장

$$9^{\frac{1}{2}} \times 3^{-3} \div 27^{-\frac{2}{3}} = (3^2)^{\frac{1}{2}} \times 3^{-3} \div (3^3)^{-\frac{2}{3}}$$
$$= 3 \times 3^{-3} \div 3^{-2}$$
$$= 3^{1+(-3)-(-2)} = 3^0 = 1$$

A 27 정답 $a^{\frac{2}{3}}b^{\frac{1}{2}}$ ······ *지수의 확장

$a = \sqrt{2} = 2^{\frac{1}{2}}$, $b = \sqrt[3]{3} = 3^{\frac{1}{3}}$이므로

$$\sqrt[6]{12} = 12^{\frac{1}{6}} = (2^2)^{\frac{1}{6}} \times 3^{\frac{1}{6}} = (2^{\frac{1}{2}})^{\frac{2}{3}} \times (3^{\frac{1}{3}})^{\frac{1}{2}} = a^{\frac{2}{3}}b^{\frac{1}{2}}$$

A 28 정답 $a^{12}b^{18}$ ······ *지수의 확장

$a = \sqrt{2} = 2^{\frac{1}{2}}$, $b = \sqrt[3]{3} = 3^{\frac{1}{3}}$이므로

$$6^6 = 2^6 \times 3^6 = (2^{\frac{1}{2}})^{12} \times (3^{\frac{1}{3}})^{18} = a^{12}b^{18}$$

A 29 정답 $a^{\frac{1}{2}}+b^{\frac{1}{2}}$ ······ *지수의 확장

$$(a-b) \div (a^{\frac{1}{2}}-b^{\frac{1}{2}}) = \frac{(a^{\frac{1}{2}}+b^{\frac{1}{2}})(a^{\frac{1}{2}}-b^{\frac{1}{2}})}{a^{\frac{1}{2}}-b^{\frac{1}{2}}} = a^{\frac{1}{2}}+b^{\frac{1}{2}}$$

A 30 정답 $a+b$ ······ *지수의 확장

$$(a^{\frac{1}{3}}+b^{\frac{1}{3}})(a^{\frac{2}{3}}-a^{\frac{1}{3}}b^{\frac{1}{3}}+b^{\frac{2}{3}}) = (a^{\frac{1}{3}})^3 + (b^{\frac{1}{3}})^3 = a+b$$

A 31 정답 $a-b$ ······ *지수의 확장

$$(a^{\frac{1}{4}}-b^{\frac{1}{4}})(a^{\frac{1}{4}}+b^{\frac{1}{4}})(a^{\frac{1}{2}}+b^{\frac{1}{2}}) = \{(a^{\frac{1}{4}})^2 - (b^{\frac{1}{4}})^2\}(a^{\frac{1}{2}}+b^{\frac{1}{2}})$$
$$= (a^{\frac{1}{2}}-b^{\frac{1}{2}})(a^{\frac{1}{2}}+b^{\frac{1}{2}})$$
$$= (a^{\frac{1}{2}})^2 - (b^{\frac{1}{2}})^2$$
$$= a-b$$

A 32 정답 -2 ······ *지수의 확장

$25^{\frac{1}{x}} = 5^{\frac{2}{x}} = 15$, $125^{\frac{1}{y}} = 5^{\frac{3}{y}} = 375$이므로

$$5^{\frac{2}{x}} \div 5^{\frac{3}{y}} = 5^{\frac{2}{x}-\frac{3}{y}} = \frac{15}{375} = \frac{1}{25} = 5^{-2}$$

$$\therefore \frac{2}{x} - \frac{3}{y} = -2$$

A 33 정답 $2\sqrt{2}-1$ ······ *지수의 확장

분모, 분자에 a^x을 각각 곱하면

$$\frac{a^{3x}+a^{-3x}}{a^x+a^{-x}} = \frac{a^{4x}+a^{-2x}}{a^{2x}+1} = \frac{(\sqrt{2}-1)^2 + \frac{1}{\sqrt{2}-1}}{(\sqrt{2}-1)+1}$$
$$= \frac{4-\sqrt{2}}{\sqrt{2}} = \frac{4\sqrt{2}-2}{2} = 2\sqrt{2}-1$$

수능 유형별 기출 문제 [2점, 3점, 쉬운 4점]

A 34 정답 ③ *거듭제곱근의 정의 ······ [정답률 74%]

[정답 공식: a의 n 제곱근 중 실수인 것의 개수는 $a>0$일 때 n이 홀수이면 1, 짝수이면 2이고, $a<0$일 때 n이 홀수이면 1, 짝수이면 0이다.]

$2 \le n \le 10$인 자연수 n에 대하여 $\underline{n^2+1}$의 n 제곱근 중 실수인 것의 개수를 $f(n)$, $\underline{n^2-8n+12}$의 n 제곱근 중 실수인 것의 개수를 $g(n)$이라 하자. $f(n)=2g(n)$을 만족시키는 모든 자연수 n의 값의 합은? (4점)

^{단서} a의 n 제곱근 중 실수인 것의 개수는 a의 부호에 따라 n이 홀수일 때와 짝수일 때로 나누어 생각해.

① 6 　　　 ② 7 　　　 ③ 8
④ 9 　　　 ⑤ 10

1st $f(n)$을 구해.

$2 \le n \le 10$인 자연수 n에 대하여 $n^2+1>0$이므로 n^2+1의 n 제곱근 중 실수인 것은 $\underline{n$이 홀수일 때 1개, n이 짝수일 때 2개이다.}

n^2+1의 n 제곱근 중 실수인 것은 n이 홀수이면 $\sqrt[n]{n^2+1}$이고 n이 짝수이면 $\pm\sqrt[n]{n^2+1}$이야.

$$\therefore f(n) = \begin{cases} 1 \ (n=3, 5, 7, 9) \\ 2 \ (n=2, 4, 6, 8, 10) \end{cases}$$

2nd $g(n)$을 구해.

$n^2-8n+12 = (n-2)(n-6)$이므로

$n<2$ 또는 $n>6$일 때, $n^2-8n+12>0$

$n=2$ 또는 $n=6$일 때, $n^2-8n+12=0$

$2<n<6$일 때, $n^2-8n+12<0$

따라서 $n^2-8n+12$의 n 제곱근 중 실수인 것은

(ⅰ) $n<2$ 또는 $n>6$일 때, $\underline{n}$이 홀수이면 1개, n이 짝수이면 2개이다.

$n^2-8n+12>0$이므로 $n^2-8n+12$의 n 제곱근 중 실수인 것은 n이 홀수이면 $\sqrt[n]{n^2-8n+12}$,

(ⅱ) $n=2$ 또는 $n=6$일 때, $\underline{1}$개이다. n이 짝수이면 $\pm\sqrt[n]{n^2-8n+12}$이야.

$n^2-8n+12=0$이고 0의 n 제곱근은 0이야.

(ⅲ) $2<n<6$일 때, $\underline{n}$이 홀수이면 1개, n이 짝수이면 0개이다.

$n^2-8n+12<0$이므로 $n^2-8n+12$의 n 제곱근 중 실수인 것은 n이 홀수이면 $\sqrt[n]{n^2-8n+12}$, n이 짝수이면 없어.

(ⅰ)~(ⅲ)에 의하여 $g(n) = \begin{cases} 0 \ (n=4) \\ 1 \ (n=2, 3, 5, 6, 7, 9) \\ 2 \ (n=8, 10) \end{cases}$

3rd $f(n)=2g(n)$을 만족시키는 모든 자연수 n의 값을 구해.

$\underline{f(n)=2g(n)$을 만족시켜야 하므로 $f(n)=2$, $g(n)=1$이다.}

$f(n)=1$이면 $g(n)=\frac{1}{2}$, $f(n)=2$이면 $g(n)=1$이어야 해. 그런데 $g(n)$으로 가능한 값은 0, 1, 2이므로 $f(n)=2g(n)$을 만족시키는 경우는 $f(n)=2$, $g(n)=1$ 뿐이야.

즉, 이것을 만족시키는 모든 자연수 n의 값은 2, 6이고 그 합은 $2+6=8$이다.

정답 ⑤ *거듭제곱근의 정의 ───────── [정답률 55%]

(정답 공식: a의 n제곱근은 $\sqrt[n]{a}$이다.)

> 실수 a, b에 대하여 a는 2의 세제곱근이고 $\sqrt{2}$가 b의 네제곱근일 때, $\left(\dfrac{b}{a}\right)^3$의 값은? (3점)
>
> 단세 거듭제곱근의 정의를 알고 있는지 물어보고 있어.
>
> ① 2　　② 4　　③ 8　　④ 16　　⑤ 32

1st a, b를 거듭제곱근을 이용하여 표현해 봐.

a는 2의 세제곱근이므로 $a^3 = 2$

$\sqrt{2}$는 b의 네제곱근이므로 $(\sqrt{2})^4 = b$

2nd **1st**에서 구한 값을 $\left(\dfrac{b}{a}\right)^3$에 대입하자.

$$\left(\frac{b}{a}\right)^3 = \frac{b^3}{a^3} = \frac{\{(\sqrt{2})^4\}^3}{2} = \frac{2^6}{2} = 2^5 = 32$$

A 36 **정답 ⑤** *거듭제곱근의 정의 ───────── [정답률 75%]

[정답 공식: 양수 k의 세제곱근 중 실수는 $\sqrt[3]{k}$, a의 네제곱근 중 실수는 $\pm\sqrt[4]{a}$이다. 이때, $\sqrt[3]{k} = a$임을 이용한다.]

> 양수 k의 세제곱근 중 실수인 것을 a라 할 때, a의 네제곱근 중 양수인 것은 $\sqrt[3]{4}$이다. k의 값은? (3점)
>
> 단세1 거듭제곱근의 정의를 이용하여 세제곱근 중 실수를 찾아.　단세2 양수 a의 네제곱근 중 양수는 $\sqrt[4]{a}$임을 이용하자.
>
> ① 16　　② 32　　③ 64　　④ 128　　⑤ 256

1st k의 세제곱근과 네제곱근을 구해 보자.

양수 k의 세제곱근 중 실수인 것이 a이므로

$a = \sqrt[3]{k}$에서 $a = k^{\frac{1}{3}}$ $(a > 0)$ ··· ㉠　← k의 세제곱근 중 실수는 $\sqrt[3]{k}$와 같아.

a의 네제곱근 중 양수인 것이 $\sqrt[3]{4}$이므로　← 지수로 나타내면 계산이 쉬워.

$\sqrt[3]{4} = \sqrt[4]{a}$에서 $4^{\frac{1}{3}} = a^{\frac{1}{4}}$, $(2^2)^{\frac{1}{3}} = a^{\frac{1}{4}}$　← a의 네제곱근 중 실수는 $\pm\sqrt[4]{a}$이고 그중 양수이므로 $\sqrt[4]{a}$

$2^{\frac{2}{3}} = a^{\frac{1}{4}}$ ··· ㉡

㉠을 ㉡에 대입하면 $2^{\frac{2}{3}} = \left(k^{\frac{1}{3}}\right)^{\frac{1}{4}}$, $2^{\frac{2}{3}} = k^{\frac{1}{12}}$

$\left(2^{\frac{2}{3}}\right)^{12} = \left(k^{\frac{1}{12}}\right)^{12}$　← $(a^m)^n = a^{mn}$

$\therefore k = \left(2^{\frac{2}{3}}\right)^{12} = 2^8 = 256$

A 37 **정답 ①** *거듭제곱근의 정의 ───────── [정답률 64%]

[정답 공식: 실수 a의 n 제곱근 중 실수의 개수는 n이 홀수일 때 1개이고 n이 짝수일 때 $\begin{cases} a > 0$이면 2개 \\ $a = 0$이면 1개 \\ $a < 0$이면 0개 \end{cases}$]

> 자연수 n($n \geq 2$)에 대하여 $m - 2n$의 n 제곱근 중에서 실수인 것의 개수를 $f(n)$이라 할 때, $f(2) + f(3) + f(4) = 3$을 만족시키는 모든 자연수 m의 값의 합은? (4점)
>
> 단세1 n이 짝수일 때와 홀수일 때를 나누어 생각해 봐.　단세2 $f(n)$의 값은 0, 1, 2 중 하나야.
>
> ①18　　② 23　　③ 28　　④ 33　　⑤ 38

1st m의 값의 범위에 따라 $f(n)$의 값을 구해.

(i) $n = 2$이면 n은 짝수이므로 $m - 2n = m - 4$의 n제곱근, 즉 제곱근 중에서 실수인 것의 개수는

$m - 4 > 0$이면 $\pm\sqrt{m-4}$로 2개, $m - 4 = 0$이면 0으로 1개, $m - 4 < 0$이면 실수인 것은 없어.

　i) $m - 4 > 0$, 즉 $m > 4$일 때, 2이므로 $f(2) = 2$

　ii) $m - 4 = 0$, 즉 $m = 4$일 때, 1이므로 $f(2) = 1$

　iii) $m - 4 < 0$, 즉 $m < 4$일 때, 0이므로 $f(2) = 0$

(ii) $n = 3$이면 n은 홀수이므로 $m - 2n = m - 6$의 n제곱근, 즉 세제곱근 중에서 실수인 것의 개수는 m의 값에 관계없이 1이므로

m의 값에 관계없이 $\sqrt[3]{m-6}$으로 1개야.

$$f(3) = 1$$

(iii) $n = 4$이면 n은 짝수이므로 $m - 2n = m - 8$의 n제곱근, 즉 네제곱근 중에서 실수인 것의 개수는

$m - 8 > 0$이면 $\pm\sqrt[4]{m-8}$로 2개, $m - 8 = 0$이면 0으로 1개, $m - 8 < 0$이면 실수인 것은 없어.

　i) $m - 8 > 0$, 즉 $m > 8$일 때, 2이므로 $f(4) = 2$

　i) $m - 8 = 0$, 즉 $m = 8$일 때, 1이므로 $f(4) = 1$

　i) $m - 8 < 0$, 즉 $m < 8$일 때, 0이므로 $f(4) = 0$

2nd $f(2) + f(3) + f(4) = 3$을 만족시키는 모든 자연수 m의 값을 구해.

(ii)에 의하여 $f(3) = 1$이므로 $f(2) + f(3) + f(4) = 3$에서

$f(2) + f(4) = 2$ ··· ㉠

따라서 ㉠을 만족시키는 경우는 $f(2) = 0$, $f(4) = 2$ 또는

$f(2) = 1$, $f(4) = 1$ 또는 $f(2) = 2$, $f(4) = 0$인 경우이다.

(Ⅰ) $f(2) = 0$, $f(4) = 2$일 때,

　　$f(2) = 0$에서 $m < 4$, $f(4) = 2$에서 $m > 8$

　　따라서 $f(2) = 0$, $f(4) = 2$를 만족시키는 m의 값은 존재하지 않는다.

(Ⅱ) $f(2) = 1$, $f(4) = 1$일 때,

　　$f(2) = 1$에서 $m = 4$, $f(4) = 1$에서 $m = 8$

　　따라서 $f(2) = 1$, $f(4) = 1$을 만족시키는 m의 값은 존재하지 않는다.

(Ⅲ) $f(2) = 2$, $f(4) = 0$일 때,

　　$f(2) = 2$에서 $m > 4$, $f(4) = 0$에서 $m < 8$

　　따라서 $f(2) = 2$, $f(4) = 0$을 만족시키는 m의 값의 범위는 $4 < m < 8$이다.

(Ⅰ)~(Ⅲ)에 의하여 $f(2) + f(3) + f(4) = 3$을 만족시키는 m의 값의 범위는 $4 < m < 8$이므로 모든 자연수 m의 값은 5, 6, 7이고 그 합은 $5 + 6 + 7 = 18$이다.

A 38 **정답 11** *거듭제곱근의 정의 ───────── [정답률 58%]

[정답 공식: 집합 C의 원소는 b의 a제곱근 중 실수인 것만 해당되므로 a가 홀수인지 짝수인지 확인하고, b의 부호에 주의해서 $x^a = b$의 실근의 개수를 구한다.]

> 두 집합 $A = \{5, 6\}$, $B = \{-3, -2, 2, 3, 4\}$가 있다. 집합 $C = \{x \mid x^a = b, x$는 실수, $a \in A, b \in B\}$에 대하여 $n(C)$의 값을 구하시오. (4점)
>
> 단세 a에 5, 6을 대입하고, b 대신 $-3, -2, 2, 3, 4$를 대입해서 집합 C의 원소를 모두 찾아.

1st 방정식 $x^a = b$의 근 중 실수인 것의 개수를 구해.

(i) a가 짝수, b가 양수일 때 $x = \pm\sqrt[a]{b}$ (두 개)
(ii) a가 짝수, b가 음수일 때 만족하는 x의 값은 없다.
(iii) a가 홀수일 때, b의 값에 관계없이 $x = \sqrt[a]{b}$ (한 개)

$x^a = b$에서 x는 b의 a제곱근이다. a에 5, 6을 각각 대입하여 b의 값에 따른 실수 x의 값을 구한다.

(i) $a=5$일 때, b의 5제곱근 중에서 실수인 것은 b의 값에 관계없이 오직
하나 존재한다. 실수인 x는 $\sqrt[5]{-3},\ \sqrt[5]{-2},\ \sqrt[5]{2},\ \sqrt[5]{3},\ \sqrt[5]{4}$로 5개이다.
    b의 5제곱근 중에서 실수인 것은 b가 양수든 음수든 오직 하나만 존재해.

(ii) $a=6$일 때,
   i) $b>0$, 즉 $b=2,\ 3,\ 4$일 때,
     b의 a제곱근 중 실수인 것은 양수와 음수 각각 한 개씩 존재한다.
     즉, 실수인 x는 $\sqrt[6]{2},\ -\sqrt[6]{2},\ \sqrt[6]{3},\ -\sqrt[6]{3},\ \sqrt[6]{4},\ -\sqrt[6]{4}$로 6개이다.

   ii) $b<0$, 즉 $b=-3,\ -2$일 때, b의 a제곱근 중 실수인 것은 존재하
     지 않는다.

(i), (ii)에서 공통인 x의 값은 존재하지 않는다.
> [주의] (i), (ii)에서 구한 x의 값 중 중복된 것이 있는지 항상 체크해야 해.

$\therefore n(C)=5+6=11$

Ⓐ39 정답 22   *거듭제곱근의 정의   [정답률 57%]

(정답 공식: 방정식 $x^n=a$의 근을 a의 n 제곱근이라 한다.)

> 자연수 n에 대하여 $^{n+1}\!\sqrt{8}$이 어떤 자연수의 네제곱근이 되도록
> 하는 모든 n의 값의 합을 구하시오. (4점)
> [단서] $^{n+1}\!\sqrt{8}$을 네제곱하면 어떤 자연수가 돼.

1st 거듭제곱근의 정의를 이용하여 n의 값을 구해.

$^{n+1}\!\sqrt{8}$이 어떤 자연수의 네제곱근이므로 어떤 자연수를 k라 하면
     a의 n 제곱근은 방정식 $x^n=a$의 근이야.
$^{n+1}\!\sqrt{8}$은 방정식 $x^4=k$의 근이다.

즉, $x=\ ^{n+1}\!\sqrt{8}$을 대입하면 식이 성립하므로 $(^{n+1}\!\sqrt{8})^4=k$에서

$(^{n+1}\!\sqrt{2^3})^4=k,\ \left(2^{\frac{3}{n+1}}\right)^4=k\quad \therefore 2^{\frac{12}{n+1}}=k$
   $\sqrt[n]{a^m}=a^{\frac{m}{n}}$ $(a^m)^n=a^{mn}$

이때, k는 자연수이므로 $n+1$은 12의 양의 약수가 되어야 한다.

즉, $n+1$의 값으로 가능한 값은 $1,\ 2,\ 3,\ 4,\ 6,\ 12$이므로 n의 값으로
가능한 값은 $0,\ 1,\ 2,\ 3,\ 5,\ 11$이다.

그런데 n은 자연수이므로 조건을 만족시키는 n의 값은
$1,\ 2,\ 3,\ 5,\ 11$이고 그 합은 $1+2+3+5+11=22$이다.

Ⓐ40 정답 ③   *거듭제곱근의 정의   [정답률 55%]

[정답 공식: 실수 a의 n 제곱근 중 실수인 것의 개수는 n이 홀수이면 1이고
n이 짝수이면 a의 값의 부호에 따라 0, 1, 2가 될 수 있다.]

> $4\le n\le 12$인 자연수 n에 대하여 $n^2-15n+50$의 n 제곱근 중
> 실수인 것의 개수를 $f(n)$이라 하자. $f(n)=f(n+1)$을
> 만족시키는 모든 n의 값의 합은? (4점)
> [단서1] n이 홀수일 때와 짝수일 때로 나눈 후 다시 $n^2-15n+50$의 값이 양수, 0, 음수일 때로 나누어 생각해야 해.
> [단서2] $f(n)$의 값은 0, 1, 2가 될 수 있으므로 $f(n)=f(n+1)=0$, $f(n)=f(n+1)=1$, $f(n)=f(n+1)=2$를 만족시키는 n의 값을 구하라는 거야.
> ① 15   ② 17   ③ 19   ④ 21   ⑤ 23

1st n의 값에 따른 $f(n)$의 값을 구해.

n이 홀수일 때와 짝수일 때로 나누어 $f(n)$의 값을 구하자.

(i) n이 홀수일 때,
$n^2-15n+50$의 값에 상관없이 $n^2-15n+50$의 n 제곱근 중 실수인
것의 개수는 1이다. n이 홀수이면 $n^2-15n+50$의 n 제곱근 중 실수인 것의 개수는 $\sqrt[n]{n^2-15n+50}$으로 1이야.

$\therefore f(5)=f(7)=f(9)=f(11)=1$

(ii) n이 짝수일 때,
$g(n)=n^2-15n+50=(n-5)(n-10)$이라 하면 $g(n)$의 값이
양수, 0, 음수인 경우로 나누어 보자.

---

 i) $g(n)>0$, 즉 $n<5$ 또는 $n>10$인 경우
   $n^2-15n+50$의 n제곱근 중 실수인 것의 개수는 2이다.
   $\therefore f(4)=f(12)=2$ n이 짝수이고 $n^2-15n+50>0$이므로 $n^2-15n+50$의 n 제곱근 중 실수인 것의 개수는 $\pm\sqrt[n]{n^2-15n+50}$으로 2야.

 ii) $g(n)=0$, 즉 $n=5$ 또는 $n=10$인 경우
   n은 짝수이므로 $n^2-15n+50=0$을 만족시키는 n의 값 중 10만 생각하면 돼.
   $n^2-15n+50$의 n제곱근 중 실수인 것의 개수는 1이다.
   $\therefore f(10)=1$ $n^2-15n+50=0$이므로 $n^2-15n+50$의 n 제곱근 중 실수인 것의 개수는 0으로 1이야.

 iii) $g(n)<0$에서 $5<n<10$인 경우
   $n^2-15n+50$의 n제곱근 중 실수인 것의 개수는 0이다.
   $\therefore f(6)=f(8)=0$ 음수 a와 짝수 n에 대하여 a의 n 제곱근 중 실수인 것의 개수는 0이야.

2nd 조건을 만족시키는 모든 n의 값을 구해.

(i), (ii)에 의하여 $f(4)=2,\ f(5)=1,\ f(6)=0,\ f(7)=1,\ f(8)=0,$
$f(9)=1,\ f(10)=1,\ f(11)=1,\ f(12)=2$이므로 $f(n)=f(n+1)$을
만족시키는 n의 값은 9, 10이다.

따라서 조건을 만족시키는 모든 n의 값의 합은 $9+10=19$이다.

Ⓐ41 정답 ①   *거듭제곱근의 성질   [정답률 93%]

(정답 공식: $\sqrt[n]{a^n}=a\ (a>0)$임을 이용한다.)

> $\sqrt{4}\times\sqrt[3]{8}$의 값은? (2점)
> [단서] $a>0$일 때, $\sqrt[n]{a^n}$은 a임을 이용하자.
> ① 4   ② 6   ③ 8   ④ 10   ⑤ 12

1st $a>0$일 때, $\sqrt[n]{a^n}=a$지?

$\sqrt{4}\times\sqrt[3]{8}=\sqrt{2^2}\times\sqrt[3]{2^3}=2\times 2=4$
   $\sqrt[n]{a^n}=a\ (a>0)$

🔁 **다른 풀이:** 지수법칙 $(a^x)^y=a^{xy}$을 이용하여 계산하기

$\sqrt{4}\times\sqrt[3]{8}=4^{\frac{1}{2}}\times 8^{\frac{1}{3}}=(2^2)^{\frac{1}{2}}\times(2^3)^{\frac{1}{3}}=2\times 2=4$

Ⓐ42 정답 ③   *거듭제곱근의 성질   [정답률 92%]

(정답 공식: $\sqrt[n]{a}\times\sqrt[n]{b}=\sqrt[n]{ab}$)

> $\sqrt[3]{3}\times\sqrt[3]{9}$의 값은? (2점)
> [단서] 거듭제곱근의 성질을 이용하자.
> ① 1   ② 2   ③ 3   ④ 4   ⑤ 5

1st 거듭제곱근을 계산하자.

$\sqrt[3]{3}\times\sqrt[3]{9}=\sqrt[3]{27}=\sqrt[3]{3^3}=3$ → 두 거듭제곱근을 하나로 합쳐봐.

Ⓐ43 정답 ①   *거듭제곱근의 성질   [정답률 92%]

[정답 공식: $\sqrt[n]{a^n}=\begin{cases}a & (n\text{은 홀수})\\ \pm a & (n\text{은 짝수})\end{cases}$]

> $\sqrt[3]{-8}+\sqrt[4]{81}$의 값은? (2점)
> [단서] 거듭제곱근의 성질을 이용하여 풀자.
> ① 1   ② 2   ③ 3   ④ 4   ⑤ 5

1st 거듭제곱근 안을 거듭제곱으로 나타내자.

$\sqrt[3]{-8}+\sqrt[4]{81}=\sqrt[3]{(-2)^3}+\sqrt[4]{3^4}=-2+3=1$ → $\sqrt[n]{a^n}=\begin{cases}a & (n\text{은 홀수})\\ \pm a & (n\text{은 짝수})\end{cases}$

A 44 정답 ③ * 거듭제곱근의 성질 [정답률 95%]

(정답 공식: n이 홀수일 때, $\sqrt[n]{a^n}=a$)

$\sqrt[3]{27}$의 값은? (2점)
단서 $27=3^3$이고, 거듭제곱근의 성질을 이용하자.
① 1   ② 2   ③ 3   ④ 4   ⑤ 5

1st 거듭제곱근의 성질을 이용해.

$\sqrt[3]{27}=\sqrt[3]{3^3}=3$

$\underset{\sqrt[n]{a^n}=\begin{cases} a & (n\text{은 홀수}) \\ \pm a & (n\text{은 짝수}) \end{cases}}{}$

A 45 정답 ③ * 거듭제곱근의 성질 [정답률 98%]

(정답 공식: $\sqrt[n]{a^n}=a\,(a>0)$임을 이용한다.)

$(\sqrt[3]{3})^3$의 값은? (2점)
단서 $a>0$일 때, $\sqrt[n]{a^n}=a$이지.
① 1   ② 2   ③ 3   ④ 4   ⑤ 5

1st $a>0$일 때, $\sqrt[n]{a^n}=a$임을 이용하자.

$(\sqrt[3]{3})^3=\sqrt[3]{3^3}=3$
$\underset{\sqrt[n]{a^n}=a\,(a>0)}{}$

🔍 다른 풀이: 지수법칙 $(a^x)^y=a^{xy}$을 이용하여 계산하기

$(\sqrt[3]{3})^3=(3^{\frac{1}{3}})^3=3^{\frac{1}{3}\times 3}=3^1=3$
$\underset{\sqrt[n]{a}=a^{\frac{1}{n}},\,(a^x)^y=a^{xy},\,a^1=a}{}$

A 46 정답 5 * 거듭제곱근의 성질 [정답률 97%]

(정답 공식: $a>0$, $b>0$일 때, $\sqrt[n]{a}\sqrt[n]{b}=\sqrt[n]{ab}$)

$\sqrt[3]{5}\times\sqrt[3]{25}$의 값을 구하시오. (3점)
단서 거듭제곱근의 성질을 이용한다.

1st 거듭제곱근의 성질을 이용하여 간단히 식을 정리하자.

$\sqrt[3]{5}\times\sqrt[3]{25}=\sqrt[3]{5^3}=5$
$\underset{a>0,\,b>0\text{일 때, }\sqrt[n]{a}\sqrt[n]{b}=\sqrt[n]{ab}}{}$

🔍 다른 풀이: 지수법칙 $a^x\times a^y=a^{x+y}$을 이용하여 계산하기

$\sqrt[3]{5}\times\sqrt[3]{25}=5^{\frac{1}{3}}\times 5^{\frac{2}{3}}=5^{\frac{1}{3}+\frac{2}{3}}=5$

✿ 거듭제곱근의 성질 개념·공식

$a>0$, $b>0$이고 m, n이 양의 정수일 때,

① $\sqrt[n]{a}\sqrt[n]{b}=\sqrt[n]{ab}$ ② $\dfrac{\sqrt[n]{a}}{\sqrt[n]{b}}=\sqrt[n]{\dfrac{a}{b}}$ ③ $(\sqrt[n]{a})^m=\sqrt[n]{a^m}$

④ $\sqrt[m]{\sqrt[n]{a}}=\sqrt[mn]{a}$ ⑤ $\sqrt[np]{a^{mp}}=\sqrt[n]{a^m}$ (단, p는 자연수)

A 47 정답 ⑤ * 거듭제곱근의 성질 [정답률 91%]

(정답 공식: 거듭제곱근의 성질에 의하여 $\sqrt{2\sqrt{6}}=\sqrt{\sqrt{24}}=\sqrt[4]{24}$이다.)

$(\sqrt{2\sqrt{6}})^4$의 값은? (2점) 단서 $\sqrt{}$ 꼴은 제곱근을 줄여서 나가야 해.
① 16   ② 18   ③ 20
④ 22   ⑤ 24

1st $\sqrt[n]{a^m}=a^{\frac{m}{n}}$을 이용하여 $\sqrt{}$를 줄여 나가면서 계산해.

$(\sqrt{2\sqrt{6}})^4=\{(2\sqrt{6})^{\frac{1}{2}}\}^4=\underset{(a^m)^n=a^{mn}}{(2\sqrt{6})^2}=24$

A 48 정답 81 * 지수법칙 – 밑이 같은 계산 [정답률 90%]

(정답 공식: $\sqrt[m]{a^n}=a^{\frac{n}{m}}$, $(a^m)^n=a^{mn}$, $a^m\times a^n=a^{m+n}$)

$\sqrt[3]{27^2}\times 3^2$의 값을 구하시오. (3점)
단서 지수법칙을 이용하기 위해 밑을 같게 변형해.

1st $27=3^3$이므로 지수법칙을 이용하여 밑을 3으로 통일해.

$\sqrt[3]{27^2}\times 3^2=\underset{\sqrt[m]{a^n}=a^{\frac{n}{m}}}{27^{\frac{2}{3}}\times 3^2}$
$\qquad=\underset{27=3^3}{(3^3)^{\frac{2}{3}}\times 3^2}$
$\qquad=\underset{(a^m)^n=a^{mn}}{3^2\times 3^2}$
$\qquad=\underset{a^m\times a^n=a^{m+n}}{3^4}=81$

A 49 정답 ③ * 거듭제곱근의 성질 [정답률 90%]

(정답 공식: $a>0$, $b>0$일 때, $\sqrt[n]{a}\times\sqrt[n]{b}=\sqrt[n]{ab}$)

$\sqrt[4]{3}\times\sqrt[4]{27}$의 값은? (2점)
단서 두 거듭제곱근을 $\sqrt[n]{a}\times\sqrt[n]{b}=\sqrt[n]{ab}$처럼 하나로 합쳐봐.
① 1   ② $\sqrt{3}$ ③ 3
④ $3\sqrt{3}$ ⑤ 9

1st 거듭제곱근의 성질을 이용하여 간단히 정리하자.

$\sqrt[4]{3}\times\sqrt[4]{27}=\sqrt[4]{3\times 3^3}=\underset{\sqrt[n]{a^n}=a\,(a>0)}{\sqrt[4]{3^4}}=3$
$\underset{a>0,\,b>0\text{일 때, }\sqrt[n]{a}\times\sqrt[n]{b}=\sqrt[n]{ab}}{}$

✿ 거듭제곱근의 성질 개념·공식

$a>0$, $b>0$이고 m, n이 양의 정수일 때,

① $\sqrt[n]{a}\sqrt[n]{b}=\sqrt[n]{ab}$ ② $\dfrac{\sqrt[n]{a}}{\sqrt[n]{b}}=\sqrt[n]{\dfrac{a}{b}}$ ③ $(\sqrt[n]{a})^m=\sqrt[n]{a^m}$

④ $\sqrt[m]{\sqrt[n]{a}}=\sqrt[mn]{a}$ ⑤ $\sqrt[np]{a^{mp}}=\sqrt[n]{a^m}$ (단, p는 자연수)

Ⓐ50 · 정답 ② *거듭제곱근의 성질 [정답률 79%]

(정답 공식: $a>0$일 때, $\sqrt[n]{a^n}=a$이고, 곱셈 공식 $(a-b)(a^2+ab+b^2)=a^3-b^3$)

$\sqrt{(-2)^6}+(\sqrt[3]{3}-\sqrt[3]{2})(\sqrt[3]{9}+\sqrt[3]{6}+\sqrt[3]{4})$의 값은? (3점)

① 7　　②9　　③ 11　　④ 13　　⑤ 15

단서 $\sqrt[3]{9}=(\sqrt[3]{3})^2, \sqrt[3]{6}=\sqrt[3]{3}\sqrt[3]{2}, \sqrt[3]{4}=(\sqrt[3]{2})^2$이므로
곱셈 공식 $(a-b)(a^2+ab+b^2)=a^3-b^3$을 생각하자.

1st 거듭제곱근의 성질을 이용하여 $\sqrt{(-2)^6}$을 간단히 하자.

$\sqrt{(-2)^6}=\sqrt{2^6}=\sqrt{8^2}=8$ $\rightarrow \sqrt[n]{a^n}=a$가 성립하려면 $a>0$이어야 하므로 $(-2)^6=2^6$으로 고쳐서 계산한 거야.

2nd 곱셈 공식을 이용하여 주어진 식의 값을 구하자.

$(\sqrt[3]{3}-\sqrt[3]{2})(\sqrt[3]{9}+\sqrt[3]{6}+\sqrt[3]{4})$
$=(\sqrt[3]{3}-\sqrt[3]{2})\{(\sqrt[3]{3})^2+\sqrt[3]{3}\sqrt[3]{2}+(\sqrt[3]{2})^2\}$ $(a-b)(a^2+ab+b^2)=a^3-b^3$
$=(\sqrt[3]{3})^3-(\sqrt[3]{2})^3$
$=3-2=1$

$\therefore \sqrt{(-2)^6}+(\sqrt[3]{3}-\sqrt[3]{2})(\sqrt[3]{9}+\sqrt[3]{6}+\sqrt[3]{4})=8+1=9$

Ⓐ51 정답 15 *거듭제곱근의 성질 [정답률 62%]

(정답 공식: $a<0$일 때, n이 짝수이면 a의 n제곱근 중에서 실수인 것은 없고, n이 홀수이면 실수인 것은 음수 한 개뿐이다.)

단서 $\sqrt[n]{a}$에서 n이 홀수이면 a의 n제곱근 중 실수인 것은 한 개뿐이고 음수가 되기 위해서는 $a<0$이어야 하지.

모든 실수 x에 대하여 $\sqrt[3]{-x^2+2ax-6a}$가 음수가 되도록 하는 모든 자연수 a의 값의 합을 구하시오. (3점)

1st 세제곱근이 음수가 되기 위해서는 세제곱근 안의 값이 음수일 때밖에 없지?

모든 실수 x에 대하여 $\sqrt[3]{-x^2+2ax-6a}$가 음수가 되려면
$-x^2+2ax-6a<0$ 세제곱근 $\sqrt[3]{\ }$이 음수가 되기 위해서 근호 안의 값이 음수가 되어야 해.
$x^2-2ax+6a>0$

2nd 모든 실수 x에 대하여 (이차식)>0이 되기 위해서는 (이차식)$=0$의 판별식이 음수일 때야.

이차방정식 $x^2-2ax+6a=0$의 판별식을 D라 할 때,

$\dfrac{D}{4}=a^2-6a=a(a-6)<0$

$y=x^2-2ax+6a$라 하면 이차함수의 그래프가 x축보다 위에 있어야 하므로 x축과 만나지 않아야 해. 즉, 이차방정식 $x^2-2ax+6a=0$은 실근을 가지지 않아야 하므로 판별식 $D<0$이야.

$\therefore 0<a<6$

따라서 자연수 a는 1, 2, 3, 4, 5이므로 그 합은

$1+2+3+4+5=15$

Ⓐ52 정답 ② *거듭제곱근의 성질 [정답률 71%]

(정답 공식: 괄호 안의 제일 안쪽 근호부터 정리하여 밑을 2로 바꾼다.)

$\left(\sqrt{2\sqrt[3]{4}}\right)^3$보다 큰 자연수 중 가장 작은 것은? (3점)

단서 $\sqrt{\ }\sqrt{\ }$ 꼴은 근호를 줄여나가야 해. 이때, 이 수보다 큰 자연수를 찾자.

① 4　　②6　　③ 8
④ 10　　⑤ 12

1st 거듭제곱근을 지수로 바꿔 간단히 정리하여 값을 구해.

$\left(\sqrt{2\sqrt[3]{4}}\right)^3=\left(2\times\sqrt[3]{4}\right)^{\frac{3}{2}}=\left(2\times2^{\frac{2}{3}}\right)^{\frac{3}{2}}=\left(2^{\frac{5}{3}}\right)^{\frac{3}{2}}=2^{\frac{5}{2}}=\sqrt{32}$
$=\{(2\sqrt[3]{4})^{\frac{1}{2}}\}^3$ $(a^x)^y=a^{xy}$

이때, $5=\sqrt{25}<\sqrt{32}<\sqrt{36}=6$이므로

$\left(\sqrt{2\sqrt[3]{4}}\right)^3$보다 큰 자연수 중 가장 작은 것은 6이다.
6, 7, 8, …

실수 $a^x\times a^y=a^{x+y}$과 $(a^x)^y$을 잘 구별하자.

다른 풀이: 거듭제곱근을 지수로 고친 뒤, 자연수 n에 대한 부등식으로 바꾸고, 부등식의 성질 및 지수법칙을 이용하여 값 찾기

$\left(\sqrt{2\sqrt[3]{4}}\right)^3=2^{\frac{5}{2}}$이므로 자연수 n에 대하여 $n>2^{\frac{5}{2}}$이라 하면 $n^2>2^5$

$\therefore n=6, 7, \cdots$

따라서 가장 작은 자연수는 6이다.

Ⓐ53 정답 ③ *거듭제곱근의 성질 [정답률 55%]

(정답 공식: $x^n=a$를 만족시키는 실근의 개수는
n이 짝수이면 $\begin{cases} a>0\ (2개) \\ a=0\ (1개) \\ a<0\ (0개) \end{cases}$
n이 홀수이면 a의 값에 관계없이 항상 1개임을 적용한다.)

단서 자연수 n에 대하여 $x^3=n(n-4)$를 만족시키는 x의 개수를 구하는 거야.

자연수 n에 대하여 $n(n-4)$의 세제곱근 중 실수인 것의 개수를 $f(n)$이라 하고, $n(n-4)$의 네제곱근 중 실수인 것의 개수를 $g(n)$이라 하자. $f(n)>g(n)$을 만족시키는 모든 n의 값의 합은? (4점)

① 4　　② 5　　③6　　④ 7　　⑤ 8

1st 세제곱근의 성질을 이용하여 조건을 만족시키는 값을 구해.

자연수 n에 대하여 $n(n-4)$의 세제곱근은
$x^3=n(n-4)$ a의 세제곱근은 $x^3=a$인 x를 구하는 것이고 a의 세제곱은 a^3이야. 혼동하지 말자!!

이때, $y=x^3$이라 하면 원점에 대하여 대칭이므로
$n(n-4)$의 값이 음수이든 양수이든 항상 실수인 것은 1개이다.
$\rightarrow f(x)=x^3$에서 $f(-x)=(-x)^3=-x^3=-f(x)$이므로 $y=x^3$은 원점에 대하여 대칭인 그래프야.
$\therefore f(n)=1$

2nd 네제곱근의 성질을 이용하여 조건을 만족시키는 값을 구해.

자연수 n에 대하여 $n(n-4)$의 네제곱근은
$x^4=n(n-4)$

이때, $y=x^4$이라 하면 y축에 대하여 대칭이므로
$f(x)=x^4$에서 $f(-x)=(-x)^4=x^4=f(x)$이므로 $y=x^4$은 y축에 대하여 대칭인 그래프야.

$g(n)=\begin{cases} 0\ (n(n-4)<0) \\ 1\ (n(n-4)=0) \\ 2\ (n(n-4)>0) \end{cases}$

3rd $f(n)>g(n)$을 만족시키는 자연수 n의 값을 구해.

$f(n)>g(n)$을 만족시키는 경우는 $g(n)=0$일 때이므로
$n(n-4)<0$ $\therefore 0<n<4$

따라서 자연수 n은 1, 2, 3으로 합은 $1+2+3=6$

톡톡 풀이: n이 짝수 또는 홀수일 때, 방정식 $x^n=a$의 실근의 개수의 특징을 이용하여 합 구하기

자연수 n의 값에 상관없이 $n(n-4)$의 세제곱근 중 실수인 것의 개수는 1이므로 $f(n)=1$

$f(n)=1>g(n)$이 성립하는 경우는 $n(n-4)$의 네제곱근 중 실수인 것의 개수는 0이다.

$n(n-4)<0$

$\therefore 0<n<4$

따라서 자연수 n의 값은 1, 2, 3이므로 합은 $1+2+3=6$

(정답 공식: $\sqrt[n]{a}\,\sqrt[n]{b}=\sqrt[n]{ab}$임을 이용한다.)

> x에 대한 이차방정식 $x^2-\sqrt[3]{81}\,x+a=0$의 두 근이 $\sqrt[3]{3}$과 b일 때,
> ab의 값은? (단, a, b는 상수이다.) (4점) **단서** 이차방정식에서 두 근이 주어졌으니 근과 계수의 관계를 이용해.
>
> ① 6   ② $3\sqrt[3]{9}$ ③ $6\sqrt[3]{3}$
> ④ 12   ⑤ $6\sqrt[3]{9}$

1st 이차방정식의 근과 계수의 관계를 이용하여 a, b에 관한 식을 구해.

x에 대한 이차방정식 $x^2-\sqrt[3]{81}\,x+a=0$의 두 근이 $\sqrt[3]{3}$과 b이므로 이차방정식의 근과 계수의 관계에 의하여

> x에 대한 이차방정식 $ax^2+bx+c=0$의 두 근이 $\alpha,\ \beta$이면
> $\alpha+\beta=-\dfrac{b}{a},\ \alpha\beta=\dfrac{c}{a}$

$\sqrt[3]{3}+b=\sqrt[3]{81},\ \sqrt[3]{3}\,b=a$

2nd a, b에 관한 식을 이용하여 ab를 계산해야 해.

$b=\sqrt[3]{81}-\sqrt[3]{3}=\sqrt[3]{3^4}-\sqrt[3]{3}=3\sqrt[3]{3}-\sqrt[3]{3}=2\sqrt[3]{3}$

$a=\sqrt[3]{3}\,b=\sqrt[3]{3}\times2\sqrt[3]{3}=2\sqrt[3]{3^2}$

> $\sqrt[3]{3^4}=\sqrt[3]{3^3\times3}=\sqrt[3]{3^3}\times\sqrt[3]{3}=3\times\sqrt[3]{3}=3\sqrt[3]{3}$

$\therefore\ ab=2\sqrt[3]{3^2}\times2\sqrt[3]{3}=4\sqrt[3]{3^3}=4\times3=12$

> $2\sqrt[3]{3^2}\times2\sqrt[3]{3}=2\times2\times\sqrt[3]{3^2\times3}=4\sqrt[3]{3^3}$

(정답 공식: $A=10^{\frac{1}{6}},\ B=5^{\frac{1}{2}}=125^{\frac{1}{6}},\ C=28^{\frac{1}{6}}$이다.)

> 세 수 $A=\sqrt[3]{\sqrt{10}}$, $B=\sqrt{5}$, $C=\sqrt[3]{\sqrt{28}}$의 대소 관계를 바르게 나타낸 것은? (3점) **단서** 지수법칙을 이용하여 지수를 통일하여 크기를 비교해 볼까?
>
> ① $A<B<C$ ② $A<C<B$ ③ $B<A<C$
> ④ $B<C<A$ ⑤ $C<A<B$

1st 지수법칙을 이용하여 거듭제곱근 A, B, C의 지수를 통일해 볼까?

$A=\sqrt[6]{10}=10^{\frac{1}{6}},\ B=\sqrt{5}=5^{\frac{1}{2}},\ C=\sqrt[6]{28}=28^{\frac{1}{6}}$ ⟶ $\sqrt[m]{a}=a^{\frac{1}{m}}$

이 세 수를 각각 6제곱하면 🔄

> 지수인 $\dfrac{1}{6},\ \dfrac{1}{2},\ \dfrac{1}{6}$을 통분하기 위해서 6, 2, 6의 최소공배수를 곱해.

$A^6=10,\ B^6=5^3=125,\ C^6=28$

$\therefore\ A^6<C^6<B^6\ \Rightarrow\ A<C<B\ (\because A>0,\ B>0,\ C>0)$
> 양수의 거듭제곱근이니까.

🔧 **다른 풀이: 거듭제곱근의 성질 $\sqrt[m]{\sqrt[n]{a}}=\sqrt[mn]{a}$임을 이용하여 계산하기**

세 수 A, B, C를 같은 거듭제곱근인 $\sqrt[6]{}$으로 나타내 볼까?

$A=\sqrt[3]{\sqrt{10}}=\sqrt[6]{10},\ B=\sqrt{5}=\sqrt[6]{5^3}=\sqrt[6]{125},\ C=\sqrt[3]{\sqrt{28}}=\sqrt[6]{28}$

$\therefore\ A<C<B$ ⟶ $\sqrt[m]{a^n}=\sqrt[mk]{a^{nk}}$
> $\sqrt[m]{\sqrt[n]{a}}=\sqrt[mn]{a}$

⚙️ 지수법칙 개념·공식

$a>0,\ b>0$이고, $x,\ y$가 실수일 때

① $a^x a^y=a^{x+y}$ ② $a^x\div a^y=a^{x-y}$

③ $(a^x)^y=a^{xy}$ ④ $(ab)^x=a^x b^x$

(정답 공식: $\sqrt[m]{a}=\sqrt[mn]{a^n}$이다.)

> [그림 1]과 같은 두 종류의 연산 장치 ◇L◇, ▢R▢ 가 있다.
>
> 2 이상의 두 자연수 a, b에 대하여 연산 장치 ◇L◇에 두 수 a, b가 입력될 때 출력되는 수 p는 $p=\log_a b$이고, 연산 장치 ▢R▢에 두 수 a, b가 입력될 때 출력되는 수 q는 $q=\sqrt[a]{b}$이다.

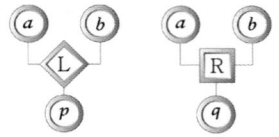

[그림 1]

> 위의 두 종류의 연산 장치를 결합하여 만든 [그림 2]의 각 연산 장치에서 출력되는 세 수 $x,\ y,\ z$의 대소 관계를 옳게 나타낸 것은? (4점)

단서 ◇의 계산인 $p=\log_a b$에 입력되는 두 수는 거듭제곱 관계에 있으므로 계산 결과가 자연수로 나와 어렵지 않지만 ▢R▢의 계산 결과는 자연수로 나오지 않으므로 제곱근을 이용하여 간단하게 정리해서 나타내야 해.

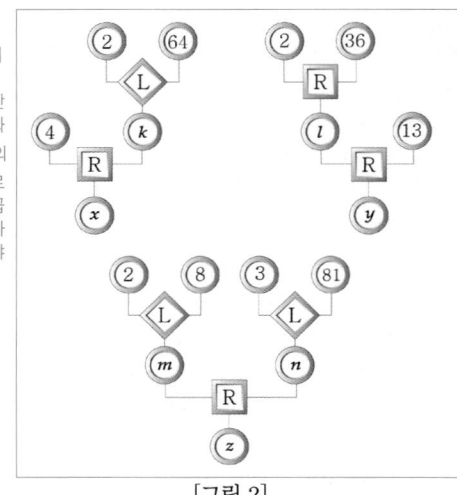

[그림 2]

> ① $x<y<z$ ② $x<z<y$ ③ $y<x<z$
> ④ $y<z<x$ ⑤ $z<x<y$

1st $x,\ y,\ z$의 값을 각각 구하자.

$k=\log_2 64=\log_2 2^6=6$이므로 $x=\sqrt[4]{6}$
> ⟶ $\log_a a^b=b$

$l=\sqrt{36}=6$이므로 $y=\sqrt[6]{13}$

$m=\log_2 8=\log_2 2^3=3,\ n=\log_3 81=\log_3 3^4=4$이므로 $z=\sqrt[3]{4}$
> ⟶ $\log_a a^b=b$

2nd $x,\ y,\ z$의 크기를 비교하자. ⟶ x, y, z가 서로 다른 거듭제곱근으로 나타나 있지? 같은 거듭제곱근으로 통일해서 비교해.

세 수 4, 6, 3의 최소공배수는 12이므로 거듭제곱의 성질을 이용하여 세 수 $x,\ y,\ z$를 십이제곱근으로 모두 나타내면

$x=\sqrt[4]{6}=\sqrt[12]{6^3}=\sqrt[12]{216}$

$y=\sqrt[6]{13}=\sqrt[12]{13^2}=\sqrt[12]{169}$

$z=\sqrt[3]{4}=\sqrt[12]{4^4}=\sqrt[12]{256}$ ⟶ $\sqrt[m]{a^p}=\sqrt[mn]{a^{pn}}$

이고, $\sqrt[12]{169}<\sqrt[12]{216}<\sqrt[12]{256}$이므로 $y<x<z$
> ⟶ 169<216<256이므로 $\sqrt[12]{169}<\sqrt[12]{216}<\sqrt[12]{256}$이야.

Ⓐ 57 정답 ⑤ *지수법칙 – 밑이 같은 계산 [정답률 95%]

(정답 공식: $a^m \times a^n = a^{m+n}$, $(a^m)^n = a^{mn}$)

$2^{-1} \times 8^{\frac{5}{3}}$의 값은? (2점)
[단서] 밑을 2로 통일하여 지수법칙을 이용해.
① 1　　　　② 2　　　　③ 4
④ 8　　　　⑤ 16

1st 밑을 2로 통일시켜서 계산해.

$2^{-1} \times 8^{\frac{5}{3}} = 2^{-1} \times (2^3)^{\frac{5}{3}} = 2^{-1} \times 2^{3 \times \frac{5}{3}} = 2^{-1} \times 2^5$
　　　　　　$8 = 2^3$　　$\underbrace{}_{(a^m)^n = a^{mn}}$　$\overset{a^m \times a^n = a^{m+n}}{= 2^{-1+5} = 2^4 = 16}$

Ⓐ 58 정답 ⑤ *지수법칙 – 밑이 같은 계산 [정답률 95%]

(정답 공식: $(a^m)^n = a^{mn}$임을 이용한다.)

$27^{\frac{2}{3}}$의 값은? (2점)
[단서] $27 = 3^3$이므로 지수법칙을 이용해서 계산하자.
① 5　　　　② 6　　　　③ 7
④ 8　　　　⑤ 9

1st 지수법칙을 이용하자.

$27^{\frac{2}{3}} = (3^3)^{\frac{2}{3}} = 3^{3 \times \frac{2}{3}}$
　　　$= 3^2 = 9$　$\underset{(a^m)^n = a^{mn}}{\longrightarrow}$

Ⓐ 59 정답 32 *지수법칙 – 밑이 같은 계산 [정답률 85%]

(정답 공식: $a > 0$이고, m, n이 유리수일 때, $(a^m)^n = a^{mn}$)

$4^{\frac{3}{2}} \times 2^2$의 값을 구하시오. (3점)
[단서] 밑을 같게 만들고 지수법칙을 적용해봐.

1st 지수법칙을 적용하자.

$4^{\frac{3}{2}} \times 2^2 = (2^2)^{\frac{3}{2}} \times 2^2 = 2^3 \times 2^2 = 2^5 = 32$
　　　　$\underset{(a^m)^n = a^{mn}\text{임을}}{\longrightarrow}$　$\underset{a^m \times a^n = a^{m+n}\text{임을 이용하고 있어.}}{\longrightarrow}$
　　　　이용하자.

Ⓐ 60 정답 ⑤ *지수법칙 – 밑이 같은 계산 [정답률 96%]

(정답 공식: $a^m \div a^n = a^{m-n}$임을 이용한다.)

$\dfrac{3^{\sqrt{5}+1}}{3^{\sqrt{5}-1}}$의 값은? (2점)
[단서] 밑이 3으로 같은 두 수의 나눗셈은 지수끼리의 차로 계산할 수 있어.
① 1　　② $\sqrt{3}$　　③ 3　　④ $3\sqrt{3}$　　⑤ 9

1st 지수법칙을 이용하여 계산해.

$\dfrac{3^{\sqrt{5}+1}}{3^{\sqrt{5}-1}} = 3^{(\sqrt{5}+1)-(\sqrt{5}-1)} = 3^2 = 9$
양수 a와 두 실수 m, n에 대하여 $\dfrac{a^m}{a^n} = a^{m-n}$

Ⓐ 61 정답 9 *지수법칙 – 밑이 같은 계산 [정답률 92%]

(정답 공식: $a \neq 0$, $b \neq 0$이고 m, n이 정수일 때, $a^m \times a^n = a^{m+n}$이 성립한다.)

$3^4 \times 9^{-1}$의 값을 구하시오. (3점) [단서] 밑을 3으로 통일하여 지수법칙을 이용하자.

1st 지수법칙을 이용해.

$3^4 \times 9^{-1} = 3^4 \times 3^{-2} = 3^{4-2} = 3^2 = 9$
$a \neq 0$, $b \neq 0$이고 m, n이 정수일 때, $(a^m)^n = a^{mn} = (a^n)^m$

Ⓐ 62 정답 4 *지수법칙 – 밑이 같은 계산 [정답률 93%]

(정답 공식: $(a^m)^n = a^{mn}$, $a^m a^n = a^{m+n}$)

$2^{\frac{1}{2}} \times 8^{\frac{1}{2}}$의 값을 구하시오. (3점) [단서] $8 = 2^3$이므로 밑을 2로 통일하고, 지수법칙을 이용하자.

1st 밑을 2로 통일하고 지수법칙을 이용하자.

$2^{\frac{1}{2}} \times 8^{\frac{1}{2}} = 2^{\frac{1}{2}} \times (2^3)^{\frac{1}{2}} = 2^{\frac{1}{2}} \times 2^{\frac{3}{2}} = 2^{\frac{1}{2}+\frac{3}{2}} = 4$
　　　　　　　　$\underset{(a^m)^n = a^{mn},\ a^m a^n = a^{m+n}}{\longrightarrow}$

Ⓐ 63 정답 ② *지수법칙 – 밑이 같은 계산 [정답률 96%]

(정답 공식: $a^x \times a^y = a^{x+y}$ (단, $a > 0$, $a \neq 1$))

16×2^{-3}의 값은? (2점)
[단서] $16 = 2^4$이니까 밑을 같게 만들 수 있지?
① 1　　② 2　　③ 4　　④ 8　　⑤ 16

1st 지수법칙을 이용하여 식의 값을 구하자.

$16 \times 2^{-3} = 2^4 \times 2^{-3}$　$a > 0$, $a \neq 1$, $b > 0$이고 x, y가 실수일 때,
　　　　$= 2^{4+(-3)}$　① $a^x \times a^y = a^{x+y}$
　　　　$= 2^1 = 2$　② $a^x \div a^y = a^{x-y}$
　　　　　　　　　③ $(a^x)^y = a^{xy}$
　　　　　　　　　④ $(ab)^x = a^x b^x$

Ⓐ 64 정답 ④ *지수법칙 – 밑이 같은 계산 [정답률 93%]

(정답 공식: $a > 0$이고 $m, n(n \geq 2)$이 정수일 때, $\sqrt[n]{a^m} = a^{\frac{m}{n}}$이다.)

$\sqrt[3]{4} \times 2^{\frac{1}{3}}$의 값은? (2점)
[단서] $4 = 2^2$이므로 $\sqrt[3]{4}$를 밑이 2가 되도록 변형해.
① $\dfrac{1}{4}$　　　② $\dfrac{1}{2}$　　　③ 1
④ 2　　　⑤ 4

1st 밑을 2로 통일시켜서 계산해.

$\sqrt[3]{4} \times 2^{\frac{1}{3}} = \sqrt[3]{2^2} \times 2^{\frac{1}{3}} = 2^{\frac{2}{3}} \times 2^{\frac{1}{3}} = 2^{\frac{2}{3}+\frac{1}{3}} = 2^1 = 2$
　　　　$\underset{\sqrt[n]{a^m} = a^{\frac{m}{n}}}{\longrightarrow}$　　　$\underset{a^m \times a^n = a^{m+n}}{\longrightarrow}$

A 65 정답 ③ *지수법칙 – 밑이 같은 계산 ············ [정답률 96%]

(정답 공식: 밑을 2로 같게 만들고, 지수법칙을 이용하여 계산한다.)

$8^{\frac{1}{3}} \times 16^{\frac{1}{4}}$의 값은? (2점)

단서 밑 8과 16을 2의 거듭제곱으로 나타낼 수 있으니까 지수법칙을 이용하자.

① 1   ② 2   ③ 4
④ 8   ⑤ 16

1st $8 = 2^3$, $16 = 2^4$이니까 밑을 2로 같게 만들 수 있지?

$$8^{\frac{1}{3}} \times 16^{\frac{1}{4}} = (2^3)^{\frac{1}{3}} \times (2^4)^{\frac{1}{4}} = 2 \times 2 = 4$$

$\underset{a>0이고,\ m,\ n이\ 유리수일\ 때,\ (a^m)^n = a^{mn},\ a^m \times a^n = a^{m+n}}{}$

A 66 정답 ③ *지수법칙 – 밑이 같은 계산 ············ [정답률 98%]

(정답 공식: $a > 0$, m, n은 실수일 때, $a^m \times a^n = a^{m+n}$)

$5^3 \times 5^{-2}$의 값은? (2점)

단서 밑이 같으므로 지수법칙으로 계산할 수 있어.

① 1   ② 3   ③ 5
④ 7   ⑤ 9

1st 지수법칙을 이용하여 계산하자.

$$5^3 \times 5^{-2} = 5^{3 + (-2)} = 5^1 = 5$$

$\underset{a^m a^n = a^{m+n}}{}$

A 67 정답 ② *지수법칙 – 밑이 같은 계산 ············ [정답률 97%]

(정답 공식: 지수법칙 $a^n a^m = a^{n+m}$, $(a^n)^m = a^{nm}$)

$3 \times 9^{\frac{1}{2}}$의 값은? (2점)   **단서** $9 = 3^2$이므로 $9^{\frac{1}{2}} = 3$임을 이용하자.

① 6   ② 9   ③ 12
④ 15   ⑤ 18

1st 지수법칙을 이용하여 계산하자.

$$3 \times 9^{\frac{1}{2}} = 3 \times (3^2)^{\frac{1}{2}} = 3 \times 3 = 9$$

$\underset{3 \times 3 = 3^{1+1} = 3^2 = 9}{}$

🔄 다른 풀이: **구하려는 값을 k라 두고, 양변을 제곱하여 값 구하기**

$3 \times 9^{\frac{1}{2}} = k \ (k > 0)$라 하고 양변을 제곱하면

$9 \times 9 = k^2$

$\therefore k = 9$

A 68 정답 ② *지수법칙 – 밑이 같은 계산 ············ [정답률 98%]

(정답 공식: $a \neq 0$이고 m, n이 정수일 때, $a^m \times a^n = a^{m+n}$이다.)

$2^5 \times 2^{-3}$의 값은? (2점)

단서 $a^m \times a^n = a^{m+n}$ ($a \neq 0$이고 m, n이 정수)을 이용하여 계산할 수 있어.

① 2   ② 4   ③ 6
④ 8   ⑤ 10

1st 지수법칙을 이용해서 계산해 봐.

$$\underset{\longrightarrow \ 밑이\ 2로\ 서로\ 같으니까\ 지수끼리만\ 더해서\ 계산하면\ 돼.}{2^5 \times 2^{-3} = 2^{5 + (-3)} = 2^2 = 4}$$

🔄 다른 풀이: **지수법칙 $a^{-n} = \dfrac{1}{a^n}$ ($n > 0$)을 이용하여 값 구하기**

$2^{-3} = \dfrac{1}{2^3}$이므로

$$2^5 \times 2^{-3} = 32 \times \dfrac{1}{8} = 4$$

A 69 정답 ④ *지수법칙 – 밑이 같은 계산 ············ [정답률 98%]

(정답 공식: $a > 0$이고, m, n이 유리수일 때, $(a^m)^n = a^{mn}$이다.)

$2^2 \times 8^{\frac{1}{3}}$의 값은? (2점)

단서 밑을 같은 숫자로 만들어야 해.

① 2   ② 4   ③ 6
④ 8   ⑤ 10

1st 지수법칙을 이용해.

$$\underset{(a^m)^n = a^{mn}임을\ 이용한\ 거야.}{2^2 \times 8^{\frac{1}{3}} = 2^2 \times (2^3)^{\frac{1}{3}} = 4 \times 2 = 8}$$

⚙ 지수법칙   개념·공식

$a > 0$, $b > 0$이고, x, y가 실수일 때

① $a^x a^y = a^{x+y}$ ② $a^x \div a^y = a^{x-y}$
③ $(a^x)^y = a^{xy}$ ④ $(ab)^x = a^x b^x$

A 70 정답 ④ *지수법칙 – 밑이 같은 계산 ············ [정답률 92%]

(정답 공식: $(a^x)^y = a^{xy}$)

단서 $16 = 2^4$으로 바꿔서 밑이 2인 지수로 통일해.

$2 \times 16^{\frac{1}{2}}$의 값은? (3점)

① $2\sqrt{2}$ ② 4   ③ $4\sqrt{2}$ ④ 8   ⑤ $8\sqrt{2}$

1st $2 \times 16^{\frac{1}{2}}$의 값을 구해.

$$\underset{(a^x)^y = a^{xy}}{2 \times 16^{\frac{1}{2}} = 2 \times (2^4)^{\frac{1}{2}} = 2 \times 2^2 = 2^3 = 8}$$

🔄 다른 풀이: **$a^{\frac{1}{2}} = \sqrt{a}$ 이용하기**

$$2 \times 16^{\frac{1}{2}} = 2 \times \sqrt{16} = 2 \times \sqrt{4^2} = 2 \times 4 = 8$$

Ⓐ 71 정답 ② *지수법칙 – 밑이 같은 계산 ⋯⋯⋯ [정답률 92%]

[정답 공식: 지수법칙에 의하여 $2^{-2}=\dfrac{1}{2^2}$이다.]

8×2^{-2}의 값은? (2점)
단서 8을 2의 거듭제곱으로 나타내어 지수법칙을 이용해 볼까?
① 1　　② 2　　③ 4　　④ 8　　⑤ 16

1st 지수법칙을 이용하여 계산해.
실수 지수법칙을 이용하려면 $8=2^3$이니까 밑을 2로 같게 만들어야 해.

$8 \times 2^{-2}=2^3 \times 2^{-2}$ → $a^x a^y=a^{x+y}$
$=2^{3+(-2)}=2$

다른 풀이: 지수법칙 $a^{-n}=\dfrac{1}{a^n}$ $(n>0)$을 이용하여 값 구하기

$2^{-2}=\dfrac{1}{4}$이므로 구하는 값은 $8 \times 2^{-2}=8 \times \dfrac{1}{4}=2$
$\underline{a\neq0이고 \ n이 \ 양의 \ 정수일 \ 때 \ a^{-n}=\dfrac{1}{a^n}}$

Ⓐ 72 정답 5 *지수법칙 – 밑이 같은 계산 ⋯⋯⋯ [정답률 93%]

(정답 공식: $a>0$이고 m, n이 실수일 때, $(a^m)^n=a^{mn}$이다.)

$\left(5^{2-\sqrt{3}}\right)^{2+\sqrt{3}}$의 값을 구하시오. (3점)
단서 지수법칙을 이용하여 값을 구하는 간단한 계산 문제야.

1st 지수법칙을 이용하여 주어진 값을 구해.
$\left(5^{2-\sqrt{3}}\right)^{2+\sqrt{3}}=5^{\boxed{(2-\sqrt{3})(2+\sqrt{3})}}=5^{4-3}=5^1=5$ → $(a+b)(a-b)=a^2-b^2$
$\underline{(a^m)^n=a^{mn}}$

Ⓐ 73 정답 ④ *지수법칙 – 밑이 같은 계산 ⋯⋯⋯ [정답률 97%]

(정답 공식: $a^m \times a^n=a^{m+n}$, $(a^m)^n=a^{mn}$)

$(2^3 \times 2)^{\frac{1}{2}}$의 값은? (2점)
단서 지수법칙을 이용하여 식을 계산하자.
① 1　　② 2　　③ 3
④ 4　　⑤ 5

1st 지수법칙을 이용하자.
$(2^3 \times 2)^{\frac{1}{2}}=(2^{3+1})^{\frac{1}{2}}=(2^4)^{\frac{1}{2}}$
$=2^{4 \times \frac{1}{2}}=2^2=4$ $\underline{a^m \times a^n=a^{m+n}, \ (a^m)^n=a^{mn}}$

Ⓐ 74 정답 ② *지수법칙 – 밑이 같은 계산 ⋯⋯⋯ [정답률 95%]

(정답 공식: $\sqrt[n]{a}=a^{\frac{1}{n}}$, $(a^m)^n=a^{mn}$, $a^m \div a^n=a^{m-n}$)

$8^{-\frac{1}{2}} \div \sqrt{2}$의 값은? (2점)
단서 2의 거듭제곱 꼴로 바꿔봐.
① $\dfrac{1}{8}$　　② $\dfrac{1}{4}$　　③ $\dfrac{1}{2}$
④ 1　　⑤ 2

1st 지수법칙을 이용하여 값을 구해.
$8^{-\frac{1}{2}} \div \sqrt{2}=(2^3)^{-\frac{1}{2}} \div 2^{\frac{1}{2}}=2^{-\frac{3}{2}} \div 2^{\frac{1}{2}}=2^{-\frac{3}{2}-\frac{1}{2}}=2^{-2}=\dfrac{1}{4}$
밑이 2인 지수로 만들어야 해.

Ⓐ 75 정답 ③ *지수법칙 – 밑이 같은 계산 ⋯⋯⋯ [정답률 95%]

(정답 공식: $a>0$이고, m, n은 유리수일 때, $(a^m)^n=a^{mn}$이다.)

$(3^4)^{\frac{1}{2}}$의 값은? (2점)
단서 지수법칙을 이용하면 쉽게 해결되겠지?
① 1　　② 3　　③ 9　　④ 27　　⑤ 81

1st 지수법칙을 이용하자.
$(3^4)^{\frac{1}{2}}=3^{4 \times \frac{1}{2}}=3^2=9$
$\underline{(a^m)^n=a^{mn}}$

Ⓐ 76 정답 ④ *지수법칙 – 밑이 같은 계산 ⋯⋯⋯ [정답률 86%]

(정답 공식: $a>0$이고, m, n이 유리수일 때, $a^m \times a^n=a^{m+n}$, $(a^m)^n=a^{mn}$이다.)

$2 \times \left(2^{\frac{2}{3}}\right)^3$의 값은? (2점)
단서 지수법칙을 이용하자.
① 2　　② 4　　③ 6　　④ 8　　⑤ 10

1st 지수법칙을 이용해서 계산하자.
$2 \times \left(2^{\frac{2}{3}}\right)^3=2 \times 2^2=2^3=8$
$\underline{a^x \times a^y=a^{x+y}}$

Ⓐ 77 정답 ④ *지수법칙 – 밑이 같은 계산 ⋯⋯⋯ [정답률 93%]

(정답 공식: $a>0$이고 x, y가 실수일 때 $(a^x)^y=a^{xy}$이 성립한다.)

단서 지수법칙을 이용해서 밑을 2로 같게 하면 되지.
$2^{\frac{7}{3}} \times 16^{\frac{2}{3}}$의 값은? (2점)
① 4　　② 8　　③ 16　　④ 32　　⑤ 64

1st 지수법칙을 이용해서 식의 값을 구해.
$2^{\frac{7}{3}} \times 16^{\frac{2}{3}}=2^{\frac{7}{3}} \times \underline{(2^4)^{\frac{2}{3}}}=2^{\frac{7}{3}} \times 2^{\frac{8}{3}}=2^{\frac{7}{3}+\frac{8}{3}}$
$\qquad\qquad\quad \underset{(a^x)^y=a^{xy}}{} \qquad\qquad \underset{a>0이고 \ x,y가 \ 실수일 \ 때}{}$
$\qquad =2^{\frac{15}{3}}=2^5=32 \qquad a^x a^y=a^{x+y}이 \ 성립해.$

Ⓐ 78 정답 ④ *지수법칙 – 밑이 같은 계산 ⋯⋯⋯ [정답률 90%]

(정답 공식: $a>0$이고 r, s가 유리수일 때, $a^r \times a^s=a^{r+s}$, $(a^r)^s=a^{rs}$)

$3^{-2} \times 9^{\frac{3}{2}}$의 값은? (2점) 단서 밑을 3으로 바꾸고 계산하면 되지.
① $\dfrac{1}{9}$　　② $\dfrac{1}{3}$　　③ 1　　④ 3　　⑤ 9

1st 밑을 3으로 바꾸고 지수법칙을 이용하여 식의 값을 구해.
$3^{-2} \times 9^{\frac{3}{2}}=3^{-2} \times \underline{(3^2)^{\frac{3}{2}}}$ → $a>0이고 \ r, s가 \ 유리수일 \ 때,$
$\qquad\qquad\qquad\qquad\qquad (a^r)^s=a^{rs}$
$\quad =3^{-2} \times 3^3$
$\quad =3^{-2+3}$ → $a>0이고 \ r, s가 \ 유리수일 \ 때,$
$\qquad\qquad\qquad a^r \times a^s=a^{r+s}$
$\quad =3^1=3$

A 79 정답 25 *지수법칙 – 밑이 같은 계산 ········· [정답률 90%]

(정답 공식: $a^m \div a^n = a^{m-n}$임을 이용한다.)

> $5^{\frac{7}{3}} \div 5^{\frac{1}{3}}$의 값을 구하시오. (3점) **단서** 밑이 5로 같은 두 수의 나눗셈은 지수의 뺄셈으로 계산할 수 있어.

1st 지수법칙을 이용하자.

$$5^{\frac{7}{3}} \div 5^{\frac{1}{3}} = 5^{\frac{7}{3} - \frac{1}{3}} = 5^2 = 25$$
$\rightarrow a > 0$일 때, 두 실수 m, n에 대하여 $a^m \div a^n = a^{m-n}$

A 80 정답 ③ *지수법칙 – 밑이 같은 계산 ········· [정답률 90%]

(정답 공식: 양수 a에 대하여 $(a^m)^n = a^{mn}$ (단, m, n은 실수))

> $(3^{2+\sqrt{2}})^{2-\sqrt{2}}$의 값은? (2점)
> **단서** 지수가 실수일 때의 지수법칙을 적용할 수 있어.
> ① 1   ② 3   ③ 9   ④ 27   ⑤ 81

1st 지수법칙을 활용하여 지수를 간단히 나타내.

지수법칙에 의하여
$$\underbrace{(3^{2+\sqrt{2}})^{2-\sqrt{2}} = 3^{(2+\sqrt{2})(2-\sqrt{2})}}_{(a^m)^n = a^{mn}}$$

2nd 곱셈공식을 이용하여 주어진 식의 값을 구해.

$$3^{(2+\sqrt{2})(2-\sqrt{2})} = 3^{2^2 - \sqrt{2}^2} = 3^{4-2} = 3^2 = 9$$
지수를 간단하게 나타내기 위해 곱셈공식 $(a+b)(a-b) = a^2 - b^2$을 활용해.

A 81 정답 ② *지수법칙 – 밑이 같은 계산 ········· [정답률 91%]

(정답 공식: $a^m \times a^n = a^{m+n}$, $(a^m)^n = a^{mn}$)

> $(2^{\sqrt{3}} \times 4)^{\sqrt{3}-2}$의 값은? (2점)
> **단서** 지수법칙을 이용하여 계산해.
> ① $\frac{1}{4}$ ② $\frac{1}{2}$ ③ 1
> ④ 2   ⑤ 4

1st $(2^{\sqrt{3}} \times 4)^{\sqrt{3}-2}$의 값을 구해.

$$(2^{\sqrt{3}} \times 4)^{\sqrt{3}-2} = \underbrace{(2^{\sqrt{3}} \times 2^2)^{\sqrt{3}-2}}_{a^m \times a^n = a^{m+n}} = \underbrace{(2^{\sqrt{3}+2})^{\sqrt{3}-2}}_{(a^m)^n = a^{mn}}$$
$$= \underbrace{2^{(\sqrt{3}+2)(\sqrt{3}-2)}}_{(a+b)(a-b) = a^2 - b^2} = 2^{3-4} = 2^{-1} = \frac{1}{2}$$

김찬우   전남대 의예과 2022년 입학 · 전북 이리고 졸
1번 문제부터 지수에 무리수가 있어서 순간 당황했지? 근데 지수법칙으로 식을 정리하면 지수는 $(a-b)(a+b) = a^2 - b^2$을 이용하여 간단히 정리가 돼. 지수에 무리수가 나왔다고 당황하지 말고 차분히 계산하면 쉽게 풀 수 있는 문제였어!

A 82 정답 ③ *지수법칙 – 밑이 다른 계산(곱셈) ······ [정답률 97%]

(정답 공식: $a^{-n} = \frac{1}{a^n}$)

> 24×2^{-3}의 값은? (2점)
> **단서** $a^{-n} = \frac{1}{a^n}$이지?
> ① 1   ② 2   ③ 3
> ④ 4   ⑤ 5

1st 지수법칙을 이용해.

$$24 \times 2^{-3} = 24 \times \frac{1}{8} = 3$$
$\rightarrow 2^{-n} = \frac{1}{2^n}$

A 83 정답 ③ *지수법칙 – 밑이 다른 계산(곱셈) ······ [정답률 98%]

(정답 공식: $a^{-n} = \frac{1}{a^n}$)

> 6×2^{-1}의 값은? (2점)
> **단서** 지수법칙을 이용하자.
> ① 1   ② 2   ③ 3
> ④ 4   ⑤ 5

1st 지수법칙을 이용해.

$$6 \times \underbrace{2^{-1}}_{a \neq 0 \text{이고 } n \text{이 자연수일 때, } a^{-n} = \frac{1}{a^n}} = 6 \times \frac{1}{2} = 3$$

A 84 정답 ④ *지수법칙 – 밑이 다른 계산(곱셈) ······ [정답률 92%]

(정답 공식: $8^{\frac{1}{3}} = (2^3)^{\frac{1}{3}}$임을 이용한다.)

> $6 \times 8^{\frac{1}{3}}$의 값은? (2점)
> **단서** $8 = 2^3$이니까 두 자연수의 곱으로 계산해.
> ① 3   ② 6   ③ 9
> ④ 12   ⑤ 15

1st 지수법칙을 이용하여 계산을 해보자.

실수 $(a^x)^y = a^{xy}$으로 $8^{\frac{1}{3}}$을 간단히 할 수 있어.

$$6 \times 8^{\frac{1}{3}} = 6 \times (2^3)^{\frac{1}{3}} = 6 \times 2^{3 \times \frac{1}{3}}$$
$$= 6 \times 2 = 12$$

A 85 정답 ① *지수법칙 – 밑이 다른 계산(곱셈) ······ [정답률 95%]

(정답 공식: $27^{\frac{1}{3}} = 3^{3 \times \frac{1}{3}}$임을 이용한다.)

> $2 \times 27^{\frac{1}{3}}$의 값은? (2점) **단서** $27 = 3^3$이니까 두 자연수의 곱으로 계산해.
> ① 6   ② 8   ③ 10
> ④ 12   ⑤ 14

1st $27^{\frac{1}{3}}$을 정리하여 계산해.

$$2 \times 27^{\frac{1}{3}} = 2 \times \underbrace{(3^3)^{\frac{1}{3}}}_{(a^m)^n = a^{mn}} = 2 \times 3^{3 \times \frac{1}{3}} = 2 \times 3^1 = 6$$

A 86 정답 ① *지수법칙 – 밑이 다른 계산(곱셈) ····· [정답률 95%]

(정답 공식: $8^{\frac{2}{3}}=2^{3\times\frac{2}{3}}$임을 이용한다.)

$3\times8^{\frac{2}{3}}$의 값은? (2점) **단서** $8=2^3$이니까 두 자연수의 곱으로 계산해.

① 12　　　　② 15　　　　③ 18

④ 21　　　　⑤ 24

1st $8^{\frac{2}{3}}$의 밑을 정리하여 계산해.

$3\times8^{\frac{2}{3}}=3\times\underset{(a^m)^n=a^{mn}}{(2^3)^{\frac{2}{3}}}=3\times2^2=12$

A 87 정답 ③ *지수법칙 – 밑이 다른 계산(곱셈) ····· [정답률 86%]

(정답 공식: $a^0=1(a\neq0)$이고, 지수법칙에 의하여 $9=3^2$이다.)

$2^0\times9^{\frac{1}{2}}$의 값은? (2점)
단서 밑이 2, 9로 다르니까 각각에 지수법칙을 이용하여 계산해.
① 1　　　　② 2　　　　③ 3

④ 4　　　　⑤ 5

1st 밑이 다르니까 지수법칙을 각각 적용하여 계산해.

$2^0\times9^{\frac{1}{2}}=\underset{a^0=1(a\neq0),\ (a^m)^n=a^{mn}}{1\times(3^2)^{\frac{1}{2}}}=3$

A 88 정답 ⑤ *지수법칙 – 밑이 다른 계산(곱셈) ····· [정답률 71%]

(정답 공식: $a>0$일 때, $\sqrt[n]{a^n}=a$이다.)

$\sqrt[3]{27}\times2^3$의 값은? (2점)
단서 거듭제곱근의 성질을 이용해 보자.
① 16　　　　② 18　　　　③ 20

④ 22　　　　⑤ 24

1st 거듭제곱근을 계산해.

$\sqrt[3]{27}\times2^3=\underset{\text{→ 거듭제곱근의 성질 }a>0\text{일 때, }\sqrt[n]{a^n}=a}{\sqrt[3]{3^3}\times2^3}=3\times8=24$

다른 풀이: 거듭제곱근을 지수로 고친 뒤 지수법칙을 이용하여 값 구하기

$\sqrt[3]{27}\times2^3=27^{\frac{1}{3}}\times2^3=\underset{(a^m)^n=a^{mn}}{(3^3)^{\frac{1}{3}}}\times8=3\times8=24$

A 89 정답 ③ *지수법칙 – 밑이 다른 계산(덧셈) ····· [정답률 92%]

(정답 공식: $a^0=1\ (a\neq0)$이고, 지수법칙에 의하여 $4=2^2$이다.)

$4^{\frac{1}{2}}+3^0$의 값은? (2점) **단서** 지수법칙을 이용하여 값을 구할 수 있지?

① 1　　　　② 2　　　　③ 3

④ 4　　　　⑤ 5

1st $(a^m)^n=a^{mn}$, $a^0=1(a>0)$임을 이용하자.

$4^{\frac{1}{2}}+3^0=(2^2)^{\frac{1}{2}}+3^0=2^{2\times\frac{1}{2}}+1=2+1=3$

주의 $a>0$에 대하여 $(a^m)^n=a^{mn}$, $a^0=1$임을 이용한 거야.

A 90 정답 ④ *지수법칙 – 밑이 다른 계산(덧셈) ····· [정답률 93%]

(정답 공식: 밑을 2와 3으로 바꾼다.)

$8^{\frac{1}{3}}+27^{\frac{2}{3}}$의 값은? (2점) **단서** 밑이 8, 27로 다르므로 각각을 지수법칙으로 계산해.

① 8　　　　② 9　　　　③ 10

④ 11　　　　⑤ 12

1st 밑이 다른 두 수의 합이니까 각각에 지수법칙을 적용해 봐.

$8^{\frac{1}{3}}+27^{\frac{2}{3}}=\underset{(a^m)^n+(b^{m'})^{n'}=a^{mn}+b^{m'n'}}{(2^3)^{\frac{1}{3}}+(3^3)^{\frac{2}{3}}}=2+3^2=11$

A 91 정답 ⑤ *지수법칙 – 밑이 다른 계산(덧셈) ····· [정답률 93%]

(정답 공식: 밑을 2와 3으로 바꾼다.)

$8^{\frac{1}{3}}+9^{\frac{1}{2}}$의 값은? (2점) **단서** 밑을 각각 2, 3으로 나타내어 정리해 보자.

① 1　　　　② 2　　　　③ 3

④ 4　　　　⑤ 5

1st 주어진 식을 밑이 2, 3인 거듭제곱으로 나타내어 값을 구해.

$8^{\frac{1}{3}}+9^{\frac{1}{2}}=\underset{(a^x)^y=a^{xy}}{(2^3)^{\frac{1}{3}}+(3^2)^{\frac{1}{2}}}=2^{3\times\frac{1}{3}}+3^{2\times\frac{1}{2}}=2+3=5$

A 92 정답 ③ *거듭제곱근이 자연수, 유리수가 되는 조건 [정답률 63%]

(정답 공식: 지수법칙 $(a^n)^m=a^{nm}$을 적용한다.)

10 이하의 자연수 a에 대하여 $\left(a^{\frac{2}{3}}\right)^{\frac{1}{2}}$의 값이 자연수가 되도록 하는 모든 a의 값의 합은? (3점) **단서** $(a^m)^n=a^{mn}$을 이용하여 간단히 나타내고 자연수가 되기 위한 조건을 찾자.

① 5　　　　② 7　　　　③ 9

④ 11　　　　⑤ 13

1st 지수법칙을 이용하여 식을 정리해 보자.

지수법칙을 이용하여 식을 정리하면

$\left(a^{\frac{2}{3}}\right)^{\frac{1}{2}}=a^{\frac{2}{3}\times\frac{1}{2}}=a^{\frac{1}{3}}$

2nd $a^{\frac{1}{3}}$의 값이 자연수가 되는 조건을 생각해.

$a^{\frac{1}{3}}$의 값이 자연수가 되기 위해서는 $a=k^3$ (k는 자연수) 꼴이므로
$\underset{a^{\frac{1}{3}}=(k^3)^{\frac{1}{3}}=k}{1\leq k^3\leq10}$

즉, $a=k^3=1$, $a=k^3=8$이므로 모든 a의 값의 합은
$1+8=9$
→ $1\leq k^3\leq10$, $1\leq k\leq10^{\frac{1}{3}}$이므로 $k=1$, $k=2$

다른 풀이 ①: 자연수 a의 값 직접 구하기

$\left(a^{\frac{2}{3}}\right)^{\frac{1}{2}}=a^{\frac{2}{3}\times\frac{1}{2}}=a^{\frac{1}{3}}$의 값이 자연수이려면 a는 어떤 자연수의 세제곱 꼴이어야 해.

$1^3=1$, $2^3=8$, $3^3=27$, …

이때, a는 10 이하의 자연수이므로 $a^{\frac{1}{3}}$의 값이 자연수가 되는 a의 값은 1, 8이야.

따라서 모든 a의 값의 합은

$1+8=9$

🔧 **다른 풀이 ②: 주어진 조건 10 이하의 자연수 a를 부등식으로 표현하여 해결하기**

조건에서 $1 \le a \le 10$이므로 $1 \le a^{\frac{2}{3}} \le 10^{\frac{2}{3}}$

$1 \le \left(a^{\frac{2}{3}}\right)^{\frac{1}{2}} \le \left(10^{\frac{2}{3}}\right)^{\frac{1}{2}}$, $1 \le a^{\frac{1}{3}} \le 10^{\frac{1}{3}}$

$a = k^3$ (k는 자연수) 꼴이므로 $k = 1$, $k = 2$일 때,

각각 $a = 1$, $a = 8$

따라서 모든 a의 값의 합은

$1 + 8 = 9$

A 93 정답 ⑤ ＊거듭제곱근이 자연수, 유리수가 되는 조건 [정답률 83%]

[정답 공식: $\sqrt[n]{a} = a^{\frac{1}{n}}$, $\dfrac{n}{k}$이 자연수가 되기 위해서는 n은 k의 배수가 되어야 한다.]

$1 \le n \le 15$인 자연수 n에 대하여 $(\sqrt[3]{7})^n$이 자연수가 되도록 하는 모든 n의 개수는? (3점) [단서] $(\sqrt[3]{7})^n$이 자연수가 되기 위해서는 근호가 없어져야 해. 지수법칙을 이용하여 $(\sqrt[3]{7})^n = 7^{\frac{n}{3}}$으로 나타내고 $7^{\frac{n}{3}}$이 자연수가 되기 위한 n의 조건을 찾으면 돼.

① 1　　　　② 2　　　　③ 3
④ 4　　　　⑤ 5

1st $(\sqrt[3]{7})^n$을 지수법칙을 이용하여 간단히 하자.

$(\sqrt[3]{7})^n = \left(7^{\frac{1}{3}}\right)^n = 7^{\frac{n}{3}}$ $\sqrt[n]{a} = a^{\frac{1}{n}}$, $(a^x)^y = a^{xy}$

2nd $7^{\frac{n}{3}}$이 자연수가 되도록 하는 모든 n의 값을 구하자.

$7^{\frac{n}{3}}$이 자연수가 되려면 지수인 $\dfrac{n}{3}$이 자연수가 되어야 한다.

즉, $7^{\frac{n}{3}}$이 자연수가 되려면 $\dfrac{n}{3} = m$ (m은 자연수), 즉 $n = 3m$이므로 n은 3의 배수가 되어야 한다. 15 이하의 자연수 중 3의 배수의 개수는 $\frac{15}{3} = 5$야.

따라서 $1 \le n \le 15$인 자연수 n은 3, 6, 9, 12, 15로 5개이다.

수능 핵강

＊ **자연수의 특징으로 m의 배수의 개수 구하기**

자연수 n 이하의 수에 대하여 m의 배수의 개수는 $\dfrac{n}{m}$의 몫으로 구할 수 있어.

예를 들면 1000 이하의 자연수 중 7의 배수의 개수는 $\dfrac{1000}{7} = 142.\times\times\times$ 이므로 7의 배수의 개수는 몫인 142가 되는 거야.

A 94 정답 33 ＊거듭제곱근이 자연수, 유리수가 되는 조건 [정답률 73%]

(정답 공식: 4^n이 세제곱수이어야 한다. 즉, n이 3의 배수이어야 한다.)

100 이하의 자연수 n에 대하여 $\sqrt[3]{4^n}$이 정수가 되도록 하는 n의 개수를 구하시오. (3점) [단서] 정수 꼴이 되려면 $\sqrt[3]{\ }$가 사라져야 하니까 4^n에서 □가 자연수가 되도록 하는 n의 값을 찾자.

1st 거듭제곱근의 성질을 이용하여 식부터 간단히 하여 n의 조건을 찾자.

$\sqrt[n]{a^m} = a^{\frac{m}{n}}$

$\sqrt[3]{4^n} = 4^{\frac{n}{3}} = 2^{\frac{2n}{3}}$에서 $\frac{2n}{3}$이 자연수가 아닌 유리수이면 $2^{\frac{2n}{3}} = \sqrt[3]{2^{2n}}$으로 무리수이지? 하지만 자연수이면 $2^\square$으로 2의 거듭제곱이야.

정수가 되기 위해서는 $\dfrac{2n}{3}$이 자연수이어야 하므로 n은 3의 배수이어야 한다. 분자의 수가 분모의 수의 배수이면 되니까

2nd 조건을 만족시키는 n의 개수를 구해.

이때, n은 100 이하의 자연수이고, 100 이하의 자연수 중 3의 배수의 개수는 33이므로 n의 개수는 33이 된다. $\frac{100}{3} = 33.\times\times\times$

수능 핵강

＊ **자연수의 특징으로 배수의 개수 구하기**

자연수 n 이하의 수에 대하여

2의 배수의 개수는 $\dfrac{n}{2}$의 몫만큼, 3의 배수의 개수는 $\dfrac{n}{3}$의 몫만큼, …,

k의 배수의 개수는 $\dfrac{n}{k}$의 몫만큼이므로 배수의 개수를 따질 때, 사용하자.

A 95 정답 124 ＊거듭제곱근이 자연수, 유리수가 되는 조건 [정답률 58%]

[정답 공식: $(a^m)^n = a^{mn}$, $a^{\frac{1}{n}} = \sqrt[n]{a}$, 소수 a, 자연수 m, n에 대해 $a^{\frac{m}{n}}$이 자연수가 되기 위해서는 m이 n의 배수(n이 m의 약수)이어야 한다.]

[단서1] 지수법칙을 이용하면 둘 다 3^a 꼴로 나타낼 수 있어.

2 이상의 자연수 n에 대하여 $(\sqrt{3^n})^{\frac{1}{2}}$과 $\sqrt[n]{3^{100}}$이 모두 자연수가 되도록 하는 모든 n의 값의 합을 구하시오. (4점) [단서2] 3^a 꼴의 값이 자연수가 되려면 지수가 양의 정수이어야 하지?

1st 우선 지수법칙을 이용하여 주어진 값을 3^a 꼴로 나타내 보자.

$(\sqrt{3^n})^{\frac{1}{2}} = (3^{\frac{n}{2}})^{\frac{1}{2}} = 3^{\frac{n}{4}}$, $\sqrt[n]{3^{100}} = 3^{\frac{100}{n}}$ ▸ $(a^m)^n = a^{mn}$과 $a^{\frac{1}{n}} = \sqrt[n]{a}$을 이용한 거야.

2nd $3^{\frac{n}{4}}$이 자연수가 되도록 하는 n의 값을 구해.

$3^{\frac{n}{4}}$이 자연수가 되도록 하려면 지수 $\dfrac{n}{4}$이 양의 정수이어야 하므로

자연수 n은 4의 배수이어야 한다. 만약 지수 $\frac{n}{4}$가 양의 정수가 아니고, 예를 들어 즉, $n = 4k$ ($k = 1, 2, 3, \cdots$) $n = 2$이면 $3^{\frac{n}{4}} = 3^{\frac{1}{2}} = \sqrt{3}$처럼 $3^{\frac{n}{4}}$은 자연수가 아니야. 즉, 지수 $\frac{n}{4}$는 양의 정수이어야 해.

3rd $3^{\frac{100}{n}}$이 자연수가 되도록 하는 n의 값을 구해.

또한, $3^{\frac{100}{n}}$이 자연수가 되도록 하려면 마찬가지로 지수가 양의 정수이어야 하므로 2 이상의 자연수 n은 100의 양의 약수이어야 한다. $n = 2, 4, 5, 10, 20, 25, 50, 100$

따라서 2 이상의 자연수 n 중에서 100의 양의 약수이면서 동시에 4의 배수인 자연수 n은 4, 20, 100이므로 구하는 모든 n의 값의 합은

$4 + 20 + 100 = 124$

🚫 실수 문제의 조건에 n은 2 이상의 자연수 라고 했으므로 1은 제외시켜야 해.

수능 핵강

＊ **지수법칙에서 주의할 점**

① 지수가 유리수인 경우, 밑이 양수일 때에만 지수법칙이 성립해.

밑이 음수일 때 유리수 지수를 허용하면

$(-2)^{\frac{1}{2}} \times (-2)^{\frac{1}{2}} \ne \{(-2) \times (-2)\}^{\frac{1}{2}}$

좌변은 $\sqrt{2}i \times \sqrt{2}i = -2$, 우변은 $4^{\frac{1}{2}} = 2$가 되어

지수법칙 $a^n b^n = (ab)^n$을 만족시키지 않아.

② $a^{\frac{m}{n}} = \sqrt[n]{a^m}$으로 정의할 때, m은 정수이고 n은 자연수임에 특히 주의하자.

즉, $a^{-\frac{3}{2}} = a^{\frac{3}{-2}} = \sqrt[-2]{a^3}$ ($a > 0$)은 잘못된 표현이야.

올바른 표현은 $a^{-\frac{3}{2}} = a^{\frac{-3}{2}} = \sqrt[2]{a^{-3}}$

③ 밑이 음수이고 지수가 분수일 때는 지수법칙이 성립하지 않아.

⚙ **거듭제곱근의 성질** 개념·공식

$a > 0$, $b > 0$이고 m, n이 양의 정수일 때,

① $\sqrt[n]{a}\sqrt[n]{b} = \sqrt[n]{ab}$　　② $\dfrac{\sqrt[n]{a}}{\sqrt[n]{b}} = \sqrt[n]{\dfrac{a}{b}}$　　③ $(\sqrt[n]{a})^m = \sqrt[n]{a^m}$

④ $\sqrt[m]{\sqrt[n]{a}} = \sqrt[mn]{a}$　　⑤ $\sqrt[np]{a^{mp}} = \sqrt[n]{a^m}$ (단, p는 자연수)

A 96 정답 12 ＊거듭제곱근이 자연수, 유리수가 되는 조건 ····· [정답률 58%]

（ 정답 공식: $\sqrt[n]{a^m}=a^{\frac{m}{n}}$의 꼴로 변형한 후 계산한다. ）

$(\sqrt{2\sqrt[3]{4}})^n$이 네 자리 자연수가 되도록 하는 자연수 n의 값을 구하시오. (4점) 단서 $\sqrt[n]{a^m}=a^{\frac{m}{n}}$으로 변형하여 나타내자.

1st 거듭제곱근의 성질을 사용하여 식을 간단히 정리하자.

$(\sqrt{2\sqrt[3]{4}})^n=\left(\sqrt{2\times4^{\frac{1}{3}}}\right)^n=2^{\frac{5}{6}n}$ ▸ $(\sqrt{2\sqrt[3]{4}})^n=\left(\sqrt{2\times4^{\frac{1}{3}}}\right)^n=\left(2^{\frac{5}{3}}\right)^{\frac{n}{2}}=2^{\frac{5}{6}n}$

2nd $10^3\le2^{\frac{5}{6}n}<10^4$을 만족시키는 자연수 n의 값을 구하자.

이것이 네 자리의 자연수이므로

$1000\le2^{\frac{5}{6}n}<10000$

이때, $2^{10}=1024$, $2^{13}=8192$이므로

$2^{10}\le2^{\frac{5}{6}n}<2^{14}$

$10\le\frac{5}{6}n<14$ ▸ $\frac{5}{6}n$이 자연수가 되는 n은 6의 배수이므로 $n=6k$ (k는 자연수) 꼴이야.

따라서 $\frac{5}{6}n$이 자연수가 되는 n의 값은 $n=12$이다.

🔧 다른 풀이: $2^{\frac{q}{p}n}$이 자연수이려면 n은 p의 배수임을 이용하여 $p,2p,3p,\cdots$ 대입하여 값 구하기

$(\sqrt{2\sqrt[3]{4}})^n=2^{\frac{5}{6}n}$이 자연수가 되도록 하는 자연수 n은 6의 배수이다.

$n=6$일 때, $2^5=32$

$n=12$일 때, $(2^5)^2=2^{10}=1024$

$n=18$일 때, $(2^5)^3=2^{15}=32768$

$\vdots$

$(\sqrt{2\sqrt[3]{4}})^n=2^{\frac{5}{6}n}$이 네 자리 자연수가 되어야 하므로 $n=12$

A 97 정답 2 ＊거듭제곱근이 자연수, 유리수가 되는 조건 ····· [정답률 68%]

（ 정답 공식: $a>0$이고, m,n이 2 이상의 자연수일 때, $\sqrt[m]{\sqrt[n]{a}}=\sqrt[mn]{a}=a^{\frac{1}{mn}}$이다. ）

2 이상의 자연수 n에 대하여 넓이가 $\sqrt[n]{64}$인 정사각형의 한 변의 길이를 $f(n)$이라 할 때, $f(4)\times f(12)$의 값을 구하시오. (4점) 단서 넓이가 a인 정사각형의 한 변의 길이는 $\sqrt{a}$이지?

1st 거듭제곱근의 성질을 이용하여 $f(n)$을 구해.

정사각형의 넓이가 $\sqrt[n]{64}$이므로 정사각형의 한 변의 길이 $f(n)$은

$f(n)=\sqrt{\sqrt[n]{64}}=\sqrt[2n]{2^6}$

$=2^{\frac{6}{2n}}=2^{\frac{3}{n}}$ ▸ $a>0$이고, m,n이 2 이상의 자연수일 때, $\sqrt[m]{\sqrt[n]{a}}=\sqrt[mn]{a}$

▸ $a>0$이고, $m,n(n\ge2)$이 정수일 때, $\sqrt[n]{a^m}=a^{\frac{m}{n}}$

2nd 지수법칙을 이용하여 $f(4)\times f(12)$의 값을 구하자.

따라서 $f(4)=2^{\frac{3}{4}}$, $f(12)=2^{\frac{3}{12}}=2^{\frac{1}{4}}$이므로

$f(4)\times f(12)=2^{\frac{3}{4}}\times2^{\frac{1}{4}}=2^{\frac{3}{4}+\frac{1}{4}}=2$

A 98 정답 252 ＊거듭제곱근이 자연수, 유리수가 되는 조건 ····· [정답률 72%]

（ 정답 공식: $\sqrt{a}$, $\sqrt[3]{b}$ 모두 자연수가 되어야 한다. ）

$30\le a\le40$, $150\le b\le294$일 때, $\sqrt{a}+\sqrt[3]{b}$의 값이 자연수가 되도록 하는 두 자연수 a, b에 대하여 $a+b$의 값을 구하시오. (3점) 단서 $\sqrt{a}+\sqrt[3]{b}$의 값이 자연수가 되려면 자연수 m,n에 대하여 $a=m^2$, $b=n^3$ 꼴이어야 해.

1st 거듭제곱근의 성질을 이용해서 주어진 조건에 맞는 a, b의 값을 구하자.

$\sqrt{a}+\sqrt[3]{b}$이 자연수가 되기 위해서는 $\sqrt{a}$도 자연수, $\sqrt[3]{b}$도 자연수이어야 한다. 함정 a는 어떤 자연수의 제곱 꼴이고 b는 어떤 자연수의 세제곱 꼴이어야 해.

> 두 개 이상의 거듭제곱근의 덧셈, 뺄셈으로 자연수를 나타내려면 두 개 이상의 거듭제곱근은 모두 자연수이어야 해.

$5^2<30\le a\le40<7^2$이므로 $a=6^2$

또, $5^3<150=5^2\times6<6^3$이고 $6^3<294=7^2\times6<7^3$이므로

$5^3<b<7^3$, $5<\sqrt[3]{b}<7$

$\sqrt[3]{b}=6$, $b=6^3=216$ ▸ $\sqrt[3]{b}$가 자연수여야 하므로 $5<\sqrt[3]{b}<7$을 만족하는 $\sqrt[3]{b}$은 6뿐이야.

$\therefore a+b=36+216=252$

A 99 정답 36 ＊거듭제곱근이 자연수, 유리수가 되는 조건 ····· [정답률 57%]

（ 정답 공식: $(ab)^m=a^mb^m$ ）

$\sqrt{\frac{3}{2}}\times\sqrt[4]{a}$가 자연수가 되도록 하는 자연수 a의 최솟값을 구하시오. 단서 자연수가 되기 위해서는 근호가 없어져야 해. (4점)

1st $\sqrt{\frac{3}{2}}\times\sqrt[4]{a}$의 값을 자연수 n이라 하고 식을 정리해.

$\sqrt{\frac{3}{2}}\times\sqrt[4]{a}=n$ (n은 자연수)이라 하면

$n=\left(\frac{3}{2}\right)^{\frac{1}{2}}\times a^{\frac{1}{4}}=\left\{\left(\frac{3}{2}\right)^2\right\}^{\frac{1}{4}}\times a^{\frac{1}{4}}=\left(\frac{3^2\times a}{2^2}\right)^{\frac{1}{4}}$ $a>0,b>0$이고 r가 유리수일 때 $(ab)^r=a^rb^r$

n이 자연수가 되려면 자연수 a는 $a=2^2\times3^2\times k^4$ (k는 자연수) 꼴이어야 한다. 따라서 자연수 a의 최솟값은 $n=\left(\frac{3^2\times2^2\times3^2\times k^4}{2^2}\right)^{\frac{1}{4}}$

$k=1$일 때 36이다. $=(3^4\times k^4)^{\frac{1}{4}}=3\times k$ 이므로 n이 자연수가 돼.

A 100 정답 ③ ＊거듭제곱근이 자연수, 유리수가 되는 조건 ····· [정답률 74%]

（ 정답 공식: $\sqrt[m]{a^n}=a^{\frac{n}{m}}$, $\left(\frac{b}{a}\right)^n=\frac{b^n}{a^n}$, $(a^m)^n=a^{mn}$ ）

등식 $\left(\frac{\sqrt[6]{5}}{\sqrt[4]{2}}\right)^m\times n=100$을 만족시키는 두 자연수 m, n에 대하여 $m+n$의 값은? (4점) 단서 $\sqrt[m]{a^n}=a^{\frac{n}{m}}$을 이용하여 식을 간단히 할 수 있어.

① 40　　② 42　　③ 44　　④ 46　　⑤ 48

1st $\sqrt[m]{a^n}=a^{\frac{n}{m}}$을 $\sqrt[6]{5}$와 $\sqrt[4]{2}$에 적용해 보자.

$\left(\frac{\sqrt[6]{5}}{\sqrt[4]{2}}\right)^m=\left(\frac{5^{\frac{1}{6}}}{2^{\frac{1}{4}}}\right)^m=\frac{5^{\frac{m}{6}}}{2^{\frac{m}{4}}}$이고, $\left(\frac{b}{a}\right)^n=\frac{b^n}{a^n}$

자연수 m, n에 대하여

$\frac{5^{\frac{m}{6}}}{2^{\frac{m}{4}}}\times n=2^2\times5^2$을 만족시키려면

$\frac{m}{6}$과 $\frac{m}{4}$이 모두 자연수가 되어야 한다.

따라서 m은 12의 배수이다. 분모인 6과 4의 최소공배수는 12야.

2nd m이 12의 배수인 경우를 생각해 보자.

(i) $m=12$인 경우

$$\frac{5^{\frac{12}{6}}}{2^{\frac{12}{4}}} \times n = 2^2 \times 5^2$$

$$\frac{5^2}{2^3} \times n = 2^2 \times 5^2$$

$$\frac{1}{2^3} \times n = 2^2$$

$$\therefore n = 2^5 = 32$$

(ii) $m \geq 24$인 경우

먼저 $m=24$인 경우를 생각해 보면

$$\frac{5^{\frac{24}{6}}}{2^{\frac{24}{4}}} \times n = 2^2 \times 5^2, \quad \frac{5^4}{2^6} \times n = 2^2 \times 5^2$$

$$\frac{1}{2^6} \times n = \frac{2^2}{5^2} \quad \therefore n = \frac{2^8}{5^2}$$

2와 5는 서로소인 소수이므로 $n=\dfrac{2^8}{5^2}$은 자연수가 아니야.

이처럼 $m > 24$인 경우에도 자연수 n이 존재하지 않아.

$$\frac{5^{\frac{m}{6}}}{2^{\frac{m}{4}}} \times n = 2^2 \times 5^2$$

$\dfrac{1}{a^n} \times A = a^x \quad \therefore A = a^{x+n}$

$b^m \times B = b^y \quad \therefore B = b^{y-m}$

$n = 2^{2+\frac{m}{4}} \times 5^{2-\frac{m}{6}} = 2^{\frac{8+m}{4}} \times 5^{\frac{12-m}{6}}$

이를 만족시키는 자연수 $n = 2^{\frac{8+m}{4}} \times 5^{\frac{12-m}{6}}$은 존재하지 않는다.

$n = 2^{2+\frac{m}{4}} \times 5^{2-\frac{m}{6}}$에서 $m \geq 24$일 때,

$2^{2+\frac{m}{4}}$의 값은 점점 커지고, $5^{2-\frac{m}{6}}$의 값은 $5^{2-\frac{m}{6}} < 1$로 1보다 점점 작아져.

(예를 들어, $m=24$일 때, $5^{2-\frac{24}{6}} = 5^{-2} = \frac{1}{25} < 1$)

또한, 2와 5는 서로소인 소수이므로 $n = 2^{\frac{8+m}{4}} \times 5^{\frac{12-m}{6}}$인 자연수 n은 존재하지 않아.

(i), (ii)에 의하여 $m=12$, $n=32$이므로 $m+n=44$이다.

A 101 정답 ① *거듭제곱근이 자연수, 유리수가 되는 조건 … [정답률 59%]

[정답 공식: n제곱근을 없애기 위해서는 n제곱근 안의 수가 n제곱수가 되어야 하고 즉, 지수가 n의 배수여야 한다.]

두 자연수 a, b에 대하여
단서1 자연수가 되기 위해 제곱근을 없애야겠지?

$\sqrt{\dfrac{2^a \times 5^b}{2}}$ 이 자연수, $\sqrt[3]{\dfrac{3^b}{2^{a+1}}}$ 이 유리수

단서2 유리수가 되기 위해서는 $\dfrac{(자연수)}{(자연수)}$ 꼴이 되어야 하므로 세제곱근을 없애기 위한 조건을 생각해보자.

일 때, $a+b$의 최솟값은? (4점)

① 11 ② 13 ③ 15 ④ 17 ⑤ 19

1st 지수법칙을 활용해서 $\sqrt{\dfrac{2^a \times 5^b}{2}}$ 이 자연수가 되기 위한 a, b의 값을 추론하자.

$\sqrt{\dfrac{2^a \times 5^b}{2}} = \sqrt{2^{a-1} \times 5^b} = 2^{\frac{a-1}{2}} \times 5^{\frac{b}{2}} \cdots$ ㉠이 자연수이므로

$\sqrt[m]{a} = a^{\frac{1}{m}}, (ab)^x = a^x b^x$

$\dfrac{a-1}{2} = m$에서 $a=2m+1$ (m은 음이 아닌 정수)이므로

$a = 1, 3, 5, \cdots$

$\dfrac{b}{2} = n$에서 $b=2n$ (n은 자연수)이므로

$b = 2, 4, 6, \cdots$

2nd 지수법칙을 활용해서 $\sqrt[3]{\dfrac{3^b}{2^{a+1}}}$ 이 유리수가 되기 위한 a, b의 값을 추론하자.

$\sqrt[3]{\dfrac{3^b}{2^{a+1}}} = \dfrac{\sqrt[3]{3^b}}{\sqrt[3]{2^{a+1}}} = \dfrac{3^{\frac{b}{3}}}{2^{\frac{a+1}{3}}} \cdots$ ㉡이 유리수이므로

$\sqrt[n]{\dfrac{a}{b}} = \dfrac{\sqrt[n]{a}}{\sqrt[n]{b}} = \dfrac{a^{\frac{1}{n}}}{b^{\frac{1}{n}}}$

$\dfrac{a+1}{3} = k$에서 $a=3k-1$ (k는 자연수)이므로

$a = 2, 5, 8, \cdots$

$\dfrac{b}{3} = l$에서 $b=3l$ (l은 자연수)이므로

$b = 3, 6, 9, \cdots$

3rd a, b의 최솟값을 각각 구하자.

1st, **2nd** 에 의하여

a의 최솟값은 5, b의 최솟값은 6

따라서 $a+b$의 최솟값은 11

㉠에서 $a-1$은 짝수이므로 $a+1$도 짝수야. ㉡에서 $a+1$은 3의 배수이기도 하니까 6의 배수지. 그래서 $a+1$의 최솟값은 6, 즉 a의 최솟값은 5야.

b는 ㉠에서 짝수, ㉡에서 3의 배수이므로 6의 배수지. 즉, b의 최솟값은 6이야.

A 102 정답 ③ *거듭제곱근이 자연수, 유리수가 되는 조건 [정답률 82%]

(정답 공식: $(a^m)^n = a^{mn}$, $a^{\frac{1}{n}} = \sqrt[n]{a}$)

2 이상의 두 자연수 a, n에 대하여 $(\sqrt[n]{a})^3$의 값이 자연수가 되도록 하는 n의 최댓값을 $f(a)$라 하자. $f(4) + f(27)$의 값은? (4점)

단서 $a=4$일 때 n의 최댓값과 $a=27$일 때 n의 최댓값의 합을 구하는 거야.

① 13 ② 14 ③ 15 ④ 16 ⑤ 17

1st $f(4)$의 값을 구해.

$(\sqrt[n]{a})^3 = \left(a^{\frac{1}{n}}\right)^3 = a^{\frac{3}{n}}$이므로

(i) $a=4$일 때, $4^{\frac{3}{n}} = (2^2)^{\frac{3}{n}} = 2^{2 \times \frac{3}{n}} = 2^{\frac{6}{n}}$

이것이 자연수가 되려면 $\dfrac{6}{n}$이 자연수이어야 하므로 가능한 자연수 n의 값은 2, 3, 6이다.

n은 6의 양의 약수이어야 해. 그런데 n이 2 이상의 자연수이므로 가능한 n의 값은 2, 3, 6이야.

$\therefore f(4) = 6$

2nd $f(27)$의 값을 구해.

(ii) $a=27$일 때, $27^{\frac{3}{n}} = (3^3)^{\frac{3}{n}} = 3^{3 \times \frac{3}{n}} = 3^{\frac{9}{n}}$

이것이 자연수가 되려면 $\dfrac{9}{n}$가 자연수이어야 하므로 가능한 자연수 n의 값은 3, 9이다.

n은 9의 양의 약수이어야 해. 그런데 n이 2 이상의 자연수이므로 가능한 n의 값은 3, 9이야.

$\therefore f(27) = 9$

(i), (ii)에 의하여 $f(4) + f(27) = 6 + 9 = 15$

A 103 정답 ③ *지수법칙의 활용 – 문자로 표현하기 … [정답률 92%]

(정답 공식: $(ab)^m = a^m b^m$)

$a = \sqrt{2}$, $b = \sqrt[3]{3}$일 때, $(ab)^6$의 값은? (2점)

단서 a, b를 밑이 자연수인 수로 나타낸 후 지수법칙을 이용하여 계산해.

① 60 ② 66 ③ 72 ④ 78 ⑤ 84

1st 지수법칙을 이용해.

$(ab)^6 = a^6 b^6$

$(ab)^n = a^n b^n$

$= (\sqrt{2})^6 (\sqrt[3]{3})^6$

$= \left(2^{\frac{1}{2}}\right)^6 \times \left(3^{\frac{1}{3}}\right)^6$

거듭제곱근을 지수형태로 고쳐 봐. 즉 $\sqrt[n]{\triangle} = \triangle^{\frac{1}{n}}$

$= 2^3 \times 3^2 = 8 \times 9 = 72$

A 104 정답 ① ＊지수법칙의 활용–문자로 표현하기 [정답률 87%]

(정답 공식: 지수법칙에 의하여 $b^3=\sqrt{3}=3^{\frac{1}{2}}$이면 $b=3^{\frac{1}{6}}$이다.)

$a=\sqrt{2}$, $b^3=\sqrt{3}$일 때, $(ab)^2$의 값은? (단, b는 실수이다.) (3점)

① $2\times3^{\frac{1}{3}}$ ② $2\times3^{\frac{2}{3}}$ ③ $2^{\frac{1}{2}}\times3^{\frac{2}{3}}$

④ $3\times2^{\frac{1}{3}}$ ⑤ $3\times2^{\frac{2}{3}}$

단서 $(ab)^2=a^2b^2$의 값을 구하기 위해 이 식의 양변을 $\frac{2}{3}$제곱해야겠지?

1st $b^3=\sqrt{3}$의 양변을 $\frac{2}{3}$제곱하여 $(ab)^2$의 값을 구해.

$b^3=\sqrt{3}$에서

$\dfrac{\left(b^3\right)^{\frac{2}{3}}=\left(\sqrt{3}\right)^{\frac{2}{3}}}{b^{3\times\frac{2}{3}}=3^{\frac{1}{2}\times\frac{2}{3}}}$

$\therefore b^2=\left(3^{\frac{1}{2}}\right)^{\frac{2}{3}}=3^{\frac{1}{3}}$

$\therefore \dfrac{(ab)^2=a^2b^2=\left(\sqrt{2}\right)^2\times3^{\frac{1}{3}}=2\times3^{\frac{1}{3}}}{(ab)^m=a^mb^m}$

A 105 정답 ① ＊지수법칙의 활용–문자로 표현하기 [정답률 85%]

(정답 공식: $\sqrt[6]{6}=6^{\frac{1}{6}}=2^{\frac{1}{6}}\times3^{\frac{1}{6}}$)

$\overset{\text{❶}}{a=\sqrt{2}}$, $\overset{\text{❷}}{b=\sqrt[3]{3}}$일 때, $\sqrt[6]{6}$을 a, b로 나타낸 것은? (3점)

① $a^{\frac{1}{3}}b^{\frac{1}{2}}$ ② $a^{\frac{1}{2}}b^{\frac{1}{3}}$ ③ $a^{\frac{1}{2}}b^{\frac{1}{6}}$

④ $a^{\frac{1}{6}}b^{\frac{1}{3}}$ ⑤ $a^{\frac{1}{6}}b^{\frac{1}{6}}$

단서 6의 6제곱근이니까 ❶, ❷를 이용하기 위하여 2와 3의 거듭제곱근으로 표현해.

1st 지수법칙을 이용하여 $\sqrt[6]{6}$을 a, b로 나타내.

$a=\sqrt{2}=2^{\frac{1}{2}}$, $b=\sqrt[3]{3}=3^{\frac{1}{3}}$이므로

$\sqrt[6]{6}=6^{\frac{1}{6}}=2^{\frac{1}{6}}\times3^{\frac{1}{6}}=\left(2^{\frac{1}{2}}\right)^{\frac{1}{3}}\times\left(3^{\frac{1}{3}}\right)^{\frac{1}{2}}=a^{\frac{1}{3}}b^{\frac{1}{2}}$

주의 $(ab)^n=a^n\times b^n$

🔶 다른 풀이: **거듭제곱근의 성질 $\sqrt[n]{ab}=\sqrt[n]{a}\sqrt[n]{b}$, $\sqrt[mn]{a}=\sqrt[m]{\sqrt[n]{a}}=\sqrt[n]{\sqrt[m]{a}}$를 이용하기**

$\sqrt[6]{6}=\sqrt[6]{2\times3}=\sqrt[6]{2}\times\sqrt[6]{3}$ ⇒ $\sqrt[n]{ab}=\sqrt[n]{a}\sqrt[n]{b}$

$=\sqrt[3]{\sqrt{2}}\times\sqrt[3]{\sqrt[3]{3}}$ ⇒ $\sqrt[mn]{a}=\sqrt[m]{\sqrt[n]{a}}=\sqrt[n]{\sqrt[m]{a}}$

$=\sqrt[3]{a}\times\sqrt{b}$

$=a^{\frac{1}{3}}\times b^{\frac{1}{2}}$

A 106 정답 ② ＊지수법칙의 활용–식 변형 [정답률 88%]

(정답 공식: $a>0$, 실수 x에 대하여 $a^{2x}=\left(a^x\right)^2$이다.)

실수 x가 $5^x=\sqrt{3}$을 만족시킬 때, $5^{2x}+5^{-2x}$의 값은? (3점)

단서 $5^x=\sqrt{3}$이므로 지수법칙을 이용하여 5^{2x}과 5^{-2x}의 값을 계산할 수 있지.

① $\dfrac{19}{6}$ ② $\dfrac{10}{3}$ ③ $\dfrac{7}{2}$

④ $\dfrac{11}{3}$ ⑤ $\dfrac{23}{6}$

1st 지수법칙을 이용하여 식을 변형해.

$5^x=\sqrt{3}$이므로 $5^{2x}=3$, $5^{-2x}=\dfrac{1}{3}$

$\therefore 5^{2x}+5^{-2x}=3+\dfrac{1}{3}=\dfrac{10}{3}$

$5^{2x}=\left(5^x\right)^2=\left(\sqrt{3}\right)^2=3$이고,

$5^{-2x}=\left(5^x\right)^{-2}=\dfrac{1}{\left(5^x\right)^2}=\dfrac{1}{\left(\sqrt{3}\right)^2}=\dfrac{1}{3}$이지.

A 107 정답 ① ＊지수법칙의 활용–식 변형 [정답률 70%]

(정답 공식: $a^xa^y=a^{x+y}$, $\left(a^x\right)^y=a^{xy}$)

두 실수 a, b에 대하여 $2^a=3$, $6^b=5$일 때, 2^{ab+a+b}의 값은? (4점)

단서 $6^b=2^b\times3^b$를 이용하여 밑을 2와 3으로 바꿔서 쓸 수 있어.

① 15 ② 18 ③ 21

④ 24 ⑤ 27

1st 지수법칙을 이용하여 계산해 보자.

$2^{ab+a+b}=\left(2^a\right)^b\times2^a\times2^b$ → 지수법칙을 이용하여 밑이 2인 지수들의 곱으로 나타낼거야.

$=3^b\times3\times2^b\ (\because 2^a=3)$ → 지수법칙에 의해 $(ab)^x=a^xb^x$이므로 $2^a=3$을 이용하여 2^{ab+a+b}에서 6^b으로 나타낼 수 있어.

$=(3\times2)^b\times3$

$=5\times3\ (\because 6^b=5)=15$

🔶 다른 풀이: **6의 인수가 2, 3임을 이용하여 식 간단히 하기**

$6^b=(2\times3)^b=\left(2\times2^a\right)^b\ (\because 2^a=3)=2^{ab+b}=5$이므로

$2^{ab+a+b}=2^{ab+b}\times2^a=5\times3=15$

A 108 정답 ⑤ ＊지수법칙의 활용–식 변형 [정답률 66%]

(정답 공식: $a^mb^m=(ab)^m$, $\left(a^m\right)^n=a^{mn}$이다.)

두 실수 a, b에 대하여

$\overset{\text{❶}}{2^{\frac{4}{a}}=100}$, $\overset{\text{❷}}{25^{\frac{2}{b}}=10}$ 단서 ❶과 ❷를 각각 밑이 2, 5로 나타낼 수 있지?

이 성립할 때, $2a+b$의 값은? (4점)

① 3 ② $\dfrac{13}{4}$ ③ $\dfrac{7}{2}$

④ $\dfrac{15}{4}$ ⑤ 4

1st 두 등식을 2, 5가 밑이 되도록 변형하여 $2a+b$의 값을 구하자.

$2^{\frac{4}{a}}=100$에서 $2^4=\underset{100=10^2}{100^a=10^{2a}}$

$25^{\frac{2}{b}}=10$에서 $25^2=10^b$이므로 $5^4=10^b$ → $25=5^2$이므로 $\left(a^m\right)^n=a^{mn}$임을 이용하면 $25^2=\left(5^2\right)^2=5^4$

지수법칙에 의하여

$10^{2a+b}=10^{2a}\times10^b=\underset{a^mb^m=(ab)^m}{2^4\times5^4=10^4}$

$\therefore 2a+b=4$

A 109 정답 ② ＊지수법칙의 활용–식 변형 [정답률 73%]

(정답 공식: $125^y=\left(5^3\right)^y=5^{3y}=9$에 $27^x=5$를 대입한다.)

실수 x, y에 대하여 $\overset{\text{❶}}{27^x=5}$, $\overset{\text{❷}}{125^y=9}$일 때, xy의 값은? (3점)

① $\dfrac{1}{9}$ ② $\dfrac{2}{9}$ ③ $\dfrac{1}{3}$

④ $\dfrac{4}{9}$ ⑤ $\dfrac{5}{9}$

단서 ❶과 ❷를 밑이 3과 5인 수로 표현할 수 있지? 그럼, ❶을 ❷에 대입하여 하나의 식으로 만들 수 있어.

1st 두 등식을 3, 5가 밑이 되도록 변형하여 xy의 값을 구해.

$\underset{27=3^3}{27^x=3^{3x}=5}$ $\therefore 5=3^{3x}$ … ㉠

$\underset{125=5^3}{125^y=9}$에서 $5^{3y}=\left(3^{3x}\right)^{3y}\ (\because ㉠)=9$이므로 $3^{9xy}=3^2$ → $\left(a^m\right)^n=a^{mn}$임을 이용해. 밑이 같으니까 $a^m=a^n$이면 $m=n$이야.

따라서 $9xy=2$이므로 $xy=\dfrac{2}{9}$

🔧 **다른 풀이: 주어진 식의 양변에 밑이 각각 3, 5인 로그 취하여 값 구하기**

로그를 이용하여 풀어 볼까?

$27^x=5$의 양변에 밑이 3인 로그를 취하면

$\log_3 3^{3x}=\log_3 5$, $3x=\log_3 5$

$\therefore x=\dfrac{\log_3 5}{3}$ ⟶ $\log_a a^b=b\log_a a=b$

또한, $125^y=9$의 양변에 밑이 5인 로그를 취하면

$\log_5 5^{3y}=\log_5 9=\log_5 3^2$, $3y=2\log_5 3$

$\therefore y=\dfrac{2\log_5 3}{3}$ ⟶ $\log_a b^c=c\log_a b$

$\therefore xy=\dfrac{\log_3 5}{3}\times\dfrac{2\log_5 3}{3}=\dfrac{\log_3 5}{3}\times\dfrac{2}{3\log_3 5}=\dfrac{2}{9}$

> 로그의 밑이 다르니까 통일시키기 위해서 $\log_a b=\dfrac{1}{\log_b a}$을 사용해.

✿ 지수법칙   개념·공식

$a>0$, $b>0$이고, x, y가 실수일 때

① $a^x a^y=a^{x+y}$ ② $a^x\div a^y=a^{x-y}$

③ $(a^x)^y=a^{xy}$ ④ $(ab)^x=a^x b^x$

A 110 정답 ③   *지수법칙의 활용 – 식 변형   [정답률 65%]

(정답 공식: $a^x=7$이면 $a=7^{\frac{1}{x}}$으로 나타낼 수 있다.)

> 세 양수 a, b, c가 $a^x=b^{2y}=c^{3z}=7$, $abc=49$를 만족할 때, $\dfrac{6}{x}+\dfrac{3}{y}+\dfrac{2}{z}$의 값은? (3점)
>
> **단서** 거듭제곱근의 정의에 의하여 a, b, c를 밑이 7인 수로 표현해 볼까?

① 8   ② 10   ③ 12   ④ 14   ⑤ 16

1st 거듭제곱근의 정의에 의하여 a, b, c를 밑이 7인 수로 나타내어 7의 지수를 각각 $\dfrac{6}{x}$, $\dfrac{3}{y}$, $\dfrac{2}{z}$로 표현해.

> **실수** $x^n=a$에서 x는 a의 n제곱근이야. 즉, 이 방정식의 해는 $x=\sqrt[n]{a}=a^{\frac{1}{n}}$

$a^x=b^{2y}=c^{3z}=7$에서

$a^x=7 \Rightarrow a=7^{\frac{1}{x}} \Rightarrow a^6=7^{\frac{6}{x}}$ ⟶ 7의 x제곱근이 $a\Rightarrow a=\sqrt[x]{7}$

$b^{2y}=7 \Rightarrow b=7^{\frac{1}{2y}} \Rightarrow b^6=7^{\frac{3}{y}}$ ⟶ 7의 $2y$제곱근이 $b\Rightarrow b=\sqrt[2y]{7}$

$c^{3z}=7 \Rightarrow c=7^{\frac{1}{3z}} \Rightarrow c^6=7^{\frac{2}{z}}$ ⟶ 7의 $3z$제곱근이 $c\Rightarrow c=\sqrt[3z]{7}$

2nd $abc=49$를 이용하여 $\dfrac{6}{x}+\dfrac{3}{y}+\dfrac{2}{z}$의 값을 구해.

즉, $a^6 b^6 c^6=7^{\frac{6}{x}}\times 7^{\frac{3}{y}}\times 7^{\frac{2}{z}}=7^{\frac{6}{x}+\frac{3}{y}+\frac{2}{z}}$이고 $abc=49$이므로 ⟶ 밑이 같으니까 $a^m\times a^n=a^{m+n}$

$(abc)^6=49^6=(7^2)^6=7^{12}=7^{\frac{6}{x}+\frac{3}{y}+\frac{2}{z}}$

$\therefore \dfrac{6}{x}+\dfrac{3}{y}+\dfrac{2}{z}=12$

🪄 **톡톡 풀이: 밑, 지수가 모두 다른 식이라도 지수의 공약수를 이용하여 값 구하기**

$a^{6xyz}=7^{6yz}$, $b^{6xyz}=7^{3xz}$, $c^{6xyz}=7^{2xy}$에서 $(abc)^{6xyz}=7^{6yz+3xz+2xy}$이므로

$abc=49$를 위의 식에 대입하면

$49^{6xyz}=7^{6yz+3xz+2xy}$, $7^{12xyz}=7^{6yz+3xz+2xy}$

$\therefore 12xyz=6yz+3xz+2xy$

양변을 xyz로 나누면 $\dfrac{6}{x}+\dfrac{3}{y}+\dfrac{2}{z}=12$

🔧 **다른 풀이: 양변에 로그를 취하여 값 구하기**

$a^x=7 \Rightarrow x=\log_a 7 \Rightarrow \dfrac{1}{x}=\log_7 a$ ⟶ $\dfrac{1}{\log_a b}=\log_b a$

$b^{2y}=7 \Rightarrow 2y=\log_b 7 \Rightarrow \dfrac{1}{2y}=\log_7 b$

$c^{3z}=7 \Rightarrow 3z=\log_c 7 \Rightarrow \dfrac{1}{3z}=\log_7 c$

$6\left(\dfrac{1}{x}+\dfrac{1}{2y}+\dfrac{1}{3z}\right)=6(\log_7 a+\log_7 b+\log_7 c)$

$=6(\log_7 abc)=6\log_7 49=12$

$\therefore \dfrac{6}{x}+\dfrac{3}{y}+\dfrac{2}{z}=12$

A 111 정답 25   *지수법칙의 활용 – 식 변형   [정답률 73%]

(정답 공식: $3^{a^2-b^2}=(3^{a+b})^{a-b}$)

> 두 실수 a, b가 3^{a+b}❶$=4$, 2^{a-b}❷$=5$를 만족할 때, $3^{a^2-b^2}$의 값을 구하시오. (3점)
>
> **단서** 지수에 a^2-b^2이 나오게 하려면 ❶과 ❷를 이용해서 거듭제곱을 해야 되겠지? 실수로 식 ❶, ❷를 곱하면 안 돼!

1st 주어진 조건 중 $a^2-b^2=(a+b)(a-b)$를 이용하자.

$3^{a^2-b^2}=3^{(a+b)(a-b)}=(3^{a+b})^{a-b}=4^{a-b}=(2^2)^{a-b}=(2^{a-b})^2=5^2=25$ ⟶ $a^{nm}=(a^n)^m$

🔧 **다른 풀이: 지수로 표현된 식을 로그로 표현된 식으로 바꾸어 값 구하기**

$3^{a+b}=4$에서

$a+b=\log_3 4 \cdots \bigcirc$

$2^{a-b}=5$에서

$a-b=\log_2 5 \cdots \bigcirc\bigcirc$

> [로그의 정의] $a^x=N$에 대하여 $(a>0, a\neq 1)$ $x=\log_a N$

$\bigcirc$, $\bigcirc\bigcirc$의 각 변을 각각 곱하면

$a^2-b^2=(a+b)(a-b)=\log_3 4\times\log_2 5$

$=\dfrac{\log 4}{\log 3}\times\dfrac{\log 5}{\log 2}=\dfrac{2\log 2}{\log 3}\times\dfrac{\log 5}{\log 2}$

$=2\times\dfrac{\log 5}{\log 3}$

$=2\log_3 5 \left(\because \dfrac{\log_c b}{\log_c a}=\log_a b\right)$

$=\log_3 5^2=\log_3 25$

따라서 $a^2-b^2=\log_3 25$이므로

$3^{a^2-b^2}=3^{\log_3 25}=25 \ (\because a^{\log_a b}=b)$

A 112 정답 12   *지수법칙의 활용 – 식 변형   [정답률 73%]

(정답 공식: $4^a=2^{2a}$, $2^{-a}=\left(\dfrac{1}{2}\right)^a$이다.)

> 실수 a에 대하여 $4^a=\dfrac{4}{9}$일 때, 2^{3-a}의 값을 구하시오. (3점)
>
> **단서** $(2^2)^a=(2^a)^2$을 이용하자.

1st 2^a의 값을 구하자.

$4^a=\dfrac{4}{9}$에서 $(2^a)^2=\left(\dfrac{2}{3}\right)^2$이므로 $2^a=\dfrac{2}{3} \ (\because 2^a>0)$ ⟶ $(2^m)^n=2^{mn}=(2^n)^m$

$\therefore 2^{3-a}=2^3\times 2^{-a}=2^3\times\dfrac{1}{2^a}=8\times\dfrac{3}{2}=12$

> [지수법칙] $a>0$이고 m, n이 실수일 때 $a^{m+n}=a^m\times a^n$

A 113 정답 ④ *지수법칙의 활용 – 식 변형 [정답률 52%]

> 정답 공식: 1이 아닌 양수 a, b, c에 대하여 등식 $a^b=c$가 성립한다고 가정하면 양변을 각각 $\frac{1}{b}$ 제곱을 하여 $(a^b)^{\frac{1}{b}}=c^{\frac{1}{b}}$이므로 $a=c^{\frac{1}{b}}$로 변형할 수 있다.

양수 a와 두 실수 x, y가
단서 $15^x=8$의 양변은 $\frac{1}{x}$ 제곱을 하고 $a^y=2$의

$$15^x=8,\ a^y=2,\ \frac{3}{x}+\frac{1}{y}=2$$

양변은 $\frac{1}{y}$ 제곱을 하면 $\frac{3}{x}+\frac{1}{y}=2$를

를 만족시킬 때, a의 값은? (4점)
이용할 수 있는 꼴을 만들 수 있어.

① $\frac{1}{15}$ ② $\frac{2}{15}$ ③ $\frac{1}{5}$

④ $\frac{4}{15}$ ⑤ $\frac{1}{3}$

1st 지수법칙을 이용하여 주어진 등식 $15^x=8$, $a^y=2$의 밑이 모두 2가 되도록 변형해.

$15^x=8=2^3$에서

$15=2^{\frac{3}{x}}$
───→ 양변에 $\frac{1}{x}$제곱을 하면 $(15^x)^{\frac{1}{x}}=(2^3)^{\frac{1}{x}}$이므로 $15=2^{\frac{3}{x}}$

$a^y=2$에서

$a=2^{\frac{1}{y}}$
───→ 양변에 $\frac{1}{y}$제곱을 하면 $(a^y)^{\frac{1}{y}}=2^{\frac{1}{y}}$이므로 $a=2^{\frac{1}{y}}$

두 등식을 곱하면

$15 \times a = 2^{\frac{3}{x}} \times 2^{\frac{1}{y}}$

$15a = 2^{\frac{3}{x}+\frac{1}{y}}$

$\qquad = 2^2 \left(\because \frac{3}{x}+\frac{1}{y}=2\right)$

$\qquad = 4$

$\therefore a = \frac{4}{15}$

🔑 **다른 풀이: 지수로 표현된 식을 로그로 표현된 식으로 바꾸어 값 구하기**

$15^x=8$이므로 로그로 바꾸면 $x=\log_{15}8$

$a^y=2$이므로 로그로 바꾸면 $y=\log_a 2$

두 등식을 $\frac{3}{x}+\frac{1}{y}=2$에 대입하면

$$\frac{3}{\log_{15}8}+\frac{1}{\log_a 2}=2$$

로그의 성질을 이용하면

$$\frac{3}{\log_{15}2^3}+\frac{1}{\log_a 2}=2$$

$$\frac{3}{3\log_{15}2}+\frac{1}{\log_a 2}=2$$

$$\frac{1}{\log_{15}2}+\frac{1}{\log_a 2}=2$$
───→ $\frac{1}{\log_a b}=\log_b a$

$\log_2 15+\log_2 a=\underline{\log_2 4}$
$\qquad\qquad\qquad\quad 2=\log_2 2^2=\log_2 4$

$\log_2 15a = \log_2 4$

$15a=4$에서 $a=\frac{4}{15}$

⚙️ **지수법칙** 개념·공식

$a>0$, $b>0$이고, x, y가 실수일 때

① $a^x a^y = a^{x+y}$ ② $a^x \div a^y = a^{x-y}$

③ $(a^x)^y = a^{xy}$ ④ $(ab)^x = a^x b^x$

A 114 정답 ③ *지수법칙의 활용 – 식 변형 [정답률 45%]

> 정답 공식: $(a^m)^n = a^{mn} = a^{nm} = (a^n)^m$이고, $2^a=3^b=k$라 하고 k의 값을 구한다.

두 양수 a, b에 대하여
$$2^a=3^b,\ (a-2)(b-2)=4$$
단서 $2^a=3^b=k$라 하고 식을 간단하게 표현하도록 하자.
일 때, $4^a \times 3^{-b}$의 값은? (4점)

① 12   ② 18   ③ 36   ④ 54   ⑤ 72

1st $2^a=3^b=k$라 하고 a, b와 k 사이의 관계식을 찾자.

$2^a=3^b=k$라 하면 $2=k^{\frac{1}{a}}$, $3=k^{\frac{1}{b}}$

두 식을 변끼리 곱하면 $6=k^{\frac{1}{a}+\frac{1}{b}}=k^{\frac{a+b}{ab}}$ ··· ㉠

2nd $(a-2)(b-2)=4$를 전개하여 $\frac{a+b}{ab}$의 값을 구하자.

$(a-2)(b-2)=4$를 전개하면

$ab-2(a+b)=0$ 즉, $ab=2(a+b)$이므로 $\frac{a+b}{ab}=\frac{1}{2}$ ··· ㉡

3rd $4^a \times 3^{-b}$의 값을 구하자.

💡 **함정** $(2^2)^a \times 3^{-b}$는 밑이 다르므로 지수를 더할 수 없지만 밑이 같을 경우에는 지수를 더할 수 있어. $(3^b)^2 \times 3^{-b}=3^{2b-b}$

$4^a \times 3^{-b} = (2^2)^a \times 3^{-b} = (2^a)^2 \times 3^{-b}$

$\qquad = (3^b)^2 \times 3^{-b} = 3^{2b-b} = 3^b = k$
───→ 2^a 대신 3^b를 대입

따라서 ㉠, ㉡에 의하여 $6=k^{\frac{1}{2}}$이므로 $k=6^2=36$

🪄 **톡톡 풀이: a를 b의 식으로 표현하여 값 구하기**

$2^a=3^b$에서 양변에 밑이 2인 로그를 취해 보자.

$\log_2 2^a = \log_2 3^b$에서 $a=b\log_2 3$

한편 $(a-2)(b-2)=4$를 전개하여 정리하면 $ab=2(a+b)$

여기에 $a=b\log_2 3$을 대입하면

$(b\log_2 3) \times b = 2\{(b\log_2 3)+b\}$

양변을 b로 나누면 ───→ $\log_2 3+1=\log_2 3+\log_2 2=\log_2 6$

$b\log_2 3 = 2(\log_2 3+1) = 2\log_2 6$이므로

$\log_2 3^b = \log_2 36$이고 $3^b=36$이야.

$\therefore 4^a \times 3^{-b} = (2^2)^a \times 3^{-b} = (2^a)^2 \times 3^{-b} = (3^b)^2 \times 3^{-b} = 3^{2b-b} = 3^b = 36$

A 115 정답 ② *지수법칙의 활용 – 식 변형 [정답률 49%]

> 정답 공식: $80=2^{\frac{1}{x}}$, $\frac{1}{10}=2^{\frac{2}{y}}$, $a=2^{\frac{3}{z}}$이므로 지수법칙을 이용하여 식을 변형해 보자.

$80^x=2$, $\left(\frac{1}{10}\right)^y=4$, $a^z=8$을 만족시키는 세 실수 x, y, z에 대하여

$$\frac{1}{x}+\frac{2}{y}-\frac{1}{z}=1$$이 성립할 때, 양수 a의 값은? (3점)

① 32   ② 64   ③ 96   ④ 128   ⑤ 160

단서 세 등식의 좌변이 2의 거듭제곱으로 표현되지? 즉, 80, $\frac{1}{10}$, a를 밑이 2인 수로 표현하여 정리해 보자.

1st 주어진 세 등식의 우변을 2를 밑으로 하는 수로 만들자.

$80^x=2 \Rightarrow 80=2^{\frac{1}{x}}$
───→ 2의 x거듭제곱근이 80이니까.

$\left(\frac{1}{10}\right)^y=4=2^2 \Rightarrow \frac{1}{10}=2^{\frac{2}{y}}$
───→ 4의 y거듭제곱근이 $\frac{1}{10}$이니까.

$a^z=8=2^3 \Rightarrow a=2^{\frac{3}{z}}$
───→ 8의 z거듭제곱근이 a이니까.

2nd 세 등식의 우변의 2의 지수의 합을 조건과 같게 변형하여 양수 a의 값을 구해.

조건에서 $\dfrac{1}{x}+\dfrac{2}{y}-\dfrac{1}{z}=1$이므로

$2^{\frac{1}{x}}=80 \cdots \text{㉠}$, $2^{\frac{2}{y}}=\dfrac{1}{10} \cdots \text{㉡}$, $2^{\frac{1}{z}}=a^{\frac{1}{3}}=\sqrt[3]{a} \cdots \text{㉢}$

㉠×㉡÷㉢을 하면 ─── 밑이 같을 때 곱하기와 나누기는 지수의 더하기와 빼기야.

$2^{\frac{1}{x}+\frac{2}{y}-\frac{1}{z}}=\dfrac{80\times\dfrac{1}{10}}{\sqrt[3]{a}}=2$

$\dfrac{8}{\sqrt[3]{a}}=2 \qquad \therefore \sqrt[3]{a}=4$

따라서 양변을 세제곱하면 $a=4^3=64$

🔧 **다른 풀이**: 등식의 양변에 알맞은 로그를 취하여 값 구하기

$\dfrac{1}{x}=\log_2 80$, $\dfrac{1}{y}=\underbrace{\log_4 \dfrac{1}{10}}_{\log_{2^\blacksquare}\blacksquare=\frac{1}{2}\log_2\blacksquare} \Rightarrow \dfrac{2}{y}=\log_2\dfrac{1}{10}$,

$\dfrac{1}{z}=\underbrace{\log_8 a}_{\log_{2^\blacksquare}\blacksquare=\frac{1}{3}\log_2\blacksquare}=\log_2\sqrt[3]{a}$

따라서 $\dfrac{1}{x}+\dfrac{2}{y}-\dfrac{1}{z}=\log_2\dfrac{80\times\dfrac{1}{10}}{\sqrt[3]{a}}=1$이므로

$\underbrace{\dfrac{80\times\dfrac{1}{10}}{\sqrt[3]{a}}=2}_{\log_2\blacksquare=\blacktriangle \Rightarrow \blacksquare=2^{\blacktriangle}}$

(이하 동일)

🅰 116 정답 **98** ＊지수법칙의 활용 $-a^x+a^{-x}$ 꼴 ··· [정답률 83%]

(정답 공식: 양변을 제곱해 본다.)

❶ $a^{\frac{1}{2}}+a^{-\frac{1}{2}}=10$을 만족시키는 양수 a에 대하여 **❷** $a+a^{-1}$의 값을 구하시오. (3점) **단서** ❶의 양변을 제곱하면 곱셈 공식에 의하여 ❷의 꼴이 나오지?

1st 지수법칙과 곱셈 공식을 이용하자.

$a^{\frac{1}{2}}+a^{-\frac{1}{2}}=10$의 양변을 제곱하면

$\left(a^{\frac{1}{2}}+a^{-\frac{1}{2}}\right)^2=100$ ← $a^{\frac{1}{2}}=t$라 하면 조건은 $t+t^{-1}=10$이고 구해야 하는 것은 t^2+t^{-2}이니까 곱셈 공식으로 구할 수 있지.

$a+2+a^{-1}=100$

$\therefore a+a^{-1}=98$

🔧 **다른 풀이**: 곱셈 공식의 변형 이용하여 값 구하기

곱셈 공식의 변형에 의하여

$(a+b)^2-2ab=a^2+b^2$이므로

$a+a^{-1}=\left(a^{\frac{1}{2}}+a^{-\frac{1}{2}}\right)^2-2$
$\qquad\quad =100-2$
$\qquad\quad =98$

⚙ **곱셈 공식의 변형** 　　　　　　　　　　개념·공식

① $a^2+b^2=(a+b)^2-2ab=(a-b)^2+2ab=\dfrac{1}{2}\{(a+b)^2+(a-b)^2\}$

② $a^3+b^3=(a+b)^3-3ab(a+b)$

③ $a^3-b^3=(a-b)^3+3ab(a-b)$

🅰 117 정답 **52** ＊지수법칙의 활용 $-a^x+a^{-x}$ 꼴 [정답률 67%]

(정답 공식: 같은 부분이 반복되면 치환하고, 두 양수를 치환할 때는 산술·기하 평균을 이용하여 치환한 값의 범위를 제한한다.)

단서 같은 부분이 반복되면 치환해 보자.
등식 $(3^a+3^{-a})^2=2(3^a+3^{-a})+8$을 만족시키는 실수 a에 대하여 27^a+27^{-a}의 값을 구하시오. (4점)

1st $t=3^a+3^{-a}$으로 치환하고 산술·기하 평균을 이용하여 t의 값의 범위를 구하자.

주의 치환할 때는 범위를 반드시 설정해야 해. 지수를 치환할 때는 양수임에 주의하고 지금처럼 항이 2개인 지수를 치환할 때는 산술·기하 평균을 이용해서 범위를 확인하자.

$t=3^a+3^{-a}$이라 하면

$3^a+3^{-a}\geq 2\sqrt{3^a\times3^{-a}}=2\sqrt{3^0}=2$ → [산술·기하 평균] 두 양수 a, b에 대하여 $a+b\geq2\sqrt{ab}$ (단, 등호는 $a=b$일 때 성립)

즉, $t\geq2$이다.

2nd 주어진 식을 t로 치환해 보자.

$t^2=2t+8$

$t^2-2t-8=0$, $(t-4)(t+2)=0$

$\therefore t=4 (\because t\geq2)$

3rd 27^a+27^{-a}의 값을 구하자.

$3^a+3^{-a}=4$이므로

$27^a+27^{-a}=\underbrace{(3^a)^3+(3^{-a})^3}_{a^3+b^3=(a+b)^3-3ab(a+b)}$
$\qquad\qquad\quad=(3^a+3^{-a})^3-3(3^a+3^{-a})$
$\qquad\qquad\quad=4^3-3\times4=64-12=52$

🅰 118 정답 **17** ＊지수법칙의 활용 $-a^x+a^{-x}$ 꼴 ····· [정답률 75%]

(정답 공식: $a^{-n}=\dfrac{1}{a^n}$)

두 실수 a, b에 대하여 **단서** $2^{-a}+2^{-b}$을 $2^a+2^b=2$를 이용하도록 변형해 볼까?

$2^a+2^b=2$, $2^{-a}+2^{-b}=\dfrac{9}{4}$

일 때, 2^{a+b}의 값은 $\dfrac{q}{p}$이다. $p+q$의 값을 구하시오.

(단, p와 q는 서로소인 자연수이다.) (3점)

1st 주어진 식을 간단히 고치고 두 식을 연립해.

$\underbrace{2^{-a}+2^{-b}}_{a^{-n}=\frac{1}{a^n}}=\dfrac{1}{2^a}+\dfrac{1}{2^b}=\dfrac{2^a+2^b}{2^{a+b}}=\dfrac{9}{4}\cdots\text{㉠}$ **주의** $2^{a+b}=2^a\times2^b$이야. 2^a+2^b과 혼동하지 않도록 주의해야 해.

그런데 $2^a+2^b=2$이므로 이 값을 ㉠에 대입하면

$\dfrac{2}{2^{a+b}}=\dfrac{9}{4}$

$\therefore 2^{a+b}=2\times\dfrac{4}{9}$

$\qquad\quad=\dfrac{8}{9}$

따라서 $p=9$, $q=8$이므로

$p+q=17$

정답 ④　*지수법칙의 활용 – $a^x + a^{-x}$ 꼴 … [정답률 75%]

(정답 공식: 양변을 제곱해 본다.)

$3^x + 3^{1-x} = 10$일 때, $9^x + 9^{1-x}$의 값은? (3점)

　단서　밑을 3으로 만들어 조건을 이용하도록 변형해 볼까?

① 91　　　② 92　　　③ 93

④ 94　　　⑤ 95

1st $3^x + 3^{1-x}$과 $9^x + 9^{1-x}$의 관계를 알자.

$3^x + 3^{1-x}$을 제곱하면 ⟶ $9^x + 9^{1-x} = 3^{2x} + 3^{2-2x} = (3^x)^2 + (3^{1-x})^2$이니까.

$(3^x + 3^{1-x})^2 = \underline{(3^x)^2} + 2 \times 3^x \times 3^{1-x} + \underline{(3^{1-x})^2} = 9^x + 6 + 9^{1-x} \cdots$ ㉠

　$(a^x)^y = (a^y)^x = a^{xy}$ ⟵

2nd 주어진 조건을 이용하여 $9^x + 9^{1-x}$의 값을 구해.

> 주의
> 지수법칙에 의해
> $3^{1-x} = 3^1 \times 3^{-x}$야.

$3^x + 3^{1-x} = 10$이므로 ㉠에 대입하면 $10^2 = 9^x + 6 + 9^{1-x}$

$\therefore 9^x + 9^{1-x} = 10^2 - 6 = 94$

🔷 **다른 풀이:** $3^x = t \, (t > 0)$이라 하여 t에 대한 방정식의 근을 이용하여 값 구하기

$3^x = t \, (t > 0)$라 하면

$\underset{=3^1 \times 3^{-x}}{3^{1-x}} = \dfrac{3}{3^x} = \dfrac{3}{t}$

$\therefore 3^x + 3^{1-x} = t + \dfrac{3}{t} = 10 \cdots$ ㉡

그런데 $9^x = 3^{2x} = t^2$, $9^{1-x} = \dfrac{9}{9^x} = \dfrac{9}{t^2}$이므로

$9^x + 9^{1-x} = t^2 + \dfrac{9}{t^2}$

$= \left(t + \dfrac{3}{t}\right)^2 - 2 \times t \times \dfrac{3}{t}$

$= 10^2 - 6 = 94 \; (\because ㉡)$

A 120 정답 ④　*지수법칙의 활용 – $\dfrac{a^{kx} \pm a^{-kx}}{a^x + a^{-x}}$ 꼴 … [정답률 78%]

(정답 공식: $a^x a^y = a^{x+y}$, $a^x a^{-x} = 1$, $(a^x)^y = a^{xy}$)

$a > 0$에 대하여 $a^{2x} = 2$일 때, $\dfrac{a^{3x} - a^{-3x}}{a^x + a^{-x}}$의 값은? (3점)

　단서　분모, 분자에 a^x을 곱하면 a^{2x} 꼴을 유도할 수 있어.

① $\dfrac{2}{3}$　　② $\dfrac{5}{6}$　　③ 1

④ $\dfrac{7}{6}$　　⑤ $\dfrac{4}{3}$

1st 주어진 식의 분모, 분자에 a^x을 곱하여 a^{2x}을 유도하여 계산하자.

$\dfrac{a^{3x} - a^{-3x}}{a^x + a^{-x}} = \dfrac{(a^{3x} - a^{-3x}) \times a^x}{(a^x + a^{-x}) \times a^x}$

$= \dfrac{a^{4x} - a^{-2x}}{a^{2x} + 1} \quad a^x a^x = a^{2x},\, a^x a^{-x} = 1$

$= \dfrac{(a^{2x})^2 - \dfrac{1}{a^{2x}}}{a^{2x} + 1}$

$= \dfrac{4 - \dfrac{1}{2}}{2 + 1} \quad \underset{a^{-k} = \frac{1}{a^k}\,(a>0)}{(\because a^{2x} = 2)}$

$= \dfrac{\frac{7}{2}}{3} = \dfrac{7}{6}$

A 121 정답 $\dfrac{14}{5}$　*지수법칙의 활용 – $\dfrac{a^{kx} \pm a^{-kx}}{a^x + a^{-x}}$ 꼴 … [정답률 65%]

(정답 공식: $a^x a^y = a^{x+y}$, $a^x a^{-x} = 1$, $(a^x)^y = a^{xy}$)

> 단서1　양변을 x제곱하여 2를 밑으로 하는 거듭제곱을 유도할 수 있어.

$3^{\frac{1}{x}} = 4$일 때, $\dfrac{2^{5x} + 2^{-x}}{2^{3x} + 2^{-x}}$의 값을 구하시오. (3점)

> 단서2　분모, 분자에 2^x을 곱하면 2^{2x} 꼴을 유도할 수 있어.

1st $3^{\frac{1}{x}} = 4$를 변형하여 2^{2x}의 값을 구하자.

$3^{\frac{1}{x}} = 4$의 양변을 x제곱하면

$\left(3^{\frac{1}{x}}\right)^x = 4^x$

$4^x = 2^{2x} = 3 \cdots$ ㉠

> 주어진 식이 2를 밑으로 하는 지수로 이루어져 있으니까 $3^{\frac{1}{x}} = 4$의 양변을 x제곱해서 밑을 2의 거듭제곱인 수로 바꿔준 거야.

2nd 주어진 식의 분모, 분자에 2^x을 곱하여 2^{2x}을 유도하자.

$\dfrac{2^{5x} + 2^{-x}}{2^{3x} + 2^{-x}} = \dfrac{(2^{5x} + 2^{-x}) \times 2^x}{(2^{3x} + 2^{-x}) \times 2^x} = \dfrac{2^{6x} + 1}{2^{4x} + 1}$

　$a^x a^y = a^{x+y},\, a^x a^{-x} = 1$

$= \dfrac{(2^{2x})^3 + 1}{(2^{2x})^2 + 1} = \dfrac{3^3 + 1}{3^2 + 1} \; (\because ㉠)$

$= \dfrac{27 + 1}{9 + 1} = \dfrac{28}{10} = \dfrac{14}{5}$

A 122 정답 16　*지수법칙의 활용 – $\dfrac{a^{kx} \pm a^{-kx}}{a^x + a^{-x}}$ 꼴 … [정답률 62%]

(정답 공식: $a^n \times a^{-n} = 1$)

실수 a에 대하여 $9^a = 8$일 때, $\dfrac{3^a - 3^{-a}}{3^a + 3^{-a}}$의 값을 $\dfrac{q}{p}$라 하자. $p + q$의 값을 구하시오. (단, p와 q는 서로소인 자연수이다.) (3점)

　단서　분자, 분모에 각각 3^a을 곱하면 분수식의 각 항은 9^a과 1이야.

1st 분자, 분모에 각각 3^a을 곱해.

주어진 식의 분자, 분모에 각각 3^a을 곱하여 정리하면

$\dfrac{(3^a - 3^{-a}) \times 3^a}{(3^a + 3^{-a}) \times 3^a} = \dfrac{3^{2a} - 1}{3^{2a} + 1}$

　$3^{-a} \times 3^a = 3^{-a+a} = 3^0 = 1$

> 주의
> 분모의 식 $(3^a + 3^{-a}) \times 3^a$을 분배법칙을 사용하여 정리하면 $3^a \times 3^a + 3^{-a} \times 3^a$이 돼. 이때 각각에 지수법칙을 사용할 수 있도록 하자.

$= \dfrac{9^a - 1}{9^a + 1}$

$= \dfrac{8 - 1}{8 + 1}$

$= \dfrac{7}{9}$

$\therefore p + q = 9 + 7 = 16$

🔷 **다른 풀이:** 주어진 식 $9^a = 8$을 3^a 꼴로 먼저 간단히 하여 값 구하기

$9^a = 8$에서 $3^a = 2\sqrt{2} \; (\because 3^a > 0)$이므로

　$9^a = (3^a)^2 = 8$이므로 $3^a = \sqrt{8} = 2\sqrt{2}$

$\dfrac{3^a - 3^{-a}}{3^a + 3^{-a}} = \dfrac{2\sqrt{2} - \dfrac{1}{2\sqrt{2}}}{2\sqrt{2} + \dfrac{1}{2\sqrt{2}}}$

$= \dfrac{(2\sqrt{2})^2 - 1}{(2\sqrt{2})^2 + 1}$

　분자, 분모에 각각 $2\sqrt{2}$를 곱했어.

$= \dfrac{7}{9}$

$\therefore p + q = 9 + 7 = 16$

A123 정답 ⑤ *지수법칙의 활용 ······· [정답률 67%]

(정답 공식: $a>0$, m, $n(n\geq2)$이 정수일 때, $a^{\frac{m}{n}}=\sqrt[n]{a^m}$이다.)

자연수 n에 대하여 직선 $x=n$이 두 무리함수 $y=\sqrt{x}$, $y=2\sqrt{x}$의 그래프와 만나는 점을 각각 A_n, B_n이라 하자. 삼각형 OA_nB_n의 넓이를 $S(n)$이라고 할 때, $S(2^{10})=2^k$이다. k의 값은? (단, O는 원점이다.)
단서 두 점 A_n, B_n의 좌표를 구해보자. (3점)

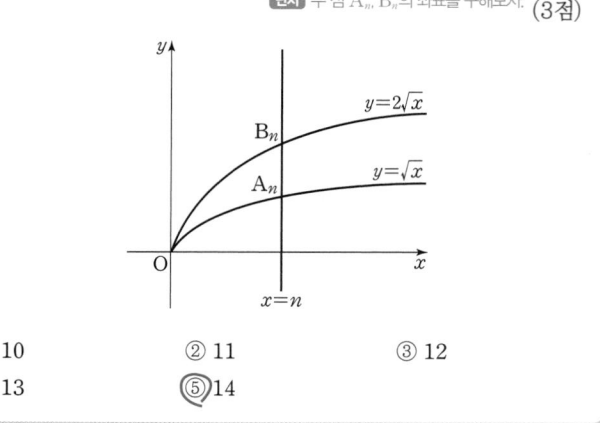

① 10　　　　② 11　　　　③ 12
④ 13　　　　⑤ 14

1st 삼각형 OA_nB_n의 넓이를 n에 대한 식으로 나타내 봐.

두 점 A_n, B_n의 좌표는 $A_n(n, \sqrt{n})$, $B_n(n, 2\sqrt{n})$

삼각형 OA_nB_n은 선분 A_nB_n을 밑변으로 하고 높이가 n이므로 넓이 $S(n)$은

> 좌표평면에서 삼각형의 넓이를 구하는 경우 좌표축과 평행한 변이 있는지 꼭 확인해. 그 변을 밑변으로 하고 높이를 잡으면 넓이를 쉽게 구할 수 있어.

$$S(n)=\frac{1}{2}\times(2\sqrt{n}-\sqrt{n})\times n$$

$$=\frac{1}{2}n\sqrt{n}$$

2nd $S(2^{10})$의 값을 2의 거듭제곱꼴로 나타내야 해.

$$S(2^{10})=\frac{1}{2}\times\sqrt{2^{10}}\times2^{10}$$

$\underset{a>0,\,m,\,n(n\geq2)\text{이 정수일 때 }a^{\frac{m}{n}}=\sqrt[n]{a^m}}{}$

$$=\boxed{\frac{1}{2}\times2^5\times2^{10}}$$ 실수

> $\frac{1}{2^n}=2^{-n}$임을 알고 있어야 해.

$$=2^{14}$$

따라서 $2^{14}=2^k$에서 $k=14$이다.

A124 정답 17 *지수법칙의 활용 ······· [정답률 75%]

(정답 공식: 좌변의 근호들을 지수로 표현해서 식을 정리한다.)

$a>0$, $a\neq1$에 대하여 $\left\{\dfrac{\sqrt{a^3}}{\sqrt[3]{a^4}}\times\sqrt{\left(\dfrac{1}{a}\right)^{-4}}\right\}^6=a^k$일 때, 상수 k의 값을 구하시오. (3점)
단서 거듭제곱근의 성질과 지수법칙을 이용하여 식을 정리하자.

1st 거듭제곱근의 성질을 이용하여 식을 정리해 보자.

$a>0$, $a\neq1$인 a에 대하여

$$\left\{\frac{\sqrt{a^3}}{\sqrt[3]{a^4}}\times\sqrt{\left(\frac{1}{a}\right)^{-4}}\right\}^6=\left(\frac{\sqrt{a^3}}{\sqrt[6]{a^4}}\times\sqrt{a^4}\right)^6 \Leftarrow \sqrt[n]{\sqrt[m]{a}}=\sqrt[mn]{a}, a^{-1}=\frac{1}{a}$$

$$=\left(\frac{a^{\frac{3}{2}}}{a^{\frac{4}{6}}}\times a^{\frac{4}{2}}\right)^6=\left(a^{\frac{3}{2}-\frac{2}{3}+2}\right)^6 \Leftarrow a^x\times a^y\div a^z=a^{x+y-z}$$

$$=\left(a^{\frac{17}{6}}\right)^6=a^{17}=a^k$$

$$\therefore k=17$$

A125 정답 ⑤ *지수법칙의 활용 ······· [정답률 53%]

(정답 공식: 두 점 P_2, P_3의 좌표를 주어진 조건에 맞게 구해본다.)

그림과 같이 좌표평면에 두 함수 $f(x)=x^2$, $g(x)=x^3$의 그래프가 있다. 곡선 $y=f(x)$ 위의 한 점 $P_1(a, f(a))(a>1)$에서 x축에 내린 수선의 발을 Q_1이라 하자. 선분 OQ_1을 한 변으로 하는 정사각형 OQ_1AB의 한 변 AB가 곡선 $y=g(x)$와 만나는 점을 P_2, 점 P_2에서 x축에 내린 수선의 발을 Q_2라 하자. 선분 OQ_2를 한 변으로 하는 정사각형 OQ_2CD의 한 변 CD가 곡선 $y=f(x)$와 만나는 점을 P_3, 점 P_3에서 x축에 내린 수선의 발을 Q_3이라 하자. 두 점 Q_2, Q_3의 x좌표를 각각 b, c라 할 때, $bc=2$가 되도록 하는 점 P_1의 y좌표의 값은? (단, O는 원점이고, 두 점 A, C는 제 1 사분면에 있다.) (4점)

단서 정사각형은 변의 길이가 모두 같아. 좌표평면에서 $OQ_1=OB$, $OQ_2=OD$ 임을 이용하자.

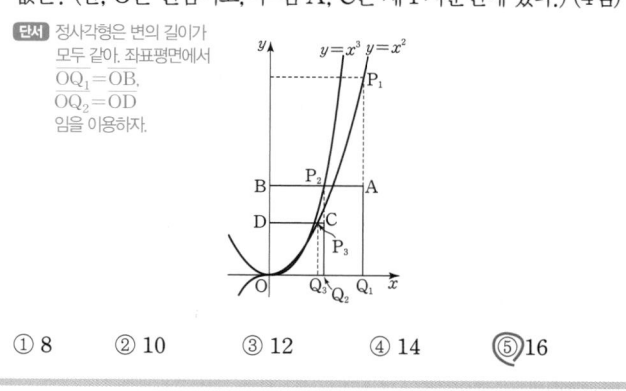

① 8　　② 10　　③ 12　　④ 14　　⑤ 16

1st 사각형 OQ_1AB가 정사각형임을 이용하여 점 B의 좌표를 구하자.

점 $P_1(a, f(a))(a>1)$이므로 점 Q_1의 좌표는 $(a, 0)$이다.
점 P에서 x축에 내린 수선의 발이 Q_1이라니까 x좌표가 같아.

사각형 OQ_1AB가 정사각형이므로 $\overline{OQ_1}=\overline{OB}=a$

즉, 점 B의 좌표는 $(0, a)$이다.

2nd b, c를 a에 대한 식으로 유도하자.

점 Q_2의 좌표는 $(b, 0)$이고,

$g(b)=$(점 P_2의 y좌표의 값)=(점 B의 y좌표의 값)=a

즉, $b^3=a$　　$\therefore b=\sqrt[3]{a}$ ··· ㉠

점 Q_3의 좌표는 $(c, 0)$이고,

사각형 OQ_2CD가 정사각형이므로 $\overline{OQ_2}=\overline{OD}=b$

즉, 점 D의 좌표는 $(0, b)$이므로 $(0, \sqrt[3]{a})$

$f(c)=$(점 P_3의 y좌표의 값)=(점 D의 y좌표의 값)=$\sqrt[3]{a}$이므로

$$\underset{c=\sqrt{\sqrt[3]{a}}=\sqrt[2\times3]{a}=\sqrt[6]{a}}{c^2=\sqrt[3]{a}\qquad\therefore c=\sqrt[6]{a}} \cdots ㉡$$

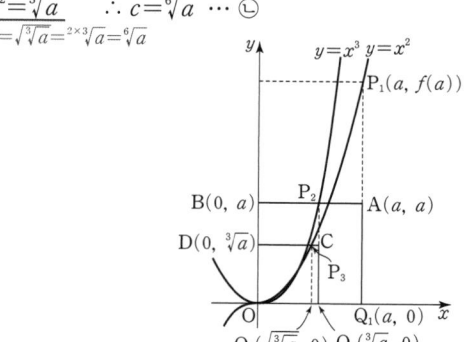

3rd $bc=2$를 이용하여 점 P_1의 y좌표의 값을 구하자.

$bc=2$이므로 ㉠, ㉡을 대입하면

주의
> 지수법칙에 의하여 $\sqrt[3]{a}\,\sqrt[6]{a}=a^{\frac{1}{3}+\frac{1}{6}}$임을 알고 있어야 해.

$$bc=\sqrt[3]{a}\times\sqrt[6]{a}=a^{\frac{1}{3}}\times a^{\frac{1}{6}}=a^{\frac{1}{3}+\frac{1}{6}}=a^{\frac{1}{2}}=2$$

$$\therefore a=4$$

따라서 점 P_1의 y좌표의 값은 $f(a)$이므로 $f(a)=a^2=4^2=16$

A 126 정답 ② *지수법칙의 활용 ·········· [정답률 47%]

> 정답 공식: $\dfrac{1}{n(n+1)}=\dfrac{1}{n}-\dfrac{1}{n+1}$

$P_n=3^{\frac{1}{n(n+1)}}$에 대하여 $P_1\times P_2\times P_3\times\cdots\times P_{2010}=3^k$일 때, 상수 k의 값은? (단, n은 자연수이다.) (3점)

① $\dfrac{2009}{2010}$ ② $\dfrac{2010}{2011}$ ③ 1 ④ $\dfrac{2011}{2010}$ ⑤ $\dfrac{2010}{2009}$

단서 좌변의 함숫값을 대입하면 밑을 3으로 한 수이지? 이때, 좌변의 밑이 3으로 같으니까 곱은 지수의 합으로 정리되겠네.

1st 좌변의 3의 지수가 부분분수이니까 지수의 합을 간단히 정리할 수 있지.

$P_n=3^{\frac{1}{n(n+1)}}=3^{\frac{1}{n}-\frac{1}{n+1}}$이므로 $\longrightarrow \dfrac{1}{AB}=\dfrac{1}{B-A}\left(\dfrac{1}{A}-\dfrac{1}{B}\right)$

$P_1\times P_2\times P_3\times\cdots\times P_{2010}=3^{1-\frac{1}{2}}\times3^{\frac{1}{2}-\frac{1}{3}}\times\cdots\times3^{\frac{1}{2010}-\frac{1}{2011}}$

$=3^{\left(1-\frac{1}{2}\right)+\left(\frac{1}{2}-\frac{1}{3}\right)+\cdots+\left(\frac{1}{2010}-\frac{1}{2011}\right)}$ ← 밑이 같으니까 $a^m\times a^n=a^{m+n}$이야.

$=3^{1-\frac{1}{2011}}=3^{\frac{2010}{2011}}=3^k$

$\therefore k=\dfrac{2010}{2011}$

A 127 정답 ③ *지수법칙의 실생활 응용 ·········· [정답률 65%]

> 정답 공식: 자기장의 세기 B_1, B_2를 각각 $B_1=\dfrac{kI_0r_1^2}{2(x_1^2+r_1^2)^{\frac{3}{2}}}$,
> $B_2=\dfrac{kI_0(3r_1)^2}{2\{(3x_1)^2+(3r_1)^2\}^{\frac{3}{2}}}$으로 나타내어 지수법칙을 이용한다.

반지름의 길이가 r인 원형 도선에 세기가 I인 전류가 흐를 때, 원형 도선의 중심에서 수직 거리 x만큼 떨어진 지점에서의 자기장의 세기를 B라 하면 다음과 같은 관계식이 성립한다고 한다.

$$B=\dfrac{kIr^2}{2(x^2+r^2)^{\frac{3}{2}}}\text{ (단, }k\text{는 상수이다.)}$$

전류의 세기가 $I_0(I_0>0)$으로 일정할 때, 반지름의 길이가 r_1인 원형 도선의 중심에서 수직 거리 x_1만큼 떨어진 지점에서의 자기장의 세기를 B_1, 반지름의 길이가 $3r_1$인 원형 도선의 중심에서 수직 거리 $3x_1$만큼 떨어진 지점에서의 자기장의 세기를 B_2라 하자. $\dfrac{B_2}{B_1}$의 값은? (단, 전류의 세기의 단위는 A, 자기장의 세기의 단위는 T, 길이와 거리의 단위는 m이다.) (4점)

① $\dfrac{1}{6}$ ② $\dfrac{1}{4}$ ③ $\dfrac{1}{3}$ ④ $\dfrac{5}{12}$ ⑤ $\dfrac{1}{2}$

단서 자기장의 세기 B를 구하는 식은 복잡하지만 도선의 반지름의 길이 r, 전류의 세기 I와 수직 거리 x를 대입하여 계산할 수 있다는 거야.

1st 주어진 조건을 이용하여 자기장의 세기 B_1, B_2를 각각 나타내자.

전류의 세기가 $I_0(I_0>0)$으로 일정할 때,

실수 ⑤ 문제에 주어진 요소들을 하나씩 차근차근 대입해서 식으로 표현해봐.

$B_1=\dfrac{kI_0r_1^2}{2(x_1^2+r_1^2)^{\frac{3}{2}}}$, $B_2=\dfrac{kI_0(3r_1)^2}{2\{(3x_1)^2+(3r_1)^2\}^{\frac{3}{2}}}$

2nd 지수법칙을 이용하여 B_2를 B_1에 대하여 정리하자.

$B_2=\dfrac{kI_0(3r_1)^2}{2\{(3x_1)^2+(3r_1)^2\}^{\frac{3}{2}}}=\dfrac{kI_0\times9r_1^2}{2(9x_1^2+9r_1^2)^{\frac{3}{2}}}$

$=\dfrac{9kI_0r_1^2}{2\times9^{\frac{3}{2}}(x_1^2+r_1^2)^{\frac{3}{2}}}=\dfrac{kI_0r_1^2}{3\times2(x_1^2+r_1^2)^{\frac{3}{2}}}$

$=\dfrac{1}{3}\times\dfrac{kI_0r_1^2}{2(x_1^2+r_1^2)^{\frac{3}{2}}}=\dfrac{1}{3}B_1$

[지수법칙]
$a>0, b>0$이고, x, y가 실수일 때
(1) $a^x\times a^y=a^{x+y}$ (2) $a^x\div a^y=a^{x-y}$
(3) $(a^x)^y=a^{xy}$ (4) $(ab)^x=a^xb^x$
(5) $\left(\dfrac{a}{b}\right)^x=\dfrac{a^x}{b^x}$

$\therefore \dfrac{B_2}{B_1}=\dfrac{1}{3}$

A 128 정답 ③ *지수법칙의 실생활 응용 ·········· [정답률 88%]

> 정답 공식: $\theta=0$일 때 $f=64$임을 이용하여 k의 값을 구하고 $\theta=\pi$일 때 $f=125$임을 이용하여 a의 값을 구한다.

그림과 같이 $64\,\mathrm{MHz}$에서 $125\,\mathrm{MHz}$까지의 주파수를 나타내는 반원 모양의 어떤 계기판이 있다. $64\,\mathrm{MHz}$를 가리키던 바늘이 시계방향으로 θ(라디안)만큼 회전했을 때 가리키는 주파수를 $f\,\mathrm{MHz}$라 하면

$$f=ka^\theta\ (k, a\text{는 상수, }0\le\theta\le\pi)$$

인 관계가 성립한다. 단서 k, a는 상수이지? 주파수 f는 θ에 의하여 결정돼.

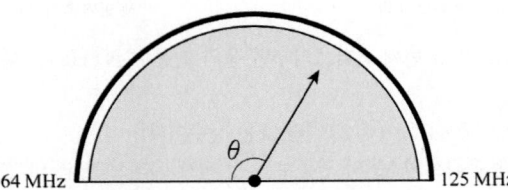

$\theta=\dfrac{2}{3}\pi$일 때, 바늘이 가리키는 주파수는? (4점)

① $96\,\mathrm{MHz}$ ② $98\,\mathrm{MHz}$ ③ $100\,\mathrm{MHz}$ ④ $102\,\mathrm{MHz}$ ⑤ $104\,\mathrm{MHz}$

1st $\theta=0$, $\theta=\pi$인 경우를 이용하여 k와 a의 값을 각각 구하자.

$\theta=0$일 때 $k\times a^0=64$ $\therefore k=64$

$\theta=\pi$일 때 $k\times a^\pi=125$에서 $64a^\pi=125$, $a^\pi=\dfrac{125}{64}$

$\therefore a=\left(\dfrac{125}{64}\right)^{\frac{1}{\pi}}=\left(\dfrac{5^3}{4^3}\right)^{\frac{1}{\pi}}=\left(\dfrac{5}{4}\right)^{\frac{3}{\pi}}$

$\longrightarrow \left(\dfrac{y^b}{z^c}\right)^x=\left\{\left(\dfrac{y}{z}\right)^c\right\}^x=\left(\dfrac{y}{z}\right)^{cx}$을 이용하고 있어.

2nd $\theta=\dfrac{2}{3}\pi$일 때의 주파수를 구하자.

따라서 $\theta=\dfrac{2}{3}\pi$일 때 바늘이 가리키는 주파수는

$f=64\times\left\{\left(\dfrac{5}{4}\right)^{\frac{3}{\pi}}\right\}^{\frac{2}{3}\pi}=64\times\left(\dfrac{5}{4}\right)^{\frac{3}{\pi}\times\frac{2\pi}{3}}$

$\longrightarrow (a^m)^n=a^{mn}$을 이용하고 있어.

$=64\times\left(\dfrac{5}{4}\right)^2=64\times\dfrac{25}{16}=100$

🔲 지수법칙 개념·공식

$a>0, b>0$이고, x, y가 실수일 때
① $a^xa^y=a^{x+y}$ ② $a^x\div a^y=a^{x-y}$
③ $(a^x)^y=a^{xy}$ ④ $(ab)^x=a^xb^x$

(정답 공식: 관계식의 각 문자에 해당하는 값을 대입하고 비의 값을 찾는다.)

그림과 같이 세 개의 옥타브로 이루어진 어떤 피아노가 있다. 각 옥타브마다 '도'를 0번 음으로 하고 나머지 음에 순서대로 번호를 붙이면 '솔'은 7번 음, '라'는 9번 음이 된다.

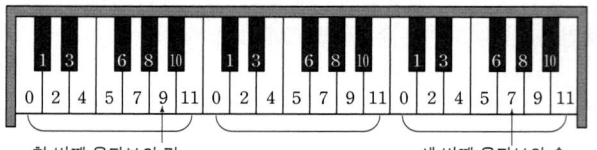

첫 번째 옥타브의 라
⇒ $p=9$

세 번째 옥타브의 솔
⇒ $p=7$

이 피아노의 m번째 옥타브의 p번 음의 진동수 $N(\text{Hz})$는 다음과 같다.

$$N=k\times2^m\times(\sqrt[12]{2})^p \quad (\text{단, } k\text{는 상수이다.}) \cdots \text{ⓐ}$$

❶ 세 번째 옥타브의 '솔'의 진동수는 첫 번째 옥타브의 '라'의 진동수의 몇 배인가? (3점) [단서] ⓐ를 가지고 ❶과 ❷의 자료를 대입하여 정리해. 이때, ❶/❷의 값을 알아야겠지?

① $2^{\frac{7}{6}}$ ② $2^{\frac{3}{2}}$ ③ $2^{\frac{11}{6}}$ ④ $2^{\frac{13}{6}}$ ⑤ $2^{\frac{5}{2}}$

[1st] 미지수 m, p가 무엇인지 파악하여 두 음의 진동수를 각각 구해.

첫 번째 옥타브 '라'의 진동수를 N_a라 하면 $m=1$, $p=9$이므로

$$N_a=k\times2\times(\sqrt[12]{2})^9 \qquad \text{1번째 옥타브의 9번 음이니까}$$

세 번째 옥타브 '솔'의 진동수를 N_b라 하면 $m=3$, $p=7$이므로

$$N_b=k\times2^3\times(\sqrt[12]{2})^7 \qquad \text{3번째 옥타브의 7번 음이니까}$$

N_b가 N_a의 t배라 하면 $\dfrac{N_b}{N_a}=t$이므로

$$\therefore \frac{N_b}{N_a}=\frac{k\times2^3\times(\sqrt[12]{2})^7}{k\times2\times(\sqrt[12]{2})^9}=\frac{2^3\times2^{\frac{7}{12}}}{2\times2^{\frac{9}{12}}}=\frac{2^2}{2^{\frac{2}{12}}}=2^{2-\frac{2}{12}}=2^{\frac{11}{6}}$$

$\underbrace{\qquad\qquad}_{2^3\times2^{\frac{7}{12}}\times2^{-1}\times2^{-\frac{9}{12}}}$

[정답 공식: A지역에서의 높이와 풍속을 이용해 대기 안정도 계수를 구한 뒤, B 지역에 대입한다.]

지면으로부터 H_1인 높이에서 풍속이 V_1이고 지면으로부터 H_2인 높이에서 풍속이 V_2일 때, 대기 안정도 계수 k는 다음 식을 만족시킨다.

$$V_2=V_1\times\left(\frac{H_2}{H_1}\right)^{\frac{2}{2-k}} \cdots \text{ⓐ}$$

(단, $H_1<H_2$이고, 높이의 단위는 m, 풍속의 단위는 m/초이다.)
❶ A지역에서 지면으로부터 12 m와 36 m인 높이에서 풍속이 각각 2(m/초)와 8(m/초)이고, ❷ B지역에서 지면으로부터 10 m와 90 m 인 높이에서 풍속이 각각 a(m/초)와 b(m/초)일 때, 두 지역의 대기 안정도 계수 k가 서로 같았다. $\dfrac{b}{a}$의 값은? (단, a, b는 양수이다.)

[단서] ⓐ를 가지고 ❶과 ❷의 자료를 대입하여 정리해. 이때, k가 같지?

(4점)

① 10 ② 13 ③ 16 ④ 19 ⑤ 22

[1st] A, B 두 지역의 조건을 대기 안정도 계수 k에 대한 식에 대입하자.

A지역에서 지면으로부터 $H_1=12(\text{m})$와 $H_2=36(\text{m})$인 높이에서 풍속이 각각 $V_1=2(\text{m/초})$와 $V_2=8(\text{m/초})$이므로

$$8=2\times\left(\frac{36}{12}\right)^{\frac{2}{2-k}} \Rightarrow \text{ⓐ에 대입} \qquad \therefore 4=3^{\frac{2}{2-k}} \cdots \text{㉠}$$

B지역에서 지면으로부터 $H_1=10(\text{m})$와 $H_2=90(\text{m})$인 높이에서 풍속이 각각 $V_1=a(\text{m/초})$와 $V_2=b(\text{m/초})$이므로

$$b=a\times\left(\frac{90}{10}\right)^{\frac{2}{2-k}}=a\times9^{\frac{2}{2-k}} \Rightarrow \text{ⓐ에 대입}$$

> **[실수]** $a\geq0$, $b\geq0$일 때 $a^2=b^2$이면 $a=b$라고 할 수 있어.

$$\therefore \frac{b}{a}=9^{\frac{2}{2-k}}=(3^2)^{\frac{2}{2-k}}=\left(3^{\frac{2}{2-k}}\right)^2=4^2(\because \text{㉠})=16$$

$\underbrace{\qquad}_{(a^m)^n=(a^n)^m \text{을 이용하여 ㉠의 꼴을 만들자.}}$

(정답 공식: 관계식의 각 문자에 해당하는 값을 대입하고 비의 값을 찾는다.)

조개류는 현탁물을 여과한다. 수온이 $t(℃)$이고 개체중량이 $w(\text{g})$일 때, A 조개와 B 조개가 1시간 동안 여과하는 양(L)을 각각 Q_A, Q_B라고 하면 다음과 같은 관계식이 성립한다고 한다.

$$Q_A=0.01t^{1.25}w^{0.25} \cdots \text{ⓐ}$$
$$Q_B=0.05t^{0.75}w^{0.30} \cdots \text{ⓑ}$$

[단서] ⓐ, ⓑ에서 미지수 t, w가 문제에서 무엇으로 주어졌는지 확인하는 게 우선이지?

수온이 20 ℃이고 A 조개와 B 조개의 개체중량이 각각 8 g일 때, ⇒$t=20$ ⇒$w_A=w_B=8$

$\dfrac{Q_A}{Q_B}$의 값은 $2^a\times5^b$이다. $a+b$의 값은? (단, a, b는 유리수이다.) (3점)

① 0.15 ② 0.35 ③ 0.55 ④ 0.75 ⑤ 0.95

[1st] Q_A와 Q_B의 식에 각각 $t=20$, $w=8$을 대입하여 $\dfrac{Q_A}{Q_B}$의 값을 구해.

수온이 20 ℃이므로 $t=20$, A, B 두 조개의 개체중량이 8 g이므로 $w=8$을 Q_A, Q_B에 각각 대입하면

밑이 같은 것끼리 정리하자. 이때, $\dfrac{a^n}{a^m}=a^{n-m}$임을 이용해.

$$\frac{Q_A}{Q_B}=\frac{0.01\times20^{1.25}\times8^{0.25}}{0.05\times20^{0.75}\times8^{0.30}}=\frac{20^{0.50}}{5\times8^{0.05}}$$

$$=\frac{(2^2\times5)^{0.50}}{5\times(2^3)^{0.05}}=\frac{2\times5^{0.50}}{5\times2^{0.15}} \quad \xrightarrow{20, 8\text{을 소인수분해해. 즉, } 20=2^2\times5, 8=2^3}$$

$$=2^{0.85}\times5^{-0.50}=2^a\times5^b \qquad \xrightarrow{\frac{a^n}{a^m}=a^{n-m}}$$

따라서 $a=0.85$, $b=-0.50$이므로 $a+b=0.85-0.50=0.35$

(정답 공식: $I_d=0.25I_0$일 때, d의 값을 구한다.)

어떤 호수에서 수면에서의 빛의 세기가 I_0일 때, 수심이 d m인 곳에서의 빛의 세기 I_d는 다음과 같이 나타내어진다고 한다.

$$I_d=I_0 2^{-0.25d} \cdots \text{ⓐ}$$

이 호수에서 빛의 세기가 수면에서의 빛의 세기의 25 %인 곳의 수심은? (3점) [단서] I_d와 I_0의 관계식이 하나 더 있으니까 ⓐ와 연립하여 d의 값을 구해.

① 16 m ② 12 m ③ 10 m ④ 8 m ⑤ 4 m

1st 단서에서 주어진 조건에 맞게 I_d, I_0의 식을 세워.

수심이 d m인 곳에서의 빛의 세기가 수면에서의 빛의 세기의 25%이므로
$I_d = 0.25 I_0 \cdots$ ㉠

그런데 주어진 조건에 의하여
$I_d = I_0 2^{-0.25d} \cdots$ ㉡

㉠=㉡에 의하여 $0.25 I_0 = I_0 2^{-0.25d}$

$\therefore 2^{-0.25d} = 0.25$

2nd 우변의 값을 지수 형태로 변형해.

$0.25 = \dfrac{1}{4} = 2^{-2}$이므로 $\underline{2^{-0.25d} = 2^{-2}}$ → $a^x = a^y$이면 $x = y$야.

$-0.25d = -2$ $\therefore d = \dfrac{2}{0.25} = 8$

따라서 구하는 수심은 8 m이다.

A 133 정답 ④ *지수법칙의 실생활 응용 ············· [정답률 77%]

(정답 공식: 두 양수 a, b에 대하여 n이 실수일 때, $\dfrac{a^n}{b^n} = \left(\dfrac{a}{b}\right)^n$이다.)

폭약에 의한 수중 폭발이 일어나면 폭발 지점에서 가스버블이 생긴다. 수면으로부터 폭발 지점까지의 깊이가 D(m)인 지점에서 무게가 W(kg)인 폭약이 폭발했을 때의 가스버블의 최대반경을 R(m)라고 하면 다음과 같은 관계식이 성립한다고 한다.

$$R = k\left(\dfrac{W}{D+10}\right)^{\frac{1}{3}} \text{ (단, } k\text{는 양의 상수이다.)}$$

수면으로부터 깊이가 d(m)인 지점에서 무게가 160 kg인 폭약이 폭발했을 때의 가스버블의 최대반경을 R_1(m)이라 하고, 같은 폭발 지점에서 무게가 p(kg)인 폭약이 폭발했을 때의 가스버블의 최대반경을 R_2(m)라 하자. [단서] 수면으로부터 깊이, 폭약의 무게, 가스버블의 최대반경 등을 주어진 식에 대입해 봐.

$\dfrac{R_1}{R_2} = 2$일 때, p의 값은? (단, 폭약의 종류는 같다.) (3점)

① 8　　　　② 12　　　　③ 16
④ 20　　　　⑤ 24

1st 주어진 관계식에 조건을 대입해 보자.

수면으로부터 깊이가 d(m)인 지점에서 무게가 160 kg인 폭약이 폭발했을 때의 가스버블의 최대반경이 R_1(m)이므로 $D = d$, $W = 160$, $R = R_1$을 주어진 관계식에 대입하면 $R_1 = k\left(\dfrac{160}{d+10}\right)^{\frac{1}{3}} \cdots$ ㉠

같은 폭발 지점에서 무게가 p(kg)인 폭약이 폭발했을 때의 가스버블의 최대반경이 R_2(m)이므로 $D = d$, $W = p$, $R = R_2$를 주어진 관계식에

대입하면 $R_2 = k\left(\dfrac{p}{d+10}\right)^{\frac{1}{3}} \cdots$ ㉡

2nd $\dfrac{R_1}{R_2} = 2$를 만족시키는 p의 값을 구해봐.

k는 양의 상수이므로 $\dfrac{R_1}{R_2}$을 계산하면 약분되어 사라져.

㉠÷㉡을 하면

$\dfrac{R_1}{R_2} = \dfrac{k\left(\dfrac{160}{d+10}\right)^{\frac{1}{3}}}{k\left(\dfrac{p}{d+10}\right)^{\frac{1}{3}}} = \left(\dfrac{160}{p}\right)^{\frac{1}{3}}$이고 $\dfrac{R_1}{R_2} = 2$이므로

$\underset{a, b\text{가 양수이고 } r\text{이 실수일 때 } \frac{a^r}{b^r} = \left(\frac{a}{b}\right)^r}{}$

$\left(\dfrac{160}{p}\right)^{\frac{1}{3}} = 2$에서 $\dfrac{160}{p} = 2^3 = 8$ $\therefore p = 20$

A 134 정답 ⑤ *지수법칙의 실생활 응용 ············· [정답률 71%]

(정답 공식: 관계식의 각 문자에 해당하는 값을 대입한다.)

단원자 이상기체의 단열 과정에서 단열 팽창 전 온도와 부피를 각각 T_i, V_i라 하고 단열 팽창 후 온도와 부피를 각각 T_f, V_f라 하자. 단열 팽창 전과 단열 팽창 후의 온도와 부피 사이에는 다음과 같은 관계식이 성립한다고 한다. [단서] ⓐ의 미지수 T_i, V_i, T_f, V_f가 문제에서 무엇으로 주어졌는지 확인하는 게 우선이지?

$$T_i V_i^{\gamma-1} = T_f V_f^{\gamma-1} \cdots ⓐ$$

(단, 기체몰 열용량의 비 $\gamma = \dfrac{5}{3}$이고, 온도의 단위는 K, 부피의 단위는 m^3이다.)

$\Rightarrow T_i = 480$　　$\Rightarrow V_i = 5$

단열 팽창 전 온도가 480(K)이고 부피가 5(m^3)인 단원자 이상기체가 있다. 이 기체가 단열 팽창하여 기체의 온도가 270(K)가 되었을 때, 기체의 부피(m^3)는? (3점)　　$\Rightarrow T_f = 270$

① $\dfrac{308}{27}$　　　② $\dfrac{311}{27}$　　　③ $\dfrac{314}{27}$

④ $\dfrac{317}{27}$　　　⑤ $\dfrac{320}{27}$

1st 관계식에 $\gamma = \dfrac{5}{3}$를 대입하여 정리하자.

먼저 주어진 등식 $T_i V_i^{\gamma-1} = T_f V_f^{\gamma-1}$에 기체몰 열용량의 비 $\gamma = \dfrac{5}{3}$를 대입하면

$T_i V_i^{\frac{5}{3}-1} = T_f V_f^{\frac{5}{3}-1}$

$\therefore T_i V_i^{\frac{2}{3}} = T_f V_f^{\frac{2}{3}} \cdots$ ㉠

2nd 단열 팽창 전·후의 자료를 대입하여 단열 팽창 후 부피 V_f를 구해.

조건에서 $T_i = 480$, $V_i = 5$이고 $T_f = 270$이므로

㉠에 대입하면

$480 \times 5^{\frac{2}{3}} = 270 \times V_f^{\frac{2}{3}}$

$\underline{V_f^{\frac{2}{3}} = \dfrac{16}{9} \times 5^{\frac{2}{3}}}$ → ■$^{\frac{2}{3}}$ = ▲이니까 양변에 $\dfrac{3}{2}$제곱을 해. 즉 $a^{\frac{m}{n}} = b$이면 $a = b^{\frac{n}{m}}$이야.

$\therefore V_f = \left(\dfrac{16}{9}\right)^{\frac{3}{2}} \times \left(5^{\frac{2}{3}}\right)^{\frac{3}{2}}$ 주의 $(a^n \times b^m)$을 l제곱해 주면 $a^{n \times l} \times b^{m \times l}$이라고 할 수 있어.

$= \left(\dfrac{4}{3}\right)^{2 \times \frac{3}{2}} \times 5^{\frac{2}{3} \times \frac{3}{2}}$

$= \left(\dfrac{4}{3}\right)^3 \times 5$

$= \dfrac{64}{27} \times 5 = \dfrac{320}{27}$

☆ **거듭제곱근의 성질과 지수법칙** 　　　　개념·공식

(1) 거듭제곱근의 성질

$a > 0$, $b > 0$이고 m, n이 양의 정수일 때,

① $\sqrt[n]{a}\sqrt[n]{b} = \sqrt[n]{ab}$　　　② $\dfrac{\sqrt[n]{a}}{\sqrt[n]{b}} = \sqrt[n]{\dfrac{a}{b}}$

③ $\sqrt[n]{a^m} = \left(\sqrt[n]{a}\right)^m$　　　④ $\sqrt[m]{\sqrt[n]{a}} = \sqrt[mn]{a}$

⑤ $\sqrt[np]{a^{mp}} = \sqrt[n]{a^m}$ (단, p는 자연수)

(2) 지수법칙

$a > 0$, $b > 0$이고 m, n이 실수일 때,

① $a^m a^n = a^{m+n}$　　　② $a^m \div a^n = a^{m-n}$

③ $(a^m)^n = a^{mn}$　　　④ $(ab)^n = a^n b^n$

⑤ $\left(\dfrac{b}{a}\right)^n = \dfrac{b^n}{a^n}$

A 135 정답 ② *지수법칙의 실생활 응용 ············ [정답률 65%]

[정답 공식: 부패지수가 각각 P_1, $4P_1$일 때 관계식의 각 문자에 해당하는 값을 대입하고, 두 식을 나눠서 구하고자 하는 값을 찾는다.]

어떤 물질의 부패지수 P와 일평균 습도 $H(\%)$, 일평균 기온 $t(℃)$ 사이에는 다음과 같은 관계식이 성립한다고 한다.

$$P = \frac{H-65}{14} \times (1.05)^t \cdots ⓐ$$

❶ 일평균 습도가 72 %, 일평균 기온이 10 ℃인 날에 이 물질의 부패 지수를 P_1이라 하자. ❷ 일평균 습도가 79 %, 일평균 기온이 x ℃인 날에 이 물질의 부패지수가 $4P_1$일 때, x의 값은? (단, $1.05^{14}=2$로 계산한다.) (4점) 단서 ⓐ를 가지고 ❶과 ❷의 자료를 대입하여 정리해. 이때, ❷는 ❶의 4배이지?

① 22   ② 24   ③ 26   ④ 28   ⑤ 30

1st 주어진 식에 조건을 각각 대입해.

P_1일 때 $H=72(\%)$, $t=10(℃)$이므로

$$P_1 = \frac{72-65}{14} \times (1.05)^{⑩} = \frac{1}{2} \times (1.05)^{10} \cdots ㉠$$

P_2일 때 $H=79(\%)$, $t=x(℃)$이므로

$$4P_1 = \frac{79-65}{14} \times (1.05)^{ⓧ} = (1.05)^x \cdots ㉡$$

㉠, ㉡에서 → ㉡은 ㉠의 4배이니까 $4 \times ㉠ = ㉡$

$$4 \times \left\{ \frac{1}{2} \times (1.05)^{10} \right\} = (1.05)^x \quad \rightarrow a^m = a^n일 \ 때 \ a^m \div a^n = 1, \ 즉 \ a^{m-n}=1$$

$$(1.05)^{x-10} = 2$$

그런데 $1.05^{14}=2$이므로 $\underline{(1.05)^{x-10} = 1.05^{14}}$

$x-10=14$ ∴ $x=24$ 밑이 1.05로 같으니까 지수를 비교해.

A 136 정답 ③ *지수법칙의 실생활 응용 ············ [정답률 71%]

[정답 공식: 2006년도 인구수를 구하고 그 값의 2배가 될 때, t의 값은 어떻게 될지 구해본다.]

어느 도시의 t년도 인구수를 $P \times 10^6$(명)이라 하면

$$P = 5 \times 2^{\frac{t-2001}{15}}$$

$t=2006$을 대입. 단서 2006의 인구수를 구한 뒤, 그 2배가 되는 해를 찾자.

인 관계가 성립한다고 한다. 이 도시의 인구수가 2006년 인구수의 2배가 되는 해는? (3점)

① 2017년   ② 2019년   ③ 2021년
④ 2023년   ⑤ 2025년

1st 먼저 2006년도의 인구수 P를 구해야겠지?

2006년도의 인구수를 $P \times 10^6$(명)이라 하면

$$P = 5 \times 2^{\frac{2006-2001}{15}} = 5 \times 2^{\frac{5}{15}} = 5 \times 2^{\frac{1}{3}} \cdots ㉠$$

2nd 인구수가 2배가 되는 해를 구하자.

이 도시의 인구수 $P' \times 10^6$(명)이 2006년 인구수의 2배가 되는 해를 t라 하자.

$$P' = 5 \times 2^{\frac{t-2001}{15}} = 2P$$

㉠에서 $2P = 2 \times 5 \times 2^{\frac{1}{3}} = 5 \times 2^{\frac{4}{3}}$이므로 지수를 비교하면

[지수법칙] $a^n \times a^m = a^{n+m}$

$$\frac{4}{3} = \frac{t-2001}{15}, \quad 20 = t-2001$$

∴ $t=2021$

 내신 유형별 서술형 문제

A 137 정답 10 *거듭제곱근의 정의 ············ [정답률 67%]

(정답 공식: a의 n제곱근 중 실수는 x에 대한 방정식 $x^n=a$의 실근이다.)

단서 n의 값이 짝수일 때와 홀수일 때로 나누어 각 경우에서의 부호에 따른 실근을 조사해.

2 이상 30 이하인 자연수 n에 대하여 $n-9$의 n제곱근 중 양의 실수가 존재하고, $n-20$의 n제곱근 중 음의 실수가 존재하도록 하는 n의 개수를 구하고 그 과정을 서술하시오. (10점)

🧠 단서 + 발상

단서 a의 n제곱근 중 실수는 x에 대한 방정식 $x^n=a$의 실근과 같다. a의 n제곱근 중 양의 실근이 존재하기 위해서 $a>0$이어야 하고, a의 n제곱근 중 음의 실근이 존재하기 위해서 $a>0$이고 n은 짝수이거나, $a<0$이고 n은 홀수이어야 한다. (개념)

따라서 n의 값이 짝수일 때와 홀수일 때로 상황을 나누어 $n-9$와 $n-20$의 부호에 따른 실수가 존재하는 n의 조건을 구할 수 있다. (적용)

--- [문제 풀이 순서] -----------------

1st $n-9$의 n제곱근 중 양의 실수가 존재하는 n의 조건을 구하자.

$n-9$의 n제곱근 중 양의 실수가 존재하기 위해서는

$n-9 > 0$이어야 한다.   ∴ $n>9 \cdots ㉠$

2nd $n-20$의 n제곱근 중 음의 실수가 존재하는 n의 조건을 구하자.

$n-20$의 n제곱근 중 음의 실수가 존재하기 위해서는

[a의 n제곱근 중 음의 실수가 존재하는 경우]
$a>0$, n이 짝수인 경우 $x^n=a$의 실근은 $x=a^{\frac{1}{n}}, x=-a^{\frac{1}{n}}$이고 $-a^{\frac{1}{n}}<0$이야.
$a<0$, n이 홀수인 경우 $x^n=a$의 실근은 $x=a^{\frac{1}{n}}$이고 $a^{\frac{1}{n}}<0$이야.

n이 홀수이고 $n-20<0$이거나 n이 짝수이고 $n-20>0$이어야 한다.

따라서 자연수 n은

$n<20$인 홀수 또는 $n>20$인 짝수이다. $\cdots ㉡$

3rd 자연수 n의 개수를 구하자.

㉠, ㉡에 의하여 30 이하인 자연수 n은 $9<n<20$인 홀수 또는

$20<n \leq 30$인 짝수이다.

(i) n이 $9<n<20$인 홀수 ⇒ $n=11$, 13, 15, 17, 19이므로 5개이다.

(ii) n이 $20<n \leq 30$인 짝수

$n=22$, 24, 26, 28, 30이므로 5개이다.

따라서 (i), (ii)에 의해 구하는 자연수 n의 개수는 10이다.

[채점 기준표]

1st	$n-9$의 n제곱근 중 양의 실수가 존재하는 n의 조건을 구한다.	3점
2nd	$n-20$의 n제곱근 중 음의 실수가 존재하는 n의 조건을 구한다.	4.5점
3rd	자연수 n의 개수를 구한다.	2.5점

Ⓐ 138 정답 20 ＊거듭제곱근이 자연수, 유리수가 되는 조건 · [정답률 57%]

> 정답 공식: 양수 a와 짝수인 자연수 n에 대하여 a의 n제곱근 중 실근은 $a^{\frac{1}{n}}$ 또는 $-a^{\frac{1}{n}}$이다.

> **단서** 서로 다른 실근이 3개 가지고 있음을 알 수 있고, m, n의 값이 짝수일 때와 홀수일 때로 상황을 나누어 실근의 개수를 확인해 보자.
>
> 2 이상의 두 자연수 m, n에 대하여 x에 대한 방정식
>
> $$(x^m-2^6)(x^n+2^9)=0$$
>
> 이 서로 다른 세 실근 α_1, α_2, α_3을 가진다. 세 수 α_1, α_2, α_3이 모두 정수일 때, $m+n=k$를 만족시키는 모든 자연수 k의 값의 합을 구하고 그 과정을 서술하시오. (10점)

🧠 단서+발상

단서 $x^n=a$의 실근에서 n이 짝수인 경우 실수 a에 대하여 $a>0$이면 a의 n제곱근 중 실근은 $a^{\frac{1}{n}}$, $-a^{\frac{1}{n}}$이고, n이 홀수인 경우 a의 n제곱근 중 실근은 $a^{\frac{1}{n}}$이다. **개념**

방정식 $(x^m-2^6)(x^n+2^9)=0$의 해는 방정식 $x^m=2^6$ 또는 $x^n=-2^9$의 해와 같고, 이때 x의 지수 m, n의 값이 짝수일 때와 홀수일 때로 상황을 나누어 각 경우의 실근의 개수를 구할 수 있다. **적용**

실근 α_1, α_2, α_3에서 같은 근이 생기는 m, n의 값이 존재하는지 확인하여 자연수 k의 값을 구할 수 있다. **해결**

--- [문제 풀이 순서] ---------------------------------

1st 세 실근을 가지기 위한 m, n의 조건과 실근의 집합 $\{\alpha_1, \alpha_2, \alpha_3\}$을 구하자.

방정식 $(x^m-2^6)(x^n+2^9)=0$이려면 $x^m=2^6$ 또는 $x^n=-2^9$이다.

n이 짝수이면 방정식 $x^n=-2^9$의 실근은 존재하지 않는다.
_{n이 짝수일 때, 방정식 $x^n=a$에서 $a\geq0$이어야 실근이 존재해.}

방정식 $x^m=2^6$의 실근은 최대 2개이므로

방정식 $(x^m-2^6)(x^n+2^9)=0$이 세 실근을 가질 수 없다.

따라서 n은 홀수이다.

n은 홀수이므로 방정식 $x^n=-2^9$의 실근은 $x=-2^{\frac{9}{n}}$으로 1개,
_{n이 홀수일 때, 실수 a에 대해 방정식 $x^n=a$의 실근은 항상 1개야.}

방정식 $(x^m-2^6)(x^n+2^9)=0$의 실근은 3개이므로

방정식 $x^m=2^6$의 실근은 2개이다.

따라서 m은 짝수이고 방정식 $x^m=2^6$의 실근은 $x=2^{\frac{6}{m}}$ 또는 $x=-2^{\frac{6}{m}}$이다.
_{$a>0$, n이 짝수인 경우 $x^n=a$의 실근 $x=a^{\frac{1}{n}}$ 또는 $x=-a^{\frac{1}{n}}$}

$\therefore \{\alpha_1, \alpha_2, \alpha_3\}=\left\{-2^{\frac{9}{n}}, 2^{\frac{6}{m}}, -2^{\frac{6}{m}}\right\}$

2nd α_1, α_2, α_3이 서로 다른 정수가 되기 위한 m, n, k의 값을 각각 구하자.

$2^{\frac{6}{m}}$, $-2^{\frac{6}{m}}$이 정수이므로 $m=2, 6$
_{m이 2 이상인 자연수 중 짝수이면서 6의 약수는 2, 6이야.}

$-2^{\frac{9}{n}}$이 정수이므로 $n=3, 9$

조건을 만족시키는 m, n의 값을 순서쌍 (m, n)으로 나타내자.

(i) $(2, 3)$인 경우

방정식 $x^m=2^6$의 실근은 2^3, -2^3

방정식 $x^n=-2^9$의 실근은 -2^3

따라서 방정식 $(x^m-2^6)(x^n+2^9)=0$의 실근은 2^3, -2^3으로 서로 다른 세 정수가 될 수 없다.

(ii) $(2, 9)$인 경우

방정식 $x^m=2^6$의 실근은 2^3, -2^3

방정식 $x^n=-2^9$의 실근은 -2

따라서 방정식 $(x^m-2^6)(x^n+2^9)=0$의 실근은 2^3, -2^3, -2이므로 서로 다른 세 정수이다.

$\therefore m+n=11$

(iii) $(6, 3)$인 경우

방정식 $x^m=2^6$의 실근은 2, -2

방정식 $x^n=-2^9$의 실근은 -2^3

따라서 방정식 $(x^m-2^6)(x^n+2^9)=0$의 실근은 2, -2, -2^3이므로 서로 다른 세 정수이다.

$\therefore m+n=9$

(iv) $(6, 9)$인 경우

방정식 $x^m=2^6$의 실근은 2, -2

방정식 $x^n=-2^9$의 실근은 -2

따라서 방정식 $(x^m-2^6)(x^n+2^9)=0$의 실근은 서로 다른 세 정수가 될 수 없다.

(i)~(iv)에 의해 모든 자연수 k의 값의 합은 $11+9=20$
_{서로 다른 근이 나오는지 확인하기 위해 가능한 경우의 자연수 m, n을 대입해봐야 해.}

[채점 기준표]

1st	세 실근을 가지기 위한 m, n의 조건과 실근의 집합 $\{\alpha_1, \alpha_2, \alpha_3\}$을 구한다.	4점
2nd	α_1, α_2, α_3가 서로 다른 정수가 되기 위한 m, n, k의 값을 각각 구한다.	6점

Ⓐ 139 정답 21 ＊지수법칙의 활용 ·········· [정답률 68%]

> 정답 공식: $(ab)^n=a^nb^n$, $a^{-1}=\dfrac{1}{a}$, $(x+1)(x^2-x+1)=x^3+1$

> 등식 **단서1** 분자의 항이 복잡하므로 분모와 분자에 일정한 값을 곱하여 식을 간단히 만들 수 있어.
>
> $$\left(\frac{1-2^{-1}+2^{-2}-2^{-3}+2^{-4}-2^{-5}}{2^5+2^4+2^3+2^2+2+1}\right)^{-3}\times(\sqrt[3]{4}-\sqrt[3]{2}+1)^{-3}$$
>
> **단서2** 곱셈공식을 활용해 식을 변형하여 계산할 수 있어.
> $$=(2^a+2^b)^3$$
>
> 을 만족시키는 유리수 a, b에 대하여 $3a+b$의 값을 구하고 그 과정을 서술하시오. (단, $a>b$) (10점)

🧠 단서+발상

단서1 분자가 계산이 번거로운 2^{-k} 꼴의 항들로 이루어져 있으므로 분모와 분자에 2^5을 곱하여 식을 간단히 만들고 같은 부호의 항끼리 묶어 계산할 수 있다. **발상**

단서2 $\sqrt[3]{2}=A$라 하면 $\sqrt[3]{4}-\sqrt[3]{2}+1$은 A^2-A+1로 나타낼 수 있다. **발상**
곱셈공식 $(A+1)(A^2-A+1)=A^3+1$을 활용해 식을 변형하여 계산할 수 있다. **적용**

--- [문제 풀이 순서] ---------------------------------

1st $\left(\dfrac{1-2^{-1}+2^{-2}-2^{-3}+2^{-4}-2^{-5}}{2^5+2^4+2^3+2^2+2+1}\right)^{-3}$의 값을 구하자.

$$\left(\frac{1-2^{-1}+2^{-2}-2^{-3}+2^{-4}-2^{-5}}{2^5+2^4+2^3+2^2+2+1}\right)^{-1}$$

$$=\frac{2^5+2^4+2^3+2^2+2+1}{1-2^{-1}+2^{-2}-2^{-3}+2^{-4}-2^{-5}}=\frac{1}{2^{-5}}\left(\frac{1+2+2^2+2^3+2^4+2^5}{2^5-2^4+2^3-2^2+2-1}\right)$$

$$=2^5\left\{\frac{1+2^2+2^4+2(1+2^2+2^4)}{2(1+2^2+2^4)-(1+2^2+2^4)}\right\}=2^5\left\{\frac{3(1+2^2+2^4)}{1+2^2+2^4}\right\}=3\times2^5$$

$$\therefore \left(\frac{1-2^{-1}+2^{-2}-2^{-3}+2^{-4}-2^{-5}}{2^5+2^4+2^3+2^2+2+1}\right)^{-3}=(3\times2^5)^3 \cdots ㉠$$

2nd $(\sqrt[3]{4}-\sqrt[3]{2}+1)^{-3}$의 값을 구하자.

$$(\sqrt[3]{4}-\sqrt[3]{2}+1)^{-3}=\left(\frac{1}{\sqrt[3]{4}-\sqrt[3]{2}+1}\right)^3=\left\{\frac{\sqrt[3]{2}+1}{(\sqrt[3]{2})^3+1}\right\}^3$$

$$=\frac{(\sqrt[3]{2}+1)^3}{27} \cdots ㉡$$
_{$\left\{\dfrac{\sqrt[3]{2}+1}{(\sqrt[3]{2}+1)(\sqrt[3]{4}-\sqrt[3]{2}+1)}\right\}^3$}

㉠, ㉡에 의해

$$\left(\frac{1-2^{-1}+2^{-2}-2^{-3}+2^{-4}-2^{-5}}{2^5+2^4+2^3+2^2+2+1}\right)^{-3}\times(\sqrt[3]{4}-\sqrt[3]{2}+1)^{-3}$$

$$=(3\times2^5)^3\times\frac{(\sqrt[3]{2}+1)^3}{27}=(2^5)^3\times(\sqrt[3]{2}+1)^3=(2^{\frac{16}{3}}+2^5)^3$$

$a^x b^x=(ab)^x$이므로 $(2^5)^3\times(\sqrt[3]{2}+1)^3=\{2^5\times(2^{\frac{1}{3}}+1)\}^3$

따라서 $a>b$이고, $a=\dfrac{16}{3}$, $b=5$이므로 $=(2^{\frac{16}{3}}+2^5)^3$

$$3a+b=3\times\frac{16}{3}+5=21$$

[채점 기준표]

1st $\left(\dfrac{1-2^{-1}+2^{-2}-2^{-3}+2^{-4}-2^{-5}}{2^5+2^4+2^3+2^2+2+1}\right)^{-3}$의 값을 구한다.		5점
2nd $(\sqrt[3]{4}-\sqrt[3]{2}+1)^{-3}$의 값을 구한다.		4점
3rd $3a+b$의 값을 구한다.		1점

A 140 　정답 47　＊거듭제곱근의 성질 ·········· [정답률 82%]

(정답 공식: x가 a의 n제곱근이면 $x^n=a$이다.)

1이 아닌 세 양수 a, b, c가 다음 조건을 모두 만족시킨다.

> (가) a는 b의 5제곱근이다. 단서1 거듭제곱근의 정의를 활용해.
> (나) c는 $\sqrt[3]{a}$의 네제곱근이다.

단서2 지수법칙에 따라 계산할 수 있어.

$\dfrac{b}{c}=a^x$일 때, 실수 x의 값을 $\dfrac{q}{p}$라 하자. $q-p$의 값을 구하고 그 과정을 서술하시오. (단, p, q는 서로소인 자연수이다.) (10점)

 단서+발상

단서1 a, b, c의 관계가 거듭제곱근으로 제시되면 거듭제곱근의 정의를 활용해 관계를 구할 수 있다. 발상

단서2 주어진 조건을 통해 a, b, c의 관계를 구하면 하나의 문자로 밑을 통일하여 지수법칙에 따라 계산할 수 있다. 해결

--- [문제 풀이 순서] ------------------------------

1st 거듭제곱근의 정의를 활용해서 a, b, c의 관계를 구하자.

조건 (가)에서 $a^5=b$

a는 b의 n제곱근 $\Longleftrightarrow a^n=b$

조건 (나)에서 $c^4=\sqrt[3]{a}$이므로 $c=\left(a^{\frac{1}{3}}\right)^{\frac{1}{4}}=a^{\frac{1}{12}}$

2nd b, c를 한 문자로 표현하여 x의 값을 구하자.

$$\frac{b}{c}=\frac{a^5}{a^{\frac{1}{12}}}=a^{5-\frac{1}{12}}=a^{\frac{59}{12}}=a^x$$이므로 $x=\frac{59}{12}$

따라서 $p=12$, $q=59$이므로

$$q-p=59-12=47$$

[채점 기준표]

1st 거듭제곱근의 정의를 활용해서 a, b, c의 관계를 구한다.		6점
2nd b, c를 한 문자로 표현하여 x의 값을 구한다.		4점

A 141 　정답 6　＊지수법칙의 활용 － 식 변형 ·········· [정답률 75%]

(정답 공식: 등식 $a^x=b^y$이 주어지면 $a^x=b^y=p$로 놓는다.)

0이 아닌 네 실수 a, b, c, k가 다음 조건을 만족시킬 때, k의 값을 구하고 그 과정을 서술하시오. (10점)

> (가) $27^a=25^b=15^c$ 단서 $27^a=25^b=15^c=p$로 놓고, 식을 변형해 보자.
> (나) $kab=(2b+3a)c$

단서+발상

단서 a, b, c가 0이 아닌 실수이므로 $27^a=25^b=15^c=p\,(p$는 상수)로 놓을 수 있다.

발상

지수법칙을 활용하여 p를 밑으로 하고 a, b, c를 지수로 하는 식으로 변형할 수 있다. 적용

a, b, c는 조건 (가)에서 지수에 해당하므로 조건 (가)에 맞춰 식을 변형하여 k의 값을 구할 수 있다. 해결

--- [문제 풀이 순서] ------------------------------

1st $27^a=25^b=15^c=p\,(p>0)$로 놓고 지수법칙을 이용하자.

$27^a=25^b=15^c=p\,(p>0)$로 놓으면

$27^a=p$에서 $p^{\frac{1}{a}}=27$

$27^a=p$에서 $27=p^{\frac{1}{a}}$ 또는 $a=\log_{27}p$를 활용할 수 있어.

$25^b=p$에서 $p^{\frac{1}{b}}=25$

$15^c=p$에서 $p^{\frac{1}{c}}=15$

2nd a, b, c, k의 관계를 이용하여 k의 값을 구하자.

$kab=(2b+3a)c$에서 양변을 abc로 나누면 $\dfrac{k}{c}=\dfrac{2}{a}+\dfrac{3}{b}$

$\dfrac{1}{a},\dfrac{1}{b},\dfrac{1}{c}$에 대한 관계식을 구했기 때문에 abc로 나눠야 함을 알 수 있어.

$p^{\frac{2}{a}+\frac{3}{b}}=p^{\frac{k}{c}}$이므로 $\left(p^{\frac{1}{a}}\right)^2\times\left(p^{\frac{1}{b}}\right)^3=\left(p^{\frac{1}{c}}\right)^k$

$\therefore 27^2\times25^3=15^k$

$27^2\times25^3=(3^3)^2\times(5^2)^3=3^6\times5^6=15^6$이므로 $15^k=15^6$

$\therefore k=6$

[채점 기준표]

1st $27^a=25^b=15^c=p\,(p>0)$로 놓고 지수법칙을 이용한다.		5점
2nd a, b, c, k의 관계를 이용하여 k의 값을 구한다.		5점

다른 풀이: 로그의 정의를 활용하여 k의 값 구하기

$27^a=25^b=15^c=p$에서 로그의 정의에 의해

$a=\log_{27}p$, $b=\log_{25}p$, $c=\log_{15}p$로 놓자.

로그의 밑의 변환 공식에 의해

$$\frac{1}{a}=\log_p27, \frac{1}{b}=\log_p25, \frac{1}{c}=\log_p15$$

$\dfrac{k}{c}=\dfrac{2}{a}+\dfrac{3}{b}$이므로 $k\log_p15=2\log_p27+3\log_p25$

$\log_p15^k=\log_p27^2+\log_p25^3=\log_p(27^2\times25^3)$

$\therefore 27^2\times25^3=15^k$

$27^2\times25^3=(3^3)^2\times(5^2)^3=15^6=15^k$이므로

$k=6$

Ⓐ 142 정답 153 *지수법칙의 활용 ──────────── [정답률 60%]

> 정답 공식: 이차방정식 $ax^2+bx+c=0$의 판별식을 D라 하면
> 방정식이 서로 다른 두 실근을 가지면 $D=b^2-4ac>0$이고,
> 두 근의 곱은 $\frac{c}{a}$이다.

> x에 대한 이차방정식
> **[단서1]** 식을 간단하게 하여 거듭제곱근을 계산해.
> $\frac{1}{\sqrt{3}}x^2-18x+\sqrt{a}\times{}^{2\times3}\!\sqrt{a}\times{}^{3\times4}\!\sqrt{a}=0$의 서로 다른 두 실근
> **[단서2]** 이차방정식의 판별식을 이용해.
> α, β에 대하여 $\alpha\times\beta$의 값이 정수가 되도록 하는 모든 자연수
> a의 값의 합을 구하고 그 과정을 서술하시오. (10점)
> → **[단서3]** 이차방정식의 근과 계수의 관계를 이용해.

🧠 단서+발상

[단서1] 같은 형태가 반복되는 거듭제곱근에서 계산의 규칙을 찾아내고 거듭제곱근을 지수 형태로 변환하여 지수법칙에 따라 식을 계산할 수 있다. **발상**

[단서2] 이차방정식이 서로 다른 두 실근을 가지므로 판별식은 양수이다. **개념** $D>0$에 의해 a의 값의 범위를 구할 수 있다. **적용**

[단서3] $\alpha\times\beta$는 두 근의 곱이므로 이차방정식의 근과 계수와의 관계를 이용하여 두 근의 곱을 나타낼 수 있다. 판별식에서 구한 a의 값의 범위에서 $\alpha\times\beta$의 값이 정수가 되는 자연수 a를 구할 수 있다. **해결**

--- [문제 풀이 순서] ------------------------------

1st $\sqrt{a}\times{}^{2\times3}\!\sqrt{a}\times{}^{3\times4}\!\sqrt{a}$를 간단히 하자.

$\sqrt{a}\times{}^{2\times3}\!\sqrt{a}\times{}^{3\times4}\!\sqrt{a}=a^{\frac{1}{1\times2}}\times a^{\frac{1}{2\times3}}\times a^{\frac{1}{3\times4}}=a^{1-\frac{1}{2}+\frac{1}{2}-\frac{1}{3}+\frac{1}{3}-\frac{1}{4}}=a^{\frac{3}{4}}$이므로

부분분수로 $\frac{1}{AB}=\frac{1}{B-A}\left(\frac{1}{A}-\frac{1}{B}\right)$ 꼴로 고칠 수 있어.

${}^{3\times4}\!\sqrt{a}={}^{3\times4}\!\sqrt{a}=a^{\frac{1}{3\times4}}=a^{\frac{1}{4-3}\left(\frac{1}{3}-\frac{1}{4}\right)}=a^{\frac{1}{3}-\frac{1}{4}}$으로 정리할 수 있어.

주어진 이차방정식은 $\frac{1}{\sqrt{3}}x^2-18x+a^{\frac{3}{4}}=0$이다.

2nd 이차방정식이 두 실근을 가짐을 이용하여 자연수 a의 값의 범위를 구하자.

이차방정식 $\frac{1}{\sqrt{3}}x^2-18x+a^{\frac{3}{4}}=0$이 서로 다른 두 실근 α, β를 가지므로

이차방정식의 판별식을 D라 하면 $D>0$이다.

이차방정식 $ax^2+2bx+c=0$의 판별식을 D라 하면 $D=b^2-ac$이고, 서로 다른 두 실근을 가지면 $D>0$이야.

$81-3^{-\frac{1}{2}}\times a^{\frac{3}{4}}>0$이므로 $a^{\frac{3}{4}}<3^{\frac{9}{2}}$이고, $\left(a^{\frac{3}{4}}\right)^{\frac{4}{3}}<\left(3^{\frac{9}{2}}\right)^{\frac{4}{3}}$이다.

$\therefore 0<a<3^6\cdots$ ㉠

3rd $\alpha\times\beta$의 값이 정수가 되는 자연수 a의 합을 구하자.

이차방정식의 근과 계수와의 관계에 의하여 두 실근의 곱은

$\alpha\times\beta=\sqrt{3}a^{\frac{3}{4}}$

$\sqrt{3}a^{\frac{3}{4}}=a^{\frac{3}{4}}\times3^{\frac{1}{2}}$의 값이 정수이고 a는 자연수이므로

$\underline{a=k^4\times3^2}$ (k는 자연수)라 하자.

$a=k^4\times3^2$이면

함정 a의 값에 따라 $a^{\frac{3}{4}}$에서 $3^{\frac{1}{2}}$ 꼴이 나와야 이 값이 정수가 될 수 있겠지?

$a^{\frac{3}{4}}\times3^{\frac{1}{2}}=(k^4\times3^2)^{\frac{3}{4}}\times3^{\frac{1}{2}}=k^3\times3^{\frac{3}{2}}\times3^{\frac{1}{2}}=k^3\times3^2$이므로

$\alpha\times\beta=\sqrt{3}a^{\frac{3}{4}}$이 정수야.

㉠에서 $a<3^6$이므로 $k^4\times3^2<3^6$

$k^4<3^4$

이때 k는 자연수이므로 $k<3$

$\therefore k=1, 2$

$k=1$일 때 $a=1^4\times3^2=9$

$k=2$일 때 $a=2^4\times3^2=144$

따라서 모든 자연수 a의 값의 합은 $9+144=153$

[채점 기준표]

1st	$\sqrt{a}\times{}^{2\times3}\!\sqrt{a}\times{}^{3\times4}\!\sqrt{a}$를 간단히 한다.	2점
2nd	이차방정식이 두 실근을 가짐을 이용하여 자연수 a의 값의 범위를 구한다.	3점
3rd	$\alpha\times\beta$의 값이 정수가 되는 자연수 a의 합을 구한다.	5점

Ⓐ 143 정답 36 *지수법칙의 활용 - a^x+a^{-x} 꼴 [정답률 68%]

> 정답 공식: 등식 $a^x=b^y$이 주어지면 $a^x=b^y=p$로 놓는다. $b>0$일 때,
> $(b^y+b^{-y})^2=b^{2y}+2+b^{-2y}$이다.

> 1이 아닌 두 양수 a, b와 두 실수 x, y가 다음 조건을 만족시킨다.
>
> (가) $a^{\frac{b}{a}}=b^a=(ab)^{ab}$ **[단서1]** $a^{\frac{b}{a}}=b^a=(ab)^{ab}=p$로 놓자.
> (나) $a^{\frac{2}{x}}=3$
> (다) $b^{2y}+1=6b^{y+1}$ **[단서2]** $2+b^{2y}+b^{-2y}$에 맞춰 식을 변형해.
>
> $36\times3^x-\dfrac{2+b^{2y}+b^{-2y}}{3^x-1}$의 값을 구하고 그 과정을 서술하시오.
>
> (10점)

🧠 단서+발상

[단서1] a, b가 1이 아닌 양수이므로 $a^{\frac{b}{a}}=b^a=(ab)^{ab}=p$ (p는 상수)로 놓을 수 있고 지수법칙을 활용하여 a, b에 대한 관계식을 간단하게 정리할 수 있다. **발상**

[단서2] $b^{2y}+1=6b^{y+1}$을 구하고자 하는 식 $2+b^{2y}+b^{-2y}$에 맞게 **발상** 양변을 b^y으로 나누어 식을 변형할 수 있다. **적용**

--- [문제 풀이 순서] ------------------------------

1st $a^{\frac{b}{a}}=b^a=(ab)^{ab}=p$ ($p>0$)로 놓고 지수법칙을 이용하자.

조건 (가)에서 $a^{\frac{b}{a}}=b^a=(ab)^{ab}=p$ ($p>0$)로 놓으면

$a^{\frac{b}{a}}=p$에서 $a^{ab}=p^a$

$a^{\frac{b}{a}}=p\Longleftrightarrow\left(a^{\frac{b}{a}}\right)^a=p^a$

$b^a=p$에서 $b^{ab}=p^b$

$(ab)^{ab}=p$에서 $(ab)^{ab}=a^{ab}\times b^{ab}=p^a\times p^b=p^{a+b}=p$

즉, $\underline{a^2+b=1}$

1이 아닌 두 양수 a, b에 대하여 $a^2=1-b>0$ $\therefore b<1$

$\therefore b^2=(1-a^2)^2=(a^2-1)^2\cdots$ ㉠

2nd 지수법칙을 이용하여 (나), (다)의 식을 변형하자.

조건 (나)에서 $a^2=3^x\cdots$ ㉡

조건 (다)의 양변을 b^y으로 나누면 $b^y+b^{-y}=6b$

$\therefore (b^y+b^{-y})^2=b^{2y}+2+b^{-2y}=36b^2\cdots$ ㉢

3rd 식의 값을 구하자.

따라서 ㉠, ㉡, ㉢에 의해

$36\times3^x-\dfrac{2+b^{2y}+b^{-2y}}{3^x-1}=36a^2-\dfrac{36b^2}{a^2-1}=36a^2-\dfrac{36(a^2-1)^2}{a^2-1}=36$

(가)~(다)의 조건들을 이용하여 구한 식으로 문자의 개수를 줄여줘야 해.

[채점 기준표]

1st	$a^{\frac{b}{a}}=b^a=(ab)^{ab}=p$ ($p>0$)로 놓고 지수법칙을 이용한다.	4점
2nd	지수법칙을 이용하여 (나), (다)의 식을 변형한다.	4점
3rd	식의 값을 구한다.	2점

[정답 공식: m, n이 자연수일 때, $a^{\frac{m}{n}}$이 자연수가 되려면 m은 n의 배수(또는 n은 m의 약수)이어야 한다.]

$\left(\dfrac{n}{18}\right)^{\frac{n}{12}}$이 자연수가 되도록 하는 500보다 작은 모든 자연수 n의

[단서] 자연수가 되기 위한 n의 조건을 먼저 구하자.

개수를 구하고 그 과정을 서술하시오. (10점)

🧠 단서+발상

[단서] $\left(\dfrac{n}{18}\right)^{\frac{n}{12}}$이 자연수가 되기 위한 n의 조건을 구하는 데 밑에 해당하는 $\dfrac{n}{18}$이 자연수일 때와 아닐 때를 나누어 확인한다. [발상]

밑이 제곱수가 될 수 있으므로 지수까지 자연수일 필요는 없다. 18과 12를 한 번에 고려하면서 n의 조건을 구하기는 어려우므로 밑부터 확인한다. [해결]

--- [문제 풀이 순서] -----------------------------

1st $\left(\dfrac{n}{18}\right)^{\frac{n}{12}}$이 자연수가 되기 위한 n의 조건을 구하자.

만약 $\dfrac{n}{18}$이 자연수가 아닌 유리수라면 $\left(\dfrac{n}{18}\right)^{n}$도 자연수가 아닌

유리수이다.

하지만 $\left(\dfrac{n}{18}\right)^{\frac{n}{12}}$이 자연수이면 $\left\{\left(\dfrac{n}{18}\right)^{\frac{n}{12}}\right\}^{12}=\left(\dfrac{n}{18}\right)^{n}$도 자연수이다.

즉, $\left(\dfrac{n}{18}\right)^{\frac{n}{12}}$이 자연수가 되어야 하므로 먼저 $\dfrac{n}{18}$이 자연수여야 한다.

따라서 $n=18k$ (k는 자연수)라 하면 $\left(\dfrac{n}{18}\right)^{\frac{n}{12}}=k^{\frac{3k}{2}}$

새롭게 쓰게 될 문자는 자연수인지, 정수인지, 양수인지 명확하게 정의를 내려야 해.

2nd n의 개수를 구하자.

$k^{\frac{3k}{2}}$이 자연수이므로 k는 제곱수이거나 짝수이다.

$k^{\frac{3k}{2}}$이 자연수가 되는 경우는 두 가지가 될 수 있어.
① 지수 $\dfrac{3k}{2}$가 자연수이어야 하므로 k는 짝수이어야 해.
② k가 제곱수이면 $k=p^2 \Longleftrightarrow (p^2)^{\frac{3p^2}{2}}=p^{3p^2}$으로 자연수가 돼.

자연수 n이 500보다 작으므로

$n=18k\leq 500$ ∴ $k\leq 27.77 \times \times \times$

즉, 27 이하인 자연수 k가 제곱수인 경우와 짝수인 경우로 나누어 확인하자.

(i) k가 제곱수인 경우

$k\leq 27$이므로 $k=1$, 4, 9, 16, 25로 5개이다.

(ii) k가 짝수인 경우

$k\leq 27$이므로 $k=2$, 4, 6, $\cdots$, 26으로 13개이다.

(i), (ii)에 의해 만족하는 자연수 n의 개수는

$5+13-2=16$이다.

(i)과 (ii)에서 4, 16은 모두 포함되므로 제외시켜.

[채점 기준표]

1st $\left(\dfrac{n}{18}\right)^{\frac{n}{12}}$이 자연수가 되기 위한 n의 조건을 구한다.		4점
2nd n의 개수를 구한다.		6점

(정답 공식: $(a-b)^2+4ab=(a+b)^2$)

$x=\dfrac{1}{2}(3^{10}-2\times 3^{-10})$일 때, [단서] $\sqrt{\ }$ 안의 x^2+2부터 시작해서 값을 구하자. $\sqrt[n]{x+\sqrt{x^2+2}}$ 가 자연수가 되는

1보다 큰 자연수 n의 개수를 구하고 그 과정을 서술하시오. (10점)

🧠 단서+발상

[단서] 주어진 x를 활용하여 식을 계산하면 되는 데 $\sqrt[n]{x+\sqrt{x^2+2}}$에서 $\sqrt{\ }$ 안의 x^2+2부터 순차적으로 값을 구할 수 있다. [발상]

다항식의 곱셈정리 $(a^2-2ab+b^2)+4ab=(a+b)^2$에 따라 식을 간단하게 정리할 수 있다. [적용]

--- [문제 풀이 순서] -----------------------------

1st $\sqrt{x^2+2}$의 값을 구하자.

$x^2+2=\dfrac{1}{4}(3^{20}-4+4\times 3^{-20})+2$

$\dfrac{1}{4}(3^{20}-4+4\times 3^{-20})+2=\dfrac{1}{4}(3^{20}-4+4\times 3^{-20}+8)$

$=\dfrac{1}{4}(3^{20}+4+4\times 3^{-20})$

$=\left\{\dfrac{1}{2}(3^{10}+2\times 3^{-10})\right\}^2$

∴ $\sqrt{x^2+2}=\dfrac{1}{2}(3^{10}+2\times 3^{-10})$

2nd $\sqrt[n]{x+\sqrt{x^2+2}}$의 값을 구하자.

$x+\sqrt{x^2+2}=\dfrac{1}{2}(3^{10}-2\times 3^{-10})+\dfrac{1}{2}(3^{10}+2\times 3^{-10})=3^{10}$

∴ $\sqrt[n]{x+\sqrt{x^2+2}}=\sqrt[n]{3^{10}}=3^{\frac{10}{n}}$ → $\sqrt[n]{3^{10}}=(3^{10})^{\frac{1}{n}}=3^{\frac{10}{n}}$

3rd $3^{\frac{10}{n}}$이 자연수가 되는 n의 개수를 구하자.

1보다 큰 자연수 n에 대하여 $3^{\frac{10}{n}}$이 자연수이면 n은 1을 제외한 10의 약수이므로 자연수 n의 개수는 2, 5, 10의 3이다.

→ $3^{\frac{10}{n}}$이 자연수이면 $\dfrac{10}{n}$도 자연수야.

[채점 기준표]

1st $\sqrt{x^2+2}$의 값을 구한다.		4점
2nd $\sqrt[n]{x+\sqrt{x^2+2}}$의 값을 구한다.		3점
3rd $3^{\frac{10}{n}}$이 자연수가 되는 1보다 큰 n의 개수를 구한다.		3점

⚙️ 거듭제곱근의 성질 개념·공식

$a>0$, $b>0$이고 m, n이 양의 정수일 때,

① $\sqrt[n]{a}\sqrt[n]{b}=\sqrt[n]{ab}$ ② $\dfrac{\sqrt[n]{a}}{\sqrt[n]{b}}=\sqrt[n]{\dfrac{a}{b}}$ ③ $(\sqrt[n]{a})^m=\sqrt[n]{a^m}$

④ $\sqrt[m]{\sqrt[n]{a}}=\sqrt[mn]{a}$ ⑤ $\sqrt[np]{a^{mp}}=\sqrt[n]{a^m}$ (단, p는 자연수)

Ⓐ 146 정답 165 *지수법칙의 실생활 응용 ──────[정답률 64%]

> **정답 공식**: C에서 절반으로 줄어드는 데 k만큼의 시간이 걸린다.
> $\iff k$시간 후의 남은 양은 $C\left(\frac{1}{2}\right)$, t시간 후의 남은 양은 $C\left(\frac{1}{2}\right)^{\frac{t}{k}}$이다.

사람의 몸 안에 들어온 방사성 물질 세슘 137은 신체 대사 작용을 통해 시간이 지남에 따라 일정한 비율로 몸 밖으로 빠져나간다. 이때 이 물질이 절반만큼 몸 밖으로 빠져나가는 데 걸리는 시간을 세슘 137의 생물학적 반감기라 하고 세슘 137의 생물학적 반감기는 110일이다. 세슘 137이 몸 안에 들어왔을 때 응급약인 프러시안 블루를 처방하면 세슘 137의 생물학적 반감기를 30일로 줄일 수 있다고 한다. **단서1** 세슘 137이 절반으로 줄어드는 데 걸리는 시간을 알 수 있어. 어떤 사고로 A와 B의 몸 안에 세슘 137이 각각 320 mg, 20 mg이 들어와서 응급조치가 필요한 A에게만 프러시안 블루를 처방하였을 때, A의 체내 세슘 137의 양이 B의 세슘 137의 양과 같아지는 시점은 사고일로부터 n일 후라고 한다. 자연수 n의 값을 구하고 그 과정을 서술하시오. (단, n은 자연수) (10점) **단서2** 처방 여부에 따른 각 대상의 세슘 양을 식으로 표현할 수 있어.

🧠 단서+발상

단서1 반감기는 절반으로 줄어드는 데 걸리는 시간으로 세슘 137이 110일 후에 $\frac{1}{2}$로 줄어든다. **개념**
반감기와 세슘 137의 양에 따라 t일 후 세슘 137이 줄어드는 양을 식으로 나타내면 $\left(\frac{1}{2}\right)^{\frac{t}{110}}$로 표현할 수 있다. **적용**

단서2 다루는 대상이 A와 B 2명으로 각 대상의 몸 안에 있는 세슘의 반감기가 다르므로 둘의 양이 같아지는 시점 t에 대한 식으로 표현할 수 있고, 지수법칙에 따라 t의 값을 구할 수 있다. **해결**

--- [문제 풀이 순서] ------------------------------

1st 반감기를 이용하여 t일 후의 세슘 137의 양을 나타내는 식을 세우자.
세슘 137의 생물학적 반감기는 110일이므로 세슘 137의 양을 $Q(\mathrm{mg})$라 할 때, 110일 후에 남아 있는 세슘 137의 양은 $Q\left(\frac{1}{2}\right)(\mathrm{mg})$

220일 후에 남아 있는 세슘 137의 양은 $Q\left(\frac{1}{2}\right)\times\left(\frac{1}{2}\right)(\mathrm{mg})$

330일 후에 남아 있는 세슘 137의 양은
$Q\left(\frac{1}{2}\right)\times\left(\frac{1}{2}\right)\times\left(\frac{1}{2}\right)(\mathrm{mg})$

$110n$일 후에 남아 있는 세슘 137의 양은 $Q\left\{\left(\frac{1}{2}\right)\right\}^{n}(\mathrm{mg})$

따라서 t일 후 남아 있는 세슘 137의 양을 식으로 세우면
$Q\left(\frac{1}{2}\right)^{\frac{t}{110}}(\mathrm{mg})$

2nd t일 후 A와 B의 몸 안에 남아 있는 세슘 137의 양을 각각 구하자.
A의 몸 안에 세슘 137이 320 mg 들어왔을 때 프러시안 블루를 처방하였으므로 A의 체내 세슘 137의 양은 30일마다 절반으로 줄어든다.
따라서 t일 후 A의 체내 세슘 137의 양은

$320\times\left(\frac{1}{2}\right)^{\frac{t}{30}}(\mathrm{mg})$

30일 후의 양은 $320\times\frac{1}{2}$, 60일 후의 양은 $320\times\frac{1}{2}\times\frac{1}{2}$

$30n$일 후의 양은 $320\times\underbrace{\frac{1}{2}\times\frac{1}{2}\times\cdots\times\frac{1}{2}}_{n개}=320\times\left(\frac{1}{2}\right)^{n}$이므로

$\left(30\times\frac{t}{30}\right)$, 즉 t일 후의 양은 $320\times\left(\frac{1}{2}\right)^{\frac{t}{30}}$이야.

B의 몸 안에 세슘 137이 20 mg 들어왔을 때 프러시안 블루를 처방하지 않았으므로 B의 체내 세슘 137의 양은 110일마다 절반으로 줄어든다.
따라서 t일 후 B의 체내 세슘 137의 양은

$20\times\left(\frac{1}{2}\right)^{\frac{t}{110}}(\mathrm{mg})$

3rd 두 양이 같아지는 t의 값을 구하자.
t일 후 체내 세슘 137의 양이 같아진다면

$320\times\left(\frac{1}{2}\right)^{\frac{t}{30}}=20\times\left(\frac{1}{2}\right)^{\frac{t}{110}}$이므로

$16\times\left(\frac{1}{2}\right)^{\frac{t}{30}}=\left(\frac{1}{2}\right)^{\frac{t}{110}}$

$\left(\frac{1}{2}\right)^{\frac{t}{30}-4}=\left(\frac{1}{2}\right)^{\frac{t}{110}}$

$\dfrac{t}{30}-4=\dfrac{t}{110}$

$\dfrac{11t}{330}-\dfrac{3t}{330}=4$

$\therefore t=\dfrac{330}{2}=165$

따라서 A의 체내 세슘 137의 양이 B의 체내 세슘 137의 양과 같아지는 시점은 사고일로부터 165일 후이다.

[채점 기준표]

1st	반감기를 이용하여 t일 후의 세슘 137의 양을 나타내는 식을 세운다.	3점
2nd	t일 후 A와 B의 몸 안에 남아 있는 세슘 137의 양을 각각 구한다.	4점
3rd	두 양이 같아지는 t의 값을 구한다.	3점

✿ 거듭제곱근의 성질과 지수법칙 개념·공식

(1) 거듭제곱근의 성질
$a>0$, $b>0$이고 m, n이 양의 정수일 때,

① $\sqrt[n]{a}\sqrt[n]{b}=\sqrt[n]{ab}$ ② $\dfrac{\sqrt[n]{a}}{\sqrt[n]{b}}=\sqrt[n]{\dfrac{a}{b}}$

③ $\sqrt[n]{a^m}=\left(\sqrt[n]{a}\right)^m$ ④ $\sqrt[m]{\sqrt[n]{a}}=\sqrt[mn]{a}$

⑤ $\sqrt[np]{a^{mp}}=\sqrt[n]{a^m}$ (단, p는 자연수)

(2) 지수법칙
$a>0$, $b>0$이고 m, n이 실수일 때,

① $a^m a^n=a^{m+n}$ ② $a^m\div a^n=a^{m-n}$

③ $(a^m)^n=a^{mn}$ ④ $(ab)^n=a^n b^n$

⑤ $\left(\dfrac{b}{a}\right)^n=\dfrac{b^n}{a^n}$

A 147 정답 24 *거듭제곱근의 활용 ········· [정답률 41%]

정답 공식: n이 짝수일 때 양수 a의 n제곱근 중에서 실수인 것의 개수는 2이고 n이 홀수일 때 실수 a의 n제곱근 중에서 실수인 것의 개수는 1이다.

다음 조건을 만족시키는 최고차항의 계수가 1인 이차함수 $f(x)$가 존재하도록 하는 모든 자연수 n의 값의 합을 구하시오. (4점)

단서 2 단서 1 에서 찾은 $f(x)=0$의 실근이 모두 방정식 $x^n-64=0$의 실근이 되어야 각각의 실근이 중근이 돼.

(가) x에 대한 방정식 $(x^n-64)f(x)=0$은 서로 다른 두 실근을 갖고, 각각의 실근은 중근이다.

(나) 함수 $f(x)$의 최솟값은 음의 정수이다.

단서 1 이차함수 $f(x)$의 최고차항의 계수가 1이고 최솟값이 음의 정수이므로 방정식 $f(x)=0$의 실근을 개수를 알 수 있어.

1st 자연수 n의 조건을 찾아내.

이차함수 $f(x)$의 최고차항의 계수가 1이고 최솟값이 음의 정수이므로 방정식 $f(x)=0$은 서로 다른 두 실근을 갖는다.

최고차항의 계수가 양수인 이차함수의 그래프는 아래로 볼록한 포물선이야. 그런데 $f(x)$의 최솟값이 음수이므로 함수 $y=f(x)$의 그래프의 개형은 그림과 같아. 따라서 방정식 $f(x)=0$은 서로 다른 두 실근을 가져.

이때, $(x^n-64)f(x)=0$에서 $x^n-64=0$ 또는 $f(x)=0$이므로 방정식 $f(x)=0$의 서로 다른 두 실근이 방정식 $x^n-64=0$의 실근과 동일해야 → α, β라 하자.

→ α, β를 근으로 가져야하므로 n은 짝수야.

중근이 되어 조건 (가)를 만족시킨다. ② α, β 이외의 근을 가질 수 있고, 그들도 모두 중근이어야 조건 (가)를 만족시켜.

(i) n이 홀수일 때,

$x^n-64=0$의 실근은 $x=\sqrt[n]{64}$로 1개이다.

따라서 방정식 $(x^n-64)f(x)=0$의 실근이 모두 중근일 수 없다.

$x=\sqrt[n]{64}$가 방정식 $f(x)=0$의 실근이면 $x=\sqrt[n]{64}$는 중근이 돼. 그런데 방정식 $f(x)=0$의 실근이 또 하나 있고 그 실근은 중근이 될 수 없지?

(ii) n이 짝수일 때,

$x^n-64=0$의 실근은 $x=\sqrt[n]{64}$ 또는 $x=-\sqrt[n]{64}$로 2개이다.

따라서 $x=\sqrt[n]{64}$, $x=-\sqrt[n]{64}$가 방정식 $f(x)=0$의 실근이면 방정식 $(x^n-64)f(x)=0$의 실근이 모두 중근일 수 있다.

(i), (ii)에 의하여 n은 짝수이다.

2nd 함수 $f(x)$를 구하고 $f(x)$의 최솟값이 음의 정수가 되기 위한 자연수 n의 값을 모두 구해.

(ii)에 의하여

$x=\sqrt[n]{64}$, $x=-\sqrt[n]{64}$가 방정식 $f(x)=0$의 실근이 되어야 하므로

$f(x)=(x-\sqrt[n]{64})(x+\sqrt[n]{64})$

$\qquad = \left(x-2^{\frac{6}{n}}\right)\left(x+2^{\frac{6}{n}}\right)$

이어야 한다.

이때, 함수 $f(x)$의 최솟값은 $f(0)=-2^{\frac{6}{n}} \times 2^{\frac{6}{n}} = -2^{\frac{12}{n}}$이고 이 값이 음

이차함수의 그래프는 축에 대하여 대칭이지? 그리고 최고차항의 계수가 양수인 이차함수는 꼭짓점에서 최솟값을 가져. 이때, 방정식 $f(x)=0$의 실근이 $x=2^{\frac{6}{n}}$ 또는 $x=-2^{\frac{6}{n}}$이므로 $f(x)$는 $x=\dfrac{2^{\frac{6}{n}}+(-2^{\frac{6}{n}})}{2}=0$에서 최솟값을 가져.

의 정수이어야 하므로 $\dfrac{12}{n}$는 자연수가 되어야 한다.

즉, 자연수 n은 12의 약수이면서 짝수이어야 하므로 가능한 n의 값은 2, 4, 6, 12이다.

따라서 조건을 만족시키는 모든 자연수 n의 값의 합은

$2+4+6+12=24$이다.

A 148 정답 ⑤ *거듭제곱근이 자연수, 유리수가 되는 조건 ··· [정답률 32%]

정답 공식: $\sqrt[n]{a^m}$이 자연수가 되기 위해서는 m이 n의 배수(n이 m의 약수)이어야 야 한다.

자연수 n에 대하여 $f(n)$이 다음과 같다.

$$f(n)=\begin{cases} \sqrt[4]{9 \times 2^{n+1}} & (n \text{이 홀수}) \\ \sqrt[4]{4 \times 3^n} & (n \text{이 짝수}) \end{cases}$$

10 이하의 두 자연수 p, q에 대하여 $f(p) \times f(q)$가 자연수가 되도록 하는 모든 순서쌍 (p, q)의 개수는? (4점)

단서 자연수가 되기 위해서는 거듭제곱근의 근호가 없어져야 하지.

① 36   ② 38   ③ 40   ④ 42   ⑤ 44

1st p, q가 모두 홀수일 때, 순서쌍 (p, q)의 개수를 구하자.

(i) p, q가 모두 홀수일 때,

$\sqrt[n]{a}\sqrt[n]{b}=\sqrt[n]{ab}(a>0, b>0)$

$f(p) \times f(q) = \sqrt[4]{9 \times 2^{p+1}} \times \sqrt[4]{9 \times 2^{q+1}} = \sqrt[4]{81 \times 2^{p+q+2}}$

$\qquad = \sqrt[4]{81} \times \sqrt[4]{2^{p+q+2}} = 3 \times \sqrt[4]{2^{p+q+2}}$

여기서 $p+q+2$가 4의 배수일 때, $f(p) \times f(q)$는 자연수이다.

두 자연수 p, q가 각각 10 이하의 홀수이므로 조건에 맞는

순서쌍 (p, q)는 → $p+q+2=4m(m$은 자연수)이면

$\sqrt[4]{2^{p+q+2}}=\sqrt[4]{2^{4m}}=(\sqrt[4]{2^4})^m=2^m$

i) $p+q+2=4$일 때, $p+q=2$이므로 $(1, 1)$

ii) $p+q+2=8$일 때, $p+q=6$이므로 $(1, 5)$, $(3, 3)$, $(5, 1)$

iii) $p+q+2=12$일 때, $p+q=10$이므로 $(1, 9)$, $(3, 7)$, $(5, 5)$, $(7, 3)$, $(9, 1)$

→ $p+q=6$인 두 자연수 p, q의 순서쌍을 구하기 위해서는 p가 홀수이므로 1, 3, 5를 대입하여 q의 값을 찾으면 돼

iv) $p+q+2=16$일 때, $p+q=14$이므로 $(5, 9)$, $(7, 7)$, $(9, 5)$

v) $p+q+2=20$일 때, $p+q=18$이므로 $(9, 9)$

즉, 모든 순서쌍 (p, q)의 개수는 $1+3+5+3+1=13$이다.

2nd p가 홀수, q가 짝수일 때, 순서쌍 (p, q)의 개수를 구하자.

(ii) p는 홀수, q는 짝수일 때,

$f(p) \times f(q) = \sqrt[4]{9 \times 2^{p+1}} \times \sqrt[4]{4 \times 3^q} = \sqrt[4]{2^{p+3} \times 3^{q+2}} = \sqrt[4]{2^{p+3}} \times \sqrt[4]{3^{q+2}}$

여기서 $p+3$과 $q+2$가 각각 4의 배수일 때,

$f(p) \times f(q)$는 자연수이다.

$p+3$과 $q+2$가 각각 4의 배수이어야 $\sqrt[4]{2^{p+3}}, \sqrt[4]{3^{q+2}}$이 각각 자연수가 되지.

두 자연수 p, q가 각각 10 이하의 홀수, 짝수이므로

$p+3$은 4, 8, 12이고, $q+2$는 4, 8, 12

즉, p는 1, 5, 9 중 하나이고, q는 2, 6, 10 중 하나이다.

조건에 맞는 순서쌍 (p, q)는

→ p가 될 수 있는 수가 1, 5, 9이고, q가 될 수 있는 수가 2, 6, 10이므로 순서쌍 (p, q)의 개수는 $3 \times 3=9$야.

$(1, 2)$, $(1, 6)$, $(1, 10)$, $(5, 2)$, $(5, 6)$, $(5, 10)$, $(9, 2)$, $(9, 6)$, $(9, 10)$이므로 모든 순서쌍 (p, q)의 개수는 9이다.

3rd p가 짝수, q가 홀수일 때, 순서쌍 (p, q)의 개수를 구하자.

(iii) p는 짝수, q는 홀수일 때,

$f(p) \times f(q) = \sqrt[4]{4 \times 3^p} \times \sqrt[4]{9 \times 2^{q+1}}$

$\qquad = \sqrt[4]{2^{q+3} \times 3^{p+2}}$

$\qquad = \sqrt[4]{2^{q+3}} \times \sqrt[4]{3^{p+2}}$

여기서 $q+3$과 $p+2$가 각각 4의 배수일 때,

$f(p) \times f(q)$는 자연수이다.

두 자연수 p, q가 각각 10 이하의 짝수, 홀수이므로 $p+2$는 4, 8, 12이고, $q+3$은 4, 8, 12

즉, p는 2, 6, 10 중 하나이고, q는 1, 5, 9 중 하나이다.

조건에 맞는 순서쌍 (p, q)는

$(2, 1)$, $(2, 5)$, $(2, 9)$, $(6, 1)$, $(6, 5)$, $(6, 9)$, $(10, 1)$, $(10, 5)$, $(10, 9)$이므로 모든 순서쌍 (p, q)의 개수는 9이다.

4th p, q가 모두 짝수일 때, 순서쌍 (p, q)의 개수를 구하자.

(iv) p, q가 모두 짝수일 때,

$$f(p) \times f(q) = \sqrt[4]{4 \times 3^p} \times \sqrt[4]{4 \times 3^q}$$
$$= \sqrt[4]{16 \times 3^{p+q}}$$
$$= \sqrt[4]{16} \times \sqrt[4]{3^{p+q}}$$
$$= 2 \times \sqrt[4]{3^{p+q}}$$

여기서 $p+q$가 4의 배수일 때, $f(p) \times f(q)$는 자연수이다.

두 자연수 p, q가 각각 10 이하의 짝수이므로 조건에 맞는

순서쌍 (p, q)는

ⅰ) $p+q=4$일 때, $(2, 2)$

ⅱ) $p+q=8$일 때, $(2, 6)$, $(4, 4)$, $(6, 2)$

ⅲ) $p+q=12$일 때, $(2, 10)$, $(4, 8)$, $(6, 6)$, $(8, 4)$, $(10, 2)$

ⅳ) $p+q=16$일 때, $(6, 10)$, $(8, 8)$, $(10, 6)$

ⅴ) $p+q=20$일 때, $(10, 10)$

즉, 모든 순서쌍 (p, q)의 개수는 $1+3+5+3+1=13$이다.

따라서 (i), (ii), (iii), (iv)에 의하여 구하는 모든 순서쌍 (p, q)의 개수는

$13+9+9+13=44$이다.

A 149 정답 ⑤ *지수법칙의 활용 ·········· [정답률 36%]

(정답 공식: $a^{\frac{m}{n}} = \sqrt[n]{a^m}$, $a^m \times a^n = a^{m+n}$)

> 두 집합 $A=\{3, 4\}$, $B=\{-9, -3, 3, 9\}$에 대하여 집합 X를
>
> $X=\{x \,|\, x^a=b, a \in A, b \in B, x는 실수\}$
>
> 라 할 때, [보기]에서 옳은 것만을 있는 대로 고른 것은? (4점)
>
> **단서1** a 대신 3, 4를 대입하고, b 대신 -9, -3, 3, 9를 대입해서 집합 X의 원소를 모두 찾아보자.
>
> ――――――― [보기] ―――――――
> ㄱ. $\sqrt[3]{-9} \in X$ **단서2** 집합 X의 원소는 b의 a제곱근 중 실수인 것만 해당되므로 $\pm\sqrt[a]{b}$의 값중 실수인 것이 몇 개인지 찾아야 해.
> ㄴ. 집합 X의 원소의 개수는 8이다.
> ㄷ. 집합 X의 원소 중 양수인 모든 원소의 곱은 $\sqrt[4]{3^7}$이다.

① ㄱ   ② ㄱ, ㄴ   ③ ㄱ, ㄷ
④ ㄴ, ㄷ   ⑤ ㄱ, ㄴ, ㄷ

1st $a=3$, 4를 대입하고, $b=-9$, -3, 3, 9를 대입해서 집합 X의 원소를 모두 찾아보자.

→ x에 대한 방정식 $x^a=b$의 근 중 실수인 것은
① a가 짝수, b가 양수일 때 $x=\pm\sqrt[a]{b}$ (두 개) ② a가 짝수, b가 음수일 때 없다.
③ a가 홀수일 때, b의 값에 관계없이 $x=\sqrt[a]{b}$ (한 개)

집합 X의 원소는

a＼b	-9	-3	3	9
3	$\sqrt[3]{-9}$	$\sqrt[3]{-3}$	$\sqrt[3]{3}$	$\sqrt[3]{9}$
4	없다.	없다.	$\pm\sqrt[4]{3}$	$\pm\sqrt[4]{9}$

이므로

$X=\{\sqrt[3]{-9}, \sqrt[3]{-3}, \sqrt[3]{3}, \sqrt[3]{9}, -\sqrt[4]{3}, -\sqrt[4]{3}, \sqrt[4]{3}, \sqrt[4]{3}\}$

ㄱ. $\sqrt[3]{-9} \in X$ (참)

ㄴ. 집합 X의 원소의 개수는 8이다. (참)

ㄷ. 집합 X의 원소 중 양수인 것은 $x=\sqrt[a]{b}$에서 x가 양수이려면 b가 양수이어야 해.

$\sqrt[3]{3}$, $\sqrt[3]{9}$, $\sqrt[4]{3}$, $\sqrt[4]{3}$이므로 양수인 모든 원소의 곱은

$\sqrt[3]{3} \times \sqrt[3]{9} \times \sqrt[4]{3} \times \sqrt[4]{3} = 3^{\frac{1}{3}} \times 9^{\frac{1}{3}} \times 3^{\frac{1}{4}} \times 3^{\frac{1}{2}}$ ← $a^m \times a^n = a^{m+n}$, $a^{\frac{m}{n}}=\sqrt[n]{a^m}$

$= 3^{\frac{1}{3}+\frac{2}{3}+\frac{1}{4}+\frac{1}{2}} = 3^{\frac{7}{4}}$

$= \sqrt[4]{3^7}$ (참) **실수** $\sqrt[b]{a}$는 $a^{\frac{1}{b}}$로 나타낼 수 있어. 지수법칙을 잘 지켜서 계산하도록 하자.

따라서 옳은 것은 ㄱ, ㄴ, ㄷ이다.

A 150 정답 ⑤ ❖2등급 대비 [정답률 15%]

* m의 값에 따라 주어진 조건을 만족시키는 자연수의 순서쌍의 개수 구하기

[유형 06]

> 자연수 m에 대하여 집합 A_m을
>
> $A_m = \left\{ (a, b) \,\bigg|\, 2^a = \dfrac{m}{b}, a, b는 자연수 \right\}$
>
> 라 할 때, [보기]에서 옳은 것만을 있는 대로 고른 것은? (4점)
>
> ――――――― [보기] ―――――――
> ㄱ. $A_4 = \{(1, 2), (2, 1)\}$ **단서1** $m=4$를 직접 대입해서 A_4의 원소를 나타내봐.
> ㄴ. 자연수 k에 대하여 $m=2^k$이면 $n(A_m)=k$이다.
> ㄷ. $n(A_m)=1$이 되도록 하는 두 자리 자연수 m의 개수는 23이다. **단서2** $n(A_m)=1$이 되도록 하는 집합 A_m의 원소 (a, b)에 대하여 a, b의 조건을 따져보자.

① ㄱ   ② ㄱ, ㄴ   ③ ㄱ, ㄷ
④ ㄴ, ㄷ   ⑤ ㄱ, ㄴ, ㄷ

왜 2등급? 이 문제는 주어진 조건을 만족시키는 자연수의 순서쌍의 개수를 구하는 문제이다.

m을 소인수분해할 때 2의 지수가 얼마인지 따져볼 수 있어야 한다.

단서+발상

단서1 $m=4$를 대입하여 $2^x \times b = 4$가 되도록 하는 자연수 a, b의 순서쌍 (a, b)의 개수를 구한다. 이때 a가 지수에 있으므로 $a=1$부터 차례대로 b가 자연수가 될 수 있는지 따져본다. **적용**

단서2 $b = \dfrac{m}{2^a}$을 만족시키는 자연수 a, b의 순서쌍 (a, b)의 개수가 1이 되도록 하는 m의 조건을 따져볼 수 있다. **적용**

$a=1$부터 차례대로 b가 자연수가 될 수 있는지 따져보면서 순서쌍의 개수를 세었으므로 $a=1$일 때만 되도록 하는 m의 조건을 구할 수 있다. **해결**

주의 $b = \dfrac{m}{2^a}$에서 $a=p$일 때, b가 자연수가 아니면 $a>p$일 때도 b가 자연수가 될 수 없으므로 $a=1$일 때부터 차례로 따져본다.

(핵심 정답 공식: $2^a \times b = m$, $m=2^k$이면 a는 1부터 k까지 가능하다.)

-------------------- [문제 풀이 순서] --------------------

1st $m=4$를 대입하여 ㄱ의 진위를 판단하자.

ㄱ. 집합 A_4는 $2^a = \dfrac{4}{b}$에서 $4 = 2^a \times b$인 자연수 a, b의 순서쌍 (a, b)를 원소로 갖는 집합이므로 $4 = 2^1 \times 2$, $4 = 2^2 \times 1$

$\therefore A_4 = \{(1, 2), (2, 1)\}$ (참)

2nd $m=2^k$을 대입하여 집합 A_m을 직접 구해보자.

ㄴ. $m=2^k$일 때, $A_m = A_{2^k}$

A_{2^k}은 $2^a = \dfrac{2^k}{b}$에서

→ 지수법칙에 의해 $2^{k-a}=b$

$2^k = 2^a \times b$인 자연수 a, b의 순서쌍 (a, b)를 원소로 갖는 집합이므로

$A_m = \{(1, 2^{k-1}), (2, 2^{k-2}), (3, 2^{k-3}), \cdots, (k, 2^0)\}$

$\therefore n(A_m) = k$ (참)

3rd $n(A_m)=1$이 되기 위한 조건을 따져보고 두 자리 자연수 m의 개수를 구하자.

ㄷ. $2^a = \dfrac{m}{b}$에서 $m = 2^a \times b$인 자연수 a, b의 순서쌍 (a, b)가 존재한다고 하자. **실수** b'은 자연수이고 b가 짝수일 때 $b=2b'$으로 나타낼 수 있고 b가 홀수일 때 $b=2b'-1$로 나타낼 수 있어.

이때, b가 짝수, 즉 $b=2b'$ (b'은 자연수)이면

$m=2^a \times 2b'=2^{a+1} \times b'$이므로 순서쌍 $(a+1, b')$도 집합 A_m의 원소이다. 즉, b가 짝수이면 $n(A_m) \geq 2$가 되므로 $n(A_m)=1$이 되기 위해서는 b는 홀수이어야 한다. 또, $n(A_m)=1$이 되기 위해서는 $b=\dfrac{m}{2^k}$이자연수가 되도록 하는 자연수 k가 오직 하나만 존재하므로 $k=1$이어야한다.

$k \geq 2$인 경우, $b=\dfrac{m}{2^k} \Longleftrightarrow 2b=\dfrac{m}{2^{k-1}}$이므로

즉, $m=2 \times$ (홀수)이어야 한다. $(k-1, 2b)$도 주어진 방정식을 만족하므로 $n(A_m) \neq 1$

두 자리의 자연수 중에서 $2 \times$ (홀수)인 자연수는

$2 \times 5, 2 \times 7, 2 \times 9, \cdots, 2 \times 49$

$n(A_m)=1$이 되도록 하는 두 자리 자연수 m은 5, 7, 9, $\cdots$, 49의 개수와 같으므로 조건을 만족시키는 두 자리의 자연수 m의 개수는 23이다. (참)

따라서 옳은 것은 ㄱ, ㄴ, ㄷ이다.

1등급 대비 **특강**

✲ 자연수 a, b, m의 조건을 이용하기

집합 안의 등식을 $b=\dfrac{m}{2^a}$으로 나타내면 b가 자연수가 되기 위한 조건을 한눈에 파악할 수 있어. 그것은 바로 m이 2^a을 약수로 가지는 거야. 이때, b가 홀수인지 짝수인지에 따라 $\left(a+1, \dfrac{b}{2}\right)$가 A_m에 속하는지 따져보면 A_m의 원소를 파악할 수 있어.

⚙ 지수법칙

개념·공식

$a>0$, $b>0$이고, x, y가 실수일 때

① $a^x a^y = a^{x+y}$ ② $a^x \div a^y = a^{x-y}$

③ $(a^x)^y = a^{xy}$ ④ $(ab)^x = a^x b^x$

A 151 정답 ②

★2등급 대비 [정답률 15%]

✱ 실생활에서 쓰이는 관계식에 대입하여 지수법칙을 활용하기 [유형 12]

> 어느 금융상품에 초기자산 W_0을 투자하고 t년이 지난 시점에서의 기대자산 W가 다음과 같이 주어진다고 한다.
>
> $W=\dfrac{W_0}{2} \times 10^{at}(1+10^{at})$ (단, $W_0>0$, $t \geq 0$이고, a는 상수이다.)
>
> **단서1** 위에 주어진 관계를 이용하여 새로운 관계식을 유도할 수 있어.
>
> 이 금융상품에 초기자산 w_0을 투자하고 15년이 지난 시점에서의 기대자산은 초기자산의 3배이다. 이 금융상품에 초기자산 w_0을 투자하고 30년이 지난 시점에서의 기대자산이 초기자산의 k배일 때, 실수 k의 값은? (단, $w_0>0$) (4점) **단서2** $t=30$일 때, $\dfrac{W}{W_0}=k$의 값을 구해.
>
> ① 9   ② 10   ③ 11   ④ 12   ⑤ 13

왜 2등급? 이 문제는 주어진 관계식에 대입하여 k의 값을 구하는 문제이다. 이를 위해서는 공통인 부분 10^{15a}을 치환하여 따져볼 수 있어야 한다.

🧠 **단서+발상**

단서1 초기자산 w_0, 투자 이후 시점 15년, 기대자산 $3w_0$을 관계식에 대입한다. 식을 정리하여 얻은 $6=10^{15a}(1+10^{15a})$에서 10^{15a}을 X로 치환하여 X의 값을 구한다. (적용)

단서2 이제, 초기자산은 w_0이고, 기대자산이 초기자산의 k배이므로 kw_0, 투자 이후 시점 30년을 대입하여 식을 정리한 뒤 X의 값을 대입하여 k의 값을 구한다. (해결)

주의 $10^{15a}=X>0$이므로 $X \neq -3$이다.

[**핵심 정답 공식**: 15년이 지난 시점에서의 기대자산 값을 통해 10^{15a}의 값을 구한 뒤, 이를 이용해 30년이 지난 시점에서의 기대자산 값을 구한다.]

------------------- [문제 풀이 순서] -------------------

1st 15년이 지난 시점의 주어진 자료를 관계식에 대입하자.

어느 금융상품에 초기자산 w_0을 투자하고 15년이 지난 시점에서의 기대자산이 $3w_0$이므로 $W_0=w_0$, $t=15$, $W=3w_0$ ❶에 의하여 초기자산의 3배이니까

이것을 주어진 관계식에 대입하면

$3w_0=\dfrac{w_0}{2} \times 10^{15a}(1+10^{15a})$ $\therefore 6=10^{15a}(1+10^{15a})$

2nd 공통인 부분을 치환하여 10^{15a}의 값을 구해.

함정 치환을 할 때 범위는 필수야. $10>0$이니까 $10^n>0$

이때, $10^{15a}=X(X>0)$라 하면 $6=X(1+X)$에서

$X^2+X-6=0$, $(X+3)(X-2)=0$

$\therefore X=2 (\because X>0) \Rightarrow 10^{15a}=2 \cdots$ ㉠

❷에 의하여 초기자산의 k배이니까.

3rd 30년이 지난 시점의 주어진 자료를 대입하여 k의 값을 구해.

한편, 이 금융상품에 초기자산 w_0을 투자하고 30년이 지난 시점에서의 기대자산이 kw_0이므로 $W_0=w_0$, $t=30$, $W=kw_0$

이것을 주어진 관계식에 대입하면 $kw_0=\dfrac{w_0}{2} \times 10^{30a}(1+10^{30a})$

$\therefore k=\dfrac{1}{2} \times (10^{15a})^2 \{1+(10^{15a})^2\}=\dfrac{1}{2} \times 2^2 \times (1+2^2) (\because ㉠)=10$

My Top Secret

서울대 선배의 ① 등급 대비 전략

식이 복잡하게 주어지면 식을 관찰하여 공통인 부분을 치환해보면 해결의 실마리가 보일 거야. 이 문제의 경우 $6=10^{15a}(1+10^{15a})$에서 10^{15a}을 X로 치환할 수 있는데, 이를 통해 X의 값을 구해낼 수 있어. 이 문제에서 만약 $15a=t$와 같이 치환하면 식을 해결할 수 없으므로 공통인 부분을 최대한 치환해야 해.

 **B** 로그

개념 확인 문제

B 01 정답 $3=\log_3 27$ ————————————————— ＊로그의 정의

B 02 정답 $-3=\log_2 0.125$ ————————————— ＊로그의 정의

B 03 정답 $\dfrac{1}{2}=\log_{49} 7$ ————————————————— ＊로그의 정의

B 04 정답 $0=\log_5 1$ ————————————————— ＊로그의 정의

B 05 정답 $5^2=25$ ————————————————— ＊로그의 정의

B 06 정답 $3^{\frac{1}{2}}=\sqrt{3}$ ————————————————— ＊로그의 정의

B 07 정답 $4^3=64$ ————————————————— ＊로그의 정의

B 08 정답 $\left(\dfrac{1}{2}\right)^4=\dfrac{1}{16}$ ————————————— ＊로그의 정의

B 09 정답 $x>4$ ————————————————— ＊로그의 정의

진수 조건에 의하여 $x-4>0$에서 $x>4$

B 10 정답 $1<x<2$ 또는 $x>2$ ———————— ＊로그의 정의

밑의 조건에 의하여 $x-1>0$, $x-1\neq1$이므로 $x>1$, $x\neq2$
$\therefore 1<x<2$ 또는 $x>2$

B 11 정답 $2<x<3$ 또는 $3<x<10$ ———— ＊로그의 정의

밑의 조건에 의하여 $x-2>0$, $x-2\neq1$이므로
$x>2$, $x\neq3$ $\therefore 2<x<3$ 또는 $x>3$ … ㉠
또한, 진수 조건에 의하여 $10-x>0$에서 $x<10$ … ㉡
㉠, ㉡에 의하여 $2<x<3$ 또는 $3<x<10$

B 12 정답 $x>2$ ————————————————— ＊로그의 정의

밑의 조건에 의하여 $x>0$, $x\neq1$이므로 $0<x<1$ 또는 $x>1$ … ㉠
또한, 진수 조건에 의하여 $x^2-4>0$에서
$(x+2)(x-2)>0$ $\therefore x<-2$ 또는 $x>2$ … ㉡
㉠, ㉡에 의하여 $x>2$

B 13 정답 6 ————————————————— ＊로그의 성질

$\log_2 64=x$로 놓으면 로그의 정의에 의하여
$2^x=64$이므로 $2^x=2^6$ $\therefore x=6$
$\therefore \log_2 64=6$

B 14 정답 -3 ————————————————— ＊로그의 성질

$\log_{\frac{1}{5}} 125=x$로 놓으면 로그의 정의에 의하여
$\left(\dfrac{1}{5}\right)^x=125$이므로 $5^{-x}=5^3$ $\therefore x=-3$
$\therefore \log_{\frac{1}{5}} 125=-3$

B 15 정답 $\dfrac{1}{2}$ ————————————————— ＊로그의 성질

$\log_9 3=x$로 놓으면 로그의 정의에 의하여
$9^x=3$이므로 $3^{2x}=3$ $\therefore x=\dfrac{1}{2}$
$\therefore \log_9 3=\dfrac{1}{2}$

B 16 정답 0 ————————————————— ＊로그의 성질

$\log_3 1=x$로 놓으면 로그의 정의에 의하여
$3^x=1$이므로 $x=0$
$\therefore \log_3 1=0$

B 17 정답 9 ————————————————— ＊로그의 성질

$\log_3 x=2$에서 $x=3^2=9$

B 18 정답 9 ————————————————— ＊로그의 성질

$\log_x 81=2$에서 $x^2=81$
$\therefore x=9$ 또는 $x=-9$
그런데 $x>0$이므로 $x=9$

B 19 정답 1000 ————————————————— ＊로그의 성질

$\log_x \dfrac{1}{10}=-\dfrac{1}{3}$에서 $x^{-\frac{1}{3}}=\dfrac{1}{10}$, $x^{\frac{1}{3}}=10$
$\therefore x=10^3=1000$

B 20 정답 2 ————————————————— ＊로그의 성질

$\log_4 x=\dfrac{1}{2}$에서 $x=4^{\frac{1}{2}}=\sqrt{4}=\sqrt{2^2}=2$

B 21 정답 6 ————————————————— ＊로그의 성질

$\log_2 9+\log_2 \left(\dfrac{8}{3}\right)^2=\log_2 \left(9\times\dfrac{64}{9}\right)=\log_2 64=\log_2 2^6=6$

B 22 정답 $\log_5 3-4$ ————————————————— ＊로그의 성질

$3\log_5 3-2\log_5 75=3\log_5 3-2\log_5 (5^2\times3)$
$\qquad\qquad\qquad\quad =3\log_5 3-2(2+\log_5 3)$
$\qquad\qquad\qquad\quad =\log_5 3-4$

B 23 정답 2 ————————————————— ＊로그의 성질

$\log_3 4\times\log_4 9=\log_3 4\times\dfrac{\log_3 9}{\log_3 4}=\log_3 9=2$

B 24 정답 5 ──────────────── *로그의 성질

$(\log_2 3 + \log_4 9)(\log_3 4 + \log_9 2)$

$= (\log_2 3 + \log_2 3)\left(2\log_3 2 + \dfrac{1}{2}\log_3 2\right)$

$= 2\log_2 3 \times \dfrac{5}{2}\log_3 2 = 5$

B 25 정답 $\dfrac{b}{a}$ ──────────────── *로그의 성질

$\log_2 3 = \dfrac{\log_5 3}{\log_5 2} = \dfrac{b}{a}$

B 26 정답 $\dfrac{1}{2}a - \dfrac{1}{2}b$ ──────────────── *로그의 성질

$\log_5 \dfrac{2}{\sqrt{6}} = \log_5 2 - \log_5 \sqrt{6} = \log_5 2 - \dfrac{1}{2}\log_5(2\times3)$

$\qquad = \log_5 2 - \dfrac{1}{2}(\log_5 2 + \log_5 3) = \dfrac{1}{2}\log_5 2 - \dfrac{1}{2}\log_5 3$

$\qquad = \dfrac{1}{2}a - \dfrac{1}{2}b$

B 27 정답 3 ──────────────── *상용로그

$\log 1000 = \log 10^3 = 3$

B 28 정답 $-\dfrac{3}{5}$ ──────────────── *상용로그

$\log \dfrac{1}{\sqrt[5]{1000}} = \log 10^{-\frac{3}{5}} = -\dfrac{3}{5}$

B 29 정답 1.4955 ──────────────── *상용로그

$\log 31.3 = \log(3.13 \times 10) = \log 3.13 + \log 10 = 0.4955 + 1 = 1.4955$

B 30 정답 2.4955 ──────────────── *상용로그

$\log 313 = \log(3.13 \times 100) = \log 3.13 + \log 100 = 0.4955 + 2 = 2.4955$

B 31 정답 -1.5045 ──────────────── *상용로그

$\log 0.0313 = \log(3.13 \times 10^{-2}) = \log 3.13 + \log 10^{-2}$
$\qquad = 0.4955 + (-2) = -1.5045$

B 32 정답 -2.5045 ──────────────── *상용로그

$\log 0.00313 = \log(3.13 \times 10^{-3}) = \log 3.13 + \log 10^{-3}$
$\qquad = 0.4955 + (-3) = -2.5045$

B 33 정답 0.7781 ──────────────── *상용로그

$\log 6 = \log(2\times3) = \log 2 + \log 3 = 0.3010 + 0.4771 = 0.7781$

B 34 정답 0.9286 ──────────────── *상용로그

$\log \sqrt{72} = \dfrac{1}{2}\log(2^3\times3^2) = \dfrac{3}{2}\log 2 + \log 3$

$\qquad = \dfrac{3}{2}\times0.3010 + 0.4771 = 0.9286$

B 35 정답 31 ──────────────── *상용로그

$\log 2^{100} = 100\log 2 = 100\times0.3010 = 30.10$
따라서 2^{100}은 31자리 정수이므로 $n=31$

B 36 정답 18 ──────────────── *상용로그

$\log(4^{10}\times5^{17}) = 20\log 2 + 17\log 5$
$\qquad = 20\log 2 + 17(1-\log 2)$
$\qquad = 20\times0.3010 + 17\times0.699$
$\qquad = 6.02 + 11.883 = 17.903$
따라서 $4^{10}\times5^{17}$은 18자리 정수이므로 $n=18$

수능 유형별 기출 문제 [2점, 3점, 쉬운 4점]

B 37 정답 ① *로그의 정의 ──────────────── [정답률 74%]

(정답 공식: $\log_a N$이 정의되기 위해서는 $a>0$, $a\neq1$, $N>0$이어야 한다.)

모든 실수 x에 대하여 $\underline{\log_a(x^2+ax+a+8)}$이 정의되기 위한 모든 정수 a의 값의 합은? (4점) **단서** 로그가 정의되려면 밑의 조건과 진수의 조건을 모두 만족시켜야 해.

① 27 ② 29 ③ 31
④ 33 ⑤ 35

1st 밑의 조건을 만족시키는 a의 값의 범위를 구해.
$\log_a(x^2+ax+a+8)$이 정의되기 위해서는 밑의 조건에 의하여
$a>0$, $a\neq1$ … ㉠ $f(x)=x^2+ax+a+8$이라 하면 함수 $y=f(x)$의 그래프는 아래로 볼록하므로 모든 실수 x에 대하여 $f(x)>0$이려면 이차방정식 $f(x)=0$의 해가 존재하면 안 돼.
2nd 진수의 조건을 만족시키는 a의 값의 범위를 구해.
또, 진수의 조건에 의하여 $x^2+ax+a+8>0$
이때, 모든 실수 x에 대하여 $x^2+ax+a+8>0$이려면 이차방정식의 판별식을 D라 할 때, $D<0$이어야 한다.
즉, $a^2-4\times1\times(a+8)<0$에서 $a^2-4a-32<0$
$(a+4)(a-8)<0$ $\therefore -4<a<8$ … ㉡
3rd 조건을 만족시키는 모든 정수 a의 값의 합을 구해.
따라서 $\log_a(x^2+ax+a+8)$이 정의되기 위한 정수 a의 값은
㉠, ㉡에 의하여 2, 3, 4, 5, 6, 7이고 그 합은
$2+3+4+5+6+7=27$이다.

다른 풀이: 이차함수의 최솟값을 이용하여 진수의 조건을 만족시키는 a의 값의 범위 구하기
진수의 조건에 의하여 $x^2+ax+a+8>0$
이때, $f(x)=x^2+ax+a+8=\left(x+\dfrac{a}{2}\right)^2-\dfrac{a^2}{4}+a+8$이라 하면
$f(x)$는 $x=-\dfrac{a}{2}$에서 최솟값 $-\dfrac{a^2}{4}+a+8$을 가진다. 즉, 모든 실수
x에 대하여 $f(x)>0$이려면 $-\dfrac{a^2}{4}+a+8>0$이어야 한다.
$a^2-4a-32<0$, $(a+4)(a-8)<0$ $\therefore -4<a<8$

B 38 정답 **15** ＊로그의 정의 ⋯⋯⋯⋯⋯⋯⋯⋯⋯⋯ [정답률 91%]

〔 정답 공식: $\log_a x$가 정의되기 위해서는 $a>0$, $a\neq1$, $x>0$이어야 한다. 〕

$\log_3(6-x)$가 정의되도록 하는 모든 자연수 x의 값의 합을 구하시오. (3점)
단서 $a>0$, $a\neq1$일 때, $a^x=N$이면 $x=\log_a N$이므로 로그의 진수 N은 항상 양수야.

1st 로그의 진수가 되기 위한 조건을 이용하자.
실수 $\longleftarrow$ $\log_a N$에서 $N>0$이야.
진수 조건에 의해 $6-x>0$이므로 $x<6$이다.
따라서 자연수 x의 값은 1, 2, 3, 4, 5이고, 모든 자연수 x의 값의 합은
$1+2+3+4+5=15$이다.

B 39 정답 ⑤ ＊로그의 정의 ⋯⋯⋯⋯⋯⋯⋯⋯⋯⋯ [정답률 84%]

〔 정답 공식: $\log$가 정의되기 위해서는 밑이 1이 아닌 양수여야 하고, 진수가 양수여야 한다. 〕

$\log_a(-2a+14)$가 정의되도록 하는 정수 a의 개수는? (3점)
단서 로그의 밑과 진수 조건, 즉, 밑은 1이 아닌 양수, 진수는 양수임을 이용해.

① 1 　② 2 　③ 3 　④ 4 　⑤ 5

1st 로그가 정의되기 위해서는 밑은 1이 아닌 양수, 진수는 양수이어야 해.
a는 로그의 밑이므로 $a>0$, $a\neq1$ ⋯ ㉠
$-2a+14$는 진수이므로 $-2a+14>0$
$\therefore a<7$ ⋯ ㉡
2nd 밑과 진수 조건을 만족시키는 정수 a의 개수를 구해.
㉠, ㉡에 의하여 $0<a<7$, $a\neq1$
따라서 로그가 정의되도록 하는 정수 a는 2, 3, 4, 5, 6으로 5개이다.

B 40 정답 **18** ＊로그의 정의 ⋯⋯⋯⋯⋯⋯⋯⋯⋯⋯ [정답률 85%]

〔 정답 공식: $\log$가 정의되기 위해서는 밑이 1이 아닌 양수여야 하고, 진수가 양수여야 한다. 〕

$\log_{(x-3)}(-x^2+11x-24)$가 정의되기 위한 모든 정수 x의 합을 구하시오. (3점)
단서 로그가 정의되기 위해서는 밑과 진수의 범위를 확인해야겠지?

1st 로그가 정의되기 위해서는 밑은 1이 아닌 양수, 진수는 양수라는 조건을 모두 만족시켜야 하니까 x의 범위를 찾아 모든 정수 x의 합을 구해.
$\log_{(x-3)}(-x^2+11x-24)$가 정의되기 위해서는
로그 $\log_a N$의
① 밑 조건: $a\neq1$, $a>0$
② 진수 조건: $N>0$
(i) 밑의 조건에 의하여 $x-3>0$이고 $x-3\neq1$
$\therefore x>3\ (x\neq4)$
(ii) 진수 조건에 의하여 $-x^2+11x-24>0$
$x^2-11x+24<0$, $(x-3)(x-8)<0$
$\therefore 3<x<8$
이차함수 $f(x)=(x-3)(x-8)$의 그래프에서 $f(x)<0$을 만족시키는 영역은 그림과 같아.
(i), (ii)를 동시에 만족시키는 x는
$3<x<8\ (x\neq4)$인 정수이어야 하므로
$x=5,\ 6,\ 7$
따라서 모든 정수 x의 합은 $5+6+7=18$

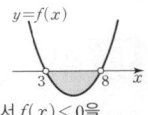

B 41 정답 **8** ＊로그의 정의 ⋯⋯⋯⋯⋯⋯⋯⋯⋯⋯ [정답률 64%]

〔 정답 공식: $\log$가 정의되기 위해서는 밑이 1이 아닌 양수이어야 하고, 진수가 양수이어야 한다. 〕

$\log_{(a+3)}(-a^2+3a+28)$이 정의되도록 하는 모든 정수 a의 개수를 구하시오. (3점)
단서 로그가 정의되기 위해서는 밑과 진수의 조건 즉, 밑은 1이 아닌 양수, 진수는 양수임을 이용하자.

1st 로그의 밑의 조건을 찾자.
$\log_{(a+3)}(-a^2+3a+28)$이 정의되기 위해서는
로그의 밑의 조건에 의해
로그 $\log_a N$의 밑의 조건: $a\neq1$, $a>0$
$a+3>0$, $a+3\neq1$
$a>-3$, $a\neq-2$ ⋯ ㉠
2nd 로그의 진수의 조건을 찾자.
로그의 진수의 조건에 의해
로그 $\log_a N$의 진수의 조건: $N>0$
$-a^2+3a+28>0$
$a^2-3a-28<0$
$(a-7)(a+4)<0$
$\therefore -4<a<7$ ⋯ ㉡
이차함수 $f(a)=(a-7)(a+4)$의 그래프에서 $f(a)<0$을 만족시키는 영역은 그림과 같다.
3rd 두 조건을 동시에 만족하는 범위를 구한다.
㉠, ㉡을 동시에 만족하는 범위는
$-3<a<-2$ 또는 $-2<a<7$

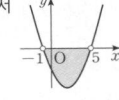

따라서 모든 정수 a는 -1, 0, 1, 2, 3, 4, 5, 6으로 8개이다.

B 42 정답 **9** ＊로그의 정의 ⋯⋯⋯⋯⋯⋯⋯⋯⋯⋯ [정답률 75%]

〔 정답 공식: $\log_a x$가 정의되기 위하여 밑의 조건과 진수의 조건을 만족시켜야 한다.
밑의 조건: $a>0$, $a\neq1$
진수의 조건: $x>0$ 〕

$\log_x(-x^2+4x+5)$가 정의되기 위한 모든 정수 x의 값의 합을 구하시오. (4점)
단서 로그가 정의되기 위해서는 밑과 진수의 조건을 따져 주어야 해.

1st 로그의 밑과 진수의 조건을 이용하자.
주어진 로그에서 x가 밑이므로
$x>0$, $x\neq1$ ⋯ ㉠
또, 진수는 $-x^2+4x+5$이므로
$-x^2+4x+5>0$
$x^2-4x-5<0$
$(x+1)(x-5)<0$
이차함수 $f(x)=(x+1)(x-5)$의 그래프에서 $f(x)<0$을 만족시키는 영역은 그림과 같아.
$\therefore -1<x<5$ ⋯ ㉡
㉠, ㉡에서 $0<x<5$, $x\neq1$
따라서 정수 x는 2, 3, 4이므로
모든 정수 x의 합은 $2+3+4=9$

B 43 정답 ① * 로그의 정의 ──────────── [정답률 73%]

[정답 공식: 모든 실수 x에 대하여 log가 정의되기 위해서는 밑이 1이 아닌 양수 여야 하고, 진수가 x의 값에 관계없이 항상 양수여야 한다.]

모든 실수 x에 대하여 $\log_a(x^2+2ax+5a)$가 정의되기 위한 모든 정수 a의 값의 합은? (3점) [단서] 로그가 정의되기 위해서는 (진수)>0, (밑)>0, (밑)≠1이어야 해.

① 9   ② 11   ③ 13   ④ 15   ⑤ 17

1st 로그의 (밑)>0, (밑)≠1이어야 해.

$\log_a(x^2+2ax+5a)$가 정의되기 위해서 밑인 a가
$a>0$, $a\ne 1$ … ㉠이 성립되어야 한다.

2nd 로그의 (진수)>0이어야 해.

모든 실수 x에 대하여 $x^2+2ax+5a>0$이어야 하므로 이차방정식
$x^2+2ax+5a=0$의 판별식 $D<0$이어야 한다.

→ 이차부등식 $ax^2+bx+c>0(a>0)$이 모든 실수 x에 대하여 성립하려면 이차방정식 $ax^2+bx+c=0$이 실근을 가지면 안되므로 판별식 $D<0$이어야 해.

$\dfrac{D}{4}=a^2-5a<0$

$a(a-5)<0$

$\therefore 0<a<5$ … ㉡

㉠, ㉡을 모두 만족시키는 정수 a는 2, 3, 4이므로 이 값들의 합은 9이다.
㉠에서 $a\ne 1$임을 잊지 말자.

[실수 Ⓡ] 로그 $\log_a N$의 밑의 조건은 $a\ne 1$, $a>0$이어야 해.

B 44 정답 ② * 로그의 성질 ──────────── [정답률 93%]

(정답 공식: $\log_a m+\log_a n=\log_a mn$)

$\log_3 24+\log_3 \dfrac{3}{8}$의 값은? (2점) [단서] 밑이 같은 두 로그의 합을 진수끼리의 곱으로 변형하여 계산해.

① 1   ② 2   ③ 3   ④ 4   ⑤ 5

1st 주어진 식을 계산해.

$\log_3 24+\log_3 \dfrac{3}{8}=\log_3\left(24\times\dfrac{3}{8}\right)=\log_3 9=\log_3 3^2$
$\underbrace{\quad}_{\substack{\log_a m+\log_a n \\ =\log_a mn}}\qquad\qquad\qquad\qquad\underbrace{\quad}_{\log_a m^n=n\log_a m}$
$=2\underbrace{\log_3 3}_{\log_a a=1}=2\times 1=2$

B 45 정답 ② * 로그의 성질 ──────────── [정답률 98%]

(정답 공식: $\log_a n^n=n$)

$\log_3 9$의 값은? (2점) [단서] $9=3^2$이므로 $\log_3 9=\log_3 3^2$으로 놓고 로그의 성질을 이용하자.

① 1   ② 2   ③ 3   ④ 4   ⑤ 5

1st 로그의 성질을 이용하여 계산하자.

$\log_3 9=\underbrace{\log_3 3^2}_{\log_a a^n=n}=2$

[다른 풀이] **로그의 정의를 이용하여 값 구하기**

$\log_3 9=x$라 하면 로그의 정의에 의해 $3^x=9$, $3^x=3^2$
$\therefore x=2$ [$\log_a x=b \Longleftrightarrow a^b=x$]

B 46 정답 ② * 로그의 성질 ──────────── [정답률 98%]

(정답 공식: $\log_a x+\log_a y=\log_a xy$, $\log_a a^n=n$)

$\log 4+\log 25$의 값은? (2점) [단서] 밑 10은 생략되어 있어. 로그의 성질을 이용하면 금방 풀려.

① 1   ② 2   ③ 3   ④ 4   ⑤ 5

1st 로그의 성질을 이용해.

$\log 4+\log 25=\log(4\times 25)=\log 100=\log 10^2=2$
밑 10이 생략된 거야. 그리고 $\log_a x+\log_a y=\log_a xy$, $\log_a a^n=n$을 이용한 거야.

B 47 정답 2 * 로그의 성질 ──────────── [정답률 96%]

(정답 공식: $\log_a M+\log_a N=\log_a MN$)

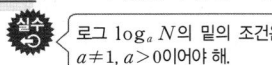 $\log_2 8+\log_2 \dfrac{1}{2}$의 값을 구하시오. (3점) [단서] 밑이 2로 같으므로 로그의 성질을 이용할 수 있어.

1st 로그의 성질을 이용하여 값을 구해.

$\log_2 8+\log_2 \dfrac{1}{2}=\log_2\left(8\times\dfrac{1}{2}\right)=\log_2 4=\underbrace{\log_2 2^2}_{\log_a b^k=k\log_a b}=2\underbrace{\log_2 2}_{\log_a a=1}$
$=2\times 1=2$

[다른 풀이] **$\log_2 8$, $\log_2 \dfrac{1}{2}$을 간단히 하여 값 구하기**

$\log_2 8=\log_2 2^3=3\log_2 2=3\times 1=3$,

$\log_2 \dfrac{1}{2}=\log_2 2^{-1}=-\log_2 2=-1$이므로

$\log_2 8+\log_2 \dfrac{1}{2}=3+(-1)=2$

B 48 정답 ③ * 로그의 성질 ──────────── [정답률 95%]

(정답 공식: $a>0$, $a\ne 1$일 때, $\log_a a^m=m$ (단, m은 실수))

$\log 10^3$의 값은? (2점) [단서] 밑 10이 생략되었지? $\log 10^3=\log_{10} 10^3$으로 놓고 로그의 성질을 이용하면 돼.

① 1   ② 2   ③ 3   ④ 4   ⑤ 5

1st 로그의 성질을 이용하여 값을 계산해.

$\log 10^3=\log_{10} 10^3=3$
$a>0$, $a\ne 1$일 때, $\log_a a^m=m$ (단, m은 실수)

B 49 정답 2 * 로그의 성질 ──────────── [정답률 95%]

(정답 공식: $\log_a x+\log_a y=\log_a xy$)

$\log 20+\log 5$의 값을 구하시오. (3점) [단서] 상용로그는 log 밑을 10으로 하는 로그지.

1st 로그의 성질을 이용하여 계산하자.

$\log 20+\log 5=\underbrace{\log(20\times 5)}_{\log_a x+\log_a y=\log_a xy}$
$=\underbrace{\log 100}_{\log 100=\log_{10} 100=\log_{10} 10^2=2}=2$

B 50 정답 ⑤ *로그의 성질 .... [정답률 84%]

$$\left[\text{정답 공식: } a>0,\ a\neq1,\ M>0,\ N>0\text{일 때, } \log_a \frac{M}{N}=\log_a M-\log_a N\right]$$

1보다 큰 두 실수 $a,\ b$에 대하여 $\log_a \dfrac{a^3}{b^2}=2$가 성립할 때, $\log_a b+3\log_b a$의 값은? (3점) 단서 미지수는 $a,\ b$로 두 개이고 주어진 조건의 식은 하나이므로 $a,\ b$의 각각의 값을 구하는 것보다 $\log_a b$의 값을 구하자.

① $\dfrac{9}{2}$ ② 5 ③ $\dfrac{11}{2}$ ④ 6 ⑤ $\dfrac{13}{2}$

1st 로그의 성질을 이용해서 $\log_a b$의 값을 구하자.

$$\underbrace{\log_a \frac{a^3}{b^2}=\log_a a^3-\log_a b^2}_{\log_a \frac{M}{N}=\log_a M-\log_a N}=3-2\log_a b=2\text{에서 즉, } \log_a b=\frac{1}{2}$$

$$\therefore\ \log_a b+3\underbrace{\log_b a}_{\log_b a=\frac{1}{\log_a b}}=\log_a b+3\times\frac{1}{\log_a b}=\frac{1}{2}+6=\frac{13}{2}$$

🔷 다른 풀이: **주어진 식의 좌변을 먼저 간단히 하여 $\log_a b=\boxed{}$ 꼴로 만들어 값 구하기**

$$\log_a \frac{a^3}{b^2}=\log_a a^3-\log_a b^2=3-2\log_a b=2$$

$$\log_a b=\frac{1}{2}\qquad\therefore\ \log_b a=2$$

$$\therefore\ \log_a b+3\log_b a=\frac{1}{2}+6=\frac{13}{2}$$

B 51 정답 ④ *로그의 성질 .... [정답률 86%]

$$(\text{정답 공식: } \log_a b+\log_a c=\log_a bc,\ \log_a a^n=n)$$

$\log_2 \dfrac{4}{3}+\log_2 12$의 값은? (3점)
단서 로그의 밑이 2로 같으니까 로그의 '합'은 진수의 '곱'을 이용하여 계산하자.

① 1 ② 2 ③ 3 ④ 4 ⑤ 5

1st 밑이 2로 같으니까 로그의 성질을 이용하여 계산하자.

$$\log_2 \frac{4}{3}+\log_2 12=\log_2\left(\frac{4}{3}\times12\right)=\underbrace{\log_2 16=\log_2 2^4=4}_{\log_a a^n=n}$$

B 52 정답 ② *로그의 성질 .... [정답률 97%]

$$\left[\text{정답 공식: } a>0,\ a\neq1,\ M>0,\ N>0\text{일 때 } \log_a M-\log_a N=\log_a \frac{M}{N}\text{이 성립한다.}\right]$$

$\log_2 12-\log_2 3$의 값은? (2점)
단서 로그의 성질을 이용하면 되지

① 1 ② 2 ③ 3 ④ 4 ⑤ 5

1st 로그의 성질을 이용하여 식의 값을 계산해.

$$\underbrace{\log_2 12-\log_2 3=\log_2 \frac{12}{3}}_{a>0,\ a\neq1,\ M>0,\ N>0\text{일 때}\ \log_a M-\log_a N=\log_a \frac{M}{N}}=\log_2 4=\log_2 2^2=2$$

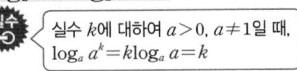 실수 k에 대하여 $a>0,\ a\neq1$일 때, $\log_a a^k=k\log_a a=k$

B 53 정답 ④ *로그의 성질 .... [정답률 88%]

$$\left[\text{정답 공식: } a>0,\ a\neq1,\ M>0,\ N>0\text{일 때, } \log_a \frac{M}{N}=\log_a M-\log_a N\right]$$

$\log_2 48-\log_2 3$의 값은? (2점) 단서 로그의 성질을 이용하여 계산하면 되지.

① 1 ② 2 ③ 3 ④ 4 ⑤ 5

1st 로그의 성질을 이용하여 식의 값을 계산해.

$$\log_2 48-\log_2 3=\log_2 \frac{48}{3}$$
$$=\log_2 16$$
$$=\log_2 2^4 \qquad \begin{array}{l}\rightarrow a>0,\ a\neq1,\ M>0\text{일 때}\\ \log_a M^k=k\log_a M\ (\text{단, }k\text{는 실수})\\ \text{이 성립하지.}\end{array}$$
$$=4\log_2 2$$
$$=4 \qquad \rightarrow\log_a a=1\ (\text{단, }a>0,\ a\neq1)$$

B 54 정답 ② *로그의 성질 .... [정답률 90%]

$$\left[\text{정답 공식: } \log_a M-\log_a N=\log_a \frac{M}{N}\text{임을 이용한다.}\right]$$

$\log_3 18-\log_3 2$의 값은? (2점)
단서 로그의 성질 $\log_a M-\log_a N=\log_a \frac{M}{N}$을 이용해.

① 1 ② 2 ③ 3 ④ 4 ⑤ 5

1st 로그의 성질을 이용하여 계산하자.

$$\underbrace{\log_3 18-\log_3 2=\log_3 \frac{18}{2}}_{\log_a M-\log_a N=\log_a \frac{M}{N}}=\log_3 9=\underbrace{\log_3 3^2=2}_{\log_a a^k=k\log_a a=k}$$

B 55 정답 ② *로그의 성질 .... [정답률 89%]

$$\left[\text{정답 공식: } a>0,\ a\neq1,\ M>0,\ N>0\text{일 때, } \log_a M-\log_a N=\log_a \frac{M}{N}\right]$$

$\log_3 36-\log_3 4$의 값은? (2점)
단서 밑이 3으로 같은 로그의 뺄셈이니까 로그의 기본 성질을 이용하여 계산할 수 있어.

① 1 ② 2 ③ 3 ④ 4 ⑤ 5

1st 로그의 성질을 이용하여 식의 값을 계산해.

$$\underbrace{\log_3 36-\log_3 4=\log_3 \frac{36}{4}}_{a>0,\ a\neq1,\ M>0,\ N>0\text{일 때,}\ \log_a M-\log_a N=\log_a \frac{M}{N}}=\log_3 9=\log_3 3^2=2$$

주의 밑이 같을 때만 공식을 쓸 수 있어. 실수 k에 대하여 $a>0,\ a\neq1$일 때, $\log_a a^k=k\log_a a=k$

B 56 정답 22 *로그의 성질 ⸱⸱⸱⸱⸱⸱⸱⸱⸱⸱⸱⸱⸱⸱⸱⸱⸱ [정답률 83%]

(정답 공식 : $\log_a b = \dfrac{1}{\log_b a}$)

$a = 9^{11}$일 때, $\dfrac{1}{\log_a 3}$의 값을 구하시오. (3점)

단서 $\dfrac{1}{\log_a 3} = \log_3 a$로 변환할 수 있어.

1st 로그의 밑의 변환을 이용하여 주어진 식의 값을 계산하자.

<u>로그의 밑의 변환 공식</u>에 의하여

$\dfrac{1}{\log_a 3} = \log_3 a = \log_3 9^{11}$ ⟶ **[로그의 밑의 변환]**

$= \log_3 (3^2)^{11}$

$a > 0, b > 0, c > 0$이고 $a \neq 1, b \neq 1$일 때

$= \underline{\log_3 3^{22}} = 22$

$\log_a b = \dfrac{\log_c b}{\log_c a}, \log_a b = \dfrac{1}{\log_b a}$

$\log_a a^n = n$

🔧 **다른 풀이 ①: 밑을 3으로 하는 로그를 취하여 값 구하기**

$\log_3 a = \log_3 (3^2)^{11}, \log_3 a = \log_3 3^{22}$

$\log_3 a = 22$

밑의 변환 공식에 의하여

$\dfrac{1}{\log_a 3} = 22$

🔧 **다른 풀이 ②: 밑을 a로 하는 로그를 취하여 값 구하기**

$\log_a a = \log_a (3^2)^{11}, 1 = 22 \log_a 3$

$\therefore \dfrac{1}{\log_a 3} = 22$

B 57 정답 2 *로그의 성질 ⸱⸱⸱⸱⸱⸱⸱⸱⸱⸱⸱⸱⸱⸱⸱⸱⸱ [정답률 97%]

(정답 공식 : $\log_a xy = \log_a x + \log_a y$ (단, $a > 0$, $a \neq 1$이고 $x > 0$, $y > 0$))

$\log_5 50 + \log_5 \dfrac{1}{2}$의 값을 구하시오. (3점)

단서 밑이 5로 같으니까 로그의 기본 성질을 이용하면 계산할 수 있어.

1st 로그의 기본 성질을 이용해서 식의 값을 구해봐.

$\log_5 50 + \log_5 \dfrac{1}{2} = \log_5 \left(50 \times \dfrac{1}{2} \right)$

$= \underline{\log_5 25} = 2$

$\log_5 25 = \log_5 5^2 = 2\log_5 5 = 2$

🔧 **다른 풀이: $\log_5 50 = \log_5 25 + \log_5 2$를 이용하여 값 구하기**

$\log_5 50 + \log_5 \dfrac{1}{2} = \log_5 25 + \log_5 2 - \log_5 2$

$\log_5 \dfrac{1}{2} = \overline{\log_5 2^{-1}} = \log_5 25 = 2$

$= -\log_5 2$

✿ 로그의 성질 　　　　　　　　　　　　　　개념·공식

$a > 0, a \neq 1, x > 0, y > 0$일 때,

① $\log_a a = 1$ 　　　　② $\log_a 1 = 0$

③ $\log_a x + \log_a y = \log_a xy$ 　　④ $\log_a x - \log_a y = \log_a \dfrac{x}{y}$

B 58 정답 2 *로그의 성질 ⸱⸱⸱⸱⸱⸱⸱⸱⸱⸱⸱⸱⸱⸱⸱⸱⸱ [정답률 94%]

(정답 공식 : $\log_a M + \log_a N = \log_a MN$, $\log_a a^b = b$)

$\log_6 3 + \log_6 12$의 값을 구하시오. (3점)

단서 밑이 같은 로그의 합은 진수의 곱으로 나타낼 수 있어.

1st 로그의 성질을 이용하여 계산하자.

$\log_6 3 + \log_6 12 = \underline{\log_6 36} = \log_6 6^2 = 2$

$\log_a a^m = m$

B 59 정답 5 *로그의 성질 ⸱⸱⸱⸱⸱⸱⸱⸱⸱⸱⸱⸱⸱⸱⸱⸱⸱ [정답률 93%]

(정답 공식 : $\log_a a^n = n \log_a a = n$)

$\log_2 (2^2 \times 2^3)$의 값을 구하시오. (3점)

단서 거듭제곱 꼴은 지수법칙, 로그는 로그의 성질을 이용하여 간단히 해.

1st 지수법칙과 로그의 성질을 이용하여 값을 계산해.

$\log_2 (2^2 \times 2^3) = \underline{\log_2 2^5} = 5\log_2 2 = 5$

⟶ 밑과 진수가 같은 로그의 값은 1이야. 즉, $\log_a a = 1$

⟶ $\log_a M^k = k\log_a M$ (단, k는 실수이다.)

B 60 정답 ② *로그의 성질 ⸱⸱⸱⸱⸱⸱⸱⸱⸱⸱⸱⸱⸱⸱⸱⸱⸱ [정답률 89%]

(정답 공식 : $\log_a a^n = n$)

$\log_2 2 + \log_3 9$의 값은? (2점) **단서** 로그의 밑이 다르네? 그런데 $9 = 3^2$으로 바꿔 놓고 로그의 기본적인 공식을 쓰면 금방 풀리지.

① 1 　　② 3 　　③ 5 　　④ 7 　　⑤ 9

1st 로그의 성질 중 $\log_a a = 1$ ($a \neq 1, a > 0$)임을 이용하자.

$\log_2 2 + \log_3 9 = \log_2 2 + \log_3 3^2 = \underline{\log_2 2 + 2\log_3 3}$

$= 1 + 2 = 3$

$a \neq 1, a > 0$에 대하여 $\log_a a^n = n$임을 이용한 거야.

주의 $\log_a a^m = m$임을 기억하도록 하자.

✿ 로그의 밑의 변환 공식 　　　　　　　　　　개념·공식

$a \neq 1, a > 0, b \neq 1, b > 0, c \neq 1, c > 0$일 때,

① $\log_a b = \dfrac{\log_c b}{\log_c a}$

② $\log_a b = \dfrac{1}{\log_b a}$

B 61 정답 3 *로그의 성질 ···················· [정답률 87%]

〔 정답 공식: $\log_a b + \log_a c = \log_a bc$, $\log_a a^b = b$ 〕

$\log_3 \dfrac{9}{2} + \log_3 6$의 값을 구하시오. (3점) **단서** 로그의 밑이 3으로 같으니까 로그의 '합'은 진수의 '곱'을 이용하여 계산해.

1st 로그의 성질을 이용하여 계산하자.

$\log_3 \dfrac{9}{2} + \log_3 6 = \log_3 \left(\dfrac{9}{2} \times 6 \right)$ → $\log_a b + \log_a c = \log_a bc$, $\log_a b^n = n\log_a b$, $\log_a a = 1$

로그의 덧셈 ⇒ 진수의 곱셈

$= \log_3 27$

$= \log_3 3^3$

$= 3$

B 62 정답 ① *로그의 성질 ···················· [정답률 86%]

〔 정답 공식: $\log_a \dfrac{b}{c} = \log_a b - \log_a c$ 〕

$\log_3 6 - \log_3 2$의 값은? (3점) **단서** 두 로그의 밑이 같으니까 로그의 성질을 활용할 수 있지? 로그 계산에서는 밑을 반드시 확인하도록 하자.

① 1   ② 2   ③ 3
④ 4   ⑤ 5

1st 밑이 같으니까 로그의 성질을 이용하여 계산하자.

$\log_3 6 - \log_3 2 = \log_3 \dfrac{6}{2}$ $\log_a b - \log_a c = \log_a \dfrac{b}{c}$

$\qquad = \log_3 3 = 1$

로그에서 밑과 진수가 같다면, 즉 $\log_a a = 1$이야. 반대로 생각하면 1은 언제나 $\log_a a$로 바꿔 생각할 수 있다는 것도 꼭 기억하자.

다른 풀이: $\log_3 6 = \log_3 3 + \log_3 2$임을 이용하여 값 구하기

로그의 성질을 이용하여 $\log_3 6$의 진수를 바꿔볼까?

$\log_3 6 = \log_3 (2 \times 3) = \log_3 2 + \log_3 3$ → $\log_a bc = \log_a b + \log_a c$

$\therefore \log_3 6 - \log_3 2 = \log_3 2 + \log_3 3 - \log_3 2$

$\qquad\qquad = \log_3 3$

$\qquad\qquad = 1$

B 63 정답 9 *로그의 성질 ···················· [정답률 91%]

〔 정답 공식: $\log_a a^n = n$ 〕

$9^{\frac{1}{2}} \times \log_2 8$의 값을 구하시오. (3점)
단서 거듭제곱 꼴은 지수법칙, 로그는 로그의 성질을 이용하여 간단히 해.

1st 지수법칙과 로그의 성질을 이용해서 식을 정리해.

$9^{\frac{1}{2}} \times \log_2 8 = (3^2)^{\frac{1}{2}} \times \underline{\log_2 2^3} = 3 \times 3 = 9$

$\log_{a^n} a^m = \dfrac{n}{m}$

B 64 정답 ① *로그의 성질 ···················· [정답률 93%]

〔 정답 공식: $\log_a a^n = n$ 〕

$4^{-\frac{1}{2}} \times \log_3 9$의 값은? (2점) **단서** 거듭제곱 꼴은 지수법칙, 로그는 로그의 성질을 이용하여 간단히 해.

① 1   ② 2   ③ 3
④ 4   ⑤ 5

1st 지수법칙과 로그의 성질을 이용하여 계산해. → 거듭제곱의 밑을 소수(2, 3, 5, …)의 거듭제곱 꼴로, log의 밑과 진수도 소수의 거듭제곱 꼴로 나타내는 것이 중요해.

$4^{-\frac{1}{2}} \times \log_3 9 = (2^2)^{-\frac{1}{2}} \times \underbrace{\log_3 3^2}_{=2\log_3 3 = 2} = 2^{-1} \times 2 = 1$

B 65 정답 ② *로그의 성질 ···················· [정답률 91%]

〔 정답 공식: $\log_a a^n = n$ 〕

$4^{\frac{3}{2}} \times \log_5 \sqrt{5}$의 값은? (2점) **단서** 거듭제곱 꼴은 지수법칙, 로그는 로그의 성질을 이용하여 간단히 해.

① 5   ② 4   ③ 3   ④ 2   ⑤ 1

1st 지수법칙과 로그의 성질을 적절히 활용하자. → 거듭제곱의 밑을 소수(2, 3, 5, …)의 거듭제곱 꼴로, log의 밑과 진수도 소수의 거듭제곱 꼴로 나타내는 것이 중요해.

$4^{\frac{3}{2}} \times \log_5 \sqrt{5} = \underbrace{(2^2)^{\frac{3}{2}}}_{(a^m)^n = a^{mn}} \times \log_5 5^{\frac{1}{2}}$

$\qquad = 2^3 \times \dfrac{1}{2} = 8 \times \dfrac{1}{2} = 4$

B 66 정답 ② *로그의 성질 ···················· [정답률 90%]

〔 정답 공식: $\log_a M + \log_a N = \log_a MN$이다. 〕

$\log_2 \sqrt{2} + \log_2 2\sqrt{2}$의 값은? (2점)
단서 밑이 2로 같은 로그들의 합이지?
① 1   ② 2   ③ 3
④ 4   ⑤ 5

1st 로그의 성질을 이용하자.   **주의** 밑이 같을 때만 공식을 쓸 수 있어.

$\log_2 \sqrt{2} + \log_2 2\sqrt{2}$

$= \log_2 (\sqrt{2} \times 2\sqrt{2}) = \underline{\log_2 4} = \log_2 2^2 = 2$

→ $\log_a M^k = k\log_a M$, $\log_a a = 1$임을 이용하고 있어.

B 67 정답 48 *로그의 성질 ···················· [정답률 88%]

〔 정답 공식: $\log_a a^n = n$ 〕

$\left(\dfrac{1}{4} \right)^{-2} \times \log_2 8$의 값을 구하시오. (3점)
단서 로그의 성질, 지수법칙을 이용하면 값을 구할 수 있어.

1st 로그의 성질과 지수법칙을 이용하자.

$\left(\dfrac{1}{4} \right)^{-2} \times \log_2 8 = \underline{(2^{-2})^{-2} \times \log_2 2^3}$ $\log_a a^n = n$, $(a^m)^n = a^{mn}$ 을 이용한 거야.

$\qquad = 2^{-2 \times (-2)} \times 3$

$\qquad = 16 \times 3$

$\qquad = 48$

B 68 정답 2 ＊로그의 성질 ──────────── [정답률 83%]

〔 정답 공식: $\log_a M + \log_a N = \log_a MN$, $\log_a a^b = b$ 〕

$\log_2(3+\sqrt{5})+\log_2(3-\sqrt{5})$의 값을 구하시오. (3점)
단서 밑이 같으므로 로그의 합을 계산하자.

1st 로그의 합을 계산해.

$\underline{\log_2(3+\sqrt{5})+\log_2(3-\sqrt{5})}=\log_2(3+\sqrt{5})(3-\sqrt{5})$
$\phantom{\log_2(3+\sqrt{5})+\log_2(3-\sqrt{5})}=\log_2 4$ [로그의 계산]
$\phantom{\log_2(3+\sqrt{5})+\log_2(3-\sqrt{5})}$ ① $\log_a x + \log_a y = \log_a xy$
$\phantom{\log_2(3+\sqrt{5})+\log_2(3-\sqrt{5})}=2\log_2 2$ ② $\log_a x^p = p\log_a x$
$\phantom{\log_2(3+\sqrt{5})+\log_2(3-\sqrt{5})}=2$

B 69 정답 2 ＊로그의 여러 가지 성질 ──────── [정답률 90%]

〔 정답 공식: $\log_a x - \log_a y = \log_a \dfrac{x}{y}$, $\log_a a^n = n$ 〕

$\log_3 18 - \log_3 2$의 값을 구하시오. (3점) **단서** 밑이 3으로 같아. 로그의 성질을 이용하자.

1st 로그의 성질을 이용해.

$\underline{\log_3 18 - \log_3 2 = \log_3 \dfrac{18}{2} = \log_3 3^2 = 2}$
$\log_a x - \log_a y = \log_a \dfrac{x}{y}$, $\log_a a^n = n$

B 70 정답 ④ ＊로그의 성질 ──────────── [정답률 85%]

〔 정답 공식: 실수 m, n에 대하여 $m \neq 0$, $a > 0$, $a \neq 1$일 때,
$\log_{a^m} a^n = \dfrac{n}{m}\log_a a = \dfrac{n}{m}$ 〕

81의 세제곱근 중 실수인 것을 a라 할 때, $\log_9 a$의 값은? (3점)
단서 거듭제곱근의 정의를 알아야 해.
① $\dfrac{1}{3}$ ② $\dfrac{4}{9}$ ③ $\dfrac{5}{9}$
④ $\dfrac{2}{3}$ ⑤ $\dfrac{7}{9}$

1st 거듭제곱근의 정의를 이용하여 a의 값을 구하자.
$\underline{81의 세제곱근을 x라 하면 $x^3 = 81$이고, 실수인 해를 a라 하므로}$
$a = \sqrt[3]{81} = \sqrt[3]{9^2} = 9^{\frac{2}{3}}$ → 방정식 $x^3=81$의 실근이 $x=a$야.
$\phantom{a = \sqrt[3]{81}}$ → $\sqrt[n]{a^m} = a^{\frac{m}{n}} (a>0)$
∴ $\log_9 a = \log_9 9^{\frac{2}{3}} = \dfrac{2}{3}$

다른 풀이: $81=3^4$의 세제곱근 중 실수는 $3^{\frac{4}{3}}$임을 이용하여 값 구하기
81의 세제곱근 중 실수인 해는 $a = \sqrt[3]{81} = \sqrt[3]{3^4} = 3^{\frac{4}{3}}$이므로
밑이 3인 로그로 정리하면
∴ $\log_9 a = \log_{3^2} 3^{\frac{4}{3}} = \dfrac{\frac{4}{3}}{2}\log_3 3 = \dfrac{2}{3}$
└→ 실수 m, n, k에 대하여 $m \neq 0$, $n \neq 0$, $a > 0$, $a \neq 0$일 때,
$\log_{a^m} a^{\frac{k}{n}} = \dfrac{\frac{k}{n}}{m}\log_a a = \dfrac{\frac{k}{n}}{m} = \dfrac{k}{mn}$

B 71 정답 ② ＊로그의 여러 가지 성질 ──────── [정답률 72%]

〔 정답 공식: $\log_a b = \dfrac{\log_c b}{\log_c a}$, $\log_a b = \dfrac{1}{\log_b a}$ 〕

$\dfrac{1}{\log_4 18} + \dfrac{2}{\log_9 18}$의 값은? (3점)
단서 두 로그에서 진수가 18로 같으니까 밑의 변환 공식을 이용하여 밑을 18로 같게 변환시키면 간단히 계산할 수 있어.
① 1 ② 2 ③ 3
④ 4 ⑤ 5

1st 로그의 밑의 변환 공식을 이용하여 밑을 같은 숫자로 만들어야 해.
밑의 변환 공식에 의하여 ┌→ 밑이 서로 같은 로그의 덧셈 또는 뺄셈은 진수의 곱셈과 나눗셈으로 나타낼 수 있어.

$\dfrac{1}{\log_4 18} + \dfrac{2}{\log_9 18}$ → $\log_a b$에서 밑을 c로 바꾸면 $\log_a b = \dfrac{\log_c b}{\log_c a}$이므로
$= \log_{18} 4 + 2\log_{18} 9$ $\dfrac{1}{\log_4 18} = \dfrac{1}{\frac{\log_{18} 18}{\log_{18} 4}} = \dfrac{1}{\frac{1}{\log_{18} 4}} = \log_{18} 4$

2nd 로그의 성질을 이용하여 값을 계산하자.
$\log_{18} 4 + 2\log_{18} 9$ $\dfrac{2}{\log_9 18} = \dfrac{2}{\frac{\log_{18} 18}{\log_{18} 9}} = \dfrac{2}{\frac{1}{\log_{18} 9}} = 2\log_{18} 9$
$= \log_{18} 2^2 + 2\log_{18} 3^2$ → 로그 앞에 붙은 상수는 진수
$\phantom{= \log_{18} 2^2}$ 의 지수로 바꿔 줄 수 있어.
$= \log_{18} 2^2 + \log_{18}(3^2)^2$ 즉, $k\log_a b = \log_a b^k$
$= \log_{18} 2^2 + \log_{18} 3^4 = \log_{18}(2^2 \times 3^4)$
$\phantom{= \log_{18} 2^2}$ └→ 밑이 같은 로그의 합은 진수의 곱으로 나타낼 수 있어.
$= \log_{18}(2 \times 3^2)^2 = \log_{18} 18^2 = 2\log_{18} 18$
$= 2$

B 72 정답 ② ＊로그의 여러 가지 성질 ──────── [정답률 90%]

〔 정답 공식: $\log_a b = \dfrac{\log_c b}{\log_c a}$, $\log_a a^n = n$, $\log_a a = 1$ 〕

$\dfrac{\log_4 64}{\log_4 8}$의 값은? (2점)
단서 로그의 밑이 4로 같으니까 밑의 변환 공식을 이용하여 간단히 해.
① 1 ② 2 ③ 3
④ 4 ⑤ 5

1st 로그의 밑의 변환 공식을 이용하여 주어진 식을 간단히 하자.
$\underline{로그의 밑의 변환 공식}$에 의하여
[로그의 밑의 변환]
$a > 0$, $b > 0$, $c > 0$이고
$a \neq 1$, $c \neq 1$일 때, $\log_a b = \dfrac{\log_c b}{\log_c a}$
$\dfrac{\log_4 64}{\log_4 8} = \log_8 64 = \log_8 8^2 = 2\log_8 8 = 2$
$\log_a a^n = n$, $\log_a a = 1$

B 73 정답 ④ ＊로그의 여러 가지 성질 ──────── [정답률 92%]

〔 정답 공식: 로그의 밑의 변환 공식 $\log_a b = \dfrac{\log_c b}{\log_c a}$ (단, $a > 0$, $a \neq 1$, $b > 0$, $c > 0$, $c \neq 1$)을 이용한다. 〕

$\log_2 5 \times \log_5 3 + \log_2 \dfrac{16}{3}$의 값은? (3점)
단서 밑이 5인 로그를 밑이 2인 로그로 변환하여 값을 구해.
① 1 ② 2 ③ 3
④ 4 ⑤ 5

$$\log_2 5 \times \log_5 3 + \log_2 \frac{16}{3} = \log_2 5 \times \frac{\log_2 3}{\log_2 5} + \log_2 \frac{16}{3}$$

$$= \log_2 3 + \log_2 \frac{16}{3} = \log_2 \left(3 \times \frac{16}{3}\right)$$

$$\underbrace{}_{\log_a m + \log_a n = \log_a mn} = \underline{\log_2 16} = \underline{\log_2 2^4} = 4\underline{\log_2 2} = 4 \times 1 = 4$$

$$\underbrace{}_{\log_a b^n = n \log_a b \qquad \log_a a = 1}$$

B 74 정답 ② *로그의 여러 가지 성질 ·········· [정답률 92%]

[정답 공식: $a > 0$, $a \neq 1$, $M > 0$, $N > 0$일 때 $\log_a \frac{M}{N} = \log_a M - \log_a N$이 성립한다.]

$\log_{81} 12 - \log_{81} 4$의 값은? (2점)
단서 로그의 밑이 같으므로 로그의 성질을 이용하면 식을 간단히 나타낼 수 있지

① $\frac{1}{8}$ ② $\frac{1}{4}$ ③ $\frac{3}{8}$ ④ $\frac{1}{2}$ ⑤ $\frac{5}{8}$

1st 로그의 성질을 이용하여 식의 값을 구해.

$$\log_{81} 12 - \log_{81} 4 = \log_{81} \frac{12}{4} = \log_{81} 3$$

$$\underbrace{}_{\log_a M - \log_a N = \log_a \frac{M}{N}}$$

$$= \log_{3^4} 3 = \frac{1}{4} \log_3 3 = \frac{1}{4}$$

$$\underbrace{}_{\log_{a^l} M^k = \frac{k}{l} \log_a M}$$

B 75 정답 ① *로그의 여러 가지 성질 ·········· [정답률 80%]

(정답 공식: 1이 아닌 양수 a, b, c에 대하여 $a^{\log_b c} = c^{\log_b a}$, $a^{\log_a b} = b$이다.)

$(\sqrt{2})^{1 + \log_2 3}$의 값은? (3점) **단서** 지수부분을 먼저 간단히 정리해 봐.

① $\sqrt{6}$ ② $2\sqrt{2}$ ③ $\sqrt{10}$
④ $2\sqrt{3}$ ⑤ $\sqrt{14}$

1st 로그의 성질을 이용하여 값을 계산해.

$$(\sqrt{2})^{1 + \log_2 3} = (\sqrt{2})^{\log_2 6} = 2^{\frac{1}{2} \log_2 6} = 2^{\log_2 \sqrt{6}} = \sqrt{6}$$

$$\underbrace{}_{1 + \log_2 3 = \log_2 2 + \log_2 3 = \log_2 6} \qquad \underbrace{}_{a^{\log_a b} = b^{\log_a a} = b}$$

B 76 정답 ② *로그의 성질의 활용 – 식의 값 ·········· [정답률 90%]

(정답 공식: $\frac{\log_c a}{\log_c b} = \log_b a$)

두 양수 a, b에 대하여 $\log_2 a = 54$, $\log_2 b = 9$일 때, $\log_b a$의 값은?
단서 $\log_2 a$, $\log_2 b$(①)를 가지고 $\log_b a$(②)를 만들려면 밑의 변환 공식을 생각해 보면 어떨까? (3점)

① 3 ② 6 ③ 9
④ 12 ⑤ 15

1st 밑의 변환 공식을 이용하여 $\log_b a$를 밑이 2인 로그로 만들어 계산하자.

$$\log_b a = \frac{\log_2 a}{\log_2 b} = \frac{54}{9} = 6$$

$$\underbrace{}_{[\text{밑의 변환 공식}]} \log_a b = \frac{\log_c b}{\log_c a}$$

Ⓑ **다른 풀이:** 로그의 정의를 이용하여 값 구하기

$$\log_2 a = 54 \Rightarrow a = 2^{54}$$
$$\log_2 b = 9 \Rightarrow b = 2^9$$
$\log_\star \blacklozenge = (\text{상수})$일 때, $\blacklozenge$에 대한 값은 $\star^{(\text{상수})}$이야.

$$\therefore \log_b a = \log_{2^9} 2^{54} = \frac{54}{9} \log_2 2 = 6$$

$$\underbrace{}_{\log_{a^m} a^n = \frac{n}{m}}$$

B 77 정답 56 *로그의 성질의 활용 – 식의 값 ·········· [정답률 81%]

(정답 공식: $\log_a b = c \iff a^c = b$)

두 양수 x, y가
$$\log_2 (x + 2y) = 3, \ \log_2 x + \log_2 y = 1$$
을 만족시킬 때, $x^2 + 4y^2$의 값을 구하시오. (3점)
단서 로그의 정의를 이용하여 x, y에 대한 관계식을 log를 없애고 나타내.

1st 주어진 조건식을 간단히 해.

$\log_2 (x + 2y) = 3$에서 $x + 2y = 2^3 = 8 \cdots$ ㉠

$\underline{\log_2 x + \log_2 y = 1}$에서 $\log_2 xy = 1$
$\underbrace{}_{\log_a m + \log_a n = \log_a mn}$

$$\therefore xy = 2^1 = 2 \cdots ㉡$$

2nd $x^2 + 4y^2$의 값을 구해.

㉠, ㉡에 의하여

$$\underline{x^2 + 4y^2 = (x + 2y)^2 - 4xy}$$
$$\underbrace{}_{(x + 2y)^2 = x^2 + 4xy + 4y^2 \text{이므로}}_{x^2 + 4y^2 = (x + 2y)^2 - 4xy}$$

$$= 8^2 - 4 \times 2$$
$$= 56$$

B 78 정답 ① *로그의 성질의 활용 – 식의 값 ·········· [정답률 80%]

(정답 공식: $a > 0$, $a \neq 1$, $N > 0$일 때, $a^x = N \iff x = \log_a N$이 성립한다.)

$\log_2 5 = a$, $\log_5 7 = b$일 때, $(2^a)^b$의 값은? (3점)
단서 로그가 주어지고 지수의 값을 구하는 것이므로 로그를 지수로 변형해서 풀어 보라는 거야.

① 7 ② 9 ③ 11 ④ 13 ⑤ 15

1st 로그를 지수로 바꿔서 해결하자.

로그의 정의에 의하여
$\log_2 5 = a$에서 $2^a = 5$, $\log_5 7 = b$에서 $5^b = 7$
→ 로그의 정의
$a > 0$, $a \neq 1$, $N > 0$일 때,
$a^x = N \iff x = \log_a N$

$$\therefore (2^a)^b = 5^b = 7$$
$$\underbrace{}_{2^a \text{ 대신 5 대입}}$$

🔧 **톡톡 풀이:** 로그의 밑변환 공식을 이용하여 값 구하기

밑을 모두 10으로 바꾸면 $a > 0$, $b > 0$, $c > 0$, $a \neq 1$, $c \neq 1$일 때, $\log_a b = \frac{\log_c b}{\log_c a}$

$$a = \log_2 5 = \frac{\log 5}{\log 2}, \ b = \log_5 7 = \frac{\log 7}{\log 5}$$

$$ab = \frac{\log 5}{\log 2} \times \frac{\log 7}{\log 5}$$

$$= \frac{\log 7}{\log 2}$$

$$= \log_2 7$$

따라서 $ab = \log_2 7$에서 로그의 정의에 의해 $2^{ab} = 7$, 즉 $(2^a)^b = 7$이야.

B 79 정답 **49** *로그의 성질의 활용 – 식의 값 ⋯⋯⋯ [정답률 80%]

정답 공식: 주어진 로그값의 밑이 다르므로 로그의 밑변환 공식 $\log_a b=\dfrac{\log_c b}{\log_c a}$를 이용한다.

$\log_5 2=a$, $\log_2 7=b$일 때, 25^{ab}의 값을 구하시오. (3점)

단서 로그의 밑변환 공식 $\log_a b=\dfrac{\log_c b}{\log_c a}$와 $c^{\log_c b}=b^{\log_c c}$을 이용하여 간단히 하자.

1st a, b에 대한 식을 정리하여 간단히 하자.

b의 값을 밑이 5인 로그로 바꾸어 나타내면 $b=\dfrac{\log_5 7}{\log_5 2}$

$ab=\log_5 2\times\dfrac{\log_5 7}{\log_5 2}=\log_5 7$

$\therefore 25^{ab}=25^{\log_5 7}=7^{\log_5 25}=7^{\log_5 5^2}=7^2=49$

⤷ $\log_5 a^2=2\log_5 a=2$

다른 풀이: 로그로 표현된 식을 지수로 표현된 식으로 바꾸어 값 구하기

$\log_5 2=a$에서 $5^a=2$이고,

$\log_2 7=b$에서 $2^b=7$이므로

$\underline{25^{ab}=(5^2)^{ab}=(5^a)^{2b}=2^{2b}=(2^b)^2=7^2=49}$

⤷ 이렇게 정리하기 위해서는 문제에서 얻을 수 있는 정보 $5^a=2$, $2^b=7$ 사이의 관계를 잘 살펴보아야 해.

실수 학생들이 지수 및 로그 계산에서 자주 하는 실수 중 하나가 $a^{mn}=a^m\times a^n$ 등으로 잘못 대입하는 경우야. 공식을 쓰기 전에 기본적인 상황 ($2^{3\times2}\neq2^3\times2^2$) 등에 넣어보면서 점검하는 습관을 가져보는 것도 실수를 줄일 수 있는 방법이야.

B 80 정답 **⑤** *로그의 성질의 활용 – 식의 값 ⋯⋯⋯ [정답률 88%]

정답 공식: $a>0$, $a\neq1$, $b>0$, $b\neq1$, $c>0$, $c\neq1$일 때 $\log_a b=\dfrac{1}{\log_b a}$, $\log_a b=\dfrac{\log_c b}{\log_c a}$

1이 아닌 양수 a에 대하여 $\log_2 3\times\log_a 4=\dfrac{1}{2}$일 때,

$\log_3 a$의 값은? (3점)

단서1 밑이 서로 다른 로그의 곱이야. 밑의 변환 공식을 이용하면 밑을 같게 만들 수 있어.

① 2 ② $\dfrac{5}{2}$ ③ 3

단서2 밑이 3인 로그의 값을 묻고 있지? 주어진 방정식에서 로그의 밑을 3으로 바꿔봐.

④ $\dfrac{7}{2}$ ⑤ 4

1st 로그의 밑을 3으로 같게 만들자.

좌변을 먼저 정리하면 ⤷ $\log_a b=\dfrac{\log_c b}{\log_c a}$

$\log_2 3\times\log_a 4=\dfrac{1}{\log_3 2}\times\dfrac{\log_3 4}{\log_3 a}=\dfrac{1}{\log_3 2}\times\dfrac{2\log_3 2}{\log_3 a}=\dfrac{2}{\log_3 a}$

이므로 ⤷ $\log_a b=\dfrac{1}{\log_b a}$

$\dfrac{2}{\log_3 a}=\dfrac{1}{2}$에서 $\log_3 a=4$

다른 풀이: 주어진 로그값들을 밑이 10인 로그로 바꾸어 값 구하기

$\log_2 3\times\log_a 4=\dfrac{1}{2}$

$\dfrac{2\log 3}{\log a}=\dfrac{1}{2}$, $4=\dfrac{\log a}{\log 3}$

⤷ $\dfrac{\log 3}{\log 2}\times\dfrac{\log 4}{\log a}=\dfrac{1}{2}$, $\dfrac{\log 3}{\log 2}\times\dfrac{\log 2^2}{\log a}=\dfrac{1}{2}$

⤷ $\dfrac{\log 3}{\log 2}\times\dfrac{2\log 2}{\log a}=\dfrac{1}{2}$

$\therefore \log_3 a=4$

B 81 정답 **③** *로그의 성질의 활용 – 식의 값 ⋯⋯⋯ [정답률 81%]

정답 공식: $\log_a b=c \Longleftrightarrow a^c=b$

양수 a에 대하여 $\log_2 \dfrac{a}{4}=b$일 때, $\dfrac{2^b}{a}$의 값은? (3점)

단서 로그의 정의를 이용하여 밑이 2인 수로 나타내어 구하고자 하는 식에 대입해.

① $\dfrac{1}{16}$ ② $\dfrac{1}{8}$ ③ $\dfrac{1}{4}$

④ $\dfrac{1}{2}$ ⑤ 1

1st 로그의 정의를 이용하여 a, b 사이의 관계를 찾아.

⤷ $\log_a x=b \Longleftrightarrow x=a^b$

$\log_2 \dfrac{a}{4}=b$에서 $\dfrac{a}{4}=2^b$

양변을 양수 a로 나누면 $\dfrac{2^b}{a}=\dfrac{1}{4}$

수능 핵강

＊ 로그의 진수 조건 확인하기

문제의 조건에 양수 a라는 건 왜 주어졌을까?

로그의 진수는 항상 양수이어야 하고, $\log_2 \dfrac{a}{4}$에서 진수는 $\dfrac{a}{4}$이니까 $a>0$인 거야. 복잡한 문제일 때는 모든 조건이 매우 중요하니까 미지수에 대한 조건이 왜 나왔는지 생각해 보는 연습을 하는 것이 꼭 필요해.

B 82 정답 **④** *로그의 성질의 활용 – 식의 값 ⋯⋯⋯ [정답률 81%]

정답 공식: $\log_a b=\dfrac{\log b}{\log a}=\dfrac{7}{2}$

1이 아닌 두 양수 a, b에 대하여

❶ $7\log a=2\log b$일 때, ❷ $\dfrac{8}{21}\log_a b$의 값은? (3점)

단서 $\log a$, $\log b$(❶)를 가지고 $\log_a b$(❷)를 만들려면 밑 변환 공식을 떠올려야지.

① $\dfrac{1}{3}$ ② $\dfrac{2}{3}$ ③ 1

④ $\dfrac{4}{3}$ ⑤ $\dfrac{5}{3}$

1st 밑의 변환 공식을 이용하여 식의 값을 구하자.

$\log_a b=\dfrac{\log b}{\log a}$

$7\log a=2\log b$에서 $\dfrac{7}{2}=\dfrac{\log b}{\log a}=\log_a b$

실수 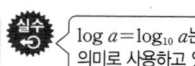 $\log a=\log_{10} a$는 같은 의미로 사용하고 있어.

$\therefore \dfrac{8}{21}\log_a b=\dfrac{8}{21}\times\dfrac{7}{2}=\dfrac{4}{3}$

톡톡 풀이: $7\times2=2\times7$을 이용하여 $\log a$, $\log b$의 값을 정하여 값 구하기

$7\log a=2\log b$에서 $\log a=2$, $\log b=7$이라 하면 $a=10^2$, $b=10^7$

⤷ $\log_a x=b \Longleftrightarrow x=a^b$

$\therefore \dfrac{8}{21}\log_a b=\dfrac{8}{21}\log_{10^2} 10^7=\dfrac{8}{21}\times\dfrac{7}{2}=\dfrac{4}{3}$

⤷ $\log_{a^n} b^m=\dfrac{n}{m}\log_a b$

B 83 정답 ② *로그의 성질의 활용 – 식의 값 ─── [정답률 74%]

[정답 공식: 밑의 변환공식 $\log_a b = \dfrac{\log_c b}{\log_c a}$ 를 이용하여 로그의 밑을 변환한다.]

$\log_2 5 = a$, $\log_5 3 = b$일 때, $\log_5 12$를 a, b로 옳게 나타낸 것은?

단서 로그의 성질을 이용하기 위해 일단 밑을 같게 만들어야 해. (3점)

① $\dfrac{1}{a} + b$ ② $\dfrac{2}{a} + b$ ③ $\dfrac{1}{a} + 2b$

④ $a + \dfrac{1}{b}$ ⑤ $2a + \dfrac{1}{b}$

1st 주어진 로그의 밑을 5로 같게 만들자.

$\log_2 5 = \dfrac{1}{\log_5 2}$이므로

$\log_5 2 = \dfrac{1}{a} \cdots \bigcirc$ $\longrightarrow \log_a b = \dfrac{1}{\log_b a}$을 이용한 거야.

2nd 로그의 성질을 이용하여 a, b로 나타내자.

$\log_5 12 = \log_5 (2^2 \times 3) = \log_5 2^2 + \log_5 3$

$= 2\log_5 2 + \log_5 3$ 로그의 성질 $\log_a MN = \log_a M + \log_a N$ $(a>0, a\neq 1, M>0, N>0)$을 이용한 거야.

$= 2 \times \dfrac{1}{a} + b$ $(\because \bigcirc, \log_5 3 = b)$

$= \dfrac{2}{a} + b$

B 84 정답 ⑤ *로그의 성질의 활용 – 식의 값 ─── [정답률 63%]

[정답 공식: $a>0$, $a\neq 1$, $b>0$, $c>0$, $c\neq 1$일 때, $\log_a b = \dfrac{\log_c b}{\log_c a}$]

$\log 2 = a$, $\log 3 = b$라 할 때, $\log_5 18$을 a, b로 나타낸 것은? (3점)

단서 a와 b 모두 밑이 10인 로그이므로 $\log_5 18$을 밑이 10이 되도록 변형하면 되지.

① $\dfrac{2a+b}{1+a}$ ② $\dfrac{a+2b}{1+a}$ ③ $\dfrac{a+b}{1-a}$

④ $\dfrac{2a+b}{1-a}$ ⑤ $\dfrac{a+2b}{1-a}$

1st 로그의 성질을 이용하여 $\log_5 18$을 $\log 2$, $\log 3$으로 나타내 보자.

로그의 성질을 이용하여 밑을 변환하면

$\log_5 18 = \dfrac{\log 18}{\log 5} = \dfrac{\log 2 + 2\log 3}{\log 10 - \log 2} = \dfrac{a + 2b}{1 - a}$

로그의 밑 변환 공식에 의하여 $\log_5 18 = \dfrac{\log 18}{\log 5}$이 성립해. 이때, 로그의 성질에 의하여

$\log 18 = \log_2 (2 \times 3^2) = \log 2 + \log 3^2 = \log 2 + 2\log 3$이고,

$\log 5 = \log \dfrac{10}{2} = \log 10 - \log 2$로 바꿀 수 있지.

B 85 정답 ① *로그의 성질의 활용 – 식의 값 ─── [정답률 74%]

[정답 공식: $\log_a \dfrac{b}{c} = \log_a b - \log_a c$, $\log 2 = 1 - \log 5$를 이용한다.]

$\log 2 = a$, $\log 3 = b$라 할 때, $\log \dfrac{4}{15}$를 a, b로 나타낸 것은? (3점)

단서 로그의 성질을 이용하여 주어진 식을 변형하자.

① $3a - b - 1$ ② $3a + b - 1$ ③ $2a - b + 1$

④ $2a + b - 1$ ⑤ $a - 3b + 1$

1st 로그의 성질을 이용하여 주어진 식을 $\log 2$, $\log 3$으로 표현해 보자.

$\log \dfrac{4}{15} = \log 4 - \log 15 = \log 2^2 - \log \dfrac{3 \times 10}{2}$

$= 2\log 2 - (\log 3 + \log 10 - \log 2)$ $\log_a \dfrac{x}{y} = \log_a x - \log_a y$

$= 2\log 2 - \log 3 - 1 + \log 2$

$= 3\log 2 - \log 3 - 1$

2nd $\log 2 = a$, $\log 3 = b$로 나타내자.

$\therefore \log \dfrac{4}{15} = 3a - b - 1$

B 86 정답 ④ *로그의 성질의 활용 – 식의 값 ─── [정답률 76%]

[정답 공식: $\dfrac{1}{a} - \dfrac{1}{b} = \dfrac{b-a}{ab}$에 주어진 값을 대입한다.]

두 실수 a, b가

$$ab = \log_3 5, \quad b - a = \log_2 5$$

를 만족시킬 때, $\dfrac{1}{a} - \dfrac{1}{b}$의 값은? (3점)

단서 $\dfrac{1}{a} - \dfrac{1}{b} = \dfrac{b-a}{ab}$에서 주어진 조건을 바로 쓸 수 있어.

① $\log_5 2$ ② $\log_3 2$ ③ $\log_3 5$

④ $\log_2 3$ ⑤ $\log_5 2$

1st 주어진 식을 간단히 하고, 식의 값을 로그의 성질을 이용하여 구하자.

$ab = \log_3 5$, $b - a = \log_2 5$이므로

$\dfrac{1}{a} - \dfrac{1}{b} = \dfrac{b-a}{ab} = \dfrac{\log_2 5}{\log_3 5}$ $\longrightarrow \log_2 5, \log_3 5$의 밑이 다르므로 로그의 밑을 같게 해.

$= \dfrac{\dfrac{\log 5}{\log 2}}{\dfrac{\log 5}{\log 3}} = \dfrac{\log 3}{\log 2} = \log_2 3$ $\dfrac{\log 3}{\log 2} = \dfrac{\log_2 3}{\log_2 2} = \dfrac{\log_2 3}{1} = \log_2 3$

🔍 **다른 풀이:** 밑의 변환 공식을 이용하여 값 구하기

$\dfrac{1}{a} - \dfrac{1}{b} = \dfrac{b-a}{ab} = \dfrac{\log_2 5}{\log_3 5} = \dfrac{\log_5 3}{\log_5 2} = \log_2 3$

B 87 정답 21 *로그의 성질의 활용 – 식의 값 ─── [정답률 71%]

[정답 공식: $\log_c a : \log_c b = \log a : \log b$, $\log_a b = \dfrac{\log_c b}{\log_c a}$이다.]

1보다 큰 세 실수 a, b, c에 대하여
❶$\log_c a : \log_c b = 2 : 3$일 때,
❷$10\log_a b + 9\log_b a$의 값을 구하시오. (3점)

단서 $\log_c a$, $\log_c b$(❶)를 가지고 $\log_a b$, $\log_b a$(❷)의 식의 값을 구하기 위해서 밑의 변환 공식을 사용해.

1st $\log_c a$, $\log_c b$에 대한 비례식으로 그 값을 임의로 정해 볼까?

$\log_c a : \log_c b = 2 : 3$이므로 $\longrightarrow x : y = \bigstar : \blacklozenge$이라 하면 $x = \bigstar t, y = \blacklozenge t$라 하고 식에 대입할 수 있어.

$\log_c a = 2k$, $\log_c b = 3k$ (단, k는 0이 아닌 실수)라 하자.

2nd 밑의 변환 공식을 이용하여 $\log_a b$, $\log_b a$의 값을 찾아 $10\log_a b + 9\log_b a$의 값을 구해.

함정 값의 비로 나타낸 로그함수 값을 0이 아닌 실수 k를 이용하여 나타낼 수 있어야 해.

$\log_a b = \dfrac{\log_c b}{\log_c a} = \dfrac{3k}{2k} = \dfrac{3}{2}$

$\log_b a = \dfrac{1}{\log_a b} = \dfrac{2}{3}$ $\longrightarrow$ [밑의 변환 공식] $\log_a b = \dfrac{\log_c b}{\log_c a}$

$\therefore 10\log_a b + 9\log_b a = 10 \times \dfrac{3}{2} + 9 \times \dfrac{2}{3} = 21$

$\log_c a : \log_c b = 2 : 3$이므로

$\overline{a:b=c:d}$이면 $ad=bc$

$3\log_c a = 2\log_c b,\ \dfrac{\log_c b}{\log_c a} = \dfrac{3}{2}$

$\therefore \log_a b = \dfrac{\log_c b}{\log_c a} = \dfrac{3}{2}$

(이하 동일)

$\log_c a : \log_c b = 2 : 3$을 만족시키는 세 수를 $c=2$, $a=4$, $b=8$
이라 둘 수 있어. $a=c^2,\ b=c^3$이라 하고, c의 값을 정하면 a,b의 값도 결정 돼.

$\therefore 10\log_a b + 9\log_b a = 10\log_4 8 + 9\log_8 4$

$= 10\log_{2^2} 2^3 + 9\log_{2^3} 2^2$

$= 10 \times \dfrac{3}{2} + 9 \times \dfrac{2}{3} = 21$

B 88 정답 ③ *로그의 성질의 활용 – 식의 정리 ⋯⋯⋯ [정답률 76%]

[**정답 공식:** 로그의 성질에 의하여 $\log_a MN = \log_a M + \log_a N$, $\log_a a^n = n$이고,
로그의 밑의 변환에 의하여 $\log_a b = \dfrac{1}{\log_b a}$이다.]

1보다 큰 두 실수 a, b에 대하여
$\log_a a^2 b^3 = 3$ **단서** 로그의 성질을 이용하면 $\log_a b$의 값을 구할 수 있지?
이 성립할 때, $\log_b a$의 값은? (4점)

① 2   ② $\dfrac{5}{2}$ ③ 3   ④ $\dfrac{7}{2}$ ⑤ 4

1st 로그의 성질을 이용해. → $\log_a MN = \log_a M + \log_a N$
로그의 성질에 의하여

$\log_a a^2 b^3 = \log_a a^2 + \log_a b^3 = 2 + 3\log_a b = 3$

$\overline{\log_a a^2 = 2\log_a a = 2}$

$3\log_a b = 1 \quad \therefore \log_a b = \dfrac{1}{3}$

$\therefore \log_b a = \dfrac{1}{\log_a b} = 3$ [밑의 변환 공식]

$\log_b a = \dfrac{1}{\log_a b}$ (단, $b \neq 1$)

B 89 정답 ④ *로그의 성질의 활용 – 식의 정리 ⋯⋯⋯ [정답률 71%]

[**정답 공식:** $\log_{a^m} b^n = \dfrac{n}{m}\log_a b$, $\log_a a^n = n$]

1이 아닌 두 양수 a, b에 대하여
$\log_2 a = \log_8 b$ **단서** 밑 8은 2^3이므로 밑을 2로 통일할 수 있어.
가 성립할 때, $\log_a b$의 값은? (3점)

① $\dfrac{1}{3}$ ② $\dfrac{1}{2}$ ③ 2   ④ 3   ⑤ 4

1st 로그의 성질을 이용하여 식을 정리하자.

$\log_2 a = \log_8 b = \log_{2^3} b = \dfrac{1}{3}\log_2 b$이므로

$\overline{\log_{a^m} b^n = \dfrac{n}{m}\log_a b}$를 이용한 거야.

$3\log_2 a = \log_2 b,\ \log_2 a^3 = \log_2 b$

즉, $b = a^3$ 밑이 2로 같으므로 진수끼리만 같으면 돼.

$\therefore \log_a b = \underline{\log_a a^3} = 3$ $\log_k k^n = n$

B 90 정답 ③ *로그의 성질의 활용 – 식의 정리 ⋯⋯⋯ [정답률 85%]

(**정답 공식:** $\log_a b = c \Leftrightarrow a^c = b$, $\log_a a^n = n$)

두 양수 m, n에 대하여
$$\log_2\left(m^2 + \dfrac{1}{4}\right) = -1,\ \log_2 m = 5 + 3\log_2 n$$
일 때, $m+n$의 값은? (3점) **단서** 밑은 2로 통일돼 있어. 로그의 성질을 활용해서 m과 n을 구해야 해.

① $\dfrac{5}{8}$ ② $\dfrac{11}{16}$ ③ $\dfrac{3}{4}$

④ $\dfrac{13}{16}$ ⑤ $\dfrac{7}{8}$

1st $m+n$의 값을 구해.

$\log_2\left(m^2 + \dfrac{1}{4}\right) = -1$이므로 $\underline{m^2 + \dfrac{1}{4} = \dfrac{1}{2}}$에서 $m^2 = \dfrac{1}{4}$

$\therefore m = \dfrac{1}{2}\ (\because m > 0)$ $\log_2\left(m^2 + \dfrac{1}{4}\right) = -1,\ m^2 + \dfrac{1}{4} = 2^{-1} = \dfrac{1}{2}$

$\log_2 m = 5 + 3\log_2 n,\ \log_2 \dfrac{1}{2} = 5 + 3\log_2 n$

$-1 = 5 + 3\log_2 n,\ \log_2 n = -2$ $\overline{\log_2 \dfrac{1}{2} = \log_2 2^{-1} = -1}$

$\therefore n = 2^{-2} = \dfrac{1}{4}$

$\therefore m + n = \dfrac{1}{2} + \dfrac{1}{4} = \dfrac{3}{4}$

🔧 **다른 풀이:** $\log_2 m = 5 + 3\log_2 n$의 식 간단히 하기

$\log_2\left(m^2 + \dfrac{1}{4}\right) = -1$이므로 $m^2 = \dfrac{1}{4}$

$\therefore m = \dfrac{1}{2}\ (\because m > 0)$

$\log_2 m = 5 + 3\log_2 n$에서 $\log_2 m = \overline{\log_2 2^5} + \underline{\log_2 n^3} = \log_2 2^5 n^3$이고,

$n = \log_a a^n$ $n\log_a m = \log_a m^n$

밑이 2인 로그이므로 $m = 2^5 n^3$

$\dfrac{1}{2} = 2^5 n^3,\ n^3 = \dfrac{1}{2^6} = \left(\dfrac{1}{2^2}\right)^3 \quad \therefore n = \dfrac{1}{2^2} = \dfrac{1}{4}$

$\therefore m + n = \dfrac{3}{4}$

⚙ **로그의 성질** 개념·공식

$a > 0$, $a \neq 1$, $x > 0$, $y > 0$일 때,

① $\log_a a = 1$ ② $\log_a 1 = 0$

③ $\log_a x + \log_a y = \log_a xy$ ④ $\log_a x - \log_a y = \log_a \dfrac{x}{y}$

B 91 정답 ② *로그의 성질의 활용 – 식의 정리 ⋯⋯⋯ [정답률 60%]

(**정답 공식:** $2^a = c$에서 $2 = c^{\frac{1}{a}}$ 또는 $a = \log_2 c$를 활용한다.)

세 양수 a, b, c가 **단서1** $2^a = c$에서 $2 = c^{\frac{1}{a}}$ 또는 $a = \log_2 c$를 활용해. 지수로 계산한다면 지수법칙을, 로그로 계산한다면 밑을 통일하여 계산해야 해.
$2^a = 3^b = c,\ a^2 + b^2 = 2ab(a+b-1)$
을 만족시킬 때, $\log_6 c$의 값은? (4점) **단서2** $a+b$와 ab로 묶어서 전개하면 $a^2 + b^2 + 2ab = (a+b)^2$을 이용할 수 있어.

① $\dfrac{\sqrt{2}}{4}$ ② $\dfrac{1}{2}$ ③ $\dfrac{\sqrt{2}}{2}$

④ 1   ⑤ $\sqrt{2}$

1st $a^2+b^2=2ab(a+b-1)$에서 a, b의 관계를 구해.

식을 간단히 하기 위해서는 항등식이거나 $AB=0$이면 $A=0$ 또는 $B=0$을 이용해야 하니까 인수분해가 가능하도록 해야 해.

$a+b$, ab를 각각 하나의 덩어리로 보고 $2ab(a+b-1)=2ab(a+b)-2ab$로 전개하면 인수분해가 되는 게 더 잘 보일 거야.

$a^2+b^2=2ab(a+b-1)$, $a^2+b^2=2ab(a+b)-2ab$

$a^2+2ab+b^2=2ab(a+b)$, $(a+b)^2=2ab(a+b)$

$(a+b)(a+b-2ab)=0$, $2ab=a+b$, $2=\dfrac{a+b}{ab}$

$a+b>0$이므로 양변을 $a+b$로 나눠줄 수 있어.

$\therefore \dfrac{1}{a}+\dfrac{1}{b}=2\ (\because a>0,\ b>0)\ \cdots\ \text{㉠}$

2nd $2^a=3^b=c$에서 a, b, c의 관계식을 구해.

$2^a=3^b=c$에서

$2^a=c$ $\therefore a=\log_2 c$

$3^b=c$ $\therefore b=\log_3 c$

이때, 두 식의 역수를 각각 취하면

$\dfrac{1}{a}=\dfrac{1}{\log_2 c}=\log_c 2$, $\dfrac{1}{b}=\dfrac{1}{\log_3 c}=\log_c 3\ \cdots\ \text{㉡}$

$\underset{\log_a b=\frac{1}{\log_b a}}{}$

3rd $\log_6 c$의 값을 구해.

㉠, ㉡에 의하여 $\dfrac{1}{a}+\dfrac{1}{b}=\log_c 2+\log_c 3=\log_c 6=2$

$\therefore \log_6 c=\dfrac{1}{2}$

다른 풀이 ❶ 지수법칙을 활용하여 계산하기

$2^a=3^b=c$에서 $2=c^{\frac{1}{a}}$, $3=c^{\frac{1}{b}}$이므로

㉠에 의하여 $6=2\times3=c^{\frac{1}{a}}\times c^{\frac{1}{b}}=c^{\frac{1}{a}+\frac{1}{b}}=c^2$

$2=\log_c 6$이므로 $\log_6 c=\dfrac{1}{\log_c 6}=\dfrac{1}{2}$

$\underset{\log_a b=\frac{1}{\log_b a}}{}$

다른 풀이 ❷ $a^2+b^2=2ab(a+b-1)$을 $(a+b)(2ab-a-b)=0$ 으로 정리하기

$2^a=c$에서 $a=\log_2 c$이고, $3^b=c$에서 $b=\log_3 c$야. $\cdots$ ㉢

$a^2+b^2=2ab(a+b-1)$

$a^2+b^2-2a^2b-2ab^2+2ab=0$

$(a^2-2a^2b+ab)+(b^2-2ab^2+ab)=0$

$a(a-2ab+b)+b(b-2ab+a)=0$

$(a+b)(a+b-2ab)=0$

a, b가 양수이므로 양변을 $a+b$로 나누면 $a+b-2ab=0$이야.

이 식에 ㉢을 대입하면 $\log_2 c+\log_3 c-2\log_2 c\log_3 c=0$

$\dfrac{\log c}{\log 2}+\dfrac{\log c}{\log 3}-2\times\dfrac{\log c}{\log 2}\times\dfrac{\log c}{\log 3}=0$

$\log c\neq0$이므로 양변을 $\log c$로 나누면

c가 양수이므로 $\log c\neq0$이야. 이때, $c=1$이면 $a=b=0$이므로 양수 a, b라는 조건에 맞지 않아. 따라서 $c\neq1$이고 $\log c\neq0$인 거지.

$\dfrac{1}{\log 2}+\dfrac{1}{\log 3}-2\times\dfrac{1}{\log 2}\times\dfrac{\log c}{\log 3}=0$

$\dfrac{\log 2+\log 3-2\log c}{\log 2\log 3}=0$

$\log c=\dfrac{1}{2}(\log 2+\log 3)=\dfrac{1}{2}\log 6=\log\sqrt6$

$\therefore c=\sqrt6$

$\therefore \log_6 c=\log_6\sqrt6=\dfrac{1}{2}$

B 92 정답 80   *로그의 성질의 활용 – 식의 정리 ┄┄ [정답률 68%]

[정답 공식: $\log_a b=c\iff b=a^c$, $\log_a x\times\log_b y=\dfrac{\log x}{\log a}\times\dfrac{\log y}{\log b}$]

다음 조건을 만족시키는 두 실수 a, b에 대하여 $a+b$의 값을 구하시오. (4점)

(가) $\log_2(\log_4 a)=1$ **단서1** 로그의 정의를 이용하여 실수 a의 값을 구할 수 있어.

(나) $\log_a 5\times\log_5 b=\dfrac{3}{2}$ **단서2** 로그의 성질을 이용하여 식을 정리하자.

1st 조건 (가)를 이용하여 실수 a의 값을 구하자.

조건 (가)에서

$\log_2(\log_4 a)=1$

$\underline{\log_4 a=2}_{\ \log_a b=c\iff b=a^c}$

$\therefore a=16\ \cdots\ \text{㉠}$

2nd 조건 (나)를 이용하여 실수 b의 값을 구하자.

조건 (나)에서 $\log_a 5\times\log_5 b=\dfrac{3}{2}$이므로

$\log_a 5\times\log_5 b=\dfrac{\log 5}{\log a}\times\dfrac{\log b}{\log 5}=\dfrac{\log b}{\log a}$

$\underset{\log_a x\times\log_b y=\frac{\log x}{\log a}\times\frac{\log y}{\log b}}{}$

$=\log_a b=\dfrac{3}{2}$

$b=a^{\frac{3}{2}}=16^{\frac{3}{2}}\ (\because \text{㉠})$ $\underset{\frac{\log_c b}{\log_c a}=\log_a b\ (\text{단}, c\neq1, c>0)}{}$

$=4^3=64$

$\therefore a+b=16+64=80$

B 93 정답 42   *로그의 성질의 활용 – 식의 정리 ┄┄ [정답률 70%]

[정답 공식: $\log_a b=\dfrac{\log_c b}{\log_c a}$ (단, $c>0$, $c\neq1$)]

1보다 큰 두 실수 a, b에 대하여

$\log_{16} a=\dfrac{1}{\log_b 4}$, $\log_6 ab=3$ **단서** 각 조건에서 a, b 사이의 관계식을 구할 수 있어.

이 성립할 때, $a+b$의 값을 구하시오. (4점)

1st 조건 $\log_{16} a=\dfrac{1}{\log_b 4}$을 간단히 해봐.

$\log_{16} a\times\log_b 4=1$에서 $\log_{4^2} a\times\log_b 4=1$이고

$\dfrac{1}{2}\log_4 a\times\log_b 4=1$이므로 $\dfrac{\log a}{\log 4}\times\dfrac{\log 4}{\log b}=2$

$\underset{\text{밑을 10으로 변환하면 }\log_a b=\frac{\log_{10} b}{\log_{10} a}=\frac{\log b}{\log a}}{}$

$\dfrac{\log a}{\log b}=2$, $\log_b a=2$ $\therefore a=b^2\ \cdots\ \text{㉠}$

$\underset{\frac{\log b}{\log a}=\log_a b}{}$

2nd $\log_6 ab=3$을 적용하여 $a+b$의 값을 구해.

한편, $\log_6 ab=3$에서 $ab=6^3$이므로 $ab=b^2\times b\ (\because \text{㉠})=b^3=6^3$

$\therefore b=6\ (\because b$는 실수$)$, $a=b^2\ (\because \text{㉠})=6^2=36$

$\therefore a+b=36+6=42$

정답 및 해설   **47**

(정답 공식: a와 b의 관계식을 구하고, 로그의 성질을 이용한다.)

> 1보다 큰 두 실수 a, b에 대하여
> $$\log_{\sqrt{3}} a = \log_9 ab$$ 단서 로그의 성질을 이용하여 밑을 같게 만들고 진수끼리 같다는 식을 세우면 돼.
> 가 성립할 때, $\log_a b$의 값은? (4점)
>
> ① 1 　　 ② 2 　　 ③ 3 　　 ④ 4 　　 ⑤ 5

1st 로그의 밑을 9로 통일해서 a, b에 대한 관계식을 구해보자.

$\log_{\sqrt{3}} a = 2\log_3 a = 4\log_9 a = \log_9 a^4$이므로
$\log_9 a^4 = \log_9 ab$ 　 $2\log_3 a = 2\log_{3^1} a = 4\log_9 a = \log_9 a^4$
$a^4 = ab$
$a(a^3 - b) = 0$ 함정 로그 $\log_a N$의 밑 조건은 $a \neq 1$, $a > 0$이어야 해.

a는 1보다 큰 실수이므로 양변을 a로 나누면
$b = a^3 \cdots \bigcirc$

2nd $b = a^3$을 이용해서 $\log_a b$의 값을 구해.

$\bigcirc$을 $\log_a b$에 대입하면 $\log_a b = \log_a a^3 = 3$ 　 $\log_x y^n = n\log_x y$

[정답 공식: $\dfrac{\log_a b}{2a}$, $\dfrac{18\log_b a}{b}$를 곱하면 log가 소거된다.]

> 1이 아닌 두 양수 a, b에 대하여
> $$\frac{\log_a b}{2a} = \frac{18\log_b a}{b} = \frac{3}{4}$$ 단서 로그의 성질을 이용하여 $\log_a b$와 $\log_b a$를 정리하고, a, b의 식으로 나타내 봐.
> 이 성립할 때, ab의 값을 구하시오. (3점)

1st 등식을 두 부분으로 나누어 관계식을 구해.

$\dfrac{\log_a b}{2a} = \dfrac{3}{4}$, $\dfrac{18\log_b a}{b} = \dfrac{3}{4}$

양변을 각각 곱하면 $\dfrac{\log_a b}{2a} \times \dfrac{18\log_b a}{b} = \dfrac{9}{16}$

2nd 로그의 성질을 이용하여 ab의 값을 구해.

$\log_a b \times \log_b a = 1$이므로 $\dfrac{9}{ab} = \dfrac{9}{16}$
$\therefore ab = 16$ 　 [밑의 변환 공식의 활용]
　　　 $\dfrac{\log_a c}{\log_a b} = \log_b c$에서 $c = a$를 대입하면 $\log_b a = \dfrac{1}{\log_a b}$이 성립해.

다른 풀이: $A = B = C$ 꼴의 방정식에서 연립방정식 $\begin{cases} A = B \\ A = C \end{cases}$의

근을 이용하여 값 구하기

$\log_b a = \dfrac{1}{\log_a b}$이므로 $\dfrac{\log_a b}{2a} = \dfrac{18\log_b a}{b}$에서 $\dfrac{\log_a b}{2a} = \dfrac{18}{b\log_a b}$

$(\log_a b)^2 = \dfrac{36a}{b} \cdots \bigcirc$ 　 a, b, $\log_a b$를 각각 구하려고 하지 말고, $\log_a b$를 소거하여 ab의 값을 바로 구해야 해.

$\dfrac{\log_a b}{2a} = \dfrac{3}{4}$에서 $\log_a b = \dfrac{3}{2}a$

$\bigcirc$에 대입하면 $\left(\dfrac{3}{2}a\right)^2 = \dfrac{36a}{b}$ 　 $\therefore ab = 16$

(정답 공식: 로그의 정의를 이용해 x, y의 값을 먼저 구한다.)

> 두 실수 x, y가 $2^x = 3^y = 24$를 만족시킬 때, $(x-3)(y-1)$의 값은? (3점) 단서 지수의 미지수에 대한 식으로 나타내기 위해서는 로그를 사용하는 게 좋겠지?
>
> ① 1 　　 ② 2 　　 ③ 3
> ④ 4 　　 ⑤ 5

1st 로그의 정의를 이용하여 $x-3$, $y-1$의 값을 구해.

$2^x = 24$에서 　 $a^m = n$이면 $m = \log_a n$
$x = \log_2 24 = \log_2 (2^3 \times 3) = \log_2 2^3 + \log_2 3 = 3 + \log_2 3$ 　 $\log_a a^n = n$
$\therefore x - 3 = \log_2 3$ 　 $\log_a bc = \log_a b + \log_a c$

또한, $3^y = 24$에서
$y = \log_3 24 = \log_3 (2^3 \times 3) = \log_3 2^3 + \log_3 3 = 3\log_3 2 + 1$
$\therefore y - 1 = 3\log_3 2$ 　 $\log_a a = 1$

2nd $(x-3)(y-1)$의 값을 구하자.

$\therefore (x-3)(y-1) = \log_2 3 \times 3\log_3 2 = \log_2 3 \times \dfrac{3}{\log_2 3} = 3$
　　　　　　　 $\log_a b = \dfrac{1}{\log_b a}$

다른 풀이: **지수법칙을 이용하여 밑이 2인 지수 x를 $x-3$으로, 밑이 3인 지수 y를 $y-1$로 각각 바꾸어 값 구하기**

$2^x = 24$이므로 $2^x \div 2^3 = 24 \div 2^3$ 　 $a^m \div a^n = a^{m-n}$
$\therefore 2^{x-3} = 3 \cdots \bigcirc$
또한, $3^y = 24$이므로 $3^y \div 3 = 24 \div 3$
$\therefore 3^{y-1} = 8 \cdots \bigcirc$
$\bigcirc$에 $\bigcirc$을 대입하면 　 $(a^m)^n = a^{mn}$
$(2^{x-3})^{y-1} = 8$이므로 $2^{(x-3)(y-1)} = 8 = 2^3$
$\therefore (x-3)(y-1) = 3$ 　 밑이 같을 때 $a^{f(x)} = a^{g(x)}(a>0, a\neq 1)$이면 $f(x)=g(x)$야.

[정답 공식: $\dfrac{\log_c b}{\log_a b} = \dfrac{\log a}{\log c}$]

> 1보다 크고 10보다 작은 세 자연수 a, b, c에 대하여
> $$❶ \frac{\log_c b}{\log_a b} = \frac{1}{2}, \quad ❷ \frac{\log_b c}{\log_a c} = \frac{1}{3}$$ 단서 ❶, ❷가 모두 밑이 다르므로 각각 밑이 같게 만들어 볼까?
> 일 때, $a + 2b + 3c$의 값은? (4점)
>
> ① 21 　　 ② 24 　　 ③ 27
> ④ 30 　　 ⑤ 33

1st 로그의 밑 변환 공식을 이용하여 a, b, c의 관계를 지수 꼴로 나타내.

$\dfrac{\log_c b}{\log_a b} = \dfrac{1}{2}$에서

$\dfrac{\dfrac{\log b}{\log c}}{\dfrac{\log b}{\log a}} = \dfrac{\log a}{\log c} = \dfrac{1}{2}$이므로 　 밑이 다르니까 밑을 통일시켜야 해.

$2\log a = \log c$
$\therefore c = a^2$ 　 $\log a^2 = \log c$ 　 $①\log_a b = \dfrac{1}{\log_b a}$ 　 $②\log_a b = \dfrac{\log b}{\log a}$

마찬가지로 $\dfrac{\log_b c}{\log_a c}=\dfrac{1}{3}$에서

실수 log $a=\log_{10} a$는 같은 의미로 사용하고 있어.

$\dfrac{\dfrac{\log c}{\log b}}{\dfrac{\log c}{\log a}}=\dfrac{\log a}{\log b}=\dfrac{1}{3}$이므로

$3\log a=\log b$ $\log a^3=\log b$

$\therefore b=a^3$

2nd 세 자연수 a, b, c의 조건을 이용하여 값을 구해.

세 자연수 a, b, c는 1보다 크고 10보다 작은 자연수이므로 $1<b=a^3<10$

에서 $a=2$

그럼 a의 값이 될 수 있는 것은
$\begin{cases} a\neq 1\ (\because a>1) \\ a=2\ (\because a^3=8<10) \\ a\neq 3\ (\because a^3>10) \end{cases}$

따라서 $b=a^3=2^3=8$, $c=a^2=2^2=4$이므로

$a+2b+3c=2+2\times 8+3\times 4=2+16+12=30$

⊕ **다른 풀이: 진수가 같으면 로그의 성질을 이용하여 밑을 같게 만들어 값 구하기**

$\log_c b=\dfrac{1}{2}\log_a b$이므로 $\log_c c=2\log_b a$

$\dfrac{1}{\log_b c}=\dfrac{1}{2}\times\dfrac{1}{\log_b a}$

밑이 같으니까 $\log_b$ ■$=\log_b$ ▲이면 ■$=$▲

$\therefore c=a^2$

마찬가지로 $\log_b c=\dfrac{1}{3}\log_a c$이므로 $\log_c b=3\log_c a$

$\therefore b=a^3$

(이하 동일)

B 98 정답 18 *로그의 성질의 활용 – 식의 정리 ······ [정답률 63%]

[정답 공식: 로그의 밑의 변환 공식 $\log_a b=\dfrac{\log_c b}{\log_c a}$를 이용한다.]

1보다 큰 세 실수 a, b, c가 $\log_a b=81$, $\log_c \sqrt{a}=\log_{\sqrt{b}} c$를 만족시킬 때, $\log_c b$의 값을 구하시오. (4점)

단서 조건식은 2개이고 미지수가 3개이므로 a, b, c의 각각의 값을 구하려고 하기 보다는 식을 정리하여 주어진 값을 구해야 해.

1st $\log_a b=81$을 이용하여 a를 b로 나타내.

$\log_a b=81$에서 로그의 정의에 의하여 $b=a^{81}$

$\therefore a=b^{\frac{1}{81}}$ ··· ㉠ $\log_a x=n\Longleftrightarrow x=a^n$

2nd $\log_c \sqrt{a}=\log_{\sqrt{b}} c$를 정리한 후 $\log_c b$의 값을 구해.

$\log_c \sqrt{a}=\log_{\sqrt{b}} c$에서 $\log_c a^{\frac{1}{2}}=\log_{b^{\frac{1}{2}}} c$

$\log_c b^n=n\log_c b$ $\log_{a^n} b=\dfrac{1}{n}\log_a b$

$\dfrac{1}{2}\log_c a=\dfrac{1}{\dfrac{1}{2}}\log_b c$, $\dfrac{1}{2}\log_c a=2\times\dfrac{1}{\log_c b}$

$\log_y x=\dfrac{\log_y y}{\log_y x}=\dfrac{1}{\log_y x}$

$\therefore \log_c a\times\log_c b=4$

여기에 ㉠을 대입하면 $\log_c b^{\frac{1}{81}}\times\log_c b=4$

$\dfrac{1}{81}\log_c b\times\log_c b=4$, $(\log_c b)^2=324$

$\therefore \log_c b=18\ (\because b>1,\ c>1)$

$c>1$이므로 함수 $y=\log_c x$는 $x>0$인 모든 실수 x에서 증가해.
이때, $b>1$이므로 $0=\log_c 1<\log_c b$야. 따라서 $\log_c b$의 값은 양수야.

⚙ **로그의 밑의 변환 공식**   개념·공식

$a\neq 1$, $a>0$, $b\neq 1$, $b>0$, $c\neq 1$, $c>0$일 때,

① $\log_a b=\dfrac{\log_c b}{\log_c a}$

② $\log_a b=\dfrac{1}{\log_b a}$

B 99 정답 100 *로그의 성질의 활용 – 식의 정리 ······ [정답률 70%]

[정답 공식: $a>0$, $a\neq 1$, $M>0$일 때,
$\log_{a^k} M=\dfrac{1}{k}\log_a M=\log_a M^{\frac{1}{k}}$ (단, k는 0이 아닌 실수)
이 성립한다.]

1보다 큰 두 실수 a, b에 대하여
$$\log_9 \sqrt{a}=\log_3 b$$ **단서** 밑을 같게 하여 a와 b의 관계식을 구해.
일 때, $50\times\log_b \sqrt{a}$의 값을 구하시오. (3점)

1st 밑을 3으로 같게 하여 a와 b의 관계식을 구해.

$\log_9 \sqrt{a}=\log_{3^2} \sqrt{a}$

$\qquad =\dfrac{1}{2}\log_3 a^{\frac{1}{2}}$

$\qquad =\log_3 a^{\frac{1}{4}}$

이므로 $\log_3 a^{\frac{1}{4}}=\log_3 b$에서 $a^{\frac{1}{4}}=b$

$\therefore a=b^4$ 로그함수 $y=\log_a x\ (a>0,\ a\neq 1)$에 대하여
$\log_a x_1=\log_a x_2\Longleftrightarrow x_1=x_2$

2nd $50\times\log_b \sqrt{a}$의 값을 구해.

$\therefore 50\times\log_b \sqrt{a}=50\times\log_b \sqrt{b^4}$

$\qquad =50\times\log_b b^{\frac{4}{2}}$

$\qquad =50\times\log_b b^2$

$\qquad =50\times 2=100$

B 100 정답 ① *로그의 성질의 활용 – 식의 정리 ······ [정답률 63%]

(정답 공식: 로그의 정의를 이용하여 n을 2의 거듭제곱 꼴로 바꾼다.)

2 이상의 자연수 n에 대하여 $5\log_n 2$의 값이 자연수가 되도록 하는 모든 n의 값의 합은? (4점) **단서** n과 $5\log_n 2$의 값이 자연수인 경우에 대해서만 생각해야 해.

① 34   ② 38   ③ 42

④ 46   ⑤ 50

1st n에 대한 식으로 표현해 봐.

$5\log_n 2=k$ (단, k는 자연수)라고 하자.

$\log_n 2=\dfrac{k}{5}$

$n^{\frac{k}{5}}=2\ (\because \log_a x=N\Longleftrightarrow x=a^N)$

$\therefore n=2^{\frac{5}{k}}$ 지수와 로그의 성질을 이용하여 n에 대한 식으로 정리한 거야.

2nd n이 자연수인 경우를 따져봐.

n이 2 이상의 자연수이므로

$2^{\frac{5}{k}}\geq 2$, $\dfrac{5}{k}\geq 1$

$\therefore k\leq 5$

이때 $2^{\frac{5}{k}}$이 자연수이므로 $k=1$ 또는 $k=5$

즉, $n=2$ 또는 $n=2^5$ $k=2,3,4$인 경우 $2^{\frac{5}{k}}$의 값은 자연수가 아니야.

따라서 모든 n의 값의 합은 $2+2^5=34$

[정답 공식: $a>0$, $a\neq1$, $b>0$, $c>0$, $c\neq1$일 때, $\log_a b = \dfrac{\log_c b}{\log_c a}$]

1보다 큰 세 실수 a, b, c가 **단서** 각 값을 k에 대한 지수표현으로 나타내 봐.

$$\log_a b = \frac{\log_b c}{2} = \frac{\log_c a}{3} = k \ (k\text{는 상수})$$

를 만족시킬 때, $120k^3$의 값을 구하시오. (4점)

1st 각 식을 k로 나타내서 정리하자.

$\log_a b = \dfrac{\log_b c}{2} = \dfrac{\log_c a}{3} = k$에서

$\log_a b = k$ $\therefore b = a^k$

$\log_b c = 2k$ $\therefore c = b^{2k}$

$\log_c a = 3k$ $\therefore a = c^{3k}$

$\therefore c = b^{2k} = (a^k)^{2k} = a^{2k^2}$ ← 대입해서 b를 소거하자.

$a = c^{3k} = (a^{2k^2})^{3k} = a^{6k^3}$ $\therefore k^3 = \dfrac{1}{6} \ (\because a\neq1)$

↑ **주의**

$\therefore 120k^3 = 120 \times \dfrac{1}{6} = 20$ $a^1 = a^{6k^3}$에서 지수방정식 $1 = 6k^3$을 풀어야 해.

🪄 **톡톡 풀이: 밑 변환 공식을 이용하여 값 구하기**

$\log_a b = k$, $\log_b c = 2k$, $\log_c a = 3k$이므로
각 변끼리 차례로 곱하면

$\log_a b \times \log_b c \times \log_c a = 6k^3$

$1 = 6k^3$, $k^3 = \dfrac{1}{6}$ $\dfrac{\log b}{\log a} \times \dfrac{\log c}{\log b} \times \dfrac{\log a}{\log c} = 1$

$\therefore 120k^3 = 20$

⚙ 로그의 밑의 변환 공식   개념·공식

$a\neq1$, $a>0$, $b\neq1$, $b>0$, $c\neq1$, $c>0$일 때,

① $\log_a b = \dfrac{\log_c b}{\log_c a}$

② $\log_a b = \dfrac{1}{\log_b a}$

[정답 공식: 두 점 (x_1, y_1), (x_2, y_2)를 지나는 직선의 기울기는 $\dfrac{y_2-y_1}{x_2-x_1} \ (x_1\neq x_2)$이다.]

좌표평면 위의 두 점 $(1, \log_2 5)$, $(2, \log_2 10)$을 지나는 직선의 기울기는? (3점) **단서** 두 점을 지나는 직선의 기울기는 $\dfrac{(y\text{의 값의 변화량})}{(x\text{의 값의 변화량})}$과 같아.

① 1   ② 2   ③ 3

④ 4   ⑤ 5

1st 두 점의 좌표를 이용하여 직선의 기울기를 구해보자.

두 점 $(1, \log_2 5)$, $(2, \log_2 10)$을 지나는 직선의 기울기는

$\dfrac{\log_2 10 - \log_2 5}{2-1} = \dfrac{\log_2 \frac{10}{5}}{1} = \log_2 2 = 1$

두 점 (x_1, y_1), (x_2, y_2)를 지나는 직선의 기울기는 $\dfrac{y_2-y_1}{x_2-x_1} \ (x_1\neq x_2)$

$\log_a M - \log_a N = \log_a \dfrac{M}{N}$

[정답 공식: $\log_a b + \log_a c = \log_a bc$, $a^{\log_a b} = b$, $\log_a(a^b) = b$ 등을 이용한다.]

[보기]에서 옳은 것을 모두 고른 것은? (3점)

[보기]

ㄱ. $2^{\log_2 1 + \log_2 2 + \log_2 3 + \cdots + \log_2 10} = 10!$ ⇒ 지수의 로그의 밑이 2로 같으니까 합 → 곱으로

ㄴ. $\log_2(2^1 \times 2^2 \times 2^3 \times \cdots \times 2^{10})^2 = 55^2$ ⇒ 진수를 지수법칙으로 정리!

ㄷ. $(\log_2 2^1)(\log_2 2^2)(\log_2 2^3)\cdots(\log_2 2^{10}) = 55$ ⇒ $\log_2 2 = 1$이니까 진수의 지수를 정리!

① ㄱ   ② ㄴ   ③ ㄷ

④ ㄱ, ㄷ   ⑤ ㄱ, ㄴ, ㄷ

단서 보기의 좌변은 로그 식이니까 로그의 성질이나 지수법칙을 이용하여 식의 값을 구해야겠지?

1st 밑이 2로 같을 때 로그의 합을 곱으로 나타내어 정리하자.

ㄱ. $2^{\log_2 1 + \log_2 2 + \log_2 3 + \cdots + \log_2 10} = 2^{\log_2(1 \times 2 \times 3 \cdots \times 10)}$

$a^{\log_a b} = b$

$= 1 \times 2 \times 3 \times \cdots \times 10$

$= 10!$ (참)

2nd 지수법칙을 이용하여 로그의 진수를 정리해.

ㄴ. $\log_2(\underbrace{2^1 \times 2^2 \times 2^3 \times \cdots \times 2^{10}}_{a^m \times a^n = a^{m+n}})^2 = 2\log_2 2^{1+2+3+\cdots+10}$ $\log_a a^n = n$

$= 2(\underline{1+2+3+\cdots+10})$

$= 2 \times \dfrac{10 \times 11}{2}$ $\displaystyle\sum_{k=1}^{n} k = \dfrac{n(n+1)}{2}$

$= 110$ (거짓)

ㄷ. $\underbrace{(\log_2 2^1)(\log_2 2^2)(\log_2 2^3) \times \cdots \times (\log_2 2^{10})}_{\log_a a^n = n} = 1 \times 2 \times 3 \times \cdots \times 10$

$= 10!$ (거짓)

따라서 옳은 것은 ㄱ뿐이다.

⚙ 로그의 성질   개념·공식

$a>0$, $a\neq1$, $x>0$, $y>0$일 때,

① $\log_a a = 1$

② $\log_a 1 = 0$

③ $\log_a x + \log_a y = \log_a xy$

④ $\log_a x - \log_a y = \log_a \dfrac{x}{y}$

B 104 정답 56   *로그의 성질의 응용   [정답률 70%]

(정답 공식: $\log_a A + \log_a B = \log_a AB$)

> **자연수 전체의 집합의 두 부분집합**
> **단서1** 자연수 전체의 부분집합은 자연수를 원소로 가짐을 이용할 수 있어.
> $A=\{a, b, c\}$, $B=\{\log_2 a, \log_2 b, \log_2 c\}$에 대하여
> **단서2** 두 자연수의 합이 24가 되는 서로 다른 자연수의 조합은 제한적이야.
> $a+b=24$이고 집합 B의 모든 원소의 합이 12일 때, 집합 A의
> 모든 원소의 합을 구하시오. **단서3** 집합 B의 모든 원소의 합을 구해서 식을 만들 수 있어.
>   (단, a, b, c는 서로 다른 세 자연수이다.) (4점)
> **단서4** 서로 다른 자연수이므로 $a<b$라고 생각하거나 그 반대의 경우도 가능해.

1st 집합 B의 모든 원소의 합을 구해.

$\log_2 a + \log_2 b + \log_2 c = \log_2 abc = 12$이므로

$abc = 2^{12}$임을 알 수 있다.
$\log_2 abc = 12$이므로 로그의 정의에 의하여 $abc = 2^{12}$

2nd a, b, c가 모두 2의 거듭제곱임을 이용해서 a, b의 값을 각각 구해.

$abc = 2^{12}$이고 a, b, c가 자연수이므로 a, b, c는 모두 2의 거듭제곱으로
표현되는 자연수이다.
2는 소수이고 a, b, c가 모두 자연수이므로 자연수 abc를 소인수분해하면(소인수인 인수들의 곱으로 나타내는 것) a, b, c는 모두 2^{12}의 약수이므로 2의 거듭제곱일 수밖에 없어.

$2, 4, 8, 16, 32, 64, \cdots$

그런데 $a+b=24$이므로 이를 만족시키는 a, b의 값은 각각

$a=2^3$, $b=2^4$ 또는 $a=2^4$, $b=2^3$ **[주의]**
뿐이다.

> **[주의]** ab 또는 ba는 실수의 곱셈의 교환법칙에 의하여 결과가 같은 걸 알지? $a=2^3$, $b=2^4$ 또는 $a=2^4$, $b=2^3$의 두 가지를 나눠서 생각하지 않아도 된다는 것도 이해하고 넘어가자.

3rd $abc = 2^{12}$임을 이용해 c의 값을 구해.

$ab = 2^3 \times 2^4 = 2^7$이고,

$abc = 2^{12}$이므로 $2^7 \times c = 2^{12}$ $\therefore c = 2^5$

따라서 집합 A의 모든 원소의 합은

$a+b+c = 2^3 + 2^4 + 2^5 = 8 + 16 + 32 = 56$

B 105 정답 ②   *로그의 성질의 응용   [정답률 63%]

(정답 공식: $a>0$, $a \neq 1$, $M>0$일 때, $\log_a M^k = k\log_a M$ (k는 실수)을 이용한다.)

> $\frac{1}{4}\log 2^{2n} + \frac{1}{2}\log 5^n$이 정수가 되도록 하는 50 이하의 자연수 n의
> 개수는? (3점) **단서** 로그의 성질을 이용해서 주어진 식을 간단히 만들어 봐.
>
> ① 28   ② 25   ③ 22
> ④ 19   ⑤ 16

1st $\frac{1}{4}\log 2^{2n} + \frac{1}{2}\log 5^n$을 정리해서 간단하게 나타내.

$\frac{1}{4}\log 2^{2n} + \frac{1}{2}\log 5^n = \frac{2n}{4}\log 2 + \frac{n}{2}\log 5$
→ $a>0$, $a \neq 1$, $M>0$일 때 $\log_a M^k = k\log_a M$ (k는 실수)

$= \frac{n}{2}(\log 2 + \log 5)$

$= \frac{n}{2}$
→ $\log 2 + \log 5 = \log 2 \times 5 = \log 10 = 1$

2nd $\frac{n}{2}$이 정수가 되려면 n이 2의 배수가 되어야 해.

$1 \leq n \leq 50$에 대하여 $\frac{n}{2}$이 정수가 되도록 하는 n은 $2, 4, 6, \cdots, 50$이므로

자연수 n의 개수는 25이다.

B 106 정답 ②   *로그의 성질의 응용   [정답률 67%]

[정답 공식: 밑과 진수가 모두 1보다 크므로 log값이 양수이다. 산술평균과 기하평균의 관계를 이용해 최솟값을 구한다.]

> $a>1$, $b>1$일 때, $\log_{a^3} b^2 + \log_{b^4} a^3$의 최솟값은? (4점)
>
> ① 1   ② $\sqrt{2}$ ③ $\sqrt{3}$
> ④ 2   ⑤ $\sqrt{5}$
> **단서** 두 수의 합의 최솟값은 산술·기하 평균의 관계를 이용할 수 있지? 그전에 로그의 성질로 식을 간단하게 정리해.

1st 로그의 성질을 이용하여 식을 정리해. → $\log_{a^m} b^n = \frac{n}{m}\log_a b$

$\log_{a^3} b^2 + \log_{b^4} a^3 = \frac{2}{3}\log_a b + \frac{3}{4}\log_b a \cdots$ ㉠

2nd 산술평균과 기하평균의 관계를 이용하여 최솟값을 구해.

이때, $a>1$, $b>1$에 의하여 $\log_a b>0$, $\log_b a>0$ → $\log_b a \times \log_a b = 1$

㉠은 두 수의 합이고 $\log_b a$와 $\log_a b$는 역수 관계이므로

$\frac{2}{3}\log_a b + \frac{3}{4}\log_b a \geq 2\sqrt{\frac{2}{3}\log_a b \times \frac{3}{4}\log_b a}$ → $\log_a b = \frac{1}{\log_b a}$

(단, 등호는 $\frac{2}{3}\log_a b = \frac{3}{4}\log_b a$일 때 성립)

$= 2\sqrt{\frac{1}{2}} = \frac{2}{\sqrt{2}} = \sqrt{2}$

> **[주의]** 산술·기하평균을 이용하면 양수인 두 값의 합의 최솟값을 구할 수 있어.

따라서 $\log_{a^3} b^2 + \log_{b^4} a^3$의 최솟값은 $\sqrt{2}$이다.

> ⚙ **산술평균과 기하평균의 관계**   개념·공식
>
> 두 양수 a, b에 대하여
> $\frac{a+b}{2} \geq \sqrt{ab}$ (단, 등호는 $a=b$일 때 성립)

B 107 정답 45   *로그의 성질의 응용   [정답률 45%]

(정답 공식: 자연수 k에 대하여 $\sqrt{k}$가 자연수가 되려면 k는 제곱수이어야 한다.)

> 자연수 k에 대하여 두 집합 **단서1** 같은 자연수 k의 범위 안에서 두 집합 A, B의 원소의 형태는 $\sqrt{a}, \log_{\sqrt{3}} b$야.
> $A = \{\sqrt{a} \mid a$는 자연수, $1 \leq a \leq k\}$,
> $B = \{\log_{\sqrt{3}} b \mid b$는 자연수, $1 \leq b \leq k\}$
> 가 있다. 집합 C를
> $C = \{x \mid x \in A \cap B, x$는 자연수$\}$
> 라 할 때, $n(C)=3$이 되도록 하는 모든 자연수 k의 개수를 구하시오. (4점)
> **단서2** 집합 C는 두 집합 A, B의 공통인 원소 중 자연수인 것만 원소로 갖는다는 거야.

1st 두 집합 A, B의 원소 중 순서대로 자연수가 되는 경우를 살펴보자.

집합 $A = \{\sqrt{a} \mid a$는 자연수, $1 \leq a \leq k\}$의 자연수인 원소는 다음과 같다.
$\sqrt{a}$가 자연수가 되기 위해서는 $a=1, 4, 9, \cdots$과 같이 제곱인 수이어야 해.

a	1	4	9	16	25	36	49	64	$\cdots$
$\sqrt{a}$	1	②	3	④	5	⑥	7	8	$\cdots$

집합 $B = \{\log_{\sqrt{3}} b \mid b$는 자연수, $1 \leq b \leq k\}$의 자연수인 원소는 다음과 같다.
$\log_{\sqrt{3}} b = 2\log_3 b$가 자연수가 되기 위해서는 $b=3, 9, 27, \cdots$과 같이 3의 거듭제곱인 수이어야 해.

b	3	9	27	81	$\cdots$
$\log_{\sqrt{3}} b$	②	④	⑥	8	$\cdots$

2nd 집합 C의 원소의 개수가 3이 되도록 하는 자연수 k의 개수를 구하자.

$n(C)=3$이므로 $C=\{2, 4, 6\}$

$8\notin C$이므로 자연수 k의 값의 범위는 $36\le k<81$

따라서 자연수 k의 개수는

$81-36=45$(개)

> **주의**
> $8\in C$이면 $C=\{2, 4, 6, 8\}$이 되어 $n(C)=3$을 만족시키지 않아. 두 집합 A, B의 공통인 원소가 8이 되지 않도록 하는 k의 범위를 $36\le k\le 81$로 놓지 않도록 주의하자.

[자연수의 개수]

a, b가 자연수일 때,
(1) $a<k<b$인 자연수 k의 개수 : $b-a-1$
(2) $a\le k<b$인 자연수 k의 개수 : $b-a$
(3) $a<k\le b$인 자연수 k의 개수 : $b-a$
(4) $a\le k\le b$인 자연수 k의 개수 : $b-a+1$

B 108 정답 ① ＊로그의 성질의 응용 [정답률 54%]

> **정답 공식**: $a>0$, $a\neq 1$, $b>0$, $c>0$, $c\neq 1$일 때, $\log_a b=\dfrac{\log_c b}{\log_c a}$이다.

> 2 이상의 자연수 n에 대하여 $\log_n 4\times\log_2 9$의 값이 자연수가 되도록 하는 모든 n의 값의 합은? (4점)
>
> **단서** 로그의 성질을 이용하여 주어진 식을 간단히 정리하고 자연수가 되기 위한 n의 값을 추론하면 돼.
>
> ① 93 　　② 94 　　③ 95
> ④ 96 　　⑤ 97

1st 로그의 밑의 변환 공식을 이용하여 주어진 식을 정리하자.

$\log_n 4\times\log_2 9=\dfrac{\log 2^2}{\log n}\times\dfrac{\log 3^2}{\log 2}$

$=\dfrac{4\log 3}{\log n}$

　$\log_a b\times\log_b c=\log_a c$임을 이용할 수도 있어.
　$\log_n 4\times\log_2 9=2\log_n 2\times 2\log_2 3$
　　　　　　　　　$=4\log_n 2\times\log_2 3$
　　　　　　　　　$=4\log_n 3$

$=4\log_n 3$

2nd 조건을 만족시키는 모든 n의 값의 합을 구해.

$4\log_n 3=k$ (k는 자연수)라 하면

$\log_n 3=\dfrac{k}{4}$

[로그의 정의]
$a>0, a\neq 1, N>0$일 때,
$a^x=N\Longleftrightarrow x=\log_a N$

$n^{\frac{k}{4}}=3$

양변을 $\dfrac{4}{k}$제곱하면

$n=3^{\frac{4}{k}}$이므로

> **주의**
> n이 2 이상의 자연수이므로 k의 값은 4의 약수이어야만 해.

(i) $k=1$일 때,
　$n=3^4=81$

(ii) $k=2$일 때,
　$n=3^2=9$

(iii) $k=4$일 때,
　$n=3$

따라서 모든 n의 값의 합은

$81+9+3=93$

B 109 정답 ① ＊로그의 성질의 응용 [정답률 43%]

> **정답 공식**: $a^x a^y=a^{x+y}$, $a^x\div a^y=a^{x-y}$, $\log_a M^k=k\log_a M$

> **단서** 중요하지만 놓치기 쉬운 조건이야. n이 자연수인 경우만 생각하면 돼.
>
> 자연수 n에 대하여 $2^{\frac{1}{n}}=a$, $2^{\frac{1}{n+1}}=b$라 하자. $\left\{\dfrac{3^{\log_2 ab}}{3^{(\log_2 a)(\log_2 b)}}\right\}^5$이 자연수가 되도록 하는 모든 n의 값의 합은? (4점)
>
> ① 14 　② 15 　③ 16 　④ 17 　⑤ 18

1st $\log_2 ab$, $(\log_2 a)(\log_2 b)$를 먼저 간단히 하자.

$\log_2 ab=\log_2\left(2^{\frac{1}{n}}\times 2^{\frac{1}{n+1}}\right)=\log_2 2^{\frac{1}{n}+\frac{1}{n+1}}=\dfrac{1}{n}+\dfrac{1}{n+1}$

$(\log_2 a)(\log_2 b)=\left(\log_2 2^{\frac{1}{n}}\right)\left(\log_2 2^{\frac{1}{n+1}}\right)=\dfrac{1}{n}\times\dfrac{1}{n+1}$

$\therefore\left\{\dfrac{3^{\log_2 ab}}{3^{(\log_2 a)(\log_2 b)}}\right\}^5=\left\{\dfrac{3^{\left(\frac{1}{n}+\frac{1}{n+1}\right)}}{3^{\left(\frac{1}{n}\times\frac{1}{n+1}\right)}}\right\}^5=\left\{3^{\frac{1}{n}+\frac{1}{n+1}-\frac{1}{n(n+1)}}\right\}^5=3^{\frac{10}{n+1}}$

$\dfrac{1}{n}+\dfrac{1}{n+1}-\dfrac{1}{n(n+1)}=\dfrac{n+1+n-1}{n(n+1)}=\dfrac{2n}{n(n+1)}=\dfrac{2}{n+1}$

이므로 $\left\{3^{\frac{1}{n}+\frac{1}{n+1}-\frac{1}{n(n+1)}}\right\}^5=3^{\frac{2}{n+1}\times 5}=3^{\frac{10}{n+1}}$

2nd 주어진 식의 값이 자연수가 되는 조건을 찾자.

$3^{\frac{10}{n+1}}$이 자연수가 되도록 하려면 $n+1$은 10의 약수가 되어야 한다.

따라서 자연수 n의 값은 1, 4, 9이고 모든 자연수 n의 값의 합은

$1+4+9=14$이다.

밑이 3인 지수의 값이 자연수가 되어야 하므로 지수가 자연수이어야 해.
즉, $\dfrac{10}{n+1}$이 자연수가 되어야 하므로
$n+1=2$ 또는 $n+1=5$ 또는 $n+1=10$이야.

B 110 정답 13 ＊로그의 성질의 활용 – 추론 [정답률 55%]

> **정답 공식**: $\log_a m-\log_a n=\log_a\dfrac{m}{n}$, $\log_{a^c} b^m=\dfrac{m}{c}\log_a b$

> $\log_4 2n^2-\dfrac{1}{2}\log_2\sqrt{n}$의 값이 40 이하의 자연수가 되도록 하는 자연수 n의 개수를 구하시오. (4점)
>
> **단서** 로그의 성질을 활용하여 간단하게 나타내 봐.

1st $\log_4 2n^2-\dfrac{1}{2}\log_2\sqrt{n}$을 간단히 하자.

$\log_4 2n^2-\dfrac{1}{2}\log_2\sqrt{n}=\log_4 2n^2-\log_4 n^{\frac{1}{2}}$

　$\log_{a^c} b=\dfrac{1}{n}\log_a b$ 　　　　$\log_a m-\log_a n=\log_a\dfrac{m}{n}$

$=\log_4\dfrac{2n^2}{n^{\frac{1}{2}}}$

$=\log_4 2n^{2-\frac{1}{2}}$

$=\log_4 2n^{\frac{3}{2}}$

2nd 주어진 식이 40 이하의 자연수가 되도록 하는 자연수 n의 개수를 구해.

이때, 40 이하의 자연수 k에 대하여 $\log_4 2n^{\frac{3}{2}}=k$라 하면

$2n^{\frac{3}{2}}=4^k$에서 $4n^3=4^{2k}$, $n^3=4^{2k-1}$ 　$\therefore n=4^{\frac{2k-1}{3}}$

한편, n이 자연수이므로 $\dfrac{2k-1}{3}$은 자연수가 되어야 한다.

　사실 n이 자연수이려면 $\dfrac{2k-1}{3}$은 음이 아닌 정수이어야 해. 그런데 $\dfrac{2k-1}{3}=0$일 때, $k=\dfrac{1}{2}$이지?
　따라서 k가 40 이하의 자연수를 만족시키지 않으므로 $\dfrac{2k-1}{3}$을 자연수라고 생각해도 무방해.

즉, $2k-1$은 3의 배수이어야 하므로 가능한 k의 값은 2, 5, 8, $\cdots$, 38의 13개이다.

　자연수 k는 3으로 나누었을 때 나머지가 2인 수이어야 해.

따라서 조건을 만족시키는 자연수 n의 개수는 자연수 k의 개수와 같으므로 13개이다.

　$k=2$일 때 $n=4$, $k=5$일 때 $n=4^3$, $\cdots$, $k=38$일 때 $n=4^{25}$이야.

윤혁 서울대 건설환경공학부 2021년 입학 · 서울 동양고 졸

$a\neq 1$인 자연수 a에 대하여 $\log_a x$가 자연수이려면 자연수 k에 대하여 x는 a^k 꼴이어야 해. 이 문제는 이것을 이용하여 풀면 돼. 즉, 주어진 식을 로그의 성질을 이용하여 밑이 2 또는 4인 하나의 로그로 나타낸 후 그 값이 자연수가 되도록 하는 자연수 n의 개수를 구하면 돼. 이때, 주의할 점은 구하는 식이 40 이하의 자연수가 되도록 하는 자연수 n을 찾아야 하니까 주어진 식의 값이 1, 2, 3, $\cdots$, 40일 때의 자연수 n만을 구해야 해.

B 111 정답 10 *로그의 성질의 응용 ·············· [정답률 69%]

[정답 공식: $\log_a \dfrac{1}{x} = -\log_a x$, $\log_a x + \log_a y = \log_a xy$임을 이용하여 주어진 식을 간단히 한다.]

$10 \le x < 1000$인 실수 x에 대하여 $\log x^3 - \log \dfrac{1}{x^2}$의 값이 자연수가 되도록 하는 모든 x의 개수를 구하시오. (3점)
단서 밑이 10으로 같은 두 로그의 차를 간단히 나타내.

1st 로그의 성질을 이용하여 주어진 식을 간단히 해.

$$\log x^3 - \log \dfrac{1}{x^2} = \log x^3 - (-\log x^2) = \underbrace{\log x^3 + \log x^2}_{\log_a x + \log_a y = \log_a xy}$$

$$\underbrace{= \log(x^3 \times x^2)}_{x^3 \times x^2 = x^{3+2} = x^5} = \underbrace{\log x^5 = 5\log x}_{\log_a x^n = n\log_a x}$$

$\log_a \dfrac{1}{x} = -\log_a x$

2nd 주어진 식의 값이 자연수가 되도록 하는 모든 실수 x의 개수를 구해.

이때, $10 \le x < 1000$에서 $\log 10 \le \log x < \log 1000$

$1 \le \log x < 3$ ∴ $5 \le 5\log x < 15$

따라서 주어진 식의 값이 자연수인 경우는 5, 6, 7, ···, 14로 10개이므로 실수 x의 개수도 10이다.
로그함수 $y = \log x$는 일대일함수이므로 y의 값 하나에 대응되는 x의 값은 오직 하나야. 따라서 $5\log x$의 값으로 가능한 자연수의 개수와 이를 만족시키는 실수 x의 개수는 같아.

수능 핵강

✻ 로그의 성질을 이용하여 $5\log x$가 자연수인 x의 값 구하기

$10 \le x < 1000$에서 $5\log x$의 값이 자연수가 되는 모든 실수 x를 직접 구해 보면 $5\log x = 5$에서 $\log x = 1$ ∴ $x = 10$

$5\log x = 6$에서 $\log x = \dfrac{6}{5}$ ∴ $x = 10^{\frac{6}{5}}$

⋮

$5\log x = 14$에서 $\log x = \dfrac{14}{5}$ ∴ $x = 10^{\frac{14}{5}}$

B 112 정답 ① *로그의 성질을 이용한 추론 - 빈칸 ··· [정답률 88%]

(정답 공식: $\log_a b = c \iff a^c = b$, 로그의 밑은 1이 아닌 양수이다.)

다음은 $\log_a b$를 임의의 양수 $c(c \ne 1)$를 밑으로 하는 로그로 바꾸어 나타낼 수 있음을 증명한 것이다.

[증명]

$\log_a b = x$, $\log_c a = y$라고 하면 **단서** ❶을 ❷와 같이 나타내기 위해서는
❶ $a^x = b$, $c^y = a$이다. ❶의 두 식을 연립해야겠네.
이때, ❷ $b = c^{\boxed{(가)}}$이므로 $\boxed{(가)} = \log_c b$이다.
즉, $\log_a b \times \log_c a = \log_c b$이다.
여기서 $\boxed{(나)}$이므로 $\log_c a \ne 0$이다.
따라서 $\log_a b = \dfrac{\log_c b}{\log_c a}$

위의 증명에서 (가)와 (나)에 알맞은 것은? (3점)

	(가)	(나)
①	xy	$a \ne 1$
②	xy	$a > 0$
③	$x+y$	$a \ne 1$
④	$x+y$	$a > 0$
⑤	$\dfrac{x}{y}$	$a \ne 1$

1st 로그의 정의로 로그를 지수로 변형하여 (가)를 유추해.
$a^x = N \iff x = \log_a N$

$\log_a b = x$, $\log_c a = y \cdots$ ㉠라 하면

$a^x = b$, $c^y = a$

이때, $b = a^x = (c^y)^x = c^{\overset{(가)}{xy}}$이므로 $xy = \log_c b$

즉, $\log_a b \cdot \log_c a = \log_c b$ (∵ ㉠)이다.

2nd 로그의 조건을 이용해.

(밑)>0, (밑)≠1, (진수)>0 위 식의 양변을 $\log_c a$로 나누어 줄 수 있지.

여기서, $a \ne 1$이므로 $\log_c a \ne 0$이다.
(나) $\log_c a$에서 a는 진수이니까 $a > 0$이지만 $\log_a b$에서 a는 밑이니까 $a \ne 1$, $a > 0$이야.

∴ $\log_a b = \dfrac{\log_c b}{\log_c a}$

B 113 정답 ③ *로그의 성질을 이용한 추론 - 빈칸 ··· [정답률 87%]

[정답 공식: $\log_a b = c \iff a^c = b$를 이용하여 (가)를 구하고 지수법칙을 이용해 나머지를 구한다.]

다음은 로그의 성질 $\log_p q^r = r\log_p q$를 이용하여 m이 0이 아닌 실수일 때,

$$\log_{a^m} b^n = \dfrac{n}{m}\log_a b \text{ (단, } a\text{는 1이 아닌 양수, } b\text{는 양수)}$$

가 성립함을 증명한 것이다.

[증명]

❶ $x = \log_{a^m} b^n$으로 놓으면 **단서** ❶의 식을 로그의 정의로 ❷와 같이
❷ $b^n = \boxed{(가)} = (a^x)^{\boxed{(나)}}$이므로 정리할 수 있지? 또한, 지수법칙으로
❸ $a^x = \boxed{(다)}$ a^x에 대한 식 ❸으로 표현하면 돼.
따라서 $x = \log_a \boxed{(다)} = \dfrac{n}{m}\log_a b$가 성립한다.

위의 증명에서 (가), (나), (다)에 알맞은 것을 차례로 나열한 것은? (3점)

	(가)	(나)	(다)
①	a^x	m	b^n
②	a^x	$\dfrac{m}{n}$	$b^{\frac{n}{m}}$
③	$(a^m)^x$	m	$b^{\frac{n}{m}}$
④	$(a^m)^x$	m	b^n
⑤	$(a^m)^x$	$\dfrac{m}{n}$	$b^{\frac{n}{m}}$

1st 로그의 정의를 이용하여 (가)를, 지수법칙으로 (나), (다)를 유추해.

$x = \log_{a^m} b^n$으로 놓으면 로그의 정의에 의하여
(가) $y = \log_a x \iff x = a^y$
$b^n = \underbrace{(a^m)^x = (a^x)^m}_{(a^m)^x = a^{mx} = a^{xm} = (a^x)^m}$ ← (나)

양변을 $\dfrac{1}{m}$제곱하면

$a^x = (b^n)^{\frac{1}{m}} = b^{\frac{n}{m}}$ ← (다)

따라서 $x = \log_a b^{\frac{n}{m}} = \dfrac{n}{m}\log_a b$가 성립한다.

(정답 공식: n이 자연수일 때 2^n은 항상 짝수이다.)

다음은 자연수 n에 대하여 $\log_2 n$이 유리수이면 n을
$$n=2^k \ (\text{단, } k\text{는 } k\geq 0 \text{인 정수})$$
의 꼴로 나타낼 수 있음을 증명한 것이다.

─── [증명] ───

자연수 n에 대하여 $\log_2 n$이 유리수라고 하자.
n이 자연수이므로
$$n=2^k \times m \cdots ⓐ$$
을 만족시키는 $k\geq 0$인 정수 k와 홀수인 자연수 m이 존재
한다. 그러면 **단서1** ⓐ를 이용하기 위해서 양변에 $\log_2$를 취하면 되겠지?
$$\log_2 n = \boxed{\text{(가)}}$$
따라서 $\log_2 n$이 유리수이면 $\log_2 m$도 유리수이어야 하므로
$$\log_2 m = \frac{q}{p} \ (\text{단, } p\text{는 자연수이고 } q\text{는 정수})$$
로 놓을 수 있다. 그러면 **단서2** 선택지의 (나)에서 m과 2의 거듭제곱으로 표현되므로 로그의 정의로 이것을 이용해.
$$\boxed{\text{(나)}}$$
m이 홀수이므로 m^p은 홀수이다.
따라서 2^q도 홀수이어야 하므로 **단서3** 선택지의 (다)에서 q의 값이 주어져 있으니까 이것을 만족시키는 q의 값을 구해.
$$\boxed{\text{(다)}}$$
이고 $m=1$이다. 따라서 n을
$$n=2^k \ (\text{단, } k\text{는 } k\geq 0 \text{인 정수})$$
의 꼴로 나타낼 수 있다.

위의 증명에서 (가), (나), (다)에 알맞은 것은? (3점)

	(가)	(나)	(다)
①	$k\log_2 m$	$m^q=2^p$	$q=1$
②	$k\log_2 m$	$m^p=2^q$	$q=1$
③	$k+\log_2 m$	$m^q=2^p$	$q=0$
④	$k+\log_2 m$	$m^p=2^q$	$q=1$
⑤	$k+\log_2 m$	$m^p=2^q$	$q=0$

1st 로그의 성질을 이용해서 (가)에 들어갈 걸 찾아 봐.

자연수 n에 대하여 $n=2^k \times m$을 만족시키는 $k\geq 0$인 정수 k와 홀수인 자연수 m이 존재하므로 … (＊)
$$\log_2 n = \underset{\log_a bc=\log_a b+\log_a c}{\underline{\log_2 (2^k \times m)}} = \underset{k\log_2 2=k}{\underline{\log_2 2^k}} + \log_2 m = k+\log_2 m \leftarrow \text{(가)}$$

2nd $\log_2 m = \dfrac{q}{p}$를 변형하여 m^p이 표현되는 꼴로 만들어 (나)를 찾아 봐.

$\log_2 n$이 유리수이면 $\log_2 m = \log_2 n - k$도 유리수이어야 하므로
(유리수)−(유리수)=(유리수)이니까

$\log_2 m = \dfrac{q}{p}$ (단, p는 자연수이고 q는 정수)로 놓으면 로그의 정의에 의하
$a^x=N \Longleftrightarrow x=\log_a N$

여 $m=2^{\frac{q}{p}}$에서 양변에 p제곱을 해주면 $m^p = \left(2^{\frac{q}{p}}\right)^p$
$$\therefore m^p = 2^q \cdots ㉠$$
(나)

3rd 2^q이 홀수일 때, q의 값을 구해.

그런데 (＊)에서 m이 홀수이므로 m^p도 홀수가 된다.
그러면, 2^q도 홀수이므로 $q=0$ (다)
→ 2의 거듭제곱이 홀수인 경우는 $2^0=1$뿐이야.

주의 짝수의 거듭제곱 꼴이 홀수가 되는 조건이 있을 시에 항상 $a^0=1$만 가능하다는 것을 알고 있어야 해.

즉, ㉠에서 $m^p=2^0=1$이므로 $m=1$ ($\because p$는 자연수)
따라서 $\log_2 n$이 유리수이면 n을 $n=2^k$(단, k는 $k\geq 0$인 정수)의 꼴로 나타낼 수 있다.

＊ 자연수 n에 대하여 $n=2^k \times m$을 만족시키는 $k\geq 0$인 정수 k와 홀수인 자연수 m이 존재하는지 확인하기

(＊)의 내용이 이해가 안 간다구? 사실 이건 증명 자체에서 주어진 내용이므로 굳이 증명할 필요는 없지만 정확히 이해는 하고 가자구.
우선 자연수 n에 대해 생각해 봐. 자연수 n은 홀수 또는 짝수잖아? 그런데 증명에서는 n이 자연수이므로 $n=2^k \times m$을 만족시키는 $k\geq 0$인 정수 k와 홀수인 자연수 m이 존재한다고 했지.
즉, $n=2^k \times m$이 홀수 또는 짝수를 표현할 수 있으면 OK!
(i) 과연 홀수를 표현할 수 있을까?
　　물론이지! m은 홀수인 자연수이고 k는 $k\geq 0$인 정수라니까 $k=0$인 경우를 생각해 봐. 그럼, $n=2^0 \times m=m$이니까 자연수 n은 홀수가 돼.
(ii) 그렇다면 짝수도 표현할 수 있을까?
　　마찬가지로 가능해. k가 $k\geq 0$인 정수라니까 $k=1, 2, 3, \cdots$인 모든 경우에 $n=2^k \times m$은 2의 배수, 즉 짝수가 되거든.
이제 (＊)의 내용, 무리없이 이해하겠지?

(정답 공식: $R(a, b)=\sqrt[a]{b}=b^{\frac{1}{a}}$)

2 이상인 두 자연수 a, b에 대하여 $R(a, b)$를 $R(a, b)=\sqrt[a]{b}$로 정의할 때, [보기]에서 옳은 것을 모두 고른 것은? (4점)

─── [보기] ───

ㄱ. $R(16, 4)=R(8, 2)$　**단서** 주어진 연산식에 ㄱ, ㄴ, ㄷ의 수나 문자를 대입하여 등식이 성립하는지를 판단하자.
ㄴ. $R(a, 5) \times R(b, 5)=R(a+b, 5)$
ㄷ. $R(a, b)=k$이면 $a=\log_k b$이다.

① ㄱ　　　　② ㄴ　　　　③ ㄱ, ㄷ
④ ㄴ, ㄷ　　　　⑤ ㄱ, ㄴ, ㄷ

1st 주어진 정의에 따라 하나씩 풀어 보자.

ㄱ. $R(16, 4)=\sqrt[16]{4}=\underset{\sqrt[mn]{a^m}=\sqrt[n]{a}}{\underline{\sqrt[8\times 2]{2^2}}}=\sqrt[8]{2}$
　　$=\sqrt[8]{2}$
　　$=R(8, 2)$ (참)

주의 지수법칙 $a^m \times a^n = a^{m+n}$을 이용하자.

ㄴ. $R(a, 5) \times R(b, 5)=\underset{\sqrt[n]{a}=a^{\frac{1}{n}}}{\underline{\sqrt[a]{5} \times \sqrt[b]{5}=5^{\frac{1}{a}} \times 5^{\frac{1}{b}}=5^{\frac{1}{a}+\frac{1}{b}}}}$
　　$=R\left(\dfrac{ab}{a+b}, 5\right)$ (거짓)
$\dfrac{ab}{a+b} \neq a+b \ (a\geq 2, b\geq 2)$

2nd 거듭제곱근을 로그로 바꾸어 ㄷ을 풀어 보자.

ㄷ. $R(a, b)=k \Longleftrightarrow \sqrt[a]{b}=k$
　　양변을 a제곱하면 $b=k^a$ $=k^{\frac{1}{a}}$
　　$\therefore a=\log_k b$ (참)
따라서 옳은 것은 ㄱ, ㄷ이다.

✿ **거듭제곱근의 성질**　　　　　개념·공식

$a>0$, $b>0$이고 m, n이 양의 정수일 때,

① $\sqrt[n]{a}\sqrt[n]{b}=\sqrt[n]{ab}$　　　　② $\dfrac{\sqrt[n]{a}}{\sqrt[n]{b}}=\sqrt[n]{\dfrac{a}{b}}$

③ $(\sqrt[n]{a})^m=\sqrt[n]{a^m}$　　　　④ $\sqrt[m]{\sqrt[n]{a}}=\sqrt[mn]{a}$

⑤ $\sqrt[np]{a^{mp}}=\sqrt[n]{a^m}$ (단, p는 자연수)

B 116 정답 ⑤ *로그의 성질을 이용한 추론 – 진위형 [정답률 71%]

[정답 공식: $\log_{x^b}(a^c)=\dfrac{c}{b}$를 이용한다.]

1이 아닌 양의 실수 x, y에 대하여 ◎을 $x◎y=\log_x y+\log_y x$로 정의할 때, [보기]에서 옳은 것을 모두 고른 것은?
단서 주어진 연산식에 ㄱ, ㄴ, ㄷ의 수나 문자를 대입하여 등식이 성립함을 판단하자. (단, a, b는 양수이다.) (3점)

[보기]
ㄱ. $4◎16=\dfrac{5}{2}$
ㄴ. $a^k◎b^k=a◎b$
ㄷ. $a^b◎b^a=a◎b^{\frac{a}{b}}$

① ㄱ ② ㄴ ③ ㄱ, ㄷ
④ ㄴ, ㄷ ⑤ ㄱ, ㄴ, ㄷ

1st 주어진 연산의 정의에 따라 연산을 해 보자.

1이 아닌 양의 실수 x, y에 대하여 $x◎y=\log_x y+\log_y x$이므로

ㄱ. $4◎16=\log_4 16+\log_{16} 4=\underline{\log_4 4^2}+\underline{\log_{4^2} 4}$

   $\qquad \overset{\log_{a^n} b^m=\frac{m}{n}\log_a b}{}$

   $=2\underline{\log_4 4}+\dfrac{1}{2}\underline{\log_4 4}$

   $\qquad\qquad\qquad =1$

   $=2+\dfrac{1}{2}=\dfrac{5}{2}$ (참)

ㄴ. $a^k◎b^k=\log_{a^k} b^k+\log_{b^k} a^k=\dfrac{k}{k}\log_a b+\dfrac{k}{k}\log_b a$

   $\qquad\qquad\overset{\log_{a^n} b^n=\frac{n}{m}\log_a b}{}$

   $=\log_a b+\log_b a=a◎b$ (참)

ㄷ. $a^b◎b^a=\log_{a^b} b^a+\log_{b^a} a^b=\dfrac{a}{b}\log_a b+\dfrac{b}{a}\log_b a$

   $\qquad\qquad\overset{\log_{a^n} b^n=\frac{n}{m}\log_a b}{}$

   $=\log_a b^{\frac{a}{b}}+\log_{b^{\frac{a}{b}}} a$

   $\qquad\qquad m\log_a b=\log_a b^m=\log_{a^{\frac{1}{m}}} b$

   $=a◎b^{\frac{a}{b}}$ (참)

따라서 ㄱ, ㄴ, ㄷ 모두 옳다.

❖ 로그의 성질
개념·공식

a, b, c, x, y가 양수이고, $a\neq1$, $b\neq1$, $c\neq1$일 때,
① $\log_a a=1$
② $\log_a 1=0$
③ $\log_a x+\log_a y=\log_a xy$
④ $\log_a x-\log_a y=\log_a \dfrac{x}{y}$
⑤ $\log_a b=\dfrac{\log_c b}{\log_c a}$
⑥ $\log_a b=\dfrac{1}{\log_b a}$
⑦ $\log_a b\times\log_b c\times\log_c a=1$
⑧ $\log_{a^m} b^n=\dfrac{n}{m}\log_a b\ (m\neq0)$

B 117 정답 ④ *로그의 성질을 이용한 추론 – 진위형 [정답률 75%]

(정답 공식: $a^{\log_a b}=b$, $\log_a (a^b)=b$를 이용하여 식을 계산한다.)

자연수 n에 대하여 $f(n)=2^n-\log_2 n$이라 할 때, [보기]에서 옳은 것을 모두 고른 것은? (3점)

[보기]
ㄱ. $f(2)=3$ **단서1** $n=2$일 때, 함숫값을 구해.
ㄴ. $f(8)=-f(\log_2 8)$ ← **단서2** 양변에 n의 값을 각각 대입하여 등식이 성립함을 보여야겠네.
ㄷ. $f(2^n)+n=\{f(2^{n-1})+n-1\}^2$

① ㄱ ② ㄴ ③ ㄱ, ㄴ ④ ㄱ, ㄷ ⑤ ㄴ, ㄷ

1st 주어진 함수에 [보기]의 값을 대입하여 ㄱ, ㄴ을 유추해.

ㄱ. $f(2)=2^2-\log_2 2=4-1=3$ (참)

ㄴ. $f(8)=2^8-\log_2 8=2^8-3$

   $\qquad\qquad\qquad\qquad\qquad =\log_2 2^3=3\log_2 2$

   $f(\log_2 8)=\underline{2^{\log_2 8}}-\log_2 (\log_2 8)=8-\log_2 3$

   $\qquad\qquad\qquad a^{\log_a b}=b^{\log_a a}=b$

   $\therefore f(8)\neq-f(\log_2 8)$ (거짓)

2nd 좌변과 우변의 결과가 같은지 확인하여 ㄷ을 유추해.

ㄷ. $f(2^n)=2^{2^n}-\log_2 2^n=2^{2^n}-n$이므로

   $f(2^n)+n=2^{2^n}$

   $f(2^{n-1})=2^{2^{n-1}}-\log_2 2^{n-1}=2^{2^{n-1}}-(n-1)$에서

   $f(2^{n-1})+n-1=2^{2^{n-1}}$이므로

   $\{f(2^{n-1})+(n-1)\}^2=\underline{(2^{2^{n-1}})^2}=2^{2^{(n-1)+1}}=2^{2^n}$

   $\qquad\qquad\qquad\qquad\qquad\qquad (2^{2^{n-1}})^2=2^{2^{n-1}\times2}$

   $\therefore f(2^n)+n=\{f(2^{n-1})+n-1\}^2$ (참)

함정 지수에 제곱이 있는 형태로 $(2^{n-1})^2$으로 계산하는 것이 아니라 $2^{n-1}\times2$로 계산하도록 하자.

따라서 옳은 것은 ㄱ, ㄷ이다.

B 118 정답 ⑤ *로그의 성질을 이용한 추론 – 진위형 [정답률 53%]

(정답 공식: $2^z\times3^{z-y}=\dfrac{2^z\times3^z}{3^y}=\dfrac{6^z}{3^y}$이고, 주어진 등식에 로그를 취해본다.)

서로 다른 세 실수 x, y, z가 ❶$2^x=3^y=6^z$을 만족시킬 때, 옳은 것만을 [보기]에서 있는 대로 고른 것은? (3점)

[보기]
ㄱ. $2^x\times3^y=36^z$ **단서1** ❶을 ㄱ, ㄴ의 좌변에 대입하여 정리하자.
ㄴ. $2^z\times3^{z-y}=1$ **단서2** ❷를 변형하여 ❶에 대입하여 z에 대한 식으로 표현하자.
ㄷ. ❷$x+y=1$이면 $z=\log_6 2\times\log_6 3$이다.

① ㄱ ② ㄱ, ㄴ ③ ㄱ, ㄷ ④ ㄴ, ㄷ ⑤ ㄱ, ㄴ, ㄷ

1st $2^x=3^y=6^z$을 ㄱ, ㄴ의 좌변에 대입하여 그 진위를 판단하자.

$2^x=3^y=6^z$에서

   $\qquad\qquad\qquad =(6^2)^z$

ㄱ. $2^x\times3^y=\underline{6^z\times6^z=6^{2z}}=36^z$ (참)

   $\qquad\qquad\qquad\qquad\overset{a^m\times a^n=a^{m+n}}{}$

ㄴ. $\dfrac{2^z\times3^z}{2^z\times3^y\times3^{-y}}=\dfrac{2^z\times3^z}{3^y}=\dfrac{(2\times3)^z}{3^y}=\dfrac{6^z}{6^z}=1$ (참)

   $=2^z\times3^z\times3^{-y}\qquad\overset{a^n b^n=(ab)^n}{}\qquad$ 조건에서 $3^y=6^z$이니까.

2nd $\log_k u=v \Longleftrightarrow u=k^v$임을 이용하자.

ㄷ. $x+y=1 \Rightarrow y=1-x$이면

   $\qquad\qquad\qquad\qquad\overset{2^x\times3^x=3 \Rightarrow (2\times3)^x=3}{}$

   $2^x=3^y$에서 $2^x=3^{1-x} \Rightarrow \underline{2^x=3\times3^{-x}} \Rightarrow 6^x=3 \Rightarrow x=\log_6 3$

   $\qquad\qquad\qquad\qquad\qquad\qquad\qquad\qquad \log_k u=v \Longleftrightarrow u=k^v$

   즉, $6^z=2^x=2^{\log_6 3}$에서

   $z=\log_6 2^{\log_6 3}=\log_6 2\times\log_6 3$ (참)

   $\qquad\qquad\qquad\qquad\qquad$ 양변에 밑이 6인 로그를 취하면 z에 대한 식을 만들 수 있지.

따라서 옳은 것은 ㄱ, ㄴ, ㄷ이다. $\rightarrow\log x^m=m\log x$

(정답 공식: $\log_a MN = \log_a M + \log_a N$, $\log_{a^m} b^n = \frac{n}{m}\log_a b$)

2 이상의 세 실수 a, b, c가 다음 조건을 만족시킨다.

> (가) $\sqrt[3]{a}$는 ab의 네제곱근이다. **단서 1** ab의 네제곱근을 x라 하면 $x^4 = ab$지?
> (나) $\log_a bc + \log_b ac = 4$ **단서 2** 로그의 성질을 이용해.

$a = \left(\frac{b}{c}\right)^k$이 되도록 하는 실수 k의 값은? (4점)

① 6   ② $\frac{13}{2}$ ③ 7

④ $\frac{15}{2}$ ⑤ 8

1st 조건 (가)를 이용하여 b를 a에 관한 식으로 나타내자.

조건 (가)에서 $\sqrt[3]{a}$는 ab의 네제곱근이므로

$(\sqrt[3]{a})^4 = ab$에서 $a^{\frac{4}{3}} = ab$ ∴ $b = a^{\frac{4}{3}} \div a = a^{\frac{4}{3}-1} = a^{\frac{1}{3}}$
$\sqrt[3]{a} = a^{\frac{1}{3}}$

2nd 조건 (가), (나)를 이용하여 c를 a에 관한 식으로 나타내자.

조건 (나)에서

$\log_a bc + \log_b ac$

$= \log_a a^{\frac{1}{3}}c + \log_{a^{\frac{1}{3}}} ac$ → $\log_{a^m} b^n = \frac{n}{m}\log_a b$
   → $\log_a MN = \log_a M + \log_a N$

$= \log_a a^{\frac{1}{3}} + \log_a c + 3\log_a ac$

$= \frac{1}{3}\log_a a + \log_a c + 3(\log_a a + \log_a c)$
                              → $\log_a a = 1$

$= \frac{10}{3} + 4\log_a c = 4$

$\log_a c = \frac{1}{6}$ ∴ $c = a^{\frac{1}{6}}$ → [로그의 정의]
                              $\log_a x = b \Longleftrightarrow x = a^b$

3rd $\left(\frac{b}{c}\right)^k$을 a에 관한 식으로 나타내자.

$a = \left(\frac{b}{c}\right)^k = \left(\frac{a^{\frac{1}{3}}}{a^{\frac{1}{6}}}\right)^k = \left(a^{\frac{1}{3}-\frac{1}{6}}\right)^k = a^{\frac{k}{6}}$이므로 $k = 6$
                              $\frac{a^x}{a^y} = a^x \div a^y = a^{x-y}$

⚙ **로그의 성질**   개념·공식

a, b, c, x, y가 양수이고, $a \neq 1$, $b \neq 1$, $c \neq 1$일 때,
① $\log_a a = 1$
② $\log_a 1 = 0$
③ $\log_a x + \log_a y = \log_a xy$
④ $\log_a x - \log_a y = \log_a \frac{x}{y}$
⑤ $\log_a b = \frac{\log_c b}{\log_c a}$
⑥ $\log_a b = \frac{1}{\log_b a}$
⑦ $\log_a b \times \log_b c \times \log_c a = 1$
⑧ $\log_{a^m} b^n = \frac{n}{m}\log_a b$ ($m \neq 0$)

(정답 공식: $a > 0$, $a \neq 1$일 때, 양수 N에 대하여 $\log_a N = x$이면 $a^x = N$이다.)

두 양수 a, $b(b \neq 1)$가 다음 조건을 만족시킬 때, $a^2 + b^2$의 값은?
                                                    (4점)

> (가) $(\log_2 a)(\log_b 3) = 0$ **단서** $(\log_2 a)(\log_b 3) = 0$이므로 $\log_2 a = 0$ 또는 $\log_b 3 = 0$이야.
> (나) $\log_2 a + \log_b 3 = 2$

① 3   ② 4   ③ 5   ④ 6   ⑤ 7

1st 조건 (가)를 이용하여 a의 값을 구하자.

조건 (가)에서 $(\log_2 a)(\log_b 3) = 0$이므로

$\log_2 a = 0$ 또는 $\log_b 3 = 0$

이때, $\log_b 3 = 0$을 만족시키는 양수 b는 존재하지 않는다.

즉, $\log_2 a = 0$에서 $2^0 = a$이므로 $a = 1$

로그의 정의에 의해 $\log_b 3 = 0$이면 $b^0 = 3$이라고 할 수 있는데 이것은 일반적인 지수의 성질인 $b^0 = 1$에 모순이 돼. 따라서 $\log_b 3 \neq 0$이라는 사실을 알 수 있어. $\log_2 a = 0$이면 $2^0 = a$ 라고 할 수 있어. 즉, $2^0 = 1 = a$야.

2nd 조건 (나)를 이용하여 $a^2 + b^2$의 값을 계산하자.

조건 (나)에서 $\log_b 3 = 2$이므로 $b^2 = 3$

∴ $a^2 + b^2 = 1 + 3 = 4$ 로그의 정의를 이용하여 $\log_b 3 = 2$이면 $b^2 = 3$이야.

(정답 공식: $a > 0$, $a \neq 1$, $b > 0$, $c > 0$, $c \neq 1$일 때, $\log_a b = \frac{\log_c b}{\log_c a}$이다.)

1이 아닌 세 양수 a, b, c가 **단서 1** 이 식을 k라 두고 k의 값을 먼저 구해야 해.
$-4\log_a b = 54\log_b c = \log_c a$
를 만족시킨다. $b \times c$의 값이 300 이하의 자연수가 되도록 하는
모든 자연수 a의 값의 합은? (4점) **단서 2** $b \times c$를 a를 이용하여 나타내.

① 91   ② 93   ③ 95   ④ 97   ⑤ 99

1st 조건식을 k라 하고 k의 값을 구해.

$-4\log_a b = 54\log_b c = \log_c a = k$라 하면

$-4\log_a b = k$, $54\log_b c = k$, $\log_c a = k$

각 식의 양변을 변끼리 곱하면

$k^3 = -4\log_a b \times 54\log_b c \times \log_c a$

$= -\frac{4\log b}{\log a} \times \frac{54\log c}{\log b} \times \frac{\log a}{\log c} = -216$ ∴ $k = -6$

2nd $b \times c$를 a로 나타내. → $a^x = N \Longleftrightarrow x = \log_a N$

$-4\log_a b = k$에서 $\log_a b = -\frac{k}{4}$ ∴ $b = a^{-\frac{k}{4}} = a^{\frac{3}{2}}$

$\log_c a = k$에서 $a = c^k$ ∴ $c = a^{\frac{1}{k}} = a^{-\frac{1}{6}}$

따라서 $b \times c = a^{\frac{3}{2}} \times a^{-\frac{1}{6}} = a^{\frac{4}{3}}$이고 1이 아닌 자연수 a에 대하여 $a^{\frac{4}{3}}$의

값이 300 이하의 자연수이므로

a는 어떤 자연수 $n(n > 1)$에 대하여 n^3 꼴이다.

즉, $a^{\frac{4}{3}} = (n^3)^{\frac{4}{3}} = n^4 \leq 300$이고   **실수** $n^3 \leq 300$이라고 실수하기 쉬워. $n^4 \leq 300$임을 꼭 확인하자!

$4^4 = 256$, $5^4 = 625$이므로

부등식을 만족하는 자연수가 몇 개 없으니 차례로 대입하며 부등식을 만족시키는 자연수를 구하는 거야.

조건을 만족시키는 자연수 n의 값은 2, 3, 4이다.

3rd 조건을 만족시키는 a의 값을 구하자.

이때, $a = n^3$이므로 가능한 a의 값은 2^3, 3^3, 4^3이다.

따라서 모든 자연수 a의 값의 합은 $2^3 + 3^3 + 4^3 = 8 + 27 + 64 = 99$

B 122 정답 ② *로그의 성질을 이용한 추론 ········· [정답률 45%]

(정답 공식: 범위를 만족시키는 자연수를 대입하면서 최댓값을 구한다.)

1이 아닌 두 자연수 a, b가 다음 조건을 만족시킨다.
> 단서1 마지막에 찾은 a, b의 값이 자연수인지 꼭 확인해.

(가) $a < b < a^2$
> 단서2 처음부터 조건을 만족시키는 자연수를 구할 수 없으므로 '자연수', '정수' 조건에 맞는(대부분은 작은) 수부터 직접 대입하고 나열하는 방법을 많이 활용해.
> 대입하고 나열한 자연수 중에서 범위를 만족시키는 자연수를 찾아야 해.

(나) $\log_a b$는 유리수이다.
> 단서3 단서1 단서2와 같이 연결하여 생각하면
> $\log_a b = \dfrac{n}{m}$ (m, n은 자연수)로 표현해야 함을 알 수 있어.

$\log a < \dfrac{3}{2}$일 때, $a+b$의 최댓값은? (4점)
> 단서4 밑이 10인 상용로그니까 구체적인 a의 값의 범위를 구할 수 있어.

① 250　②270　③ 290　④ 310　⑤ 330

1st 각 조건을 해석해 보자.

조건 (나)에서 $\log_a b$가 유리수이므로

$\log_a b = \dfrac{n}{m}$ (m과 n은 서로소인 자연수)라 하면 $b = a^{\frac{n}{m}}$이다.

2 이상인 소수 p에 대하여 $a = p^m$, $b = p^n$이다.
> $b = a^{\frac{n}{m}}$, $a^{\frac{n}{m}} = b^{\frac{m}{n}}$에서 소인수 p에 대하여 $a = p^m$, $b = p^n$ (p는 2 이상인 자연수)

$\log_a b = \log_{p^m} p^n = \dfrac{n}{m} \log_p p = \dfrac{n}{m}$

$\log a < \dfrac{3}{2}$이므로 $a < 10^{\frac{3}{2}} = \sqrt{1000}$
> $31^2 = 961$, $32^2 = 1024$이므로 $31^2 < 1000 < 32^2$

$31 < \sqrt{1000} < 32$이므로 $2 \le a \le 31$

> 함정 $a^2 < 1000$이므로 $p^m < p^n < p^{2m} < 1000$, $m = 2, 3, 4$라는 걸 알 수 있을 거야.

2nd p의 값에 따라 $a+b$의 최댓값을 구해 보자.

$2 \le a \le 31$인 자연수 a에 대하여 $a < b < a^2$ 즉, $p^m < p^n < p^{2m}$을 만족시키는 $a+b$의 최댓값을 구하자. (단, p는 2 이상인 소수)

(ⅰ) $p = 2$일 때, $a = 2^m$, $b = 2^n$

$2^m \le 31$인 2^m의 최댓값은 2^4이므로

조건 (가)에서 $2^4 < 2^n < 2^8$인 2^n의 최댓값은 2^7

∴ $a+b = 2^4 + 2^7 = 16 + 128 = 144$

(ⅱ) $p = 3$일 때, $a = 3^m$, $b = 3^n$

$3^m \le 31$인 3^m의 최댓값은 3^3이므로

조건 (가)에서 $3^3 < 3^n < 3^6$인 3^n의 최댓값은 3^5

∴ $a+b = 3^3 + 3^5 = 27 + 243 = 270$

(ⅲ) $p = 4$일 때, $a = 4^m$, $b = 4^n$

$4^m \le 31$인 4^m의 최댓값은 4^2이므로

조건 (가)에서 $4^2 < 4^n < 4^4$인 4^n의 최댓값은 4^3

∴ $a+b = 4^2 + 4^3 = 16 + 64 = 80$

(ⅳ) $p = 5$일 때, $a = 5^m$, $b = 5^n$

$5^m \le 31$인 5^m의 최댓값은 5^2이므로

조건 (가)에서 $5^2 < 5^n < 5^4$인 5^n의 최댓값은 5^3

∴ $a+b = 5^2 + 5^3 = 25 + 125 = 150$

(ⅴ) $p = 6$일 때, $a = 6^m$, $b = 6^n$

$6^m \le 31$인 6^n의 최댓값은 6^1

조건 (가)에서 $6^1 < 6^n < 6^2$ 인 6^n의 최댓값은 존재하지 않는다.

(ⅵ) $p \ge 7$일 때, (ⅴ)와 같이 조건 (가)를 만족시키는 b는 존재하지 않는다.

(ⅰ)~(ⅵ)에 의하여 $a+b$의 최댓값은 270이다.

🔧 **다른 풀이:** $1 < a < a^{\frac{n}{m}} < a^2 < 1000$을 만족시키는 자연수 m, n의 값 구하기

$\log a < \dfrac{3}{2}$에서 $a < 10^{\frac{3}{2}}$이고, 조건 (가)에서

$1 < a < a^{\frac{n}{m}} < a^2 < 1000$

(ⅰ) $m = 1$일 때,

　$1 < a < a^n < a^2 < 1000$을 만족시키는 자연수 n은 존재하지 않아.

(ⅱ) $m = 2$일 때, ┌→ $1 < \dfrac{n}{2} < 2$, $2 < n < 4$ ∴ $n = 3$

　$1 < a < a^{\frac{n}{2}} < a^2 < 1000$을 만족시키는 자연수 $n = 3$이고, a, b는 자연수이므로 $1 < a < a^{\frac{3}{2}} < a^2 < 1000$을 만족시키는 순서쌍 (a, b)는

　$(4, 8)$, $(9, 27)$, $(16, 64)$, $(25, 125)$
　　　　　　└→ $b = a^{\frac{3}{2}}$이고, b가 자연수여야 하므로 a는 거듭제곱꼴(더 정확하게는 지수가 짝수여야 해.)이야.

(ⅲ) $m = 3$일 때,

　$1 < a < a^{\frac{n}{3}} < a^2 < 1000$을 만족시키는 자연수 n은 4, 5야.

　① $n = 4$이면 $1 < a < a^{\frac{4}{3}} < a^2 < 1000$을 만족시키는 순서쌍 (a, b)는
　　$(8, 16)$, $(27, 81)$

　② $n = 5$이면 $1 < a < a^{\frac{5}{3}} < a^2 < 1000$을 만족시키는 순서쌍 (a, b)는
　　$(8, 32)$, $(27, 243)$

(ⅳ) $m = 4$일 때,

　$1 < a < a^{\frac{n}{4}} < a^2 < 1000$을 만족시키는 자연수 n은 5, 7이야.
　　└→ $n = 6$일 때는 $1 < a < a^{\frac{3}{2}} < a^2 < 1000$를 만족시키는 (ⅱ)와 같으므로 제외시켜.

　① $n = 5$이면 $1 < a < a^{\frac{5}{4}} < a^2 < 1000$을 만족시키는 순서쌍 (a, b)는
　　$(16, 32)$

　② $n = 7$이면 $1 < a < a^{\frac{7}{4}} < a^2 < 1000$을 만족시키는 순서쌍 (a, b)는
　　$(16, 128)$

(ⅴ) $m \ge 5$일 때,

　$1 < a < a^{\frac{n}{m}} < a^2 < 1000$에서 $a^{\frac{n}{m}}$이 자연수이므로 $a \ge 2^5$이고

　$a^2 \ge 2^{10} = 1024$야. 따라서 $1 < a < a^{\frac{n}{m}} < a^2 < 1000$을 만족시키는 자연수 a는 존재하지 않아.

(ⅰ)~(ⅴ)에 의하여 $a+b$의 최댓값은 $27 + 243 = 270$이야.

B 123 정답 ③ *로그와 이차방정식 ········· [정답률 62%]

정답 공식: 이차방정식 $ax^2 + bx + c = 0$의 두 근을 α, β라 하면
$\alpha + \beta = -\dfrac{b}{a}$, $\alpha\beta = \dfrac{c}{a}$이다.

이차방정식 $x^2 - 3x - 3 = 0$의 두 근을 $\log_3 \alpha$, $\log_3 \beta$일 때, $\alpha\beta$의 값은? (3점)
> 단서 '이차방정식의 두 근~'라고 하면 근과 계수의 관계가 생각나야 해.

① 3　　② 9　　③27
④ 81　　⑤ 243

1st 로그의 성질과 이차방정식의 근과 계수의 관계를 이용해서 $\alpha\beta$의 값을 구해.

이차방정식 $x^2 - 3x - 3 = 0$의 두 근을 $\log_3 \alpha$, $\log_3 \beta$라 하므로 이차방정식의 근과 계수의 관계에 의해
> ┌→ [이차방정식의 근과 계수의 관계]
> 이차방정식 $ax^2 + bx + c = 0$의 두 근을 α, β라 하면

$\log_3 \alpha + \log_3 \beta = -\dfrac{-3}{1}$
　　　　　　$\alpha + \beta = -\dfrac{b}{a}$, $\alpha\beta = \dfrac{c}{a}$

$\log_3 \alpha\beta = 3$ 　$\log_3 \alpha + \log_3 \beta = \log_3 \alpha\beta$

∴ $\alpha\beta = 3^3 = 27$ 　$a > 0$, $a \ne 1$, $b > 0$일 때, $\log_a b = c \iff b = a^c$

> 정답 공식: 이차방정식 $ax^2+bx+c=0$의 두 근을 α, β라 하면 $\alpha+\beta=-\dfrac{b}{a}$, $\alpha\beta=\dfrac{c}{a}$이다.

이차방정식 $x^2-2x+a=0$의 서로 다른 두 근이 3, $\log_2 b$일 때, 상
수 a, b에 대하여 $\dfrac{a}{b}$의 값은? (3점)

[단서] 방정식의 한 근이 주어졌으니까 대입하면 등식이 성립하지

① -10 ② -6 ③ -2
④ 2 ⑤ 4

1st 이차방정식의 한 근을 대입하여 a의 값을 구하자.

이차방정식 $x^2-2x+a=0$의 한 근이 3이므로

$3^2-2\times 3+a=0$

[실수] 이차방정식의 근이란 등식이 성립하는 값이야.
$x=3$을 주어진 이차방정식에 대입하면 등식이 성립하겠지.

$\therefore a=6-9=-3$

2nd 나머지 근을 구하여 b의 값을 찾자.

즉, 이차방정식 $x^2-2x-3=0$이므로

$x^2-2x-3=(x+1)(x-3)=0$

$\therefore x=-1$ 또는 $x=3$

주어진 이차방정식의 3이 아닌 다른 한 근이 $\log_2 b$이므로

$\log_2 b=-1$ $\therefore b=2^{-1}=\dfrac{1}{2}$

$\therefore \dfrac{a}{b}=-3\div\dfrac{1}{2}=-3\times 2=-6$

✿ **로그의 기본 성질**   개념·공식

$a>0$, $a\neq 1$, $x>0$, $y>0$일 때,

① $\log_a a=1$
② $\log_a 1=0$
③ $\log_a x+\log_a y=\log_a xy$
④ $\log_a x-\log_a y=\log_a \dfrac{x}{y}$

> 정답 공식: 근과 계수의 관계를 통해 두 근의 합과 곱을 구할 수 있다.

이차방정식 $x^2-18x+6=0$의 두 근을 α, β라 할 때,
$\log_2(\alpha+\beta)-2\log_2 \alpha\beta$의 값은? (3점)

① -5 ② -4 ③ -3
④ -2 ⑤ -1

[단서] '이차방정식의 두 근이 α, β~'에서 이차방정식의 근과 계수의 관계가 떠올라야 해.

1st 주어진 이차방정식에서 근과 계수의 관계를 적용하여 $\alpha+\beta$, $\alpha\beta$의 값을 구한다.

이차방정식 $x^2-18x+6=0$의 두 근을 α, β라 하므로 근과 계수의 관계에 의하여

이차방정식 $ax^2+bx+c=0$의 두 근을 α, β라 하면 $\alpha+\beta=-\dfrac{b}{a}$, $\alpha\beta=\dfrac{c}{a}$

$\alpha+\beta=18$, $\alpha\beta=6$ $\cdots$ ㉠

2nd 로그의 성질을 이용하여 식을 간단히 하자.

$\log_2(\alpha+\beta)-2\log_2 \alpha\beta=\log_2 18-\log_2 6^2 (\because ㉠)$

$\qquad\qquad =\log_2 \dfrac{18}{36}=\log_2 \dfrac{1}{2}=-1$

> 정답 공식: 이차방정식 $ax^2+bx+c=0$의 두 근을 α, β라 하면 $\alpha+\beta=-\dfrac{b}{a}$, $\alpha\beta=\dfrac{c}{a}$이다.

이차방정식 $2x^2+5x+1=0$의 두 근을 $\log_2 \alpha$, $\log_2 \beta$라 할 때,
$(\log_2 \alpha)^2+(\log_2 \beta)^2$의 값은? (3점)

[단서] '이차방정식의 두 근~'이라고 하면 근과 계수의 관계가 생각나야 해.

① 5 ② $\dfrac{21}{4}$ ③ $\dfrac{11}{2}$ ④ $\dfrac{23}{4}$ ⑤ 6

1st 이차방정식의 근과 계수의 관계를 이용하여 두 근 $\log_2 \alpha$, $\log_2 \beta$의 합과 곱을 구하자.

이차방정식 $2x^2+5x+1=0$의 두 근이 $\log_2 \alpha$, $\log_2 \beta$이므로
이차방정식의 근과 계수의 관계에 의해

$\begin{cases}\log_2 \alpha+\log_2 \beta=-\dfrac{5}{2}\\ \log_2 \alpha\times\log_2 \beta=\dfrac{1}{2} \cdots ㉠\end{cases}$

[이차방정식의 근과 계수의 관계]
이차방정식 $ax^2+bx+c=0$의 두 근을 α, β라 하면 $\alpha+\beta=-\dfrac{b}{a}$, $\alpha\beta=\dfrac{c}{a}$

2nd 곱셈 공식의 변형을 이용하여 식의 값을 구하자.

$\therefore (\log_2 \alpha)^2+(\log_2 \beta)^2=(\log_2 \alpha+\log_2 \beta)^2-2\log_2 \alpha\times\log_2 \beta$

$\qquad =\left(-\dfrac{5}{2}\right)^2-2\times\dfrac{1}{2} (\because ㉠)=\dfrac{25}{4}-1=\dfrac{21}{4}$

> 정답 공식: $\log x=A$일 때, $\log(x\times 10^n)=\log x+n=A+n$임을 이용한다.

다음은 상용로그표의 일부이다.

[단서] 주어진 상용로그표에서 $\log 43.5$를 직접 구할 수 없지?
43.5와 숫자의 배열이 같은 상용로그의 값을 찾아 $\log 43.5$의 값을 구해야 해.

수	⋯	4	5	6	⋯
⋮	⋮	⋮	⋮	⋮	⋮
4.2	⋯	.6274	.6284	.6294	⋯
4.3	⋯	.6375	.6385	.6395	⋯
4.4	⋯	.6474	.6484	.6493	⋯

위의 표를 이용하여 $\underline{\log 43.5}$의 값을 구한 것은? (3점)

① 1.6385 ② 1.6395 ③ 1.6474 ④ 2.6385 ⑤ 2.6395

1st 상용로그표에서 $\log 4.35$의 값을 먼저 구해.

주어진 상용로그표에서 $\underline{\log 4.35=0.6385}$

주어진 상용로그표에서 4.3의 가로줄과 5의 세로줄이 만나는 수가 .6385이므로 $\log 4.35=0.6385$야.

2nd $\log 43.5$의 값을 구해.

$\therefore \log 43.5=\underline{\log(4.35\times 10)}=\log 4.35+\log 10=\log 4.35+1$

$\qquad\qquad =0.6385+1=1.6385$

$\log_a mn=\log_a m+\log_a n$

✿ **상용로그표를 이용하여 값 구하기**   개념·공식

$\log 1.23$의 값은 1.2의 가로줄과 3의 세로줄이 만나는 수가 .0899이므로
$\log 1.23=0.0899$

수	0	1	2	3	4	5	⋯
1.0	.0000	.0043	.0086	.0128	.0170	.0212	⋯
1.1	.0414	.0453	.0492	.0531	.0569	.0607	⋯
1.2	.0792	.0828	.0864	.0899	.0934	.0969	⋯
⋯	⋯	⋯	⋯	⋯	⋯	⋯	⋯

B 128 정답 ④ *상용로그표를 이용하여 값 구하기 ·· [정답률 72%]

(정답 공식: $\log 10a = 1 + \log a$)

다음은 상용로그표의 일부이다.

수	···	2	3	4	···
⋮		⋮	⋮	⋮	
3.0	···	.4800	.4814	.4829	···
3.1	···	.4942	.4955	.4969	···
3.2	···	.5079	.5092	.5105	···
3.3	···	.5211	.5224	.5237	···

단서 상용로그표를 이용하기 위해서는 32.4를 10×3.24로 놓고 식을 풀어야 해.

$\log 32.4$의 값을 위의 표를 이용하여 구한 것은? (3점)

① 0.4800 ② 0.4955 ③ 1.4955 ④ 1.5105 ⑤ 2.5105

1st 상용로그표 안의 값을 이용할 수 있게 값을 변형하자.

수	···	2	3	4	···
⋮		⋮	⋮	⋮	
3.0	···	.4800	.4814	.4829	···
3.1	···	.4942	.4955	.4969	···
3.2	···	.5079	.5092	.5105	···
3.3	···	.5211	.5224	.5237	···

$\log 32.4 = \log (10 \times 3.24)$

3.24에 대한 상용로그값을 이용할 수 있게 식을

$= \log 10 + \log 3.24$ 변형하여 로그의 성질을 이용한 거야.

$= 1 + 0.5105 \ (\because \log 3.24 = 0.5105) = 1.5105$

B 129 정답 ④ *상용로그표를 이용하여 값 구하기 ·· [정답률 90%]

[정답 공식: 진수의 소수 첫째 자리까지의 수의 가로줄과 소수 둘째 자리의 수의
세로줄이 만나는 부분의 값이 상용로그의 값임을 이용한다.]

다음은 상용로그표의 일부이다.

수	···	7	8	9
⋮	⋮	⋮	⋮	⋮
5.9	···	.7760	.7767	.7774
6.0	···	.7832	.7839	.7846
6.1	···	.7903	.7910	.7917

위의 표를 이용하여 $\log 619$의 값을 구한 것은? (3점)

단서 619는 숫자의 배열이 6.19와 동일함을 이용해.

① 1.7910 ② 1.7917 ③ 2.7903 ④ 2.7917 ⑤ 3.7903

1st 상용로그표를 이용하여 $\log 6.19$의 값을 구해.

수	···	7	8	9
⋮	⋮	⋮	⋮	⋮
5.9	···	.7760	.7767	.7774
6.0	···	.7832	.7839	.7846
6.1	···	.7903	.7910	.7917

상용로그표에서 $\underline{\log 6.19 = 0.7917}$

상용로그표의 첫 번째 열에서 6.1을 찾고 그 다음 자리의 숫자를 오른쪽의
열들에서 찾아.

2nd 로그의 성질을 이용하여 $\log 619$의 값을 구해.

$\log 619 = \log (6.19 \times 10^2)$

$= \log 6.19 + \log 10^2 = 0.7917 + 2 = 2.7917$

$\log 6.19 = 0.7917$은 상용로그표를 이용하여 구하고 $\log 10^2$은 밑이 10인
상용로그이므로 $\log 10^2 = 2\log 10 = 2$로 구해.

⚙ 상용로그의 정의   개념·공식

상용로그는 밑이 10인 로그를 뜻하고 밑을 생략해서 표현한다.

$\log_{10} A = \log A$

B 130 정답 ⑤ *상용로그표를 이용하여 값 구하기 ·· [정답률 88%]

[정답 공식: 상용로그표는 1.00에서 9.99까지의 수에 대한 상용로그의 값을
나타낸 표이므로 $\log 5.17$의 값을 상용로그표를 이용하여 구한다.]

다음은 상용로그표의 일부이다.

수	···	6	7	8	···
5.0	···	.7042	.7050	.7059	···
5.1	···	.7126	.7135	.7143	···
5.2	···	.7210	.7218	.7226	···

$\log 517$의 값을 위의 표를 이용하여 구한 것은? (3점)

단서 상용로그표에서 $\log 5.17$의 값을 구해야겠지?

① 0.7126 ② 1.7042 ③ 1.7135
④ 2.7042 ⑤ 2.7135

1st 상용로그표를 보고 $\log 5.17$에 해당하는 값을 찾자.

수	···	6	7	8	···
5.0	···	.7042	.7050	.7059	···
5.1	···	.7126	.7135	.7143	···
5.2	···	.7210	.7218	.7226	···

상용로그표에서 $\underline{\log 5.17 = 0.7135}$이므로

표의 가로줄은 상용로그 진수의 소수점 아래 둘째 자리의
수이므로 '7'에 해당하는 줄을 찾아야 해.

$\log 517 = \log (5.17 \times 10^2) = \log 5.17 + \log 10^2$

$= \log 5.17 + 2 = 2.7135$

$\log 5.17$을 상용로그표를 이용하여 구하고,
$\log 10^2$은 밑이 10인 로그이므로
$\log 10^2 = \log_{10} 10^2 = 2$

주의
진수 517을 1.00에서 9.99까지의
수가 나오도록 5.17×10^2과
같이 변형한 거야.

수능 핵강

*상용로그표 더 쉽게 읽기

표가 나오면 일단 긴장하는 학생들이 많으므로 다음 순서에 따라 확인하는
습관을 기르자.
(i) 표의 가로줄, 세로줄이 무엇을 뜻하는지 확인해봐.
(ii) 상용로그표에는 '수'라고 적혀 있으므로 숫자에 대한 정보를 알려줘.
(iii) 세로줄에는 ···, 5.0, 5.1, 5.2, ···등이 써있으므로
자연수와 소수 첫째 자리를 알려주는거야.
가로줄에는 ···, 6, 7, 8, ···이 써있으므로
소수 둘째 자리를 알려주는거야.
(iv) $\log 517 = \log 5.17 + 2$이므로 $\log 5.17$의 값을 상용로그표에서 구하여
$\log 517$의 값을 구하자.

B 131 정답 ① *상용로그표를 이용하여 값 구하기 ·· [정답률 77%]

정답 공식: log 6.04의 값을 상용로그표에서 구하려면 6.0의 가로줄과 4의 세로
줄이 만나는 곳의 수를 찾으면 된다.

다음은 상용로그표의 일부이다.

수	···	4	5	6	···
⋮		⋮	⋮	⋮	
5.9	···	.7738	.7745	.7752	···
6.0	···	.7810	.7818	.7825	···
6.1	···	.7882	.7889	.7896	···

이 표를 이용하여 구한 $\log \sqrt{6.04}$의 값은? (3점)
단서 상용로그표를 이용해 log 6.04의 값을 구하고
로그의 성질을 이용하여 $\log \sqrt{6.04}$의 값을 구해.

① 0.3905　② 0.7810　③ 1.3905　④ 1.7810　⑤ 2.3905

1st 로그의 성질과 상용로그표를 이용하여 $\log \sqrt{6.04}$의 값을 구하자.

수	···	4	5	6	···
⋮		⋮	⋮	⋮	
5.9	···	.7738	.7745	.7752	···
6.0	···	.7810	.7818	.7825	···
6.1	···	.7882	.7889	.7896	···

상용로그표에서 log 6.04=0.7810이므로

$$\log \sqrt{6.04}=\frac{1}{2}\log 6.04=\frac{1}{2}\times 0.7810=0.3905$$

로그의 성질에 의하여 $\log_a b^n=n\log_a b$

B 132 정답 ② *상용로그표를 이용하여 값 구하기 ·· [정답률 72%]

(정답 공식: 상용로그표의 가로줄과 세로줄이 만나는 값을 찾는다.)

오른쪽 상용로그표를 이용하여
$\log 134 - \log 15.3$
의 값을 계산한 것은? (3점)

① 0.9331　② 0.9424
③ 0.9428　④ 1.0250
⑤ 1.0311

수	···	2	3	4	5
1.3	···	.1206	.1239	.1271	.1303
1.4	···	.1523	.1553	.1584	.1614
1.5	···	.1818	.1847	.1875	.1903

단서 상용로그표로 구할 수 있는 진수의 범위는
1.00부터 9.99까지이므로 10의 거듭제곱을
이용하여 적절히 변형해.

1st 주어진 식을 상용로그표의 범위에 맞게 변형하자.

$\log 134 - \log 15.3 = \log(1.34\times 10^2)-\log(1.53\times 10)$ ← $\log_a xy$
$\qquad\qquad\quad = \log 1.34+2-(\log 1.53+1)$ ← $=\log_a x+\log_a y,$
$\qquad\qquad\quad = 1+\log 1.34-\log 1.53$ $\log_a a^n=n$

2nd 상용로그표를 보고, log 1.34와 log 1.53을 구하여 주어진 식을 계산하자.
상용로그표에서 1.3의 가로줄과 4의 세로줄이 만나는 지점의 수가
0.1271이므로 log1.34=0.1271
또, 상용로그표에서 1.5의 가로줄과 3의 세로줄이 만나는 지점의 수가
0.1847이므로 log1.53=0.1847
∴ $\log 134 - \log 15.3 = 1+\log 1.34-\log 1.53$
$\qquad\qquad\qquad\qquad = 1+0.1271-0.1847=0.9424$

B 133 정답 2.43 *상용로그표를 이용하여 값 구하기 ·· [정답률 65%]

(정답 공식: 상용로그표의 값에 해당하는 진수의 값을 구한다.)

오른쪽 상용로그표를 이용하여
다음 등식을 만족시키는 실수
x의 값을 구하시오. (3점)

$$\log x - \log 2.31 = 0.022$$

수	0	1	2	3	4
2.2	.3424	.3444	.3464	.3483	.3502
2.3	.3617	.3636	.3655	.3674	.3692
2.4	.3802	.3820	.3838	.3856	.3874

단서 먼저 상용로그표를 이용하여 log 2.31의 값을
구하여 주어진 식에 대입해야겠지

1st 상용로그표를 이용하여 log 2.31의 값을 구하자.
상용로그표에서 2.3의 가로줄과 1의 세로줄이 만나는 지점의 수가
0.3636이므로 log 2.31=0.3636 ··· ㉠

2nd ㉠을 주어진 식에 대입하여 log x의 값을 구하고, 이에 해당하는 실수 x의
값을 상용로그표를 이용하여 찾아보자.

log x − 0.3636 = 0.022
log x = 0.022 + 0.3636 = 0.3856
상용로그표에서 값이 0.3856인
x를 찾으면 x=2.43

수	0	1	2	3	4
2.2	.3424	.3444	.3464	.3483	.3502
2.3	.3617	.3636	.3655	.3674	.3692
2.4	.3802	.3820	.3838	.3856	.3874

B 134 정답 ⑤ *상용로그표를 이용하여 값 구하기 ·· [정답률 82%]

정답 공식: 상용로그표는 1.00에서 9.99까지의 수에 대한 상용로그의 값을 나타
낸 표이므로 log 3.14의 값을 상용로그표를 이용하여 구한다.

다음은 상용로그표의 일부이다.

수	···	4	5	6	···
⋮		⋮	⋮	⋮	
3.1	···	.4969	.4983	.4997	···
3.2	···	.5105	.5119	.5132	···
3.3	···	.5237	.5250	.5263	···

$\log(3.14\times 10^{-2})$의 값을 위의 표를 이용하여 구한 것은? (3점)

① −2.5119　② −2.5031　③ −2.4737
④ −1.5119　⑤ −1.5031

단서 상용로그표에서 3.1에서 그은 가로선과
4에서 그은 세로선이 만나는 곳에 있는
수가 3.14의 상용로그의 값이야.

1st 상용로그표를 보고 log3.14에 해당하는 값을 찾자.

수	···	4	5	6	···
⋮		⋮	⋮	⋮	
3.1	···	.4969	.4983	.4997	···
3.2	···	.5105	.5119	.5132	···
3.3	···	.5237	.5250	.5263	···

상용로그표에서 3.1에서 그은 가로선과 4에서 그은 세로선이 만나는 곳
└→[상용로그표]
0.01의 간격으로 1.00에서 9.99까지의 수에 대한 상용로그의 값을
반올림하여 소수점 아래 넷째 자리까지 나타낸 표야.
에 있는 수가 0.4969이므로 log 3.14=0.4969이다.
$\log(3.14\times 10^{-2})=\log 3.14 + \log 10^{-2}$ ← 표의 가로줄의 숫자는 상용로그
$\qquad\qquad\qquad\quad = \log 3.14 - 2$ 진수의 소수점 둘째 자리의 수야.
∴ $\log(3.14\times 10^{-2})=0.4969-2=-1.5031$

B 135 정답 ④ *합 또는 차가 정수가 되는 상용로그 ─ [정답률 65%]

[정답 공식: $10^m < A < 10^n$일 때, $\log A = k$ (k는 정수)이면 $A = 10^k$이고, $m < k < n$이다.]

$1 < x < 100$일 때, $\log x^3$과 $\log x\sqrt{x}$의 차가 정수가 되도록 하는 x의 값들을 모두 곱한 것은? (3점)

단서 로그의 차를 구하고, 주어진 범위를 변형하여 로그의 차의 범위가 구해지면 정수가 되는 경우만 따지면 돼.

① $\sqrt[3]{100}$ ② $10\sqrt[3]{10}$ ③ $10\sqrt{10}$ ④ 100   ⑤ $100\sqrt{10}$

1st 주어진 두 상용로그의 차를 구하자.

$$\log x^3 - \log x\sqrt{x} = \log x^3 - \log x^{\frac{3}{2}} \quad {\scriptstyle x\sqrt{x} = x^1 \times x^{\frac{1}{2}} = x^{1+\frac{1}{2}} = x^{\frac{3}{2}}}$$
$$= 3\log x - \frac{3}{2}\log x = \frac{3}{2}\log x$$

2nd 조건을 만족시키는 x의 값을 구하자.

$\underline{1 < x < 100}$이므로 $0 < \log x < 2$ ${\scriptstyle 1 < x < 100 = 10^0 < x < 10^2}$이므로 ${\scriptstyle \log 10^0 < \log x < \log 10^2}$ ${\scriptstyle 즉\ 0 < \log x < 2}$

각 변에 $\frac{3}{2}$을 곱하면 $0 < \frac{3}{2}\log x < 3$

$\frac{3}{2}\log x$는 정수이므로 $\frac{3}{2}\log x = 1$ 또는 $\frac{3}{2}\log x = 2$에서

$\log x = \frac{2}{3}$ 또는 $\log x = \frac{4}{3}$

$\therefore x = 10^{\frac{2}{3}}$ 또는 $x = 10^{\frac{4}{3}}$ ($\because \log_a x = N \Longleftrightarrow x = a^N$)

따라서 구하는 값은 $10^{\frac{2}{3}} \times 10^{\frac{4}{3}} = 10^{\frac{2}{3}+\frac{4}{3}} = 10^2 = 100$

🎲 다른 풀이: **두 로그의 차가 정수가 되려면 밑의 숫자배열이 일치해야 함을 이용하여 값 구하기**

$\log x^3$과 $\log x\sqrt{x}$의 차가 정수가 되려면 두 로그의 값에서 소수 부분이 같아야 해. 즉, x^3과 $x\sqrt{x}$의 자릿수는 달라도 숫자배열이 일치해야 하므로

$x^3 = x\sqrt{x} \times 10^n$ (n은 정수)

따라서 $x^{\frac{3}{2}} = 10^n$이고 $1 < x < 100$이므로

$1 < x^{\frac{3}{2}} < 10^3$에서 $0 < n < 3$을 만족시키는 정수 n의 값은 1, 2야.

$\underset{\parallel}{1} < \underset{\parallel}{x^{\frac{3}{2}}} < \underset{\parallel}{10^3}$
$\quad 10^0 \quad 10^n \quad (10^2)^{\frac{3}{2}}$

$x^{\frac{3}{2}} = 10^1$ 또는 $x^{\frac{3}{2}} = 10^2 \Rightarrow x = 10^{\frac{2}{3}}$ 또는 $x = 10^{\frac{4}{3}}$

(이하 동일)

B 136 정답 4 *합 또는 차가 정수가 되는 상용로그 ─ [정답률 60%]

[정답 공식: $10^m < A < 10^n$일 때, $\log A = k$ (k는 정수)이면 $A = 10^k$이고, $m < k < n$이다.]

$100 < x < 10000$일 때, $\log x^2$과 $\log \sqrt{x}$의 합이 정수가 되도록 하는 x의 개수를 구하시오. (3점)

단서 주어진 조건을 이용하여 로그의 합의 범위를 구하고, 정수가 되는 경우만 따지자.

1st 주어진 두 상용로그의 합을 구하자.

$$\log x^2 + \log \sqrt{x} = \log x^2 + \log x^{\frac{1}{2}} = 2\log x + \frac{1}{2}\log x = \frac{5}{2}\log x$$

2nd 조건을 만족시키는 x의 값을 구하자. ${\scriptstyle 10^2 < x < 10^4}$이므로 ${\scriptstyle \log 10^2 < \log x < \log 10^4,}$ ${\scriptstyle 즉\ 2 < \log x < 4}$야.

$\underline{100 < x < 10000}$이므로 $2 < \log x < 4$

각 변에 $\frac{5}{2}$를 곱하면 $5 < \frac{5}{2}\log x < 10$이고, $\frac{5}{2}\log x$는 정수이므로

$\frac{5}{2}\log x = 6, 7, 8, 9$

$\log x = \frac{12}{5}, \frac{14}{5}, \frac{16}{5}, \frac{18}{5}$ $\therefore x = 10^{\frac{12}{5}}, 10^{\frac{14}{5}}, 10^{\frac{16}{5}}, 10^{\frac{18}{5}}$

따라서 구하는 x의 개수는 4이다.

B 137 정답 ③ *합 또는 차가 정수가 되는 상용로그 ─ [정답률 60%]

[정답 공식: $10^m < A < 10^n$일 때, $\log A = k$ (k는 정수)이면 $A = 10^k$이고, $m < k < n$이다.]

x가 세 자리의 자연수, y가 두 자리의 자연수일 때, $\log x$와 $\log y$의 합이 정수가 되도록 하는 xy의 값을 모두 구한 것은? (3점)

단서 먼저 $\log x$와 $\log y$의 각각의 범위를 구해.

① $10, 10^3$ ② $10^2, 10^3$ ③ $10^3, 10^4$

④ $10^4, 10^4$ ⑤ $10^4, 10^5$

1st 주어진 두 로그의 합의 범위를 구하자.

$100 \le x < 1000$이므로 $2 \le \log x < 3$ ··· ㉠
$10 \le y < 100$이므로 $1 \le \log y < 2$ ··· ㉡

㉠+㉡을 하면   실수 🔄 ${\scriptstyle 100 \le x < 1000 \Rightarrow 10^2 \le x < 10^3 \Rightarrow 2 \le \log x < 3,}$ ${\scriptstyle 10 \le y < 100 \Rightarrow 10^1 \le y < 10^2 \Rightarrow 1 \le \log y < 2}$

$3 \le \log x + \log y < 5$

$3 \le \log xy < 5$

2nd 두 로그의 합이 정수일 때의 xy의 값을 구하자.

$\log xy$가 정수이므로

$\log xy = 3$ 또는 $\log xy = 4$

$\therefore xy = 10^3$ 또는 $xy = 10^4$

B 138 정답 ③ *상용로그의 응용 – 식 대입 ──────── [정답률 85%]

(정답 공식: P_A, P_B에 대한 식을 정리한 뒤, 두 식의 양변을 각각 뺀다.)

디지털 사진을 압축할 때 원본 사진과 압축한 사진의 다른 정도를 나타내는 지표인 최대 신호 대 잡음비를 P, 원본 사진과 압축한 사진의 평균제곱오차를 E라 하면 다음과 같은 관계식이 성립한다고 한다. $P = 20\log 255 - 10\log E$ $(E > 0)$ ··· ⓐ
두 원본 사진 A, B를 압축했을 때 최대 신호 대 잡음비를 각각 P_A, P_B라 하고, 평균제곱오차를 각각 E_A $(E_A > 0)$, E_B $(E_B > 0)$이라 하자. $E_B = 100E_A$일 때, $P_A - P_B$의 값은? (3점)

① 30   ② 25   ③ 20

④ 15   ⑤ 10

단서 식 ⓐ에 대입하여 $P_A - P_B$를 정리해. 이때, $\frac{E_B}{E_A} = 100$이니까 $\log \frac{E_B}{E_A} = 2$이지?

1st 주어진 관계식에 두 원본 사진 A, B에 대한 각각의 조건을 대입해.

두 원본 사진 A, B를 압축했을 때 최대 신호 대 잡음비가 각각 P_A, P_B이고, 평균제곱오차가 각각 E_A, E_B이므로 주어진 관계식에 대입하면

$P_A = 20\log 255 - 10\log E_A$ ··· ㉠
$P_B = 20\log 255 - 10\log E_B$ ··· ㉡

2nd $E_B = 100E_A$를 이용하여 $P_A - P_B$의 값을 구하자.

㉠-㉡을 하면

$P_A - P_B = 20\log 255 - 10\log E_A - (20\log 255 - 10\log E_B)$
$\qquad = \underline{10\log E_B - 10\log E_A} \to {\scriptstyle n\log a - n\log b = n(\log a - \log b)}$ ${\scriptstyle = n\log \frac{a}{b}}$
$\qquad = 10\log \frac{E_B}{E_A} = 10\log 100 \leftarrow {\scriptstyle E_B = 100E_A}$이니까 ${\scriptstyle \frac{E_B}{E_A} = 100}$
$\qquad = 10\log 10^2 = 20$
$\qquad\quad {\scriptstyle 상용로그는\ 밑이\ 10이니까\ \log_{10} 10^2 = 2\log_{10} 10 = 2}$

B 139 정답 ④ *상용로그의 응용 – 식 대입 ········· [정답률 85%]

[정답 공식: $\frac{V}{C}=2$, $\frac{t}{t_0}=\frac{7}{2}$일 때 k의 값을 구한다.]

도로용량이 C인 어느 도로구간의 교통량을 V, 통행시간을 t라 할 때, 다음과 같은 관계식이 성립한다고 한다.

$$\log\left(\frac{t}{t_0}-1\right)=k+4\log\frac{V}{C}\ (t>t_0)\ \cdots\ @$$

(단, t_0는 도로 특성 등에 따른 기준통행시간이고, k는 상수이다.)
이 도로구간의 교통량이 도로용량의 2배일 때 통행시간은 기준 통행시간 t_0의 $\frac{7}{2}$배이다. k의 값은? (3점) 단서 $V=2C$, $t=\frac{7}{2}t_0$이니까 식 @에 대하여 정리해야겠네.

① $-4\log 2$ ② $1-7\log 2$ ③ $-3\log 2$
④ $1-6\log 2$ ⑤ $1-5\log 2$

1st 주어진 조건에서 V와 C, t와 t_0의 비를 확인하여 관계식에 대입하자.

교통량이 도로용량의 2배이고 통행시간은 기준통행시간의 $\frac{7}{2}$배이므로

$\underbrace{}_{\frac{V}{C}=2}$ $\underbrace{}_{\frac{t}{t_0}=\frac{7}{2}}$

관계식 $\log\left(\frac{t}{t_0}-1\right)=k+4\log\frac{V}{C}$에 대입하면

$\log\left(\frac{7}{2}-1\right)=k+4\log 2$ 실수 → 상용로그는 밑이 10이므로 $\log 2=\log_{10} 2$로 생각하자.

$\therefore k=\log\frac{5}{2}-4\log 2$ $\underbrace{}_{\log\frac{a}{b}=\log a-\log b}$

$=(\log 5-\log 2)-4\log 2$ 함정 로그함수의 성질을 이용하여 다른 수로 나타낼 수 있으면 문제를 풀 때 도움이 돼.

$=\log 5-5\log 2$

$=(1-\log 2)-5\log 2$ $\log\frac{10}{2}=\log 10-\log 2$, 즉 $\log 5$를 $\log 2$로 표현하는 방법을 알고 있으면 좋아.

$=1-6\log 2$

🔖 로그의 성질 개념·공식

$a>0$, $a\neq 1$, $x>0$, $y>0$일 때,
① $\log_a a=1$
② $\log_a 1=0$
③ $\log_a x+\log_a y=\log_a xy$
④ $\log_a x-\log_a y=\log_a\frac{x}{y}$

B 140 정답 ① *상용로그의 응용 – 식 대입 ········· [정답률 87%]

[정답 공식: $D=20$, $R=81$을 대입한다.]

세대당 종자의 **평균 분산거리**가 D이고 세대당 종자의 증식률이 R인 나무의 10세대 동안 확산에 의한 이동거리를 L이라 하면 다음과 같은 관계식이 성립한다고 한다. 단서 식 @에서 미지수 D, R가 문제에서 무엇으로 주어졌는지 확인하는 게 우선이지?

$$L^2=100D^2\times\log_3 R\ \cdots\ @$$

세대당 종자의 평균 분산거리가 20이고 세대당 종자의 증식률이 81인 나무의 10세대 동안 확산에 의한 이동거리 L의 값은? $\Rightarrow D$ $\Rightarrow R$
(단, 거리의 단위는 m이다.) (4점)

① 400 ② 500 ③ 600 ④ 700 ⑤ 800

1st 주어진 조건을 관계식에 대입하여 L의 값을 구해.

주어진 조건에서 평균 분산거리가 20이고, 세대당 종자의 증식률이 81이므로 $\underbrace{}_{D=20}$ $\underbrace{}_{R=81}$

관계식에 대입하면

$L^2=100\times 20^2\times\log_3 81=100\times 20^2\times\underbrace{\log_3 3^4}_{\log_a a^n=n}$

$=100\times 20^2\times 4=400^2$

$\underbrace{}_{■^2=▲^2일\ 때,\ ■,\ ▲가\ 둘\ 다\ 양수이면\ ■=▲야.}$

$\therefore L=400$

B 141 정답 ④ *상용로그의 응용 – 식의 대입 ········· [정답률 63%]

[정답 공식: $\log_a x-\log_a y=\log_a\frac{x}{y}$]

별의 밝기를 나타내는 방법으로 절대 등급과 광도가 있다. 임의의 두 별 A, B에 대하여 별 A의 절대 등급과 광도를 각각 M_A, L_A라 하고, 별 B의 절대 등급과 광도를 각각 M_B, L_B라 하면 다음과 같은 관계식이 성립한다고 한다. 단서 관계식이 주어졌어. 이것에 적절히 수를 대입하자.

$$M_A-M_B=-2.5\log\left(\frac{L_A}{L_B}\right)\ (단,\ 광도의\ 단위는\ W이다.)$$

절대 등급이 4.8인 별의 광도가 L일 때, 절대 등급이 1.3인 별의 광도는 kL이다. 상수 k의 값은? (3점)

① $10^{\frac{11}{10}}$ ② $10^{\frac{6}{5}}$ ③ $10^{\frac{13}{10}}$ ④ $10^{\frac{7}{5}}$ ⑤ $10^{\frac{3}{2}}$

1st 주어진 식에 조건을 대입하여 상수 k의 값을 구하자.

주어진 것은 임의의 두 별 A, B에 대하여 별 A의 절대 등급과 광도를 각각 M_A, L_A라 하고, 별 B의 절대 등급과 광도를 각각 M_B, L_B라 하면

$$M_A-M_B=-2.5\log\left(\frac{L_A}{L_B}\right)\ (단,\ 광도의\ 단위는\ W이다.)\ \cdots\ \bigcirc$$

실수 → 관계식이 나오면 그 식에 값을 적당히 대입하는 게 중요해. 관계식은 이미 검증되어 나온 것이기 때문에 왜 그렇게 나왔는지 알 필요는 없어. 주어진 조건을 어떻게 실수 없이 대입할지만 생각하면 돼.

절대 등급이 4.8인 별의 광도가 L일 때, 절대 등급이 1.3인 별의 광도는 kL인 두 별의 조건을 ㉠에 대입하면

$$4.8-1.3=-2.5\log\left(\frac{L}{KL}\right)$$

$3.5=-2.5\log\frac{1}{k}$, $\underbrace{3.5=2.5\log k}_{-\log\frac{1}{k}=\log\left(\frac{1}{k}\right)^{-1}=\log k}$

$\log k=\frac{3.5}{2.5}=\frac{7}{5}$

$\therefore k=10^{\frac{7}{5}}$ $\underbrace{}_{a\neq 1,\ a>0,\ b>0일\ 때, a^x=b\Longleftrightarrow x=\log_a b}$

B 142 정답 ② *상용로그의 응용 – 식 대입 [정답률 66%]

[정답 공식: 약물 A와 관련된 조건을 관계식에 대입하여 c의 값을 얻는다. c의 값과 약물 B와 관련된 조건을 관계식에 대입해 a를 얻는다.]

약물을 투여한 후 약물의 흡수율을 K, 배설률을 E, 약물의 혈중농도가 최고치에 도달하는 시간을 T(시간)라 할 때, 다음과 같은 관계식이 성립한다고 한다. **단서** 주어진 조건을 잘 따져보고 관계식에 대입하자.

$$T = c \times \frac{\log K - \log E}{K - E} \quad \text{(단, } c\text{는 양의 상수이다.)}$$

흡수율이 같은 두 약물 A, B의 배설률은 각각 흡수율의 $\frac{1}{2}$배, $\frac{1}{4}$배이다. 약물 A를 투여한 후 약물 A의 혈중농도가 최고치에 도달하는 시간이 3시간일 때, 약물 B를 투여한 후 약물 B의 혈중농도가 최고치에 도달하는 시간은 a(시간)이다. a의 값은? (4점)

① 3   ② 4   ③ 5
④ 6   ⑤ 7

1st 주어진 조건을 이용해서 A, B의 흡수율과 배설률, 시간에 대한 관계식을 얻어야 해.
복잡해 보이지만 주어진 조건을 관계식에 대입하면 간단히 정리할 수 있어.

두 약물 A, B의 흡수율을 각각 K_A, K_B, 배설률을 각각 E_A, E_B, 혈중농도가 최고치에 도달하는 시간을 각각 T_A, T_B라 하면
두 약물의 흡수율이 같으므로 $K_A = K_B$

두 약물 A, B의 배설률은 각각 흡수율의 $\frac{1}{2}$배, $\frac{1}{4}$배이므로

$E_A = \frac{1}{2}K_A$, $E_B = \frac{1}{4}K_B$ → 두 약물의 관계식을 세운 후 주어진 관계식에 대입하면 간단히 정리가 돼.

약물 A를 투여한 후 약물 A의 혈중농도가 최고치에 도달하는 시간이 3시간이므로 $T_A = 3$, 즉

$$T_A = c \times \frac{\log K_A - \log E_A}{K_A - E_A}$$

$$= c \times \frac{\log K_A - \log \frac{1}{2}K_A}{K_A - \frac{1}{2}K_A}$$

$$= c \times \frac{\log 2}{\frac{1}{2}K_A}$$

$$= c \times \frac{2\log 2}{K_A}$$

$$= 3$$

$$\therefore c = \frac{3K_A}{2\log 2}$$

2nd 약물 B에 대한 관계식을 세우고 앞에서 구한 상수 c를 대입해서 정리해.

한편, 약물 B를 투여한 후 약물 B의 혈중농도가 최고치에 도달하는 시간을 T_B라 하면

$$T_B = c \times \frac{\log K_B - \log E_B}{K_B - E_B}$$

이 식에 $K_A = K_B$, $E_B = \frac{1}{4}K_B = \frac{1}{4}K_A$, $c = \frac{3K_A}{2\log 2}$를 대입하면

$$T_B = \frac{3K_A}{2\log 2} \times \frac{\log K_A - \log \frac{1}{4}K_A}{K_A - \frac{1}{4}K_A} \quad \rightarrow \log \frac{K_A}{\frac{1}{4}K_A} = \log 4$$

$$= \frac{3K_A}{2\log 2} \times \frac{\log 4}{\frac{3}{4}K_A} = \frac{3}{\frac{3}{4}} = 4 \rightarrow 2\log 2$$

$$\therefore a = 4$$

B 143 정답 ② *상용로그의 응용 – 식 대입 [정답률 67%]

(정답 공식: 열차 A, B에 대한 식을 각각 만들고, 두 식을 뺀다.)

고속철도의 최고소음도 $L(\text{dB})$을 예측하는 모형에 따르면 한 지점에서 가까운 선로 중앙 지점까지의 거리를 $d(\text{m})$, 열차가 가까운 선로 중앙 지점을 통과할 때의 속력을 $v(\text{km/h})$라 할 때, 다음과 같은 관계식이 성립한다고 한다.

$$L = 80 + 28\log \frac{v}{100} - 14\log \frac{d}{25} \cdots ⓐ$$

❶ 가까운 선로 중앙 지점 P까지의 거리가 75 m인 한 지점에서 속력이 서로 다른 두 열차 A, B의 최고소음도를 예측하고자 한다. **❷** 열차 A가 지점 P를 통과할 때의 속력이 열차 B가 지점 P를 통과할 때의 속력의 0.9배일 때, 두 열차 A, B의 예측 최고소음도를 각각 L_A, L_B라 하자. $L_B - L_A$의 값은? (4점) **단서** ⓐ를 가지고 ❶과 ❷의 자료를 대입하여 L_A, L_B를 정리하자. 이때, ❷에서 $v_A = 0.9v_B$지?

① $14 - 28\log 3$ ② $28 - 56\log 3$ ③ $28 - 28\log 3$
④ $56 - 34\log 3$ ⑤ $56 - 56\log 3$

1st 주어진 L, d, v의 관계식을 이용하여 L_A와 L_B를 각각 구해.

열차 A가 지점 P를 통과할 때의 속력을 v_A, 열차 B가 지점 P를 통과할 때의 속력을 v_B라 하면 v_A가 v_B의 0.9배이므로 $v_A = 0.9v_B$
또한, 두 열차 모두 가까운 선로 중앙 지점 P까지의 거리 d가 75 m로 같으므로 두 열차 A, B의 최고소음도인 L_A와 L_B를 각각 구하면

$$L_A = 80 + 28\log \frac{v_A}{100} - 14\log \frac{75}{25}$$

$$= 80 + 28\log \frac{0.9v_B}{100} - 14\log \frac{75}{25} \cdots ㉠ \quad \leftarrow v_B\text{로 나타내기}$$

$$L_B = 80 + 28\log \frac{v_B}{100} - 14\log \frac{75}{25} \cdots ㉡$$

2nd $L_B - L_A$의 값을 구하자.

㉡-㉠을 하면 → $n\log a - n\log b = n(\log a - \log b) = n\log \frac{a}{b}$

$$L_B - L_A = 28\log \frac{v_B}{100} - 28\log \frac{0.9v_B}{100}$$

$$= 28\log \frac{\frac{v_B}{100}}{\frac{0.9v_B}{100}}$$

$$= 28\log \frac{1}{0.9} \quad \text{선택지의 값이 } \log 3 \text{으로 표현되었으니까 변형하자.}$$

$$= 28\log \frac{10}{9}$$

$$= 28(\log 10 - \log 9)$$

$$\underset{\log_a a = 1}{} \quad \underset{= \log 3^2 = 2\log 3}{}$$

$$= 28(1 - 2\log 3)$$

$$= 28 - 56\log 3$$

수능 핵강

* 로그 활용 문제 해결의 열쇠!

로그의 활용 문제에서 제일 중요한 것은 **주어진 숫자나 조건을 주어진 식에 대입하는** 거야. 문제를 꼼꼼히 읽어 각 문자가 뜻하는 것을 알아차리는 게 문제 해결의 key란 얘기지. 앞에 길게 나온 설명에서 각 문자가 뜻하는 것을 밑줄치고 파악하는 것도 좋은 방법이야.

(정답 공식: 주어진 값을 관계식에 대입해서 비를 구한다.)

어떤 앰프에 스피커를 접속 케이블로 연결하여 작동시키면 접속 케이블의 저항과 스피커의 임피던스(스피커에 교류전류가 흐를 때 생기는 저항)에 따라 전송 손실이 생긴다. 접속 케이블의 저항을 R, 스피커의 임피던스를 r, 전송 손실을 L이라 하면 다음과 같은 관계식이 성립한다고 한다.

$$L=10\log\left(1+\frac{2R}{r}\right) \cdots ⓐ$$

(단, 전송 손실의 단위는 dB, 접속 케이블의 저항과 스피커의 임피던스의 단위는 Ω이다.)

이 앰프에 임피던스가 8인 스피커를 저항이 5인 접속 케이블로 연결하여 작동시켰을 때의 전송 손실은 저항이 a인 접속 케이블로 교체하여 작동시켰을 때의 전송 손실의 2배이다. 양수 a의 값은? (4점)

단서 식 ⓐ에 ❶과 ❷의 자료를 대입해서 전송 손실 L에 관한 관계식을 구해.

① $\frac{1}{2}$　　　　② 1　　　　③ $\frac{3}{2}$

④2　　　　⑤ $\frac{5}{2}$

엠프　　　접속 케이블　　　스피커

1st 주어진 식에 각각 r과 R의 자료를 대입해 관계식을 만들어.

임피던스가 8인 스피커를 저항이 5인 접속 케이블로 연결하여 작동시켰을
　$r=8$　　　　　$R=5$
때의 전송 손실은 저항이 a인 접속 케이블로 교체하여 작동시켰을 때의
　　　　　　　　　　　　→ $R=a$
전송 손실의 2배이므로

$$10\log\left(1+\frac{2\times5}{8}\right)=2\times10\log\left(1+\frac{2a}{8}\right)$$

임피던스는 8로 같고, 저항이 5일 때의 전송 손실이 저항이 a일 때의 2배가 되는 거야.

$$\log\frac{9}{4}=\log\left(1+\frac{2a}{8}\right)^2$$

$$\left(1+\frac{a}{4}\right)^2=\frac{9}{4}=\left(\frac{3}{2}\right)^2$$

주의 $\log_a b=\log_a c$이면 $b=c$임을 이용하자.

$$1+\frac{a}{4}=\frac{3}{2}\ (\because a>0)$$

$$\therefore a=2$$

✿ 로그의 기본 성질　　　　개념·공식

$a>0$, $a\ne1$, $x>0$, $y>0$일 때,

① $\log_a a=1$
② $\log_a 1=0$
③ $\log_a x+\log_a y=\log_a xy$
④ $\log_a x-\log_a y=\log_a \dfrac{x}{y}$

[정답 공식: P, Q에 대해서 식을 각각 정리하고 두 식을 나누면 다른 문자들은 제거되고 k만 남는다.]

컴퓨터 통신이론에서 디지털 신호를 아날로그 신호로 바꾸는 통신장치의 성능을 평가할 때, 전송대역폭은 중요한 역할을 한다. 서로 다른 신호요소의 개수를 L, 필터링과 관련된 변수를 r, 데이터 전송률을 R(bps), 신호의 전송대역폭을 B(Hz)라고 할 때, 다음의 식이 성립한다고 한다.

단서 ⓐ를 가지고 ❶과 ❷의 자료를 대입하여 정리해. 이때, P, Q의 데이터 전송률이 같으니까 $R_P=R_Q$야.

$$B=\left(\frac{1+r}{\log_2 L}\right)\times R \cdots ⓐ$$

데이터 전송률이 같은 두 통신장치 P, Q의 서로 다른 신호요소의 개수, 필터링과 관련된 변수, 신호의 전송대역폭이 다음과 같을 때, k의 값은? (4점)

	서로 다른 ⇒ L 신호요소의 개수	필터링과 ⇒ r 관련된 변수	신호의 ⇒ B 전송대역폭
❶P	l^3	0.32	b
❷Q	l	k	$4b$

① 0.74　　　② 0.75　　　③ 0.76

④ 0.77　　　⑤ 0.78

1st 주어진 식에 두 통신장치 P, Q의 조건의 값들을 각각 대입하여 k의 값을 구해.

두 통신장치 P, Q에서의 신호의 전송대역폭을 각각 구하면
P : $L=l^3$, $r=0.32$, $B=b$이고, Q : $L=l$, $r=k$, $B=4b$

$$b=\left(\frac{1+0.32}{\log_2 l^3}\right)\times R \cdots ㉠$$

$$4b=\left(\frac{1+k}{\log_2 l}\right)\times R \cdots ㉡$$

㉠을 ㉡에 대입하면

$$4\left(\frac{1+0.32}{\log_2 l^3}\right)\times R=\left(\frac{1+k}{\log_2 l}\right)\times R$$

→ $\log_a b^n=n\log_a b$

$$\frac{4\times1.32}{3\log_2 l}=\frac{1+k}{\log_2 l},\ 1.76=1+k$$

$$\therefore k=0.76$$

✿ 로그　　　　개념·공식

(1) 로그가 정의될 조건
　① $a^x=N \iff x=\log_a N$
　② $\log_a N$에서 a를 로그의 밑, N을 로그의 진수라고 한다. 이때, 로그가 정의되기 위한 조건은 다음과 같다.
　　(i) 밑의 조건 : $a>0$, $a\ne1$
　　(ii) 진수의 조건 : $N>0$

(2) 로그의 중요한 성질
　a, b, x, y가 양수이고, $a\ne1$, $b\ne1$일 때,
　① $\log_a a=1$
　② $\log_a 1=0$
　③ $\log_a x+\log_a y=\log_a xy$
　④ $\log_a x-\log_a y=\log_a \dfrac{x}{y}$
　⑤ $\log_a b=\dfrac{\log_c b}{\log_c a}$
　⑥ $\log_a b=\dfrac{1}{\log_b a}$

[정답 공식: 주어진 값을 관계식에 대입해서 식을 정리한 후, 구하고자 하는 값을 찾는다.]

맥동변광성은 팽창과 수축을 반복하여 광도가 바뀌는 별이다. 맥동변광성의 반지름의 길이가 $R_1(km)$, 표면온도가 $T_1(K)$일 때의 절대등급이 M_1이고, 이 맥동변광성이 팽창하거나 수축하여 반지름의 길이가 $R_2(km)$, 표면온도가 $T_2(K)$일 때의 절대등급을 M_2라고 하면 이들 사이에는 다음 관계식이 성립한다고 한다.

$$M_2 - M_1 = 5\log \frac{R_1}{R_2} + 10\log \frac{T_1}{T_2} \cdots ⓐ$$

어느 ❶ 맥동변광성의 반지름의 길이가 $5.88 \times 10^6 (km)$, 표면온도가 $5000(K)$일 때의 절대등급이 0.7이었고, ❷ 이 맥동변광성이 수축하여 반지름의 길이가 $R(km)$, 표면온도가 $7000(K)$일 때의 절대등급이 -0.3이었다. 이때, R의 값은? (4점)

① $3 \times 10^{6.2}$ ② $2.5 \times 10^{6.2}$ ③ $3 \times 10^{6.1}$
④ $2 \times 10^{6.2}$ ⑤ $2.5 \times 10^{6.1}$

단서 ⓐ를 가지고 수축 전후의 ❶과 ❷의 자료를 대입하여 정리해. 이때, ❷가 수축 시 자료이니까 실수없이 대입하자.

1st 수축 전후로 자료를 정리하여 식을 세우자.

어느 맥동변광성의 반지름의 길이가 $\underbrace{5.88 \times 10^6 (km)}_{=R_1}$, 표면온도가 $\underbrace{5000(K)}_{=T_1}$일 때의 절대등급이 $\underbrace{0.7}_{=M_1}$이었고, 이 맥동변광성이 수축하여 반지름의 길이가 $\underbrace{R(km)}_{=R_2}$, 표면온도가 $\underbrace{7000(K)}_{=T_2}$일 때의 절대등급이 $\underbrace{-0.3}_{=M_2}$이었으므로

$M_2 - M_1 = 5\log \frac{R_1}{R_2} + 10\log \frac{T_1}{T_2}$에 대입하면

주의 문제에서 얻은 정보를 해당하는 식에 정확하게 비교하여 대입할 수 있어야 해.

$$-0.3 - 0.7 = 5\log \frac{5.88 \times 10^6}{R} + 10\log \frac{5000}{7000}$$

2nd 로그의 성질을 사용하여 식을 계산하여 R의 값을 구해.

$-1 = 5\log \frac{5.88 \times 10^6}{R} + 10\log \frac{5}{7}$의 양변을 5로 나누면

$$-0.2 = \log \frac{5.88 \times 10^6}{R} + 2\log \frac{5}{7}$$

$\log a + n\log b = \log a + \log b^n = \log ab^n$

$$= \log \left\{ \frac{5.88 \times 10^6}{R} \times \left(\frac{5}{7}\right)^2 \right\}$$

$$= \log \frac{\frac{588}{100} \times 10^6 \times 25}{49R} = \log \frac{3 \times 10^6}{R}$$

$10^{-0.2} = \frac{3 \times 10^6}{R}$ 로그의 정의를 이용하여 진수에 있는 R에 대한 식으로 표현해. 즉 $\log x = a$이므로 $x = 10^a$이야.

$$\therefore R = \frac{3 \times 10^6}{10^{-0.2}} = 3 \times 10^{6.2}$$

$\frac{a \times b^m}{b^n} = ab^{m-n}$

❀ 로그의 정의 개념·공식

$a > 0$, $a \neq 1$이고 $N > 0$일 때,

$a^x = N \iff x = \log_a N$

$\log_a N$은 a를 밑으로 하는 N의 로그라고 한다. 또, N을 진수라고 한다.

[정답 공식: 도시화된 지역의 넓이가 25 % 확장되었을 때 도시의 중심온도는 $1.6\log 1.25$만큼 높아진다.]

어느 도시의 중심온도 $u(℃)$, 근교의 농촌온도 $r(℃)$, 도시화된 지역의 넓이 $a(km^2)$ 사이에는 다음과 같은 관계가 있다고 한다.

$$u = r + 0.65 + 1.6\log a \cdots ⓐ$$

$\Rightarrow a(1 + 0.25)$

10년 전에 비하여 이 도시의 도시화된 지역의 넓이가 25 % 확장되었고 근교의 농촌온도는 변하지 않았을 때, 도시의 중심온도는 10년 전에 비하여 $x(℃)$ 높아졌다. x의 값은? (단, 도시 중심의 위치는 10년 전과 같고, $\log 2$는 0.30으로 계산한다.) (3점)

$\Rightarrow u + x$

① 0.12 ② 0.13 ③ 0.14
④ 0.15 ⑤ 0.16

단서 10년 전후로 u, r 값을 확인한 후 ⓐ에 대입하여 식을 정리해. 이때, 농촌온도 r는 일정!!

1st 10년 전과 현재의 중심온도에 대한 관계식을 각각 세워 봐.

10년 전의 중심온도를 u_0, 현재의 중심온도를 u, 도시화된 지역의 넓이를 a라 하자. $\Rightarrow u_0 = r + 0.65 + 1.6\log a$

10년 전에 비하여 이 도시의 도시화된 지역의 넓이가 25 % 확장되었고 근교의 농촌온도가 변하지 않았다고 하므로

$a(1 + 0.25)$로 나타낼 수 있지? 이때, 축소이면 $a(1 - 0.25)$

$u = r + 0.65 + 1.6\log 1.25a$ → $\log ab = \log a + \log b$까지 알아 두자.

$\begin{aligned} &= r + 0.65 + 1.6\log a + 1.6\log 1.25 \\ &= u_0 + 1.6\log 1.25 \end{aligned}$

주의 문제에서 얻은 정보를 해당하는 식에 정확하게 대입하자.

$\Rightarrow u > u_0$이니까 $x = u - u_0$이야.

2nd 10년 전후로 도시의 중심온도의 차가 $x(℃)$이므로 그 값을 구해.

$x = u - u_0$

$= 1.6\log \underbrace{1.25}_{=\frac{125}{100}} = 1.6\log \frac{5}{4}$ $\Rightarrow \log 2 = 0.3$을 이용하기 위해 분수의 분모, 분자에 2를 곱해.

$= 1.6\log \frac{10}{8} = 1.6(1 - 3\log 2)$

$\rightarrow = \log 10 - \log 8 = 1 - \log 2^3$

$= 1.6 \times 0.1 \;(\because \log 2 = 0.30)$

$= 0.16$

❀ 로그의 여러 가지 성질 개념·공식

a, b, c, x, y가 양수이고, $a \neq 1$, $b \neq 1$, $c \neq 1$일 때,

① $\log_a a = 1$
② $\log_a 1 = 0$
③ $\log_a x + \log_a y = \log_a xy$
④ $\log_a x - \log_a y = \log_a \frac{x}{y}$
⑤ $\log_a b = \frac{\log_c b}{\log_c a}$
⑥ $\log_a b = \frac{1}{\log_b a}$
⑦ $\log_a b \times \log_b c \times \log_c a = 1$
⑧ $\log_{a^m} b^n = \frac{n}{m}\log_a b \;(m \neq 0)$

(정답 공식: A, B 각각에 대해 식을 만들고 두 식을 나누면 p만 남는다.)

어떤 지역의 먼지농도에 따른 대기오염 정도는 여과지에 공기를 여과시켜 헤이즈계수를 계산하여 판별한다. 광화학적 밀도가 일정하도록 여과지 상의 빛을 분산시키는 고형물의 양을 헤이즈계수 H, 여과지 이동거리를 $L(\mathrm{m})$ $(L>0)$, 여과지를 통과하는 빛전달률을 $S(0<S<1)$라 할 때, 다음과 같은 관계식이 성립한다고 한다.

$$H=\frac{k}{L}\log\frac{1}{S} \text{(단, } k\text{는 양의 상수이다.)} \cdots ⓐ$$

두 지역 A, B의 대기오염 정도를 판별할 때, 각각의 헤이즈계수를 H_A, H_B, 여과지 이동거리를 L_A, L_B, 빛전달률을 S_A, S_B라 하자. $\sqrt{3}H_A=2H_B$, $L_A=2L_B$일 때, $S_A=(S_B)^p$을 만족시키는 실수 p의 값은? (4점) **단서** 이것을 이용하여 식 ⓐ에서 A와 B의 $\frac{H_A}{H_B}$를 $\frac{S_A}{S_B}$의 식으로 나타내어 볼까?

① $\sqrt{3}$ ② $\frac{4\sqrt{3}}{3}$ ③ $\frac{5\sqrt{3}}{3}$

④ $2\sqrt{3}$ ⑤ $\frac{7\sqrt{3}}{3}$

1st $\frac{H_A}{H_B}$를 L_A, L_B, S_A, S_B로 나타내보자.

$L_A=2L_B$이므로

$$\frac{H_A}{H_B}=\frac{\dfrac{k}{L_A}\log\dfrac{1}{S_A}}{\dfrac{k}{L_B}\log\dfrac{1}{S_B}}=\frac{\dfrac{k}{2L_B}\log\dfrac{1}{S_A}}{\dfrac{k}{L_B}\log\dfrac{1}{S_B}} \qquad \scriptstyle \log\frac{1}{S}=\log S^{-1}=-\log S$$

$$=\frac{1}{2}\times\frac{\log S_A}{\log S_B} \cdots ㉠$$

2nd $S_A=(S_B)^p$을 만족시키는 실수 p의 값을 구해.

$\sqrt{3}H_A=2H_B$, $\dfrac{H_A}{H_B}=\dfrac{2}{\sqrt{3}}$이므로

㉠에서 $\dfrac{1}{2}\times\dfrac{\log S_A}{\log S_B}=\dfrac{2}{\sqrt{3}}$

$$\frac{\log S_A}{\log S_B}=\frac{4}{\sqrt{3}}=\frac{4\sqrt{3}}{3}$$

$$\log S_A=\underline{\frac{4\sqrt{3}}{3}\log S_B=\log(S_B)^{\frac{4\sqrt{3}}{3}}}$$
$$\scriptstyle \qquad\qquad\qquad\qquad\qquad a\log b=\log b^a$$

$\underline{S_A=(S_B)^{\frac{4\sqrt{3}}{3}}} \qquad \therefore p=\frac{4\sqrt{3}}{3}$
$\scriptstyle \log ★=\log ◆ 이면 ★=◆이야.$

🔍 **다른 풀이: 밑의 변환 공식을 이용하여 값 구하기**

$$\frac{\log S_A}{\log S_B}=\frac{4}{\sqrt{3}}=\frac{4\sqrt{3}}{3}$$

$$\underline{\log_{S_B} S_A=\frac{4\sqrt{3}}{3}} \quad \scriptstyle\frac{\log b}{\log a}=\log_a b$$
$\scriptstyle \qquad\qquad\qquad\qquad 로그의 정의를 이용하면 S_A에 대한 식을 알 수 있으니까.$

$$S_A=(S_B)^{\frac{4\sqrt{3}}{3}} \qquad \therefore p=\frac{4\sqrt{3}}{3}$$

수능 핵강

＊로그의 문장제 문제 더 쉽게 접근하기

로그의 활용 문제에서 제일 중요한 것은 주어진 숫자나 조건을 주어진 식에 대입하는 거야. 문제를 꼼꼼히 읽어 각 문자가 뜻하는 것을 알아차리는 게 문제 해결의 key란 얘기지. 앞에 길게 나온 설명에서 각 문자가 뜻하는 것을 밑줄긋고 파악하는 것도 좋은 방법이야.

[정답 공식: T_1, T_2 각각에 대해 식을 만들고 두 식을 나누면 $\log T_1$, $\log T_2$의 비를 구할 수 있다.]

어떤 물질이 녹아 있는 용액에 단색광을 투과시킬 때 투과 전 단색광의 세기에 대한 투과 후 단색광의 세기의 비를 그 단색광의 투과도라고 한다. 투과도를 T, 단색광이 투과한 길이를 l, 용액의 농도를 d라 할 때, 다음 관계가 성립한다.

$$\log T=-kld \text{(단, } k\text{는 양의 상수이다.)} \cdots ⓐ$$

이 물질에 대하여 **❶ 투과길이가 $l_0(l_0>0)$이고 용액의 농도가 $3d_0(d_0>0)$일 때의 투과도를 T_1, ❷ 투과길이가 $2l_0$이고 용액의 농도가 $4d_0$일 때의 투과도를 T_2라 하자.** $T_2=T_1{}^n$을 만족시키는 n의 값은? (3점) **단서** ⓐ를 가지고 ❶과 ❷의 자료를 대입하여 정리해. $\frac{\log T_2}{\log T_1}=n$이지?

① 2   ② $\frac{13}{6}$ ③ $\frac{7}{3}$

④ $\frac{5}{2}$ ⑤ $\frac{8}{3}$

1st 주어진 조건으로 $\log T_1$, $\log T_2$의 관계식을 만들어야 해.
$\qquad\qquad\qquad \log T=-kld$

투과길이가 l_0, 용액의 농도가 $3d_0$일 때의 투과도가 T_1이므로

$$\log T_1=-kl_0(3d_0)=-3kl_0d_0$$

투과길이가 $2l_0$, 용액의 농도가 $4d_0$일 때의 투과도가 T_2이므로

$$\log T_2=-k(2l_0)(4d_0)=-8kl_0d_0$$

2nd 두 식을 연립하여 T_1, T_2의 관계식을 구해야 해.

이때, $T_2=T_1{}^n$을 만족시키므로
$\scriptstyle \textbf{1st}에서 \log T_1, \log T_2의 값을 구하였으므로 이 식의 양변에 로그를 취해.$

$$\log T_2=n\log T_1$$

$$\therefore n=\frac{\log T_2}{\log T_1}=\frac{-8kl_0d_0}{-3kl_0d_0}=\frac{8}{3}$$

⚙️ **로그의 여러 가지 성질**   개념·공식

a, b, c, x, y가 양수이고, $a\neq 1$, $b\neq 1$, $c\neq 1$일 때,

① $\log_a a=1$

② $\log_a 1=0$

③ $\log_a x+\log_a y=\log_a xy$

④ $\log_a x-\log_a y=\log_a \dfrac{x}{y}$

⑤ $\log_a b=\dfrac{\log_c b}{\log_c a}$

⑥ $\log_a b=\dfrac{1}{\log_b a}$

⑦ $\log_a b\times\log_b c\times\log_c a=1$

⑧ $\log_{a^m} b^n=\dfrac{n}{m}\log_a b \ (m\neq 0)$

B 150 정답 ② *상용로그의 응용 - 식 비교 [정답률 58%]

컴퓨터 화면에서 마우스 커서(☞)가 아이콘까지 이동하는 시간을 T(초), 현재 마우스 커서의 위치로부터 아이콘의 중심까지의 거리를 D(cm), 마우스 커서가 움직이는 방향으로 측정한 아이콘의 폭을 W(cm)라 하면 다음과 같은 관계식이 성립한다고 한다.

(단, $D>0$)

$$T = a + \frac{1}{10}\log_2\left(\frac{D}{W}+1\right) \text{ (단, } a\text{는 상수)}$$

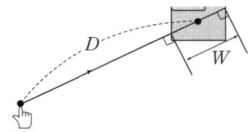

그림과 같이 컴퓨터 화면에 두 개의 아이콘 A, B가 있다.

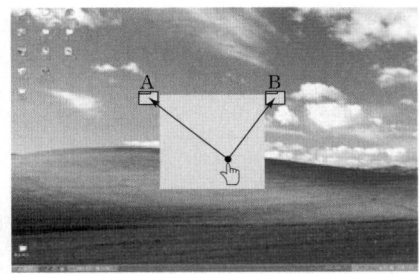

현재 마우스 커서의 위치에서 아이콘 A의 방향으로 측정한 아이콘 A의 폭 W_A와 아이콘 B의 방향으로 측정한 아이콘 B의 폭 W_B는 모두 1 cm로 같다. 현재 마우스 커서의 위치로부터 아이콘 A의 중심까지의 거리와 아이콘 B의 중심까지의 거리를 각각 D_A(cm), D_B(cm)라 할 때, 마우스 커서가 아이콘 A까지 이동하는 시간 T_A, 아이콘 B까지 이동하는 시간 T_B는 각각 0.71초, 0.66초이다.

$\frac{D_A+1}{D_B+1}$의 값은? (4점)

단서 주어진 등식에 T_A의 값을 대입하면 D_A에 관한 식을, T_B의 값을 대입하면 D_B에 관한 식을 얻을 수 있어.

① 1   ② $\sqrt{2}$ ③ 2   ④ $2\sqrt{2}$ ⑤ 4

1st 주어진 식에 이동 시간 T_A, T_B의 각각의 값을 대입해.

마우스 커서가 아이콘 A까지 이동하는 <u>시간이 0.71초</u>이므로 ($T_A = 0.71$)

$$0.71 = a + \frac{1}{10}\log_2(D_A+1) \cdots \bigcirc$$

마우스 커서가 아이콘 B까지 이동하는 <u>시간이 0.66초</u>이므로 ($T_B = 0.66$)

$$0.66 = a + \frac{1}{10}\log_2(D_B+1) \cdots \bigcirc$$

2nd $\frac{D_A+1}{D_B+1}$의 값을 구하자.

$\bigcirc - \bigcirc$에서

$$0.05 = \frac{1}{10}\log_2(D_A+1) - \frac{1}{10}\log_2(D_B+1)$$

$$= \frac{1}{10}\log_2\frac{D_A+1}{D_B+1}$$

→ $\log_a x - \log_a y = \log_a\frac{x}{y}$

즉, $0.5 = \log_2\frac{D_A+1}{D_B+1}$

$$\therefore \frac{D_A+1}{D_B+1} = 2^{0.5} = \sqrt{2}$$

B 151 정답 64 *상용로그의 활용 - 소수 부분 [정답률 65%]

두 자리의 자연수 N에 대하여 $\log N$의 소수 부분이 α일 때,

단서1 자리의 수는 상용로그의 정수 부분 n에 대하여 $n+1$이지?

$$\frac{1}{2} + \log N = \alpha + \log_4 \frac{N}{8}$$

단서2 $\log N = n + \alpha$ (n은 정수)라고 이 식을 N의 방정식으로 나타내 볼까?

을 만족시키는 N의 값을 구하시오. (4점)

1st N이 두 자리 정수이면 $\log N$의 정수 부분은 1임을 이용하여 α의 식을 세워.

$\log N = n + \alpha$ (n은 정수)이면 $N = 10^{n+\alpha} = 10^n \times 10^\alpha$으로 N의 자리의 수는 $(n+1)$이야.

N이 두 자리의 자연수이므로 $\log N$의 정수 부분은 1이다.

$$\log N = 1 + \alpha \,(0 \le \alpha < 1)$$
$$\therefore \alpha = \log N - 1 \cdots \bigcirc$$

실수 α는 소수부분으로 범위가 제한되어 있으므로 이에 유의하여 식 $\log N = 1+\alpha$를 완성시킬 수 있어야 해.

2nd α를 주어진 식에 대입하여 N의 값을 구해.

$\bigcirc$을 $\frac{1}{2} + \log N = \alpha + \log_4 \frac{N}{8}$에 대입하면

$$\frac{1}{2} + \log N = (\log N - 1) + \log_4 \frac{N}{8}$$

$$\frac{3}{2} = \log_4 \frac{N}{8}$$

[로그의 정의] $\log_a N = x \Longleftrightarrow N = a^x$

$$\therefore \frac{N}{8} = 4^{\frac{3}{2}} = (2^2)^{\frac{3}{2}} = 2^3 = 8 \Rightarrow N = 64$$

($= 2^{2 \times \frac{3}{2}}$)

수능 핵강

* 상용로그의 정수 부분과 소수 부분 알아차리기

(정수 부분)=(자리의 수)-1이 떠오르지 않는다면 10과 $\log 10$을 기억해. N이 두 자리 자연수이니까, $\log N = 1 + \alpha$ (단, $0 \le \alpha < 1$)로 놓고 대입하면 쉽게 풀리는 문제야.

B 152 정답 ② *상용로그의 활용 - 소수 부분 [정답률 67%]

$\log x$의 소수 부분 α가 $0 < \alpha < \frac{1}{4}$일 때, $\log x^2$의 소수 부분과 $\log \frac{\sqrt{10}}{x^2}$의 소수 부분의 합은? (3점)

단서 $\log x = n + \alpha$에 대하여 $\log x^2$과 $\log \frac{\sqrt{10}}{x^2}$의 소수 부분을 찾아야겠네. 이때, 소수 부분은 0 이상 1 미만이지?

① 1   ② $\frac{1}{2}$ ③ $\frac{1}{3}$

④ $\frac{1}{4}$ ⑤ $\frac{1}{5}$

1st $\log x$에서 정수 부분을 n, 소수 부분을 α로 두고 각각의 소수 부분을 주어진 범위 안에서 나타내.

소수 부분이면 $0 \le \alpha < 1$이어야 하지

실수 소수부분이 $0 \le \alpha < 1$이 아니라 문제에서 주어진 범위 $0 < \alpha < \frac{1}{4}$임에 주의 해야 해.

$\log x = n + \alpha$ (n은 정수, $0 < \alpha < \frac{1}{4}$)라 하면

양변에 2를 곱하면

$$\log x^2 = 2\log x = 2(n+\alpha) = 2n + 2\alpha \left(\text{단, } 0 < 2\alpha < \frac{1}{2}\right)$$

이므로 $\log x^2$의 소수 부분은 2α가 된다.

→ 2α가 1보다 작으니까.

로그의 성질을 이용하여 $\log \dfrac{\sqrt{10}}{x^2}$ 을 간단히 정리한 후 소수 부분을 찾자.

$$\underbrace{\log \dfrac{\sqrt{10}}{x^2}}_{=\log \sqrt{10}-\log x^2}=\dfrac{1}{2}\log 10-2\underline{\log x} \quad \log x=n+\alpha \text{를 대입해.}$$

$\underrightarrow{\quad}$ 상용로그는 밑이 10이니까 $\log_{10} 10=1$

$$=\dfrac{1}{2}-(2n+2\alpha)=-2n+\dfrac{1}{2}-2\alpha \underbrace{-\dfrac{1}{2}<-2\alpha<0}_{\text{더해 주면 돼.}} \text{이니까 각 변에 } \dfrac{1}{2}\text{을}$$

$0<\dfrac{1}{2}-2\alpha<\dfrac{1}{2}$ 이므로 $\log \dfrac{\sqrt{10}}{x^2}$ 의 소수 부분은 $\dfrac{1}{2}-2\alpha$가 된다.

$\underbrace{}_{\text{1보다 작으니까.}}$

따라서 $\log x^2$, $\log \dfrac{\sqrt{10}}{x^2}$ 의 두 소수 부분의 합은

$$2\alpha+\left(\dfrac{1}{2}-2\alpha\right)=\dfrac{1}{2}$$

B 153 정답 31 *상용로그의 활용 – 소수 부분 ······ [정답률 45%]

[정답 공식: $1<\log x<2$이므로 정수 부분이 1이다. 각각의 로그 값의 정수 부분이 얼마인지 확인한다.]

> $10<x<100$인 x에 대하여 $\log \sqrt{x}$의 소수 부분이 $\log \dfrac{1}{x}$의 소수 부분의 5배이다. $\log x=\dfrac{q}{p}$일 때, $p+q$의 값을 구하시오.
> (단, p, q는 서로소인 자연수이다.) (4점)
> 단서 두 상용로그의 소수 부분을 구하여 조건에 맞게 식을 세워 볼까?

1st $\log \sqrt{x}$와 $\log \dfrac{1}{x}$의 소수 부분을 구하자.
α라 하면 α의 값의 범위는 $0\le\alpha<1$이야.

$\underline{10<x<100}$에서 $\dfrac{1}{2}<\log \sqrt{x}<1$이므로
$\underrightarrow{\quad} 1<\log x<2$이니까 $\dfrac{1}{2}<\dfrac{1}{2}\log x<1$이야.
$\log \sqrt{x}$의 정수 부분은 0이고 소수 부분은 $\log \sqrt{x}$이다.

또, $-2<\log \dfrac{1}{x}<-1$이므로
$\underrightarrow{\quad} 1<\log x<2$에서 $-2<-\log x=\log x^{-1}<-1$이니까.
$\log \dfrac{1}{x}$의 정수 부분은 -2이고 소수 부분은 $\log \dfrac{1}{x}+2$이다.

$\log N=(\text{정수 부분})+(\text{소수 부분}) \Rightarrow (\text{소수 부분})=\log N-(\text{정수 부분})$

> 함정 $-2<\log \dfrac{1}{x}<-1$에서의 소수 부분이 $\log \dfrac{1}{x}+2$임을 알기 어려울 수 있으므로 (소수 부분)$=\log N-$(정수 부분)을 외워두도록 하자

2nd $\log \sqrt{x}$의 소수 부분이 $\log \dfrac{1}{x}$의 소수 부분의 5배임을 이용하여 $\log x$의 값을 구해.

이때, $\log \sqrt{x}$의 소수 부분이 $\log \dfrac{1}{x}$의 소수 부분의 5배이므로

$\underbrace{\log \sqrt{x}}_{=\log x^{\frac{1}{2}}}=5\left(\log \dfrac{1}{x}+2\right)$에서 $\dfrac{1}{2}\log x=5(-\log x+2)$

$\dfrac{11}{2}\log x=10$ $\quad \therefore \log x=\dfrac{20}{11}$

따라서 $p=11$, $q=20$이므로 $p+q=11+20=31$

🔄 다른 풀이: $\log x$의 정수 부분이 1이므로 $\log x=1+\alpha(0<\alpha<1)$라 두고 $\log \sqrt{x}$와 $\log \dfrac{1}{x}$의 소수 부분을 나타내어 값 구하기

$10<x<100$에서 $\underline{1<\log x<2}$이므로 $\log x$의 정수 부분은 1이야.
즉, $\log x=1+\alpha$ (단, $0<\alpha<1$)라 하면

$\log \sqrt{x}=\dfrac{1}{2}\log x=\dfrac{1+\alpha}{2}$이고, $0<\dfrac{\alpha}{2}<\dfrac{1}{2}$에서 $\underline{\dfrac{1}{2}<\dfrac{1+\alpha}{2}<1}$이므로
$\underbrace{}_{\text{소수의 범위로 OK}}$

$\log \sqrt{x}$의 소수 부분은 $\dfrac{1+\alpha}{2}$야.

또, $\log \dfrac{1}{x}=-\log x=-1-\alpha=-2+(1-\alpha)$이므로 $\log \dfrac{1}{x}$의 소수 부분은 $1-\alpha$야.
$\underbrace{-1<-\alpha<0}_{}$이니까
$0<1-\alpha<1$로 변형해야 해.

한편, $\log \sqrt{x}$의 소수 부분이 $\log \dfrac{1}{x}$의 소수 부분의 5배이므로

$\dfrac{1+\alpha}{2}=5(1-\alpha)$에서 $1+\alpha=10-10\alpha$

$\therefore \alpha=\dfrac{9}{11}$

따라서 $\log x=1+\dfrac{9}{11}=\dfrac{20}{11}=\dfrac{q}{p}$이므로 $p+q=11+20=31$

B 154 정답 ③ *상용로그의 활용 – 소수 부분 ······ [정답률 45%]

[정답 공식: $\log a+\log b$의 값이 정수이다. 가능한 정수의 값을 찾아본다.]

> 100보다 작은 두 자연수 a, $b(a<b)$에 대하여 $\log a$의 소수 부분과 $\log b$의 소수 부분의 합이 1이 되는 순서쌍 (a, b)의 개수는? (4점)
> 단서 두 상용로그의 소수 부분의 합이 1이므로 두 상용로그의 합은 정수가 되겠지?
> ① 2 ② 4 ③ 6
> ④ 8 ⑤ 10

1st 두 상용로그의 소수 부분의 합이 1이면 그 합은 정수가 됨을 이용하여 ab의 조건을 찾자.
핵심 α와 β는 소수 부분으로 범위가 제한되어 있으므로 이에 유의하여 식 $\log a=n+\alpha$, $\log b=m+\beta$를 완성시킬 수 있어야 해.

$\underline{\log a=n+\alpha(\text{단, } n\text{은 정수, } 0<\alpha<1)}$,
$\underline{\log b=m+\beta(\text{단, } m\text{은 정수, } 0<\beta<1)}$라 하면
상용로그 $\log N$은 (정수 부분)+(소수 부분)으로 정리할 수 있어.

$\log a+\log b=\log ab=n+m+1 \ (\because \alpha+\beta=1)$
따라서 $\log ab$는 정수이다. $\underrightarrow{\quad} m, n$은 정수이니까 (정수)+(정수)=(정수)야.

2nd a와 b가 100보다 작은 자연수라는 조건으로 ab의 값을 찾자.
$\underline{\log ab$는 정수}이므로 ab는 10의 거듭제곱 꼴이다. 정수를 x라 하면 $\log ab=x$ $\Rightarrow ab=10^x$이야.
그리고 a와 b는 100보다 작은 자연수이므로 $ab=10, 10^2, 10^3$이 될 수 있다.
$a\ne b$이니까 $ab\ne 10^4$이면 a 또는 b가 100보다 크거나 같아야 하니까 안 돼.

3rd 세 가지 경우에 대해 순서쌍 (a, b)의 개수를 각각 구하자.
실수 문제에서 α와 β는 소수 부분이지만 $\alpha+\beta=1$을 만족한다고 나왔으니까 두 식을 합쳤을 때 $\log ab=n+m+1$로 표현해야 해.

$a<b$이므로
(i) $ab=10$일 때, $(2, 5)$ ⇒ 1가지
(ii) $ab=100$일 때, $(2, 50), (4, 25), (5, 20)$ ⇒ 3가지
(iii) $ab=1000$일 때, $(20, 50), (25, 40)$ ⇒ 2가지
따라서 (a, b)의 순서쌍은 6개이다.

수능 핵강

＊ (i)에서 $ab=10$에서 $(1, 10)$이 안 되는 이유 살펴보기
$\log a$의 소수 부분과 $\log b$의 소수 부분의 합이 1이므로 $\alpha+\beta=1$이야.
그런데 $\alpha=0$이면 $\beta=1$이 되어 β가 $\log b$의 소수 부분이라는 사실에 모순이야. 즉, $\alpha\ne 0$이고 마찬가지로 $\beta\ne 0$이야.
따라서 α, β의 범위는 $0<\alpha<1$, $0<\beta<1$인데, $a=1$, $b=10$이면 $\alpha=\beta=0$이 되므로 $(a, b)\ne (1, 10)$이 되어야 해.

B 155 정답 37 *상용로그의 활용 – 소수 부분 ······ [정답률 51%]

[정답 공식: a, b의 값의 범위를 알고 있으므로 $\log a^3$, $\log b^5$의 값의 범위를 알고, 가능한 정수의 최댓값을 구할 수 있다.]

> $\log a^3$의 소수 부분과 $\log b^5$의 소수 부분이 모두 0이 되도록 하는
> 단서 1 로그값이 정수 부분만 있다는 말이니까 a^3, b^5이 10의 거듭제곱이라고 이해하면 쉬워.
> 양의 실수 a, $b(1<a<10, 1<b<10)$에 대하여 ab의 최댓값이 $10^{\frac{q}{p}}$일 때, $p+q$의 값을 구하시오. (단, p와 q는 서로소인 자연수이다.)
> 단서 2 $\log a^3=n$, $\log b^5=m$ $(n, m$은 정수)라 두고 지수의 거듭제곱으로 나타내면 주어진 $10^{\frac{q}{p}}$의 꼴과 비교할 수 있지? (4점)

1st $\log a^3$, $\log b^5$을 각각 m, n으로 놓고 간단히 계산해.

$\log a^3 = m$, $\log b^5 = n(m, n$은 정수)으로 놓으면

$\log a = \dfrac{m}{3}$, $\log b = \dfrac{n}{5}$ ┈ log의 소수 부분이 0이니까 정수 부분만 있다는 뜻이야.

2nd 주어진 조건을 이용하여 m과 n의 범위를 구해.

$1 < a < 10$, $1 < b < 10$이므로 $0 < \log a < 1$, $0 < \log b < 1$

$0 < \dfrac{m}{3} < 1$, $0 < \dfrac{n}{5} < 1$

$\therefore 0 < m < 3$, $0 < n < 5$

m, n은 정수이므로 $m = 1$, 2이고, $n = 1, 2, 3, 4$

$\therefore \begin{cases} a = 10^{\frac{1}{3}}, \ 10^{\frac{2}{3}} \\ b = 10^{\frac{1}{5}}, \ 10^{\frac{2}{5}}, \ 10^{\frac{3}{5}}, \ 10^{\frac{4}{5}} \end{cases}$

3rd ab의 최댓값을 이용하여 $p+q$의 값을 구해.

따라서 ab의 최댓값은 $\underline{10^{\frac{2}{3}} \times 10^{\frac{4}{5}} = 10^{\frac{22}{15}}}$이므로 $\dfrac{q}{p} = \dfrac{22}{15}$
[자수법칙] $a^n \times a^m = a^{n+m}$

$\therefore p + q = 15 + 22 = 37$

B 156 정답 ⑤ *상용로그의 활용-정수 부분과 소수 부분 [정답률 37%]

[정답 공식: n이 100 이하이므로 가능한 $f(n)$의 값은 0, 1, 2이다. 각각에 대해 n의 값을 추려본다.]

양수 x에 대하여 $\log x$의 정수 부분을 $f(x)$라 하자.
$$f(n+10) = f(n) + 1$$
을 만족시키는 100 이하의 자연수 n의 개수는? (4점)
단서 밑이 10인 상용로그 $\log x$이니까 10의 거듭제곱으로 나누어 $f(x)$를 유추하자.

① 11 ② 13 ③ 15 ④ 17 ⑤ 19

1st 100 이하의 자연수 n에 대하여 $\log n$의 정수 부분 $f(n)$의 값을 유추해.

100 이하의 자연수 n에 대하여 $f(n)$은 $\log n$의 정수 부분이므로

$\underset{1 \le n < 10}{f(n) = 0}$ 또는 $\underset{10 \le n < 100}{f(n) = 1}$ 또는 $\underset{n = 100}{f(n) = 2}$ 함정
→ $f(n) = 0$ 또는 1 또는 2

100 이하의 자연수 n에 대하여 $\log n$의 정수 부분 $f(n)$이 0일 때, 1일 때, 2일 때의 n의 범위를 나누어서 문제를 접근할 수 있어야 해.

(i) $f(n) = 0$, 즉 $1 \le n < 10$ ┈ ㉠일 때

$\underline{f(n+10) = f(n) + 1 = 1}$에서

$10 \le n + 10 < 100$ $n+10$의 정수 부분이 1이니까 $1 \le \log(n+10) < 2$

$\therefore 0 \le n < 90$ ┈ ㉡

㉠, ㉡에 의하여 $1 \le n < 10$이므로 구하는 자연수 n의 개수는 $1, 2, 3, \cdots$, 9로 9이다.

(ii) $f(n) = 1$, 즉 $10 \le n < 100$ ┈ ㉢일 때,

$\underline{f(n+10) = f(n) + 1 = 2}$에서

$100 \le n + 10 < 1000$ → $2 \le \log(n+10) < 3$

$\therefore 90 \le n < 990$ ┈ ㉣

㉢, ㉣에 의하여 $90 \le n < 100$이므로 구하는 자연수 n의 개수는 $90, 91, 92, \cdots$, 99로 10이다.

(iii) $f(n) = 2$, 즉 $n = 100$ ┈ ㉤일 때,

$\underline{f(n+10) = f(n) + 1 = 3}$에서

$1000 \le n + 10 < 10000$ → $3 \le \log(n+10) < 4$

$\therefore 990 \le n < 9990$ ┈ ㉥ → n은 100 이하의 자연수이니까

㉤, ㉥에 의하여 이때의 자연수 n은 존재하지 않는다.

(i), (ii), (iii)에 의하여
주어진 조건을 만족시키는 자연수 n의 개수는
$9 + 10 = 19$

B 157 정답 **147** *상용로그의 활용-정수 부분과 소수 부분 [정답률 90%]

(정답 공식: $\log_a M + \log_a N = \log_a MN$)

양의 실수 A에 대하여 $\log A = 2.1673$일 때, A의 값을 구하시오.
단서 $2.1673 = 2 + 0.1673$과 같이 정수 부분과 소수 부분으로 나누어 로그의 성질을 이용하자.
(단, $\log 1.47 = 0.1673$으로 계산한다.) (3점)

1st 상용로그의 값을 정수 부분과 소수 부분으로 나누어 봐.

$\log A = 2.1673 = 2 + 0.1673$

2nd 로그의 성질을 이용하여 A의 값을 구해.

$0.1673 = \log 1.47$이므로

$\log A = 2.1673$
$= 2 + 0.1673$
$= 2 + \log 1.47$
$= \log 100 + \log 1.47$ ┐
$= \log(100 \times 1.47)$ ┘ $\log M + \log N = \log MN$
$= \log 147$ → $\log A$와 $\log B$의 값의 소수 부분이 같다는 것은 두 수 A, B의 숫자의 배열이 같다는 뜻이야.

$\therefore A = 147$

🔭 쉬운 풀이: **$\log A$와 $\log 1.47$의 소수 부분이 같으면 A와 1.47의 숫자의 배열이 같음을 이용하여 값 구하기**

$\log A = 2.1673$과 $\log 1.47 = 0.1673$에서 소수 부분이 같으므로 A는 1.47과 숫자의 배열이 같아. 또, $\log A$의 정수 부분이 2이므로 A는 3자리수라는 걸 알 수 있지.
따라서 $A = 147$이야.

B 158 정답 ③ *상용로그의 활용-정수 부분과 소수 부분 [정답률 58%]

[정답 공식: 주어진 조건에 따라 $\log n = 1 + \alpha$이다. α의 값의 범위가 주어져 있으므로 n의 값의 범위도 구할 수 있다.]

양의 실수 x에 대하여 $f(x)$가 $f(x) = \log x$이다. $f(n)$의 정수 부분이 1, 소수 부분이 α일 때, 2α의 정수 부분이 1인 모든 자연수 n의 개수는? (단, $3.1 < \sqrt{10} < 3.2$) (4점)
단서 2α의 정수 부분이 1이므로 $1 \le 2\alpha < 2$야.

① 64 ② 66 ③ 68
④ 70 ⑤ 72

1st 조건을 이용해서 α의 범위를 구하자.

2α의 정수 부분이 1이므로 $1 \le 2\alpha < 2$

$\therefore \dfrac{1}{2} \le \alpha < 1$

2nd 로그의 성질을 이용해서 n의 범위를 구하자.

$f(n)$의 정수 부분이 1, 소수 부분이 α이므로

$f(n) = \log n = 1 + \alpha$ → $10^{\frac{3}{2}} = (10^{\frac{1}{2}})^3 = (\sqrt{10})^3 = 10\sqrt{10}$

$1 + \dfrac{1}{2} \le \log n < 2$, $\underline{10^{\frac{3}{2}} \le n < 10^2}$

$3.1 < \sqrt{10} < 3.2$라 하므로 각 변에 10을 곱하면

$31 < 10\sqrt{10} < 32$

즉, $10\sqrt{10} = 31.\cdots$이므로 $31.\cdots \le n < 10^2$

그런데 n은 자연수이므로 $32 \le n < 100$

따라서 자연수 n의 개수는 68이다.
자연수 a, b, n에 대하여 $a \le n < b$ 또는 $a < n \le b$이면 자연수 n의 개수는 $b-a$야.

B 159 정답 3 * 로그의 정의 .... [정답률 70%]

> 정답 공식: $a>0$, $a\neq1$일 때 양수 x에 대하여 $\log_a x$를 a를 밑으로 하는 x의 로그라 한다.

단서 로그가 정의되기 위해서는 밑은 1이 아닌 양수가 되어야 하고 진수는 양수가 되어야 해.
모든 실수 x에 대하여 $\log_{3-a}(x^2+ax+a+k)$가 정의되기 위한 정수 a의 개수가 5이다. 이를 만족시키는 모든 자연수 k의 개수를 구하고 그 과정을 서술하시오. (단, a, k는 상수이다.) (10점)

🧠 단서+발상

단서 로그의 정의에 따라 밑은 1이 아닌 양수이므로 밑이 1이 아닌 양수인 a의 값의 범위를 구할 수 있다. **개념**
로그의 정의에 따라 진수는 양수이므로 이차식이 항상 양수가 되기 위한 조건을 구할 수 있다. **개념**
로그가 정의되기 위한 밑과 진수의 조건에서 a의 값의 공통범위를 구하여 이를 만족시키는 자연수의 개수를 구할 수 있다. **해결**

--- [문제 풀이 순서] ---------------------------

1st 밑의 조건에서 a의 값의 범위를 구하자.
밑의 조건에서 $3-a>0$이고 $3-a\neq1$이므로 $a<3$이고 $a\neq2$
a는 정수이므로 a의 값의 범위는
$a\leq1 \cdots$ ㉠

2nd 진수의 조건에서 a의 값의 범위를 구하자.
진수의 조건에서 모든 실수 x에 대하여 $x^2+ax+a+k>0$이므로
이차방정식 $x^2+ax+a+k=0$의 판별식을 D라 하면
　이차방정식 $ax^2+bx+c=0$의 판별식을 D라 하면 $D=b^2-4ac$이고,
　$D<0$이면 이차방정식은 서로 다른 두 허근을 가져.
$D=a^2-4a-4k=(a-2)^2-4(1+k)<0$이므로
$(a-2)^2<4(1+k)$
　$(a-2)^2=4(1+k)$에서 $a-2=\pm2\sqrt{1+k}$이므로 $-2\sqrt{1+k}<a-2<2\sqrt{1+k}$로 정리할 수 있어.
$2-2\sqrt{1+k}<a<2+2\sqrt{1+k} \cdots$ ㉡

3rd 자연수 k의 개수를 구하자.
㉠, ㉡에 의해 $2-2\sqrt{1+k}<a\leq1$이고 이를 만족시키는 정수 a가 5개이므로
a의 값은 1, 0, -1, -2, -3
$2-\sqrt{1+k}$는 -4 이상이어야 하고 -3 미만이어야 한다.
즉, $-4\leq2-2\sqrt{1+k}<-3$에서
　$-6\leq-2\sqrt{1+k}<-5$에서 양변에 $-\frac{1}{2}$을 곱하면 $\frac{5}{2}<\sqrt{1+k}\leq3$이 돼.
　부등식을 제곱하여 정리하면 $\frac{21}{4}<k\leq8$이야.
$\frac{21}{4}<k\leq8$이므로
k의 값은 6, 7, 8
따라서 자연수 k의 개수는 3이다.

[채점 기준표]

1st	밑의 조건에서 a의 값의 범위를 구한다.	2점
2nd	진수의 조건에서 a의 값의 범위를 구한다.	4점
3rd	자연수 k의 개수를 구한다.	4점

B 160 정답 풀이 참조 * 로그의 여러 가지 성질 ...... [정답률 78%]

> 정답 공식: $\log_a b=x$이면 $a^x=b$이다.

$a>0$, $a\neq1$, $b>0$, $c>0$, $c\neq1$일 때, $\log_a b=\dfrac{\log_c b}{\log_c a}$임을 증명하는 과정을 서술하시오. (10점) **단서** 로그의 정의에 따라 지수로 변형할 수 있어.

🧠 단서+발상

단서 ① 로그의 성질에 대한 것으로 $\log_a b=x$, $\log_c a=y$로 놓고 로그의 정의에 따라 지수로 변형할 수 있다. **발상**
② 지수법칙을 이용하여 정리할 수 있고 1이 아닌 양수 c를 밑으로 하는 로그로 나타내어 로그의 성질을 증명할 수 있다. **해결**

--- [문제 풀이 순서] ---------------------------

1st $\log_a b=x$, $\log_c a=y$로 놓고 로그의 정의에 따라 지수로 변형하자.
$\log_a b=x$, $\log_c a=y$로 놓으면 $b=a^x$, $a=c^y$이므로
$b=a^x=\underline{(c^y)^x=c^{xy}}$
　지수법칙 $(a^m)^n=a^{mn}$

2nd c를 밑으로 하는 로그로 나타내자.
로그의 정의에 따라 $\underline{xy=\log_c b}$이므로
$\log_a b\times\log_c a=\log_c b \cdots$ ㉠ $\log_c c^a=a$
이때 $a\neq1$이므로 $\log_c a\neq0$이고,
㉠의 양변을 $\log_c a$로 나누면
$\log_a b=\dfrac{\log_c b}{\log_c a}$
따라서 $a>0$, $a\neq1$, $b>0$, $c>0$, $c\neq1$일 때,
$\log_a b=\dfrac{\log_c b}{\log_c a}$이다.

[채점 기준표]

1st	$\log_a b=x$, $\log_c a=y$로 놓고 로그의 정의에 따라 지수로 변형한다.	4점
2nd	c를 밑으로 하는 로그로 나타낸다.	6점

B 161 정답 480 * 로그의 성질을 이용한 추론 ...... [정답률 60%]

> 정답 공식: 2 이상의 자연수 k에 대하여 $\log_k x$의 값이 자연수가 되려면 x는 k의 거듭제곱이다.

단서 로그의 성질을 이용하여 로그를 포함하는 복잡한 식을 간단히 해.
자연수 n에 대하여 $\dfrac{3}{4}\log_{\sqrt{2}}(n+8)-\log_4 27+\dfrac{3}{2}$의 값이 자연수가 되도록 하는 500 이하의 모든 n의 값의 합을 구하고 그 과정을 서술하시오. (10점)

🧠 단서+발상

단서 ① 로그의 밑이 2의 제곱꼴이므로 밑을 2로 통일하여 복잡한 식을 $\log_2$로 구성된 하나의 항으로 간단히 만들 수 있다. **발상**
② $\log_k x$의 값이 자연수가 되려면 $x=k^n$의 꼴이 되어야 한다. **발상**
정리한 식이 자연수가 되도록 하는 경우를 하나씩 나눠 구할 수 있다. **해결**

1st 주어진 식을 간단히 하자.

$$\frac{3}{4}\log_{\sqrt{2}}(n+8)-\log_4 27+\frac{3}{2}$$

$$=\frac{3}{2}\log_2(n+8)-\frac{3}{2}\log_2 3+\frac{3}{2}$$

$$=\frac{3}{2}\{\log_2(n+8)-\log_2 3+\log_2 2\}$$

$$\underset{a>0,\,a\neq 1,\,x>0,\,y>0일 때.}{=\frac{3}{2}\log_2\frac{2(n+8)}{3}} \quad \log_a xy=\log_a x+\log_a y,\ \log_a\frac{x}{y}=\log_a x-\log_a y$$

2nd 자연수 n을 구하자.

$\frac{3}{2}\log_2\frac{2(n+8)}{3}$이 자연수이므로

$\frac{3}{2}\log_2\frac{2(n+8)}{3}=m$ (m는 자연수)이라 하고

$\frac{2(n+8)}{3}=2^{\frac{2m}{3}}$ $\therefore n=3\times 2^{\frac{2m}{3}-1}-8$

$\frac{2(n+8)}{3}=2^{\frac{2m}{3}}$에서 $n+8=\frac{3}{2}\times 2^{\frac{2m}{3}}$이 되는데

$\frac{1}{2}=2^{-1}$이므로 $n+8=3\times 2^{\frac{2m}{3}-1}$임을 알 수 있어.

n은 자연수이므로 m은 3의 배수인 자연수가 되어야 한다.

$m=3$이면 $n=-2$

$m=6$이면 $n=16$

$m=9$이면 $n=88$

$m=12$이면 $n=376$

$m\geq 15$이면 $n\geq 1528$

n은 500 이하의 자연수이므로 가능한 n의 값은 16, 88, 376

따라서 모든 n의 값의 합은 $16+88+376=480$

[채점 기준표]

1st 주어진 식을 간단히 한다.		3점
2nd 자연수 n을 구한다.		7점

B 162 **정답** (1) **18** (2) **0** *로그와 이차방정식 ──────── [정답률 69%]

> 정답 공식: $a>0$, $a\neq 1$이고 $b>0$일 때, $\log_a b=\frac{\log_c b}{\log_c a}$ (단, $c>0$, $c\neq 1$)

> **단서1** 이차방정식의 두 근이 주어졌으므로 근과 계수와의 관계를 떠올릴 수 있어.
> 이차방정식 $x^2-10x+5=0$의 <u>두 근이 $\log_3\alpha$, $\log_3\beta$</u>일 때,
> 다음 물음에 답하시오. (10점)
>
> (1) $\log_\alpha\beta+\log_\beta\alpha$의 값을 구하고 그 과정을 서술하시오.
> **단서2** 로그의 밑을 변환하여 밑을 통일해.
> (2) 이차방정식 $ax^2+bx+1=0$의 두 근은 $\log_\alpha 9$, $\log_\beta 9$이다.
> 이때 $4a+b$의 값을 구하고 그 과정을 서술하시오.
> (단, a, b는 상수이다.)

 단서+발상

단서1 이차방정식의 근과 계수와의 관계를 이용해서 $\log_3\alpha$, $\log_3\beta$의 합과 곱을 구할 수 있다. **개념**

단서2 로그의 밑의 변환 공식을 이용하여 로그의 밑을 3으로 변환하여 통일한 후, 근과 계수와의 관계를 통해 구한 식을 바탕으로 $\log_\alpha\beta+\log_\beta\alpha$의 값을 구할 수 있다. **적용**

1st $\log_3\alpha$, $\log_3\beta$의 관계를 구하자.

이차방정식 $x^2-10x+5=0$의 두 근이 $\log_3\alpha$, $\log_3\beta$이므로

근과 계수와의 관계에 의하여

$\underline{\log_3\alpha+\log_3\beta=10}$ ··· ㉠, $\log_3\alpha\times\log_3\beta=5$ ··· ㉡

이차방정식 $ax^2+bx+c=0$의 두 근이 α, β이면 근과 계수와의 관계에 의하여 $\alpha+\beta=-\frac{b}{a}$, $\alpha\beta=\frac{c}{a}$야.

2nd (1) $\log_\alpha\beta+\log_\beta\alpha$의 값을 구하자.

$\underset{\log_a b=\frac{\log_c b}{\log_c a}}{\log_\alpha\beta+\log_\beta\alpha}=\frac{\log_3\beta}{\log_3\alpha}+\frac{\log_3\alpha}{\log_3\beta}=\boxed{\frac{(\log_3\beta)^2+(\log_3\alpha)^2}{\log_3\alpha\times\log_3\beta}}$

$(a+b)^2-2ab=a^2+b^2$

$$=\frac{(\log_3\alpha+\log_3\beta)^2-2\log_3\alpha\times\log_3\beta}{\log_3\alpha\times\log_3\beta}$$

$$=\frac{10^2-10}{5}=18$$

3rd (2) $4a+b$의 값을 구하자.

이차방정식 $ax^2+bx+1=0$의 두 근은 $\log_\alpha 9$, $\log_\beta 9$이므로

근과 계수와의 관계에 의하여

$$\log_\alpha 9+\log_\beta 9=-\frac{b}{a},\ \log_\alpha 9\times\log_\beta 9=\frac{1}{a}$$

$\underset{\log_a b=\frac{\log_c b}{\log_c a}}{\log_\alpha 9\times\log_\beta 9}=\frac{\log_3 9}{\log_3\alpha}\times\frac{\log_3 9}{\log_3\beta}=\frac{2\times 2}{\log_3\alpha\times\log_3\beta}$

$$=\frac{4}{5}\ (\because ㉡)=\frac{1}{a}$$

이므로 $a=\frac{5}{4}$

$\log_\alpha 9+\log_\beta 9=\frac{\log_3 9}{\log_3\alpha}+\frac{\log_3 9}{\log_3\beta}$

$$=\frac{2(\log_3\alpha+\log_3\beta)}{\log_3\alpha\times\log_3\beta}$$

$$=4\ (\because ㉠, ㉡)=-\frac{b}{a}$$

이므로 $b=-5$

$\therefore 4a+b=4\times\frac{5}{4}+(-5)=0$

[채점 기준표]

1st $\log_3\alpha$, $\log_3\beta$의 관계를 구한다.		2점
2nd (1) $\log_\alpha\beta+\log_\beta\alpha$의 값을 구한다.		3점
3rd (2) $4a+b$의 값을 구한다.		5점

B 163 **정답 17** *로그의 성질의 응용 ──────── [정답률 60%]

> (정답 공식: $\log_2 mn=\log_2 m+\log_2 n$, $\log_a b\times\log_b m=\log_a m$)

> 1이 아닌 세 양수 a, b, c가 $a=b^{\frac{1}{2}}=c^{\frac{1}{3}}$, $abc=2$를 만족시킬 때,
> 1보다 큰 두 실수 m, n에 대하여 **단서1** 지수법칙 또는 로그의 성질을 이용하여 a, b, c를 구할 수 있어.
> $\log_c n\times\log_b m\times\log_a b=48$ **단서2** 로그의 밑을 변환하여 밑을 통일할 수 있어.
> 이 성립한다. m과 n의 곱이 자연수일 때, mn의 최솟값을 구하고
> 그 과정을 서술하시오. (단, $m\neq n$) (10점)

 단서+발상

단서1 등식 $a^x=b^y$이 주어지면 $a^x=b^y=p$로 놓은 후 지수법칙을 활용해 a, b, c를 p로 표현할 수 있다. **발상**

조건 $a=b^{\frac{1}{2}}=c^{\frac{1}{3}}=p$를 이용하여 a, b, c를 구할 수 있다. **적용**

단서2 ① 주어진 모든 조건을 로그로 변형하고 로그 식의 밑을 2로 변환하여 통일한다. **적용**
  ② $\alpha+\beta$, $\alpha\beta$의 형태가 주어지면 α와 β를 근으로 가지는 이차방정식
  $x^2-(\alpha+\beta)x+\alpha\beta=0$을 구할 수 있다. **해결**

---- [문제 풀이 순서] --

1st a, b, c의 값을 구하자.

$a=b^{\frac{1}{2}}=c^{\frac{1}{3}}=p$ $(p>0)$라 하면

$a=p$, $b=p^2$, $c=p^3$이고 $abc=2$이므로

$p\times p^2\times p^3=p^6=2$ $\therefore p=2^{\frac{1}{6}}$

따라서 $\underbrace{a=2^{\frac{1}{6}}, \ b=\left(2^{\frac{1}{6}}\right)^2=2^{\frac{1}{3}}, \ c=\left(2^{\frac{1}{6}}\right)^3=2^{\frac{1}{2}}}_{(a^m)^n=a^{mn}}$

2nd $\log_2 m\times\log_2 n$의 값을 구하자.

로그 밑을 2로 변환하면

$\underbrace{\log_c n\times\log_b m\times\log_a b}_{a>0,\,a\neq 1이고\,b>0일\,때,\,\log_a b=\frac{\log_c b}{\log_c a}\,(단,\,c>0,\,c\neq 1)}$

$=\dfrac{\log_2 n}{\log_2 c}\times\dfrac{\log_2 m}{\log_2 b}\times\dfrac{\log_2 b}{\log_2 a}$

$=\dfrac{\log_2 n\times\log_2 m}{\log_2 c\times\log_2 a}=\dfrac{\log_2 n\times\log_2 m}{\log_2 2^{\frac{1}{2}}\times\log_2 2^{\frac{1}{6}}}=\dfrac{\log_2 n\times\log_2 m}{\frac{1}{12}}=48$

이므로 $12\times\log_2 m\times\log_2 n=48$

$\therefore \log_2 m\times\log_2 n=4$

3rd mn의 최솟값을 구하자.

$m>1$, $n>1$이므로 $\log_2 m>0$, $\log_2 n>0$이다.

$\log_2 m+\log_2 n=k$라 하면 x에 대한 이차방정식 $x^2-kx+4=0$의 두
실근은 $\log_2 m$, $\log_2 n$이고, $\underset{\substack{이차방정식의\,근과\,계수의\,관계에\,의해\,\log_2 m+\log_2 n=k,\\ \log_2 m\times\log_2 n=4가\,성립해.}}{}$

양수인 두 실근을 가지기 위해서는 두 근의 합과 두 근의 곱이
양수이어야 하므로

이차방정식의 판별식을 D라 하면 $D>0$이어야 한다.
이차방정식 $ax^2+bx+c=0$의 판별식을 D라 하면 $D=b^2-4ac$이고, $D>0$이면
이차방정식은 서로 다른 두 실근을 가져.

즉, $k>0$이고 $D=k^2-16>0$이므로

$k>4$

$\log_2 mn=\log_2 m+\log_2 n=k>4$ $\therefore mn>2^4=16$

따라서 mn의 최솟값은 17이다.

[채점 기준표]

1st a, b, c의 값을 구한다.	3점
2nd $\log_2 m\times\log_2 n$의 값을 구한다.	3점
3rd mn의 최솟값을 구한다.	4점

B 164 **정답 10** *로그의 성질의 응용 ········· [정답률 58%]

(정답 공식: $\log_a b=x \Longleftrightarrow a^x=b$)

> **단서1** 두 점이 주어졌으므로 직선의 방정식을 구할 수 있어.
>
> 좌표평면 위의 두 점 $\mathrm{P}\left(\dfrac{31}{3}-\log k,\,3\right)$, $\mathrm{Q}\left(\dfrac{11}{3},\,1\right)$을 지나는
> 직선을 l이라 하자. 직선 l의 기울기가 양수이고 직선 l의 x절편
> 이 자연수가 되도록 하는 모든 양수 k의 값의 곱을 A라 할 때,
> $\log A$의 값을 구하고 그 과정을 서술하시오. (10점)
> └**단서2** 기울기와 x절편의 범위를 설정할 수 있어.

 단서+발상

단서1 두 점 $\mathrm{P}\left(\dfrac{31}{3}-\log k,\,3\right)$, $\mathrm{Q}\left(\dfrac{11}{3},\,1\right)$의 x좌표, y좌표가 주어졌으므로 공식을
통해 직선 l의 방정식을 구할 수 있다. **발상**

단서2 직선의 방정식에 $y=0$을 대입하여 직선 l의 x절편을 구할 수 있다. **개념**
직선 l의 기울기가 양수이므로 직선 l의 x절편은 두 점 P와 Q의 x좌표보다
작다. x절편이 자연수이므로 해당 범위를 구해 가능한 자연수를 모두 생각할 수
있다. **해결**

---- [문제 풀이 순서] --

1st 직선의 x절편을 구하자.

두 점 $\mathrm{P}\left(\dfrac{31}{3}-\log k,\,3\right)$, $\mathrm{Q}\left(\dfrac{11}{3},\,1\right)$을 지나는 직선 l의 방정식은
$\underset{\substack{두\,점\,\mathrm{P}(a,b),\,\mathrm{Q}(c,d)를\,지나는\,직선의\,방정식은\\ y=\frac{d-b}{c-a}(x-a)+b야.\ y=\frac{b-d}{a-c}(x-c)+d도\,성립해.}}{}$

$y=\dfrac{2}{\frac{20}{3}-\log k}\left(x-\dfrac{11}{3}\right)+1$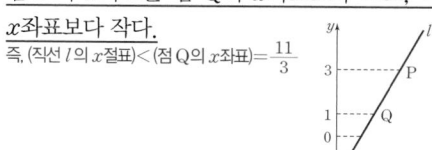

x절편은 $y=0$을 대입하면 되므로

직선 l의 x절편은 $\dfrac{1}{3}+\dfrac{1}{2}\log k$이다.

2nd 직선 l의 기울기가 양수임을 이용하여 자연수인 x절편을 구하자.

두 점 P, Q를 지나는 직선 l의 기울기가 양수이므로
직선 l의 기울기가 양수이므로 x의 값이 증가하면 y의 값도 증가하고,
x의 값이 감소하면 y의 값도 감소해.

점 P의 x좌표는 점 Q의 x좌표보다 크고, 직선 l의 x절편은 점 Q의
x좌표보다 작다.
즉, (직선 l의 x절편)<(점 Q의 x좌표)$=\dfrac{11}{3}$

x절편이 자연수이므로 x절편으로 가능한 값은
1 또는 2 또는 3이다.

3rd 모든 양수 k의 곱을 구하자.

직선 l의 x절편이 $\dfrac{1}{3}+\dfrac{1}{2}\log k$이므로

1 또는 2 또는 3인 경우로 나누어 k의 값을 구한다.

(i) $\dfrac{1}{3}+\dfrac{1}{2}\log k=1$일 때

  $\log k=\dfrac{4}{3}$이므로 $k=10^{\frac{4}{3}}$

(ii) $\dfrac{1}{3}+\dfrac{1}{2}\log k=2$일 때

  $\log k=\dfrac{10}{3}$이므로 $k=10^{\frac{10}{3}}$

(iii) $\dfrac{1}{3}+\dfrac{1}{2}\log k=3$일 때

  $\log k=\dfrac{16}{3}$이므로 $k=10^{\frac{16}{3}}$

(i)~(iii)에 의해 $A=10^{\frac{4}{3}}\times 10^{\frac{10}{3}}\times 10^{\frac{16}{3}}=10^{10}$

$\therefore \log A=\log 10^{10}=10$ $\underset{a^m\times a^n=a^{m+n}}{}$

[채점 기준표]

1st 직선의 x절편을 구한다.	2점
2nd 직선 l의 기울기가 양수임을 이용하여 자연수인 x절편을 구한다.	5점
3rd 모든 양수 k의 곱을 구한다.	3점

[채점 기준표]

1st $a+b$의 값을 구한다.		2점
2nd ab의 값을 구한다.		5점
3rd $a^{\frac{1}{3}}+b^{\frac{1}{3}}$의 값을 구한다.		3점

B

B 165 정답 $2\sqrt{3}$ *로그의 성질을 이용한 추론 ···· [정답률 62%]

> 정답 공식: $\log_a b = \dfrac{1}{\log_b a}$, $\log_a b \times \log_b a = 1$,
> $(x+y)^3 = x^3 + y^3 + 3xy(x+y)$

1이 아닌 두 양수 a, b가 다음 조건을 만족시킬 때,

$a^{\frac{1}{3}}+b^{\frac{1}{3}}$의 값을 구하고 그 과정을 서술하시오. (단, $a+b \neq 1$)
단서1 곱셈공식을 이용하여 구할 수 있어.
(10점)

> (가) $\dfrac{1}{\log_{a+b}3} = \dfrac{1}{\log_4 3} + \dfrac{3}{2}$ **단서2** 로그의 밑을 통일하여 식을 계산할 수 있어.
>
> (나) $\dfrac{3}{\log_a 3 + \log_b 3} = \dfrac{4\log_2 3}{\log_a 9 \times \log_b 9}$ **단서3** 로그의 밑의 변환 공식을 이용하여 식을 계산할 수 있어.

🧠 **단서+발상**

단서1 $a+b$와 ab에 대한 곱셈공식을 이용하여 $\left(a^{\frac{1}{3}}+b^{\frac{1}{3}}\right)^3$의 전개식으로 $a^{\frac{1}{3}}+b^{\frac{1}{3}}$의 값을 구할 수 있다. **발상**

단서2 조건의 식에서 로그의 진수가 3으로 같으므로 밑 변환 공식을 이용하여 로그의 밑을 통일한 다음, **발상**
식을 계산하여 $a+b$의 값을 구할 수 있다. **적용**

단서3 로그의 성질을 이용하여 조건의 식을 계산한 다음 밑이 3인 로그로 나타내어 ab의 값을 구할 수 있다. **해결**

--- [문제 풀이 순서] ------------------------------

1st $a+b$의 값을 구하자.

로그의 성질과 밑의 변환 공식을 이용하여 조건 (가)의 식을 계산하면

$\log_3(a+b) = \log_3 4 + \dfrac{3}{2}$

$\qquad = \log_3 4 + \log_3 3^{\frac{3}{2}} = \underline{\log_3 4 + \log_3 3\sqrt{3}}$

$\qquad = \log_3 12\sqrt{3}$ $\quad \log_a xy = \log_a x + \log_a y$

$\therefore a+b = 12\sqrt{3}$

2nd ab의 값을 구하자.

로그의 성질과 밑의 변환 공식을 이용하여 조건 (나)의 식을 계산하면

$3 = 4\log_2 3 \times \left(\dfrac{\log_a 3 + \log_b 3}{\log_a 9 \times \log_b 9} \right) = \log_2 3 \times \left(\dfrac{\log_a 3 + \log_b 3}{\log_a 3 \times \log_b 3} \right)$ 이고

$\log_a 9 \times \log_b 9 = \log_a 3^2 \times \log_b 3^2$
$\qquad = 2\log_a 3 \times 2\log_b 3$
$\qquad = 4\log_a 3 \times \log_b 3$

$\dfrac{\log_a 3 + \log_b 3}{\log_a 3 \times \log_b 3} = \dfrac{1}{\log_b 3} + \dfrac{1}{\log_a 3} = \log_3 b + \log_3 a = \log_3 ab$이므로

$3 = \underline{\log_2 3 \times \log_3 ab} = \log_2 ab$ $\log_a b = \dfrac{1}{\log_b a}$, $\log_a xy = \log_a x + \log_a y$

$\therefore ab = 2^3$ $\log_a b \times \log_b c = \log_a c$

3rd $a^{\frac{1}{3}}+b^{\frac{1}{3}}$의 값을 구하자.

$a^{\frac{1}{3}}+b^{\frac{1}{3}} = x$라 하면

$\dfrac{x^3 = a+b+3a^{\frac{1}{3}}b^{\frac{1}{3}}\left(a^{\frac{1}{3}}+b^{\frac{1}{3}}\right) = a+b+3(ab)^{\frac{1}{3}}x}{x^3 = 12\sqrt{3}+6x}$ $(a+b)^3 = a^3+b^3+3ab(a+b)$

$x^3 - 6x - 12\sqrt{3} = 0$, $(x-2\sqrt{3})(x^2+2\sqrt{3}x+6) = 0$

한편 이차방정식 $x^2 + 2\sqrt{3}x + 6 = 0$의 판별식을 D라 하면

$D = 12-24 < 0$이므로 이차방정식 $ax^2+bx+c=0$의 판별식을 D라 하면 $D = b^2-4ac$이고, $D < 0$이면 이차방정식은 서로 다른 두 허근을 가져.
실근이 존재하지 않는다.

따라서 $x = 2\sqrt{3}$이므로

$a^{\frac{1}{3}}+b^{\frac{1}{3}}$의 값은 $2\sqrt{3}$이다.

B 166 정답 해설 참조 *로그의 성질의 활용 – 식의 정리 [정답률 56%]

> 정답 공식: $\log_a b \times \log_b c = \log_a c$, $x^3+px^2+qx+r=0$의 세 근을 α, β, γ라 할 때 $\alpha+\beta+\gamma=-p$, $\alpha\beta+\beta\gamma+\gamma\alpha=q$, $\alpha\beta\gamma=-r$

1이 아닌 세 양수 a, b, c에 대하여 다음 물음에 답하시오. (10점)

(1) $\dfrac{\log_a b}{\log_a b \times \log_b c + \log_a b + 1} + \dfrac{\log_b c}{\log_b c \times \log_c a + \log_b c + 1}$

$\qquad\qquad + \dfrac{\log_c a}{\log_c a \times \log_a b + \log_c a + 1}$

의 값을 구하고 그 과정을 서술하시오.

(2) 등식 $\log_a b + \log_b c + \log_c a = \log_b a + \log_c b + \log_a c$가 성립할 때, $(a-b)(b-c)(c-a)$의 값을 구하고 그 과정을 서술하시오.
단서 복잡한 식을 치환을 통해 간단히 정리할 수 있고 로그의 성질을 활용하여 식을 계산할 수 있어.

(3) (2)의 등식이 성립하고, $\log_a b + \log_b c + \log_c a = 3$이 성립할 때, a, b, c의 관계식을 구하고 그 과정을 서술하시오.

🧠 **단서+발상**

단서 복잡한 로그의 계산은 로그의 밑을 통일하거나 치환, **발상**
로그의 성질 $\log_a b \times \log_b c \times \log_c a = 1$을 활용해 식을 계산하여 값을 구할 수 있다. **해결**

--- [문제 풀이 순서] ------------------------------

1st (1) $\log_a b \times \log_b c = \log_a c$를 활용하여 식을 계산하자.

(1) $\log_a b \times \log_b c = \log_a c$, $\log_b c \times \log_c a = \log_b a$,

$\log_c a \times \log_a b = \log_c b$이므로

$\dfrac{\log_a b}{\log_a b \times \log_b c + \log_a b + 1} +$

$\qquad \dfrac{\log_b c}{\log_b c \times \log_c a + \log_b c + 1} + \dfrac{\log_c a}{\log_c a \times \log_a b + \log_c a + 1}$

$= \dfrac{\log_a b}{\log_a c + \log_a b + \log_a a} +$

$\qquad \dfrac{\log_b c}{\log_b a + \log_b c + \log_b b} + \dfrac{\log_c a}{\log_c b + \log_c a + \log_c c}$

$= \dfrac{\log_a b}{\log_a abc} + \dfrac{\log_b c}{\log_b abc} + \dfrac{\log_c a}{\log_c abc}$

$\dfrac{\log_c b}{\log_c a} = \log_a b$

$= \log_{abc} b + \log_{abc} c + \log_{abc} a$

$= \log_{abc} abc = 1$

2nd (2) 치환을 통해 식의 값을 계산하자.

(2) $\log_a b = A$, $\log_b c = B$, $\log_c a = C$라 하면

$ABC = \log_a b \times \log_b c \times \log_c a = 1 \cdots \bigcirc$

$\log_a b + \log_b c + \log_c a = \log_b a + \log_c b + \log_a c$가 성립하므로

$A + B + C = \dfrac{1}{A} + \dfrac{1}{B} + \dfrac{1}{C}$이다. $\log_a b = \dfrac{1}{\log_b a}$ $(a > 0, b > 0, a \neq 1, b \neq 1)$

⊙에 의해 $\dfrac{1}{A}+\dfrac{1}{B}+\dfrac{1}{C}=BC+AC+AB$이므로

$A+B+C=AB+BC+CA$

이때 $A+B+C=AB+BC+CA=p$라 하면

A, B, C는 삼차방정식 $x^3-px^2+px-1=0$의 세 근이다.

세 수 α, β, γ를 근으로 하고, x^3의 계수가 1인 삼차방정식은
$x^3-(\alpha+\beta+\gamma)x^2+(\alpha\beta+\beta\gamma+\gamma\alpha)x-\alpha\beta\gamma=0$이야.
$A+B+C=AB+BC+CA=p$, $ABC=1$이므로
삼차방정식 $x^3-px^2+px-1=0$으로 세울 수 있어.

$x^3-px^2+px-1=(x-1)\{x^2+(1-p)x+1\}$이므로

$x^3-px^2+px-1=0$인 해는 $x=1$이다.

$A=1$ 또는 $B=1$ 또는 $C=1$

$A=1$이면 $\log_a b=1$이므로 $a=b$

$B=1$이면 $\log_b c=1$이므로 $b=c$

$C=1$이면 $\log_c a=1$이므로 $c=a$

따라서 $a=b$ 또는 $b=c$ 또는 $c=a$이므로

$(a-b)(b-c)(c-a)=0$

3rd (3) (2)를 통해 a, b, c의 관계를 구하자.

(3) (2)의 등식이 성립하고, $\log_a b+\log_b c+\log_c a=3$이 성립하므로

$A+B+C=p=3$

따라서 A, B, C는 $x^3-3x^2+3x-1=(x-1)^3=0$의 근이다.

$A=B=C=1$이므로 a, b, c의 관계식은 $a=b=c$

[채점 기준표]

1st (1) $\log_a b\times\log_b c=\log_a c$를 활용하여 식을 계산한다.		3점
2nd (2) 치환을 통해 식의 값을 계산한다.		5점
3rd (3) (2)를 통해 a, b, c의 관계를 구한다.		2점

B 167 정답 15 *상용로그의 응용 – 식 대입 .... [정답률 76%]

(정답 공식: $a^x=b \iff x=\log_a b$, $\log_a a=1$)

암석 N 속의 A 물질은 시간이 지남에 따라 B 물질로 바뀌고, 암석 N 속의 A 물질의 양과 B 물질의 양을 비교하여 암석의 나이를 추정할 수 있다고 한다. 암석 N 속에 함유된 B 물질의 양이 A 물질의 양의 r배일 때, 이 암석 N의 나이를 t년이라 하면 다음과 같은 관계식이 성립한다고 한다.

$t=k\times\log_2(1+8r)$ (k는 상수) 단서 미지수들의 관계식이 주어져 있으므로 조건들을 대입해.

이 암석 N의 나이가 100만 년이 되는 시점에서 이 암석 N 속에 함유된 B 물질의 양이 A 물질의 양의 $\dfrac{1}{8}$배이다. 이 암석 N의 나이가 300만 년이 되는 시점에서 이 암석 N 속에 함유된 B 물질의 양은 A 물질의 양의 $\dfrac{q}{p}$배이다. 이때 $p+q$의 값을 구하고 그 과정을 서술하시오. (단, B 물질은 A 물질로 바뀌지 않고, p, q는 서로소인 자연수이다.) (10점)

🧠 단서+발상

단서 암석 N의 나이가 t년, 암석 N 속에 함유된 B 물질의 양이 A 물질의 양의 r배일 때의 관계식에 암석 N의 나이 100만 년과 이때의 함유된 물질들의 양의 배율을 대입하면 상수 k의 값을 구할 수 있다. 적용

관계식을 이용하여 문제에서 구해야 할 자연수 p, q를 구할 수 있다. 해결

- - - [문제 풀이 순서] - - - - - - - - - - - - - - - - -

1st 상수 k를 구하자.

$t=10^6$일 때, $r=\dfrac{1}{8}$이므로 $10^6=k\times\log_2\left(1+8\times\dfrac{1}{8}\right)$

$1{,}000{,}000=10^6$이므로
암석 N의 나이가 100만 년일 때 $t=10^6$으로 놓을 수 있어.

$\therefore k=10^6$

2nd p, q의 값을 구하여 $p+q$의 값을 구하자.

$t=3\times10^6$일 때, 관계식에 대입하면

$3\times10^6=10^6\times\log_2(1+8r)$

$3=\log_2(1+8r)$, $1+8r=2^3$

$\therefore r=\dfrac{7}{8}$ $a\neq1, a>0, b>0$일 때, $a^x=b \iff x=\log_a b$

즉, B 물질의 양은 A 물질의 양의 $\dfrac{7}{8}$배이다.

따라서 $p=8$, $q=7$이므로 $p+q=15$

[채점 기준표]

1st 상수 k를 구한다.	4점
2nd p, q의 값을 구하여 $p+q$의 값을 구한다.	6점

B 168 정답 16 *상용로그의 응용 – 식 비교 .... [정답률 69%]

(정답 공식: A가 $r\%$ 증가하면 $A+A\left(\dfrac{r}{100}\right)=A\left(1+\dfrac{r}{100}\right)$)

단서1 각각의 약제비에 대한 관계를 제시하고 있어.
건강보험심사평가원에 따르면 올해 우리나라의 한 해 약제비는 같은 기간 OECD(경제개발협력기구) 국가 평균 한 해 약제비의 0.9배로 집계되었다고 한다. 우리나라의 한 해 약제비와 OECD 국가 평균 한 해 약제비가 이전 연도에 비해 각각 9.7 %, 4.2 %씩 매년 일정하게 증가한다고 가정할 때, 우리나라의 한 해 약제비가 처음으로 같은 기간 OECD 국가 평균 한 해 약제비의 2배를 넘는 것으로 집계되는 해는 올해로부터 n년 후라고 한다. 자연수 n의 값을 구하고 그 과정을 서술하시오. 단서2 매년 일정한 %로 증가하므로 비율에 관한 식을 세울 수 있어.

(단, $\log1.042=0.018$, $\log1.097=0.040$, $\log2=0.301$, $\log3=0.477$로 계산한다.) (10점)

 단서+발상

단서1 올해 기준 우리나라 약제비(OECD 국가의 0.9배)와 OECD 국가 평균 한 해 약제비를 제시하고 있으므로 OECD 국가 평균 한 해 약제비를 상수로 설정하여 관계식을 구할 수 있다. 발상

단서2 상수로 설정한 약제비가 1년에 $r\%$ 증가하면 $\dfrac{r}{100}$만큼 증가하므로 n년 후일 때의 약제비는 (약제비)$\times\left(1+\dfrac{r}{100}\right)^n$ 관계식을 세워 n을 구할 수 있다. 해결

- - - [문제 풀이 순서] - - - - - - - - - - - - - - - - -

1st n년 후 우리나라와 OECD 국가의 평균 한 해 약제비를 구하자.

올해 OECD 국가 평균 한 해 약제비를 a원이라 하면

올해 우리나라의 한 해 약제비는 $0.9a$원

우리나라의 한 해 약제비가 같은 기간 OECD 국가 평균 한 해 약제비의 0.9배이므로 $0.9\times a$(원)가 돼

우리나라의 한 해 약제비가 이전 연도에 비해 매년 9.7%씩 일정하게 증가하고 있으므로 n년 후 우리나라의 한 해 약제비는

$$0.9a\times\left(1+\frac{9.7}{100}\right)^n=0.9a\times1.097^n$$

OECD 국가 평균 한 해 약제비가 이전 연도에 비해 매년 4.2%씩 일정하게 증가하고 있으므로 n년 후 OECD 국가 평균 한 해 약제비는

$$a\times\left(1+\frac{4.2}{100}\right)^n=a\times1.042^n$$

어떤 양 a가 매년 일정한 비율 $k\%$로 증가할 때, n년 후의 양은 $a\left(1+\dfrac{k}{100}\right)^n$

2nd 상용로그를 취하여 n을 구하자.

올해로부터 n년 후, 우리나라의 한 해 약제비가 같은 기간 OECD국가 평균 한 해 약제비의 2배를 넘는다고 하면

$$0.9a\times1.097^n>2\times a\times1.042^n$$
$$0.9\times1.097^n>2\times1.042^n \text{ (∵ }a\text{는 0이 아닌 상수)}$$

양변에 상용로그를 취하면

$$\log0.9+\log1.097^n>\log2+\log1.042^n$$
$$2\log3-1+n\log1.097>\log2+n\log1.042$$
$$-0.046+0.040n>0.301+0.018n$$
$$0.022n>0.347$$
$$\therefore n>15.77\times\times\times$$

따라서 16년 후이다.

[채점 기준표]

1st	n년 후 우리나라와 OECD 국가의 평균 한 해 약제비를 구한다.	3.5점
2nd	상용로그를 취하여 n을 구한다.	6.5점

 1등급 마스터 문제 [4점 + 2등급 대비 + 1등급 대비]

B 169 **정답 30** *로그의 정의 ·········· [정답률 42%]

정답 공식: $-x^2+ax+4=2^n$ 꼴이 되어야 한다. $y=-x^2+ax+4$와 $y=2^n$의 그래프를 그려 교점이 6개 나타나는 상황을 찾고, 이를 통해 a의 값의 범위를 구한다.

단서1 주어진 로그의 값이 존재하려면 진수인 $-x^2+ax+4>0$이어야 해.

$\log_2(-x^2+ax+4)$의 값이 자연수가 되도록 하는 실수 x의 개수가 6일 때, 모든 자연수 a의 값의 곱을 구하시오. (4점)

단서2 $\log_2(-x^2+ax+4)$의 값이 자연수가 되려면 자연수 n에 대하여 $-x^2+ax+4$의 값이 2^n 꼴이어야 해.

1st 로그의 정의와 조건을 만족시키는 $f(x)=-x^2+ax+4$의 그래프의 모양을 유추해 봐.

$f(x)=-x^2+ax+4$라 하면 로그의 진수 조건에 의하여 $f(x)>0$

$$f(x)=-x^2+ax+4=-\left(x^2-ax+\frac{a^2}{4}-\frac{a^2}{4}\right)+4$$
$$=-\left(x-\frac{a}{2}\right)^2+\frac{a^2}{4}+4$$

$\log_2(-x^2+ax+4)$의 값이 자연수가 되려면 자연수 n에 대하여 $f(x)=-x^2+ax+4$의 값이 2^n 꼴이어야 해.

$\log_2(-x^2+ax+4)$의 값이 자연수가 되는 실수 x의 개수가 6이므로 $y=f(x)$의 그래프는 그림과 같이 $y=2$, $y=2^2$, $y=2^3$과 각각 2개의 점에서 만나고 $y=2^n(n\geq4)$과는 만나지 않는다.

주의 $\log_2 f(x)$에 관한 식이므로 값이 자연수가 되려면 $f(x)=2^n$ 꼴이어야 해.

2nd 조건에 맞는 자연수 a의 값을 구하자.

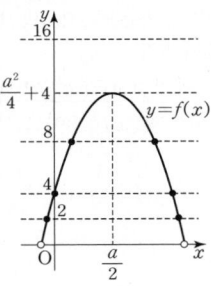

즉, $2^3<\dfrac{a^2}{4}+4<2^4$

$16<a^2<48$이고, a가 자연수이므로 $a=5,\ 6$

∴ (모든 자연수 a의 값의 곱)$=5\times6=30$

B 170 **정답 70** *상용로그의 활용-정수 부분과 소수 부분 [정답률 53%]

정답 공식: $\{f(x)\}^2+3g(x)=3$에서 $f(x)$가 정수이므로 가능한 값은 ±1이다. 각각에 대해 $\log x$의 값을 구할 수 있다.

양수 x에 대하여 **단서1** 상용로그의 정수 부분이 $f(x)$, 소수 부분이 $g(x)$야.

$$\log x=f(x)+g(x)\,(f(x)\text{는 정수},\ 0\leq g(x)<1)$$

이라 하자. $\{f(x)\}^2+3g(x)$의 값이 3이 되도록 하는 모든 x의 값의 곱은 $10^{\frac{q}{p}}$이다. $10(p+q)$의 값을 구하시오. (단, p, q는 서로소인 자연수이다.) (4점) **단서2** 소수 부분 $g(x)$의 범위로 정수 $f(x)$의 값을 유추하여 x의 값을 찾아 볼까?

1st $\{f(x)\}^2+3g(x)=3$과 $0\leq g(x)<1$을 이용하여 정수 $f(x)$의 값의 범위를 구해.

$\{f(x)\}^2+3g(x)=3$에서

$g(x)=\dfrac{3-\{f(x)\}^2}{3}$ ··· ㉠이고 $0\leq g(x)<1$이므로

$$0\leq\frac{3-\{f(x)\}^2}{3}<1$$

$\therefore 0<\{f(x)\}^2\leq3 \longrightarrow \{f(x)\}^2=1, 2, 3$

그런데 $f(x)$는 정수이므로 $f(x)=1$ 또는 $f(x)=-1$이다.

2nd $f(x)$의 값에 따라 $\{f(x)\}^2+3g(x)=3$을 만족시키는 x의 값을 구하자.

(i) $f(x)=1$일 때, ㉠에 대입하면

실수 문제에서 $f(x)$는 정수라 하였으므로 $\{f(x)\}^2=1, 2, 3$일 때를 모두 고려하지 않아도 돼. 이 중에서 제곱수는 1뿐이므로 $f(x)=\pm1$일 때만 해당되겠지.

$$g(x)=\frac{3-1^2}{3}=\frac{2}{3}\text{이므로}$$

$$\log x=f(x)+g(x)=1+\frac{2}{3}=\frac{5}{3}$$

[로그의 정의] $\log_a N=x \Longleftrightarrow a^x=N$

$\therefore x=10^{\frac{5}{3}}$

(ii) $f(x)=-1$일 때, ㉠에 대입하면

$$g(x)=\frac{3-(-1)^2}{3}=\frac{2}{3}\text{이므로}$$

$$\log x=f(x)+g(x)=-1+\frac{2}{3}=-\frac{1}{3}$$

$\therefore x=10^{-\frac{1}{3}}$

3rd 모든 x의 값의 곱을 구하여 p, q의 값을 구할 수 있겠지?

(i), (ii)에 의하여 모든 x의 값의 곱은

$$10^{\frac{5}{3}}\times10^{-\frac{1}{3}}=10^{\frac{4}{3}}$$

$a^m\times a^n=a^{m+n}$

따라서 $p=3$, $q=4$이므로

$$10(p+q)=10(3+4)=70$$

다른 풀이: $f(x)$가 정수이고 $\{f(x)\}^2+3g(x)$의 값이 3이려면 $3g(x)$도 정수여야 하므로 가능한 $3g(x)$의 값은 0 또는 1 또는 2임을 이용하여 값 구하기

$\rightarrow 3g(x)=3-\{f(x)\}^2=$(정수)$-$(정수)$=$(정수)

$\{f(x)\}^2+3g(x)=3 \cdots \text{ⓛ}$에서 $f(x)$가 정수이므로 $3g(x)$도 정수여야 해.

그런데 $0\leq g(x)<1$에서 $0\leq 3g(x)<3$이므로 $3g(x)$의 값은 0 또는 1 또는 2야.

(i) $3g(x)=0$, 즉 $g(x)=0$일 때,

ⓛ에서 $\{f(x)\}^2=3$

$\therefore f(x)=\pm\sqrt{3} \Rightarrow$ 무리수

그런데 이것은 $f(x)$가 정수라는 조건에 맞지 않아.

(ii) $3g(x)=1$, 즉 $g(x)=\dfrac{1}{3}$일 때,

ⓛ에서 $\{f(x)\}^2+1=3$

$\therefore f(x)=\pm\sqrt{2} \Rightarrow$ 무리수

이것도 $f(x)$는 정수라는 조건에 맞지 않아.

(iii) $3g(x)=2$, 즉 $g(x)=\dfrac{2}{3}$일 때,

ⓛ에서 $\{f(x)\}^2+2=3$ $\therefore f(x)=\pm1$

따라서 주어진 조건을 만족시키는 x의 값은

$f(x)=1$, $g(x)=\dfrac{2}{3}$일 때, $\log x=1+\dfrac{2}{3}=\dfrac{5}{3}$에서 $x=10^{\frac{5}{3}}$

$f(x)=-1$, $g(x)=\dfrac{2}{3}$일 때, $\log x=-1+\dfrac{2}{3}=-\dfrac{1}{3}$에서 $x=10^{-\frac{1}{3}}$

(이하 동일)

B 171 정답 72 ★2등급 대비 [정답률 12%]

*로그함수의 함숫값으로 이루어진 집합에 대하여 조건을 만족시키는 자연수의 합 구하기 [유형 02+03+06]

> 자연수 m $(m\geq2)$에 대하여 집합 A_m을
> $A_m=\{\log_m x \,|\, x$는 100 이하의 자연수$\}$
> 라 하고, 집합 B를
> $B=\{2^k \,|\, k$는 10 이하의 자연수$\}$
> 라 하자. 집합 B의 원소 b에 대하여 $n(A_4\cap A_b)=4$가 되도록 하는 모든 b의 값의 합을 구하시오. (4점)
>
> **단서1** $A_4=\{\log_4 x \,|\, x$는 100 이하의 자연수$\}$, $A_b=\{\log_{2^k} y \,|\, y$는 100 이하의 자연수$\}$ (단, k는 10 이하의 자연수)의 공통인 원소가 4개인 경우를 말하는 거야.
>
> **단서2** b의 값을 2^k 꼴이고, k는 10 이하의 자연수이므로 k의 값을 1부터 10까지 변환시키면서 대입해서 **단서1**을 만족시키는 k의 값을 구해.

왜 2등급? 로그함수의 함숫값으로 이루어진 집합에 대하여 조건을 만족시키는 자연수의 합을 구하는 문제이다.
이를 위해서는 두 집합의 교집합의 조건을 식으로 변환하여 식을 만족시키는 순서쌍의 개수를 셀 수 있어야 한다.

단서+발상

단서1 $b=2^k$일 때 $n(A_4\cap A_b)=4$가 되려면 $\log_4 x=\log_{2^k} y$를 만족시키는 100 이하의 자연수 x, y로 이루어진 순서쌍 (x, y)의 개수가 4임을 유추해야 한다. **발상**
로그의 성질을 이용하여 $x^k=y^2$임을 유도할 수 있다. **개념**

단서2 k의 값에 따라 순서쌍 (x, y)의 개수를 세어 순서쌍의 개수가 4인 k의 값을 찾아내어 b의 값의 합을 구한다. **해결**

주의 로그함수의 값으로 계산을 하기보다 로그의 성질을 이용하여 로그함수를 배제하고 값을 비교하는 것이 좋다.

> **핵심 정답 공식 :** $\log_{a^m} b^n=\dfrac{n}{m}\log_a b$

[문제 풀이 순서]

1st 두 집합 A_4, A_b의 공통인 원소를 생각해봐.

$A_4=\{\log_4 x \,|\, x$는 100 이하의 자연수$\}$이고 10 이하의 자연수 k에 대하여 $b=2^k$이므로 $A_b=\{\log_{2^k} y \,|\, y$는 100 이하의 자연수$\}$이다. 즉, 집합 $A_4\cap A_b$의 원소의 개수는 방정식 $\log_4 x=\log_{2^k} y$를 만족시키는 두 자연수 $x, y(1\leq x\leq100, 1\leq y\leq100)$에 대한 순서쌍 (x, y)의 개수와 같다. 즉, $n(A_4\cap A_b)=4$가 되려면 방정식 $\log_4 x=\log_{2^k} y$를 만족시키는 순서쌍 (x, y)의 개수가 4개이다.

2nd 방정식 $\log_4 x=\log_{2^k} y$를 간단히 하자.

$\log_4 x=\log_{2^k} y$이면 $\dfrac{1}{2}\log_2 x=\dfrac{1}{k}\log_2 y$, $k\log_2 x=2\log_2 y$이고, $\log_2 x^k=\log_2 y^2$이므로 $x^k=y^2$이다. [로그의 성질] $\log_{a^m} b^n=\dfrac{n}{m}\log_a b$

3rd 순서쌍 (x, y)의 개수를 구하자.

10 이하의 자연수 k의 값에 대하여 $x^k=y^2$인 순서쌍 (x, y)의 개수를 살펴보자.

(i) $k=1$인 경우

$x=y^2$이므로 이를 만족시키는 순서쌍 (x, y)는

$\underline{(1, 1), (2^2, 2), (3^2, 3), \cdots, (10^2, 10)}$으로 10개이다.

$\therefore n(A_4\cap A_{2^1})=10$ $\rightarrow x, y$는 100 이하의 자연수이므로 만족시키는 순서쌍 (x, y)의 개수를 구해봐.

(ii) $k=2$이면

$x^2=y^2$, 즉 $x=y$이므로 이를 만족시키는 순서쌍 (x, y)는

$(1, 1), (2, 2), (3, 3), \cdots, (100, 100)$으로 100개이다.

$\therefore n(A_4\cap A_{2^2})=100$

(iii) $k=3$이면

$\underline{x^3=y^2}$이므로 이를 만족시키는 순서쌍 (x, y)는
$\rightarrow x^3=y^2$이려면 x의 값을 자연수 n의 제곱으로, y의 값을 자연수 n의 세제곱으로 하면 되겠지? $(n^2)^3=(n^3)^2$

$(1, 1), (2^2, 2^3), (3^2, 3^3), \underline{(4^2, 4^3)}$으로 4개이다.

$\therefore n(A_4\cap A_{2^3})=4$ $\rightarrow$ 자연수의 세제곱 수 중 100 이하의 가장 큰 수는 $4^3<100<5^3(=125)$에서 4^3이야.

(iv) $k=4$이면

$x^4=y^2$, 즉 $x^2=y$이므로 이를 만족시키는 순서쌍 (x, y)는

$(1, 1), (2, 2^2), (3, 3^2), \cdots, (10, 10^2)$으로 10개이다.

$\therefore n(A_4\cap A_{2^4})=10$

(v) $k=5$이면

$\underline{x^5=y^2}$이므로 이를 만족시키는 순서쌍 (x, y)는
$\rightarrow x^5=y^2$이려면 x의 값을 자연수 n의 제곱으로, y의 값을 자연수 n의 다섯제곱으로 하면 되겠지? $(n^2)^5=(n^5)^2$

$(1, 1), \underline{(2^2, 2^5)}$으로 2개이다.

$\therefore n(A_4\cap A_{2^5})=2$ $\rightarrow$ 자연수의 다섯제곱 수 중 100 이하의 가장 큰 수는 $2^5<100<3^5(=243)$에서 2^5이야.

(vi) $k=6$이면

$x^6=y^2$, 즉 $x^3=y$이므로 이를 만족시키는 순서쌍 (x, y)는

$(1, 1), (2, 2^3), (3, 3^3), (4, 4^3)$으로 4개이다.

$\therefore n(A_4\cap A_{2^6})=4$

(vii) $k=7$이면

$x^7=y^2$이므로 이를 만족시키는 순서쌍 (x, y)는
$\rightarrow x^7=y^2$이려면 x의 값을 자연수 n의 제곱으로, y의 값을 자연수 n의 일곱제곱으로 하면 되겠지? $(n^2)^7=(n^7)^2$

$\underline{(1, 1)}$로 1개이다.

자연수의 일곱제곱 수 중 100 이하의 가장 큰 수는 $1^7<100<2^7(=128)$에서 1이야.

$\therefore n(A_4\cap A_{2^7})=1$

(viii) $k=8$이면

$x^8=y^2$, 즉 $x^4=y$이므로 이를 만족시키는 순서쌍 (x, y)는

$(1, 1), (2, 2^4), (3, 3^4)$으로 3개이다.

$\therefore n(A_4\cap A_{2^8})=3$

(ix) $k=9$이면

$\underline{x^9=y^2}$이므로 이를 만족시키는 순서쌍 (x, y)는

$\quad\longrightarrow$ $x^9=y^2$이려면 x의 값을 자연수 n의 제곱으로,

$(1, 1)$으로 1개이다. $\quad$ y의 값을 자연수 n의 아홉제곱으로 하면 되겠지? $(n^2)^9=(n^9)^2$

자연수의 아홉제곱 수 중 100 이하의 가장 큰 수는 $1^9<100<2^9(=512)$에서 1이야.

$\therefore n(A_4 \cap A_{2^9})=1$

(x) $k=10$이면

$x^{10}=y^2$, 즉 $x^5=y^2$이므로 이를 만족시키는 순서쌍 (x, y)는

$(1, 1)$, $(2, 2^5)$으로 2개이다.

$\therefore n(A_4 \cap A_{2^{10}})=2$

4th 조건을 만족시키는 모든 b의 값의 합을 구하자.

(i)~(x)에 의하여

$n(A_4 \cap A_b)=4$를 만족시키는 집합 B의 원소는 b의 값은 2^3, 2^6이므로 모든 b의 값의 합은 $2^3+2^6=8+64=72$

My Top Secret   서울대 선배의 ❶ 등급 대비 전략

로그함수의 값을 다루기 위해서는 로그함수의 직접적인 값을 다루기보다
로그함수의 밑을 같은 수로 맞추고, 진수를 비교하여 계산을 하는 것이
편리해.

B 172 정답 **25**   ⭐2등급 대비 [정답률 15%]

*로그의 값이 정수가 되도록 하는 자연수 k의 개수 구하기 [유형 16]

> 100 이하의 자연수 전체의 집합을 S라 할 때, $n \in S$에 대하여 집합
>
> $\quad\{k \mid k \in S$이고 $\log_2 n - \log_2 k$는 정수$\}$
>
> 의 원소의 개수를 $f(n)$이라 하자. 예를 들어, $f(10)=5$이고
>
> $f(99)=1$이다. 이때, $f(n)=1$인 n의 개수를 구하시오. (4점)
>
> **단서1** $\log_2 n - \log_2 k=\log_2 \dfrac{n}{k}$이 정수가 되기 위한 k의 조건을 찾아야겠네.
>
> **단서2** 집합의 원소의 개수 $f(n)$은 $\log_2 n - \log_2 k=\log_2 \dfrac{n}{k}$이
> 정수인 n의 개수를 찾는 거야.

왜 2등급? $\log_2 n - \log_2 k$가 정수가 되도록 하는 자연수 k의 개수를 구하는 문제이다.

이를 위해서는 n이 홀수일 때와 짝수일 때, n이 50 이하일 때와 50보다 클 때를 나누어 따져볼 수 있어야 한다.

단서+발상

단서1 $\log_2 \dfrac{n}{k}$가 정수이면 $\dfrac{n}{k}=2^a(a$는 정수$)$의 꼴이다. **개념**

$\quad$ 즉, $k=n, 2n, 4n, 8n, \cdots$이거나 $k=\dfrac{n}{2}, \dfrac{n}{4}, \dfrac{n}{8}, \cdots$이다. **발상**

단서2 이를 만족시키는 k가 하나뿐이라면 $n \in S$이고, $k \in S$이므로 $k=n$이다.

$\quad 2n \notin S$이고, $\dfrac{n}{2} \notin S$인 n에 대하여 $f(n)=1$이다. n이 자연수이므로 $2n$도
자연수이다. 따라서 $2n$은 100보다 큰 자연수가 되어야 $2n \notin S$가 된다. n이
100 이하이면 $\dfrac{n}{2}$은 100 이하이므로 $\dfrac{n}{2}$은 자연수가 아니어야 $\dfrac{n}{2} \notin S$가 된다.
따라서 n은 홀수이고 50보다 크다. **적용**

주의 $\log_2 n - \log_2 k$가 자연수뿐만 아니라 0이나 음의 정수도 될 수 있다.

┌ **핵심 정답 공식:** $\dfrac{n}{k}$이 2의 거듭제곱 꼴이 되어야 한다. n이 50 이하이면 $k=2n$이
│ 가능하다. n이 짝수이면 $k=\dfrac{1}{2}n$이 가능하다.

------------------ [문제 풀이 순서] ------------------

1st 주어진 집합 $\{k \mid k \in S$이고 $\underline{\log_2 n - \log_2 k}$는 정수$\}$가 의미하는 것을 파악
하여 $\dfrac{n}{k}$의 값을 유추하자. $\quad=\log_2 \dfrac{n}{k}$

S는 100 이하의 자연수 전체의 집합이므로 n과 k는 100 이하의 자연수
이다. $\quad \log_2 \dfrac{n}{k}=a(a$는 정수$), \dfrac{n}{k}=2^a$이야. 즉 $\dfrac{n}{k}$은 2의 거듭제곱이야.

이때, $\log_2 n - \log_2 k=\underset{\uparrow}{\log_2 \dfrac{n}{k}}$이 정수가 되어야 하므로 $\dfrac{n}{k}$이 $\cdots, \dfrac{1}{4}, \dfrac{1}{2},$

$1, 2, \cdots$, 즉 $2^a(a$는 정수$)$ 꼴로 나타낼 수 있는 k의 값을 구하면 된다.

2nd n이 짝수일 때와 홀수일 때로 나누어 $f(n)=1$인 n의 값을 찾자.

$1 \le k \le 100$인 자연수 k에 대하여

주의
로그가 자연수가 되도록 할 때에는
로그의 밑이 a일 때 진수가 a^n이 되
는 조건을 항상 따져 보도록 하자.

(i) $1 \le n \le 50$인 자연수 n일 때,

$\quad k=n$ 또는 $k=2n$이라 하면
$\quad k$의 값의 범위 $1 \le k \le 100$이니까.

$\quad n \in S, 2n \in S \Rightarrow \log_2 \dfrac{n}{n}=0, \log_2 \dfrac{n}{2n}=-1$

두 값 모두 주어진 조건을 만족시키므로 k의 개수는 최소한 두 개 이상이다.
즉, $f(n) \ge 2$ $\quad n$의 값에 따라 $k=n, k=2n$ 꼴이 나오니까.

(ii) $52 \le n \le 100$인 자연수 n이 짝수일 때, $k=n$ 또는 $k=\dfrac{n}{2}$이라 하면
$\Rightarrow 52, 54, 56, \cdots, 100 \quad\quad\quad\quad\quad k$의 값의 범위도 $1 \le k \le 100$이니까.

$\quad n \in S, \dfrac{n}{2} \in S \Rightarrow \log_2 \dfrac{n}{n}=0, \log_2 \dfrac{n}{\frac{n}{2}}=1$

마찬가지로 두 값 모두 주어진 조건을 만족시키므로 $f(n) \ge 2$

(iii) $51 \le n \le 99$인 자연수 n이 홀수일 때,
$\Rightarrow 51, 53, 55, \cdots, 99$

$\quad k=n$일 때만 $\log_2 \dfrac{n}{k}$이 정수가 될 수 있으므로
$\quad\quad\quad\quad\longrightarrow$ n이 홀수이면 $\dfrac{n}{2}$은 정수가 아니야.

$\quad f(n)=1$을 만족시킨다.

따라서 (i)~(iii)에 의하여 $f(n)=1$인 n은 51부터 99까지의 홀수이므로 **25**
개이다. $\quad =\dfrac{99-51}{2}+1$

My Top Secret   서울대 선배의 ❶ 등급 대비 전략

문제에서는 $f(n)=1$이 되는 자연수 n의 개수를 묻고 있어. 그렇다면
$f(n)>1$인 자연수 n에 대해서는 $f(n)$의 값을 구체적으로 구할 필요
가 없어.

따라서 $f(n)=1$이 되도록 $2n \notin S$이고, $\dfrac{n}{2} \notin S$인 경우만 생각하면 돼.

B

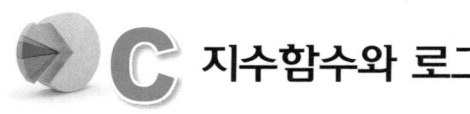

지수함수와 로그함수

C 01 정답 **3** ——————————————— ＊지수함수의 그래프

$f(3)=3^{3-2}=3$

C 02 정답 $\dfrac{1}{27}$ ——————————————— ＊지수함수의 그래프

$f(-1)=3^{-1-2}=3^{-3}=\dfrac{1}{27}$

C 03 정답 **1** ——————————————— ＊지수함수의 그래프

$f(0)=3^{-2}=\dfrac{1}{9},\ f(4)=3^{4-2}=3^2=9$이므로

$f(0)\times f(4)=\dfrac{1}{9}\times 9=1$

C 04 정답 $\dfrac{1}{3}$ ——————————————— ＊지수함수의 그래프

$\left\{f\!\left(\dfrac{3}{2}\right)\right\}^2=(3^{\frac{3}{2}-2})^2=3^{-\frac{1}{2}\times 2}=3^{-1}=\dfrac{1}{3}$

C 05 정답 $y=2^{x+5}+2$ ——————————————— ＊지수함수의 그래프

$y=2^x$의 그래프를 x축의 방향으로 -5만큼, y축의 방향으로 2만큼 평행이동한 그래프의 식은 $y-2=2^{x-(-5)}$ ∴ $y=2^{x+5}+2$

C 06 정답 $y=-\left(\dfrac{1}{6}\right)^x$ ——————————————— ＊지수함수의 그래프

$y=\left(\dfrac{1}{6}\right)^x$의 그래프를 x축에 대하여 대칭이동한 그래프의 식은

$-y=\left(\dfrac{1}{6}\right)^x$ ∴ $y=-\left(\dfrac{1}{6}\right)^x$

C 07 정답 $y=6^x$ ——————————————— ＊지수함수의 그래프

$y=\left(\dfrac{1}{6}\right)^x$의 그래프를 y축에 대하여 대칭이동한 그래프의 식은

$y=\left(\dfrac{1}{6}\right)^{-x}$ ∴ $y=(6^{-1})^{-x}=6^x$

C 08 정답 $y=-6^x$ ——————————————— ＊지수함수의 그래프

$y=\left(\dfrac{1}{6}\right)^x$의 그래프를 원점에 대하여 대칭이동한 그래프의 식은

$-y=\left(\dfrac{1}{6}\right)^{-x}$ ∴ $y=-(6^{-1})^{-x}=-6^x$

C 09 정답 치역 : $\{y\,|\,y>0\}$ ——————————————— ＊지수함수의 그래프
　　　　　점근선의 방정식 : $y=0$

C 10 정답 치역 : $\{y\,|\,y>4\}$ ——————————————— ＊지수함수의 그래프
　　　　　점근선의 방정식 : $y=4$

C 11 정답 최댓값 : **9**, 최솟값 : $\dfrac{1}{27}$ ——————— ＊지수함수의 그래프

$y=3^x$에서 밑이 3이고 $3>1$이므로 함수 $y=3^x$은
$x=2$일 때 최대이고 최댓값은 $3^2=9$
$x=-3$일 때 최소이고 최솟값은 $3^{-3}=\dfrac{1}{27}$

C 12 정답 최댓값 : **64**, 최솟값 : $\dfrac{1}{16}$ ——————— ＊지수함수의 그래프

$y=\left(\dfrac{1}{4}\right)^x$에서 밑이 $\dfrac{1}{4}$이고 $0<\dfrac{1}{4}<1$이므로 함수 $y=\left(\dfrac{1}{4}\right)^x$은

$x=-3$일 때 최대이고 최댓값은 $\left(\dfrac{1}{4}\right)^{-3}=(4^{-1})^{-3}=4^3=64$

$x=2$일 때 최소이고 최솟값은 $\left(\dfrac{1}{4}\right)^2=\dfrac{1}{16}$

C 13 정답 최댓값 : **21**, 최솟값 : $\dfrac{321}{64}$ ——————— ＊지수함수의 그래프

$y=4^{x-2}+5$에서 밑이 4이고 $4>1$이므로 함수 $y=4^{x-2}+5$는
$x=4$일 때 최대이고 최댓값은 $4^{4-2}+5=4^2+5=16+5=21$
$x=-1$일 때 최소이고 최솟값은 $4^{-1-2}+5=4^{-3}+5=\dfrac{1}{64}+5=\dfrac{321}{64}$

C 14 정답 최댓값 : -3, 최솟값 : $-\dfrac{127}{32}$ —— ＊지수함수의 그래프

$y=\left(\dfrac{1}{2}\right)^{x+1}-4$에서 밑이 $\dfrac{1}{2}$이고 $0<\dfrac{1}{2}<1$이므로

함수 $y=\left(\dfrac{1}{2}\right)^{x+1}-4$는

$x=-1$일 때 최대이고 최댓값은 $\left(\dfrac{1}{2}\right)^{-1+1}-4=1-4=-3$

$x=4$일 때 최소이고 최솟값은

$\left(\dfrac{1}{2}\right)^{4+1}-4=\left(\dfrac{1}{2}\right)^5-4=\dfrac{1}{32}-4=-\dfrac{127}{32}$

C 15 정답 **1** ——————————————— ＊로그함수의 그래프

$f(-1)=\log_2(-1+3)=\log_2 2=1$

C 16 정답 **2** ——————————————— ＊로그함수의 그래프

$f(1)=\log_2(1+3)=\log_2 4=\log_2 2^2=2$

C 17 정답 **0** ——————————————— ＊로그함수의 그래프

$f(5)=\log_2(5+3)=\log_2 8=\log_2 2^3=3$
$f(-2)=\log_2(-2+3)=\log_2 1=0$
$f(5)\times f(-2)=3\times 0=0$

C 18 정답 **5** ——————————————— ＊로그함수의 그래프

$f(2)=\log_2(2+3)=\log_2 5$이므로
$2^{f(2)}=2^{\log_2 5}=5$

C 19 정답 $y=\log_{\frac{1}{5}}(x+4)-5$ ——————————————— ＊로그함수의 그래프

함수 $y=\log_{\frac{1}{5}}x$의 그래프를 x축의 방향으로 -4만큼, y축의 방향으로 -5만큼 평행이동한 그래프의 식은
$y-(-5)=\log_{\frac{1}{5}}\{x-(-4)\}$ ∴ $y=\log_{\frac{1}{5}}(x+4)-5$

C 20 정답 $y=-\log_3 x$ ────────── *로그함수의 그래프

$y=\log_3 x$의 그래프를 x축에 대하여 대칭이동한 그래프의 식은
$-y=\log_3 x$ $\therefore\ y=-\log_3 x$

C 21 정답 $y=\log_3(-x)$ ────────── *로그함수의 그래프

$y=\log_3 x$의 그래프를 y축에 대하여 대칭이동한 그래프의 식은
$y=\log_3(-x)$

C 22 정답 $y=-\log_3(-x)$ ────────── *로그함수의 그래프

$y=\log_3 x$의 그래프를 원점에 대하여 대칭이동한 그래프의 식은
$-y=\log_3(-x)$ $\therefore\ y=-\log_3(-x)$

C 23 정답 정의역 : $\{x\,|\,x>-2\}$ ──── *로그함수의 그래프
    점근선의 방정식 : $x=-2$

C 24 정답 정의역 : $\{x\,|\,x>0\}$ ──── *로그함수의 그래프
    점근선의 방정식 : $x=0$

C 25 정답 최댓값 : 3, 최솟값 : 1 ──── *로그함수의 그래프

$y=\log_2 x$에서 밑이 2이고 $2>1$이므로 함수 $y=\log_2 x$는
$x=8$일 때 최대이고 최댓값은 $\log_2 8=\log_2 2^3=3$
$x=2$일 때 최소이고 최솟값은 $\log_2 2=1$

C 26 정답 최댓값 : $-\dfrac{1}{2}$, 최솟값 : $-\dfrac{3}{2}$ *로그함수의 그래프

$y=\log_{\frac{1}{4}} x$에서 밑이 $\dfrac{1}{4}$이고 $0<\dfrac{1}{4}<1$이므로 함수 $y=\log_{\frac{1}{4}} x$는

$x=2$일 때 최대이고 최댓값은 $\log_{\frac{1}{4}} 2=\log_{2^{-2}} 2=-\dfrac{1}{2}$

$x=8$일 때 최소이고 최솟값은 $\log_{\frac{1}{4}} 8=\log_{2^{-2}} 2^3=-\dfrac{3}{2}$

C 27 정답 최댓값 : 4, 최솟값 : 3 ──── *로그함수의 그래프

$y=\log_3(x-1)+2$에서 밑이 3이고 $3>1$이므로
함수 $y=\log_3(x-1)+2$는
$x=10$일 때 최대이고 최댓값은 $\log_3(10-1)+2=\log_3 9+2=4$
$x=4$일 때 최소이고 최솟값은 $\log_3(4-1)+2=\log_3 3+2=3$

C 28 정답 최댓값 : -1, 최솟값 : $-\log_3 5$ *로그함수의 그래프

$y=\log_{\frac{1}{3}}(x+5)+1$에서 밑이 $\dfrac{1}{3}$이고 $0<\dfrac{1}{3}<1$이므로

함수 $y=\log_{\frac{1}{3}}(x+5)+1$은
$x=4$일 때 최대이고 최댓값은

$\log_{\frac{1}{3}}(4+5)+1=\log_{\frac{1}{3}} 9+1=\log_{3^{-1}} 3^2+1$
       $=-2+1=-1$

$x=10$일 때 최소이고 최솟값은
$\log_{\frac{1}{3}}(10+5)+1=\log_{\frac{1}{3}} 15+1$
       $=-\log_3(3\times5)+1$
       $=-\log_3 3-\log_3 5+1$
       $=-1-\log_3 5+1=-\log_3 5$

C 29 정답 ①   *지수함수의 이해 ────────── [정답률 95%]

(정답 공식: 함수 $y=f(x)$의 그래프가 점 (a,b)를 지나면 $f(a)=b$가 성립한다.)

> 실수 a, b에 대하여 좌표평면에서 함수 $y=a\times2^x$의 그래프가 두
> 점 $(0,4)$, $(b,16)$을 지날 때, $a+b$의 값은? (3점)
> **단서** 두 점의 좌표를 각각 주어진 함수의 식에 대입해 봐.
> ① 6   ② 7   ③ 8   ④ 9   ⑤ 10

1st 점 $(0,4)$의 좌표를 주어진 함수식에 대입하여 a의 값을 구해.

$y=a\times2^x$의 그래프가 점 $(0,4)$를 지나므로
$x=0$, $y=4$를 $y=a\times2^x$에 대입하면
$4=a\times2^0=a\times1=a$
  $\underline{a\neq0}$일 때, $a^0=1$
$\therefore\ a=4$

2nd 점 $(b,16)$의 좌표를 주어진 함수식에 대입하여 b의 값을 구해.

$a=4$이므로 주어진 함수의 식은 $\underline{y=4\times2^x}$, 즉 $y=2^{x+2}$이다.
함수 $y=2^{x+2}$의 그래프가 점 $(b,16)$을 지나므로 $\scriptstyle 4\times2^x=2^2\times2^x=2^{2+x}$
$x=b$, $y=16$을 $y=2^{x+2}$에 대입하면
$16=2^{b+2}$, $2^4=2^{b+2}$
$4=b+2$
$\therefore\ b=2$
따라서 $a=4$, $b=2$이므로
$a+b=4+2=6$

C 30 정답 ⑤   *지수함수의 이해 ────────── [정답률 84%]

(정답 공식: 점 A의 x좌표를 구한 후 내분점의 좌표를 구하는 공식을 이용한다.)

> **단서1** 점 A의 x좌표를 구해야겠지?
> 지수함수 $y=3^x$의 그래프 위의 한 점 A의 y좌표가 $\dfrac{1}{3}$이다.
>
> 이 그래프 위의 한 점 B에 대하여 선분 AB를 1:2로 내분하는 점 C
> 가 y축 위에 있을 때, 점 B의 y좌표는? (3점)   **단서2** 내분점의 좌표를 구하는 공식을 이용해 선분 AB를 1:2로 내분하는 점 C의 좌표를 구하자.
>
>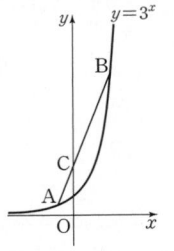
>
> ① 3   ② $3\sqrt[3]{3}$ ③ $3\sqrt{3}$
> ④ $3\sqrt[3]{9}$ ⑤ 9

1st 점 A의 y좌표를 이용하여 x좌표를 구하자.

지수함수 $y=3^x$의 그래프 위의 점 A의 x좌표를 a라 하면 y좌표가 $\dfrac{1}{3}$이므로

$3^a=\dfrac{1}{3}=3^{-1}$ $\therefore\ a=-1$

즉, 점 A의 좌표는 $A\left(-1,\dfrac{1}{3}\right)$이다.

2nd 내분점의 좌표를 구하는 공식을 이용해 점 C의 좌표를 구해봐.

점 $A\left(-1, \dfrac{1}{3}\right)$이고 점 B의 x좌표를 b라 하면 점 $B(b, 3^b)$ $\cdots$ ㉠이다.

선분 AB를 $1:2$로 내분하는 점 C의 좌표를 구하면

$$C\left(\dfrac{1\times b+2\times(-1)}{1+2},\ \dfrac{1\times 3^b+2\times\frac{1}{3}}{1+2}\right)=C\left(\dfrac{b-2}{3},\ \dfrac{3^b+\frac{2}{3}}{3}\right)$$

[선분의 내분점] ◀

그런데 점 C는 y축 위의 점이므로

y축 위의 점의 x좌표는 0이야.

$\dfrac{b-2}{3}=0$ $\therefore b=2$

두 점 $P(x_1, y_1)$, $Q(x_2, y_2)$를 이은 선분 PQ를 $m:n$으로 내분하는 점의 좌표는

$\left(\dfrac{mx_2+nx_1}{m+n},\ \dfrac{my_2+ny_1}{m+n}\right)$

따라서 ㉠에 의하여 점 B의 y좌표는 $3^b=3^2=9$이다.

🪄 **톡톡 풀이: 삼각형에서 평행선과 선분의 길이의 비 활용하기**

두 점 A, B에서 x축에 내린 수선의 발을 각각 D, E 라 하면 y축 위의 점 C에 대하여 $\overline{AC}:\overline{CB}=1:2$이 므로 $\overline{DO}:\overline{OE}=1:2$가 돼.

그런데 점 A와 점 D의 x좌표는 같으므로 점 D의 x좌표는 -1이야.

즉, $\overline{DO}=1$이고, $\overline{DO}:\overline{OE}=1:2$에서 $\overline{OE}=2$이므로 점 B의 x좌표가 2임을 알 수 있어. ◀

따라서 지수함수 $y=3^x$의 그래프 위의 점 B의 x좌표가 2이므로 y좌표는 $3^2=9$야.

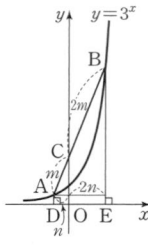

실수 Ⓢ 두 점 E와 B의 x좌표가 같아.

⚙ **좌표평면 위의 선분의 내분점과 외분점**   개념·공식

두 점 $A(x_1, y_1)$, $B(x_2, y_2)$에 대하여

선분 AB를 $m:n$ $(m>0, n>0, m\neq n)$으로 내분하는 점을 P, 외분하는 점을 Q라 하면

$P\left(\dfrac{mx_2+nx_1}{m+n},\ \dfrac{my_2+ny_1}{m+n}\right)$, $Q\left(\dfrac{mx_2-nx_1}{m-n},\ \dfrac{my_2-ny_1}{m-n}\right)$

C 31 정답 ③ ＊지수함수의 이해   [정답률 92%]

[정답 공식: 함수 $f(x)$에 대하여 $f(a)$는 함수 $f(x)$의 식에 $x=a$를 대입하여 나 온 결과를 의미한다.]

지수함수 $f(x)=a^x$의 그래프가 그림과 같다.

$f(b)=3$, $f(c)=6$일 때, $f\left(\dfrac{b+c}{2}\right)$의 값은?

단서 $f(b)=3$, $f(c)=6$이므로 $a^b=3$, $a^c=6$이야.

(3점)

① 4   ② $\sqrt{17}$
③ $3\sqrt{2}$ ④ $\sqrt{19}$
⑤ $2\sqrt{5}$

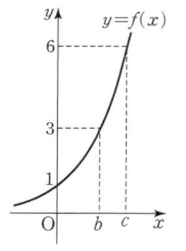

1st $a^m\times a^n=a^{m+n}$, $a^{mn}=(a^m)^n$임을 이용하자.

$f(b)=a^b=3$, $f(c)=a^c=6$이므로

$f\left(\dfrac{b+c}{2}\right)=a^{\frac{b+c}{2}}=(a^{b+c})^{\frac{1}{2}}=(a^b a^c)^{\frac{1}{2}}$

$=(3\times 6)^{\frac{1}{2}}=18^{\frac{1}{2}}=3\sqrt{2}$

$18^{\frac{1}{2}}=\sqrt{18}=\sqrt{3^2\times 2}=3\sqrt{2}$

🧭 **다른 풀이: 지수와 로그의 관계 이용하기**

[로그의 정의]
$a>0$, $a\neq1$, $b>0$일 때,
$a^x=b\Longleftrightarrow x=\log_a b$

$f(b)=a^b=3$, $f(c)=a^c=6$에서 $b=\log_a 3$, $c=\log_a 6$

이때, $b+c=\log_a 3+\log_a 6=\log_a(3\times 6)=\log_a 18$이므로

$f\left(\dfrac{b+c}{2}\right)=a^{\frac{b+c}{2}}=(a^{b+c})^{\frac{1}{2}}=(a^{\log_a 18})^{\frac{1}{2}}=18^{\frac{1}{2}}=3\sqrt{2}$

$a^{\log_a b}=b$, $b^{\log_a c}=c^{\log_a b}$

C 32 정답 ① ＊지수함수의 이해   [정답률 61%]

(정답 공식: 함수 $y=f(x)$의 그래프가 점 (α, β)를 지나면 $\beta=f(\alpha)$가 성립한다.)

함수 $y=3^x-a$의 역함수의 그래프가 두 점 $(3, \log_3 b)$, $(2b, \log_3 12)$를 지나도록 하는 두 상수 a, b에 대하여 $a+b$의 값은? (4점)

단서 지수함수의 역함수를 구하기보다 두 점의 x, y 좌표가 서로 바뀐 점이 지수함수의 그래프를 지난다고 생각하면 쉽게 식을 구할 수 있어.

① 7   ② 8   ③ 9
④ 10   ⑤ 11

1st 함수 $y=f(x)$의 역함수가 지나는 점이 (α, β)이면 점 (β, α)는 함수 $y=f(x)$를 지나지.

함수 $y=3^x-a$의 역함수의 그래프가 두 점 $(3, \log_3 b)$, $(2b, \log_3 12)$를 지나므로 함수 $y=3^x-a$의 그래프는 두 점 $(\log_3 b, 3)$, $(\log_3 12, 2b)$를 지난다.

💡 함정 함수 $y=3^x-a$의 역함수를 구해서 지나는 두 점의 좌표값을 대입하기보다는 원래 함수 와 역함수는 직선 $y=x$에 대하여 대칭이므로 지나는 점도 직선 $y=x$에 대하여 대칭이 라는 성질을 이용하는 게 훨씬 효과적이야.

2nd 함수 $y=f(x)$의 그래프를 지나는 점의 좌푯값을 대입하여 두 상수 a, b의 값을 구하자.

함수 $y=3^x-a$에 점 $(\log_3 b, 3)$의 좌푯값을 대입하면

$3=3^{\log_3 b}-a$

$3=b-a$ $\cdots$ ㉠

$a^{\log_a b}=b^{\log_a a}=b$임을 이용한 거야.

또, 함수 $y=3^x-a$에 점 $(\log_3 12, 2b)$의 좌푯값을 대입하면

$2b=3^{\log_3 12}-a$

$2b=12-a$ $\cdots$ ㉡

㉠에서 $b=a+3$을 ㉡에 대입하면

$2(a+3)=12-a$, $2a+6=12-a$

$3a=6$ $\therefore a=2$

이것을 $b=a+3$에 대입하면

$b=2+3=5$

$\therefore a+b=2+5=7$

🧭 **다른 풀이: 역함수를 구하여 해결하기**

함수 $y=3^x-a$의 역함수를 구하면

$x=3^y-a$, $x+a=3^y$

역함수를 구하기 위해서 x, y를 서로 바꾸어 대입하고, y를 x에 대한 식으로 정리하면 되지.

$\therefore y=\log_3(x+a)$

이 역함수가 두 점$(3, \log_3 b)$, $(2b, \log_3 12)$를 지나므로 좌푯값을 각각 대입하면

$\log_3 b=\log_3(3+a)$, $\log_3 12=\log_3(2b+a)$

밑이 3으로 같으므로

$b=3+a$, $12=2b+a$

이 식을 연립하면 $a=2$, $b=5$

$\therefore a+b=2+5=7$

⚙ **지수함수 $y=a^x$ $(a>0, a\neq 0)$의 그래프**   개념·공식

① 정의역은 실수 전체의 집합이고, 치역은 양의 실수 전체의 집합이다.

② $a>1$일 때 증가함수이고, $0<a<1$일 때 감소함수이다.

③ 점 $(0, 1)$을 지나고 점근선이 x축이다.

④ $y=a^x$과 $y=\left(\dfrac{1}{a}\right)^x=a^{-x}$의 그래프는 y축에 대하여 대칭이다.

C 33 정답 ② ＊지수함수의 이해 [정답률 73%]

(정답 공식: 집합 G의 원소가 의미하는 것은 함수 $y=5^x$의 그래프 위의 점이다.)

집합 $G=\{(x, y)|y=5^x,\ x$는 실수$\}$에 대하여 [보기]에서 항상
옳은 것을 모두 고르면? (3점)

─────[보기]─────

❶ ㄱ. $(a, b)\in G$이면 $\left(\dfrac{a}{2}, \sqrt{b}\right)\in G$이다. ❷ 단서 ❶의 조건을 $y=5^x$에 대입하여 얻은 식을 이용하여 ❷의 조건을 대입한 식이 나오는지 확인하자.

ㄴ. $(-a, b)\in G$이면 $\left(a, \dfrac{1}{b}\right)\in G$이다.

ㄷ. $(2a, b)\in G$이면 $(a, b^2)\in G$이다.

① ㄱ   ② ㄱ, ㄴ   ③ ㄱ, ㄷ   ④ ㄴ, ㄷ   ⑤ ㄱ, ㄴ, ㄷ

1st 주어진 식에 대입해 보고 조건을 만족시키는지를 판별해.

ㄱ. $(a, b)\in G$이므로 $b=5^a\ \cdots\ \bigcirc$이다.

$\bigcirc$의 양변을 $\dfrac{1}{2}$제곱하면 $\sqrt{b}=5^{\frac{a}{2}}$

$\longrightarrow b^{\frac{1}{2}}=(5^a)^{\frac{1}{2}}\quad \therefore \sqrt{b}=5^{\frac{a}{2}}$

$\therefore \left(\dfrac{a}{2}, \sqrt{b}\right)\in G$ (참)

ㄴ. $(-a, b)\in G$이므로 $b=5^{-a}\ \cdots\ \bigcirc$이다.

$\bigcirc$의 양변을 -1제곱하면 $\dfrac{1}{b}=5^a$

$\longrightarrow b^{-1}=(5^{-a})^{-1}\quad \therefore \dfrac{1}{b}=5^a$

$\therefore \left(a, \dfrac{1}{b}\right)\in G$ (참)

ㄷ. $(2a, b)\in G$이므로 $b=5^{2a}\ \cdots\ \bigcirc$이다.

$\bigcirc$의 양변을 제곱하면 $b^2=5^{4a}$

$\therefore (4a, b^2)\in G \Rightarrow (a, b^2)\notin G$ (거짓)

따라서 옳은 것은 ㄱ, ㄴ이다.

C 34 정답 ④ ＊지수함수의 그래프의 평행이동 [정답률 84%]

(정답 공식: 함수 $y=f(x)$의 그래프를 x축의 방향으로 a만큼, y축의 방향으로 b만큼 평행이동한 그래프의 식은 $y-b=f(x-a)$이다.)

함수 $y=4^x-6$의 그래프를 x축의 방향으로 a만큼, y축의
방향으로 b만큼 평행이동한 그래프가 원점을 지나고 점근선이
직선 $y=-2$일 때, ab의 값은? (단, a, b는 상수이다.) (3점)
  단서 점근선을 이용하여 b의 값을 구한 후 원점을 지남을 이용하여 a의 값을 구하면 돼.

① -5 ② -4 ③ -3 ④ -2 ⑤ -1

1st 점근선을 이용하여 b의 값을 구해.

함수 $y=4^x-6$의 그래프를 x축의 방향으로 a만큼, y축의 방향으로 b만큼
평행이동한 그래프의 식은 $y-b=4^{x-a}-6$에서 $y=4^{x-a}-6+b$이다.

이때, 이 그래프의 점근선이 직선 $y=-2$이므로 $-6+b=-2$

$\longrightarrow 4^{x-a}>0$이므로 $y=4^{x-a}-6+b>-6+b$이지? 즉, 함수 $y=4^{x-a}-6+b$의 그래프의 점근선은 직선 $y=-6+b$야

$\therefore b=4$

2nd 원점을 지남을 이용하여 a의 값을 구하고 ab를 계산해.

함수 $y=4^{x-a}-6+b$, 즉 $y=4^{x-a}-2$의 그래프가 원점을 지나므로

$x=0$, $y=0$을 대입하면 $0=4^{-a}-2$에서 $4^{-a}=2$ $\longrightarrow a^x=b \Longleftrightarrow x=\log_a b$

$-a=\log_4 2=\log_{2^2}2=\dfrac{1}{2}\log_2 2=\dfrac{1}{2}\quad \therefore a=-\dfrac{1}{2}$

$\therefore ab=\left(-\dfrac{1}{2}\right)\times 4=-2$ $\longrightarrow \log_{a^m}b^n=\dfrac{n}{m}\log_a b$

C 35 정답 ③ ＊지수함수의 그래프의 평행이동 [정답률 92%]

(정답 공식: 함수 $y=f(x)$의 그래프를 y축의 방향으로 m만큼 평행이동한 그래프의 함수식은 $y=f(x)$의 y 대신 $y-m$을 대입한 $y-m=f(x)$, 즉 $y=f(x)+m$이다.)

단서1 함수 $y=2^x$의 그래프를 y축의 방향으로 m만큼 평행이동한 그래프의 함수 식은 $y=2^x$에 y 대신 $y-m$을 대입하여 구하면 돼.

함수 $y=2^x$의 그래프를 y축의 방향으로 m만큼 평행이동한 그래
프가 점 $(-1, 2)$를 지날 때, 상수 m의 값은? (3점)
  단서2 함수 $y=f(x)$의 그래프가 점 (a, b)를 지나면 $b=f(a)$가 성립하지?

① $\dfrac{1}{2}$ ② 1 ③ $\dfrac{3}{2}$

④ 2 ⑤ $\dfrac{5}{2}$

1st 평행이동한 그래프의 함수식을 구하자.

함수 $y=2^x$의 그래프를 y축의 방향으로 m만큼 평행이동한 그래프의 함
수식은 $y=2^x$에 y 대신 $y-m$을 대입하면 되므로 함수 $y=f(x)$의 그래프를 x축의 방향으로 m만큼, y축의 방향으로 n만큼 평행이동한 그래프의 함수 식은 $y=f(x-m)+n$이야

$y-m=2^x$, 즉 $y=2^x+m$이다.

2nd 그래프가 지나는 점을 이용하여 상수 m의 값을 구하자.

함수 $y=2^x+m$의 그래프가 점 $(-1, 2)$를 지나므로 함수식에

$x=-1$, $y=2$를 대입하면

$2=2^{-1}+m$

$\therefore m=2-2^{-1}=2-\dfrac{1}{2}=\dfrac{3}{2}$

C 36 정답 ② ＊지수함수의 그래프의 평행이동 [정답률 88%]

(정답 공식: 지수함수 $y=a^x(a>0)$의 그래프의 점근선은 x축$(y=0)$이다.)

두 상수 a, b에 대하여 함수 $y=2^{x+a}+b$의 그래프가 그림과 같을
때, $a+b$의 값은?

(단, 직선 $y=3$은 함수의 그래프의 점근선이다.) (3점)
  단서 지수함수의 점근선의 방정식을 이용할 수 있어.

① 2 ② 4 ③ 6 ④ 8 ⑤ 10

1st 점근선의 방정식을 이용해서 b의 값을 구해.

주어진 그래프를 살펴보면 지수함수 $y=2^{x+a}+b$의 그래프의 점근선이
$y=3$이므로 $b=3$이다.

함수 $y=2^{x+a}$의 그래프의 점근선이 x축, 즉 $y=0$이고, 함수 $y=2^{x+a}$의 그래프를 y축의 방향으로 b만큼 평행이동한 그래프가 $y=2^{x+a}+b$이므로 점근선 $y=0$도 y축의 방향으로 b만큼 평행이동한 $y=b$야.

2nd 그래프가 지나는 점 $(0, 5)$의 좌표를 대입하여 a의 값을 구해.

함수 $y=2^{x+a}+3$의 그래프가 점 $(0, 5)$를 지나므로
곡선 $y=f(x)$가 점 (a, b)를 지나면 $b=f(a)$가 성립해.

$2^a+3=5$이고 $2^a=2=2^1$이므로 $a=1$

$\therefore a+b=1+3=4$

🔑 **다른 풀이: 곡선 $y=2^{x+a}+b$를 평행이동하여 곡선 $y=2^x$을 만들고, 같은 방법으로 점근선과 곡선 위의 점을 평행이동하기**

곡선 $y=2^{x+a}+b$를 x축의 방향으로 a만큼, y축의 방향으로 $-b$만큼 평행이동하면 곡선 $y=2^x$이야.

그림에서 주어진 곡선을 x축의 방향으로 a만큼, y축의 방향으로 $-b$만큼 평행이동하면 점근선과 y절편도 같은 방법으로 이동시켜줄 수 있겠지?

주어진 곡선의 점근선 $y=3$을 같은 방법으로 평행이동하면 $y=3-b$이고, 이 점근선은 곡선 $y=2^x$의 점근선 $y=0$이어야 하므로

$3-b=0$ $\therefore b=3$

주어진 곡선 위의 점 $(0, 5)$도 같은 방법으로 평행이동하면

$(a, 5-b)=(a, 2)\ (\because b=3)$이고,

이 점 $(a, 2)$는 곡선 $y=2^x$ 위의 점이므로 $2=2^1=2^a$ $\therefore a=1$

$\therefore a+b=4$

C 37 정답 ① ＊지수함수의 그래프의 평행이동 ········· [정답률 85%]

> 정답 공식: 함수 $y=f(x)$의 그래프를 x축의 방향으로 m만큼, y축의 방향으로 n만큼 평행이동한 함수의 그래프는 $y-n=f(x-m)$ 즉, $y=f(x-m)+n$이다.

> 함수 $y=\log_3 x$의 그래프를 x축의 방향으로 2만큼, y축의 방향으로 5만큼 평행이동한 그래프가 점 $(5, a)$를 지날 때, 상수 a의 값은?
> [단서] 평행이동한 함수를 나타낼 수 있어야 해.
> (3점)
> ① 6   ② 7   ③ 8   ④ 9   ⑤ 10

1st 평행이동한 그래프의 함수식을 구하자.

함수 $y=\log_3 x$의 그래프를 x축의 방향으로 2만큼, y축의 방향으로 5만큼 평행이동시켰으므로 x 대신 $x-2$, y 대신 $y-5$를 대입하자.

즉, $y-5=\log_3(x-2)$, $y=\log_3(x-2)+5$이다.

2nd 그래프가 지나는 점을 이용하여 a의 값을 구하자.

이 함수의 그래프가 점 $(5, a)$를 지나므로

$a=\log_3(5-2)+5$, $a=1+5$ $\leftarrow$ $x=5, y=a$를 함수식에 대입하여 방정식을 풀자.

$\therefore a=6$ $^{\log_a a=1}$

C 38 정답 ⑤ ＊지수함수의 그래프의 평행이동 ········· [정답률 82%]

(정답 공식: 지수함수 $y=a^x(a>0, a\neq1)$의 그래프의 점근선은 x축$(y=0)$이다.)

> [단서 1] 함수 $y=3^x$의 그래프를 y축의 방향으로 a만큼 평행이동한 그래프야.
> 두 상수 a, b에 대하여 함수 $y=3^x+a$의 그래프가 점 $(2, b)$를 지나고 점근선이 직선 $y=5$일 때, $a+b$의 값은? (3점)
> $\quad$[단서 2] 함수 $y=3^x+a$의 그래프의 점근선은 직선 $y=a$이지.
> ① 15   ② 16   ③ 17   ④ 18   ⑤ 19

1st 함수 $y=3^x+a$의 그래프의 점근선을 찾아 a의 값을 구하자.

함수 $y=3^x+a$의 그래프의 점근선이 $y=a$이므로 $a=5$이다.
$\rightarrow$ 함수 $y=3^x$의 점근선이 x축$(y=0)$이므로 함수 $y=3^x+a$의 그래프의 점근선은 $y=a$야.

2nd 그래프가 지나는 점 $(2, b)$를 대입해봐.

함수 $y=3^x+5$의 그래프가 점 $(2, b)$를 지나므로

$b=3^2+5=14$

$\therefore a+b=5+14=19$

C 39 정답 ② ＊지수함수의 그래프와 평행이동 ········· [정답률 80%]

> 정답 공식: $f(x, y)=0$을 x축의 방향으로 m, y축의 방향으로 n만큼 평행이동 하면 $f(x-m, y-n)=0$이다.

> 함수 $y=3^x$의 그래프를 x축의 방향으로 m만큼, y축의 방향으로 n만큼 평행이동한 그래프는 점 $(7, 5)$를 지나고, 점근선의 방정식이 $y=2$이다. $m+n$의 값은? (단, m, n은 상수이다.) (3점)
> ① 6   ② 8   ③ 10   ④ 12   ⑤ 14
> [단서] 함수 $y=3^x$의 그래프를 x축의 방향으로 m만큼, y축의 방향으로 n만큼 평행이동한 그래프의 식은 x 대신 $x-m$, y 대신 $y-n$을 대입하여 구하면 돼.

1st 평행이동한 식으로 나타내자.

함수 $y=3^x$의 그래프를 x축의 방향으로 m만큼, y축의 방향으로 n만큼 평행이동한 함수식은 x 대신 $x-m$, y 대신 $y-n$을 대입하면 되므로

$y-n=3^{x-m}$ $\therefore y=3^{x-m}+n$

2nd 그래프가 지나는 점을 이용하여 $m+n$의 값을 구하자.

평행이동한 그래프의 점근선의 방정식이 $y=2$이므로 $n=2$
또한, 이 함수의 그래프가 점 $(7, 5)$를 지나므로

$5=3^{7-m}+2$, $3^{7-m}=3$
$\rightarrow$ 함수 $y=3^x$의 점근선은 직선 $y=0$이고, 이를 평행이동한 함수 $y=3^{x-m}+n$의 그래프의 점근선은 직선 $y=n$이야.

$7-m=1$

$\therefore m=6$

$\therefore m+n=6+2=8$

> **주의** 만일 지수함수 $y=a^x\ (a\neq1, a>0)$의 그래프의 점근선 $y=0$을 x축의 방향으로 m만큼 평행이동해도 이 그래프의 점근선은 변함없이 $y=0$이야. 즉, x축의 방향으로 평행이동하는 것은 점근선에 아무 영향을 주지 않아. 왜냐하면 $y=0$과 x축은 서로 평행하고, 이동 방향이 x축과 평행하기 때문이야.

C 40 정답 ② ＊지수함수의 그래프의 평행이동 ········· [정답률 72%]

> 정답 공식: 지수함수 $f(x)=a^{x+p}+q\ (a>0, a\neq1)$의 그래프의 점근선은 직선 $y=q$이다.

> 함수 $f(x)=2^{x+3}-1$의 그래프의 점근선이 직선 $y=k$일 때, $f(k)$의 값은? (단, k는 상수이다.) (3점)
> $\quad$[단서] 함수 $f(x)=2^{x+3}-1$의 점근선은 직선 $y=-1$이지
> ① 1   ② 3   ③ 5   ④ 7   ⑤ 9

1st $y=2^{x+3}-1$의 그래프는 $y=2^x$의 그래프를 평행이동한 그래프임을 이용하여 점근선을 구해.

함수 $f(x)=2^{x+3}-1$의 그래프의 점근선은 직선 $y=-1$이므로 $k=-1$이다.
$\rightarrow$ 함수 $y=2^{x+3}-1$의 그래프는 함수 $y=2^x$의 그래프를 x축의 방향으로 -3, y축의 방향으로 -1만큼 평행이동한 것이다. 이때, 함수 $y=2^x$의 점근선은 $y=0\ (x$축)이므로 함수

$\therefore f(-1)=2^{-1+3}-1=2^2-1=3$ $\quad$ $y=2^{x+3}-1$의 그래프의 점근선은 $y=-1$이야.

정답 ① *지수함수의 그래프의 평행이동 ────── [정답률 83%]

[정답 공식: 주어진 두 함수의 그래프는 x축에 대하여 평행이동에 의하여 겹쳐질
수 있다.]

그림과 같이 함수 $y=3^{x+1}$의 그래프 위의 한 점 A와 함수 $y=3^{x-2}$
의 그래프 위의 두 점 B, C에 대하여 선분 AB는 x축에 평행하고 선
분 AC는 y축에 평행하다. $\overline{AB}=\overline{AC}$가 될 때, 점 A의 y좌표는?

단서 $\overline{AB}$가 x축과 서로 평행하
므로 함수 $y=3^{x-2}$의 그
래프가 함수 $y=3^{x+1}$의
그래프를 x축의 방향으로
얼마만큼 평행이동시킨 것
인지 알면 AB의 길이를
구할 수 있어.

(단, 점 A는 제1사분면 위에 있다.) (3점)

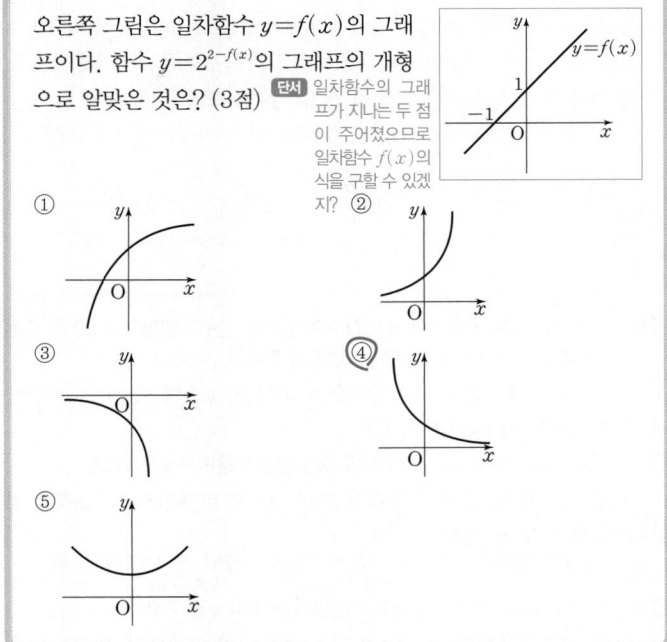

① $\dfrac{81}{26}$ ② $\dfrac{44}{13}$ ③ $\dfrac{95}{26}$

④ $\dfrac{101}{26}$ ⑤ $\dfrac{54}{13}$

1st 함수 $y=3^{x+1}$의 그래프를 x축의 방향으로 3만큼 평행이동하면 함수
$y=3^{x-2}$의 그래프가 됨을 이용하자.

함수 $y=3^{x+1}$의 그래프를 x축의 방향으로 3만큼 평행이동한 그래프의
식은 $y=3^{x+1-3}=3^{x-2}$이고, $\overline{AB}$가 x축과 평행하므로 $\overline{AB}=3$

$\therefore \overline{AC}=\overline{AB}=3$

주의
x축으로 3만큼 이동하였을 때 $x-3$이
므로 $(x-3)+1=x-2$로 식을 쓸
수 있어. 하지만 x축으로 $+3$만큼 움직
인거지 3^3만큼 움직인 것은 아니야.

$A(x_1, 3^{x_1+1})$, $B(x_2, 3^{x_2-2})$이라 하면
$\overline{AB}=x_2-x_1$
이야. 이때, $\overline{AB}$가 x축에 평행하므로
$3^{x_1+1}=3^{x_2-2}$이지?
$3\times 3^{x_1}=3^{x_2-2}$에서 $3^{x_1}=3^{x_2-2}\div 3=3^{x_2-3}$
이므로 $x_1=x_2-3$ $\therefore x_2-x_1=3$

2nd 점 A의 x좌표를 a로 놓자.

점 A의 좌표를 $(a, 3^{a+1})$이라 하면 $\overline{AC}$가 y축과 평행하므로
점 C의 x좌표는 점 A의 x좌표와 같다. 즉,
점 C의 좌표는 $(a, 3^{a-2})$이므로
$\overline{AC}=3^{a+1}-3^{a-2}$

$=3\times 3^a-\dfrac{1}{9}\times 3^a$

$=\dfrac{26}{9}\times 3^a$

$=3$

$\therefore 3^a=\dfrac{27}{26}$

따라서 점 A의 y좌표는

$3^{a+1}=3^a\times 3=\dfrac{27}{26}\times 3=\dfrac{81}{26}$

⚙ **지수함수의 그래프의 평행이동**   개념·공식

지수함수 $y=a^x$ $(a>0, a\neq1)$의 그래프를 x축의 방향으로 m만큼,
y축의 방향으로 n만큼 평행이동한 그래프의 식은
$y=a^{x-m}+n$

정답 ④ *지수함수의 그래프의 평행이동 ────── [정답률 87%]

[정답 공식: $y=f(x)$의 그래프가 지나는 두 점을 이용하여 $f(x)$의 식을 구한 뒤
대입한다.]

오른쪽 그림은 일차함수 $y=f(x)$의 그래
프이다. 함수 $y=2^{2-f(x)}$의 그래프의 개형
으로 알맞은 것은? (3점)

단서 일차함수의 그래
프가 지나는 두 점
이 주어졌으므로
일차함수 $f(x)$의
식을 구할 수 있겠
지? ②

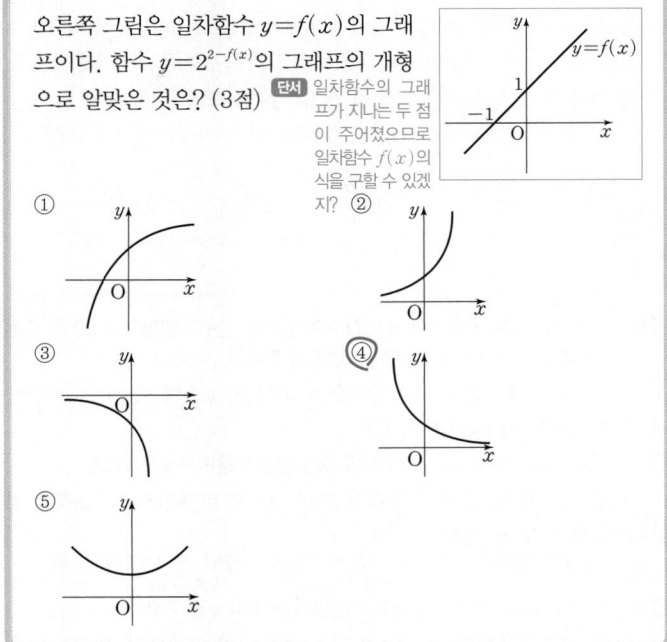

1st 함수 $f(x)$의 식부터 구해.

일차함수 $f(x)$의 그래프의 기울기는 1이고, y절편은 1이므로
$f(x)=x+1$

그래프가 두 점 $(-1, 0)$, $(0, 1)$을 지나므로

$\therefore y=2^{2-f(x)}=2^{2-(x+1)}$ (기울기)$=\dfrac{1-0}{0-(-1)}=\dfrac{1}{1}=1$

$=2^{-x+1}$

$=2^{-(x-1)}$

$=\left(\dfrac{1}{2}\right)^{x-1}$

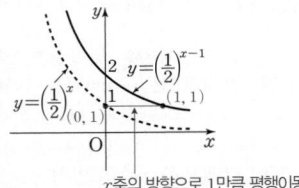

x축의 방향으로 1만큼 평행이동

따라서 $y=2^{2-f(x)}=\left(\dfrac{1}{2}\right)^{x-1}$의 그래프는

$y=\left(\dfrac{1}{2}\right)^x$의 그래프를 x축의 방향으로 1만큼

평행이동한 것이므로 그래프의 개형은 ④와 같다.

⚙ **지수함수 $y=a^x$의 그래프**   개념·공식

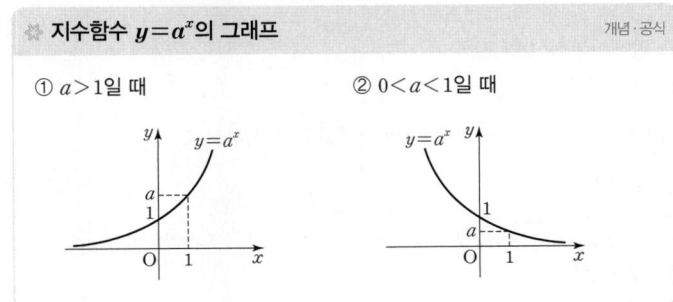

① $a>1$일 때   ② $0<a<1$일 때

C 43 정답 ① *지수함수의 그래프의 평행이동 ────── [정답률 89%]

[정답 공식: 점의 이동과 함수 $y=f(x)$의 그래프가 점 (a, b)를 지나면 $f(a)=b$ 가 성립함을 이용한다.]

함수 $f(x)=2^x$의 그래프를 x축 방향으로 m만큼, y축 방향으로 n만큼 평행이동시키면 함수 $y=g(x)$의 그래프가 되고, 이 평행이동에 의하여 점 $A(1, f(1))$이 점 $A'(3, g(3))$으로 이동된다. 함수 $y=g(x)$의 그래프가 점 $(0, 1)$을 지날 때, $m+n$의 값은? (3점)

① $\dfrac{11}{4}$ ② 3 ③ $\dfrac{13}{4}$ ④ $\dfrac{7}{2}$ ⑤ $\dfrac{15}{4}$

단서 점 (x_1, y_1)을 점 (x_2, y_2)로 옮기는 평행이동은 x축의 방향으로 x_2-x_1만큼, y축의 방향으로 y_2-y_1만큼의 평행이동이야.

1st $y=f(x)$의 그래프를 x축의 방향으로 m만큼, y축의 방향으로 n만큼 평행이동하면 $y-n=f(x-m)$의 그래프가 되지?

$f(x)=2^x$의 그래프를 x축의 방향으로 m만큼, y축의 방향으로 n만큼 평행이동시키면 $g(x)=2^{x-m}+n$ … ㉠

2nd $A(1, f(1)) \rightarrow A'(3, g(3))$으로 이동됨을 이용하여 m을 구해.

$A \rightarrow A'$으로 이동되었고, x좌표가 1에서 3으로 바뀌었으므로 x축의 방향으로 2만큼 평행이동한 것이다. $\underbrace{}_{3-1=2}$

$\therefore m=2$ → **[점의 평행이동]** 점 $P(x_1, y_1)$을 x축의 방향으로 a만큼, y축의 방향으로 b만큼 평행이동한 점 P'의 좌표는 $P'(x_1+a, y_1+b)$

3rd $g(x)$의 그래프가 점 $(0, 1)$을 지남을 이용하여 n을 구해.

$m=2$를 ㉠에 대입하면 $g(x)=2^{x-2}+n$이고, 이 그래프가 점 $(0, 1)$을 지나므로

$1=\underbrace{2^{0-2}}_{2^{-2}=\frac{1}{4}}+n \qquad \therefore n=\dfrac{3}{4}$

$\therefore m+n=2+\dfrac{3}{4}=\dfrac{11}{4}$

C 44 정답 47 *지수함수의 그래프의 평행이동 ────── [정답률 66%]

[정답 공식: 함수 $y=f(x)$의 그래프를 x축의 방향으로 m만큼, y축의 방향으로 n만큼 평행이동한 함수의 그래프는 $y-n=f(x-m)$이다.]

단서 함수의 그래프를 평행이동한 거야. 일치하는 것에 주의하면 돼

지수함수 $y=5^x$의 그래프를 x축의 방향으로 a만큼, y축의 방향으로 b만큼 평행이동하면 함수 $y=\dfrac{1}{9}\times 5^{x-1}+2$의 그래프와 일치한다. 5^a+b의 값을 구하시오. (단, a, b는 상수이다.) (4점)

1st 평행이동한 지수함수의 그래프를 구하고 상수 a, b의 값을 구하자.

지수함수 $y=5^x$의 그래프를 x축의 방향으로 a만큼, y축의 방향으로 b만큼 평행이동한 그래프는

$y-b=5^{x-a} \qquad \therefore y=5^{x-a}+b$

이것이 함수 $y=\dfrac{1}{9}\times 5^{x-1}+2$의 그래프와 일치하므로

$5^{-a}=\dfrac{1}{9}\times 5^{-1}, \ b=2$ → $y=5^{x-a}+b=5^{-a}\times 5^x+b$이고,

즉, $5^a=45, \ b=2$이므로 → $y=\dfrac{1}{9}\times 5^{x-1}+2=\dfrac{1}{9}\times 5^{-1}\times 5^x+2$이므로

$5^a+b=45+2=47$ → $5^{-a}=\dfrac{1}{9}\times 5^{-1}$

C 45 정답 ③ *지수함수의 그래프의 평행이동 ────── [정답률 52%]

[정답 공식: 지수함수 $f(x)=a^x(a>0, \ a\neq 1)$에 대하여 $a>1$이면 $f(x)$는 증가함수이고 $0<a<1$이면 $f(x)$는 감소함수이다.]

함수 **단서1** $2>1$이므로 $f(x)$는 $x<3$에서 증가하고, $0<\frac{1}{4}<1$이므로 $f(x)$는 $x\geq3$에서 감소함을 이용하여 좌표평면에 곡선 $y=f(x)$를 나타내 봐.

$$f(x)=\begin{cases} 2^x & (x<3) \\ \left(\dfrac{1}{4}\right)^{x+a}-\left(\dfrac{1}{4}\right)^{3+a}+8 & (x\geq 3) \end{cases}$$

에 대하여 곡선 $y=f(x)$ 위의 점 중에서 y좌표가 정수인 점의 개수가 23일 때, 정수 a의 값은? (4점) **단서2** 정수 k에 대하여 직선 $y=k$와 곡선 $y=f(x)$의 서로 다른 교점의 개수가 23이라는 거야.

① -7 ② -6 ③ -5 ④ -4 ⑤ -3

1st 곡선 $y=f(x)$를 좌표평면에 나타내.

$g(x)=2^x$, $h(x)=\left(\dfrac{1}{4}\right)^{x+a}-\left(\dfrac{1}{4}\right)^{3+a}+8$이라 하면 곡선 $y=g(x)$의 → $y=h(x)$는 밑이 $\frac{1}{4}$인 지수함수이고 그래프는 지수함수 $y=\left(\frac{1}{4}\right)^x$의 그래프를 x축의 방향으로 $-a$만큼, y축의 방향으로 $-\left(\frac{1}{4}\right)^{3+a}+8$만큼 평행이동한 거야.

점근선의 방정식은 $y=0$이고 곡선 $y=h(x)$의 점근선의 방정식은 $y=-\left(\dfrac{1}{4}\right)^{3+a}+8$이다.

이때, $g(3)=2^3=8$, $h(3)=\left(\dfrac{1}{4}\right)^{3+a}-\left(\dfrac{1}{4}\right)^{3+a}+8=8$이고, 함수 $y=h(x)$의 그래프의 점근선의 방정식 $y=-\left(\dfrac{1}{4}\right)^{3+a}+8$에 대하여

$-\left(\dfrac{1}{4}\right)^{3+a}+8\geq 0$이면 곡선 $y=f(x)$ 위의 점 중에서 y좌표가 정수인 점은 최대 $8+7=15$(개)뿐이다. → $x>3$에 대하여 $0<y<8$이므로 y좌표가 정수인 점은 최대 7개뿐이야. → $x\leq3$에 대하여 y좌표가 정수인 곡선 $y=f(x)$ 위의 점은 8개야.

따라서 $-\left(\dfrac{1}{4}\right)^{3+a}+8<0$이어야 하므로 곡선 $y=f(x)$를 좌표평면에 나타내면 다음과 같다.

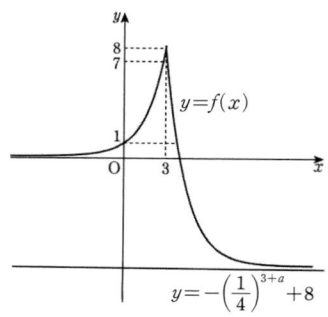

2nd 곡선 $y=f(x)$ 위의 점 중에서 y좌표가 정수인 점의 개수가 23임을 이용하여 정수 a의 값을 구해.

직선 $y=a (a=1, 2, 3, \cdots, 7)$와 곡선 $y=f(x)$의 교점의 개수는 2이고 직선 $y=8$과 곡선 $y=f(x)$의 교점의 개수는 1이므로 곡선 $y=f(x)$ 위의 점 중에서 y좌표가 양의 정수인 점의 개수는 $2\times 7+1=15$이다.

한편, 곡선 $y=f(x)$ 위의 점 중에서 y좌표가 정수인 점의 개수가 23이므로 0 이하의 정수 β에 대하여 직선 $y=\beta$와 곡선 $y=f(x)$의 서로 다른 교점의 개수가 $23-15=8$이어야 한다. → 가능한 β의 값은 $0, -1, -2, \cdots, -7$이야.

따라서 함수 $y=h(x)$의 그래프의 점근선 $y=-\left(\frac{1}{4}\right)^{3+a}+8$에 대하여

$-\left(\frac{1}{4}\right)^{3+a}+8$의 값은 -8 이상, -7 미만이어야 한다.

즉, $-8\leq-\left(\frac{1}{4}\right)^{3+a}+8<-7$에서

$-16\leq-\left(\frac{1}{4}\right)^{3+a}<-15,\ 15<\left(\frac{1}{4}\right)^{3+a}\leq16$

$\underline{4^1<15<4^{-a-3}\leq4^2},\ 1<-a-3\leq2,\ -2\leq a+3<-1$

$\therefore -5\leq a<-4$ 밑이 4로 1보다 크므로 지수끼리 비교할 때 부등호의 방향은 바뀌지 않아.

따라서 조건을 만족시키는 정수 a의 값은 -5이다.

C 46 정답 ②   *지수함수의 그래프의 대칭이동 ──── [정답률 83%]

[정답 공식: 점근선의 방정식을 이용한다. 함수 $y=f(x)$의 그래프가 점 (a,b)를 지나면 $f(a)=b$가 성립한다.]

점근선의 방정식이 $y=2$인 지수함수 $y=2^{2x+a}+b$의 그래프를 y축에 대하여 대칭이동시킨 함수 $y=f(x)$의 그래프가 그림과 같다.

단서   지수함수 $y=2^{2x+a}$의 그래프의 점근선은 x축, 즉 직선 $y=0$이야. 그렇다면 이 함수를 x축의 방향으로 b만큼 평행이동한 그래프의 점근선은 직선 $y=0+b=b$이겠지?

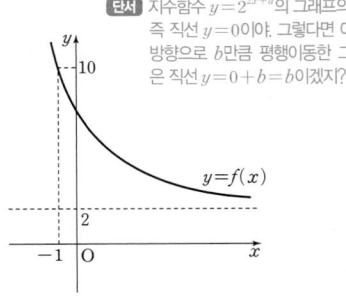

함수 $y=f(x)$의 그래프가 점 $(-1,10)$을 지날 때, 두 상수 a, b에 대하여 $a+b$의 값은? (3점)

① $\frac{5}{2}$ ② 3   ③ $\frac{7}{2}$ ④ 4   ⑤ $\frac{9}{2}$

1st 지수함수 $y=2^{px+q}+r$의 점근선의 방정식은 $y=r$야.

지수함수 $y=2^{2x+a}+b$의 그래프에서 $2^{2x+a}>0$이므로 $\underline{y>b}$가 되어야 한다.

즉, 점근선의 방정식이 $y=2$이므로 $b=2$이다. $y=2^{2x+a}+b$에서 $y-b=2^{2x+a}$ 이때, $2^{2x+a}>0$이므로 $y-b>0$ $\therefore y>b$

$\therefore y=2^{2x+a}+2$

2nd 함수 $y=g(x)$를 y축에 대하여 대칭이동시킨 함수는 $y=g(-x)$야.

$y=2^{2x+a}+2$의 그래프를 $\underline{y축}$에 대하여 대칭이동시키면

$f(x)=2^{-2x+a}+2$이고 $f(-1)=10$이므로 x 대신에 $-x$를 대입!

$10=2^{2+a}+2,\ 2^{2+a}=8=2^3$

$2+a=3 \quad\therefore a=1$

$\therefore a+b=1+2=3$

⚙ **지수함수의 그래프의 평행이동**   개념·공식

지수함수 $y=a^x\ (a>0,\ a\neq1)$의 그래프를 x축의 방향으로 m만큼, y축의 방향으로 n만큼 평행이동한 그래프의 식은

$y=a^{x-m}+n$

C 47 정답 ①   *지수함수의 그래프의 대칭이동 ────── [정답률 72%]

[정답 공식: 함수 $y=f(x)$의 그래프와 함수 $y=g(x)$의 그래프가 직선 $x=a$에 대칭일 경우 $f(a)=g(a)$이다.]

두 지수함수 $f(x)=a^{bx-1}$, $g(x)=a^{1-bx}$이 다음 조건을 만족시킨다.

(가) 함수 $y=f(x)$의 그래프와 함수 $y=g(x)$의 그래프는 직선 $x=2$에 대하여 대칭이다.

단서 $x=2$일 때, 두 함수의 함숫값이 존재하므로 두 함수 $f(x)$, $g(x)$의 그래프가 $x=2$에 대하여 대칭이면 $x=2$일 때의 두 함숫값이 같아야 해. 즉 $f(2)=g(2)$여야 하지.

(나) $f(4)+g(4)=\frac{5}{2}$

두 상수 a, b의 합 $a+b$의 값은? (단, $0<a<1$) (3점)

① 1   ② $\frac{9}{8}$ ③ $\frac{5}{4}$ ④ $\frac{11}{8}$ ⑤ $\frac{3}{2}$

1st 두 함수 $f(x)$, $g(x)$의 그래프가 직선 $x=2$에 대하여 대칭이므로 $f(2)=g(2)$임을 먼저 적용해.

직선 $x=2$에 대하여 두 함수 $f(x)$, $g(x)$가 대칭이므로

$\underline{f(2)=g(2)}$ $f(x)=a^{bx-1},\ g(x)=a^{-bx+1}$에서 $a^b\times a^{-b}=1$이므로 a^b과 a^{-b} 중 하나는 1보다 크고 나머지는 1보다 작은 양수야. 즉, 직선 $x=2$에 대하여 대칭인 두 함수의 그래프의 개형은 그림과 같아.

즉, $f(2)=a^{2b-1}$, $g(2)=a^{1-2b}$이므로

$a^{2b-1}=a^{1-2b}$

$2b-1=1-2b \quad\therefore b=\frac{1}{2}$

$\therefore f(2)=g(2)$

2nd 조건 (나)를 이용하여 a의 값을 구해.

따라서 $f(4)=a^{\frac{1}{2}\times4-1}=a$, $g(4)=a^{1-\frac{1}{2}\times4}=a^{-1}$이므로 조건 (나)에 의하여

$f(4)+g(4)=a+a^{-1}=\frac{5}{2}$

양변에 $2a$를 곱하면 $2a^2-5a+2=0,\ (2a-1)(a-2)=0$

실수 $\therefore a=\frac{1}{2}\ (\because 0<a<1)$ 문제에서 주어진 a의 값의 범위에 유의하자.

$\therefore a+b=\frac{1}{2}+\frac{1}{2}=1$

C 48 정답 2   *지수함수의 그래프의 평행이동과 대칭이동 - [정답률 87%]

[정답 공식: 함수 $y=a^x$의 그래프를 y축에 대하여 대칭이동시킨 후 평행이동한 그래프의 식을 구한다.]

단서1 y축에 대하여 대칭이동: x 대신에 $-x$를 대입!

좌표평면에서 지수함수 $y=a^x$의 그래프를 y축에 대하여 대칭이동시킨 후, x축의 방향으로 4만큼, y축의 방향으로 3만큼 평행이동시킨 그래프가 점 $(2,7)$을 지난다. 양수 a의 값을 구하시오. (3점)

단서2 x축의 방향으로 4만큼, y축의 방향으로 3만큼 평행이동: x 대신에 $x-4$, y 대신에 $y-3$을 대입!

1st $y=f(x)$를 y축에 대하여 대칭이동하면 $y=f(-x)$임을 이용해.

$y=a^x$의 그래프를 y축에 대하여 대칭이동하면 $y=a^{-x}$

주의 y축에 대하여 대칭이동하면 x를 $-x$로 바꿔주도록 하자.

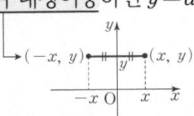

또, x축의 방향으로 4만큼, y축의 방향으로 3만큼 평행이동하면

$y-3=a^{-(x-4)}$ $x-4$ 대입! $y-3$ 대입!

$\therefore y=a^{-x+4}+3$

이 그래프가 점 $(2,7)$을 지나므로

$7=a^{-2+4}+3,\ 4=a^2 \quad\therefore a=2\ (\because a>0)$

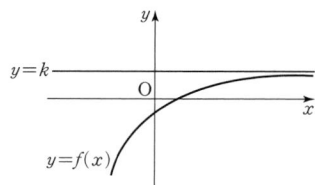

C 49 정답 ④ *지수함수의 그래프의 평행이동과 대칭이동 ··· [정답률 72%]

> 정답 공식: 함수 $f(x)=-2^{4-3x}+k=-\left(\frac{1}{8}\right)^{x-\frac{4}{3}}+k$이므로 함수 $y=f(x)$의 그래 프는 함수 $y=\left(\frac{1}{8}\right)^x$의 그래프를 x축에 대하여 대칭이동한 후 x축의 방향으로 $\frac{4}{3}$ 만큼, y축의 방향으로 k만큼 평행이동한 것이다.

함수 $f(x)=-2^{4-3x}+k$의 그래프가 제2사분면을 지나지 않도록 하는 자연수 k의 최댓값은? (3점)

> 단서 그래프의 개형을 그려서 제2사분면, 즉 $x<0$이고 $y>0$인 부분을 지나지 않을 조건을 만족시키도록 해.

① 10　　　　② 12　　　　③ 14
④ 16　　　　⑤ 18

1st 그래프의 개형을 쉽게 알 수 있도록 지수함수 $f(x)$의 식을 정리하여 함수 의 대칭이동과 평행이동을 이용하자.

$$f(x)=-2^{-3\left(x-\frac{4}{3}\right)}+k=-\left(\frac{1}{8}\right)^{x-\frac{4}{3}}+k$$

> 지수함수 $y-q=a^{x-p}$의 그래프는 함수 $y=a^x$의 그래프를 x축의 방향으로 p만큼, y축의 방향으로 q만큼 평행이동한 거야.

즉, 함수 $y=f(x)$의 그래프는 $y=\left(\frac{1}{8}\right)^x$의 그래프를 x축에 대하여 대칭이

> 지수함수 $y=a^x$을 x축에 대하여 대칭이동하면 $-y=a^x$이므로 $y=-a^x$이야.

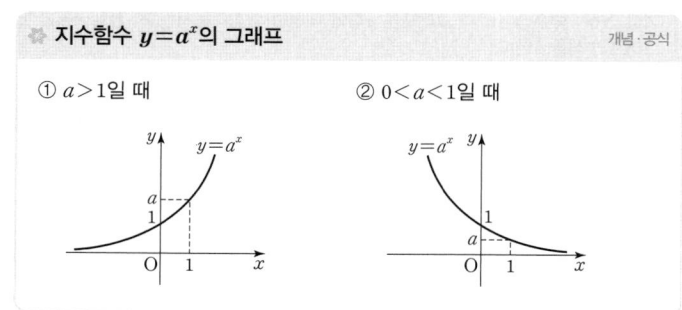

동한 후 x축의 방향으로 $\frac{4}{3}$만큼, y축의 방향으로 k만큼 평행이동한 그래 프이다.

따라서 함수 $y=f(x)$의 그래프는 그림과 같이 x의 값이 증가하면 y의 값도 증가하고 점근선이 $y=k$이다.

2nd 함수 $y=f(x)$의 그래프가 제2사분면을 지나지 않도록 하는 상수 k의 최 댓값을 구하자.

즉, 함수 $f(x)$에 대하여 $f(0)\leq0$이면 함수 $y=f(x)$의 그래프는 제2사 분면을 지나지 않으므로

$f(0)=-2^4+k\leq0$에서 $k\leq16$

따라서 자연수 k의 최댓값은 16이다.

> 원점은 어떤 사분면에도 속하지 않으므로 등호(=)가 포함되어야 해.

✿ 지수함수 $y=a^x$의 그래프
개념·공식

① $a>1$일 때　　　　　② $0<a<1$일 때

C 50 정답 8 *지수함수의 그래프의 평행이동과 대칭이동 ··· [정답률 61%]

> (정답 공식: 곡선과 직선이 만나는 점의 좌표를 구한다.)

그림과 같이 곡선 $y=2^x$을 y축에 대하여 대칭이동한 후, x축의 방 향으로 $\frac{1}{4}$만큼, y축의 방향으로 $\frac{1}{4}$만큼 평행이동한 곡선을 $y=f(x)$ 라 하자. 곡선 $y=f(x)$와 직선 $y=x+1$이 만나는 점 A와 점 B$(0,\,1)$ 사이의 거리를 k라 할 때, $\frac{1}{k^2}$의 값을 구하시오. (4점)

> 단서 방정식 $f(x)=x+1$을 풀면 점 A의 x좌표를 구할 수 있지?

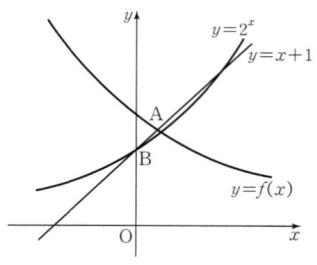

1st 곡선 $y=f(x)$의 방정식을 구해.

곡선 $y=2^x$을 y축에 대하여 대칭이동한 곡선은 $y=2^{-x}$이고, 곡선 $y=2^{-x}$

> 함수 $y=f(x)$의 그래프를 y축에 대하여 대칭이동한 그래프의 식은 x 대신 $-x$를 대입하면 돼.

을 x축의 방향으로 $\frac{1}{4}$만큼, y축의 방향으로 $\frac{1}{4}$만큼 평행이동한

곡선은 $y=2^{-x+\frac{1}{4}}+\frac{1}{4}$이다.

> 함수 $y=f(x)$의 그래프를 x축의 방향으로 m만큼, y축의 방향으로 n만큼 평행이동한 그래프의 식은 x 대신 $x-m$을, y 대신 $y-n$을 대입하면 돼.

$\therefore f(x)=2^{-x+\frac{1}{4}}+\frac{1}{4}$

2nd 점 A의 좌표를 구한 후, 두 점 A, B 사이의 거리를 구해.

곡선 $y=f(x)$와 직선 $y=x+1$이 만나는 점 A의 x좌표는

$2^{-x+\frac{1}{4}}+\frac{1}{4}=x+1$에서 $2^{-x+\frac{1}{4}}=x+\frac{3}{4}$　　$\therefore x=\frac{1}{4}$

$x=\frac{1}{4}$을 $y=x+1$에 대입하면 $y=\frac{1}{4}+1=\frac{5}{4}$

> $x=\frac{1}{4}$일 때, (좌변)$=2^0=1$이고, (우변)$=\frac{1}{4}+\frac{3}{4}=1$이므로 주어진 방정식의 해는 $x=\frac{1}{4}$이야.

즉, 점 A의 좌표는 $\left(\frac{1}{4},\,\frac{5}{4}\right)$이다.

따라서 두 점 A$\left(\frac{1}{4},\,\frac{5}{4}\right)$, B$(0,\,1)$ 사이의 거리 k는

$k=\sqrt{\left(\frac{1}{4}-0\right)^2+\left(\frac{5}{4}-1\right)^2}=\frac{\sqrt{2}}{4}$이므로 $\frac{1}{k^2}=8$

🌟 톡톡 풀이: 직선 $y=x+1$ 위의 점을 x축, y축의 방향으로 각각 $\frac{1}{4}$만큼 평행이동하여도 직선 $y=x+1$ 위의 점임을 이용하기

곡선 $y=2^x$을 y축에 대하여 대칭이동한 곡선은 $y=2^{-x}$이고 곡선 $y=2^{-x}$은 직선 $y=x+1$과 점 B$(0,\,1)$에서 만나.

한편, 곡선 $y=2^{-x}$을 x축의 방향으로 $\frac{1}{4}$만큼, y축의 방향으로 $\frac{1}{4}$만큼

평행이동한 곡선은 $y=f(x)$이고, 직선 $y=x+1$은 x축의 방향으로 $\frac{1}{4}$만큼,

y축의 방향으로 $\frac{1}{4}$만큼 평행이동하여도 직선 $y=x+1$이 되므로

점 B$(0,\,1)$을 x축의 방향으로 $\frac{1}{4}$만큼, y축의 방향으로 $\frac{1}{4}$만큼 평행이동하

면 곡선 $y=f(x)$와 직선 $y=x+1$이 만나는 점 A와 일치해.

즉, 점 A의 좌표는 $\left(0+\frac{1}{4},\,1+\frac{1}{4}\right)$에서 $\left(\frac{1}{4},\,\frac{5}{4}\right)$야.

(이하 동일)

> 점 P$(x_1,\,y_1)$을 x축의 방향으로 a만큼, y축의 방향으로 b만큼 평행이 동한 점 P'의 좌표는 P'$(x_1+a,\,y_1+b)$

C 51 정답 81 * 지수가 일차식인 지수함수의 최대·최소 … [정답률 78%]

정답 공식: 함수 $y=a^x$의 그래프는
(i) $a>1$일 때, x의 값이 증가하면 y의 값도 증가한다.
(ii) $0<a<1$일 때, x의 값이 증가하면 y의 값은 감소한다.

닫힌구간 $[1, 5]$에서 함수 $f(x)=\left(\dfrac{1}{3}\right)^{x-5}$의 최댓값을 구하시오.
(3점)

단서 지수함수의 밑의 크기가 1보다 큰지 작은지에
따라 함수 $f(x)$가 증가함수인지 감소함수인지 결정돼.

1st 함수 $f(x)$가 감소함수임을 이용해서 최댓값을 구해.

지수함수 $f(x)$에서 밑은 $\dfrac{1}{3}$이고 $0<\dfrac{1}{3}<1$이므로

함수 $f(x)=\left(\dfrac{1}{3}\right)^{x-5}$은 닫힌구간 $[1, 5]$에서 감소한다.

따라서 함수 $f(x)$는 $x=1$일 때 최대이고, 구하는 최댓값은

$f(1)=\left(\dfrac{1}{3}\right)^{1-5}=81$ [지수법칙]
① $\dfrac{1}{a}=a^{-1}$
② $(a^x)^y=a^{xy}$

함수 $f(x)$가 닫힌구간 $[a, b]$에서 감소함수이면
함수 $f(x)$의 최댓값은 $f(a)$이고, 최솟값은 $f(b)$야.

C 52 정답 82 * 지수가 일차식인 지수함수의 최대·최소 [정답률 80%]

정답 공식: 밑이 1보다 작은 지수함수는 x의 값이 증가할 때, y의 값이 감소하는 함수이다.

$-4\leq x\leq -2$에서 정의된 함수 $y=\left(\dfrac{1}{3}\right)^x+1$의 최댓값을 구하시오. (3점)
단서 밑이 1보다 작으므로 이 지수함수는 감소함수임을 알 수 있지.

1st 함수 $y=\left(\dfrac{1}{3}\right)^x+1$이 감소함수임을 이용하여 최댓값을 구해.

함수 $y=\left(\dfrac{1}{3}\right)^x+1$의 그래프는 x의 값이 증가할 때 y의 값이 감소한다.

$-4\leq x\leq -2$에서 정의된 감소함수는 $x=-4$에서 최댓값을, $x=-2$에서 최솟값을 가져.

따라서 $-4\leq x\leq -2$에서 함수 $y=f(x)=\left(\dfrac{1}{3}\right)^x+1$의 최댓값은

$f(-4)=\left(\dfrac{1}{3}\right)^{-4}+1$
$a^{-k}=\dfrac{1}{a^k}\ (a>0)$
$=\dfrac{1}{\left(\dfrac{1}{3}\right)^4}+1$
$=\dfrac{1}{\dfrac{1}{81}}+1$
$=81+1$
$=82$

✿ 지수함수 $y=a^x$의 그래프
개념·공식

① $a>1$일 때
② $0<a<1$일 때

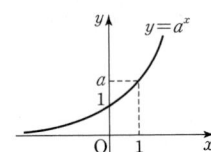
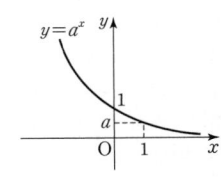

C 53 정답 ① * 지수가 일차식인 지수함수의 최대·최소 … [정답률 78%]

정답 공식: 지수함수 $y=a^x(a\neq1,\ a>0)$의 그래프는 $0<a<1$이면 감소하는 함수이고, $a>1$이면 증가하는 함수이다.

$-1\leq x\leq 2$에서 함수 $f(x)=2+\left(\dfrac{1}{3}\right)^{2x}$의 최댓값은? (3점)
단서 지수함수의 밑이 $0<\dfrac{1}{3}<1$이므로 지수함수의 그래프는 x값이 증가하면 y값은 감소하지.

① 11　② 13　③ 15
④ 17　⑤ 19

1st 지수함수의 밑의 크기가 1보다 작으니까 주어진 지수함수는 감소함수야.

지수함수 $f(x)=2+\left(\dfrac{1}{3}\right)^{2x}$의 밑이 $0<\dfrac{1}{3}<1$이므로

감소함수이다.

즉, $-1\leq x\leq 2$에서 지수함수 $f(x)$의 최댓값을 구하면

$f(-1)=2+\left(\dfrac{1}{3}\right)^{-2}$
지수함수 $f(x)$의 최솟값을 구하면
$f(2)=2+\left(\dfrac{1}{3}\right)^4=2+\dfrac{1}{81}=\dfrac{163}{81}$
$=2+9$
$=11$

$y=2+\left(\dfrac{1}{3}\right)^{2x}$

C 54 정답 ③ * 지수가 일차식인 지수함수의 최대·최소 [정답률 68%]

정답 공식: 지수함수 $y=a^x$이 $\alpha\leq x\leq \beta$의 범위에서 $a>1$이면 $x=\alpha$에서 최솟값을 가진다.

두 함수 $f(x)=3^x$, $g(x)=3^{2-x}+a$의 그래프가 만나는 점의 x좌표가 2일 때, 닫힌구간 $[1, 3]$에서 함수 $f(x)g(x)$의 최솟값은? (단, a는 상수이다.) (3점)
단서 두 함수의 교점의 x좌표가 주어졌으므로 두 함수 식을 연립한 식에 대입하면 등식이 성립하겠지?

① 31　② 32　③ 33
④ 34　⑤ 35

1st 두 지수함수의 교점의 x좌표를 연립한 식에 대입하여 a의 값을 구하자.

두 함수 $f(x)=3^x$, $g(x)=3^{2-x}+a$의 그래프가 만나는 점의 x좌표가 2
이므로
방정식 $f(x)=g(x)$의 해가 $x=2$라는 거야.

$3^2=3^{2-2}+a$, $9=1+a$　∴ $a=8$

2nd 두 함수 $f(x)$, $g(x)$의 곱인 $f(x)g(x)$를 구하고 주어진 범위에서 최솟값을 구하자.

함수 $f(x)g(x)=3^x\times(3^{2-x}+8)=8\times3^x+9$는 닫힌구간 $[1, 3]$에서
$x=1$일 때, 최솟값 $f(1)g(1)=8\times3+9=24+9=33$을 갖는다.

주의
지수함수 $f(x)g(x)=8\times3^x+9$의 밑이 $3>1$이므로 함수는 증가하는 함수야. 따라서 그 함수는 닫힌구간 $[1, 3]$에서 $x=1$일 때 최솟값, $x=3$일 때 최댓값을 가지는 거야. 항상 밑의 크기가 1보다 큰지 작은지 주의해야 해.

C 55 정답 ④ * 지수가 일차식인 지수함수의 최대·최소 [정답률 95%]

정답 공식: 함수 $y=a^x$에서 $a>1$이면 증가함수이고, $0<a<1$이면 감소함수이다.

닫힌구간 $[2, 4]$에서 함수 $f(x)=\left(\dfrac{1}{2}\right)^{x-2}$의 최솟값은? (3점)

① $\dfrac{1}{32}$　② $\dfrac{1}{16}$　③ $\dfrac{1}{8}$
④ $\dfrac{1}{4}$　⑤ $\dfrac{1}{2}$

단서 지수함수 $f(x)$의 밑이 $0<\dfrac{1}{2}<1$이므로
함수 $f(x)$는 감소함수야.

1st 지수함수의 그래프의 개형을 이용하여 닫힌구간 [2, 4]에서 언제 최솟값을 갖는지 생각해.

함수 $f(x)$의 밑이 1보다 작으므로 함수 $f(x)=\left(\dfrac{1}{2}\right)^{x-2}$은 모든 실수 x에 대하여 감소한다. 즉, 함수 $f(x)$는 닫힌구간 [2, 4]에서 $x=4$일 때 최솟값을 갖는다.

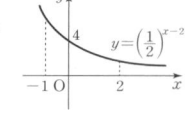
함수 $y=f(x)$의 그래프는 그림과 같아.

즉, 구하는 최솟값은

$$f(4)=\left(\dfrac{1}{2}\right)^{4-2}=\left(\dfrac{1}{2}\right)^{2}=\dfrac{1}{4}$$

C 56 정답 ② *지수가 일차식인 지수함수의 최대·최소 · [정답률 97%]

(정답 공식: 함수 $y=a^x$에서 $a>1$이면 증가함수, $0<a<1$이면 감소함수이다.)

> 닫힌구간 [1, 3]에서 함수 $f(x)=1+\left(\dfrac{1}{3}\right)^{x-1}$의 최댓값은? (3점)
> **단서** 지수함수 $f(x)$의 밑의 범위로 언제 최댓값을 갖는지 파악할 수 있어.
>
> ① $\dfrac{5}{3}$　　　　② 2　　　　③ $\dfrac{7}{3}$
>
> ④ $\dfrac{8}{3}$　　　　⑤ 3

1st 주어진 구간에서 함수 $f(x)$가 증가함수인지 감소함수인지 파악해서 언제 최댓값을 갖는지 알아 봐.

함수 $y=a^x\,(a>0,\,a\ne1)$에 대하여
① $a>1$일 때, x의 값이 증가하면 y의 값도 증가한다.
② $0<a<1$일 때, x의 값이 증가하면 y의 값은 감소한다.

함수 $f(x)=1+\left(\dfrac{1}{3}\right)^{x-1}$의 밑 $\dfrac{1}{3}$이 1보다 작으므로 x의 값이 증가하면 y의 값은 감소한다.
함수 $f(x)$의 그래프는 함수 $y=\left(\dfrac{1}{3}\right)^{x}$의 그래프를 x축의 방향으로 1만큼, y축의 방향으로 1만큼 평행이동한 거야.

즉, 함수 $f(x)$는 닫힌구간 [1, 3]에서 $x=1$일 때, 최댓값 $f(1)$을 가진다.

2nd 닫힌구간 [1, 3]에서 함수 $f(x)$의 최댓값을 구해.

따라서 닫힌구간 [1, 3]에서 함수 $f(x)$의 최댓값은

함정 지수함수의 밑에 따른 성질을 외워두고 있자.

$$f(1)=1+\left(\dfrac{1}{3}\right)^{1-1}=1+1=2$$

C 57 정답 32 *지수가 일차식인 지수함수의 최대·최소 [정답률 92%]

(정답 공식: 함수 $y=a^x$에서 $a>1$이면 증가함수, $0<a<1$이면 감소함수임을 안다.)

> 닫힌구간 [-1, 3]에서 두 함수 **단서** 함수 $f(x)$는 (밑)=2>1이므로 증가함수이고, 함수 $g(x)$는 $0<(밑)=\dfrac{1}{2}<1$이므로 감소함수야.
>
> $$f(x)=2^x,\ g(x)=\left(\dfrac{1}{2}\right)^{2x}$$
>
> 의 최댓값을 각각 a, b라 하자. ab의 값을 구하시오. (3점)

1st 지수함수의 밑이 1보다 큰지, 작은지 확인하자.

함수 $f(x)$의 밑은 $2>1$이고 함수 $g(x)$의 밑은 $0<\dfrac{1}{2}<1$이므로 함수 $f(x)$는 증가함수, 함수 $g(x)$는 감소함수이다.

즉, 닫힌구간 [-1, 3]에서 함수 $f(x)$는 $x=3$일 때 최대이고, 함수 $g(x)$는 $x=-1$일 때 최대이므로

(i) $y=a^x$에서 $a>1$일 때,
정의역이 $\{x\,|\,m\le x\le n\}$이면
치역은 $\{y\,|\,a^m\le y\le a^n\}$

(ii) $y=a^x$에서 $0<a<1$일 때,
정의역이 $\{x\,|\,m\le x\le n\}$이면
치역은 $\{y\,|\,a^n\le y\le a^m\}$

$$a=f(3)=2^3=8$$
$$b=g(-1)=\left(\dfrac{1}{2}\right)^{-2}=4$$
$$\therefore ab=8\times4=32$$

C 58 정답 ② *지수가 일차식인 지수함수의 최대·최소 ·· [정답률 87%]

(정답 공식: 지수함수 $y=a^x$의 그래프는 $0<a<1$이면 감소하는 함수이다.)

> $-3\le x\le-1$에서 함수 $f(x)=2^{-x}+5$의 최솟값은? (3점)
>
> ① 6　　　　② 7　　　　③ 8
> ④ 9　　　　⑤ 10　　**단서** $2^{-x}=\left(\dfrac{1}{2}\right)^{x}$이라고 할 수 있어. 따라서 밑이 $\dfrac{1}{2}$인 지수함수야.

1st 지수함수의 꼴을 변형하고, $0<($밑$)<1$인 지수함수는 감수함수임을 이용하자.

함수 $f(x)=2^{-x}+5=\left(\dfrac{1}{2}\right)^{x}+5$는 밑이 1보다 작은 지수함수이므로 x의 값이 증가하면 $f(x)$의 값은 감소한다.

따라서 $-3\le x\le-1$에서 함수 $f(x)$는 $x=-1$에서 최솟값을 가지므로
→ 함수 $f(x)$는 감소함수이므로 주어진 구간 $-3\le x\le-1$에서 x의 값이 최대일때 함숫값은 최소가 돼. 따라서 $x=-1$일 때 함숫값은 최소야.

최솟값은 $f(-1)=\left(\dfrac{1}{2}\right)^{-1}+5=2+5=7$

$\left(\dfrac{1}{a}\right)^{-1}=(a^{-1})^{-1}=a\,(a>0)$

C 59 정답 ② *지수가 일차식인 지수함수의 최대·최소 ····· [정답률 82%]

[정답 공식: 함수 $y=a^x\,(a>0,\,a\ne1)$는 $a>1$이면 증가함수이고, $0<a<1$이면 감소함수이다.]

> 닫힌구간 [1, 3]에서 정의된 함수 $f(x)=\left(\dfrac{1}{2}\right)^{x-a}+1$의 최댓값이 5일 때, 함수 $f(x)$의 최솟값은? (단, a는 상수이다.) (3점)
> **단서2** 함수 $f(x)$는 감소하는 지수함수이므로 $f(3)$이 최솟값이야.
>
> ① $\dfrac{3}{2}$　　　　② 2　　　　③ $\dfrac{5}{2}$
>
> ④ 3　　　　⑤ $\dfrac{7}{2}$　**단서1** 함수 $f(x)=\left(\dfrac{1}{2}\right)^{x-a}+1$은 밑이 1보다 작은 양수이므로 x의 값이 증가하면 y의 값은 감소해. 즉, $x=1$에서 최댓값이 5임을 알 수 있어.

1st 지수함수의 최댓값을 이용하여 a의 값을 구하자.

닫힌구간 [1, 3]에서 정의된 함수 $f(x)=\left(\dfrac{1}{2}\right)^{x-a}+1$은 x의 값이 증가하면 y의 값은 감소하므로

함수 $f(x)$는 $x=1$에서 최댓값 5를 가진다.

→ 함수 $f(x)=\left(\dfrac{1}{2}\right)^{x-a}+1$의 그래프는
(i) 함수 $y=\left(\dfrac{1}{2}\right)^{x}$의 그래프를 x축의 방향으로 a만큼, y축의 방향으로 1만큼 평행이동한 그래프야.
(ii) $0<($밑$)<1$이므로 x의 값이 증가하면 y의 값은 감소해.
(iii) 그래프는 점 $(a, 2)$를 지나고, 그래프의 점근선은 $y=1$

함수 $f(x)$는 x의 값이 증가하면 y의 값은 감소하는 함수이므로 닫힌구간의 양 끝값이 최대 또는 최소가 돼.

$$f(1)=\left(\dfrac{1}{2}\right)^{1-a}+1=5,\ 2^{a-1}=2^2$$
→ 밑이 2로 동일하므로 방정식을 풀려면 지수가 같으면 돼.

$$a-1=2 \quad \therefore a=3$$

2nd 함수 $f(x)$의 최솟값을 구하자.

함수 $f(x)$는 $x=3$에서 최솟값을 가지므로 구하는 최솟값은

$$f(3)=\left(\dfrac{1}{2}\right)^{3-3}+1=1+1=2$$

수능 핵강

＊ 구간 $[s,\,t]$에서 지수함수의 그래프의 최솟값·최댓값 구하기
지수함수 $y=a^x$의 그래프는 x의 값이 증가함에 따라서 y의 값도 증가하는 경우와 y의 값은 감소하는 2가지 경우가 있어.
(i) 밑이 1보다 큰지 1보다 작은지를 파악해 봐.
(ii) $a>1$이면 구간 $[s,\,t]$에서 최솟값은 $y=a^s$, 최댓값은 $y=a^t$
(iii) $0<a<1$이면 구간 $[s,\,t]$에서 최솟값은 $y=a^t$, 최댓값은 $y=a^s$

(정답 공식: 함수 $y=a^x$에서 $a>1$이면 증가함수, $0<a<1$이면 감소함수임을 안다.)

정의역이 $\{x \mid -1 \leq x \leq 3\}$인 두 지수함수 $f(x)=25^x$, $g(x)=\left(\dfrac{1}{5}\right)^x$

에 대하여 $f(x)$의 최댓값을 M, $g(x)$의 최솟값을 m이라 할 때, Mm의 값을 구하시오. (3점)

단서 지수함수는 (밑)>1이면 증가함수이고 $0<$(밑)<1이면 감소함수야.

1st 먼저 함수 $f(x)=25^x$의 최댓값을 구해.

함수 $f(x)=25^x$은 (밑)>1이므로 증가함수이다.

따라서 $x=3$일 때, 최댓값 $25^3=(5^2)^3=5^6$을 가지므로

$M=5^6$

2nd $g(x)$의 최솟값을 구해 볼까?

함수 $g(x)=\left(\dfrac{1}{5}\right)^x$은 $0<$(밑)<1이므로 감소함수이다.

즉, $x=3$일 때, 최솟값 $\left(\dfrac{1}{5}\right)^3=\dfrac{1}{5^3}$을 가지므로 $m=\dfrac{1}{5^3}$

$\therefore Mm=5^6 \times \dfrac{1}{5^3}=5^3=125$

✿ 지수함수의 최댓값과 최솟값 ⟨개념·공식⟩

정의역이 $\{x \mid x_1 \leq x \leq x_2\}$인 지수함수 $y=a^x$에 대하여
① $a>1$이면 최솟값은 $x=x_1$일 때 a^{x_1}이고, 최댓값은 $x=x_2$일 때 a^{x_2}이다.
② $0<a<1$이면 최솟값은 $x=x_2$일 때 a^{x_2}이고, 최댓값은 $x=x_1$일 때 a^{x_1}이다.

(정답 공식: $0<a<1$이면 지수함수 $y=a^x$은 감소함수임을 안다.)

$0<a<1$인 실수 a에 대하여 함수 $f(x)=a^x$은 닫힌구간 $[-2, 1]$

단서1 로그함수 $f(x)$의 밑 a가 $0<a<1$이지?

에서 최솟값 $\dfrac{5}{6}$, 최댓값 M을 갖는다. $a \times M$의 값은? (3점)

단서2 주어진 구간에서 함수가 증가하거나 감소하면 양 끝점에서 최댓값 또는 최솟값을 갖겠지?

① $\dfrac{2}{5}$　　② $\dfrac{3}{5}$　　③ $\dfrac{4}{5}$　　④ 1　　⑤ $\dfrac{6}{5}$

1st 주어진 구간에서 함수 $f(x)=a^x$이 증가하는지 감소하는지 파악해.

함수 $y=a^x(a>0, a \neq 1)$에 대하여 $a>1$이면 x의 값이 증가할 때 y의 값도 증가하고 $0<a<1$이면 x의 값이 증가할 때 y의 값은 감소해.

$0<a<1$이므로 함수 $f(x)=a^x$은 x의 값이 증가하면 $f(x)$는 감소한다.

즉, $x=1$에서 최솟값 $\dfrac{5}{6}$를 가지므로

$f(1)=a=\dfrac{5}{6}$

$x=-2$에서 최댓값 M을 가지므로

$M=f(-2)=a^{-2}=\left(\dfrac{5}{6}\right)^{-2}$

2nd $a \times M$의 값을 구해.

$\therefore a \times M = \dfrac{5}{6} \times \left(\dfrac{5}{6}\right)^{-2} = \left(\dfrac{5}{6}\right)^{-1}$

$\left(\dfrac{5}{6}\right)^1 \times \left(\dfrac{5}{6}\right)^{-2} = \left(\dfrac{5}{6}\right)^{1+(-2)} = \left(\dfrac{5}{6}\right)^{-1}$

$= \dfrac{6}{5}$

[정답 공식: 지수함수 $y=a^x(a>0, a \neq 0)$의 그래프는 $a>1$일 때, x의 값이 증가하면 y의 값도 증가하고, $0<a<1$일 때, x의 값이 증가하면 y의 값은 감소한다.]

$-1 \leq x \leq 2$에서 함수 $f(x)=a \times 2^{2-x}+b$의 최댓값이 5, 최솟값이 -2일 때, $f(0)$의 값은?

(단, $a>0$이고, a와 b는 상수이다.) (3점)

① 1　　② $\dfrac{3}{2}$　　③ 2

④ $\dfrac{5}{2}$　　⑤ 3

단서 $f(x)=a \times 2^{2-x}+b=4a \times \left(\dfrac{1}{2}\right)^x+b$는 밑이 1보다 작은 지수함수이므로 x의 값이 증가하면 y의 값은 감소하지

1st 지수함수의 최댓값과 최솟값을 이용하자. 지수함수 $f(x)$가 감소함수이면 x의 최솟값을 대입하면 함숫값은 최대가 되고, x의 최댓값을 대입하면 함숫값은 최소가 돼.

함수 $f(x)=a \times 2^{2-x}+b=4a \times \left(\dfrac{1}{2}\right)^x+b$의 그래프는

지수함수의 밑의 값이 $0<\dfrac{1}{2}<1$이고, a의 값이 양수이므로 감소함수야.

$a>0$이고 밑이 0보다 크고 1보다 작으므로 x의 값이 증가하면 y의 값은 감소한다.

함수 $f(x)$는 $x=-1$일 때 최댓값 5를 가지므로

$f(-1)=4a \times \left(\dfrac{1}{2}\right)^{-1}+b=4a \times (2^{-1})^{-1}+b$

$\qquad =8a+b=5$

이고, $x=2$일 때 최솟값 -2를 가지므로

$f(2)=4a \times \left(\dfrac{1}{2}\right)^2+b=4a \times \dfrac{1}{4}+b$

$\qquad =a+b=-2$

$\therefore a=1, b=-3$

$\therefore f(0)=4a+b=4-3=1$

$\qquad\qquad\qquad \begin{array}{r} 8a+b=5 \\ -)\ a+b=-2 \\ \hline 7a\quad =7 \end{array}$　$\therefore a=1, b=-3$

(정답 공식: 함수 $y=a^x$에서 $a>1$이면 증가함수이고, $0<a<1$이면 감소함수이다.)

닫힌구간 $[-1, 2]$에서 함수 $f(x)=\left(\dfrac{3}{a}\right)^x$의 최댓값이 4가 되도록 하는 모든 양수 a의 값의 곱은? (3점)

단서 양수 a의 값에 따라서 $f(x)$는 지수함수일 수도, 상수함수일 수도 있어. a의 값의 범위를 나누어 $f(x)$의 최댓값을 구해.

① 16　　② 18　　③ 20　　④ 22　　⑤ 24

1st $\dfrac{3}{a}>1$, $\dfrac{3}{a}=1$, $0<\dfrac{3}{a}<1$일 때로 나누어 함수 $f(x)$의 최댓값이 4일 때의 양수 a의 값을 구해. 함수 $f(x)$가 상수함수인지, 증가함수인지, 감소함수인지를 나누어 생각해야 해.

$f(x)=\left(\dfrac{3}{a}\right)^x$에서

$\dfrac{3}{a}>1$이면 함수 $y=f(x)$의 그래프는 그림과 같아.

(i) $\dfrac{3}{a}>1$, 즉 $0<a<3$일 때,

함수 $f(x)$는 증가함수이므로 $x=2$에서 최댓값을 가진다.

즉, $f(2)=4$에서 $\left(\dfrac{3}{a}\right)^2=4$, $\dfrac{9}{a^2}=4$, $a^2=\dfrac{9}{4}$

$\therefore a=\dfrac{3}{2} (\because 0<a<3)$

주의 밑의 값이 1보다 클 때의 a의 범위가 정해지므로 이 범위에 알맞은 값을 구하도록 하자.

(ii) $\dfrac{3}{a}=1$, 즉 $a=3$일 때,

$f(x)=1$이므로 함수 $f(x)$의 최댓값은 4가 될 수 없다.

(iii) $0<\dfrac{3}{a}<1$, 즉 $a>3$일 때, $\dfrac{3}{a}=1$이면 $f(x)=1$이므로 x의 값에 관계없이 함숫값은 항상 1이야. 즉, 이때의 최댓값은 1이야.

함수 $f(x)$는 감소함수이므로 $x=-1$에서 최댓값을 가진다.

즉, $f(-1)=4$에서 ──→ $0<\dfrac{3}{a}<1$이면 함수 $y=f(x)$의 그래프는 그림과 같아.

$\left(\dfrac{3}{a}\right)^{-1}=4$, $\dfrac{a}{3}=4$ $\therefore a=12$

2nd 주어진 조건을 만족시키는 모든 양수 a의 값을 곱해.

(i)~(iii)에 의하여 모든 양수 a의 값의 곱은 $\dfrac{3}{2}\times 12=18$이다.

C 64 정답 **21** ＊지수가 일차식인 지수함수의 최대·최소 — [정답률 68%]

(정답 공식: $y=a^x$ $(a>0,\ a\neq 1)$의 그래프는 $0<a<1$일 때 감소함수이다.)

> 단서1 $0<a<1$이면 지수함수 $y=a^x$은 감소함수이다.
> 닫힌구간 $[2,\ 3]$에서 함수 $f(x)=\left(\dfrac{1}{3}\right)^{2x-a}$의 최댓값은 27, 최솟값은 m이다. $a\times m$의 값을 구하시오. (단, a는 상수이다.) (3점)
> 단서2 감소함수의 최댓값은 정의역 x의 값이 최소일 때이고 최솟값은 x의 값이 최대일 때이다.

1st 지수함수의 그래프의 성질을 이용하자.

함수 $f(x)=\left(\dfrac{1}{3}\right)^{2x-a}$의 밑은 $0<\dfrac{1}{3}<1$이므로 함수 $f(x)$는 감소함수이다.

즉, 닫힌구간 $[2,\ 3]$에서 함수 $f(x)$는 $x=2$일 때 최댓값을 갖는다.

$f(2)=\left(\dfrac{1}{3}\right)^{4-a}=27$ ──→ 지수함수 $y=a^x$ $(a>0,\ a\neq 1)$ 은 $a>1$일 때 증가함수이고, $0<a<1$일 때 감소함수야.

$3^{a-4}=3^3$, $a-4=3$

$\therefore a=7$

2nd 주어진 구간에서 함수 $f(x)$의 최솟값을 구하자.

함수 $f(x)=\left(\dfrac{1}{3}\right)^{2x-7}$은 닫힌구간 $[2,\ 3]$에서 $x=3$일 때 최솟값을 가지므로 ──→ 감소함수이므로 $x=3$일 때 최솟값을 갖지

$m=f(3)=\left(\dfrac{1}{3}\right)^{6-7}=3$

$\therefore a\times m=7\times 3=21$

📐 **다른 풀이: 지수법칙 이용하기**

함수 $f(x)$는 감소함수이므로

$x=2$에서 최댓값 $\left(\dfrac{1}{3}\right)^{4-a}=27 \Rightarrow 3^{a-4}=27 \cdots$ ㉠

$x=3$에서 최솟값 $\left(\dfrac{1}{3}\right)^{6-a}=m \Rightarrow 3^{a-6}=m \cdots$ ㉡

㉠÷㉡을 하면

$3^2=\dfrac{27}{m}$ $\therefore m=3$

㉡에서 $a=7$

$\therefore a\times m=7\times 3=21$

📌 **지수함수 $y=a^x$ $(a>0,\ a\neq 0)$의 그래프** 개념·공식

① 정의역은 실수 전체의 집합이고, 치역은 양의 실수 전체의 집합이다.
② $a>1$일 때 증가함수이고, $0<a<1$일 때 감소함수이다.
③ 점 $(0,\ 1)$을 지나고 점근선이 x축이다.
④ $y=a^x$과 $y=\left(\dfrac{1}{a}\right)^x=a^{-x}$의 그래프는 y축에 대하여 대칭이다.

C 65 정답 **⑤** ＊지수가 이차식인 지수함수의 최대·최소 — [정답률 87%]

(정답 공식: 함수 $y=a^x$에서 $a>1$이면 증가함수이다.)

> 함수 $f(x)=4^{x^2}\times\left(\dfrac{1}{4}\right)^{2x-3}$의 최솟값은? (3점)
> 단서 지수함수에서 밑이 1보다 크면 지수가 최소일 때 함수도 최솟값을 가져.
> ① $\dfrac{1}{64}$ ② $\dfrac{1}{16}$ ③ 2 ④ 8 ⑤ 16

1st 주어진 함수의 식을 밑을 4로 고정하고 지수 부분을 정리하자.

$f(x)=4^{x^2}\times\left(\dfrac{1}{4}\right)^{2x-3}$

$=4^{x^2}\times(4^{-1})^{2x-3}$

$=4^{x^2-2x+3}=4^{(x-1)^2+2}$ ──→ 이차함수 $y=(x-1)^2+2$는 $x=1$일 때 최솟값 2를 가져.

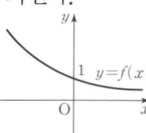

2nd 지수함수의 밑이 1보다 큰 경우 지수가 커질수록 함숫값도 커지지?

이때, 지수함수 $f(x)$의 밑은 $4>1$이므로 지수가 최솟값을 가지면 함숫값도 최소가 된다.

따라서 $x=1$일 때 지수의 최솟값이 2이므로 함수 $f(x)$의 최솟값은 $4^2=16$이다.

C 66 정답 **①** ＊지수가 이차식인 지수함수의 최대·최소 — [정답률 69%]

[정답 공식: 밑의 크기가 0과 1 사이인 지수함수는 x의 값이 증가할 때, y의 값은 감소한다.]

> 함수 $f(x)=\left(\dfrac{1}{5}\right)^{x^2-4x+1}$은 $x=a$에서 최댓값 M을 갖는다. $a+M$의 값은? (3점)
> 단서 밑이 $\dfrac{1}{5}$로 1보다 작은 양수이므로 지수 x^2-4x+1이 최소가 될 때 함수 $f(x)$는 최댓값을 가지지.
> ① 127 ② 129 ③ 131 ④ 133 ⑤ 135

1st 지수함수의 성질을 이용하여 최댓값을 갖는 경우를 파악하자.

함수 $f(x)=\left(\dfrac{1}{5}\right)^{x^2-4x+1}$에 대하여 $g(x)=x^2-4x+1$라 하면 함수 $g(x)$

지수함수는 밑의 크기에 따라 (밑)>1이면 증가하고, 0<(밑)<1이면 감소하지

가 최솟값을 가질 때, 함수 $f(x)$가 최댓값을 갖는다.

지수함수의 밑이 $\dfrac{1}{5}$, 즉 밑이 0과 1 사이에 있으므로 감소함수야.

따라서 지수의 값이 최소일 때, 함숫값이 최대가 돼.

2nd 함수 $g(x)$가 최소일 때, 함수 $f(x)$의 최댓값을 찾자.

이차함수 $g(x)$를 $y=p(x-q)^2+r$ 꼴로 정리하면

$g(x)=x^2-4x+1=(x-2)^2-3$에서 $g(x)\geq -3$이므로

아래로 볼록한 이차함수에서 최솟값을 찾으려면 $y=p(x-q)^2+r$ 꼴로 바꿔야 해.

함수 $f(x)=\left(\dfrac{1}{5}\right)^{x^2-4x+1}$은 $x=2$에서 최댓값 $\left(\dfrac{1}{5}\right)^{-3}=5^3=125$를 갖는다.

따라서 $a=2$, $M=125$이므로

$a+M=2+125=127$

📌 **지수함수의 최댓값과 최솟값** 개념·공식

정의역이 $\{x\,|\,x_1\leq x\leq x_2\}$인 지수함수 $y=a^x$에 대하여
① $a>1$이면 최솟값은 $x=x_1$일 때 a^{x_1}이고, 최댓값은 $x=x_2$일 때 a^{x_2}이다.
② $0<a<1$이면 최솟값은 $x=x_2$일 때 a^{x_2}이고, 최댓값은 $x=x_1$일 때 a^{x_1}이다.

C 67 정답 ④ *지수가 이차식인 지수함수의 최대·최소 [정답률 61%]

[정답 공식: 함수 $g(x)$는 a의 값의 범위에 따라 증가함수, 감소함수가 달라지므로 a의 값의 범위를 나눠서 생각한다.]

두 함수 $f(x)$, $g(x)$를
$$f(x)=x^2-6x+3, \quad g(x)=a^x \ (a>0, \ a\neq 1)$$
이라 하자. $1\leq x\leq 4$에서 함수 $(g\circ f)(x)$의 최댓값은 27, 최솟값은 m이다. m의 값은? (4점)

단서 $(g\circ f)(x)=g(f(x))=a^{f(x)}$이야. 이때, $a>1$이면 $f(x)$가 최대일 때 $a^{f(x)}$도 최대이고 $0<a<1$이면 $f(x)$가 최대일 때 $a^{f(x)}$은 최소임을 이용해.

① $\dfrac{1}{27}$ ② $\dfrac{1}{3}$ ③ $\dfrac{\sqrt{3}}{3}$

④ 3   ⑤ $3\sqrt{3}$

1st 함수 $f(x)$의 값의 범위를 구하자.

$f(x)=x^2-6x+3=(x-3)^2-6$이므로
$1\leq x\leq 4$에서 함수 $f(x)$는 $x=3$에서
최솟값 $f(3)=-6$을 갖고 $x=1$에서 최댓값
$f(1)=-2$를 갖는다.
$\therefore -6\leq f(x)\leq -2$

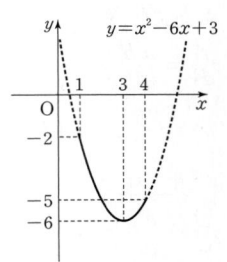

$y=x^2-6x+3$

2nd 지수함수의 밑의 범위에 따라 증가함수인지 감소함수인지를 구별할 수 있어.

(i) $0<a<1$일 때, 함수 $g(x)=a^x$은 감소함수이므로
함수 $(g\circ f)(x)=g(f(x))=a^{f(x)}$은 $f(3)=-6$일 때 최댓값을,
$f(1)=-2$일 때 최솟값을 갖는다.

즉, $\underline{a^{-6}=27}$이므로 $a=\dfrac{\sqrt{3}}{3}$ ▸ $a^{-6}=27$에서 $a^{-6}=3^3$이므로 $a=(3^3)^{-\frac{1}{6}}=3^{-\frac{1}{2}}=\dfrac{1}{\sqrt{3}}=\dfrac{\sqrt{3}}{3}\ (\because a>0)$

$\therefore m=a^{-2}=\left(\dfrac{\sqrt{3}}{3}\right)^{-2}=\left(\dfrac{3}{\sqrt{3}}\right)^2=3$

(ii) $a>1$일 때, 함수 $g(x)=a^x$은 증가함수이므로
함수 $(g\circ f)(x)=a^{f(x)}$은 $f(1)=-2$일 때 최댓값을,
$f(3)=-6$일 때 최솟값을 갖는다.

즉, $\underline{a^{-2}=27}$에서 $a=\dfrac{\sqrt{3}}{9}$인데 이것은 $a>1$에 모순이다.

(i), (ii)에 의하여 $m=3$이다. ▸ $a^{-2}=27$에서 $a^{-2}=3^3$이므로 $a=(3^3)^{-\frac{1}{2}}=3^{-\frac{3}{2}}=\dfrac{1}{3\sqrt{3}}=\dfrac{\sqrt{3}}{9}\ (\because a>0)$

C 68 정답 ⑤ *지수가 이차식인 지수함수의 최대·최소 [정답률 88%]

(정답 공식: 산술평균과 기하평균의 관계를 이용한다.)

함수 $y=\dfrac{3^{2x}+3^x+9}{3^x}$의 최솟값은? (3점)

단서 $y=\dfrac{3^{2x}+3^x+9}{3^x}=3^x+\dfrac{9}{3^x}+1$에서 $3^x>0, \dfrac{1}{3^x}>0$이지?
즉, 두 양수 조건이 주어진 합의 최솟값은 우선 산술평균과 기하평균의 관계를 떠올려 봐.

① 3   ② 4   ③ 5

④ 6   ⑤ 7

1st 식을 적절히 변형하자.

$y=\dfrac{3^{2x}+3^x+9}{3^x}$를 적절히 변형하면
$y=3^x+1+\dfrac{9}{3^x}=\underline{3^x+\dfrac{9}{3^x}+1}$

▸ (i) $3^x>0, \dfrac{9}{3^x}>0 \to$ 양수 조건 만족
(ii) $3^x\times\dfrac{9}{3^x}=9 \to$ 곱이 일정
$\Rightarrow$ 산술평균과 기하평균의 관계를 이용!

2nd 산술평균과 기하평균의 관계를 이용하자.

함정 최솟값을 구할 때 주어진 조건을 충족하면 산술, 기하평균을 사용하여 쉽게 구할 수 있으니까 알아두도록 하자.

이때, $3^x>0, \dfrac{1}{3^x}>0$이므로 $\dfrac{a+b}{2}\geq\sqrt{ab}$
▸ $a>0, b>0$일 때, (단, 등호는 $a=b$일 때 성립)

$3^x+\dfrac{9}{3^x}+1\geq 2\sqrt{3^x\times\dfrac{9}{3^x}}+1$

$=6+1=7$ (단, 등호는 $3^x=\dfrac{9}{3^x}$일 때 성립)

따라서 주어진 함수의 최솟값은 7이다.

🌀 산술평균과 기하평균의 관계   개념·공식

두 양수 a, b에 대하여
$\dfrac{a+b}{2}\geq\sqrt{ab}$ (단, 등호는 $a=b$일 때 성립)

C 69 정답 ① *지수함수의 최대·최소 - a^x이 반복되는 꼴 [정답률 71%]

(정답 공식: 치환하여 주어진 함수를 이차함수로 변형한 후 최솟값을 구한다.)

함수 $f(x)=4^{x-a}-8\times 2^{x-a}$가 $x=5$에서 최솟값 b를 가질 때, $a+b$의 값은? (단, a는 상수이다.) (4점)

단서 $4^{x-a}=(2^{x-a})^2$이므로 $2^{x-a}=t\ (t>0)$로 치환하면

① -13 ② -11 ③ -9 $f(x)$는 t에 대한 이차함수로 변형되고 어떤 t의 값에서 최솟값을 가지는지 찾으면 돼.

④ -7 ⑤ -5

1st 함수 $f(x)$가 최소가 될 때와 그때의 최솟값을 구해.

$f(x)=\underline{4^{x-a}}-8\times 2^{x-a}=(2^{x-a})^2-8\times 2^{x-a}$에서 $2^{x-a}=t\ (t>0)$라 ▸ $4^{x-a}=(2^2)^{x-a}=2^{2(x-a)}=(2^{x-a})^2$

하면 $y=t^2-8t=(t-4)^2-16\ (t>0)$이므로 이 함수는 $t=4$에서 최솟값 -16을 가진다. $t>0$에서 함수 $y=t^2-8t$의 그래프는 그림과 같아.

따라서 함수 $f(x)$는 $t=2^{x-a}=4$를 만족시키는 x에서 최솟값 -16을 가진다.

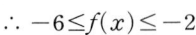

$y=t^2-8t$

2nd 주어진 조건을 이용하여 a, b의 값을 각각 구해.

이때, 함수 $f(x)$가 $x=5$에서 최솟값 b를 가지므로
$2^{x-a}=4$를 만족시키는 x의 값은 5이고 $b=-16$이다.

즉, $2^{5-a}=4$에서 $2^{5-a}=2^2$, $5-a=2$ $\therefore a=3$

$\therefore a+b=3+(-16)=-13$

🧩 다른 풀이: $2^x=t$라 하고 a, b의 값 구하기

$f(x)=4^{x-a}-8\times 2^{x-a}=2^{-2a}\times(2^x)^2-2^{3-a}\times 2^x$에서
$2^x=t\ (t>0)$라 하면
$y=2^{-2a}\times t^2-2^{3-a}\times t=2^{-2a}(t^2-2^{3+a}\times t+2^{4+2a}-2^{4+2a})$

$=2^{-2a}(t-2^{2+a})^2-2^4$

▸ $2^{-2a}>0$이므로 이 함수의 그래프는 점 $(2^{2+a}, -2^4)$을 꼭짓점으로 하고 아래로 볼록한 곡선이야.

이므로 이 함수는 $t=2^{2+a}$에서 최솟값 $-2^4=-16$을 가져.

따라서 함수 $f(x)$는 $t=2^x=2^{2+a}$을 만족시키는 x에서 최솟값 -16을 가져.

이때, 함수 $f(x)$가 $x=5$에서 최솟값 b를 가지므로
$2^x=2^{2+a}$을 만족시키는 x의 값은 5이고 $b=-16$이야.

즉, $2^5=2^{2+a}$에서 $5=2+a$ $\therefore a=3$
(이하 동일)

C 70 정답 14 　＊지수함수의 최대·최소 −a^x이 반복되는 꼴 ··· [정답률 63%]

[정답 공식: $m \leq x \leq n$일 때, 이차함수 $y=a(x-p)^2+q$는 $x=m$, $x=n$, $x=p$ 일 때의 함수값 중에서 최댓값과 최솟값을 가진다.]

> **단서** 정의역에서 $2^x=t$로 치환하여 함수의 최솟값과 최댓값을 구하자.
>
> 정의역이 $\{x \mid -1 \leq x \leq 2\}$인 함수 $y=-2^{2x}+4 \cdot 2^x+5$의 최솟값 을 m, 최댓값을 M이라 할 때, $M+m$의 값을 구하시오. (3점)

1st 주어진 함수에서 $2^x=t$로 치환하자.

지수함수 $y=-2^{2x}+4 \cdot 2^x+5$에서 $2^x=t$ ($t>0$)로 치환하면
$y=-t^2+4t+5=-(t^2-4t+4)+9=-(t-2)^2+9$

2nd t에 대한 이차함수의 최댓값과 최솟값을 구하자.

$-1 \leq x \leq 2$에서 $\dfrac{1}{2} \leq t \leq 4$이므로
$\begin{array}{c} 2^x=t \text{이므로 } 2^{-1} \leq 2^x \leq 2^2 \\ \| \quad \| \quad \| \\ \frac{1}{2} \quad t \quad 4 \end{array}$

이차함수 $y=-t^2+4t+5$의 그래프를 그리면 그림과 같다.

[이차함수의 그래프]
이차함수 $y=ax^2+bx+c=a(x-p)^2+q$의 그래프는
(i) $a>0$일 때, 아래로 볼록하고
　$x=p$에서 최솟값 q를 갖는다.
(ii) $a<0$일 때, 위로 볼록하고
　$x=p$에서 최댓값 q를 갖는다.

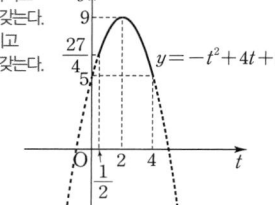

$t=4$일 때, $y=-(4-2)^2+9=5$이므로 최솟값 m은 $m=5$
$t=2$일 때, $y=-(2-2)^2+9=9$이므로 최댓값 M은 $M=9$
$\therefore M+m=9+5=14$

C 71 정답 ④ 　＊지수함수의 최대·최소 −a^x이 반복되는 꼴 ··· [정답률 61%]

[정답 공식: $m \leq x \leq n$일 때, 이차함수 $y=a(x-p)^2+q$ ($a \neq 0$)는 $x=m$, $x=n$, $x=p$일 때의 함수값 중에서 최댓값과 최솟값을 가진다.]

> 정의역이 $\{x \mid -1 \leq x \leq 2\}$인 함수 $y=3 \times 4^{-x}-3 \times 2^{1-x}-2$는 $x=p$에서 최솟값을 갖고, $x=q$에서 최댓값을 갖는다. 이때, $p-q$ 의 값은? (3점)　**단서** 밑이 2인 지수로 정리하자.
>
> ① -2　　② -1　　③ 0　　④ 1　　⑤ 2

1st 주어진 함수에서 $2^{-x}=t$로 치환하자.

주어진 지수함수가 $y=3 \times 4^{-x}-3 \times 2^{1-x}-2=3 \times (2^{-x})^2 - 6 \times 2^{-x}-2$
이므로 $2^{-x}=t$ ($t>0$)로 치환하면
$\begin{array}{r} 3 \times 2^{1-x}=3 \times 2 \times 2^{-x} \\ = 6 \times 2^{-x} \end{array}$
$y=3t^2-6t-2=3(t-1)^2-5$

2nd t에 대한 이차함수의 최댓값과 최솟값을 구하자.

정의역 $-1 \leq x \leq 2$에서 $\dfrac{1}{4} \leq t \leq 2$이므로
$\begin{array}{c} 2^{-x}=t \text{이므로 } -2 \leq -x \leq 1 \\ 2^{-2} \leq 2^{-x} \leq 2^1 \\ \| \quad \| \quad \| \\ \frac{1}{4} \quad t \quad 2 \end{array}$

함수 $y=3(t-1)^2-5$의 그래프를 그리면 그림과 같다.
함수는 $t=1$일 때 최솟값을 갖고,
$t=2$일 때 최댓값을 가지므로
$2^{-p}=1$에서 $p=0$
$2^{-q}=2$에서 $q=-1$
$\therefore p-q=0-(-1)=1$

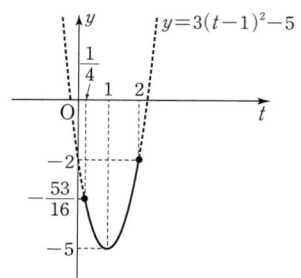

C 72 정답 ⑤ 　＊지수함수를 이용한 대소 관계 ··· [정답률 82%]

[정답 공식: $\dfrac{A}{B}>1$이면 $A>B$임을 이용하거나 조건을 만족시키는 임의의 숫자를 넣어서 구할 수도 있다.]

> $0<c<b<a<1$을 만족시키는 세 실수 a, b, c에 대하여
> $$A=a^a b^b c^c, \quad B=a^a b^c c^b, \quad C=a^b b^c c^a$$
> 이라고 하자. 이때, A, B, C의 대소 관계로 옳은 것은? (4점)
> **단서** A, B, C가 세 양수 a, b, c의 거듭제곱의 곱의 꼴로 주어졌으므로 두 수의 비를 이용하여 대소 관계를 구할 수 있어.
>
> ① $A<B<C$　　② $A<C<B$　　③ $B<A<C$
> ④ $C<A<B$　　⑤ $C<B<A$

1st 두 양수 A, B가 $A>B$를 만족시킬 필요충분조건은 $\dfrac{A}{B}>1$임을 이용하자.

a, b, c가 양수이므로 A, B, C도 양수이다. 즉, $0<c<b<a<1$에서

> **주의** 두 식의 대소를 비교할 때 한쪽을 다른쪽으로 나눈 분수꼴이 1보다 큰지 작은지를 판단하도록 하자.

$\dfrac{A}{B}=\dfrac{a^a b^b c^c}{a^a b^c c^b}=\dfrac{b^{b-c}}{c^{b-c}}$
$=\left(\dfrac{b}{c}\right)^{b-c}>1$ $\left(\because \dfrac{b}{c}>1, \ b-c>0\right)$
$\therefore A>B \cdots \bigcirc$

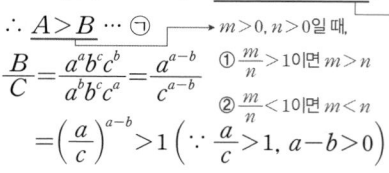 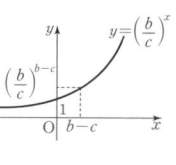

$m>0$, $n>0$일 때,
$\dfrac{B}{C}=\dfrac{a^a b^c c^b}{a^b b^c c^a}=\dfrac{a^{a-b}}{c^{a-b}}$　① $\dfrac{m}{n}>1$이면 $m>n$
$=\left(\dfrac{a}{c}\right)^{a-b}>1$ $\left(\because \dfrac{a}{c}>1, \ a-b>0\right)$　② $\dfrac{m}{n}<1$이면 $m<n$
$\therefore B>C \cdots \bigcirc\!\!\bigcirc$

$\bigcirc$, $\bigcirc\!\!\bigcirc$에서 $C<B<A$

톡톡 풀이: 조건을 만족시키는 a, b, c의 값을 직접 대입하여 비교하기

주어진 조건 $0<c<b<a<1$을 만족시키는 임의의 세 실수 a, b, c에 대하여 A, B, C의 대소 관계는 변하지 않으므로 적당한 세 실수 $a=\dfrac{1}{2}$, $b=\dfrac{1}{4}$, $c=\dfrac{1}{8}$을 대입해 보면

$A=\left(\dfrac{1}{2}\right)^{\frac{1}{2}}\left(\dfrac{1}{4}\right)^{\frac{1}{4}}\left(\dfrac{1}{8}\right)^{\frac{1}{8}}=\left(\dfrac{1}{2}\right)^{\frac{1}{2}}\left(\dfrac{1}{2}\right)^{\frac{2}{4}}\left(\dfrac{1}{2}\right)^{\frac{3}{8}}$
$=\left(\dfrac{1}{2}\right)^{\frac{4+4+3}{8}}=\left(\dfrac{1}{2}\right)^{\frac{11}{8}}$

$B=\left(\dfrac{1}{2}\right)^{\frac{1}{2}}\left(\dfrac{1}{4}\right)^{\frac{1}{8}}\left(\dfrac{1}{8}\right)^{\frac{1}{4}}=\left(\dfrac{1}{2}\right)^{\frac{1}{2}}\left(\dfrac{1}{2}\right)^{\frac{2}{8}}\left(\dfrac{1}{2}\right)^{\frac{3}{4}}$
$=\left(\dfrac{1}{2}\right)^{\frac{4+2+6}{8}}=\left(\dfrac{1}{2}\right)^{\frac{3}{2}}$

$C=\left(\dfrac{1}{2}\right)^{\frac{1}{4}}\left(\dfrac{1}{4}\right)^{\frac{1}{8}}\left(\dfrac{1}{8}\right)^{\frac{1}{2}}=\left(\dfrac{1}{2}\right)^{\frac{1}{4}}\left(\dfrac{1}{2}\right)^{\frac{2}{8}}\left(\dfrac{1}{2}\right)^{\frac{3}{2}}$
$=\left(\dfrac{1}{2}\right)^{\frac{2+2+12}{8}}=\left(\dfrac{1}{2}\right)^2$

밑이 $0<\dfrac{1}{2}<1$이므로 지수가 클수록 작겠지?

즉, $\dfrac{11}{8}<\dfrac{3}{2}<2$이므로 $C<B<A$야.

✿ 지수함수 $y=a^x$ ($a>0$, $a \neq 1$)의 그래프의 성질　　개념·공식

① 정의역은 실수 전체의 집합이고, 치역은 양의 실수 전체의 집합이다.
② $a>1$일 때, x의 값이 증가하면 y의 값도 증가한다.
　　$0<a<1$일 때, x의 값이 증가하면 y의 값은 감소한다.
③ 그래프는 두 점 $(0, 1)$, $(1, a)$를 지나고, 그래프의 점근선은
　　x축(직선 $y=0$)이다.

C 73 정답 ① *지수함수를 이용한 대소 관계 ―――― [정답률 64%]

[정답 공식: $m>n$인 경우와 $n>m$인 경우로 나눠 생각한다.]

부등식 $a^m<a^n<b^n<b^m$을 만족시키는 양수 a, b와 자연수 m, n에 대하여 옳은 것은? (3점) **[단서]** 자연수 m과 n의 대소 관계를 기준으로 각 경우에 맞는 a, b의 값의 범위를 구하자.

① $a<1<b$, $m>n$ ② $a<1<b$, $m<n$ ③ $a<b<1$, $m<n$

④ $1<a<b$, $m>n$ ⑤ $1<a<b$, $m<n$

1st $m>n$인 경우부터 살펴봐.

(ⅰ) $m>n$일 때,

m, n은 자연수이고 주어진 부등식에서

$a^m<a^n$이므로 $0<a<1$ ··· ㉠

또한, $b^n<b^m$이므로 $b>1$ ··· ㉡

㉠, ㉡에서 $0<a<1<b$

주어진 부등식에서 $a^n<b^n$이라 했지? $a<b$일 때, $a^n<b^n$이 성립해.

2nd 같은 방법으로 $m<n$인 경우도 따져봐야겠지?

(ⅱ) $m<n$일 때,

m, n은 자연수이고 주어진 부등식에서

$a^m<a^n$이므로 $a>1$ ··· ㉢

또한, $b^n<b^m$이므로 $0<b<1$ ··· ㉣

㉢, ㉣에서 $0<b<1<a$ $a>b$이므로 자연수 n에 대하여 $a^n>b^n$

그런데 이 경우 $a^n<b^n$이 될 수 없으므로 모순이다.

따라서 (ⅰ), (ⅱ)에서 $a<1<b$이고 $m>n$이다.

C 74 정답 ④ *지수함수를 이용한 대소 관계 ―――― [정답률 40%]

[정답 공식: 양수 a, m, n에 대하여
① $a>1$일 때 $a^m>a^n$이면 $m>n$ ② $0<a<1$일 때 $a^m>a^n$이면 $m<n$]

부등식 **[단서1]** $(\sqrt{2}-1)^2=3-2\sqrt{2}$를 이용하자.

$$(\sqrt{2}-1)^m \geq (3-2\sqrt{2})^{5-n}$$

을 만족시키는 자연수 m, n의 모든 순서쌍 (m, n)의 개수는? **[단서2]** 자연수 조건이 주어져 있으므로 $n=1, 2, 3, \cdots$을 대입하면서 m의 값을 확인해 보자. (4점)

① 17   ② 18   ③ 19   ④ 20   ⑤ 21

1st 밑을 $\sqrt{2}-1$로 맞추고 정리하자.

양수 a, b에 대하여
① $(\sqrt{a}+\sqrt{b})^2=a+b+2\sqrt{ab}$
② $\sqrt{(a+b)+2\sqrt{ab}}=\sqrt{a}+\sqrt{b}$

$p=\sqrt{2}-1$ $(p>0)$이라 하면 $p^2=3-2\sqrt{2}$이고

$(p^2)^{5-n}=p^{10-2n}$이므로 $p^m \geq p^{10-2n}$

예) $\sqrt{5+2\sqrt{6}}=\sqrt{(\sqrt{3}+\sqrt{2})^2}=\sqrt{3}+\sqrt{2}$

2nd 순서쌍 (m, n)을 구하자. **주의**

$0<p<1$이므로 $\sqrt{2}=1.414\cdots$이므로 $0<p<1$이 돼.

$p^m \geq p^{10-2n}$에서 $m \leq 10-2n$

m, n이 자연수이므로 **실수** 밑이 $0<p<1$이므로 지수의 크기를 비교할 때는 부등호의 방향이 바뀌는 거야.

(ⅰ) $n=1$일 때, $1 \leq m \leq 8$

(ⅱ) $n=2$일 때, $1 \leq m \leq 6$ 자연수 조건이 있으므로 $n=1, 2, 3\cdots$를 차례로 대입하면서 m의 개수의 규칙을 찾아 봐.

(ⅲ) $n=3$일 때, $1 \leq m \leq 4$

(ⅳ) $n=4$일 때, $1 \leq m \leq 2$

(ⅴ) $n \geq 5$일 때, 부등식을 만족시키는 자연수 m의 값은 존재하지 않는다.

따라서 부등식을 만족시키는 자연수 m, n의 모든 순서쌍 (m, n)의 개수는 $8+6+4+2=20$

C 75 정답 ① *지수함수를 이용한 대소 관계 ―――― [정답률 84%]

[정답 공식: A는 원점과 점 P를 잇는 직선의 기울기, B는 원점과 점 Q를 잇는 직선의 기울기, C는 두 점 P, Q를 잇는 직선의 기울기를 나타낸다.]

[단서1] 함수 $y=2^x-1$의 그래프 위의 두 점 P, Q의 좌표는 각각 $P(a, 2^a-1)$, $Q(b, 2^b-1)$이야.

그림에서 함수 $y=2^x-1$의 그래프 위의 서로 다른 두 점 P, Q의 x좌표를 각각 a, b라 할 때, $A=\dfrac{2^a-1}{a}$, $B=\dfrac{2^b-1}{b}$, $C=\dfrac{2^b-2^a}{b-a}$

의 대소 관계를 옳게 나타낸 것은? (단, $0<a<b<1$) (3점)

[단서2] 원점과 두 점 P, Q에 대하여 A, B, C가 뜻하는 것이 무엇인지 알아야 해.

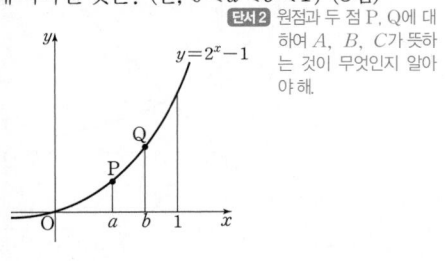

① $A<B<C$ ② $A<C<B$ ③ $B<A<C$

④ $B<C<A$ ⑤ $C<A<B$

1st 주어진 A, B, C가 무엇을 의미하는지 알아보자. → y좌표끼리의 차

점 $P(a, 2^a-1)$에 대하여 $A=\dfrac{2^a-1}{a}=\dfrac{(2^a-1)-0}{(a-0)}$은 원점과 점 P를 잇는 **직선의 기울기**를 의미한다. → x좌표끼리의 차

두 점 (x_1, y_1), (x_2, y_2)를 잇는 직선의 기울기는 $\dfrac{y_2-y_1}{x_2-x_1}$

주의 원점 $(0, 0)$에서 점 P까지의 기울기 공식과 값이 같으므로 바로 기울기를 이용하는 방향으로 접근할 수 있지.

마찬가지로 점 $Q(b, 2^b-1)$에 대하여

$$B=\dfrac{2^b-1}{b}=\dfrac{(2^b-1)-0}{b-0}$$

은 원점과 점 Q를 잇는 직선의 기울기를 의미하고,

$$C=\dfrac{2^b-2^a}{b-a}=\dfrac{(2^b-1)-(2^a-1)}{b-a}$$

은 두 점 P와 Q를 잇는 직선의 기울기를 의미한다.

2nd 각각의 기울기를 그림에서 직관적으로 파악해 보자.

따라서 그림과 같이 세 직선의 기울기를 비교하면 $A<B<C$이다.

직선 ③을 원점을 지나도록 평행이동시킨 직선을 ③′이라 하면 세 직선의 기울기를 비교하기 쉬워.

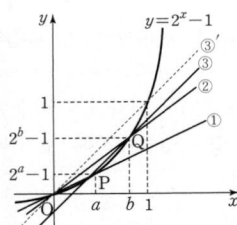

직선의 기울기 개념·공식

일차함수 $f(x)=mx+n$에 대하여

① 직선 $y=f(x)$가 두 점 (a, b), (c, d)를 지나면 $m=\dfrac{b-d}{a-c}$

② 직선 $y=f(x)$와 x축의 양의 방향이 이루는 각의 크기가 θ이면 $m=\tan\theta$

정답 ⑤ ＊지수함수를 이용한 대소 관계 ┄┄┄┄ [정답률 71%]

(정답 공식: 주어진 조건을 이용해 직접 그래프에 좌표를 나타낸다.)

지수함수 $f(x)=3^{-x}$에 대하여
$$a_1=f(2),\ a_{n+1}=f(a_n)\ (n=1,\ 2,\ 3)$$
일 때, a_2, a_3, a_4의 대소 관계를 옳게 나타낸 것은? (3점)

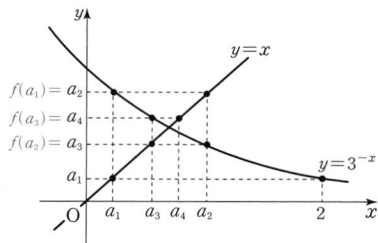

단서 직선 $y=x$ 위의 점은 x좌표와 y좌표가 같지? a_1부터 그래프를 따라가며 a_2, a_3, a_4의 위치를 확인해.

① $a_2<a_3<a_4$ ② $a_4<a_3<a_2$
③ $a_2<a_4<a_3$ ④ $a_3<a_2<a_4$
⑤ $a_3<a_4<a_2$

1st 주어진 조건을 이용해서 그래프를 따라가면서 a_2, a_3, a_4를 구해 보자.

$a_1=f(2)$, $a_{n+1}=f(a_n)$이고, 직선 $y=x$ 위의 점은 x좌표와 y좌표가 같음을 이용하자.

따라서 $a_2=f(a_1)$, $a_3=f(a_2)$, $a_4=f(a_3)$이므로 그래프에 의해 $a_3<a_4<a_2$이다.

정답 ③ ＊지수함수를 이용한 대소 관계 ┄┄┄┄ [정답률 61%]

(정답 공식: $1<b<a$, $0<b<1<a$, $0<b<a<1$ 세 경우로 나누어 생각한다.)

1이 아닌 양수 a, $b\,(a>b)$에 대하여 두 함수 $f(x)=a^x$, $g(x)=b^x$이라 하자. 양수 n에 대하여 [보기]에서 항상 옳은 것을 모두 고른 것은? (4점)

[보기]

ㄱ. $f(n)>g(n)$ 단서 1 a, b의 값의 범위에 따라 두 함수 $f(x)$와 $g(x)$의 그래프의 개형을 그려봐.

ㄴ. $f(n)<g(-n)$이면 $a>1$이다.

ㄷ. $f(n)=g(-n)$이면 $f\left(\dfrac{1}{n}\right)=g\left(-\dfrac{1}{n}\right)$이다.

단서 2 $f(n)=g(-n)$에서 얻은 a, b 사이의 관계식을 이용하여 $f\left(\dfrac{1}{n}\right)=g\left(-\dfrac{1}{n}\right)$의 식이 만들어지는지 확인해.

① ㄱ   ② ㄴ   ③ ㄱ, ㄷ
④ ㄴ, ㄷ   ⑤ ㄱ, ㄴ, ㄷ

1st a, b의 값에 따라 $f(x)$, $g(x)$의 그래프의 개형이 달라지지? 각 경우를 그려서 [보기]가 참인지 거짓인지 알아보자. $a>b$인 것만 주어졌으므로 $a>b>1$인 경우, $a>1>b$인 경우, $0<b<a<1$인 경우로 나눌 수 있어.

ㄱ. (i) $1<b<a$ (ii) $0<b<1<a$

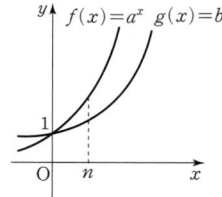 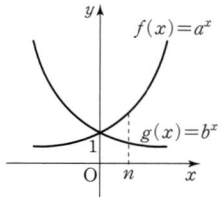

(iii) $0<b<a<1$

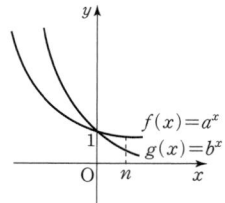

함정 식을 논리적으로 전개하여 보기의 참과 거짓을 판단하여도 좋지만 이처럼 반례를 하나 찾으면 보기가 거짓임을 쉽고 빠르게 파악할 수 있어.

(i), (ii), (iii)의 경우의 그래프에서 양수 n에 대하여 항상 $a^n>b^n$이므로 $f(n)>g(n)$ (참)

2nd 반례를 하나 잡아서 거짓임을 밝히자.

ㄴ. 【반례】 $a=\dfrac{1}{2}$, $b=\dfrac{1}{3}$, $n=1$이라 하면
$$f(1)=\dfrac{1}{2},\ g(-1)=\left(\dfrac{1}{3}\right)^{-1}=3$$이므로
$$f(1)<g(-1)$$
즉, $f(n)<g(-n)$이 성립할 때 반드시 $a>1$인 것은 아니다. (거짓)

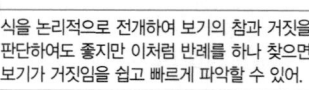

위의 그래프에서 양수 n에 대하여 $f(n)<g(-n)$이지만 $a<1$이야.

3rd $f(n)=g(-n)$에서 a, b 사이의 관계식을 찾아.

ㄷ. $f(n)=g(-n)$이면 $a^n=b^{-n}$이므로
$$a^n=\left(\dfrac{1}{b}\right)^n$$
$$\therefore f\left(\dfrac{1}{n}\right)=a^{\frac{1}{n}}=\left(\dfrac{1}{b}\right)^{\frac{1}{n}}=(b^{-1})^{\frac{1}{n}}=b^{-\frac{1}{n}}=g\left(-\dfrac{1}{n}\right)$$ (참)

따라서 옳은 것은 ㄱ, ㄷ이다.

정답 ① ＊지수함수의 그래프의 교점 ┄┄┄┄ [정답률 85%]

(정답 공식: $\overline{OA}=\overline{OB}$이므로 두 점 사이의 거리를 구하는 공식을 이용한다.)

두 곡선 $y=2^x$, $y=-4^{x-2}$이 y축과 평행한 한 직선과 만나는 서로 다른 두 점을 각각 A, B라 하자. $\overline{OA}=\overline{OB}$일 때, 삼각형 AOB의 넓이는? (단, O는 원점이다.) (4점)

단서 y축과 평행한 직선을 $x=k$로 놓고 두 점 A, B의 좌표를 구해서 $\overline{OA}=\overline{OB}$를 만족시키는 k의 값을 구해야 해.

① 64   ② 68   ③ 72
④ 76   ⑤ 80

1st y축과 평행한 직선을 $x=k$라 놓고 $\overline{OA}=\overline{OB}$를 만족하는 k의 값을 구하자.

y축과 평행한 한 직선을 $x=k\,(k$는 실수$)$라 하면 두 점 A, B의 좌표는 각각 $(k,\ 2^k)$, $(k,\ -4^{k-2})$이다.

이때, 직선 $x=k$와 x축이 만나는 점을 C라 하면 조건에서 삼각형 AOB는 $\overline{OA}=\overline{OB}$인 이등변삼각형이므로 $\overline{AC}=\overline{BC}$이다.

즉, $|2^k|=|-4^{k-2}|$에서 ← 이등변삼각형의 꼭지각에서 밑변에 내린 수선은 밑변을 수직이등분해.
$$2^k=4^{k-2},\ 2^k=2^{2k-4}$$

$k=2k-4$ ——→ 밑이 같은, 즉 방정식 $a^{f(x)}=a^{g(x)}(a\neq1)$ 의 해는 $f(x)=g(x)$를 풀면 돼.
$\therefore k=4$ ——→ A$(4, 16)$, B$(4, -16)$이야.

2nd 삼각형 OAB의 넓이를 구하자.

따라서 $\overline{OC}=4$,
$\overline{AB}=\overline{AC}+\overline{BC}=2\overline{AC}=2\times2^4=32$이므로
삼각형 AOB의 넓이는

$$\triangle AOB=\frac{1}{2}\times\overline{AB}\times\overline{OC}=\frac{1}{2}\times32\times4=64$$

🔖 다른 풀이: $\overline{OA}^2=\overline{OB}^2$을 계산하여 k의 값 구하기

y축과 평행한 한 직선을 $x=k(k$는 실수)라 하면 A$(k, 2^k)$, B$(k, -4^{k-2})$이고 조건에서 $\overline{OA}=\overline{OB}$이므로

$\underline{\sqrt{(k-0)^2+(2^k-0)^2}=\sqrt{(k-0)^2+(-4^{k-2}-0)^2}}$에서
$\underline{\sqrt{k^2+2^{2k}}=\sqrt{k^2+4^{2k-4}}}$ ——→ 두 점 A(x_1, y_1), B(x_2, y_2) 사이의 거리는
양변을 제곱하면 $k^2+2^{2k}=k^2+4^{2k-4}$ $\overline{AB}=\sqrt{(x_2-x_1)^2+(y_2-y_1)^2}$
$2^{2k}=4^{2k-4}$, $4^k=4^{2k-4}$

$k=2k-4$ $\therefore k=4$

따라서 $\overline{AB}=2^k-(-4^{k-2})=16+16=32$이므로 삼각형 AOB의 넓이는

$$\triangle AOB=\frac{1}{2}\times k\times\overline{AB}$$
$$=\frac{1}{2}\times4\times32=64$$

C 79 정답 ① *지수함수의 그래프의 교점 ········· [정답률 83%]

(정답 공식: 두 곡선이 만나는 점 C의 x좌표를 구한다.)

2보다 큰 실수 a에 대하여 두 곡선 $y=2^x$, $y=-2^x+a$가 y축과 만나는 점을 각각 A, B라 하고, 두 곡선의 교점을 C라 하자. $a=6$일 때, 삼각형 ACB의 넓이는? (3점) 단서 두 점 A, B의 y좌표는 주어진 두 함수식에 각각 $x=0$을 대입해 구하고, 점 C의 x좌표는 $2^x=-2^x+a$에서 로그를 사용해 x의 값을 구해.

① $2\log_2 3$
② $\frac{5}{2}\log_2 3$
③ $3\log_2 3$
④ $\frac{7}{2}\log_2 3$
⑤ $4\log_2 3$

1st 세 점 A, B, C의 좌표를 각각 구해.

$a=6$이므로 주어진 두 곡선의 그래프의 교점의 x좌표는 $2^x=-2^x+6$에서
$2\times2^x=6$, $2^x=3\cdots\text{㉠}$
$\therefore x=\log_2 3$ ——→ 점 C는 곡선 $y=2^x$ 위의 점이므로 점 C의 y좌표는 ㉠에서 $2^x=3$이야.
즉, 곡선 $y=2^x$ 위의 점 C의 좌표는 C$(\log_2 3, 3)$이다.
이때, 두 곡선과 y축의 교점인 점 A와 점 B의 좌표는 각각
——→ x좌표는 0이지?
A$(0, ①)$, B$(0, ⑤)$이므로
└→ $2^0=1$ └→ $-2^0+6=-1+6=5$
$\overline{AB}=5-1=4$

2nd 삼각형 ACB의 넓이를 구하자.

$\therefore \triangle ACB=\frac{1}{2}\times\overline{AB}\times(\text{점 C의 }x\text{좌표})$

$$=\frac{1}{2}\times4\times\log_2 3=2\log_2 3$$

C 80 정답 22 *지수함수의 그래프의 교점 ········· [정답률 83%]

(정답 공식: 함수 $y=a^{x-b}$의 그래프는 함수 $y=a^x$의 그래프를 x축의 방향으로 b 만큼 평행이동시킨 것이다.)

단서1 함수 $y=2^{x-2}$의 그래프는 함수 $y=2^x$의 그래프를 평행이동한 것임을 알 수 있어.
그림과 같이 두 곡선 $y=2^x$, $y=2^{x-2}$과 직선 $y=k$의 교점을 각각 P$_k$, Q$_k$라 하고, 삼각형 OP$_k$Q$_k$의 넓이를 A_k라 하자. $A_1+A_4+A_7+A_{10}$의 값을 구하시오. (단, k는 자연수이고, O는 원점이다.) (3점) 단서2 삼각형 OP$_k$Q$_k$에서 밑변을 P$_k$Q$_k$로 하면 높이는 k가 돼.

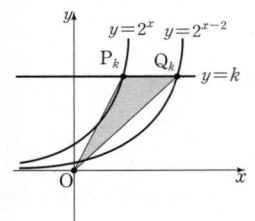

1st 주어진 두 함수가 어떤 관계인지 파악하자.

$y=2^{x-2}$의 그래프는 $y=2^x$의 그래프를 x축의 방향으로 2만큼 평행이동한 것이므로
$\underline{\overline{P_kQ_k}=2}$
두 점 P$_k$, Q$_k$의 y좌표가 k로 같으니까 두 점 사이의 거리는 항상 2로 일정해.

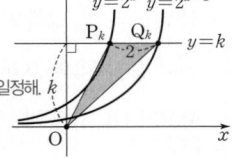

2nd A_k는 삼각형 OP$_k$Q$_k$의 넓이이므로 밑변의 길이와 높이를 알면 되지?

$$A_k=\frac{1}{2}\times\overline{P_kQ_k}\times k=\frac{1}{2}\times2\times k=k$$

$\therefore A_1+A_4+A_7+A_{10}=1+4+7+10=22$

🔖 다른 풀이: 지수와 로그의 관계 이용하기

지수와 로그의 관계를 이용하자.
$k=2^x$에서 $x=\log_2 k$이므로 ——→ $a>0, a\neq1$일 때
$a^x=b\Longleftrightarrow x=\log_a b$
점 P$_k$의 x좌표는 $\log_2 k$야.
또, $k=2^{x-2}$에서 $x-2=\log_2 k$, 즉 $x=2+\log_2 k$이므로
점 Q$_k$의 x좌표는 $2+\log_2 k$야.
따라서 $\overline{P_kQ_k}=(2+\log_2 k)-\log_2 k=2$이므로

$$A_k=\frac{1}{2}\times2\times k=k\text{가 돼.}$$

(이하 동일)

C 81 정답 ③ *지수함수의 그래프의 교점 ········· [정답률 84%]

(정답 공식: 함수 $f(x)$의 그래프와 그 역함수의 그래프는 $y=x$에 대하여 대칭이고, 함수 $f(x)$의 그래프와 그 역함수의 그래프의 교점은 함수 $f(x)$의 그래프와 직선 $y=x$의 교점과 같다.)

지수함수 $f(x)=a^{x-m}$의 그래프와 그 역함수의 그래프가 두 점에서 만나고, 두 점의 x좌표가 1과 3일 때, $a+m$의 값은? (3점) 단서 함수 $f(x)$와 그 역함수의 그래프의 교점은 $f(x)$의 그래프와 직선 $y=x$의 교점과 같음을 이용해.

① $2-\sqrt{3}$
② 2
③ $1+\sqrt{3}$
④ 3
⑤ $2+\sqrt{3}$

1st 역함수 문제 중 그래프가 나오면? 직선 $y=x$에 대하여 대칭임에 착안해야 해.
두 함수 $f(x)$와 $f^{-1}(x)$의 그래프의 교점은 $f(x)$의 그래프와 직선 $y=x$의 교점과 같다.

즉, $f(x)=a^{x-m}$의 그래프와 그 역함수의 그래프가 두 점에서 만나므로 $f(x)=a^{x-m}$과 직선 $y=x$는 두 점에서 만난다.

이때, 두 교점의 x좌표가 1, 3이므로 두 교점의 좌표는 각각 $(1, 1)$, $(3, 3)$이다.
두 교점은 직선 $y=x$ 위의 점이기도 해. 즉, x좌표와 y좌표가 같지.

$\therefore 1=a^{1-m} \cdots$ ㉠, $3=a^{3-m} \cdots$ ㉡

또, a는 지수함수의 밑이므로 $a>0$, $a \neq 1 \cdots$ ㉢

실수 지수함수의 밑의 조건이므로 항상 범위에 유의하여 문제를 풀도록 하자.

2nd ㉠, ㉡, ㉢을 풀어 a, m의 값을 각각 정하자.

㉠에서 $1=a^{1-m}$이므로 ($\underset{a^0}{1}$)
$1-m=0$ $\therefore m=1$

이를 ㉡에 대입하면 $3=a^{3-1}$이므로 $3=a^2$ $\therefore a=\sqrt{3}$ ($\because$ ㉢)

$\therefore a+m=1+\sqrt{3}$

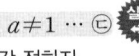 **82** 정답 ③ *지수함수의 그래프의 교점 ············ [정답률 60%]

[정답 공식: 두 점 (x_1, y_1), (x_2, y_2)의 중점의 좌표는 $\left(\dfrac{x_1+x_2}{2}, \dfrac{y_1+y_2}{2}\right)$이다.]

함수 $y=3^x$의 그래프 위의 x좌표가 양수인 점 A와 함수 $y=\left(\dfrac{1}{3}\right)^x-6$의 그래프 위의 점 B에 대하여 **선분 AB의 중점의 좌표가 $(0, 2)$**일 때, 점 A의 y좌표는? (4점)

단서 두 점의 좌표를 알면 중점의 좌표를 구할 수 있지?

① 4   ② $\dfrac{9}{2}$ ③ 5

④ $\dfrac{11}{2}$ ⑤ 6

1st 중점의 좌표가 $(0, 2)$임을 이용하자.

점 A의 좌표를 (x_1, y_1), 점 B의 좌표를 (x_2, y_2)라 할 때 선분 AB의 중점이 $(0, 2)$이므로
$\dfrac{x_1+x_2}{2}=0$이고 $\dfrac{y_1+y_2}{2}=2$이다.

$\therefore x_1+x_2=0$,
$\quad y_1+y_2=4 \cdots$ ㉠

2nd 함수의 그래프 위의 점의 성질을 이용하여 점 A의 y좌표 y_1의 값을 구하자.

함수 $y=3^x$의 그래프 위의 점 A, 함수 $y=\left(\dfrac{1}{3}\right)^{x-6}$의 그래프 위의

점 B이므로 $y_1=3^{x_1} \cdots$ ㉡, $y_2=\left(\dfrac{1}{3}\right)^{x_2}-6$이다.
함수의 그래프 위의 점이면 점의 x, y좌표를 함수식에 무조건 대입해 봐야 해.

이를 ㉠에 대입하면

$3^{x_1}+\left(\dfrac{1}{3}\right)^{x_2}-6=4$, $3^{x_1}+\left(\dfrac{1}{3}\right)^{-x_1}=10$
$x_1+x_2=0$이므로 $x_2=-x_1$

$3^{x_1}+(3^{-1})^{-x_1}=10$, $2 \times 3^{x_1}=10$, $3^{x_1}=5$

$\therefore y_1=3^{x_1}=5$ ($\because$ ㉡)

☆ **지수함수 $y=a^x (a>0, a \neq 1)$의 성질**   개념·공식

(1) 정의역은 실수 전체의 집합이고, 치역은 양의 실수 전체의 집합이다.
(2) 일대일함수이다.
(3) $a>1$일 때, x의 값이 증가하면 y의 값도 증가한다.
    $0<a<1$일 때, x의 값이 증가하면 y의 값은 감소한다.
(4) 그래프는 점 $(0, 1)$을 지나고, 그래프의 점근선은 x축이다.

C 83 정답 ② *지수함수의 그래프의 교점 ············ [정답률 56%]

(정답 공식: 서로 수직인 두 직선의 기울기의 곱은 -1이다.)

단서 점 A의 y의 좌표가 $\sqrt{3}$일 때 x의 좌표를 구해.

지수함수 $y=a^x (a>1)$의 그래프와 직선 $y=\sqrt{3}$이 만나는 점을 A라 하자. 점 $B(4, 0)$에 대하여 직선 OA와 직선 AB가 서로 수직이 되도록 하는 모든 a의 값의 곱은? (단, O는 원점이다.) (4점)

① $3^{\frac{1}{3}}$ ② $3^{\frac{2}{3}}$ ③ 3   ④ $3^{\frac{4}{3}}$ ⑤ $3^{\frac{5}{3}}$

1st 직선 OA와 직선 AB가 수직이 되도록 하는 점 A의 x좌표의 값을 구하자.

지수함수 $y=a^x (a>1)$의 그래프와 직선 $y=\sqrt{3}$이 만나는 점 A의 x좌표를 t라 하면
점 A의 좌표는 $(t, \sqrt{3})$이므로
직선 OA의 기울기는
$\dfrac{\sqrt{3}-0}{t-0}=\dfrac{\sqrt{3}}{t}$
직선 AB의 기울기는
$\dfrac{0-\sqrt{3}}{4-t}=-\dfrac{\sqrt{3}}{4-t}$

이때, 두 직선이 서로 수직이므로
$\dfrac{\sqrt{3}}{t} \times \left(-\dfrac{\sqrt{3}}{4-t}\right)=-1$
두 직선이 서로 수직일 때, 두 직선의 기울기의 곱은 항상 -1이야.

즉, $t^2-4t+3=0$, $(t-1)(t-3)=0$ $\therefore t=1$ 또는 $t=3$

2nd 점 A가 지수함수의 그래프 위의 점임을 이용하여 a의 값을 구하자.

점 A의 좌표는 $y=a^x (a>1)$의 그래프 위의 점이므로
점 A의 좌표는 $(1, a)$ 또는 $(3, a^3)$이다.
그런데 점 A는 직선 $y=\sqrt{3}$ 위에 있으므로 y좌표의 값이 항상 $\sqrt{3}$이어야 한다.
즉, $a=\sqrt{3}$ 또는 $a^3=\sqrt{3}$
$a^3=\sqrt{3}=3^{\frac{1}{2}}$에서 $(a^3)^{\frac{1}{3}}=\left(3^{\frac{1}{2}}\right)^{\frac{1}{3}}$ $\therefore a=3^{\frac{1}{6}}$
따라서 $a=3^{\frac{1}{2}}$ 또는 $a=3^{\frac{1}{6}}$이고
모든 a의 값의 곱은 $3^{\frac{1}{2}} \times 3^{\frac{1}{6}}=3^{\frac{1}{2}+\frac{1}{6}}=3^{\frac{2}{3}}$
$a>0$, $a \neq 1$일 때 $a^x \times a^y=a^{x+y}$

🖊 **다른 풀이:** 지수와 로그의 관계 이용하기

지수함수 $y=a^x (a>1)$의 그래프와 직선 $y=\sqrt{3}$의 교점을 구하자.
$a^x=\sqrt{3}$에서
$x=\log_a \sqrt{3}$
지수와 로그의 관계를 이용한 거야. 즉, $a>0$, $a \neq 1$, $N>0$일 때 $a^x=N \iff x=\log_a N$을 이용한 거야.
즉, $A(\log_a \sqrt{3}, \sqrt{3})$
직선 OA의 기울기는
$\dfrac{\sqrt{3}-0}{\log_a \sqrt{3}-0}=\dfrac{\sqrt{3}}{\log_a \sqrt{3}}$
두 점 $A(x_1, y_1)$, $B(x_2, y_2)$를 지나는 직선 AB의 기울기 m은 $m=\dfrac{y_2-y_1}{x_2-x_1}$

직선 AB의 기울기는 $\dfrac{\sqrt{3}-0}{\log_a \sqrt{3}-4}=\dfrac{\sqrt{3}}{\log_a \sqrt{3}-4}$

두 직선이 서로 수직이므로
$\dfrac{\sqrt{3}}{\log_a \sqrt{3}} \times \dfrac{\sqrt{3}}{\log_a \sqrt{3}-4}=-1$, $(\log_a \sqrt{3})^2-4\log_a \sqrt{3}=-3$

$(\log_a \sqrt{3})^2-4\log_a \sqrt{3}+3=0$, $(\log_a \sqrt{3}-1)(\log_a \sqrt{3}-3)=0$

$\therefore \log_a \sqrt{3}=1$ 또는 $\log_a \sqrt{3}=3$

로그의 정의에 의해 $a=\sqrt{3}$ 또는 $a^3=\sqrt{3}$ $\therefore a=3^{\frac{1}{2}}$ 또는 $a=3^{\frac{1}{6}}$

따라서 모든 a의 값들의 곱은 $3^{\frac{1}{2}+\frac{1}{6}}=3^{\frac{2}{3}}$

정답 공식: 함수 $y=f(x)$와 직선 $y=k$의 교점의 x좌표는 방정식 $f(x)=k$의 해와 같다.

그림과 같이 두 함수 $f(x)=\left(\dfrac{1}{2}\right)^{x-1}$, $g(x)=4^{x-1}$의 그래프와

직선 $y=k\ (k>2)$가 만나는 점을 각각 A, B라 하자.

점 C$(0,\ k)$에 대하여 $\overline{\text{AC}} : \overline{\text{CB}}=1 : 5$일 때, k^3의 값을 구하시오. (4점) **단서** 주어진 두 함수 $f(x)$, $g(x)$와 직선 $y=k$의 교점의 x좌표를 구하기 위해 식을 연립하자.

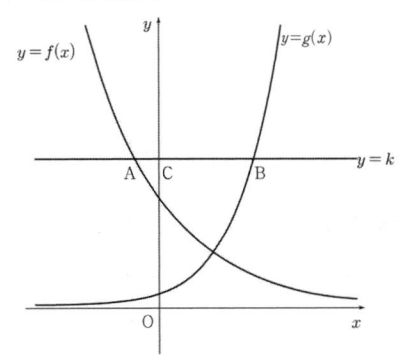

1st 함수 $f(x)=\left(\dfrac{1}{2}\right)^{x-1}$과 직선 $y=k$의 교점 A를 구하자.

함수 $f(x)=\left(\dfrac{1}{2}\right)^{x-1}$의 그래프와 직선 $y=k\ (k>2)$를 연립하면

$\left(\dfrac{1}{2}\right)^{x-1}=k$, $2^{1-x}=k$ $\left(\dfrac{1}{2}\right)^{x-1}=(2^{-1})^{x-1}=2^{-1\times(x-1)}=2^{1-x}$

$1-x=\log_2 k$ ∴ $x=1-\log_2 k$

즉, A$(1-\log_2 k,\ k)$ ⟶ $\log_a b=c \iff b=a^c$

2nd 함수 $g(x)=4^{x-1}$과 직선 $y=k$의 교점 B를 구하자.

함수 $g(x)=4^{x-1}$의 그래프와 직선 $y=k\ (k>2)$를 연립하면

$4^{x-1}=k$, $x-1=\log_4 k=\log_{2^2} k=\dfrac{1}{2}\log_2 k$ $\log_{a^n} b^n=\dfrac{n}{m}\log_a b$

∴ $x=1+\dfrac{1}{2}\log_2 k$

즉, B$\left(1+\dfrac{1}{2}\log_2 k,\ k\right)$

3rd 주어진 조건을 만족시키는 k^3의 값을 구하자.

$\overline{\text{AC}}=|0-(1-\log_2 k)|=\log_2 k-1$ $k>2 \Rightarrow \log_2 k>\log_2 2 \Rightarrow \log_2 k>1$

$\overline{\text{CB}}=\left|1+\dfrac{1}{2}\log_2 k-0\right|=1+\dfrac{1}{2}\log_2 k$

$\overline{\text{AC}} : \overline{\text{CB}}=1 : 5$이므로 $\overline{\text{CB}}=5\overline{\text{AC}}$ $a:b=c:d \iff ad=bc$

$1+\dfrac{1}{2}\log_2 k=5(\log_2 k-1)$

$1+\dfrac{1}{2}\log_2 k=5\log_2 k-5$

$\dfrac{9}{2}\log_2 k=6$, $\log_2 k=\dfrac{4}{3}$

$k=2^{\frac{4}{3}}$이므로

$k^3=\left(2^{\frac{4}{3}}\right)^3=2^4=16$

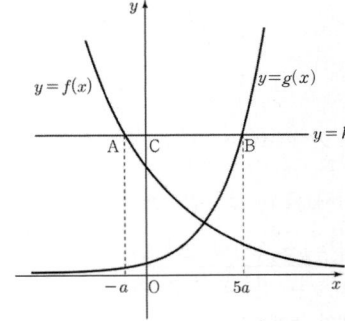

정답 공식: 서로 다른 두 점 (x_1, y_1), (x_2, y_2)를 지나는 직선의 기울기는 $\dfrac{y_2-y_1}{x_2-x_1}$ 또는 $\dfrac{y_1-y_2}{x_1-x_2}$이다.

그림과 같이 곡선 $y=\dfrac{2^x}{3}$이 두 직선 $y=1$, $y=4$와 만나는 점을 각각 A, B라 할 때, 직선 AB의 기울기는? (3점)

단서 직선 AB의 기울기를 구하기 위해 두 점 A, B의 x, y좌표의 증가량을 구해야 해.

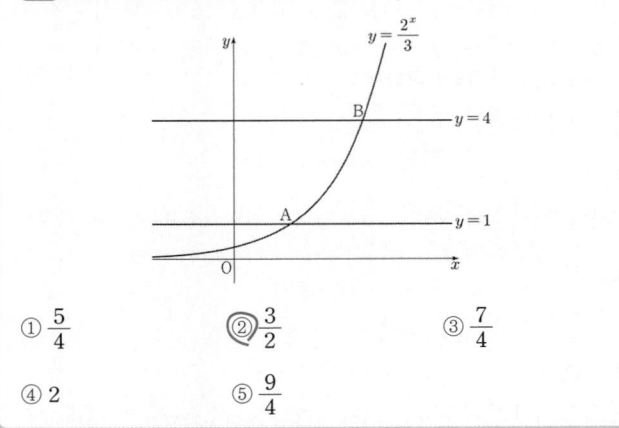

① $\dfrac{5}{4}$ 　　② $\dfrac{3}{2}$ 　　③ $\dfrac{7}{4}$

④ 2 　　⑤ $\dfrac{9}{4}$

1st 두 점 A, B의 x좌표의 증가량을 구하자.

두 점 A, B의 x좌표를 각각 α, β라 놓으면 A$(\alpha,\ 1)$, B$(\beta,\ 4)$

점 A$(\alpha,\ 1)$이 곡선 $y=\dfrac{2^x}{3}$ 위의 점이므로

두 점을 지나는 직선의 기울기는 x좌표의 증가량에 대한 y좌표의 증가량의 비로 구할 수 있어. 그런데 y좌표의 증가량은 쉽게 구할 수 있어. x좌표의 증가량만 구하면 되겠지?

$\dfrac{2^\alpha}{3}=1$

∴ $2^\alpha=3$ ⋯ ㉠

또, 점 B$(\beta,\ 4)$가 곡선 $y=\dfrac{2^x}{3}$ 위의 점이므로

$\dfrac{2^\beta}{3}=4$

∴ $2^\beta=12$ ⋯ ㉡

㉡÷㉠을 하면 $\dfrac{2^\beta}{2^\alpha}=\dfrac{12}{3}$

$2^{\beta-\alpha}=4=2^2$ ⟶ 밑이 2로 같으니까 지수만 같으면 되지

∴ $\beta-\alpha=2$

따라서 직선 AB의 기울기는

$\dfrac{4-1}{\beta-\alpha}=\dfrac{3}{2}$

⚙ **지수함수 $y=a^x\ (a>0,\ a\neq 1)$의 그래프의 성질** 　개념·공식

① 정의역은 실수 전체의 집합이고, 치역은 양의 실수 전체의 집합이다.

② $a>1$일 때, x의 값이 증가하면 y의 값도 증가한다.

　$0<a<1$일 때, x의 값이 증가하면 y의 값은 감소한다.

③ 그래프는 두 점 $(0, 1)$, $(1, a)$를 지나고, 그래프의 점근선은 x축(직선 $y=0$)이다.

(정답 공식: $a>0$, $a\neq1$일 때, $a^{x_1}=a^{x_2}\Longleftrightarrow x_1=x_2$)

두 곡선 $y=\left(\dfrac{1}{3}\right)^x$, $y=\left(\dfrac{1}{9}\right)^x$이 직선 $y=9$와 만나는 점을 각각

A, B라 할 때, 삼각형 OAB의 넓이는?(단, O는 원점이다.) (3점)

단서 두 곡선과 직선이 만나는 점을 구하려면 먼저 각 곡선과 직선을 연립한 방정식의 해를 구해야 해.

① $\dfrac{9}{2}$ ② 5   ③ $\dfrac{11}{2}$ ④ 6   ⑤ $\dfrac{13}{2}$

1st 두 점 A, B의 좌표를 구하자.

$\left(\dfrac{1}{3}\right)^x=9$에서 $\left(\dfrac{1}{3}\right)^x=\left(\dfrac{1}{3}\right)^{-2}$

$\therefore x=-2$ $\underline{a>0,\ a\neq1일\ 때,\ a^{x_1}=a^{x_2}\Leftrightarrow x_1=x_2}$

즉, 곡선 $y=\left(\dfrac{1}{3}\right)^x$이 직선 $y=9$와 만나는 점의 x좌표는 -2이므로

$\underline{A\ (-2,\ 9)}$ 점 A의 x좌표는 $y=\left(\dfrac{1}{3}\right)^x$와 직선 $y=9$를 연립한 해에서 구했고,
y좌표는 직선 $y=9$에 의해 9라는 것을 알 수 있어.

또, $\left(\dfrac{1}{9}\right)^x=9$에서 $\left(\dfrac{1}{9}\right)^x=\left(\dfrac{1}{9}\right)^{-1}$

$\therefore x=-1$

즉, 곡선 $y=\left(\dfrac{1}{9}\right)^x$이 직선 $y=9$와 만나는 점의 x좌표는 -1이므로

B$(-1,\ 9)$

2nd 삼각형 OAB의 넓이를 구하려면 밑변의 길이와 높이를 알아야겠지?

그림에서 삼각형 OAB의 넓이는

$\dfrac{1}{2}\times1\times9=\dfrac{9}{2}$ 삼각형 OAB의 밑변의 길이는 $\overline{AB}=1$,
높이는 $y=9$와 x축 사이의 거리인 9가 되겠지?

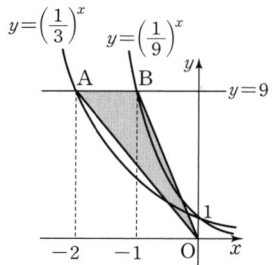

지수함수 $y=a^x(a>0,\ a\neq1)$의 그래프의 성질 개념·공식

① 정의역은 실수 전체의 집합이고, 치역은 양의 실수 전체의 집합이다.
② $a>1$일 때, x의 값이 증가하면 y의 값도 증가한다.
 $0<a<1$일 때, x의 값이 증가하면 y의 값은 감소한다.
③ 그래프는 두 점 $(0,\ 1)$, $(1,\ a)$를 지나고, 그래프의 점근선은
 x축(직선 $y=0$)이다.

정답 공식: 두 곡선이 제1사분면에서 만나도록 좌표평면에 나타내어 조건을 찾는다.

곡선 $y=\dfrac{1}{16}\times\left(\dfrac{1}{2}\right)^{x-m}$이 곡선 $y=2^x+1$과 제1사분면에서

만나도록 하는 자연수 m의 최솟값은? (3점)

단서 두 곡선이 제1사분면에서 만나기 위한 조건을 찾아.

① 2   ② 4   ③ 6   ④ 8   ⑤ 10

1st 두 곡선이 제1사분면에서 만나도록 두 곡선을 좌표평면에 나타내.

함수 $y=\dfrac{1}{16}\times\left(\dfrac{1}{2}\right)^{x-m}$은 x의 값이 증가할 때 y의 값은 감소하는

함수이고, 그 그래프는 점 $(0,\ 2^{m-4})$를 지난다.

$x=0$일 때 $y=\dfrac{1}{16}\times\left(\dfrac{1}{2}\right)^{-m}=2^{m-4}$

함수 $y=2^x+1$은 x의 값이 증가할 때 y의 값도 증가하는 함수이고,

그 그래프는 점 $(0,\ 2)$를 지난다. 따라서 두 곡선이 제1사분면에서 만나

도록 좌표평면에 나타내면 다음과 같다.

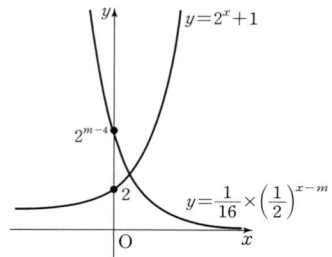

2nd 조건을 만족시키도록 하는 m의 값의 범위를 구하자.

두 곡선 $y=\dfrac{1}{16}\times\left(\dfrac{1}{2}\right)^{x-m}$, $y=2^x+1$이 제1사분면에서 만나기

위해서는 곡선 $y=\dfrac{1}{16}\times\left(\dfrac{1}{2}\right)^{x-m}$의 y절편이 곡선 $y=2^x+1$의

y절편보다 커야 한다.

즉, $2^{m-4}>2=2^1$에서
밑이 $2>1$이므로 지수끼리 비교할 때 부등호의 방향은 바뀌지 않아.

$m-4>1$ $\therefore m>5$ → 실수 ☞

두 곡선의 y절편이 같은 경우는 y축 위에서 만나게 되는데, 이때는 제1사분면에서 만나지 않아.

따라서 자연수 m의 최솟값은 6이다.

🔷 **다른 풀이: 방정식을 이용하여 m의 최솟값 구하기**

두 곡선 $y=\dfrac{1}{16}\times\left(\dfrac{1}{2}\right)^{x-m}$, $y=2^x+1$이 제1사분면에서 만나면

두 곡선의 방정식을 연립한 방정식 $\dfrac{1}{16}\times\left(\dfrac{1}{2}\right)^{x-m}=2^x+1$의 해를 α라

할 때, $\alpha>0$이야. $\dfrac{1}{16}\times\left(\dfrac{1}{2}\right)^{x-m}>0,\ 2^x+1>0$이므로 방정식의 해가 0보다 크기만 하면 두 곡선은 제1사분면에서 만나.

$\dfrac{1}{16}\times\left(\dfrac{1}{2}\right)^{x-m}=2^x+1$에서 $2^{m-4}\times\left(\dfrac{1}{2}\right)^x=2^x+1$이고

$2^x=t\ (t>0)$이라 하면 $2^{m-4}\times\dfrac{1}{t}=t+1$에서 $t^2+t-2^{m-4}=0\ \cdots\ \bigcirc$

이므로 t에 대한 이차방정식 $\bigcirc$의 해가 1보다 커야 해.

즉, $t>1$에서 방정식 $t^2+t-2^{m-4}=0$의 해가 존재해야 해.

방정식 $2^{m-4}\times\left(\dfrac{1}{2}\right)^x=2^x+1$의 해가 0보다 크므로 $x>0$에서 $2^x>2^0=1$이야. 즉, $t>1$에서 해가 존재해야 해.

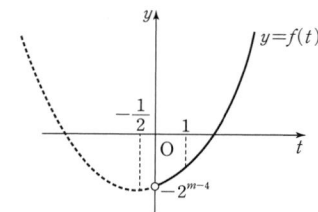

이때, $f(t)=t^2+t-2^{m-4}=\left(t+\dfrac{1}{2}\right)^2-\dfrac{1}{4}-2^{m-4}\ (t>0)$이라 하면

함수 $y=f(t)$의 그래프는 그림과 같으므로 $t>1$에서 방정식 $f(t)=0$의
점 $\left(-\dfrac{1}{2},\ -\dfrac{1}{4}-2^{m-4}\right)$을 꼭짓점으로 하고 아래로 볼록한 곡선이야.

해가 존재하려면 $f(1)<0$이어야 해.

$f(1)=1+1-2^{m-4}=2-2^{m-4}<0$에서

$2^{m-4}>2=2^1$, $m-4>1$ $\therefore m>5$

따라서 자연수 m의 최솟값은 6이야.

C 88 정답 ⑤　*지수함수의 그래프의 교점 ·············· [정답률 72%]

> 정답 공식: 점 P와 y축 사이의 거리와 점 R와 y축 사이의 거리가 같음을 이용하여 점 Q의 x좌표를 구한다.

세 지수함수　단서1 두 함수 $f(x)=a^{-x}$과 $h(x)=a^x$의 그래프는 y축에 대하여 대칭이지? 즉, 점 R의 x좌표가 2이고 두 점 P, R가 x축에 평행한 직선 위의 점이므로 점 P의 x좌표는 -2야.

$$f(x)=a^{-x},\ g(x)=b^x,\ h(x)=a^x\ (1<a<b)$$

에 대하여 직선 $y=2$가 세 곡선 $y=f(x)$, $y=g(x)$, $y=h(x)$와 만나는 점을 각각 P, Q, R라 하자. $\overline{PQ}:\overline{QR}=2:1$이고 $h(2)=2$일 때, $g(4)$의 값은? (3점)　단서2 점 Q의 x좌표를 α라 하면 $\overline{PQ}=\alpha+2$, $\overline{QR}=2-\alpha$임을 이용해.

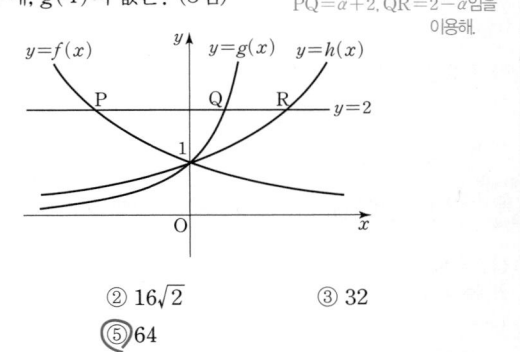

① 16　　　　② $16\sqrt{2}$　　　　③ 32
④ $32\sqrt{2}$　　⑤ 64

1st $h(2)=2$임을 이용하여 두 점 P, Q의 x좌표를 구하자.

두 함수 $y=f(x)$와 $y=h(x)$의 그래프는 y축에 대하여 대칭이고 점 R의 x좌표가 2이므로 점 P의 x좌표는 -2이다.

따라서 점 Q의 x좌표를 α라 하면

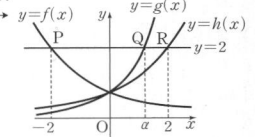

$\overline{PQ}=\alpha-(-2)=\alpha+2$, $\overline{QR}=2-\alpha$이고,
$\overline{PQ}:\overline{QR}=2:1$에서 $\overline{PQ}=2\overline{QR}$이므로
$\alpha+2=2(2-\alpha)$, $\alpha+2=4-2\alpha$
$3\alpha=2$
$\therefore \alpha=\dfrac{2}{3}$

2nd $g(4)=b^4$의 값을 구하자.

즉, 함수 $g(x)=b^x$의 그래프는 점 $\left(\dfrac{2}{3},\ 2\right)$를 지나므로

$g\left(\dfrac{2}{3}\right)=2$에서 $b^{\frac{2}{3}}=2 \Rightarrow b=2^{\frac{3}{2}}$

$\therefore g(4)=b^4=\left(2^{\frac{3}{2}}\right)^4=2^6=64$
　　　　　　　　└─[지수법칙] $(a^m)^n=a^{mn}=(a^n)^m$

C 89 정답 ④　*지수함수의 그래프의 교점 ·············· [정답률 60%]

> 정답 공식: 지수함수의 그래프와 직선의 교점을 구하고, 사각형 ABED와 삼각형 CFG의 넓이를 비교한다.

단서1 $2^{x+1}=k$, $2^{x+1}=2k$라고 두면 D, F의 좌표를 구할 수 있지? $y=2^{x+1}$과 $y=2^{-x+1}$은 y축에 대하여 대칭임을 이용하면 E, G의 좌표를 구할 수 있어.

두 곡선 $y=2^{x+1}$, $y=2^{-x+1}$과 세 점 A$(-1, 1)$, B$(1, 1)$, C$(0, 2)$가 있다. 실수 $k\ (1<k<2)$에 대하여 두 곡선 $y=2^{x+1}$, $y=2^{-x+1}$과 직선 $y=k$가 만나는 점을 각각 D, E, 직선 $y=2k$가 만나는 점을 각각 F, G라 하자. 사각형 ABED의 넓이와 삼각형 CFG의 넓이가 같을 때, k의 값은? (4점)　단서2 $\overline{DE}/\!/\overline{AB}$이므로 사다리꼴 ABED의 넓이를 구해야 해.

① $2^{\frac{1}{6}}$　　　　② $2^{\frac{1}{3}}$　　　　③ $2^{\frac{1}{2}}$
④ $2^{\frac{2}{3}}$　　　　⑤ $2^{\frac{5}{6}}$

1st 네 점 D, E, F, G의 좌표를 각각 구해.

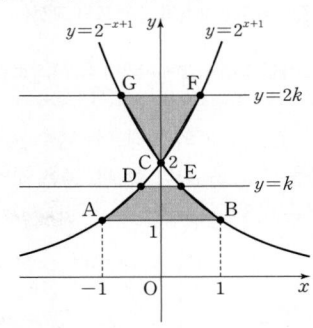

함수 $y=2^{x+1}$의 그래프와 직선 $y=k$의 교점을 구하자.
$2^{x+1}=k$에서 $x+1=\log_2 k$이고
$x=\log_2 k-1$ $\quad\therefore$ D$(\log_2 k-1, k)$
함수 $y=2^{x+1}$의 그래프와 직선 $y=2k$의 교점을 구하자.
$2^{x+1}=2k$에서 $x+1=\underline{\log_2 2k}$이고 $x+1=1+\log_2 k$
$x=\log_2 k$　　$\underset{\log_2 2k=\log_2 2+\log_2 k=1+\log_2 k}{}$
$\therefore$ F$(\log_2 k, 2k)$
두 곡선 $y=2^{x+1}$과 $y=2^{-x+1}$은 y축에 대하여 대칭이므로
$y=2^{x+1}$의 x 대신에 $-x$를 대입하면 $y=2^{-x+1}$이 되므로 두 함수의 그래프가 y축 대칭임을 알 수 있어.
점 D와 점 E, 점 F와 G도 각각 y축에 대하여 대칭이다.
점 (α, β)와 y축에 대하여 대칭인 점은 $(-\alpha, \beta)$야. 즉, x좌표의 부호만 바꾸면 되겠지?
E$(1-\log_2 k, k)$이고 G$(-\log_2 k, 2k)$이다.
2nd 사각형 ABED의 넓이와 삼각형 CFG의 넓이를 구해.
사각형 ABED의 넓이는

$\dfrac{1}{2}\times\{(\text{윗변})+(\text{아랫변})\}\times(\text{높이})$

$=\dfrac{1}{2}\times(\overline{DE}+\overline{AB})\times|\text{두 점 A, D의 }y\text{좌표의 차}|$

$=\dfrac{1}{2}\times\underset{\overline{DE}\text{의 길이}}{\{2(1-\log_2 k)+2\}}\times\underset{\overline{DE}\text{와 }\overline{AB}\text{ 사이의 거리}}{(k-1)}$
　　　　　　　　　　　　　└$\overline{AB}$의 길이
$=(2-\log_2 k)(k-1)$

삼각형 CFG의 넓이는

$\dfrac{1}{2}\times(\text{밑변의 길이})\times(\text{높이})$

$=\dfrac{1}{2}\times\overline{GF}\times|\text{두 점 C, G의 }y\text{좌표의 차}|$

$=\dfrac{1}{2}\times\underset{\overline{GF}\text{의 길이}}{\{\log_2 k-(-\log_2 k)\}}\times\underset{\text{점 C와 }\overline{GF}\text{ 사이의 거리}}{(2k-2)}$
$=2(k-1)\log_2 k$
이 두 도형의 넓이가 같으므로
$(2-\log_2 k)(k-1)=2(k-1)\log_2 k$
$2-\log_2 k=2\log_2 k\ (\because k\ne 1)$
$3\log_2 k=2,\ \log_2 k=\dfrac{2}{3}$
$\therefore k=2^{\frac{2}{3}}$

> 💠 **지수함수 $y=a^x$의 그래프**　　개념·공식
>
>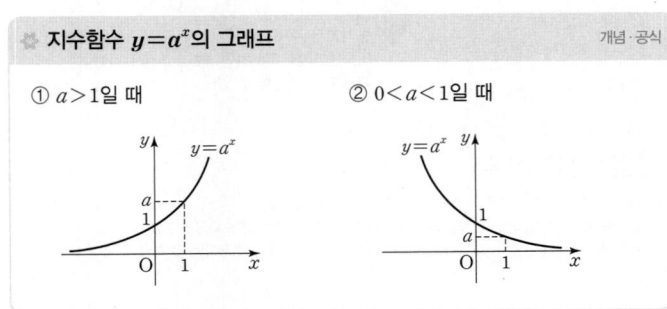
>
> ① $a>1$일 때　　　　　② $0<a<1$일 때

C 90 정답 ⑤ *지수함수의 그래프의 교점 ──────── [정답률 62%]

(정답 공식: 각각의 조건들을 그래프 상에 나타내 직관적으로 본다.)

좌표평면에서 함수 $f(x)=2^x$의 그래프와 함수 $g(x)=-x$의 그래프가 만나는 점을 $P(a, -a)$라 할 때, 옳은 것만을 [보기]에서 있는 대로 고른 것은? (3점)

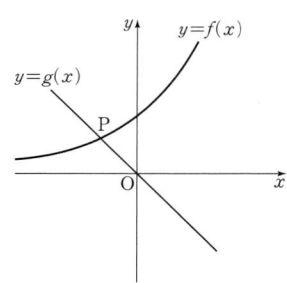

[보기]

단서1 $|f(t)-g(t)|$는 $x=t$일 때의 두 함숫값 $f(t)$와 $g(t)$의 차를 의미하므로 그래프에서 x좌표가 음수일 때와 양수일 때의 두 함숫값의 차를 비교해 봐.

ㄱ. $a<-1$

ㄴ. $t>0$이면 $|f(-t)-g(-t)|<|f(t)-g(t)|$이다.

ㄷ. 함수 $y=f^{-1}(x)$의 그래프와 함수 $y=g(x)$의 그래프가 만나는 점의 좌표는 $(-a, a)$이다.

단서2 함수 $y=f(x)$와 그 역함수 $y=f^{-1}(x)$의 그래프는 직선 $y=x$에 대하여 서로 대칭임을 이용해.

① ㄱ　　　② ㄴ　　　③ ㄷ　　　④ ㄱ, ㄴ　　　⑤ ㄴ, ㄷ

1st $y=f(x)$와 $y=g(x)$의 그래프 위에 [보기]의 조건을 각각 그려서 비교해 봐.

ㄱ.

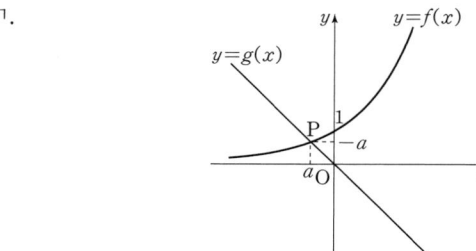

[그림 1]

[그림 1]에서 $f(x)$의 y절편이 1이므로 두 함수 $f(x)$와 $g(x)$의 교점 $P(a, -a)$의 y좌표는 그래프에서 $0<-a<1$임을 알 수 있다.

∴ $-1<a<0$ (거짓)

ㄴ. $t>0$이면 $|f(-t)-g(-t)|$는 $x=-t$에서의 $f(x)$와 $g(x)$의 두 함숫값의 차를 뜻하고, $|f(t)-g(t)|$는 $x=t$에서의 $f(x)$와 $g(x)$의 두 함숫값의 차를 뜻한다.

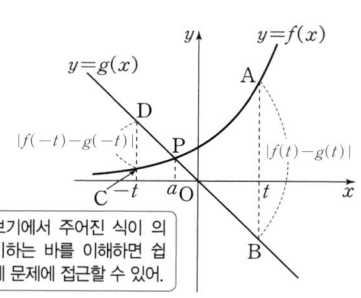

함정 보기에서 주어진 식이 의미하는 바를 이해하면 쉽게 문제에 접근할 수 있어.

[그림 2]

즉, [그림 2]에서
$\overline{CD}=|f(-t)-g(-t)|$,
$\overline{AB}=|f(t)-g(t)|$이고
$\overline{CD}<\overline{AB}$이므로
$|f(-t)-g(-t)|<|f(t)-g(t)|$ (참)

└▶ 그래프에서 절댓값이 같고 부호가 다른 임의의 x에서의 함숫값의 차를 비교하면 $t>0$일 때, $|f(-t)-g(-t)|$보다 $|f(t)-g(t)|$가 항상 크다는 것을 알 수 있어.

ㄷ. 두 함수 $y=f(x)$와 $y=f^{-1}(x)$의 그래프는 직선 $y=x$에 대하여 대칭이고 함수 $y=g(x)$의 그래프도 직선 $y=x$에 대하여 대칭이므로 구하는 교점은 $y=f(x)$와 $y=g(x)$의 그래프의 교점인 점 $P(a, -a)$와 직선 $y=x$에 대하여 대칭인 점이다. 점 (p, q)를 직선 $y=x$에 대하여 대칭이동한 점의 좌표는 (q, p)

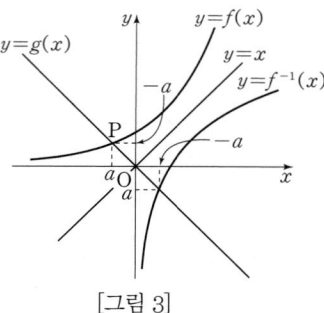

[그림 3]

따라서 함수 $y=f^{-1}(x)$의 그래프와 함수 $y=g(x)$의 그래프가 만나는 점의 좌표는 [그림 3]과 같이 $(-a, a)$이다. (참)

따라서 옳은 것은 ㄴ, ㄷ이다.

C 91 정답 ⑤ *지수함수의 그래프의 교점 ──────── [정답률 61%]

(정답 공식: 두 함수 $y=2^x$, $y=-2x^2+2$의 그래프를 그려 x_1, x_2, y_1, y_2 사이의 관계를 파악한다.)

두 곡선 $y=2^x$과 $y=-2x^2+2$가 만나는 두 점을 (x_1, y_1), (x_2, y_2)라 하자. $x_1<x_2$일 때, [보기]에서 옳은 것만을 있는 대로 고른 것은? (4점)

단서1 두 곡선을 좌표평면에 되도록 정확하게 나타내 봐.

[보기]

ㄱ. $x_2>\dfrac{1}{2}$

ㄴ. $y_2-y_1<x_2-x_1$ 단서2 $x_2\neq x_1$이므로 양변을 x_2-x_1로 나누어 생각해.

ㄷ. $\dfrac{\sqrt{2}}{2}<y_1y_2<1$

① ㄱ　　　② ㄱ, ㄴ　　　③ ㄱ, ㄷ
④ ㄴ, ㄷ　　　⑤ ㄱ, ㄴ, ㄷ

1st 두 곡선의 그래프를 그려 x_2의 값의 범위를 찾아.

$f(x)=2^x$, $g(x)=-2x^2+2$라 하면 두 곡선 $y=f(x)$, $y=g(x)$는 그림과 같다. 위로 볼록하고 y축을 축으로 하며, 점 $(0, 2)$를 꼭짓점으로 하는 포물선이야.

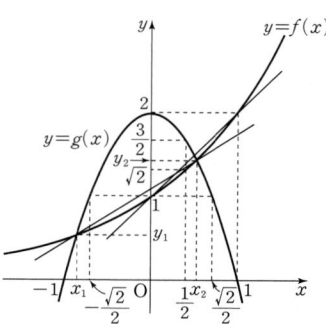

ㄱ. $f\left(\dfrac{1}{2}\right)=2^{\frac{1}{2}}=\sqrt{2}$, $g\left(\dfrac{1}{2}\right)=-2\times\left(\dfrac{1}{2}\right)^2+2=\dfrac{3}{2}$이고

$\sqrt{2}<\dfrac{3}{2}$이므로 $f\left(\dfrac{1}{2}\right)<g\left(\dfrac{1}{2}\right)$이다.

$\sqrt{2}=\sqrt{\dfrac{8}{4}}$, $\dfrac{3}{2}=\sqrt{\dfrac{9}{4}}$이므로 $\sqrt{2}<\dfrac{3}{2}$이야.

즉, 그래프에서 $x_2>\dfrac{1}{2}$이다. (참)

┌▶ 그래프에서 $f(x)<g(x)$인 x의 값의 범위는 $x_1<x<x_2$이고 $x=\dfrac{1}{2}$일 때, $f(x)<g(x)$이므로 $x_1<\dfrac{1}{2}<x_2$야.

100 자이스토리 고2 수학 I

ㄴ. 두 곡선 $y=f(x)$, $y=g(x)$의 두 교점 (x_1, y_1), (x_2, y_2)를 지나는 직선의 기울기는 $\dfrac{y_2-y_1}{x_2-x_1}$이고 두 점 $(0, 1)$, $(1, 2)$를 지나는 직선의 기울기는 1이다. 그런데 그래프에서 두 점 (x_1, y_1), (x_2, y_2)를 지나는 직선의 기울기는 두 점 $(0, 1)$, $(1, 2)$를 지나는 직선의 기울기보다 작으므로

$\dfrac{y_2-y_1}{x_2-x_1}<1$ ▸ $x_1<x_2$이므로 $x_2-x_1>0$이야. 따라서 양변에 x_2-x_1을 곱해도 부등호의 방향은 바뀌지 않아.

$\therefore y_2-y_1<x_2-x_1$ (참)

3rd y_1y_2의 값의 범위를 찾자.

ㄷ. $y_1=f(x_1)=2^{x_1}$, $y_2=f(x_2)=2^{x_2}$이므로

$y_1y_2=\underline{2^{x_1}\times 2^{x_2}=2^{x_1+x_2}}$ ···㉠ ▸ $a^m\times a^n=a^{m+n}$

한편, 직선 $y=1$이 곡선 $y=g(x)$와 만나는 점의 x좌표는 $g(x)=1$에서

$-2x^2+2=1$, $2x^2=1$, $x^2=\dfrac{1}{2}$

$\therefore x=\pm\dfrac{\sqrt{2}}{2}$

즉, 그래프에서 $-1<x_1<-\dfrac{\sqrt{2}}{2}$, $\dfrac{1}{2}<x_2<\dfrac{\sqrt{2}}{2}$이므로

$-\dfrac{1}{2}<x_1+x_2<0$에서 $2^{-\frac{1}{2}}<2^{x_1+x_2}<2^0$

$\therefore \dfrac{\sqrt{2}}{2}<y_1y_2<1$ ($\because$ ㉠) (참) ▸ $a>1$일 때, $a^{f(x)}>a^{g(x)}$이면 $f(x)>g(x)$ $0<a<1$일 때, $a^{f(x)}>a^{g(x)}$이면 $f(x)<g(x)$

따라서 옳은 것은 ㄱ, ㄴ, ㄷ이다.

🔍 다른 풀이: $y=2^x$이 증가함수이고 $y=-2x^2+2$가 y축에 대하여 대칭임을 이용하여 ㄷ의 참·거짓 판별하기

ㄷ. $f(-1)=2^{-1}=\dfrac{1}{2}$이므로

$y_1=f(x_1)>\dfrac{1}{2}$ ▸ $x_1>-1$이고 함수 $y=f(x)$는 증가함수이므로 $f(x_1)>f(-1)$

또, $f\left(\dfrac{1}{2}\right)=2^{\frac{1}{2}}=\sqrt{2}$이므로

$y_2=f(x_2)>\sqrt{2}$ ▸ 마찬가지로 $x_2>\dfrac{1}{2}$이므로 $f(x_2)>f\left(\dfrac{1}{2}\right)$

$\therefore y_1y_2=f(x_1)f(x_2)>\dfrac{1}{2}\times\sqrt{2}=\dfrac{\sqrt{2}}{2}$ ···㉡

한편, 곡선 $y=g(x)$는 y축에 대하여 대칭이므로

$-x_1>x_2$ ▸ 곡선 $y=g(x)$는 y축에 대하여 대칭이므로 $-x_1=x_2$이면 $g(x_1)=g(x_2)$이고 $-x_1<x_2$이면 $g(x_1)>g(x_2)$야. 그런데 $g(x_1)<g(x_2)$이므로 $-x_1>x_2$이어야 해.

$\therefore x_1+x_2<0$

이때, $y_1=f(x_1)=2^{x_1}$, $y_2=f(x_2)=2^{x_2}$이므로

$y_1y_2=2^{x_1}\times 2^{x_2}=2^{x_1+x_2}<2^0=1$ ···㉢

따라서 ㉡, ㉢에 의하여

$\dfrac{\sqrt{2}}{2}<y_1y_2<1$ (참)

✿ 지수함수 $y=a^x$ ($a>0$, $a\ne 1$)의 그래프의 성질 ▸ 개념·공식

① 정의역은 실수 전체의 집합이고, 치역은 양의 실수 전체의 집합이다.
② $a>1$일 때, x의 값이 증가하면 y의 값도 증가한다.
   $0<a<1$일 때, x의 값이 증가하면 y의 값은 감소한다.
③ 그래프는 두 점 $(0, 1)$, $(1, a)$를 지나고, 그래프의 점근선은 x축(직선 $y=0$)이다.

C 92 정답 ③ *지수함수의 그래프의 교점 ········· [정답률 67%]

정답 공식: 직접 두 함수의 그래프를 그려 직관적으로 보고 x_1, y_1, x_2, y_2의 대략적인 범위를 유추한다.

정의역이 $x<4$인 두 함수 $f(x)=2^x$, $g(x)=x^2$의 그래프가 만나는 두 점을 (x_1, y_1), (x_2, y_2)라 할 때, [보기]에서 옳은 것만 있는 대로 고른 것은? (단, $x_1<x_2$) (3점)

단서 $x<4$에서 두 함수 $f(x)=2^x$과 $g(x)=x^2$의 그래프가 두 점에서 만난다고 했으므로 두 함수의 그래프의 개형을 그린 다음 x_1과 x_2의 값의 범위를 유추해 봐.

[보기]
ㄱ. $x_1+x_2>0$
ㄴ. $x_1\times y_1+x_2\times y_2<0$
ㄷ. $|x_1\times y_2|-|x_2\times y_1|>0$

① ㄱ ② ㄴ ③ ㄱ, ㄷ ④ ㄴ, ㄷ ⑤ ㄱ, ㄴ, ㄷ

1st 그래프를 이용하여 $x=-1$, 0, 1에서의 각각의 함숫값을 따져보자.

ㄱ. 그림에서 $-1<x_1<0$, $x_2>1$이므로
$x_1+x_2>0$ (참)

2nd 두 곡선의 교점인 (x_2, y_2)를 구할 수 있지?

ㄴ. $-1<x_1<0$, $0<y_1<1$에서 ▸ 점 (x_1, y_1)은 함수 $g(x)=x^2$ 위의 점이지? 즉, $y_1=x_1^2$이므로 $-1<x_1<0$에서 $0<x_1^2<1$
$-1<x_1y_1<0$ ···㉠

$x=2$에서 $y=x^2$과 $y=2^x$의 함숫값은 4로 같으므로
$x_2=2$, $y_2=4$에서 $x_2y_2=8$ ···㉡

㉠과 ㉡에 의해 ▸ $-1<x_1y_1<0$이므로 $7<x_1y_1+8<8$ $\therefore x_1y_1+x_2y_2>0$
$x_1y_1+x_2y_2>0$ (거짓)

ㄷ. $y_2=x_2^2$, $y_1=x_1^2$이므로 ▸ 두 점 (x_1, y_1), (x_2, y_2)는 모두 $g(x)=x^2$의 그래프 위의 점이야.

$|x_1\times y_2|-|x_2\times y_1|=|x_1\times x_2^2|-|x_2\times x_1^2|$

$=\underbrace{|x_1\times x_2|}_{>0}(\underbrace{|x_2|-|x_1|}_{>0})>0$ ($\because -1<x_1<0$, $x_2>1$) (참)

따라서 옳은 것은 ㄱ, ㄷ이다.

🔍 쉬운 풀이: x_1의 값의 범위와 x_2의 값을 구하여 [보기]의 참·거짓 판별하기

$f(2)=2^2=4$, $g(2)=2^2=4$이므로 $x_2=2$, $y_2=4$야. ($\because x_1<x_2$)

또한, $f\left(-\dfrac{1}{2}\right)=2^{-\frac{1}{2}}=\dfrac{1}{\sqrt{2}}$, $g\left(-\dfrac{1}{2}\right)=\left(-\dfrac{1}{2}\right)^2=\dfrac{1}{4}$에서

$f\left(-\dfrac{1}{2}\right)>g\left(-\dfrac{1}{2}\right)$이고, $f(-1)=2^{-1}=\dfrac{1}{2}$, $g(-1)=(-1)^2=1$에서

$f(-1)<g(-1)$이므로 위의 그래프에서 $-1<x_1<-\dfrac{1}{2}$임을 알 수 있어.

ㄱ. $x_1+x_2=x_1+2$에서 $-1<x_1<-\dfrac{1}{2}$이므로

$1<x_1+2<\dfrac{3}{2}$

$\therefore x_1+x_2>0$ (참)

ㄴ. $y_1=x_1^2$이 성립하고 $-1<x_1<-\dfrac{1}{2}$에서 $\dfrac{1}{4}<x_1^2<1$이므로

$\dfrac{1}{4}<y_1<1$

즉, $x_1\times y_1+x_2\times y_2=x_1y_1+2\times 4=x_1y_1+8$이고,

$-1<x_1y_1<-\dfrac{1}{8}$이므로 $7<x_1y_1+8<\dfrac{63}{8}$

$\therefore x_1\times y_1+x_2\times y_2>0$ (거짓)

ㄷ. $|x_1 \times y_2| - |x_2 \times y_1| = |4x_1| - |2y_1| = -4x_1 - 2y_1$

이때, $-1 < x_1 < -\dfrac{1}{2}$에서 $2 < -4x_1 < 4$이고

$\dfrac{1}{4} < y_1 < 1$에서 $-2 < -2y_1 < -\dfrac{1}{2}$이므로

$2 + (-2) < -4x_1 - 2y_1 < 4 + \left(-\dfrac{1}{2}\right)$

$\therefore 0 < -4x_1 - 2y_1 < \dfrac{7}{2}$

즉, $|x_1 \times y_2| - |x_2 \times y_1| > 0$이야. (참)

✿ 지수함수 $y = a^x$ ($a > 0$, $a \neq 1$)의 그래프의 성질 개념·공식

① 정의역은 실수 전체의 집합이고, 치역은 양의 실수 전체의 집합이다.

② $a > 1$일 때, x의 값이 증가하면 y의 값도 증가한다.
   $0 < a < 1$일 때, x의 값이 증가하면 y의 값은 감소한다.

③ 그래프는 두 점 $(0, 1)$, $(1, a)$를 지나고, 그래프의 점근선은
   x축(직선 $y = 0$)이다.

C 93 정답 ⑤ *지수함수의 그래프의 교점 [정답률 40%]

(정답 공식: 두 점 (x_1, y_1), (x_2, y_2) 사이의 거리는 $\sqrt{(x_2 - x_1)^2 + (y_2 - y_1)^2}$이다.)

> **단서1** 두 곡선의 교점 A, B의 x좌표를 미지수로 놓고 풀어보자.
> 그림과 같이 2보다 큰 실수 t에 대하여 두 곡선 $y = 2^x$과
> $y = -\left(\dfrac{1}{2}\right)^x + t$가 만나는 점을 각각 A, B라 하고, 두 곡선 $y = 2^x$,
> $y = -\left(\dfrac{1}{2}\right)^x + t$가 y축과 만나는 점을 각각 C, D라 하자. [보기]
> 에서 옳은 것만을 있는 대로 고른 것은? (단, O는 원점이다.)
> **단서2** y축 위의 점의 x좌표는 모두 0이야. (4점)
>
>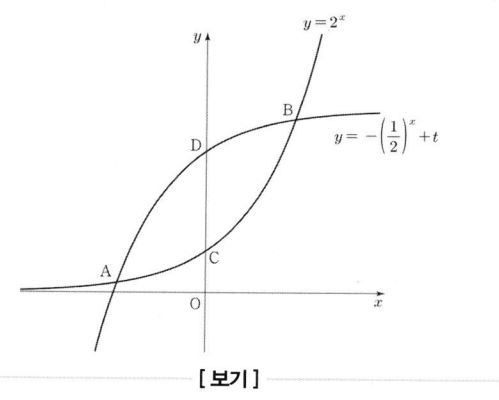
>
> **[보기]**
>
> ㄱ. $\overline{CD} = t - 2$
> ㄴ. $\overline{AC} = \overline{DB}$
> ㄷ. 삼각형 ABD의 넓이는 삼각형 AOB의 넓이의 $\dfrac{t-2}{t}$
>   **단서3** 삼각형 ABD의 넓이는 사각형 ACBD가
>   평행사변형임을 이용하면 돼. 배이다.

① ㄱ   ② ㄷ   ③ ㄱ, ㄴ
④ ㄱ, ㄷ   ⑤ ㄱ, ㄴ, ㄷ

1st 두 점 C, D의 좌표에 의해 $\overline{CD}$의 길이를 구하자.

ㄱ. 두 점 C, D는 두 곡선 $y = 2^x$, $y = -\left(\dfrac{1}{2}\right)^x + t$가 y축과 만나는 점이
므로 C$(0, 1)$, D$(0, t-1)$ 곡선이 y축과 만나는 점은 x좌표가 0이므로 $x=0$을 대입하여 y좌표를 구한 거야.
$\overline{CD} = |(t-1) - 1| = t - 2$ (참)

2nd 두 곡선이 만나는 교점인 A, B의 좌표를 이용하여 $\overline{AC} = \overline{DB}$인지 파악하자.

ㄴ. 두 곡선 $y = 2^x$과 $y = -\left(\dfrac{1}{2}\right)^x + t$가 만나는 두 교점 A, B의 x좌표를
각각 α, β ($\alpha < 0 < \beta$)라 하자.

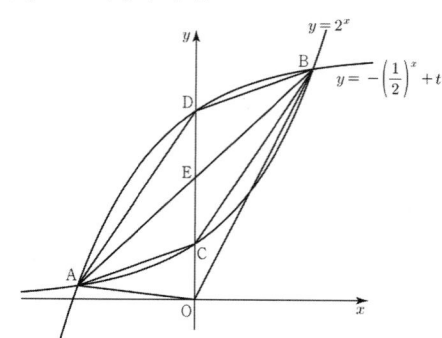

A$(\alpha, 2^\alpha)$, B$(\beta, 2^\beta)$, C$(0, 1)$, D$(0, t-1)$
즉, $\overline{AC} = \sqrt{(0-\alpha)^2 + (1 - 2^\alpha)^2}$, $\overline{DB} = \sqrt{\beta^2 + (2^\beta - t + 1)^2}$
이때, 두 곡선 $y = 2^x$과 $y = -\left(\dfrac{1}{2}\right)^x + t$를 연립하면
$2^x = -\left(\dfrac{1}{2}\right)^x + t$, $(2^x)^2 - t \times 2^x + 1 = 0$ 두 점 (x_1, y_1), (x_2, y_2) 사이의 거리는 $\sqrt{(x_2 - x_1)^2 + (y_2 - y_1)^2}$

α, β는 위의 방정식의 두 근이므로 근과 계수의 관계에 의해
$2^\alpha + 2^\beta = t \cdots$ ㉠, $2^\alpha \times 2^\beta = 1$
$2^\alpha \times 2^\beta = 1$에서 $2^{\alpha + \beta} = 1$ $\therefore \alpha + \beta = 0$
즉, $\beta = -\alpha \cdots$ ㉡

$\therefore \overline{AC} = \sqrt{(0 - \alpha)^2 + (1 - 2^\alpha)^2}$
$= \sqrt{\beta^2 + (2^\beta - t + 1)^2}$ ($\because$ ㉠, ㉡)
$= \overline{DB}$ (참)

3rd 사각형 ACBD가 어떤 사각형인지 파악하고, 삼각형 ABD의 넓이와 삼각형 AOB의 넓이의 관계를 구하자.

ㄷ. $\overline{AD} = \sqrt{\alpha^2 + (2^\alpha - t + 1)^2} = \sqrt{(-\beta)^2 + (-2^\beta + 1)^2}$ ($\because$ ㉠, ㉡)
$= \overline{CB}$

ㄴ에서 $\overline{AC} = \overline{DB}$가 성립하므로
$\overline{AC} = \overline{DB}$, $\overline{AD} = \overline{CB}$, 즉 사각형 ABCD는 평행사변형이고 두 대
각선의 교점을 E라 하면 $\overline{CE} = \overline{DE}$이므로
점 E의 좌표는 $\left(0, \dfrac{t}{2}\right)$이다.

[사각형이 평행사변형이 되는 조건]
사각형이 다음 조건 중 하나만 만족시키면 평행사변형이다.
(1) 두 쌍의 대변이 서로 평행하다.
(2) 두 쌍의 대변의 길이가 같다.
(3) 한 쌍의 대변의 길이가 같고, 평행하다.

(△ABD의 넓이)
$=$ (△AED의 넓이) $+$ (△BDE의 넓이)
$= \dfrac{1}{2} \times (-\alpha) \times \overline{DE} + \dfrac{1}{2} \times \beta \times \overline{DE}$

주의 삼각형의 넓이를 구할 때 점 A의 x좌표는 부호가 음수임에 주의해야 해.

$= \dfrac{1}{2}\left(\dfrac{t-2}{2}\right)(-\alpha + \beta) = \dfrac{(t-2)(-\alpha + \beta)}{4}$
$= \dfrac{(t-2)(\beta + \beta)}{4}$ ($\because$ ㉡) $= \dfrac{\beta(t-2)}{2}$

(△AOB의 넓이) $=$ (△OEA의 넓이) $+$ (△OBE의 넓이)
$= \dfrac{1}{2} \times (-\alpha) \times \overline{OE} + \dfrac{1}{2} \times \beta \times \overline{OE}$
$= \dfrac{t(-\alpha + \beta)}{4}$
$= \dfrac{t(\beta + \beta)}{4}$ ($\because$ ㉡) $= \dfrac{\beta t}{2}$

즉, 삼각형 ABD의 넓이는 삼각형 AOB의 넓이의
$\dfrac{\beta(t-2)}{2} \div \dfrac{\beta t}{2} = \dfrac{t-2}{t}$(배)이다. (참) A가 B의 m배이다.
따라서 옳은 것은 ㄱ, ㄴ, ㄷ이다. $\iff A = mB$
$\iff m = \dfrac{A}{B}$

C 94 정답 ② *지수함수의 그래프의 교점 ············· [정답률 58%]

[정답 공식: 함수 $y=|f(x)|$의 그래프는 $y=f(x)$의 그래프에서 x축의 아래쪽 부분을 x축에 대칭시킨 모양이다.]

$0<t<1$인 실수 t에 대하여 직선 $y=t$가 **함수 $y=|2^x-1|$의** 그래프와 제 1사분면에서 만나는 점을 A, 제 2사분면에서 만나는 점을 B라 하자. **[단서1]** $x\geq0$이면 $y=2^x-1$, $x<0$이면 $y=-2^x+1$이야.

양수 a에 대하여 점 A를 지나고 x축에 수직인 직선이 함수 $y=-a|2^x-1|$의 그래프와 만나는 점을 C라 하자.

$\overline{AB}=\overline{AC}=1$일 때, $a+t$의 값은? (4점)

→ **[단서2]** $\overline{AC}$의 길이를 찾을 때, 고려해야 할 조건이야.

① 2 　　② $\dfrac{7}{3}$ 　　③ $\dfrac{8}{3}$

④ 3 　　⑤ $\dfrac{10}{3}$

[1st] 두 점 A, B의 좌표를 각각 t로 나타내자.

함수 $y=|2^x-1|$의 그래프와 직선 $y=t$가 제1사분면에서 만나는 점이 A이므로 점 A의 x좌표는 $2^x-1=t$에서 $2^x=1+t$

$\therefore x=\log_2(1+t)$, $A(\log_2(1+t), t)$ ··· ㉠

한편, 함수 $y=|2^x-1|$의 그래프와 직선 $y=t$가 제2사분면에서 만나는 점이 B이므로 점 B의 x좌표는 $1-2^x=t$에서 $2^x=1-t$

$\therefore x=\log_2(1-t)$, $B(\log_2(1-t), t)$

[$0<t<1$인 t에 대하여 $1+t>1-t$이므로 $\log_2(1-t)-\log_2(1+t)$ 가 아니야.]

[2nd] $\overline{AB}=1$임을 이용하여 점 A의 좌표를 구하자.

$\overline{AB}=1$이므로 $\log_2(1+t)-\log_2(1-t)=1$
에서
→ 두 점 A, B는 y좌표가 같으므로 $\overline{AB}=(x$좌표의 차$)$

$\log_2(1+t)=1+\log_2(1-t)$,

$\log_2(1+t)=\log_2 2+\log_2(1-t)$,

$1+t=2(1-t)$

$3t=1$ 　　$\therefore t=\dfrac{1}{3}$ ··· ㉡

따라서 점 A의 좌표는 $\left(\log_2\dfrac{4}{3}, \dfrac{1}{3}\right)$ $(\because$ ㉠)이다.

[3rd] $\overline{AC}=1$임을 이용하여 점 C의 좌표를 구하자.

점 C의 x좌표는 점 A의 x좌표와 같고

점 C는 함수 $y=-a|2^x-1|$의 그래프 위의 점이므로
→ 점 C의 y좌표는 $x=\log_2\dfrac{4}{3}$일 때 $y=-a|2^x-1|$의 함수값과 같아.

$y=-a|2^x-1|=-a\left|2^{\log_2\frac{4}{3}}-1\right|=-a\left|\dfrac{4}{3}-1\right|=-\dfrac{a}{3}$

따라서 점 C의 좌표는 $\left(\log_2\dfrac{4}{3}, -\dfrac{a}{3}\right)$이다.

[4th] $a+t$의 값을 구하자.

$\overline{AC}=1$이므로 $\dfrac{1}{3}-\left(-\dfrac{a}{3}\right)=1$에서 $\dfrac{a}{3}=\dfrac{2}{3}$이므로 $a=2$이다.
→ 두 점 A, C는 x좌표가 같으므로 $\overline{AC}=(y$좌표의 차$)$

[함정] 두 점 A, C의 위치가 그림으로 주어지지 않았다면 일반적으로 a의 값에 따라서 $\overline{AC}=\dfrac{1}{3}-\left(-\dfrac{a}{3}\right)$이거나 $\overline{AC}=-\dfrac{a}{3}-\dfrac{1}{3}$의 두 가지 경우를 따져 줘야 해.
이 문제는 쉽게 그림으로 두 점의 위치가 주어지기도 하고 문제에서 '양수 a'라고 조건을 친절하게 주기도 했어!

따라서 $a+t=2+\dfrac{1}{3}=\dfrac{7}{3}$ $(\because$ ㉡)

C 95 정답 ⑤ *지수함수의 그래프의 교점 ············· [정답률 40%]

[정답 공식: 조건을 통해 함수 $y=f(x)$의 그래프를 그린 후 $y=\left(\dfrac{1}{2}\right)^x$의 그래프를 직접 그려 직관적으로 본다.]

실수 전체의 집합에서 정의된 함수 f가 다음 조건을 만족시킨다.

[단서1] 우선 $-2\leq x\leq0$에서의 $f(x)=|x+1|-1$의 그래프를 그려봐야겠지?

(가) $-2\leq x\leq0$일 때, $f(x)=|x+1|-1$

(나) 모든 실수 x에 대하여 $f(x)+f(-x)=0$

(다) 모든 실수 x에 대하여 $f(2-x)=f(2+x)$

[단서2] 조건 (나)와 (다)에 의하여 함수 $f(x)$의 그래프는 원점과 직선 $x=2$에 대하여 대칭이야. **[단서1]** 의 그래프를 이용하여 조건에 맞게 그래프를 그려.

$-10\leq x\leq10$에서 $y=f(x)$의 그래프와 $y=\left(\dfrac{1}{2}\right)^x$의 그래프의

교점의 개수는? (4점) **[단서3]** 감소하는 함수 $y=\left(\dfrac{1}{2}\right)^x$의 그래프를 그려 함수 $y=f(x)$의 그래프와의 교점의 개수를 따져 봐.

① 2 　　　② 3 　　　③ 4

④ 5 　　　⑤ 6

[1st] 세 조건을 이용하여 함수 $f(x)$의 그래프의 개형을 그려보자.

$-2\leq x\leq0$에 대하여 $f(x)=|x+1|-1$이고 이것은 $y=|x|$의 그래프를 x축의 방향으로 -1만큼, y축의 방향으로 -1만큼 평행이동한 그래프이다.

[참고] 함수 $y=|x+1|-1$처럼 함수의 그래프를 직접 파악하기 어려울 경우 파악하기 쉬운 함수 $y=|x|$의 그래프를 평행이동한 것으로 판단하는 방법이 있어.

조건 (나) $f(x)+f(-x)=0$에서 $f(-x)=-f(x)$이므로 함수 $f(x)$는 원점에 대하여 대칭이다. $\because f(-x)=-f(x)$: 원점에 대하여 대칭
$\because f(-x)=f(x)$: y축에 대하여 대칭

또한, 조건 (다) $f(2-x)=f(2+x)$에서 $f(x)=f(4-x)$이므로 함수 $f(x)$는 $x=2$에 대하여 대칭이다.

따라서 모든 실수 x에 대하여 함수 $f(x)$의 그래프의 개형은 그림과 같고 함수 $y=\left(\dfrac{1}{2}\right)^x$은 점 $(0, 1)$을 지나고 감소하는 지수함수이므로 구간 $[-10, 10]$에서 두 그래프의 교점은 6개이다.

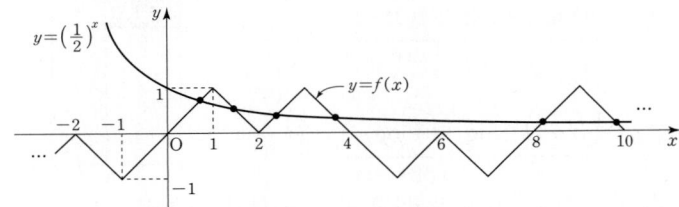

✦ 도형의 평행이동과 대칭이동 　　　　　　　　개념·공식

도형 $f(x, y)=0$을

① x축의 방향으로 a만큼, y축의 방향으로 b만큼 평행이동하면
　 $f(x-a, y-b)=0$

② x축에 대하여 대칭이동하면 $f(x, -y)=0$

③ y축에 대하여 대칭이동하면 $f(-x, y)=0$

④ 원점에 대하여 대칭이동하면 $f(-x, -y)=0$

⑤ 직선 $y=x$에 대하여 대칭이동하면 $f(y, x)=0$

C 96 정답 ③ *지수함수의 그래프의 교점 ············· [정답률 42%]

> 정답 공식: 방정식 $a^x = N$을 만족시키는 실수 x는 오직 하나 존재하며 $x = \log_a N$라 나타내고 a를 밑으로 하는 N의 로그라고 한다.

단서1 x축에 평행한 점 A의 y좌표가 t, 점 B의 y좌표가 $2t$임을 알 수 있어.

그림과 같이 실수 t $(1 < t < 100)$에 대하여 점 $P(0,\ t)$를 지나고 x축에 평행한 직선이 곡선 $y = 2^x$과 만나는 점을 A, 점 A에서 x축에 내린 수선의 발을 Q라 하자. 점 $R(0,\ 2t)$를 지나고 x축에 평행한 직선이 곡선 $y = 2^x$과 만나는 점을 B, 점 B에서 x축에 내린 수선의 발을 S라 하자. 사각형 ABRP의 넓이를 $f(t)$, 사각형 AQSB의 넓이를 $g(t)$라 할 때, $\dfrac{f(t)}{g(t)}$의 값이 자연수가 되도록 하는 모든 t의 값의 곱은? (4점)

단서2 사각형 ABRP와 사각형 AQSB는 한 쌍의 대변이 평행하므로 사다리꼴이야.

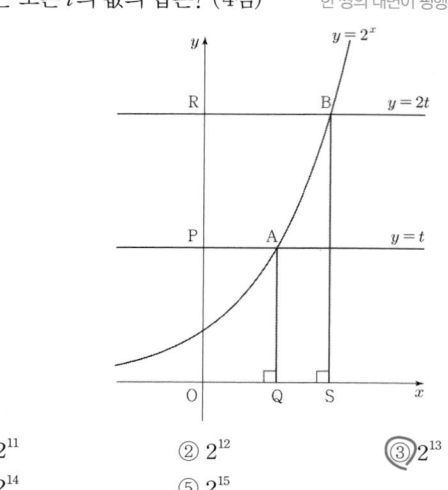

① 2^{11}　　　② 2^{12}　　　③ 2^{13}
④ 2^{14}　　　⑤ 2^{15}

1st 두 점 A, B의 좌표를 구하고 두 사각형의 넓이인 $f(t)$, $g(t)$를 구하자.

두 직선 $y = t$, $y = 2t$가 지나는 두 점 A, B의 y좌표는 각각 t, $2t$이므로

두 점 A, B의 좌표는 $(\log_2 t,\ t)$, $(\log_2 2t,\ 2t)$

두 사각형의 넓이　$2^x = t$와 $2^x = 2t$는 로그의 정의에 의해 각각 $x = \log_2 t$, $x = \log_2 2t$ 됨을 알 수 있지.

$$f(t) = \frac{1}{2}(\log_2 t + \log_2 2t)(2t - t)$$
$$= \frac{t}{2}\log_2 2t^2 \quad f(t) = \frac{1}{2}(\overline{AP} + \overline{BR}) \times \overline{PR}$$

$$g(t) = \frac{1}{2}(t + 2t)(\log_2 2t - \log_2 t) = \frac{3}{2}t$$
$$g(t) = \frac{1}{2}(\overline{AQ} + \overline{BS}) \times \overline{QS}$$

2nd $\dfrac{f(t)}{g(t)}$의 값이 자연수가 되도록 하는 모든 t의 값을 구하자.

$$\frac{f(t)}{g(t)} = \frac{\dfrac{t}{2}\log_2 2t^2}{\dfrac{3}{2}t} = \frac{1}{3}\log_2 2t^2$$

$\dfrac{1}{3}\log_2 2t^2 = n$ (n은 자연수)이라 하면

$\log_2 2t^2 = 3n$

$2t^2 = 2^{3n}$　$a \neq 1,\ a > 0,\ N > 0$일 때, $a^x = N \Longleftrightarrow x = \log_a N$

$\therefore t^2 = \dfrac{2^{3n}}{2} = 2^{3n-1} \Rightarrow t = 2^{\frac{3n-1}{2}}$

$t = 2^{\frac{3n-1}{2}}$에서 $n = 5$인 경우 $t = 2^{\frac{15-1}{2}} = 2^7 = 128$이 되어 t의 값이 100보다 커지게 되지.

$1 < t < 100$을 만족시키는 자연수 n의 값은 1, 2, 3, 4이고,

t의 값은 2, $2^{\frac{5}{2}}$, 2^4, $2^{\frac{11}{2}}$이므로 모든 t의 값의 곱은

$$2 \times 2^{\frac{5}{2}} \times 2^4 \times 2^{\frac{11}{2}} = 2^{1 + \frac{5}{2} + 4 + \frac{11}{2}} = 2^{13}$$

C 97 정답 ① *로그함수의 값 ············· [정답률 82%]

> 정답 공식: $f^{-1}(a) = b \Longleftrightarrow f(b) = a,\ \log_a x = b \Longleftrightarrow x = a^b$

함수 $f(x) = \log_3 (x + 12) + 2$에 대하여 $f^{-1}(5)$의 값은? (3점)

단서 역함수의 성질인 $f^{-1}(a) = b \Longleftrightarrow a = f(b)$임을 이용하자.

① 15　　② 16　　③ 17　　④ 18　　⑤ 19

1st 역함수의 성질을 이용하여 주어진 식을 변형하자.

$f^{-1}(5) = k$로 놓으면 $f(k) = 5$

2nd 로그의 정의를 이용하여 k의 값을 구하자.

$f(k) = \log_3 (k + 12) + 2 = 5$이므로

$\log_3 (k + 12) = 3$　$\log_a x = b \Longleftrightarrow x = a^b$

$k + 12 = 3^3 = 27$

$\therefore k = 27 - 12 = 15$

🔑 **다른 풀이: 로그의 성질 이용하기**

$\log_3 (k + 12) = 3$에서

$\log_3 (k + 12) = 3\log_3 3 = \log_3 3^3 = \log_3 27$
　　　　　　　　　$\log_a a = 1,\ n\log_a b = \log_a b^n$

$k + 12 = 27$

$\therefore k = 15$

C 98 정답 8 *로그함수의 값 ············· [정답률 85%]

> 정답 공식: 함수 $y = f(x)$에 대하여 $x = k$의 함숫값은 $f(k)$이다.

함수 $f(x) = \log_2 x$에 대하여 $f(4) + f(a) = 5$를 만족시킬 때, 실수 a의 값을 구하시오. (3점)

단서 함수가 주어졌으니까 $f(4)$, $f(a)$를 구하여 식에 대입해보자.

1st $f(4)$, $f(a)$의 값을 구하여 주어진 식에 대입하자.

함수 $f(x) = \log_2 x$에서

$f(4) = \log_2 4 = 2,\ f(a) = \log_2 a$이므로

$f(4) + f(a) = 2 + \log_2 a = 5$　$\log_a a^n = n$

즉, $\log_2 a = 3$　$\log_a x = b \Longleftrightarrow x = a^b$

$\therefore a = 2^3 = 8$

C 99 정답 12 *로그함수의 값 ············· [정답률 79%]

> 정답 공식: 함수 $y = f(x)$에 대하여 $x = k$의 함숫값은 $f(k)$이다.

두 함수 $f(x) = \left(\dfrac{1}{3}\right)^x$, $g(x) = \log_5 x$에 대하여 $f(-2) + g(125)$의 값을 구하시오. (3점)

단서 두 함수 $y = f(x)$, $y = g(x)$가 주어졌으니까 $f(-2)$와 $g(125)$의 값을 먼저 구해봐.

1st 먼저 $f(-2)$, $g(125)$의 값을 각각 구하자.

함수 $f(x) = \left(\dfrac{1}{3}\right)^x$에 $x = -2$를 대입하면

$f(-2) = \left(\dfrac{1}{3}\right)^{-2} = 3^2 = 9$　$\left(\dfrac{1}{3}\right)^{-2} = \left[\left(\dfrac{1}{3}\right)^{-1}\right]^2 = 3^2$

함수 $g(x) = \log_5 x$에서 $x = 125$를 대입하면

$g(125) = \log_5 125 = \log_5 5^3 = 3$　$\log_a a^n = n$

$\therefore f(-2) + g(125) = 9 + 3 = 12$

C 100 정답 ④ *로그함수의 값 ················· [정답률 77%]

(정답 공식: 함수 $y=f(x)$에 대하여 $x=k$의 함숫값은 $f(k)$이다.)

함수 $f(x)=\log_3(x^2-x+1)$에 대하여 $f(-1)=f(k)$를 만족시키는 실수 k의 값은? (단, $k\neq-1$) (3점) 【단서】 함수가 주어졌으니까 함숫값 $f(-1)$을 구할 수 있지.

① $\frac{1}{2}$ ② 1 ③ $\frac{3}{2}$ ④ 2 ⑤ $\frac{5}{2}$

1st 주어진 함수에 $x=-1$을 대입하여 $f(-1)$의 값을 구하자.

함수 $f(x)=\log_3(x^2-x+1)$에 $x=-1$을 대입하면

$f(-1)=\log_3\{(-1)^2-(-1)+1\}=\log_3 3=1$

원래 진수는 항상 양수라는 조건을 체크해야 해. 그런데 임의의 실수 x에 대하여
x^2-x+1
$=\left(x-\frac{1}{2}\right)^2+\frac{3}{4}>0$
이니까 진수의 조건을 만족해.

2nd $f(-1)=f(k)$ $(k\neq-1)$가 되는 k의 값을 구하자.

$f(k)=\log_3(k^2-k+1)$이므로

$\log_3(k^2-k+1)=1$
$k^2-k+1=3$ $\log_a b=c\Longleftrightarrow b=a^c$
$k^2-k-2=0$
$(k+1)(k-2)=0$
$\therefore k=2\ (\because k\neq-1)$

C 101 정답 ③ *로그함수의 값 ················· [정답률 78%]

(정답 공식: $\log_a b=c\Longleftrightarrow a^c=b$이다.)

$x>0$에서 정의된 함수

$f(x)=\begin{cases}0 & (0<x\leq1)\\\log_3 x & (x>1)\end{cases}$

【단서1】 양수인 정의역이 1보다 큰 경우와 작거나 같은 경우로 나누어 함숫값을 생각해야 해.

에 대하여 $f(t)+f\left(\frac{1}{t}\right)=2$를 만족시키는 모든 양수 t의 값의 합은? (4점)

【단서2】 $t>1$이면 $0<\frac{1}{t}<1$이고, $0<t<1$이면 $\frac{1}{t}>1$이야.
따라서 $0<t<1$, $t=1$, $t>1$로 각각 나누어서 t의 값을 구해야 해.

① $\frac{76}{9}$ ② $\frac{79}{9}$ ③ $\frac{82}{9}$
④ $\frac{85}{9}$ ⑤ $\frac{88}{9}$

1st t의 값에 따라 방정식을 풀자.

모든 양수 t에 대하여 다음 범위에 따라 경우를 나누어 $f(t)+f\left(\frac{1}{t}\right)=2$를 만족시키는 t의 값을 구하자.

(i) $0<t<1$일 때,

$\frac{1}{t}>1$이고, $f(t)+f\left(\frac{1}{t}\right)=0+\log_3\frac{1}{t}=2$이므로 $t=\frac{1}{9}$이다.
$\frac{1}{t}=3^2$ $\therefore t=\frac{1}{3^2}=\frac{1}{9}$

(ii) $t=1$일 때,

$f(t)+f\left(\frac{1}{t}\right)=0\neq2$이므로 만족시키는 t의 값은 없다.

(iii) $t>1$일 때, → $t=1$을 대입해서 방정식 $f(t)+f\left(\frac{1}{t}\right)=2$가 성립하지 않으면 $t=1$은 이 방정식의 해가 아니야.

$0<\frac{1}{t}<1$이므로 $f(t)+f\left(\frac{1}{t}\right)=\log_3 t+0=2$
$\therefore t=9$

(i)~(iii)에 의하여 $f(t)+f\left(\frac{1}{t}\right)=2$를 만족시키는 모든 양수 t의 값의 합은 $\frac{1}{9}+9=\frac{82}{9}$

C 102 정답 ② *로그함수의 이해 ················· [정답률 89%]

(정답 공식: 로그의 진수는 항상 0보다 커야 한다.)

함수 $y=\log(10-x^2)$의 정의역을 A, 함수 $y=\log(\log x)$의 정의역을 B라 할 때, $A\cap B$의 원소 중 정수의 개수는? (3점)
【단서】 함수 $y=\log_a f(x)$ $(a>0, a\neq1)$의 정의역은 $f(x)>0$인 x의 값들의 집합이야.

① 1 ② 2 ③ 3
④ 4 ⑤ 5

1st 각각의 함수의 정의역을 구해 A, B의 공통 범위를 찾자.

$y=\log(10-x^2)$의 정의역은 $10-x^2>0$에서
$x^2-10<0$, $(x-\sqrt{10})(x+\sqrt{10})<0$ $\therefore -\sqrt{10}<x<\sqrt{10}$
$\therefore A=\{x\mid-\sqrt{10}<x<\sqrt{10}\}$

$y=\log(\log x)$의 정의역은 $\log x>0$에서
$x>1$

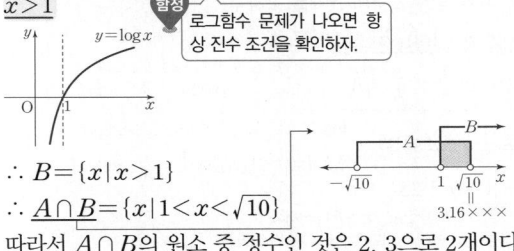

【함정】 로그함수 문제가 나오면 항상 진수 조건을 확인하자.

$\therefore B=\{x\mid x>1\}$
$\therefore A\cap B=\{x\mid1<x<\sqrt{10}\}$

따라서 $A\cap B$의 원소 중 정수인 것은 2, 3으로 2개이다.

【수능 핵강】

＊ 로그 $\log_a b$에서 진수 b는 항상 양수인 실수임을 잊지마!

로그 문제가 나왔을 때, 진수의 조건을 떠올리는 것은 밥 먹을 때 숟가락을 준비하는 것과 같아. 설사 진수의 조건을 써먹는 문제가 아닐지라도… 항상 만반의 준비를 하는 자세가 필요해.

C 103 정답 7 *로그함수의 이해 ················· [정답률 92%]

(정답 공식: $a>0$, $a\neq1$일 때, $\log_a a=1$이다.)

두 함수 $f(x)=7^{3x}$, $g(x)=\frac{1}{3}\log_7 x$에 대하여 $f(g(7))$의 값을 구하시오. (3점)
【단서】 합성함수의 함숫값을 구할 때는 무엇을 어디에 대입하느냐가 중요해. 즉, $f(g(7))$은 $g(7)$의 값을 함수 $f(x)$의 식의 x에 대입하라는 뜻이야.

1st 먼저 $g(7)$의 값을 구하자.

함수 $g(x)=\frac{1}{3}\log_7 x$에 대하여

$g(7)=\frac{1}{3}\log_7 7=\frac{1}{3}$

합성함수에서는 함숫값을 구하는 순서가 중요해. 즉, $(f\circ g)(a)=f(g(a))$는 $x=a$를 먼저 $g(x)$의 식에 대입한 다음 그 값을 $f(x)$에 대입해야 해.

$\therefore f(g(7))=f\left(\frac{1}{3}\right)$

2nd 이제 $f\left(\frac{1}{3}\right)$의 값을 구하자.

함수 $f(x)=7^{3x}$에 대하여

$f\left(\frac{1}{3}\right)=7^{3\times\frac{1}{3}}=7$

$\therefore f(g(7))=7$

정답 공식: $a \leq x \leq b$에서 이차함수 $y=f(x)$의 최솟값은 $x=a$, $x=b$ 또는 $y=f(x)$의 그래프의 꼭짓점에서 생긴다.

함수 $f(x)=\log_3 x$에 대하여 두 양수 a, b가 다음 조건을 만족시킨다.

(가) $|f(a)-f(b)| \leq 1$
(나) $f(a+b)=1$

ab의 최솟값을 m이라 할 때, $f(m)=3-\log_3 k$이다. 자연수 k의 값은? (4점) **단서** ab의 최솟값을 구하기 위해서는 a, b의 관계식을 구하여 a 또는 b 중 하나의 문자로 표현된 식을 구해야 해.

① 16   ② 19   ③ 22   ④ 25   ⑤ 28

1st 조건을 이용하여 두 양수 a, b의 관계를 구하자.

조건 (가)에서 $|\log_3 a - \log_3 b| \leq 1$이므로

$-1 \leq \log_3 \dfrac{a}{b} \leq 1$이고 $\dfrac{1}{3} \leq \dfrac{a}{b} \leq 3$ ㅣ $A>0$일 때 $|x| \leq A \iff -A \leq x \leq A$ ㅣ $-1 \leq \log_3 \dfrac{a}{b} \leq 1$이므로

이때, $b>0$이므로 $\dfrac{1}{3}b \leq a \leq 3b$ ㅣ $\log_3 3^{-1} \leq \log_3 \dfrac{a}{b} \leq \log_3 3$이고, 함수 $y=\log_3 x$의 밑이 1보다 크기 때문에 $\dfrac{1}{3} \leq \dfrac{a}{b} \leq 3$이야.

조건 (나)에서 $a=3-b$이므로

$\underset{(i)}{\dfrac{1}{3}b} \leq \underset{}{3-b} \leq \underset{(ii)}{3b}$ ㅣ $f(a+b)=\log_3(a+b)=1$에서 $a+b=3^1=3$이므로 $a=3-b$가 성립하지.

(i) $\dfrac{1}{3}b \leq 3-b$에서 $\dfrac{4}{3}b \leq 3$

$\therefore b \leq \dfrac{9}{4}$

(ii) $3-b \leq 3b$에서 $3 \leq 4b$

$\therefore b \geq \dfrac{3}{4}$

(i), (ii)에 의해 $\dfrac{3}{4} \leq b \leq \dfrac{9}{4}$

2nd 양수 b의 값의 범위를 이용하여 ab의 최솟값을 구해.

$ab=(3-b)b=-\left(b-\dfrac{3}{2}\right)^2+\dfrac{9}{4}$

$\dfrac{3}{4} \leq b \leq \dfrac{9}{4}$이므로

ab는 $b=\dfrac{3}{4}$ 또는 $b=\dfrac{9}{4}$에서 ㅣ b에 관한 이차함수 $ab=(3-b)b=-\left(b-\dfrac{3}{2}\right)^2+\dfrac{9}{4}$의 그래프는 최고차항의 계수의 부호가 음수이고 위로 볼록이기 때문에 꼭짓점에서 최솟값이 생기지 않아. 즉, b의 범위 양 끝만 조사하면 돼.

최솟값을 가진다.

$g(b)=-\left(b-\dfrac{3}{2}\right)^2+\dfrac{9}{4}$라 할 때

$g\left(\dfrac{3}{4}\right)=-\left(-\dfrac{3}{4}\right)^2+\dfrac{9}{4}=-\dfrac{9}{16}+\dfrac{36}{16}=\dfrac{27}{16}$

$\therefore m=\dfrac{27}{16}$ ㅣ $b=\dfrac{3}{4}$ 또는 $b=\dfrac{9}{4}$의 값을 대입해야 하는데 $g(b)=-\left(b-\dfrac{3}{2}\right)^2+\dfrac{9}{4}$이므로 꼭짓점의 b좌표 $\dfrac{3}{2}=\dfrac{6}{4}$과 $b=\dfrac{3}{4}$, $b=\dfrac{9}{4}$와의 차가 $\dfrac{3}{4}$으로 같기 때문에 $g\left(\dfrac{3}{4}\right)=g\left(\dfrac{9}{4}\right)$야.

즉, $f\left(\dfrac{27}{16}\right)=\log_3 \dfrac{27}{16}$

$=\log_3 27 - \log_3 16$

$=\log_3 3^3 - \log_3 16$

$=3-\log_3 16$

$\therefore k=16$

정답 공식: 함수 $y=\log_a(x-m)+n$의 점근선은 $x=m$이다.

함수 $y=\log_3(x+a)+b$의 그래프가 점 $(5, 0)$을 지나고 점근선이 직선 $x=-4$일 때, $a+b$의 값은? **단서1** 함수 $y=\log_3(x+a)+b$의 그래프는 함수 $y=\log_3 x$의 그래프를 x축의 방향으로 (단, a, b는 상수이다.) (3점) $-a$만큼 y축의 방향으로 b만큼 평행이동한 거야.

① 2   ② 4   ③ 6   ④ 8   ⑤ 10

단서2 $x=5$, $y=0$을 대입했을 때, 식이 성립해야겠지?

1st 점근선이 직선 $x=-4$임을 이용하여 a의 값을 구해.

함수 $y=\log_3 x$의 그래프의 점근선은 직선 $x=0$이고 함수 $y=\log_3(x+a)+b$의 그래프는 함수 $y=\log_3 x$의 그래프를 x축의 방향으로 $-a$만큼 y축의 방향으로 b만큼 평행이동한 것이므로 이 그래프의 점근선은 직선 $x=-a$이다. ㅣ $\log_3(x+a)+b$에서 진수 조건에 의하여 $x+a>0$ ∴ $x>-a$ 즉, 함수 $y=\log_3(x+a)+b$는 $x>-a$에서 정의되므로 이 함수의 그래프의 점근선은 직선 $x=-a$야.

즉, $-a=-4$에서 $a=4$

2nd 점 $(5, 0)$이 주어진 그래프 위의 점임을 이용하여 b의 값을 구하고 $a+b$를 계산해.

한편, 함수 $y=\log_3(x+a)+b$, 즉 $y=\log_3(x+4)+b$의 그래프가 점 $(5, 0)$을 지나므로 $x=5$, $y=0$을 대입하면

$0=\log_3(5+4)+b$에서 $0=\log_3 9+b$, $0=\log_3 3^2+b$

$0=2\log_3 3+b$, $0=2+b$ ∴ $b=-2$ ㅣ $\log_a b^n=n\log_a b$

ㅣ $\log_a a=1$

$\therefore a+b=4+(-2)=2$

정답 공식: 로그함수 $y=\log_a x(a \neq 1, a>0)$의 그래프를 x축의 방향으로 m만큼, y축의 방향으로 n만큼 평행이동한 그래프는 $y-n=\log_a(x-m)$이다.

함수 $y=\log_2 x$의 그래프를 x축의 방향으로 a만큼, y축의 방향으로 1만큼 평행이동한 그래프가 점 $(9, 3)$을 지날 때, 상수 a의 값은? (3점) **단서** 함수의 그래프를 x축의 방향으로 m만큼, y축의 방향으로 n만큼 평행이동한 함수는 원래 함수에 x 대신 $x-m$, y 대신 $y-n$을 대입하면 구할 수 있지.

① 5   ② 6   ③ 7   ④ 8   ⑤ 9

1st 로그함수를 평행이동한 로그함수를 구하고 지나는 점의 좌푯값을 대입하자.

지수함수 $y=\log_2 x$의 그래프를 x축의 방향으로 a만큼, y축의 방향으로 1만큼 평행이동한 그래프는

$y-1=\log_2(x-a)$

이것이 점 $(9, 3)$을 지나므로 대입하면

$3-1=\log_2(9-a)$

$2=\log_2(9-a)$

$9-a=2^2=4$ ㅣ $a \neq 1, a>0, x>0$일 때, $\log_a x=y \iff x=a^y$

$\therefore a=5$

주의 점 (x, y)를 x축의 방향으로 m만큼, y축의 방향으로 n만큼 평행이동한 점은 $(x+m, y+n)$이지만 도형 $f(x, y)=0$을 x축의 방향으로 m만큼, y축의 방향으로 n만큼 평행이동한 도형은 $f(x-m, y-n)=0$으로 x 또는 y 대신 대입하는 식이 다르니까 주의해.

C 107 정답 ④ *로그함수의 그래프의 평행이동과 대칭이동 ·· [정답률 83%]

(정답 공식: 로그함수 $y=\log_a(x-m)+n$의 그래프의 점근선은 직선 $x=m$이다.)

두 상수 a, b에 대하여 함수 $y=\log_2(x-a)+1$의 그래프가 점 $(7, b)$를 지나고 점근선이 직선 $x=3$일 때, $a+b$의 값은? (3점)
단서 그래프를 지나는 점을 함수식에 대입하고, 로그함수의 점근선을 비교해 봐.
① 3   ② 4   ③ 5
④ 6   ⑤ 7

1st a, b의 값을 각각 구하자.
┌─[로그함수의 그래프의 점근선]
│ 로그함수 $y=\log_a(x-m)+n$의 그래프의
└ 점근선의 방정식은 $x=m$

함수 $y=\log_2(x-a)+1$의 그래프의 점근선은 $x=a$이므로 $a=3$
함수 $y=\log_2(x-a)+1$의 그래프가 점 $(7, b)$를 지나므로
$b=\log_2(7-a)+1=\log_2(7-3)+1$ →로그함수 식에 점 $(7, b)$의 좌표를 대입해 봐.
$=\log_2 4+1=2+1=3$
$\therefore a+b=3+3=6$

C 108 정답 13 *로그함수의 그래프의 평행이동과 대칭이동 [정답률 89%]

(정답 공식: 그래프를 평행이동시킬 때 점근선도 같이 이동한다.)

함수 $f(x)=\log_6(x-a)+b$의 그래프의 점근선이 직선 $x=5$이고, $f(11)=9$이다. 상수 a, b에 대하여 $a+b$의 값을 구하시오. (3점)
단서 함수 $y=\log_6 x$의 그래프를 x축의 방향으로 a만큼, y축의 방향으로 b만큼 평행이동한 것이므로 함수 $y=\log_6 x$의 그래프의 점근선 $x=0$도 그만큼 평행이동하겠지?

1st 로그함수 $f(x)=\log_a(x-p)+q$의 그래프의 점근선은 $x=p$임을 이용해.
함수 $f(x)=\log_6(x-a)+b$의 그래프의 점근선은 직선 $x=a$이므로 $a=5$

2nd $f(11)=9$를 이용해.
$f(11)=\log_6(11-5)+b=9$에서 $1+b=9$이므로 $b=8$
└→ $\log_a a=1\,(a>0, a\neq 1)$이므로 $\log_6 6=1$
따라서 $a=5$, $b=8$이므로 $a+b=13$

C 109 정답 25 *로그함수의 그래프의 평행이동과 대칭이동 [정답률 89%]

(정답 공식: 그래프를 평행이동시킬 시 점근선도 같이 이동한다.)

곡선 $y=\log_2(x+5)$의 점근선이 직선 $x=k$이다. k^2의 값을 구하시오. (단, k는 상수이다.) (3점)
단서 곡선 $y=\log_2(x+5)$는 곡선 $y=\log_2 x$를 x축의 방향으로 -5만큼 평행이동시킨 곡선임을 이해해야 해.

1st 로그함수 $y=\log_a(x-p)+q$의 점근선은 $x=p$야.
곡선 $y=\log_2(x+5)$는 곡선 $y=\log_2 x$를 x축의 방향으로 -5만큼 평행이동시킨 곡선이다. 이때, 곡선 $y=\log_2 x$의 점근선이 $x=0$이므로 x축의 방향으로 -5만큼 평행이동시킨 곡선 $y=\log_2(x+5)$의 점근선은
└→곡선 $y=f(x)$를 x축의 방향으로 m만큼, y축의 방향으로 n만큼 평행이동시킨
$x=-5$이다. 곡선의 식은 $y-n=f(x-m)$이야.
따라서 $k=-5$이므로 $k^2=25$

🔧 톡톡 풀이: **로그의 진수의 조건 이용하기**
로그의 진수는 양수지? 즉, 로그함수 $y=\log_a x$의 정의역은 $x>0$이야.
로그함수 $y=\log_2(x+5)$의 정의역은 $x+5>0$에서 $x>-5$지?
즉, 로그함수 $y=\log_2(x+5)$의 그래프는 $x>-5$의 범위에서 그려지게 돼. 따라서 곡선 $y=\log_2(x+5)$의 점근선은 $x=-5$야.

C 110 정답 ② *로그함수의 그래프의 평행이동과 대칭이동 [정답률 86%]

(정답 공식: 로그의 성질을 이용하여 식을 변형한 뒤 대칭이동과 평행이동을 찾는다.)

함수 $y=\log_3\dfrac{3}{x-1}$의 그래프의 개형으로 알맞은 것은? (3점)
단서 주어진 함수의 식을 $y-n=a\log_3(x-m)$ (단, $a=\pm 1$) 꼴로 변형하자. 그럼, $y=\log_3 x$의 그래프를 평행이동 또는 대칭이동하여 주어진 함수의 그래프를 그릴 수 있어.

① (그래프) ② (그래프)
③ (그래프) ④ (그래프)
⑤ (그래프)

1st $\log_a\dfrac{x}{y}=\log_a x-\log_a y$임을 이용하여 주어진 식을 변형해.
$y=\log_3\dfrac{3}{x-1}$에서 $y=\log_3 3-\log_3(x-1)$
$\therefore y-1=-\log_3(x-1)$

2nd x축, y축의 방향으로 얼마만큼 평행이동 또는 대칭이동했는지를 살펴봐.

즉, 함수 $y=\log_3\dfrac{3}{x-1}$의 그래프는 $y=\log_3 x$의 그래프를 x축에 대하여 대칭이동한 후 다시 x축의 방향으로 1만큼, y축의 방향으로 1만큼 평행이동한 것이다.
(i) $y=\log_3 x \xrightarrow{x축에 대하여 대칭이동} -y=\log_3 x$, 즉 $y=-\log_3 x$ (ii)

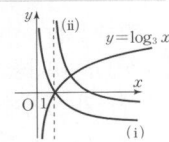

⚠️ 실수 함수 $y=\log_3\dfrac{3}{x-1}$처럼 직접 파악하기 어려울 경우 파악하기 쉬운 함수 $y=\log_3 x$의 그래프를 평행이동한 것으로 판단하는 방법이 있어.

따라서 $y=\log_3\dfrac{3}{x-1}$의 그래프의 개형으로 알맞은
점근선의 방정식: $x=1$, x절편: $\dfrac{3}{x-1}=1$에서 $x=4$
것은 ②이다.

C 111 정답 ⑤ *로그함수의 그래프의 평행이동과 대칭이동 ·· [정답률 61%]

[정답 공식: 로그함수 $y=\log_a x\,(a>0, a\neq 1)$는 $a>1$일 때, x의 값이 증가하면 y의 값도 증가하고, $0<a<1$일 때, x의 값이 증가하면 y의 값은 감소한다.]

함수 $y=2+\log_2 x$의 그래프를 x축의 방향으로 -8만큼, y축의 방향으로 k만큼 평행이동한 그래프가 제4사분면을 지나지 않도록 하는 실수 k의 최솟값은? (3점)
단서1 함수 $y=2+\log_2 x$의 그래프는 밑이 $2>1$이므로 x의 값이 증가하면 y의 값도 증가하지. 이 함수의 그래프를 평행이동한 그래프도 마찬가지로 x의 값이 증가하면 y의 값이 증가해.
단서2 증가하는 함수의 그래프가 제4사분면을 지나지 않도록 하려면 x축 또는 y축과의 교점을 이용하면 되지.
① -1 ② -2 ③ -3 ④ -4 ⑤ -5

1st 로그함수의 그래프가 제4사분면을 지나지 않기 위해 x축 또는 y축을 어떻게 지나야 하는지 조건을 구해.

함수 $y=2+\log_2 x$의 그래프를 x축의 방향으로 -8만큼, y축의 방향으로 k만큼 평행이동한 그래프를 나타내는 함수는 $y=\log_2(x+8)+k+2$ 이다. 함수 $y=2+\log_2 x$에서 x 대신 $x+8$, y 대신 $y-k$를 대입하면 되지.

이때, 이 함수의 그래프가 제4사분면을 지나지 않으려면 $x=0$일 때 함숫값이 0 이상이어야 한다.

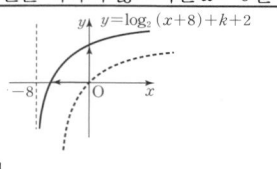

즉, $\log_2 8+k+2\geq0$에서
$\log_2 2^3+k+2\geq0$
$3+k+2\geq0$ ∴ $k\geq-5$
따라서 실수 k의 최솟값은 -5이다.

🔧 **다른 풀이: 로그함수의 그래프가 제4사분면을 지나지 않기 위해 x축을 어떻게 지나야 하는지 조건 구하기**

이 함수의 그래프가 제4사분면을 지나지 않으려면 $y=0$일 때 x의 좌표가 0 이하가 되도록 해야 해.
함수 $y=\log_2(x+8)+k+2$에서 $y=0$일 때
$0=\log_2(x+8)+k+2$
$\log_2(x+8)=-k-2$
$x+8=2^{-k-2}$ ∴ $x=2^{-k-2}-8$
$x=2^{-k-2}-8\leq0$에서
$2^{-k-2}\leq2^3$
$-k-2\leq3$ (∵ (밑)$=2>1$)
∴ $k\geq-5$
따라서 실수 k의 최솟값은 -5가 돼.

C 112 정답 **11** ＊로그함수의 그래프의 평행이동과 대칭이동 - [정답률 61%]

> 정답 공식: 함수 $y=f(x)$의 그래프를 x축의 방향으로 m만큼 평행이동한 그래프는 $y=f(x-m)$이다.

함수 $y=f(x)$의 그래프는 함수 $y=\log_2 x$의 그래프를 x축의 방향으로 m만큼 평행이동한 후 직선 $y=x$에 대하여 대칭이동한 그래프와 일치한다. 함수 $y=f(x)$의 그래프가 점 $(1,5)$를 지날 때, $f(m)$의 값을 구하시오. (단, m은 상수이다.) (4점)
단서 x 대신 $x-m$을 대입하면 평행이동한 그래프의 식이 나와.

1st x 대신 $x-m$을 대입하여 나온 그래프의 식을 $y=x$에 대하여 대칭이동한 식과 일치해야 해.

함수 $y=\log_2 x$의 그래프를 x축의 방향으로 m만큼 평행이동한 그래프를 구하면 $y=\log_2(x-m)$이고, 이 그래프를 직선 $y=x$에 대하여 대칭이동한 그래프는 $y=2^x+m$이다.

└[직선 $y=x$에 대하여 대칭이동한 함수식 구하기]
x,y를 서로 바꾸고, 이를 y에 대하여 정리하면 된다.
→x,y를 서로 바꾸면 $x=\log_2(y-m)$이고, 이 식을 y에 대하여 정리하면 $y-m=2^x$
∴ $y=2^x+m$

⚠주의
직선 $y=x$에 대하여 대칭이동한 식은 x,y문자만 서로 바꾸고 이외의 것은 그대로 두어야 해.

$f(x)=2^x+m$이고 함수 $y=f(x)$의 그래프는 점 $(1,5)$를 지나므로
$5=2+m$ ∴ $m=3$
∴ $f(3)=2^3+3=11$

C 113 정답 ① ＊로그함수의 그래프의 평행이동과 대칭이동 - [정답률 73%]

> 정답 공식: 함수 $y=\log_a x$의 그래프를 x축의 방향으로 m만큼, y축의 방향으로 n만큼 평행이동한 그래프가 나타내는 식은 $y=\log_a(x-m)+n$이다.

함수 $y=\log_3 x$의 그래프 위에 두 점 $A(a,1)$, $B(27,b)$가 있다. 함수 $y=\log_3 x$의 그래프를 x축의 방향으로 m만큼 평행이동한 그래프가 두 점 A, B의 중점을 지날 때, 상수 m의 값은? (4점)
단서 함수 $y=f(x)$의 그래프를 x축의 방향으로 m만큼 평행이동한 그래프가 나타내는 식은 $y=f(x-m)$임을 이용해.
① 6 ② 7 ③ 8
④ 9 ⑤ 10

1st 두 점 A, B의 좌표를 함수 $y=\log_3 x$에 대입하자.

함수 $y=\log_3 x$의 그래프 위에 점 $A(a,1)$이 있으므로
$\log_3 a=1$ ∴ $a=3$
또, 함수 $y=\log_3 x$의 그래프 위에 점 $B(27,b)$가 있으므로
$b=\log_3 27=\log_3 3^3=3$
즉, 두 점은 $A(3,1)$, $B(27,3)$이고 이 두 점의 중점의 좌표를 구하면
$\left(\dfrac{3+27}{2},\dfrac{1+3}{2}\right)=(15,2)$
[중점의 좌표]
두 점 $A(x_1,y_1)$, $B(x_2,y_2)$의 중점의 좌표는 $M\left(\dfrac{x_1+x_2}{2},\dfrac{y_1+y_2}{2}\right)$

2nd 평행이동한 그래프가 나타내는 식을 이용하여 m의 값을 구하자.

함수 $y=\log_3 x$의 그래프를 x축의 방향으로 m만큼 평행이동한 그래프가 나타내는 식은 $y=\log_3(x-m)$ x 대신 $x-m$을 대입해.
이 그래프가 점 $(15,2)$를 지나므로
$2=\log_3(15-m)$에서
$15-m=9$
∴ $m=6$

C 114 정답 **34** ＊로그함수의 그래프의 평행이동과 대칭이동 - [정답률 33%]

> 정답 공식: 방정식 $f(x,y)=0$이 나타내는 도형을 원점에 대하여 대칭이동한 도형의 방정식은 $f(-x,-y)=0$이고, x축의 방향으로 a만큼 평행이동한 도형의 방정식은 $f(x-a,y)=0$이다.

단서 곡선을 원점에 대칭이동한 후 x축의 방향으로 평행이동시킨 곡선을 찾아야 해.
곡선 $y=\log_2 x$를 원점에 대하여 대칭이동한 후 x축의 방향으로 $\dfrac{5}{2}$만큼 평행이동 한 곡선을 $y=f(x)$라 하자. 두 곡선 $y=\log_2 x$와 $y=f(x)$의 두 교점을 A, B라 할 때, 직선 AB의 기울기는 $\dfrac{q}{p}$이다. $10p+q$의 값을 구하시오. (단, p와 q는 서로소인 자연수이다.) (4점)

1st 곡선 $y=f(x)$의 함수식을 구하자.

곡선 $y=\log_2 x$를 원점에 대하여 대칭이동한 곡선은
곡선 $y=\log_2 x$를 원점에 대하여 대칭이동하면 x 대신 $-x$, y 대신 $-y$를 대입한 식과 같으므로 $-y=\log_2(-x)$, 즉 $y=-\log_2(-x)$
$y=-\log_2(-x)$이고, 이것을 x축의 방향으로 $\dfrac{5}{2}$만큼 평행이동한 곡선은
$y=-\log_2(-x)$를 x축의 방향으로 $\dfrac{5}{2}$만큼 평행이동하면 x에 $x-\dfrac{5}{2}$를 대입한 식과 같으므로 $y=-\log_2\left(-\left(x-\dfrac{5}{2}\right)\right)$
$y=-\log_2\left(-\left(x-\dfrac{5}{2}\right)\right)$
$=-\log_2\left(-x+\dfrac{5}{2}\right)$
즉, $f(x)=-\log_2\left(-x+\dfrac{5}{2}\right)$

2nd 두 교점 A, B의 좌표를 각각 구하자.

두 점 A, B의 x좌표를 각각 α, $\beta(\alpha<\beta)$라 하면 두 실수 α, β는 방정식 $\log_2 x=-\log_2\left(-x+\dfrac{5}{2}\right)$의 해와 같다.

$\log_2 x=-\log_2\left(-x+\dfrac{5}{2}\right)$

$\log_2 x+\log_2\left(-x+\dfrac{5}{2}\right)=0$

$\underline{\log_2\left\{x\left(-x+\dfrac{5}{2}\right)\right\}=0}$　$\overset{\log_a x+\log_a y=\log_a xy}{}$

$x\left(-x+\dfrac{5}{2}\right)=1$, $-x^2+\dfrac{5}{2}x=1$

$2x^2-5x+2=0$, $(2x-1)(x-2)=0$

$\therefore x=\dfrac{1}{2}$, $x=2 \Rightarrow \alpha=\dfrac{1}{2}$, $\beta=2$

따라서 $A\left(\dfrac{1}{2},\ -1\right)$, $B(2,\ 1)$이고, 직선 AB의 기울기는

$\dfrac{1-(-1)}{2-\dfrac{1}{2}}=\dfrac{4}{3}$이므로 $p=3$, $q=4$

$\therefore 10p+q=10\times3+4=34$

C 115　정답 ②　＊로그함수의 그래프의 평행이동과 대칭이동 ··· [정답률 51%]

[정답 공식: 도형 $f(x,\ y)=0$을 x축의 방향으로 m만큼, y축의 방향으로 n만큼 평행이동한 도형은 $f(x-m,\ y-n)=0$이다.]

그림과 같이 두 함수 $f(x)=\log_2 x$, $g(x)=\log_2 3x$의 그래프 위에 네 점 $A(1,\ f(1))$, $B(3,\ f(3))$, $C(3,\ g(3))$, $D(1,\ g(1))$이 있다. 두 함수 $y=f(x)$, $y=g(x)$의 그래프와 선분 AD, 선분 BC로 둘러싸인 부분의 넓이는? (4점)

단서 두 함수 $f(x)$와 $g(x)$의 관계를 파악하면 색칠한 부분의 넓이를 어떤 다각형으로 바꿀 수 있는지 파악할 수 있어.

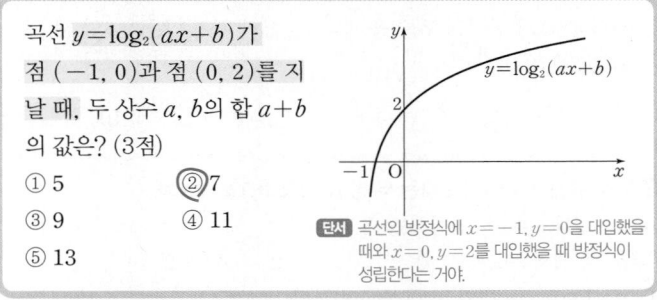

① 3　②2$\log_2$ 3　③ 4　④ 3$\log_2$ 3　⑤ 5

1st 두 함수 $f(x)$와 $g(x)$의 그래프 사이의 관계를 파악하자.

$\underline{g(x)=\log_2 3x=\log_2 x+\log_2 3=f(x)+\log_2 3}$　[로그의 성질]

즉, 함수 $g(x)=\log_2 3x$의 그래프는　$\overset{\underset{\longrightarrow}{a>0,\ a\neq1,\ M>0,\ N>0일\ 때,}}{\log_a MN=\log_a M+\log_a N}$

함수 $f(x)=\log_2 x$의 그래프를 y축의 방향으로

$\log_2 3$만큼 평행이동한 것이다. 함수 $g(x)$의 그래프를 y축의 방향으로 $-\log_2 3$만큼 평행이동하면 함수 $f(x)$의 그래프와 겹쳐지지.

2nd 평행이동을 이용하여 색칠한 부분의 넓이와 같은 넓이를 갖는 다각형을 찾자.

직선 BC와 x축이 만나는 점을 E라 하면 점 E의 좌표는 $(3,\ 0)$이다.

그림과 같이 함수 $y=g(x)$의 그래프와 선분 DB, 선분 BC로 둘러싸인 부분의 넓이는 함수 $y=f(x)$의 그래프와 선분 AE, 선분 EB로 둘러싸인 부분의 넓이와 같다. 점 B의 y좌표와 점 D의 y좌표가 모두 $\log_2 3$이므로 선분 DB는 x축과 평행해. 따라서 함수 $y=g(x)$의 그래프와 선분 DB, 선분 BC로 둘러싸인 부분을 y축의 방향으로 $-\log_2 3$만큼 평행이동하면 함수 $y=f(x)$의 그래프와 선분 AE, 선분 EB로 둘러싸인 부분과 겹쳐지게 되니.

즉, 두 함수 $y=f(x)$, $y=g(x)$의 그래프와 선분 AD, 선분 BC로 둘러싸인 부분의 넓이는 직사각형 AEBD의 넓이와 같다.

$\overline{AD}=\log_2 3$, ← 선분 AD의 길이는 점 D의 y좌표와 같아.

$\overline{AE}=3-1=2$이므로

(구하는 넓이) ← $\overline{AE}=($점 E의 x좌표$)-($점 A의 x좌표$)$

$=2\times\log_2 3=2\log_2 3$ 　 $=3-1=2$

C 116　정답 ②　＊로그함수의 그래프 위의 점 ······ [정답률 90%]

(정답 공식: 함수 $y=f(x)$의 그래프가 점 $(a,\ b)$를 지나면 $f(a)=b$가 성립한다.)

곡선 $y=\log_2(ax+b)$가 점 $(-1,\ 0)$과 점 $(0,\ 2)$를 지날 때, 두 상수 a, b의 합 $a+b$의 값은? (3점)

① 5　　②7

③ 9　　④ 11

⑤ 13

단서 곡선의 방정식에 $x=-1$, $y=0$을 대입했을 때와 $x=0$, $y=2$를 대입했을 때 방정식이 성립한다는 거야.

1st 곡선 $y=f(x)$가 점 $(\alpha,\ \beta)$를 지나면 $\beta=f(\alpha)$가 성립해.

$y=\log_2(ax+b)$가 두 점 $(-1,\ 0)$, $(0,\ 2)$를 지나므로

$\underline{0=\log_2(-a+b)}$에서 $-a+b=1$이므로　$\overset{\underset{\longrightarrow}{-a+b=2^0=1}}{}$

$a=b-1$ ··· ㉠

$\underline{2=\log_2 b}$에서 $b=4$ ··· ㉡　$\overset{\underset{\longrightarrow}{b=2^2=4}}{}$

㉡을 ㉠에 대입하면 $a=3$이므로

$a+b=3+4=7$

C 117　정답 ①　＊로그함수의 그래프 ··········· [정답률 81%]

[정답 공식: 지수함수 $y=a^x$과 로그함수 $y=\log_a x$는 서로 역함수 관계이므로 두 함수의 그래프는 직선 $y=x$에 대하여 대칭이다.]

함수 $y=\log_3(2x+1)$의 역함수의 그래프가 점 $(4,\ a)$를 지날 때, a의 값은? (3점) 단서 역함수의 그래프가 점 $(4,\ a)$를 지나면 원래 함수의 그래프는 점 $(a,\ 4)$를 지나겠지?

①40　　② 42　　③ 44

④ 46　　⑤ 48

1st 로그함수의 그래프가 지나는 점을 이용하여 a의 값을 구하자.

함수 $y=\log_3(2x+1)$의 <u>역함수의 그래프가 점 $(4,\ a)$를 지나므로</u>

$y=\log_3(2x+1)$의 함수의 그래프는 점 $(a,\ 4)$를 지난다.

$4=\log_3(2a+1)$, $2a+1=3^4$　함수 $y=f(x)$의 역함수의 그래프가 점 $(s,\ t)$를 지나면 함수 $y=f(x)$의 그래프는 점 $(t,\ s)$를 지나.

$2a+1=81$, $2a=80$

$\therefore a=40$

주의

지수함수와 로그함수의 그래프 문제에서 학생들이 주의해야 할 부분은 너무 겁먹지 말아야 한다는 점이야. 많은 학생들이 함수라는 단어를 본 순간부터 겁을 먹는 경우가 많은데 쉬운 수준의 문제는 특정 점의 좌표만 대입하면 해결할 수 있는 수준이니 포기하지 말고 도전해보는 자세가 중요하다고 생각해.

로그함수 $y=\log_3(2x+1)$의 역함수를 구하려면 x와 y를 바꾸고 y에 대하여 정리하면 되지?

$$x=\log_3(2y+1)$$
$$\therefore y=\frac{1}{2}(3^x-1)$$ ← 로그의 정의를 이용하면 이 식을 $y=f(x)$의 형태로 정리할 수 있어.

따라서 곡선 $y=\frac{1}{2}(3^x-1)$이 점 $(4, a)$를 지나므로

$$a=\frac{1}{2}\times(3^4-1)=\frac{1}{2}\times 80=40$$

C 118 정답 ② ＊로그함수의 그래프 위의 점 ⋯⋯⋯ [정답률 85%]

(정답 공식: $\overline{AB}=|$(A의 x좌표)$-$(B의 x좌표)$|$임을 이용한다.)

> 1보다 큰 양수 a에 대하여 두 곡선 $y=a^{-x-2}$과 $y=\log_a(x-2)$가 직선 $y=1$과 만나는 두 점을 각각 A, B라 하자. $\overline{AB}=8$일 때, a의 값은? (3점)
> 단서 $y=a^{-x-2}$, $y=\log_a(x-2)$에 $y=1$을 대입하여 구한 x의 값이 각각 두 점 A, B의 x좌표야.
>
> ① 2   ②4   ③ 6   ④ 8   ⑤ 10

1st 두 곡선과 $y=1$이 만나는 두 점 A, B의 좌표를 구해봐.

$y=a^{-x-2}$과 $y=1$을 연립하면

①$=a^{-x-2}$에서 $-x-2=0$ $\therefore x=-2 \Rightarrow$ A$(-2, 1)$
└→a^0

또, $y=\log_a(x-2)$와 $y=1$을 연립하면

①$=\log_a(x-2)$에서 $x-2=a$ $\therefore x=a+2 \Rightarrow$ B$(a+2, 1)$
└→$\log_a a$

2nd 두 점 A, B의 y좌표가 같으므로 선분 AB의 길이는 x좌표의 차이야.

따라서 $\overline{AB}$의 길이는 두 점 A, B의 x좌표의 차이므로

$$\overline{AB}=(a+2)-(-2)=8\ (\because a는\ 1보다\ 큰\ 양수)$$
$$a+4=8 \therefore a=4$$

C 119 정답 1 ＊로그함수의 그래프 위의 점 ⋯⋯⋯ [정답률 87%]

[정답 공식: 두 점 (x_1, y_1), (x_2, y_2)를 $m:n$으로 내분하는 점의 좌표는
$\left(\dfrac{mx_2+nx_1}{m+n}, \dfrac{my_2+ny_1}{m+n}\right)$임을 이용하자.]

> 함수 $y=\log_3 x$의 그래프 위의 두 점 A, B의 x좌표를 각각 a, b라 하자. 선분 AB를 $2:1$로 내분하는 점이 x축 위에 있을 때, ab^2의 값을 구하시오. (3점)
> 단서 1 내분점의 좌표를 구하는 공식을 이용하여 두 점 A$(a, \log_3 a)$, B$(b, \log_3 b)$를 이은 선분을 $2:1$로 내분하는 점의 좌표를 구해.
> 단서 2 x축 위의 점의 y좌표는 0이지?

1st 두 점 (x_1, y_1), (x_2, y_2)를 $m:n$으로 내분하는 점의 좌표는

$\left(\dfrac{mx_2+nx_1}{m+n}, \dfrac{my_2+ny_1}{m+n}\right)$임을 이용해.

함수 $y=\log_3 x$의 그래프 위의 두 점 A$(a, \log_3 a)$, B$(b, \log_3 b)$를 이은 선분 AB를 $2:1$로 내분하는 점의 좌표는

$\left(\dfrac{a+2b}{3}, \dfrac{\log_3 a+2\log_3 b}{3}\right)$ $\left(\dfrac{2b+1\times a}{2+1}, \dfrac{2\log_3 b+1\times \log_3 a}{2+1}\right)$

2nd x축 위에 있는 점의 y좌표는 0이야.

이 내분점이 x축 위에 있으므로

$$\dfrac{\log_3 a+2\log_3 b}{3}=0,\ \log_3 a+2\log_3 b=0$$

$$\log_3 a+\log_3 b^2=0,\ \log_3 ab^2=0$$
$$\therefore ab^2=1$$

→ $0=\log_3 1$

[로그의 성질]
① $\log_a x+\log_a y=\log_a xy$
② $\log_a x^n=\dfrac{n}{m}\log_a x$
③ $\log_a a=1, \log_a 1=0$

C 120 정답 ② ＊로그함수의 그래프 위의 점 ⋯⋯⋯ [정답률 48%]

[정답 공식: 두 점 A(x_1, y_1), B(x_2, y_2)에 대하여 선분 AB를 $m:n$으로 외분하는 점은 $\left(\dfrac{mx_2-nx_1}{m-n}, \dfrac{my_2-ny_1}{m-n}\right)(m\neq n)$]

> 함수 $y=\log_2 x$의 그래프 위에 서로 다른 두 점 A, B가 있다. 선분 AB의 중점이 x축 위에 있고, 선분 AB를 $1:2$로 외분하는 점이 y축 위에 있을 때, 선분 AB의 길이는? (4점)
> 단서 중점과 외분점을 구하여 x축 위의 점은 y좌표가 0이고 y축 위의 점은 x좌표가 0임을 이용하면 되지.
>
> ① 1   ②$\dfrac{\sqrt{6}}{2}$ ③ $\sqrt{2}$ ④ $\dfrac{\sqrt{10}}{2}$ ⑤ $\sqrt{3}$

1st 두 점 A, B의 중점이 x축 위에 있으므로 y좌표는 0이지.

두 양수 a, b에 대하여 함수 $y=\log_2 x$의 그래프 위의 두 점을 A$(a, \log_2 a)$, B$(b, \log_2 b)$라 하자.

선분 AB의 중점을 구하면 →[중점]
두 점 A(x_1, y_1), B(x_2, y_2)에 대하여 선분 AB의 중점은

$\left(\dfrac{a+b}{2}, \dfrac{\log_2 a+\log_2 b}{2}\right)$ $\left(\dfrac{x_1+x_2}{2}, \dfrac{y_1+y_2}{2}\right)$

이 중점이 x축 위에 있으므로 y좌표는 0이다.

$$\dfrac{\log_2 a+\log_2 b}{2}=0$$

$$\log_2 ab=0 \therefore ab=1 \cdots ㉠$$

2nd 선분 AB를 $1:2$로 외분하는 점이 y축 위에 있으므로 x좌표는 0이야.

선분 AB를 $1:2$로 외분하는 점을 구하면

$\left(\dfrac{b-2a}{1-2}, \dfrac{\log_2 b-2\log_2 a}{1-2}\right)$ [선분의 내분점과 외분점] 두 점 A(x_1, y_1), B(x_2, y_2)에 대하여 선분 AB를

즉, $(2a-b, 2\log_2 a-\log_2 b)$ (1) $m:n$으로 내분하는 점은

이 점이 y축 위에 있으므로 $\left(\dfrac{mx_2+nx_1}{m+n}, \dfrac{my_2+ny_1}{m+n}\right)$

x좌표는 0이다. (2) $m:n$으로 외분하는 점은

$$2a-b=0 \therefore b=2a \cdots ㉡$$ $\left(\dfrac{mx_2-nx_1}{m-n}, \dfrac{my_2-ny_1}{m-n}\right)(m\neq n)$

㉡을 ㉠에 대입하면 $2a^2=1$, $a^2=\dfrac{1}{2}$ $\therefore a=\dfrac{\sqrt{2}}{2}\ (\because a>0)$

이것을 ㉡에 대입하면 $b=\sqrt{2}$

즉, A$\left(\dfrac{\sqrt{2}}{2}, -\dfrac{1}{2}\right)$, B$\left(\sqrt{2}, \dfrac{1}{2}\right)$이므로

$$\overline{AB}=\sqrt{\left(\sqrt{2}-\dfrac{\sqrt{2}}{2}\right)^2+\left(\dfrac{1}{2}+\dfrac{1}{2}\right)^2}=\sqrt{\left(\dfrac{\sqrt{2}}{2}\right)^2+1^2}=\sqrt{\dfrac{3}{2}}=\dfrac{\sqrt{6}}{2}$$

C 121 정답 ② ＊로그함수의 그래프 위의 점 ⋯⋯⋯ [정답률 68%]

[정답 공식: 로그함수 $y=\log_a(x-m)+n$의 그래프가 점 (α, β)를 지나면 $\beta=\log_a(\alpha-m)+n$이 성립한다.]

> 그림과 같이 두 곡선 $y=\log_2(x+4)$, $y=\log_2 x+1$이 x축과 만나는 점을 각각 A, B라 하고 두 곡선이 만나는 점을 C라 할 때, 삼각형 ABC의 넓이는? (3점)
> 단서 삼각형의 넓이를 구하려면 밑변의 길이와 높이를 알면 돼. 먼저 세 점 A, B, C의 좌표를 구해야 해.

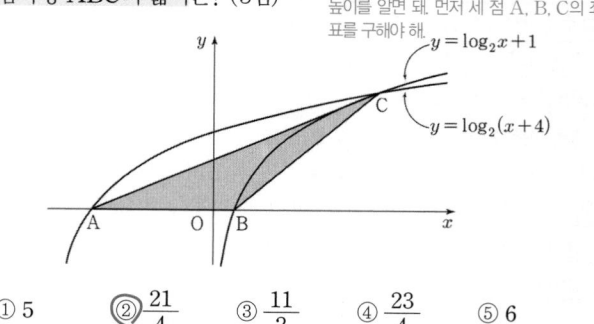

> ① 5   ②$\dfrac{21}{4}$ ③ $\dfrac{11}{2}$ ④ $\dfrac{23}{4}$ ⑤ 6

1st 주어진 두 곡선이 x축과 만나는 점의 y좌표는 0이야.

곡선이 x축과 만나는 점의 x좌표는 곡선과 직선 $y=0$을 연립하여 나온 방정식의 해야.

곡선 $y=\log_2(x+4)$가 x축과 만나는 점의 y좌표가 0이므로

$\log_2(x+4)=0$, $x+4=1$ ∴ $x=-3$

즉, A$(-3, 0)$ $\log_a x=y \Longleftrightarrow x=a^y$

또, 곡선 $y=\log_2 x+1$이 x축과 만나는 점의 y좌표가 0이므로

$\log_2 x+1=0$, $\log_2 x=-1$ ∴ $x=2^{-1}=\dfrac{1}{2}$

즉, B$\left(\dfrac{1}{2}, 0\right)$

2nd 삼각형 ABC의 넓이를 구하기 위해 두 식을 연립하여 근을 구하자.

두 곡선 $y=\log_2(x+4)$, $y=\log_2 x+1$의 교점의 x좌표를 구하기 위해 식을 연립하면

$\log_2(x+4)=\log_2 x+1$, $\underline{\log_2(x+4)=\log_2 2x}$

     $1=\log_a a, \log_a xy=\log_a x+\log_a y$를 이용한 거야.

$x+4=2x$ ∴ $x=4 \Rightarrow y=\log_2(4+4)=\log_2 2^3=3$

즉, C$(4, 3)$

따라서 삼각형 ABC의 넓이는

$\dfrac{1}{2}\times\overline{\text{AB}}\times$(점 C의 y좌표)$=\dfrac{1}{2}\times\dfrac{7}{2}\times3=\dfrac{21}{4}$

✿ 로그함수   개념·공식

① 로그함수 : $y=\log_a x(a>0, a\neq1)$ 꼴로 나타내어지는 함수를 a를 밑으로 하는 로그함수라 한다.

② 로그함수 $y=\log_a x(a>0, a\neq1)$의 성질

  (1) 함수 $y=a^x$의 역함수이다.

  (2) 정의역은 양의 실수 전체의 집합이고 치역은 실수 전체의 집합이다.

  (3) $a>1$일 때, x가 증가하면 y도 증가한다.

      $0<a<1$일 때, x가 증가하면 y는 감소한다.

  (4) 그래프는 점 $(1, 0)$을 지나고, 점근선은 y축이다.

C 122 정답 ③   *로그함수의 그래프 위의 점 ······ [정답률 85%]

> 정답 공식: 원점 O에 대하여 삼각형 OAB의 넓이를 x축이 이등분한다면 선분 AB와 x축이 만나는 점은 선분 AB의 중점이다.

> **단서1** 이를 통해 점 A$(x, 1)$이라 두면 로그함수 $y=\log_4 x$의 그래프 위의 점이므로 대입하여 점 A의 x좌표를 구할 수 있어.

그림과 같이 곡선 $y=\log_4 x$ 위의 점 A와 곡선 $y=-\log_4(x+1)$ 위의 점 B가 있다. 점 A의 y좌표가 1이고, x축이 삼각형 OAB의 넓이를 이등분할 때, 선분 OB의 길이는?

> **단서2** 두 점 A, B에서 x에 내린 수선의 발까지의 거리는 각각 점 A의 y좌표의 크기, 점 B의 y좌표의 크기이고 이 두 값이 서로 같음을 알 수 있어.

(단, O는 원점이다.) (3점)

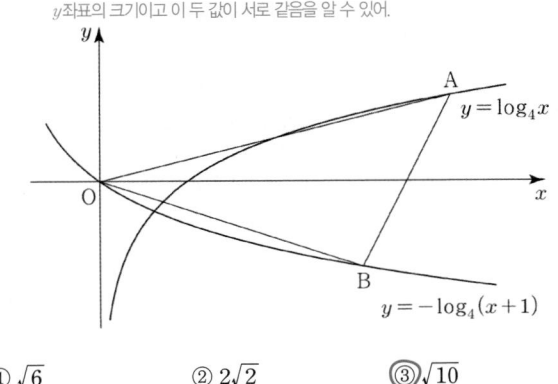

① $\sqrt{6}$ ② $2\sqrt{2}$ ③ $\sqrt{10}$

④ $2\sqrt{3}$ ⑤ $\sqrt{14}$

1st 점 A의 좌표를 구하자.

곡선 $y=\log_4 x$ 위의 점 A의 y좌표가 1이므로

$\log_4 x=1$ ∴ $x=4$

  $\log_a b=1$이면 $b=a$

따라서 점 A의 좌표는 $(4, 1)$이다.

2nd 점 B의 좌표를 구하자.

직선 AB가 x축과 만나는 점을 M$(m, 0)$, 두 점 A, B에서 x축에 내린 수선의 발을 각각 H_1, H_2, 점 B(b, n)이라 하자.

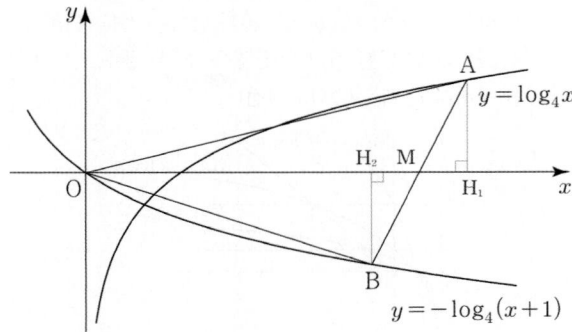

x축이 삼각형 OAB의 넓이를 이등분하므로

  두 삼각형 OAM, OBM에서 선분 OM이 공통인 밑변이므로 두 삼각형의 넓이가 같으면 높이도 같아.

△AOM : △BOM$=1:1$

$\overline{\text{AH}_1}:\overline{\text{BH}_2}=1:1$

두 삼각형 AMH_1, BMH_2는

$\overline{\text{AH}_1}=\overline{\text{BH}_2}$, $\angle\text{AMH}_1=\angle\text{BMH}_2$ (맞꼭지각),

$\angle\text{AH}_1\text{M}=\angle\text{BH}_2\text{M}=90°$이므로 ASA 합동이다.

∴ $\overline{\text{AM}}=\overline{\text{BM}}$

즉, 점 M이 선분 AB의 중점이므로 두 점 A$(4, 1)$,

B(b, n)의 중점의 y좌표를 구하면 $\dfrac{1+n}{2}=0$

∴ $n=-1$

한편, 점 B$(b, -1)$은 곡선 $y=-\log_4(x+1)$ 위의 점이므로

$-1=-\log_4(b+1)$, $b+1=4$

∴ $b=3$, B$(3, -1)$

3rd 선분 OB의 길이를 구하자.

∴ $\overline{\text{OB}}=\sqrt{3^2+(-1)^2}=\sqrt{10}$

🔄 다른 풀이: 두 점 A, B의 좌표를 구하여 해결하기

곡선 $y=\log_4 x$ 위의 점 A의 y좌표가 1 ··· ㉠이므로

$\log_4 x=1$ ∴ $x=4$

따라서 점 A의 좌표는 $(4, 1)$

단서2에 의하여 삼각형 OAM과 삼각형 OBM의 넓이가 같으므로

선분 OM을 두 삼각형의 밑변이라 하면 두 삼각형의 높이가 1로 같아야 넓이가 같아지겠지?

따라서 주어진 그림에서 점 B는 제 4사분면 위의 점이므로 점 B의

y좌표가 -1이야. (∵ ㉠)

$-1=-\log_4(x+1)$

$\log_4(x+1)=1$, $x+1=4$

∴ $x=3$, B$(3, -1)$

∴ $\overline{\text{OB}}=\sqrt{3^2+(-1)^2}=\sqrt{10}$

C 123 정답 88 *로그함수의 그래프 위의 점 ──── [정답률 67%]

(정답 공식: 한 직선 위에 있는 임의의 두 점의 기울기는 모두 같다.)

그림과 같이 세 로그함수 $f(x)=k\log x$, $g(x)=k^2\log x$, $h(x)=4k^2\log x$의 그래프가 있다. 점 P(2, 0)을 지나고 y축에 평행한 직선이 두 곡선 $y=g(x)$, $y=h(x)$와 만나는 점의 y좌표를 각각 p, q라 하자. 직선 $y=p$와 곡선 $y=f(x)$가 만나는 점을 Q(a, p), 직선 $y=q$와 곡선 $y=g(x)$가 만나는 점을 R(b, q)라 하자. 세 점 P, Q, R가 한 직선 위에 있을 때, 두 실수 a, b의 곱 ab의 값을 구하시오. (단, $k>1$) (4점)

[단서1] 주어진 조건을 이용해 두 점 Q, R의 좌표를 각각 k에 대한 식으로 나타내자.

[단서2] 세 점 P, Q, R가 한 직선 위에 있으면 직선 PQ와 직선 PR의 기울기가 같겠지?

1st 각각의 곡선과 직선의 교점을 이용하여 p, q의 값을 구해야겠지?

점 P(2, 0)을 지나고 y축에 평행한 직선의 방정식은 $x=2$이다.

직선 $x=2$와 곡선 $y=g(x)$가 만나는 점의 y좌표가 p이므로
$p=k^2\log 2$

직선 $x=2$와 곡선 $y=h(x)$가 만나는 점의 y좌표가 q이므로
$q=4k^2\log 2$

2nd 두 점 Q, R의 좌표를 k에 대한 식으로 나타내.

곡선 $y=f(x)$ 위의 점 Q(a, p)에 대하여 $p=f(a)$이므로
$k^2\log 2=k\log a$에서 $\log a=k\log 2$ $(\because k\neq 0)$
$\log a=\log 2^k$ $\quad\therefore a=2^k$ $\cdots$ ㉠ $\Rightarrow$ Q(2^k, $k^2\log 2$)

곡선 $y=g(x)$ 위의 점 R(b, q)에 대하여 $q=g(b)$이므로
$4k^2\log 2=k^2\log b$에서 $\log b=4\log 2$ $(\because k\neq 0)$
$\log b=\log 2^4$ $\quad\therefore b=2^4=16$ $\cdots$ ㉡ $\Rightarrow$ R(16, $4k^2\log 2$)

3rd 세 점이 한 직선 위에 있으므로 직선 PQ의 기울기와 직선 PR의 기울기가 같음을 이용하자.

세 점 P, Q, R가 같은 직선 위에 있으면
(직선 PQ의 기울기)=(직선 QR의 기울기)=(직선 PR의 기울기)
임을 명심하자.

세 점 P(2, 0), Q(2^k, $k^2\log 2$), R(16, $4k^2\log 2$)가 한 직선 위에 있으므로 (직선 PQ의 기울기)=(직선 PR의 기울기)에서

[직선의 기울기]
두 점 (x_1, y_1), (x_2, y_2)를 지나는 직선의 기울기는 $\dfrac{y_2-y_1}{x_2-x_1}$이다.

$\dfrac{k^2\log 2-0}{2^k-2}=\dfrac{4k^2\log 2-0}{16-2}$에 의하여 $\dfrac{1}{2^k-2}=\dfrac{2}{7}$

$2^k-2=\dfrac{7}{2}$ $\quad\therefore 2^k=\dfrac{11}{2}$

$\dfrac{k^2\log 2}{2^k-2}=\dfrac{4k^2\log 2}{14}$에서 $k\neq 0$,
$\log 2\neq 0$이므로 $\dfrac{1}{2^k-2}=\dfrac{4}{14}=\dfrac{2}{7}$

따라서 ㉠, ㉡에 의하여 $a=\dfrac{11}{2}$, $b=16$이므로

$ab=\dfrac{11}{2}\times 16=88$

C 124 정답 ③ *로그함수의 그래프 위의 점 ──── [정답률 62%]

(정답 공식: 점근선과 교점을 각각 구해 두 미지수 사이의 관계식을 구한다.)

$0<a<1<b$인 두 실수 a, b에 대하여 두 함수
$\quad f(x)=\log_a(bx-1)$, $g(x)=\log_b(ax-1)$
이 있다. 곡선 $y=f(x)$와 x축의 교점이 곡선 $y=g(x)$의 점근선 위에 있도록 하는 a와 b 사이의 관계식과 a의 값의 범위를 옳게 나타낸 것은? (4점)

[단서] 로그함수 $y=\log_a(px+q)$의 점근선은 $px+q=0$, 즉 $x=-\dfrac{q}{p}$야.

① $b=-2a+2$ $\left(0<a<\dfrac{1}{2}\right)$ ② $b=2a$ $\left(0<a<\dfrac{1}{2}\right)$

③ $b=2a$ $\left(\dfrac{1}{2}<a<1\right)$ ④ $b=2a+1$ $\left(0<a<\dfrac{1}{2}\right)$

⑤ $b=2a+1$ $\left(\dfrac{1}{2}<a<1\right)$

1st 곡선 $y=f(x)$와 x축의 교점의 좌표와 곡선 $y=g(x)$의 점근선을 구하자.

곡선 $y=f(x)$와 x축의 교점은 $\log_a(bx-1)=0$에서
$bx-1=1$
$\Rightarrow bx-1=a^0=1$

$\therefore x=\dfrac{2}{b}$

[실수] $\log_a(bx-1)=0$이 되려면 로그함수이기 때문에 $bx-1=0$이 아닌 $bx-1=1$이 되어야 해.

즉, 곡선 $y=f(x)$와 x축의 교점의 좌표는 $\left(\dfrac{2}{b}, 0\right)$이다. $\cdots$ ㉠

이때, $g(x)=\log_b(ax-1)=\log_b a\left(x-\dfrac{1}{a}\right)=\log_b\left(x-\dfrac{1}{a}\right)+\log_b a$이므로 곡선 $y=g(x)$의 점근선의 방정식은 $x=\dfrac{1}{a}$이다. $\cdots$ ㉡

$y=g(x)$의 그래프는 $y=\log_b x$의 그래프를 x축의 방향으로 $\dfrac{1}{a}$만큼, y축의 방향으로 $\log_b a$만큼 평행이동한 거야.

$y=\log_b x$의 점근선: $x=0$ $\xrightarrow{x$축의 방향으로 $\frac{1}{a}$만큼 평행이동$}$ $y=g(x)$의 점근선: $x=\dfrac{1}{a}$

2nd 연립하여 a, b 사이의 관계식을 구하자.

곡선 $y=f(x)$와 x축의 교점이 곡선 $y=g(x)$의 점근선 위에 있어야 하므로 ㉠을 ㉡에 대입하면

함수 $y=\log_a(bx+c)$의 점근선의 방정식은 $bx+c=0$에서 $x=-\dfrac{c}{b}$

$\dfrac{2}{b}=\dfrac{1}{a}$ $\quad\therefore b=2a$

이때, $0<a<1$이고, $b>1$에서 $2a>1$, 즉 $a>\dfrac{1}{2}$이므로 만족시키는 a의 값의 범위는 $\dfrac{1}{2}<a<1$

따라서 구하는 관계식과 a의 값의 범위는 $b=2a\left(\dfrac{1}{2}<a<1\right)$이다.

🔆 로그함수 ⸱⸱⸱⸱⸱⸱⸱⸱⸱⸱⸱⸱ 개념·공식

① 로그함수 : $y=\log_a x(a>0, a\neq 1)$ 꼴로 나타내어지는 함수를 a를 밑으로 하는 로그함수라 한다.

② 로그함수 $y=\log_a x(a>0, a\neq 1)$의 성질
 (1) 함수 $y=a^x$의 역함수이다.
 (2) 정의역은 양의 실수 전체의 집합이고 치역은 실수 전체의 집합이다.
 (3) $a>1$일 때, x가 증가하면 y도 증가한다.
 　　$0<a<1$일 때, x가 증가하면 y는 감소한다.
 (4) 그래프는 점 (1, 0)을 지나고, 점근선은 y축이다.

[정답 공식: 점 A의 좌표를 $(a, \log_2 4a)$라 하고 로그의 성질과 정삼각형의 높이를 이용하여 점 B의 좌표를 나타낸다.]

단서1 두 점 A, C의 x좌표가 같음을 이용하면 $\overline{AC}$의 길이를 구할 수 있어.

함수 $y=\log_2 4x$의 그래프 위의 두 점 A, B와 함수 $y=\log_2 x$의 그래프 위의 점 C에 대하여 선분 AC가 y축에 평행하고 삼각형 ABC가 정삼각형일 때, 점 B의 좌표는 (p, q)이다. $p^2 \times 2^q$의 값은? (4점)

단서2 정삼각형의 한 변의 길이를 알면 높이를 구할 수 있지? 이를 이용하면 점 B의 x좌표도 구할 수 있을 거야.

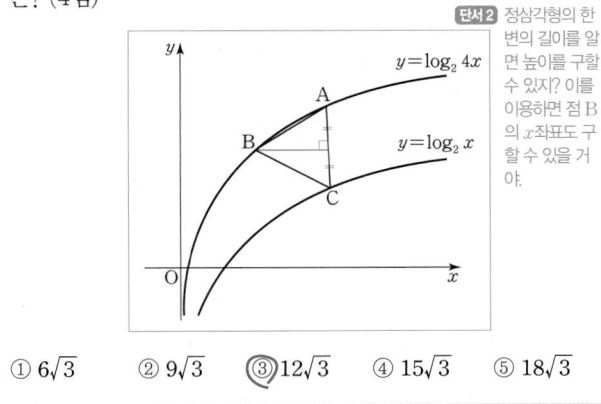

① $6\sqrt{3}$ ② $9\sqrt{3}$ ③ $12\sqrt{3}$ ④ $15\sqrt{3}$ ⑤ $18\sqrt{3}$

1st 삼각형 ABC가 정삼각형이라는 것을 이용하여 정삼각형의 한 변의 길이를 구하자.

$y=\log_2 4x$ 위의 점 A와 $y=\log_2 x$ 위의 점 C에 대하여 선분 AC가 y축에 평행하므로 두 점 A, C의 좌표를 각각
└ 두 점 A, C의 x좌표가 같아.
A$(a, \log_2 4a)$, C$(a, \log_2 a)$라 하자.

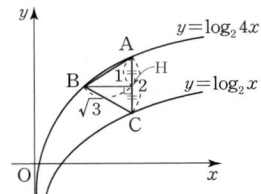

선분 AC의 길이를 구하면
$\overline{AC} = \log_2 4a - \log_2 a = \log_2 4 = 2$
└ $= \log_2 \dfrac{4a}{a}$

2nd 점 B의 좌표를 구하자.

그런데 삼각형 ABC가 한 변의 길이가 2인 정삼각형이므로 점 B의 x좌표는 점 A보다 $\sqrt{3}$만큼 작고 y좌표는 1만큼 작다.
즉, 점 A$(a, \log_2 4a)$이므로 점 B의 좌표는
B$(a-\sqrt{3}, \log_2 4a - 1)$
이때, 점 B는 함수 $y=\log_2 4x$의 그래프 위의 점이므로
$\log_2 4a - 1 = \log_2 \{4(a-\sqrt{3})\}$
$\log_2 4 + \log_2 a - 1 = \log_2 4 + \log_2 (a-\sqrt{3})$
$\log_2 a - \log_2 (a-\sqrt{3}) = 1$
$\log_2 \dfrac{a}{a-\sqrt{3}} = 1$
$\dfrac{a}{a-\sqrt{3}} = 2$이므로 $a = 2(a-\sqrt{3})$
$\therefore a = 2\sqrt{3}$

점 B에서 $\overline{AC}$에 내린 수선의 발을 H라 하면 $\overline{BH}$의 길이는 정삼각형 ABC의 높이와 같으므로
$\overline{BH} = \dfrac{\sqrt{3}}{2} \times 2 = \sqrt{3}$
또, $\overline{AH} = \dfrac{1}{2}\overline{AC}$이므로
$\overline{AH} = \dfrac{1}{2} \times 2 = 1$

따라서 점 B의 좌표를 구하면 $a - \sqrt{3} = 2\sqrt{3} - \sqrt{3} = \sqrt{3}$
$\log_2 4a - 1 = \log_2 8\sqrt{3} - 1 = \log_2 \dfrac{8\sqrt{3}}{2} = \log_2 4\sqrt{3}$
└ $\log_2 8\sqrt{3} - \log_2 2 = \log_2 \dfrac{8\sqrt{3}}{2}$
에서 B$(\sqrt{3}, \log_2 4\sqrt{3})$이므로
$p = \sqrt{3}$, $q = \log_2 4\sqrt{3}$ ① $a^{\log_a b} = b$ ② $a^{\log_c b} = b^{\log_c a}$
$\therefore p^2 \times 2^q = (\sqrt{3})^2 \times 2^{\log_2 4\sqrt{3}} = 3 \times 4\sqrt{3} = 12\sqrt{3}$

[정답 공식: 좌표평면에 삼각형을 그린 뒤 삼각형과 만나는 로그함수의 그래프를 그려본다.]

좌표평면에서 세 점 $(15, 4)$, $(15, 1)$, $(64, 1)$을 꼭짓점으로 하는 삼각형과 로그함수 $y=\log_k x$의 그래프가 만나도록 하는 자연수 k의 개수를 구하시오. (4점)

단서 좌표평면에 세 점을 꼭짓점으로 하는 삼각형을 그리고 함수 $y=\log_k x$의 그래프가 삼각형과 만나도록 그려본 후 생각해.

1st 그림을 그려서 조건에 맞게 로그함수의 그래프를 그려 봐.

그림과 같이 로그함수 $y=\log_k x$의 그래프가 점 $(15, 4)$와 $(64, 1)$을 지나갈 때의 k의 값이 각각 최소와 최대이다.

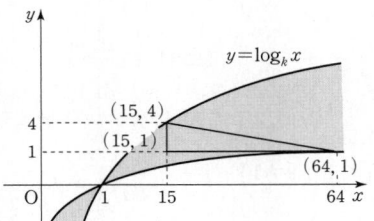

(ⅰ) 점 $(15, 4)$를 지날 때,
$\log_k 15 = 4$에서 $k = \sqrt[4]{15}$
(ⅱ) 점 $(64, 1)$을 지날 때,
$\log_k 64 = 1$에서 $k = 64$
(ⅰ), (ⅱ)에서 k의 값의 범위는 $\sqrt[4]{15} \leq k \leq 64$

2nd $\sqrt[4]{15}$가 어떤 범위에 속하는 수인지 생각해 보자.
$1 < \sqrt[4]{15} < \sqrt[4]{16} = \sqrt[4]{2^4} = 2$이므로 조건을 만족시키는 자연수 k의 값의

주의
$\sqrt[4]{15}$처럼 크기를 직관적으로 파악하기 어려울 경우에는 정수를 $1 = \sqrt[4]{1}$, $2 = \sqrt[4]{16}$처럼 비슷한 형태로 바꾸어서 대략적인 크기를 비교하면 돼.

범위는 $2 \leq k \leq 64$
└ 두 자연수 a, b에 대하여 부등식 $a \leq x \leq b$를 만족시키는 자연수 x의 개수는 $b-a+1$이야.
따라서 자연수 k의 개수는 $64 - 2 + 1 = 63$이다.

(정답 공식: $\log_a b$가 자연수가 되기 위해서는 b는 a의 거듭제곱 꼴이어야 한다.)

자연수 n에 대하여 두 함수 $y=2^x$, $y=\log_2 x$의 그래프가 직선 $x=n$과 만나는 교점의 y좌표를 각각 a, b라 하자. $a+b$가 세 자리의 자연수일 때, $a+b$의 값을 구하시오. (4점)
단서 $a+b = 2^n + \log_2 n$이 자연수가 되게 하는 자연수 n의 조건을 찾아야겠지?

1st 주어진 두 함수를 각각 a, b로 나타내.
$a = 2^n$, $b = \log_2 n$이므로

$a+b = 2^n + \log_2 n$에서 자연수 n에 대하여 2^n은 당연히 자연수야. 따라서 $\log_2 n$이 정수가 나와야 하므로 n은 2의 거듭제곱 꼴이어야 해.

$a+b = 2^n + \log_2 n$이 자연수이려면 n은 2의 거듭제곱 꼴이어야 한다.
또, $a+b$가 세 자리의 자연수이고, $2^6 = 64$, $2^{10} = 1024$이므로
$n \leq 6$일 때, $a+b \leq 2^6 + \log_2 6 < 100 \to a+b$는 두 자리 또는 한 자리의 수
$n \geq 10$일 때, $a+b \geq 2^{10} + \log_2 10 > 1000 \to a+b$는 네 자리 이상의 수
$\therefore 6 < n < 10$
따라서 $6 < n < 10$인 자연수 중 2의 거듭제곱 꼴은 $8 = 2^3$이므로 $n = 8$이다.
$\therefore a+b = 2^8 + \log_2 8 = 256 + 3 = 259$

C 128 정답 ① *로그함수의 그래프 위의 점 ──────[정답률 62%]

[정답 공식: $\dfrac{\log_2 x}{x}$는 함수 $y=\log_2 x$ 위의 한 점과 원점을 이은 직선의 기울기
를 의미한다.]

두 함수 $y=x$와 $y=\log_2 x$의 그래프를 이용하여 [보기]에서 옳은
것을 모두 고른 것은? (4점)

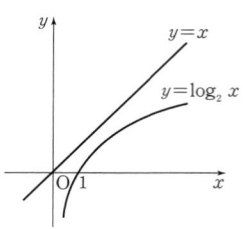

━━━━━━━━[보기]━━━━━━━━

ㄱ. $\dfrac{\log_2 x}{x}<1$ 단서1 함수 $y=\log_2 x$가 정의되려면 $x>0$이어야 하지?
그래프를 이용해 $\log_2 x$와 x의 대소 관계를 비교해 봐.

ㄴ. $\dfrac{\log_2 x}{x-1}<1 \ (x\neq1)$

   단서2 적절한 반례를 찾아보는 것도
하나의 방법이 될 수 있지

ㄷ. $\dfrac{\log_2 (x+1)}{x}<1 \ (x\neq0)$

① ㄱ   ② ㄴ   ③ ㄱ, ㄷ   ④ ㄴ, ㄷ   ⑤ ㄱ, ㄴ, ㄷ

1st 두 함수 $y=x$와 $y=\log_2 x$의 그래프를 이용하자.

ㄱ. 함수 $\log_2 x$가 정의되어 있으므로 $x>0$이다.

이때, $x>0$인 부분에서 함수 $y=\log_2 x$의 그래프보다 직선 $y=x$가
항상 위에 있으므로 $\log_2 x<x$가 성립한다.

$\log_2 x<x$의 양변을 x로 나누면

$\dfrac{\log_2 x}{x}<1$ (참)

실수 로그함수의 진수 조건에 의하여 $x>0$이므로
x로 나누어도 부등호의 방향은 변하지 않아.

2nd 틀린 것은 반례를 하나 찾자.

ㄴ. 【반례】$x=\dfrac{1}{2}$일 때, $\dfrac{\log_2 \frac{1}{2}}{\frac{1}{2}-1}=\dfrac{-1}{-\frac{1}{2}}=2>1$ (거짓)

ㄷ. 【반례】$x=1$일 때, $\dfrac{\log_2(1+1)}{1}=\log_2 2=1$ (거짓)

따라서 옳은 것은 ㄱ이다.   함정 식을 논리적으로 전개하여 보기의 참과 거짓을 판단하여
도 좋지만 이처럼 반례를 하나 찾으면 보기가 거짓임을
쉽고 빠르게 파악할 수 있어.

🔑 다른 풀이: **[보기]의 세 부등식의 좌변을 직선의 기울기라 생각하여 참·거짓
판별하기**

ㄱ. $\dfrac{\log_2 x}{x}=\dfrac{\log_2 x-0}{x-0}$은 원점

$(0, 0)$과 함수 $y=\log_2 x$의 그래프
위의 임의의 점 $(x, \log_2 x)$를 지나
는 직선의 기울기를 의미해.

두 점 (x_1, y_1), (x_2, y_2)를 지나는 직선의 기울기는 $\dfrac{y_2-y_1}{x_2-x_1}$
즉, [그림 1]과 같이
함수 $y=\log_2 x$의 그래프 위의 임
의의 점과 원점을 지나는 직선의 기
울기는 직선 $y=x$의 기울기보다 작으므로

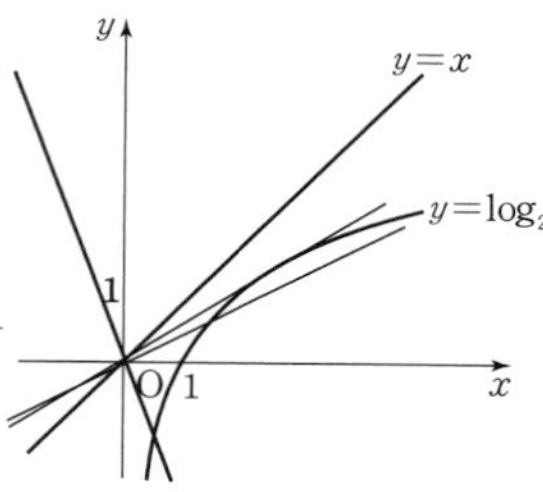

[그림 1]

$\dfrac{\log_2 x}{x}<$ ①이 성립해. (참)

└▸ 직선 $y=x$의 기울기

ㄴ. $\dfrac{\log_2 x}{x-1}=\dfrac{\log_2 x-0}{x-1}$은 점 $(1, 0)$과 함수 $y=\log_2 x$의 그래프 위의

임의의 점 $(x, \log_2 x)$를 지나는 직선의 기울기를 의미해.

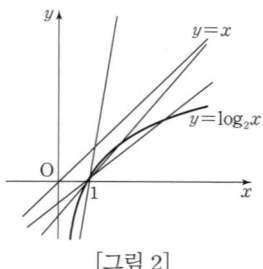

[그림 2]

그런데 [그림 2]와 같이 함수 $y=\log_2 x$의 그래프 위의 임의의 점과 점
$(1, 0)$을 이은 직선의 기울기가 직선 $y=x$의 기울기보다 클 때도 존재
하므로 $\dfrac{\log_2 x}{x-1}<1$이 항상 성립하지는 않아. (거짓)

ㄷ. $\dfrac{\log_2 (x+1)}{x}=\dfrac{\log_2 (x+1)-0}{(x+1)-1}$은 점 $(1, 0)$과 함수 $y=\log_2 x$의

그래프 위의 임의의 점 $(x+1, \log_2 (x+1))$을 지나는 직선의 기울
기를 의미하지?

그런데 이 경우도 ㄴ의 [그림 2]와 같이 함수 $y=\log_2 x$의 그래프 위의
임의의 점과 점 $(1, 0)$을 이은 직선의 기울기가 직선 $y=x$의 기울기보
다 클 때도 존재하므로 $\dfrac{\log_2 (x+1)}{x}<1$이 항상 성립하지는 않아. (거짓)

따라서 옳은 것은 ㄱ이야.

⚙ **직선의 기울기**   개념·공식

일차함수 $f(x)=mx+n$에 대하여

① 직선 $y=f(x)$가 두 점 (a, b), (c, d)를 지나면 $m=\dfrac{b-d}{a-c}$

② 직선 $y=f(x)$와 x축의 양의 방향이 이루는 각의 크기가 θ이면 $m=\tan\theta$

C 129 정답 ⑤ *로그함수의 그래프의 위의 점 ──────[정답률 44%]

[정답 공식: 함수 $y=f(x)$가 직선 $y=k$와 만나는 점의 x좌표는 방정식
$f(x)=k$의 해와 같다.]

단서1 네 점 A, B, C, D의 위치를 정의한 거야. 여기서 A와 C, B와 D는 y축에 평행한
직선에 있으므로 x좌표 또는 y좌표가 같다는 것을 놓치지 말자.

1보다 큰 실수 a에 대하여 두 곡선 $y=\log_a x$, $y=\log_{a+2} x$가 직
선 $y=2$와 만나는 점을 각각 A, B라 하자. 점 A를 지나고 y축
에 평행한 직선이 곡선 $y=\log_{a+2} x$와 만나는 점을 C, 점 B를 지
나고 y축에 평행한 직선이 곡선 $y=\log_a x$와 만나는 점을 D라 할
때, [보기]에서 옳은 것만을 있는 대로 고른 것은? (4점)

━━━━━━━━[보기]━━━━━━━━

ㄱ. 점 A의 x좌표는 a^2이다.

ㄴ. $\overline{AC}=1$이면 $a=2$이다.   단서2 S_1, S_2의 넓이를 구하기 위해 네 점
A, B, C, D의 좌표를 구해야 해.

ㄷ. 삼각형 ACB와 삼각형 ABD의 넓이를 각각 S_1, S_2라

할 때, $\dfrac{S_2}{S_1}=\log_a (a+2)$이다.

① ㄱ   ② ㄷ   ③ ㄱ, ㄴ

④ ㄴ, ㄷ   ⑤ ㄱ, ㄴ, ㄷ

1st 점 A의 x좌표는 곡선 $y=\log_a x$와 직선 $y=2$를 연립하면 구할 수 있지.

ㄱ. 곡선 $y=\log_a x$와 직선 $y=2$가 점 A에서 만나므로

$\log_a x=2$ $\therefore \underline{x=a^2}$ (참) $\underset{x=\log_a b \Longleftrightarrow a^x=b}{a\neq 1, a>0, b>0일 때,}$

2nd 두 점 A, C는 y축에 평행한 직선 위에 있으므로 x좌표가 같아.

ㄴ. ㄱ에서 점 A의 좌표는 $(a^2, 2)$

점 A를 지나고 y축에 평행한 직선이 곡선 $y=\log_{a+2} x$와 만나는 점 인 C의 x좌표는 점 A의 x좌표와 같다. $\underset{y축과 평행한 두 점의 x좌표는 같지?}{}$

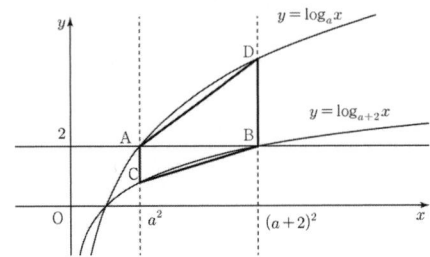

y좌표는 $x=a^2$을 $y=\log_{a+2} x$에 대입한 값이므로 $y=\log_{a+2} a^2$

즉, $C(a^2, \log_{a+2} a^2)$

$\therefore \overline{AC}=2-\log_{a+2} a^2$

$\overline{AC}=1$이므로

$2-\log_{a+2} a^2=1$

$\log_{a+2} a^2=1$

$\dfrac{a+2=a^2}{a^2-a-2=0} \underset{c=\log_a b \Longleftrightarrow b=a^c}{}$

$(a+1)(a-2)=0$

$\therefore a=-1$ 또는 $a=2$

$a>1$이므로 $a=2$ (참)

3rd 두 점 B, D의 좌표를 구하고, S_1과 S_2를 구하자.

ㄷ. $A(a^2, 2), B((a+2)^2, 2), C(a^2, \log_{a+2} a^2),$

$\underline{D((a+2)^2, \log_a (a+2)^2)}$에서

$\underset{점 D는 점 B를 지나고 y축에 평행한 직선 위에 있으므로 점 B와 x좌표가 같아.}{}$

$\therefore \dfrac{S_2}{S_1}=\dfrac{\frac{1}{2}\times\overline{AB}\times\overline{BD}}{\frac{1}{2}\times\overline{AB}\times\overline{AC}}$

$=\dfrac{\overline{BD}}{\overline{AC}}$

$=\dfrac{2\log_a(a+2)-2}{2-2\log_{a+2} a}$

$=\dfrac{\log_a(a+2)-1}{1-\log_{a+2} a}$

$=\dfrac{\log_a(a+2)-\log_a a}{\log_{a+2}(a+2)-\log_{a+2} a}$ 주의

$=\dfrac{\log_a\frac{a+2}{a}}{\log_{a+2}\frac{a+2}{a}}$

$=\dfrac{\dfrac{\log_c\frac{a+2}{a}}{\log_c a}}{\dfrac{\log_c\frac{a+2}{a}}{\log_c(a+2)}}$ (단, $c\neq 1, c>0$) $\underset{\log_a x-\log_a y=\log_a\frac{x}{y}}{}$

$=\dfrac{\log_c(a+2)}{\log_c a}$ $\underset{\log_a b=\frac{\log_c b}{\log_c a}(단, c\neq 1, c>0)}{}$

$=\log_a(a+2)$ (참)

따라서 옳은 것은 ㄱ, ㄴ, ㄷ이다.

> **주의** $1=\log_x x$처럼 밑과 진수가 같으면 1이 돼. 그런데 여기서 분자는 밑이 a이고 분모는 밑이 $a+2$로 다르니까 똑같은 1이지만 식이 달라지는 것에 조심해야 해.

> 정답 공식: 두 함수 $y=f(x), y=g(x)$의 그래프의 교점의 x좌표는 방정식 $f(x)=g(x)$의 해와 같다.

단서1 두 함수 $g(x)=\log_2 x, h(x)=a+\log_2 x$의 그래프에서 $y=h(x)$의 그래프는 $y=g(x)$의 그래프를 y축의 방향으로 a만큼 평행이동한 것임을 알 수 있지.

그림과 같이 함수 $f(x)=2^{1-x}+a-1$의 그래프가 두 함수 $g(x)=\log_2 x, h(x)=a+\log_2 x$의 그래프와 만나는 점을 각 각 A, B라 하자. 점 A를 지나고 x축에 수직인 직선이 함수 $h(x)$의 그래프와 만나는 점을 C, x축과 만나는 점을 H라 하고, 함수 $g(x)$의 그래프가 x축과 만나는 점을 D라 하자. [보기]에서 옳은 것만을 있는 대로 고른 것은? (단, $a>0$) (4점)

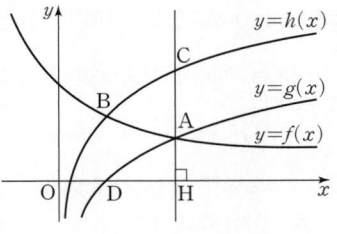

──────[보기]──────

ㄱ. 점 B의 좌표는 $(1, a)$이다.

ㄴ. 점 A의 x좌표가 4일 때, 사각형 ACBD의 넓이는 $\dfrac{69}{8}$ 이다. 단서2 점 A의 x좌표가 4이므로 두 함수 $y=f(x), y=g(x)$에 대입할 수 있어.

ㄷ. $\overline{CA}:\overline{AH}=3:2$이면 $0<a<3$이다. 단서3 세 점 C, A, H의 x좌표가 모두 같아.

① ㄱ   ② ㄷ   ③ ㄱ, ㄴ
④ ㄴ, ㄷ   ⑤ ㄱ, ㄴ, ㄷ

1st 점 B는 두 함수 $y=f(x), y=h(x)$의 그래프의 교점이야.

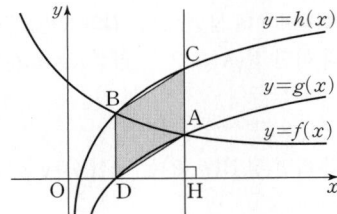

ㄱ. $f(1)=h(1)=a$이므로 점 B의 좌표는 $(1, a)$이다. (참)

2nd 점 A는 두 함수 $y=f(x), y=g(x)$의 그래프의 교점이야.

ㄴ. 점 A는 두 함수 $y=f(x), y=g(x)$의 그래프의 교점이므로 점 A 의 x좌표가 4일 때, $\log_2 4=2^{1-4}+a-1$이므로

$2=\dfrac{1}{8}+a-1$ 실수 $\underset{}{y=h(x)의 그래프는 y=g(x)의 그래프를 y축의 방향으로 a만큼 평행이동한 것이지.}$

$\therefore a=2+1-\dfrac{1}{8}=\dfrac{23}{8}$

$\overline{BD}$와 $\overline{CA}$가 평행하고, $\overline{BD}=\overline{CA}=a$이므로 사각형 ACBD는 평 행사변형이다. $\underset{}{ㄱ에서 점 B의 좌표가 (1, a)이고 점 D의 좌표는 함수 y=g(x)의 그래프가 x축과 만나는 점이므로 (1, 0)이지. 따라서 두 점의 x좌표가 같아. 직선 BD는 x축에 수직임을 알 수 있어. 직선 CA도 x축에 수직이므로 BD∥CA}$

$\therefore$ (사각형 ACBD의 넓이)$=3\times\dfrac{23}{8}=\dfrac{69}{8}$ (참)

3rd 점 A의 x좌표를 k라 놓고 $\overline{CA}, \overline{AH}$의 길이를 구해.

ㄷ. $\overline{CA}:\overline{AH}=3:2$에서 $2\overline{CA}=3\overline{AH}$이다.

점 A의 x좌표를 k라 놓으면 $\overline{CA}=a, \overline{AH}=\log_2 k$이므로

$2a=3\log_2 k \cdots$ ㉠

또한, 점 A는 두 함수 $y=f(x)$, $y=g(x)$의 그래프의 교점이므로

$\log_2 k=2^{1-k}+a-1 \cdots$ ㉡

㉠, ㉡일 때 $2^{1-k}=1-\dfrac{a}{3}$이다.

$a>0$일 때 점 A의 x좌표 k는 1보다 크므로 ↘

$0<2^{1-k}<1$, $0<1-\dfrac{a}{3}<1$

$-1<-\dfrac{a}{3}<0$

$\therefore$ $0<a<3$ (참)

㉠에서 $\log_2 k=\dfrac{2}{3}a$이고,
$\log_2 k=2^{1-k}+a-1$에 대입하면
$\dfrac{2}{3}a=2^{1-k}+a-1$
식을 정리하면 $2^{1-k}=\dfrac{2}{3}a-a+1=1-\dfrac{a}{3}$

따라서 옳은 것은 ㄱ, ㄴ, ㄷ이다.

C 131 정답 54   *로그함수의 그래프 위의 점 ········ [정답률 45%]

[정답 공식: 사각형 ABDC는 사다리꼴이므로 윗변의 길이, 밑변의 길이, 높이를 구하면 넓이를 구할 수 있다.]

단서1 두 점 A, B 좌표의 y의 값을 알고 있으므로 x의 값을 구할 수 있지 →

그림과 같이 직선 $y=2$가 두 곡선 $y=\log_2 4x$, $y=\log_2 x$와 만나는 점을 각각 A, B라 하고, 직선 $y=k\,(k>2)$가 두 곡선 $y=\log_2 4x$, $y=\log_2 x$와 만나는 점을 각각 C, D라 하자. 점 B를 지나고 y축과 평행한 직선이 직선 CD와 만나는 점을 E라 하면 점 E는 선분 CD를 1 : 2로 내분한다. 사각형 ABDC의 넓이를 S라 할 때, $12S$의 값을 구하시오. (4점)

단서3 사다리꼴 넓이는 $S=\dfrac{1}{2}(\overline{AB}+\overline{CD})\overline{BE}$

단서2 두 점 C, D 좌표의 y의 값이 $y=k$이므로 x의 값을 k로 나타낼 수 있지

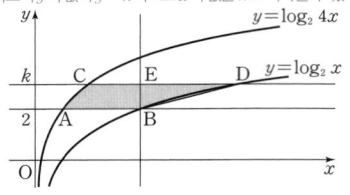

1st $y=2$, $y=k$를 이용하여 네 점 A, B, C, D의 좌표를 구하자.

점 A의 x좌표를 a라 하면 점 A$(a,\,2)$는 곡선 $y=\log_2 4x$ 위의 점이므로
$2=\log_2 4a$ $\therefore$ $a=1$

즉, 점 A의 좌표는 $(1,\,2)$

점 B의 x좌표를 b라 하면 점 B$(b,\,2)$는 곡선 $y=\log_2 x$ 위의 점이므로
$2=\log_2 b$ $\therefore$ $b=4$

즉, 점 B의 좌표는 $(4,\,2)$

점 C의 x좌표를 c라 하면 점 C$(c,\,k)$는 곡선 $y=\log_2 4x$ 위의 점이므로
$k=\log_2 4c$ $\therefore$ $c=2^{k-2}$

즉, 점 C의 좌표는 $(2^{k-2},\,k)$ $k=\log_2 4c$, $2^k=4c$, $c=\dfrac{2^k}{4}=\dfrac{2^k}{2^2}=2^{k-2}$

점 D의 x좌표를 d라 하면 점 D$(d,\,k)$는 곡선 $y=\log_2 x$ 위의 점이므로
$k=\log_2 d$ $\therefore$ $d=2^k$

즉, 점 D의 좌표는 $(2^k,\,k)$

2nd 두 점 C, D를 1 : 2로 내분한 점 E의 좌표를 구하자.

점 E의 x좌표는 점 B의 x좌표와 같으므로 4이고, 점 E가 선분 CD를 1 : 2로 내분하므로

두 점 A(x_1), B(x_2)를 $m:n(m>0,\,n>0)$으로 내분하는 점을 P(x)라 하면 $x=\dfrac{mx_2+nx_1}{m+n}$

$4=\dfrac{1\times 2^k+2\times 2^{k-2}}{1+2}$, $4=\dfrac{2\times 2^{k-1}+2^{k-1}}{3}$

$4=\dfrac{3\times 2^{k-1}}{3}$, $4=2^{k-1}$

$2^2=2^{k-1}$, $k-1=2$ $\therefore$ $k=3$

즉, C$(2,\,3)$, D$(8,\,3)$, E$(4,\,3)$

3rd 사각형 ABCD는 한 쌍의 변이 평행이니까 사다리꼴이지?

$\overline{AB}=3$, $\overline{CD}=6$, $\overline{BE}=1$이므로 사각형 ABDC의 넓이 S는

$S=\dfrac{1}{2}\times(\overline{AB}+\overline{CD})\times\overline{BE}=\dfrac{1}{2}\times(3+6)\times 1=\dfrac{9}{2}$

$\therefore$ $12S=12\times\dfrac{9}{2}=54$

🔹 **다른 풀이: 두 삼각형의 넓이의 합으로 사각형의 넓이 구하기**

$S=\square ABCD=\triangle ABC+\triangle CDB$

$=\dfrac{1}{2}\times\overline{AB}\times\overline{BE}+\dfrac{1}{2}\times\overline{CD}\times\overline{BE}$

$=\dfrac{1}{2}\times 3\times 1+\dfrac{1}{2}\times 6\times 1=\dfrac{9}{2}$

$\therefore$ $12S=12\times\dfrac{9}{2}=54$

C 132 정답 ③   *로그함수의 그래프를 이용한 대소 관계 ···· [정답률 72%]

[정답 공식: 밑의 범위에 따라 로그함수 그래프의 개형이 달라진다. 조건을 만족시키는 임의의 숫자를 넣어서 그래프를 그려봐도 된다.]

함수 $f(x)=\log_a x$, $g(x)=\log_b x$가 $0<x<1$에서 $f(x)>g(x)$가 성립하기 위한 조건으로 [보기]에서 옳은 것을 모두 고른 것은? (4점)

―――――[보기]―――――
ㄱ. $1<b<a$
ㄴ. $0<a<b<1$
ㄷ. $0<a<1<b$

단서 각 경우에 대하여 두 함수 $f(x)$와 $g(x)$의 그래프를 그려 $0<x<1$에서 두 그래프의 위치를 파악해 봐.

① ㄱ   ② ㄴ   ③ ㄱ, ㄷ

④ ㄴ, ㄷ   ⑤ ㄱ, ㄴ, ㄷ

1st 밑이 1보다 큰 경우 $0<x<1$에서 밑이 클수록 함숫값도 크지?

ㄱ. $1<b<a$일 때, $f(x)$와 $g(x)$의 그래프를 그리면 그림과 같이 → 밑이 모두 1보다 크므로 $f(x)$, $g(x)$는 모두 증가함수야.
$0<x<1$에서
$f(x)>g(x)$이다. (참)

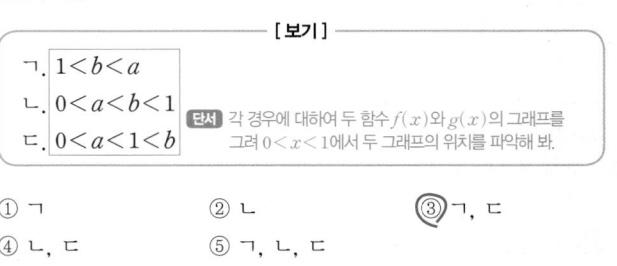

2nd 밑의 범위에 따라 $f(x)$와 $g(x)$의 그래프를 그려 보자.

ㄴ. $0<a<b<1$일 때, $f(x)$와 $g(x)$의 그래프를 그리면 그림과 같이 → 밑이 모두 0과 1 사이이므로 $f(x)$, $g(x)$는 모두 감소함수야.
$0<x<1$에서
$f(x)<g(x)$이다. (거짓)

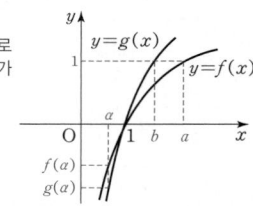

ㄷ. $0<a<1<b$일 때, $f(x)$와 $g(x)$의 그래프를 그리면 그림과 같이 → $0<a<1$이므로 $f(x)$는 감소함수, $b>1$이므로 $g(x)$는 증가함수지
$0<x<1$에서
$f(x)>g(x)$이다. (참)

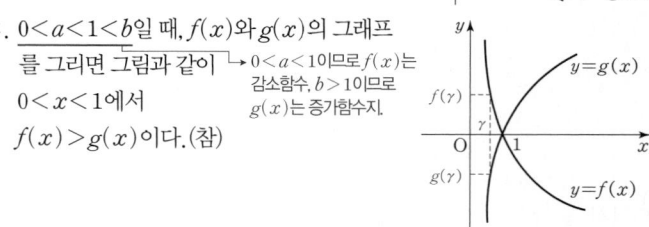

따라서 옳은 것은 ㄱ, ㄷ이다.

톡톡 풀이: **로그의 밑을 변환하여 밑이 같은 로그의 크기 비교하기**

$$f(x)=\log_a x=\frac{1}{\log_x a}, \quad g(x)=\log_b x=\frac{1}{\log_x b}$$

주의
$\log_a x=\dfrac{\log_x x}{\log_x a}=\dfrac{1}{\log_x a}$ 라고 표현할 수 있어.

ㄱ. $0<x<1$이므로 $1<b<a$이면 $0>\log_x b>\log_x a$

즉, $\dfrac{1}{\log_x b}<\dfrac{1}{\log_x a}$이므로 $g(x)<f(x)$ (참)

ㄴ. $0<x<1$이므로 $0<a<b<1$이면 $\log_x a>\log_x b>0$

즉, $\dfrac{1}{\log_x a}<\dfrac{1}{\log_x b}$이므로 $f(x)<g(x)$ (거짓)

ㄷ. $0<x<1$이므로 $0<a<1<b$이면 $\log_x a>0>\log_x b$

그런데 $\log_x a$, $\log_x b$의 부호가 서로 다르므로 역수를 취해도 부등호의 방향은 변하지 않아.

즉, $\dfrac{1}{\log_x a}>\dfrac{1}{\log_x b}$이므로 $f(x)>g(x)$ (참)

따라서 옳은 것은 ㄱ, ㄷ이야.

C 133 정답 ⑤ *로그함수의 그래프를 이용한 대소 관계 ···· [정답률 75%]

〔 정답 공식: 로그의 성질을 이용한다. 〕

함수 $f(x)=\log_5 x$이고 $a>0$, $b>0$일 때, [보기]에서 항상 옳은 것을 모두 고른 것은? (4점)

[보기]

ㄱ. $\left\{f\left(\dfrac{a}{5}\right)\right\}^2=\left\{f\left(\dfrac{5}{a}\right)\right\}^2$

ㄴ. $f(a+1)-f(a)>f(a+2)-f(a+1)$

ㄷ. $f(a)<f(b)$이면 $f^{-1}(a)<f^{-1}(b)$이다.

단서 $f(x)=\log_5 x$에서 밑인 5가 1보다 크므로 $f(x)$는 증가함수야.
즉, $m<n \Longleftrightarrow f(m)<f(n)$임을 이용해.

① ㄱ ② ㄴ ③ ㄱ, ㄴ ④ ㄱ, ㄷ ⑤ ㄱ, ㄴ, ㄷ

1st 로그의 성질을 이용하여 옳은 것을 고르자.

ㄱ. $\left\{f\left(\dfrac{a}{5}\right)\right\}^2=\left(\log_5\dfrac{a}{5}\right)^2=\underset{\text{[로그의 성질]}}{(\log_5 a-1)^2}=(1-\log_5 a)^2$

$=\left(\log_5\dfrac{5}{a}\right)^2$ ① $\log_m\dfrac{x}{y}=\log_m x-\log_m y$
② $\log_m m=1$

$=\left\{f\left(\dfrac{5}{a}\right)\right\}^2$ (참)

2nd $f(a+1)-f(a)$와 $f(a+2)-f(a+1)$을 각각 구해 보자.

ㄴ. $f(a+1)-f(a)=\log_5(a+1)-\log_5 a$

$=\log_5\dfrac{a+1}{a}=\log_5\left(1+\dfrac{1}{a}\right)$

$f(a+2)-f(a+1)=\log_5(a+2)-\log_5(a+1)$

$=\log_5\dfrac{a+2}{a+1}=\log_5\left(1+\dfrac{1}{a+1}\right)$

그런데 $a>0$일 때, $\dfrac{1}{a}>\dfrac{1}{a+1}$이므로 $1+\dfrac{1}{a}>1+\dfrac{1}{a+1}$ $\underset{a<a+1\text{에서}}{\dfrac{1}{a}>\dfrac{1}{a+1}}$

즉, $\underline{\log_5\left(1+\dfrac{1}{a}\right)>\log_5\left(1+\dfrac{1}{a+1}\right)}$이므로

$f(a+1)-f(a)>f(a+2)-f(a+1)$ (참)

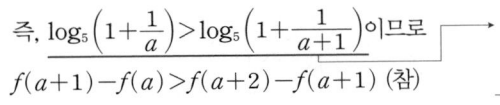
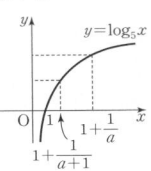

3rd $a=\log_b c \Longleftrightarrow b^a=c$임을 이용하여 $f^{-1}(x)$를 구하자.

ㄷ. $y=\log_5 x$에서 $x=5^y$이고, x와 y를 서로 바꾸면 $y=5^x$

$\therefore f^{-1}(x)=5^x$

$f(a)<f(b)$이므로

$\log_5 a<\log_5 b \Longleftrightarrow a<b \Longleftrightarrow 5^a<5^b$

$\Longleftrightarrow f^{-1}(a)<f^{-1}(b)$ (참)

따라서 옳은 것은 ㄱ, ㄴ, ㄷ이다.

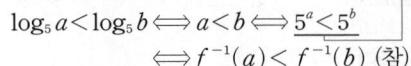

다른 풀이: **함수 $f(x)$가 증가함수임을 이용하여 ㄴ의 참·거짓 판별하기**

ㄴ. $f(a+1)-f(a)>f(a+2)-f(a+1)$에서

$2f(a+1)>f(a)+f(a+2)$가 성립함을 보이면 되지?

$2f(a+1)=2\log_5(a+1)=\log_5(a+1)^2$

$f(a)+f(a+2)=\log_5 a+\log_5(a+2)=\log_5 a(a+2)$

이때, $(a+1)^2=a^2+2a+1>a^2+2a=a(a+2)$이고

함수 $y=\log_5 x$는 증가함수이므로 $\log_5(a+1)^2>\log_5 a(a+2)$야.

즉, $2f(a+1)>f(a)+f(a+2)$에서

$f(a+1)-f(a)>f(a+2)-f(a+1)$ (참)

C 134 정답 ⑤ *로그함수의 그래프를 이용한 대소 관계 ···· [정답률 63%]

〔 정답 공식: 두 함수 $y=\log_3 x$와 $y=\log_4 x$를 그려 직관적으로 비교한다. 〕

n이 자연수일 때, [보기]의 부등식 중 항상 성립하는 것을 모두 고르면? (3점)

[보기]

ㄱ. $\log_3(n+4)>\log_3(n+3)$

ㄴ. $\log_3(n+3)>\log_4(n+3)$

ㄷ. $\log_3(n+3)>\log_4(n+4)$

단서 로그의 대소 관계는 그래프를 그려 보면 해결되는 경우가 많아. [보기]에서 로그의 밑이 3과 4이므로 두 함수 $y=\log_3 x$, $y=\log_4 x$의 그래프를 그린 뒤 대소 비교를 해 봐.

① ㄱ ② ㄱ, ㄴ ③ ㄱ, ㄷ

④ ㄴ, ㄷ ⑤ ㄱ, ㄴ, ㄷ

1st 그래프를 이용하여 항상 성립하는 값을 구해.

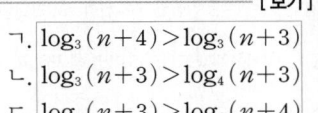

ㄱ. $\underline{y=\log_3 x\text{는 증가함수}}$이므로 $\underset{\substack{a>1\text{일 때 }y=\log_a x\text{는 증가함수,}\\0<a<1\text{일 때 }y=\log_a x\text{는 감소함수야.}}}{}$

$\log_3(n+4)>\log_3(n+3)$ (참)

ㄴ. $x>1$에서 그래프를 보면 $y=\log_3 x$의 그래프가 $y=\log_4 x$의 그래프보다 항상 위에 있다.

$\therefore \log_3(n+3)>\log_4(n+3)$ (참)

ㄷ. $y=\log_3(x+3)$, $y=\log_4(x+4)$의 그래프를 그리면 오른쪽과 같으므로 $x>0$일 때 항상 $\log_3(x+3)>\log_4(x+4)$이다. $\underset{n\text{은 자연수이므로 }n>0\text{이야.}}{}$

$\therefore \log_3(\widehat{n}+3)>\log_4(\widehat{n}+4)$ (참)

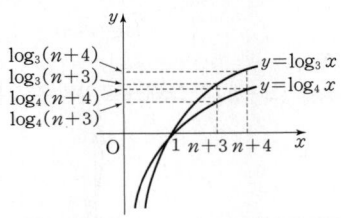

따라서 항상 성립하는 것은 ㄱ, ㄴ, ㄷ이다.

ㄱ. $n+4>n+3$이므로
$\log_3(n+4)>\log_3(n+3)$ (참)

▶ [로그의 밑의 변환 공식]
① $\log_a b=\dfrac{\log_c b}{\log_c a}$
② $\log_a b=\dfrac{1}{\log_b a}$

ㄴ. $\dfrac{\log_3(n+3)}{\log_4(n+3)}=\dfrac{\log_{(n+3)}4}{\log_{(n+3)}3}=\log_3 4>①$ ▶ $\log_3 3$

이므로 $\log_3(n+3)>\log_4(n+3)$ (참)

ㄷ. $x>1$에서 그림과 같이 두 함수 $y=\log_3 x$와 $y=\log_4 x$의 그래프의
간격이 x의 값이 커질수록 커져.

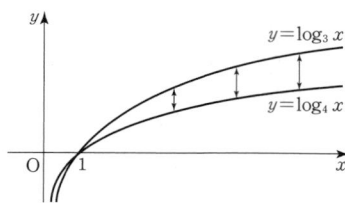

즉, $\log_3(n+3)$과 $\log_4(n+4)$에서 $n=1$일 때, $\log_3 4>\log_4 5$이
므로 $n\geq1$인 자연수 n에 대하여 $\log_3(n+3)>\log_4(n+4)$는 항
상 성립해. (참)

1st $y=\log_a(x+b)$의 그래프에서 a와 b의 값의 범위를 각각 유추해봐.

함수 $y=\log_a(x+b)$의 그래프는 함수 $y=\log_a x$의 그래프를 x축의
방향으로 $-b$만큼 평행이동시킨 것이고, 주어진 함수
$y=\log_a(x+b)$의 그래프는 x의 값이 증가할 때, y의 값은 감소하므로
$0<a<1$이다.

한편, 점 $(1,0)$을 지나는 함수 $y=\log_a x$의 그래프를 x축의 방향으로
$-b$만큼 평행이동한 함수 $y=\log_a(x+b)$의 그래프가 $x<0$인
부분에서 x축과 만나므로 $1-b<0$ ∴ $b>1$

▶ 함수 $y=\log_a x$ 위의 점 $(1,0)$을 x축의 방향으로 $-b$만큼
평행이동시킨 점의 좌표는 $(1-b,0)$이야. 이는 y좌표의 값이
0, 즉 함수 $y=\log_a(x+b)$의 그래프의 x절편이고, 그림에서
음수이므로 $1-b<0$

2nd 함수 $y=\log_b(x+a)$의 그래프를 유추하자.

$b>1$이므로 함수 $y=\log_b(x+a)$의 그래프는 x의 값이 증가할 때, y의
값도 증가하는 함수이므로 ④, ⑤ 중 하나이고,
함수 $y=\log_b(x+a)$의 그래프는 점 $(1,0)$을 지나는 함수
$y=\log_b x$의 그래프를 x축의 방향으로 $-a$만큼 평행이동시킨 것이므로
점 $(1-a,0)$ $(0<1-a<1)$을 지나는 증가함수 $y=\log_b(x+a)$의
그래프는 ④이다.

C 135 정답 ④ *로그함수의 그래프를 이용한 대소 관계 · [정답률 78%]

[정답 공식: $y=\log_a x$의 그래프는 점 $(1,0)$을 지나고, $a>1$이면 증가하고,
$0<a<1$이면 감소한다.]

함수 $y=\log_a(x+b)(a>0, a\neq1)$의 그래프가 그림과 같다.

단서1 감소하는 그래프이므로 $0<a<1$이고, $y=\log_a x$를 x축의 방향으로 $-b$만큼
평행이동한 그래프야.

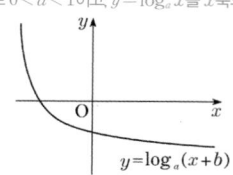

단서2 먼저 b의 값의 범위를 찾아야해. $0<b<1$이면 감소함수이고, $b>1$이면 증가함수로 나타나.

이때, 함수 $y=\log_b(x+a)$의 그래프로 알맞은 것은? (4점)

① 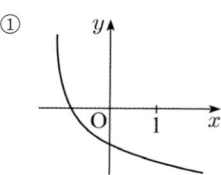   ②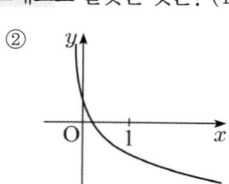

③ 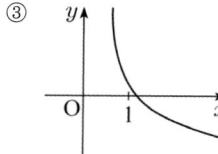   ④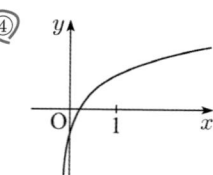

⑤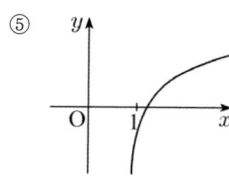

C 136 정답 ④ *로그함수의 그래프를 이용한 대소 관계 · [정답률 40%]

[정답 공식: 곡선 $y=|\log_2 x|$와 직선 $y=-x+n$, $y=-x+n+1$을 직접 그려
본다. $1<b_n<n$을 이용한다.]

단서1 곡선 $y=|\log_2 x|$는 곡선 $y=\log_2 x$의 x축의 아랫부분을 x축에 대하여 대칭이동하여 그리면 돼.

자연수 $n(n\geq2)$에 대하여 직선 $y=-x+n$과 곡선 $y=|\log_2 x|$
가 만나는 서로 다른 두 점의 x좌표를 각각 $a_n, b_n(a_n<b_n)$이라
할 때, 옳은 것만을 [보기]에서 있는 대로 고른 것은? (4점)

─── [보기] ───

ㄱ. $a_2<\dfrac{1}{4}$

ㄴ. $0<\dfrac{a_{n+1}}{a_n}<1$

ㄷ. $1-\dfrac{\log_2 n}{n}<\dfrac{b_n}{n}<1$

단서2 $n=2,3,4,\cdots$를 대입하여 곡선
$y=|\log_2 x|$ 위에 직선 $y=-x+n$
을 그려보면 두 교점의 위치가 어떻게 변
하는지 알 수 있을 거야.

① ㄱ   ② ㄴ   ③ ㄷ

④ ㄴ, ㄷ   ⑤ ㄱ, ㄴ, ㄷ

1st 그래프를 그려 a_n, b_n을 나타낸 후에 ㄱ, ㄴ을 따져보자.

먼저 직선 $y=-x+n$과 함수 $y=|\log_2 x|$의 그래프를 그리면 [그림 1]
과 같다.

💡 $y=\log_2 x$의 그래프에서 x축
의 아랫부분을 x축에 대하여
대칭이동시켜서 그려.

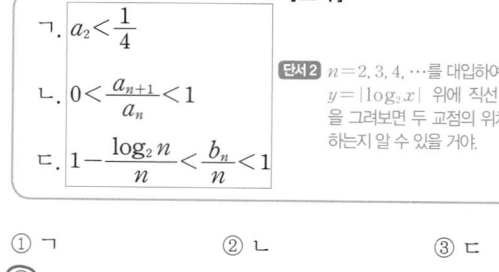

a_n은 n의 값이 커질수록
감소하여 0에 한없이 가
까워지고 b_n은 n의 값이
커질수록 증가함을 알 수
있네~

[그림 1]

ㄱ. a_2는 [그림 2]와 같이 직선 $y=-x+2$와 함수 $y=|\log_2 x|$의 그래프의 교점의 x좌표이다.

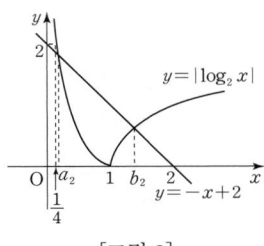

[그림 2]

이때, $2=|\log_2 x|$에서

$\log_2 x=\pm 2$ $\therefore x=\dfrac{1}{4}$ 또는 $x=4$

즉, [그림 2]에서 $a_2>\dfrac{1}{4}$ (거짓)

ㄴ. [그림 1]과 같이 a_{n+1}은 직선 $y=-x+n+1$과 함수 $y=|\log_2 x|$의 그래프의 교점의 x좌표 중 작은 값이므로

$0<a_{n+1}<a_n<1$

$\therefore 0<\dfrac{a_{n+1}}{a_n}<1$ (참)

2nd b_n의 범위와 b_n이 직선 $y=-x+n$과 곡선 $y=\log_2 x$의 교점의 x좌표임을 이용해.

ㄷ. [그림 1]에서 $1<b_n<n$이므로 $\dfrac{b_n}{n}<1$이다. … ㉠

또, b_n은 직선 $y=-x+n$과 함수 $y=\log_2 x$의 그래프의 교점의 x좌표이므로 $-b_n+n=\log_2 b_n$

$\therefore b_n=n-\log_2 b_n$ … ㉡

이때, $\underline{\log_2 b_n<\log_2 n}$이므로 $\boxed{\rightarrow b_n<n\text{이므로 }\log_2 b_n<\log_2 n}$

$\underline{-\dfrac{\log_2 b_n}{n}>-\dfrac{\log_2 n}{n}}$이고 **실수**

> 양변에 $-\dfrac{1}{n}$을 곱하였으므로 부등호의 방향이 달라져야 해.

$1-\dfrac{\log_2 b_n}{n}>1-\dfrac{\log_2 n}{n}$

즉, $1-\dfrac{\log_2 b_n}{n}=\dfrac{n-\log_2 b_n}{n}=\dfrac{b_n}{n}$ $(\because ㉡)$이므로

$\dfrac{b_n}{n}>1-\dfrac{\log_2 n}{n}$ … ㉢

$\therefore 1-\dfrac{\log_2 n}{n}<\dfrac{b_n}{n}<1$ $(\because ㉠, ㉢)$ (참)

따라서 옳은 것은 ㄴ, ㄷ이다.

🔶 **다른 풀이: 그래프를 이용하여 ㄷ의 참·거짓 판별하기**

ㄷ. [그림 1]에서 $b_n<n$이므로 $\dfrac{b_n}{n}<1$

또한, $\log_2 n$은 $y=\log_2 x$에서 $x=n$일 때의 함숫값이고, $-b_n+n$은 $y=-x+n$에서 $x=b_n$일 때의 함숫값이야.

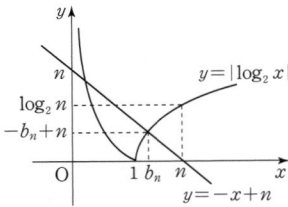

따라서 위의 그림에서 $\log_2 n>-b_n+n$, 즉 $b_n>n-\log_2 n$이므로

$\dfrac{b_n}{n}>\dfrac{n-\log_2 n}{n}=1-\dfrac{\log_2 n}{n}$

$\therefore 1-\dfrac{\log_2 n}{n}<\dfrac{b_n}{n}<1$ (참)

C 137 정답 24 *로그함수의 최대·최소 ──── [정답률 80%]

(정답 공식: 로그함수 $y=\log_a x$에서 $a>1$이면 증가함수이다.)

> **단서1** $y=6\log_3(x+2)$에서 밑이 3으로 1보다 크기 때문에 증가함수야.
> 집합 $\{x\,|\,1\leq x\leq 25\}$에서 정의된 함수 $y=6\log_3(x+2)$의 **최댓값을 M, 최솟값을 m**이라 할 때, $M+m$의 값을 구하시오.
> **단서2** 증가함수니까 $x_1<x_2$이면 $y_1<y_2$임을 이용하여 최댓값과 최솟값을 구해. (3점)

1st $M+m$의 값을 구해.

함수 $y=f(x)=6\log_3(x+2)$라 하면 밑이 1보다 큰 로그함수이므로 증가한다. 로그함수 $y=\log_a x$에 대하여 $a>1$이면 증가함수이고, $a<1$이면 감소함수야.

$x=1$일 때, $m=f(1)=6\log_3(1+2)=6\log_3 3=6$

$x=25$일 때, $M=f(25)=6\log_3(25+2)=6\log_3 27=6\log_3 3^3=18$

$\therefore M+m=18+6=24$

참고 그림: 함수 $y=6\log_3(x+2)$의 그래프

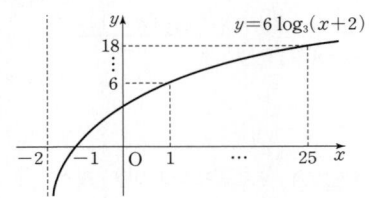

C 138 정답 ② *로그함수의 최대·최소 ──── [정답률 80%]

> 정답 공식: 정의역이 $\{x\,|\,m\leq x\leq n\}$인 로그함수 $y=\log_a x(a>0,\ a\neq 1)$는
> (1) $a>1$이면 $x=n$일 때 최댓값 $\log_a n$, $x=m$일 때 최솟값 $\log_a m$을 갖는다.
> (2) $0<a<1$이면 $x=m$일 때 최댓값 $\log_a m$, $x=n$일 때 최솟값 $\log_a n$을 갖는다.

> **단서1** 함수 $f(x)$에서 밑 a와 1의 대소 관계에 따라 증가하고 감소하는 개형이 달라져.
> 함수 $f(x)=\log_a(3x+1)+2$가 닫힌구간 $[0, 5]$에서 최솟값 $\dfrac{2}{3}$를 가질 때, a의 값은? (단, a는 1이 아닌 양의 상수이다.) (3점)
> **단서2** $0\leq x\leq 5$에서 $x=0$ 또는 $x=5$에서 최솟값을 가짐을 파악할 수 있어.

① $\dfrac{1}{32}$ ② $\dfrac{1}{8}$ ③ $\dfrac{1}{2}$ ④ 2 ⑤ 8

1st 함수 $f(x)$가 최솟값을 갖는 경우를 나누어 생각하자.

함수 $f(x)$에서 로그의 밑이 $a>0$, $a\neq 1$이므로 $0<a<1$ 또는 $a>1$인 경우로 나누어 생각하자.

2nd 각 경우에 따라 a의 값을 구하자.

(i) $0<a<1$일 때

$0\leq x\leq 5$에서 함수 $f(x)$의 최솟값은

$f(5)=\log_a 16+2=\dfrac{2}{3}$에서 밑이 0과 1 사이의 수이면 함수 $f(x)$는 x의 값이 가장 클 때 최솟값을 갖게 돼.

$\log_a 16=-\dfrac{4}{3}$, $a^{-\frac{4}{3}}=16=2^4=(2^{-3})^{-\frac{4}{3}}$ $\therefore a=2^{-3}=\dfrac{1}{8}$

(ii) $a>1$일 때

$0\leq x\leq 5$에서 함수 $f(x)$의 최솟값은

$f(0)=\log_a 1+2=2\neq-\dfrac{4}{3}$ 밑이 1보다 크면 함수 $f(x)$는 x의 값이 가장 작을 때 최솟값을 갖게 돼.

그러므로 a의 값은 존재하지 않는다.

(i), (ii)에 의하여 양수 a의 값은 $\dfrac{1}{8}$이다.

C 139 정답 ② *로그함수의 최대·최소 ──────── [정답률 83%]

> 정답 공식: 함수 $y=\log_a x$에서 a가 1보다 클 경우 x의 값이 증가하면 y의 값도 증가한다.

> 닫힌구간 $[-1, 2]$에서 함수 $f(x)=\log_2(x^2-2x+a)$의 최솟값이 3일 때, 상수 a의 값은? (3점)　**단서** 함수 $f(x)=\log_2(x^2-2x+a)$의 밑이 2>1이므로 x의 값이 증가하면 y의 값도 증가해.
>
> ① 7　　②⃝ 9　　③ 11　　④ 13　　⑤ 15

1st 정의역에서 최솟값이 3일 때의 x의 값을 구해.

함수 $f(x)=\log_2(x^2-2x+a)$는 밑이 1보다 크므로 x의 값이 증가하면 y의 값도 증가한다.　로그함수에서 밑이 1보다 크면 증가함수이므로 x의 값이 증가하면 y의 값도 증가하지?

즉, x^2-2x+a가 최소일 때, 최솟값 3을 갖는다.

$x^2-2x+a=(x-1)^2+a-1 \geq a-1$이므로

$x=1$일 때, 최솟값 $a-1$을 갖는다.

2nd $x=1$을 대입하여 a의 값을 구해.　**[로그의 정의]** $a>0, a\neq 1, b>0$일 때, $x=\log_a b \Longleftrightarrow a^x=b$

$f(1)=3$이므로 $\log_2(1-2+a)=\underline{\log_2(a-1)=3}$

$a-1=2^3$　　∴ $a=8+1=9$

C 140 정답 ② *로그함수의 최대·최소 ──────── [정답률 92%]

> 정답 공식: $0<a<1$일 때 함수 $y=\log_a f(x)$는 $f(x)$가 최소일 때 최댓값을 가지고, $f(x)$가 최대일 때 최솟값을 가진다.

> 집합 $\{x|-3\leq x\leq 3\}$에서 정의된 함수
>
> $$y=\log_{\frac{1}{3}}(x+m)$$　**단서** 주어진 로그함수의 밑이 $0<\frac{1}{3}<1$이므로 진수가 최소일 때 최댓값을 가져.
>
> 이 최댓값 -2를 가질 때, 상수 m의 값은? (3점)
>
> ① 11　　②⃝ 12　　③ 13
> ④ 14　　⑤ 15

1st 주어진 함수의 최댓값을 이용하여 상수 m의 값을 구해.

함수 $y=\log_{\frac{1}{3}}(x+m)$에서 밑이 $0<\frac{1}{3}<1$이므로 이 함수는 $x+m$이 최소일 때 최댓값을 가진다.　$f(x)=x+m$이라 하면 함수 $y=f(x)$의 그래프는 오른쪽 위로 향하는 직선이므로 x가 최소일 때 $f(x)$도 최소, x가 최대일 때 $f(x)$도 최대야.

이때, 정의역이 $\{x|-3\leq x\leq 3\}$이므로 함수 $y=\log_{\frac{1}{3}}(x+m)$은 $x=-3$일 때 최댓값 -2를 가진다.

즉, $\underline{\log_{\frac{1}{3}}(-3+m)=-2}$에서 $-3+m=\left(\frac{1}{3}\right)^{-2}$
$\log_a x=N \Longleftrightarrow x=a^N$

∴ $m=\left(\frac{1}{3}\right)^{-2}+3=9+3=12$

$\left(\frac{1}{3}\right)^{-2}=(3^{-1})^{-2}=3^{(-1)\times(-2)}=3^2=9$

C 141 정답 29 *로그함수의 최대·최소 ──────── [정답률 87%]

> 정답 공식: 함수 $f(x)=\log_a x\,(0<a<1)$의 $m\leq x\leq n$에서의 최댓값은 $f(m)$, 최솟값은 $f(n)$이다.

> $0\leq x\leq 6$에서 함수 $y=\log_{\frac{1}{3}}(x+3)+30$의 최댓값을 구하시오.
>
> **단서** 주어진 함수는 밑이 $\frac{1}{3}$로 1보다 작으므로 감소함수야.　(3점)

1st 주어진 함수의 최댓값을 구해.

함수 $y=\log_{\frac{1}{3}}(x+3)+30$은 $0<(밑)=\frac{1}{3}<1$이므로 $0\leq x\leq 6$에서 x의 값이 증가하면 y의 값은 감소한다.

함수 $y=\log_a x$는 $a>1$일 때 x의 값이 증가하면 y값도 증가하고, $0<a<1$일 때 x의 값이 증가하면 y의 값은 감소해.

즉, $x=0$일 때 주어진 함수는 최대이므로 구하는 최댓값은

$\log_{\frac{1}{3}}(0+3)+30=\log_{\frac{1}{3}}3+30=\underline{\log_{3^{-1}}3+30=-\log_3 3+30}$

$\qquad\qquad =-1+30=29$　$\log_{a^m}b^n=\frac{n}{m}\log_a b$

C 142 정답 5 *로그함수의 최대·최소 ──────── [정답률 80%]

> 정답 공식: $f(x)=\log_a x\,(a>1)$는 증가함수이므로 $m\leq x\leq n$에서 최솟값은 $f(m)$, 최댓값은 $f(n)$이다.

> $1\leq x\leq 7$에서 정의된 함수 $y=\log_2(x+1)+2$의 최댓값을 구하시오. (3점)
>
> **단서** 로그함수는 밑이 2>1이므로 증가함수야. 따라서 x의 값의 범위의 오른쪽 끝값의 함숫값이 최댓값이 돼.

1st 함수의 최댓값을 구하자.

함수 $y=\log_2(x+1)+2$는 x의 값이 증가하면 y의 값도 증가하므로 x의 값이 최대이면 y의 값도 최대이다.　(밑)>1이므로 증가함수야.

따라서 함수 $y=\log_2(x+1)+2$는 $x=7$일 때,

$y=\underline{\log_2(7+1)+2}=\log_2 8+2=\log_2 2^3+2=3+2=5$이므로 최댓값 5를 갖는다.

$m\leq x\leq n$일 때 로그함수 $f(x)=\log_a x$의 값의 범위는
(i) $0<a<1$일 때 $f(n)\leq f(x)\leq f(m)$
(ii) $a>1$일 때 $f(m)\leq f(x)\leq f(n)$

C 143 정답 246 *로그함수의 최대·최소 ──────── [정답률 60%]

> 정답 공식: 양변에 밑이 3인 로그를 취한 뒤 $\log_3 x$를 문자로 치환한다. 단, x의 값의 범위에 따라 문자의 범위를 구해주어야 한다.

> $\frac{1}{3}\leq x\leq 3$에서 정의된 함수 $f(x)=9x^{-2+\log_3 x}$의 최댓값을 M,
>
> **단서** 함수 $f(x)$의 식을 보니 x의 지수에 log가 있네? 이럴 경우는 양변에 로그를 취해 함수식을 간단히 한 후 공통부분을 치환하자. 이때, 치환한 문자의 값의 범위에 주의하자.
>
> 최솟값을 m이라 할 때, $M+m$의 값을 구하시오. (4점)

1st 주어진 함수의 양변에 밑이 3인 로그를 취해서 간단히 정리해 보자.

$f(x)=9x^{-2+\log_3 x}$의 양변에 밑이 3인 로그를 취하면

$\log_3 f(x)=\log_3 9x^{-2+\log_3 x}$　x의 지수에 $\log_3 x$가 있지? 양변에 밑이 3인 로그를 취하면 로그로 나타낸 지수부분을 없앨 수 있어.

$\qquad\qquad =\log_3 9+(-2+\log_3 x)\log_3 x$

$\qquad\qquad =(\log_3 x)^2-2\log_3 x+2$

2nd $\log_3 x=t$로 치환하여 t에 관한 이차함수의 최대·최소를 이용하자.

$\log_3 x=t$로 치환하면 $\frac{1}{3}\leq x\leq 3$에서

$-1\leq t\leq 1$이고　$\log_3\frac{1}{3}\leq\log_3 x\leq\log_3 3$

$\log_3 f(x)=t^2-2t+2=(t-1)^2+1$

$t=-1$일 때, $\log_3 f(x)$는 최댓값 5를 가지므로 함수 $f(x)$의 최댓값 M에 대하여

$\log_3 M=5$에서 $M=3^5=243$

$t=1$일 때, $\log_3 f(x)$는 최솟값 1을 가지므로

주의
$\log_3 x=t$로 치환하여 문제를 풀 때에는 항상 t의 값의 범위를 잘 확인해야 해.

함수 $f(x)$의 최솟값 m에 대하여 $\log_3 m=1$에서

$m=3^1=3$　　∴ $M+m=243+3=246$

120 자이스토리 고2 수학 I

(정답 공식: 로그함수 $y=\log_3 x$는 밑이 1보다 크므로 증가함수이다.)

$0 \leq x \leq 5$에서 함수

$$f(x)=\log_3(x^2-6x+k) \ (k>9)$$

의 최댓값과 최솟값의 합이 $2+\log_3 4$가 되도록 하는 상수 k의 값
은? (4점) 단서 함수 $y=f(x)$는 증가함수이므로 진수가 최대일 때 최댓값을,
진수가 최소일 때 최솟값을 가져.

① 11 ② 12 ③ 13

④ 14 ⑤ 15

1st $f(x)$의 최댓값과 최솟값을 각각 구하자.

$0 \leq x \leq 5$에서

함수 $f(x)=\log_3(x^2-6x+k)=\log_3\{(x-3)^2+k-9\} \ (k>9)$는
$x=0$일 때, 최댓값 $\log_3 k$, $x=3$일 때, 최솟값 $\log_3(k-9)$를 갖는다.
→ 진수가 이차함수 꼴이네? $x=3$에서 대칭
인 아래로 볼록한 이차함수이므로
$0 \leq x \leq 5$에서 진수는 $x=0$일 때 최댓값
$x=3$일 때 최솟값을 가져.

2nd k의 값을 구하자.

최댓값과 최솟값의 합이 $2+\log_3 4$이므로

$\log_3 k + \log_3(k-9) = \underset{\underset{\log_3 9=2}{\uparrow}}{2} + \log_3 4$

$\log_3 k(k-9) = \log_3 36$

$k^2-9k-36=0$, $(k-12)(k+3)=0$ $\therefore k=12 \ (\because k>9)$

[정답 공식: $a>1$일 때, 함수 $y=\log_a x$는 x가 최소일 때 y도 최소이고]
x가 최대일 때 y도 최대이다.

함수 단서1 $f(x)$는 $x<1$일 때 감소함수이고, $x \geq 1$일 때 증가함수야.

$$f(x)=\begin{cases} -2^x+2 & (x<1) \\ \log_2 x & (x \geq 1) \end{cases}$$

에 대하여 $a-1 \leq x \leq a+1$에서 함수 $f(x)$의 최댓값과 최솟값의
차가 1이 되도록 하는 모든 실수 a의 값의 합은? (4점)

① 3 ② $\log_2 \dfrac{32}{3}$ ③ $\log_2 \dfrac{40}{3}$
└→ 단서2 $x=1$을 기준으로 함수식이
④ 4 ⑤ $\log_2 \dfrac{56}{3}$
바뀌므로 $a-1 \leq x \leq a+1$의 범위에
$x=1$이 포함될 때와 포함되지 않을 때로
경우를 나누어 최댓값과 최솟값을 구해야 해.

1st 함수 $y=f(x)$의 그래프를 좌표평면에 나타내 봐.

함수 $y=-2^x+2$의 그래프는 함수 $y=2^x$의 그래프를 x축에 대하여
대칭이동한 후 y축의 방향으로 2만큼 평행한 것이므로 함수 $y=f(x)$의
함수 $y=2^x$의 그래프를 x축에 대하여 대칭이동하면 $y=-2^x$이고
다시 y축의 방향으로 2만큼 평행이동하면 $y-2=-2^x$에서 $y=-2^x+2$야.
그래프는 그림과 같이 $x<1$에서 감소하고 $x \geq 1$에서 증가한다.
즉, 함수 $f(x)$는 실수 전체의 집합에서 $x=1$일 때 최솟값
$f(1)=\log_2 1=0$을 가진다.

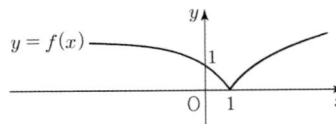

2nd a의 값의 범위를 나누어 조건을 만족시키는 a의 값을 구해.

$a-1 \leq x \leq a+1$에 $x=1$이 포함되는 경우와 포함되지 않는 경우로
나누어 $a-1 \leq x \leq a+1$에서 함수 $f(x)$의 최댓값과 최솟값의 차가 1이
되도록 하는 a의 값을 구하면 다음과 같다.

(i) $a-1<a+1<1$, 즉 $a<0$ ···㉠일 때,
함수 $f(x)$의 최댓값은 $f(a-1)=-2^{a-1}+2$이고,
최솟값은 $f(a+1)=-2^{a+1}+2$이므로 $f(a-1)-f(a+1)=1$에서
$(-2^{a-1}+2)-(-2^{a+1}+2)=1$, $2^{a+1}-2^{a-1}=1$
$\underset{2^{a+1}-2^{a-1}=2^a \times 2 - 2^a \times \frac{1}{2}=\left(2-\frac{1}{2}\right) \times 2^a = \frac{3}{2} \times 2^a}{}$

$\dfrac{3}{2} \times 2^a=1$, $2^a=\dfrac{2}{3}$ $\therefore a=\log_2 \dfrac{2}{3}$
$\underset{a^x=N \Longleftrightarrow x=\log_a N}{}$

$a=\log_2 \dfrac{2}{3}$는 ㉠을 만족시키므로 $a-1 \leq x \leq a+1$에서
함수 $y=\log_2 x$는 $x>0$에서 증가함수이고 $x=1$일 때 $y=0$이므로
$0<x<1$에서 $y<0$이야. 즉, $0<\frac{2}{3}<1$이므로 $a=\log_2 \frac{2}{3}$는 $a<0$인 조건을 만족해.
함수 $f(x)$의 최댓값과 최솟값의 차가 1이 되도록 하는 실수 a의
값이다.

(ii) $a-1<a+1=1$, 즉 $a=0$일 때,
함수 $f(x)$의 최댓값은 $f(a-1)=f(-1)=-2^{-1}+2=\dfrac{3}{2}$이고,
최솟값은 $f(a+1)=f(1)=0$이므로
$f(a-1)-f(a+1)=\dfrac{3}{2}-0=\dfrac{3}{2} \neq 1$

따라서 $a=0$일 때, 조건을 만족시키지 않는다.

(iii) $a-1<1<a+1$, 즉 $0<a<2$ ···㉡일 때,
$a-1<1$에서 $a<2$이고, $1<a+1$에서 $a>0$이므로 $0<a<2$
$f(a-1)=-2^{a-1}+2$, $f(a+1)=\log_2(a+1)$이고
$f(a-1), f(a+1)$ 중에서 어느 값이 더 큰지 알 수 없으므로
최댓값이 $f(a-1)$인 경우와 $f(a+1)$인 경우로 나누어 구해야 해.
최솟값은 $f(1)=0$이다.

i) $f(a-1)>f(a+1)$일 때,
최댓값은 $f(a-1)=-2^{a-1}+2$이므로
$f(a-1)-f(1)=1$에서 $(-2^{a-1}+2)-0=1$
$2^{a-1}=1=2^0$, $a-1=0$ $\therefore a=1$

ii) $f(a-1) \leq f(a+1)$일 때,
최댓값은 $f(a+1)=\log_2(a+1)$이므로
$f(a+1)-f(1)=1$에서 $\log_2(a+1)-0=1$
$\log_2(a+1)=\log_2 2$, $a+1=2$ $\therefore a=1$

i), ii)에 의하여 $a=1$이고 이것은 ㉡을 만족시키므로
$a-1 \leq x \leq a+1$에서 함수 $f(x)$의 최댓값과 최솟값의 차가 1이
되도록 하는 실수 a의 값이다.

(iv) $1 \leq a-1<a+1$, 즉 $a \geq 2$ ···㉢일 때,
함수 $f(x)$의 최댓값은 $f(a+1)=\log_2(a+1)$이고,
최솟값은 $f(a-1)=\log_2(a-1)$이므로 $f(a+1)-f(a-1)=1$에서
$\log_2(a+1)-\log_2(a-1)=1$, $\log_2 \dfrac{a+1}{a-1}=\log_2 2$
$\underset{\log_a M - \log_a N = \log_a \frac{M}{N}}{}$

$\dfrac{a+1}{a-1}=2$, $a+1=2(a-1)$, $a+1=2a-2$ $\therefore a=3$

$a=3$은 ㉢을 만족시키므로 $a-1 \leq x \leq a+1$에서 함수 $f(x)$의
최댓값과 최솟값의 차가 1이 되도록 하는 실수 a의 값이다.

(i)~(iv)에 의하여 $a-1 \leq x \leq a+1$에서 함수 $f(x)$의 최댓값과
최솟값의 차가 1이 되도록 하는 모든 실수 a의 값은 $\log_2 \dfrac{2}{3}$, 1, 3이므로
그 합은

$\log_2 \dfrac{2}{3}+1+3=\log_2 \dfrac{2}{3}+4=\log_2 \dfrac{2}{3}+\log_2 2^4=\log_2\left(\dfrac{2}{3} \times 2^4\right)$

$=\log_2 \dfrac{32}{3}$

(정답 공식: 두 양수 a, b에 대하여 $\dfrac{a+b}{2} \geq \sqrt{ab}$ (단, 등호는 $a=b$일 때 성립))

> $x>1$일 때, 함수 $y=\log_5 125x + \log_x 5$의 최솟값은? (3점)
>
> ① 2   ② 3   ③ 4
>
> ④ 5   ⑤ 6   **단서** $x>1$이면 $\log_5 x>0$이고 $\log_x 5>0$이니까 산술평균과 기하평균의 관계를 적용하면 되겠지.

1st 먼저 주어진 함수의 식을 적절히 변형하자.

$y=\log_5 125x + \log_x 5$

$= \log_5 125 + \log_5 x + \log_x 5$

$= \log_5 5^3 + \log_5 x + \log_x 5$

$= \log_5 x + \log_x 5 + 3 \quad {}^{\log_a a^n = n}$

2nd 두 양수에 대한 합의 최솟값은 산술평균과 기하평균의 관계를 이용하자.

$x>1$이면 $\log_5 x>0$이므로 $\log_x 5>0$ $\rightarrow$ $x>1$이면 밑이 1보다 큰 5인 로그를 취해도 부등호 방향은 바뀌지 않아. $x>1$이면 산술평균과 기하평균의 관계에 의해 $\log_5 x > \log_5 1$, 즉 $\log_5 x > 0$

$y = \log_5 x + \log_x 5 + 3 \geq 2\sqrt{\log_5 x \times \log_x 5} + 3$

(단, 등호는 $\log_5 x = \log_x 5$일 때 성립)

$= 2+3 = 5 \ (\because \log_a b \times \log_b a = 1)$

따라서 $\log_5 x = \log_x 5$일 때, 함수 $y=\log_5 125x + \log_x 5$의 최솟값은 5 이다. $\dfrac{\log x}{\log 5} = \dfrac{\log 5}{\log x} \Rightarrow (\log x)^2 = (\log 5)^2 \Rightarrow \log x = \pm\log 5$

$x>1$이므로 $\log x>0$ $\quad \therefore \log x = \log 5 \Rightarrow x=5$

✦ **산술평균과 기하평균의 관계**   개념·공식

두 양수 a, b에 대하여

$\dfrac{a+b}{2} \geq \sqrt{ab}$ (단, 등호는 $a=b$일 때 성립)

(정답 공식: 두 양수 a, b에 대하여 $a+b \geq 2\sqrt{ab}$ (단, 등호는 $a=b$일 때 성립))

> $x>1$일 때, 함수 $y=\log_3 x + \log_x 3$이 최소가 되는 x의 값은? (3점)
>
> **단서** $x>1$이면 $\log_3 x>0$이고 $\log_x 3>0$이니까 산술평균과 기하평균의 관계를 적용하면
>
> ① 2 되겠지.   ② 3   ③ 9   ④ 27   ⑤ 81

1st 두 양수에 대한 합의 최솟값은 산술평균과 기하평균의 관계를 이용하자.

$x>1$이면 $\log_3 x>0$이므로 $\log_x 3>0$

산술평균과 기하평균의 관계에 의해 $\rightarrow$ $x>1$이면 밑이 1보다 큰 3인 로그를 취해도 부등호 방향은 바뀌지 않아.

$y=\log_3 x + \log_x 3 \geq 2\sqrt{\log_3 x \times \log_x 3}$ $x>1 \Rightarrow \log_3 x > \log_3 1 \Rightarrow \log_3 x > 0$

(단, 등호는 $\log_3 x = \log_x 3$일 때 성립)

$= 2 \ (\because \log_a b \times \log_b a = 1)$

2nd 등호가 성립할 때의 x의 값을 찾아야 해.

$\log_3 x = \log_x 3$일 때 $y=\log_3 x + \log_x 3$이 최솟값 2를 가지므로

$\log_3 x = \log_x 3$

$\dfrac{\log x}{\log 3} = \dfrac{\log 3}{\log x}$에서 로그의 성질에 의해

$(\log x)^2 = (\log 3)^2$ $\rightarrow \log_3 x = \dfrac{\log x}{\log 3}$

$\log x = \pm \log 3$

$x>1$이므로 $\log x > 0$

즉, $\log x = \log 3 \quad \therefore x=3$

(정답 공식: 두 양수 a, b에 대하여 $\dfrac{a+b}{2} \geq \sqrt{ab}$ (단, 등호는 $a=b$일 때 성립))

> $\dfrac{1}{2}<x<50$일 때, 함수 $y=(\log 2x)\left(\log \dfrac{50}{x}\right)$은 $x=k$에서 최
>
> **단서** 주어진 범위에서 $\log 2x$와 $\log \dfrac{50}{x}$가 양수인지 따지고, 양수이면 산술평균과 기하평균의 관계를 적용하자.
>
> 댓값 M을 갖는다. 이때, $k-M$의 값을 구하시오. (3점)

1st 두 양수에 대한 합의 최솟값은 산술평균과 기하평균의 관계를 이용하자.

$\dfrac{1}{2}<x<50$에서 $\log 2x>0$, $\log \dfrac{50}{x}>0$ $\dfrac{1}{2}<x<50$에서 $2x>1$과 $\dfrac{50}{x}>1$

산술평균과 기하평균의 관계에 의하여 $\rightarrow$ 이므로 $\log 2x>0$, $\log \dfrac{50}{x}>0$

$\log 2x + \log \dfrac{50}{x} \geq 2\sqrt{(\log 2x)\left(\log \dfrac{50}{x}\right)}$

$\log\left(2x \times \dfrac{50}{x}\right) \geq 2\sqrt{(\log 2x)\left(\log \dfrac{50}{x}\right)}$ ${}^{\log_a x + \log_a y = \log_a xy}$

$\log 100 = 2 \geq 2\sqrt{(\log 2x)\left(\log \dfrac{50}{x}\right)}$

$1 \geq \sqrt{(\log 2x)\left(\log \dfrac{50}{x}\right)}$ (단, 등호는 $\log 2x = \log \dfrac{50}{x}$일 때 성립)

$\therefore 1 \geq (\log 2x)\left(\log \dfrac{50}{x}\right) \left(\because \log 2x>0, \log \dfrac{50}{x}>0\right)$

즉, $\log 2x = \log \dfrac{50}{x}$일 때, $y=(\log 2x)\left(\log \dfrac{50}{x}\right)$의 최댓값 M은

1이다.

2nd 산술평균과 기하평균의 관계에서 등호가 성립할 때의 x의 값을 구해.

$\log 2x = \log \dfrac{50}{x}$에서

$2x = \dfrac{50}{x}$, $x^2 = 25 \quad \therefore x=5 \left(\because \dfrac{1}{2}<x<50\right)$

따라서 $k=5$, $M=1$이므로 $k-M = 5-1 = 4$

(정답 공식: $\log_a x$가 반복되어 나타나는 함수의 최대, 최소를 구할 때는 $\log_a x$ 를 치환하여 생각한다.)

> $\angle A = 90°$이고 $\overline{AB}=2\log_2 x$, $\overline{AC}=\log_4 \dfrac{16}{x}$인 삼각형 ABC
>
> 의 넓이를 $S(x)$라 하자. $S(x)$가 $x=a$에서 최댓값 M을 가질
>
> 때, $a+M$의 값은? (단, $1<x<16$) (4점)
>
> **단서** 삼각형 ABC가 $\angle A=90°$인 직각삼각형이므로 두 변 AB, AC의 길이를 이용하여 넓이 $S(x)$를 구할 수 있어.
>
> ① 6   ② 7   ③ 8   ④ 9   ⑤ 10

1st 삼각형 ABC의 넓이 $S(x)$를 구해.

삼각형 ABC가 $\angle A=90°$인 직각삼각형이므로 삼각형 ABC의 넓이 $S(x)$는

$S(x) = \dfrac{1}{2} \times \overline{AB} \times \overline{AC}$

$= \dfrac{1}{2} \times 2\log_2 x \times \log_4 \dfrac{16}{x}$ ${}^{\log_a \frac{m}{n} = \log_a m - \log_a n}$

$= \log_2 x \times (\underline{\log_4 16 - \log_4 x})$ ${}^{\log_a b^n = n\log_a b, \log_a a = 1}$

$= \log_2 x \times \left(2 - \dfrac{1}{2}\log_2 x\right)$ ${}^{\log_{a^r} b = \frac{1}{r}\log_a b}$

$= -\dfrac{1}{2}(\log_2 x)^2 + 2\log_2 x \cdots ㉠$

2nd $S(x)$의 최댓값을 구하자.

이때, ㉠에서 $\log_2 x = t$라 하면 $0 < t < 4$이고 ← 조건에서 $1 < x < 16$이고 각 변에 $\log_2$를 취하면
$\therefore 0 < t < 4$ | $\log_2 1 < \log_2 x < \log_2 16$

$S(x) = -\dfrac{1}{2}t^2 + 2t = -\dfrac{1}{2}(t^2 - 4t) = -\dfrac{1}{2}(t-2)^2 + 2$

따라서 $S(x)$는 $t=2$, 즉 $x=4$일 때 최댓값 2를 가지므로

$a=4$, $M=2$ | $t = \log_2 x$이므로 $t=2$이면
$\log_2 x = 2$에서 $x = 2^2 = 4$

$\therefore a + M = 4 + 2 = 6$

$0 < t < 4$에서 함수 $y = -\dfrac{1}{2}(t-2)^2 + 2$의
그래프는 그림과 같으므로 $t=2$일 때 최댓값 2를 가져.

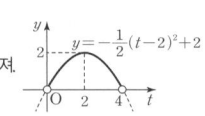

C 150 정답 ③ * 지수함수와 로그함수의 역함수 구하기 [정답률 87%]

> **정답 공식:** 두 함수 $f(x)$와 $g(x)$가 서로 역함수 관계에 있을 때, $f(a)=b$이면 $g(b)=a$가 성립한다.

함수 $y = 5^x + 1$의 역함수의 그래프가 점 $(4, \log_5 a)$를 지날 때, a의 값은? (3점)

단서 서로 역함수 관계에 있는 두 함수의 그래프는 직선 $y=x$에 대하여 대칭이야. 즉, 함수 $y = 5^x + 1$의 그래프가 점 (m, n)을 지나면 이 함수의 역함수의 그래프는 점 (n, m)을 지나.

① 1   ② 2   ③3
④ 4   ⑤ 5

1st 주어진 함수의 역함수의 그래프가 지나는 점을 찾아서 a의 값을 구해.

함수 $y = 5^x + 1$의 역함수의 그래프가 점 $(4, \log_5 a)$를 지나므로
함수 $y = 5^x + 1$의 그래프는 점 $(\log_5 a, 4)$를 지난다.

역함수가 존재하는 함수 $f(x)$에 대하여 $f(a)=b$이면 $f^{-1}(f(a)) = f^{-1}(b)$이므로 $a = f^{-1}(b)$
즉, 함수 $y=f(x)$의 그래프가 점 (a, b)를 지나면 함수 $y = f^{-1}(x)$의 그래프는 점 (b, a)를 지나.

즉, $y = 5^x + 1$에 $x = \log_5 a$, $y = 4$를 대입하면

$4 = 5^{\log_5 a} + 1$에서 $4 = a + 1$ $\therefore a = 3$

$a^{\log_c b} = b^{\log_c a}$이므로 $5^{\log_5 a} = a^{\log_5 5} = a^1 = a$

다른 풀이: 함수 $y = 5^x + 1$의 역함수를 구하여 해결하기

$y = 5^x + 1$에서 x와 y를 서로 바꾸면 $x = 5^y + 1$

$5^y = x - 1$ $\therefore y = \log_5 (x-1)$

$a^x = b \Longleftrightarrow x = \log_a b$

즉, 함수 $y = 5^x + 1$의 역함수는 $y = \log_5 (x-1)$이고 이 함수의
그래프가 점 $(4, \log_5 a)$를 지나므로 $x = 4$, $y = \log_5 a$를 대입하면

$\log_5 a = \log_5 (4-1) = \log_5 3$ $\therefore a = 3$

C 151 정답 ① * 지수함수와 로그함수의 역함수 구하기 [정답률 77%]

> **정답 공식:** 함수 $y=f(x)$의 역함수의 그래프가 (a, b)를 지나면 함수 $y=f(x)$의 그래프는 점 (b, a)를 지난다.

단서 $y=f(x)$의 역함수의 그래프가 점 $(a+5, a+2)$를 지나면 $y=f(x)$의 그래프는 점 $(a+2, a+5)$를 지나겠지?

함수 $f(x) = 3^{x-2} + a$의 역함수의 그래프가 점 $(a+5, a+2)$를 지날 때, 3^a의 값은? (단, a는 상수이다.) (3점)

①5   ② 6   ③ 7   ④ 8   ⑤ 9

1st 함수 $y=f(x)$에 주어진 점의 x, y좌표를 각각 대입하자.

함수 $f(x) = 3^{x-2} + a$의 역함수의 그래프가
점 $(a+5, a+2)$를 지나므로 함수 $y=f(x)$의 그래프는
점 $(a+2, a+5)$를 지난다. 즉, $a+5 = f(a+2)$에서

$y=f(x)$의 역함수를 $y=g(x)$라 하고 $y=g(x)$의 그래프가 점 (a, b)를 지나면 $y=f(x)$의 그래프는 점 (b, a)를 지나.

$a + 5 = 3^{(a+2)-2} + a$, $a+5 = 3^a + a$ $\therefore 3^a = 5$

다른 풀이: $y = 3^{x-2} + a$의 역함수 구하기

$y = 3^{x-2} + a$의 역함수를 구하기 위해 x와 y를 서로 바꾸면

$x = 3^{y-2} + a$

$3^{y-2} = x - a$

$y - 2 = \log_3 (x-a)$

$y = \log_3 (x-a) + 2$

> **주의** 역함수를 구하고, 점의 좌표를 대입하니까 본풀이보다 [다른 풀이]가 훨씬 복잡한 걸 확인할 수 있지? 무조건 역함수를 구하는 것이 최선의 방법은 아니야.

$f(x) = 3^{x-2} + a$의 역함수를 $g(x)$라 하면

$g(x) = \log_3 (x-a) + 2$

여기에 점 $(a+5, a+2)$의 좌표를 대입하면

$x = a+5, y = a+2$를 $y = g(x)$에 대입해볼까?

$a + 2 = g(a+5)$

$a + 2 = \log_3 (a+5-a) + 2$

$a = \log_3 5$

$\therefore 3^a = 5$

C 152 정답 ② * 지수함수와 로그함수의 역함수 구하기 [정답률 65%]

> **정답 공식:** 함수 $f(x)$의 역함수를 구하려면 $f(x)$를 y라 두고 x대신에 y를, y대신에 x를 대입해서 정리한다.

함수 $f(x) = \log_2 (x+a) + b$의 역함수를 $g(x)$라 하자. 곡선 $y = g(x)$의 점근선이 직선 $y=1$이고 곡선 $y = g(x)$가 점 $(3, 2)$를 지날 때, $a+b$의 값은? (단, a, b는 상수이다.) (3점)

① 1   ②2   ③ 3
④ 4   ⑤ 5

단서 로그함수의 역함수인 지수함수를 구해서 점근선의 방정식을 찾아 보자.

1st 함수 $g(x)$를 구해보자.

함수 $f(x) = \log_2 (x+a) + b$에서

$y = \log_2 (x+a) + b$로 놓고 이 함수의 역함수를 구하면

$x = \log_2 (y+a) + b$에서

$f(x)$와 $f^{-1}(x)$의 그래프는 직선 $y=x$에 대하여 대칭이므로 x와 y를 서로 바꾼 후 식을 y에 대하여 정리하는 거야.
$\therefore y = (x$에 대한 꼴$)$

$\log_2 (y+a) = x - b$

$y + a = 2^{x-b}$

$y = 2^{x-b} - a$ ← 로그표현을 지수표현으로 바꾸면 돼.

$\therefore g(x) = 2^{x-b} - a$

2nd 조건을 만족시키는 a, b의 값을 각각 구하자.

함수 $g(x) = 2^{x-b} - a$의 점근선의 방정식은

지수함수 $y = a^{x-m} + n$의 그래프의 점근선은 $y=n$이야.

$y = -a$이고 주어진 조건에서 곡선 $y = g(x)$의 점근선이 직선 $y=1$이라 하므로 $a = -1$

지수함수가 y축의 방향으로 평행이동한 값이 점근선임을 기억하자. 즉, $y = -a$

곡선 $y = g(x)$가 점 $(3, 2)$를 지나므로

$g(3) = 2^{3-b} + 1 = 2$, $2^{3-b} = 1$ $\therefore b = 3$

$\therefore a + b = -1 + 3 = 2$ ← $1 = 2^0$이므로 지수끼리 비교하면 $3 - b = 0$

쉬운 풀이: 함수 $f(x)$의 점근선의 방정식과 지나는 점의 좌표 이용하기

역함수의 점근선이 직선 $y=1$이므로 함수 $f(x)$의 점근선은 $x=1$이야.

$\therefore a = -1$

역함수의 점근선이 직선 $y=1$이므로 함수의 점근선은 x, y문자를 서로 바꾸면 되므로 점근선은 직선 $x=1$이야.

곡선 $f(x)$의 점근선은 직선 $x = -a$야. $\therefore a = -1$

한편, 역함수의 그래프가 점 $(3, 2)$를 지나므로

함수의 그래프는 점 $(2, 3)$을 지나겠지?

$f(2) = \log_2 (2-1) + b = 3$, $\log_2 1 + b = 3$

$\therefore b = 3$

$\therefore a + b = -1 + 3 = 2$

C 153 정답 14 ＊로그함수와 지수함수의 그래프 사이의 관계 … [정답률 56%]

[정답 공식: 지수함수 $y=2^x$의 그래프를 x축의 방향으로 a만큼, y축의 방향으로 b만큼 평행이동한 그래프의 식은 $y=2^{x-a}+b$이다.]

함수 $y=2^x$의 그래프를 x축의 방향으로 a만큼, y축의 방향으로 3만큼 평행이동한 그래프가 함수 $y=\log_2(4x-b)$의 그래프와 직선 $y=x$에 대하여 대칭일 때, $a+b$의 값을 구하시오. (단, a와 b는 상수이다.) (3점) **단서** 함수 $y=2^x$의 그래프를 x축의 방향으로 a만큼, y축의 방향으로 3만큼 평행이동한 그래프를 직선 $y=x$에 대칭이동시키면 되지.

1st 함수 $y=2^x$의 그래프를 x축의 방향으로 a만큼, y축의 방향으로 3만큼 평행이동한 그래프의 식을 구해.

함수 $y=2^x$의 그래프를 x축의 방향으로 a만큼, y축의 방향으로 3만큼 평행이동하면 $y=2^{x-a}+3$이다.

2nd **1st**의 그래프를 직선 $y=x$에 대하여 대칭이동한 그래프의 식을 구해.

또한, 함수 $y=2^{x-a}+3$의 그래프를 직선 $y=x$에 대하여 대칭이동한 함수는 x와 y를 바꾸어 y에 대하여 정리하면

$x=2^{y-a}+3$
$x-3=2^{y-a}$
$y-a=\log_2(x-3)$
$y=\log_2(x-3)+a$
$\quad=\log_2(2^a x-3\times 2^a)$

주의 로그의 성질에 의하여
$\log_2(x-3)+\log_2 2^a=\log_2 2^a(x-3)$
$\qquad\qquad\qquad\quad=\log_2(2^a x-3\times 2^a)$
이 성립하지. 양변을 비교할 수 있게 밑이 2인 로그로 정리할 수 있어야 해.

3rd **2nd**의 그래프가 함수 $y=\log_2(4x-b)$의 그래프와 일치함을 이용하여 $a+b$의 값을 구해.

함수 $y=\log_2(2^a x-3\times 2^a)$의 그래프가 함수 $y=\log_2(4x-b)$의 그래프와 일치하므로
$2^a=4$에서 $a=2$, $b=3\times 2^a=3\times 2^2=12$
$\therefore a+b=2+12=14$

C 154 정답 ⑤ ＊지수함수와 로그함수의 그래프 사이의 관계 … [정답률 86%]

[정답 공식: 함수 $y=\log_2 x+1$의 그래프를 조건에 맞게 평행이동과 대칭이동시킨 함수식을 구한다.]

함수 $y=\log_2 x+1$의 그래프를 x축의 방향으로 a만큼 평행이동한 후 직선 $y=x$에 대하여 대칭이동하였더니 함수 $y=2^{x-1}+5$의 그래프와 일치하였다. 상수 a의 값은? (3점) **단서** x축의 방향으로 a만큼 평행이동하면 x대신에 $x-a$를 대입하고 $y=x$에 대하여 대칭이동하면 x와 y의 문자를 바꿔.

① 1　　② 2　　③ 3　　④ 4　　⑤ 5

1st $y=\log_2 x+1$을 평행이동, 대칭이동시킨 함수식을 구하고 $y=2^{x-1}+5$와 비교해.

함수 $y=\log_2 x+1$의 그래프를 x축의 방향으로 a만큼 평행이동한 그래프를 나타낸 함수는 $y=\log_2(x-a)+1$ $y=f(x)$를 x축의 방향으로 a만큼 평행이동하면 $y=f(x-a)$

함수 $y=\log_2(x-a)+1$의 그래프를 직선 $y=x$에 대하여 대칭이동한 그래프를 나타낸 함수는 $y=f(x)$를 직선 $y=x$에 대하여 대칭이동하면 $x=f(y)$

$x=\log_2(y-a)+1$
$x-1=\log_2(y-a)$
$y-a=2^{x-1}$
$y=2^{x-1}+a$

따라서 함수 $y=2^{x-1}+a$의 그래프는 함수 $y=2^{x-1}+5$의 그래프와 일치하므로 $a=5$

다른 풀이: 직선 $y=x$에 대하여 대칭인 두 함수는 역함수 관계임을 이용하기

두 함수 $y=2^x$, $y=\log_2 x$가 역함수 관계가 유지되도록 평행이동시키자.

[역함수의 평행이동]
$y=f(x)$의 역함수 $y=f^{-1}(x)$에 대하여
$y=f(x-a)+b$와 $y=f^{-1}(x-b)+a$도 역함수 관계야.

함수 $y=\log_2 x+1$의 그래프를 x축의 방향으로 a만큼 평행이동하면
$y=\log_2(x-a)+1$

두 함수 $y=\log_2(x-a)+1$, $y=2^{x-1}+5$의 그래프가 직선 $y=x$에 대하여 대칭이므로 두 함수는 역함수 관계야.

한편, 곡선 $y=2^x$을 x축의 방향으로 1만큼, y축의 방향으로 5만큼 평행이동하면 $y=2^{x-1}+5$이고

곡선 $y=\log_2 x$를 x축의 방향으로 a만큼, y축의 방향으로 1만큼 평행이동하면 $y=\log_2(x-a)+1$이야.

따라서 두 함수 $y=2^{x-1}+5$와 $y=\log_2(x-a)+1$은 역함수 관계이므로 $a=5$

❄ 함수의 그래프와 역함수의 그래프의 특징 개념·공식

① 함수 $f(x)$의 그래프의 점근선의 방정식이 $x=k$일 때, 역함수 $f^{-1}(x)$의 그래프의 점근선의 방정식은 $y=k$이다.

② 함수 $f(x)$의 그래프가 점 (a, b)를 지나면 역함수 $f^{-1}(x)$의 그래프는 점 (b, a)를 지난다.

C 155 정답 5 ＊로그함수와 지수함수의 그래프 사이의 관계 … [정답률 43%]

(정답 공식: 곡선 $y=f(x)$를 직선 $y=x$에 대하여 대칭이동하면 $x=f(y)$가 된다.)

단서 지수함수를 직선 $y=x$에 대하여 대칭이동하면 로그함수가 되지? 그 다음 평행이동을 이용하여 함수 $f(x)$를 구할 수 있어.

곡선 $y=3^x+1$을 직선 $y=x$에 대하여 대칭이동한 후, x축의 방향으로 a만큼, y축의 방향으로 b만큼 평행이동한 곡선을 $y=f(x)$라 하자. 곡선 $y=f(x)$의 점근선이 직선 $x=5$이고 곡선 $y=f(x)$가 곡선 $y=3^x+1$의 점근선과 만나는 점의 x좌표가 6일 때, 두 상수 a, b에 대하여 $a+b$의 값을 구하시오. (4점)

1st 주어진 조건에 맞게 함수 $f(x)$를 구하자.

곡선 $y=3^x+1$을 직선 $y=x$에 대하여 대칭이동하면 $y=\log_3(x-1)$
$y=3^x+1$을 직선 $y=x$에 대하여 대칭이동하면 x와 y가 바뀌지?
$x=3^y+1$, $x-1=3^y$
양변에 밑이 3인 로그를 취하면 $y=\log_3(x-1)$

곡선 $y=\log_3(x-1)$을 x축의 방향으로 a만큼, y축의 방향으로 b만큼 평행이동한 곡선이 $y=f(x)$이므로 $f(x)=\log_3(x-a-1)+b$
도형 $f(x,y)=0$을 x축의 방향으로 a만큼, y축의 방향으로 b만큼 평행이동한 도형은 $f(x-a, y-b)=0$

2nd 로그함수 $y=\log_a(x-a)+k$의 점근선은 $x=a$지?

곡선 $f(x)=\log_3(x-a-1)+b$의 점근선이 $x=5$라 하므로
$a+1=5$　$\therefore a=4$　$y=\log a(x-k)+s$의 점근선의 방정식은 $x=k$야.

즉, $f(x)=\log_3(x-5)+b$ … ㉠

3rd 곡선을 지나는 점의 좌표를 대입하여 b를 구하자.

곡선 $y=3^x+1$의 점근선은 $y=1$ 지수함수 $y=a^x+k$의 점근선의 방정식은 $y=k$

곡선 $y=f(x)$와 점근선 $y=1$이 만나는 점의 x좌표가 6이므로 곡선 $y=f(x)$는 점 $(6, 1)$을 지난다. 좌푯값을 ㉠에 대입하면
$1=\log_3(6-5)+b$　$\therefore b=1$
$\therefore a+b=4+1=5$

정답 ⑤　＊로그함수와 지수함수의 그래프 사이의 관계 … [정답률 75%]

〔 정답 공식: $y=\log_a x$와 $y=a^x$의 그래프는 직선 $y=x$에 대하여 대칭이다. 〕

그림은 세 양수 a, b, c를 밑으로 하는 로그함수의 그래프이다.

단서1 그래프를 보고 직선 $y=1$과 세 함수의 그래프가 만나는 점의 x좌표의 위치를 비교하여 a, b, c의 대소 관계도 구할 수 있어야 해.

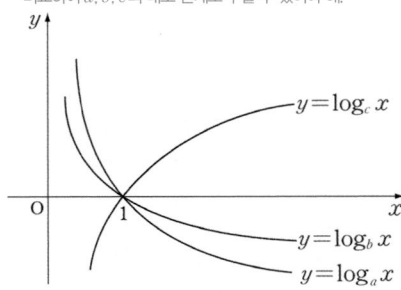

$a^{x_1}=b^{x_2}=c^{x_3}>1$일 때, x_1, x_2, x_3의 대소 관계를 옳게 나타낸 것은? (4점) 단서2 주어진 로그함수의 역함수는 지수함수이므로 주어진 그래프를 직선 $y=x$에 대하여 대칭시킨 지수함수의 그래프에서 x_1, x_2, x_3의 대소 관계를 따져봐.

① $x_1>x_2>x_3$　　② $x_2>x_1>x_3$　　③ $x_2>x_3>x_1$

④ $x_3>x_1>x_2$　　⑤ $x_3>x_2>x_1$

1st a, b, c의 대소 관계를 구해봐.

함수 $y=\log_c x$의 그래프는 x의 값이 증가할 때, y의 값도 증가하므로 $c>1$이다.

두 함수 $y=\log_a x$, $y=\log_b x$의 그래프는 x의 값이 증가할 때, y의 값은 감소하므로 $0<a<1$, $0<b<1$이고, 직선 $y=1$과 만나는 점의 x좌표는 각각 a, b이므로 $b<a$
┗ 곡선 $y=f(x)$와 직선 $y=k$가 만나는 점에서 x축에 내린 수선의 발의 x좌표야.
∴ $0<b<a<1<c$

2nd 역함수의 그래프를 이용하여 x_1, x_2, x_3의 대소 관계를 구하자.
┌[로그함수와 지수함수의 관계]
│ 로그함수 $y=\log_a x$의 역함수는 지수함수 $y=a^x$이고, 두 그래프는 직선 $y=x$에 대하여 서로 대칭이야.
로그함수와 지수함수의 역함수의 관계를 이용하여 세 함수 $y=a^x$, $y=b^x$, $y=c^x$의 그래프를 그리면 다음 그림과 같다.

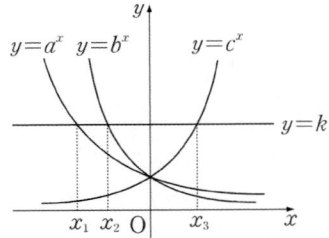

세 함수의 그래프와 직선 $y=k(k>1)$가 만나는 점의 x좌표를 각각 x_1, x_2, x_3이라 하면 $a^{x_1}=b^{x_2}=c^{x_3}=k>1$이고 그림에 의하여 $x_1<x_2<0<x_3$이다.

∴ $x_3>x_2>x_1$

함수의 그래프와 역함수의 그래프의 특징　　　개념·공식

① 함수 $f(x)$의 그래프의 점근선의 방정식이 $x=k$일 때, 역함수 $f^{-1}(x)$의 그래프의 점근선의 방정식은 $y=k$이다.

② 함수 $f(x)$의 그래프가 점 (a, b)를 지나면 역함수 $f^{-1}(x)$의 그래프는 점 (b, a)를 지난다.

정답 ①　＊로그함수와 지수함수의 그래프 사이의 관계 · [정답률 77%]

〔 정답 공식: 주어진 그래프를 보고 a, b, c의 범위를 각각 파악한다. 지수함수와 로그함수를 비교할 때는 직선 $y=x$에 대하여 대칭이동시켜 비교한다. 〕

다음은 1이 아닌 세 양수 a, b, c에 대하여 세 함수
$$y=\log_a x, \ y=\log_b x, \ y=c^x$$ 단서1 주어진 두 로그함수 $y=\log_a x$, $y=\log_b x$의 그래프를 비교하면 a와 b의 대소 관계는 바로 알 수 있어.

의 그래프를 나타낸 것이다. 세 양수 a, b, c의 대소 관계를 옳게 나타낸 것은? (3점)

단서2 그래프에 주어진 직선 $y=x$를 이용해 지수함수 $y=c^x$의 역함수의 그래프를 그려 a, b와 c의 대소를 비교해 봐.

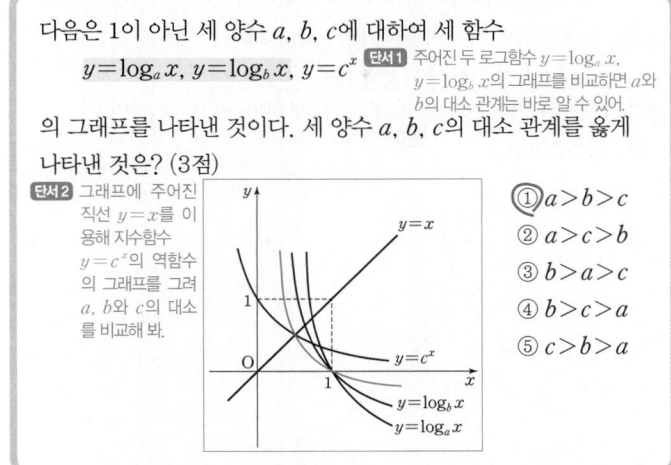

① $a>b>c$
② $a>c>b$
③ $b>a>c$
④ $b>c>a$
⑤ $c>b>a$

1st 밑의 크기가 0과 1 사이일 때, $x>1$에서는 로그함수의 밑이 클수록 그래프는 x축과 멀어져.

주어진 그림의 지수함수와 로그함수의 그래프는 x의 값이 커지면 y값이 작아지므로 밑은 모두 0과 1 사이의 값이다. 　감소함수

그런데 $x>1$에서는 로그함수의 밑이 커질수록 그래프는 x축에서 더 멀어지므로 $a>b$ … ㉠

2nd 지수함수 $y=c^x$의 그래프를 직선 $y=x$에 대하여 대칭이동시켜 보자.

지수함수 $y=c^x$의 그래프를 직선 $y=x$에 대하여 대칭이동하면 그림과 같다.
$y=c^x$의 역함수는 $y=\log_c x$야.

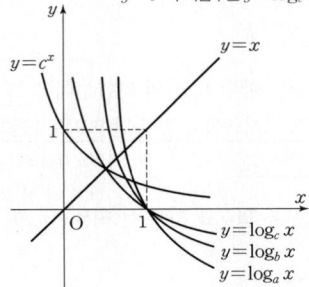

즉, $0<c<1$이고, $y=\log_c x$의 그래프는 $y=\log_b x$의 그래프보다 x축에 더 가까우므로 $b>c$ … ㉡

따라서 ㉠, ㉡에 의하여 $a>b>c$이다.

🔎 **다른 풀이: 세 함수의 그래프와 직선이 만나는 점의 x좌표의 대소 관계 구하기**

$y=c^x$의 역함수 $y=\log_c x$의 그래프를 좌표평면에 나타내면 다음과 같아.

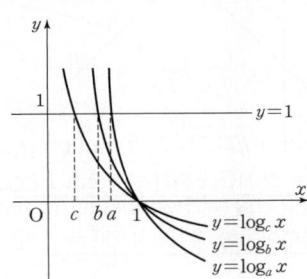

이때, 세 함수 $y=\log_a x$, $y=\log_b x$, $y=\log_c x$와 직선 $y=1$의 교점의 x좌표를 구하면 각각 a, b, c이지?

따라서 그림에서 $a>b>c$야.

[정답 공식: 두 함수 $f(x)$, $g(x)$가 서로 역함수 관계이면 두 함수 $y=f(x)$, $y=g(x)$의 그래프는 직선 $y=x$에 대하여 대칭이다.]

상수 $k(k>3)$에 대하여 직선 $y=-x+2k$가 두 함수

$$f(x)=\log_2(x-k), \quad g(x)=2^{x+1}+k+1$$

의 그래프와 만나는 점을 각각 A, B라 하자. $\overline{AB}=7\sqrt{2}$일 때, k의 값은? (4점)

단서 직선 $y=x$와 수직인 직선 $y=-x+2k$가 주어졌고 로그함수 $f(x)$와 지수함수 $g(x)$의 밑이 모두 2로 같으므로 역함수 관계를 이용해야 함을 예상해.

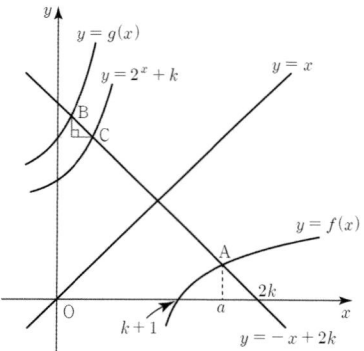

① $\log_2 21$　　　② $\log_2 22$　　　③ $\log_2 23$
④ $\log_2 24$　　　⑤ $\log_2 25$

1st 두 함수 $f(x)$, $g(x)$의 관계를 파악해.

$y=\log_2(x-k)$에서 x와 y를 서로 바꾸면

$x=\log_2(y-k)$

$y-k=2^x \quad \therefore y=2^x+k$
　$a^x=N \Longleftrightarrow x=\log_a N$

따라서 함수 $y=2^x+k$는 함수 $f(x)$의 역함수이고 그 그래프는 함수 $g(x)=2^{x+1}+k+1$의 그래프를 x축의 방향으로 1만큼, y축의 방향으로 -1만큼 평행이동한 것이다. $y=2^{x+1}+k+1$에 x 대신 $x-1$, y 대신 $y+1$을 대입하면 $y+1=2^{(x-1)+1}+k+1$에서 $y=2^x+k$야.

2nd 서로 역함수 관계인 두 함수의 그래프는 직선 $y=x$에 대하여 대칭임을 이용해.

그림과 같이 함수 $y=2^x+k$의 그래프가 직선 $y=-x+2k$와 만나는 점을 C라 하면 점 C는 점 B를 x축의 방향으로 1만큼, y축의 방향으로 -1만큼 평행이동한 점이므로 $\overline{BC}=\sqrt{2}$이다. 선분 BC는 직각을 낀 두 변의 길이가 각각 1, 1인 직각이등변삼각형의 빗변이므로 $\overline{BC}=\sqrt{2}$야.

$\therefore \overline{AC}=\overline{AB}-\overline{BC}$
$\qquad =7\sqrt{2}-\sqrt{2}=6\sqrt{2}\cdots$ ㉠

한편, 점 A는 직선 $y=-x+2k$ 위의 점이므로 A$(a, -a+2k)$라 하면 점 C는 점 A와 직선 $y=x$에 대하여 대칭이므로 C$(-a+2k, a)$이다.

$\therefore \overline{AC}=\sqrt{\{a-(-a+2k)\}^2+\{(-a+2k)-a\}^2}$
$\qquad =\sqrt{2(2a-2k)^2}$
$\qquad =\sqrt{8(a-k)^2}$
$\qquad =2\sqrt{2}(a-k) \ (\because \underline{a-k>0}) \cdots$ ㉡

$\log_2(x-k)=0$에서 $\log_2(x-k)=\log_2 1$, $x-k=1$ $\quad \therefore x=k+1$ 즉, 함수 $y=f(x)$의 그래프가 x축과 만나는 점의 x좌표는 $k+1$이고 함수 $y=f(x)$의 그래프에 의하여 $f(a)>0$이므로 $k<k+1<a$에서 $a-k>0$이야.

㉠=㉡이므로
$6\sqrt{2}=2\sqrt{2}(a-k)$에서 $a-k=3$
$\therefore a=k+3 \cdots$ ㉢

3rd 점 A는 함수 $y=f(x)$의 그래프 위의 점임을 이용하여 k의 값을 구해.

점 A$(a, -a+2k)$는 함수 $f(x)=\log_2(x-k)$ 위의 점이므로 $f(a)=-a+2k$에서

$\log_2(a-k)=-a+2k$

여기에 ㉢을 대입하면

$\log_2\{(k+3)-k\}=-(k+3)+2k$

$\log_2 3=k-3$

$\therefore k=\log_2 3+3=\log_2 3+\log_2 2^3$
$\qquad =\log_2(3\times 2^3)=\log_2 24$

🔷 다른 풀이: 직각이등변삼각형의 각 변의 길이의 비 이용하기

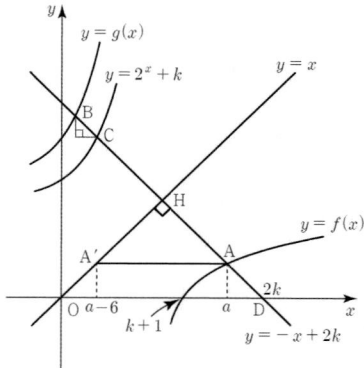

그림과 같이 두 직선 $y=x$, $y=-x+2k$가 만나는 점을 H라 하면 위의 풀이에 의하여 $\overline{AC}=6\sqrt{2}$이므로 두 직선의 기울기의 곱이 $1\times(-1)=-1$이므로 두 직선은 서로 수직이야.

$\overline{AH}=\dfrac{1}{2}\overline{AC}=\dfrac{1}{2}\times 6\sqrt{2}=3\sqrt{2}$

또한, 점 A를 지나고 x축에 평행한 직선이 직선 $y=x$와 만나는 점을 A′이라 하면 삼각형 AHA′은 직각이등변삼각형이므로 직선 $y=x$와 선분 A′A가 이루는 각의 크기는 45°야.

$\overline{A'H}=\overline{AH}=3\sqrt{2}$이고 $\overline{AA'}=\overline{AH}\times\sqrt{2}=3\sqrt{2}\times\sqrt{2}=6$

이때, 점 A는 함수 $f(x)=\log_2(x-k)$의 그래프 위의 점이므로 A$(a, \log_2(a-k))$라 하면 A′$(a-6, \log_2(a-k))$이고,

직선 $y=-x+2k$가 x축과 만나는 점을 D라 하면 D$(2k, 0)$이므로

$\overline{OA'}=(a-6)\sqrt{2}, \ \overline{OD}=2k$
점 A′는 직선 $y=x$ 위의 점이지?

$\therefore \overline{OH}=\overline{OA'}+\overline{A'H}=(a-6)\sqrt{2}+3\sqrt{2}=(a-3)\sqrt{2}$

한편, 삼각형 DHO도 직각이등변삼각형이므로 $\overline{OD}=\sqrt{2}\times\overline{OH}$에서

$2k=\sqrt{2}\times(a-3)\sqrt{2}, \ 2k=2(a-3)$

$k=a-3 \quad \therefore a=k+3$

점 A$(a, \log_2(a-k))$가 직선 $y=-x+2k$ 위의 점이므로

$\log_2(a-k)=-a+2k$이고 $a=k+3$을 대입하면

$\log_2\{(k+3)-k\}=-(k+3)+2k$

$\log_2 3=k-3$

$\therefore k=\log_2 3+3=\log_2 24$

👓 쉬운 풀이: 두 직선 $y=-x+2k$, $y=x$의 교점의 좌표 이용하기

두 직선 $y=-x+2k$, $y=x$가 만나는 점을 H라 하고 점 H의 좌표를 구하기 위해 연립하면

$-x+2k=x$에서 $2x=2k$

$\therefore x=k$

즉, 점 H의 좌표는 (k, k)이고 위의 풀이에 의하여 $\overline{AC}=6\sqrt{2}$이므로

$\overline{AH}=\dfrac{1}{2}\overline{AC}=\dfrac{1}{2}\times 6\sqrt{2}=3\sqrt{2}$

따라서 점 A는 점 H를 x축의 방향으로 3만큼, y축의 방향으로 -3만큼
<small>점 A를 지나고 x축과 평행한 직선과 점 H를 지나고 y축과 평행한 직선이 만나는 점을 E라 하면 선분 AH는 직각이등변삼각형 AHE의 빗변이야. 즉, $\overline{AE}=\overline{HE}=3$이야.</small>

평행이동한 점이므로 점 A의 좌표는 $(k+3, k-3)$이야.

이때, 점 A가 함수 $f(x)=\log_2(x-k)$의 그래프 위의 점이므로

$f(k+3)=k-3$에서

$\log_2\{(k+3)-k\}=k-3$, $\log_2 3=k-3$

$\therefore k=\log_2 3+3=\log_2 24$

ⓒ 159 정답 ② *로그함수와 지수함수의 그래프 사이의 관계 [정답률 57%]

> 정답 공식: 서로 역함수 관계에 있는 두 함수의 그래프는 직선 $y=x$에 대하여 대칭이다.

> **단서1** 로그함수 $y=-\log_3 x+4$와 지수함수의 $y=3^{-x+4}$의 밑이 3으로 같으므로 역함수 관계에 있을 수도 있어.

그림과 같이 상수 $k(5<k<6)$에 대하여 직선 $y=-x+k$가
두 곡선 $y=-\log_3 x+4$, $y=3^{-x+4}$과 만나는 네 점을 x좌표가
작은 점부터 차례로 A, B, C, D라 하자. $\overline{AD}-\overline{BC}=4\sqrt{2}$일 때,
k의 값은? (4점) **단서2** 네 점 A, B, C, D는 기울기가 -1인 직선 위의 점임을 이용해.

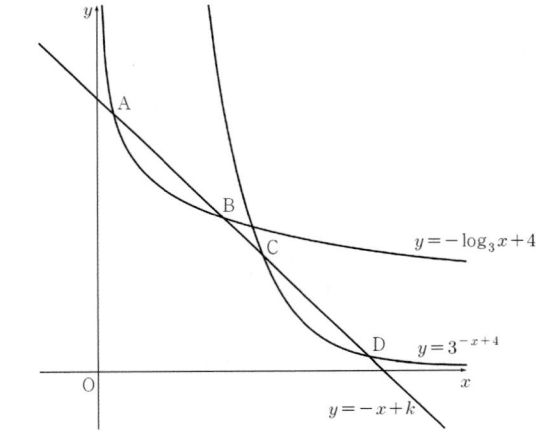

① $\dfrac{19}{4}+\log_3 2$ ② $\dfrac{17}{4}+2\log_3 2$ ③ $\dfrac{17}{4}+\log_3 5$

④ $\dfrac{9}{2}+2\log_3 2$ ⑤ $\dfrac{9}{2}+\log_3 5$

1st 선분 AB의 길이를 먼저 구해.

$y=-\log_3 x+4$에서 x와 y를 서로 바꾸면

$x=-\log_3 y+4$, $\log_3 y=-x+4$

$\therefore y=3^{-x+4}$

즉, 두 함수 $y=-\log_3 x+4$, $y=3^{-x+4}$은

서로 역함수 관계이므로 두 곡선 $y=-\log_3 x+4$, $y=3^{-x+4}$은

직선 $y=x$에 대하여 대칭이다.

따라서 $\overline{AB}=\overline{CD}$이고 $\overline{AD}-\overline{BC}=4\sqrt{2}$이므로 $\overline{AB}=2\sqrt{2}$이다.
<small>$\overline{AD}-\overline{BC}=\overline{AB}+\overline{CD}=2\overline{AB}=4\sqrt{2}$ $\therefore \overline{AB}=2\sqrt{2}$</small>

2nd 두 점 A, B가 직선 $y=-x+k$ 위의 점임을 이용해.

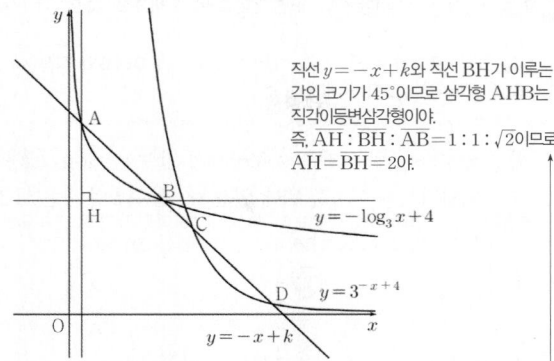

> 직선 $y=-x+k$와 직선 BH가 이루는 각의 크기가 45°이므로 삼각형 AHB는 직각이등변삼각형이야. 즉, $\overline{AH}:\overline{BH}:\overline{AB}=1:1:\sqrt{2}$이므로 $\overline{AH}=\overline{BH}=2$야.

그림과 같이 점 A를 지나고 y축에 평행한 직선과 점 B를 지나고 x축에
평행한 직선이 만나는 점을 H라 하면 두 점 A, B가 기울기가 -1인
직선 $y=-x+k$ 위의 점이므로 $\overline{AH}=\overline{BH}=2$이다.

이때, 점 A의 좌표를 양수 a에 대하여 $(a, -a+k)$라 하면 점 B는
$(a+2, -a+k-2)$이고 이 두 점은 곡선 $y=-\log_3 x+4$ 위의
점이므로

$-a+k=-\log_3 a+4 \cdots$ ㉠, $-a+k-2=-\log_3(a+2)+4 \cdots$ ㉡

㉠$-$㉡을 하면 $2=-\log_3 a+\log_3(a+2)$, $2\log_3 3=\log_3\dfrac{a+2}{a}$
<small>$\log_a M-\log_a N=\log_a\dfrac{M}{N}$</small>

$\log_3 3^2=\log_3\dfrac{a+2}{a}$, $9=\dfrac{a+2}{a}$, $9a=a+2$, $8a=2$

$\therefore a=\dfrac{1}{4}$

이것을 ㉠에 대입하면 $-\dfrac{1}{4}+k=-\log_3\dfrac{1}{4}+4$

$\therefore k=\dfrac{17}{4}-\log_3 2^{-2}=\dfrac{17}{4}+2\log_3 2$
<small>$\log_a m^n=n\log_a m$</small>

ⓒ 160 정답 64 *로그함수의 그래프의 교점 [정답률 63%]

> 정답 공식: 두 곡선과 직선 $x=k$가 만나는 두 점의 x좌표가 같으므로 두 점 사이의 거리는 y좌표의 차를 계산하면 된다.

> $k>1$인 실수 k에 대하여 직선 $x=k$가 두 곡선 $y=1+\log_2 x$, $y=\log_4 x$와 만나는 점을 각각 A, B라 하자. $\overline{AB}=4$일 때, k의 값을 구하시오. (3점) **단서** 두 곡선과 직선의 교점인 두 점 A, B의 x좌표는 같으므로 두 점 사이의 거리는 y좌표의 차를 이용하면 돼.

1st 두 점 A, B의 좌표를 구하자.

두 곡선 $y=1+\log_2 x$, $y=\log_4 x$가 직선 $x=k$와 만나는 점이 각각 A,
B이므로 두 점 A, B의 x좌표는 모두 k이다.

즉, 두 곡선의 방정식에 $x=k$를 대입하여 두 점 A, B의 좌표를 구하면
$A(k, 1+\log_2 k)$, $B(k, \log_4 k)$

2nd 두 점 A, B의 사이의 거리를 이용하여 k의 값을 구하자.

$k>1$이고 두 점 A, B 사이의 거리가 4이므로
<small>→ 두곡선 $y=1+\log_2 x$, $y=\log_4 x$는 점 $\left(\dfrac{1}{4}, -1\right)$</small>

$\overline{AB}=(1+\log_2 k)-\log_4 k$ <small>에서, 만나고 $k>1$의 범위에서 두 곡선은 만나지 않지.</small>

$=(1+\log_2 k)-\dfrac{1}{2}\log_2 k \left(\because \log_{a^m} x^n=\dfrac{n}{m}\log_a x\right)$
<small>$\log_4 k=\log_{2^2} k=\dfrac{1}{2}\log_2 k$</small>

$=1+\dfrac{1}{2}\log_2 k=4$

$\therefore \log_2 k=6$

따라서 구하는 k의 값은 $k=2^6=64$ <small>$\log_a x=b \Longleftrightarrow x=a^b$</small>

C 161 정답 ② *로그함수의 그래프의 교점 —————— [정답률 74%]

[정답 공식: 로그함수 $y=\log_a x(a\neq1,\ a>0)$의 그래프와 직선 $y=k$의 교점의 x좌표는 $k=\log_a x$의 근이다.]

함수 $y=2^x-1$의 그래프의 점근선과 함수 $y=\log_2(x+k)$의 그래프가 만나는 점이 y축 위에 있을 때, 상수 k의 값은? (3점)

단서 y축 위의 점의 x좌표가 0이야. 지수함수의 그래프의 점근선과 로그함수를 연립하여 교점의 x좌표를 구하여 그 값이 0이 되도록 하는 k의 값을 구할 수 있어.

① $\dfrac{1}{4}$ ② $\dfrac{1}{2}$ ③ $\dfrac{3}{4}$

④ 1 ⑤ $\dfrac{5}{4}$

1st 지수함수의 점근선이 로그함수와 만나는 점의 좌표를 구하자.

지수함수 $y=2^x-1$의 그래프의 점근선은 $y=-1$

이 직선이 로그함수 $y=\log_2(x+k)$의
그래프와 만나는 점의 x좌표를 구하면

[지수함수와 로그함수의 점근선]
(1) 지수함수 $y=a^{x-m}+n$의 점근선 : $y=n$
(2) 로그함수 $y=\log_a(x-n)+m$의 점근선 : $x=n$

$\log_2(x+k)=-1$

$\underline{x+k=2^{-1}=\dfrac{1}{2}}$ $\scriptstyle a\neq1,\,a>0,\,x>0$일 때, $\log_a x=y\Longleftrightarrow x=a^y$

$\therefore x=\dfrac{1}{2}-k$

즉, 교점의 좌표는 $\left(\dfrac{1}{2}-k,\ -1\right)$

2nd y축 위의 점은 x좌표가 0이야.

교점이 y축 위에 있으므로 x좌표는 0

$\dfrac{1}{2}-k=0$ $\therefore k=\dfrac{1}{2}$

C 162 정답 6 *로그함수의 그래프의 교점 —————— [정답률 84%]

[정답 공식: 지수함수 $y=a^x+k$의 그래프의 점근선의 방정식은 $y=k$이고, 로그함수 $y=\log_a(x-m)$의 그래프의 점근선의 방정식은 $x=m$이다.]

좌표평면에서 함수 $y=3^x+2$의 그래프의 점근선과 함수 $y=\log_3(x-4)$의 그래프의 점근선이 만나는 점의 좌표를 $(a,\ b)$라 할 때, $a+b$의 값을 구하시오. (3점)

단서 그래프를 평행이동하면 점근선도 똑같이 평행이동해.

1st 지수함수와 로그함수의 그래프의 점근선을 구하고 그 교점의 좌표를 구하자.

지수함수 $y=3^x+2$의 그래프의 점근선의 방정식은 $y=2$

모든 실수 x에 대하여 $3^x>0$이므로 $y=3^x+2>2$가 성립해. 즉, 점근선의 방정식은 $y=2$

로그함수 $y=\log_3(x-4)$의 그래프의 점근선의 방정식은 $x=4$

로그함수 $y=\log_3(x-4)$가 정의되려면 $x-4>0$이어야 해. 즉, 점근선의 방정식은 $x=4$

따라서 두 점근선이 만나는 점의 좌표는 $(4,\ 2)$이므로 $a=4,\ b=2$

$\therefore a+b=6$

✿ 로그함수

개념·공식

① 로그함수 : $y=\log_a x(a>0,\ a\neq1)$ 꼴로 나타내어지는 함수를 a를 밑으로 하는 로그함수라 한다.

② 로그함수 $y=\log_a x(a>0,\ a\neq1)$의 성질

(1) 함수 $y=a^x$의 역함수이다.

(2) 정의역은 양의 실수 전체의 집합이고 치역은 실수 전체의 집합이다.

(3) $a>1$일 때, x가 증가하면 y도 증가한다.

  $0<a<1$일 때, x가 증가하면 y는 감소한다.

(4) 그래프는 점 $(1,\ 0)$을 지나고, 점근선은 y축이다.

C 163 정답 ③ *로그함수의 그래프의 교점 —————— [정답률 94%]

[정답 공식: 그래프를 평행이동 시킬 시 점근선도 같이 이동한다.]

곡선 $y=2^x+5$의 점근선과 곡선 $y=\log_3 x+3$의 교점의 x좌표는?

단서 곡선 $y=2^x+5$는 곡선 $y=2^x$을 y축의 방향으로 5만큼 평행이동한 것이야. 그럼 점근선도 평행이동하겠지? (3점)

① 3 ② 6 ③ 9 ④ 12 ⑤ 15

1st 곡선 $y=2^x+5$의 점근선을 구하자.

곡선 $y=2^x+5$는 곡선 $y=2^x$을 y축의 방향으로 5만큼 평행이동한 것이므로 곡선 $y=2^x+5$의 점근선은 직선 $y=5$이다.

곡선 $y=2^x$의 점근선은 직선 $y=0$이므로 곡선 $y=2^x$을 y축의 방향으로 5만큼 평행이동한 곡선 $y=2^x+5$의 점근선은 직선 $y=5$가 되는 거야.

2nd 직선 $y=5$와 곡선 $y=\log_3 x+3$의 교점의 x좌표를 구하자.

$y=5$를 $y=\log_3 x+3$에 대입하면

$5=\log_3 x+3$에서 $\log_3 x=2$ $\therefore x=3^2=9$

따라서 구하는 교점의 x좌표는 9이다.

$\scriptstyle a>0,\,a\neq1,\,N>0$일 때, $a^x=N\Longleftrightarrow x=\log_a N$

C 164 정답 ① *로그함수의 그래프의 교점 —————— [정답률 85%]

[정답 공식: 두 점의 중점을 나타내는 식을 안다.]

그림과 같이 두 곡선 $y=\log_a x,\ y=\log_b x(1<a<b)$와 직선 $y=1$이 만나는 점을 A_1, B_1이라 하고, 직선 $y=2$가 만나는 점을 A_2, B_2라 하자. 선분 A_1B_1의 중점의 좌표는 $(2,\ 1)$이고 $\overline{A_1B_1}=1$일 때, $\overline{A_2B_2}$의 값은? (3점)

단서 두 점 A_1, B_1의 좌표를 a, b에 대하여 나타내고 선분 A_1B_1의 중점의 좌표와 길이를 이용하여 a, b에 대한 연립방정식을 세워서 a, b를 구해야 해.

① 4 ② $3\sqrt{2}$ ③ 5 ④ $4\sqrt{2}$ ⑤ 6

1st 두 점 A_1, B_1의 좌표를 이용해서 상수 a, b의 값을 구하자.

두 곡선 $y=\log_a x,\ y=\log_b x$와 직선 $y=1$이 만나는 두 점 A_1, B_1의 x좌표는 $\log_a x=1$에서 $x=a$, $\log_b x=1$에서 $x=b$이므로 두 점 A_1, B_1의 좌표는 각각 $(a,\ 1)$, $(b,\ 1)$이다.

한편, 조건에서 두 점 A_1, B_1의 중점의 좌표가 $(2,\ 1)$이고 $\overline{A_1B_1}=1$이므로

$\dfrac{a+b}{2}=2,\ b-a=1$ ▸ 두 점 $(x_1,\ y_1),\ (x_2,\ y_2)$의 중점의 좌표는 $\left(\dfrac{x_1+x_2}{2},\ \dfrac{y_1+y_2}{2}\right)$

두 식을 연립하면 $a=\dfrac{3}{2},\ b=\dfrac{5}{2}$

2nd a, b의 값을 이용하여 $\overline{A_2B_2}$의 값을 구하자.

두 곡선 $y=\log_a x,\ y=\log_b x$와 직선 $y=2$가 만나는 두 점 A_2, B_2의 x좌표는 $\log_a x=2$에서 $x=a^2$, $\log_b x=2$에서 $x=b^2$이므로 두 점 A_2, B_2의 좌표는 각각 $(a^2,\ 2)$, $(b^2,\ 2)$이다.

함정 로그함수에 대입하여 미지수를 구하기보다는 지수함수 꼴로 바꾸어서 미지수를 구하는 것이 더 편하게 구할 수 있어.

$\therefore \overline{A_2B_2}=b^2-a^2$

$\dfrac{a+b}{2}=2$에서 $b+a=4$이고 $b-a=1$이므로

$\overline{A_2B_2}$의 값은 다음과 같은 방법으로도 구할 수 있어.
$\overline{A_2B_2}=b^2-a^2=(b+a)(b-a)=4\times1=4$

$=\left(\dfrac{5}{2}\right)^2-\left(\dfrac{3}{2}\right)^2=\dfrac{25}{4}-\dfrac{9}{4}=\dfrac{16}{4}=4$

C 165 정답 ② *로그함수의 그래프의 교점 ············· [정답률 89%]

> 정답 공식: 두 점의 거리를 구할 때 두 점의 x좌표가 같을 경우는 y좌표의 차를 계산하면 된다.

좌표평면에서 두 곡선 $y=\log_2 x$, $y=\log_4 x$가 직선 $x=16$과 만나는 점을 각각 P, Q라 하자. 두 점 P, Q 사이의 거리는? (3점)
> 단서 두 점 P, Q의 x좌표가 동일하니까 이 두 점 사이의 거리는 두 점의 y좌표의 차야.

① 1   ② 2   ③ 3   ④ 4   ⑤ 5

1st 두 점 P, Q의 좌표를 구하자.

두 곡선 $y=\log_2 x$, $y=\log_4 x$가 직선 $x=16$과 만나는 점이 각각 P, Q 이므로 두 점 P, Q의 x좌표는 모두 16이다.

즉, 두 곡선의 방정식에 $x=16$을 대입하여 두 점 P, Q의 y좌표를 구하면
$\log_2 16=\log_2 2^4=4$, $\log_4 16=\log_4 4^2=2$이므로
P(16, 4), Q(16, 2) — $\log_a b^n=n\log_a b$이고 $\log_a a=1$이야.

따라서 두 점 P, Q 사이의 거리는 $\overline{PQ}=4-2=2$

C 166 정답 **11** *로그함수의 그래프의 교점 ············· [정답률 87%]

> 정답 공식: 함수의 그래프와 점이 만난다는 것은 그 점이 함수의 그래프 위에 있음을 의미한다.

함수 $y=\log_a x$의 그래프와 함수 $y=\log_3 x$의 그래프를 x축의 방향으로 b만큼 평행이동시킨 그래프가 점 (16, 2)에서 만날 때, $a+b$의 값을 구하시오. (4점)
> 단서 두 함수 $y=\log_a x$와 $y=\log_3(x-b)$의 그래프가 모두 점 (16, 2)를 지나네~.

1st 점 (16, 2)가 함수 $y=\log_a x$ 위의 점임을 이용하여 a의 값을 구하자.

함수 $y=\log_a x$의 그래프가 점 (16, 2)를 지나므로
$2=\log_a 16$
$a^2=16$ $\therefore a=4$ (∵ $a>0$, $a\neq1$)
> 로그함수의 정의에서 (밑)>0, (밑)≠1이지?

2nd $y=\log_3 x$의 그래프를 x축의 방향으로 b만큼 평행이동시킨 그래프는 점 (16, 2)를 지나.

또한, 함수 $y=\log_3 x$의 그래프를 x축의 방향으로 b만큼 평행이동시킨 함수는 $y=\log_3(x-b)$이다.

이 함수의 그래프가 점 (16, 2)를 지나므로
$2=\log_3(16-b)$
$9=16-b$ $\therefore b=7$
$\therefore a+b=4+7=11$

🌀 로그의 성질   개념·공식

$a>0$, $a\neq1$, $c>0$, $c\neq1$, $m>0$, $n>0$일 때,
① $\log_a 1=0$, $\log_a a=1$
② $\log_a mn=\log_a m+\log_a n$
③ $\log_a \dfrac{m}{n}=\log_a m-\log_a n$
④ $\log_a m^r=r\log_a m$ (r는 임의의 실수)
⑤ $\log_a b=\dfrac{\log_c b}{\log_c a}$ (단, $b>0$)
⑥ $\log_a b=\dfrac{1}{\log_b a}$ (단, $b>0$, $b\neq1$)

C 167 정답 ④ *로그함수의 그래프의 교점 ············· [정답률 55%]

> 정답 공식: $\log_a x=N \Leftrightarrow x=a^N$

> 단서1 두 곡선의 방정식에 점 (4, 2)의 좌표를 대입하면 식이 성립해야겠지?

그림과 같이 두 곡선 $y=\log_2 x$, $y=\log_2(x-p)+q$가 점 (4, 2)에서 만난다. 두 곡선 $y=\log_2 x$, $y=\log_2(x-p)+q$가 x축과 만나는 점을 각각 A, B라 하고, 직선 $y=3$과 만나는 점을
> 단서2 두 점 A, B의 y좌표는 0이야.   단서3 두 점 C, D의 y좌표는 3이야.

각각 C, D라 하자. $\overline{CD}-\overline{BA}=\dfrac{3}{4}$일 때, $p+q$의 값은?
(단, $0<p<4$, $q>0$) (4점)

① $\dfrac{7}{2}$ ② 4   ③ $\dfrac{9}{2}$ ④ 5   ⑤ $\dfrac{11}{2}$

1st p, q 사이의 관계식을 구해.

곡선 $y=\log_2(x-p)+q$가 점 (4, 2)를 지나므로 $x=4$, $y=2$를 대입하면 $2=\log_2(4-p)+q$에서 $\log_2(4-p)=2-q$
$4-p=2^{2-q}$ $\therefore p=4-2^{2-q}=4-4\times2^{-q}$ ··· ㉠
> $2^{2-q}=2^2\times2^{-q}=4\times2^{-q}$

2nd 네 점 A, B, C, D의 좌표를 각각 구해.
> 두 점 A, B는 x축 위의 점이고 두 점 C, D는 직선 $y=3$ 위의 점이므로 두 곡선의 방정식에 $y=0$ 또는 $y=3$을 대입하여 네 점의 x좌표를 구해야 해.

점 A의 y좌표는 0이고 곡선 $y=\log_2 x$ 위의 점이므로 x좌표를 x_1이라 하면 $0=\log_2 x_1$에서 $x_1=1$ $\therefore$ A(1, 0)

점 B의 y좌표는 0이고 곡선 $y=\log_2(x-p)+q$ 위의 점이므로 x좌표를 x_2라 하면 $0=\log_2(x_2-p)+q$에서 $\log_2(x_2-p)=-q$, $x_2-p=2^{-q}$
따라서 $x_2=p+2^{-q}=(4-4\times2^{-q})+2^{-q}$ (∵ ㉠) $=4-3\times2^{-q}$이므로 B($4-3\times2^{-q}$, 0)이다.

점 C의 y좌표는 3이고 곡선 $y=\log_2 x$ 위의 점이므로 x좌표를 x_3이라 하면 $3=\log_2 x_3$에서 $x_3=2^3=8$ $\therefore$ C(8, 3)

점 D의 y좌표는 3이고 곡선 $y=\log_2(x-p)+q$ 위의 점이므로 x좌표를 x_4라 하면 $3=\log_2(x_4-p)+q$에서
$\log_2(x_4-p)=3-q$, $x_4-p=2^{3-q}$
따라서 $x_4=p+2^{3-q}=(4-4\times2^{-q})+8\times2^{-q}$ (∵ ㉠) $=4+4\times2^{-q}$ 이므로 D($4+4\times2^{-q}$, 3)이다.

3rd 두 선분 CD, BA의 길이의 차를 이용하여 p, q의 값을 각각 구해.

$\overline{BA}=(4-3\times2^{-q})-1=3-3\times2^{-q}$이고
> 선분 BA의 길이는 두 점 A, B의 x좌표의 차야. 그런데 주어진 그래프에서 점 B의 x좌표가 점 A의 x좌표보다 크지?

$\overline{CD}=8-(4+4\times2^{-q})=4-4\times2^{-q}$이므로 $\overline{CD}-\overline{BA}=\dfrac{3}{4}$에서
> 선분 CD의 길이는 두 점 C, D의 x좌표의 차야. 그런데 주어진 그래프에서 점 C의 x좌표가 점 D의 x좌표보다 크지?

$(4-4\times2^{-q})-(3-3\times2^{-q})=\dfrac{3}{4}$, $1-2^{-q}=\dfrac{3}{4}$, $2^{-q}=\dfrac{1}{4}=2^{-2}$

$\therefore q=2 \Rightarrow p=4-4\times2^{-2}$ (∵ ㉠) $=4-1=3$
$\therefore p+q=3+2=5$

> 정답 공식: 함수 $y=\log_a x\,(a>1)$는 x의 값이 증가할 때 y의 값도 증가하고 그래프는 직선 $x=0$을 점근선으로 한다.

┌───
│ **단서1** 함수 $y=a(4-x^2)$의 그래프는 직선 $x=0$을 축으로 하고 위로 볼록해.
│ 두 양수 a, b에 대하여 $x\geq0$에서 정의된 함수 $f(x)$는
│
│ $$f(x)=\begin{cases} a(4-x^2) & (0\leq x<3) \\ b\log_2\dfrac{x}{3}-5a & (x\geq3) \end{cases}$$
│ **단서2** 함수 $y=b\log_2\dfrac{x}{3}-5a$의 밑이 1보다 크므로 그래프는 증가해.
│
│ 이다. 함수 $y=f(x)$의 그래프가 x축과 만나는 두 점을 각각 A, B라 하자. $\overline{AB}=10$이고 $f(b)=2b$일 때, $5a+b$의 값을 구하시오. (4점) **단서3** 함수 $y=f(x)$의 그래프를 그려 두 점 A, B의 위치를 찾아 두 점의 좌표를 구해.
└───

1st 함수 $y=f(x)$의 그래프를 그려서 두 점 A, B의 좌표를 구해.

함수 $y=a(4-x^2)$의 그래프는 x축과 두 점 $(-2,0)$, $(2,0)$에서 만나고 꼭짓점의 좌표가 $(0,4a)$인 위로 볼록한 포물선이다.

또한, 함수 $y=b\log_2\dfrac{x}{3}-5a$의 그래프는 $x>0$에서 증가한다.

이때, $y=a(4-x^2)$과 $y=b\log_2\dfrac{x}{3}-5a$에 $x=3$을 각각 대입하면

$y=a(4-3^2)=-5a$, $y=b\log_2\dfrac{3}{3}-5a=-5a$이고

함수 $y=f(x)$의 그래프는 그림과 같이 x축과 $0\leq x<3$, $x\geq3$에서 각각 한 점에서 만난다.

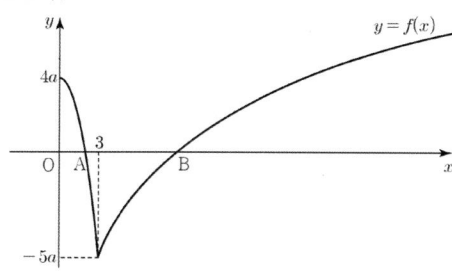

$0\leq x<3$일 때, $f(x)=0$에서

$a(4-x^2)=0$, $a(2-x)(2+x)=0$

$\therefore x=2\ (\because 0\leq x<3)$

즉, 점 A의 좌표는 $(2,0)$이고 $\overline{AB}=10$이므로

점 B의 좌표를 $(k,0)$이라 하면

$k-2=10$에서 $k=12$ $\therefore$ B$(12,0)$

점 B는 $x\geq3$인 함수 $y=f(x)$의 그래프와 x축의 교점이므로 $k\geq3$이야. 즉, 두 점 A, B 사이의 거리는 점 B의 x좌표에서 점 A의 x좌표를 빼서 구하므로 $k-2=10$이야.

2nd a, b 사이의 관계식을 구해.

따라서 $f(12)=0$을 만족하므로 $b\log_2\dfrac{12}{3}-5a=0$에서

$\log_2 4=\log_2 2^2=2\log_2 2=2\times1=2$

$b\log_2 4-5a=0$, $2b\log_2 2=5a$, $2b=5a$

$\therefore a=\dfrac{2}{5}b\ \cdots$ ㉠

3rd $f(b)=2b$를 이용하여 b의 값을 구하고 $5a+b$를 계산해.

$f(b)=2b$이므로

(i) $0<b<3$일 때,

$f(b)=a(4-b^2)$이므로 $a(4-b^2)=2b$

㉠을 대입하면

$\dfrac{2}{5}b(4-b^2)=2b$, $4-b^2=5$ $\therefore b^2=-1$

그런데 b는 실수이므로 모순이다.

(ii) $b\geq3$일 때,

$f(b)=b\log_2\dfrac{b}{3}-5a$이므로 $b\log_2\dfrac{b}{3}-5a=2b$

㉠을 대입하면

$b\log_2\dfrac{b}{3}-5\times\dfrac{2}{5}b=2b$, $\log_2\dfrac{b}{3}-2=2$

$\log_2\dfrac{b}{3}=4$, $\dfrac{b}{3}=2^4$ $\therefore b=48$

$\log_a x=n \Longleftrightarrow x=a^n$

(i), (ii)에 의하여 $b=48$

$\therefore 5a+b=5\times\dfrac{2}{5}b+b=3b=3\times48=144$

🔷 **다른 풀이: b의 값의 범위 찾기**

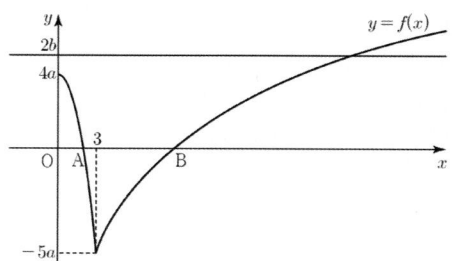

함수 $y=f(x)$의 그래프에 의하여

$0\leq x<3$에서 $-5a<f(x)\leq4a$이고 위의 풀이에서 $2b=5a$이므로

$f(b)=2b=5a>4a$지?

즉, 함수 $y=f(x)$의 그래프와 직선 $y=2b$는 그림과 같이 $x>3$에서 만나므로 $b>3$이야.

$\therefore f(b)=b\log_2\dfrac{b}{3}-5a$

> 정답 공식: $y=f(x)$의 그래프를 x축의 방향으로 p만큼, y축의 방향으로 q만큼 평행이동하면 $y=f(x-p)+q$의 그래프와 일치한다.

┌───
│ $a>2$인 실수 a에 대하여 직선 $y=-x+5$가 세 곡선
│ $y=a^x$, $y=\log_a x$, $y=\log_a(x-1)-1$과 만나는 점을 각각 A, B, C라 하자. $\overline{AB}:\overline{BC}=2:1$일 때, $4a^3$의 값을 구하시오. (4점)
│ **단서** 세 함수의 관계를 파악할 수 있어야 해. 함수 $y=a^x$의 역함수는 $y=\log_a x$이고, 함수 $y=\log_a x$의 그래프를 x축의 방향으로 1만큼, y축의 방향으로 -1만큼 평행이동하면 함수 $y=\log_a(x-1)-1$의 그래프야.
└───

1st 평행이동을 이용하여 두 점 B, C의 관계를 알아보자.

곡선 $y=\log_a x$를 x축의 방향으로 1만큼, y축의 방향으로 -1만큼 평행이동한 것이 곡선 $y=\log_a(x-1)-1$이므로

직선 $y=-x+5$와 곡선 $y=\log_a x$의 교점을 x축의 방향으로 1만큼, y축의 방향으로 -1만큼 평행이동한 점이

직선 $y=-x+5$와 곡선 $y=\log_a(x-1)-1$의 교점이다.

즉, 점 B를 x축의 방향으로 1만큼, y축의 방향으로 -1만큼 평행이동한 점이 점 C이다.

주의 직선 $y=-x+5$에 대하여 곡선 $y=\log_a x$와의 교점이 B, 곡선 $y=\log_a(x-1)-1$와의 교점이 C이므로 두 곡선의 기하학적 위치 관계(x축의 방향으로 1만큼, y축의 방향으로 -1만큼 평행이동)를 두 점의 기하학적 위치 관계로 생각할 수 있어.

$\overline{BC}=\sqrt{2}$이고 $\overline{AB}:\overline{BC}=2:1$이므로 $\overline{AB}=2\sqrt{2}$이다.

$\overline{BC}=\sqrt{(\text{점 B와 점 C의 }x\text{좌표의 차})^2+(\text{점 B와 점 C의 }y\text{좌표의 차})^2}$
$=\sqrt{1^2+1^2}=\sqrt{2}$

2nd 역함수의 관계를 이용하여 두 점 A, B의 관계를 알아보자.

점 A의 x좌표를 t라 하면 $A(t, 5-t)$이고 두 함수 $y=a^x$, $y=\log_a x$는 역함수 관계이므로 $B(5-t, t)$이다.

> 두 그래프가 $y=x$에 대칭인 관계라는 말이지?
> 따라서 $y=x$와 수직인 직선 $y=-x+5$와 두 그래프가 각각 만나는 두 점 A, B는 $y=x$에 대하여 대칭이라 할 수 있어.

그런데 $\overline{AB}=2\sqrt{2}$이고 두 점 A, B의 x좌표의 차는 2이므로

$(5-t)-t=2$, $2t=3$ $\therefore t=\dfrac{3}{2}$

> 직선 $y=-x+5$의 기울기가 -1이므로 $\overline{AB}$를 빗변으로 하는 직각이등변삼각형을 생각하면 되겠지?

그림에서 점 B가 점 A보다 오른쪽에 위치하므로 $(5-t)-t$를 계산해야 두 점 A, B의 x좌표의 차야.

3rd $4a^3$의 값을 구하자.

점 $A\left(\dfrac{3}{2}, \dfrac{7}{2}\right)$이 곡선 $y=a^x$ 위의 점이므로

$a^{\frac{3}{2}}=\dfrac{7}{2}$, $a^3=\dfrac{49}{4}$

$\therefore 4a^3=49$

다른 풀이: **삼각형에서 평행선과 선분의 길이의 비 활용하기**

세 점 A, B, C에서 x축 위에 내린 수선의 발을 각각 A′, B′, C′이라 하고, 직선 $y=-x+5$와 x축과의 교점을 점 D라 하자.

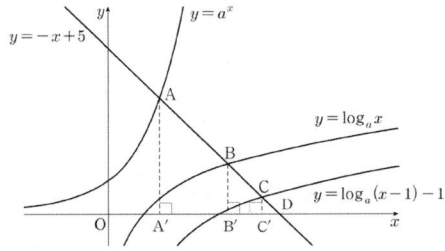

두 곡선 $y=a^x$, $y=\log_a x$가 직선 $y=x$에 대하여 대칭이므로 양수 t에 대하여 $A(t, 5-t)$라 하면 $B(5-t, t)$이고,

> 두 점 A, B가 직선 $y=x$에 대하여 대칭이면 점 $A(m, n)$일 때 점 $B(n, m)$이야.

점 B를 x축의 방향으로 1만큼, y축의 방향으로 -1만큼 평행이동한 점이 점 C이므로 $C(5-t+1, t-1)=C(6-t, t-1)$

$\overline{AB}:\overline{BC}=2:1$이므로 $\overline{A'B'}:\overline{B'C'}=2:1$

삼각형에서 평행선과 선분의 길이의 비에 의하여 삼각형 AA′D에 대하여 $\overline{AA'}\parallel\overline{BB'}\parallel\overline{CC'}$이므로 AB:BC=A′B′:B′C′=2:1

$\{(5-t)-t\}:\{(6-t)-(5-t)\}=2:1$

$5-2t:1=2:1$, $5-2t=2$, $2t=3$ $\therefore t=\dfrac{3}{2}$

(이하 동일)

로그함수 개념·공식

① 로그함수 : $y=\log_a x(a>0, a\neq 1)$ 꼴로 나타내어지는 함수를 a를 밑으로 하는 로그함수라 한다.
② 로그함수 $y=\log_a x(a>0, a\neq 1)$의 성질
  (1) 함수 $y=a^x$의 역함수이다.
  (2) 정의역은 양의 실수 전체의 집합이고 치역은 실수 전체의 집합이다.
  (3) $a>1$일 때, x가 증가하면 y도 증가한다.
    $0<a<1$일 때, x가 증가하면 y는 감소한다.
  (4) 그래프는 점 $(1, 0)$을 지나고, 점근선은 y축이다.

C 170 정답 ② *로그함수의 그래프의 교점 [정답률 40%]

> **정답 공식:** 로그함수 $y=\log_a x$와 직선 $y=k$의 교점의 x좌표는 $\log_a x=k$를 만족시키는 해와 같다.

단서1 두 점 A_n, B_n의 x좌표는 직선 $y=1$과 두 곡선 $y=\log_2 x-n$, $y=-\log_2 x+n$이 각각 만나는 점의 x좌표와 같아.

그림과 같이 자연수 n에 대하여 곡선 $y=|\log_2 x-n|$이 직선 $y=1$과 만나는 두 점을 각각 A_n, B_n이라 하고 곡선 $y=|\log_2 x-n|$이 직선 $y=2$와 만나는 두 점을 각각 C_n, D_n이라 하자. [보기]에서 옳은 것만을 있는 대로 고른 것은? (4점)

단서2 두 점 C_n, D_n의 x좌표는 직선 $y=2$와 두 곡선 $y=\log_2 x-n$, $y=-\log_2 x+n$이 각각 만나는 점의 x좌표와 같아.

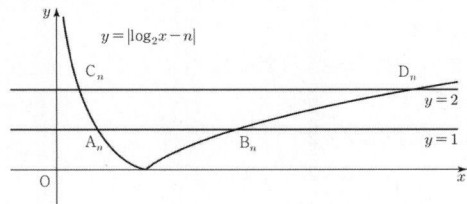

[보기]

ㄱ. $\overline{A_1 B_1}=3$
ㄴ. $\overline{A_n B_n} : \overline{C_n D_n}=2:5$
ㄷ. 사각형 $A_n B_n D_n C_n$의 넓이를 S_n이라 할 때, $21\leq S_k\leq 210$을 만족시키는 모든 자연수 k의 합은 25 이다.

단서3 사각형 $A_n B_n D_n C_n$에서 $\overline{A_n B_n}$, $\overline{C_n D_n}$은 평행하므로 사다리꼴이야. 넓이를 구하기 위해서 윗변의 길이, 아랫변의 길이, 높이를 알아야 해.

① ㄱ ② ㄱ, ㄴ ③ ㄱ, ㄷ ④ ㄴ, ㄷ ⑤ ㄱ, ㄴ, ㄷ

1st $n=1$일 때 두 점 A_1과 B_1의 x좌표를 구하여 $\overline{A_1 B_1}=3$인지 체크하자.

ㄱ. 곡선 $y=-\log_2 x+1$과 직선 $y=1$의 교점의 x좌표를 구하면

$-\log_2 x+1=1$, $\log_2 x=0$

> 곡선 $y=|\log_2 x-1|$은 $\log_2 x-1<0$, 즉 $x<2$에서 $y=\log_2 x-1$의 그래프를 x축 위로 꺾어 올린 거야. 즉, 교점의 x좌표는 곡선 $y=\log_2 x-1$을 x축에 대하여 대칭이동한 $-y=\log_2 x-1$, 즉 $y=-\log_2 x+1$과 직선 $y=1$을 연립한 식에서 구할 수 있어.

$\therefore x=1$

즉, $A_1(1, 1)$

곡선 $y=\log_2 x-1$과 직선 $y=1$의 교점의 x좌표를 구하면

$\log_2 x-1=1$, $\log_2 x=2$

$\therefore x=2^2=4$

즉, $B_1(4, 1)$

> 두 점 A_1, B_1의 y좌표가 1로 같으므로 x좌표의 차만 구하면 돼.

$\therefore \overline{A_1 B_1}=4-1=3$ (참)

2nd 네 점 A_n, B_n, C_n, D_n의 x좌표로 $\overline{A_n B_n}$, $\overline{C_n D_n}$의 길이를 구하자.

ㄴ. 곡선 $y=-\log_2 x+n$이 두 직선 $y=1$, $y=2$와 각각 만나는 두 점 A_n, C_n의 x좌표를 구하자.

> **실수** 곡선 $y=|\log_2 x-n|$은 $\log_2 x-n<0$, 즉 $x<2^n$에서 $y=\log_2 x-n$의 그래프를 x축 위로 꺾어 올린 거야. 즉, 교점인 A_n, C_n의 x좌표는 곡선 $y=\log_2 x-n$을 x축에 대하여 대칭이동한 $-y=\log_2 x-n$, 즉 $y=-\log_2 x+n$과 직선 $y=1$ 또는 $y=2$를 연립한 식에서 구할 수 있어.

$y=-\log_2 x+n$과 $y=1$을 연립하면

$-\log_2 x+n=1$, $\log_2 x=n-1$

$\therefore x=2^{n-1}$

즉, $A_n(2^{n-1}, 1)$

$y=-\log_2 x+n$과 $y=2$를 연립하면

$-\log_2 x+n=2$, $\log_2 x=n-2$

$\therefore x=2^{n-2}$

즉, $C_n(2^{n-2}, 2)$

또, 곡선 $y=\log_2 x-n$이 두 직선 $y=1$, $y=2$와 각각 만나는 두 점 B_n, D_n의 x좌표를 구하자.

> 곡선 $y=|\log_2 x-n|$은 $\log_2 x-n>0$, 즉 $x>2^n$에서 $y=\log_2 x-n$의 그래프가 x축 위의 곡선이야. 즉, 교점인 B_n, D_n의 x좌표는 $y=\log_2 x-n$과 직선 $y=1$ 또는 $y=2$를 연립한 식에서 구할 수 있어.

$y=\log_2 x-n$과 $y=1$을 연립하면

$\log_2 x-n=1$, $\log_2 x=n+1$

$\therefore x=2^{n+1}$

즉, $B_n(2^{n+1}, 1)$

$y=\log_2 x-n$과 $y=2$를 연립하면

$\log_2 x-n=2$, $\log_2 x=n+2$

$\therefore x=2^{n+2}$

즉, $D_n(2^{n+2}, 2)$

$\overline{A_nB_n}$, $\overline{C_nD_n}$의 길이를 구하면

$\overline{A_nB_n}=2^{n+1}-2^{n-1}=2^{n-1}(2^2-1)$

$\qquad=3\times2^{n-1}$

$\overline{C_nD_n}=2^{n+2}-2^{n-2}=2^{n-2}(2^4-1)$

$\qquad=15\times2^{n-2}$

$\therefore \overline{A_nB_n}:\overline{C_nD_n}=3\times2^{n-1}:15\times2^{n-2}$

$\qquad\qquad=6\times2^{n-2}:15\times2^{n-2}$

$\qquad\qquad=6:15$

$\qquad\qquad=2:5$ (참)

3rd 사각형 $A_nB_nD_nC_n$의 마주보는 두 변인 $\overline{A_nB_n}$, $\overline{C_nD_n}$이 서로 평행하지?

ㄷ. 사각형 $A_nB_nD_nC_n$은 대변인 $\overline{A_nB_n}$, $\overline{C_nD_n}$이 서로 평행한 사다리꼴이다. A_nB_n, C_nD_n이 각각 직선 $y=1$, $y=2$에 포함되므로 서로 평행해.

사각형 $A_nB_nD_nC_n$의 넓이를 S_n을 구하면

$\therefore S_n=\dfrac{1}{2}(3\times2^{n-1}+15\times2^{n-2})\times1$

> $S_n=\dfrac{1}{2}\times(\overline{A_nB_n}+\overline{C_nD_n})\times(두 직선 y=1, y=2 사이의 거리)$

$\qquad=\dfrac{1}{2}\times(6\times2^{n-2}+15\times2^{n-2})$

$\qquad=\dfrac{1}{2}\times21\times2^{n-2}$

$\qquad=21\times2^{n-3}$

$21\le S_k\le210$에서

$21\le21\times2^{k-3}\le210$

$8\le2^k\le80$ $21\le21\times2^{k-3}\le210$의 각 변에 $\dfrac{8}{21}$을 곱한 거야.

$2^3=8$, $2^6=64$, $2^7=128$이므로 자연수 k의 값은 3, 4, 5, 6으로 그 합은 $3+4+5+6=18$이다. (거짓)

따라서 옳은 것은 ㄱ, ㄴ이다.

🌸 로그의 성질 　　　　　개념·공식

$a>0$, $a\neq1$, $c>0$, $c\neq1$, $m>0$, $n>0$일 때,

① $\log_a 1=0$, $\log_a a=1$

② $\log_a mn=\log_a m+\log_a n$

③ $\log_a \dfrac{m}{n}=\log_a m-\log_a n$

④ $\log_a m^r=r\log_a m$ (r는 임의의 실수)

⑤ $\log_a b=\dfrac{\log_c b}{\log_c a}$ (단, $b>0$)

⑥ $\log_a b=\dfrac{1}{\log_b a}$ (단, $b>0$, $b\neq1$)

C 171 정답 ④　*로그함수의 그래프의 교점의 개수 … [정답률 67%]

> 정답 공식: 함수 $y=\log_{\frac{1}{4}} x$는 점 $(1, 0)$, 함수 $y=\left(\dfrac{2}{3}\right)^x$은 점 $\left(1, \dfrac{2}{3}\right)$, 함수 $y=3^x$은 점 $(1, 3)$을 지난다. 지나는 점을 하나씩 찾아 더 그리기 쉽게 한다.

오른쪽 그림은 중심이 $(1, 1)$이고 반지름의 길이가 각각

$\dfrac{1}{3}, \dfrac{2}{3}, 1, \dfrac{4}{3}, \dfrac{5}{3}, 2$

인 6개의 반원을 그린 것이다. 세 함수

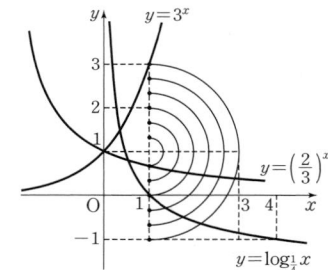

$$y=\log_{\frac{1}{4}} x$$
$$y=\left(\dfrac{2}{3}\right)^x$$
$$y=3^x$$

단서 세 함수의 그래프가 y축과 만나는 점 또는 직선 $x=1$과 만나는 점을 찾은 후 세 함수의 그래프를 주어진 반원 위에 그려봐.

의 그래프가 반원과 만나는 교점의 개수를 각각 a, b, c라 하자. a, b, c의 대소 관계를 옳게 나타낸 것은? (단, $x\ge1$이고 반원은 지름의 양 끝점을 포함한다.) (4점)

① $a<b<c$　　② $a<c<b$　　③ $b<c<a$

④ $c<a<b$　　⑤ $c<b<a$

1st 세 함수의 그래프부터 그려.

$y=\log_{\frac{1}{4}} x$는 $0<(밑)=\dfrac{1}{4}<1$이므로 점 $(1, 0)$을 지나고 감소하는 로그함수이다. →점$\left(1, \dfrac{2}{3}\right)$를 지나.

$y=\left(\dfrac{2}{3}\right)^x$은 $0<(밑)=\dfrac{2}{3}<1$이므로 점 $(0, 1)$을 지나고 감소하는 지수함수이고, $y=3^x$은 $(밑)>1$이므로 점 $(0, 1)$을 지나고 증가하는 지수함수이다. →점$(1, 3)$을 지나.

즉, 주어진 반원 위에 세 함수의 그래프를 그리면 그림과 같다.

따라서 $a=4$, $b=6$, $c=1$이므로 $c<a<b$이다.

🌸 지수함수 $y=a^x(a>0, a\neq1)$의 성질 　개념·공식

① 정의역은 실수 전체의 집합이고, 치역은 양의 실수 전체의 집합이다.

② $a>1$일 때, x의 값이 증가하면 y의 값도 증가한다.

　$0<a<1$일 때, x의 값이 증가하면 y의 값은 감소한다.

③ 그래프는 두 점 $(0, 1)$, $(1, a)$를 지나고, 그래프의 점근선은 x축(직선 $y=0$)이다.

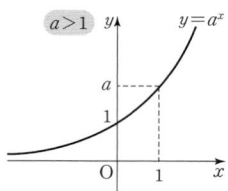 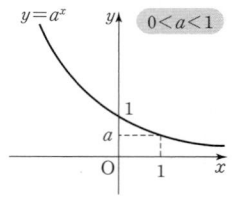

C 172 정답 ⑤ *로그함수의 그래프의 교점의 개수 [정답률 43%]

> 정답 공식: x의 값의 범위를 나누어 함수 $f(x)$를 구한다. $x=10$일 때 불연속이므로 두 점 $(10, 0)$과 $(10, 1)$을 각각 지나는 n의 값을 구해 본다.

단서1 $1 \le x < 10$일 때 $\log x$의 정수 부분은 0, $10 \le x < 100$일 때 $\log x$의 정수 부분은 1이므로 각 범위에서의 소수 부분을 $\log x$에 대한 식으로 나타낼 수 있겠지?

정의역이 $\{x | 1 \le x < 100\}$이고 함숫값이 $\log x$의 소수 부분인 함수를 $f(x)$라 하자. 함수 $y=f(x)$의 그래프와 직선 $y=2-\dfrac{x}{n}$가 만나는 점의 개수가 2가 되도록 하는 자연수 n의 개수는? (4점)

단서2 $y=f(x)$의 그래프를 그린 후 직선 $y=2-\dfrac{x}{n}$와 두 점에서 만나도록 직선을 움직여 봐.

① 1　　　② 2　　　③ 3
④ 4　　　⑤ 5

1st 함수 $y=f(x)$의 그래프를 그려봐.

함수 $f(x)$는 $\log x$의 소수 부분이므로 $0 \le f(x) < 1$이고

$1 \le x < 10$일 때,

$\log x = f(x) \to 0 \le \log x < 1$에서 $\log x$의 정수 부분은 0

$10 \le x < 100$일 때,

$\log x = 1 + f(x) \to 1 \le \log x < 2$에서 $\log x$의 정수 부분은 1

$\therefore f(x) = \begin{cases} \log x & (1 \le x < 10) \\ \log x - 1 & (10 \le x < 100) \end{cases}$

함정 x의 범위에 따라 함수 $f(x)$가 달라지지. 등호에 유의하여 문제를 풀자.

즉, 곡선 $y=f(x)$와 직선 $y=2-\dfrac{x}{n}$는 그림과 같다.

n의 값에 관계없이 점 $(0, 2)$를 지나는 직선이야.

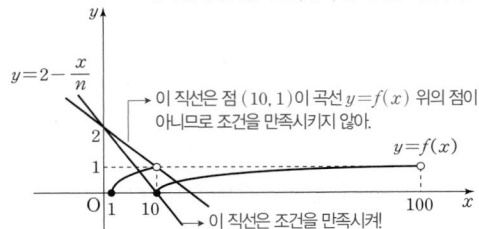

이 직선은 점 $(10, 1)$이 곡선 $y=f(x)$ 위의 점이 아니므로 조건을 만족시키지 않아.
이 직선은 조건을 만족시켜!

2nd 그림에서 교점이 2개가 되도록 하는 n의 값의 범위를 구해 봐.

직선 $y=2-\dfrac{x}{n}$는 y절편이 2이므로 점 $(10, 1)$을 지날 때와 점 $(10, 0)$을 지날 때 사이에 위치하면 곡선 $y=f(x)$와 직선 $y=2-\dfrac{x}{n}$의 교점이 2개가 된다.

(i) 직선 $y=2-\dfrac{x}{n}$가 점 $(10, 0)$을 지날 때,

$2 - \dfrac{10}{n} \ge 0$

$\therefore n \ge 5$

(ii) 직선 $y=2-\dfrac{x}{n}$가 점 $(10, 1)$을 지날 때,

$2 - \dfrac{10}{n} < 1$

$\therefore n < 10$

즉, $5 \le n < 10$일 때, 직선 $y=2-\dfrac{x}{n}$와 곡선 $y=f(x)$는 두 점에서 만난다.

3rd 조건을 만족시키는 자연수 n의 개수를 찾자.

따라서 조건을 만족시키는 자연수 n의 값은 5, 6, 7, 8, 9로 모두 5개이다.

C 173 정답 ③ *로그함수의 그래프의 교점의 활용 [정답률 73%]

> 정답 공식: 지름의 양 끝점의 중점은 원의 중심이다. 이차방정식 $ax^2+bx+c=0$의 두 근을 p, q라 할 때, $p+q=-\dfrac{b}{a}$, $pq=\dfrac{c}{a}$이다.

$a>1$인 실수 a에 대하여 곡선 $y=\log_a x$와

원 $C : \left(x-\dfrac{5}{4}\right)^2 + y^2 = \dfrac{13}{16}$의 두 교점을 P, Q라 하자. 선분 PQ가

원 C의 지름일 때, a의 값은? (4점)

단서 원 C의 중심은 선분 PQ의 중점이야. 즉, 두 점 P, Q는 원 C의 중심에 대하여 대칭이야.

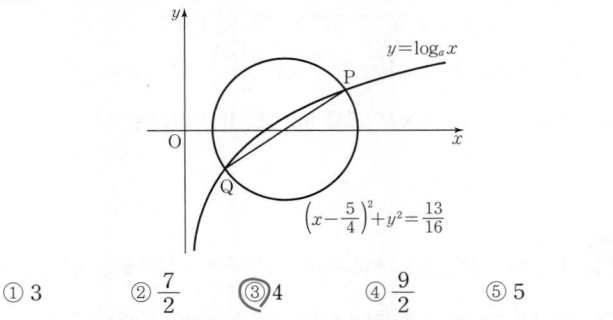

① 3　　②$\dfrac{7}{2}$　　③ 4　　④$\dfrac{9}{2}$　　⑤ 5

1st 두 점 P, Q가 원 C의 중심에 대하여 대칭임을 이용하여 점 P의 좌표를 구해.

두 점 P, Q의 중점이 원 C의 중심 $\left(\dfrac{5}{4}, 0\right)$이므로 양수 t에 대하여

점 P의 x좌표를 $\dfrac{5}{4}+t$라 하면 점 Q의 좌표는 $\dfrac{5}{4}-t$이다.

원의 지름의 양 끝점은 그 원의 중심에 대하여 대칭이므로 지름의 양 끝점의 x좌표는 원의 중심을 지나고 x축에 수직인 직선에 대하여 대칭이야. 즉, 두 점 P, Q의 x좌표는 직선 $x=\dfrac{5}{4}$에 대하여 대칭이지.

주의 원의 중심의 좌표가 주어졌으므로 점 P, Q가 대칭인 것을 이용하여 양수 t를 통해 점 P, Q의 좌표를 나타냈어. 이때 t의 범위에 유의하자.

즉, 두 점 P, Q의 좌표는 각각 $\left(\dfrac{5}{4}+t, \log_a\left(\dfrac{5}{4}+t\right)\right)$,

$\left(\dfrac{5}{4}-t, \log_a\left(\dfrac{5}{4}-t\right)\right)$이고 두 점 P, Q의 y좌표의 절댓값은 같고 부호는 서로 다르므로

두 점 P, Q의 y좌표는 x축에 대하여 대칭이니까
두 점 P, Q의 y좌표의 절댓값은 같고 부호는 서로 달라.

$\log_a\left(\dfrac{5}{4}+t\right) = -\log_a\left(\dfrac{5}{4}-t\right)$에서 $\log_a\left(\dfrac{5}{4}+t\right) + \log_a\left(\dfrac{5}{4}-t\right) = 0$

$\left(\dfrac{5}{4}+t\right)\left(\dfrac{5}{4}-t\right) = 1$, $\dfrac{25}{16} - t^2 = 1$, $t^2 = \dfrac{9}{16}$

$\therefore t = \dfrac{3}{4}$ $(\because t > 0)$

$\log_a x + \log_a y = \log_a xy$
$\log_a x = b \Longleftrightarrow x = a^b$

따라서 점 P의 좌표는 $\left(\dfrac{5}{4}+\dfrac{3}{4}, \log_a\left(\dfrac{5}{4}+\dfrac{3}{4}\right)\right)$, 즉 $(2, \log_a 2)$이다.

2nd 점 P가 원 C 위의 점임을 이용하여 a의 값을 구해.

점 P는 원 C 위의 점이므로

$\left(2-\dfrac{5}{4}\right)^2 + (\log_a 2)^2 = \dfrac{13}{16}$에서 $(\log_a 2)^2 = \dfrac{1}{4}$

함수 $y=\log_a x (a>1)$의 그래프는 그림과 같으므로 $x=2$일 때의 함숫값은 양수야.

이때, $a>1$이므로 $\log_a 2 > 0$
즉, $\log_a 2 > 0$이야.

따라서 $\log_a 2 = \dfrac{1}{2}$이므로 $a^{\frac{1}{2}} = 2$에서 $a = 4$

다른 풀이: 선분 PQ의 중점이 원의 중심임을 이용하기

두 점 P, Q의 좌표를 각각 P$(p, \log_a p)$, Q$(q, \log_a q)$ $(p > q)$라 하면

선분 PQ의 중점이 원의 중심 $\left(\dfrac{5}{4}, 0\right)$이므로

$\dfrac{p+q}{2} = \dfrac{5}{4}$, $\dfrac{\log_a p + \log_a q}{2} = 0$에서

$\dfrac{\log_a p + \log_a q}{2} = 0$에서 $\log_a pq = 0$이므로 $pq = 1$

$p+q = \dfrac{5}{2}$, $pq = 1$

이때, p, q를 두 실근으로 갖는 t에 대한 이차방정식은

$t^2-\dfrac{5}{2}t+1=0$에서 $2t^2-5t+2=0$

<small>두 수 α, β를 근으로 갖고, x^2의 계수가 1인 이차방정식은 $x^2-(\alpha+\beta)x+\alpha\beta=0$</small>

$(2t-1)(t-2)=0$ $\therefore t=\dfrac{1}{2}$ 또는 $t=2$

즉, $p=2$, $q=\dfrac{1}{2}$ ($\because p>q$)이므로 두 점 P, Q의 좌표는 각각

$(2,\ \log_a 2)$, $\left(\dfrac{1}{2},\ -\log_a 2\right)$야.

한편, 선분 PQ의 길이는 원 C의 지름의 길이 $\dfrac{\sqrt{13}}{2}$이므로

<small>중심이 (a,b)이고 반지름의 길이가 r인 원의 방정식은 $(x-a)^2+(y-b)^2=r^2$</small>

$\left(2-\dfrac{1}{2}\right)^2+\{\log_a 2-(-\log_a 2)\}^2=\left(\dfrac{\sqrt{13}}{2}\right)^2$에서 $(\log_a 4)^2=1$

따라서 $\log_a 4=1$ ($\because a>1$이므로 $\log_a 4>0$)이므로 $a=4$

C 174 정답 ⑤   *로그함수의 그래프의 교점의 활용 [정답률 65%]

(정답 공식: 로그함수의 그래프에서 좌표를 구하고 넓이를 구한다.)

> **단서1** 로그함수에서 가장 중요한건 좌표야. 두 점 P, Q를 이용해 넓이를 구하니까 두 점 P, Q의 좌표를 각각 구해야 해.

0이 아닌 실수 t에 대하여 두 곡선 $y=\log_2 x$, $y=\log_4 x$와 직선 $y=t$가 만나는 점을 각각 P, Q라 하자. 삼각형 OPQ의 넓이를 $S(t)$라 할 때, [보기]에서 옳은 것만을 있는 대로 고른 것은?

> **단서2** **단서1** 에서 구한 좌표를 이용해서 $S(t)$를 구해야 해.

(단, O는 원점이다.) (4점)

[보기]

ㄱ. $S(1)=1$

ㄴ. $S(2)=64\times S(-2)$

ㄷ. $t>0$일 때, t의 값이 증가하면 $\dfrac{S(t)}{S(-t)}$의 값도 증가한다.

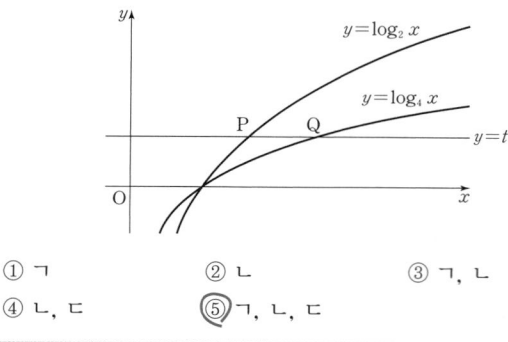

① ㄱ ② ㄴ ③ ㄱ, ㄴ
④ ㄴ, ㄷ ⑤ ㄱ, ㄴ, ㄷ

1st 두 점 P, Q의 좌표와 $S(t)$를 구해.

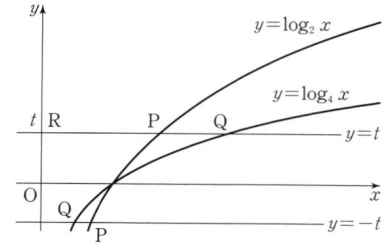

점 P는 곡선 $y=\log_2 x$와 직선 $y=t$의 교점이므로
$t=\log_2 x$, $x=2^t$
따라서 점 P의 좌표는 $(2^t,\ t)$

점 Q는 곡선 $y=\log_4 x$와 직선 $y=t$의 교점이므로
$t=\log_4 x$, $x=4^t$
따라서 점 Q의 좌표는 $(4^t,\ t)$이다.

$t>0$일 때, y축과 직선 $y=t$의 교점을 R$(0,\ t)$라 하면

$S(t)=\dfrac{1}{2}\times t\times \overline{PQ}=\dfrac{1}{2}\times t\times (4^t-2^t)$

$\rightarrow S(t)=\triangle OQR-\triangle OPR$
$=\dfrac{1}{2}\times t\times \overline{RQ}-\dfrac{1}{2}\times t\times \overline{RP}$
$=\dfrac{1}{2}\times t\times (\overline{RQ}-\overline{RP})$
$=\dfrac{1}{2}\times t\times \overline{PQ}$

2nd $S(t)$를 이용해서 ㄱ, ㄴ, ㄷ의 참·거짓을 판단해.

ㄱ. $S(1)=\dfrac{1}{2}\times 1\times (4-2)=1$ (참)

ㄴ. $t>0$일 때,
곡선 $y=\log_2 x$와 직선 $y=-t$의 교점 P는
$-t=\log_2 x$, $x=2^{-t}$이므로 $(2^{-t},\ -t)$
곡선 $y=\log_4 x$와 직선 $y=-t$의 교점 Q는
$-t=\log_4 x$, $x=4^{-t}$이므로 $(4^{-t},\ -t)$

$\therefore S(-t)=\dfrac{1}{2}\times t\times \overline{PQ}=\dfrac{1}{2}\times t\times (2^{-t}-4^{-t})$

<small>삼각형 OPQ에서 밑변을 $\overline{PQ}$라 하면 높이는 점 P에서 x축까지 거리 $|-t|$야. 그리고 $-t<0$일 때, $4^{-t}<2^{-t}$이므로 $\overline{PQ}=2^{-t}-4^{-t}$이야.</small>

따라서 $S(2)=\dfrac{1}{2}\times 2\times (4^2-2^2)=12$,

$S(-2)=\dfrac{1}{2}\times 2\times (2^{-2}-4^{-2})=\dfrac{1}{2}\times 2\times \left(\dfrac{1}{4}-\dfrac{1}{16}\right)=\dfrac{3}{16}$

이므로 $S(2)=64\times S(-2)$ (참)

ㄷ. $\dfrac{S(t)}{S(-t)}=\dfrac{\dfrac{1}{2}\times t\times (4^t-2^t)}{\dfrac{1}{2}\times t\times (2^{-t}-4^{-t})}$

$=\dfrac{4^t-2^t}{2^{-t}-4^{-t}}=\dfrac{2^t(2^t-1)}{4^{-t}(2^t-1)}=8^t$

<small>$\dfrac{2^t(2^t-1)}{4^{-t}(2^t-1)}=\dfrac{2^t}{4^{-t}}=\dfrac{2^t}{2^{-2t}}=2^{t-(-2t)}=2^{3t}=8^t$</small>

이므로 t의 값이 증가하면 8^t의 값도 증가한다. (참)

따라서 옳은 것은 ㄱ, ㄴ, ㄷ이다.

> 🌟 **톡톡 풀이:** $\dfrac{S(t)}{S(-t)}$ **의 식을 구하여 ㄴ, ㄷ의 참·거짓 판단하기**

대부분의 [보기]들은 서로 연관되어 있어서 전반적인 흐름을 파악해 보는 것이 좋아.

[보기]를 살펴 보면 구체적인 S의 값을 구하라고 한 뒤에 점차 일반적인 $S(t)$의 값을 묻고 있잖아?

특히, ㄴ, ㄷ은 $S(t)$를 구하는 게 아니라 두 넓이 $S(t)$, $S(-t)$의 비율인 $\dfrac{S(t)}{S(-t)}$의 값을 알면 쉽게 알 수 있는 거야.

두 넓이 $S(t)$, $S(-t)$의 높이는 t로 같으므로 $\overline{PQ}$의 길이만 구하면 되거든.

ㄴ. 곡선 $y=\log_2 x$와 직선 $y=t$의 교점 $(2^t,\ t)$, 곡선 $y=\log_4 x$와 직선 $y=t$의 교점 $(4^t,\ t)$를 구한 뒤, $\overline{PQ}=|4^t-2^t|$를 이용하여

$\dfrac{S(t)}{S(-t)}=\dfrac{4^t-2^t}{2^{-t}-4^{-t}}=8^t$으로 정리하고,

<small>실수 $t>0$이면 $4^t>2^t$이므로 $\overline{PQ}=4^t-2^t$이고, $t<0$이면 $4^t<2^t$이므로 $\overline{PQ}=2^t-4^t$ $\therefore \overline{PQ}=|4^t-2^t|$ $(t\neq 0)$</small>

$t=2$를 대입하면 $\dfrac{S(2)}{S(-2)}=8^2=64$이므로 $S(2)=64\times S(-2)$

(참)

ㄷ. $\dfrac{S(t)}{S(-t)}=8^t$은 지수함수 꼴이므로 $t>0$일 때, t의 값이 증가하면 $\dfrac{S(t)}{S(-t)}$의 값도 증가해. (참)

C 175 정답 ③ *로그함수의 그래프의 교점의 활용 [정답률 62%]

> **정답 공식:** 함수 $y=\log_a f(x)$의 그래프가 직선 $y=n$과 만나는 점의 x좌표는 $\log_a f(x)=n$을 만족시키는 x의 값이다.

단서1 $\frac{1}{4}<a<1$이므로 $y=\log_a x$는 감소하는 함수이고 $\frac{1}{4}<a<1$에서 $1<4a<4$이므로 $y=\log_{4a} x$는 증가하는 함수야.

$\frac{1}{4}<a<1$인 실수 a에 대하여 직선 $y=1$이 두 곡선 $y=\log_a x$, $y=\log_{4a} x$와 만나는 점을 각각 A, B라 하고, 직선 $y=-1$이 두 곡선 $y=\log_a x$, $y=\log_{4a} x$와 만나는 점을 각각 C, D라 하자. [보기]에서 옳은 것만을 있는 대로 고른 것은? (4점)

단서2 두 점 A, B의 y좌표는 모두 1이야.

단서3 두 점 C, D의 y좌표는 모두 -1이야.

[보기]
ㄱ. 선분 AB를 $1:4$로 외분하는 점의 좌표는 $(0, 1)$이다.
ㄴ. 사각형 ABCD가 직사각형이면 $a=\frac{1}{2}$이다.
ㄷ. $\overline{AB}<\overline{CD}$이면 $\frac{1}{2}<a<1$이다.

단서4 두 선분 AB, CD가 각각 x축과 서로 평행하므로 사각형 ABCD가 직사각형이려면 두 선분 AD, BC는 x축과 서로 수직이어야 해.

① ㄱ ② ㄷ ③ ㄱ, ㄴ
④ ㄴ, ㄷ ⑤ ㄱ, ㄴ, ㄷ

1st 네 점 A, B, C, D의 좌표를 각각 구하자.

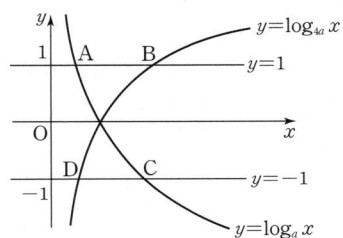

$\log_a b=x \Longleftrightarrow b=a^x$
점 A는 곡선 $y=\log_a x$와 직선 $y=1$이 만나는 점이므로 점 A의 x좌표는 $\log_a x=1$에서 $x=a$ ∴ A$(a, 1)$
점 B는 곡선 $y=\log_{4a} x$와 직선 $y=1$이 만나는 점이므로 점 B의 x좌표는 $\log_{4a} x=1$에서 $x=4a$
∴ B$(4a, 1)$
점 C는 곡선 $y=\log_a x$와 직선 $y=-1$이 만나는 점이므로 점 C의 x좌표는 $\log_a x=-1$에서 $x=a^{-1}=\frac{1}{a}$
∴ C$\left(\frac{1}{a}, -1\right)$
점 D는 곡선 $y=\log_{4a} x$와 직선 $y=-1$이 만나는 점이므로 점 D의 x좌표는 $\log_{4a} x=-1$에서 $x=(4a)^{-1}=\frac{1}{4a}$
∴ D$\left(\frac{1}{4a}, -1\right)$

2nd 네 점 A, B, C, D의 좌표를 이용하여 ㄱ, ㄴ, ㄷ의 참, 거짓을 따져.
ㄱ. 두 점 A, B의 좌표가 각각 $(a, 1)$, $(4a, 1)$이므로 선분 AB를 $1:4$로 외분하는 점의 좌표를 P라 하면 점 P의 좌표는
두 점 (x_1, y_1), (x_2, y_2)를 잇는 선분을 $m:n$으로 외분하는 점의 좌표는 $\left(\frac{m\times x_2-n\times x_1}{m-n}, \frac{m\times y_2-n\times y_1}{m-n}\right)$ (단, $m\neq n$)
$\left(\frac{1\times 4a-4\times a}{1-4}, \frac{1\times 1-4\times 1}{1-4}\right)$,
즉 $(0, 1)$이다. (참)

ㄴ. 두 선분 AB, CD가 각각 직선 $y=1$, $y=-1$ 위에 있으므로 두 선분 AB, CD는 모두 x축과 평행하다. 따라서 사각형 ABCD가 직사각형이 되려면 두 직선 AD, BC는 모두 x축과 서로 수직이어야 한다. 즉, 두 점 A, D의 x좌표가 같아야 하므로
$a=\frac{1}{4a}$에서 $4a^2=1$, $a^2=\frac{1}{4}$
선분 BC도 x축과 수직이어야 하므로 두 점 B, C의 x좌표가 같아야 함을 이용하여 a의 값을 구해도 돼.
∴ $a=\frac{1}{2}\left(\because \frac{1}{4}<a<1\right)$ (참)

ㄷ. $\overline{AB}=4a-a=3a$,
1st 의 그래프에서 점 B가 점 A 보다 오른쪽에 있지?
$\overline{CD}=\frac{1}{a}-\frac{1}{4a}=\frac{4-1}{4a}=\frac{3}{4a}$이므로
마찬가지로 점 C가 점 D 보다 오른쪽에 있지?
$\overline{AB}<\overline{CD}$에서 $3a<\frac{3}{4a}$, $4a^2<1$, $4a^2-1<0$
$(2a+1)(2a-1)<0$
∴ $-\frac{1}{2}<a<\frac{1}{2}$ ··· ㉠
그런데 실수 a의 값의 범위가 $\frac{1}{4}<a<1$이므로 구하는 a의 값의 범위는 ㉠에 의하여 $\frac{1}{4}<a<\frac{1}{2}$ (거짓)
따라서 옳은 것은 ㄱ, ㄴ이다.

윤혁 서울대 건설환경공학부 2021년 입학·서울 동양고 졸
이 문제의 핵심은 로그함수의 그래프를 정확히 그리는 것이었어. 특히 조건에서 $\frac{1}{4}<a<1$이라는 조건을 주고 로그함수의 밑을 a, $4a$로 준 것은 누가 봐도 노골적이었지. ㄱ은 두 점 A, B의 좌표를 a로 나타낼 수 있어서 맞다는 것을 쉽게 확인할 수 있어. ㄴ의 평가원의 의도는 두 점 A, D와 두 점 B, C를 각각 x축에 대하여 대칭이 되도록 만드는 것이라고 생각해. 마지막으로 ㄷ은 두 선분 AB, CD의 길이를 a로 나타내어 부등식을 풀면 되는 것이었어. 이때, 주의할 점은 a의 값의 범위가 주어졌기 때문에 ㄷ의 부등식의 해가 답이 아니라는 거야. a의 값의 범위에서 부등식의 해를 구해야 해.

✿ 로그의 성질 개념·공식

$a>0$, $a\neq 1$, $c>0$, $c\neq 1$, $m>0$, $n>0$일 때,
① $\log_a 1=0$, $\log_a a=1$
② $\log_a mn=\log_a m+\log_a n$
③ $\log_a \frac{m}{n}=\log_a m-\log_a n$
④ $\log_a m^r=r\log_a m$ (r는 임의의 실수)
⑤ $\log_a b=\frac{\log_c b}{\log_c a}$ (단, $b>0$)
⑥ $\log_a b=\frac{1}{\log_b a}$ (단, $b>0$, $b\neq 1$)

C 176 정답 ③ *로그함수의 그래프의 교점의 활용 [정답률 37%]

> 정답 공식: 두 함수 $y=\log_2 x$와 $y=2^x$은 서로 역함수 관계이고, 두 함수 $y=-\log_2 x$와 $y=\left(\dfrac{1}{2}\right)^x$은 서로 역함수 관계이다. $\dfrac{y_1-1}{x_1}$은 점 P와 점 $(0,1)$을 이은 직선의 기울기이고 $\dfrac{y_2-1}{x_2}$은 점 Q와 점 $(0,1)$을 이은 직선의 기울기이다.

좌표평면에서 두 곡선 $y=|\log_2 x|$와 $y=\left(\dfrac{1}{2}\right)^x$이 만나는 두 점을 $P(x_1, y_1),\ Q(x_2, y_2)\ (x_1<x_2)$라 하고, 두 곡선 $y=|\log_2 x|$와 $y=2^x$이 만나는 점을 $R(x_3, y_3)$이라 하자. 옳은 것만을 [보기]에서 있는 대로 고른 것은? (4점)

[보기]

ㄱ. $\dfrac{1}{2}<x_1<1$ 단서1 x좌표가 $\dfrac{1}{2}$인 점의 위치를 찾아봐.

ㄴ. $x_2 y_2-x_3 y_3=0$ 단서2 로그함수의 밑이 2이고 지수함수의 밑이 각각 $\dfrac{1}{2}$, 2이므로 역함수 관계에 있는 두 함수를 찾아봐야겠지?

ㄷ. $x_2(x_1-1)>y_1(y_2-1)$ 단서3 두 점 P, Q의 위치와 점 $(0,1)$을 이용하여 직선의 기울기를 생각해 봐.

① ㄱ ② ㄷ ③ ㄱ, ㄴ ④ ㄴ, ㄷ ⑤ ㄱ, ㄴ, ㄷ

1st $y=1$일 때의 각 그래프의 x좌표를 구해 보자.

ㄱ. $y=-\log_2 x$의 그래프에서 y좌표가 1일 때의 x좌표는 $\dfrac{1}{2}$이므로 →$1=-\log_2 x$, 즉 $\log_2 x=-1$에서 $x=2^{-1}=\dfrac{1}{2}$

그림에서 $\dfrac{1}{2}<x_1<1$ (참)

ㄴ. 두 점 Q, R는 각각 두 곡선

$y=\log_2 x$와 $y=\left(\dfrac{1}{2}\right)^x$, 역함수 ⨯ 역함수 $y=-\log_2 x$와 $y=2^x$의 교점이므로 두 점 Q, R는 직선 $y=x$에 대하여 대칭이다.

즉, $x_2=y_3,\ y_2=x_3$이므로 →점 $Q(x_2, y_2)$를 직선 $y=x$에 대하여 대칭이동 시킨 점의 좌표는 (y_2, x_2)이고 이 점이 $R(x_3, y_3)$이므로 $x_3=y_2, y_3=x_2$야.
$x_2 y_2-x_3 y_3=x_2 x_3-x_3 x_2=0$ (참)

$y=\begin{cases}-\log_2 x & (0<x<1)\\ \log_2 x & (x\geq1)\end{cases}$

2nd 두 점을 지나는 직선의 기울기를 이용해 보자.

ㄷ. 그림과 같이 점 A의 좌표를 $A(0,1)$이라 하면

$(\overline{AP}\text{의 기울기})=\dfrac{y_1-1}{x_1}$,

$(\overline{AQ}\text{의 기울기})=\dfrac{y_2-1}{x_2}$이고

$(\overline{AP}\text{의 기울기})<(\overline{AQ}\text{의 기울기})$

이므로 $\dfrac{y_1-1}{x_1}<\dfrac{y_2-1}{x_2}$

이때, 점 $P(x_1, y_1)$은 역함수 관계인 두 곡선 $y=-\log_2 x$와 $y=\left(\dfrac{1}{2}\right)^x$

의 교점이므로 직선 $y=x$ 위의 점이다. 즉, $y_1=x_1$에서

$\dfrac{x_1-1}{y_1}<\dfrac{y_2-1}{x_2}$

주의 두 함수가 역함수 관계이면 $y=x$에 대하여 대칭이야. 따라서 두 함수의 교점은 둘 중 한 함수와 $y=x$의 교점과 일치해.

$\therefore x_2(x_1-1)<y_1(y_2-1)\ (\because x_2>0,\ y_1>0)$ (거짓)

따라서 옳은 것은 ㄱ, ㄴ이다.

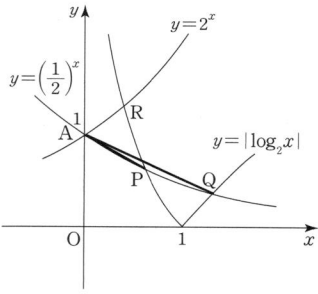

C 177 정답 ⑤ *지수함수, 로그함수의 그래프와 도형의 넓이 [정답률 81%]

> 정답 공식: x축에 평행한 직선 위의 점들의 y좌표, y축에 평행한 직선 위의 점들의 x좌표가 같음을 이용한다.

단서1 y축과 만나는 점의 x좌표는 0임을 이용해.
그림과 같이 두 곡선 $y=3^{x+1}-2$, $y=\log_2(x+1)-1$이 y축과 만나는 점을 각각 A, B라 하자. 점 A를 지나고 x축에 평행한 직선이 곡선 $y=\log_2(x+1)-1$과 만나는 점을 C, 점 B를 지나고 x축에 평행한 직선이 곡선 $y=3^{x+1}-2$와 만나는 점을 D라 할 때, 사각형 ADBC의 넓이는? (3점)

단서2 점 C는 점 A와, 점 D는 점 B와 y좌표가 같으므로 두 점 C, D의 좌표도 구할 수 있어.

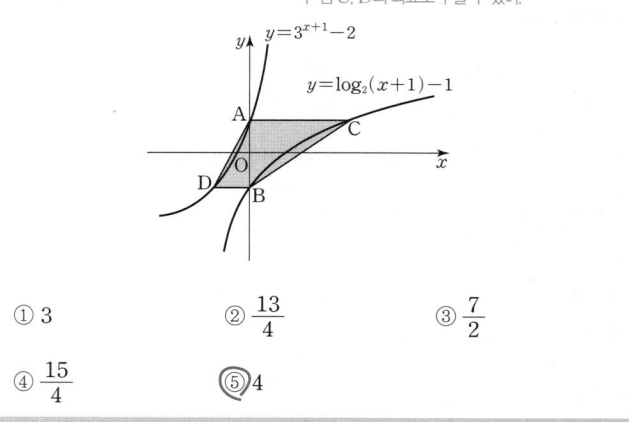

① 3 ② $\dfrac{13}{4}$ ③ $\dfrac{7}{2}$

④ $\dfrac{15}{4}$ ⑤ 4

1st 두 점 A, B의 좌표를 각각 구하자.

두 곡선 $y=3^{x+1}-2$, $y=\log_2(x+1)-1$이 y축과 만나는 점이 각각 A, B이므로 $x=0$을 대입하여 y절편을 각각 구하면

$y=3^{0+1}-2=3^1-2=1$에서

$A(0, 1)$

$y=\log_2(0+1)-1=\log_2 1-1=-1$에서

$B(0, -1)$

2nd 두 점 A, B의 y좌표를 이용하여 두 점 C, D의 좌표를 각각 구하자.

이때, 곡선 $y=\log_2(x+1)-1$과 직선 $y=1$의 교점이 C이므로 두 점 A, C의 y좌표가 1로 같아.

$1=\log_2(x+1)-1$에서

$\log_2(x+1)=2$

$x+1=2^2=4$

$\therefore x=3 \Rightarrow C(3, 1)$

또, 곡선 $y=3^{x+1}-2$와 직선 $y=-1$의 교점이 D이므로 두 점 B, D의 y좌표가 -1로 같아.

$-1=3^{x+1}-2$에서

$3^{x+1}=1$

$x+1=0$

$\therefore x=-1 \Rightarrow D(-1, -1)$

따라서 사다리꼴인 사각형 ADBC의 넓이는

$\square ADBC=\dfrac{1}{2}\times(\overline{AC}+\overline{BD})\times\overline{AB}$

$=\dfrac{1}{2}\times(3+1)\times2=4$

정답 공식: x축에 평행한 직선 위의 점들의 y좌표, y축에 평행한 직선 위의 점들의 x좌표가 같음을 이용한다. 기울기가 -1인 직선은 직선 $y=x$에 대해 대칭임을 이용해 점 C의 좌표를 구한다.

점 A(4, 0)을 지나고 y축에 평행한 직선이 곡선 $y=\log_2 x$와 만나는 점을 B라 하고, 점 B를 지나고 기울기가 -1인 직선이 곡선 $y=2^{x+1}+1$과 만나는 점을 C라 할 때, 삼각형 ABC의 넓이는?

단서 기울기가 -1인 직선은 직선 $y=x$에 대하여 대칭이므로 점 C를 직선 $y=x$에 대하여 대칭이동하면 함수 $y=2^{x+1}+1$의 역함수의 그래프 위에 위치하겠지? (4점)

① 3 ② $\dfrac{7}{2}$ ③ 4

④ $\dfrac{9}{2}$ ⑤ 5

1st 점 B의 좌표를 구하자.

점 A(4, 0)을 지나고 y축에 평행한 직선이 곡선 $y=\log_2 x$와 만나는 점이 B이므로 점 B의 x좌표는 4이다. 즉, $\log_2 4=2$에서 점 B의 좌표는 (4, 2)이다.

2nd 곡선 $y=\log_2(x-1)-1$을 $y=\log_2 x$로의 평행이동을 이용하여 점 C의 좌표를 구해.

한편, $y=2^{x+1}+1(y>1)$에서 x와 y를 서로 바꾸면 $x=2^{y+1}+1$

이 식을 y에 대하여 풀면

$2^{y+1}=x-1$, $y+1=\log_2(x-1)$

$\therefore y=\log_2(x-1)-1 \ (x>1)$

따라서 함수 $y=2^{x+1}+1$의 역함수는 $y=\log_2(x-1)-1$이다.

[함수 $y=f(x)$의 역함수 $y=f^{-1}(x)$ 구하는 순서]
(i) 함수 $y=f(x)$에서 x와 y를 서로 바꾼다.
(ii) $x=f(y)$를 y에 관하여 풀어 $y=f^{-1}(x)$의 꼴로 만든다.
(iii) $y=f(x)$의 치역을 $y=f^{-1}(x)$의 정의역으로 한다.

이때, 점 B를 지나고 기울기가 -1인 직선이 곡선 $y=2^{x+1}+1$과 만나는 점 C의 좌표를 (a, b)라 하면 점 C를 직선 $y=x$에 대하여 대칭이동시킨 점 C'(b, a)는 곡선 $y=\log_2(x-1)-1$ 위의 점이면서 점 B를 지나고 기울기가 -1인 직선 위의 점이다.

기울기가 -1인 직선은 항상 직선 $y=x$에 대하여 대칭이야.

실수 함수 $y=\log_2 x$를 x축으로 m, y축으로 n만큼 평행이동하면 $y-n=\log_2(x-m)$이야.

또, 곡선 $y=\log_2 x$는 곡선 $y=\log_2(x-1)-1$를 x축의 방향으로 -1만큼, y축의 방향으로 1만큼 평행이동한 것이므로 점 C'을 x축의 방향으로 -1만큼, y축의 방향으로 1만큼 평행이동시킨 점 $(b-1, a+1)$은 곡선 $y=\log_2 x$ 위의 점 B(4, 2)와 일치한다.

즉, $a+1=2$, $b-1=4$에서 $a=1$, $b=5$이므로 점 C의 좌표는 (1, 5)이다.

곡선 $y=\log_2(x-1)-1$을 x축의 방향으로 -1만큼, y축의 방향으로 1만큼 평행이동한 곡선의 식은 $y-1=\log_2(x+1-1)-1$에서 $y=\log_2 x$야.

3rd 삼각형 ABC의 넓이를 구해.

따라서 삼각형 ABC의 넓이를 S라 하면

$S=\dfrac{1}{2}\times\overline{AB}\times\{(\text{점 A의 }x\text{좌표})-(\text{점 C의 }x\text{좌표})\}$

선분 AB의 길이는 점 B의 y좌표와 같아.

$=\dfrac{1}{2}\times 2\times(4-1)$

$=\dfrac{1}{2}\times 2\times 3$

$=3$

정답 공식: 두 함수 $f(x)$, $g(x)$가 역함수일 때, $f(a)=b$이면 $g(b)=a$이다. 사각형의 넓이를 바로 구할 수 없을 때, 삼각형 두 개로 나누어 구한다.

단서 1 두 함수 $f(x)=\log_2 x$, $g(x)=2^x$은 서로 역함수 관계야. 즉, 두 점 A와 D, B와 C는 직선 $y=x$에 대하여 대칭이지.

그림과 같이 직선 $y=x$와 수직으로 만나는 평행한 두 직선 l, m이 있다. 두 직선 l, m이 함수 $f(x)=\log_2 x$, $g(x)=2^x$의 그래프와 만나는 교점을 A, B, C, D라 하자. $f(b)=g(1)=a$일 때, 사각형 ABCD의 넓이는? (3점)

단서 2 사각형 ABCD의 넓이는 두 삼각형 ABD와 BCD의 넓이의 합으로 구해.

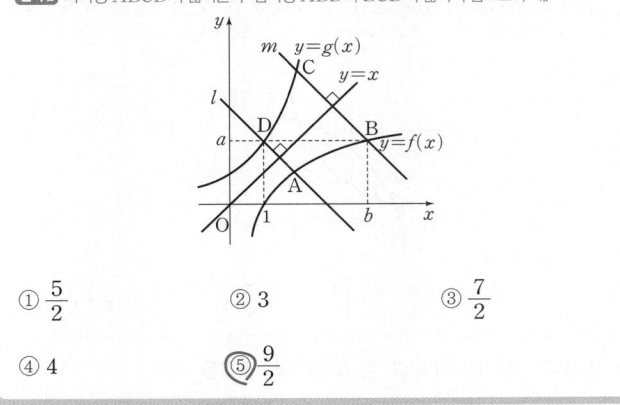

① $\dfrac{5}{2}$ ② 3 ③ $\dfrac{7}{2}$

④ 4 ⑤ $\dfrac{9}{2}$

1st 먼저 사각형 ABCD의 꼭짓점의 좌표를 찾자.

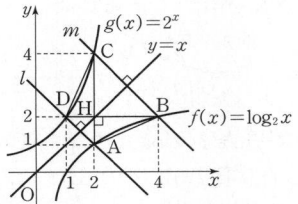

$f(b)=g(1)=a$에서 $\log_2 b=2^1=a$

$\therefore a=2$, $b=4$

$\therefore$ B(4, 2), D(1, 2)

이때, $f(x)=\log_2 x$, $g(x)=2^x$은 서로 역함수이므로 직선 $y=x$에 대하여 대칭이다. 즉, 두 점 B와 C, 두 점 D와 A도 각각 직선 $y=x$에 대하여 대칭이므로

두 점 B와 C는 각각 직선 $y=x$에 대하여 대칭인 두 함수 $f(x)$, $g(x)$의 그래프 위의 점이고, 직선 m이 직선 $y=x$와 수직으로 만나므로 직선 m도 직선 $y=x$에 대하여 대칭이야.

A(2, 1), C(2, 4)

2nd 두 삼각형으로 나누어서 넓이를 구해.

두 점 A, C에서 $\overline{BD}$에 내린 수선의 발을 H, 삼각형 ABD와 삼각형 BCD의 밑변을 $\overline{BD}$라 할 때, 높이는 각각 $\overline{AH}$, $\overline{CH}$이다.

이때, $\overline{AH}=2-1=1$, $\overline{CH}=4-2=2$이므로

$\square ABCD=\triangle ABD+\triangle BCD$

$=\dfrac{1}{2}\times\overline{BD}\times\overline{AH}+\dfrac{1}{2}\times\overline{BD}\times\overline{CH}$

$=\dfrac{1}{2}\times 3\times 1+\dfrac{1}{2}\times 3\times 2=\dfrac{9}{2}$

🔧 **함수와 역함수** 개념·공식

함수 $f(x)$와 그 역함수 $f^{-1}(x)$에 대하여
① 두 함수의 그래프는 직선 $y=x$에 대하여 대칭이다.
② $f(a)=b$이면 $f^{-1}(b)=a$
③ $y=f(x)$의 그래프와 직선 $y=x$의 교점은 $y=f(x)$의 그래프와 $y=f^{-1}(x)$의 그래프의 교점과 같다.

C 180 정답 ④ ＊지수함수, 로그함수의 그래프와 도형의 넓이 [정답률 77%]

정답 공식: $\overline{AB}$, $\overline{BD}$의 길이가 나와 있으므로 점 A의 좌표를 미지수로 두면 다른 점들의 좌표도 같은 미지수로 나타낼 수 있다. x축에 평행한 직선 위의 점들의 y좌표, y축에 평행한 직선 위의 점들의 x좌표가 같음을 이용한다.

그림과 같이 곡선 $y=2\log_2 x$ 위의 한 점 A를 지나고 x축에 평행한 직선이 곡선 $y=2^{x-3}$과 만나는 점을 B라 하자. 점 B를 지나고 y축에 평행한 직선이 곡선 $y=2\log_2 x$와 만나는 점을 D라 하자. 점 D를 지나고 x축에 평행한 직선이 곡선 $y=2^{x-3}$과 만나는 점을 C라 하자. $\overline{AB}=2$, $\overline{BD}=2$일 때, 사각형 ABCD의 넓이는? (4점)

단서1 두 점 A, B의 x좌표의 차가 2이고, 두 점 B, D의 y좌표의 차가 2야.

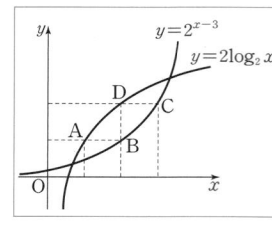

단서2 점 A의 x좌표를 t로 놓고 네 점 A, B, C, D의 좌표를 t에 대한 식으로 나타내.

① 2 ② $1+\sqrt{2}$ ③ $\dfrac{5}{2}$ ④ 3 ⑤ $2+\sqrt{2}$

1st 점 A의 x좌표를 t라 하고, 점 A, B, D의 좌표를 구해.

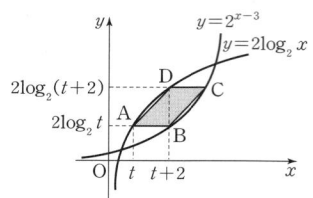

점 A의 x좌표를 t라 하면 $A(t, 2\log_2 t)$이고, $\overline{AB}=2$이므로
두 점 B, D의 좌표는 각각 $B(t+2, 2^{t-1})$, $D(t+2, 2\log_2(t+2))$
$y=2^{x-3}$에 $x=t+2$를 대입한 거야.

2nd 주어진 조건을 이용하여 t의 값을 구해.

이때, 두 점 A, B의 y좌표가 같으므로
$2\log_2 t=2^{t-1}$에서 $\log_2 t=2^{t-2}$ … ㉠
또, $\overline{BD}=2$이므로 $2\log_2(t+2)-2^{t-1}=2$에서
$\log_2(t+2)=2^{t-2}+1$ … ㉡
㉠을 ㉡에 대입하면
$\log_2(t+2)=\log_2 t+1$ ← $\log_2 2$
$\log_2(t+2)=\log_2 2t$
$t+2=2t$ ∴ $t=2$

$A(2, 2\log_2 2) \Rightarrow A(2, 2)$
$B(2+2, 2^{4-3}) \Rightarrow B(4, 2)$
$D(2+2, 2\log_2(2+2)) \Rightarrow D(4, 4)$

∴ $A(2, 2)$, $B(4, 2)$, $D(4, 4)$

한편, 점 C는 곡선 $y=2^{x-3}$ 위의 점이고, 두 점 C, D의 y좌표가 같으므로
$2^{x-3}=4=2^2$에서
$x=5$ ∴ $C(5, 4)$
따라서 사다리꼴 ABCD의 넓이를 S라 하면

$S=\dfrac{1}{2}\times(\overline{AB}+\overline{DC})\times\overline{BD}$
$\overline{DC}=|($점 C의 x좌표$)-($점 D의 x좌표$)|=5-4=1$

$=\dfrac{1}{2}\times(2+1)\times 2=3$

⚙ **지수함수 $y=a^x$과 로그함수 $y=\log_a x$의 관계 $(a>0, a\neq 1)$** 개념·공식

① 지수함수 $y=a^x$과 로그함수 $y=\log_a x$는 서로 역함수 관계이다.
② 함수 $y=a^x$의 그래프와 함수 $y=\log_a x$의 그래프는 직선 $y=x$에 대하여 대칭이다.

C 181 정답 ① ＊지수함수, 로그함수의 그래프와 도형의 넓이 [정답률 47%]

정답 공식: 함수 $y=\log_2 x$는 함수 $y=2^x$과 역함수 관계이고, 두 함수 $f(x)$와 $g(x)$가 역함수일 때, $f(a)=b$이면 $g(b)=a$이다.

그림과 같이 함수 $y=\log_2 x$의 그래프 위의 한 점 A_1에서 y축에 평행한 직선을 그어 직선 $y=x$와 만나는 점을 B_1이라 하고, 점 B_1에서 x축에 평행한 직선을 그어 이 그래프와 만나는 점을 A_2라 하자. 이와 같은 과정을 반복하여 점 A_2로부터 점 B_2와 점 A_3을, 점 A_3으로부터 점 B_3과 점 A_4를 얻는다. 네 점 A_1, A_2, A_3, A_4의 x좌표를 차례로 a, b, c, d라 하자.
네 점 $(c, 0)$, $(d, 0)$, $(d, \log_2 d)$, $(c, \log_2 c)$를 꼭짓점으로 하는 사각형의 넓이를 함수 $f(x)=2^x$을 이용하여 a, b로 나타낸 것과 같은 것은? (3점)

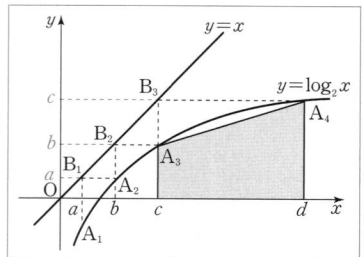

단서 직선 $y=x$ 위의 모든 점의 x좌표와 y좌표는 같음을 이용해.

① $\dfrac{1}{2}\{f(b)+f(a)\}\{(f\circ f)(b)-(f\circ f)(a)\}$

② $\dfrac{1}{2}\{f(b)-f(a)\}\{(f\circ f)(b)+(f\circ f)(a)\}$

③ $\{f(b)+f(a)\}\{(f\circ f)(b)+(f\circ f)(a)\}$

④ $\{f(b)+f(a)\}\{(f\circ f)(b)-(f\circ f)(a)\}$

⑤ $\{f(b)-f(a)\}\{(f\circ f)(b)+(f\circ f)(a)\}$

실수 직선 $y=x$의 그래프를 그려서 대입하면 x값에 따른 함숫값 $\log_2 x$에 관한 식을 구할 수 있어.

1st 주어진 그래프를 통해 c, d를 a, b로 나타내자.
주어진 그래프에서 $a=\log_2 b$, $b=\log_2 c$, $c=\log_2 d$
사각형의 넓이를 지수함수인 $f(x)=2^x$을 이용하여 나타내야 하고, 선택지에서 a, b의 함숫값으로만 표현되어 있으므로 c, d를 지수함수에 대한 함숫값으로 나타내자.

$B_1(a, a)$, $B_2(b, b)$, $B_3(c, c)$이고 (점 B_1의 y좌표)=(점 A_2의 y좌표), (점 B_2의 y좌표)=(점 A_3의 y좌표), (점 B_3의 y좌표)=(점 A_4의 y좌표)

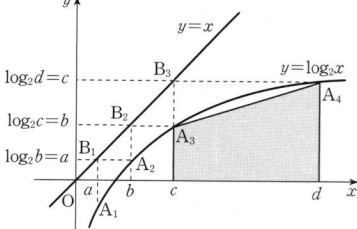

즉, $a=\log_2 b$에서 $b=2^a=f(a)$이고,
$b=\log_2 c$에서 $c=2^b=f(b)$
그런데 $b=2^a$이라 했으므로
$c=2^b=2^{2^a}=f(f(a))=(f\circ f)(a)$이다.
또한, $c=\log_2 d$에서
$d=2^c$이고 $c=2^b$이라 했으므로
$d=2^c=2^{2^b}$
$=f(f(b))$
$=(f\circ f)(b)$

2nd 사다리꼴의 넓이를 구하는 공식을 이용하자.
따라서 구하는 사각형의 넓이를 S라 하면

$$S=\frac{1}{2}\times\{(\text{점 }A_3\text{의 }y\text{좌표})+(\text{점 }A_4\text{의 }y\text{좌표})\}\times(d-c)$$

$$=\frac{1}{2}(\log_2 c+\log_2 d)(d-c)$$

$$=\frac{1}{2}(b+c)(2^c-2^b)$$

$$=\frac{1}{2}(2^a+2^b)(2^{2^b}-2^{2^a})$$

$$=\frac{1}{2}\{f(a)+f(b)\}\{(f\circ f)(b)-(f\circ f)(a)\}$$

C 182 정답 ④ *지수함수, 로그함수의 그래프와 도형의 넓이 [정답률 33%]

> 정답 공식: 두 점의 좌표를 알면 두 점을 지나는 직선의 기울기를 구할 수 있다. 두 점 B, C의 y좌표가 같으므로 삼각형의 넓이는 (점 D의 y좌표)$-$(점 B의 y좌표)와 (점 B의 y좌표)$-$(점 A의 y좌표)를 비교하면 된다.

함수 $y=\log_2|5x|$의 그래프와 함수 $y=\log_2(x+2)$의 그래프가 만나는 서로 다른 두 점을 각각 A, B라고 하자. $m>2$인 자연수 m에 대하여 함수 $y=\log_2|5x|$의 그래프와 함수 $y=\log_2(x+m)$의 그래프가 만나는 서로 다른 두 점을 각각 C(p,q), D(r,s)라고 하자. [보기]에서 항상 옳은 것을 모두 고른 것은? (단, 점 A의 x좌표는 점 B의 x좌표보다 작고 $p<r$이다.) (4점)

[보기]
> 단서1 세 함수 $y=\log_2|5x|$, $y=\log_2(x+2)$, $y=\log_2(x+m)(m>2)$의 그래프를 그려 네 점 A, B, C, D의 위치를 찾아봐.

ㄱ. $p<-\frac{1}{3}$, $r>\frac{1}{2}$

ㄴ. 직선 AB의 기울기와 직선 CD의 기울기는 같다.

ㄷ. 점 B의 y좌표와 점 C의 y좌표가 같을 때, 삼각형 CAB의 넓이와 삼각형 CBD의 넓이는 같다.
> 단서2 두 점 B, C의 y좌표가 같음을 이용하면 m의 값을 구할 수 있어. 이를 이용해 두 삼각형 CAB, CBD의 넓이를 각각 구하자.

① ㄱ ② ㄴ ③ ㄱ, ㄴ ④ ㄱ, ㄷ ⑤ ㄱ, ㄴ, ㄷ

1st 로그함수의 그래프를 통해 주어진 조건을 이용하여 ㄱ~ㄷ의 참, 거짓을 판별해.
주어진 로그함수의 그래프는 다음과 같다.

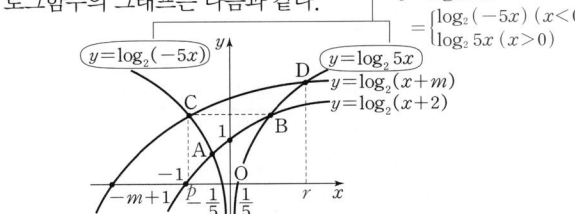

$y=\log_2|5x|$
$=\begin{cases}\log_2(-5x)\ (x<0)\\\log_2 5x\ (x>0)\end{cases}$

ㄱ. $\log_2(-5x)=\log_2(x+2)$에서 $-5x=x+2$ ∴ $x=-\frac{1}{3}$

즉, 점 A의 좌표를 A(x_1,y_1)이라 하면 $x_1=-\frac{1}{3}$

$\log_2 5x=\log_2(x+2)$에서 $5x=x+2$ ∴ $x=\frac{1}{2}$

즉, 점 B의 좌표를 B(x_2,y_2)라 하면 $x_2=\frac{1}{2}$

그림에서 $p<x_1$, $r>x_2$이므로 $p<-\frac{1}{3}$, $r>\frac{1}{2}$ (참)

ㄴ. 각 그래프의 교점인 A, B, C, D의 좌표를 구하면 A$\left(-\frac{1}{3},\log_2\frac{5}{3}\right)$
B$\left(\frac{1}{2},\log_2\frac{5}{2}\right)$, C$\left(-\frac{m}{6},\log_2\frac{5m}{6}\right)$, D$\left(\frac{m}{4},\log_2\frac{5m}{4}\right)$

$$(\overline{AB}\text{의 기울기})=\frac{\log_2\frac{5}{2}-\log_2\frac{5}{3}}{\frac{1}{2}-\left(-\frac{1}{3}\right)}$$

$$=\frac{\log_2\frac{3}{2}}{\frac{5}{6}}$$

$$=\frac{6}{5}\log_2\frac{3}{2}$$

$$(\overline{CD}\text{의 기울기})=\frac{\log_2\frac{5m}{4}-\log_2\frac{5m}{6}}{\frac{m}{4}-\left(-\frac{m}{6}\right)}$$

$$=\frac{\log_2\frac{3}{2}}{\frac{5m}{12}}$$

$$=\frac{12}{5m}\log_2\frac{3}{2}$$

이때, $m>2$이므로 $\frac{12}{5m}<\frac{6}{5}$이다. > $m>2$에서 $\frac{1}{m}<\frac{1}{2}$이고, 부등식의 양변에 $\frac{12}{5}$를 곱하면 $\frac{12}{5m}<\frac{6}{5}$이야.

∴ ($\overline{AB}$의 기울기)$\neq$($\overline{CD}$의 기울기) (거짓)

ㄷ. 두 점 B, C의 y좌표가 같으므로

$\log_2\frac{5}{2}=\log_2\frac{5m}{6}$, $\frac{5}{2}=\frac{5m}{6}$

∴ $m=3$

$$\triangle CAB=\frac{1}{2}\times\overline{BC}\times(\text{두 점 B와 A의 }y\text{좌표의 차})$$

$$=\frac{1}{2}\times\overline{BC}\times\left(\log_2\frac{5}{2}-\log_2\frac{5}{3}\right)$$ → $\frac{\frac{5}{2}}{\frac{5}{3}}=\log_2\frac{15}{10}=\log_2\frac{3}{2}$

$$=\frac{1}{2}\times\overline{BC}\times\log_2\frac{3}{2}$$

$$\triangle CBD=\frac{1}{2}\times\overline{BC}\times(\text{두 점 B와 D의 }y\text{좌표의 차})$$ → $m=3$이므로 D$\left(\frac{3}{4},\log_2\frac{15}{4}\right)$

$$=\frac{1}{2}\times\overline{BC}\times\left(\log_2\frac{15}{4}-\log_2\frac{5}{2}\right)$$ → $\frac{\frac{15}{4}}{\frac{5}{2}}=\log_2\frac{30}{20}=\log_2\frac{3}{2}$

$$=\frac{1}{2}\times\overline{BC}\times\log_2\frac{3}{2}$$

즉, 두 삼각형의 넓이는 같다. (참)
따라서 옳은 것은 ㄱ, ㄷ이다.

톡톡 풀이: 로그함수의 그래프를 이용하여 ㄴ의 참·거짓 판별하기
ㄴ. 직선 AB의 기울기는 일정하나 m의 값이 증가함에 따라 $y=\log_2(x+m)$의 그래프는 점점 왼쪽으로 이동하며, 이때 직선 CD의 기울기는 점점 작아지므로 두 직선의 기울기는 같지 않아. (거짓)

C 183 정답 ④ ＊도형의 넓이를 이용한 미정계수의 결정 [정답률 84%]

[정답 공식: 높이는 $\overline{CD}$로 동일하므로 두 점 A, B의 좌표를 각각 구해 삼각형 밑변의 길이를 구한다.]

그림과 같이 함수 $y=\log_2 x$ 의 그래프 위의 두 점 A, B에서 x축에 내린 수선의 발을 각각 C$(p, 0)$, D$(2p, 0)$이라 하자. 삼각형 BCD 와 삼각형 ACB 의 넓이의 차가 8일 때, 실수 p의 값은?

단서 두 삼각형 ACB, BCD의 밑변을 각각 AC, BD로 놓으면 높이는 모두 CD의 길이이므로 두 삼각형의 넓이를 p에 대한 식으로 나타낸 뒤 두 삼각형의 넓이의 차를 이용해. (단, $p>1$) (3점)

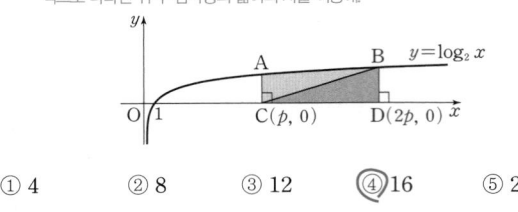

① 4   ② 8   ③ 12   ④ 16   ⑤ 20

1st 두 점 A와 B의 좌표를 찾아 삼각형 BCD와 삼각형 ACB의 넓이를 각각 구해.

점 A의 x좌표가 p이므로 점 A$(p, \log_2 p)$이고,
점 B의 x좌표가 $2p$이므로 점 B$(2p, \log_2 2p)$이다.
이때, 두 삼각형 BCD, ACB의 밑변을 각각 $\overline{BD}$, $\overline{AC}$라 할 때, 높이는 $\overline{CD}$의 길이이므로

$$\triangle BCD = \frac{1}{2} \times \overline{BD} \times \overline{CD}$$
$$= \frac{1}{2} \times \log_2 2p \times (2p-p)$$
$$= \frac{p}{2}\log_2 2p$$

$$\triangle ACB = \frac{1}{2} \times \overline{AC} \times \overline{CD}$$
$$= \frac{1}{2} \times \log_2 p \times (2p-p)$$
$$= \frac{p}{2}\log_2 p$$

2nd 삼각형 BCD와 삼각형 ACB의 넓이의 차가 8임을 이용하자.

이때, 삼각형 BCD와 삼각형 ACB의 넓이의 차가 8이므로

$$\left|\triangle BCD - \triangle ACB\right| = \left|\frac{p}{2}\log_2 2p - \frac{p}{2}\log_2 p\right| = 8$$

$$\left|\frac{p}{2}(\log_2 2p - \log_2 p)\right| = 8, \quad \left|\frac{p}{2}\log_2 \frac{2p}{p}\right| = 8$$

$$\left|\frac{p}{2}\log_2 2\right| = 8, \quad \frac{p}{2} = 8 \ (\because p>1)$$

$$\therefore p=16$$

함정 넓이의 차는 넓이가 큰 쪽에서 작은 쪽을 빼면 돼. 그런데 두 삼각형 중 어느 것이 더 큰지 확실히 알 수 없으므로 절댓값을 사용한 거야.

톡톡 풀이: 두 삼각형의 높이가 선분 CD의 길이로 같음을 이용하기

선분 CD의 길이를 삼각형 BCD와 삼각형 ACB의 높이라 하면 그 길이는 $2p-p=p$로 같아. 즉,
(삼각형 BCD와 삼각형 ACB의 넓이의 차)
$$= \frac{p}{2} \times (\text{선분 BD와 선분 AC의 길이의 차})$$
$$= 8 \cdots \ \bigcirc$$
그런데 $\overline{BD}=\log_2 2p$이고, $\overline{AC}=\log_2 p$이므로
(선분 BD와 선분 AC의 길이의 차)$= |\log_2 2p - \log_2 p| = \log_2 2 = 1$
따라서 $\bigcirc$에 의하여 $\frac{p}{2} \times 1 = 8$이므로 $p=16$이야.

C 184 정답 ① ＊도형의 넓이를 이용한 미정계수의 결정 [정답률 81%]

[정답 공식: x축에 평행한 직선 위의 점들의 y좌표, y축에 평행한 직선 위의 점들의 x좌표가 같음을 이용한다.]

그림과 같이 함수 $f(x)=\log_2\left(x+\frac{1}{2}\right)$의 그래프와 함수 $g(x)=a^x (a>1)$의 그래프가 있다. 곡선 $y=g(x)$가 y축과 만나는 점을 A, 점 A를 지나고 x축에 평행한 직선이 곡선 $y=f(x)$와 만나는 점 중 점 A가 아닌 점을 B, 점 B를 지나고 y축에 평행한 직선이 곡선 $y=g(x)$와 만나는 점을 C라 하자.
삼각형 ABC의 넓이가 $\frac{21}{4}$일 때, a의 값은? (3점)

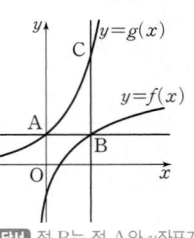

단서 점 B는 점 A와 y좌표가 같고, 점 C는 점 B와 x좌표가 같음을 이용해서 세 점 A, B, C의 좌표를 구하면 AB, BC의 길이를 쉽게 구할 수 있지.

① 4   ② $\frac{9}{2}$ ③ 5   ④ $\frac{11}{2}$ ⑤ 6

1st 지수함수와 로그함수의 그래프를 이용하여 세 점 A, B, C의 좌표를 구하자.

함수 $g(x)=a^x (a>1)$의 그래프가 y축과 만나는 점 A의 좌표는 A$(0, 1)$이므로 점 B의 y좌표는 점 A의 y좌표와 같은 1이다. 지수함수 $y=a^x$ $(a>0, a\neq 1)$의 그래프는 항상 점 $(0, 1)$을 지나지?
이때, 점 B의 x좌표를 b라 하면 점 B$(b, 1)$은 함수 $f(x)=\log_2\left(x+\frac{1}{2}\right)$의 그래프 위의 점이므로 $1=\log_2\left(b+\frac{1}{2}\right)$에서

$$b+\frac{1}{2}=2 \quad \therefore b=\frac{3}{2}$$

즉, 점 B의 좌표는 B$\left(\frac{3}{2}, 1\right)$이다.

또한, 점 C의 x좌표는 점 B의 x좌표와 같으므로 $\frac{3}{2}$이고, 점 C의 y좌표를 c라 하면 점 C$\left(\frac{3}{2}, c\right)$는 함수 $g(x)=a^x$의 그래프 위의 점이므로 $c=a^{\frac{3}{2}}$이다. 즉, 점 C의 좌표는 C$\left(\frac{3}{2}, a^{\frac{3}{2}}\right)$이다.

2nd 삼각형 ABC의 넓이를 a에 대한 식으로 세우자.

세 점 A$(0, 1)$, B$\left(\frac{3}{2}, 1\right)$, C$\left(\frac{3}{2}, a^{\frac{3}{2}}\right)$에 대하여 삼각형 ABC의 넓이는

$$\triangle ABC = \frac{1}{2} \times \overline{AB} \times \overline{BC}$$
$$= \frac{1}{2} \times \frac{3}{2} \times \left(a^{\frac{3}{2}}-1\right)$$
$$= \frac{3}{4}\left(a^{\frac{3}{2}}-1\right) = \frac{21}{4}$$

즉, $a^{\frac{3}{2}}-1=7$에서 $a^{\frac{3}{2}}=8$이므로 $a^3=8^2=(2^3)^2=(2^2)^3$
$\therefore a=2^2=4$
[지수법칙] $(a^m)^n = a^{mn} = (a^n)^m$

지수함수와 로그함수의 관계 개념·공식

지수함수 $y=a^x$과 로그함수 $y=\log_a x$는 서로 역함수 관계이므로 두 함수의 그래프는 직선 $y=x$에 대하여 대칭이다.

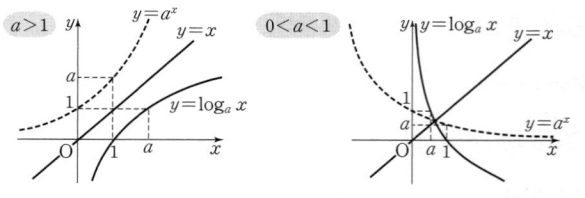

(정답 공식 : $\log_a x = k$이면 $x = a^k$이다.)

> **단서1** 로그함수 $y = \log_k x\,(k>0, k \neq 1)$의 그래프는 항상 x축과 점 $(1, 0)$에서 만나.
>
> 두 곡선 $y = \log_2 x$, $y = \log_a x(0<a<1)$이 x축 위의 점 A에서 만난다. 직선 $x=4$가 곡선 $y = \log_2 x$와 만나는 점을 B, 곡선
> **단서2** 두 점 B, C의 x좌표가 4로 같아.
> $y = \log_a x$와 만나는 점을 C라 하자. 삼각형 ABC의 넓이가 $\dfrac{9}{2}$일
>
> 때, 상수 a의 값은? (3점)

① $\dfrac{1}{16}$　　　② $\dfrac{1}{8}$　　　③ $\dfrac{3}{16}$

④ $\dfrac{1}{4}$　　　⑤ $\dfrac{5}{16}$

1st 세 점 A, B, C의 좌표를 각각 구해.

두 곡선 $y = \log_2 x$, $y = \log_a x$는 x축과 모두 $x=1$인 점에서 만나므로

점 A의 좌표는 $(1, 0)$　→ $\log_2 x = 0$에서 $x = 2^0 = 1$이고 $\log_a x = 0$에서 $x = a^0 = 1$

곡선 $y = \log_2 x$와 직선 $x=4$가 만나는 점 B의 y좌표는

$y = \log_2 4 = 2$이므로 점 B의 좌표는 $(4, 2)$

　→ $\log_2 4 = \log_2 2^2 = 2\log_2 2 = 2$

또, 곡선 $y = \log_a x$와 직선 $x=4$가 만나는 점 C의 y좌표는

$y = \log_a 4$이므로 점 C의 좌표는 $(4, \log_a 4)$

2nd 삼각형 ABC의 넓이를 이용하여 상수 a의 값을 구해.

이때, 삼각형 ABC의 넓이가 $\dfrac{9}{2}$이므로 선분 BC가 x축과 만나는 점을

H라 하면

$\triangle \mathrm{ABC} = \dfrac{1}{2} \times \overline{\mathrm{BC}} \times \overline{\mathrm{AH}} = \dfrac{1}{2} \times (2 - \log_a 4) \times (4-1) = \dfrac{9}{2}$에서

$2 - \log_a 4 = 3$, $\log_a 4 = -1$, $4 = a^{-1}$　→ 선분 BC의 길이는 두 점 B, C의 y좌표의 차의 절댓값이고 선분 AH의 길이는 두 점 A, H의 x좌표의 차의 절댓값이야.

$\therefore a = \dfrac{1}{4}$

> ✿ **로그함수 $y = \log_a x\,(a>0, a \neq 1)$의 성질**　개념·공식
>
> ① 함수 $y = a^x$의 역함수이다.
> ② $a>1$일 때, x가 증가하면 y도 증가한다.
> ③ $0<a<1$일 때, x가 증가하면 y는 감소한다.
> ④ 그래프는 점 $(1, 0)$을 지나고, 점근선은 y축이다.

[정답 공식 : 점 A의 좌표를 구하고 △OAB의 넓이를 통해 점 B의 좌표를 구한 뒤 선분 AB의 중점을 구한다.]

> 그림과 같이 $a>1$인 실수 a에 대하여 두 곡선
>
> $y = a\log_2(x-a+1)$과 $y = 2^{x-a} - 1$이 서로 다른 두 점 A, B에
>
> 서 만난다. 점 A가 x축 위에 있고 삼각형 OAB의 넓이가 $\dfrac{7}{2}a$일 때,
> **단서1** 점 A의 y좌표는 0이라는 거야.
> 선분 AB의 중점은 M(p, q)이다. $p+q$의 값은? (단, O는 원점
> **단서2** 삼각형 OAB의 밑변을 선분 OA라 하면 밑변의 길이는 점 A의 x좌표이고 높이는 점 B의 y좌표야.
> 이다.) (4점)

① $\dfrac{13}{2}$　　　② 7　　　③ $\dfrac{15}{2}$

④ 8　　　⑤ $\dfrac{17}{2}$

1st 점 A의 x좌표를 구하고 삼각형 OAB의 넓이가 $\dfrac{7}{2}a$임을 이용하여 점 B의 y좌표를 구해. ➡실수

> $\log_2 1 = 0$이므로 $x-a+1$을 1과 같다고 식을 세워야지 0과 같다고 식을 세우면 안 돼.

점 A는 곡선 $y = a\log_2(x-a+1)$이 x축과 만나는 점이므로

$y=0$을 대입하면 $a\log_2(x-a+1) = 0$에서

$\log_2(x-a+1) = \log_2 1$, $x-a+1 = 1$　$\therefore x = a$

> 점 A는 곡선 $y = 2^{x-a} - 1$이 x축과 만나는 점이므로 $0 = 2^{x-a} - 1$에서 $x=a$를 구할 수도 있어.

따라서 점 A의 좌표는 $(a, 0)$

한편, 점 B의 y좌표를 $h(h>0)$라 하면 h는 삼각형 OAB의 높이이므로

$\triangle \mathrm{OAB} = \dfrac{1}{2} \times \overline{\mathrm{OA}} \times h = \dfrac{1}{2} \times a \times h = \dfrac{7}{2}a$에서 $h=7$

2nd 두 점 A, B가 지수함수와 로그함수의 그래프의 교점임을 이용하여 좌표를 각각 구해.

점 B의 y좌표가 7이고 곡선 $y = 2^{x-a} - 1$ 위의 점이므로 $y=7$을 대입하면

$2^{x-a} - 1 = 7$에서 $2^{x-a} = 8 = 2^3$, $x-a = 3$　$\therefore x = a+3$

따라서 점 B의 좌표는 $(a+3, 7)$

또, 점 B는 곡선 $y = a\log_2(x-a+1)$ 위의 점이기도 하므로

$x = a+3$, $y=7$을 각각 대입하면 $a\log_2(a+3-a+1) = 7$에서

$a\log_2 4 = 7$, $2a = 7$　$\therefore a = \dfrac{7}{2}$

따라서 두 점 A, B의 좌표는 각각 $\left(\dfrac{7}{2}, 0\right)$, $\left(\dfrac{13}{2}, 7\right)$이다.

3rd 선분 AB의 중점 M의 좌표를 구하자.

선분 AB의 중점 M의 좌표는 $\left(5, \dfrac{7}{2}\right)$이므로 $p=5$, $q = \dfrac{7}{2}$

→ 두 점 (x_1, y_1), (x_2, y_2)를 잇는 선분의

$\therefore p+q = 5 + \dfrac{7}{2} = \dfrac{17}{2}$　　중점의 좌표는 $\left(\dfrac{x_1+x_2}{2}, \dfrac{y_1+y_2}{2}\right)$야.

C 187 정답 ② * 도형의 넓이를 이용한 미정계수의 결정 [정답률 68%]

> **정답 공식:** 두 함수 $y=\log_2 x$와 $y=2^x$가 역함수 관계임을 이용하여 세 점 A, B, C의 좌표를 구한다. 두 점의 좌표를 알면 두 점 사이의 거리를 구할 수 있고 점 A와 선분 BC 사이의 거리도 구할 수 있다.

그림과 같이 기울기가 -1인 직선이 두 곡선 $y=2^x$, $y=\log_2 x$와 만나는 두 점을 각각 A, B 라 하고, 점 B를 지나고 x축과 평행한 직선이 곡선 $y=2^x$과 만나는 점을 C 라 하자. 선분 AB의 길이가 $12\sqrt{2}$, 삼각형 ABC의 넓이가 84이다. 점 A의 x좌표를 a라 할 때, $a-\log_2 a$의 값은? (4점)
> **단서1** 두 함수 $y=2^x$과 $y=\log_2 x$는 서로 역함수 관계야.
> **단서2** 두 점 B, C의 y좌표가 같아.

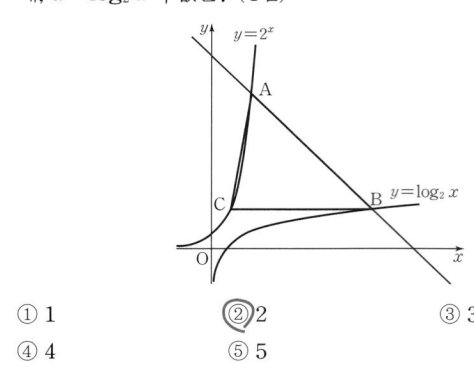

① 1 ② 2 ③ 3
④ 4 ⑤ 5

1st 두 함수 $y=2^x$과 $y=\log_2 x$의 관계를 이용하여 세 점 A, B, C의 좌표를 정해.

함수 $y=2^x$은 함수 $y=\log_2 x$의 역함수이므로 두 함수의 그래프는 직선 $y=x$에 대하여 대칭이다. ┌→ $y=2^x$에서 $x=\log_2 y$이고, x와 y를 바꾸면 $y=\log_2 x$이므로 두 함수 $y=2^x$과 $y=\log_2 x$는 서로 역함수 관계야.

이때, 두 점 A, B가 기울기가 -1인 직선 위의 점이므로 두 점 A, B도 직선 $y=x$에 대하여 대칭이다. **주의**

> 기울기가 -1인 직선이 $y=x$와 수직인 관계를 가지므로 두 역함수 위에 있는 점 A, B는 $y=x$에 대하여 대칭이야.

즉, 점 A의 x좌표가 a이므로 점 A의 좌표는 $(a, 2^a)$이고 점 B의 좌표는 $(2^a, a)$이다.
점 (x, y)를 직선 $y=x$에 대하여 대칭이동한 점은 (y, x)야.

또, 점 C는 곡선 $y=2^x$ 위의 점이고 y좌표가 점 B의 y좌표 a와 같으므로 $a=2^x$에서 $x=\log_2 a$이다.

즉, 점 C의 좌표는 $(\log_2 a, a)$이다.

2nd 선분 AB의 길이와 삼각형 ABC의 넓이를 이용하여 $a-\log_2 a$의 값을 구해.

$\overline{AB}=12\sqrt{2}$이므로 $\sqrt{2(2^a-a)^2}=12\sqrt{2}$에서

$2^a-a=12$ … ㉠
모든 실수 x에 대하여 $2^x>x$이므로 $\sqrt{(2^a-a)^2}=2^a-a$야.
두 점 (x_1, y_1), (x_2, y_2) 사이의 거리를 d라 하면 $d=\sqrt{(x_2-x_1)^2+(y_2-y_1)^2}$

> **함정** 근호 안에 제곱 꼴의 식이 나오는 경우에는 항상 절댓값을 사용해야 하므로 0보다 큰지 작은지를 확인하도록 하자.

이때, 점 A에서 선분 BC에 내린 수선의 발을 H라 하면 ㉠에 의하여

$\overline{AH}=2^a-a=12$
$\overline{AH}=$(점 A의 y좌표)$-$(점 C의 y좌표)

또, 삼각형 ABC의 넓이가 84이므로 $\dfrac{1}{2}\times\overline{BC}\times\overline{AH}=84$에서

$\dfrac{1}{2}\times\overline{BC}\times 12=84$, $\overline{BC}=14$

∴ $2^a-\log_2 a=\overline{BC}=14$ … ㉡
$\overline{BC}=$(점 B의 x좌표)$-$(점 C의 x좌표)

㉡$-$㉠을 하면

$(2^a-\log_2 a)-(2^a-a)=a-\log_2 a$
$\qquad\qquad\qquad\qquad\qquad =2$

C 188 정답 ③ * 도형의 넓이를 이용한 미정계수의 결정 [정답률 65%]

> **정답 공식:** 두 함수가 서로 역함수 관계일 때, 두 함수는 직선 $y=x$에 대해 대칭이다. 삼각형 높이가 같을 때 밑변의 비율은 삼각형 넓이의 비율과 같다.

그림과 같이 직선 $y=-x+a$가 두 곡선 $y=2^x$, $y=\log_2 x$와 만나는 점을 각각 A, B라 하고, x축과 만나는 점을 C라 할 때, 점 A, B, C가 다음 조건을 만족시킨다.

> (가) $\overline{AB}:\overline{BC}=3:1$
> (나) 삼각형 OBC의 넓이는 40이다.
>
> **단서2** $\overline{DA}:\overline{AB}:\overline{BC}=1:3:1$에서 $\triangle OBC=\dfrac{1}{5}\triangle ODC$임을 이용하자.

점 A의 좌표를 A(p, q)라 할 때, $p+q$의 값은? (단, O는 원점이고, a는 상수이다.) (4점)
단서1 서로 역함수 관계인 두 곡선 $y=2^x$과 직선 $y=-x+a$는 모두 직선 $y=x$에 대하여 대칭이야.

> 두 점 A와 B, 두 점 C와 D는 각각 직선 $y=x$에 대하여 대칭이야.

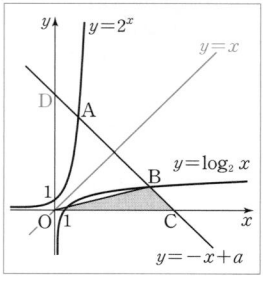

① 10 ② 15 ③ 20
④ 25 ⑤ 30

1st 두 곡선 $y=2^x$과 $y=\log_2 x$는 직선 $y=x$에 대하여 대칭이야.

점 C$(a, 0)$이고, 직선 $y=-x+a$가 y축과 만나는 점을 D라 하면 점 D$(0, a)$이다.
→ 두 함수 $y=2^x$, $y=\log_2 x$는 서로 역함수 관계지?

한편, 두 곡선 $y=2^x$과 $y=\log_2 x$는 직선 $y=x$에 대하여 대칭이므로 $\overline{BC}=\overline{DA}$이고, 조건 (가)에서 $\overline{AB}:\overline{BC}=3:1$이므로

$\overline{DA}:\overline{AB}:\overline{BC}=1:3:1$임을 알 수 있다.

직선 $y=-x+a$가 직선 $y=x$에 대하여 대칭이고 네 점 A, B, C, D가 직선 $y=-x+a$ 위의 점이므로 두 점 A와 B, 두 점 C와 D가 각각 직선 $y=x$에 대하여 대칭이 돼.

2nd 삼각형 OBC와 삼각형 ODC의 넓이의 비를 이용하여 a의 값을 구하자.

즉, $\overline{DA}:\overline{AB}:\overline{BC}=1:3:1$에서 $\triangle OBC:\triangle ODC=1:5$이므로

$\triangle OBC$
$=\dfrac{1}{5}\triangle ODC$
$=\dfrac{1}{5}\times\left(\dfrac{1}{2}\times\overline{OC}\times\overline{OD}\right)$
$=\dfrac{1}{10}\times a\times a$
$=\dfrac{1}{10}a^2$

$\triangle OBC=\dfrac{1}{2}\times k\times h=\dfrac{1}{2}kh$
$\triangle ODC=\dfrac{1}{2}\times 5k\times h=\dfrac{5}{2}kh$
∴ $\triangle OBC:\triangle ODC=\dfrac{1}{2}kh:\dfrac{5}{2}kh=1:5$
즉, 높이가 같은 두 삼각형의 넓이의 비는 밑변의 길이의 비와 같아.

이때, 조건 (나)에 의하여 $\triangle OBC=\dfrac{1}{10}a^2=40$이므로

$a^2=400$
∴ $a=20$ ($\because a>0$)

3rd 점 A가 직선 $y=-x+a$ 위의 점임을 이용하여 $p+q$의 값을 구하자.

따라서 점 A(p, q)는 직선 $y=-x+a$, 즉 $y=-x+20$ 위의 점이므로

$q=-p+20$
∴ $p+q=20$

다른 풀이: 점의 대칭이동과 선분의 내분점 이용하기

두 곡선 $y=2^x$과 $y=\log_2 x$는 직선 $y=x$에 대하여 대칭이므로
점 A와 점 B는 직선 $y=x$에 대하여 대칭이야. … (*)
즉, 점 A(p, q)이므로 점 B(q, p)가 돼.
조건 (가)에서 $\overline{AB}:\overline{BC}=3:1$이므로 점 C$(a, 0)$에 대하여 점 B는 선분 AC를 $3:1$로 내분하는 점이지?
$$\left(\frac{3 \times a + 1 \times p}{3+1}, \frac{3 \times 0 + 1 \times q}{3+1}\right)$$ 에서 $\left(\frac{3a+p}{4}, \frac{q}{4}\right)$이므로

▶ 두 점 $P(x_1, y_1)$, $Q(x_2, y_2)$에 대하여 선분 PQ를 $m:n$으로 내분하는 점의 좌표는 $\left(\frac{mx_2+nx_1}{m+n}, \frac{my_2+ny_1}{m+n}\right)$

$q=\dfrac{3a+p}{4}$, $p=\dfrac{q}{4}$

즉, $q=4p$ … ㉠이고,
$3a=4q-p=4\times 4p-p=15p$이므로
$a=5p$ … ㉡
또한, 조건 (나)에 의하여
$$\triangle OBC = \frac{1}{2} \times \overline{OC} \times \underset{B(q,\,p)}{(점\ B의\ y좌표)}$$
$$=\frac{1}{2}ap$$
$$=\frac{1}{2} \times 5p \times p\ (\because ㉡)$$
$$=\frac{5}{2}p^2$$
$$=40$$
$p^2=16$ ∴ $p=4\ (\because p>0)$
따라서 ㉠에서 $q=4p=4\times 4=16$이므로 $p+q=4+16=20$

수능 핵강

＊ 두 곡선과 직선 l의 교점 A, B의 위치 관계가 직선 l과 직선 $y=x$의 위치 관계에 의하여 정해지는 경우 알아보기

두 곡선 $y=2^x$과 $y=\log_2 x$가 서로 역함수 관계이므로 직선 $y=x$에 대하여 대칭이지? 근데, (*)와 같이 두 점 A, B가 왜 직선 $y=x$에 대하여 대칭이냐고?
두 직선 $y=x$와 $y=-x+a$는 서로 수직이므로 직선 $y=-x+a$도 직선 $y=x$에 대하여 대칭이야.
이때, 직선 $y=-x+a$와 두 곡선 $y=2^x$, $y=\log_2 x$의 교점이 각각 A, B이므로 직선 $y=-x+a$ 위의 두 점 A, B도 직선 $y=x$에 대하여 대칭이지.
앞으로 문제를 풀 때 밑이 같은 지수함수와 로그함수가 동시에 나오게 되면 역함수의 성질을 먼저 떠올려 보도록 해.

🌸 지수함수와 로그함수의 관계 　　　　개념·공식

지수함수 $y=a^x$과 로그함수 $y=\log_a x$는 서로 역함수 관계이므로 두 함수의 그래프는 직선 $y=x$에 대하여 대칭이다.

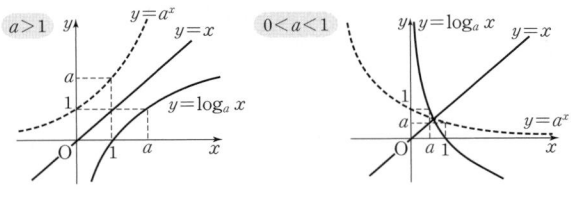

C 189　정답 ⑤　＊도형의 넓이를 이용한 미정계수의 결정 [정답률 61%]

> 정답 공식: 직선 l의 기울기를 이용해 $\overline{BC}$와 $\overline{AC}$의 길이의 비율을 알 수 있다. 직각이등변삼각형의 넓이는 빗변이 아닌 한 변의 길이의 제곱을 2로 나누는 것이다.

그림과 같이 기울기가 1인 직선 l이 곡선 $y=\log_2 x$와 서로 다른 두 점 A$(a, \log_2 a)$, B$(b, \log_2 b)$에서 만난다. 직선 l과 두 직선 $x=b$, $y=\log_2 a$로 둘러싸인 부분의 넓이가 2일 때, $a+b$의 값은? (단, $0<a<b$이다.) (4점)

단서 직선 l의 기울기가 1이므로 $\dfrac{\overline{BC}}{\overline{AC}}=1$이고 $\triangle ACB=2$이므로 이를 이용해서 a, b 사이의 두 관계식을 구해 봐.

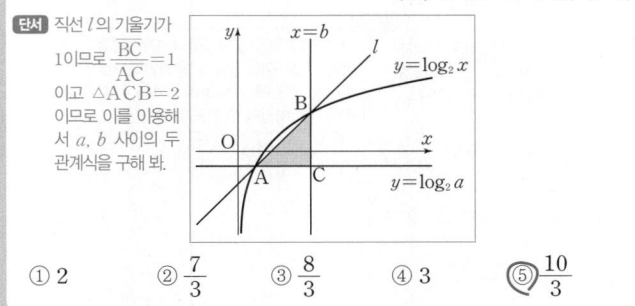

① 2　② $\dfrac{7}{3}$　③ $\dfrac{8}{3}$　④ 3　⑤ $\dfrac{10}{3}$

1st 직선 l의 기울기가 1임을 이용하자.

두 직선 $y=\log_2 a$, $x=b$의 교점이 C이고, 직선 l의 기울기는 1이므로

$$(직선\ l의\ 기울기)=\frac{\overline{BC}}{\overline{AC}}=1$$

∴ $\overline{AC}=\overline{BC}$　$\dfrac{(y의\ 값의\ 증가량)}{(x의\ 값의\ 증가량)}$

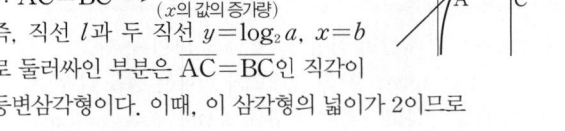

즉, 직선 l과 두 직선 $y=\log_2 a$, $x=b$로 둘러싸인 부분은 $\overline{AC}=\overline{BC}$인 직각이등변삼각형이다. 이때, 이 삼각형의 넓이가 2이므로
$$\frac{1}{2} \times \overline{AC} \times \overline{BC} = \frac{1}{2} \times \overline{AC}^2 = 2$$
$$\overline{AC}^2 = 4 \quad ∴ \overline{AC}=\overline{BC}=2$$
점 A$(a, \log_2 a)$를 x축의 방향으로 2만큼 평행이동한 점이 C이므로
점 C의 좌표는 $(a+2, \log_2 a)$
한편, 점 B의 좌표가 $(b, \log_2 b)$이고 점 B와 점 C의 x좌표는 같으므로
$b=a+2$ … ㉠
또, $\overline{BC}=2$에서
$$\log_2 b - \log_2 a = 2, \log_2 \frac{b}{a} = \log_2 4$$
$$\frac{b}{a}=4 \quad ∴ b=4a \cdots ㉡ \quad \log_m x - \log_m y = \log_m \frac{x}{y}$$
$\log_m x + \log_m y = \log_m xy$

2nd 구한 식을 연립하여 a, b의 값을 각각 구하자.

㉡을 ㉠에 대입하면 $4a=a+2$, $3a=2$
$$∴ a=\frac{2}{3}$$
㉡에서 $b=4 \times \dfrac{2}{3} = \dfrac{8}{3}$　∴ $a+b = \dfrac{2}{3}+\dfrac{8}{3} = \dfrac{10}{3}$

🔎 다른 풀이: $\dfrac{\overline{BC}}{\overline{AC}}=1$, $\triangle ABC=2$임을 이용하여 구한 두 식 연립하기

두 점 A, B의 좌표가 각각 $(a, \log_2 a)$, $(b, \log_2 b)$이고 직선 AB의 기울기가 1이므로
$$\frac{\log_2 b - \log_2 a}{b-a}=1$$
$$\log_2 b - \log_2 a = b-a \cdots ㉢$$

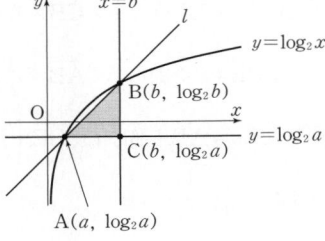

이때, 두 직선 $x=b$, $y=\log_2 a$의 교점을 C라 하면

점 C의 좌표는 $C(b, \log_2 a)$

한편, 직선 l과 두 직선 $y=\log_2 a$, $x=b$로 둘러싸인 부분은 밑변의 길이가 $(b-a)$이고, 높이가 $(\log_2 b-\log_2 a)$인 직각삼각형이고 그 넓이가 2이므로 $\dfrac{1}{2}\times(b-a)\times(\log_2 b-\log_2 a)=2$ … ㉣

㉢을 ㉣에 대입하면

$\dfrac{1}{2}\times(b-a)\times(b-a)=2$, $(b-a)^2=4$

$\therefore b-a=2\ (\because a<b)$ … ㉤

> 주의 근호 안에 제곱 꼴의 식이 나오는 경우에는 항상 절댓값을 사용해야하므로 주어진 조건에 유의하여 0보다 큰지 작은지를 확인할 수 있도록 하자.
> $a<b$에서 $b-a>0$이지?

따라서 ㉤을 ㉢에 대입하면

$\log_2 b-\log_2 a=2$, $\log_2\dfrac{b}{a}=2$ $\therefore b=4a$ … ㉥

㉤, ㉥을 연립하면 $a=\dfrac{2}{3}$, $b=\dfrac{8}{3}$

$\therefore a+b=\dfrac{2}{3}+\dfrac{8}{3}=\dfrac{10}{3}$

C 190 정답 ③ *도형의 넓이를 이용한 미정계수의 결정 … [정답률 59%]

(정답 공식: $\log_a N=x$이면 $N=a^x$이다.)

상수 k에 대하여 그림과 같이 직선 $x=k\ (k>1)$이 두 함수 $y=\log_2 x$, $y=\log_a x\ (a>2)$의 그래프와 만나는 점을 각각 A, B라 하고, 점 B를 지나고 x축에 평행한 직선이 함수 $y=\log_2 x$의 그래프와 만나는 점을 C라 하자. 함수 $y=\log_2 x$의 그래프가 x축과 만나는 점을 D라 할 때, 삼각형 ACB와 삼각형 BCD의 넓이의 비는 3 : 2이다. 상수 a의 값은? (4점)

단서 두 삼각형은 변 $\overline{BC}$를 공통으로 가지고 있지? 변 BC를 밑변으로 하면 두 삼각형 ACB, BCD의 넓이의 비는 높이의 비와 같아.

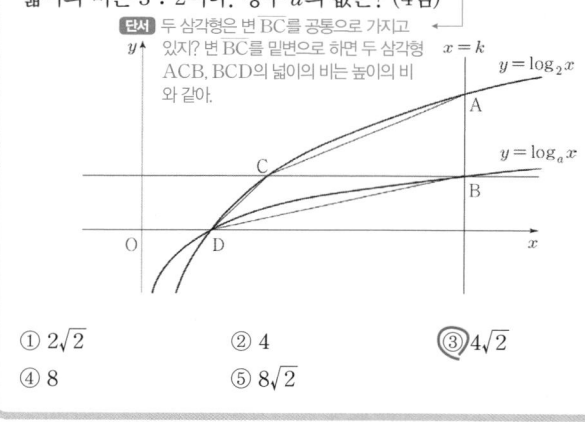

① $2\sqrt{2}$ ② 4 ③ $4\sqrt{2}$
④ 8 ⑤ $8\sqrt{2}$

1st 두 삼각형의 넓이비를 구하자.

직선 $x=k$가 x축과 만나는 점을 E라 하자.

삼각형 ACB와 삼각형 BCD의 넓이의 비가 3 : 2이므로

$\triangle ACB : \triangle BCD=\dfrac{1}{2}\times\overline{CB}\times\overline{AB} : \dfrac{1}{2}\times\overline{CB}\times\overline{BE}=3:2$

$\overline{AB} : \overline{BE}=3:2$ $\therefore \overline{AB}=\dfrac{3}{2}\overline{BE}$

한편, $\overline{AE}=\overline{AB}+\overline{BE}=\dfrac{3}{2}\overline{BE}+\overline{BE}=\dfrac{5}{2}\overline{BE}$이므로

$\therefore \overline{BE}=\dfrac{2}{5}\overline{AE}$ … ㉠

2nd 로그함수를 이용하여 변의 길이를 나타내서 a의 값을 구하자.

$\overline{BE}=\log_a k$, $\overline{AE}=\log_2 k\ (k>1)$이므로

$\underline{\log_a k=\dfrac{2}{5}\log_2 k\ (\because ㉠)}$

→ 로그의 성질에 의하여 $\dfrac{y}{x}\log_a b=\log_a b^{\frac{y}{x}}$ 또는 $\dfrac{y}{x}\log_a b=\log_{a^{\frac{x}{y}}} b$

$\log_a k=\log_{2^{\frac{5}{2}}} k$

$\therefore a=2^{\frac{5}{2}}=2^2\times2^{\frac{1}{2}}=4\sqrt{2}$

> 주의 로그 앞의 상수는 진수의 지수로 갈 수도 있고, 밑의 지수로 갈 수도 있어. 밑의 지수로 갈 때는 역수로 가는 것에 주의해.

C 191 정답 ② *도형의 넓이를 이용한 미정계수의 결정 … [정답률 32%]

[정답 공식: 닮음인 도형들의 넓이 비를 통해 대응변의 닮음비를 알아낼 수 있다. 역함수 관계에 있는 함수들을 찾아낸다.]

그림과 같이 함수 $y=\log_2 x$의 그래프와 직선 $y=mx$의 두 교점을 A, B라 하고, 함수 $y=2^x$의 그래프와 직선 $y=nx$의 두 교점을 C, D라 하자. 사각형 ABDC는 등변사다리꼴이고 삼각형 OBD의 넓이는 삼각형 OAC의 넓이의 4배일 때, $m+n$의 값은?

단서1 닮음인 두 삼각형 OAC, OBD의 넓이의 비가 1 : 4이므로 닮음비는 1 : 2지?

(단, O는 원점) (3점)

단서2 사각형 ABDC가 등변사다리꼴이고, 두 함수 $y=\log_2 x$와 $y=2^x$의 그래프가 직선 $y=x$에 대하여 대칭이므로 두 직선 $y=mx$, $y=nx$도 직선 $y=x$에 대하여 대칭이야.

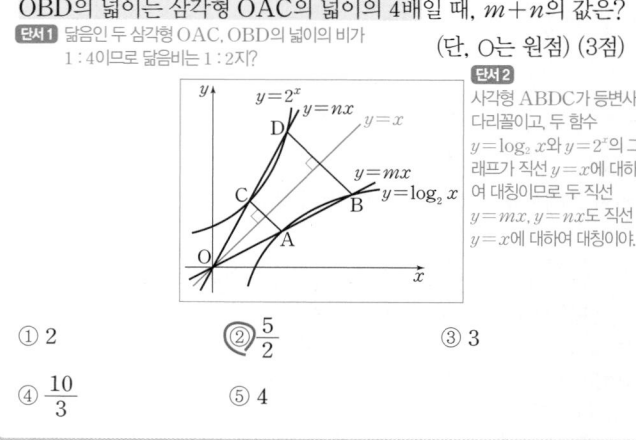

① 2 ② $\dfrac{5}{2}$ ③ 3
④ $\dfrac{10}{3}$ ⑤ 4

→ $\overline{AC}\parallel\overline{BD}$이므로 $\angle OBD=\angle OAC$, $\angle ODB=\angle OCA$

1st 닮은 도형의 넓이의 비가 $a^2:b^2$이면 닮음비는 $a:b$임을 이용해.

직선 $y=mx$ 위의 두 점 A, B의 x좌표를 각각 α, β라 하면

$A(\alpha, m\alpha)$, $B(\beta, m\beta)$

$\triangle OBD\backsim\triangle OAC$(AA 닮음)이고, $\triangle OBD$의 넓이는 $\triangle OAC$의 넓이의 4배이므로

$\triangle OBD : \triangle OAC=4:1=2^2:1^2$

즉, $\triangle OBD$와 $\triangle OAC$의 대응변의 길이의 비는 $\overline{OB}:\overline{OA}=2:1$이다.

또한, 두 점 A, B에서 x축에 내린 수선의 발을 각각 A′, B′이라 하면 $\triangle OAA'\backsim\triangle OBB'$(AA 닮음)이므로

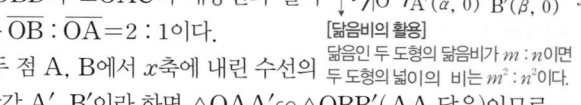

[닮음비의 활용] 닮음인 두 도형의 닮음비가 $m:n$이면 두 도형의 넓이의 비는 $m^2:n^2$이다.

$\overline{OB'}:\overline{OA'}=\overline{OB}:\overline{OA}=2:1$에서

$\beta : \alpha=2:1$

$\therefore \beta=2\alpha$

2nd 두 점 A, B는 $y=\log_2 x$의 그래프 위의 점임을 이용하여 α, β를 구하자.

이때, 두 점 $A(\alpha, m\alpha)$, $B(2\alpha, 2m\alpha)$는 함수 $y=\log_2 x$의 그래프 위의 점이므로 y좌표를 비교하면

$m\alpha=\log_2\alpha$ … ㉠, $2m\alpha=\log_2 2\alpha$ … ㉡

㉠을 ㉡에 대입하면 $2\log_2\alpha=\log_2 2\alpha$에서 $\log_2\alpha^2=\log_2 2\alpha$

$\alpha^2=2\alpha$, $\alpha(\alpha-2)=0$

$\therefore \alpha=2\ (\because \alpha\neq0)$, $\beta=2\alpha=4$

즉, $A(2, 2m)$, $B(4, 4m)$이다.

3rd 사각형 ABDC가 등변사다리꼴이므로 두 직선 $y=mx$, $y=nx$는 역함수 관계야.

사각형 ABDC는 등변사다리꼴이고, $y=2^x$과 $y=\log_2 x$의 그래프가 직 ┌─→ 서로 역함수 관계지?
선 $y=x$에 대하여 대칭이므로 두 직선 $y=mx$와 $y=nx$도 직선 $y=x$
에 대하여 대칭이다.

즉, 점 A와 점 C, 점 B와 점 D는 각각 직선
$y=x$에 대하여 대칭이므로
C$(2m, 2)$, D$(4m, 4)$
점 C는 $y=2^x$의 그래프 위의 점이므로
$2^{2m}=2^1$, $2m=1$
$\therefore m=\dfrac{1}{2}$
점 C$(1, 2)$는 직선 $y=nx$ 위의 점이므로 $2=n$
$\therefore m+n=\dfrac{1}{2}+2=\dfrac{5}{2}$

2nd 삼각형 ACB의 넓이로 a^{10}의 값을 구해.

점 A에서 선분 BC에 내린 수선의 발을 H라 하면
$$\overline{\mathrm{AH}}=10-2=8$$ ┌─→ 직선 $y=-2$와 선분 BC의 교점이야.
└─→ 두 점 A, H의 x좌표의 차야.
$$\overline{\mathrm{BC}}=(\log_a 3-2)-(-\log_a 8+1)=\underline{\log_a 3+\log_a 8}-3$$
두 점 B, C의 y좌표의 차야.　　　　$\log_a M+\log_a N=\log_a MN$
$$=\log_a 24-3$$
이때, 삼각형 ACB의 넓이가 28이므로
$$\dfrac{1}{2}\times\overline{\mathrm{AH}}\times\overline{\mathrm{BC}}=28$$에서
$$\dfrac{1}{2}\times 8\times(\log_a 24-3)=28$$
$$4\log_a 24-12=28, \ 4\log_a 24=40$$
$$\underline{\log_a 24=10}$$
$$\therefore a^{10}=24$$ ┌─→ [로그의 정의]
$a^x=b\Longleftrightarrow x=\log_a b$

C 192 정답 ④ ＊도형의 넓이를 이용한 미지수의 결정 ···· [정답률 71%]

(정답 공식: $\log_a b=k\Longleftrightarrow b=a^k$)

$a>1$인 실수 a에 대하여 두 함수 **단서1** 점 A의 y좌표는 -2야.
$$f(x)=\dfrac{1}{2}\log_a(x-1)-2, \ g(x)=\log_{\frac{1}{a}}(x-2)+1$$
이 있다. 직선 $y=-2$와 함수 $y=f(x)$의 그래프가 만나는 점을 A
라 하고, 직선 $x=10$과 두 함수 $y=f(x)$, $y=g(x)$의 그래프가
만나는 점을 각각 B, C라 하자. 삼각형 ACB의 넓이가 28일 때,
a^{10}의 값은? (4점) **단서2** 두 점 B, C의 x좌표는 모두 10이야.

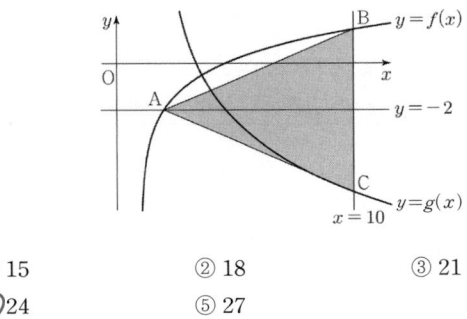

① 15　　　　② 18　　　　③ 21
④ 24　　　　⑤ 27

1st 세 점 A, B, C의 좌표를 구해.

점 A는 함수 $y=f(x)$의 그래프와 직선 $y=-2$의 교점이므로
$$-2=\dfrac{1}{2}\log_a(x-1)-2$$에서 $\dfrac{1}{2}\log_a(x-1)=0$
$$\log_a(x-1)=0, \ x-1=1 \qquad \therefore x=2$$
따라서 점 A의 좌표는 $(2, -2)$이다.
점 B는 직선 $x=10$과 함수 $y=f(x)$의 그래프의 교점이므로
$$f(10)=\dfrac{1}{2}\log_a(10-1)-2=\dfrac{1}{2}\log_a 9-2$$
$$=\dfrac{1}{2}\log_a 3^2-2=\log_a 3-2$$ ┌─→ $k\log_a b=\log_a b^k$이 성립하므로
　　　　　　　　　　　　　　$\dfrac{1}{2}\log_a 3^2=\log_a(3^2)^{\frac{1}{2}}=\log_a 3^{2\times\frac{1}{2}}=\log_a 3$
에서 점 B의 좌표는 $(10, \log_a 3-2)$
점 C는 직선 $x=10$과 함수 $y=g(x)$의 그래프의 교점이므로
$$g(10)=\log_{\frac{1}{a}}(10-2)+1=-\log_a 8+1$$에서 점 C의 좌표는
$(10, -\log_a 8+1)$ $\log_{a^b} c=\dfrac{1}{m}\log_a c$가 성립하므로
　　　　　$\log_{\frac{1}{a}}(10-2)=\log_{a^{-1}}8=\dfrac{1}{-1}\log_a 8=-\log_a 8$

C 193 정답 ③ ＊지수함수의 그래프의 평행이동 ···· [정답률 31%]

┌ 정답 공식: 지수함수 $y=a^x (a>0, a\neq 1)$의 그래프를 x축의 방향으로 m만큼, ┐
└ y축의 방향으로 n만큼 평행이동한 그래프가 나타내는 함수는 $y=a^{x-m}+n$이다. ┘

실수 k에 대하여 지수함수 $y=a^x (a>0, a\neq 1)$의 그래프를 x
축의 방향으로 k만큼 평행이동한 그래프가 나타내는 함수를
$y=f(x)$라 하자. 함수 $f(x)$가 다음 조건을 만족시킨다.
단서1 지수함수 $y=a^x$의 그래프를 x축의 방향으로 k만큼 평행이동한 그래프가 나타내는
함수식을 구한 후, 주어진 조건을 이용하여 $f(x)$의 식을 구해야겠지?

모든 실수 x에 대하여 $f(2+x)f(2-x)=1$이다.
단서2 x 대신 어떤 수를 대입해도 등식이 성립한다는 거야.

[보기]에서 옳은 것만을 있는 대로 고른 것은? (4점)

[보기]

ㄱ. $f(2)=1$

ㄴ. 함수 $y=f(x)$의 그래프와 역함수 $y=f^{-1}(x)$의 그래프
의 교점의 개수는 2이다. **단서3** 지수함수의 그래프는 밑의 범위에 따라
x의 값이 증가할 때 y의 값이 증가하는
지, 감소하는지가 달라지므로 밑의 범위
를 나누어서 파악해야 해.
ㄷ. 모든 실수 t에 대하여
$f(t+1)-f(t)<f(t+2)-f(t+1)$이다.

단서4 두 실수 a, b의 대소 관계를 파악하려면 $a-b$의 값이 양수인지, 0인지, 음수인지를 살펴
보면 돼. 이것도 마찬가지로 두 식을 빼서 그 값의 부호를 살펴봐.

① ㄱ　　　　② ㄴ　　　　③ ㄱ, ㄷ
④ ㄴ, ㄷ　　　　⑤ ㄱ, ㄴ, ㄷ

1st 주어진 조건을 이용하여 k의 값을 구하자.

함수 $f(x)=a^{x-k} (a>0, a\neq 1)$이므로
주어진 조건에 의하여
$$f(2+x)f(2-x)=a^{2+x-k}\times a^{2-x-k}=a^{4-2k}=1$$
　　　　　　　　　　$a>0, x, y$가 실수일 때, $a^x a^y=a^{x+y}$이야.
즉, $4-2k=0$이므로 $k=2$
$$\therefore f(x)=a^{x-2} (a>0, a\neq 1) \cdots \text{㉠}$$
2nd ㉠의 참, 거짓을 알아보자.

ㄱ. ㉠에 $x=2$를 대입하면
$$f(2)=a^{2-2}=a^0=1 \ (\text{참})$$
3rd 함수 $f(x)$의 그래프와 역함수 $f^{-1}(x)$의 그래프가 a의 값의 범위에 따라
어떻게 그려질지 생각하자.

ㄴ. 함수 $f(x)=a^{x-2}$은 밑이 $0<a<1$인 경우와 $a>1$인 경우로 나누어
생각하자.

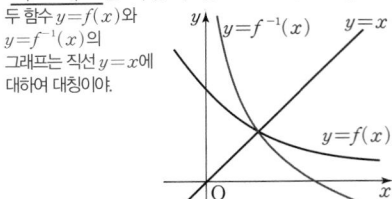

[지수함수 $y=a^x(a>0, a\neq 1)$의 그래프의 성질]
(i) $0<a<1$일 때, x의 값이 증가하면 y의 값은 감소한다.
(ii) $a>1$일 때, x의 값이 증가하면 y의 값은 증가한다.

(ⅰ) $0<a<1$일 때, 함수 $y=f(x)$의 그래프와 그 역함수 $y=f^{-1}(x)$의 그래프는 다음과 같으므로 두 그래프의 교점의 개수는 1이다.

두 함수 $y=f(x)$와 $y=f^{-1}(x)$의 그래프는 직선 $y=x$에 대하여 대칭이야.

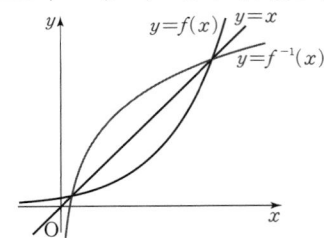

(ⅱ) $a>1$일 때,

함수 $y=f(x)$의 그래프와 그 역함수 $y=f^{-1}(x)$의 그래프는 다음과 같으므로 두 그래프의 교점의 개수는 2이다.

(ⅰ), (ⅱ)에서 a의 값에 따라 함수 $y=f(x)$와 그 역함수 $y=f^{-1}(x)$의 교점의 개수는 다르다. (거짓)

4th $a-b<0 \Longleftrightarrow a<b$임을 이용하자.

ㄷ. $\{f(t+1)-f(t)\}-\{f(t+2)-f(t+1)\}$
$=2f(t+1)-f(t)-f(t+2)$
$=2a^{t-1}-a^{t-2}-a^t \ (\because \㉠)$
$=-a^{t-2}\ (a^2-2a+1)$
$=-a^{t-2}\ (a-1)^2$

주의 함수 $y=f(x)=a^{x-2}$의 정의에서 $a>0$, $a\neq 1$이니까 $(a-1)^2\geq 0$이 아니라 $(a-1)^2>0$임에 주의해. $x^2-2xy+y^2=(x-y)^2$

이때, 모든 실수 t에 대하여
$a^{t-2}>0$, $(a-1)^2>0$이므로 $-a^{t-2}(a-1)^2<0$
$\{f(t+1)-f(t)\}-\{f(t+2)-f(t+1)\}<0$
즉, 모든 실수 t에 대하여
$f(t+1)-f(t)<f(t+2)-f(t+1)$ (참)
따라서 옳은 것은 ㄱ, ㄷ이다.

톡톡 풀이: 함수 $f(x)$의 그래프에서 $f(t+1)$과 $\dfrac{f(t)+f(t+2)}{2}$의 값 비교하기

ㄷ. (ⅰ) $0<a<1$일 때,

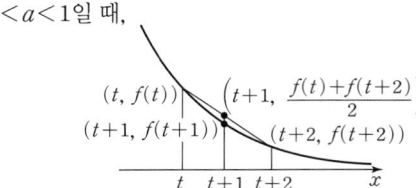

(ⅱ) $a>1$일 때,

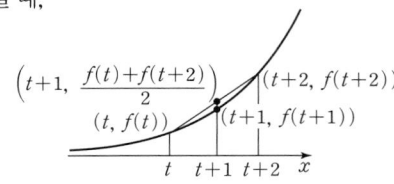

모든 실수 t에 대하여
$f(t+1)<\dfrac{f(t)+f(t+2)}{2}$이므로 $2f(t+1)<f(t)+f(t+2)$
$\therefore f(t+1)-f(t)<f(t+2)-f(t+1)$ (참)

146 자이스토리 고2 수학Ⅰ

C 194 정답 ② *지수함수, 로그함수의 그래프와 도형의 넓이 … [정답률 65%]

정답 공식: 함수 $y=\log_a x$의 그래프는 y축을, $y=a^x$의 그래프는 x축을 각각 점근선으로 한다.

양수 p에 대하여 두 함수

단서1 함수 $y=\log_2 x$의 그래프의 점근선을 x축의 방향으로 p만큼 평행이동시키면 되겠지?

$$f(x)=\log_2(x-p), \ g(x)=2^x+1$$

이 있다. 곡선 $y=f(x)$의 점근선이 곡선 $y=g(x)$, x축과 만나는 점을 각각 A, B라 하고, 곡선 $y=g(x)$의 점근선이 곡선 $y=f(x)$와 만나는 점을 C라 하자. 삼각형 ABC의 넓이가 6일 때, p의 값은? (3점)

단서2 함수 $y=2^x$의 그래프의 점근선을 y축의 방향으로 1만큼 평행이동시키면 되겠지?

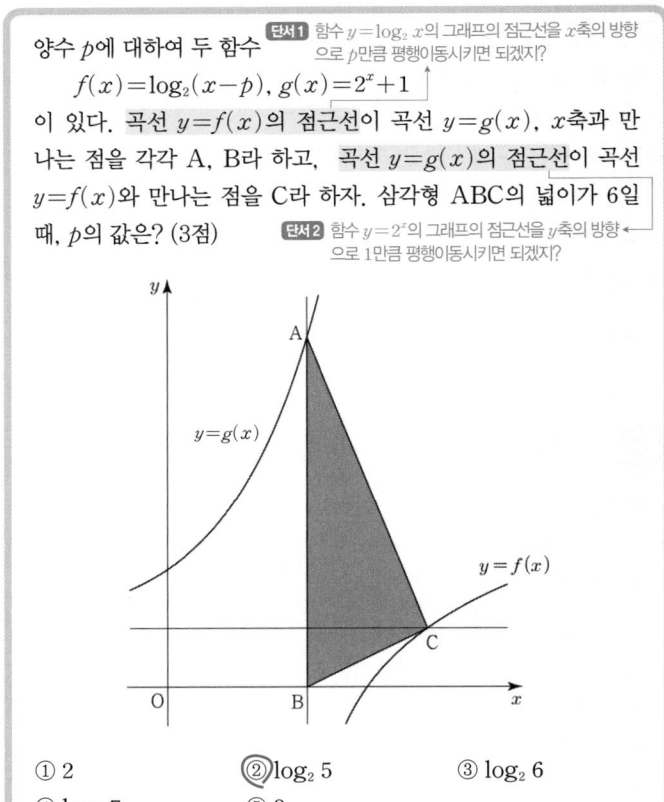

① 2   ②$\log_2 5$ ③ $\log_2 6$
④ $\log_2 7$ ⑤ 3

1st 세 점 A, B, C의 좌표를 각각 구하자.

두 곡선 $y=f(x)$, $y=g(x)$의 점근선의 방정식은 각각

$x=p$, $y=1$이므로

→ 함수 $y=\log_2 x$의 그래프의 점근선은 직선 $x=0$, 즉 y축이므로 이 그래프를 x축의 방향으로 p만큼 평행이동시킨 함수의 그래프의 점근선은 $x=p$야.
함수 $y=2^x$의 그래프의 점근선을 직선 $y=0$, 즉 x축이므로 이 그래프를 y축의 방향으로 1만큼 평행이동시킨 함수의 그래프의 점근선은 $y=1$이야.

$A(p, 2^p+1)$, $B(p, 0)$, $C(p+2, 1)$

2nd 삼각형의 넓이를 이용해. → $\log_2(x-p)=1$, $x-p=2$ $\therefore x=p+2$

$\triangle ABC=\dfrac{1}{2}\times(2^p+1)\times 2=2^p+1=6$, $2^p=5$

$\therefore p=\log_2 5$

→ 삼각형 ABC의 밑변을 $\overline{AB}$라 하면 두 점 A, B의 x좌표가 같으므로 $\overline{AB}=(y$좌표의 차$)=2^p+1$이고, 점 C에서 $\overline{AB}$에 내린 수선의 발을 H라 하면 $\overline{CH}=($점 C의 x좌표$)-($점 B의 x좌표$)=2$

✿ 지수함수 $y=a^x$과 로그함수 $y=\log_a x$의 관계 ($a>0$, $a\neq 1$) 개념·공식

① 지수함수 $y=a^x$과 로그함수 $y=\log_a x$는 서로 역함수 관계이다.
② 함수 $y=a^x$의 그래프와 함수 $y=\log_a x$의 그래프는 직선 $y=x$에 대하여 대칭이다.

C 195 정답 4   *로그함수의 그래프 위의 점 ────── [정답률 75%]

> 정답 공식: 로그함수 $y=\log_a(x-m)+n$에서 점 (α, β)를 지나면 $\beta=\log_a(\alpha-m)+n$이 성립한다.

좌표평면에서 함수 $f(x)=\log_3(5x)$의 그래프 위의 서로 다른 두 점 P, Q의 x좌표를 각각 p, q라 하자. x축이 선분 PQ의 길이를 이등분할 때, $100pq$의 값을 구하고 그 과정을 서술하시오. (10점)

> 단서 x축이 선분 PQ의 길이를 이등분하므로 선분 PQ의 중점의 y좌표는 0임을 알 수 있어.

🧠 단서+발상

단서   ① 두 점 P, Q의 x좌표를 이용하여 y좌표를 구한다. 발상
     ② 선분 PQ의 중점의 y좌표가 0임을 이용하여 pq에 대한 식을 구한다. 해결

--- [문제 풀이 순서] -----------------------------------

1st 함수식을 이용하여 그래프 위의 두 점 P, Q의 좌표를 구하자.

두 점 P, Q가 함수 $f(x)=\log_3(5x)$의 그래프 위의 점이므로 좌표는 각각 $P(p, \log_3(5p))$, $Q(q, \log_3(5q))$이다.

> 두 점 P, Q의 x좌표를 각각 p, q라 하면, y좌표는 $f(x)=\log_3(5x)$에 각각 $x=p$, $x=q$를 대입하여 구할 수 있어.

2nd 로그를 이용하여 주어진 조건을 식으로 나타내자.

x축이 선분 PQ의 길이를 이등분하므로 선분 PQ의 중점의 y좌표는 0이어야 한다. 즉,

$\dfrac{\log_3(5p)+\log_3(5q)}{2}=0$, $\log_3(5p)+\log_3(5q)=0$에서

$\log_3(25pq)=0$이다.

> 로그의 성질에 의해 $\log a+\log b=\log ab$가 성립해.

3rd 로그의 정의를 이용하여 $100pq$의 값을 구하자.

로그의 정의에 의하여 $25pq=3^0=1$이므로

$pq=\dfrac{1}{25}$

$\therefore 100pq=100\times\dfrac{1}{25}=4$

[채점 기준표]

1st 함수식을 이용하여 그래프 위의 두 점 P, Q의 좌표를 구한다.		2점
2nd 로그를 이용하여 주어진 조건을 식으로 나타낸다.		5점
3rd 로그의 정의를 이용하여 $100pq$의 값을 구한다.		3점

⚙️ 로그함수   개념·공식

① 로그함수 : $y=\log_a x(a>0, a\neq1)$ 꼴로 나타내어지는 함수를 a를 밑으로 하는 로그함수라 한다.

② 로그함수 $y=\log_a x(a>0, a\neq1)$의 성질
 (1) 함수 $y=a^x$의 역함수이다.
 (2) 정의역은 양의 실수 전체의 집합이고 치역은 실수 전체의 집합이다.
 (3) $a>1$일 때, x가 증가하면 y도 증가한다.
     $0<a<1$일 때, x가 증가하면 y는 감소한다.
 (4) 그래프는 점 $(1, 0)$을 지나고, 점근선은 y축이다.

C 196 정답 32   *지수함수의 최대·최소 $-a^x$이 반복되는 꼴 [정답률 72%]

> 정답 공식: 산술평균과 기하평균의 관계에 의해 $a+b\geq2\sqrt{ab}$가 성립한다.

두 실수 x, y에 대하여 $x+2y=5$일 때, $4\times2^x+2\times4^y$의 최솟값을 구하고 그 과정을 서술하시오. (10점)

> 단서   주어진 식에서 덧셈을 하는 두 항의 밑을 2로 변형하여 나타내면 지수끼리 더한 값에 대한 조건이 주어져 있어.

🧠 단서+발상

단서   ① 조건으로 주어진 두 문자 x, y 사이의 관계식을 이용하여 주어진 식을 한 문자만으로 나타낸다. 발상
     ② 어떤 양수와 그 역수의 합이 주어진 경우 두 항의 합과 곱 사이의 관계식인 산술평균과 기하평균의 관계를 이용하여 최솟값을 구할 수 있다. 적용

--- [문제 풀이 순서] -----------------------------------

1st 지수법칙을 이용하여 주어진 식의 밑을 2로 통일하자.

$4\times2^x+2\times4^y$에서 4를 2^2으로 변경하면

$4\times2^x+2\times4^y=2^{x+2}+2^{2y+1}$

> $2^2\times2^x$은 $2^{2+x}=2^{x+2}$으로 나타낼 수 있고, $2\times(2^2)^y$은 $2^{1+2y}=2^{2y+1}$으로 나타낼 수 있어.

2nd 주어진 조건을 이용하여 식을 하나의 미지수로 나타내자.

조건에서 $2y=5-x$이므로

$2^{x+2}+2^{2y+1}=2^{x+2}+2^{(5-x)+1}=2^{x+2}+2^{6-x}$

3rd 산술평균과 기하평균의 관계를 이용하여 최솟값을 구하자.

$2^{x+2}>0$, $2^{6-x}>0$이므로 산술평균과 기하평균의 관계에 의하여

$2^{x+2}+2^{6-x}\geq2\sqrt{2^{x+2}\times2^{6-x}}=2\sqrt{2^{(x+2)+(6-x)}}=2\sqrt{2^8}=32$

> 산술평균과 기하평균의 관계에 의해 $a+b\geq2\sqrt{ab}$가 성립해.

(단, 등호는 $2^{x+2}=2^{6-x}$, 즉 $x=2$일 때 성립)

따라서 구하는 최솟값은 32이다.

[채점 기준표]

1st 지수법칙을 이용하여 주어진 식의 밑을 2로 통일한다.	2점
2nd 주어진 조건을 이용하여 식을 하나의 미지수로 나타낸다.	3점
3rd 산술평균과 기하평균의 관계를 이용하여 최솟값을 구한다.	5점

⚙️ 산술평균과 기하평균의 관계   개념·공식

두 양수 a, b에 대하여

$\dfrac{a+b}{2}\geq\sqrt{ab}$ (단, 등호는 $a=b$일 때 성립)

C 197 정답 512 *지수가 이차식인 지수함수의 최대·최소 [정답률 73%]

[정답 공식: $y=a^{f(x)}$에 대하여 $0<a<1$이면 $f(x)$가 최대일 때 y는 최소이고, $f(x)$가 최소일 때 y는 최대이다.]

$0\le x\le 3$에서 함수 $f(x)=\left(\dfrac{1}{2}\right)^{-x^2+2x+a}$의 최솟값이 32일 때,

함수 $f(x)$의 최댓값을 구하고 그 과정을 서술하시오.

▶ 단서 지수함수 $f(x)=\left(\dfrac{1}{2}\right)^{-x^2+2x+a}$의 (단, a는 상수이다.) (10점)

밑 $\dfrac{1}{2}$이 1보다 작으므로 지수가 최소일 때, 최댓값을 가질 수 있어.

🧠 단서+발상

단서 ① $0\le x\le 3$에서 이차함수 $y=-x^2+2x+a$의 최솟값과 최댓값을 구하기 위하여 표준형으로 정리한다. 발상
② 이차함수는 구간의 양 끝점 또는 꼭짓점에서 최댓값 또는 최솟값을 갖는다. 개념

③ $0\le x\le 3$에서 함수 $y=-x^2+2x+a$가 최대일 때 함수 $f(x)$는 최소이고, 함수 $y=-x^2+2x+a$가 최소일 때 함수 $f(x)$는 최대이므로 적용 함수 $f(x)$의 최댓값은 지수가 최소일 때의 값을 구한다. 해결

--- [문제 풀이 순서] ---

1st 주어진 함수의 지수인 이차함수의 최댓값과 최솟값을 구하자.
$-x^2+2x+a=-(x-1)^2+a+1$이므로 $0\le x\le 3$에서
이차함수 $y=-x^2+2x+a$는 $x=1$일 때 최댓값 $a+1$, $x=3$일 때
최솟값 $a-3$을 갖는다. 이차항의 계수가 음수이므로 그래프는 위로 볼록해. 따라서 이차함수의 꼭짓점에 해당하는 y좌표의 값이 최대가 돼.
2nd 지수함수의 성질을 이용하여 a의 값을 구하자.

함수 $f(x)=\left(\dfrac{1}{2}\right)^{-x^2+2x+a}$의 밑이 1보다 작으므로 지수 $-x^2+2x+a$가
최대일 때 최솟값 32를 갖는다. $y=a^x$의 그래프에서 $0<a<1$일 때, x의 값이 증가하면 y의 값은 감소해.
즉, $f(1)=32$이므로
$\left(\dfrac{1}{2}\right)^{a+1}=\left(\dfrac{1}{2}\right)^{-5}$ $\therefore a=-6$

3rd 지수함수의 성질을 이용하여 함수 $f(x)$의 최댓값을 구하자.

함수 $f(x)=\left(\dfrac{1}{2}\right)^{-x^2+2x+a}$의 지수 $-x^2+2x+a$가 최소일 때

함수 $f(x)$는 최대이므로 구하는 최댓값은
$f(3)=\left(\dfrac{1}{2}\right)^{a-3}=\left(\dfrac{1}{2}\right)^{-9}=2^9=\dfrac{2^{10}}{2}=\dfrac{1024}{2}=512$

[채점 기준표]

1st 주어진 함수의 지수인 이차함수의 최댓값과 최솟값을 구한다.		3점
2nd 지수함수의 성질을 이용하여 a의 값을 구한다.		4점
3rd 지수함수의 성질을 이용하여 함수 $f(x)$의 최댓값을 구한다.		3점

⚙ 지수함수의 최댓값과 최솟값
개념·공식

정의역이 $\{x\,|\,x_1\le x\le x_2\}$인 지수함수 $y=a^x$에 대하여
① $a>1$이면 최솟값은 $x=x_1$일 때 a^{x_1}이고, 최댓값은 $x=x_2$일 때 a^{x_2}이다.
② $0<a<1$이면 최솟값은 $x=x_2$일 때 a^{x_2}이고, 최댓값은 $x=x_1$일 때 a^{x_1}이다.

C 198 정답 18 *지수함수와 로그함수의 역함수 구하기 [정답률 68%]

[정답 공식: 두 함수 $f(x)$, $g(x)$가 서로 역함수 관계이면 두 함수의 그래프는 직선 $y=x$에 대하여 대칭이다.]

단서 직선 $y=x$에 대하여 대칭이동하므로 지수함수와 로그함수의 관계에 의하여 로그함수의 식을 구할 수 있어.
좌표평면에서 함수 $y=\left(\dfrac{1}{3}\right)^{x-1}$의 그래프를 직선 $y=x$에 대하여

대칭이동한 후 x축의 방향으로 m만큼, y축의 방향으로 n만큼
평행이동한 그래프가 두 점 $(-2, 4)$, $(6, 2)$를 지난다.
m^2+n^2의 값을 구하고 그 과정을 서술하시오. (10점)

🧠 단서+발상

단서 ① 함수의 그래프를 직선 $y=x$에 대하여 대칭이동하면 함수식의 x와 y를 바꾼다. 발상
② 함수 $y=f(x)$의 그래프를 x축의 방향으로 m만큼, y축의 방향으로 n만큼 평행이동한 그래프의 식은 $y=f(x-m)+n$이다. 개념

--- [문제 풀이 순서] ---

1st 함수의 평행이동과 대칭이동을 이용하여 이동한 그래프의 식을 구하자.

$y=\left(\dfrac{1}{3}\right)^{x-1}$에서 양변에 밑이 $\dfrac{1}{3}$인 로그를 취하면

$x-1=\log_{\frac{1}{3}}y$, $x=\log_{\frac{1}{3}}y+1$이므로 함수 $y=\left(\dfrac{1}{3}\right)^{x-1}$의 그래프를

직선 $y=x$에 대하여 대칭이동한 그래프의 식은
$y=\log_{\frac{1}{3}}x+1$이다.
이 그래프를 x축의 방향으로 m만큼, y축의 방향으로 n만큼 평행이동한
그래프의 식은
$y=\log_{\frac{1}{3}}(x-m)+n+1$
2nd 그래프가 지나는 점의 좌표를 이용하여 m의 값을 구하자.
이 그래프가 두 점 $(-2, 4)$, $(6, 2)$를 지나므로
$4=\log_{\frac{1}{3}}(-2-m)+n+1$ ··· ㉠
$2=\log_{\frac{1}{3}}(6-m)+n+1$ ··· ㉡
㉠-㉡을 하면
$2=\log_{\frac{1}{3}}(-2-m)-\log_{\frac{1}{3}}(6-m)$
$=\log_{\frac{1}{3}}\dfrac{-2-m}{6-m}$ 로그의 성질에 의해 $\log b-\log a=\log\dfrac{b}{a}$가 성립해.
로그의 정의에 의하여
$\dfrac{-2-m}{6-m}=\left(\dfrac{1}{3}\right)^2$

$\dfrac{m+2}{m-6}=\dfrac{1}{9}$
분모와 분자에 모두 $(-)$를 곱하여도 처음 값과 같게 돼.
$9m+18=m-6$
$\therefore m=-3$
3rd n의 값을 구하여 m^2+n^2의 값을 계산하자.
이 값을 ㉡에 대입하면
$2=\log_{\frac{1}{3}}9+n+1$
$2=-2+n+1$
$\therefore n=3$
따라서 $m^2+n^2=(-3)^2+3^2=18$이다.

1st 함수의 평행이동과 대칭이동을 이용하여 이동한 그래프의 식을 구한다.		5점
2nd 그래프가 지나는 점의 좌표를 이용하여 m의 값을 구한다.		4점
3rd n의 값을 구하여 m^2+n^2의 값을 계산한다.		1점

C 199 정답 7 *로그함수의 최대·최소 ────── [정답률 68%]

(정답 공식: $\log_a x = t$로 치환하여 방정식을 푼다.)

$1 \le x \le \sqrt{512}$에서 함수 $y = \left(\log_2 \dfrac{4}{x}\right)^2 + \log_2 \dfrac{16}{x^2}$의 최댓값과 최솟값을 각각 M, m이라 할 때, $M+m$의 값을 구하고 그 과정을 서술하시오. (10점)

단서 밑이 2인 로그의 진수가 모두 2와 x의 곱 또는 몫으로 이루어져 있으므로 $\log_2 x$에 대한 식으로 나타낼 수 있어.

🧑 단서+발상

단서 ① 로그의 성질을 이용하여 주어진 식을 $\log_2 x$에 대한 식으로 나타낸 후 $\log_2 x = t$로 치환하여 간단히 정리한다. **발상**
② 이차함수는 구간의 양 끝점 또는 꼭짓점에서 최댓값 또는 최솟값을 갖는다. **개념**

--- [문제 풀이 순서] -------------------------------

1st 주어진 식을 $\log_2 x$에 대한 식으로 정리하자.

$y = \left(\log_2 \dfrac{4}{x}\right)^2 + \log_2 \dfrac{16}{x^2}$
로그의 성질에 의해 $\log \dfrac{b}{a} = \log b - \log a$가 성립해.
$= (2 - \log_2 x)^2 + 4 - 2\log_2 x$
$= (\log_2 x)^2 - 6\log_2 x + 8 \cdots$ ㉠

2nd 주어진 식과 구간을 각각 $\log_2 x = t$로 치환하여 나타내자.

$\log_2 x = t$로 놓으면 $\log_2 1 = 0$, $\log_2 \sqrt{512} = \dfrac{9}{2}$이므로

$1 \le x \le \sqrt{512}$에서 $0 \le t \le \dfrac{9}{2}$의 구간이 된다.
$\log_2 x = t$로 놓았으므로 반드시 x의 값의 범위를 t의 값의 범위로 나타내 주어야 해.
따라서 ㉠의 식은 $y = t^2 - 6t + 8 = (t-3)^2 - 1 \left(0 \le t \le \dfrac{9}{2}\right)$

3rd $M+m$의 값을 구하자.

함수 $y = \left(\log_2 \dfrac{4}{x}\right)^2 + \log_2 \dfrac{16}{x^2}$은

$t=0$, 즉 $x=1$일 때 최댓값 $M=8$,
$t=3$, 즉 $x=8$일 때 최솟값 $m=-1$을 갖는다.
이차항의 계수가 양수이므로 그래프는 아래로 볼록해. 따라서 이차함수의 꼭짓점에 해당하는 y좌표의 값이 최소가 되고, 꼭짓점에 해당하는 x좌표의 값을 기준으로 구간의 양 끝점이 멀어질수록 y좌표의 값이 커져.
따라서 $M+m = 8 + (-1) = 7$이다.

1st 주어진 식을 $\log_2 x$에 대한 식으로 정리한다.		3점
2nd 주어진 식과 구간을 각각 $\log_2 x = t$로 치환하여 나타낸다.		4점
3rd $M+m$의 값을 구한다.		3점

C 200 정답 55 *로그함수의 최대·최소~산술평균과 기하평균의 관계 [정답률 63%]

(정답 공식: $\log_a b > 0$일 때, 산술평균과 기하평균의 관계를 이용하면 $\log_a b + \log_b a \ge 2\sqrt{\log_a b \times \log_b a}$이다.)

0이 아닌 실수 x에서 정의된 함수 $f(x)$가
$f(x) = \log_{\frac{1}{2}}(x^4 + 8) + \log_4 x^4 + 8$
단서 서로 다른 로그의 밑이 2^k (k는 정수) 꼴이므로 밑을 같게 한 후 식을 정리할 수 있어.
일 때, 함수 $f(x)$의 최댓값을 M이라 하자. $10M$의 값을 구하고 그 과정을 서술하시오. (10점)

🧑 단서+발상

단서 ① 로그의 성질을 이용하여 밑을 같게 한 후 식을 간단하게 정리한다. **발상**
② 로그의 밑 $\dfrac{1}{2}$이 1보다 작으므로 진수가 최소일 때, 로그의 값은 최대이다. **개념**
③ $x^2 + \dfrac{8}{x^2}$의 최솟값을 구하기 위하여 산술평균과 기하평균의 관계를 이용할 수 있다. **적용**

--- [문제 풀이 순서] -------------------------------

1st 로그의 성질을 이용하여 식을 간단히 정리하자.
$f(x) = \log_{\frac{1}{2}}(x^4 + 8) + \log_4 x^4 + 8$
$= \log_{\frac{1}{2}}(x^4 + 8) + \log_{\left(\frac{1}{2}\right)^{-2}}(x^2)^2 + 8$
$= \log_{\frac{1}{2}}(x^4 + 8) - \log_{\frac{1}{2}} x^2 + 8$
$= \log_{\frac{1}{2}} \dfrac{x^4 + 8}{x^2} + 8$ 로그의 성질에 의해 $\log b - \log a = \log \dfrac{b}{a}$가 성립해.
$= \log_{\frac{1}{2}}\left(x^2 + \dfrac{8}{x^2}\right) + 8$

2nd 산술평균과 기하평균의 관계를 이용하여 로그의 값이 최대가 되도록 하는 진수의 최솟값을 구하자.

이때 로그의 밑 $\dfrac{1}{2}$이 1보다 작으므로 $x^2 + \dfrac{8}{x^2}$이 최소일 때, $f(x)$는 최대이다. $y = \log_a x$의 그래프에서 $0 < a < 1$일 때, x의 값이 증가하면 y의 값은 감소해.

$x \ne 0$에서 $x^2 > 0$, $\dfrac{8}{x^2} > 0$이므로 산술평균과 기하평균의 관계에 의하여

$x^2 + \dfrac{8}{x^2} \ge 2\sqrt{x^2 \times \dfrac{8}{x^2}} = 4\sqrt{2}$
산술평균과 기하평균의 관계에 의해 $a + b \ge 2\sqrt{ab}$가 성립해.

$\left(\text{단, 등호는 } x^2 = \dfrac{8}{x^2}, \text{ 즉 } x = \sqrt[4]{8} \text{ 또는 } x = -\sqrt[4]{8}\text{일 때 성립}\right)$

3rd 주어진 함수의 최댓값을 구하여 $10M$의 값을 계산하자.

$M = \log_{\frac{1}{2}} 4\sqrt{2} + 8 = \log_{\frac{1}{2}}\left(\dfrac{1}{2}\right)^{-\frac{5}{2}} + 8 = -\dfrac{5}{2} + 8 = \dfrac{11}{2}$

이므로 구하는 값은 $10M = 10 \times \dfrac{11}{2} = 55$

1st 로그의 성질을 이용하여 식을 간단히 정리한다.		4점
2nd 산술평균과 기하평균의 관계를 이용하여 로그의 값이 최대가 되도록 하는 진수의 최솟값을 구한다.		4점
3rd 주어진 함수의 최댓값을 구하여 $10M$의 값을 계산한다.		2점

C 201 정답 5 *지수함수의 이해 [정답률 70%]

[정답 공식: 지수함수 $y=a^x(a>0, a\neq1)$의 그래프가 점 (α, β)를 지나면 $\beta=a^\alpha$이 성립한다.]

그림과 같이 지수함수 $f(x)=\left(\dfrac{5}{2}\right)^x$의 그래프가 세 점 $\left(a, \dfrac{5}{18}\right)$, $\left(b, \dfrac{\sqrt{5}}{2}\right)$, $(c, 15)$를 지난다. $a+4b+2c$의 값을 구하고 그 과정을 서술하시오. (10점)

단세 지수함수의 그래프가 지나는 점의 좌표가 조건으로 주어져 있으므로 함수식에 대입하여 x좌표를 구할 수 있어.

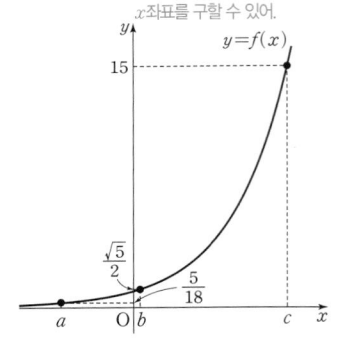

단서+발상

단서 ① 지수에 미지수가 있을 때, 로그의 정의를 이용하면 미지수의 값을 구할 수 있다. 적용
② 로그의 성질을 이용하여 로그의 합 또는 차를 간단히 정리할 수 있다. 개념
③ 지수함수의 그래프가 지나는 점의 좌표가 조건으로 주어져 있으므로 좌표를 함수식에 대입하여 a, b, c에 대한 식을 구할 수 있다. 해결

--- [문제 풀이 순서] ---

1st 지수함수의 그래프가 지나는 점의 좌표를 대입하여 a, b, c에 대한 식을 구하자.

지수함수 $f(x)=\left(\dfrac{5}{2}\right)^x$의 그래프가 세 점 $\left(a, \dfrac{5}{18}\right)$, $\left(b, \dfrac{\sqrt{5}}{2}\right)$, $(c, 15)$를 지나므로

$\left(\dfrac{5}{2}\right)^a=\dfrac{5}{18}$, $\left(\dfrac{5}{2}\right)^b=\dfrac{\sqrt{5}}{2}$, $\left(\dfrac{5}{2}\right)^c=15$

2nd 로그의 정의를 이용하여 a, b, c의 값을 각각 구하자.

로그의 정의에 의하여

$a=\log_{\frac{5}{2}}\dfrac{5}{18}$, $b=\log_{\frac{5}{2}}\dfrac{\sqrt{5}}{2}$, $c=\log_{\frac{5}{2}}15$

3rd 로그의 성질을 이용하여 $a+4b+2c$의 값을 구하자.

$\therefore a+4b+2c=\underbrace{\log_{\frac{5}{2}}\dfrac{5}{18}+4\log_{\frac{5}{2}}\dfrac{\sqrt{5}}{2}+2\log_{\frac{5}{2}}15}_{b\log a=\log a^b}$

$=\log_{\frac{5}{2}}\dfrac{5}{18}+\log_{\frac{5}{2}}\left(\dfrac{\sqrt{5}}{2}\right)^4+\log_{\frac{5}{2}}15^2$

$=\underbrace{\log_{\frac{5}{2}}\dfrac{5}{2\times3^2}+\log_{\frac{5}{2}}\dfrac{5^2}{2^4}+\log_{\frac{5}{2}}(3^2\times5^2)}_{\text{로그의 성질에 의해 }\log a+\log b+\log c=\log abc\text{가 성립해.}}$

$=\log_{\frac{5}{2}}\left\{\dfrac{5}{2\times3^2}\times\dfrac{5^2}{2^4}\times(3^2\times5^2)\right\}$

$=\log_{\frac{5}{2}}\left(\dfrac{5}{2}\right)^5=5$

[채점 기준표]

1st	지수함수의 그래프가 지나는 점의 좌표를 대입하여 a, b, c에 대한 식을 구한다.	2점
2nd	로그의 정의를 이용하여 a, b, c의 값을 각각 구한다.	4점
3rd	로그의 성질을 이용하여 $a+4b+2c$의 값을 구한다.	4점

C 202 정답 14 *도형의 넓이를 이용한 미정계수의 결정 [정답률 60%]

(정답 공식: 두 점 (x_1, y_1), (x_2, y_2) 사이의 거리는 $\sqrt{(x_2-x_1)^2+(y_2-y_1)^2}$이다.)

단서1 두 점 A, B가 직선 $y=2x-2$ 위에 있으므로 선분 AB의 기울기는 2임을 알 수 있어.

좌표평면에서 곡선 $y=2^{x-1}$과 직선 $y=2x-2$가 만나는 두 점을 A, B라 하자. 그림과 같이 곡선 $y=-2^{m-x}+n$ 위의 두 점 C, D에 대하여 사각형 ABCD가 넓이가 5인 정사각형일 때, mn의 값을 구하고 그 과정을 서술하시오.

단서2 정사각형 ABCD의 넓이가 5이므로 한 변의 길이는 $\sqrt{5}$임을 알 수 있어.

(단, m, n은 상수이고, 점 D는 y축 위에 있다.) (10점)

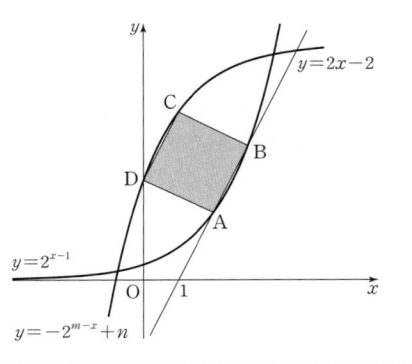

단서+발상

단서1 두 점 A, B가 직선 $y=2x-2$ 위에 있고, 선분 AB의 기울기는 2이므로 두 점 A, B의 x좌표의 차와 y좌표의 차의 비는 1 : 2임을 알 수 있다. 발상

단서2 ① 정사각형 ABCD의 넓이가 5이므로 선분 AB의 길이는 $\sqrt{5}$이다. 따라서 두 점 A, B의 x좌표와 y좌표의 차는 각각 1, 2임을 알 수 있다. 발상
② 곡선이 한 점을 지난다는 뜻은 이 점의 x좌표, y좌표를 곡선의 방정식에 대입하면 성립한다는 의미로 개념
정의된 순서대로 점의 좌표를 미지수로 놓고 주어진 조건을 식으로 나타낸다. 해결

--- [문제 풀이 순서] ---

1st 주어진 조건을 이용하여 두 점 A, B의 좌표를 구하자.

직선 AB의 기울기는 2이므로 <u>두 점 A, B의 x좌표를 각각 a, b라 하면 y좌표의 차는 $2(b-a)$이다.</u> x좌표의 차는 $b-a$이고 기울기가 2이므로 x좌표의 차와 y좌표의 차의 비는 1 : 2가 돼. 따라서 y좌표의 차는 $2(b-a)$야.

따라서 $\overline{AB}=\sqrt{5}$에서

$\sqrt{(b-a)^2+\{2(b-a)\}^2}=\sqrt{5}$ 두 점 (x_1, x_2), (y_1, y_2) 사이의 거리는 $\sqrt{(x_2-x_1)^2+(y_2-y_1)^2}$이야.

$\sqrt{5(b-a)^2}=\sqrt{5}$

$(b-a)^2=1$이므로

$b-a=1(a<b)$에서 $b=a+1$ ··· ㉠

$2^{b-1}-2^{a-1}=2(b-a)$에서

$2^a-2^{a-1}=2$, $2^{a-1}=2$이므로 $a-1=1$ $\therefore a=2, b=3$ (∵ ㉠)

즉, 두 점 A, B의 좌표는 각각 A$(2, 2)$, B$(3, 4)$이다.

2nd 정사각형의 성질을 이용하여 두 점 C, D의 좌표를 구하자.

사각형 ABCD가 넓이가 5인 정사각형이므로 <u>두 선분 AD, BC는 모두</u> 기울기가 $-\frac{1}{2}$이고, 길이가 $\sqrt{5}$이다.

> 두 직선의 기울기가 각각 a, b이고 수직이면, $a \times b = -1$이 성립해.

두 점 C, D의 좌표를 각각 C(c, e), D$(0, d)$라 하면

$\underbrace{\dfrac{2-d}{2}}_{\text{선분 AD의 기울기}}=-\dfrac{1}{2}$이므로 $d=3$이다.

$\underbrace{\dfrac{4-e}{3-c}=-\dfrac{1}{2}}_{\text{선분 BC의 기울기}}, \underbrace{\dfrac{e-3}{c}=2}_{\text{선분 CD의 기울기}}$이므로 두 식을 연립하면, $c=1$, $e=5$이다.

따라서 두 점 C, D의 좌표는 C$(1, 5)$, D$(0, 3)$이다.

3rd 두 점 C, D의 좌표를 이용하여 m, n의 값을 구하여 mn의 값을 계산하자.

$-2^{m-1}+n=5 \cdots$ ㉡

$-2^m+n=3 \cdots$ ㉢

㉡-㉢을 하면 $2^m-2^{m-1}=2$에서

$2^{m-1}=2$이므로 $\underline{m=2}$ $2^m - 2^{m-1} = 2 \times 2^{m-1} - 2^{m-1} = 2^{m-1}$이야.

이 값을 ㉢에 대입하면 $-2^2+n=3$에서

$n=7$

따라서 구하는 값은 $mn=2\times 7=14$

[채점 기준표]

1st	주어진 조건을 이용하여 두 점 A, B의 좌표를 구한다.	4점
2nd	정사각형의 성질을 이용하여 두 점 C, D의 좌표를 구한다.	3점
3rd	두 점 C, D의 좌표를 이용하여 m, n의 값을 구하여 mn의 값을 계산한다.	3점

C 203 정답 12 *지수함수의 그래프의 교점 ······· [정답률 65%]

(정답 공식: 내분점을 바탕으로 닮음비를 이용하여 곡선과 직선의 교점을 구한다.)

그림과 같이 지수함수 $y=3^x$의 그래프 위의 두 점 P, Q에서 x축에 내린 수선의 발을 각각 P′, Q′이라 하자. <u>점 P가 선분 OQ를 1 : 2로 내분하는 점</u>일 때, 사다리꼴 PP′Q′Q의 넓이를 S라 하자. S^2의 값을 구하고 그 과정을 서술하시오. (단, O는 원점이다.) (10점)

→ **단서** 점 P가 선분 OQ를 내분하는 점이므로 세 점 O, P, Q는 한 직선 위의 점임을 알 수 있어.

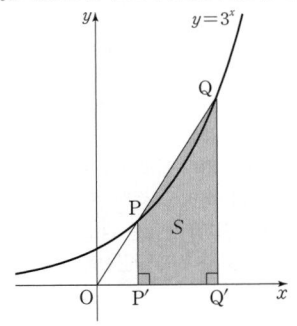

단서+발상

단서 ① 점 P가 선분 OQ를 1 : 2로 내분하는 점으로 $\overline{OP}$, $\overline{OQ}$의 길이의 비는 1 : 2가 된다. 각 점의 x좌표를 설정하고 두 직각삼각형 POP′, QOQ′이 닮음임을 이용한다. **발상**

② 사다리꼴의 넓이를 구하기 위하여 $\overline{PP'}$, $\overline{QQ'}$, $\overline{P'Q'}$의 길이를 구한다. **해결**

〔문제 풀이 순서〕

1st 두 직각삼각형 POP′, QOQ′의 닮음비를 이용하여 점 P(또는 Q)의 x좌표를 구하자.

점 P가 선분 OQ를 1 : 2로 내분하는 점이므로 세 점 O, P, Q는 한 직선 위의 점이다.

두 직각삼각형 POP′, QOQ′은 닮음이고, 닮음비는 1 : 3이므로 두 점 P, Q의 x좌표를 각각 $a(a>0)$, $3a$라 하면

$\overline{PP'}=3^a$, $\overline{QQ'}=3^{3a}$ → $\overline{PP'}$, $\overline{QQ'}$의 길이는 각각 점 P, Q의 y좌표를 의미하므로 $y=3^x$에 각각 $x=a$, $x=3a$를 대입하여 구할 수 있어.

$\overline{PP'} : \overline{QQ'}=1 : 3$이므로 $3^a : 3^{3a}=1 : 3$에서

$3^{3a}=3\times 3^a=3^{a+1}$

$3a=a+1$이므로 $a=\dfrac{1}{2}$

2nd $\overline{PP'}$, $\overline{QQ'}$, $\overline{P'Q'}$의 길이를 구하자.

$\overline{PP'}=3^a=3^{\frac{1}{2}}$,

$\overline{QQ'}=3^{3a}=3^{\frac{3}{2}}$,

$\overline{P'Q'}=3a-a=2a=2\times\dfrac{1}{2}=1$

3rd 사다리꼴 PP′Q′Q의 넓이를 구하자.

사다리꼴 PP′Q′Q의 넓이 S는 → 사다리꼴의 윗변의 길이가 a, 밑변의 길이가 b, 높이가 h일 때 넓이 S는 $\frac{1}{2}\times(a+b)\times h$야.

$S=\dfrac{1}{2}\times(\overline{PP'}+\overline{QQ'})\times\overline{P'Q'}$

$=\dfrac{1}{2}\times\left(3^{\frac{1}{2}}+3^{\frac{3}{2}}\right)\times 1$

$=\dfrac{1}{2}\times\sqrt{3}(1+3)=2\sqrt{3}$

따라서 구하는 값은 $S^2=(2\sqrt{3})^2=12$

[채점 기준표]

1st	두 직각삼각형 POP′, QOQ′의 닮음비를 이용하여 점 P(또는 Q)의 x좌표를 구한다.	5점
2nd	$\overline{PP'}$, $\overline{QQ'}$, $\overline{P'Q'}$의 길이를 구한다.	3점
3rd	사다리꼴 PP′Q′Q의 넓이를 구한다.	2점

✿ 지수함수 $y=a^x$ $(a>0, a\neq 0)$의 그래프 개념·공식

① 정의역은 실수 전체의 집합이고, 치역은 양의 실수 전체의 집합이다.

② $a>1$일 때 증가함수이고, $0<a<1$일 때 감소함수이다.

③ 점 $(0, 1)$을 지나고 점근선이 x축이다.

④ $y=a^x$과 $y=\left(\dfrac{1}{a}\right)^x=a^{-x}$의 그래프는 y축에 대하여 대칭이다.

(정답 공식: 직각삼각형에서 피타고라스 정리 $a^2+b^2=c^2$이 성립한다.)

좌표평면에서 직선 $y=\frac{3}{2}x+1$ 위를 움직이는 점 P가 있다.

그림과 같이 점 P를 지나고 x축에 평행한 직선이 곡선 $y=8^{\frac{1}{2}x}+1$ 과 만나는 점을 Q라 하고, 점 P를 지나고 y축에 평행한 직선이 곡선 $y=\log_2(3x)$와 만나는 점을 R라 하자.

자연수 n에 대하여 점 P의 x좌표가 n일 때, $f(n)$을

$$f(n)=\frac{\overline{PQ}\times\overline{PR}}{\overline{QR}^2}$$

단서 점 P, Q, R로 이루어진 삼각형 PQR는 직각삼각형이며, 삼각형 성질을 이용하여 식을 변형할 수 있어.

라 하자. 이때 $f(1)+f(2)+f(3)+\cdots+f(13)$의 값을 구하고 그 과정을 서술하시오. (10점)

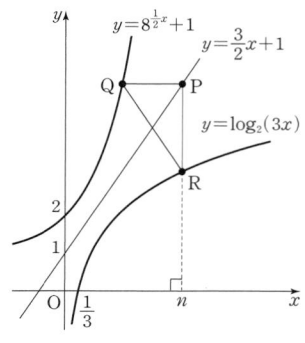

🧠 단서＋발상

단서 ① 직선 $y=\frac{3}{2}x+1$ 위를 움직이는 점 P의 x좌표와 y좌표를 미지수로 설정한 후, 이를 바탕으로 $\overline{PQ}$, $\overline{PR}$의 길이를 나타낸다. 발상

② 직각삼각형 PQR에서 피타고라스 정리 $\overline{QR}^2=\overline{PQ}^2+\overline{PR}^2$을 이용한다. 적용

피타고라스 정리를 이용하여 세 변인 $\overline{PQ}$, $\overline{PR}$, $\overline{QR}$에 대한 식 $f(n)$을 변형할 수 있다. 해결

--- [문제 풀이 순서] ------------------------------

1st 로그의 정의와 로그의 성질을 이용하여 $\overline{PQ}$, $\overline{PR}$의 길이를 n에 대한 식으로 나타내자.

점 P는 직선 $y=\frac{3}{2}x+1$ 위의 점이고 x좌표가 n이므로 $P\left(n, \frac{3}{2}n+1\right)$

점 Q는 곡선 $y=8^{\frac{1}{2}x}+1$ 위의 점이고, y좌표가 $\frac{3}{2}n+1$이므로 x좌표는

$\frac{3}{2}n+1=8^{\frac{1}{2}x}+1$, $\frac{3}{2}n=8^{\frac{1}{2}x}$에서

$\overline{PQ}$는 x축과 평행이므로 점 P와 점 Q의 y좌표는 같다는 것을 알 수 있어.

따라서 $P\left(n, \frac{3}{2}n+1\right)$을 통해 점 Q의 y좌표는 $\frac{3}{2}n+1$임을 알 수 있어.

양변에 밑이 8인 로그를 취하면

$\frac{1}{2}x=\log_8\left(\frac{3}{2}n\right)$, 즉

$x=2\log_8\left(\frac{3}{2}n\right)$이므로

$Q\left(2\log_8\left(\frac{3}{2}n\right), \frac{3}{2}n+1\right)$

$\therefore \overline{PQ}=n-2\log_8\left(\frac{3}{2}n\right) \cdots ㉠$

점 R는 곡선 $y=\log_2(3x)$ 위의 점이고, x좌표가 n이므로 y좌표는 $\log_2(3n)$이다.

$\overline{PR}$는 y축과 평행이므로 점 P와 점 R의 x좌표는 같다는 것을 알 수 있어.

따라서 $P\left(n, \frac{3}{2}n+1\right)$을 통해 점 R의 x좌표는 n임을 알 수 있어.

$R(n, \log_2(3n))$

$\therefore \overline{PR}=\left(\frac{3}{2}n+1\right)-\log_2(3n)$

$\left(\frac{3}{2}n+1\right)-\log_2(3n) = \frac{3}{2}n+\log_2 2-\log_2(3n)$

$=\frac{3}{2}n-\log_2\left(\frac{3}{2}n\right) \cdots ㉡$

이고 log끼리 정리하면

$\frac{3}{2}n-\{\log_2(3n)-\log_2 2\}$

$=\frac{3}{2}n-\log_2\left(\frac{3n}{2}\right)$

이 성립해.

2nd 피타고라스 정리와 로그의 성질을 이용하여 $f(n)$의 값을 구하자.

직각삼각형 PQR에서 $\overline{QR}^2=\overline{PQ}^2+\overline{PR}^2$이므로

$f(n)=\frac{\overline{PQ}\times\overline{PR}}{\overline{PQ}^2+\overline{PR}^2}=\frac{1}{\dfrac{\overline{PQ}^2+\overline{PR}^2}{\overline{PQ}\times\overline{PR}}}=\frac{1}{\dfrac{\overline{PQ}}{\overline{PR}}+\dfrac{\overline{PR}}{\overline{PQ}}}$

$\dfrac{\overline{PQ}^2+\overline{PR}^2}{\overline{PQ}\times\overline{PR}}$은 $\dfrac{\overline{PQ}^2}{\overline{PQ}\times\overline{PR}}+\dfrac{\overline{PR}^2}{\overline{PQ}\times\overline{PR}}$이므로 분모와 분자를 약분하면 $\dfrac{\overline{PQ}}{\overline{PR}}+\dfrac{\overline{PR}}{\overline{PQ}}$가 성립해.

㉠, ㉡에서

$\frac{\overline{PR}}{\overline{PQ}}=\frac{\frac{3}{2}n-\log_2\left(\frac{3}{2}n\right)}{n-2\log_8\left(\frac{3}{2}n\right)}=\frac{\frac{3}{2}n-\log_2\left(\frac{3}{2}n\right)}{n-\frac{2}{3}\log_2\left(\frac{3}{2}n\right)}$

$=\frac{\frac{3}{2}\left\{n-\frac{2}{3}\log_2\left(\frac{3}{2}n\right)\right\}}{n-\frac{2}{3}\log_2\left(\frac{3}{2}n\right)}=\frac{3}{2}$

즉, 자연수 n의 값에 관계없이 $\dfrac{\overline{PR}}{\overline{PQ}}=\dfrac{3}{2}$이므로

$f(n)=\frac{1}{\dfrac{\overline{PQ}}{\overline{PR}}+\dfrac{\overline{PR}}{\overline{PQ}}}=\frac{1}{\frac{2}{3}+\frac{3}{2}}=\frac{1}{\frac{13}{6}}=\frac{6}{13}$

3rd $f(1)+f(2)+f(3)+\cdots+f(13)$의 값을 구하자.

따라서 구하는 값은 $f(1)+f(2)+f(3)+\cdots+f(13)=13\times\dfrac{6}{13}=6$

[채점 기준표]

1st	로그의 정의와 로그의 성질을 이용하여 $\overline{PQ}$, $\overline{PR}$의 길이를 n에 대한 식으로 나타낸다.	4점
2nd	피타고라스 정리와 로그의 성질을 이용하여 $f(n)$의 값을 구한다.	5점
3rd	$f(1)+f(2)+f(3)+\cdots+f(13)$의 값을 구한다.	1점

❉ 로그함수

개념·공식

① 로그함수: $y=\log_a x(a>0, a\neq1)$ 꼴로 나타내어지는 함수를 a를 밑으로 하는 로그함수라 한다.

② 로그함수 $y=\log_a x(a>0, a\neq1)$의 성질

(1) 함수 $y=a^x$의 역함수이다.

(2) 정의역은 양의 실수 전체의 집합이고 치역은 실수 전체의 집합이다.

(3) $a>1$일 때, x가 증가하면 y도 증가한다.

  $0<a<1$일 때, x가 증가하면 y는 감소한다.

(4) 그래프는 점 $(1, 0)$을 지나고, 점근선은 y축이다.

1등급 마스터 문제 [4점 + 2급 대비 + 1등급 대비]

C 205 정답 15 *로그함수의 그래프 위의 점 ········· [정답률 21%]

> **정답 공식:** 두 점 $A(x_1, y_1)$, $B(x_2, y_2)$에 대해 선분 $\overline{AB}$를 $m : n$으로 외분하는 점은 $\left(\dfrac{mx_2 - nx_1}{m-n}, \dfrac{my_2 - ny_1}{m-n}\right)$이다. (단, $m \neq n$)

> 두 자연수 a, b에 대하여 좌표평면 위에 두 점 $A(a, \log_4 b)$, $B(1, \log_8 \sqrt[4]{27})$이 있다. 선분 AB를 $2 : 1$로 외분하는 점이 곡선 $y = -\log_4 (3-x)$ 위에 있고, **단서** 외분점을 구하는 공식을 기억하고 있어야 해.
> 집합 $\{n \mid b < 2^n \times a \leq 32b, \ n$은 정수$\}$의 모든 원소의 합이 25이다. $a+b$의 최댓값을 구하시오. (4점)

1st 선분 AB를 2 : 1로 외분하는 점을 구하자.

선분 AB를 2 : 1로 외분하는 점의 좌표는

$\left(\dfrac{2-a}{2-1}, \dfrac{2\log_8 \sqrt[4]{27} - \log_4 b}{2-1}\right)$ (a, b는 자연수)이다.

$2\log_8 \sqrt[4]{27} - \log_4 b = \log_8 \sqrt{27} - \log_4 b = \log_4 3 - \log_4 b = \log_4 \dfrac{3}{b}$

이므로 외분점의 좌표는 $\left(2-a, \log_4 \dfrac{3}{b}\right)$이다.

2nd 외분점을 곡선 $y = -\log_4 (3-x)$에 대입하고 식을 정리하자.

점 $\left(2-a, \log_4 \dfrac{3}{b}\right)$이 곡선 $y = -\log_4 (3-x)$ 위에 있으므로

$\log_4 \dfrac{3}{b} = -\log_4 (a+1)$, $\log_4 \dfrac{3}{b} = \log_4 \dfrac{1}{a+1}$

$\therefore b = 3(a+1) \cdots$ ㉠

3rd $a+b$의 최댓값을 구하자.

집합 $A = \{n \mid b < 2^n \times a \leq 32b, \ n$은 정수$\}$ 라 하면

n이 정수라는 조건을 이용하기 위해 밑이 2인 로그를 취한 거고, 그렇기 때문에 부등식의 방향이 바뀌지 않은 거야.

$\dfrac{b}{a} < 2^n \leq \dfrac{32b}{a}$이므로 $\log_2 \dfrac{b}{a} < n \leq 5 + \log_2 \dfrac{b}{a}$이다.

그러므로 정수 n의 개수는 5이다.

$A = \{m, m+1, m+2, m+3, m+4\}$ (m은 정수) 라 하면

$m + (m+1) + (m+2) + (m+3) + (m+4) = 25$

$5m + 10 = 25$ $\therefore m = 3$

한편,

$A = \left\{n \ \middle| \ \log_2 \dfrac{b}{a} < n \leq 5 + \log_2 \dfrac{b}{a}, \ n$은 정수, a, b는 자연수$\right\}$

$= \{3, 4, 5, 6, 7\}$ ← 부등식에서 $\log_2 \dfrac{b}{a}$의 값이

이므로 $2 \leq \log_2 \dfrac{b}{a} < 3$이다. $2 \leq \log_2 \dfrac{b}{a} < 3$이어야 n의 최솟값이 3이야.

이때, 부등식의 양변에 밑이 2인 로그를 취해서 진수를 비교하면

$\log_2 2^2 \leq \log_2 \dfrac{b}{a} < \log_2 2^3$이므로 $4 \leq \dfrac{b}{a} < 8$이다.

㉠을 이 식에 대입하면 $\dfrac{3}{5} < a \leq 3$이고, a는 자연수이므로

부등식을 포함한 연립된 식을 정리할 수 있어야 해.

$4 \leq \dfrac{b}{a} < 8$에서 $4a \leq b < 8a$이므로 이 식에 ㉠ $b = 3(a+1)$을 대입하면

$4a \leq 3(a+1) < 8a$, $4a \leq 3a+3 < 8a$

$a \leq 3$이고 $\dfrac{3}{5} < a$야. $\therefore \dfrac{3}{5} < a \leq 3$

$a=1$, $b=6$ 또는 $a=2$, $b=9$ 또는 $a=3$, $b=12$이다.

따라서 $a+b$의 최댓값은 15이다.

C 206 정답 ⑤ *도형의 넓이를 이용한 미정계수의 결정 ··· [정답률 35%]

> **정답 공식:** $a > 0$, $a \neq 1$일 때, 지수함수 $y = a^x$과 로그함수 $y = \log_a x$는 서로 역함수 관계이므로 두 함수의 그래프는 직선 $y=x$에 대하여 서로 대칭이다.

> 그림과 같이 곡선 $y = \log_2 x$ 위의 한 점 $A(x_1, y_1)$을 지나고 기울기가 -1인 직선이 곡선 $y = 2^x$과 만나는 점을 $B(x_2, y_2)$라 **단서1** 두 곡선 $y = 2^x$과 $y = \log_2 x$는 직선 $y=x$에 대하여 서로 대칭이다.
> 하고, 두 점 B, O를 지나는 직선 l이 곡선 $y = \left(\dfrac{1}{2}\right)^x$과 만나는 점을 $C(x_3, y_3)$이라 하자. 삼각형 OAB의 넓이가 삼각형 OAC의 넓이의 2배일 때, [보기]에서 옳은 것만을 있는 대로 고른 것은?
> **단서2** 두 삼각형 OAB, OAC에 대하여 점 O에서 직선 OB에 내린 수선의 길이를 높이라 하면 두 삼각형의 높이가 같으므로 이 두 삼각형의 넓이의 비는 밑변의 길이의 비와 같다. 즉, △OAB : △OAC = OB : OC
> (단, $x_1 > 1$이고, O는 원점이다.) (4점)

[보기]

ㄱ. $\overline{OC} = \dfrac{1}{2}\overline{OA}$ **단서3** **단서2** 와 연결하여 $\overline{OA}$, $\overline{OB}$ 사이의 관계를 찾아.

ㄴ. $x_2 + y_1 = 4x_3$ **단서4** 직선 l은 원점과 두 점 B, C를 지나는 직선이므로 l의 기울기는 $\dfrac{y_2 - 0}{x_2 - 0} = \dfrac{y_2}{x_2}$ 또는 $\dfrac{y_3 - 0}{x_3 - 0} = \dfrac{y_3}{x_3}$

ㄷ. 직선 l의 기울기는 $3 \times \left(\dfrac{1}{2}\right)^{\frac{1}{3}}$이다.

① ㄱ ② ㄱ, ㄴ ③ ㄱ, ㄷ
④ ㄴ, ㄷ ⑤ ㄱ, ㄴ, ㄷ

1st 지수함수와 로그함수의 역함수 관계를 이용하여 $\overline{OC} = \dfrac{1}{2}\overline{OA}$가 성립함을 보이자.

ㄱ. 기울기가 -1이고 두 점 A, B를 지나는 직선을 l_1이라 하자.

두 곡선 $y = 2^x$과 $y = \log_2 x$는 직선 $y=x$에 대하여 서로 대칭이므로 ← $a > 0$, $a \neq 1$일 때, 지수함수 $y = a^x$과 로그함수 $y = \log_a x$는 서로 역함수 관계이므로 두 그래프는 직선 $y=x$에 대하여 서로 대칭이야.

두 곡선과 직선 l_1이 각각 만나는 두 점 A, B도 직선 $y=x$에 대하여 서로 대칭이다.

실수 두 곡선 $y = 2^x$, $y = \log_2 x$가 직선 $y=x$에 대하여 대칭이라고 해서 곡선 $y = 2^x$ 위의 점과 곡선 $y = \log_2 x$ 위의 아무 점이 직선 $y=x$에 대하여 대칭은 아니야. 두 점이 각각 역함수 관계인 두 곡선 위에 있으면서 기울기가 -1인 직선 l_1과 만나기 때문에 두 점이 직선 $y=x$에 대하여 대칭이 되는 거야.

$\therefore x_1 = y_2$, $y_1 = x_2$ $\cdots$ ㉠

$\overline{OA} = \sqrt{(x_1)^2 + (y_1)^2} = \sqrt{(y_2)^2 + (x_2)^2} = \overline{OB}$ $\cdots$ ㉡이고,

주어진 조건에서 삼각형 OAB의 넓이가 삼각형 OAC의 넓이의 2배이고, 두 삼각형 OAB, OAC에 대하여

↳두 삼각형 OAB, OAC에 대하여 각각의 밑변을 밑변으로 하고, 점 A에서 각각의 밑변에 수선의 발을 내려서 높이를 찾으면 세 점 O, B, C가 한 직선 위에 있으므로 높이가 같지? 따라서 이 두 삼각형의 넓이의 비는 밑변의 길이의 비와 같아.

$\triangle OAB : \triangle OAC = \overline{OB} : \overline{OC} = 2 : 1$이므로

$\overline{OB} = 2\overline{OC}$

$\therefore \overline{OC} = \dfrac{1}{2}\overline{OB} = \dfrac{1}{2}\overline{OA}$ (∵ ㉡) (참)

2nd 점 C가 선분 OB의 중점임을 이용하여 $x_2+y_1=4x_3$이 성립함을 보이자.

ㄴ. ㄱ에 의하여 점 C는 선분 OB의 중점이므로

$$x_3=\frac{0+x_2}{2}=\frac{1}{2}x_2 \qquad \therefore x_2=2x_3 \cdots ©$$

$$y_3=\frac{0+y_2}{2}=\frac{1}{2}y_2 \qquad \therefore y_2=2y_3$$

$$\therefore \underline{x_2+y_1=y_1+y_1(\because ⑤)=2y_1=2x_2(\because ⑤)}$$
$$=2\times(2x_3)(\because ©)=4x_3 \text{ (참)}$$

└→ $x_i, y_i(i=1, 2, 3)$의 값을 직접 구하지 않고, 함수의 그래프 사이의 관계를 통해 $x_i, y_i(i=1, 2, 3)$의 값들 사이의 관계를 알 수 있어.

3rd 직선 l의 기울기를 구한다.

ㄷ. 곡선 $y=2^x$ 위의 점 B(x_2, y_2)에 대하여 $y_2=2^{x_2}$,

곡선 $y=\left(\frac{1}{2}\right)^x$ 위의 점 C(x_3, y_3)에 대하여 $y_3=\left(\frac{1}{2}\right)^{x_3} \cdots ®$이고,

세 점 O, B, C는 직선 l 위의 점이므로

└→ 서로 다른 세 점이 한 직선 위에 있으려면 세 점 중 두 점을 지나는 직선의 기울기가 모두 같아야 해.

직선 l의 기울기는 $\dfrac{y_2}{x_2}=\dfrac{y_3}{x_3}$, $\dfrac{2^{x_2}}{x_2}=\dfrac{\left(\frac{1}{2}\right)^{x_3}}{x_3}(\because ®)$

이 식에 ©을 대입하면

└→ (두 점 O, B를 지나는 직선의 기울기)
= (두 점 O, C를 지나는 직선의 기울기)

$$\frac{2^{2x_3}}{2x_3}=\frac{2^{-x_3}}{x_3}(x_3\neq 0), \ 2^{2x_3-1}=2^{-x_3}$$

$\dfrac{y_2-0}{x_2-0}=\dfrac{y_3-0}{x_3-0}$

└→ 밑이 같기 때문에 지수 같으면 방정식이 성립해.

> **주의**
> 주어진 그림에서 점 C(x_3, y_3)이 제1사분면 위에 있으므로
> $x_3>0 \quad \therefore x_3\neq 0$
> 즉, x_3이 0이 아니므로 약분이 가능한 거야.

$$2x_3-1=-x_3 \qquad \therefore x_3=\frac{1}{3}$$

직선 l의 기울기는 $\dfrac{y_3}{x_3}=\dfrac{\left(\frac{1}{2}\right)^{x_3}}{x_3}=3\times\left(\frac{1}{2}\right)^{\frac{1}{3}}$ (참)

따라서 옳은 것은 ㄱ, ㄴ, ㄷ이다.

> ⚙ **지수함수와 로그함수의 관계** 〔개념·공식〕
>
> 지수함수 $y=a^x$과 로그함수 $y=\log_a x$는 서로 역함수 관계이므로 두 함수의 그래프는 직선 $y=x$에 대하여 대칭이다.
>
>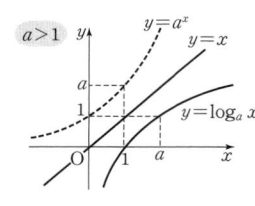
>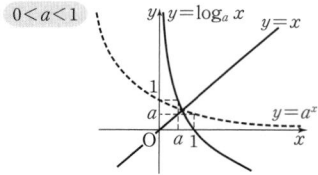

C 207 정답 ② *로그함수와 지수함수의 그래프 사이의 관계 · [정답률 33%]

> 〔정답 공식: 역함수가 존재하는 함수 $f(x)$에 대하여 두 곡선 $y=f(x)$, $y=f^{-1}(x)$의 교점의 x좌표는 곡선 $y=f(x)$ 또는 곡선 $y=f^{-1}(x)$와 직선 $y=x$의 교점의 x좌표와 같다.〕

> **단서1** $n=2, 3, 4, \cdots$를 차례로 대입하여 $g(n)$의 값을 구해야 해.
>
> 2 이상의 자연수 n에 대하여 함수 $f(x)=3^x-n$의 그래프가 함수 $y=f^{-1}(x)$의 그래프와 만나는 두 점의 x좌표 중 큰 값을 $g(n)$이라 하자. $k\leq g(n)<k+1$을 만족시키는 자연수 k를 $h(n)$이라 할 때, $h(n)<h(n+1)$을 만족시키는 100 이하의 모든 n의 값의 합은? (4점)
> **단서2** 양수 $g(n)$의 정수 부분이 자연수 k야.
>
> ① 103 　　② 105 　**단서3** $h(n), h(n+1)$의 값이 자연수이므로 n에
> ④ 109 　　⑤ 111 　　2부터 차례로 대입하여 $h(n)<h(n+1)$을 만족시키는 자연수 n을 찾아야 해.

🧠 **단서＋발상 [유형 18]**

단서1 함수 $y=f(x)$의 그래프는 함수 $y=3^x$의 그래프를 y축의 방향으로 $-n$만큼 평행이동한 것이므로 n의 값이 커질수록 함수 $y=f(x)$의 그래프는 y축의 음의 방향으로 평행이동한다. 〔개념〕
이때, 두 함수 $y=f(x)$, $y=f^{-1}(x)$의 그래프는 직선 $y=x$에 대하여 대칭이므로 이 두 그래프의 교점이 존재하면 그 교점은 함수 $y=f(x)$의 그래프와 직선 $y=x$의 교점과 같다. 〔발상〕

단서2 k가 자연수이고 $k\leq g(n)<k+1$이므로 k는 $g(n)$보다 크지 않은 가장 큰 자연수이다. 〔개념〕
즉, $g(n)$의 값은 1 이상의 양수이고 k는 $g(n)$의 정수 부분이다. 〔적용〕

단서3 $h(n)$은 자연수이고 $h(n)<h(n+1)$을 만족시키는 n의 값을 구해야 하므로 $g(n)$의 값이 자연수가 되는 n의 값을 찾아야 한다. 〔발상〕
이때, 함수 $y=f(x)$의 그래프에 의하여 n의 값이 커질수록 $g(n)$의 값도 커짐을 파악하고 n의 값에 따른 $h(n)$의 값을 구하면 된다. 〔해결〕

------------------- [문제 풀이 순서] -------------------

1st 두 함수 $f(x), f^{-1}(x)$가 서로 역함수 관계임을 이용하여 $g(n)$에 대한 조건을 찾아.

두 함수 $f(x), f^{-1}(x)$가 서로 역함수이므로 두 함수 $y=f(x)$, $y=f^{-1}(x)$의 그래프는 직선 $y=x$에 대하여 대칭이다. 즉, 두 함수 $y=f(x), y=f^{-1}(x)$의 그래프의 교점은 함수 $y=f(x)$의 그래프와 직선 $y=x$의 교점과 같다.

이때, 2 이상의 자연수 n에 대하여
함수 $y=f(x)=3^x-n$의 그래프와
함수 $y=3^x$의 그래프를 y축의 방향으로 $-n$만큼 평행이동한 그래프야.
직선 $y=x$는 그림과 같이
제1사분면과 제3사분면에서 각각
만나므로 $g(n)$은 두 교점의 x좌표
중에서 양수인 값이다.

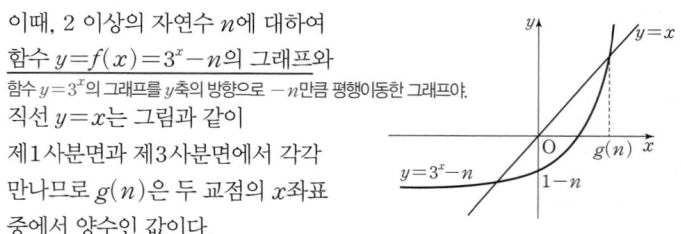

2nd n의 값에 따른 $g(n)$의 값과 $h(n)$의 값을 각각 구해.

함수 $y=f(x)$의 그래프와 직선 $y=x$가 제1사분면 위의 점 (t, t)에서 만난다고 하면
교점이 직선 $y=x$ 위의 점이고 직선 $y=x$ 위의 임의의 점의 x좌표와 y좌표는 서로 같지?

(i) $t=1$, 즉 교점의 좌표가 $(1, 1)$일 때,
$y=f(x)$에 $x=1$, $y=1$을 대입하면
함수 $y=f(x)$의 그래프가 점 $(1, 1)$을 지나므로 $f(1)=1$을 만족해.
$1=3^1-n$에서 $n=3^1-1=2 \qquad \therefore g(2)=1$

(ii) $t=2$, 즉 교점의 좌표가 $(2, 2)$일 때,
$y=f(x)$에 $x=2$, $y=2$를 대입하면
$2=3^2-n$에서 $n=3^2-2=9-2=7 \qquad \therefore g(7)=2$

(iii) $t=3$, 즉 교점의 좌표가 $(3, 3)$일 때,

$y=f(x)$에 $x=3$, $y=3$을 대입하면

$3=3^3-n$에서 $n=3^3-3=27-3=24$ $\therefore g(24)=3$

(iv) $t=4$, 즉 교점의 좌표가 $(4, 4)$일 때,

$y=f(x)$에 $x=4$, $y=4$를 대입하면

$4=3^4-n$에서 $n=3^4-4=81-4=77$ $\therefore g(77)=4$

(v) $t=5$, 즉 교점의 좌표가 $(5, 5)$일 때,

$y=f(x)$에 $x=5$, $y=5$을 대입하면

$5=3^5-n$에서 $n=3^5-5=243-5=238$ $\therefore g(238)=5$

(i), (ii)에 의하여 $1\leq g(2)<g(3)<\cdots<g(6)<2$이므로

$n=2, 3, \cdots, 6$일 때 $h(n)=1 \cdots$ ㉠

(ii), (iii)에 의하여 $2\leq g(7)<g(8)<\cdots<g(23)<3$이므로

$n=7, 8, \cdots, 23$일 때 $h(n)=2 \cdots$ ㉡

(iii), (iv)에 의하여 $3\leq g(24)<g(25)<\cdots<g(76)<4$이므로

$n=24, 25, \cdots, 76$일 때 $h(n)=3 \cdots$ ㉢

(iv), (v)에 의하여 $4\leq g(77)<g(78)<\cdots<g(237)<5$이므로

$n=77, 78, \cdots, 237$일 때 $h(n)=4 \cdots$ ㉣

3rd $h(n)<h(n+1)$을 만족시키는 100 이하의 모든 자연수 n의 값의 합을 구해.

㉠, ㉡에 의하여 $h(6)=1$, $h(7)=2$이므로 $h(6)<h(7)$

즉, $n=6$일 때 주어진 조건을 만족시킨다.

㉡, ㉢에 의하여 $h(23)=2$, $h(24)=3$이므로 $h(23)<h(24)$

즉, $n=23$일 때 주어진 조건을 만족시킨다.

㉢, ㉣에 의하여 $h(76)=3$, $h(77)=4$이므로 $h(76)<h(77)$

즉, $n=76$일 때 주어진 조건을 만족시킨다.

따라서 $h(n)<h(n+1)$을 만족시키는 100 이하의 모든 n의 값은 6, 23, 76이고 그 합은 $6+23+76=105$이다.

1등급 대비 특강

＊ $g(n)<g(n+1)$인 이유 알아보기

함수 $y=3^x-n$의 그래프는 함수 $y=3^x$의 그래프를 y축의 방향으로 $-n$만큼 평행이동한 그래프지?

따라서 $2\leq a<b$인 두 자연수 a, b에 대하여

두 함수 $y=3^x-a$, $y=3^x-b$의 그래프와 직선 $y=x$는 그림과 같아.

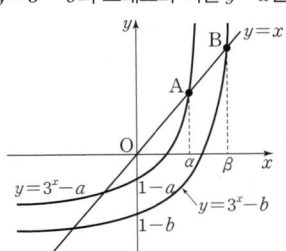

이때, 함수 $y=3^x-a$의 그래프와 직선 $y=x$의 교점 중 $x>0$인 점 A의 x좌표를 α라 하면 $g(a)=\alpha$, 함수 $y=3^x-b$의 그래프와 직선 $y=x$의 교점 중 $x>0$인 점 B의 x좌표를 β라 하면 $g(b)=\beta$이고 점 B가 점 A보다 더 오른쪽에 있으므로 $\alpha<\beta$야.

$\therefore g(a)<g(b)$

즉, 자연수 n의 값이 커지면 $g(n)$의 값도 커지므로 $g(n)<g(n+1)$이 성립해.

C **208** 정답 **60**   ✪1등급 대비 [정답률 8%]

＊평행이동과 대칭이동을 활용하여 주어진 함수의 그래프와 x축으로 둘러싸인 부분의 넓이 구하기 [유형 04]

> **단서1** $f(x)=\dfrac{1}{2^n}f(x-2n)$이므로 주어진 범위에서 $f(x)$의 식에 x 대신에 $x-2n$을 대입하고 전체의 식에 $\dfrac{1}{2^n}$을 곱한 거야. 따라서 평행이동한 후 축소된다는 것을 알 수 있어.

$0\leq x\leq 8$에서 정의된 함수 $f(x)$가 다음 조건을 만족시킨다.

> (가) $f(x)=\begin{cases} 2^x-1 & (0\leq x\leq 1) \\ 2-2^{x-1} & (1<x\leq 2) \end{cases}$
>
> (나) $n=1, 2, 3$일 때,
>
> $2^n f(x)=f(x-2n)$ $(2n<x\leq 2n+2)$

함수 $y=f(x)$의 그래프와 x축으로 둘러싸인 부분의 넓이를 S라 할

> **단서2** 지수함수의 그래프와 x축으로 둘러싸인 부분의 넓이는 지수함수의 그래프의 평행이동, 대칭이동을 이용하여 직각삼각형 또는 직사각형과 같이 넓이를 구하기 쉬운 특수한 도형이 생길 수 있는지 체크해 보자.

때, $32S$의 값을 구하시오. (4점)

왜 1등급? $y=f(x)$의 그래프와 x축으로 둘러싸인 부분의 넓이를 구하는 문제이다. 이를 위해서 함수 $f(x)$가 대칭이동과 평행이동으로 따져보는 것이 어려웠다.

단서+발상

단서1 함수 $f(x)$가 어떻게 정의되었는지 살펴본다. $2^n f(x)=f(x-2n)$이므로 함수 $f(x)$는 $f(x)$를 x축의 방향으로 $2n$만큼 평행이동한 후 $\dfrac{1}{2^n}$배한 것과 같다. **발상**

단서2 $0\leq x\leq 1$에서 함수 $y=2^x-1$의 그래프를 x축에 대하여 대칭이동한 후 x축 방향으로 1, y축 방향으로 1만큼 평행이동하면 $1\leq x\leq 2$에서 $y=2-2^{x-1}$의 그래프가 된다. **적용**

즉 $0\leq x\leq 2$에서 $y=f(x)$의 그래프와 x축으로 둘러싸인 부분의 넓이는 그림에서 색칠된 두 부분의 넓이가 서로 같으므로 1이다. **유형**

$2n\leq x\leq 2n+2$에서 $y=f(x)$의 그래프와 x축으로 둘러싸인 부분의 넓이는 $y=f(x)$의 그래프가 $\dfrac{1}{2^n}$배되므로 넓이도 $\dfrac{1}{2^n}$배가 된다. **적용**

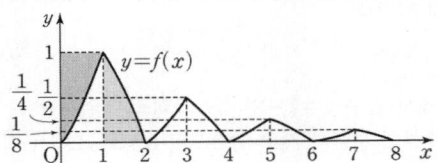

주의 함수의 그래프로 둘러싸인 부분의 넓이는 대칭성을 이용해 넓이가 같은 직사각형이나 삼각형을 만들어 구할 수 있다.

> **핵심 정답 공식**: 지수함수의 그래프의 평행이동, 대칭이동을 이용하여 함수 $y=f(x)$와 x축으로 둘러싸인 부분의 넓이를 구한다.

-------------------------- [문제 풀이 순서] --------------------------

1st 조건 (나)의 n 대신에 1, 2, 3을 대입하여 각 구간에서 정의된 함수 $f(x)$를 구하자.

조건 (가)에서

$f(x)=\begin{cases} 2^x-1 & (0\leq x\leq 1) \\ 2-2^{x-1} & (1<x\leq 2) \end{cases}$ 이고

조건 (나)에서

(i) $n=1$일 때,

    $2f(x)=f(x-2)$ $(2<x\leq 4)$

    $\therefore f(x)=\dfrac{1}{2}f(x-2)$

여기서 $f(x-2)=\begin{cases}2^{x-2}-1 & (0<x-2\le1)\\2-2^{x-3} & (1<x-2\le2)\end{cases}$ 이므로

$\underrightarrow{\quad\quad\quad}$ $f(x-2)$의 식은 조건 (가)의 $f(x)$의 식에 x 대신 $x-2$를 대입한 거야.

$f(x)=\dfrac{1}{2}f(x-2)=\begin{cases}2^{x-3}-\dfrac{1}{2} & (2<x\le3)\\1-2^{x-4} & (3<x\le4)\end{cases}$

(ii) $n=2$일 때,

$2^2f(x)=f(x-4)\ (4<x\le6)\quad\therefore f(x)=\dfrac{1}{4}f(x-4)$

여기서 $f(x-4)=\begin{cases}2^{x-4}-1 & (0<x-4\le1)\\2-2^{x-5} & (1<x-4\le2)\end{cases}$ 이므로

$f(x)=\dfrac{1}{4}f(x-4)=\begin{cases}2^{x-6}-\dfrac{1}{4} & (4<x\le5)\\\dfrac{1}{2}-2^{x-7} & (5<x\le6)\end{cases}$

(iii) $n=3$일 때,

$2^3f(x)=f(x-6)\ (6<x\le8)\quad\therefore f(x)=\dfrac{1}{8}f(x-6)$

여기서 $f(x-6)=\begin{cases}2^{x-6}-1 & (0<x-6\le1)\\2-2^{x-7} & (1<x-6\le2)\end{cases}$ 이므로

$f(x)=\dfrac{1}{8}f(x-6)=\begin{cases}2^{x-9}-\dfrac{1}{8} & (6<x\le7)\\\dfrac{1}{4}-2^{x-10} & (7<x\le8)\end{cases}$

2nd 함수 $y=f(x)$의 그래프를 그리자.

각 구간별로 구한 함수 $y=f(x)$의 그래프는 다음과 같다.

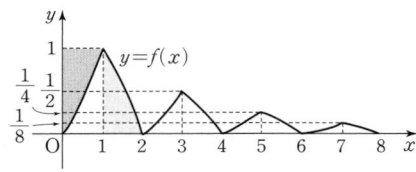

3rd $0\le x\le2,\ 2\le x\le4,\ 4\le x\le6,\ 6\le x\le8$에서의 함수 $y=f(x)$의 그래프와 x축으로 둘러싸인 부분의 넓이를 모두 구하여 더하자.

(i) $0\le x\le1$에서 함수 $y=2^x-1$의 그래프를 x축에 대하여 대칭이동한 후 x축의 방향으로 1만큼, y축의 방향으로 1만큼 평행이동한 그래프는

[도형의 평행이동과 대칭이동]

$f(x,y)=0\xrightarrow[x축\ 대칭]{}f(x,-y)=0\xrightarrow[a만큼\ 평행이동]{x축\ 방향으로}f(x-a,-y)=0\xrightarrow[b만큼\ 평행이동]{y축\ 방향으로}f(x-a,-(y-b))=0$

$1<x\le2$에서 함수 $y=2-2^{x-1}$의 그래프와 일치한다. 그림에서 색칠한 두 부분의 넓이가 서로 같으므로 $0\le x\le2$에서 함수 $y=f(x)$의 그래프와 x축으로 둘러싸인 부분의 넓이는 1이다.

가로의 길이가 1, 세로의 길이가 1인 정사각형의 넓이이다.

(ii) $2<x\le3$에서 함수 $y=2^{x-3}-\dfrac{1}{2}$의 그래프를 x축에 대하여 대칭이동한 후 x축의 방향으로 1만큼, y축의 방향으로 $\dfrac{1}{2}$만큼 평행이동한 그래프는 $3<x\le4$에서 함수 $y=1-2^{x-4}$의 그래프와 일치한다. $2<x\le4$에서 함수 $y=f(x)$의 그래프와 x축으로 둘러싸인 부분의 넓이는 $\dfrac{1}{2}$이다.

(iii) $4<x\le5$에서 함수 $y=2^{x-6}-\dfrac{1}{4}$의 그래프를 x축에 대하여 대칭이동한 후 x축의 방향으로 1만큼, y축의 방향으로 $\dfrac{1}{4}$만큼 평행이동한 그래프는 $5<x\le6$에서 함수 $y=\dfrac{1}{2}-2^{x-7}$의 그래프와 일치한다. $4<x\le6$에서 함수 $y=f(x)$의 그래프와 x축으로 둘러싸인 부분의 넓이는 $\dfrac{1}{4}$이다.

(iv) $6<x\le7$에서 함수 $y=2^{x-9}-\dfrac{1}{8}$의 그래프를 x축에 대하여 대칭이동한 후 x축의 방향으로 1만큼, y축의 방향으로 $\dfrac{1}{8}$만큼 평행이동한 그래프는 $7<x\le8$에서 함수 $y=\dfrac{1}{4}-2^{x-10}$의 그래프와 일치한다. $6<x\le8$에서 함수 $y=f(x)$의 그래프와 x축으로 둘러싸인 부분의 넓이는 $\dfrac{1}{8}$이다.

따라서 $S=1+\dfrac{1}{2}+\dfrac{1}{4}+\dfrac{1}{8}=\dfrac{15}{8}$이므로

$32S=32\times\dfrac{15}{8}=60$

1등급 대비 **특강**

＊ 함수의 대칭성과 넓이

함수의 그래프로 둘러싸인 부분의 넓이는 대칭이동, 평행이동을 이용해 둘러싸인 부분을 적절히 잘라내어 직사각형이나 삼각형을 만들어 구할 수 있어.

이 문제에서 $1\le x\le2$에서의 $y=f(x)$의 그래프와 x축으로 둘러싸인 부분의 넓이는 $y=f(x)$의 그래프와 y축, $y=1$로 둘러싸인 부분의 넓이와 같으므로 $0\le x\le2$에서 $y=f(x)$의 그래프와 x축으로 둘러싸인 부분의 넓이는 밑변과 높이가 모두 1인 정사각형의 넓이와 같아.

C 209 정답 128 ┄┄┄┄ ★2등급 대비 [정답률 14%]

＊지수함수와 이차함수를 합성한 함수의 최댓값 구하기 [유형 06]

두 함수 | **단서1** 주어진 $0\le x\le5$에서 $x=2$일 때 최소, $x=5$일 때 최대인 이차함수야.

$f(x)=\left(\dfrac{1}{2}\right)^{x-a},\ g(x)=(x-1)(x-3)$

단서2 밑 $\dfrac{1}{2}$이 1보다 작은 양수이므로 x의 값이 증가할 때 y의 값은 감소하는 함수임을 알 수 있어.

에 대하여 합성함수 $h(x)=(f\circ g)(x)$라 하자. 함수 $h(x)$가 $0\le x\le5$에서 최솟값 $\dfrac{1}{4}$, 최댓값 M을 갖는다. M의 값을 구하시오. (단, a는 상수이다.) (4점)

왜 2등급? 지수함수와 이차함수의 합성함수의 최솟값을 이용하여 최댓값을 구하는 문제이다.

이를 위해서 이차함수의 최솟값과 최댓값, 그리고 지수함수의 증가와 감소를 확인하는 것이 어려웠다.

단서 + 발상

단서1 주어진 범위에서 이차함수 $g(x)$의 최댓값과 최솟값을 구할 수 있다. 유형

단서2 지수함수 $f(x)$의 밑이 1보다 작은 $\dfrac{1}{2}$이므로 x의 값이 증가할 때, y의 값은 감소하는 함수임을 이용하여 발상

함수 $h(x)=(f\circ g)(x)$는 $g(x)$가 최댓값을 가질 때 최솟값을 갖고, $g(x)$가 최솟값을 가질 때 최댓값을 가진다는 것을 유추할 수 있다. 적용

주어진 범위에서 함수 $h(x)$의 최솟값이 $\dfrac{1}{4}$인 점을 이용하여서 상수 a의 값을 구할 수 있고, 이를 이용하여서 최댓값 M도 구할 수 있다. 해결

주의 밑이 1보다 작은 지수함수의 그래프는 x의 값이 증가할 때, y의 값은 감소한다는 것을 알아야 한다.

핵심 정답 공식 : 정의역이 $\{x\,|\,m\le x\le n\}$인 지수함수 $y=a^x(a>0,\ a\ne1)$은
(1) $a>1$이면 $x=n$일 때 최댓값 a^n, $x=m$일 때 최솟값 a^m을 갖는다.
(2) $0<a<1$이면 $x=m$일 때 최댓값 a^m, $x=n$일 때 최솟값 a^n을 갖는다.

1st 이차함수 $g(x)$의 값이 최대, 최소일 때의 x의 값을 각각 파악하자.

$0 \le x \le 5$에서 이차함수 $g(x) = (x-1)(x-3)$은

$g(x) = (x-2)^2 - 1$이므로

$x = 2$일 때 최솟값 -1을 갖고, $x = 5$일 때 최댓값 8을 갖는다. … ㉠

2nd 합성함수 $h(x)$의 값이 최대, 최소일 때의 x의 값을 각각 파악하자.

함수 $f(x) = \left(\dfrac{1}{2}\right)^{x-a}$의 그래프는 x의 값이 증가할 때, y의 값은

감소하므로 함수 $h(x) = (f \circ g)(x) = f(g(x))$의 그래프도 $g(x)$의

값이 증가할 때, y의 값은 감소한다.

주의

> $g(x)$의 값이 최소일 때 $h(x)$의 값이 최대이고, $g(x)$의 값이 최대일 때 $h(x)$의 값이 최소야. 학생들이 합성한 지수함수의 최소, 최대 문제에서 자주 하는 실수 중 하나가 무조건 x의 값이 클 때 함숫값이 최댓값을 갖는다고 생각하는 경우야. 합성함수의 경우에 합성되는 각각의 함수의 함숫값의 변화 양상을 먼저 파악해야 합성함수 자체가 최댓값, 최솟값을 갖는지 실수하지 않고 파악할 수 있으니까 주의해야 해.

따라서 함수 $h(x)$는 $x = 5$일 때 최솟값 $\dfrac{1}{4}$, $x = 2$일 때 최댓값 M을

갖는다. (∵ ㉠)

3rd 최솟값을 이용하여 최댓값 M을 구하자.

함수 $h(x)$의 최솟값은

$h(5) = f(g(5)) = f(8) = \left(\dfrac{1}{2}\right)^{8-a} = \dfrac{1}{4}$

$2^{a-8} = 2^{-2}$ ∴ $a = 6$

→ 양변에 지수 항이 하나씩인 경우의 지수방정식은 밑을 먼저 통일시킨 이후에 지수만 비교해야 a의 값을 구할 수 있어.

따라서 최댓값 M은

$M = h(2) = f(g(2)) = f(-1) = \left(\dfrac{1}{2}\right)^{-1-6} = \left(\dfrac{1}{2}\right)^{-7}$

$= (2^{-1})^{-7} = 2^7 = 128$

My Top Secret   서울대 선배의 ❶ 등급 대비 전략

지수함수의 밑이 $\dfrac{1}{2}$과 같이 1보다 작은 단위분수 꼴인 경우 지수함수의 밑을 역수인 2로 바꾸고 지수에 -1을 곱하여 나타낼 수 있어.
이 경우 합성함수 $h(x) = 2^{-(x-1)(x-3)-a} = 2^{-(x-2)^2-a+1}$로 쓸 수 있으므로 주어진 범위에서 이 합성함수의 지수 $-(x-2)^2-a+1$의 최댓값과 최솟값을 확인하면 합성함수의 최댓값과 최솟값도 확인할 수 있어.

C 210 정답 ⑤   ⚡2등급 대비 [정답률 15%]

* 곡선과 직선이 만나는 점의 좌표를 간단하게 표현하여 필요한 선분의 길이, 직선의 기울기를 구하여 비교하기 [유형 09]

그림과 같이 1보다 큰 두 실수 a, b에 대하여 직선 $y = a$가 두 곡선 $y = 2^x$, $y = \left(\dfrac{1}{4}\right)^x$과 만나는 점을 각각 A, B라 하고,

직선 $y = \dfrac{1}{b}$이 두 곡선 $y = 2^x$, $y = \left(\dfrac{1}{4}\right)^x$과 만나는 점을 각각 C, D라 하자. [보기]에서 옳은 것만을 있는 대로 고른 것은? (4점)

단서2 네 점 A, B, C, D의 좌표를 a, b로 각각 나타낼 수 있겠지?

단서1 ▶
두 곡선 $y = 2^x$, $y = \left(\dfrac{1}{4}\right)^x$이 y축과 만나는 점의 좌표가 $(0, 1)$이므로 직선 $y = 1$은 두 직선 $y = a$, $y = \dfrac{1}{b}$ 사이에 있다는 것을 그림을 통해 확인할 수 있어.

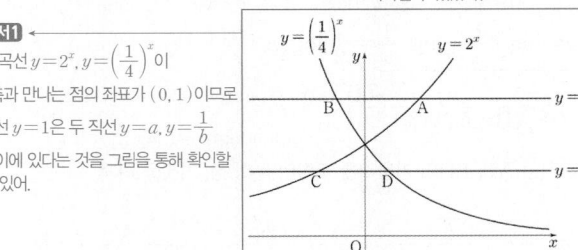

[보기]

ㄱ. $a = b$이면 $\overline{AB} = \overline{CD}$이다.

ㄴ. 직선 AC의 기울기를 m_1, 직선 BD의 기울기를 m_2라 하면 $2m_1 + m_2 = 0$이다.

ㄷ. 직선 AC와 직선 BD가 서로 수직이고 직선 AD의 기울기가 $2\sqrt{2}$이면 사각형 ABCD는 마름모이다.

① ㄱ   ② ㄷ   ③ ㄱ, ㄴ

④ ㄴ, ㄷ   ⑤ ㄱ, ㄴ, ㄷ

왜 2등급? 이 문제는 지수함수 $y = a^x$의 그래프와 직선 $y = N$의 교점의 좌표를 $a^x = N$이면 $x = \log_a N$임을 이용하여 구하고 ㄱ, ㄴ, ㄷ의 참, 거짓을 따지는 문제이다.
이를 위해서는 다양한 로그의 성질

$\log_2 a + \log_2 b = \log_2 ab$,

$\log_2 a - \log_2 b = \log_2 \dfrac{a}{b}$,

$\log_2 a^{-1} = -\log_2 a$, $\log_{2^{-1}} a = -\log_2 a$,

$\log_{2^{-2}} a = -\dfrac{1}{2}\log_2 a$ 등을

적절하게 이용하는 것이 어려웠다.

단서+발상

단서1 주어진 함수의 그래프와 주어진 조건을 살펴본다. 평행이동이 없는 지수함수의 그래프이므로 y축과 만나는 점의 좌표는 $(0, 1)$이다. **개념**
따라서 두 점 A, B의 y좌표는 1보다 크고, 두 점 C, D의 y좌표는 1보다 작다. **발상**

단서2 네 점 A, B, C, D의 좌표를 각각 구하여 이용할 수 있는 로그의 성질을 이용하여 두 선분의 길이를 간단히 나타내어 $a = 6$일 때 $\overline{AB} = \overline{CD}$인지 알아본다. **발상**
또, 직선의 기울기를 구하는 식을 이용하여 두 직선의 기울기의 관계식 $2m_1 + m_2 = 0$인지 알아본다. **적용**
두 대각선이 수직으로 만나는 평행사변형은 마름모임을 이용하여 **개념**
사각형 ABCD가 마름모인지 알아본다. **해결**

주의 여러 가지 사각형 사이의 관계를 정확하게 알고 있어야 한다.

(핵심 정답 공식: $a^x = N$이면 $x = \log_a N$)

1st 네 점 A, B, C, D의 좌표를 각각 구하자.

네 점 A, B, C, D의 좌표는 각각 $A(\log_2 a, a)$, $B(\log_{\frac{1}{4}} a, a)$,

> 점 A는 두 함수 $y=2^x$, $y=a$의 그래프의 교점이므로 $2^x=a$야. 즉, x좌표는 $\log_2 a$라 할 수 있어.
> 나머지 세 점 B, C, D의 각각의 x좌표도 같은 과정으로 구할 수 있어.

$C\left(\log_2 \dfrac{1}{b}, \dfrac{1}{b}\right)$, $D\left(\log_{\frac{1}{4}} \dfrac{1}{b}, \dfrac{1}{b}\right)$이다.

2nd $a=b$임을 이용하여 ㄱ의 참, 거짓을 따져.

ㄱ. $a=b$이면

$$\overline{AB}=\log_2 a - \log_{\frac{1}{4}} a = \frac{3}{2}\log_2 a$$

> 선분 AB는 x축과 평행하므로 길이는 두 점의 x좌표의 차로 계산할 수 있어.
> $\overline{AB}=\log_2 a - \log_{\frac{1}{4}} a = \log_2 a - \log_{2^{-2}} a = \log_2 a + \frac{1}{2}\log_2 a = \frac{3}{2}\log_2 a$

$$\overline{CD}=\log_{\frac{1}{4}}\frac{1}{a} - \log_2 \frac{1}{a} = \frac{3}{2}\log_2 a$$

이므로 $\overline{AB}=\overline{CD}$ (참)

> $\overline{CD}=\log_{\frac{1}{4}}\frac{1}{a}-\log_2\frac{1}{a}=\log_{2^{-2}}a^{-1}-\log_2 a^{-1}$
> $=\frac{1}{2}\log_2 a+\log_2 a=\frac{3}{2}\log_2 a$

3rd 두 직선 AC, BD의 기울기를 구하여 ㄴ의 참, 거짓을 따져.

ㄴ. $m_1=\dfrac{a-\dfrac{1}{b}}{\log_2 a - \log_2 \dfrac{1}{b}}=\dfrac{a-\dfrac{1}{b}}{\log_2 a + \log_2 b}=\dfrac{a-\dfrac{1}{b}}{\log_2 ab}$ ⋯ ㉠

> **[직선 AB의 기울기]**
> 두 점 $A(x_1, y_1)$, $B(x_2, y_2)$일 때 직선 AB의 기울기는 $\dfrac{y_2-y_1}{x_2-x_1}$ 또는 $\dfrac{y_1-y_2}{x_1-x_2}$

$m_2=\dfrac{a-\dfrac{1}{b}}{\log_{\frac{1}{4}} a - \log_{\frac{1}{4}} \dfrac{1}{b}}=\dfrac{a-\dfrac{1}{b}}{\log_{\frac{1}{4}} ab}=-2\times\dfrac{a-\dfrac{1}{b}}{\log_2 ab}=-2m_1$

> $=m_1 (\because ㉠)$

$\therefore 2m_1 + m_2 = 0$ ⋯ ㉡ (참)

4th 두 직선이 수직임을 이용하여 ㄷ의 참, 거짓을 따져.

> 두 직선이 수직으로 만나면 두 직선의 기울기의 곱이 -1이어야 해.

ㄷ. 직선 AC의 기울기를 $m(m>0)$이라 하면 ㉡에 의하여 직선 BD의

기울기는 $m_2=-2m_1=-2m$이고,

직선 AC와 직선 BD가 서로 수직이므로

$$m \times (-2m)=-1, \ m^2=\frac{1}{2} \quad \therefore m=\frac{\sqrt{2}}{2} (\because m>0)$$

㉠에 의하여 $\dfrac{a-\dfrac{1}{b}}{\log_2 ab}=\dfrac{\sqrt{2}}{2}$이므로 $a-\dfrac{1}{b}=\dfrac{\sqrt{2}}{2}\log_2 ab$ ⋯ ㉢

직선 AD의 기울기는

$\dfrac{a-\dfrac{1}{b}}{\log_2 a - \log_{\frac{1}{4}} \dfrac{1}{b}}=\dfrac{a-\dfrac{1}{b}}{\log_2 a - \dfrac{1}{2}\log_2 b}=\dfrac{a-\dfrac{1}{b}}{\log_2 \dfrac{a}{b^{\frac{1}{2}}}}=2\sqrt{2}$

이므로 $a-\dfrac{1}{b}=2\sqrt{2}\times\dfrac{1}{2}\log_2 \dfrac{a^2}{b}$

> $\log_2\left\{\left(\dfrac{a}{b^{\frac{1}{2}}}\right)^2\right\}^{\frac{1}{2}}=\dfrac{1}{2}\log_2\dfrac{a^2}{b}$

$\therefore a-\dfrac{1}{b}=\sqrt{2}\log_2 \dfrac{a^2}{b}$ ⋯ ㉣

㉢=㉣에 의하여 $\dfrac{\sqrt{2}}{2}\log_2 ab = \sqrt{2}\log_2 \dfrac{a^2}{b}$

$\log_2 ab = \log_2 \left(\dfrac{a^2}{b}\right)^2$, $\log_2 ab = \log_2 \dfrac{a^4}{b^2}$

밑이 2로 같으므로 진수를 비교하면 $ab=\dfrac{a^4}{b^2}$, $a^3=b^3$

$\therefore a=b$, $\overline{AB}=\overline{CD} (\because ㄱ)$

따라서 사각형 ABCD는 $\overline{AB}//\overline{CD}$이고, $\overline{AB}=\overline{CD}$이므로

평행사변형이고 두 대각선 AC, BD가 서로 수직이므로

사각형 ABCD는 마름모이다. (참)

따라서 옳은 것은 ㄱ, ㄴ, ㄷ이다.

C 211 정답 4 ⭐2등급 대비 [정답률 15%]

*지수함수 그래프의 평행이동 [유형 02]

> 양의 실수 a에 대하여 함수 $f(x)$를
> $$f(x)=\begin{cases} 2^x + 2^{-a} - 2 & (x<a) \\ 2^{-x} + 2^a - 2 & (x \geq a) \end{cases}$$
> **단서1** $0<a<1$일 때, $a=1$일 때, $a>1$일 때의 3가지 경우로 나눠 점근선을 구해.
> 라 할 때, 함수 $f(x)$가 다음 조건을 만족시키도록 하는 a의 최댓값을 M, 최솟값을 m이라 하자.
> **단서2** 함수 $y=|f(x)|$의 그래프를 정확히 그리기 위해서는 점근선의 부호를 정확히 파악해야 하지.
>
> > 함수 $y=|f(x)|$의 그래프와 직선 $y=k$가 서로 다른 두 점에서 만나도록 하는 양수 k는 오직 하나뿐이다.
>
> $2^{M+m}=p+\sqrt{q}$일 때, $p+q$의 값을 구하시오.
> (단, p와 q는 자연수이다.) (4점)

왜 2등급? 실수의 범위에 따라 달라지는 그래프의 개형들을 모두 그려 가능한 경우의 범위만 구해내는 문제이다. 고려해야 할 경우가 많고 계산이 복잡해서 어려웠다.

🧠 단서+발상

단서1 $0<a<1$일 때 점근선은 $x<a$에서 $y=2^{-a}-2<0$이고, $x\geq a$에서 $y=2^a-2<0$이다. $a=1$일 때와 $a>1$에서의 점근선과 부호도 파악해본다. **적용**

단서2 함수에 절댓값을 씌울 때 함숫값이 음수인 그래프 부분을 x축 대칭을 해주면 된다. **개념**
앞서 구한 점근선들을 이용해 세 가지 경우의 그래프를 각각 그려보고, 조건을 만족시키는 k의 값이 오직 하나만 존재할 경우의 a값 범위들을 모두 구하면 된다. **해결**

주의 점근선의 절댓값과 $x=a$에서의 함숫값의 대소 관계가 달라지는 a값도 찾아 경우를 나눠주어야 한다.

(**핵심 정답 공식:** 지수방정식을 치환하여 이차방정식으로 바꾼 후 근을 구한다.)

------------------------ [문제 풀이 순서] ------------------------

1st $a>1$일 때 함수 $y=|f(x)|$의 그래프와 직선 $y=k$가 서로 다른 두 점에서 만나도록 하는 양수 k의 개수를 구해.

함수 $f_1(x)=2^x + 2^{-a} - 2$, $f_2(x)=2^{-x}+2^a-2$라 하자.

두 함수 $y=f_1(x)$와 $y=f_2(x)$의 그래프의 점근선은 각각

$y=2^{-a}-2$, $y=2^a-2$이다.

$c_1 = 2^{-a}-2$ ⋯ ㉠, $c_2 = 2^a - 2$ ⋯ ㉡라 하면

$\underline{a>1}$일 때, $c_1 < 0$, $c_2 > 0$이다.

> $a>1$이면 $2^{-a}=\left(\dfrac{1}{2}\right)^a<\dfrac{1}{2}$이므로 $2^{-a}-2<0$이지.
> 또한, $2^a>2$이므로 $2^a-2>0$임을 알 수 있어.

이때, 두 함수 $y=|f_1(x)|$, $y=|f_2(x)|$의 그래프의 점근선은 각각

$y=|c_1|=-c_1$, $y=|c_2|=c_2$이고,

$x=a$일 때, $f(a)=\underline{f_2(a)=2^{-a}+2^a-2}$ ⋯ ㉢이므로

> $2^{-a}>0$이고, $2^a-2>0$이므로 $f_2(a)>0$이어야.

$|c_1|$, $|c_2|$, $f(a)$의 대소 관계를 알아보자.

$|c_1|=|f(a)|$에서 $-c_1 = f(a)$인 a의 값을 구하자.

$-2^{-a}+2 = 2^{-a}+2^a-2 (\because ㉠, ㉢)$

$2\times 2^{-a}+2^a-4=0$의 양변에 $2^a(2^a>2)$를 곱하면

$2+(2^a)^2-4\times 2^a=0$이고, $2^a=t(t>2)$라 하면

이차방정식 $t^2-4t+2=0$의 근은 $\underline{t=2+\sqrt{2}} (\because t>2)$이고,

> $a>1$인 경우 $t=2^a>2$이므로 $2-\sqrt{2}$는 해가 될 수 없지.

$2^a=2+\sqrt{2}$이므로

$a=\log_2 (2+\sqrt{2})$

또한, $|c_1|=|c_2|$에서 $-c_1=c_2$인 a의 값을 구하자.

$-2^{-a}+2=2^a-2$ $(\because$ ㉠, ㉡$)$

$2^{-a}+2^a-4=0$의 양변에 $2^a(2^a>2)$를 곱하면

$1+(2^a)^2-4\times2^a=0$이므로

이차방정식 $t^2-4t+1=0$의 근은 $\underline{t=2+\sqrt{3}}$ $(\because t>2)$이고,
$a>1$인 경우 $t=2^a>2$이므로 $2-\sqrt{3}$은 해가 될 수 없지.

$2^a=2+\sqrt{3}$이므로

$a=\log_2(2+\sqrt{3})$

따라서 $a=\log_2(2+\sqrt{2})$ 또는 $a=\log_2(2+\sqrt{3})$일 때

$|c_1|$, $|c_2|$, $f(a)$의 대소 관계가 달라지며 그래프의 개형도 다음과 같이

달라진다.

(i) $1<a\leq\log_2(2+\sqrt{2})$인 경우

$0<k\leq c_2$인 경우 함수 $y=|f(x)|$의 그래프와 직선 $y=k$가 서로 다른 두 점에서 만나지.

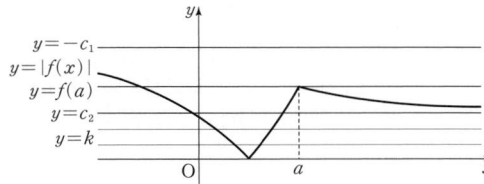

(ii) $\log_2(2+\sqrt{2})<a<\log_2(2+\sqrt{3})$인 경우

$0<k\leq c_2$인 경우 함수 $y=|f(x)|$의 그래프와 직선 $y=k$가 서로 다른 두 점에서 만나지.

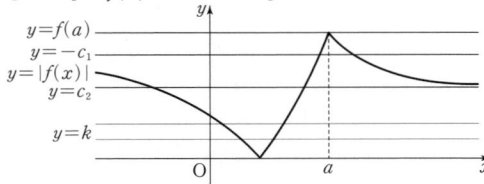

(iii) $a\geq\log_2(2+\sqrt{3})$인 경우

$0<k<-c_1$인 경우 함수 $y=|f(x)|$의 그래프와 직선 $y=k$가 서로 다른 두 점에서 만나지.

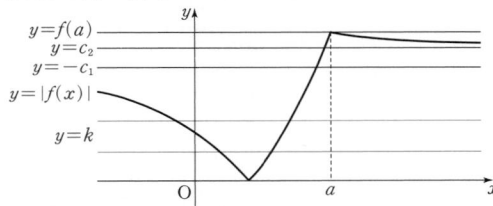

(i)~(iii)에 의하여 함수 $y=|f(x)|$의 그래프와 직선 $y=k$가 서로 다른 두 점에서 만나도록 하는 양수 k의 값은 무수히 많다.

2nd $a=1$일 때 함수 $y=|f(x)|$의 그래프와 직선 $y=k$가 서로 다른 두 점에서 만나도록 하는 양수 k의 개수를 구해.

(iv) $a=1$일 때,

$y=|c_1|=-c_1=-2^{-1}+2=2-\dfrac{1}{2}=\dfrac{3}{2}$

$y=|c_2|=c_2=2^1-2=0$

$x=a$일 때, $f(a)=f_2(a)=2^{-1}+2^1-2=\dfrac{1}{2}$이므로

함수 $y=|f(x)|$의 그래프와 직선 $y=k$가 서로 다른 두 점에서

만나도록 하는 양수 k의 값은 $\dfrac{1}{2}$로 오직 하나뿐이다.

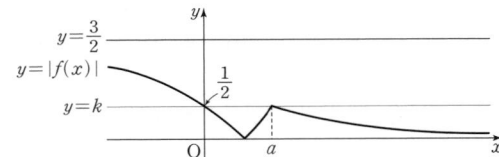

3rd $0<a<1$일 때 함수 $y=|f(x)|$의 그래프와 직선 $y=k$가 서로 다른 두 점에서 만나도록 하는 양수 k의 개수를 구해.

$|c_1|$, $|c_2|$, $f(a)$의 대소 관계를 알아보자.

$c_1=2^{-a}-2<0$, $c_2=2^a-2<0$이므로

$|c_1|=-c_1=-2^{-a}+2$ ··· ㉣, $|c_2|=-c_2=-2^a+2$ ··· ㉤이고,

$x=a$일 때, $f(a)=2^{-a}+2^a-2$ ··· ㉥≥0이므로 $|c_1|>f(a)$이다.

앞에서 이미 $|c_1|=|f(a)|$에서 $-c_1=f(a)$를
만족시키기 위해서는 $a=\log_2(2+\sqrt{2})$임을 보였지.
이때, $a<\log_2(2+\sqrt{2})$인 경우 $-c_1>f(a)$임을 알 수 있고
$1<\log_2(2+\sqrt{2})$이므로 $0<a<1$인 경우도
$-c_1>f(a)$가 성립하지.

또한, $|c_2|=f(a)$에서 $-c_2=f(a)$인 a의 값을 구하자.

$-2^a+2=2^{-a}+2^a-2$ $(\because$ ㉤, ㉥$)$

$2^{-a}+2\times2^a-4=0$의 양변에 $2^a(1<2^a<2)$를 곱하면

$1+2\times(2^a)^2-4\times2^a=0$이고, $2^a=S(1<S<2)$라 하면

이차방정식 $2S^2-4S+1=0$의 근은

$S=\dfrac{2+\sqrt{2}}{2}$ $(\because 1<S<2)$

$0<a<1$인 경우 $2^a>1$인데 $\dfrac{2-\sqrt{2}}{2}<1$이므로 방정식의 해가 될 수 없지.

$2^a=\dfrac{2+\sqrt{2}}{2}$이므로 $a=\log_2\dfrac{2+\sqrt{2}}{2}$

따라서 $a=\log_2\dfrac{2+\sqrt{2}}{2}$일 때 $|c_2|$, $f(a)$의 대소 관계가 달라지며

그래프의 개형도 다음과 같이 달라진다.

(v) $0<a<\log_2\dfrac{2+\sqrt{2}}{2}$일 때,

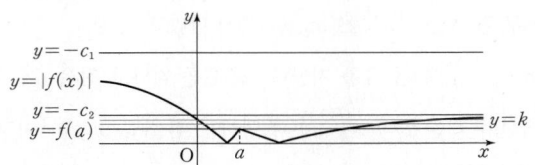

이 경우 $f(a)<k<-c_2$인 임의의 양수 k에 대하여

함수 $y=|f(x)|$의 그래프와 직선 $y=k$가 서로 다른 두 점에서

만나므로 조건을 만족시키지 않는다.

(vi) $\log_2\dfrac{2+\sqrt{2}}{2}\leq a<1$일 때,

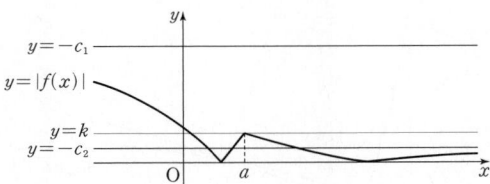

이 경우 함수 $y=|f(x)|$의 그래프와 직선 $y=k$가 서로 다른

두 점에서 만나도록 하는 양수 k의 값은 $f(a)$로 오직 하나뿐이다.

(i)~(vi)에 의하여 함수 $y=|f(x)|$의 그래프와 직선 $y=k$가 서로 다른

두 점에서 만나도록 하는 양수 k가 오직 하나뿐인 a의 값의 범위는

$\log_2\dfrac{2+\sqrt{2}}{2}\leq a\leq1$ $(\because$ (iv), (vi)$)$이고,

$M=1$, $m=\log_2\dfrac{2+\sqrt{2}}{2}$이므로

$\begin{aligned}2^{1+\log_2\frac{2+\sqrt{2}}{2}}&=2^{1+\log_2(2+\sqrt{2})-\log_2 2}\\&=2^{1+\log_2(2+\sqrt{2})-1}\\&=2^{\log_2(2+\sqrt{2})}\\&=2+\sqrt{2}\end{aligned}$

$2^{M+m}=2^{1+\log_2\frac{2+\sqrt{2}}{2}}=2+\sqrt{2}$이다. 이지.

따라서 $2^{M+m}=p+\sqrt{q}=2+\sqrt{2}$이므로 $p+q=4$

1등급 대비 **특강**

✳ 절댓값이 같은 경우의 식을 세운 이유

이 문제에서는 a의 경우를 세 가지로 나누고, 두 점근선의 절댓값 또는 $f(a)$의 값과 점근선의 절댓값이 같은 경우의 식을 세우면 지수 형태의 방정식을 구할 수 있다. 이때 $2^a=t$로 치환하여 구해진 이차방정식에서 t의 값을 구하고, t를 통해 a의 값을 다시 도출한 후, 이 값을 기준으로 세부적으로 다시 경우를 나누면 돼.

C 212　정답 ②　　　　　★2등급 대비　[정답률 15%]

*지수함수와 로그함수의 그래프의 교점의 활용 [유형 19]

단세1 x_2-x_1의 값과 y_2-y_1의 값의 비를 알 수 있지.

그림과 같이 **기울기가 $\frac{1}{3}$인 직선 l이 곡선 $y=\log_4 ax$와 서로 다른 두 점 A(x_1, y_1), B(x_2, y_2)에서 만나고, 곡선 $y=b\times\left(\frac{1}{3}\right)^x$이 점 A를 지난다. 점 B를 지나고 직선 l에 수직인 직선이 곡선 $y=b\times\left(\frac{1}{3}\right)^x$과 만나는 점을 C$(x_3, y_3)$이라 하자. $\overline{\text{AB}}=\overline{\text{BC}}=\sqrt{10}$일 때, [보기]에서 옳은 것만을 있는 대로 고른 것은?** (단, a, b는 양수이고, $x_1<x_2<x_3$이다.) (4점)

단세2 두 선분의 길이가 같으므로 x_3-x_1의 값과 y_1-y_3의 값을 각각 구할 수 있지

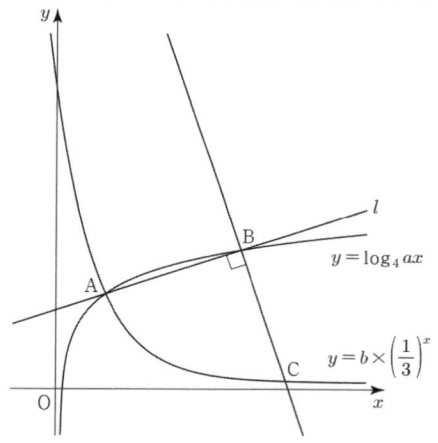

[보기]

ㄱ. $x_2-x_1=3$
ㄴ. $x_3-x_1=2(y_1-y_3)$
ㄷ. $a^2=4^b$

단세3 a와 b의 관계를 구해야 하므로 두 곡선 $y=\log_4 ax$와 $y=b\times\left(\frac{1}{3}\right)^x$을 모두 지나는 점 A를 이용하면 되지

① ㄱ　　② ㄱ, ㄴ　　③ ㄱ, ㄷ
④ ㄴ, ㄷ　　⑤ ㄱ, ㄴ, ㄷ

2등급? 지수함수와 로그함수의 그래프의 교점을 활용하여 주어진 조건을 해결하는 문제이다.
이를 위해서 주어진 조건을 어떤 교점의 관계식에서 찾을 수 있는지 파악하는 것이 어려웠다.

🧠 단서+발상

단세1 기울기가 제시되어 있으므로 $\frac{y_2-y_1}{x_2-x_1}=\frac{1}{3}$임을 알 수 있다.
　　즉, $3\times(y_2-y_1)=x_2-x_1$이므로 두 값 사이의 비를 알 수 있다. (개념)

단세2 $\overline{\text{AB}}=\sqrt{(x_2-x_1)^2+(y_2-y_1)^2}=\sqrt{10}$이므로 단세1의 식을 대입하면 $10\times(y_2-y_1)=10$이다. 따라서 $y_2-y_1=1$이고 $x_2-x_1=3$임을 알 수 있다. (적용)

단세3 주어진 식은 a와 b 사이의 관계를 구하는 것이기 때문에 두 곡선 $y=\log_4 ax$와 $y=b\times\left(\frac{1}{3}\right)^x$을 모두 지나는 점 A$(x_1, y_1)$을 활용해야 한다. 즉, 점 A의 x좌표는 방정식 $\log_4 ax=b\times\left(\frac{1}{3}\right)^x$의 근이다. (발상)
x_1의 값을 알기 위해 점 B의 좌표가 (x_1+3, y_1+1)로 표현된다는 사실을 활용하여 x_1의 값을 계산한다. (해결)

주의 일반적으로 지수함수와 로그함수의 교점에 대한 좌표의 값은 구하는 게 쉽지 않다. 따라서 교점이라고 바로 방정식의 근을 찾으려고 하지 말아야 한다. 주어진 조건이 요구하는 것이 무엇인지 파악하고 나서 해당 조건을 어디에서 찾을 수 있는지 살피는 게 우선 필요하다.

핵심 정답 공식: 두 점 A(x_1, y_1), B(x_2, y_2) 사이의 거리를 d라 하면 $d=\sqrt{(x_2-x_1)^2+(y_2-y_1)^2}$이고, 기울기는 $\frac{y_2-y_1}{x_2-x_1}$ 또는 $\frac{y_1-y_2}{x_1-x_2}$

-------------------- [문제 풀이 순서] --------------------

1st 두 점 A, B를 지나는 직선 l의 기울기를 이용하여 x_2-x_1의 값을 구해.

ㄱ. 점 B에서 x축에 내린 수선의 발을 P, 점 A에서 선분 BP에 내린 수선의 발을 Q, 점 C에서 선분 BP에 내린 수선의 발을 R라 하자.

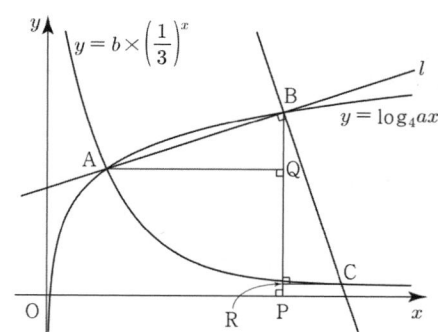

직선 l의 기울기가 $\frac{1}{3}$이므로

$\dfrac{\overline{\text{BQ}}}{\overline{\text{AQ}}}=\dfrac{y_2-y_1}{x_2-x_1}=\dfrac{1}{3}$, $y_2-y_1=\dfrac{1}{3}(x_2-x_1)$

$\overline{\text{AB}}=\sqrt{\overline{\text{AQ}}^2+\overline{\text{BQ}}^2}=\sqrt{(x_2-x_1)^2+(y_2-y_1)^2}=\sqrt{10}$에서

$(x_2-x_1)^2+(y_2-y_1)^2=10$

$(x_2-x_1)^2+\dfrac{1}{9}(x_2-x_1)^2=10$　→ $y_2-y_1=\frac{1}{3}(x_2-x_1)$을 대입하면 돼

$\dfrac{10}{9}(x_2-x_1)^2=10$, $(x_2-x_1)^2=9$

$\therefore x_2-x_1=3$, $y_2-y_1=\dfrac{1}{3}(x_2-x_1)=1$ (참)

2nd 두 삼각형 ABQ와 BCR가 합동임을 이용하여 x_3-x_1의 값과 y_1-y_3의 값을 각각 구해.

ㄴ. $\angle\text{AQB}=\angle\text{BRC}=\dfrac{\pi}{2}$이고, 직각삼각형 AQB에서

$\angle\text{ABQ}=\alpha$, $\angle\text{BAQ}=\beta$라 하면 $\alpha+\beta=\dfrac{\pi}{2}$이고, $\angle\text{ABC}=\dfrac{\pi}{2}$이므로

$\angle\text{ABC}=\angle\text{ABR}+\angle\text{CBR}=\angle\text{ABQ}+\angle\text{CBR}$
　　　$=\alpha+\angle\text{CBR}=\dfrac{\pi}{2}$

$$\therefore \angle CBR = \frac{\pi}{2} - \alpha = \beta$$

직각삼각형 CBR에서 $\angle CBR + \angle BCR = \frac{\pi}{2}$이므로

└→ $\angle BRC = \frac{\pi}{2}$이므로 삼각형 BRC에서 $\angle CBR + \angle BCR = \pi - \frac{\pi}{2} = \frac{\pi}{2}$

$$\beta + \angle BCR = \frac{\pi}{2} \quad \therefore \angle BCR = \frac{\pi}{2} - \beta = \alpha$$

$$\therefore \angle ABQ = \angle BCR$$

$\overline{AB} = \overline{BC} = \sqrt{10}$이므로 두 직각삼각형 ABQ와 BCR는 RHA합동이다.

ㄱ에서 $x_2 - x_1 = 3$이므로 $\overline{AQ} = \overline{BR} = 3$이고 $\overline{BQ} = \overline{CR} = 1$이다.

└→ 두 점 A, B를 지나는 직선의 기울기가 $\frac{1}{3}$이므로 $\overline{AQ} = 3$이면 $\overline{BQ} = 1$이지.

$$x_3 - x_1 = \overline{AQ} + \overline{CR} = 3 + 1 = 4,$$
$$y_1 - y_3 = \overline{QR} = \overline{BR} - \overline{BQ} = 3 - 1 = 2$$이므로
$$x_3 - x_1 = 2(y_1 - y_3) = 2 \times 2 = 4 \text{ (참)}$$

3rd 두 곡선 $y = \log_4 ax$와 $y = b \times \left(\frac{1}{3}\right)^x$을 모두 지나는 점 A의 좌표를 이용하여 a와 b의 관계를 구해.

ㄷ. ㄱ에 의하여 $A(x_1, y_1)$이므로 $B(x_2, y_2) = (x_1 + 3, y_1 + 1)$이다.

두 점 A, B는 곡선 $y = \log_4 ax$ 위에 있으므로

$$y_1 = \log_4 ax_1 \cdots ㉠$$
$$y_1 + 1 = \log_4 a(x_1 + 3) \cdots ㉡$$

㉠을 ㉡에 대입하면 └→ $\log_4 ax_1 + 1 = \log_4 ax_1 + \log_4 4 = \log_4 4ax_1$

$$\underline{\log_4 ax_1 + 1 = \log_4 a(x_1 + 3)},$$
$$\underline{\log_4 4ax_1 = \log_4 a(x_1 + 3)}$$

└→ 양수 m, n에 대하여 $\log_4 m = \log_4 n \Longleftrightarrow m = n$

$$4ax_1 = a(x_1 + 3), \ 4x_1 = x_1 + 3, \ 3x_1 = 3 \ (\because a > 0) \quad \therefore x_1 = 1$$

또한, 점 A는 곡선 $y = b \times \left(\frac{1}{3}\right)^x$ 위에 있으므로

$$y_1 = b \times \left(\frac{1}{3}\right)^{x_1} \cdots ㉢$$

└→ $4^{\frac{2}{3}b} = 4^b$이 성립한다고 가정하면 $\frac{2}{3}b = b$가 되어 $b = 0$이지. 이는 b가 양수라는 조건에 모순이야.

㉠을 ㉢에 대입하면 $\log_4 ax_1 = b \times \left(\frac{1}{3}\right)^{x_1}$이고 따라서 $4^{\frac{2}{3}b} \neq 4^b$이고 ㄷ은 거짓이야.

$x_1 = 1$이므로 $\log_4 a = \frac{b}{3}$, $a = 4^{\frac{b}{3}}$ $\quad \therefore a^2 = 4^{\frac{2}{3}b}$ (거짓)

따라서 옳은 것은 ㄱ, ㄴ이다.

다른 풀이: $\overline{BC}$의 기울기와 길이를 이용하여 ㄴ의 참·거짓 판별하기

ㄴ. 두 점 $B(x_2, y_2)$, $C(x_3, y_3)$을 지나는 직선은 직선 l과 수직으로 만나므로 기울기는 -3이야.

$$\frac{y_3 - y_2}{x_3 - x_2} = -3, \ y_3 - y_2 = -3(x_3 - x_2)$$

$\overline{BC} = \sqrt{(x_3 - x_2)^2 + (y_3 - y_2)^2} = \sqrt{10}$에서

$$(x_3 - x_2)^2 + 9(x_3 - x_2)^2 = 10$$
$$10(x_3 - x_2)^2 = 10, \ (x_3 - x_2)^2 = 1$$
$$\therefore x_3 - x_2 = 1, \ y_3 - y_2 = -3$$

$$\begin{array}{ll} x_3 - x_2 = 1 & y_3 - y_2 = -3 \\ +)\ x_2 - x_1 = 3 & +)\ y_2 - y_1 = 1 \\ \hline x_3 - x_1 = 4 & y_3 - y_1 = -2 \end{array}$$

$$\therefore x_3 - x_1 = -2(y_3 - y_1) = 2(y_1 - y_3) \text{ (참)}$$

My Top Secret　서울대 선배의 **①** 등급 대비 전략

지수함수와 로그함수의 그래프의 교점의 x좌표는 두 함수를 연립하여 만든 방정식의 근이기 때문에 주어진 조건을 구하기 위해서 필요한 관계식을 어디에서 얻을 수 있는지 판단하는 것이 중요해.

C 213 정답 ② $\cdots\cdots$ ★1등급 대비 [정답률 7%]

＊주기함수와 로그함수 그래프의 교점의 개수 구하기 [유형 20]

실수 전체의 집합에서 정의된 함수 $f(x)$가 다음 조건을 만족시킨다.

(가) $f(x) = \begin{cases} x + 2 & (0 \leq x < 1) \\ -2x + 5 & (1 \leq x \leq 2) \end{cases}$ **단서1** y축에 대칭인 동시에 주기가 4인 함수 $f(x)$의 그래프의 개형을 그릴 수 있지.

(나) 모든 실수 x에 대하여 $f(-x) = f(x)$이고 $f(x) = f(x + 4)$이다.

n이 자연수일 때, 함수 $y = \log_{2^n}(x + 2n)$의 그래프와 함수 $y = f(x)$의 그래프가 만나는 서로 다른 모든 점의 개수를 a_n이라 하자. $a_1 + a_2 + a_3$의 값은? (4점) **단서2** 함수 $f(x)$의 주기성을 이용하여 교점의 개수가 얼마나 증가하는지 구하면 되지.

① 532　②535　③ 538　④ 541　⑤ 544

왜 1등급? 대칭이면서 주기함수인 $y = f(x)$와 로그함수가 만나는 점의 개수를 구하는 문제이다.
이를 위해서 함수 $f(x)$의 주기성을 바탕으로 각 구간에서 교점의 개수가 몇 개인지 따져보는 것이 어려웠다.

단서 + 발상

단서1 $f(-x) = f(x)$이므로 $y = f(x)$의 그래프는 y축에 대하여 대칭이다. 또한, $f(x) = f(x + 4)$이므로 주기가 4이다. **유형**
$0 \leq x \leq 2$에서의 개형을 파악한 뒤, y축에 대하여 대칭인 점을 통해 $-2 \leq x \leq 2$에서의 그래프의 개형을 파악하면 실수 전체의 집합에서 $y = f(x)$의 개형을 파악할 수 있다. **적용**

단서2 함수 $f(x)$의 주기성을 이용하여 $p \leq x \leq p + 4$에서 교점의 개수가 몇 개인지 따져볼 수 있다. 이때 $f(x)$의 값이 1, 2, 3이 되는 x의 값을 기준으로 x의 값의 범위를 나누어 교점의 개수를 따져야 한다. **발상**

주의 교점의 개수를 하나씩 세기보다는 함수의 주기성을 이용하여 각 구간마다 교점의 개수가 몇 개인지 따져야 한다.

┌ **핵심 정답 공식:** 모든 실수 x에 대하여 $f(x) = f(x + a)$이면 함수 $f(x)$는 주기 ┐
└ 가 a인 주기함수이다. ┘

-------------------- [문제 풀이 순서] --------------------

1st $n = 1$일 때 함수 $y = \log_2(x + 2)$의 그래프와 함수 $y = f(x)$의 그래프가 만나는 교점의 개수를 구하자.

조건 (나)에서 모든 실수 x에 대하여 $f(-x) = f(x)$, $f(x) = f(x + 4)$
모든 실수 x에 대하여
(1) $f(x) = f(-x)$이면 함수 $f(x)$는 y축에 대하여 대칭이다.
(2) $f(x) = -f(-x)$이면 함수 $f(x)$는 원점에 대하여 대칭이다.
를 만족시키므로 함수 $y = f(x)$의 그래프는 y축에 대하여 대칭이고 주기가 4이다.

조건 (가)에서 $f(x) = \begin{cases} x + 2 & (0 \leq x < 1) \\ -2x + 5 & (1 \leq x \leq 2) \end{cases}$이므로 $1 \leq f(x) \leq 3$

$f(x) = 1$일 때, 함수 $y = f(x)$의 그래프가 직선 $y = 1$과 만나는 점의 x좌표는

$$\log_{2^n}(x + 2n) = 1, \ x + 2n = 2^n \quad \therefore x = 2^n - 2n$$

$f(x) = 2$일 때, 함수 $y = f(x)$의 그래프가 직선 $y = 2$와 만나는 점의 x좌표는

$$\log_{2^n}(x + 2n) = 2, \ x + 2n = 2^{2n} \quad \therefore x = 2^{2n} - 2n$$

$f(x) = 3$일 때, 함수 $y = f(x)$의 그래프가 직선 $y = 3$과 만나는 점의 x좌표는

$$\log_{2^n}(x + 2n) = 3, \ x + 2n = 2^{3n} \quad \therefore x = 2^{3n} - 2n$$

즉, 함수 $y=\log_{2^n}(x+2n)$의 그래프는 세 점 $(2^n-2n, 1)$, $(2^{2n}-2n, 2)$, $(2^{3n}-2n, 3)$을 지난다. … ㉠

 $1\leq f(x)\leq 3$이므로 로그함수와의 교점의 y좌표는 $1\leq y\leq 3$의 범위에서만 생기지. 그러므로 로그함수의 그래프가 $y=1, 2, 3$일 때 각각 어느 위치를 지나는지 파악하면 교점의 개수를 파악하기 쉬워.

(i) $n=1$일 때, 함수 $y=\log_2(x+2)$의 그래프는
세 점 $(0, 1)$, $(2, 2)$, $(6, 3)$을 지난다. ㉠에 $n=1$을 대입하여 구한 거야.
함수 $y=f(x)$의 그래프와 함수 $y=\log_2(x+2)$의 그래프가 만나는 점의 개수는 그림과 같이 5이다.

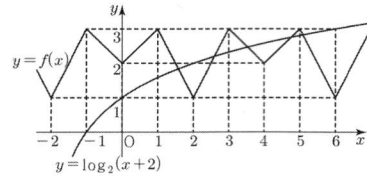

즉, $a_1=5$

2nd $n=2$일 때 함수 $y=\log_4(x+4)$의 그래프와 함수 $y=f(x)$의 그래프가 만나는 교점의 개수를 구하자.

(ii) $n=2$일 때, 함수 $y=\log_4(x+4)$의 그래프는
세 점 $(0, 1)$, $(12, 2)$, $(60, 3)$을 지난다.

i) $1\leq f(x)<2$일 때, ㉠에 $n=2$를 대입하여 구한 거야.
$0\leq x\leq 4$에서 함수 $y=f(x)$의 그래프와 함수 $y=\log_4(x+4)$의 그래프가 만나는 점의 개수는 2이고 함수 $y=f(x)$는 주기가 4이므로 $0\leq x<12$에서 함수 $y=f(x)$의 그래프와 함수 $y=\log_4(x+4)$의 그래프가 만나는 모든 점의 개수는

$2\times\dfrac{12}{4}=6$(개)

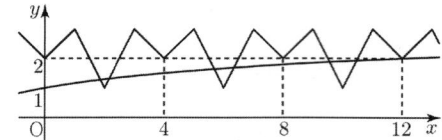

ii) $2\leq f(x)\leq 3$일 때,
$12\leq x\leq 16$에서 함수 $y=f(x)$의 그래프와 함수 $y=\log_4(x+4)$의 그래프가 만나는 점의 개수는 4이고 함수 $y=f(x)$는 주기가 4이므로 $12\leq x\leq 60$에서 함수 $y=f(x)$의 그래프와 함수 $y=\log_4(x+4)$의 그래프가 만나는 모든 점의 개수는

$4\times\dfrac{60-12}{4}=48$(개) n의 값이 커질수록 교점이 생기는 x의 범위가 점점 커지고 그래프를 직접 그려서 교점의 개수를 찾기 힘들지. 따라서 함수 $f(x)$의 주기가 4임을 이용하여 주기적으로 몇 개씩 교점이 생기는지 파악하는 게 중요해.

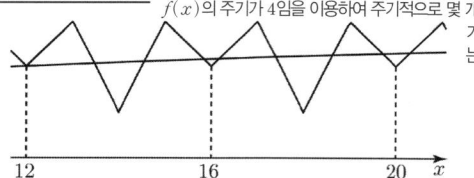

i), ii)에 의하여 $a_2=6+48=54$

3rd $n=3$일 때 함수 $y=\log_8(x+6)$의 그래프와 함수 $y=f(x)$의 그래프가 만나는 교점의 개수를 구하자.

(iii) $n=3$일 때, 함수 $y=\log_8(x+6)$의 그래프는
세 점 $(2, 1)$, $(58, 2)$, $(506, 3)$을 지난다.

i) $1\leq f(x)<2$일 때, ㉠에 $n=3$을 대입하여 구한 거야.
$2\leq x\leq 6$에서 함수 $y=f(x)$의 그래프와 함수 $y=\log_8(x+6)$의 그래프가 만나는 점의 개수는 2이고 함수 $y=f(x)$는 주기가 4이므로 $2\leq x<58$에서 함수 $y=f(x)$의 그래프와 함수 $y=\log_8(x+6)$의 그래프가 만나는 모든 점의 개수는

$2\times\dfrac{58-2}{4}=28$(개)

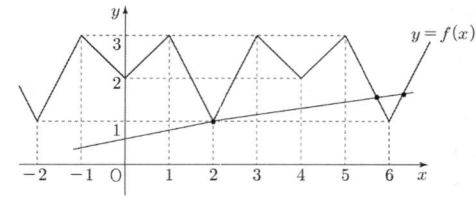

ii) $2\leq f(x)\leq 3$일 때,
$58\leq x\leq 62$에서 함수 $y=f(x)$의 그래프와 함수 $y=\log_8(x+6)$의 그래프가 만나는 점의 개수는 4이고 함수 $y=f(x)$는 주기가 4이므로 $58\leq x\leq 506$에서 함수 $y=f(x)$의 그래프와 함수 $y=\log_8(x+6)$의 그래프가 만나는 모든 점의 개수는

$4\times\dfrac{506-58}{4}=448$(개)

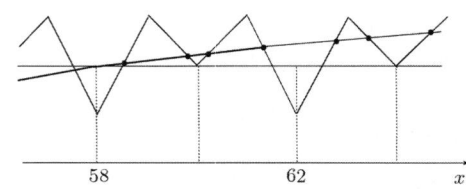

i), ii)에 의해 $a_3=28+448=476$
따라서 (i), (ii), (iii)에 의하여
$a_1+a_2+a_3=5+54+476=535$

1등급 대비 특강

* 꼭짓점에서 두 그래프가 만나는 교점의 개수
꼭짓점을 지나는 경우는 보통 그 주위에서 그래프와 한 점에서만 만나므로 교점의 개수를 셀 때는 꼭짓점을 지나는지를 주의해야 해. 이 문제의 경우 $f(x)=1$이 되는 점, $f(x)=2$가 되는 점, $f(x)=3$이 되는 점을 로그함수가 지나는지 따져야 교점을 셀 때, 놓치지 않을 수 있겠지?

C 214 정답 ① ●1등급 대비 [정답률 8%]

*일대일대응인 함수의 역함수와 원점 대칭인 함수 비교하기 [유형 20]

상수 k에 대하여 정의역과 공역이 각각 실수 전체의 집합인 함수

$$f(x)=\begin{cases} 2^{-x-2}-2 & (x<k) \\ -\log_2(x+2)-2 & (x\geq k) \end{cases}$$ **단서1** $f(x)$를 구성하는 두 함수가 서로 역함수임을 확인하자.

가 일대일대응이다. 함수 $g(x)$를 **단서2** 일대일대응이 되도록 하는 k의 값을 구해야 해.

$$g(x)=\begin{cases} \log_2(2-x)+2 & (x<-k) \\ -2^{-x-2}+2 & (x\geq -k) \end{cases}$$

라 할 때, $f(a)\leq b\leq g(a)$를 만족시키는 정수 a, b의 모든 순서쌍 (a, b)의 개수는? (단, $-2\leq a\leq 2$) (4점) **단서4** 정수 a의 값에 따라 가능한 b의 값을 세

① 31 ② 33 ③ 35
④ 37 ⑤ 39

단서3 k의 값에 따른 두 함수 $f(x)$와 $g(x)$의 그래프의 식을 살펴보면 x, y 값의 부호가 바뀌므로 두 함수 $f(x)$와 $g(x)$의 그래프는 원점 대칭이야.

주의
$f(x)\leq y\leq g(x)$를 만족시키는 순서쌍 (x, y)의 개수를 구해야 하지만, 조건을 잘 들여다 보면 정수 x, y에 대한 순서쌍이고, 가능한 x의 값의 범위가 $-2\leq x\leq 2$이므로 $x=-2, -1, 0, 1, 2$의 5개 뿐이야. 따라서 5가지 경우에 대하여 $f(a)\leq b\leq g(a)$를 만족시키는 순서쌍 (a, b)의 개수를 구하면 끝!

왜 1등급? 두 함수 $f(x)$, $g(x)$의 그래프의 각각의 특성과 두 함수 사이의 관계를 파악해서 순서쌍의 개수를 구해야 하는 문제이다.
이를 위해서 함수의 역함수(직선 $y=x$에 대한 대칭함수)와 함수의 원점 대칭인 함수의 특징을 잘 파악해야 하는 것이 어려웠다.

단서+발상

단서1 함수 $f(x)$의 구간 함수인 지수함수와 로그함수의 밑이 같고, 둘 중 하나를 기준으로 역함수를 구해 보면 나머지 함수가 나오는 것을 보고 구간 함수가 서로 역함수 관계임을 파악한다. **발상**

단서2 일대일대응이라는 힌트를 십분 활용하여야 한다. 일대일대응은 까다로운 말 같지만 역함수와 같이 일대일대응이 나오면 교점의 좌표는 무조건 직선 $y=x$ 위에 있어야 한다. (단, 함수와 역함수가 일치하지 않는 경우) **개념**

단서3 두 함수 $f(x)$와 $g(x)$의 그래프의 식을 살펴보면 x, y의 값의 부호가 바뀜을 알 수 있다. **발상**

단서4 정수 a가 $-2\leq x\leq2$이므로 각 $a=-2, -1, 0, 1, 2$에 따라 만족시키는 b의 개수를 세면 된다. 이때, k가 어떤 두 정수 사이의 값이냐에 따라 대입해야 하는 함수가 달라지기 때문에 k의 값의 범위를 확인해야 한다. **적용**

주의 함수의 그래프를 그리고, 특징을 간단히 나타낼 수 있도록 k의 값의 위치, a의 값의 범위에 따라 비교할 두 함수 $f(x)$, $g(x)$를 간단하게 표현해 내야 한다.

> **핵심 정답 공식:** 함수 $y=f(x)$에 대하여 x대신 $-x$, y 대신 $-y$를 대입한 함수 즉, $y=-f(-x)$는 원점 대칭인 함수이다.

-------------------- [문제 풀이 순서] --------------------

1st 상수 k의 값의 범위를 구하자.
> 함수 $y=-\log_2(x+2)-2$의 x, y 문자를 서로 바꾸면 $x=-\log_2(y+2)-2$이고, 이를 y에 대하여 정리하면 $y=2^{-x-2}-2$가 되므로 두 함수는 서로 역함수 관계야.

함수 $f(x)$를 이루는 두 곡선 $y=-\log_2(x+2)-2$와 $y=2^{-x-2}-2$는 직선 $y=x$에 대하여 대칭이다.
또한, 정의역과 공역이 각각 실수 전체의 집합인 함수 $f(x)$가 일대일대응이므로 상수 k의 값은 두 곡선의 교점의 x좌표이다.
> 함수와 역함수가 일치하는 경우를 제외하면 함수와 역함수가 만나는 곳은 직선 $y=x$와도 만나야 해.

주의 함수와 역함수의 그래프가 만난다면 교점은 항상 직선 $y=x$ 위에 있을까? 답은 거짓이야. 함수와 역함수가 일치하는 경우가 반례야. 따라서 함수와 역함수가 일치하는 경우를 제외한 함수와 역함수의 그래프가 만나는 교점은 직선 $y=x$ 위에 있다고 기억해 둬야 해.

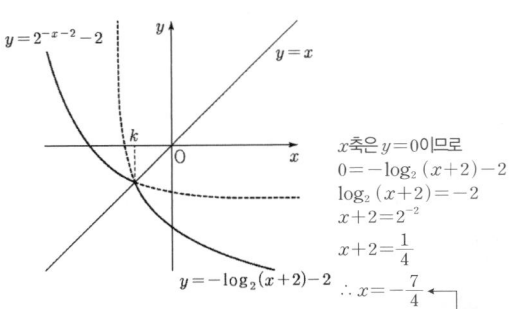

> x축은 $y=0$이므로
> $0=-\log_2(x+2)-2$
> $\log_2(x+2)=-2$
> $x+2=2^{-2}$
> $x+2=\dfrac{1}{4}$
> $\therefore x=-\dfrac{7}{4}$

곡선 $y=-\log_2(x+2)-2$와 x축의 교점의 x좌표가 $-\dfrac{7}{4}$이므로

$k>-\dfrac{7}{4}$이다. **주의** 그림에서 $k<0$이므로 $k=-1$일 때 성립하는지 확인해 보면 돼.

$k\geq-1$이라 가정하면 $k=-\log_2(k+2)-2$이므로
$k=-\log_2(k+2)-2\leq-\log_2\{(-1)+2\}-2=-2$가 되어 모순이다.
> 함수 $y=-\log_2(x+2)-2$는 감소함수이므로 부등호의 방향이 $k\geq-1$에서 $-\log_2(k+2)-2\leq-\log_2\{(-1)+2\}-2$로 바뀌어.

$\therefore k<-1$

따라서 k의 값의 범위는 $-\dfrac{7}{4}<k<-1$이다.

2nd 조건을 만족시키는 순서쌍의 개수를 구하자.

실수 a, b가 정수라는 조건에서 a의 값에 따른 순서쌍의 개수를 구하자. (단, $-2\leq a\leq2$)

두 함수 $y=f(x)$와 $y=g(x)$의 그래프는 그림과 같다.

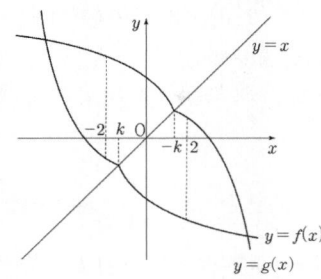

이때, $f(a)\leq b\leq g(a)$를 만족시키는 정수 a, b의 모든 순서쌍 (a, b)의 개수를 범위를 나누어 구해 보자. (단, $-2\leq a\leq2$)
또한, $k<-1$에서 $-k>1$이므로 주어진 두 함수 $f(x)$, $g(x)$의 식은 다음과 같다.
> 예를 들어, $x=-1$의 함숫값 $f(-1)$의 값을 구하려면 이 식에 대입해.

$$f(x)=\begin{cases}2^{-x-2}-2 & (x<-1.\times\times\times) \\ -\log_2(x+2)-2 & (x\geq-1.\times\times\times)\end{cases}$$

$$g(x)=\begin{cases}\log_2(2-x)+2 & (x<1.\times\times\times) \\ -2^{x-2}+2 & (x\geq1.\times\times\times)\end{cases}$$

> 예를 들어, $x=1$의 함숫값 $g(1)$의 값을 구하려면 이 식에 대입해.

여기에 구체적으로 대입하면 함숫값을 찾을 수 있다.

(i) $-2\leq x<k$일 때,
$f(x)=2^{-x-2}-2$이고, $g(x)=\log_2(2-x)+2$이므로
> 두 함수 $f(x)$와 $g(x)$의 그래프는 원점 대칭이야. $-2\leq x<k$일 때 $f(x)$의 값을 살펴보면 $g(x)$의 값은 $-k<x\leq2$일 때를 살펴보면 돼. 헷갈리면 구체적인 점의 좌표를 이용해 볼까? 모든 실수 y에 대하여 $k'<k$라 하면 $(-k', y)$, (k', y)는 함수 $f(x)$의 그래프 위의 점이므로 $(-k', -y)$, $(2, -y)$는 함수 $g(x)$의 그래프 위의 점이야. (당연히 $-y$도 실수야.)

$f(-2)=-1$, $g(-2)=4$이다. 즉,
$f(-2)\leq b\leq g(-2)$ $\therefore -1\leq b\leq4$
따라서 정수 a, b의 모든 순서쌍 (a, b)는 $(-2, -1)$, $(-2, 0)$, $(-2, 1)$, $(-2, 2)$, $(-2, 3)$, $(-2, 4)$로 6개이다.

(ii) $k\leq x<-k$일 때,
$f(x)=-\log_2(x+2)-2$이고, $g(x)=\log_2(2-x)+2$이므로 다음 3가지 경우로 나누어 생각하자.
> $k<-1$이므로 $-k>1$이야. 즉, $g(x)=\log_2(2-x)+2$ $(x<-k)$

Ⅰ. $f(-1)=-2$, $3<g(-1)<4$일 때,
$f(-1)\leq b\leq g(-1)<4$ ← 에 대입하면 $g(-1)=\log_2 3+2=1.\times\times+2 = 3.\times\times$ $\therefore 3<g(-1)<4$
$\therefore -2\leq b\leq3$ **함정**

함정 $g(-1)$의 값은 정수가 아니지만 $3<g(-1)<4$를 이용해서 $b\leq3$임을 찾아야 해.

따라서 정수 a, b의 모든 순서쌍 (a, b)는 $(-1, -2)$, $(-1, -1)$, $(-1, 0)$, $(-1, 1)$, $(-1, 2)$, $(-1, 3)$으로 6개이다.

Ⅱ. $f(0)=-3$, $g(0)=3$일 때,
$f(0)\leq b\leq g(0)$ $\therefore -3\leq b\leq3$
따라서 정수 a, b의 모든 순서쌍 (a, b)는 $(0, -3)$, $(0, -2)$, $(0, -1)$, $(0, 0)$, $(0, 1)$, $(0, 2)$, $(0, 3)$으로 7개이다.

Ⅲ. $-4<f(1)<-3$, $g(1)=2$일 때,
$f(1)\leq b\leq g(1)$ $\therefore -4<b\leq2$
따라서 정수 a, b의 모든 순서쌍 (a, b)는 $(1, -3)$, $(1, -2)$, $(1, -1)$, $(1, 0)$, $(1, 1)$, $(1, 2)$로 6개이다.

Ⅰ~Ⅲ에 의하여 순서쌍의 개수는 $6+7+6=19$(개)이다.

(iii) $-k \le x \le 2$일 때,

$f(x) = -\log_2 (x+2) - 2$이고, $g(x) = -2^{x-2} + 2$이므로

$f(2) = -4$, $g(2) = 1$이다. 즉, $f(2) \le b \le g(2)$ $\therefore -4 \le b \le 1$

따라서 정수 a, b의 모든 순서쌍 (a, b)는 $(2, -4)$, $(2, -3)$, $(2, -2)$, $(2, -1)$, $(2, 0)$, $(2, 1)$로 6개이다.

3rd 순서쌍 (a, b)의 개수를 구하자.

(i)~(iii)에 의하여 정수 a, b의 모든 순서쌍 (a, b)의 개수는 $6 + 19 + 6 = 31$(개)이다.

 My Top Secret   서울대 선배의 **①** 등급 대비 전략

지수함수와 로그함수의 교점의 x좌표인 k의 값이 정해진 수로 계산되지 않아.

따라서 이를 구하려고 하기보다는 상황에 따라 어림할 수 있도록 주어진 값의 범위를 관찰하는 것이 중요해.

C 215 정답 ⑤   ★2등급 대비 [정답률 15%]

＊로그함수와 유리함수의 교점에 대한 정보를 활용하기 [유형 21]

$1 < a < 4$인 실수 a에 대하여 함수 $y = \log_a x$의 그래프와 함수 →**단서1** 밑이 1보다 큰 로그함수이므로 증가해.

$y = \dfrac{1}{x}$의 그래프가 만나는 점을 A(p, q)라 할 때,

[보기]에서 옳은 것만을 있는 대로 고른 것은? (4점)
→**단서2** 제1사분면에서 감소해.

─────── [보기] ───────

ㄱ. $pq = 1$

ㄴ. $a = 2$일 때, $p > \sqrt{2}$이다.

ㄷ. 원점 O와 점 B$(p+q, 0)$에 대하여 삼각형 AOB의

넓이를 $S(p)$라 할 때, $S(p) < \dfrac{a+1}{2a}$이다.

─────────────────────

① ㄱ   ② ㄱ, ㄴ   ③ ㄱ, ㄷ   ④ ㄴ, ㄷ   ⑤ ㄱ, ㄴ, ㄷ

왜 **2등급?** 로그함수와 유리함수의 교점에 대한 정보를 통해 주어진 방정식과 부등식의 성립 여부를 확인하는 문제이다.

이를 위해서 로그함수와 유리함수의 교점이 만족시키는 조건들을 이용하여 부등식을 찾아내는 것이 어려웠다.

단서+발상

단서1 두 함수의 교점이 함수 $y = \dfrac{1}{x}$의 그래프 위에 위치하므로 $q = \dfrac{1}{p}$을 만족시켜야

한다. 이를 이용하여 보기 ㄱ을 확인할 수 있다. **적용**

이제, 함수 $y = \log_a x$가 밑이 1보다 큰 로그함수이므로 증가하고, 함수 $y = \dfrac{1}{x}$의

그래프는 제 1사분면에서 감소함을 이용하자. **발상**

점 A는 증가함수와 감소함수의 교점이기 때문에 $x = \sqrt{2}$를 두 함수 $y = \log_a x$,

$y = \dfrac{1}{x}$에 대입한 함숫값의 대소를 비교하여 p와 $\sqrt{2}$의 대소를 비교할 수 있다. **해결**

단서2 삼각형 AOB의 넓이를 p, q에 대한 식으로 나타내고, $q = \dfrac{1}{p}$를 대입하여

p에 대한 식을 얻을 수 있다. 이때, 와 같은 방법으로 p와 $\sqrt{a}$의 대소 관계를

얻어낼 수 있고, 이를 통해 보기 ㄷ을 확인할 수 있다. **해결**

주의 a의 값의 조건인 $1 < a < 4$를 이용하여 $x = \sqrt{a}$를 두 함수 $y = \log_a x$,

$y = \dfrac{1}{x}$에 대입한 함숫값의 대소를 비교해야 한다.

(핵심 정답 공식: 교점 A를 경계로 두 함수의 그래프의 대소 관계가 바뀐다.)

─────────────── [문제 풀이 순서] ───────────────

1st 점 A(p, q)를 대입하여 ㄱ을 확인하자.

$f(x) = \dfrac{1}{x}$, $g(x) = \log_a x$라 하자.

ㄱ. 점 A(p, q)는 함수 $y = f(x)$의 그래프 위의 점이므로

$q = \dfrac{1}{p}$, 즉 $pq = 1$ (참)

2nd 두 곡선을 살펴보고, $f(\sqrt{2})$, $g(\sqrt{2})$의 값을 비교하여 ㄴ을 확인하자.

ㄴ. $f(x) > g(x)$이면 $0 < x < p$이고,

$\underline{f(x) < g(x)}$이면 $x > p$이다. … (＊)
└→ 감소하는 함수 $f(x)$의 그래프와 증가하는 함수 $g(x)$의 그래프가 점 A에서 만나므로 교점 A(p, q)에 대하여
(i) $0 < x < p$에서 곡선 $f(x)$가 곡선 $g(x)$보다 위에 있으므로 $f(x) > g(x)$.
(ii) $x > p$에서 곡선 $g(x)$가 곡선 $f(x)$보다 위에 있으므로 $f(x) < g(x)$.

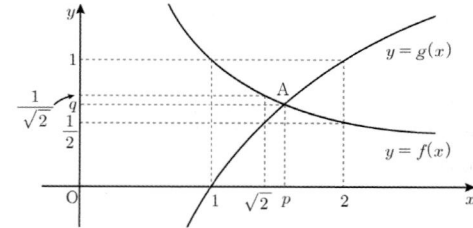

$a = 2$일 때 $f(\sqrt{2}) = \dfrac{1}{\sqrt{2}}$이고

$g(\sqrt{2}) = \log_2 \sqrt{2} = \log_2 2^{\frac{1}{2}} = \dfrac{1}{2}$이므로

$\underline{f(\sqrt{2}) > g(\sqrt{2})}$이다.

따라서 $p > \sqrt{2}$ (참) └→ $2 > \sqrt{2} > 1$이므로 역수를 취하면 $\dfrac{1}{2} < \dfrac{1}{\sqrt{2}}$

3rd 삼각형 AOB의 넓이를 구하여 ㄷ을 확인하자.

ㄷ. 점 B$(p+q, 0)$에 대하여 삼각형 AOB의 넓이 $S(p)$는
→ $pq = 1$이므로 $q = \dfrac{1}{p}$ $\therefore q^2 = \dfrac{1}{p^2}$

$S(p) = \dfrac{1}{2} \times (p+q) \times q = \dfrac{pq}{2} + \dfrac{q^2}{2} = \dfrac{1}{2} + \dfrac{1}{2p^2}$이다.

한편, $1 < a < 4$인 실수 a에 대하여 → 삼각형 AOB에서 $\overline{OB}$를 밑변으로 생각하면 점 A의 y좌표를 높이라고 할 수 있어.

주의
문제의 조건에서 쓰지 않고 버리는 조건은 없어! 지금까지는 a의 값의 범위 조건 $1 < a < 4$를 써먹지 않았지? 중간에 막혔을 때, 이 조건을 이용해서 가장 중요한 결론 중 하나인 $f(\sqrt{a}) > g(\sqrt{a})$를 찾아 내야 해.

$f(\sqrt{a}) = \dfrac{1}{\sqrt{a}}$, $g(\sqrt{a}) = \dfrac{1}{2}$이고, $1 < \sqrt{a} < 2$이므로

$f(\sqrt{a}) > g(\sqrt{a})$이다. └→ $1 < \sqrt{a} < 2$에서 $\dfrac{1}{\sqrt{a}} > \dfrac{1}{2}$이므로 $f(\sqrt{a}) > g(\sqrt{a})$

(＊)에 의하여 $p > \sqrt{a}$이고, → 함수 $g(x)$는 밑이 a인 로그함수이므로 $g(\sqrt{a}) = \log_a \sqrt{a} = \log_a a^{\frac{1}{2}} = \dfrac{1}{2}$

$\dfrac{1}{p} < \dfrac{1}{\sqrt{a}}$ $\therefore \dfrac{1}{p^2} < \dfrac{1}{a}$

$\therefore S(p) = \dfrac{1}{2} + \dfrac{1}{2p^2} < \dfrac{1}{2} + \dfrac{1}{2a} = \dfrac{a+1}{2a}$ (참)

따라서 옳은 것은 ㄱ, ㄴ, ㄷ이다.

 My Top Secret   서울대 선배의 **①** 등급 대비 전략

여러 함수의 그래프의 교점에 대한 문제의 경우 각 보기별로 연관성을 갖는 경우가 많아. 이 문제에서도 마찬가지로 보기 ㄴ과 ㄷ 사이에 관계성을 확인해봐야 해. $S(p) = \dfrac{1}{2} + \dfrac{1}{2p^2}$인데, 문제에서 주어진 $\dfrac{a+1}{2a} = \dfrac{1}{2} + \dfrac{1}{2a}$이므로 p와 $\sqrt{a}$의 대소를 비교해야 함을 이용하는 것을 생각해야 해. 그래서 이런 부등식을 해결하기 위해서는 부등식을 거꾸로 돌아가면서 어떤 부등식을 만족해야 하는지 찾는 것이 중요해.

C 216 정답 ⑤ ········· ★2등급 대비 [정답률 14%]

* 로그함수와 지수함수의 교점의 좌표를 유추하기 [유형 21]

> 두 곡선 $y=2^{-x}$과 $y=|\log_2 x|$가 만나는 두 점을 (x_1, y_1), (x_2, y_2)
> 라 하자. $x_1 < x_2$일 때, [보기]에서 옳은 것만을 있는 대로 고른 것
> 은? (4점) <u>단서1</u> $|\log_2 x| = \begin{cases} \log_2 x & (x \geq 1) \\ -\log_2 x & (0 < x < 1) \end{cases}$
>
> **[보기]**
>
> ㄱ. $\dfrac{1}{2} < x_1 < \dfrac{\sqrt{2}}{2}$ ㄴ. $\sqrt[3]{2} < x_2 < \sqrt{2}$
>
> ㄷ. $y_1 - y_2 < \dfrac{3\sqrt{2}-2}{6}$ <u>단서2</u> ㄱ, ㄴ에서 구한 x_1, x_2의 값의 범위를 이용하자.
>
> ① ㄱ ② ㄱ, ㄴ ③ ㄱ, ㄷ ④ ㄴ, ㄷ ⑤ ㄱ, ㄴ, ㄷ

왜 2등급? 로그함수와 지수함수의 교점의 좌표를 유추하는 문제이다.
이를 위해서 각 로그함수와 지수함수의 좌표의 위치를 파악하고 적절한 수치를
통해 대소 관계의 식을 찾는 것이 어려웠다.

단서+발상

단서1 $|\log_2 x| = \begin{cases} \log_2 x & (x \geq 1) \\ -\log_2 x & (0 < x < 1) \end{cases}$ 이므로 함수 $y=2^{-x}$과 두 점에서
만나고 $0 < x < 1$에서 만나는 점의 x좌표가 x_1이며, $x \geq 1$에서 만나는 점의
x좌표가 x_2이다. **적용**

단서2 ㄱ, ㄴ에서 x_1과 x_2의 범위를 찾을 수 있고, y_1과 y_2는 각각 x_1과 x_2를 함수에
대입한 y의 값이므로 이를 통해 y_1과 y_2의 값의 범위를 각각 계산할 수 있다. **해결**

주의 주어진 대소 관계를 찾기 위해 적절한 수치를 어떤 함수에 대입해야 하는지
파악하는 게 중요하다. 대소 비교는 그 함수의 증감을 통해 비교한다. 가령, $\dfrac{\sqrt{2}}{2}$를
x_1과의 위치를 비교하려면 둘 다 x의 좌표로 보고 $y=-\log_2 x$에 대입하면
로그함수의 증가나 감소에 의해 그 크기를 비교할 수 있게 된다.

(**핵심 정답 공식**: 두 곡선 $y=-\log_2 x$, $y=2^{-x}$은 직선 $y=x$에 대하여 대칭이다.)

------------------------- [문제 풀이 순서] -------------------------

1st 두 곡선을 좌표평면에 나타내어 x_1의 값의 범위를 확인해.

ㄱ. $0 < x < 1$일 때, $y=|\log_2 x| = -\log_2 x$이고 이 곡선은 곡선
$y=2^{-x}$과 직선 $y=x$에 대하여 대칭이다. 즉, $0 < x < 1$에서 두 곡선
$y=2^{-x}$, $y=|\log_2 x|$의 교점은 직선 $y=x$ 위에 있고 이 교점의 x
좌표가 x_1이다.
두 함수 $y=2^{-x}$에서 x, y를 서로 바꾸면
$x=2^{-y}$에서 $-y=\log_2 x$ ∴ $y=-\log_2 x$
즉, 두 함수 $y=2^{-x}$, $y=-\log_2 x$는 서로 역함수 관계이 $y=x$ 므로 그래프는 직선 $y=x$에 대하여 대칭이야.

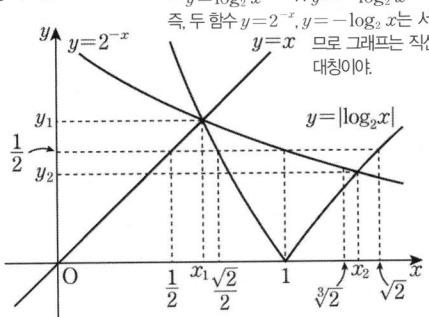

한편, 직선 $y=\dfrac{1}{2}$이 직선 $y=x$와 만나는 점의 x좌표는 $\dfrac{1}{2}$이고 직선
$y=\dfrac{1}{2}$이 곡선 $y=-\log_2 x$ $(0 < x < 1)$와 만나는 점의 x좌표는
$\dfrac{1}{2} = -\log_2 x$에서 $\log_{\frac{1}{2}} \left(\dfrac{1}{2}\right)^{\frac{1}{2}} = \log_{\frac{1}{2}} x$

∴ $x = \left(\dfrac{1}{2}\right)^{\frac{1}{2}} = \sqrt{\dfrac{1}{2}} = \dfrac{\sqrt{2}}{2}$

그런데 직선 $y=x$, 곡선 $y=-\log_2 x$ $(0 < x < 1)$가 직선 $y=\dfrac{1}{2}$

과 만나는 점의 x좌표의 위치는 그림과 같으므로

$\dfrac{1}{2} < x_1 < \dfrac{\sqrt{2}}{2}$ (참)

2nd $x=\sqrt[3]{2}$, $x=\sqrt{2}$일 때 두 곡선의 위치를 비교하자.

ㄴ. $f(x)=2^{-x}$, $g(x)=\log_2 x (x>1)$라 하면   두 곡선 $y=2^{-x}$, $y=|\log_2 x|$는 $x>1$일 때 $x=x_2$에서 만나고 $x<x_2$일 때 $2^{-x}>\log_2 x$, $x>x_2$일 때 $2^{-x}<\log_2 x$지? 이를 이용하여 x_2의 값의 범위를 결정해야 해.

(i) $x=\sqrt[3]{2}$일 때, $f(\sqrt[3]{2})=2^{-\sqrt[3]{2}}=\dfrac{1}{2^{\sqrt[3]{2}}}$,

$g(\sqrt[3]{2})=\log_2 \sqrt[3]{2}=\log_2 2^{\frac{1}{3}}=\dfrac{1}{3}$이다.

이때, $8 < 9$이므로 $2^{\frac{3}{2}} < 3$ ··· ㉠

또, $(\sqrt[3]{2})^3 = 2$, $\left(\dfrac{3}{2}\right)^3 = \dfrac{27}{8}$이므로 $(\sqrt[3]{2})^3 < \left(\dfrac{3}{2}\right)^3$에서

$\sqrt[3]{2} < \dfrac{3}{2}$ ∴ $2^{\sqrt[3]{2}} < 2^{\frac{3}{2}}$ ··· ㉡

㉠, ㉡에 의하여 $2^{\sqrt[3]{2}} < 2^{\frac{3}{2}} < 3$이므로 $\dfrac{1}{2^{\sqrt[3]{2}}} > \dfrac{1}{3}$

따라서 $f(\sqrt[3]{2}) > g(\sqrt[3]{2})$이므로 $x_2 > \sqrt[3]{2}$

(ii) $x=\sqrt{2}$일 때, $f(\sqrt{2})=2^{-\sqrt{2}}=\dfrac{1}{2^{\sqrt{2}}}$,

$g(\sqrt{2})=\log_2 \sqrt{2}=\log_2 2^{\frac{1}{2}}=\dfrac{1}{2}$이다.

이때, $2^{\sqrt{2}} > 2$이므로 $\dfrac{1}{2^{\sqrt{2}}} < \dfrac{1}{2}$

따라서 $f(\sqrt{2}) < g(\sqrt{2})$이므로 $x_2 < \sqrt{2}$

(i), (ii)에 의하여 $\sqrt[3]{2} < x_2 < \sqrt{2}$ (참)

3rd ㄱ, ㄴ을 이용하여 ㄷ의 참, 거짓을 따져.

ㄷ. $0 < x < 1$일 때 두 곡선 $y=2^{-x}$과 $y=|\log_2 x|$의 교점의 x좌표가
x_1이고 이 교점은 직선 $y=x$ 위의 점이므로 $y_1 = x_1$

즉, ㄱ에 의하여 $\dfrac{1}{2} < y_1 < \dfrac{\sqrt{2}}{2}$ ··· ㉢

또, $y_2 = \log_2 x_2$이고 ㄴ에 의하여 $\sqrt[3]{2} < x_2 < \sqrt{2}$에서

$\log_2 \sqrt[3]{2} < \log_2 x_2 < \log_2 \sqrt{2}$ ∴ $\dfrac{1}{3} < y_2 < \dfrac{1}{2}$ ··· ㉣

㉢, ㉣에서 $y_1 - y_2 < \dfrac{\sqrt{2}}{2} - \dfrac{1}{3} = \dfrac{3\sqrt{2}-2}{6}$ (참)

따라서 옳은 것은 ㄱ, ㄴ, ㄷ이다. → $a<x<b, c<y<d$이면 $a-d<x-y<b-c$야.

My Top Secret 서울대 선배의 ❶ 등급 대비 전략

지수함수와 로그함수의 교점에 관한 문제는 교점을 찾는 것이 아니라
주어진 함수에 적절한 수치를 대입하고 증가와 감소를 활용하여 대소를
비교하는 것을 요구해. 또한 $y_1 - y_2$와 같이 주어진 식이 의미하는 바를
파악해야 하는 경우도 있어.

로그함수 $y=\log_a x (a>0, a \neq 1)$의 성질 개념·공식

① 함수 $y=a^x$의 역함수이다.
② $a>1$일 때, x가 증가하면 y도 증가한다.
③ $0 < a < 1$일 때, x가 증가하면 y는 감소한다.
④ 그래프는 점 $(1, 0)$을 지나고, 점근선은 y축이다.

 **D** 지수함수와 로그함수의 활용

😊 **개념 확인 문제**

D 01 정답 $x=2$ ───── *지수방정식

$7^x = 49$에서 $7^x = 7^2$이므로 $x=2$

D 02 정답 $x = -\dfrac{1}{4}$ ───── *지수방정식

$\left(\dfrac{1}{4}\right)^x = \sqrt{2}$에서 $2^{-2x} = 2^{\frac{1}{2}}$이므로

$-2x = \dfrac{1}{2}$ $\therefore x = -\dfrac{1}{4}$

D 03 정답 $x = -2$ ───── *지수방정식

$25^{-x-4} = \dfrac{1}{625}$에서 $(5^2)^{-x-4} = 5^{-4}$이므로

$2(-x-4) = -4,\ -2x-8 = -4$ $\therefore x = -2$

D 04 정답 $x=3$ ───── *지수방정식

$\left(\dfrac{1}{9}\right)^{-2x} = 27^{x+1}$에서 $(3^{-2})^{-2x} = (3^3)^{x+1}$이므로

$4x = 3(x+1)$ $\therefore x = 3$

D 05 정답 $x=1$ 또는 $x=3$ ───── *지수방정식

$4^x - 10 \times 2^x + 16 = 0$에서

$2^{2x} - 10 \times 2^x + 16 = 0,\ (2^x)^2 - 10 \times 2^x + 16 = 0$

$2^x = t\ (t>0)$로 놓으면 주어진 방정식은

$t^2 - 10t + 16 = 0,\ (t-2)(t-8) = 0$ $\therefore t = 2$ 또는 $t = 8$

따라서 $2^x = 2$ 또는 $2^x = 8 = 2^3$이므로 $x=1$ 또는 $x=3$

D 06 정답 $x = -2$ ───── *지수방정식

$\left(\dfrac{1}{9}\right)^x - 5 \times \left(\dfrac{1}{3}\right)^x - 36 = 0$에서

$\left(\dfrac{1}{3}\right)^{2x} - 5 \times \left(\dfrac{1}{3}\right)^x - 36 = 0,\ \left\{\left(\dfrac{1}{3}\right)^x\right\}^2 - 5 \times \left(\dfrac{1}{3}\right)^x - 36 = 0$

$\left(\dfrac{1}{3}\right)^x = t\ (t>0)$로 놓으면 주어진 방정식은

$t^2 - 5t - 36 = 0,\ (t+4)(t-9) = 0$

$\therefore t = 9\ (\because t > 0)$

$\left(\dfrac{1}{3}\right)^x = 9$이므로 $3^{-x} = 3^2,\ -x = 2$ $\therefore x = -2$

D 07 정답 $x > 7$ ───── *지수부등식

$2^x > 128$에서 $2^x > 2^7$

밑이 2이고 $2>1$이므로 $x>7$

D 08 정답 $x < -\dfrac{5}{4}$ ───── *지수부등식

$\left(\dfrac{1}{3}\right)^{4x} > 243$에서 $\left(\dfrac{1}{3}\right)^{4x} > \left(\dfrac{1}{3}\right)^{-5}$

밑이 $\dfrac{1}{3}$이고 $0 < \dfrac{1}{3} < 1$이므로 $4x < -5$ $\therefore x < -\dfrac{5}{4}$

D 09 정답 $x \leq -2$ 또는 $x \geq 10$ ───── *지수부등식

$9^{-4x-3} \geq \left(\dfrac{1}{3}\right)^{x^2-14}$에서 $3^{2(-4x-3)} \geq 3^{-(x^2-14)}$

밑이 3이고 $3>1$이므로

$2(-4x-3) \geq -(x^2-14)$

$x^2 - 8x - 20 \geq 0$

$(x+2)(x-10) \geq 0$

$\therefore x \leq -2$ 또는 $x \geq 10$

D 10 정답 $x > 0$ ───── *지수부등식

$4^{x+1} - 3 \times 2^x - 1 > 0$에서 $4 \times 2^{2x} - 3 \times 2^x - 1 > 0$

$2^x = t\ (t>0)$로 놓으면 주어진 부등식은

$4t^2 - 3t - 1 > 0$

$(4t+1)(t-1) > 0$

$\therefore t > 1\ (\because t > 0)$

따라서 $2^x > 1$에서 밑이 2이고 $2>1$이므로 $x>0$이다.

D 11 정답 $-3 \leq x \leq -1$ ───── *지수부등식

$\left(\dfrac{1}{4}\right)^x - 10 \times \left(\dfrac{1}{2}\right)^x + 16 \leq 0$에서 $\left(\dfrac{1}{2}\right)^{2x} - 10 \times \left(\dfrac{1}{2}\right)^x + 16 \leq 0$

$\left(\dfrac{1}{2}\right)^x = t\ (t>0)$로 놓으면 주어진 부등식은

$t^2 - 10t + 16 \leq 0$

$(t-2)(t-8) \leq 0$

$\therefore 2 \leq t \leq 8$

따라서 $2 \leq \left(\dfrac{1}{2}\right)^x \leq 8$, 즉 $\left(\dfrac{1}{2}\right)^{-1} \leq \left(\dfrac{1}{2}\right)^x \leq \left(\dfrac{1}{2}\right)^{-3}$에서

밑이 $\dfrac{1}{2}$이고 $0 < \dfrac{1}{2} < 1$이므로 $-3 \leq x \leq -1$이다.

D 12 정답 $x=1$ ───── *로그방정식

진수의 조건에서 $3x-1>0$이므로 $x > \dfrac{1}{3}$ ⋯ ㉠

$\log_2(3x-1) = 1$에서

$3x-1 = 2$ $\therefore x = 1$

이때, $x=1$은 ㉠을 만족시키므로 구하는 해는 $x=1$이다.

D 13 정답 $x=11$ ───── *로그방정식

진수의 조건에서 $2x+3>0$이므로 $x > -\dfrac{3}{2}$ ⋯ ㉠

$\log_{\frac{1}{5}}(2x+3) = -2$에서

$2x+3 = \left(\dfrac{1}{5}\right)^{-2} = 25$ $\therefore x = 11$

이때, $x=11$은 ㉠을 만족시키므로 구하는 해는 $x=11$이다.

D 14 정답 $x = 2\sqrt{7}$ ───── *로그방정식

진수의 조건에서 $x+1>0,\ x-1>0$이므로

$x>-1,\ x>1$ $\therefore x > 1$ ⋯ ㉠

$\log_3(x+1) + \log_3(x-1) = 3$에서

$\log_3(x+1)(x-1) = 3,\ (x+1)(x-1) = 3^3$

$x^2 - 1 = 27,\ x^2 = 28$ $\therefore x = \pm 2\sqrt{7}$

따라서 ㉠에 의하여 구하는 해는 $x = 2\sqrt{7}$이다.

D 15 정답 $x=1$ ＊로그방정식

진수의 조건에서 $x+2>0$, $6x+3>0$이므로

$x>-2$, $x>-\dfrac{1}{2}$ $\therefore x>-\dfrac{1}{2} \cdots$ ㉠

$\log_{\frac{1}{2}}(x+2)=\log_{\frac{1}{4}}(6x+3)$에서

$-\log_2(x+2)=-\dfrac{1}{2}\log_2(6x+3)$, $2\log_2(x+2)=\log_2(6x+3)$

$\log_2(x+2)^2=\log_2(6x+3)$, $(x+2)^2=6x+3$

$x^2+4x+4=6x+3$, $x^2-2x+1=0$

$(x-1)^2=0$ $\therefore x=1$

이때, $x=1$은 ㉠을 만족시키므로 구하는 해는 $x=1$이다.

D 16 정답 $x=\dfrac{1}{27}$ 또는 $x=3^9$ ＊로그방정식

$\log_3 x=t$로 놓으면 주어진 방정식은

$t^2-6t-27=0$, $(t+3)(t-9)=0$ $\therefore t=-3$ 또는 $t=9$

따라서 $\log_3 x=-3$ 또는 $\log_3 x=9$이므로

$x=3^{-3}=\dfrac{1}{27}$ 또는 $x=3^9$

D 17 정답 $x=\dfrac{1}{2}$ 또는 $x=16$ ＊로그방정식

$\log_{\frac{1}{2}}x=t$로 놓으면 주어진 방정식은

$t^2+3t-4=0$, $(t-1)(t+4)=0$ $\therefore t=1$ 또는 $t=-4$

따라서 $\log_{\frac{1}{2}}x=1$ 또는 $\log_{\frac{1}{2}}x=-4$이므로

$x=\dfrac{1}{2}$ 또는 $x=\left(\dfrac{1}{2}\right)^{-4}=16$

D 18 정답 (가) $\log_2 x$ (나) -2 (다) $\dfrac{1}{4}$ ＊로그방정식

$x^{\log_2 x}=16$의 양변에 밑이 2인 로그를 취하면

$\log_2 x^{\log_2 x}=\log_2 16$, $(\log_2 x)^2=4$ ← (가)

$\log_2 x=-2$ 또는 $\log_2 x=2$
　　　　└ (나)

$\therefore x=2^{-2}=\dfrac{1}{4}$ 또는 $x=2^2=4$
　　　　　　└ (다)

D 19 정답 $x>1$ ＊로그부등식

진수의 조건에서 $5x>0$, $2x+3>0$이므로

$x>0$, $x>-\dfrac{3}{2}$ $\therefore x>0 \cdots$ ㉠

$\log_3 5x>\log_3(2x+3)$에서 밑이 3이고 3>1이므로

$5x>2x+3$ $\therefore x>1$

이때, $x>1$은 ㉠을 만족시키므로 주어진 부등식의 해는 $x>1$이다.

D 20 정답 $9<x<10$ ＊로그부등식

진수의 조건에서 $x-8>0$, $10-x>0$이므로

$x>8$, $x<10$ $\therefore 8<x<10 \cdots$ ㉠

$\log_{\frac{1}{6}}(x-8)<\log_{\frac{1}{6}}(10-x)$에서 밑이 $\dfrac{1}{6}$이고 $0<\dfrac{1}{6}<1$이므로

$x-8>10-x$ $\therefore x>9 \cdots$ ㉡

따라서 ㉠, ㉡의 공통 범위를 구하면 $9<x<10$

D 21 정답 $2<x\leq3$ ＊로그부등식

진수의 조건에서 $x>0$, $4-x>0$, $3x-6>0$이므로

$x>0$, $x<4$, $x>2$

$\therefore 2<x<4 \cdots$ ㉠

$\log_5 x+\log_5(4-x)\geq\log_5(3x-6)$

즉, $\log_5 x(4-x)\geq\log_5(3x-6)$에서 밑이 5이고 5>1이므로

$x(4-x)\geq3x-6$

$4x-x^2\geq3x-6$

$x^2-x-6\leq0$

$(x+2)(x-3)\leq0$

$\therefore -2\leq x\leq3 \cdots$ ㉡

따라서 ㉠, ㉡의 공통 범위를 구하면 $2<x\leq3$

D 22 정답 $2<x<8$ ＊로그부등식

$\log_2 x=t$로 놓으면 주어진 부등식은

$t^2-4t+3<0$

$(t-1)(t-3)<0$

$\therefore 1<t<3$

따라서 $1<\log_2 x<3$에서 밑이 2이고 2>1이므로

$2^1<x<2^3$ $\therefore 2<x<8$

D 23 정답 $\dfrac{1}{25}\leq x\leq5$ ＊로그부등식

$\log_{\frac{1}{5}}x\times\log_{\frac{1}{5}}5x\leq2$에서

$\log_{\frac{1}{5}}x\times(-1+\log_{\frac{1}{5}}x)\leq2$

$\log_{\frac{1}{5}}x=t$로 놓으면 주어진 부등식은

$t(-1+t)\leq2$

$t^2-t-2\leq0$

$(t+1)(t-2)\leq0$

$\therefore -1\leq t\leq2$

따라서 $-1\leq\log_{\frac{1}{5}}x\leq2$에서 밑이 $\dfrac{1}{5}$이고 $0<\dfrac{1}{5}<1$이므로

$\left(\dfrac{1}{5}\right)^2\leq x\leq\left(\dfrac{1}{5}\right)^{-1}$ $\therefore \dfrac{1}{25}\leq x\leq5$

D 24 정답 (가) $\log x$ (나) 1 (다) 10 (라) 0 ＊로그부등식

진수의 조건에서 $x>0 \cdots$ ㉠

$x^{\log x}>10$의 양변에 상용로그를 취하면

$\log x^{\log x}>\log 10$

$(\log x)^2>1$
　└ (가)

$\log x<-1$ 또는 $\log x>1$ ← (나)

이때, 밑이 10이고 10>1이므로

$x<\dfrac{1}{10}$ 또는 $x>10 \cdots$ ㉡
　　　　　└ (다)

따라서 ㉠, ㉡의 공통 범위를 구하면

$0<x<\dfrac{1}{10}$ 또는 $x>10$
└ (라)

D 25 정답 2 *밑을 같게 할 수 있는 지수방정식의 해 [정답률 95%]

〔 정답 공식: $a>0$, $a \neq 1$일 때, $a^{f(x)}=a^{g(x)}$를 만족시키는 x의 값은 방정식 $f(x)=g(x)$를 만족시키는 x의 값이다. 〕

방정식 $3^{2x-1}=27$을 만족시키는 실수 x의 값을 구하시오. (3점)
단서 양변의 밑을 3으로 통일하여 방정식을 만족시키는 x의 값을 구해.

1st 방정식을 만족시키는 x의 값을 구해.

$3^{2x-1}=27$에서 $3^{2x-1}=3^3$
양변의 밑이 3으로 서로 같으니까 지수끼리 비교하여 해를 구하면 돼.

$2x-1=3$, $2x=4$

$\therefore x=2$

D 26 정답 ⑤ *밑을 같게 할 수 있는 지수방정식의 해 [정답률 93%]

(정답 공식: 밑을 2로 통일한다.)

방정식 $\left(\dfrac{1}{8}\right)^{2-x}=2^{x+4}$을 만족시키는 실수 x의 값은? (3점)
단서 방정식의 양변의 밑을 2로 통일하여 방정식을 풀어.

① 1 ② 2 ③ 3
④ 4 ⑤ 5

1st 밑을 같게 만들어 지수끼리 비교해.

$\left(\dfrac{1}{8}\right)^{2-x}=2^{x+4}$에서

$(2^{-3})^{2-x}=2^{x+4}$, $2^{-6+3x}=2^{x+4}$
방정식 $a^{f(x)}=a^{g(x)}(a>0, a\neq 1)$의 해는 $f(x)=g(x)$의 해와 같아.

$-6+3x=x+4$

$2x=10$

$\therefore x=5$

다른 풀이: 좌변을 1로 만들어 방정식 풀기

주어진 방정식의 양변에 8^{2-x}을 곱하면

$1=8^{2-x}\times 2^{x+4}$, $1=(2^3)^{2-x}\times 2^{x+4}$, $1=2^{6-3x}\times 2^{x+4}$

$1=2^{(6-3x)+(x+4)}$, $1=2^{10-2x}$ $1=2^0$이지?

$0=10-2x$, $2x=10$

$\therefore x=5$

D 27 정답 ② *밑을 같게 할 수 있는 지수방정식의 해 [정답률 96%]

(정답 공식: 27을 3^3으로 바꿔 지수끼리 비교한다.)

방정식 $3^{x+1}=27$을 만족시키는 실수 x의 값은? (2점)
단서 밑을 같게 만들 수 있는 지수방정식은 밑을 같게 만든 후 지수만 비교하면 돼.
① 1 ② 2 ③ 3
④ 4 ⑤ 5

1st 주어진 방정식의 밑을 같게 만들어 방정식을 풀자.

$3^{x+1}=27$에서 $3^{x+1}=3^3$ 방정식 $a^{f(x)}=a^{g(x)}(a>0, a\neq 1)$은 방정식 $f(x)=g(x)$를 풀면 돼.

$x+1=3$

$\therefore x=2$

D 28 정답 4 *밑을 같게 할 수 있는 지수방정식의 해 [정답률 92%]

〔 정답 공식: $\dfrac{1}{9}$을 3^{-2}으로 바꿔 지수끼리 비교한다. 〕

방정식 $3^{-x+2}=\dfrac{1}{9}$을 만족시키는 실수 x의 값을 구하시오. (3점)
단서 주어진 방정식의 양변의 밑을 3으로 통일하여 해를 구해.

1st 밑을 같게 만들어서 지수끼리 비교해.

$\dfrac{1}{9}=3^{-2}$이므로 $3^{-x+2}=\dfrac{1}{9}$에서

$3^{-x+2}=3^{-2}$, $-x+2=-2$ $\therefore x=4$
$a^{f(x)}=a^{g(x)}$에서 $a>0$, $a\neq 1$이면 $f(x)=g(x)$야.

다른 풀이: 밑이 3인 로그를 취하여 방정식 풀기

주어진 식의 양변에 밑이 3인 $\log$를 취하면

$\log_3 3^{-x+2}=\log_3 \dfrac{1}{9}$, $\log_3 3^{-x+2}=\log_3 3^{-2}$, $-x+2=-2$

$\therefore x=4$

D 29 정답 40 *밑을 같게 할 수 있는 지수방정식의 해 [정답률 93%]

(정답 공식: 16을 2^4으로 바꿔 지수끼리 비교한다.)

방정식 $2^{\frac{1}{8}x-1}=16$의 해를 구하시오. (3점)
단서 주어진 방정식의 양변의 밑을 통일한 후 방정식을 풀면 돼.

1st 주어진 방정식의 밑을 통일하여 방정식의 해를 구하자.

$2^{\frac{1}{8}x-1}=16$에서 $2^{\frac{1}{8}x-1}=2^4$이므로 지수를 비교하면
밑이 동일한 경우 지수만 비교하여 해를 구하면 돼.

$\dfrac{1}{8}x-1=4$, $\dfrac{1}{8}x=5$

$\therefore x=40$

D 30 정답 ② *밑을 같게 할 수 있는 지수방정식의 해 [정답률 85%]

〔 정답 공식: $(g \circ f)(x)=g(f(x))$이므로 주어진 함수를 순서대로 대입하여 식을 정리하자. 〕

두 함수 $f(x)=x+2$, $g(x)=x^2-4x+4$가 $(g \circ f)(3^x)=27$을 만족시킬 때, x의 값은? (3점)
단서 $(g \circ f)(3^x)=g(f(3^x))$이므로 먼저 $f(x)$의 식에 x 대신 3^x을 대입한 후 그 값을 $g(x)$의 식의 x 대신 대입하면 돼.
① 1 ② $\dfrac{3}{2}$ ③ 2
④ $\dfrac{5}{2}$ ⑤ 3

1st $(g \circ f)(x)=g(f(x))$임을 이용해.

$(g \circ f)(3^x)=27$에서 $g(f(3^x))=27$이므로

$g(3^x+2)=27$ $f(x)=x+2$이므로 $f(3^x)=3^x+2$

즉, $(3^x+2)^2-4(3^x+2)+4=27$ $g(x)=x^2-4x+4$에 대신 3^x+2를 대입한 거야.

$(3^x)^2+4\times 3^x+4-4\times 3^x-8+4=27$

$3^{2x}=27$, $3^{2x}=3^3$

$2x=3$ $\therefore x=\dfrac{3}{2}$

D 31 정답 ⑤ *밑을 같게 할 수 있는 지수방정식의 해 ⋯ [정답률 85%]

[정답 공식: $\frac{1}{4}$을 2^{-2}으로 바꿔 지수끼리 비교한다.]

방정식 $2^{x-6}=\left(\dfrac{1}{4}\right)^{x^2}$의 모든 해의 합은? (3점)

단서 밑을 2로 맞추고, 지수끼리 같다고 해서 풀면 돼.

① $-\dfrac{9}{2}$ ② $-\dfrac{7}{2}$ ③ $-\dfrac{5}{2}$

④ $-\dfrac{3}{2}$ ⑤ $-\dfrac{1}{2}$

1st 지수방정식을 풀자.

$\left(\dfrac{1}{4}\right)^{x^2}=2^{-2x^2}$이므로

↳ $\dfrac{1}{4}=2^{-2}$이므로 $\left(\dfrac{1}{4}\right)^{x^2}=(2^{-2})^{x^2}=2^{-2x^2}$

$2^{x-6}=2^{-2x^2}$

↳ 지수함수는 일대일함수이므로 밑이 같으면 지수도 같아야 해.
즉, a가 1이 아닌 양수일 때, $a^{f(x)}=a^{g(x)}$이면 $f(x)=g(x)$

$x-6=-2x^2$, $2x^2+x-6=0$

$(x+2)(2x-3)=0$

$\therefore x=-2$ 또는 $\dfrac{3}{2}$ 실수

x가 지수 부분이지? 지수는 실수 전체에서 정의되므로 x의 값은 음수, 양수, 심지어 0까지 모두 가능해.

따라서 모든 해의 합은 $-2+\dfrac{3}{2}=-\dfrac{1}{2}$이다.

D 32 정답 3 *a^x 꼴이 반복되는 지수방정식의 해 ⋯ [정답률 69%]

(정답 공식: 3^x 꼴이 반복되므로 $3^x=t(t>0)$로 치환하여 생각한다.)

방정식 $3^x-3^{4-x}=24$를 만족시키는 실수 x의 값을 구하시오. (3점)

단서 3^x이 반복되므로 $3^x=t$로 치환한 후 주어진 방정식을 풀면 돼.

1st 주어진 지수방정식에서 3^x을 t로 치환하여 t에 대한 이차방정식을 만들자.

$3^x-3^{4-x}=24$에서

↳ $3^{4-x}=3^4\div3^x=\dfrac{3^4}{3^x}$

$3^x-\dfrac{3^4}{3^x}=24$

양변에 3^x을 곱하면

$(3^x)^2-3^4=24\times3^x$

$(3^x)^2-24\times3^x-81=0$

$3^x=t(t>0)$라 하면 주의

지수함수 $y=3^x$의 치역이 $\{y|y>0\}$이므로 $t>0$이어야 해. 놓치지 말아야 하는 부분이야.

$t^2-24t-81=0$

$(t+3)(t-27)=0$

$\therefore t=27\ (\because t>0)$

즉, $3^x=27=3^3$이므로 $x=3$

$a>0, a\neq1$일 때, $a^{x_1}=a^{x_2}\Longleftrightarrow x_1=x_2$

D 33 정답 5 *a^x 꼴이 반복되는 지수방정식의 해 ⋯ [정답률 82%]

(정답 공식: 반복되는 2^x을 치환하자.)

방정식 $4^x-15\times2^{x+1}-64=0$을 만족시키는 실수 x의 값을 구하시오. (3점)

단서 $2^x=t$로 치환하면 이차방정식으로 간단해져.

D 34 정답 4 *a^x 꼴이 반복되는 지수방정식의 해 ⋯ [정답률 92%]

1st $2^x=t$로 치환하자.

$(2^x)^2-30\times2^x-64=0$에 대하여 $2^x=t(t>0)$라 하면

$t^2-30t-64=0$, $(t+2)(t-32)=0$

$\therefore t=32\ (\because t>0)$ 주의

치환할 때는 치환한 문자의 값의 범위를 꼭 정해줘야 해!
$2^x=t$라 하면 모든 실수 x에 대하여 $t>0$

따라서 $t=2^x=2^5$이므로 $x=5$

↳ 밑이 2로 같으므로 지수만 비교하면 돼!

(정답 공식: 같은 꼴이 반복되는 지수방정식은 치환을 통해 간단한 식으로 고친다.)

방정식 $3^x+3^{4-x}=82$의 모든 실근의 합을 구하시오. (3점)

단서 3^x 꼴이 반복되니까 $3^x=t$로 치환하자.

1st 지수방정식을 $3^x=t\ (t>0)$로 치환하여 이차방정식을 풀어.

$3^x+3^{4-x}=82$에서 $3^x+3^4\times3^{-x}=82$, $3^x+\dfrac{81}{3^x}=82$

$3^x=t\ (t>0)$라 하면 $t+\dfrac{81}{t}=82$

양변에 t를 곱하여 정리하면 $t^2-82t+81=0$, $(t-1)(t-81)=0$

$t>0$인지 꼭 확인해야 해.

$\therefore t=1$ 또는 $t=81$

2nd t에 대한 식을 x에 대한 식으로 바꿔 x의 값을 구해야 해.

즉, $3^x=t$이므로 $3^x=1=3^0$ $\therefore x=0$

$3^x=81=3^4$ $\therefore x=4$

따라서 주어진 방정식의 모든 실근의 합은 $0+4=4$이다.

D 35 정답 ③ *a^x 꼴이 반복되는 지수방정식의 해 ⋯ [정답률 87%]

(정답 공식: 2^x을 치환했을 때, 근이 2^α, 2^β임을 알아야 한다.)

방정식 $4^x-2^{x+3}+15=0$의 두 실근을 α, $\beta(\alpha<\beta)$라 할 때, $2^\alpha\times\beta$의 값은? (3점)

단서 $4^x=(2^x)^2$이야. 치환을 이용해서 주어진 방정식을 간단히 해봐.

① $2\log_2 3$ ② $3\log_2 3$ ③ $3\log_2 5$ ④ $4\log_2 5$ ⑤ $5\log_2 5$

1st $2^x=t$로 치환하여 지수방정식을 풀자.

$4^x-2^x\times2^3+15=0$에서 $(2^x)^2-8\times2^x+15=0$이고,

↳ [지수법칙] $a^{mn}=(a^m)^n=(a^n)^m$

$2^x=t\ (t>0)$ ⋯ ㉠로 놓으면

주의 지수법칙을 이용해서 $4^x=(2^2)^x=(2^x)^2$의 계산이 자유자재로 돼야 해.

주어진 방정식은 $t^2-8t+15=0$이므로

$(t-3)(t-5)=0$ $\therefore t=3$ 또는 $t=5$ ⋯ ㉡

2nd $2^\alpha\times\beta$의 값을 구하자.

㉠, ㉡에 의하여 $2^x=3$ 또는 $2^x=5$이다.

$\alpha<\beta$이므로 $2^\alpha=3$이고 $2^\beta=5$이다.

지수함수 $y=2^x$은 증가함수야. $\alpha<\beta$이므로 $2^\alpha<2^\beta$이어야 해.

따라서 $\beta=\log_2 5$이므로 $2^\alpha\times\beta=3\log_2 5$

수능 핵강

*a^x이 반복되는 지수방정식의 해 구하기

해를 구할 수 있는 공식이 알려진 것은 방정식이므로 미지수가 지수꼴 a^x인 지수방정식을 치환하여 다음 순서대로 간단하게 n차방정식으로 바꾸자.
(i) a^x의 꼴이 반복되면 치환해봐.
(ii) $a^x=t$로 치환할 때, $t>0$임을 주의하자.

D 36 정답 10 ＊a^x 꼴이 반복되는 지수방정식의 해 ···· [정답률 75%]

(정답 공식: 같은 꼴이 반복되는 지수방정식은 치환하여 푼다.)

> 방정식 $9^x-10\times3^{x+1}+81=0$의 서로 다른 두 실근을 α, β라 할 때, $\alpha^2+\beta^2$의 값을 구하시오. (3점) 단서 3^x 꼴이 반복되는 지수방정식이야. 3^x을 치환하여 이차방정식으로 만들어 봐.

1st 같은 꼴이 반복되므로 치환하여 방정식을 풀어.

$$3^{x+1}=3\times3^x 이므로 10\times3^{x+1}=10\times3\times3^x=30\times3^x$$

방정식 $\underbrace{9^x}_{9^x=(3^2)^x=3^{2x}=(3^x)^2}-\underbrace{10\times3^{x+1}}+81=0$의 서로 다른 두 실근을 α, β $(\alpha>\beta)$라 하자.

$(3^x)^2-30\times3^x+81=0$

이때, $3^x=t$ $(t>0)$이라 하면
　　　모든 실수 x에 대하여 $3^x>0$이야.

$t^2-30t+81=0$, $(t-3)(t-27)=0$

$\therefore t=3$ 또는 $t=27$

(ⅰ) $t=3$에서 $3^x=3$이므로 $x=1$

(ⅱ) $t=27=3^3$에서 $3^x=3^3$ $\quad\therefore x=3$

(ⅰ), (ⅱ)에 의하여 주어진 방정식의 해는 $\alpha=3$, $\beta=1$이므로

$\therefore \alpha^2+\beta^2=3^2+1^2=10$

D 37 정답 ① ＊a^x 꼴이 반복되는 지수방정식의 해 ···· [정답률 76%]

[정답 공식: $3^x=t$로 치환하여 방정식 $3^{2x}-k\times3^{x+1}+3k+15=0$을 t에 대한 이차방정식으로 만들어 해를 구한다.]

> 방정식 $3^{2x}-k\times3^{x+1}+3k+15=0$의 두 실근의 비가 $1:2$일 때, 실수 k의 값은? (4점) 단서 $3^x=t$로 치환하면 이차방정식으로 나타낼 수 있어.
>
> ① 4　　　② 6　　　③ 8
> ④ 10　　　⑤ 12

1st 주어진 방정식을 간단히 하자.

방정식 $3^{2x}-k\times3^{x+1}+3k+15=0$의 두 실근을 α, 2α라 하자.
　　　　└→ 두 실근의 비가 $1:2$이므로 한 실근을 α라 하면 다른 근은 2α

$3^x=t(t>0)$라 하면

$t^2-3kt+3k+15=0$의 두 실근은 3^α, $3^{2\alpha}$

주의 모든 실수 x에 대하여 $3^x>0$이므로 치환한 문자 $t>0$이야.

2nd k의 값을 구하자.

이차방정식의 근과 계수의 관계에 의하여

$3^\alpha+3^{2\alpha}=3k \quad\cdots\ \bigcirc$
　　　　└→ [이차방정식의 근과 계수의 관계] 이차방정식 $ax^2+bx+c=0(a\neq0)$에 대하여
$3^\alpha\times3^{2\alpha}=3k+15 \quad\cdots\ \bigcirc\!\!\bigcirc$ 두 근을 α, β라 하면 $\alpha+\beta=-\dfrac{b}{a}$, $\alpha\beta=\dfrac{c}{a}$

$\bigcirc$을 $\bigcirc\!\!\bigcirc$의 식에 대입하면

$3^\alpha\times3^{2\alpha}=3^\alpha+3^{2\alpha}+15$, $3^{\alpha+2\alpha}=3^\alpha+3^{2\alpha}+15$

$(3^\alpha)^3=3^\alpha+(3^\alpha)^2+15$

$3^\alpha=s(s>0)$라 하면 $\underline{s^3-s^2-s-15=0}$

$(s-3)\underline{(s^2+2s+5)}=0$이므로 $s=3=3^\alpha$ →조립제법을 이용하여 계산해봐.

방정식 $s^2+2s+5=0$의 판별식을 D라 하면

3	1	-1	-1	-15
		3	6	15
	1	2	5	0

$\dfrac{D}{4}=1-5=-4<0$이므로 실근이 존재하지 않아. 즉, 실수 s에 대하여 $s^2+2s+5\neq0$이므로 $(s-3)(s^2+2s+5)=0$이려면 $s-3=0$이어야 해.

따라서 $3^\alpha=3$을 $\bigcirc$의 식에 대입하면

$3k=3^\alpha+3^{2\alpha}=3^\alpha+(3^\alpha)^2=3+3^2=12$

$\therefore k=4$

D 38 정답 128 ＊a^x 꼴이 반복되는 지수방정식의 해 · [정답률 83%]

(정답 공식: a^x을 치환했을 때 근이 $a^{\frac{1}{7}}$임을 알아야 한다.)

> x에 관한 방정식 $a^{2x}-a^x=2(a>0, a\neq1)$의 해가 $\dfrac{1}{7}$이 되도록
> 단서1 $a^x=t$로 치환한 후 방정식을 풀자.
> 하는 상수 a의 값을 구하시오. (3점)
> 단서2 주어진 방정식의 해가 $\dfrac{1}{7}$이라는 것은 단서1 에서 t에 대한 방정식을 풀어 구한 t의 값이 $a^{\frac{1}{7}}$이라는 뜻이야.

1st $a^x=t$로 치환하여 지수방정식을 풀자.

$a^{2x}-a^x=2$에서 $(a^x)^2-a^x-2=0$이므로

$a^x=t$ $(t>0)$로 치환하면

$t^2-t-2=0$ 실수 $a>0$이고 $a\neq1$일 때의 지수함수 a^x는 항상 0보다 큰 값을 가져.

$(t+1)(t-2)=0$

$\therefore t=2$ $(\because t>0)$

$\therefore a^x=2$

2nd 해가 $\dfrac{1}{7}$이므로 상수 a의 값을 구할 수 있어.

$a^x=2$의 해가 $\dfrac{1}{7}$이므로 $a^{\frac{1}{7}}=2$

$\therefore \underbrace{a=2^7=128}_{a^{\frac{1}{7}}=2에서\ (a^{\frac{1}{7}})^7=2^7이므로\ a=2^7}$ └→ $x=\dfrac{1}{7}$이라는 뜻이야.

D 39 정답 ② ＊a^x 꼴이 반복되는 지수방정식의 해 ··· [정답률 72%]

(정답 공식: 5^x을 문자로 치환했을 때 문자의 범위도 구해주어야 한다.)

> 지수방정식 $5^{2x}-5^{x+1}+k=0$이 서로 다른 두 개의 양의 실근을 갖도록 하는 정수 k의 개수는? (3점) 단서2 주어진 방정식의 근 x가 양수여야 하므로 $x>0$에서 t의 값의 범위를 구할 수 있어.
> 단서1 $5^x=t$로 치환하면 주어진 방정식은 $t^2-5t+k=0$이야.
>
> ① 1　　　② 2　　　③ 3
> ④ 4　　　⑤ 5

1st 항이 3개 이상인 지수방정식은 치환하자.

$5^x=t$로 치환하면 주어진 방정식은 $t^2-5t+k=0$

이때, $x>0$에서 $5^x>5^0=1$이므로 $t>1$이다. 이차방정식 $t^2-5t+k=0$은 1보다 큰 서로 다른 두 실근이 존재해야 해. 주어진 방정식이 서로 다른 두 양의 실근을 갖는다고 했지?

주의 치환하여 문제를 풀 때에는 항상 조건과 범위에 주의하자.

2nd $t>1$에서 t에 관한 이차방정식이 서로 다른 두 양의 실근을 가질 조건을 이용해.

$f(t)=t^2-5t+k$

$=\left(t-\dfrac{5}{2}\right)^2+k-\dfrac{25}{4}$

라 하면 이차함수 $y=f(t)$의 그래프는 그림과 같다.

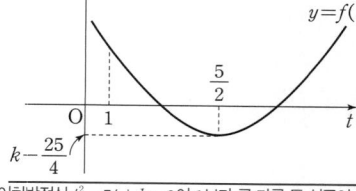

(ⅰ) $t=1$에서

$f(1)=1-5+k>0$

$\therefore k>4$

(ⅱ) $t=\dfrac{5}{2}$에서

$f\left(\dfrac{5}{2}\right)=k-\dfrac{25}{4}<0 \quad\therefore k<\dfrac{25}{4}$

이차방정식 $t^2-5t+k=0$이 1보다 큰 다른 두 실근이 존재하려면 그림과 같이 $f(1)>0$이어야 하고 $y=f(t)$의 그래프가 t축과 서로 다른 두 점에서 만나야 해.

(ⅰ), (ⅱ)에 의하여 $4<k<\dfrac{25}{4}$이므로 정수 k의 값은 5, 6으로 2개이다.

D 40 정답 ⑤ *a^x 꼴이 반복되는 지수방정식의 해 ·· [정답률 72%]

> 정답 공식: 장문형 문제의 경우 문제에서 답을 도출해나가는 과정을 그대로 따라하면 된다.

함수 $f(x)=\dfrac{3^x}{3^x+3}$ 에 대하여 점 (p, q)가 곡선 $y=f(x)$ 위의 점이면 실수 p의 값에 관계없이 점 $(2a-p, a-q)$도 항상 곡선 $y=f(x)$ 위의 점이다. 다음은 상수 a의 값을 구하는 과정이다.

점 $(2a-p, a-q)$가 곡선 $y=f(x)$ 위의 점이므로
$$\dfrac{3^{2a-p}}{3^{2a-p}+3}=a-\boxed{\text{(가)}}\ \cdots ㉠$$
이다. ㉠은 실수 p의 값에 관계없이 항상 성립하므로

단서1 p에 대한 항등식임을 얘기하는 거니까 p의 값에 어떤 값을 대입해도 식이 성립해야 해.

$p=0$일 때, $\dfrac{3^{2a}}{3^{2a}+3}=a-\dfrac{1}{4}\ \cdots ㉡$
이고,

$p=1$일 때, $\dfrac{3^{2a}}{3^{2a}+\boxed{\text{(나)}}}=a-\dfrac{1}{2}\ \cdots ㉢$
이다. ㉡, ㉢에서

단서2 3^{2a}이 반복되어 나타나는 지수방정식이니까 $3^{2a}=X$로 치환하여 X의 방정식을 간단히 만들어 봐.

$$\left(3^{2a}+3\right)\left(3^{2a}+\boxed{\text{(나)}}\right)=24\times 3^{2a}$$
이므로
$$a=\dfrac{1}{2}\ \text{또는}\ a=\boxed{\text{(다)}}$$
이다. 이때, ㉢에서 좌변이 양수이므로 $a>\dfrac{1}{2}$이다.

따라서 $a=\boxed{\text{(다)}}$이다.

위의 (가)에 알맞은 식을 $g(p)$라 하고 (나)와 (다)에 알맞은 수를 각각 m, n이라 할 때, $(m-n)\times g(2)$의 값은? (4점)

① 4 ② $\dfrac{9}{2}$ ③ 5 ④ $\dfrac{11}{2}$ ⑤ 6

1st 상수 a의 값을 구하는 과정에 따라 생략된 부분을 추론해.

점 (p, q)가 곡선 $y=f(x)$ 위의 점이므로
$f(p)=q$에서 $\dfrac{3^p}{3^p+3}=q$

이때, 점 $(2a-p, a-q)$가 곡선 $y=f(x)$ 위의 점이므로
$f(2a-p)=a-q$에서
$$\dfrac{3^{2a-p}}{3^{2a-p}+3}=a-q=a-\underbrace{\dfrac{3^p}{3^p+3}}_{\text{(가)}}\ \cdots ㉠$$
이다. ㉠은 실수 p의 값에 관계없이 항상 성립하므로
$p=0$일 때,

> **주의** p에 대한 항등식이므로 p에 계산하기 쉬운 수를 대입해주도록 하자. 대부분의 경우에는 $p=0, -1, 1$을 대입해.

$$\dfrac{3^{2a}}{3^{2a}+3}=a-\dfrac{1}{1+3}=a-\dfrac{1}{4}\ \cdots ㉡$$

$p=1$일 때,
$$\dfrac{3^{2a-1}}{3^{2a-1}+3}=a-\dfrac{3}{3+3}$$에서
$$\dfrac{3^{2a}}{3^{2a}+\underset{\text{(나)}}{9}}=a-\dfrac{1}{2}\ \cdots ㉢$$

$\dfrac{3^{2a-1}}{3^{2a-1}+3}$의 분모, 분자에 3을 각각 곱하면 $\dfrac{3^{2a-1}\times 3}{(3^{2a-1}+3)\times 3}=\dfrac{3^{2a}}{3^{2a}+9}$

이다.
㉡－㉢을 하면
$$\dfrac{3^{2a}}{3^{2a}+3}-\dfrac{3^{2a}}{3^{2a}+9}=\dfrac{6\times 3^{2a}}{(3^{2a}+3)(3^{2a}+9)}=\dfrac{1}{4}$$에서
$$(3^{2a}+3)(3^{2a}+9)=24\times 3^{2a}$$

$3^{2a}=X\,(X>0)$라 하면
$(X+3)(X+9)=24X$
$X^2-12X+27=0$
$(X-3)(X-9)=0$
$\therefore X=3$ 또는 $X=9$

(i) $X=3$, 즉 $3^{2a}=3$일 때,
 $2a=1$에서 $a=\dfrac{1}{2}$

(ii) $X=9$, 즉 $3^{2a}=9=3^2$일 때,
 $2a=2$에서 $a=1$

(i), (ii)에 의하여 $a=\dfrac{1}{2}$ 또는 $a=\boxed{1}\leftarrow$(다)

이다. 이때, ㉢의 좌변이 양수이므로 $a>\dfrac{1}{2}$이다.
$\therefore a=1$ $\quad$ $3^{2a}>0$이므로 $\dfrac{3^{2a}}{3^{2a}+9}>0$이어야.

2nd $(m-n)\times g(2)$의 값을 구해 봐.

따라서 $g(p)=\dfrac{3^p}{3^p+3}$, $m=9$, $n=1$이므로
$$(m-n)\times g(2)=(9-1)\times\dfrac{3^2}{3^2+3}$$
$$=6$$

> **⚙ 지수법칙** 개념·공식
>
> $a>0$, $b>0$이고, x, y가 실수일 때
> ① $a^x a^y=a^{x+y}$ $\qquad$ ② $a^x\div a^y=a^{x-y}$
> ③ $(a^x)^y=a^{xy}$ $\qquad\quad$ ④ $(ab)^x=a^x b^x$

D 41 정답 36 *여러 가지 지수방정식의 풀이 ········· [정답률 72%]

> 정답 공식: 4^x+4^{-x}을 2^x-2^{-x}에 대한 식으로 고친다.

> 방정식 $4^x+4^{-x}+a(2^x-2^{-x})+7=0$이 실근을 갖기 위한 양수 a의 최솟값을 m이라 할 때, m^2의 값을 구하시오. (4점)
>
> **단서** $(2^x-2^{-x})^2=4^x-2+4^{-x}$이지? 즉, $2^x-2^{-x}=t$로 치환하면 주어진 방정식을 t에 대한 방정식으로 변형할 수 있어.

1st 치환을 이용하여 주어진 방정식을 간단히 하자.

$2^x-2^{-x}=t$로 치환하면
$$4^x+4^{-x}=(2^x-2^{-x})^2+2$$
$$=t^2+2$$
따라서 주어진 방정식을 정리하면
$t^2+2+at+7=0$에서 $t^2+at+9=0$

2nd 이차방정식의 판별식을 이용하자.

t에 대한 이차방정식 $t^2+at+9=0$이 실근을 갖기 위해서는 판별식 $D\geq 0$이어야 하므로

실수 t에 대하여 $2^x-2^{-x}=t$라 하면 $2^x-t\times 2^x-1=0$인 2^x에 대한 이차방정식의 판별식 $D=t^2+4>0$이므로 이 방정식을 만족시키는 실근은 항상 존재해. 즉, 2^x-2^{-x}을 만족시키는 t만 존재한다면 실근 x는 존재하지. 따라서 문제에서 만들어지는 t에 대한 이차방정식 $t^2+at+9=0$의 실근의 존재만 따져주면 되는 거야.

$D=a^2-36\geq 0$, $(a+6)(a-6)\geq 0$
$\therefore a\geq 6\ (\because a>0)$
따라서 양수 a의 최솟값은
$m=6$이므로 $m^2=6^2=36$

D 42 정답 ⑤ ＊여러 가지 지수방정식의 풀이 ─── [정답률 72%]

(정답 공식: $a \neq 1$, $a > 0$, $b > 0$일 때, $a^x = b \Longleftrightarrow x = \log_a b$)

> 방정식 $8^x = 18$을 만족시키는 x의 값이 $\frac{1}{3} + k \log_2 3$일 때,
> 상수 k의 값은? (3점) **단서** 지수에 미지수 x가 있지?
> $a^x = b \Longleftrightarrow x = \log_a b$를 이용하자.
>
> ① $\frac{2}{9}$ ② $\frac{1}{3}$ ③ $\frac{4}{9}$
>
> ④ $\frac{5}{9}$ ⑤ $\frac{2}{3}$

1st 주어진 방정식을 로그의 정의를 이용하여 풀자.

방정식 $8^x = 18$을 로그의 정의를 이용하면

$x = \log_8 18 = \log_{2^3}(2 \times 3^2) = \frac{1}{3}\log_2(2 \times 3^2)$ $\rightarrow$ $a \neq 1$, $a > 0$, $b > 0$일 때, $a^x = b \Longleftrightarrow x = \log_a b$

$= \frac{1}{3}(1 + 2\log_2 3) = \frac{1}{3} + \frac{2}{3}\log_2 3$ $\log_{a^n} b = \frac{1}{m}\log_a b$

이고, 이 값이 $\frac{1}{3} + k\log_2 3$과 같으므로

$k = \frac{2}{3}$

D 43 정답 20 ＊여러 가지 지수방정식의 풀이 ─── [정답률 73%]

(정답 공식: 2^x과 3^y을 각각 치환해 연립방정식을 푼다.)

> x, y에 대한 연립방정식 $\begin{cases} 2^x - 3^{y-1} = 5 \\ 2^{x+1} - 3^y = -17 \end{cases}$ 을 만족시키는 해를
> $x = a$, $y = b$라 하자. a, b의 곱 ab의 값을 구하시오. (3점)
> **단서** $2^x = X$, $3^y = Y$로 치환하여 X, Y에 대한 연립일차방정식을 풀자.

1st $2^x = X$, $3^y = Y$로 치환하여 X, Y에 관한 연립일차방정식을 만들자.

$\begin{cases} 2^x - 3^{y-1} = 5 \\ 2^{x+1} - 3^y = -17 \end{cases}$ 에서 $2^x = X$, $3^y = Y$라 하면

$\begin{cases} X - \dfrac{Y}{3} = 5 \cdots \text{㉠} \\ 2X - Y = -17 \cdots \text{㉡} \end{cases}$ $\begin{cases} 2^x - \dfrac{3^y}{3} = 5 \\ 2 \times 2^x - 3^y = -17 \end{cases}$

2nd 연립일차방정식의 해를 구한 후 x, y의 값을 각각 구하자.

$3 \times \text{㉠} - \text{㉡}$을 하면

$(3X - Y) - (2X - Y) = 15 - (-17)$ $\therefore X = 32$

$X = 32$를 ㉡에 대입하면

$64 - Y = -17$ $\therefore Y = 81$

이때, $X = 2^x$, $Y = 3^y$이므로

$2^x = 32 = 2^5$, $3^y = 81 = 3^4$ **실수** X, Y에 대한 값을 x, y에 대한 값으로 반드시 바꾸어서 답을 구해야 해.

$\therefore x = 5$, $y = 4$

따라서 $a = 5$, $b = 4$이므로 $ab = 5 \times 4 = 20$

⚙ 지수법칙 ───────────── 개념·공식

> $a > 0$, $b > 0$이고, x, y가 실수일 때
> ① $a^x a^y = a^{x+y}$ ② $a^x \div a^y = a^{x-y}$
> ③ $(a^x)^y = a^{xy}$ ④ $(ab)^x = a^x b^x$

D 44 정답 17 ＊여러 가지 지수방정식의 풀이 ─── [정답률 75%]

(정답 공식: 함수에 직접적으로 대입하여 지수법칙을 이용한다.)

> 함수 $f(x) = 2^{-x}$에 대하여
> $$f(2a)f(b) = 4, \quad f(a-b) = 2$$ **단서** $f(x) = 2^{-x}$에 대하여 주어진 두 조건을 이용하여 식을 세워 봐.
> 일 때, $2^{3a} + 2^{3b}$의 값은 $\frac{q}{p}$이다. $p+q$의 값을 구하시오. (단, p, q는
> 서로소인 자연수이다.) (3점)

1st 주어진 조건에 의해 a, b 사이의 관계식을 세워 봐.

$f(x) = 2^{-x}$에 대하여 $f(2a)f(b) = 4$에서

$2^{-2a} \times 2^{-b} = 4$, $2^{-2a-b} = 4 = 2^2$ $\therefore 2a + b = -2 \cdots \text{㉠}$

또, $f(a-b) = 2$에서 $2^{-a+b} = 2$ $\therefore -a + b = 1 \cdots \text{㉡}$

㉠, ㉡을 연립하여 풀면 $a = -1$, $b = 0$ ㉠-㉡을 하면 $3a = -3$ $\therefore a = -1$

2nd 구한 a, b의 값을 $2^{3a} + 2^{3b}$에 대입해. $a = -1$을 ㉠에 대입하면 $-2 + b = -2$ $\therefore b = 0$

$\therefore 2^{3a} + 2^{3b} = 2^{-3} + 2^0 = \frac{1}{8} + 1 = \frac{9}{8}$

따라서 $p = 8$, $q = 9$이므로 $p + q = 8 + 9 = 17$

D 45 정답 6 ＊밑을 같게 할 수 있는 지수부등식의 해 [정답률 93%]

(정답 공식: 지수부등식은 밑을 같게 해 비교한다.)

> 부등식 $\left(\frac{1}{2}\right)^{x-5} \geq 4$를 만족시키는 모든 자연수 x의 값의 합을 구하
> 시오. (3점) **단서** 지수를 포함한 부등식의 기본은 밑을 같게 만들어 준 후 부등호의 방향에 주의하면서 지수끼리 비교하면 돼.

1st 부등식의 양변의 밑이 같도록 식을 변형하자.

$\left(\frac{1}{2}\right)^{x-5} \geq 4$에서 $\rightarrow$ 주어진 부등식의 지수의 밑을 $\frac{1}{2}$로 통일시켜도 돼.

즉, $\left(\frac{1}{2}\right)^{x-5} \geq 4$에서 $\left(\frac{1}{2}\right)^{x-5} \geq \left(\frac{1}{2}\right)^{-2}$이야.

$2^{-(x-5)} \geq 4$, $2^{5-x} \geq 2^2$ 이때는 밑이 1보다 작은 양수이므로 부등호의 방향이 바뀐다는 사실에 주의해야 해.

이때, 밑이 2이고 $2 > 1$이므로 주의해야겠지?

$5 - x \geq 2$ $\therefore x \leq 3$

따라서 주어진 부등식을 만족시키는 자연수 x의 값은 1, 2, 3이므로 그 합은 6이다.

D 46 정답 10 ＊밑을 같게 할 수 있는 지수부등식의 해 ─── [정답률 88%]

(정답 공식: $a > 1$일 때, $a^{f(x)} < a^{g(x)} \Longleftrightarrow f(x) < g(x)$)

> 부등식 $4^{x-2} \leq 32$를 만족시키는 모든 자연수 x의 값의 합을 구하
> 시오. (3점) **단서** $4 = 2^2$, $32 = 2^5$으로 밑을 2로 통일할 수 있어.

1st 밑을 2로 통일하여 정리하자.

$4^{x-2} \leq 32$에서 $2^{2x-4} \leq 2^5$

밑이 1보다 크므로 4와 32가 모두 2의 거듭제곱으로 나타낼 수 있으니까 밑을 2로 통일할 수 있어.

$2x - 4 \leq 5$

$x \leq \frac{9}{2} = 4.5$

따라서 구하는 모든 자연수 x의 값의 합은

$1 + 2 + 3 + 4 = 10$

D 47 정답 ① *밑을 같게 할 수 있는 지수부등식의 해 ---- [정답률 91%]

(정답 공식: 지수부등식은 밑을 같게 해 비교한다.)

지수부등식 $4^{-x^2} > \left(\dfrac{1}{2}\right)^{4x}$ 의 해가 $\alpha < x < \beta$일 때, $\alpha + \beta$의 값은?

단서 주어진 부등식에서 밑이 $4 = 2^2$, $\dfrac{1}{2} = 2^{-1}$이므로 밑을 모두 2로 통일하여 식을 정리하자. (3점)

① 2   ② 4   ③ 6
④ 8   ⑤ 10

1st 밑을 2로 통일하여 정리하자.

$4^{-x^2} > \left(\dfrac{1}{2}\right)^{4x}$ 에서 $2^{-2x^2} > 2^{-4x}$

[지수부등식]
(i) $a > 1$일 때, $a^{f(x)} > a^{g(x)}$이면 $f(x) > g(x)$
(ii) $0 < a < 1$일 때, $a^{f(x)} > a^{g(x)}$이면 $f(x) < g(x)$

이때, 밑이 1보다 크므로
$-2x^2 > -4x$에서
$2x^2 - 4x < 0$, $2x(x-2) < 0$
$\therefore 0 < x < 2$
따라서 $\alpha = 0$, $\beta = 2$이므로
$\alpha + \beta = 0 + 2 = 2$

✦ 지수법칙   개념·공식

$a > 0$, $b > 0$이고, x, y가 실수일 때
① $a^x a^y = a^{x+y}$ ② $a^x \div a^y = a^{x-y}$
③ $(a^x)^y = a^{xy}$ ④ $(ab)^x = a^x b^x$

D 48 정답 ② *밑을 같게 할 수 있는 지수부등식의 해 ----- [정답률 89%]

(정답 공식: 지수부등식은 밑을 같게 해 비교한다.
$0 < a < 1$일 때, $a^{f(x)} \geq a^{g(x)} \iff f(x) \leq g(x)$이다.)

부등식 $\left(\dfrac{1}{3}\right)^{x-7} \geq 9$를 만족시키는 모든 자연수 x의 개수는? (3점)

① 4   ② 5   ③ 6
④ 7   ⑤ 8

단서 부등식의 양변을 밑이 $\dfrac{1}{3}$인 지수로 변형할 수 있어. 밑이 같으면 지수끼리 비교하면 되겠지?

1st 밑을 $\dfrac{1}{3}$로 통일하여 정리하자.

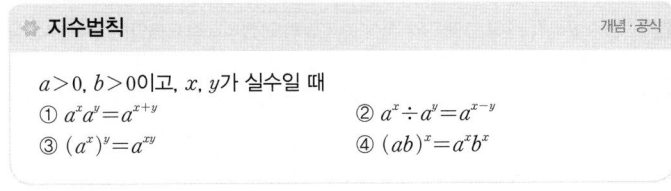

$\left(\dfrac{1}{3}\right)^{x-7} \geq 9$에서 $\left(\dfrac{1}{3}\right)^{x-7} \geq \left(\dfrac{1}{3}\right)^{-2}$
└→ 부등식의 양변을 밑이 $\dfrac{1}{3}$인 지수로 바꿔봐.

실수⟳ 밑이 1보다 작은 양수이므로 지수를 비교하면 부등호 방향이 바뀌어야 해.

이때, 밑이 $\dfrac{1}{3}$이고, $\dfrac{1}{3}$은 1보다 작으므로
$x - 7 \leq -2$ $\therefore x \leq 5$
따라서 주어진 부등식을 만족시키는 자연수 x의 값은 1, 2, 3, 4, 5이므로 5개이다.

🎲 다른 풀이: 양변의 밑을 3으로 통일하여 방정식 풀기

밑을 3으로 통일하면 $\left(\dfrac{1}{3}\right)^{x-7} \geq 9$에서 $(3^{-1})^{x-7} \geq 3^2$
$3^{-x+7} \geq 3^2$
이때, 밑이 3이고 3은 1보다 크므로
$-x + 7 \geq 2$, $x - 7 \leq -2$ $\therefore x \leq 5$
(이하 동일)

D 49 정답 6 *밑을 같게 할 수 있는 지수부등식의 해 ---- [정답률 79%]

D

(정답 공식: $a^{f(x)} < a^{g(x)}$에서 $a > 1$이면 $f(x) < g(x)$이고, $0 < a < 1$이면 $f(x) > g(x)$이다.)

부등식 $\left(\dfrac{1}{5}\right)^{x-1} \leq 5^{7-2x}$을 만족시키는 모든 자연수 x의 개수를 구하시오. (3점) 단서 밑을 같게 만들면 지수끼리만 비교할 수 있어.

1st 양변의 밑이 5가 되도록 만들어봐.

$\left(\dfrac{1}{5}\right)^{x-1} \leq 5^{7-2x}$에서 $5^{1-x} \leq 5^{7-2x}$
└→ 밑이 5로 같고, 1보다 크므로 지수끼리 비교하면 부등호 방향은 그대로야.

이때, 밑이 1보다 크므로 $1 - x \leq 7 - 2x$
$\therefore x \leq 6$

주의 만약 밑이 0과 1 사이의 값이면 진수끼리 비교할 때 부등호 방향은 반대로 바뀌어.

따라서 주어진 부등식을 만족시키는 자연수 x의 값은 1, 2, 3, 4, 5, 6으로 6개이다.

D 50 정답 ④ *밑을 같게 할 수 있는 지수부등식의 해 -- [정답률 88%]

(정답 공식: 지수부등식은 밑을 같게 해 비교한다.)

부등식 $\dfrac{27}{9^x} \geq 3^{x-9}$을 만족시키는 모든 자연수 x의 개수는? (3점)
단서 $27 = 3^3$, $9^x = 3^{2x}$이니까 좌변을 밑이 3인 지수로 변형할 수 있어.

① 1   ② 2   ③ 3
④ 4   ⑤ 5

1st 양변을 밑이 3인 지수로 통일하여 부등식을 풀자.

$\dfrac{27}{9^x} \geq 3^{x-9}$에서 $\dfrac{3^3}{(3^2)^x} \geq 3^{x-9}$, $3^{3-2x} \geq 3^{x-9}$
└→ $\dfrac{3^3}{(3^2)^x} = \dfrac{3^3}{3^{2x}} = 3^3 \div 3^{2x} = 3^{3-2x}$

이때, 밑 3이 1보다 크므로
└→ 지수부등식 $a^{f(x)} > a^{g(x)}$에서 $a > 1$이면 $f(x) > g(x)$이고 $0 < a < 1$이면 $f(x) < g(x)$야.

$3 - 2x \geq x - 9$, $-3x \geq -12$ $\therefore x \leq 4$
따라서 구하는 모든 자연수 x의 값은 1, 2, 3, 4의 4개이다.

주의 부등식에서 양변을 음수로 나눌 때에는 항상 부등호의 방향이 바뀜에 주의하자.

D 51 정답 3 *밑을 같게 할 수 있는 지수부등식의 해 [정답률 84%]

(정답 공식: 지수부등식은 밑을 같게 해 비교한다.)

부등식 $3^{x-4} \leq \dfrac{1}{9}$을 만족시키는 모든 자연수 x의 값의 합을 구하시오. (3점) 단서 좌변과 우변의 밑을 통일시켜서 부등식을 풀어.

1st $\dfrac{1}{9} = 3^{-2}$임을 이용하여 부등식의 해를 구하자.

$3^{x-4} \leq \dfrac{1}{9}$에서 $3^{x-4} \leq 3^{-2}$

[지수부등식]
(i) $0 < a < 1$일 때, $a^{f(x)} \geq a^{g(x)}$이면 $f(x) \leq g(x)$
(ii) $a > 1$일 때, $a^{f(x)} \geq a^{g(x)}$이면 $f(x) \geq g(x)$

이때, 밑이 1보다 크므로 $x - 4 \leq -2$
$\therefore x \leq 2$
따라서 주어진 부등식을 만족시키는 자연수 x의 값은 1, 2이므로 합은
$1 + 2 = 3$

D 52 정답 ① *밑을 같게 할 수 있는 지수부등식의 해 … [정답률 75%]

(정답 공식: 두 식의 곱이 0보다 크거나 같기 위해서는 두 식의 부호가 같아야 한다.)

> 부등식 $\left(2^x-8\right)\left(\dfrac{1}{3^x}-9\right)\geq 0$을 만족시키는 정수 x의 개수는?
>
> 단서 두 실수의 곱이 0 이상이 되는 경우를 생각해 봐야 해.
> 즉, $AB\geq 0$이려면 $A\geq 0, B\geq 0$ 또는 $A\leq 0, B\leq 0$이어야 해. (3점)
>
> ① 6   ② 7   ③ 8
> ④ 9   ⑤ 10

1st 두 실수의 곱이 0 이상이 되기 위한 조건을 찾아봐.

$\left(2^x-8\right)\left(\dfrac{1}{3^x}-9\right)\geq 0$이므로

> 주의 실수는 부호가 같은 두 수를 곱하면 양수이고, 부호가 서로 다른 두 수를 곱하면 음수야.

(i) $2^x-8\geq 0, \dfrac{1}{3^x}-9\geq 0$이거나

> 실수 지수함수의 경우는 밑이 1보다 큰 형태로 바꾸어 다루거나 계산하는 것이 실수를 피하는 좋은 방법이야.

(ii) $2^x-8\leq 0, \dfrac{1}{3^x}-9\leq 0$이어야 한다.

2nd $2^x-8\geq 0, \dfrac{1}{3^x}-9\geq 0$을 만족시키는 x의 값을 구해봐.

(i) $2^x-8\geq 0$이면 $2^x\geq 2^3$이므로 $x\geq 3$ … ㉠
밑이 2인 지수함수는 증가함수이므로 8을 밑이 2인 지수로 바꾸고 부등식의 해를 구해.

$\dfrac{1}{3^x}-9\geq 0$이면 $3^{-x}\geq 3^2$이므로 $-x\geq 2$ ∴ $x\leq -2$ … ㉡
$\dfrac{1}{a^x}=a^{-x}$이야.

그런데 ㉠, ㉡을 수직선 위에 나타내면 [그림 1]과 같으므로 이 경우에는 해가 없다.

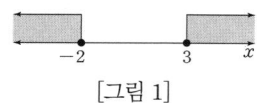

[그림 1]

3rd $2^x-8\leq 0, \dfrac{1}{3^x}-9\leq 0$을 만족시키는 x의 값을 구해봐.

(ii) $2^x-8\leq 0$이면 $2^x\leq 2^3$이므로 $x\leq 3$ … ㉢
지수함수 $y=f(x)=a^x(a>0, a\neq 1)$에 대하여 $a>1$이면 증가함수이고, $f(x_1)<f(x_2)$일 때 $x_1<x_2$야.

$\dfrac{1}{3^x}-9\leq 0$이면 $3^{-x}\leq 3^2$이므로 $-x\leq 2$ ∴ $x\geq -2$ … ㉣
부등식의 양변에 음수를 곱하면 부등호의 방향이 바뀜을 이용해.

㉢, ㉣을 수직선 위에 나타내면 [그림 2]와 같으므로 해는 $-2\leq x\leq 3$

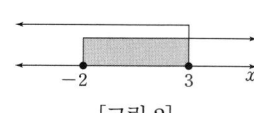

[그림 2]

(i), (ii)에 의하여 주어진 지수부등식의 해는 $-2\leq x\leq 3$이므로 정수 x의 개수는 $-2, -1, 0, 1, 2, 3$으로 6개이다.

지수함수의 그래프   개념·공식

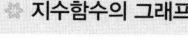

함수 $y=a^x(a>0, a\neq 1)$인 경우 밑이 a인 지수함수라 하고, 이 함수의 그래프는 x축을 점근선으로 가지고 점 $(0, 1)$을 지난다.

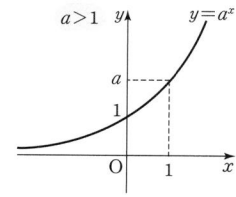   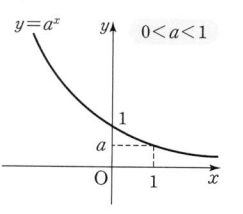

D 53 정답 71 *밑을 같게 할 수 있는 지수부등식의 해 … [정답률 41%]

(정답 공식: $a>1$일 때, $a^{f(x)}\leq a^{g(x)}$이면 $f(x)\leq g(x)$)

> 함수 $f(x)=\begin{cases} -3x+6 & (x<3) \\ 3x-12 & (x\geq 3) \end{cases}$의 그래프가 그림과 같다.
>
> 단서 1 함수 $y=f(x)$의 그래프는 $x=3$을 기준으로 기울기가 달라지지? 즉, 답을 구할 때 경우를 따져야 한다는 거야.
>
>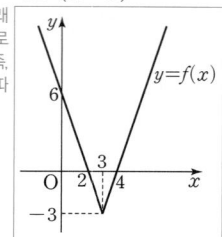
>
> 부등식 $2^{f(x)}\leq 4^x$을 만족시키는 x의 최댓값과 최솟값을 각각 M, m
> 단서 2 $4=2^2$이므로 지수의 밑을 2로 같게 만들 수 있어.
> 이라 할 때, $M+m=\dfrac{q}{p}$이다. $p+q$의 값을 구하시오. (단, p와 q는 서로소인 자연수이다.) (4점)

1st 지수의 밑을 같게 하고, 지수끼리 대소 관계를 비교해보자.
지수부등식 $2^{f(x)}\leq 4^x=2^{2x}$에서 밑 2는 1보다 크므로 $f(x)\leq 2x$이다.
2nd 함수 $y=f(x)$의 그래프와 직선 $y=2x$의 교점의 x좌표를 이용하여 부등식 $f(x)\leq 2x$의 해를 구하자.
주어진 함수 $y=f(x)$의 그래프와 직선 $y=2x$의 교점의 x좌표를 구하자.

> [지수부등식]
> (i) $0<a<1$일 때,
> $a^{f(x)}\leq a^{g(x)}$이면 $f(x)\geq g(x)$
> (ii) $a>1$일 때,
> $a^{f(x)}\leq a^{g(x)}$이면 $f(x)\leq g(x)$

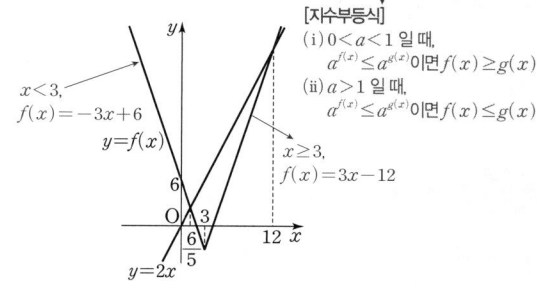

(i) $x<3$일 때,
$$-3x+6=2x \quad ∴ x=\dfrac{6}{5} \text{ 조건 } x<3\text{을 만족해.}$$

(ii) $x\geq 3$일 때,
$$3x-12=2x \quad ∴ x=12 \text{ 조건 } x\geq 3\text{을 만족해.}$$

(i), (ii)에 의해 부등식 $f(x)\leq 2x$의 해는
$$\dfrac{6}{5}\leq x\leq 12$$
그림에서 $y=f(x)$의 그래프가 직선 $y=2x$보다 아랫쪽에 위치하는 x의 범위를 찾아야 해.

즉, 실수 x의 최댓값 $M=12$, 최솟값 $m=\dfrac{6}{5}$

$$M+m=12+\dfrac{6}{5}=\dfrac{66}{5}$$

따라서 $p=5$, $q=66$이므로 $p+q=5+66=71$

D 54 정답 ③ *밑을 같게 할 수 있는 지수부등식의 해 ── [정답률 40%]

(정답 공식: $0<a<1$일 때, $a^{f(x)}>a^{g(x)}$이면 $f(x)<g(x)$이다.)

단서2 두 점 $(0,1)$, $(1,0)$을 지나는 직선이야.

이차함수 $y=f(x)$의 그래프와 일차함수 $y=g(x)$의 그래프가 그림과 같을 때, 부등식 $\left(\dfrac{1}{2}\right)^{f(x-2)}<2^{-g(x+1)}$의 해는? (3점)

단서1 함수 $y=f(x)$의 그래프가 x축과 $x=-2$, $x=1$에서 만나므로 $f(x)=a(x+2)(x-1)$로 나타낼 수 있어. 또, 점 $(-3,4)$를 지나므로 위에서 찾은 식에 대입하면 a의 값을 찾을 수 있겠지?

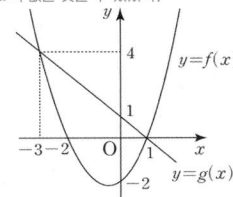

단서3 양변의 밑을 같게 만들면 지수끼리 비교할 수 있어. 이때, (밑)>1이면 부등호의 방향이 바뀌지 않고, 0<(밑)<1이면 부등호의 방향이 바뀌어.

① $x<-2$ 또는 $x>2$ ② $x<0$ 또는 $x>1$
③ $x<0$ 또는 $x>2$ ④ $-3<x<1$
⑤ $0<x<2$

1st 지수부등식을 풀어봐.

$\left(\dfrac{1}{2}\right)^{f(x-2)}<\underline{2^{-g(x+1)}}$
$\qquad\qquad\qquad\;\; \underset{\longrightarrow a^{-x}=\left(\frac{1}{a}\right)^x (\text{단}, a>0, a\neq 1)}{}$
$\left(\dfrac{1}{2}\right)^{f(x-2)}<\left(\dfrac{1}{2}\right)^{g(x+1)}$
$\quad \underset{\longrightarrow 0<a<1 \text{일 때,} a^{f(x)}>a^{g(x)}\text{이면} f(x)<g(x)}{}$
$\therefore f(x-2)>g(x+1)$

2nd $f(x-2)>g(x+1)$의 해를 구하자.

이차함수 $y=f(x)$의 그래프와 x축과의 교점이 $x=-2$, $x=1$이므로
$f(x)=a(x+2)(x-1)(a\neq 0)$이고, 이 그래프가 점 $(-3,4)$를
지나므로 $4=a\times(-1)\times(-4)$, $4a=4$ $\therefore a=1$
$\therefore f(x)=(x+2)(x-1)$
한편, 일차함수 $y=g(x)$의 그래프가 두 점 $(0,1)$, $(1,0)$을 지나므로
함수 $g(x)$의 그래프는 기울기가 -1이고 y절편이 1인 직선이다.
$\therefore g(x)=-x+1$ → 기울기가 a, y절편이 b인 일차함수의 식은 $y=ax+b$

1st 에 의하여 $f(x-2)>g(x+1)$이므로
      → $f(x-2)$의 식은 $f(x)$의 식에 x 대신 $x-2$를,
         $g(x+1)$의 식은 $g(x)$의 식에 x 대신 $x+1$을 대입하면 돼.
$\{(x-2)+2\}\{(x-2)-1\}>\{-(x+1)+1\}$
$x(x-3)>-x$, $x^2-2x>0$, $x(x-2)>0$
$\therefore x<0$ 또는 $x>2$

D 55 정답 ④ *a^x 꼴이 반복되는 지수부등식의 해 ── [정답률 72%]

(정답 공식: $x^2-(\alpha+\beta)x+\alpha\beta\leq 0 \Longleftrightarrow (x-\alpha)(x-\beta)\leq 0$)

부등식 $4^x-10\times 2^x+16\leq 0$을 만족시키는 모든 자연수 x의 값의 합은? (3점)
단서 지수부등식에서 반복되는 것은 치환을 이용하여 풀어야 해.

① 3   ② 4   ③ 5
④ 6   ⑤ 7

1st 반복되는 것을 t로 치환하여 식을 변형하여 풀자.
부등식 $4^x-10\times 2^x+16\leq 0$에서 $(2^x)^2-10\times 2^x+16\leq 0$

$2^x=t$로 놓으면 $t>0 \cdots$ ㉠
$t^2-10t+16\leq 0$ [주의]
$(t-2)(t-8)\leq 0$
$\therefore 2\leq t\leq 8 \cdots$ ㉡

주의: $a>0$일 때, 모든 실수 x에 대하여 $a^x>0$이므로 a^x를 t로 치환하면 $t>0$이야. 치환하면 범위가 나오니까 빼먹지 않도록 주의해.

2nd t를 다시 바꾸고 모든 자연수 x의 값을 구하자.
㉠, ㉡에 의하여 $2\leq t\leq 8$
$2^x=t$이므로 $2\leq 2^x\leq 8$, $2\leq 2^x\leq 2^3$ $\therefore 1\leq x\leq 3$
따라서 모든 자연수 x의 값은 1, 2, 3이므로 그 합은 $1+2+3=6$

D 56 정답 18 *a^x 꼴이 반복되는 지수부등식의 해 [정답률 87%]

(정답 공식: 9^x이 $(3^x)^2$임을 파악하고 치환을 통해 이차부등식의 형태로 만든다.)

부등식 $9^x-3^{x+2}+18<0$의 해가 $\alpha<x<\beta$일 때, $3^\alpha\cdot 3^\beta$의 값을 구하시오. (3점)
단서 $3^x=t$로 치환하여 t에 대한 이차부등식을 풀자.
이때, $t>0$임을 항상 기억해야 해!

1st $3^x=t$로 치환하여 주어진 부등식의 해를 구해.
두 실수 α, β $(\alpha<\beta)$에 대하여
① 해가 $\alpha<x<\beta$일 때, $(x-\alpha)(x-\beta)<0$
② 해가 $x<\alpha$ 또는 $x>\beta$일 때, $(x-\alpha)(x-\beta)>0$

$9^x-3^{x+2}+18<0 \cdots$ ㉠에서
$3^x=t$라 하면 $t>0$이고 주어진 부등식은
$t^2-9t+18<0 \cdots$ ㉡
이때, ㉠의 해가 $\alpha<x<\beta$이므로 ㉡의 해는 $3^\alpha<t<3^\beta$이다.
2nd 근과 계수의 관계를 이용하여 두 근의 값을 구해.
따라서 해가 $3^\alpha<t<3^\beta$인 t에 대한 이차부등식을 세워보면
$(t-3^\alpha)(t-3^\beta)<0$에서
$t^2-(3^\alpha+3^\beta)t+3^\alpha\times 3^\beta<0$
이 부등식이 $t^2-9t+18<0$과 같으므로 $3^\alpha\times 3^\beta=18$이다.

🔎 다른 풀이: α, β의 값을 직접 구하기
주어진 부등식에서 $3^x=t$라 하면 $t^2-9t+18<0$이므로
$(t-3)(t-6)<0$ $\therefore 3<t<6$
즉, $\underline{3<3^x<6}$에서 $1<x<\log_3 6$이고 이 해가 $\alpha<x<\beta$이므로
$\alpha=1$, $\beta=\log_3 6$ $3<3^x<6, \log_3 3<\log_3 3^x<\log_3 6$ $\therefore 1<x<\log_3 6$
$\therefore 3^\alpha\times 3^\beta=3^1\times 3^{\log_3 6}=3\times 6=18$

D 57 정답 ③ *a^x 꼴이 반복되는 지수부등식의 해 ── [정답률 77%]

(정답 공식: 치환을 이용하여 이차부등식으로 변형하여 해를 구한다.)

부등식 $2^{2x+3}+2\leq 17\times 2^x$을 만족시키는 정수 x의 개수는? (3점)
단서 2^x 꼴이 반복되고 있지? 치환을 이용해!
① 1   ② 3   ③ 5   ④ 7   ⑤ 9

1st $2^x=t$라 하고 t에 대한 부등식의 해를 구해.
$\dfrac{2^{2x+3}}{2^{2x+3}=2^{2x}\times 2^3=8\times 2^{2x}}+2\leq 17\times 2^x$에서 $8\times 2^{2x}+2\leq 17\times 2^x$
$\therefore 8\times\underset{2^{2x}=(2^x)^2}{\underline{2^{2x}}}-17\times 2^x+2\leq 0$
이때, $2^x=t(t>0)$라 하면 $8t^2-17t+2\leq 0$에서
$(8t-1)(t-2)\leq 0$ $\therefore \dfrac{1}{8}\leq t\leq 2 \cdots$ ㉠
2nd 주어진 부등식을 만족시키는 정수 x의 개수를 구해.
㉠에서 $\dfrac{1}{8}\leq 2^x\leq 2$, $2^{-3}\leq 2^x\leq 2^1$ $\therefore -3\leq x\leq 1$
밑이 2로 1보다 크니까 지수끼리 비교해도 부등호의 방향은 바뀌지 않아.
따라서 주어진 부등식을 만족시키는 정수 x의 개수는
$-3, -2, -1, 0, 1$로 5이다.

D 58 정답 **12** *a^x 꼴이 반복되는 지수부등식의 해 [정답률 45%]

(정답 공식: a^x 꼴이 반복되는 부등식은 $a^x=t$라 치환하고 푼다.)

> x에 대한 부등식 〔단서〕 $\left(\frac{1}{4}\right)^x=\left\{\left(\frac{1}{2}\right)^x\right\}^2$이므로 $\left(\frac{1}{2}\right)^x=t$로 치환하여 풀자.
>
> $$\left(\frac{1}{4}\right)^x-(3n+16)\times\left(\frac{1}{2}\right)^x+48n\leq 0$$
>
> 을 만족시키는 정수 x의 개수가 2가 되도록 하는 모든 자연수 n의 개수를 구하시오. (4점)

1st $\left(\frac{1}{2}\right)^x=t$라 두고 t에 관한 부등식을 풀고 t의 범위를 구하자.

$\left(\frac{1}{4}\right)^x-(3n+16)\times\left(\frac{1}{2}\right)^x+48n\leq 0$에서 $\left(\frac{1}{2}\right)^x=t$라 두면

$t^2-(3n+16)t+48n\leq 0$

$$\begin{array}{ccc} 1 & -3n & \rightarrow & -3n \\ 1 & -16 & \rightarrow & -16 \\ \hline & & & -(3n+16) \end{array}$$

$(t-3n)(t-16)\leq 0$

$\therefore 3n\leq t\leq 16$ 또는 $16\leq t\leq 3n$

2nd $3n\leq 16$인 경우와 $3n>16$인 경우로 나누어 n의 값을 구하자.

(i) $3n\leq 16$일 때,

$3n\leq\left(\frac{1}{2}\right)^x\leq 16$을 만족시키는 정수 x의 개수가 2가 되도록 하려면

$\underline{2^2<3n\leq 2^3}$ $3n\leq\left(\frac{1}{2}\right)^x\leq 16$에서 $3n\leq\left(\frac{1}{2}\right)^x\leq 2^4$이고,

$\therefore n=2$ 정수 x의 개수가 2이므로 2^3, 2^2만 부등식의 범위에 포함되어야 해. 즉, $2^2<3n\leq 2^3$을 만족해야 해.

(ii) $3n>16$일 때,

$16\leq\left(\frac{1}{2}\right)^x\leq 3n$을 만족시키는 정수 x의 개수가 2가 되도록 하려면

$2^5\leq 3n<2^6$ $\therefore n=11, 12, \cdots, 21$

(i), (ii)에 의하여 모든 자연수 n의 개수는 $1+11=12$(개)

〔주의〕 $2^5\leq 3n<2^6$을 구할 때 $3n<64$이므로 등호가 포함되어 있지 않기 때문에 n의 값을 구할 때 주의해야 해.

D 59 정답 **16** *a^x 꼴이 반복되는 지수부등식의 해 [정답률 68%]

(정답 공식: $4^{\frac{x}{2}}$을 치환하여 이차부등식의 꼴로 만들어준다.)

> 〔단서〕 $4^{\frac{x}{2}}=t$로 치환하면 주어진 부등식은 t에 대한 이차부등식이 되므로 이 문제는 이차부등식이 항상 성립할 조건을 찾으면 되는 거야.
>
> 임의의 실수 x에 대하여 부등식 $4^{x+1}-4^{\frac{x+4}{2}}+a\geq 0$이 성립하도록 하는 실수 a의 최솟값을 구하시오. (4점)

1st 공통 부분을 t로 치환해.

$4^{x+1}-4^{\frac{x+4}{2}}+a\geq 0$에서 $4^{\frac{x}{2}}=t$로 치환하면 $t>0$이고

$4^{x+1}=4^x\times 4=\left(4^{\frac{x}{2}}\right)^2\times 4=4t^2$, $4^{\frac{x+4}{2}}=4^{\frac{x}{2}}\times 4^2=16t$

2nd 주어진 지수부등식을 t에 대한 이차부등식으로 만들어 봐.

즉, 주어진 부등식

$4t^2-16t+a\geq 0$, $4(t-2)^2+a-16\geq 0$ … ㉠

3rd 이차부등식이 항상 성립할 조건을 이용하여 a의 값의 범위를 구하면 돼.

그런데 $t>0$일 때 $4(t-2)^2\geq 0$이므로 이차부등식 ㉠이 항상 성립하기 위해서는 $\underline{a-16\geq 0}$이어야 한다. 〔$f(t)=4(t-2)^2+a-16$이라 할 때, $t>0$에서 $f(t)\geq 0$이려면 $f(0)\geq 0$에서 $a\geq 0$, $f(2)\geq 0$에서 $a-16\geq 0$이어야 해.〕

$\therefore a\geq 16$

따라서 구하는 실수 a의 최솟값은 16이다.

D 60 정답 **④** *a^x 꼴이 반복되는 지수부등식의 해 [정답률 50%]

[정답 공식: 반복되는 지수를 치환하고 경우를 나눠 식이 항상 성립하는 조건을 알아본다.]

> 모든 실수 x에 대하여 부등식 $k\times 2^x\leq 4^x-2^x+4$가 성립하도록 하는 실수 k의 값의 범위는? (3점) 〔단서〕 주어진 부등식에서 $2^x=t$로 치환하고 t에 대한 이차부등식이 항상 성립할 조건을 따져봐야 해. 이때, $t>0$임을 꼭 기억하자.
>
> ① $k\leq -1$ ② $-4\leq k\leq 3$ ③ $-1\leq k\leq 3$
> ④ $k\leq 3$ ⑤ $k\geq 0$

1st $2^x=t$라 하고 주어진 부등식을 정리해 보자.

$\dfrac{k\times 2^x\leq 4^x-2^x+4}{(2^x)^2-(k+1)\times 2^x+4\geq 0}$에서 → $k\times 2^x\leq (2^x)^2-2^x+4$ $(2^x)^2-k\times 2^x-2^x+4\geq 0$ $\therefore (2^x)^2-(k+1)\times 2^x+4\geq 0$

이때, $2^x=t(t>0)$로 치환하고, 부등식의 좌변을 $f(t)$라 하면

$f(t)=t^2-(k+1)t+4$

$\quad=\left(t-\dfrac{k+1}{2}\right)^2+\dfrac{16-(k+1)^2}{4}$

2nd 이차함수의 그래프를 그려서 $t>0$에서 $y=f(t)$의 함숫값이 양수 또는 0이 되는 조건을 구하자.

$t>0$에 대하여 $f(t)\geq 0$이 되는 k의 값의 범위를 구해 보자.

(i) 함수 $y=f(t)$의 그래프의 축이 y축의 오른쪽에 있는 경우

$\dfrac{k+1}{2}>0$

$\therefore k>-1$ … ㉠

$f(t)\geq 0$이려면 그림과 같이

$f\left(\dfrac{k+1}{2}\right)=\dfrac{16-(k+1)^2}{4}\geq 0$이어야

하므로

$16-(k^2+2k+1)\geq 0$

$k^2+2k-15\leq 0$

$(k-3)(k+5)\leq 0$ 〔주의〕 처음에 축이 y축의 오른쪽에 있는 경우라고 가정했으므로 그 때의 범위를 고려하여 답을 구해줘야 해.

$\therefore -5\leq k\leq 3$ … ㉡

㉠과 ㉡을 모두 만족시키는 범위를 구하면 $-1<k\leq 3$이다.

(ii) 함수 $y=f(t)$의 그래프의 축이 y축의 왼쪽에 있는 경우

$\dfrac{k+1}{2}<0$ $\therefore k<-1$ … ㉢

그림과 같이 $t>0$에서 $f(0)\geq 0$이어야 하는데 $f(0)=4>0$이므로 ㉢의 범위에서는 항상 $f(t)\geq 0$이 성립한다.

$\therefore k<-1$

(iii) $k=-1$일 때, $\underline{f(t)=t^2+4}$이므로

$f(t)\geq 4>0$

따라서 (i) ~ (iii)에 의하여

$k\leq 3$

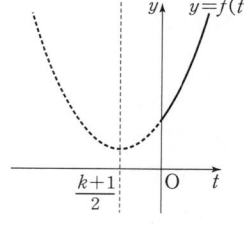

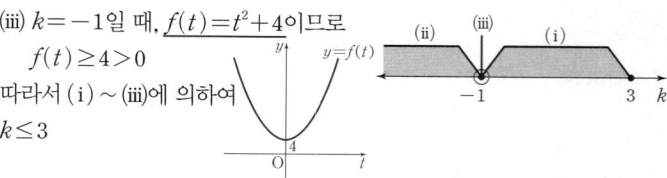

✿ **a^x 꼴이 반복되는 지수부등식의 해**   개념·공식

a^x 꼴이 반복되는 지수부등식은 다음과 같이 푼다.

(i) $a^x=t$ $(t>0)$로 치환한다.

(ii) $t>0$임에 주의하여 t에 대한 부등식을 푼다.

(iii) x의 값의 범위를 구한다.

(정답 공식: 점 C의 x좌표는 지수방정식을 풀어 구할 수 있다.)

그림과 같이 두 함수 $f(x)=2^x+1$, $g(x)=-2^{x-1}+7$의 그래프가 y축과 만나는 점을 각각 A, B라 하고, 곡선 $y=f(x)$와 곡선 $y=g(x)$가 만나는 점을 **단서1** 두 점 A, B의 x좌표는 모두 0이야. C라 할 때, 삼각형 ACB의 넓이는? (3점) **단서2** 방정식 $f(x)=g(x)$의 해가 점 C의 x좌표야.

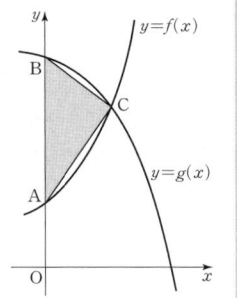

① $\dfrac{5}{2}$ ② 3

③ $\dfrac{7}{2}$ ④ 4

⑤ $\dfrac{9}{2}$

1st 세 점 A, B, C의 좌표를 각각 구해.

두 점 A, B의 x좌표는 0이므로
<u>y축 위의 점의 x좌표는 모두 0이야.</u>
$f(0)=2^0+1=2$, $g(0)=-2^{-1}+7=\dfrac{13}{2}$에서

두 점 A, B의 좌표는 각각 $A(0, 2)$, $B\left(0, \dfrac{13}{2}\right)$이다.

한편, 점 C는 두 곡선 $y=f(x)$, $y=g(x)$의 교점이므로
$f(x)=g(x)$에서 $2^x+1=-2^{x-1}+7$, $2^x+2^{x-1}=6$

$2^x\left(1+\dfrac{1}{2}\right)=6$, $\dfrac{3}{2}\times 2^x=6$

$2^x=4=2^2$ $\therefore x=2$
<u>$a>0, a\ne1$일 때, $a^{x_1}=a^{x_2}\Longleftrightarrow x_1=x_2$</u>
즉, 점 C의 좌표는 $C(2, 5)$이다.
→ $f(2)=2^2+1=5$ 또는 $g(2)=-2+7=5$

2nd 삼각형 ACB의 넓이를 구해.

$\therefore \triangle ACB=\dfrac{1}{2}\times\overline{AB}\times|$점 C의 x좌표$|$
삼각형 ABC에서 선분 AB를 밑변으로 하면 높이는 점 C에서 y축에 내린 수선의 발을 H라 할 때 선분 CH의 길이야.
$=\dfrac{1}{2}\times\left(\dfrac{13}{2}-2\right)\times 2=\dfrac{9}{2}$

(정답 공식: 두 점 A, B의 y좌표의 차가 8임을 안다.)

두 곡선 $y=3^{x+m}$, $y=3^{-x}$이 y축과 만나는 점을 각각 A, B라고 하자. $\overline{AB}=8$일 때, m의 값은? (3점) **단서1** 곡선이 y축과 만나는 점의 x좌표는 0이지?
단서2 수직선 위의 두 점 $P(x_1)$, $Q(x_2)$ 사이의 거리는
① 2 $PQ=|x_1-x_2|$야.   ② 4   ③ 6
④ 8   ⑤ 10

1st 두 곡선 $y=3^{x+m}$, $y=3^{-x}$이 각각 y축과 만나는 두 점 A, B의 좌표를 구해.

두 곡선 $y=3^{x+m}$, $y=3^{-x}$이 각각 y축과 만나는 점은 $A(0, 3^m)$, $B(0, 1)$
<u>y축 위의 점의 x좌표는 0이야.</u>

2nd $\overline{AB}=8$임을 이용해 m의 값을 구해.

$\overline{AB}=8$이므로 $\overline{AB}=|3^m-1|=8$
$3^m=9$ 또는 $3^m=-7$
$m>0$이면 $3^m>1$이므로 $3^m-1=8$
$\therefore 3^m=9=3^2$ ($\because 3^m>0$) $m<0$이면 $3^m<1$이므로 $1-3^m=8$
$\therefore m=2$

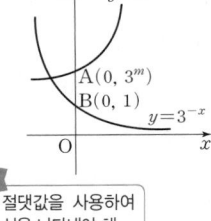

주의 절댓값을 사용하여 식을 나타내야 해.

[정답 공식: 미지수가 없는 식을 이용해 임의의 좌표를 정한다. 중점의 좌표를 구하는 공식을 안다.]

두 함수 $y=2^x$, $y=-\left(\dfrac{1}{2}\right)^x+k$의 그래프가 서로 다른 두 점 A, B에서 만난다. 선분 AB의 중점의 좌표가 $\left(0, \dfrac{5}{4}\right)$일 때, 상수 k의 값은? (3점) **단서** 두 점 A, B의 좌표를 $A(\alpha, 2^\alpha)$, $B(\beta, 2^\beta)$으로 놓은 후 선분 AB의 중점의 좌표를 이용하여 α, β의 값을 구하자.

① $\dfrac{1}{2}$ ② 1   ③ $\dfrac{3}{2}$ ④ 2   ⑤ $\dfrac{5}{2}$

두 함수의 그래프의 교점 A, B는 각각 $y=2^x$, $y=-\left(\dfrac{1}{2}\right)^x+k$의 그래프 위의 점이야.

이때, $y=-\left(\dfrac{1}{2}\right)^x+k$는 함수식에 미지수 k가 있어 복잡하므로 두 점 A, B의 좌표를 $A(\alpha, 2^\alpha)$, $B(\beta, 2^\beta)$으로 간단히 놓은 거야.

1st 우선 두 점의 좌표를 정하자.

만나는 두 점의 좌표를 $A(\alpha, 2^\alpha)$, $B(\beta, 2^\beta)$이라 하면 선분 AB의 중점의 좌표는 $\left(\dfrac{\alpha+\beta}{2}, \dfrac{2^\alpha+2^\beta}{2}\right)$이다.
두 점 (x_1, y_1), (x_2, y_2)를 이은 선분의 중점의 좌표는 $\left(\dfrac{x_1+x_2}{2}, \dfrac{y_1+y_2}{2}\right)$

2nd 주어진 중점의 좌표와 비교하여 α, β의 관계식을 구하자.

선분 AB의 중점의 좌표가 $\left(0, \dfrac{5}{4}\right)$이므로

$\dfrac{\alpha+\beta}{2}=0$, $\dfrac{2^\alpha+2^\beta}{2}=\dfrac{5}{4}$ $\therefore \beta=-\alpha$, $2^\alpha+2^\beta=\dfrac{5}{2}$

$\beta=-\alpha$를 $2^\alpha+2^\beta=\dfrac{5}{2}$에 대입하면 $2^\alpha+2^{-\alpha}=\dfrac{5}{2}$ ··· ㉠

3rd $2^\alpha=t$로 치환하여 지수방정식을 풀자.

이때, ㉠에서 $2^\alpha=t$ $(t>0)$라 하면 $t+\dfrac{1}{t}=\dfrac{5}{2}$이므로

$2t^2-5t+2=0$, $(t-2)(2t-1)=0$ $\therefore t=2$ 또는 $t=\dfrac{1}{2}$

즉, $2^\alpha=2$ 또는 $2^\alpha=\dfrac{1}{2}=2^{-1}$이므로 $\alpha=1$ 또는 $\alpha=-1$이고, 이것을

$\beta=-\alpha$에 대입하면 $\begin{cases}\alpha=1\\\beta=-1\end{cases}$ 또는 $\begin{cases}\alpha=-1\\\beta=1\end{cases}$
실수 t에 대한 값을 α에 대한 값으로 반드시 바꾸어서 답을 구해야 해.

따라서 점 A의 좌표는 $\left(-1, \dfrac{1}{2}\right)$ 또는 $(1, 2)$이고, 점 A는 함수
<u>$(\alpha, 2^\alpha)$라 했지?</u>
$y=-\left(\dfrac{1}{2}\right)^x+k$의 그래프 위의 점이므로 $x=-1$, $y=\dfrac{1}{2}$을 각각

$y=-\left(\dfrac{1}{2}\right)^x+k$에 대입하면

$\dfrac{1}{2}=-\left(\dfrac{1}{2}\right)^{-1}+k$ $\therefore k=\dfrac{1}{2}+2=\dfrac{5}{2}$

다른 풀이: 지수방정식을 치환하여 만든 이차방정식에서 근과 계수의 관계를 이용하여 상수 k의 값 구하기

두 함수 $y=2^x$, $y=-\left(\dfrac{1}{2}\right)^x+k$의 두 교점을 $A(\alpha, 2^\alpha)$, $B(\beta, 2^\beta)$이라 하면 α, β는 방정식 $2^x=-\left(\dfrac{1}{2}\right)^x+k$의 두 근이야.

즉, $2^x=t$ $(t>0)$로 치환하면 $t=-\dfrac{1}{t}+k$에서 $t^2-kt+1=0$

이 방정식의 두 근은 2^α, 2^β이므로 근과 계수의 관계에 의하여
$2^\alpha+2^\beta=k$

그런데 $\overline{AB}$의 중점의 좌표가 $\left(0, \dfrac{5}{4}\right)$이므로

$\dfrac{2^\alpha+2^\beta}{2}=\dfrac{5}{4}$에서 $\dfrac{k}{2}=\dfrac{5}{4}$ $\therefore k=\dfrac{5}{2}$

D 64 정답 ④ *지수방정식의 활용 ⋯⋯⋯⋯⋯⋯⋯⋯ [정답률 62%]

정답 공식: 직선 $y=ax+b$ 위의 두 점 P, Q에 대하여 점 P를 x축의 방향으로 m만큼, y축의 방향으로 n만큼 평행이동한 점을 Q라 하면 $\frac{n}{m}=a$가 성립한다.

직선 $y=2x+k$가 두 함수
$$y=\left(\frac{2}{3}\right)^{x+3}+1, \quad y=\left(\frac{2}{3}\right)^{x+1}+\frac{8}{3}$$
의 그래프와 만나는 점을 각각 P, Q라 하자. $\overline{PQ}=\sqrt{5}$일 때, 상수 k의 값은? (4점)

단서1 두 점 P, Q를 지나는 직선의 기울기는 2야.

단서2 상수 k의 값을 구하려면 직선 $y=2x+k$에 점 P의 좌표를 대입하면 되지? 따라서 점 P의 좌표를 먼저 구해 봐.

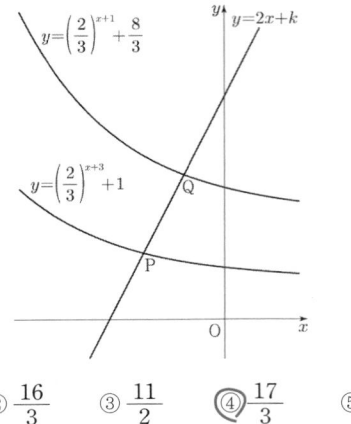

① $\frac{31}{6}$ ② $\frac{16}{3}$ ③ $\frac{11}{2}$ ④ $\frac{17}{3}$ ⑤ $\frac{35}{6}$

1st 점 P의 좌표를 구해.

점 P를 지나고 x축에 평행한 직선과 점 Q를 지나고 y축에 평행한 직선이 만나는 점을 H라 하면 두 점 P, Q가 직선 $y=2x+k$ 위의 점이므로

$\dfrac{\overline{QH}}{\overline{PH}}=2$이다.

두 점 P, Q의 좌표를 각각 $(p, 2p+k)$, $(q, 2q+k)$라 하면 $\dfrac{(2q+k)-(2p+k)}{q-p}=2$야.

즉, $\overline{QH}=2\overline{PH}$이므로 양수 t에 대하여 $\overline{PH}=t$라 하면 $\overline{QH}=2t$

이때, 선분 PQ의 길이가 $\sqrt{5}$이므로 직각삼각형 PHQ에서 피타고라스 정리에 의하여 $\overline{PQ}^2=\overline{PH}^2+\overline{QH}^2$에서

$(\sqrt{5})^2=t^2+(2t)^2$, $5t^2=5$, $t^2=1$ ∴ $t=1$ ($\because t>0$)

한편, 점 P는 함수 $y=\left(\frac{2}{3}\right)^{x+3}+1$의 그래프 위의 점이므로 점 P의 좌표를 $\left(p, \left(\frac{2}{3}\right)^{p+3}+1\right)$이라 하면 $\overline{PH}=t=1$, $\overline{QH}=2t=2$이므로 점 Q의 좌표는 $\left(p+1, \left(\frac{2}{3}\right)^{p+3}+3\right)$ ⋯⋯⋯ ㉠이다.

점 Q는 점 P를 x축의 방향으로 1만큼, y축의 방향으로 2만큼 평행이동한 점이야.

그런데 점 Q는 함수 $y=\left(\frac{2}{3}\right)^{x+1}+\frac{8}{3}$의 그래프 위의 점이고 x좌표가 $p+1$이므로 y좌표는 $y=\left(\frac{2}{3}\right)^{(p+1)+1}+\frac{8}{3}=\left(\frac{2}{3}\right)^{p+2}+\frac{8}{3}$ ⋯⋯ ㉡이다.

㉠, ㉡에서 $\left(\frac{2}{3}\right)^{p+3}+3=\left(\frac{2}{3}\right)^{p+2}+\frac{8}{3}$이므로

$\left(\frac{2}{3}\right)^{p+3}-\left(\frac{2}{3}\right)^{p+2}=-\frac{1}{3}$, $\left(\frac{2}{3}\right)^{p+2}\left(\frac{2}{3}-1\right)=-\frac{1}{3}$

$-\frac{1}{3}\left(\frac{2}{3}\right)^{p+2}=-\frac{1}{3}$, $\left(\frac{2}{3}\right)^{p+2}=1$, $p+2=0$ ∴ $p=-2$

따라서 점 P의 좌표는 $\left(-2, \frac{5}{3}\right)$이다.

2nd 상수 k의 값을 구해. $p=-2$를 $\left(p, \left(\frac{2}{3}\right)^{p+3}+1\right)$에 대입해서 구해.

점 P는 직선 $y=2x+k$ 위의 점이므로 $x=-2$, $y=\frac{5}{3}$를 대입하면

$\frac{5}{3}=2\times(-2)+k$ ∴ $k=\frac{5}{3}+4=\frac{17}{3}$

김찬우 전남대 의예과 2022년 입학·전북 이리고 졸

이 문제의 핵심은 두 점 P, Q의 x좌표의 차와 y좌표의 차를 구하는 것이라고 생각해. 그것만 구하면 점 P가 함수 $y=\left(\frac{2}{3}\right)^{x+3}+1$의 그래프 위의 점이고 점 Q가 함수 $y=\left(\frac{2}{3}\right)^{x+1}+\frac{8}{3}$의 그래프 위의 점이라는 것을 이용해서 방정식을 세워 풀면 돼. 문제로 돌아가 보면 두 점 P, Q를 지나는 직선의 기울기가 2이고 선분 PQ의 길이가 $\sqrt{5}$이므로 선분 PQ를 빗변으로 하는 직각삼각형에서 두 점 P, Q의 x좌표의 차는 1이고 y좌표의 차는 2임을 바로 알 수 있어.

D 65 정답 ① *지수방정식의 활용 ⋯⋯⋯⋯⋯⋯⋯⋯ [정답률 58%]

정답 공식: $a>0$일 때, $(a^x)^2+(\alpha+\beta)a^x+\alpha\beta=0 \Longleftrightarrow (a^x+\alpha)(a^x+\beta)=0$

단서1 가려져 있는 4개의 접착 메모지의 값이 어떤 값을 가지는지 묻는 게 아니라 몰라도 상관없이 답을 구할 수 있는지 알아보자.

가로줄 l_1, l_2, l_3과 세로줄 l_4, l_5, l_6이 만나는 곳에 있는 9개의 메모판에 모두 x에 대한 식이 하나씩 적혀 있고, 그중 4개의 메모판은 접착 메모지로 가려져 있다. $x=a$일 때, 각 줄 $l_k(k=1, 2, 3, 4, 5, 6)$에 있는 3개의 메모판에 적혀 있는 모든 식의 값의 합을 S_k라 하자. $S_k(k=1, 2, 3, 4, 5, 6)$의 값이 모두 같게 되는 모든 실수 a의 값의 합은? (4점)

단서2 가려져 있는 메모지의 값을 공통으로 하는 두 S_k를 적절히 정하여 식을 세워 풀자.

① 5   ② 6   ③ 7   ④ 8   ⑤ 9

1st $x=a$에서 S_k가 모두 같도록 두 l_k를 정하여 식을 세우자.

빈 칸에 들어갈 수를 각각 p, q, r, s라 하자.

	l_4	l_5	l_6	
l_1	4^a	p	-2^{a+1}	S_1
l_2	q	$2^{a+3}-16$	r	S_2
l_3	-2^{a+1}	$2^{a+3}-16$	s	S_3
	S_4	S_5	S_6	

$S_1=S_4$이므로 $q=p$

$S_3=S_6$이므로 $r=2^{a+3}-16$

$S_3=S_4$이므로 $s=4^a-2^{a+3}+16+p$

$4^a+q+(-2^{a+1})=-2^{a+3}-16+s$
∴ $s=4^2-2a+3+16+q$
$=4^a-2^{a+3}+16+p$ ($\because p=q$)

	l_4	l_5	l_6	
l_1	4^a	p	-2^{a+1}	S_1
l_2	p	$2^{a+3}-16$	$2^{a+3}-16$	S_2
l_3	-2^{a+1}	$2^{a+3}-16$	$4^a-2^{a+3}+16+p$	S_3
	S_4	S_5	S_6	

$S_1=S_3=S_4=S_6=4^a-2^{a+1}+p$

$S_2=S_5=2^{a+4}-32+p$이므로 S_k가 모두 같으면

$4^a-2^{a+1}+p=2^{a+4}-32+p$

공통인 메모판의 식은 식을 정리할 때, 없어지므로 공통이 아닌 식의 합끼리 같다고 놓고 풀어도 돼.

2nd 식을 정리하여 a의 값을 구하자.

$4^a-2\times2^a-16\times2^a+32=0$

$4^a-18\times2^a+32=0$, $(2^a)^2-18\times2^a+32=0$

$(2^a-2)(2^a-16)=0$

$2^a=2$ 또는 $2^a=16=2^4$

∴ $a=1$ 또는 $a=4$

따라서 모든 실수 a의 값의 합은 $1+4=5$이다.

D 66 정답 ③ ＊지수방정식의 활용 [정답률 52%]

(정답 공식: 우선 세 점의 좌표를 구하고, 삼각형의 넓이를 구한다.)

그림과 같이 두 곡선 $y=2^{x-3}+1$과 $y=2^{x-1}-2$가 만나는 점을 A 라 하자. 상수 k에 대하여 직선 $y=-x+k$가 두 곡선 $y=2^{x-3}+1$, $y=2^{x-1}-2$와 만나는 점을 각각 B, C라 할 때, 선분 BC의 길이는 $\sqrt{2}$이다. 삼각형 ABC의 넓이는?
(단, 점 B의 x좌표는 점 A의 x좌표보다 크다.) (4점)

단서 2 점 B의 x좌표를 a라 두고, 점 B, C의 좌표를 a에 대하여 나타내 보자.

단서 1 두 식을 연립해서 A의 좌표를 구하자.

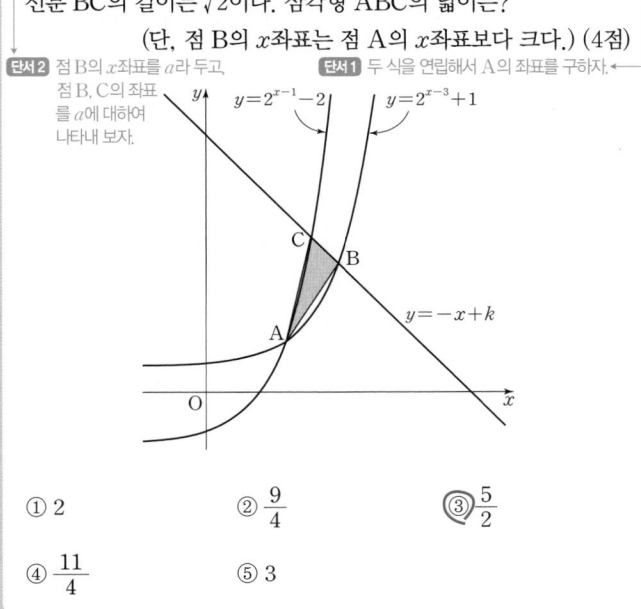

① 2
② $\frac{9}{4}$
③ $\frac{5}{2}$
④ $\frac{11}{4}$
⑤ 3

1st 세 점 A, B, C의 좌표를 각각 구하자.

점 A는 두 곡선 $y=2^{x-3}+1$과 $y=2^{x-1}-2$가 만나는 점이므로
$2^{x-3}+1=2^{x-1}-2$, $\to 2^{x-3}=2^x\times\frac{1}{8}$로 계산하자.
$\frac{2^x}{8}+1=\frac{2^x}{2}-2$, $2^x\left(\frac{1}{2}-\frac{1}{8}\right)=3$
$2^x\times\frac{3}{8}=3$, $2^x=8$, $2^x=2^3$
$\therefore x=3$

따라서 점 A의 좌표는 A$(3, 2)$이다.
한편, 점 B의 x좌표를 a라 하면 B$(a, 2^{a-3}+1)$, 점 B를 지나면서 x축과 평행한 직선과 점 C를 지나면서 y축과 평행한 직선의 교점을 H라 하자.

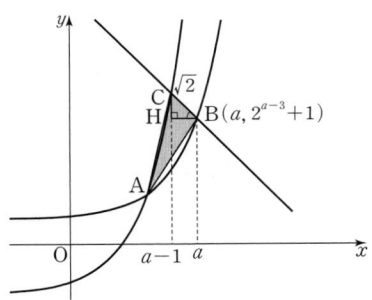

두 점 B, C는 기울기가 -1인 직선 위의 점이고 $\overline{BC}=\sqrt{2}$이므로
$\overline{BH}=1$

주의
직선이 x축과 이루는 각이 $45°$이 므로 특수각에 대한 피타고라스의 길이 의 비 $1:1:\sqrt{2}$에 의해 점 B, C의 x좌표는 각각 a, $a-1$이야.

따라서 점 C의 x좌표는 $a-1$이고 y좌표는
$(2^{a-3}+1)+1=2^{a-3}+2$이므로
C$(a-1, 2^{a-3}+2)$
점 C는 곡선 $y=2^{x-1}-2$ 위의 점이므로

$2^{a-3}+2=2^{a-2}-2$, $\frac{2^a}{4}-\frac{2^a}{8}=4$
$2^a\left(\frac{1}{4}-\frac{1}{8}\right)=4$, $2^a\times\frac{1}{8}=4$
$2^a=32$, $2^a=2^5$
$\therefore a=5$
따라서 점 C$(4, 6)$이고, 점 B$(5, 5)$이다.

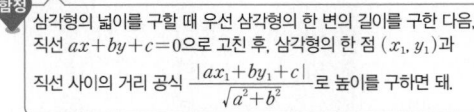

2nd k의 값을 구하자.
$\to$ B$(5, 2^{5-3}+1)$이므로 B$(5, 2^2+1)$ $\therefore$ B$(5, 5)$

점 B$(5, 5)$는 직선 $y=-x+k$ 위의 점이므로
$5=-5+k$
$\therefore k=10$

3rd 삼각형의 넓이를 구하자.
삼각형 ABC에 대하여 점 A에서 변 $\overline{BC}$를 연장한 선 위에 수선의 발 H_1을 내리면 삼각형 ABC의 높이 $\overline{AH_1}$은 점 A와 직선 $y=-x+10$ 사이의 거리와 같다.
따라서 점 A$(3, 2)$와 직선 $y=-x+10$, 즉
$x+y-10=0$ 사이의 거리는

[점과 직선 사이의 거리]
점 (x_1, y_1)과 직선 $ax+by+c=0$ 사이의
거리 d는 $d=\frac{|ax_1+by_1+c|}{\sqrt{a^2+b^2}}$

$\frac{|3+2-10|}{\sqrt{1^2+1^2}}=\frac{5}{\sqrt{2}}$

따라서 삼각형 ABC의 넓이는

함정
삼각형의 넓이를 구할 때 우선 삼각형의 한 변의 길이를 구한 다음, 직선 $ax+by+c=0$으로 고친 후, 삼각형의 한 점 (x_1, y_1)과 직선 사이의 거리 공식 $\frac{|ax_1+by_1+c|}{\sqrt{a^2+b^2}}$로 높이를 구하면 돼.

$\triangle ABC=\frac{1}{2}\times\overline{BC}\times\overline{AH_1}$
$=\frac{1}{2}\times\sqrt{2}\times\frac{5}{\sqrt{2}}$
$=\frac{5}{2}$

🔧 톡톡 풀이: 세 꼭짓점의 좌표를 이용하여 삼각형의 넓이 구하기

세 점 A$(3, 2)$, B$(5, 5)$, C$(4, 6)$으로 둘러싸인 삼각형의 넓이는 다음과 같은 공식으로 구할 수 있어.

$\frac{1}{2}\begin{vmatrix} 3 & 5 & 4 & 3 \\ 2 & 5 & 6 & 2 \end{vmatrix}=\frac{1}{2}|(15+30+8)-(10+20+18)|$
$=\frac{5}{2}$

└ 처음과 끝에 같은 점의 x좌표, y좌표를 써주고 초록 화살표끼리 곱한 값을 더해주고,
$\frac{1}{2}\begin{vmatrix} 3 & 5 & 4 & 3 \\ 2 & 5 & 6 & 2 \end{vmatrix}$
파란 화살표끼리 곱한 값을 더해준 다음 두 값의 합의 차를 구해.
$\frac{1}{2}\begin{vmatrix} 3 & 5 & 4 & 3 \\ 2 & 5 & 6 & 2 \end{vmatrix}$

⚙ a^x 꼴이 반복되는 지수방정식의 해 개념·공식

a^x 꼴이 반복되는 지수방정식은 다음과 같이 푼다.
(i) $a^x=t$ $(t>0)$로 치환한다.
(ii) $t>0$임에 주의하여 t에 대한 방정식을 푼다.
(iii) x의 값을 구한다.

D 67 정답 ① *지수방정식의 활용 [정답률 72%]

> 정답 공식: 같은 꼴이 반복되는 지수방정식은 치환하여 간단한 방정식으로 나타 낸 후 해를 구한다.

> **단서1** 두 점 A, B의 x좌표는 t야.

실수 t에 대하여 직선 $x=t$가 곡선 $y=3^{2-x}+8$과 만나는 점을 A, x축과 만나는 점을 B라 하자. 직선 $x=t+1$이 x축과 만나는 점을 C, 곡선 $y=3^{x-1}$과 만나는 점을 D라 하자. 사각형 ABCD 가 직사각형일 때, 이 사각형의 넓이는? (3점)

> **단서2** 두 점 C, D의 x좌표는 $t+1$이야.

> **단서3** 두 점 B, C가 x축 위의 점이므로 사각형 ABCD가 직사각형 이려면 두 점 A, D 는 x축과 평행한 직 선 위에 있어야 해.

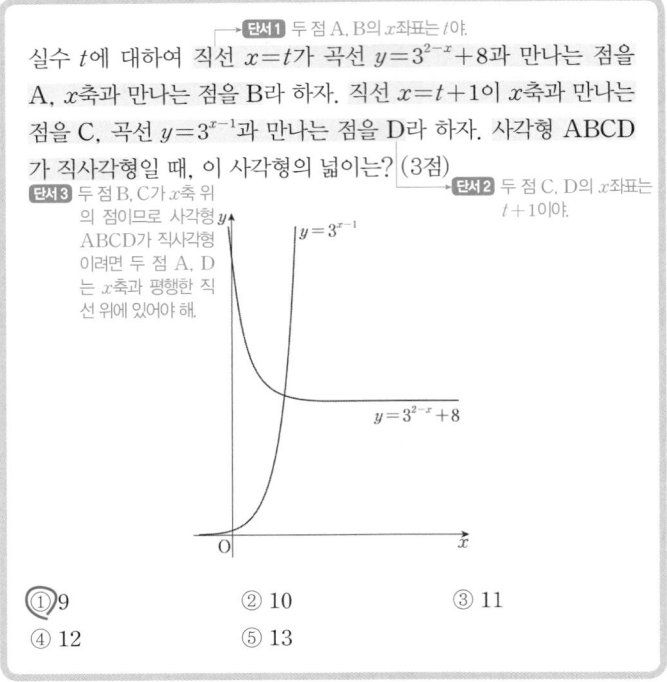

① 9   ② 10   ③ 11   ④ 12   ⑤ 13

1st 네 점 A, B, C, D의 좌표를 t에 대하여 나타내.

직선 $x=t$가 곡선 $y=3^{2-x}+8$, x축과 만나는 점이 각각 A, B이므로 점 A의 좌표는 $(t, 3^{2-t}+8)$이고 점 B의 좌표는 $(t, 0)$이다.

또, 직선 $x=t+1$이 x축, 곡선 $y=3^{x-1}$과 만나는 점이 각각 C, D이므로 점 C의 좌표는 $(t+1, 0)$이고 점 D의 좌표는 $(t+1, 3^t)$이다.

2nd t의 값을 구해.

> 직사각형은 마주보는 두 변이 평행하고 네 내각의 크기가 모두 $90°$이어야 해. 따라서 변 AD가 x축과 평행하기만 하면 사각형 ABCD는 직사각형이 돼.

이때, 두 점 B, C가 x축 위의 점이므로 사각형 ABCD가 직사각형이 되려면 두 점 A, D는 x축과 평행한 직선 위에 있어야 한다.

즉, 두 점 A, D의 y좌표가 같아야 하므로 $3^{2-t}+8=3^t$에서

$\dfrac{9}{3^t}+8=3^t$, $9+8\times3^t=3^{2t}$ ∴ $3^{2t}-8\times3^t-9=0$

> $a>0$, $a\neq1$일 때 $a^x>0$이야.

이때, $3^t=X$ ($X>0$)라 하면

$X^2-8X-9=0$에서

$(X+1)(X-9)=0$

∴ $X=9$ (∵ $X>0$)

따라서 $3^t=9=3^2$에서 $t=2$

3rd 직사각형 ABCD의 넓이를 구해.

즉, 직사각형 ABCD의 네 꼭짓점 A, B, C, D의 좌표는 각각 $(2, 9)$, $(2, 0)$, $(3, 0)$, $(3, 9)$이므로 이 직사각형의 가로의 길이와 세로의 길이는 각각 $3-2=1$, 9이다.

따라서 사각형 ABCD의 넓이를 S라 하면

$S=1\times9=9$

⭐ a^x 꼴이 반복되는 지수방정식의 해

개념·공식

a^x 꼴이 반복되는 지수방정식은 다음과 같이 푼다.

(ⅰ) $a^x=t$ ($t>0$)로 치환한다.

(ⅱ) $t>0$임에 주의하여 t에 대한 방정식을 푼다.

(ⅲ) x의 값을 구한다.

D 68 정답 ④ *지수방정식의 활용 [정답률 74%]

> 정답 공식: $a^{f(x)}=a^{g(x)}$ ($a>0$, $a\neq1$) 꼴의 방정식은 $f(x)=g(x)$를 푼다.

> **단서1** 두 점 A, B가 직선 $y=x$ 위의 점이므로 두 점의 각각의 x좌표와 y좌표는 서로 같아.

곡선 $y=2^{ax+b}$과 직선 $y=x$가 서로 다른 두 점 A, B에서 만날 때, 두 점 A, B에서 x축에 내린 수선의 발을 각각 C, D라 하자. $\overline{AB}=6\sqrt{2}$이고 사각형 ACDB의 넓이가 30일 때, $a+b$의 값은?

> **단서2** 두 점 A, B의 좌표를 구할 수 있는 조건이야.

(단, a, b는 상수이다.) (4점)

① $\dfrac{1}{6}$ ② $\dfrac{1}{3}$ ③ $\dfrac{1}{2}$

④ $\dfrac{2}{3}$ ⑤ $\dfrac{5}{6}$

1st 두 점 A, B의 좌표를 각각 구해.

두 점 A, B는 직선 $y=x$ 위의 점이므로 두 점 A, B의 좌표를 각각 (m, m), (n, n) ($m<n$)이라 하면 $\overline{AB}=6\sqrt{2}$에서

$\sqrt{(n-m)^2+(n-m)^2}=6\sqrt{2}$

> 두 점 (a, b), (c, d)를 잇는 선분의 길이를 d라 하면 $d=\sqrt{(c-a)^2+(d-b)^2}$

$\sqrt{2(n-m)^2}=6\sqrt{2}$

$\sqrt{2}(n-m)=6\sqrt{2}$

> $m<n$이므로 $n-m>0$이야.
> ∴ $\sqrt{2(n-m)^2}=\sqrt{2}(n-m)$

∴ $n-m=6$ ··· ㉠

또, 사각형 ACDB의 넓이가 30이므로

> 사각형 ACDB는 두 밑변이 $\overline{AC}$, $\overline{BD}$인 사다리꼴이야.

$\dfrac{1}{2}\times(\overline{AC}+\overline{BD})\times\overline{CD}=30$에서

> 선분 CD의 길이는 두 점 A, B의 x좌표의 차야.

$\dfrac{1}{2}\times(m+n)\times(n-m)=30$

> 두 선분 AC, BD의 길이는 각각 점 A, 점 B의 y좌표의 절댓값이야.

㉠을 대입하면

$\dfrac{1}{2}\times(m+n)\times6=30$

∴ $m+n=10$ ··· ㉡

㉠, ㉡을 연립하여 풀면

$m=2$, $n=8$

따라서 두 점 A, B의 좌표는 각각 $(2, 2)$, $(8, 8)$이다.

2nd a, b의 값을 각각 구하고 $a+b$를 계산해.

한편, 점 A$(2, 2)$는 곡선 $y=2^{ax+b}$ 위의 점이므로

> 점 (a, b)가 곡선 $y=f(x)$ 위의 점이면 $b=f(a)$가 성립해.

$2^{2a+b}=2$에서 $2a+b=1$ ··· ㉢

또, B$(8, 8)$도 곡선 $y=2^{ax+b}$ 위의 점이므로

> $a^{f(x)}=a^{g(x)}$ ($a>0$, $a\neq1$) 이면 $f(x)=g(x)$

$2^{8a+b}=8=2^3$에서 $8a+b=3$ ··· ㉣

㉢, ㉣을 연립하여 풀면

$a=\dfrac{1}{3}$, $b=\dfrac{1}{3}$

∴ $a+b=\dfrac{1}{3}+\dfrac{1}{3}=\dfrac{2}{3}$

D 69 정답 ④ *지수방정식의 실생활 응용 ················ [정답률 91%]

〔 정답 공식: $a>0$, $a\neq1$일 때, $a^{f(x)}=a^{g(x)}$이면 $f(x)=g(x)$이다. 〕

지진의 세기를 나타내는 수정머칼리진도가 x이고 km당 매설관 파괴 발생률을 n이라 하면 다음과 같은 관계식이 성립한다고 한다.
$$n=C_dC_g10^{\frac{4}{5}(x-9)}$$
(단, C_d는 매설관의 지름에 따른 상수이고, C_g는 지반 조건에 따른 상수이다.) 단서 $C_g=2$, $C_d=\frac{1}{4}$, $x=a$, $n=\frac{1}{200}$이야.

C_g가 2인 어느 지역에 C_d가 $\frac{1}{4}$인 매설관이 묻혀 있다. 이 지역에 수정머칼리진도가 a인 지진이 일어났을 때, km당 매설관 파괴 발생률이 $\frac{1}{200}$이었다. a의 값은? (3점)

① 5   ② $\frac{11}{2}$ ③ 6   ④ $\frac{13}{2}$ ⑤ 7

1st 각 값을 주어진 관계식 $n=C_dC_g10^{\frac{4}{5}(x-9)}$에 대입해 보자.

$C_g=2$, $C_d=\frac{1}{4}$, $x=a$, $n=\frac{1}{200}$이므로
→ 주어진 관계식에 대입해 봐.

$\frac{1}{200}=\frac{1}{4}\times2\times10^{\frac{4}{5}(a-9)}$, $10^{\frac{4}{5}(a-9)}=10^{-2}$
  $10^{\frac{4}{5}(a-9)}=\frac{1}{100}=10^{-2}$

즉, $\frac{4}{5}(a-9)=-2$이므로 $a-9=-\frac{5}{2}$에서 $a=\frac{13}{2}$
→ $a^{f(x)}=a^{g(x)}(a>0, a\neq1)\Longleftrightarrow f(x)=g(x)$

D 70 정답 ② *지수방정식의 실생활 응용 ················ [정답률 86%]

〔 정답 공식: 주어진 관계식에 $t=2$, 4를 대입한 후 식을 정리하여 지수방정식을 푼다. 〕

최대 충전 용량이 $Q_0(Q_0>0)$인 어떤 배터리를 완전히 방전시킨 후 t시간 동안 충전한 배터리의 충전 용량을 $Q(t)$라 할 때, 다음 식이 성립한다고 한다.
$$Q(t)=Q_0\left(1-2^{-\frac{t}{a}}\right) \text{(단, } a\text{는 양의 상수이다.)}$$
$\frac{Q(4)}{Q(2)}=\frac{3}{2}$일 때, a의 값은? (단, 배터리의 충전 용량의 단위는 mAh이다.) (3점) 단서 주어진 관계식에 $t=2$, $t=4$를 각각 대입한 후, 식을 정리해 봐.

① $\frac{3}{2}$ ② 2   ③ $\frac{5}{2}$ ④ 3   ⑤ $\frac{7}{2}$

1st $\frac{Q(4)}{Q(2)}=\frac{3}{2}$을 만족시키는 a의 값을 구하자.

$Q(4)=Q_0\left(1-2^{-\frac{4}{a}}\right)$, $Q(2)=Q_0\left(1-2^{-\frac{2}{a}}\right)$이므로

$\frac{Q(4)}{Q(2)}=\frac{3}{2}$에서 $\dfrac{Q_0\left(1-2^{-\frac{4}{a}}\right)}{Q_0\left(1-2^{-\frac{2}{a}}\right)}=\frac{3}{2}$, $2\left(1-2^{-\frac{4}{a}}\right)=3\left(1-2^{-\frac{2}{a}}\right)$
  $1-2^{-\frac{4}{a}}=1^2-\left(2^{-\frac{2}{a}}\right)^2=\left(1-2^{-\frac{2}{a}}\right)\left(1+2^{-\frac{2}{a}}\right)$

$2\left(1-2^{-\frac{2}{a}}\right)\left(1+2^{-\frac{2}{a}}\right)=3\left(1-2^{-\frac{2}{a}}\right)$ ··· ㉠

> 실수 식의 양변을 나눌 때 항상 양수인지 음수인지 확인하도록 하자.

이때, $a>0$에서 $0<2^{-\frac{2}{a}}<1$이므로 $1-2^{-\frac{2}{a}}>0$이다.
→ 함수 $y=2^x$에서 $x<0$이면 $0<y<1$이지?

따라서 ㉠의 양변을 $2\left(1-2^{-\frac{2}{a}}\right)$으로 나누면

$1+2^{-\frac{2}{a}}=\frac{3}{2}$, $2^{-\frac{2}{a}}=\frac{1}{2}=2^{-1}$, $-\frac{2}{a}=-1$ $\therefore a=2$

🔄 다른 풀이: **치환을 하여 지수방정식 풀기**

$2\left(1-2^{-\frac{4}{a}}\right)=3\left(1-2^{-\frac{2}{a}}\right)$에서 $2^{-\frac{2}{a}}=x$ $(0<x<1)$라 하면
→ $2^{-\frac{4}{a}}=\left(2^{-\frac{2}{a}}\right)^2$

$2(1-x^2)=3(1-x)$, $2x^2-3x+1=0$, $(x-1)(2x-1)=0$

$\therefore x=\frac{1}{2}$ ($\because 0<x<1$)

즉, $2^{-\frac{2}{a}}=\frac{1}{2}=2^{-1}$에서 $-\frac{2}{a}=-1$ $\therefore a=2$

D 71 정답 ① *지수방정식의 실생활 응용 ················ [정답률 81%]

〔 정답 공식: $I(t)$와 t에 문제에 주어진 숫자를 대입한다. 로그의 밑의 변환 공식을 안다. 〕

주위가 순간적으로 어두워지더라도 사람의 눈은 그 변화를 서서히 지각하게 된다. 빛의 세기가 1000에서 10으로 순간적으로 바뀐 후 t초가 경과했을 때, 사람이 지각하는 빛의 세기 $I(t)$는
$$I(t)=10+990\times a^{-5t} \text{(단, } a\text{는 } a>1\text{인 상수)}$$
이라 한다. 빛의 세기가 1000에서 10으로 순간적으로 바뀐 후, 사람이 빛의 세기를 21로 지각하는 순간까지 s초가 경과했다고 할 때, s의 값은? (단, 빛의 세기의 단위는 Td(트롤랜드)이다.) (3점)
단서 지수방정식 $21=10+990\times a^{-5s}$을 풀면 돼.

① $\dfrac{1+2\log3}{5\log a}$ ② $\dfrac{1+3\log3}{5\log a}$ ③ $\dfrac{2+\log3}{5\log a}$

④ $\dfrac{2+2\log3}{5\log a}$ ⑤ $\dfrac{2+3\log3}{5\log a}$

1st $I(t)$에는 21을, t에는 s를 대입해서 식을 정리해.

$21=10+990\times a^{-5s}$에서 $11=990\times a^{-5s}$

$11=990\times\frac{1}{a^{5s}}$ $\therefore a^{5s}=\frac{990}{11}=90$

따라서 지수와 로그의 관계에 의하여

$5s=\log_a90=\dfrac{\log90}{\log a}$에서 $5s=\dfrac{\log10+\log9}{\log a}$이므로
  [밑의 변환 공식]

$s=\dfrac{1+2\log3}{5\log a}$ $\log_ab=\dfrac{\log_cb}{\log_ca}$

D 72 정답 ③ *지수방정식의 실생활 응용 ················ [정답률 79%]

〔 정답 공식: $t+c$를 $f(t)=3^{-t}$에 대입해 c의 값을 구한다. 〕

시간 t에 따라 감소하는 함수 $f(t)$에 대하여
$$f(t+c)=\frac{1}{2}f(t)$$
단서 $f(t)=3^{-t}$의 t에 $t+c$를 대입하여 $f(t+c)$가 $\frac{1}{2}f(t)=\frac{1}{2}\times3^{-t}$이 되도록 하는 c의 값을 구해.

를 만족시키는 양의 실수 c를 $f(t)$의 반감기라 한다.
함수 $f(t)=3^{-t}$의 반감기는? (3점)

① $\frac{1}{3}\log_32$ ② $\frac{1}{2}\log_32$ ③ $\log_32$ ④ $2\log_32$ ⑤ $3\log_32$

1st 함수 $f(t)=3^{-t}$에 대하여 $f(t+c)=\frac{1}{2}f(t)$를 만족시키는 c의 값을 구하자.

$f(t)=3^{-t}$이므로 $f(t+c)=\frac{1}{2}f(t)$에서

$3^{-(t+c)}=\frac{1}{2}\times3^{-t}$, $3^{-t}\times3^{-c}=2^{-1}\times3^{-t}$
  실수 t에 대하여 $3^{-t}>0$이므로 양변을 3^{-t}으로 나누자.

$3^{-c}=2^{-1}$, $3^c=2$ 주의

$\therefore c=\log_32$ 지수함수와 로그함수 간의 변환을 자유롭게 할 수 있어야 해.
→ $a^x=b\Longleftrightarrow x=\log_ab$

D 73 정답 ② *지수부등식의 활용과 실생활 응용 ···· [정답률 72%]

좌표평면 위의 두 곡선 $y=|9^x-3|$과 $y=2^{x+k}$이 만나는 서로 다른 두 점의 x좌표를 x_1, x_2 $(x_1<x_2)$라 할 때, $x_1<0$, $0<x_2<2$ 를 만족시키는 모든 자연수 k의 값의 합은? (4점)

단서 두 곡선의 x좌표가 $x_1(x_1<0)$, $x_2(0<x_2<2)$ 인 점에서 만나려면 그림과 같아야 하므로 곡선 $y=2^{x+k}$을 평행이동하면서 조건을 만족시키는 k의 값의 범위를 찾자.

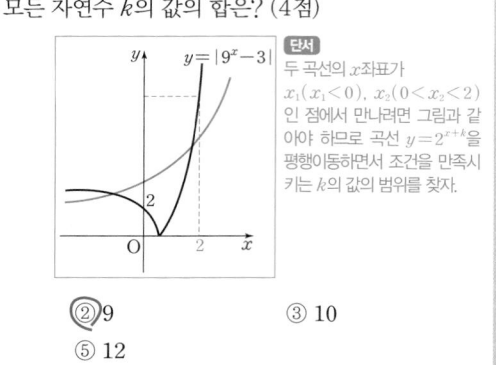

① 8　　② 9　　③ 10

④ 11　　⑤ 12

1st 주어진 조건을 만족시키는 k의 값의 범위를 구해.

$f(x)=|9^x-3|$, $g(x)=2^{x+k}$이라 하자.

$f(2)=|9^2-3|=78$이므로

두 함수 $f(x)$, $g(x)$의 그래프가 만나는 두 점의 x좌표인 x_1, x_2에 대하여 $x_1<0$, $0<x_2<2$를 만족시키려면 다음 그림과 같이 ㉠, ㉡ 사이에 $y=g(x)$의 그래프가 있어야 한다.

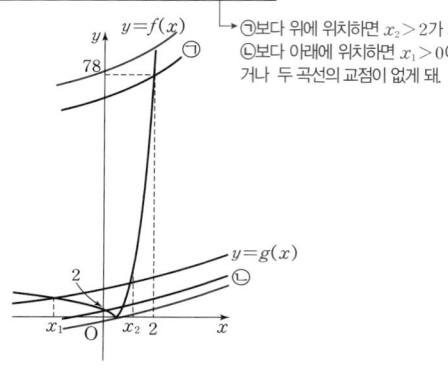

→ ㉠보다 위에 위치하면 $x_2>2$가 되고, ㉡보다 아래에 위치하면 $x_1>0$이 되거나 두 곡선의 교점이 없게 돼.

즉, $g(0)>f(0)$, $g(2)<f(2)$를 만족시켜야 한다.

(i) $g(0)>f(0)$에서 $2^k>|9^0-3|=2$

　∴ $k>1$

(ii) $g(2)<f(2)$에서 $2^{2+k}<78$이므로

　$4\times 2^k<78$

　$2^k<19.5<32=2^5$

　∴ $k<5$

[지수부등식]
$a>1$일 때, $a^{f(x)}<a^{g(x)}\Longleftrightarrow f(x)<g(x)$
$0<a<1$일 때, $a^{f(x)}<a^{g(x)}$
　　　$\Longleftrightarrow f(x)>g(x)$

(i), (ii)에 의하여 주어진 조건을 만족시키는 k의 값의 범위는 $1<k<5$이다.

따라서 조건을 만족시키는 자연수 k의 값은 2, 3, 4이므로 구하는 합은 $2+3+4=9$

D 74 정답 ④ *지수부등식의 활용과 실생활 응용 ···· [정답률 65%]

이차함수 $y=f(x)$의 그래프와 일차함수 $y=g(x)$의 그래프가 그림과 같을 때, 부등식 $\left(\dfrac{1}{2}\right)^{f(x)g(x)}\geq\left(\dfrac{1}{8}\right)^{g(x)}$을 만족시키는 모든 자연수 x의 값의 합은? (4점)

단서 $\dfrac{1}{8}=\left(\dfrac{1}{2}\right)^3$이므로 주어진 부등식에서 밑을 $\dfrac{1}{2}$로 통일시킬 수 있어. 이후 지수끼리 대소 비교를 하면 되겠지?

① 7　　② 9　　③ 11

④ 13　　⑤ 15

1st 지수함수의 그래프의 성질을 이용하여 부등식의 해를 구해.

부등식 $\left(\dfrac{1}{2}\right)^{f(x)g(x)}\geq\left(\dfrac{1}{8}\right)^{g(x)}$에서 $\left(\dfrac{1}{2}\right)^{f(x)g(x)}\geq\left(\dfrac{1}{2}\right)^{3g(x)}$

$f(x)g(x)\leq 3g(x)$, $g(x)\{f(x)-3\}\leq 0$

→ $\left(\dfrac{1}{8}\right)^{g(x)}=\left\{\left(\dfrac{1}{2}\right)^3\right\}^{g(x)}=\left(\dfrac{1}{2}\right)^{3g(x)}$

∴ $g(x)\geq 0$, $f(x)-3\leq 0$ 또는 $g(x)\leq 0$, $f(x)-3\geq 0$

→ 실수 a, b에 대하여 $ab\leq 0$이면 $a\geq 0$, $b\leq 0$ 또는 $a\leq 0$, $b\geq 0$이야.

(i) $g(x)\geq 0$, $f(x)-3\leq 0$일 때,

　$g(x)\geq 0$에서 $x\geq 3$ ···㉠

　→ 직선 $y=g(x)$가 x축보다 위쪽에 존재하는 x의 값의 범위야.

　$f(x)-3\leq 0$에서 $f(x)\leq 3$

　∴ $1\leq x\leq 5$ ···㉡

　→ 곡선 $y=f(x)$가 직선 $y=3$보다 아래쪽에 존재하는 x의 값의 범위야.

　㉠, ㉡의 공통인 값의 범위는 $3\leq x\leq 5$

(ii) $g(x)\leq 0$, $f(x)-3\geq 0$일 때,

　$g(x)\leq 0$에서 $x\leq 3$ ···㉢

　→ 직선 $y=g(x)$가 x축보다 아래쪽에 존재하는 x의 값의 범위야.

　$f(x)-3\geq 0$에서 $f(x)\geq 3$

　∴ $x\leq 1$ 또는 $x\geq 5$ ···㉣

　→ 곡선 $y=f(x)$가 직선 $y=3$보다 위쪽에 존재하는 x의 값의 범위야.

　㉢, ㉣의 공통인 값의 범위는 $x\leq 1$

(i), (ii)에 의하여 주어진 부등식을 만족시키는 해는

$x\leq 1$ 또는 $3\leq x\leq 5$

2nd 조건을 만족시키는 모든 자연수 x의 값의 합을 구해.

따라서 주어진 부등식을 만족시키는 모든 자연수 x의 값은 1, 3, 4, 5이므로 구하는 합은 $1+3+4+5=13$

⚙ **지수부등식의 풀이 방법** 　　　개념·공식

① $a>1$일 때, $a^{f(x)}<a^{g(x)}$이면 $f(x)<g(x)$이다.
② $0<a<1$일 때, $a^{f(x)}<a^{g(x)}$이면 $f(x)>g(x)$이다.

D 75 정답 15 *지수부등식의 활용과 실생활 응용 ··· [정답률 67%]

정답 공식: 지수부등식은 밑을 같게 맞춰주어 비교한다. 한 점을 지나는 직선의 식은 기울기를 미지수로 하여 세운다.

일차함수 $y=f(x)$의 그래프가 그림과 같고 $f(-5)=0$이다. 부등식 $2^{f(x)} \leq 8$의 해가 $x \leq -4$일 때, $f(0)$의 값을 구하시오. (4점)

단서 2 주어진 지수부등식에 $f(x)$의 식을 대입하여 구한 해가 $x \leq -4$임을 이용하면 함수 $f(x)$의 식의 미지수를 구할 수 있지.

단서 1 $f(0)$의 값을 알려면 $f(x)$의 식을 구해야겠지? 일차함수의 그래프가 지나는 한 점의 좌표가 주어졌으니까 일차함수의 식을 미지수를 사용한 식으로 나타내.

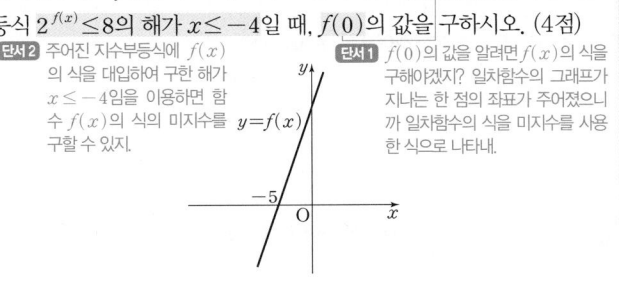

1st 일차함수 $f(x)$의 그래프를 이용하여 $f(x)$의 식을 세우자.

주어진 그래프에 의해 일차함수 $f(x)$의 기울기를 $a(a>0)$라 하면
함수 $y=f(x)$의 그래프가 점 $(-5, 0)$을 지나므로
$\underset{f(-5)=0}{f(x)=a(x+5)}$ $(a>0)$

2nd 밑이 1보다 큰 경우의 지수부등식을 풀자.

▶ [직선의 방정식]
한 점 (x_1, y_1)을 지나고 기울기가 m인 직선의 방정식은 $y-y_1=m(x-x_1)$

$2^{f(x)} \leq 8$에서 $2^{a(x+5)} \leq 2^3$이므로 $a(x+5) \leq 3$

$x+5 \leq \dfrac{3}{a}$ $(\because a>0)$ $\therefore x \leq \dfrac{3}{a}-5$

이때, 해가 $x \leq -4$이므로 $\dfrac{3}{a}-5=-4$

$\dfrac{3}{a}=1$ $\therefore a=3$

따라서 $f(x)=3(x+5)$이므로
$f(0)=3 \times (0+5)=15$

D 76 정답 ② *지수부등식의 활용과 실생활 응용 ··· [정답률 67%]

정답 공식: 문제에 따라 부등식을 세운 뒤 양변에 로그를 취해 n에 관한 부등식을 만든다.

어떤 학생이 MP3 플레이어를 구입하기 위하여 가격에 대한 정보를 알아보았더니, 현재 제품 A의 가격은 24만 원, 제품 B의 가격은 16만 원이고, 3개월마다 제품 A는 10%, 제품 B는 5%의 가격 하락이 있었다. 이런 추세가 계속된다고 가정할 때, 두 제품의 가격 차이가 구입 시점의 제품 B 가격의 20% 이하가 되면 제품 A를 구입하기로 하였다. 이 학생이 제품 A를 구입할 수 있는 최초의 시기는? (단, $\log 2=0.30$, $\log 3=0.48$, $\log 0.95=-0.02$로 계산한다.) (4점)

단서 $3n$개월 후의 제품 A의 가격은 $24 \times \left(1-\dfrac{10}{100}\right)^n$ (만 원)이고, 제품 B의 가격은 $16 \times \left(1-\dfrac{5}{100}\right)^n$ (만 원)이야.

① 12개월 후 ② 15개월 후 ③ 18개월 후 ④ 21개월 후 ⑤ 24개월 후

▶ $3n$개월 후의 제품 A의 가격은 $24 \times \left(1-\dfrac{10}{100}\right)^n=24 \times 0.9^n$(만 원),
제품 B의 가격은 $16 \times \left(1-\dfrac{5}{100}\right)^n=16 \times 0.95^n$(만 원)

1st 3개월마다 제품의 가격이 하락함을 이용해.

A제품은 3개월마다 10%, B제품은 3개월마다 5%의 가격이 하락하므로 이 학생이 $3n$개월 후에 제품 A를 구입한다고 하면

$\underset{\substack{\text{구입 시점의 두 제품 A, B의} \\ \text{가격 차이}}}{24 \times 0.9^n-16 \times 0.95^n} \leq \overset{\text{구입 시점의 제품 B의 가격의 20\%}}{\dfrac{1}{5} \times 16 \times 0.95^n}$

$5 \times 0.9^n \leq 4 \times 0.95^n$ $\therefore \left(\dfrac{0.9}{0.95}\right)^n \leq \dfrac{4}{5}$

양변에 상용로그를 취하면

$\log \left(\dfrac{0.9}{0.95}\right)^n \leq \log \dfrac{4}{5}$에서 $\log \left(\dfrac{3^2 \times 10^{-1}}{0.95}\right)^n \leq \log \dfrac{8}{10}$

$n(2\log 3-1-\log 0.95) \leq 3\log 2-1$

$n(0.96-1+0.02) \leq 0.9-1$ $\therefore n \geq \dfrac{-0.1}{-0.02}=5$

▶ 부등식의 양변을 -0.02, 즉 음수로 나누므로 부등호의 방향이 바뀌지?

따라서 이 학생은 $3 \times 5=15$(개월 후)에 제품 A를 최초로 구입할 수 있다.

수능 핵강

✳ 주어진 조건의 의미를 함축할 수 있게 미지수 잡기

이 문제에서는 제품의 가격이 3개월마다 하락하므로 n개월로 놓고 풀면 계산 과정이 복잡해지고 답도 구하기 어려워져.
따라서 문제를 읽고 미지수를 어떻게 두고 식을 세워 풀어나가는가를 정하는 것도 수능 시험을 치르는 데 있어 매우 중요하다는 걸 잊지 말자.

D 77 정답 ② *지수부등식의 활용과 실생활 응용 ··· [정답률 63%]

정답 공식: 문제에 따라 부등식을 세운 뒤 양변에 로그를 취해 n에 대한 부등식을 만든다.

단서 1 (65세 이상 인구 수) ≥ (총 인구 수) $\times \dfrac{20}{100}$ 이면 '초고령화 사회'라 하는 거야.

총 인구에서 65세 이상 인구가 차지하는 비율이 20% 이상인 사회를 '초고령화 사회'라고 한다.
2000년 어느 나라의 총 인구는 1000만 명이고 65세 이상 인구는 50만 명이었다. 총 인구는 매년 전년도보다 0.3%씩 증가하고 65세 이상 인구는 매년 전년도보다 4%씩 증가한다고 가정할 때, 처음으로 '초고령화 사회'가 예측되는 시기는? (단, $\log 1.003=0.0013$, $\log 1.04=0.0170$, $\log 2=0.3010$)

단서 2 2000년부터 n년 후에 총 인구 수는 $1000 \times \left(1+\dfrac{0.3}{100}\right)^n$만 명이 되고, 65세 이상 인구 수는 $50 \times \left(1+\dfrac{4}{100}\right)^n$만 명이 돼. (4점)

① 2048년 ~ 2050년   ② 2038년 ~ 2040년
③ 2028년 ~ 2030년   ④ 2018년 ~ 2020년
⑤ 2008년 ~ 2010년

1st 초고령화 사회가 예측되는 시기를 미지수로 놓고 식을 세워.

2000년 총 인구는 1000만 명, 65세 이상 인구는 50만 명이고, 총 인구는 매년 전년도보다 0.3%씩, 65세 이상 인구는 매년 전년도보다 4%씩 증가하므로

n년 후의 총 인구는 $1000 \times (1+0.003)^n=\underline{1000 \times 1.003^n}$(만 명)
n년 후의 65세 이상 인구는 $50 \times (1+0.04)^n=50 \times 1.04^n$(만 명)

이때, 총 인구에서 65세 이상 인구가 차지하는 비율이 20% 이상이 되면 초고령화 사회라 하므로 n년 후에 초고령화 사회가 된다고 하면

$50 \times 1.04^n \geq \dfrac{20}{100} \times 1000 \times 1.003^n$

2000년의 인구 수는 1000(만 명)
1년 후 인구 수: 1000×1.003
2년 후 인구 수: 1000×1.003^2
⋮
n년 후 인구 수: 1000×1.003^n

$1.04^n \geq 4 \times 1.003^n$

2nd 양변에 상용로그를 취한 후 계산해.

위 식의 양변에 상용로그를 취하면

$\log 1.04^n \geq \log (4 \times 1.003^n)$, $n\log 1.04 \geq 2\log 2+n\log 1.003$

$n(0.0170-0.0013) \geq 2 \times 0.3010$

($\because \log 1.003=0.0013$, $\log 1.04=0.0170$, $\log 2=0.3010$)

$\therefore n \geq \dfrac{0.6020}{0.0157}=38.\times\times\times$

따라서 2038년 ~ 2040년에 초고령화 사회가 될 거라 예측할 수 있다.

D 78 정답 65 *밑을 같게 할 수 있는 로그방정식의 해 [정답률 88%]

> 정답 공식: $a>0$, $a\neq1$, $f(x)>0$, $g(x)>0$일 때, 방정식
> $\log_a f(x)=\log_a g(x)$의 해는 방정식 $f(x)=g(x)$의 해와 같다.

단서 3을 밑이 4인 로그로 바꾸어 주어진 방정식의 해를 구해.
방정식 $\log_4 (x-1)=3$의 해를 구하시오. (3점)

1st 로그방정식의 해를 구해.
$3=\log_4 4^3$이므로 $\log_4 (x-1)=3$에서
$\log_a a^n=n\log_a a=n\times1=n$
$\log_4 (x-1)=\log_4 4^3$, $x-1=4^3=64$
$\therefore x=65$

다른 풀이: 로그의 정의를 이용하여 해 구하기
$\log_4 (x-1)=3$에서 $x-1=4^3$
$a^x=N \Longleftrightarrow x=\log_a N$
$\therefore x=4^3+1=64+1=65$

D 79 정답 11 *밑을 같게 할 수 있는 로그방정식의 해 [정답률 89%]

> 정답 공식: $a\neq1$, $a>0$, $f(x)>0$, $g(x)>0$일 때,
> $\log_a f(x)=\log_a g(x) \Longleftrightarrow f(x)=g(x)$

방정식 $\log_2 (x+5)=4$의 해를 구하시오. (3점)
단서 밑을 같게 하여 방정식의 해를 구하자.

1st $n=\log_a a^n$을 이용하여 방정식의 해를 구하자.
방정식 $\log_2 (x+5)=4$에서
$\log_2 (x+5)=\log_2 2^4$ $n=\log_a a^n$임을 이용한 거야.
$x+5=2^4$ $\log_a f(x)=\log_a g(x) \Longleftrightarrow f(x)=g(x)$
$\therefore x=16-5=11$

D 80 정답 24 *밑을 같게 할 수 있는 로그방정식의 해 [정답률 84%]

> 정답 공식: $a\neq1$, $a>0$, $f(x)>0$, $g(x)>0$일 때,
> $\log_a f(x)=\log_a g(x) \Longleftrightarrow f(x)=g(x)$

방정식 $\log_5 (x+1)=2$의 해를 구하시오. (3점)
단서 우변의 2를 밑이 5인 로그로 나타내어 방정식을 풀어.

1st 로그방정식을 풀자.
$\log_5 (x+1)=2$에서
로그에서 진수는 항상 양수이어야 하므로 $x>-1$

주의
로그의 정의에서 진수는 양수이지? 진수에 미지수가 포함되어 있을 때는 진수가 양수인지 아닌지 꼭 확인해봐야 해.

$\log_5 (x+1)=\log_5 5^2$, $\log_5 (x+1)=\log_5 25$, $x+1=25$
$\therefore x=24$

다른 풀이: 로그의 정의를 이용하여 해 구하기
로그의 정의를 이용해 보자.
$\log_5 (x+1)=2$에서 $x+1=5^2$
$\therefore x=24$ ──[로그의 정의]
$a>0$, $a\neq1$일 때, $a^x=N \Longleftrightarrow x=\log_a N$

D 81 정답 13 *로그의 정의 [정답률 90%]

> 정답 공식: $\log_a N=x$이면 $N=a^x$이다. $(a>0, a\neq1, N>0)$

방정식 $\log_{\frac{1}{2}} (x+3)=-4$의 해를 구하시오. (3점)
단서 로그의 정의를 이용해.

1st 로그의 정의를 이용하여 지수로 표현하자.
$\log_{\frac{1}{2}} (x+3)=-4$이므로 $x+3=\left(\frac{1}{2}\right)^{-4}=(2^{-1})^{-4}=2^4=16$

2nd 방정식을 풀어서 x의 값을 구해. $\frac{1}{2}=2^{-1}$이고 지수법칙 $(a^m)^n=a^{mn}$에 의하여
$x+3=16$이고 $x=16-3=13$이다. $(2^{-1})^{-4}=2^4=16$이야.

다른 풀이: 밑이 $\frac{1}{2}$인 로그로 양변을 나타내기
$\log_{\frac{1}{2}} (x+3)=\log_{\frac{1}{2}} \left(\frac{1}{2}\right)^{-4}$, $x+3=\left(\frac{1}{2}\right)^{-4}$
$x+3=16$ $\therefore x=13$
$\left(\frac{1}{2}\right)^{-4}=(2^{-1})^{-4}=2^{(-1)\times(-4)}=2^4=16$

D 82 정답 5 *로그의 정의 [정답률 90%]

> 정답 공식: $a>0$, $a\neq1$, $N>0$일 때, $a^x=N$이면 $x=\log_a N$이고,
> $\log_a N=x$이면 $N=a^x$이다.

방정식 $\log_3 (x-2)=1$의 해를 구하시오. (3점)
단서 지수로 나타내 봐.

1st 로그의 정의를 이용하여 지수로 표현하자.
$\log_a N=x$이면 $N=a^x$이다. $(a>0, a\neq1, N>0)$
$\log_3 (x-2)=1$에서 $x-2=3$
$\therefore x=5$ ──[로그의 정의]
$a>0$, $a\neq1$, $N>0$일 때,
$a^x=N$이면 $x=\log_a N$이고, $\log_a N=x$이면 $N=a^x$이다.

D 83 정답 11 *밑을 같게 할 수 있는 로그방정식의 해 [정답률 82%]

> 정답 공식: $\log_a f(x)=\log_a g(x)$이면 $f(x)=g(x)$이다.

방정식 $2\log_4 (x-3)+\log_2 (x-10)=3$을 만족시키는 실수 x의 값을 구하시오. (3점) **단서** 로그의 밑이 4, 2로 서로 다르지? 밑을 같게 만들면 로그의 성질을 이용할 수 있어.

1st 진수 조건을 확인해.
$\log_a x$가 정의되려면 ① 밑의 조건: $a>0$, $a\neq1$
$x-3$, $x-10$은 각각 로그의 진수이므로 ② 진수의 조건: $x>0$
$x-3>0$, $x-10>0$

주의
로그에서 진수는 항상 양수이어야 해. 로그함수에 대한 문제를 풀 때에는 항상 진수 조건을 확인하는 습관을 가지자!

$x>3$, $x>10$ $\therefore x>10$

2nd 로그의 밑을 같게 만들고 로그의 성질을 이용해.
로그의 밑이 다르면 로그의 성질을 쓸 수 없어.
방정식 $2\log_4 (x-3)+\log_2 (x-10)=3$에서
로그의 밑이 같도록 로그의 성질을 이용하여 정리하면
$2\log_{2^2} (x-3)+\log_2 (x-10)=3$
$2\times\frac{1}{2}\log_2 (x-3)+\log_2 (x-10)=\log_2 8$
$\log_2 (x-3)+\log_2 (x-10)=\log_2 8$

실수
로그의 계산을 실수없이 정확하고, 신속하게 연습해서 이와 같은 단순 계산 과정은 머릿속으로만 하고 쉽게 넘어갈 수 있어야 시간을 단축하고, 단축한 시간만큼 더 어려운 고난도 문제에 할애해야 고득점으로 갈 수 있어!

$\log_2 (x-3)(x-10)=\log_2 8$
$(x-3)(x-10)=8$, $x^2-13x+22=0$
$(x-2)(x-11)=0$ $\therefore x=11 \ (\because x>10)$

D 84 정답 1 *밑을 같게 할 수 있는 로그방정식의 해 [정답률 83%]

(정답 공식: $a \neq 1$, $a > 0$일 때, $\log_a f(x) = \log_a g(x) \Longleftrightarrow f(x) = g(x) > 0$)

> 방정식 $2\log_4(5x+1) = 1$의 실근을 α라 할 때, $\log_5 \dfrac{1}{\alpha}$의 값을 구하시오. (3점) 단서 정의역은 $x > -\dfrac{1}{5}$인 실수이므로 로그를 지수로 변형하여 방정식을 풀이 할 수 있어. 즉, $\log_a x = b \Longleftrightarrow x = a^b$

1st 밑을 4로 같게 하자.

$2\log_4(5x+1) = 1$에서 $2\log_4(5x+1) = \log_4 4$

$\underset{f(x) > 0, \, g(x) > 0일 때, \, \log_a f(x) = \log_a g(x) \Longleftrightarrow f(x) = g(x)}{\log_4(5x+1)^2 = \log_4 4}$

$(5x+1)^2 = 4$ (단, $x > -\dfrac{1}{5}$)
$\underset{(진수) > 0이므로 \, 5x+1 > 0에서 \, x > -\frac{1}{5}}{\longrightarrow}$

$5x + 1 = \pm 2$

$\therefore x = \dfrac{1}{5}$ 또는 $x = -\dfrac{3}{5}$

이때, $x > -\dfrac{1}{5}$이므로 $\alpha = \dfrac{1}{5}$ $\therefore \log_5 \dfrac{1}{\alpha} = \underset{\log_a a = 1}{\log_5 5} = 1$

다른 풀이: 로그의 정의를 이용하여 해 구하기

$2\log_4(5x+1) = 1$에서 $\log_4(5x+1) = \dfrac{1}{2}$

$5x + 1 = 4^{\frac{1}{2}}$, $5x + 1 = 2$ $\therefore x = \dfrac{1}{5}$

따라서 $\alpha = \dfrac{1}{5}$이고 $\dfrac{1}{\alpha} = 5$이므로 $\log_5 \dfrac{1}{\alpha} = \log_5 5 = 1$

D 85 정답 ② *밑을 같게 할 수 있는 로그방정식의 해 … [정답률 91%]

(정답 공식: 로그의 성질과 진수의 조건을 안다.)

> 로그방정식 $\log_2(4+x) + \log_2(4-x) = 3$을 만족시키는 모든 실수 x의 값의 곱은? (3점) 단서 $\log_a x + \log_a y = \log_a xy$를 이용하여 식을 간단히 하자.
> ① -10 ② -8 ③ -6 ④ -4 ⑤ -2

1st 진수의 조건을 생각해.

$\underset{\log_a x가 정의되려면}{진수의 조건에 의하여 \, 4+x > 0, \, 4-x > 0}$
① 밑의 조건 : $a > 0, a \neq 1$ ② 진수의 조건 : $x > 0$

$\therefore -4 < x < 4 \cdots$ ㉠

2nd $\log_a P + \log_a Q = \log_a PQ$임을 이용해.

$\log_2(4+x) + \log_2(4-x) = 3$에서

$\log_2(4+x)(4-x) = 3$, $(4+x)(4-x) = 2^3$

$16 - x^2 = 8$, $x^2 = 8$

$\therefore \underset{1 < \sqrt{2} < 2에서 -4 < -2\sqrt{2} < -2, \, 2 < 2\sqrt{2} < 4}{x = -2\sqrt{2} \text{ 또는 } x = 2\sqrt{2}}$

따라서 ㉠에 의하여 주어진 방정식의 실근은 $x = -2\sqrt{2}$ 또는 $x = 2\sqrt{2}$이므로 주어진 로그방정식을 만족시키는 모든 실수 x의 값의 곱은 $-2\sqrt{2} \times 2\sqrt{2} = -8$

D 86 정답 14 *밑을 같게 할 수 있는 로그방정식의 해 … [정답률 93%]

(정답 공식: 로그의 성질을 이용한다.)

> 로그방정식 $\log_8 x - \log_8(x-7) = \dfrac{1}{3}$의 해를 구하시오. (3점) 단서 로그의 성질을 이용해 주어진 방정식을 $\log_8 f(x) = \dfrac{1}{3}$ 꼴로 만들어봐.

> 실수 로그함수 문제를 풀 때에는 항상 진수조건을 확인하는 습관을 가지자.

1st 밑이 같은 로그방정식을 풀자.

진수의 조건에서 $x > 0$, $x - 7 > 0$이므로 $x > 7$을 만족시켜야 하고,

로그방정식 $\log_8 x - \log_8(x-7) = \dfrac{1}{3}$에서 [로그의 성질]
① $\log_a x + \log_a y = \log_a xy$
② $\log_a x - \log_a y = \log_a \dfrac{x}{y}$

$\log_8 \dfrac{x}{x-7} = \dfrac{1}{3}$이므로 $\dfrac{x}{x-7} = 8^{\frac{1}{3}} = 2$
$\underset{8^{\frac{1}{3}} = (2^3)^{\frac{1}{3}} = 2^{3 \times \frac{1}{3}} = 2^1 = 2}{}$

$x = 2x - 14$ $\therefore x = 14$

D 87 정답 ① *$\log_a x$ 꼴이 반복되는 로그방정식의 해 [정답률 90%]

(정답 공식: 같은 꼴이 반복되는 로그방정식은 미지수로 치환하여 푼다.)

> 방정식 $(\log_3 x)^2 + 4\log_9 x - 3 = 0$의 모든 실근의 곱은? (3점) 단서 로그의 밑을 3으로 통일한 후 $\log_3 x = t$로 치환해.
> ① $\dfrac{1}{9}$ ② $\dfrac{1}{3}$ ③ $\dfrac{5}{9}$ ④ $\dfrac{7}{9}$ ⑤ 1

1st $\log_3 x = t$로 치환한 후 방정식을 풀어.

$\log_3 x = t$라 하면 $(\log_3 x)^2 + 4\log_9 x - 3 = 0$에서

$(\log_3 x)^2 = t^2$, $4\log_9 x = \underset{\log_{a^m} b^n = \frac{n}{m}\log_a b}{\dfrac{4\log_3 x}{} = 2\log_3 x = 2t}$이므로

$t^2 + 2t - 3 = 0$

$(t+3)(t-1) = 0$

$\therefore t = -3$ 또는 $t = 1$

즉, $\log_3 x = -3$ 또는 $\log_3 x = 1$이므로

$x = \dfrac{1}{27}$ 또는 $x = 3$

> 주의 지수함수와 다르게 로그함수를 치환할 때에는 y값 전체가 해의 범위이므로 범위의 제한이 존재하지 않고 실수 전체가 다 성립해.

따라서 주어진 방정식의 모든 실근의 곱은 $\dfrac{1}{27} \times 3 = \dfrac{1}{9}$

다른 풀이: 이차방정식의 근과 계수의 관계를 이용하여 로그방정식의 모든 실근의 곱 구하기

$(\log_3 x)^2 + 4\log_9 x - 3 = 0$에서 $(\log_3 x)^2 + 2\log_3 x - 3 = 0$

이 방정식의 두 근을 α, β라 하면 이차방정식의 근과 계수의 관계에 의하여 $\log_3 \alpha + \log_3 \beta = -2$이지? 이차방정식 $ax^2 + bx + c = 0$의 두 근을 α, β라 하면 $\alpha + \beta = -\dfrac{b}{a}$, $\alpha\beta = \dfrac{c}{a}$

즉, $\log_3 \alpha\beta = -2$이므로

$\alpha\beta = 3^{-2} = \dfrac{1}{9}$

따라서 주어진 방정식의 모든 실근의 곱은 $\dfrac{1}{9}$이야.

D 88 정답 27 *$\log_a x$ 꼴이 반복되는 로그방정식의 해 … [정답률 92%]

(정답 공식: $\log_3 x$를 치환하여 이차방정식으로 만든다.)

> 방정식 $(\log_3 x)^2 - 6\log_3 \sqrt{x} + 2 = 0$의 서로 다른 두 실근을 α, β라 할 때, $\alpha\beta$의 값을 구하시오. (3점) 단서 $\log_3 \sqrt{x} = \log_3 x^{\frac{1}{2}} = \dfrac{1}{2}\log_3 x$에서 주어진 방정식은 $\log_3 x$가 반복되어 나타나고 있어.

1st $\log_3 x$를 t로 치환한 다음 t에 대한 방정식으로 나타내.

방정식 $(\log_3 x)^2 - 6\log_3 \sqrt{x} + 2 = 0$에서

$(\log_3 x)^2 - 3\log_3 x + 2 = 0$ $\underset{\log_3 \sqrt{x} = \log_3 x^{\frac{1}{2}} = \frac{1}{2}\log_3 x}{}$

이때, $\log_3 x = t$로 놓으면

$t^2 - 3t + 2 = 0 \cdots$ ㉠

2nd 이차방정식의 근과 계수의 관계를 이용해.

이때, t에 대한 이차방정식 ㉠의 두 근이 $\log_3 \alpha$, $\log_3 \beta$이므로 이차방정식의 근과 계수의 관계에 의하여 두 근의 합은 주어진 방정식의 두 실근이 α, β 이므로 t에 대한 방정식 ㉠의 두 근은 $\log_3 \alpha$, $\log_3 \beta$가 되겠지.

$\log_3 \alpha + \log_3 \beta = 3$, $\log_3 \alpha\beta = 3$

$\therefore \alpha\beta = 3^3 = 27$

🔑 **다른 풀이: 서로 다른 두 실근 α, β의 값을 직접 구하기**

㉠에서 $(t-1)(t-2) = 0$이므로 $t=1$ 또는 $t=2$

(i) $t = \log_3 x = 1$일 때, $x = 3^1 = 3$

(ii) $t = \log_3 x = 2$일 때, $x = 3^2 = 9$

따라서 주어진 방정식의 서로 다른 두 실근 α, β의 곱은 $\alpha\beta = 3 \times 9 = 27$이야.

D 89 정답 3 ＊$\log_a x$ 꼴이 반복되는 로그방정식의 해 … [정답률 82%]

[정답 공식: $\log_2 x$를 치환하여 이차방정식으로 나타내고, 로그의 성질과 근과 계수의 관계를 이용하자.]

로그방정식 $(\log_2 x)^2 - a\log_2 x - 12 = 0$의 두 근의 곱이 8일 때, 상수 a의 값을 구하시오. (3점) 단서 $\log_2 x = t$로 치환하여 주어진 방정식을 정리하자.

1st $\log_2 x = t$로 치환한 후 방정식을 풀어.

주어진 방정식의 두 근을 α, β라 하면 $\alpha\beta = 8 \cdots$ ㉠

$\log_2 x = t$라 하면 $(\log_2 x)^2 - a\log_2 x - 12 = 0$에서

$t^2 - at - 12 = 0$

이 방정식의 해는 $\log_2 \alpha$, $\log_2 \beta$이므로 이차방정식의 근과 계수의 관계에 의하여 $\log_2 \alpha + \log_2 \beta = a$ $ax^2+bx+c=0$의 두 근을 α, β라 하면 $\alpha+\beta=-\dfrac{b}{a}$, $\alpha\beta=\dfrac{c}{a}$

$\underline{\log_2 \alpha\beta = a}$ $\log_a M + \log_a N = \log_a MN$

$\therefore a = \log_2 8 = 3 \ (\because \text{㉠})$

D 90 정답 8 ＊$\log_a x$ 꼴이 반복되는 로그방정식의 해 [정답률 70%]

[정답 공식: $\log_a f(x) = \log_a g(x)$의 해는 $f(x) = g(x)$ $(f(x)>0, g(x)>0)$의 해와 같다.]

방정식 $\log_2 x - 3 = \log_x 16$을 만족시키는 모든 실수 x의 값의 곱을 구하시오. (3점) 단서 양변의 밑을 통일하여 방정식의 해를 구해. 이때, 밑의 조건과 진수의 조건을 꼼꼼히 따져 봐야 해.

1st 밑을 2로 나타내어 방정식을 풀자.

$\log_x 16 = \dfrac{\log_2 16}{\log_2 x} = \dfrac{4}{\log_2 x}$이므로

$\log_a b = \dfrac{1}{\log_b a}$, $\log_a b = \dfrac{\log_c b}{\log_c a}$

$\log_2 x - 3 = \log_x 16$에서 $\log_2 x - 3 = \dfrac{4}{\log_2 x}$

$(\log_2 x)^2 - 3\log_2 x - 4 = 0$ $\log_2 x = t$ (t는 실수)로 치환하고 풀어도 돼.

$(\log_2 x - 4)(\log_2 x + 1) = 0$

$\log_2 x = 4$ 또는 $\log_2 x = -1$

$\therefore x = 16$ 또는 $x = \dfrac{1}{2}$

이때, 진수의 조건에 의하여 $x>0$이고 밑의 조건에 의하여 $x>0$, $x \neq 1$이므로 $x>0$, $x \neq 1 \cdots$ ㉠

한편, $x = 16$, $x = \dfrac{1}{2}$은 ㉠을 만족시키므로 주어진 방정식의 해이다.

따라서 모든 실수 x의 값의 곱은 $16 \times \dfrac{1}{2} = 8$이다.

D 91 정답 32 ＊$\log_a x$ 꼴이 반복되는 로그방정식의 해 … [정답률 62%]

[정답 공식: $\log_a MN = \log_a M + \log_a N$, $\log_a \dfrac{M}{N} = \log_a M - \log_a N$]

방정식 $\left(\log_2 \dfrac{x}{2}\right)(\log_2 4x) = 4$의 서로 다른 두 실근 α, β에 대하여 $64\alpha\beta$의 값을 구하시오. (4점) 단서 밑이 2로 동일한 로그들의 곱으로 이루어진 방정식이야. 로그의 성질을 이용하여 진수를 간단히 할 수 있어.

1st 로그의 성질을 이용하여 식을 간단히 하자.

$\left(\log_2 \dfrac{x}{2}\right)(\log_2 4x) = 4$ 로그의 성질을 이용하여 식을 정리하는 과정이야. $\log_2 \dfrac{x}{2} = \log_2 x - \log_2 2 = \log_2 x - 1$, $\log_2 4x = \log_2 4 + \log_2 x = 2 + \log_2 x$

$(\log_2 x - 1)(\log_2 x + 2) = 4$

2nd 치환한 후 이차방정식의 해를 구하자.

$\log_2 x = X$ (X는 실수)로 놓으면

$(X-1)(X+2) = 4$

$X^2 + X - 2 = 4$

$X^2 + X - 6 = 0$

$(X-2)(X+3) = 0$

$\underline{X = 2 \text{ 또는 } X = -3}$ $\log_2 x = X$이므로 $X=2$이면 $\log_2 x = 2$이므로 $x = 2^2$, $X = -3$이면 $\log_2 x = -3$이므로 $x = 2^{-3}$이야.

$\therefore \log_2 \alpha = 2$, $\log_2 \beta = -3$

즉, $\alpha\beta = 2^2 \times 2^{-3} = 2^{-1} = \dfrac{1}{2}$

$\therefore 64\alpha\beta = 64 \times \dfrac{1}{2} = 32$

D 92 정답 ① ＊여러 가지 로그방정식의 풀이 ……… [정답률 80%]

[정답 공식: $\log mn = \log m + \log n$이고, α, β를 두 근으로 하는 이차항의 계수가 1인 이차방정식은 $x^2 - (\alpha+\beta)x + \alpha\beta = 0$이다.]

두 양수 a, b $(a<b)$가 다음 조건을 만족시킬 때, $\log \dfrac{b}{a}$의 값은? (3점)

(가) $ab = 10^2$ 단서 양변에 상용로그를 취하면 두 수의 합으로 표현 가능해. 그럼, 두 수의 합과 곱이 주어졌으니까 두 수를 근으로 하는 이차방정식을 생각해야 해.
(나) $\log a \times \log b = -3$

① 4 ② 5 ③ 6 ④ 7 ⑤ 8

1st $\log a$와 $\log b$를 두 근으로 하는 이차방정식을 세워서 해결해.

조건 (가)의 양변에 상용로그를 취하면

$\log ab = \log 10^2$에서 $\log a + \log b = 2$

$\log_a m^k = k\log_a m$, $\log_a mn = \log_a m + \log_a n$

조건 (나)에서 $\log a \times \log b = -3$

이때, $\log a$, $\log b$를 두 근으로 하고 이차항의 계수가 1인 이차방정식은

$t^2 - 2t - 3 = 0$, $(t-3)(t+1) = 0$ α, β를 두 근으로 하고 이차항의 계수가 1인 이차방정식은 $x^2 - (\alpha+\beta)x + \alpha\beta = 0$이야.

$\therefore t = 3$ 또는 $t = -1$

이때, $a<b$이므로 $\underline{\log a = -1, \log b = 3}$ 여기서 $a = 10^{-1}$, $b = 10^3$이므로 $\log \dfrac{b}{a} = \log \dfrac{10^3}{10^{-1}} = \log 10^4 = 4$ 로도 구할 수 있어.

$\therefore \log \dfrac{b}{a} = \log b - \log a = 3 - (-1) = 4$

🔑 **다른 풀이: b를 a로 나타내어 $\log \dfrac{b}{a}$의 값 구하기** 주의 주어진 조건을 잘 확인하여 a, b값을 결정하자.

조건 (가)에서 $b = \dfrac{10^2}{a}$이므로 <span>$\log \dfrac{10^2}{a} = \log 10^2 - \log a = 2 - \log a$

조건 (나)에서 $\log a \times \log b = \log a \times \underline{\log \dfrac{10^2}{a}} = -3$

$\log a \times (2-\log a) = -3$, $(\log a)^2 - 2\log a - 3 = 0$

$(\log a - 3)(\log a + 1) = 0$

따라서 $\log a = 3$ 또는 $\log a = -1$이므로 $a = 10^3$ 또는 $a = 10^{-1}$

이때, $a = 10^3$이면 $b = 10^{-1}$이고, $a = 10^{-1}$이면 $b = 10^3$

그런데 $a < b$이므로 $a = 10^{-1}$, $b = 10^3$

$\therefore \log \dfrac{b}{a} = \log \dfrac{10^3}{10^{-1}} = \log 10^4 = 4$

수능 핵강

＊ 합과 곱으로 이루어진 연립방정식의 접근 방법 알아보기

합과 곱으로 이루어진 연립방정식은 t에 관한 이차방정식을 세워서 풀어. 물론 한 문자에 대한 식으로 바꿔서 해를 구할 수도 있으나 t에 관한 이차방정식을 세워서 푸는 게 더 나아.

왜 그럴까?

$a + b = s$, $ab = k$를 만족시키는 a, b를 다음과 같이 경우를 나누어서 구해보자.

(i) 직접적으로 a, b를 구하는 경우

$a + b = s \Rightarrow b = s - a$를 $ab = k$에 대입하면

$a(s-a) = k$

$\therefore a^2 - sa + k = 0$

인수분해나 근의 공식을 이용하여 a의 값을 구하고 $b = s - a$에 대입하여 b의 값을 구할 수 있어.

(ii) 두 근이 a, b인 이차방정식을 세워서 구하는 경우

두 근이 a, b인 이차방정식을 세우면

$(t-a)(t-b) = 0$이므로 $t^2 - (a+b)t + ab = 0$

즉, t에 관한 이차방정식 $t^2 - st + k = 0$의 해가 a, b가 돼.

따라서 t에 관한 이차방정식 $t^2 - st + k = 0$에서 인수분해를 하거나 근의 공식으로 t를 구하면 바로 a, b의 값을 구할 수 있어.

D 93 정답 15 ＊여러 가지 로그방정식의 풀이 ┄┄┄ [정답률 81%]

(정답 공식: x와 y의 관계식을 구한 뒤 하나의 문자로 통일한다.)

두 실수 x, y에 대한 연립방정식 $\begin{cases} 2^x - 2 \times 4^{-y} = 7 \\ \log_2 (x-2) - \log_2 y = 1 \end{cases}$ 의 해를 $x = \alpha$, $y = \beta$라 할 때, $10\alpha\beta$의 값을 구하시오. (4점)

단서 첫 번째 지수방정식에서는 x, y의 관계식이 간단하게 나오지가 않아.
두 번째 로그방정식을 풀어 x, y에 대한 일차식을 만들어보자.

1st 지수와 로그의 성질을 사용해서 주어진 식을 간단하게 정리하자.

$2^x - 2 \times 4^{-y} = 7$에서 $2^x - 2 \times 2^{-2y} = 7$ $\cdots$ ㉠

$\log_2 (x-2) - \log_2 y = 1$에서 $\log_2 \dfrac{x-2}{y} = \log_2 2$

$\dfrac{x-2}{y} = 2$ $\therefore 2y = x - 2$ $\cdots$ ㉡

㉡을 ㉠에 대입하면 $2^x - 2 \times 2^{-(x-2)} = 7$

$2^x - 8 \times 2^{-x} = 7$ $\quad$ $\underset{=2^x - 2^{-x+3} = 2^x - 8 \times 2^{-x}}{\scriptstyle 2^x - 2 \times 2^{-(x-2)} = 2^x - 2 \times 2^{-x+2} = 2^x - 2^{1+(-x+2)}}$

양변에 2^x을 곱하면

$(2^x)^2 - 8 = 7 \times 2^x$, $(2^x)^2 - 7 \times 2^x - 8 = 0$

2nd $2^x = t$로 치환하자.

$2^x = t$ $(t > 0)$라 하면 $t^2 - 7t - 8 = 0$, $(t+1)(t-8) = 0$

$\therefore t = 8$ $(\because t > 0)$

즉, $t = 2^x = 8 = 2^3$이므로 $x = 3$

이것을 ㉡에 대입하면 $2y = 3 - 2 = 1$ $\therefore y = \dfrac{1}{2}$

따라서 $\alpha = 3$, $\beta = \dfrac{1}{2}$이므로 $10\alpha\beta = 10 \times 3 \times \dfrac{1}{2} = 15$

D 94 정답 4 ＊여러 가지 로그방정식의 풀이 ┄┄┄ [정답률 75%]

(정답 공식: 지수에 로그가 있는 경우 양변에 로그를 취해 밑으로 내린다.)

방정식 $x^{\log_2 x} = 8x^2$의 두 실근을 α, β라 할 때, $\alpha\beta$의 값을 구하시오.
단서 지수에 로그가 있는 경우에는 양변에 로그를 취하자.
그러면 지수 부분을 밑으로 내릴 수 있지 (4점)

1st 주어진 방정식의 양변에 밑이 2인 로그를 취하자.

$x^{\log_2 x} = 8x^2$의 양변에 밑이 2인 로그를 취하면 $\underset{\log_2 x^{\log_2 x} = \log_2 x \log_2 x}{\overset{\log_a b^m = m\log_a b$이므로$}{}}$

$\underline{\log_2 x^{\log_2 x} = \log_2 8x^2}$, $(\log_2 x)^2 = 3 + 2\log_2 x$ $\quad \overset{= (\log_2 x)^2}{}$

$(\log_2 x)^2 - 2\log_2 x - 3 = 0$ $\quad \underset{\text{에서}}{\overset{\text{또한, } \log_2 8x^2 = \log_2 8 + \log_2 x^2}{}}$

2nd $\log_2 x = t$로 치환하여 계산하자. $\quad \log_2 2^3 + \log_2 x^2 = 3 + 2\log_2|x|$

$\log_2 x = t$로 치환하면 $\quad\quad\quad = 3 + 2\log_2 x$

$t^2 - 2t - 3 = 0$, $(t-3)(t+1) = 0$ $\therefore t = -1$ 또는 $t = 3$ $\quad (\because 진수조건에 의해 $x > 0$)$

(i) $t = \log_2 x = -1$에서 $x = 2^{-1} = \dfrac{1}{2}$

(ii) $t = \log_2 x = 3$에서 $x = 2^3 = 8$

(i), (ii)에 의하여 주어진 방정식의 두 실근은 $\dfrac{1}{2}$, 8이므로

$\alpha\beta = \dfrac{1}{2} \times 8 = 4$

다른 풀이: **이차방정식의 근과 계수의 관계를 이용하여 주어진 방정식의 두 실근의 곱 구하기**

$(\log_2 x)^2 - 2\log_2 x - 3 = 0$ $\cdots$ ㉠에서

$\log_2 x = t$로 치환하면 $t^2 - 2t - 3 = 0$ $\cdots$ ㉡

이때, ㉠의 두 실근이 α, β이므로 ㉡의 두 실근은 $\log_2 \alpha$, $\log_2 \beta$이지?

따라서 이차방정식의 근과 계수의 관계에 의하여

$\log_2 \alpha + \log_2 \beta = 2$, $\log_2 \alpha\beta = 2$

$\therefore \alpha\beta = 2^2 = 4$

D 95 정답 32 ＊여러 가지 로그방정식의 풀이 ┄┄┄ [정답률 77%]

(정답 공식: x와 y의 관계식을 구한 뒤 로그의 성질을 이용해 식을 간단히 한다.)

두 실수 x, y에 대한 연립방정식

단서 1 지수방정식을 풀어 x, y 사이의 관계식을 하나 구해.
$\begin{cases} 3^x = 9^y \\ (\log_2 8x)(\log_2 4y) = -1 \end{cases}$ 단서 2 로그의 성질을 이용해 식을 정리한 다음 단서 1 에서 구한 x, y의 관계식을 대입해 봐.

의 해를 $x = \alpha$, $y = \beta$라 할 때, $\dfrac{1}{\alpha\beta}$의 값을 구하시오. (3점)

1st 지수방정식으로 x, y의 관계식을 구하자.

$3^x = 9^y$에서 $3^x = 3^{2y}$ $\therefore x = 2y$ $\cdots$ ㉠

2nd 로그방정식의 해를 구하자.

$(\log_2 8x)(\log_2 4y) = -1$에서 $(\log_2 8 + \log_2 x)(\log_2 4 + \log_2 y) = -1$

$(3 + \log_2 x)(2 + \log_2 y) = -1$

㉠을 대입하면 $\underline{(3 + \log_2 2y)}(2 + \log_2 y) = -1$ $\quad \underset{= 3 + 1 + \log_2 y}{\overset{3 + \log_2 2y = 3 + (\log_2 2 + \log_2 y)}{}}$

$(4 + \log_2 y)(2 + \log_2 y) = -1$ $\quad\quad = 4 + \log_2 y$

이때, $\log_2 y = t$라 하면 $(t+4)(t+2) = -1$, $t^2 + 6t + 8 = -1$

$t^2 + 6t + 9 = 0$, $(t+3)^2 = 0$ $\therefore t = -3$

즉, $\underline{\log_2 y = -3}$이므로 $y = \dfrac{1}{8}$이고, ㉠에서 $\underline{x = \dfrac{1}{4}}$ $\underset{}{\overset{x = 2y = 2 \times \frac{1}{8} = \frac{1}{4}}{}}$

$\underset{y = 2^{-3} = \frac{1}{2^3} = \frac{1}{8}}{}$

따라서 $\alpha = \dfrac{1}{4}$, $\beta = \dfrac{1}{8}$이므로 $\alpha\beta = \dfrac{1}{4} \times \dfrac{1}{8} = \dfrac{1}{32}$에서 $\dfrac{1}{\alpha\beta} = 32$이다.

D 96 정답 **23** ＊여러 가지 로그방정식의 풀이 ⋯⋯⋯⋯ [정답률 71%]

[정답 공식: 로그의 연립방정식에서 공통된 부분이 없을 경우 밑의 변환공식을 이용해 공통된 부분을 만든다.]

연립방정식 $\begin{cases} \log_2 x + \log_3 y = 5 \\ \log_3 x \log_2 y = 6 \end{cases}$ 의 해를 $x=\alpha$, $y=\beta$라 할 때, $\beta-\alpha$의 최댓값을 구하시오. (4점)

> **단서** 두 번째 식에서 $\log_2 x$, $\log_3 y$가 나오도록 밑의 변환 공식을 이용해 식을 정리해보자.

1st $\log_a b \times \log_b a = 1$을 이용하여 식을 정리하자.

> **주의**
> $\log_a b = \dfrac{\log_c b}{\log_c a}$ 를 사용하여 식을 정리하자.

$$\log_3 x \times \log_2 y = \frac{\log_2 x}{\log_2 3} \times \frac{\log_3 y}{\log_3 2} = \log_2 x \times \log_3 y = 6$$

연립방정식의 첫 번째 방정식에 $\log_2 x$, $\log_3 y$가 있으므로 공통부분을 만들어 치환하기 위해 식을 변환한 거야.

2nd $\log_2 x = X$, $\log_3 y = Y$로 놓고, X, Y에 관한 연립방정식을 풀자.

$\log_2 x = X$, $\log_3 y = Y$라 하면 $\begin{cases} X+Y=5 \\ XY=6 \end{cases}$

$X+Y=5$에서 $Y=5-X$를 $XY=6$에 대입하면 $X(5-X)=6$

$X^2-5X+6=0$, $(X-2)(X-3)=0$ ∴ $X=2$ 또는 $X=3$

> $Y=5-X$이므로
> $X=2$이면 $Y=3$, $X=3$이면 $Y=2$

∴ $\begin{cases} X=2 \\ Y=3 \end{cases}$ 또는 $\begin{cases} X=3 \\ Y=2 \end{cases}$

3rd 치환한 것을 다시 원래대로 바꿔서 $x=\alpha$, $y=\beta$의 값을 각각 구하자.

$\log_2 x = X$, $\log_3 y = Y$이므로

$\begin{cases} \log_2 x = 2 \\ \log_3 y = 3 \end{cases}$에서 $\begin{cases} x=4 \\ y=27 \end{cases}$ 또는 $\begin{cases} \log_2 x = 3 \\ \log_3 y = 2 \end{cases}$에서 $\begin{cases} x=8 \\ y=9 \end{cases}$

따라서 $\beta-\alpha$의 값은 $27-4=23$ 또는 $9-8=1$이므로 $\beta-\alpha$의 최댓값은 23이다.

> **다른 풀이: 이차방정식으로 나타내어 X, Y의 값 각각 구하기**
>
> $\begin{cases} X+Y=5 \\ XY=6 \end{cases}$에서 X, Y를 두 근으로 하는 t에 대한 이차방정식을 세우면
>
> $t^2-(X+Y)t+XY=0$에서 $t^2-5t+6=0$
>
> $(t-2)(t-3)=0$ ∴ $t=2$ 또는 $t=3$
>
> 즉, $X=2$, $Y=3$ 또는 $X=3$, $Y=2$가 돼.
>
> (이하 동일)

D 97 정답 **④** ＊여러 가지 로그방정식의 풀이 ⋯⋯⋯⋯ [정답률 63%]

(정답 공식: 연립방정식의 해는 두 방정식의 그래프의 교점을 의미한다.)

두 실수 x, y에 관한 연립방정식 → **단서2** $x^2+y^2=25$는 원의 방정식이네?

$\begin{cases} x^2+y^2=25 \\ \log_2 x + \log_2 y = (\log_2 xy)^2 \end{cases}$

> **단서1**에서 구한 관계식과 원을 좌표평면 위에 그려 두 곡선의 교점의 개수를 세면 돼.

의 해의 개수는? (4점)

> **단서1** 로그의 성질을 이용해 식을 정리하여 x, y 사이의 관계식을 구해.

① 1 ② 2 ③ 3 ④ 4 ⑤ 5

1st $\log_2 x + \log_2 y = (\log_2 xy)^2$을 간단히 정리하여 y에 관한 식으로 나타내.

연립방정식 $\begin{cases} x^2+y^2=25 \\ \log_2 x + \log_2 y = (\log_2 xy)^2 \cdots \text{㉠} \end{cases}$ 에서 먼저 ㉠을 간단히 하면

$\log_2 xy = (\log_2 xy)^2$

$(\log_2 xy)^2 - \log_2 xy = 0$

$(\log_2 xy)(\log_2 xy - 1) = 0$

∴ $\log_2 xy = 0$ 또는 $\log_2 xy = 1$

즉, $xy=1$ 또는 $xy=2$이므로 $y=\dfrac{1}{x}$ 또는 $y=\dfrac{2}{x}$ $(x>0, y>0)$이다.

> 로그의 진수의 조건이지?

따라서 주어진 방정식은

$\begin{cases} x^2+y^2=25 \\ y=\dfrac{1}{x} \ (x>0, y>0) \end{cases}$ 또는 $\begin{cases} x^2+y^2=25 \\ y=\dfrac{2}{x} \ (x>0, y>0) \end{cases}$

2nd 주어진 방정식을 그래프로 나타내어 연립방정식의 해의 개수를 구해.

이때, 세 곡선 $\underline{x^2+y^2=25}$, $y=\dfrac{1}{x}$ $(x>0, y>0)$, $y=\dfrac{2}{x}$ $(x>0, y>0)$를

> 중심이 원점이고 반지름의 길이가 5인 원이야.

좌표평면에 그리면 오른쪽과 같다.

원과 곡선 $y=\dfrac{1}{x}$은 제1사분면에서 두 개의 점에

서 만나고, 원과 곡선 $y=\dfrac{2}{x}$도 제1사분면에서 두

개의 점에서 만나므로 주어진 연립방정식의 해의

개수는 4이다.

D 98 정답 **⑤** ＊여러 가지 로그방정식의 풀이 ⋯⋯⋯⋯ [정답률 63%]

(정답 공식: 지수에 로그가 있는 경우 양변에 로그를 취한 후 로그방정식을 푼다.)

1이 아닌 양의 실수 전체의 집합에서 정의된 함수 $f(x)$를

$f(x) = 2^{\frac{1}{\log_2 x}}$이라 하자.

다음은 방정식 $8 \times f(f(x)) = f(x^2)$의 모든 해의 곱을 구하는 과정이다.

> $x \neq 1$인 모든 양의 실수 x에 대하여
>
> $f(f(x)) = 2^{\frac{1}{\log_2 f(x)}}$에서 **단서1** 밑을 2로 바꾸고 지수법칙을 이용하면 되지.
>
> $8 \times f(f(x)) = 2^{\left(\boxed{\text{(가)}} + \frac{1}{\log_2 f(x)} \right)}$이고,
>
> $f(x) = 2^{\frac{1}{\log_2 x}}$에서 $\log_2 f(x) = \dfrac{1}{\boxed{\text{(나)}}}$이다.
>
> 방정식 $8 \times f(f(x)) = f(x^2)$에서
>
> $2^{\left(\boxed{\text{(가)}} + \boxed{\text{(나)}} \right)} = 2^{\frac{1}{2\log_2 x}}$ **단서2** $\log_2 x = t$라 두고, t에 관한 이차방정식의 모든 해의 합을 이용하면 되지.
>
> $\boxed{\text{(가)}} + \boxed{\text{(나)}} = \dfrac{1}{2\log_2 x}$
>
> 그러므로 방정식 $8 \times f(f(x)) = f(x^2)$의 모든 해는
>
> 방정식 $\left(\boxed{\text{(가)}} + \boxed{\text{(나)}} \right) \times 2\log_2 x = 1$의
>
> 모든 해와 같다.
>
> 따라서 방정식 $8 \times f(f(x)) = f(x^2)$의 모든 해의 곱은
>
> $\boxed{\text{(다)}}$ 이다.

위의 (가), (다)에 알맞은 수를 각각 p, q라 하고, (나)에 알맞은 식을 $g(x)$라 할 때, $p \times q \times g(4)$의 값은? (4점)

① $\dfrac{1}{4}$ ② $\dfrac{3}{8}$ ③ $\dfrac{1}{2}$

④ $\dfrac{5}{8}$ ⑤ $\dfrac{3}{4}$

1st 지수법칙을 이용하여 (가)에 알맞은 수를 구해.

$8 \times f(f(x))$

$= 2^3 \times 2^{\frac{1}{\log_2 f(x)}}$ (가)

$= 2^{\left(3 + \frac{1}{\log_2 f(x)}\right)}$

이므로 (가)에 알맞은 수는 3이다.

2nd 로그의 정의를 이용하여 (나)에 알맞은 식을 구해.

$f(x) = 2^{\frac{1}{\log_2 x}}$의 양변에 밑이 2인 로그를 취하면

$\log_{a} x_1 = \log_a x_2 \Leftrightarrow x_1 = x_2$가 성립하지.

$\log_2 f(x) = \log_2 2^{\frac{1}{\log_2 x}} = \frac{1}{\log_2 x}$이므로 (나)

(나)에 알맞은 식은 $\log_2 x$이다.

방정식 $8 \times f(f(x)) = f(x^2)$에서

$2^{(3 + \log_2 x)} = 2^{\frac{1}{2\log_2 x}}$

$3 + \log_2 f(x) = \frac{1}{2\log_2 x}$

그러므로 방정식 $8 \times f(f(x)) = f(x^2)$의 모든 해는 방정식 $(3 + \log_2 f(x)) \times 2\log_2 x = 1$의 모든 해와 같다.

3rd 이차방정식의 근과 계수와의 관계를 이용하여 (다)에 알맞은 값을 구해.

방정식 $(3 + \log_2 x) \times 2\log_2 x = 1$의 해는

$2(\log_2 x)^2 + 6\log_2 x - 1 = 0$에서 $\log_2 x = t$라 하면

이차방정식 $2t^2 + 6t - 1 = 0$의 해와 같고, 이 이차방정식의 판별식을 D라 하면

$\frac{D}{4} = 3^2 - 2 \times (-1) = 11 > 0$

이므로 서로 다른 두 실근을 갖는다.

이차방정식 $2t^2 + 6t - 1 = 0$의 서로 다른 두 실근을 α, β라 하면

방정식 $2(\log_2 x)^2 + 6\log_2 x - 1 = 0$은 서로 다른 두 실근 2^α, 2^β를 갖는다. $\alpha = \log_2 x$에서 $x = 2^\alpha$, $\beta = \log_2 x$에서 $x = 2^\beta$가 됨을 알 수 있지.

이차방정식의 근과 계수와의 관계에 의하여 $\alpha + \beta = -3$이므로

방정식 $8 \times f(f(x)) = f(x^2)$의 모든 해의 곱은

$2^\alpha \times 2^\beta = 2^{\alpha+\beta} = 2^{-3} = \frac{1}{8}$ ← (다)

이므로 (다)에 알맞은 값은 $\frac{1}{8}$이다.

따라서 $p = 3$, $q = \frac{1}{8}$, $g(x) = \log_2 x$이므로

$p \times q \times g(4) = 3 \times \frac{1}{8} \times \log_2 4 = 3 \times \frac{1}{8} \times 2 = \frac{3}{4}$

이다.

⚙ **로그부등식의 풀이 방법**　　　　　　　개념·공식

① $a > 1$일 때,
　$\log_a f(x) < \log_a g(x)$이면 $0 < f(x) < g(x)$
　$0 < a < 1$일 때,
　$\log_a f(x) < \log_a g(x)$이면 $f(x) > g(x) > 0$
② $\log_a f(x) < \log_b g(x)$와 같이 밑이 다를 때에는 밑을 통일한다.
③ $\log_a x$, $(\log_a x)^2$이 포함된 식은 $\log_a x = t$로 치환한다.
④ 밑이 문자일 때에는 (밑) > 1, $0 <$ (밑) < 1의 두 가지 경우로 나누어 구한다.

D 99 정답 ① ＊로그부등식의 해 ············· [정답률 92%]

(정답 공식: $a > 1$일 때, $\log_a f(x) \geq \log_a g(x)$이면 $f(x) \geq g(x)$이다.)

부등식 $1 + \log_2 x \leq \log_2(x+5)$를 만족시키는 모든 정수 x의 값의 합은? (3점)
　단서 밑이 2인 로그로 통일시키고, 식을 정리해보자.
　　　이때, 진수의 조건 잊지 않도록 해.

① 15　② 16　③ 17　④ 18　⑤ 19

1st 로그의 진수 조건을 생각하자.

x, $x+5$는 로그의 진수이므로
$x > 0$, $x + 5 > 0$　→ 로그의 진수는 항상 양수이어야 해.
$\therefore x > 0 \cdots$ ㉠

2nd 로그의 성질을 이용하여 부등식의 좌변을 하나의 항으로 나타내 보자.

주어진 부등식은 $\log_2 2x \leq \log_2(x+5)$이므로
$2x \leq x + 5$　$\therefore x \leq 5 \cdots$ ㉡　→ 밑이 2 > 1이므로 부등호 방향은 그대로!

㉠, ㉡에서 $0 < x \leq 5$이므로 주어진 부등식을 만족시키는 x의 값은 1, 2, 3, 4, 5이고 그 합은 $1 + 2 + 3 + 4 + 5 = 15$이다.

D 100 정답 ② ＊로그부등식의 해 ············· [정답률 80%]

[정답 공식: $\log f(x) < \log g(x)$이면 진수 조건에 의하여 $f(x) > 0$, $g(x) > 0$
이고, $f(x) < g(x)$이다.]

부등식 $\log 3x < 2$를 만족시키는 정수 x의 최댓값은? (3점)
　단서 밑이 10인 로그로 통일시키고, 식을 정리해보자.
① 31　②33　③ 35　④ 37　⑤ 39

1st 로그의 성질을 이용하여 로그부등식을 풀자.

상용로그에 대하여 $2 = \log 100$이므로 $\log 3x < 2$, $\log 3x < \log 100$
상용로그의 밑은 10으로 1보다 크므로
$0 < 3x < 100$　$\therefore 0 < x < \frac{100}{3} (= 33.333\cdots)$
따라서 정수 x의 최댓값은 33이다.
　→ 진수 조건에서 $3x > 0$을 꼭 확인하자.

D 101 정답 ④ ＊로그부등식의 해 ············· [정답률 90%]

(정답 공식: $a > 1$일 때, $\log_a f(x) \geq \log_a g(x)$이면 $f(x) \geq g(x)$이다.)

부등식 $\log_3(2x+1) \geq 1 + \log_3(x-2)$를 만족시키는 모든 자연수 x의 값의 합은? (3점)　**단서** $2x+1$, $x-2$는 로그의 진수이므로 그 값이 양수이어야 해.
① 10　② 15　③ 20　④25　⑤ 30

1st 로그의 진수 조건을 생각하자.

$2x+1$, $x-2$는 로그의 진수이므로
$2x + 1 > 0$, $x - 2 > 0$　(로그의 진수) $>$ 0이야.
$\therefore x > 2 \cdots$ ㉠

실수 진수 조건을 구할 때 두 범위의 공통부분의 범위를 충족시키도록 답을 구하자.

2nd 로그의 성질을 이용하여 부등식의 우변을 하나의 항으로 나타내 보자.

주어진 부등식은 $\log_3(2x+1) \geq \log_3 3(x-2)$이므로
$2x + 1 \geq 3(x-2)$　$1 + \log_3(x-2) = \log_3 3 + \log_3(x-2)$
로그의 밑이 1보다 크니까 부등호의 방향은 그대로!　$= \log_3 3(x-2)$
$\therefore x \leq 7 \cdots$ ㉡

㉠, ㉡에서 $2 < x \leq 7$이므로 자연수 x의 값은 3, 4, 5, 6, 7이고 그 합은
$3 + 4 + 5 + 6 + 7 = 25$

D 102 정답 **12** *로그부등식의 해 ──────── [정답률 85%]

(정답 공식: 로그부등식은 밑을 같게 해준다. 진수 조건을 항상 고려한다.)

> 부등식 $\log_2 (x-2) < 2$를 만족시키는 모든 자연수 x의 값의 합을 구하시오. (3점) **단서** 부등식의 우변을 밑이 2인 로그로 변형한 후, 진수끼리 비교해. 이때, 진수 조건을 잊지 않도록 해.

1st 진수 조건을 만족시키는 x의 값의 범위를 구하자.

진수 조건에 의하여 $x-2>0$에서 $x>2$ … ㉠ →진수는 항상 양수이어야 해.

2nd 로그의 정의를 이용하여 부등식을 풀자.

$\log_2 (x-2) < 2$에서 $\underline{\log_2 (x-2) < \log_2 2^2 = \log_2 4}$

$x-2 < 4$ ∴ $x < 6$ … ㉡ →밑이 $2>1$이므로 $\log_2 (x-2) < \log_2 4$에서 $x-2<4$

㉠, ㉡에 의하여 주어진 부등식의 해는 $2 < x < 6$

따라서 구하는 모든 자연수의 값은 3, 4, 5이므로 그 합은

$3+4+5=12$

D 103 정답 ① *로그부등식의 해 ──────── [정답률 73%]

(정답 공식: $a>1$이고 $\log_a f(x) > \log_a g(x)$이면 $f(x) > g(x)$이다.)

> 부등식 **단서** 양변의 로그의 밑을 3으로 같게 만들고 식을 정리해 보자.
>
> $$\log_3 (x+5) < 8 \log_9 2$$
>
> 를 만족시키는 정수 x의 최댓값과 최솟값의 합은? (3점)
>
> ① 6 　　　 ② 7 　　　 ③ 8
> ④ 9 　　　 ⑤ 10

1st 로그의 진수 조건을 확인하자.

진수 조건에 의하여 $x+5>0$이므로 $x>-5$ … ㉠

주의 진수가 문자를 포함한 식으로 나타나면 진수가 양수가 되는 범위를 확인해야 해.

2nd 로그의 밑을 같게 만들자.

$\log_3 (x+5) < 8 \log_{3^2} 2$에서 $\log_3 (x+5) < \log_3 2^4$

→밑이 1보다 크므로 진수끼리 비교할 때 부등호 방향은 그대로야.

→ $8 \log_{3^2} 2 = \dfrac{8}{2} \log_3 2 = 4 \log_3 2 = \log_3 2^4$

주의 로그부등식을 풀 때 밑을 잘 봐. 만약 밑이 0과 1 사이의 값이면 진수끼리 비교할 때 부등호 방향은 반대로 바뀌어야 해.

$x+5 < 16$ ∴ $x < 11$ … ㉡

㉠, ㉡에 의하여 $-5 < x < 11$이므로

정수 x의 최댓값은 10, 최솟값은 -4이다.

따라서 정수 x의 최댓값과 최솟값의 합은 6이다.

⚙ **로그부등식의 풀이 방법**　　　　　　　　개념·공식

① $a>1$일 때,
　$\log_a f(x) < \log_a g(x)$이면 $0 < f(x) < g(x)$
　$0 < a < 1$일 때,
　$\log_a f(x) < \log_a g(x)$이면 $f(x) > g(x) > 0$
② $\log_a f(x) < \log_b g(x)$와 같이 밑이 다를 때에는 밑을 통일한다.
③ $\log_a x$, $(\log_a x)^2$이 포함된 식은 $\log_a x = t$로 치환한다.
④ 밑이 문자일 때에는 (밑)>1, $0<$(밑)<1의 두 가지 경우로 나누어 구한다.

D 104 정답 ① *로그부등식의 해 ──────── [정답률 63%]

정답 공식: $\log_a f(x) > \log_a g(x)$에서
(i) $a>1$일 때 : $f(x) > g(x) > 0$
(ii) $0<a<1$일 때 : $0 < f(x) < g(x)$

> 부등식 $\log_3 (x-3) + \log_3 (x+3) \le 3$을 만족시키는 모든 정수 x의 값의 합은? (3점) **단서** 로그에서 진수의 범위는 양수가 됨에 주의하자.
>
> ① 15 　　② 17 　　③ 19 　　④ 21 　　⑤ 23

1st 진수는 양수임을 이용해서 정의역을 구하자.

로그의 정의에 의하여 →$\log_3 (x-3)$에서 진수 $x-3>0 \Rightarrow x>3$

$x>3$ … ㉠ →$\log_3 (x+3)$에서 진수 $x+3>0 \Rightarrow x>-3$

즉, 두 x의 범위의 공통 부분인 정의역은 $x>3$

2nd 로그부등식 $\log_a f(x) > \log_a g(x)$에서 밑 a의 범위가 $a>1$인 경우 $f(x) > g(x) > 0$임을 이용하자.

$\log_3 (x-3) + \log_3 (x+3) \le \underline{3}$ → $3 = \log_3 3^3 = \log_3 27$

$\underline{\log_3 (x-3)(x+3) \le \log_3 27}$ → $\log_a x + \log_a y = \log_a xy$

$\log_3 (x^2 - 9) \le \log_3 27$

$x^2 - 9 \le 27$ → $f(x) = (x-6)(x+6) \le 0$이라 하면

$x^2 - 36 \le 0$

$(x-6)(x+6) \le 0$

∴ $-6 \le x \le 6$ … ㉡ 　따라서 $f(x) \le 0$인 x의 범위는 $-6 \le x \le 6$

㉠, ㉡을 모두 만족시키는 것은 $3 < x \le 6$이므로

정수 x는 4 또는 5 또는 6

따라서 모든 정수 x의 값의 합은

$4+5+6=15$

D 105 정답 ③ *로그부등식의 해 ──────── [정답률 53%]

(정답 공식: $a>1$일 때, $\log_a x_1 < \log_a x_2 \Longleftrightarrow x_1 < x_2$)

> 부등식 **단서** 로그의 성질을 이용하여 주어진 부등식에서 로그의 밑을 같게 바꾸고 진수의 조건에 유의하여 부등식의 해를 구하면 되지.
>
> $$\log_4 (x+3) - \log_2 (x-3) \ge 0$$
>
> 을 만족시키는 모든 자연수 x의 값의 합은? (3점)
>
> ① 13 　　　 ② 14 　　　 ③ 15
> ④ 16 　　　 ⑤ 17

1st 로그의 밑을 같게 변형한 뒤 로그함수의 성질을 이용하여 식을 정리하자.

로그의 진수 조건에 의해 $x+3>0$, $x-3>0$에서 $x>3$ … ㉠

$\log_4 (x+3) - \log_2 (x-3) \ge 0$

$\log_4 (x+3) \ge \log_{2^2} (x-3)^2$, $\log_4 (x+3) \ge \log_4 (x-3)^2$

2nd 로그의 밑이 1보다 크니까 부등호의 방향은 그대로지.

$x+3 \ge (x-3)^2$ → $a>0$, $a \ne 1$, $M>0$일 때

$x+3 \ge x^2 - 6x + 9$

$x^2 - 7x + 6 \le 0$ 　$\log_a M^k = \dfrac{k}{l} \log_{a^l} M$ (단, k, l은 실수)이 성립해.

$(x-1)(x-6) \le 0$ 　즉, $\log_4 (x+3) - \log_2 (x-3) \ge 0$에서

∴ $1 \le x \le 6$ … ㉡ 　$\log_4 (x+3) - \dfrac{2}{2} \log_2 (x-3) \ge 0$

㉠, ㉡에 의하여 $3 < x \le 6$ 　$\log_4 (x+3) - \log_{2^2} (x-3)^2 \ge 0$

따라서 조건을 만족시키는 자연수 x는 4, 5, 6이므로 모든 자연수의 값의 합은 $4+5+6=15$이다.

D 106 정답 ④ *로그부등식의 해 ························· [정답률 78%]

[정답 공식: 로그부등식 $\log_a f(x)+\log_a g(x)\leq k$에서 $a>1$이면 진수 조건 $f(x)>0, g(x)>0$을 만족시키는 x의 범위부터 따지자.]

부등식

$$\log_2 (x^2-1)+\log_2 3\leq 5$$

를 만족시키는 정수 x의 개수는? (3점)

단서 $\log_a x$는 로그의 정의에 의하여 밑 a의 조건 : $a>0, a\neq1$
진수의 조건 : $x>0$
또, log의 성질을 사용해서 x에 대한 이차부등식 꼴로 변형해.

① 1 　 ② 2 　 ③ 3 　 ④ 4 　 ⑤ 5

1st (진수)>0임을 이용해서 정의역을 구하자.

$\log_2 (x^2-1)+\log_2 3\leq 5$에서

로그의 진수 조건에 의하여

$x^2-1>0$ ··· ㉠ → $x^2-1>0, (x-1)(x+1)>0$ ∴ $x<-1$ 또는 $x>1$

2nd 로그의 성질을 이해하여 주어진 로그부등식의 해를 구하자.

$\log_2 (x^2-1)+\log_2 3\leq 5$

$\log_2 (x^2-1)\leq\log_2 2^5-\log_2 3$

$\log_2 (x^2-1)\leq\log_2 \dfrac{32}{3}$

로그의 밑이 1보다 크므로 부등호는 그대로

$x^2-1\leq\dfrac{32}{3}$

∴ $x^2\leq\dfrac{35}{3}$ ··· ㉡ → $x^2\leq\dfrac{35}{3}$ ∴ $-\sqrt{\dfrac{35}{3}}\leq x\leq\sqrt{\dfrac{35}{3}}$

[로그의 성질]
$a>0, b>0, c>0, a\neq1, x>0, y>0$일 때
① $\log_a 1=0, \log_a a=1, n=\log_a a^n$
② $\log_a xy=\log_a x+\log_a y$
③ $\log_a \dfrac{x}{y}=\log_a x-\log_a y$
④ $\log_a x^n=n\log_a x$ (n실수)
⑤ $\log_a b=\dfrac{\log_c b}{\log_c a}$ ($c\neq1$)
⑥ $\log_{a^m} b^n=\dfrac{n}{m}\log_a b$

3rd ㉠, ㉡을 동시에 만족시키는 정수를 구하자.

㉠, ㉡에 의하여 → $\dfrac{35}{3}=11.\dot{6}$이므로

$1<x^2\leq\dfrac{35}{3}$

$1<x^2<11.6$에서 정수 x는 x^2이 제곱인 경우이므로 $x^2=4, x^2=9$, 즉 $x=\pm2, x=\pm3$

따라서 구하는 정수 x의 값은 $-3, -2, 2, 3$으로 4개이다.

D 107 정답 ④ *로그부등식의 해 ························· [정답률 62%]

[정답 공식: (i) $a>1$일 때, $\log_a f(x)<\log_a g(x)$이면 $0<f(x)<g(x)$
(ii) $0<a<1$일 때, $\log_a f(x)<\log_a g(x)$이면 $f(x)>g(x)>0$]

부등식 $2-\log_{\frac{1}{2}} (x-2)<\log_2 (3x+4)$를 만족시키는 정수 x의 개수는? (3점) **단서** 주어진 부등식을 $\log_a f(x)<\log_a g(x)$의 꼴로 변형할 수 있지?

① 6 　 ② 7 　 ③ 8 　 ④ 9 　 ⑤ 10

1st 먼저 진수의 조건을 생각하자.

부등식 $2-\log_{\frac{1}{2}} (x-2)<\log_2 (3x+4)$의 진수의 조건에 의하여 $x-2>0$과 $3x+4>0$이 성립해야 한다.

즉, $x>2$와 $x>-\dfrac{4}{3}$를 동시에 만족시키는 x의 값의 범위는

$x>2$ ··· ㉠

2nd 로그의 성질을 이용하여 좌변을 밑이 2인 로그로 통일하자.

$2-\log_{\frac{1}{2}} (x-2)<\log_2 (3x+4)$

$\log_2 4+\log_2 (x-2)<\log_2 (3x+4)$

$\log_2 4(x-2)<\log_2 (3x+4)$

$4x-8<3x+4$ 밑이 1보다 크므로 부등호의 방향은 변하지 않아.

$x<12$ ··· ㉡

[로그의 성질]
$a>0, a\neq1, b>0$에 대하여
① $\log_a a=1$
② $\log_a x+\log_a y=\log_a xy$
③ $\log_a x-\log_a y=\log_a \dfrac{x}{y}$
④ $\log_{a^n} b^m=\dfrac{m}{n}\log_a b$

㉠, ㉡에 의하여 $2<x<12$이므로

정수 x의 개수는 3, 4, 5, ···, 11로 9개이다.

다른 풀이: 양변을 밑이 $\dfrac{1}{2}$인 로그로 나타내어 부등식의 해 구하기

$2-\log_{\frac{1}{2}} (x-2)<\log_2 (3x+4)$

$\log_{\frac{1}{2}} \left(\dfrac{1}{2}\right)^2-\log_{\frac{1}{2}} (x-2)<-\log_{\frac{1}{2}} (3x+4)$

$\log_{\frac{1}{2}} \dfrac{3x+4}{4}<\log_{\frac{1}{2}} (x-2)$ → 밑을 $\dfrac{1}{2}$로 통일하는 방법도 있어.
이때, $\log_2 A=-\log_{\frac{1}{2}} A (A>0)$

$\dfrac{3x+4}{4}>x-2, 3x+4>4x-8$ ∴ $x<12$

(이하 동일)

D 108 정답 ② *로그부등식의 해 ························· [정답률 76%]

(정답 공식: 밑을 통일시킨 뒤 진수만 비교한다.)

부등식

$$2\log_2 |x-1|\leq1-\log_2 \dfrac{1}{2}$$

을 만족시키는 모든 정수 x의 개수는? (3점)

단서 로그의 성질을 이용하여 주어진 부등식을 $\log_a f(x)\leq\log_a g(x)$ 꼴로 변형하자. 이때, 진수의 조건에 주의하면서 부등식을 풀자.

① 2 　 ② 4 　 ③ 6 　 ④ 8 　 ⑤ 10

1st 로그의 성질을 이용하여 우변을 밑이 2인 로그로 바꿔.

$2\log_2 |x-1|\leq1-\log_2 \dfrac{1}{2}$에서 로그의 성질에 의하여

$2\log_2 |x-1|\leq\log_2 2+\log_2 2$

$2\log_2 |x-1|\leq2\log_2 2$ $1=\log_2 2, \log_2 \dfrac{1}{2}=\log_2 2^{-1}=-\log_2 2$

$\log_2 |x-1|\leq\log_2 2$

2nd 밑이 1보다 크니까 양변에 $\log_2$를 지워도 부등호의 방향은 바뀌지 않아.

밑 2가 1보다 크므로 $|x-1|\leq2$에서 $-2\leq x-1\leq2$

∴ $-1\leq x\leq3$

주의 진수는 항상 양수이어야 하므로 절댓값 있을 때에는 주의하도록 하자.

한편, $|x-1|$은 진수이므로 $x\neq1$이다.
진수는 항상 양수여야 하는데, $|x-1|$은 $x=1$일 때만 제외하고 항상 양수야.

따라서 주어진 부등식을 만족시키는 x의 값의 범위는

$-1\leq x<1$ 또는 $1<x\leq3$

즉, 이를 만족시키는 모든 정수 x의 개수는 $-1, 0, 2, 3$의 4이다.

다른 풀이: 절댓값 안이 0보다 클 때와 0보다 작을 때로 나누어 부등식의 해 구하기

$|x-1|$은 진수이므로 $|x-1|>0$, 즉 $x\neq1$이어야 해.

(i) $x>1$ ··· ㉠일 때,

$2\log_2 (x-1)\leq1-\log_2 \dfrac{1}{2}$
$x>1$이므로 $|x-1|=x-1$

$2\log_2 (x-1)\leq2\log_2 2, x-1\leq2$ ∴ $x\leq3$ ··· ㉡

㉠, ㉡에 의하여 $1<x\leq3$

(ii) $x<1$ ··· ㉢일 때,

$2\log_2 (-x+1)\leq1-\log_2 \dfrac{1}{2}$
$x<1$이므로 $|x-1|=-x+1$

$2\log_2 (-x+1)\leq2\log_2 2, -x+1\leq2$ ∴ $x\geq-1$ ··· ㉣

㉢, ㉣에 의하여 $-1\leq x<1$

(i), (ii)에 의하여 주어진 부등식의 해는 $-1\leq x<1$ 또는 $1<x\leq3$이므로 구하는 모든 정수 x의 개수는 $-1, 0, 2, 3$의 4야.

D 109 정답 ① *로그부등식의 해 ───────── [정답률 76%]

(정답 공식: 진수는 항상 양수임을 알고 범위를 구한다.)

> **단서1** 주어진 로그부등식의 해를 구하자.
> x에 대한 로그부등식 $\log_5 (x-1) \leq \log_5 \left(\dfrac{1}{2}x+k\right)$를 만족시키는
>
> 모든 정수 x의 개수가 3일 때, 자연수 k의 값은? (3점)
> **단서2** **단서1** 에서 구한 x의 값의 범위 안에 정수가 3개 존재하도록 하는 k의 값의 범위를 따져 봐야 해.
> ① 1 ② 2 ③ 3 ④ 4 ⑤ 5

1st 로그의 진수의 조건을 따져주자.

진수의 조건에 의하여 $x-1>0$에서 $x>1$이고, $\dfrac{1}{2}x+k>0$에서 $x>-2k$

이므로 자연수 k에 대하여 $x>1$ $\cdots$ ㉠ → k가 자연수이므로 $-2k<0$이겠지? 즉, 그림과 같이 공통 범위는 $x>1$이야.

2nd 밑이 같은 로그부등식의 해를 구하자.

$\log_5 (x-1) \leq \log_5 \left(\dfrac{1}{2}x+k\right)$에서 밑 $5>1$이므로

$x-1 \leq \dfrac{1}{2}x+k$, $\dfrac{1}{2}x \leq k+1$

∴ $x \leq 2(k+1)$ $\cdots$ ㉡

> **함정** 잊지 않고 진수 조건을 파악하여 해의 범위를 완성시켜야 해.

㉠, ㉡에 의하여 주어진 로그부등식의 해는

$1<x \leq 2(k+1)$ → k가 자연수이므로 $k \geq 1$에서 $k+1 \geq 2$ ∴ $2(k+1) \geq 4 > 1$

이때, 주어진 부등식을 만족시키는 모든 정수 x의 개수가 3이므로 정수 x의 값은 2, 3, 4가 되어야 한다.

즉, $4 \leq 2(k+1) < 5$에서 $1 \leq k < \dfrac{3}{2}$이고 k의 값은 자연수이므로 $k=1$이다.

D 110 정답 8 *로그부등식의 해 ───────── [정답률 76%]

(정답 공식: 진수는 항상 양수임을 알고 범위를 구한다.)

> 로그부등식 **단서** 진수의 조건에 의한 x의 값의 범위를 먼저 구한 후 밑이 1보다 작으므로 이차부등식 $x^2+x-2<-2x+2$를 풀면 돼.
> $$\log_{\frac{1}{2}} (x^2+x-2) > \log_{\frac{1}{2}} (-2x+2)$$
> 의 해가 $\alpha<x<\beta$일 때, $\alpha\beta$의 값을 구하시오. (3점)

1st 로그의 성립조건을 먼저 생각해야 해.

로그부등식 $\log_{\frac{1}{2}} (x^2+x-2) > \log_{\frac{1}{2}} (-2x+2)$에서

진수의 조건으로부터 $x^2+x-2>0$, $(x+2)(x-1)>0$에서

$x<-2$ 또는 $x>1$

또한, $-2x+2>0$에서 $x<1$이므로

$x<-2$ $\cdots$ ㉠

2nd 밑이 1보다 작으므로 부등호의 방향을 바꾸어 진수를 비교해 봐.

로그부등식 $\log_{\frac{1}{2}} (x^2+x-2) > \log_{\frac{1}{2}} (-2x+2)$의 밑이 1보다 작으므로 부등호의 방향은 변한다. 즉, **주의** 밑의 값에 따른 부등호의 방향을 항상 주의하자.

$x^2+x-2 < -2x+2$에서

$x^2+3x-4<0$, $(x+4)(x-1)<0$

> [이차부등식의 풀이]
> $\alpha<\beta$인 두 실수 α, β에 대하여
> ① $(x-\alpha)(x-\beta)<0 \Rightarrow \alpha<x<\beta$
> ② $(x-\alpha)(x-\beta)>0 \Rightarrow x<\alpha$ 또는 $x>\beta$

∴ $-4<x<1$ $\cdots$ ㉡

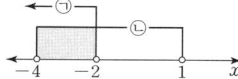

㉠, ㉡에 의하여 $-4<x<-2$이므로

$\alpha=-4$, $\beta=-2$ ∴ $\alpha\beta=-4\times(-2)=8$

D 111 정답 ④ *로그부등식의 해 ───────── [정답률 78%]

(정답 공식: n의 값의 범위를 구한 뒤 $\log_2 n$이 정수가 되는 n의 값을 찾는다.)

> $1 \leq \log n < 3$인 자연수 n에 대하여 $\log_2 n$이 정수가 되도록 하는 n의 개수는? (3점)
> **단서1** $1 \leq \log n < 3$에서 n의 값의 범위를 구할 수 있어.
> **단서2** **단서1** 에서 구한 n에 대한 부등식의 각 변에 밑이 2인 로그를 취해봐.
> ① 3 ② 4 ③ 5 ④ 6 ⑤ 7

1st n의 값의 범위를 구하자.

$1 \leq \log n < 3$에서 $10 \leq n < 1000$

$1 \leq \log n < 3 \Rightarrow \log 10^1 \leq \log n < \log 10^3$

2nd 이제 $\log_2 n$의 값의 범위를 구하자.

각 변에 밑이 2인 로그를 취하면

$\log_2 10 \leq \log_2 n < \log_2 1000$

$\log_2 10 < \log_2 2^4 \leq \log_2 n \leq \log_2 2^9 < \log_2 1000$

→ $2^4=16$ → $2^9=512$

∴ $4 \leq \log_2 n \leq 9$

따라서 $\log_2 n$이 정수가 되는 경우는

$\log_2 n$의 값이 4, 5, 6, 7, 8, 9가 될 수 있어.

$n=2^4, 2^5, 2^6, 2^7, 2^8, 2^9$으로 6개이다.

D 112 정답 ⑤ *$\log_a x$꼴이 반복되는 로그부등식의 풀이 ─ [정답률 92%]

(정답 공식: 같은 꼴을 치환하여 이차부등식의 형태로 나타낸다.)

> 로그부등식 $(\log_2 x)^2 - \log_2 x^5 + 6 < 0$의 해가 $\alpha<x<\beta$일 때, $\alpha\beta$의 값은? (3점) **단서** 주어진 부등식에서 $\log_2 x$ 꼴이 공통으로 보이네? $\log_2 x=t$로 치환하여 부등식을 풀자.
> ① 6 ② 8 ③ 16 ④ 24 ⑤ 32

1st $\log_2 x=t$로 치환하여 이차부등식을 계산해.

$(\log_2 x)^2 - \log_2 x^5 + 6 < 0$ $\cdots$ ㉠에서

$(\log_2 x)^2 - 5\log_2 x + 6 < 0$

여기서 $\log_2 x=t$라 하면 $t^2-5t+6<0$

$(t-2)(t-3)<0$

∴ $2<t<3$

즉, $2<\log_2 x<3$이므로 $4<x<8$

$2<\log_2 x<3$에서 $\log_2 2^2 < \log_2 x < \log_2 2^3$

그런데 ㉠의 해가 $\alpha<x<\beta$이므로 $\alpha=4$, $\beta=8$

∴ $\alpha\beta=4\times8=32$

⚙ **이차부등식의 해**   개념·공식

> 이차부등식 $a(x-\alpha)(x-\beta) \leq 0$ $(\alpha<\beta)$에 대하여
> (ⅰ) $a>0$일 때,
> $a(x-\alpha)(x-\beta) \leq 0 \Longleftrightarrow (x-\alpha)(x-\beta) \leq 0$
> $\Longleftrightarrow \alpha \leq x \leq \beta$
> (ⅱ) $a<0$일 때,
> $a(x-\alpha)(x-\beta) \leq 0 \Longleftrightarrow (x-\alpha)(x-\beta) \geq 0$
> $\Longleftrightarrow x \leq \alpha, x \geq \beta$

D 113 정답 ② *$\log_a x$ 꼴이 반복되는 로그부등식의 풀이 … [정답률 72%]

(정답 공식: $0<f(x)<g(x)$에 대하여 $\log f(x)<\log g(x)$가 성립한다.)

부등식 $10^n<24^{10}<10^{n+1}$을 만족시키는 자연수 n의 값은?
(단, $\log 2=0.3010$, $\log 3=0.4771$로 계산한다.) (3점)
단서 각 변에 상용로그를 취해도 부등호의 방향은 같아.

① 11   ② 13   ③ 15
④ 17   ⑤ 19

1st 주어진 각 변에 상용로그를 취하자.
$10^n<24^{10}<10^{n+1}$에서 각 변에 상용로그를 취하면
$\log 10^n<\log 24^{10}<\log 10^{n+1}$ ──→ $0<a<b$인 경우 상용로그를 각 변에 취해도 부등호에 영향을 주지 않아. 즉, $\log a<\log b$가 성립해. 역으로 $\log a<\log b$가 성립하면 $0<a<b$가 성립한다는 것도 알고 있어야 해.
$\log 10^n=n$, $\log 10^{n+1}=n+1$이므로
$n<\log 24^{10}<n+1$

2nd 상용로그의 성질을 이용하여 자연수 n의 값을 구하자.
$\log 24^{10}=10\log 24=10\log(2^3\times3)$
$=10(3\log 2+\log 3)$ ──→ [로그의 성질]
$=10\times(3\times0.3010+0.4771)$
$(\because \log 2=0.3010, \log 3=0.4771)$
$=13.801$

a는 1이 아닌 양수이고, x, y가 양수일 때,
① $\log_a xy=\log_a x+\log_a y$
② $\log_a a=1, \log_a 1=0$
③ $\log_a x^m=m\log_a x$
④ $\log_{a^m} b^n=\dfrac{n}{m}\log_a b$

즉, $13<13.801<14$이므로 자연수 $n=13$이다.

D 114 정답 ② *$\log_a x$ 꼴이 반복되는 로그부등식의 풀이 … [정답률 80%]

[정답 공식: 같은 꼴을 치환하여 이차부등식의 형태로 나타낼 때, 해도 같이 치환해준다.]

로그부등식 $(1+\log_3 x)(a-\log_3 x)>0$의 해가 $\dfrac{1}{3}<x<9$일 때,
상수 a의 값은? (3점)
단서 주어진 부등식을 $\log_3 x$에 대한 이차부등식으로 생각해봐.

① 1   ② 2   ③ 3
④ 4   ⑤ 5

1st $a>b$일 때, $(x-a)(x-b)<0$이면 $b<x<a$임을 이용하자.
$(1+\log_3 x)(a-\log_3 x)>0$에서
$(\log_3 x+1)(\log_3 x-a)<0$

$\log_3 x=t$라 하면 $(t+1)(t-a)<0$에서 $t+1=0, t-a=0$, 즉 $t=-1$과 $t=a$를 기준으로 부등식을 만족시키는 t의 값의 범위를 생각해봐.

(i) $a>-1$일 때, $-1<\log_3 x<a$이므로
$\dfrac{1}{3}<x<3^a \cdots$ ㉠

(ii) $a<-1$일 때, $a<\log_3 x<-1$이므로
$3^a<x<\dfrac{1}{3}$

$a=-1$이면 $(\log_3 x+1)^2<0$인데 실수 $\log_3 x$에 대하여 $(\log_3 x+1)^2\geq0$이므로 이 경우에는 부등식을 만족시키는 x의 값은 존재하지 않아.

이때, 부등식의 해가 $\dfrac{1}{3}<x<9$이므로
$a>-1$이 되어야 한다.
따라서 ㉠에 의하여 $3^a=9$이므로 $a=2$이다.

D 115 정답 81 *$\log_a x$ 꼴이 반복되는 로그부등식의 풀이 … [정답률 81%]

(정답 공식: 같은 꼴을 치환하여 이차부등식의 형태로 나타낸다.)

부등식 $(\log_3 x)(\log_3 3x)\leq20$을 만족시키는 자연수 x의 최댓값을 구하시오. (3점) **단서** $\log_3 3x=\log_3 3+\log_3 x=1+\log_3 x$에서 주어진 부등식은 $\log_3 x$가 반복되어 나타나네~.

1st $\log_a xy=\log_a x+\log_a y$임을 이용해.
$(\log_3 x)(\log_3 3x)\leq20$에서
$(\log_3 x)(\log_3 3+\log_3 x)\leq20$
$(\log_3 x)(1+\log_3 x)\leq20$

2nd $\log_3 x=t$로 치환하여 방정식을 풀자.
$\log_3 x=t$라 하면 $t(1+t)\leq20$
$t^2+t-20\leq0$, $(t-4)(t+5)\leq0$
실수 t에 대한 값을 x에 대한 값으로 반드시 바꾸어서 답을 구해야 해.
$\therefore -5\leq t\leq4$
즉, $-5\leq\log_3 x\leq4$에서 $3^{-5}\leq x\leq3^4$ ──→ 진수의 조건인 $x>0$이 성립하지?
따라서 자연수 x의 최댓값은 $3^4=81$이다.
──→ $-5\leq\log_3 x\leq4 \Longleftrightarrow \log_3 3^{-5}\leq\log_3 x\leq\log_3 3^4$

D 116 정답 ① *여러 가지 로그부등식의 풀이 … [정답률 75%]

[정답 공식: $a>1$일 때, $\log_a f(x)>\log_a g(x) \Longleftrightarrow f(x)>g(x)>0$임을 이용한다.]

x에 대한 연립부등식
$$\begin{cases} 4^x-2^x-2<0 \\ \log_a x+1>0 \end{cases}$$
단서 지수부등식은 2^x이 반복되니까 2^x을 치환하여 해를 구하고, 로그부등식은 밑을 a로 통일하여 해를 구해.

을 만족시키는 모든 x의 값의 범위가 $\dfrac{1}{5}<x<b$일 때, 두 상수 a, b에 대하여 $a+b$의 값은? (단, $a>1$) (3점)

① 6   ② 7   ③ 8
④ 9   ⑤ 10

1st 지수부등식의 해를 구해.
주의 $a>0$일 때, 모든 실수 x에 대하여 $a^x>0$이야.
$4^x-2^x-2<0$에서 $2^x=t(t>0)$라 하면
$\overline{4^x=(2^2)^x=2^{2x}=(2^x)^2}$
$t^2-t-2<0$, $(t+1)(t-2)<0$ $\therefore -1<t<2$
그런데 $t>0$이므로 $0<t<2$에서 $0<2^x<2$
$\therefore x<1 \cdots$ ㉠ ──→ $a>1$일 때, $a^{f(x)}<a^{g(x)}\Longleftrightarrow f(x)<g(x)$

2nd 로그부등식의 해를 구해.
$\log_a x+1>0$에서 $\log_a x>-1=-\log_a a=\log_a a^{-1}=\log_a \dfrac{1}{a}$
$\therefore x>\dfrac{1}{a} \cdots$ ㉡ ──→ $a>1$일 때, $\log_a f(x)>\log_a g(x)\Longleftrightarrow f(x)>g(x)>0$

3rd 연립부등식의 해를 이용하여 a, b의 값을 각각 구하고 $a+b$를 계산해.
㉠, ㉡을 만족시키는 x의 값의 범위가 $\dfrac{1}{5}<x<b$이므로 ㉠, ㉡은 그림과 같아야 한다.

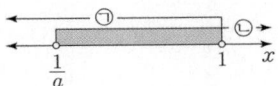

즉, 주어진 연립부등식의 해는 $\dfrac{1}{a}<x<1$이므로 $a=5, b=1$
$\therefore a+b=5+1=6$

D 117 정답 ① *여러 가지 로그부등식의 풀이 ····· [정답률 78%]

정답 공식: 지수부등식은 밑을 같게 하고 로그부등식은 로그의 성질을 이용하여 범위를 구한다.

연립부등식

$$\begin{cases} 2^{x+3} > 4 \\ 2\log(x+3) < \log(5x+15) \end{cases}$$

단서 지수부등식과 로그부등식을 각각 풀어 공통 범위를 구하자.

를 만족시키는 정수 x의 개수는? (3점)

① 2　　　　② 4　　　　③ 6
④ 8　　　　⑤ 10

1st 주어진 식을 밑이 2가 되도록 한 다음 x의 값의 범위를 구해.

(i) $2^{x+3} > 4$에서 $2^{x+3} > 2^2$이고, 밑이 1보다 크므로
$x+3 > 2$ ∴ $x > -1$

2nd 밑이 동일한 진수의 대소를 비교해.

(ii) $2\log(x+3) < \log(5x+15)$에서 밑이 1보다 크므로
$\log(x+3)^2 < \log(5x+15)$　　10이 생략되었지?
즉, $(x+3)^2 < 5x+15$에서
$x^2+6x+9 < 5x+15$, $x^2+x-6 < 0$
$(x-2)(x+3) < 0$
∴ $-3 < x < 2 \cdots$ ㉠
또한, 진수의 조건에 의하여 $x+3 > 0$, $5x+15 > 0$이므로
$x > -3 \cdots$ ㉡
㉠, ㉡에서 $-3 < x < 2$

(i), (ii)에서 $-1 < x < 2$이므로 구하는 정수 x의 개수는 0, 1로 2개이다.

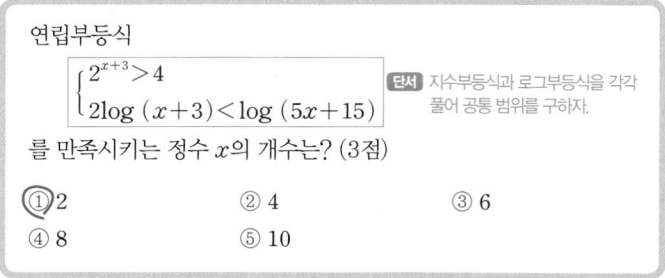

D 118 정답 80 *여러 가지 로그부등식의 풀이 ····· [정답률 67%]

정답 공식: 로그부등식의 우변은 각각 밑이 3, 2인 로그로 나타낸다.

연립부등식

$$\begin{cases} \log_3 |x-3| < 4 \\ \log_2 x + \log_2(x-2) \geq 3 \end{cases}$$

단서 두 로그부등식을 각각 풀어 x의 값의 공통 범위를 구해.

을 만족시키는 정수 x의 개수를 구하시오. (3점)

1st 밑과 진수의 범위를 생각해 봐.

$\log_3 |x-3| < 4$에서 (진수) > 0이므로 $x \neq 3$이고, (밑) $= 3 > 1$이므로
$|x-3| < 3^4$
　　　　$|x-3| > 0$에서 $x-3 \neq 0$이므로 $x \neq 3$이야.
$-81 < x-3 < 81$
∴ $-78 < x < 84$ (단, $x \neq 3$) $\cdots$ ㉠

주의 진수는 항상 양수이어야 하므로 절댓값이 있을 때에는 주의하도록 하자.

이때, $\log_2 x + \log_2(x-2) \geq 3$에서 (진수) > 0이므로 $x > 2$이고,
　　　　　　　　　　　　　　　　　　　$x > 0$, $x-2 > 0$
(밑) $= 2 > 1$이므로
$\log_2 x(x-2) \geq \log_2 2^3$, $x^2-2x \geq 2^3$
$x^2-2x-8 \geq 0$, $(x+2)(x-4) \geq 0$
∴ $x \geq 4$ ($\because x > 2$) $\cdots$ ㉡

2nd 공통 범위를 구한 후 정수의 개수를 구해.

㉠, ㉡의 공통 범위를 구하면 $4 \leq x < 84$
따라서 정수 x는 4, 5, $\cdots$, 83으로 80개이다.
　　　　　　　$83-4+1=80$

D 119 정답 58 *로그방정식의 활용 ····· [정답률 65%]

정답 공식: b, c를 각각 a에 대한 식으로 나타낼 수 있다.

다음 조건을 만족시키는 세 정수 a, b, c를 더한 값을 k라 할 때, k의 최댓값과 최솟값의 합을 구하시오. (4점)

(가) $1 \leq a \leq 5$
(나) $\log_2(b-a) = 3$
(다) $\log_2(c-b) = 2$

단서 두 조건을 이용하여 b, c의 값의 범위를 각각 구해서 $a+b+c$의 최댓값과 최솟값을 각각 구해.

1st 조건 (나)에서 b의 값의 범위를 구하자. $\log_2(b-a)=3=\log_2 2^3$에서 $b-a=2^3$
조건 (나)에서 $\log_2(b-a) = 3$이므로 $b-a = 2^3 = 8$ ∴ $b = a+8$
조건 (가)의 $1 \leq a \leq 5$에서 $a=1$일 때 $b=1+8=9$이고,
$a=5$일 때 $b=5+8=13$이므로 b의 값의 범위는 $9 \leq b \leq 13 \cdots$ ㉠

2nd 조건 (다)에서 c의 값의 범위를 구하자. $\log_2(c-b)=2=\log_2 2^2$에서 $c-b=2^2$
조건 (다)에서 $\log_2(c-b) = 2$이므로 $c-b = 2^2 = 4$ ∴ $c = b+4$
㉠에서 $b=9$일 때 $c=9+4=13$, $b=13$일 때 $c=13+4=17$이므로
c의 값의 범위는 $13 \leq c \leq 17$

3rd 이제 k의 최댓값과 최솟값을 구하자.

(i) k의 최댓값: $a=5$, $b=13$, $c=17$일 때이므로 $5+13+17=35$
(ii) k의 최솟값: $a=1$, $b=9$, $c=13$일 때이므로 $1+9+13=23$
따라서 k의 최댓값과 최솟값의 합은 $35+23=58$

D 120 정답 ① *로그방정식의 활용 ····· [정답률 75%]

정답 공식: 방정식 $\log_a f(x) = \log_a g(x)$의 해는 방정식 $f(x)=g(x)$ ($f(x)>0$, $g(x)>0$)의 해와 같다.

$\dfrac{1}{2} < \log a < \dfrac{11}{2}$인 양수 a에 대하여 $\dfrac{1}{3} + \log \sqrt{a}$의 값이 자연수가 되도록 하는 모든 a의 값의 곱은? (4점)

단서 이 값이 가질 수 있는 자연수를 찾아서 로그방정식을 풀면 돼.

① 10^{10}　　② 10^{11}　　③ 10^{12}　　④ 10^{13}　　⑤ 10^{14}

1st $\dfrac{1}{3} + \log \sqrt{a}$의 값으로 가능한 자연수부터 찾자.

$\dfrac{1}{2} < \log a < \dfrac{11}{2}$의 각 변에 $\dfrac{1}{2}$을 곱하면 $\dfrac{1}{4} < \dfrac{1}{2}\log a = \log \sqrt{a} < \dfrac{11}{4}$
　　　　　　　　　　　　　　　　　$\dfrac{1}{2}\log a = \log a^{\frac{1}{2}} = \log \sqrt{a}$
다시 각 변에 $\dfrac{1}{3}$을 더하면 $\dfrac{7}{12} < \dfrac{1}{3} + \log \sqrt{a} < \dfrac{37}{12}$

따라서 $\dfrac{1}{3} + \log \sqrt{a}$의 값이 자연수인 경우는 1, 2, 3이다.

2nd 로그방정식을 풀어 모든 a의 값의 곱을 구하자.

(i) $\dfrac{1}{3} + \log \sqrt{a} = 1$에서 $\dfrac{1}{2}\log a = \dfrac{2}{3}$, $\log a = \dfrac{4}{3} = \log 10^{\frac{4}{3}}$
∴ $a = 10^{\frac{4}{3}}$
　　　　$\log f(x) = \log g(x)$이면 $f(x)=g(x)$ (단, $f(x)>0$, $g(x)>0$)

(ii) $\dfrac{1}{3} + \log \sqrt{a} = 2$에서 $\dfrac{1}{2}\log a = \dfrac{5}{3}$, $\log a = \dfrac{10}{3} = \log 10^{\frac{10}{3}}$
∴ $a = 10^{\frac{10}{3}}$

(iii) $\dfrac{1}{3} + \log \sqrt{a} = 3$에서 $\dfrac{1}{2}\log a = \dfrac{8}{3}$, $\log a = \dfrac{16}{3} = \log 10^{\frac{16}{3}}$
∴ $a = 10^{\frac{16}{3}}$

(i)~(iii)에 의하여 조건을 만족시키는 모든 a의 값은 $10^{\frac{4}{3}}$, $10^{\frac{10}{3}}$, $10^{\frac{16}{3}}$이
므로 (구하는 곱) $= 10^{\frac{4}{3}} \times 10^{\frac{10}{3}} \times 10^{\frac{16}{3}} = 10^{\frac{4}{3}+\frac{10}{3}+\frac{16}{3}} = 10^{10}$
　　　　　　　　　　$a^m \times a^n = a^{m+n}$

D 121 정답 ② *로그방정식의 활용 ──────── [정답률 57%]

┌ 정답 공식: 선분 AB의 길이는 두 점 A, B의 y좌표의 차와 같음을 이용하여 얻
│ 은 로그방정식을 푼다. ┘

직선 $x=k$가 두 곡선 $y=\log_2 x$, $y=-\log_2(8-x)$와 만나는 점
을 각각 A, B라 하자. $\overline{AB}=2$가 되도록 하는 모든 실수 k의 값의
곱은? (단, $0<k<8$) (4점) [단서] 두 점 A, B의 x좌표가 k로 같으므로 $\overline{AB}=2$라는 것은 두 점 A, B의 y좌표의 차가 2라는 거야.

① $\dfrac{1}{2}$ ② 1 ③ $\dfrac{3}{2}$ ④ 2 ⑤ $\dfrac{5}{2}$

[1st] $\overline{AB}=2$임을 이용하여 실수 k에 대한 방정식을 세워.

두 점 A, B의 좌표는 각각 $(k, \log_2 k)$, $(k, -\log_2(8-k))$이므로
$\overline{AB}=2$에서 $|\log_2 k-\{-\log_2(8-k)\}|=2$ ← 두 점 A, B의 y좌표의 차가 2인데 두 점 중 어떤 점의 y좌표가 더 큰지 알 수 없기 때문에 선분 AB의 길이를 구할 때, 절댓값을 취해 줘야 해.
$|\log_2 k+\log_2(8-k)|=2$
└ $\log_a m+\log_a n=\log_a mn$
$|\log_2 k(8-k)|=2$
$\therefore \log_2 k(8-k)=2$ 또는 $\log_2 k(8-k)=-2$

[2nd] 로그의 정의를 이용하여 방정식의 해를 구해.
(i) $\log_2 k(8-k)=2$일 때 → $a>0, a\neq 1$일 때, 양수 b에 대하여 $a^x=b$이면 $x=\log_a b$
$k(8-k)=2^2$에서 $k^2-8k+4=0$
$\therefore k=4-2\sqrt{3}$ 또는 $k=4+2\sqrt{3}$ ← 진수 조건 $0<k<8$을 만족시키므로 방정식의 해가 될 수 있어.
(ii) $\log_2 k(8-k)=-2$일 때
$k(8-k)=2^{-2}$에서 $k^2-8k+\dfrac{1}{4}=0$, $4k^2-32k+1=0$
$\therefore k=\dfrac{8-3\sqrt{7}}{2}$ 또는 $k=\dfrac{8+3\sqrt{7}}{2}$ → 마찬가지로 진수 조건 $0<k<8$을 만족시키지?

[주의] $4^2>(2\sqrt{3})^2$이고 $8^2>(3\sqrt{7})^2$이므로 진수 조건 $0<k<8$을 만족시켜.

[3rd] 모든 실수 k의 값의 곱을 구해.
따라서 구하는 모든 실수 k의 값의 곱은
$(4-2\sqrt{3})(4+2\sqrt{3})\times\dfrac{8-3\sqrt{7}}{2}\times\dfrac{8+3\sqrt{7}}{2}$
$=(16-12)\times\dfrac{64-63}{4}$
$=4\times\dfrac{1}{4}=1$

[수능 핵강]

＊실수 k가 존재하는지 확인하고, 근과 계수의 관계를 이용하여 값 구하기

모든 실수 k의 곱을 구할 때, k의 값을 직접 구하지 않고 근과 계수의 관계를 이용하면 좀 더 간단히 답을 구할 수 있어.
즉, $k^2-8k+4=0$의 두 실근을 α, β라 하면 $\alpha\beta=4$이고, $4k^2-32k+1=0$의 두 실근을 γ, δ라 하면 $\gamma\delta=\dfrac{1}{4}$이므로 구하는 모든 실수 k의 값의 곱은
$\alpha\beta\gamma\delta=4\times\dfrac{1}{4}=1$이야.

그런데 이와 같이 문제를 해결하려면 조건을 만족시키는 실수 k가 4개인지 확인하는 과정을 반드시 거쳐야 해. 로그를 포함한 방정식의 해를 구할 때에는 그 해가 반드시 진수 조건을 만족하는지 확인해야 하기 때문이야.
그럼, 조건을 만족시키는 실수 k의 개수가 4임은 어떻게 확인할까? 그건 그래프를 이용하면 돼.
두 곡선 $y=\log_2 x$, $y=-\log_2(8-x)$의 그래프를 그리면 $\overline{AB}=2$를 만족시키는 직선 $x=k$는 그림과 같이 (i)~(iv)로 4개가 존재해.

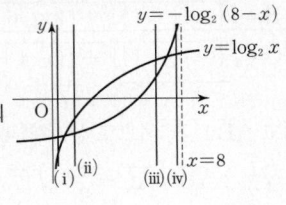

D 122 정답 ③ *로그방정식의 활용 ──────── [정답률 61%]

(정답 공식: $\log_a f(x)=\log_a g(x)$이면 $f(x)=g(x)$이다.)

2보다 큰 상수 k에 대하여 두 곡선 $y=|\log_2(-x+k)|$, $y=|\log_2 x|$가 만나는 세 점 P, Q, R의 x좌표를 각각 x_1, x_2, x_3이라 하자. $x_3-x_1=2\sqrt{3}$일 때, x_1+x_3의 값은?
[단서] x_1, x_2, x_3은 방정식 $|\log_2(-x+k)|=|\log_2 x|$의 서로 다른 세 실근이야. (단, $x_1<x_2<x_3$) (3점)

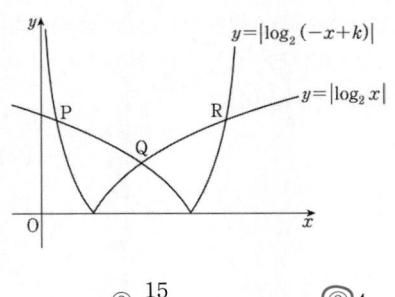

① $\dfrac{7}{2}$ ② $\dfrac{15}{4}$ ③ 4 ④ $\dfrac{17}{4}$ ⑤ $\dfrac{9}{2}$

[1st] 주어진 두 곡선의 방정식을 파악하자.
$y=|\log_2 x|=\begin{cases}-\log_2 x & (0<x<1)\\ \log_2 x & (x\geq 1)\end{cases}$

$y=|\log_2(-x+k)|=\begin{cases}-\log_2(-x+k) & (k-1<x<k)\\ \log_2(-x+k) & (x\leq k-1)\end{cases}$
└ $\log_2(-x+k)=\log_2\{-(x-k)\}$이므로 곡선 $y=|\log_2(-x+k)|$는 곡선 $y=|\log_2(-x)|$를 x축의 방향으로 k만큼 평행이동한 거야.

[2nd] x_1, x_3 사이의 관계식을 구해.
점 P는 두 곡선 $y=\log_2(-x+k)$, $y=-\log_2 x$의 교점이므로 방정식 $\log_2(-x+k)=-\log_2 x$의 해가 x_1이다. 즉,
$\log_2(-x_1+k)=\underbrace{-\log_2 x_1}$에서 $\log_2(-x_1+k)=\log_2\dfrac{1}{x_1}$
$-\log_2 x_1=\log_2(x_1)^{-1}=\log_2\dfrac{1}{x_1}$
$-x_1+k=\dfrac{1}{x_1}$, $-x_1^2+kx_1=1$ $\therefore x_1^2-kx_1+1=0 \cdots$ ㉠
점 R은 두 곡선 $y=-\log_2(-x+k)$, $y=\log_2 x$의 교점이므로 방정식 $-\log_2(-x+k)=\log_2 x$의 해가 x_3이다. 즉,
$\underbrace{-\log_2(-x_3+k)}=\log_2 x_3$에서 $\log_2\dfrac{1}{-x_3+k}=\log_2 x_3$
$-\log_2(-x_3+k)=\log_2(-x_3+k)^{-1}=\log_2\dfrac{1}{-x_3+k}$
$\dfrac{1}{-x_3+k}=x_3$, $1=-x_3^2+kx_3$ $\therefore x_3^2-kx_3+1=0 \cdots$ ㉡
㉠, ㉡에 의하여 x_1, x_3은 이차방정식 $x^2-kx+1=0$의 서로 다른 두 실근이다. 따라서 이차방정식의 근과 계수의 관계에 의하여
$x_1+x_3=k$, $x_1 x_3=1 \cdots$ ㉢ 이차방정식 $ax^2+bx+c=0$의 두 근이 α, β이면 $\alpha+\beta=-\dfrac{b}{a}$, $\alpha\beta=\dfrac{c}{a}$가 성립해.

[3rd] x_1+x_3의 값을 구해.
$x_3-x_1=2\sqrt{3}$의 양변을 제곱하면 $(x_3-x_1)^2=12 \cdots$ ㉣
이때, $(x_3-x_1)^2=(x_3+x_1)^2-4x_3 x_1$이므로 이것을 ㉣에 대입하면
$(x_3+x_1)^2-4x_3 x_1=12$에서 $(a+b)^2=(a-b)^2+4ab$, $(a-b)^2=(a+b)^2-4ab$
$(x_3+x_1)^2=12+4x_3 x_1=12+4\times 1 (\because$ ㉢$)=16$
$\therefore x_1+x_3=4 (\because x_1>0, x_3>0)$
곡선 $y=|\log_2 x|$ 위의 점인 P, Q, R의 x좌표가 각각 x_1, x_2, x_3이므로 로그의 진수 조건에 의하여 $x_1>0, x_2>0, x_3>0$이어야 해.

정답 공식: x에 대한 방정식 $\log_a x = k$의 해는 $x = a^k$이다.

단서1 $|\log_a x| = \begin{cases} -\log_a x & (0 < x < 1) \\ \log_a x & (x \geq 1) \end{cases}$ 이므로 곡선 $y = |\log_a x|$와

직선 $y = k (k > 0)$은 $0 < x < 1$일 때 한 점에서 만나고 $x > 1$일 때 한 점에서 만나.

그림과 같이 1보다 큰 실수 a에 대하여 곡선 $y = |\log_a x|$가 직선

→ $y = k (k > 0)$과 만나는 두 점을 각각 A, B라 하고, 직선 $y = k$

가 y축과 만나는 점을 C라 하자. $\overline{OC} = \overline{CA} = \overline{AB}$일 때, 곡선

단서2 세 점 A, B, C의 좌표를 k에 대하여 나타낼 수 있는 조건이야.

→ $y = |\log_a x|$와 직선 $y = 2\sqrt{2}$가 만나는 두 점 사이의 거리는 d이

다. $20d$의 값을 구하시오. (단, O는 원점이고, 점 A의 x좌표는

점 B의 x좌표보다 작다.) (4점) 단서3 곡선 $y = |\log_a x|$와 직선 $y = 2\sqrt{2}$가

만나는 두 점의 y좌표는 서로 같으므로

이 두 점 사이의 거리는 두 점의 x좌표의

차와 같아. $y = |\log_a x|$

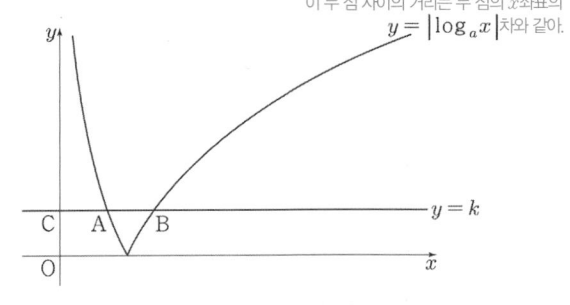

1st 세 점 A, B, C의 좌표를 k로 나타내자.

직선 $y = k$가 y축과 만나는 점이 C이므로 점 C의 좌표는 $(0, k)$이다.

이때, $\overline{OC} = \overline{CA} = \overline{AB} = k$이므로 $\overline{CB} = 2k$이고, 두 점 A, B는 곡선

$y = |\log_a x|$가 직선 $y = k$와 만나는 점이므로 두 점 A, B의 좌표는 각

각 (k, k), $(2k, k)$이다.

2nd 실수 a의 값을 구하자.

$y = |\log_a x| = \begin{cases} -\log_a x & (0 < x < 1) \\ \log_a x & (x \geq 1) \end{cases}$ 이므로

점 A는 곡선 $y = -\log_a x$와 직선 $y = k$가 만나는 점이고 점 B는 곡선

$y = \log_a x$와 직선 $y = k$가 만나는 점이다. 문제의 조건에서 점 A의 x좌표는

점 B의 x좌표보다 작다고 했지?

즉, $-\log_a k = k$, $\log_a 2k = k$이고 두 식을 연립하면

$-\log_a k = \log_a 2k$에서

$\log_a 2k + \log_a k = 0$, $\log_a 2k^2 = 0 = \log_a 1$

$\underset{\log_a x + \log_a y = \log_a xy}{}$

$2k^2 = 1$, $k^2 = \dfrac{1}{2}$ ∴ $k = \dfrac{\sqrt{2}}{2}$ ($\because k > 0$)

이것을 $\log_a 2k = k$에 대입하면 $\log_a \sqrt{2} = \log_a 2^{\frac{1}{2}} = \dfrac{1}{2}\log_a 2$

$\log_a \sqrt{2} = \dfrac{\sqrt{2}}{2}$, $\dfrac{1}{2}\log_a 2 = \dfrac{\sqrt{2}}{2}$ → $\log_a b^k = k\log_a b$

$\log_a 2 = \sqrt{2} = \log_a a^{\sqrt{2}}$, $a^{\sqrt{2}} = 2$ ∴ $a = 2^{\frac{1}{\sqrt{2}}} = 2^{\frac{\sqrt{2}}{2}}$

3rd 곡선 $y = |\log_a x|$와 직선 $y = 2\sqrt{2}$가 만나는 두 점 사이의 거리를 구하자.

곡선 $y = |\log_a x| = \begin{cases} -\log_a x & (0 < x < 1) \\ \log_a x & (x \geq 1) \end{cases}$ 과 직선 $y = 2\sqrt{2}$가 만나는

두 점의 x좌표를 각각 α, β ($\alpha < \beta$)라 하면

$-\log_a \alpha = 2\sqrt{2} = \log_a a^{2\sqrt{2}}$

∴ $\alpha = a^{-2\sqrt{2}} = \left(2^{\frac{\sqrt{2}}{2}}\right)^{-2\sqrt{2}} = 2^{-2} = \dfrac{1}{4}$

$\underset{(a^m)^n = a^{mn}}{}$

또, $\log_a \beta = 2\sqrt{2} = \log_a a^{2\sqrt{2}}$ ∴ $\beta = a^{2\sqrt{2}} = \left(2^{\frac{\sqrt{2}}{2}}\right)^{2\sqrt{2}} = 2^2 = 4$

따라서 곡선 $y = |\log_a x|$와 직선 $y = 2\sqrt{2}$가 만나는 두 점 사이의 거리

d는 $d = \beta - \alpha = 4 - \dfrac{1}{4} = \dfrac{15}{4}$

∴ $20d = 20 \times \dfrac{15}{4} = 75$

정답 공식: 두 함수 $y = f(x)$, $y = g(x)$의 그래프의 교점의 x좌표는 방정식 $f(x) = g(x)$의 해와 같다.

단서1 진수에 절댓값이 있는 로그함수이므로 절댓값 안이 0보다 작은 경우와 0보다 큰 경우로 나누어 생각해야 해.

함수 $y = \log_3 |2x|$의 그래프와 함수 $y = \log_3 (x+3)$의 그래프

가 만나는 서로 다른 두 점을 각각 A, B라 하자. 점 A를 지나고

직선 AB와 수직인 직선이 y축과 만나는 점을 C라 할 때, 삼각형

ABC의 넓이는? 단서2 삼각형 ABC는 $\angle CAB = 90°$인 직각삼각형이야.

(단, 점 A의 x좌표는 점 B의 x좌표보다 작다.) (4점)

① $\dfrac{13}{2}$ ② 7 ③ $\dfrac{15}{2}$ ④ 8 ⑤ $\dfrac{17}{2}$

1st 두 점 A, B의 좌표를 구하자.

(ⅰ) $x < 0$일 때, $y = \log_3 |2x| = \log_3 (-2x)$이므로

두 함수 $y = \log_3 |2x|$, $y = \log_3 (x+3)$의 그래프가 제2사분면에

서 만나는 점 A의 x좌표는 $\log_3 |2x| = \log_3 (x+3)$에서

$\log_3 (-2x) = \log_3 (x+3)$

$-2x = x+3$, $3x = -3$ $\underset{\log_a f(x) = \log_a g(x)$이면$ f(x) = g(x)$야.}{}$

∴ $x = -1$

따라서 점 A의 좌표는 $(-1, \log_3 2)$이다. → 점 A의 x좌표를 $y = \log_3 (x+3)$

또는 $y = \log_3 |2x|$에 대입하여

y좌표를 구한 거야.

(ⅱ) $x > 0$일 때, $y = \log_3 |2x| = \log_3 2x$이므로

두 함수 $y = \log_3 |2x|$, $y = \log_3 (x+3)$의 그래프가 제1사분면에

서 만나는 점 B의 x좌표는 $\log_3 |2x| = \log (x+3)$에서

$\log_3 2x = \log_3 (x+3)$, $2x = x+3$ ∴ $x = 3$

따라서 점 B의 좌표는 $(3, \log_3 6)$이다.

2nd 점 C의 좌표를 구하자.

직선 AB의 기울기는 → $\log_a M - \log_a N = \log_a \dfrac{M}{N}$

$\dfrac{\log_3 6 - \log_3 2}{3 - (-1)} = \dfrac{\log_3 \frac{6}{2}}{4} = \dfrac{\log_3 3}{4} = \dfrac{1}{4}$ 이므로 → 서로 수직인 두 직선의

기울기의 곱은 -1이야.

점 A$(-1, \log_3 2)$를 지나고 직선 AB와 수직인 직선의 방정식은

$y = -4\{x - (-1)\} + \log_3 2$, 즉 $y = -4x - 4 + \log_3 2$이다.

기울기가 m이고 점 (a, b)를 지나는 직선의 방정식은 $y = m(x-a) + b$야.

따라서 직선 $y = -4x - 4 + \log_3 2$가 y축과 만나는 점 C의 좌표는

$(0, -4 + \log_3 2)$이다.

3rd 삼각형 ABC의 넓이를 구하자.

y축 위의 점의 x좌표는 0이므로

$y = -4x - 4 + \log_3 2$에 $x = 0$을

대입하여 y좌표를 구한 거야.

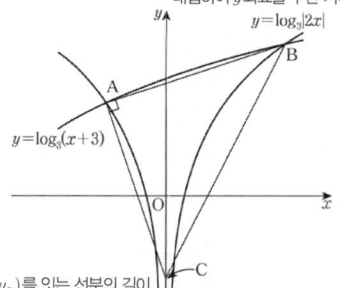

두 점 (x_1, y_1), (x_2, y_2)를 잇는 선분의 길이

는 $\sqrt{(x_2 - x_1)^2 + (y_2 - y_1)^2}$이야.

$\overline{AB} = \sqrt{\{3 - (-1)\}^2 + (\log_3 6 - \log_3 2)^2} = \sqrt{4^2 + 1^2} = \sqrt{17}$

$\overline{AC} = \sqrt{\{0 - (-1)\}^2 + \{(-4 + \log_3 2) - \log_3 2\}^2}$

$= \sqrt{1^2 + (-4)^2} = \sqrt{17}$

이고 $\overline{AB} \perp \overline{AC}$이므로 삼각형 ABC의 넓이를 S라 하면

$S = \dfrac{1}{2} \times \overline{AB} \times \overline{AC} = \dfrac{1}{2} \times \sqrt{17} \times \sqrt{17} = \dfrac{17}{2}$

D 125 정답 ③   *로그방정식의 활용 ········· [정답률 72%]

> 정답 공식: 두 점 P, Q의 좌표를 k에 대한 식으로 나타낸 뒤 중점의 성질을 이용하여 k의 값을 구한다.

그림과 같이 두 함수 $y=\log_2 x$, $y=\log_2(x-2)$의 그래프가 x축과 만나는 점을 각각 A, B라 하자. 직선 $x=k\ (k>3)$가 두 함수 $y=\log_2 x$, $y=\log_2(x-2)$의 그래프와 만나는 점을 각각 P, Q라 하고, x축과 만나는 점을 R라 하자. 점 Q가 선분 PR의 중점일 때, 사각형 ABQP의 넓이는? (3점)   **단서1** 점 Q가 선분 PR의 중점이면 $\overline{PR}=2\overline{QR}$야.

단서2 사각형 ABQP의 넓이는 삼각형 ARP의 넓이에서 삼각형 BRQ의 넓이를 빼면 돼.

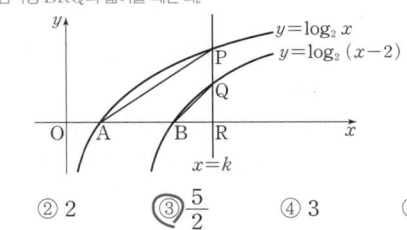

① $\dfrac{3}{2}$ ② 2 ③ $\dfrac{5}{2}$ ④ 3 ⑤ $\dfrac{7}{2}$

1st 두 점 P, Q의 좌표를 k에 대한 식으로 나타낸 후 $\overline{PR}=2\overline{QR}$임을 이용하여 k의 값을 구하자.

두 점 P, Q의 좌표는 각각 $P(k, \log_2 k)$, $Q(k, \log_2(k-2))$이다.

이때, 점 Q가 선분 PR의 중점이므로 $\overline{PR}=2\overline{QR}$이다.

즉, $\log_2 k = 2\log_2(k-2)$에서 $k=(k-2)^2$이므로

$k=k^2-4k+4$

$k^2-5k+4=0$

$(k-1)(k-4)=0$

∴ $k=4\ (\because k>3)$

> **실수** 진수 조건을 통해 $k>2$이어야 하고 문제에서 주어진 범위 조건인 $k>3$이기 때문에 공통범위인 $k>3$을 항상 만족시켜야 해.

2nd 사각형 ABQP의 넓이는 삼각형 ARP의 넓이에서 삼각형 BRQ의 넓이를 빼면 돼.

점 A는 함수 $y=\log_2 x$의 그래프가 x축과 만나는 점이므로 $A(1, 0)$이고, 점 B는 함수 $y=\log_2(x-2)$의 그래프가 x축과 만나는 점이므로 점 B의 x좌표는 $x-2=1$, 즉 $x=3$에서 $B(3, 0)$이다.

따라서 두 점 $P(4, 2)$, $Q(4, 1)$에 대하여

(사각형 ABQP의 넓이) $\log_2(4-2)=\log_2 2=1$

$=\triangle ARP - \triangle BRQ$ $\log_2 4 = \log_2 2^2 = 2$

$=\dfrac{1}{2}\times\overline{AR}\times\overline{RP}-\dfrac{1}{2}\times\overline{BR}\times\overline{RQ}$

$=\dfrac{1}{2}\times(4-1)\times 2-\dfrac{1}{2}\times(4-3)\times 1$

$=\dfrac{5}{2}$

[수능 핵강]

* 밑이 같은 두 로그함수에 대하여 대수적 접근보다는 기하적 접근을 하기!

함수 $y=\log_2 x$의 그래프는 점 $(1, 0)$을 지나는 것을 알고 있지?

이때, 함수 $y=\log_2(x-2)$의 그래프는 함수 $y=\log_2 x$의 그래프를 x축의 방향으로 2만큼 평행이동한 것이니까 함수 $y=\log_2(x-2)$의 그래프는 점 $(1+2, 0)$, 즉 점 $(3, 0)$을 지나는 것을 알 수 있어.

따라서 함수 $y=\log_2(x-2)$의 그래프가 x축과 만나는 점의 좌표를 구할 때, $y=0$을 식에 대입하여 생각해도 되지만 두 함수의 그래프의 관계를 이용해서도 찾을 수 있다는 거지.

그렇다면 문제에서 왜 $k>3$인지도 알 수 있겠지?

함수 $y=\log_2(x-2)$의 그래프가 x축과 만나는 점의 x좌표는 3이므로 $k>3$이어야 사각형 ABQP가 그려질 수 있기 때문이야.

D 126 정답 ②   *로그방정식의 활용 ········· [정답률 73%]

> 정답 공식: 로그의 밑 변환 공식을 이용한다.

단서1 $a^{f(t)}=t$, $b^{g(t)}=t$에서 $f(t)$, $g(t)$를 로그를 사용하여 나타낼 수 있어.

그림과 같이 두 곡선 $y=a^x$, $y=b^x\ (1<a<b)$이 직선 $y=t\ (t>1)$와 만나는 점의 x좌표를 각각 $f(t)$, $g(t)$라 할 때, $2f(a)=3g(a)$가 성립한다. $f(c)=g(27)$을 만족시키는 실수 c의 값은? (4점)

단서2 $2f(a)=3g(a)$를 이용하여 a, b 사이의 관계를 구해야 해.

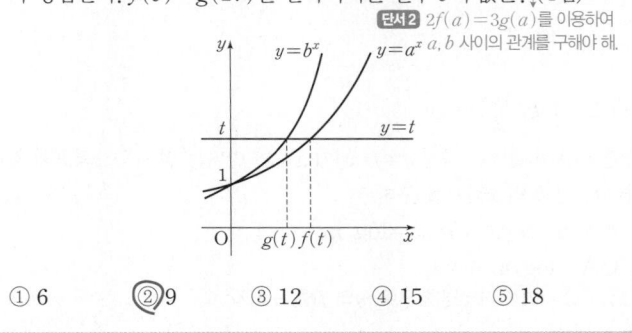

① 6 ② 9 ③ 12 ④ 15 ⑤ 18

1st 주어진 조건을 이용하여 $f(t)$, $g(t)$를 구하자.

직선 $y=t$와 두 곡선 $y=a^x$, $y=b^x$의 교점의 x좌표가 각각 $f(t)$, $g(t)$이므로 $t>1$에 대하여

$a^{f(t)}=t$에서 $f(t)=\log_a t$이고,

$b^{g(t)}=t$에서 $g(t)=\log_b t$이다.

2nd $2f(a)=3g(a)$임을 이용하여 $f(c)=g(27)$을 식으로 나타내자.

$2f(a)=3g(a)$에서 $2\log_a a = 3\log_b a$이므로 $\log_b a = \dfrac{2}{3}$ ··· ㉠

   $\log_a a = 1, \log_a 1 = 0$

이때, $f(c)=g(27)$이므로

$\log_a c = \log_b 27 = 3\log_b 3 = \dfrac{3\log_a 3}{\log_a b} = \log_b a \times 3\log_a 3$

   ㉠을 이용하기 위해 로그의 밑의 변환 공식을 이용한 거야.

이 식에 ㉠을 대입하면

$\log_a c = \dfrac{2}{3}\times 3\log_a 3 = 2\log_a 3 = \log_a 3^2$

∴ $c=3^2=9$

D 127 정답 ②   *로그방정식의 활용 ········· [정답률 75%]

> 정답 공식: 두 점 A, B의 x좌표를 각각 m에 대한 식으로 나타낼 수 있다.

곡선 $y=-2^x$을 y축의 방향으로 m만큼 평행이동시킨 곡선을 $y=f(x)$라 하고, 곡선 $y=f(x)$가 x축과 만나는 점을 A라 하자.

단서1 함수 $f(x)$의 식을 구하자.   (단, $m>2$이다.)

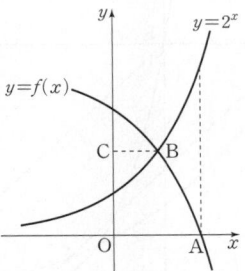

단서2 $f(x)$의 식을 이용해 두 점 A, B의 좌표를 m에 대한 식으로 나타내자.

곡선 $y=2^x$이 곡선 $y=f(x)$와 만나는 점을 B, 점 B에서 y축에 내린 수선의 발을 C라 하자. $\overline{OA}=2\overline{BC}$일 때, m의 값은? (3점)

① $2\sqrt{2}$ ② 4 ③ $4\sqrt{2}$ ④ 8 ⑤ $8\sqrt{2}$

1st $\overline{OA}$와 $\overline{BC}$의 길이를 m에 대하여 나타내자.

곡선 $f(x)$는 곡선 $y=-2^x$을 y축의 방향으로 m만큼 평행이동시킨 것이므로 $f(x)=-2^x+m$이다.

이때, $\overline{BC}$의 길이는 두 곡선 $y=f(x)$와 $y=2^x$의 교점 B의 x좌표와 같으므로 $y=-2^x+m$과 $y=2^x$의 교점 B의 x좌표를 구하면

$-2^x+m=2^x$

$2^x=\dfrac{m}{2}$

$x=\log_2\dfrac{m}{2}$

$\therefore \overline{BC}=\log_2\dfrac{m}{2}$ ··· ㉠

한편, $\overline{OA}$의 길이는 곡선 $y=f(x)$가 x축과 만나는 점 A의 x좌표와 같다.
따라서 점 A의 x좌표를 구하면
$-2^x+m=0$, $2^x=m$, $x=\log_2 m$

$\therefore \overline{OA}=\log_2 m$ ··· ㉡

2nd $\overline{OA}=2\overline{BC}$가 성립하므로 m의 값을 구하자.

㉠, ㉡에서

$\log_2 m=2\log_2\dfrac{m}{2}$

$\log_2 m=\log_2\left(\dfrac{m}{2}\right)^2$

$m=\dfrac{m^2}{4}$

$m^2-4m=0$, $\underline{m(m-4)=0}$ $\quad$ $m=0$이면 $f(x)=-2^x$의 그래프와 $y=2^x$의 그래프는 만나지 않아. 즉, 교점 B가 존재하지 않지!

$\therefore m=4$ ($\because m>2$)

주의 문제의 범위 조건에 맞는지 꼭 확인하자.

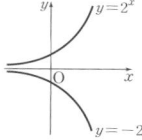

1st 두 선분 AB, CD의 길이를 구해.

점 A는 곡선 $y=a^{1-x}$과 직선 $y=4$의 교점이므로 $4=a^{1-x}$에서
$\underset{a^x=N \iff x=\log_a N}{\underline{1-x=\log_a 4}}$ $\quad \therefore x=1-\log_a 4 \Rightarrow$ A$(1-\log_a 4,\ 4)$

점 B는 곡선 $y=4^{1-x}$과 직선 $y=4$의 교점이므로 $4=4^{1-x}$에서
$1-x=\log_4 4$ $\quad \therefore x=0 \Rightarrow$ B$(0,\ 4)$ → 그래프에서 점 B는 y축 위에 있으므로 x좌표는 0이야.

$\therefore \overline{AB}=0-(1-\log_a 4)=\log_a 4-1$

점 C는 곡선 $y=a^{1-x}$과 직선 $y=k$의 교점이므로 $k=a^{1-x}$에서
$1-x=\log_a k$ $\quad \therefore x=1-\log_a k \Rightarrow$ C$(1-\log_a k,\ k)$

점 D는 곡선 $y=4^{1-x}$과 직선 $y=k$의 교점이므로 $k=4^{1-x}$에서
$1-x=\log_4 k$ $\quad \therefore x=1-\log_4 k \Rightarrow$ D$(1-\log_4 k,\ k)$

$\therefore \overline{CD}=(1-\log_a k)-(1-\log_4 k)=\log_4 k-\log_a k$

2nd 사각형 ADCB가 넓이가 $\dfrac{15}{2}$인 평행사변형임을 이용하여 a, k의 값을 각각 구하고 $4ak$를 계산해.

사각형 ADCB가 평행사변형이므로 $\overline{AB}=\overline{CD}$에서
$\log_a 4-1=\log_4 k-\log_a k$, $\log_a 4+\log_a k=\log_4 k+1$
$\underset{\log_a m+\log_a n=\log_a mn}{}$

$\log_a 4k=\log_4 4k$ $\quad \therefore a=4$ 또는 $4k=1$

그런데 $1<a<4$이므로 $4k=1$ $\quad \therefore k=\dfrac{1}{4}$

이때, 평행사변형 ADCB의 높이가 $4-k=\dfrac{15}{4}$이고 넓이가 $\dfrac{15}{2}$이므로

$\overline{AB}\times(4-k)=\dfrac{15}{2}$에서 $(\log_a 4-1)\times\dfrac{15}{4}=\dfrac{15}{2}$

$\log_a 4-1=2$, $\log_a 4=3$, $4=a^3$ $\quad \therefore a=4^{\frac{1}{3}}=(2^2)^{\frac{1}{3}}=2^{\frac{2}{3}}$

$\therefore 4ak=4\times 2^{\frac{2}{3}}\times\dfrac{1}{4}=2^{\frac{2}{3}}$

D 128 정답 ⑤ *로그방정식의 활용 ············ [정답률 47%]

(정답 공식: $\log_a f(x)=\log_b f(x)$이면 $a=b$ 또는 $f(x)=1$이다.)

두 상수 a, $k(1<a<4,\ 0<k<1)$에 대하여 직선 $y=4$가 **단서1** 두 점 A, B의 y좌표는 모두 4야.
두 곡선 $y=a^{1-x}$, $y=4^{1-x}$과 만나는 두 점을 각각 A, B라 하고,
직선 $y=k$가 두 곡선 $y=a^{1-x}$, $y=4^{1-x}$과 만나는 두 점을 각각
C, D라 하자. 사각형 ADCB가 넓이가 $\dfrac{15}{2}$인 평행사변형일 때, **단서2** 두 점 C, D의 y좌표는 모두 k야.
$4ak$의 값은? (4점) **단서3** 사각형 ADCB가 평행사변형이므로 $\overline{AB}=\overline{CD}$야.

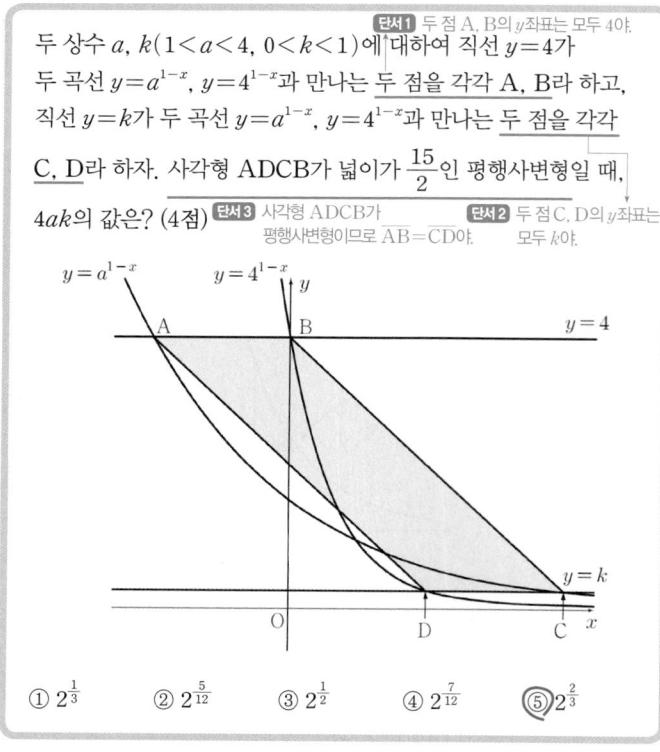

① $2^{\frac{1}{3}}$ $\quad$ ② $2^{\frac{5}{12}}$ $\quad$ ③ $2^{\frac{1}{2}}$ $\quad$ ④ $2^{\frac{7}{12}}$ $\quad$ ⑤ $2^{\frac{2}{3}}$

D 129 정답 ② *로그방정식의 실생활 응용 - 두 변수의 비율 [정답률 94%]

(정답 공식: $\log_a x-\log_a y=\log_a \dfrac{x}{y}$)

어떤 무선 수신기에서 수신 가능한 신호의 최소 크기 P와 수신기의 잡음 지수 F(dB) 그리고 수신기의 주파수 대역 B(Hz) 사이에는 다음과 같은 관계가 있다고 한다.

$P=a+F+10\log B$ (단, a는 상수이다.)

잡음 지수가 5이고 주파수 대역이 B_1일 때의 수신 가능한 신호의 최소 크기와 잡음 지수가 15이고 주파수 대역이 B_2일 때의 수신 가능한 신호의 최소 크기가 같을 때, $\dfrac{B_2}{B_1}$의 값은? (3점)
단서 $F=5$, $B=B_1$일 때의 P의 값과 $F=15$, $B=B_2$일 때의 P의 값이 같음을 이용해.

① $\dfrac{1}{20}$ $\quad$ ② $\dfrac{1}{10}$ $\quad$ ③ $\dfrac{1}{5}$

④ 10 $\quad$ ⑤ 20

1st 조건을 주어진 식에 대입해.

잡음 지수가 5이고 주파수 대역이 B_1일 때의 수신 가능한 신호의 최소 크기를 P_1이라 하면
$P_1=a+5+10\log B_1$

잡음 지수가 15이고 주파수 대역이 B_2일 때의 수신 가능한 신호의 최소 크기를 P_2라 하면
$P_2=a+15+10\log B_2$

2nd 수신 가능한 신호의 최소 크기가 같음을 이용해.

수신 가능한 신호의 최소 크기가 같으므로 $P_1 = P_2$에서

$a + 5 + 10\log B_1 = a + 15 + 10\log B_2$

$10\log B_2 - 10\log B_1 = -10$, $\log B_2 - \log B_1 = -1$

$\log \dfrac{B_2}{B_1} = -1$ → 로그의 성질에서 $\log_a x - \log_a y = \log_a \dfrac{x}{y}$이므로

로그를 사용한 식에서 두 변수의 비율을 묻는 문제는 이처럼 두 식의 차를 구하면 되는 것들이 자주 나오므로 기억해둬!

$\therefore \dfrac{B_2}{B_1} = 10^{-1} = \dfrac{1}{10}$

D 130 정답 ④ * 로그방정식의 실생활 응용 – 두 변수의 비율 … [정답률 82%]

(정답 공식: $\log A - \log B = \log \dfrac{A}{B}$)

진동가속도레벨 $V(dB)$는 공해진동에 사용되는 단위로 진동가속도 크기를 의미하며 편진폭 $A(m)$, 진동수 $w(Hz)$에 대하여 다음과 같은 관계식이 성립한다고 한다.

$$V = 20\log \dfrac{Aw^2}{k}$$ (단, k는 양의 상수이다.)

편진폭이 A_1, 진동수가 10π일 때 진동가속도레벨이 83이고, 편진폭이 A_2, 진동수가 80π일 때 진동가속도레벨이 91이다. $\dfrac{A_2}{A_1}$의 값은? (3점)

단서 주어진 관계식에서 각 문자가 무엇을 뜻하는 것인지 확실히 파악하고 문제의 조건을 대입해 봐.

① $\dfrac{1}{32} \times 10^{\frac{1}{5}}$ ② $\dfrac{1}{32} \times 10^{\frac{2}{5}}$ ③ $\dfrac{1}{64} \times 10^{\frac{1}{5}}$

④ $\dfrac{1}{64} \times 10^{\frac{2}{5}}$ ⑤ $\dfrac{1}{64} \times 10^{\frac{3}{5}}$

1st 주어진 관계식에 조건을 대입하여 식을 세우자.

편진폭이 A_1, 진동수가 10π일 때 진동가속도레벨이 83이므로

$83 = 20\log \dfrac{A_1(10\pi)^2}{k} \cdots$ ㉠

편진폭이 A_2, 진동수가 80π일 때 진동가속도레벨이 91이므로

$91 = 20\log \dfrac{A_2(80\pi)^2}{k} \cdots$ ㉡

2nd $\dfrac{A_2}{A_1}$의 값을 구하자.

㉡-㉠을 하면 → 구하는 것이 $\dfrac{A_2}{A_1}$의 값이니까 ㉡에서 ㉠을 빼서 로그의 성질을 이용하는 거야.

$8 = 20\left\{ \log \dfrac{A_2(80\pi)^2}{k} - \log \dfrac{A_1(10\pi)^2}{k} \right\}$

$\log A - \log B = \log \dfrac{A}{B}$

$\dfrac{2}{5} = \log \dfrac{\frac{A_2(80\pi)^2}{k}}{\frac{A_1(10\pi)^2}{k}}$

$\dfrac{2}{5} = \log \dfrac{A_2(80\pi)^2}{A_1(10\pi)^2}$, $\dfrac{2}{5} = \log \dfrac{64A_2}{A_1}$, $\log 10^{\frac{2}{5}} = \log \dfrac{64A_2}{A_1}$

$10^{\frac{2}{5}} = \dfrac{64A_2}{A_1}$

$\therefore \dfrac{A_2}{A_1} = \dfrac{1}{64} \times 10^{\frac{2}{5}}$

D 131 정답 3 * 로그방정식의 실생활 응용 – 두 변수의 비율 … [정답률 85%]

(정답 공식: $\log m + \log n = \log mn$)

총 공기흡인량이 $V(m^3)$이고 공기 포집 전후 여과지의 질량 차가 $W(mg)$일 때의 공기 중 먼지 농도 $C(\mu g/m^3)$는 다음 식을 만족시킨다고 한다.

$$\log C = 3 - \log V + \log W \quad (W > 0)$$

A 지역에서 총 공기흡인량이 V_0이고 공기 포집 전후 여과지의 질량 차가 W_0일 때의 공기 중 먼지 농도를 C_A, B 지역에서 총 공기흡인량이 $\dfrac{1}{9}V_0$이고 공기 포집 전후 여과지의 질량 차가 $\dfrac{1}{27}W_0$일 때의 공기 중 먼지 농도를 C_B라 하자. $C_A = kC_B$를 만족시키는 상수 k의 값을 구하시오. (단, $W_0 > 0$) (3점)

단서 $C = C_A$, $V = V_0$, $W = W_0$이고 $C = C_B$, $V = \dfrac{1}{9}V_0$, $W = \dfrac{1}{27}W_0$이라는 거야.

1st 주어진 식에 주어진 조건을 대입해. 필수

다양한 문자의 로그 함수식이므로 식을 정리할 때 실수하지 않도록 주의하자.

조건에서 $C = C_A$, $V = V_0$, $W = W_0$이므로

$\log C_A = 3 - \log V_0 + \log W_0 \cdots$ ㉠

또, $C = C_B$, $V = \dfrac{1}{9}V_0$, $W = \dfrac{1}{27}W_0$이므로

$\log C_B = 3 - \log \dfrac{1}{9}V_0 + \log \dfrac{1}{27}W_0 \cdots$ ㉡

㉠-㉡을 하면

$\log C_A - \log C_B = -\log V_0 + \log \dfrac{1}{9}V_0 + \log W_0 - \log \dfrac{1}{27}W_0$에서

$\log_a m - \log_a n = \log_a \dfrac{m}{n}$

$\log \dfrac{C_A}{C_B} = \log \dfrac{\frac{1}{9}V_0}{V_0} + \log \dfrac{W_0}{\frac{1}{27}W_0}$

$= \log \dfrac{1}{9} + \log 27 = \log\left(\dfrac{1}{9} \times 27\right) = \log 3$

$\log_a m + \log_a n = \log_a mn$

따라서 $\dfrac{C_A}{C_B} = 3$에서 $C_A = 3C_B$이므로 $k = 3$

D 132 정답 ③ * 로그방정식의 실생활 응용 – 두 변수의 비율 [정답률 85%]

(정답 공식: $\log_a \dfrac{b}{c} = \log_a b - \log_a c$)

밀폐된 용기 속의 액체에서 증발과 응축이 계속하여 같은 속도로 일어나는 동적 평형 상태의 증기압을 포화 증기압이라 한다. 밀폐된 용기 속에 있는 어떤 액체의 경우 포화 증기압 $P(mmHg)$와 용기 속의 온도 $t(°C)$ 사이에 다음과 같은 관계식이 성립한다고 한다.

$$\log P = 8.11 - \dfrac{1750}{t + 235} \quad (0 < t < 60)$$

용기 속의 온도가 15°C일 때의 포화 증기압을 P_1, 45°C일 때의 포화 증기압을 P_2라 할 때, $\dfrac{P_2}{P_1}$의 값은? (3점)

단서 관계식이 $\log P$에 대한 식으로 주어졌지? $\log \dfrac{P_2}{P_1} = \log P_2 - \log P_1$을 이용하면 $\dfrac{P_2}{P_1}$의 값을 구할 수 있을 거야.

① $10^{\frac{1}{4}}$ ② $10^{\frac{1}{2}}$ ③ $10^{\frac{3}{4}}$

④ 10 ⑤ $10^{\frac{5}{4}}$

1st 조건에 맞게 주어진 식에 대입하여 식을 세워.

액체의 포화 증기압 $P(\text{mmHg})$와 용기 속의 온도 $t(\text{℃})$ 사이의 관계식이

$$\log P = 8.11 - \frac{1750}{t+235} \ (0 < t < 60) \ \cdots \ \text{㉠}$$

이므로 ㉠에 조건 $t=15$, $P=P_1$을 대입하면

$$\log P_1 = 8.11 - \frac{1750}{15+235}$$

$$= 8.11 - \frac{1750}{250}$$

$$= 8.11 - 7 = 1.11 \ \cdots \ \text{㉡} \to \log P_1 = 1.11 \Rightarrow P_1 = 10^{1.11}$$

또, ㉠에 다른 조건 $t=45$, $P=P_2$를 대입하면

$$\log P_2 = 8.11 - \frac{1750}{45+235}$$

$$= 8.11 - \frac{1750}{280}$$

$$= 8.11 - 6.25 = 1.86 \ \cdots \ \text{㉢} \to \log P_2 = 1.86 \Rightarrow P_2 = 10^{1.86}$$

2nd $\dfrac{P_2}{P_1}$의 값을 구하자.

$$\therefore \frac{P_2}{P_1} = \frac{10^{1.86}}{10^{1.11}} = 10^{1.86-1.11} = 10^{0.75} = 10^{\frac{3}{4}}$$

이제 ㉢−㉡을 하면

$$\log P_2 - \log P_1 = 1.86 - 1.11 = 0.75$$

$$\log \frac{P_2}{P_1} = 0.75 = \frac{3}{4}$$

$$\therefore \frac{P_2}{P_1} = 10^{\frac{3}{4}}$$

D 133 정답 10 *로그방정식의 실생활 응용 -두 변수의 비율 ····· [정답률 83%]

[정답 공식: $\log A - \log B = \log \dfrac{A}{B}$이고, $\log_a a = 1$이다.]

지진의 규모 R과 지진이 일어났을 때 방출되는 에너지 E 사이에는 다음과 같은 관계가 있다고 한다.
$$R = 0.67 \log(0.37E) + 1.46$$
지진의 규모가 6.15일 때 방출되는 에너지를 E_1, 지진의 규모가 5.48일 때 방출되는 에너지를 E_2라 할 때, $\dfrac{E_1}{E_2}$의 값을 구하시오. (3점)

[단서] 주어진 관계식에서 $R=6.15$일 때의 E의 값이 E_1이고, $R=5.48$일 때의 E의 값이 E_2야.

1st R, E의 정의부터 파악해서 각각에 조건의 값을 대입해.

$$6.15 = 0.67 \log(0.37E_1) + 1.46 \ \cdots \ \text{㉠}$$

[주의] 문제에서 얻은 정보를 해당하는 식에 정확하게 비교하여 대입줄 수 있어야 해.

$$5.48 = 0.67 \log(0.37E_2) + 1.46 \ \cdots \ \text{㉡}$$

㉠−㉡에서

$$0.67 = 0.67\{\underline{\log(0.37E_1) - \log(0.37E_2)}\}$$

$$0.67 = 0.67 \log \frac{E_1}{E_2}, \quad 1 = \log \frac{E_1}{E_2}$$

$$\therefore \frac{E_1}{E_2} = 10$$

$\log \dfrac{E_1}{E_2}$에서 밑인 10이 생략된 걸 알고 있겠지?

$$\log(0.37E_1) - \log(0.37E_2)$$
$$= \log \frac{0.37E_1}{0.37E_2}$$
$$= \log \frac{E_1}{E_2}$$

D 134 정답 ④ *로그방정식의 실생활 응용 -두 변수의 비율 ··· [정답률 78%]

[정답 공식: $\log A - \log B = \log \dfrac{A}{B}$이고, $\log_a a = 1$이다.]

어느 무선시스템에서 송신기와 수신기 사이의 거리 R과 수신기의 수신 전력 S 사이에는 다음과 같은 관계식이 성립한다고 한다.
$$S = P - 20\log\left(\frac{4\pi fR}{c}\right)$$
(단, P는 송신기의 송신 전력, f와 c는 각각 주파수와 빛의 속도를 나타내는 상수이고, 거리의 단위는 m, 송 · 수신 전력의 단위는 dBm이다.)
어느 실험실에서 송신기의 위치를 고정하고 송신기와 수신기 사이의 거리에 따른 수신 전력의 변화를 측정하였다. 그 결과 두 지점 A, B에서 측정한 수신 전력이 각각 -25, -5로 나타났다. 두 지점 A, B에서 송신기까지의 거리를 각각 R_A, R_B라 할 때, $\dfrac{R_\text{A}}{R_\text{B}}$의 값은? (3점)

[단서1] 주어진 관계식에 R_A를 대입한 S의 값이 -25, R_B를 대입한 S의 값이 -5야.

[단서2] 로그의 성질 중 $\log_a \dfrac{n}{m} = \log_a n - \log_a m$을 기억하지? $\dfrac{R_\text{A}}{R_\text{B}}$의 값도 이 성질을 이용해봐.

① $\dfrac{1}{100}$ ② $\dfrac{1}{10}$ ③ $\sqrt{10}$

④ 10   ⑤ 100

1st 두 지점 A, B에서의 수신 전력이 각각 -25, -5이므로 주어진 관계식에 대입하여 식을 구하자.

주어진 관계식 $S = P - 20\log\left(\dfrac{4\pi fR}{c}\right)$의 수신 전력 S에 -25와 -5를, 거리 R에 R_A와 R_B를 각각 대입하면

$$-25 = P - 20\log\left(\frac{4\pi fR_\text{A}}{c}\right) \ \cdots \ \text{㉠}$$

$$-5 = P - 20\log\left(\frac{4\pi fR_\text{B}}{c}\right) \ \cdots \ \text{㉡}$$

2nd 로그의 성질 $\log_a x - \log_a y = \log_a \dfrac{x}{y}$를 이용하자.

㉡에서 ㉠을 빼면

$$20 = -20\log\left(\frac{4\pi fR_\text{B}}{c}\right) + 20\log\left(\frac{4\pi fR_\text{A}}{c}\right)$$

$$= 20\log\left(\frac{4\pi fR_\text{A}}{c} \times \frac{c}{4\pi fR_\text{B}}\right)$$

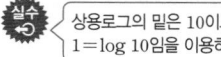

$$= 20\log \frac{R_\text{A}}{R_\text{B}}$$

$$20\left\{\log\left(\frac{4\pi fR_\text{A}}{c}\right) - \log\left(\frac{4\pi fR_\text{B}}{c}\right)\right\}$$
$$= 20\left\{\log\left(\frac{4\pi fR_\text{A}}{c} \div \frac{4\pi fR_\text{B}}{c}\right)\right\}$$

따라서 $\log \dfrac{R_\text{A}}{R_\text{B}} = 1$이므로 $\dfrac{R_\text{A}}{R_\text{B}} = 10$이다.

[실수 Q&A] 상용로그의 밑은 10이므로 $1 = \log 10$임을 이용하자.

⚙ **로그방정식의 풀이** 개념 · 공식

① $\log_a f(x) = \log_a g(x)$ 꼴일 때, $f(x) = g(x)$를 푼다.
  (단, $f(x) > 0$, $g(x) > 0$)
② $\log_a f(x) = \log_b g(x)$ 꼴일 때, 밑을 통일하고 ①과 같이 푼다.
③ $\log_a x$, $(\log_a x)^2$이 포함된 식은 $\log_a x = t$로 치환한다.
④ $\{f(x)\}^{\log_a x}$과 같이 지수에 로그가 있을 때에는 양변에 $\log_a$를 취한다.

D 135 정답 ④ *로그방정식의 실생활 응용 – 상수의 값 [정답률 83%]

(정답 공식: 첫 번째 조건을 이용해 k의 값을 구한다.)

어떤 약물을 사람의 정맥에 일정한 속도로 주입하기 시작한 지 t 분 후 정맥에서의 약물 농도가 $C(\text{ng/mL})$일 때, 다음 식이 성립한다고 한다.
$$\log(10-C)=1-kt \text{ (단, } C<10\text{이고, } k\text{는 양의 상수이다.)}$$ 단서1 $t=30, C=2$
이 약물을 사람의 정맥에 일정한 속도로 주입하기 시작한 지 30분 후 정맥에서의 약물 농도는 $2\,\text{ng/mL}$이고, 주입하기 시작한 지 60분 후 정맥에서의 약물 농도가 $a(\text{ng/mL})$일 때, a의 값은? (3점)
단서2 $t=60, C=a$
① 3 ② 3.2 ③ 3.4 ④ 3.6 ⑤ 3.8

1st 주어진 두 조건을 관계식에 각각 대입하여 k의 값을 구해.

30분 후 농도가 $2\,\text{ng/mL}$이므로 $t=30, C=2$를 주어진 관계식에 대입하면 $\log(10-2)=1-30k$에서

$30k=1-\log 8$, $30k=\underbrace{\log 10-\log 8}_{\log 10-\log 8=\log\frac{10}{8}=\log\frac{5}{4}}$, $30k=\log\frac{5}{4}$

$\therefore k=\dfrac{1}{30}\log\dfrac{5}{4}$

2nd a의 값을 구하자.

또한, 60분 후 농도가 $a\,\text{ng/mL}$이므로 $t=60, C=a$를 주어진 관계식에 대입하면

$\log(10-a)=1-60k=\log 10-2\log\dfrac{5}{4}=\log 10-\log\left(\dfrac{5}{4}\right)^2$

$\qquad =\log\left(10\times\dfrac{16}{25}\right)=\log\dfrac{32}{5}$ $k\log_a x=\log_a x^k$

따라서 $10-a=\dfrac{32}{5}$이므로 $a=\dfrac{18}{5}=3.6$

다른 풀이: **두 조건을 식으로 나타낸 연립방정식에서 k를 소거하여 a의 값 구하기**

30분 후 농도가 $2\,\text{ng/mL}$이므로

$\log(10-2)=1-30k$에서 $\log 8=1-30k \cdots$ ㉠
또한, 60분 후 농도가 $a\,\text{ng/mL}$이므로 $\log(10-a)=1-60k \cdots$ ㉡
$2\times$㉠$-$㉡을 하면 $2\log 8-\log(10-a)=1$

$\log\dfrac{8^2}{10-a}=1=\log 10$, $\dfrac{64}{10-a}=10$

$100-10a=64$, $10a=36$ $\therefore a=3.6$

D 136 정답 ④ *로그방정식의 실생활 응용 – 상수의 값 … [정답률 89%]

(정답 공식: $\log_a b=c \Longleftrightarrow a^c=b$이다.)

주어진 채널을 통해 신뢰성 있게 전달할 수 있는 최대 정보량을 채널용량이라 한다. 채널용량을 C, 대역폭을 W, 신호전력을 S, 잡음전력을 N이라 하면 다음과 같은 관계식이 성립한다고 한다.

$$C=W\log_2\left(1+\dfrac{S}{N}\right)$$ 단서 $W=15, S=186, N=a, C=75$

대역폭이 15, 신호전력이 186, 잡음전력이 a인 채널용량이 75일 때, 상수 a의 값은? (단, 채널용량의 단위는 bps, 대역폭의 단위는 Hz, 신호전력과 잡음전력의 단위는 모두 Watt이다.) (3점)

① 3 ② 4 ③ 5 ④ 6 ⑤ 7

1st 주어진 조건을 관계식에 각각 대입하여 a의 값을 구해.

대역폭이 15, 신호전력이 186, 잡음전력이 a인 채널용량이 75이므로 $C=75, W=15, S=186, N=a$를 주어진 관계식에 대입하면

$75=15\times\log_2\left(1+\dfrac{186}{a}\right)$, $\log_2\left(1+\dfrac{186}{a}\right)=5$

$1+\dfrac{186}{a}=2^5$, $\dfrac{186}{a}=31$ $\therefore a=\dfrac{186}{31}=6$ 로그의 정의에 의하여 $\log_a b=c$이면 $a^c=b$야.

D 137 정답 ② *로그방정식의 실생활 응용 – 상수의 값 [정답률 85%]

(정답 공식: 주어진 A나무의 조건을 이용하여 R_A의 값을 먼저 구한다.)

세대당 종자의 평균 분산거리가 D이고 세대당 종자의 증식률이 R인 나무의 10세대 동안 확산에 의한 이동거리를 L이라 하면 다음과 같은 관계식이 성립한다고 한다. $L^2=100D^2\times\log_3 R$
세대당 종자의 평균 분산거리가 각각 20, 30인 A나무와 B나무의 세대당 종자의 증식률을 R_A, R_B라 하고 10세대 동안 확산에 의한 이동거리를 각각 L_A, L_B라 하자. $\dfrac{R_A}{R_B}=27$이고 $L_A=400$일 때, L_B의 값은? (단, 거리의 단위는 m이다.) (3점)
단서 주어진 조건을 이용하여 R_A의 값을 먼저 구한 후 $\dfrac{R_A}{R_B}=27$에서 R_B의 값을 구하면 돼.
① 200 ② 300 ③ 400 ④ 500 ⑤ 600

1st 주어진 값을 관계식에 대입하자.

A나무의 세대당 종자의 평균 분산거리가 20이고 10세대 동안 확산에 의한 이동거리가 $L_A=400$이므로 주어진 식에 대입하면 $D=20$

$400^2=100\times20^2\times\log_3 R_A$에서 $\log_3 R_A=4$ $\therefore R_A=3^4=81 \cdots$ ㉠ $L=400$

한편, $\dfrac{R_A}{R_B}=27$이므로 ㉠을 대입하면 $\dfrac{81}{R_B}=27$ $\therefore R_B=3$

이때, B나무의 세대당 종자의 평균 분산거리가 30이므로

$L_B^2=100\times30^2\times\log_3 3=\underbrace{10^2\times30^2}_{10^2\times30^2=(10\times30)^2=300^2}\times1=300^2$ $D=30$

$\therefore L_B=300$
이동거리는 양수이므로 $L_B>0$이야.

D 138 정답 ⑤ *로그방정식의 실생활 응용 – 상수의 값 [정답률 80%]

(정답 공식: 문제에 주어진 조건들을 직접 식에 대입하여 두 개의 식을 찾는다.)

단면의 반지름의 길이가 $R(R<1)$인 원기둥 모양의 어느 급수관에 물이 가득 차 흐르고 있다. 이 급수관의 단면의 중심에서의 물의 속력을 v_c, 급수관의 벽면으로부터 중심 방향으로 $x(0<x\le R)$만큼 떨어진 지점에서의 물의 속력을 v라 하면 다음과 같은 관계식이 성립한다고 한다. $\dfrac{v_c}{v}=1-k\log\dfrac{x}{R}$ (단, k는 양의 상수이고, 길이의 단위는 m, 속력의 단위는 m/초이다.)

$R<1$인 이 급수관의 벽면으로부터 중심 방향으로 $R^{\frac{27}{23}}$만큼 떨어진 지점에서의 물의 속력이 중심에서의 물의 속력의 $\dfrac{1}{2}$일 때, 급수관의 벽면으로부터 중심 방향으로 R^a만큼 떨어진 지점에서의 물의 속력이 중심에서의 물의 속력의 $\dfrac{1}{3}$이다. a의 값은? (3점)

단서 $x=R^{\frac{27}{23}}, v=\dfrac{1}{2}v_c$를 대입한 식과 $x=R^a, v=\dfrac{1}{3}v_c$를 대입한 식을 비교해봐.

① $\dfrac{39}{23}$ ② $\dfrac{37}{23}$ ③ $\dfrac{35}{23}$ ④ $\dfrac{33}{23}$ ⑤ $\dfrac{31}{23}$

1st 먼저 $R^{\frac{27}{23}}$과 관련된 식을 유도해 보자.

주의 문제에서 얻은 정보를 해당하는 식에 정확하게 대입하여 식을 정리할 때 실수하지 않도록 주의하자.

$R<1$인 급수관의 벽면으로부터 중심 방향으로 $R^{\frac{27}{23}}$만큼 떨어진 지점에서의 물의 속력이 중심에서의 물의 속력의 $\frac{1}{2}$이므로

$$x=R^{\frac{27}{23}},\ v=\frac{1}{2}v_c$$

이것을 주어진 식에 대입하면

$$\frac{v_c}{\frac{1}{2}v_c}=1-k\log\frac{R^{\frac{27}{23}}}{R},\ 2=1-k\log R^{\frac{27}{23}-1}$$

$$\therefore\ 1=-k\log R^{\frac{4}{23}}\ \cdots\ \bigcirc$$

2nd 이번에 R^a과 관련된 식을 유도해 보자.

마찬가지로 급수관의 벽면으로부터 중심 방향으로 R^a만큼 떨어진 지점에서의 물의 속력이 중심에서의 물의 속력의 $\frac{1}{3}$이므로

$$x=R^a,\ v=\frac{1}{3}v_c$$

이것을 주어진 식에 대입하면

$$\frac{v_c}{\frac{1}{3}v_c}=1-k\log\frac{R^a}{R},\ 3=1-k\log R^{a-1}$$

$$\therefore\ 2=-k\log R^{a-1}\ \cdots\ \bigcirc\bigcirc$$

3rd 이제 구한 식을 적절히 나누어 a의 값을 구해 보자.

$\bigcirc\div\bigcirc\bigcirc$을 하면 → 상수 k의 값을 모르니까 약분을 해서 없앨 수 있어.

$$\frac{1}{2}=\frac{\log R^{\frac{4}{23}}}{\log R^{a-1}},\ \log R^{a-1}=2\log R^{\frac{4}{23}}$$

$$(a-1)\log R=\frac{8}{23}\log R,\ a-1=\frac{8}{23}$$

$R<1$이므로 $\log R\neq0$이야.

$$\therefore\ a=\frac{31}{23}$$

D 139 정답 ⑤ *로그방정식의 실생활 응용 – 상수의 값 [정답률 82%]

(정답 공식: 첫 번째 조건을 이용해 k의 값을 구한 뒤 두 번째 조건을 식에 대입한다.)

질량 $a(\mathrm{g})$의 활성탄 A를 염료 B의 농도가 $c(\%)$인 용액에 충분히 오래 담가 놓을 때 활성탄 A에 흡착되는 염료 B의 질량 $b(\mathrm{g})$는 다음 식을 만족시킨다고 한다.

$$\log\frac{b}{a}=-1+k\log c \text{ (단, } k \text{는 상수이다.)}$$

10 g의 활성탄 A를 염료 B의 농도가 8 %인 용액에 충분히 오래 담가 놓을 때 활성탄 A에 흡착되는 염료 B의 질량은 4 g이다. 20 g의 활성탄 A를 염료 B의 농도가 27 %인 용액에 충분히 오래 담가 놓을 때 활성탄 A에 흡착되는 염료 B의 질량(g)은? (단, 각 용액의 양은 충분하다.) (4점) 단서 주어진 관계식에서 $a=10,\ c=8$일 때, $b=4$이므로 상수 k의 값을 구할 수 있어.

① 10   ② 12   ③ 14   ④ 16   ⑤ 18

1st 주어진 값을 식에 대입해서 k의 값을 구해.

10 g의 활성탄 A를 염료 B의 농도가 8 %인 용액에 충분히 오래 담가 놓을 때 활성탄 A에 흡착되는 염료 B의 질량은 4 g이므로 각 값을 주어진 식에 대입하면   →$c=8$ →$b=4$ →$a=10$

$$\log\underbrace{\frac{4}{10}}=\log4-\log10=\log2^2-1=2\log2-1$$

$$\log\frac{4}{10}=-1+\underbrace{k\log8}_{k\log8=k\log2^3=3k\log2}$$

$$2\log2-1=-1+3k\log2,\ 2\log2=3k\log2,\ 3k=2$$

$$\therefore\ k=\frac{2}{3}$$

2nd $a=20,\ c=27$일 때, b의 값을 구해.   →$c=27$

20 g의 활성탄 A를 염료 B의 농도가 27 %인 용액에 충분히 오래 담가 놓을 때 활성탄 A에 흡착되는 염료 B의 질량을 $b(\mathrm{g})$이라 하면 →$a=20$

$$\log\frac{b}{20}=-1+\frac{2}{3}\log27,\ \log\frac{b}{20}+1=\frac{2}{3}\log3^3$$

$$\log\frac{b}{2}=\log(3^3)^{\frac{2}{3}}$$

$\log\frac{b}{20}+1=\log\frac{b}{20}+\log10=\log\left(\frac{b}{20}\times10\right)=\log\frac{b}{2}$

$$\frac{b}{2}=3^2 \quad\therefore\ b=2\times9=18$$

D 140 정답 125 *로그방정식의 실생활 응용 – 상수의 값 [정답률 85%]

(정답 공식: 문제에 주어진 조건들을 직접 식에 대입하여 두 개의 미지수의 값을 알아낸다.)

공기 중의 암모니아 농도가 C일 때 냄새의 세기 I는 다음 식을 만족시킨다고 한다. 단서 관계식에 주어진 상수가 2개이고 수치로 주어진 조건도 2개라면? 맞아. 두 상수 값을 각각 구할 수 있다는 얘기야!

$$I=k\log C+a \text{ (단, } k \text{와 } a \text{는 상수이다.)}$$

공기 중의 암모니아 농도가 40일 때 냄새의 세기는 5이고, 공기 중의 암모니아 농도가 10일 때 냄새의 세기는 4이다. 공기 중의 암모니아 농도가 p일 때 냄새의 세기는 2.5이다. $100p$의 값을 구하시오.

(단, 암모니아 농도의 단위는 ppm이다.) (4점)

1st 주어진 식에 조건을 대입해서 두 상수 a와 k의 값을 각각 구하자.

$C=40$일 때 $I=5$이므로 주어진 식에 대입하면

$$5=k\log40+a\ \cdots\ \bigcirc$$

$C=10$일 때 $I=4$이므로 주어진 식에 대입하면

$$4=k\log10+a\ \cdots\ \bigcirc\bigcirc$$

$\bigcirc-\bigcirc\bigcirc$에서 $1=k(\log40-\log10)=k\log4 \quad\therefore\ k=\frac{1}{\log4}\ \cdots\ \bigcirc\!\bigcirc\!\bigcirc$

$\bigcirc\!\bigcirc\!\bigcirc$을 $\bigcirc\bigcirc$에 대입하면 $4=\frac{1}{\log4}\times\log10+a$ →$\log_{10}10=1$

$$\therefore\ a=4-\frac{1}{\log4}$$

2nd p의 값을 구하자.

따라서 $C=p$일 때 $I=2.5$이므로

$$2.5=\frac{1}{\log4}\times\log p+4-\frac{1}{\log4},\ -1.5=(\log p-1)\times\frac{1}{\log4}$$

$$\log\frac{p}{10}=-1.5\log4=\log4^{-\frac{3}{2}}=\log\frac{1}{8},\ \frac{p}{10}=\frac{1}{8} \quad\therefore\ p=\frac{5}{4}$$

$4^{-\frac{3}{2}}=(2^2)^{-\frac{3}{2}}=2^{-3}=\frac{1}{2^3}=\frac{1}{8}$

$$\therefore\ 100p=100\times\frac{5}{4}=125$$

D 141 정답 31 *로그방정식의 실생활 응용 - 상수의 값 [정답률 83%]

(정답 공식: 문제에 주어진 조건들을 직접 식에 대입하여 두 개의 식을 찾는다.)

통신이론에서 신호의 주파수 대역폭이 $B(\text{Hz})$이고 신호잡음전력비가 x일 때, 전송할 수 있는 신호의 최대 전송 속도 $C(\text{bps})$는 다음과 같이 계산된다고 한다.

$$C = B \times \log_2 (1+x)$$ 단서 $x=a$일 때의 값이 C라면 $x=33a$일 때의 값은 $2C$가 된다는 뜻이야.

신호의 주파수 대역폭이 일정할 때, 신호잡음전력비가 a에서 $33a$로 높였더니 신호의 최대 전송 속도가 2배가 되었다. 양수 a의 값을 구하시오. (단, 신호잡음전력비는 잡음전력에 대한 신호전력의 비이다.) (4점)

1st 주어진 식에 $x=a$와 $x=33a$를 대입하여 로그방정식을 풀자.

신호잡음전력비가 a, $33a$일 때의 신호의 최대 전송 속도를 각각 C_1, C_2라 하면 신호의 주파수 대역폭은 일정하다고 했지?

$C_1 = \textcircled{B} \times \log_2 (1+a)$, $C_2 = \textcircled{B} \times \log_2 (1+33a)$

이때, $C_2 = 2C_1$이므로

$$\underset{\downarrow 2C_1}{2B \times \log_2 (1+a)} = \underset{\downarrow C_2}{B \times \log_2 (1+33a)}$$

$\log_2 (1+a)^2 = \log_2 (1+33a)$

$(1+a)^2 = 1+33a$, $1+2a+a^2 = 1+33a$

$a^2 - 31a = 0$, $a(a-31) = 0$

$\therefore a = 31 \ (\because a > 0)$ 주의 문제의 조건에 맞는지 꼭 확인하자.

D 142 정답 ④ *로그방정식의 실생활 응용 - 상수의 값 [정답률 87%]

(정답 공식: 그래프에 주어진 정보들을 이용해 두 상수 k, n의 값을 알아낸다.)

Wi-Fi 네트워크의 신호 전송 범위 d와 수신 신호 강도 R 사이에는 다음과 같은 관계식이 성립한다고 한다.

$$R = k - 10\log d^n \ (단, \ 두 \ 상수 \ k, \ n은 \ 환경에 \ 따라 \ 결정된다.)$$

어떤 환경에서 신호 전송 범위 d와 수신 신호 강도 R 사이의 관계를 나타낸 그래프가 다음과 같다. 이 환경에서 수신 신호 강도가 -65일 때, 신호 전송 범위는? (3점) 단서 주어진 그래프를 보면 $d=1$일 때 $R=-35$이고 $d=10$일 때 $R=-55$지? 이를 주어진 관계식에 대입해 봐.

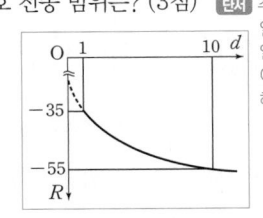

① $10^{\frac{6}{5}}$ ② $10^{\frac{13}{10}}$ ③ $10^{\frac{7}{5}}$ ④ $10^{\frac{3}{2}}$ ⑤ $10^{\frac{8}{5}}$

1st 주어진 함수의 그래프를 이용해서 두 상수 k, n의 값을 각각 구해.

신호 전송 범위 d와 수신 신호 강도 R 사이의 관계를 나타낸 그래프에서 $d=1$일 때, $R=-35$이므로 주어진 관계식에 대입하면

$-35 = k - 10\log 1^n$ $\therefore k = -35$ $\log k^n = n\log k$, $\log 1 = 0$

$d=10$일 때, $R=-55$이므로 주어진 관계식에 대입하면

$-55 = -35 - 10\log 10^n$, $\log 10^n = 2$ $n\log 10 = n \times 1 = n$

$\therefore n = 2$ 실수 상용로그는 밑이 10이므로 $\log 10 = \log_{10} 10 = 1$이지.

2nd 수신 신호 강도가 -65일 때의 신호 전송 범위 d의 값을 구해.

수신 신호 강도가 -65, 즉 $R=-65$를 주어진 관계식에 대입하면

$-65 = -35 - 10\log d^2$, $10\log d^2 = 30$, $\log d^2 = 3$

$2\log d = 3$, $\log d = \dfrac{3}{2}$

$\therefore d = 10^{\frac{3}{2}}$ $\dfrac{3}{2} = \log 10^{\frac{3}{2}}$이므로 $\log d = \dfrac{3}{2} = \log 10^{\frac{3}{2}}$. 즉 $d = 10^{\frac{3}{2}}$이야.

따라서 신호 전송 범위는 $10^{\frac{3}{2}}$이다.

✿ 로그방정식의 풀이 개념·공식

① $\log_a f(x) = \log_a g(x)$ 꼴일 때, $f(x) = g(x)$를 푼다. (단, $f(x) > 0$, $g(x) > 0$)

② $\log_a f(x) = \log_b g(x)$ 꼴일 때, 밑을 통일하고 ①과 같이 푼다.

③ $\log_a x$, $(\log_a x)^2$이 포함된 식은 $\log_a x = t$로 치환한다.

④ $\{f(x)\}^{\log_a x}$과 같이 지수에 로그가 있을 때에는 양변에 $\log_a$를 취한다.

D 143 정답 ① *로그부등식의 활용 [정답률 45%]

[정답 공식: 로그부등식에서 로그를 없앨 때, 밑이 1보다 크면 부등호는 바뀌지 않고, 밑이 0보다 크고 1보다 작으면 부등호는 반대로 바뀐다.]

정수 전체의 집합의 두 부분집합 단서 두 집합 A, B를 살펴보면 로그가 포함되어 있지? 진수 조건에 주의해야 해.

$$A = \{x \mid \log_2 (x+1) \le k\},$$
$$B = \{x \mid \log_2 (x-2) - \log_{\frac{1}{2}} (x+1) \ge 2\}$$

에 대하여 $n(A \cap B) = 5$를 만족시키는 자연수 k의 값은? (3점)

① 3   ② 4   ③ 5
④ 6   ⑤ 7

1st 먼저 집합 A의 원소를 구하자.

$\log_2 (x+1) \le k$에서 $x+1 \le 2^k$

$\therefore x \le 2^k - 1$ $\log_2 (x+1) \le k$에서 $k = \log_2 2^k$이고 로그의 밑이 1보다 크므로 $x+1 \le 2^k$이야.

진수의 조건에 의하여 $x > -1$ 로그에서 진수는 항상 양수야.

$\therefore A = \{x \mid -1 < x \le 2^k - 1\}$ 즉, $\log_2 (x+1)$에서 $x+1 > 0$

2nd 이번엔 집합 B의 원소를 구하자.

$\log_2 (x-2) - \log_{\frac{1}{2}} (x+1) \ge 2$에서

$\log_2 (x-2) + \log_2 (x+1) \ge 2$

$\log_{a^m} b^n = \dfrac{n}{m} \log_a b$이므로

$\log_{\frac{1}{2}} (x+1) = \log_{2^{-1}} (x+1) = -\log_2 (x+1)$

$\log_2 (x-2)(x+1) \ge \log_2 2^2$

$(x-2)(x+1) \ge 2^2$, $x^2 - x - 6 \ge 0$, $(x-3)(x+2) \ge 0$

$\therefore x \le -2$, $x \ge 3$

진수의 조건에 의하여 $x > 2$이므로

$\therefore B = \{x \mid x \ge 3\}$ 로그의 진수는 양수이어야 하므로 $\log_2 (x-2)$, $\log_{\frac{1}{2}} (x+1)$에서 $x-2 > 0$, $x+1 > 0$이고 즉 $x > 2$, $x > -1$이므로 $x > 2$이어야 해.

3rd 수직선을 이용하여 두 집합 A, B를 만족하는 구간을 비교하자.

$n(A \cap B) = 5$이므로 수직선을 이용하여 살펴보면 $n(A \cap B) = 5$이려면 $A \cap B = \{3, 4, 5, 6, 7\}$이어야 해.

$2^k - 1 = 7$, $2^k = 8 = 2^3$

따라서 자연수 k의 값은 3

정답 및 해설 **203**

D **144** 정답 4 *로그부등식의 활용 ────────── [정답률 28%]

〔 정답 공식: $\log f(x) < \log g(x)$이면 $f(x) < g(x)$이다. 〕

> **부등식** **단서** 진수가 x에 대한 식이지? 진수 조건을 만족시키는 x의 값의 범위를 꼭 확인해.
> $$\log |x-1| + \log (x+2) \leq 1$$
> 을 만족시키는 모든 정수 x의 값의 합을 구하시오. (4점)

1st ↳로그에서 진수는 항상 양수이어야 해. 즉, $\log_a N$이면 $N>0$이야.
1st 진수 조건을 확인하자.

$|x-1|$과 $x+2$는 로그의 진수이므로

$|x-1|>0$, $x+2>0$ ∴ $x \neq 1$, $x > -2$

∴ $-2 < x < 1$ 또는 $x > 1$

2nd $x=1$의 값을 기준으로 범위를 나누어 계산해.

(i) $-2 < x < 1$인 경우

$\underline{\log(-x+1) + \log(x+2) \leq 1}$ **[로그의 성질]**
양수 a, b에 대하여
$\log(-x+1)(x+2) \leq \log 10$ $\log a + \log b = \log ab$

$(-x+1)(x+2) \leq 10$, $-x^2 - x + 2 \leq 10$

$x^2 + x - 2 \geq -10$, $x^2 + x + 8 \geq 0$

이차함수 $y = f(x) = x^2 + x + 8$에 대하여

$x^2 + x + 8 = \left(x + \dfrac{1}{2}\right)^2 + \dfrac{31}{4} > 0$이므로 $-2 < x < 1$인 모든 실수

x에 대하여 성립한다.

따라서 x는 정수이므로 $x = -1$ 또는 $x = 0$

(ii) $x > 1$인 경우

$\log(x-1) + \log(x+2) \leq 1$

$\log(x-1)(x+2) \leq \log 10$

$(x-1)(x+2) \leq 10$, $x^2 + x - 2 \leq 10$

$x^2 + x - 12 \leq 0$, $(x+4)(x-3) \leq 0$

∴ $-4 \leq x \leq 3$

∴ $1 < x \leq 3$ ($\because x > 1$)

따라서 x는 정수이므로 $x = 2$ 또는 $x = 3$

(i), (ii)에 의하여 모든 정수 x의 값의 합은 $-1 + 0 + 2 + 3 = 4$

D **145** 정답 ② *로그부등식의 활용 ────────── [정답률 64%]

〔 정답 공식: $a > 1$일 때, 부등식 $\log_a f(x) > \log_a g(x)$의 해는 부등식
$f(x) > g(x) > 0$의 해와 같다. 〕

> $n \geq 2$인 자연수 n에 대하여 두 곡선
> $$y = \log_n x, \ y = -\log_n (x+3) + 1$$
> 이 만나는 점의 x좌표가 1보다 크고 2보다 작도록 하는 모든 n의
> 값의 합은? (4점) **단서** n이 $n \geq 2$인 자연수이므로 $y = \log_n x$는 증가함수이고, $y = -\log_n(x+3)+1$은 감소함수야. 즉, 두 곡선은 한 점에서 만나.
>
> ① 30 ② 35 ③ 40 ④ 45 ⑤ 50

1st 두 곡선의 모양을 생각해. ↳$a > 1$일 때, $y = \log_a x$는 증가함수야.
$n \geq 2$인 자연수 n에 대하여 $y = \log_n x$는 증가함수이다.

또한, 곡선 $y = -\log_n(x+3) + 1$은 곡선 $y = -\log_n x$를 x축의 방향
으로 -3만큼, y축의 방향으로 1만큼 평행이동한 것이므로
함수 $y = f(x)$의 그래프를 x축의 방향으로 p만큼, y축의 방향으로 q만큼 평행이동한 그래프의 식은
$y = f(x-p) + q$야.
$y = -\log_n(x+3) + 1$은 감소함수이다.
$0 < a < 1$일 때, $y = \log_a x$는 감소함수이므로
함수 $y = -\log_n(x+3) + 1 = \log_{\frac{1}{n}}(x+3) + 1$은 감소함수야.

즉, 두 곡선이 만나는 점의 x좌표가 1보다 크고 2보다 작으려면 두 곡선
은 그림과 같이 만나야 한다. $x > 0$에서 정의된 함수 $y = \log_n x$는 $x > 0$에서 증가하고, $x > -3$에서 정의된 함수 $y = -\log_n(x+3) + 1$은 $x > -3$에서 감소해. 즉, 두 곡선이 만나는 점은 오직 하나야.

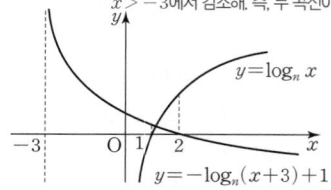

2nd 조건을 만족시키는 모든 n의 값을 구해.

$f(x) = \log_n x$, $g(x) = -\log_n(x+3) + 1$이라 하면 그림에 의하여
$f(1) < g(1)$, $f(2) > g(2)$이어야 한다.

(i) $f(1) < g(1)$일 때,

$\log_n 1 < -\log_n(1+3) + 1$

$0 < -\log_n 4 + 1$, $\underline{\log_n 4 < 1} = \log_n n$ ∴ $n > 4$

(ii) $f(2) > g(2)$일 때, $n \geq 2$이므로 $\log_n$을 없애도 부등호의 방향은 바뀌지 않아.

$\log_n 2 > -\log_n(2+3) + 1$

$\log_n 2 > \underline{-\log_n 5 + \log_n n}$, $\log_n 2 > \log_n \dfrac{n}{5}$, $2 > \dfrac{n}{5}$ ∴ $n < 10$
$-\log_a M + \log_a N = \log_a \dfrac{N}{M}$

(i), (ii)에 의하여 두 곡선이 만나는 점의 x좌표가 1보다 크고 2보다 작
도록 하는 n의 값의 범위는 $4 < n < 10$이므로 자연수 n은 5, 6, 7, 8, 9
이다.

따라서 조건을 만족시키는 모든 자연수 n의 값의 합은
$5 + 6 + 7 + 8 + 9 = 35$이다.

🔄 **다른 풀이: 이차방정식의 근의 조건을 이용하여 자연수 n의 값 구하기**
↳ 방정식 $\log_a f(x) = \log_a g(x)$의 해는 방정식 $f(x) = g(x)$의 해와 같아. 이때, 주의해야 할 점은 진수 조건에 의하여 $f(x) > 0$, $g(x) > 0$이어야 한다는 거야.

$\underline{\log_n x = -\log_n(x+3) + 1}$에서 $\log_n x = -\log_n(x+3) + \log_n n$

$\log_n x = \log_n \dfrac{n}{x+3}$, $x = \dfrac{n}{x+3}$ ∴ $x^2 + 3x - n = 0$ … ㉠

따라서 두 곡선 $y = \log_n x$, $y = -\log_n(x+3) + 1$이 만나는 점의 x좌
표가 1보다 크고 2보다 작으면 x에 대한 이차방정식 ㉠의 실근이 1과 2
사이에 존재해. 즉,

$h(x) = x^2 + 3x - n$이라 하면 $h(1) < 0$이고 $h(2) > 0$이어야 해. … (★)

$h(1) < 0$에서 $1 + 3 - n < 0$ ∴ $n > 4$ … ㉡

$h(2) > 0$에서 $4 + 6 - n > 0$ ∴ $n < 10$ … ㉢

㉡, ㉢에 의하여 $4 < n < 10$

(이하 동일)

수능 핵강

✱ **(★)에서 두 곡선이 만나는 점의 x좌표가 $1 < x < 2$를**
   만족시키는 조건 알아보기

$h(x) = x^2 + 3x - n = \left(x + \dfrac{3}{2}\right)^2 - n - \dfrac{9}{4}$이므로 이차함수 $y = h(x)$의

그래프는 아래로 볼록한 포물선이고 축의 방정식은 $x = -\dfrac{3}{2}$이야.

그런데 로그의 진수 조건에 의하여 $x > 0$, $x + 3 > 0$에서 $x > 0$이어야 하므로
두 곡선 $y = \log_n x$, $y = -\log_n(x+3) + 1$이 만나는 점의 x좌표가 1보다
크고 2보다 작도록 하려면 함수 $y = h(x)$의 그래프는 그림과 같아야 해.
따라서 $h(1) < 0$이고 $h(2) > 0$이어야 해.

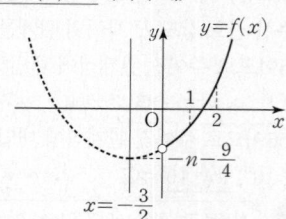

D 146 정답 6 *로그부등식의 활용 ———————— [정답률 74%]

정답 공식: 이차부등식 $ax^2+bx+c>0\,(a>0)$이 모든 실수 x에 대하여 성립하려면 이차방정식 $ax^2+bx+c=0$의 판별식을 D라 할 때, $D<0$이 성립해야 한다.

> 모든 실수 x에 대하여 이차부등식 $3x^2-2(\log_2 n)x+\log_2 n>0$
> 이 성립하도록 하는 자연수 n의 개수를 구하시오. (3점)
> 단세 최고차항의 계수가 양수인 이차함수 $f(x)$에 대하여 부등식 $f(x)>0$이 항상 성립하면 함수 $y=f(x)$의 그래프는 x축과 만나면 안돼.

1st 이차방정식의 판별식을 이용하여 자연수 n의 개수를 구해.

모든 실수 x에 대하여 이차부등식 $3x^2-2(\log_2 n)x+\log_2 n>0$이 성립

$f(x)=3x^2-2(\log_2 n)x+\log_2 n$이라 할 때 모든 실수 x에 대하여 부등식
$f(x)>0$이 성립하려면 이차함수 $y=f(x)$의 그래프는 그림과 같아야 해. 즉, 이차
방정식 $f(x)=0$의 실근이 존재하지 않아야 해.

해야 하므로 이차방정식 $3x^2-2(\log_2 n)x+\log_2 n=0$의 판별식을 D
라 하면 $\underline{D<0}$이어야 한다.

→ 이차방정식의 판별식 D에 대하여 이차방정식은 $D>0$이면 서로 다른 두 실근을, $D=0$이면 한 실근(중근)을, $D<0$이면 실근을 갖지 않아.

$\dfrac{D}{4}=(-\log_2 n)^2-3\log_2 n<0$

$(\log_2 n)^2-3\log_2 n<0$

$\log_2 n(\log_2 n-3)<0,\ 0<\log_2 n<3$

$\log_2 1<\log_2 n<\log_2 2^3$

로그의 밑이 2로 1보다 크므로 밑이 2인 로그를 없애도 부등호의 방향은 바뀌지 않아.

$\therefore 1<n<8$

따라서 조건을 만족시키는 자연수 n의 개수는 $2,\ 3,\ 4,\ \cdots,\ 7$로 6이다.

D 147 정답 ④ *로그부등식의 활용 ———————— [정답률 43%]

정답 공식: $a>1$일 때, $\log_a f(x)<\log_a g(x) \Longleftrightarrow 0<f(x)<g(x)$

> 단세1 주어진 범위에서 로그함수가 정의되기 위해서 m의 값의 범위를 구해야 해.
> $-1\le x\le 1$에서 정의된 함수 $f(x)=-\log_3(mx+5)$에 대하여
> $f(-1)<f(1)$이 되도록 하는 모든 정수 m의 개수는? (4점)
> 단세2 주어진 함수를 이용하여 $f(-1),\ f(1)$을 대입하여 부등식을 풀자.
> ① 1 　② 2 　③ 3 　④ 4 　⑤ 5

1st 로그가 정의되기 위한 조건을 생각해봐.

$\log_a b$가 정의되기 위한 조건은 $a\neq 1,\ a>0,\ b>0$이야.

$-1\le x\le 1$에서 함수 $f(x)=-\log_3(mx+5)$가 정의되기 위해 진수인
$mx+5$의 값이 $-1\le x\le 1$에서 양수이어야 한다.

> 실수 로그함수의 밑은 3으로 양수야. $mx+5$가 $-1\le x\le 1$에서 양수가 되도록 m의 값의 범위를 구해야 해.

$x=-1$일 때, 진수가 양수이어야 하므로

$-m+5>0 \quad \therefore m<5$

$x=1$일 때, 진수가 양수이어야 하므로

$m+5>0 \quad \therefore m>-5$

즉, $-5<m<5\ \cdots$ ㉠

2nd $f(-1)<f(1)$을 만족시키는 m의 값의 범위를 구하자.

$f(-1)<f(1)$이므로

$-\log_3(-m+5)<-\log_3(m+5),\ \log_3(-m+5)>\log_3(m+5)$

$-m+5>m+5$

$\therefore m<0\ \cdots$ ㉡ → $a>1$일 때, $\log_a f(x)<\log_a g(x) \Longleftrightarrow 0<f(x)<g(x)$

3rd 정수 m의 개수를 구하자.

㉠과 ㉡의 공통 범위를 구하면 $-5<m<0$

따라서 정수 m은 $-4,\ -3,\ -2,\ -1$로 4개이다.

D 148 정답 ① *로그부등식의 활용 ———————— [정답률 72%]

정답 공식: $A\cap B=\varnothing$을 구하여 이 부분을 전체에서 제외한다.

> 두 집합
> $$A=\{x\,|\,x^2-5x+4\le 0\},$$
> $$B=\{x\,|\,(\log_2 x)^2-2k\log_2 x+k^2-1\le 0\}$$
> 에 대하여 $A\cap B\neq\varnothing$을 만족시키는 정수 k의 개수는? (4점)
> 단세 두 집합 $A,\ B$에 적어도 하나의 공통인 원소가 있어야 해.
> ① 5 　② 6 　③ 7
> ④ 8 　⑤ 9

1st 부등식을 풀어 두 집합 $A,\ B$를 간단히 나타내자.

$x^2-5x+4\le 0$에서 $(x-1)(x-4)\le 0$

$\therefore 1\le x\le 4$

따라서 $A=\{x\,|\,1\le x\le 4\}$이다.

또, $(\log_2 x)^2-2k\log_2 x+k^2-1\le 0$에서

$\log_2 x=t$로 치환하여 t에 관한 이차부등식으로 나타내면 조금 더 풀기 수월해.

$(\log_2 x-k+1)(\log_2 x-k-1)\le 0$

$k-1\le\log_2 x\le k+1$

$\log_2 2^{k-1}\le\log_2 x\le\log_2 2^{k+1}$

$\therefore 2^{k-1}\le x\le 2^{k+1}$ 로그의 밑이 1보다 크니까 $\log_2$를 지워도 부등호의 방향은 바뀌지 않아.

따라서 $B=\{x\,|\,2^{k-1}\le x\le 2^{k+1}\}$이다.

2nd $A\cap B=\varnothing$이 될 조건으로 $A\cap B\neq\varnothing$을 만족시키는 정수 k의 개수를 구하자.

이때, $A\cap B=\varnothing$이려면 $2^{k-1}>4$ 또는 $2^{k+1}<1$에서

$2^{k-1}>2^2$ 또는 $2^{k+1}<2^0$

$k-1>2$ 또는 $k+1<0$

$\therefore k>3$ 또는 $k<-1$

> 함정 구하기 복잡한 집합 조건을 구해야할 때는 그 부정을 구하여 해결하도록 하자.

따라서 $A\cap B\neq\varnothing$이려면 $k\le 3$이고 $k\ge -1$, 즉
$-1\le k\le 3$이므로 조건을 만족시키는 정수 k는 $-1,\ 0,\ 1,\ 2,\ 3$의 5개이다.

→ $A\cap B=\varnothing$의 부정이야. 즉, $k>3$ 또는 $k<-1$의 부정을 구하면 되지?

D 149 정답 ② *로그부등식의 활용 ———————— [정답률 68%]

정답 공식: 절댓값을 푸는 방법을 안다. $\log_2 x=a$에서 $x=2^a$이다.

> 부등식 $|a-\log_2 x|\le 1$을 만족시키는 x의 최댓값과 최솟값의
> 차가 18일 때, 2^a의 값은? (3점)
> 단세 양수 k에 대하여 $|A|\le k$이면 $-k\le A\le k$임을 이용해.
> ① 10 　② 12 　③ 14 　④ 16 　⑤ 18

1st $|a-\log_2 x|\le 1$을 만족시키는 x의 값의 범위를 구해.

$|a-\log_2 x|\le 1$에서 $|\log_2 x-a|\le 1$이므로

$-1\le\log_2 x-a\le 1$

$a-1\le\log_2 x\le a+1$ → $a-1=\log_2 2^{a-1},\ a+1=\log_2 2^{a+1}$

$\therefore 2^{a-1}\le x\le 2^{a+1}$

2nd x의 최댓값과 최솟값의 차가 18임을 이용하여 2^a의 값을 구해.

이때, x의 최댓값은 2^{a+1}, 최솟값은 2^{a-1}이므로

$2^{a+1}-2^{a-1}=18$에서 $2\times 2^a-\dfrac{1}{2}\times 2^a=18$

$\dfrac{3}{2}\times 2^a=18$ 　　$2\times 2^a-\dfrac{1}{2}\times 2^a=18$에서 $\left(2-\dfrac{1}{2}\right)\times 2^a=18$이므로 $\dfrac{3}{2}\times 2^a=18$

$\therefore 2^a=\dfrac{2}{3}\times 18=12$

[정답 공식: $\log_2 x=a$에서 $x=2^a$이다. 지수 부등식에서 밑의 범위에 따라 부등호의 방향이 바뀐다.]

정수 n에 대하여 두 집합 $A(n)$, $B(n)$이

$$A(n)=\{x\,|\,\log_2 x\le n\}$$
$$B(n)=\{x\,|\,\log_4 x\le n\}$$

단서1 두 부등식 $\log_2 x\le n$과 $\log_4 x\le n$의 해를 구하자.

일 때, [보기]에서 옳은 것을 모두 고른 것은? (4점)

[보기]

ㄱ. $A(1)=\{x\,|\,0<x\le 1\}$
ㄴ. $A(4)=B(2)$
ㄷ. $A(n)\subset B(n)$일 때, $B(-n)\subset A(-n)$이다.

단서2 $A(n)\subset B(n)$을 만족시키는 n의 값의 범위를 구한 후 이를 이용하여 $B(-n)\subset A(-n)$이 성립하는지 확인해.

① ㄱ   ② ㄴ   ③ ㄷ
④ ㄱ, ㄷ   ⑤ ㄴ, ㄷ

1st $A(n)$, $B(n)$의 식을 지수 꼴로 변형해.

$A(n)$에서 $\log_2 x\le n$이므로

$x\le 2^n$

이때, 진수의 조건에서 $x>0$이어야 하므로

$0<x\le 2^n$

$\therefore A(n)=\{x\,|\,0<x\le 2^n\}$

마찬가지로 하면

$B(n)=\{x\,|\,0<x\le 4^n\}$

실수 ⤴ ㄱ, ㄴ, ㄷ을 순서대로 풀고 각각의 보기에서 얻은 정보를 이용하여 문제를 풀어야지 쉽게 풀 수 있으므로 천천히 보기를 판별하도록 하자.

2nd 각각의 n에 숫자를 대입하여 ㄱ, ㄴ, ㄷ을 확인해.

ㄱ. $A(1)=\{x\,|\,0<x\le 2\}$ (거짓)   → $2^4=4^2=16$
ㄴ. $A(4)=\{x\,|\,0<x\le 2^4\}=\{x\,|\,0<x\le 4^2\}$
     $=B(2)$ (참)

→ $2^n\le 2^{2n}$에서 (밑=2>1이므로) $n\le 2n$ $\therefore n\ge 0$

ㄷ. $A(n)\subset B(n)$이면 $2^n\le 4^n=2^{2n}$
$\therefore \underline{n\ge 0}$

이때, $B(-n)=\{x\,|\,0<x\le 4^{-n}\}$,
$A(-n)=\{x\,|\,0<x\le 2^{-n}\}$에서

$4^{-n}=\left(\dfrac{1}{4}\right)^n$, $2^{-n}=\left(\dfrac{1}{2}\right)^n$

그런데 $n\ge 0$이므로

$\left(\dfrac{1}{4}\right)^n\le\left(\dfrac{1}{2}\right)^n$

$\therefore B(-n)\subset A(-n)$ (참)

따라서 옳은 것은 ㄴ, ㄷ이다.

(그래프: $y=\left(\dfrac{1}{2}\right)^x$, $y=\left(\dfrac{1}{4}\right)^x$; 수직선 $B(n)$, $A(n)$, 0, 2^n, 4^n)

✿ 집합의 포함 관계와 원소의 개수   개념·공식

① $A\subset B$이면 $n(A)\le n(B)$ (참)
   $n(A)\le n(B)$이면 $A\subset B$ (거짓)
② $A=B$이면 $n(A)=n(B)$ (참)
   $n(A)=n(B)$이면 $A=B$ (거짓)

(정답 공식: 나눗셈의 식을 세우고, $\log x=a$에서 $x=10^a$임을 이용한다.)

$0<a<1$인 a에 대하여 10^a을 3으로 나눌 때, 몫이 정수이고 나머지가 2가 되는 모든 a의 값의 합은? (4점)

단서 10^a을 3으로 나눈 몫을 Q라 하면 $10^a=3Q+2$이므로 로그를 사용해 a를 Q를 사용한 식으로 나타내봐.

① $3\log 2$ ② $6\log 2$ ③ $1+3\log 2$
④ $1+6\log 2$ ⑤ $2+3\log 2$

1st 일단 조건에 맞게 식을 세우자.

10^a을 3으로 나눌 때의 몫을 Q라 하면

$10^a=3Q+2$ (Q는 정수, $0<a<1$) → A를 B로 나눌 때의 몫을 M, 나머지를 N이라 하면 $A=BM+N$

$\therefore a=\log(3Q+2)$

2nd $0<a<1$임을 이용하자.

즉, $0<\log(3Q+2)<1$에서

$1<3Q+2<10$, $-\dfrac{1}{3}<Q<\dfrac{8}{3}$

이때, Q는 정수이므로 $Q=0$ 또는 $Q=1$ 또는 $Q=2$
따라서 $a=\log 2$ 또는 $a=\log 5$ 또는 $a=\log 8$이므로
a의 값의 합은 $\log 2+\log 5+\log 8=1+3\log 2$
   $\log 2+\log 5=\log(2\times 5)=\log 10=1$

✿ 로그방정식의 풀이   개념·공식

① $\log_a f(x)=\log_a g(x)$ 꼴일 때, $f(x)=g(x)$를 푼다.
         (단, $f(x)>0$, $g(x)>0$)
② $\log_a f(x)=\log_b g(x)$ 꼴일 때, 밑을 통일하고 ①과 같이 푼다.
③ $\log_a x$, $(\log_a x)^2$이 포함된 식은 $\log_a x=t$로 치환한다.
④ $\{f(x)\}^{\log_a x}$과 같이 지수에 로그가 있을 때에는 양변에 $\log_a$를 취한다.

[정답 공식: $a>1$일 때, $\log_a f(x)>\log_a g(x)$를 만족시키는 x의 값의 범위는 $f(x)>g(x)>0$을 만족시키는 x의 값의 범위와 같다.]

다음 조건을 만족시키는 두 자연수 a, b의 모든 순서쌍 (a, b)의 개수는? (4점)

(가) $0<\log b-\log a<1$
(나) $2a+\log b<9$

단서 두 조건을 간단히 한 후 이것을 모두 만족시키는 두 자연수 a, b의 순서쌍 (a, b)를 찾으면 돼.

① 56   ② 58   ③ 60   ④ 62   ⑤ 64

1st 두 조건 (가), (나)를 간단히 해.

조건 (가)의 $0<\log b-\log a<1$에서 $0<\log\dfrac{b}{a}<1$
     → $\log_a M-\log_a N=\log_a\dfrac{M}{N}$

$\log 1<\log\dfrac{b}{a}<\log 10$, $1<\dfrac{b}{a}<10$

각 변은 밑이 10인 상용로그이므로 진수끼리 비교해도 부등호의 방향은 바뀌지 않아. → a는 자연수이므로 $a>0$이야. 즉, 각 변에 a를 곱해도 부등호의 방향은 바뀌지 않아.

$\therefore a<b<10a$ ⋯ ㉠

조건 (나)의 $2a+\log b<9$에서 $\log b<9-2a=\log 10^{9-2a}$

$\therefore 0<b<10^{9-2a}$ ⋯ ㉡

2nd 자연수 a의 값에 따라 ㉠, ㉡을 모두 만족시키는 b의 값을 구해.

a, b가 자연수이므로 a의 값을 기준으로 경우를 나누면 다음과 같다.

(i) $a=1$일 때,

㉠에서 $1<b<10$, ㉡에서 $0<b<10^7$

이 두 부등식을 모두 만족시키는 b의 값의 범위는 $1<b<10$이다.

따라서 이때의 두 자연수 a, b의 모든 순서쌍 (a, b)의 개수는

$(1, 2)$, $(1, 3)$, $(1, 4)$, $\cdots$, $(1, 9)$로 8이다.

(ii) $a=2$일 때,

㉠에서 $2<b<20$, ㉡에서 $0<b<10^5$

이 두 부등식을 모두 만족시키는 b의 값의 범위는 $2<b<20$이다.

따라서 이때의 두 자연수 a, b의 모든 순서쌍 (a, b)의 개수는

$(2, 3)$, $(2, 4)$, $(2, 5)$, $\cdots$, $(2, 19)$로 17이다.

(iii) $a=3$일 때,

㉠에서 $3<b<30$, ㉡에서 $0<b<10^3$

이 두 부등식을 모두 만족시키는 b의 값의 범위는 $3<b<30$이다.

따라서 이때의 두 자연수 a, b의 모든 순서쌍 (a, b)의 개수는

$(3, 4)$, $(3, 5)$, $(3, 6)$, $\cdots$, $(3, 29)$로 26이다.

(iv) $a=4$일 때,

㉠에서 $4<b<40$, ㉡에서 $0<b<10$

이 두 부등식을 모두 만족시키는 b의 값의 범위는 $4<b<10$이다.

따라서 이때의 두 자연수 a, b의 모든 순서쌍 (a, b)의 개수는

$(4, 5)$, $(4, 6)$, $(4, 7)$, $(4, 8)$, $(4, 9)$로 5이다.

(v) $a \geq 5$일 때,

㉡에서 $b<10^{9-2a} \leq \dfrac{1}{10}$이므로 자연수 b의 값은 존재하지 않는다.

따라서 이때의 두 자연수 a, b의 순서쌍 (a, b)는 없다.

(i)~(v)에 의하여 구하는 순서쌍의 개수는

$8+17+26+5=56$

2nd 로그부등식에서 밑이 1보다 크면 진수의 대소는 부등식의 대소와 같음을 적용해.

또, 집합 $B=\{x \mid \log_3(x^2-2x+6)<2\}$에서 로그의 진수인

$x^2-2x+6=(x-1)^2+5>0$이 성립하므로 진수의 조건을 만족시킨다.

$\log_3(x^2-2x+6)<2$에서 $\log_3(x^2-2x+6)<\log_3 3^2$

밑인 3은 1보다 크므로

$x^2-2x+6<9$, $x^2-2x-3<0$

$(x+1)(x-3)<0$ ∴ $-1<x<3$

> **실수 ↩** 수직선 위에 그림을 그려서 파악하면 훨씬 쉽게 범위를 알 수 있어. 이때 등호가 들어가는지 들어가지 않는지 잘 확인하도록 하자.

3rd a가 음수인지, 양수인지 정해지지 않았으니까 a의 값의 범위를 나누어 풀자.

$A \cap B=A$, 즉 $A \subset B$가 성립해야 하므로

(i) $a>0$일 때,

$A=\{x \mid a<x<3a\} \subset \{x \mid -1<x<3\}=B$이어야 하므로

$3a \leq 3$에서 $a \leq 1$

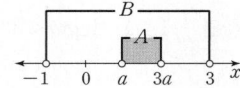

∴ $0<a \leq 1$ … ㉠

(ii) $a=0$일 때,

$A=\{x \mid x^2<0\}=\varnothing \subset B$이므로 $a=0$은 조건을 만족시킨다. … ㉡

$\underline{\varnothing\text{은 모든 집합의 부분집합이야.}}$

(iii) $a<0$일 때,

$A=\{x \mid 3a<x<a\} \subset \{x \mid -1<x<3\}=B$이어야 하므로

$3a \geq -1$에서 $a \geq -\dfrac{1}{3}$

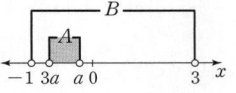

∴ $-\dfrac{1}{3} \leq a<0$ … ㉢

따라서 ㉠, ㉡, ㉢에서 a의 값의 범위는 $-\dfrac{1}{3} \leq a \leq 1$이다.

D 153 정답 ③ *로그부등식의 활용 ⋯⋯⋯⋯⋯ [정답률 42%]

> [정답 공식: 벤다이어그램을 그려보면 A의 해가 B에 속함을 알 수 있다. a에 대한 정보가 없으므로 범위를 나눠서 구한다.]

두 집합

단서1 A, B의 두 부등식의 해를 각각 구해.

$A=\{x \mid 2^{x(x-3a)}<2^{a(x-3a)}\}$, $B=\{x \mid \log_3(x^2-2x+6)<2\}$

에 대하여 $A \cap B=A$가 성립하도록 하는 실수 a의 값의 범위는?

단서2 $A \cap B=A$이면 $A \subset B$야. 즉, A의 부등식의 해가 B의 부등식의 해의 범위에 포함되어야 한다는 뜻이지. (3점)

① $-1 \leq a \leq 0$ ② $-1 \leq a \leq \dfrac{1}{3}$ ③ $-\dfrac{1}{3} \leq a \leq 1$

④ $\dfrac{1}{3} \leq a \leq 3$ ⑤ $1 \leq a \leq 3$

1st 지수부등식에서 밑이 1보다 크면 지수의 대소는 부등식의 대소와 같음을 적용해.

집합 $A=\{x \mid 2^{x(x-3a)}<2^{a(x-3a)}\}$에서

$2^{x(x-3a)}<2^{a(x-3a)}$

밑인 2가 1보다 크므로

$x(x-3a)<a(x-3a)$

$x(x-3a)-a(x-3a)<0$ → (i) $a>0$일 때, $a<x<3a$

$\underline{(x-a)(x-3a)<0}$ → (ii) $a=0$일 때, 해가 없어.

→ (iii) $a<0$일 때, $3a<x<a$

D 154 정답 36 *로그부등식의 활용 ⋯⋯⋯⋯⋯ [정답률 53%]

(정답 공식: $a>1$일 때 $\log_a f(x)<\log_a g(x) \iff 0<f(x)<g(x)$)

> $10<a<100$인 실수 a에 대하여 수직선 위의 서로 다른 네 점 $\mathrm{P}(p)$, $\mathrm{Q}(q)$, $\mathrm{R}(r)$, $\mathrm{S}(s)$가 다음 조건을 만족시킨다.
>
> > (가) $p<q<r<s$
> > **단서1** 실수 a의 값의 범위를 이용하여 $\log a$, $\log_a 10$의 값의 범위를 찾아야 해.
> > (나) 두 집합
> > $$A=\{p, q, r, s\},$$
> > $$B=\left\{\log 10a, \log \dfrac{10}{a}, \log_a 10a, \log_a \dfrac{a}{10}\right\}$$
> > 에 대하여 $A=B$이다. **단서2** $A=B$이므로 집합 A의 각각의 원소는 집합 B의 각각의 원소와 같아야 해.
>
> $\overline{\mathrm{PS}}=\dfrac{10}{3}$일 때, $30 \times \overline{\mathrm{QR}}$의 값을 구하시오. (4점)

1st $\log a$, $\log_a 10$의 값의 범위를 구해.

실수 a의 값의 범위가 $10<a<100$이므로

각 변에 밑이 10인 로그를 취하면

$\log 10<\log a<\underline{\log 100}$ ∴ $1<\log a<2$ … ㉠

$\underline{\log 100=\log 10^2=2\log 10=2 \times 1=2}$

또, $\log_a 10 = \dfrac{\log 10}{\log a} = \dfrac{1}{\log a}$이므로 ㉠에 의하여

$\underline{\log_a b = \dfrac{\log_c b}{\log_c a}}$

$\dfrac{1}{2} < \dfrac{1}{\log a} < 1 \qquad \therefore \dfrac{1}{2} < \log_a 10 < 1 \cdots$ ㉡

2nd 집합 B의 각 원소의 값의 범위를 구하여 $p,\ q,\ r,\ s$의 값을 각각 결정해.

(ⅰ) $\log 10a = \log 10 + \log a = 1 + \log a$

$\underline{\log_a M + \log_a N = \log_a MN}$

이때, ㉠의 각 변에 1을 더하면 $2 < 1 + \log a < 3$

$\therefore 2 < \log 10a < 3$

(ⅱ) $\log \dfrac{10}{a} = \log 10 - \log a = 1 - \log a$

$\underline{\log_a M - \log_a N = \log_a \dfrac{M}{N}}$

이때, ㉠의 각 변에 -1을 곱하면 $-2 < -\log a < -1$

다시 각 변에 1을 더하면 $-1 < 1 - \log a < 0$

$\therefore -1 < \log \dfrac{10}{a} < 0$

(ⅲ) $\log_a 10a = \log_a 10 + \log_a a = \log_a 10 + 1$

이때, ㉡의 각 변에 1을 더하면 $\dfrac{3}{2} < \log_a 10 + 1 < 2$

$\therefore \dfrac{3}{2} < \log_a 10a < 2$

(ⅳ) $\log_a \dfrac{a}{10} = \log_a a - \log_a 10 = 1 - \log_a 10$

이때, ㉡의 각 변에 -1을 곱하면 $-1 < -\log_a 10 < -\dfrac{1}{2}$

다시 각 변에 1을 더하면 $0 < 1 - \log_a 10 < \dfrac{1}{2}$

$\therefore 0 < \log_a \dfrac{a}{10} < \dfrac{1}{2}$

(ⅰ)~(ⅳ)에 의하여 $\log \dfrac{10}{a} < \log_a \dfrac{a}{10} < \log_a 10a < \log 10a$

따라서 두 조건 (가), (나)에 의하여

$p = \log \dfrac{10}{a},\ q = \log_a \dfrac{a}{10},\ r = \log_a 10a,\ s = \log 10a$

3rd 선분 $\overline{PS}$의 길이를 이용하여 선분 $\overline{QR}$의 길이를 구해.

선분 $\overline{PS}$의 길이가 $\dfrac{10}{3}$이므로

$\overline{PS} = s - p = \log 10a - \log \dfrac{10}{a} = (1 + \log a) - (1 - \log a)$

$\qquad = 2\log a = \dfrac{10}{3}$

$\therefore \log a = \dfrac{5}{3} \cdots$ ㉢

따라서 선분 $\overline{QR}$의 길이는

$\overline{QR} = r - q = \log_a 10a - \log_a \dfrac{a}{10} = (\log_a 10 + 1) - (1 - \log_a 10)$

$\qquad = 2\log_a 10 = 2 \times \dfrac{1}{\log a} = 2 \times \dfrac{3}{5} \ (\because ㉢) = \dfrac{6}{5}$

$\therefore 30 \times \overline{QR} = 30 \times \dfrac{6}{5} = 36$

D 155 정답 ③ * 로그부등식의 활용 ·········· [정답률 67%]

[정답 공식: x절편과 y절편을 이용해 넓이 식을 구한 뒤 $\log 6 = \log 2 + \log 3$을 사용한다.]

자연수 n에 대하여 좌표평면에서 직선 $\dfrac{x}{3} + \dfrac{y}{4} = \left(\dfrac{3}{4}\right)^n$을 l_n이라 하자.

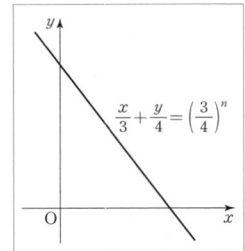

단서 직선 l_n과 x축, y축으로 둘러싸인 부분은 직각삼각형이야. 이 직각삼각형의 넓이를 구하려면 직선 l_n의 x절편과 y절편을 알아야 해.

직선 l_n과 x축, y축으로 둘러싸인 부분의 넓이가 $\dfrac{1}{10}$ 이하가 되도록 하는 자연수 n의 최솟값은? (단, $\log 2 = 0.30$, $\log 3 = 0.48$로 계산한다.) (4점)

① 6 ② 7 ③ 8
④ 9 ⑤ 10

1st 직선 l_n의 x절편과 y절편을 이용하여 구하는 부분의 넓이를 식으로 나타내.

직선 l_n이 x축, y축과 만나는 점을 각각 A, B라 하면 직선 l_n과 x축, y축으로 둘러싸인 부분은 삼각형 OAB이다.

이때, 직선 l_n의 x절편과 y절편이 각각 $3 \times \left(\dfrac{3}{4}\right)^n$, $4 \times \left(\dfrac{3}{4}\right)^n$이므로

$\triangle OAB = \dfrac{1}{2} \times 3 \times \left(\dfrac{3}{4}\right)^n \times 4 \times \left(\dfrac{3}{4}\right)^n$

$\underline{\dfrac{x}{3} + \dfrac{y}{4} = \left(\dfrac{3}{4}\right)^n}$에서

$y = 0$일 때, $\dfrac{x}{3} = \left(\dfrac{3}{4}\right)^n \quad \therefore x = 3 \times \left(\dfrac{3}{4}\right)^n$

$x = 0$일 때, $\dfrac{y}{4} = \left(\dfrac{3}{4}\right)^n \quad \therefore y = 4 \times \left(\dfrac{3}{4}\right)^n$

$\qquad = 6 \times \left(\dfrac{3}{4}\right)^{2n}$

2nd 주어진 $\log 2$와 $\log 3$의 값을 가지고 주어진 조건을 이용하여 양변에 상용로그를 취하자.

구하는 부분, 즉 삼각형 OAB의 넓이가 $\dfrac{1}{10}$ 이하이면

$6 \times \left(\dfrac{3}{4}\right)^{2n} \leq \dfrac{1}{10}$에서 $\left(\dfrac{3}{2^2}\right)^{2n} \leq \dfrac{1}{60}$, $60 \leq \left(\dfrac{2^4}{3^2}\right)^n$

양변에 상용로그를 취하면

$\log 60 \leq n \log \dfrac{2^4}{3^2}$, $\log 10 + \log 2 + \log 3 \leq n(4\log 2 - 2\log 3)$

$1 + 0.30 + 0.48 \leq n(1.2 - 0.96)$, $1.78 \leq 0.24n$

$\therefore n \geq \dfrac{1.78}{0.24} = 7.4 \times \times \times$

따라서 주어진 조건을 만족시키는 자연수 n의 최솟값은 8이다.

✿ 로그부등식 풀이 시 주의점 개념·공식

① (ⅰ) (밑) > 1일 때에는 부등호 방향은 그대로
(ⅱ) 0 < (밑) < 1일 때는 부등호 방향은 반대로

② 로그부등식을 푼 후 진수의 조건과 밑의 조건을 동시에 만족해야 한다.

③ (ⅰ) 양변에 로그를 취할 때 밑이 1보다 큰 로그를 취하면 부등호 방향은 그대로
(ⅱ) 밑이 0보다 크고 1보다 작은 로그를 취하면 부등호 방향은 반대로

[정답 공식: 문제에 주어진 조건들을 이용해 $10\left\{2+\dfrac{1}{3}\log_2(n+1)\right\}$ 만큼의 시간이 걸림을 도출해낸다.]

특정 환경의 어느 웹사이트에서 한 메뉴 안에 선택할 수 있는 항목이 n개 있는 경우, 항목을 1개 선택하는 데 걸리는 시간 T(초)가 다음 식을 만족시킨다.

$$T=2+\frac{1}{3}\log_2(n+1)$$

메뉴가 여러 개인 경우, 모든 메뉴에서 항목을 1개씩 선택하는 데 걸리는 전체 시간은 각 메뉴에서 항목을 1개씩 선택하는 데 걸리는 시간을 모두 더하여 구한다. 예를 들어, 메뉴가 3개이고 각 메뉴 안에 항목이 4개씩 있는 경우, 모든 메뉴에서 항목을 1개씩 선택하는 데 걸리는 전체 시간은 $3\left(2+\dfrac{1}{3}\log_2 5\right)$초이다.

메뉴가 10개이고 각 메뉴 안에서 항목이 n개씩 있을 때, 모든 메뉴에서 항목을 1개씩 선택하는 데 걸리는 전체 시간이 30초 이하가 되도록 하는 n의 최댓값은? (3점) 단서 전체 시간은 $10T$.

즉 $10\left\{2+\dfrac{1}{3}\log_2(n+1)\right\}$(초)이야.

① 7   ② 8   ③ 9
④ 10   ⑤ 11

1st 10개의 메뉴 안에 항목이 n개씩 있을 때, 항목을 1개씩 선택하는 데 걸리는 시간을 구해.

1개의 메뉴 안에 선택할 수 있는 n개의 항목 중에 1개를 선택하는 시간은 $T=2+\dfrac{1}{3}\log_2(n+1)$이므로 10개의 각 메뉴 안에 선택할 수 있는 n개의 항목 중에 1개씩 선택하는 데 걸리는 전체 시간은

$10\left\{2+\dfrac{1}{3}\log_2(n+1)\right\}$(초)이다.

2nd 전체 시간이 30초 이하가 되는 n의 최댓값을 구하자.

$10\left\{2+\dfrac{1}{3}\log_2(n+1)\right\}\leq 30$에서

$2+\dfrac{1}{3}\log_2(n+1)\leq 3$

$\dfrac{1}{3}\log_2(n+1)\leq 1$

$\log_2(n+1)\leq 3$ [로그의 성질]
① $\log_a a=1$
$\log_2(n+1)\leq \log_2 2^3$ ② $\log_a x^n = n\log_a x$

$n+1\leq 8$ → 밑인 2가 1보다 크니까 부등호의 방향이 바뀌지 않아.
$\therefore n\leq 7$

따라서 n의 최댓값은 7이다.

[정답 공식: 지수에 구해야할 미지수가 있을 시 양변에 로그를 취해 밑으로 내려준다.]

아열대 해역에 서식하는 수명이 짧은 어류의 성장 정도를 알아보는 방법 중의 하나는 길이(cm)를 측정하는 것이다. 이 해역에 서식하는 어떤 물고기의 연령 t에 따른 길이 $f(t)$를 근사적으로 추정하면 다음과 같다고 한다.

$$f(t)=20\left\{1-a^{-0.7(t+0.4)}\right\}$$ 단서 $f(t)\geq 16$을 만족시키는 t의 최솟값을 구하는 거야.

이 물고기의 길이가 16 cm 이상 되기 위한 최소 연령은?
(단, a는 $a>1$인 상수이고, $\log_a 5=1.4$로 계산한다.) (4점)

① 1   ② 1.6   ③ 2
④ 2.6   ⑤ 3

1st 주어진 조건을 가지고 식을 세워.

물고기의 길이가 16 cm 이상 되어야 하므로

$f(t)=20\left\{1-a^{-0.7(t+0.4)}\right\}\geq 16$에서

$1-a^{-0.7(t+0.4)}\geq \dfrac{4}{5}$

$\therefore a^{-0.7(t+0.4)}\leq \dfrac{1}{5}$

2nd 양변에 로그를 취해 부등식을 풀어.

양변에 밑이 a인 로그를 취하면

$\log_a a^{-0.7(t+0.4)}\leq \log_a \dfrac{1}{5}$

$-0.7(t+0.4)\leq \log_a 5^{-1}$ └ $a>1$이므로 부등호의 방향은 바뀌지 않아.

$0.7(t+0.4)\geq \log_a 5$

$0.7(t+0.4)\geq 1.4$

$t+0.4\geq 2$

$\therefore t\geq 1.6$

따라서 물고기의 길이가 16 cm 이상 되기 위한 최소 연령은 1.6이다.

평가원 해설

이 문제는 조건에 맞는 실수 t의 값을 구하는 것입니다. 즉, $f(t)\geq 16$을 만족시키는 t의 최솟값을 구하는 문제입니다. 따라서 t의 값이 1.6 이상이면 물고기의 길이가 16 cm 이상이 된다는 말에 오류가 없습니다.

로그방정식의 풀이   개념·공식

① $\log_a f(x)=\log_a g(x)$ 꼴일 때, $f(x)=g(x)$를 푼다.
(단, $f(x)>0$, $g(x)>0$)
② $\log_a f(x)=\log_b g(x)$ 꼴일 때, 밑을 통일하고 ①과 같이 푼다.
③ $\log_a x$, $(\log_a x)^2$이 포함된 식은 $\log_a x=t$로 치환한다.
④ $\{f(x)\}^{\log_a x}$과 같이 지수에 로그가 있을 때에는 양변에 $\log_a$를 취한다.

D 158 정답 ⑤ *로그부등식의 실생활 응용 ──────── [정답률 73%]

┌───┐
정답 공식: W, a의 값이 주어져 있으므로 식에 대입한다. $\log a > k$에서 $a > 10^k$임을 이용한다.
└───┘

┌───┐
소리가 건물의 벽을 통과할 때, 일정 비율만 실내로 투과되고 나머지는 반사되거나 흡수된다. 이때, 실내로 투과되는 소리의 비율을 투과율이라 한다. 확성기의 음향출력이 W(와트)일 때, 투과율이 α인 건물에서 $r(\mathrm{m})$만큼 떨어진 지점에 있는 확성기로부터 실내로 투과되는 소리의 세기 P(데시벨)는 다음과 같다.

$$P = 10\log\frac{\alpha W}{I_0} - 20\log r - 11$$

(단, $I_0 = 10^{-12}$(와트/m²)이고 $r > 1$이다.)

확성기에서 음향출력이 100(와트)인 소리가 나오고 있다. 투과율이 $\dfrac{1}{100}$인 건물의 실내로 투과되는 소리의 세기가 59(데시벨) 이하가 되게 할 때, 확성기와 건물 사이의 최소 거리는? (단, 소리는 공간으로 골고루 퍼져나가고, 투과율 이외의 다른 요인은 고려하지 않는다고 가정한다.) (4점)   **단서** 주어진 관계식에 $W = 100$, $\alpha = \dfrac{1}{100}$을 대입한 P의 값이 59 이하인 r의 값의 범위를 구하면 돼.

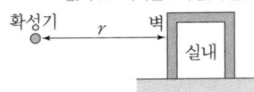
확성기 ─ r ─ 벽 / 실내

① 10^2 m   ② $10^{\frac{17}{8}}$ m   ③ $10^{\frac{13}{6}}$ m

④ $10^{\frac{9}{4}}$ m   ⑤ $10^{\frac{5}{2}}$ m
└───┘

1st 주어진 값을 식에 대입한 후 간단히 계산해.

확성기의 음향출력이 W(와트)일 때, 투과율이 α인 건물에서 $r(\mathrm{m})$만큼 떨어진 지점에 있는 확성기로부터 실내로 투과되는 소리의 세기 P(데시벨)는

$$P = 10\log\frac{\alpha W}{I_0} - 20\log r - 11 \text{ (단, } I_0 = 10^{-12}, \ r > 1)$$

그런데 확성기의 음향출력이 100(와트), 투과율이 $\dfrac{1}{100}$이라 하므로 위 식에

$W = 100$, $a = \dfrac{1}{100}$을 대입하면

$$P = 10\log\frac{\frac{1}{100}\times 100}{10^{-12}} - 20\log r - 11$$

2nd 소리의 세기 P가 59 이하가 될 수 있도록 정리한 후 최소 거리를 구해.

그런데 소리의 세기 P가 59 이하가 되게 한다고 하므로

$$10\log\frac{\frac{1}{100}\times 100}{10^{-12}} - 20\log r - 11 \leq 59$$
┌ 'a 이하' $\iff$ 'a보다 작거나 같다.' $\iff x \leq a$
└ 'a 이상' $\iff$ 'a보다 크거나 같다.' $\iff x \geq a$

$$10\log 10^{12} - 20\log r \leq 70$$

$$120 - 70 \leq 20\log r$$

$$\log r \geq \frac{5}{2} \quad \therefore r \geq 10^{\frac{5}{2}}$$

따라서 최소 거리는 $10^{\frac{5}{2}}$ m가 되어야 한다.

✿ 로그의 성질   개념·공식

$a > 0$, $a \neq 1$, $x > 0$, $y > 0$

① $\log_a a = 1$ ② $\log_a 1 = 0$

③ $\log_a x + \log_a y = \log_a xy$ ④ $\log_a x - \log_a y = \log_a \dfrac{x}{y}$

D 159 정답 12 *로그부등식의 실생활 응용 ──────── [정답률 65%]

┌───┐
정답 공식: 표의 값들을 이용하여 미지수 r, a의 값을 구한다. 10의 거듭제곱수가 나온 경우는 양변에 상용로그를 취해준다.
└───┘

┌───┐
어떤 물질의 시각 t에서의 농도 $M(t)$는 함수

$$M(t) = ar^t + 24 \ (a, \ r\text{는 양의 상수})$$

로 나타내어진다고 한다. 다음 표는 이 물질의 농도를 1분 간격으로 측정한 것이다. **단서1** 표에 주어진 t와 $M(t)$의 값을 대입하여 a, r의 값을 각각 구하자.

t	0	1	2	3	…
$M(t)$	124	64	40	30.4	…

이 물질의 농도가 처음으로 24.001 이하가 되는 시각은 n분과 $(n+1)$분 사이이다. 자연수 n의 값을 구하시오.
→ **단서2** $M(t) \leq 24.001$을 (단, $\log 2$는 0.3010으로 계산한다.) (3점) 만족시키는 t의 값의 범위를 구하면 돼.
└───┘

1st 주어진 표를 이용해서 a, r의 값을 각각 구해.

어떤 물질의 시각 t에서의 농도 $M(t)$는

함수 $M(t) = ar^t + 24 (a, r$는 양의 정수)로 나타내어지므로

$$M(0) = a + 24 = 124 \ \cdots \ ㉠$$

$$M(1) = ar + 24 = 64 \ \cdots \ ㉡$$

$$M(2) = ar^2 + 24 = 40$$

$$\vdots$$

㉠에 의하여 $a = 100$

㉡에 의하여 $100r + 24 = 64$

$$100r = 40 \qquad \therefore r = \frac{2}{5}$$

$$\therefore M(t) = 100\times\left(\frac{2}{5}\right)^t + 24$$

2nd $M(t) \leq 24.001$이 되는 t의 값을 구해.

이때, 농도가 처음으로 24.001 이하가 되려면

$$100\times\left(\frac{2}{5}\right)^t + 24 \leq 24.001$$

$$100\times\left(\frac{2}{5}\right)^t \leq 0.001$$

$$\left(\frac{2}{5}\right)^t \leq 0.00001$$

3rd 양변에 상용로그를 취하여 계산한 다음 만족하는 n의 값을 구해.

양변에 상용로그를 취하면

$$\log\left(\frac{2}{5}\right)^t \leq \log 10^{-5}$$

$$t(2\log 2 - 1) \leq -5 \quad \to \log\frac{2}{5} = \log\frac{4}{10} = \log 4 - \log 10 = 2\log 2 - 1$$

$$t(0.6020 - 1) \leq -5 \ (\because \log 2 = 0.3010)$$

$$-0.398t \leq -5$$

$$\therefore t \geq \frac{5}{0.398} = 12.5\times\times\times$$

따라서 농도가 처음으로 24.001 이하가 되는 시각이 n분과 $(n+1)$분 사이이므로 $12 < 12.5\times\times\times < 13$에서 $n = 12$이다.

                                                    수능 핵강

✽ 문장에서 부등식의 힌트 알아보기

부등식의 응용 문제에서 '~ 이상', '~ 이하'라는 문장이 있으면 부등식에 관한 문제가 대부분이야.

부등식의 문장을 정확히 읽고 식을 세우는 훈련이 필요해.

D 160 정답 ② ＊로그부등식의 실생활 응용 ──── [정답률 40%]

정답 공식: 문제에 맞는 식을 세운 뒤 지수에 n이 있으므로 양변에 로그를 취해 밑으로 내려준다.

어느 제과점에서는 다음과 같은 방법으로 빵의 가격을 실질적으로 인상한다. **단서** 처음 빵 1개의 무게를 A이라 하면 주어진 방법을 n회 실시한 후의 빵의 무게는 $\left(1-\frac{10}{100}\right)^n A$ g이야.

> 빵의 개당 가격은 그대로 유지하고, 무게를 그 당시 무게에서 10 % 줄인다.

이 방법을 n번 시행하면 빵의 단위 무게당 가격이 처음의 1.5배 이상이 된다. n의 최솟값은? (단, $\log 2 = 0.3010$, $\log 3 = 0.4771$로 계산한다.) (3점)

① 3 　　　　② 4 　　　　③ 5
④ 6 　　　　⑤ 7

1st 처음 빵의 개당 무게와 가격을 각각 미지수로 두고 시작해.

주의 문제에서 주어진 정보를 미지수를 사용하여 수학적으로 표현할 수 있어야 해.

처음 빵 1개의 무게와 가격을 각각 A g, B원이라 하자.
먼저 1번 시행 후 1개당 무게는 $\underline{0.9A\,(\text{g})}$이므로

n번 시행 후의 1개당 무게는 $\underline{0.9^n A\,(\text{g})}$

$\rightarrow A - \frac{10}{100}A = (1-0.1)A = 0.9A$

또한, 처음 빵의 1 g당 가격은 $\dfrac{B}{A}$원이므로

2번 시행 후의 무게는
$0.9A - 0.9 \times \frac{10}{100}A$
$= (1-0.1) \times 0.9A$
$= 0.9^2 A$
⋮
즉, n번 시행 후의 무게는 $0.9^n A$

n번 시행 후 1 g당 가격은 $\dfrac{B}{0.9^n A}$원이다.

2nd 처음의 1.5배 이상임을 이용해 식을 세우자.

$$\frac{B}{0.9^n A} \geq \frac{3}{2} \times \frac{B}{A}$$

$$0.9^{-n} \geq \frac{3}{2}$$

양변에 상용로그를 취하면

$$\log 0.9^{-n} \geq \log \frac{3}{2}$$

$$\log \left(\frac{9}{10}\right)^{-n} \geq \log \frac{3}{2}$$

$$\log \left(\frac{10}{9}\right)^{n} \geq \log \frac{3}{2}$$

$$n \log \frac{10}{9} \geq \log 3 - \log 2$$

$$n(1 - 2\log 3) \geq \log 3 - \log 2$$

$$\therefore n \geq \frac{0.4771 - 0.3010}{1 - 2 \times 0.4771} = \frac{0.1761}{0.0458} = 3.8 \times \times \times$$

따라서 구하는 자연수 n의 최솟값은 4이다.

✿ 로그부등식의 풀이 방법　　　　개념·공식

① $a > 1$일 때,
　$\log_a f(x) < \log_a g(x)$이면 $0 < f(x) < g(x)$
　$0 < a < 1$일 때,
　$\log_a f(x) < \log_a g(x)$이면 $f(x) > g(x) > 0$
② $\log_a f(x) < \log_b g(x)$와 같이 밑이 다를 때에는 밑을 통일한다.
③ $\log_a x$, $(\log_a x)^2$이 포함된 식은 $\log_a x = t$로 치환한다.
④ 밑이 문자일 때에는 (밑)>1, $0<$(밑)<1의 두 가지 경우로 나누어 구한다.

D 161 정답 ② ＊로그부등식의 활용 ──── [정답률 34%]

정답 공식: 절댓값을 푸는 방법을 안다.

단서 1 주어진 부등식을 $|\log_2 f(x)| \leq \log_2 g(x)$로 변형하여 부등식을 풀면 a, b 사이의 관계식을 얻을 수 있어.

부등식 $|\log_2 a - \log_2 10| + \log_2 b \leq 1$을 만족시키는 두 자연수 a, b의 순서쌍 (a, b)의 개수는? (2점)

단서 2 **단서 1** 에서 얻은 식에서 a, b가 모두 자연수라는 조건을 충분히 활용해 봐.

① 15 　　　　② 17 　　　　③ 19
④ 21 　　　　⑤ 23

1st 주어진 식을 변형하여 a, b의 값을 구해.

로그의 성질을 이용해서 주어진 식을 변형해 보자.

$|\log_2 a - \log_2 10| + \log_2 b \leq 1$에서

$|\log_2 a - \log_2 10| \leq 1 - \log_2 b$

$\left| \log_2 \frac{a}{10} \right| \leq \log_2 \frac{2}{b}$　$\rightarrow k > 0$일 때,
　① $|x| < k \iff -k < x < k$
　② $|x| > k \iff x < -k$ 또는 $x > k$

$-\log_2 \frac{2}{b} \leq \log_2 \frac{a}{10} \leq \log_2 \frac{2}{b}$

$-\log_2 \frac{2}{b} = \log_2 \left(\frac{2}{b}\right)^{-1} = \log_2 \frac{b}{2}$

$\therefore \frac{b}{2} \leq \frac{a}{10} \leq \frac{2}{b}$

함정 순서쌍을 구하는 문제는 문자간의 관계식에서 기준이 될 수 있는 특정 문자를 가능한 경우로 나누어 관계식에 성립하는 순서쌍을 구해야 해.

이 식의 양변에 $10b$를 곱하면

$5b^2 \leq ab \leq 20 \cdots \bigcirc$

이때, $5b^2 \leq 20$, 즉 $b^2 \leq 4$에서 b는 자연수이므로

$b = 1$ 또는 $b = 2$

(i) $b = 1$이면
　$\bigcirc$에서 $5 \leq a \leq 20$이므로
　$\underline{a}$의 개수는 16이다.
　$a = 5, 6, \cdots, 20$,
　$20 - 5 + 1 = 16$(개)

(ii) $b = 2$이면
　$\bigcirc$에서 $10 \leq a \leq 10$이므로
　$\underline{a}$의 개수는 1이다.
　$a = 10$

(i), (ii)에 의하여 주어진 부등식을 만족시키는 순서쌍 (a, b)의 개수는 17이다.

수능 핵강

＊ 절댓값 기호가 포함된 부등식의 일반적 풀이 확인하기

$0 < a < b$일 때 절댓값 기호가 있는 일차부등식은
① $|x| < a \iff -a < x < a$
② $|x| > a \iff x < -a$ 또는 $x > a$
③ $a < |x| < b \iff a < x < b$ 또는 $-b < x < -a$
④ 절댓값 기호가 두 개 이상 있는 부등식은 절댓값 안의 값이 0이 되는 값에 따라 구간을 나누어 풀자.

또, 로그부등식의 주의점은 다음과 같아.
① (i) (밑)>1일 때에는 부등호 방향은 그대로
　(ii) $0<$(밑)<1일 때는 부등호 방향은 반대로
② 로그부등식을 푼 후 진수의 조건과 밑의 조건을 동시에 만족해야 해.
③ (i) 양변에 로그를 취할 때 밑이 1보다 큰 로그를 취하면 부등호 방향은 그대로
　(ii) 밑이 0보다 크고 1보다 작은 로그를 취하면 부등호 방향은 반대로

D 162 정답 3 *여러 가지 지수방정식의 풀이 ── [정답률 73%]

정답 공식: $a^x=b^y$이면 $a^{\frac{x}{y}}=b$ (단, $a>0$, $a\neq1$, $b>0$, $b\neq1$)를 이용하여 식을 정리한다.

연립방정식 $\begin{cases} 2^x=\left(\dfrac{3}{2}\right)^y \\ \dfrac{xy}{x+2y}=\log_6\dfrac{9}{2} \end{cases}$ 의 해 $x=a$, $y=b$에 대하여

단서 두 문자 a, b에 대한 두 조건식은 모두 다른 수를 밑으로 하는 지수(또는 로그)의 식으로 이루어져 있어.

$\dfrac{4ab+a-b}{3a+b}$의 값을 구하고 그 과정을 서술하시오. (10점)

👤 단서+발상

단서 지수를 포함한 식은 지수법칙을 이용하고, 로그를 포함한 식은 로그의 성질과 로그의 정의를 이용하면 원하는 형태로 변형할 수 있다. 발상

두 조건식을 연립하기 위해 각각 정리하여 $\dfrac{a}{b}$, a에 대한 식으로 나타낸 뒤 구하고자 하는 식의 값을 $\dfrac{a}{b}$, a로 적절하게 나타낸 뒤 대입하여 값을 구할 수 있다. 해결

---- [문제 풀이 순서] ----------------------

1st 방정식 $2^x=\left(\dfrac{3}{2}\right)^y$을 이용하여 $\dfrac{a}{b}$의 값을 구한다.

연립방정식 $\begin{cases} 2^x=\left(\dfrac{3}{2}\right)^y \\ \dfrac{xy}{x+2y}=\log_6\dfrac{9}{2} \end{cases}$ 의 해가 $x=a$, $y=b$이므로

$2^a=\left(\dfrac{3}{2}\right)^b$에서 → $\left(\dfrac{b}{a}\right)^n=\dfrac{b^n}{a^n}$

$2^a=\dfrac{3^b}{2^b}$ $a^x a^y=a^{x+y}$

$2^{a+b}=3^b$

$2^{\frac{a+b}{b}}=3$ $a^x=b^y$이면 $a^{\frac{x}{y}}=b$

로그의 정의에 의하여 $\log_2 3=\dfrac{a+b}{b}=\dfrac{a}{b}+1$이므로

$\dfrac{a}{b}=\log_2 3-1 \cdots$ ㉠

2nd 연립방정식을 풀고 a의 값을 구한다.

한편, $\dfrac{ab}{a+2b}=\log_6\dfrac{9}{2}$에서 좌변의 분모, 분자를 각각 b로 나눠주면

$\dfrac{a}{\frac{a}{b}+2}=\log_6\dfrac{9}{2}$이고, $a=\left(\dfrac{a}{b}+2\right)\log_6\dfrac{9}{2}$이므로

$a=(\log_2 3-1+2)\log_6\dfrac{9}{2}$ $(\because$ ㉠$)$

$\log_2 3-1+2=\log_2 3+1=\log_2 3+\log_2 2=\log_2 6$

$=\log_2 6\times\log_6\dfrac{9}{2}=\dfrac{\log_6\frac{9}{2}}{\log_6 2}=\log_2\dfrac{9}{2}$

즉, $a=2\log_2 3-1 \cdots$ ㉡

3rd 식을 적절히 변형하여 묻는 값을 구한다.

$\therefore \dfrac{4ab+a-b}{3a+b}=\dfrac{4a+\frac{a}{b}-1}{3\times\frac{a}{b}+1}$

$=\dfrac{4(2\log_2 3-1)+(\log_2 3-1)-1}{3(\log_2 3-1)+1}$ $(\because$ ㉠, ㉡$)$

$=\dfrac{9\log_2 3-6}{3\log_2 3-2}=\dfrac{3(3\log_2 3-2)}{3\log_2 3-2}=3$

[채점 기준표]

1st	방정식 $2^x=\left(\dfrac{3}{2}\right)^y$을 이용하여 $\dfrac{a}{b}$의 값을 구한다.	4점
2nd	주어진 연립방정식 중 2번째 방정식을 이용하여 a의 값을 구한다.	4점
3rd	식을 적절히 변형하여 a, $\dfrac{a}{b}$의 값을 각각 이용하여 $\dfrac{4ab+a-b}{3a+b}$의 값을 구한다.	2점

D 163 정답 9 *$\log_a x$꼴이 반복되는 로그방정식의 해 ··· [정답률 78%]

정답 공식: $\log_a x=t$로 치환하여 t에 대한 방정식을 푼다.

방정식 $\left(\log_3 3x-10\right)\left(\log_3\dfrac{x}{3}+10\right)=48\log_9 x$의 두 근을 α,

단서 주어진 식에서 $\log_3 x$의 꼴이 반복되는 것을 알 수 있어.

β라 할 때, $\log_\alpha\dfrac{1}{\beta}$의 값을 구하고 그 과정을 서술하시오.

(단, $\alpha<\beta$) (10점)

👤 단서+발상

단서 $\log_3 x$ 꼴이 반복되므로 로그의 성질을 이용하여 주어진 식을 $\log_3 x$에 대한 식으로 정리하여 나타낼 수 있다. 발상

정리한 식에서 $\log_3 x=t$로 치환하여 로그방정식을 간단하게 나타낼 수 있다. 해결

---- [문제 풀이 순서] ----------------------

1st 주어진 식을 $\log_3 x$에 대한 식으로 정리하자.

$\left(\log_3 3x-10\right)\left(\log_3\dfrac{x}{3}+10\right)=48\log_9 x$를 정리하면

$\log_a x+\log_a y=\log_a xy$, $\log_{a^m} b^n=\dfrac{n}{m}\log_a b$ (단, $m\neq0$)

$\{(\log_3 x+1)-10\}\{(\log_3 x-1)+10\}=48\times\dfrac{1}{2}\log_3 x$

$(\log_3 x-9)(\log_3 x+9)=24\log_3 x$

2nd $\log_3 x=t$로 치환하여 로그방정식을 풀고, 두 근 α, β의 값을 구하자.

$(\log_3 x-9)(\log_3 x+9)=24\log_3 x$의 $\log_3 x$를 t로 치환하면

$(t-9)(t+9)=24t$, $t^2-24t-81=0$

$(t+3)(t-27)=0$ $\therefore t=-3$ 또는 $t=27$

즉, $\log_3 x=-3$ 또는 $\log_3 x=27$이므로

$\alpha=3^{-3}$, $\beta=3^{27}$ $(\because \alpha<\beta)$

3rd 로그의 성질을 이용하여 $\log_\alpha\dfrac{1}{\beta}$의 값을 구하자.

$\log_\alpha\dfrac{1}{\beta}=\log_{3^{-3}}\dfrac{1}{3^{27}}=-\log_{3^{-3}}3^{27}$

$=\dfrac{-27}{-3}\log_3 3=9$ $\log_a\dfrac{1}{b}=\log_a b^{-1}=-\log_a b$

[채점 기준표]

1st	주어진 식을 $\log_3 x$에 대한 식으로 정리한다.	3점
2nd	$\log_3 x=t$로 치환하여 로그방정식을 풀고, 두 근 α, β의 값을 구한다.	4점
3rd	로그의 성질을 이용하여 $\log_\alpha\dfrac{1}{\beta}$의 값을 구한다.	3점

D 164 정답 5 *a^x 꼴이 반복되는 지수방정식의 해 ·· [정답률 90%]

(정답 공식: $a^x=t(t>0)$로 치환하고 $t>0$임에 주의하여 t에 대한 방정식을 푼다.)

> 방정식 $4^x+4^{-x}=4$의 실근이 α일 때, $\dfrac{2^{5\alpha}-2^{-\alpha}}{2^{3\alpha}-2^\alpha}$의 값을
> 구하고 그 과정을 서술하시오. (10점) **단서** 주어진 조건은 4^α에 대한 식이고, 구하는 값은 $(2^\alpha)^k$(k는 정수)에 대한 식의 값이야.

🧠 단서+발상

단서 지수방정식이 4^x 꼴이고 구하는 값은 $(2^\alpha)^k$ 꼴이므로 지수의 밑을 4로 같게 할 수 있다. **발상**
방정식과 구하는 값에서 4^α을 치환하여 나타낼 수 있고, 구하는 값의 분수식의 분모와 분자에 같은 값을 곱하여 식을 변형할 수 있다. **해결**

--- [문제 풀이 순서] ------------------------

1st $4^\alpha=t$로 치환하여 4^α의 거듭제곱을 t에 대한 식으로 나타내자.

방정식 $4^x+4^{-x}=4$의 실근이 α이므로

$x=\alpha$를 대입하면 $4^\alpha+4^{-\alpha}=4$

$4^\alpha=t(t>0)$로 놓으면 $t+\dfrac{1}{t}=4$
지수함수 $y=a^x(a>0, a\neq1)$의
그래프의 정의역은 실수 전체의 집합이고, 치역은 양의 실수 전체의 집합이야.

양변에 t를 곱하여 정리하면

$t^2-4t+1=0$이므로

$t^2=4t-1$

2nd 분수식의 분모와 분자에 2^α을 곱하여 4^α에 대한 식으로 나타내자.

$\dfrac{2^{5\alpha}-2^{-\alpha}}{2^{3\alpha}-2^\alpha}$의 분모와 분자에 2^α을 각각 곱하면

$\dfrac{2^{5\alpha}-2^{-\alpha}}{2^{3\alpha}-2^\alpha}=\dfrac{(2^{5\alpha}-2^{-\alpha})\times2^\alpha}{(2^{3\alpha}-2^\alpha)\times2^\alpha}$
$a^m\times a^n=a^{m+n}$

$=\dfrac{2^{6\alpha}-1}{2^{4\alpha}-2^{2\alpha}}$
$2^2=4$이므로 $2^{6\alpha}=(2^2)^{3\alpha}=4^{3\alpha}=(4^\alpha)^3$이 되고 $2^{4\alpha}=(2^2)^{2\alpha}=4^{2\alpha}=(4^\alpha)^2$이 돼.

$=\dfrac{(4^\alpha)^3-1}{(4^\alpha)^2-4^\alpha}$

3rd 분수식을 t로 나타내고 정리하여 식의 값을 구하자.

$\dfrac{(4^\alpha)^3-1}{(4^\alpha)^2-4^\alpha}$에 $4^\alpha=t$를 대입하면

$\dfrac{(4^\alpha)^3-1}{(4^\alpha)^2-4^\alpha}=\dfrac{t^3-1}{t^2-t}$

$t^2=4t-1$이고, $\dfrac{t^3-1}{t^2-t}$의 분모와 분자를 t에 대한 일차식으로 정리하면

$\dfrac{t^3-1}{t^2-t}=\dfrac{(15t-4)-1}{(4t-1)-t}$
$t^2=4t-1$이므로 t^3은 $t^2\times t=(4t-1)\times t=4t^2-t$가 돼. $4t^2-t$에 $t^2=4t-1$을 대입하면 $4(4t-1)-t=15t-4$이므로 $t^3=15t-4$임을 알 수 있어.

$=\dfrac{15t-5}{3t-1}$

$=\dfrac{5(3t-1)}{3t-1}\left(\because t\neq\dfrac{1}{3}\right)$

$=5$

따라서 $\dfrac{2^{5\alpha}-2^{-\alpha}}{2^{3\alpha}-2^\alpha}$의 값은 5이다.

[채점 기준표]

1st	$4^\alpha=t$로 치환하여 4^α의 거듭제곱을 t에 대한 식으로 나타낸다.	4점
2nd	분수식의 분모와 분자에 2^α을 곱하여 4^α에 대한 식으로 나타낸다.	2점
3rd	분수식을 t로 나타내고 정리하여 식의 값을 구한다.	4점

D 165 정답 8 *여러 가지 지수방정식의 풀이 ······ [정답률 73%]

(정답 공식: 방정식 $x^{f(x)}=x^{g(x)}(x>0)$의 해는 $f(x)=g(x)$ 또는 $x=1$이다.)

> 두 집합 **단서** 항이 두 개뿐인 지수방정식에서 좌변과 우변의 항의 밑 또는 지수가 서로 같아.
> $A=\{x\mid(x+1)^x=5^x, x>-1\}$,
> $B=\{x\mid x^{x+1}=x^{3x-5}, x>0\}$
> 에 대하여 집합 $A\cup B$의 모든 원소의 합 a, 모든 원소의 곱을
> b라 할 때, $a+b$의 값을 구하고 그 과정을 서술하시오. (10점)

🧠 단서+발상

단서 지수방정식에서 좌변과 우변의 항의 밑이 같으면 지수가, 지수가 같으면 밑이 서로 같을 때, 등식이 성립한다. **발상**
0이 아닌 두 실수 a, b에 대하여 $a^0=b^0=1$, $1^a=1^b=1$임에 유의한다. **유형**

--- [문제 풀이 순서] ------------------------

1st 지수가 같은 경우의 지수방정식을 풀어 집합 A를 구하자.

등식 $(x+1)^x=5^x(x>-1)$에서

$x=0$이면 $1^0=5^0$이므로 위의 등식이 성립한다.
$a^0=1$(단, $a>0$)

$x\neq0$이면 $x+1=5$에서 $x=4$

따라서 집합 A는

$A=\{0, 4\}$ ··· ㉠

2nd 밑이 같은 경우의 지수방정식을 풀어 집합 B를 구하자.

등식 $x^{x+1}=x^{3x-5}(x>0)$에서

$x=1$이면 $1^2=1^{-2}$이므로 위의 등식이 성립한다.
$1^a=1$(단, a는 실수)

$x\neq1$이면 $x+1=3x-5$에서

$2x=6$이므로 $x=3$

따라서 집합 B는

$B=\{1, 3\}$ ··· ㉡

3rd 집합 $A\cup B$의 모든 원소의 합과 곱을 구하자.

㉠, ㉡에 의하여 $A\cup B=\{0, 1, 3, 4\}$이므로

$a=0+1+3+4=8$, 두 집합 A, B에 대하여 A에 속하거나 B에 속하는 원소들 전체로 이루어진 집합을 합집합이라 해. $A\cup B=\{x\mid x\in A$ 또는 $x\in B\}$

$b=0\times1\times3\times4=0$ 이므로 $A\cup B=\{0, 1, 3, 4\}$가 돼.

따라서 구하는 값은 $a+b=8+0=8$

[채점 기준표]

1st	지수가 같은 경우의 지수방정식을 풀어 집합 A를 구한다.	4점
2nd	밑이 같은 경우의 지수방정식을 풀어 집합 B를 구한다.	4점
3rd	집합 $A\cup B$의 모든 원소의 합과 곱을 구한다.	2점

┌───┐
│ 정답 공식: 모든 실수 x에 대하여 이차부등식이 항상 성립할 조건
│ $ax^2+bx+c>0 \iff a>0,\ b^2-4ac<0$
└───┘

┌───┐
│ 부등식 $1<2^{|\log_3 x+\log_x 9-3|}<64^{\log_x 3}$을 만족하는 정수 x의 개수를
│ 구하고 그 과정을 서술하시오. (10점)
│ → **단서** 지수부등식의 지수에 $\log_3 x$와 관련한 항이 반복하여 나타나므로 이것을 이용해
└───┘

🧠 단서+발상

단서 지수에 $\log_3 x$와 관련한 항이 반복하여 나타나므로 식을 $\log_3 x$에 대하여
정리한 후, $\log_3 x=t$로 치환하여 부등식을 푼다. **발상**
로그의 밑 a가 1보다 클 때, $\log_a f(x)<\log_a g(x)$이면
$0<f(x)<g(x)$이므로 이를 이용하여 로그부등식을 풀 수 있다. **적용**

--- [문제 풀이 순서] ------------------------------

1st 로그의 밑과 진수 조건을 확인한 후, 주어진 부등식을 $\log_3 x$에 대한
식으로 정리하자.

정수 x에 대하여 로그 $\log_3 x$, $\log_x 3$의 밑과 진수의 조건을 정리하면
$x>0$이고, $x\ne1$ 즉, $x>1$이므로

$\log_3 x>0 \cdots$ ㉠

$1<2^{|\log_3 x+\log_x 9-3|}<64^{\log_x 3}$에서

$2^0<2^{|\log_3 x+2\log_x 3-3|}<2^{6\log_x 3}$이므로
$\underline{a>1일\ 때,\ a^{f(x)}<a^{g(x)} \iff f(x)<g(x)}$

$0<|\log_3 x+2\log_x 3-3|<6\log_x 3$

$0<\left|\log_3 x+\dfrac{2}{\log_3 x}-3\right|<\dfrac{6}{\log_3 x}$

$\underline{\log_a b=\dfrac{1}{\log_b a}\ (단,\ b\ne1)이므로\ \log_x 3=\dfrac{1}{\log_3 x}이야.}$

2nd $\log_3 x=t$로 치환하여 부등식을 풀자.

$0<\left|\log_3 x+\dfrac{2}{\log_3 x}-3\right|<\dfrac{6}{\log_3 x}$에서

$\log_3 x=t\ (t>0)$로 치환하면

$0<\left|t+\dfrac{2}{t}-3\right|<\dfrac{6}{t}$

각 변에 t를 곱하면

$0<t\left|t+\dfrac{2}{t}-3\right|<6$

이를 정리하면

$0<|t^2-3t+2|<6$

위 부등식을 $|t^2-3t+2|>0$일 때와 $|t^2-3t+2|<6$일 때의 경우로
나누어 t의 값의 범위를 구한다.

(i) $|t^2-3t+2|>0$일 때,

$\underline{|(t-1)(t-2)|>0}$에서
절댓값은 항상 0 이상이므로 절댓값 기호를 포함한 방정식이 0보다 클 경우의 해는 0이 되는 근을
제외한 모든 실수가 돼.
$t\ne1,\ t\ne2$

(ii) $|t^2-3t+2|<6$일 때,

$-6<t^2-3t+2<6$

우선, 부등식 $-6<t^2-3t+2$에 대하여

$-6=t^2-3t+2$에서 이차방정식 $t^2-3t+8=0$의 판별식을 D라
하면 이차방정식 $ax^2+bx+c=0$의 판별식을 D라 하면 $D=b^2-4ac$야.

$D=(-3)^2-4\times8=-23$

$D<0$이므로 부등식 $-6<t^2-3t+2$는 모든 실수 t에 대하여
성립한다.

또한, 부등식 $t^2-3t+2<6$에 대하여

$t^2-3t-4<0,\ (t+1)(t-4)<0$에서

$-1<t<4$인데 ㉠에 의해 $t>0$이므로

$0<t<4$

(i), (ii)에 의해 부등식 $0<|t^2-3t+2|<6$의 근은
$0<t<4,\ t\ne1,\ t\ne2$이다.

3rd 로그부등식을 만족하는 정수 x의 개수를 구하자.

$\log_3 x=t$이므로

$\underline{0<\log_3 x<4}$에서 $1<x<81$
$3^0=1,\ 3^4=81$이므로 $1<x<81$의 부등식이 성립해.

$\log_3 x\ne1$에서 $x\ne3$

$\log_3 x\ne2$에서 $x\ne9$

따라서 조건을 만족하는 정수 x는 2, 4, 5, 6, 7, 8, 10, 11, $\cdots$, 79, 80
이므로 총 77개다.

[채점 기준표]

1st 로그의 밑과 진수 조건을 확인한 후, 주어진 부등식을 $\log_3 x$에 대한 식으로 정리한다.		3점
2nd $\log_3 x=t$로 치환하여 부등식을 푼다.		5점
3rd 로그부등식을 만족하는 정수 x의 개수를 구한다.		2점

(정답 공식: 역함수 $f^{-1}(y)=x \iff y=f(x)$, 합성함수 $(g\circ f)(x)=g(f(x))$)

┌───┐
│ $x\ge0$에서 정의된 함수
│ **단서** 함수 $y=2^{x-2}-1$의 정의역을 바탕으로 치역의 범위를 구할 수 있고 역함수의 정의를 통해 $y=\log_{\frac{1}{3}}(x+a)+b$의 치역의 범위를 구할 수 있어.
│ $f(x)=\begin{cases}\log_{\frac{1}{3}}(x+a)+b & (0\le x\le3)\\ 2^{x-2}-1 & (x>3)\end{cases}$
│ 의 역함수를 $g(x)$라 할 때, 함수 $g(x)$도 $x\ge0$에서 정의된
│ 함수이다. $(g\circ g)(c)=\log_2 10$일 때, 세 상수 a, b, c에 대하여
│ $2a-b+c$의 값을 구하고 그 과정을 서술하시오. (10점)
└───┘

🧠 단서+발상

단서 ① 함수 $y=2^{x-2}-1$의 정의역이 $\{x|x>3\}$일 때 치역은 $\{y|y>1\}$이다.
개념

함수 $f(x)$와 그 역함수 $g(x)$가 모두 $x\ge0$에서 정의되려면 함수
$y=\log_{\frac{1}{3}}(x+a)+b$의 정의역이 $\{x|0\le x\le3\}$일 때 치역은
$\{y|0\le y\le1\}$이어야 한다. **발상**
② 함수 $f(x)$의 역함수가 $g(x)$이므로 함수 $(f\circ g)$는 항등함수임을 알 수 있다.
이를 이용하면 역함수 $g(x)$를 구하지 않고도 상수 a, b, c의 값을 구할 수
있다. **적용**

--- [문제 풀이 순서] ------------------------------

1st 로그함수의 성질을 이용하여 주어진 조건을 나타내는 로그방정식을 풀고
a의 값과 b의 값을 구하자.

함수 $y=2^{x-2}-1$의 정의역이 $\{x|x>3\}$일 때 치역은 $\{y|y>1\}$이다.

함수 $y=\log_{\frac{1}{3}}(x+a)+b$는
지수함수 $y=2^{x-2}-1$의 밑이 1보다 크므로 x의 값이 증가하면 y의 값도 증가해.

로그의 밑이 1보다 작으므로 x의 값이
증가하면 y의 값은 감소한다.
$x=3$일 때 $y=2^{3-2}-1=2-1=1$이므로 치역은 $\{y|y>1\}$이 돼.

$f(x)$의 역함수인 $g(x)$는 $x\geq 0$에서 정의된 함수이고,

함수 $f: X \to Y$가 일대일대응일 때, 집합 Y의 각 원소 y에 대하여 $f(x)=y$인 집합 X의 원소 x를 대응시키는 함수를 역함수라 해.

함수 $y=\log_{\frac{1}{3}}(x+a)+b$의 정의역이 $\{x|0\leq x\leq 3\}$이므로

치역은 $\{y|0\leq y\leq 1\}$이다.

따라서

$\log_{\frac{1}{3}}(0+a)+b=1, \cdots$ ㉠

$\log_{\frac{1}{3}}(3+a)+b=0 \cdots$ ㉡

이 성립한다.

㉠−㉡을 하면

$\log_{\frac{1}{3}}a-\log_{\frac{1}{3}}(a+3)=1$

$\log_{\frac{1}{3}}a=1+\log_{\frac{1}{3}}(a+3)=\log_{\frac{1}{3}}\frac{1}{3}(a+3)$

$\underline{1=\log_{\frac{1}{3}}\frac{1}{3}$이고 로그의 성질에 의해 $\log_{\frac{1}{3}}\frac{1}{3}+\log_{\frac{1}{3}}(a+3)=\log_{\frac{1}{3}}\frac{1}{3}(a+3)$이 성립해.}

$a=\frac{1}{3}(a+3)$, $3a=a+3$이므로

$a=\frac{3}{2}$

이 값을 ㉡에 대입하면

$b=-\log_{\frac{1}{3}}\left(3+\frac{3}{2}\right)=\log_3\frac{9}{2}$

2nd 주어진 등식의 양변에 함수 $(f\circ f)$를 취하여 c의 값을 구하자.

한편 $\log_2 10-3=\log_2\frac{10}{8}>0$에서 $\log_2 10>3$이고,

$(g\circ g)(c)=\log_2 10$의 양변에 함수 $(f\circ f)$를 취하면

$c=(f\circ f)(\log_2 10)=f(f(\log_2 10))$

$\underline{=f(2^{\log_2 10-2}-1)=f\left(2^{\log_2\frac{5}{2}}-1\right)=f\left(\frac{5}{2}-1\right)=f\left(\frac{3}{2}\right)}$

$\underline{=\log_{\frac{1}{3}}\left(\frac{3}{2}+\frac{3}{2}\right)+\log_3\frac{9}{2}}$ $\underset{\frac{3}{2}\text{은 3보다 작으므로}}{\log_2 10>3\text{이므로 } y=2^{x-2}-1\text{의 }x\text{에 대입하고}}$

$=-1+\log_3\frac{9}{2}=\log_3\frac{3}{2}$ $\underset{y=\log_{\frac{1}{3}}\left(x+\frac{3}{2}\right)+\log_3\frac{9}{2}\text{의 }x\text{에 대입하면 돼.}}{}$

3rd 로그의 성질을 이용하여 $2a-b+c$의 값을 구하자.

따라서 구하는 값은

$2a-b+c=2\times\frac{3}{2}-\log_3\frac{9}{2}+\log_3\frac{3}{2}$

$=3+\log_3\dfrac{\frac{3}{2}}{\frac{9}{2}}$

$=3+\log_3\frac{1}{3}=3-1=2$

[채점 기준표]

1st	로그함수의 성질을 이용하여 주어진 조건을 나타내는 로그방정식을 풀고 a의 값과 b의 값을 구한다.	6점
2nd	주어진 등식의 양변에 함수 $(f\circ f)$를 취하여 c의 값을 구한다.	3점
3rd	로그의 성질을 이용하여 $2a-b+c$의 값을 구한다.	1점

D 168 정답 **9** *로그부등식의 활용 ·········· [정답률 50%]

(정답 공식: $\overline{AC}=\overline{BC}$, C는 A와 B의 중점임을 이용하여 로그부등식을 푼다.)

그림과 같이 곡선 $y=\log_4 x$ 위의 두 점 A, B에 대하여 직선 AB가 x축과 만나는 점을 C라 하고, 점 A를 지나면서 x축에 수직인 직선이 곡선 $y=\log_{\frac{1}{2}}x$와 만나는 점을 D라 하자. 직선 AB의 기울기를 m, 삼각형 BDC의 넓이를 S라 할 때 다음 조건을 만족한다. **단서** x축 위의 점 C에 대하여 $\overline{AC}=\overline{BC}$이므로 점 C는 선분 AB의 중점임을 알 수 있어.

(가) $\overline{AC}=\overline{BC}$
(나) $mS\geq 6$

점 A의 x좌표를 a라 할 때, $144a$의 최댓값을 구하고 그 과정을 서술하시오. (단, $0<a<1$) (10점)

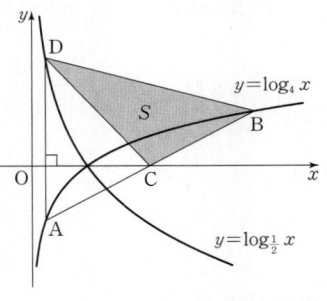

단서+발상

단서 ① 직선 AB가 x축과 만나는 점 C는 x축 위에 있고 점 C에 대하여 $\overline{AC}=\overline{BC}$이므로 두 점 A, B의 y좌표의 합은 0이다. **발상**
점 C가 선분 AB의 중점이므로 삼각형 BDC의 넓이는 삼각형 ABD의 넓이의 $\frac{1}{2}$배임을 알 수 있다. **발상**

② 점 A의 x좌표 a에 대한 값을 구해야 $144a$의 최댓값을 구할 수 있으므로 로그함수의 그래프를 바탕으로 주어진 점들의 좌표를 모두 문자 a로 나타내어 해결한다. **해결**

--- [문제 풀이 순서] -------------------------------

1st 직선 AB의 기울기 m을 a에 대한 식으로 나타내자.

점 B의 x좌표를 b라 하면, 세 점 A, B, D의 좌표는 각각

$A(a, \log_4 a)$, $B(b, \log_4 b)$, $D(a, \log_{\frac{1}{2}}a)$

조건 (가)에서 $\overline{AC}=\overline{BC}$이므로 점 C는 선분 AB의 중점이다.

한편 점 C의 y좌표는 0이므로 $\dfrac{\log_4 a+\log_4 b}{2}=0$

$\log_4 a+\log_4 b=\underset{\log_a 1=0\,(a>0,\,a\neq 1)}{\underline{\log_4 ab=0}}$에서 $ab=1$이므로 $b=\dfrac{1}{a}$ $(\because a>0)$

따라서 직선 AB의 기울기 m은

두 점 (x_1, y_1), (x_2, y_2)를 지나는 직선의 기울기는 $\dfrac{y_2-y_1}{x_2-x_1}=\dfrac{y_1-y_2}{x_1-x_2}$ (단, $x_1\neq x_2$)

$m=\dfrac{\log_4 a-\log_4 b}{a-b}=\dfrac{\log_4 a-\log_4\frac{1}{a}}{a-\frac{1}{a}}$

$=\dfrac{\log_4 a+\log_4 a}{a-\frac{1}{a}}=\dfrac{2\log_4 a}{a-\frac{1}{a}}=\dfrac{\log_2 a}{a-\frac{1}{a}}$

2nd 삼각형 BDC의 넓이 S를 a에 대한 식으로 나타내자.

점 B에서 직선 AD에 내린 수선의 발을 H라 하면

$$\overline{BH} = b - a = \frac{1}{a} - a$$

$$\overline{AD} = \log_{\frac{1}{2}} a - \log_4 a = -\log_2 a - \frac{1}{2}\log_2 a$$

$$= -\frac{3}{2}\log_2 a$$

<small>$0 < a < 1$이므로 $\log_2 a < 0$이야. 따라서 $-\frac{3}{2}\log_2 a > 0$임을 알 수 있어.</small>

점 C가 선분 AB의 중점이므로 삼각형 BDC의 넓이는 삼각형 ABD의 넓이의 $\frac{1}{2}$배이다.

따라서 삼각형 BDC의 넓이 S는

$$S = \frac{1}{2} \times (\text{삼각형 ABD의 넓이}) = \frac{1}{2} \times \left(\frac{1}{2} \times \overline{AD} \times \overline{BH} \right)$$

$$= \frac{1}{4} \times \left(-\frac{3}{2}\log_2 a \right) \times \left(\frac{1}{a} - a \right) = -\frac{3}{8}\left(\frac{1}{a} - a \right) \log_2 a$$

3rd 로그부등식을 이용하여 조건을 만족시키는 $144a$의 최댓값을 구하자.

조건 (나)에서

$$mS = \frac{\log_2 a}{a - \frac{1}{a}} \times \left\{ -\frac{3}{8}\left(\frac{1}{a} - a \right)\log_2 a \right\}$$

$$= \frac{3}{8}(\log_2 a)^2 \geq 6$$

이므로

$$(\log_2 a)^2 \geq 16$$

$$(\log_2 a - 4)(\log_2 a + 4) \geq 0$$

$$\log_2 a \leq -4 \ (\because \log_2 a < 0)$$

$$\therefore a \leq 2^{-4} = \frac{1}{16}$$

따라서 $144a$의 최댓값은 $144 \times \frac{1}{16} = 9$이다.

[채점 기준표]

1st 직선 AB의 기울기 m을 a에 대한 식으로 나타낸다.	3점
2nd 삼각형 BDC의 넓이 S를 a에 대한 식으로 나타낸다.	4점
3rd 로그부등식을 이용하여 조건을 만족시키는 $144a$의 최댓값을 구한다.	3점

⚙️ **로그부등식의 풀이 방법**　　　　　　　　　개념·공식

① $a > 1$일 때,
　　$\log_a f(x) < \log_a g(x)$이면 $0 < f(x) < g(x)$
　　$0 < a < 1$일 때,
　　$\log_a f(x) < \log_a g(x)$이면 $f(x) > g(x) > 0$
② $\log_a f(x) < \log_b g(x)$와 같이 밑이 다를 때에는 밑을 통일한다.
③ $\log_a x$, $(\log_a x)^2$이 포함된 식은 $\log_a x = t$로 치환한다.
④ 밑이 문자일 때에는 (밑)> 1, $0 <$(밑)< 1의 두 가지 경우로 나누어 구한다.

D 169　**정답 730**　＊여러 가지 로그방정식의 풀이　[정답률 68%]

> 정답 공식: 로그의 밑을 같게 하여 식을 정리하고 이차방정식의 근과 계수와의 관계를 이용하여 식을 세운다.

> **단서** 로그의 밑 또는 진수가 모두 9의 지수의 꼴이야.
>
> 연립방정식 $\begin{cases} \log_9 x^2 + \log_9 y^2 = 5 \\ \log_x 729 + \log_3 y = 0 \end{cases}$ 을 만족하는 1이 아닌 두 양수 x, y에 대하여 $x < y$일 때, $3x + y$의 값을 구하고 그 과정을 서술하시오. (10점)

🧠 **단서＋발상**

단서 ① 연립방정식에 포함된 로그의 밑 또는 진수가 3, 729는 로그의 성질을 이용하여 변형한 후 로그의 밑을 모두 9의 거듭제곱 꼴로 통일하여 나타낼 수 있다. **발상**

② 두 수 $\log_9 x$, $\log_9 y$에 대한 합과 곱이 주어진 경우 이차방정식의 근과 계수의 관계를 이용하여 식을 세워 근을 구할 수 있다. **해결**

--- [문제 풀이 순서] ------------------------------------

1st 두 방정식을 같은 수를 밑으로 하는 로그에 대한 식으로 정리하자.

$\underline{\log_9 x^2 + \log_9 y^2 = 5}$에서
<small>$\log_a x^k = k\log_a x$ (단, k는 실수)</small>
로그의 성질에 의하여

$$2\log_9 x + 2\log_9 y = 5$$

$$\log_9 x + \log_9 y = \frac{5}{2} \ \cdots \ \text{㉠}$$

$\underline{\log_x 729 + \log_3 y = 0}$에서
<small>$\log_x 729 = \log_x 9^3$이므로 $\log_x 729 = 3\log_x 9$가 돼.</small>
<small>$\log_3 y = \log_{3^2} y^2 = \frac{1}{2}\log_3 y$이므로 $\log_3 y = 2\log_9 y$가 돼.</small>
로그의 성질에 의하여

$$3\log_x 9 + 2\log_9 y = 0$$

<small>$\log_a b = \frac{1}{\log_b a}$ (단, $b \neq 1$)</small>

$$\frac{3}{\log_9 x} = -2\log_9 y$$

$$(\log_9 x)(\log_9 y) = -\frac{3}{2} \ \cdots \ \text{㉡}$$

2nd 이차방정식의 근과 계수의 관계를 이용하여 두 수 $\log_9 x$, $\log_9 y$를 근으로 하는 이차방정식을 세우고 근을 구하자.

㉠, ㉡에 의하여 두 수 $\log_9 x$, $\log_9 y$를 근으로 하는 t (t는 실수)에 대한 이차방정식은
<small>이차방정식 $ax^2 + bx + c = 0$의 두 근이 α, β이면 근과 계수와의 관계에 의하여 $\alpha + \beta = -\frac{b}{a}$, $\alpha\beta = \frac{c}{a}$야.</small>

$$t^2 - \frac{5}{2}t - \frac{3}{2} = 0$$이다.

$$2t^2 - 5t - 3 = 0$$

$$(2t + 1)(t - 3) = 0$$

$$t = -\frac{1}{2} \ \text{또는} \ t = 3$$

따라서 $\log_9 x$, $\log_9 y$는 $-\frac{1}{2}$ 또는 3이다.

3rd 로그의 정의를 이용하여 두 수 x, y의 값을 구하자.

1이 아닌 두 양수 x, y에 대하여 $x < y$이므로 $\log_9 x < \log_9 y$

$$\therefore \log_9 x = -\frac{1}{2}, \ \log_9 y = 3$$

로그의 정의에 의하여

$$x = 9^{-\frac{1}{2}} = (3^2)^{-\frac{1}{2}} = \frac{1}{3}$$

$$y = 9^3 = 729$$

따라서 구하는 값은

$$3x + y = 3 \times \frac{1}{3} + 729 = 730$$

[채점 기준표]

1st	두 방정식을 같은 수를 밑으로 하는 로그에 대한 식으로 정리한다.	4점
2nd	이차방정식의 근과 계수의 관계를 이용하여 두 수 $\log_9 x$, $\log_9 y$를 근으로 하는 이차방정식을 세우고 근을 구한다.	4점
3rd	로그의 정의를 이용하여 두 수 x, y의 값을 구한다.	2점

> ✿ **로그방정식의 풀이**   개념·공식
>
> ① $\log_a f(x) = \log_a g(x)$ 꼴일 때, $f(x) = g(x)$를 푼다.
> (단, $f(x) > 0$, $g(x) > 0$)
> ② $\log_a f(x) = \log_b g(x)$ 꼴일 때, 밑을 통일하고 ①과 같이 푼다.
> ③ $\log_a x$, $(\log_a x)^2$이 포함된 식은 $\log_a x = t$로 치환한다.
> ④ $\{f(x)\}^{\log_a x}$과 같이 지수에 로그가 있을 때에는 양변에 $\log_a$를 취한다.

D 170 **정답 36** ＊지수부등식의 활용과 실생활 응용 ·· [정답률 65%]

> 정답 공식: 문제에 따라 부등식을 세운 뒤 양변에 로그를 취해 n에 관한 부등식을 세운다.

철수는 통장에 예금해둔 25만 원을 이용하여 태블릿을 구입하려고 한다. 예금은 6개월마다 2%의 이자를 얻을 수 있고, 구입하려고 하는 태블릿은 현재 50만 원이고 6개월마다 6%의 가격하락이 있다고 하자. 예금액이 태블릿 가격의 80% 이상이 될 때 구입한다고 가정하면 철수가 그 태블릿을 구입하는 최초의 시기는 현재로부터 n개월 후이다. 자연수 n의 값을 구하고 그 과정을 서술하시오. (단, $\log 0.94 = -0.027$, $\log 1.02 = 0.009$, $\log 2 = 0.301$로 계산한다.) (10점)

단서 $6k$개월 후의 예금은 $25 \times \left(1 + \dfrac{2}{100}\right)^k$(만 원)이고, 태블릿의 가격은 $50 \times \left(1 - \dfrac{6}{100}\right)^k$(만 원)이다.

🧠 **단서+발상**

단서 6개월마다 예금액과 태블릿 가격이 각각 2%, 6%의 일정한 비율로 변동되므로 예금액과 태블릿 가격을 기간과 비율에 대한 지수함수의 식으로 나타낼 수 있다. **발상**
지수함수의 식을 바탕으로 조건을 만족하는 지수부등식을 세운 후 등식의 양변에 로그를 취하여 지수에 위치한 미지수 n을 구할 수 있다. **해결**

--- **[문제 풀이 순서]** ---------------------------

1st $6k$개월 후의 예금액과 태블릿 가격을 k에 대한 지수함수의 식으로 나타내자.

현재 철수의 예금액은 25만 원이고, 6개월마다 2%의 이자를 얻으므로 $6k$(k는 자연수)개월 후의 예금액은

$$25 \times \left(1 + \frac{2}{100}\right)^k = 25 \times 1.02^k \text{(만 원)}$$

현재 태블릿 가격이 50만 원이고, 6개월마다 6%의 가격하락이 있으므로 $6k$개월 후의 태블릿 가격은

$$50 \times \left(1 - \frac{6}{100}\right)^k = 50 \times 0.94^k \text{(만 원)}$$

2nd 조건을 만족시키는 지수부등식을 세우자.

n개월 후, 즉 $6k$개월 후에 예금액이 태블릿 가격의 80% 이상이 된다고 하면

$$\frac{25 \times 1.02^k}{50 \times 0.94^k} \geq \frac{80}{100}$$

예금액에 대한 태블릿 가격이 80%, 즉 $\frac{80}{100} = \frac{4}{5}$ 이상이 되어야 하므로 분수로 나타내면 분자에 예금액이, 분모에 태블릿 가격이 들어가야 해.

$$\frac{1}{2} \times \left(\frac{1.02}{0.94}\right)^k \geq \frac{4}{5} \qquad \therefore \left(\frac{1.02}{0.94}\right)^k \geq \frac{8}{5}$$

3rd 양변에 상용로그를 취하여 지수부등식을 풀고 n의 값을 구하자.

부등식의 양변에 상용로그를 취하면

$$\log \left(\frac{1.02}{0.94}\right)^k \geq \log \frac{8}{5}$$

$$k \log \frac{1.02}{0.94} \geq \log \frac{16}{10}$$

$$k(\log 1.02 - \log 0.94) \geq 4 \log 2 - 1$$

$$k\{0.009 - (-0.027)\} \geq 4 \times 0.301 - 1$$

$$0.036k \geq 0.204$$

$$k \geq \frac{0.204}{0.036} = 5.6 \times \times \times$$

k는 자연수이므로 $k = 6$

따라서 구하는 n의 값은 $n = 6k = 6 \times 6 = 36$

[채점 기준표]

1st	$6k$개월 후의 예금액과 태블릿 가격을 k에 대한 지수함수의 식으로 나타낸다.	4점
2nd	조건을 만족시키는 지수부등식을 세운다.	2점
3rd	양변에 상용로그를 취하여 지수부등식을 풀고 n의 값을 구한다.	4점

> ✿ **지수부등식의 풀이 방법**   개념·공식
>
> ① $a > 1$일 때, $a^{f(x)} < a^{g(x)}$이면 $f(x) < g(x)$이다.
> ② $0 < a < 1$일 때, $a^{f(x)} < a^{g(x)}$이면 $f(x) > g(x)$이다.

정답 공식: 문제에 따라 부등식을 세운 뒤 양변에 로그를 취해 n에 관한 부등식을 세운다.

단서 물질의 양이 8일 후에 $\frac{1}{2}$ 배가 되면 n일 후에는 $\left(\frac{1}{2}\right)^{\frac{n}{8}}$ 배가 돼.

방사성 동위원소인 요오드 131 (^{131}I)는 시간이 지남에 따라 자연 붕괴하여 일정한 비율로 양이 감소한다. 요오드 131 (^{131}I)가 처음의 양의 절반이 되는 데 8일이 걸린다고 할 때, 처음의 양의 5 % 이하가 되려면 최소 n일이 걸린다고 한다. 자연수 n의 값을 구하고 그 과정을 서술하시오.

（단, $\log 2 = 0.3010$으로 계산한다.）(10점)

🧠 단서+발상

단서 반감기는 물질의 양이 절반으로 줄어드는 기간으로 **개념**
n일 후의 물질의 양을 $\frac{1}{2}$을 밑으로 하는 지수함수의 식으로 나타낼 수 있다.

발상
지수함수의 식을 바탕으로 조건을 만족하는 지수부등식을 세운 후 등식의 양변에 로그를 취하여 지수에 위치한 미지수 n을 구할 수 있다. **해결**

- - - [문제 풀이 순서] -

1st 반감기를 이용하여 n일 후의 물질의 양을 지수함수의 식으로 나타내자.
요오드 131 (^{131}I)의 처음의 양을 a, n일이 지난 후의 양을 $f(n)$으로 각각 놓으면 처음의 양의 절반이 되는, 즉 반감기가 8일이므로

$$f(n) = a\left(\frac{1}{2}\right)^{\frac{n}{8}}$$

2nd 조건을 만족하는 지수부등식을 세우자.
n일 후에 요오드 131 (^{131}I)가 처음의 양의 5 % 이하가 된다고 하면

$$a\left(\frac{1}{2}\right)^{\frac{n}{8}} \leq \frac{5}{100}a$$

$$a\left(\frac{1}{2}\right)^{\frac{n}{8}} \leq \frac{1}{20}a$$

$\frac{1}{a} \leq \frac{1}{b}$이면 $a \geq b$야.

$$2^{\frac{n}{8}} \geq 20$$

3rd 양변에 상용로그를 취하여 지수방정식을 풀고 n의 값을 구하자.
부등식의 양변에 상용로그를 취하면

$$\log 2^{\frac{n}{8}} \geq \log 20$$

$$\frac{n}{8} \log 2 \geq \log 2 + 1$$

$$\frac{0.3010}{8} n \geq 1.3010$$

$$n \geq \frac{10.408}{0.301} = 34.5 \times \times \times$$

따라서 구하는 n의 값은 35

[채점 기준표]

1st	반감기를 이용하여 n일 후의 물질의 양을 지수함수의 식으로 나타낸다.	4점
2nd	조건을 만족하는 지수부등식을 세운다.	3점
3rd	양변에 상용로그를 취하여 지수방정식을 풀고 n의 값을 구한다.	3점

1등급 마스터 문제　[4점 + 2등급 대비 + 1등급 대비]

정답 공식: $a > 1$일 때, $\log_a f(x) \leq \log_a g(x)$이면 $0 < f(x) \leq g(x)$

단서1 로그의 정의를 이용하여 로그부등식을 푼다.
100 이하의 자연수 k에 대하여 $2 \leq \log_n k < 3$을 만족시키는 자연수 n의 개수를 $f(k)$라 하자. 예를 들어 $f(30) = 2$이다. $f(k) = 4$가 되도록 하는 k의 최댓값을 구하시오. (4점)

단서2 $n^2 \leq 30 < n^3$을 만족시키는 n의 값을 구해보자.
$n=4$일 때, $4^2 \leq 30 < 4^3 \leftarrow$ OK, $n=5$일 때, $5^2 \leq 30 < 5^3 \leftarrow$ OK
즉, $n=4, 5$로 2개이다. $f(30) = 2$

1st 로그의 밑 조건을 구하여 주어진 로그부등식을 풀자.
$\log_n k$의 밑의 조건에 의해 자연수 n은 $n > 0$이고, $n \neq 1$인 자연수이므로 $n > 1$
부등식 $2 \leq \log_n k < 3$에서 $n > 1$이므로
$$n^2 \leq k < n^3$$

> 부등식 $2 \leq \log_n k < 3$에서
> $2\log_n n \leq \log_n k < 3\log_n n$
> $\log_n n^2 \leq \log_n k < \log_n n^3$
> ∴ $n^2 \leq k < n^3$

2nd 1보다 큰 자연수 n에 대하여 조건을 만족시키는 자연수 k의 값을 구하자.
1보다 큰 자연수 n에 대하여 $n^2 \leq k < n^3$을 만족시키는 100 이하의 자연수 k의 값을 구하면 다음과 같다.

$n=2$일 때, $4 \leq k < 8$에서 $k=4, 5, 6, 7$
$n=3$일 때, $9 \leq k < 27$에서 $k=9, 10, \cdots, 26$
$n=4$일 때, $16 \leq k < 64$에서 $k=16, 17, \cdots, 63$
$n=5$일 때, $\underline{25 \leq k < 125}$에서 $k=25, 26, \cdots, 100$
$n=6$일 때, $36 \leq k < 216$에서 $k=36, 37, \cdots, 100$
$n=7$일 때, $49 \leq k < 343$에서 $k=49, 50, \cdots, 100$
$n=8$일 때, $64 \leq k < 512$에서 $k=64, 65, \cdots, 100$
$n=9$일 때, $81 \leq k < 729$에서 $k=81, 82, \cdots, 100$
$n=10$일 때, $100 \leq k < 1000$에서 $k=100$

> $n=5$일 때, $25 \leq k < 125$이지만 k가 100 이하의 자연수이므로 $25 \leq k \leq 100$이야. n의 값이 6, 7, 8, 9, 10일 때도 마찬가지로 k의 값의 범위가 100 이하가 된다는 것에 유의해.

3rd 자연수 k의 값에 따라 조건을 만족시키는 $f(k)$의 값을 직접 구하여 $f(k) = 4$가 되도록 하는 k의 최댓값을 구하자.
자연수 k의 값에 따라 조건을 만족시키는 $f(k)$를 구하면 다음과 같다.

$k=1, 2, 3$일 때, $f(k)=0$ / $k=4, 5, 6, 7$일 때, $f(k)=1$
$k=8$일 때, $f(k)=0$ / $k=9, 10, \cdots, 15$일 때, $f(k)=1$
$k=16, 17, \cdots, 24$일 때, $f(k)=2$ / $k=25, 26$일 때, $f(k)=3$
$k=27, 28, \cdots, 35$일 때, $f(k)=2$
$k=36, 37, \cdots, 48$일 때, $f(k)=3$
$\underline{k=49, 50, \cdots, 80$일 때, $f(k)=4}$
$k=81, 82, \cdots, 99$일 때, $f(k)=5$
$k=100$일 때, $f(k)=6$

> $n^2 \leq k < n^3$에서 $n=49, 50, \cdots, 80$을 만족시키는 n의 값을 구해보자.
> $k=49$일 때, $n^2 \leq 49 < n^3$을 만족시키는 n은
> $4^2 \leq 49 < 4^3, 5^2 \leq 49 < 5^3, 6^2 \leq 49 < 6^3$,
> $7^2 \leq 49 < 7^3$으로 $f(k)=4$
> $k=50, 51, \cdots, 80$일 때도 마찬가지이므로
> $f(k)=4$

따라서 $f(k) = 4$가 되도록 하는 k의 최댓값은 80이다.

🔧 다른 풀이: 주어진 부등식을 그림으로 나타내어 $f(k)$의 값 구하기

1보다 큰 자연수 n에 대하여 $n^2 \leq k < n^3$을 만족시키는 100 이하의 자연수 k를 구한 후 자연수 n, k에 대한 그래프를 그리면 다음과 같아.

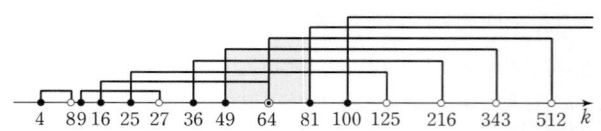

그림과 같이 구간의 선이 4개 겹치는 부분(색칠한 부분)의 자연수 k의 값의 범위를 구하면 $49 \leq k \leq 80$이야.

정답 공식: x축과 평행하므로 두 점 A와 B의 좌표를 구할 수 있고 선분 AB의 길이는 (점 A의 x좌표)−(점 B의 x좌표)이다. 로그부등식은 양변에 같은 꼴의 로그를 취해 진수끼리 비교한다.

단서1 점 A$(a, 2^a)$에 대하여 점 B의 y좌표가 2^a임을 이용하여 $\overline{AB}$의 길이를 a에 대한 식으로 나타내봐.

그림과 같이 함수 $y=2^x$의 그래프 위의 한 점 A를 지나고 x축에 평행한 직선이 함수 $y=15\times2^{-x}$의 그래프와 만나는 점을 B라 하자. 점 A의 x좌표를 a라 할 때, $1<\overline{AB}<100$을 만족시키는 2 이상의 자연수 a의 개수는? (4점) 단서2 $1<\overline{AB}<100$에서 a의 값의 범위를 구하자.

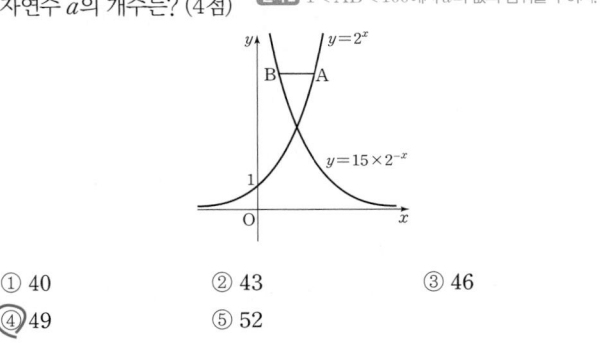

① 40   ② 43   ③ 46
④ 49   ⑤ 52

1st 두 점 A, B의 y좌표가 같음을 이용하여 점 B의 좌표를 구하자.
점 A의 x좌표가 a이므로 점 A의 좌표는 $(a, 2^a)$이다.
이때, $\overline{AB}$는 x축과 평행하므로 점 B의 y좌표는 점 A의 y좌표와 같다.
즉, 점 B의 x좌표를 b라 하면 $15\times2^{-b}=2^a$에서 $2^{-b}=\dfrac{2^a}{15}$,

$15\times2^{-b}=2^a$, $2^b=15\times2^{-a}$ 즉 $2^b=\left(\dfrac{2^a}{15}\right)^{-1}=15\times2^{-a}$

$b=\log_2(15\times2^{-a})$이므로
B$(\log_2(15\times2^{-a}), 2^a)$

함정 미지수를 두 개 사용하여 점 A, B의 좌표를 나타내고 y좌표의 값이 같은 조건을 통해 두 미지수의 관계식을 구하여 하나의 문자로 통일해주도록 하자.

2nd $1<\overline{AB}<100$에 대입하여 2 이상의 자연수 a의 값의 범위를 구하자.
$\overline{AB}=a-\log_2(15\times2^{-a})$ ← 두 점 A, B의 x좌표의 차야.
$\quad=\log_2 2^a-\log_2(15\times2^{-a})$
$\quad=\log_2\dfrac{2^a}{15\times2^{-a}}=\log_2\dfrac{2^{2a}}{15}=\log_2\dfrac{4^a}{15}$

이때, $1<\overline{AB}<100$이므로 $1<\log_2\dfrac{4^a}{15}<100$에서

$\log_2 2<\log_2\dfrac{4^a}{15}<\log_2 2^{100}=\log_2 4^{50}$

$2<\dfrac{4^a}{15}<4^{50}$ ∴ $30<4^a<4^{50}\times15$
한편, a는 자연수이고 $4^2<30<4^3$, $4^{51}<4^{50}\times15<4^{52}$이므로 $\dfrac{4^{51}=4^{50}\times4}{=16}$ $\dfrac{4^{52}=4^{50}\times16}{=64}$
$3\le a\le 51$
따라서 주어진 조건을 만족시키는 자연수 a는
3, 4, 5, ⋯, 51로 49개이다.

정답 공식: $\log 2$의 값이 주어져 있으므로 특정 값을 $\log 2$를 통해 나타내고, 표 의 T와 P의 값을 이용하여 [보기]의 부등식 형태를 만든다.

액체의 끓는 온도 T(℃)와 증기압력 P(mmHg) 사이에

$$\log P=a+\dfrac{b}{c+T}\ (a, b, c\text{는 상수이고 } T>-c)$$

인 관계가 성립한다. 표는 어떤 액체의 끓는 온도에 대한 증기압력을 나타낸 것이다.

끓는 온도(℃)	0	5	10
증기압력(mmHg)	4.8	6.6	8.8

이 표를 이용하여 옳은 것만을 [보기]에서 있는 대로 고른 것은?
(단, $\log 2=0.301$로 계산한다.) (4점)

[보기]

ㄱ. $0.602<a+\dfrac{b}{c}<0.699$ 단서1 $a+\dfrac{b}{c}$는 주어진 관계식에서 $T=0$을 대입하면 구할 수 있는 식이야.

ㄴ. $b<0$ 단서2 주어진 표에서 $T=0$일 때와 $T=5$일 때의 P의 값을 관계식에 대입해 두 식을 연립해봐.

ㄷ. $P<10^a$ 단서3 $\log P=a+\dfrac{b}{c+T}$에서 $P=10^{a+\frac{b}{c+T}}$이므로 $\dfrac{b}{c+T}$의 값의 범위를 확인해 보면 되겠네~.

① ㄱ   ② ㄱ, ㄴ   ③ ㄱ, ㄷ   ④ ㄴ, ㄷ   ⑤ ㄱ, ㄴ, ㄷ

1st $a+\dfrac{b}{c}$는 주어진 관계식에서 $T=0$인 P의 값과 관계가 있어.

ㄱ. 표에서 $T=0$일 때, $P=4.8$이므로

$$a+\dfrac{b}{c}=\log 4.8$$

주의 먼저 각각의 보기에서 구해야 하는 식의 꼴을 파악하여 필요한 정보를 문제에서 준 관계식과 값들을 이용해 얻어 낸 후에 참과 거짓을 판별하자.

그런데 $\log 4<\log 4.8<\log 5$이므로

$$\log 2^2<\log 4.8<\log\dfrac{10}{2}$$

$\underline{2\log 2<\log 4.8<1-\log 2}$ → $2\log 2=2\times0.301=0.602$
$\qquad\qquad\qquad\qquad\qquad\quad$ $1-\log 2=1-0.301=0.699$

∴ $0.602<a+\dfrac{b}{c}<0.699$ (참)

2nd T가 증가함에 따라 P도 증가함을 이용하자.
ㄴ. $T=0$일 때의 $P=4.8$의 값이 $T=5$일 때의 $P=6.6$의 값보다 작으므로

$$a+\dfrac{b}{c}<a+\dfrac{b}{c+5}$$ → $\log 4.8=a+\dfrac{b}{c}$, $\log 6.6=a+\dfrac{b}{c+5}$에서 $\log 4.8<\log 6.6$

∴ $\dfrac{b}{c}<\dfrac{b}{c+5}$ ⋯ ㉠ 이므로 $a+\dfrac{b}{c}<a+\dfrac{b}{c+5}$

한편, $T>-c$에서 $T+c>0$이므로

$\underline{c>0,\ c+5>0}$
$T+c>0$에서 $T=0$일 때 $c>0$, $T=5$일 때 $c+5>0$
따라서 ㉠의 양변에 $c(c+5)$를 곱하면
$(c+5)b<bc$이고, $bc+5b<bc$에서
$5b<0$이므로 $b<0$ (참)

ㄷ. $b<0$이므로 $T+c>0$에 의하여

$$\dfrac{b}{c+T}<0$$

이때, 양변에 a를 더해 주면 $a+\dfrac{b}{c+T}<a$이므로

$\log P<a$ ∴ $P<10^a$ (참)
따라서 옳은 것은 ㄱ, ㄴ, ㄷ이다.

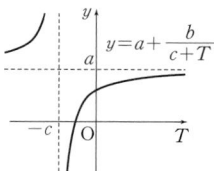 톡톡 풀이: 함수 $y=a+\dfrac{b}{c+T}$ 의 그래프를 이용하여 참, 거짓 따지기

ㄴ. 두 변수 T, P에 대하여 $y=\log P$, $a>0$,

$c>0$이라 하면 유리함수 $y=a+\dfrac{b}{c+T}$의

그래프는 점근선이 $T=-c$, $y=a$지?
그런데 주어진 표를 이용하면 $T\geq0$일 때,
T의 값이 증가하면 y의 값도 증가하므로 분수함수의 그래프는 그림
과 같아야 해.

$\therefore b<0$ (참)

ㄷ. ㄴ의 $y=a+\dfrac{b}{c+T}$의 그래프에서 $T>-c$인 모든 실수 T에 대하여

$y<a$지? 즉, $\log P<a$에서 $P<10^a$이야. (참)

🌸 로그부등식의 풀이 방법 ·········· 개념·공식

① $a>1$일 때,
$\quad\log_a f(x)<\log_a g(x)$이면 $0<f(x)<g(x)$
$\quad 0<a<1$일 때,
$\quad\log_a f(x)<\log_a g(x)$이면 $f(x)>g(x)>0$
② $\log_a f(x)<\log_b g(x)$와 같이 밑이 다를 때에는 밑을 통일한다.
③ $\log_a x$, $(\log_a x)^2$이 포함된 식은 $\log_a x=t$로 치환한다.
④ 밑이 문자일 때에는 (밑)>1, $0<$(밑)<1의 두 가지 경우로 나누어 구한다.

D 175 정답 24 ·········· ⭐2등급 대비 [정답률 11%]

＊로그부등식을 이용하여 조건을 만족시키는 자연수 k의 값 구하기 [유형 18]

> 단서1 자연수 k의 값이 1만큼 증가함에 따라 로그함수 $f(x)$의 그래프는 왼쪽으로 1만큼 평행 이동하게 돼.
>
> 자연수 k $(k\leq39)$에 대하여 함수 $f(x)=2\log_{\frac{1}{2}}(x-7+k)+2$의
> 그래프와 원 $x^2+y^2=64$가 만나는 서로 다른 두 점의 x좌표를
> a, b라 하자. 다음 조건을 만족시키는 k의 최댓값과 최솟값을
> 각각 M, m이라 할 때, $M+m$의 값을 구하시오. (4점)
>
> (가) $ab<0$ 단서2 조건 (가)에서 주어진 로그함수의 그래프와 원의 교점의 x좌표인 a, b의 부호가 다르다는 것을 알 수 있고,
> (나) $f(a)f(b)<0$ 조건 (나)에서 로그의 값의 부호도 다름을 알 수 있어.

🔵 2등급? 주어진 조건을 만족시키는 자연수 k의 값을 구하는 문제로 로그함수의 그래프와 원의 교점이 어느 사분면에 위치하는지를 따져보며 함수 $f(x)$의 함숫값의 범위를 생각해야 한다.

🧠 단서+발상

단서1 함수 $y=f(x)$의 그래프는 $y=2\log_{\frac{1}{2}}(x-7)+2$의 그래프를 x축의 방향으로 $-k$만큼 평행이동한 그래프이다. 따라서 k가 1만큼 증가하면 $y=f(x)$의 그래프는 왼쪽 방향으로 1만큼 평행이동한다. 개념

단서2 $ab<0$이므로 a와 b의 부호는 서로 다르고, $f(a)f(b)<0$이므로 $f(a)$와 $f(b)$의 부호는 서로 다르다. 발상
$a\leq b$라 할 때 $f(x)$는 감소함수이므로 $f(a)\geq f(b)$이고, 따라서 $a<0<b$이고 $f(a)>0>f(b)$임을 알 수 있다. 적용

주의 $x=-8$에서 $f(x)$가 정의되지 않아도 $f(0)<80$이면 조건을 만족시킨다.

> 핵심 정답 공식: $0<a<1$일 때, 로그함수 $y=k\log_a(x-m)+n(k>0)$의 그래프는 x의 값이 증가하면 y의 값은 감소한다.

1st 조건 (가), (나)를 만족시키도록 로그함수의 그래프의 모양이 어떻게 되어야 하는지 생각해보자.

함수 $f(x)=2\log_{\frac{1}{2}}(x-7+k)+2$의 그래프는 x의 값이 증가할 때 $f(x)$ 값은 감소하므로 조건 (가), (나)에서 로그함수의 그래프와 원의 두 교점의 x좌표는 x좌표끼리, y좌표는 y좌표끼리 부호가 달라야 하므로 그림과 같이 두 교점은 제2사분면과 제4사분면에 각각 한 개씩 존재해야 한다.

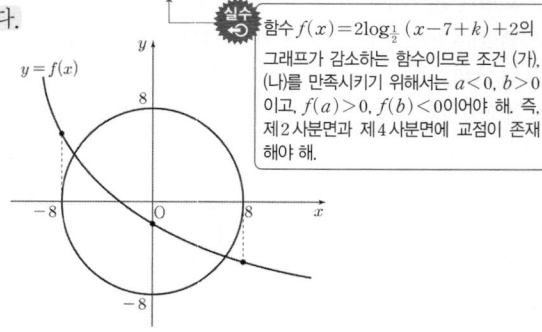

실수 함수 $f(x)=2\log_{\frac{1}{2}}(x-7+k)+2$의 그래프가 감소하는 함수이므로 조건 (가), (나)를 만족시키기 위해서는 $a<0$, $b>0$이고, $f(a)>0$, $f(b)<0$이어야 해. 즉, 제2사분면과 제4사분면에 교점이 존재해야 해.

즉, $f(-8)>0$, $-8<f(0)<8$, $f(8)<0$

2nd 구한 조건을 모두 만족시키는 자연수 k의 값의 최댓값과 최솟값을 구하자.

(i) $f(-8)>0$일 때,
$\quad f(-8)=2\log_{\frac{1}{2}}(-15+k)+2$이므로
$\quad 2\log_{\frac{1}{2}}(-15+k)+2>0$, $2\log_{\frac{1}{2}}(-15+k)>-2$
$\quad \log_{\frac{1}{2}}(-15+k)>-1$
$\quad \dfrac{-15+k<\left(\frac{1}{2}\right)^{-1}}{-15+k<2}$ ꞏ $0<a<1$일 때, $\log_a x>n \Longleftrightarrow x<a^n$
$\quad \therefore k<17$ ◄

(ii) $-8<f(0)<8$일 때,
$\quad f(0)=2\log_{\frac{1}{2}}(-7+k)+2$이므로
$\quad -8<2\log_{\frac{1}{2}}(-7+k)+2<8$, $-10<2\log_{\frac{1}{2}}(-7+k)<6$
$\quad -5<\log_{\frac{1}{2}}(-7+k)<3$
$\quad \left(\dfrac{1}{2}\right)^3<-7+k<\left(\dfrac{1}{2}\right)^{-5}$ 함정
$\quad \dfrac{1}{8}<-7+k<32$ ꞏ $0<a<1$일 때, $m<\log_a x<n \Longleftrightarrow a^n<x<a^m$
$\quad \dfrac{1}{8}+7<k<32+7$
$\quad \therefore \dfrac{57}{8}<k<39$ ◄

함정 자연수 $k(k\leq39)$에 대하여 함수 $f(x)=2\log_{\frac{1}{2}}(x-7+k)+2$의 그래프는 진수 조건에 의하여 $x-7+k>0$, 즉 $x>7-k$이고, 점근선은 $x=7-k$야. 이는 로그함수 $f(x)$가 잘 정의되어 있다고 보장해주고 있어. 그렇다면 2nd 에서 함숫값의 대소 비교를 할 때 나타나는 로그함수의 진수 조건에 대해서는 이미 각 k에 대하여 잘 정의되어 있으므로 다시 진수 조건을 확인할 필요는 없어.

(iii) $f(8)<0$일 때,
$\quad f(8)=2\log_{\frac{1}{2}}(1+k)+2$이므로
$\quad 2\log_{\frac{1}{2}}(1+k)+2<0$, $2\log_{\frac{1}{2}}(1+k)<-2$
$\quad \log_{\frac{1}{2}}(1+k)<-1$
$\quad \dfrac{1+k>\left(\frac{1}{2}\right)^{-1}}{1+k>2}$ ꞏ $0<a<1$일 때, $\log_a x>n \Longleftrightarrow x<a^n$
$\quad \therefore k>1$ ◄

(i), (ii), (iii)을 모두 만족시키는 k의 값의 범위를 구하면
$\dfrac{57}{8}<k<17$

따라서 자연수 k에 대하여 $M=16$, $m=8$이므로
$M+m=16+8=24$

원 $x^2+y^2=64$와 자연수 $k(k \le 39)$에 대하여 함수

$f(x)=2\log_{\frac{1}{2}}(x-7+k)+2$의 그래프가 만나는 두 점의 x좌표를

a, $b(a<b)$라 하면 두 점은 각각 $(a, f(a))$, $(b, f(b))$이고, 조건 (가),

(나)를 만족시키려면 이 두 점의 좌표는 각각 제2사분면, 제4사분면에

위치해야 해. ⋯ ㉠

즉, $f(-8)>0$, $-8<f(0)<8$, $f(8)<0$

이제, 원과 함수 $y=f(x)$의 그래프가 제 2, 4사분면에서 만나는지,

만나지 않는지를 쉽게 파악하기 위하여 k의 값에 따른 로그함수의

점근선의 방정식을 살펴보자.

문제의 조건에 의하여 가능한 자연수 k의 값은 1, 2, 3, ⋯, 39이고,

이에 따라 달라지는 로그함수의 그래프의 점근선의 방정식을 표로

정리해보면 다음과 같아.

k	1	2	3	⋯	7	⋯	15	⋯	17	39
로그함수의 점근선의 방정식	$x=6$	$x=5$	$x=4$	⋯	$x=0$	⋯	$x=-8$	⋯	$x=-10$	$x=-32$

이제, $f(x)=2\log_{\frac{1}{2}}(x-7+k)+2$에 대하여 다음 x의 값과 $\underline{k\text{의 값}}$에

$\underline{\text{따른 함숫값}}$을 살펴보고, ㉠을 만족시키는지 파악해 보자.

└▸ 특정한 x의 값에 대하여 k의 값이 커질수록 함숫값은 감소해.

(ⅰ) $x=-8$일 때,

$k=17$에 대하여

$f(-8)=2\log_{\frac{1}{2}}(-8-7+17)+2$

$\quad\quad\;\; =2\log_{\frac{1}{2}}2+2=0$

따라서 함수 $f(x)$의 그래프가 점 $(-8, 0)$을 지나고, 감소함수이므로

$k \ge 17$에 대하여 두 곡선의 교점의 좌표 중 점 $(a, f(a))$는

제2사분면에 위치하지 않아.

따라서 가능한 자연수 k의 값의 범위는 $k<17$

(ⅱ) $x=0$일 때,

$k=7$에 대하여

$f(0)=2\log_{\frac{1}{2}}(0-7+7)+2$

$\quad\quad =2\log_{\frac{1}{2}}0+2$

의 값은 존재하지 않으므로 $k \le 7$에 대하여 두 곡선의 교점의 좌표 중

점 $(a, f(a))$는 제 2사분면에 위치하지 않아.

따라서 가능한 자연수 k의 값의 범위는 $k>7$

(ⅲ) $x=8$일 때,

$k=1$에 대하여

$f(8)=2\log_{\frac{1}{2}}(8-7+1)+2$

$\quad\quad =2\log_{\frac{1}{2}}2+2=0$

이므로 함수 $f(x)$의 그래프가 점 $(8, 0)$을 지나고, 감소함수이므로

$k \ge 1$에 대하여 두 곡선의 교점의 좌표 중 점 $(a, f(a))$는

제2사분면에 위치하지 않아. └▸ 특별히 $1<k<7$일 때, 두 곡선의 교점의 좌표가

제1, 4사분면에 있게 되어 조건 (가), (나)를 만족시키지 않아.

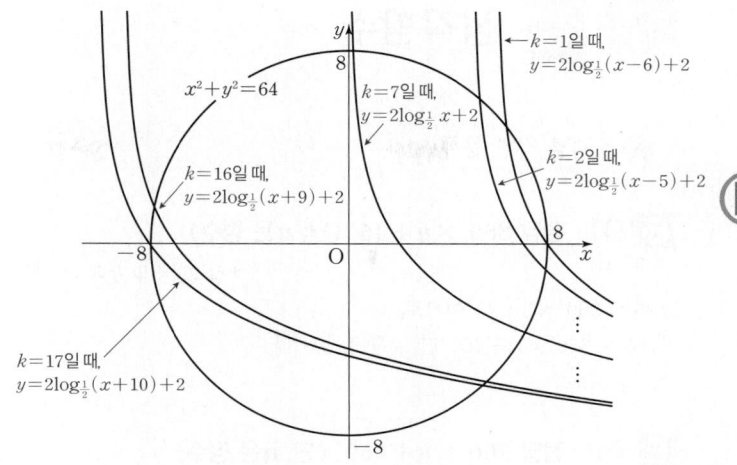

(ⅰ)~(ⅲ)에 의하여 자연수 k의 값의 범위는 $7<k<17$이므로

$M=16$, $m=8$

$\therefore M+m=24$

1등급 대비 특강

✱ 두 교점의 위치 파악하기

a와 b에 대한 다른 조건이 없으므로 $a \le b$라 해도 상관없어. $ab<0$이고

$f(a)f(b)<0$이므로 두 점 $(a, f(a))$, $(b, f(b))$가 각각 제3사분면, 제1사분면에

있거나 각각 제2사분면, 제4사분면에 있겠지? $f(x)$는 밑이 $\frac{1}{2}<1$이므로 감소함수이고,

따라서 두 점 $(a, f(a))$, $(b, f(b))$가 각각 제2 사분면, 제4 사분면에 있어. 그러므로

$x=-8$, $x=0$, $x=8$에서의 함숫값을 이용하여 k의 값의 범위를 구할 수 있어.

 # E 삼각함수

개념 확인 문제

E 01 정답 $360° \times n + 45°$ (단, n은 정수)
··*삼각함수의 뜻과 그 성질

$1125° = 360° \times 3 + 45°$이므로
일반각은 $360° \times n + 45°$ (단, n은 정수)이다.

E 02 정답 $360° \times n + 150°$ (단, n은 정수)
··*삼각함수의 뜻과 그 성질

$-570° = 360° \times (-2) + 150°$이므로
일반각은 $360° \times n + 150°$ (단, n은 정수)이다.

E 03 정답 $\frac{3}{4}\pi$
··*삼각함수의 뜻과 그 성질

$135° = 135 \times \frac{\pi}{180} = \frac{3}{4}\pi$

E 04 정답 $-\frac{5}{3}\pi$
··*삼각함수의 뜻과 그 성질

$-300° = -300 \times \frac{\pi}{180} = -\frac{5}{3}\pi$

E 05 정답 $36°$
··*삼각함수의 뜻과 그 성질

$\frac{\pi}{5} = \frac{\pi}{5} \times \frac{180°}{\pi} = 36°$

E 06 정답 $-210°$
··*삼각함수의 뜻과 그 성질

$-\frac{7}{6}\pi = -\frac{7}{6}\pi \times \frac{180°}{\pi} = -210°$

E 07 정답 $l = \pi$, $S = \frac{5}{2}\pi$
··*삼각함수의 뜻과 그 성질

$l = 5 \times \frac{\pi}{5} = \pi$

$S = \frac{1}{2} \times 5^2 \times \frac{\pi}{5} = \frac{5}{2}\pi$

E 08 정답 $\theta = \frac{2}{3}\pi$, $S = 12\pi$
··*삼각함수의 뜻과 그 성질

부채꼴의 반지름의 길이가 6이고, 호의 길이가 4π이므로

$6\theta = 4\pi$ ∴ $\theta = \frac{2}{3}\pi$

$S = \frac{1}{2} \times 6 \times 4\pi = 12\pi$

E 09 정답 $\frac{4}{5}$
··*삼각함수의 뜻과 그 성질

$\overline{\text{OP}} = \sqrt{(-3)^2 + 4^2} = 5$이므로

$\sin\theta = \frac{4}{5}$

E 10 정답 $-\frac{3}{5}$
··*삼각함수의 뜻과 그 성질

$\cos\theta = \frac{-3}{5} = -\frac{3}{5}$

E 11 정답 $-\frac{4}{3}$
··*삼각함수의 뜻과 그 성질

$\tan\theta = \frac{4}{-3} = -\frac{4}{3}$

E 12 정답 $\sin\theta = \frac{12}{13}$, $\tan\theta = -\frac{12}{5}$
··*삼각함수의 뜻과 그 성질

$\sin^2\theta + \cos^2\theta = 1$이므로

$\sin^2\theta + \left(-\frac{5}{13}\right)^2 = 1$ ∴ $\sin^2\theta = \frac{144}{169}$

그런데 θ가 제2사분면의 각이므로 $\sin\theta > 0$이다.

∴ $\sin\theta = \sqrt{\frac{144}{169}} = \frac{12}{13}$,

$\tan\theta = \frac{\sin\theta}{\cos\theta} = \frac{\frac{12}{13}}{-\frac{5}{13}} = -\frac{12}{5}$

E 13 정답 $-\frac{4}{9}$
··*삼각함수의 뜻과 그 성질

$\sin\theta + \cos\theta = \frac{1}{3}$의 양변을 제곱하면

$\sin^2\theta + \cos^2\theta + 2\sin\theta\cos\theta = \frac{1}{9}$

$1 + 2\sin\theta\cos\theta = \frac{1}{9}$

∴ $\sin\theta\cos\theta = -\frac{4}{9}$

E 14 정답 $-\frac{3}{4}$
··*삼각함수의 뜻과 그 성질

$\frac{1}{\sin\theta} + \frac{1}{\cos\theta} = \frac{\cos\theta + \sin\theta}{\sin\theta\cos\theta} = \frac{\frac{1}{3}}{-\frac{4}{9}} = -\frac{3}{4}$

E 15 정답 최댓값 : 4, 최솟값 : -4, 주기 : π
··*삼각함수의 그래프

$y = 4\sin 2x$에서

최댓값 4, 최솟값은 -4이고 주기는 $\frac{2\pi}{2} = \pi$이다.

E 16 정답 최댓값 : $-\dfrac{2}{3}$, 최솟값 : $-\dfrac{4}{3}$, 주기 : 2π

*삼각함수의 그래프

$y=\dfrac{1}{3}\cos(x+\pi)-1$에서

최댓값은 $\dfrac{1}{3}-1=-\dfrac{2}{3}$, 최솟값은 $-\dfrac{1}{3}-1=-\dfrac{4}{3}$이고

주기는 $\dfrac{2\pi}{1}=2\pi$이다.

E 17 정답 최댓값, 최솟값 : 없다, 주기 : 2π

*삼각함수의 그래프

$y=2\tan\left(\dfrac{1}{2}x-\dfrac{\pi}{6}\right)+1$에서

최댓값과 최솟값은 없고, 주기는 $\dfrac{\pi}{\frac{1}{2}}=2\pi$이다.

E 18 정답 $\dfrac{\sqrt{3}}{2}$

*삼각함수의 그래프

$\sin\dfrac{7}{3}\pi=\sin\left(2\pi+\dfrac{\pi}{3}\right)=\sin\dfrac{\pi}{3}=\dfrac{\sqrt{3}}{2}$

E 19 정답 $\dfrac{\sqrt{2}}{2}$

*삼각함수의 그래프

$\cos\left(-\dfrac{\pi}{4}\right)=\cos\dfrac{\pi}{4}=\dfrac{\sqrt{2}}{2}$

E 20 정답 $-\dfrac{\sqrt{3}}{3}$

*삼각함수의 그래프

$\tan\dfrac{5}{6}\pi=\tan\left(\pi-\dfrac{\pi}{6}\right)=-\tan\dfrac{\pi}{6}=-\dfrac{\sqrt{3}}{3}$

E 21 정답 $-\dfrac{1}{2}$

*삼각함수의 그래프

$\sin\left(-\dfrac{13}{6}\pi\right)=-\sin\dfrac{13}{6}\pi=-\sin\left(2\pi+\dfrac{\pi}{6}\right)=-\sin\dfrac{\pi}{6}=-\dfrac{1}{2}$

E 22 정답 -1

*삼각함수의 그래프

$\tan(\pi-\theta)\dfrac{1}{\tan\theta}=-\tan\theta\times\dfrac{1}{\tan\theta}=-1$

E 23 정답 1

*삼각함수의 그래프

$\dfrac{\sin(\pi+\theta)}{\cos\left(\dfrac{\pi}{2}+\theta\right)}=\dfrac{-\sin\theta}{-\sin\theta}=1$

E 24 정답 $x=\dfrac{7}{6}\pi$ 또는 $x=\dfrac{11}{6}\pi$

*삼각방정식과 삼각부등식

그림과 같이 $0\leq x<2\pi$에서
함수 $y=\sin x$의 그래프와 직선
$y=-\dfrac{1}{2}$의 교점의 x좌표가 $\dfrac{7}{6}\pi$, $\dfrac{11}{6}\pi$
이므로 주어진 방정식의 해는
$x=\dfrac{7}{6}\pi$ 또는 $x=\dfrac{11}{6}\pi$이다.

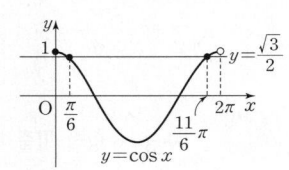

E 25 정답 $x=\dfrac{\pi}{6}$ 또는 $x=\dfrac{11}{6}\pi$

*삼각방정식과 삼각부등식

$2\cos x-\sqrt{3}=0$에서 $\cos x=\dfrac{\sqrt{3}}{2}$
그림과 같이 $0\leq x<2\pi$에서 함수
$y=\cos x$의 그래프와 직선 $y=\dfrac{\sqrt{3}}{2}$의

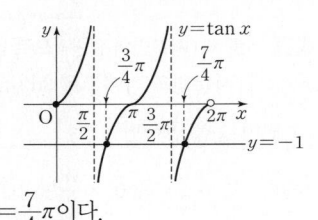

교점의 x좌표가 $\dfrac{\pi}{6}$, $\dfrac{11}{6}\pi$이므로 주어진 방정식의 해는

$x=\dfrac{\pi}{6}$ 또는 $x=\dfrac{11}{6}\pi$이다.

E 26 정답 $x=\dfrac{3}{4}\pi$ 또는 $x=\dfrac{7}{4}\pi$

*삼각방정식과 삼각부등식

$\tan x+1=0$에서 $\tan x=-1$
그림과 같이 $0\leq x<2\pi$에서 함수
$y=\tan x$의 그래프와 직선 $y=-1$의
교점의 x좌표가 $\dfrac{3}{4}\pi$, $\dfrac{7}{4}\pi$이므로

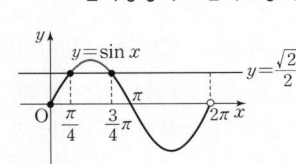

주어진 방정식의 해는 $x=\dfrac{3}{4}\pi$ 또는 $x=\dfrac{7}{4}\pi$이다.

E 27 정답 $0\leq x\leq\dfrac{\pi}{4}$ 또는 $\dfrac{3}{4}\pi\leq x<2\pi$

*삼각방정식과 삼각부등식

$2\sin x\leq\sqrt{2}$에서 $\sin x\leq\dfrac{\sqrt{2}}{2}$

부등식 $\sin x\leq\dfrac{\sqrt{2}}{2}$의 해는 함수

$y=\sin x$의 그래프가 직선 $y=\dfrac{\sqrt{2}}{2}$와 만나는 부분

또는 직선보다 아래쪽에 있는 부분의 x의 값의 범위이므로 그림에서

$0\leq x\leq\dfrac{\pi}{4}$ 또는 $\dfrac{3}{4}\pi\leq x<2\pi$이다.

E 28 정답 $0 \leq x < \dfrac{2}{3}\pi$ 또는 $\dfrac{4}{3}\pi < x < 2\pi$

————————— *삼각방정식과 삼각부등식

$2\cos x + 1 > 0$에서 $\cos x > -\dfrac{1}{2}$

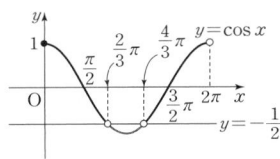

부등식 $\cos x > -\dfrac{1}{2}$의 해는 $y = \cos x$의

그래프가 직선 $y = -\dfrac{1}{2}$보다 위쪽에 있는

부분의 x의 값의 범위이므로 그림에서

$0 \leq x < \dfrac{2}{3}\pi$ 또는 $\dfrac{4}{3}\pi < x < 2\pi$이다.

E 29 정답 $\dfrac{\pi}{6} \leq x < \dfrac{\pi}{2}$ 또는 $\dfrac{7}{6}\pi \leq x < \dfrac{3}{2}\pi$

————————— *삼각방정식과 삼각부등식

부등식 $\tan x \geq \dfrac{\sqrt{3}}{3}$의 해는 함수

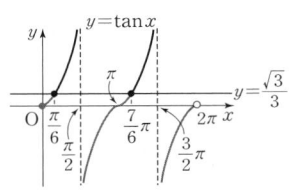

$y = \tan x$의 그래프가 직선 $y = \dfrac{\sqrt{3}}{3}$과

만나는 부분 또는 직선보다 위쪽에 있는

부분의 x의 값의 범위이므로 그림에서

$\dfrac{\pi}{6} \leq x < \dfrac{\pi}{2}$ 또는 $\dfrac{7}{6}\pi \leq x < \dfrac{3}{2}\pi$이다.

수능 유형별 기출 문제 [2점, 3점, 쉬운 4점]

E 30 정답 제1, 3사분면 *사분면과 일반각 ————— [정답률 71%]

> 정답 공식: 각 θ에 대하여 $360°n < \theta < 360°n + 90°$($n$은 정수)이면 제1사분면의 각이다.

> θ가 제1사분면의 각일 때, $\dfrac{\theta}{2}$는 몇 사분면의 각인지 구하시오.
> 단서 θ가 제1사분면의 각이므로 일반각으로 나타내보자. (3점)

1st θ를 제1사분면의 일반각으로 나타내자.

θ가 제1사분면의 각이므로 $360°n < \theta < 360°n + 90°$($n$은 정수)

각 변에 $\dfrac{1}{2}$을 곱하면

> 실수 일반각 $360°n + a°$ 꼴로 나타내었을 때 $a°$가 제1사분면에 있도록 범위를 설정해.

$360° \times \dfrac{n}{2} < \dfrac{\theta}{2} < 360° \times \dfrac{n}{2} + 45°$ ··· ㉠

2nd $\dfrac{\theta}{2}$를 나타내는 동경이 몇 사분면의 각인지 구하자.

(i) $n = 2k$(k는 정수)일 때,
㉠에 $n = 2k$를 대입하면

> $\dfrac{\theta}{m}$일 때, $n = mk, mk+1, mk+2, \cdots, mk+(m-1)$로 경우를 나누어서 각 $\dfrac{\theta}{m}$의 범위를 구해야 해.

$360°k < \dfrac{\theta}{2} < 360°k + 45°$

즉, $\dfrac{\theta}{2}$는 제1사분면의 각이다.

(ii) $n = 2k+1$(k는 정수)일 때,
㉠에 $n = 2k+1$을 대입하면

$360°k + 180° < \dfrac{\theta}{2} < 360°k + 225°$

즉, $\dfrac{\theta}{2}$는 제3사분면의 각이다.

따라서 $\dfrac{\theta}{2}$는 제1사분면 또는 제3사분면의 각이다.

👓 쉬운 풀이: $180°n < \theta < 180°n + 45°$에 n 대신 $0, 1, 2, \cdots$를 대입하여 $\dfrac{\theta}{2}$가 몇 사분면의 각인지 구하기

2nd에서 $n = 2k$, $2k+1$(k는 정수)로 나누지 않고
$n = 0, 1, 2, 3, \cdots$을 ㉠에 대입해도 돼.

(i) $n = 0$일 때, $0° < \dfrac{\theta}{2} < 45°$이므로

$\dfrac{\theta}{2}$는 제1사분면의 각이야.

(ii) $n = 1$일 때, $180° < \dfrac{\theta}{2} < 180° + 45°$이므로

$\dfrac{\theta}{2}$는 제3사분면의 각이야.

(iii) $n = 2$일 때, $360° < \dfrac{\theta}{2} < 360° + 45°$이므로

$\dfrac{\theta}{2}$는 제1사분면의 각이야.
⋮

따라서 사분면이 반복되므로 $\dfrac{\theta}{2}$는 제1사분면과 제3사분면의 각이야.

E 31 정답 제2사분면 *사분면과 일반각 ————— [정답률 65%]

> 정답 공식: 각 θ에 대하여 $360°n + 180° < \theta < 360°n + 270°$($n$은 정수)이면 제3사분면의 각이다.

> θ가 제3사분면의 각일 때, $\dfrac{\theta}{3}$를 나타내는 동경이 있을 수 없는 사분면을 구하시오. (3점)
> 단서 θ가 제3사분면의 각이므로 일반각으로 나타내보자.

1st θ를 제3사분면의 일반각으로 나타내자.

θ가 제3사분면의 각이므로 $360°n + 180° < \theta < 360°n + 270°$($n$은 정수)

각 변에 $\dfrac{1}{3}$을 곱하면 $360° \times \dfrac{n}{3} + 60° < \dfrac{\theta}{3} < 360° \times \dfrac{n}{3} + 90°$ ··· ㉠

2nd $\dfrac{\theta}{3}$를 나타내는 동경이 몇 사분면의 각인지 구하자.

(i) $n = 3k$(k는 정수)일 때,
㉠에 $n = 3k$를 대입하면

$360°k + 60° < \dfrac{\theta}{3} < 360°k + 90°$

> $360°k$는 $0°$와 위치가 같으므로 $60° < \dfrac{\theta}{3} < 90°$일 때의 위치만 생각하면 되겠지.

즉, $\dfrac{\theta}{3}$는 제1사분면의 각이다.

(ii) $n = 3k+1$(k는 정수)일 때,
㉠에 $n = 3k+1$을 대입하면

$360°k + 180° < \dfrac{\theta}{3} < 360°k + 210°$

> $360° \times \dfrac{3k+1}{3} + 60° < \dfrac{\theta}{3} < 360° \times \dfrac{3k+1}{3} + 90°$
> $360°k + 120° + 60° < \dfrac{\theta}{3} < 360°k + 120° + 90°$
> ∴ $360°k + 180° < \dfrac{\theta}{3} < 360°k + 210°$

즉, $\dfrac{\theta}{3}$는 제3사분면의 각이다.

(iii) $n = 3k+2$(k는 정수)일 때,
㉠에 $n = 3k+2$를 대입하면

$360°k + 300° < \dfrac{\theta}{3} < 360°k + 330°$

즉, $\dfrac{\theta}{3}$는 제4사분면의 각이다.

따라서 $\dfrac{\theta}{3}$는 제2사분면의 각이 될 수 없다.

E 32 정답 제1, 3사분면 *사분면과 일반각 ──────── [정답률 54%]

정답 공식: 각 θ에 대하여 $360°n+90°<\theta<360°n+180°$($n$은 정수)이면 제2사분면의 각이다.

2θ가 제2사분면의 각일 때, θ는 몇 사분면의 각인지 구하시오.

단서 2θ가 제2사분면의 각이므로 일반각으로 나타내보자.
(3점)

1st 2θ를 제2사분면의 일반각으로 나타내자.

2θ가 제2사분면의 각이므로
$360°n+90°<2\theta<360°n+180°$($n$은 정수)

각 변에 $\frac{1}{2}$을 곱하면

$360°\times\frac{n}{2}+45°<\theta<360°\times\frac{n}{2}+90°$ … ㉠

2nd θ를 나타내는 동경이 몇 사분면의 각인지 구하자.

(ⅰ) $n=2k$(k는 정수)일 때,
㉠에 $n=2k$를 대입하면
$360°k+45°<\theta<360°k+90°$
즉, θ는 제1사분면의 각이다.

실수❤
$360°\times\frac{2k+1}{2}+45°<\theta$
$\qquad<360°\times\frac{2k+1}{2}+90°$
$360°k+180°+45°<\theta$
$\qquad<360°k+180°+90°$
∴ $360°k+225°<\theta<360°k+270°$

(ⅱ) $n=2k+1$(k는 정수)일 때,
㉠에 $n=2k+1$을 대입하면
$360°k+225°<\theta<360°k+270°$
즉, θ는 제3사분면의 각이다.

따라서 θ는 제1사분면 또는 제3사분면의 각이다.

E 33 정답 ③ *호도법 ──────── [정답률 86%]

정답 공식: 육십분법은 호도법으로, 호도법은 육십분법으로 나타내보자.

다음 [보기]에서 옳은 것만을 있는 대로 고른 것은? (3점)

[보기]
ㄱ. $\dfrac{60°}{\pi}=\dfrac{1}{3}$　　　　　ㄴ. $120°=\dfrac{5}{6}\pi$

ㄷ. $2\pi=180°$　　　　　ㄹ. $\dfrac{4}{3}\pi=240°$

단서 호도법과 육십분법의 관계를 이용하여 육십분법은 호도법으로, 호도법은 육십분법으로 나타내보자.
① ㄱ　　② ㄱ, ㄷ　　③ ㄱ, ㄹ
④ ㄴ, ㄷ　　⑤ ㄴ, ㄷ, ㄹ

1st $1°=\dfrac{\pi}{180}$임을 이용하여 주어진 보기의 참, 거짓을 판별하자.

ㄱ. $\dfrac{60°}{\pi}=\dfrac{60}{\pi}\times\dfrac{\pi}{180}=\dfrac{1}{3}$ (참)

ㄴ. $120°=120\times\dfrac{\pi}{180}=\dfrac{2}{3}\pi$ (거짓)
　　　　└→ $1°=\dfrac{\pi}{180}$(라디안)

ㄷ. $2\pi=2\pi\times\dfrac{180°}{\pi}=360°$ (거짓)

ㄹ. $\dfrac{4}{3}\pi=\dfrac{4}{3}\pi\times\dfrac{180°}{\pi}=240°$ (참)
　　　　└→ 1(라디안)$=\dfrac{180°}{\pi}$

따라서 옳은 것은 ㄱ, ㄹ이다.

E 34 정답 ⑤ *삼각함수의 값 ──────── [정답률 95%]

정답 공식: $\dfrac{\pi}{3}=\dfrac{180°}{3}=60°$이므로 특수각의 삼각비를 이용한다.
$\sin\dfrac{\pi}{3}=\dfrac{\sqrt{3}}{2}$, $\cos\dfrac{\pi}{3}=\dfrac{1}{2}$, $\tan\dfrac{\pi}{3}=\sqrt{3}$

$4\cos\dfrac{\pi}{3}$의 값은? (2점)　단서 $\dfrac{\pi}{3}$에 대한 코사인 값은 알고 있지?

① $\dfrac{1}{2}$　② $\dfrac{\sqrt{2}}{2}$　③ 1　④ $\sqrt{2}$　⑤ 2

1st 주어진 값을 구해.

$4\cos\dfrac{\pi}{3}=4\times\dfrac{1}{2}=2$

특수각에 대한 코사인값인 $\cos 0=1$, $\cos\dfrac{\pi}{6}=\dfrac{\sqrt{3}}{2}$, $\cos\dfrac{\pi}{4}=\dfrac{\sqrt{2}}{2}$, $\cos\dfrac{\pi}{3}=\dfrac{1}{2}$, $\cos\dfrac{\pi}{2}=0$을 꼭 기억해.

E 35 정답 ① *호도법 ──────── [정답률 83%]

정답 공식: 반지름의 길이가 r인 원의 둘레는 $2\pi r$이다.

다음은 호도법에 대한 설명이다.

그림과 같이 반지름의 길이가 r, 중심이 O인 원에서 길이가 l인 호 AB에 대한 중심각 AOB의 크기를 $a°$라 하면, 호 AB의 길이는 중심각의 크기 $a°$에 비례한다.

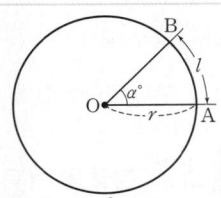

따라서 $\dfrac{l}{\boxed{(가)}}=\dfrac{a°}{360°}$　단서1 호의 길이 $l=2\pi r\times\dfrac{a°}{360°}$이므로 중심각의 크기가 $2a°$가 되면 $2\pi r\times\dfrac{2a°}{360°}=2l$로 호의 길이도 2배가 됨을 이용해.

여기서 $l=r$이면 $a°=\boxed{(나)}$

이 경우 중심각의 크기 $a°$는 원의 반지름의 길이에 관계없이 항상 일정하다. 이 일정한 각의 크기를 1라디안이라 하고, 이것을 단위로 하여 각의 크기를 나타내는 방법을 호도법이라 한다.

단서2 육십분법은 °를 사용해서 각을 나타내는 방법이고, 호도법은 호의 길이를 이용해서 각을 나타내는 방법이야.

위에서 (가), (나)에 알맞은 것을 순서대로 적으면? (3점)

① $2\pi r$, $\dfrac{180°}{\pi}$　　　　② $2\pi r$, $\dfrac{\pi}{180°}$

③ $2\pi r$, $\dfrac{360°}{\pi}$　　　　④ πr, $\dfrac{\pi}{180°}$

⑤ πr, $\dfrac{360°}{\pi}$

1st 비례식을 이용하여 원의 둘레의 길이와 호의 길이의 비를 구하자.

호 AB의 길이는 중심각의 크기 $a°$에 비례하므로

$l:a°=2\pi r:360°$ ⇒ $\dfrac{l}{\underset{(가)}{2\pi r}}=\dfrac{a°}{360°}$

호의 길이 $l=2\pi r\times\dfrac{a°}{360°}$,
넓이 $S=\pi r^2\times\dfrac{a°}{360°}$이므로
호의 길이, 넓이 모두 중심각의 크기에 비례해.

2nd $l=r$인 경우 $a°$의 값을 구하자.

여기서 $l=r$이면 $\dfrac{r}{2\pi r}=\dfrac{a°}{360°}$이므로

$a°=\dfrac{360°}{2\pi}=\dfrac{180°}{\pi}$ ←(나)

E 36 정답 ① *두 동경의 위치 관계 ──────── [정답률 72%]

> 정답 공식: 두 각 α, β를 나타내는 동경이 일치하는 경우 두 각의 차는 $\alpha-\beta=2n\pi$ (n은 정수)이다.

두 각 θ와 7θ의 동경이 일치할 때, 각 θ의 크기는? $\left(\text{단, } \dfrac{\pi}{2}<\theta<\pi\right)$
단서 두 각의 동경이 일치하니까 두 각의 차는 2π의 정수배야.
(3점)

① $\dfrac{2}{3}\pi$　　　② $\dfrac{3}{4}\pi$　　　③ $\dfrac{3}{5}\pi$

④ $\dfrac{4}{5}\pi$　　　⑤ $\dfrac{5}{6}\pi$

1st 두 각 θ와 7θ의 차를 구하자.

두 각 θ와 7θ의 동경이 일치하므로
$7\theta-\theta=2n\pi$(단, n은 정수)
$6\theta=2n\pi$
$\theta=\dfrac{n\pi}{3} \cdots \bigcirc$

> 실수 두 동경이 일치한다는 것은 회전 수에서 차이가 난다는 거야. 즉, 두 동경의 차는 n바퀴($2n\pi$)가 되는 거야.

2nd 주어진 각의 범위를 이용하여 각 θ의 크기를 구해봐.

$\dfrac{\pi}{2}<\theta<\pi$에 $\bigcirc$을 대입하면
$\dfrac{\pi}{2}<\dfrac{n\pi}{3}<\pi$　　$\therefore \dfrac{3}{2}<n<3$
n은 정수이므로 $n=2$
$\therefore \theta=\dfrac{2}{3}\pi(\because \bigcirc)$

E 37 정답 ④ *두 동경의 위치 관계 ──────── [정답률 75%]

> 정답 공식: 두 각 α, β를 나타내는 동경이 일치하면 $\alpha-\beta=2n\pi$ (n은 정수) 성립한다.

좌표평면 위의 점 P에 대하여 동경 OP가 나타내는 각의 크기 중 하나를 $\theta\left(\dfrac{\pi}{2}<\theta<\pi\right)$라 하자. 각의 크기 6θ를 나타내는 동경이
단서 두 각의 동경이 일치하면 각의 차는 2π의 배수가 돼.
동경 OP와 일치할 때, θ의 값은? (단, O는 원점이고, x축의 양의 방향을 시초선으로 한다.) (3점)

① $\dfrac{3}{5}\pi$　　　② $\dfrac{2}{3}\pi$　　　③ $\dfrac{11}{15}\pi$

④ $\dfrac{4}{5}\pi$　　　⑤ $\dfrac{13}{15}\pi$

1st 두 각 θ와 6θ의 차를 구하자.

$6\theta-\theta=2\pi n$ (n은 정수)
$5\theta=2n\pi$　　$\therefore \theta=\dfrac{2n}{5}\pi \cdots \bigcirc$

> 실수 두 동경이 일치할 때는 두 동경의 차가 항상 몇 바퀴의 차가 생기게 돼. 단위원의 한 바퀴가 2π이므로 n바퀴는 $2n\pi$가 되는 거야.

2nd 주어진 각의 범위를 이용하여 θ의 크기를 구하자.

$\dfrac{\pi}{2}<\theta<\pi$에 $\bigcirc$을 대입하면
$\dfrac{\pi}{2}<\dfrac{2n}{5}\pi<\pi$
$\therefore \dfrac{5}{4}<n<\dfrac{5}{2}$
각 변에 $\dfrac{5}{2\pi}$를 곱한 거야.
n은 정수이므로 $n=2$
$\therefore \theta=\dfrac{4}{5}\pi$

E 38 정답 3 *두 동경의 위치 관계 ──────── [정답률 66%]

> 정답 공식: 두 각 α, β를 나타내는 동경이 원점에 대하여 대칭인 경우 두 각의 차는 $\alpha-\beta=(2n+1)\pi$ (n은 정수)이다.

두 각 2θ와 6θ의 동경이 원점에 대하여 대칭일 때, 각 θ의 개수를 구하시오. $\left(\text{단, } 0<\theta<\dfrac{3}{2}\pi\right)$ (3점)
단서 두 각의 동경이 원점에 대하여 대칭이니까 두 각의 차는 $(2n+1)\pi$ (n은 정수)가 돼.

1st 두 각의 동경이 원점에 대하여 대칭인 경우는 두 각의 차를 구하자.
2θ와 6θ가 원점에 대하여 대칭이므로
$6\theta-2\theta=(2n+1)\pi$ (단, n은 정수)
두 동경이 원점에 대하여 대칭이면 두 동경의 위치가 π만큼 차이가 나므로 두 각의 차는 $2\pi \times n + \pi = (2n+1)\pi$가 되는 거야.
$4\theta=(2n+1)\pi$
$\therefore \theta=\dfrac{(2n+1)\pi}{4} \cdots \bigcirc$

2nd 주어진 각의 범위를 이용하여 각 θ의 크기를 구해봐.
$0<\theta<\dfrac{3}{2}\pi$에 $\bigcirc$을 대입하면
$0<\dfrac{(2n+1)\pi}{4}<\dfrac{3}{2}\pi$
$0<(2n+1)\pi<6\pi$
$-\dfrac{1}{2}<n<\dfrac{5}{2}$
n은 정수이므로 0, 1, 2
즉, θ는 $\dfrac{\pi}{4}$, $\dfrac{3}{4}\pi$, $\dfrac{5}{4}\pi$ $(\because \bigcirc)$
따라서 각 θ의 개수는 3이다.

E 39 정답 ⑤ *두 동경의 위치 관계 ──────── [정답률 62%]

> 정답 공식: 두 각 α, β를 나타내는 동경이 x축에 대하여 대칭인 경우 두 각의 합은 $\alpha+\beta=2n\pi$ (n은 정수)이다.

두 각 2θ와 4θ의 동경이 x축에 대하여 대칭일 때, 모든 θ의 크기의 합은? (단, $\pi<\theta<2\pi$) (4점)
단서 두 각의 동경이 x축에 대하여 대칭이니까 두 동경의 합을 생각하자.

① $\dfrac{7}{3}\pi$　　　② $\dfrac{5}{2}\pi$　　　③ $\dfrac{8}{3}\pi$

④ $\dfrac{17}{6}\pi$　　　⑤ 3π

1st 두 각의 동경이 x축에 대하여 대칭인 경우는 두 각의 합을 구하자.
두 각 2θ와 4θ의 동경이 x축에 대하여 대칭이므로
$2\theta+4\theta=2n\pi$(단, n은 정수)
$6\theta=2n\pi$
두 각 α, β를 나타내는 동경(단, n은 정수)
① x축에 대하여 대칭인 경우 : $\alpha+\beta=2n\pi$
② y축에 대하여 대칭인 경우 : $\alpha+\beta=(2n+1)\pi$
$\therefore \theta=\dfrac{n\pi}{3} \cdots \bigcirc$

2nd 주어진 각의 범위를 이용하여 각 θ의 크기를 구해봐.
$\pi<\theta<2\pi$에 $\bigcirc$을 대입하면
$\pi<\dfrac{n\pi}{3}<2\pi$
$\therefore 3<n<6$
n은 정수이므로 $n=4$ 또는 $n=5$
$\therefore \theta=\dfrac{4}{3}\pi$ 또는 $\theta=\dfrac{5}{3}\pi$ $(\because \bigcirc)$
따라서 모든 θ의 크기의 합은
$\dfrac{4}{3}\pi+\dfrac{5}{3}\pi=\dfrac{9}{3}\pi=3\pi$

E 40 정답 ① *부채꼴의 호의 길이와 넓이 ──────── [정답률 90%]

정답 공식: 반지름의 길이가 r, 중심각의 크기가 θ인 부채꼴의 넓이는 $\frac{1}{2}r^2\theta$
(단, θ는 호도법으로 표현된 각이다.)

반지름의 길이가 4이고 중심각의 크기가 $\frac{5}{12}\pi$인 부채꼴의 넓이는? (2점) 단서 부채꼴의 넓이 공식을 적용할 수 있어.

① $\frac{10}{3}\pi$　　　② $\frac{11}{3}\pi$　　　③ 4π

④ $\frac{13}{3}\pi$　　　⑤ $\frac{14}{3}\pi$

1st 부채꼴의 넓이를 구하는 공식을 이용해.

반지름의 길이가 4이고 중심각의 크기가 $\frac{5}{12}\pi$인 주의 중심각의 크기에 π가 곱해져 있으므로 이는 호도법의 표현임을 알 수 있어.

부채꼴의 넓이는 $\frac{1}{2}\times 4^2 \times \frac{5}{12}\pi = \frac{10}{3}\pi$
반지름의 길이가 r, 중심각의 크기가 θ(라디안)인 부채꼴의 호의 길이를 l, 넓이를 S라 하면 $l=r\theta$, $S=\frac{1}{2}r^2\theta=\frac{1}{2}rl$

다른 풀이: 부채꼴의 호의 길이를 구하여 부채꼴의 넓이 구하기

부채꼴의 호의 길이 l을 구하면 $l = 4\times\frac{5}{12}\pi = \frac{5}{3}\pi$

부채꼴의 넓이 S를 구하면 $S = \frac{1}{2}rl = \frac{1}{2}\times 4 \times \frac{5}{3}\pi = \frac{10}{3}\pi$

E 41 정답 ② *부채꼴의 호의 길이와 넓이 ──────── [정답률 86%]

정답 공식: 반지름의 길이가 r이고 중심각의 크기가 θ인 부채꼴의 호의 길이와 넓이를 각각 l, S라 하면 $l=r\theta$, $S=\frac{1}{2}r^2\theta=\frac{1}{2}rl$이다.

중심각의 크기가 $\frac{\pi}{4}$이고 넓이가 18π인 부채꼴의 호의 길이는?
단서1 중심각의 크기와 넓이가 주어진 부채꼴의 반지름의 길이를 먼저 구해.
(3점)

① 2π　　　② 3π　　　③ 4π
④ 5π　　　⑤ 6π 단서2 중심각의 크기가 주어졌으니까 반지름의 길이만 알면 부채꼴의 호의 길이를 구할 수 있지?

1st 부채꼴의 반지름의 길이를 구해.

중심각의 크기가 $\frac{\pi}{4}$이고 넓이가 18π인 부채꼴의 반지름의 길이를 r이라

하면 $\frac{1}{2}r^2 \times \frac{\pi}{4} = 18\pi$에서 $r^2=144$　∴ $r=12$
반지름의 길이가 r이고 중심각의 크기가 θ인 부채꼴의 넓이는 $\frac{1}{2}r^2\theta$야.

2nd 부채꼴의 호의 길이를 구해.

따라서 부채꼴의 호의 길이는 $r\times\frac{\pi}{4} = 12\times\frac{\pi}{4} = 3\pi$이다.
반지름의 길이가 r이고 중심각의 크기가 θ인 부채꼴의 호의 길이는 $r\theta$야.

다른 풀이: 부채꼴의 호의 길이와 넓이 사이의 관계 이용하기

위의 풀이에 의하여 부채꼴의 반지름의 길이가 12이므로 부채꼴의 호의

길이를 l이라 하면 $\frac{1}{2}\times 12 \times l = 18\pi$에서 $l=3\pi$
반지름의 길이가 r이고 중심각의 크기가 θ인 부채꼴의 호의 길이를 l, 넓이를 S라 하면 $l=r\theta$이므로
$S=\frac{1}{2}r^2\theta = \frac{1}{2}r\times r\theta = \frac{1}{2}rl$이야.

E 42 정답 ⑤ *부채꼴의 호의 길이와 넓이 ──────── [정답률 89%]

정답 공식: 부채꼴의 넓이를 S, 중심각의 크기를 θ, 반지름의 길이를 r라 하면 부채꼴의 넓이 $S=\frac{1}{2}r^2\theta$이다.

반지름의 길이가 6이고 넓이가 15π인 부채꼴의 중심각의 크기는? (2점) 단서 부채꼴의 넓이 공식을 이용하자.

① $\frac{\pi}{6}$　　② $\frac{\pi}{3}$　　③ $\frac{\pi}{2}$　　④ $\frac{2}{3}\pi$　　⑤ $\frac{5}{6}\pi$

1st 부채꼴의 넓이 공식을 이용하여 중심각의 크기를 구하자. $S=\frac{1}{2}r^2\theta$

부채꼴의 넓이를 S, 중심각의 크기를 θ, 반지름의 길이를 r라 하면
θ의 단위는 라디안으로

$S = \frac{1}{2}\times 6^2 \times \theta = 15\pi$, $18\theta = 15\pi$
1라디안 $=\frac{180°}{\pi}$, $1° = \frac{\pi}{180}$야.

∴ $\theta = \frac{15}{18}\pi = \frac{5}{6}\pi$

E 43 정답 ⑤ *부채꼴의 호의 길이와 넓이 ──────── [정답률 91%]

정답 공식: 반지름의 길이가 r이고 중심각의 크기가 θ인 부채꼴의 호의 길이를 l이라 하면 $l=r\theta$이다.

중심각의 크기가 $\frac{3}{4}\pi$이고 호의 길이가 $\frac{2}{3}\pi$인 부채꼴의 반지름의 길이는? (2점) 단서 부채꼴의 중심각의 크기와 호의 길이를 알고 있으니까 호의 길이 구하는 공식을 이용하여 반지름의 길이를 구할 수 있어.

① $\frac{4}{9}$　　　② $\frac{5}{9}$　　　③ $\frac{2}{3}$
④ $\frac{7}{9}$　　　⑤ $\frac{8}{9}$

1st 조건을 만족시키는 부채꼴의 반지름의 길이를 구해.

중심각의 크기가 $\frac{3}{4}\pi$이고 호의 길이가 $\frac{2}{3}\pi$인 부채꼴의 반지름의

길이를 r이라 하면 $r\times\frac{3}{4}\pi = \frac{2}{3}\pi$　∴ $r=\frac{8}{9}$
반지름의 길이가 r, 중심각의 크기가 θ인 부채꼴의 호의 길이 l은 $l=r\theta$

E 44 정답 15 *부채꼴의 호의 길이와 넓이 ──────── [정답률 92%]

정답 공식: 반지름의 길이가 r이고 중심각의 크기가 θ인 부채꼴의 호의 길이를 l이라 하면 $l=r\theta$이다.

중심각의 크기가 $\frac{4}{5}\pi$이고 호의 길이가 12π인 부채꼴의 반지름의 길이를 구하시오. (3점) 단서 부채꼴의 호의 길이는 반지름의 길이와 중심각의 크기(라디안)를 이용하여 구하지?

1st 부채꼴의 반지름의 길이를 구하자.

부채꼴의 반지름의 길이를 r이라 하면 호의 길이가 12π이므로

$r\times\frac{4}{5}\pi = 12\pi$에서
부채꼴의 반지름의 길이가 r이고 중심각의 크기가 θ(라디안)일 때, 호의 길이 $l=r\theta$

$r = 12\pi \times \frac{5}{4\pi} = 15$

따라서 부채꼴의 반지름의 길이는 15이다.

[정답 공식: 반지름의 길이가 r, 중심각의 크기가 θ, 호의 길이가 l, 넓이가 S인 부채꼴에 대하여 $l=r\theta$, $S=\frac{1}{2}r^2\theta=\frac{1}{2}rl$이다.]

호의 길이가 2π이고 넓이가 6π인 부채꼴의 반지름의 길이를 구하시오. (3점) [단서] 부채꼴의 호의 길이와 반지름의 길이를 알면 중심각의 크기가 주어지지 않아도 넓이를 구할 수 있어.

1st 부채꼴의 반지름의 길이를 구해.

넓이가 6π인 부채꼴의 반지름의 길이를 r, 호의 길이를 l이라 하면

$l=2\pi$이므로 $\frac{1}{2}\times r\times l=6\pi$에서 $\frac{1}{2}\times r\times 2\pi=6\pi$

$\therefore r=6$

반지름의 길이가 r, 중심각의 크기가 θ인 부채꼴의 호의 길이를 l, 넓이를 S라 하면 $l=r\theta$이고 $S=\frac{1}{2}r^2\theta=\frac{1}{2}r\times\theta=\frac{1}{2}rl$이야.

[정답 공식: 반지름의 길이가 r이고 중심각의 크기가 θ인 부채꼴의 호의 길이 $l=r\theta$]

반지름의 길이가 6이고 호의 길이가 4π인 부채꼴의 중심각의 크기는? (2점) [단서] 반지름의 길이와 중심각의 크기를 알면 공식을 이용해서 호의 길이를 구할 수 있어.

① $\frac{\pi}{6}$ ② $\frac{\pi}{3}$ ③ $\frac{\pi}{2}$

④ $\frac{2}{3}\pi$ ⑤ $\frac{5}{6}\pi$

1st 부채꼴의 호의 길이를 구하는 공식을 이용하여 중심각의 크기를 구하자.

↳ [부채꼴의 호의 길이]
부채꼴의 반지름의 길이를 r, 호의 길이를 l, 중심각의 크기를 θ라 하면 $l=r\theta$

부채꼴의 중심각의 크기를 θ라 하면 반지름의 길이가 6, 호의 길이가 4π이므로 $6\theta=4\pi$

$\therefore \theta=\frac{4\pi}{6}=\frac{2}{3}\pi$ → 반지름의 길이를 r, 중심각의 크기를 θ라 하면 부채꼴의 호의 길이 $l=r\theta$

[주의]
공식에 적용할 때 각은 항상 라디안이어야 해.

부채꼴의 호의 길이와 넓이   개념·공식

중심각의 크기가 θ(라디안), 반지름의 길이가 r의 부채꼴의
① 호의 길이 : $l=r\theta$
② 넓이 : $S=\frac{1}{2}r^2\theta=\frac{1}{2}rl$

[정답 공식: 반지름의 길이가 r, 중심각의 크기가 θ(라디안)인 부채꼴의 호의 길이를 l, 넓이를 S라 하면 $l=r\theta$, $S=\frac{1}{2}r^2\theta=\frac{1}{2}r$]

[단서] 부채꼴의 넓이를 구하려면 문제에서 주어진 조건 중에 반지름의 길이가 빠져 있으니까 이를 먼저 구해야할 필요가 있어.

중심각의 크기가 $\frac{\pi}{6}$이고 호의 길이가 π인 부채꼴의 넓이는? (3점)

① π ② 2π ③ 3π

④ 4π ⑤ 5π

1st 부채꼴의 반지름의 길이와 중심각의 크기를 문자로 바꾸어 식을 정리하여 부채꼴의 넓이를 구하자.

부채꼴의 반지름의 길이를 r, 중심각의 크기를 θ라 하자.

↳ 부채꼴의 호의 길이나 넓이가 모두 반지름의 길이, 중심각의 크기를 이용한 식이니까 이 두 가지를 모두 문자로 놓는 것이 계산하기에 좋아.

이때, $\theta=\frac{\pi}{6}$이고 부채꼴의 호의 길이가 π이므로

↳ 반지름의 길이가 r, 중심각의 크기가 θ(라디안)인 부채꼴의 호의 길이 l은 $l=r\theta$

$\pi=\frac{\pi}{6}r$

$\therefore r=6$

$\therefore$ (부채꼴의 넓이)$=\frac{1}{2}r^2\theta=\frac{1}{2}\times6^2\times\frac{\pi}{6}=3\pi$

[수능 핵강]

*부채꼴의 반지름의 길이와 중심각의 크기를 이용한 공식 암기하기

중학교에서는 반지름의 길이와 중심각(˚)을 이용해서 구했지만 고등학교에서는 반지름의 길이와 라디안을 이용하여 부채꼴과 관련한 문제를 풀지? 따라서 다음 순서대로 이해를 하고 암기하여 문제에 정확하게 적용해 보자.

(i) 라디안과 호도법에 관한 정의를 다시 확인하자.
반지름의 길이와 호의 길이가 같은 부채꼴의 중심각의 크기를 1라디안이라 하고, 이것을 단위로 하여 각의 크기를 나타내는 방법을 호도법이라 해.

(ii) 부채꼴의 반지름의 길이를 r, 중심각의 크기를 호도법으로 나타냈을 때 θ라 하면

     ㉠ 부채꼴의 호의 길이 $l=r\theta$ ㉡ 부채꼴의 넓이 $S=\frac{1}{2}r^2\theta$

(iii) ㉠과 ㉡의 관계 $S=\frac{1}{2}rl$

호도법과 육십분법 사이의 관계   개념·공식

1라디안$=\frac{180°}{\pi}$이고 $1°=\frac{\pi}{180}$라디안이다.

E 48 정답 ④ *부채꼴의 호의 길이와 넓이 ············ [정답률 51%]

정답 공식: 반지름의 길이가 r, 중심각의 크기가 θ인 부채꼴의 넓이 S는
$S=\frac{1}{2}r^2\theta=\frac{1}{2}rl$

그림과 같이 $\overline{OA}=\overline{OB}=1$, $\angle AOB=\theta$인 이등변삼각형 OAB 가 있다. 선분 AB를 지름으로 하는 반원이 선분 OA와 만나는 점 중 A가 아닌 점을 P, 선분 OB와 만나는 점 중 B가 아닌 점을 Q라 하자. 선분 AB의 중점을 M이라 할 때, 다음은 부채꼴 MPQ의 넓이 $S(\theta)$를 구하는 과정이다. $\left(\text{단, } 0<\theta<\dfrac{\pi}{2}\right)$

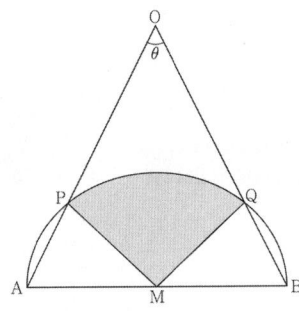

삼각형 OAM에서 $\angle OMA=\dfrac{\pi}{2}$, $\angle AOM=\dfrac{\theta}{2}$이므로

$\overline{MA}=$ (가) **단서1** 삼각형 OAM은 직각삼각형이 므로 삼각비의 정의를 이용하자.

이다. 한편, $\angle OAM=\dfrac{\pi}{2}-\dfrac{\theta}{2}$이고 $\overline{MA}=\overline{MP}$이므로

$\angle AMP=$ (나)

이다. 같은 방법으로

$\angle OBM=\dfrac{\pi}{2}-\dfrac{\theta}{2}$이고 $\overline{MB}=\overline{MQ}$이므로

$\angle BMQ=$ (나) **단서2** 부채꼴 MPQ의 반지름의 길이와 중심 각의 크기를 알면 넓이를 구할 수 있어.

이다. 따라서 부채꼴 MPQ의 넓이 $S(\theta)$는

$$S(\theta)=\frac{1}{2}\times(\boxed{\text{(가)}})^2\times\boxed{\text{(다)}}$$

이다.

위의 (가), (나), (다)에 알맞은 식을 각각 $f(\theta)$, $g(\theta)$, $h(\theta)$라

할 때, $\dfrac{f\left(\dfrac{\pi}{3}\right)\times g\left(\dfrac{\pi}{6}\right)}{h\left(\dfrac{\pi}{4}\right)}$의 값은? (4점)

① $\dfrac{5}{12}$　② $\dfrac{1}{3}$　③ $\dfrac{1}{4}$　④ $\dfrac{1}{6}$　⑤ $\dfrac{1}{12}$

1st $\angle AMP$와 $\angle BMQ$의 크기를 θ에 대한 식으로 나타내자.

삼각형 OAM에서 $\angle OMA=\dfrac{\pi}{2}$, $\angle AOM=\dfrac{\theta}{2}$이므로

$\overline{MA}=\sin\dfrac{\theta}{2}$ ←(가)

한편, $\angle OAM=\dfrac{\pi}{2}-\dfrac{\theta}{2}$이고 → 직각삼각형 AOM에서

$\overline{MA}=\overline{MP}$이므로 $\sin(\angle AOM)=\dfrac{\overline{MA}}{\overline{OA}}$

$\therefore \sin\dfrac{\theta}{2}=\dfrac{\overline{MA}}{1}=\overline{MA}$

$\angle AMP=\pi-2\times\left(\dfrac{\pi}{2}-\dfrac{\theta}{2}\right)=\theta$ ←(나)

같은 방법으로

$\angle OBM=\dfrac{\pi}{2}-\dfrac{\theta}{2}$이고 $\overline{MB}=\overline{MQ}$이므로 $\angle BMQ=\theta$

2nd 부채꼴 MPQ의 넓이를 θ에 대한 식으로 나타내고, 주어진 식의 값을 구하자.

즉, 부채꼴 MPQ의 넓이 $S(\theta)$는

$$S(\theta)=\frac{1}{2}\times\left(\sin\frac{\theta}{2}\right)^2\times(\pi-2\theta)$$
(다)

반지름의 길이가 r, 중심각의 크기가 θ인 부채꼴의 넓이 S는 $S=\dfrac{1}{2}r^2\theta$

따라서 (가), (나), (다)에 알맞은 식은 각각

$f(\theta)=\sin\dfrac{\theta}{2}$, $g(\theta)=\theta$,

$h(\theta)=\pi-2\theta$이므로

$f\left(\dfrac{\pi}{3}\right)=\dfrac{1}{2}$, $g\left(\dfrac{\pi}{6}\right)=\dfrac{\pi}{6}$,

$h\left(\dfrac{\pi}{4}\right)=\pi-\dfrac{\pi}{2}=\dfrac{\pi}{2}$

$\therefore \dfrac{f\left(\dfrac{\pi}{3}\right)\times g\left(\dfrac{\pi}{6}\right)}{h\left(\dfrac{\pi}{4}\right)}=\dfrac{\dfrac{1}{2}\times\dfrac{\pi}{6}}{\dfrac{\pi}{2}}=\dfrac{1}{6}$

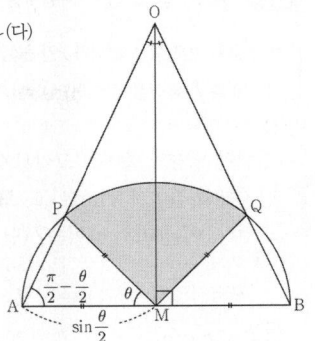

E 49 정답 ② *부채꼴의 호의 길이와 넓이 ············ [정답률 69%]

정답 공식: 부채꼴 둘레의 길이는 $r+r+l$이다.

중심각이 θ이고 반지름의 길이가 2인 부채꼴 PAB의 중심 P가 반지름의 길이가 1인 원 O 위에 있다. 그림과 같이 부채꼴 PAB 가 원 O에 접하며 한 바퀴 돌아서 중심 P가 제자리에 왔다. 이때, 중심각 θ의 값은? (4점) **단서** '한 바퀴 돌아서 제자리에 온다'는 것은 부채꼴 PAB 의 둘레의 길이와 원 O의 둘레의 길이가 같음을 나 타내므로 이를 이용하여 식을 세워 보자.

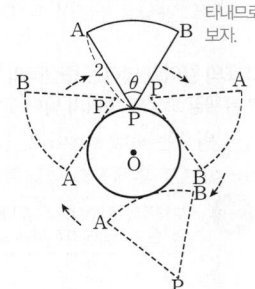

① $\pi-\dfrac{5}{2}$　② $\pi-2$　③ $\pi-\dfrac{3}{2}$

④ $\pi-1$　⑤ $\pi-\dfrac{1}{2}$

1st 부채꼴과 원의 둘레의 길이를 각각 구해보자. **주의** $l=r\times\theta$임을 이용하자.

반지름의 길이가 2이고 중심각의 크기가 θ인 호 AB의 길이는 2θ이므로 부채꼴 PAB의 둘레의 길이는 **주의** 부채꼴의 둘레의 길이는 $r+r+l=r(2+\theta)$임을 이용하자.

$2+2+2\theta=4+2\theta$

또, 반지름의 길이가 1인 원 O의 둘레의 길이는

$2\pi\times1=2\pi$

이때, 부채꼴 PAB가 원 O에 접하면서 한 바퀴 돌아서 중심 P가 제자 리에 왔으므로 부채꼴 PAB의 둘레의 길이와 원 O의 둘레의 길이는 같 다. 즉, 그냥 보기에는 부채꼴의 두 반지름과 호가 원에 접한다는 게 이해가 안 될 수도 있어. 그치만 곰곰이 생각해 보면 연속해서 닿아서 지나가니까 원의 둘레를 접하면서 도는 게 가능한 거야.

$4+2\theta=2\pi$

$\therefore \theta=\pi-2$

[정답 공식: 반지름의 길이가 r인 원에서 중심각의 크기가 θ(라디안)인 부채꼴의 호의 길이를 l, 넓이를 S라 하면 $l=r\theta$, $S=\dfrac{1}{2}r^2\theta=\dfrac{1}{2}rl$이다.]

부채꼴 모양의 종이로 고깔모자를 만들었더니, 밑면의 반지름의 길이가 8 cm이고, 모선의 길이가 20 cm인 원뿔 모양이 되었다. 이 종이의 넓이는? (단, 종이는 겹치지 않도록 한다.) (3점)

단서 부채꼴의 넓이는 반지름의 길이 r, 중심각의 크기 θ에 대하여 $\dfrac{1}{2}r^2\theta$이므로 중심각의 크기를 구하면 해결돼. 특히 (부채꼴의 호의 길이)=(원뿔의 밑면인 원의 둘레의 길이)임을 적용하면 해결될 거야.

① 160π cm²   ② 170π cm²   ③ 180π cm²

④ 190π cm²   ⑤ 200π cm²

1st 부채꼴의 호의 길이와 고깔모자의 밑면의 둘레의 길이가 같음을 이용하자.

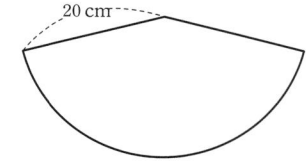

부채꼴 모양의 종이의 호의 길이와 고깔모자의 밑면의 둘레의 길이가 같으므로 부채꼴의 호의 길이는

$2\pi\times8=16\pi$

이때, 부채꼴 모양의 종이는 반지름의 길이 $r=20$ cm이고, 호의 길이 $l=16\pi$ cm이므로 부채꼴의 넓이를 S라 하면

$S=\dfrac{1}{2}rl=\dfrac{1}{2}\times20\times16\pi=160\pi(\text{cm}^2)$

반지름의 길이가 r이고 중심각의 크기가 θ인 부채꼴의 호의 길이 l과 넓이 S는 $l=r\theta$, $S=\dfrac{1}{2}r^2\theta=\dfrac{1}{2}rl$

🔍 **쉬운 풀이:** 부채꼴의 호의 길이와 넓이는 중심각의 크기에 정비례함을 이용하여 부채꼴 모양의 종이의 넓이 구하기

반지름의 길이가 20 cm인 원주는 40π cm이고, 넓이는 400π cm²야. 부채꼴의 호의 길이가 16π이므로 부채꼴의 넓이를 S라 하면

$40\pi:16\pi=400\pi:S$ 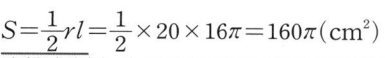 부채꼴의 호의 길이와 넓이는 중심각의 크기에 정비례해. 즉, 한 부채꼴에 대하여 호의 길이와 넓이의 비는 일정해.

$\therefore S=160\pi(\text{cm}^2)$

【수능 핵강】

＊ 부채꼴의 호의 길이와 넓이 구하는 과정 꼼꼼히 이해하기

부채꼴의 호의 길이와 넓이를 구하는 공식 유도 과정을 기억해 두면 공식을 잊었을 때, 다시 유도할 수 있어. 부채꼴의 반지름의 길이가 r이고, 중심각의 크기가 θ(라디안)이라 하면 호의 길이 l은 중심각의 크기 θ에 정비례하므로

$2\pi r:l=2\pi:\theta$, $2\pi l=2\pi r\theta$

$\therefore l=\dfrac{2\pi r\theta}{2\pi}=r\theta$

또, 부채꼴의 넓이 S도 중심각의 크기 θ에 정비례하므로

$\pi r^2:S=2\pi:\theta$, $2\pi S=\pi r^2\theta$

$\therefore S=\dfrac{2\pi r\theta}{2\pi}=\dfrac{1}{2}r^2\theta$

그런데 $l=r\theta$이므로

$S=\dfrac{1}{2}r^2\theta=\dfrac{1}{2}r\times r\theta=\dfrac{1}{2}rl$

[정답 공식: 반지름의 길이가 r인 원에서 중심각의 크기가 θ(라디안)인 부채꼴의 호의 길이를 l, 넓이를 S라 하면 $S=\dfrac{1}{2}r^2\theta=\dfrac{1}{2}rl$이다.]

반지름의 길이가 r이고 높이가 1인 원기둥에 물이 들어 있다. 원기둥을 수평으로 뉘였을 때 수면과 옆면이 만나서 이루는 현에 대한 중심각을 θ라 하자. 원기둥을 세웠을 때 수면의 높이 h를 θ로

단서1 원기둥을 눕히나 세우나 물의 양에는 변함없음에 착안해.

표시하면? (단, $0<\theta<\pi$, $0<h<\dfrac{1}{2}$) (2점)

단서2 그림에서 물의 부피는 밑면이 🌑 모양이고 높이가 1인 기둥의 부피와 같으니까 🌑 모양의 넓이만 구하면 물의 부피를 구할 수 있어.

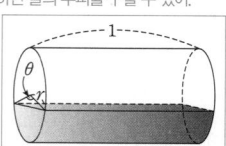 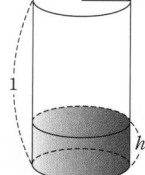

① $h=\dfrac{1}{2\pi}\theta$ ② $h=\dfrac{1}{2\pi}\sin\theta$

③ $h=\theta-\sin\theta$ ④ $h=\dfrac{1}{2\pi}(\theta+\sin\theta)$

⑤ $h=\dfrac{1}{2\pi}(\theta-\sin\theta)$

1st 물의 부피는 변하지 않음에 착안해.

원기둥을 수평으로 뉘였을 때나 세웠을 때의 물의 부피는 동일함을 이용하자. 먼저 뉘였을 때의 부피 V_1을 구하자.

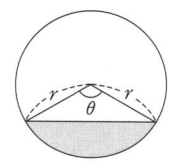

밑넓이는 어두운 부분의 넓이이므로

$(\text{밑넓이})=\dfrac{1}{2}r^2\theta-\dfrac{1}{2}r^2\sin\theta$

밑넓이는 중심각의 크기가 θ이고 반지름의 길이가 r인 부채꼴의 넓이에서 부채꼴의 두 반지름과 현으로 이루어진 삼각형의 넓이를 빼면 돼.

$\therefore V_1=(\text{밑넓이})\times(\text{높이})$

$=\dfrac{1}{2}r^2\theta-\dfrac{1}{2}r^2\sin\theta$

한편, 원기둥을 세웠을 때의 물의 부피 V_2를 구하면

$V_2=\pi r^2h$

따라서 $V_1=V_2$이므로

$\dfrac{1}{2}r^2\theta-\dfrac{1}{2}r^2\sin\theta=\pi r^2h$

$\therefore h=\dfrac{1}{2\pi}(\theta-\sin\theta)$

[정답 공식: 반지름의 길이가 r, 중심각의 크기가 θ(라디안)인 부채꼴의 호의 길이를 l, 넓이를 S라 하면 $l=r\theta$, $S=\dfrac{1}{2}r^2\theta=\dfrac{1}{2}rl$]

선분 AB를 지름으로 하는 반원의 호 AB 위에 점 C가 있다.
선분 AB의 중점을 O라 할 때, 호 AC의 길이가 π이고 부채꼴
OBC의 넓이가 15π이다. 선분 OA의 길이를 구하시오.
단서 반원의 반지름과 호 AC의 중심각을 각각 미지수로 두면 되지.
(단, 점 C는 점 A도 아니고 점 B도 아니다.) (3점)

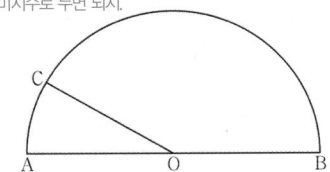

1st $\overline{OA}=r(r>0)$라 두고 호 AC의 길이와 부채꼴 OBC의 넓이를 이용하여 r의 값을 구해.

$\overline{OA}=r(r>0)$, $\angle COA=\theta(0<\theta<\pi)$라 하면

호 AC의 길이가 π이므로 $r\theta=\pi$에서 $\theta=\dfrac{\pi}{r}$이다.

부채꼴 OBC의 넓이가 15π이므로

$\dfrac{1}{2}r^2(\pi-\theta)=\dfrac{1}{2}r^2\left(\pi-\dfrac{\pi}{r}\right)$ → $\angle COA=\theta(0<\theta<\pi)$이므로 $\angle COB=\pi-\angle COA=\pi-\theta$가 되지. 이때, $\angle COB$가 부채꼴 OBC의 중심각이야.

$\quad=\dfrac{1}{2}\pi(r^2-r)=15\pi$

이고, $r^2-r=30$에서 $r^2-r-30=0$이므로

$(r+5)(r-6)=0$ ∴ $r=6$

따라서 선분 OA의 길이는 6이다.

다른 풀이: 부채꼴의 넓이 $S=\dfrac{1}{2}rl$ 이용하기

$\angle COA=\theta(0<\theta<\pi)$라 하면

호 AC의 길이가 π이므로 $r\theta=\pi$ ∴ $\theta=\dfrac{\pi}{r}$ ⋯ ㉠

호 BC의 길이를 l이라 하면 $l=r(\pi-\theta)$야.

부채꼴 OBC의 넓이가 15π이므로

$S=\dfrac{1}{2}rl=\dfrac{1}{2}r\times r(\pi-\theta)=\dfrac{1}{2}r^2(\pi-\theta)=15\pi$

이고, 이 식에 ㉠을 대입하면

$\dfrac{1}{2}r^2\left(\pi-\dfrac{\pi}{r}\right)=15\pi$

(이하 동일)

⚙ **부채꼴의 호의 길이와 넓이**   개념·공식

중심각의 크기가 θ(라디안), 반지름의 길이가 r의 부채꼴의
① 호의 길이 : $l=r\theta$
② 넓이 : $S=\dfrac{1}{2}r^2\theta=\dfrac{1}{2}rl$

[정답 공식: 반지름의 길이가 r, 중심각의 크기가 θ (라디안)인 부채꼴의 넓이를 S라고 하면 $S=\dfrac{1}{2}r^2\theta=\dfrac{1}{2}rl$이다.]

그림과 같이 반지름의 길이가 4이고 중심각의 크기가 $\dfrac{\pi}{6}$인 부채꼴 OAB가 있다. 선분 OA 위의 점 P에 대하여 선분 PA를 지름으로 하고 선분 OB에 접하는 반원을 C라 할 때, 부채꼴 OAB의 넓이를 S_1, 반원 C의 넓이를 S_2라 하자. S_1-S_2의 값은? (4점)
단서 반원이 선분 OB에 접하고 있으므로 반원의 중심으로부터 접점까지의 거리가 반지름 r이지.

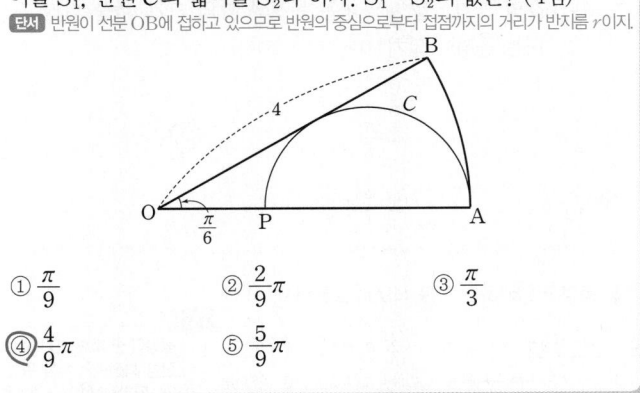

① $\dfrac{\pi}{9}$ ② $\dfrac{2}{9}\pi$ ③ $\dfrac{\pi}{3}$

④ $\dfrac{4}{9}\pi$ ⑤ $\dfrac{5}{9}\pi$

1st 반원 C의 중심에서 선분 OB에 수선의 발을 내리고, 직각삼각형에서 삼각비를 이용하여 반원의 반지름의 길이를 구해.

반원 C의 중심을 Q, 반지름의 길이를 r라 하면 $\overline{OA}=4$이므로
$\overline{OQ}=4-r$ 선분 OB와 반원 C의 접점을 H라 하면 $\overline{QH}=r$

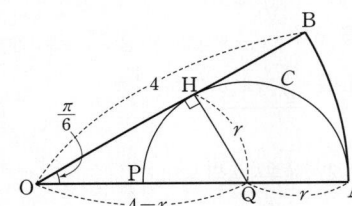

부채꼴의 중심각의 크기가 $\dfrac{\pi}{6}$이므로 직각삼각형 OQH에서

$\sin\dfrac{\pi}{6}=\dfrac{r}{4-r}=\dfrac{1}{2}$에서

$2r=4-r$ 직각삼각형에서 직각이 아닌 각 θ가 특수각일 때 $\sin\theta$, $\cos\theta$, $\tan\theta$의 값을 이용해 길이의 비를 알 수 있어.

$3r=4$

∴ $r=\dfrac{4}{3}$

2nd 부채꼴과 반원의 넓이를 각각 구해.

즉, $S_1=\dfrac{1}{2}\times 4^2\times\dfrac{\pi}{6}=\dfrac{4}{3}\pi$, → $S_1=\dfrac{1}{2}r^2\theta=\dfrac{1}{2}\times 4^2\times\dfrac{\pi}{6}$

$S_2=\dfrac{1}{2}\times\pi\times\left(\dfrac{4}{3}\right)^2=\dfrac{8}{9}\pi$이므로

$S_1-S_2=\dfrac{4}{3}\pi-\dfrac{8}{9}\pi=\dfrac{4}{9}\pi$ 반지름의 길이가 r인 원의 넓이가 πr^2이므로 반원의 넓이는 $\dfrac{1}{2}\pi r^2$

⚙ **특수각의 삼각함수의 값**   개념·공식

(1) $\sin\dfrac{\pi}{6}=\dfrac{1}{2}$, $\sin\dfrac{\pi}{4}=\dfrac{\sqrt{2}}{2}$, $\sin\dfrac{\pi}{3}=\dfrac{\sqrt{3}}{2}$, $\sin\dfrac{\pi}{2}=1$

(2) $\cos\dfrac{\pi}{6}=\dfrac{\sqrt{3}}{2}$, $\cos\dfrac{\pi}{4}=\dfrac{\sqrt{2}}{2}$, $\cos\dfrac{\pi}{3}=\dfrac{1}{2}$, $\cos\dfrac{\pi}{2}=0$

(3) $\tan\dfrac{\pi}{6}=\dfrac{\sqrt{3}}{3}$, $\tan\dfrac{\pi}{4}=1$, $\tan\dfrac{\pi}{3}=\sqrt{3}$

E 54 정답 ③ * 부채꼴의 호의 길이와 넓이 ────── [정답률 73%]

[정답 공식: 반지름이 r, 중심각이 θ인 부채꼴의 넓이는 $\frac{1}{2}r^2\theta$이다.]

반지름의 길이가 2이고 중심각의 크기가 θ인 부채꼴이 있다. θ가 다음 조건을 만족시킬 때, 이 부채꼴의 넓이는? (3점)

(가) $0 < \theta < \frac{\pi}{2}$

단서 동경이 일치하려면 각의 차이가 2π, 4π, 6π, ⋯이어야 해. 그리고 이렇게 두 동경이 일치하는 경우를 식으로 나타낼 수 있어야 해.

(나) 각의 크기 θ를 나타내는 동경과 각의 크기 8θ를 나타내는 동경이 일치한다.

① $\frac{3}{7}\pi$ ② $\frac{\pi}{2}$ ③ $\frac{4}{7}\pi$

④ $\frac{9}{14}\pi$ ⑤ $\frac{5}{7}\pi$

1st 동경이 일치하는 각을 식으로 표현하자.

$8\theta - \theta = 2n\pi$ ∴ $\theta = \frac{2n}{7}\pi$ (n은 정수)

주의 동경이 한 바퀴 회전 즉, 2π만큼 회전하면 처음 위치가 돼. 따라서 정수 n에 대해 $2n\pi$로 표현해야 해.

→ 동경이 나타내는 각은 시초선을 기준으로 회전한 양이야. 따라서 두 동경이 일치하면 각의 차는 $2\pi \times n$ (n은 정수) 꼴이야.

$0 < \theta < \frac{\pi}{2}$이므로

$0 < \frac{2n}{7}\pi < \frac{\pi}{2}$ ∴ $0 < n < \frac{7}{4}$

∴ $n = 1$, $\theta = \frac{2}{7}\pi$ (∵ n은 정수)

2nd 부채꼴의 넓이를 구해.

→ 부채꼴의 넓이 공식 $\frac{1}{2}r^2\theta$에 대입한 결과야.

따라서 부채꼴의 넓이는 $\frac{1}{2} \times 2^2 \times \frac{2}{7}\pi = \frac{4}{7}\pi$

E 55 정답 ④ * 부채꼴의 넓이 ────── [정답률 62%]

[정답 공식: 반지름의 길이가 r이고 중심각의 크기가 θ인 부채꼴의 넓이를 S라 하면 $S = \frac{1}{2}r^2\theta$이다.]

그림과 같이 두 점 O, O'을 각각 중심으로 하고 반지름의 길이가 3인 두 원 O, O'이 한 평면 위에 있다. 두 원 O, O'이 만나는 점을 각각 A, B라 할 때, $\angle AOB = \frac{5}{6}\pi$이다.

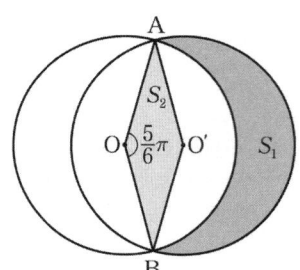

원 O의 외부와 원 O'의 내부의 공통부분의 넓이를 S_1, 마름모 $AOBO'$의 넓이를 S_2라 할 때, $S_1 - S_2$의 값은? (4점)

① $\frac{5}{4}\pi$ ② $\frac{4}{3}\pi$ ③ $\frac{17}{12}\pi$

④ $\frac{3}{2}\pi$ ⑤ $\frac{19}{12}\pi$

단서 S_1, S_2의 넓이를 각각 구하려고 하면 식이 복잡해지니까 다른 부분의 넓이를 활용하여 $S_1 - S_2$의 값을 구해.

1st $\angle AO'B$의 크기를 구해.

두 삼각형 AOB, AO'B에서 선분 AB는 공통이고 $\overline{OA} = \overline{OB} = \overline{O'A} = \overline{O'B} = 3$이므로 $\triangle AOB \equiv \triangle AO'B$ (SSS 합동)

따라서 $\angle AOB = \angle AO'B = \frac{5}{6}\pi$이므로 2개의 $\angle AO'B$ 중 크기가 더 큰 각의 크기는 $\angle AO'B = 2\pi - \frac{5}{6}\pi = \frac{7}{6}\pi$이다.

→ 반지름의 길이가 r이고 중심각의 크기가 θ인 부채꼴의 호의 길이를 l, 넓이를 S라 하면 $l = r\theta$이고 $S = \frac{1}{2}r^2\theta = \frac{1}{2}rl$이야.

2nd $S_1 - S_2$의 값을 구해.

이때, 원 O'에서 중심각의 크기가 $\angle AO'B = \frac{7}{6}\pi$인 부채꼴의 넓이를 T_1, 원 O에서 중심각의 크기가 $\angle AOB = \frac{5}{6}\pi$인 부채꼴의 넓이를 T_2라 하면

$S_1 = T_1 + S_2 - T_2$

$= \left(\frac{1}{2} \times 3^2 \times \frac{7}{6}\pi\right) + S_2 - \left(\frac{1}{2} \times 3^2 \times \frac{5}{6}\pi\right)$

$= \frac{21}{4}\pi + S_2 - \frac{15}{4}\pi$

$= \frac{3}{2}\pi + S_2$

∴ $S_1 - S_2 = \frac{3}{2}\pi$

수능 핵강

※ 마름모의 성질을 이용하여 넓이 간단히 구하기

마름모 $AOBO'$의 넓이 S_2를 구해 볼까?
두 삼각형 AOB, AO'B는 서로 합동이므로

$S_2 = 2\triangle AOB = 2 \times \left(\frac{1}{2} \times \overline{OA} \times \overline{OB} \times \sin\frac{5}{6}\pi\right)$

$= 2 \times \left(\frac{1}{2} \times 3 \times 3 \times \sin\frac{\pi}{6}\right) = 2 \times \left(\frac{9}{2} \times \frac{1}{2}\right) = \frac{9}{2}$

E 56 정답 ④ * 부채꼴의 둘레의 길이와 넓이의 최대·최소 ── [정답률 62%]

[정답 공식: 반지름의 길이가 r, 호의 길이가 l이고, 둘레의 길이가 k인 부채꼴의 넓이는 $S = \frac{1}{2}r(k-2r)$이다.]

둘레의 길이가 8인 부채꼴의 넓이가 최대가 되는 반지름의 길이는? (4점)

단서 부채꼴의 호의 길이를 둘레의 길이와 반지름의 길이를 이용해 나타내자.

① $\frac{1}{2}$ ② 1   ③ $\frac{3}{2}$

④ 2   ⑤ $\frac{5}{2}$

1st 부채꼴의 호의 길이를 구하자.

부채꼴의 반지름의 길이를 r라 하면 둘레의 길이가 8이므로 호의 길이는 $8 - 2r$ 부채꼴의 둘레는 두 개의 반지름과 하나의 호로 이루어져 있어.

2nd 부채꼴의 넓이를 반지름의 길이에 대한 식으로 나타내고, 최대가 될 때를 확인해.

부채꼴의 넓이를 S라 하면

$S = \frac{1}{2}r(8-2r) = -r^2 + 4r$

$= -(r^2 - 4r + 4) + 4 = -(r-2)^2 + 4$ 이차함수 $y = a(x-p)^2 + q$ $(a < 0)$은 $x = p$일 때, 최댓값 q를 가진다.

따라서 $r = 2$일 때, 부채꼴의 넓이는 최대가 된다.

[정답 공식: 반지름의 길이가 r, 호의 길이가 l이고, 둘레의 길이가 k인 부채꼴의 넓이는 $S=\frac{1}{2}r(k-2r)$이다.]

길이가 40 cm인 끈을 이용하여 부채꼴 모양을 만들려고 한다. 이 부채꼴의 모양의 넓이의 최댓값은? (4점) 단서 둘레의 길이가 일정한 부채꼴을 만드는 거야.

① 50 cm² ② 100 cm² ③ 150 cm²
④ 200 cm² ⑤ 250 cm²

1st 부채꼴의 호의 길이를 구하자.

부채꼴의 반지름의 길이를 r라 하면 둘레의 길이가 40이므로

호의 길이는 $40-2r$ 부채꼴의 둘레는 두 개의 반지름과 하나의 호로 이루어져 있어.

2nd 부채꼴의 넓이를 반지름의 길이에 대한 식으로 나타내고, 최대가 될 때를 확인해.

부채꼴의 넓이를 S라 하면

$$S=\frac{1}{2}r(40-2r)$$
$$=-r^2+20r$$
$$=-(r^2-20r+100)+100$$ → 이차함수 $y=a(x-p)^2+q(a<0)$은 $x=p$일 때, 최댓값 q를 가진다.
$$=-(r-10)^2+100$$

따라서 $r=10$일 때, 부채꼴의 넓이는 100 cm²로 최대가 된다.

[정답 공식: 반지름의 길이가 r, 호의 길이가 l이고, 둘레의 길이가 k인 부채꼴의 넓이는 $S=\frac{1}{2}r(k-2r)$이다.]

부채꼴의 넓이가 16일 때, 둘레의 길이의 최솟값은? (4점)
단서 넓이가 일정한 부채꼴 중에 둘레의 길이가 최소인 것을 구하는 거야.
① 8 ② 10 ③ 12 ④ 14 ⑤ 16

1st 넓이가 일정한 부채꼴의 호의 길이를 반지름의 길이에 대한 식으로 유도하자.

부채꼴의 반지름의 길이를 r, 호의 길이를 l이라 하자.

부채꼴의 넓이 S가 16이므로 $S=\frac{1}{2}rl=16$ ∴ $l=\frac{32}{r}$

2nd 산술평균과 기하평균의 관계를 이용하여 부채꼴의 둘레의 길이의 최솟값을 구해.

[산술평균과 기하평균의 관계]
$a>0, b>0$일 때,
$\frac{a+b}{2}\geq\sqrt{ab}$
(단, 등호는 $a=b$일 때 성립)

부채꼴의 둘레의 길이는

$2r+l=2r+\frac{32}{r}$이고, $2r>0, \frac{32}{r}>0$이므로

산술평균과 기하평균의 관계에 의해 r는 반지름의 길이이므로 양수야.

$2r+\frac{32}{r}\geq2\sqrt{2r\times\frac{32}{r}}=16$ (단, 등호는 $2r=\frac{32}{r}$일 때 성립)

따라서 부채꼴의 둘레의 길이의 최솟값은 16이다.

★ **부채꼴의 둘레의 길이와 넓이의 최대·최소** 개념·공식

반지름의 길이가 r, 둘레의 길이가 k인 부채꼴의 넓이 S는

$S=\frac{1}{2}r(k-2r)$ $\left(\text{단, } 0<r<\frac{r}{2}\right)$

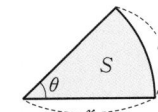

[정답 공식: 그림에서 동경 OP가 나타내는 각의 크기를 θ라고 하면
$\sin\theta=\frac{y}{r}, \cos\theta=\frac{x}{r}, \tan\theta=\frac{y}{x}$ (단, $x\neq0$)
로 정의된다.]

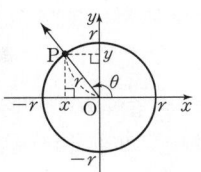

좌표평면 위의 원점 O에서 x축의 양의 방향으로 시초선을 잡을 때, 원점 O와 점 P(5, 12)를 지나는 동경 OP가 나타내는 각의 크기를 θ라 하자. $\sin\left(\frac{3}{2}\pi+\theta\right)$의 값은? (3점)
단서 사인과 코사인의 관계에 의하면 $\sin\left(\frac{3}{2}\pi+\theta\right)=-\cos\theta$가 성립해.

① $-\frac{12}{13}$ ② $-\frac{7}{13}$ ③ $-\frac{5}{13}$ ④ $\frac{5}{13}$ ⑤ $\frac{7}{13}$

1st 사인함수와 코사인함수의 그래프의 관계를 이용하여 $\sin\left(\frac{3}{2}\pi+\theta\right)$의 값을 구해.

원점 O와 점 P(5, 12)를 지나는 동경 OP가 나타내는 각의 크기를 θ라 하면 $\cos\theta=\frac{5}{13}$이다.

점 P(5, 12)를 지나는 원의 반지름의 길이는 $\sqrt{5^2+12^2}=\sqrt{169}=13$이고 $\cos\theta=\frac{x}{r}=\frac{5}{13}$

∴ $\sin\left(\frac{3}{2}\pi+\theta\right)=-\cos\theta=-\frac{5}{13}$

사인과 코사인의 관계에 의하여
$\sin(\pi+\theta)=-\sin\theta$와
$\sin\left(\frac{\pi}{2}+\theta\right)=\cos\theta$가 성립하지.
즉, $\sin\left(\pi+\frac{\pi}{2}+\theta\right)$
$=-\sin\left(\frac{\pi}{2}+\theta\right)=-\cos\theta$

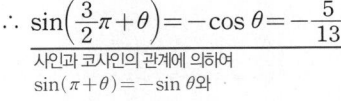

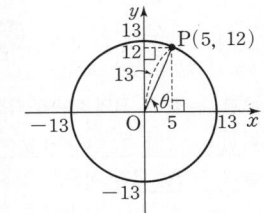

[정답 공식: 좌표평면에서 중심이 원점이고 반지름의 길이가 r인 원 위의 동점 P(x, y)에 대하여 동경 OP가 나타내는 일반각의 크기를 θ라 할 때,
$\tan\theta=\frac{y}{x}(x\neq0)$, $\sin\theta=\frac{y}{r}$로 정의한다. (단, $r=\sqrt{x^2+y^2}$)]

좌표평면 위에 두 점 P(a, b), Q($a^2, -2b^2$) $(a>0, b>0)$이 있다. 단서 원점 O가 중심이고 점 P를 지나는 원의 반지름을 구하면 되지.

두 동경 OP, OQ가 나타내는 각의 크기를 θ_1, θ_2라 하자. $\tan\theta_1+\tan\theta_2=0$일 때, $\sin\theta_1$의 값은?
(단, O는 원점이고, x축의 양의 방향을 시초선으로 한다.) (3점)

① $\frac{2}{5}$ ② $\frac{\sqrt{5}}{5}$ ③ $\frac{\sqrt{6}}{5}$ ④ $\frac{\sqrt{7}}{5}$ ⑤ $\frac{2\sqrt{2}}{5}$

1st 두 점 P, Q의 좌표를 이용하여 $\tan\theta_1, \tan\theta_2$의 값을 각각 구하고 $\sin\theta_1$의 값을 구해.

두 점 P(a, b), Q($a^2, -2b^2$)에 대하여 $a>0$이므로

$\tan\theta_1=\frac{b}{a}, \tan\theta_2=-\frac{2b^2}{a^2}$이다.

$\tan\theta_1+\tan\theta_2=\frac{b}{a}-\frac{2b^2}{a^2}=\frac{ab-2b^2}{a^2}=\frac{b(a-2b)}{a^2}=0$

에서 $a=2b$ ($\because b>0$)

∴ $\sin\theta_1=\frac{b}{\sqrt{a^2+b^2}}=\frac{b}{\sqrt{4b^2+b^2}}=\frac{b}{\sqrt{5b^2}}=\frac{\sqrt{5}}{5}$

동경 OP와 원점 O를 중심으로 하고 반지름의 길이가 r인 원의 교점을 P(x, y)라 하면 $\sin\theta_1=\frac{y}{r}$야.

E 61 정답 ⑤ *삼각함수의 정의 ────────── [정답률 68%]

> 정답 공식: 제2사분면의 각 θ에 대하여 $\sin\theta > 0$, $\cos\theta < 0$, $\tan\theta < 0$

단서1 두 원과 직선 $y=2$의 교점이 제2사분면에 있다는 것은 x좌표가 음수라는 거야.

그림과 같이 좌표평면에서 직선 $y=2$가 두 원 $x^2+y^2=5$, $x^2+y^2=9$와 제2사분면에서 만나는 점을 각각 A, B라 하자. 점 C(3, 0)에 대하여 $\angle COA = \alpha$, $\angle COB = \beta$라 할 때, $\sin\alpha \times \cos\beta$의 값은? (단, O는 원점이고, $\dfrac{\pi}{2} < \alpha < \beta < \pi$) (4점)

단서2 α, β는 모두 제2사분면의 각이므로 $\sin$과 $\cos$ 값의 부호가 각각 양수, 음수라는 거야.

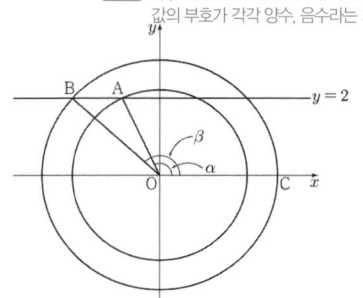

① $\dfrac{1}{3}$ ② $\dfrac{1}{12}$ ③ $-\dfrac{1}{6}$

④ $-\dfrac{5}{12}$ ⑤ $-\dfrac{2}{3}$

1st 두 점 A, B의 좌표를 각각 구하자.

직선 $y=2$가 두 원 $x^2+y^2=5$, $x^2+y^2=9$와 제2사분면에서 만나는 점을 각각 A, B라 하므로 두 점 A, B의 y좌표는 각각 2이고, 두 원의 식에 $y=2$를 각각 대입하면

→ 두 원과 직선 $y=2$가 만나는 각각의 교점 A, B가 제2사분면에 있으므로 x좌표가 음수라는 것을 알 수 있어.

$\begin{cases} x^2+2^2=5, \ x^2=1 & \therefore x=-1 \ (\because x<0) \\ x^2+2^2=9, \ x^2=5 & \therefore x=-\sqrt{5} \ (\because x<0) \end{cases}$

즉, A$(-1, 2)$, B$(-\sqrt{5}, 2)$

2nd $\sin\alpha$와 $\cos\beta$의 값을 구하여 곱하자.

$\overline{OA}=r_1=\sqrt{5}$이므로

→ $\overline{OA}$의 길이는 원 $x^2+y^2=5$의 반지름의 길이 $r_1=\sqrt{5}$와 같아.

$\sin\alpha = \dfrac{y}{r_1} = \dfrac{2}{\sqrt{5}}$

$\overline{OB}=r_2=3$이므로

→ $\overline{OB}$의 길이는 원 $x^2+y^2=9$의 반지름의 길이 $r_2=3$과 같아.

$\cos\beta = \dfrac{x}{r_2} = -\dfrac{\sqrt{5}}{3}$

$\therefore \sin\alpha \times \cos\beta = \dfrac{2}{\sqrt{5}} \times \left(-\dfrac{\sqrt{5}}{3}\right) = -\dfrac{2}{3}$

✿ 삼각함수의 정의   개념·공식

그림에서 동경 OP가 나타내는 각의 크기를 θ라고 하면

$\sin\theta = \dfrac{y}{r}$, $\cos\theta = \dfrac{x}{r}$, $\tan\theta = \dfrac{y}{x}$ (단, $x \neq 0$) 로 정의된다.

E 62 정답 ① *삼각함수의 정의 ────────── [정답률 65%]

> 정답 공식: 중심이 원점이고 반지름의 길이가 r인 원 위의 점 P(x, y)에 대하여 동경 OP가 나타내는 각의 크기를 θ라 하면 $\sin\theta = \dfrac{y}{r}$, $\cos\theta = \dfrac{x}{r}$이다.

좌표평면 위의 원점 O에서 x축의 양의 방향으로 시초선을 잡을 때, 원점 O와 점 P$(5, a)$를 지나는 동경 OP가 나타내는 각의 크기를 θ, 선분 OP의 길이를 r라 하자. $\sin\theta + 2\cos\theta = 1$일 때, $a+r$의 값은? (단, a는 상수이다.)

단서 삼각함수의 정의에 의하여 $\sin\theta = \dfrac{a}{r}$, $\cos\theta = \dfrac{5}{r}$, $\tan\theta = \dfrac{a}{5}$야.

(4점)

① $\dfrac{5}{2}$ ② 3   ③ $\dfrac{7}{2}$

④ 4   ⑤ $\dfrac{9}{2}$

1st 삼각함수의 정의를 이용하여 $\sin\theta$, $\cos\theta$를 각각 나타내.

동경 OP가 나타내는 각의 크기가 θ이고 $\overline{OP}=r$이므로 $\sin\theta = \dfrac{a}{r}$이고

→ 반지름의 길이가 r인 원 위의 점 P(x, y)에 대하여 동경 OP가

$\cos\theta = \dfrac{5}{r}$이다.

→ 나타내는 각의 크기를 θ라 하면 $\sin\theta = \dfrac{y}{r}$, $\cos\theta = \dfrac{x}{r}$

$\sin\theta + 2\cos\theta = 1$에서 $\dfrac{a}{r} + \dfrac{10}{r} = 1$이므로

$r = a+10 \cdots \bigcirc$

2nd 피타고라스 정리를 이용해.

점 P에서 y축에 내린 수선의 발을 H$(0, a)$라 하면 직각삼각형 OPH에 대하여 피타고라스 정리에 의하여

$5^2 + a^2 = r^2 \cdots \bigcirc$

$\bigcirc$을 $\bigcirc$에 대입하면 $5^2+a^2=(a+10)^2$, $25+a^2=a^2+20a+100$

$20a=-75$ $\therefore a=-\dfrac{75}{20}=-\dfrac{15}{4}$

이를 $\bigcirc$에 대입하면

$r = a+10 = -\dfrac{15}{4} + 10 = \dfrac{25}{4}$

$\therefore a+r = -\dfrac{15}{4} + \dfrac{25}{4} = \dfrac{10}{4} = \dfrac{5}{2}$

E 63 정답 ③ *삼각함수의 정의 ────────── [정답률 65%]

> 정답 공식: 좌표평면에서 중심이 원점이고 반지름의 길이가 r인 원 위의 점 P(x, y)에 대하여 동경 OP가 나타내는 각의 크기를 θ라 할 때, $\sin\theta = \dfrac{y}{r}$, $\cos\theta = \dfrac{x}{r}$, $\tan\theta = \dfrac{y}{x}$이다.

→ **단서1** 두 점 A, B는 x축에 대하여 대칭이고 이 두 점의 x좌표는 모두 -2야.

좌표평면에서 원 $x^2+y^2=r^2(r>2)$와 직선 $x=-2$가 만나는 두 점 중 y좌표가 양수인 점을 A, y좌표가 음수인 점을 B라 하고, 두 동경 OA, OB가 나타내는 각의 크기를 각각 α, β라 하자. $2\cos\alpha=3\sin\beta$일 때, $r(\sin\alpha+\cos\beta)$의 값은? (단, O는 원점이고, x축의 양의 방향을 시초선으로 한다.) (4점)

단서1 $\cos\alpha$, $\sin\beta$를 두 점의 좌표와 원의 반지름의 길이 r를 이용하여 나타내.

① $-\dfrac{8}{3}$ ② $-\dfrac{5}{3}$ ③ $-\dfrac{2}{3}$

④ $\dfrac{1}{3}$ ⑤ $\dfrac{4}{3}$

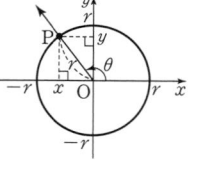

1st $2\cos\alpha=3\sin\beta$를 이용하여 두 점 A, B의 좌표를 구해.

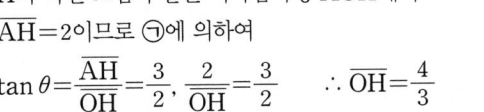

두 점 A, B는 직선 $x=-2$ 위의 점이므로 양수 a에 대하여
두 점 A, B의 좌표를 각각 $(-2,\ a)$, $(-2,\ -a)$라 하면
중심이 원점인 원은 x축에 대하여 대칭이므로 두 점 A, B도 x축에 대하여 대칭이야.
$\overline{OA}=\overline{OB}=r$이므로 삼각함수의 정의에 의하여
$$\cos\alpha=\frac{-2}{r}=-\frac{2}{r},\ \sin\beta=\frac{-a}{r}=-\frac{a}{r}$$
이때, $2\cos\alpha=3\sin\beta$에서 $2\times\left(-\frac{2}{r}\right)=3\times\left(-\frac{a}{r}\right)$, $-\frac{4}{r}=-\frac{3a}{r}$
$$\therefore a=\frac{4}{3}\Rightarrow A\left(-2,\ \frac{4}{3}\right),\ B\left(-2,\ -\frac{4}{3}\right)$$

2nd $\sin\alpha$, $\cos\beta$를 r를 이용하여 나타내어 $r(\sin\alpha+\cos\beta)$의 값을 구해.

삼각함수의 정의에 의하여 $\sin\alpha=\dfrac{\frac{4}{3}}{r}=\dfrac{4}{3r}$, $\cos\beta=\dfrac{-2}{r}=-\dfrac{2}{r}$

$$\therefore r(\sin\alpha+\cos\beta)=r\left\{\frac{4}{3r}+\left(-\frac{2}{r}\right)\right\}=\frac{4}{3}-2=-\frac{2}{3}$$

다른 풀이: 삼각함수의 성질을 이용하기

$0<\theta<\dfrac{\pi}{2}$인 θ에 대하여 $\alpha=\dfrac{\pi}{2}+\theta$, $\beta=\dfrac{3}{2}\pi-\theta$라 하면

$\cos\alpha=\cos\left(\dfrac{\pi}{2}+\theta\right)=-\sin\theta$, $\sin\beta=\sin\left(\dfrac{3}{2}\pi-\theta\right)=-\cos\theta$
$\sin\left(\dfrac{3}{2}\pi-\theta\right)=\sin\left(\pi+\dfrac{\pi}{2}-\theta\right)=-\sin\left(\dfrac{\pi}{2}-\theta\right)=-\cos\theta$

이때, $2\cos\alpha=3\sin\beta$에서 $-2\sin\theta=-3\cos\theta$, $\dfrac{\sin\theta}{\cos\theta}=\dfrac{3}{2}$

$$\therefore \tan\theta=\frac{3}{2}\ \cdots\ \text{㉠}$$

이때, 점 A에서 y축에 내린 수선의 발을
H라 하면 그림과 같은 직각삼각형 AOH에서
$\overline{AH}=2$이므로 ㉠에 의하여

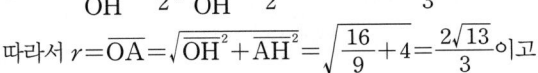

$\tan\theta=\dfrac{\overline{AH}}{\overline{OH}}=\dfrac{3}{2}$, $\dfrac{2}{\overline{OH}}=\dfrac{3}{2}$ $\therefore \overline{OH}=\dfrac{4}{3}$

따라서 $r=\overline{OA}=\sqrt{\overline{OH}^2+\overline{AH}^2}=\sqrt{\dfrac{16}{9}+4}=\dfrac{2\sqrt{13}}{3}$이고

$\sin\alpha=\sin\left(\dfrac{\pi}{2}+\theta\right)=\cos\theta=\dfrac{\overline{OH}}{\overline{OA}}=\dfrac{\frac{4}{3}}{\frac{2\sqrt{13}}{3}}=\dfrac{2}{\sqrt{13}}$,

$\cos\beta=\cos\left(\dfrac{3}{2}\pi-\theta\right)=-\sin\theta=-\dfrac{\overline{AH}}{\overline{OA}}=-\dfrac{2}{\frac{2\sqrt{13}}{3}}=-\dfrac{3}{\sqrt{13}}$

이므로 $\cos\left(\dfrac{3}{2}\pi-\theta\right)=\cos\left(\pi+\dfrac{\pi}{2}-\theta\right)=-\cos\left(\dfrac{\pi}{2}-\theta\right)=-\sin\theta$

$r(\sin\alpha+\cos\beta)=\dfrac{2\sqrt{13}}{3}\times\left\{\dfrac{2}{\sqrt{13}}+\left(-\dfrac{3}{\sqrt{13}}\right)\right\}=\dfrac{4}{3}-2=-\dfrac{2}{3}$

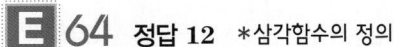

(정답 공식: $\angle BDC=90°$이므로 $\overline{BC}$가 원의 지름임을 알 수 있다.)

그림과 같이 $\angle A=120°$, $\overline{CD}=6$ cm인 사각형 ABCD가 있다. 이 사각형이 원에 내접하고 $\angle BDC=90°$일 때, 외접원의 지름의 길이는 x cm이다. x의 값을 구하시오. (3점)
단서1 원에 내접하는 사각형의 대각의 크기의 합은 180°임을 적용하자.
단서2 지름에 대한 원주각의 크기가 90°임을 파악해내는 문제야. 그 다음 특수각의 삼각비를 이용하면 돼.

1st 지름에 대한 원주각의 크기는 90°임을 활용해.

사각형 ABCD가 원에 내접하고, 원에 내접하는 사각형의 마주보는 각의 크기의 합이 180°이므로 $\angle C=60°$이다.
원주각과 중심각 사이의 관계에 의하여 원에 내접하는 사각형의 마주보는 각의 크기의 합은 180°야.
한편, 지름에 대한 원주각의 크기는 90°이고, $\angle BDC=90°$이므로 $\overline{BC}$는 외접원의 지름이다.

즉, $\overline{BC}\cos60°=\overline{CD}$에서 $\overline{BC}\times\dfrac{1}{2}=6$

$$\therefore \overline{BC}=12\,(\text{cm})$$

따라서 외접원의 지름의 길이는 12 cm이므로 $x=12$이다.

[정답 공식: 직선이 x축의 양의 방향과 이루는 각의 크기를 θ라 할 때, 직선의 기울기는 $\tan\theta$이다.]

단서1 직선이 x축의 양의 방향과 이루는 각을 θ라 하면 $\tan\theta=$(기울기)임을 적극 활용하자.
직선 $y=x$에 대하여 대칭인 두 직선 $y=ax$, $y=bx$가 이루는 각이 30°일 때, $3(a^2+b^2)$의 값을 구하시오. (3점)
단서2 $y=ax$, $y=bx$가 각각 $y=x$와 이루는 각의 크기는 서로 같음을 이용하자.

1st 직선 $y=x$가 x축의 양의 방향과 이루는 각을 먼저 찾자.

직선이 x축의 양의 방향과 이루는 각의 크기가 θ이면 기울기는 $\tan\theta$이므로 $y=x$에서 $\tan\theta=1$ $\therefore \theta=45°$
즉, 직선 $y=x$가 x축의 양의 방향과 이루는 각의 크기는 45°이다.

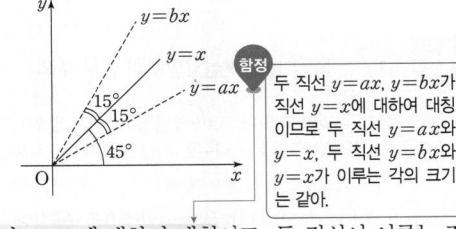

함정 두 직선 $y=ax$, $y=bx$가 직선 $y=x$에 대하여 대칭이므로 두 직선 $y=ax$와 $y=x$, 두 직선 $y=bx$와 $y=x$가 이루는 각의 크기는 같아.

이때, $y=ax$, $y=bx$가 $y=x$에 대하여 대칭이고, 두 직선이 이루는 각의 크기가 30°이므로 $a<b$라 하자.
그림과 같이 두 직선 $y=ax$, $y=bx$가 x축의 양의 방향과 이루는 각의 크기는 각각 30°, 60°이다.
따라서 $a=\tan30°$, $b=\tan60°$이므로

$$a=\frac{1}{\sqrt{3}},\ b=\sqrt{3}$$

$$\therefore 3(a^2+b^2)=3\left(\frac{1}{3}+3\right)=10$$

E 66 정답 ② *삼각함수의 정의 ──────── [정답률 35%]

〔 **정답 공식:** 반지름의 길이가 r인 원 위의 점 P에 대하여 동경 OP가 나타내는 각의 크기를 θ라 하면 점 P의 좌표는 $(r\cos\theta,\ r\sin\theta)$가 된다. 〕

좌표평면 위의 두 점 A$(-1,\ 0)$, B$(1,\ 0)$에 대하여 선분 AB를 지름으로 하는 원 C가 있다. $a>1$인 실수 a에 대하여 함수 $y=\log_a x$ 의 그래프와 원 C가 만나는 두 점 중에서 B가 아닌 점을 P라 하자. $\overline{\text{AP}}=\sqrt{3}$일 때, $a^{\sqrt{3}}$의 값은? (4점)

ㄴ**단서1** 로그함수 $y=\log_a x$는 점 $(1,0)$을 지나지, 즉, 점 B와 만나.

단서2 점 P는 로그함수 $y=\log_a x$와 원 C가 만나는 점이므로 점 P의 좌표를 구하면 로그함수의 방정식에 대입할 수 있어.

① 3 ② 4 ③ 5 ④ 6 ⑤ 7

1st 선분 AB가 원 C의 지름이고 점 P는 원 C 위의 점이므로 삼각형 APB는 직각삼각형임을 이용하자.

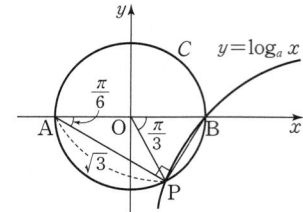

삼각형 APB는 빗변의 길이가 2인 직각삼각형이고 $\overline{\text{AP}}=\sqrt{3}$이므로

$\angle\text{BAP}=\dfrac{\pi}{6}$이다. ┌ 직각삼각형 APB에서 $\cos(\angle\text{BAP})=\dfrac{\overline{\text{AP}}}{\overline{\text{AB}}}=\dfrac{\sqrt{3}}{2}$ ∴ $\angle\text{BAP}=\dfrac{\pi}{6}$

원점을 O라 하면 $\angle\text{BOP}=\dfrac{\pi}{3}$이고, 점 P의 좌표는

$\left(\cos\left(-\dfrac{\pi}{3}\right),\ \sin\left(-\dfrac{\pi}{3}\right)\right)=\left(\dfrac{1}{2},\ -\dfrac{\sqrt{3}}{2}\right)$

삼각함수의 정의에 의하여 동경 OP가 나타내는 각의 크기를 θ라고 하면 $\sin\theta=\dfrac{y}{r},\cos\theta=\dfrac{x}{r}$

따라서 두 등식의 양변에 반지름의 길이 r을 곱하면 $x=r\cos\theta,y=r\sin\theta$임을 알 수 있어.

2nd 점 P는 로그함수의 그래프 위의 점임을 이용하여 a의 값을 구하자.
점 P는 함수 $y=\log_a x$의 그래프 위의 점이므로 점 P의 좌표를 대입하면

$-\dfrac{\sqrt{3}}{2}=\log_a\dfrac{1}{2}$ ┌ $\log_a b=x\Longleftrightarrow b=a^x$

즉, $a^{-\frac{\sqrt{3}}{2}}=\dfrac{1}{2}$이므로 $a^{\frac{\sqrt{3}}{2}}=2$
양변을 제곱하면 ┌ $a^{-1}=\dfrac{1}{a}$
∴ $a^{\sqrt{3}}=2^2=4$

E 67 정답 ⑤ *삼각함수의 값의 부호 ──── [정답률 85%]

〔 **정답 공식:** 각 θ에 대하여 $\sin\theta$의 값의 부호가 양수인 사분면은 제1, 2사분면 이고, $\cos\theta$의 값의 부호가 양수인 사분면은 제1, 4사분면이다. 〕

$\sin\theta-\cos\theta<0$, $\sin\theta\cos\theta<0$을 동시에 만족시킬 때, 다음 중 옳은 것은? (3점) **단서** $\sin\theta,\cos\theta$의 부호는 서로 달라야 해.

① $\sin\theta>0$ ② $\cos\theta<0$ ③ $\tan\theta>0$
④ $\sin\theta\tan\theta<0$ ⑤ $\dfrac{\cos\theta}{\tan\theta}<0$

1st 조건을 만족시키는 $\sin\theta$, $\cos\theta$의 값의 부호를 구하자.
$\sin\theta\cos\theta<0$가 성립하려면 $\sin\theta$와 $\cos\theta$의 부호가 서로 달라야 한다.
두 수 A, B에 대하여 $AB<0\Longleftrightarrow A>0, B<0$ 또는 $A<0, B>0$

즉, $\sin\theta>0$, $\cos\theta<0$ 또는 $\sin\theta<0$, $\cos\theta>0$
그런데 $\sin\theta-\cos\theta<0$
$\sin\theta<\cos\theta$이므로 $\sin\theta<0$, $\cos\theta>0$ … ㉠

2nd 선택지 중 맞는 것을 고르자.
① ㉠에 의해 $\sin\theta<0$이므로 거짓
② ㉠에 의해 $\cos\theta>0$이므로 거짓
③ ㉠에 의해 $\tan\theta=\dfrac{\sin\theta}{\cos\theta}<0$ … ㉡이므로 거짓
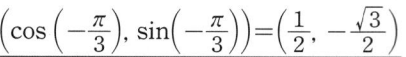 $\sin\theta<0, \cos\theta>0$이니까 $\tan\theta<0$
④ ㉠, ㉡에 의해 $\sin\theta\tan\theta>0$이므로 거짓
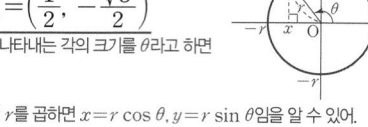 $\sin\theta<0, \tan\theta<0$이니까 $\sin\theta\tan\theta>0$
⑤ ㉠, ㉡에 의해 $\dfrac{\cos\theta}{\tan\theta}<0$이므로 참
$\cos\theta>0, \tan\theta<0$이니까 $\dfrac{\cos\theta}{\tan\theta}<0$

E 68 정답 ① *삼각함수의 값의 부호 ──── [정답률 77%]

〔 **정답 공식:** θ가 제2사분면의 각이므로 $\sin\theta>0$, $\cos\theta<0$이다. 〕

$\dfrac{\pi}{2}<\theta<\pi$일 때, **단서** θ는 제2사분면의 각이니까 $\sin\theta>0, \cos\theta<0$임을 알 수 있지.
$\sqrt{\cos^2\theta}+|\sin\theta-\cos\theta|+2\cos\theta-\sin\theta$를 간단히 한 것은? (3점)

① 0 ② $\sin\theta$ ③ $\cos\theta$
④ $2\sin\theta$ ⑤ $2\cos\theta$

1st θ가 제2사분면의 각이므로 $\sin\theta$와 $\cos\theta$의 부호를 알 수 있지.
$\dfrac{\pi}{2}<\theta<\pi$, 즉 θ는 제2사분면의 각이므로
$\sin\theta>0$, $\cos\theta<0$

2nd 제곱근의 부호와 절댓값에 유의하여 식을 정리해.
∴ $\sqrt{\cos^2\theta}+|\sin\theta-\cos\theta|+2\cos\theta-\sin\theta$ ┐ $\sqrt{a^2}=|a|=\begin{cases}a & (a\geq0)\\ -a & (a<0)\end{cases}$
$=|\cos\theta|+(\sin\theta-\cos\theta)+2\cos\theta-\sin\theta$
$=-\cos\theta+\sin\theta-\cos\theta+2\cos\theta-\sin\theta$ ┐ $\sin\theta>0, \cos\theta<0$이므로 $\sin\theta-\cos\theta>0$
$=0$

E 69 정답 ① *삼각함수의 값의 부호 ──── [정답률 75%]

〔 **정답 공식:** 제3사분면의 각 θ에 대하여 $\sin\theta<0$, $\cos\theta<0$, $\tan\theta>0$이다. 〕

$\pi<\theta<\dfrac{3}{2}\pi$인 θ에 대하여 $\tan\theta-\dfrac{6}{\tan\theta}=1$일 때,
$\sin\theta+\cos\theta$의 값은? (3점) **단서1** θ는 제3사분면의 각이므로 $\tan\theta$의 값의 부호를 알 수 있지?

① $-\dfrac{2\sqrt{10}}{5}$ ② $-\dfrac{\sqrt{10}}{5}$ ③ 0
④ $\dfrac{\sqrt{10}}{5}$ ⑤ $\dfrac{2\sqrt{10}}{5}$

단서2 $\tan\theta$에 대한 방정식에서 $\tan\theta$의 값을 구하고 구한 $\tan\theta$의 값을 이용하여 $\sin\theta$, $\cos\theta$의 값을 구하면 돼.

1st $\tan\theta$의 값을 구해.
$\tan\theta-\dfrac{6}{\tan\theta}=1$에서 $\tan^2\theta-6=\tan\theta$, $\tan^2\theta-\tan\theta-6=0$
$(\tan\theta+2)(\tan\theta-3)=0$ ∴ $\tan\theta=-2$ 또는 $\tan\theta=3$
그런데 $\pi<\theta<\dfrac{3}{2}\pi$이므로 $\tan\theta=3$
2nd $\sin\theta+\cos\theta$의 값을 구해. └ $\pi<\theta<\dfrac{3}{2}\pi$이므로 $\tan\theta$의 값은 양수가 되어야 해.
동경 OP가 나타내는 각의 크기를 θ라 할 때 $\pi<\theta<\dfrac{3}{2}\pi$이고
$\tan\theta=3$이므로 점 P의 좌표를 $(-1,-3)$이라 할 수 있다.

즉, $\overline{OP}=\sqrt{(-1)^2+(-3)^2}=\sqrt{10}$이므로

> 점 (a,b)와 원점 O 사이의 거리를 d라 하면 $d=\sqrt{a^2+b^2}$야.

$\sin\theta=\dfrac{-3}{\sqrt{10}}=-\dfrac{3\sqrt{10}}{10}$, $\cos\theta=\dfrac{-1}{\sqrt{10}}=-\dfrac{\sqrt{10}}{10}$

> 원점을 중심으로 하고 반지름의 길이가 r인 원 위의 점 P의 좌표가 (x,y)이고 동경 OP가 나타내는 각의 크기를 θ라 하면 $\sin\theta=\dfrac{y}{r}$, $\cos\theta=\dfrac{x}{r}$, $\tan\theta=\dfrac{y}{x}$야.

$\therefore \sin\theta+\cos\theta=\left(-\dfrac{3\sqrt{10}}{10}\right)+\left(-\dfrac{\sqrt{10}}{10}\right)=-\dfrac{4\sqrt{10}}{10}=-\dfrac{2\sqrt{10}}{5}$

다른 풀이: 삼각함수 사이의 관계를 이용하여 $\sin\theta$, $\cos\theta$의 값 구하기

$\tan\theta=3$이므로

$\dfrac{1}{\cos^2\theta}=1+\tan^2\theta=1+3^2=10$ $\quad\therefore \cos^2\theta=\dfrac{1}{10}$

> $\sin^2\theta+\cos^2\theta=1$이 성립하고 양변을 $\cos^2\theta$로 나누면 $\dfrac{\sin^2\theta}{\cos^2\theta}+1=\dfrac{1}{\cos^2\theta}$이지? 그런데 $\tan\theta=\dfrac{\sin\theta}{\cos\theta}$이므로 $\tan^2\theta+1=\dfrac{1}{\cos^2\theta}$이 성립해.

그런데 $\pi<\theta<\dfrac{3}{2}\pi$이므로 $\cos\theta=-\sqrt{\dfrac{1}{10}}=-\dfrac{\sqrt{10}}{10}$이고

$\sin\theta=-\sqrt{1-\cos^2\theta}=-\sqrt{1-\dfrac{1}{10}}=-\sqrt{\dfrac{9}{10}}=-\dfrac{3\sqrt{10}}{10}$

(이하 동일)

> $\sin^2\theta+\cos^2\theta=1$에서 $\sin^2\theta=1-\cos^2\theta$ $\therefore \sin\theta=\pm\sqrt{1-\cos^2\theta}$

⚙ 삼각함수의 값의 부호
개념·공식

각 θ가 속한 사분면에 대한 삼각함수의 값의 부호는 다음과 같다.

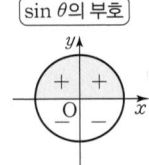 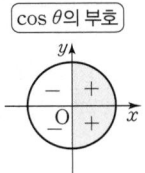 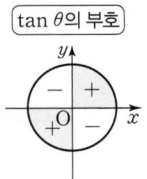

| $\sin\theta$의 부호 | $\cos\theta$의 부호 | $\tan\theta$의 부호 |

E 70 정답 ⑤ *삼각함수의 값의 부호 ⸱⸱⸱⸱⸱⸱ [정답률 63%]

(정답 공식: $\sqrt{a}\sqrt{b}=-\sqrt{ab}$일 때, $a\leq0$, $b\leq0$이다.)

각 θ에 대하여 $\sqrt{\tan\theta}\sqrt{\cos\theta}=-\sqrt{\tan\theta\cos\theta}$를 만족시킬 때, 다음 중 항상 옳은 것은? (단, $\tan\theta\neq0$)(4점) **단서** 등식을 만족시키는 $\tan\theta$와 $\cos\theta$의 부호를 구해.

① $\sin\theta\cos\theta>0$ ② $\cos\theta+\tan\theta>0$ ③ $\sin\theta+\tan\theta>0$
④ $\sin\theta\tan\theta>0$ ⑤ $\sin\theta-\cos\theta>0$

1st 음수의 제곱근의 성질을 이용하여 $\tan\theta$와 $\cos\theta$의 부호를 구해.
[음수의 제곱근의 성질] 실수 a, b에 대하여
① $a\leq0$, $b\leq0$이면 $\sqrt{a}\sqrt{b}=-\sqrt{ab}$ ② $a\geq0$, $b<0$이면 $\dfrac{\sqrt{a}}{\sqrt{b}}=-\sqrt{\dfrac{a}{b}}$

각 θ에 대하여 $\sqrt{\tan\theta}\sqrt{\cos\theta}=-\sqrt{\tan\theta\cos\theta}$이고, $\tan\theta\neq0$이므로
$\underline{\tan\theta<0, \cos\theta<0 \Rightarrow \sin\theta>0}$ $\tan\theta<0, \cos\theta<0$을 만족시키는
2nd 선택지 중 맞는 것을 고르자. 사분면은 제2사분면이므로 $\sin\theta>0$

① $\sin\theta>0$, $\cos\theta<0$이므로 $\sin\theta\cos\theta<0$ (거짓)
② $\tan\theta<0$, $\cos\theta<0$이므로 $\cos\theta+\tan\theta<0$ (거짓)
③ $\sin\theta>0$, $\tan\theta<0$이므로 $\sin\theta+\tan\theta$의 부호를 알 수 없다. (거짓)
④ $\sin\theta>0$, $\tan\theta<0$이므로 $\sin\theta\tan\theta<0$ (거짓)
⑤ $\sin\theta>0$, $\cos\theta<0$이므로 $\sin\theta-\cos\theta>0$ (참)

> **주의** 등식을 만족시키려면 $\tan\theta\leq0$, $\cos\theta\leq0$이어야 해. 그런데 $\tan\theta=\dfrac{\sin\theta}{\cos\theta}\neq0$에서 $\sin\theta\neq0$, $\cos\theta\neq0$이지.

E 71 정답 ④ *삼각함수 사이의 관계 – 식을 간단히 하기 [정답률 73%]

(정답 공식: $\sin^2\theta+\cos^2\theta=1$, $\tan\theta=\dfrac{\sin\theta}{\cos\theta}$)

$\cos\theta=-\dfrac{1}{3}$일 때, $\tan\theta-\sin\theta$의 값은? $\left(\text{단, } \pi<\theta<\dfrac{3}{2}\pi\right)$ (3점)

단서1 삼각함수 $\sin\theta$, $\cos\theta$, $\tan\theta$는 서로 밀접한 관계를 가지고 있어. 하나의 값을 알면 다른 삼각함수의 값도 구할 수 있지.

① $\dfrac{5\sqrt{2}}{3}$ ② $2\sqrt{2}$ ③ $\dfrac{7\sqrt{2}}{3}$ ④ $\dfrac{8\sqrt{2}}{3}$ ⑤ $3\sqrt{2}$

단서2 $\pi<\theta<\dfrac{3}{2}\pi$이면 θ가 제3사분면의 각이지? 이때, $\tan\theta>0$, $\sin\theta<0$, $\cos\theta<0$이야.

1st $\cos\theta$의 값을 이용하여 $\sin\theta$의 값을 구하자.

$\sin^2\theta+\cos^2\theta=1$이므로

$\sin^2\theta=1-\cos^2\theta=1-\dfrac{1}{9}=\dfrac{8}{9}$

$\pi<\theta<\dfrac{3}{2}\pi$에서 $\sin\theta<0$이므로

> 제3사분면에서는 $\tan\theta>0$이고, 나머지 삼각함수의 $\sin\theta$, $\cos\theta$의 값은 모두 음수야.

$\sin\theta=-\sqrt{\dfrac{8}{9}}=-\dfrac{2\sqrt{2}}{3}$

2nd $\sin\theta$, $\cos\theta$의 값을 이용하여 $\tan\theta$의 값을 구하자.

$\tan\theta=\dfrac{\sin\theta}{\cos\theta}=\dfrac{-\dfrac{2\sqrt{2}}{3}}{-\dfrac{1}{3}}=2\sqrt{2}$이므로

$\tan\theta-\sin\theta=2\sqrt{2}-\left(-\dfrac{2\sqrt{2}}{3}\right)=\dfrac{8\sqrt{2}}{3}$

> **수능 핵강**

✱ 삼각비의 값을 구할 때, 그림으로 쉽게 접근하기

$\cos\theta=-\dfrac{1}{3}$이므로 부호를 무시하고 빗변의 길이가 3, 밑변의 길이가 1인 직각삼각형을 오른쪽 그림과 같이 그릴 수 있어. 그러면 이 직각삼각형의 높이가 $2\sqrt{2}$야. 이 직각삼각형에서 $\sin\theta$와 $\tan\theta$의 값을 구한 후, θ가 제3사분면의 각이므로 $\sin\theta<0$, $\tan\theta>0$임을 이용하여 부호를 결정하면 돼. 즉, $\sin\theta=-\dfrac{2\sqrt{2}}{3}$이고, $\tan\theta=2\sqrt{2}$임을 알 수 있어.

E 72 정답 ⑤ *삼각함수 사이의 관계 – 식을 간단히 하기 ⸱⸱⸱⸱ [정답률 83%]

(정답 공식: $\sin^2\theta+\cos^2\theta=1$이다.)

$\dfrac{\pi}{2}<\theta<\pi$인 θ에 대하여 $\cos\theta=-\dfrac{2}{3}$일 때, $\sin\theta$의 값은? (3점)

단서1 θ가 제2사분면의 각이야. $\sin\theta>0$, $\cos\theta<0$, $\tan\theta<0$이야.

① $-\dfrac{\sqrt{3}}{3}$ ② $-\dfrac{\sqrt{2}}{3}$ ③ $\dfrac{1}{3}$

④ $\dfrac{2}{3}$ ⑤ $\dfrac{\sqrt{5}}{3}$ **단서2** $\sin^2\theta+\cos^2\theta=1$이므로 $\cos\theta$의 값을 알면 $\sin^2\theta$의 값을 알 수 있겠지?

1st $\sin^2\theta+\cos^2\theta=1$을 이용하자.

$\cos\theta=-\dfrac{2}{3}$이므로 $\sin^2\theta=1-\cos^2\theta=1-\dfrac{4}{9}=\dfrac{5}{9}$이다.

> $\sin^2\theta+\cos^2\theta=1$

$\dfrac{\pi}{2}<\theta<\pi$이므로 $\sin\theta=\dfrac{\sqrt{5}}{3}$

> 제2사분면에서 $\sin\theta$의 값은 양수야.

E 73 정답 8 　＊삼각함수 사이의 관계 – 식을 간단히 하기 ···· [정답률 90%]

（ 정답 공식: $\sin^2\theta+\cos^2\theta=1$이다. ）

$\cos\theta=\dfrac{1}{3}$일 때, $9\sin^2\theta$의 값을 구하시오. (3점)

단서 코사인값을 알면 $\sin^2\theta+\cos^2\theta=1$을 이용하여 사인값의 제곱의 값을 구할 수 있어.

1st $\sin^2\theta+\cos^2\theta=1$임을 이용해.

$\underset{\llcorner\sin^2\theta+\cos^2\theta=1}{\sin^2\theta=1-\cos^2\theta}=1-\left(\dfrac{1}{3}\right)^2=\dfrac{8}{9}$

$\therefore\ 9\sin^2\theta=9\times\dfrac{8}{9}=8$

E 74 정답 ② 　＊삼각함수 사이의 관계 ················· [정답률 80%]

［ 정답 공식: $\tan\theta=\dfrac{\sin\theta}{\cos\theta}$, $\sin^2\theta+\cos^2\theta=1$ ］

단서1 $\cos\theta$의 값의 범위를 알 수 있어.

$\pi<\theta<\dfrac{3}{2}\pi$인 θ에 대하여 $\tan\theta=2$일 때, $\cos\theta$의 값은? (3점)

단서2 $\sin\theta$, $\cos\theta$, $\tan\theta$의 관계를 이용해서 $\cos\theta$를 구해야 해.

① $-\dfrac{2\sqrt{5}}{5}$ 　② $-\dfrac{\sqrt{5}}{5}$ 　③ $-\dfrac{1}{5}$ 　④ $\dfrac{1}{5}$ 　⑤ $\dfrac{\sqrt{5}}{5}$

1st $\sin\theta$, $\cos\theta$, $\tan\theta$의 관계를 활용해서 $\cos\theta$의 값을 구해.

함수 $y=\cos x\ (0\le x<2\pi)$의 그래프는 다음과 같다.

이때, $\pi<\theta<\dfrac{3}{2}\pi$이면

제2사분면의 각이고 $\cos\theta<0$ ··· ㉠

$\tan\theta=\dfrac{\sin\theta}{\cos\theta}=2$이므로

$\sin\theta=2\cos\theta$

이를 $\sin^2\theta+\cos^2\theta=1$에 대입하면

$(2\cos\theta)^2+\cos^2\theta=5\cos^2\theta=1$이므로 $\cos^2\theta=\dfrac{1}{5}$

$\therefore\ \cos\theta=-\dfrac{\sqrt{5}}{5}\ (\because ㉠)$

🔎 **다른 풀이 ❶:** $\theta=\pi+\theta'\left(0<\theta'<\dfrac{\pi}{2}\right)$로 두고 $\cos\theta$의 값 구하기

밑변의 길이가 1, 높이가 2, 한 내각의 크기가 θ'인 직각삼각형의 빗변의 길이는 $\sqrt{5}$야.

$\therefore\ \cos\theta'=\dfrac{1}{\sqrt{5}}$

$\theta=\pi+\theta'\left(0<\theta'<\dfrac{\pi}{2}\right)$라 하면

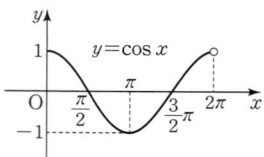

$\cos\theta=\cos(\pi+\theta')=-\cos\theta'=-\dfrac{1}{\sqrt{5}}=-\dfrac{\sqrt{5}}{5}$

🔎 **다른 풀이 ❷: 동경 OP가 나타내는 각이 θ임을 이용하기**

직선 $y=2x$와 원 $x^2+y^2=1$의 교점 중 제 3사분면의 점을 $\mathrm{P}(x,\ y)$라 하면 $x^2+(2x)^2=1$, $5x^2=1$

$\therefore\ x=-\dfrac{1}{\sqrt{5}}$, $y=-\dfrac{2}{\sqrt{5}}$

동경 OP가 나타내는 각의 크기가 θ이고, 점 P가 원 $x^2+y^2=1$ 위의 점

이므로 $\mathrm{P}(\cos\theta,\ \sin\theta)=\mathrm{P}(x,\ y)$에서 $\cos\theta=x=-\dfrac{\sqrt{5}}{5}$

E 75 정답 ④ 　＊삼각함수의 사이의 관계 ··············· [정답률 82%]

［ 정답 공식: $\sin^2\theta+\cos^2\theta=1$, $\tan\theta=\dfrac{\sin\theta}{\cos\theta}$ ］

$\pi<\theta<\dfrac{3}{2}\pi$인 θ에 대하여 $\sin\theta=-\dfrac{1}{3}$일 때, $\tan\theta$의 값은?

단서1 각의 위치가 제3사분면의 각임을 활용할 수 있어.

단서2 $\sin$의 값을 활용해서 $\tan$의 값을 구할 수 있어.

(3점)

① $-\dfrac{\sqrt{3}}{4}$ 　② $-\dfrac{\sqrt{2}}{4}$ 　③ $\dfrac{1}{4}$ 　④ $\dfrac{\sqrt{2}}{4}$ 　⑤ $\dfrac{\sqrt{3}}{4}$

1st $\theta=\pi+\theta'\left(0<\theta'<\dfrac{\pi}{2}\right)$라 두고 $\sin\theta$를 θ'으로 표현해봐.

$\theta=\pi+\theta'$이라 두면 $\underset{\llcorner\sin(\pi+\theta)=-\sin\theta,\ \sin\left(\frac{\pi}{2}+\theta\right)=\cos\theta}{\sin\theta=\sin(\pi+\theta')=-\sin\theta'=-\dfrac{1}{3}}$

$\therefore\ \sin\theta'=\dfrac{1}{3}$

2nd $\tan\theta$를 $\theta=\pi+\theta'$을 이용하여 간단히 표현해봐.

$\underset{\llcorner\tan(\pi+\theta)=\tan\theta,\ \tan\left(\frac{\pi}{2}+\theta\right)=-\cot\theta}{\tan\theta=\tan(\pi+\theta')=\tan\theta'}$

3rd $\sin\theta'=\dfrac{1}{3}$임을 이용해서 $\tan\theta'$의 값을 구해.

$0<\theta'<\dfrac{\pi}{2}$이므로 $\underset{\llcorner\sin^2\theta+\cos^2\theta=1,\ \cos\theta=\sqrt{1-\sin^2\theta}}{\cos\theta'=\sqrt{1-\sin^2\theta'}=\sqrt{1-\dfrac{1}{9}}=\sqrt{\dfrac{8}{9}}=\dfrac{2\sqrt{2}}{3}}$

$\therefore\ \underset{\llcorner\tan\theta=\frac{\sin\theta}{\cos\theta}}{\tan\theta'=\dfrac{\sin\theta'}{\cos\theta'}}=\dfrac{\dfrac{1}{3}}{\dfrac{2\sqrt{2}}{3}}=\dfrac{1}{2\sqrt{2}}=\dfrac{\sqrt{2}}{4}$

E 76 정답 ③ 　＊삼각함수 사이의 관계 – 식을 간단히 하기 [정답률 82%]

［ 정답 공식: 좌표평면에서 중심이 원점이고 반지름의 길이가 r인 원 위의 점 $\mathrm{P}(x,\ y)$에 대하여 동경 OP가 나타내는 각의 크기를 θ라 할 때, $\sin\theta=\dfrac{y}{r}$, $\cos\theta=\dfrac{x}{r}$, $\tan\theta=\dfrac{y}{x}$이다. ］

단서1 $\sin\theta>0$, $\cos\theta<0$, $\tan\theta<0$이야.

$\dfrac{\pi}{2}<\theta<\pi$인 θ에 대하여 $\sin\theta=-3\cos\theta$일 때, $\cos\theta$의 값은?

단서2 하나의 삼각함수로 나타내 봐.

(3점)

① $-\dfrac{3\sqrt{10}}{10}$ 　② $-\dfrac{\sqrt{10}}{5}$ 　③ $-\dfrac{\sqrt{10}}{10}$ 　④ $\dfrac{\sqrt{10}}{10}$ 　⑤ $\dfrac{\sqrt{10}}{5}$

1st 삼각함수 사이의 관계를 이용해.

$\sin\theta=-3\cos\theta$의 양변을 $\cos\theta$로 나누면 $\dfrac{\sin\theta}{\cos\theta}=-3$

$\therefore\ \tan\theta=-3$ 　$\underset{\llcorner\frac{\pi}{2}<\theta<\pi\text{에서}\ -1<\cos\theta<0\text{이므로 양변을}\ \cos\theta\text{로 나눌 수 있어.}}{}$

2nd 삼각함수의 정의를 이용하여 $\cos\theta$의 값을 구해.

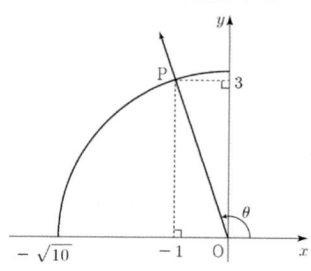

한편, 중심이 원점이고 반지름의 길이가 $\sqrt{10}$인 원과 각 θ를 나타내는
동경이 만나는 점을 P라 하면 점 P의 좌표는 $(-1, 3)$이다.

$$\therefore \cos\theta = \frac{-1}{\sqrt{10}} = -\frac{\sqrt{10}}{10}$$ $\frac{\pi}{2} < \theta < \pi$이므로 동경과 원이 만나는 점은 제2사분면 위에 있어.

🔄 다른 풀이: $\sin^2\theta + \cos^2\theta = 1$임을 이용하기

$\sin\theta = \sqrt{1-\cos^2\theta}$를 $\sin\theta = -3\cos\theta$에 대입하면
$\frac{\pi}{2} < \theta < \pi$인 θ에 대하여 $\sin\theta > 0$

$$\sqrt{1-\cos^2\theta} = -3\cos\theta$$

양변을 제곱하면 $1-\cos^2\theta = 9\cos^2\theta$

$$10\cos^2\theta = 1, \ \cos^2\theta = \frac{1}{10}$$

$$\therefore \cos\theta = -\sqrt{\frac{1}{10}} = -\frac{\sqrt{10}}{10} \ \left(\because \frac{\pi}{2} < \theta < \pi\right)$$
$\frac{\pi}{2} < \theta < \pi$인 θ에 대하여 $\cos\theta < 0$이야.

E 77 정답 ⑤ *삼각함수 사이의 관계 – 식을 간단히 하기 [정답률 92%]

(정답 공식: $\sin^2\theta + \cos^2\theta = 1$임을 이용한다.)

> 단서1 θ는 제2사분면의 각이므로 $\sin\theta > 0$, $\cos\theta < 0$, $\tan\theta < 0$이야.
>
> $\frac{\pi}{2} < \theta < \pi$인 θ에 대하여 $\cos\theta = -\frac{3}{4}$일 때, $\sin\theta$의 값은? (3점)
>
> ① $-\frac{\sqrt{7}}{4}$　　② $-\frac{\sqrt{3}}{4}$　　③ $\frac{1}{4}$
>
> ④ $\frac{\sqrt{3}}{4}$　　⑤ $\frac{\sqrt{7}}{4}$ 　단서2 $\cos\theta$의 값이 주어졌고 $\sin\theta$의 값을 구해야 하니까 $\sin^2\theta + \cos^2\theta = 1$을 이용해야 해.

1st $\cos\theta$의 값을 이용하여 $\sin^2\theta$의 값의 구해.

$\sin^2\theta + \cos^2\theta = 1$에서 $\sin^2\theta = 1 - \cos^2\theta$
모든 실수 x에 대하여 $\sin^2 x + \cos^2 x = 1$이 성립해.

여기에 $\cos\theta = -\frac{3}{4}$를 대입하면

$$\sin^2\theta = 1 - \left(-\frac{3}{4}\right)^2 = 1 - \frac{9}{16} = \frac{7}{16}$$

2nd θ가 제2사분면의 각임을 이용하여 $\sin\theta$의 값을 구해.

이때, $\frac{\pi}{2} < \theta < \pi$에서 $\sin\theta > 0$이므로 $\sin\theta = \sqrt{\frac{7}{16}} = \frac{\sqrt{7}}{4}$
$\frac{\pi}{2} < \theta < \pi$일 때, $\sin\theta$의 값은 양수야.

🔄 다른 풀이: 삼각함수의 성질을 이용하기

$\frac{\pi}{2} < \theta < \pi$이므로 $\theta = \frac{\pi}{2} + \alpha \left(0 < \alpha < \frac{\pi}{2}\right)$라 하면

$$\cos\theta = \cos\left(\frac{\pi}{2} + \alpha\right) = -\sin\alpha = -\frac{3}{4} \qquad \therefore \sin\alpha = \frac{3}{4}$$
$\cos\left(\frac{\pi}{2} + x\right) = -\sin x$

이때, α는 제1사분면의 각이므로
$0 < \alpha < \frac{\pi}{2}$일 때, $\cos\alpha > 0$이야.

$$\cos\alpha = \sqrt{1-\sin^2\alpha} = \sqrt{1-\left(\frac{3}{4}\right)^2} = \sqrt{1-\frac{9}{16}} = \frac{\sqrt{7}}{4}$$
$\sin^2\alpha + \cos^2\alpha = 1$에서
$\cos^2\alpha = 1 - \sin^2\alpha$
$\therefore \cos\alpha = \pm\sqrt{1-\sin^2\alpha}$

$$\therefore \sin\theta = \sin\left(\frac{\pi}{2} + \alpha\right) = \cos\alpha = \frac{\sqrt{7}}{4}$$
$\sin\left(\frac{\pi}{2} + x\right) = \cos x$

E 78 정답 ④ *삼각함수 사이의 관계 – 식을 간단히 하기 [정답률 74%]

(정답 공식: $\sin^2\theta + \cos^2\theta = 1$, $a^2 \pm 2ab + b^2 = (a \pm b)^2$ (복호동순))

> $0 < \sin\theta < \cos\theta$일 때, $\sqrt{1 + 2\sin\theta\cos\theta} - \sqrt{1 - 2\sin\theta\cos\theta}$
> 를 간단히 하면? (4점) 　단서 $\sin^2\theta + \cos^2\theta = 1$을 이용해.
>
> ① $-2\cos\theta$　② $-2\sin\theta$　③ 0　④ $2\sin\theta$　⑤ $2\cos\theta$

1st $\sin^2\theta + \cos^2\theta = 1$을 이용하여 근호를 없애자.

$1 = \sin^2\theta + \cos^2\theta$이므로

$$\sqrt{1 + 2\sin\theta\cos\theta} - \sqrt{1 - 2\sin\theta\cos\theta}$$
$$= \sqrt{\sin^2\theta + \cos^2\theta + 2\sin\theta\cos\theta} - \sqrt{\sin^2\theta + \cos^2\theta - 2\sin\theta\cos\theta}$$
$\rightarrow a^2 \pm 2ab + b^2 = (a \pm b)^2$ (복호동순)
$$= \sqrt{(\sin\theta + \cos\theta)^2} - \sqrt{(\sin\theta - \cos\theta)^2}$$
$$= |\sin\theta + \cos\theta| - |\sin\theta - \cos\theta| \ \sqrt{a^2} = |a|$$

2nd $0 < \sin\theta < \cos\theta$임을 이용하여 식을 간단히 하자.

$0 < \sin\theta < \cos\theta$에서 $\sin\theta + \cos\theta > 0$, $\sin\theta - \cos\theta < 0$이므로

$$\therefore |\sin\theta + \cos\theta| - |\sin\theta - \cos\theta|$$
$$= \sin\theta + \cos\theta - (-\sin\theta + \cos\theta)$$
$$= \sin\theta + \cos\theta + \sin\theta - \cos\theta = 2\sin\theta$$

E 79 정답 ② *삼각함수 사이의 관계의 활용 [정답률 64%]

[정답 공식: $\tan\theta = \frac{\sin\theta}{\cos\theta}$, $\sin^2\theta + \cos^2\theta = 1$임을 이용하여 주어진 식을 간단히 한다.]

> $\pi < \theta < 2\pi$인 θ에 대하여 $\frac{\sin\theta\cos\theta}{1-\cos\theta} + \frac{1-\cos\theta}{\tan\theta} = 1$일 때,
> $\cos\theta$의 값은? (3점) 　단서 삼각함수 사이의 관계를 이용하여 주어진 식을 최대한 간단히 정리해.
>
> ① $-\frac{2\sqrt{5}}{5}$　　② $-\frac{\sqrt{5}}{5}$　　③ $\frac{1}{5}$
>
> ④ $\frac{\sqrt{5}}{5}$　　⑤ $\frac{2\sqrt{5}}{5}$

1st 주어진 식을 간단히 하자.

$\frac{\sin\theta\cos\theta}{1-\cos\theta} + \frac{1-\cos\theta}{\tan\theta} = 1$에서
$\rightarrow \tan\theta = \frac{\sin\theta}{\cos\theta}$이므로 $\frac{1}{\tan\theta} = \frac{\cos\theta}{\sin\theta}$
$\frac{\sin\theta\cos\theta}{1-\cos\theta} + \frac{(1-\cos\theta)\cos\theta}{\sin\theta} = 1$　$\therefore \frac{1-\cos\theta}{\tan\theta} = \frac{(1-\cos\theta)\cos\theta}{\sin\theta}$
$\frac{\sin^2\theta\cos\theta + (1-\cos\theta)^2\cos\theta}{(1-\cos\theta)\sin\theta} = 1$
$\rightarrow \sin^2\theta + \cos^2\theta = 1$
$\frac{(\boxed{\sin^2\theta + \cos^2\theta} - 2\cos\theta + 1)\cos\theta}{(1-\cos\theta)\sin\theta} = 1$, $\frac{(1-2\cos\theta+1)\cos\theta}{(1-\cos\theta)\sin\theta} = 1$
$\frac{2(1-\cos\theta)\cos\theta}{(1-\cos\theta)\sin\theta} = 1$, $\frac{2\cos\theta}{\sin\theta} = 1$ ($\because$ $1-\cos\theta \neq 0$)
$\pi < \theta < 2\pi$이므로 $\cos\theta \neq 1$이야.
$\therefore \sin\theta = 2\cos\theta \cdots$ ㉠

2nd $\cos\theta$의 값을 구하자.

㉠을 $\sin^2\theta + \cos^2\theta = 1$에 대입하면

$$(2\cos\theta)^2 + \cos^2\theta = 1, \ 5\cos^2\theta = 1, \ \cos^2\theta = \frac{1}{5}$$

$$\therefore \cos\theta = \sqrt{\frac{1}{5}} = \frac{\sqrt{5}}{5} \ \text{또는} \ \cos\theta = -\sqrt{\frac{1}{5}} = -\frac{\sqrt{5}}{5}$$

그런데 ㉠에 의하여 $\cos\theta < 0$

$$\therefore \cos\theta = -\frac{\sqrt{5}}{5}$$
$\pi < \theta < 2\pi$에서 $\sin\theta < 0$이므로 ㉠에 의하여 $\cos\theta < 0$이 되어야 해. 즉, 정확한 θ의 값의 범위는 $\pi < \theta < \frac{3}{2}\pi$가 돼.

다른 풀이: 주어진 식에서 $\tan\theta$의 값을 먼저 구하고 $\cos\theta$의 값 구하기

$$\frac{\sin\theta\cos\theta}{1-\cos\theta}=\frac{\sin\theta\cos\theta(1+\cos\theta)}{(1-\cos\theta)(1+\cos\theta)}=\frac{\sin\theta\cos\theta(1+\cos\theta)}{\boxed{1-\cos^2\theta}}$$

분모, 분자에 0이 아닌 같은 값을 곱해도 그 값은 변함이 없지? $\sin^2\theta+\cos^2\theta=1$에서 $1-\cos^2\theta=\sin^2\theta$야.

$$=\frac{\sin\theta\cos\theta(1+\cos\theta)}{\sin^2\theta}$$

$$=\frac{\cos\theta(1+\cos\theta)}{\sin\theta}\ (\because \underline{\sin\theta\neq0})$$

$\pi<\theta<2\pi$에서 $\sin\theta\neq0$이야.

$$=\frac{1+\cos\theta}{\boxed{\tan\theta}}\longrightarrow \frac{\cos\theta}{\sin\theta}=\frac{1}{\tan\theta}$$

이므로 $\dfrac{\sin\theta\cos\theta}{1-\cos\theta}+\dfrac{1-\cos\theta}{\tan\theta}=1$에서

$$\frac{1+\cos\theta}{\tan\theta}+\frac{1-\cos\theta}{\tan\theta}=1,\ \frac{(1+\cos\theta)+(1-\cos\theta)}{\tan\theta}=1$$

$$\frac{2}{\tan\theta}=1 \qquad \therefore \tan\theta=2 \cdots \text{ⓛ}$$

이때, ⓛ을 만족시키는 직각삼각형의 밑변과 높이를 각각 1, 2라 하면 빗변의 길이는 피타고라스 정리에 의하여 $\sqrt{1^2+2^2}=\sqrt{5}$

그런데 $\pi<\theta<2\pi$이고 $\tan\theta=2$이므로 θ의 값의 범위는 $\pi<\theta<\dfrac{3}{2}\pi$가 되어야 해. 즉, $\cos\theta<0$이야.

$\therefore \cos\theta=-\dfrac{1}{\sqrt{5}}=-\dfrac{\sqrt{5}}{5}$

$\pi<\theta<\dfrac{3}{2}\pi$에서 $\tan\theta>0$이고 $\dfrac{3}{2}\pi<\theta<2\pi$에서 $\tan\theta<0$이야.

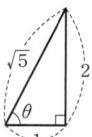

3rd a의 값을 구해.

방정식 $\dfrac{\sqrt{a}}{\sqrt{a^2+a}}=\dfrac{\sqrt{2}}{\sqrt{3}}$를 풀자.

$\sqrt{2a^2+2a}=\sqrt{3a}$이고,

양변을 제곱하여 정리하면 $2a^2+2a=3a$

$2a^2-a=0,\ a(2a-1)=0 \qquad \therefore a=\dfrac{1}{2}\ (\because a>0)$

4th 선분 OP의 길이를 구해.

$$\overline{\text{OP}}=\sqrt{a^2+a}=\sqrt{\left(\frac{1}{2}\right)^2+\frac{1}{2}}=\sqrt{\frac{3}{4}}=\frac{\sqrt{3}}{2}$$

다른 풀이: 직각삼각형의 변의 길이의 비와 삼각형의 한 점이 곡선 위에 있음을 이용하기

점 P에서 x축에 내린 수선의 발을 H라 하고 $\sin\theta=\dfrac{\sqrt{2}}{\sqrt{3}}$

이므로 오른쪽 그림과 같은 직각삼각형 OPH의 한 점 $\text{P}(a,\sqrt{2a})$가 곡선 $y=\sqrt{x}$ 위에 있으므로 $\sqrt{a}=\sqrt{2a}$

$a=2a^2,\ 2a\left(a-\dfrac{1}{2}\right)=0$

$\therefore a=\dfrac{1}{2}\ (\because a>0)$

(이하 동일)

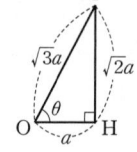

E 80 정답 ③   *삼각함수 사이의 관계 – 식을 간단히 하기 ····· [정답률 69%]

정답 공식: 좌표평면 위의 점 $\text{P}(a,b)$에 대해 동경 OP가 나타내는 각의 크기를 θ라 하면 $\sin\theta=\dfrac{b}{\sqrt{a^2+b^2}}$, $\cos\theta=\dfrac{a}{\sqrt{a^2+b^2}}$

단서1 곡선 $y=\sqrt{x}\,(x>0)$을 제1사분면에 그려서 문제의 조건을 그림으로 나타낼 수 있어.

좌표평면에서 곡선 $y=\sqrt{x}\,(x>0)$위의 점 P에 대하여 동경 OP가 나타내는 각의 크기를 θ라 하자. $\cos^2\theta-2\sin^2\theta=-1$일 때,

단서2 $\sin^2\theta+\cos^2\theta=1$을 이용하여 주어진 식을 하나의 삼각비로 표현된 식으로 정리할 수 있어.

선분 OP의 길이는? (단, O는 원점이고, x축의 양의 방향을

단서3 두 점 사이의 거리를 구하는 공식을 활용할 수 있어. ← 단서4 시초선으로부터 시계 반대 방향으로 회전한 각도를 동경이라고 해.

시초선으로 한다.) (4점)

① $\dfrac{1}{2}$ ② $\dfrac{\sqrt{2}}{2}$ ③ $\dfrac{\sqrt{3}}{2}$ ④ 1 ⑤ $\dfrac{\sqrt{5}}{2}$

1st 방정식 $\cos^2\theta-2\sin^2\theta=-1$을 풀어서 $\sin\theta$의 값을 구해.

$\cos^2\theta=1-\sin^2\theta$임을 이용하면

$\cos^2\theta-2\sin^2\theta=-1$은 $(1-\sin^2\theta)-2\sin^2\theta=-1$이므로

$\sin^2\theta=\dfrac{2}{3} \qquad \therefore \sin\theta=\pm\dfrac{\sqrt{2}}{\sqrt{3}}$

따라서 점 P가 곡선 $y=\sqrt{x}\,(x>0)$ 위의 점이므로 $\sin\theta=\dfrac{\sqrt{2}}{\sqrt{3}}$

곡선 $y=\sqrt{x}$ 위의 점은 x의 값이 양수이면 y의 값도 양수야.

2nd 점 P의 좌표를 순서쌍으로 표현해 봐.

점 $\text{P}(a,\sqrt{a})\,(a>0)$라 하면 선분 OP의 길이는 $\sqrt{a^2+a}$이고,

$\sin\theta=\dfrac{\sqrt{a}}{\sqrt{a^2+a}}=\dfrac{\sqrt{2}}{\sqrt{3}}$

두 점 $\text{A}(a,b)$, $\text{B}(c,d)$ 사이의 거리는 $\overline{\text{AB}}=\sqrt{(a-c)^2+(b-d)^2}$

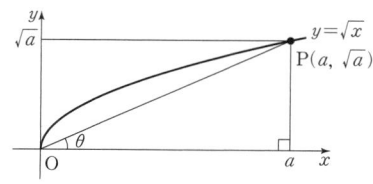

E 81 정답 ①   *삼각함수 사이의 관계 – 식을 간단히 하기 ····· [정답률 55%]

(정답 공식: $\sin^2\theta+\cos^2\theta=1$)

다음은 $0<\theta<2\pi$에서 $3+2\sin^2\theta+\dfrac{1}{3-2\cos^2\theta}$의 최솟값을 구하는 과정이다.

$3+2\sin^2\theta=t$로 놓으면

$$3+2\sin^2\theta+\frac{1}{3-2\cos^2\theta}=t+\frac{1}{\boxed{(가)}}$$

이다. $0<\theta<2\pi$에서 $t\geq3$이므로 $\boxed{(가)}>0$이다.

단서 산술평균과 기하평균의 관계를 이용하여 최솟값을 구하는 과정이야.

$$t+\frac{1}{\boxed{(가)}}=t-2+\frac{1}{\boxed{(가)}}+2\geq4$$

이다. (단, 등호는 $t=\boxed{(나)}$일 때 성립한다.)

따라서 $3+2\sin^2\theta+\dfrac{1}{3-2\cos^2\theta}$은 $\theta=\boxed{(다)}$에서 최솟값 4를 갖는다.

위의 (가)에 알맞은 식을 $f(t)$, (나)와 (다)에 알맞은 수를 각각 p, q라 할 때, $f(p)+\tan^2\left(q+\dfrac{\pi}{3}\right)$의 값은? (4점)

① 4 ② 5 ③ 6 ④ 7 ⑤ 8

1st 주어진 식에서 $\sin^2\theta$, $\cos^2\theta$를 각각 한 문자로 나타내자.

$3+2\sin^2\theta=t$로 놓으면

$$3+2\sin^2\theta+\frac{1}{3-2\cos^2\theta}=t+\frac{1}{t-2} \longleftarrow \text{(가)}$$

실수

$\cos^2\theta=1-\sin^2\theta$로 나타낼 수 있으므로

$3+2\sin^2\theta=3+2(1-\cos^2\theta)=5-2\cos^2\theta=t \qquad \therefore \cos^2\theta=\dfrac{5-t}{2}$

즉, $3-2\cos^2\theta=3-2\times\dfrac{5-t}{2}=t-2$가 돼.

2nd 산술평균과 기하평균의 관계를 이용하여 최솟값을 구하자.

$0<\theta<2\pi$에서 $t\geq3$이므로 $\boxed{t-2}>0$다.

$$t+\frac{1}{t-2}=t-2+\frac{1}{t-2}+2\geq4$$

→ 산술평균과 기하평균의 관계에 의해 $t-2+\dfrac{1}{t-2}\geq2\sqrt{(t-2)\times\dfrac{1}{t-2}}$ （나）

$\left(\text{단, 등호는 }t-2=\dfrac{1}{t-2}\text{에서 }t=\boxed{3}\text{ 일 때 성립한다.}\right)$

산술평균과 기하평균의 관계에서 등호가 성립할 때가 최소인 경우이므로 그때의 t의 값을 계산해.

$t-2=\dfrac{1}{t-2}$이면 $(t-2)^2=1$이므로 $t=1$ 또는 $t=3$이야.

한편 $3+2\sin^2\theta=t$이므로 $t\geq3$이어야 하므로 $t=3$이지.

즉, $3+2\sin^2\theta=t=3$일 때 $\theta=\boxed{\pi}$이고, （다）

이때, $3+2\sin^2\theta+\dfrac{1}{3-2\cos^2\theta}$은 최솟값 4를 갖는다.

→ $t=3+2\sin^2\theta=3$이면 $\sin\theta=0$ $0<\theta<2\pi$이므로 $\theta=\pi$

따라서 $f(t)=t-2$, $p=3$, $q=\pi$이므로

$$f(p)+\tan^2\left(q+\frac{\pi}{3}\right)=f(3)+\tan^2\left(\pi+\frac{\pi}{3}\right)$$
$$=1+3=4$$

E 82 정답 ① *삼각함수 사이의 관계 – 식을 간단히 하기 [정답률 33%]

┌─ 정답 공식: 직각삼각형의 직각이 아닌 각 θ에 대하여
$\sin\theta=\dfrac{(높이)}{(빗변의 길이)}\cdot\cos\theta=\dfrac{(밑변의 길이)}{(빗변의 길이)}\cdot\tan\theta=\dfrac{(높이)}{(밑변의 길이)}$ ─┐

그림과 같이 길이가 2인 선분 AB를 지름으로 하고 중심이 O인 반원이 있다. 호 AB 위에 점 P를 $\cos(\angle BAP)=\dfrac{4}{5}$가 되도록 잡는다. 부채꼴 OBP에 내접하는 원의 반지름의 길이가 r_1, 호 AP를 이등분하는 점과 선분 AP의 중점을 지름의 양 끝점으로 하는 원의 반지름의 길이가 r_2일 때, $r_1 r_2$의 값은? (4점)

단서 점 O와 반지름의 길이가 r_1, r_2인 두 원의 중심을 지나는 직선을 각각 보조선으로 그어 삼각비를 이용하자.

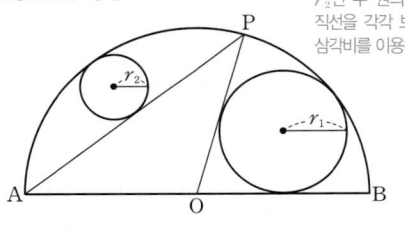

① $\dfrac{3}{40}$ ② $\dfrac{1}{10}$ ③ $\dfrac{1}{8}$ ④ $\dfrac{3}{20}$ ⑤ $\dfrac{7}{40}$

1st 삼각함수 사이의 관계를 이용하여 $\sin(\angle BAP)$의 값을 구하자.

그림과 같이 반지름의 길이가 r_1인 원의 중심을 C, 선분 AP의 중점을 D, 호 BP와 직선 OC가 만나는 점을 E, 직선 OD와 호 AP가 만나는 점을 F라 하자. 또, 점 C에서 선분 OB와 선분 OP에 내린 수선의 발을 각각 H_1, H_2라 하자.

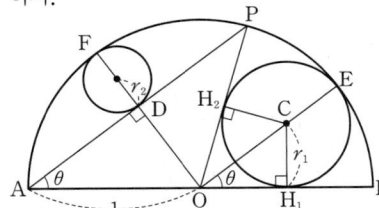

$\angle BAP=\theta$라 할 때, $\cos\theta=\dfrac{4}{5}$

$0<\theta<\dfrac{\pi}{2}$이므로

→ $\cos\theta=\dfrac{4}{5}$를 만족시키는 직각삼각형을 만들어서 $\sin\theta$의 값을 구할 수 있어.

$\underline{\sin\theta=\dfrac{3}{5}}$ … ㉠

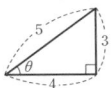

2nd 내접하는 두 원의 성질을 이용하여 $r_1 r_2$의 값을 구해.

삼각형 OAP는 $\overline{OA}=\overline{OP}$인 이등변삼각형이므로

$\angle BOP=2\theta$에서
$\angle BOP=\angle OAP+\angle OPA=2\theta$

$\angle BOC=\theta$

직각삼각형 OH_1C에서

→ $\triangle OCH_1$과 $\triangle OCH_2$에서 $\overline{CH_1}=\overline{CH_2}=r_1$ $\overline{OC}$는 공통

$\sin\theta=\dfrac{r_1}{\overline{OC}}\Rightarrow\overline{OC}=\dfrac{r_1}{\sin\theta}$이므로

$\angle CH_1O=\angle CH_2O=\dfrac{\pi}{2}$ 이므로 $\triangle OCH_1\equiv\triangle OCH_2$(RHS 합동)

$\overline{OE}=\overline{OC}+\overline{CE}=\dfrac{r_1}{\sin\theta}+r_1=1$

∴ $\angle POC=\angle BOC=\dfrac{1}{2}\angle BOP=\theta$

$r_1\left(1+\dfrac{1}{\sin\theta}\right)=1$

$\dfrac{1+\sin\theta}{\sin\theta}r_1=1$

$\therefore r_1=\dfrac{\sin\theta}{1+\sin\theta}=\dfrac{\frac{3}{5}}{1+\frac{3}{5}}(\because ㉠)$

$=\dfrac{\frac{3}{5}}{\frac{8}{5}}=\dfrac{3}{8}$

또한, $\overline{OD}=\sin\theta$이므로

→ 직각삼각형 OAD에서 $\overline{OA}=1$이므로 $\overline{OD}=\overline{OA}\sin\theta=\sin\theta$

$\overline{OF}=\overline{OD}+\overline{DF}=\sin\theta+2r_2=1$

$r_2=\dfrac{1-\sin\theta}{2}=\dfrac{1-\frac{3}{5}}{2}(\because ㉠)$

$=\dfrac{\frac{2}{5}}{2}=\dfrac{1}{5}$

$\therefore r_1 r_2=\dfrac{3}{8}\times\dfrac{1}{5}=\dfrac{3}{40}$

E 83 정답 3 *삼각함수 사이의 관계 – $\sin\theta\times\cos\theta$, $\sin\theta\pm\cos\theta$ [정답률 84%]

(정답 공식: $(a-b)^2=a^2-2ab+b^2$, $\sin^2\theta+\cos^2\theta=1$)

$\sin\theta-\cos\theta=\dfrac{1}{2}$일 때, $8\sin\theta\cos\theta$의 값을 구하시오. (3점)

단서 삼각함수에서는 항상 $\sin^2\theta+\cos^2\theta=1$이 성립하므로 주어진 식을 제곱하면 $\sin\theta\cos\theta$의 값을 알아낼 수 있어.

1st 주어진 등식의 양변을 제곱하여 값을 구하자.

$\sin\theta-\cos\theta=\dfrac{1}{2}$의 양변을 제곱하면

$\sin^2\theta-2\sin\theta\cos\theta+\cos^2\theta=\dfrac{1}{4}$

$1-2\sin\theta\cos\theta=\dfrac{1}{4}$, ← $\sin^2\theta+\cos^2\theta=1$

$2\sin\theta\cos\theta=\dfrac{3}{4}$

$\therefore \sin\theta\cos\theta=\dfrac{3}{8}$

$\therefore 8\sin\theta\cos\theta=8\times\dfrac{3}{8}=3$

E 84 정답 ② *삼각함수 사이의 관계 $-\sin\theta\times\cos\theta$, $\sin\theta\pm\cos\theta$ [정답률 80%]

[정답 공식: $\sin^2 x+\cos^2 x=1$, $\tan x=\dfrac{\sin x}{\cos x}$]

$\sin\theta+\cos\theta=\dfrac{1}{2}$일 때, $\dfrac{1+\tan\theta}{\sin\theta}$의 값은? (3점)

단서 $\tan\theta=\dfrac{\sin\theta}{\cos\theta}$ 임을 이용하여 식을 변형한 후 $\dfrac{1+\tan\theta}{\sin\theta}$의 값을 구하기 위해 필요한 값이 무엇인지 구해야 해.

① $-\dfrac{7}{3}$ ② $-\dfrac{4}{3}$ ③ $-\dfrac{1}{3}$ ④ $\dfrac{2}{3}$ ⑤ $\dfrac{5}{3}$

1st $\sin\theta\cos\theta$의 값을 구하자.

$\sin\theta+\cos\theta=\dfrac{1}{2}$의 양변을 제곱하면

$\underset{\sin^2\theta+\cos^2\theta=1}{\underline{\sin^2\theta+2\sin\theta\cos\theta+\cos^2\theta}}=\dfrac{1}{4}$, $1+2\sin\theta\cos\theta=\dfrac{1}{4}$

$2\sin\theta\cos\theta=-\dfrac{3}{4}$ $\therefore \sin\theta\cos\theta=-\dfrac{3}{8}$

2nd $\dfrac{1+\tan\theta}{\sin\theta}$의 값을 구하자.

$\therefore \dfrac{1+\tan\theta}{\sin\theta}=\dfrac{1+\dfrac{\sin\theta}{\cos\theta}}{\sin\theta}=\underset{\text{분모, 분자에 }\cos\theta\text{를 각각 곱한 거야.}}{\underline{\dfrac{\cos\theta+\sin\theta}{\sin\theta\cos\theta}}}=\dfrac{\dfrac{1}{2}}{-\dfrac{3}{8}}=-\dfrac{4}{3}$

E 85 정답 ⑤ *삼각함수 사이의 관계 $-\sin\theta\times\cos\theta$, $\sin\theta\pm\cos\theta$ [정답률 78%]

(정답 공식: $\sin^2\theta+\cos^2\theta=1$, $(a\pm b)^2=a^2\pm2ab+b^2$이다.)

단서1 θ가 제 2사분면의 각이므로 $\sin\theta>0$, $\cos\theta<0$이야.

$\dfrac{\pi}{2}<\theta<\pi$인 θ에 대하여 $\sin^4\theta+\cos^4\theta=\dfrac{23}{32}$일 때,

$\sin\theta-\cos\theta$의 값은? (4점)

단서2 $\sin^2\theta+\cos^2\theta=1$이므로 주어진 식을 다음과 같이 간단히 할 수 있어.
$\sin^4\theta+\cos^4\theta=(\sin^2\theta+\cos^2\theta)^2-2\sin^2\theta\cos^2\theta=1-2\sin^2\theta\cos^2\theta$

① $\dfrac{\sqrt{3}}{2}$ ② 1 ③ $\dfrac{\sqrt{5}}{2}$

④ $\dfrac{\sqrt{6}}{2}$ ⑤ $\dfrac{\sqrt{7}}{2}$

1st $\sin^2\theta+\cos^2\theta=1$을 이용하여 식을 간단히 하자.

$\sin^4\theta+\cos^4\theta=(\sin^2\theta+\cos^2\theta)^2-2\sin^2\theta\cos^2\theta$

$=1-2\sin^2\theta\cos^2\theta$ $\underset{}{\rightarrow(a+b)^2=a^2+2ab+b^2\text{에서}\atop a^2+b^2=(a+b)^2-2ab}$

$=\dfrac{23}{32}$

에서 $\sin^2\theta\cos^2\theta=\dfrac{9}{64}$
$\underset{}{\rightarrow 2\sin^2\theta\cos^2\theta=1-\dfrac{23}{32}, 2\sin^2\theta\cos^2\theta=\dfrac{9}{32} \quad \therefore \sin^2\theta\cos^2\theta=\dfrac{9}{64}}$

$\dfrac{\pi}{2}<\theta<\pi$에서 $\sin\theta>0$, $\cos\theta<0$이므로 $\sin\theta\cos\theta=-\dfrac{3}{8}$

2nd $\sin\theta-\cos\theta$의 값을 구하자.

$\underset{\rightarrow(\because\sin^2\theta+\cos^2\theta=1)}{\underline{(\sin\theta-\cos\theta)^2=1-2\sin\theta\cos\theta}}$

$=1-2\times\left(-\dfrac{3}{8}\right)$

$=\dfrac{7}{4}$

$\underset{\sin\theta>0,\cos\theta<0\text{이므로}\sin\theta-\cos\theta>0}{\therefore \underline{\sin\theta-\cos\theta}}=\sqrt{\dfrac{7}{4}}=\dfrac{\sqrt{7}}{2}$

$\dfrac{\pi}{2}<x<\pi$일 때, $\sin x>\cos x$임을 그래프로 확인할 수 있어.

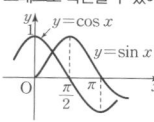

E 86 정답 ② *삼각함수 사이의 관계 $-\sin\theta\times\cos\theta$, $\sin\theta\pm\cos\theta$ ⋯ [정답률 52%]

[정답 공식: $\tan\theta=\dfrac{\sin\theta}{\cos\theta}$, $\sin^2\theta+\cos^2\theta=1$]

$3\sin\theta-4\tan\theta=4$일 때, $\sin\theta+\cos\theta$의 값은? (4점)

단서 $\tan\theta=\dfrac{\sin\theta}{\cos\theta}$ 로 나타내어 정리하자.

① $-\dfrac{2}{3}$ ② $-\dfrac{1}{3}$ ③ 0

④ $\dfrac{1}{3}$ ⑤ $\dfrac{2}{3}$

1st 주어진 식을 정리해서 인수분해 하자.

$3\sin\theta-4\tan\theta=4$의 양변에 $\cos\theta(\cos\theta\neq0)$을 곱하면

$3\sin\theta\cos\theta-4\sin\theta=4\cos\theta$

$\underset{}{\underline{3\sin\theta\cos\theta=4(\sin\theta+\cos\theta)}}\cdots\text{㉠}$
$\sin,\cos$의 곱 또는 합이 주어진 경우 양변을 잘 정리한 뒤, 양변을 제곱해서 $\sin^2\theta+\cos^2\theta=1$의 식을 이용하자.

$9\sin^2\theta\cos^2\theta=16(\sin^2\theta+2\sin\theta\cos\theta+\cos^2\theta)$

$9\sin^2\theta\cos^2\theta=16(1+2\sin\theta\cos\theta)$ 이 식에서 인수분해가 바로 안 보이면 $\sin\theta\cos\theta=T$라 치환해서 간단한 식으로 바꿔서 인수분해 해보자.

$\underline{9\sin^2\theta\cos^2\theta-32\sin\theta\cos\theta-16=0}$ $9T^2-32T-16=0$,

$(9\sin\theta\cos\theta+4)(\sin\theta\cos\theta-4)=0$ $(9T+4)(T-4)=0$

$\therefore \sin\theta\cos\theta=-\dfrac{4}{9}$ 또는 $\sin\theta\cos\theta=4$ $\therefore T=-\dfrac{4}{9}$ 또는 $T=4$

따라서 $-1\le\sin\theta\le1$, $-1\le\cos\theta\le1$이므로

$\sin\theta\cos\theta=-\dfrac{4}{9}\cdots\text{㉡}$

2nd $\sin\theta+\cos\theta$의 값을 구하자.

㉡을 ㉠에 대입하면

$3\times\left(-\dfrac{4}{9}\right)=4(\sin\theta+\cos\theta)$

$\therefore \sin\theta+\cos\theta=3\times\left(-\dfrac{4}{9}\right)\times\dfrac{1}{4}$

$=-\dfrac{1}{3}$

🔖 다른 풀이: $\sin\theta+\cos\theta=t$라 하고 주어진 식을 이용하여 t의 값 구하기

$3\sin\theta-4\tan\theta=4$의 양변에 $\cos\theta(\cos\theta\neq0)$을 곱하면

$3\sin\theta\cos\theta-4\sin\theta=4\cos\theta$

$3\sin\theta\cos\theta=4(\sin\theta+\cos\theta)\cdots\text{㉢}$

한편,

$(\sin\theta+\cos\theta)^2=1+2\sin\theta\cos\theta$에서

$\underset{-1\le\sin\theta\le1,\,-1\le\cos\theta\le1\text{이므로}-2<t<2\text{가 되어야 해.}}{\underline{\sin\theta+\cos\theta=t\,(-2<t<2)}}$라 두면

$t^2=1+2\sin\theta\cos\theta$, $2\sin\theta\cos\theta=t^2-1$

$\therefore \sin\theta\cos\theta=\dfrac{t^2-1}{2}$

이를 ㉢에 대입하면

$\dfrac{3}{2}(t^2-1)=4t$, $3t^2-8t-3=0$

$(3t+1)(t-3)=0$

$\therefore t=-\dfrac{1}{3}\,(\because -2<t<2)$

주의 방정식을 풀면 $t=-\dfrac{1}{3}$ 또는 $t=3$이지만 이 값이 주어진 조건을 만족시키는 진짜 해인지 확인하려면 t의 값의 범위에 속하는지 확인해야 해.

$\therefore \sin\theta+\cos\theta=-\dfrac{1}{3}$

$*\sin\theta\cos\theta$의 값의 범위 기억하기

$-1\le\sin\theta\le1$, $-1\le\cos\theta\le1$에서
$\sin x=\pm1$과 $\cos x=\pm1$을 동시에 만족시키는 x의 값은 존재하지 않아.
따라서 $y=\sin x\cos x$의 함숫값의 범위가 $-1\le y\le1$은 아니야.
실제로 함수 $y=\sin x\cos x$의 그래프를 그려 보면 다음과 같으므로

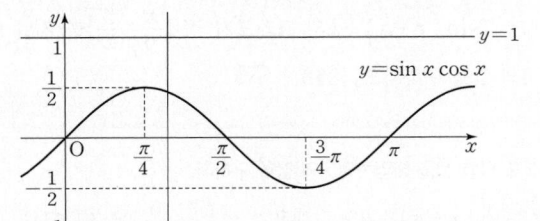

즉, $-\dfrac{1}{2}\le\sin\theta\cos\theta\le\dfrac{1}{2}$로 $x=\dfrac{\pi}{4}$일 때의 최댓값은 $\dfrac{1}{2}$, $x=\dfrac{3}{4}\pi$일 때의
최솟값은 $-\dfrac{1}{2}$임을 각각 확인할 수 있으나, 미적분 내용이므로 자세한 설명은
여기서는 생략하자. 다만, $-1\le\sin\theta\le1$, $-1\le\cos\theta\le1$에서
$\sin\theta\cos\theta$의 값의 범위는 $-1<\sin\theta\cos\theta<1$임을 기억하고 있으면 좋아.

E 87 정답 8 *삼각함수와 이차방정식의 근과 계수의 관계 [정답률 86%]

(정답 공식: 이차방정식 $ax^2+bx+c=0$의 두 근을 α, β라 하면 $\alpha+\beta=-\dfrac{b}{a}$, $\alpha\beta=\dfrac{c}{a}$이다.)

단서 '이차방정식 ~의 두 근 ~'은 근과 계수의 관계를 떠올리자.
이차방정식 $2x^2-kx+1=0$의 두 근이 $\sin\theta$, $\cos\theta$일 때,
상수 k에 대하여 k^2의 값을 구하시오. (4점)

1st 이차방정식의 근과 계수의 관계를 적용하자.
이차방정식 $ax^2+bx+c=0$의 두 근을 α, β라 하면 $\alpha+\beta=-\dfrac{b}{a}$, $\alpha\beta=\dfrac{c}{a}$
이차방정식 $2x^2-kx+1=0$의 두 근이 $\sin\theta$, $\cos\theta$이므로 근과 계수
의 관계에 의해 $\sin\theta+\cos\theta=\dfrac{k}{2}$, $\sin\theta\cos\theta=\dfrac{1}{2}$

$(\sin\theta+\cos\theta)^2=\underline{\sin^2\theta+\cos^2\theta}+2\sin\theta\cos\theta=1+2\times\dfrac{1}{2}=2$
$\qquad\qquad\qquad\quad\;\;\rightarrow\sin^2\theta+\cos^2\theta=1$이지.
즉, $\left(\dfrac{k}{2}\right)^2=2$이므로 $k^2=8$

E 88 정답 1 *삼각함수와 이차방정식의 근과 계수의 관계 [정답률 76%]

(정답 공식: 이차방정식 $ax^2+bx+c=0$의 두 근을 α, β라 하면 $\alpha+\beta=-\dfrac{b}{a}$, $\alpha\beta=\dfrac{c}{a}$이다.)

이차방정식 $2x^2-3x+k=0$의 두 근이 $2\sin\theta$, $\sin\theta$일 때, 상수 k의 값을 구하시오. (4점) **단서** 근과 계수와의 관계를 이용하면 $\sin\theta$의 값을 구할 수 있어.

1st 이차방정식의 근과 계수의 관계를 적용하자.
이차방정식 $2x^2-3x+k=0$의 두 근이 $2\sin\theta$, $\sin\theta$이므로 근과 계수
의 관계에 의해 $2\sin\theta+\sin\theta=3\sin\theta=-\dfrac{-3}{2}=\dfrac{3}{2}\cdots$ ㉠,
$\qquad\qquad\qquad\qquad\qquad\qquad\quad\rightarrow$두 근의 합
$2\sin\theta\times\sin\theta=2\sin^2\theta=\dfrac{k}{2}\cdots$ ㉡
$\qquad\qquad\qquad\qquad\quad\rightarrow$두 근의 곱
2nd ㉠, ㉡으로 k의 값을 구하자.
㉠에서 $3\sin\theta=\dfrac{3}{2}$ $\quad\therefore\sin\theta=\dfrac{1}{2}$

이것을 ㉡에 대입하면 $\dfrac{k}{2}=2\sin^2\theta=2\times\left(\dfrac{1}{2}\right)^2=\dfrac{1}{2}$ $\quad\therefore k=1$

E 89 정답 20 *삼각함수와 이차방정식의 근과 계수의 관계 [정답률 50%]

(정답 공식: 이차방정식의 근과 계수의 관계를 이용한다.)

이차방정식 $x^2-k=0$이 서로 다른 두 실근 $6\cos\theta$, $5\tan\theta$를 가질 때, 상수 k의 값을 구하시오. (4점) **단서** 이차방정식의 근과 계수의 관계에 의하여 (두 근의 합)$=0$에서 삼각함수의 관계식을 구하자.

1st 이차방정식의 근과 계수의 관계를 이용하여 k의 값을 구하자.
이차방정식 $x^2-k=0$의 두 근의 합이 0이므로
$\qquad$ 이차방정식의 근과 계수의 관계에 의하여 두 근의 합은 $-\dfrac{(\text{일차항의 계수})}{(\text{이차항의 계수})}=-\dfrac{0}{1}=0$
서로 다른 두 실근 $6\cos\theta$, $5\tan\theta$에 대하여

$6\cos\theta+5\tan\theta=0$, $6\cos\theta+5\times\dfrac{\sin\theta}{\cos\theta}=0$
$\quad\rightarrow\tan\theta=\dfrac{\sin\theta}{\cos\theta}$를 대입하자.
$6\cos^2\theta+5\sin\theta=0\;(\because\cos\theta\ne0)$
이차방정식 $x^2-k=0$이 서로 다른 두 실근 $6\cos\theta$, $5\tan\theta$를 가지므로
$\theta=\dfrac{n}{2}\pi$ (단, n은 정수)라면 $5\tan\theta$의 값이 존재하지 않으므로 문제에 모순이 생기지?
따라서 $\theta\ne\dfrac{n}{2}\pi$이므로 $\cos\theta\ne0$이야.
$\cos^2\theta=1-\sin^2\theta$이므로 $6(1-\sin^2\theta)+5\sin\theta=0$
$6\sin^2\theta-5\sin\theta-6=0$, $(3\sin\theta+2)(2\sin\theta-3)=0$
$\therefore\sin\theta=-\dfrac{2}{3}$ $(\because -1\le\sin\theta\le1)$
$\qquad\qquad\qquad\qquad\;\rightarrow$ **주의** 삼각함수의 값의 범위를 꼭 따져야 해.
따라서 이차방정식 $x^2-k=0$의 두 근의 곱이 $-k$이므로
$k=-6\cos\theta\times5\tan\theta=-30\sin\theta=-30\times\left(-\dfrac{2}{3}\right)=20$

E 90 정답 12 *삼각함수의 그래프 [정답률 73%]

(정답 공식: 함수 $y=f(x)$의 그래프가 점 (a, b)를 지나면 $b=f(a)$가 성립한다.)

함수 $y=6\cos\left(x+\dfrac{\pi}{2}\right)+k$의 그래프가 점 $\left(\dfrac{5}{6}\pi, 9\right)$를 지날 때, 상수 k의 값을 구하시오. (3점) **단서** 주어진 함수식에 $x=\dfrac{5}{6}\pi$, $y=9$를 대입하면 식이 성립해야 해.

1st 함수의 그래프가 지나는 점의 좌표를 함수식에 대입했을 때 식이 성립해야 해.
함수 $y=6\cos\left(x+\dfrac{\pi}{2}\right)+k$의 그래프가 점 $\left(\dfrac{5}{6}\pi, 9\right)$를 지나므로
$x=\dfrac{5}{6}\pi$, $y=9$를 대입하면 식이 성립한다.
즉, $9=6\cos\left(\dfrac{5}{6}\pi+\dfrac{\pi}{2}\right)+k$에서 $9=6\cos\dfrac{4}{3}\pi+k$
$9=6\cos\left(\pi+\dfrac{\pi}{3}\right)+k$, $9=-6\cos\dfrac{\pi}{3}+k$, $9=-6\times\dfrac{1}{2}+k$
$\quad\overline{\cos(\pi+\theta)=-\cos\theta}$
$9=-3+k$ $\quad\therefore k=12$

다른 풀이: $x+\dfrac{\pi}{2}$를 x로 바꾸어 해결하기 $\rightarrow\cos\left(\dfrac{\pi}{2}+\theta\right)=-\sin\theta$
함수 $y=6\cos\left(x+\dfrac{\pi}{2}\right)+k$, 즉 $y=-6\sin x+k$의 그래프가
점 $\left(\dfrac{5}{6}\pi, 9\right)$를 지나므로 $x=\dfrac{5}{6}\pi$, $y=9$를 대입하면 식이 성립하지?
즉, $9=-6\sin\dfrac{5}{6}\pi+k$에서 $9=-6\times\dfrac{1}{2}+k$ $\quad\therefore k=12$
함수 $y=\sin x$의 그래프는 직선 $x=\dfrac{\pi}{2}$에 대하여 대칭이므로 $\sin\dfrac{5}{6}\pi=\sin\dfrac{1}{6}\pi=\dfrac{1}{2}$이야.

E 91 정답 ③ *삼각함수의 그래프 ⋯⋯⋯⋯⋯⋯ [정답률 84%]

정답 공식: 함수 $y=\tan x$의 주기는 π이고 점근선의 방정식은 $x=\dfrac{\pi}{2}+n\pi$ (n은 정수)이다.

단서 주어진 정의역에서 함수 $y=\tan x$의 그래프와 직선 $y=2$를 그려봐.

$0<x<5\pi$에서 함수 $y=\tan x$의 그래프와 직선 $y=2$가 만나는 점의 개수는? (3점)

① 3 ② 4 ③ 5
④ 6 ⑤ 7

1st 함수 $y=\tan x$의 그래프를 그려 보자.

함수 $y=\tan x$의 그래프는 그림과 같다.

함수 $y=\tan x$의 주기는 π, 점근선의 방정식은 $x=\dfrac{\pi}{2}+n\pi$(n은 정수)

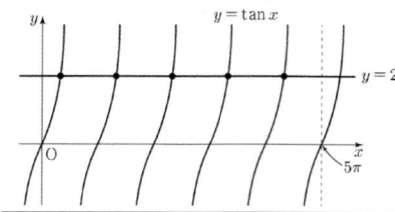

정수 n에 대하여 $n\pi<x<n\pi+\dfrac{\pi}{2}$일 때 함수 $y=\tan x$의 그래프와 직선 $y=2$는 한 점에서 만나.

2nd 만나는 점의 개수를 구하자.

따라서 $0<x<5\pi$에서 함수 $y=\tan x$의 그래프와 직선 $y=2$가 만나는 점의 개수는 5이다.
위 그림에 의하여 $0<x<5\pi$에서 함수 $y=\tan x$의 그래프와 직선 $y=k$ ($k>0$)가 만나는 점의 개수는 항상 5야.

E 92 정답 7 *삼각함수의 그래프 ⋯⋯⋯⋯⋯⋯ [정답률 78%]

(정답 공식: 함수 $y=f(x)$의 그래프가 점 $(p,\ q)$를 지나면 $q=f(p)$가 성립한다.)

함수 $f(x)=4\cos(x+\pi)+k$의 그래프가 점 $\left(\dfrac{\pi}{3},\ 5\right)$를 지날 때, 상수 k의 값을 구하시오. (3점)
단서 함수의 그래프를 지나는 점의 좌표를 대입하면 등식이 성립해.

1st 함수 $f(x)$에 점 $\left(\dfrac{\pi}{3},\ 5\right)$를 대입해.

함수 $f(x)=4\cos(x+\pi)+k$의 그래프가 점 $\left(\dfrac{\pi}{3},\ 5\right)$를 지나므로

$5=4\cos\left(\dfrac{\pi}{3}+\pi\right)+k$가 성립한다.

2nd 방정식을 풀어서 k의 값을 구해.

$5=4\cos\dfrac{4}{3}\pi+k$이고

$\cos\dfrac{4}{3}\pi=\cos\left(\pi+\dfrac{\pi}{3}\right)=-\cos\dfrac{\pi}{3}=-\dfrac{1}{2}$이므로
$\underrightarrow{\cos(\pi+\theta)=-\cos\theta}$

$5=4\times\left(-\dfrac{1}{2}\right)+k$

$\therefore k=5+2=7$

E 93 정답 4 *삼각함수의 그래프 ⋯⋯⋯⋯⋯⋯ [정답률 65%]

정답 공식: 함수 $y=3\sin(x+\pi)+k$의 그래프 위의 점 $\left(\dfrac{\pi}{6},\ \dfrac{5}{2}\right)$의 좌표를 함수식에 대입하면 등식이 성립한다.

함수 $y=3\sin(x+\pi)+k$의 그래프가 점 $\left(\dfrac{\pi}{6},\ \dfrac{5}{2}\right)$를 지날 때, 상수 k의 값을 구하시오. (3점)
단서 점 $\left(\dfrac{\pi}{6},\ \dfrac{5}{2}\right)$의 좌표를 주어진 함수식에 대입하면 식이 성립한다는 것을 의미해.

1st 그래프 위의 점을 대입하여 k의 값을 구하자.

함수 $y=3\sin(x+\pi)+k$의 그래프가 점 $\left(\dfrac{\pi}{6},\ \dfrac{5}{2}\right)$를 지나므로

$\dfrac{5}{2}=3\sin\left(\dfrac{\pi}{6}+\pi\right)+k$
$\underrightarrow{\sin(\pi+\theta)=-\sin\theta}$

$\dfrac{5}{2}=3\times\left(-\sin\dfrac{\pi}{6}\right)+k$, $\dfrac{5}{2}=3\times\left(-\dfrac{1}{2}\right)+k$

$k-\dfrac{3}{2}=\dfrac{5}{2}$ $\therefore k=4$ $\underrightarrow{\text{특수각에 대한 삼각함수는 기억해.}}\sin\dfrac{\pi}{6}=\dfrac{1}{2}$이야.

E 94 정답 8 *삼각함수의 그래프 ⋯⋯⋯⋯⋯⋯ [정답률 82%]

(정답 공식: 함수 $y=f(x)$의 그래프가 점 $(a,\ b)$를 지날 때, $b=f(a)$가 성립한다.)

함수 $y=k\sin\left(x+\dfrac{\pi}{2}\right)+10$의 그래프가 점 $\left(\dfrac{\pi}{3},\ 14\right)$를 지날 때, 상수 k의 값을 구하시오. (3점)
단서 함수의 그래프를 지나는 점의 좌푯값을 대입하면 등식이 성립하지.

1st 주어진 함수에 지나는 점의 좌푯값을 대입하자.

함수 $y=k\sin\left(x+\dfrac{\pi}{2}\right)+10=k\cos x+10$의 그래프가 점 $\left(\dfrac{\pi}{3},\ 14\right)$를 지나므로 $\sin\left(\dfrac{\pi}{2}+\theta\right)=\cos\theta$

$14=k\cos\dfrac{\pi}{3}+10$

$14=\dfrac{1}{2}k+10$ $\cos\dfrac{\pi}{3}=\dfrac{1}{2}$

$\dfrac{1}{2}k=4$

$\therefore k=8$

✿ $y=\sin x$의 그래프 개념·공식

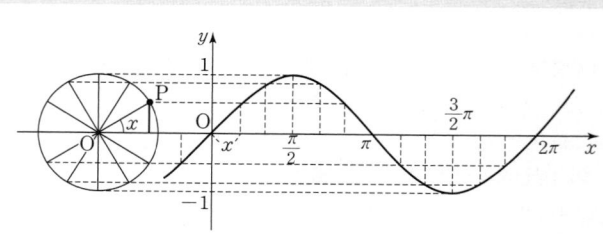

① 정의역 : 모든 실수 R ② 치역 : $\{y\,|-1\le y\le 1\}$ ③ 주기 : 2π
④ 그래프 : 원점에 대하여 대칭 (기함수)

E 95 정답 ② *삼각함수의 그래프 ················· [정답률 77%]

> **정답 공식:** 점 (m, n)이 함수 $y=f(x)$의 그래프 위의 점이면 $n=f(m)$이 성립한다.

> **단서1** 점 A가 함수 $y=f(x)$의 그래프 위의 점임을 이용하여 a의 값을 구하면 돼.
>
> 함수 $f(x)=a\tan\dfrac{\pi}{4}x$에 대하여 함수 $y=f(x)$의 그래프 위의 점 A$(3, -2)$를 x축의 방향으로 6만큼, y축의 방향으로 b만큼 평행이동한 점을 A′이라 하자. 점 A′이 함수 $y=f(x)$의 그래프 위의 점일 때, $a+b$의 값은? (단, a, b는 상수이다.) (3점)
>
> ① 4 ② 6 ③ 8
> ④ 10 ⑤ 12
>
> **단서2** 점 A′이 함수 $y=f(x)$의 그래프 위의 점임을 이용하여 b의 값을 구하면 돼.

1st a의 값을 구하고, $f(x)$의 식을 완성해.

점 A$(3, -2)$가 함수 $y=f(x)$의 그래프 위의 점이므로
$f(3)=-2$에서

$a\tan\left(\dfrac{\pi}{4}\times 3\right)=-2$, $a\tan\dfrac{3}{4}\pi=-2$

$a\times(-1)=-2$ ∴ $a=2$ → $\tan\dfrac{3}{4}\pi=\tan\left(\dfrac{\pi}{2}+\dfrac{\pi}{4}\right)=-\dfrac{1}{\tan\dfrac{\pi}{4}}=-1$

∴ $f(x)=2\tan\dfrac{\pi}{4}x$

2nd b의 값을 구하고 $a+b$를 계산해. → 점 (a,b)를 x축의 방향으로 m만큼, y축의 방향으로 n만큼 평행이동한 점의 좌표는 $(a+m, b+n)$이야.

점 A$(3, -2)$를 x축의 방향으로 6만큼, y축의 방향으로 b만큼 평행이동한 점 A′의 좌표는 $(3+6, -2+b)$, 즉 $(9, -2+b)$이고 이 점이 함수 $y=f(x)$의 그래프 위의 점이므로

$f(9)=-2+b$에서

$2\tan\left(\dfrac{\pi}{4}\times 9\right)=-2+b$, $2\tan\dfrac{9}{4}\pi=-2+b$

함수 $y=\tan x$의 주기는 π이므로 정수 k에 대하여 $\tan(k\pi+x)=\tan x$

∴ $\tan\dfrac{9}{4}\pi=\tan\left(2\pi+\dfrac{\pi}{4}\right)=\tan\dfrac{\pi}{4}$

$2\tan\dfrac{\pi}{4}=-2+b$, $2\times 1=-2+b$ ∴ $b=4$

∴ $a+b=2+4=6$

E 96 정답 ③ *삼각함수의 그래프 ················· [정답률 52%]

> **정답 공식:** 함수 $y=a\sin(bx+c)+d$의 주기는 $\dfrac{2\pi}{|b|}$이고 최댓값과 최솟값은 각각 $|a|+d$, $-|a|+d$이다.

> **단서1** 함수 $f(x)$의 주기, 최댓값, 최솟값을 구해 $0\le x\le 7$에서 곡선 $y=f(x)$를 그려봐야 해.
>
> 함수 $f(x)=3\sin\dfrac{\pi}{2}x$ $(0\le x\le 7)$과 실수 t $(0<t<3)$에 대하여 한 변의 길이가 4인 정삼각형 ABC의 세 꼭짓점 A, B, C가 다음 조건을 만족시킬 때, t의 값은? (4점)
>
> > (가) 두 점 A, B는 곡선 $y=f(x)$와 직선 $y=-t$가 만나는 점이다. **단서2** 삼각형 ABC가 한 변의 길이가 4인 정삼각형이므로 두 점 A, B 사이의 거리는 4이고 선분 AB는 x축과 평행해.
> > (나) 점 C는 곡선 $y=f(x)$ 위의 점이다. **단서3** 점 C의 좌표를 $y=f(x)$에 대입하면 식이 성립해.
>
> ① $\dfrac{\sqrt{3}}{2}$ ② $\dfrac{3\sqrt{3}}{4}$ ③ $\sqrt{3}$
> ④ $\dfrac{5\sqrt{3}}{2}$ ⑤ $\dfrac{3\sqrt{3}}{2}$

1st 좌표평면에 곡선 $y=f(x)$와 직선 $y=-t$를 그려 봐.

$f(x)=3\sin\dfrac{\pi}{2}x$의 주기는 $\dfrac{2\pi}{\dfrac{\pi}{2}}=4$이고 최댓값과 최솟값은 각각

3, -3이므로 $0\le x\le 7$에서 곡선 $y=f(x)$와 직선 $y=-t$를 나타내면 그림과 같다.

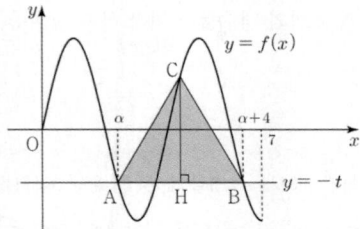

2nd 삼각형 ABC가 정삼각형임을 이용하여 세 점 A, B, C의 좌표를 구해.

$0\le x\le 7$에서 곡선 $y=f(x)$와 직선 $y=-t$가 만나는 서로 다른 세 점 중 x좌표가 작은 점부터 차례로 P, Q, R이라 하면 함수 $f(x)$의 주기가 4이므로 $\overline{PQ}<4$, $\overline{QR}<4$이다.

즉, 두 점 A, B 중에서 x좌표가 작은 점을 A라 하면 점 A, 점 B는 각각 점 P, 점 R이 되어야 하므로 점 A의 x좌표를 α $(2<\alpha<3)$라 하면 A$(\alpha, -t)$이고 삼각형 ABC가 한 변의 길이가 4인 정삼각형이므로 B$(\alpha+4, -t)$이다.

한편, 두 점 A, B의 중점을 H라 하면 점 H의 좌표는

$\left(\dfrac{\alpha+(\alpha+4)}{2}, \dfrac{(-t)+(-t)}{2}\right)$, 즉 $(\alpha+2, -t)$이다.

두 점 (a,b), (c,d)의 중점의 좌표는 $\left(\dfrac{a+c}{2}, \dfrac{b+d}{2}\right)$야.

이때, 점 H를 지나고 선분 AB에 수직인 직선이 곡선 $y=f(x)$와 정삼각형 ABC의 꼭짓점 C에서 선분 AB에 내린 수선의 발은 선분 AB를 이등분해.

만나는 점이 C이고 정삼각형 ABC의 높이는 $\dfrac{\sqrt{3}}{2}\times 4=2\sqrt{3}$이므로

한 변의 길이가 a인 정삼각형의 높이는 $\dfrac{\sqrt{3}}{2}a$야.

점 C의 좌표는 $(\alpha+2, -t+2\sqrt{3})$이다.

3rd 두 점 A, C가 곡선 $y=f(x)$ 위의 점임을 이용하여 t의 값을 구해.

두 점 A, C가 곡선 $y=f(x)$ 위의 점이므로

$f(\alpha)=-t$에서 $3\sin\dfrac{\pi}{2}\alpha=-t$ ··· ㉠

$f(\alpha+2)=-t+2\sqrt{3}$에서

$3\sin\left\{\dfrac{\pi}{2}(\alpha+2)\right\}=-t+2\sqrt{3}$, $3\sin\left(\dfrac{\pi}{2}\alpha+\pi\right)=-t+2\sqrt{3}$

$\sin(\pi+\theta)=-\sin\theta$

∴ $-3\sin\dfrac{\pi}{2}\alpha=-t+2\sqrt{3}$ ··· ㉡

㉠을 ㉡에 대입하면 $-(-t)=-t+2\sqrt{3}$에서 $t=-t+2\sqrt{3}$

$2t=2\sqrt{3}$ ∴ $t=\sqrt{3}$

> 🔖 **삼각함수의 주기와 최대, 최소** 개념·공식
>
> 상수 a, b, c, d $(a\ne 0, b\ne 0)$에 대하여
> ① 두 함수 $y=a\sin(bx+c)+d$, $y=a\cos(bx+c)+d$의 최댓값과 최솟값은 각각 $|a|+d$, $-|a|+d$이고 주기는 $\dfrac{2\pi}{|b|}$이다.
> ② 함수 $y=a\tan(bx+c)+d$의 최댓값과 최솟값은 없고 주기는 $\dfrac{\pi}{|b|}$이다.

[정답 공식: 두 곡선 $y=\sin x$, $y=\sin(nx)$의 주기가 각각 2π, $\dfrac{2\pi}{n}$임을 이용한다.]

> $0 \le x \le \pi$일 때, 2 이상의 자연수 n에 대하여 두 곡선 $y=\sin x$와
> $y=\sin(nx)$의 교점의 개수를 a_n이라 하자. a_3+a_5의 값을 구하
> 시오. (4점)
> **단서 1** $y=\sin(nx)$의 주기는 $\dfrac{2\pi}{|n|}$이야.
> **단서 2** $n=3$, $n=5$일 때, $y=\sin(3x)$,
> $y=\sin(5x)$의 그래프를 그려서
> $y=\sin x$의 그래프와의 교점의 개수를
> 구할 수 있어.

1st a_3의 값을 구하기 위해서 $n=3$일 때, 두 함수의 그래프를 그리자.

두 함수 $y=\sin x$, $y=\sin(3x)$의 주기가 각각 2π, $\dfrac{2\pi}{3}$이므로
$y=\sin(nx)$의 주기는 $\dfrac{2\pi}{|n|}$야.

$0 \le x \le \pi$에서 두 곡선 $y=\sin x$, $y=\sin(3x)$를 좌표평면에 나타내면
[그림 1]과 같다.

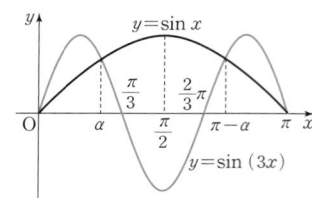

[그림 1]

즉, $0 \le x \le \pi$일 때, 두 곡선 $y=\sin x$, $y=\sin(3x)$의 교점의 개수가 4
이므로 $a_3=4$
[그림 1]에서 두 곡선 $y=\sin x$, $y=\sin(3x)$의 교점은 $x=0$, $x=\alpha$,
$x=\pi-\alpha$, $x=\pi$로 4개야.

2nd a_5의 값을 구하기 위해서 $n=5$일 때, 두 함수의 그래프를 그리자.

두 함수 $y=\sin x$, $y=\sin(5x)$의 주기가 각각 2π, $\dfrac{2\pi}{5}$이므로
$0 \le x \le \pi$에서 두 곡선 $y=\sin x$, $y=\sin(5x)$를 좌표평면에 나타내면
[그림 2]와 같다.

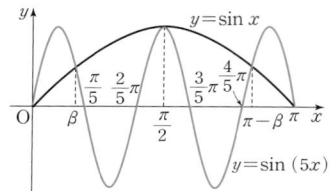

[그림 2]

즉, $0 \le x \le \pi$일 때, 두 곡선 $y=\sin x$, $y=\sin(5x)$의 교점의 개수가 5
이므로 $a_5=5$
[그림 2]에서 두 곡선 $y=\sin x$, $y=\sin(5x)$의 교점은
$x=0$, $x=\beta$, $x=\dfrac{\pi}{2}$, $x=\pi-\beta$, $x=\pi$로 5개야.
$\therefore a_3+a_5=4+5=9$

✿ $y=\sin x$의 그래프　　　　　　　　　　　개념·공식

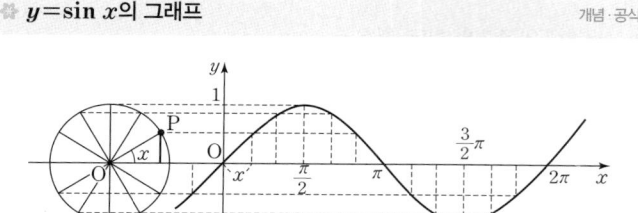

① 정의역 : 모든 실수 R　② 치역 : $\{y\,|-1\le y\le1\}$　③ 주기 : 2π
④ 그래프 : 원점에 대하여 대칭 (기함수)

[정답 공식: $0<\theta_1<\theta_2<\dfrac{\pi}{2}$에서 $\sin\theta_1<\sin\theta_2$]

> 함수 $f(x)=\sin x$에 대하여 다음 함숫값 중 가장 큰 것은? (3점)
> **단서** $0<\theta_1<\theta_2<\dfrac{\pi}{2}$에서 $\sin\theta_1<\sin\theta_2$가 성립해.
> ① $f\left(\dfrac{\pi}{4}\right)$ 　② $f\left(\dfrac{2}{5}\pi\right)$ 　③ $f\left(\dfrac{\pi}{6}\right)$
> ④ $f\left(\dfrac{5}{12}\pi\right)$ 　⑤ $f\left(\dfrac{7}{20}\pi\right)$

1st θ의 값의 대소 관계와 $\sin\theta$의 값의 관계를 잘 살피자.

$\dfrac{\pi}{4}$, $\dfrac{2}{5}\pi$, $\dfrac{\pi}{6}$, $\dfrac{5}{12}\pi$, $\dfrac{7}{20}\pi$는 모두 0과 $\dfrac{\pi}{2}$ 사이의
$0<\theta_1<\theta_2<\dfrac{\pi}{2}$일 때, $\sin\theta_1<\sin\theta_2$
값이므로 각의 크기가 클수록 함숫값의 크기도 커진다.
분모를 60으로 통분하여 대소 비교를 하면
$\dfrac{\pi}{4}=\dfrac{15}{60}\pi$, $\dfrac{2}{5}\pi=\dfrac{24}{60}\pi$, $\dfrac{\pi}{6}=\dfrac{10}{60}\pi$, $\dfrac{5}{12}\pi=\dfrac{25}{60}\pi$, $\dfrac{7}{20}\pi=\dfrac{21}{60}\pi$이므로
$\dfrac{\pi}{6}<\dfrac{\pi}{4}<\dfrac{7}{20}\pi<\dfrac{2}{5}\pi<\dfrac{5}{12}\pi$
$\therefore f\left(\dfrac{\pi}{6}\right)<f\left(\dfrac{\pi}{4}\right)<f\left(\dfrac{7}{20}\pi\right)<f\left(\dfrac{2}{5}\pi\right)<f\left(\dfrac{5}{12}\pi\right)$

따라서 가장 큰 함숫값은 $f\left(\dfrac{5}{12}\pi\right)$

[정답 공식: $0<\theta_1<\theta_2<\dfrac{\pi}{2}$일 때, $\sin\theta_1<\sin\theta_2$, $\cos\theta_1>\cos\theta_2$, $\tan\theta_1<\tan\theta_2$]

> 다음 중 대소 관계로 옳은 것은? (4점)
> **단서** $0\le\theta\le\dfrac{\pi}{2}$에서 θ의 값이 커질수록 $\sin\theta$의 값은 점점 커지고, $\cos\theta$의 값은 점점 작아지지?
> ① $\sin\dfrac{2}{5}\pi<\sin\dfrac{2}{7}\pi$ 　② $\cos\dfrac{\pi}{12}<\cos\dfrac{\pi}{10}$
> ③ $\tan\dfrac{\pi}{5}<\tan\dfrac{\pi}{8}$ 　④ $\sin\dfrac{\pi}{9}<\cos\dfrac{\pi}{9}$
> ⑤ $\tan\dfrac{3}{16}\pi<\sin\dfrac{3}{16}\pi$

1st θ의 값의 대소 관계와 $\sin\theta$와 $\cos\theta$의 값의 관계를 잘 살피자.

① $\dfrac{2}{7}\pi<\dfrac{2}{5}\pi$이므로
$0<\theta_1<\theta_2<\dfrac{\pi}{2}$일 때, $\sin\theta_1<\sin\theta_2$,
$\cos\theta_1>\cos\theta_2$, $\tan\theta_1<\tan\theta_2$
$\sin\dfrac{2}{5}\pi>\sin\dfrac{2}{7}\pi$

② $\dfrac{\pi}{12}<\dfrac{\pi}{10}$이므로
$\cos\dfrac{\pi}{12}>\cos\dfrac{\pi}{10}$

③ $\dfrac{\pi}{8}<\dfrac{\pi}{5}$이므로
$\tan\dfrac{\pi}{5}>\tan\dfrac{\pi}{8}$

④ $0<\dfrac{\pi}{9}<\dfrac{\pi}{4}$이므로
$0<x<\dfrac{\pi}{4}$일 때 $\sin x<\cos x$
임을 그래프로 확인할 수 있어.
$\sin\dfrac{\pi}{9}<\cos\dfrac{\pi}{9} \to$ OK

⑤ $0<\dfrac{3}{16}\pi<\dfrac{\pi}{2}$이므로
$\sin\dfrac{3}{16}\pi<\tan\dfrac{3}{16}\pi$　$0<\theta<\dfrac{\pi}{2}$일 때, $\sin\theta<\tan\theta$

정답 ① *삼각함수의 값의 대소 관계 ───── [정답률 73%]

정답 공식: $\frac{\pi}{4}<\theta<\frac{\pi}{2}$일 때, $\cos\theta<\sin\theta$

$\frac{\pi}{4}<\theta<\frac{\pi}{2}$일 때, $A=(\sin\theta+2)\sin\theta$, $B=\cos^2\theta+2\sin\theta$의
단서 이 범위에서는 $\cos\theta$의 값보다 $\sin\theta$의 값이 더 크지.
대소 관계로 옳은 것은? (4점)

① $A>B$ ② $A<B$ ③ $A=B$
④ $A\geq B$ ⑤ $A\leq B$

1st $A-B$의 값의 부호를 구하자.

실수 $A-B>0$이면 $A>B$, $A-B<0$이면 $A<B$임을 이용하자.

$A=(\sin\theta+2)\sin\theta$, $B=\cos^2\theta+2\sin\theta$이므로
$A-B=(\sin\theta+2)\sin\theta-(\cos^2\theta+2\sin\theta)$
$=\sin^2\theta+2\sin\theta-\cos^2\theta-2\sin\theta$
$=\underline{\sin^2\theta-\cos^2\theta}$ $a^2-b^2=(a-b)(a+b)$
$=(\sin\theta-\cos\theta)(\sin\theta+\cos\theta)$

2nd 주어진 θ의 범위에서 $\sin\theta$와 $\cos\theta$의 대소 관계를 알 수 있지.

$\frac{\pi}{4}<\theta<\frac{\pi}{2}$에서 $0<\cos\theta<\sin\theta$이므로
    $\sin\theta+\cos\theta>0$, $\sin\theta-\cos\theta>0$
$A-B=(\sin\theta-\cos\theta)(\sin\theta+\cos\theta)>0$
$\therefore A>B$

---

101 **정답 ⑤** *삼각함수의 값의 대소 관계 ───── [정답률 33%]

정답 공식: 밑에 따라 지수함수의 그래프는 증가이거나 감소이다.

$0<\theta<\frac{\pi}{4}$인 θ에 대하여 [보기]에서 옳은 것만을 있는 대로 고른 것은? (4점)

──── [보기] ────
ㄱ. $0<\sin\theta<\cos\theta<1$
ㄴ. $0<\log_{\sin\theta}\cos\theta<1$ **단서** 밑이 $\sin\theta$이므로 이 값을 유추해서 로그함수가 증가인지 감소인지 판단해야 해.
ㄷ. $(\sin\theta)^{\cos\theta}<(\cos\theta)^{\cos\theta}<(\cos\theta)^{\sin\theta}$

① ㄱ   ② ㄱ, ㄴ   ③ ㄱ, ㄷ   ④ ㄴ, ㄷ   ⑤ ㄱ, ㄴ, ㄷ

1st 주어진 범위 $0<\theta<\frac{\pi}{4}$에서 $\sin\theta$, $\cos\theta$의 값을 각각 파악하자.

ㄱ. $0<\theta<\frac{\pi}{4}$에서 함수 $y=\sin\theta$, $y=\cos\theta$의 그래프는 그림과 같다.

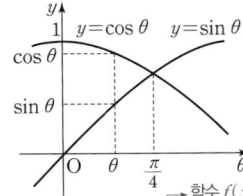

→ 함수 $f(x)=\log_{\sin\theta}x$가 감소한다는 말은 x의 값이 커질수록 함숫값 $f(x)$는 작아진다는 말이야. 즉, 진수 x의 값이 가장 작을 때 함숫값 $f(x)$는 가장 크다는 뜻이지.

$\therefore 0<\sin\theta<\cos\theta<1$ (참)

2nd 밑이 $\sin\theta$인 로그함수를 이용하자.

ㄴ. $0<\sin\theta<1$이므로 <u>함수 $f(x)=\log_{\sin\theta}x$는 감소한다.</u>
$\sin\theta<\cos\theta<1$이므로 $\log_{\sin\theta}1<\log_{\sin\theta}\cos\theta<\log_{\sin\theta}\sin\theta$
따라서 $0<\log_{\sin\theta}\cos\theta<1$이다. (참)

3rd 밑이 $\sin\theta$, $\cos\theta$인 지수함수를 이용하자.

ㄷ. $0<\sin\theta<\cos\theta<1$이므로 $(\sin\theta)^{\cos\theta}<(\cos\theta)^{\cos\theta}$
$0<\cos\theta<1$이므로 함수 $f(x)=(\cos\theta)^x$은 감소한다.
$\sin\theta<\cos\theta$이므로 $(\cos\theta)^{\cos\theta}<(\cos\theta)^{\sin\theta}$
$\therefore (\sin\theta)^{\cos\theta}<(\cos\theta)^{\cos\theta}<(\cos\theta)^{\sin\theta}$ (참)

따라서 옳은 것은 ㄱ, ㄴ, ㄷ이다.

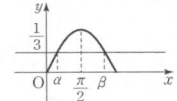

---

102 **정답 ②** *삼각함수의 대칭성 ───── [정답률 81%]

정답 공식: $0<x<\pi$에서 함수 $y=\sin x$의 그래프와 직선 $y=k$가 만나는 x좌표가 α, β이면 $\frac{\alpha+\beta}{2}=\frac{\pi}{2}$

$0<x<\pi$에서 함수 $y=\sin x$의 그래프와 직선 $y=\frac{1}{3}$이 만나는
x좌표가 α, β이고, 함수 $y=\sin x$의 그래프와 직선 $y=\frac{1}{4}$이 만나
단서 사인함수의 대칭성을 이용하면 $\alpha+\beta$의 값을 구할 수 있어.
는 x좌표가 γ, δ일 때, $\alpha+\beta+\gamma+\delta$의 값은? (4점)

① π ② 2π ③ 3π ④ 4π ⑤ 5π

1st 사인함수의 대칭성을 이용하자.

$0<x<\pi$에서 함수 $y=\sin x$의 그래프와 직선 $y=\frac{1}{3}$이 만나는 x좌표가

α, β이므로 $\frac{\alpha+\beta}{2}=\frac{\pi}{2}$ $\therefore \alpha+\beta=\pi \cdots$ ㉠

또, $0<x<\pi$에서 $\sin x=\frac{1}{4}$을 만족시키는 x가

γ, δ이므로 $\frac{\gamma+\delta}{2}=\frac{\pi}{2}$ $\gamma+\delta=\pi \cdots$ ㉡

㉠+㉡을 하면 $\alpha+\beta+\gamma+\delta=\pi+\pi=2\pi$

---

103 **정답 ②** *삼각함수의 대칭성 ───── [정답률 63%]

정답 공식: 주기를 찾은 뒤 미지수 세 개를 하나로 통일한다.

함수 $f(x)=\sin\pi x$ $(x\geq 0)$의 그래프와 직선 $y=\frac{2}{3}$가 만나는
점의 x좌표를 작은 것부터 차례대로 α, β, γ라 할 때,
$f(\alpha+\beta+\gamma+1)+f\left(\alpha+\beta+\frac{1}{2}\right)$의 값은? (4점)
단서 $y=\sin\pi x$의 그래프의 대칭성을 이용하여 β, γ를 각각 α로 나타내는 것부터 하자.

① $-\frac{2}{3}$ ② $-\frac{1}{3}$ ③ 0 ④ $\frac{1}{3}$ ⑤ $\frac{2}{3}$

1st 함수 $y=\sin ax$의 주기는 $\frac{2\pi}{|a|}$지?

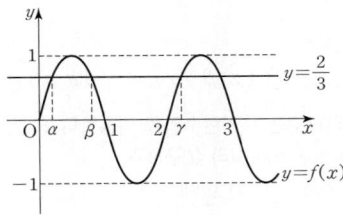

함수 $f(x)=\sin\pi x$ $(x\geq 0)$의 주기는 $\frac{2\pi}{\pi}=2$이므로

$\beta=1-\alpha$, $\gamma=2+\alpha$ **주의** 삼각함수의 특징인 주기성과 대칭성을 이용하여 문제를 해결하자.

2nd $\alpha+\beta+\gamma+1$과 $\alpha+\beta+\dfrac{1}{2}$을 간단히 정리하여 주어진 함숫값을 구하자.

$\alpha+\beta+\gamma+1=\alpha+(1-\alpha)+(2+\alpha)+1=4+\alpha$이고 함수 $f(x)$의 주기가 2이므로 자연수 n에 대하여 $f(x)=f(2n+x)$이다. 즉,

$f(\alpha+\beta+\gamma+1)=\underline{f(4+\alpha)=f(\alpha)}=\dfrac{2}{3}$

> → $f(4+\alpha)=f(\alpha)$임을 파악 못한 경우에는 다음과 같이 해결해도 돼. 즉,
> $f(4+\alpha)=\sin\pi(4+\alpha)$
> $=\sin(4\pi+\pi\alpha)$

또, $\alpha+\beta=\alpha+(1-\alpha)=1$이므로

$f\left(\alpha+\beta+\dfrac{1}{2}\right)=f\left(1+\dfrac{1}{2}\right)=f\left(\dfrac{3}{2}\right)=\sin\dfrac{3}{2}\pi=-1$

> $=\sin\pi\alpha=f(\alpha)=\dfrac{2}{3}$

$\therefore f(\alpha+\beta+\gamma+1)+f\left(\alpha+\beta+\dfrac{1}{2}\right)=\dfrac{2}{3}+(-1)=-\dfrac{1}{3}$

E 104 정답 ③ *삼각함수의 대칭성 ⋯⋯⋯⋯⋯ [정답률 72%]

(정답 공식: 주기를 찾은 뒤 대칭을 이용해 $\alpha+\delta$, $2\beta+2\gamma$로 나누어 구한다.)

함수 $y=\sin 2x$ $(0\le x\le\pi)$의 그래프가 직선 $y=\dfrac{3}{5}$과

두 점 A, B에서 만나고, 직선 $y=-\dfrac{3}{5}$과 두 점 C, D에서 만난다.

네 점 A, B, C, D의 x좌표를 각각 α, β, γ, δ라 할 때, $\alpha+2\beta+2\gamma+\delta$

단서 $y=\sin 2x$의 주기를 먼저 구한 후, α, β, γ, δ들이 서로 어디를 기준으로 대칭이 되는지를 파악해 보자.

의 값은? (4점)

① $\dfrac{9}{4}\pi$ ② $\dfrac{5}{2}\pi$ ③ 3π ④ $\dfrac{7}{2}\pi$ ⑤ 4π

1st 함수 $y=\sin ax$의 주기는 $\dfrac{2\pi}{|a|}$지?

함수 $y=\sin 2x$ $(0\le x\le\pi)$의 주기는 $\dfrac{2\pi}{2}=\pi$이다.

2nd 주기를 알면 삼각함수의 그래프가 대칭이 되는 점의 좌표를 구할 수 있어.

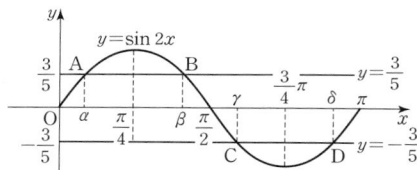

두 점 A, D는 점 $\left(\dfrac{\pi}{2}, 0\right)$에 대하여 대칭이므로

$\dfrac{\alpha+\delta}{2}=\dfrac{\pi}{2}$

> → 점 $\left(\dfrac{\pi}{2}, 0\right)$에 대하여 대칭이란 것은 점 $\left(\dfrac{\pi}{2}, 0\right)$을 중심으로 구간 $\left[\dfrac{\pi}{2}, \pi\right]$에 존재하는 그래프를 180° 회전하면 구간 $\left[0, \dfrac{\pi}{2}\right]$에 존재하는 그래프와 일치한다는 거야.

$\therefore \alpha+\delta=\pi$ ⋯ ㉠

한편, 두 점 B, C도 점 $\left(\dfrac{\pi}{2}, 0\right)$에 대하여 대칭이므로

$\dfrac{\beta+\gamma}{2}=\dfrac{\pi}{2}$ $\therefore \beta+\gamma=\pi$ ⋯ ㉡

㉠, ㉡에서

$\alpha+2\beta+2\gamma+\delta=(\alpha+\delta)+2(\beta+\gamma)=\pi+2\pi=3\pi$

🔍 **쉬운 풀이:** 사인함수는 주기함수임을 이용하여 β, γ, δ를 α로 나타내어 $\alpha+2\beta+2\gamma+\delta$의 값 구하기

주기가 π인 사인함수의 성질에 의해

$\beta=\dfrac{\pi}{2}-\alpha$, $\gamma=\dfrac{\pi}{2}+\alpha$, $\delta=\pi-\alpha$이므로

$\alpha+2\beta+2\gamma+\delta=\alpha+2\left(\dfrac{\pi}{2}-\alpha\right)+2\left(\dfrac{\pi}{2}+\alpha\right)+\pi-\alpha=3\pi$

E 105 정답 ① *삼각함수의 대칭성 ⋯⋯⋯⋯⋯ [정답률 81%]

[정답 공식: $0<x<2\pi$에서 함수 $y=\cos x$의 그래프와 직선 $y=k$가 만나는 점의 x좌표가 α, β이면 $\dfrac{\alpha+\beta}{2}=\pi$]

$0<x<2\pi$에서 함수 $y=\cos x$의 그래프와 직선 $y=\dfrac{3}{5}$이 만나는 점의 x좌표가 α, β일 때, $\cos\left(\dfrac{\alpha+\beta}{4}\right)$의 값은? (4점)

단서 코사인함수의 대칭성을 이용하면 $\alpha+\beta$의 값을 구할 수 있지.

① 0 ② $\dfrac{1}{2}$ ③ $\dfrac{\sqrt{2}}{2}$ ④ $\dfrac{\sqrt{3}}{2}$ ⑤ 1

1st 코사인함수의 대칭성을 이용하자.

$0<x<2\pi$에서 함수 $y=\cos x$의 그래프와 직선 $y=\dfrac{3}{5}$이 만나는 점의 x좌표가 α, β이므로

> → $0<x<2\pi$에서 함수 $y=\cos x$의 그래프와 직선 $y=k$가 만나는 x좌표는 π에 대하여 대칭이야.

$\dfrac{\alpha+\beta}{2}=\pi \Rightarrow \dfrac{\alpha+\beta}{4}=\dfrac{\pi}{2}$

$\therefore \cos\left(\dfrac{\alpha+\beta}{4}\right)=\cos\dfrac{\pi}{2}=0$

E 106 정답 ④ *삼각함수의 대칭성 ⋯⋯⋯⋯⋯ [정답률 75%]

[정답 공식: $0<x<2\pi$에서 함수 $y=\cos x$의 그래프와 직선 $y=k$가 만나는 x좌표가 α, β이면 $\dfrac{\alpha+\beta}{2}=\pi$]

$0<x<2\pi$에서 함수 $y=\sin x$의 그래프와 함수 $y=\cos x$의 그래프가 직선 $y=\dfrac{1}{5}$과 만나는 점의 x좌표가 각각 α, β와 γ, δ라 할 때, $\dfrac{\gamma+\delta}{\alpha+\beta}$의 값은? (4점)

단서 사인함수와 코사인함수의 대칭성을 이용해야겠지.

① $\dfrac{1}{2}$ ② 1 ③ $\dfrac{3}{2}$ ④ 2 ⑤ $\dfrac{5}{2}$

1st 사인함수의 대칭성을 이용하자.

> → $0<x<\pi$에서 함수 $y=\sin x$의 그래프와 직선 $y=k$가 만나는 x좌표는 $\dfrac{\pi}{2}$에 대하여 대칭이야.

$0<x<2\pi$에서 함수 $y=\sin x$의 그래프와 직선 $y=\dfrac{1}{5}$과 만나는 점의 x좌표 α, β는 $0<\alpha$, $\beta<\pi$이므로

$\dfrac{\alpha+\beta}{2}=\dfrac{\pi}{2}$ $\therefore \alpha+\beta=\pi$

> $0<x<2\pi$에서 함수 $y=\cos x$의 그래프와 직선 $y=k$가 만나는 x좌표는 π에 대하여 대칭이야.

2nd 코사인함수의 대칭성을 이용하자.

$0<x<2\pi$에서 함수 $y=\cos x$의 그래프가 직선 $y=\dfrac{1}{5}$과 만나는 점의 x좌표가 γ, δ이므로 $\dfrac{\gamma+\delta}{2}=\pi$

$\therefore \gamma+\delta=2\pi \Rightarrow \dfrac{\gamma+\delta}{\alpha+\beta}=\dfrac{2\pi}{\pi}=2$

E 107 정답 ① *삼각함수의 주기와 최대·최소 – 일차식 꼴 ⋯ [정답률 73%]

[정답 공식: 삼각함수 $y=a\cos bx+c$의 최댓값은 $|a|+c$, 최솟값은 $-|a|+c$이다.]

함수 $f(x)=2\cos\left(x+\dfrac{\pi}{2}\right)+3$의 최솟값은? (3점)

단서 코사인함수의 그래프의 성질을 이용하면 함수 $f(x)$의 최솟값을 구할 수 있지.

① 1 ② 2 ③ 3 ④ 4 ⑤ 5

1st 코사인함수의 그래프의 성질을 이용하여 함수 $f(x)$의 최솟값을 구해.

모든 실수 x에 대하여 $-1 \leq \cos x \leq 1$이므로

$-1 \leq \cos\left(x+\dfrac{\pi}{2}\right) \leq 1$ 함수 $y=\cos\left(x+\dfrac{\pi}{2}\right)$는 함수 $y=\cos x$의 그래프를

각 변에 2를 곱하면 x축의 방향으로 $-\dfrac{\pi}{2}$만큼 평행이동한 것이므로

$-2 \leq 2\cos\left(x+\dfrac{\pi}{2}\right) \leq 2$ 함수의 최솟값과 최댓값에 영향을 주지 않아.

또, 각 변에 3을 더하면 $1 \leq 2\cos\left(x+\dfrac{\pi}{2}\right)+3 \leq 5$

따라서 함수 $f(x)=2\cos\left(x+\dfrac{\pi}{2}\right)+3$의 최솟값은 1이다.

E 108 정답 ⑤   *삼각함수의 주기와 최대·최소-일차식 꼴 [정답률 80%]

[정답 공식: 함수 $y=\cos ax$의 주기는 $\dfrac{2\pi}{|a|}$이다.]

함수 $y=\cos\dfrac{x}{3}$의 주기는? (2점)

단서 x에 대한 삼각함수는 x의 계수를 이용하여 함수의 주기를 구할 수 있지.

① 2π ② 3π ③ 4π
④ 5π ⑤ 6π

1st x의 계수 $\dfrac{1}{3}$을 이용하여 주기를 구해.

함수 $y=\cos\dfrac{x}{3}$의 주기는

$\dfrac{2\pi}{\dfrac{1}{3}}=6\pi$

$\rightarrow$ x의 계수의 절댓값이 1보다 작아지면 주기는 2π보다 커지게 되지.

E 109 정답 ②   *삼각함수의 주기와 최대·최소-일차식 꼴 [정답률 81%]

[정답 공식: 함수 $y=a\tan(bx+c)+d$의 그래프의 주기는 $\dfrac{\pi}{|b|}$이고 최댓값과 최솟값은 없다.]

함수 $y=\tan ax+b$의 그래프가 그림과 같을 때, ab의 값은? (단, a, b는 상수이다.) (3점)

단서 주어진 그래프를 보면 주기와 그래프가 지나는 점을 알 수 있지?

① $\dfrac{1}{4}$ ② $\dfrac{1}{2}$ ③ $\dfrac{3}{4}$ ④ 1 ⑤ $\dfrac{5}{4}$

1st 주어진 그래프의 주기를 이용하여 a의 값을 구해.

$0 \leq x < 2\pi$에서 함수 $y=\tan ax+b$의 그래프가 증가하므로 $a>0$이다.

$a<0$이면 $0 \leq x < 2\pi$에서 함수 $y=\tan ax+b$의 그래프는 감소해.

즉, 함수 $y=\tan ax+b$의 그래프의 주기는 $\dfrac{\pi}{a}$이다.

그런데 주어진 그래프에서 주기는 $2\pi-(-2\pi)=4\pi$이므로

$\dfrac{\pi}{a}=4\pi$ $\therefore a=\dfrac{1}{4}$

2nd 그래프가 지나는 점을 이용하여 b의 값을 구하고 ab를 계산해.

함수 $y=\tan ax+b$, 즉 $y=\tan\dfrac{1}{4}x+b$의 그래프가 점 $(0, 2)$를

지나므로 $x=0$, $y=2$를 대입하면 $2=\tan\left(\dfrac{1}{4}\times 0\right)+b$에서

$2=\tan 0+b$ $\therefore b=2$

$\therefore ab=\dfrac{1}{4}\times 2=\dfrac{1}{2}$

함수 $y=f(x+a)+b$의 그래프는 함수 $y=f(x)$의 그래프를 x축의 방향으로 $-a$만큼 y축의 방향으로 b만큼 평행이동한 거야.

다른 풀이: 평행이동을 이용하여 b의 값 구하기

함수 $y=\tan ax+b$의 그래프는 함수 $y=\tan ax$의 그래프를 y축의 방향으로 b만큼 평행이동한 그래프야. 그런데 함수 $y=\tan ax$의 그래프는 점 $(0, 0)$을 지나고 함수 $y=\tan ax+b$의 그래프는 점 $(0, 2)$를 지나지?

즉, 함수 $y=\tan ax+b$의 그래프는 함수 $y=\tan ax$의 그래프를 y축의 방향으로 2만큼 평행이동한 것이므로 $b=2$야.

E 110 정답 ④   *삼각함수의 주기와 최대, 최소-일차식 꼴 [정답률 88%]

[정답 공식: 함수 $y=\tan ax$의 주기는 $\dfrac{\pi}{|a|}$이다. (단, $a \neq 0$)]

함수 $y=\tan\dfrac{x}{4}$의 주기는? (2점)

단서 $y=\tan\dfrac{x}{4}$의 주기는 $\dfrac{\pi}{\left|\dfrac{1}{4}\right|}=4\pi$야.

① π ② 2π ③ 3π
④ 4π ⑤ 5π

1st 탄젠트함수의 주기를 구하자.

함수 $y=\tan\dfrac{x}{4}$의 주기는 $\dfrac{\pi}{\left|\dfrac{1}{4}\right|}=4\pi$

함수 $y=\tan ax$의 주기는 $\dfrac{\pi}{|a|}$ (단, $a \neq 0$)

E 111 정답 9   *삼각함수의 그래프의 주기 [정답률 83%]

[정답 공식: $y=\cos ax$의 주기는 $\dfrac{2\pi}{|a|}$, $y=\tan ax$의 주기는 $\dfrac{\pi}{|a|}$]

두 함수 $y=\cos\dfrac{2}{3}x$와 $y=\tan\dfrac{3}{a}x$의 주기가 같을 때, 양수 a의

값을 구하시오. (3점)   **단서** $\cos\dfrac{2}{3}x$의 주기 $\dfrac{2\pi}{\dfrac{2}{3}}$와 $\tan\dfrac{3}{a}x$의 주기 $\dfrac{\pi}{\dfrac{3}{a}}$가 같아.

1st 각 함수의 주기를 구해.

함수 $y=\cos\dfrac{2}{3}x$의 주기는 $\dfrac{2\pi}{\dfrac{2}{3}}=3\pi$

$y=\cos ax$의 주기는 $\dfrac{2\pi}{|a|}$

함수 $y=\tan\dfrac{3}{a}x$의 주기는 $\dfrac{\pi}{\dfrac{3}{a}}=\dfrac{a\pi}{3}$

$y=\tan ax$의 주기는 $\dfrac{\pi}{|a|}$

두 함수의 주기가 같으므로 $3\pi=\dfrac{a\pi}{3}$

$\therefore a=9$

[정답 공식: 양수 a와 실수 b, m, n에 대하여 $m<x<n$이면
$am+b<ax+b<an+b$이다.]

함수 $f(x)=5\sin x+1$의 최댓값을 구하시오. (3점)
단서 $-1\le\sin x\le1$임을 이용해.

1st 함수 $f(x)$의 최댓값을 구하자.

모든 실수 x에 대하여 $-1\le\sin x\le1$이다. → 함수 $f(x)$의 정의역은
이때, 각 변에 5를 곱하면 $\{x\,|\,x$는 모든 실수$\}$이고 치역은
$-5\le5\sin x\le5$ $\{y\,|-1\le y\le1\}$이야.

다시 각 변에 1을 더하면
$-4\le5\sin x+1\le6$
$\therefore\ -4\le f(x)\le6$
따라서 함수 $f(x)$의 최댓값은 6이다.

[정답 공식: 함수 $f(x)=a\cos bx$의 최댓값은 $|a|$, 최솟값은 $-|a|$, 주기는
$\dfrac{2\pi}{|b|}$이다.]

단서 a는 최댓값과 최솟값을 결정하고, b는 주기를 결정해.
두 상수 a, b에 대하여 함수 $f(x)=a\cos bx$의 그래프가 그림과
같다. 함수 $g(x)=b\sin x+a$의 최댓값은? (단, $b>0$) (3점)

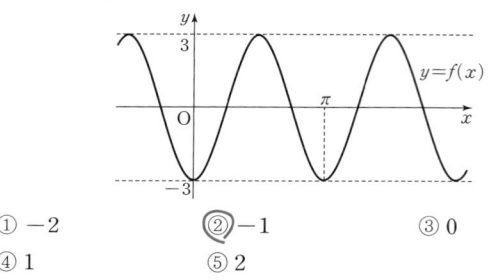

① -2 ② -1 ③ 0
④ 1 ⑤ 2

1st 함수가 최소가 되는 점 $(0,\ -3)$의 좌푯값을 대입하자.
$f(0)=a=-3$

2nd 함수 $f(x)=a\cos bx$의 주기는 $\dfrac{2\pi}{|b|}$임을 이용하자.

주어진 함수의 그래프에서 $f(x)$의 주기가 π이므로
$\dfrac{2\pi}{b}=\pi\ (\because\ b>0)$ → 함수 $f(x)$가 주기가 k인 함수이면 임의의 실수 x에 대하여
$f(x+k)=f(x)$가 성립해. $f(x)=a\cos bx$에서
$\therefore\ b=2$ $f\left(x+\dfrac{2\pi}{|b|}\right)=a\cos b\left(x+\dfrac{2\pi}{|b|}\right)=a\cos(bx\pm2\pi)$
즉, $g(x)=2\sin x-3$ $=a\cos bx=f(x)$이므로
주기는 $\dfrac{2\pi}{|b|}$임을 알 수 있어.

3rd $-1\le\sin x\le1$임을 이용하여 $g(x)$의 최댓값을 구하자.

$-1\le\sin x\le1$이므로
$-2\le2\sin x\le2$
$-5\le2\sin x-3\le-1$
$\therefore\ -5\le g(x)\le-1$
따라서 함수 $g(x)$의 최댓값은 -1

(정답 공식: 최댓값은 a의 값, 주기는 b의 값에 따라 달라진다.)

함수 $y=a\sin\dfrac{\pi}{2b}x$의 최댓값은 2이고 주기는 2이다. 두 양수 a, b
의 합 $a+b$의 값은? (3점) 단서 함수 $y=\sin x$의 최댓값은 1이고, 주기는 2π야. 이를
이용하여 함수 $y=a\sin\dfrac{\pi}{2b}x$의 최댓값과 주기를 구
해 봐.

① 2 ② $\dfrac{17}{8}$ ③ $\dfrac{9}{4}$
④ $\dfrac{19}{8}$ ⑤ $\dfrac{5}{2}$

1st 함수 $y=a\sin bx$의 최댓값은 $|a|$, 최솟값은 $-|a|$이고, 주기는 $\dfrac{2\pi}{|b|}$이지?

$a>0$, $b>0$이므로 함수 $y=a\sin\dfrac{\pi}{2b}x$의 최댓값은 a이고,

주기는 $\dfrac{2\pi}{\dfrac{\pi}{2b}}=4b$이다. → 함수 $y=a\sin\dfrac{\pi}{2b}x$의 그래프는
$y=\sin\dfrac{\pi}{2b}x$의 x의 그래프를 y축의 방향으로
$|a|$배한 것이고, $a>0$이므로 최댓값은 a야.

즉, $a=2$이고, $4b=2$에서 $b=\dfrac{1}{2}$

실수 ⤵
$\therefore\ a+b=2+\dfrac{1}{2}=\dfrac{5}{2}$

$y=a\sin\dfrac{\pi}{2b}x=a\sin\left(\dfrac{\pi}{2b}x+2\pi\right)$
$=a\sin\dfrac{\pi}{2b}(x+4b)$
이므로 함수 $y=a\sin\dfrac{\pi}{2b}x$의 주기는 $4b$야.

[정답 공식: 함수 $y=a\cos bx+c$에서 그래프의 주기는 $\dfrac{2\pi}{|b|}$,
최댓값과 최솟값은 각각 $|a|+c$, $-|a|+c$이다.]

두 상수 a, b에 대하여 함수 $f(x)=4\cos\dfrac{\pi}{a}x+b$의 주기가 4이고
최솟값이 -1일 때, $a+b$의 값은? (단, $a>0$) (3점)

① 5 ② 7 ③ 9
④ 11 ⑤ 13 단서 1 $f(x)=4\cos\dfrac{\pi}{a}x+b$의 주기는 $\dfrac{2\pi}{\dfrac{\pi}{a}}=4a$야.

단서 2 $-1\le\cos\dfrac{\pi}{a}x\le1$이므로 $-4\le4\cos\dfrac{\pi}{a}x\le4$이니까
함수 $f(x)=4\cos\dfrac{\pi}{a}x+b$의 최솟값은 $-4+b$겠지?

1st 삼각함수의 주기를 이용하여 a의 값을 구하자.

함수 $f(x)=4\cos\dfrac{\pi}{a}x+b$의 주기가 4이므로 $\dfrac{2\pi}{\dfrac{\pi}{a}}=4$

$a>0$이므로 $\dfrac{2\pi}{\dfrac{\pi}{a}}=4$ $\therefore\ a=2$ → 함수 $y=a\cos(bx+c)+d$의 주기는 $\dfrac{2\pi}{|b|}$

2nd 최솟값을 이용하여 b의 값을 구하자.

함수 $f(x)=4\cos\dfrac{\pi}{2}x+b$의 최솟값은 $-4+b$이므로
$-4+b=-1$ $\therefore\ b=3$ → 함수 $y=a\cos(bx+c)+d$의 치역은
$\therefore\ a+b=5$ $\{y\,|-|a|+d\le y\le|a|+d\}$이므로
최솟값은 $-|a|+d$

E 116 정답 ⑤ *삼각함수의 주기와 최대·최소 – 일차식 꼴 [정답률 41%]

[정답 공식: 함수 $y=a\tan b(x-m)+n$의 주기는 $\dfrac{\pi}{|b|}$이다.]

> **단서1** 주어진 구간에서 탄젠트 함수의 그래프를 그릴 수 있어야 해. 주기를 먼저 체크하자.
> $0 \le x \le 2$에서 함수 $y=\tan \pi x$의 그래프와 직선
> $y=-\dfrac{10}{3}x+n$이 서로 다른 세 점에서 만나도록 하는 자연수 n
> **단서2** 탄젠트 함수의 그래프는 고정되어 있지만 직선의 그래프는 n의 값에 따라 바뀌지. 탄젠트 함수와 직선의 교점이 3개가 되는 n의 값을 유추해보자.
> 의 최댓값은? (4점)
>
> ① 2   ② 3   ③ 4
> ④ 5   ⑤ 6

1st 주어진 탄젠트 함수의 주기를 구하고 그래프를 그리자.

$y=\tan \pi x$의 주기는 $\dfrac{\pi}{\pi}=1$이고, 그래프를 그리면 그림과 같다.
$\overline{\text{함수 } y=a\tan b(x-m)+n}$의 주기는 $\dfrac{\pi}{|b|}$야. 여기서 a, n은 최댓값 또는 최솟값을 구할 때 영향을 주고, b는 주기에 영향을 주지.

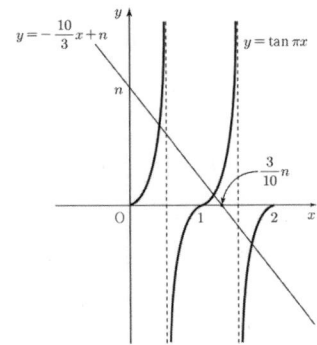

2nd 탄젠트 함수와 직선이 n의 값에 따라 변하는 교점의 개수가 3인 경우를 생각해보자.

그림과 같이 $0 \le x \le 2$에서 함수 $y=\tan \pi x$의 그래프와

직선 $y=-\dfrac{10}{3}x+n$이 서로 다른 세 점에서 만나기 위해서는

직선 $y=-\dfrac{10}{3}x+n$이 원점을 지날 때와 점 $(2, 0)$을 지날 때를
포함한 사이에 직선이 존재하면 된다.
직선이 원점을 지날 때
$n=0$
직선이 점 $(2, 0)$을 지날 때
$0=-\dfrac{20}{3} \times 2+n$
$\therefore n=\dfrac{20}{3}$

즉, $0 \le n \le \dfrac{20}{3}$일 때 탄젠트 함수와 직선이 서로 다른 세 점에서 만나므로 자연수 n의 최댓값은 6이다.

⚙ 삼각함수의 주기와 최대, 최소   개념·공식

상수 a, b, c, $d(a \neq 0, b \neq 0)$에 대하여
① 두 함수 $y=a\sin(bx+c)+d$, $y=a\cos(bx+c)+d$의 최댓값과
　최솟값은 각각 $|a|+d$, $-|a|+d$이고 주기는 $\dfrac{2\pi}{|b|}$이다.
② 함수 $y=a\tan(bx+c)+d$의 최댓값과 최솟값은 없고 주기는 $\dfrac{\pi}{|b|}$이다.

E 117 정답 ④ *삼각함수의 주기와 최대·최소 – 일차식 꼴 … [정답률 62%]

(정답 공식: 두 그래프의 주기를 통하여 두 점 A, B의 좌표를 알아낸다.)

> 두 함수 $y=4\sin 3x$, $y=3\cos 2x$의 그래프가 x축과 만나는 점을
> 각각 $A(a, 0)$, $B(b, 0)\left(\text{단, } 0<a<\dfrac{\pi}{2}<b<\pi\right)$라 하자.
> $y=4\sin 3x$의 그래프 위의 임의의 점 P에 대하여 △ABP의 넓이의 최댓값은? (3점)
> **단서** △ABP의 넓이에서 밑변의 길이를 AB로 보면 AB의 길이는 항상 일정해. 그렇다면 언제나 높이가 최대일지 잘 생각해 보자.
>
> ① $\dfrac{\pi}{3}$ ② $\dfrac{\pi}{2}$ ③ $\dfrac{2}{3}\pi$ ④ $\dfrac{5}{6}\pi$ ⑤ π

1st 두 점 A, B의 좌표를 구하기 위해 두 함수 $y=4\sin 3x$, $y=3\cos 2x$의 주기를 구하자.

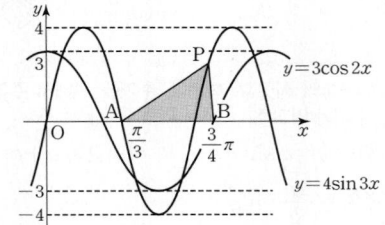

함수 $y=4\sin 3x$의 그래프의 주기는 $\dfrac{2\pi}{3}$이고, 함수 $y=3\cos 2x$

의 그래프의 주기는 $\dfrac{2\pi}{2}=\pi$이다.

이때, $0<a<\dfrac{\pi}{2}<b<\pi$이므로

$a=\dfrac{\pi}{3}$, $b=\dfrac{3}{4}\pi$

> a, b가 될 수 있는 값은 각각 2개씩이지만 문제에서 주어진 조건 $0<a<\dfrac{\pi}{2}<b<\pi$에 의해 하나로 결정되므로 주어진 조건에 만족하는지 잘 확인하자.

$\therefore A\left(\dfrac{\pi}{3}, 0\right)$, $B\left(\dfrac{3}{4}\pi, 0\right)$

2nd 두 점 A, B는 고정이지? 즉, 밑변의 길이는 정해졌으므로 함수 $y=4\sin 3x$의 함숫값 y, 즉 삼각형 ABP의 높이가 삼각형 ABP의 넓이를 결정해!

$\overline{AB}=\dfrac{3}{4}\pi-\dfrac{\pi}{3}=\dfrac{5}{12}\pi$이고 함수 $y=4\sin 3x$의 최댓값은 4이므로
$\underset{-1 \le \sin 3x \le 1}{}$
$\triangle ABP=\dfrac{1}{2} \times \overline{AB} \times |\text{점 P의 } y\text{좌표}|$
$\underset{-4 \le 4\sin 3x \le 4 \text{지?}}{즉, y=4\sin 3x의 최댓값은 4야.}$
$\le \dfrac{1}{2} \times \dfrac{5}{12}\pi \times 4=\dfrac{5}{6}\pi$

따라서 삼각형 ABP의 넓이의 최댓값은 $\dfrac{5}{6}\pi$이다.

⚙ 삼각함수의 그래프의 성질   개념·공식

(1) $y=a\sin(bx+c)+d$, $y=a\cos(bx+c)+d$의 그래프
　① 치역 : $\{y|-|a|+d \le y \le |a|+d\}$ ② 주기 : $\dfrac{2\pi}{|b|}$

(2) $y=a\tan(bx+c)+d$의 그래프
　① 치역 : 실수 전체의 집합
　② 주기 : $\dfrac{\pi}{|b|}$

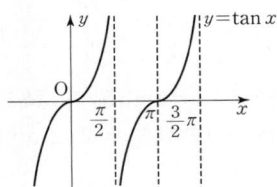

(정답 공식 : 삼각함수의 최대, 최소, 주기를 활용하여 미지수를 구한다.)

세 상수 a, b, c에 대하여 함수 $y=a\sin bx+c$의 그래프가
그림과 같을 때, $a\times b\times c$의 값은? (단, $a>0$, $b>0$) (3점)

단서 1 함수식에서 최대, 최소, 주기를 구해야 해.

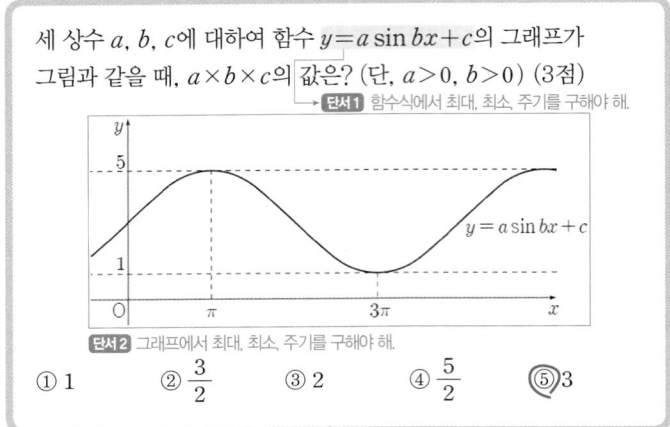

$y=a\sin bx+c$

단서 2 그래프에서 최대, 최소, 주기를 구해야 해.

① 1   ② $\dfrac{3}{2}$ ③ 2   ④ $\dfrac{5}{2}$ ⑤ 3

1st 함수 $y=a\sin bx+c$의 최댓값, 최솟값, 주기를 구해서 주어진 그래프의 최댓값, 최솟값, 주기와 비교해.

$a>0$, $b>0$이므로 함수 $y=a\sin bx+c$의 최댓값은 $a+c$,

최솟값은 $-a+c$, 주기는 $\dfrac{2\pi}{b}$이다.

주어진 그래프에서 최댓값은 5, 최솟값은 1, 주기는 4π이므로

$a+c=5$, $-a+c=1$, $\dfrac{2\pi}{b}=4\pi$

$\begin{array}{r} a+c=5 \\ +)\ -a+c=1 \\ \hline 2c=6 \end{array}$ $\therefore c=3, a=5-c=2$

$\dfrac{2\pi}{b}=4\pi, \dfrac{1}{b}=2$ $\therefore b=\dfrac{1}{2}$

따라서 $a=2$, $b=\dfrac{1}{2}$, $c=3$이므로 $a\times b\times c=2\times\dfrac{1}{2}\times3=3$

다른 풀이 ① **곡선을 지나는 두 점의 좌표 이용하기**

그래프의 주기는 $\dfrac{2\pi}{b}=4\pi$이므로 $b=\dfrac{1}{2}$

함수 $y=a\sin\dfrac{1}{2}x+c$의 그래프가 두 점 $(\pi,5)$, $(3\pi,1)$을 지나므로

$5=a\sin\dfrac{\pi}{2}+c$, $1=a\sin\dfrac{3\pi}{2}+c$ $\sin\dfrac{\pi}{2}=1, \sin\dfrac{3\pi}{2}=-1$

$a+c=5$, $-a+c=1$

$\therefore a=2$, $c=3$

$\therefore a\times b\times c=3$

다른 풀이 ② **사인함수의 최댓값과 최솟값의 차 이용하기**

그래프의 주기는 $\dfrac{2\pi}{b}=4\pi$이므로 $b=\dfrac{1}{2}$

함수 $y=a\sin bx+c$에서 최댓값과 최솟값의 차가

$a+c-(-a+c)=2a$이므로 $2a=5-1$

$\therefore a=2 \Rightarrow y=2\sin bx+c$

주어진 그래프에서 최댓값은 5, 최솟값은 1임을 알 수 있어.

한편, 함수 $y=2\sin bx$의 그래프는 다음과 같아.

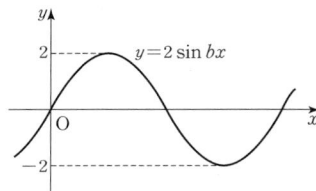

$y=2\sin bx$

이때, 함수 $y=2\sin bx$의 그래프를 y축의 방향으로 c만큼
평행이동하면 함수 $y=2\sin bx+c$와 일치하므로 $2+c=5$

$\therefore c=3$

$\therefore a\times b\times c=3$

정답 공식 : $y=a\tan(bx+c)=a\tan\left\{b\left(x+\dfrac{c}{b}\right)\right\}$이므로
함수 $y=a\tan(bx+c)$의 그래프는 함수 $y=a\tan bx$의 그래프를 x축의
방향으로 $-\dfrac{c}{b}$만큼 평행이동한 그래프이다.

세 양수 a, b, c에 대하여 함수 $y=a\tan(bx+c)$의 그래프가
그림과 같을 때, $a\times b\times c$의 값은? (단, $0<c<\pi$) (3점)

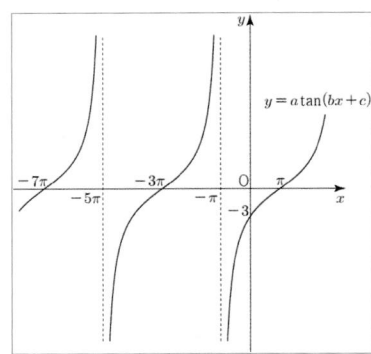

$y=a\tan(bx+c)$

단서 함수 $y=a\tan(bx+c)$의 그래프는 네 점 $(\pi,0)$, $(-3\pi,0)$, $(-7\pi,0)$, $(0,-3)$을 지나고 직선 $x=-\pi$, $x=-5\pi$가 점근선이야. 이 조건들을 이용해 a,b,c의 값을 구할 수 있어.

① $\dfrac{9}{16}\pi$ ② $\dfrac{5}{8}\pi$ ③ $\dfrac{11}{16}\pi$ ④ $\dfrac{3}{4}\pi$ ⑤ $\dfrac{13}{16}\pi$

1st 주기를 이용해서 b의 값을 구하자.

$y=f(x)=a\tan(bx+c)$라 하자.

함수 $y=f(x)$의 그래프가 세 점 $(-7\pi,0)$, $(-3\pi,0)$, $(\pi,0)$을
지나고, 주기는 $-3\pi-(-7\pi)=4\pi$이다.

함수 $f(x)=a\tan(bx+c)$의 주기는 $\dfrac{\pi}{b}$이므로 $\dfrac{\pi}{b}=4\pi$ $\therefore b=\dfrac{1}{4}$

2nd 함수 $f(x)=a\tan\left(\dfrac{1}{4}x+c\right)$의 그래프의 x절편, y절편을 이용하여 a, c의 값을 각각 구해.

$0<c<\pi$, $\dfrac{\pi}{4}<\dfrac{\pi}{4}+c<\dfrac{5}{4}\pi$이고,

함수 $y=f(x)$의 그래프가 점 $(\pi,0)$을 지나므로

$a\tan\left(\dfrac{\pi}{4}+c\right)=0$, $\dfrac{\pi}{4}+c=\pi$ $\therefore c=\dfrac{3}{4}\pi$

함수 $y=f(x)$의 그래프가 점 $(0,-3)$을 지나므로

$a\tan\dfrac{3}{4}\pi=-3$, $-a=-3$ $\therefore a=3$

$\tan\dfrac{3}{4}\pi=\tan\left(\pi-\dfrac{\pi}{4}\right)=-\tan\dfrac{\pi}{4}=-1$

3rd $a\times b\times c$의 값을 구해.

$\therefore a\times b\times c=3\times\dfrac{1}{4}\times\dfrac{3}{4}\pi=\dfrac{9}{16}\pi$

다른 풀이 ① **x축의 방향으로 -3π만큼 평행이동하여 c의 값 구하기**

함수 $y=a\tan\left(\dfrac{x}{4}+c\right)$의 그래프는 함수 $y=a\tan\dfrac{x}{4}$의 그래프를

x축의 방향으로 -3π만큼 평행이동하면 되므로

$a\tan\left(\dfrac{x}{4}+c\right)=a\tan\left(\dfrac{x+3\pi}{4}\right)$, $\dfrac{x+3\pi}{4}=\dfrac{x}{4}+c$ $\therefore c=\dfrac{3}{4}\pi$

삼각함수는 일대일함수가 아니므로 일반적으로 함숫값이 같다고 정의역의 원소가 같다고 할 수 없어. 하지만 c의 값의 범위가 $0<c<\pi$로 제한돼 있으니 탄젠트함수는 일대일함수이고, 평행이동이 성립하는 c의 값을 바로 구할 수 있어.

다른 풀이 ❷ : 점근선 평행이동하여 c의 값 구하기

함수 $y=\tan x$의 그래프의 점근선은 직선

$\cdots,\ x=-\dfrac{3}{2}\pi,\ x=-\dfrac{\pi}{2},\ x=\dfrac{\pi}{2},\ x=\dfrac{3}{2}\pi,\ \cdots$

함수 $y=a\tan\left(\dfrac{x}{4}+c\right)$의 그래프의 점근선은 직선

$\cdots,\ \dfrac{x}{4}+c=-\dfrac{3}{2}\pi,\ \dfrac{x}{4}+c=-\dfrac{\pi}{2},\ \dfrac{x}{4}+c=\dfrac{\pi}{2},\ \dfrac{x}{4}+c=\dfrac{3}{2}\pi,\ \cdots$

$0<c<\pi$이므로 $c-\dfrac{\pi}{4}=\dfrac{\pi}{2}$이면 $c=\dfrac{3}{4}\pi$

E 120　정답 ③　*삼각함수의 주기와 최대·최소 – 일차식 꼴 ···[정답률 74%]

[정답 공식: 함수 $y=a\tan bx+c$의 그래프의 주기는 $\dfrac{\pi}{|b|}$이다.]

세 양수 a, b, c에 대하여 함수 $y=a\tan bx+c$의 그래프가 그림과 같을 때, $a\times b\times c$의 값은? (3점) 단서 주어진 그래프에서 탄젠트 함수의 그래프가 반복되는 부분은 $x=-\pi$에서 $x=\pi$로 주기는 2π이고, 그래프는 두 점 $(0,2)$, $\left(\dfrac{\pi}{2},5\right)$를 지나고 있어.

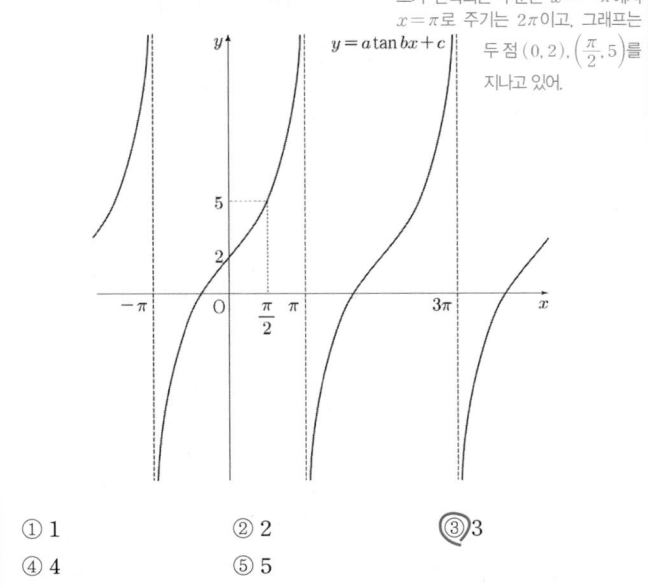

① 1　　② 2　　③ 3
④ 4　　⑤ 5

1st 주어진 함수의 그래프의 주기가 2π임을 이용하자.
그림에서 함수 $y=a\tan bx+c$의 그래프의 주기가 2π이므로

$\dfrac{\pi}{b}=2\pi\ (\because b>0)$　　→ 함수 $y=a\tan bx+c$의 주기는 $\dfrac{\pi}{|b|}$야.

$\therefore b=\dfrac{1}{2}$

2nd c의 값을 구하자.
함수 $y=a\tan bx+c$의 그래프가 점 $(0,2)$를 지나므로
$2=a\tan 0+c$
$\therefore c=2$

3rd a의 값을 구하자.
함수 $y=a\tan bx+c$의 그래프가 점 $\left(\dfrac{\pi}{2},5\right)$를 지나므로
$5=a\tan\dfrac{\pi}{4}+2,\ 5=a+2$
$\therefore a=3$

4th $a\times b\times c$의 값을 구하자.
$\therefore a\times b\times c=3\times\dfrac{1}{2}\times 2=3$

E 121　정답 14　*삼각함수의 주기와 최대, 최소 – 일차식꼴　[정답률 41%]

[정답 공식: $3x+b=t$라 하고 t에 대한 삼각함수의 그래프를 그려 조건을 만족시키는 a, b의 값을 각각 구한다.]

단서1 $3x+b=t$라 하고 $y=2\cos t$의 그래프를 그려봐.
두 상수 a, b $(0\le b\le\pi)$에 대하여 닫힌구간 $\left[\dfrac{\pi}{2},a\right]$에서 함수 $f(x)=2\cos(3x+b)$의 최댓값은 1이고 최솟값은 $-\sqrt{3}$이다.
단서2 x가 만약 모든 실수라면 최댓값이 2이고 최솟값이 -2였을텐데 최댓값도 2가 아니고 최솟값도 -2가 아니지? 즉, 닫힌구간 $\left[\dfrac{\pi}{2},a\right]$는 $f(x)$의 한 주기보다 짧아.
$a\times b=\dfrac{q}{p}\pi^2$일 때, $p+q$의 값을 구하시오.

(단, p와 q는 서로소인 자연수이다.) (4점)

1st $3x+b=t$라 하고 그래프의 개형을 그려 보자.
$3x+b=t$라 하면

$\dfrac{\pi}{2}\le x\le a$에서 $\dfrac{3}{2}\pi+b\le t\le 3a+b$ (단, $0\le b\le\pi$)이므로
x의 값의 범위의 각 변에 3을 곱한 후 b를 더해서 t의 값의 범위를 구한거야.

닫힌구간 $\left[\dfrac{\pi}{2},a\right]$에서 함수 $f(x)=2\cos(3x+b)$의 최댓값, 최솟값은

닫힌구간 $\left[\dfrac{3}{2}\pi+b,\ 3a+b\right]$에서 함수 $y=2\cos t$의 최댓값, 최솟값과

같고, 함수 $y=2\cos t$의 그래프는 그림과 같다.

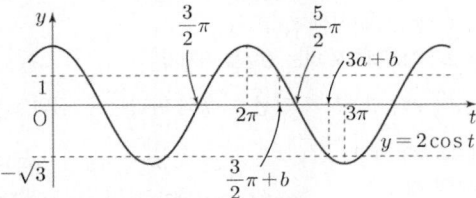

2nd 최댓값과 최솟값을 가질 때의 x의 값을 찾자.
$0\le b\le\pi$인 b에 대하여 $\dfrac{3}{2}\pi\le\dfrac{3}{2}\pi+b\le\dfrac{5}{2}\pi$이므로

닫힌구간 $\left[\dfrac{3}{2}\pi+b,\ 3a+b\right]$에서 함수 $y=2\cos t$의 최댓값이 1,

최솟값이 $-\sqrt{3}$이 되도록 하는 a, b는

$2\pi<\dfrac{3}{2}\pi+b<\dfrac{5}{2}\pi,\ \dfrac{5}{2}\pi<3a+b<3\pi$를 만족시켜야 한다. … ㉠
닫힌구간 $\left[\dfrac{3}{2}\pi+b,\ 3a+b\right]$에서 함수 $y=2\cos t$의 값이 1보다 크거나 $-\sqrt{3}$보다 작으면 안돼.

따라서 위의 그림과 같이 닫힌구간 $\left[\dfrac{3}{2}\pi+b,\ 3a+b\right]$에서

함수 $y=2\cos t$는 $t=\dfrac{3}{2}\pi+b$일 때 최댓값 1을 가지고

$t=3a+b$일 때 최솟값 $-\sqrt{3}$을 가져야 한다.

3rd 최댓값과 최솟값을 이용하여 a, b의 값을 각각 구하자.

$2\cos\left(\dfrac{3}{2}\pi+b\right)=1$에서 $\cos\left(\dfrac{3}{2}\pi+b\right)=\dfrac{1}{2}$
삼각함수의 각 변환 공식을 이용하여 $\sin b=\dfrac{1}{2}$로 풀어도 돼.

$\dfrac{3}{2}\pi+b=\dfrac{7}{3}\pi\ (\because㉠)$　　$\therefore b=\dfrac{7}{3}\pi-\dfrac{3}{2}\pi=\dfrac{5}{6}\pi$

또, $2\cos(3a+b)=-\sqrt{3}$에서 $\cos(3a+b)=-\dfrac{\sqrt{3}}{2}$

$3a+b=\dfrac{17}{6}\pi\ (\because㉠),\ 3a+\dfrac{5}{6}\pi=\dfrac{17}{6}\pi,\ 3a=2\pi$　　$\therefore a=\dfrac{2}{3}\pi$

따라서 $a\times b=\dfrac{2}{3}\pi\times\dfrac{5}{6}\pi=\dfrac{5}{9}\pi^2$이므로 $p=9$, $q=5$

$\therefore p+q=9+5=14$

E 122　정답 ③　*삼각함수의 주기와 최대·최소–일차식 꼴　[정답률 39%]

[정답 공식: $y=a\sin bx+c$에서 주기는 $\dfrac{2\pi}{|b|}$이다.]

> $0\le t\le 3$인 실수 t와 상수 k에 대하여 $t\le x\le t+1$에서 방정식
> $\sin\dfrac{\pi}{2}x=k$의 모든 해의 개수를 $f(t)$라 하자. 함수 $f(t)$가
> ┈┈▶ **단서1** $\sin\dfrac{\pi}{2}x$에서의 주기를 파악해서 $0\le t\le 3$에서
> 　　　어떻게 함수가 그려지는지 생각해보자.
>
> $$f(t)=\begin{cases}1\ (0\le t<a\ \text{또는}\ a<t\le b)\\ 2\ (t=a)\\ 0\ (b<t\le 3)\end{cases}$$
>
> 일 때, $a^2+b^2+k^2$의 값은?　┈┈▶ **단서2** $t=a$에서만 $f(t)=2$가 되도록
> 　　　　　　　　　　　　　　　하는 유일한 값임을 이용하자.
> 　　　　　　　　　　(단, a, b는 $0<a<b<3$인 상수이다.) (4점)
>
> ① 2　　　　② $\dfrac{5}{2}$　　　　③ 3
>
> ④ $\dfrac{7}{2}$　　　　⑤ 4

1st　함수 $y=\sin\dfrac{\pi}{2}x$의 그래프의 성질을 확인하자.

함수 $y=\sin\dfrac{\pi}{2}x$의 치역은 $\{y\,|\,-1\le y\le 1\}$이고, 주기는 $\dfrac{2\pi}{\frac{\pi}{2}}=4$

즉, $0\le x\le 4$에서 함수 $y=\sin\dfrac{\pi}{2}x$의 그래프가 직선 $y=k$와 두 점에서
만나려면 $-1<k<1$이어야 한다.

2nd　$f(a)=2$가 성립하도록 하는 경우를 따지자.

함수 $y=\sin\dfrac{\pi}{2}x$의 그래프가 직선 $y=k$와 만나는 두 점의 x좌표를 각
각 α, β $(\alpha<\beta)$라 하자. ┈▶ $\alpha<t\le x\le t+1<\beta$가 되면 $\sin\dfrac{\pi}{2}=k$의 해의
(i) $\beta-\alpha>1$일 때, 　　　개수 $f(t)=2$가 되는 t의 값이 존재하지 않게 돼.
　$f(t)=2$를 만족시키는 t의 값은 존재하지 않는다.
(ii) $\beta-\alpha<1$일 때,
　$f(t)=2$를 만족시키는 t의 값이 유일하지 않다.
(iii) $\beta-\alpha=1$일 때, 　　$t\le a<x<\beta\le t+1$이 되면 $\sin\dfrac{\pi}{2}=k$의
　$f(0)=1$이므로 $a=\dfrac{1}{2}$, $\beta=\dfrac{3}{2}$ 해의 개수 $f(t)=2$가 되는 t의 값이 여러 개
　　　　　　　　　　　　　　존재할 수 있어.

3rd　a, b, k의 값을 구하자.　함수 $f(t)$의 정의에 의해 $f(0)=1$을 만족시키고,
그림에서 　　　　　　　　$\beta-\alpha=1$인 $\sin\dfrac{\pi}{2}x=k$의 해의 개수 $f(t)=2$가 되는
　　　　　　　　　　　　　　$t=\dfrac{1}{2}$일 때이고 $\alpha=\dfrac{1}{2}$, $\beta=\dfrac{3}{2}$이 되지.

$0\le t<\dfrac{1}{2}$, $\dfrac{1}{2}<t\le\dfrac{3}{2}$일 때,

$f(t)=1$

$t=\dfrac{1}{2}$일 때, $f(t)=2$

$\dfrac{3}{2}<t\le 3$일 때, $f(t)=0$

즉, $a=\dfrac{1}{2}$, $b=\dfrac{3}{2}$, $k=\dfrac{\sqrt{2}}{2}$이
므로　┈┈┈┈┈┈┈┈┈┈▶ $x=\dfrac{1}{2}$일 때

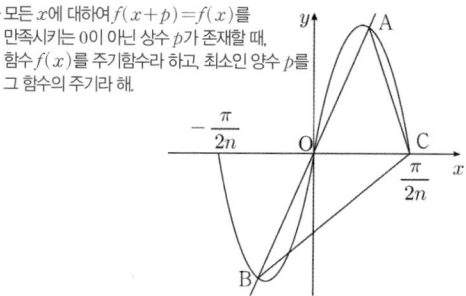

$a^2+b^2+k^2=\left(\dfrac{1}{2}\right)^2+\left(\dfrac{3}{2}\right)^2+\left(\dfrac{\sqrt{2}}{2}\right)^2$　$k=\sin\left(\dfrac{\pi}{2}\times\dfrac{1}{2}\right)=\sin\dfrac{\pi}{4}=\dfrac{\sqrt{2}}{2}$

$\qquad\qquad\quad =\dfrac{1}{4}+\dfrac{9}{4}+\dfrac{2}{4}$

$\qquad\qquad\quad =\dfrac{12}{4}=3$

E 123　정답 ④　*삼각함수의 주기와 최대·최소–일차식 꼴　[정답률 55%]

[정답 공식: $y=a\sin bx$의 주기는 $\dfrac{2\pi}{|b|}$이고, 최댓값은 $|a|$, 최솟값은 $-|a|$]

> 자연수 n에 대하여 $-\dfrac{\pi}{2n}<x<\dfrac{\pi}{2n}$에서 정의된 함수
> $f(x)=3\sin 2nx$가 있다. 원점 O를 지나고 기울기가 양수인
> 직선과 함수 $y=f(x)$의 그래프가 서로 다른 세 점 O, A, B에서
> 만날 때, 점 $\text{C}\left(\dfrac{\pi}{2n},\,0\right)$에 대하여 넓이가 $\dfrac{\pi}{12}$인 삼각형 ABC가
> 존재하도록 하는 n의 최댓값은? (4점)
> **단서** 삼각함수의 그래프의 모양을 주기, 최댓값, 최솟값을 이용하여 파악할 수 있어야 해.
> 　　　최댓값과 최솟값이 각각 3, -3이고 주기가 $\dfrac{\pi}{n}$인 사인함수이지?
>
> ① 12　　　　② 14　　　　③ 16
> ④ 18　　　　⑤ 20

1st　함수 $y=f(x)$와 세 점 A, B, C를 그림으로 나타내자.

함수 $f(x)=3\sin 2nx$의 주기는 $\dfrac{2\pi}{2n}=\dfrac{\pi}{n}$이므로 주어진 x의 값의 범위
└─ $y=a\sin bx$의 주기는 $\dfrac{2\pi}{|b|}$
$-\dfrac{\pi}{2n}<x<\dfrac{\pi}{2n}$에서 함수의 그래프는 다음과 같다.
└▶ 모든 x에 대하여 $f(x+p)=f(x)$를
　만족시키는 0이 아닌 상수 p가 존재할 때,
　함수 $f(x)$를 주기함수라 하고, 최소인 양수 p를
　그 함수의 주기라 해.

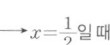

2nd　두 점 A, B를 좌표로 각각 나타내자.
원점을 지나고 기울기가 양수인 직선에 대하여
$-\dfrac{\pi}{2n}<x<\dfrac{\pi}{2n}$에서 함수 $f(x)=3\sin 2nx$의 그래프와 만나는
원점이 아닌 두 점 A와 B는 원점에 대하여 대칭이다.

> **주의**
> 원점을 지나고 기울기가 양수인 직선과 함수 $f(x)=3\sin 2nx$의 그래프는 모두 원점에
> 대하여 대칭이기 때문에 직선과 이 함수의 그래프가 만나는 서로 다른 두 점 A, B는 원점에
> 대하여 대칭일 수밖에 없어.

따라서 실수 $t\left(-\dfrac{\pi}{2n}<t<\dfrac{\pi}{2n},\,t\ne 0\right)$에 대하여 점 A의 좌표를
└▶ 서로 다른 세 점 O, A, B이므로 $t\ne 0$
$(t,\,3\sin 2nt)$라 하면 점 B의 좌표는 $(-t,\,-3\sin 2nt)$이다.
　　　　　　　　　　　　점 (a,b)를 원점 대칭한 점의 좌표는 $(-a,-b)$

3rd　삼각형 ABC의 넓이를 이용하여 n의 최댓값을 구하자.
삼각형 AOC의 넓이와 삼각형 BOC의 넓이가 같으므로
└▶ 삼각형 AOC, 삼각형 BOC에 대하여 OC를 밑변으로 보면 높이는
$\triangle ABC=2\times\triangle AOC$　두 점 A, B의 y좌표의 절댓값이 같으므로 같지?
　　　　　　　　　　　　따라서 삼각형 AOC의 넓이와 삼각형 BOC의 넓이는 같아.
$\qquad =2\times\dfrac{1}{2}\times\dfrac{\pi}{2n}\times 3|\sin 2nt|=\dfrac{\pi}{12}$

에서 $\dfrac{3\pi}{2n}|\sin 2nt|=\dfrac{\pi}{12}$이므로 $|\sin 2nt|=\dfrac{n}{18}$이다.

$0<|\sin 2nt|\le 1$이므로 $0<\dfrac{n}{18}\le 1$　∴ $0<n\le 18$
└▶ $t\ne 0$이므로 $0<|\sin 2nt|$이고, 사인값은 1과 같거나 작으므로 $0<|\sin 2nt|\le 1$
따라서 n의 최댓값은 18이다.

E 124 정답 6 ＊삼각함수의 주기와 최대·최소 −일차식 꼴 [정답률 42%]

(정답 공식 : $(f \circ g)(x) = f(g(x))$)

> 두 함수 $f(x) = \log_3 x + 2$, $g(x) = 3\tan\left(x + \dfrac{\pi}{6}\right)$가 있다.
>
> $0 \le x \le \dfrac{\pi}{6}$에서 정의된 합성함수 $(f \circ g)(x)$의 최댓값과 최솟값을
>
> [단서] $(f \circ g)(x) = f(g(x))$이므로 주어진 범위에서 함수 $g(x)$의 값의 범위를 먼저 찾아서 접근해봐.
>
> 각각 M, m 이라 할 때, $M + m$ 의 값을 구하시오. (4점)

1st 함수 $g(x)$의 치역을 찾자.

함수 $g(x) = 3\tan\left(x + \dfrac{\pi}{6}\right)$는 $0 \le x \le \dfrac{\pi}{6}$에서 증가하므로

$g(0) \le g(x) \le g\left(\dfrac{\pi}{6}\right)$

함수 $y = \tan x$는 $0 \le x \le \dfrac{\pi}{2}$에서 증가함수야. 즉, 이 범위 안에서 x의 값이 커질수록 y의 값도 커져.

$3\tan\dfrac{\pi}{6} \le 3\tan\left(x + \dfrac{\pi}{6}\right) \le 3\tan\dfrac{\pi}{3}$

$\tan 0 \le \tan\left(x + \dfrac{\pi}{6}\right) \le \tan\dfrac{\pi}{6}$가 성립해.

$\sqrt{3} \le 3\tan\left(x + \dfrac{\pi}{6}\right) \le 3\sqrt{3}$

$\therefore \sqrt{3} \le g(x) \le 3\sqrt{3}$

2nd 함수 $f(x)$의 치역을 찾자.

$g(x) = t (\sqrt{3} \le t \le 3\sqrt{3})$라 하면

$(f \circ g)(x) = f(g(x)) = f(t) = \log_3 t + 2$

함수 $f(t) = \log_3 t + 2$는 증가함수이므로

$\sqrt{3} \le t \le 3\sqrt{3}$에서 $f(\sqrt{3}) \le f(t) \le f(3\sqrt{3})$

$\dfrac{1}{2} + 2 \le \log_3 t + 2 \le \dfrac{3}{2} + 2$

함수 $f(t) = \log_3 t + 2$는 밑이 3인 로그함수이므로 증가함수야.
$\sqrt{3} \le t \le 3\sqrt{3}$이면 $\log_3 \sqrt{3} \le \log_3 t \le \log_3 3\sqrt{3}$이야.
즉, $\dfrac{1}{2} \le \log_3 t \le \dfrac{3}{2}$이므로 $\dfrac{1}{2} + 2 \le \log_3 t + 2 \le \dfrac{3}{2} + 2$야.

$\therefore \dfrac{5}{2} \le (f \circ g)(x) \le \dfrac{7}{2}$

따라서 $M = \dfrac{7}{2}$, $m = \dfrac{5}{2}$이므로

$M + m = \dfrac{7}{2} + \dfrac{5}{2} = 6$

E 125 정답 ③ ＊삼각함수의 최대·최소 −이차식 꼴 [정답률 74%]

(정답 공식 : 삼각함수를 치환하여 이차함수의 최대·최소를 이용한다.)

> [단서] 한 종류의 삼각함수로 통일하여 식을 정리해.
>
> 실수 k에 대하여 함수 $f(x) = 2\cos^2 x + 2\sin x + k$의 최댓값이
>
> $\dfrac{15}{2}$일 때, 함수 $f(x)$의 최솟값은? (3점)
>
> ① 1 ② 2 ③ 3
> ④ 4 ⑤ 5
>
> [주의] 실수 k의 값을 구하는 것이 아니야. 함수 $f(x)$의 최솟값을 구하는 것임을 명심해.

1st 주어진 함수의 최댓값을 이용하여 k의 값을 구해.

$\cos^2 x = 1 - \sin^2 x$이므로

모든 실수 x에 대하여 $\sin^2 x + \cos^2 x = 1$이야.

$f(x) = 2\cos^2 x + 2\sin x + k = 2(1 - \sin^2 x) + 2\sin x + k$

$\qquad = -2\sin^2 x + 2\sin x + k + 2$

이때, $\sin x = t (-1 \le t \le 1)$라 하면

$y = -2t^2 + 2t + k + 2 = -2\left(t^2 - t + \dfrac{1}{4} - \dfrac{1}{4}\right) + k + 2$

$\qquad = -2\left(t - \dfrac{1}{2}\right)^2 + k + \dfrac{5}{2}$

이때, $-1 \le t \le 1$이므로 함수 $y = -2\left(t - \dfrac{1}{2}\right)^2 + k + \dfrac{5}{2}$는 $t = \dfrac{1}{2}$일 때

최댓값 $k + \dfrac{5}{2}$를 갖는다.

함수 $y = -2\left(t - \dfrac{1}{2}\right)^2 + k + \dfrac{5}{2}$의 그래프의 대칭축은
직선 $t = \dfrac{1}{2}$이고 위로 볼록하므로 $-1 \le t \le 1$일 때 $t = \dfrac{1}{2}$에서 최댓값을 가져.

그런데 최댓값이 $\dfrac{15}{2}$이므로 $k + \dfrac{5}{2} = \dfrac{15}{2}$ $\therefore k = 5$

2nd 함수 $f(x)$의 최솟값을 구해.

이때, 함수 $y = -2\left(t - \dfrac{1}{2}\right)^2 + k + \dfrac{5}{2}$,

즉 $y = -2\left(t - \dfrac{1}{2}\right)^2 + \dfrac{15}{2}$의 그래프는

그림과 같으므로 이 함수는 $t = -1$일 때 최솟값

$-2\left\{(-1) - \dfrac{1}{2}\right\}^2 + \dfrac{15}{2} = -2 \times \dfrac{9}{4} + \dfrac{15}{2} = 3$

을 갖는다.

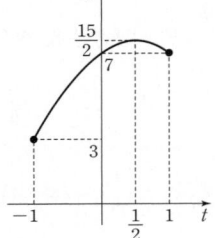

함수 $y = -2\left(t - \dfrac{1}{2}\right)^2 + \dfrac{15}{2}$의 그래프는 직선 $t = \dfrac{1}{2}$에 대하여 대칭이므로
$t = \dfrac{1}{2}$에서 가장 멀리 떨어진 때인 $t = -1$에서 최솟값을 가져.

따라서 함수 $f(x)$의 최솟값은 $\sin x = -1$일 때, 3이다.

E 126 정답 9 ＊삼각함수의 최대, 최소 −이차식 꼴 [정답률 75%]

(정답 공식 : 삼각함수 사이의 관계를 이용하여 $\cos x$에 대한 식으로 변형시킨다.)

> 함수 $f(x) = \sin^2 x + \sin\left(x + \dfrac{\pi}{2}\right) + 1$의 최댓값을 M이라 할 때,
>
> $4M$의 값을 구하시오. (3점) [단서] $\sin\left(x + \dfrac{\pi}{2}\right) = \cos x$, $\sin^2 x = 1 - \cos^2 x$임을 이용하여 주어진 식을 정리해.

1st 삼각함수의 성질을 이용하여 주어진 식을 변형해.

$\sin^2 x = 1 - \cos^2 x$, $\sin\left(x + \dfrac{\pi}{2}\right) = \cos x$이므로

$y = \sin\left(x + \dfrac{\pi}{2}\right)$의 그래프는 $y = \sin x$의 그래프를 x축의 방향으로 $-\dfrac{\pi}{2}$만큼 평행이동한 것으로 $y = \cos x$의 그래프와 일치하므로 $\sin\left(x + \dfrac{\pi}{2}\right) = \cos x$야.

$f(x) = \sin^2 x + \sin\left(x + \dfrac{\pi}{2}\right) + 1$

$\qquad = (1 - \cos^2 x) + \cos x + 1$

$\qquad = -\cos^2 x + \cos x + 2$

$\qquad = -\left(\cos x - \dfrac{1}{2}\right)^2 + \dfrac{9}{4}$

이때, $-1 \le \cos x \le 1$이므로 함수 $f(x)$는 $\cos x = \dfrac{1}{2}$일 때,

함수 $y = \cos x$의 치역은 $\{y \mid -1 \le y \le 1\}$이야.

최댓값 $\dfrac{9}{4}$를 가진다.

따라서 $M = \dfrac{9}{4}$이므로 $4M = 4 \times \dfrac{9}{4} = 9$

⚙ 삼각함수의 주기와 최대, 최소   개념·공식

상수 $a, b, c, d (a \ne 0, b \ne 0)$에 대하여

① 두 함수 $y = a\sin(bx + c) + d$, $y = a\cos(bx + c) + d$의 최댓값과

최솟값은 각각 $|a| + d$, $-|a| + d$이고 주기는 $\dfrac{2\pi}{|b|}$이다.

② 함수 $y = a\tan(bx + c) + d$의 최댓값과 최솟값은 없고 주기는 $\dfrac{\pi}{|b|}$이다.

E 127 정답 ③ *삼각함수의 최대, 최소 – 이차식 꼴 [정답률 72%]

(정답 공식: 주어진 함수 $f(x)$의 식을 치환을 이용하여 변형한다.)

> 실수 k에 대하여 함수 **단서** $x-\frac{3}{4}\pi=t$라 치환한 후 $\sin t$에 대한 이차식의 최대, 최소를 생각해봐.
>
> $$f(x)=\cos^2\left(x-\frac{3}{4}\pi\right)-\cos\left(x-\frac{\pi}{4}\right)+k$$
>
> 의 최댓값은 3, 최솟값은 m이다. $k+m$의 값은? (4점)
>
> ① 2   ② $\frac{9}{4}$ ③ $\frac{5}{2}$ ④ $\frac{11}{4}$ ⑤ 3

1st $x-\frac{3}{4}\pi=t$라 치환한 후 식을 정리하자.

$x-\frac{3}{4}\pi=t$라 하면 $x=\frac{3}{4}\pi+t$이므로

$\cos\left(\frac{\pi}{2}+\theta\right)=-\sin\theta,\ \cos^2\theta=1-\sin^2\theta$

$f(x)=\cos^2 t-\cos\left(t+\frac{\pi}{2}\right)+k$

$=1-\sin^2 t+\sin t+k=-\sin^2 t+\sin t+k+1$

$=-\left(\sin t-\frac{1}{2}\right)^2+k+\frac{5}{4}\ (-1\le \sin t\le 1)\ \cdots\ \bigcirc$

2nd 최댓값을 이용하여 k의 값을 구한 후 최솟값 m을 구하자.

$\bigcirc$에서 $\sin t=\frac{1}{2}$일 때, 최댓값은 $k+\frac{5}{4}=3$이므로

$k=\frac{7}{4}$ $\sin t=a$라 하면 $y=-\left(a-\frac{1}{2}\right)^2+k+\frac{5}{4}(-1\le a\le 1)$이고 이것은 위로 볼록한 이차함수로 대칭축 $a=\frac{1}{2}$에서 최댓값을 가져.

즉, $f(x)=-\left(\sin t-\frac{1}{2}\right)^2+3$이고, 최솟값은 $\sin t=-1$일 때이므로

$m=-\left(-1-\frac{1}{2}\right)^2+3=\frac{3}{4}$

이차함수는 $\sin t=\frac{1}{2}$에 대칭이므로 $-1\le \sin t\le 1$의 범위에서 최솟값은 대칭축에서 더 멀리 떨어진 값인 $\sin t=-1$일 때 가져.

$\therefore k+m=\frac{7}{4}+\frac{3}{4}=\frac{10}{4}=\frac{5}{2}$

🔄 **다른 풀이:** $x-\frac{3}{4}\pi$를 $x-\frac{\pi}{4}$로 나타낸 후 최댓값을 이용하여 k의 값을 구하고 최솟값 구하기

$f(x)=\cos^2\left(x-\frac{\pi}{4}-\frac{\pi}{2}\right)-\cos\left(x-\frac{\pi}{4}\right)+k$

$=\cos^2\left(\frac{\pi}{2}-\left(x-\frac{\pi}{4}\right)\right)-\cos\left(x-\frac{\pi}{4}\right)+k$

$=\sin^2\left(x-\frac{\pi}{4}\right)-\cos\left(x-\frac{\pi}{4}\right)+k$ $\cos\left(\frac{\pi}{2}-\theta\right)=\sin\theta$

$=-\cos^2\left(x-\frac{\pi}{4}\right)-\cos\left(x-\frac{\pi}{4}\right)+k+1$ $\sin^2\theta+\cos^2\theta=1$에서 $\sin^2\theta=1-\cos^2\theta$

이때, $\cos\left(x-\frac{\pi}{4}\right)=t$라 하면 $-1\le t\le 1$이고

$y=-t^2-t+k+1=-\left(t+\frac{1}{2}\right)^2+k+\frac{5}{4}\ \cdots\ \bigcirc\!\bigcirc$

즉, $-1\le t\le 1$에서 t에 대한 이차함수 $\bigcirc\!\bigcirc$은 $t=-\frac{1}{2}$일 때,

최댓값 3을 가지므로 $k+\frac{5}{4}=3$에서 $k=\frac{7}{4}$

따라서 $\bigcirc\!\bigcirc$에 의하여 $y=-\left(t+\frac{1}{2}\right)^2+3$이므로 이차함수 $\bigcirc\!\bigcirc$은 $t=1$일 때,

최솟값 $m=-\left(1+\frac{1}{2}\right)^2+3=\frac{3}{4}$을 가져.

$\therefore k+m=\frac{7}{4}+\frac{3}{4}=\frac{10}{4}=\frac{5}{2}$

E 128 정답 ③ *삼각함수의 최대·최소 – 이차식 꼴 [정답률 36%]

[정답 공식: 삼각함수가 이차식일 때, 삼각함수를 t로 치환하고 완전제곱식으로 변형하여 최대 또는 최소를 구한다.]

> **단서1** 점 P가 원 위에 있으므로 $\angle APB=90°$임을 알 수 있어.
> 그림과 같이 두 점 A$(-1, 0)$, B$(1, 0)$과 원 $x^2+y^2=1$이 있다.
>
> 원 위의 점 P에 대하여 $\angle PAB=\theta\ \left(0<\theta<\frac{\pi}{2}\right)$라 할 때,
>
> 반직선 PB 위에 $\overline{PQ}=3$인 점 Q를 정한다. 점 Q의 x좌표가 최대가 될 때, $\sin^2\theta$의 값은? (4점) **단서2** 점 Q의 x좌표를 θ에 대한 식으로 바꾸어 생각하자.

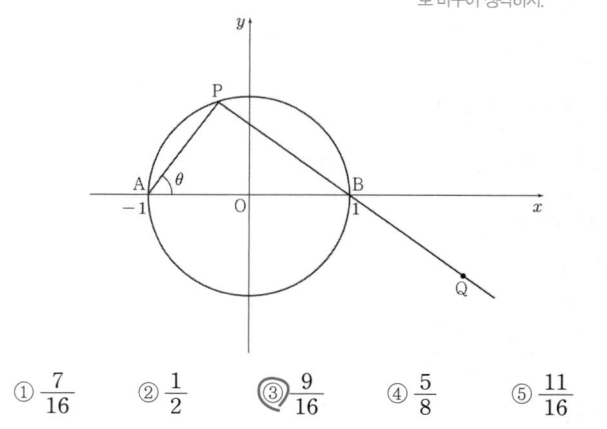

> ① $\frac{7}{16}$ ② $\frac{1}{2}$ ③ $\frac{9}{16}$ ④ $\frac{5}{8}$ ⑤ $\frac{11}{16}$

1st 두 선분 BP와 BQ를 θ에 대한 식으로 표현해보자.

원 $x^2+y^2=1$ 위에 점 P가 있으므로

$\angle APB=\dfrac{\pi}{2}$ **실수**

> 지름에 대한 원주각의 크기는 항상 90°야. 그 이유는 지름에 대한 중심각의 크기가 180°이고, 원주각의 크기는 중심각의 크기의 $\frac{1}{2}$이기 때문이야.

$\angle PAB=\theta\ \left(0<\theta<\frac{\pi}{2}\right)$이므로

$\angle PBA=\dfrac{\pi}{2}-\theta$

직각삼각형 ABP에서

$\overline{BP}=2\sin\theta$ $\sin\theta=\dfrac{\overline{BP}}{\overline{AB}}=\dfrac{\overline{BP}}{2}$이므로 $\overline{BP}=2\sin\theta$

$\overline{PQ}=3$이므로 $\overline{BQ}=\overline{PQ}-\overline{BP}=3-2\sin\theta$

2nd 최댓값을 가질 때의 $\sin^2\theta$의 값을 구하자.

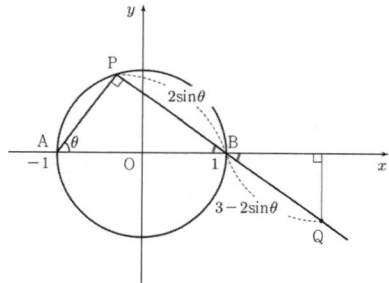

점 Q의 x좌표는

$1+\overline{BQ}\times\cos\left(\dfrac{\pi}{2}-\theta\right)=1+(3-2\sin\theta)\sin\theta$

점 Q의 x좌표는 점 Q에서 x축에 내린 점의 x좌표야.

$=1+3\sin\theta-2\sin^2\theta$

$=1+3t-2t^2\ (0<t<1)$ $\sin\theta=t$로 치환한 거야. 그리고 $0<\theta<\frac{\pi}{2}$이므로

$=-2\left(t^2-\dfrac{3}{2}t\right)+1$ $0<t<1$인 범위가 나오는 거야.

$=-2\left(t-\dfrac{3}{4}\right)^2+\dfrac{17}{8}$

즉, $t=\sin\theta=\dfrac{3}{4}$일 때 최대이다. $\therefore \sin^2\theta=\left(\dfrac{3}{4}\right)^2=\dfrac{9}{16}$

E 129 정답 **6π** ＊삼각함수의 최대·최소 – 이차식 꼴 ·· [정답률 52%]

> 정답 공식: $\sin^2 x+\cos^2 x=1$을 이용하여 식을 정리하고, $\cos x=t$로 치환하여 이차함수의 최솟값을 구한다.

단서 $\sin^2 x+\cos^2 x=1$을 이용하면 코사인에 대한 식으로 바뀌지.

$0\le x<2\pi$에서 함수 $y=-\sin^2 x+4\cos x+k$는 $x=\alpha$에서 최솟값 2를 가질 때, 실수 k, α에 대하여 $k\alpha$의 값을 구하시오. (4점)

1st $\sin^2 x+\cos^2 x=1$을 이용하여 주어진 함수를 코사인함수에 대한 식으로 바꾸자.

$$y=-\sin^2 x+4\cos x+k$$
$$=-(1-\cos^2 x)+4\cos x+k$$
$$=\cos^2 x+4\cos x+k-1$$

> 주어진 $\cos x$를 sin에 대한 식으로 바꾸는 것보다 $\sin^2 x$를 cos에 대한 식으로 바꾸는 게 더 쉬워.

2nd 여기서 $\cos x$를 t로 치환하여 나온 식의 최솟값을 구하자.

$\cos x=t\,(-1\le t\le 1)$로 치환하면
$$y=t^2+4t+k-1$$

> 주어진 x의 값의 범위가 $0\le x<2\pi$이므로 $-1\le\cos x\le 1$, 즉 $-1\le t\le 1$이 되는 거야.

$$=(t^2+4t+4)+k-5$$
$$=(t+2)^2+k-5$$

$-1\le t\le 1$에서 $y=(t+2)^2+k-5$의 그래프를 그리면 그림과 같다.

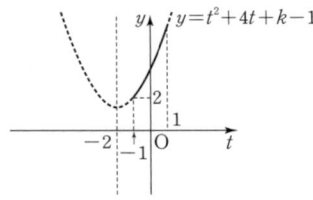

$t=-1$, 즉 $\cos x=-1$일 때, 최솟값 2를 가지므로
$\cos\alpha=-1$에서 $\alpha=\pi\,(\because\ 0\le x<2\pi)$이고,
$(-1+2)^2+k-5=2$
$1+k-5=2$ $\therefore\ k=6$
따라서 구하는 값은 $k\alpha=6\pi$

☆ 삼각함수의 주기와 최대, 최소   개념·공식

상수 a, b, c, $d\,(a\ne 0,\ b\ne 0)$에 대하여
① 두 함수 $y=a\sin(bx+c)+d$, $y=a\cos(bx+c)+d$의 최댓값과 최솟값은 각각 $|a|+c$, $-|a|+c$이고 주기는 $\dfrac{2\pi}{|b|}$이다.

② 함수 $y=a\tan(bx+c)+d$의 최댓값과 최솟값은 없고 주기는 $\dfrac{\pi}{|b|}$이다.

E 130 정답 ③ ＊삼각함수의 최대·최소 – 분수식 꼴 ···· [정답률 70%]

> 정답 공식: 분수함수 $y=\dfrac{k}{x-m}+n\,(k\ne 0)$의 점근선의 방정식은 $x=m$, $y=n$이다.

함수 $y=\dfrac{\sin x-1}{\sin x+1}$의 최댓값은? (3점)

단서 $\sin x=t$로 치환하여 t에 대한 분수함수의 그래프를 그리자.

① -2　　　② -1　　　③ 0
④ 1　　　⑤ 2

1st $\sin x=t$로 치환한 식의 그래프를 그려서 최댓값을 구하자.

함수 $y=\dfrac{\sin x-1}{\sin x+1}$에서 $\sin x=t\,(-1<t\le 1)$로 치환하면

$$y=\dfrac{t-1}{t+1}=\dfrac{(t+1)-2}{t+1}=1-\dfrac{2}{t+1}$$

> **주의** 일반적으로 $\sin x=t$로 치환하면 $-1\le t\le 1$이지만 $t=-1$이면 $y=\dfrac{t-1}{t+1}$의 분모가 0이 되므로 반드시 제외해야 해.

이 함수의 점근선의 방정식은 $t=-1$, $y=1$이므로 $-1\le t\le 1$의 범위에서 그래프를 그리면 그림과 같다.

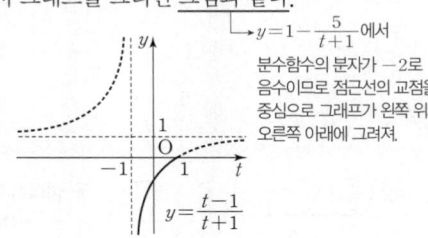

> $y=1-\dfrac{5}{t+1}$에서 분수함수의 분자가 -2로 음수이므로 점근선의 교점을 중심으로 그래프가 왼쪽 위와 오른쪽 아래에 그려져.

따라서 주어진 함수는 $t=\sin x=1$일 때, 최댓값 0을 가진다.

E 131 정답 ② ＊삼각함수의 최대·최소 – 분수식 꼴 ····· [정답률 62%]

> 정답 공식: 분수함수 $y=\dfrac{k}{x-m}+n\,(k\ne 0)$의 점근선의 방정식은 $x=m$, $y=n$이다.

함수 $y=\dfrac{-3\cos x+k}{\cos x+2}$의 최댓값이 1일 때, 상수 k의 값은?

단서 $\cos x=t$로 치환하면 t에 대한 분수함수가 되겠지. (단, $k>-6$) (4점)

① -1　　　② -2　　　③ -3
④ -4　　　⑤ -5

1st $\cos x=t$로 치환한 식의 그래프를 그려서 최댓값을 구하자.

함수 $y=\dfrac{-3\cos x+k}{\cos x+2}$에서 $\cos x=t\,(-1\le t\le 1)$로 치환하면

$$y=\dfrac{-3t+k}{t+2}=\dfrac{-3(t+2)+k+6}{t+2}=-3+\dfrac{k+6}{t+2}$$

이 함수의 점근선의 방정식은 $t=-2$, $y=-3$이므로 $-1\le t\le 1$의 범위에서 그래프를 그리면 그림과 같다.

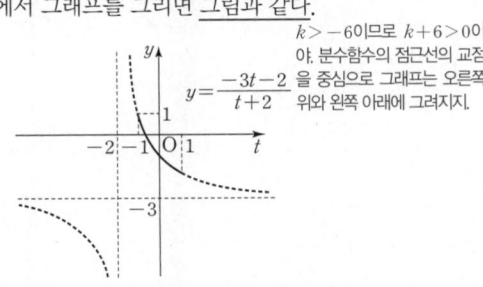

> $k>-6$이므로 $k+6>0$이야. 분수함수의 점근선의 교점을 중심으로 그래프는 오른쪽 위와 왼쪽 아래에 그려지지.

따라서 주어진 함수는 $t=\cos x=-1$일 때, 최댓값 1을 가지므로
$$\dfrac{-3\times(-1)+k}{-1+2}=1,\ 3+k=1$$
$$\therefore\ k=-2$$

E 132 정답 ④ *삼각함수의 최대·최소 – 분수식 꼴 ···· [정답률 62%]

[정답 공식: $\tan\left(\dfrac{\pi}{2}+x\right)=\dfrac{-1}{\tan x}$이고, 분수함수 $y=\dfrac{1}{x-m}+n(k\neq0)$의 점근선의 방정식은 $x=m$, $y=n$이다.]

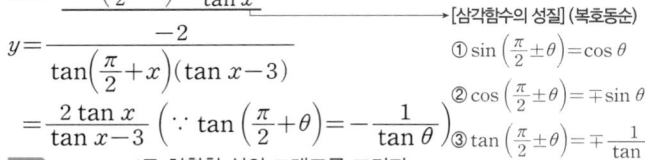

다음 중 함수 $y=\dfrac{-2}{\tan\left(\dfrac{\pi}{2}+x\right)(\tan x-3)}$에 대하여 함숫값이 될 수 <u>없는</u> 것은? (단, $\tan x\neq3$) (4점)

① $\dfrac{1}{2}$ ② 1   ③ $\dfrac{3}{2}$

④ 2   ⑤ $\dfrac{5}{2}$

1st $\tan\left(\dfrac{\pi}{2}+x\right)=\dfrac{-1}{\tan x}$을 이용하여 식을 정리하자.

$y=\dfrac{-2}{\tan\left(\dfrac{\pi}{2}+x\right)(\tan x-3)}$

→ [삼각함수의 성질] (복호동순)
① $\sin\left(\dfrac{\pi}{2}\pm\theta\right)=\cos\theta$

$=\dfrac{2\tan x}{\tan x-3}\left(\because \tan\left(\dfrac{\pi}{2}+\theta\right)=-\dfrac{1}{\tan\theta}\right)$

② $\cos\left(\dfrac{\pi}{2}\pm\theta\right)=\mp\sin\theta$
③ $\tan\left(\dfrac{\pi}{2}\pm\theta\right)=\mp\dfrac{1}{\tan\theta}$

2nd $\tan x=t$로 치환한 식의 그래프를 그리자.

함수 $y=\dfrac{2\tan x}{\tan x-3}$에서 $\tan x=t$로 치환하면

주의 : $\sin x$, $\cos x$를 t로 치환하면 $-1\le t\le1$로 범위가 제한되지만 $\tan x=t$로 치환하면 실수 전체가 나올 수 있으니까 제한된 범위가 나오지 않아.

$y=\dfrac{2t}{t-3}=\dfrac{2(t-3)+6}{t-3}=2+\dfrac{6}{t-3}\ (t\neq3)$

이 함수의 점근선의 방정식은 $t=3$, $y=2$이므로 그래프를 그리면 그림과 같다.

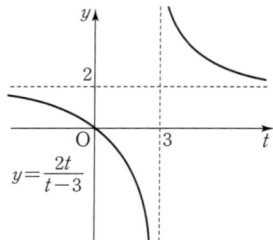

따라서 함숫값이 될 수 없는 것은 2이다.

✿ 함수 $y=a\tan(bx+c+d)$의 치역과 주기   개념·공식

① 치역 : 실수 전체의 집합   ② 주기 : $\dfrac{\pi}{|b|}$

E 133 정답 ④ *삼각함수의 그래프의 평행이동 ···· [정답률 88%]

[정답 공식: 함수 $y=f(x)$의 그래프를 x축의 방향으로 m만큼 평행이동한 그래프는 $y=f(x-m)$이다.]

함수 $y=3\sin(2x-4)$의 그래프는 함수 $y=3\sin2x$의 그래프를 x축의 방향으로 k만큼 평행이동한 그래프이다. 이때, 상수 k의 값은? (3점) 단서 x대신 $x-k$를 대입하면 평행이동한 그래프가 나오겠지.

① -2 ② -1 ③ 1

④ 2   ⑤ 4

1st x대신 $x-k$를 대입하여 나온 그래프의 식이 평행이동한 식과 일치해야지.
함수 $y=f(x)$의 그래프를 x축의 방향으로 m만큼, y축의 방향으로 n만큼 평행이동한 그래프는 $y-n=f(x-m)$이다.

함수 $y=3\sin2x$에서 x대신 $x-k$를 대입하여 x축의 방향으로 k만큼 평행이동한 그래프를 구하면

주의 : 점에서의 평행이동이라면 x대신 $x+k$를 대입했을 거야. 점과 도형의 평행이동을 혼동하지 말자.

$y=3\sin2(x-k)=3\sin(2x-2k)$

이것이 $y=3\sin(2x-4)$의 그래프와 일치하므로

$2k=4$ $\therefore k=2$

✿ 도형의 평행이동과 대칭이동   개념·공식

도형 $f(x, y)=0$을
① x축의 방향으로 a만큼, y축의 방향으로 b만큼 평행이동하면 $f(x-a, y-b)=0$
② x축에 대하여 대칭이동하면 $f(x, -y)=0$
③ y축에 대하여 대칭이동하면 $f(-x, y)=0$
④ 원점에 대하여 대칭이동하면 $f(-x, -y)=0$
⑤ 직선 $y=x$에 대하여 대칭이동하면 $f(y, x)=0$

E 134 정답 2 *삼각함수의 그래프의 평행이동 ···· [정답률 75%]

[정답 공식: 함수 $y=f(x)$의 그래프를 x축의 방향으로 m만큼, y축의 방향으로 n만큼 평행이동한 그래프는 $y-n=f(x-m)$이다.]

단서 x대신 $x-2$, y대신 $y-n$을 대입하면 평행이동한 그래프의 함수식이 나오겠지.
함수 $y=-2\cos(3x+m)+5$를 x축의 방향으로 2만큼, y축의 방향으로 n만큼 평행이동 하였더니 $y=-2\cos(3x+2)-1$과 일치하였다. 상수 m, n에 대하여 $m+n$의 값을 구하시오. (3점)

1st x 대신 $x-2$, y 대신 $y-n$을 대입하여 나온 그래프의 식이 평행이동한 식과 일치해야해.

함수 $y=-2\cos(3x+m)+5$를 x축의 방향으로 2만큼 y축의 방향으로 n만큼 평행이동한 그래프를 구하면 x대신 $x-2$, y대신 $y-n$을 대입하면 돼

$y-n=-2\cos(3(x-2)+m)+5$

$y=-2\cos(3x-6+m)+5+n$

위의 식이 $y=-2\cos(3x+2)-1$과 일치하므로

$-6+m=2$, $5+n=-1$

$\therefore m=8$, $n=-6$

따라서 구하는 합은

$m+n=8-6=2$

정답 공식: $y=\sin 2x$의 그래프와 비교하여 제1사분면을 지나지 않도록 하는 정수 k의 값을 구한다.

단서 복잡해 보이는 함수이지만 $-1 \le \sin\left(2x+\dfrac{\pi}{3}\right) \le 1$이므로 k의 값에 따라 제한된 범위의 치역을 가지게 돼.

함수 $y=k\sin\left(2x+\dfrac{\pi}{3}\right)+k^2-6$의 그래프가 제1사분면을 지나지 않도록 하는 모든 정수 k의 개수를 구하시오. (4점)

1st $k=0$일 때, 그래프가 제1사분면을 지나는지 알아보자.

함수 $y=k\sin\left(2x+\dfrac{\pi}{3}\right)+k^2-6$의 그래프에 대하여

함수 $y=k\sin\left(2x+\dfrac{\pi}{3}\right)+k^2-6$, 즉, $y=k\sin\left(2\left(x+\dfrac{\pi}{6}\right)\right)+k^2-6$의 그래프는

함수 $y=k\sin 2x$의 그래프를 x축의 방향으로 $-\dfrac{\pi}{6}$만큼, y축의 방향으로 k^2-6만큼 평행이동한 그래프야.

(i) $k=0$일 때

$y=-6$이므로 함수의 그래프는 제1사분면을 지나지 않는다.

2nd $k>0$인 경우에 그래프가 제1사분면을 지나지 않는 k의 값의 범위를 구해.

(ii) $k>0$일 때

$y=k\sin\left(2x+\dfrac{\pi}{3}\right)+k^2-6$ 의 최댓값은 $k+(k^2-6)$이고, 함수의 그래프가 제1사분면을 지나지 않으려면 최댓값이 0보다 작거나 같아야 한다. ─ $-k \le k\sin\left(2x+\dfrac{\pi}{3}\right) \le k$이므로

$k+(k^2-6) \le 0$

$k^2+k-6 \le 0$ $-k+(k^2-6) \le y \le k+(k^2-6)$이고 주기를 가진 사인함수의 그래프 모양이야.

$(k-2)(k+3) \le 0$ 따라서 제1사분면을 지나지 않으려면

$\therefore -3 \le k \le 2$ (최댓값) ≤ 0이면 돼.

즉, $k>0$이므로 $0<k\le 2$

3rd $k<0$인 경우에 그래프가 제1사분면을 지나지 않는 k의 값의 범위를 구해.

(iii) $k<0$일 때

$y=k\sin\left(2x+\dfrac{\pi}{3}\right)+k^2-6$ 의 최댓값은 $-k+(k^2-6)$이고, 함수의 그래프가 제1사분면을 지나지 않으려면 최댓값이 0보다 작거나 같아야 한다.

$-k+(k^2-6) \le 0$

$k^2-k-6 \le 0$

$(k+2)(k-3) \le 0$

$\therefore -2 \le k \le 3$

즉, $k<0$이므로 $-2 \le k<0$

(i)~(iii)에 의하여 주어진 함수가 제1사분면을 지나지 않도록 하는 k의 값의 범위는 $-2 \le k \le 2$이므로 가능한 정수 k는 $-2, -1, 0, 1, 2$로 5개이다.

⚙ 삼각함수의 그래프의 평행이동   개념·공식

① 함수 $y=a\sin(bx+c)+d=a\sin b\left(x+\dfrac{c}{b}\right)+d$의

그래프는 함수 $y=a\sin bx$의 그래프를 x축의 방향으로 $-\dfrac{c}{b}$만큼, y축의 방향으로 d만큼 평행이동한 그래프이다.

② 함수 $y=a\cos(bx+c)+d=a\cos b\left(x+\dfrac{c}{b}\right)+d$의 그래프는

함수 $y=a\cos bx$의 그래프를 x축의 방향으로 $-\dfrac{c}{b}$만큼, y축의 방향으로 d만큼 평행이동한 그래프이다.

정답 공식: 함수 $y=f(x)$의 그래프를 x축의 방향으로 n만큼 평행이동시킨 그래프의 식은 $y=f(x-n)$이다.

함수 $y=\tan\left(nx-\dfrac{\pi}{2}\right)$의 그래프가 직선 $y=-x$와 만나는 점의 x좌표가 구간 $(-\pi, \pi)$에 속하는 점의 개수를 a_n이라 할 때, a_2+a_3의 값을 구하시오. (4점)

단서 함수 $y=\tan\left(nx-\dfrac{\pi}{2}\right)=\tan n\left(x-\dfrac{\pi}{2n}\right)$의 주기는 $\dfrac{\pi}{n}$이고 함수 $y=\tan nx$의 그래프를 x축의 방향으로 $\dfrac{\pi}{2n}$만큼 평행이동시킨 그래프야.

1st 함수 $y=\tan\left(2x-\dfrac{\pi}{2}\right)$의 그래프를 그려서 a_2의 값을 구해.

$n=2$일 때 함수 $y=\tan\left(2x-\dfrac{\pi}{2}\right)=\tan 2\left(x-\dfrac{\pi}{4}\right)$의 그래프와 직선 $y=-x$는 다음과 같다. 주기가 $\dfrac{\pi}{2}$인 함수 $y=\tan 2x$의 그래프를 x축의 방향으로 $\dfrac{\pi}{4}$만큼 평행이동한 그래프야.

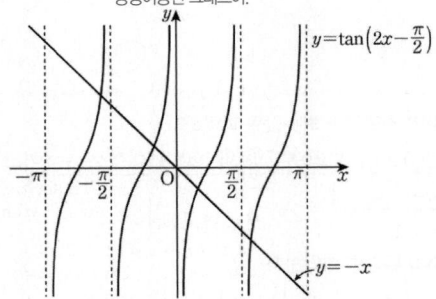

따라서 직선 $y=-x$와 함수 $y=\tan\left(2x-\dfrac{\pi}{2}\right)$의 그래프의 교점의 개수는 4이므로 $a_2=4$

2nd 함수 $y=\tan\left(3x-\dfrac{\pi}{2}\right)$의 그래프를 그려서 a_3의 값을 구해.

$n=3$일 때 함수 $y=\tan\left(3x-\dfrac{\pi}{2}\right)=\tan 3\left(x-\dfrac{\pi}{6}\right)$의 그래프와 직선 $y=-x$는 다음과 같다. 주기가 $\dfrac{\pi}{3}$인 함수 $y=\tan 3x$의 그래프를 x축의 방향으로 $\dfrac{\pi}{6}$만큼 평행이동한 그래프야.

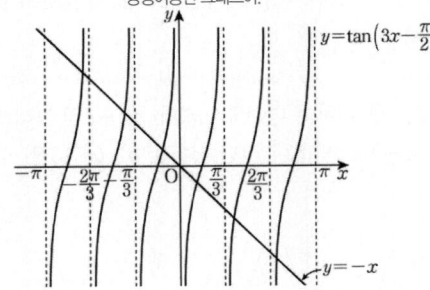

따라서 직선 $y=-x$와 함수 $y=\tan\left(3x-\dfrac{\pi}{2}\right)$의 그래프의 교점의 개수는 6이므로

$a_3=6$

$\therefore a_2+a_3=4+6=10$

E 137 정답 ④   ＊삼각함수의 미정계수 구하기 ┄┄┄ [정답률 62%]

> **정답 공식:** 함수 $y=a\sin bx+c$에서 최댓값은 $|a|+c$, 최솟값은 $-|a|+c$, 주기 $\dfrac{2\pi}{|b|}$이다.

> **단서** 함수 $y=a\sin bx+c$ 의 그래프는 $y=\sin x$의 그래프를 이용하여 파악할 수 있어.
> 함수 $y=a\sin bx+c$의 그래프가 그림과 같을 때, 세 상수 a, b, c에 대하여 $2a+b+c$ 의 값은? (단, $a>0$, $b>0$) (4점)

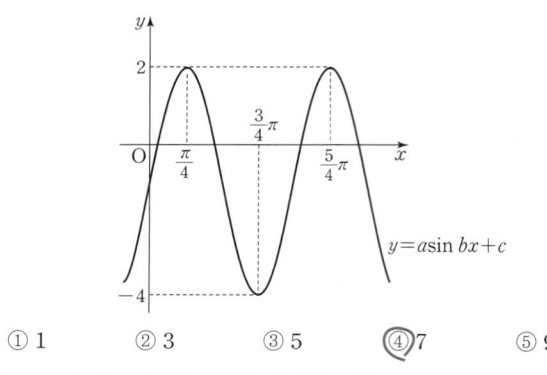

> ① 1   ② 3   ③ 5   ④ 7   ⑤ 9

1st 사인함수의 최댓값과 최솟값을 파악하자.

함수 $y=a\sin bx+c$의 최댓값과 최솟값이 각각 2, -4이고 $a>0$이므로

$a+c=2$, $-a+c=-4$ $\underrightarrow{\quad}$ $-1\le\sin bx\le 1$이므로 $-a+c\le a\sin bx+c\le a+c$

$\therefore a=3$, $c=-1$ 두 식을 더하면 $(a+c)+(-a+c)=2-4$

2nd 사인함수의 주기를 파악하자. $2c=-2$ $\therefore c=-1 \Rightarrow a=3$

함수 $y=a\sin bx+c$의 주기는 π이고 $b>0$이므로 $y=\sin x$의 주기는 2π이고

$\dfrac{2\pi}{b}=\pi$ $\therefore b=2$ $y=a\sin bx+c$에서 주기는 $\dfrac{2\pi}{|b|}$이다.

$\therefore 2a+b+c=6+2+(-1)=7$

E 138 정답 ②   ＊삼각함수의 미정계수 구하기 ┄┄┄ [정답률 72%]

> **정답 공식:** 함수 $y=a\sin bx+c$의 최댓값은 $|a|+c$, 최솟값은 $-|a|+c$, 주기는 $\dfrac{2\pi}{|b|}$이다.

> 세 상수 a, b, c에 대하여 함수 $y=a\sin bx+c$의 그래프가 그림과 같을 때, $a+b+c$의 값은? (단, $a>0$, $b>0$) (3점)

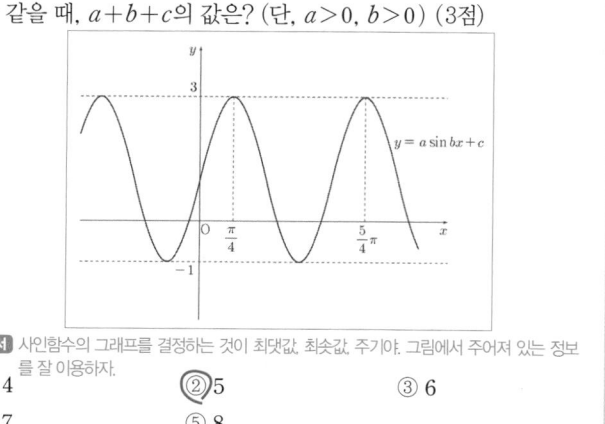

> **단서** 사인함수의 그래프를 결정하는 것이 최댓값, 최솟값, 주기야. 그림에서 주어져 있는 정보를 잘 이용하자.
> ① 4   ② 5   ③ 6
> ④ 7   ⑤ 8

1st 그림에서 주어진 삼각함수의 최댓값, 최솟값을 이용하여 상수 a, c의 값을 구하자.

주어진 그래프에서 삼각함수 $y=a\sin bx+c$ $(a>0, b>0)$의 최댓값이 3, 최솟값이 -1이므로

$a+c=3 \cdots$ ㉠, $-a+c=-1 \cdots$ ㉡

㉠＋㉡을 하면

$(a+c)+(-a+c)=3-1$

$2c=2$ $\therefore c=1$

이것을 ㉠에 대입하면

$a+1=3$ $\therefore a=2$

> **실수** 원래 $|a|+c=3$, $-|a|+c=-1$로 놓아야 하지만 조건에서 $a>0$이 주어져 있으므로 절댓값을 없앨 수 있어. 주어진 조건을 정확히 쓸 수 있어야 해.

2nd 주기를 이용하여 상수 b를 구하자.

한편, 주어진 그래프에서 삼각함수가 반복되는 한 구간이 주기이므로

$\dfrac{5}{4}\pi-\dfrac{\pi}{4}=\pi$

삼각함수 $y=a\sin bx+c$ $(a>0, b>0)$의 주기는 $\dfrac{2\pi}{b}$이므로

$\dfrac{2\pi}{b}=\pi$ $\therefore b=2$

$\therefore a+b+c=2+2+1=5$

E 139 정답 ③   ＊삼각함수의 미정계수 구하기 ┄┄┄ [정답률 62%]

> **정답 공식:** 함수 $y=a\cos bx+c$의 그래프에서 주기는 $\dfrac{2\pi}{|b|}$, 최댓값은 $|a|+c$, 최솟값은 $-|a|+c$이다.

> 세 양수 a, b, c에 대하여 함수 $y=a\cos bx+c$의 그래프가 그림과 같을 때, $2a+b+c$의 값은? (3점)   **단서** 주어진 삼각함수의 그래프의 주기를 이용하여 b의 값을 구할 수 있고 그래프의 최댓값과 최솟값을 이용하여 a와 c의 값을 구할 수 있어.

> ① 7   ② 8   ③ 9   ④ 10   ⑤ 11

1st 삼각함수의 그래프의 주기를 찾아 b의 값을 구하고 최댓값과 최솟값을 찾아 a와 c의 값을 구해.

주어진 삼각함수의 주기가 $\dfrac{2\pi}{|b|}=\dfrac{2\pi}{b}$ $(\because b>0)=\pi$이므로

$b=2$

이 함수의 최댓값이 4, 최솟값이 -2이므로

$a+c=4 \cdots$ ㉠, $-a+c=-2 \cdots$ ㉡

㉠－㉡을 하면 $\underrightarrow{\quad}$ $-1\le\cos bx\le 1$이고 a가 양수이므로

$(a+c)-(-a+c)=4-(-2)$ $-a\le a\cos bx\le a$가 성립해. 그리고 부등식에 c를 더하면

$2a=6$ $-a+c\le a\cos bx+c\le a+c$이므로 주어진 함수의 최솟값은 $-a+c$,

$\therefore a=3 \Rightarrow c=1$ ($\because$ ㉠ 또는 ㉡)   최댓값은 $a+c$가 되지.

$\therefore 2a+b+c=2\times 3+2+1=9$

⚙ **삼각함수의 주기와 최대, 최소**   개념·공식

> 상수 a, b, c, $d(a\ne 0, b\ne 0)$에 대하여
> ① 두 함수 $y=a\sin(bx+c)+d$, $y=a\cos(bx+c)+d$의 최댓값과 최솟값은 각각 $|a|+d$, $-|a|+d$이고 주기는 $\dfrac{2\pi}{|b|}$이다.
> ② 함수 $y=a\tan(bx+c)+d$의 최댓값과 최솟값은 없고 주기는 $\dfrac{\pi}{|b|}$이다.

E 140 정답 41 ＊삼각함수의 미정계수 구하기 ⋯⋯ [정답률 82%]

(정답 공식: 최댓값, 최솟값, 주기, 평행이동을 살펴본다.)

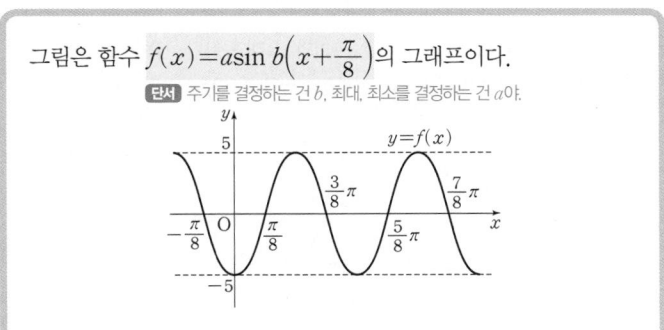

그림은 함수 $f(x)=a\sin b\left(x+\dfrac{\pi}{8}\right)$의 그래프이다.

단서 주기를 결정하는 건 b, 최대, 최소를 결정하는 건 a야.

a^2+b^2의 값을 구하시오. (단, a, b는 상수이다.) (3점)

1st 함수 $f(x)=a\sin b\left(x+\dfrac{\pi}{8}\right)$의 최댓값, 최솟값을 각각 구하자.

함수 $f(x)=a\sin b\left(x+\dfrac{\pi}{8}\right)$에서 $-1\le\sin b\left(x+\dfrac{\pi}{8}\right)\le1$이므로

$-|a|\le a\sin b\left(x+\dfrac{\pi}{8}\right)\le|a|$

주의 함수 $y=a\sin(bx+c)$의 최댓값과 최솟값은 $|a|$와 $-|a|$야.
즉, 범위는 $-|a|\le a\sin(bx+c)\le|a|$가 돼.

즉, 함수 $f(x)$의 최댓값과 최솟값은 각각 $|a|$, $-|a|$이다.

이때, 그림에서 함수 $y=f(x)$의 최댓값과 최솟값은 각각 5, -5이므로
$|a|=5$

2nd 이번엔 함수 $f(x)=a\sin b\left(x+\dfrac{\pi}{8}\right)$의 주기를 알아보자.

함수 $f(x)=a\sin b\left(x+\dfrac{\pi}{8}\right)$의 주기는 $\dfrac{2\pi}{|b|}$이다.

이때, 함수 $y=f(x)$의 그래프에서 주기는 $\dfrac{5}{8}\pi-\dfrac{\pi}{8}=\dfrac{\pi}{2}$이므로

$\dfrac{2\pi}{|b|}=\dfrac{\pi}{2}$ ∴ $|b|=4$

사인함수의 그래프는 ⌇⌇⌇ 모양이 반복되니까 이때의 x 값의 차가 주기가 되는 거야.

∴ $a^2+b^2=5^2+4^2=41$

E 141 정답 ③ ＊삼각함수의 미정계수 구하기 ⋯⋯ [정답률 81%]

[정답 공식: 삼각함수 $y=a\cos bx+c$의 그래프의 주기는 $\dfrac{2\pi}{|b|}$. 최댓값은 $|a|+c$, 최솟값은 $-|a|+c$이다. (단, a, b, c는 상수)]

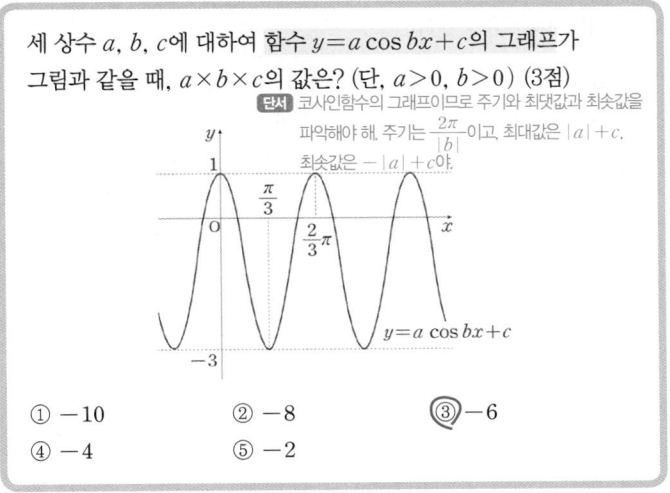

세 상수 a, b, c에 대하여 함수 $y=a\cos bx+c$의 그래프가 그림과 같을 때, $a\times b\times c$의 값은? (단, $a>0$, $b>0$) (3점)

단서 코사인함수의 그래프이므로 주기와 최댓값과 최솟값을 파악해야 해. 주기는 $\dfrac{2\pi}{|b|}$이고, 최대값은 $|a|+c$, 최솟값은 $-|a|+c$야.

① -10 ② -8 ③ -6
④ -4 ⑤ -2

1st 최댓값과 최솟값을 이용하여 a, c의 값을 각각 구하자.

함수 $y=a\cos bx+c(a>0,\ b>0)$의 최댓값이 1, 최솟값이 -3이고, a가 양수이므로 ⟶ 함수 $y=a\cos bx$의 그래프를 y축의 방향으로 c만큼 평행이동한 그래프야.

$a+c=1$, $-a+c=-3$에서 $a=2$, $c=-1$이다.
⟶ 두 식을 변변 더하면 $(a+c)+(-a+c)=1-3$ ∴ $c=-1$, $a=2$

주의
$y=a\cos bx+c\ (a>0)$의 그래프는 $y=a\cos bx$의 그래프를 y축의 방향으로 c만큼 평행이동한거니까 함수 $y=a\cos bx$의 최댓값 a와 최솟값 $-a$도 각각 c만큼 더해줘야겠지?

2nd 주기를 이용하여 b의 값을 구하자.

한편, 주어진 그래프에서 삼각함수의 주기가 $\dfrac{2}{3}\pi$이고 b가 양수이므로

$\dfrac{2}{b}\pi=\dfrac{2}{3}\pi$ ∴ $b=3$
⟶ 주어진 그래프를 살펴보면 구간 $\left[0,\dfrac{2}{3}\pi\right]$에서 코사인함수의 모양이 이후에도 계속 반복됨을 확인할 수 있지?

∴ $a\times b\times c=2\times3\times(-1)=-6$

E 142 정답 8 ＊삼각함수의 미정계수 구하기 ⋯⋯ [정답률 48%]

[정답 공식: 삼각함수 $y=k\sin p(x+a)+m\ (k>0,\ p>0)$의 최댓값은 $k+m$, 최솟값은 $-k+m$이다.]

함수 $f(x)=3\sin\dfrac{\pi(x+a)}{2}+b$의 그래프가 그림과 같다.

두 양수 a, b에 대하여 $a\times b$의 최솟값을 구하시오. (4점)

단서 주어진 그림은 사인함수의 그래프야. 최댓값과 최솟값을 이용하여 b의 값을 구할 수 있고, 주기를 이용하여 a의 값을 구할 수 있지

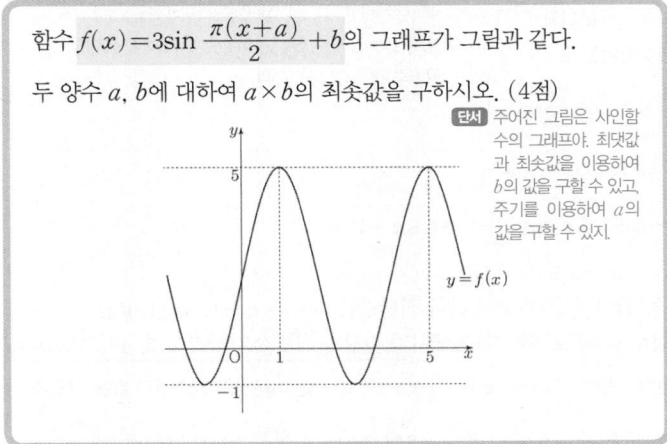

1st 주어진 그림에서 최댓값과 최솟값을 이용하여 b의 값을 구하자.

함수 $f(x)=3\sin\dfrac{\pi(x+a)}{2}+b$에서

최댓값은 $3+b=5$, 최솟값은 $-3+b=-1$이므로
$b=2$

실수
모든 실수 x에 대하여 $-1\le\sin\dfrac{\pi(x+a)}{2}\le1$이므로 각 변에 3을 곱하면 $-3\le3\sin\dfrac{\pi(x+a)}{2}\le3$ 또, 각 변에 b를 더하면

$-3+b\le3\sin\dfrac{\pi(x+a)}{2}+b\le3+b$

즉, 최댓값은 $3+b$, 최솟값은 $-3+b$가 돼.

2nd 주기를 이용하여 a를 구하고, $a\times b$의 최솟값을 구하자.

함수 $f(x)=3\sin\dfrac{\pi}{2}(x+a)+2$의 그래프는

함수 $y=3\sin\dfrac{\pi}{2}x+2$의 그래프를 x축의 방향으로 $-a$만큼 평행이동한 것이다.

함수 $f(x)$의 그래프는 함수 $y=3\sin\dfrac{\pi}{2}x+2$의 그래프와 일치하고

함수 $f(x)$의 주기는 4이므로 $a=4k$ (k는 정수)이다.
따라서 a가 양수일 때 a의 최솟값은 4이므로
$a\times b$의 최솟값은 $4\times2=8$
⟶ 모든 실수 x에 대하여 $f(x+p)=f(x)$를 만족하는 최소의 양수 p가 4이므로 함수 $f(x)$의 주기는 4야.

E 143 정답 ② *삼각함수의 미정계수 구하기 ····· [정답률 62%]

정답 공식: 함수 $f(x)=a\cos bx+c$ (단, a, b, c는 상수) 그래프의 주기는 $\dfrac{2\pi}{|b|}$이고, 최댓값은 $|a|+c$, 최솟값은 $-|a|+c$이다.

그림은 함수 $f(x)=a\cos\dfrac{\pi}{2b}x+1$의 그래프이다. 두 양수 a, b에 대하여 $a+b$의 값은? (3점)

단서 함수 $y=f(x)$의 그래프의 주기를 결정하는 건 $\dfrac{\pi}{2b}$야. 또한 a는 함숫값의 범위를 통해 알 수 있어.

① $\dfrac{7}{2}$　②④　③ $\dfrac{9}{2}$

④ 5　⑤ $\dfrac{11}{2}$

1st 함수 $f(x)=a\cos\dfrac{\pi}{2b}x+1$의 최댓값, 최솟값을 각각 구하여 양수 a의 값을 유도하자.

$a>0$이므로

주어진 그래프를 y축의 방향으로 -1만큼 평행이동하면 함수 $y=a\cos\dfrac{\pi}{2b}x$의 그래프와 일치함을 알 수 있어. 즉, 함수 $y=a\cos\dfrac{\pi}{2b}x$의 최댓값이 3, 최솟값이 -3이므로 양수 a의 값은 3이야.

$$-1\leq\cos\dfrac{\pi}{2b}x\leq1$$

$$-a\leq a\cos\dfrac{\pi}{2b}x\leq a$$

$$-a+1\leq a\cos\dfrac{\pi}{2b}x+1\leq a+1$$

$$\therefore -a+1\leq f(x)\leq a+1$$

즉, 함수 $f(x)$의 최솟값과 최댓값은 각각 $-a+1$, $a+1$이다.

함수 $y=f(x)$의 그래프에서 최솟값과 최댓값은 각각 -2, 4이므로 $a=3$

2nd 함수 $f(x)=a\cos\dfrac{\pi}{2b}x+1$의 주기를 이용하여 양수 b의 값을 구하자.

함수 $f(x)=a\cos\dfrac{\pi}{2b}x+1$의 주기는 $\dfrac{2\pi}{\left|\dfrac{\pi}{2b}\right|}=4|b|$이다.

$-a+1=-2$
$a+1=4$
$\therefore a=3$

이때 함수 $y=f(x)$의 그래프에서 주기는 4이고, $b>0$이므로

$4b=4$, 즉 $b=1$

$\therefore a+b=3+1=4$

주어진 코사인 함수의 그래프는 모양이 반복되니까 이때의 주기가 4가 되는 거야.

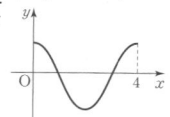

수능 핵강

＊삼각함수의 그래프가 주어진 경우 주기, 최댓값, 최솟값 쉽게 구하기

삼각함수의 가장 큰 특징은 같은 모양의 그래프가 반복된다는 점이므로 이를 이용하여 주기, 최댓값, 최솟값을 쉽게 구해 보자.

(ⅰ) 위로 볼록한 부분 중 가까운 두 곳의 x좌표의 차가 주기야.

(ⅱ) 위로 볼록한 부분의 y좌표가 최댓값이야.

(ⅲ) 아래로 볼록한 부분의 y좌표가 최솟값이야.

E 144 정답 ① *삼각함수의 미정계수 구하기 ····· [정답률 81%]

정답 공식: 주기를 이용하여 a의 값을 구하고 평행이동을 이용해 b의 값을 구한다.

그림은 함수 $y=\cos a(x+b)+1$의 그래프이다. 상수 a, b에 대하여 ab의 값은? (단, $a>0$, $0<b<\pi$이고, O는 원점이다.) (3점)

단서 $y=\cos ax$의 그래프와 $y=\cos a(x+b)+1$의 그래프는 주기가 $\dfrac{2\pi}{|a|}$로 같음을 이용해 a부터 찾자.

① $\dfrac{2}{3}\pi$　② π　③ $\dfrac{4}{3}\pi$

④ $\dfrac{5}{3}\pi$　⑤ 2π

1st $y=\cos a(x+b)+1$의 주기는 a의 값에 따라 결정돼.

양수 a에 대하여 $y=\cos ax$의 주기는 $\dfrac{2\pi}{a}$이다.

이때, $y=\cos a(x+b)+1$의 그래프는 $y=\cos ax$의 그래프를 x축의 방향으로 $-b$만큼, y축의 방향으로 1만큼 평행이동한 그래프이므로 주기는 변하지 않는다.

즉, $y=\cos a(x+b)+1$의 주기는 $\dfrac{2\pi}{a}$가 되는데 그래프에서 주기가 $\dfrac{2}{3}\pi-\left(-\dfrac{\pi}{3}\right)=\pi$이므로 $\dfrac{2\pi}{a}=\pi$에서 $a=2$이다.

또한, $x=-b$일 때 함숫값은 2이므로 $-b$는 $\dfrac{2}{3}\pi$ 또는 $-\dfrac{\pi}{3}$이지만,

$x=-b$일 때, $y=\cos a(-b+b)+1=\cos 0+1=2$

$0<b<\pi$에서 $-b\neq\dfrac{2}{3}\pi$이고 $-b=-\dfrac{\pi}{3}$이므로 $b=\dfrac{\pi}{3}$이다.

$$\therefore ab=2\times\dfrac{\pi}{3}=\dfrac{2}{3}\pi$$

🔗 쉬운 풀이: 그래프의 평행이동을 이용하여 상수 b의 값 구하기

주어진 그래프는 $y=\cos ax+1$의 그래프를 x축의 방향으로 $-\dfrac{\pi}{3}$만큼 평행이동한 것이므로 그래프의 식은 $y=\cos a\left(x+\dfrac{\pi}{3}\right)+1$이야.

즉, $b=\dfrac{\pi}{3}$가 돼.

곡선 $y=f(x)$를 x축의 방향으로 m만큼, y축의 방향으로 n만큼 평행이동시키면 $y-n=f(x-m)$이 돼.

(이하 동일)

⚙ **삼각함수의 치역과 주기**　개념·공식

① 함수 $y=a\sin(bx+c)+d$, $y=a\cos(bx+c)+d$의 치역은 $\{y|-|a|+d\leq y\leq|a|+d\}$이고 주기는 $\dfrac{2\pi}{|b|}$이다.

② 함수 $y=a\tan(bx+c)+d$의 치역은 실수 전체의 집합이고 주기는 $\dfrac{\pi}{|b|}$이다.

E 145 정답 **6** *삼각함수의 미정계수 구하기 ·········· [정답률 73%]

> 정답 공식: 함수 $y=a\cos bx+c\,(a>0,\,b>0)$의 최댓값은 $a+c$, 최솟값은 $-a+c$, 주기는 $\dfrac{2\pi}{b}$이다.

> **단서1** 함수 $f(x)$의 최댓값과 주기를 이용하여 식을 구할 수 있지.
>
> 함수 $f(x)=a\cos bx+c$의 최댓값은 9이고, 주기는 $\dfrac{2}{3}\pi$이다.
>
> 함수 $f(x)$는 점 $\left(\dfrac{\pi}{9},\,8\right)$을 지날 때, 상수 a, b, c에 대하여 $a-b+c$의 값을 구하시오. (단, $a>0$, $b>0$) (4점) **단서2** 함수가 지나는 점의 좌표로 식을 하나 구할 수 있어.

1st 주어진 함수에서 a, c는 최대, 최소를 결정하고, b는 주기를 결정하지.

함수 $f(x)=a\cos bx+c$의 최댓값은 9이므로

$\underline{a+c=9}\cdots$ ㉠
┌ $-1\le\cos bx\le1$이므로 $\cos bx=1$일 때 $f(x)$는 $|a|+c$로 최대가 되는데 주어진 조건에서 $a>0$이라고 하므로 함수 $f(x)$의 최댓값은 $a+c$가 되는 거야.

또, 함수 $f(x)=a\cos bx+c$의 주기가 $\dfrac{2}{3}\pi$이므로

$\dfrac{2\pi}{b}=\dfrac{2}{3}\pi$ ∴ $b=3$
┌ 원래 주기는 $\dfrac{2\pi}{|b|}$가 맞지만 주어진 조건에서 $b>0$이라고 하므로 주기는 $\dfrac{2\pi}{b}$가 되는 거야.

2nd 함수 $f(x)$가 지나는 점의 좌푯값을 대입하여 a, c를 구하자.

함수 $f(x)=a\cos 3x+c$가 점 $\left(\dfrac{\pi}{9},\,8\right)$을 지나므로

$a\cos\left(3\times\dfrac{\pi}{9}\right)+c=8$ ┌ 함수 $y=f(x)$가 한 점 (a,b)를 지나면 $b=f(a)$가 성립해.

$a\cos\dfrac{\pi}{3}+c=8$, $\dfrac{1}{2}a+c=8$

$a+2c=16\cdots$ ㉡

㉡$-$㉠을 하면

$(a+2c)-(a+c)=16-9$

∴ $c=7$, $a=2$ (∵ ㉠)

∴ $a-b+c=2-3+7=6$

E 146 정답 **③** *삼각함수의 미정계수 구하기 ·········· [정답률 76%]

> 정답 공식: 함수 $y=a\sin(bx+c)+d$의 주기는 $\dfrac{2\pi}{|b|}$이고 최댓값과 최솟값은 각각 $|a|+d$, $-|a|+d$이다.

> ┌ **단서1** 사인함수는 주기함수야.
>
> 두 양수 a, b에 대하여 곡선 $y=a\sin b\pi x\left(0\le x\le\dfrac{3}{b}\right)$이 직선 $y=a$와 만나는 서로 다른 두 점을 A, B라 하자. 삼각형 OAB의 넓이가 5이고 직선 OA의 기울기와 직선 OB의 기울 **단서2** 점 A에서 점 B까지는 함수 $y=a\sin b\pi x$의 한 주기야.
> 기의 곱이 $\dfrac{5}{4}$일 때, $a+b$의 값은? (단, O는 원점이다.) (4점)

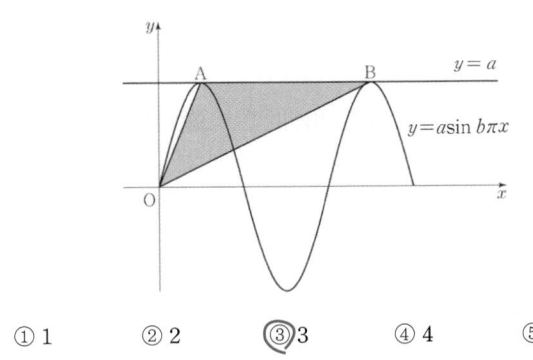

① 1　　② 2　　③ 3　　④ 4　　⑤ 5

1st 두 점 A, B의 좌표를 구해.

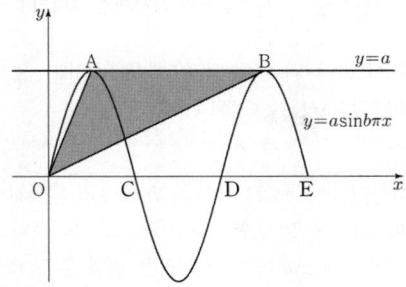

그림과 같이 곡선 $y=a\sin b\pi x\left(0\le x\le\dfrac{3}{b}\right)$이 x축과 만나는 점 중 점 O가 아닌 점을 C, D, E라 하면 함수 $y=a\sin b\pi x$의 주기가 $\dfrac{2\pi}{|b\pi|}$야.
┌ 함수 $y=a\sin(bx+c)+d$의 주기는 $\dfrac{2\pi}{|b|}$야.

$\dfrac{2\pi}{|b\pi|}=\dfrac{2}{b}$ (∵ $b>0$)이므로 점 D의 좌표는 $\left(\dfrac{2}{b},\,0\right)$이다.

사인함수의 그래프는 ∿ 모양이 반복되고 이 반복되는 하나의 구간을 주기라 해. 따라서 선분 OD의 길이는 함수 $y=a\sin b\pi x$의 주기와 같아.

즉, 점 C의 좌표는 $\left(\dfrac{1}{b},\,0\right)$이므로 점 A의 x좌표는 $\dfrac{1}{2b}$이다.

∴ A$\left(\dfrac{1}{2b},\,a\right)$
사인함수의 그래프의 성질에 의하여 점 C는 선분 OD의 중점이고 점 A에서 x축에 내린 수선의 발을 H라 하면 점 H는 선분 OC의 중점이야.

또, 점 B의 x좌표는 $\dfrac{1}{2b}+\dfrac{2}{b}=\dfrac{5}{2b}$이므로 B$\left(\dfrac{5}{2b},\,a\right)$이다.
점 A에서 점 B까지가 함수 $y=a\sin b\pi x$의 한 주기야. 따라서 점 B의 x좌표는 점 A의 x좌표에 주기를 더해서 구하면 돼.

2nd 삼각형 OAB의 넓이를 이용하여 a, b 사이의 관계식을 하나 구해.

삼각형 OAB의 넓이가 5이므로

$\dfrac{1}{2}\times\overline{AB}\times|a|=5$에서 $\dfrac{1}{2}\times\left(\dfrac{5}{2b}-\dfrac{1}{2b}\right)\times a=5$
$a>0$이므로 $|a|=a$야.

$\dfrac{1}{2}\times\dfrac{2}{b}\times a=5$, $\dfrac{a}{b}=5$ ∴ $a=5b\cdots$ ㉠

3rd 두 직선 OA, OB의 기울기의 곱을 이용하여 a, b의 사이의 관계식을 하나 더 구하고 a, b의 값을 각각 구해.

직선 OA의 기울기는 $\dfrac{a-0}{\dfrac{1}{2b}-0}=2ab$, 직선 OB의 기울기는

$\dfrac{a-0}{\dfrac{5}{2b}-0}=\dfrac{2ab}{5}$이고 이 두 직선의 기울기의 곱이 $\dfrac{5}{4}$이므로
┌ 두 점 $(a,b),\,(c,d)$를 지나는 직선의 기울기는 $\dfrac{d-b}{c-a}$야.

$2ab\times\dfrac{2ab}{5}=\dfrac{5}{4}$에서 $\dfrac{4a^2b^2}{5}=\dfrac{5}{4}$, $16a^2b^2=25$

$a^2b^2=\dfrac{25}{16}$ ∴ $ab=\dfrac{5}{4}$ (∵ $a>0$, $b>0$) $\cdots$ ㉡

㉠을 ㉡에 대입하면 $5b^2=\dfrac{5}{4}$, $b^2=\dfrac{1}{4}$ ∴ $b=\dfrac{1}{2}$

이것을 ㉠에 대입하면 $a=5b=\dfrac{5}{2}$

∴ $a+b=\dfrac{5}{2}+\dfrac{1}{2}=3$

E 147 정답 ② *삼각함수의 미정계수 구하기 ······ [정답률 39%]

정답 공식: 삼각함수 $y=k\cos wx+t$에서 그래프의 주기는 $\dfrac{2\pi}{|w|}$, 최댓값과 최솟값은 각각 $|k|+t$, $-|k|+t$이다.

단서1 삼각함수 $f(x)$의 최댓값과 최솟값이 주어져 있으므로 a, c의 값을 구할 수 있어.

$x\geq0$에서 정의된 함수 $f(x)=a\cos bx+c$의 최댓값이 3, 최솟값이 -1이다. 그림과 같이 함수 $y=f(x)$의 그래프와 직선 $y=3$이 만나는 점 중에서 x좌표가 가장 작은 점과 두 번째로 작은 점을 각각 A, B라 하고, 함수 $y=f(x)$의 그래프와 x축이 만나는 점 중에서 x좌표가 가장 작은 점과 두 번째로 작은 점을 각각 C, D라 하자. 사각형 ACDB의 넓이가 6π일 때, $0\leq x\leq4\pi$에서 방정식 $f(x)=2$의 모든 해의 합은? (단, a, b, c는 양수이다.) (4점)

단서2 주어진 구간에서 삼각방정식의 근을 모두 구하여 더하자.

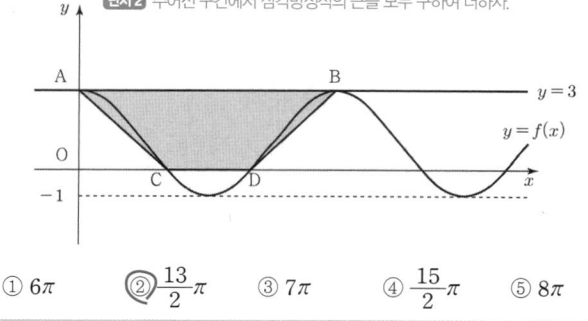

① 6π ② $\dfrac{13}{2}\pi$ ③ 7π ④ $\dfrac{15}{2}\pi$ ⑤ 8π

1st 함수 $f(x)$의 최댓값과 최솟값이 주어져 있으므로 상수 a, c의 값을 구할 수 있지.

함수 $f(x)=a\cos bx+c$의 최댓값이 3, 최솟값이 -1이고 a가 양수이므로

$a+c=3$, $-a+c=-1$ 두 식을 변변 더하면 $(a+c)+(-a+c)=3-1$
$\therefore a=2$, $c=1$ $2c=2$ $\therefore c=1 \Rightarrow a=3-1=2$

2nd 함수 $f(x)$의 주기는 그래프를 이용하여 구해보자.

함수 $f(x)=2\cos bx+1$의 주기가 $\dfrac{2\pi}{b}$이므로 그림에서 $\overline{AB}$의 길이와 같다. $\therefore \overline{AB}=\dfrac{2\pi}{b}$ 그림에서 점 A에서 점 B까지 함숫값이 최대에서 최대로 한 주기가 돼.

3rd 두 점 C, D는 주어진 함수 $f(x)$와 x축이 만나는 점이므로 각각의 x좌표는 방정식 $f(x)=0$의 해가 돼.

$0\leq x\leq\dfrac{2\pi}{b}$에서 방정식 $2\cos bx+1=0$의 해를 구하면

$\cos bx=-\dfrac{1}{2}$, $bx=\dfrac{2}{3}\pi$, $\dfrac{4}{3}\pi$ $\therefore x=\dfrac{2\pi}{3b}$, $\dfrac{4\pi}{3b}$

즉, $\overline{CD}=\dfrac{4\pi}{3b}-\dfrac{2\pi}{3b}=\dfrac{2\pi}{3b}$

사각형 ACDB의 넓이는 사각형 ACDB는 $\overline{AB}/\!/\overline{CD}$이므로 사다리꼴이야.

$\dfrac{1}{2}\times(\overline{AB}+\overline{CD})\times\overline{OA}=\dfrac{1}{2}\times\left(\dfrac{2\pi}{b}+\dfrac{2\pi}{3b}\right)\times3=6\pi$

$\dfrac{2}{b}+\dfrac{2}{3b}=4$, $\dfrac{8}{3b}=4$ $\therefore b=\dfrac{2}{3}$

$f(x)=2\cos\dfrac{2}{3}x+1$에 대하여

$0\leq x\leq4\pi$에서 방정식 $f(x)=2$의 해를 모두 구하면

$2\cos\dfrac{2}{3}x+1=2$, $\cos\dfrac{2}{3}x=\dfrac{1}{2}$

$\dfrac{2}{3}x=\dfrac{\pi}{3}$, $\dfrac{5}{3}\pi$, $\dfrac{7}{3}\pi$ $\therefore x=\dfrac{\pi}{2}$, $\dfrac{5}{2}\pi$, $\dfrac{7}{2}\pi$

따라서 방정식 $f(x)=2$의 모든 해의 합은

$\dfrac{\pi}{2}+\dfrac{5}{2}\pi+\dfrac{7}{2}\pi=\dfrac{13}{2}\pi$

E 148 정답 ⑤ *절댓값 기호가 포함된 삼각함수의 그래프 [정답률 64%]

정답 공식: 함수 $y=a|\cos bx|+c$ $(a>0, b>0)$의 최댓값은 $a+c$, 주기는 $\dfrac{\pi}{b}$이다.

함수 $y=5|\cos 2\pi(x+1)|-2$의 최댓값을 M, 주기를 k라 할 때, $k+M$의 값은? (4점) 단서 함수에 절댓값 기호가 포함되었으니까 주기는 절댓값이 없을 때보다 $\dfrac{1}{2}$로 줄겠지.

① $\dfrac{3}{2}$ ② 2 ③ $\dfrac{5}{2}$
④ 3 ⑤ $\dfrac{7}{2}$

1st 주어진 함수의 최댓값은 $|\cos 2\pi(x+1)|$가 최대가 될 때를 이용하여 구할 수 있지.

함수 $y=5|\cos 2\pi(x+1)|-2$는 $|\cos 2\pi(x+1)|=1$일 때 최댓값을 가지므로 $0\leq|\cos 2\pi(x+1)|\leq1$이므로 $|\cos 2\pi(x+1)|$의 최댓값은 1이고 최솟값은 0이야.

최댓값 M은 $M=5-2=3$

2nd 주어진 함수의 주기는 $|\cos 2\pi(x+1)|$의 주기와 같아.

함수 $y=5|\cos 2\pi(x+1)|-2$의 주기 k는

$k=\dfrac{\pi}{2\pi}=\dfrac{1}{2}$

주의 함수에 절댓값 기호가 있다는 것에 주의해. 절댓값이 없다면 주기는 $\dfrac{2\pi}{2\pi}=1$이 되겠지.

$\therefore k+M=\dfrac{1}{2}+3=\dfrac{7}{2}$

E 149 정답 0 *절댓값 기호가 포함된 삼각함수의 그래프 [정답률 62%]

정답 공식: 함수 $y=2\sin|x|$의 그래프는 $x\geq0$에서는 $y=2\sin x$의 그래프, $x<0$에서는 $y=2\sin(-x)$, 즉 $x\geq0$에서의 $y=2\sin x$의 그래프를 y축에 대하여 대칭이동한 것이다.

단서 주어진 범위에서 함수의 그래프와 직선의 그래프의 교점은 대칭인 성질이 있어.

$-\pi\leq x\leq\pi$에서 함수 $y=2\sin|x|$의 그래프와 직선 $y=\dfrac{4}{3}$가 만나는 점의 x좌표를 작은 값부터 차례대로 α, β, γ, δ라 할 때, $\tan(\alpha+\beta+\gamma+\delta)$의 값을 구하시오. (4점)

1st 주어진 범위에서 함수 $y=2\sin|x|$의 그래프를 그려서 직선 $y=\dfrac{4}{3}$와 만나는 점을 찾아보자.

$-\pi\leq x\leq\pi$에서 함수 $y=2\sin|x|$의 그래프와 직선 $y=\dfrac{4}{3}$를 그리면 그림과 같다.

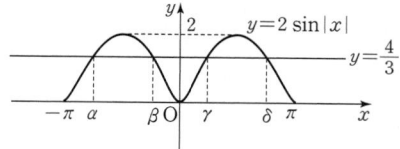

2nd 함수 $y=2\sin|x|$의 그래프와 직선이 만나는 점의 관계를 알아야해.

함수 $y=2\sin|x|$의 그래프는 y축에 대하여 대칭이므로 $y=2\sin x$와 $y=\dfrac{4}{3}$의 교점과 $y=2\sin(-x)$와 $y=\dfrac{4}{3}$의 교점은 y축에 대하여 대칭인 관계가 있어.

그림과 같이 $-\pi\leq x\leq\pi$에서 함수 $y=2\sin|x|$의 그래프와 직선 $y=\dfrac{4}{3}$의 교점은 y축에 대하여 대칭이므로

$\alpha=-\delta$, $\beta=-\gamma \Rightarrow \alpha+\delta=0$, $\beta+\gamma=0$ $\therefore \alpha+\beta+\gamma+\delta=0$

$\therefore \tan(\alpha+\beta+\gamma+\delta)=\tan 0=0$

E 150 정답 ② *절댓값 기호가 포함된 삼각함수의 그래프 [정답률 52%]

> **정답 공식:** 두 함수 $y=\sin x$, $y=\cos x$의 그래프의 성질은
> (1) 정의역은 실수 전체의 집합이고, 치역은 $\{y\,|\,-1\leq y\leq 1\}$이다.
> (2) 주기가 2π인 주기함수이다.
> (3) $y=\sin x$의 그래프는 원점, $y=\cos x$의 그래프는 y축에 대하여 대칭이다.

> **단서 1** m, n 중 하나의 값은 홀수이고 다른 하나의 값은 짝수임을 알 수 있어.
>
> 집합 $\{x\,|\,-\pi\leq x\leq\pi\}$에서 정의된 함수
>
> $$f(x)=\left|\sin 2x+\frac{2}{3}\right|$$
>
> 가 있다. 양수 k에 대하여 함수 $y=f(x)$의 그래프가 두 직선 $y=3k$, $y=k$와 만나는 서로 다른 점의 개수를 각각 m, n이라 할 때, $|m-n|=3$을 만족시킨다. $-\pi\leq x\leq\pi$일 때, x에 대한 방정식 $f(x)=k$의 모든 실근의 합은? (4점)
> **단서 2** 각각의 값을 구하지 못하더라도 삼각함수의 대칭성을 통해 몇몇항끼리의 합은 구할 수 있어.
> ① $\dfrac{3}{2}\pi$ ② 2π ③ $\dfrac{5}{2}\pi$
> ④ 3π ⑤ $\dfrac{7}{2}\pi$

1st 삼각함수의 특징을 통해 그래프 $y=f(x)$의 개형을 파악하자.

함수 $y=\sin 2x$의 그래프를 y축의 방향으로 $\dfrac{2}{3}$만큼 평행이동한 뒤 x축 아래 부분을 위로 그리면 $-\pi\leq x\leq\pi$에서 $y=\left|\sin 2x+\dfrac{2}{3}\right|$의 그래프는 다음과 같다.

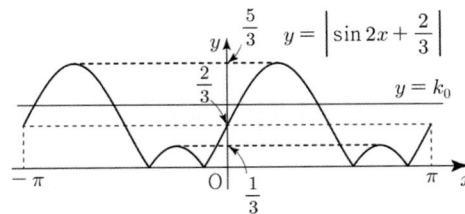

즉, 함수 $y=f(x)=\left|\sin 2x+\dfrac{2}{3}\right|$의 주기는 π이고, $-1\leq\sin 2x\leq 1$에서 $f(x)$의 최댓값과 최솟값은 각각 $\dfrac{5}{3}$, 0이다.

2nd 함수 $y=f(x)$의 그래프와 x축에 평행한 직선이 만나는 점의 개수를 알아보자.

함수 $y=f(x)$의 그래프가 직선 $y=k_0(k_0>0)$과 만나는 서로 다른 점의 개수는

$0<k_0<\dfrac{1}{3}\left(=\dfrac{3}{9}\right)$일 때 8 $\cdots$ ㉠, $k_0=\dfrac{1}{3}$일 때 6

$\dfrac{1}{3}<k_0<\dfrac{2}{3}$일 때 4, $k_0=\dfrac{2}{3}$일 때 5 $\cdots$ ㉡

$\dfrac{2}{3}<k_0<\dfrac{5}{3}$일 때 4, $k_0=\dfrac{5}{3}$일 때 2 $\cdots$ ㉢

$k_0>\dfrac{5}{3}$일 때 0

3rd m, n의 값을 토대로 k의 값을 구하자.

양수 k에 대하여 $3k>k$이고, **2nd**에서 $|m-n|=3$을 만족시키는 경우는 $m=5$, $n=8$뿐이다.

> $m=2$, $n=5$이면 $3k=\dfrac{5}{3}(\because ㉢)$, $k=\dfrac{2}{3}(\because ㉡)$이므로 모순
> $m=5$, $n=2$이면 $3k=\dfrac{2}{3}(\because ㉡)$, $k=\dfrac{5}{3}(\because ㉢)$이므로 모순
> $m=8$, $n=5$이면 $0<3k<\dfrac{1}{3}(\because ㉠)$, $k=\dfrac{2}{3}(\because ㉡)$이므로 모순

즉, $3k=\dfrac{2}{3}(\because ㉡)$일 때, $k=\dfrac{2}{9}$이므로

함수 $y=f(x)$가 직선 $y=k$와 만나는 점의 개수가 $8(\because ㉠)$, 직선 $y=3k$와 만나는 점의 개수는 5이므로

$|m-n|=8-5=3$으로 조건을 만족시킨다. 따라서 양수 k는 $\dfrac{2}{9}$이다.

3rd 모든 실근의 합을 구하자.

$-\pi\leq x\leq\pi$일 때, 함수 $f(x)=\left|\sin 2x+\dfrac{2}{3}\right|$의 그래프와 직선 $y=\dfrac{2}{9}$의 교점의 개수는 8이므로 방정식 $\left|\sin 2x+\dfrac{2}{3}\right|=\dfrac{2}{9}$는 서로 다른 8개의 실근을 갖는다.

> $0<\dfrac{2}{9}<\dfrac{1}{3}$이므로 서로 다른 8개의 점에서 곡선과 직선이 만나.

실근 8개를 작은 수부터 차례로 α_1, α_2, α_3, $\cdots$, α_8이라 하자.

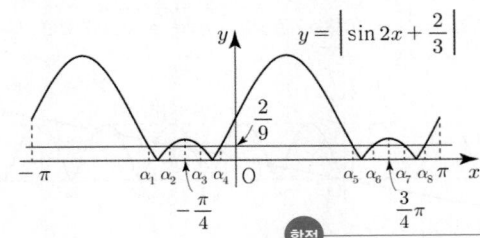

> **함정** 삼각함수의 그래프 문제와 관련하여 고난도 문제에서 학생들이 많이 하는 실수가 바로 각각의 좌표를 모두 구하려 한다는 점이야. 특히 여러 점의 x좌표의 합을 묻는 경우에는 삼각함수의 대칭성이 사용되는 경우가 있다는 것을 명심하고 있어야 해.

삼각함수의 대칭성에 의하여

$\alpha_1+\alpha_4=\alpha_2+\alpha_3=2\times\left(-\dfrac{\pi}{4}\right)=-\dfrac{\pi}{2}$,

$\alpha_5+\alpha_8=\alpha_6+\alpha_7=2\times\dfrac{3}{4}\pi=\dfrac{3}{2}\pi$이다.

$\therefore \alpha_1+\alpha_2+\alpha_3+\cdots+\alpha_8=2\times\left(-\dfrac{\pi}{2}\right)+2\times\dfrac{3\pi}{2}=2\pi$

수능 핵강

＊삼각함수의 그래프와 직선의 교점의 특징 알아보기

삼각함수의 그래프와 직선 $y=a$가 만나는 교점의 x좌표의 합을 묻는 문제는 최근 2, 3학년 모의고사에서 빠지지 않고 고난도로 등장하고 있으므로 다음 순서대로 접근해 보자.
(ⅰ) 삼각함수의 그래프를 그리자.
(ⅱ) a의 값의 범위에 따라 삼각함수의 그래프와 직선이 만나는 교점의 개수를 알아내봐.
(ⅲ) 삼각함수의 대칭성, 주기성 등을 이용하여 구하는 교점의 x좌표의 합을 구해봐.

함수 $y=a\sin(bx+c)+d$의 성질 개념·공식

(1) 치역 : $\{y\,|\,-|a|+d\leq y\leq|a|+d\}$
(2) 주기 : $\dfrac{2\pi}{|b|}$

E 151 정답 17 *절댓값 기호가 포함된 삼각함수의 그래프 [정답률 51%]

[정답 공식: 함수 $y=|\sin x|$ 와 $y=|\cos x|$ 의 그래프는 x축 아래에 있는 그래프를 x축에 대하여 대칭이동한 것이다.]

함수 $y=|\sin x|$ 의 그래프와 직선 $y=\dfrac{1}{4\pi}x$ 의 교점의 개수를 m,

함수 $y=|\cos x|$ 의 그래프와 직선 $y=\dfrac{1}{4\pi}x$ 의 교점의 개수를 n

이라 할 때, $m+n$ 의 값을 구하시오. (4점)
단서 주어진 범위에서 함수와 직선의 그래프를 그려서 만나는 점 개수를 파악해야해.

1st 함수 $y=|\sin x|$ 의 그래프와 직선 $y=\dfrac{1}{4\pi}x$ 의 그래프를 그려서 교점의 개수를 구하자.

함수 $y=|\sin x|$ 의 그래프와 직선 $y=\dfrac{1}{4\pi}x$ 의 그래프를 그리면 그림과 같다. 직선 $y=\dfrac{1}{4\pi}x$ 의 그래프는 기울기가 $\dfrac{1}{4\pi}$ 이므로 점 $(4\pi,1)$과 원점을 지나는 직선이야.

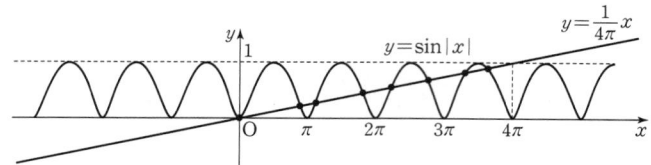

즉, 함수 $y=|\sin x|$ 의 그래프와 직선 $y=\dfrac{1}{4\pi}x$ 의 교점은 원점을 포함하여 총 8개이므로 $m=8$

2nd 함수 $y=|\cos x|$ 의 그래프와 직선 $y=\dfrac{1}{4\pi}x$ 의 그래프를 그려서 교점의 개수를 구하자.

함수 $y=|\cos x|$ 의 그래프와 직선 $y=\dfrac{1}{4\pi}x$ 의 그래프를 그리면 그림과 같다.

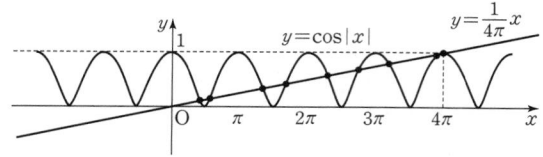

즉, 함수 $y=|\cos x|$ 의 그래프와 직선 $y=\dfrac{1}{4\pi}x$ 의 교점은 점 $(4\pi,1)$을 포함하여 총 9개이므로 $n=9$

$\therefore m+n=8+9=17$

E 152 정답 ④ *삼각함수의 성질 [정답률 86%]

(정답 공식: $\tan(\pi+\theta)=\tan\theta$)

$\tan\dfrac{5}{4}\pi$ 의 값은? (3점)
단서 $\dfrac{5}{4}\pi=\pi+\dfrac{\pi}{4}$ 이므로 삼각함수의 성질을 이용하자.

① $-\sqrt{3}$ ② -1 ③ 0
④ 1 ⑤ $\sqrt{3}$

1st 삼각함수의 성질을 이용하여 값을 구하자.

$\tan\dfrac{5}{4}\pi=\tan\left(\pi+\dfrac{\pi}{4}\right)=\tan\dfrac{\pi}{4}=1$
$\phantom{\tan\dfrac{5}{4}\pi=}\underbrace{\qquad\qquad}_{\tan(\pi+\theta)=\tan\theta}$

E 153 정답 ② *삼각함수의 성질 [정답률 88%]

(정답 공식: 일반각에 대한 삼각함수의 성질 $\cos(\pi\pm\theta)=-\cos\theta$ 를 이용한다.)

$12\cos\dfrac{4}{3}\pi$ 의 값은? (2점)
단서 제3사분면 위의 각이기 때문에 제1사분면 위의 특수각으로 바꾸어야 특수각의 삼각비를 이용하여 풀 수 있어.

① -7 ② -6 ③ -5 ④ -4 ⑤ -3

1st 삼각함수의 성질을 이용하여 식의 값을 구해.

$12\cos\dfrac{4}{3}\pi=12\cos\left(\pi+\dfrac{\pi}{3}\right)=-12\cos\dfrac{\pi}{3}=-12\times\dfrac{1}{2}=-6$
$\phantom{12\cos\dfrac{4}{3}\pi=}\underbrace{\qquad}_{\cos(\pi+\theta)=-\cos\theta}\quad\underbrace{\qquad}_{\cos\frac{\pi}{3}=\frac{1}{2}}$

주의
[$0°,30°\left(=\dfrac{\pi}{6}\right),45°\left(=\dfrac{\pi}{4}\right),60°\left(=\dfrac{\pi}{3}\right)$ 에 대한 sin, cos, tan 값은 반드시 외우고 있어야 해.]

수능 핵강

＊삼각함수의 기본 계산

일반각에 대한 삼각함수의 값을 물어보는 문제는 여러 시험에서 난이도에 상관없이 반드시 등장하는 유형이야. 삼각함수 값을 구하는 과정에서 학생들이 많이 겪는 실수 중 하나가 바로 부호 실수이므로 다음과 같이 기본적인 부분을 확인하자.
(ⅰ) 일단 해당하는 각이 제 몇사분면 위의 각인지를 파악하자.
(ⅱ) 그때의 삼각함수 값의 부호를 먼저 확인한 뒤에 해당 값에 대한 삼각함수 값을 구하는 연습을 하자.

E 154 정답 ④ *삼각함수의 성질 [정답률 90%]

(정답 공식: $\tan(3\pi+\theta)=\tan\theta$)

$\tan\dfrac{10}{3}\pi$ 의 값은? (2점)
단서 $\dfrac{10}{3}\pi=3\pi+\dfrac{\pi}{3}$ 이므로 삼각함수의 성질을 이용하자.

① $\dfrac{1}{3}$ ② $\dfrac{\sqrt{3}}{3}$ ③ 1 ④ $\sqrt{3}$ ⑤ 3

1st 삼각함수의 성질을 이용하여 값을 구하자.

$\tan\dfrac{10}{3}\pi=\tan\left(3\pi+\dfrac{\pi}{3}\right)=\tan\dfrac{\pi}{3}=\sqrt{3}$
$\phantom{\tan\dfrac{10}{3}\pi=}\underbrace{\qquad\qquad}_{\tan(n\pi+\theta)=\tan\theta\,(단,\,n은\,정수)}$

E 155 정답 ③ *삼각함수의 성질 [정답률 81%]

[정답 공식: $\sin(\pi-\theta)=\sin\theta$, $\cos(-\theta)=\cos\theta$, $\cos(2\pi+\theta)=\cos\theta$, $\cos(\pi-\theta)=-\cos\theta$]

$\sin\dfrac{5}{6}\pi+\cos\left(-\dfrac{8}{3}\pi\right)$ 의 값은? (3점)
단서 삼각함수의 성질을 이용하여 식을 변형하여 계산하자.

① $-\sqrt{3}$ ② -1 ③ 0 ④ 1 ⑤ $\sqrt{3}$

1st $\sin(\pi-\theta)=\sin\theta$ 임을 이용하자.

$\sin\dfrac{5}{6}\pi=\sin\left(\pi-\dfrac{\pi}{6}\right)=\sin\dfrac{\pi}{6}=\dfrac{1}{2}$

2nd $\cos(-\theta)=\cos\theta$임을 이용하자.

$$\cos\left(-\frac{8}{3}\pi\right)=\cos\frac{8}{3}\pi=\underline{\cos\left(2\pi+\frac{2}{3}\pi\right)=\cos\frac{2}{3}\pi}$$
$$=\cos\left(\pi-\frac{\pi}{3}\right)=-\cos\frac{\pi}{3}=-\frac{1}{2}\quad{}^{\cos(2\pi+\theta)=\cos\theta}$$

$$\therefore \sin\frac{5}{6}\pi+\cos\left(-\frac{8}{3}\pi\right)=\frac{1}{2}-\frac{1}{2}=0\quad{}^{\cos(\pi-\theta)=-\cos\theta}$$

E 156 정답 ⑤ *삼각함수의 성질 ············· [정답률 95%]

[정답 공식 : $\cos\left(\frac{\pi}{2}+\theta\right)=-\sin\theta$이다.]

$\sin\theta=\frac{1}{3}$일 때, $\cos\left(\theta+\frac{\pi}{2}\right)$의 값은? (2점)

단서 삼각함수의 성질을 이용하여 변형해.

① $-\frac{7}{9}$　② $-\frac{2}{3}$　③ $-\frac{5}{9}$　④ $-\frac{4}{9}$　⑤ $-\frac{1}{3}$

1st $\cos\left(\frac{\pi}{2}+\theta\right)=-\sin\theta$야.

$$\cos\left(\theta+\frac{\pi}{2}\right)=-\sin\theta=-\frac{1}{3}\rightarrow\cos\left(\frac{\pi}{2}+\theta\right)=-\sin\theta$$

E 157 정답 ④ *삼각함수의 성질 ············· [정답률 57%]

[정답 공식 : $\sin(\pi+x)=-\sin x$와 $\sin\left(\frac{\pi}{2}+x\right)=\cos x$가 성립한다.]

$3\sin^2\left(\theta+\frac{2}{3}\pi\right)=8\sin\left(\theta+\frac{\pi}{6}\right)$일 때, $\cos\left(\theta-\frac{\pi}{3}\right)$의 값은?

단서 두 각 $\theta+\frac{2}{3}\pi$와 $\theta+\frac{\pi}{6}$를 각각 $\theta-\frac{\pi}{3}$를 이용하여 각각 표현해봐. (4점)

① $\frac{1}{6}$　② $\frac{1}{5}$　③ $\frac{1}{4}$　④ $\frac{1}{3}$　⑤ $\frac{1}{2}$

1st 주어진 관계식을 $\theta-\frac{\pi}{3}$를 이용해서 표현해봐.

$\theta+\frac{2}{3}\pi=\theta-\frac{\pi}{3}+\pi$이고,

$\theta+\frac{\pi}{6}=\theta-\frac{\pi}{3}+\frac{\pi}{2}$이므로
$${}_{\theta-\frac{2}{6}\pi+\frac{3}{6}\pi}$$

$$\sin^2\left(\theta+\frac{2}{3}\pi\right)=\sin^2\left(\theta-\frac{\pi}{3}+\pi\right)=\left\{-\sin\left(\theta-\frac{\pi}{3}\right)\right\}^2$$
$$=\sin^2\left(\theta-\frac{\pi}{3}\right)=1-\cos^2\left(\theta-\frac{\pi}{3}\right)$$
$${}_{\sin^2\left(\theta-\frac{\pi}{3}\right)+\cos^2\left(\theta-\frac{\pi}{3}\right)=1을\ 이용해.}$$

$$\sin\left(\theta+\frac{\pi}{6}\right)=\sin\left(\theta-\frac{\pi}{3}+\frac{\pi}{2}\right)=\cos\left(\theta-\frac{\pi}{3}\right)$$

2nd $\cos\left(\theta-\frac{\pi}{3}\right)$의 값을 구하자.

$\cos\left(\theta-\frac{\pi}{3}\right)=\alpha\ (-1\le\alpha\le1)$라 두면

$3\sin^2\left(\theta+\frac{2}{3}\pi\right)=8\sin\left(\theta+\frac{\pi}{6}\right)$에서

$3(1-\alpha^2)=8\alpha$, $\underline{3\alpha^2+8\alpha-3=0}$　${}_{3\alpha^2+8\alpha-3=0의\ 해를\ 구하면}$
$${}_{(\alpha+3)(3\alpha-1)=0}$$
이므로 $\alpha=\frac{1}{3}$이다.　${}_{-1\le\alpha\le1이므로}$
$${}_{\alpha=-3은\ 조건을\ 만족시키지\ 못하지.}$$
$$\therefore \cos\left(\theta-\frac{\pi}{3}\right)=\frac{1}{3}\qquad{}_{\therefore\ \alpha=\frac{1}{3}}$$

E 158 정답 ⑤ *삼각함수의 성질 ············· [정답률 80%]

[정답 공식 : 반지름의 길이가 r인 원 위의 점 $P(x, y)$에 대하여 동경 OP가 나타내는 각의 크기를 θ라 하면
$\sin\theta=\frac{y}{r}$, $\cos\theta=\frac{x}{r}$, $\tan\theta=\frac{y}{x}$ (단, $x\ne0$)로 정의된다.]

좌표평면 위의 점 $P(4, -3)$에 대하여 동경 OP가 나타내는 각의 크기를 θ라 할 때, $\sin\left(\frac{\pi}{2}+\theta\right)-\sin\theta$의 값은? (단, O는 원점이고, x축의 양의 방향을 시초선으로 한다.) (3점)

단서1 삼각함수의 정의에 의하여 $\sin\theta$, $\cos\theta$의 값을 각각 구하자.

① -1　② $-\frac{2}{5}$　③ $\frac{1}{5}$　④ $\frac{4}{5}$　⑤ $\frac{7}{5}$

단서2 $\sin\left(\frac{\pi}{2}+\theta\right)=\cos\theta$

1st 삼각함수의 정의에 의하여 $\sin\theta$, $\cos\theta$의 값을 각각 구하자.

원점 O와 점 $P(4, -3)$을 지나는 동경 OP가 나타내는 각의 크기를 θ라 하면　${}_{점\ P(4,\ -3)을\ 지나는\ 원은\ 중심이\ 원점이고\ 반지름의\ 길이가\ \sqrt{4^2+(-3)^2}=5인\ 원이야.}$

$$\sin\theta=\frac{-3}{\sqrt{4^2+(-3)^2}}=-\frac{3}{5}$$
$${}_{\longrightarrow\sin\theta=\frac{y}{r}임을\ 이용하여}$$
$$\cos\theta=\frac{4}{\sqrt{4^2+(-3)^2}}=\frac{4}{5}이다.\quad{}_{\sin\theta의\ 값을\ 구해.}$$
$${}_{\longrightarrow\cos\theta=\frac{x}{r}}$$

2nd 삼각함수의 성질을 이용해서 $\sin\left(\frac{\pi}{2}+\theta\right)-\sin\theta$의 값을 구하자.

$$\sin\left(\frac{\pi}{2}+\theta\right)-\sin\theta=\cos\theta-\sin\theta$$
$${}_{\longrightarrow\sin\left(\frac{\pi}{2}+\theta\right)=\cos\theta}=\frac{4}{5}-\left(-\frac{3}{5}\right)=\frac{7}{5}$$

🔶 **다른 풀이:** θ를 제1사분면의 각으로 나타내어 주어진 값 구하기

$0<\theta'<\frac{\pi}{2}$이고 점 $P(4, -3)$에 대하여 동경 OP가 나타내는 각의 크기를 θ라 할 때 $\theta=\frac{3}{2}\pi+\theta'$이라 하자.

점 $P(4, -3)$을 지나는 원은 중심이 원점이고 반지름의 길이가 5인 원이므로

$\sin\theta'=\frac{4}{5}$, $\cos\theta'=\frac{3}{5}$
${}_{\longrightarrow점\ P(4,\ -3)을\ 지나는\ 원의\ 반지름의\ 길이는\ \sqrt{4^2+(-3)^2}=5}$

함정 💡 $0<\theta'<\frac{\pi}{2}$이고 밑변의 길이가 3, 높이가 4이므로 빗변의 길이는 피타고라스 정리에 의하여 $\sqrt{3^2+4^2}=5$인 직각삼각형을 생각하면 $\sin\theta=\frac{(높이)}{(빗변의\ 길이)}=\frac{4}{5}$, $\cos\theta=\frac{(밑변)}{(빗변의\ 길이)}=\frac{3}{5}$

$$\sin\left(\frac{\pi}{2}+\theta\right)-\sin\theta$$
$$=\sin\left(\frac{\pi}{2}+\frac{3}{2}\pi+\theta'\right)-\sin\left(\frac{3}{2}\pi+\theta'\right)$$
$$=\sin(2\pi+\theta')-\sin\left(\frac{3}{2}\pi+\theta'\right)$$
$$=\sin\theta'+\cos\theta'\quad{}_{\longrightarrow\sin\left(\frac{3}{2}\pi+\theta\right)=-\cos\theta}$$
$$=\frac{4}{5}+\frac{3}{5}$$
$$=\frac{7}{5}$$

*θ에 대한 삼각함수 쉽게 찾기

삼각함수는 그 이름대로 삼각형을 찾으면 쉽게 찾을 수 있어. 따라서 θ를 각으로 하는 삼각형을 다음 순서로 찾아 보자.

(i) 오른쪽 그림은 문제를 풀 때마다 스스로 그릴 수 있어야 해.

(ii) 시초선은 x축으로 본다. (문제 조건에 따라 다를 수 있으니 주의한다. ⓔ y축의 양의 방향을 시초선이라 하자.)

(iii) 좌표평면 상의 점 $P(a, b)$에 대하여 동경 OP가 나타내는 각의 크기를 θ라 해.

(iv) 점 P에서 x축 (또는 y축)에 수선의 발을 내린 점을 X_1이라 하면 삼각형 OPX_1이 만들어 져. $\angle POX_1 = \theta$

(v) 삼각형 OPX_1에서 θ에 대한 삼각함숫값을 구하자.

✿ $\frac{\pi}{2} \pm \theta$의 삼각함수

(1) $\sin\left(\dfrac{\pi}{2} \pm \theta\right) = \cos\theta$

(2) $\cos\left(\dfrac{\pi}{2} \pm \theta\right) = \mp\sin\theta$

(3) $\tan\left(\dfrac{\pi}{2} \pm \theta\right) = \mp\dfrac{1}{\tan\theta}$ (복호동순)

E 159 정답 ③ *삼각함수의 성질 [정답률 68%]

(정답 공식: 로그의 덧셈 성질과 삼각함수의 성질을 안다.)

$\theta = 15°$일 때, $\log_3 \tan\theta + \log_3 \tan 3\theta + \log_3 \tan 5\theta$를 간단히 하면? (3점)

단서 $\log_a x + \log_a y = \log_a xy$임을 적용하여 식을 정리해 보자.

① -1 ② $-\dfrac{1}{2}$ ③ 0

④ $\dfrac{1}{2}$ ⑤ 1

1st 로그의 성질을 이용해.

$\log_3 \tan\theta + \log_3 \tan 3\theta + \log_3 \tan 5\theta$

$= \underline{\log_3 \tan 15° + \log_3 \tan 45° + \log_3 \tan 75°}_{\log_a M + \log_a N = \log_a MN}$

$= \log_3 (\tan 15° \times \tan 45° \times \tan 75°) \cdots ㉠$

2nd $\tan(90° - \theta) = \dfrac{1}{\tan\theta}$임을 이용하여 주어진 식을 간단히 나타내 보자.

이때, $\tan 45° = 1$이고, $\tan 75° = \tan(90° - 15°) = \dfrac{1}{\tan 15°}$이므로

㉠에서 $\log_3\left(\tan 15° \times \tan 45° \times \dfrac{1}{\tan 15°}\right) = \log_3 1 = 0$

🖋 **다른 풀이:** 주어진 식을 θ와 $6\theta = \dfrac{\pi}{2}$, $\tan\left(\dfrac{\pi}{2} - \theta\right) = \dfrac{1}{\tan\theta}$을 이용하여 간단히 하기

$\theta = 15°$에서 $6\theta = \dfrac{\pi}{2}$, $3\theta = \dfrac{\pi}{4}$이므로

$\tan 3\theta = \tan\dfrac{\pi}{4} = 1$

$\tan 5\theta = \tan(6\theta - \theta) = \tan\left(\dfrac{\pi}{2} - \theta\right) = \dfrac{1}{\tan\theta}$

$\therefore \log_3(\tan\theta \tan 3\theta \tan 5\theta) = \log_3\left(\tan\theta \times 1 \times \dfrac{1}{\tan\theta}\right)$

$= \log_3 1 = 0$

E 160 정답 ① *삼각함수의 성질 [정답률 63%]

(정답 공식: $\tan\theta$를 이용하여 $\sin\theta$, $\cos\theta$의 값을 각각 구한다.)

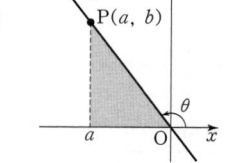

단서1 직선의 기울기와 $\tan\theta$의 관계를 이용하자.

직선 $y = -\dfrac{4}{3}x$ 위의 점 $P(a, b)(a < 0)$에 대하여 선분 OP가 x축의 양의 방향과 이루는 각의 크기를 θ라 할 때, $\sin(\pi - \theta) + \cos(\pi + \theta)$의 값은? (단, O는 원점이다.) (4점)

단서2 $\sin(\pi - \theta) = \sin\theta$, $\cos(\pi + \theta) = -\cos\theta$임을 적용하자.

① $\dfrac{7}{5}$ ② $\dfrac{1}{5}$ ③ 0 ④ $-\dfrac{1}{5}$ ⑤ $-\dfrac{7}{5}$

1st 어떤 직선이 x축의 양의 방향과 이루는 각의 크기가 α이면 이 직선의 기울기는 $\tan\alpha$야. → 기울기가 m인 직선이 x축의 양의 방향과 이루는 각의 크기가 α이면 $m = \tan\alpha$야.

직선 $y = -\dfrac{4}{3}x$의 기울기가 $-\dfrac{4}{3}$이고 이 직선 위에 있는 선분 OP가 x축의 양의 방향과 이루는 각의 크기가 θ이므로 $\tan\theta = -\dfrac{4}{3} \cdots ㉠$

그런데 $a < 0$이므로 직선 $y = -\dfrac{4}{3}x$ 위의 점 $P(a, b)$는 제2사분면에 존재한다. 즉, θ는 제2사분면의 각이므로 $\sin\theta > 0$, $\cos\theta < 0$

2nd 구하는 식을 간단히 나타내 보자.

$\sin(\pi - \theta) + \cos(\pi + \theta) = \sin\theta - \cos\theta \cdots ㉡$

3rd ㉠을 이용하여 $\sin\theta$, $\cos\theta$의 값을 구해 보자.

이때, $1 + \tan^2\theta = \dfrac{1}{\cos^2\theta}$이므로 ㉠에 의해

$1 + \left(-\dfrac{4}{3}\right)^2 = \dfrac{25}{9} = \dfrac{1}{\cos^2\theta}$ → $\sin^2\theta + \cos^2\theta = 1$에서 양변에 $\cos^2\theta$를 나누면

$\dfrac{\sin^2\theta}{\cos^2\theta} + 1 = \dfrac{1}{\cos^2\theta}$이므로

$\cos^2\theta = \dfrac{9}{25} = \left(\dfrac{3}{5}\right)^2$ $\tan^2\theta + 1 = \dfrac{1}{\cos^2\theta}$이야.

$\therefore \cos\theta = -\dfrac{3}{5} (\because \cos\theta < 0)$ ◄

함정 제2사분면에서 $\sin\theta$의 값만 양수이고 나머지 $\cos\theta$, $\tan\theta$의 값은 음수이므로 답을 구할 때 부호를 결정하여 답을 구할 수 있도록 하자.

또, $\sin^2\theta + \cos^2\theta = 1$이 성립하므로

$\sin^2\theta = 1 - \cos^2\theta = 1 - \dfrac{9}{25} = \dfrac{16}{25}$

$\therefore \sin\theta = \dfrac{4}{5} (\because \sin\theta > 0)$ ◄

따라서 ㉡에 의하여 $\sin(\pi - \theta) + \cos(\pi + \theta) = \dfrac{4}{5} - \left(-\dfrac{3}{5}\right) = \dfrac{7}{5}$

---

* 삼각비 중 하나의 값을 알 때, 나머지의 값을 구하는 방법 알아보기

$\sin$, $\cos$, $\tan$ 중 어느 하나의 값을 알 때, 나머지의 값을 좀 더 쉽게 구하는 방법이 있어. 직각삼각형을 그려서 피타고라스 정리를 이용하는 거야. θ는 제2사분면의 각이고 $\tan\theta = -\dfrac{4}{3}$가 주어졌지?

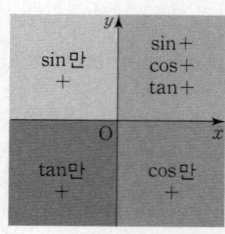

(i) $-$ 부호를 무시하고 직각삼각형을 그려. 피타고라스 정리에 의해서 빗변의 길이가 5야.

(ii) θ는 제2사분면의 각이므로 $\sin\theta > 0$, $\cos\theta < 0$이야. 따라서 직각삼각형에서 $\sin$, $\cos$의 값을 구한 후 부호만 붙여주면 돼. 부호에 주의하자.

$\therefore \sin\theta = \dfrac{4}{5}$, $\cos\theta = -\dfrac{3}{5}$

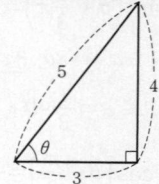

E 161 정답 ② *삼각함수의 성질 ⸻⸻ [정답률 85%]

(정답 공식: 삼각함수의 성질을 이용해 간단한 형태로 바꾼 후 $\tan\theta$를 구한다.)

직선 $x-3y+3=0$이 x축의 양의 방향과 이루는 각의 크기를 θ라 할 때,

$$\cos(\pi+\theta)+\sin\left(\frac{\pi}{2}-\theta\right)+\tan(-\theta)$$

의 값은? (3점)

단서 직선이 x축의 양의 방향과 이루는 각의 크기에 대한 $\tan$값과 직선의 기울기의 관계를 이용하여 주어진 식을 간단히 정리하자.

① -3 ② $-\dfrac{1}{3}$ ③ 0

④ $\dfrac{1}{3}$ ⑤ 3

1st 직선이 x축의 양의 방향과 이루는 각의 크기가 θ일 때, 직선의 기울기가 $\tan\theta$임을 이용해.

직선의 방정식 $x-3y+3=0$을 정리하면

$3y=x+3$

(직선의 기울기)$=\dfrac{(y\text{의 값의 증가량})}{(x\text{의 값의 증가량})}$ 이고, 이는 결국 $\tan\theta$의 정의와 같아. 즉, (직선의 기울기)$=\tan\theta$야.

$\therefore y=\dfrac{1}{3}x+1$

즉, 직선의 기울기는 $\dfrac{1}{3}$이므로 $\tan\theta=\dfrac{1}{3}$

2nd $\cos(\pi+\theta)=-\cos\theta$, $\sin\left(\dfrac{\pi}{2}-\theta\right)=\cos\theta$, $\tan(-\theta)=-\tan\theta$임을 이용하여 식을 간단히 하자.

$$\therefore \cos(\pi+\theta)+\sin\left(\frac{\pi}{2}-\theta\right)+\tan(-\theta)=-\cos\theta+\cos\theta-\tan\theta$$

$$=-\tan\theta=-\frac{1}{3}$$

E 162 정답 ④ *삼각함수의 성질 ⸻⸻ [정답률 76%]

[정답 공식: $\sin\left(\dfrac{\pi}{2}-\theta\right)=\cos\theta$, $\tan(\pi+\theta)=\tan\theta$]

$2\sin\left(\dfrac{\pi}{2}-\theta\right)=\sin\theta\times\tan(\pi+\theta)$일 때, $\sin^2\theta$의 값은? (3점)

단서 θ에 대한 삼각함수의 값으로 나타내 봐.

① $\dfrac{1}{3}$ ② $\dfrac{4}{9}$ ③ $\dfrac{5}{9}$

④ $\dfrac{2}{3}$ ⑤ $\dfrac{7}{9}$

1st 간단하게 정리하자.

$\sin\left(\dfrac{\pi}{2}-\theta\right)=\cos\theta$이고 $\tan(\pi+\theta)=\tan\theta$이므로

함수 $y=\tan x$의 주기는 π이므로 $\tan(\pi+\theta)=\tan\theta$

$\sin\left(\dfrac{\pi}{2}\pm\theta\right)=\cos\theta$

$2\sin\left(\dfrac{\pi}{2}-\theta\right)=\sin\theta\times\tan(\pi+\theta)$에서

$2\cos\theta=\sin\theta\times\tan\theta$, $2\cos\theta=\sin\theta\times\dfrac{\sin\theta}{\cos\theta}$

$\tan\theta=\dfrac{\sin\theta}{\cos\theta}$

$2\cos^2\theta=\sin^2\theta$

2nd $\sin^2\theta$의 값을 구하자.

$2(1-\sin^2\theta)=\sin^2\theta$, $2-2\sin^2\theta=\sin^2\theta$, $3\sin^2\theta=2$

$\sin^2\theta+\cos^2\theta=1$

$\therefore \sin^2\theta=\dfrac{2}{3}$

E 163 정답 ③ *삼각함수의 성질 ⸻⸻ [정답률 86%]

(정답 공식: $\cos\theta=$(점 A의 x좌표), $\sin\theta=$(점 A의 y좌표))

그림과 같이 직사각형 ABCD가 중심이 원점이고 반지름의 길이가 1인 원에 내접해 있다. x축과 선분 OA가 이루는 각을 θ라 할 때, $\cos(\pi-\theta)$와 같은 것은? (단, $0<\theta<\dfrac{\pi}{4}$) (3점)

단서 □ABCD가 원에 내접하므로 두 점 A와 C, B와 D는 각각 원 점에 대하여 대칭임을 적용하자.

① A의 x좌표   ② B의 y좌표   ③ C의 x좌표

④ C의 y좌표   ⑤ D의 x좌표

1st 점 A(a, b)로 놓고 a, b를 θ로 표현해.

점 A의 좌표를 A(a, b)라 하면 $\overline{\text{OA}}=1$이므로

$\underline{\text{A}(\cos\theta, \sin\theta)}$

중심이 원점이고 반지름의 길이가 r인 원 위의 임의의 점 P의 좌표는 $(r\cos\theta, r\sin\theta)$로 둘

$\therefore a=\cos\theta, b=\sin\theta$

수 있고, 이 경우엔 $r=1$이므로 A$(\cos\theta, \sin\theta)$라고 할 수 있어.

한편, $\cos(\pi-\theta)=-\cos\theta=-a$이고, □ABCD가 직사각형이므로 두 점 A와 C는 원점에 대하여 대칭이다. 즉, C$(-a, -b)$이므로 $\cos(\pi-\theta)$의 값은 점 C의 x좌표와 같다. **주의**

주의 제3사분면에서는 $\tan x$값만 양수이고 나머지 $\sin x$, $\cos x$값은 음수야.

E 164 정답 ② *규칙이 있는 삼각함수의 값 구하기 ⸻ [정답률 79%]

(정답 공식: $\cos(90°-\theta)=\sin\theta$, $\sin^2\theta+\cos^2\theta=1$)

$\cos^2 10°+\cos^2 20°+\cos^2 30°+\cdots+\cos^2 90°$의 값은? (3점)

단서 $\cos(90°-\theta)=\sin\theta$를 이용하여 식을 변형하면 $\sin^2\theta+\cos^2\theta=1$을 이용할 수 있지.

① 3 ② 4 ③ 5 ④ 6 ⑤ 7

1st 주어진 식에서 $\cos(90°-\theta)=\sin\theta$를 이용하여 식을 변형하자.

코사인을 사인으로 바꿀 수 있는 유용한 도구야.

$\cos 80°=\cos(90°-10°)=\sin 10°$,

$\cos 70°=\cos(90°-20°)=\sin 20°$,

$\cos 60°=\cos(90°-30°)=\sin 30°$,

$\cos 50°=\cos(90°-40°)=\sin 40°$

2nd $\sin^2\theta+\cos^2\theta=1$을 이용하여 식을 정리하자.

$\cos^2 10°+\cos^2 20°+\cos^2 30°+\cos^2 40°+\cos^2 50°+\cos^2 60°$
$\qquad\qquad +\cos^2 70°+\cos^2 80°+\cos^2 90°$

$=\cos^2 10°+\cos^2 20°+\cos^2 30°+\cos^2 40°+\sin^2 40°+\sin^2 30°$
$\quad +\sin^2 20°+\sin^2 10°+\cos^2 90°$

$=(\cos^2 10°+\sin^2 10°)+(\cos^2 20°+\sin^2 20°)+(\cos^2 30°+\sin^2 30°)$
$\quad +(\cos^2 40°+\sin^2 40°)+\cos^2 90°$

$=1+1+1+1+0$

$\cos 90°=0$

$=4$

$\sin^2\theta+\cos^2\theta=1$을 만족시키는 θ가 네 개 있지.

E 165 정답 ① *규칙이 있는 삼각함수의 값 구하기 [정답률 64%]

(정답 공식: $\tan(90°-\theta)=\dfrac{1}{\tan\theta}$)

tan 10°×tan 20°×tan 30°×⋯×tan 80°의 값은? (3점)

단서 $\tan(90°-\theta)=\dfrac{1}{\tan\theta}$ 을 이용할 수 있도록 변형해봐.

① 1   ② 2   ③ 3   ④ 4   ⑤ 5

1st 주어진 식에서 $\tan(90°-\theta)=\dfrac{1}{\tan\theta}$ 을 이용하여 식을 변형하자.

$\tan 80°=\tan(90°-10°)=\dfrac{1}{\tan 10°}$, 문제에서 탄젠트가 모두 곱해져 있으니까 식을 변형하면 탄젠트의 역수를 곱한 것이 돼.

$\tan 70°=\tan(90°-20°)=\dfrac{1}{\tan 20°}$,

$\tan 60°=\tan(90°-30°)=\dfrac{1}{\tan 30°}$,

$\tan 50°=\tan(90°-40°)=\dfrac{1}{\tan 40°}$

2nd 변형한 식을 이용하여 주어진 식의 값을 구하자.

$\tan 10°×\tan 20°×\tan 30°×\tan 40°×\tan 50°×\tan 60°$
$\qquad\qquad\qquad\qquad\qquad\qquad ×\tan 70°×\tan 80°$

$=\tan 10°×\tan 20°×\tan 30°×\tan 40°×\dfrac{1}{\tan 40°}×\dfrac{1}{\tan 30°}$
$\qquad\qquad\qquad\qquad\qquad\qquad ×\dfrac{1}{\tan 20°}×\dfrac{1}{\tan 10°}$

$=\left(\tan 10°×\dfrac{1}{\tan 10°}\right)×\left(\tan 20°×\dfrac{1}{\tan 20°}\right)$
$\qquad\qquad ×\left(\tan 30°×\dfrac{1}{\tan 30°}\right)×\left(\tan 40°×\dfrac{1}{\tan 40°}\right)$

$=1×1×1×1=1$

E 166 정답 $\dfrac{13}{2}$ *규칙이 있는 삼각함수의 값 구하기 [정답률 64%]

(정답 공식: $\sin\left(\dfrac{\pi}{2}-\theta\right)=\cos\theta$, $\sin^2\theta+\cos^2\theta=1$)

단서 $12\theta=\dfrac{\pi}{2}$ 이므로 $\cos\left(\dfrac{\pi}{2}-\theta\right)=\sin\theta$ 를 이용하여 식을 변형해.

크기가 $\dfrac{\pi}{2}$ 인 각을 12등분한 한 각의 크기를 θ 라 하자.
$\sin^2\theta+\sin^2 2\theta+\sin^2 3\theta+\cdots+\sin^2 12\theta$ 의 값을 구하시오. (3점)

1st $\sin\left(\dfrac{\pi}{2}-\theta\right)=\cos\theta$ 를 이용할 수 있게 식을 변형해보자.

각의 크기가 $\dfrac{\pi}{2}$ 인 것을 12등분한 한 각의 크기를 θ 라 하므로

$12\theta=\dfrac{\pi}{2}$ 에서 $6\theta=\dfrac{\pi}{4}$ ⋯ ㉠

주의 $\sin^2\theta+\cos^2\theta=1$ 을 적용하려면 두 개씩 짝을 이루지만 $\sin 12\theta$ 와 $\sin 6\theta$ 는 각각 하나야.

$\sin 11\theta=\sin\left(\dfrac{\pi}{2}-\theta\right)=\cos\theta$

$\sin 10\theta=\sin\left(\dfrac{\pi}{2}-2\theta\right)=\cos 2\theta$

⋮

$\sin 7\theta=\sin\left(\dfrac{\pi}{2}-5\theta\right)=\cos 5\theta$

2nd 변형한 식을 이용하여 값을 구하자.

$\sin^2\theta+\sin^2 2\theta+\sin^2 3\theta+\cdots+\sin^2 12\theta$

$=(\sin^2\theta+\cos^2\theta)+(\sin^2 2\theta+\cos^2 2\theta)+(\sin^2 3\theta+\cos^2 3\theta)$
$\quad+(\sin^2 4\theta+\cos^2 4\theta)+(\sin^2 5\theta+\cos^2 5\theta)+\sin^2 6\theta+\sin^2 12\theta$

$=5×1+\left(\dfrac{\sqrt{2}}{2}\right)^2+1=\dfrac{13}{2}$

㉠에 의해 $\sin 6\theta=\sin\dfrac{\pi}{4}=\dfrac{\sqrt{2}}{2}$,
$\sin 12\theta=\sin\dfrac{\pi}{2}=1$

E 167 정답 4 *삼각함수의 정의와 성질의 활용 [정답률 83%]

(정답 공식: 특수각의 삼각비를 알고 있으므로 직접 숫자를 대입하여 구한다.)

한 개의 주사위를 던져서 나오는 눈의 수를 원소로 가지는 집합 A에 대하여 집합 X를

$X=\left\{x \mid x=\sin\dfrac{a}{6}\pi, a\in A\right\}$

단서 주사위의 눈의 수는 1에서 6까지이므로 a는 1에서 6의 값을 가지겠지? $\sin\dfrac{a}{6}\pi$에 $a=1$, ⋯, 6을 대입하여 값을 구하면 되는 문제야.

라 하자. 집합 X의 원소의 개수를 구하시오. (4점)

1st a는 주사위의 눈의 수이므로 집합 A를 구할 수 있지?

a는 주사위의 눈의 수이므로 집합 A는 $A=\{1, 2, 3, 4, 5, 6\}$

2nd 이제 $a=1, 2, 3, 4, 5, 6$을 대입하여 집합 X의 원소를 구하자.

$\sin\dfrac{1}{6}\pi=\sin\dfrac{\pi}{6}=\dfrac{1}{2}$

$\sin\dfrac{2}{6}\pi=\sin\dfrac{\pi}{3}=\dfrac{\sqrt{3}}{2}$

$\sin\dfrac{3}{6}\pi=\sin\dfrac{\pi}{2}=1$

$\sin\dfrac{4}{6}\pi=\sin\dfrac{2}{3}\pi=\sin\left(\pi-\dfrac{\pi}{3}\right)=\sin\dfrac{\pi}{3}=\dfrac{\sqrt{3}}{2}$

$\sin\dfrac{5}{6}\pi=\sin\left(\pi-\dfrac{\pi}{6}\right)=\sin\dfrac{\pi}{6}=\dfrac{1}{2}$ → $\sin(\pi+\theta)=-\sin\theta$, $\sin(\pi-\theta)=\sin\theta$

$\sin\dfrac{6}{6}\pi=\sin\pi=0$ ∴ $X=\left\{0, \dfrac{1}{2}, \dfrac{\sqrt{3}}{2}, 1\right\}$

따라서 집합 X의 원소는 모두 4개이다.

수능 핵강

＊집합을 원소나열법으로 나타낼 때의 주의점

a 대신에 1, 2, 3, 4, 5, 6을 대입하여 $\pi±\theta$의 삼각함수의 변형 공식을 이용해서 삼각비를 구하는 문제네. 혹시 답을 6개라고 푼 사람이 있다면 집합의 개념을 다시 공부해야 할 거야. 집합에서는 중복되는 원소는 한 번만 써야 해.

즉, $X=\left\{0, \dfrac{1}{2}, \dfrac{1}{2}, \dfrac{\sqrt{3}}{2}, \dfrac{\sqrt{3}}{2}, 1\right\}=\left\{0, \dfrac{1}{2}, \dfrac{\sqrt{3}}{2}, 1\right\}$

따라서 집합 X의 원소는 모두 4개야!

E 168 정답 ① *삼각함수의 정의와 성질의 활용 [정답률 81%]

(정답 공식: $\sin(\pi-x)=\sin x$임을 이용하기 위해 연장선을 그어 새로운 삼각형을 만든다.)

△ABC에서 $A=30°$, $\overline{AC}=8$, $\overline{BC}=4\sqrt{2}$일 때, 예각 C의 크기는? (3점)

단서 도형 문제인데 그림이 주어지지 않았다면 조건에 맞게 그림을 그리는 게 제일 중요해.

① 15°   ② 30°   ③ 45°   ④ 60°   ⑤ 75°

1st 삼각비를 이용해.

각 C는 예각이므로 주어진 조건에 의해 △ABC는 각 B가 둔각인 삼각형이다. 이때, 점 C에서 선분 AB의 연장선에 내린 수선의 발을 D라 하자.

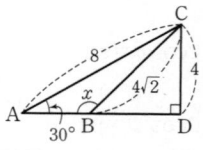

 각 B가 예각이면 △ABC는 그림과 같아. 따라서 △ACD에서 ∠ACD=60°이고 △BCD는 직각이등변삼각형이므로 ∠BCD=45°야. 즉, △ABC에서 $C=60°+45°=105°$로 둔각이 돼.

270 자이스토리 고2 수학 Ⅰ

직각삼각형 ACD에서 $\sin 30°=\dfrac{\overline{CD}}{8}=\dfrac{1}{2}$이므로 $\overline{CD}=4$

$\angle ABC = x$라 하면

$$\underset{\sin(\pi+\theta)=-\sin\theta,\ \sin(\pi-\theta)=\sin\theta}{\sin x = \sin(\pi - x)}$$

$$=\dfrac{\overline{CD}}{\overline{BC}}=\dfrac{4}{4\sqrt{2}}=\dfrac{\sqrt{2}}{2}$$

2nd 삼각방정식을 풀어서 각 B의 크기를 구하고, 예각 C의 크기를 구하면 돼.

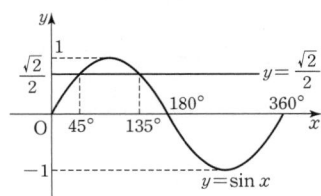

방정식 $\sin x = \dfrac{\sqrt{2}}{2}$의 해는 $90° < x < 180°$일 때, 삼각함수 $y = \sin x$의

그래프와 직선 $y = \dfrac{\sqrt{2}}{2}$의 교점의 x좌표이므로

$B = 180° - 45° = 135°$이고, $A = 30°$인 삼각형 ABC에서

$C = 180° - (30° + 135°) = 15°$

다른 풀이: 단위원을 이용하여 $\sin x = \dfrac{\sqrt{2}}{2}$의 해 구하기

직선 $y = \dfrac{\sqrt{2}}{2}$와 단위원 O의 교점을 각각
└→ 단위원은 반지름의 길이가 1인 원이야.

P, Q라 하면, 동경 OP와 동경 OQ를 나 타내는 각의 크기가 구하는 해가 돼.

즉, $\theta = \dfrac{\pi}{4}$ 또는 $\theta = \dfrac{3}{4}\pi$가

$\sin \theta = \dfrac{\sqrt{2}}{2}$의 해야.

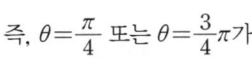

(이하 동일)

쉬운 풀이: 도형의 성질을 이용하여 예각 C의 크기 구하기

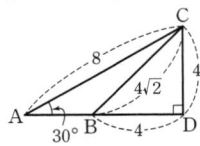

문제의 삼각형을 그리면 그림과 같아. 이때, 점 C에서 선분 AB의 연장 선에 내린 수선의 발을 D라 하면 직각삼각형 BCD에서 피타고라스 정 리에 의하여

$\overline{BD}=\sqrt{(4\sqrt{2})^2-4^2}=4$이므로
$\overset{\overline{CD}=4이므로\ 삼각형\ BCD}{는\ 직각이등변삼각형이지?}$

$\angle CBD = \angle BCD = \dfrac{1}{2}(180° - 90°) = 45°$

따라서 삼각형 ABC에서

$\angle ABC = 180° - \angle CBD = 180° - 45° = 135°$이므로

$\angle ACB = 180° - (30° + 135°) = 15°$

✿ $\pi \pm \theta$의 삼각함수 개념·공식

① $\sin(\pi+\theta)=-\sin\theta$
$\quad \sin(\pi-\theta)=\sin\theta$
② $\cos(\pi+\theta)=-\cos\theta$
$\quad \cos(\pi-\theta)=-\cos\theta$
③ $\tan(\pi+\theta)=\tan\theta$
$\quad \tan(\pi-\theta)=-\tan\theta$

E 169 정답 27 *삼각함수의 정의와 성질의 활용 [정답률 77%]

정답 공식: 반지름의 길이가 r이고 중심각의 크기가 θ인 부채꼴의 호의 길이 l 은 $l = r\theta$이고, $\sin(\pi-x)=\sin x$이다.

단서 호 BC의 길이를 구하려면 반원의 반지름의 길이와 호 BC에 대한 중심각의 크기를 알아야 하지? 그럼 반원의 중심 O를 잡아야겠네.

그림과 같이 길이가 12인 선 분 AB를 지름으로 하는 반 원이 있다. 반원 위에서 호 BC의 길이가 4π인 점 C를 잡고 점 C에서 선분 AB에 내린 수선의 발을 H라 하자. $\overline{CH}^2$의 값을 구하시오. (3점)

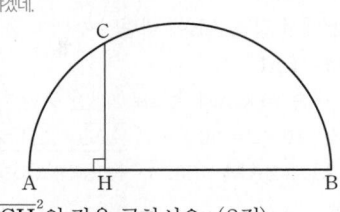

1st 반원의 중심과 점 C를 연결해.

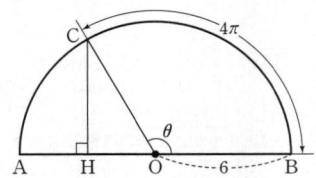

반원의 중심을 O, $\angle BOC = \theta$라 하면

$\overline{OB} = 6$이므로 $6\theta = 4\pi$에서 $\theta = \dfrac{2}{3}\pi$
$\overline{AB} = 12$이므로 └→ 호 BC의 길이가 4π이므로 $\overline{OB} \times \angle BOC = 4\pi$
$\overline{OB} = \dfrac{1}{2}\overline{AB} = 6$

2nd $\overline{CH}^2$의 값을 구하자.

직각삼각형 OCH에서 $\overline{CH} = \overline{OC}\sin(\pi-\theta)$이므로

$\overline{CH} = 6\sin\dfrac{\pi}{3} = 6 \times \dfrac{\sqrt{3}}{2} = 3\sqrt{3}$ $\therefore \overline{CH}^2 = (3\sqrt{3})^2 = 27$

E 170 정답 ④ *삼각함수의 정의와 성질의 활용 [정답률 65%]

정답 공식: 삼각형의 내각과 외각의 성질을 이용하여 $\angle ALB$를 알아 낸 후 이등 변삼각형의 꼭지각의 이등분선은 밑변을 수직이등분함을 이용한다.

선원들은 항해하는 배와 등대 사 이의 거리를 측정하는 방법 중 각을 두 배로 하여 측정하는 방 법을 쓰고 있다. 그림과 같이 시 속 10 km의 속도로 지점 A에 서 지점 P를 향해 일직선으로 항 해하는 배가 지점 B까지 2시간 동안 항해하여 $2\angle LAP = \angle LBP$ 가 되었다. $\angle LAP = 30°$일 때, 지점 A에서 등대 L까지의 거리는?

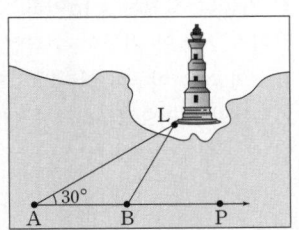

단서 $\angle LBP = 60°$이므로 $\angle BLA = 30°$야. 즉, 삼각형 ABL은 이등변삼각형이 되니까 이등변삼각형의 성질을 적용해 보자. (4점)

① $15\sqrt{2}$ km ② $15\sqrt{3}$ km ③ $20\sqrt{2}$ km
④ $20\sqrt{3}$ km ⑤ $25\sqrt{2}$ km

1st 삼각형 ABL이 어떤 삼각형인지 확인하자.

$\angle LBP = 2\angle LAP = 60°$이고,

삼각형 ABL에서 $\angle LAP + \angle ALB = \angle LBP$

이므로 $30° + \angle ALB = 60°$ **실수**
┌삼각형의 한 외각의 크기는 그와 이웃
└하지 않는 두 내각의 크기의 합과 같아.

$\therefore \angle ALB = 30°$

따라서 삼각형 ABL은 이등변삼각형이다.

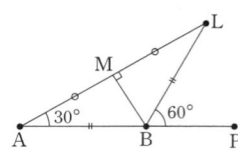

점 B에서 밑변 AL에 내린 수선의 발을 M이라 하면
$$\overline{AM}=\overline{LM}$$
또, 시속 10 km의 속도로 2시간 동안 항해한 거리가 $\overline{AB}$의 길이이므로
$$\overline{AB}=10\times2=20 \quad \therefore \overline{AM}=\overline{AB}\cos30°=10\sqrt{3}$$
$$\therefore \overline{AL}=2\overline{AM}=20\sqrt{3} \quad \text{직각삼각형 ABM에서 } \frac{\overline{AM}}{\overline{AB}}=\cos30°지?$$

다른 풀이: **삼각형 ABL의 넓이를 이용하여 선분 AL의 길이 구하기**

점 L에서 $\overline{BP}$에 내린 수선의 발을 H라 하면

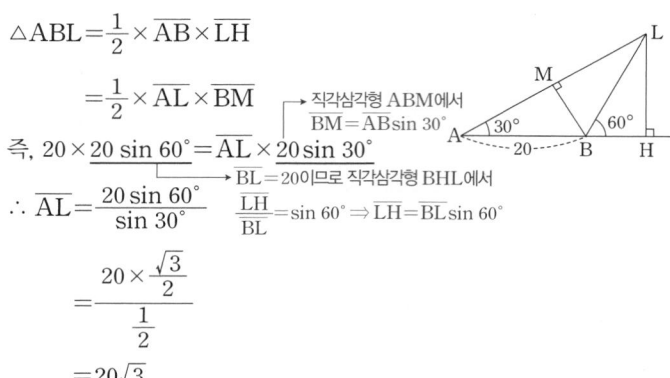

$$\triangle ABL=\frac{1}{2}\times\overline{AB}\times\overline{LH}$$
$$=\frac{1}{2}\times\overline{AL}\times\overline{BM} \quad \text{직각삼각형 ABM에서 } \overline{BM}=\overline{AB}\sin30°$$
즉, $20\times20\sin60°=\overline{AL}\times20\sin30°$ $\quad \overline{BL}=20$이므로 직각삼각형 BHL에서
$$\therefore \overline{AL}=\frac{20\sin60°}{\sin30°} \quad \frac{\overline{LH}}{\overline{BL}}=\sin60°\Rightarrow\overline{LH}=\overline{BL}\sin60°$$
$$=\frac{20\times\frac{\sqrt{3}}{2}}{\frac{1}{2}}$$
$$=20\sqrt{3}$$

E 171 정답 ⑤ *삼각함수의 정의와 성질의 활용 [정답률 67%]

(정답 공식: 특수각의 삼각비를 이용하기 위해 지면과 평행한 선을 하나 그어준다.)

그림과 같이 평평한 지면 위에 설치된 가로등이 있다. 지면에 수직으로 세워진 기둥의 길이는 4 m이고, 그 위로 길이가 2 m인 기둥이 수직인 기둥과 150°의 각을 이루며 연결되어 있다. 이 가로등의 지면으로부터의 높이가 h m 일 때, h의 값은? (3점)

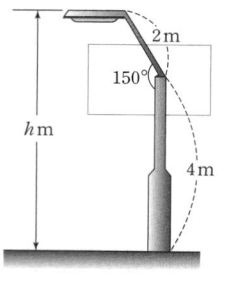

① 5
② $\frac{11}{2}$
③ $4+\sqrt{2}$
④ $4+2\sqrt{2}$
⑤ $4+\sqrt{3}$

단서 각의 크기가 150°인 점을 지나면서 지면에 평행한 직선을 그어서 직각삼각형을 만들어 봐.

1st $150°=90°+60°$임에 착안해.

그림과 같이 지면에 수직인 기둥의 끝을 지나면서 지면과 평행한 직선을 긋고 네 점 A, B, C, D를 잡으면 직각삼각형 ABC에서 ∠ACB=60°이므로

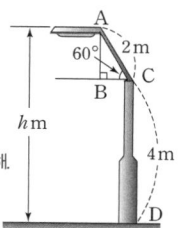

$$\overline{AB}=\overline{AC}\sin60° \quad \text{직각삼각형 ABC에서 삼각함수의 정의를 생각해.}$$
$$=2\times\frac{\sqrt{3}}{2}$$
$$=\sqrt{3}$$
$$\therefore h=\overline{CD}+\overline{AB}=4+\sqrt{3}$$

E 172 정답 ② *삼각함수의 정의와 성질의 활용 [정답률 58%]

(정답 공식: 함수 $y=\sin ax$의 주기는 $\frac{2\pi}{|a|}$이다.)

좌표평면에서 원 $x^2+y^2=1$ 위의 두 점 P, Q가 점 A(1, 0)에서 동시에 출발하여 시곗바늘이 도는 방향과 반대 방향으로 매초 $\frac{2}{3}\pi$, $\frac{4}{3}\pi$의 속력으로 각각 움직인다. 출발 후 100초가 될 때까지 두 점 P, Q의 y좌표가 같아지는 횟수는? (4점)

단서 t초 후의 두 점 P, Q의 좌표는 각각 $\left(\cos\frac{2}{3}\pi t, \sin\frac{2}{3}\pi t\right), \left(\cos\frac{4}{3}\pi t, \sin\frac{4}{3}\pi t\right)$라 할 수 있어.

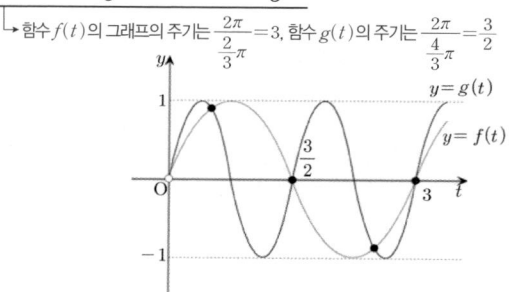

① 132
② 133
③ 134
④ 135
⑤ 136

1st 두 점 P, Q의 y좌표를 식으로 각각 나타내자.

두 점 P, Q의 $t(t>0)$초 후의 y좌표를 각각 $f(t)$, $g(t)$라 하면

주의
점의 좌표를 원의 반지름과 삼각함수를 이용하여 표현하는 기본적인 개념을 잊으면 안돼!
다시 한 번 상기시켜 보면 원점을 중심으로 하고 반지름의 길이가 r인 원 위의 점 P(x, y)에서 동경 $\overline{OP}$가 이루는 각을 θ라 할 때, 삼각함수의 정의에 의하여
$\sin\theta=\frac{y}{r}, \cos\theta=\frac{x}{r}, \tan\theta=\frac{y}{x}$이므로 점 P$(r\cos\theta, r\sin\theta)$라 할 수 있어.
특히, 반지름 $r=1$이면 점 P$(\cos\theta, \sin\theta)$가 돼.

$f(t)=\sin\frac{2}{3}\pi t$, $g(t)=\sin\frac{4}{3}\pi t$이고 그래프는 다음과 같다.

함수 $f(t)$의 그래프의 주기는 $\frac{2\pi}{\frac{2}{3}\pi}=3$, 함수 $g(t)$의 주기는 $\frac{2\pi}{\frac{4}{3}\pi}=\frac{3}{2}$

2nd 출발 후 100초가 될 때까지 두 점 P, Q의 y좌표가 같아지는 횟수를 구해.

출발 후 3초가 될 때까지 $f(t)$, $g(t)$의 값이 4회 같아지므로 99초가 될 때까지 $33\times4=132$(회) 같아지고, 99초 초과 100초 이하에서 두 곡선이 1번 만나므로 1회 같아진다.

따라서 출발 후 100초가 될 때까지 $f(t)$, $g(t)$의 값이 같아지는 횟수는 $132+1=133$(회)이다.

E 173 정답 ④ *삼각함수의 정의와 성질의 활용 — [정답률 41%]

정답 공식: 원의 중심을 지나는 직선과 그 직선이 원과 만나는 점에 접하는 접선은 수직이다. 삼각함수의 성질을 이용한다.

그림과 같이 원점 O를 중심으로 하고 반지름의 길이가 1인 원 위의 점 A가 제2사분면에 있을 때 동경 OA가 나타내는 각의 크기를 θ라 하자. 점 B$(-1, 0)$을 지나는 직선 $x=-1$과 동경 OA가 만나는 점을 C, 점 A에서의 접선이 x축과 만나는 점을 D라 하자. 다음 중 삼각형 OCD의 넓이에서 부채꼴 OAB의 넓이를 뺀 어두운 부분의 넓이와 항상 같은 것은? (단, $\frac{\pi}{2}<\theta<\pi$) (4점)

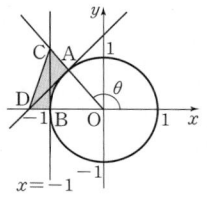

① $\frac{1}{2}\left(-\frac{\cos\theta}{\sin^2\theta}-\pi+\theta\right)$ ② $\frac{1}{2}\left(-\frac{\sin\theta}{\cos^2\theta}-\pi+\theta\right)$

③ $\frac{1}{2}\left(\frac{\cos^2\theta}{\sin\theta}-\theta\right)$ ④ $\frac{1}{2}\left(\frac{\sin\theta}{\cos^2\theta}-\pi+\theta\right)$

⑤ $\frac{1}{2}\left(\frac{\sin^2\theta}{\cos\theta}-\theta\right)$

단서 원의 접선과 접점에서의 반지름이 이루는 각의 크기는 90°임을 이용하면 $\overline{OD}$의 길이를 θ로 나타낼 수 있어. 마찬가지로 $\overline{BC}$의 길이도 θ로 나타낼 수 있어.

1st $\overline{BC}, \overline{OD}$의 길이를 각각 θ에 관한 식으로 표현해 보자.

직각삼각형 OBC에서 $\tan(\pi-\theta)=\dfrac{\overline{BC}}{1}$이므로

$\overline{BC}=\tan(\pi-\theta)=-\tan\theta$

원의 중심을 지나는 직선 OA와 접선 AD는 직교하므로 직각삼각형 OAD

에서 $\cos(\pi-\theta)=\dfrac{\overline{OA}}{\overline{OD}}=\dfrac{1}{\overline{OD}}$

$\therefore \overline{OD}=\dfrac{1}{\cos(\pi-\theta)}=-\dfrac{1}{\cos\theta}$

그림에서 $\overline{PT}$와 $\overline{PT'}$이 원 O의 접선이면
① $\overline{PT}\perp\overline{OT}, \overline{PT'}\perp\overline{OT'}$
② $\overline{PT}=\overline{PT'}$

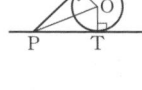

2nd 어두운 부분의 넓이는 삼각형 OCD의 넓이에서 부채꼴 OAB의 넓이를 빼면 구할 수 있지?

$\therefore$ (어두운 부분의 넓이)

$=$ (삼각형 OCD의 넓이) $-$ (부채꼴 OAB의 넓이)

$=\dfrac{1}{2}\times\overline{OD}\times\overline{BC}-\dfrac{1}{2}\times\overline{OA}^2\times(\pi-\theta)$ → 반지름의 길이가 r이고 중심각의 크기가 θ인 부채꼴의 넓이는 $\frac{1}{2}r^2\theta$

$=\dfrac{1}{2}\times\left(-\dfrac{1}{\cos\theta}\right)\times(-\tan\theta)-\dfrac{1}{2}\times1^2\times(\pi-\theta)$

$=\dfrac{1}{2}\times\left(-\dfrac{1}{\cos\theta}\right)\times\left(-\dfrac{\sin\theta}{\cos\theta}\right)-\dfrac{1}{2}(\pi-\theta)$

$=\dfrac{1}{2}\left(\dfrac{\sin\theta}{\cos^2\theta}-\pi+\theta\right)$

쉬운 풀이: 원 위의 점 A에서 그은 접선의 방정식을 이용하여 선분 OD의 길이 구하기

원 $x^2+y^2=1$ 위의 점 A$(\cos\theta, \sin\theta)$에서의 접선의 방정식은

$x\cos\theta+y\sin\theta=1$이므로 점 D의 좌표는 $\left(\dfrac{1}{\cos\theta}, 0\right)$이라 할 수 있지?

→ 원 $x^2+y^2=r^2$ 위의 임의의 점의 좌표는 $(r\cos\theta, r\sin\theta)$로 둘 수 있으므로 원 $x^2+y^2=1$ 위의 점의 좌표는 $(\cos\theta, \sin\theta)$로 둘 수 있어.

$\therefore \overline{OD}=-\dfrac{1}{\cos\theta}$ ($\because \cos\theta<0$)

(이하 동일)

주의 점 D의 좌표는 $\left(\dfrac{1}{\cos\theta}, 0\right)$이지만 θ는 $\dfrac{\pi}{2}\le\theta\le\pi$ 사이의 값이므로 $\cos\theta<0$이 돼.

따라서 길이의 값은 항상 양수가 되어야 하므로 $\overline{OD}=-\dfrac{1}{\cos\theta}$라고 나타낼 수 있어.

E 174 정답 ① *삼각함수의 정의와 성질의 활용 — [정답률 54%]

정답 공식: 엇각을 이용해 이등변삼각형을 찾고 이등변삼각형의 성질을 이용한다.

중심이 O이고 반지름의 길이가 R인 구면거울이 있다. 그림과 같이 OX축에 평행하게 입사된 빛이 거울에 반사된 후 X축과 만나는 점을 A라고 할 때, 선분 OA의 길이는? (단, 입사각과 반사각의 크기는 θ로 같고, $0<\theta<20°$이다.) (2점)

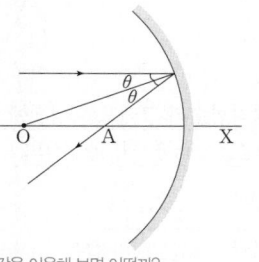

단서 평행선과 각이 주어진 문제야. 그럼 동위각 또는 엇각을 이용해 보면 어떨까?

① $\dfrac{R}{2\cos\theta}$ ② $\dfrac{R}{2\sin\theta}$ ③ $R(1-\cos\theta)$

④ $\dfrac{R}{2\cos2\theta}$ ⑤ $\dfrac{R}{2\sin2\theta}$

1st 이등변삼각형을 찾아내.

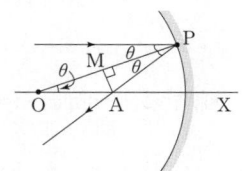

그림과 같이 점 P를 잡으면 빛이 $\overline{OX}$에 평행하게 입사하므로

$\angle POA=\theta$ (엇각)

따라서 삼각형 OAP는 $\overline{OA}=\overline{AP}$인 이등변삼각형이다.

이때, 점 A에서 $\overline{OP}$에 내린 수선의 발을 M이라 하면 점 M은 $\overline{OP}$를

이등분하고, $\overline{OP}=R$이므로 $\overline{OM}=\dfrac{R}{2}$이다.

따라서 $\cos\theta=\dfrac{\overline{OM}}{\overline{OA}}$에서 $\cos\theta=\dfrac{\frac{R}{2}}{\overline{OA}}$이므로

직각삼각형 OAM에서 삼각함수의 정의를 생각해.

$\overline{OA}=\dfrac{\frac{R}{2}}{\cos\theta}=\dfrac{R}{2\cos\theta}$

E 175 정답 ③ *삼각방정식 – 일차식 꼴 — [정답률 80%]

정답 공식: 삼각함수가 포함된 방정식은 삼각함수의 그래프를 이용하여 해결할 수 있다.

$0\le x\le3\pi$일 때, 방정식 $\sqrt{2}\cos x-1=0$의 모든 해의 합은?

단서 삼각함수의 그래프를 이용하여 방정식의 모든 해를 구해. (3점)

① $\dfrac{15}{4}\pi$ ② 4π ③ $\dfrac{17}{4}\pi$ ④ $\dfrac{9}{2}\pi$ ⑤ $\dfrac{19}{4}\pi$

1st $0\le x\le\pi$에서 방정식의 해를 구해.

$\sqrt{2}\cos x-1=0$에서 $\cos x=\dfrac{\sqrt{2}}{2}$

$0\le x\le\pi$일 때, 방정식 $\cos x=\dfrac{\sqrt{2}}{2}$의 해는

$x=\dfrac{\pi}{4}$이다.

2nd 삼각함수의 그래프를 이용하여 방정식의 모든 해를 구해.

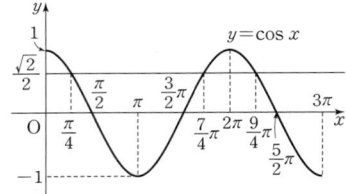

삼각함수의 그래프의 성질에 의하여 $0 \leq x \leq 3\pi$일 때, 방정식의 모든 해는

$$x = \frac{\pi}{4}, \ \frac{7}{4}\pi, \ \frac{9}{4}\pi$$

따라서 모든 해의 합은

$$\frac{\pi}{4} + \frac{7}{4}\pi + \frac{9}{4}\pi = \frac{17}{4}\pi$$ 이다.

$\cos \dfrac{\pi}{4} = \dfrac{\sqrt{2}}{2}$ 이므로 삼각함수의 그래프의 개형과 대칭성을 이용하면 $0 \leq x \leq 3\pi$일 때, 방정식 $\cos x = \dfrac{\sqrt{2}}{2}$의 다른 두 해는

$$x = 2\pi - \frac{\pi}{4} = \frac{7}{4}\pi, \ x = 2\pi + \frac{\pi}{4} = \frac{9}{4}\pi$$

가 됨을 알 수 있지.

E 176 정답 ④ *삼각방정식 – 일차식 꼴 [정답률 85%]

[정답 공식: 방정식 $f(x) = k$의 해는 함수 $y = f(x)$의 그래프와 직선 $y = k$의 교점의 x좌표와 같다.]

함수 $-\dfrac{\pi}{2} < x < \dfrac{\pi}{2}$일 때, 방정식 $2\sin x - 1 = 0$의 해는? (3점)

단서 사인함수의 그래프를 이용하면 방정식의 해를 구할 수 있어.

① $-\dfrac{\pi}{3}$ ② $-\dfrac{\pi}{6}$ ③ 0 ④ $\dfrac{\pi}{6}$ ⑤ $\dfrac{\pi}{3}$

1st 사인함수의 그래프를 이용하여 방정식의 해를 구하자.

방정식 $2\sin x - 1 = 0$에서 $\sin x = \dfrac{1}{2}$이므로 ($\sin \dfrac{\pi}{6} = \dfrac{1}{2}$)

$-\dfrac{\pi}{2} < x < \dfrac{\pi}{2}$일 때, 방정식의 해는 $x = \dfrac{\pi}{6}$이다.

🔍 다른 풀이: **그래프를 그려 곡선과 직선의 교점 구하기**

함수 $y = \sin x$의 그래프와 직선 $y = \dfrac{1}{2}$을 그리면 다음과 같아.

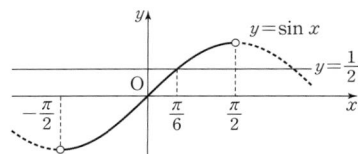

따라서 $y = \sin x$의 그래프와 직선 $y = \dfrac{1}{2}$의 교점의 x좌표를 구하면

$$x = \frac{\pi}{6}$$

E 177 정답 ④ *삼각방정식 – 일차식 꼴 [정답률 71%]

[정답 공식: 탄젠트함수 $y = \tan x$의 그래프와 직선 $y = 1$의 교점의 x좌표가 방정식의 해이다.]

$\dfrac{\pi}{2} < x < \dfrac{3}{2}\pi$일 때, 방정식 $\tan x = 1$의 해는? (3점)

① $\dfrac{2}{3}\pi$ ② $\dfrac{3}{4}\pi$ ③ $\dfrac{5}{6}\pi$

④ $\dfrac{5}{4}\pi$ ⑤ $\dfrac{4}{3}\pi$

단서 주어진 x의 값의 범위에서 $\tan x$의 값이 양수이려면 제 3사분면의 각이어야 해.

1st 탄젠트함수의 그래프를 이용하여 방정식의 해를 구하자.

방정식 $\tan x = 1$의 해는 함수 $y = \tan x$의 그래프와 직선 $y = 1$이 만나는 점의 x좌표와 같다. → 특수각 $\dfrac{\pi}{4}$에 대하여 $\tan \dfrac{\pi}{4} = 1$

주의 방정식의 해를 두 그래프의 교점의 x좌표로 생각할 수 있어야 해.

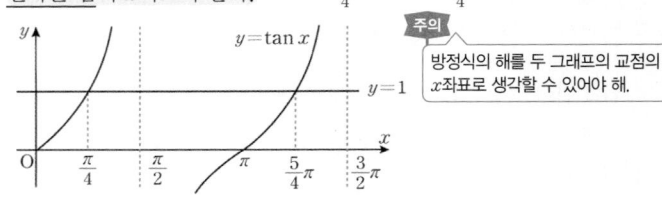

2nd $y = \tan x$의 주기가 π임을 이용하자.

$\tan \dfrac{\pi}{4} = 1$이고 함수 $y = \tan x$의 주기가 π이므로

구하는 해는 $x = \dfrac{5}{4}\pi$ → 탄젠트함수의 주기가 π이므로 $\tan\left(\pi + \dfrac{\pi}{4}\right) = \tan \dfrac{\pi}{4} = 1$

→ 주어진 범위가 $\dfrac{\pi}{2} < x < \dfrac{3}{2}\pi$이므로 이 범위에 맞는 해를 구해야 해.

E 178 정답 ④ *삼각방정식 – 일차식 꼴 [정답률 84%]

[정답 공식: $y = |\sin 2x|$의 그래프와 $y = \dfrac{1}{2}$의 그래프의 교점을 찾는다.]

$0 \leq x < 2\pi$일 때, 방정식

$$|\sin 2x| = \frac{1}{2}$$

단서 함수 $y = \sin 2x$의 그래프와 두 직선 $y = \dfrac{1}{2}$, $y = -\dfrac{1}{2}$을 그려서 교점이 몇 개인지 확인해 봐.

의 모든 실근의 개수는? (3점)

① 2 ② 4 ③ 6 ④ 8 ⑤ 10

1st $y = \sin 2x$의 그래프를 이용해.

$|\sin 2x| = \dfrac{1}{2}$에서 $\sin 2x = \pm \dfrac{1}{2}$

$0 \leq x < 2\pi$에서 $y = \sin 2x$의 그래프와 두 직선 $y = \dfrac{1}{2}$, $y = -\dfrac{1}{2}$은 그림과 같다. 함수 $y = \sin 2x$의 최댓값과 최솟값은 각각 1, -1이고, 주기는 $\dfrac{2\pi}{2} = \pi$야.

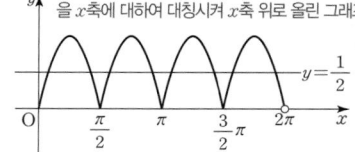

$\sin 2x = -\dfrac{1}{2}$일 때, $x = \dfrac{7}{12}\pi$ 또는 $\dfrac{11}{12}\pi$ 또는 $\dfrac{19}{12}\pi$ 또는 $\dfrac{23}{12}\pi$로 실근의 개수는 4야.

→ $\sin 2x = \dfrac{1}{2}$일 때, $x = \dfrac{\pi}{12}$ 또는 $\dfrac{5}{12}\pi$ 또는 $\dfrac{13}{12}\pi$ 또는 $\dfrac{17}{12}\pi$로 실근의 개수는 4야.

따라서 방정식 $|\sin 2x| = \dfrac{1}{2}$의 모든 실근의 개수는 8이다.

🔍 다른 풀이: **함수 $y = |\sin 2x|$의 그래프와 직선 $y = \dfrac{1}{2}$의 교점의 개수로 모든 실근의 개수 구하기**

$0 \leq x < 2\pi$에서 $y = |\sin 2x|$의 그래프와 직선 $y = \dfrac{1}{2}$은 그림과 같아.

$y = |f(x)|$의 그래프는 $y = f(x)$의 그래프의 x축 아랫부분을 x축에 대하여 대칭시켜 x축 위로 올린 그래프야.

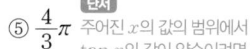

따라서 방정식 $|\sin 2x| = \dfrac{1}{2}$의 모든 실근의 개수는 8이야.

E 179 정답 ④ *삼각방정식 – 일차식 꼴 ········· [정답률 83%]

(정답 공식: 로그의 성질을 이용해 식을 정리한 뒤 진수끼리만 비교한다.)

$0 < \theta < \dfrac{\pi}{2}$일 때, [단서] $\log a - \log b = \log \dfrac{a}{b}$, $n\log x = \log x^n$임을 이용해 식을 정리하자.

$$\log(\sin \theta) - \log(\cos \theta) = \frac{1}{2}\log 3$$

을 만족시키는 θ의 값은? (단, log는 상용로그이다.) (3점)

① $\dfrac{\pi}{6}$　② $\dfrac{\pi}{4}$　③ $\dfrac{2}{7}\pi$　④ $\dfrac{\pi}{3}$　⑤ $\dfrac{2}{5}\pi$

1st 로그의 성질을 이용해서 식을 정리해.

$\underset{\log a - \log b = \log \frac{a}{b}}{\underline{\log(\sin \theta) - \log(\cos \theta)}} = \dfrac{1}{2}\log 3$에서 $\log \dfrac{\sin \theta}{\cos \theta} = \underset{n\log a = \log a^n}{\underline{\log 3^{\frac{1}{2}}}}$

$\dfrac{\sin \theta}{\cos \theta} = 3^{\frac{1}{2}}$, $\tan \theta = \sqrt{3}$ 　∴ $\theta = \dfrac{\pi}{3}$ $\left(∵ 0 < \theta < \dfrac{\pi}{2}\right)$

E 180 정답 ④ *삼각방정식 – 일차식 꼴 ········· [정답률 84%]

[정답 공식: 방정식 $f(x) = k$의 해는 함수 $y = f(x)$의 그래프와 직선 $y = k$의 교점의 x좌표이다.]

$0 \le x \le \pi$일 때, 방정식 $2\cos x + 1 = 0$의 해는? (3점)

[단서] 삼각함수의 그래프를 이용하여 방정식의 해를 구해.

① $\dfrac{\pi}{6}$　② $\dfrac{\pi}{4}$　③ $\dfrac{\pi}{3}$　④ $\dfrac{2}{3}\pi$　⑤ $\dfrac{5}{6}\pi$

1st 주어진 방정식의 해를 구해.

$2\cos x + 1 = 0$에서 $2\cos x = -1$ 　∴ $\cos x = -\dfrac{1}{2}$

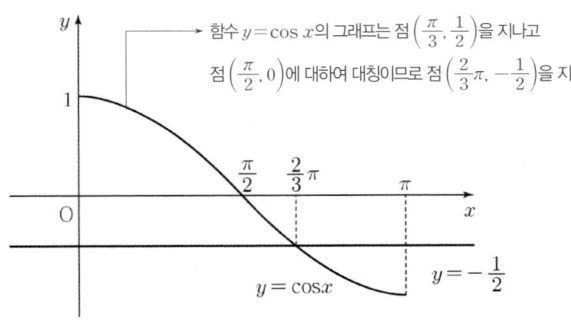

함수 $y = \cos x$의 그래프는 점 $\left(\dfrac{\pi}{3}, \dfrac{1}{2}\right)$을 지나고 점 $\left(\dfrac{\pi}{2}, 0\right)$에 대하여 대칭이므로 점 $\left(\dfrac{2}{3}\pi, -\dfrac{1}{2}\right)$을 지나.

이때, $0 \le x \le \pi$에서 함수 $y = \cos x$의 그래프와 직선 $y = -\dfrac{1}{2}$은 그림과 같으므로 구하는 해는 $x = \dfrac{2}{3}\pi$이다.

E 181 정답 ⑤ *삼각방정식 – 일차식 꼴 ········· [정답률 77%]

(정답 공식: $\cos x$가 정수가 되는 x의 값을 찾는다.)

삼각방정식 $\sin(\pi\cos x) = 0$의 해의 개수는? (단, $0 \le x < 2\pi$)

[단서] 사인함수의 그래프를 이용하여 $\sin(\pi\cos x) = 0$에서 $\pi\cos x = n\pi$ (n은 정수)임을 찾아. (4점)

① 0　② 1　③ 2　④ 3　⑤ 4

1st $\pi\cos x = \alpha$라 하면, $\sin \alpha = 0 \Longleftrightarrow \alpha = n\pi$ (n은 정수)임을 이용해.

방정식 $\underline{\sin(\pi\cos x) = 0}$에서 $\pi\cos x = n\pi$ (단, n은 정수)

∴ $\cos x = n$ (단, n은 정수) $y = \sin x$의 그래프는 $x = n\pi$ (n은 정수)에서 x축과 만나.

그런데 $-1 \le \cos x \le 1$이고, n은 정수이므로

$\cos x = -1, 0, 1$ [주의] 삼각함수가 직선 $x = \pi$에 대하여 대칭을 이루고 있어.

또한, $0 \le x < 2\pi$이므로

(i) $\cos x = -1$에서 $x = \pi$

(ii) $\cos x = 0$에서 $x = \dfrac{\pi}{2}, \dfrac{3}{2}\pi$

(iii) $\cos x = 1$에서 $x = 0$

∴ $x = 0, \dfrac{\pi}{2}, \pi, \dfrac{3}{2}\pi$

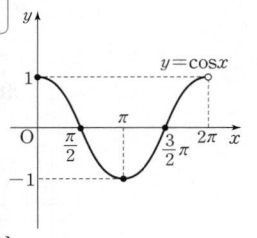

따라서 주어진 삼각방정식의 해의 개수는 4이다.

E 182 정답 ⑤ *삼각방정식 – 일차식 꼴 ········· [정답률 45%]

[정답 공식: 방정식 $f(x) = k$의 근은 함수 $y = f(x)$의 그래프와 직선 $y = k$의 교점의 x좌표와 같다.]

$0 \le x < \pi$일 때, x에 대한 방정식

[단서1] 삼각방정식의 해는 삼각함수의 그래프와 직선의 교점의 x좌표와 같아. n의 값에 따라 주기가 변하는 것을 주의해야 해.

$$\sin nx = \frac{1}{5} (n\text{은 자연수})$$

의 모든 해의 합을 $f(n)$이라 하자. $f(2) + f(5)$의 값은? (4점)

[단서2] $n = 2$ 또는 $n = 5$일 때의 방정식 $\sin nx = \dfrac{1}{5}$의 해를 구하는 거야.

① $\dfrac{3}{2}\pi$　② 2π　③ $\dfrac{5}{2}\pi$　④ 3π　⑤ $\dfrac{7}{2}\pi$

1st $n = 2$일 때, 방정식 $\sin nx = \dfrac{1}{5}$의 모든 해의 합 $f(2)$를 구하자.

삼각함수 $y = \sin nx$의 주기는 $\dfrac{2\pi}{n}$이다.

(i) $n = 2$일 때, [삼각함수의 주기]

$0 \le x < \pi$에서 방정식 $\sin 2x = \dfrac{1}{5}$의 해는 함수

(1) $y = k\sin(ax + b) + c$의 주기: $\dfrac{2\pi}{|a|}$

(2) $y = k\cos(ax + b) + c$의 주기: $\dfrac{2\pi}{|a|}$

(3) $y = k\tan(ax + b) + c$의 주기: $\dfrac{\pi}{|a|}$

$y = \sin 2x$와 직선 $y = \dfrac{1}{5}$의 교점의 x좌표이다.

그림과 같이 함수 $y = \sin 2x$와 직선 $y = \dfrac{1}{5}$의 교점이 두 개 있고, 두 교점의 x좌표는 직선 $x = \dfrac{\pi}{4}$에 대하여 대칭이다.

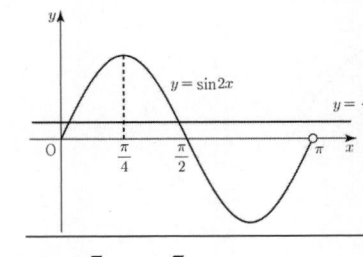

함수 $y = \sin 2x$의 주기가 $\dfrac{2\pi}{2} = \pi$야.
함수 $y = \sin 2x$와 직선 $y = \dfrac{1}{5}$의 교점의 x좌표를 α, β라 하면 대칭성에 의해 $\dfrac{\alpha + \beta}{2} = \dfrac{\pi}{4}$이므로 $\alpha + \beta = \dfrac{\pi}{4} \times 2 = \dfrac{\pi}{2}$

∴ $f(2) = \dfrac{\pi}{4} \times 2 = \dfrac{\pi}{2}$

2nd $n = 5$일 때, 방정식 $\sin nx = \dfrac{1}{5}$의 모든 해의 합 $f(5)$를 구하자.

(ii) $n = 5$일 때,

$0 \le x < \pi$에서 방정식 $\sin 5x = \dfrac{1}{5}$의 해는 함수 $y = \sin 5x$와 직선 $y = \dfrac{1}{5}$의 교점의 x좌표이다.

함수 $y=\sin 5x$의 주기는 $\dfrac{2\pi}{5}$이고, 그림과 같이 함수 $y=\sin 5x$와

직선 $y=\dfrac{1}{5}$의 교점의 x좌표를 순서대로 $x_1,\ x_2,\ x_3,\ x_4,\ x_5,\ x_6$이라

하면 대칭성에 의해

$\dfrac{x_1+x_2}{2}=\dfrac{\pi}{10},\ \dfrac{x_3+x_4}{2}=\dfrac{\pi}{2},\ \dfrac{x_5+x_6}{2}=\dfrac{9\pi}{10}$이므로

$x_1+x_2=\dfrac{\pi}{5},\ x_3+x_4=\pi,\ x_5+x_6=\dfrac{9\pi}{5}$

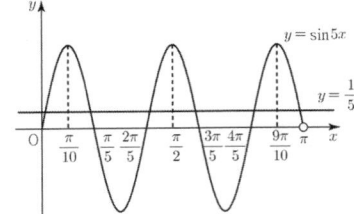

$f(5)=\dfrac{\pi}{5}+\pi+\dfrac{9\pi}{5}=3\pi$

3rd $f(2)+f(5)$의 값을 구하자.

$\therefore f(2)+f(5)=\dfrac{\pi}{2}+3\pi=\dfrac{7}{2}\pi$

E 183 정답 ① *삼각방정식 – 일차식 꼴 ·········· [정답률 41%]

[정답 공식: $\sin\left(\dfrac{\pi}{2}-\theta\right)=\cos\theta,\ \sin^2\theta+\cos^2\theta=1$]

> 상수 $k\ (0<k<1)$에 대하여 $0\le x<2\pi$일 때, 방정식 $\sin x=k$
> 의 두 근을 $\alpha,\ \beta\ (\alpha<\beta)$라 하자. $\sin\dfrac{\beta-\alpha}{2}=\dfrac{5}{7}$일 때, k의 값
> 은? (4점) **단서** $0\le x<2\pi$에서 $y=\sin x$와 직선 $y=k\ (0<k<1)$의 교점의
> x좌표는 $x=\dfrac{\pi}{2}$에 대하여 대칭이야.
>
> ① $\dfrac{2\sqrt{6}}{7}$ ② $\dfrac{\sqrt{26}}{7}$ ③ $\dfrac{2\sqrt{7}}{7}$ ④ $\dfrac{\sqrt{30}}{7}$ ⑤ $\dfrac{4\sqrt{2}}{7}$

1st 주어진 삼각방정식을 함수의 그래프의 교점으로 생각해보자.

 방정식 $f(x)=k$의 해는 함수 $y=f(x)$의 그래프와 직선 $y=k$의 교점의 x좌표와 같아.
특히 삼각방정식의 해와 삼각함수의 그래프와 직선의 교점의 x좌표와 같다는 것은 자주
이용되기 때문에 그 둘의 관계를 잘 알고 있어야 해.

방정식 $\sin x=k$의 두 근이 $\alpha,\ \beta\,(\alpha<\beta)$라는 것은 함수 $y=\sin x$의 그
래프와 직선 $y=k$의 교점의 x좌표가 $\alpha,\ \beta\,(\alpha<\beta)$라는 것을 의미한다.

이때, $0<k<1$이므로 $0\le x<2\pi$에서 함수 $y=\sin x$의 그래프와 직선
$y=k$는 다음과 같다.

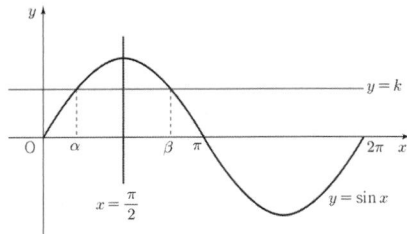

함수 $y=\sin x$의 그래프는 직선 $x=\dfrac{\pi}{2}$에 대하여 대칭이므로

함수 $y=\sin x$의 그래프와 직선 $y=k$가 만나는 두 점의 x좌표 $\alpha,\ \beta$에
대하여 → 삼각함수의 그래프와 직선 $y=k$ 꼴의 교점의 x좌표들은 직선
$x=\dfrac{\pi}{2}\times n\,(n$은 정수)에 대하여 대칭성이 존재하기 때문에 대
칭성을 이용할 수 있도록 식을 유도하자.

$\dfrac{\alpha+\beta}{2}=\dfrac{\pi}{2}$

즉, $\alpha+\beta=\pi$

$\therefore \beta=\pi-\alpha$

2nd $\sin^2\theta+\cos^2\theta=1$을 이용하여 코사인을 사인으로 바꾸자.

$\dfrac{\beta-\alpha}{2}=\dfrac{(\pi-\alpha)-\alpha}{2}=\dfrac{\pi}{2}-\alpha$이므로 $\sin\left(\dfrac{\pi}{2}-\theta\right)=\cos\theta,$

$\sin\dfrac{\beta-\alpha}{2}=\underline{\sin\left(\dfrac{\pi}{2}-\alpha\right)}=\cos\alpha=\dfrac{5}{7}$ $\cos\left(\dfrac{\pi}{2}-\theta\right)=\sin\theta,$

즉, $k^2=\sin^2\alpha=1-\cos^2\alpha=1-\left(\dfrac{5}{7}\right)^2=\dfrac{24}{49}$ $\tan\left(\dfrac{\pi}{2}-\theta\right)=\dfrac{1}{\tan\theta}$

$\therefore k=\sqrt{\dfrac{24}{49}}=\dfrac{2\sqrt{6}}{7}\ (0<k<1)$

E 184 정답 ⑤ *삼각방정식 – 일차식 꼴 ·········· [정답률 55%]

[정답 공식: 정삼각형 ABC의 한 변의 길이가 a이면 높이는 $\dfrac{\sqrt{3}}{2}a$이다.]

> $-\dfrac{3}{2}\pi\le x\le\dfrac{3}{2}\pi$에서 정의된 함수
>
> $f(x)=a\cos\dfrac{2}{3}x+a\,(a>0)$ **단서1** y축 위의 점들은 x좌표의 값이 모두 0이야.
>
> 이 있다. 함수 $y=f(x)$의 그래프가 y축과 만나는 점을 A,
>
> 직선 $y=\dfrac{a}{2}$와 만나는 두 점을 각각 B, C라 하자. **단서2** 방정식 $f(x)=\dfrac{a}{2}$의 해가
> 두 점 B, C의 x좌표야.
> 삼각형 ABC가 정삼각형일 때, a의 값은? (4점)
> **단서3** 정삼각형의 뜻과 성질을 최대한 이용해야겠지?
> 정삼각형은 세 변의 길이가 같고, 세 각의 크기가 모두 $\dfrac{\pi}{3}$!
>
>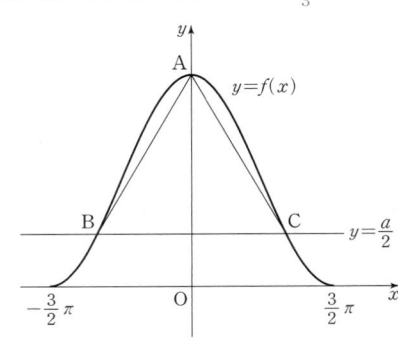
>
> ① $\dfrac{\sqrt{3}}{3}\pi$ ② $\dfrac{5\sqrt{3}}{12}\pi$ ③ $\dfrac{\sqrt{3}}{2}\pi$
> ④ $\dfrac{7\sqrt{3}}{12}\pi$ ⑤ $\dfrac{2\sqrt{3}}{3}\pi$

1st 점 A의 좌표를 구해.

함수 $y=f(x)$의 그래프와 y축이 만나는 점 A의 좌표를 구하기 위해
점 A는 함수 $y=f(x)$의 그래프와 y축$(x=0)$이 만나는 점이야.
$f(x)=a\cos\dfrac{2}{3}x+a\,(a>0)$에 $x=0$을 대입하면

$f(0)=a\cos 0+a=2a$이므로

점 A$(0,\ 2a)$이다.

2nd 두 점 B, C의 좌표를 각각 구해.

방정식 $a\cos\dfrac{2}{3}x+a=\dfrac{a}{2}$의 해가 두 점 B, C의 x좌표이므로

$a\cos\dfrac{2}{3}x=-\dfrac{a}{2},\ \cos\dfrac{2}{3}x=-\dfrac{1}{2}$ **주의**

$a>0$이므로 양변에 있는 a를 약분하여 식을 간단히 할 수 있어. $-\dfrac{3}{2}\pi\le x\le\dfrac{3}{2}\pi$이므로

$-\dfrac{3}{2}\pi\le x\le\dfrac{3}{2}\pi$이므로 $-\pi\le\dfrac{2}{3}x\le\pi$ $-\pi\le\dfrac{2}{3}x\le\pi$로
값의 범위를 정해두고
코사인의 값을 구해.

$\dfrac{2}{3}x=A$라 하면 $\cos A=-\dfrac{1}{2}\ (-\pi\le A\le\pi)\ \cdots\ \bigcirc$

276 자이스토리 고2 수학 I

함수 $y=\cos x\,(-\pi\le x<\pi)$의 그래프를 그려보면

$\cos x=-\dfrac{1}{2}$에서

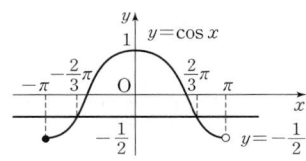

$\cos\dfrac{2}{3}\pi=-\dfrac{1}{2}$ 또는 $\cos\left(-\dfrac{2}{3}\pi\right)=-\dfrac{1}{2}$

이를 이용하여 ㉠의 방정식을 풀면

$\dfrac{2}{3}x=\dfrac{2}{3}\pi$ 또는 $\dfrac{2}{3}x=-\dfrac{2}{3}\pi$ $\therefore x=\pi$ 또는 $x=-\pi$

$\therefore \mathrm{B}\left(-\pi,\ \dfrac{a}{2}\right),\ \mathrm{C}\left(\pi,\ \dfrac{a}{2}\right)$

3rd 정삼각형의 성질을 이용해서 a의 값을 구해.

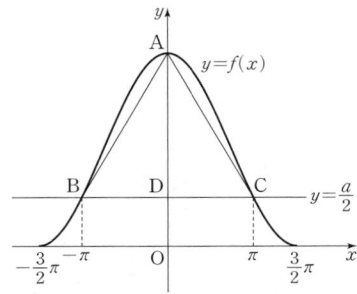

정삼각형 ABC의 한 변의 길이가 $\overline{\mathrm{BC}}=2\pi$이므로 정삼각형의 높이는

$\underline{\dfrac{\sqrt{3}}{2}\times 2\pi=\sqrt{3}\pi}$

두 점의 y좌표가 같으므로 $\overline{\mathrm{BC}}=|x$좌표의 차$|$ / 정삼각형의 한 변의 길이가 a이면 높이는 $\dfrac{\sqrt{3}}{2}a$

한편, 직선 $y=\dfrac{a}{2}$와 y축이 만나는 점을 D라 하면

삼각형 ABC의 높이는 $\overline{\mathrm{OA}}-\overline{\mathrm{OD}}=2a-\dfrac{a}{2}=\dfrac{3}{2}a$이고,

$\sqrt{3}\pi=\dfrac{3}{2}a$이므로 $a=\dfrac{2\sqrt{3}}{3}\pi$

다른 풀이: 함수 $y=\cos x\,(0\le x<2\pi)$의 그래프 이용하기

함수 $y=\cos x\,(0\le x<2\pi)$의

그래프에서 방정식 $\cos\dfrac{2}{3}x=-\dfrac{1}{2}$의

해를 구해 보면

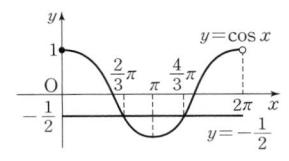

$\cos\dfrac{2}{3}\pi=-\dfrac{1}{2}$ 또는 $\cos\dfrac{4}{3}\pi=-\dfrac{1}{2}$

이때, $\dfrac{2}{3}x=\dfrac{2}{3}\pi+2n\pi$ 또는 $\dfrac{2}{3}x=\dfrac{4}{3}\pi+2m\pi$ ($n,\ m$은 정수)이므로

$n=-1$이면 $\dfrac{2}{3}x=-\dfrac{4}{3}\pi$ $\therefore x=-2\pi$ (×)

$n=0$이면 $\dfrac{2}{3}x=\dfrac{2}{3}\pi$ $\therefore x=\pi$ (○)

$n=1$이면 $\dfrac{2}{3}x=\dfrac{8}{3}\pi$ $\therefore x=4\pi$ (×)

$m=-2$이면 $\dfrac{2}{3}x=-\dfrac{8}{3}\pi$ $\therefore x=-4\pi$ (×)

$m=-1$이면 $\dfrac{2}{3}x=-\dfrac{2}{3}\pi$ $\therefore x=-\pi$ (○)

$m=0$이면 $\dfrac{2}{3}x=\dfrac{4}{3}\pi$ $\therefore x=2\pi$ (×)

$\therefore \underline{x=\pi \text{ 또는 } x=-\pi}$ $\left(\because -\dfrac{3}{2}\pi\le x\le\dfrac{3}{2}\pi\right)$

코사인함수의 그래프는 y축에 대하여 대칭이므로 $x=\pi$를 이용하여 $x=-\pi$를 구해도 돼.

세 점 $\mathrm{A}(0,\ 2a),\ \mathrm{B}\left(-\pi,\ \dfrac{a}{2}\right),\ \mathrm{C}\left(\pi,\ \dfrac{a}{2}\right)$이고,

---

정삼각형 ABC에 대하여 점 A에서 선분 BC에 내린 수선의 발을 D라 하면

$\overline{\mathrm{AD}}=\overline{\mathrm{OA}}-\overline{\mathrm{OD}}=2a-\dfrac{a}{2}=\dfrac{3}{2}a$

삼각형의 특수각의 비에 의하여

$\overline{\mathrm{CD}}:\overline{\mathrm{AD}}=1:\sqrt{3},\ \overline{\mathrm{CD}}:\dfrac{3}{2}a=1:\sqrt{3}$

$\overline{\mathrm{CD}}=\dfrac{3}{2\sqrt{3}}a=\dfrac{\sqrt{3}}{2}a$

$\overline{\mathrm{BC}}=2\pi$이므로 $\overline{\mathrm{BC}}=\overline{\mathrm{BD}}+\overline{\mathrm{DC}}=2\overline{\mathrm{CD}}=2\times\dfrac{\sqrt{3}}{2}a=\sqrt{3}a=2\pi$

$\therefore a=\dfrac{2}{\sqrt{3}}\pi=\dfrac{2\sqrt{3}}{3}\pi$

E 185 정답 ① *삼각방정식 – 일차식 꼴 [정답률 55%]

정답 공식: 함수 $y=f(x)$의 그래프와 직선 $y=k$의 교점의 x좌표는 방정식 $f(x)=k$의 해와 같다.

집합 $\{x\,|\,-4\le x\le 4\}$에서 정의된 함수

$f(x)=2\sin\dfrac{\pi x}{4}$

단서 1 방정식 $f(x)=\sqrt{2}$의 해가 두 점 A, B의 x좌표야.

가 있다. 그림과 같이 함수 $y=f(x)$의 그래프가 직선 $y=\sqrt{2}$와 만나는 서로 다른 두 점을 A, B라 하고, 두 점 B, O를 지나는 직선이 함수 $y=f(x)$의 그래프와 만나는 점 중 B와 O가 아닌 점을 C라 하자. $\angle\mathrm{BAC}=\theta$라 할 때, $\sin\theta$의 값은? (단, 점 B의 x좌표는 점 A의 x좌표보다 크고, O는 원점이다.) (4점)

단서 2 세 점 B, O, C가 한 직선 위에 있고, 곡선 $y=f(x)$의 그래프가 원점대칭이므로 점 C는 점 B를 원점에 대하여 대칭이동한 점이야.

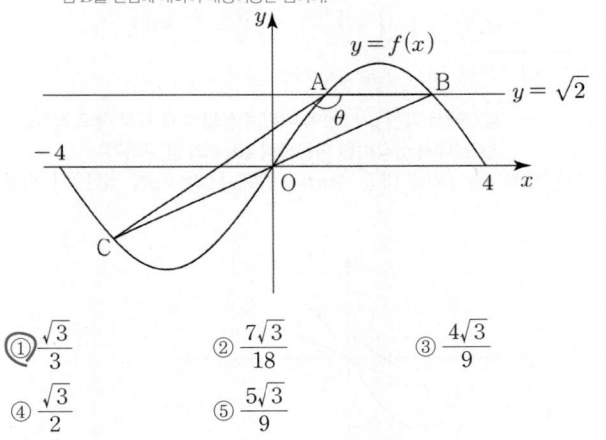

① $\dfrac{\sqrt{3}}{3}$ ② $\dfrac{7\sqrt{3}}{18}$ ③ $\dfrac{4\sqrt{3}}{9}$

④ $\dfrac{\sqrt{3}}{2}$ ⑤ $\dfrac{5\sqrt{3}}{9}$

1st 두 점 A, B의 좌표를 각각 구하자.

함수 $y=f(x)$의 그래프와 직선 $y=\sqrt{2}$가 만나는 점의 x좌표는 방정식

$2\sin\dfrac{\pi x}{4}=\sqrt{2}$, 즉 $\sin\dfrac{\pi x}{4}=\dfrac{1}{\sqrt{2}}$의 해와 같다. (단, $-4\le x\le 4$)

$-1\le\sin\dfrac{\pi x}{4}\le 1$이므로 방정식 $2\sin\dfrac{\pi x}{4}=\sqrt{2}$의 양변을 2로 나누면 방정식의 해를 구하는 문제를 $\dfrac{1}{\sqrt{2}}$을 사인 함숫값으로 갖는 각 $\dfrac{\pi x}{4}$의 값을 찾으면 되는 특수각을 찾는 문제로 바꾸자.

한편, $\sin\dfrac{\pi}{4}=\dfrac{1}{\sqrt{2}}$, $\sin\dfrac{3\pi}{4}=\sin\left(\pi-\dfrac{\pi}{4}\right)=\dfrac{1}{\sqrt{2}}$이고, 주어진 x의

$\sin(\pi-\theta)=\sin\theta$

값의 범위 $-4\le x\le 4$의 각 변에 $\dfrac{\pi}{4}$를 곱해주면

$-\pi\le\dfrac{\pi}{4}x\le\pi$이므로 $\dfrac{\pi}{4}x=\dfrac{\pi}{4}$ 또는 $\dfrac{\pi}{4}x=\dfrac{3}{4}\pi$

$\therefore x=1$ 또는 $x=3$

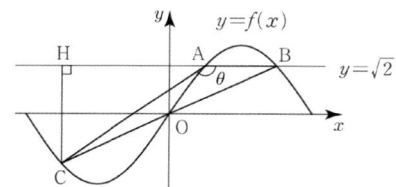

$\sin$함수의 주기가 2π이므로 $\sin\dfrac{\pi x}{4}=\dfrac{1}{2}$을 만족시키려면 $\dfrac{\pi x}{4}$의 값이 $\dfrac{(8n+1)\pi}{4}$ 또는 $\dfrac{(8n+3)\pi}{4}$ (n은 정수) 꼴이어야 해. 여기서는 x의 값의 범위를 $-4\leq x\leq 4$로 제한했기 때문에 간단하게 2개의 값만 생각해주면 되지만, x의 값의 범위가 제한되지 않으면 $x=8n+1$ 또는 $x=8n+3$(n은 정수) 이겠지?

따라서 두 점의 좌표는 $A(1,\sqrt{2})$, $B(3,\sqrt{2})$이다.

2nd 점 C의 좌표를 구하자.

두 점 B, O를 지나는 직선이 점 C를 지나고, 두 점 B, C가 함수 $y=f(x)$의 그래프 위의 점이므로 선분 BC의 중점이 원점 O이다.

따라서 두 점 B, C가 원점에 대하여 대칭이므로
점 C의 좌표는 $(-3,-\sqrt{2})$이다.
↳ 점 (a,b)를 원점에 대하여 대칭이동하면 $(-a,-b)$

3rd $\sin\theta$의 값을 구하자.

삼각형 ABC에 대하여 $\angle BAC=\theta$라 하고,
$\overline{AB}=2$,
↳ 두 점의 y좌표가 같으므로 $\overline{AB}=(x$좌표의 차$)=2$

$\overline{BC}=\sqrt{\{3-(-3)\}^2+\{\sqrt{2}-(-\sqrt{2})\}^2}=\sqrt{6^2+(2\sqrt{2})^2}=2\sqrt{11}$

$\overline{AC}=\sqrt{\{1-(-3)\}^2+\{\sqrt{2}-(-\sqrt{2})\}^2}=\sqrt{4^2+(2\sqrt{2})^2}=2\sqrt{6}$

코사인법칙에 의하여
↳ [두 점 사이의 거리]
두 점 (a,b), (c,d)사이의 거리 l은 $l=\sqrt{(a-c)^2+(b-d)^2}$
↳ 삼각형 ABC에 대하여 $\overline{AB}=c$, $\overline{BC}=a$, $\overline{CA}=b$라 하면 세 변의 길이와 세 각의 크기 사이에는 다음과 같은 관계가 성립한다.
① $a^2=b^2+c^2-2bc\cos A$
② $b^2=c^2+a^2-2ca\cos B$
③ $c^2=a^2+b^2-2ab\cos C$

$(2\sqrt{11})^2=2^2+(2\sqrt{6})^2-2\times 2\times 2\sqrt{6}\times\cos\theta$ $\therefore\cos\theta=-\dfrac{\sqrt{6}}{3}$

따라서 $\cos^2\theta+\sin^2\theta=1$이므로

$\sin\theta=\sqrt{1-\cos^2\theta}=\sqrt{1-\left(-\dfrac{\sqrt{6}}{3}\right)^2}=\sqrt{\dfrac{3}{9}}=\dfrac{\sqrt{3}}{3}$이다.
↳ $\dfrac{\pi}{2}<\theta<\pi$이므로 $\sin\theta>0$임을 알 수 있어.

🔧 **다른 풀이:** 점 C에서 직선 $y=\sqrt{2}$에 내린 수선의 발을 H라 하고 직각삼각형 ACH에서 삼각비를 이용하여 $\sin\theta$의 값 구하기

점 C에서 직선 $y=\sqrt{2}$에 내린 수선의 발을 H라 하면 점 H의 좌표는 $(-3,\sqrt{2})$

$\angle CAH=\pi-\theta$, $\sin\theta=\sin(\pi-\theta)$,
$\overline{CH}=2\sqrt{2}$, $\overline{AC}=\sqrt{\{1-(-3)\}^2+\{\sqrt{2}-(-\sqrt{2})\}^2}=2\sqrt{6}$
이므로 직각삼각형 ACH에서

$\sin(\pi-\theta)=\dfrac{\overline{CH}}{\overline{AC}}=\dfrac{2\sqrt{2}}{2\sqrt{6}}=\dfrac{\sqrt{3}}{3}$ $\therefore\sin\theta=\sin(\pi-\theta)=\dfrac{\sqrt{3}}{3}$

수능 핵강

✱ **삼각함수의 그래프 문제 쉽게 접근하기**

학생들이 삼각함수의 그래프 문제를 풀 때 어려워하는 부분 중 하나가 예전에 배운 내용과 연계하여 해결해야 하는 부분이야. 그러나 이런 문제일수록 풀이 방법이 한 가지만 있는 건 아니니 다양한 방법으로 접근하는 연습을 해봐야 해.
(ⅰ) 사인법칙, 코사인법칙을 이용해서 답을 구하는 방법
(ⅱ) 점의 좌표를 이용하여 선분의 길이를 구해서 답을 구하는 방법

E 186 정답 ③ ✱삼각방정식 – 이차식꼴 ············ [정답률 81%]

정답 공식: x에 대한 방정식 $\sin x=a(-1\leq a\leq 1)$의 해는 함수 $y=\sin x$의 그래프와 직선 $y=a$의 교점의 x좌표이다.

$0\leq x\leq 2\pi$일 때, 방정식 $2\sin^2 x+3\sin x-2=0$의 모든 해의 합은? (3점)
단서 $\sin x$에 대한 이차방정식이야. 이때, $-1\leq\sin x\leq 1$임에 주의해.

① $\dfrac{\pi}{2}$ ② $\dfrac{3}{4}\pi$ ③π ④ $\dfrac{5}{4}\pi$ ⑤ $\dfrac{3}{2}\pi$

1st $\sin x$에 대한 이차방정식을 풀어.

$2\sin^2 x+3\sin x-2=0$에서 $(\sin x+2)(2\sin x-1)=0$

$\therefore\sin x=\dfrac{1}{2}$ ($\because -1\leq\sin x\leq 1$)

2nd 주어진 방정식의 모든 해의 합을 구해.

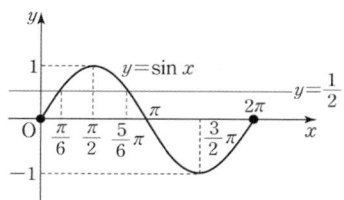

$0\leq x\leq 2\pi$에서 함수 $y=\sin x$의 그래프와 직선 $y=\dfrac{1}{2}$은 그림과

같으므로 $\sin x=\dfrac{1}{2}$의 해는 $x=\dfrac{\pi}{6}$ 또는 $x=\dfrac{5}{6}\pi$이다.
함수 $y=\sin x$의 그래프와 직선 $y=\dfrac{1}{2}$의 교점의 x좌표야.
$0\leq x\leq\dfrac{\pi}{2}$에서 $\sin x=\dfrac{1}{2}$의 해는 $x=\dfrac{\pi}{6}$이고 함수 $y=\sin x$의 그래프는 직선 $x=\dfrac{\pi}{2}$에 대하여 대칭이므로 $\dfrac{\pi}{2}\leq x\leq\pi$에서 $\sin x=\dfrac{1}{2}$의 해는 $x=\pi-\dfrac{\pi}{6}=\dfrac{5}{6}\pi$야.

따라서 주어진 방정식의 모든 해의 합은 $\dfrac{\pi}{6}+\dfrac{5}{6}\pi=\pi$이다.

🔧 **다른 풀이:** 함수 $y=\sin x$의 그래프의 대칭성 이용하기

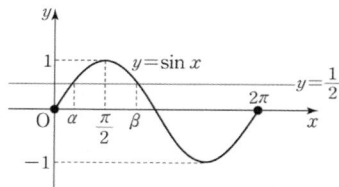

$0\leq x\leq 2\pi$에서 함수 $y=\sin x$의 그래프와 직선 $y=\dfrac{1}{2}$이 만나는 점의

x좌표를 각각 α, β라 하면 함수 $y=\sin x$의 그래프는 직선 $x=\dfrac{\pi}{2}$에

대하여 대칭이므로 $\dfrac{\alpha+\beta}{2}=\dfrac{\pi}{2}$
함수 $y=\sin x$의 그래프는 직선 $x=\dfrac{\pi}{2}+k\pi$(k는 정수)에 대하여 대칭이야.

$\therefore\alpha+\beta=\pi$

따라서 $0\leq x\leq 2\pi$에서 방정식 $\sin x=\dfrac{1}{2}$의 모든 실근의 합은 π야.

E 187 정답 ④ *삼각방정식 – 이차식 꼴 ········· [정답률 57%]

정답 공식: 삼각방정식 $\sin x = k$(k는 상수)의 해는 삼각함수 $y=\sin x$의 그래프와 직선 $y=k$의 교점의 x좌표와 같다.

$0 \le x \le \pi$일 때, 방정식
$$2\cos^2 x + (2+\sqrt{3})\sin x - (2+\sqrt{3}) = 0$$
의 모든 해의 합은? (4점) [단서] 방정식에 $\cos$, $\sin$이 함께 있는 경우에는 $\sin^2 x + \cos^2 x = 1$을 이용하여 둘 중 하나로 통일시켜야 해.

① $\dfrac{3}{4}\pi$ ② π ③ $\dfrac{5}{4}\pi$ ④ $\dfrac{3}{2}\pi$ ⑤ $\dfrac{7}{4}\pi$

1st 삼각함수 사이의 관계를 이용하여 $\sin x$에 대한 방정식으로 정리하자.

$\cos^2 x = 1 - \sin^2 x$이므로 방정식에 대입하면
$$2(1-\sin^2 x) + (2+\sqrt{3})\sin x - (2+\sqrt{3}) = 0$$
$$2\sin^2 x - (2+\sqrt{3})\sin x + \sqrt{3} = 0$$
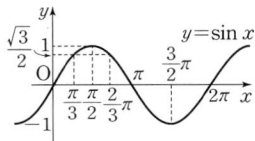
$$(2\sin x - \sqrt{3})(\sin x - 1) = 0$$
$$\therefore \sin x = \frac{\sqrt{3}}{2} \ \text{또는} \ \sin x = 1$$

2nd 주어진 방정식의 모든 해의 합을 구해.

$0 \le x \le \pi$에서

(ⅰ) $\sin x = \dfrac{\sqrt{3}}{2}$일 때,

$x = \dfrac{\pi}{3}$ 또는 $x = \dfrac{2}{3}\pi$

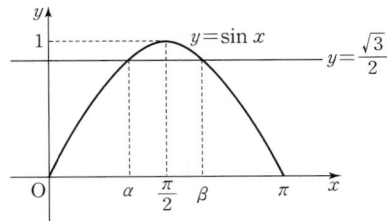

(ⅱ) $\sin x = 1$일 때,

$x = \dfrac{\pi}{2}$

따라서 구하는 모든 해의 합은

$\dfrac{\pi}{3} + \dfrac{2}{3}\pi + \dfrac{\pi}{2} = \dfrac{3}{2}\pi$

🍭 톡톡 풀이: **함수 $y=\sin x$의 그래프의 대칭성을 이용하여 모든 해의 합 구하기**

$0 \le x \le \pi$에서 $\sin x = \dfrac{\sqrt{3}}{2}$의 해를 $x=\alpha$ 또는 $x=\beta$라 하면 그림과 같이

α, β는 함수 $y=\sin x$의 그래프와 직선 $y=\dfrac{\sqrt{3}}{2}$의 교점의 x좌표야.

$0 \le x \le \pi$에서 함수 $y=\sin x$의 그래프는 직선 $x=\dfrac{\pi}{2}$에 대하여 대칭이

므로 두 점 $(\alpha, 0)$, $(\beta, 0)$의 중점은 $\left(\dfrac{\pi}{2}, 0\right)$이야.

즉, $\dfrac{\alpha+\beta}{2} = \dfrac{\pi}{2}$

$\therefore \alpha + \beta = \pi$

또한, $\sin x = 1$에서 $x = \dfrac{\pi}{2}$

따라서 주어진 방정식의 모든 해의 합은

$\alpha + \beta + \dfrac{\pi}{2} = \pi + \dfrac{\pi}{2} = \dfrac{3}{2}\pi$

E 188 정답 ④ *삼각방정식 – 이차식 꼴 ········· [정답률 82%]

정답 공식: x에 대한 이차방정식 $ax^2+bx+c=0$이 실근을 갖지 않으려면 이 이차방정식의 판별식 $D=b^2-4ac$가 0보다 작아야 한다.

$0 \le \theta < 2\pi$일 때, x에 대한 이차방정식
$$6x^2 + (4\cos\theta)x + \sin\theta = 0$$
이 실근을 갖지 않도록 하는 모든 θ의 값의 범위는 $\alpha < \theta < \beta$이다. $3\alpha + \beta$의 값은? (3점) [단서] 이차방정식 $ax^2+bx+c=0$의 근의 존재성을 판별하려면 판별식 $D=b^2-4ac$의 부호를 따져봐야 해.

① $\dfrac{5}{6}\pi$ ② π ③ $\dfrac{7}{6}\pi$ ④ $\dfrac{4}{3}\pi$ ⑤ $\dfrac{3}{2}\pi$

1st 이차방정식의 판별식을 이용하여 θ의 값의 범위를 구해.

x에 대한 이차방정식 $6x^2 + (4\cos\theta)x + \sin\theta = 0$의 판별식을 D라 하면 이 이차방정식이 실근을 갖지 않아야 하므로

$\dfrac{D}{4} = (2\cos\theta)^2 - 6\sin\theta = 4\cos^2\theta - 6\sin\theta < 0$에서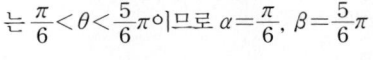

$2(1-\sin^2\theta) - 3\sin\theta < 0$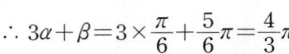

$2\sin^2\theta + 3\sin\theta - 2 > 0$

$(2\sin\theta - 1)(\sin\theta + 2) > 0$

이때, $\underline{\sin\theta + 2 > 0}$이므로 $2\sin\theta - 1 > 0$에서 $\sin\theta > \dfrac{1}{2}$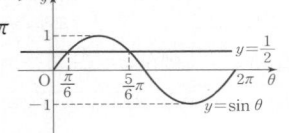

$\therefore \dfrac{\pi}{6} < \theta < \dfrac{5}{6}\pi$ ($\because 0 \le \theta < 2\pi$)

따라서 주어진 이차방정식이 실근을 갖지 않도록 하는 모든 θ의 값의 범위

는 $\dfrac{\pi}{6} < \theta < \dfrac{5}{6}\pi$이므로 $\alpha = \dfrac{\pi}{6}$, $\beta = \dfrac{5}{6}\pi$

$\therefore 3\alpha + \beta = 3 \times \dfrac{\pi}{6} + \dfrac{5}{6}\pi = \dfrac{4}{3}\pi$

E 189 정답 ④ *삼각방정식 – 이차식 꼴 ········· [정답률 76%]

(정답 공식: $\sin^2 x + \cos^2 x = 1$임을 이용하여 주어진 방정식을 정리한다.)

$0 < x \le 2\pi$일 때, 방정식
$$\cos^2 x - 1 = 2\sin x$$
의 모든 해의 합은? (3점) [단서] 방정식에 $\cos$과 $\sin$이 같이 있으니까 하나의 삼각함수로 통일시켜 해를 구해.

① $\dfrac{3}{2}\pi$ ② 2π ③ $\dfrac{5}{2}\pi$ ④ 3π ⑤ $\dfrac{7}{2}\pi$

1st 하나의 삼각함수로 통일하여 방정식을 풀어.

$\underline{\cos^2 x - 1 = 2\sin x}$에서 $(1-\sin^2 x) - 1 = 2\sin x$
$\cos^2 x = 1 - \sin^2 x$

$\sin^2 x + 2\sin x = 0$, $\sin x(\sin x + 2) = 0$

$\therefore \sin x = 0$ ($\because -1 \le \sin x \le 1$)

즉, 주어진 방정식의 해는 $0 < x \le 2\pi$에서 함수 $y=\sin x$의 그래프와 직선 $y=0$의 교점의 x좌표와 같다. 방정식 $f(x)=g(x)$의 실근은 두 함수 $y=f(x)$, $y=g(x)$의 그래프의 교점의 x좌표와 같아.

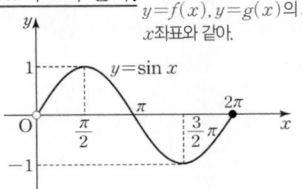

따라서 $x = \pi$ 또는 $x = 2\pi$이므로 모든 해의 합은 $\pi + 2\pi = 3\pi$이다.

E 190 정답 ③ *삼각방정식 - 이차식 꼴 ········· [정답률 71%]

[정답 공식: 방정식 $f(x)=g(x)$의 실근은 두 함수 $y=f(x)$, $y=g(x)$의 그래프의 교점의 x좌표이다.]

$0<x<2\pi$일 때, 방정식 $2\cos^2 x - \sin(\pi+x) - 2 = 0$의 모든 해의 합은? (4점) 단서 하나의 삼각함수로 통일해서 방정식을 풀어.

① π ② $\dfrac{3}{2}\pi$ ③ 2π

④ $\dfrac{5}{2}\pi$ ⑤ 3π

1st 주어진 방정식을 하나의 삼각함수로 통일해서 풀어.

$\underbrace{2\cos^2 x}_{\substack{\sin^2 x + \cos^2 x = 1\text{에서} \\ \cos^2 x = 1 - \sin^2 x}} - \underbrace{\sin(\pi+x)}_{\to \sin(\pi+x) = -\sin x} - 2 = 0$에서

$2(1-\sin^2 x) + \sin x - 2 = 0$, $-2\sin^2 x + \sin x = 0$

$-\sin x(2\sin x - 1) = 0$ $\therefore \sin x = 0$ 또는 $\sin x = \dfrac{1}{2}$

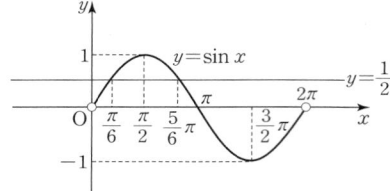

(i) $\underline{\sin x = 0}$에서 $x = \pi$ $\leftarrow 0<x<2\pi$에서 함수 $y=\sin x$의 그래프와 x축의 교점의 x좌표를 구하면 돼.

(ii) $\underline{\sin x = \dfrac{1}{2}}$에서 $x = \dfrac{\pi}{6}$ 또는 $x = \dfrac{5}{6}\pi$

(i), (ii)에 의하여 주어진 방정식의 모든 해의 합은 $\leftarrow 0<x<2\pi$에서 함수 $y=\sin x$의 그래프와 직선 $y=\dfrac{1}{2}$의

$\pi + \dfrac{\pi}{6} + \dfrac{5}{6}\pi = 2\pi$ 교점의 x좌표를 구하면 돼.

다른 풀이: 함수 $y=\sin x$의 그래프의 대칭성을 이용하여 $\sin x = \dfrac{1}{2}$의 모든 실근의 합 구하기

(ii) $\sin x = \dfrac{1}{2}$의 해를 구해보자.

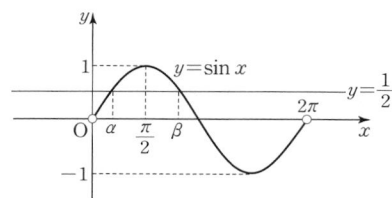

$0<x<2\pi$에서 함수 $y=\sin x$의 그래프와 직선 $y=\dfrac{1}{2}$이 만나는 점의 x좌표를 α, β라 하면 함수 $y=\sin x$의 그래프는 직선 $x=\dfrac{\pi}{2}$에 대하여 대칭이므로 $\dfrac{\alpha+\beta}{2} = \dfrac{\pi}{2}$ 함수 $y=\sin x$의 그래프는 직선 $x=\dfrac{\pi}{2}+k\pi$ (k는 정수)에 대하여 대칭이야.

$\therefore \alpha + \beta = \pi$

따라서 $0<x<2\pi$에서 방정식 $\sin x = \dfrac{1}{2}$의 모든 실근의 합은 π야.

(이하 동일)

E 191 정답 ④ *삼각부등식 - 일차식 꼴 ········· [정답률 91%]

[정답 공식: $\sin\dfrac{\pi}{6} = \sin\dfrac{5}{6}\pi = \dfrac{1}{2}$]

삼각부등식 $\sin x > \dfrac{1}{2}$ (단, $0 \le x < 2\pi$)의 해가 $a<x<b$일 때, $a+b$의 값은? (2점) 단서 $y=\sin x$의 대칭성을 이용하여 방정식 $\sin x = \dfrac{1}{2}$의 해부터 구한 후 x의 값의 범위를 구하자.

① $\dfrac{\pi}{6}$ ② $\dfrac{\pi}{3}$ ③ $\dfrac{\pi}{2}$ ④ π ⑤ $\dfrac{5}{6}\pi$

1st 함수 $y=\sin x$의 그래프와 직선 $y=\dfrac{1}{2}$을 그려 부등식의 해를 구해.

방정식 $\sin x = \dfrac{1}{2}$을 풀 때 그래프를 그리는 이유는 방정식의 해가 그래프의 교점의 x좌표와 같기 때문이야.

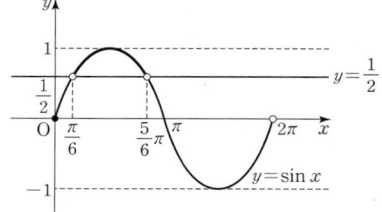

$0 \le x < 2\pi$에서 삼각방정식 $\sin x = \dfrac{1}{2}$의 해는

삼각부등식 $\sin x > \dfrac{1}{2}$의 해를 구할 때는 그래프의

$x = \dfrac{\pi}{6}$ 또는 $x = \pi - \dfrac{\pi}{6} = \dfrac{5}{6}\pi$ 대칭성을 이용하여 방정식의 해부터 구한 후 범위를 구하면 돼.

따라서 부등식 $\sin x > \dfrac{1}{2}$의 해는 $\dfrac{\pi}{6} < x < \dfrac{5}{6}\pi$이므로

$a = \dfrac{\pi}{6}$, $b = \dfrac{5}{6}\pi$ $\therefore a+b = \pi$

E 192 정답 ② *삼각부등식 - 일차식 꼴 ········· [정답률 82%]

[정답 공식: $y=\sin x$의 그래프와 $y=-\dfrac{1}{2}$의 그래프의 교점을 찾는다.]

$0 \le x < 2\pi$에서 부등식 $2\sin x + 1 < 0$의 해가 $\alpha < x < \beta$일 때, $\cos(\beta-\alpha)$의 값은? (3점) 단서 부등식을 (삼각함수)<(상수) 꼴로 정리하여 해를 구해.

① $-\dfrac{\sqrt{3}}{2}$ ② $-\dfrac{1}{2}$ ③ 0 ④ $\dfrac{1}{2}$ ⑤ $\dfrac{\sqrt{3}}{2}$

1st $y=\sin x$의 그래프를 이용하여 부등식 $2\sin x + 1 < 0$의 해를 구해.

$2\sin x + 1 < 0$에서 $2\sin x < -1$

$\therefore \sin x < -\dfrac{1}{2}$ $\rightarrow$ 이 부등식의 해는 $y=\sin x$의 그래프가 직선 $y=-\dfrac{1}{2}$보다 아래쪽에 있는 x의 값의 범위야.

이때, $0 \le x < 2\pi$에서 $\sin x = -\dfrac{1}{2}$의 해는 $x = \dfrac{7}{6}\pi$ 또는 $x = \dfrac{11}{6}\pi$이므로

함수 $y=\sin x$의 그래프와 직선 $y=-\dfrac{1}{2}$은 그림과 같다.

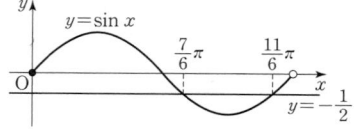

따라서 주어진 부등식의 해는 $\dfrac{7}{6}\pi < x < \dfrac{11}{6}\pi$이므로 $\alpha = \dfrac{7}{6}\pi$, $\beta = \dfrac{11}{6}\pi$

$\therefore \cos(\beta-\alpha) = \cos\left(\dfrac{11}{6}\pi - \dfrac{7}{6}\pi\right) = \cos\dfrac{2}{3}\pi = -\dfrac{1}{2}$

E 193 정답 ① *삼각부등식 –일차식 꼴 ········· [정답률 60%]

(정답 공식: $\sin x > k$꼴로 정리한 다음 그래프의 개형에서 해를 구한다.)

$0 \le x < 2\pi$일 때, 부등식 $3\sin x - 2 > 0$의 해가 $\alpha < x < \beta$이다. $\cos(\alpha+\beta)$의 값은? (3점)

단서1 사인함수의 그래프의 대칭성을 이용해서 두 근의 합을 구해야 해.

단서2 그래프에서 두 근의 합 $\alpha+\beta$의 값을 구해 봐.

① -1 ② $-\frac{1}{2}$ ③ 0

④ $\frac{1}{2}$ ⑤ 1

1st 함수 $y=\sin x$의 그래프와 직선 $y=\frac{2}{3}$의 교점의 x좌표를 부등식 $3\sin x - 2 > 0$을 만족시키는 x의 값을 이용하여 구하고, $\cos(\alpha+\beta)$의 값을 구하자.

부등식 $3\sin x - 2 > 0$은 $\sin x > \frac{2}{3}$이므로

$0 \le x < 2\pi$에서 함수 $y=\sin x$의 그래프와 직선 $y=\frac{2}{3}$를 이용하여 그림으로 나타내면 다음과 같다.

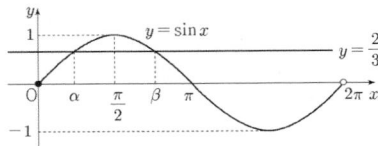

이때, 삼각방정식 $\sin x = \frac{2}{3}$의 해를 α, β $(\alpha < \beta)$라 하면

사인함수의 그래프는 직선 $x=\frac{\pi}{2}$에 대하여 대칭이므로

$\frac{\alpha+\beta}{2} = \frac{\pi}{2}$

→ 함수 $y=\sin x$의 그래프는 직선 $x=\frac{\pi}{2}$에 대하여 대칭이야.

함정 α, β의 값을 구체적으로 각각 구할 수 없어. 여기서는 값을 구하지 말고, 대칭성을 이용해서 $\alpha+\beta$의 값을 구해야 해.

$\therefore \alpha+\beta = \pi$

$\therefore \cos(\alpha+\beta) = \cos\pi = -1$

수능 핵강

* 삼각부등식의 풀이 알아보기

삼각부등식은 삼각방정식의 풀이와 그래프를 이용해서 구하면 돼.
삼각부등식 $\sin x < a$의 해는
(i) 주어진 범위 안에서 $\sin$함수의 그래프를 그리자.
(ii) 삼각방정식 $\sin x = a$의 해를 구하자.
(iii) 그래프에서 직선 $y=a$의 아랫쪽을 읽어 삼각부등식이 성립하도록 범위를 정하자.
이와 같은 순서로 구하면 돼.

E 194 정답 20 *삼각부등식 –일차식 꼴 ········· [정답률 58%]

[정답 공식: $f(x) < g(x)$를 만족시키는 x의 값의 범위는 함수 $y=f(x)$의 그래프가 함수 $y=g(x)$의 그래프보다 아래쪽에 있는 x의 값의 범위이다.]

$0 < x \le 10$일 때, 부등식

$\cos\frac{\pi}{5}x < \sin\frac{\pi}{5}x$

단서 이 부등식의 해는 $0 < x \le 10$에서 함수 $y=\cos\frac{\pi}{5}x$의 그래프가 함수 $y=\sin\frac{\pi}{5}x$의 그래프보다 아래쪽에 있는 x의 값의 범위야.

를 만족시키는 모든 자연수 x의 값의 합을 구하시오. (3점)

1st 그래프를 그려 부등식의 해를 구해.

두 함수 $y=\sin\frac{\pi}{5}x$, $y=\cos\frac{\pi}{5}x$는 주기가 모두 $\frac{2\pi}{\frac{\pi}{5}} = 10$이므로

이 두 함수의 최댓값과 최솟값은 각각 1, -1이야.

두 함수 $y=a\sin(bx+c)+d$, $y=a\cos(bx+c)+d$의 주기는 모두 $\frac{2\pi}{|b|}$야.

$0 < x \le 10$에서 두 함수의 그래프는 다음과 같다.

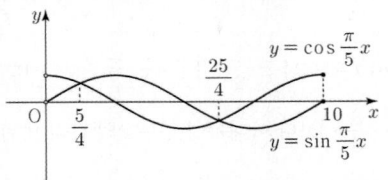

$0 < x \le 10$에서 두 함수의 그래프의 교점의 x좌표를 구하기 위해

연립하면 $\cos\frac{\pi}{5}x = \sin\frac{\pi}{5}x$에서 $\frac{\sin\frac{\pi}{5}x}{\cos\frac{\pi}{5}x} = 1$, $\tan\frac{\pi}{5}x = 1$

이때, $\frac{\pi}{5}x = t$ $(0 < t \le 2\pi)$라 하면 $\tan t = 1$에서

$0 < x \le 10$의 각 변에 $\frac{\pi}{5}$를 곱하면 $0 < \frac{\pi}{5}x \le 2\pi$ $\therefore 0 < t \le 2\pi$

$t = \frac{\pi}{4}$ 또는 $t = \frac{5}{4}\pi$이므로 $\frac{\pi}{5}x = \frac{\pi}{4}$ 또는 $\frac{\pi}{5}x = \frac{5}{4}\pi$

$0 < t \le 2\pi$에서 $\tan t = 1$을 만족시키는 t의 값은 $t = \frac{\pi}{4}$이고 함수 $y=\tan t$의 주기는 π이므로

$\therefore x = \frac{5}{4}$ 또는 $x = \frac{25}{4}$ $\pi < t \le 2\pi$에서 $\tan t = 1$을 만족시키는 t의 값은 $t = \frac{\pi}{4} + \pi = \frac{5}{4}\pi$야.

따라서 주어진 부등식을 만족시키는 x의 값의 범위는

$\frac{5}{4} < x < \frac{25}{4}$이므로 모든 자연수 x의 값은 2, 3, 4, 5, 6이고 그 합은

$2+3+4+5+6 = 20$이다.

E 195 정답 ④ *삼각부등식 –일차식 꼴 ········· [정답률 41%]

[정답 공식: 상수 a에 대하여 부등식 $\sin x < a$의 해는 곡선 $y=\sin x$가 직선 $y=a$의 아래쪽에 있는 x의 값의 범위이다.]

실수 $k(0 \le k \le 2\pi)$에 대하여 $-\pi \le x \le k$에서 부등식

$\sin x + \cos\frac{\pi}{8} < 0$

단서 $\sin x + \cos\frac{\pi}{8} < 0$에서 $\sin x < -\cos\frac{\pi}{8}$이고 $\cos\frac{\pi}{8}$는 상수이므로 주어진 부등식의 해는

을 만족시키는 모든 x의 값의 범위가 $-\pi - \alpha < x < \alpha$가 되도록 하는 k의 최댓값은? (4점)

곡선 $y=\sin x$가 x축과 평행한 직선 $y=-\cos\frac{\pi}{8}$보다 아래쪽에 있는 x의 값의 범위야.

① $\frac{5}{8}\pi$ ② $\frac{7}{8}\pi$ ③ $\frac{9}{8}\pi$

④ $\frac{11}{8}\pi$ ⑤ $\frac{13}{8}\pi$

1st 주어진 부등식을 하나의 삼각함수로 나타내.

$\sin x + \cos\frac{\pi}{8} < 0$에서 $\sin x < -\cos\frac{\pi}{8}$

이때, $-\cos\frac{\pi}{8} = -\sin\left(\frac{\pi}{2} - \frac{\pi}{8}\right) = -\sin\frac{3}{8}\pi = \sin\left(-\frac{3}{8}\pi\right)$이므로

$\cos x = \sin\left(\frac{\pi}{2} - x\right)$ $\sin(-x) = -\sin x$

주어진 부등식의 해는 부등식 $\sin x < \sin\left(-\frac{3}{8}\pi\right)$의 해와 같다.

2nd 그래프를 이용하여 조건을 만족시키는 k의 최댓값을 구해.

$\sin(\pi - \theta) = \sin\theta$, $\sin\theta = \sin(2\pi+\theta)$이므로

$\sin\left(-\frac{3}{8}\pi\right) = \sin\left(\frac{11}{8}\pi\right) = \sin\left(\frac{13}{8}\pi\right) = \sin\left(-\frac{5}{8}\pi\right)$

즉, $-\pi \le x \le 2\pi$에서 곡선 $y = \sin x$와 직선 $y = \sin\left(-\dfrac{3}{8}\pi\right)$는 그림과 같다.

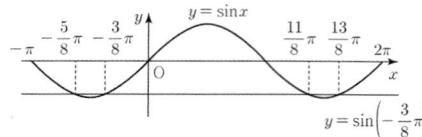

이때, 부등식 $\sin x < \sin\left(-\dfrac{3}{8}\pi\right)$의 해는 곡선 $y = \sin x$가

직선 $y = \sin\left(-\dfrac{3}{8}\pi\right)$보다 아래쪽에 있는 x의 값의 범위이고

$-\pi \le x \le k$에서 $\sin x < \sin\left(-\dfrac{3}{8}\pi\right)$의 해가 $-\pi - \alpha < x < \alpha$가

되려면 $-\pi - \alpha = -\dfrac{5}{8}\pi$이어야 한다. $\therefore \alpha = -\dfrac{3}{8}\pi$

즉, $-\pi \le x \le k$에서 $\sin x < \sin\left(-\dfrac{3}{8}\pi\right)$의 해가

$-\dfrac{5}{8}\pi < x < -\dfrac{3}{8}\pi$이므로 조건을 만족시키는 k의 값의 범위는

$0 \le k \le \dfrac{11}{8}\pi$이다. 따라서 k의 최댓값은 $\dfrac{11}{8}\pi$이다.

$\dfrac{11}{8}\pi < k \le \dfrac{13}{8}\pi$인 경우 주어진 부등식의 해는 $-\dfrac{5}{8}\pi < x < -\dfrac{3}{8}\pi$ 또는 $\dfrac{11}{8}\pi < x < k$이고 $\dfrac{13}{8}\pi < k \le 2\pi$인 경우 주어진 부등식의 해는 $-\dfrac{5}{8}\pi < x < -\dfrac{3}{8}\pi$ 또는 $\dfrac{11}{8}\pi < x \le \dfrac{13}{8}\pi$이므로 주어진 조건을 만족시키지 않아.

E 196 정답 ③ *삼각부등식 – 이차식 꼴 .... [정답률 69%]

[정답 공식: $\sin^2 x + \cos^2 x = 1$을 이용하여 주어진 식을 한 종류의 삼각함수로 정리하고 $\cos x = t$로 치환하여 이차부등식의 해를 구한다.]

$0 \le x < 2\pi$에서 $2\sin^2 x - 3\cos x \ge 0$의 해는? (3점)
단서 $\sin^2 x + \cos^2 x = 1$을 이용하여 코사인에 대한 삼각부등식으로 바꿀 수 있지.

① $0 < x < \dfrac{5}{3}\pi$ ② $\dfrac{\pi}{3} < x < \dfrac{5}{3}\pi$ ③ $\dfrac{\pi}{3} \le x \le \dfrac{5}{3}\pi$

④ $\dfrac{5}{3}\pi < x < \dfrac{7}{3}\pi$ ⑤ $\dfrac{5}{3}\pi \le x \le \dfrac{7}{3}\pi$

1st $\sin^2 x + \cos^2 x = 1$을 이용하여 주어진 삼각부등식을 한 종류의 삼각함수에 대한 식으로 바꾸자.

$2\sin^2 x - 3\cos x \ge 0$에서

$2(1 - \cos^2 x) - 3\cos x \ge 0 \ (\because \sin^2 x + \cos^2 x = 1)$

$2 - 2\cos^2 x - 3\cos x \ge 0$ $\therefore 2\cos^2 x + 3\cos x - 2 \le 0$

2nd $\cos x = t$로 치환하고, 인수분해를 이용하여 부등식을 풀자.

$\cos x = t$로 치환하면 $-1 \le t \le 1$에서 $2t^2 + 3t - 2 \le 0$

$(2t - 1)(t + 2) \le 0$

$\therefore -1 \le t \le \dfrac{1}{2}$ $\quad -2 \le t \le \dfrac{1}{2}$이고 $-1 \le t \le 1$이므로

즉, $\cos x \le \dfrac{1}{2}$ … ㉠ $\quad -1 \le t \le \dfrac{1}{2}$

$0 \le x < 2\pi$에서 $\cos x = \dfrac{1}{2}$인 x의 값은 $\dfrac{\pi}{3}$, $\dfrac{5}{3}\pi$이므로

㉠을 만족시키는 x의 값의 범위는

함수 $y = \cos x$의 그래프가 직선

$y = \dfrac{1}{2}$보다 아래에 있어야 하므로

$\dfrac{\pi}{3} \le x \le \dfrac{5}{3}\pi$

E 197 정답 7 *삼각부등식 – 이차식 꼴 .... [정답률 63%]

(정답 공식: $\sin^2 x + \cos^2 x = 1$이다.)

$0 \le x < 2\pi$에서 x에 대한 부등식 단서 이차방정식이 실근을 가질 조건을 이용해봐.
$(2a + 6)\cos x - a\sin^2 x + a + 12 < 0$
의 해가 존재하도록 하는 자연수 a의 최솟값을 구하시오. (4점)

1st $\sin^2 x + \cos^2 x = 1$을 이용하여 삼각부등식의 해를 구하자.

$(2a + 6)\cos x - a\underbrace{\sin^2 x}_{\sin^2 x + \cos^2 x = 1 \text{이므로 } \sin^2 x = 1 - \cos^2 x} + a + 12 < 0$

$(2a + 6)\cos x - a(1 - \cos^2 x) + a + 12 < 0$

$a\cos^2 x + (2a + 6)\cos x + 12 < 0$

$\underbrace{(a\cos x + 6)(\cos x + 2) < 0}_{(\text{음수}) \times (\text{양수}) < 0}$

주의 이차부등식 꼴이지만 $\cos x + 2 > 0$이므로 일차부등식으로 풀 수 있어. 이처럼 삼각함수 $y = \cos x$의 경우에는 최솟값과 최댓값이 정해져 있으므로 이차부등식이 일차부등식으로 간단히 풀릴 수 있다는 거 잊지마!

$a\cos x + 6 < 0 \ (\because \cos x + 2 > 0)$
모든 실수 x에 대하여 $-1 \le \cos x \le 1$이므로 $1 \le \cos x + 2 \le 3$

$\therefore \cos x < -\dfrac{6}{a} \ (\because a > 0)$

2nd 자연수 a의 최솟값을 구하자. $0 \le x < 2\pi$에서 곡선 $y = \cos x$가 직선 $y = -\dfrac{6}{a}$보다 아래에 위치한 부분이 있어야 해.

$0 \le x < 2\pi$에서 부등식 $\cos x < -\dfrac{6}{a}$의

해가 존재하기 위해서는

$-\dfrac{6}{a} > -1$이어야 하므로

$a > 6$이다.

따라서 자연수 a의 최솟값은 7이다.

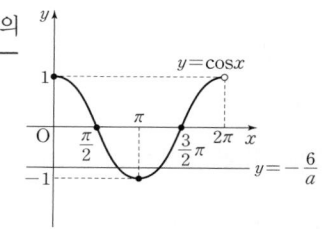

E 198 정답 ① *삼각부등식 – 이차식 꼴 .... [정답률 56%]

(정답 공식: 삼각함수를 t로 치환하여 이차부등식으로 변형하여 생각한다.)

$0 \le x < 2\pi$일 때, x에 대한 부등식
$\sin^2 x - 4\sin x - 5k + 5 \ge 0$ 단서 $\sin x = t$로 치환하여 t에 대한 이차부등식으로 변형하여 풀자.
이 항상 성립하도록 하는 실수 k의 최댓값은? (3점)

① $\dfrac{2}{5}$ ② $\dfrac{1}{2}$ ③ $\dfrac{3}{5}$

④ $\dfrac{7}{10}$ ⑤ $\dfrac{4}{5}$

1st $\sin x = t$로 치환하여 t에 대한 이차부등식으로 변형하자.

x에 대한 부등식 $\sin^2 x - 4\sin x - 5k + 5 \ge 0$에서 $\sin x = t$로 치환하면

$t^2 - 4t - 5k + 5 \ge 0 \ (-1 \le t \le 1)$

주의 t로 치환할 때, t의 범위가 나오니까 빼먹지 않도록 주의해야 해. 즉, $0 \le x < 2\pi$에서 $-1 \le \sin x \le 1$이므로 $\sin x = t$로 치환하면 $-1 \le t \le 1$이 되는 거야.

2nd 이차부등식이 범위에서 항상 성립하기 위한 실수 k의 최댓값을 구하자.

$f(t) = t^2 - 4t - 5k + 5$라 하면

$f(t) = (t^2 - 4t + 4) + 1 - 5k = (t - 2)^2 + 1 - 5k \ (-1 \le t \le 1)$이므로

$t = 1$에서 최솟값

$f(1) = 1 - 5k + 1 \ge 0$ 이차부등식이 주어진 범위에서 항상 0 이상의 함숫값을 가지려면 $f(t)$의 최솟값이 0 이상이면 돼.

이어야 하므로 $k \le \dfrac{2}{5}$

따라서 실수 k의 최댓값은 $\dfrac{2}{5}$이다.

199 정답 $\dfrac{2}{3}\pi$ *삼각부등식 – 이차식 꼴 ·········· [정답률 57%]

[정답 공식: 이차방정식 $ax^2+bx+c=0$의 판별식을 D라 할 때, $D\geq0$이면 실근을 갖는다.]

$0\leq\theta<2\pi$에서 x에 대한 방정식 $x^2-(2\sin\theta+1)x+1=0$이 실근을 갖는 θ의 값의 범위가 $\alpha\leq\theta\leq\beta$일 때, $\beta-\alpha$의 값을 구하시오.

단서 이차방정식이 실근을 가질 조건을 이용해봐.   (4점)

1st 주어진 **이차방정식의 판별식**을 이용해 θ에 대한 삼각부등식을 세우자.

 '실근을 갖는다'는 것을 서로 다른 두 실근을 갖는 것으로 착각하면 안 돼. 서로 다른 두 실근 또는 중근을 의미하니까 주의해야 해.

x에 대한 방정식 $x^2-(2\sin\theta+1)x+1=0$이 실근을 가져야 하므로 **판별식**을 D라 하면

$$D=(2\sin\theta+1)^2-4$$
$$=4\sin^2\theta+4\sin\theta+1-4$$
$$=4\sin^2\theta+4\sin\theta-3\geq0$$

[이차방정식의 판별식]
이차방정식 $ax^2+bx+c=0$의 판별식을 D라 할 때,
① $D>0 \iff$ 서로 다른 두 실근
② $D=0 \iff$ 중근
③ $D<0 \iff$ 서로 다른 두 허근

2nd $\sin\theta=t$로 치환하고, 인수분해를 이용하여 부등식을 풀자.

$\sin\theta=t$로 치환하여

$-1\leq t\leq1$에서 $4t^2+4t-3\geq0$

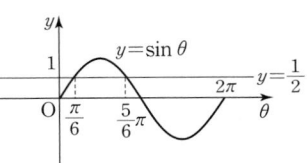

$(2t+3)(2t-1)\geq0$

$\therefore t\geq\dfrac{1}{2}$ **주의** 부등식을 풀면 $t\leq-\dfrac{3}{2}$ 또는 $t\geq\dfrac{1}{2}$이지. 그런데 $\sin\theta=t$에서 $-1\leq t\leq1$이므로 $t\geq\dfrac{1}{2}$만 성립해.

즉, $\sin\theta\geq\dfrac{1}{2}$ ⋯ ㉠

$0\leq\theta<2\pi$에서 $\sin\theta=\dfrac{1}{2}$인 x의 값은 $x=\dfrac{\pi}{6}, \dfrac{5}{6}\pi$이므로

㉠을 만족시키는 θ의 값의 범위는 함수 $y=\sin\theta$의 그래프가

직선 $y=\dfrac{1}{2}$보다 위에 위치하는

$\dfrac{\pi}{6}\leq x\leq\dfrac{5}{6}\pi$

따라서 $\alpha=\dfrac{\pi}{6}, \beta=\dfrac{5}{6}\pi$이므로

$$\beta-\alpha=\dfrac{5}{6}\pi-\dfrac{\pi}{6}=\dfrac{4}{6}\pi=\dfrac{2}{3}\pi$$

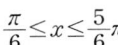 **200** 정답 ②   *삼각부등식 – 이차식 꼴 ·········· [정답률 54%]

[정답 공식: $\alpha\leq x\leq\beta$에서 이차부등식 $ax^2+bx+c\geq0\ (a\neq0)$이 성립하려면 함수 $y=ax^2+bx+c$의 최솟값이 0보다 크거나 같아야 한다.]

모든 실수 x에 대하여 부등식 $\cos^2 x-6\sin x+k\geq0$이 성립하도록 하는 실수 k의 최솟값은? (4점)

① 5   ② 6   ③ 7   ④ 8   ⑤ 9

1st $\sin^2 x+\cos^2 x=1$을 이용하여 주어진 삼각부등식을 한 종류의 삼각함수에 대한 식으로 바꾸자.

$\underline{\cos^2 x-6\sin x+k\geq0}$ $\sin^2 x+\cos^2 x=1$에서 $\cos^2 x=1-\sin^2 x$
$(1-\sin x^2)-6\sin x+k\geq0$

$-\sin^2 x-6\sin x+k+1\geq0$

2nd $\sin x=t$로 치환하여 t에 대한 이차함수의 최솟값을 구하자.

$\sin x=t(-1\leq t\leq1)$로 치환하면

$-t^2-6t+k+1\geq0$ ⋯ ㉠

$-1\leq t\leq1$에서 함수

$$y=-t^2-6t+k+1$$
$$=-(t^2+6t)+k+1$$
$$=-(t+3)^2+k+10$$

의 그래프가 그림과 같다.

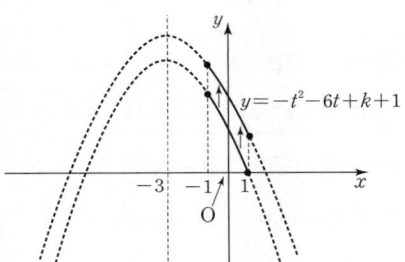

$t=1$일 때, 최솟값 $-1^2-6+k+1=-6+k$를 갖는다.

부등식 ㉠이 $-1\leq t\leq1$에서 성립하려면 $-6+k\geq0$,

즉, $k\geq6$이어야 하므로 최솟값은 6이다.

 201 정답 ②   *삼각방정식과 삼각부등식의 활용 [정답률 79%]

(정답 공식: 문제에 주어진 조건들을 각각 대입하여 식을 두 개 얻어낸다.)

어떤 건물의 난방기에는 자동 온도 조절 장치가 있어서 실내 온도가 2시간 주기로 변한다. 이 난방기의 온도를 $B(\text{℃})$로 설정하였을 때, 가동한 지 t분 후의 실내 온도는 $T(\text{℃})$가 되어 다음 식이 성립한다고 한다.

$$T=B-\dfrac{k}{6}\cos\dfrac{\pi}{60}t \text{ (단, } B, k \text{는 양의 상수이다.)}$$

이 난방기를 가동한 지 20분 후의 실내 온도가 18 ℃이었고, 40분 후의 실내 온도가 20 ℃이었다. k의 값은? (3점)

① 11   ② 12   ③ 13   ④ 14   ⑤ 15

단서 이런 유형의 문제는 각 문자가 뜻하는 것이 무엇인지를 정확히 파악하면 돼. $t=20$일 때 $T=18$, $t=40$일 때 $T=20$이란 뜻이야.

1st 주어진 조건을 식에 대입하면 식을 두 개 구할 수 있어.

(i) $t=20$일 때,

$$B-\dfrac{k}{6}\cos\left(\dfrac{\pi}{60}\times20\right)=B-\dfrac{k}{6}\cos\dfrac{\pi}{3}=B-\dfrac{k}{12}=18 \cdots ㉠$$

(ii) $t=40$일 때,

$$\cos\dfrac{2}{3}\pi=\cos\left(\pi-\dfrac{\pi}{3}\right)=-\cos\dfrac{\pi}{3}$$이므로

$$B-\dfrac{k}{6}\cos\left(\dfrac{\pi}{60}\times40\right)=B-\dfrac{k}{6}\cos\dfrac{2}{3}\pi=B+\dfrac{k}{12}=20 \cdots ㉡$$

2nd 이제 k의 값을 구해 보자. → 문제에서 B의 값을 물었다면 ㉠+㉡을 하면 $2B=38$ $\therefore B=19$

㉡-㉠을 하면

$$\dfrac{k}{6}=2 \quad \therefore k=12$$

E 202 정답 ③ *삼각방정식과 삼각부등식의 활용 ── [정답률 79%]

(정답 공식: 삼각방정식을 풀어 두 점 A, B의 x좌표를 각각 구한다.)

함수 $y=6\sin\dfrac{\pi}{12}x\ (0\le x\le 12)$의 그래프와 직선 $y=3$이 만나는 두 점을 각각 A, B라 할 때, 선분 AB의 길이는? (3점)

단서 두 점 A, B는 직선 $y=3$ 위의 점으로 y좌표가 같지? 그럼 선분 AB의 길이는 두 점 A, B의 x좌표의 차와 같아.

① 6   ② 7   ③ 8   ④ 9   ⑤ 10

1st 삼각방정식을 세우고 해를 구하자. 두 함수 $y=f(x)$, $y=g(x)$의 그래프의 교점의 x좌표는 방정식 $f(x)=g(x)$의 해와 같아.

함수 $y=6\sin\dfrac{\pi}{12}x\ (0\le x\le 12)$의 그래프와 직선 $y=3$이 만나는

점의 x좌표는 $6\sin\dfrac{\pi}{12}x=3$에서 $\sin\dfrac{\pi}{12}x=\dfrac{1}{2}\ \cdots\ \bigcirc$

이때, $\dfrac{\pi}{12}x=t$라 하면 $\sin t=\dfrac{1}{2}$이고 $0\le x\le 12$에서

$0\le t=\dfrac{\pi}{12}x\le\pi$이므로 $t=\dfrac{\pi}{6}$ 또는 $t=\dfrac{5}{6}\pi$

즉, $t=\dfrac{\pi}{12}x=\dfrac{\pi}{6}$에서 $x=2$, $t=\dfrac{\pi}{12}x=\dfrac{5}{6}\pi$에서 $x=10$

2nd 선분 AB의 길이를 구하자.

따라서 두 점 A, B의 x좌표는 각각 2, 10이므로 $\overline{AB}=10-2=8$

수능 핵강

* 삼각함수의 그래프를 그려서 쉽게 접근하기

함수 $y=6\sin\dfrac{\pi}{12}x$의 그래프는 직선 $x=6$에 대하여 대칭이므로 $0\le x\le 12$에서의 방정식 $6\sin\dfrac{\pi}{12}x=3$의 한 근이 $x=2$이고, 다른 한 근은 $x=10$이야.

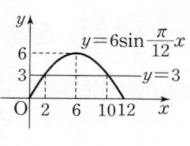

E 203 정답 12.56 *삼각정방식과 삼각부등식의 활용 ── [정답률 64%]

(정답 공식: $\cos\theta=\dfrac{1}{2}$일 때의 θ의 값을 안다.)

그림과 같이 $y=2\cos\dfrac{x}{3}$ $(0\le x\le 6\pi)$의 그래프와 직선 $y=1$의 두 교점을 각각 P, Q라 할 때, 선분 PQ의 길이를 소수점 아래 둘째 자리까지 구하시오. (단, π는 3.14로 계산한다.) (4점)

단서 두 교점이 P, Q니까 P, Q의 x좌표를 구하려면 방정식 $2\cos\dfrac{x}{3}=1$을 풀면 돼.

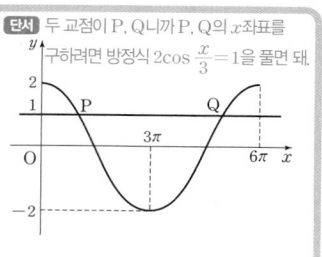

1st 선분 PQ의 길이를 구해.

$2\cos\dfrac{x}{3}=1$에서 $\cos\dfrac{x}{3}=\dfrac{1}{2}$이므로

$\dfrac{x}{3}=\dfrac{\pi}{3}$ 또는 $\dfrac{x}{3}=\dfrac{5\pi}{3}$

따라서 $x=\pi$ 또는 $x=5\pi$이므로

$\overline{PQ}=5\pi-\pi=4\pi=4\times 3.14=12.56$

$\dfrac{x}{3}=t$라 하면 $\cos t=\dfrac{1}{2}$

$t=\dfrac{\pi}{3}$ 또는 $t=\dfrac{5}{3}\pi$이므로

$\dfrac{x}{3}=\dfrac{\pi}{3}$ 또는 $\dfrac{x}{3}=\dfrac{5}{3}\pi$

∴ $x=\pi$ 또는 $x=5\pi$

E 204 정답 ① *삼각방정식과 삼각부등식의 활용 [정답률 81%]

(정답 공식: 이차방정식 $x^2+ax+b=0$이 실근을 갖기 위해서는 $D=a^2-4b\ge 0$을 만족해야 한다.)

$0\le\theta<2\pi$일 때, x에 대한 이차방정식

$$x^2-(2\sin\theta)x-3\cos^2\theta-5\sin\theta+5=0$$

이 실근을 갖도록 하는 θ의 최솟값과 최댓값을 각각 α, β라 하자. $4\beta-2\alpha$의 값은? (4점)

단서 이차방정식의 실근이 존재하려면 판별식이 0보다 크거나 같아야 해.

① 3π ② 4π ③ 5π

④ 6π ⑤ 7π

1st 주어진 이차방정식이 실근을 갖도록 하는 θ의 값의 범위를 구해.

x에 대한 이차방정식 $x^2-(2\sin\theta)x-3\cos^2\theta-5\sin\theta+5=0$이 실근을 가지려면 이 이차방정식의 판별식을 D라 할 때, $D\ge 0$이어야 한다.

이차방정식 $ax^2+bx+c=0$이 실근을 가지려면 $b^2-4ac\ge 0$, 서로 다른 두 실근을 가지려면 $b^2-4ac>0$, 중근을 가지려면 $b^2-4ac=0$이어야 해.

즉, $\dfrac{D}{4}=(-\sin\theta)^2-1\times(-3\cos^2\theta-5\sin\theta+5)\ge 0$에서

$\sin^2\theta+3\cos^2\theta+5\sin\theta-5\ge 0$

$\sin^2\theta+3(1-\sin^2\theta)+5\sin\theta-5\ge 0$ ← $\sin^2 x+\cos^2 x=1$

$-2\sin^2\theta+5\sin\theta-2\ge 0$

$2\sin^2\theta-5\sin\theta+2\le 0$ → 부등식을 풀기 힘들다면 $\sin\theta=t\ (-1\le t\le 1)$라 놓고 부등식을 풀어 봐.

$(2\sin\theta-1)(\sin\theta-2)\le 0$

이때, $\sin\theta-2<0$이므로 $2\sin\theta-1\ge 0$, $2\sin\theta\ge 1$

$0\le\theta<2\pi$에서 $-1\le\sin\theta\le 1$이므로

∴ $\sin\theta\ge\dfrac{1}{2}\ \cdots\ \bigcirc$ → $-3\le\sin\theta-2\le -1$이야.

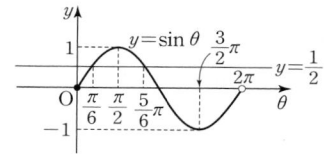

$0\le\theta<2\pi$에서 부등식 $\bigcirc$을 만족시키는 θ의 값의 범위는 곡선 $y=\sin\theta$가 직선 $y=\dfrac{1}{2}$보다 위쪽에 있거나 만나게 되는 θ의 값의 범위와 같으므로 $\dfrac{\pi}{6}\le\theta\le\dfrac{5}{6}\pi$

2nd $4\beta-2\alpha$의 값을 구해.

따라서 θ의 최솟값 $\alpha=\dfrac{\pi}{6}$, 최댓값 $\beta=\dfrac{5}{6}\pi$이므로

$4\beta-2\alpha=4\times\dfrac{5}{6}\pi-2\times\dfrac{\pi}{6}=3\pi$

✿ 삼각방정식 - 이차식 꼴

개념·공식

이차식 꼴인 삼각방정식의 풀이

(1) $\sin^2 x+\cos^2 x=1$을 이용하여 삼각함수를 한 종류로 통일한다.

(2) 삼각함수를 t로 치환하여 t에 대한 이차방정식으로 변형한다.

(3) 이차방정식의 해를 구한 후, t를 원래의 삼각함수로 바꾼다.

(4) 일차식 꼴의 삼각방정식의 풀이를 이용하여 x의 값을 구한다.

E 205 정답 256 *삼각방정식과 삼각부등식의 활용 [정답률 51%]

그림과 같이 어떤 용수철에 질량이 m g인 추를 매달아 아래쪽으로 L cm만큼 잡아당겼다가 놓으면 추는 지면과 수직인 방향으로 진동한다. 추를 놓은 지 t초가 지난 후의 추의 높이를 h cm라 하면 다음 관계식이 성립한다.

$$h = 20 - L \cos \frac{2\pi t}{\sqrt{m}}$$

단서 이런 형태의 문제는 각각 문자의 뜻을 정확히 파악한 후 문장으로 주어진 조건을 식으로 나타내야만 해결돼. 실수없이 식으로 나타내 보자.

이 용수철에 질량이 144 g인 추를 매달아 아래쪽으로 10 cm만큼 잡아당겼다가 놓은 지 2초가 지난 후의 추의 높이와, 질량이 a g인 추를 매달아 아래쪽으로 $5\sqrt{2}$ cm만큼 잡아당겼다가 놓은 지 2초가 지난 후의 추의 높이가 같을 때, a의 값을 구하시오.

(단, $L < 20$이고 $a \geq 100$이다.) (3점)

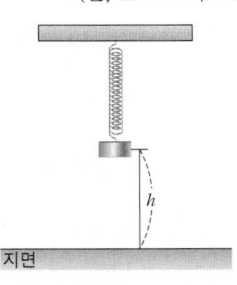

지면

1st 먼저 질량이 144 g인 추를 매달아 아래쪽으로 10 cm만큼 잡아당겼다가 놓은 지 2초가 지난 후의 추의 높이를 구하자.

$m = 144$, $L = 10$, $t = 2$일 때

$h = 20 - 10 \cos \dfrac{2\pi \times 2}{\sqrt{144}}$

$= 20 - 10 \cos \dfrac{\pi}{3}$

$= 20 - 10 \times \dfrac{1}{2}$

$= 15 \cdots \bigcirc$

2nd 질량이 a g인 추를 매달아 아래쪽으로 $5\sqrt{2}$ cm만큼 잡아당겼다가 놓은 지 2초가 지난 후의 추의 높이를 구하자.

$m = a$, $L = 5\sqrt{2}$, $t = 2$일 때, $h = 20 - 5\sqrt{2} \cos \dfrac{4\pi}{\sqrt{a}} \cdots \bigcirc$

3rd 두 추의 높이가 같음을 이용하여 a의 값을 구하자.

$\bigcirc = \bigcirc$이므로 $20 - 5\sqrt{2} \cos \dfrac{4\pi}{\sqrt{a}} = 15$에서 $5\sqrt{2} \cos \dfrac{4\pi}{\sqrt{a}} = 5$

$\therefore \cos \dfrac{4\pi}{\sqrt{a}} = \dfrac{1}{\sqrt{2}} \Rightarrow \dfrac{4\pi}{\sqrt{a}} = 2n\pi \pm \dfrac{\pi}{4}$ (n은 정수) $\cdots \bigcirc$

주의 항상 삼각함수는 범위의 제한이 없는 경우 주기성으로 인하여 여러 답이 나올 수가 있으므로 이를 고려해 주도록 하자.

$\cos \dfrac{\pi}{4} = \dfrac{1}{\sqrt{2}}$이고, $a \geq 100$이니까 일반각으로 표현해야만 해. 이때, $\cos x$의 주기가 2π이니까 $2n\pi$ 꼴로 나타내는 거지.

그런데 $a \geq 100$이므로 $\sqrt{a} \geq 10$이고

$0 < \dfrac{1}{\sqrt{a}} \leq \dfrac{1}{10}$에서 $0 < \dfrac{4\pi}{\sqrt{a}} \leq \dfrac{4\pi}{10} = \dfrac{2}{5}\pi$이다.

따라서 $\bigcirc$을 만족시키려면 $\dfrac{4\pi}{\sqrt{a}} = \dfrac{\pi}{4}$이어야 하므로

$\sqrt{a} = 16$ $\therefore a = 256$

E 206 정답 ⑤ *삼각방정식과 삼각부등식의 활용 [정답률 39%]

함수 $f(x)$가 다음 세 조건을 만족시킨다.

(가) 모든 실수 x에 대하여 $f(x+\pi) = f(x)$이다.
단서1 주기함수임을 뜻하는 거야. 주기는 π지? 이를 이용하여 함수 $f(x)$의 그래프를 그려.

(나) $0 \leq x \leq \dfrac{\pi}{2}$일 때, $f(x) = \sin 4x$

(다) $\dfrac{\pi}{2} < x \leq \pi$일 때, $f(x) = -\sin 4x$

이때, 함수 $f(x)$의 그래프와 직선 $y = \dfrac{x}{\pi}$가 만나는 점의 개수는?

단서2 사인함수의 최댓값, 최솟값이 각각 1, -1이니까 $\dfrac{x}{\pi} = 1$ 또는 $\dfrac{x}{\pi} = -1$일 (4점) 때의 x의 값을 이용해서 직선 $y = \dfrac{x}{\pi}$를 그리자.

① 4   ② 5   ③ 6   ④ 7   ⑤8

1st 조건을 만족하는 삼각함수의 그래프를 그려보자.

조건 (나)에서 $0 \leq x \leq \dfrac{\pi}{2}$일 때, $f(x) = \sin 4x$

조건 (다)에서 $\dfrac{\pi}{2} < x \leq \pi$일 때, $f(x) = -\sin 4x$

$f(x+a) = f(x)$의 형태로 주어지면 함수 $f(x)$는 주기가 a인 주기함수라는 의미야.

또, 조건 (가)에 의해 함수 $f(x)$의 주기는 π이므로 π만큼 계속 반복되는 그래프이다. 즉, 이 그래프와 직선 $y = \dfrac{x}{\pi}$를 그리면 그림과 같다.

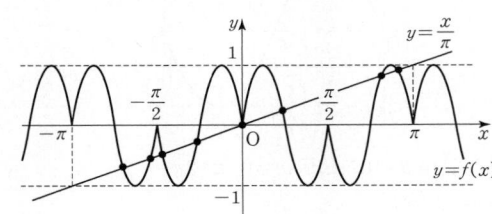

그림과 같이 직선 $y = \dfrac{x}{\pi}$가 두 점 $(\pi, 1)$, $(-\pi, -1)$을 지나므로

함수 $f(x)$의 그래프와 직선 $y = \dfrac{x}{\pi}$가 만나는 점은 8개이다.

함정 삼각함수와 일차함수가 만나는 점의 개수를 구할 때 삼각함수의 최대 또는 최솟값이 되는 일차함수의 x 값을 찾아서 그 안의 범위만을 생각해주면 돼.

수능 핵강

* 두 함수 $y = \sin 4x$, $y = -\sin 4x$의 그래프의 주기와 대칭성을 이용하여 함수 $f(x)$의 그래프 파악하기

함수 $y = \sin 4x$와 $y = -\sin 4x$의 주기는 $\dfrac{2\pi}{4} = \dfrac{\pi}{2}$니까 $0 \leq x \leq \dfrac{\pi}{2}$

에서 $f(x) = \sin 4x$, $\dfrac{\pi}{2} < x \leq \pi$에서 $f(x) = -\sin 4x$의 그래프를 그리자.

함수 $f(x)$의 그래프의 주기가 π이므로 위의 그림과 같은 그래프 모양이 나온 거야. 이때, $y = \sin 4x$와 $y = -\sin 4x$의 그래프는 x축에 대하여 대칭임을 알면 더 쉽게 그릴 수 있어.

E 207 정답 ⑤ *삼각정방식과 삼각부등식의 활용 ·· [정답률 48%]

정답 공식: $y=\sin x$의 그래프와 $y=-\sin x+a$의 그래프의 교점의 개수를 a의 값의 범위에 따라 구한다.

$0\le x\le 2\pi$에서 두 함수 $y=\sin x$와 $y=-\sin x+a$의 그래프가 만나는 점의 개수를 $N(a)$라 할 때, 옳은 것을 [보기]에서 모두 고른 것은? (단, a는 실수이다.) (4점)

단서 1 $y=f(x)$와 $y=g(x)$의 그래프가 만나는 점의 개수는 방정식 $f(x)=g(x)$의 해의 개수와 같음을 이용해.

[보기]
ㄱ. $N(0)=3$
ㄴ. $|a|>2$이면 $N(a)=0$
ㄷ. $N(a)=2$이면 $N(-a)=2$

단서 2 $y=\sin x$의 그래프는 점 $(\pi,0)$에 대하여 대칭임을 이용하자.

① ㄱ   ② ㄴ   ③ ㄱ, ㄷ
④ ㄴ, ㄷ   ⑤ ㄱ, ㄴ, ㄷ

1st $N(a)$가 의미하는 것이 무엇인지 알아보자.

두 함수 $y=\sin x$와 $y=-\sin x+a$의 그래프가 만나는 점의 개수는 방정식 $\sin x=-\sin x+a$의 실근의 개수와 같다.

즉, $\sin x=-\sin x+a$에서 $2\sin x=a$이므로 $N(a)$는 $0\le x\le 2\pi$에서 함수 $y=2\sin x$의 그래프와 직선 $y=a$가 만나는 점의 개수와 같다.

2nd a의 값의 범위에 따라 $N(a)$의 값을 판단하자.

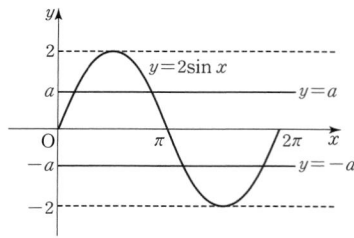

ㄱ. $a=0$이면 $2\sin x=0$이므로 $x=0,\ \pi,\ 2\pi$
 ∴ $N(0)=3$ (참)

ㄴ. $-2\le 2\sin x\le 2$이므로 $|a|>2$이면
 $y=2\sin x$와 $y=a$의 그래프는 만나지 않는다.
 ∴ $N(a)=0$ (참)

ㄷ. 그림과 같이 $N(a)=2$이면
 $-2<a<0$ 또는 $0<a<2$이므로
 $0<-a<2$ 또는 $-2<-a<0$
 ∴ $N(-a)=2$ (참)

→ $y=2\sin x$의 그래프는 점 $(\pi,0)$에 대하여 대칭이니까 $y=a\ (a>0)$와의 교점이 2개이면 $y=-a$와의 교점도 2개일 수밖에 없어.

따라서 옳은 것은 ㄱ, ㄴ, ㄷ이다.

✿ 삼각방정식 – 이차식 꼴 ··· 개념·공식

이차식 꼴인 삼각방정식의 풀이
(1) $\sin^2 x+\cos^2 x=1$을 이용하여 삼각함수를 한 종류로 통일한다.
(2) 삼각함수를 t로 치환하여 t에 대한 이차방정식으로 변형한다.
(3) 이차방정식의 해를 구한 후, t를 원래의 삼각함수로 바꾼다.
(4) 일차식 꼴의 삼각방정식의 풀이를 이용하여 x의 값을 구한다.

내신 유형별 서술형 문제

E 208 정답 2π *두 동경의 위치 관계 ···· [정답률 72%]

정답 공식: 두 각 $\alpha,\ \beta$를 나타내는 동경이 y축에 대하여 대칭인 경우 두 각의 합은 $\alpha+\beta=(2n+1)\pi$이다. (단, n은 정수)

두 각 3θ와 5θ의 동경이 y축에 대하여 대칭일 때, 모든 θ의 크기의 합을 구하고 그 과정을 서술하시오. (단, $0<\theta<\pi$) (10점)

단서 y축에 대하여 대칭이므로 두 각의 합 $(2n+1)\pi$야.

🧠 단서+발상

단서 두 각 $\alpha,\ \beta$를 나타내는 동경의 위치 관계가 다음과 같을 때,
① x축에 대하여 대칭인 경우에는 $\alpha+\beta=2n\pi$이고,
② y축에 대하여 대칭인 경우에는 $\alpha+\beta=(2n+1)\pi$이다.
 (단, n은 정수이다.) **개념**

두 각 3θ와 5θ의 동경이 y축에 대하여 대칭이므로 두 각의 합이 $(2n+1)\pi$이다. **적용**

--- [문제 풀이 순서] -----------------------

1st 두 각의 동경이 y축에 대하여 대칭인 경우의 두 각의 합을 구하자.

두 각 3θ와 5θ의 동경이 y축에 대하여 대칭이므로
두 각의 동경이 x축 또는 y축에 대하여 대칭인 경우는 두 각의 합을 생각하면 돼.

$3\theta+5\theta=(2n+1)\pi$ (단, n은 정수)
$8\theta=(2n+1)\pi$

두 각 $\alpha,\ \beta$를 나타내는 동경 (단, n은 정수)
① x축에 대하여 대칭인 경우 : $\alpha+\beta=2n\pi$
② y축에 대하여 대칭인 경우 : $\alpha+\beta=(2n+1)\pi$

∴ $\theta=\dfrac{2n+1}{8}\pi$ ··· ㉠

2nd 주어진 각의 범위를 이용하여 각 θ의 크기를 구하자.

$0<\theta<\pi$에 ㉠을 대입하면

$0<\dfrac{2n+1}{8}\pi<\pi,\ 0<2n+1<8$

→ 모든 변에 양수인 $\dfrac{8}{\pi}$을 곱하면 부등호의 방향이 바뀌지 않아.

∴ $-\dfrac{1}{2}<n<\dfrac{7}{2}$

n은 정수이므로 $n=0$ 또는 $n=1$ 또는 $n=2$ 또는 $n=3$

함정 n은 정수 조건을 가지므로 $n=0$도 가능한 답이야. n을 자연수로 착각하여 $n=0$인 경우를 제외하지 않도록 해.

∴ $\theta=\dfrac{\pi}{8}$ 또는 $\theta=\dfrac{3}{8}\pi$ 또는 $\theta=\dfrac{5}{8}\pi$ 또는 $\theta=\dfrac{7}{8}\pi$ ($\because$ ㉠)

3rd 모든 θ의 크기의 합을 계산하자.

따라서 모든 θ의 크기의 합은

$\dfrac{\pi}{8}+\dfrac{3}{8}\pi+\dfrac{5}{8}\pi+\dfrac{7}{8}\pi=2\pi$

[채점 기준표]

1st 두 각의 동경이 y축에 대하여 대칭인 경우의 두 각의 합을 구한다.		5점
2nd 주어진 각의 범위를 이용하여 각 θ의 크기를 구한다.		3점
3rd 모든 θ의 크기의 합을 계산한다.		2점

209 정답 **17** *부채꼴의 둘레의 길이와 넓이의 최대·최소 [정답률 70%]

> 정답 공식: 반지름의 길이가 r이고 중심각의 크기가 θ인 부채꼴의 호의 길이를 l, 넓이를 S라 하면 $l=r\theta$, $S=\frac{1}{2}r^2\theta$이다.

점 O를 중심으로 하는 두 원과 점 O를 지나는 두 직선으로
둘러싸인 도형이 있다. 작은 원의 반지름의 길이가 6이고,
도형의 둘레의 길이가 44일 때, 이 도형의 넓이가 최대가 되도록
하는 큰 원의 반지름의 길이를 구하고 그 과정을 서술하시오.
┗**단서1** 도형의 둘레의 길이는 두 호의 길이와 두 선분의 길이의 합이야.
　　　 (10점)
　　단서2 큰 원의 부채꼴에서 작은 원의 부채꼴의 넓이의 차가 주어진 도형의 넓이야.

🧠 **단서+발상**

단서1 선분의 길이는 큰 원과 작은 원의 반지름 길이의 차이고, 반지름의 길이가 r이고, 중심각의 크기가 θ인 호의 길이는 $r\theta$이다. **개념**

단서2 ① 반지름의 길이가 r이고, 중심각의 크기가 θ인 부채꼴의 넓이는 $\frac{1}{2}r^2\theta$이다.
　　　　　　　　　　　　　　　　　　　　　　　　　개념

② 도형의 넓이는 큰 원의 부채꼴의 넓이에서 작은 원의 부채꼴의 넓이의 차이고,
　　　　　　　　　　　　　　　　　　　　　　　　　발상

이차함수의 식을 이용하여 도형의 넓이가 최대가 되는 큰 원의 반지름의
길이를 구할 수 있다. **해결**

--- [문제 풀이 순서] ------------------------------

1st 주어진 도형의 넓이를 식으로 나타내자.
그림과 같이 부채꼴의 중심각의 크기를 θ, 큰 원의 반지름의 길이를
r라 하자.

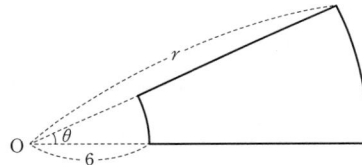

도형의 넓이를 S라 하면

$S=\frac{1}{2}r^2\theta-\frac{1}{2}\times6^2\times\theta=\frac{1}{2}\theta(r+6)(r-6)$ … ㉠

반지름의 길이가 r이고 중심각의 크기가 θ인 부채꼴의 넓이 $S=\frac{1}{2}r^2\theta$야.

2nd 도형의 둘레의 길이를 이용하여 도형의 넓이의 식을 구하자.
작은 원의 호의 길이는 6θ, 큰 원의 호의 길이는 $r\theta$이고, 두 선분의 길이는
각각 $r-6$이므로 　반지름의 길이가 r이고 중심각의 크기가　선분의 길이는 큰 원의
도형의 둘레의 길이는　θ인 부채꼴의 호의 길이 $l=r\theta$야. 반지름의 길이에서 작은
　　　　　　　　　　　　　　　　　　　　　　　 원의 반지름의 길이의 차야.
$r\theta+6\theta+2(r-6)=44$
$\therefore \theta(r+6)=56-2r$ … ㉡

㉡을 ㉠에 대입하면

$S=\frac{1}{2}(56-2r)(r-6)$
$=(28-r)(r-6)$
$=-r^2+34r-168$

3rd 도형의 넓이의 식에서 넓이가 최대가 될 때 큰 원의 반지름의 길이를 구하자.
$S=-r^2+34r-168$의 식을 정리하면,
$S=-(r-17)^2+121$
이차함수 $y=a(x-p)^2+q\,(a<0)$은 $x=p$에서 최댓값 q를 가져.
따라서 $r=17$일 때 도형의 넓이 S가 최대이므로
구하는 큰 원의 반지름의 길이는 17이다.

1st 주어진 도형의 넓이를 식으로 나타낸다.	5점
2nd 도형의 둘레의 길이를 이용하여 도형의 넓이의 식을 구한다.	4점
3rd 도형의 넓이의 식에서 넓이가 최대가 될 때 큰 원의 반지름의 길이를 구한다.	1점

 E

 210 정답 **−2** *삼각함수 사이의 관계−식을 간단히 하기 [정답률 75%]

> 정답 공식: $\sin^2\theta+\cos^2\theta=1$, $\tan\theta=\dfrac{\sin\theta}{\cos\theta}$

θ가 제2사분면의 각이고 $\dfrac{1-\cos\theta}{\sin\theta}+\dfrac{\sin\theta}{1-\cos\theta}=2\sqrt{5}$일 때,

$4\tan\theta$의 값을 구하고 그 과정을 서술하시오. (10점)
┗**단서1** θ가 제2사분면의 각이므로 $\sin\theta$, $\cos\theta$, $\tan\theta$ 각각의 부호를 알 수 있어.
　　　　　⇒ θ가 제2사분면의 각일 때, $\sin\theta>0$, $\cos\theta<0$, $\tan\theta<0$
　　단서2 주어진 식을 간단히 할 때, $\sin^2\theta+\cos^2\theta$의 값을 이용하여 정리할 수 있어.
　　　　　⇒ $\sin^2\theta+\cos^2\theta=1$

🧠 **단서+발상**

단서1 θ가 제2사분면의 각일 때, $\sin\theta>0$, $\cos\theta<0$, $\tan\theta<0$이 성립한다. **개념**
단서2 $\sin^2\theta+\cos^2\theta=1$을 이용해 주어진 식을 간단히 정리하여 $\sin\theta$와 $\cos\theta$의
값을 구한 다음 **발상**
θ가 제2사분면의 각임을 이용하여 $\tan\theta$의 값을 구한다. **적용**

--- [문제 풀이 순서] ------------------------------

1st 주어진 식을 간단히 정리하자.

$\dfrac{1-\cos\theta}{\sin\theta}+\dfrac{\sin\theta}{1-\cos\theta}$　→ 분모를 통분하기 위해 왼쪽 식에는 $1-\cos\theta$를, 오른쪽 식에는 $\sin\theta$를 곱해 줘.

$=\dfrac{(1-\cos\theta)^2+\sin^2\theta}{\sin\theta(1-\cos\theta)}$

$=\dfrac{1-2\cos\theta+\cos^2\theta+\sin^2\theta}{\sin\theta(1-\cos\theta)}$　→ $\sin^2\theta+\cos^2\theta=1$

$=\dfrac{2-2\cos\theta}{\sin\theta(1-\cos\theta)}=\dfrac{2(1-\cos\theta)}{\sin\theta(1-\cos\theta)}=\dfrac{2}{\sin\theta}$ $(\because \cos\theta\neq1)$

2nd $\sin\theta$, $\cos\theta$의 값을 구하자.

즉, $\dfrac{2}{\sin\theta}=2\sqrt{5}$이므로 $\sin\theta=\dfrac{1}{\sqrt{5}}=\dfrac{\sqrt{5}}{5}$

$\cos^2\theta=1-\sin^2\theta=1-\left(\dfrac{\sqrt{5}}{5}\right)^2=\dfrac{4}{5}$

이때 θ가 제2사분면의 각이므로 $\cos\theta=-\dfrac{2\sqrt{5}}{5}$이다.
θ가 제2사분면의 각일 때, $\sin\theta>0$, $\cos\theta<0$, $\tan\theta<0$이야.

3rd $\tan\theta$의 값을 구하자.

$\tan\theta=\dfrac{\sin\theta}{\cos\theta}=\dfrac{\dfrac{\sqrt{5}}{5}}{-\dfrac{2\sqrt{5}}{5}}=-\dfrac{1}{2}$이므로

$4\tan\theta=4\times\left(-\dfrac{1}{2}\right)=-2$이다.

[채점 기준표]

1st 주어진 식을 간단히 정리한다.	4점
2nd $\sin\theta$, $\cos\theta$의 값을 구한다.	3점
3rd $\tan\theta$의 값을 구한다.	3점

1st	함수 $y=a\sin(bx-c)$의 최댓값과 최솟값을 각각 구한다.	3점
2nd	함수 $y=a\sin(bx-c)$의 주기를 구한다.	3점
3rd	함수 $y=a\sin bx$의 그래프를 x축의 방향으로 평행이동하여 함수를 구한다.	4점

E 211 정답 12π *삼각함수의 미정계수 구하기 [정답률 67%]

> 정답 공식: 함수 $y=a\sin(bx-c)$의 그래프에서 주기는 $\dfrac{2\pi}{|b|}$이고, 최댓값은 $|a|$, 최솟값은 $-|a|$이다. (단, a, b, c는 상수)

세 상수 a, b, c에 대하여 함수 $y=a\sin(bx-c)$의 그래프가 그림과 같을 때, abc의 값을 구하고 그 과정을 서술하시오.

단서 사인함수의 그래프에서 최댓값과 최솟값을 이용하여 상수 a의 값을 구할 수 있고, 주기를 찾아 상수 b의 값을 구할 수 있어. (단, $a>0$, $b>0$, $0<c<2\pi$) (10점)

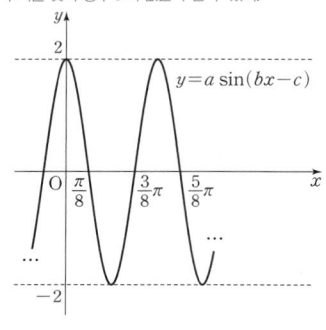

🧠 단서+발상

단서 ① 함수 $y=a\sin(bx-c)$의 그래프에서 최댓값은 $|a|$, 최솟값은 $-|a|$이고, 주기는 $\dfrac{2\pi}{|b|}$이다. (단, a, b, c는 상수) 개념

② 사인함수의 그래프의 최댓값과 최솟값, 주기를 이용하여 발상 미정계수 a, b의 값을 구하고, 사인함수의 그래프가 x축의 방향으로 평행이동한 크기를 구하여 상수 c의 값을 구한다. 적용

---- [문제 풀이 순서] --------------------------------

1st 함수 $y=a\sin(bx-c)$의 최댓값과 최솟값을 각각 구하자.

함수 $y=a\sin(bx-c)$에서 $\underline{-1\le\sin(bx-c)\le1}$이므로
  └ 사인함수 $y=\sin x$의 그래프는 $[-1, 1]$의 범위 안에 있어.
$-|a|\le a\sin(bx-c)\le|a|$

즉, 함수 $y=a\sin(bx-c)$의 최댓값과 최솟값은 각각 $|a|$, $-|a|$이다.

이때 그래프에서 함수 $y=a\sin(bx-c)$의 최댓값과 최솟값은 각각 2, -2이고, $a>0$이므로 $a=2$

2nd 함수 $y=a\sin(bx-c)$의 주기를 구하자.

함수 $y=2\sin(bx-c)$의 그래프의 주기는 $\dfrac{2\pi}{|b|}$이다.

이때 주어진 함수 $y=2\sin(bx-c)$의 그래프에서 주기는

$\dfrac{5}{8}\pi-\dfrac{\pi}{8}=\dfrac{\pi}{2}$이고 $b>0$이므로
  └ 주어진 사인함수의 그래프는 $\left[\dfrac{\pi}{8}, \dfrac{5}{8}\pi\right]$에서의 모양이 반복돼.

$\dfrac{2\pi}{|b|}=\dfrac{2\pi}{b}=\dfrac{\pi}{2}$에서 $b=4$ → 함수 $y=a\sin bx$의 주기는 $\dfrac{2\pi}{|b|}$야.

3rd 함수 $y=a\sin bx$의 그래프를 x축의 방향으로 평행이동하여 함수를 구하자.

주어진 함수의 식은 $y=2\sin(4x-c)$와 같고, 주어진 함수의 그래프는 함수 $y=2\sin 4x$의 그래프를 x축의 방향으로 $\dfrac{3}{8}\pi$만큼 평행이동한 것과 같으므로

$y=2\sin 4\left(x-\dfrac{3}{8}\pi\right)=2\sin(4x-c)$에서

$c=\dfrac{3}{2}\pi$ 실수 함수의 그래프가 x의 방향으로 c만큼 이동한 그래프의 식을 $y=2\sin(4x-c)$로 실수하지 않아야 해!

$\therefore abc=2\times 4\times\dfrac{3}{2}\pi=12\pi$

E 212 정답 9 *삼각함수의 최대·최소-이차식 꼴 [정답률 60%]

> 정답 공식: 삼각함수 사이의 관계를 이용하여 $\sin x$에 관한 식으로 변형한다.

$0\le x<2\pi$에서 단서 삼각함수 $\sin x$, $\cos x$ 사이의 관계를 이용하여 $\sin x$에 관한 식으로 변형할 수 있어.

함수 $y=\cos^2\left(x+\dfrac{3}{2}\pi\right)+5\cos^2(x-\pi)-4\sin(x-2\pi)$의

최댓값을 M, 최솟값을 m이라 할 때, $M-m$의 값을 구하고 그 과정을 서술하시오. (10점)

🧠 단서+발상

단서 ① $\sin^2 x+\cos^2 x=1$을 이용하여 주어진 함수를 $\sin x$에 관한 함수로 변형한다. 발상

② $\sin x=t$라 하고, t에 대한 이차함수를 정리한 후, 유형 이차함수의 최댓값과 최솟값을 구한다. $\sin x=t$라 하였으므로 t의 값의 범위는 $-1\le t\le1$임에 유의한다. 해결

---- [문제 풀이 순서] --------------------------------

1st $\sin^2 x+\cos^2 x=1$을 이용하여 함수식을 $\sin x$에 대하여 간단히 정리하자.

$\cos\left(x+\dfrac{3}{2}\pi\right)=\cos\left(\pi+\dfrac{\pi}{2}+x\right)=-\cos\left(\dfrac{\pi}{2}+x\right)=\sin x$,
  └ $\cos(\pi+\theta)=-\cos\theta$

$\cos(x-\pi)=\cos(\pi-x)=-\cos x$,
  └ $\cos(-\theta)=\cos\theta$

$\sin(x-2\pi)=\sin x$이므로
함수 $y=\sin x$는 주기가 2π인 함수이므로 $\sin(x-2\pi)=\sin x$가 돼.

$y=\cos^2\left(x+\dfrac{3}{2}\pi\right)+5\cos^2(x-\pi)-4\sin(x-2\pi)$

$=\sin^2 x+5\cos^2 x-4\sin x$

$=\sin^2 x+5(1-\sin^2 x)-4\sin x$

$=-4\sin^2 x-4\sin x+5$

2nd $\sin x=t$로 놓고 t에 대한 이차함수를 구하자.

$\sin x=t(-1\le t\le1)$라 하면 주의 제한된 범위에서 이차함수의 최대, 최소를 구해야 하므로 닫힌구간 $[-1, 1]$의 양 끝값과 이차함수의 꼭짓점의 y좌표 중 최대, 최소를 찾으면 돼.

$f(t)=-4t^2-4t+5$

$=-4\left(t^2+t+\dfrac{1}{4}-\dfrac{1}{4}\right)+5$

$=-4\left(t+\dfrac{1}{2}\right)^2+6$
  └ 이차함수 $y=a(x-p)^2+q$의 꼭짓점의 좌표는 (p, q)야.

함수 $y=f(t)$의 그래프는 꼭짓점의 좌표가 $\left(-\dfrac{1}{2}, 6\right)$이고 위로 볼록한 이차함수의 그래프이다. 최고차항의 계수가 음수이므로 이차함수는 위로 볼록한 그래프가 돼.

$-1\le t\le1$인 범위에서 $y=f(t)$의 그래프를 그리면 그림과 같다.

만약 t의 값의 범위가 없다면 이 함수는 최솟값은 존재하지 않고, 최댓값만 존재하게 돼.

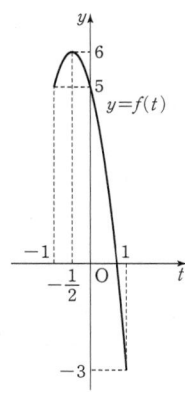

$y = f(t)$

3rd t의 값의 범위 $-1 \leq t \leq 1$을 이용하여 주어진 함수의 최댓값과 최솟값을 구하자.

$M = f\left(-\dfrac{1}{2}\right) = 6$, $m = f(1) = -4 - 4 + 5 = -3$

따라서 $M - m = 6 - (-3) = 9$이다.

[채점 기준표]

1st $\sin^2 x + \cos^2 x = 1$을 이용하여 함수식을 $\sin x$에 대하여 간단히 정리한다.		4점
2nd $\sin x = t$로 놓고 t에 대한 이차함수를 구한다.		3점
3rd t의 값의 범위 $-1 \leq t \leq 1$을 이용하여 주어진 함수의 최댓값과 최솟값을 구한다.		3점

✿ 삼각방정식 – 이차식 꼴
개념·공식

이차식 꼴인 삼각방정식의 풀이
(1) $\sin^2 x + \cos^2 x = 1$을 이용하여 삼각함수를 한 종류로 통일한다.
(2) 삼각함수를 t로 치환하여 t에 대한 이차방정식으로 변형한다.
(3) 이차방정식의 해를 구한 후, t를 원래의 삼각함수로 바꾼다.
(4) 일차식 꼴의 삼각방정식의 풀이를 이용하여 x의 값을 구한다.

E 213 정답 16 *삼각함수의 주기와 최대 · 최소-일차식 꼴 [정답률 62%]

정답 공식: 함수 $f(x) = a \cos bx + c$의 그래프에서 주기는 $\dfrac{2\pi}{|b|}$이고, 최댓값은 $|a| + c$, 최솟값은 $-|a| + c$이다. (단, a, b, c는 상수)

a, b, c가 자연수일 때, 다음 조건을 만족시키는 함수

$f(x) = a \cos\left(\pi - \dfrac{x}{b}\right) + c$에 대하여 함수 $f(x)$의 최댓값을 구하고 그 과정을 서술하시오. (10점) **단서** 삼각함수 주기를 이용하여 상수 b의 값을 구할 수 있고, 최솟값을 이용하여 상수 a, c의 관계식을 찾을 수 있어.

(가) 함수 $f(x)$의 주기는 4π이다.
(나) 함수 $f(x)$의 최솟값은 -4이다.
(다) 함수 $f(x)$의 그래프가 점 $\left(\dfrac{2}{3}\pi, 1\right)$을 지난다.

🧠 **단서+발상**

단서 ① 함수 $f(x) = a \cos bx + c$의 그래프에서 주기는 $\dfrac{2\pi}{|b|}$이고,

최댓값은 $|a| + c$, 최솟값은 $-|a| + c$이다. (단, a, b, c는 상수) **개념**
② $\cos(\pi - \theta) = -\cos\theta$를 이용하여 주어진 함수를 간단히 한다. **발상**
③ 삼각함수의 그래프의 주기, 최솟값을 이용하여 미정계수의 관계를 찾고, **적용**
함수 $f(x)$의 그래프가 지나는 점을 이용하여 미정계수를 구한다. **해결**

--- [문제 풀이 순서] --------------------------------------

1st 함수 $f(x)$의 주기를 이용하여 상수 b의 값을 구하자.

$f(x) = a \cos\left(\pi - \dfrac{x}{b}\right) + c = \underbrace{-a \cos\dfrac{x}{b}}_{\cos(\pi - \theta) = -\cos\theta} + c$

$b > 0$이고 함수 $f(x) = -a \cos\dfrac{x}{b} + c$의 주기가 4π이므로

$\dfrac{2\pi}{\left|\dfrac{1}{b}\right|} = \dfrac{2\pi}{\dfrac{1}{b}} = 4\pi$

$2b = 4$ $\therefore b = 2$

2nd 함수 $f(x)$의 최솟값을 이용하여 상수 a, c의 관계식을 찾자.

함수 $f(x) = -a \cos\dfrac{x}{2} + c$이고, $a > 0$이므로

함수 $f(x) = -a \cos\dfrac{x}{2} + c$의 최솟값이 -4이다.

$\therefore -a + c = -4$ $\cdots$ ㉠ $\underbrace{a > 0, -1 \leq \cos\dfrac{x}{2} \leq 1$이므로 함수 $f(x) = -a \cos\dfrac{x}{2} + c$의}_{\text{최솟값은 } -|-a| + c = -a + c \text{야.}}$

3rd 함수 $f(x)$의 그래프가 지나는 점의 좌표를 대입하여 함수 $f(x)$를 구하고, 함수 $f(x)$의 최댓값을 구하자.

함수 $f(x) = -a \cos\dfrac{x}{2} + c$의 그래프가 점 $\left(\dfrac{2}{3}\pi, 1\right)$을 지나므로

$f\left(\dfrac{2}{3}\pi\right) = 1$이다. 즉, $-a \cos\dfrac{\pi}{3} + c = 1$ $\underbrace{\text{함수 } y = f(x)\text{가 한 점 } (a, b)\text{를 지나면}}_{f(a) = b \text{야.}}$

$\underbrace{\text{함수 } y = f(x)\text{에 } x = \dfrac{2}{3}\pi, y = 1 \text{을 대입해.}}$

$\cos\dfrac{\pi}{3} = \dfrac{1}{2}$이므로 $-\dfrac{1}{2}a + c = 1$에서

$a - 2c = -2$ $\cdots$ ㉡

㉠+㉡을 하면, $-c = -6$ $\therefore c = 6$

$c = 6$을 ㉠에 대입하면

$a = 10$

따라서 $f(x) = -10 \cos\dfrac{x}{2} + 6$이므로 최댓값은

$|-10| + 6 = 10 + 6 = 16$이다. $\underbrace{\text{함수 } f(x) = -10 \cos\dfrac{x}{2} + 6\text{의 최댓값은}}_{|-10| + 6 \text{이야.}}$

[채점 기준표]

1st 함수 $f(x)$의 주기를 이용하여 상수 b의 값을 구한다.		3점
2nd 함수 $f(x)$의 최솟값을 이용하여 상수 a, c의 관계식을 찾는다.		3점
3rd 함수 $f(x)$의 그래프가 지나는 점의 좌표를 대입하여 함수 $f(x)$를 구하고, 함수 $f(x)$의 최댓값을 구한다.		4점

✿ 삼각함수의 주기와 최대, 최소
개념·공식

상수 a, b, c, $d (a \neq 0, b \neq 0)$에 대하여
① 두 함수 $y = a\sin(bx + c) + d$, $y = a\cos(bx + c) + d$의 최댓값과 최솟값은 각각 $|a| + d$, $-|a| + d$이고 주기는 $\dfrac{2\pi}{|b|}$이다.
② 함수 $y = a\tan(bx + c) + d$의 최댓값과 최솟값은 없고 주기는 $\dfrac{\pi}{|b|}$이다.

E 214 정답 −4 *삼각함수와 이차방정식의 근과 계수의 관계 [정답률 60%]

> 정답 공식: 이차방정식 $ax^2+bx+c=0$의 두 근을 α, β라 하면 $\alpha+\beta=-\dfrac{b}{a}$, $\alpha\beta=\dfrac{c}{a}$이다.

이차방정식 $x^2-\left(1+\dfrac{2}{k}\right)x+\left(1+\dfrac{1}{k}\right)=0$의 두 근이 $\sin\theta$, $\cos\theta$일 때, $k+3\sin\theta$의 값을 구하고 그 과정을 서술하시오.

단서 이차방정식의 근과 계수의 관계를 이용하여 두 근 $\sin\theta$, $\cos\theta$의 합과 곱을 알 수 있어. (단, k는 0이 아닌 상수이고, $\pi<\theta<2\pi$이다.) (10점)

🧠 단서+발상

단서 ① 이차방정식 $ax^2+bx+c=0$의 두 근을 α, β라 하면
$\alpha+\beta=-\dfrac{b}{a}$, $\alpha\beta=\dfrac{c}{a}$이다. **개념**
이차방정식의 근과 계수의 관계를 이용하여 $\sin\theta+\cos\theta$, $\sin\theta\cos\theta$의 값을 k에 대한 식으로 나타낼 수 있다. **발상**
② 삼각함수 사이의 관계 $\sin^2\theta+\cos^2\theta=1$을 이용하여 식의 관계를 찾을 수 있다. **적용**

--- [문제 풀이 순서] ------------------------------

1st 이차방정식의 근과 계수의 관계에서 두 근의 합과 두 근의 곱을 적용하자.

이차방정식 $x^2-\left(1+\dfrac{2}{k}\right)x+\left(1+\dfrac{1}{k}\right)=0$ ··· ㉠의 두 근이 $\sin\theta$, $\cos\theta$이므로 근과 계수의 관계에 의해 두 근의 합은

이차방정식 $ax^2+bx+c=0$의 두 근을 α, β라 하면 $\alpha+\beta=-\dfrac{b}{a}$, $\alpha\beta=\dfrac{c}{a}$야.

$\sin\theta+\cos\theta=1+\dfrac{2}{k}$이고, 두 근의 곱은 $\sin\theta\cos\theta=1+\dfrac{1}{k}$이다.

2nd $\sin^2\theta+\cos^2\theta=1$을 이용하여 k에 대한 이차방정식을 구하자.
$(\sin\theta+\cos\theta)^2=\sin^2\theta+2\sin\theta\cos\theta+\cos^2\theta$
$\qquad\qquad\qquad\;=1+2\sin\theta\cos\theta$ ← $\sin^2\theta+\cos^2\theta=1$

이므로 $\left(1+\dfrac{2}{k}\right)^2=1+2\left(1+\dfrac{1}{k}\right)$

$1+\dfrac{4}{k}+\dfrac{4}{k^2}=3+\dfrac{2}{k}$이므로 양변에 k^2을 곱하면 ← k는 0이 아닌 상수이므로 k^2을 곱해도 돼.
$k^2+4k+4=3k^2+2k$, $2k^2-2k-4=0$
$k^2-k-2=0$, $(k+1)(k-2)=0$에서
$k=-1$ 또는 $k=2$

3rd k의 값을 구하고, θ의 값을 구하자.
$k=-1$인 경우와 $k=2$인 경우를 나누어 확인해 본다.
(ⅰ) $k=-1$이면
$x^2+x=0$ ($\because$ ㉠)이므로 $x=0$ 또는 $x=-1$이다.
⎡ $\sin\theta=0$, $\cos\theta=-1$일 경우 $\theta=\pi$
⎣ $\sin\theta=-1$, $\cos\theta=0$일 경우 $\theta=\dfrac{3}{2}\pi$
← 삼각함수 $y=\sin x$와 $y=\cos x$의 그래프를 그려서 확인할 수 있어.
이때 $\pi<\theta<2\pi$이므로 $\theta=\dfrac{3}{2}\pi$

(ⅱ) $k=2$이면
$x^2-2x+\dfrac{3}{2}=0$ ($\because$ ㉠)이고, $\dfrac{D}{4}=(-1)^2-1\times\dfrac{3}{2}=-\dfrac{1}{2}<0$이므로 서로 다른 두 허근을 갖는다. ← 이차방정식 $ax^2+bx+c=0$의 판별식을 D라 하면 $D=b^2-4ac$이고, $D<0$이면 이차방정식은 서로 다른 두 허근을 가져.

(ⅰ), (ⅱ)에 의해 $k=-1$, $\theta=\dfrac{3}{2}\pi$이므로

$$k+3\sin\theta=(-1)+3\sin\left(\dfrac{3}{2}\pi\right)=-1-3=-4$$

[채점 기준표]

1st	이차방정식의 근과 계수의 관계에서 두 근의 합과 두 근의 곱을 적용한다.	3점
2nd	$\sin^2\theta+\cos^2\theta=1$을 이용하여 k에 대한 이차방정식을 구한다.	4점
3rd	k의 값을 구하고, θ의 값을 구한다.	3점

E 215 정답 18 *삼각함수의 정의와 성질의 활용 [정답률 40%]

> 정답 공식: $\sin(\pi+\theta)=-\sin\theta$, $\sin\left(\dfrac{\pi}{2}+\theta\right)=\cos\theta$, $\sin^2\theta+\cos^2\theta=1$

원 $x^2+y^2=1$에 내접하는 정36각형의 각 꼭짓점의 좌표를 (x_1, y_1), (x_2, y_2), $\cdots$, (x_{36}, y_{36})이라 할 때, $y_1^2+y_2^2+y_3^2+\cdots+y_{36}^2$의 값을 구하고 그 과정을 서술하시오.

단서1 원 $x^2+y^2=1$에 내접하는 정36각형의 각 꼭짓점을 $P_n(x_n, y_n)$ ($n=1, 2, 3, \cdots, 36$)이라 하고, $\angle P_nOP_{n+1}$의 크기를 구할 수 있어.

단서2 동경 OP_n이 x축의 양의 방향과 이루는 각을 θ_n이라 하면 점 P_n이 원 $x^2+y^2=1$ 위의 점이므로 y_n을 삼각함수를 이용하여 구할 수 있어. (10점)

🧠 단서+발상

단서1 원 $x^2+y^2=1$에 내접하는 정36각형의 각 꼭짓점을
$P_n(x_n, y_n)$ ($n=1, 2, 3, \cdots, 36$)이라 하면, $\angle P_nOP_{n+1}=\dfrac{2\pi}{36}=\dfrac{\pi}{18}$이다. **발상**

단서2 ① 동경 OP_n이 x축의 양의 방향과 이루는 각을 θ_n이라 하면 점 P_n의 y좌표 y_n을 삼각함수를 이용하여 $y_n=\sin\theta_n$으로 나타낼 수 있다. **발상**
$\sin(\pi+\theta)=-\sin\theta$임을 이용하여 $y_{n+18}^2=y_n^2$임을 구하고 이를 이용한다. **적용**

② $y_n^2+y_{n+9}^2=\sin^2\theta_n+\sin^2\left(\theta_n+\dfrac{\pi}{2}\right)$에서
$\sin\left(\dfrac{\pi}{2}+\theta_n\right)=\cos\theta_n$, $\sin^2\theta_n+\cos^2\theta_n=1$임을 이용한다. **적용**

--- [문제 풀이 순서] ------------------------------

1st 원 $x^2+y^2=1$에 내접하는 정36각형의 각 꼭짓점을 $P_n(x_n, y_n)$ ($n=1, 2, 3, \cdots, 36$)이라 하고 $\angle P_nOP_{n+1}$, $\angle P_1OP_{36}$의 크기를 각각 구하자.

원 $x^2+y^2=1$에 내접하는 정36각형의 각 꼭짓점을 $P_n(x_n, y_n)$ ($n=1, 2, 3, \cdots, 36$)이라 하면 $P_{36}(x_{36}, y_{36})=P_{36}(1, 0)$이고,

$\angle P_nOP_{n+1}=\dfrac{2\pi}{36}=\dfrac{\pi}{18}$ ($n=1, 2, 3, \cdots, 35$), $\angle P_1OP_{36}=\dfrac{\pi}{18}$ ← 정36각형이므로 원의 중심각 2π를 36으로 나누어 중심각의 크기를 구할 수 있어.

2nd 동경 OP_n이 x축의 양의 방향과 이루는 각을 θ_n이라 하고, $y_{n+18}^2=y_n^2$임을 이용하여 주어진 식을 간단히 하자.

동경 OP_n이 x축의 양의 방향과 이루는 각을 θ_n이라 하면 점 P_n이 원 $x^2+y^2=1$ 위의 점이므로

$y_n=\sin\theta_n$ ← $x_n=\cos\theta_n$이야.

이때 $\angle P_nOP_{n+18}=\dfrac{\pi}{18}\times18=\pi$이므로 $y_{n+18}=\sin(\theta_n+\pi)$

$y_{n+18}{}^2 = \underline{\sin^2(\theta_n + \pi)} = \sin^2\theta_n = y_n{}^2$

$\therefore y_1{}^2 + y_2{}^2 + y_3{}^2 + \cdots + y_{36}{}^2$ $\sin(\pi+\theta) = -\sin\theta$

$= y_1{}^2 + y_2{}^2 + \cdots + y_{18}{}^2 + y_{19}{}^2 + y_{20}{}^2 + \cdots + y_{36}{}^2$

$= y_1{}^2 + y_2{}^2 + \cdots + y_{18}{}^2 + y_1{}^2 + y_2{}^2 + \cdots + y_{18}{}^2$

$= 2(y_1{}^2 + y_2{}^2 + y_3{}^2 + \cdots + y_{18}{}^2) \cdots \text{㉠}$

3rd $y_n{}^2 + y_{n+9}{}^2 = \sin^2\theta_n + \sin^2\left(\theta_n + \dfrac{\pi}{2}\right) = 1$임을 이용하여 주어진 식의 값을 구하자.

또한 $\angle P_n O P_{n+9} = \dfrac{\pi}{18} \times 9 = \dfrac{\pi}{2}$이므로 $y_{n+9} = \sin\left(\theta_n + \dfrac{\pi}{2}\right)$

$y_n{}^2 + y_{n+9}{}^2 = \sin^2\theta_n + \sin^2\left(\theta_n + \dfrac{\pi}{2}\right)$

$\qquad\qquad = \underline{\sin^2\theta_n + \cos^2\theta_n} = 1$ $\sin\left(\dfrac{\pi}{2}+\theta\right) = \cos\theta$

$\qquad\qquad\quad \underset{\sin^2\theta + \cos^2\theta = 1}{}$

$\therefore y_1{}^2 + y_2{}^2 + y_3{}^2 + \cdots + y_{18}{}^2$

$= (y_1{}^2 + y_{10}{}^2) + (y_2{}^2 + y_{11}{}^2) + \cdots + (y_9{}^2 + y_{18}{}^2)$

$= 1 + 1 + \cdots + 1 = 1 \times 9 = 9$

따라서 ㉠에 의해

$y_1{}^2 + y_2{}^2 + y_3{}^2 + \cdots + y_{36}{}^2 = 2 \times 9 = 18$

[채점 기준표]

1st 원 $x^2 + y^2 = 1$에 내접하는 정36각형의 각 꼭짓점을 $P_n(x_n, y_n)$ $(n=1, 2, 3, \cdots, 36)$이라 하고 $\angle P_n O P_{n+1}$, $\angle P_1 O P_{36}$의 크기를 구한다.		2점
2nd 동경 OP_n이 x축의 양의 방향과 이루는 각을 θ_n이라 하고, $y_{n+18}{}^2 = y_n{}^2$임을 이용하여 주어진 식을 간단히 한다.		4점
3rd $y_n{}^2 + y_{n+9}{}^2 = \sin^2\theta_n + \sin^2\left(\theta_n + \dfrac{\pi}{2}\right) = 1$임을 이용하여 주어진 식의 값을 구한다.		4점

E 216 정답 $\dfrac{9}{2}\pi$ *삼각방정식-일차식 꼴   [정답률 45%]

정답 공식: 방정식 $f(x) = k$의 근은 함수 $y = f(x)$의 그래프와 직선 $y = k$의 교점의 x좌표와 같다.

$0 \le x < \dfrac{3}{2}\pi$일 때, 방정식 $|\sin 2x| = \dfrac{\sqrt{2}}{4}$의 모든 실근의 합을 구하고 그 과정을 서술하시오. (10점)

단서 삼각함수 $y = \sin 2x$의 그래프와 직선 $y = \dfrac{\sqrt{2}}{4}$ 또는 $y = -\dfrac{\sqrt{2}}{4}$의 교점의 x좌표가 방정식 $|\sin 2x| = \dfrac{\sqrt{2}}{4}$의 해야.

🧠 단서+발상

단서 주기가 $\dfrac{2\pi}{2} = \pi$이고, $0 \le x < \dfrac{3}{2}\pi$에서의 삼각함수 $y = \sin 2x$의 그래프와 직선 $y = \dfrac{\sqrt{2}}{4}$, $y = -\dfrac{\sqrt{2}}{4}$를 그린다. **발상**

삼각함수 $y = \sin 2x$의 그래프와 직선 $y = \dfrac{\sqrt{2}}{4}$, $y = -\dfrac{\sqrt{2}}{4}$가 만나는 점의 x좌표의 합을 구한다. **해결**

--- [문제 풀이 순서] ----------------------------

1st 방정식 $\sin 2x = \dfrac{\sqrt{2}}{4}$ $\left(0 \le x < \dfrac{3}{2}\pi\right)$의 해를 찾자.

$|\sin 2x| = \dfrac{\sqrt{2}}{4}$에서 $\sin 2x = \pm\dfrac{\sqrt{2}}{4}$

(ⅰ) $\sin 2x = \dfrac{\sqrt{2}}{4}$ $\left(0 \le x < \dfrac{3}{2}\pi\right)$일 때 → 삼각함수 $y = \sin 2x$의 주기는 $\dfrac{2\pi}{2} = \pi$야.

함수 $y = \sin 2x$의 그래프와 직선 $y = \dfrac{\sqrt{2}}{4}$는 서로 다른 네 점에서 만나므로 방정식 $\sin 2x = \dfrac{\sqrt{2}}{4}$는 서로 다른 네 실근을 갖는다.

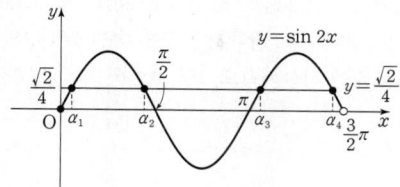

이때 네 실근을 각각 α_1, α_2, α_3, α_4 $(\alpha_1 < \alpha_2 < \alpha_3 < \alpha_4)$라 하면 α_1, α_2는 직선 $x = \dfrac{\pi}{4}$에 대하여 대칭이므로 $\dfrac{\alpha_1 + \alpha_2}{2} = \dfrac{\pi}{4}$, $\alpha_1 + \alpha_2 = \dfrac{\pi}{2}$

이고, α_3, α_4는 직선 $x = \dfrac{5}{4}\pi$에 대하여 대칭이므로 $\dfrac{\alpha_3 + \alpha_4}{2} = \dfrac{5}{4}\pi$,

$\alpha_3 + \alpha_4 = \dfrac{5}{2}\pi$

따라서 방정식 $\sin 2x = \dfrac{\sqrt{2}}{4}$의 네 실근의 합은

$\alpha_1 + \alpha_2 + \alpha_3 + \alpha_4 = \dfrac{\pi}{2} + \dfrac{5}{2}\pi = 3\pi$

> **주의** α_1, α_2 값을 직접 구하기는 어려워. 다만 삼각함수 그래프의 성질을 이용하여 $\alpha_1 + \alpha_2$의 값은 구할 수 있지. 이때 직선 $x = m$에 대하여 두 점의 x좌표 α_1, α_2가 대칭이면 $\dfrac{\alpha_1 + \alpha_2}{2} = m$의 관계가 성립해. 이는 두 점을 연결한 선분의 중점의 x좌표가 m이라는 뜻이야. $\alpha_3 + \alpha_4$의 값도 같은 방법으로 찾을 수 있어.

2nd 방정식 $\sin 2x = -\dfrac{\sqrt{2}}{4}$ $\left(0 \le x < \dfrac{3}{2}\pi\right)$의 해를 찾자.

(ⅱ) $\sin 2x = -\dfrac{\sqrt{2}}{4}$ $\left(0 \le x < \dfrac{3}{2}\pi\right)$일 때

함수 $y = \sin 2x$의 그래프와 직선 $y = -\dfrac{\sqrt{2}}{4}$는 서로 다른 두 점에서 만나므로 방정식 $\sin 2x = -\dfrac{\sqrt{2}}{4}$는 서로 다른 두 실근을 갖는다.

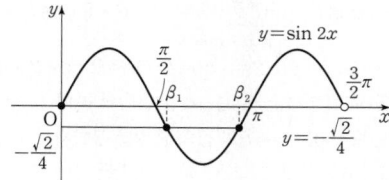

이때 두 실근을 각각 β_1, β_2 $(\beta_1 < \beta_2)$라 하면 β_1, β_2는 직선 $x = \dfrac{3}{4}\pi$에 대하여 대칭이므로 $\dfrac{\beta_1 + \beta_2}{2} = \dfrac{3}{4}\pi$, $\beta_1 + \beta_2 = \dfrac{3}{2}\pi$

따라서 방정식 $\sin 2x = -\dfrac{\sqrt{2}}{4}$의 두 실근의 합은 $\beta_1 + \beta_2 = \dfrac{3}{2}\pi$

$\underset{0 \le x < \frac{3}{2}\pi \text{에서 방정식 } \sin 2x = -\frac{\sqrt{2}}{4} \text{의 해는 2개야.}}{}$

3rd 방정식 $|\sin 2x| = \dfrac{\sqrt{2}}{4}$ $\left(0 \le x < \dfrac{3}{2}\pi\right)$의 모든 실근의 합을 구하자.

(ⅰ), (ⅱ)에 의해 주어진 방정식의 서로 다른 실근의 합은

$3\pi + \dfrac{3}{2}\pi = \dfrac{9}{2}\pi$이다.

[채점 기준표]

1st 방정식 $\sin 2x = \dfrac{\sqrt{2}}{4}$ $\left(0 \le x < \dfrac{3}{2}\pi\right)$의 해를 찾는다.		5점
2nd 방정식 $\sin 2x = -\dfrac{\sqrt{2}}{4}$ $\left(0 \le x < \dfrac{3}{2}\pi\right)$의 해를 찾는다.		4점
3rd 방정식 $|\sin 2x| = \dfrac{\sqrt{2}}{4}$ $\left(0 \le x < \dfrac{3}{2}\pi\right)$의 모든 실근의 합을 구한다.		1점

> 정답 공식: 이차함수 $y=f(x)$의 그래프와 직선 $y=g(x)$가 서로 만나지 않으면 이차방정식 $f(x)=g(x)$의 판별식을 D라 할 때, $D<0$이다.

> 이차함수 $y=x^2-x\cos\theta-5\cos\theta+\sin^2\theta$의 그래프와 직선 $y=x\cos\theta+3$이 서로 만나지 않도록 하는 θ의 값의 범위를 구하고 그 과정을 서술하시오. (단, $0\le\theta<2\pi$) (10점)
>
> [단서] $f(x)=x^2-x\cos\theta-5\cos\theta+\sin^2\theta$, $g(x)=x\cos\theta+3$이라 하고 $f(x)=g(x)$의 판별식 D를 구한 후 $D<0$을 만족시키면 돼.

단서+발상

[단서] 이차함수 $y=f(x)$의 그래프와 직선 $y=g(x)$가 서로 만나지 않기 위한 조건은 이차방정식 $f(x)=g(x)$의 판별식을 D라 할 때, $D<0$이다. [개념]
$D<0$을 만족시키는 $\cos\theta$의 값의 범위를 구하고, $y=\cos\theta$의 그래프와 직선 $y=-\dfrac{1}{2}$의 그래프를 이용하여 θ의 값의 범위를 구한다. [해결]

--- [문제 풀이 순서] -----------------------------

[1st] 이차함수 $y=f(x)$의 그래프와 직선 $y=g(x)$가 서로 만나지 않기 위한 조건을 구하자.

$f(x)=x^2-x\cos\theta-5\cos\theta+\sin^2\theta$,
$g(x)=x\cos\theta+3$이라 하자.
두 함수 $y=f(x)$, $y=g(x)$의 그래프가 서로 만나지 않으려면

이차방정식 $f(x)=g(x)$의 판별식을 D라 할 때, $D<0$이어야 한다.
　　　　이차방정식 $ax^2+bx+c=0$의 판별식은 $D=b^2-4ac$야.
$x^2-x\cos\theta-5\cos\theta+\sin^2\theta=x\cos\theta+3$
$x^2-2x\cos\theta-5\cos\theta+\sin^2\theta-3=0$이므로

$\dfrac{D}{4}=(-\cos\theta)^2-(-5\cos\theta+\sin^2\theta-3)$

$\quad=\cos^2\theta+5\cos\theta-\underset{\sin^2\theta+\cos^2\theta=1}{\underline{\sin^2\theta}}+3=\cos^2\theta+5\cos\theta-(1-\cos^2\theta)+3$

$\quad=2\cos^2\theta+5\cos\theta+2=(\cos\theta+2)(2\cos\theta+1)$

따라서 $(\cos\theta+2)(2\cos\theta+1)<0$이어야 한다.

[2nd] $D<0$을 만족시키는 $\cos\theta$의 값의 범위를 구하자.
이때 $\underline{\cos\theta+2>0}$이므로 $\begin{array}{l}-1\le\cos\theta\le1\text{이므로}\\1\le\cos\theta+2\le3,\ \text{즉}\ \cos\theta+2>0\text{이야}.\end{array}$
$2\cos\theta+1<0$ $\quad\therefore\cos\theta<-\dfrac{1}{2}\ \cdots$ ㉠

[3rd] θ의 값의 범위를 구하자.
오른쪽 그림과 같이
$0\le\theta<2\pi$에서
$\cos\theta=-\dfrac{1}{2}$인 θ의 값은
$\theta=\dfrac{2}{3}\pi$ 또는 $\theta=\dfrac{4}{3}\pi$이므로

㉠을 만족시키는 θ의 값의
범위는 함수 $y=\cos\theta$의 그래프가
직선 $y=-\dfrac{1}{2}$보다 아래에 위치해야 한다. 즉, $\dfrac{2}{3}\pi<\theta<\dfrac{4}{3}\pi$이다.

[채점 기준표]

[1st]	이차함수 $y=f(x)$의 그래프와 직선 $y=g(x)$가 서로 만나지 않기 위한 조건을 구한다.	4점
[2nd]	$D<0$을 만족시키는 $\cos\theta$의 값의 범위를 구한다.	2점
[3rd]	θ의 값의 범위를 구한다.	4점

 1등급 마스터 문제 [4점 + 2등급 대비 + 1등급 대비]

E 218 정답 ② *부채꼴의 호의 길이와 넓이 ········· [정답률 33%]

> 정답 공식: 원의 중심이 지나가는 부분을 표시한다. 삼각형의 각 변을 지나갈 때는 그 변과 평행한 직선모양이고 꼭짓점을 지나갈 때는 부채꼴 모양으로 지나간다. 특수각의 삼각비를 이용해주면 움직인 거리를 구할 수 있다.

> 그림과 같이 △ABC와 △CDE는 한 변의 길이가 a인 정삼각형이고, $\angle\mathrm{ACE}=\dfrac{2}{3}\pi$이다. 반지름의 길이가 $\sqrt{3}$인 원 P가 △ABC와 △CDE의 둘레를 외접하면서 시계 방향으로 한 바퀴 돌아 처음 출발 한 자리로 왔을 때, 원 P의 중심이 움직인 거리가 $23+\dfrac{8\sqrt{3}}{3}\pi$이다.
>
> [단서] 원 P가 △ABC와 △CDE를 외접하면서 돌 때, 원 P가 지나지 않는 사각지대가 존재함을 생각해야 해. 그리고 원 P가 꼭짓점 A, B, D, E를 지날 때, 원의 중심이 움직인 부분은 부채꼴이 됨을 착안하자.
>
> a의 값은? (4점)

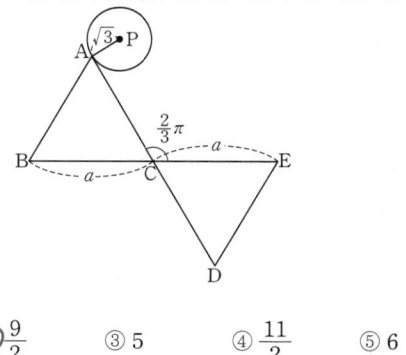

① 4　②$\dfrac{9}{2}$　③ 5　④$\dfrac{11}{2}$　⑤ 6

[1st] 원의 중심 P가 움직인 부분을 그림으로 나타내 보고, 호의 길이와 선분의 길이를 각각 구해 보자.

그림에서 점선으로 나타낸 부분이 원의 중심 P가 움직인 부분이다.

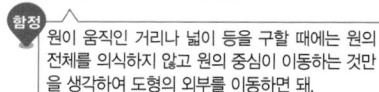

[함정] 원이 움직인 거리나 넓이 등을 구할 때에는 원의 전체를 의식하지 않고 원의 중심이 이동하는 것만을 생각하여 도형의 외부를 이동하면 돼.

점 F에서 선분 AC에 내린 수선의 발을 G라 하면 직각삼각형 FCG에서

$\angle\mathrm{FCG}=\dfrac{1}{2}\angle\mathrm{ACE}=\dfrac{1}{2}\times\dfrac{2}{3}\pi=\dfrac{\pi}{3}$이므로

$\tan\dfrac{\pi}{3}=\dfrac{\sqrt{3}}{\overline{\mathrm{GC}}}=\sqrt{3}$

따라서 $\overline{\mathrm{GC}}=1$이므로 $\overline{\mathrm{QF}}=\overline{\mathrm{AG}}=\overline{\mathrm{AC}}-\overline{\mathrm{GC}}=a-1$

또한, $\angle\mathrm{PAQ}=2\pi-\left(\dfrac{\pi}{2}+\dfrac{\pi}{3}+\dfrac{\pi}{2}\right)=\dfrac{2}{3}\pi$이므로

호 PQ의 길이는 $\sqrt{3}\times\dfrac{2}{3}\pi=\dfrac{2\sqrt{3}}{3}\pi$이다.
　　　　　　　　　→ 반지름의 길이가 r이고 중심각의 크기가 θ인 부채꼴의 호의 길이 l은 $l=r\theta$
[2nd] 원의 중심 P가 움직인 거리를 구하자.
(원의 중심 P가 움직인 거리)$=2\overline{\mathrm{ED}}+4\overline{\mathrm{AG}}+4\overset{\frown}{\mathrm{PQ}}$

$\qquad=2\times a+4\times(a-1)+4\times\dfrac{2\sqrt{3}}{3}\pi$

$\qquad=6a-4+\dfrac{8\sqrt{3}}{3}\pi$

이것이 $23+\dfrac{8\sqrt{3}}{3}\pi$와 같으므로

$6a-4=23$, $6a=27$ $\quad\therefore a=\dfrac{9}{2}$

E 219 정답 ① *부채꼴의 호의 길이와 넓이 ──── [정답률 37%]

[정답 공식: 어두운 부분을 등분하여 생각한다. 부채꼴과 삼각형의 넓이를 구할
수 있으므로 부채꼴과 삼각형의 넓이를 이용할 수 있는 모양으로 만든다.]

반지름의 길이가 2인 원 O에 내접하는 정육각형이 있다. 그림과
같이 정육각형의 각 변을 지름으로 하는 원 6개를 그릴 때, 어두운
부분의 넓이는? (4점)

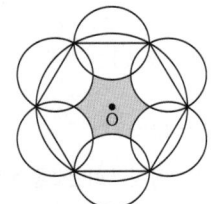

단서 정육각형의 각 꼭짓점과 원의 중심을 연결하면 정삼각형 6개로 분할됨에 착안하자.
이 정삼각형 1개를 다시 작은 정삼각형 4개로 분할한 후 넓이를 구하는 방법을 생각해보자.

① $3\sqrt{3}-\pi$　　② $3\sqrt{3}+\pi$　　③ $2\sqrt{3}-\dfrac{\pi}{3}$

④ $2\sqrt{3}+\dfrac{\pi}{3}$　　⑤ $\dfrac{\sqrt{3}}{4}+\dfrac{\pi}{3}$

1st 어두운 부분을 더 간단한 부분으로 나눠서 생각해 보자.

 이러한 유형을 구할 때에는 항상 원의 중심을 지나는 보조선을
그어 도형을 나누어 삼각형과 부채꼴의 넓이의 관계를 이용하여
문제를 풀어나가면 돼.

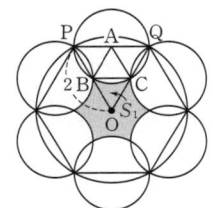

어두운 부분의 넓이를 S라 하고 그림과 같이 어두운 부분의 $\dfrac{1}{6}$의 넓이를

S_1이라 하면 $S=6S_1$

이때, $\triangle OQP$는 한 변의 길이가 2인 정삼각형이므로

$\triangle OQP=\dfrac{\sqrt{3}}{4}\times 2^2=\sqrt{3}$

$\triangle OQP$는 한 변의 길이가 1인 정삼각형으로 4등분되어 있으므로

$\triangle ABC=\triangle ACQ=\triangle APB$　$\overline{AP}=\overline{AB}$이고, $\angle APB=60°$이므로 $\triangle APB$는 정삼각형이야.

$=\dfrac{\sqrt{3}}{4}\times 1^2=\dfrac{\sqrt{3}}{4}$　마찬가지로 생각하면 $\triangle APB\equiv\triangle ABC\equiv\triangle OBC\equiv\triangle CQA$ 가 되는 거야.

정삼각형의 한 내각의 크기는 $\dfrac{\pi}{3}$이므로

(부채꼴 ABC의 넓이)$=\dfrac{1}{2}\times 1^2\times\dfrac{\pi}{3}=\dfrac{\pi}{6}$

$\therefore S_1=\triangle OQP-(\triangle APB+$부채꼴 $ABC+\triangle ACQ)$

$=\sqrt{3}-\left(\dfrac{\sqrt{3}}{4}+\dfrac{\pi}{6}+\dfrac{\sqrt{3}}{4}\right)$

$=\dfrac{\sqrt{3}}{2}-\dfrac{\pi}{6}$

$\therefore S=6S_1$

$=6\left(\dfrac{\sqrt{3}}{2}-\dfrac{\pi}{6}\right)$

$=3\sqrt{3}-\pi$

E 220 정답 13 *삼각함수의 주기와 최대, 최소─일차식 꼴 ── [정답률 28%]

(정답 공식: 함수 $y=a\sin x$의 최댓값은 $|a|$, 최솟값은 $-|a|$이다.)

자연수 n에 대하여 닫힌구간 $[0,\,n]$에서 함수
$y=2\sin\left\{\dfrac{\pi}{6}(x+1)\right\}$의 최댓값을 $f(n)$, 최솟값을 $g(n)$이라
할 때, 부등식 $2<f(n)-g(n)<4$를 만족시키는 모든 n의 값의
합을 구하시오. (4점)　**단서** 함수 $y=2\sin\left\{\dfrac{\pi}{6}(x+1)\right\}$의 그래프를 이용하면 $f(n)$과 $g(n)$의 값을 구할 수 있지.

1st 함수 $y=2\sin\left\{\dfrac{\pi}{6}(x+1)\right\}$의 그래프의 특징을 파악하자.

함수 $y=2\sin\left\{\dfrac{\pi}{6}(x+1)\right\}$의 그래프의 주기는 $\dfrac{2\pi}{\dfrac{\pi}{6}}=12$이고,

최댓값과 최솟값은 각각 2, -2이다.　함수 $y=\sin ax$의 주기는 $\dfrac{2\pi}{|a|}$야.

또한, 함수 $y=2\sin\left\{\dfrac{\pi}{6}(x+1)\right\}$의 그래프는

함수 $y=2\sin\dfrac{\pi}{6}x$의 그래프를 x축의 방향으로 -1만큼 평행이동한

그래프이다.　함수 $y=a\sin x$의 그래프를 x축의 방향으로 p만큼 평행이동하면 $y=a\sin(x-p)$가 되지

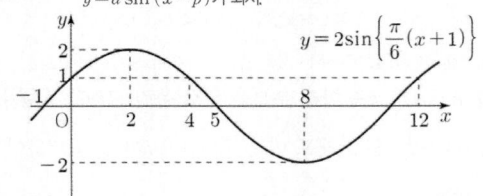

2nd 부등식 $2<f(n)-g(n)<4$를 만족시키는 모든 n의 값을 구해.

(i) $1\leq n\leq 5$일 때,　$f(1)-g(1)=\sqrt{3}-1<\sqrt{4}-1=1<2$임을 알 수 있지.
$n=1$일 때 $f(1)=\sqrt{3}$, $g(1)=1$이므로 $f(1)-g(1)<2$
닫힌구간 $[0,1]$에서
함수 $y=2\sin\left\{\dfrac{\pi}{6}(x+1)\right\}$의 최댓값은 $x=1$일 때 $y=2\sin\dfrac{\pi}{3}=\sqrt{3}$

$n=2,\,3,\,4$일 때 $f(n)=2$, $g(n)=1$이므로 $f(n)-g(n)=1<2$
$n=5$일 때 $f(5)=2$, $g(5)=0$이므로 $f(5)-g(5)=2$
즉, $1\leq n\leq 5$일 때 부등식 $2<f(n)-g(n)<4$를 만족시키는
자연수 n은 존재하지 않는다.

(ii) $n=6,\,7$일 때,
$f(n)=2$이고, $g(6)=-1$, $g(7)=-\sqrt{3}$이므로
닫힌구간 $[0,6]$에서
함수 $y=2\sin\left\{\dfrac{\pi}{6}(x+1)\right\}$의 최솟값은 $x=6$일 때
$y=2\sin\dfrac{7}{6}\pi=-2\sin\dfrac{\pi}{6}=-1$이고,
닫힌구간 $[0,7]$에서
함수 $y=2\sin\left\{\dfrac{\pi}{6}(x+1)\right\}$의 최솟값은 $x=7$일 때
$y=2\sin\dfrac{4}{3}\pi=-2\sin\dfrac{\pi}{3}=-2\times\dfrac{\sqrt{3}}{2}=-\sqrt{3}$이지.
$f(6)-g(6)=3$, $f(7)-g(7)=2+\sqrt{3}$이다.　$f(7)-g(7)=2+\sqrt{3}<2+\sqrt{4}=4$
그러므로 $n=6,\,7$일 때 부등식 $2<f(n)-g(n)<4$를 만족시킨다.

(iii) $n\geq 8$일 때,
$f(n)=2$이고, $g(n)=-2$이므로 $f(n)-g(n)=4$
$n\geq 8$인 경우 닫힌구간 $[0,n]$에 $x=2$와 $x=8$이 항상 포함되지
함수 $y=2\sin\left\{\dfrac{\pi}{6}(x+1)\right\}$은 $x=2$일 때 최댓값 2와 $x=8$일 때 최솟값 -2를 가지므로
항상 $f(n)=2$, $g(n)=-2$가 되지
그러므로 $n\geq 8$일 때 부등식 $2<f(n)-g(n)<4$를 만족시키는
자연수 n은 존재하지 않는다.

(i)~(iii)에 의하여 부등식 $2<f(n)-g(n)<4$를 만족시키는 모든 자연수
n의 값의 합은 $6+7=13$

┌───┐
│ 정답 공식: 함수 $y=f(x)$에 대해 함수 $y=|f(x)|$의 그래프는 $y\geq0$인 부분과 │
│ $y<0$인 부분을 x축에 대칭이동한 부분의 합집합이다. │
└───┘

단서1 n에 따른 정의역의 구간의 길이가 $\dfrac{n+2}{6}\pi-\dfrac{n-1}{6}\pi=\dfrac{\pi}{2}$임을 알 수 있어.

자연수 n에 대하여 $\dfrac{n-1}{6}\pi\leq x\leq\dfrac{n+2}{6}\pi$에서

함수 $f(x)=\left|\sin x-\dfrac{1}{2}\right|$의 최댓값을 $g(n)$이라 하자.

단서2 절댓값을 포함한 함수의 그래프를 이용할 수 있어야 해.

40 이하의 자연수 k에 대하여 $g(k)$가 무리수가 되도록 하는 모든 k의 값의 합은? (4점)

단서3 유한개의 자연수 중에서 조건을 만족시키는 값을 찾아야 해.

① 115 ② 117 ③ 119 ④ 121 ⑤ 123

1st 함수 $y=f(x)$의 개형을 그려봐.

$y=f(x)=|h(x)|$라 하자.

함수 $h(x)=\sin x-\dfrac{1}{2}$의 그래프를 살펴보면

주기가 2π, 최댓값이 $\dfrac{1}{2}$, 최솟값이 $-\dfrac{3}{2}$인 그래프이다.

$y=\sin x$의 주기가 2π이고 최댓값이 1, 최솟값이 -1이므로 $y=\sin x-\dfrac{1}{2}$은 주기는 동일하고 최댓값과 최솟값이 각각 $1-\dfrac{1}{2}=\dfrac{1}{2}$, $-1-\dfrac{1}{2}=-\dfrac{3}{2}$이야.

따라서 함수 $h(x)$의 x축 아래 부분을 위로 올린 그래프가 함수 $f(x)=\left|\sin x-\dfrac{1}{2}\right|$의 그래프이고, 주기는 2π이고, 최댓값이 $\dfrac{3}{2}$, 최솟값이 0이다.

2nd n의 값에 따라 $g(n)$의 값을 구하자.

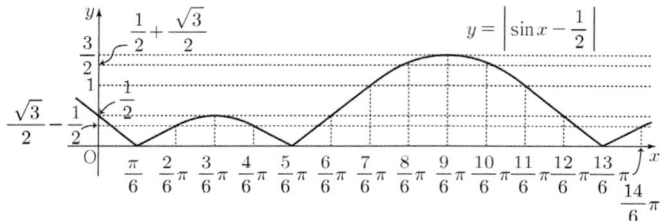

주어진 범위에서 함수 $f(x)$의 최댓값 $g(n)$을 구해보면

$n=1$이면 $0\leq x\leq\dfrac{3}{6}\pi$에서 $g(1)=\dfrac{1}{2}$

$n=2$이면 $\dfrac{\pi}{6}\leq x\leq\dfrac{4}{6}\pi$에서 $g(2)=\dfrac{1}{2}$

$n=3$이면 $\dfrac{2}{6}\pi\leq x\leq\dfrac{5}{6}\pi$에서 $g(3)=\dfrac{1}{2}$

$n=4$이면 $\dfrac{3}{6}\pi\leq x\leq\dfrac{6}{6}\pi$에서 $g(4)=\dfrac{1}{2}$

$n=5$이면 $\dfrac{4}{6}\pi\leq x\leq\dfrac{7}{6}\pi$에서 $g(5)=1$

$n=6$이면 $\dfrac{5}{6}\pi\leq x\leq\dfrac{8}{6}\pi$에서 $g(6)=\underbrace{\dfrac{\sqrt3+1}{2}}_{\text{무리수}}$

$n=7$이면 $\dfrac{6}{6}\pi\leq x\leq\dfrac{9}{6}\pi$에서 $g(7)=\dfrac{3}{2}$

$n=8$이면 $\dfrac{7}{6}\pi\leq x\leq\dfrac{10}{6}\pi$에서 $g(8)=\dfrac{3}{2}$

$n=9$이면 $\dfrac{8}{6}\pi\leq x\leq\dfrac{11}{6}\pi$에서 $g(9)=\dfrac{3}{2}$

$n=10$이면 $\dfrac{9}{6}\pi\leq x\leq\dfrac{12}{6}\pi$에서 $g(10)=\dfrac{3}{2}$

$n=11$이면 $\dfrac{10}{6}\pi\leq x\leq\dfrac{13}{6}\pi$에서 $g(11)=\underbrace{\dfrac{\sqrt3+1}{2}}_{\text{무리수}}$

$n=12$이면 $\dfrac{11}{6}\pi\leq x\leq\dfrac{14}{6}\pi$에서 $g(12)=1$

$n=13$이면 $\dfrac{12}{6}\pi\leq x\leq\dfrac{15}{6}\pi$에서 $g(13)=\dfrac{1}{2}$

$\vdots$

따라서 함수 $f(x)$의 주기가 2π이므로 n에 따른 함수 $f(x)$의 최댓값 $g(n)=g(n+12m)$이다. (단, m은 정수)

따라서 $g(6)=g(18)=g(30)$, $g(11)=g(23)=g(35)$이므로 40 이하의 자연수 k에 대하여 $g(k)$가 무리수가 되도록 하는 모든 k의 값의 합은

$6+11+18+23+30+35=123$

🔑 **다른 풀이:** 구간 $A\leq x\leq B$에 따라 최댓값을 예상해 보기

$x=\dfrac{k}{6}\pi\,(k=0,\ 1,\ 2,\ \cdots)$일 때, $f(x)$의 값을 구해 보면

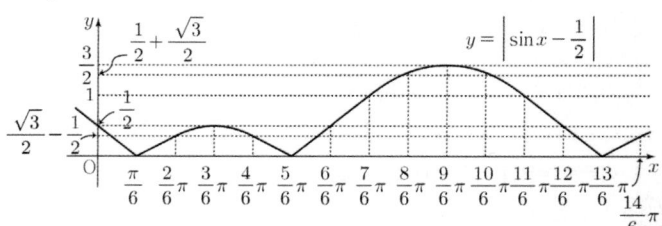

$f(0)=\dfrac{1}{2}$, $f\left(\dfrac{\pi}{6}\right)=0$, $f\left(\dfrac{2}{6}\pi\right)=\dfrac{\sqrt3-1}{2}$, $f\left(\dfrac{3}{6}\pi\right)=\dfrac{1}{2}$,

$f\left(\dfrac{4}{6}\pi\right)=\dfrac{\sqrt3-1}{2}$

$f\left(\dfrac{5}{6}\pi\right)=0$, $f\left(\dfrac{6}{6}\pi\right)=\dfrac{1}{2}$, $f\left(\dfrac{7}{6}\pi\right)=1$, $f\left(\dfrac{8}{6}\pi\right)=\dfrac{\sqrt3+1}{2}$,

$f\left(\dfrac{9}{6}\pi\right)=\dfrac{3}{2}$, $f\left(\dfrac{10}{6}\pi\right)=\dfrac{\sqrt3+1}{2}$

$f\left(\dfrac{11}{6}\pi\right)=1$, $f\left(\dfrac{12}{6}\pi\right)=\dfrac{1}{2}$, $f\left(\dfrac{13}{6}\pi\right)=0$, $\cdots$

자연수 n에 따라 정의역 $\dfrac{n-1}{6}\pi\leq x\leq\dfrac{n+2}{6}\pi$의 구간의 길이는

$\dfrac{n+2}{6}\pi-\dfrac{n-1}{6}\pi=\dfrac{3}{6}\pi$이고,

그 범위를 $A\leq x\leq B$라 하면 $0\leq x\leq\dfrac{3}{6}\pi$, $\dfrac{\pi}{6}\leq x\leq\dfrac{4}{6}\pi$,

$\dfrac{2}{6}\pi\leq x\leq\dfrac{5}{6}\pi$, $\cdots$로 구간을 나누어 $f(x)$의 값을 구해 보면

$A=\dfrac{10}{6}\pi$ 또는 $B=\dfrac{8}{6}\pi$가 되는 경우 $f(x)$의 최댓값이 무리수 $\dfrac{\sqrt3+1}{2}$

$\dfrac{n+2}{6}\pi=\dfrac{8}{6}\pi$인 경우에 $\dfrac{5}{6}\pi\leq x\leq\dfrac{8}{6}\pi$에서 함수 $f(x)$는 증가하므로 $f\left(\dfrac{8}{6}\pi\right)$의 값이 최댓값이고, $\dfrac{n-1}{6}\pi=\dfrac{10}{6}\pi$인 경우에는 $\dfrac{10}{6}\pi\leq x\leq\dfrac{13}{6}\pi$에서 함수 $f(x)$는 감소하므로 $f\left(\dfrac{10}{6}\pi\right)$의 값이 최댓값이야.

따라서 $n=6$, 11일 때, $g(6)=g(11)=\dfrac{\sqrt3+1}{2}$이고,

함수 $f(x)$는 주기가 2π이므로 $k=6$, 18, 30인 경우와

함수의 주기가 2π이므로 정의역의 양 끝값이 2π씩 커지려면 k의 값이 12씩 커져야 해.

$k=11$, 23, 35인 경우 $g(k)$가 무리수가 되므로 구하고자 하는 모든 k의 값의 합은

$6+11+18+23+30+35=123$

정답 공식: 삼각방정식의 근의 합은 삼각함수의 대칭성과 주기성을 활용하여 그래프의 교점의 x좌표의 합으로 구한다.

자연수 n에 대하여 $0 \le x \le 4$일 때, x에 대한 방정식

$$\sin \pi x - \frac{(-1)^{n+1}}{n} = 0$$

단서1 방정식의 실근의 합이니까 그래프를 그려야 해. 삼각함수의 대칭성과 주기성을 활용해서 실근의 합을 구할 거야.

의 모든 실근의 합을 $f(n)$이라 하자.

$f(1)+f(2)+f(3)+f(4)+f(5)$의 값을 구하시오. (4점)

단서2 $n=1, 2, 3, 4, 5$를 대입하여 5개의 그래프를 각각 그려야 해.

1st $f(n)$의 의미를 파악하자.

자연수 n에 대하여 $0 \le x \le 4$일 때,

x에 대한 방정식 $\sin \pi x - \dfrac{(-1)^{n+1}}{n} = 0$의 실근의 합은

함수 $y = \sin \pi x$의 그래프와 직선 $y = \dfrac{(-1)^{n+1}}{n}$ (n은 자연수)의 교점의

x좌표의 합과 같다.

함정 직선 $y = \dfrac{(-1)^{n+1}}{n}$의 모양에 겁먹지 말고 n에 $n=1, 2, 3, 4,$ 5를 하나씩 대입해 보면 $y=1, y=-\dfrac{1}{2}, y=\dfrac{1}{3},$ $y=-\dfrac{1}{4}, y=\dfrac{1}{5}$임을 알 수 있고, 이는 x축에 평행한 5개의 직선이 됨을 알 수 있어.

2nd $n=1, 2, 3, 4, 5$를 각각 대입하여 교점의 x좌표를 찾자.

함수 $y = \sin \pi x$의 주기가 2이므로

주의 문제에서 x의 값의 범위가 $0 \le x \le 4$이므로 정의역의 범위에 주의하여서 $y = \sin \pi x$의 그래프를 그려야 해.

(i) $n=1$일 때,

함수 $y = \sin \pi x$의 그래프와

직선 $y = 1$의 교점의 x좌표는 각각

$\dfrac{1}{2}, \dfrac{5}{2}$이므로 $f(1) = \dfrac{1}{2} + \dfrac{5}{2} = 3$

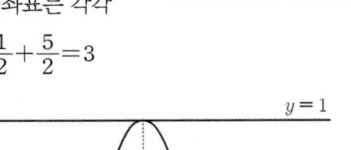

(ii) $n=2$일 때,

함수 $y = \sin \pi x$의 그래프와 직선 $y = -\dfrac{1}{2}$의 교점의 x좌표를 작은

수부터 차례로 a, b, c, d라 하면

삼각함수의 그래프의 성질에 의하여 $\dfrac{a+b}{2} = \dfrac{3}{2}, \dfrac{c+d}{2} = \dfrac{7}{2}$이므로

$a+b = 3$, $c+d = 7$

$\therefore f(2) = a+b+c+d = 10$

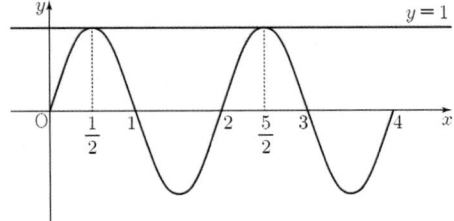

$y = \sin \pi x$의 그래프는 직선 $x = \dfrac{3}{2}, x = \dfrac{7}{2}$에 대하여 각각 대칭이므로 직선 $y = -\dfrac{1}{2}$과의

교점의 x좌표를 $\dfrac{3}{2} - \alpha, \dfrac{3}{2} + \alpha, \dfrac{7}{2} - \beta, \dfrac{7}{2} + \beta$ ($\alpha > 0, \beta > 0$)이라 하면

$\dfrac{3}{2} - \alpha + \dfrac{3}{2} + \alpha = 3, \dfrac{7}{2} - \beta + \dfrac{7}{2} + \beta = 7$ $\therefore f(2) = 10$

(iii) $n=3$일 때,

함수 $y = \sin \pi x$의 그래프와 직선 $y = \dfrac{1}{3}$의 교점의 x좌표를 작은

수부터 차례로 a', b', c', d'이라 하면

삼각함수의 그래프의 성질에 의하여

$\dfrac{a'+b'}{2} = \dfrac{1}{2}, \dfrac{c'+d'}{2} = \dfrac{5}{2}$이므로

$a'+b' = 1$, $c'+d' = 5$

$\therefore f(3) = a'+b'+c'+d' = 6$

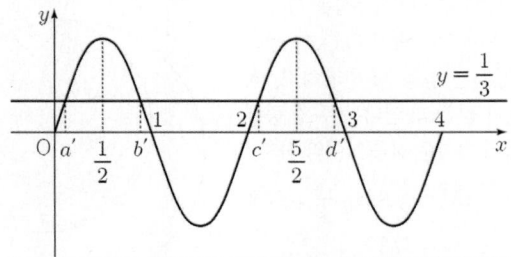

$y = \sin \pi x$의 그래프는 직선 $x = \dfrac{1}{2}, x = \dfrac{5}{2}$에 대하여 각각 대칭이므로 직선 $y = \dfrac{1}{3}$과의

교점의 x좌표를 $\dfrac{1}{2} - \alpha', \dfrac{1}{2} + \alpha', \dfrac{5}{2} - \beta', \dfrac{5}{2} + \beta'$ ($\alpha' > 0, \beta' > 0$)이라 하면

$\dfrac{1}{2} - \alpha' + \dfrac{1}{2} + \alpha' = 1, \dfrac{5}{2} - \beta' + \dfrac{5}{2} + \beta' = 5$ $\therefore f(3) = 6$

(iv) $n \ge 4$에 대하여

n이 짝수이면 (ii)와 같은 방법으로 $f(n) = 10$이고,

n이 홀수이면 (iii)과 같은 방법으로 $f(n) = 6$이다.

(i)~(iv)에 의하여

$f(1)+f(2)+f(3)+f(4)+f(5) = 3+10+6+10+6$

$= 35$

*어떤 원과 그 원의 현을 한 변으로 하는 정삼각형의 외접원의 공통부분의 넓이 구하기 [유형 04+05]

단서1 두 원 O_1, O_2의 중심을 지나는 직선은 점 C와 선분 AB의 중점을 지나.

그림과 같이 반지름의 길이가 6인 원 O_1이 있다. 원 O_1 위에 서로 다른 두 점 A, B를 $\overline{AB} = 6\sqrt{2}$가 되도록 잡고, 원 O_1의 내부에 점 C를 삼각형 ACB가 정삼각형이 되도록 잡는다. 정삼각형 ACB의 외접원을 O_2라 할 때, 원 O_1과 원 O_2의 공통부분의 넓이는 $p+q\sqrt{3}+r\pi$이다. $p+q+r$의 값을 구하시오. (단, p, q, r는 유리수이다.) (4점)

단서2 두 원 O_1, O_2의 중심을 지나는 직선을 그린 후, 두 원 O_1, O_2의 공통부분의 넓이를 구하기 위해 필요한 부채꼴과 삼각형을 찾아보자.

왜 2등급? 두 원의 공통부분의 넓이를 구하는 문제이다.

이를 위해서는 호 AB에 대한 두 원 O_1, O_2의 부채꼴의 넓이를 각각 따져서 비교할 수 있어야 한다.

단서＋발상

단서1 선분 AB는 원 O_1의 현이면서 원 O_2의 현이다. 따라서 원 O_1의 중심 O_1과 선분 AB의 중점 M을 잇는 직선은 선분 AB와 수직이고, 원 O_2의 중심 O_2와 선분 AB의 중점 M을 잇는 직선은 선분 AB와 수직이다. 또한, 삼각형 ABC는 정삼각형이므로 점 C와 점 M을 잇는 직선은 선분 AB와 수직이므로 선분 CM 위에 점 O_1과 O_2가 위치한다. **개념**

단서2 공통부분은 점 C를 포함한 원 O_2의 호 AB와 원 O_1의 호 AB로 둘러싸여 있으므로 주어진 부분을 나누어 구해야 한다. **발상**

부채꼴 O_1AB의 넓이와 부채꼴 O_2AB의 넓이를 더한 뒤 삼각형 O_1O_2A와 삼각형 O_1O_2B의 넓이를 빼면 된다. **해결**

주의 현 AB의 길이와 원 O_1의 반지름의 길이를 활용하여 부채꼴 O_1AB의 중심각의 크기가 $\frac{\pi}{4}$임을 알 수 있다.

> **정답 공식:** 반지름의 길이가 r, 중심각의 크기가 θ인 부채꼴의 넓이 S는 $S=\frac{1}{2}r^2\theta$이다.

------------------------ [문제 풀이 순서] ------------------------

1st 두 원 O_1과 O_2의 중심과 두 점 A, B를 잇는 선분을 그려서 생기는 부채꼴 모양의 넓이를 구해보자.

그림과 같이 원 O_1의 중심을 O_1, 원 O_2의 중심을 O_2, 직선 O_1O_2가 선분 AB와 만나는 점을 M이라 하고, 직선 O_1O_2가 원 O_1과 만나는 두 점 중에서 점 M에 가까운 점을 N이라 하자.

$\overline{O_1A}=6$, $\overline{AM}=\frac{1}{2}\overline{AB}=\frac{1}{2}\times6\sqrt{2}$
$=3\sqrt{2}$

이므로 직각삼각형 AO_1M에서

$\sin(\angle AO_1M)=\frac{\overline{AM}}{\overline{O_1A}}=\frac{3\sqrt{2}}{6}=\frac{\sqrt{2}}{2}$

즉, $\angle AO_1M=\frac{\pi}{4}$ … ㉠이므로 → $\sin\frac{\pi}{4}=\frac{\sqrt{2}}{2}$이므로 $\angle AO_1M=\frac{\pi}{4}$

$\angle AO_1B=\angle AO_1M+\angle MO_1B=\frac{\pi}{4}\times2=\frac{\pi}{2}$

원 O_1에서 점 N을 포함하는 부채꼴 AO_1B의 넓이는

$\frac{1}{2}\times6^2\times\frac{\pi}{2}=9\pi$ … ㉡

> **[원주각과 중심각의 관계]** 원에서 한 호에 대한 원주각의 크기는 중심각의 크기의 $\frac{1}{2}$이야.

2nd 점 C를 포함하는 부채꼴 AO_2B의 넓이를 구하자.

원 O_2에서 $\angle ACB=\frac{\pi}{3}$이므로 원주각과 중심각의 관계에 의해

$\angle AO_2B=2\times\angle ACB=2\times\frac{\pi}{3}=\frac{2}{3}\pi$ → $\triangle ABC$가 정삼각형이니까 $\angle ACB=\frac{\pi}{3}$야.

직각삼각형 AO_2M에서 $\angle AO_2M=\frac{\pi}{3}$이므로 $\sin(\angle AO_2M)=\frac{\overline{AM}}{\overline{O_2A}}$

$\therefore\overline{O_2A}=\frac{3\sqrt{2}}{\sin\frac{\pi}{3}}=\frac{3\sqrt{2}}{\frac{\sqrt{3}}{2}}=2\sqrt{6}$ → $\angle AO_2M=\angle BO_2M=\frac{\pi}{3}$

점 C를 포함하는 부채꼴 AO_2B(호 ACB와 두 선분 AO_2, BO_2로 둘러싸인 부분)의 넓이는

$\frac{1}{2}\times(2\sqrt{6})^2\times\frac{4}{3}\pi$

$=\frac{1}{2}\times24\times\frac{4}{3}\pi=16\pi$ … ㉢

> 점 C를 포함하는 부채꼴 AO_2B(호 ACB와 두 선분 AO_2, BO_2로 둘러싸인 부분)에서 원 O_2의 반지름의 길이 $\overline{O_2A}=2\sqrt{6}$과 $\angle AO_2B=2\pi-\frac{2}{3}\pi=\frac{4}{3}\pi$에 의해 부채꼴의 넓이는 $\frac{1}{2}\times\overline{O_2A}^2\times(\angle AO_2B)$ $=\frac{1}{2}\times(2\sqrt{6})^2\times\frac{4}{3}\pi$로 구할 수 있어.

3rd 삼각형 AO_1O_2의 넓이를 구해.

㉠에 의해 삼각형 AO_1M은 직각이등변삼각형이므로 $\overline{O_1M}=\overline{AM}=3\sqrt{2}$

직각삼각형 AO_2M에서

$\tan(\angle AO_2M)=\frac{\overline{AM}}{\overline{O_2M}}$이므로 $\tan\frac{\pi}{3}=\frac{3\sqrt{2}}{\overline{O_2M}}$

$\therefore\overline{O_2M}=\frac{3\sqrt{2}}{\tan\frac{\pi}{3}}=\frac{3\sqrt{2}}{\sqrt{3}}=\sqrt{6}$

즉, $\overline{O_1O_2}=\overline{O_1M}-\overline{O_2M}=3\sqrt{2}-\sqrt{6}$

삼각형 AO_1O_2의 넓이는

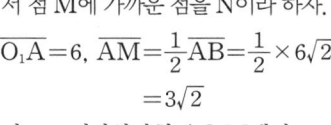

$\frac{1}{2}\times6\times(3\sqrt{2}-\sqrt{6})\times\sin\frac{\pi}{4}$

$=\frac{1}{2}\times6\times(3\sqrt{2}-\sqrt{6})\times\frac{\sqrt{2}}{2}$

$=9-3\sqrt{3}$ … ㉣

> 삼각형 AO_1O_2의 넓이는 다음과 같이 구할 수도 있어.
> $\frac{1}{2}\times\overline{O_1O_2}\times\overline{AM}=\frac{1}{2}\times(3\sqrt{2}-\sqrt{6})\times3\sqrt{2}$ $=9-3\sqrt{3}$

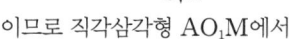

> **[삼각형의 넓이]** 삼각형 ABC의 넓이를 S라 하면 $S=\frac{1}{2}bc\sin A=\frac{1}{2}ac\sin B=\frac{1}{2}ab\sin C$

4th 원 O_1과 원 O_2의 공통부분의 넓이를 구하자.

(원 O_1과 원 O_2의 공통부분의 넓이)
=(점 N을 포함하는 부채꼴 AO_1B의 넓이)
　+(점 C를 포함하는 부채꼴 AO_2B의 넓이)
　　　-2×(삼각형 AO_1O_2의 넓이)
$=9\pi+16\pi-2\times(9-3\sqrt{3})$ $(\because$ ㉡, ㉢, ㉣) → 삼각형 AO_1O_2와 삼각형 BO_1O_2는 서로 합동이야.
$=-18+6\sqrt{3}+25\pi$

따라서 $p=-18$, $q=6$, $r=25$이므로

$p+q+r=(-18)+6+25=13$

> 👩 **My Top Secret**　　　서울대 선배의 **❶ 등급 대비 전략**
>
> 원의 일부분으로 둘러싸인 부분의 넓이는 부채꼴과 나머지 부분의 합과 차로 구할 수 있어. 따라서 점 O_1, O_2를 중심으로 하는 부채꼴과 두 부채꼴이 겹치는 부분인 사각형 O_1BO_2A의 넓이를 빼서 구할 수 있어.

E 224　정답 686　　　　⭐1등급 대비 [정답률 3%]

*삼각함수의 성질과 삼각함수로 이루어진 방정식의 실근 개수에 관한 조건을 활용하여 미지수 유추하기 [유형 13+14+22+23]

> **단서2** 자연수의 특징을 이용하여 두 수의 차는 정수임을 반드시 파악해.
>
> 두 자연수 a, b에 대하여 세 함수
> $f(x)=\cos\pi x$, $g(x)=\sin\pi x$, $h(x)=ax+b$
> 가 다음 조건을 만족시킨다. **단서1** 직접 합성해보면 $(f\circ h)(x)=\cos(a\pi x+b\pi)$, $(h\circ g)(x)=a\sin\pi x+b$야. $x=\frac{3}{2}$일 때는 직접 대입해서 방정식을 세우자.
>
> (가) $0\le x\le4$일 때, 방정식 $(f\circ h)(x)=(h\circ g)\left(\frac{3}{2}\right)$의 서로 다른 실근의 개수는 홀수이다.
> (나) $0\le x\le4$일 때, 방정식 $(f\circ h)(x)=(h\circ g)(t)$의 서로 다른 모든 실근의 합이 56이 되도록 하는 실수 t가 존재한다. **단서3** 방정식의 서로 다른 실근은 두 합성함수 $(f\circ h)(x)=(h\circ g)(t)$의 교점의 x의 값과 같다.
>
> $\dfrac{a\times b}{\cos^2\pi t}$의 값을 구하시오. (4점)

왜 1등급? 삼각함수의 성질과 삼각함수로 이루어진 방정식의 실근의 개수에 관한 조건을 통해 구하고자 하는 상수를 계산하는 문제이다.
이를 위해서 삼각함수의 성질을 활용하여 필요한 조건을 파악하고 방정식의 근의 개수는 그래프의 교점의 개수로 파악할 수 있어야 한다.

🧠 단서+발상

단서1 $(h\circ g)(x)=a\sin\pi x+b$이므로 $(h\circ g)\left(\frac{3}{2}\right)=a\sin\frac{3}{2}\pi+b=-a+b$
이다. 또한, $(f\circ h)(x)=\cos(a\pi x+b\pi)$이므로 조건 (가)는 방정식 $\cos(a\pi x+b\pi)=b-a$의 서로 다른 실근의 개수가 홀수개이다. **적용**

단서2 함수 $\cos(a\pi x+b\pi)$의 치역은 $-1\le\cos(a\pi x+b\pi)\le1$이므로 실근이 존재하려면 $-1\le b-a\le1$이어야 하며 a, b가 모두 자연수이므로 $b-a$의 값은 -1, 0, 1 중 하나이어야 한다. 따라서 세 가지 경우로 나누어 접근한다. **발상**

단서3 조건 (나)는 **단서1**에 의하여 x에 대한 방정식 $\cos(a\pi x+b\pi)=a\sin\pi t+b$의 서로 다른 모든 실근의 개수는 삼각함수의 대칭성을 이용하여 파악한다. **해결**

주의 $\cos(a\pi x+b\pi)$에서 $b\pi$는 π의 자연수배이므로 짝수인지 홀수인지에 따라 $\cos(a\pi x+b\pi)$의 값이 달라진다. 따라서 b의 값을 기준으로 경우를 먼저 나눌 필요가 있다.

$$\left[\begin{array}{l}\text{핵심 정답 공식: } y=\cos ax\text{의 주기는 } \dfrac{2\pi}{|a|}\text{이다.}\\ \sin(2n\pi+\theta)=\sin\theta,\ \sin(n\pi+\theta)=-\sin\theta\\ \cos(2n\pi+\theta)=\cos\theta,\ \cos(n\pi+\theta)=-\cos\theta\ (\text{단, }n\text{은 자연수})\end{array}\right.$$

------------------- [문제 풀이 순서] -------------------

1st 조건 (가)를 성립시키는 경우를 찾아봐.

함수 $y=(f\circ h)(x)=\cos(a\pi x+b\pi)=\begin{cases}\cos a\pi x & (b\text{는 짝수})\\ -\cos a\pi x & (b\text{는 홀수})\end{cases}$ 이

고 $(h\circ g)(x)=a\sin\pi x+b$이다.   ↳ 함수 $\cos\theta$의 그래프의 주기가 2π이고,
$\cos(\pi+\theta)=-\cos\theta$

두 자연수 a, b에 대하여 $(h\circ g)\left(\dfrac{3}{2}\right)=a\sin\dfrac{3}{2}\pi+b=-a+b$이고,

조건 (가)의 방정식의 실근이 존재하기 위해서는 함수 $(f\circ h)(x)$의

최댓값과 최솟값이 각각 1과 -1이므로 $-a+b$의 값은 -1 또는 0 또

는 1이다.   ↳ $-1\le\cos a\pi x\le1$이야.

2nd 코사인함수 $y=\cos a\pi x$의 주기를 이용하여 실근의 개수를 구하자.

함수 $y=(f\circ h)(x)$의 그래프는 주기는 $\dfrac{2\pi}{|a\pi|}=\dfrac{2}{a}$ (a는 자연수)

이므로 b의 값이 짝수인 경우와 홀수인 경우로 나누어서 실근의 개수를
구해 보자.

(ⅰ) b가 짝수인 경우
  ↳ $x=0$이면 $\cos(a\pi x+b\pi)=\cos b\pi$이고, $\cos2\pi=\cos4\pi=\cos6\pi=\cdots=1$

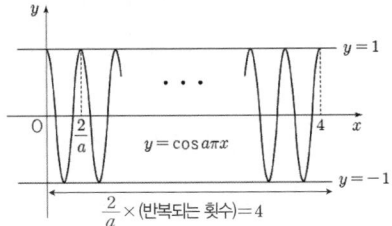

$$\dfrac{2}{a}\times(\text{반복되는 횟수})=4$$

Ⅰ. $-a+b=1$일 때   ∴ (반복되는 횟수) $=4\times\dfrac{a}{2}=2a$(번)

두 함수 $y=(f\circ h)(x)=\cos a\pi x$와 $y=-a+b$의 그래프의

교점의 개수는 $2a+1$ ↳ $y=\cos a\pi x$의 함숫값이 1이 되는 경우는 $x=0$,
$\dfrac{2}{a}\times1,\ \dfrac{2}{a}\times2,\ \dfrac{2}{a}\times3,\cdots,\ \dfrac{2}{a}\times2a$로 $2a+1$(개)야.

Ⅱ. $-a+b=0$일 때   **주의** 개수를 셀 때 $2a$로 실수하기 쉬우니 조심해야 해.

두 함수 $y=(f\circ h)(x)=\cos a\pi x$와 $y=-a+b$의 그래프의

교점의 개수는 $4a$ ↳ $y=\cos a\pi x$의 함숫값이 0이 되는 경우는 한 주기에 2번씩
있고, $0\le x\le4$에 대하여 $\dfrac{2}{a}\times2a=4$이므로 주기는 $2a$번 반

Ⅲ. $-a+b=-1$일 때   복돼. 따라서 함숫값이 0이 되는 경우는 모두 $2\times2a$(번)이야.

두 함수 $y=(f\circ h)(x)=\cos a\pi x$와 $y=-a+b$의 그래프의

교점의 개수는 $2a$ ↳ 함숫값이 -1이 되는 경우는 한 주기에 1번씩 있고,

Ⅰ~Ⅲ에 의하여 두 함수 $y=(f\circ h)(x)=\cos a\pi x$와 $0\le x\le4$에 대하여
$\dfrac{2}{a}\times2a=4$이므로

$y=-a+b$의 그래프의 교점의 개수가 홀수이려면 주기는 $2a$번 반복돼.

$-a+b=1$, 즉 $b=a+1$이므로 a는 홀수이다. 따라서 함숫값이 -1이 되는
경우는 모두 $1\times2a$(번)이야.

(ⅱ) b가 홀수인 경우
  ↳ $x=0$이면 $\cos(a\pi x+b\pi)=\cos b\pi$이고, $\cos\pi=\cos3\pi=\cos5\pi=\cdots=-1$

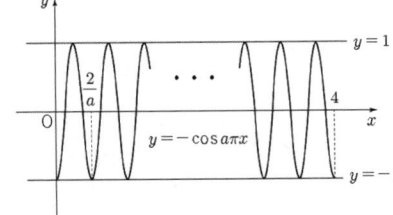

Ⅳ. $-a+b=1$일 때

두 함수 $y=(f\circ h)(x)=-\cos a\pi x$와 $y=-a+b$의 그래프
의 교점의 개수는 $2a$

Ⅴ. $-a+b=0$일 때

두 함수 $y=(f\circ h)(x)=-\cos a\pi x$와 $y=-a+b$의 그래프
의 교점의 개수는 $4a$

Ⅵ. $-a+b=-1$일 때

두 함수 $y=(f\circ h)(x)=-\cos a\pi x$와 $y=-a+b$의 그래프
의 교점의 개수는 $2a+1$

Ⅳ~Ⅵ에 의하여 두 함수 $y=(f\circ h)(x)=-\cos a\pi x$와

$y=-a+b$의 그래프의 교점의 개수가 홀수이려면

$-a+b=-1$, 즉 $b=a-1$이므로 a는 짝수이다.

3rd **2nd** 에서 구한 조건 (가)가 성립하는 경우를 나누어 생각해.

조건 (나)에서 방정식 $(f\circ h)(x)=(h\circ g)(t)$의 해를 구해 보자.

(ⅰ) a가 홀수, b가 짝수인 경우

$b=a+1$이므로 (나)의 방정식은

$\cos a\pi x=a\sin\pi t+(a+1)=a(\sin\pi t+1)+1$이고

$a(\sin\pi t+1)+1\ge1$이므로 $\cos a\pi x=1$이다.

$0\le x\le4$일 때, 서로 다른 실근의 개수는 $2a+1$이고 함수

$y=\cos a\pi x$의 그래프는 직선 $x=2$에 대하여 대칭이다.

따라서 $0\le x\le4$일 때, 서로 다른 모든 실근의 합은

  직선 $x=2$에 대하여 대칭이므로 $x=\alpha$가 근이면 $x=4-\alpha$도 근이야.
  즉, 대칭인 두 실근은 모두 a쌍 존재하고 남은 하나의 근은 $x=2$야.
  따라서 실근의 총합은 $\{\alpha+(4-\alpha)\}\times a+2$야.

$(2a+1)\times2=4a+2=56$이 되어 자연수 a는 존재하지 않는다.

(ⅱ) a가 짝수, b가 홀수인 경우

$b=a-1$이므로 (나)의 방정식은

$-\cos a\pi x=a\sin\pi t+(a-1)=a(\sin\pi t+1)-1$이고

$a(\sin\pi t+1)-1\ge-1$이므로 서로 다른 실근의 개수에 따라

다음과 같이 세 가지 경우로 나눌 수 있다.

Ⅰ. $a\sin\pi t+(a-1)=-1$인 경우

$0\le x\le4$일 때, $-\cos a\pi x=-1$의 서로 다른 실근의 개수는

$2a+1$이고 함수 $y=-\cos a\pi x$의 그래프는 직선 $x=2$에 대하

여 대칭이다.

따라서 $0\le x\le4$일 때, 서로 다른 모든 실근의 합은 $4a+2=56$

이 되어 자연수 a는 존재하지 않는다.

Ⅱ. $-1<a\sin\pi t+(a-1)<1$인 경우

$0\le x\le4$일 때, $-\cos a\pi x=a\sin\pi t+(a-1)$의 서로 다른

실근의 개수는 $4a$이고 함수 $y=-\cos a\pi x$의 그래프는 직선

$x=2$에 대하여 대칭이다.

따라서 $0\le x\le4$일 때, 서로 다른 모든 실근의 합은 $8a=56$이

되어 짝수 a는 존재하지 않는다.   ↳ 대칭인 두 실근은 모두 $2a$쌍 존재해. 따라서
  실근의 합은 $\{\alpha+(4-\alpha)\}\times2a$야.

Ⅲ. $a\sin\pi t+(a-1)=1$인 경우

$0\le x\le4$일 때, $-\cos a\pi x=1$의 서로 다른 실근의 개수는 $2a$

이고 함수 $y=-\cos a\pi x$의 그래프는 직선 $x=2$에 대하여 대칭

이다.

따라서 $0\le x\le4$일 때, 서로 다른 모든 실근의 합은 $4a=56$이

다. 그러므로 $a=14$, $b=13$이다.

4th $\dfrac{a\times b}{\cos^2\pi t}$의 값을 계산해.   ↳ $y=\cos a\pi x$의 함숫값이 0이 되는 경우는 한 주기에 2번씩
  있고, $0\le x\le4$에 대하여 $\dfrac{2}{a}\times2a=4$이므로 주기는 $2a$번

$(h\circ g)(t)=a\sin\pi t+b=14\sin\pi t+13=1$에서 방정식   복돼. 따라서 함숫값이 0이 되는 경우는 모두 $2\times2a$(번)이야.

$(f\circ h)(x)=(h\circ g)(t)$의 서로 다른 모든 실근의 합이 56이 되도록

하는 실수 t는 $\sin\pi t=-\dfrac{6}{7}$을 만족시키므로 $\cos^2\pi t=\dfrac{13}{49}$이다.

$$\therefore \dfrac{a\times b}{\cos^2\pi t}=\dfrac{14\times13}{\dfrac{13}{49}}=686$$

  ↳ $\cos^2\pi t+\sin^2\pi t=1$
  $\cos^2\pi t+\dfrac{36}{49}=1$
  ∴ $\cos^2\pi t=\dfrac{13}{49}$

경우가 복잡해서 이런 경우일 때, 저런 경우일 때를 나눠서 생각해야 할 때가 제일 헷갈려. 그런데 자연수 a, b라는 조건이 있기 때문에 가능한 경우가 정말 좁아져.

a, b가 모두 자연수라는 조건과 코사인의 값이 항상 -1과 1 사이라는 사실은 $b-a$의 값이 정해진 정수값만을 가진다는 것을 의미해. 특정 상수에 대하여 자연수 또는 정수라는 조건이 주어지면 문제를 해결할 때 경우를 나누어서 풀 수 있도록 만들어 주는 진짜 중요한 키워드야.

따라서 대비 문제에서 자연수 조건이 있으면 동그라미를 크게 쳐놓고 가능한 자연수의 후보를 찾자.

E 225　정답 59　　　　⭐1등급 대비 [정답률 4%]

*절댓값이 포함된 함수가 주어진 조건을 만족시키도록 하는 실수 구하기

[유형 13+19+23]

두 실수 a, b와 두 함수

단서1 $f(x)>g(x)$인 경우와 $f(x)\leq g(x)$인 경우로 나누어 생각해야 해.

$$f(x)=\sin x,\ g(x)=a\cos x+b$$

$$h(x)=\begin{cases}g(x) & (f(x)\leq g(x))\\ f(x) & (f(x)>g(x))\end{cases}$$

에 대하여 $0\leq x\leq 2\pi$에서 정의된 함수

$$h(x)=\frac{|f(x)-g(x)|+f(x)+g(x)}{2}$$

가 다음 조건을 만족시킨다.

> (가) 함수 $h(x)$의 최솟값은 $-\dfrac{\sqrt{3}}{2}$이다.
>
> (나) $0<c<\dfrac{\pi}{2}$인 어떤 실수 c에 대하여
> **단서2** $f(c)=\frac{1}{2}$ 또는 $g(c)=\frac{1}{2}$이고 $f(c+\pi)=\frac{1}{2}$ 또는 $g(c+\pi)=\frac{1}{2}$
> $$h(c)=h(c+\pi)=\frac{1}{2}\text{이다.}$$

상수 $k\left(k>\dfrac{1}{2}\right)$에 대하여 방정식 $h(x)=k$가 서로 다른 세 실근을 가질 때, $a+20\left(\dfrac{k}{b}\right)^2$의 값을 구하시오. (4점)

왜 1등급? 삼각함수가 포함된 함수가 주어진 조건을 만족시키도록 함수를 결정하고 서로 다른 세 실근을 갖는 실수 k의 값을 구하는 문제이다.
이를 위해서는 실수 a의 값의 범위에 따라 함수 $h(x)$의 그래프의 개형을 확인하고 문제의 조건을 만족시키는 경우를 찾을 수 있어야 한다.

🧠 단서+발상

단서1 함수 $h(x)$는 $f(x)>g(x)$인 경우 함수 $f(x)$와 같고, 함수 $f(x)\leq g(x)$인 경우 함수 $g(x)$와 같은 것을 유추해야 한다. **발상**

단서2 조건 (나)를 만족시키는 실수 c에 대하여 $f(c)=\dfrac{1}{2}$ 또는 $g(c)=\dfrac{1}{2}$이고 $f(c+\pi)=\dfrac{1}{2}$ 또는 $g(c+\pi)=\dfrac{1}{2}$인 것을 유추할 수 있다. **발상**
이때, 각각의 경우에 대하여 가능한 경우를 찾아 실수 c의 값을 구할 수 있다. **해결**
방정식 $h(x)=k$의 서로 다른 실근의 개수는 함수 $y=h(x)$의 그래프와 직선 $y=k$의 교점의 개수와 같으므로 그래프를 이용하여 상수 k의 값을 구할 수 있다. **해결**

주의 여러 경우에 대하여 문제의 조건을 만족시키는 경우를 면밀히 확인해야 한다.

(**핵심 정답 공식:** 삼각함수의 그래프의 대칭성을 이용한다.)

----------------------- [문제 풀이 순서] -----------------------

1st $h(x)$를 간단히 나타내자.

$f(x)=\sin x$이고 $g(x)=a\cos x+b$이다.

함수 $h(x)$는 $h(x)=\begin{cases}g(x) & (f(x)\leq g(x))\\ f(x) & (f(x)>g(x))\end{cases}$이다.

2nd $h(c)=h(c+\pi)=\dfrac{1}{2}$이 가능한 경우를 생각하자.

조건 (나)에서 $0<c<\dfrac{\pi}{2}$인 어떤 실수 c에 대하여

$h(c)=h(c+\pi)=\dfrac{1}{2}$이므로

$f(c)=\dfrac{1}{2}$ 또는 $g(c)=\dfrac{1}{2}$이고

$f(c+\pi)=\dfrac{1}{2}$ 또는 $g(c+\pi)=\dfrac{1}{2}$이다.

> **실수** 대비 문제들의 경우 우리가 익숙한 풀이 단계별로 정확한 값이 나오지 않고, 경우를 나누어 각각에 대하여 생각해 보면서 오류를 찾아서 경우를 줄여나가는 문제 풀이가 많아. 이것도 마찬가지로 정확한 결과가 나오지 않기 때문에 $f(c)=\dfrac{1}{2}$ 또는 $g(c)=\dfrac{1}{2}$이고 $f(c+\pi)=\dfrac{1}{2}$ 또는 $g(c+\pi)=\dfrac{1}{2}$라는 경우로 나누어 보는 유연한 사고를 할 수 있어야 해.

한편, $0<c<\dfrac{\pi}{2}$이면

$f(c+\pi)=\sin(c+\pi)=-\sin c<0$이므로 $f(c+\pi)\neq\dfrac{1}{2}$이다.

따라서 $g(\pi+c)=\dfrac{1}{2}$이다. … ㉠

또한, 함수 $y=g(x)$의 그래프는 직선 $x=\pi$에 대하여 대칭이므로

→ 직선 $x=\pi$에 대칭인 곡선 $y=a\cos x$를 y축의 방향으로만 b만큼 움직이면 주어진 함수 $g(x)=a\cos x+b$의 그래프가 되므로 함수 $y=g(x)$의 그래프도 직선 $x=\pi$에 대하여 대칭이야. 즉, $g(\pi+c)=g(\pi-c)$가 성립해.

$g(\pi-c)=\dfrac{1}{2}$이다. … ㉡

$0\leq x\leq 2\pi$에서 방정식 $g(x)=\dfrac{1}{2}$의 실근의 개수는 최대 2이므로

㉠, ㉡에 의하여 $g(c)\neq\dfrac{1}{2}$이다.

따라서 $f(c)=\dfrac{1}{2}$이므로 $\sin c=\dfrac{1}{2}$에서 $c=\dfrac{\pi}{6}$이고,

	$f(c)=\dfrac{1}{2}$	$g(c)=\dfrac{1}{2}$
$f(c+\pi)=\dfrac{1}{2}$	$f(c+\pi)=\dfrac{1}{2}$이 불가능하므로 오류	
$g(c+\pi)=\dfrac{1}{2}$	가능한 경우	방정식 $g(x)=\dfrac{1}{2}$의 실근의 개수는 최대 2이므로 ㉠, ㉡에 의하여 $g(c)\neq\dfrac{1}{2}$

$c=\dfrac{\pi}{6}$를 ㉠에 대입하면 $g\left(\dfrac{7}{6}\pi\right)=\dfrac{1}{2}$이다. … ㉢

3rd $h(x)$의 최솟값이 $-\dfrac{\sqrt{3}}{2}$인 경우를 생각하여 함수 $g(x)$를 구하자.

(i) $a>0$인 경우

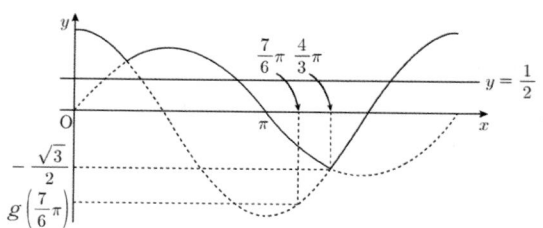

함수 $h(x)$의 최솟값이 $-\dfrac{\sqrt{3}}{2}$이 되기 위하여 함수 $y=g(x)$의 그래프가 점 $\left(\dfrac{4}{3}\pi,\ -\dfrac{\sqrt{3}}{2}\right)$을 지나야 한다.

$\therefore g\left(\dfrac{4}{3}\pi\right)=-\dfrac{\sqrt{3}}{2}$　→ $h(x)$의 최솟값은 $f(x)=g(x)$가 되는 점의 y의 값이야.

따라서 $f(x)=-\dfrac{\sqrt{3}}{2}$인 점을 생각해보면 $x=\dfrac{4}{3}\pi$ 또는 $\dfrac{5}{3}\pi$야.

함수 $g(x)$의 그래프에서 $g\left(\dfrac{4}{3}\pi\right)>g\left(\dfrac{7}{6}\pi\right)$이므로

$g\left(\dfrac{7}{6}\pi\right)<-\dfrac{\sqrt{3}}{2}$이다. 이는 ㉢에 모순이다.

(ii) $a=0$인 경우 $(g(x)=b)$

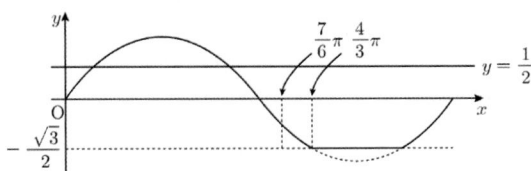

함수 $h(x)$의 최솟값이 $-\dfrac{\sqrt{3}}{2}$이 되기 위하여 함수 $y=g(x)$의

그래프가 점 $\left(\dfrac{4}{3}\pi,\ -\dfrac{\sqrt{3}}{2}\right)$을 지나야 하므로 $g(x)=-\dfrac{\sqrt{3}}{2}$이다.

함수 $g(x)$가 상수함수이므로 $g\left(\dfrac{7}{6}\pi\right)=-\dfrac{\sqrt{3}}{2}$이다.

이는 ㉢에 모순이다.

(iii) $a<0$인 경우

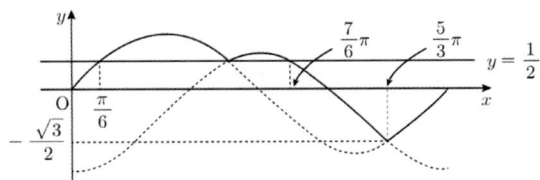

함수 $h(x)$의 최솟값이 $-\dfrac{\sqrt{3}}{2}$이 되기 위하여 함수 $y=g(x)$의

그래프가 점 $\left(\dfrac{5}{3}\pi,\ -\dfrac{\sqrt{3}}{2}\right)$을 지나야 한다.

$\therefore g\left(\dfrac{5}{3}\pi\right)=-\dfrac{\sqrt{3}}{2}$ … ㉣

연립방정식 ㉢, ㉣을 풀면

$\begin{cases} a\cos\left(\dfrac{7}{6}\pi\right)+b=\dfrac{1}{2} \\ a\cos\left(\dfrac{5}{3}\pi\right)+b=-\dfrac{\sqrt{3}}{2} \end{cases} \Rightarrow \begin{cases} -\dfrac{\sqrt{3}}{2}a+b=\dfrac{1}{2} \\ \dfrac{1}{2}a+b=-\dfrac{\sqrt{3}}{2} \end{cases}$

$\cos(\pi+\theta)=-\cos\theta$임을 이용하면 $\cos\left(\dfrac{7}{6}\pi\right)=\cos\left(\pi+\dfrac{\pi}{6}\right)=-\cos\dfrac{\pi}{6}=-\dfrac{\sqrt{3}}{2}$이고,

$\cos(2\pi-\theta)=\cos\theta$임을 이용하면 $\cos\left(\dfrac{5}{3}\pi\right)=\cos\left(2\pi-\dfrac{\pi}{3}\right)=\cos\dfrac{\pi}{3}=\dfrac{1}{2}$이야.

$\Rightarrow \begin{cases} -\sqrt{3}a+2b=1 \\ a+2b=-\sqrt{3} \end{cases}$

아랫식에서 윗식을 변변끼리 빼면

$a(1+\sqrt{3})=-(1+\sqrt{3})$

$\therefore a=-1,\ b=\dfrac{1-\sqrt{3}}{2}$

따라서 $g(x)=-\cos x+\dfrac{1-\sqrt{3}}{2}$이다.

4th $a+20\left(\dfrac{k}{b}\right)^2$의 값을 구하자.

(i)~(iii)에 의하여

방정식 $h(x)=k\left(k>\dfrac{1}{2}\right)$가 서로 다른 세 실근을 가지는 경우는 다음

그림과 같이 직선 $y=k$가 점 $(\pi,\ g(\pi))$를 지날 때이므로

$g(\pi)=-\underset{=-1}{\cos\pi}+\dfrac{1-\sqrt{3}}{2}=\dfrac{3-\sqrt{3}}{2}$, 즉 $k=\dfrac{3-\sqrt{3}}{2}$이다.

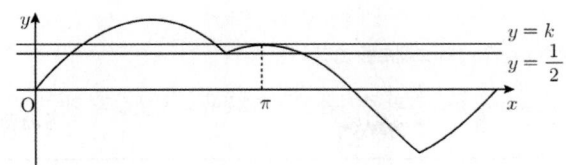

$\therefore \dfrac{k}{b}=\dfrac{\dfrac{3-\sqrt{3}}{2}}{\dfrac{1-\sqrt{3}}{2}}=\dfrac{(3-\sqrt{3})(1+\sqrt{3})}{(1-\sqrt{3})(1+\sqrt{3})}=\dfrac{2\sqrt{3}}{-2}=-\sqrt{3}$

$\therefore a+20\left(\dfrac{k}{b}\right)^2=-1+20\times(-\sqrt{3})^2=-1+60=59$

My Top Secret   서울대 선배의 ❶ 등급 대비 전략

이 문제의 경우 $f(c)=\dfrac{1}{2}$ 또는 $g(c)=\dfrac{1}{2}$이고 $f(c+\pi)=\dfrac{1}{2}$ 또는 $g(c+\pi)=\dfrac{1}{2}$인 여러 가지 경우의 수에 대하여 확인해야 하고 함수 $h(x)$의 그래프의 개형을 결정하는 데에도 여러 경우가 있어. 이렇게 여러 경우의 수를 다루는 경우 문제를 푸는 도중에 문제에서 주어진 정보를 까먹지 않기 위해 문제를 체계적으로 푸는 것이 중요해.

E 226 **정답 47**   ⭐1등급 대비 [정답률 17%]

[정답 공식: 함수 $y=|f(x)|$의 그래프는 함수 $y=f(x)$의 그래프를 그린 후 $y<0$인 부분을 x축에 대하여 대칭이동하여 그린다.]

1보다 큰 실수 k에 대하여 함수 **단서1** 함수 $y=f(x)$의 그래프는

$$f(x)=\left|2\sin\dfrac{\pi}{k}x+\dfrac{1}{2}\right|$$

함수 $y=2\sin\dfrac{\pi}{k}x$의 그래프를 y축의 방향으로 $\dfrac{1}{2}$ 만큼 평행이동한 후 $y<0$인 부분을 x축에 대하여 대칭이동하여 그리면 돼.

이 다음 조건을 만족시킨다.

실수 $t(0\le t\le 2k)$에 대하여 $t\le x\le t+1$에서 함수 $f(x)$의 최댓값이 $\dfrac{1}{2}$이 되도록 하는 t의 값은 α와 β뿐이다.

  단서2 길이가 1인 구간에서의 최댓값이

$ka+\beta$의 값을 구하시오. (단, $\alpha<\beta$) (4점) $\dfrac{1}{2}$이 되는 t의 값이 2개만 존재해야 해.

🧠 **단서+발상** [유형 11+14+19]

단서1 함수 $f(x)$는 함수 $y=|x|$와 함수 $y=2\sin\dfrac{\pi}{k}x+\dfrac{1}{2}$이 합성된 함수이다.

즉, 함수 $y=f(x)$의 그래프는 함수 $y=2\sin\dfrac{\pi}{k}x+\dfrac{1}{2}$의 그래프를 그린 뒤 $y<0$인 부분을 x축에 대하여 대칭이동하여 그린다. (개념)

단서2 실수 $t(0\le t\le 2k)$의 값을 변화시키면서 간격이 1인 $t\le x\le t+1$에서 함수 $f(x)$의 최댓값이 어떻게 변하는지 파악한다. (발상)

이때, $t\le x\le t+1$에서 함수 $f(x)$의 최댓값이 $\dfrac{1}{2}$이 되도록 하는 t의 값이 2개만 존재해야 함에 주의하여 k의 값을 결정하면 조건을 만족시키는 t의 값을 구할 수 있다. (해결)

1st 함수 $y=f(x)$의 그래프를 그려.

함수 $y=2\sin\dfrac{\pi}{k}x+\dfrac{1}{2}$의 주기는 $\dfrac{2\pi}{\frac{\pi}{k}}=2k$이고 최댓값과 최솟값은

각각 $2+\dfrac{1}{2}=\dfrac{5}{2}$, $-2+\dfrac{1}{2}=-\dfrac{3}{2}$이므로 함수 $y=2\sin\dfrac{\pi}{k}x+\dfrac{1}{2}$의

그래프는 [그림 1]과 같다. ┌─ 함수 $y=a\sin(bx+c)+d$의 주기는
$\dfrac{2\pi}{|b|}$이고 최댓값과 최솟값은 각각 $|a|+d$, $-|a|+d$야.

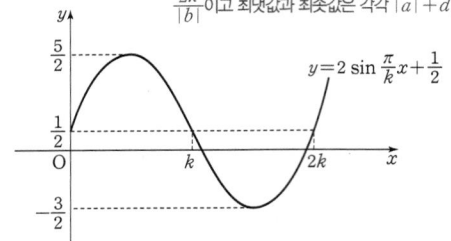

[그림 1]

이때, 함수 $y=f(x)$의 그래프는 함수 $y=2\sin\dfrac{\pi}{k}x+\dfrac{1}{2}$에서 $y<0$인

부분을 x축에 대하여 대칭이동하여 그리면 되므로 [그림 2]와 같다.

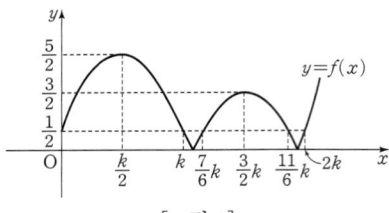

[그림 2]

2nd 조건을 만족시키도록 하는 k, α, β의 값을 각각 구해.

함수 $y=f(x)$의 그래프에 의하여 $0\le t<k$ 또는 $t>2k-1$이면

$0\le t<k$일 때, $f(t)>\dfrac{1}{2}$이므로 최댓값은 $\dfrac{1}{2}$보다 커.　　$t+1>2k$인 경우이고 이때,
$f(t+1)>\dfrac{1}{2}$이므로 최댓값은 $\dfrac{1}{2}$보다 커.

$t\le x\le t+1$에서 $f(x)>\dfrac{1}{2}$인 x의 값이 존재한다.

따라서 이때의 최댓값은 $\dfrac{1}{2}$보다 크므로 조건을 만족시키지 않는다.

즉, $t\le x\le t+1$에서 최댓값이 $\dfrac{1}{2}$이 되려면 $k\le t\le 2k-1$이어야 한다.

한편, $0\le x\le 2k$에서 함수 $y=f(x)$의 그래프와 직선 $y=\dfrac{1}{2}$의 교점의

x좌표는 방정식 $f(x)=\dfrac{1}{2}$의 해와 같다.

즉, $\left|2\sin\dfrac{\pi}{k}x+\dfrac{1}{2}\right|=\dfrac{1}{2}$에서

$2\sin\dfrac{\pi}{k}x+\dfrac{1}{2}=\dfrac{1}{2}$ 또는 $2\sin\dfrac{\pi}{k}x+\dfrac{1}{2}=-\dfrac{1}{2}$

(i) $2\sin\dfrac{\pi}{k}x+\dfrac{1}{2}=\dfrac{1}{2}$에서 $2\sin\dfrac{\pi}{k}x=0$, $\sin\dfrac{\pi}{k}x=0$

$\dfrac{\pi}{k}x=0$ 또는 $\dfrac{\pi}{k}x=\pi$ 또는 $\dfrac{\pi}{k}x=2\pi$

$0\le x\le 2k$에서 $0\le\dfrac{\pi}{k}x\le 2\pi$이므로 이 구간에서 방정식의 해를 구하면 돼.

$\therefore x=0$ 또는 $x=k$ 또는 $x=2k$

(ii) $2\sin\dfrac{\pi}{k}x+\dfrac{1}{2}=-\dfrac{1}{2}$에서 $2\sin\dfrac{\pi}{k}x=-1$, $\sin\dfrac{\pi}{k}x=-\dfrac{1}{2}$

$\dfrac{\pi}{k}x=\dfrac{7}{6}\pi$ 또는 $\dfrac{\pi}{k}x=\dfrac{11}{6}\pi$

$\therefore x=\dfrac{7}{6}k$ 또는 $x=\dfrac{11}{6}k$

이때, $\dfrac{7}{6}k-k=2k-\dfrac{11}{6}k=\dfrac{k}{6}$이고 $t\le x\le t+1$에서

$(t+1)-t=1$이므로 다음과 같이 경우를 나누어 생각하자.

(I) $\dfrac{k}{6}>1$일 때, ┌─ 예를 들어 구간 $[t,t+1]$이 그림과 같이 존재할 경우야.

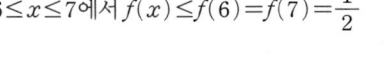

$k\le x\le k+1$에서 $f(x)\le f(k)=\dfrac{1}{2}$

$\dfrac{7}{6}k-1\le x\le\dfrac{7}{6}k$에서 $f(x)\le f\left(\dfrac{7}{6}k\right)=\dfrac{1}{2}$,

$\dfrac{11}{6}k\le x\le\dfrac{11}{6}k+1$에서 $f(x)\le f\left(\dfrac{11}{6}k\right)=\dfrac{1}{2}$,

$2k-1\le x\le 2k$에서 $f(x)\le f(2k)=\dfrac{1}{2}$

따라서 $t\le x\le t+1$에서 $f(x)$의 최댓값이 $\dfrac{1}{2}$이 되도록 하는 서로

다른 t의 값은 k, $\dfrac{7}{6}k-1$, $\dfrac{11}{6}k$, $2k-1$로 4개이므로 조건을

만족시키지 않는다. ┌─→ 예를 들어 구간 $[t,t+1]$이 그림과
같이 존재할 경우야.

(II) $\dfrac{k}{6}=1$, 즉 $k=6$일 때,

$6\le x\le 7$에서 $f(x)\le f(6)=f(7)=\dfrac{1}{2}$

$11\le x\le 12$에서 $f(x)\le f(11)=f(12)=\dfrac{1}{2}$

따라서 $t\le x\le t+1$에서 $f(x)$의 최댓값이 $\dfrac{1}{2}$이 되도록 하는 서로

다른 t의 값은 6, 11로 2개이므로 조건을 만족시킨다.

(III) $\dfrac{k}{6}<1$일 때, ┌─→ 예를 들어 구간 $[t,t+1]$이
그림과 같이 존재할 경우야.

$k+1>\dfrac{7}{6}k$, $\dfrac{7}{6}k-1<k$, $\dfrac{11}{6}k+1>2k$, $2k-1<\dfrac{11}{6}k$

$k=t$라 하면 $\dfrac{7}{6}k<t+1$이므로 $k+1>\dfrac{7}{6}k$야.

따라서 $t\le x\le t+1$에서 $f(x)$의 최댓값이 $\dfrac{1}{2}$이 되도록 하는

t의 값은 존재하지 않는다.

(I)~(III)에 의하여 $k=6$, $\alpha=6$, $\beta=11$이므로

$k\alpha+\beta=6\times 6+11=47$

👩 **My Top Secret**　　　서울대 선배의 **❶** 등급 대비 전략

절댓값이 포함된 함수의 그래프를 바로 그리기는 어려워.
따라서 기본적인 함수의 그래프를 그린 뒤 절댓값이 포함된 함수의
그래프를 그려야 해.

이 문제의 함수 $f(x)=\left|2\sin\dfrac{\pi}{k}x+\dfrac{1}{2}\right|$의 그래프를 다음과 같은

순서로 그리면 쉽게 그릴 수 있어.

(i) 함수 $y=2\sin\dfrac{\pi}{k}x$의 주기와 최댓값, 최솟값을 파악하여 이 함수의

그래프를 그린다.

(ii) 함수 $y=2\sin\dfrac{\pi}{k}x$의 그래프를 y축의 방향으로 $\dfrac{1}{2}$만큼

평행이동하여 함수 $y=2\sin\dfrac{\pi}{k}x+\dfrac{1}{2}$의 그래프를 그린다.

(iii) 함수 $y=2\sin\dfrac{\pi}{k}x+\dfrac{1}{2}$의 그래프에서 $y<0$인 부분을 x축에

대하여 대칭이동하여 함수 $y=f(x)$의 그래프를 완성한다.

E 227 정답 ② ☆1등급 대비 [정답률 8%]

*삼각함수의 그래프의 대칭성을 이용하여 실근의 합이 46일 때의 $\dfrac{k}{a}$의 값 구하기 [유형 13+23]

자연수 $k(1<k<12)$에 대하여 $0\le x\le 12$에서 정의된
함수 $f(x)$를

$$f(x)=\begin{cases}\dfrac{1}{2}\sin \pi x & (0\le x<k)\\[2mm]\left(\dfrac{2}{3}\right)^{x-k}-1 & (k\le x\le 12)\end{cases}$$

단서1 주기가 2인 사인함수와 직선 $y=-1$을 점근선으로 하며 감소하는 지수함수가 이어진 모양의 그래프야.

라 하자. 실수 $a\left(0<a\le \dfrac{1}{2}\right)$에 대하여 방정식 $f(x)+a=0$의
모든 실근의 합이 46일 때, $\dfrac{k}{a}$의 값은? (4점)

① 24   ② 27   ③ 30
④ 33   ⑤ 36

단서2 $f(x)=-a$이므로 함수 $y=f(x)$의 그래프와 직선 $y=-a$와의 교점을 생각하면 되겠지?

왜 1등급? 사인함수와 지수함수로 구성된 함수가 포함된 방정식의 실근의 합이 정해져 있을 때, 함수를 구하는 문제이다.
이를 위해서는 함수 $y=f(x)$의 그래프의 개형을 확인하고 a의 값과 k의 값에 따라 실근의 합이 어떻게 변하는지 확인할 수 있어야 한다.

단서+발상

단서1 함수 $y=\dfrac{1}{2}\sin \pi x$의 그래프는 주기가 2이고 최댓값과 최솟값이 각각 $-\dfrac{1}{2}$, $\dfrac{1}{2}$이고, 함수 $y=\left(\dfrac{2}{3}\right)^{x-k}-1$의 그래프는 점 $(k,0)$을 지나고 점근선이 $y=-1$이다. **개념**

단서2 방정식 $f(x)+a=0$의 실근은 함수 $y=f(x)$의 그래프와 직선 $y=-a$의 교점의 x좌표임을 이용한다. a의 값이 $\dfrac{1}{2}$인 경우 모든 실근의 합이 가능한 경우의 수를 확인한다. **발상**

$0<a<\dfrac{1}{2}$인 경우 모든 실근의 합이 가능한 경우를 확인한다.
이때, 실수 a와 자연수 k의 값을 구할 수 있다. **해결**

주의 사인함수의 그래프와 x축과 평행한 직선의 교점의 x좌표의 합은 사인함수의 그래프가 y축과 평행한 직선에 대칭하는 성질을 이용해야 한다.

> **핵심 정답 공식:** 함수 $f(x)=a\sin bx$의 그래프의 주기는 $\dfrac{2\pi}{|b|}$, 최댓값은 $|a|$, 최솟값은 $-|a|$이다. (단, a, b는 상수)

-------------------- [문제 풀이 순서] --------------------

1st 함수 $f(x)$의 그래프의 특징을 파악하자.

$0\le x<k$에서 함수 $y=\dfrac{1}{2}\sin \pi x$의 그래프의 주기는 2이고,
$-\dfrac{1}{2}\le f(x)\le \dfrac{1}{2}$이다.   함수 $f(x)=\dfrac{1}{2}\sin \pi x(0\le x<k)$의 주기는 $\dfrac{2\pi}{|\pi|}=2$

$f(k)=\left(\dfrac{2}{3}\right)^{k-k}-1=1-1=0$이므로 함수 $y=f(x)$의 그래프가
점 $(k,0)$을 지난다.
방정식 $f(x)+a=0$의 실근은 함수 $y=f(x)$의 그래프와 직선 $y=-a$의
교점의 x좌표와 같으므로 a의 값에 따라 경우를 나누어 생각해 보자.

2nd $a=\dfrac{1}{2}$인 경우 방정식의 모든 실근의 합이 46인지 확인해 보자.

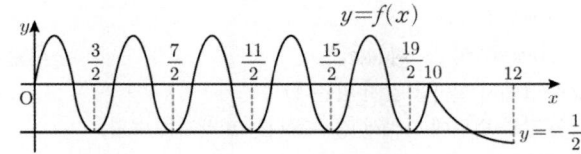

$a=\dfrac{1}{2}$이면 자연수 k는 $k=10$일 때

방정식 $f(x)+a=f(x)+\dfrac{1}{2}=0$의 모든 실근의 합이 최대이다.

└ 방정식 $f(x)+\dfrac{1}{2}=0$의 모든 실근의 합을 생각해 보자.

$k=2,3$이면 $0\le x<k$에서는 실근 $x=\dfrac{3}{2}$을 갖고, $k\le x\le 12$에서 최대 한 개의 근을 갖고 그 값은 12보다 작아.
따라서 모든 실근의 합이 46이 될 수 없어.

$k=4,5$이면 $0\le x<k$에서는 실근 $x=\dfrac{3}{2}, \dfrac{7}{2}$을 갖고,
$k\le x\le 12$에서 최대 한 개의 근을 갖고 그 값은 12보다 작아. 역시 실근의 합이 46이 될 수 없어.
$\vdots$

$k=10,11$이면 $0\le x<k$에서는 실근 $x=\dfrac{3}{2}, \dfrac{7}{2}, \dfrac{11}{2}, \dfrac{15}{2}, \dfrac{19}{2}$를 갖고

이때, $k=10$이면 $f(12)=\left(\dfrac{2}{3}\right)^{12-10}-1=\dfrac{4}{9}-1=-\dfrac{5}{9}$이고
$f(12)<-\dfrac{1}{2}$이므로 $k\le x\le 12$에서 한 실근이 존재해.

$k=11$이면 $f(12)=\left(\dfrac{2}{3}\right)^{12-11}-1=\dfrac{2}{3}-1=-\dfrac{1}{3}$이고
$f(12)>-\dfrac{1}{2}$이므로 $k\le x\le 12$에서 실근이 존재하지 않아.
따라서 $k=10$일 때 방정식 $f(x)+\dfrac{1}{2}=0$의 모든 실근의 합이 최대임을 알 수 있어.

$$f(x)=\begin{cases}\dfrac{1}{2}\sin \pi x & (0\le x<10)\\[2mm]\left(\dfrac{2}{3}\right)^{x-10}-1 & (10\le x\le 12)\end{cases}\text{에서}$$

$0\le x<10$에서 모든 실근의 합은

$\dfrac{3}{2}+\dfrac{7}{2}+\dfrac{11}{2}+\dfrac{15}{2}+\dfrac{19}{2}=\dfrac{55}{2}=27.5$이다.

$10\le x\le 12$에서 방정식 $f(x)+\dfrac{1}{2}=0$은 오직 하나의 실근을 갖고
그 값은 12보다 작다.
따라서 방정식 $f(x)+a=0$의 모든 실근의 합은 39.5보다 작으므로
조건을 만족시키지 않는다.

3rd $0<a<\dfrac{1}{2}$인 경우 방정식의 모든 실근의 합이 46인지 확인해 보자.

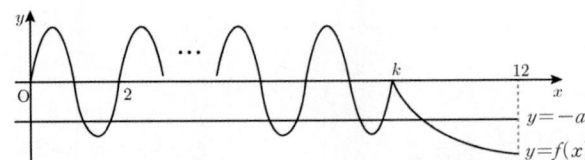

$0\le x\le 12$에서 방정식 $f(x)+a=0$의 모든 실근의 합이 46이려면
$0\le x<k$에서

방정식 $\dfrac{1}{2}\sin \pi x+a=0$의 모든 실근의 합이 34 이상이어야 한다.

$0\le x<2$에서 함수 $y=\dfrac{1}{2}\sin \pi x$의 그래프와 직선 $y=-a$가 만나는
두 점의 x좌표를 각각 α_1, α_2라 할 때, $\alpha_1+\alpha_2=3$이다.

└ 주어진 사인함수의 그래프에서 α_1, α_2는 직선 $x=\dfrac{3}{2}$에 대칭이야. 즉, $\dfrac{\alpha_1+\alpha_2}{2}=\dfrac{3}{2}$

또한, 함수 $y=\dfrac{1}{2}\sin \pi x$의 주기가 2이므로 다음과 같은 구간에서

방정식 $\dfrac{1}{2}\sin \pi x+a=0$의 모든 실근의 합을 각각 구하면

$2 \leq x < 4$에서 7,
$4 \leq x < 6$에서 11, ← 주기가 2이고 $0 \leq x < 2$에서 실근이 a_1, a_2이면 $2 \leq x < 4$에서
$6 \leq x < 8$에서 15, 실근은 $a_1 + 2$, $a_2 + 2$이므로 실근의 합은 $(a_1 + 2) + (a_2 + 2) = 3 + 4 = 7$
$8 \leq x < 10$에서 19,
$10 \leq x < 11$에서 실근을 갖지 않는다.

이제 k의 값의 범위에 따라서 경우를 나누어 생각해 보자.

(ⅰ) $k \leq 7$일 때

$0 \leq x < k$에서 방정식 $\dfrac{1}{2} \sin \pi x + a = 0$의 모든 실근의 합이

34 미만이므로 조건을 만족시키지 않는다.

(ⅱ) $k = 8$ 또는 $k = 9$일 때

$0 \leq x < k$에서 방정식 $\dfrac{1}{2} \sin \pi x + a = 0$의 모든 실근의 합은

$3 + 7 + 11 + 15 = 36$이므로 $k \leq x \leq 12$에서 실근이 10이면

조건을 만족시킨다.

① $k = 8$이면

$f(10) + a = \left(\dfrac{2}{3} \right)^{10-8} - 1 + a = 0$에서 $a = \dfrac{5}{9}$이므로

$0 < a < \dfrac{1}{2}$에 모순이다. ← $\left(\dfrac{2}{3} \right)^{10-8} - 1 + a = 0$, $\dfrac{4}{9} - 1 + a = 0$ ∴ $a = \dfrac{5}{9}$

② $k = 9$이면

$f(10) + a = \left(\dfrac{2}{3} \right)^{10-9} - 1 + a = 0$에서 $a = \dfrac{1}{3}$이므로

$0 < a < \dfrac{1}{2}$을 만족시킨다. ← $\left(\dfrac{2}{3} \right)^{10-9} - 1 + a = 0$, $\dfrac{2}{3} - 1 + a = 0$ ∴ $a = \dfrac{1}{3}$

(ⅲ) $k = 10$ 또는 $k = 11$일 때

$0 \leq x < k$에서 모든 실근의 합은

$3 + 7 + 11 + 15 + 19 = 55 > 46$이므로 조건을 만족시키지

않는다.

(ⅰ)~(ⅲ)에 의하여 $a = \dfrac{1}{3}$, $k = 9$이므로

$\dfrac{k}{a} = \dfrac{9}{\dfrac{1}{3}} = 27$

My Top Secret 　　　　　　서울대 선배의 **❶** 등급 대비 전략

실수 a의 값에 따라 x에 대한 방정식 $f(x) + a = 0 (k \leq x \leq 12)$의
해가 곡선과 직선의 교점임을 이용하면 자연수 k의 값에 따라 실근의
합을 쉽게 확인할 수 있어.

E 228 정답 ② ········· ⭐2등급 대비 [정답률 15%]

* 인수분해를 이용하여 삼각방정식의 실근 구하기 [유형 13 + 26]

단서2 n의 값을 구하는데 주어진 범위에서 $\dfrac{n}{12}\pi$에 주의해서 풀어야 해.

자연수 n에 대하여 $0 < x < \dfrac{n}{12}\pi$일 때, 방정식

$\sin^2 (4x) - 1 = 0$

의 실근의 개수를 $f(n)$이라 하자. $f(n) = 33$이 되도록 하는 모든
n의 값의 합은? (4점)　　단서1 $A^2 - B^2 = 0$ 꼴이지? 인수분해를 이용하여 해를 구할 수 있어.

① 295　　　②297　　　③ 299

④ 301　　　⑤ 303

왜 2등급? 주어진 범위에서 방정식의 실근이 33개가 되도록 하는 자연수 n의 값을
구하는 문제이다.

인수분해를 이용하여 방정식의 실근을 구하고 0보다 큰 실근을 크기 순서대로 나열하여
33번째에 오는 근과 34번째에 오는 근을 $\dfrac{n}{12}\pi$와 비교하여 따져볼 수 있어야 한다.

단서 + 발상

단서1 $\sin^2(4x) = \{\sin(4x)\}^2$이고, $1 = 1^2$이므로 인수분해를 이용하여
$\{\sin(4x) - 1\}\{\sin(4x) + 1\} = 0$으로 나타낼 수 있고, 이는
$\sin(4x) = \pm 1$임을 의미한다. 이를 통해 x의 값을 구할 수 있다. 발상

단서2 0과 $\dfrac{n}{12}\pi$ 사이에 $\sin(4x) = \pm 1$인 x가 33개가 되도록 하는 n의 값은
$\sin(4x) = \pm 1$을 만족시키는 x의 값을 크기 순서대로 나열하여 33번째에 오는
수가 $\dfrac{n}{12}\pi$보다 작고, 34번째에 오는 수가 $\dfrac{n}{12}\pi$보다 작지 않음을 이용하여
구할 수 있다. 해결

주의 주어진 방정식을 만족시키는 양의 실근 중 34번째로 작은 근이 $\dfrac{n}{12}\pi$와 같을 수
있다.

(핵심 정답 공식: $a^2 - b^2 = (a+b)(a-b)$)

--------------------- [문제 풀이 순서] ---------------------

1st 주어진 방정식이 $a^2 - b^2 = 0$ 꼴이야. 인수분해를 이용하여 방정식의 해를
구하자.

방정식 $\sin^2 (4x) - 1 = 0$에서

$\underline{(\sin 4x - 1)(\sin 4x + 1) = 0}$ $a^2 - b^2 = (a+b)(a-b)$

$\sin 4x = 1$ 또는 $\sin 4x = -1$

(ⅰ) $\sin 4x = 1$일 때,

함수 $y = \sin 4x$의 그래프와 직선 $y = 1$이 만나는 점의 x좌표이므로

$4x = \dfrac{\pi}{2}, \dfrac{5}{2}\pi, \dfrac{9}{2}\pi, \dfrac{13}{2}\pi, \cdots$ ← 사인 값이 1이 되는 $4x$의 값을 구하면 돼. 처음 $\dfrac{\pi}{2}$를 구하고 분모는 2로 고정하고, 분자는 4씩 커지는 규칙이 있어.

∴ $x = \dfrac{\pi}{8}, \dfrac{5}{8}\pi, \dfrac{9}{8}\pi, \dfrac{13}{8}\pi, \cdots$

(ⅱ) $\sin 4x = -1$일 때,

함수 $y = \sin 4x$의 그래프와 직선 $y = -1$이 만나는 점의 x좌표이므로

$4x = \dfrac{3}{2}\pi, \dfrac{7}{2}\pi, \dfrac{11}{2}\pi, \dfrac{15}{2}\pi, \cdots$ ← 사인 값이 -1이 되는 $4x$의 값을 구하면 돼. 처음 $\dfrac{3}{2}\pi$를 구하고 분모는 2로 고정하고, 분자는 4씩 커지는 규칙이 있어.

∴ $x = \dfrac{3}{8}\pi, \dfrac{7}{8}\pi, \dfrac{11}{8}\pi, \dfrac{15}{8}\pi, \cdots$

(ⅰ), (ⅱ)에 의해 방정식 $\sin^2 (4x) - 1 = 0$의 해는

$x = \dfrac{\pi}{8}, \dfrac{3}{8}\pi, \dfrac{5}{8}\pi, \cdots, \dfrac{2k-1}{8}\pi, \cdots$ (k는 자연수)

2nd $f(n) = 33$이 되도록 하는 모든 n의 값을 구하여 그 합을 구하자.

$0 < x < \dfrac{n}{12}\pi$에서 방정식 $\sin^2 (4x) - 1 = 0$의 실근의 개수가 33이기 위

해서는 $\dfrac{n}{12}\pi$가 실근을 작은 것부터 큰 순서대로 나열할 때 33번째 근과

34번째 근이 포함된 사이의 값을 가지면 된다.

33번 째 실근은 $\dfrac{2 \times 33 - 1}{8}\pi = \dfrac{65}{8}\pi$,

34번 째 실근은 $\dfrac{2 \times 34 - 1}{8}\pi = \dfrac{67}{8}\pi$이므로

$0 < x < \dfrac{n}{12}\pi$에서 $x = \dfrac{n}{12}\pi$가 포함되지 않으므로 34번째 근과 같아도 상관없게 되는 거야.

$\dfrac{65}{8}\pi < \dfrac{n}{12}\pi \leq \dfrac{67}{8}\pi$, $\dfrac{65 \times 12}{8} < n \leq \dfrac{67 \times 12}{8}$ ← 각 변에 $\dfrac{12}{\pi}$를 곱한 거야.

∴ $97.5 < n \leq 100.5$

따라서 구하는 자연수 n의 값은 98, 99, 100이고

합은 $98 + 99 + 100 = 297$

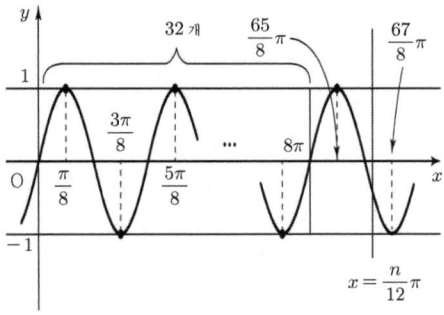

$$x=\frac{n}{12}\pi$$

E

2nd 주기 내에서 가능한 경우를 나누어 방정식을 풀자.

(i) $n=8k$(k는 음이 아닌 정수)일 때 **함정**

$$\cos\frac{n}{4}\pi=\cos 2k\pi=\cos 0=1$$이고

$y=\cos x$의 그래프는 주기가 2π이므로 $\cos(2\pi+x)=\cos x$가 성립해.

$$\tan\frac{2n+1}{4}\pi=\tan\left(4k+\frac{1}{4}\right)\pi$$

$y=\tan x$의 그래프는 주기가 π이므로 $\tan(\pi+x)=\tan x$.

$$=\tan\frac{\pi}{4}=1$$

가 성립해.

> 주어진 식에서 cos과 tan의 주기가 각각 8, 20이므로 주어진 식은 $n=1$, $1+8$, $1+2\times8$, $1+3\times8$, …에서 같은 값을 가져. 마찬가지로 $n=2$, $2+8$, $2+2\times8$, $2+3\times8$, …에서도 주어진 식은 같은 값을 가지므로 $n=8k$, $n=8k+1$, $n=8k+2$, …, $n=8k+7$(단, k는 음이 아닌 정수)의 8가지 경우로 나누어 살펴보면 돼.

$$(a^2+b^2+2ab-4)\cos\frac{n}{4}\pi+(b^2+ab+2)\tan\frac{2n+1}{4}\pi=0$$에서

$$(a^2+b^2+2ab-4)+(b^2+ab+2)=0,\ a^2+2b^2+3ab-2=0$$

$$\therefore (a+b)(a+2b)=2$$

음이 아닌 정수 a, b에 대하여 $a+b<a+2b$이므로

$(a+b)(a+2b)=2$를 만족시키는 경우는 $a+b=1$, $a+2b=2$뿐이다.

연립방정식을 풀면 $a=0$, $b=1$이지만 주어진 조건 $a\geq b$와 모순이다.

(ii) $n=8k+1$(k는 음이 아닌 정수)일 때

$$\cos\frac{n}{4}\pi=\cos\left(2k+\frac{1}{4}\right)\pi=\cos\frac{\pi}{4}=\frac{\sqrt{2}}{2}$$이고

$$\tan\frac{2n+1}{4}\pi=\tan\left(4k+\frac{3}{4}\right)\pi=\tan\frac{3}{4}\pi$$

$y=\tan x$의 그래프는 원점에 대하여 대칭이므로 $\tan(-x)=-\tan x$가 성립해.

$$=\tan\left(\pi-\frac{\pi}{4}\right)=-\tan\frac{\pi}{4}=-1$$

$y=\cos x$의 그래프는 주기가 2π이므로 $\cos(2\pi+x)=\cos x$가 성립해.

$$(a^2+b^2+2ab-4)\cos\frac{n}{4}\pi+(b^2+ab+2)\tan\frac{2n+1}{4}\pi=0$$에서

$$(a^2+b^2+2ab-4)\times\frac{\sqrt{2}}{2}+(b^2+ab+2)\times(-1)=0$$이므로

$$a^2+b^2+2ab-4=0$$이고, $b^2+ab+2=0$

a, b는 정수이므로 $(a^2+b^2+2ab-4)\times\frac{\sqrt{2}}{2}+(b^2+ab+2)\times(-1)=0$이려면 유리수 부분과 무리수 부분이 각각 0이 되어야해. 즉, $a^2+b^2+2ab-4=0$, $b^2+ab+2=0$이어야 해.

$b(a+b)=-2$에서 $b\geq0$, $a+b\geq0$이므로 $b(a+b)\geq0$이고 -2일 수 없다. … ☆

$b^2+ab+2=0$
$b^2+ab=-2$
$b(a+b)=-2$

(iii) $n=8k+2$(k는 음이 아닌 정수)일 때

$$\cos\frac{n}{4}\pi=\cos\left(2k+\frac{1}{2}\right)\pi=\cos\frac{\pi}{2}=0$$이고

$$\tan\frac{2n+1}{4}\pi=\tan\left(4k+\frac{5}{4}\right)\pi=\tan\frac{5}{4}\pi$$

$y=\cos x$의 그래프는 주기가 2π이므로 $\cos(2\pi+x)=\cos x$가 성립해.

$$=\tan\left(\pi+\frac{\pi}{4}\right)=\tan\frac{\pi}{4}=1$$

$y=\tan x$의 그래프는 주기가 π이므로 $\tan(\pi+x)=\tan x$가 성립해.

$$(a^2+b^2+2ab-4)\cos\frac{n}{4}\pi+(b^2+ab+2)\tan\frac{2n+1}{4}\pi=0$$에서

$$(a^2+b^2+2ab-4)\times0+(b^2+ab+2)\times1=0$$이므로

$$b^2+ab+2=0$$

즉, $b^2+ab+2=0$을 만족시키는 음이 아닌 정수 a, b는 존재하지 않는다. ($\because$ ☆)

(iv) $n=8k+3$(k는 음이 아닌 정수)일 때

$$\cos\frac{n}{4}\pi=\cos\left(2k+\frac{3}{4}\right)\pi=\cos\frac{3}{4}\pi$$

$$=\cos\left(\pi-\frac{\pi}{4}\right)=-\cos\frac{\pi}{4}=-\frac{\sqrt{2}}{2}$$

$$\tan\frac{2n+1}{4}\pi=\tan\left(4k+\frac{7}{4}\right)\pi$$

$y=\cos x$의 그래프는 x축의 방향으로 $-\pi$만큼 평행이동하면 $y=-\cos x$의 그래프와 겹쳐져. 즉, $\cos(\pi+x)=-\cos x$, $\cos(\pi-x)=-\cos x$

$$=\tan\left(\pi+\frac{3}{4}\pi\right)$$

$$=\tan\frac{3}{4}\pi$$

$$=\tan\left(\pi-\frac{\pi}{4}\right)=-\tan\frac{\pi}{4}=-1$$

$\ast\ \sin^2\theta+\cos^2\theta=1$을 활용하여 해 구하기

1등급 대비 특강

삼각방정식에서 삼각함수에 제곱을 하는 경우는 인수분해를 이용하여 해를 구해야 해. 이때, $\sin^2\theta+\cos^2\theta=1$임을 활용하여 방정식을 인수분해하는 것이 편해지는 경우가 있어. 이 문제에서는 $1-\sin^2(4x)=\cos^2(4x)=0$이므로 $\cos(4x)=0$의 해와 같고, 이것으로 방정식의 해를 쉽게 구할 수 있어.

E 229 정답 ① ⭐1등급 대비 [정답률 2%]

$\ast$음이 아닌 정수 조건을 활용하여 주어진 부정방정식 해결하기 [유형 14+23]

음이 아닌 세 정수 a, b, n에 대하여

단서2 정수가 되는 조건에 모순이 안 되는 것을 찾아야 해. 잊지 않도록 주의해.

$$(a^2+b^2+2ab-4)\cos\frac{n}{4}\pi+(b^2+ab+2)\tan\frac{2n+1}{4}\pi=0$$

일 때, $a+b+\sin^2\frac{n}{8}\pi$의 값은? (단, $a\geq b$) (4점)

단서1 cos과 tan의 주기를 구하고, 가능한 경우를 구하자.

① 4   ② $\frac{19}{4}$ ③ $\frac{11}{2}$ ④ $\frac{25}{4}$ ⑤ 7

왜 1등급? 주어진 삼각방정식을 만족하는 음이 아닌 정수 a, b, n을 구하는 문제이다. 이를 위해서는 함수 $\cos\frac{\pi x}{4}$와 $\tan\frac{\pi x}{4}$의 주기를 구한 뒤 정수 n을 주기로 나눈 나머지에 따라 나누어 따져볼 수 있어야 한다.

단서+발상

단서1 함수 $\cos\pi x$와 $\tan\pi x$의 주기는 각각 2, 1이므로 $\cos\frac{n\pi}{4}$와 $\tan\frac{2n+1}{4}\pi$의 주기는 각각 8, 20이다. **개념**

n은 음이 아닌 정수이므로 n을 8로 나눈 나머지에 따라 구분할 수 있다. **발상**

단서2 n이 홀수이면 $\cos\frac{n\pi}{4}$가 무리수이고, $\tan\frac{2n+1}{4}\pi$는 -1이다. a, b는 정수이므로 주어진 식이 0이 되기 위해서 $a^2+b^2+2ab-4=0$이 되어야 하고, $b^2+ab+2=0$이 되어야 한다. **발상**

a, b는 음이 아닌 정수이므로 $b^2+ab+2=0$이 될 수 없다. n이 짝수인 경우도 a, b가 음이 아닌 정수인 점과 $a\geq b$를 활용하여 특정 값을 구할 수 있다. **해결**

주의 세 정수 a, b, n이 0 이상임을 놓치지 않아야 $b^2+ab+2=0$이어야 하는 경우를 제외할 수 있다.

(**핵심 정답 공식**: 삼각함수의 주기를 이용하자.)

---------------------- [문제 풀이 순서] ----------------------

1st 주어진 식에서 cos과 tan의 주기를 각각 구하자.

함수 $y=\cos\frac{x}{4}\pi$의 주기는 8이고, 함수 $y=\tan\frac{(2n+1)\pi}{4}$의 주기는 2이다. $y=\cos x$의 주기는 2π이므로 $y=\cos\frac{x}{4}\pi$의 주기는 $\frac{2\pi}{\frac{\pi}{4}}=8$

$y=\tan x$의 주기는 π이므로 $y=\tan\frac{(2x+1)\pi}{4}=\tan\left(\frac{\pi}{2}x+\frac{\pi}{4}\right)$의 주기는 $\frac{\pi}{\frac{\pi}{2}}=2$야.

(ii)와 같으므로

$a^2+b^2+2ab-4=0$, $b^2+ab+2=0$

즉, $b^2+ab+2=0$을 만족시키는 음이 아닌 정수 a, b는 존재하지 않는다. ($\because$ ☆)

(v) $n=8k+4(k$는 음이 아닌 정수)일 때

$\cos\dfrac{n}{4}\pi=\cos(2k+1)\pi=\underline{\cos\pi=-\cos 0=-1}$이고

> $y=\cos x$의 그래프는 x축의 방향으로 $-\pi$만큼 평행이동하면 $y=-\cos x$의 그래프와 겹쳐져. 즉, $\cos(\pi+x)=-\cos x$, $\cos(\pi-x)=-\cos x$

$\tan\dfrac{2n+1}{4}\pi=\tan\left(4k+\dfrac{9}{4}\right)\pi=\tan\dfrac{9}{4}\pi$

$=\tan\left(2\pi+\dfrac{\pi}{4}\right)=\tan\dfrac{\pi}{4}=1$

> $y=\tan x$의 그래프는 주기가 π이므로 $\tan(\pi+x)=\tan x$가 성립해.

$-(a^2+b^2+2ab-4)+(b^2+ab+2)=0$

$a^2+ab-6=0$, $a(a+b)=6$

$\therefore a=1$, $a+b=6$ 또는 $a=2$, $a+b=3$

즉, $a=1$, $b=5$ 또는 $a=2$, $b=1$이고,

$a\geq b$이므로 $a=2$, $b=1$이다.

(vi) $n=8k+5(k$는 음이 아닌 정수)일 때

$\cos\dfrac{n}{4}\pi=\cos\left(2k+\dfrac{5}{4}\right)\pi=\cos\dfrac{5}{4}\pi$

$=\cos\left(\pi+\dfrac{\pi}{4}\right)=-\cos\dfrac{\pi}{4}=-\dfrac{\sqrt{2}}{2}$이고,

> $y=\cos x$의 그래프는 x축의 방향으로 $-\pi$만큼 평행이동하면 $y=-\cos x$의 그래프와 겹쳐져. 즉, $\cos(\pi+x)=-\cos x$, $\cos(\pi-x)=-\cos x$

$\tan\dfrac{2n+1}{4}\pi=\tan\left(4k+\dfrac{11}{4}\right)\pi=\tan\dfrac{11}{4}\pi=\tan\left(2\pi+\dfrac{3}{4}\pi\right)$

$=\tan\dfrac{3}{4}\pi=\tan\left(\pi-\dfrac{\pi}{4}\right)=-\tan\dfrac{\pi}{4}=-1$이므로

> $y=\tan x$의 그래프는 주기가 π이므로 $\tan(\pi+x)=\tan x$가 성립해.

(ii)와 같으므로

$a^2+b^2+2ab-4=0$, $b^2+ab+2=0$

즉, $b^2+ab+2=0$을 만족시키는 음이 아닌 정수 a, b는 존재하지 않는다. ($\because$ ☆)

(vii) $n=8k+6(k$는 음이 아닌 정수)일 때

$\cos\dfrac{n}{4}\pi=\cos\left(2k+\dfrac{3}{2}\right)\pi=\underline{\cos\left(\pi+\dfrac{\pi}{2}\right)=-\cos\dfrac{\pi}{2}=0}$이고

> $y=\cos x$의 그래프는 x축의 방향으로 $-\pi$만큼 평행이동하면 $y=-\cos x$의 그래프와 겹쳐져. 즉, $\cos(\pi+x)=-\cos x$, $\cos(\pi-x)=-\cos x$

$\tan\dfrac{2n+1}{4}\pi=\tan\left(4k+\dfrac{13}{4}\right)\pi=\tan\dfrac{\pi}{4}=1$이므로

> $y=\tan x$의 그래프는 주기가 π이므로 $\tan(\pi+x)=\tan x$가 성립해.

(iii)과 같으므로

$b^2+ab+2=0$

즉, $b^2+ab+2=0$을 만족시키는 음이 아닌 정수 a, b는 존재하지 않는다. ($\because$ ☆)

(viii) $n=8k+7(k$는 음이 아닌 정수)일 때

$\cos\dfrac{n}{4}\pi=\cos\left(2k+\dfrac{7}{4}\right)\pi$

$=\cos\dfrac{7}{4}\pi$

$=\cos\left(2\pi-\dfrac{\pi}{4}\right)$

$=\cos\left(-\dfrac{\pi}{4}\right)=\cos\dfrac{\pi}{4}=\dfrac{\sqrt{2}}{2}$이고

$\tan\dfrac{2n+1}{4}\pi=\tan\left(4k+\dfrac{15}{4}\right)\pi$

> $y=\cos x$의 그래프는 y축에 대하여 대칭이므로 $\cos(-x)=\cos x$이야.

$=\tan\left(4\pi-\dfrac{\pi}{4}\right)$

$=\tan\left(-\dfrac{\pi}{4}\right)$

$=-\tan\dfrac{\pi}{4}=-1$

$(a^2+b^2+2ab-4)\times\dfrac{\sqrt{2}}{2}+(b^2+ab+2)\times(-1)=0$이므로

$a^2+b^2+2ab-4=0$, $b^2+ab+2=0$이다.

즉, $b^2+ab+2=0$을 만족시키는 음이 아닌 정수 a, b는 존재하지 않는다. ($\because$ ☆)

(i)~(viii)에 의하여

$n=8k+4(k$는 음이 아닌 정수)일 때, $a=2$, $b=1$

$\therefore a+b+\sin^2\dfrac{n}{8}\pi=2+1+\sin^2\left(k+\dfrac{1}{2}\right)\pi=2+1+1=4$

k는 음이 아닌 정수이므로 $\sin\left(k+\dfrac{1}{2}\right)\pi$의 값은

$\sin\dfrac{\pi}{2}=1$, $\sin\dfrac{3}{2}\pi=-1$, $\sin\dfrac{5}{2}\pi=1$, $\sin\dfrac{7}{2}\pi=-1$, $\cdots$이므로 $\sin^2\left(k+\dfrac{1}{2}\right)\pi=1$

1등급 대비 **특강**

＊ 음이 아닌 정수의 성질

문자가 많고 식이 복잡하게 주어지더라도 문제에서 물어보는 값이 음이 아닌 정수라면 음이 아닌 정수의 성질을 활용해서 문제를 해결할 수 있어. 특정 범위에서 음이 아닌 정수는 셀 수 있으므로 하나하나 분류하여 계산해보아도 되고, p, q가 정수이고 $p+q\sqrt{2}=0$일 때, $p=q=0$인 성질을 활용해도 돼. 그리고 $p+q+2=0$인 음이 아닌 정수 p, q는 없다는 성질을 활용할 수 있어.

❀ 삼각함수의 그래프의 성질 　　　　개념·공식

(1) $y=a\sin(bx+c)+d$, $y=a\cos(bx+c)+d$의 그래프

① 최댓값 : $|a|+d$, 최솟값 : $-|a|+d$

② 주기 : $\dfrac{2\pi}{|b|}$

(2) $y=a\tan(bx+c)+d$의 그래프

① 최댓값, 최솟값은 없다.

② 주기 : $\dfrac{\pi}{|b|}$

F 삼각함수의 활용

F 01 정답 $\dfrac{\sqrt{5}}{5}$ ──────────────── *사인법칙

사인법칙에 의하여 $\dfrac{\overline{AC}}{\sin B}=\dfrac{\overline{AB}}{\sin C}$에서

$\dfrac{\sqrt{2}}{\sin B}=\dfrac{\sqrt{5}}{\sin 45^\circ}$, $\sqrt{5}\sin B=\sqrt{2}\times\dfrac{\sqrt{2}}{2}$

$\therefore \sin B=\dfrac{1}{\sqrt{5}}=\dfrac{\sqrt{5}}{5}$

F 02 정답 8 ──────────────── *사인법칙

사인법칙에 의하여 $\dfrac{a}{\sin A}=\dfrac{b}{\sin B}$에서

$\dfrac{4\sqrt{6}}{\sin 60^\circ}=\dfrac{b}{\sin 45^\circ}$, $b\sin 60^\circ=4\sqrt{6}\sin 45^\circ$

$b\times\dfrac{\sqrt{3}}{2}=4\sqrt{6}\times\dfrac{\sqrt{2}}{2}$

$\therefore b=8$

F 03 정답 60° ──────────────── *사인법칙

사인법칙에 의하여 $\dfrac{a}{\sin A}=\dfrac{c}{\sin C}$에서

$\dfrac{10}{\sin 30^\circ}=\dfrac{10\sqrt{3}}{\sin C}$, $10\sin C=10\sqrt{3}\sin 30^\circ$

$\therefore \sin C=\dfrac{1}{10}\times 10\sqrt{3}\times\dfrac{1}{2}=\dfrac{\sqrt{3}}{2}$

이때, $\angle C$가 예각이므로 $\angle C=60^\circ$

F 04 정답 $6\sqrt{6}$ ──────────────── *사인법칙

사인법칙에 의하여 $\dfrac{b}{\sin B}=\dfrac{c}{\sin C}$

$\dfrac{b}{\sin 60^\circ}=\dfrac{12}{\sin 45^\circ}$, $\dfrac{\sqrt{2}}{2}b=12\times\dfrac{\sqrt{3}}{2}$

$\therefore b=6\sqrt{6}$

F 05 정답 $3\sqrt{3}$ ──────────────── *사인법칙

삼각형 ABC의 외접원의 반지름의 길이를 R라 하면

사인법칙에 의하여 $\dfrac{a}{\sin A}=2R$에서

$\dfrac{9}{\sin 60^\circ}=2R$, $\dfrac{9}{\frac{\sqrt{3}}{2}}=2R$ $\therefore R=3\sqrt{3}$

따라서 삼각형 ABC의 외접원의 반지름의 길이는 $3\sqrt{3}$이다.

F 06 정답 2 ──────────────── *사인법칙

삼각형 ABC의 세 내각의 합은 180°이므로
$\angle B=180^\circ-(\angle A+\angle C)=180^\circ-(60^\circ+90^\circ)=30^\circ$
즉, 삼각형 ABC의 외접원의 반지름의 길이를 R라 하면

사인법칙에 의하여 $\dfrac{b}{\sin B}=2R$에서

$\dfrac{2}{\sin 30^\circ}=2R$, $\dfrac{2}{\frac{1}{2}}=2R$ $\therefore R=2$

따라서 삼각형 ABC의 외접원의 반지름의 길이는 2이다.

F 07 정답 $a=b$인 이등변삼각형 ──────────────── *사인법칙

삼각형 ABC의 외접원의 반지름의 길이를 R라 하면 사인법칙에 의하여

$\sin A=\dfrac{a}{2R}$, $\sin B=\dfrac{b}{2R}$

이것을 주어진 등식 $a\sin^2 A=b\sin^2 B$에 대입하면

$a\left(\dfrac{a}{2R}\right)^2=b\left(\dfrac{b}{2R}\right)^2$에서 $a^3=b^3$

즉, $a^3-b^3=0$이므로 $(a-b)(a^2+ab+b^2)=0$

$\therefore a=b$ 또는 $a^2+ab+b^2=0$

이때, $a^2+ab+b^2=\left(a+\dfrac{b}{2}\right)^2+\dfrac{3}{4}b^2>0$이므로 $a^2+ab+b^2\neq 0$

따라서 삼각형 ABC는 $a=b$인 이등변삼각형이다.

F 08 정답 $\angle A=90^\circ$인 직각삼각형 ──────────────── *사인법칙

삼각형 ABC의 외접원의 반지름의 길이를 R라 하면 사인법칙에 의하여

$\sin A=\dfrac{a}{2R}$, $\sin B=\dfrac{b}{2R}$, $\sin C=\dfrac{c}{2R}$

이것을 주어진 등식 $\sin^2 A=\sin^2 B+\sin^2 C$에 대입하면

$\left(\dfrac{a}{2R}\right)^2=\left(\dfrac{b}{2R}\right)^2+\left(\dfrac{c}{2R}\right)^2$에서 $a^2=b^2+c^2$

따라서 삼각형 ABC는 $\angle A=90^\circ$인 직각삼각형이다.

F 09 정답 $2\sqrt{5}$ ──────────────── *코사인법칙

코사인법칙에 의하여
$\begin{aligned}\overline{AB}^2&=\overline{BC}^2+\overline{CA}^2-2\times\overline{BC}\times\overline{AC}\times\cos C\\&=6^2+(4\sqrt{2})^2-2\times 6\times 4\sqrt{2}\times\cos 45^\circ\\&=20\end{aligned}$

$\therefore \overline{AB}=2\sqrt{5}\ (\because \overline{AB}>0)$

F 10 정답 2 ──────────────── *코사인법칙

코사인법칙에 의하여 $b^2=a^2+c^2-2ac\cos B$이므로
$\begin{aligned}b^2&=2^2+(2\sqrt{2})^2-2\times 2\times 2\sqrt{2}\times\cos 45^\circ\\&=4+8-8=4\end{aligned}$

$\therefore b=2\ (\because b>0)$

F 11 정답 13 ──────────────── *코사인법칙

코사인법칙에 의하여 $c^2=a^2+b^2-2ab\cos C$이므로
$\begin{aligned}c^2&=7^2+8^2-2\times 7\times 8\times\cos 120^\circ\\&=49+64+56=169\end{aligned}$

$\therefore c=13\ (\because c>0)$

F 12 정답 $\dfrac{\sqrt{35}}{7}$ ──────────── *코사인법칙

코사인법칙의 변형에 의하여 $\cos C = \dfrac{a^2+b^2-c^2}{2ab}$ 에서

$$\cos C = \dfrac{7+5-2}{2\times\sqrt{7}\times\sqrt{5}} = \dfrac{5}{\sqrt{35}} = \dfrac{\sqrt{35}}{7}$$

🔷 **다른 풀이: 피타고라스 정리를 이용하여 코사인값 구하기**

$\overline{BC}^2 = \overline{AB}^2 + \overline{AC}^2$ 이므로 삼각형 ABC는
$\angle A = 90°$인 직각삼각형이다.

$$\therefore \cos C = \dfrac{\sqrt{5}}{\sqrt{7}} = \dfrac{\sqrt{35}}{7}$$

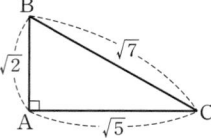

F 13 정답 $\angle A = 90°$인 직각삼각형 ──── *코사인법칙

삼각형 ABC에서 코사인법칙에 의하여

$$\cos A = \dfrac{b^2+c^2-a^2}{2bc}, \ \cos C = \dfrac{a^2+b^2-c^2}{2ab}$$

이것을 주어진 등식 $a\cos C - c\cos A = b$에 대입하면

$$a\times\dfrac{a^2+b^2-c^2}{2ab} - c\times\dfrac{b^2+c^2-a^2}{2bc} = b$$에서
$$a^2+b^2-c^2-(b^2+c^2-a^2) = 2b^2$$
$$\therefore a^2 = b^2 + c^2$$
따라서 삼각형 ABC는 $\angle A = 90°$인 직각삼각형이다.

F 14 정답 $a=c$인 이등변삼각형 ────── *코사인법칙

삼각형 ABC의 외접원의 반지름의 길이를 R라 하면
등식 $\sin B = 2\sin A\cos C$에서

$$\dfrac{b}{2R} = 2\times\dfrac{a}{2R}\times\dfrac{a^2+b^2-c^2}{2ab}$$ 이므로 $b^2 = a^2+b^2-c^2$
$$a^2-c^2 = 0, \ (a+c)(a-c) = 0 \quad \therefore a = -c \text{ 또는 } a = c$$
이때, $a>0$, $c>0$이므로 $a=c$
따라서 삼각형 ABC는 $a=c$인 이등변삼각형이다.

F 15 정답 $\dfrac{15}{4}$ ──────────── *삼각형의 넓이

$$\triangle ABC = \dfrac{1}{2}\times3\times5\times\sin 30° = \dfrac{1}{2}\times3\times5\times\dfrac{1}{2} = \dfrac{15}{4}$$

F 16 정답 $3\sqrt{3}$ ──────────── *삼각형의 넓이

$$\triangle ABC = \dfrac{1}{2}\times3\times4\times\sin 120° = \dfrac{1}{2}\times3\times4\times\dfrac{\sqrt{3}}{2} = 3\sqrt{3}$$

F 17 정답 2 ──────────── *삼각형의 넓이

삼각형 ABC의 넓이는 두 삼각형 ABD, ADC의 넓이의 합과 같으므로 $\triangle ABC = \triangle ABD + \triangle ACD$에서

$$\dfrac{1}{2}\overline{AB}\times\overline{AC}\times\sin 120°$$
$$=\dfrac{1}{2}\overline{AB}\times\overline{AD}\times\sin 60° + \dfrac{1}{2}\overline{AC}\times\overline{AD}\times\sin 60°$$
$$\dfrac{1}{2}\times6\times3\times\dfrac{\sqrt{3}}{2} = \dfrac{1}{2}\times6\times\overline{AD}\times\dfrac{\sqrt{3}}{2} + \dfrac{1}{2}\times3\times\overline{AD}\times\dfrac{\sqrt{3}}{2}$$
$$18 = 6\overline{AD} + 3\overline{AD}, \ 9\overline{AD} = 18 \quad \therefore \overline{AD} = 2$$

F 18 정답 $16\sqrt{3}$ ──────────── *삼각형의 넓이

삼각형 ADC에서 코사인법칙에 의하여

$$\overline{AC}^2 = 5^2 + 3^2 - 2\times5\times3\times\cos\dfrac{2}{3}\pi = 49 \cdots \text{㉠}$$

이때, 사각형 ABCD가 원 O에 내접하므로 $\angle B = \pi - \angle D$ $\therefore \angle B = \dfrac{\pi}{3}$

삼각형 ABC에서 $\overline{BC} = x$라 하면 코사인법칙에 의하여

$$\overline{AC}^2 = 7^2 + x^2 - 2\times7\times x\times\cos\dfrac{\pi}{3} = x^2 - 7x + 49 \cdots \text{㉡}$$

㉠=㉡이어야 하므로 $x^2 - 7x + 49 = 49$에서
$$x(x-7) = 0 \quad \therefore x = 7$$
$$\therefore \square ABCD = \triangle ABC + \triangle ADC$$
$$= \dfrac{1}{2}\times7\times7\times\sin\dfrac{\pi}{3} + \dfrac{1}{2}\times3\times5\times\sin\dfrac{2}{3}\pi$$
$$= \dfrac{49\sqrt{3}}{4} + \dfrac{15\sqrt{3}}{4} = \dfrac{64\sqrt{3}}{4} = 16\sqrt{3}$$

⚙ **수능 유형별 기출 문제** [2점, 3점, 쉬운 4점]

F 19 정답 ① *사인법칙 ──────── [정답률 90%]

[정답 공식: 삼각형의 세 내각의 크기의 합은 180°이고, 사인법칙은
$\dfrac{a}{\sin A} = \dfrac{b}{\sin B} = \dfrac{c}{\sin C} = 2R$이다.]

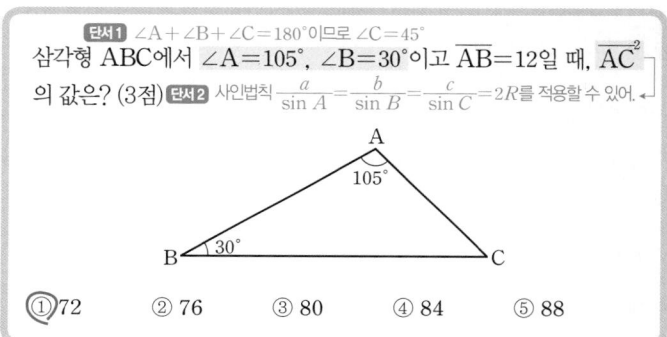

단서1 $\angle A + \angle B + \angle C = 180°$이므로 $\angle C = 45°$

삼각형 ABC에서 $\angle A = 105°$, $\angle B = 30°$이고 $\overline{AB} = 12$일 때, $\overline{AC}^2$의 값은? (3점) **단서2** 사인법칙 $\dfrac{a}{\sin A} = \dfrac{b}{\sin B} = \dfrac{c}{\sin C} = 2R$를 적용할 수 있어.

① 72 ② 76 ③ 80 ④ 84 ⑤ 88

1st 사인법칙을 이용하여 $\overline{AC}$의 길이를 구하자.
삼각형 ABC에서 $\angle C = 180° - 105° - 30° = 45°$이므로

사인법칙에 의하여 $\dfrac{\overline{AC}}{\sin 30°} = \dfrac{12}{\sin 45°}$

(실수) 삼각형의 세 내각의 크기의 합은 180°야.

$\sin 30° = \dfrac{1}{2}, \sin 45° = \dfrac{\sqrt{2}}{2}$

$$\overline{AC} = \dfrac{12}{\dfrac{\sqrt{2}}{2}}\times\dfrac{1}{2} = 6\sqrt{2} \quad \therefore \overline{AC}^2 = 72$$

🔷 **다른 풀이: 직각삼각형을 만들어 $\overline{AC}^2$의 값 구하기**

그림과 같이 점 A에서 선분 BC에 내린 수선의 발을 H라 하면 세 내각의 크기가 각각 30°, 60°, 90°인 직각삼각형의 세 변의 길이의 비는 $1 : \sqrt{3} : 2$이므로 직각삼각형 ABH에서 $\overline{AH} = 6$ $\overline{AB}:\overline{AH} = 12:\overline{AH} = 2:1$에서 $\overline{AH} = 6$
세 내각의 크기가 각각 45°, 45°, 90°인 직각삼각형의 세 변의 길이의 비는 $1 : 1 : \sqrt{2}$이므로 직각삼각형 AHC에서 $\overline{AC} = 6\sqrt{2}$
$$\therefore \overline{AC}^2 = (6\sqrt{2})^2 = 72$$

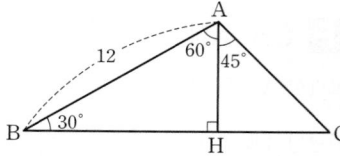
$\overline{AH}:\overline{AC} = 6:\overline{AC} = 1:\sqrt{2}$에서 $\overline{AC} = 6\sqrt{2}$

F 20 정답 ⑤ *사인법칙 [정답률 88%]

[정답 공식: 사인법칙 $\dfrac{a}{\sin A}=\dfrac{b}{\sin B}$를 이용한다.]

삼각형 ABC에서 $\angle B=45°$, $\overline{BC}=12$, $\overline{AC}=12\sqrt{2}$일 때, $\angle A$의 크기는? (3점) <단서 ∠A에 대한 사인 값을 사인법칙을 이용하여 구할 수 있지?>

① 150° ② 120° ③ 90° ④ 60° ⑤ 30°

1st 사인법칙을 이용하여 ∠A의 크기를 구하자.

삼각형 ABC에서 사인법칙에 의하여

$\dfrac{12}{\sin A}=\dfrac{12\sqrt{2}}{\sin 45°}$에서 $\sin A=\dfrac{1}{2}$ ──→ 주어진 조건으로 삼각형 ABC를 그리면 그림과 같아.

∴ $A=30°$ 또는 $A=150°$

그런데 A, B의 대변의 길이는 각각 12, $12\sqrt{2}$이므로 $A<B$이어야 한다.

∴ $A=30°$

<주의> 삼각형 ABC의 세 내각의 크기가 $A<B<C$를 만족시키면 대변의 길이는 $a<b<c$를 만족해.

F 21 정답 ③ *사인법칙 [정답률 85%]

[정답 공식: 삼각형 ABC에서 사인법칙 $\dfrac{a}{\sin A}=\dfrac{b}{\sin B}=\dfrac{c}{\sin C}$가 성립한다.]

$\overline{AB}=8$이고 $\angle A=45°$, $\angle B=15°$인 삼각형 ABC에서 선분 BC의 길이는? (3점) <단서 삼각형의 한 변의 길이와 두 내각의 크기가 주어졌으니까 사인법칙을 이용하여 다른 변의 길이도 구할 수 있어.>

① $2\sqrt{6}$ ② $\dfrac{7\sqrt{6}}{3}$ ③ $\dfrac{8\sqrt{6}}{3}$

④ $3\sqrt{6}$ ⑤ $\dfrac{10\sqrt{6}}{3}$

1st 삼각형 ABC에서 ∠C의 크기를 구해.

삼각형 ABC에서 $\angle A=45°$, $\angle B=15°$이므로

$\angle C=180°-(\angle A+\angle B)$
$=180°-(45°+15°)=120°$

2nd 사인법칙을 이용하여 선분 BC의 길이를 구해.

삼각형 ABC에서 사인법칙에 의하여

$\dfrac{\overline{BC}}{\sin A}=\dfrac{\overline{AB}}{\sin C}$에서 ──→ 삼각형 ABC에서 $\dfrac{\overline{BC}}{\sin A}=\dfrac{\overline{AC}}{\sin B}=\dfrac{\overline{AB}}{\sin C}$ 가 성립하고 이를 사인법칙이라 해.

$\dfrac{\overline{BC}}{\sin 45°}=\dfrac{8}{\sin 120°}$

<주의> 사인법칙은 삼각형에서 한 변의 길이와 그 변의 대각의 크기의 sin값에 대한 비율이 일정하다는 법칙이야. 즉, 사인법칙을 적용할 때는 변과 대각을 정확히 적용해야 해.

∴ $\overline{BC}=\dfrac{8}{\sin 120°}\times\sin 45°$

$=\dfrac{8}{\frac{\sqrt{3}}{2}}\times\dfrac{\sqrt{2}}{2}=\dfrac{8\sqrt{2}}{\sqrt{3}}=\dfrac{8\sqrt{6}}{3}$

✿ 사인법칙의 적용 [개념·공식]

① 한 변의 길이와 그 양 끝각의 크기를 알 때, 다른 변의 길이를 구하는 경우

② 두 변의 길이와 그 끼인각이 아닌 한 각의 크기를 알 때, 다른 각의 크기를 구하는 경우

③ 외접원의 반지름의 길이를 구하는 경우

F 22 정답 ⑤ *사인법칙 [정답률 52%]

[정답 공식: $\sin\alpha=\sin(\pi-\alpha)$이다.]

세 변의 길이가 모두 다른 △ABC의 내부의 점 P에서 변 AB, BC, CA까지의 거리를 각각 p, q, r라 하자. 다음은 $p\overline{AB}=q\overline{BC}=r\overline{CA}$이면 점 P가 △ABC의 (가) 임을 증명한 것이다.

[증명]

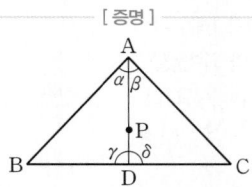

i) 점 A에서 선분 AP의 연장선과 변 BC가 만나는 점을 D 라 하자. 사인법칙에 의하여 다음 식이 성립한다.

$\dfrac{\overline{BD}}{\sin\alpha}=\dfrac{\overline{AB}}{\sin\gamma}$, $\dfrac{\overline{DC}}{\sin\beta}=\dfrac{\overline{CA}}{\sin\delta}$

<단서 주어진 조건 $p\overline{AB}=q\overline{BC}=r\overline{CA}$ 를 이용하여 식을 변형해보자.>

따라서 $\dfrac{\overline{BD}}{\overline{DC}}=\dfrac{\overline{AB}\sin\alpha}{\overline{CA}\sin\beta}=$ (나)

따라서 선분 AD는 △ABC의 (다) 이다.

ii) 점 B, C에서도 위와 같은 방법으로 증명하면, 점 P가 △ABC의 (가) 임을 알 수 있다.

위의 증명에서 (가), (나), (다)에 알맞은 것은? (4점)

	(가)	(나)	(다)
①	내심	1	각의 이등분선
②	수심	2	수선
③	수심	1	수선
④	무게중심	2	중선
⑤	무게중심	1	중선

1st $\gamma+\delta=\pi$임을 이용하여 (나)를 구하자.

i) 점 A에서 선분 AP의 연장선과 변 BC가 만나는 점을 D라 하자. 사인법칙에 의하여 다음 식이 성립한다.

$\dfrac{\overline{BD}}{\sin\alpha}=\dfrac{\overline{AB}}{\sin\gamma}$, $\dfrac{\overline{DC}}{\sin\beta}=\dfrac{\overline{CA}}{\sin\delta}$이므로

$\dfrac{\overline{BD}}{\overline{DC}}=\dfrac{\overline{AB}\sin\alpha\sin\delta}{\overline{CA}\sin\beta\sin\gamma}$

이때, $\gamma+\delta=\pi$이므로 $\delta=\pi-\gamma$

즉, $\sin\delta=\sin(\pi-\gamma)=\sin\gamma$이므로
↳ $\sin(\pi-\theta)=\sin\theta$

$\dfrac{\overline{BD}}{\overline{DC}}=\dfrac{\overline{AB}\sin\alpha}{\overline{CA}\sin\beta}$

$=\dfrac{\overline{AB}\times\dfrac{p}{\overline{AP}}}{\overline{CA}\times\dfrac{r}{\overline{AP}}}=1$ ←(나)

∴ $\overline{BD}=\overline{DC}$

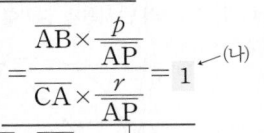

→ 점 P에서 선분 AB에 내린 수선의 발을 H라 하면 직각삼각형 AHP에서 $\overline{HP}=p$이므로 $\sin\alpha=\dfrac{\overline{HP}}{\overline{AP}}=\dfrac{p}{\overline{AP}}$

마찬가지로 $\sin\beta=\dfrac{r}{\overline{AP}}$

따라서 선분 AD는 삼각형 ABC의 중선이다. ←(다)

ii) 두 점 B, C에서도 위와 같은 방법으로 증명하면 점 P가 삼각형 ABC 의 무게중심임을 알 수 있다.
(가)
↳ 삼각형의 세 중선의 교점을 그 삼각형의 무게중심이라고 하지?

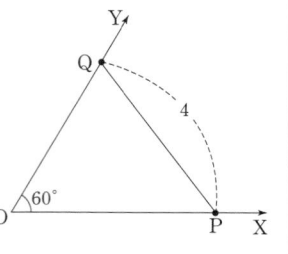

F 23 정답 ① *사인법칙 ———————— [정답률 54%]

정답 공식: 사인법칙 $\dfrac{a}{\sin A}=\dfrac{b}{\sin B}$ 를 이용하여 선분 OQ의 길이가 최댓값을 가질 조건을 구한다.

그림과 같이 두 반직선 OX, OY 가 점 O에서 60°의 각을 이루고 있다. 반직선 OX 위의 점 P와 반직선 OY 위의 점 Q가 $\overline{PQ}=4$일 때, 선분 OQ의 길이의 최댓값은? (단, 두 점 P, Q는 점 O가 아니다.)

단서 선분 OQ의 길이는 ∠OPQ의 크기에 의해 결정돼. (4점)

① $\dfrac{8\sqrt{3}}{3}$ ② $\dfrac{7\sqrt{3}}{3}$ ③ $2\sqrt{3}$ ④ $\dfrac{5\sqrt{3}}{3}$ ⑤ $\dfrac{4\sqrt{3}}{3}$

1st 선분 OQ의 길이를 ∠OPQ의 크기를 이용하여 나타내.

삼각형 QOP에서 사인법칙에 의하여

$$\frac{4}{\sin 60°}=\frac{\overline{OQ}}{\sin(\angle OPQ)}$$

$$\therefore \overline{OQ}=\frac{4\sin(\angle OPQ)}{\frac{\sqrt{3}}{2}}$$

$$=\frac{8\sqrt{3}\times\sin(\angle OPQ)}{3}$$

실수 $\dfrac{8\sqrt{3}}{3}\times\sin(\angle OPQ)$가 최대가 되려면 아직 정해지지 않은 값 $\sin(\angle OPQ)$가 최대가 되어야 하므로 $-1\le\sin(\angle OPQ)\le1$에서 $\sin(\angle OPQ)=1$이 되어야 해.

2nd 선분 OQ의 길이의 최댓값을 구하자.

이때, $0°<\angle OPQ<120°$이므로 $\angle OPQ=90°$, 즉 $\sin(\angle OPQ)=1$일 때, 선분 OQ의 길이가 최대이다.

선분 OQ의 길이는 $\sin(\angle OPQ)$의 값이 최대일 때 최대야.

따라서 선분 OQ의 길이의 최댓값은 $\dfrac{8\sqrt{3}}{3}$이다.

→ 삼각형 OPQ의 세 내각의 크기의 합은 180°이고 ∠QOP=60°이므로 $0°<\angle OPQ<120°$

F 24 정답 ⑤ *사인법칙과 삼각형의 외접원 ———— [정답률 74%]

정답 공식: 삼각형 ABC의 외접원의 반지름의 길이를 R라 하면 $\dfrac{\overline{BC}}{\sin A}=2R$가 성립한다.

선분 BC의 길이가 5이고, $\angle BAC=\dfrac{\pi}{6}$인 삼각형 ABC의 외접원의 반지름의 길이는? (3점)

단서 선분 BC와 마주보는 각의 크기 $\angle BAC=\dfrac{\pi}{6}$가 주어져 있으므로 사인법칙으로 외접원의 반지름의 길이를 구할 수 있지.

① 3 ② $\dfrac{7}{2}$ ③ 4 ④ $\dfrac{9}{2}$ ⑤ 5

1st 사인법칙을 이용하여 삼각형 ABC의 외접원의 반지름의 길이를 구하자.

삼각형 ABC의 외접원의 반지름의 길이를 R라 하면

사인법칙에 의하여

$$\frac{5}{\sin\frac{\pi}{6}}=2R$$

[사인법칙]
삼각형 ABC에서 외접원의 반지름의 길이를 R라 하면 다음이 성립한다.
$$\frac{\overline{BC}}{\sin A}=\frac{\overline{AC}}{\sin B}=\frac{\overline{AB}}{\sin C}=2R$$

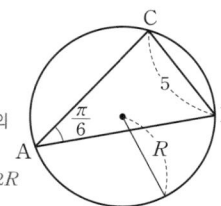

$$\frac{5}{\frac{1}{2}}=2R,\ 2R=10 \quad \therefore R=5$$

F 25 정답 ⑤ *사인법칙과 삼각형의 외접원 ———— [정답률 72%]

정답 공식: 삼각형 ABC의 외접원의 반지름의 길이를 R라고 하면 사인법칙 $\dfrac{a}{\sin A}=\dfrac{b}{\sin B}=\dfrac{c}{\sin C}=2R$가 성립한다.

반지름의 길이가 5인 원에 내접하는 삼각형 ABC에 대하여 $\angle BAC=\dfrac{\pi}{4}$일 때, 선분 BC의 길이는? (3점)

단서 각 BAC에 대한 대변이 선분 BC이므로 사인법칙을 이용할 수 있어.

① $3\sqrt{2}$ ② $\dfrac{7\sqrt{2}}{2}$ ③ $4\sqrt{2}$ ④ $\dfrac{9\sqrt{2}}{2}$ ⑤ $5\sqrt{2}$

1st 삼각형에 외접하는 원의 반지름의 길이가 주어졌고, 삼각형의 한 각에 대한 대변의 길이를 구하는 거니까 사인법칙을 이용하자.

각 BAC에 대한 대변이 선분 BC이므로 사인법칙에 의하여

$$\frac{\overline{BC}}{\sin\frac{\pi}{4}}=2\times5 \quad\longrightarrow \frac{a}{\sin A}=2R$$

$$\therefore \overline{BC}=2\times5\times\sin\frac{\pi}{4}$$

$$=2\times5\times\frac{\sqrt{2}}{2} \quad\longrightarrow \sin\frac{\pi}{4}=\sin 45°=\frac{\sqrt{2}}{2}$$

$$=5\sqrt{2}$$

다른 풀이: **원주각의 크기는 중심각의 크기의 2배임을 이용하여 길이 구하기**

호 BC에 대한 원주각의 크기가 $\dfrac{\pi}{6}$이므로 중심각의 크기는 2배이므로 $\dfrac{\pi}{2}$야.

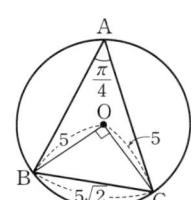

외접원의 중심을 O라 하면
$\overline{BO}=\overline{CO}=5$ (∵ 반지름)
즉, 직각이등변삼각형 OBC에서 빗변인 $\overline{BC}=5\sqrt{2}$

🌸 **특수각에 대한 삼각비의 값** 개념·공식

θ	$0°$	$30°$	$45°$	$60°$	$90°$
$\sin\theta$	0	$\dfrac{1}{2}$	$\dfrac{\sqrt{2}}{2}$	$\dfrac{\sqrt{3}}{2}$	1
$\cos\theta$	1	$\dfrac{\sqrt{3}}{2}$	$\dfrac{\sqrt{2}}{2}$	$\dfrac{1}{2}$	0
$\tan\theta$	0	$\dfrac{\sqrt{3}}{3}$	1	$\sqrt{3}$	×

F 26 정답 32 *사인법칙과 삼각형의 외접원 ·········· [정답률 80%]

정답 공식: 한 원에서 같은 호에 대한 원주각의 크기가 같다는 사실과 사인법칙 $\dfrac{a}{\sin A}=\dfrac{b}{\sin B}=\dfrac{c}{\sin C}=2R$를 이용한다.

그림과 같이 한 원에 내접하는 두 삼각형 ABC, ABD에서 $\overline{AB}=16\sqrt{2}$, $\angle ABD=45°$, $\angle BCA=30°$일 때, 선분 AD의 길이를 구하시오. (3점)

단서1 한 원에서 같은 호에 대한 원주각의 크기는 같아.

단서2 삼각형 ABD에서 사인법칙 $\dfrac{a}{\sin A}=\dfrac{b}{\sin B}=\dfrac{c}{\sin C}=2R$를 적용할 수 있어.

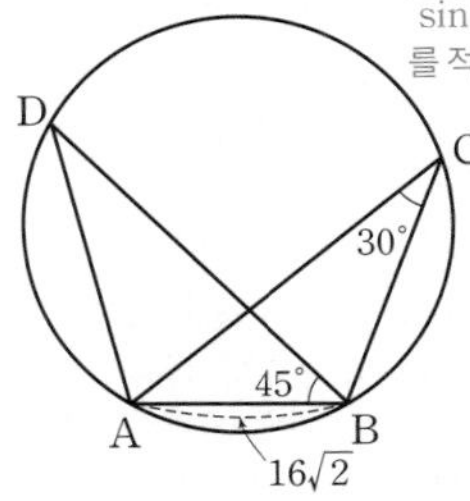

1st 한 원에서 같은 호에 대한 원주각의 크기가 같음을 이용해.
$\overset{\frown}{AB}$에 대한 원주각의 크기가 같으므로 $\angle ACB=\angle ADB=30°$

2nd 삼각형 ABD에서 사인법칙을 적용해.

삼각형 ABD에서 사인법칙을 이용하면 $\dfrac{16\sqrt{2}}{\sin 30°}=\dfrac{\overline{AD}}{\sin 45°}$

$\therefore \overline{AD}=\dfrac{16\sqrt{2}}{\dfrac{1}{2}}\times\dfrac{\sqrt{2}}{2}=32$

$\sin 30°=\dfrac{1}{2}$, $\sin 45°=\dfrac{\sqrt{2}}{2}$

F 27 정답 ③ *사인법칙과 삼각형의 외접원 ·········· [정답률 89%]

정답 공식: 삼각형 ABC의 외접원의 반지름의 길이가 R일 때, $\dfrac{a}{\sin A}=\dfrac{b}{\sin B}=\dfrac{c}{\sin C}=2R$가 성립한다.

반지름의 길이가 6인 원에 내접하는 삼각형 ABC에서 $\sin A=\dfrac{1}{4}$일 때, $\overline{BC}$의 값은? (3점)

단서 삼각형 ABC의 각 A에 대한 사인값이 주어졌고 각 A의 대변인 $\overline{BC}$의 값을 구해야 하니까 사인법칙을 생각해.

① 2 ② $\dfrac{5}{2}$ ③ 3 ④ $\dfrac{7}{2}$ ⑤ 4

1st 사인법칙을 이용하여 $\overline{BC}$의 값을 구해.
반지름의 길이가 6인 원에 삼각형 ABC가 내접하므로
$\dfrac{\overline{BC}}{\sin A}=\dfrac{\overline{AC}}{\sin B}=\dfrac{\overline{AB}}{\sin C}=2\times 6=12$가 성립한다.

이때, $\sin A=\dfrac{1}{4}$이므로 $\dfrac{\overline{BC}}{\sin A}=12$에서 $\dfrac{\overline{BC}}{\dfrac{1}{4}}=12$

$\therefore \overline{BC}=12\times\dfrac{1}{4}=3$

반지름의 길이가 R인 원에 내접하는 삼각형 ABC에서 $\dfrac{a}{\sin A}=\dfrac{b}{\sin B}=\dfrac{c}{\sin C}=2R$이 성립하고 이를 사인법칙이라 해.

⚙ 사인법칙의 적용
개념·공식

① 한 변의 길이와 그 양 끝각의 크기를 알 때, 다른 변의 길이를 구하는 경우
② 두 변의 길이와 그 끼인각이 아닌 한 각의 크기를 알 때, 다른 각의 크기를 구하는 경우
③ 외접원의 반지름의 길이를 구하는 경우

F 28 정답 ④ *사인법칙과 삼각형의 외접원 ·········· [정답률 85%]

정답 공식: 삼각형 ABC의 외접원의 반지름의 길이를 R라 할 때, $\dfrac{a}{\sin A}=\dfrac{b}{\sin B}=\dfrac{c}{\sin C}=2R$가 성립한다.

그림과 같이 반지름의 길이가 4인 원에 내접하고 변 AC의 길이가 5인 삼각형 ABC가 있다. $\angle ABC=\theta$라 할 때, $\sin\theta$의 값은?

단서1 삼각형의 외접원의 반지름의 길이와 삼각형의 한 변의 길이가 주어져 있네? 사인법칙을 생각해.

(단, $0<\theta<\pi$) (3점)

단서2 삼각형 ABC에 외접하는 원의 반지름의 길이와 선분 AC의 길이를 이용하여 $\sin\theta$의 값을 구해.

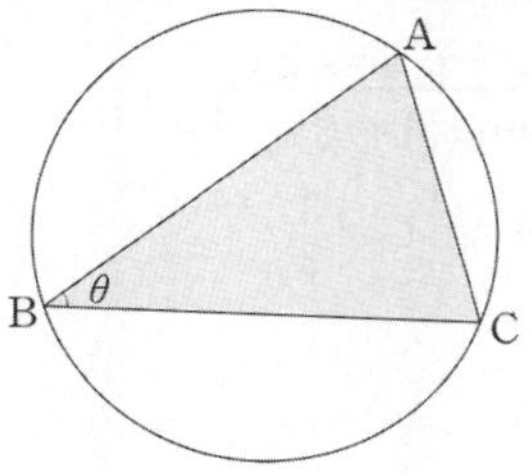

① $\dfrac{1}{4}$ ② $\dfrac{3}{8}$ ③ $\dfrac{1}{2}$

④ $\dfrac{5}{8}$ ⑤ $\dfrac{3}{4}$

1st 사인법칙을 이용하여 $\sin\theta$의 값을 구해.
삼각형 ABC의 외접원의 반지름의 길이가 4이고 삼각형 ABC에서 $\angle ABC$의 대변인 선분 AC의 길이가 5이므로 사인법칙에 의하여

$\dfrac{\overline{AC}}{\sin(\angle ABC)}=2\times 4$에서

삼각형 ABC의 한 변의 길이가 a, 이 변의 대각의 크기가 A이고 삼각형 ABC의 외접원의 반지름의 길이가 R이면 $\dfrac{a}{\sin A}=2R$가 성립해.

$\dfrac{5}{\sin\theta}=8$

$\therefore \sin\theta=\dfrac{5}{8}$

F 29 정답 ① *사인법칙과 삼각형의 외접원 ·········· [정답률 75%]

정답 공식: 삼각형 ABC의 외접원의 반지름의 길이를 R라 할 때, $\dfrac{\overline{BC}}{\sin A}=\dfrac{\overline{CA}}{\sin B}=\dfrac{\overline{AB}}{\sin C}=2R$

단서1 삼각형이 원에 내접하므로 원은 삼각형 ABC의 외접원이야.

반지름의 길이가 4인 원에 내접하는 삼각형 ABC가 있다.
이 삼각형의 둘레의 길이가 12일 때,

단서2 삼각형의 둘레의 길이를 활용한 공식을 생각해봐.

$\sin A+\sin B+\sin(A+B)$의 값은? (3점)

단서3 구하고자 하는 값이 원에 내접하는 삼각형의 사인값들의 합이므로 사인법칙을 떠올려야 해.

① $\dfrac{3}{2}$ ② $\dfrac{8}{5}$ ③ $\dfrac{17}{10}$

④ $\dfrac{9}{5}$ ⑤ $\dfrac{19}{10}$

1st 사인법칙을 이용해서 삼각형의 세 변의 길이를 표현해봐.
삼각형 ABC의 세 변의 길이를 각각 a, b, c($\overline{BC}$, $\overline{CA}$, $\overline{AB}$)라 하면 삼각형 ABC가 반지름이 R인 원에 내접하므로 사인법칙에 의하여

$\dfrac{a}{\sin A}=\dfrac{b}{\sin B}=\dfrac{c}{\sin C}=2R=8$

외접원의 반지름의 길이가 4이므로 사인법칙을 적용한 결과야.

따라서 $a=8\sin A$, $b=8\sin B$, $c=8\sin C$이다.

2nd 삼각형의 둘레의 길이를 세 변의 길이의 합으로 표현해봐.

삼각형 ABC의 둘레의 길이는

$a+b+c=2R\sin A+2R\sin B+2R\sin C$
$\qquad =8(\sin A+\sin B+\sin C)=12$

이므로 $\sin A+\sin B+\sin C=\dfrac{3}{2}$이다.

3rd $\angle A+\angle B+\angle C=\pi$임을 이용하여
$\sin A+\sin B+\sin(A+B)$의 값을 구해.

삼각형의 세 내각의 합 $\angle A+\angle B+\angle C=\pi$이고,
$\angle A+\angle B=\pi-\angle C$이므로

$\sin(A+B)=\underline{\sin(\pi-C)=\sin C}$

$\therefore \sin A+\sin B+\sin(A+B)$ $\quad{}^{\sin(\pi-C)=\sin C}$

$\qquad =\sin A+\sin B+\sin C=\dfrac{3}{2}$

❖ **사인법칙의 적용**   개념·공식

① 한 변의 길이와 그 양 끝각의 크기를 알 때, 다른 변의 길이를 구하는 경우
② 두 변의 길이와 그 끼인각이 아닌 한 각의 크기를 알 때, 다른 각의 크기를 구하는 경우
③ 외접원의 반지름의 길이를 구하는 경우

F 30   **정답 ①**   *사인법칙과 삼각형의 외접원 ·········· [정답률 69%]

정답 공식: 삼각형 ABC의 외접원의 반지름의 길이를 R라 하면 $\dfrac{a}{\sin A}=2R$가 성립한다.

$\overline{AB}=\overline{AC}=5$인 이등변삼각형 ABC의 외심을 O라 하자.

단서1 $\overline{AB}=\overline{AC}$이므로 $B=C$이고, 삼각형의 세 내각의 크기의 합이 π임을 이용하여 두 각의 크기 B, C를 각각 A를 이용하여 나타낼 수 있어.

$14\cos^2 A-11\sin A+1=0$을 만족시킬 때,

단서2 $\sin^2 A+\cos^2 A=1$을 이용하여 주어진 방정식을 사인값으로만 나타내면 삼각방정식의 해를 쉽게 구할 수 있어.

삼각형 AOC의 외접원의 지름의 길이는? (3점)

① 7   ② 8   ③ 9
④ 10   ⑤ 11

1st $\sin^2 A+\cos^2 A=1$을 이용하여 $\sin A$의 값을 구해.

삼각형 ABC의 한 각 A에 대한 삼각방정식

$14\underline{\cos^2 A}-11\sin A+1=0$에서
$\qquad\qquad{}^{\sin^2 A+\cos^2 A=1에서 \cos^2 A=1-\sin^2 A}$
$14(1-\sin^2 A)-11\sin A+1=0$

$-14\sin^2 A-11\sin A+15=0$

$14\sin^2 A+11\sin A-15=0$

$(7\sin A-5)(2\sin A+3)=0$

$\therefore \sin A=\dfrac{5}{7}$ 또는 $\sin A=-\dfrac{3}{2}$

그런데 $0<\sin A\leq 1$이므로 $\sin A=\dfrac{5}{7}$

A는 삼각형의 한 각의 크기로 $0<A<\pi$이므로 $0<\sin A\leq 1$이지?

2nd A를 이용하여 $\angle AOC$의 크기를 나타내.

삼각형 ABC에서 $A+B+C=\pi$이므로

$B+C=\pi-A$ ··· ㉠

이때, 삼각형 ABC는 $\overline{AB}=\overline{AC}$인 이등변삼각형이므로 $B=C$

주의
이등변삼각형의 두 밑각의 크기가 같다는 사실도 빼먹지 말고 이용하자.

이 식을 ㉠에 대입하면 $2B=\pi-A$

$\therefore B=C=\dfrac{\pi-A}{2}$

한편, 점 O는 삼각형 ABC의 외심이므로

원주각과 중심각 사이의 관계에 의하여

$\angle AOC=2B$
$\qquad =2\times\dfrac{\pi-A}{2}$
$\qquad =\pi-A$

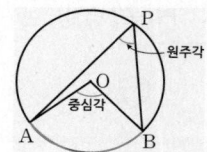

[원주각과 중심각 사이의 관계]
중심이 O인 원 위의 세 점 A, B, C에 대하여 호 AC에 대한 중심각과 원주각의 크기는 다음과 같은 관계를 가져.
(호 AC에 대한 중심각의 크기)=2×(호 AC에 대한 원주각의 크기)

3rd 삼각형 AOC의 외접원의 지름의 길이를 구해.

삼각형 AOC의 외접원의 반지름의 길이를 R라 하면

사인법칙에 의하여 $\dfrac{\overline{AC}}{\sin(\angle AOC)}=2R$이고

$\sin(\angle AOC)=\sin(\pi-A)=\sin A=\dfrac{5}{7}$, $\overline{AC}=5$이므로

$2R=\dfrac{5}{\frac{5}{7}}=7$

따라서 삼각형 AOC의 외접원의 지름의 길이는 7이다.

                                수능 핵강

✱ **삼각형의 외심이 주어지면 원주각과 중심각 사이의 관계나 삼각형의 외심의 활용을 떠올리자!**

(1) 삼각형의 외심, 즉 외접원의 중심과 주어진 삼각형의 꼭짓점을 이어보고, 외접원의 호에 대한 원주각과 중심각 사이의 관계를 이용해.

[원주각과 중심각 사이의 관계]

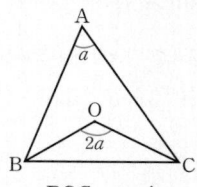

$\angle AOB=2\angle APB$

(2) 삼각형의 외심의 성질을 이용하여 그림과 같이 삼각형 ABC의 외심을 O라 할 때, $\angle BOC=2\angle A$라는 개념을 떠올릴 수 있어야 해.

[삼각형의 외심의 활용]

$\angle BOC=2\angle A$

F 31 정답 ② ＊사인법칙과 삼각형의 외접원 ⋯⋯⋯ [정답률 73%]

[정답 공식: 사인법칙 $\dfrac{a}{\sin A}=2R$를 이용하여 선분 AB의 길이를 구한다.]

<단서1> 원의 넓이가 100π이므로 반지름의 길이는 10
그림과 같이 넓이가 100π이고 중심이 O인 원 위의 두 점 A, B에 대하여 호 AB의 길이는 반지름의 길이의 2배이다. 선분 AB의 길이는? (단, 호 AB에 대한 중심각 θ의 크기는 $0<\theta<\pi$이다.) (4점)
<단서2> 호의 길이가 20이므로 ∠AOB$=\theta=2$
<단서3> 삼각형 OAB에서 두 변의 길이와 그 끼인각의 크기를 알고 있으므로 사인법칙을 사용하면 돼.

① 18sin 1　　②20sin 1　　③ 22sin 1
④ 18sin 2　　⑤ 20sin 2

1st 넓이 100π를 이용하여 원의 반지름의 길이를 구하자.
반지름의 길이를 r라 하면
$\pi r^2=100\pi$
$\therefore r=10$
2nd 호의 길이를 l이라 하면 $l=r\theta$임을 이용해서 θ의 값을 구하자.
부채꼴 OAB에서 $\overparen{AB}=l=20$이므로
$l=r\theta$에 의하여
$20=10\theta$
$\therefore \theta=2$
3rd 원 위에 두 점 A, B가 아닌 점을 P라 하고 삼각형 PAB에서 사인법칙을 적용하자.

그림과 같이 원 위에 두 점 A, B가 아닌 점 P에 대하여 ∠APB$=1$이므로 사인법칙에 의하여

<실수> 한 원에서 같은 호에 대한 원주각의 크기는 중심각의 크기의 $\dfrac{1}{2}$이야.

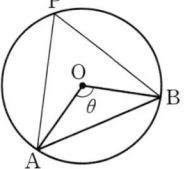

$\dfrac{\overline{AB}}{\sin 1}=2R$
$=2\times 10$
$=20$
$\dfrac{a}{\sin A}=\dfrac{b}{\sin B}=\dfrac{c}{\sin C}=2R$
$\therefore \overline{AB}=20\sin 1$

☆ 사인법칙과 삼각형의 외접원　　　　개념·공식

삼각형 ABC의 외접원의 반지름의 길이를 R라 하면 삼각형의 세 변의 길이와 세 각 사이에는 다음과 같은 관계가 성립한다.

$\dfrac{a}{\sin A}=\dfrac{b}{\sin B}=\dfrac{c}{\sin C}=2R$

F 32 정답 192 ＊사인법칙과 삼각형의 외접원 ⋯⋯ [정답률 78%]

[정답 공식: 사인법칙 $\dfrac{a}{\sin A}=2R$를 이용한다.]

두 원 C_1, C_2가 그림과 같이 두 점 A, B에서 만난다. 선분 AB의 길이는 12이고, 그에 대한 원주각의 크기는 각각 $60°$, $30°$이다. 두 원 C_1, C_2의 반지름의 길이를 각각 R_1, R_2라고 할 때, $R_1{}^2+R_2{}^2$의 값을 구하시오. (4점) <단서> 두 원의 공통현이 선분 AB이므로 사인법칙을 적용할 수 있어.

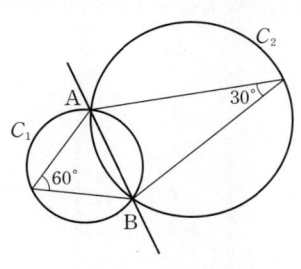

1st 두 원 C_1, C_2의 반지름의 길이를 각각 R_1, R_2이므로 사인법칙 $\dfrac{c}{\sin C}=2R$를 이용하자.

주어진 그림에서 공통현 AB를 한 변으로 하는 두 삼각형에 대하여 각각 사인법칙을 적용하면

원 C_1에서 $\dfrac{\overline{AB}}{\sin 60°}=\dfrac{12}{\dfrac{\sqrt{3}}{2}}=2R_1$이므로 $R_1=4\sqrt{3}$

$\dfrac{12}{\dfrac{\sqrt{3}}{2}}=2R_1$에서 $\sqrt{3}R_1=12$

원 C_2에서 $\dfrac{\overline{AB}}{\sin 30°}=\dfrac{12}{\dfrac{1}{2}}=2R_2$이므로 $R_2=12$　　$\therefore R_1=\dfrac{12}{\sqrt{3}}=4\sqrt{3}$

$\therefore R_1{}^2+R_2{}^2=(4\sqrt{3})^2+12^2$
$=192$

🔖 다른 풀이: 코사인법칙과 원주각의 크기는 중심각의 크기의 2배임을 이용하여 값 구하기

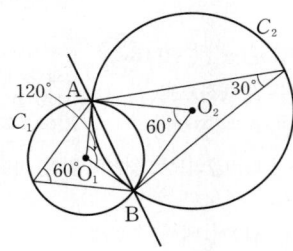

두 원 C_1, C_2의 중심을 각각 O_1, O_2라 하면 원주각의 성질에 의하여
$\angle AO_1B=120°$, $\angle AO_2B=60°$
∠AO₁B$=2\times 60°=120°$　∠AO₂B$=2\times 30°=60°$
이때, 두 원 C_1, C_2의 반지름의 길이가 각각 R_1, R_2이므로
$\overline{AO_1}=\overline{O_1B}=R_1$,
$\overline{AO_2}=\overline{O_2B}=R_2$
삼각형 AO_1B에서 코사인법칙에 의하여

<주의> 삼각형의 세 변의 길이와 삼각형의 한 각 중에 모르는 한 값을 구할 때 코사인법칙을 사용해.

$12^2=R_1{}^2+R_1{}^2-2\times R_1\times R_1\times\cos 120°$
$a^2=b^2+c^2-2bc\cos A$
$144=3R_1{}^2$
$\therefore R_1{}^2=48$
마찬가지로 삼각형 AO_2B에서 코사인법칙에 의하여
$12^2=R_2{}^2+R_2{}^2-2\times R_2\times R_2\times\cos 60°$에서
$R_2{}^2=144$
$\therefore R_1{}^2+R_2{}^2=192$

F 33 정답 192 *사인법칙과 삼각형의 외접원 ──── [정답률 37%]

정답 공식: 삼각형 ABC의 외접원의 반지름의 길이를 R라 하면
$\dfrac{a}{\sin A}=\dfrac{b}{\sin B}=\dfrac{c}{\sin C}=2R$이다.

그림과 같이 반지름의 길이가 6인 원에 내접하는 사각형 ABCD에 대하여 $\overline{AB}=\overline{CD}=3\sqrt{3}$, $\overline{BD}=8\sqrt{2}$일 때, 사각형 ABCD의 넓이를 S라 하자. $\dfrac{S^2}{13}$의 값을 구하시오. (4점)

단서 사각형의 외접원의 반지름의 길이가 주어져 있으므로 대각선을 그어 삼각형의 외접원의 반지름의 길이가 주어진 것으로 사인법칙과 연결해보자.

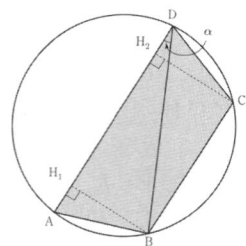

1st 삼각형의 외접원의 반지름의 길이가 주어졌으므로 사인법칙을 이용하여 변과 각에 대한 식으로 바꾸어 생각하자.

삼각형 ABD에서 $\angle ADB=\alpha$라 할 때,
삼각형 ABD의 외접원의 반지름의 길이가 6이므로
$\dfrac{\overline{AB}}{\sin \alpha}=2\times 6$

[사인법칙] 삼각형 ABC의 외접원의 반지름의 길이를 R라 하면 $\dfrac{a}{\sin A}=\dfrac{b}{\sin B}=\dfrac{c}{\sin C}=2R$

$\sin \alpha=\dfrac{3\sqrt{3}}{12}=\dfrac{\sqrt{3}}{4}$이므로

$\cos \alpha=\sqrt{1-\sin^2 \alpha}=\sqrt{1-\left(\dfrac{\sqrt{3}}{4}\right)^2}$

$\sin \theta$의 값이나 $\cos \theta$의 값 중 하나만 알고 있으면 $\sin^2 \theta+\cos^2 \theta=1$을 이용하면 나머지 삼각비를 구할 수 있어.

$=\sqrt{1-\dfrac{3}{16}}=\sqrt{\dfrac{13}{16}}$

$=\dfrac{\sqrt{13}}{4}$

$\overline{AB}=\overline{CD}$이므로 $\angle ADB=\angle CBD$
선분 AD와 선분 BC는 평행하므로
사각형 ABCD는 등변사다리꼴이다.

한 호에서 현의 길이가 같으면 중심각의 크기가 같아. 결국 두 선분 AD와 BC는 엇각이 같게 되므로 평행하게 되는 거야.

2nd 사각형 ABCD는 사다리꼴이므로 윗변의 길이, 아랫변의 길이, 높이를 구하여 넓이를 구하자.

두 점 B, C에서 선분 AD에 내린 수선의 발을 각각 H_1, H_2라 할 때,
$\overline{DH_1}=\overline{BD}\cos \alpha$
$=8\sqrt{2}\times\dfrac{\sqrt{13}}{4}=2\sqrt{26}$

$\overline{BH_1}=\overline{BD}\sin \alpha=8\sqrt{2}\times\dfrac{\sqrt{3}}{4}=2\sqrt{6}$

사각형 ABCD의 넓이 S를 구하면
직각삼각형 BDH_1에서 삼각함수의 정의에 의해 $\cos \alpha=\dfrac{\overline{DH_1}}{\overline{BD}}$, $\sin \alpha=\dfrac{\overline{BH_1}}{\overline{BD}}$ $\therefore \overline{DH_1}=\overline{BD}\cos \alpha$, $\overline{BH_1}=\overline{BD}\sin \alpha$

$S=\dfrac{1}{2}\times(\overline{AD}+\overline{BC})\times\overline{BH_1}$
$=\dfrac{1}{2}\times\{(\overline{DH_1}+\overline{AH_1})+(\overline{DH_1}-\overline{DH_2})\}\times\overline{BH_1}$
$=\overline{DH_1}\times\overline{BH_1}$ $(\because \overline{AH_1}=\overline{DH_2})$
$=2\sqrt{26}\times 2\sqrt{6}$
$=8\sqrt{39}$

$\therefore \dfrac{S^2}{13}=\dfrac{(8\sqrt{39})^2}{13}=\dfrac{64\times 39}{13}=192$

F 34 정답 ⑤ *사인법칙과 삼각형의 외접원 ──── [정답률 46%]

정답 공식: 원에 내접하는 사각형의 대각의 크기의 합은 180°이고, 사인법칙은 $\dfrac{a}{\sin A}=\dfrac{b}{\sin B}=\dfrac{c}{\sin C}=2R$이다.

단서1 $\angle C=90°$인 직각삼각형이므로 $\sin A=\dfrac{6}{10}=\dfrac{3}{5}$

그림과 같이 $\overline{AB}=10$, $\overline{BC}=6$, $\overline{CA}=8$인 삼각형 ABC와 그 삼각형의 내부에 $\overline{AP}=6$인 점 P가 있다. 점 P에서 변 AB와 변 AC에 내린 수선의 발을 각각 Q, R라 할 때, 선분 QR의 길이는? (4점)

단서2 $\angle AQP=\angle ARP=90°$이므로 네 점 A, Q, P, R를 지나는 원을 생각할 수 있어.
단서3 삼각형 AQR에서 사인법칙을 적용할 수 있어.

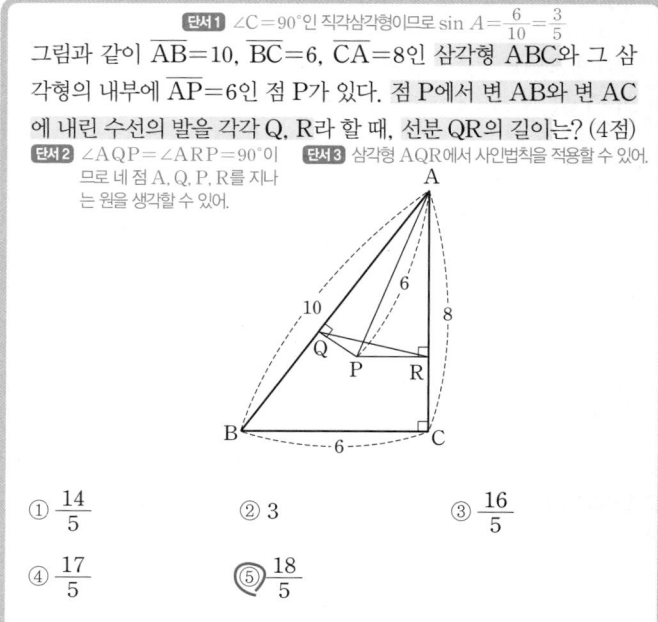

① $\dfrac{14}{5}$ ② 3 ③ $\dfrac{16}{5}$

④ $\dfrac{17}{5}$ ⑤ $\dfrac{18}{5}$

1st 네 점 A, Q, P, R을 지나는 원을 생각하자.

$\overline{AQ}\perp\overline{PQ}$, $\overline{AR}\perp\overline{PR}$이므로 그림과 같이 네 점 A, Q, P, R는 한 원 위의 점이다. 따라서 선분 AP는 삼각형 AQR의 외접원의 지름이 된다.
원에 내접하는 사각형의 대각의 크기의 합은 180°야.

실수 원 안의 삼각형이 직각삼각형이 되는 경우는 그 원이 삼각형의 외접원이라는 뜻이야.

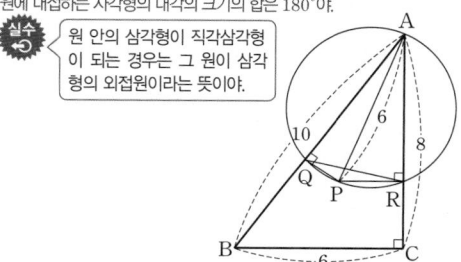

2nd 삼각형 AQR에서 사인법칙을 적용하자.

삼각형 AQR에서 사인법칙을 이용하면
$\dfrac{\overline{QR}}{\sin A}=2R=\overline{AP}=6$이므로 $\overline{QR}=6\sin A$
$\dfrac{a}{\sin A}=\dfrac{b}{\sin B}=\dfrac{c}{\sin C}=2R$

삼각형 ABC는 직각삼각형이므로 $\sin A=\dfrac{6}{10}=\dfrac{3}{5}$

$\therefore \overline{QR}=6\sin A=6\times\dfrac{3}{5}=\dfrac{18}{5}$

🌸 **사인법칙의 적용** 개념·공식

① 한 변의 길이와 그 양 끝각의 크기를 알 때, 다른 변의 길이를 구하는 경우
② 두 변의 길이와 그 끼인각이 아닌 한 각의 크기를 알 때, 다른 각의 크기를 구하는 경우
③ 외접원의 반지름의 길이를 구하는 경우

F 35 정답 ① *사인법칙과 삼각형의 외접원 ──── [정답률 72%]

정답 공식: 삼각형 ABC의 외접원의 반지름의 길이를 R라 하면 $\dfrac{a}{\sin A}=\dfrac{b}{\sin B}=\dfrac{c}{\sin C}=2R$가 성립한다.

그림과 같이 $\angle ABC=\dfrac{\pi}{2}$인 삼각형 ABC에 내접하고 반지름의 길이가 3인 원의 중심을 O라 하자. 직선 AO가 선분 BC와 만나는 점을 D라 할 때, $\overline{DB}=4$이다. 삼각형 ADC의 외접원의 넓이는? (4점)

단서 원의 넓이를 구하려면 반지름의 길이만 알면 되지? 따라서 삼각형 ADC에서 사인법칙을 이용하여 외접원의 반지름의 길이를 구해.

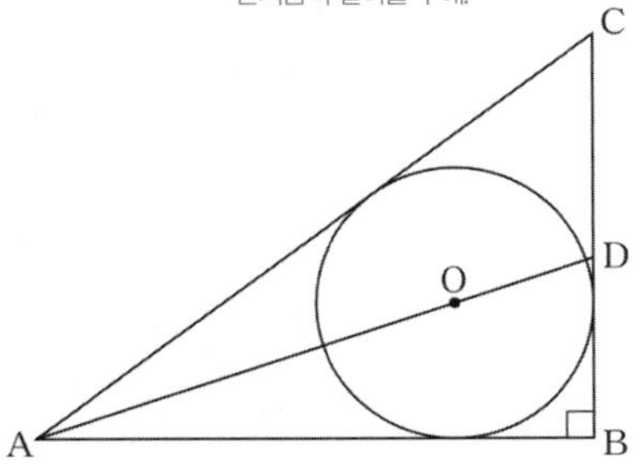

① $\dfrac{125}{2}\pi$ ② 63π ③ $\dfrac{127}{2}\pi$

④ 64π ⑤ $\dfrac{129}{2}\pi$

1st ∠CAD에 대한 sin값을 구해.

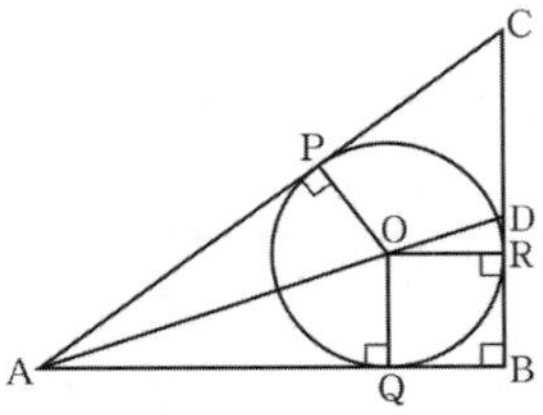

그림과 같이 삼각형 ABC와 내접원의 접점을 각각 P, Q, R라 하면 내접원의 반지름의 길이가 3이므로 $\overline{OR}=\overline{RB}=\overline{QB}=\overline{OQ}=3$이다.
∴ $\overline{DR}=\overline{BD}-\overline{RB}=4-3=1$
따라서 직각삼각형 DOR에서 피타고라스 정리에 의하여
$\overline{OD}=\sqrt{\overline{OR}^2+\overline{DR}^2}=\sqrt{3^2+1^2}=\sqrt{10}$
이때, $\angle DOR=\theta$라 하면 직각삼각형 DOR에서
$\sin\theta=\dfrac{1}{\sqrt{10}}=\dfrac{\sqrt{10}}{10}$
한편, 두 선분 AB, OR는 서로 평행하고 두 삼각형 OAQ, OAP는 서로 합동이므로
두 삼각형 OAQ, OAP에서 $\overline{OQ}=\overline{OP}$ (반지름), $\overline{OA}$는 공통, $\overline{AQ}=\overline{AP}$이므로 두 삼각형은 SSS 합동이야.
$\angle OAP=\angle OAQ=\underline{\angle DOR}=\theta$
→ ∠DOR, ∠OAQ는 동위각이야.
∴ $\sin(\angle OAP)=\sin(\angle CAD)=\sin\theta=\dfrac{\sqrt{10}}{10}$

2nd 선분 CD의 길이를 구해.

두 삼각형 ORD, ABD는 서로 닮음이므로 $\overline{OR}:\overline{DR}=\overline{AB}:\overline{DB}$에서 $3:1=\overline{AB}:4$ ∴ $\overline{AB}=12$
원 밖의 한 점에서 원에 그은 두 접선의 길이는 서로 같아.
따라서 $\overline{AP}=\overline{AQ}=\overline{AB}-\overline{QB}=12-3=9$이므로
$\overline{CR}=\overline{CP}=x$라 하면 직각삼각형 ABC에서 피타고라스 정리에 의하여
$\overline{AB}^2+\overline{BC}^2=\overline{AC}^2$에서
$\overline{AB}^2+(\overline{BR}+\overline{CR})^2=(\overline{AP}+\overline{CP})^2$, $12^2+(3+x)^2=(9+x)^2$
$144+9+6x+x^2=81+18x+x^2$, $12x=72$ ∴ $x=6$
따라서 $\overline{CR}=6$이므로 $\overline{CD}=\overline{CR}-\overline{DR}=6-1=5$

3rd 삼각형 ADC의 외접원의 넓이를 구해.

삼각형 ADC의 외접원의 반지름의 길이를 R라 하면 사인법칙에 의하여 $\dfrac{\overline{CD}}{\sin\theta}=2R$

∴ $R=\dfrac{\overline{CD}}{2\sin\theta}=\dfrac{5}{2\times\dfrac{\sqrt{10}}{10}}=\dfrac{25}{\sqrt{10}}$

따라서 삼각형 ADC의 외접원의 넓이를 S라 하면

$S=\pi R^2=\pi\times\left(\dfrac{25}{\sqrt{10}}\right)^2=\dfrac{125}{2}\pi$

다른 풀이: 각의 이등분선의 길이의 비를 이용하여 선분 CD의 길이를 구하여 넓이 구하기

$\overline{AB}=12$, $\overline{BD}=4$, $\overline{AP}=9$, $\overline{DR}=1$이고 선분 AD가 ∠CAB의 이등분선이므로 $\overline{CR}=\overline{CP}=x$라 하면 $\overline{AB}:\overline{AC}=\overline{BD}:\overline{CD}$에서
$12:(9+x)=4:(x-1)$
그림과 같이 선분 AD가 ∠BAC의 이등분선이면 $a:b=c:d$가 성립해. 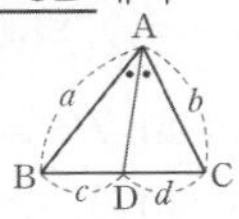
$4(9+x)=12(x-1)$, $8x=48$
∴ $x=6$
따라서 $\overline{CR}=6$이므로 $\overline{CD}=\overline{CR}-\overline{DR}=6-1=5$

F 36 정답 ⑤ *사인법칙의 활용 ──── [정답률 93%]

정답 공식: $\sin A:\sin B:\sin C=\dfrac{a}{2R}=\dfrac{b}{2R}=\dfrac{c}{2R}=a:b:c$임을 이용한다.

오른쪽 그림과 같이 $\overline{AB}=2$, $\overline{BC}=3$, $\overline{CA}=4$인 △ABC에서 $\dfrac{\sin B}{\sin A}$의 값은? (2점)

단서2 사인법칙으로 이 값을 구할 수 있지?
단서1 삼각형의 세 변의 길이가 주어졌으므로 세 변의 길이의 비를 이용하며 세 각에 대한 sin의 값에 대한 비를 알 수 있어.

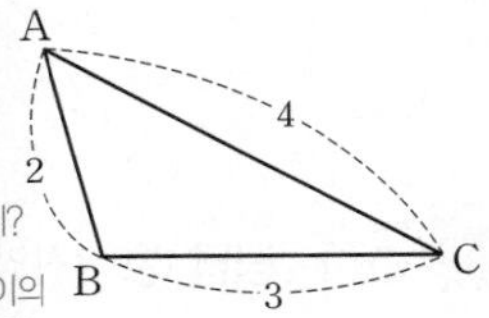

① $\dfrac{1}{2}$ ② $\dfrac{2}{3}$ ③ $\dfrac{3}{2}$

④ $\dfrac{3}{4}$ ⑤ $\dfrac{4}{3}$

1st 사인법칙을 이용해.

사인법칙에 의하여
사인법칙에 의하여 $\sin A:\sin B:\sin C=\dfrac{a}{2R}:\dfrac{b}{2R}:\dfrac{c}{2R}=a:b:c$
$\overline{BC}:\overline{CA}:\overline{AB}=3:4:2=\sin A:\sin B:\sin C$
양수 k에 대하여 $\sin A=3k$, $\sin B=4k$, $\sin C=2k$라 하면
$\dfrac{\sin B}{\sin A}=\dfrac{4k}{3k}=\dfrac{4}{3}$

다른 풀이: 각 A, B에 대하여 사인법칙을 이용한 식을 세우고 값 구하기

사인법칙에서 $\dfrac{a}{\sin A}=\dfrac{b}{\sin B}$이므로 $\dfrac{3}{\sin A}=\dfrac{4}{\sin B}$
∴ $\dfrac{\sin B}{\sin A}=\dfrac{4}{3}$ $\dfrac{a}{\sin A}=\dfrac{b}{\sin B}=\dfrac{c}{\sin C}=2R$

⚙ **사인법칙의 활용**   개념·공식

① $a:b:c=\sin A:\sin B:\sin C$

② $\sin A=\dfrac{a}{2R}$, $\sin B=\dfrac{b}{2R}$, $\sin C=\dfrac{c}{2R}$

③ $a=2R\sin A$, $b=2R\sin B$, $c=2R\sin C$

F 37 정답 ⑤ *사인법칙의 활용 ─────────── [정답률 82%]

(정답 공식: 사인법칙에 의하여 $a : b : c = \sin A : \sin B : \sin C$가 성립한다.)

△ABC에서 $6 \sin A = 2\sqrt{3} \sin B = 3 \sin C$가 성립할 때, ∠A의 크기는? (3점) **단서** 이 조건에서 삼각형의 변의 길이의 비를 찾을 수 있어.

① 120° ② 90° ③ 60°
④ 45° ⑤ 30°

1st 각과 변 사이의 관계를 사인법칙으로 구하자.

사인법칙 $\dfrac{a}{\sin A} = \dfrac{b}{\sin B} = \dfrac{c}{\sin C} = 2R$에서

$\sin A = \dfrac{a}{2R}$, $\sin B = \dfrac{b}{2R}$, $\sin C = \dfrac{c}{2R}$이므로

$\sin A : \sin B : \sin C = a : b : c$ ⋯ ㉠

이때, $6 \sin A = 2\sqrt{3} \sin B = 3 \sin C = k$(단, $k \neq 0$인 실수)라 하면

$\sin A = \dfrac{k}{6}$, $\sin B = \dfrac{k}{2\sqrt{3}}$, $\sin C = \dfrac{k}{3}$이므로

㉠에 의하여

$a : b : c = \dfrac{k}{6} : \dfrac{k}{2\sqrt{3}} : \dfrac{k}{3}$

$= 1 : \sqrt{3} : 2$ ─ 세 변의 길이의 비가 $1 : \sqrt{3} : 2$인 삼각형의 세 내각의 크기는 각각 30°, 60°, 90°

따라서 삼각형 ABC는 ∠C=90°인 직각삼각형으로 ∠A=30°이다.

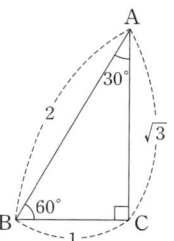

F 38 정답 ③ *사인법칙의 활용 ─────────── [정답률 83%]

[정답 공식: 세 변의 길이 a, b, c를 각각 양수 k에 대한 식으로 나타내고, $a : b : c = \sin A : \sin B : \sin C$임을 이용한다.]

삼각형 ABC에서 $\overline{BC} = a$, $\overline{CA} = b$, $\overline{AB} = c$일 때,
$(a+b) : (b+c) : (c+a) = 7 : 9 : 10$

이 성립한다. $\sin A : \sin B : \sin C$는? (3점) **단서** 삼각형의 세 내각의 크기에 대한 사인 값의 비는 세 변의 길이의 비와 같으니까 주어진 비례식으로 세 변의 길이의 비를 구해.

① 3 : 4 : 2 ② 3 : 4 : 5
③ 4 : 3 : 6 ④ 5 : 3 : 6
⑤ 6 : 5 : 4

1st a, b, c를 양수 k에 대하여 나타내자.

$(a+b) : (b+c) : (c+a) = 7 : 9 : 10$이므로 양수 k에 대하여

$a+b=7k$, $b+c=9k$, $c+a=10k$ ⋯ ㉠라 하고

세 식을 더하면

$2a+2b+2c=26k$

∴ $a+b+c=13k$ ⋯ ㉡

㉡에서 ㉠의 식을 각각 빼면

$a=4k$, $b=3k$, $c=6k$

2nd $\sin A : \sin B : \sin C$를 구해.

따라서 사인법칙에 의하여

$\sin A : \sin B : \sin C = a : b : c = 4 : 3 : 6$
삼각형에서 내각의 크기에 대한
사인 값의 비는 변의 길이의 비와 같아.

F 39 정답 ③ *사인법칙의 활용 ─────────── [정답률 79%]

[정답 공식: a, b, c를 각각 양수 k에 대한 식으로 나타내고, 사인법칙에 의해 $a : b : c = \sin A : \sin B : \sin C$임을 이용한다.]

삼각형 ABC에서 $ab : bc : ca = 6 : 8 : 9$일 때, $\dfrac{\sin A + \sin B}{\sin C}$의 값은? (3점) **단서** $\sin A$, $\sin B$, $\sin C$를 a, b, c로 나타내며 계산해.

① $\dfrac{13}{10}$ ② $\dfrac{15}{11}$ ③ $\dfrac{17}{12}$ ④ $\dfrac{19}{13}$ ⑤ $\dfrac{19}{15}$

1st 비례식을 이용하여 a, b, c를 각각 양수 k에 대한 식으로 나타내자.

$ab : bc : ca = 6 : 8 : 9$이므로 양수 k에 대하여

$ab = 6k^2$ ⋯ ㉠, $bc = 8k^2$ ⋯ ㉡, $ca = 9k^2$ ⋯ ㉢이라 하면

㉠×㉡×㉢에서 $(abc)^2 = 432k^6$

∴ $abc = 12\sqrt{3}k^3$ ⋯ ㉣

㉣÷㉡에서 $a = \dfrac{3\sqrt{3}}{2}k$, ㉣÷㉢에서 $b = \dfrac{4\sqrt{3}}{3}k$

㉣÷㉠에서 $c = 2\sqrt{3}k$이다.

2nd $\dfrac{\sin A + \sin B}{\sin C}$의 값을 구해.

삼각형 ABC의 외접원의 반지름의 길이를 R라 하면
$\sin A = \dfrac{a}{2R}$, $\sin B = \dfrac{b}{2R}$, $\sin C = \dfrac{c}{2R}$이므로

$\sin A : \sin B : \sin C = \dfrac{a}{2R} : \dfrac{b}{2R} : \dfrac{c}{2R} = a : b : c$

이때, 사인법칙에 의하여 $\sin A : \sin B : \sin C = a : b : c$이므로

$\dfrac{\sin A + \sin B}{\sin C} = \dfrac{a+b}{c} = \dfrac{\dfrac{3\sqrt{3}}{2}k + \dfrac{4\sqrt{3}}{3}k}{2\sqrt{3}k} = \dfrac{17}{12}$

F 40 정답 ⑤ *사인법칙의 활용 ─────────── [정답률 47%]

[정답 공식: 사인법칙 $\dfrac{a}{\sin A} = \dfrac{b}{\sin B}$를 이용한다.]

삼각형 ABC에서 $\overline{AB} = 2\sqrt{6}$, ∠A=75°, ∠B=45°일 때, 선분 BC 위로 움직이는 점 P에 대하여 $\dfrac{\overline{CP}}{\sin (\angle CAP)}$의 최솟값은? (4점) **단서** 삼각형 APC에서 사인법칙을 이용하여 이 값과 같은 값을 가지는 것을 구해서 생각해.

① $\sqrt{2}$ ② $\sqrt{3}$ ③ 2 ④ $\sqrt{6}$ ⑤ 4

1st $\dfrac{\overline{CP}}{\sin (\angle CAP)}$의 값이 언제 최솟값을 갖는지 파악해.

$C=60°$이므로 삼각형 APC에서 사인법칙에 의하여
─ 삼각형 ABC에서 $C=180°-(A+B)$ $=180°-(75°+45°)=60°$

$\dfrac{\overline{CP}}{\sin (\angle CAP)} = \dfrac{\overline{AP}}{\sin 60°}$

즉, $\dfrac{\overline{CP}}{\sin (\angle CAP)}$는 선분 AP의 길이가 최소일 때 최솟값을 갖는다.

2nd $\dfrac{\overline{CP}}{\sin (\angle CAP)}$의 최솟값을 구하자.
─ 점 A와 선분 BC 사이의 거리야.

선분 AP의 길이가 최소인 경우는 점 A에서 선분 BC에 내린 수선의 발이 P인 경우이고 이때의 삼각형 ABP는 $\overline{BP} = \overline{AP}$인 직각이등변삼각형이므로 피타고라스 정리에 의하여
─ ∠PBA=∠PAB =45°

$\overline{BP}^2 + \overline{AP}^2 = \overline{AB}^2$에서
$2\overline{AP}^2 = 24$, $\overline{AP}^2 = 12$
∴ $\overline{AP} = 2\sqrt{3}$

주의 길이의 최솟값을 구하는 문제는 최단 거리를 구하는 문제와 같다고 볼 수 있어.

따라서 $\dfrac{\overline{CP}}{\sin (\angle CAP)} = \dfrac{\overline{AP}}{\sin 60°} \geq \dfrac{2\sqrt{3}}{\sin 60°} = 4$이므로 $\dfrac{\overline{CP}}{\sin (\angle CAP)}$의 최솟값은 4이다.

314 자이스토리 고2 수학Ⅰ

정답 공식: 외접원의 반지름의 길이가 R인 삼각형 ABC에서 사인법칙 $\dfrac{a}{\sin A}=\dfrac{b}{\sin B}=\dfrac{c}{\sin C}=2R$가 성립한다.

그림과 같이 중심이 O, 반지름의 길이가 1이고 중심각의 크기가 θ인 부채꼴 OAB가 있다. 호 AB의 삼등분점 중 점 A에 가까운 점을 C라 하고, 직선 OA와 직선 BC가 만나는 점을 D라 하자. 다음은 두 선분 AD, CD와 호 AC로 둘러싸인 부분의 넓이 $S(\theta)$를 구하는 과정이다. $\left(\text{단, } 0<\theta<\dfrac{3}{4}\pi\right)$

단서 두 점 O, C를 이어 보면 $\angle BOC=\dfrac{2}{3}\theta$, $\angle COA=\dfrac{\theta}{3}$

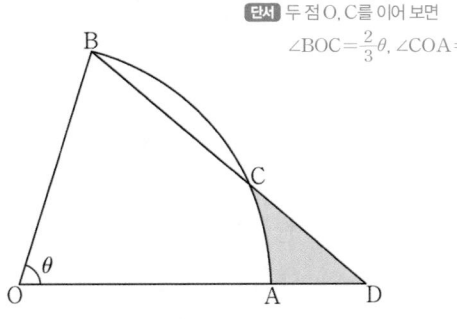

점 C가 호 AB의 삼등분점 중 점 A에 가까운 점이므로
$$\angle BOC=\boxed{\text{(가)}}$$
이다. 또한, 삼각형 BOC에서
$$\angle OBC=\angle OCB=\frac{1}{2}\left(\pi-\boxed{\text{(가)}}\right)$$
이다. 한편, 삼각형 BOD에서 사인법칙에 의하여
$$\overline{OD}=\frac{\cos\dfrac{\theta}{3}}{\boxed{\text{(나)}}}$$
이다. $S(\theta)$는 삼각형 COD의 넓이에서 부채꼴 OAC의 넓이를 뺀 값이므로
$$S(\theta)=\frac{1}{2}\times\frac{\cos\dfrac{\theta}{3}}{\boxed{\text{(나)}}}\times\sin\frac{\theta}{3}-\boxed{\text{(다)}}$$
이다.

위의 (가), (나), (다)에 알맞은 식을 각각 $f(\theta)$, $g(\theta)$, $h(\theta)$라 할 때, $\dfrac{f\left(\dfrac{\pi}{2}\right)\times g\left(\dfrac{\pi}{4}\right)}{h\left(\dfrac{\pi}{8}\right)}$의 값은? (4점)

① $8\sqrt{3}$ ② $\dfrac{17\sqrt{3}}{2}$ ③ $9\sqrt{3}$

④ $\dfrac{19\sqrt{3}}{2}$ ⑤ $10\sqrt{3}$

1st 호의 길이와 중심각의 크기는 비례해.
점 C가 호 AB의 삼등분점 중 점 A에 가까운 점이므로
$$\angle BOC=\frac{2}{3}\theta\text{이다.}$$
　→(가)
또한, 삼각형 BOC에서
→ $\overline{OB}=\overline{OC}=1$인 이등변삼각형이야.

$\angle OBC=\angle OCB$이고, $\angle OBC+\angle OCB+\dfrac{2}{3}\theta=\pi$이므로

$\angle OBC=\angle OCB=\dfrac{1}{2}\left(\pi-\dfrac{2}{3}\theta\right)$이다.

2nd 사인법칙을 이용하여 $\overline{OD}$를 나타내자.
한편, 삼각형 BOD에서
→ 삼각형 BOD에서 사인법칙을 적용하여 $\overline{OD}$를 구하려면 $\overline{OB}=1$이므로 $\dfrac{\overline{OD}}{\sin(\angle OBD)}=\dfrac{\overline{OB}}{\sin(\angle ODB)}$를 이용하면 되겠지?

$\angle O+\angle B+\angle D=\pi$이고,

$\theta+\dfrac{1}{2}\left(\pi-\dfrac{2}{3}\theta\right)+\angle D=\pi$이므로

$\angle D=\pi-\theta-\left(\dfrac{\pi}{2}-\dfrac{\theta}{3}\right)=\dfrac{\pi}{2}-\dfrac{2}{3}\theta$이다.

따라서 삼각형 BOD에서 사인법칙에 의하여

$\dfrac{\overline{OD}}{\sin\left(\dfrac{\pi}{2}-\dfrac{\theta}{3}\right)}=\dfrac{\overline{OB}}{\sin\left(\dfrac{\pi}{2}-\dfrac{2}{3}\theta\right)}$ 에서

→[사인법칙] 삼각형 ABC의 외접원의 반지름의 길이를 R라 하면 삼각형의 세 변의 길이와 세 각 사이에는 다음과 같은 관계가 성립해. $\dfrac{a}{\sin A}=\dfrac{b}{\sin B}=\dfrac{c}{\sin C}=2R$

→ $\sin\left(\dfrac{\pi}{2}-\theta\right)=\cos\theta$임을 이용하고 있어.

$\dfrac{\overline{OD}}{\cos\dfrac{\theta}{3}}=\dfrac{1}{\cos\dfrac{2}{3}\theta}$이므로

$$\overline{OD}=\frac{\cos\dfrac{\theta}{3}}{\cos\dfrac{2}{3}\theta}\text{이다.}$$
　　　　　　→(나)

3rd $S(\theta)$의 값을 구하자.

한편, 부채꼴 OAC의 넓이는 $\dfrac{1}{2}\times 1^2\times\dfrac{\theta}{3}=\dfrac{\theta}{6}$이다.
→ 반지름의 길이가 r, 중심각의 크기가 θ인 부채꼴의 넓이는 $\dfrac{1}{2}r^2\theta$

$S(\theta)$는 삼각형 COD의 넓이에서 부채꼴 OAC의 넓이를 뺀 값이므로

$$S(\theta)=\frac{1}{2}\times 1\times\frac{\cos\dfrac{\theta}{3}}{\cos\dfrac{2}{3}\theta}\times\sin\frac{\theta}{3}-\frac{\theta}{6}\text{이다.}$$
　　　　　　　　　　　　　　　　　　　　　　→(다)

4th $\dfrac{f\left(\dfrac{\pi}{2}\right)\times g\left(\dfrac{\pi}{4}\right)}{h\left(\dfrac{\pi}{8}\right)}$의 값을 구해.

$f(\theta)=\dfrac{2}{3}\theta$, $g(\theta)=\cos\dfrac{2}{3}\theta$, $h(\theta)=\dfrac{\theta}{6}$이므로

$f\left(\dfrac{\pi}{2}\right)=\dfrac{2}{3}\times\dfrac{\pi}{2}=\dfrac{\pi}{3}$, $g\left(\dfrac{\pi}{4}\right)=\cos\left(\dfrac{2}{3}\times\dfrac{\pi}{4}\right)=\cos\dfrac{\pi}{6}=\dfrac{\sqrt{3}}{2}$,

$h\left(\dfrac{\pi}{8}\right)=\dfrac{\dfrac{\pi}{8}}{6}=\dfrac{\pi}{48}$이다.

$\therefore \dfrac{f\left(\dfrac{\pi}{2}\right)\times g\left(\dfrac{\pi}{4}\right)}{h\left(\dfrac{\pi}{8}\right)}=\dfrac{\dfrac{\pi}{3}\times\dfrac{\sqrt{3}}{2}}{\dfrac{\pi}{48}}=8\sqrt{3}$

❖ **사인법칙의 활용**　　　　　　개념·공식

① $a:b:c=\sin A:\sin B:\sin C$

② $\sin A=\dfrac{a}{2R}$, $\sin B=\dfrac{b}{2R}$, $\sin C=\dfrac{c}{2R}$

③ $a=2R\sin A$, $b=2R\sin B$, $c=2R\sin C$

F 42 정답 13 *코사인법칙 ────────────── [정답률 92%]

(정답 공식: 코사인법칙 $a^2=b^2+c^2-2bc\cos A$를 이용한다.)

△ABC에서 $b=8$, $c=7$, $\angle A=120°$일 때, a의 값을 구하시오.
단서 두 변의 길이와 그 끼인각의 크기가 주어졌으니까
코사인법칙을 이용해. (3점)

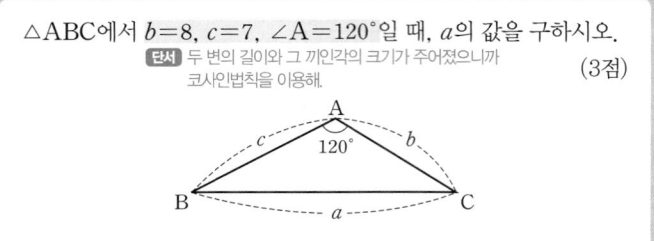

1st a의 값을 구하자. ┌→ 두 변의 길이와 끼인각의 크기가 주어졌으므로
코사인법칙을 이용하면 a의 값을 구할 수 있지?

$a^2=b^2+c^2-2bc\cos A$에서 $b=8$, $c=7$, $\angle A=120°$이므로

$a^2=8^2+7^2-2\times8\times7\times\cos120°=169$

$\therefore a=\pm13$ **실수** 길이는 항상 양수의 값을 가져야 해.

그런데 $a>0$이므로 $a=13$

F 43 정답 ② *코사인법칙 ────────────── [정답률 77%]

(정답 공식: 삼각형 ABC에 대하여 $\cos A=\dfrac{b^2+c^2-a^2}{2bc}$)

$\overline{AB}=4$, $\overline{BC}=5$, $\overline{CA}=\sqrt{11}$인 삼각형 ABC에서 $\angle ABC=\theta$라 할 때, $\cos\theta$의 값은? (3점) **단서** 삼각형의 세 변의 길이가 주어졌을 때, 세 내각의 코사인 값은 코사인법칙으로 구할 수 있어.

① $\dfrac{2}{3}$ ② $\dfrac{3}{4}$ ③ $\dfrac{4}{5}$

④ $\dfrac{5}{6}$ ⑤ $\dfrac{6}{7}$

1st 삼각형의 세 변의 길이를 이용하여 코사인 값을 구하자.

$\overline{AB}=4$, $\overline{BC}=5$, $\overline{CA}=\sqrt{11}$인 삼각형 ABC에서 $\angle ABC=\theta$이므로 코사인법칙에 의해

$\cos\theta=\dfrac{\overline{AB}^2+\overline{BC}^2-\overline{AC}^2}{2\overline{AB}\times\overline{BC}}$ ┌→ [코사인법칙]
(1) $\cos A=\dfrac{b^2+c^2-a^2}{2bc}$

$=\dfrac{16+25-11}{2\times4\times5}$ (2) $\cos B=\dfrac{a^2+c^2-b^2}{2ac}$

$=\dfrac{30}{40}$ (3) $\cos C=\dfrac{a^2+b^2-c^2}{2ab}$

$=\dfrac{3}{4}$

⚙ 코사인법칙 개념·공식

삼각형 ABC의 세 변의 길이와 세 각의 크기 사이에는 다음과 같은 관계가 성립한다.

① $a^2=b^2+c^2-2bc\cos A$
② $b^2=c^2+a^2-2ca\cos B$
③ $c^2=a^2+b^2-2ab\cos C$

F 44 정답 ④ *코사인법칙 ────────────── [정답률 80%]

(정답 공식: 삼각형 ABC에 대하여 $\overline{AB}=c$, $\overline{BC}=a$, $\overline{CA}=b$라 하면 세 변의 길이와 세 각의 크기 사이에는 다음과 같은 관계가 성립한다. $a^2=b^2+c^2-2bc\cos A$, $b^2=c^2+a^2-2ca\cos B$, $c^2=a^2+b^2-2ab\cos C$)

$\overline{AB}=3$, $\overline{BC}=6$인 삼각형 ABC가 있다. $\angle ABC=\theta$에 대하여 $\sin\theta=\dfrac{2\sqrt{14}}{9}$일 때, 선분 AC의 길이는? (단, $0<\theta<\dfrac{\pi}{2}$) (3점)

단서1 두 변의 길이와 그 끼인각의 정보를 알고 있으니 코사인법칙을 적용하여 나머지 한 변의 길이를 구할 수 있어.

단서2 $0<\theta<\dfrac{\pi}{2}$이므로 코사인 값이 양수임을 알 수 있어.

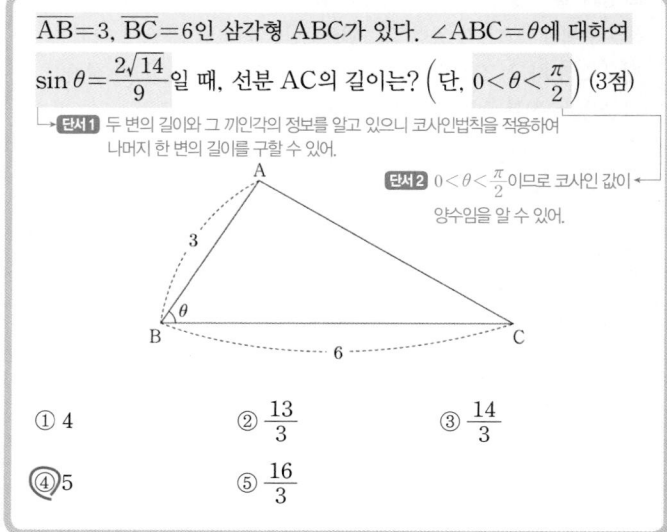

① 4   ② $\dfrac{13}{3}$ ③ $\dfrac{14}{3}$

④ 5   ⑤ $\dfrac{16}{3}$

1st $\cos\theta$의 값을 구하자.

$\sin\theta=\dfrac{2\sqrt{14}}{9}$이고, $\sin^2\theta+\cos^2\theta=1$이므로
└→ $\sin$값과 θ의 값의 범위가 주어졌으니 $\sin^2\theta+\cos^2\theta=1$을 이용하면 $\cos\theta$의 값을 구할 수 있어.

$\cos\theta=\sqrt{1-\sin^2\theta}$

$=\sqrt{1-\dfrac{56}{81}}$

$=\sqrt{\dfrac{25}{81}}=\dfrac{5}{9}$ ($\because 0<\theta<\dfrac{\pi}{2}$이므로 $\cos\theta>0$)

2nd 선분 AC의 길이를 구하자. **실수**

$\overline{AC}=x$라 하면

삼각형 ABC에서 코사인법칙에 의하여

$x^2=6^2+3^2-2\times6\times3\times\dfrac{5}{9}$

$x^2=36+9-20=25$

$\therefore \overline{AC}=x=5$

└→ 삼각형 ABC에 대하여 두 변의 길이와 그 끼인각을 알면 다른 한 변의 길이를 구할 수 있어. a, b의 길이와 사잇각 C의 크기를 알면 c의 길이는 $c^2=a^2+b^2-2ab\cos C$를 통하여 알 수 있어.

실수: 학생들이 코사인법칙에 관한 문제에서 실수하는 이유 중 하나가 $\cos\theta$의 부호를 명확하게 파악하지 못하기 때문이야. 이 문제에서도 θ의 값의 범위를 제대로 보지 못했다면 다음 2가지의 값이 나와서 길을 잃게 될거야.
$\cos\theta=\dfrac{5}{9}$ 또는 $\cos\theta=-\dfrac{5}{9}$
문제에서 주어진 조건들을 잘 파악해보면서 θ의 값의 범위를 먼저 명확히 알아야 코사인법칙을 바르게 적용할 수 있어.

⚙ 코사인법칙 개념·공식

삼각형 ABC의 세 변의 길이와 세 각의 크기 사이에는 다음과 같은 관계가 성립한다.

① $a^2=b^2+c^2-2bc\cos A$
② $b^2=c^2+a^2-2ca\cos B$
③ $c^2=a^2+b^2-2ab\cos C$

(정답 공식: 코사인법칙 $c^2=a^2+b^2-2ab\cos C$를 이용한다.)

삼각형 ABC에서 $\angle A=60°$, $\overline{AB}=6$, $\overline{AC}=4$일 때, $\overline{BC}^2$의 값을 구하시오. (2점) 단서 삼각형의 두 변의 길이와 그 끼인각의 크기가 주어졌으니까 코사인법칙을 적용해.

1st 코사인법칙을 이용하여 $\overline{BC}^2$의 값을 구하자.

코사인법칙에 의하여
$$\underset{c^2=a^2+b^2-2ab\cos C}{\overline{BC}^2}=\overline{AC}^2+\overline{AB}^2-2\times\overline{AC}\times\overline{AB}\times\cos A$$
$$=4^2+6^2-2\times4\times6\times\cos 60°$$
$$=16+36-24$$
$$=28$$

수능 핵강

* 코사인법칙을 이용하여 삼각형의 넓이 구하기

두 변의 길이와 그 끼인각의 크기를 알면 코사인법칙을 이용하여 나머지 한 변의 길이를 구할 수 있어. 같은 조건이면 삼각형의 넓이도 구할 수 있음을 기억해.

[정답 공식: 호의 길이는 $l=r\theta$, 선분 $\overline{AP}$의 길이는 삼각형 AOP에서 코사인법칙 $c^2=a^2+b^2-2ab\cos C$를 이용한다.]

그림과 같이 원 O의 지름 AB의 길이는 2이고 호 BP의 길이는 θ일 때, 선분 AP의 길이를 θ를 이용하여 나타낸 것은? (3점) 단서 삼각형 AOP에서 코사인법칙을 이용하여 선분 AP의 길이를 구해.

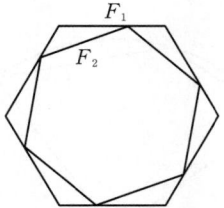

① $\sqrt{1-\cos\theta}$
② $\sqrt{2+\cos\theta}$
③ $\sqrt{2-2\cos\theta}$
④ $\sqrt{2+2\cos\theta}$
⑤ $\sqrt{2-\cos\theta}$

1st $\angle BOP$의 크기를 구해.

부채꼴 BOP에서 반지름 OB의 길이는 1이고 호 BP의 길이가 θ이므로
(호 BP의 길이)$=\overline{OB}\times\angle BOP$에서
$\theta=1\times\angle BOP$ 중심각의 크기가 호도법으로 나타내어진 부채꼴의 호의 길이는
$\therefore \angle BOP=\theta$ (반지름의 길이)×(중심각의 크기)야.

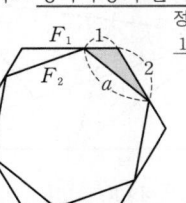

2nd 코사인법칙을 이용하여 선분 AP의 길이를 구하자.

이등변삼각형 AOP에서 $\angle AOP=\pi-\theta$이므로 코사인법칙에 의하여
$$\overline{AP}^2=\overline{OA}^2+\overline{OP}^2-2\times\overline{OA}\times\overline{OP}\times\cos(\angle AOP)$$
$$=1+1-2\cos(\pi-\theta)$$
$$=2+2\cos\theta \quad {}^{\cos(\pi-x)=-\cos x}$$
$$\therefore \overline{AP}=\sqrt{2+2\cos\theta}$$

[정답 공식: 두 변의 길이가 a, b이고 끼인각의 크기가 θ인 삼각형의 다른 한 변의 길이 c는 $c^2=a^2+b^2-2ab\cos C$이고, 두 닮은 도형의 길이의 비가 $a:b$이면 넓이의 비는 $a^2:b^2$이다.]

그림과 같이 한 변의 길이가 3인 정육각형 F_1의 각 변을 2 : 1로 내분하는 점들을 이어 정육각형 F_2를 만들었다. F_1, F_2의 넓이를 각각 S_1, S_2라 할 때, $\dfrac{S_2}{S_1}$의 값은? (3점) 단서 두 정육각형 F_1, F_2로 만들어지는 삼각형의 두 변의 길이는 각각 1, 2임을 알 수 있어.

① $\dfrac{1}{3}$　　② $\dfrac{4}{9}$　　③ $\dfrac{5}{9}$
④ $\dfrac{2}{3}$　　⑤ $\dfrac{7}{9}$

1st 코사인법칙을 이용하여 정육각형 F_2의 한 변의 길이를 구하자.

그림과 같이 정육각형 F_2의 한 변의 길이를 a라 하면
나머지 두 변의 길이는 1, 2이고 정육각형의 한 내각이 120°이므로
한 변의 길이가 3인 정육각형의 각 변을 2 : 1로 내분하였으므로 두 변의 길이는
각각 $3\times\dfrac{2}{3}=2$, $3\times\dfrac{1}{3}=1$이 되지? 정n각형의 한 내각의 크기는 $\dfrac{180°\times(n-2)}{n}$야.

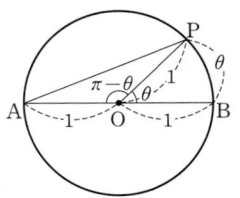

어두운 부분의 삼각형에서 코사인법칙을 이용하면
$a^2=2^2+1^2-2\times2\times1\times\cos 120°=7$ 두 변의 길이와 끼인각의 크기를 이용하여 코사인법칙을 적용할 수 있어.
$\cos 120°=-\dfrac{1}{2}$
$\therefore a=\sqrt{7}$

2nd 닮은 도형에서 길이의 비가 $a:b$이면 넓이의 비는 $a^2:b^2$임을 이용해.

두 정육각형 F_1, F_2는 닮은 도형이고 한 변의 길이의 비가 $3:\sqrt{7}$이므로 넓이의 비는 9 : 7이다. 두 닮은 도형의 길이의 비가 $a:b$이면 넓이의 비는 $a^2:b^2$야.

$\therefore \dfrac{S_2}{S_1}=\dfrac{7}{9}$ 실수 길이의 비의 제곱이 넓이의 비가 됨에 유의하고 넓이의 비가 9 : 7이므로 $S_1=9k$, $S_2=7k$라 놓고 풀어야 해.

다른 풀이: **한 변의 길이가 a인 정삼각형의 넓이 $\dfrac{\sqrt{3}}{4}a^2$을 이용하여 값 구하기**

정육각형 F_2의 한 변의 길이를 a라 하면 코사인법칙에 의하여
$a^2=2^2+1^2-2\times2\times1\times\cos 120°=7$
$\therefore a=\sqrt{7}$

$\therefore \dfrac{S_2}{S_1}=\dfrac{\dfrac{\sqrt{3}}{4}\times\sqrt{7}^2\times6}{\dfrac{\sqrt{3}}{4}\times3^2\times6}=\dfrac{7}{9}$ → 정육각형은 정삼각형 6개로 만들 수 있지?
한 변의 길이가 a인 정삼각형의 넓이 S는 $S=\dfrac{\sqrt{3}}{4}a^2$

(정답 공식: 삼각형 ABC에서 코사인법칙 $a^2=b^2+c^2-2bc\cos A$가 성립한다.)

그림과 같이 중심이 O이고 길이가 2인 선분 AB를 지름으로 하는 반원이 있다. 호 AB 위의 세 점 C, D, E가 ━━ 단서1 선분의 길이의 비가 주어졌으니까 삼각형 DCE에서 코사인법칙을 이용하면 선분 BE의 길이를 구할 수 있어.

$$\overline{DE}=\overline{EB},\ \overline{CD}:\overline{DE}=1:\sqrt{2},\ \angle COE=\frac{\pi}{2}$$

를 만족시킨다. $\cos(\angle OBE)$의 값은?

단서2 삼각형 OBE에서 코사인법칙을 이용하거나 ∠OBE를 한 내각으로 하는 직각삼각형을 찾아 코사인값을 구하면 돼.

(단, 점 D는 점 B가 아니다.) (4점)

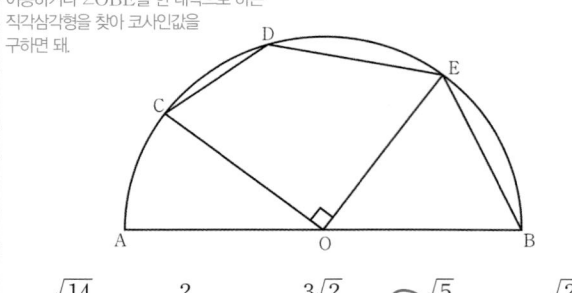

① $\dfrac{\sqrt{14}}{10}$ ② $\dfrac{2}{5}$ ③ $\dfrac{3\sqrt{2}}{10}$ ④ $\dfrac{\sqrt{5}}{5}$ ⑤ $\dfrac{\sqrt{22}}{10}$

1st 코사인법칙을 이용하여 선분 BE의 길이를 구해.

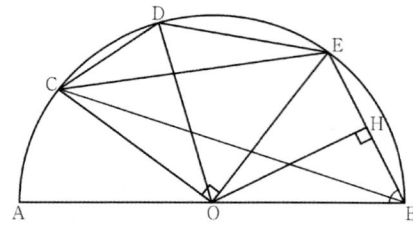

직각이등변삼각형 COE에서 $\overline{OC}=\overline{OE}=1$이므로 $\overline{CE}=\sqrt{2}$
 └ $\overline{OC}:\overline{OE}:\overline{CE}=1:1:\sqrt{2}$

이때, ∠CBE는 호 CE에 대한 원주각이므로

$$\angle CBE=\frac{1}{2}\angle COE=\frac{1}{2}\times\frac{\pi}{2}=\frac{\pi}{4}$$
한 호에 대한 원주각의 크기는 그 호에 대한 중심각의 크기의 $\frac{1}{2}$이야.

또한, 사각형 CBED는 원에 내접하는 사각형이므로

$$\angle CDE+\angle CBE=\pi$$에서 $\angle CDE+\frac{\pi}{4}=\pi$ ∴ $\angle CDE=\frac{3}{4}\pi$
원에 내접하는 사각형에서 마주보는 두 내각의 크기의 합은 π야.

한편, $\overline{CD}:\overline{DE}=1:\sqrt{2}$이므로 양수 t에 대하여 $\overline{CD}=t,\ \overline{DE}=\sqrt{2}t$라 하면 삼각형 DCE에서 코사인법칙에 의하여 $\overline{CE}^2=\overline{CD}^2+\overline{DE}^2-2\times\overline{CD}\times\overline{DE}\times\cos(\angle CDE)$에서

$$(\sqrt{2})^2=t^2+(\sqrt{2}t)^2-2\times t\times\sqrt{2}t\times\cos\frac{3}{4}\pi$$

$$2=t^2+2t^2-2\sqrt{2}t^2\times\left(-\frac{\sqrt{2}}{2}\right),\ 2=5t^2,\ t^2=\frac{2}{5}\ \therefore t=\frac{\sqrt{10}}{5}\ (\because t>0)$$

$$\therefore \overline{DE}=\sqrt{2}t=\sqrt{2}\times\frac{\sqrt{10}}{5}=\frac{2\sqrt{5}}{5}\Rightarrow\overline{BE}=\overline{DE}=\frac{2\sqrt{5}}{5}$$

2nd $\cos(\angle OBE)$의 값을 구해.

점 O에서 선분 BE에 내린 수선의 발을 H라 하면 삼각형 OBE는 $\overline{OB}=\overline{OE}$인 이등변삼각형이므로 점 H는 선분 BE의 중점이다.

즉, $\overline{BH}=\frac{1}{2}\overline{BE}=\frac{1}{2}\times\frac{2\sqrt{5}}{5}=\frac{\sqrt{5}}{5}$이므로 직각삼각형 OBH에서

$$\cos(\angle OBH)=\cos(\angle OBE)=\frac{\overline{BH}}{\overline{OB}}=\frac{\frac{\sqrt{5}}{5}}{1}=\frac{\sqrt{5}}{5}$$

🧩 다른 풀이 ❶ **삼각형 OBE에서 코사인법칙 이용하기**

위의 풀이에 의하여 $\overline{BE}=\dfrac{2\sqrt{5}}{5}$이므로 코사인법칙에 의하여

$$\cos(\angle OBE)=\frac{\overline{OB}^2+\overline{BE}^2-\overline{OE}^2}{2\times\overline{OB}\times\overline{BE}}=\frac{1^2+\left(\frac{2\sqrt{5}}{5}\right)^2-1^2}{2\times1\times\frac{2\sqrt{5}}{5}}=\frac{\sqrt{5}}{5}$$

🧩 다른 풀이 ❷ **삼각형 DCE에서 사인법칙 이용하기**

위의 풀이에 의하여 $\overline{DE}=\dfrac{2\sqrt{5}}{5}$

이때, ∠DCE$=\alpha$라 하면 $\angle DOE=2\angle DCE=2\alpha$ ← ∠DCE, ∠DOE는 각각 호 DE에 대한 원주각과 중심각이므로 ∠DOE=2∠DCE가 성립해.

또, $\overline{DE}=\overline{BE}$이므로 ∠EOB$=2\alpha$

따라서 삼각형 OBE에서 $\angle OBE=\dfrac{1}{2}(\pi-2\alpha)=\dfrac{\pi}{2}-\alpha$이므로

$$\cos(\angle OBE)=\cos\left(\frac{\pi}{2}-\alpha\right)=\sin\alpha \cdots ㉠$$

한편, 삼각형 DCE가 반지름의 길이가 1인 원에 내접하므로 사인법칙에 의하여 $\dfrac{\overline{DE}}{\sin\alpha}=2\times1$에서 $\dfrac{\frac{2\sqrt{5}}{5}}{\sin\alpha}=2$

삼각형 ABC가 반지름의 길이가 R인 원에 내접할 때 $\dfrac{a}{\sin A}=\dfrac{b}{\sin B}=\dfrac{c}{\sin C}=2R$ 가 성립하고 이를 사인법칙이라 해.

∴ $\sin\alpha=\dfrac{\sqrt{5}}{5}$

㉠에 의하여 $\cos(\angle OBE)=\sin\alpha=\dfrac{\sqrt{5}}{5}$

🧩 다른 풀이 ❸ **선분 $\overline{BE}$의 길이를 구하는 다른 방법!**

∠DOE$=\theta$라 하면 $\angle COD=\dfrac{\pi}{2}-\theta$

$\overline{CD}:\overline{DE}=1:\sqrt{2}$이므로 양수 t에 대하여 $\overline{CD}=t,\ \overline{DE}=\sqrt{2}t$라 하고 두 삼각형 DOE, COD에서 코사인법칙에 의하여

$$\cos\theta=\frac{\overline{OD}^2+\overline{OE}^2-\overline{DE}^2}{2\times\overline{OD}\times\overline{OE}}=\frac{1+1-2t^2}{2\times1\times1}=\frac{2-2t^2}{2}$$

$$\cos\left(\frac{\pi}{2}-\theta\right)=\sin\theta=\frac{\overline{OC}^2+\overline{OD}^2-\overline{CD}^2}{2\times\overline{OC}\times\overline{OD}}=\frac{1+1-t^2}{2\times1\times1}=\frac{2-t^2}{2}$$
$\cos\left(\frac{\pi}{2}\pm x\right)=\mp\sin x$ (복호동순)

이것을 만족시키는 직각삼각형은 그림과 같으므로 피타고라스 정리에 의하여 $(2-2t^2)^2+(2-t^2)^2=2^2$에서

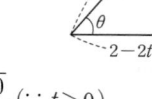

$$4-8t^2+4t^4+4-4t^2+t^4=4$$

$$5t^4-12t^2+4=0,\ (t^2-2)(5t^2-2)=0$$

$$t^2=2 \text{ 또는 } t^2=\frac{2}{5}\qquad \therefore t=\sqrt{2} \text{ 또는 } t=\frac{\sqrt{10}}{5}\ (\because t>0)$$

그런데 위의 풀이에서 $\overline{CE}=\sqrt{2}$이고 $\overline{CE}>\overline{CD}$이어야 하므로 $t=\dfrac{\sqrt{10}}{5}$이 되어야 해.

$$\therefore \overline{BE}=\overline{DE}=\sqrt{2}t=\sqrt{2}\times\frac{\sqrt{10}}{5}=\frac{2\sqrt{5}}{5}$$

⚙️ **코사인법칙** 개념·공식

삼각형 ABC의 세 변의 길이와 세 각의 크기 사이에는 다음과 같은 관계가 성립한다.
① $a^2=b^2+c^2-2bc\cos A$
② $b^2=c^2+a^2-2ca\cos B$
③ $c^2=a^2+b^2-2ab\cos C$

정답 공식: 삼각형 ABC에서 각 꼭짓점과 마주보는 변의 길이를 각각 a, b, c라 할 때 $a^2=b^2+c^2-2bc\cos A$이다.

그림과 같이 $\overline{AB}=3$, $\overline{BC}=6$인 직사각형 ABCD에서 선분 BC를 $1:5$로 내분하는 점을 E라 하자. $\angle EAC=\theta$라 할 때, $50\sin\theta\cos\theta$의 값을 구하시오. (4점)

단서 삼각형 AEC의 세 변의 길이를 알면 코사인법칙을 이용하여 $\cos\theta$의 값을 구할 수 있어.

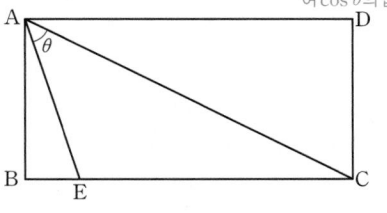

1st 세 선분 AE, AC, EC의 길이를 각각 구하자.

점 E는 선분 BC를 $1:5$로 내분하는 점이므로

$\overline{BE}=\dfrac{1}{6}\overline{BC}=\dfrac{1}{6}\times6=1$, $\overline{EC}=\dfrac{5}{6}\overline{BC}=\dfrac{5}{6}\times6=5$

직각삼각형 ABE에서 $\overline{AB}=3$, $\overline{BE}=1$이므로 피타고라스 정리에 의해

$\overline{AE}=\sqrt{3^2+1^2}=\sqrt{10}$ … ㉠

또, 직각삼각형 ADC에서 $\overline{AD}=6$, $\overline{CD}=3$이므로 피타고라스 정리에 의해

$\overline{AC}=\sqrt{6^2+3^2}=3\sqrt{5}$ … ㉡

2nd 코사인법칙을 이용하여 $\cos\theta$의 값을 구하자.

삼각형 AEC에 코사인법칙을 적용하면

$$\cos\theta=\dfrac{\overline{AC}^2+\overline{AE}^2-\overline{EC}^2}{2\times\overline{AC}\times\overline{AE}}$$

$$=\dfrac{(3\sqrt{5})^2+(\sqrt{10})^2-5^2}{2\times3\sqrt{5}\times\sqrt{10}}\,(\because ㉠, ㉡)$$

$$=\dfrac{30}{30\sqrt{2}}$$

$$=\dfrac{1}{\sqrt{2}}$$

$0<\theta<\dfrac{\pi}{2}$이므로 $\theta=\dfrac{\pi}{4}$

즉, $\sin\theta=\sin\dfrac{\pi}{4}=\dfrac{1}{\sqrt{2}}$

$\therefore 50\sin\theta\cos\theta=50\times\dfrac{1}{\sqrt{2}}\times\dfrac{1}{\sqrt{2}}=25$

다음과 같이 삼각함수 사이의 관계를 이용하여 $\sin\theta$의 값을 구할 수도 있어.

$0<\theta<\dfrac{\pi}{2}$이므로

$\sin\theta=\sqrt{1-\cos^2\theta}=\sqrt{1-\left(\dfrac{1}{\sqrt{2}}\right)^2}$
$=\dfrac{1}{\sqrt{2}}$

🔧 **톡톡 풀이:** 삼각형 AEC의 넓이를 통하여 $\sin\theta$의 값을 구하고, 삼각비의 관계를 통하여 $\cos\theta$의 값을 구한 뒤 값 구하기

삼각형 AEC의 넓이는

$\dfrac{1}{2}\times\sqrt{10}\times3\sqrt{5}\times\sin\theta=\dfrac{1}{2}\times5\times3$

$15\sqrt{2}\sin\theta=15$

$\therefore \sin\theta=\dfrac{1}{\sqrt{2}}$

$0<\theta<\dfrac{\pi}{2}$이므로 $\theta=\dfrac{\pi}{4}$

즉, $\cos\theta=\cos\dfrac{\pi}{4}=\dfrac{1}{\sqrt{2}}$

$\therefore 50\sin\theta\cos\theta=50\times\dfrac{1}{\sqrt{2}}\times\dfrac{1}{\sqrt{2}}=25$

[삼각형의 넓이]
삼각형 ABC의 넓이를 S라고 하면

$S=\dfrac{1}{2}bc\sin A$
$=\dfrac{1}{2}ac\sin B$
$=\dfrac{1}{2}ab\sin C$

(삼각형 AEC의 넓이)$=\dfrac{1}{2}\times\overline{AE}\times\overline{AC}\times\sin\theta$
$=\dfrac{1}{2}\times\overline{EC}\times\overline{AB}$

정답 공식: 삼각형 ABC에서 $a^2=b^2+c^2-2bc\cos A$가 성립하고 이를 코사인법칙이라 한다.

그림과 같이 $\overline{AB}=4$, $\overline{AC}=5$이고 $\cos(\angle BAC)=\dfrac{1}{8}$인 삼각형 ABC가 있다. 선분 AC 위의 점 D와 선분 BC 위의 점 E에 대하여

$$\angle BAC=\angle BDA=\angle BED$$

일 때, 선분 DE의 길이는? (4점)

단서1 삼각형의 두 변의 길이와 그 끼인각의 크기에 대한 코사인 값이 주어졌으니까 코사인법칙을 이용하여 나머지 한 변 BC의 길이도 구할 수 있겠지?

단서2 삼각형 ABD는 $\overline{BA}=\overline{BD}$인 이등변삼각형이야.

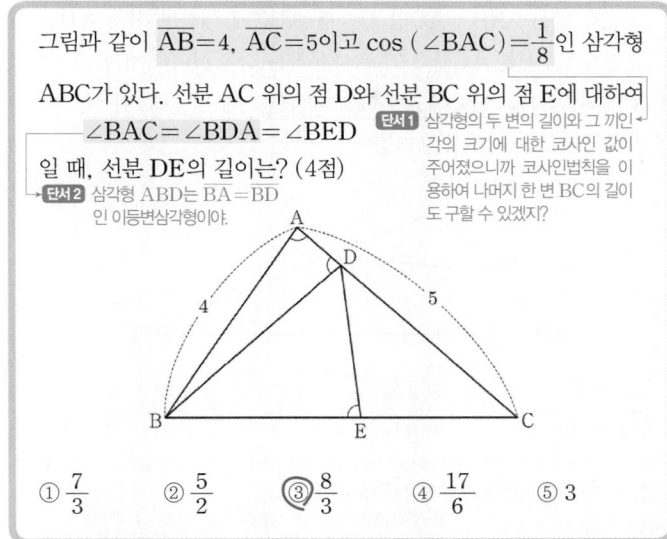

① $\dfrac{7}{3}$　② $\dfrac{5}{2}$　③ $\dfrac{8}{3}$　④ $\dfrac{17}{6}$　⑤ 3

1st 두 선분 AD, DC의 길이를 구해.

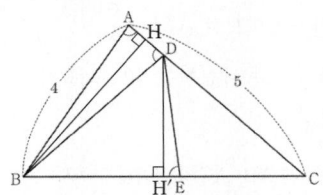

점 B에서 선분 AD에 내린 수선의 발을 H라 하면 직각삼각형 ABH에서

$\overline{AH}=\overline{AB}\times\cos(\angle BAC)=4\times\dfrac{1}{8}=\dfrac{1}{2}$ → $\dfrac{\overline{AH}}{\overline{AB}}=\cos(\angle BAC)$

이때, $\angle BAC=\angle BDA$이므로 삼각형 ABD는 $\overline{BA}=\overline{BD}=4$인 이등변삼각형이므로
이등변삼각형의 두 밑각의 크기는 서로 같아.

$\overline{AD}=2\overline{AH}=2\times\dfrac{1}{2}=1$ → 이등변삼각형 ABD의 꼭지각 B에서 밑변 AD에 내린 수선의 발 H는 밑변 AD의 길이를 이등분해.

$\therefore \overline{DC}=\overline{AC}-\overline{AD}=5-1=4$

2nd 선분 DE의 길이를 구해.

점 D에서 선분 BC에 내린 수선의 발을 H′, 선분 DE의 길이를 x라 하면 직각삼각형 DH′E에서

$\overline{DH'}=\overline{DE}\times\sin(\angle DEH')$　$\dfrac{\overline{DH'}}{\overline{DE}}=\sin(\angle DEH')$

$=x\times\sqrt{1-\left(\dfrac{1}{8}\right)^2}=\dfrac{\sqrt{63}}{8}x$ … ㉠

$\sin(\angle DEH')=\sin(\angle BAC)=\sqrt{1-\cos^2(\angle BAC)}$
$=\sqrt{1-\left(\dfrac{1}{8}\right)^2}\,(\because 0<\angle BAC<\pi)$

또, 삼각형 ABC에서 코사인법칙에 의하여

$\overline{BC}^2=\overline{AB}^2+\overline{AC}^2-2\times\overline{AB}\times\overline{AC}\times\cos(\angle BAC)$

$=4^2+5^2-2\times4\times5\times\dfrac{1}{8}=36$　$\therefore \overline{BC}=6\,(\because \overline{BC}>0)$

이때, 삼각형 DBC는 $\overline{DB}=\overline{DC}=4$인 이등변삼각형이므로

$\overline{BH'}=\dfrac{1}{2}\times\overline{BC}=\dfrac{1}{2}\times6=3$

따라서 직각삼각형 DBH′에서 피타고라스 정리에 의하여

$\overline{DH'}^2=\overline{DB}^2-\overline{BH'}^2=4^2-3^2=7$　$\therefore \overline{DH'}=\sqrt{7}\,(\because \overline{DH'}>0)$ … ㉡

㉠, ㉡에 의하여 $\dfrac{\sqrt{63}}{8}x=\sqrt{7}$, $\dfrac{\sqrt{9}}{8}x=1$　$\therefore x=\dfrac{8}{\sqrt{9}}=\dfrac{8}{3}$

$\therefore \overline{DE}=\dfrac{8}{3}$

F 51 정답 ④ *사인법칙과 코사인법칙 [정답률 52%]

(정답 공식: 삼각형 ABC의 넓이는 $\frac{1}{2} \times \overline{AB} \times \overline{AC} \times \sin A$이다.)

[단서 1] 삼각형의 길이에 대한 조건으로 삼각형 AMN에서 코사인법칙을 이용해.

그림과 같이 $2\overline{AB} = \overline{AC}$인 삼각형 ABC에 대하여 선분 AB의 중점을 M, 선분 AC를 3 : 5로 내분하는 점을 N이라 하자. $\overline{MN} = \overline{AB}$이고 삼각형 AMN의 외접원의 넓이가 16π일 때, 삼각형 ABC의 넓이는? (4점)

[단서 2] 외접원의 넓이가 주어졌으니까 반지름의 길이를 알 수 있어. 외접원의 반지름의 길이로 사인법칙을 이용해.

① $24\sqrt{3}$ ② $13\sqrt{13}$ ③ $14\sqrt{14}$
④ $15\sqrt{15}$ ⑤ 64

[1st] 각 변의 길이를 k에 대한 식으로 나타내자.

$\overline{AB} = k$라 하면 → 삼각형의 세 변의 길이의 비를 알 때, 코사인법칙의 변형을 사용하면 각의 코사인 값을 알 수 있으니 삼각형 세 변을 k로 표현해보자.
$2\overline{AB} = \overline{AC}$에서 $\overline{AC} = 2k$

점 M은 선분 AB의 중점이므로 $\overline{AM} = \dfrac{k}{2}$

점 N은 선분 AC를 3 : 5로 내분하는 점이므로
$\overline{AN} = 2k \times \dfrac{3}{8} = \dfrac{3}{4}k$

[2nd] $\sin A$의 값과 두 변 AB, AC의 길이를 구하자.

$\overline{MN} = \overline{AB} = k$이므로 삼각형 AMN에서 코사인법칙에 의하여

세 변의 길이가 각각 a, b, c인 삼각형에서 $\cos A = \frac{b^2 + c^2 - a^2}{2bc}$

$$\cos A = \frac{\left(\dfrac{k}{2}\right)^2 + \left(\dfrac{3}{4}k\right)^2 - k^2}{2 \times \dfrac{k}{2} \times \dfrac{3}{4}k} = -\frac{1}{4}$$

$\cos A$의 값이 음수이므로 각 A는 둔각이야.

주의 각 A는 삼각형의 내각이므로 $\sin A > 0$

이므로 $\sin A = \sqrt{1 - \cos^2 A} = \dfrac{\sqrt{15}}{4}$

한편, 삼각형 AMN의 외접원의 반지름의 길이를 R이라 하면 외접원의 넓이가 16π이므로 $\pi R^2 = 16\pi$에서 $R^2 = 16$ $\therefore R = 4$

따라서 삼각형 AMN에서 사인법칙에 의하여
$\dfrac{\overline{MN}}{\sin A} = 2R$에서 $\dfrac{k}{\dfrac{\sqrt{15}}{4}} = 8$ $\therefore k = 2\sqrt{15}$

$\therefore \overline{AB} = k = 2\sqrt{15}$, $\overline{AC} = 2k = 2 \times 2\sqrt{15} = 4\sqrt{15}$

[3rd] 삼각형 ABC의 넓이를 구하자.

따라서 삼각형 ABC의 넓이는

이웃한 두 변의 길이가 각각 a, b이고 그 끼인각의 크기가 θ인 삼각형의 넓이는 $\frac{1}{2}ab\sin\theta$야.

$\dfrac{1}{2} \times \overline{AB} \times \overline{AC} \times \sin A = \dfrac{1}{2} \times 2\sqrt{15} \times 4\sqrt{15} \times \dfrac{\sqrt{15}}{4} = 15\sqrt{15}$

✿ 사인법칙과 삼각형의 외접원
개념·공식

삼각형 ABC의 외접원의 반지름의 길이를 R라 하면 삼각형의 세 변의 길이와 세 각 사이에는 다음과 같은 관계가 성립한다.

$$\frac{a}{\sin A} = \frac{b}{\sin B} = \frac{c}{\sin C} = 2R$$

F 52 정답 ③ *사인법칙과 코사인법칙 [정답률 82%]

[정답 공식: 사인법칙을 이용하여 구한 세 변의 길이의 비와 코사인법칙의 변형 $\cos A = \dfrac{b^2 + c^2 - a^2}{2bc}$을 이용하여 가장 큰 각의 크기를 구한다.]

삼각형 ABC에서 $\sin A : \sin B : \sin C = 13 : 8 : 7$일 때, 삼각형 ABC의 내각 중 가장 큰 각의 크기는? (3점) **[단서]** 대변의 길이가 가장 긴 각의 크기가 가장 커.

① $60°$ ② $90°$ ③ $120°$ ④ $135°$ ⑤ $150°$

[1st] 삼각형의 세 변의 길이의 비를 구해.

삼각형 ABC의 세 변의 길이를 각각 a, b, c라 하면 사인법칙에 의하여 $\sin A : \sin B : \sin C = a : b : c$이므로
$a : b : c = 13 : 8 : 7$ 삼각형에서 내각의 크기에 대한 사인 값의 비는 변의 길이의 비와 같아.

[2nd] 가장 큰 각의 크기를 구해.

양수 k에 대하여 $a = 13k$, $b = 8k$, $c = 7k$라 하면 a가 가장 크므로 a의 대각인 A가 가장 큰 각이다.

코사인법칙에 의하여 **[실수]** 삼각형의 내각 중 가장 큰 내각의 대변의 길이가 가장 길고 가장 작은 내각의 대변의 길이가 가장 짧아.

$$\cos A = \frac{b^2 + c^2 - a^2}{2bc}$$
$$= \frac{(8k)^2 + (7k)^2 - (13k)^2}{2 \times 8k \times 7k}$$
$$= \frac{-56k^2}{112k^2}$$
$$= -\frac{1}{2}$$

따라서 삼각형 ABC의 내각 중 가장 큰 각 A의 크기는 $120°$이다.

F 53 정답 50 *사인법칙과 코사인법칙 [정답률 77%]

[정답 공식: 사인법칙 $\dfrac{a}{\sin A} = 2R$와 코사인법칙 $a^2 = b^2 + c^2 - 2bc\cos A$를 이용한다.]

[단서 1] 삼각형 ABC에서 두 변과 그 끼인각의 크기가 주어졌으므로 코사인법칙에 의하여 나머지 변의 길이도 구할 수 있어.

그림과 같이 반지름의 길이가 R인 원 O에 내접하는 삼각형 ABC가 있다.
$\overline{AB} = 5$, $\overline{AC} = 6$, $\cos A = \dfrac{3}{5}$
일 때, $16R$의 값을 구하시오. (4점) **[단서 2]** 삼각형의 외접원의 반지름의 길이는 사인법칙을 이용하여 구할 수 있어.

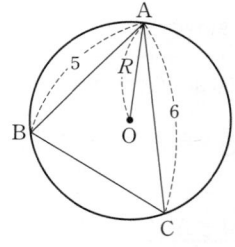

[1st] 코사인법칙을 이용하여 선분 BC의 길이를 구하자.

삼각형 ABC에서 코사인법칙에 의하여
$\overline{BC}^2 = \overline{AB}^2 + \overline{CA}^2 - 2 \times \overline{AB} \times \overline{CA} \times \cos A$
$\overline{BC}^2 = 5^2 + 6^2 - 2 \times 5 \times 6 \times \dfrac{3}{5} = 25$ $\therefore \overline{BC} = 5$

[2nd] 사인법칙을 이용하여 외접원의 반지름 R의 값을 구하자.

$\sin A = \sqrt{1 - \cos^2 A} = \dfrac{4}{5}$ **주의** $\cos^2 A + \sin^2 A = 1$을 이용해야 해.

사인법칙에 의하여 $\dfrac{a}{\sin A} = \dfrac{b}{\sin B} = \dfrac{c}{\sin C} = 2R$
$R = \dfrac{\overline{BC}}{2\sin A} = \dfrac{5}{\dfrac{8}{5}} = \dfrac{25}{8}$ $\therefore 16R = 50$

> **정답 공식:** 삼각형 ABC에서 ∠A의 이등분선이 변 $\overline{BC}$와 만나는 점을 P라 할 때, $\overline{AB}:\overline{AC}=\overline{BP}:\overline{CP}$

그림과 같이 $\overline{AB}=3$, $\overline{AC}=1$이고 ∠BAC$=\dfrac{\pi}{3}$인 삼각형 ABC가

있다. ∠BAC의 이등분선이 선분 BC와 만나는 점을 P라 할 때,

삼각형 APC의 외접원의 넓이는? (4점)
┗▶ **단서1** ∠BAC$=\dfrac{\pi}{3}$를 이용해서 삼각형 BAC에서 코사인법칙을 써 보자.

┗▶ **단서2** 각의 이등분선의 성질에서 $\overline{BP}:\overline{CP}$ 길이비를 구해봐.

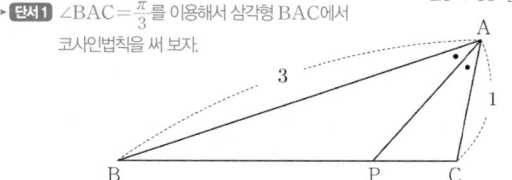

① $\dfrac{\pi}{4}$ ② $\dfrac{5}{16}\pi$ ③ $\dfrac{3}{8}\pi$

④ $\dfrac{7}{16}\pi$ ⑤ $\dfrac{\pi}{2}$

1st $\overline{BP}:\overline{CP}$를 구하자.

선분 AP가 ∠A의 이등분선이고

$\overline{AB}:\overline{AC}=3:1$이므로 $\overline{BP}:\overline{CP}=3:1$이다.

2nd $\cos\dfrac{\pi}{3}=\dfrac{1}{2}$을 이용해서 $\overline{CP}$의 값을 구하자.

$\overline{CP}=k$라 하면 $\overline{BP}=3k$이므로

삼각형 BAC에서 코사인법칙의 변형에 의하여

$$\cos(\angle BAC)=\cos\frac{\pi}{3}=\frac{3^2+1^2-(4k)^2}{2\times3\times1}$$

$$\frac{1}{2}=\frac{10-16k^2}{6},\quad 10-16k^2=3$$

$$16k^2=7$$

$$\therefore \overline{CP}=k=\sqrt{\frac{7}{16}}=\frac{\sqrt7}{4}\quad(k>0)$$

3rd 삼각형 APC의 외접원의 반지름과 넓이를 구하자.
┗▶ 외접원의 반지름과 한 내각이 주어진 경우 사인법칙을 쓰도록 하자.

삼각형 APC의 외접원의 반지름의 길이를 R라 하면

∠BAC$=\dfrac{\pi}{3}$이므로 ∠CAP$=\dfrac{1}{2}$∠BAC$=\dfrac{\pi}{6}$이고,

$$\frac{\overline{CP}}{\sin\frac{\pi}{6}}=2R,\quad \frac{\frac{\sqrt7}{4}}{\frac{1}{2}}=2R\quad\therefore R=\frac{\sqrt7}{4}$$

┗▶ [사인법칙] 삼각형 ABC의 외접원의 반지름을 R라 하면
$\dfrac{\overline{BC}}{\sin A}=\dfrac{\overline{AC}}{\sin B}=\dfrac{\overline{AB}}{\sin C}=2R$

$$\therefore (\text{삼각형 APC의 외접원의 넓이})=\pi R^2=\frac{7}{16}\pi$$

✿ 코사인법칙   개념·공식

삼각형 ABC의 세 변의 길이와 세 각의 크기 사이에는 다음과 같은 관계가 성립한다.

① $a^2=b^2+c^2-2bc\cos A$
② $b^2=c^2+a^2-2ca\cos B$
③ $c^2=a^2+b^2-2ab\cos C$

> **정답 공식:** 삼각형 ABC의 외접원의 반지름의 길이가 R이면
> $\dfrac{a}{\sin A}=\dfrac{b}{\sin B}=\dfrac{c}{\sin C}=2R$이다.

그림과 같이 중심이 O이고 반지름의 길이가 6인 부채꼴 OAB가

있다. $\overline{AB}=8\sqrt2$이고 부채꼴 OAB의 호 AB 위의 한 점 P에

대하여 ∠BPA$>90°$, $\overline{AP}:\overline{BP}=3:1$일 때,
┗▶ **단서1** 삼각형 ABP의 외접원의 반지름의 길이와 한 변의 길이가 주어진 경우라고 볼 수 있지?

┗▶ **단서2** $\overline{AP}:\overline{BP}=3:1$이므로 $\overline{BP}=k$라 하면 $\overline{AP}=3k$처럼 두 변의 길이를 한 문자를 사용하여 간단하게 나타낼 수 있어.

선분 BP의 길이는? (4점)

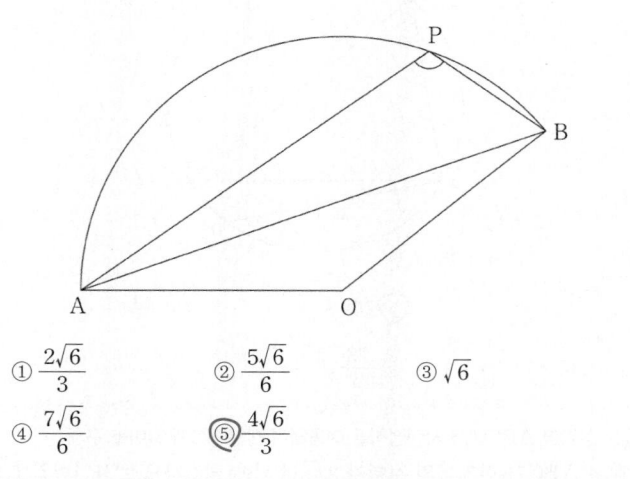

① $\dfrac{2\sqrt6}{3}$ ② $\dfrac{5\sqrt6}{6}$ ③ $\sqrt6$

④ $\dfrac{7\sqrt6}{6}$ ⑤ $\dfrac{4\sqrt6}{3}$

1st 사인법칙을 이용하자.

삼각형 APB의 외접원의 반지름의 길이 R는 부채꼴 OAB의 반지름의

길이와 같으므로 $R=6$ (∵ **단서1**)

∠BPA$=\theta\left(\theta>\dfrac{\pi}{2}\right)$라 할 때,

삼각형 APB에서 사인법칙에 의하여

┗▶ [사인법칙] 삼각형 ABC의 외접원의 반지름의 길이가 R이면 $\dfrac{a}{\sin A}=2R$
$\therefore \sin A=\dfrac{a}{2R}$

$\sin\theta=\dfrac{8\sqrt2}{2\times6}=\dfrac{2\sqrt2}{3}$이고, $\sin^2\theta+\cos^2\theta=1$이므로

$$\cos^2\theta=1-\left(\frac{2\sqrt2}{3}\right)^2=\frac{1}{9}$$

$\theta>\dfrac{\pi}{2}$일 때, $\cos\theta<0$이므로 $\cos\theta=-\dfrac{1}{3}$

2nd 코사인법칙을 이용하자.

$\overline{AP}:\overline{BP}=3:1$이므로 $\overline{BP}=k$라 하면 $\overline{AP}=3k$이므로

삼각형 APB에서 코사인법칙에 의하여

┗▶ [코사인법칙] 삼각형 ABC에 대하여 $c^2=a^2+b^2-2ab\cos C$

$$(3k)^2+k^2-2\times3k\times k\times\left(-\frac{1}{3}\right)=(8\sqrt2)^2$$

$$9k^2+k^2+2k^2=128,\quad k^2=\frac{32}{3}$$

$$\therefore \overline{BP}=k=\sqrt{\frac{32}{3}}=\frac{\sqrt{32}\times\sqrt3}{\sqrt3\times\sqrt3}=\frac{4\sqrt6}{3}$$

┗▶ [분모의 유리화] 양수 a, b에 대하여
$\sqrt{\dfrac{b}{a}}=\dfrac{\sqrt b\times\sqrt a}{\sqrt a\times\sqrt a}=\dfrac{\sqrt{ab}}{a}$

〔 정답 공식: 반지름의 길이가 R인 원에 내접하는 삼각형 ABC에서 $\dfrac{a}{\sin A}=\dfrac{b}{\sin B}=\dfrac{c}{\sin C}=2R$, $a^2=b^2+c^2-2bc\cos A$가 성립한다. 〕

> 단서1 삼각형 ABC의 한 내각의 크기와 외접원의 반지름의 길이가 주어졌으니까 사인법칙이 떠올라야 해.

반지름의 길이가 $2\sqrt{7}$인 원에 내접하고 $\angle A=\dfrac{\pi}{3}$인 삼각형 ABC가 있다. 점 A를 포함하지 않는 호 BC 위의 점 D에 대하여 $\sin(\angle BCD)=\dfrac{2\sqrt{7}}{7}$일 때, $\overline{BD}+\overline{CD}$의 값은? (4점)

> 단서2 사각형 ABDC는 반지름의 길이가 $2\sqrt{7}$인 원에 내접해.

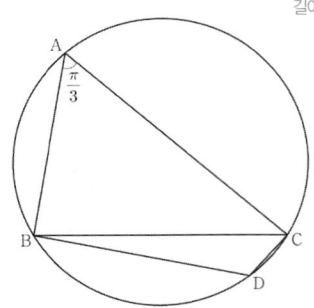

① $\dfrac{19}{2}$ ② 10   ③ $\dfrac{21}{2}$

④ 11   ⑤ $\dfrac{23}{2}$

1st 삼각형 ABC에서 사인법칙을 이용하여 선분 BC의 길이를 구해.

삼각형 ABC가 반지름의 길이가 $2\sqrt{7}$인 원에 내접하므로 <u>사인법칙</u>에 의하여 $\dfrac{\overline{BC}}{\sin A}=2\times 2\sqrt{7}$

> 반지름의 길이가 R인 원에 내접하는 삼각형 ABC에서 $\dfrac{a}{\sin A}=\dfrac{b}{\sin B}=\dfrac{c}{\sin C}=2R$가 성립하고 이를 사인법칙이라 해.

$\therefore \overline{BC}=4\sqrt{7}\times\sin A=4\sqrt{7}\times\sin\dfrac{\pi}{3}=4\sqrt{7}\times\dfrac{\sqrt{3}}{2}=2\sqrt{21}$

2nd 삼각형 BDC에서 사인법칙, 코사인법칙을 이용하여 두 선분 BD, CD의 길이를 각각 구해.

삼각형 BDC가 반지름의 길이가 $2\sqrt{7}$인 원에 내접하므로 사인법칙에 의하여 $\dfrac{\overline{BD}}{\sin(\angle BCD)}=2\times 2\sqrt{7}$

$\therefore \overline{BD}=4\sqrt{7}\times\sin(\angle BCD)=4\sqrt{7}\times\dfrac{2\sqrt{7}}{7}=8$

한편, $\angle BDC=\pi-\angle A=\pi-\dfrac{\pi}{3}=\dfrac{2}{3}\pi$이므로 $\overline{CD}=x$라 하면 삼각형 BDC에서 <u>코사인법칙</u>에 의하여

> 원에 내접하는 사각형에서 두 대각의 크기의 합은 π야.
> 삼각형 ABC에서 $a^2=b^2+c^2-2bc\cos A$가 성립하고 이를 코사인법칙이라 해.

$\overline{BC}^2=\overline{BD}^2+\overline{CD}^2-2\times\overline{BD}\times\overline{CD}\times\cos(\angle BDC)$에서

$(2\sqrt{21})^2=8^2+x^2-2\times 8\times x\times\cos\dfrac{2}{3}\pi$

$84=64+x^2-16x\times\left(-\dfrac{1}{2}\right),\ x^2+8x-20=0$

$(x-2)(x+10)=0 \quad\therefore x=2(\because x>0)\Rightarrow\overline{CD}=2$

$\therefore \overline{BD}+\overline{CD}=8+2=10$

〔 정답 공식: 사인법칙과 코사인법칙을 이용하여 a, b의 값을 각각 구한다. 〕

길이가 각각 10, a, b인 세 선분 AB, BC, CA를 각 변으로 하는 예각삼각형 ABC가 있다. 삼각형 ABC의 세 꼭짓점을 지나

> 단서1 $\angle C$에 대한 cos 값은 양수야.

는 원의 반지름의 길이가 $3\sqrt{5}$이고 $\dfrac{a^2+b^2-ab\cos C}{ab}=\dfrac{4}{3}$일 때, ab의 값은? (4점)

> 단서2 삼각형 ABC의 외접원의 반지름의 길이가 주어졌으니까 사인법칙을 이용해.

① 140   ② 150   ③ 160

④ 170   ⑤ 180

1st 사인법칙을 이용하여 $\cos C$의 값을 구하자.

삼각형 ABC의 외접원의 반지름의 길이가 $3\sqrt{5}$이므로 <u>사인법칙</u>에 의하여 $\dfrac{\overline{AB}}{\sin C}=2\times 3\sqrt{5}$에서 $\dfrac{10}{\sin C}=6\sqrt{5}$

> 삼각형 ABC의 외접원의 반지름의 길이가 R이면 $\dfrac{a}{\sin A}=\dfrac{b}{\sin B}=\dfrac{c}{\sin C}=2R$가 성립해.

$\therefore \sin C=\dfrac{10}{6\sqrt{5}}=\dfrac{\sqrt{5}}{3}$

이때, 삼각형 ABC가 예각삼각형이므로

$\cos C=\sqrt{1-\sin^2 C}=\sqrt{1-\left(\dfrac{\sqrt{5}}{3}\right)^2}=\dfrac{2}{3}\ \cdots\ \text{㉠}$

> $\angle C$가 예각이므로 $\cos C>0$이야.

2nd 주어진 등식을 정리하여 a, b 사이의 관계식을 구해.

$\dfrac{a^2+b^2-ab\cos C}{ab}=\dfrac{4}{3}$에 ㉠을 대입하면

$\dfrac{a^2+b^2-\frac{2}{3}ab}{ab}=\dfrac{4}{3}$에서 $3a^2+3b^2-2ab=4ab\ \cdots\ \text{㉡}$

$3a^2-6ab+3b^2=0,\ 3(a^2-2ab+b^2)=0,\ 3(a-b)^2=0$

$\therefore a=b\ \cdots\ \text{㉢}$

3rd 코사인법칙을 이용하여 a의 값을 구하고 ab를 계산하자.

삼각형 ABC에서 <u>코사인법칙</u>에 의하여

> $c^2=a^2+b^2-2ab\cos C$

$\overline{AB}^2=\overline{AC}^2+\overline{BC}^2-2\times\overline{AC}\times\overline{BC}\times\cos C$에서

$10^2=b^2+a^2-2ba\cos C\ \cdots\ \text{㉣},\ 100=a^2+a^2-2a^2\times\dfrac{2}{3}\ (\because ㉠,\ ㉢)$

$\dfrac{2}{3}a^2=100 \quad\therefore a^2=150$

$\therefore ab=a^2=150$

🔧 **다른 풀이:** ㉡의 결과를 $a^2+b^2=2ab$로 정리하여 삼각형 ABC에서 $\cos C$를 포함하여 코사인법칙 이용하기

㉡에서 $3a^2+3b^2=6ab \quad\therefore a^2+b^2=2ab$

이때, $\cos C=\dfrac{2}{3}$, $a^2+b^2=2ab$를 ㉣에 대입하면

$100=2ab-2ab\times\dfrac{2}{3}$에서 $\dfrac{2}{3}ab=100 \quad\therefore ab=150$

F 58 정답 26 *사인법칙과 코사인법칙 ───────── [정답률 49%]

(정답 공식: 삼각형에서 사인법칙, 코사인법칙을 이용한다.)

> 한 평면 위에 있는 두 삼각형 ABC, ACD의 외심을
> 각각 O, O′이라 하고 ∠ABC=α, ∠ADC=β라 할 때,
> **단서1** 사인법칙을 이용하면 두 원의 반지름의 길이의 비를 구할 수 있어.
> $$\frac{\sin\beta}{\sin\alpha}=\frac{3}{2},\ \cos(\alpha+\beta)=\frac{1}{3},\ \overline{OO'}=1$$
> 이 성립한다. 삼각형 ABC의 외접원의 넓이가 $\frac{q}{p}\pi$일 때, $p+q$
> **단서2** 원의 넓이를 구하기 위해서는 반지름의 길이만 구하면 되지?
> 의 값을 구하시오. (단, p와 q는 서로소인 자연수이다.) (4점)

1st 두 원의 반지름의 길이의 비를 구하자.

두 삼각형 ABC, ACD의 외접원의 반지름의 길이를 각각 R, r라 하면

삼각형 ABC에서 <u>사인법칙</u>에 의하여
→ 삼각형에 외접하는 원의 반지름의 길이를
R라 하면
$$\frac{\overline{AC}}{\sin\alpha}=2R \qquad \therefore \overline{AC}=2R\sin\alpha \cdots ㉠$$
$\frac{a}{\sin A}=\frac{b}{\sin B}=\frac{c}{\sin C}=2R$
가 성립해.

삼각형 ACD에서 사인법칙에 의하여
$$\frac{\overline{AC}}{\sin\beta}=2r \qquad \therefore \overline{AC}=2r\sin\beta \cdots ㉡$$

㉠, ㉡에서 $2R\sin\alpha=2r\sin\beta$
$$\therefore r=\frac{\sin\alpha}{\sin\beta}R=\frac{2}{3}R\left(\because \frac{\sin\beta}{\sin\alpha}=\frac{3}{2}\right)\cdots ㉢$$

2nd 삼각형 AOO′에서 코사인법칙을 이용하여 삼각형 ABC의 외접원의 반지름의 길이 R를 구하자.

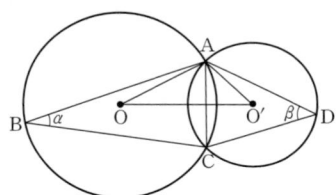

삼각형 ABC의 외접원에서 ∠AOC=∠2ABC=2α이고 삼각형 ACD
∠ABC, ∠AOC는 각각 호 AC에 대한 원주각, 중심각이야. 즉, ∠AOC = 2∠ABC가 성립해.
의 외접원에서 ∠AO′C=2∠ADC=2β이므로 삼각형 AOO′에서
∠ADC, ∠AO′C는 각각 호 AC에 대한 원주각, 중심각이야.

$$\angle AOO'=\frac{1}{2}\angle AOC=\alpha,\ \angle AO'O=\frac{1}{2}\angle AO'C=\beta$$이므로

<u>코사인법칙</u>에 의하여
삼각형 ABC에서 $c^2=a^2+b^2-2ab\cos C$
가 성립하고 이를 코사인법칙이라 해.

두 삼각형 AOO′, COO′에서 $\overline{AO}=\overline{CO}=R$,
$\overline{AO'}=\overline{CO'}=r$, $\overline{OO'}$은 공통이므로
△AOO′≡△COO′ (SSS 합동)
∴ ∠AOO′=∠COO′, ∠AO′O=∠CO′O

$\overline{OO'}^2=\overline{AO}^2+\overline{AO'}^2-2\times\overline{AO}\times\overline{AO'}\times\cos(\angle OAO')$에서
$$1^2=R^2+r^2-2Rr\underline{\cos(\pi-(\alpha+\beta))}\ \cos(\pi-\theta)=-\cos\theta$$
$$1=R^2+\left(\frac{2}{3}R\right)^2-2R\times\frac{2}{3}R\times\{-\cos(\alpha+\beta)\}\ (\because ㉢)$$
$$1=R^2+\frac{4}{9}R^2+\frac{4}{9}R^2\left(\because \cos(\alpha+\beta)=\frac{1}{3}\right)$$
$$\frac{17}{9}R^2=1 \qquad \therefore R^2=\frac{9}{17}$$

3rd 삼각형 ABC의 외접원의 넓이를 구하자.

따라서 삼각형 ABC의 외접원의 넓이를 S라 하면
$$S=\pi R^2=\pi\times\frac{9}{17}=\frac{9}{17}\pi$$이므로 $p=17$, $q=9$
$$\therefore p+q=17+9=26$$

F 59 정답 ⑤ *사인법칙과 코사인법칙 ───────── [정답률 56%]

> 정답 공식: 삼각형 ABC에서 외접원의 반지름의 길이를 R라 하면
> $\frac{a}{\sin A}=\frac{b}{\sin B}=\frac{c}{\sin C}=2R$가 성립한다.

F

> 반지름의 길이가 $\sqrt{3}$인 원 C에 내접하는 삼각형 ABC에 대하여
> ∠BAC의 이등분선이 원 C와 만나는 점 중 A가 아닌 점을 D라
> 하고, 두 선분 BC, AD의 교점을 E라 하자.
> $\overline{BD}=\sqrt{3}$일 때, [보기]에서 옳은 것만을 있는 대로 고른 것은?
> (4점)
>
> ──────── [보기] ────────
>
> ㄱ. $\sin(\angle DBE)=\frac{1}{2}$ **단서1** ∠DBE = ∠DAC임을 이용하면 되지
>
> ㄴ. $\overline{AB}^2+\overline{AC}^2=\overline{AB}\times\overline{AC}+9$ **단서2** △ABC에서 코사인법칙을 이용하면 되지.
>
> ㄷ. 삼각형 ABC의 넓이가 삼각형 BDE의 넓이의 4배가
> 되도록 하는 모든 $\overline{BE}$의 값의 합은 $\frac{9}{4}$이다.
>
> **단서3** 각 DBE의 크기를 구할 수 있으므로 두 삼각형 ABC, BDE의
> 넓이를 각각 선분 BE의 길이로 표현할 수 있지.

① ㄱ ② ㄷ ③ ㄱ, ㄴ
④ ㄴ, ㄷ ⑤ ㄱ, ㄴ, ㄷ

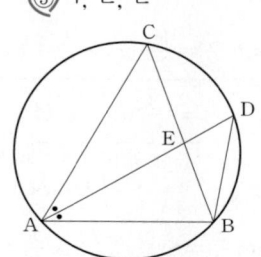

1st 사인법칙을 이용하여 $\sin(\angle DBE)$의 값을 구해.

ㄱ. ∠DAC=∠BAD=$\theta\left(0<\theta<\frac{\pi}{2}\right)$라 하면

<u>두 각 ∠DAC, ∠DBC가 모두 호 CD에 대한 원주각이므로</u>
∠DBC=θ 세 각 DAC, BAD, DBC의 크기가 모두 같음을 알 수 있지.
삼각형 ABC의 외접원의 반지름을 R라 할 때
사인법칙에 의하여
$$\frac{\overline{BD}}{\sin(\angle BAD)}=2R$$ △ABC의 외접원의 반지름이 R이면
△BAD의 외접원의 반지름도 동일하게 R가 되지.
$$\frac{\sqrt{3}}{\sin\theta}=2\sqrt{3}$$
$$\therefore \sin\theta=\frac{1}{2}$$

따라서 $\sin(\angle DBE)=\sin(\angle DBC)=\sin(\angle BAD)=\frac{1}{2}$ (참)

2nd 삼각형 ABC에서 코사인법칙을 이용하여 $\overline{BC}^2$의 값을 구해.

ㄴ. $\sin\theta=\frac{1}{2}$이므로 $\theta=\frac{\pi}{6}$

$$\angle BAC=2\theta=2\times\frac{\pi}{6}=\frac{\pi}{3}$$

삼각형 ABC에서 사인법칙에 의하여 $\frac{\overline{BC}}{\sin\frac{\pi}{3}}=2\sqrt{3}$

$$\therefore \overline{BC}=2\sqrt{3}\times\sin\frac{\pi}{3}=2\sqrt{3}\times\frac{\sqrt{3}}{2}=3$$

삼각형 ABC에서 코사인법칙에 의하여

삼각형 ABC에서 $a^2=b^2+c^2-2bc\cos A$
$b^2=c^2+a^2-2ca\cos B$
$c^2=a^2+b^2-2ab\cos C$ (코사인법칙)가 성립해.

$$\overline{BC}^2=\overline{AB}^2+\overline{AC}^2-2\overline{AB}\times\overline{AC}\times\cos\frac{\pi}{3}$$

$$9=\overline{AB}^2+\overline{AC}^2-\overline{AB}\times\overline{AC}$$

$$\therefore \overline{AB}^2+\overline{AC}^2=\overline{AB}\times\overline{AC}+9 \text{ (참)}$$

3rd 삼각형 ABC의 넓이와 삼각형 BDE의 넓이를 각각 구해.

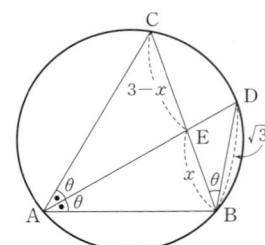

ㄷ. $\overline{BE}=x\,(0<x<3)$라 하면
$\overline{CE}=\overline{BC}-\overline{BE}=3-x$
이므로 삼각형 ABC에서
$\overline{AB}:\overline{AC}=\overline{BE}:\overline{CE}=x:3-x$

→ 각의 이등분선의 성질에 의하여
$a:b=c:d$가 성립하지

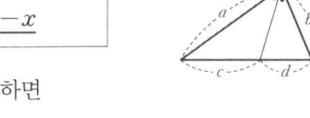

양수 k에 대하여
$\overline{AB}=xk$, $\overline{AC}=(3-x)k$라 하면
삼각형 ABC의 넓이는

$$\frac{1}{2}\times\overline{AB}\times\overline{AC}\times\sin\frac{\pi}{3}=\frac{1}{2}\times xk\times(3-x)k\times\frac{\sqrt{3}}{2}$$

$$=\frac{\sqrt{3}}{4}x(3-x)k^2$$

삼각형 ABC의 넓이를 S라 하면
$S=\frac{1}{2}bc\sin A=\frac{1}{2}ca\sin B=\frac{1}{2}ab\sin C$

이고,
삼각형 BDE의 넓이는

$$\frac{1}{2}\times\overline{BD}\times\overline{BE}\times\sin\frac{\pi}{6}=\frac{1}{2}\times\sqrt{3}\times x\times\frac{1}{2}=\frac{\sqrt{3}}{4}x$$이다.

삼각형 ABC의 넓이가 삼각형 BDE의 넓이의 4배가 되도록 하려면

$$\frac{\sqrt{3}}{4}x(3-x)k^2=\frac{\sqrt{3}}{4}x\times4$$에서 $(3-x)k^2=4$이므로

$$k^2=\frac{4}{3-x} \cdots \text{(i)}$$

선분 BE의 길이 x와 선분 CE의 길이 $(3-x)$ 모두 0이 아니므로 식의 양변을 나눌 수 있지.

한편, ㄴ에 의하여

$$(xk)^2+(3-x)^2k^2=xk\times(3-x)k+9$$
$$k^2\{x^2+(3-x)^2-x(3-x)\}=9$$
$$k^2(x^2+x^2-6x+9+x^2-3x)=9$$
$$k^2(3x^2-9x+9)=9$$
$$k^2(x^2-3x+3)=3 \cdots \text{(ii)}$$

(i)을 (ii)에 대입하면

$$\frac{4}{3-x}\times(x^2-3x+3)=3$$

주의
이차방정식 $4x^2-9x+3=0$에서 근과 계수와의 관계에 의하여 두 근의 합은 $\frac{9}{4}$로 쉽게 구할 수 있어.
그러나 두 근이 모두 $0<x<3$이라는 조건을 만족시키는지 확인이 필요해.

$$4x^2-12x+12=9-3x$$
$$4x^2-9x+3=0$$

$$\therefore x=\frac{9\pm\sqrt{33}}{8}$$

$0<\frac{9-\sqrt{33}}{8}<\frac{9+\sqrt{33}}{8}<\frac{9+\sqrt{36}}{8}=\frac{9+6}{8}=\frac{15}{8}<3$ 이므로 두 값 모두 선분 BE의 길이가 될 수 있지.

그러므로 모든 $\overline{BE}$의 값의 합은 $\frac{9}{4}$ (참)

따라서 옳은 것은 ㄱ, ㄴ, ㄷ이다.

정답 공식: 삼각형 ABC의 외접원의 반지름의 길이가 R일 때
$\frac{a}{\sin A}=\frac{b}{\sin B}=\frac{c}{\sin C}=2R$, $a^2=b^2+c^2-2bc\cos A$가 성립한다.

그림과 같이 둘레의 길이가 20이고 $\cos(\angle ABC)=\frac{1}{4}$인 평행사변형 ABCD가 있다. 삼각형 ABC의 외접원의 넓이가 $\frac{32}{3}\pi$일 때, 삼각형 ABD의 외접원의 넓이는 $\frac{q}{p}\pi$이다. $p+q$의 값을 구하시오.

단서2 삼각형의 외접원의 넓이가 주어졌으니까 반지름의 길이를 구할 수 있어. 그럼 사인법칙이 생각나야 해.

(단, $\overline{AB}<\overline{AD}$이고, p와 q는 서로소인 자연수이다.) (4점)

단서1 평행사변형 ABCD는 서로 평행한 두 쌍의 대변의 길이가 각각 같고 이웃한 두 내각의 크기의 합이 π지?

1st 선분 AC의 길이를 구해.

삼각형 ABC의 외접원의 반지름의 길이를 r이라 하면 이 외접원의 넓이가 $\frac{32}{3}\pi$이므로 $\pi r^2=\frac{32}{3}\pi$에서 $r^2=\frac{32}{3}$

$$\therefore r=\sqrt{\frac{32}{3}}=\frac{4\sqrt{6}}{3}$$

이때, $\angle ABC=\theta \left(0<\theta<\frac{\pi}{2}\right)$라 하면
θ는 평행사변형의 한 내각이므로 $0<\theta<\pi$지!
그런데 $0<\cos\theta<1$이므로 θ는 예각이야.
$\cos(\angle ABC)=\cos\theta=\frac{1}{4}$이므로

$$\sin\theta=\sqrt{1-\cos^2\theta}=\sqrt{1-\frac{1}{16}}=\sqrt{\frac{15}{16}}=\frac{\sqrt{15}}{4}$$

$0<\theta<\frac{\pi}{2}$일 때 $\sin\theta$의 값은 양수야.

따라서 삼각형 ABC에서 사인법칙에 의하여 $\frac{\overline{AC}}{\sin\theta}=2r$에서

삼각형 ABC의 외접원의 반지름의 길이를 R이라 하면

$$\overline{AC}=2r\sin\theta=2\times\frac{4\sqrt{6}}{3}\times\frac{\sqrt{15}}{4}=2\sqrt{10}$$

$\frac{a}{\sin A}=\frac{b}{\sin B}=\frac{c}{\sin C}=2R$이고 이를 사인법칙이라 해.

2nd 평행사변형 ABCD의 이웃한 두 변의 길이를 각각 구해.

$x<y$인 두 양수 x, y에 대하여 $\overline{AB}=\overline{CD}=x$, $\overline{BC}=\overline{AD}=y$라 하면

문제의 조건에서 $\overline{AB}<\overline{AD}$이므로 $x<y$이어야 해.

평행사변형 ABCD의 둘레의 길이가 20이므로 $2x+2y=20$에서

$$x+y=10 \qquad \therefore y=10-x \cdots \text{㉠}$$

한편, 삼각형 ABC에서 코사인법칙에 의하여

삼각형 ABC에서 $a^2=b^2+c^2-2bc\cos A$가 성립하고 이를 코사인법칙이라 해.

$$\overline{AC}^2=\overline{AB}^2+\overline{BC}^2-2\times\overline{AB}\times\overline{BC}\times\cos\theta$$

$$(2\sqrt{10})^2=x^2+y^2-2xy\times\frac{1}{4} \qquad \therefore x^2+y^2-\frac{1}{2}xy=40 \cdots \text{㉡}$$

㉡에 ㉠을 대입하면

$$x^2+(10-x)^2-\frac{1}{2}x\times(10-x)=40$$

정리하면 $x^2-10x+24=0$, $(x-4)(x-6)=0$

$\therefore x=4$ 또는 $x=6$

즉, ㉠에 의하여 $x=4$, $y=6$ 또는 $x=6$, $y=4$인데 $x<y$이어야 하므로
$x=4$, $y=6$

$\therefore \overline{AB}=\overline{CD}=4$, $\overline{BC}=\overline{AD}=6$

3rd 선분 BD의 길이를 구해.

$\angle BAD=\alpha$라 하면 $\alpha=\pi-\theta$이므로
평행사변형의 이웃한 두 내각의 크기의 합은 π이므로 $\theta+\alpha=\pi$야. $\therefore \alpha=\pi-\theta$

$\cos(\angle BAD)=\cos\alpha=\underset{\cos(\pi\pm\theta)=-\cos\theta}{\cos(\pi-\theta)}=-\cos\theta=-\dfrac{1}{4}$

따라서 삼각형 ABD에서 코사인법칙에 의하여

$\overline{BD}^2=\overline{AB}^2+\overline{AD}^2-2\times\overline{AB}\times\overline{AD}\times\cos\alpha$
$\quad=4^2+6^2-2\times4\times6\times\left(-\dfrac{1}{4}\right)=64$

$\therefore \overline{BD}=8$

4th 삼각형 ABD의 외접원의 넓이를 구해.

삼각형 ABD의 외접원의 반지름의 길이를 R이라 하면

$\sin(\angle BAD)=\sin\alpha=\underset{\sin(\pi\pm\theta)=\mp\sin\theta\text{(복호동순)}}{\sin(\pi-\theta)}=\sin\theta=\dfrac{\sqrt{15}}{4}$이므로

삼각형 ABD에서 사인법칙에 의하여 $\dfrac{\overline{BD}}{\sin\alpha}=2R$에서

$R=\dfrac{\overline{BD}}{2\sin\alpha}=\dfrac{8}{2\times\dfrac{\sqrt{15}}{4}}=\dfrac{16}{\sqrt{15}}$

따라서 삼각형 ABD의 외접원의 넓이는

$\pi R^2=\pi\times\left(\dfrac{16}{\sqrt{15}}\right)^2=\dfrac{256}{15}\pi$이므로 $p=15$, $q=256$이다.

$\therefore p+q=15+256=271$

F 61 정답 21 ＊사인법칙과 코사인법칙 ·········· [정답률 68%]

> 정답 공식: 삼각형 ABC의 외접원의 반지름의 길이를 R라 하면 사인법칙
> $\dfrac{a}{\sin A}=\dfrac{b}{\sin B}=\dfrac{c}{\sin C}=2R$와 코사인법칙 $a^2=b^2+c^2-2bc\cos A$가 성립한다.

단서1 삼각형 ABC의 이웃한 두 변의 길이의 비와 그 끼인각 A의 크기가 주어졌으니까 $\angle A$의 대변 BC의 길이를 코사인법칙을 이용해 구해 봐.

$\angle A=\dfrac{\pi}{3}$이고 $\overline{AB}:\overline{AC}=3:1$인 삼각형 ABC가 있다. 삼각형 ABC의 외접원의 반지름의 길이가 7일 때, 선분 AC의 길이를 k라 하자. k^2의 값을 구하시오. (4점)

단서2 삼각형 ABC의 외접원의 반지름의 길이와 삼각형의 한 내각의 크기가 주어졌으니까 사인법칙을 생각해.

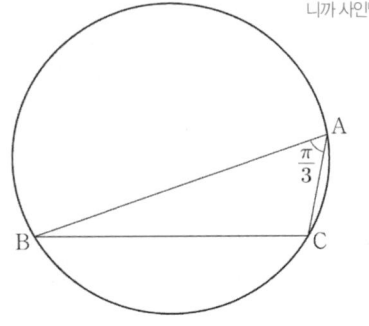

1st 선분 BC의 길이를 k를 이용하여 나타내자.

선분 AC의 길이가 k이고 $\overline{AB}:\overline{AC}=3:1$이므로 $\overline{AB}=3\overline{AC}=3k$
즉, 삼각형 ABC에서 코사인법칙에 의하여

$\overline{BC}^2=\overline{AB}^2+\overline{AC}^2-2\times\overline{AB}\times\overline{AC}\times\cos A$
$\quad=(3k)^2+k^2-2\times3k\times k\times\cos\dfrac{\pi}{3}$ 삼각형 ABC에서 코사인법칙 $a^2=b^2+c^2-2bc\cos A$가 성립해.
$\quad=9k^2+k^2-6k^2\times\dfrac{1}{2}=7k^2$

$\therefore \overline{BC}=\sqrt{7}k$

2nd 선분 AC의 길이를 구하자.

삼각형 ABC의 외접원의 반지름의 길이가 7이므로 사인법칙에 의하여
$\dfrac{\overline{BC}}{\sin A}=2\times7$에서 $\dfrac{\sqrt{7}k}{\sin\dfrac{\pi}{3}}=14$ 삼각형 ABC의 외접원의 반지름의 길이를 R라 하면 사인법칙 $\dfrac{a}{\sin A}=\dfrac{b}{\sin B}=\dfrac{c}{\sin C}=2R$가 성립해.

$\sqrt{7}k=14\times\sin\dfrac{\pi}{3}=14\times\dfrac{\sqrt{3}}{2}=7\sqrt{3}$ $\therefore k=\dfrac{7\sqrt{3}}{\sqrt{7}}=\sqrt{21}$

따라서 $\overline{AC}=k=\sqrt{21}$이므로 $k^2=(\sqrt{21})^2=21$

>  이새영 연세대 기계공학부 2021년 입학·서울 선린고 졸
>
> 이 문제는 삼각형의 외접원의 반지름의 길이, 삼각형의 한 내각의 크기가 주어졌기 때문에 사인법칙을 생각하기에는 충분한 조건들이라고 생각해. 사인법칙을 이용하여 변 BC의 길이를 구하고 두 변 AC, AB의 길이의 비가 주어졌기 때문에 코사인법칙을 이용하여 선분 AC의 길이를 구하면 돼. 사인법칙과 코사인법칙 중 어느 하나에만 치우치지 말고 두 공식 모두 자유자재로 사용할 줄 알아야 한다는 점을 알려주는 아주 좋은 문제야.

> ✿ **코사인법칙** 개념·공식
>
> 삼각형 ABC의 세 변의 길이와 세 각의 크기 사이에는 다음과 같은 관계가 성립한다.
> ① $a^2=b^2+c^2-2bc\cos A$
> ② $b^2=c^2+a^2-2ca\cos B$
> ③ $c^2=a^2+b^2-2ab\cos C$

F 62 정답 27 ＊사인법칙과 코사인법칙 ·········· [정답률 53%]

> 정답 공식: 삼각형 ABC의 외접원의 반지름의 길이가 R일 때,
> $\dfrac{a}{\sin A}=\dfrac{b}{\sin B}=\dfrac{c}{\sin C}=2R$가 성립하고 이를 사인법칙이라 한다.

단서1 원의 지름의 양 끝점과 원 위의 한 점을 꼭짓점으로 하는 삼각형은 직각삼각형이야. 즉, 삼각형 ABC는 직각삼각형이야.

그림과 같이 선분 AB를 지름으로 하는 원 위의 점 C에 대하여 $\overline{BC}=12\sqrt{2}$, $\cos(\angle CAB)=\dfrac{1}{3}$이다. 선분 AB를 5 : 4로 내분하는 점을 D라 할 때, 삼각형 CAD의 외접원의 넓이는 S이다. $\dfrac{S}{\pi}$의 값을 구하시오. (4점)

단서2 원의 넓이를 구하려면 반지름의 길이만 알면 되지? 삼각형 CAD에서 사인법칙을 이용해 봐.

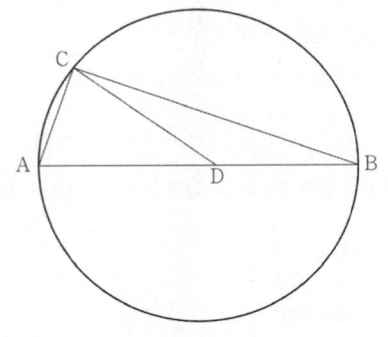

1st 두 선분 AC, AD의 길이를 각각 구해.

선분 AB가 원의 지름이므로 삼각형 ABC는 $\angle ACB = 90°$인 직각삼각형이다.

이때, $\cos(\angle CAB) = \dfrac{1}{3}$ $(0° < \angle CAB < 90°) \cdots$ ㉠이므로

직각삼각형 ABC에서 양수 t에 대하여

$\overline{AC} = t$, $\overline{AB} = 3t$라 하면 피타고라스 정리에 의하여

$\overline{AB}^2 = \overline{AC}^2 + \overline{BC}^2$에서 → 직각삼각형 ABC에서 $\cos(\angle CAB) = \dfrac{\overline{AC}}{\overline{AB}} = \dfrac{1}{3}$

$(3t)^2 = t^2 + (12\sqrt{2})^2$, $9t^2 = t^2 + 288$ → 이므로 $\overline{AC} : \overline{AB} = 1 : 3$이야.

$8t^2 = 288$, $t^2 = 36$ ∴ $t = 6$ $(\because t > 0)$

∴ $\overline{AB} = 3t = 3 \times 6 = 18$, $\overline{AC} = t = 6$ → 점 C가 $\overline{AB}$를 $m : n$으로 내분하면 $\overline{AC} = \dfrac{n}{m+n}\overline{AB}$, $\overline{BC} = \dfrac{m}{m+n}\overline{AB}$

한편, 점 D가 선분 AB를 5 : 4로 내분하는 점이므로

$\overline{AD} = \dfrac{5}{5+4} \times \overline{AB} = \dfrac{5}{9} \times 18 = 10$

2nd 선분 CD의 길이를 구해. → 삼각형 ABC에서 $a^2 = b^2 + c^2 - 2bc \cos A$가 성립하고 이를 코사인법칙이라 해.

삼각형 CAD에서 코사인법칙에 의하여

$\overline{CD}^2 = \overline{AC}^2 + \overline{AD}^2 - 2 \times \overline{AC} \times \overline{AD} \times \cos(\angle CAD)$

$\qquad = 6^2 + 10^2 - 2 \times 6 \times 10 \times \dfrac{1}{3} = 96$

∴ $\overline{CD} = \sqrt{96} = 4\sqrt{6}$

3rd 삼각형 CAD의 외접원의 넓이를 구해.

$\cos(\angle CAD) = \dfrac{1}{3}$에서 → $\sin^2 x + \cos^2 x = 1$

$\sin(\angle CAD) = \sqrt{1 - \cos^2(\angle CAD)} = \sqrt{1 - \dfrac{1}{9}} = \dfrac{2\sqrt{2}}{3}$ $(\because ㉠)$이므로

삼각형 CAD의 외접원의 반지름의 길이를 R라 하면 사인법칙에 의하여

$\dfrac{\overline{CD}}{\sin(\angle CAD)} = 2R$에서 → 삼각형 ABC의 외접원의 반지름의 길이가 R일 때, $\dfrac{a}{\sin A} = \dfrac{b}{\sin B} = \dfrac{c}{\sin C} = 2R$가 성립하고 이를 사인법칙이라 해.

$R = \dfrac{\overline{CD}}{2\sin(\angle CAD)} = \dfrac{4\sqrt{6}}{2 \times \dfrac{2\sqrt{2}}{3}} = 3\sqrt{3}$

따라서 삼각형 CAD의 외접원의 넓이는

$S = \pi R^2 = \pi \times (3\sqrt{3})^2 = 27\pi$

∴ $\dfrac{S}{\pi} = \dfrac{27\pi}{\pi} = 27$

🔧 **다른 풀이:** 두 선분 **AB**, **AC**의 길이를 구하여 삼각비를 이용하여 구한 뒤 값 구하기

$\cos(\angle CAB) = \dfrac{1}{3}$ $(0° < \angle CAB < 90°)$이므로

$\sin(\angle CAB) = \dfrac{2\sqrt{2}}{3}$야.

즉, 직각삼각형 ABC에서

$\overline{AB} = \dfrac{\overline{BC}}{\sin(\angle CAB)} = \dfrac{12\sqrt{2}}{\dfrac{2\sqrt{2}}{3}} = 18$,

→ 직각삼각형 ABC에서 $\sin(\angle CAB) = \dfrac{\overline{BC}}{\overline{AB}}$

$\overline{AC} = \overline{AB}\cos(\angle CAB) = 18 \times \dfrac{1}{3} = 6$이야.

(이하 동일) → 직각삼각형 ABC에서 $\cos(\angle CAB) = \dfrac{\overline{AC}}{\overline{AB}}$

⚙️ **코사인법칙** 　　　　　　　　　　　　　개념·공식

삼각형 ABC의 세 변의 길이와 세 각의 크기 사이에는 다음과 같은 관계가 성립한다.

① $a^2 = b^2 + c^2 - 2bc \cos A$
② $b^2 = c^2 + a^2 - 2ca \cos B$
③ $c^2 = a^2 + b^2 - 2ab \cos C$

F 63 정답 7 　*사인법칙과 코사인법칙 ············ [정답률 56%]

┌ 정답 공식: 삼각형 ABC의 외접원의 반지름의 길이를 R라 하면
$\dfrac{a}{\sin A} = \dfrac{b}{\sin B} = \dfrac{c}{\sin C} = 2R$가 성립한다. ┘

[단서1] 삼각형의 세 변의 길이의 비가 주어졌으므로 세 변의 길이를 한 문자에 대하여 나타낼 수 있어.

$\overline{AB} : \overline{BC} : \overline{CA} = 1 : 2 : \sqrt{2}$인 삼각형 ABC가 있다. 삼각형 ABC의 외접원의 넓이가 28π일 때, 선분 CA의 길이를 구하시오. (4점) **[단서2]** 외접원의 넓이가 주어졌으니까 외접원의 반지름의 길이도 구할 수 있지?

1st 코사인법칙을 이용하여 $\sin B$의 값을 구해.

$\overline{AB} : \overline{BC} : \overline{CA} = 1 : 2 : \sqrt{2}$이므로 양수 t에 대하여

$\overline{AB} = t$, $\overline{BC} = 2t$, $\overline{CA} = \sqrt{2}t$라 하면 코사인법칙에 의하여

$\cos B = \dfrac{\overline{AB}^2 + \overline{BC}^2 - \overline{CA}^2}{2 \times \overline{AB} \times \overline{BC}}$ → 삼각형 ABC에서 코사인법칙 $a^2 = b^2 + c^2 - 2bc\cos A$가 성립하므로 $\cos A = \dfrac{b^2 + c^2 - a^2}{2bc}$이야.

$\qquad = \dfrac{t^2 + 4t^2 - 2t^2}{2 \times t \times 2t} = \dfrac{3t^2}{4t^2} = \dfrac{3}{4}$

∴ $\sin B = \sqrt{1 - \cos^2 B} = \sqrt{1 - \dfrac{9}{16}} = \dfrac{\sqrt{7}}{4}$ → $\sin^2 B + \cos^2 B = 1$이고 삼각형 ABC의 세 내각의 크기는 모두 $0°$보다 크고 $180°$보다 작으므로 $0 < \sin B \leq 1$이야.

2nd 사인법칙을 이용하여 선분 CA의 길이를 구해.

삼각형 ABC의 외접원의 반지름의 길이를 R라 하면

$\pi R^2 = 28\pi$에서 $R^2 = 28$ ∴ $R = 2\sqrt{7}$

따라서 사인법칙에 의하여 $\dfrac{\overline{CA}}{\sin B} = 2R$에서

$\dfrac{\overline{CA}}{\dfrac{\sqrt{7}}{4}} = 2 \times 2\sqrt{7}$ ∴ $\overline{CA} = 7$

F 64 정답 ① 　*사인법칙과 코사인법칙 ············ [정답률 52%]

┌ 정답 공식: 외접원의 반지름의 길이가 R인 삼각형 ABC에서 사인법칙 $\dfrac{a}{\sin A} = \dfrac{b}{\sin B} = \dfrac{c}{\sin C} = 2R$, 코사인법칙 $c^2 = a^2 + b^2 - 2ab\cos C$가 성립한다. ┘

[단서1] 정삼각형의 한 내각의 크기는 $60°$야.

정삼각형 ABC가 반지름의 길이가 r인 원에 내접하고 있다. 선분 AC와 선분 BD가 만나고 $\overline{BD} = \sqrt{2}$가 되도록 원 위에서 점 D를 잡는다. $\angle DBC = \theta$라 할 때, $\sin\theta = \dfrac{\sqrt{3}}{3}$이다. 반지름의 길이 r의 값은? (4점) **[단서2]** 원주각의 성질을 이용하면 $\angle BDC$의 크기를 알 수 있지? 그럼, $\angle DBC$의 크기에 대한 sin값과 $\angle BDC$의 크기에 대한 sin값이 주어진 거니까 삼각형 BCD에서 사인법칙을 이용하면 두 변 BC, CD의 길이를 외접원의 반지름의 길이로 나타낼 수 있어.

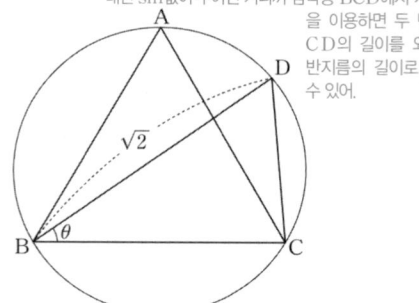

① $\dfrac{6 - \sqrt{6}}{5}$ 　② $\dfrac{6 - \sqrt{5}}{5}$ 　③ $\dfrac{4}{5}$ 　④ $\dfrac{6 - \sqrt{3}}{5}$ 　⑤ $\dfrac{6 - \sqrt{2}}{5}$

1st 사인법칙을 이용하여 삼각형 BCD의 두 변 BC, CD의 길이를 r를 이용하여 나타내.

$\angle DBC=\theta$, $\angle BDC=\angle BAC=60°$이므로 삼각형 BCD에서 사인법칙에 의하여 _{한 원에서 한 호에 대한 원주각의 크기는 모두 같아.}

$$\overline{CD}=2r\sin\theta=\frac{2\sqrt{3}}{3}r,\ \overline{BC}=2r\sin 60°=\sqrt{3}r$$

_{삼각형 BCD에서 사인법칙에 의하여 $\frac{\overline{CD}}{\sin\theta}=\frac{\overline{BC}}{\sin(\angle BDC)}=2r$에서 $\overline{CD}=2r\sin\theta,\ \overline{BC}=2r\sin(\angle BDC)$}

2nd 삼각형 BCD에서 코사인법칙을 이용하여 외접원의 반지름의 길이 r의 값을 구해.

삼각형 BCD에서 코사인법칙에 의하여
$$\overline{BC}^2=\overline{BD}^2+\overline{CD}^2-2\times\overline{BD}\times\overline{CD}\times\cos 60°\text{에서}$$
$$(\sqrt{3}r)^2=(\sqrt{2})^2+\left(\frac{2\sqrt{3}}{3}r\right)^2-2\times\sqrt{2}\times\frac{2\sqrt{3}}{3}r\times\frac{1}{2}$$
$$3r^2=2+\frac{4}{3}r^2-\frac{2\sqrt{6}}{3}r,\ 5r^2+2\sqrt{6}r-6=0$$
$$\therefore r=\frac{-\sqrt{6}\pm\sqrt{6+30}}{5}=\frac{-\sqrt{6}\pm 6}{5}$$

그런데 r는 삼각형 BCD의 외접원의 반지름의 길이이므로 $r>0$이다.
$$\therefore r=\frac{-\sqrt{6}+6}{5}$$

F 65 정답 ⑤ *코사인법칙의 변형 ················· [정답률 81%]

[정답 공식: 코사인법칙의 변형 $\cos A=\dfrac{b^2+c^2-a^2}{2bc}$ 을 이용한다.]

<단서1> 삼각형의 세 변의 길이가 주어지면 한 내각에 대한 코사인 값을 구할 수 있어.
그림과 같은 삼각형 ABC에서
$\overline{AB}=4$, $\overline{BC}=7$, $\overline{CA}=5$일 때,
$\sin A$의 값은? (3점)
<단서2> 사인과 코사인 사이의 관계를 이용하여 $\sin A$의 값을 구하면 돼.

① $\dfrac{\sqrt{3}}{5}$ ② $\dfrac{\sqrt{6}}{5}$ ③ $\dfrac{2\sqrt{2}}{5}$

④ $\dfrac{2\sqrt{3}}{5}$ ⑤ $\dfrac{2\sqrt{6}}{5}$

1st 세 변의 길이가 주어졌으므로 코사인법칙을 이용해서 $\cos A$의 값부터 구해.

코사인법칙에 의하여 _{$a^2=b^2+c^2-2bc\cos A$에서 $\cos A=\frac{b^2+c^2-a^2}{2bc}$}

$$\cos A=\frac{\overline{AB}^2+\overline{AC}^2-\overline{BC}^2}{2\times\overline{AB}\times\overline{AC}}=\frac{16+25-49}{2\times 4\times 5}=-\frac{1}{5}$$

2nd $\sin A$의 값을 구해. <주의> 이 범위에서 $\sin A$의 값의 범위는 $0<\sin A<1$이야.

즉, $\dfrac{\pi}{2}<A<\pi$이므로
$$\sin A=\sqrt{1-\cos^2 A}=\sqrt{1-\frac{1}{25}}=\frac{2\sqrt{6}}{5}$$
_{$\sin^2\theta+\cos^2\theta=1$}

⚙ 코사인법칙의 변형 _{개념·공식}

삼각형 ABC에 대하여
(1) $\cos A=\dfrac{b^2+c^2-a^2}{2bc}$
(2) $\cos B=\dfrac{a^2+c^2-b^2}{2ac}$
(3) $\cos C=\dfrac{a^2+b^2-c^2}{2ab}$

F 66 정답 ① *코사인법칙의 변형 ················· [정답률 86%]

[정답 공식: 코사인법칙에 의하여 $\cos A=\dfrac{b^2+c^2-a^2}{2bc}$ 이 성립한다.]

두 직선 $y=2x$와 $y=\dfrac{1}{2}x$가 이루는 예각의 크기를 θ라 할 때, 오른쪽 그림을 이용하여 $\cos\theta$의 값을 구하면? (3점)
<단서> 두 직선 $y=\dfrac{1}{2}x$, $y=2x$가 직선 $x=2$와 만나는 점을 각각 A, B라 하고 삼각형 OAB에서 코사인법칙의 변형을 적용해.

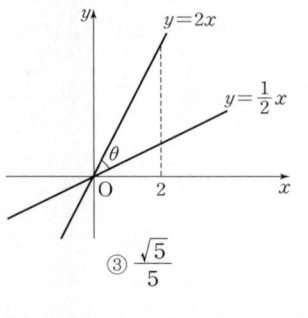

① $\dfrac{4}{5}$ ② $\dfrac{3}{5}$ ③ $\dfrac{\sqrt{5}}{5}$

④ $\dfrac{2}{5}$ ⑤ $\dfrac{1}{5}$

1st 두 직선 $y=2x$, $y=\dfrac{1}{2}x$와 직선 $x=2$가 만나는 점의 좌표를 이용하여 $\cos\theta$의 값을 구해.

그림과 같이 A, B를 잡으면 두 점 A, B의 좌표는 A(2, 1), B(2, 4)
이때, $\overline{OA}=\sqrt{5}$, $\overline{OB}=2\sqrt{5}$, $\overline{AB}=3$ _{$=\sqrt{2^2+4^2}$ $=4-1$ $=\sqrt{2^2+1^2}$}
이므로 삼각형 OAB에 코사인법칙의 변형에 의하여
$$\cos\theta=\frac{\overline{OA}^2+\overline{OB}^2-\overline{AB}^2}{2\times\overline{OA}\times\overline{OB}}$$
_{$\overline{AB}^2=\overline{OA}^2+\overline{OB}^2-2\times\overline{OA}\times\overline{OB}\times\cos\theta$}
$$=\frac{5+20-9}{2\times\sqrt{5}\times 2\sqrt{5}}=\frac{4}{5}$$

F 67 정답 ② *코사인법칙의 변형 ················· [정답률 62%]

[정답 공식: $\dfrac{a}{\sin A}=\dfrac{b}{\sin B}=\dfrac{c}{\sin C}=2R$
(단, R는 삼각형의 외접원의 반지름의 길이)]

삼각형 ABC에서
$$\frac{2}{\sin A}=\frac{3}{\sin B}=\frac{4}{\sin C}$$
<단서> 주어진 식을 보고 사인법칙 $\dfrac{a}{\sin A}=\dfrac{b}{\sin B}=\dfrac{c}{\sin C}$ 가 떠올라야 해.
일 때, $\cos C$의 값은? (3점)

① $-\dfrac{1}{2}$ ② $-\dfrac{1}{4}$ ③ 0

④ $\dfrac{1}{4}$ ⑤ $\dfrac{1}{2}$

1st 사인법칙을 이용하여 세 변의 길이를 표현해 보자.

삼각형 ABC에서 $\overline{BC}=a$, $\overline{CA}=b$, $\overline{AB}=c$라 하면 사인법칙에 의하여
$$\frac{a}{\sin A}=\frac{b}{\sin B}=\frac{c}{\sin C}\text{이다.}$$
이때, $\dfrac{2}{\sin A}=\dfrac{3}{\sin B}=\dfrac{4}{\sin C}$이므로 $a:b:c=2:3:4$
$\therefore a=2k,\ b=3k,\ c=4k$ (단, k는 0이 아닌 상수) … ㉠

2nd 코사인법칙의 변형을 이용하여 $\cos C$의 값을 구하자.
$$\cos C=\frac{a^2+b^2-c^2}{2ab}=\frac{(2k)^2+(3k)^2-(4k)^2}{2\times 2k\times 3k}\ (\because㉠)$$
$$=\frac{4k^2+9k^2-16k^2}{12k^2}=\frac{-3k^2}{12k^2}=-\frac{1}{4}$$

(정답 공식: 코사인법칙 $a^2 = b^2 + c^2 - 2bc\cos A$를 이용한다.)

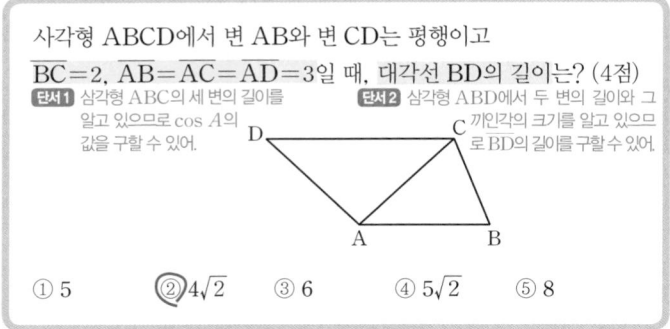

사각형 ABCD에서 변 AB와 변 CD는 평행이고
$\overline{BC} = 2$, $\overline{AB} = \overline{AC} = \overline{AD} = 3$일 때, 대각선 BD의 길이는? (4점)

단서1 삼각형 ABC의 세 변의 길이를 알고 있으므로 $\cos A$의 값을 구할 수 있어.

단서2 삼각형 ABD에서 두 변의 길이와 그 끼인각의 크기를 알고 있으므로 BD의 길이를 구할 수 있어.

① 5　　②$4\sqrt{2}$　　③ 6　　④$5\sqrt{2}$　　⑤ 8

1st 삼각형 ABC의 세 변의 길이를 알고 있으므로 코사인법칙의 변형을 이용하여 ∠CAB의 크기를 구하자.

삼각형 ABC에서 ∠CAB $= \theta$라 하면 <u>코사인법칙의 변형에 의하여</u>

$\cos\theta = \dfrac{3^2 + 3^2 - 2^2}{2 \times 3 \times 3} = \dfrac{7}{9}$　　$\cos A = \dfrac{b^2 + c^2 - a^2}{2bc}$

∠DAB $= 180° - \theta$이므로 삼각형 DAB에서 코사인법칙에 의하여

$\overline{BD}^2 = 3^2 + 3^2 - 2 \times 3 \times 3 \times \cos(180° - \theta)$　→ $\overline{CD} \parallel \overline{AB}$이므로
∠DCA = ∠CAB (엇각)
$= 18 + 18\cos\theta$　$\cos(180° - \theta) = -\cos\theta$　삼각형 ACD에서 $\overline{AC} = \overline{AD}$
$= 18 + 14 = 32$　　이므로 ∠ACD = ∠ADC
∴ $\overline{BD} = 4\sqrt{2}$　　∴ ∠DAC $= 180° - 2\theta$

다른 풀이 ❶: 점 A가 원의 중심인 원과 선분 AB의 연장선이 만나는 점을 P라 하면 호 PB의 원주각이 90°이므로 피타고라스 정리를 이용하기

그림과 같이 선분 AB의 연장선 위에 $\overline{AB} = \overline{AP}$가 되도록 점 P를 잡으면 사각형 DPBC는 등변사다리꼴이고, 중심이 점 A인 원에 내접하지?

$\overline{PB}$가 지름이므로 삼각형 DPB는 직각삼각형이야.

∴ $\overline{BD} = \sqrt{6^2 - 2^2} = 4\sqrt{2}$　→ $\overline{DP} = \overline{BC} = 2$, $\overline{PB} = 6$이므로 피타고라스 정리에 의하여 $\overline{BD} = \sqrt{\overline{PB}^2 - \overline{PD}^2}$

다른 풀이 ❷: 점 D에서 직선 AB에 내린 수선의 교점을 P라 하고, 코사인법칙과 피타고라스 정리를 이용하기

그림과 같이 선분 AB의 연장선과 점 D에서 직선 AB에 내린 수선의 교점을 P라 하고 ∠CAB $= \theta$라 하자.

삼각형 ABC에서 코사인법칙의 변형을 이용하면 $\cos\theta = \dfrac{3^2 + 3^2 - 2^2}{2 \times 3 \times 3} = \dfrac{7}{9}$

이때, $\overline{CD} \parallel \overline{AB}$이므로 ∠DCA = ∠CAB (엇각)
삼각형 ACD에서 $\overline{AC} = \overline{AD}$이므로 ∠ACD = ∠ADC
즉, $\cos\theta = \dfrac{\overline{PA}}{\overline{AD}} = \dfrac{\overline{PA}}{3} = \dfrac{7}{9}$이므로 $\overline{PA} = \dfrac{7}{3}$

삼각형 PAD에서 피타고라스 정리에 의하여

$\overline{DP} = \dfrac{4\sqrt{2}}{3}$　$\overline{DP} = \sqrt{\overline{DA}^2 - \overline{PA}^2} = \sqrt{3^2 - \left(\dfrac{7}{3}\right)^2} = \sqrt{\dfrac{32}{9}} = \dfrac{4\sqrt{2}}{3}$

삼각형 PBD에서 피타고라스 정리에 의하여

$\overline{BD}^2 = \left(\dfrac{4\sqrt{2}}{3}\right)^2 + \left(\dfrac{16}{3}\right)^2$

∴ $\overline{BD} = 4\sqrt{2}$　$\overline{DP}^2 + \overline{PB}^2 = \overline{BD}^2$

(정답 공식: 삼각형 ABC에서 코사인법칙 $a^2 = b^2 + c^2 - 2bc\cos A$가 성립한다.)

그림과 같이 사각형 ABCD가 한 원에 내접하고
$\overline{AB} = 4$, $\overline{AD} = 5$, $\overline{BD} = \sqrt{33}$
이다. 삼각형 BCD의 넓이가 $2\sqrt{6}$일 때, $\overline{BC} \times \overline{CD}$의 값은? (4점)

단서1 삼각형 ABD의 세 변의 길이가 주어졌으니까 코사인법칙을 이용하여 이 삼각형의 각 내각의 크기에 대한 코사인값을 구할 수 있어.

단서2 삼각형 BCD의 넓이가 주어졌고, $\overline{BC} \times \overline{CD}$의 값을 구하는 거니까 두 선분 BC, CD가 이루는 각의 크기에 대한 사인값만 찾아내면 되겠네!

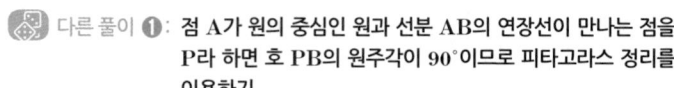

①10　　②$\dfrac{21}{2}$　　③ 11

④$\dfrac{23}{2}$　　⑤ 12

1st ∠BCD에 대한 사인값을 구해.

∠BAD $= \theta$라 하면 삼각형 ABD에서 코사인법칙에 의하여

$\cos\theta = \dfrac{\overline{AB}^2 + \overline{AD}^2 - \overline{BD}^2}{2 \times \overline{AB} \times \overline{AD}} = \dfrac{4^2 + 5^2 - (\sqrt{33})^2}{2 \times 4 \times 5} = \dfrac{1}{5}$

$\overline{BD}^2 = \overline{AB}^2 + \overline{AD}^2 - 2 \times \overline{AB} \times \overline{AD} \times \cos\theta$

이때, 사각형 ABCD가 한 원에 내접하므로 ∠BCD $= \pi - \theta$
원에 내접하는 사각형의 마주보는 두 내각의 크기의 합은 π야.

∴ $\sin(\angle BCD) = \sin(\pi - \theta) = \sin\theta = \sqrt{1 - \cos^2\theta}$

$= \sqrt{1 - \left(\dfrac{1}{5}\right)^2} = \dfrac{2\sqrt{6}}{5}$　θ는 삼각형 ABD의 한 내각의 크기이므로 $0 < \theta < \pi$이지? 즉, $\sin\theta > 0$이야.

2nd 삼각형 BCD의 넓이를 이용하여 $\overline{BC} \times \overline{CD}$의 값을 구해.

삼각형 BCD의 넓이가 $2\sqrt{6}$이므로

$\dfrac{1}{2} \times \overline{BC} \times \overline{CD} \times \sin(\angle BCD) = 2\sqrt{6}$에서

이웃하는 두 변의 길이가 각각 a, b이고 그 끼인각의 크기가 θ인 삼각형의 넓이를 S라 하면

$\dfrac{1}{2} \times \overline{BC} \times \overline{CD} \times \dfrac{2\sqrt{6}}{5} = 2\sqrt{6}$　$S = \dfrac{1}{2}ab\sin\theta$

∴ $\overline{BC} \times \overline{CD} = 10$

⚙ 코사인법칙　　　　　　　　개념·공식

삼각형 ABC의 세 변의 길이와 세 각의 크기 사이에는 다음과 같은 관계가 성립한다.
① $a^2 = b^2 + c^2 - 2bc\cos A$
② $b^2 = c^2 + a^2 - 2ca\cos B$
③ $c^2 = a^2 + b^2 - 2ab\cos C$

(정답 공식: 삼각형 ABC에서 $\cos C = \dfrac{a^2+b^2-c^2}{2ab}$이 성립한다.)

$\overline{AB}=6$, $\overline{AC}=10$인 삼각형 ABC가 있다. 선분 AC 위에 점 D를 $\overline{AB}=\overline{AD}$가 되도록 잡는다. $\overline{BD}=\sqrt{15}$일 때, 선분 BC의 길이를 k라 하자. k^2의 값을 구하시오. (3점) ▸단서1 삼각형 ABD의 세 변의 길이가 모두 주어졌으니까 ∠A에 대한 코사인 값을 구할 수 있어.

▸단서2 삼각형 ABC에서 변 BC는 ∠A에 대한 대변이야.

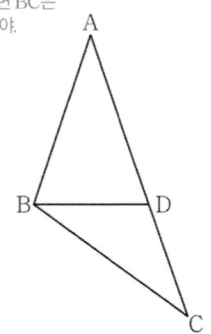

1st ∠A에 대한 코사인 값을 구해.

삼각형 ABD에서 ∠BAD=θ라 하면
$\overline{AB}=\overline{AD}=6$, $\overline{BD}=\sqrt{15}$이므로

코사인법칙에 의하여
코사인법칙은 삼각형의 세 변의 길이와 한 각의 크기로 이루어진 공식이야. 즉, 코사인법칙을 이용하여 삼각형의 두 변의 길이와 그 사잇각의 크기를 알 때 나머지 변의 길이를 구할 수 있고 삼각형의 세 변의 길이를 알 때 세 각의 크기를 구할 수 있어.

$\overline{BD}^2 = \overline{AB}^2 + \overline{AD}^2 - 2 \times \overline{AB} \times \overline{AD} \times \cos\theta$에서

$\cos\theta = \dfrac{\overline{AB}^2 + \overline{AD}^2 - \overline{BD}^2}{2 \times \overline{AB} \times \overline{AD}}$

$= \dfrac{6^2 + 6^2 - (\sqrt{15})^2}{2 \times 6 \times 6}$

$= \dfrac{57}{72}$

$= \dfrac{19}{24}$

2nd k^2의 값을 구해.

또, 삼각형 ABC에서 $\overline{AB}=6$, $\overline{AC}=10$이므로 코사인법칙에 의하여
$\overline{BC}^2 = \overline{AB}^2 + \overline{AC}^2 - 2 \times \overline{AB} \times \overline{AC} \times \cos\theta$에서

$k^2 = 6^2 + 10^2 - 2 \times 6 \times 10 \times \dfrac{19}{24}$

$= 36 + 100 - 95 = 41$

⚙ **코사인법칙의 변형** 　　　　　　　　개념·공식

삼각형 ABC에 대하여

(1) $\cos A = \dfrac{b^2+c^2-a^2}{2bc}$

(2) $\cos B = \dfrac{a^2+c^2-b^2}{2ac}$

(3) $\cos C = \dfrac{a^2+b^2-c^2}{2ab}$

(정답 공식: 코사인법칙 $c^2=a^2+b^2-2ab\cos C$를 이용한다.)

단서1 삼각형 COA에서 세 변의 길이를 알 수 있으므로 코사인법칙을 이용하여 ∠COA의 코사인값을 구할 수 있어.

그림과 같이 반지름의 길이가 2이고 중심각의 크기가 $\dfrac{\pi}{2}$인 부채꼴 OAB가 있다. 호 AB 위에 점 C를 $\overline{AC}=1$이 되도록 잡는다. 선분 OC 위의 점 O가 아닌 점 D에 대하여 삼각형 BOD의 넓이가 $\dfrac{7}{6}$일 때, 선분 OD의 길이는? (4점)

단서2 삼각형의 넓이는 $\dfrac{1}{2} \times \overline{OB} \times \overline{OD} \times \sin(\angle BOD)$로 구할 수 있어.

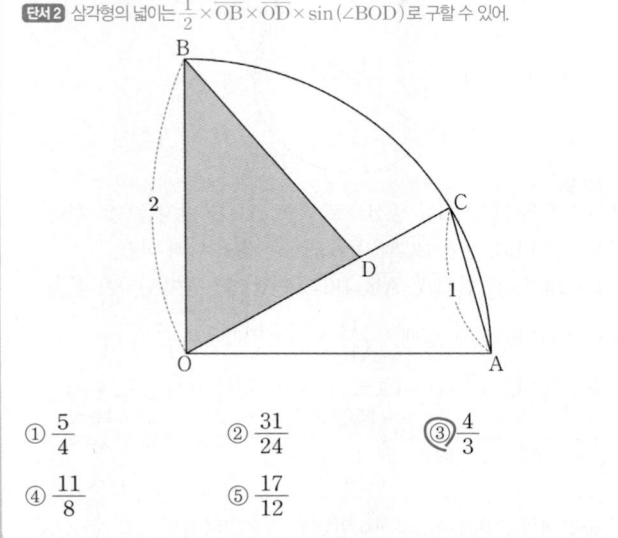

① $\dfrac{5}{4}$ 　　② $\dfrac{31}{24}$ 　　③ $\dfrac{4}{3}$

④ $\dfrac{11}{8}$ 　　⑤ $\dfrac{17}{12}$

1st $\cos(\angle COA)$의 값을 구하자.

∠COA=θ라 하면 삼각형 COA에서 코사인법칙에 의하여
$\cos\theta = \dfrac{2^2 + 2^2 - 1^2}{2 \times 2 \times 2} = \dfrac{7}{8}$이다. ▸반지름의 길이가 2인 반원이므로 $\overline{OA}=\overline{OC}=2$인 이등변삼각형이야.

▸코사인법칙 $c^2=a^2+b^2-2ab\cos C$를 변형하면 $\cos C = \dfrac{a^2+b^2-c^2}{2ab}$이라고 할 수 있지?

2nd 선분 OD의 길이를 구하자.

삼각형 BOD에서 ∠BOD=$\dfrac{\pi}{2} - \theta$이고

삼각형 BOD의 넓이가 $\dfrac{7}{6}$이므로 ▸중심각의 크기가 $\dfrac{\pi}{2}$인 부채꼴 OAB에 대하여 ∠BOA=$\dfrac{\pi}{2}$이므로 ∠BOD+θ=$\dfrac{\pi}{2}$ ∴ ∠BOD=$\dfrac{\pi}{2}-\theta$

$\dfrac{1}{2} \times \overline{OB} \times \overline{OD} \times \sin(\angle BOD) = \dfrac{7}{6}$

▸[삼각형의 넓이] 두 변 a, b와 사잇각 C의 크기를 알면 삼각형의 넓이는 $\dfrac{1}{2}ab\sin C$

$\dfrac{1}{2} \times 2 \times \overline{OD} \times \sin\left(\dfrac{\pi}{2} - \theta\right) = \dfrac{7}{6}$

한편, $\sin\left(\dfrac{\pi}{2} - \theta\right) = \cos\theta = \dfrac{7}{8}$이므로 ▸삼각함수의 성질을 이용하여 변형해. $\sin\left(\dfrac{\pi}{2}-\theta\right)=\cos\theta$

$\dfrac{1}{2} \times 2 \times \overline{OD} \times \dfrac{7}{8} = \dfrac{7}{6}$, $\dfrac{7}{8}\overline{OD} = \dfrac{7}{6}$

∴ $\overline{OD} = \dfrac{7}{6} \times \dfrac{8}{7} = \dfrac{4}{3}$

정답 공식: $\cos a = -\cos(\pi - a)$와 닮은 삼각형에서 대응하는 선분의 길이의 비가 같음을 이용한다.

다음은 $\angle A$가 둔각인 $\triangle ABC$에 대하여 $\overline{AB}=c$, $\overline{BC}=a$, $\overline{AC}=b$ 라 할 때, $\cos A = \dfrac{b^2+c^2-a^2}{2bc}$임을 증명하는 과정이다.

[증명]

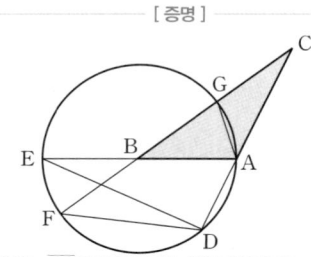

단서1 삼각형 AED는 $\overline{AE}$를 지름으로 하는 원에 내접하므로 $\angle ADE = 90°$

그림과 같이 점 B를 중심으로 하고 $\overline{AB}$를 반지름으로 하는 원을 그리고, 선분 $\overline{BC}$와 원이 만나는 점을 G라 하자. $\triangle ABC$의 세 변 $\overline{CA}$, $\overline{AB}$, $\overline{BC}$의 연장선과 원이 만나는 점을 각각 D, E, F라 할 때, $\dfrac{\overline{AD}}{\overline{AE}}=$ (가) 이다.

또 $\triangle ACG \backsim$ (나) 이므로 $(a-c):b=$ (다) $:(a+c)$

단서2 사각형이 원에 내접하는 조건을 이용하여 크기가 같은 각을 찾으면 합동인 삼각형을 알 수 있어.

$\therefore \cos A = \dfrac{b^2+c^2-a^2}{2bc}$

위 증명에서 (가), (나), (다)에 알맞은 것은? (4점)

	(가)	(나)	(다)
①	$\cos A$	$\triangle ABC$	$b+2c\cos A$
②	$\cos A$	$\triangle ABC$	$b-2c\cos A$
③	$-\cos A$	$\triangle ABC$	$b+2c\cos A$
④	$-\cos A$	$\triangle FCD$	$b-2c\cos A$
⑤	$-\cos A$	$\triangle FCD$	$b+2c\cos A$

1st 삼각형 AED는 $\angle ADE = 90°$인 직각삼각형임을 이용해.

$\overline{AE}$는 원의 지름이므로 → 한 원에서 같은 호에 대한 원주각의 크기는 중심각의 크기의 $\frac{1}{2}$ $\angle ADE = 90°$이다. 이므로 $\angle ADE = \frac{1}{2}\angle ABE$, 즉 반원에 대한 원주각의 크기는 $90°$야.

즉, $\angle EAD = 180° - \angle A$이므로 직각삼각형 ADE에서

$\dfrac{\overline{AD}}{\overline{AE}}=\underbrace{\cos(\pi-A)}_{\cos(180°-\theta)=-\cos\theta}=\underbrace{-\cos A}_{\text{(가)}}$

2nd 사각형 AGFD가 원에 내접하므로 대각의 크기의 합은 $180°$임을 이용해.

또한, $\angle C$가 공통이고 $\pi - \angle ADF = \angle AGF = \pi - \angle AGC$이므로

$\triangle ACG \backsim \underbrace{\triangle FCD}_{\text{(나)}}$ (AA 닮음)

즉, $\overline{CG}:\overline{AC}=\underbrace{\overline{CD}}_{=\overline{CA}+\overline{AD}}:\overline{FC}$에서

$(a-c):b=\underbrace{(b-2c\cos A)}_{\text{(다)}}:(a+c)$이므로

$\cos A = \dfrac{b^2+c^2-a^2}{2bc}$ → 삼각형 AED에서 $\cos(180°-A)=\dfrac{\overline{AD}}{\overline{AE}}=\dfrac{\overline{AD}}{2c}$

$-\cos A = \dfrac{\overline{AD}}{2c}$ $\therefore \overline{AD}=-2c\cos A$

✿ $\pi \pm \theta$의 삼각함수 개념·공식

① $\sin(\pi+\theta)=-\sin\theta$, $\sin(\pi-\theta)=\sin\theta$
② $\cos(\pi+\theta)=-\cos\theta$, $\cos(\pi-\theta)=-\cos\theta$
③ $\tan(\pi+\theta)=\tan\theta$, $\tan(\pi-\theta)=-\tan\theta$

정답 공식: 사인법칙, 코사인법칙을 이용하여 세 각의 크기에 대한 식을 세 변에 대한 식으로 바꾼다.

등식 $2\sin A \cos B = \sin C$를 만족시키는 삼각형 ABC는 어떤 삼각형인가? (3점) **단서** 사인법칙과 코사인법칙을 이용하여 $\sin A$, $\cos B$, $\sin C$를 세 변의 길이 a, b, c로 나타내어 이 등식에 대입해.

① 정삼각형
② $\angle A = 90°$인 직각삼각형
③ $\angle C = 90°$인 직각삼각형
④ $\angle A = \angle B$인 이등변삼각형
⑤ $\angle A = \angle C$인 이등변삼각형

1st $\sin A$, $\cos B$, $\sin C$를 각각 변의 길이 a, b, c로 나타내자.

삼각형 ABC의 외접원의 반지름의 길이를 R라 하면 사인법칙과 코사인법칙에 의하여

$\sin A = \dfrac{a}{2R}$, $\cos B = \dfrac{a^2+c^2-b^2}{2ac}$, $\sin C = \dfrac{c}{2R}$ ··· ㉠

2nd $2\sin A \cos B = \sin C$를 정리하여 삼각형 ABC가 어떤 삼각형인지 구하자.

㉠을 주어진 등식에 대입하면

$2 \times \dfrac{a}{2R} \times \dfrac{a^2+c^2-b^2}{2ac} = \dfrac{c}{2R}$에서

$a^2+c^2-b^2=c^2$

$a^2-b^2=0$

$(a+b)(a-b)=0$ 주의 $a+b=0$이거나 $a-b=0$이어야 하는데 a, b 모두 길이이므로 양수야. 따라서 $a-b=0$임을 알 수 있어.

$\therefore a=b \;(\because a+b>0)$ → a, b는 삼각형 ABC는 두 변의 길이이므로 $a>0$, $b>0$이야.

따라서 삼각형 ABC는 $a=b$인 이등변삼각형, 즉 $\angle A = \angle B$인 이등변삼각형이다.

두 변 a, b의 대각이 각각 A, B이므로 $a=b$이면 $\angle A = \angle B$야.

정답 공식: 사인법칙과 코사인법칙을 이용하여 세 각의 크기에 대한 식을 세 변에 대한 식으로 바꾼다.

등식 $(\cos A - \cos B)(\cos A + \cos B) = \sin^2 C$를 만족시키는 삼각형 ABC는 어떤 삼각형인가? (3점)

① $\angle A = 90°$인 직각삼각형
② $\angle B = 90°$인 직각삼각형
③ $a=b$인 이등변삼각형
④ $b=c$인 이등변삼각형
⑤ $c=a$인 이등변삼각형 **단서** 주어진 식을 변의 길이에 대한 식으로 변형하여 삼각형 ABC의 모양을 생각해보자.

1st 주어진 등식을 정리하자.

$(\cos A - \cos B)(\cos A + \cos B) = \sin^2 C$에서

$\cos^2 A - \cos^2 B = \sin^2 C$ $(a+b)(a-b)=a^2-b^2$

$1 - \sin^2 A - (1 - \sin^2 B) = \sin^2 C$

$\therefore \sin^2 B = \sin^2 A + \sin^2 C$ $\sin^2 A + \cos^2 A = 1$에서 $\cos^2 A = 1 - \sin^2 A$

2nd 사인법칙을 이용하여 세 변 a, b, c에 대한 식으로 나타내자.

이때, 삼각형 ABC의 외접원의 반지름의 길이를 R라 하면 사인법칙에 의하여

$\left(\dfrac{b}{2R}\right)^2 = \left(\dfrac{a}{2R}\right)^2 + \left(\dfrac{c}{2R}\right)^2$

$\therefore b^2 = a^2 + c^2$ 피타고라스 정리에 의하여 $\angle C = 90°$인 직각삼각형에서 $c^2 = a^2 + b^2$이다.

따라서 삼각형 ABC는 $\angle B = 90°$인 직각삼각형이다.

> 정답 공식: 사인법칙 $\dfrac{a}{\sin A}=\dfrac{b}{\sin B}=2R$와 코사인법칙의 변형
> $\cos A=\dfrac{b^2+c^2-a^2}{2bc}$을 이용한다.

삼각형 ABC가 $b^2\tan A=a^2\tan B$를 만족시킬 때, 삼각형 ABC
의 모양이 될 수 있는 것만을 [보기]에서 있는 대로 고른 것은? (3점)
단서 변의 길이에 대한 식으로 변형하여 삼각형 ABC의 모양을 찾아.

[보기]
ㄱ. ∠A＝90°인 직각삼각형
ㄴ. ∠C＝90°인 직각삼각형
ㄷ. $a=b$인 이등변삼각형

① ㄱ　　　② ㄴ　　　③ ㄷ
④ ㄴ, ㄷ　　⑤ ㄱ, ㄴ, ㄷ

1st 주어진 식을 sin과 cos으로 나타내자.

$b^2\tan A=a^2\tan B$에서 → $\tan A=\dfrac{\sin A}{\cos A}$

$b^2\times\dfrac{\sin A}{\cos A}=a^2\times\dfrac{\sin B}{\cos B}$

∴ $b^2\sin A\cos B=a^2\sin B\cos A$ ⋯ ㉠

2nd 사인법칙과 코사인법칙을 이용하여 주어진 식을 변의 길이에 대한 식으로 변형하자.

삼각형 ABC의 외접원의 반지름의 길이를 R라 하면
사인법칙에 의하여

$\sin A=\dfrac{a}{2R}$, $\sin B=\dfrac{b}{2R}$　$\dfrac{a}{\sin A}=\dfrac{b}{\sin B}=\dfrac{c}{\sin C}=2R$

코사인법칙에 의하여 → $a^2=b^2+c^2-2bc\cos\theta$에서

$\cos A=\dfrac{b^2+c^2-a^2}{2bc}$, $\cos B=\dfrac{a^2+c^2-b^2}{2ac}$이다. $\cos\theta=\dfrac{b^2+c^2-a^2}{2bc}$

즉, ㉠에 대입하면

$b^2\times\dfrac{a}{2R}\times\dfrac{a^2+c^2-b^2}{2ac}=a^2\times\dfrac{b}{2R}\times\dfrac{b^2+c^2-a^2}{2bc}$

3rd 양변을 정리하여 인수분해하자.

$\dfrac{ab^2(a^2+c^2-b^2)}{2ac}=\dfrac{a^2b(b^2+c^2-a^2)}{2bc}$

$b^2(a^2+c^2-b^2)=a^2(b^2+c^2-a^2)$

$b^2a^2+b^2c^2-b^4=a^2b^2+a^2c^2-a^4$

$a^2c^2-b^2c^2-a^4+b^4=0$

$c^2(a^2-b^2)-(a^4-b^4)=0$

$c^2(a^2-b^2)-(a^2-b^2)(a^2+b^2)=0$

$(a^2-b^2)(c^2-a^2-b^2)=0$

$(a+b)(a-b)(c^2-a^2-b^2)=0$

∴ $a=b$ 또는 $c^2=a^2+b^2$
→ a, b는 변의 길이이므로 $a>0$, $b>0$이지?
즉, $a+b\neq0$이야.

> 함정 삼각형을 판단할 때 $a+b>0$이므로 이 항을 제외한 나머지 항에서 $a=b$는 이등변삼각형을 뜻하고 $a^2+b^2=c^2$은 직각삼각형을 뜻하고 있으니 알아두도록 하자.

따라서 삼각형 ABC는 $a=b$인 이등변삼각형 또는 ∠C＝90°인 직각삼각형이 될 수 있으므로 ㄴ, ㄷ이다.

삼각함수 사이의 관계 개념·공식

① $\tan\theta=\dfrac{\sin\theta}{\cos\theta}$

② $\sin^2\theta+\cos^2\theta=1$

③ $1+\tan^2\theta=\dfrac{1}{\cos^2\theta}$

(정답 공식: 두 변과 사잇각에 대한 조건이므로 코사인법칙을 이용한다.)

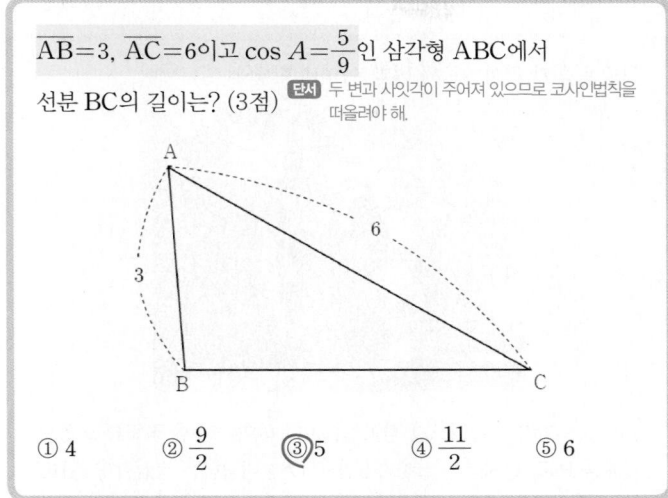

$\overline{AB}=3$, $\overline{AC}=6$이고 $\cos A=\dfrac{5}{9}$인 삼각형 ABC에서
선분 BC의 길이는? (3점) 단서 두 변과 사잇각이 주어져 있으므로 코사인법칙을 떠올려야 해.

① 4　　② $\dfrac{9}{2}$　　③ 5　　④ $\dfrac{11}{2}$　　⑤ 6

1st 코사인법칙을 활용해 $\overline{BC}$를 구해.
삼각형 ABC에서 코사인법칙에 의하여

$\overline{BC}^2=\overline{AB}^2+\overline{AC}^2-2\times\overline{AB}\times\overline{AC}\times\cos A$

$=3^2+6^2-2\times3\times6\times\dfrac{5}{9}$

$=25$

이므로 $\overline{BC}=5$

다른 풀이: 직각삼각형을 만들어 코사인법칙 이용하기
점 B에서 선분 AC에 내린 수선의 발을 D라 하면

$\overline{BD}=\overline{AB}\times\sin A=3\times\dfrac{2\sqrt{14}}{9}=\dfrac{2\sqrt{14}}{3}$

$\sin^2 A=1-\cos^2 A=1-\left(\dfrac{5}{9}\right)^2=\dfrac{56}{81}$이고
∠BAC는 예각이므로 $\sin A=\sqrt{\dfrac{56}{81}}=\dfrac{2\sqrt{14}}{9}$

$\overline{AD}=\overline{AB}\times\cos A=3\times\dfrac{5}{9}=\dfrac{5}{3}$이므로

$\overline{CD}=\overline{AC}-\overline{AD}=6-\dfrac{5}{3}=\dfrac{13}{3}$

∠BDC가 직각이므로

$\overline{BC}^2=\overline{BD}^2+\overline{CD}^2=\left(\dfrac{2\sqrt{14}}{3}\right)^2+\left(\dfrac{13}{3}\right)^2=\dfrac{225}{9}=25$

이므로 $\overline{BC}=5$

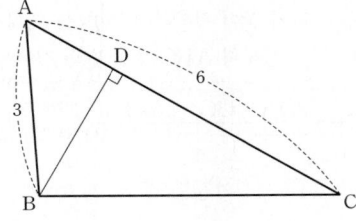

F 77 정답 50 *코사인법칙의 활용 [정답률 68%]

> 정답 공식: 코사인법칙은 $a^2=b^2+c^2-2bc\cos A$이고, 한 변의 길이가 a인 정삼각형의 높이는 $\frac{\sqrt{3}}{2}a$, 넓이는 $\frac{\sqrt{3}}{4}a^2$이다.

그림은 화가 라파엘로의 벽화 '아테네 학당'의 일부이다.

은호는 수학자 유클리드가 컴퍼스를 이용하여 도형을 작도하고 있는 칠판을 보고, 반지름의 길이가 5인 원 O에 내접하는 정삼각형 ABC와 정삼각형 PQR를 이용하여 다음과 같은 도형을 만들었다. 어두운 부분의 넓이의 최솟값을 구하기 위하여 정삼각형 PQR를 원 O에 내접하면서 움직였더니, 어두운 부분의 넓이의 최솟값이 $a\pi-b\sqrt{3}$이었다. 이때, $a+b$의 값을 구하시오. (단, a, b는 유리수) (4점)

> [단서] 어두운 부분의 넓이가 최소이려면 그림의 ①, ②, ③ 영역의 넓이의 합이 최대가 되어야 해.

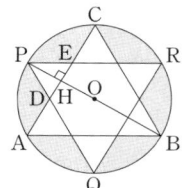

1st 어두운 부분의 넓이가 최소가 되도록 △PQR를 배치하자.

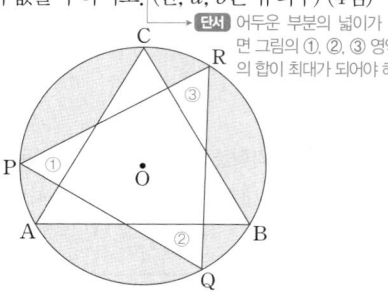

어두운 부분의 넓이가 최소가 되기 위해서 삼각형 PDE의 넓이가 최대가 되어야 한다. 즉, 그림과 같이 정삼각형 PQR를 배치해야 한다. … (*)

∠AOC=120°이므로 정삼각형 ABC의 한 변의 길이는
→ 호 AC에 대한 원주각 ∠ABC=60° 이므로 ∠AOC=2∠ABC=120°

$\overline{AC}=\sqrt{\overline{OA}^2+\overline{OC}^2-2\overline{OA}\times\overline{OC}\times\cos 120°}$ 이므로
→ 삼각형 AOC에 코사인법칙을 적용한 거야.

$=\sqrt{5^2+5^2+2\times 5\times 5\times\frac{1}{2}}$

$=5\sqrt{3}$

이때, 점 P에서 선분 AC에 내린 수선의 발을 H라 하면 정삼각형 ABC의 높이는

$\overline{BH}=\frac{\sqrt{3}}{2}\times 5\sqrt{3}=\frac{15}{2}$이므로

$\overline{PH}=10-\overline{BH}$

$=10-\frac{15}{2}=\frac{5}{2}$

2nd 삼각형 PDE가 정삼각형임을 이용하여 넓이를 구하자.

선분 AC가 두 선분 PQ, PR와 만나는 점을 각각 D, E라 하면 삼각형 PDE는 정삼각형이다.
→ $\overline{PH}$는 정삼각형 PDE의 높이이므로 $\overline{PH}=\frac{\sqrt{3}}{2}\times\overline{PD}$

즉, $\overline{PD}=\frac{2}{\sqrt{3}}\times\overline{PH}=\frac{2}{\sqrt{3}}\times\frac{5}{2}=\frac{5}{\sqrt{3}}$이므로

$\triangle PDE=\frac{\sqrt{3}}{4}\times\left(\frac{5}{\sqrt{3}}\right)^2=\frac{25\sqrt{3}}{12}$

$\triangle ABC=\frac{\sqrt{3}}{4}\times(5\sqrt{3})^2=\frac{75\sqrt{3}}{4}$
└ 한 변의 길이가 a인 정삼각형의 넓이는 $\frac{\sqrt{3}}{4}a^2$

즉, 구하는 넓이의 최솟값은

$25\pi-(\triangle ABC+3\triangle PDE)=25\pi-\left(\frac{75\sqrt{3}}{4}+\frac{25\sqrt{3}}{4}\right)$

$=25\pi-25\sqrt{3}=a\pi-b\sqrt{3}$

따라서 $a=25$, $b=25$이므로
$a+b=25+25=50$

[수능 핵강]

＊ 어두운 부분의 넓이가 최소가 되기 위한 삼각형 PDE의 조건 확인하기

(*)처럼 배치되는 이유를 알아보자. 어두운 부분의 넓이가 최소가 되기 위해서는 밝은 부분의 넓이가 최대가 되어야 해. 즉, △ABC의 넓이는 일정하므로 합동인 △PD′E′, △RF′G′, △QH′I′의 넓이의 합이 최대가 되어야 하지.

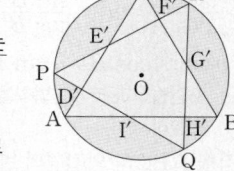

이때, $\triangle PD'E'=\frac{1}{2}\overline{PD'}\times\overline{PE'}\times\sin 60°$이므로 $\overline{PD'}$, $\overline{PE'}$의 길이의 곱이 최대가 되어야겠지?

따라서 산술평균과 기하평균의 관계에 의하여 $\frac{\overline{PD'}+\overline{PE'}}{2}\geq\sqrt{\overline{PD'}\times\overline{PE'}}$ 이고 등호는 $\overline{PD'}=\overline{PE'}$일 때 성립해. 즉, $\overline{PD'}=\overline{PE'}$일 때 $\overline{PD'}\times\overline{PE'}$은 최대가 돼. 따라서 두 변의 길이가 같고, 그 끼인각의 크기가 60°인 삼각형은 정삼각형이므로 △PD′E′이 정삼각형일 때, 밝은 부분의 넓이가 최대가 돼.

F 78 정답 ⑤ *코사인법칙의 활용 [정답률 75%]

> 정답 공식: 사인법칙 $\frac{a}{\sin A}=2R$과 코사인법칙 $a^2=b^2+c^2-2bc\cos A$를 이용한다.

원 모양의 호수의 넓이를 구하기 위해 호수의 가장자리의 세 지점 A, B, C에서 거리와 각을 측정한 결과가 다음과 같았다.

$\overline{AB}=80$ m, $\overline{AC}=100$ m, $\angle CAB=60°$

이때 이 호수의 넓이는? (4점)

> [단서] 호수가 원모양이니까 넓이를 구하려면 반지름의 길이만 구하면 돼.

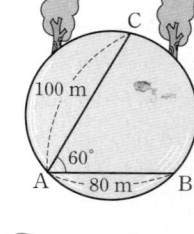

① 2400π m² ② 2500π m²
③ 2600π m² ④ 2700π m²
⑤ 2800π m²

1st 코사인법칙을 이용하여 선분 BC의 길이를 구해.

삼각형 ABC에서 코사인법칙에 의하여

$\overline{BC}^2=\overline{AB}^2+\overline{AC}^2-2\times\overline{AB}\times\overline{AC}\times\cos 60°$
→ 삼각형에서 두 변의 길이와 그 끼인각의 크기가 주어졌으니까 코사인법칙을 떠올려야 해.

$=80^2+100^2-2\times 80\times 100\times\frac{1}{2}$

$=8400$

$\therefore \overline{BC}=\sqrt{8400}$ ($\because \overline{BC}>0$)

2nd 사인법칙을 이용하여 호수의 반지름의 길이를 구하고 넓이를 구해.

이때, 호수의 반지름의 길이를 R라 하면

사인법칙에 의하여 $\dfrac{\overline{BC}}{\sin 60°}=2R$이므로

→ 호수는 삼각형 CAB의 외접원이므로 외접원의 반지름 R의 값을 구하기 위하여 사인법칙을 적용해.

$$R=\dfrac{\sqrt{8400}}{2\times\dfrac{\sqrt{3}}{2}}=\sqrt{\dfrac{8400}{3}}=\sqrt{2800}$$

따라서 호수의 넓이는 $\pi R^2=2800\pi\ (m^2)$이다.

반지름의 길이가 r인 원의 넓이는 πr^2이야.

> **실수** 반지름의 길이가 r인 원의 넓이는 πr^2이므로 문제를 풀 때 R^2의 값에 π를 곱하는 것을 잊지 말자.

F **79** 정답 ④ *코사인법칙의 활용 ·················· [정답률 73%]

(정답 공식: 코사인법칙 $a^2=b^2+c^2-2bc\cos A$를 이용한다.)

> 어떤 물질은 원자를 구로 나타낼 경우 똑같은 구들을 규칙적으로 배열하여 얻은 정육각형 격자구조를 갖는다. 아래 그림은 이 격자구조의 한 단면에 놓여 있는 원자의 중심을 연결한 것이다. 이 구조에서 한 원자의 에너지는 인접한 원자의 수와 거리에 영향을 받는다. 가장 인접한 원자의 중심간의 거리가 모두 1일 때, 동일 평면상에서 고정된 한 원자와 중심 사이의 거리가 $\sqrt{7}$인 원자의 개수는? (3점)
>
> **단서** 한 원자를 중심으로 하고 반지름의 길이가 $\sqrt{7}$인 원을 그렸을 때 이 원 위에 있는 원자의 개수를 구하라는 거야.
>
>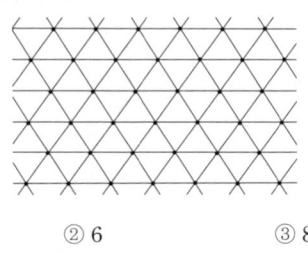
>
> ① 4   ② 6   ③ 8
> ④ 12   ⑤ 16

1st 길이가 $\sqrt{7}$이 되는 선분부터 찾자.

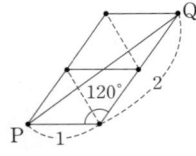

정육각형 격자구조이므로 각 삼각형은 모두 정삼각형이다. 그림과 같이 두 점 P, Q를 잡으면 코사인법칙에 의하여

$$\overline{PQ}^2=1^2+2^2-2\times1\times2\times\cos120°$$

두 변의 길이가 각각 1, 2이고 그 끼인각의 크기가 120°인 삼각형에서 코사인법칙을 적용한 거야.

$$=5+2=7$$

$$\therefore \overline{PQ}=\sqrt{7}$$

2nd 조건을 만족시키는 원자의 개수를 구해.

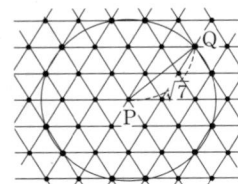

한편, 고정된 한 원자와 중심 사이의 거리가 $\sqrt{7}$이려면 반지름의 길이가 $\sqrt{7}$인 원을 그리면 되고 이 원 위에 있는 점의 개수가 12이므로 원자의 개수는 12이다.

F **80** 정답 **20** *코사인법칙의 활용 ·················· [정답률 45%]

(정답 공식: $a^2=b^2+c^2-2bc\cos A$)

> 그림과 같이 반지름의 길이가 2이고 중심각의 크기가 $\dfrac{3}{2}\pi$인 부채꼴 OBA가 있다. 호 BA 위에 점 P를 $\angle BAP=\dfrac{\pi}{6}$가 되도록 잡고, 점 B에서 선분 AP에 내린 수선의 발을 H라 할 때, $\overline{OH}^2$의 값은 $m+n\sqrt{3}$이다. m^2+n^2의 값을 구하시오. (단, m, n은 유리수이다.) (4점) **단서** 주어진 각의 크기와 수선의 발을 이용하여 보이지 않는 또 다른 조건을 찾아야 해. 보조선을 적당히 긋고 생각해보자.
>
>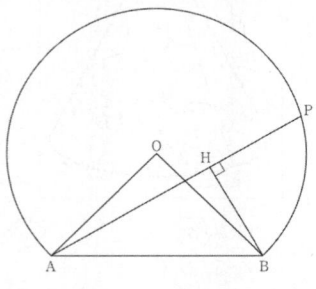

1st 점 O에서 선분 AB에 수선의 발을 내려 만들어지는 삼각형을 이용하여 구해지는 각의 크기나 변의 길이를 구하자.

점 O에서 선분 AB에 내린 수선의 발을 M이라 하자.

삼각형 OAB는 직각이등변삼각형이므로 $\overline{AM}=\overline{BM}$

삼각형 OAM에서 $\overline{OA}=2$,

$\angle OAM=\dfrac{\pi}{4}$이므로

$\overline{AM}=\overline{BM}=\overline{OM}=\sqrt{2}$ … ㉠

삼각형 ABH에서 $\angle BAH=\dfrac{\pi}{6}$이므로

$\overline{BH}=\sqrt{2}$ … ㉡

삼각형 ABH에서 $\sin(\angle BAH)=\dfrac{\overline{BH}}{\overline{AB}}$이므로

$\sin\dfrac{\pi}{6}=\dfrac{\overline{BH}}{2\sqrt{2}}$ $\therefore \overline{BH}=2\sqrt{2}\times\dfrac{1}{2}=\sqrt{2}$

㉠, ㉡에 의해 $\overline{BM}=\overline{BH}=\sqrt{2}$이고, $\angle ABH=\dfrac{\pi}{3}$이므로

삼각형 BHM은 정삼각형이다.

삼각형 ABH에서 $\angle BAP=\angle BAH=\dfrac{\pi}{6}$,

두 변의 길이가 같고, 그 끼인각의 크기가 $\dfrac{\pi}{3}$인 삼각형은 정삼각형이야.

$\angle BHA=\dfrac{\pi}{2}$이므로

즉, $\overline{HM}=\sqrt{2}$, $\angle BMH=\dfrac{\pi}{3}$

$\angle ABH=\dfrac{\pi}{2}-\angle BAH=\dfrac{\pi}{2}-\dfrac{\pi}{6}=\dfrac{\pi}{3}$

2nd 삼각형 OMH에서 코사인법칙을 이용하여 $\overline{OH}^2$의 값을 구하자.

삼각형 OMH에서 → [코사인법칙]

$\angle OMH=\dfrac{\pi}{6}$, $\overline{OM}=\overline{HM}=\sqrt{2}$

$\angle OMH=\angle OMB-\angle BMH=\dfrac{\pi}{2}-\dfrac{\pi}{3}=\dfrac{\pi}{6}$

(1) $a^2=b^2+c^2-2bc\cos A$
(2) $b^2=a^2+c^2-2ac\cos B$
(3) $c^2=a^2+b^2-2ab\cos C$

이므로 코사인법칙에 의하여

$$\overline{OH}^2=\overline{OM}^2+\overline{HM}^2-2\times\overline{OM}\times\overline{HM}\times\cos(\angle OMH)$$

$$=(\sqrt{2})^2+(\sqrt{2})^2-2\times\sqrt{2}\times\sqrt{2}\times\cos\dfrac{\pi}{6}$$

$$=2+2-2\times2\times\dfrac{\sqrt{3}}{2}$$

$$=4-2\sqrt{3}$$

즉, $m=4$, $n=-2$이므로

$m^2+n^2=4^2+(-2)^2=20$

F 81 정답 ③ ＊코사인법칙의 활용 ⋯⋯⋯⋯⋯ [정답률 43%]

(정답 공식: 코사인법칙 $a^2=b^2+c^2-2bc\cos A$를 이용한다.)

그림과 같이 밑면의 반지름의 길이가 2, 모선의 길이가 6, 꼭짓점이 O인 직원뿔에 대하여, 밑면의 지름의 양끝을 A, B라 하고 $\overline{OA}$의 중점을 A′라 하자. 점 P가 점 B에서부터 직원뿔의 옆면을 따라 점 A′까지 움직인 최단거리는? (4점)

단서1 최단거리는 직선을 생각할 수 있으므로 직원뿔의 전개도를 생각할 수 있어.

단서2 원뿔의 꼭짓점에서 밑면에 내린 수선의 발이 밑면의 원의 중심이 되는 원뿔을 말해.

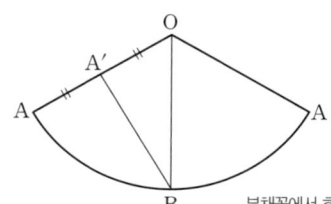

① $\sqrt{3}$　　② $2\sqrt{3}$　　③ $3\sqrt{3}$

④ $4\sqrt{3}$　　⑤ $5\sqrt{3}$

1st 원뿔의 전개도를 이용해서 ∠AOB의 크기를 구하자.

원뿔의 전개도를 그려 두 점 A′와 B를 표시하면 다음 그림과 같다.

부채꼴에서 호의 길이 l은 $l=r\theta$이므로
$2\pi=6\theta$이므로 $\theta=\dfrac{\pi}{3}$

$\overset{\frown}{AB}=2\pi$, $\overline{OA}=6$이므로 부채꼴 OAB에서 $\angle AOB=\dfrac{\pi}{3}$이다.

2nd 삼각형 OA′B에서 코사인법칙을 적용하자.

점 P가 움직인 최단거리는 $\overline{A'B}$이므로 삼각형 OA′B에서 코사인법칙을 이용하면

$a^2=b^2+c^2-2bc\cos A$

$\overline{A'B}^2=3^2+6^2-2\times3\times6\times\cos\dfrac{\pi}{3}=27$　∴ $\overline{A'B}=3\sqrt{3}$

🔖 다른 풀이: **정삼각형 OAB에 대하여 정삼각형의 높이를 이용하여 최단거리 구하기**

삼각형 OAB에서 $\angle AOB=\dfrac{\pi}{3}$이므로

$\angle OAB=\angle OBA=\dfrac{\pi}{3}$

따라서 삼각형 OAB는 정삼각형이므로

$\overline{A'B}=\dfrac{\sqrt{3}}{2}\times6=3\sqrt{3}$

정삼각형의 한 변의 길이가 a일 때, 높이 h는 $h=\dfrac{\sqrt{3}}{2}a$

⚙ 코사인법칙　　　　　　　　개념·공식

삼각형 ABC의 세 변의 길이와 세 각의 크기 사이에는 다음과 같은 관계가 성립한다.

① $a^2=b^2+c^2-2bc\cos A$
② $b^2=c^2+a^2-2ca\cos B$
③ $c^2=a^2+b^2-2ab\cos C$

F 82 정답 ⑤ ＊코사인법칙의 활용 ⋯⋯⋯⋯⋯ [정답률 41%]

(정답 공식: 사인법칙 $\dfrac{a}{\sin A}=2R$와 코사인법칙의 변형 $\cos A=\dfrac{b^2+c^2-a^2}{2bc}$을 이용한다.)

그림과 같이 $\overline{AB}=3$, $\overline{BC}=a$, $\overline{AC}=4$인 삼각형 ABC가 원에 내접하고 있다. 이 원의 반지름의 길이를 R라 할 때, 옳은 내용을 [보기]에서 모두 고른 것은? (4점)

단서1 삼각형의 외접원의 반지름의 길이가 R이므로 사인법칙을 사용할 수 있어.

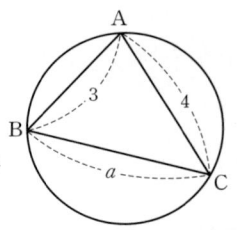

[보기]

ㄱ. $a=5$이면 $R=\dfrac{5}{2}$이다. **단서2** 삼각형 ABC는 ∠A=90°인 직각삼각형이야.

ㄴ. $R=4$이면 $a=8\sin A$이다. **단서3** 사인법칙 $\dfrac{a}{\sin A}=2R$를 이용해

ㄷ. $1<a^2\leq13$일 때, ∠A의 최댓값은 60°이다.

① ㄱ　　　② ㄷ　　　③ ㄱ, ㄴ

④ ㄴ, ㄷ　　　⑤ ㄱ, ㄴ, ㄷ

1st 삼각형 ABC가 직각삼각형임을 이용해.

ㄱ. $a=5$이면 삼각형 ABC는 직각삼각형이므로 변 BC는 원의 지름이다.

$3^2+4^2=5^2$이므로 $\overline{AB}^2+\overline{AC}^2=\overline{BC}^2$이 성립해.
따라서 삼각형 ABC는 BC가 빗변인 직각삼각형이야.

∴ $R=\dfrac{5}{2}$ (참)

주의 원 안의 삼각형이 직각삼각형이 되는 경우는 그 원이 삼각형의 외접원이라는 뜻이야.

2nd 사인법칙 $\dfrac{a}{\sin A}=2R$가 성립함을 이용해.

ㄴ. 사인법칙 $\dfrac{a}{\sin A}=2R$에 의하여

$\dfrac{a}{\sin A}=\dfrac{b}{\sin B}=\dfrac{c}{\sin C}=2R$

$a=2R\sin A$

∴ $a=2\times4\times\sin A=8\sin A$ (참)

3rd $1<a^2\leq13$이므로 코사인법칙의 변형을 이용해서 $\cos A$의 값의 범위를 구하자.

ㄷ. $1<a^2\leq13$이므로 삼각형 ABC에서 코사인법칙의 변형에 의하여

$a^2=b^2+c^2-2bc\cos A$에서

$\cos A=\dfrac{3^2+4^2-a^2}{2\times3\times4}=\dfrac{25-a^2}{24}$

$1<a^2\leq13$에서 $-13\leq-a^2<-1$
$12\leq25-a^2<24$
∴ $\dfrac{1}{2}\leq\dfrac{25-a^2}{24}<1$

이때, $\dfrac{1}{2}\leq\cos A<1$이므로 $0°<\angle A\leq60°$

따라서 ∠A의 최댓값은 60°이다. (참)

실수⚡ $\cos 0=1$이고 $\cos\dfrac{\pi}{3}=\dfrac{1}{2}$이므로 각 A는 $0°<A\leq60°$야. 이때 등호에 유의하자.

따라서 옳은 것은 ㄱ, ㄴ, ㄷ이다.

⚙ 사인법칙과 삼각형의 외접원　　개념·공식

삼각형 ABC의 외접원의 반지름의 길이를 R라 하면 삼각형의 세 변의 길이와 세 각 사이에는 다음과 같은 관계가 성립한다.

$\dfrac{a}{\sin A}=\dfrac{b}{\sin B}=\dfrac{c}{\sin C}=2R$

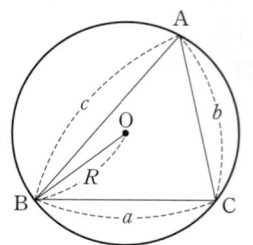

F 83 정답 ② *코사인법칙의 활용 ·········· [정답률 38%]

(정답 공식: 삼각형 ABC에서 코사인법칙 $a^2=b^2+c^2-2bc\cos A$가 성립한다.)

그림과 같이 $\overline{AB}=5$, $\overline{BC}=4$, $\cos(\angle ABC)=\dfrac{1}{8}$인 삼각형 ABC

가 있다. $\angle ABC$의 이등분선과 $\angle CAB$의 이등분선이 만나는 점을 D, 선분 BD의 연장선과 삼각형 ABC의 외접원이 만나는 점을 E라 할 때, [보기]에서 옳은 것만을 있는 대로 고른 것은? (4점)

단서1 삼각형 ABC의 두 변의 길이와 그 끼인각의 크기에 대한 코사인 값이 주어진 거야.

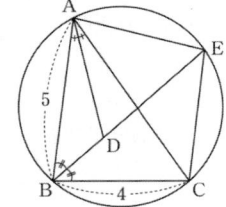

[보기]

ㄱ. $\overline{AC}=6$ 단서2 삼각형 ABC에서 코사인법칙을 이용해.

ㄴ. $\overline{EA}=\overline{EC}$ 단서3 원주각의 성질을 이용해 봐.

ㄷ. $\overline{ED}=\dfrac{31}{8}$ 단서4 코사인법칙을 이용하여 선분 ED의 길이를 구해.

① ㄱ   ② ㄱ, ㄴ   ③ ㄱ, ㄷ   ④ ㄴ, ㄷ   ⑤ ㄱ, ㄴ, ㄷ

1st 코사인법칙을 이용하여 선분 AC의 길이를 구해.

ㄱ. 삼각형 ABC에서 코사인법칙에 의하여

$\overline{AC}^2=\overline{AB}^2+\overline{BC}^2-2\times\overline{AB}\times\overline{BC}\times\cos(\angle ABC)$

　　　$=5^2+4^2-2\times5\times4\times\dfrac{1}{8}=36$

[코사인법칙]
삼각형 ABC에 대하여
$a^2=b^2+c^2-2bc\cos A$

$\therefore \overline{AC}=6\ (\because \overline{AC}>0)$ (참)

2nd 삼각형 EAC의 모양을 알아봐.

ㄴ. $\angle CAE$, $\angle CBE$는 호 CE에 대한 원주각이고 $\angle ACE$, $\angle ABE$는 호 AE에 대한 원주각이므로

→ 한 호에 대한 원주각의 크기는 모두 같아.

$\angle CAE=\angle CBE$, $\angle ACE=\angle ABE$이다.

이때, $\angle ABE=\angle CBE$이므로 $\angle CAE=\angle ACE$

따라서 삼각형 ACE는 $\overline{EA}=\overline{EC}$인 이등변삼각형이다. (참)

→ 두 밑각의 크기가 같은 삼각형은 이등변삼각형이야.

3rd 선분 ED의 길이를 구해.

ㄷ. $\angle DAB=\angle DAC=x$, $\angle ABE=\angle CBE=y$라 하면 삼각형 ABD에서 $\angle ADE=\angle DAB+\angle ABD=x+y$

또, $\angle CAE=\angle CBE=y$이므로

$\angle ADE$는 삼각형 ABD의 한 외각이고 삼각형의 외각의 크기는 이웃하지 않는 두 내각의 크기의 크기의 합과 같으므로 $\angle ADE=\angle DAB+\angle ABD$가 성립해.

$\angle DAE=\angle DAC+\angle CAE=x+y$

따라서 삼각형 EAD에서 $\angle DAE=\angle ADE$이므로 삼각형 EAD는 $\overline{EA}=\overline{ED}$ ··· ㉠인 이등변삼각형이다.

한편, ㄱ에서 $\overline{AC}^2=36$이고 $\angle AEC=\pi-\angle ABC$이므로

→ 원에 내접하는 사각형의 두 대각의 크기의 합은 180°야.

삼각형 EAC에서 코사인법칙에 의하여

$\overline{AC}^2=\overline{EA}^2+\overline{EC}^2-2\times\overline{EA}\times\overline{EC}\times\cos(\pi-\angle ABC)$

　　　$=2\overline{EA}^2-2\times\overline{EA}^2\times\left(-\dfrac{1}{8}\right)(\because ㄴ)$

→ $\angle AEC=\pi-\angle ABC$이고 $\cos(\pi-\theta)=-\cos\theta$이므로 $\cos(\pi-\angle ABC)$ $=-\cos(\angle ABC)=-\dfrac{1}{8}$

　　　$=\dfrac{9}{4}\overline{EA}^2=36$

$\overline{EA}^2=16$　$\therefore \overline{EA}=4\ (\because \overline{EA}>0)$

따라서 ㉠에 의하여 $\overline{ED}=\overline{EA}=4$ (거짓)

따라서 옳은 것은 ㄱ, ㄴ이다.

F 84 정답 ② *삼각형의 넓이 ·········· [정답률 84%]

[정답 공식: 이웃한 두 변의 길이가 각각 a, b이고 그 끼인각의 크기가 θ인 삼각형의 넓이를 S라 하면 $S=\dfrac{1}{2}ab\sin\theta$이다.]

$\overline{AB}=6$, $\overline{BC}=7$인 삼각형 ABC가 있다. 삼각형 ABC의 넓이가 15일 때, $\cos(\angle ABC)$의 값은? (단, $0<\angle ABC<\dfrac{\pi}{2}$) (3점)

단서1 삼각형 ABC의 두 변의 길이와 넓이가 주어졌으니까 길이가 주어진 두 변에 끼인각의 크기에 대한 사인값을 구할 수 있어.

단서2 $\sin(\angle ABC)$와 $\cos(\angle ABC)$ 사이의 관계식을 이용하면 돼.

단서3 $\cos(\angle ABC)$의 값은 양수야.

① $\dfrac{\sqrt{21}}{7}$ ② $\dfrac{2\sqrt{6}}{7}$ ③ $\dfrac{3\sqrt{3}}{7}$

④ $\dfrac{\sqrt{30}}{7}$ ⑤ $\dfrac{\sqrt{33}}{7}$

1st 삼각형 ABC의 넓이를 이용하여 $\sin(\angle ABC)$의 값을 구해.

삼각형 ABC의 넓이가 15이므로

$\dfrac{1}{2}\times\overline{AB}\times\overline{BC}\times\sin(\angle ABC)=15$에서

$\dfrac{1}{2}\times6\times7\times\sin(\angle ABC)=15$

$\therefore \sin(\angle ABC)=\dfrac{5}{7}$

2nd $\cos(\angle ABC)$의 값을 구해.

$0<\angle ABC<\dfrac{\pi}{2}$이므로 $\cos(\angle ABC)>0$

∠ABC는 제1사분면의 각이므로 ∠ABC에 대한 삼각함수의 부호는 각각 $\sin(\angle ABC)>0$, $\cos(\angle ABC)>0$, $\tan(\angle ABC)>0$이야.

$\therefore \cos(\angle ABC)=\sqrt{1-\sin^2(\angle ABC)}=\sqrt{1-\dfrac{25}{49}}=\sqrt{\dfrac{24}{49}}$

　　　$=\dfrac{2\sqrt{6}}{7}$

$\sin^2\theta+\cos^2\theta=1$이므로 $\cos^2\theta=1-\sin^2\theta$

⚙ 삼각형의 넓이 　　　　　　　　　개념·공식

삼각형 ABC의 넓이를 S라 하면

① $S=\dfrac{1}{2}bc\sin A=\dfrac{1}{2}ca\sin B=\dfrac{1}{2}ab\sin C$

② 삼각형 ABC의 외접원의 반지름의 길이 R를 알 때,

$S=\dfrac{abc}{4R}=2R^2\sin A\sin B\sin C$

③ 삼각형 ABC의 내접원의 반지름의 길이 r를 알 때,

$S=\dfrac{1}{2}r(a+b+c)$

④ 헤론의 공식

$S=\sqrt{s(s-a)(s-b)(s-c)}$ (단, $s=\dfrac{a+b+c}{2}$)

F 85 정답 ⑤ *삼각형의 넓이 ································· [정답률 75%]

> 정답 공식: 두 변의 길이가 a, b이고 끼인각의 크기가 θ인 삼각형의 넓이는
> $S=\frac{1}{2}ab\sin\theta$이고, 삼각형 ABC의 $\angle A$의 이등분선이 변 BC와 만나는 점을
> D라 하면 $\overline{AB}:\overline{AC}=\overline{BD}:\overline{CD}$이다.

단서1 삼각형 ABC의 넓이는 두 삼각형 ABD, ADC의 넓이의 합과 같아.

그림과 같이 $\overline{AB}=8$, $\overline{AC}=6$,
$\angle A=60°$인 삼각형 ABC에서
$\angle A$의 이등분선이 변 BC와 만나
는 점을 D라 할 때, 삼각형 **ABD**
의 넓이는? (3점)

① $\dfrac{12\sqrt{3}}{7}$ ② $\dfrac{24\sqrt{3}}{7}$ ③ $\dfrac{44\sqrt{3}}{7}$

④ $\dfrac{46\sqrt{3}}{7}$ ⑤ $\dfrac{48\sqrt{3}}{7}$

단서2 $\triangle ABD=\frac{1}{2}\times\overline{AB}\times\overline{AD}\times\sin(\angle BAD)$인데 선분 AB의 길이와 $\angle BAD$의
크기가 주어졌으니까 선분 AD의 길이만 알면 돼.

1st $\triangle ABD+\triangle ADC=\triangle ABC$임을 이용하여 선분 AD의 길이를 구해.

$\triangle ABD+\triangle ADC=\triangle ABC$이고 선분 AD가 $\angle A$의 이등분선이므로
$\angle BAD=\angle CAD=30°$이다. 즉,

$\dfrac{1}{2}\times8\times\overline{AD}\times\sin30°+\dfrac{1}{2}\times6\times\overline{AD}\times\sin30°=\dfrac{1}{2}\times8\times6\times\sin60°$에서

$\dfrac{7}{2}\overline{AD}=12\sqrt{3}$

삼각형의 넓이를 S라 하면
$S=\frac{1}{2}ab\sin\theta$

$\therefore \overline{AD}=\dfrac{24\sqrt{3}}{7}$

2nd 삼각형 ABD의 넓이를 구해.

$\therefore \triangle ABD=\dfrac{1}{2}\times8\times\dfrac{24\sqrt{3}}{7}\times\sin30°$

$=\dfrac{48\sqrt{3}}{7}$

🔑 **다른 풀이:** 각의 이등분의 성질에 의하여 $\overline{BD}:\overline{CD}=8:6$이고, 두 삼각형
ABD, ACD의 넓이의 비는 $\overline{BD}:\overline{CD}$와 같음을 이용하여 넓이
구하기

$\triangle ABC=\dfrac{1}{2}\times\overline{AB}\times\overline{AC}\times\sin60°$

$=\dfrac{1}{2}\times8\times6\times\dfrac{\sqrt{3}}{2}$

주의
각의 이등분선의 성질이니까
알아두도록 하자.

$=12\sqrt{3}$

이때, 선분 AD는 $\angle A$의 이등분선이므로
$\overline{BD}:\overline{CD}=\overline{AB}:\overline{AC}=8:6=4:3$
선분 AD가 $\angle A$의 이등분선이면 $a:b=c:d$가 성립해.

즉, 삼각형 ABD의 넓이는 삼각형 ABC의 넓이의 $\dfrac{4}{7}$이므로

두 삼각형은 높이가 같으므로
이 두 삼각형의 넓이의
비는 밑변의 길이의 비와 같아.

$\triangle ABD=\dfrac{4}{7}\triangle ABC$

$=\dfrac{4}{7}\times12\sqrt{3}$

$=\dfrac{48\sqrt{3}}{7}$

F 86 정답 ③ *삼각형의 넓이 ································· [정답률 84%]

> 정답 공식: 반지름의 길이가 r이고 중심각의 크기가 θ인 부채꼴의 호의 길이를
> l, 넓이를 S라 하면 $l=r\theta$, $S=\frac{1}{2}r^2\theta=\frac{1}{2}rl$이다.

길이가 12인 선분 AB를 지름으로 하는 반원의 호 AB 위에
점 C가 있다. 호 CB의 길이가 2π일 때, 두 선분 AB,
AC와 호 CB로 둘러싸인 부분의 넓이는? (4점)

단서 선분 AB의 중점을 O라 하면 구하는 부분의 넓이는 부채꼴 COB의 넓이와 삼각형
AOC의 넓이의 합과 같아.

① $5\pi+9\sqrt{3}$ ② $5\pi+10\sqrt{3}$ ③ $6\pi+9\sqrt{3}$

④ $6\pi+10\sqrt{3}$ ⑤ $7\pi+9\sqrt{3}$

1st 반원의 중심을 O라 하고 $\angle COB$의 크기를 구해.

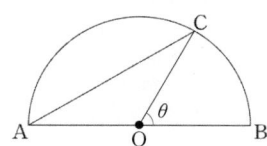

그림과 같이 선분 AB의 중점을 O라 하면 점 O는 반원의 중심이므로
반원의 반지름의 길이는 $\dfrac{1}{2}\overline{AB}=\dfrac{1}{2}\times12=6$이다.

이때, 호 CB의 길이가 2π이므로 $\angle COB=\theta$라 하면
$6\theta=2\pi$ 반지름의 길이가 r이고 중심각의 크기가 θ인 부채꼴의 호의 길이를 l이라 하면 $l=r\theta$

$\therefore \theta=\dfrac{\pi}{3}$

2nd 두 선분 AB, AC와 호 CB로 둘러싸인 부분의 넓이를 구해.

한편, $\angle AOC=\pi-\angle COB=\pi-\dfrac{\pi}{3}=\dfrac{2}{3}\pi$이고 구하는 부분의 넓이를
S라 하면 S는 부채꼴 COB의 넓이와 삼각형 AOC의 넓이의 합과 같다.

$\therefore S=($부채꼴 COB의 넓이$)+\triangle AOC$

$=\dfrac{1}{2}\times\overline{OB}^2\times\theta+\dfrac{1}{2}\times\overline{OA}\times\overline{OC}\times\sin(\angle AOC)$

반지름의 길이가 r이고 중심각의 크기가 θ인 부채꼴의 넓이는 $\frac{1}{2}r^2\theta$

두 변의 길이가 각각 a, b이고 그 끼인각의 크기가 θ인 삼각형의 넓이는 $\frac{1}{2}ab\sin\theta$

$=\dfrac{1}{2}\times6^2\times\dfrac{\pi}{3}+\dfrac{1}{2}\times6\times6\times\sin\dfrac{2}{3}\pi$

$=6\pi+9\sqrt{3}$ $\sin\dfrac{2}{3}\pi=\dfrac{\sqrt{3}}{2}$

⚙ **삼각형의 넓이**   개념·공식

삼각형 ABC의 넓이를 S라 하면
① $S=\dfrac{1}{2}bc\sin A=\dfrac{1}{2}ca\sin B=\dfrac{1}{2}ab\sin C$
② 삼각형 ABC의 외접원의 반지름의 길이가 R를 알 때,
   $S=\dfrac{abc}{4R}=2R^2\sin A\sin B\sin C$
③ 삼각형 ABC의 내접원의 반지름의 길이가 r를 알 때,
   $S=\dfrac{1}{2}r(a+b+c)$
④ 헤론의 공식
   $S=\sqrt{s(s-a)(s-b)(s-c)}$ (단, $s=\dfrac{a+b+c}{2}$)

정답 공식: 삼각형의 두 변의 길이가 a, b이고, 그 끼인각의 크기가 θ일 때, 삼각형의 넓이 $S=\dfrac{1}{2}ab\sin\theta$이다.

그림과 같이 중심각의 크기가 $\dfrac{\pi}{3}$인 부채꼴 OAB의 호의 길이가 π일 때, 삼각형 OAB의 넓이는? (3점)

단서 부채꼴의 중심각의 크기와 호의 길이를 알면 반지름의 길이를 알 수 있어.

① $2\sqrt{3}$ ② $\dfrac{9\sqrt{3}}{4}$ ③ $\dfrac{5\sqrt{3}}{2}$

④ $\dfrac{11\sqrt{3}}{4}$ ⑤ $3\sqrt{3}$

1st 부채꼴의 호의 길이와 중심각이 주어졌으니까 반지름의 길이를 구할 수 있어.
부채꼴의 반지름의 길이가 r, 중심각의 크기가 θ일 때, 호의 길이 $l=r\theta$

부채꼴 OAB의 반지름의 길이를 r라 하면 $\pi=r\times\dfrac{\pi}{3}$에서 $r=3$

2nd 두 변의 길이와 그 끼인각의 크기로 삼각형의 넓이를 구할 수 있어.

$$\therefore \triangle\text{OAB}=\dfrac{1}{2}\times3^2\times\sin\dfrac{\pi}{3}=\dfrac{1}{2}\times9\times\dfrac{\sqrt{3}}{2}=\dfrac{9\sqrt{3}}{4}$$
두 변의 길이는 반지름의 길이 r이므로 그 끼인각의 크기 θ를 이용하면 삼각형의 넓이는 $\dfrac{1}{2}r^2\sin\theta$야.

정답 공식: 두 변의 길이가 a, b이고 그 끼인각의 크기가 θ인 삼각형의 넓이는 $\dfrac{1}{2}ab\sin\theta$

단서1 두 변의 길이와 그 끼인각의 크기를 이용하여 삼각형의 넓이를 구해보자.
$\overline{\text{AB}}=15$이고 넓이가 50인 삼각형 ABC에 대하여 $\angle\text{ABC}=\theta$라 할 때 $\cos\theta=\dfrac{\sqrt{5}}{3}$이다. 선분 BC의 길이를 구하시오. (3점)
단서2 $\cos\theta$의 값이 주어지면 $\sin^2\theta+\cos^2\theta=1$을 이용하여 $\sin\theta$의 값을 구할 수 있어.

1st 삼각함수 사이의 관계를 이용하여 $\sin\theta$의 값을 구하자.

삼각형 ABC에서 $\cos\theta=\dfrac{\sqrt{5}}{3}$이므로

$$\underset{\substack{\sin^2\theta+\cos^2\theta=1\text{에서}\\ \sin^2\theta=1-\cos^2\theta,\ \sin\theta=\pm\sqrt{1-\cos^2\theta}\\ \text{그런데 }0<\theta<\pi\text{에서 }\sin\theta>0\\ \text{즉, }\sin\theta=\sqrt{1-\cos^2\theta}}}{\sin\theta=\sqrt{1-\cos^2\theta}}=\sqrt{1-\left(\dfrac{\sqrt{5}}{3}\right)^2}=\dfrac{2}{3}$$

2nd 삼각형에서 두 변의 길이와 끼인각의 크기를 알면 넓이를 구할 수 있지.
$\overline{\text{AB}}=15$이고 삼각형 ABC의 넓이가 50이므로

[삼각형의 넓이]
$$50=\dfrac{1}{2}\times\overline{\text{AB}}\times\overline{\text{BC}}\times\sin\theta$$
두 변의 길이가 a, b이고 그 끼인각의 크기가 θ인 삼각형의 넓이 S는 $S=\dfrac{1}{2}ab\sin\theta$

$$=\dfrac{1}{2}\times15\times\overline{\text{BC}}\times\dfrac{2}{3}=5\times\overline{\text{BC}}$$

$$\therefore \overline{\text{BC}}=10$$

정답 공식: 삼각형의 넓이 $S=\dfrac{1}{2}ab\sin\theta$와 곱셈 공식을 이용한다.

그림과 같이 세 정사각형 OABC, ODEF, OGHI와 세 삼각형 OCD, OFG, OIA는 한 점 O에서 만나고, $\angle\text{COD}=\angle\text{FOG}=\angle\text{IOA}=30°$이다.
세 삼각형 넓이의 합이 26이고, 세 정사각형 둘레의 길이의 합이 72일 때, 세 정사각형의 넓이의 합을 구하시오. (4점)
단서 정사각형과 삼각형은 변을 공유하니까 세 정사각형의 변의 길이를 미지수로 두고 식을 세워.

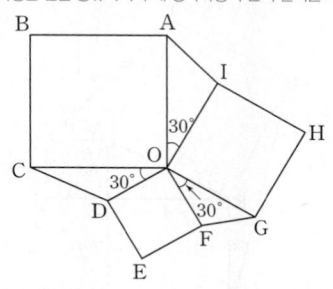

1st 주어진 조건으로 세 정사각형의 변의 길이에 대한 식을 각각 세우자.
세 정사각형 OABC, ODEF, OGHI의 한 변의 길이를 각각 a, b, c라 하면 세 정사각형의 둘레의 길이의 합이 72이므로
$4a+4b+4c=4(a+b+c)=72$에서
$a+b+c=18$
한편, 세 삼각형 OCD, OFG, OIA의 넓이는 각각

$$\triangle\text{OCD}=\dfrac{1}{2}\overline{\text{OC}}\times\overline{\text{OD}}\times\sin30°$$
두 변의 길이가 a, b이고 이 두 변의 끼인각의 크기가 θ인 삼각형의 넓이를 S라 하면 $S=\dfrac{1}{2}ab\sin\theta$
$$=\dfrac{1}{4}ab$$

$$\triangle\text{OFG}=\dfrac{1}{2}\overline{\text{OF}}\times\overline{\text{OG}}\times\sin30°$$
$$=\dfrac{1}{4}bc$$

$$\triangle\text{OIA}=\dfrac{1}{2}\overline{\text{OI}}\times\overline{\text{OA}}\times\sin30°$$
$$=\dfrac{1}{4}ca$$

이때, 세 삼각형 넓이의 합이 26이므로
$$\dfrac{1}{4}(ab+bc+ca)=26$$에서
$$ab+bc+ca=104$$

2nd 세 정사각형의 넓이의 합을 구하자.
따라서 세 정사각형 넓이의 합은 $a^2+b^2+c^2$이므로
$$\underset{(a+b+c)^2=a^2+b^2+c^2+2(ab+bc+ca)}{a^2+b^2+c^2}=(a+b+c)^2-2(ab+bc+ca)$$
$$=18^2-2\times104=116$$

🔅 곱셈 공식 개념·공식

① $(a+b)^2=a^2+2ab+b^2$
② $(a-b)^2=a^2-2ab+b^2$
③ $(a+b)(a-b)=a^2-b^2$
④ $(a+b+c)^2=a^2+b^2+c^2+2(ab+bc+ca)$

> 정답 공식: $\sin\alpha=\sin(\pi-\alpha)$이고, 두 변의 길이가 a, b이고 끼인각의 크기가 θ
> 인 삼각형의 넓이는 $S=\dfrac{1}{2}ab\sin\theta$이다.

그림과 같이 직각삼각형 ABC의 세 변 AB, BC, CA를 각각 한 변으로 하는 정사각형 APQB, BRSC, CTUA를 그린다. 세 변 AB, BC, CA의 길이를 각각 c, a, b라 할 때, 다음 중 **육각형 PQRSTU의 넓이**를 나타낸 것은? (4점)

단서 육각형의 넓이는 3개의 정사각형과 4개의 삼각형 넓이의 합으로 구하면 돼.

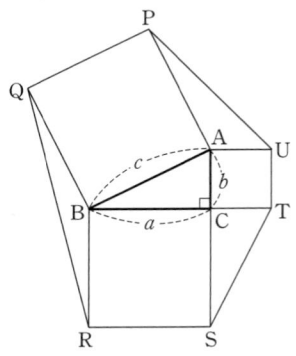

① $2(a^2+bc)$ ② $2(b^2+ca)$
③ $2(c^2+ab)$ ④ $ab+bc+ca+2a^2$
⑤ $ab+bc+ca+2c^2$

1st 삼각형의 넓이 공식 $\dfrac{1}{2}ab\sin\theta$를 이용해.

세 삼각형 AUP, BQR, CST에서
$\angle\mathrm{PAU}=180°-\angle\mathrm{A}$, $\angle\mathrm{QBR}=180°-\angle\mathrm{B}$, $\angle\mathrm{SCT}=180°-\angle\mathrm{C}$
$\quad\to 360°=\angle\mathrm{A}+90°+90°+\angle\mathrm{PAU}$이지?
이므로 육각형 PQRSTU의 넓이를 S라 하면
$S=\triangle\mathrm{ABC}+\square\mathrm{APQB}+\square\mathrm{BRSC}+\square\mathrm{CTUA}+\triangle\mathrm{PAU}+\triangle\mathrm{BQR}$
삼각형 ABC에서 두 변의 길이가 a, b이고 그 끼인각의 크기가 θ일 때,
$\qquad\qquad\qquad\qquad\qquad\qquad\qquad\qquad\qquad +\triangle\mathrm{CST}$
삼각형의 넓이 S는 $S=\dfrac{1}{2}ab\sin\theta$ ←

$=\dfrac{1}{2}ab+c^2+a^2+b^2+\dfrac{1}{2}bc\sin(180°-\angle\mathrm{A})+\dfrac{1}{2}ac\sin(180°-\angle\mathrm{B})$
$\qquad\qquad\qquad\qquad\qquad +\dfrac{1}{2}ab\sin(180°-\angle\mathrm{C})$

$=\dfrac{1}{2}ab+a^2+b^2+c^2+\dfrac{1}{2}bc\sin A+\dfrac{1}{2}ac\sin B+\dfrac{1}{2}ab\sin C$

2nd 삼각형 ABC에서 $\sin A$, $\sin B$, $\sin C$를 구하여 육각형의 넓이를 간단히 나타내자.

삼각형 ABC에서 $\sin A=\dfrac{a}{c}$, $\sin B=\dfrac{b}{c}$, $\sin C=1$, $a^2+b^2=c^2$이므로
$S=\dfrac{1}{2}ab+2c^2+\dfrac{1}{2}ab+\dfrac{1}{2}ab+\dfrac{1}{2}ab=2(c^2+ab)$

⚙ 삼각형의 넓이   개념·공식

삼각형 ABC의 넓이를 S라 하면
① $S=\dfrac{1}{2}bc\sin A=\dfrac{1}{2}ca\sin B=\dfrac{1}{2}ab\sin C$
② 삼각형 ABC의 외접원의 반지름의 길이 R를 알 때,
$\quad S=\dfrac{abc}{4R}=2R^2\sin A\sin B\sin C$
③ 삼각형 ABC의 내접원의 반지름의 길이 r를 알 때,
$\quad S=\dfrac{1}{2}r(a+b+c)$

> 정답 공식: 삼각형 ABC의 $\angle$A의 이등분선이 변 BC와 만나는 점을 D라 하면
> $\overline{\mathrm{AB}}:\overline{\mathrm{AC}}=\overline{\mathrm{BD}}:\overline{\mathrm{CD}}$이다.

그림은 세 도시 A, B, C를 서로 잇는 직선도로를 나타낸 것이다. $\angle\mathrm{A}=120°$, $\overline{\mathrm{AB}}=15$ km, $\overline{\mathrm{AC}}=20$ km이고 두 도시 B, C 사이에 선분 BC를 3 : 4로 내분하는 지점 D에 도서관을 세울 때, 직선도로 $\overline{\mathrm{AD}}$의 길이는 몇 km인가? (4점)

단서 3 : 4=15 : 20=BD : DC이므로 점 D는 삼각형 ABC에서 $\angle$A의 이등분선이 선분 BC와 만나는 점이야.

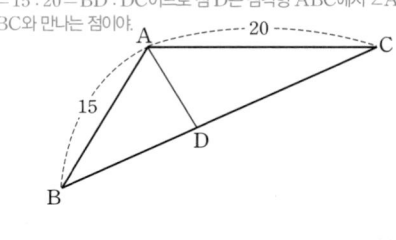

① $\dfrac{60}{7}$ ② $\dfrac{64}{7}$ ③ $\dfrac{68}{7}$
④ $\dfrac{72}{7}$ ⑤ $\dfrac{76}{7}$

1st 각의 이등분선의 성질을 이용해.
$\overline{\mathrm{BD}}:\overline{\mathrm{DC}}=3:4=15:20$이므로 $\overline{\mathrm{AD}}$는 $\angle$A의 이등분선이 된다.

2nd 삼각형 ABC의 넓이는 두 삼각형 ABD, ADC의 넓이의 합과 같음을 이용하자.
삼각형 ABC의 $\angle$A의 이등분선이 변 BC와 만나는 점을 D라 하면 AB : AC=BD : CD

이때, $\triangle\mathrm{ABC}=\triangle\mathrm{ABD}+\triangle\mathrm{ADC}$이므로

$\dfrac{1}{2}\times 15\times 20\times\boxed{\sin 120°}$

빈출 $y=\sin x$ 함수는 $x=\dfrac{\pi}{2}$에 대하여 대칭이므로 $\sin(\pi-\theta)=\sin\theta$가 성립해.

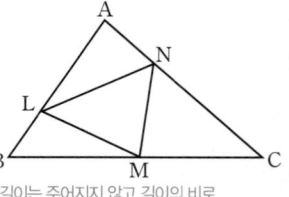

$=\dfrac{1}{2}\times 15\times\overline{\mathrm{AD}}\times\boxed{\sin 60°}+\dfrac{1}{2}\times 20\times\overline{\mathrm{AD}}\times\sin 60°$
$300=15\overline{\mathrm{AD}}+20\overline{\mathrm{AD}}$, $35\overline{\mathrm{AD}}=300$
삼각형 ABC에서 두 변의 길이가 a, b이고 그 끼인각의 크기가 θ일 때,
$\therefore\ \overline{\mathrm{AD}}=\dfrac{60}{7}$
삼각형의 넓이 S는 $S=\dfrac{1}{2}ab\sin\theta$

> 정답 공식: 두 변의 길이가 a, b이고 끼인각의 크기가 θ인 삼각형의 넓이는
> $S=\dfrac{1}{2}ab\sin\theta$이다.

그림과 같이 넓이가 18인 삼각형 ABC가 있다. 각 변 위의 점 L, M, N은 $\overline{\mathrm{AL}}=2\overline{\mathrm{BL}}$, $\overline{\mathrm{BM}}=\overline{\mathrm{CM}}$, $\overline{\mathrm{CN}}=2\overline{\mathrm{AN}}$을 만족할 때, 삼각형 LMN의 넓이를 구하시오. (4점)

단서 삼각형 ABC의 넓이가 주어졌지만 각 변의 길이는 주어지지 않고 길이의 비로 주어졌지? 이는 삼각형의 넓이의 비를 이용하라는 거야.

1st 삼각형 ABC의 넓이를 세 삼각형 ALN, LBM, MCN의 넓이를 이용하여 각각 구하자.

$\triangle\mathrm{ABC}=\dfrac{1}{2}\times\overline{\mathrm{AB}}\times\overline{\mathrm{AC}}\times\sin A$
$\qquad\to$ 두 변의 길이가 a, b이고 그 끼인각의 크기가 θ인 삼각형의 넓이를 S라 하면 $S=\dfrac{1}{2}ab\sin\theta$
$=\dfrac{1}{2}\times\overline{\mathrm{BA}}\times\overline{\mathrm{BC}}\times\sin B$
$=\dfrac{1}{2}\times\overline{\mathrm{CA}}\times\overline{\mathrm{CB}}\times\sin C=18$

$$\triangle ALN = \frac{1}{2} \times \overline{AL} \times \overline{AN} \times \sin A$$

→ $\overline{AL}=2\overline{BL}$에서 $\overline{AB}:\overline{AL}=3:2$

$$= \frac{1}{2} \times \frac{2}{3}\overline{AB} \times \frac{1}{3}\overline{AC} \times \sin A$$

이므로 $\overline{AL}=\frac{2}{3}\overline{AB}$이고

$\overline{CN}=2\overline{AN}$에서 $\overline{AC}:\overline{AN}=3:1$

$$= \frac{2}{9} \times \left(\frac{1}{2} \times \overline{AB} \times \overline{AC} \times \sin A\right)$$

이므로 $\overline{AN}=\frac{1}{3}\overline{AC}$

$$= \frac{2}{9} \times 18 = 4$$

$\overline{AL}=2\overline{BL}$에서 $\overline{AB}:\overline{BL}=3:1$이므로 $\overline{BL}=\frac{1}{3}\overline{AB}$이고

$\overline{BM}=\overline{CM}$에서 $\overline{BC}:\overline{BM}=2:1$이므로 $\overline{BM}=\frac{1}{2}\overline{BC}$

$$\triangle LBM = \frac{1}{2} \times \overline{BL} \times \overline{BM} \times \sin B$$

$$= \frac{1}{2} \times \frac{1}{3}\overline{BA} \times \frac{1}{2}\overline{BC} \times \sin B$$

$$= \frac{1}{6} \times \left(\frac{1}{2} \times \overline{BA} \times \overline{BC} \times \sin B\right)$$

$$= \frac{1}{6} \times 18 = 3$$

$\overline{BM}=\overline{CM}$에서 $\overline{BC}:\overline{CM}=2:1$이므로 $\overline{CM}=\frac{1}{2}\overline{BC}$이고

$\overline{CN}=2\overline{AN}$에서 $\overline{AC}:\overline{CN}=3:2$이므로 $\overline{CN}=\frac{2}{3}\overline{AC}$

$$\triangle MCN = \frac{1}{2} \times \overline{CM} \times \overline{CN} \times \sin C$$

$$= \frac{1}{2} \times \frac{1}{2}\overline{CB} \times \frac{2}{3}\overline{CA} \times \sin C$$

$$= \frac{1}{3} \times \left(\frac{1}{2} \times \overline{CB} \times \overline{CA} \times \sin C\right) = \frac{1}{3} \times 18 = 6$$

2nd 삼각형 LMN의 넓이를 구하자.

$$\therefore \triangle LMN = \triangle ABC - \triangle LBM - \triangle MCN - \triangle ALN$$
$$= 18 - 3 - 6 - 4 = 5$$

F 93 정답 ② *삼각형의 넓이 ················· [정답률 76%]

정답 공식: 사인법칙 $\frac{a}{\sin A}=\frac{b}{\sin B}$와 삼각형의 넓이 $S=\frac{1}{2}ab\sin\theta$를 이용한다.

다음은 $\triangle ABC$에서 한 변의 길이 a와 그 양 끝각 $\angle B$, $\angle C$의 크기가 주어졌을 때, $\triangle ABC$의 넓이 S는 $S=\dfrac{a^2\sin B\sin C}{2\sin(B+C)}$임을 증명한 것이다. (단, $\overline{BC}=a$, $\overline{CA}=b$, $\overline{AB}=c$)

[증명]

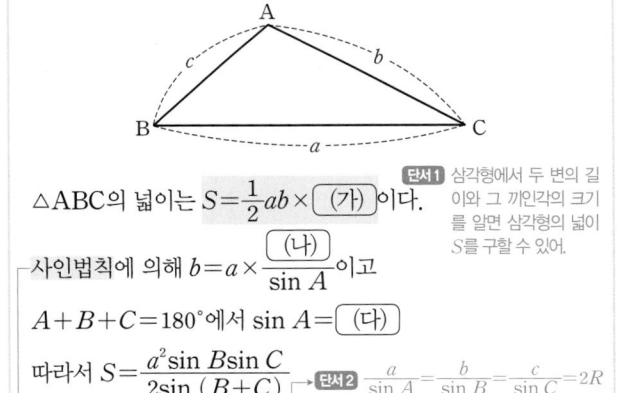

$\triangle ABC$의 넓이는 $S=\dfrac{1}{2}ab \times \boxed{\text{(가)}}$이다.

단서1 삼각형에서 두 변의 길이와 그 끼인각의 크기를 알면 삼각형의 넓이 S를 구할 수 있어.

사인법칙에 의해 $b=a \times \dfrac{\boxed{\text{(나)}}}{\sin A}$이고

$A+B+C=180°$에서 $\sin A=\boxed{\text{(다)}}$

따라서 $S=\dfrac{a^2\sin B\sin C}{2\sin(B+C)}$

단서2 $\dfrac{a}{\sin A}=\dfrac{b}{\sin B}=\dfrac{c}{\sin C}=2R$

위의 증명에서 (가), (나), (다)에 알맞은 것은? (3점)

	(가)	(나)	(다)
①	$\cos C$	$\sin C$	$\cos(B+C)$
②	$\sin C$	$\sin B$	$\sin(B+C)$
③	$\sin C$	$\sin B$	$\cos(B+C)$
④	$\sin C$	$\sin C$	$\sin(B+C)$
⑤	$\cos C$	$\sin B$	$\sin(B+C)$

1st 삼각형의 넓이 공식 $S=\frac{1}{2}ab\sin\theta$를 이용해.

$\triangle ABC$의 넓이는 $S=\dfrac{1}{2}ab \times \underbrace{\sin C}_{\text{(가)}} \cdots \bigcirc$이다.

사인법칙에서 $\dfrac{a}{\sin A}=\dfrac{b}{\sin B}$이므로

$b=a \times \dfrac{\overset{\text{(나)}}{\sin B}}{\sin A}$

$\dfrac{a}{\sin A}=\dfrac{b}{\sin B}$에서 $a\sin B=b\sin A$

$\therefore b=a \times \dfrac{\sin B}{\sin A}$

위의 식을 $\bigcirc$에 대입하여 정리하면 $S=\dfrac{a^2\sin B\sin C}{2\sin A}$

2nd $\sin(\pi-\theta)=\sin\theta$임을 이용해.

$\triangle ABC$에서 $A+B+C=180°$이므로

$A=180°-(B+C)$

즉, $\sin A=\sin\{180°-(B+C)\}=\underbrace{\sin(B+C)}_{\sin(\pi-\theta)=\sin\theta}$이므로

$$S=\dfrac{a^2\sin B\sin C}{2\sin(B+C)}$$

⚙ **사인법칙과 삼각형의 외접원**　　개념·공식

삼각형 ABC의 외접원의 반지름의 길이를 R라 하면 삼각형의 세 변의 길이와 세 각의 크기 사이에는 다음과 같은 관계가 성립한다.

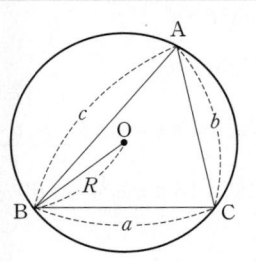

$$\dfrac{a}{\sin A}=\dfrac{b}{\sin B}=\dfrac{c}{\sin C}=2R$$

즉, 삼각형에서 변의 길이와 마주 보는 각에 대한 사인함수의 값의 비는 일정하다.

F 94 정답 ③ *삼각형의 넓이 ················· [정답률 77%]

정답 공식: 코사인법칙을 이용하여 남은 두 변의 길이를 각각 구하고, 삼각형의 넓이 $S=\frac{1}{2}ab\sin\theta$를 이용한다.

그림과 같은 삼각형 ABC의 세 변의 길이의 합이 28이고, $A=120°$, $\overline{BC}=13$일 때, 삼각형 ABC의 넓이는? (3점)

단서 각 A의 크기가 주어졌으니까 두 선분 AB, AC의 길이를 구하면 넓이도 구할 수 있지?

① 14　　② $14\sqrt{2}$　　③ $14\sqrt{3}$　　④ $15\sqrt{2}$　　⑤ $15\sqrt{3}$

1st 코사인법칙을 이용하여 두 선분 AB, AC의 길이를 각각 구해.

$\overline{CA}=b$, $\overline{AB}=c$라 하면 삼각형 ABC의 세 변의 길이의 합이 28이므로

$13+b+c=28$에서 $c=15-b$

코사인법칙에 의하여

$13^2=b^2+(15-b)^2-2b(15-b)\cos 120°$ ← $a^2=b^2+c^2-2bc\cos A$

$b^2-15b+56=0$, $(b-7)(b-8)=0$

$\therefore b=7$ 또는 $b=8$
$\quad c=8$ 또는 $c=7$

함정 $b=7$, $c=8$인 경우와 $b=8$, $c=7$인 경우가 있지만 삼각형의 넓이는 $S=\frac{1}{2}bc\sin 120°$이므로 두 경우 모두 넓이는 같아.

2nd 삼각형 ABC의 넓이를 구해.

$$\therefore \triangle ABC = \frac{1}{2}bc\sin A = \frac{1}{2} \times 7 \times 8 \times \sin 120° = 14\sqrt{3}$$

두 변의 길이가 각각 a, b이고 그 끼인각의 크기가 θ인 삼각형의 넓이를 S라 하면 $S=\frac{1}{2}ab\sin\theta$

정답 공식: 두 변의 길이가 a, b이고 사잇각이 θ인 삼각형의 넓이는 $\frac{1}{2}ab\sin\theta$이다.

$\overline{AB}=\overline{AC}=2$인 삼각형 ABC에서 $\angle BAC=\theta$ ($0<\theta<\pi$)라 하자. 삼각형 ABC의 넓이가 1보다 크도록 하는 모든 θ의 값의 범위가 $\alpha<\theta<\beta$일 때, $2\alpha+\beta$의 값은? (3점)

① $\frac{7}{6}\pi$ ② $\frac{4}{3}\pi$ ③ $\frac{3}{2}\pi$

④ $\frac{5}{3}\pi$ ⑤ $\frac{11}{6}\pi$

단서 삼각형에서 두 변의 길이와 그 사잇각이 주어졌으므로 삼각형의 넓이를 식으로 나타낼 수 있어.

1st 삼각형 ABC의 넓이를 식으로 나타내자.

삼각형 ABC의 넓이는 $\frac{1}{2}\times 2\times 2\times\sin\theta=2\sin\theta$

2nd 그래프를 이용하여 삼각부등식을 풀어봐.

[삼각형의 넓이]
두 변의 길이가 a, b이고 사잇각이 θ인 삼각형의 넓이는 $\frac{1}{2}ab\sin\theta$

삼각형 ABC의 넓이가 1보다 크므로

$2\sin\theta>1$

$\therefore \sin\theta>\frac{1}{2}$

θ는 삼각형의 한 내각이므로 $0<\theta<\pi$

한편, 곡선 $y=\sin\theta$ ($0<\theta<\pi$)와 직선 $y=\frac{1}{2}$의 개형은 다음과 같으므로 $0<\theta<\pi$에서 $\sin\theta>\frac{1}{2}$의 해는

$\frac{\pi}{6}<\theta<\frac{5}{6}\pi$

$\therefore \alpha=\frac{\pi}{6}$, $\beta=\frac{5}{6}\pi$

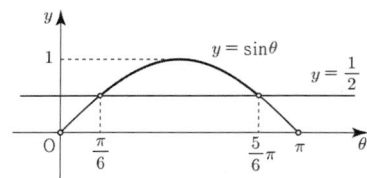

$\therefore 2\alpha+\beta=2\times\frac{\pi}{6}+\frac{5}{6}\pi$

$=\frac{7}{6}\pi$

⚙ 삼각형의 넓이   개념·공식

삼각형의 넓이를 S라 하면 두 변의 길이와 그 끼인각의 크기를 알 때,

$S=\frac{1}{2}ab\sin C=\frac{1}{2}bc\sin A=\frac{1}{2}ca\sin B$

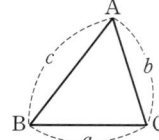

정답 공식: 삼각형의 넓이 $S=\frac{1}{2}ab\sin\theta$, 부채꼴의 넓이 $S=\frac{1}{2}r^2\theta$를 이용한다.

그림과 같이 반지름의 길이가 4, 호의 길이가 π인 부채꼴 OAB가 있다. 부채꼴 OAB의 넓이를 S, 선분 OB 위의 점 P에 대하여 삼각형 OAP의 넓이를 T라 하자. $\frac{S}{T}=\pi$일 때, 선분 OP의 길이는? (단, 점 P는 점 O가 아니다.) (4점)

단서 부채꼴의 중심각을 θ라 두고 부채꼴의 넓이와 삼각형의 넓이를 중심각 θ에 대한 식으로 나타내자.

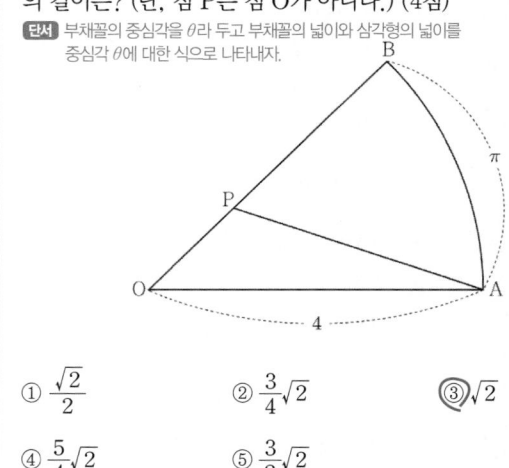

① $\frac{\sqrt{2}}{2}$ ② $\frac{3}{4}\sqrt{2}$ ③ $\sqrt{2}$

④ $\frac{5}{4}\sqrt{2}$ ⑤ $\frac{3}{2}\sqrt{2}$

1st 넓이를 θ에 대한 식으로 나타내자.

부채꼴 OAB의 중심각의 크기를 θ라 하면 이 부채꼴의 호의 길이가 π이므로

$\pi=4\theta$에서 $\theta=\frac{\pi}{4}$

[호의 길이] 중심각이 θ이고, 반지름이 r인 부채꼴의 호의 길이 l은 $l=r\theta$

$S=\frac{1}{2}\times 4^2\times\frac{\pi}{4}=2\pi$

[부채꼴의 넓이]
반지름이 r, 중심각이 θ인 부채꼴의 넓이 S는 $S=\frac{1}{2}r^2\theta$

$T=\frac{1}{2}\times 4\times\overline{OP}\times\sin\frac{\pi}{4}$

$=2\times\overline{OP}\times\frac{1}{\sqrt{2}}$

삼각형 OAP에 대하여 $\overline{OA}=a$, $\overline{OP}=b$, $\angle POA=\theta$라 하면 $T=\frac{1}{2}ab\sin\theta$

$=\sqrt{2}\times\overline{OP}$

$\frac{S}{T}=\pi$이므로 $\frac{2\pi}{\sqrt{2}\times\overline{OP}}=\pi$

$\frac{2}{\sqrt{2}\times\overline{OP}}=1$

$2=\sqrt{2}\times\overline{OP}$

$\therefore \overline{OP}=\frac{2}{\sqrt{2}}=\sqrt{2}$

⚙ 부채꼴의 호의 길이와 넓이   개념·공식

중심각의 크기가 θ(라디안), 반지름의 길이가 r인 부채꼴의
① 호의 길이 : $l=r\theta$
② 넓이 : $S=\frac{1}{2}r^2\theta=\frac{1}{2}rl$

정답 공식: 두 변 a, b의 길이와 그 끼인각의 크기가 θ인 삼각형의 넓이 S는 $S=\frac{1}{2}ab\sin\theta$이다.

단서1 삼각형 ABC가 정삼각형이므로 모든 내각의 크기는 $\frac{\pi}{3}$야.

그림과 같이 한 변의 길이가 1인 정삼각형 ABC에서 선분 AB의 연장선과 선분 AC의 연장선 위에 $\overline{AD}=\overline{CE}$가 되도록 두 점 D, E를 잡는다. $\overline{DE}=\sqrt{13}$일 때, 삼각형 BDE의 넓이는? (4점)

단서3 삼각형 ADE에서 DE의 길이가 주어져 있으므로 코사인법칙을 이용하여 식을 유도해보자.

단서2 $\overline{AD}=\overline{CE}$가 성립하므로 이것을 미지수로 놓고 식을 세우자.

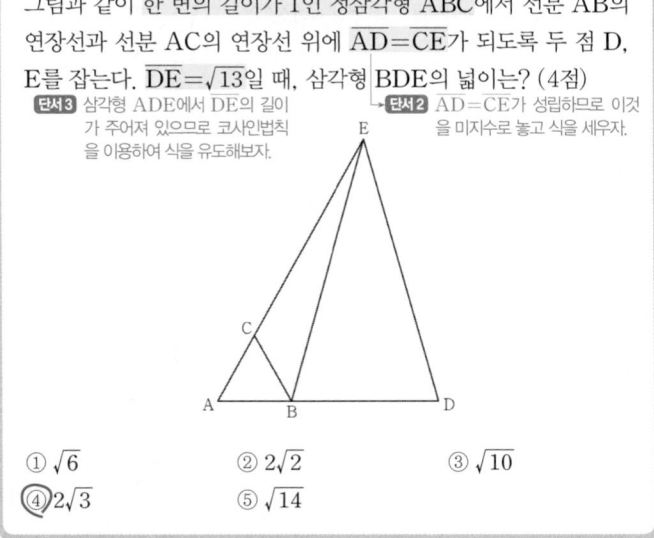

① $\sqrt{6}$　　　　② $2\sqrt{2}$　　　　③ $\sqrt{10}$
④ $2\sqrt{3}$　　　　⑤ $\sqrt{14}$

1st 삼각형 ADE에 코사인법칙을 이용하여 $\overline{AD}$ 또는 $\overline{CE}$의 길이를 구하자.

$\overline{AD}=\overline{CE}=a$ $(a>0)$라 놓자.

삼각형 ABC는 한 변의 길이가 1인 정삼각형이므로

$\angle CAB=\frac{\pi}{3}$, $\overline{AC}=\overline{AB}=1$

→ 정삼각형은 세 내각의 크기가 같으므로 세 내각의 크기의 합이 π이므로 한 내각의 크기는 $\frac{\pi}{3}$

즉, $\overline{AE}=1+a$

삼각형 ADE에서 코사인법칙에 의하여

[코사인법칙]
(1) $a^2=b^2+c^2-2bc\cos A$
(2) $b^2=a^2+c^2-2ac\cos B$
(3) $c^2=a^2+b^2-2ab\cos C$

$\overline{DE}^2=\overline{AE}^2+\overline{AD}^2-2\times\overline{AE}\times\overline{AD}\times\cos(\angle EAD)$

$=(1+a)^2+a^2-2(1+a)a\cos\frac{\pi}{3}$

$=(1+a)^2+a^2-2(1+a)a\times\frac{1}{2}$

$=1+2a+a^2+a^2-(a+a^2)=a^2+a+1$

$\overline{DE}=\sqrt{13}$이므로

$a^2+a+1=13$, $a^2+a-12=0$

$(a-3)(a+4)=0$ $\therefore a=3$ $(\because a>0)$

2nd 삼각형 BDE의 넓이는 삼각형 ADE의 넓이에서 삼각형 ABE의 넓이를 빼면 구할 수 있어.

삼각형의 두 변의 길이와 그 끼인각의 크기를 알면 삼각형의 넓이를 구할 수 있다.

삼각형의 두 변의 길이가 a, b이고 그 끼인각의 크기가 θ일 때, 삼각형의 넓이 S는 $S=\frac{1}{2}ab\sin\theta$

삼각형 ADE의 넓이를 구하면

$\frac{1}{2}\times\overline{AE}\times\overline{AD}\times\sin(\angle EAD)=\frac{1}{2}\times4\times3\times\sin\frac{\pi}{3}$

$=\frac{1}{2}\times4\times3\times\frac{\sqrt{3}}{2}=3\sqrt{3}$

또, 삼각형 ABE의 넓이를 구하면

$\frac{1}{2}\times\overline{AE}\times\overline{AB}\times\sin(\angle EAB)=\frac{1}{2}\times4\times1\times\sin\frac{\pi}{3}$

$=\frac{1}{2}\times4\times1\times\frac{\sqrt{3}}{2}=\sqrt{3}$

$\therefore$ (삼각형 BDE의 넓이)

$=$(삼각형 ADE의 넓이)$-$(삼각형 ABE의 넓이)

$=3\sqrt{3}-\sqrt{3}=2\sqrt{3}$

정답 공식: 두 변의 길이가 a, b이고 끼인각의 크기가 θ인 삼각형의 넓이는 $S=\frac{1}{2}ab\sin\theta$이다.

그림과 같은 사다리꼴 ABCD가 있다. $\overline{AB}=\overline{AD}=1$, $\overline{BC}=2$, $\angle A$와 $\angle B$의 크기는 $\frac{\pi}{2}$이다. 윗변 AD에 임의의 점 P를 잡아 $\overline{PB}=x$, $\overline{PC}=y$라 할 때, 다음 [보기] 중 옳은 것을 모두 고르면? (1.5점)

단서 삼각형 PBC에서 $\angle BPC=\theta$라 하고 $\sin\theta$를 x, y에 대하여 나타낸 후 xy의 값의 범위를 구해 봐.

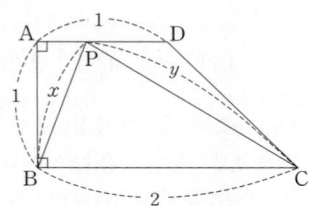

[보기]

ㄱ. $xy\geq2$이다.
ㄴ. $xy=2$이면, $\triangle BCP$는 직각삼각형이다.
ㄷ. $xy\leq\sqrt{5}$이다.

① ㄱ　　　　② ㄷ　　　　③ ㄱ, ㄷ
④ ㄴ, ㄷ　　　　⑤ ㄱ, ㄴ, ㄷ

1st x, y 사이의 관계식을 구해.

$\angle BPC=\theta$라 하면

$\triangle PBC=\frac{1}{2}\times\overline{PB}\times\overline{PC}\times\sin\theta=\frac{1}{2}xy\sin\theta$이고

$\triangle ABC=\frac{1}{2}\times\overline{BC}\times\overline{AB}=\frac{1}{2}\times2\times1=1$이다.

이때, 두 삼각형 PBC, ACB의 넓이가 같으므로

두 삼각형의 밑변을 $\overline{BC}$라 하면 높이는 $\overline{AB}$로 같아.

$\frac{1}{2}xy\sin\theta=1$에서 $\sin\theta=\frac{2}{xy}$ $\cdots$ ㉠

2nd xy의 값의 범위를 구하자.

이때, 점 P는 선분 AD 위의 임의의 점이므로

(i) [그림 1]과 같이 점 P가 점 A에 있을 때,

$x=\overline{PB}=\overline{AB}=1$

$\angle B=\frac{\pi}{2}$이므로 직각삼각형 PBC에서

피타고라스 정리에 의하여

$\overline{AC}=y=\sqrt{1+4}=\sqrt{5}$

$\therefore \sin\theta=\frac{2}{\sqrt{5}}$

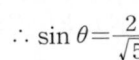

[그림 1]

(ii) [그림 2]와 같이 점 P가 점 D에 있을 때,

삼각형 PBC는 $\overline{BD}=\overline{DC}$인 직각이등변삼각형이므로

$\theta=\frac{\pi}{2}$에서 $\sin\theta=1$

직각삼각형 ABP에서 피타고라스 정리에 의하여 $\overline{BP}=\sqrt{2}$
또, 점 P에서 선분 BC에 내린 수선의 발을 H라 하면
직각삼각형 PHC에서 피타고라스 정리에 의하여 $\overline{PC}=\sqrt{2}$
즉, 삼각형 PBC의 세 변의 길이의 비가 $\overline{PB}:\overline{PC}:\overline{BC}=1:1:\sqrt{2}$이므로
삼각형 PBC는 직각이등변삼각형이야.

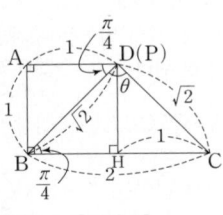

[그림 2]

(i), (ii)에 의하여 $\frac{2}{\sqrt{5}}\leq\sin\theta\leq1$이므로 ㉠을 대입하면 $\frac{2}{\sqrt{5}}\leq\frac{2}{xy}\leq1$

점 P가 점 A에서 출발하여 점 D까지 움직일 때 θ의 값은 증가해.

$\therefore 2\leq xy\leq\sqrt{5}$ $\cdots$ ㉡

ㄱ. ㉡에 의하여 $xy \geq 2$ (참)

ㄴ. $xy = 2$이면 (ii)와 같은 경우이므로 삼각형 BCP는 직각이등변삼각형이다. (참)

ㄷ. ㉡에 의하여 $xy \leq \sqrt{5}$ (참)

따라서 옳은 것은 ㄱ, ㄴ, ㄷ이다.

F 99 정답 ③ *삼각형의 넓이의 활용 ·········· [정답률 61%]

[정답 공식: 중심이 (a, b)이고 반지름의 길이가 r인 원의 방정식은 $(x-a)^2 + (y-b)^2 = r^2$이다.]

좌표평면 위에 중심의 좌표가 $\left(-\dfrac{1}{2}, 0\right)$이고 반지름의 길이가 1인

단서1 원 O_1의 방정식에 x 대신 $-x$를 대입하여 원 O_2의 방정식을 구해.

원 O_1이 있다. 원 O_1을 y축에 대하여 대칭이동한 원을 O_2라 하고 x축의 방향으로 2만큼 평행이동한 원을 O_3라 하자. 원 O_1의 내부와 원 O_2의 내부의 공통부분의 넓이와 원 O_2의 내부와 원 O_3의 내부의 공통부분의 넓이의 합은? (4점)

단서2 원 O_1의 방정식에 x 대신 $x-2$를 대입하여 원 O_3의 방정식을 구해.

① $\dfrac{4}{3}\pi - 2\sqrt{3}$ ② $\dfrac{2}{3}\pi - \dfrac{\sqrt{3}}{2}$ ③ $\dfrac{4}{3}\pi - \sqrt{3}$

④ $\dfrac{2}{3}\pi + \dfrac{\sqrt{3}}{2}$ ⑤ $\dfrac{2}{3}\pi + \sqrt{3}$

1st 두 원 O_1, O_2의 방정식을 각각 구하자.

원 O_1의 방정식은 $\left(x + \dfrac{1}{2}\right)^2 + y^2 = 1$ ··· ㉠

→ 중심이 (a, b)이고 반지름의 길이가 r인 원의 방정식은 $(x-a)^2 + (y-b)^2 = r^2$

이므로 원 O_1을 y축에 대하여 대칭이동한 원 O_2의 방정식은

㉠에서 x 대신에 $-x$를 대입하면 $\left(x - \dfrac{1}{2}\right)^2 + y^2 = 1$

주의 $f(x) = f(-x)$가 성립할 때 y축 대칭인 함수라 하므로 x 대신 $-x$를 대입하자.

또한, 원 O_1을 x축의 방향으로 2만큼 평행이동한 원 O_3의 방정식은

㉠에서 x 대신에 $x-2$를 대입하면 $\left(x - \dfrac{3}{2}\right)^2 + y^2 = 1$

2nd 그림을 그려 공통인 부분의 넓이를 구하자.

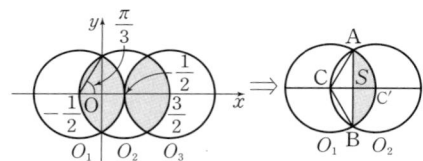

그림과 같이 원 O_1의 중심을 C, 두 원 O_1, O_2의 교점을 각각 A, B라 하고, 공통부분 중 선분 AB에 의하여 나누어지는 오른쪽 부분을 S라 하면 원 O_1의 내부와 원 O_2의 내부의 공통부분의 넓이와 원 O_2의 내부와 원 O_3의 내부의 공통부분의 넓이의 합은 S의 4배와 같다.

이때, S의 넓이는 부채꼴 CBA의 넓이에서 삼각형 CBA의 넓이를 빼 주면 된다.

→ 원 O_2의 중심을 C′이라 하면 두 삼각형 ACC′, CBC′은 정삼각형이므로 $\angle ACC' = \angle C'CB = 60°$ ∴ $\angle ACB = \angle ACC' + \angle C'CB = 120°$

부채꼴 CBA는 중심각의 크기가 $\angle ACB = \dfrac{2}{3}\pi$이고 반지름의 길이가 1이

므로 넓이는 $\dfrac{1}{2} \times 1^2 \times \dfrac{2}{3}\pi = \dfrac{\pi}{3}$

→ 중심각의 크기가 θ(라디안)이고 반지름의 길이가 r인 부채꼴의 넓이를 S라 하면 $S = \dfrac{1}{2}r^2\theta$

또한, 삼각형 CBA의 넓이는 $\dfrac{1}{2} \times 1^2 \times \sin\dfrac{2}{3}\pi = \dfrac{\sqrt{3}}{4}$

→ 두 변의 길이가 각각 a, b이고 그 끼인각의 크기가 θ인

따라서 $S = \dfrac{\pi}{3} - \dfrac{\sqrt{3}}{4}$이므로 삼각형의 넓이를 S라 하면 $S = \dfrac{1}{2}ab\sin\theta$

구하는 넓이는 $4S = \dfrac{4}{3}\pi - \sqrt{3}$이다.

F 100 정답 ④ *삼각형의 넓이의 활용 ·········· [정답률 76%]

[정답 공식: 코사인법칙의 변형을 이용하여 $\cos B$의 값을 구하고, 삼각형의 넓이는 공식 $S = \dfrac{1}{2}ab\sin\theta$를 이용한다.]

그림과 같은 삼각형 ABC에서 $\overline{AB} = 6$, $\overline{BC} = 4$, $\overline{CA} = 8$일 때, 삼각형 ABC의 넓이는? (3점)

① $3\sqrt{5}$ ② $5\sqrt{5}$
③ 15   ④ $3\sqrt{15}$
⑤ $5\sqrt{15}$

단서 세 변의 길이가 주어졌으니까 코사인법칙을 이용하여 한 내각에 대한 코사인 값을 구하면 사인 값도 알 수 있어. 그럼 삼각형의 넓이 공식을 이용하여 답을 구할 수 있겠지?

1st 삼각형 ABC의 넓이를 구해.

코사인법칙에 의하여

$$\cos B = \frac{\overline{AB}^2 + \overline{BC}^2 - \overline{CA}^2}{2 \times \overline{AB} \times \overline{BC}} = \frac{36 + 16 - 64}{2 \times 6 \times 4} = -\frac{1}{4}$$

이때, $\dfrac{\pi}{2} < B < \pi$이므로 $\sin B = \sqrt{1 - \cos^2 B} = \sqrt{1 - \dfrac{1}{16}} = \dfrac{\sqrt{15}}{4}$

이 범위에서 $0 < \sin B \leq 1$이야.

∴ $\triangle ABC = \dfrac{1}{2}ac\sin B = \dfrac{1}{2} \times 4 \times 6 \times \dfrac{\sqrt{15}}{4} = 3\sqrt{15}$

주의 $\sin^2 B + \cos^2 B = 1$

다른 풀이: 헤론의 공식을 이용하여 넓이 구하기

$\overline{BC} = a$, $\overline{CA} = b$, $\overline{AB} = c$라 하면 헤론의 공식에 의하여

세 변의 길이가 a, b, c인 삼각형의 넓이를 S라 하면 $S = \sqrt{s(s-a)(s-b)(s-c)}$ (단, $s = \dfrac{a+b+c}{2}$)

$s = \dfrac{1}{2}(4 + 8 + 6) = 9$

∴ $\triangle ABC = \sqrt{s(s-a)(s-b)(s-c)}$
$= \sqrt{9(9-4)(9-8)(9-6)}$
$= 3\sqrt{15}$

F 101 정답 ④ *삼각형의 넓이의 활용 ·········· [정답률 82%]

[정답 공식: 반지름의 길이가 r이고 중심각의 크기가 θ인 부채꼴의 호의 길이를 l이라 하면 $l = r\theta$이다.]

그림과 같이 중심각의 크기가 $\dfrac{\pi}{3}$인 부채꼴 OAB에서 선분 OA를 3 : 1로 내분하는 점 P, 선분 OB를 1 : 2로 내분하는 점을 Q라 하자. 삼각형 OPQ의 넓이가 $4\sqrt{3}$일 때, 호 AB의 길이는?

단서1 삼각형 OPQ의 넓이는 두 변의 길이와 그 끼인각의 크기를 알면 구할 수 있지? 삼각형의 넓이로 부채꼴 OAB의 반지름의 길이를 구해.

단서2 반지름의 길이를 구했다면 부채꼴 OAB의 중심각의 (3점) 크기를 아니까 호 AB의 길이는 쉽게 구할 수 있지?

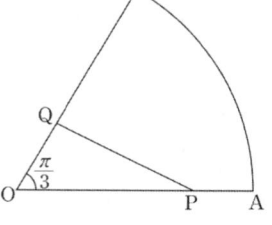

① $\dfrac{5}{3}\pi$ ② 2π ③ $\dfrac{7}{3}\pi$

④ $\dfrac{8}{3}\pi$ ⑤ 3π

1st 부채꼴 OAB의 반지름의 길이를 구하자.

$\overline{OP}:\overline{PA}=3:1$에서
$\overline{OA}:\overline{OP}=4:3$

부채꼴 OAB의 반지름의 길이를 r라 하면 점 P는 선분 OA를 3 : 1로 내분하는 점이므로 $\overline{OP}=\dfrac{3}{4}\overline{OA}=\dfrac{3}{4}r$이고 점 Q는 선분 OB를 1 : 2로

$\overline{OQ}:\overline{QB}=1:2$에서 $\overline{OQ}:\overline{OB}=1:3$

내분하는 점이므로 $\overline{OQ}=\dfrac{1}{3}\overline{OB}=\dfrac{1}{3}r$이다.

이때, 삼각형 OPQ의 넓이가 $4\sqrt{3}$이므로

$\triangle OPQ=\dfrac{1}{2}\times\overline{OP}\times\overline{OQ}\times\sin\dfrac{\pi}{3}=\dfrac{1}{2}\times\dfrac{3}{4}r\times\dfrac{1}{3}r\times\dfrac{\sqrt{3}}{2}$

$=\dfrac{\sqrt{3}}{16}r^2=4\sqrt{3}$ ── 서로 이웃하는 두 변의 길이가 a, b이고 그 끼인각의 크기가 θ인 삼각형의 넓이를 S라 하면 $S=\dfrac{1}{2}ab\sin\theta$야.

$r^2=64$ ∴ $r=8$ ($\because r>0$)

2nd 호 AB의 길이를 구하자.

따라서 호 AB의 길이를 l이라 하면

$l=r\times\dfrac{\pi}{3}=8\times\dfrac{\pi}{3}=\dfrac{8}{3}\pi$ ── 중심각의 크기가 θ이고 반지름의 길이가 r인 부채꼴의 호의 길이를 l이라 하면 $l=r\theta$야.

F 102 정답 ② *삼각형의 넓이의 활용 ⸺⸺ [정답률 69%]

정답 공식: 삼각형 ABC에서 외접원과 내접원의 반지름의 길이가 각각 R, r일 때, $\triangle ABC=\dfrac{abc}{4R}=\dfrac{1}{2}r(a+b+c)$이다.

그림과 같이 세 변의 길이가 4, 5, 7인 삼각형 ABC의 외접원의 반지름의 길이 R와 내접원의 반지름의 길이 r에 대하여 $R-r$의 값은? (3점)

단서 삼각형 ABC의 넓이를 외접원과 내접원의 반지름의 길이로 각각 나타내 봐.

① $\dfrac{\sqrt{6}}{2}$ ② $\dfrac{23\sqrt{6}}{24}$

③ $\sqrt{6}$ ④ $\dfrac{37\sqrt{6}}{24}$

⑤ $2\sqrt{6}$

1st $\sin\theta$의 값을 구하자.

$\angle ABC=\theta$라 하면 코사인법칙에 의하여

$\cos\theta=\dfrac{\overline{AB}^2+\overline{BC}^2-\overline{CA}^2}{2\times\overline{AB}\times\overline{BC}}=\dfrac{7^2+4^2-5^2}{2\times7\times4}=\dfrac{5}{7}$

── $\cos A=\dfrac{b^2+c^2-a^2}{2bc}$

∴ $\sin\theta=\sqrt{1-\cos^2\theta}=\dfrac{2\sqrt{6}}{7}$

── $\sin^2\theta+\cos^2\theta=1$

2nd 삼각형 ABC의 넓이를 구하자.

따라서 삼각형 ABC의 넓이는

$\triangle ABC=\dfrac{1}{2}\times\overline{AB}\times\overline{BC}\times\sin\theta=\dfrac{1}{2}\times7\times4\times\dfrac{2\sqrt{6}}{7}=4\sqrt{6}$

3rd 삼각형 ABC의 넓이를 이용하여 외접원의 반지름의 길이 R와 내접원의 반지름의 길이 r를 각각 구하자.

외접원의 반지름의 길이가 R이므로 삼각형 ABC의 넓이는

$\dfrac{7\times4\times5}{4R}=4\sqrt{6}$ ∴ $R=\dfrac{35\sqrt{6}}{24}$

── 삼각형 ABC에서 $\sin A=\dfrac{a}{2R}$이므로 $\triangle ABC=\dfrac{1}{2}bc\sin A=\dfrac{abc}{4R}$

또한, 내접원의 반지름의 길이가 r이므로 삼각형 ABC의 넓이는

$\dfrac{1}{2}\times r\times(7+4+5)=4\sqrt{6}$ ∴ $r=\dfrac{\sqrt{6}}{2}$

── $\triangle ABC=\dfrac{1}{2}ar+\dfrac{1}{2}br+\dfrac{1}{2}cr=\dfrac{1}{2}r(a+b+c)$

∴ $R-r=\dfrac{35\sqrt{6}}{24}-\dfrac{\sqrt{6}}{2}=\dfrac{23\sqrt{6}}{24}$

🔖 **다른 풀이:** 헤론의 공식을 이용하여 넓이 구하기

헤론의 공식에 의하여 $s=\dfrac{1}{2}(4+5+7)=8$이므로 삼각형 ABC의 넓이를 S라 하면

주의 세 변의 길이가 a, b, c인 삼각형의 넓이를 S라 하면 $S=\sqrt{s(s-a)(s-b)(s-c)}$ (단, $s=\dfrac{a+b+c}{2}$)

$S=\sqrt{8\times4\times3\times1}=4\sqrt{6}=\dfrac{4\times5\times7}{4R}=8r$

따라서 $R=\dfrac{35}{4\sqrt{6}}=\dfrac{35\sqrt{6}}{24}$, $r=\dfrac{4\sqrt{6}}{8}=\dfrac{\sqrt{6}}{2}$이므로

$R-r=\left(\dfrac{35}{24}-\dfrac{12}{24}\right)\times\sqrt{6}=\dfrac{23\sqrt{6}}{24}$

⚙ **삼각형의 넓이**   개념·공식

삼각형 ABC의 넓이를 S라 하면

① $S=\dfrac{1}{2}bc\sin A=\dfrac{1}{2}ca\sin B=\dfrac{1}{2}ab\sin C$

② 삼각형 ABC의 외접원의 반지름의 길이 R를 알 때,
$S=\dfrac{abc}{4R}=2R^2\sin A\sin B\sin C$

③ 삼각형 ABC의 내접원의 반지름의 길이 r를 알 때,
$S=\dfrac{1}{2}r(a+b+c)$

④ 헤론의 공식
$S=\sqrt{s(s-a)(s-b)(s-c)}$ (단, $s=\dfrac{a+b+c}{2}$)

F 103 정답 ③ *삼각형의 넓이의 활용 ⸺⸺ [정답률 72%]

(정답 공식: 호의 길이는 중심각의 크기에 정비례한다.)

반지름의 길이가 10인 원에서 $\overset{\frown}{AB}:\overset{\frown}{BC}:\overset{\frown}{CA}=3:4:5$일 때, 삼각형 ABC의 넓이는? (4점)

① $20(3+\sqrt{3})$ ② $25(1+\sqrt{3})$

③ $25(3+\sqrt{3})$ ④ $30(1+\sqrt{3})$

⑤ $30(3+\sqrt{3})$ 단서 주어진 원의 중심을 O라 하면 삼각형 ABC의 넓이는 세 삼각형 AOB, BOC, COA의 넓이의 합과 같아.

1st 나누어진 호의 중심각을 구해.

원의 둘레를 3 : 4 : 5로 나누는 호의 중심각의 크기는

$2\pi\times\dfrac{3}{3+4+5}=\dfrac{\pi}{2}$, $2\pi\times\dfrac{4}{3+4+5}=\dfrac{2}{3}\pi$,

── 중심각의 크기와 호의 길이는 정비례해.

$2\pi\times\dfrac{5}{3+4+5}=\dfrac{5}{6}\pi$

따라서 원의 중심을 O라 하면

$\angle AOB=\dfrac{\pi}{2}$, $\angle BOC=\dfrac{2}{3}\pi$, $\angle COA=\dfrac{5}{6}\pi$

2nd 삼각형 ABC의 넓이를 구해.

$\triangle ABC=\triangle OAB+\triangle OBC+\triangle OCA$

$=\dfrac{1}{2}\times10\times10\times\sin\dfrac{\pi}{2}+\dfrac{1}{2}\times10\times10\times\sin\dfrac{2}{3}\pi$

── 두 변의 길이가 각각 a, b이고 그 끼인각의 크기가 θ인 삼각형의 넓이를 S라 하면 $S=\dfrac{1}{2}ab\sin\theta$

$+\dfrac{1}{2}\times10\times10\times\sin\dfrac{5}{6}\pi$

$=50\left(1+\dfrac{\sqrt{3}}{2}+\dfrac{1}{2}\right)$

$=25(3+\sqrt{3})$

정답 및 해설 **343**

F 104 정답 ③ *삼각형의 넓이의 활용 ················· [정답률 23%]

> **정답 공식:** 삼각형 APQ의 넓이가 일정하고, 선분 PQ의 길이를 $\overline{AP}$, $\overline{AQ}$에 관한 식으로 나타내어 코사인법칙 $c^2=a^2+b^2-2ab\cos C$와 산술평균과 기하평균의 관계를 이용한다.

그림과 같이 $\overline{AB}=4$, $\overline{AC}=5$, $\angle A=60°$인 삼각형 ABC에서 두 선분 AB, AC 위에 각각 두 점 P, Q를 잡을 때, 선분 PQ에 의하여 삼각형 ABC의 넓이가 이등분되는 선분 PQ의 길이의 최솟값은? (4점) 【단서 2】 삼각형 APQ에서 $\overline{AP}$, $\overline{AQ}$를 알면 코사인법칙을 이용하여 구할 수 있지?

【단서 1】 $\triangle APQ = \dfrac{1}{2}\triangle ABC$

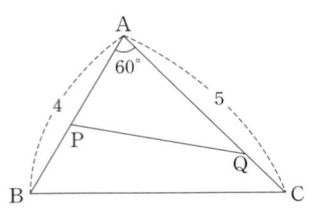

① $\sqrt{6}$ ② $\sqrt{7}$ ③ $\sqrt{10}$
④ $\sqrt{11}$ ⑤ $\sqrt{13}$

1st 두 변의 길이와 그 끼인각의 크기가 주어졌으니까 삼각형 ABC의 넓이를 구할 수 있지?

$$\triangle ABC = \frac{1}{2}\times 4\times 5\times \sin 60° = 5\sqrt{3}$$

2nd 두 변 AP, AQ의 길이 사이의 관계식을 구해.

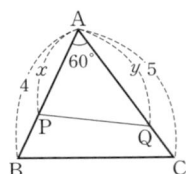

그림과 같이 $\overline{AP}=x$, $\overline{AQ}=y$라 하면 삼각형 APQ의 넓이는 삼각형 ABC의 넓이의 $\dfrac{1}{2}$이므로

$$\triangle APQ = \frac{1}{2}xy\sin 60° = \frac{1}{2}\times 5\sqrt{3}$$
$$=\frac{1}{2}\triangle ABC$$

$\dfrac{\sqrt{3}}{4}xy = \dfrac{5\sqrt{3}}{2}$ $\therefore xy=10$

> **함정** 두 미지수 x, y가 길이이므로 양수이고 주어진 조건 $xy=10$과 주어진 식 x^2+y^2-10을 통해 산술평균과 기하평균의 관계를 이용해야겠다는 생각을 할 수 있어야 해.

3rd 선분 PQ의 길이의 최솟값을 구해.
삼각형 APQ에서 코사인법칙에 의하여
$$\overline{PQ}^2 = x^2+y^2-2xy\cos 60° = x^2+y^2-10$$
산술평균과 기하평균의 관계에 의하여
$$\overline{PQ}^2 = x^2+y^2-10 \geq 2\sqrt{x^2\times y^2}-10$$
→ 두 양수 a, b에 대하여 $a+b\geq 2\sqrt{ab}$
→ x, y는 길이이므로 $x>0$, $y>0$이야.
$$=10$$
즉, $x^2>0$, $y^2>0$이므로 산술평균과 기하평균의 관계를 이용할 수 있지?
따라서 $\overline{PQ}$의 길이의 최솟값은 $\sqrt{10}$이다.

✿ 코사인법칙 개념·공식

삼각형 ABC의 세 변의 길이와 세 각의 크기 사이에는 다음과 같은 관계가 성립한다.
① $a^2=b^2+c^2-2bc\cos A$
② $b^2=c^2+a^2-2ca\cos B$
③ $c^2=a^2+b^2-2ab\cos C$

F 105 정답 ① *삼각형의 넓이의 활용 ················· [정답률 45%]

> **정답 공식:** 직각삼각형 ABC에서 $a=c\sin A$, $b=c\cos A$

그림과 같이 길이가 4인 선분 AB를 지름으로 하는 반원이 있다. 선분 AB의 중점을 O라 하고, 호 AB 위의 점 C에 대하여 점 A를 지나고 선분 OC와 평행한 직선과 호 AB의 교점을 P, 【단서 1】 평행선의 성질을 활용할 수 있어.
선분 OC와 선분 BP의 교점을 Q라 하자. 점 Q를 지나고 선분 PO와 평행한 직선과 선분 OB의 교점을 D라 하자. $\angle CAB=\theta$라 【단서 2】 평행선의 성질을 활용할 수 있어.   【단서 3】 $\angle CAB$는 호 BC의 원주각이야.
할 때, 삼각형 QDB의 넓이를 $S(\theta)$, 삼각형 PQC의 넓이를 $T(\theta)$라 하자. 다음은 $S(\theta)$와 $T(\theta)$를 구하는 과정이다.

$$\left(\text{단, } 0<\theta<\frac{\pi}{4}\right)$$

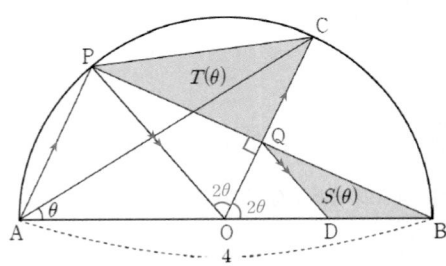

$\angle CAB=\theta$이므로 $\angle COB=2\theta$이다.

삼각형 POB가 이등변삼각형이고 $\angle OQB=\dfrac{\pi}{2}$이므로
【단서 4】 두 변 $\overline{PO}$와 $\overline{OB}$가 모두 원의 반지름이므로 이등변삼각형이야.
점 Q는 선분 PB의 중점이고 $\angle POQ=2\theta$이다.
【단서 5】 이등변삼각형의 꼭지각의 이등분선은 밑변을 수직이등분해.
선분 PO와 선분 QD가 평행하므로

삼각형 POB와 삼각형 QDB는 닮음이다.
【단서 6】 평행선의 성질에 의하여 $\angle DQB=\angle OPB$야.
따라서 $\overline{QD}=$ (가) 이고 $\angle QDB=$ (나) 이므로

$$S(\theta)=\frac{1}{2}\times \boxed{(가)}\times 1\times \sin(\boxed{(나)})$$

이다. $\overline{CQ}=\overline{CO}-\overline{QO}$이므로

$$T(\theta)=\frac{1}{2}\times \overline{PQ}\times \overline{CQ}=\sin 2\theta\times(2-\boxed{(다)})$$

이다.

위의 (가)에 알맞은 수를 p라 하고, (나), (다)에 알맞은 식을 각각 $f(\theta)$, $g(\theta)$라 할 때, $p\times f\left(\dfrac{\pi}{16}\right)\times g\left(\dfrac{\pi}{8}\right)$의 값은? (4점)

① $\dfrac{\sqrt{2}}{4}\pi$ ② $\dfrac{\sqrt{2}}{5}\pi$ ③ $\dfrac{\sqrt{2}}{6}\pi$
④ $\dfrac{\sqrt{2}}{7}\pi$ ⑤ $\dfrac{\sqrt{2}}{8}\pi$

1st 닮음비를 이용해 선분 QD의 길이를 구해.
점 Q는 선분 PB의 중점이므로 $\overline{PB}=2\overline{QB}$이고, 삼각형 POB와 삼각형 QDB의 닮음비는 $2:1$이다.
$\overline{PB}:\overline{QB}=2:1$, $\overline{OB}:\overline{DB}=2:1$이야.
따라서 선분 PO는 원의 반지름으로 그 길이가 2이므로 $\overline{QD}=1$ (가)
2nd $\angle BOQ$를 이용해서 $\angle BOP$를 구해.
삼각형 AOC는 이등변삼각형이므로 $\angle ACO=\angle OAC=\theta$이고,

$\angle COB = 2\theta$

주의
호 BC의 원주각 $\angle BAC = \theta$에 대한 중심각 $\angle BOC = 2\theta$라고 쉽게 찾을 수 있어.

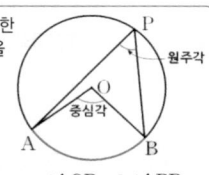

원주각

중심각

$\angle AOB = 2\angle APB$

한편, 삼각형 POB는 이등변삼각형이고 $\angle OQB = \dfrac{\pi}{2}$이므로 $\overline{OQ}$가

이등변삼각형 POB의 밑변을 수직이등분하므로

$\angle POB = 2\angle COB = 4\theta$ 이등변삼각형의 꼭지각의 이등분선이 밑변을 수직이등분해.

삼각형 POB와 삼각형 QDB는 닮음이므로

$\angle QDB = \angle POB = 4\theta$ ← (나)

이므로 $f(\theta) = 4\theta$

$S(\theta) = \dfrac{1}{2} \times \overline{QD} \times \overline{DB} \times \sin(\angle QDB)$

$= \dfrac{1}{2} \times 1 \times 1 \times \sin(4\theta)$

3rd 삼각형 BOQ를 이용해서 두 선분 PQ, OQ의 길이를 각각 구해.

삼각형 BOQ에서 $\angle BOQ = 2\theta$이므로

$\overline{PQ} = \overline{BQ} = \overline{BO} \times \sin 2\theta = 2 \sin 2\theta$

또한, $\overline{OQ} = \overline{BO} \times \cos 2\theta = 2 \cos 2\theta$이고,

$\overline{CQ} = \overline{OC} - \overline{OQ}$이므로

$T(\theta) = \dfrac{1}{2} \times \overline{PQ} \times \overline{CQ} = \dfrac{1}{2} \times \overline{PQ} \times (\overline{OC} - \overline{OQ})$

$= \dfrac{1}{2} \times 2 \sin 2\theta \times (2 - 2\cos 2\theta)$

$= \sin 2\theta \times (2 - 2\cos 2\theta)$ ← (다)

이므로 $g(\theta) = 2\cos 2\theta$

4th $p \times f\left(\dfrac{\pi}{16}\right) \times g\left(\dfrac{\pi}{8}\right)$의 값을 구해.

$p = 1$

$f(\theta) = 4\theta$

$g(\theta) = 2\cos 2\theta$이므로

$p \times f\left(\dfrac{\pi}{16}\right) \times g\left(\dfrac{\pi}{8}\right) = 1 \times \dfrac{\pi}{4} \times 2\cos\dfrac{\pi}{4} = 1 \times \dfrac{\pi}{4} \times \dfrac{2}{\sqrt{2}} = \dfrac{\sqrt{2}}{4}\pi$

⚙ **삼각형의 넓이** 개념·공식

삼각형의 넓이를 S라 하면 두 변의 길이와 그 끼인각의 크기를 알 때,

$S = \dfrac{1}{2}ab \sin C = \dfrac{1}{2}bc \sin A = \dfrac{1}{2}ca \sin B$

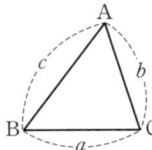

F 106 정답 ② *삼각형의 넓이의 활용 ············· [정답률 55%]

정답 공식: 사인법칙은 $\dfrac{a}{\sin A} = \dfrac{b}{\sin B} = \dfrac{c}{\sin C} = 2R$이고, 삼각형의 넓이는 $\dfrac{1}{2}ab \sin C$이다.

$0 < \theta < \dfrac{\pi}{4}$인 임의의 실수 θ에 대하여 그림과 같이 $\overline{AB} = 3$,

단서1 삼각형의 세 각의 크기를 각각 θ에 대한 식으로 나타내자.

$\angle ABC = \theta$, $\angle CAB = 3\theta$인 삼각형 ABC가 있다. 선분 BC 위에 점 D를 $\angle DAC = \theta$가 되도록 잡고, 선분 AC 위에 점 E를 $\angle EDC = \theta$가 되도록 잡는다.

다음은 삼각형 ADE의 넓이 $S(\theta)$를 구하는 과정이다.

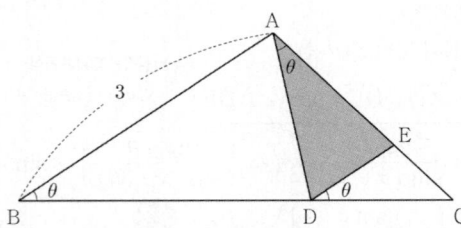

$\angle ABC = \theta$, $\angle DAB = 2\theta$이므로 $\angle BDA = \pi - 3\theta$이다.

삼각형 ABD에서 사인법칙에 의하여

$\dfrac{\overline{AD}}{\sin\theta} = \dfrac{\overline{AB}}{\boxed{(\text{가})}}$

이므로 $\overline{AD} = \dfrac{3\sin\theta}{\boxed{(\text{가})}}$이다.

또한 $\angle ADE = 2\theta$이므로

$\overline{DE} = \boxed{(\text{나})} \times \overline{AD}^2$ **단서2** 삼각형 ADE의 이웃한 두 변의 길이를 θ에 대한 식으로 나타내야 해.

이다. 따라서 삼각형 ADE의 넓이 $S(\theta)$는

$S(\theta) = \dfrac{9}{2} \times \left(\dfrac{\sin\theta}{\sin 3\theta}\right)^3 \times \boxed{(\text{다})}$

이다.

위의 (가), (다)에 알맞은 식을 각각 $f(\theta)$, $g(\theta)$라 하고, (나)에 알맞은 수를 p라 할 때, $p \times f\left(\dfrac{\pi}{6}\right) \times g\left(\dfrac{\pi}{12}\right)$의 값은? (4점)

① $\dfrac{1}{12}$　　　② $\dfrac{1}{6}$　　　③ $\dfrac{1}{4}$

④ $\dfrac{1}{3}$　　　⑤ $\dfrac{5}{12}$

1st $\overline{AD}$의 길이를 구하자.

$\angle ABC = \theta$, $\angle DAB = \angle CAB - \angle CAD = 3\theta - \theta = 2\theta$이므로

$\angle BDA = \pi - 3\theta$

삼각형 ABD에서 사인법칙에 의하여

주의
마주보는 변과 각을 잘 대응시키도록 하자.

$\dfrac{\overline{AD}}{\sin\theta} = \dfrac{\overline{AB}}{\sin(\pi - 3\theta)}$이므로

→ $\sin(\pi + \theta) = -\sin\theta$, $\sin(\pi - \theta) = \sin\theta$

$\overline{AD} = \dfrac{3\sin\theta}{\sin(\pi - 3\theta)}$

(가)

$\therefore \dfrac{\sin\theta}{\sin(\pi - 3\theta)} = \dfrac{1}{3}\overline{AD} \cdots \ominus$

2nd $\overline{DE}$의 길이를 구하자.

$\angle EAD = \theta$이고 $\angle ADE = 2\theta$이므로 $\angle DEA = \pi - 3\theta$
└─→ 직선 BC에서 점 D를 기준으로
$(\pi - 3\theta) + \angle ADE + \theta = \pi$이므로 $\angle ADE = 2\theta$

삼각형 ADE에서 사인법칙에 의하여
└─→ 마주보는 변과 사잇각이 주어져 있으므로 사인법칙을 이용하자.

$$\frac{\overline{DE}}{\sin \theta} = \frac{\overline{AD}}{\sin (\pi - 3\theta)}$$

$$\therefore \overline{DE} = \frac{\sin \theta \times \overline{AD}}{\sin (\pi - 3\theta)} \cdots ⓛ$$

ⓛ에 ⓐ을 대입하면

$$\overline{DE} = \frac{\sin \theta}{\sin (\pi - 3\theta)} \times \overline{AD} = \boxed{\frac{1}{3}} \times \overline{AD}^2$$
(나)

3rd $S(\theta)$를 구하자.

삼각형 ADE의 넓이 $S(\theta)$는

$$S(\theta) = \frac{1}{2} \times \overline{AD} \times \overline{DE} \times \sin (\angle ADE)$$
[삼각형 넓이 공식] $S(\theta) = \frac{1}{2}ab\sin\theta$

$$= \frac{1}{2} \times \frac{3\sin \theta}{\sin (\pi - 3\theta)} \times \frac{1}{3} \times \left\{ \frac{3\sin \theta}{\sin (\pi - 3\theta)} \right\}^2 \times \sin (\angle ADE)$$

$$= \frac{1}{6} \times \left\{ \frac{3\sin \theta}{\sin (\pi - 3\theta)} \right\}^3 \times \sin 2\theta$$
$\sin (\pi - 3\theta) = \sin 3\theta$로 정리해서 문제에 주어진 식을 맞춰야 해.

$$= \frac{9}{2} \times \left(\frac{\sin \theta}{\sin 3\theta} \right)^3 \times \sin 2\theta \leftarrow (다)$$

$$\therefore f(\theta) = \sin (\pi - 3\theta) = \sin 3\theta, \ g(\theta) = \sin 2\theta, \ p = \frac{1}{3}$$

$$\therefore p \times f\left(\frac{\pi}{6}\right) \times g\left(\frac{\pi}{12}\right) = \frac{1}{3} \times \sin \frac{\pi}{2} \times \sin \frac{\pi}{6}$$

$$= \frac{1}{3} \times 1 \times \frac{1}{2}$$

$$= \frac{1}{6}$$

⚙ **삼각형의 넓이**   개념·공식

삼각형 ABC의 넓이를 S라 하면

① $S = \frac{1}{2}bc\sin A = \frac{1}{2}ca\sin B = \frac{1}{2}ab\sin C$

② 삼각형 ABC의 외접원의 반지름의 길이 R를 알 때,

$$S = \frac{abc}{4R} = 2R^2 \sin A \sin B \sin C$$

③ 삼각형 ABC의 내접원의 반지름의 길이 r를 알 때,

$$S = \frac{1}{2}r(a+b+c)$$

④ 헤론의 공식

$$S = \sqrt{s(s-a)(s-b)(s-c)} \ \left(단, \ s = \frac{a+b+c}{2} \right)$$

F 107 정답 ② *삼각형의 넓이의 활용 [정답률 41%]

> 정답 공식 : 두 변의 길이가 a, b이고 끼인각의 크기가 θ인 삼각형의 넓이는
> $S = \frac{1}{2}ab\sin\theta$이다.

반지름의 길이가 $\dfrac{4\sqrt{3}}{3}$인 원이 삼각형 ABC에 내접하고 있다.

원이 선분 BC와 만나는 점을 D라 하고 $\overline{BD} = 12$, $\overline{DC} = 4$일 때, 삼각형 ABC의 둘레의 길이는? (4점)

① $\dfrac{71}{2}$　　② 36　　③ $\dfrac{73}{2}$

④ 37　　⑤ $\dfrac{75}{2}$

└─→ **단서** 내접원의 경우 원 밖의 한 점에서 그은 접선의 길이는 같아. 즉, 세 점 A, B, C에서 원에 그은 각각의 접선들은 길이가 같아.

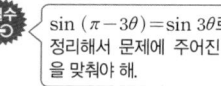

1st 주어진 조건에서 특수각을 찾을 수 있어.

그림과 같이 원의 중심을 O라 하고, 원과 두 선분 AB, AC가 만나는 점을 각각 E, F라 하자.

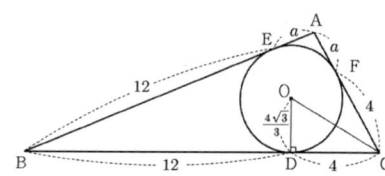

$$\tan (\angle OCD) = \frac{\frac{4\sqrt{3}}{3}}{4} = \frac{\sqrt{3}}{3}$$이므로
→[특수각의 삼각비] $\tan 30° = \dfrac{\sqrt{3}}{3}$

$\angle OCD = \dfrac{\pi}{6}$이고, $\angle ACB = \dfrac{\pi}{3}$이다.
→ 내접원이므로 직선 OC는 $\angle ACB$를 이등분해.
$\therefore \angle ACB = 2 \times \angle OCD = 2 \times \dfrac{\pi}{6} = \dfrac{\pi}{3}$

2nd 삼각형 ABC의 둘레의 길이를 구하자.

$\overline{AE} = a$라 하면 $\overline{AF} = a$이고,

$$\triangle ABC = \frac{1}{2} \times 16 \times (a+4) \times \sin \frac{\pi}{3}$$
→ 두 변 $\overline{BC}$와 $\overline{AC}$, 그리고 그 사잇각 $\angle ACB$를 이용하여 넓이를 구하고 있어.

$$= \frac{1}{2} \times 16 \times (a+4) \times \frac{\sqrt{3}}{2}$$

$$= 4\sqrt{3}(a+4)$$

$\triangle OAB + \triangle OBC + \triangle OCA$

$$= \frac{1}{2} \times (a+12) \times \frac{4\sqrt{3}}{3} + \frac{1}{2} \times 16 \times \frac{4\sqrt{3}}{3} + \frac{1}{2} \times (a+4) \times \frac{4\sqrt{3}}{3}$$

$$= \frac{1}{2} \times \frac{4\sqrt{3}}{3} \times \{(a+12) + 16 + (a+4)\}$$
→ 세 삼각형 OAB, OBC, OCA의 높이가 모두 내접원의 반지름 $\dfrac{4\sqrt{3}}{3}$으로 서로 같아.

$$= \frac{4\sqrt{3}}{3}(a+16)$$

한편, $\triangle ABC = \triangle OAB + \triangle OBC + \triangle OCA$이므로

$$4\sqrt{3}(a+4) = \frac{4\sqrt{3}}{3}(a+16), \ 3(a+4) = a+16$$

$3a + 12 = a + 16$, $2a = 4$　$\therefore a = 2$

따라서 삼각형 ABC의 둘레의 길이는

$\overline{AB} + \overline{BC} + \overline{CA} = 14 + 16 + 6 = 36$

톡톡 풀이: **헤론의 공식을 이용하여 넓이 구하기**

헤론의 정리에 의하여

$$s = \frac{(a+12)(12+4)(a+4)}{2} = a+16$$

$$\triangle ABC = S = \sqrt{(a+16) \times 4 \times a \times 12} = \sqrt{48a(a+16)} \cdots \text{㉠}$$

한편, $\triangle ABC = \frac{1}{2} \times$ (내접원의 반지름) $\times$ (삼각형 ABC의 둘레의 길이)

이므로

$$\triangle ABC = \frac{1}{2} \times \frac{4\sqrt{3}}{3} \times (2a+32) = \frac{4\sqrt{3}}{3}(a+16) \cdots \text{㉡}$$

㉠, ㉡에 의하여

$$\sqrt{48a(a+16)} = \frac{4\sqrt{3}}{3}(a+16), \quad 48a(a+16) = \frac{16}{3}(a+16)^2$$

$$9a = a+16, \quad 8a = 16$$

$$\therefore a = 2$$

(이하 동일)

F 108 정답 ② *평행사변형의 넓이 ················· [정답률 82%]

[정답 공식: 이웃하는 두 변의 길이가 a, b이고 그 끼인각의 크기가 θ인 평행사변형의 넓이 S는 $S = ab \sin \theta$이다.]

그림과 같이 $\overline{AB} = 3$, $B = 45°$인 평행사변형 ABCD의 넓이가 $3\sqrt{2}$일 때, $\overline{BC}$의 길이는?

단서 평행사변형의 넓이가 주어져 있으니까 공식을 이용하면 돼. (3점)

① $\sqrt{2}$ ② 2 ③ $2\sqrt{2}$
④ 3 ⑤ $2\sqrt{3}$

1st 평행사변형의 넓이를 구하는 공식을 이용하자.

$\overline{AB} = 3$, $B = 45°$인 평행사변형 ABCD의 넓이가 $3\sqrt{2}$이므로

$$3\sqrt{2} = 3 \times \overline{BC} \times \sin 45° \quad \text{(평행사변형의 넓이)} = \overline{AB} \times \overline{BC} \times \sin B$$

$$= 3 \times \overline{BC} \times \frac{\sqrt{2}}{2}$$

$$\therefore \overline{BC} = 2$$

F 109 정답 ② *평행사변형의 넓이 ················· [정답률 75%]

[정답 공식: 이웃하는 두 변의 길이가 a, b이고 그 끼인각의 크기가 θ인 평행사변형의 넓이 S는 $S = ab \sin \theta$이다.]

오른쪽 그림과 같이 $\overline{AB} = 2\sqrt{3}$, $\overline{BC} = 4$인 평행사변형 ABCD의 넓이가 12일 때, $\overline{AC}^2$의 값은?

(단, $0° < B < 90°$) (4점)

① $26 - 8\sqrt{3}$ ② $28 - 8\sqrt{3}$ ③ $30 - 8\sqrt{3}$
④ $28 - 4\sqrt{3}$ ⑤ $32 - 4\sqrt{3}$

1st 평행사변형의 넓이를 구하는 공식을 이용하자.

$\overline{AB} = 2\sqrt{3}$, $\overline{BC} = 4$인 평행사변형 ABCD의 넓이가 12이므로

$$12 = 2\sqrt{3} \times 4 \times \sin B \quad \text{(평행사변형의 넓이)} = \overline{AB} \times \overline{BC} \times \sin B$$

$$\sin B = \frac{\sqrt{3}}{2}$$

$0° < B < 90°$이고 $\sin 60° = \frac{\sqrt{3}}{2}$이므로

$$B = 60°$$

2nd 코사인법칙을 이용하여 대각선 AC의 길이를 구하자.

삼각형 ABC에서 대각선 AC의 길이를 코사인법칙을 이용하여 구하면

$$\overline{AC}^2 = \overline{AB}^2 + \overline{BC}^2 - 2 \times \overline{AB} \times \overline{BC} \times \cos B$$

[코사인법칙]
$a^2 = b^2 + c^2 - 2bc \cos A$
$b^2 = c^2 + a^2 - 2ca \cos B$
$c^2 = a^2 + b^2 - 2ab \cos C$

$$= (2\sqrt{3})^2 + 4^2 - 2 \times 2\sqrt{3} \times 4 \times \cos 60°$$

$$= 12 + 16 - 2 \times 2\sqrt{3} \times 4 \times \frac{1}{2}$$

$$= 28 - 8\sqrt{3}$$

☆ 평행사변형의 넓이 개념·공식

이웃하는 두 변의 길이가 a, b이고 그 끼인각의 크기가 θ인 평행사변형의 넓이 S는 $S = ab \sin \theta$이다.

F 110 정답 4 *평행사변형의 넓이 ················· [정답률 51%]

[정답 공식: 이웃하는 두 변의 길이가 a, b이고 그 끼인각의 크기가 θ인 평행사변형의 넓이 S는 $S = ab \sin \theta$이다.]

둘레의 길이가 8인 평행사변형 중 넓이가 최대가 되는 평행사변형의 넓이를 구하시오. (4점)

1st 이웃하는 두 변의 길이를 문자로 나타내자.

평행사변형의 이웃하는 두 변의 길이를 각각 a, b라 놓자.

둘레의 길이가 8이므로

$$2(a+b) = 8$$

$$a+b = 4 \cdots \text{㉠}$$

→ 두 양수 x, y에 대하여 $x+y \geq 2\sqrt{xy}$ (단, 등호는 $x=y$일 때 성립)

2nd 양수인 두 수는 산술평균과 기하평균의 관계가 성립하지.

$a > 0$, $b > 0$이므로 산술평균과 기하평균의 관계에 의하여

$$a+b \geq 2\sqrt{ab}(단, 등호는 a=b일 때 성립)$$

$$4 \geq 2\sqrt{ab} \ (\because \text{㉠})$$

$$\sqrt{ab} \leq 2$$

양변을 제곱하면

$$ab \leq 4 \cdots \text{㉡}$$

→ $x > 0$, $y > 0$이면 $\sqrt{x} < \sqrt{y} \Longleftrightarrow x < y$

3rd 평행사변형의 넓이를 구하는 공식을 이용하자.

이웃하는 두 변의 길이가 a, b이고 그 끼인각의 크기가 θ인 평행사변형의 넓이 S는

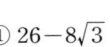 $\theta = 90°$일 때 S가 최대가 돼. 즉 이웃하는 두 변의 길이가 같고 한 각의 크기가 $90°$이므로 정사각형이야.

$$S = ab \sin \theta \leq 4 \sin \theta \ (\because \text{㉡}) \leq 4$$

따라서 이웃하는 두 변의 길이가 2로 같고, 끼인각의 크기가 $90°$일 때, 평행사변형의 넓이는 4로 최대이다.

F 111 정답 ① *사각형의 넓이 ───────────── [정답률 84%]

> 정답 공식: 두 변의 길이가 a, b이고 끼인각의 크기가 θ인 삼각형의 넓이는
> $S=\frac{1}{2}ab\sin\theta$이다.

그림과 같이 $\overline{AB}=4$, $\overline{BC}=6$, $\overline{CD}=3$, $\angle ABD=30°$, $\angle BCD=60°$인 **사각형 ABCD**의 넓이는? (3점)

[단서] 두 삼각형 ABD, BCD의 넓이의 합으로 구해.

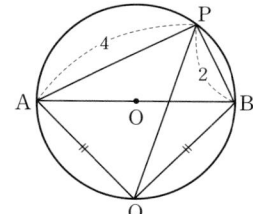

① $\dfrac{15\sqrt{3}}{2}$ ② $\dfrac{17\sqrt{3}}{2}$ ③ $\dfrac{19\sqrt{3}}{2}$ ④ $\dfrac{23\sqrt{3}}{2}$ ⑤ $\dfrac{25\sqrt{3}}{2}$

1st 선분 BD의 길이부터 구해.

삼각형 DBC에서 코사인법칙에 의하여
$$\overline{BD}^2=3^2+6^2-2\times3\times6\times\cos60°=27$$
$$\therefore \overline{BD}=3\sqrt{3}\ (\because \overline{BD}>0)$$
→ $a^2=b^2+c^2-2bc\cos A$

2nd $\square ABCD=\triangle ABD+\triangle BCD$임을 이용해.

$$\therefore \square ABCD=\triangle ABD+\triangle BCD$$

$$=\frac{1}{2}\times4\times3\sqrt{3}\times\sin30°+\frac{1}{2}\times3\times6\times\sin60°$$

두 변의 길이가 각각 a, b이고 그 끼인각의 크기가 θ인 삼각형의 넓이를 S라 하면 $S=\frac{1}{2}ab\sin\theta$

$$=3\sqrt{3}+\frac{9\sqrt{3}}{2}=\frac{15\sqrt{3}}{2}$$

F 112 정답 ① *사각형의 넓이 ───────────── [정답률 78%]

(정답 공식: $\square AQBP=\triangle PAB+\triangle QAB=\triangle PAQ+\triangle PBQ$임을 이용한다.)

그림은 선분 AB를 지름으로 하는 원 O에 내접하는 **사각형 APBQ**를 나타낸 것이다. $\overline{AP}=4$, $\overline{BP}=2$이고 $\overline{QA}=\overline{QB}$일 때, 선분 PQ의 길이는? (4점)

[단서] 사각형 APBQ의 넓이는 두 삼각형 ABP, AQB의 넓이의 합 또는 두 삼각형 AQP, PQB의 넓이의 합으로 구할 수 있어.

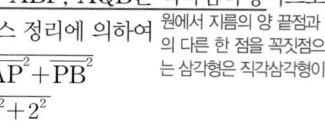

① $3\sqrt{2}$ ② $\dfrac{10\sqrt{2}}{3}$ ③ $\sqrt{14}$ ④ $\dfrac{4\sqrt{10}}{3}$ ⑤ 4

1st 피타고라스 정리를 이용하여 선분의 길이를 구해.

두 삼각형 ABP, AQB는 직각삼각형이므로
피타고라스 정리에 의하여

원에서 지름의 양 끝점과 원 위의 다른 한 점을 꼭짓점으로 하는 삼각형은 직각삼각형이야.

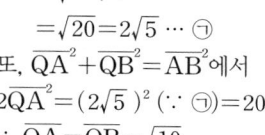

$$\overline{AB}=\sqrt{\overline{AP}^2+\overline{PB}^2}$$
$$=\sqrt{4^2+2^2}$$
$$=\sqrt{20}=2\sqrt{5}\ \cdots\ \text{⊙}$$

또, $\overline{QA}^2+\overline{QB}^2=\overline{AB}^2$에서
$2\overline{QA}^2=(2\sqrt{5})^2\ (\because\ \text{⊙})=20$
$$\therefore \overline{QA}=\overline{QB}=\sqrt{10}$$

2nd 사각형 AQBP의 넓이를 구하자.

사각형 AQBP의 넓이는 두 삼각형 PAB, QBA의 넓이의 합과 같으므로

$$\square AQBP=\triangle PAB+\triangle QBA=\frac{1}{2}\times4\times2+\frac{1}{2}\times\sqrt{10}\times\sqrt{10}=9$$

3rd 호의 길이가 같으면 원주각의 크기가 같음을 이용하여 $\angle BPQ$의 크기를 구하자.

두 변 AQ, QB에 대한 호의 길이는 각각 $\overset{\frown}{AQ}$, $\overset{\frown}{QB}$이고 $\overline{AQ}=\overline{QB}$이므로
$$\overset{\frown}{AQ}=\overset{\frown}{QB}$$

이때, $\overset{\frown}{AQ}$와 $\overset{\frown}{QB}$의 중심각의 크기는 각각 $\angle AOQ$, $\angle BOQ$이고 $\angle AOQ=\angle BOQ=90°$이므로

[주의] 삼각형 AQB는 직각이등변삼각형이기 때문에 두 삼각형의 중심각의 크기가 $\frac{\pi}{4}$임을 알 수 있어.

→ 한 호에 대한 원주각의 크기는 중심각의 크기의 $\frac{1}{2}$이야.

$$\angle APQ=\frac{1}{2}\angle AOQ=45°,\ \angle BPQ=\frac{1}{2}\angle BOQ=45°$$

4th $\square AQBP=\triangle PAQ+\triangle PBQ$임을 이용하여 $\overline{PQ}$의 길이를 구하자.

한편, 사각형 AQBP의 넓이는 두 삼각형 PAQ와 PBQ의 넓이의 합과 같으므로 $\overline{PQ}=x$라 하면

$$9=\frac{1}{2}(4x\sin45°+2x\sin45°)=\frac{1}{2}\left(4x\times\frac{\sqrt{2}}{2}+2x\times\frac{\sqrt{2}}{2}\right)=\frac{3\sqrt{2}}{2}x$$

$$\therefore x=3\sqrt{2}$$

F 113 정답 48 *사각형의 넓이 ───────────── [정답률 73%]

> 정답 공식: 두 변의 길이가 a, b이고 끼인각의 크기가 θ인 삼각형의 넓이는
> $S=\frac{1}{2}ab\sin\theta$이다.

한 변의 길이가 $4\sqrt{3}$인 정사각형 모양의 시계에서 **1과 2 사이의 어두운 사각형의 넓이**가 $a-b\sqrt{3}$일 때, ab를 구하시오. (단, a와 b는 유리수) (4점)

[단서] 한 시간 사이의 중심각의 크기는 $\frac{360°}{12}=30°$로 일정해.

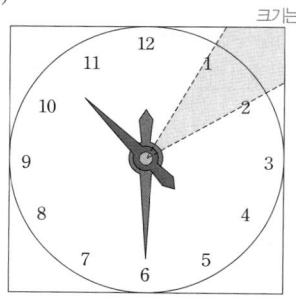

1st 그림에서 선분 RT의 길이를 구해.

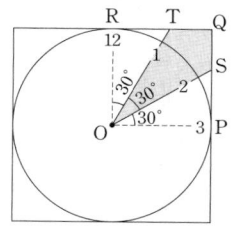

그림과 같이 점 O, P, Q, R, S, T를 잡으면
$$\overline{OR}=2\sqrt{3},\ \angle TOR=30°$$이므로

→ 정사각형 모양의 시계의 한 변의 길이의 $\frac{1}{2}$이야.

$$\overline{OT}=\frac{\overline{OR}}{\cos30°}=\frac{2\sqrt{3}}{\frac{\sqrt{3}}{2}}=4$$

→ 직각삼각형 OTR에서 $\cos30°=\dfrac{\overline{OR}}{\overline{OT}}$

2nd 1과 2 사이의 어두운 사각형의 넓이를 구해.

이때, □OSQT＝□OPQR－△OTR－△OPS이고,

△OPS≡△ORT이므로 ⟶ ∠ORT＝∠OPS＝90°, ∠ROT＝∠POS, $\overline{OR}＝\overline{OP}$이므로 두 삼각형은 ASA 합동이야.

□OSQT＝□OPQR－2△OTR

$$=(2\sqrt{3})^2-2\left(\frac{1}{2}\times4\times2\sqrt{3}\times\sin30°\right)$$

$$=12-4\sqrt{3}$$

따라서 $a=12$, $b=4$이므로

$ab=12\times4=48$

📝 **다른 풀이:** **특수각의 탄젠트 값을 이용하여 $\overline{RT}$를 구한 뒤 값 구하기**

$\overline{OR}=2\sqrt{3}$, ∠TOR＝30°이므로

$$\overline{RT}=\overline{OR}\tan30°=2\sqrt{3}\times\frac{1}{\sqrt{3}}=2$$

이때, △OPS≡△ORT (ASA 합동)이고, ⟶ 직각삼각형 OTR에서 $\frac{\overline{RT}}{\overline{OR}}=\tan30°$

삼각형 OPS는 ∠OPS＝90°인 직각삼각형이므로

□OSQT＝□OPQR－2△OPS

$$=(2\sqrt{3})^2-2\left(\frac{1}{2}\times2\sqrt{3}\times2\right)$$

$$=12-4\sqrt{3}$$

(이하 동일)

F 114 정답 ③ ＊사각형의 넓이 ⸻⸻⸻ [정답률 58%]

[정답 공식: 코사인법칙 $c^2=a^2+b^2-2ab\cos C$와 삼각형의 넓이 $S=\frac{1}{2}ab\sin\theta$ 를 이용한다.]

그림과 같이 원에 내접하는 사각형 ABCD에서 $\overline{AB}=1$, $\overline{BC}=2$, $\overline{CD}=3$, $\overline{DA}=4$일 때, 사각형 ABCD의 넓이는? (4점)

단서 두 삼각형 ABC, ACD의 넓이의 합으로 구해.

① 4   ② $2\sqrt{5}$

③ $2\sqrt{6}$ ④ $3\sqrt{3}$

⑤ $4\sqrt{2}$

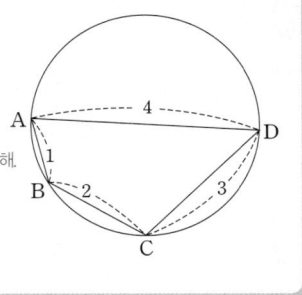

1st 사각형 ABCD가 원에 내접하므로 마주보는 각의 크기의 합은 항상 π지?

사각형 ABCD가 원에 내접하므로 ∠B＝θ라 하면 ∠D＝π－θ

2nd $\cos\theta$의 값을 구하자.

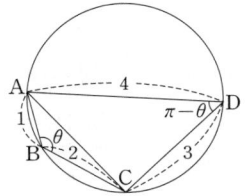

삼각형 ACD에서

$$\overline{AC}^2=\overline{CD}^2+\overline{AD}^2-2\times\overline{CD}\times\overline{AD}\times\cos D$$

$$=3^2+4^2-2\times3\times4\times\underset{\cos(\pi-\theta)=-\cos\theta}{\cos(\pi-\theta)}$$

$$=25+24\cos\theta\cdots㉠$$

삼각형 ABC에서

$$\overline{AC}^2=\overline{AB}^2+\overline{BC}^2-2\times\overline{AB}\times\overline{BC}\times\cos B$$

$$=1^2+2^2-2\times1\times2\times\cos\theta\cdots㉡$$

$$=5-4\cos\theta$$

㉠, ㉡에 의하여

$25+24\cos\theta=5-4\cos\theta$

$28\cos\theta=-20$

$$\therefore\cos\theta=-\frac{5}{7}\left(단,\ \frac{\pi}{2}<\theta<\pi\right)$$

3rd $\sin\theta$의 값을 구한 후 사각형 ABCD의 넓이를 구해.

$$\underset{\sin^2\theta+\cos^2\theta=1}{\sin\theta=\sqrt{1-\cos^2\theta}}=\sqrt{1-\frac{25}{49}}=\frac{2\sqrt{6}}{7}$$

$$\therefore □ABCD=△ABC+△ACD$$

$$=\frac{1}{2}\times1\times2\times\sin\theta+\frac{1}{2}\times3\times4\times\sin(\pi-\theta)$$

두 변의 길이가 각각 a, b이고 그 끼인각의 크기가 θ인 삼각형의 넓이를 S라 하면 $S=\frac{1}{2}ab\sin\theta$

$$=\sin\theta+6\sin\theta$$

$$=7\sin\theta=7\times\frac{2\sqrt{6}}{7}$$

$$=2\sqrt{6}$$

⚙️ **코사인법칙**   개념·공식

삼각형 ABC의 세 변의 길이와 세 각의 크기 사이에는 다음과 같은 관계가 성립한다.

① $a^2=b^2+c^2-2bc\cos A$

② $b^2=c^2+a^2-2ca\cos B$

③ $c^2=a^2+b^2-2ab\cos C$

F 115 정답 ② ＊사각형의 넓이 ⸻⸻⸻ [정답률 68%]

[정답 공식: 두 대각선의 길이가 a, b이고, 두 대각선이 이루는 각의 크기가 θ인 사각형의 넓이는 $S=\frac{1}{2}ab\sin\theta$이다.]

두 대각선의 길이의 합이 6인 사각형의 넓이의 최댓값은? (4점)

단서 두 대각선의 길이의 곱이 최대이고 두 대각선이 이루는 각의 크기에 대한 사인 값이 최대일 때 최댓값을 가져.

① 2   ② $\frac{9}{2}$ ③ $\frac{11}{2}$ ④ 6   ⑤ 9

1st 한 대각선의 길이를 미지수로 두고 사각형의 넓이를 식으로 나타내.

사각형의 한 대각선의 길이를 a라 하면 다른 한 대각선의 길이는 $6-a$이다.

이때, 두 대각선이 이루는 각의 크기를 θ라 하면 사각형의 넓이는

$$\underset{\text{사각형의 넓이를 }S\text{라 하면}}{\frac{1}{2}\times a\times(6-a)\times\sin\theta}=\frac{\sin\theta}{2}(-a^2+6a)$$

$$S=\frac{1}{2}ab\sin\theta=\frac{\sin\theta}{2}\{-(a-3)^2+9\}\leq\frac{9\sin\theta}{2}$$

💡 **함정** $0\leq\theta\leq\frac{\pi}{2}$이므로 $\sin\theta\geq0$이야. 따라서 최댓값은 $-a^2+6a$가 최대일 때야.

$-a^2+6a$는 최고차항이 음수인 이차함수로 $a=3$일 때 최댓값 9를 가져.

2nd 사각형의 넓이의 최댓값을 구해.

따라서 $a=3$일 때 사각형의 넓이의 최댓값은 $\frac{9\sin\theta}{2}$이고, $\theta=\frac{\pi}{2}$일 때

$\sin\theta=1$로 최대이므로 사각형의 넓이의 최댓값은 $\frac{9}{2}$이다.

두 대각선의 길이가 각각 3, 3이고 두 대각선이 이루는 각의 크기가 90°일 때야.

[채점 기준표]

1st 삼각형 DBC에서 ∠BDC의 크기를 구한다.	2점
2nd 네 점 A, B, C, D가 한 원 위에 있음을 구한다.	2점
3rd 사인법칙을 이용하여 ∠ACB의 크기를 구한다.	6점

F 116 정답 45° * 사인법칙과 삼각형의 외접원 ---- [정답률 60%]

(정답 공식: $\dfrac{a}{\sin A}=\dfrac{b}{\sin B}=\dfrac{c}{\sin C}=2R$, $\sin\left(\dfrac{\pi}{2}-\theta\right)=\cos\theta$)

그림과 같이 ∠C=90°, $\overline{AD}=3\sqrt{6}$, $\overline{BC}=9$인 사각형 ABCD에서 **단서1** 사각형 ABCD가 한 원에 내접함을 이용해.
∠BAC=60°, ∠DBC=30°일 때, **∠ACB의 크기**를 구하고
그 과정을 서술하시오. (10점) **단서2** 사인법칙을 이용하여 ∠ACB의 크기를 구해.

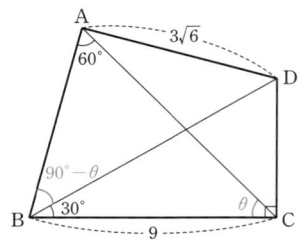

🧠 단서+발상

단서1 점 A와 점 D가 선분 BC에 대하여 같은 쪽에 있고, ∠BAC=∠BDC이므로 네 점 A, B, C, D가 한 원 위에 있다. (발상)

단서2 삼각형 ABD에 대한 외접원과 삼각형 ABC에 대한 외접원이 같음을 구한다. (발상)

∠ACB=θ로 설정한 뒤, 삼각형 외접원의 반지름의 길이를 바탕으로 사인법칙을 이용하여 ∠ACB의 크기를 구한다. (해결)

--- [문제 풀이 순서] ------------------------------

1st 삼각형 DBC에서 ∠BDC의 크기를 구하자.

삼각형 DBC에서
∠BDC=180°−∠DBC−∠DCB
= 180°−30°−90°=60°

2nd 네 점 A, B, C, D가 한 원 위에 있음을 구하자.

점 A와 점 D가 선분 BC에 대하여 같은 쪽에 있고, 한 호에 대한 원주각의 크기가 60°로 같아.
∠BAC=∠BDC이므로 네 점 A, B, C, D가 한 원 위에 있다.
따라서 삼각형 ABD에 대한 외접원과 삼각형 ABC에 대한 외접원이 같다. 사각형 ABCD가 한 원에 내접하므로 두 삼각형 ABD, ABC의 외접원이 같다고 볼 수 있어.

3rd 사인법칙을 이용하여 ∠ACB의 크기를 구하자.

삼각형 ABD에 대한 외접원 (또는 삼각형 ABC에 대한 외접원)을 원 O라 하고 원 O의 반지름의 길이를 R라 하자.
∠ACB=θ라 하면 ∠ABD=∠ACD=$(90°-\theta)$이다.
사인법칙에 의하여

$$\dfrac{3\sqrt{6}}{\sin(\angle ABD)}=\dfrac{3\sqrt{6}}{\sin(90°-\theta)}=2R$$

반지름의 길이가 R인 원에 대하여 사인법칙 $\dfrac{a}{\sin A}=2R$야.

$$\dfrac{9}{\sin(\angle BAC)}=\dfrac{9}{\sin 60°}=2R$$

즉, $\dfrac{3\sqrt{6}}{\sin(90°-\theta)}=\dfrac{3\sqrt{6}}{\cos\theta}=\dfrac{9}{\sin 60°}$이므로

삼각함수의 성질 $\sin\left(\dfrac{\pi}{2}\pm\theta\right)=\cos\theta$

$$\cos\theta=\dfrac{3\sqrt{6}\times\sin 60°}{9}=\dfrac{\frac{9\sqrt{2}}{2}}{9}=\dfrac{\sqrt{2}}{2}$$

∴ ∠ACB=θ=45°

F 117 정답 3 * 코사인법칙 --------- [정답률 70%]

(정답 공식: 코사인법칙 $c^2=a^2+b^2-2ab\cos C$를 이용한다.)

그림과 같이 원에 내접하는 사각형 ABCD에서 $\overline{AD}=5$,
$\overline{AB}=3$, $\overline{BC}=2$, ∠DAB=$\dfrac{\pi}{3}$일 때, 선분 CD의 길이를 구하고
그 과정을 서술하시오. (10점) **단서** 두 변의 길이와 그 끼인각의 크기를 알면 코사인법칙을 이용할 수 있어.

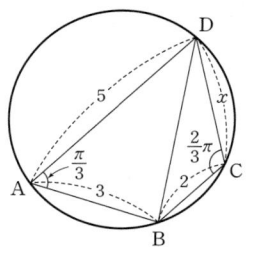

🧠 단서+발상

단서 코사인법칙 $c^2=a^2+b^2-2ab\cos C$를 이용하여 $\overline{BD}^2$의 값을 구한다. (발상)
원에 내접하는 사각형은 한 쌍의 대각의 크기의 합이 π임을 이용한다. (개념)
사각형 ABCD에 포함된 삼각형 BCD에서 코사인법칙을 이용하여 선분 CD의 길이를 구한다. (적용)

--- [문제 풀이 순서] ------------------------------

1st 코사인법칙을 이용하여 $\overline{BD}^2$의 값을 구하자.

삼각형 ABD에서 코사인법칙에 의하여 $c^2=a^2+b^2-2ab\cos C$
$$\overline{BD}^2=\overline{AD}^2+\overline{AB}^2-2\times\overline{AD}\times\overline{AB}\times\cos(\angle DAB)$$
$$=5^2+3^2-2\times 5\times 3\times\cos\dfrac{\pi}{3}\quad \cos\dfrac{\pi}{3}=\dfrac{1}{2}\text{이야.}$$
$$=25+9-15$$
$$=19$$

2nd 원에 내접하는 사각형의 성질을 이용하여 ∠BCD의 크기를 구하자.

사각형 ABCD가 원에 내접하므로 ∠BCD=$\pi-\dfrac{\pi}{3}=\dfrac{2}{3}\pi$이다.
사각형 ABCD가 원에 내접하므로 마주 보는 각의 크기의 합은 π야.

3rd 선분 CD의 길이를 구하자.

삼각형 BCD에서 $\overline{CD}=x$라 하면
$$\overline{BD}^2=\overline{BC}^2+\overline{CD}^2-2\times\overline{BC}\times\overline{CD}\times\cos(\angle BCD)$$
$$=2^2+x^2-2\times 2\times x\times\cos\dfrac{2}{3}\pi$$
$$=4+x^2+2x\quad \cos\dfrac{2}{3}\pi=-\dfrac{1}{2}$$
$\overline{BD}^2=19$이므로
$$x^2+2x-15=0, (x+5)(x-3)=0$$
∴ $x=3$ ($\because x>0$)
따라서 선분 CD의 길이는 3이다.

[채점 기준표]

1st	코사인법칙을 이용하여 $\overline{BD}^2$의 값을 구한다.	4점
2nd	원에 내접하는 사각형의 성질을 이용하여 ∠BCD의 크기를 구한다.	2점
3rd	선분 CD의 길이를 구한다.	4점

 118 정답 $5\sqrt{3}$ *코사인법칙의 변형 ············· [정답률 58%]

(정답 공식: 코사인법칙의 변형 $\cos A = \dfrac{b^2+c^2-a^2}{2bc}$ 을 이용한다.)

> 삼각형 ABC에서 $\overline{BC}=5$, $\overline{AC}=10$일 때, ∠BAC의 크기가
> 최대가 되도록 하는 선분 AB의 길이를 구하고 그 과정을
> 서술하시오. (10점) **단서** 삼각형의 한 내각의 크기를 θ라 할 때,
> θ의 크기가 최대가 되려면
> $\cos\theta$의 값은 최소가 되어야 한다.

🧠 단서+발상

단서 ∠BAC=θ라 하고, θ의 크기가 최대가 되는 조건을 찾는다. **발상**
코사인법칙을 이용하여 $\cos\theta$의 값을 구한다. **적용**
코사인함수 $y=\cos x$의 그래프는 $[0,\pi]$에서 감소하므로 $\cos\theta$의 값이
작을수록 θ의 크기가 커짐을 알 수 있다. **개념**
최대 또는 최소를 구하기 위해서는 산술평균과 기하평균의 관계를 이용한다. **해결**

--- [문제 풀이 순서] ------------------------------

1st 삼각형 ABC에서 ∠BAC=θ라 하고, θ의 크기가 최대가 되는 조건을 찾자.
∠BAC=θ $(0<\theta<\pi)$라 하자.
θ의 크기가 최대일 때, $\cos\theta$의 값은 최솟값을 갖는다.
코사인함수 $y=\cos x$의 그래프는 $[0,\pi]$에서 감소해.

2nd 코사인법칙을 이용하여 $\cos\theta$의 값을 구하자.
$\overline{AB}=x$라 하고
삼각형 ABC에서 코사인법칙에 의하여 $\cos A = \dfrac{b^2+c^2-a^2}{2bc}$이 성립해.
$$\cos\theta = \frac{10^2+x^2-5^2}{2\times10\times x} = \frac{75+x^2}{20x} = \frac{15}{4x}+\frac{x}{20}$$

3rd 산술평균과 기하평균의 관계를 이용하여 선분 AB의 길이를 구하자.

$x>0$이므로 $\dfrac{15}{4x}>0$, $\dfrac{x}{20}>0$이고 산술평균과 기하평균의 관계에

의하여

$$\frac{15}{4x}+\frac{x}{20}\geq 2\sqrt{\frac{15}{4x}\times\frac{x}{20}}=\frac{\sqrt{3}}{2}\ \left(\text{단, } \frac{15}{4x}=\frac{x}{20}\text{일 때 등호가 성립}\right)$$
두 양수 a, b에 대하여 $a+b\geq2\sqrt{ab}$가 성립하는데, 이때 $a=b$일 때 등호가 성립해.

$\dfrac{15}{4x}=\dfrac{x}{20}$이면 $x^2=75$ ∴ $x=5\sqrt{3}$ $(\because x>0)$

따라서 $x=5\sqrt{3}$일 때, $\cos\theta$는 최솟값 $\dfrac{\sqrt{3}}{2}$을 가지며

이때 ∠BAC=θ의 크기가 최대이므로 선분 AB의 길이는 $5\sqrt{3}$이다.

[채점 기준표]

1st	삼각형 ABC에서 ∠BAC=θ라 하고, θ의 크기가 최대가 되는 조건을 찾는다.	2점
2nd	코사인법칙을 이용하여 $\cos\theta$의 값을 구한다.	3점
3rd	산술평균과 기하평균의 관계를 이용하여 선분 AB의 길이를 구한다.	5점

F

 119 정답 $\dfrac{156}{5}$ *사각형의 넓이 ············· [정답률 60%]

(정답 공식: $\overline{DC}$에 평행하도록 $\overline{AE}$를 긋고 사각형 ABCD의 넓이는 삼각형)
(AEB와 사각형 AECD의 넓이의 합임을 이용한다.)

> 그림과 같이 사각형 ABCD에서 $\overline{AD}/\!/\overline{BC}$이고 $\overline{AB}=5$,
> $\overline{BC}=9$, $\overline{CD}=6$, $\overline{AD}=4$일 때, 사각형 ABCD의 넓이를 구하고
> 그 과정을 서술하시오. (10점) **단서** $\overline{DC}$에 평행하도록 $\overline{AE}$를 긋고 사각형
> ABCD의 넓이는 삼각형 AEB와
> 평행사변형 AECD의 넓이의 합임을 이용해.

🧠 단서+발상

단서 점 A를 기준으로 $\overline{DC}$에 평행하도록 선분을 그으면 $\overline{BC}$와 만나는데 이 점을
E라 설정할 수 있다. **발상**
$\overline{AE}$에 의해 삼각형 ABE와 사각형 AECD로 나누어지는데
사각형 ABCD의 넓이는 두 도형의 넓이의 합임을 알 수 있다. **발상**
코사인법칙을 이용하여 ∠AEB의 크기와, 두 변의 길이와 그 끼인각의 크기를
이용하여 삼각형 ABE의 넓이, 평행사변형의 넓이 공식을 이용하여 사각형
AECD의 넓이를 각각 구할 수 있다. **해결**

--- [문제 풀이 순서] ------------------------------

1st $\overline{DC}$에 평행하도록 $\overline{AE}$를 긋고 ∠AEB=θ라 하고 $\sin\theta$의 값을 구하자.
점 A를 지나고 $\overline{DC}$와 평행한 직선이 $\overline{BC}$와 만나는 점을 E라 하고
∠AEB=θ라 하자. 사각형 ABCD의 넓이를 삼각형 AEB와
사각형 AECD의 넓이의 합으로 구하기 위해 점 E를 만들어.
사각형 AECD가 평행사변형이므로 $\overline{AE}=6$, $\overline{EC}=4$이고,
$\overline{BE}=\overline{BC}-\overline{EC}=9-4=5$이다.

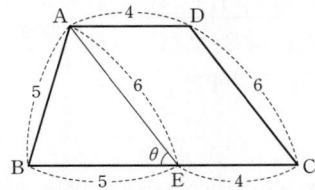

삼각형 ABE에서 코사인법칙에 의하여
$$\cos\theta = \frac{6^2+5^2-5^2}{2\times6\times5} = \frac{36}{60} = \frac{3}{5}$$
$\cos\theta$의 값이 양수이므로 θ는 예각이야.

$$\sin^2\theta = 1-\cos^2\theta = 1-\left(\frac{3}{5}\right)^2 = \frac{16}{25}$$

이때 $0°<\theta<90°$에서 $\sin\theta>0$이므로 $\sin\theta = \sqrt{\dfrac{16}{25}} = \dfrac{4}{5}$

2nd 삼각형 ABE의 넓이를 구하자.
따라서 삼각형 ABE의 넓이는
$$\triangle ABE = \frac{1}{2}\times6\times5\times\sin\theta = 15\times\frac{4}{5} = 12$$

3rd 사각형 AECD의 넓이를 이용하여 사각형 ABCD의 넓이를 구하자.
사각형 AECD는 평행사변형이고 ∠DCE=∠ABE=θ이므로
$\overline{AD}/\!/\overline{EC}$이므로 동위각의 크기는 서로 같아.
$$\square AECD = 6\times4\times\sin\theta$$
이웃하는 두 변의 길이가 a, b이고 그 끼인각의 크기가 θ인 평행사변형의 넓이 S는 $S=ab\sin\theta$가 돼.
$$= 24\times\frac{4}{5} = \frac{96}{5}$$

따라서 사각형 ABCD의 넓이는 삼각형 ABE의 넓이와

$$\square ABCD = \triangle ABE + \square AECD$$

사각형 AECD의 넓이의 합이므로

$$12 + \frac{96}{5} = \frac{156}{5}$$

[채점 기준표]

1st $\overline{DC}$에 평행하도록 $\overline{AE}$를 긋고 $\angle AEB = \theta$라 하고 $\sin \theta$의 값을 구한다.	4점
2nd 삼각형 ABE의 넓이를 구한다.	3점
3rd 사각형 AECD의 넓이를 이용하여 사각형 ABCD의 넓이를 구한다.	3점

F 120 정답 48π *사인법칙과 삼각형의 외접원 [정답률 75%]

정답 공식: 삼각형 ABC의 외접원의 반지름의 길이를 R라 하면 $\dfrac{\overline{AB}}{\sin C} = 2R$가 성립한다.

삼각형 ABC에 대하여 $\angle A + \angle B = 2\angle C$이고, $\overline{AB} = 12$일 때, 삼각형 ABC의 외접원의 넓이를 구하고 그 과정을 서술하시오.
단서 선분 AB와 마주 보는 각이 $\angle C$이므로 사인법칙을 이용해. (10점)

 단서+발상

단서 ① 삼각형의 세 내각의 크기의 합은 $180°$이고, 주어진 조건을 이용하여 선분 AB와 마주 보는 각인 $\angle C$의 크기를 구할 수 있다. **발상**
② 삼각형 ABC의 외접원의 반지름의 길이를 R라 하면 사인법칙을 이용하여 외접원의 반지름의 길이를 구할 수 있다. **적용**
원의 넓이 공식을 이용하여 외접원의 넓이를 구할 수 있다. **해결**

--- [문제 풀이 순서] ---------------------------

1st 삼각형 ABC에서 $\angle C$의 크기를 구하자.
삼각형 ABC에서 $\underline{\angle A + \angle B + \angle C = 180°} \cdots \bigcirc$
주어진 조건에서 $\angle A + \angle B = 2\angle C \cdots \bigcirc\!\!\!\!\bigcirc$ 삼각형의 세 내각의 크기의 합은 $180°$야.
이므로 두 식 $\bigcirc$, $\bigcirc\!\!\!\!\bigcirc$을 연립하면
$3\angle C = 180°$
$\therefore \angle C = 60°$

2nd 사인법칙을 이용하여 외접원의 반지름의 길이를 구하자.
삼각형 ABC의 외접원의 반지름의 길이를 R라 하면
사인법칙에 의하여
$\dfrac{12}{\sin 60°} = 2R$ 삼각형 ABC에서 외접원의 반지름의 길이를 R라 하면 $\dfrac{\overline{BC}}{\sin A} = \dfrac{\overline{AC}}{\sin B} = \dfrac{\overline{AB}}{\sin C} = 2R$가 성립해.
$\dfrac{12}{\sin 60°} = 12 \times \dfrac{2}{\sqrt{3}} = 8\sqrt{3}$이므로
$2R = 8\sqrt{3}$
$\therefore R = 4\sqrt{3}$

3rd 외접원의 넓이를 구하자.
$\underline{\text{외접원의 넓이는}}$ 반지름의 길이가 r인 원의 넓이는 πr^2이야.
$\pi \times (4\sqrt{3})^2 = 48\pi$

[채점 기준표]

1st 삼각형 ABC에서 $\angle C$의 크기를 구한다.	4점
2nd 사인법칙을 이용하여 외접원의 반지름의 길이를 구한다.	4점
3rd 외접원의 넓이를 구한다.	2점

F 121 정답 $\frac{8}{3}$ *사인법칙의 활용 [정답률 72%]

정답 공식: 사인법칙에 의하여 $a : b : c = \sin A : \sin B : \sin C$가 성립한다.

삼각형 ABC에 대하여 **단서** 삼각형 ABC에 대하여 사인법칙을 이용하여 내각의 크기에 대한 사인값의 비가 변의 길이와 같음을 이용해.
$$8 \sin A = 3 \sin B = 4 \sin C$$
가 성립한다. 삼각형 ABC의 가장 긴 변의 길이를 x, 가장 짧은 변의 길이를 y라 할 때, $\dfrac{x}{y}$의 값을 구하고 그 과정을 서술하시오.
(10점)

 단서+발상

단서 삼각형 ABC에 대하여 사인법칙을 이용하여 $\sin A : \sin B : \sin C$의 값을 구할 수 있다. **발상**
$\sin A : \sin B : \sin C = a : b : c$를 이용하여 세 변 a, b, c에 대한 $a : b : c$의 값을 구할 수 있다. **적용**
각 변의 길이에 대한 비를 바탕으로 가장 긴 변과 가장 짧은 변의 길이의 비를 구할 수 있다. **해결**

--- [문제 풀이 순서] ---------------------------

1st $\sin A : \sin B : \sin C$의 값을 구하자.
$8 \sin A = 3 \sin B = 4 \sin C = k(k \neq 0)$라 하면
$\sin A = \dfrac{k}{8}$, $\sin B = \dfrac{k}{3}$, $\sin C = \dfrac{k}{4}$이므로
$\sin A : \sin B : \sin C = \dfrac{1}{8} : \dfrac{1}{3} : \dfrac{1}{4}$ 8, 3, 4의 최소공배수인 24를 곱해.
$= 3 : 8 : 6$

2nd 사인법칙을 이용하여 $a : b : c$의 값을 구하자.
사인법칙 $\dfrac{a}{\sin A} = \dfrac{b}{\sin B} = \dfrac{c}{\sin C} = 2R$에서
$\sin A = \dfrac{a}{2R}$, $\sin B = \dfrac{b}{2R}$, $\sin C = \dfrac{c}{2R}$이므로
$\sin A : \sin B : \sin C = a : b : c$
따라서
$a : b : c = \sin A : \sin B : \sin C$
$\quad = 3 : 8 : 6$ 삼각형에서 내각의 크기에 대한 사인값의 비는 변의 길이의 비와 같아.
이므로 세 변 a, b, c의 길이의 비는
$3 : 8 : 6$이다.
가장 긴 변의 길이는 b,
가장 짧은 변의 길이는 a이고,
$b = 8z$, $a = 3z$(z는 양의 실수)로 놓을 수 있다.

3rd 가장 긴 변의 길이와 가장 짧은 변의 길이의 비를 구하자.
즉, $x = 8z$, $y = 3z$에 대하여 가장 긴 변의 길이는 $x = b$이고, 가장 짧은 변의 길이는 $y = a$야.
$\dfrac{x}{y} = \dfrac{8z}{3z} = \dfrac{8}{3}$이다.

[채점 기준표]

1st $\sin A : \sin B : \sin C$의 값을 구한다.	4점
2nd 사인법칙을 이용하여 $a : b : c$의 값을 구한다.	3점
3rd 가장 긴 변의 길이와 가장 짧은 변의 길이의 비를 구한다.	3점

F 122 정답 $\dfrac{29\sqrt{3}}{4}$ *평행사변형의 넓이 .... [정답률 60%]

정답 공식: 이웃하는 두 변의 길이가 a, b이고 그 끼인각의 크기가 θ인 평행사변형의 넓이 S는 $S=ab\sin\theta$이다.

단서1 $\overline{\text{AB}}=\overline{\text{DC}}$, $\overline{\text{AD}}=\overline{\text{BC}}$
평행사변형 ABCD에서 $\overline{\text{AC}}=5$, $\overline{\text{BD}}=3\sqrt{6}$,
$\angle\text{ABC}=60°$일 때, 평행사변형 ABCD의 넓이를 구하고 그
과정을 서술하시오. (10점) **단서2** 평행사변형의 이웃하는 두 변의 길이와
그 끼인각의 크기를 알면 넓이를 구할 수 있어.

🧠 단서+발상

단서1 평행사변형은 두 쌍의 대변의 길이가 같으므로 $\overline{\text{AB}}=\overline{\text{DC}}$, $\overline{\text{AD}}=\overline{\text{BC}}$가
성립한다. **개념**

단서2 $\overline{\text{AB}}=a$, $\overline{\text{BC}}=b$라 하면 코사인법칙과 대각선인 $\overline{\text{AC}}$의 길이를 이용하여 식을
세울 수 있고, 대각선인 $\overline{\text{BD}}$의 길이를 이용하여 또다른 식을 세울 수 있다. **발상**
이웃하는 두 변의 길이가 a, b이고 그 끼인각의 크기가 θ인 평행사변형의 넓이
S는 $S=ab\sin\theta$이다. **개념**
코사인법칙을 바탕으로 정리한 식과 평행사변형의 넓이 공식을 이용하여
평행사변형의 넓이를 구할 수 있다. **해결**

--- [문제 풀이 순서] ----------------------------

1st $\overline{\text{AB}}=a$, $\overline{\text{BC}}=b$라 하고, 삼각형 ABC에서 코사인법칙을 이용하여
a, b에 대한 식을 세우자.
그림과 같이 $\overline{\text{AB}}$, $\overline{\text{BC}}$의 길이를 각각 a, b라 하면

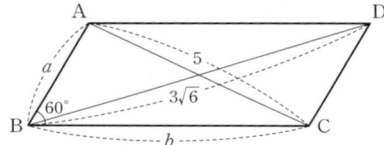

삼각형 ABC에서
$\overline{\text{AC}}^2=a^2+b^2-2ab\,\underline{\cos 60°}$ $\cos 60°=\frac{1}{2}$
$\therefore a^2+b^2-ab=5^2=25\ \cdots\ \text{㉠}$

2nd 삼각형 ABD에서 코사인법칙을 이용하여 a, b에 대한 식을 세우자.
한편 평행사변형 ABCD에서 $\angle\text{BAD}+\angle\text{ABC}=180°$이므로
$\angle\text{BAD}=180°-\angle\text{ABC}=180°-60°=120°$이고, 평행사변형에서 이웃하는
평행사변형의 대변의 길이가 같으므로 $\overline{\text{AD}}=\overline{\text{BC}}=b$이다. 두 각의 크기의 합은 180°야.
삼각형 ABD에서
$\overline{\text{BD}}^2=a^2+b^2-2ab\,\underline{\cos 120°}$ $\cos 120°=-\frac{1}{2}$
$\therefore a^2+b^2+ab=(3\sqrt{6})^2=54\ \cdots\ \text{㉡}$

3rd ab의 값을 구하고, 평행사변형 ABCD의 넓이를 구하자.
㉡−㉠을 하면

$2ab=54-25=29$ $\therefore ab=\dfrac{29}{2}$

따라서 평행사변형 ABCD의 넓이는

$ab\sin 60°=\dfrac{29}{2}\times\dfrac{\sqrt{3}}{2}=\dfrac{29\sqrt{3}}{4}$ 이웃하는 두 변의 길이가 a, b이고
그 끼인각의 크기가 θ인 평행사변형의 넓이 S는
$S=ab\sin\theta$야.

[채점 기준표]

1st	$\overline{\text{AB}}=a$, $\overline{\text{BC}}=b$라 하고, 삼각형 ABC에서 코사인법칙을 이용하여 a, b에 대한 식을 세운다.	3점
2nd	삼각형 ABD에서 코사인법칙을 이용하여 a, b에 대한 식을 세운다.	3점
3rd	ab의 값을 구하고, 평행사변형 ABCD의 넓이를 구한다.	4점

F 123 정답 90 *사인법칙과 코사인법칙 .... [정답률 65%]

정답 공식: $\dfrac{a}{\sin A}=\dfrac{b}{\sin B}=\dfrac{c}{\sin C}=2R$,
$\sin A:\sin B:\sin C=a:b:c$, $\cos A=\dfrac{b^2+c^2-a^2}{2bc}$

단서1 삼각형 ABC는 원에 내접하므로 이 원은 삼각형 ABC의 외접원임을 알 수 있어.
반지름의 길이가 $14\sqrt{3}$인 원에 내접하는 삼각형 ABC가 있다.
삼각형 ABC에서 $\sin A:\sin B:\sin C=7:3:5$일 때, 삼각형
ABC의 둘레의 길이를 구하고 그 과정을 서술하시오. (10점)
단서2 사인법칙을 이용하여 세 변의 길이의 비를 알 수 있어.

🧠 단서+발상

단서1 삼각형 ABC가 원에 내접하므로 이 원은 외접원이 된다. 외접원의 반지름의
길이를 알면 사인법칙을 적용할 수 있다. **발상**

단서2 삼각형의 세 각의 크기의 비를 알 때, 사인법칙을 이용하여 세 변의 길이의 비를
알 수 있다. **발상**
$\sin A:\sin B:\sin C=7:3:5$를 이용하여 세 변의 길이의 비를 구할 수
있다. **적용**
코사인법칙을 이용하여 각의 크기를 구할 수 있고, 사인법칙을 이용하여
변의 길이를 구할 수 있다. **해결**

--- [문제 풀이 순서] ----------------------------

1st 삼각형 ABC의 세 변의 길이의 비와 코사인법칙을 이용하여 $\cos A$의
값을 구하자.
삼각형 ABC의 각 변의 길이를 a, b, c라 하면
사인법칙에 의하여 $\sin A:\sin B:\sin C=a:b:c$이므로
$a:b:c=7:3:5$이다.
양수 k에 대하여 $a=7k$, $b=3k$, $c=5k$라 하면
코사인법칙에 의하여 $\dfrac{a}{\sin A}=\dfrac{b}{\sin B}=\dfrac{c}{\sin C}=2R$에서

$\cos A=\dfrac{b^2+c^2-a^2}{2bc}$ $\sin A=\frac{a}{2R}$, $\sin B=\frac{b}{2R}$, $\sin C=\frac{c}{2R}$이므로
                     $\sin A:\sin B:\sin C=a:b:c$임을 알 수 있어.
$\quad=\dfrac{(3k)^2+(5k)^2-(7k)^2}{2\times(3k)\times(5k)}$
$\quad=\dfrac{9+25-49}{30}=-\dfrac{1}{2}$

$\cos A=-\dfrac{1}{2}$이므로 $\angle A=120°$
  $-\frac{1}{2}=-\cos 60°=\cos(180°-60°)=\cos 120°$

2nd 사인법칙을 이용하여 한 변의 길이를 구하자.

$\sin A=\sin 120°=\dfrac{\sqrt{3}}{2}$이므로
  $\sin 120°=\sin(180°-60°)=\sin 60°=\frac{\sqrt{3}}{2}$

사인법칙에 의하여 $\dfrac{a}{\sin A}=2R=2\times14\sqrt{3}=28\sqrt{3}$

$a=28\sqrt{3}\times\sin A=28\sqrt{3}\times\dfrac{\sqrt{3}}{2}=42$

$a=7k=42$이므로 $k=6$

3rd 삼각형 ABC의 둘레의 길이를 구하자.
따라서 삼각형 ABC의 둘레의 길이는
$a+b+c=7k+3k+5k=15k=15\times6=90$

[채점 기준표]

1st	삼각형 ABC의 세 변의 길이의 비와 코사인법칙을 이용하여 $\cos A$의 값을 구한다.	4점
2nd	사인법칙을 이용하여 한 변의 길이를 구한다.	4점
3rd	삼각형 ABC의 둘레의 길이를 구한다.	2점

124 정답 $2\sqrt{37}$ *삼각형의 넓이 ················· [정답률 60%]

정답 공식: 두 변의 길이가 a, b이고 그 끼인각의 크기가 θ인 삼각형의 넓이는 $S=\dfrac{1}{2}ab\sin\theta$이다.

단서1 예각삼각형의 모든 내각은 예각이야.

두 변의 길이가 각각 8, 14인 예각삼각형이 있다. 이 삼각형의 넓이가 $28\sqrt{3}$일 때, 나머지 한 변의 길이를 구하고 그 과정을 서술하시오. (10점)   단서2 두 변의 길이와 그 끼인각의 크기를 알면 삼각형의 넓이를 구할 수 있어.

🧠 **단서+발상**

단서1 예각삼각형의 모든 내각은 예각이므로 길이가 각각 8, 14인 두 변의 끼인각의 크기도 예각이다. 발상

단서2 두 변의 끼인각의 크기를 θ라 할 때, 삼각형의 넓이 공식을 이용하여 $\sin\theta$의 값을 구할 수 있다. 적용

끼인각 θ의 크기를 알면 코사인법칙을 이용하여 예각삼각형의 나머지 한 변의 길이를 구할 수 있다. 해결

--- [문제 풀이 순서] ---------------------

1st 두 변의 끼인각의 크기를 θ라 하고, 삼각형의 넓이를 이용하여 $\sin\theta$의 값을 구하자.

길이가 각각 8, 14인 두 변의 끼인각의 크기를 $\theta\ (0<\theta<\pi)$라고 하면
삼각형의 넓이가 $28\sqrt{3}$므로 $\dfrac{1}{2}\times 8\times 14\times\sin\theta=28\sqrt{3}$에서
> 삼각형의 두 변의 끼인각의 크기는 0보다 크고 π보다 작아.
> 두 변의 길이가 a, b이고 그 끼인각의 크기가 θ인 삼각형의 넓이는 $S=\dfrac{1}{2}ab\sin\theta$야.

$56\sin\theta=28\sqrt{3}$
$\therefore \sin\theta=\dfrac{\sqrt{3}}{2}$

2nd 예각삼각형임을 이용하여 θ의 크기를 구하자.

방정식 $\sin\theta=\dfrac{\sqrt{3}}{2}$의 해는 다음 그래프와 같이
$\theta=\dfrac{\pi}{3}$ 또는 $\theta=\dfrac{2}{3}\pi$이다.

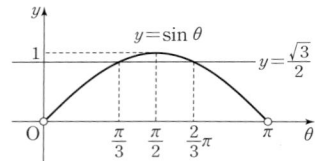

이때 θ가 예각이므로 $\theta=\dfrac{\pi}{3}$

> 주의
> 예각삼각형은 모든 내각이 예각이야. 예각삼각형이라는 단서가 없었다면 θ의 크기가 $\theta=\dfrac{\pi}{3}$ 또는 $\theta=\dfrac{2}{3}\pi$로 하나의 값으로 특정할 수 없어.

3rd 코사인법칙을 이용하여 나머지 한 변의 길이를 구하자.

나머지 한 변의 길이를 a라 하면 $\cos\dfrac{\pi}{3}=\dfrac{1}{2}$이므로

코사인법칙에 의하여
> $c^2=a^2+b^2-2ab\cos C$

$a^2=8^2+14^2-2\times 8\times 14\times\cos\dfrac{\pi}{3}$
$\quad=64+196-112$
$\quad=148$

$a>0$이므로 $a=2\sqrt{37}$
따라서 나머지 한 변의 길이는 $2\sqrt{37}$이다.

[채점 기준표]

1st	두 변의 끼인각의 크기를 θ라 하고, 삼각형의 넓이를 이용하여 $\sin\theta$의 값을 구한다.	3점
2nd	예각삼각형임을 이용하여 θ의 크기를 구한다.	3점
3rd	코사인법칙을 이용하여 나머지 한 변의 길이를 구한다.	4점

⚙ **코사인법칙**   개념·공식

삼각형 ABC의 세 변의 길이와 세 각의 크기 사이에는 다음과 같은 관계가 성립한다.
① $a^2=b^2+c^2-2bc\cos A$
② $b^2=c^2+a^2-2ca\cos B$
③ $c^2=a^2+b^2-2ab\cos C$

 125 정답 12π *삼각형의 넓이의 활용 ········· [정답률 55%]

정답 공식: 원 밖의 한 점에서 원에 그은 두 접선의 길이는 같다. 세 변의 길이가 a, b, c인 삼각형의 내접원의 반지름의 길이가 r이면 삼각형의 넓이 S는 $S=\dfrac{1}{2}(a+b+c)r$이다.

단서1 원과 접선의 성질을 이용할 수 있어.

그림과 같이 원이 삼각형 ABC에 내접하고 있다. 원이 선분 AB, 선분 BC, 선분 CA와 만나는 점을 각각 D, E, F라 하고, $\overline{AD}=10$, $\overline{BE}=4$, $\overline{CF}=6$일 때, 내접원의 넓이를 구하고 그 과정을 서술하시오. (10점)   단서3 삼각형의 넓이를 이용하여 내접원의 반지름의 길이를 구할 수 있어.

단서2 삼각형의 세 변의 길이를 알면 코사인법칙을 이용할 수 있어.

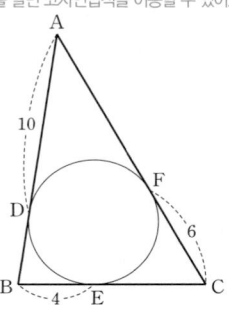

🧠 **단서+발상**

단서1 원 밖의 한 점에서 원에 그은 접선의 길이는 같으므로 개념 접선의 성질을 이용하여 삼각형 ABC의 세 변의 길이를 구할 수 있다. 발상

단서2 삼각형의 세 변의 길이와 코사인법칙을 이용하여 삼각형 두 변 사이의 끼인각의 크기를 구할 수 있다. 적용

단서3 내접원의 반지름의 길이를 r라 하면 삼각형의 넓이 공식 $\dfrac{1}{2}(a+b+c)r$를 이용하여 r의 값을 구할 수 있고, 내접원의 넓이를 구할 수 있다. 해결

--- [문제 풀이 순서] ---------------------

1st 원과 접선의 성질을 이용하여 삼각형 ABC의 세 변의 길이를 구하자.

원 밖의 한 점에서 원에 그은 두 접선의 길이가 같으므로
$\overline{AF}=\overline{AD}=10$, $\overline{BD}=\overline{BE}=4$, $\overline{CE}=\overline{CF}=6$이다.

따라서 삼각형 ABC의 세 변의 길이는
$\overline{AB}=14$, $\overline{BC}=10$, $\overline{CA}=16$이다.
> 삼각형 세 변의 길이를 알 때, 헤론의 공식 $S=\sqrt{s(s-a)(s-b)(s-c)}$ (단, $2s=a+b+c$)를 이용해서 삼각형의 넓이를 구할 수도 있어.

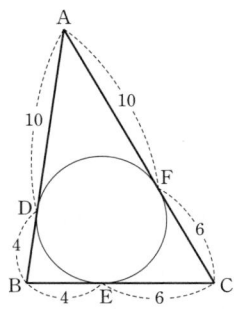

2nd 코사인법칙을 이용하여 ∠C의 크기를 구하자.

∠C의 크기가 아닌 ∠B 또는 ∠A의 크기를 이용해도 상관없어.

$$\cos C = \frac{10^2 + 16^2 - 14^2}{2 \times 10 \times 16}$$ → $\overline{BC} = a, \overline{AC} = b, \overline{AB} = c$라 하면, $\cos C = \frac{a^2 + b^2 - c^2}{2ab}$이 성립해.

$$= \frac{100 + 256 - 196}{320} = \frac{1}{2}$$

$\cos C = \frac{1}{2}$이므로 $\angle C = \frac{\pi}{3}$ ($\because 0 < \angle C < \pi$)

3rd 삼각형의 넓이를 이용하여 내접원의 반지름의 길이를 구하자.

삼각형 ABC의 넓이는

$$\frac{1}{2} \times \overline{AC} \times \overline{BC} \times \sin C = \frac{1}{2} \times 10 \times 16 \times \sin\frac{\pi}{3} = 40\sqrt{3}$$

이때 삼각형 ABC의 내접원의 반지름의 길이를 r라 하면
삼각형 ABC의 넓이는 → 세 변의 길이가 a, b, c인 삼각형의 내접원의 반지름의 길이가 r이면 삼각형의 넓이는 $S = \frac{1}{2}r(a+b+c)$야.

$$\frac{r}{2}(10+16+14) = 40\sqrt{3}$$

$$20r = 40\sqrt{3} \qquad \therefore r = 2\sqrt{3}$$

따라서 삼각형 ABC의 내접원의 넓이는

$$\pi \times (2\sqrt{3})^2 = 12\pi$$

[채점 기준표]

1st	원과 접선의 성질을 이용하여 삼각형 ABC의 세 변의 길이를 구한다.	2점
2nd	코사인법칙을 이용하여 ∠C의 크기를 구한다.	3점
3rd	삼각형의 넓이를 이용하여 내접원의 반지름의 길이를 구한다.	5점

✿ 삼각형의 넓이   개념·공식

삼각형 ABC의 넓이를 S라 하면

① $S = \frac{1}{2}bc\sin A = \frac{1}{2}ca\sin B = \frac{1}{2}ab\sin C$

② 삼각형 ABC의 외접원의 반지름의 길이 R를 알 때,
$$S = \frac{abc}{4R} = 2R^2\sin A\sin B\sin C$$

③ 삼각형 ABC의 내접원의 반지름의 길이 r를 알 때,
$$S = \frac{1}{2}r(a+b+c)$$

④ 헤론의 공식
$$S = \sqrt{s(s-a)(s-b)(s-c)} \ \left(단, \ s = \frac{a+b+c}{2}\right)$$

F 126 정답 ②   *삼각형의 넓이   [정답률 40%]

> **정답 공식**: 삼각형 ABC에서 사인법칙에 의하여
> $$\frac{a}{\sin A} = \frac{b}{\sin B} = \frac{c}{\sin C} = 2R \text{이다.}$$
> 또, 두 변의 길이가 a, b이고 끼인각의 크기가 θ인 삼각형의 넓이를 S라 하면
> $S = \frac{1}{2}ab\sin\theta$이고, 삼각형 ABC의 ∠A의 이등분선이 변 BC와 만나는 점을 P라 하면 $\overline{AB} : \overline{AC} = \overline{BP} : \overline{CP}$이다.

단서 1 삼각형 ABC의 넓이는 두 삼각형 ABP, APC의 넓이의 합과 같음을 이용해.

그림과 같이 양수 a에 대하여 $\overline{AB} = 4, \overline{BC} = a, \overline{CA} = 8$인 삼각형 ABC가 있다. ∠BAC의 이등분선이 선분 BC와 만나는 점을 P라 하자. $a(\sin B + \sin C) = 6\sqrt{3}$일 때, 선분 AP의 길이는? (단, ∠BAC > 90°) (4점)

단서 2 사인법칙 $\frac{a}{\sin A} = \frac{b}{\sin B} = \frac{c}{\sin C} = 2R$ 를 이용해.

단서 3 ∠BAC > 90°임에 유의하자.

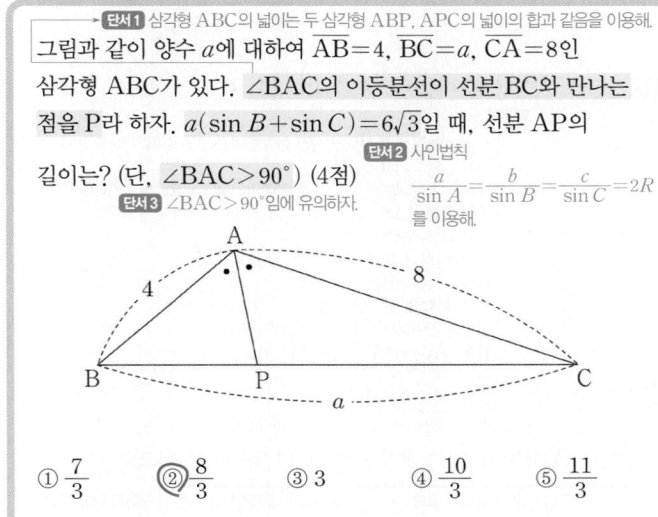

① $\frac{7}{3}$ ② $\frac{8}{3}$ ③ 3   ④ $\frac{10}{3}$ ⑤ $\frac{11}{3}$

1st 사인법칙을 이용하여 ∠BAC의 크기를 구하자.

삼각형 ABC의 외접원의 반지름의 길이를 R라 하면

$$\sin(\angle BAC) = \sin A = \frac{a}{2R}, \ \sin B = \frac{8}{2R}, \ \sin C = \frac{4}{2R}$$

→ 삼각형 ABC에서 $\frac{a}{\sin A} = \frac{b}{\sin B} = \frac{c}{\sin C} = 2R$

$$a(\sin B + \sin C) = a\left(\frac{8}{2R} + \frac{4}{2R}\right) = \frac{6a}{R} = 6\sqrt{3}$$

$$\frac{a}{R} = \sqrt{3} \qquad \therefore \sin A = \frac{a}{2R} = \frac{\sqrt{3}}{2}$$

→ $\sin\theta = \frac{\sqrt{3}}{2}$일 때 $\theta = \frac{\pi}{3}$ 또는 $\theta = \frac{2}{3}\pi(0 \le \theta \le \pi)$

∠BAC > 90°이므로 ∠BAC = $\frac{2}{3}\pi$ ⋯ ㉠

2nd 삼각형 ABC의 넓이는 두 삼각형 ABP, APC의 넓이의 합과 같음을 이용하여 선분 AP의 길이를 구하자.

삼각형 ABC의 넓이는 두 삼각형 ABP, APC의 넓이의 합과 같으므로 △ABC = △ABP + △APC에서

$$\frac{1}{2} \times \overline{AB} \times \overline{AC} \times \sin\frac{2}{3}\pi$$

→ 두 변의 길이가 a, b이고 끼인각의 크기가 θ인 삼각형의 넓이를 S라 하면 $S = \frac{1}{2}ab\sin\theta$

$$= \frac{1}{2} \times \overline{AB} \times \overline{AP} \times \sin\frac{\pi}{3} + \frac{1}{2} \times \overline{AP} \times \overline{AC} \times \sin\frac{\pi}{3}$$

∠BAP = ∠CAP = $\frac{1}{2}$∠BAC = $\frac{1}{2} \times \frac{2}{3}\pi$ ($\because$ ㉠) = $\frac{\pi}{3}$

$$\frac{1}{2} \times 4 \times 8 \times \frac{\sqrt{3}}{2} = \frac{1}{2} \times 4 \times \overline{AP} \times \frac{\sqrt{3}}{2} + \frac{1}{2} \times \overline{AP} \times 8 \times \frac{\sqrt{3}}{2}$$

$$8\sqrt{3} = \sqrt{3} \times \overline{AP} + 2\sqrt{3} \times \overline{AP}, \ 8\sqrt{3} = 3\sqrt{3} \times \overline{AP}$$

$$\therefore \overline{AP} = \frac{8}{3}$$

🔑 **다른 풀이: 각의 이등분선의 성질을 이용하여 값 구하기**

삼각형 ABC의 ∠A의 이등분선이 변 BC와 만나는 점을 P, 점 C를 지나고, $\overline{PA}$와 평행한 직선과 변 AB의 연장선이 만나는 점을 Q라 하자.

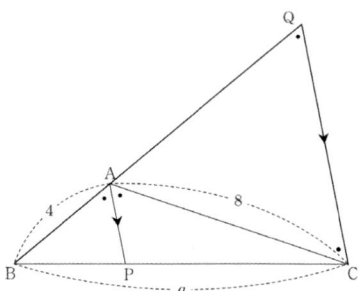

선분 AP가 ∠BAC를 이등분하므로 각의 이등분선의 성질에 의하여

> **주의**
> 각의 이등분선의 성질을 알면 삼각형에서 변의 길이의 비를 알 수 있어.
> $\overline{AB} : \overline{AC} = \overline{BP} : \overline{CP}$
> 하나하나 살펴보면 엇각의 성질에 의하여 ∠PAC=∠ACQ이고,
> 두 삼각형 BAP, BQC에서 $\overline{PA} /\!/ \overline{CQ}$, ∠B가 공통이므로
> ∠BAP = ∠BQC
> 따라서 △BAP∽△BQC (AA 닮음)이므로
> $\overline{BA} : \overline{AQ} = \overline{BP} : \overline{PC}$
> 한편, 삼각형 ACQ는 ∠BQC=∠ACQ이므로
> 이등변삼각형이야. 즉 $\overline{AC} = \overline{AQ}$이므로
> $\overline{BA} : \overline{AC} = \overline{BA} : \overline{AQ} = \overline{BP} : \overline{PC}$

$\overline{BP} : \overline{PC} = \overline{AB} : \overline{AC} = 4 : 8 = 1 : 2$
└→ 선분 AP가 ∠A의 이등분선이면 $\overline{AB} : \overline{AC} = \overline{BP} : \overline{CP}$

즉, 삼각형 ABP의 넓이는 삼각형 ABC의 넓이의 $\frac{1}{3}$이므로
└→ 두 삼각형은 높이가 같으므로 이 두 삼각형의 넓이의 비는 밑변의 길이의 비와 같아.

$\frac{1}{2} \times 4 \times \overline{AP} \times \sin\frac{\pi}{3} = \frac{1}{3} \times \left(\frac{1}{2} \times 4 \times 8 \times \sin\frac{2}{3}\pi \right)$

$\therefore \overline{AP} = \frac{8}{3}$　**1st** 에 의하여 ∠BAC=$\frac{2}{3}\pi$이므로 ∠PAB=∠PAC=$\frac{\pi}{3}$

F 127 정답 ③ ＊삼각형의 넓이 ·········· [정답률 45%]

> 정답 공식: 삼각형 ABC의 넓이를 S라 하면
> $S = \frac{1}{2}bc\sin A = \frac{1}{2}ca\sin B = \frac{1}{2}ab\sin C$이다.

중심이 O이고 길이가 10인 선분 AB를 지름으로 하는 반원의 호 위에 점 P가 있다. 그림과 같이 선분 PB의 연장선 위에 $\overline{PA}=\overline{PC}$인 점 C를 잡고, 선분 PO의 연장선 위에 $\overline{PA}=\overline{PD}$인 점 D를 잡는다. ∠PAB=$\theta$에 대하여 $4\sin\theta = 3\cos\theta$일 때, 삼각형 ADC의 넓이는? (4점) **단서1** $\sin\theta$와 $\cos\theta$의 값을 각각 구할 수 있지.

▸ **단서2** $\overline{PA}=\overline{PC}$이고 $\overline{PA}=\overline{PD}$이므로 $\overline{PC}=\overline{PD}$야.
따라서 삼각형 PDC는 이등변삼각형이야.

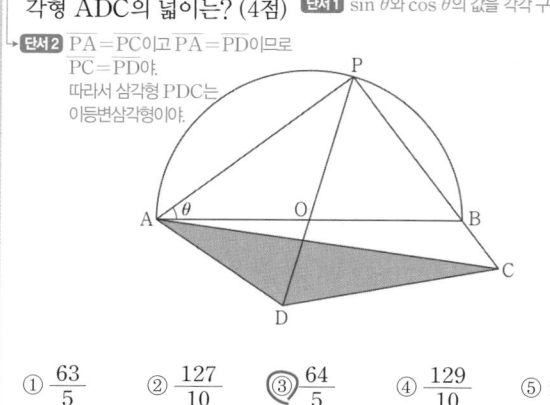

① $\frac{63}{5}$　　② $\frac{127}{10}$　　③ $\frac{64}{5}$　　④ $\frac{129}{10}$　　⑤ 13

1st $\overline{PA}, \overline{PB}$의 값을 각각 구해.

$4\sin\theta = 3\cos\theta$이므로 $\cos\theta = \frac{4}{3}\sin\theta$

이를 $\sin^2\theta + \cos^2\theta = 1$에 대입하면

$\sin^2\theta + \frac{16}{9}\sin^2\theta = 1, \frac{25}{9}\sin^2\theta = 1, \sin^2\theta = \frac{9}{25}$

$\therefore \sin\theta = \frac{3}{5}, \cos\theta = \frac{4}{5} \left(\because 0 < \theta < \frac{\pi}{2} \right) \cdots$ ㉠
└→ $0 < \theta < \frac{\pi}{2}$이므로 $\sin\theta > 0, \cos\theta > 0$

삼각형 PAB에서 ∠APB=$\frac{\pi}{2}$, $\overline{AB}=10$이므로

$\overline{PA} = \overline{AB}\cos\theta = 10 \times \frac{4}{5} = 8,$
└→ 점 P가 반원의 호 위의 점이고, 선분 AB가 지름이므로 삼각형 PAB는 ∠APB=$\frac{\pi}{2}$인 직각삼각형이지.

$\overline{PB} = \overline{AB}\sin\theta = 10 \times \frac{3}{5} = 6,$

단서2 에 의하여 $\overline{PC} = \overline{PD} = 8$이다.

2nd 삼각형 ADC의 넓이를 구해.

삼각형 OPA는 $\overline{OA} = \overline{OP}$ (∵ 원의 반지름)인 이등변삼각형이므로
∠DPA = ∠OPA = ∠OAP = θ

또한, 원의 지름의 원주각인 ∠APB=$\frac{\pi}{2}$이므로

∠DPC = ∠OPB = $\frac{\pi}{2} - \theta$

$\triangle ADC$
$= \triangle PAD + \triangle PDC - \triangle PAC$
$= \frac{1}{2} \times \overline{PA} \times \overline{PD} \times \sin\theta + \frac{1}{2} \times \overline{PD} \times \overline{PC} \times \sin\left(\frac{\pi}{2} - \theta \right)$
$\qquad\qquad\qquad\qquad\qquad\qquad - \frac{1}{2} \times \overline{PA} \times \overline{PC}$

이다.

$\therefore \triangle ADC$
$= \frac{1}{2} \times 8 \times 8 \times \sin\theta + \frac{1}{2} \times 8 \times 8 \times \sin\left(\frac{\pi}{2} - \theta \right) - \frac{1}{2} \times 8 \times 8$
$= 32 \times \sin\theta + 32 \times \cos\theta - 32$　└→ $\sin\left(\frac{\pi}{2}-\theta\right) = \cos\theta = \frac{4}{5}$
$= 32 \times (\sin\theta + \cos\theta - 1)$
$= 32 \times \left(\frac{3}{5} + \frac{4}{5} - 1 \right)$ ($\because$ ㉠)
$= 32 \times \frac{2}{5} = \frac{64}{5}$

🔑 **다른 풀이: 수선의 발과 RHS합동을 이용하여 ∠DPA, ∠OPB의 크기를 θ를 이용하여 나타내어 넓이 구하기**

한편, 원점 O에서 $\overline{AP}$에 수선의 발 H를 내리면
$\triangle AHO \equiv \triangle PHO$ (∵ RHS합동) └→ 원점에서 원의 활꼴에 수선의 발을 내리면 수직이등분해.
$\therefore$ ∠DPA = ∠OPH = ∠OAH = θ

삼각형 ABP에서 ∠ABP = $\frac{\pi}{2} - \theta$이므로

원점 O에서 $\overline{BP}$에 수선의 발 I를 내리면
$\triangle PIO \equiv \triangle BIO$ (∵ RHS합동)
$\therefore$ ∠DPC = ∠OPI = ∠OBP = $\frac{\pi}{2} - \theta$

(이하 동일)

[**정답 공식:** 삼각형의 세 변의 길이가 주어진 경우 코사인 법칙을 쓰고, 마주보는
변과 각이 주어지고 외접원의 반지름을 구할 때 사인법칙을 쓰자.]

그림과 같이 한 변의 길이가 1인 정삼각형 ABC가 있다. 선분 AB 위의 점 P, 선분 BC 위의 점 Q, 선분 CA 위의 점 R에 대하여 세 점 P, Q, R가 **단서 1** $\overline{AP}=a$, $\overline{BQ}=b$라 두고 삼각형의 각 변의 길이를 a, b에 대한 식으로 나타내자.

$$\overline{AP}+\overline{BQ}+\overline{CR}=1, \overline{PQ}=\overline{PR}$$

를 만족시킬 때, [보기]에서 옳은 것만을 있는 대로 고른 것은? (단, 세 점 P, Q, R는 각각 점 A, 점 B, 점 C가 아니다.) (4점)

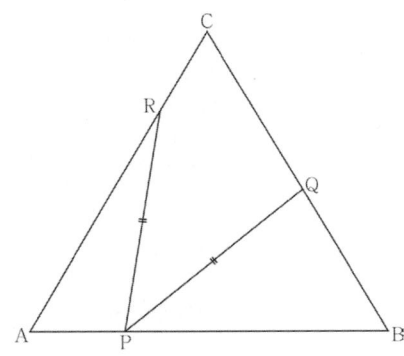

[보기]

ㄱ. $3\overline{AP}+2\overline{BQ}=2$ **단서 2** $\overline{PR}=\overline{PQ}$이므로 $\overline{PR}^2=\overline{PQ}^2$을 이용하자.
ㄴ. $\overline{QR}=\sqrt{3}\times\overline{AP}$
ㄷ. 삼각형 PBQ의 외접원의 넓이가 삼각형 CRQ의 외접원의 넓이의 2배일 때, $\overline{AP}=\dfrac{\sqrt{21}-3}{6}$이다.

단서 3 사인법칙으로 외접원의 반지름의 비를 구해 보자.

① ㄱ   ② ㄴ   ③ ㄷ
④ ㄴ, ㄷ   ⑤ ㄱ, ㄴ, ㄷ

1st 각 변의 길이에 대한 관계식을 구하자.

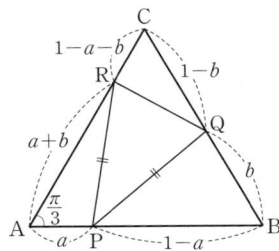

한 변의 길이가 1인 정삼각형 ABC에 대하여
$\overline{AP}=a$, $\overline{BQ}=b$라 하면 $\overline{AP}+\overline{BQ}+\overline{CR}=1$이므로
$\overline{CR}=1-a-b$, $\overline{BP}=\overline{AB}-\overline{AP}=1-a$,
$\overline{AR}=\overline{AC}-\overline{CR}=1-(1-a-b)=a+b$

ㄱ. 삼각형 APR에서 코사인법칙에 의하여

└→ [코사인법칙]
삼각형 ABC의 세 변의 길이와 세 각의 크기에 대하여
① $a^2=b^2+c^2-2bc\cos A$
② $b^2=c^2+a^2-2ca\cos B$
③ $c^2=a^2+b^2-2ab\cos C$

$$\overline{PR}^2=a^2+(a+b)^2-2\times a\times(a+b)\times\cos\frac{\pi}{3}$$
$$=a^2+a^2+2ab+b^2-a^2-ab$$ └→ $\cos\frac{\pi}{3}=\frac{1}{2}$
$$=a^2+ab+b^2$$

삼각형 PBQ에서 코사인법칙에 의하여

$$\overline{PQ}^2=b^2+(1-a)^2-2\times b\times(1-a)\times\cos\frac{\pi}{3}$$
$$=b^2+1-2a+a^2-b+ab$$ └→ $\cos\frac{\pi}{3}=\frac{1}{2}$
$$=a^2+ab-2a+b^2-b+1 \cdots \bigcirc$$

$\overline{PR}^2=\overline{PQ}^2$이므로 └→ $\overline{PR}=\overline{PQ}$에서 $\overline{PR}^2=\overline{PQ}^2$
$a^2+ab+b^2=a^2+ab-2a+b^2-b+1$에서
$2a+b=1$ $\therefore b=1-2a \cdots \bigcirc$
한편,
$3\overline{AP}+2\overline{BQ}=3a+2b$ └→ $\bigcirc$의 관계식을 대입해 보자.
$=3a+2(1-2a)=2-a$
따라서 $a>0$이므로 $3\overline{AP}+2\overline{BQ}<2$이다. (거짓)

2nd $\overline{QR}$와 $\overline{AP}$의 관계식을 찾자.

ㄴ. $\bigcirc$에서 $b=1-2a$이므로
$\overline{CQ}=1-b=1-(1-2a)=2a$
$\overline{CR}=1-a-b=1-a-(1-2a)=a$
삼각형 CRQ에서 $\overline{CQ}:\overline{CR}=2a:a=2:1$이고
$\angle RCQ=\dfrac{\pi}{3}$이므로 삼각형 CRQ는 └→ 한 내각의 크기가 $\dfrac{\pi}{3}$이고, 길이의 비가 $1:\sqrt{3}:2$인 삼각형은 직각삼각형이야.
$\angle QRC=\dfrac{\pi}{2}$인 직각삼각형이다.
$\therefore \overline{QR}=\sqrt{\overline{CQ}^2-\overline{CR}^2}=\sqrt{(2a)^2-a^2}=\sqrt{3a^2}=\sqrt{3}a \cdots \bigcirc$ (참)

3rd 두 삼각형 PBQ, CRQ의 외접원의 반지름의 길이의 비가 $\sqrt{2}:1$임을 이용하자.

ㄷ. 두 삼각형 PBQ, CRQ의 외접원의 반지름의 길이를 각각 R_1, R_2라 하면
삼각형 PBQ에서 사인법칙에 의하여

└→ [사인법칙]
삼각형 ABC의 외접원의 반지름을 R라 하면
$\dfrac{a}{\sin A}=2R$

$$\frac{\overline{PQ}}{\sin\frac{\pi}{3}}=2R_1$$
$$\therefore R_1=\frac{\overline{PQ}}{2\sin\frac{\pi}{3}}$$

삼각형 CRQ에서 사인법칙에 의하여
$$\frac{\overline{QR}}{\sin\frac{\pi}{3}}=2R_2$$
$$\therefore R_2=\frac{\overline{QR}}{2\sin\frac{\pi}{3}}$$

삼각형 PBQ의 외접원의 넓이가 삼각형 CRQ의 외접원의 넓이의 2배이므로 $\pi R_1{}^2=2\pi R_2{}^2$
$$\therefore R_1=\sqrt{2}\times R_2$$
$$\frac{\overline{PQ}}{2\sin\frac{\pi}{3}}=\sqrt{2}\times\frac{\overline{QR}}{2\sin\frac{\pi}{3}}$$에서 $\overline{PQ}=\sqrt{2}\times\overline{QR}$
$$\therefore \overline{PQ}^2=2\times\overline{QR}^2$$
$\bigcirc$, $\bigcirc$에 의하여 $\overline{PQ}^2=3a^2-3a+1$이고
$\overline{QR}^2=3a^2 (\because \bigcirc)$이므로
$3a^2-3a+1=6a^2$
$3a^2+3a-1=0$
$$a=\frac{-3\pm\sqrt{9+12}}{6}$$

└→ $\bigcirc$을 $\bigcirc$에 대입하면
$\overline{PQ}^2=a^2+ab-2a+b^2-b+1$
$=a^2+a(1-2a)-2a+(1-2a)^2$
$-(1-2a)+1$
$=a^2+a-2a^2-2a+1-4a+4a^2$
$-1+2a+1$
$=3a^2-3a+1$

$$\therefore a=\frac{\sqrt{21}-3}{6} (\because a>0)$$ (참) └→ 길이는 반드시 양수가 되어야 해.

따라서 옳은 것은 ㄴ, ㄷ이다.

＊사인법칙을 이용하여 변의 길이 구하기 [유형 02]

그림과 같이 $\overline{AB}=\overline{AC}=1$, $\angle BAC=\dfrac{\pi}{2}$인 삼각형 ABC 모양의 종이가 있다. 선분 BC 위의 점 D, 선분 AB 위의 점 E, 선분 AC 위의 점 F에 대하여 선분 EF를 접는 선으로 하여 점 A가 점 D와 겹쳐지도록 접었다. 삼각형 BDE와 삼각형 DCF의 외접원의
> 단서1 두 점 A, D는 접은 선을 기준으로 대칭인 위치에 있어.

반지름의 길이의 비가 2 : 1일 때, 선분 DF의 길이는 $\dfrac{q}{p}$이다.
> 단서2 외접원의 반지름의 길이가 포함된 공식이나 방법을 활용할 수 있어.

$p+q$의 값을 구하시오. (단, 종이의 두께는 고려하지 않으며, p와 q는 서로소인 자연수이다.) (4점)

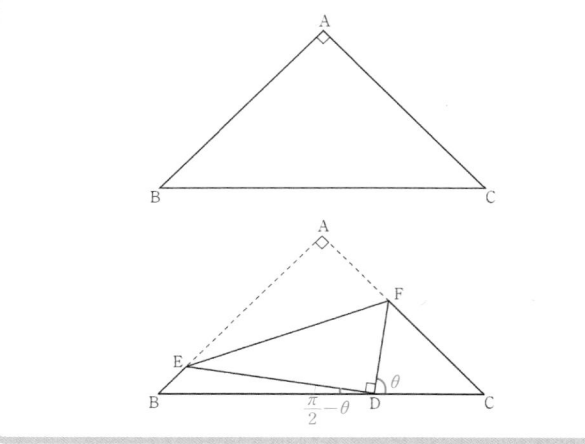

🤔 2등급? 사인법칙을 이용하여 삼각형의 변의 길이의 비를 구하고, $\cos\theta$와 $\sin\theta$의 값과 삼각함수의 관계식을 이용해 변의 길이를 구하는 문제이다.

🧠 단서+발상

> 단서1 삼각형을 접었을 때 생기는 삼각형 AEF와 DEF는 서로 합동이다. 따라서 $\overline{DF}+\overline{CF}=1$이고, $\overline{BE}+\overline{DE}=1$임을 알 수 있다. 발상

> 단서2 사인법칙을 이용하면 $\dfrac{\overline{DF}}{\sin\frac{\pi}{4}} : \dfrac{\overline{DE}}{\sin\frac{\pi}{4}}$가 외접원 반지름 길이의 비와 같으므로 선분 DE와 DF의 길이의 비를 알 수 있다. 개념
> 선분 DF의 길이를 미지수 x로 설정하고 각 삼각형의 내부에서 사인법칙을 적용하면 $\cos\theta$와 $\sin\theta$의 값을 x에 관한 식으로 나타낼 수 있고, $\sin^2\theta+\cos^2\theta=1$임을 이용하여 x의 값을 구하면 된다. 해결

> 주의 삼각비의 값에는 제곱근이 들어 있는 경우가 많기 때문에 계산 실수를 하지 않도록 주의한다.

┌─────────────────────────────────────┐
│ 핵심 정답 공식 : 삼각형 ABC의 외접원의 반지름의 길이를 R라 하면 │
│ $\dfrac{\overline{BC}}{\sin A}=\dfrac{\overline{AC}}{\sin B}=\dfrac{\overline{AB}}{\sin C}=2R$ │
└─────────────────────────────────────┘

- - - - - - - - - - - [문제 풀이 순서] - - - - - - - - - -

> 1st 삼각형 BDE와 삼각형 DCF에 대해 사인법칙을 각각 적용해봐.

점 A를 점 D와 겹쳐지도록 접었으므로
<u>삼각형 AEF와 삼각형 DEF는 합동이다.</u>
도형을 접으면 접은 전, 후의 도형이 접은 선에 대해 대칭이야.
따라서 $\overline{AE}=\overline{DE}$이고, $\overline{BE}=1-\overline{AE}=1-\overline{DE}$ … ㉠
또한, $\overline{AF}=\overline{DF}$이고, $\overline{CF}=1-\overline{AF}=1-\overline{DF}$ … ㉡
<u>삼각형 DCF의 외접원의 반지름의 길이를 r라 하면 삼각형 BDE의 외접원의 반지름의 길이는 $2r$이다.</u> 두 외접원의 반지름의 길이의 비가 2 : 1이야.

$\angle CDF=\theta$라 하면
삼각형 BDE에서 사인법칙에 의하여
$$\dfrac{\overline{DE}}{\sin\frac{\pi}{4}}=\dfrac{\overline{BE}}{\sin(\angle BDE)}=\dfrac{1-\overline{DE}}{\sin\left(\frac{\pi}{2}-\theta\right)}(\because ㉠)=4r$$이므로
$$\overline{DE}=4r\times\dfrac{\sqrt{2}}{2}=2\sqrt{2}r$$
등식 $A=B=C=D$에서 $A=D$를 이용해.

마찬가지로 삼각형 DCF에서 사인법칙에 의하여
$$\dfrac{\overline{DF}}{\sin\frac{\pi}{4}}=\dfrac{\overline{CF}}{\sin(\angle CDF)}=\dfrac{1-\overline{DF}}{\sin\theta}(\because ㉡)=2r$$이므로
$$\overline{DF}=2r\times\dfrac{\sqrt{2}}{2}=\sqrt{2}r$$
등식 $A=B=C=D$에서 $A=D$를 이용해.

> 2nd $\sin\theta$와 $\cos\theta$의 값을 x에 대한 식으로 표현해봐.

한편, $\overline{DF}=x$라 하면 $\overline{DE}=2x$이고, $4r=2\sqrt{2}x$이므로
$\overline{DF}=\sqrt{2}r=x$이므로 $r=\frac{1}{\sqrt{2}}x$, $4r=\frac{4}{\sqrt{2}}x=\frac{4\sqrt{2}}{2}x=2\sqrt{2}x$

$$\dfrac{1-\overline{DE}}{\sin\left(\frac{\pi}{2}-\theta\right)}=\dfrac{1-2x}{\cos\theta}=2\sqrt{2}x \qquad \therefore \cos\theta=\dfrac{1-2x}{2\sqrt{2}x}$$

$$\dfrac{1-\overline{DF}}{\sin\theta}=\dfrac{1-x}{\sin\theta}=\sqrt{2}x \qquad \therefore \sin\theta=\dfrac{1-x}{\sqrt{2}x}$$

> 3rd $\sin^2\theta+\cos^2\theta=1$임을 이용해서 x의 값을 구해.

$$\sin^2\theta+\cos^2\theta=\dfrac{(1-x)^2}{2x^2}+\dfrac{(1-2x)^2}{8x^2}$$
$\sin^2\theta+\cos^2\theta=1$ 을 이용할 거야.
$$=\dfrac{4(1-x)^2+(1-2x)^2}{8x^2}=1$$

따라서 이 식을 정리하면 $x=\dfrac{5}{12}$이므로
$4(x^2-2x+1)+4x^2-4x+1=8x^2$
$12x=5 \quad \therefore x=\dfrac{5}{12}$
$p+q=12+5=17$이다.

🔍 다른 풀이: 삼각형 DCF에서 코사인법칙을 이용하여 선분 DF의 길이 구하기

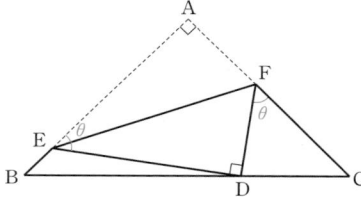

$\angle AED=\theta$, $\angle AFD=\pi-\theta$, $\angle BED=\pi-\theta$, $\angle CFD=\theta$라 하고, 삼각형 BDE와 삼각형 DCF의 외접원의 반지름의 길이를 각각 r_1, r_2라 하면 사인법칙에 의하여

삼각형 BDE에서 $\dfrac{\overline{BD}}{\sin(\pi-\theta)}=\dfrac{\overline{BD}}{\sin\theta}=2r_1$

$\overline{BD}=2r_1\sin\theta$

삼각형 DCF에서 $\dfrac{\overline{CD}}{\sin\theta}=2r_2$

$\overline{CD}=2r_2\sin\theta$

$\overline{BD}:\overline{CD}=r_1:r_2=2:1$

$\overline{AB}=\overline{AC}=1$, $\angle BAC=\dfrac{\pi}{2}$에서

$\overline{BC}=\sqrt{2}$, $\overline{CD}=\dfrac{\sqrt{2}}{3}$야.

$\overline{DF}=x$라 두면 $\overline{CD}=\frac{1}{2+1}\overline{BC}=\frac{1}{3}\times\sqrt{2}=\frac{\sqrt{2}}{3}$

$\overline{CF}=1-x$이므로
삼각형 DCF에서
코사인법칙을 적용하자.

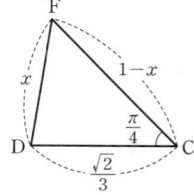

$$x^2 = (1-x)^2 + \left(\frac{\sqrt{2}}{3}\right)^2 - 2 \times (1-x) \times \frac{\sqrt{2}}{3} \times \cos\frac{\pi}{4}$$

$$x^2 = x^2 - 2x + 1 + \frac{2}{9} - \frac{2}{3} + \frac{2}{3}x$$

$$\frac{4}{3}x = \frac{5}{9} \qquad \therefore x = \frac{5}{9} \times \frac{3}{4} = \frac{5}{12} \qquad \therefore p+q = 12+5 = 17$$

 My Top Secret   서울대 선배의 **①** 등급 대비 전략

문제에서 구하고자 하는 길이를 미지수로 설정하고 그 미지수에 대한 식으로 다른 값들을 표현하다 보면 문제를 푸는 길이 보일 수 있어!

F 130   **정답 191**   ★2등급 대비 [정답률 16%]

* 사인법칙을 이용하여 변의 길이 구하기 [유형 02]

그림과 같이 $\overline{AB} = 2$, $\cos(\angle BAC) = \frac{\sqrt{3}}{6}$인 삼각형 ABC가 있다.

선분 AC 위의 한 점 D에 대하여 직선 BD가 삼각형 ABC의 외접원과 만나는 점 중 B가 아닌 점을 E라 하자. $\overline{DE} = 5$,
└ 단서1 ∠BEC는 호 BC에 대한 원주각이야.
$\overline{CD} + \overline{CE} = 5\sqrt{3}$일 때, 삼각형 ABC의 외접원의 넓이는 $\frac{q}{p}\pi$이다.

$p+q$의 값을 구하시오. (단, p와 q는 서로소인 자연수이다.) (4점)
단서2 원의 넓이를 구하려면 반지름의 길이만 알면 되지? 근데 ∠BAC에 대한 코사인값이 주어졌으니까 이 각에 대한 사인값을 구할 수 있어. 그럼 선분 BC의 길이만 알면 사인법칙을 이용하여 삼각형 ABC의 반지름의 길이를 구할 수 있겠네.

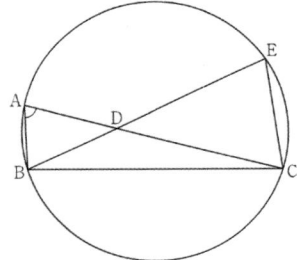

🔵 **2등급?** 원주각의 성질과 코사인법칙, 사인법칙을 적절하게 활용하여 원의 넓이를 구하는 문제이다. 삼각형의 각과 그 대변의 길이를 알면 사인법칙을 통해 외접원의 반지름을 구할 수 있다는 점을 떠올려야 한다.

 단서+발상

단서1 한 호에 대한 원주각의 크기는 모두 같으므로 호 BC에 대한 ∠BEC는 ∠BAC와 크기가 같다. 개념
$\overline{DE}$의 길이와 $\overline{CD} + \overline{CE}$의 값이 주어져 있으므로 삼각형 EDC에서 코사인법칙을 이용하면 된다. 적용

단서2 선분 BC의 길이를 구하기 위해서는 삼각형 EBC에서 코사인법칙을 이용하면 된다. 이때, 선분 BD의 길이는 삼각형 ABD와 ECD의 닮음을 이용하여 구해 본다. 해결

🔴 **주의** 삼각형의 한 선분의 길이를 그 대각의 sin값으로 나눈 것이 외접원의 반지름 길이의 2배임을 유의해야 한다.

┌ 핵심 정답 공식: 삼각형 ABC의 외접원의 반지름의 길이가 R일 때 ┐
│ $\dfrac{a}{\sin A} = \dfrac{b}{\sin B} = \dfrac{c}{\sin C} = 2R$가 성립한다. │
└─────────────────────────────────────┘

F

────────────────── [문제 풀이 순서] ──────────────────

1st 두 선분 CD, CE의 길이를 각각 구해.

$\overline{CD} = x$, $\overline{CE} = y$라 하면 $\overline{CD} + \overline{CE} = 5\sqrt{3}$에서 $x + y = 5\sqrt{3}$
$\therefore x = 5\sqrt{3} - y$ ··· ㉠

$\angle BAC = \theta$라 하면 $\angle BAC$, $\angle BEC$는 각각 호 BC에 대한 원주각이므로
$\angle BEC = \angle BAC = \theta$이다.
한 원에서 한 호에 대한 원주각의 크기는 모두 같아.
즉, $\cos(\angle BEC) = \cos(\angle BAC) = \cos\theta = \frac{\sqrt{3}}{6}$ ··· ㉡이므로

삼각형 CED에서 코사인법칙에 의하여
삼각형 ABC에서 $a^2 = b^2 + c^2 - 2bc\cos A$가 성립하고 이를 코사인법칙이라 해.
$\overline{CD}^2 = \overline{DE}^2 + \overline{CE}^2 - 2 \times \overline{DE} \times \overline{CE} \times \cos(\angle DEC)$에서
$x^2 = 5^2 + y^2 - 2 \times 5 \times y \times \cos\theta$

이 식에 ㉠, ㉡을 대입하면

$(5\sqrt{3} - y)^2 = 25 + y^2 - \frac{5\sqrt{3}}{3}y$

$75 - 10\sqrt{3}y + y^2 = 25 + y^2 - \frac{5\sqrt{3}}{3}y$

$\frac{25\sqrt{3}}{3}y = 50 \qquad \therefore y = \frac{6}{\sqrt{3}} = 2\sqrt{3}$

이것을 ㉠에 대입하면 $x = 5\sqrt{3} - 2\sqrt{3} = 3\sqrt{3}$
$\therefore \overline{CD} = 3\sqrt{3}, \ \overline{CE} = 2\sqrt{3}$

2nd 선분 BC의 길이를 구해.

두 삼각형 DAB, DEC는 서로 닮음이므로
$\angle BAD = \angle CED$(호 BC에 대한 원주각), $\angle ADB = \angle EDC$(맞꼭지각)이므로
두 삼각형은 AA 닮음이야.
$\overline{AB} : \overline{EC} = \overline{DB} : \overline{DC}$에서 $2 : 2\sqrt{3} = \overline{DB} : 3\sqrt{3}$
$2\sqrt{3} \times \overline{DB} = 6\sqrt{3} \qquad \therefore \overline{DB} = 3$

따라서 $\overline{BE} = \overline{BD} + \overline{DE} = 3 + 5 = 8$이므로 삼각형 BCE에서 코사인법칙에 의하여
$\overline{BC}^2 = \overline{BE}^2 + \overline{CE}^2 - 2 \times \overline{BE} \times \overline{CE} \times \cos(\angle BEC)$
$\qquad = 8^2 + (2\sqrt{3})^2 - 2 \times 8 \times 2\sqrt{3} \times \frac{\sqrt{3}}{6}$ $(\because ㉡)$
$\qquad = 64 + 12 - 16 = 60$
$\therefore \overline{BC} = \sqrt{60} = 2\sqrt{15}$

3rd 삼각형 ABC의 외접원의 넓이를 구해.

$\sin\theta = \sqrt{1 - \cos^2\theta} \ (\because ㉡) = \sqrt{1 - \left(\frac{\sqrt{3}}{6}\right)^2} = \sqrt{\frac{33}{36}} = \frac{\sqrt{33}}{6}$
θ는 삼각형 ABC의 한 내각이므로 $0 < \theta < \pi$야. 즉, $\sin\theta > 0$이야.

이때, 삼각형 ABC의 외접원의 반지름의 길이를 R라 하면 사인법칙에 의하여 $\frac{\overline{BC}}{\sin\theta} = 2R$에서 $\frac{2\sqrt{15}}{\frac{\sqrt{33}}{6}} = 2R$

$\therefore R = \frac{6\sqrt{15}}{\sqrt{33}} = \frac{6\sqrt{5}}{\sqrt{11}}$

따라서 삼각형 ABC의 외접원의 넓이를 S라 하면
$S = \pi R^2 = \pi \left(\frac{6\sqrt{5}}{\sqrt{11}}\right)^2 = \frac{180}{11}\pi$이므로 $p = 11$, $q = 180$이다.
$\therefore p + q = 11 + 180 = 191$

1등급 대비 **특강**

┌─────────────────────────────────────┐
│ * 가장 많은 조건이 주어진 삼각형을 찾아 내자! │
│ 삼각형 EDC에서 $\overline{DE}$와 $\cos(\angle BEC)$, $\overline{CD} + \overline{CE}$의 값이 주어져 있어. │
│ 여기서 $\overline{CD}$의 길이를 미지수로 설정하고 코사인법칙을 적용하면 $\overline{CD}$의 │
│ 길이를 구할 수 있어. 삼각함수 공식을 이용하기에 적합한, 가장 많은 조건이 │
│ 주어진 삼각형을 찾아 내는 것이 이 문제를 풀어내기 위한 첫 단계였어! │
└─────────────────────────────────────┘

원의 넓이를 구하기 위해서는 반지름의 길이를 알아야 하고, 반지름의 길이는 사인법칙을 이용해서 구할 수 있으므로 이 문제에서 주어진 값에 따라 $\overline{BC}$의 길이만 구해내면 돼! 어떤 값들을 구해 내야 할지 어렵다면, 정답을 구하기 위해서 필요한 조건들을 역순으로 생각해보자.

✿ 코사인법칙   개념·공식

삼각형 ABC의 세 변의 길이와 세 각의 크기 사이에는 다음과 같은 관계가 성립한다.

① $a^2 = b^2 + c^2 - 2bc \cos A$
② $b^2 = c^2 + a^2 - 2ca \cos B$
③ $c^2 = a^2 + b^2 - 2ab \cos C$

F | 131 정답 50   ★2등급 대비 [정답률 15%]

*역함수, 사인법칙을 활용하여 각 점의 좌표 구하기 [유형 02+05]

그림과 같이 1보다 큰 두 실수 a, t에 대하여 직선 $y = -x + t$가 두 곡선 $y = a^x$, $y = \log_a x$와 만나는 점을 각각 A, B라 하자. 점 A에서 x축에 내린 수선의 발을 H라 할 때, 세 점 A, B, H는 다음 조건을 만족시킨다.

> **단서1** 점 A의 좌표를 (p, q)라 두면 $\overline{AB} = 2p$가 성립해.

(가) $\overline{OH} : \overline{AB} = 1 : 2$ **단서2** 외접원의 반지름이 주어져 있으므로 삼각형 AOB에서 사인법칙을 이용할 수 있지

(나) 삼각형 AOB의 외접원의 반지름의 길이는 $\dfrac{\sqrt{2}}{2}$이다.

$200(t-a)$의 값을 구하시오. (단, O는 원점이다.) (4점)

😮 **2등급?** 지수함수와 로그함수의 그래프가 직선 $y = x$에 대해 대칭이므로 기울기가 -1인 직선이 지수함수, 로그함수의 그래프와 만나는 두 점이 대칭이고, 외접원에 대한 사인법칙을 활용하여 각 선분의 길이를 따져볼 수 있어야 한다.

🧠 **단서 + 발상**

단서1 점 A의 좌표를 (p, q)라 하면, $\overline{OH} = p$이고, 점 B의 좌표는 점 A와의 관계를 통해 구할 수 있다. 이를 통해 $\overline{AB} = 2\overline{OH}$를 p와 q에 대한 식으로 나타낼 수 있다. **발상**

단서2 외접원의 반지름의 길이와 관련된 공식은 사인법칙 $\sin A = \dfrac{a}{2R}$가 있다. **개념**
사인법칙을 사용하기 위해 $\angle AOB$를 구하여 선분 AB의 길이를 구할 수 있다. **적용**

⚠️ **주의** 두 함수 $y = a^x$와 $y = \log_a x$는 서로 역함수 관계에 있으므로 점 B는 점 A와 직선 $y = x$에 대하여 대칭이다.

핵심 정답 공식: 삼각형 ABC에서 외접원의 반지름의 길이를 R라 하면 $\dfrac{a}{\sin A} = \dfrac{b}{\sin B} = \dfrac{c}{\sin C} = 2R$가 성립한다.

---------------- [문제 풀이 순서] ----------------

1st 점 A를 (p, q)라 두고 조건 (가)를 이용하여 p와 q의 관계식을 구하자.
점 A의 좌표를 $(p, q)(q > p)$라 하면 함수 $y = \log_a x$는 함수 $y = a^x$의 역함수이므로 점 B의 좌표는 (q, p)이다.   지수함수와 로그함수는 역함수 관계인지 살펴봐야 해.
$\therefore \overline{AB} = \sqrt{2(q-p)^2} = \sqrt{2}(q-p)$
조건 (가)에 의하여 $\overline{OH} : \overline{AB} = 1 : 2 \Rightarrow 2\overline{OH} = \overline{AB}$이므로
$2p = \sqrt{2}(q-p)$, $2p = \sqrt{2}q - \sqrt{2}p$ 점 A의 좌표가 (p, q)이므로 점 H의 좌표는 $(p, 0)$이 돼.
$\sqrt{2}q = 2p + \sqrt{2}p$ $\therefore q = (1 + \sqrt{2})p \cdots \bigcirc$

2nd $\angle AOB = \theta$로 두고 삼각형 AOH와 삼각형 OBO'가 합동임을 이용하여 θ의 값을 구하자.

원점 O에서 직선 AB에 내린 수선의 발을 O'이라 하자.

조건 (가)에 의하여 $\overline{OH} = \overline{BO'}$이고
$\overline{OH} : \overline{AB} = 1 : 2$에서
$2\overline{OH} = \overline{AB} \Rightarrow \overline{OH} = \dfrac{1}{2}\overline{AB}$
그런데 $\overline{BO'} = \dfrac{1}{2}\overline{AB}$이므로 $\overline{OH} = \overline{BO'}$
$\overline{OA} = \overline{OB}$,
$\angle OHA = \angle BO'O = \dfrac{\pi}{2}$이므로
$\triangle AOH \equiv \triangle OBO'$ (RHS 합동)
$\angle AOB = \theta$라 하면
$\angle AOH = \underline{\angle O'OH + \angle AOO'} = \dfrac{\pi}{4} + \dfrac{\theta}{2}$ 점 O'를 지나고 직선 $y = -x + t$에 수직인 직선은 $y = x$야. 즉, $\angle O'OH = \dfrac{\pi}{4}$
한편, 삼각형 AOB는 이등변삼각형이므로
$\angle OBO' = \dfrac{\pi}{2} - \angle BOO' = \dfrac{\pi}{2} - \dfrac{\theta}{2}$
이때, $\angle AOH = \angle OBO'$이므로
$\dfrac{\pi}{4} + \dfrac{\theta}{2} = \dfrac{\pi}{2} - \dfrac{\theta}{2}$ $\therefore \theta = \dfrac{\pi}{4} \cdots \bigcirc$

3rd 조건 (나)를 이용하여 t, a의 값을 구하자.
삼각형 AOB에서 사인법칙에 의하여
$\dfrac{\overline{AB}}{\sin \theta} = 2R$ (R는 외접원의 반지름의 길이)가 성립하므로
$\overline{AB} = 2R \sin \theta = 2 \times \dfrac{\sqrt{2}}{2} \times \sin \dfrac{\pi}{4}$ ($\because \bigcirc$) $= 1 = 2p$
  조건 (나)에서 삼각형 AOB의 외접원의 반지름의 길이는 $\dfrac{\sqrt{2}}{2}$라 하므로 $R = \dfrac{\sqrt{2}}{2}$
$\therefore p = \dfrac{1}{2}$
또한 $\bigcirc$에 $p = \dfrac{1}{2}$을 대입하면
$q = (1 + \sqrt{2})p = (1 + \sqrt{2}) \times \dfrac{1}{2} = \dfrac{1}{2} + \dfrac{\sqrt{2}}{2}$
점 $A(p, q)(q > p)$가 직선 $y = -x + t$
위의 점이므로 $q = -p + t$에서 $p + q = t$이므로
$t = \dfrac{1}{2} + \dfrac{1}{2} + \dfrac{\sqrt{2}}{2} = 1 + \dfrac{\sqrt{2}}{2}$
또, $a = q^{\frac{1}{p}}$이므로   점 $A(p, q)(q > p)$가 곡선 $y = a^x$ 위의 점이므로 $q = a^p$가 성립해.
$a = \left(\dfrac{1}{2} + \dfrac{\sqrt{2}}{2}\right)^2 = \left(\dfrac{1}{2}\right)^2 + 2 \times \dfrac{1}{2} \times \dfrac{\sqrt{2}}{2} + \left(\dfrac{\sqrt{2}}{2}\right)^2$
$= \dfrac{1}{4} + \dfrac{\sqrt{2}}{2} + \dfrac{1}{2} = \dfrac{3}{4} + \dfrac{\sqrt{2}}{2}$
$\therefore 200(t-a) = 200 \times \left(1 + \dfrac{\sqrt{2}}{2} - \dfrac{3}{4} - \dfrac{\sqrt{2}}{2}\right) = 200 \times \dfrac{1}{4} = 50$

                                       1등급 대비 **특강**

* 직선 $y = x$의 특징 알아보기

직선 $y = x$에 대하여 대칭인 점을 연결한 직선의 기울기는 -1임에 유의하고, 두 점 A와 B가 서로 $y = x$에 대하여 대칭인 점임을 알 수 있어. 따라서 이를 통해 점 B의 좌표를 구할 수 있고, 각 선분의 길이 관계를 통해 구체적인 좌표를 알 수 있어.

 My Top Secret   서울대 선배의 **①** 등급 대비 전략

외접원의 반지름의 길이가 주어질 때, 외접원을 직접 그려 이를 활용하는 문제는 드물어. 보통은 외접원의 반지름의 길이를 사인법칙에 활용하여 각 선분의 길이와 각각의 각 사이의 관계를 따져봐.

✱사인법칙과 코사인법칙을 사용하여 주어진 조건의 식을 변형한 뒤 구하고자
하는 값 계산하기 [유형 01~06, 08]

> **단서1** 주어진 조건 $\overline{AB}=3$, $\overline{AC}=4$와 사인법칙을 이용하여 $\overline{AD}$, $\overline{AE}$의
> 길이를 $\cos A$를 이용하여 나타내고, 두 삼각형 ABC, ADE의
> 외접원의 반지름을 삼각함수 값을 이용하여 나타내.

그림과 같이 $\overline{AB}=3$, $\overline{AC}=4$인 예각삼각형 ABC가 있다. 점 B
에서 변 AC에 내린 수선의 발을 D, 점 C에서 변 AB에 내린 수
선의 발을 E라 하고, 두 선분 BD, CE의 교점을 P라 하자. **삼각**
형 ABC의 외접원의 넓이와 삼각형 ADE의 외접원의 넓이의 차
가 4π일 때, 삼각형 PDE의 외접원의 넓이는 $a\pi$이다. $55a$의 값
을 구하시오. (단, a는 상수이다.) (4점)

> **단서2** 주어진 조건과 **단서1**을
> 이용하여 $\cos A$, $\sin A$의
> 값을 각각 구해

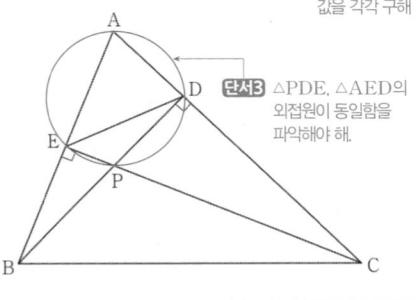

> **단서3** △PDE, △AED의
> 외접원이 동일함을
> 파악해야 해.

🔵 **2등급?** 사인법칙과 코사인법칙을 활용하여 주어진 조건의 식을 변형하고,
사인법칙과 코사인법칙을 어떤 삼각형에서 사용해야 하는지 판단하는 것이 중요한 문제이다.

🧠 **단서+발상**

단서1 사인법칙에 필요한 두 선분 $\overline{DE}$, $\overline{BC}$의 길이를 구하기 위해 코사인법칙을 활용
한다. (개념)

단서2 두 삼각형 ABC, ADE의 외접원이 원주각 ∠BAC를 공유하고 있기 때문에
이 각과 외접원의 반지름에 대한 사인법칙을 적용하여 두 외접원의 반지름을
사인 함숫값으로 나타낸다. (발상)

단서3 원에 내접하는 사각형의 특징을 이용하여 네 점 A, D, P, E가 한 원 위에
있음을 파악하고, △PDE, △ADE의 외접원이 동일함을 이용한다. (해결)

⚠️ **주의** 삼각형 ADE의 외접원과 삼각형 PDE의 외접원이 서로 같다는 사실을 파악하기
위해 마주 보는 두 각이 각각 90°인 사각형은 90°가 아닌 나머지 두 꼭짓각의 꼭짓점을
연결한 대각선을 지름으로 하는 원에 내접하는 사각형이라는 사실을 알아야 한다.
이는 마주 보는 두 각의 합이 180°인 사각형은 원에 내접한다는 성질과 원에 내접하는
직각삼각형의 성질을 동시에 적용해야 한다. 이러한 사실을 활용하면 삼각형이나
사각형에서 사인법칙을 활용할 수 있기 때문에 반드시 기억해야 할 필요가 있다.

> **핵심 정답 공식**: 원에 내접하는 사각형 ABCD에 대하여 ∠A+∠C=180°,
> ∠B+∠D=180°이다. 역으로 사각형 ABCD에 대하여 ∠A+∠C=180°,
> ∠B+∠D=180°이면 이 사각형은 원에 내접한다.

-------------------------- [문제 풀이 순서] --------------------------

1st 삼각형 ABC의 외접원의 반지름의 길이를 나타내자.

∠BAC$=\theta\left(0<\theta<\dfrac{\pi}{2}\right)$라 하면 ▸두 삼각형 ABC, ADE에서 공통인 각이야.

삼각형 ABC에서 코사인법칙에 의하여
$$\overline{BC}^2=3^2+4^2-2\times3\times4\times\cos\theta=25-24\cos\theta$$
$$\therefore \overline{BC}=\sqrt{25-24\cos\theta}$$
삼각형 ABC의 외접원의 반지름의 길이를 R_1이라 하면

사인법칙에 의하여 $\dfrac{\overline{BC}}{\sin\theta}=2R_1$ $\quad\therefore R_1=\dfrac{\sqrt{25-24\cos\theta}}{2\sin\theta}$

2nd $\overline{AD}$, $\overline{AE}$의 길이를 $\cos\theta$를 이용하여 각각 나타내.

직각삼각형 ABD에서 $\overline{AD}=\overline{AB}\cos\theta=3\cos\theta$이고,

▸직각삼각형이므로 $\cos\theta=\dfrac{\overline{AD}}{\overline{AB}}$야.

직각삼각형 ACE에서 $\overline{AE}=\overline{AC}\cos\theta=4\cos\theta$이다.

3rd 삼각형 ADE의 외접원의 반지름의 길이를 나타내자.

삼각형 ADE에서 코사인법칙에 의하여
$$\overline{DE}^2=(3\cos\theta)^2+(4\cos\theta)^2-2\times3\cos\theta\times4\cos\theta\times\cos\theta$$
$$=25\cos^2\theta-24\cos^3\theta=\cos^2\theta(25-24\cos\theta)$$
$$\therefore \overline{DE}=\cos\theta\sqrt{25-24\cos\theta}$$
삼각형 ADE의 외접원의 반지름의 길이를 R_2라 하면

사인법칙에 의하여 $\dfrac{\overline{DE}}{\sin\theta}=2R_2$ $\quad\therefore R_2=\dfrac{\cos\theta\sqrt{25-24\cos\theta}}{2\sin\theta}$

4th 두 외접원의 넓이의 차를 구하여 삼각형 PDE의 외접원의 넓이를 계산해.

삼각형 ABC의 외접원의 넓이와 삼각형 ADE의 외접원의 넓이의 차가
4π이므로
$$\pi R_1{}^2-\pi R_2{}^2=4\pi$$
$$\pi\left(\dfrac{\sqrt{25-24\cos\theta}}{2\sin\theta}\right)^2-\pi\left(\dfrac{\cos\theta\sqrt{25-24\cos\theta}}{2\sin\theta}\right)^2$$
$$=\pi\times\dfrac{(1-\cos^2\theta)(25-24\cos\theta)}{4\sin^2\theta}$$
$$=\pi\times\dfrac{\sin^2\theta(25-24\cos\theta)}{4\sin^2\theta}=\dfrac{\pi(25-24\cos\theta)}{4}=4\pi$$
이므로 $25-24\cos\theta=16$에서 $24\cos\theta=9$
$$\therefore \cos\theta=\dfrac{3}{8}, \sin\theta=\sqrt{1-\cos^2\theta}=\sqrt{1-\dfrac{9}{64}}=\sqrt{\dfrac{64-9}{64}}=\dfrac{\sqrt{55}}{8}$$

사각형 AEPD에서 ∠AEP=∠ADP$=\dfrac{\pi}{2}$이므로 네 점 A, E, P, D
는 선분 AP를 지름으로 하는 한 원 위에 있고 삼각형 PDE의 외접원은
삼각형 ADE의 외접원과 일치하므로 삼각형 PDE의 외접원의 넓이도
$\pi R_2{}^2$이다. 즉,

> ▸원에 내접하는 사각형은 대각의 크기의 합이 180°야.
> 또, 지름의 원주각이 90°이므로 $\overline{AP}$가 지름임을 알 수 있어.

$$R_2=\dfrac{\cos\theta\sqrt{25-24\cos\theta}}{2\sin\theta}=\dfrac{\dfrac{3}{8}\times\sqrt{25-24\times\dfrac{3}{8}}}{2\times\dfrac{\sqrt{55}}{8}}=\dfrac{6}{\sqrt{55}}$$이므로

$$\pi R_2{}^2=\pi\left(\dfrac{6}{\sqrt{55}}\right)^2=\dfrac{36}{55}\pi=a\pi \quad\therefore a=\dfrac{36}{55}$$
$$\therefore 55a=55\times\dfrac{36}{55}=36$$

 My Top Secret 서울대 선배의 ❶등급 대비 전략

일반적으로 사인법칙은 삼각형의 각과 선분, 그리고 외접원의 반지름에
대한 관계식이기 때문에 외접원에 대한 정보는 대부분 사인법칙을
활용하게 돼. 두 외접원에 대한 관계식과 서로 다른 두 외접원을 이루는
두 삼각형 ABC, ADE가 공유하는 각 ∠BAC가 있었기 때문에
이 각이 구심점의 역할을 하도록 활용할 필요가 있어.

F 133 정답 28 ⭐2등급 대비 [정답률 28%]

> 정답 공식: 반지름의 길이가 R인 원에 내접하는 삼각형 ABC에서
> $\dfrac{a}{\sin A}=\dfrac{b}{\sin B}=\dfrac{c}{\sin C}=2R$, $a^2=b^2+c^2-2bc\cos A$가 성립한다.

그림과 같이 $\overline{AC}>2\sqrt{7}$인 삼각형 ABC에 대하여 선분 AC 위의
점 D가 $\overline{CD}=2\sqrt{7}$, $\cos(\angle BDA)=\dfrac{\sqrt{7}}{4}$을 만족시킨다.
삼각형 ABC와 삼각형 ABD의 외접원의 반지름의 길이를 각각
R_1, R_2라 하자. $R_1 : R_2=4 : 3$일 때, $\overline{BC}+\overline{BD}$의 값을
구하시오. (4점) [단서] 두 삼각형 ABC, ABD는 ∠A를 공통으로 가지고 있으니까 ∠A에 대한 사인값과 두 삼각형의 외접원의 반지름의 길이의 비를 이용해.

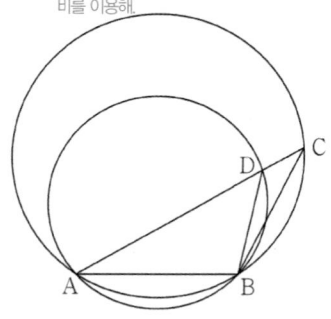

🧠 단서+발상 [유형 05]

[단서] 두 선분 BC, BD는 각각 삼각형 ABC와 삼각형 ABD의 한 변이고 이 두 변은 각 A의 대변이다. (개념)
이때, 두 삼각형 ABC와 ABD의 외접원의 반지름의 길이의 비가 주어졌으므로 사인법칙을 이용하면 두 선분 BC, BD의 길이의 비를 구할 수 있다. (발상)
그럼, 두 선분 BC, BD의 길이를 한 미지수에 대하여 나타낼 수 있으므로 삼각형 BCD에서 코사인법칙을 이용하면 두 선분의 길이를 구할 수 있다. (해결)

-------------------- [문제 풀이 순서] --------------------

1st 사인법칙을 이용하여 두 선분 BC, BD의 길이의 비를 구해.

$\angle CAB=\theta_1$이라 하면 두 삼각형 ABC, ABD의 외접원의
길이가 각각 R_1, R_2이므로 $\dfrac{\overline{BC}}{\sin\theta_1}=2R_1$, $\dfrac{\overline{BD}}{\sin\theta_1}=2R_2$

$\therefore R_1=\dfrac{\overline{BC}}{2\sin\theta_1}$, $R_2=\dfrac{\overline{BD}}{2\sin\theta_1}$

이때, $R_1 : R_2=4 : 3$이므로 $\dfrac{\overline{BC}}{2\sin\theta_1} : \dfrac{\overline{BD}}{2\sin\theta_1}=4 : 3$

$\therefore \overline{BC} : \overline{BD}=4 : 3$ ··· ㉠

2nd 삼각형 BCD에서 코사인법칙을 이용하여 두 선분 BC, BD의 길이를 각각 구해.

$\angle BDC=\theta_2$라 하면 $\angle BDA=\pi-\theta_2$이고 $\cos(\angle BDA)=\dfrac{\sqrt{7}}{4}$이므로

$\underset{\cos(\pi-x)=-\cos x}{\cos(\pi-\theta_2)=\dfrac{\sqrt{7}}{4}}$에서 $-\cos\theta_2=\dfrac{\sqrt{7}}{4}$

$\therefore \cos\theta_2=-\dfrac{\sqrt{7}}{4}$

이때, ㉠에 의하여 $\overline{BC}=4t$, $\overline{BD}=3t$ $(t>0)$이라 하면 $4t, 3t$는 선분의 길이이므로 t는 양수가 되어야 해.
삼각형 BCD에서 코사인법칙에 의하여
$\overline{BC}^2=\overline{BD}^2+\overline{CD}^2-2\times\overline{BD}\times\overline{CD}\times\cos\theta_2$에서

$(4t)^2=(3t)^2+(2\sqrt{7})^2-2\times3t\times2\sqrt{7}\times\left(-\dfrac{\sqrt{7}}{4}\right)$

$16t^2=9t^2+28+21t$, $7t^2-21t-28=0$, $t^2-3t-4=0$
$(t+1)(t-4)=0$ $\therefore t=4$ $(\because t>0)$
따라서 $\overline{BC}=4t=4\times4=16$, $\overline{BD}=3t=3\times4=12$이므로
$\overline{BC}+\overline{BD}=16+12=28$

My Top Secret 　　서울대 선배의 ❶ 등급 대비 전략

삼각형에 외접하는 원의 반지름의 길이가 주어진 경우 가장 먼저 생각해야 할 것은 사인법칙이야. 특히, 이 문제는 두 삼각형 ABC, ABD의 한 내각 A에 대한 대변의 길이를 구하는 문제이므로 각 A에 대한 사인값과 대변의 길이로 사인법칙을 적용해야 해.
또한, 두 직선이 한 점에서 만날 때 생기는 4개의 각 중 한 각의 크기를 θ_1이라 하고 그 이웃한 각의 크기를 θ_2라 하면 $\theta_2=\pi-\theta_1$이므로 $\sin\theta_2=\sin\theta_1$, $\cos\theta_2=-\cos\theta_1$이야. 이 내용은 삼각함수 성질에 의하여 쉽게 찾을 수 있지만 기억하고 있다면 문제 푸는 시간을 조금 더 단축할 수 있어.

F 134 정답 11 ⭐2등급 대비 [정답률 15%]

✱사인법칙과 코사인법칙을 이용하여 선분의 길이 구하기 [유형 05]

$\angle ABC=\dfrac{\pi}{3}$, $\overline{BC}=6$인 삼각형 ABC가 있다. 선분 BC 위에
점 B와 점 C가 아닌 점 D를 잡고, 삼각형 ABD의 외접원의
반지름의 길이를 r_1, 삼각형 ACD의 외접원의 반지름의 길이를
r_2라 하자. $\dfrac{r_2}{r_1}=\dfrac{\sqrt{13}}{3}$일 때, 선분 AB의 길이는 $\dfrac{q}{p}$이다.
$p+q$의 값을 구하시오. (단, p와 q는 서로소인 자연수이다.) (4점) [단서2] 두 삼각형의 외접원의 반지름의 길이의 비율이 주어졌어. 사인법칙을 이용하면 변의 길이의 비율로 바꿀 수 있겠지?

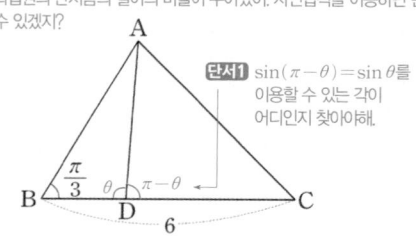
[단서1] $\sin(\pi-\theta)=\sin\theta$를 이용할 수 있는 각이 어디인지 찾아야해.

왜 2등급? 두 삼각형의 외접원의 반지름의 길이의 비와 코사인법칙을 이용해 선분의 길이를 구하는 문제이다.
이를 위해서는 사인법칙을 통해 두 삼각형의 외접원의 반지름의 비를 이용할 수 있어야 한다.

🧠 단서+발상

[단서1] $\angle ADB=\theta$라 하고 삼각형 ABD와 삼각형 ADC에서 사인법칙을 이용하여 각 삼각형의 외접원의 반지름의 길이를 각각 선분 $\overline{AC}$, $\overline{AB}$와 θ에 대한 식으로 표현할 수 있다. (개념)
[단서2] 단서1에서 구한 식을 문제에서 주어진 각 삼각형의 외접원의 반지름의 길이의 비의 식에 대입하여 각각의 선분의 비를 구할 수 있다. (발상)
삼각형 ABC에서 코사인법칙을 적용하여 선분 AB의 길이를 구할 수 있다. (해결)
주의 두 삼각형의 공통각인 ∠ADB와 ∠ADC를 이용하여 사인법칙을 적용해야 한다.

> 핵심 정답 공식: 외접원의 반지름의 길이가 R인 삼각형 ABC에서 사인법칙
> $\dfrac{a}{\sin A}=\dfrac{b}{\sin B}=\dfrac{c}{\sin C}=2R$,
> 코사인법칙 $c^2=a^2+b^2-2ab\cos C$가 성립한다.

362 자이스토리 고2 수학 Ⅰ

-------------------- [문제 풀이 순서] --------------------

1st 삼각형 ABC의 변의 길이를 나타내보자.

삼각형 ABD에서 $\angle ADB = \theta$라 하자.

삼각형 ABD의 외접원의 반지름의 길이를 r_1, 삼각형 ACD의 외접원의 반지름의 길이를 r_2라 하므로

삼각형 ABD에서 사인법칙에 의하여 $\dfrac{\overline{AB}}{\sin \theta} = 2r_1$

└─ [사인법칙] ──┐ └─ 삼각형 ABD에서 각 θ의 대변은 $\overline{AB}$야.

$\therefore r_1 = \dfrac{\overline{AB}}{2\sin\theta}$ 삼각형 ABC의 외접원의 반지름을 R라 하면

$\dfrac{a}{\sin A} = \dfrac{b}{\sin B} = \dfrac{c}{\sin C} = 2R$

> **실수** 사인법칙을 적용할 때 삼각형의 외접원의 반지름과 삼각형의 각의 사잇값과 변의 관계라는 사실을 잊지마.

삼각형 ADC에서 사인법칙에 의하여

$\dfrac{\overline{AC}}{\sin(\pi - \theta)} = \dfrac{\overline{AC}}{\sin\theta} = 2r_2$ $\therefore r_2 = \dfrac{\overline{AC}}{2\sin\theta}$

$\dfrac{r_2}{r_1} = \dfrac{\sqrt{13}}{3}$이므로 $\dfrac{r_2}{r_1} = \dfrac{\dfrac{\overline{AC}}{2\sin\theta}}{\dfrac{\overline{AB}}{2\sin\theta}} = \dfrac{\overline{AC}}{\overline{AB}} = \dfrac{\sqrt{13}}{3}$

$t > 0$인 실수 t에 대하여 $\overline{AB} = 3t$, $\overline{AC} = \sqrt{13}t$라 하자.

2nd $p + q$의 값을 구하자.

삼각형 ABC에서 코사인법칙에 의하여

└─ [코사인법칙] $a^2 = b^2 + c^2 - 2bc\cos A$

$13t^2 = 9t^2 + 36 - 2 \times 3t \times 6 \times \underbrace{\cos\dfrac{\pi}{3}}_{=\frac{1}{2}}$, $2t^2 + 9t - 18 = 0$

$(2t - 3)(t + 6) = 0$ $\therefore t = \dfrac{3}{2}$ ($\because t > 0$)

따라서 $\overline{AB} = 3t = 3 \times \dfrac{3}{2} = \dfrac{9}{2}$이고, $p = 2$, $q = 9$이므로 $p + q = 11$

 My Top Secret   서울대 선배의 **①** 등급 대비 전략

주어진 $\angle ABC$보다 두 삼각형의 공통각 $\angle ADB$를 이용하여 사인법칙을 적용해야 해. 왜냐하면 삼각형 ACD의 각에 대한 정보가 한정되어 있기 때문에 조금 더 많은 정보를 줄 수 있는 다른 각을 선택해야 하기 때문이야.

F **135** 정답 **71** .... ⊕**2등급 대비** [정답률 15%]

＊사인법칙과 코사인법칙을 사용하여 외접원의 넓이 구하기 [유형 02＋05＋10]

삼각형 ABC가 다음 조건을 만족시킨다.

(가) $\cos A = -\dfrac{1}{4}$

> **단서3** 삼각형의 외접원의 반지름을 R라 하면 사인법칙 $\dfrac{a}{\sin A} = \dfrac{b}{\sin B} = \dfrac{c}{\sin C} = 2R$가 성립해.

(나) $\sin B + \sin C = \dfrac{9}{8}$

> **단서1** $\cos A$의 값을 이용하면 $\sin A = \sqrt{1 - \cos^2 A}$의 값을 구할 수 있겠지?

삼각형 ABC의 넓이가 $\sqrt{15}$일 때, 삼각형 ABC의 외접원의 넓이는 $\dfrac{q}{p}\pi$이다. $p + q$의 값을 구하시오. (단, p와 q는 서로소인 자연수이다.) (4점)

> **단서2** 삼각형의 두 변의 길이가 각각 a, b이고 그 사잇각의 크기가 θ이면 삼각형의 넓이는 $\dfrac{1}{2}ab\sin\theta$로 계산할 수 있어.

왜 2등급? 사인법칙과 코사인법칙을 이용하여 외접원의 넓이를 구하는 문제이다. 이를 위해서는 사인법칙과 코사인법칙을 적절히 이용하여 외접원의 반지름에 관한 식을 만들어 낼 수 있어야 한다.

 단서＋발상

단서1 $\sin A = \sqrt{1 - \cos^2 A}$의 식과 $\cos A$의 값을 이용하여 $\sin A$의 값을 구할 수 있고, 삼각형 ABC에서의 사인법칙으로 $\angle A$의 대변인 $\overline{BC}$의 길이 a를 외접원의 반지름 R에 대한 식으로 나타낼 수 있다. **개념**

단서2 **단서1**과 같은 방법으로 $\angle B$의 대변인 $\overline{CA}$의 길이 b와 $\angle C$의 대변인 $\overline{AB}$의 길이 c의 합을 반지름 R에 대한 식으로 나타낼 수 있다. **개념**

또한, 삼각형의 두 변의 길이가 b, c이고 그 사잇각의 크기가 $\angle A$이므로 삼각형의 넓이 공식에 의하여 삼각형의 넓이를 $\dfrac{1}{2}bc\sin A$로 나타낼 수 있다. **개념**

이때, bc의 값을 계산할 수 있다. **적용**

단서3 **단서1,2**에서 구한 식을 삼각형 ABC에서 코사인법칙에 적용하여 외접원의 반지름을 계산할 수 있고, 이를 통해 외접원의 넓이를 구할 수 있다. **해결**

주의 외접원의 넓이를 구하는 문제이기 때문에, 각 변의 길이를 외접원의 반지름을 이용하여 표현할 수 있는 사인법칙을 사용해야 한다.

> **[핵심 정답 공식 :** 반지름의 길이가 R인 원에 내접하는 삼각형 ABC에서 $\dfrac{a}{\sin A} = \dfrac{b}{\sin B} = \dfrac{c}{\sin C} = 2R$, $a^2 = b^2 + c^2 - 2bc\cos A$가 성립한다.**]**

-------------------- [문제 풀이 순서] --------------------

1st 삼각형 ABC의 넓이를 변의 길이로 나타내.

삼각형 ABC에서 $\overline{BC} = a$, $\overline{CA} = b$, $\overline{AB} = c$라 하고 삼각형 ABC의 외접원의 반지름의 길이를 R라 하자.

삼각형 ABC에서 사인법칙에 의하여

$a = 2R\sin A$, $b = 2R\sin B$, $c = 2R\sin C$이고,

조건 (가)에 의하여 $\sin A = \sqrt{1 - \cos^2 A} = \sqrt{1 - \left(-\dfrac{1}{4}\right)^2} = \dfrac{\sqrt{15}}{4}$이므로

> **주의** 삼각함수와 관련된 공식 중 외접원의 반지름의 길이가 사용되는 대표적인 공식은 사인법칙이므로 사인법칙을 떠올려야 해.

$a = 2R\sin A = 2R \times \dfrac{\sqrt{15}}{4} = \dfrac{\sqrt{15}}{2}R$ … ㉠

조건 (나)에 의하여

$b + c = 2R(\sin B + \sin C) = 2R \times \dfrac{9}{8} = \dfrac{9}{4}R$ … ㉡

삼각형 ABC의 넓이가 $\sqrt{15}$이므로

$\dfrac{1}{2}bc\sin A = \dfrac{1}{2}bc \times \dfrac{\sqrt{15}}{4} = \sqrt{15}$에서 $bc = 8$ … ㉢

2nd 세 변의 길이를 외접원의 반지름으로 나타낼 수 있어.

삼각형 ABC에서 코사인법칙에 의하여

$a^2 = b^2 + c^2 - 2bc\cos A = b^2 + c^2 - 2bc \times \left(-\dfrac{1}{4}\right)$

$= \underbrace{b^2 + c^2}_{b^2+c^2=(b+c)^2-2bc} + \dfrac{1}{2}bc = (b+c)^2 - \dfrac{3}{2}bc$

㉠, ㉡, ㉢에 의하여 $\left(\dfrac{\sqrt{15}}{2}R\right)^2 = \left(\dfrac{9}{4}R\right)^2 - \dfrac{3}{2} \times 8$에서

$R^2 = \dfrac{64}{7}$이므로 삼각형 ABC의 외접원의 넓이는 $\dfrac{64}{7}\pi$

따라서 $p = 7$, $q = 64$이고 $p + q = 71$

└─ 반지름의 길이가 r인 원의 넓이는 πr^2

 My Top Secret   서울대 선배의 **①** 등급 대비 전략

삼각형의 한 내각의 삼각함수의 값을 알고 삼각형의 넓이를 안다면, 삼각형의 두 변의 길이가 a, b이고 그 사잇각의 크기가 θ이면 삼각형의 넓이는 $\dfrac{1}{2}ab\sin\theta$라는 점을 이용하여 삼각형의 두 변의 길이에 대한 정보를 얻어내는 것이 중요해.

＊사인법칙과 코사인법칙을 이용하여 사각형 ABCD의 넓이 구하기
[유형 02＋12]

$\overline{\mathrm{DA}}=2\overline{\mathrm{AB}}$, $\angle\mathrm{DAB}=\dfrac{2}{3}\pi$이고 반지름의 길이가 1인 원에 내접 [단서2] 사인법칙을 이용해 봐.
하는 사각형 ABCD가 있다. 두 대각선 AC, BD의 교점을 E라
할 때, 점 E는 선분 BD를 3 : 4로 내분한다. 사각형 ABCD의 넓 [단서3] 두 삼각형 ABC, ACD의 넓이의
이가 $\dfrac{q}{p}\sqrt{3}$일 때, $p+q$의 값을 구하시오. 비는 밑변 AC를 공유하므로
$\overline{\mathrm{BE}}:\overline{\mathrm{DE}}$와 같음을 파악해야 해.
(단, p와 q는 서로소인 자연수이다.) (4점)
[단서1] 두 변과 끼인각이 주어졌으므로 코사인법칙을 이용하여 $\overline{\mathrm{BD}}$의 값을 구해봐.

💬왜 2등급? 주어진 조건에서 코사인법칙과 사인법칙을 활용하여 두 삼각형의
넓이를 이용하여 사각형의 넓이를 구하는 문제이다.
이를 위해서 $\sin(\pi-\theta)=\sin\theta$이고, 동일한 밑변을 갖는 두 삼각형의 넓이의 비는
높이의 비와 같음을 이용할 수 있어야 한다.

💡 단서+발상

[단서1] 삼각형 ABD에 관한 정보가 주어졌기 때문에 $\overline{\mathrm{AB}}=a$로 두면 코사인법칙에
의하여 선분 BD를 a에 대한 식으로 구할 수 있다. 발상

[단서2] 삼각형 ABD에서 사인법칙에 의하여 $\dfrac{\overline{\mathrm{BD}}}{\sin(\angle\mathrm{DAB})}=2$이므로
$\overline{\mathrm{BD}}=\sqrt{3}$이고 단서에 의하여 a의 값을 구할 수 있다. 적용

[단서3] $\overline{\mathrm{BE}}:\overline{\mathrm{ED}}=3:4$이고 삼각형 ABC와 삼각형 ADC는 한 변을 공유하기
때문에 $\overline{\mathrm{BE}}:\overline{\mathrm{ED}}$는 두 삼각형의 높이의 비와 같으므로 $\triangle\mathrm{ABC}:\triangle\mathrm{ADC}=3:4$
이다. 개념
원에 내접하는 사각형의 마주보는 두 각의 합이 π라는 점을 이용하면
$\overline{\mathrm{BC}}=\dfrac{3}{2}\overline{\mathrm{DC}}$임을 알 수 있다. 적용

🔺주의 사각형 ABCD가 특별한 사각형이 아니기 때문에 넓이를 계산하려면 반으로 나
뉘어진 두 삼각형의 넓이의 합으로 계산해야 한다. 여기서 가능한 경우는 선분 AC 또
는 선분 BD에 의하여 나누어진 삼각형을 살펴봐야 하는 경우인데, 각도를 아는 경우는
후자이기 때문에 후자로 계산해야 한다.

핵심 정답 공식: ① 코사인법칙 $a^2=b^2+c^2-2bc\cos A$
② 사인법칙 $\dfrac{a}{\sin A}=\dfrac{b}{\sin B}=\dfrac{c}{\sin C}=2R$

------------------ [문제 풀이 순서] ------------------

1st $\overline{\mathrm{BD}}$의 길이를 구하자.
$\overline{\mathrm{AB}}=a\,(a>0)$라 하면 $\overline{\mathrm{DA}}=2\overline{\mathrm{AB}}=2a$이므로
삼각형 DAB에서 코사인법칙에 의하여 ← 두 변과 끼인각이 주어져 있으므로
코사인법칙을 이용함.
$\overline{\mathrm{BD}}^2=a^2+(2a)^2-2\times a\times 2a\times\cos\dfrac{2}{3}\pi=7a^2$
$\therefore\ \overline{\mathrm{BD}}=\sqrt{7}a$

2nd 두 삼각형 ABC와 ADC의 넓이를 각각 θ에 대한 식으로 나타내자.
$\overline{\mathrm{BE}}:\overline{\mathrm{ED}}=3:4$이므로 $\triangle\mathrm{ABC}:\triangle\mathrm{ADC}=3:4$
두 삼각형이 한 변을 공유하고 있으므로, $\overline{\mathrm{BE}}:\overline{\mathrm{ED}}=3:4$는 두 삼각형의 높이의 비와 같아.
$\angle\mathrm{ABC}=\theta$라 하면 $\triangle\mathrm{ABC}=\dfrac{1}{2}\times\overline{\mathrm{BA}}\times\overline{\mathrm{BC}}\times\sin\theta$이고,
$\triangle\mathrm{ADC}=\dfrac{1}{2}\times\overline{\mathrm{DA}}\times\overline{\mathrm{DC}}\times\sin(\pi-\theta)=\dfrac{1}{2}\times\overline{\mathrm{DA}}\times\overline{\mathrm{DC}}\times\sin\theta$
$\to\sin(\pi-\theta)=\sin\theta,\ \sin(\pi+\theta)=-\sin\theta$

🔺주의
원에 내접하는 사각형에서 마주보는 두 각(대각)의
크기의 합은 π 즉, $\angle\mathrm{ABC}+\angle\mathrm{ADC}=\pi$
$\theta+\angle\mathrm{ADC}=\pi$ $\therefore\ \angle\mathrm{ADC}=\pi-\theta$

$\triangle\mathrm{ABC}:\triangle\mathrm{ADC}$
$=\dfrac{1}{2}\times\overline{\mathrm{BA}}\times\overline{\mathrm{BC}}\times\sin\theta:\dfrac{1}{2}\times\overline{\mathrm{DA}}\times\overline{\mathrm{DC}}\times\sin\theta$
$=\overline{\mathrm{BA}}\times\overline{\mathrm{BC}}:\overline{\mathrm{DA}}\times\overline{\mathrm{DC}}=a\times\overline{\mathrm{BC}}:2a\times\overline{\mathrm{DC}}=3:4$
$\therefore\ \overline{\mathrm{BC}}=\dfrac{3}{2}\overline{\mathrm{DC}}$

3rd a의 값을 구하자.
$\overline{\mathrm{DC}}=k\,(k>0)$라 하면 $\overline{\mathrm{BC}}=\dfrac{3}{2}k$이고 $\overline{\mathrm{BD}}=\sqrt{7}a$, $\angle\mathrm{BCD}=\dfrac{\pi}{3}$이므로
삼각형 BCD에서 코사인법칙에 의하여
$\angle\mathrm{DAB}=\dfrac{2}{3}\pi$이므로
사각형 ABCD에서
$\angle\mathrm{DAB}+\angle\mathrm{BCD}=\pi$
$\therefore\ \angle\mathrm{BCD}=\pi-\dfrac{2}{3}\pi=\dfrac{\pi}{3}$

$\cos\dfrac{\pi}{3}=\dfrac{\left(\dfrac{3}{2}k\right)^2+k^2-(\sqrt{7}a)^2}{2\times\dfrac{3}{2}k\times k}=\dfrac{1}{2}$

$\dfrac{\dfrac{9}{4}k^2+k^2-7a^2}{3k^2}=\dfrac{1}{2}$, $2\times\left(\dfrac{9}{4}k^2+k^2-7a^2\right)=3k^2$

$\dfrac{13}{2}k^2-14a^2=3k^2$, $\dfrac{7}{2}k^2=14a^2$

$\therefore\ k=2a\ (\because\ a>0,\ k>0)$, $\overline{\mathrm{BC}}=\dfrac{3}{2}k=\dfrac{3}{2}\times 2a=3a$, $\overline{\mathrm{DC}}=k=2a$

삼각형 DAB의 외접원의 반지름의 길이가 1이므로 사인법칙에 의하여
$\dfrac{\overline{\mathrm{BD}}}{\sin(\angle\mathrm{DAB})}=2$, $\dfrac{\sqrt{7}a}{\sin\dfrac{2}{3}\pi}=2$ $\to$ [사인법칙] $\dfrac{a}{\sin A}=2R$

$\dfrac{\sqrt{7}a}{\dfrac{\sqrt{3}}{2}}=2$, $\dfrac{\sqrt{7}}{\sqrt{3}}a=1$ $\therefore\ a=\dfrac{\sqrt{21}}{7}$

4th 사각형 ABCD의 넓이를 구하자.
$\triangle\mathrm{ABD}=\dfrac{1}{2}\times\dfrac{\sqrt{21}}{7}\times\dfrac{2\sqrt{21}}{7}\times\sin\dfrac{2}{3}\pi=\dfrac{3\sqrt{3}}{14}$이고,
$\triangle\mathrm{BCD}=\dfrac{1}{2}\times\dfrac{3\sqrt{21}}{7}\times\dfrac{2\sqrt{21}}{7}\times\sin\dfrac{\pi}{3}=\dfrac{9\sqrt{3}}{14}$이므로
$\to\Box\mathrm{ABCD}=\triangle\mathrm{ABD}+\triangle\mathrm{BCD}$로 나눠서 구해.
$\Box\mathrm{ABCD}=\triangle\mathrm{ABD}+\triangle\mathrm{BCD}=\dfrac{3\sqrt{3}}{14}+\dfrac{9\sqrt{3}}{14}=\dfrac{6\sqrt{3}}{7}$이다.

$\therefore\ p+q=13$ 🔺실수
사각형 ABCD의 넓이를 구할 때, △ABC의
넓이는 구하기 쉬우나, △ACD의 두 변의 길
이를 구할 수 있는 조건이 없어서 △ABC와
△ACD로 나눠서 넓이를 구할 수 없어.

 My Top Secret 서울대 선배의 ❶등급 대비 전략
원과 관련해서 내접원이나 외접원 안의 도형의 각을 찾을 때, 내접하는
사각형의 각의 성질, 내접하는 삼각형의 각의 성질 등이 헷갈리고
아직 어색하다면 중학교에서 배웠던 원과 관련된 개념들을
철저하게 복습해야 1등급을 이룰 수 있어.

G 등차수열과 등비수열

🐝 **개념 확인 문제**

G 01 정답 1, 5, 9, 13, 17 ⎯⎯⎯⎯⎯⎯ *수열

$n=1$일 때, $4\times1-3=1$

$n=2$일 때, $4\times2-3=5$

$n=3$일 때, $4\times3-3=9$

$n=4$일 때, $4\times4-3=13$

$n=5$일 때, $4\times5-3=17$

G 02 정답 1, 4, 9, 16, 25 ⎯⎯⎯⎯⎯ *수열

$n=1$일 때, $1^2=1$

$n=2$일 때, $2^2=4$

$n=3$일 때, $3^2=9$

$n=4$일 때, $4^2=16$

$n=5$일 때, $5^2=25$

G 03 정답 0 ⎯⎯⎯⎯⎯⎯⎯⎯⎯ *수열

$a_1=1^2-1=1-1=0$

G 04 정답 90 ⎯⎯⎯⎯⎯⎯⎯⎯ *수열

$a_{10}=10^2-10=100-10=90$

G 05 정답 $a_n=2n-1$ ⎯⎯⎯⎯ *등차수열

$a=1$, $d=2$이므로 $a_n=1+(n-1)\times2=2n-1$

G 06 정답 $a_n=-6n+59$ ⎯⎯⎯ *등차수열

$a=53$, $d=-6$이므로 $a_n=53+(n-1)\times(-6)=-6n+59$

G 07 정답 $a_n=3n+5$ ⎯⎯⎯⎯⎯ *등차수열

$a=8$, $d=3$이므로 $a_n=8+(n-1)\times3=3n+5$

G 08 정답 $a_n=2n+2$ ⎯⎯⎯⎯⎯ *등차수열

첫째항 $a_1=4$인 등차수열 $\{a_n\}$의 공차를 d라 하면

$a_{12}=a_1+11d=4+11d=26$ ∴ $d=2$

∴ $a_n=4+(n-1)\times2=2n+2$

G 09 정답 $a_n=-3n+32$ ⎯⎯⎯ *등차수열

등차수열 $\{a_n\}$의 첫째항을 a, 공차를 d라 하면

$a_3=a+2d=23$, $a_7=a+6d=11$이므로

두 식을 연립하면 $a=29$, $d=-3$

∴ $a_n=29+(n-1)\times(-3)=-3n+32$

G 10 정답 $x=1$, $y=-2$ ⎯⎯⎯ *등차수열

4, x, y, -5가 이 순서대로 등차수열을 이루므로

$4+y=2x$, $x+(-5)=2y$가 성립한다.

두 식을 연립하여 풀면 $x=1$, $y=-2$

G 11 정답 300 ⎯⎯⎯⎯⎯⎯⎯ *등차수열

첫째항이 6, 공차가 2인 등차수열의 첫째항부터 제15항까지의 합 S_{15}는

$$S_{15}=\frac{15(2\times6+14\times2)}{2}=300$$

G 12 정답 250 ⎯⎯⎯⎯⎯⎯⎯ *등차수열

첫째항 $a_1=3$인 등차수열 $\{a_n\}$의 공차를 d라 하면

$a_{20}=3+19d=22$이므로 $d=1$

따라서 등차수열 $\{a_n\}$의 첫째항부터 제20항까지의 합 S_{20}은

$$S_{20}=\frac{20(2\times3+19\times1)}{2}=250$$

G 13 정답 130 ⎯⎯⎯⎯⎯⎯⎯ *등차수열

주어진 식은 첫째항이 -5이고 공차가 4인 등차수열의 합을 나타낸 식이다.

등차수열의 일반항을 a_n이라 하면

$a_n=-5+(n-1)\times4=4n-9$

즉, $4n-9=31$에서 $n=10$

따라서 주어진 식은 등차수열 $\{a_n\}$의 첫째항부터 제10항까지의 합이므로

$$(-5)+(-1)+3+7+\cdots+31=\frac{10\{2\times(-5)+9\times4\}}{2}=130$$

G 14 정답 156 ⎯⎯⎯⎯⎯⎯⎯ *등차수열

주어진 식은 첫째항이 37이고 공차가 -5인 등차수열의 합을 나타낸 식이다.

등차수열의 일반항을 a_n이라 하면

$a_n=37+(n-1)\times(-5)=-5n+42$

즉, $-5n+42=2$에서 $n=8$

따라서 주어진 식은 등차수열 $\{a_n\}$의 첫째항부터 제8항까지의 합이므로

$$37+32+27+22+\cdots+2=\frac{8\{2\times37+7\times(-5)\}}{2}=156$$

G 15 정답 $a_n=2^{n-1}$ ⎯⎯⎯⎯ *등비수열

$a_1=1$, $r=2$인 등비수열이므로 $a_n=1\times2^{n-1}=2^{n-1}$

G 16 정답 $a_n=3\times(-3)^{n-1}$ ⎯ *등비수열

$a_1=3$, $r=-3$인 등비수열이므로 $a_n=3\times(-3)^{n-1}$

G 17 정답 $a_n=2^{9-n}$ ⎯⎯⎯⎯⎯ *등비수열

$a_1=256$, $r=\dfrac{1}{2}$인 등비수열이므로

$$a_n=256\times\left(\frac{1}{2}\right)^{n-1}=2^8\times(2^{-1})^{n-1}=2^{-n+9}$$

G 18 정답 $a_n=2^{n-2}$ ⎯⎯⎯⎯⎯ *등비수열

등비수열 $\{a_n\}$의 첫째항을 a_1, 공비를 r라 하면

$a_3=2$에서 $a_1r^2=2$ ··· ㉠

$a_8=64$에서 $a_1r^7=64$ ··· ㉡

㉡÷㉠을 하면 $\dfrac{a_1r^7}{a_1r^2}=\dfrac{64}{2}$에서 $r^5=32$ ∴ $r=2$

$r=2$를 ㉠에 대입하면 $4a_1=2$ ∴ $a_1=\dfrac{1}{2}$

∴ $a_n=\dfrac{1}{2}\times2^{n-1}=2^{-1}\times2^{n-1}=2^{n-2}$

G 19 정답 $a_n = 972 \times \left(-\dfrac{1}{3}\right)^{n-1}$ ·········· *등비수열

등비수열 $\{a_n\}$의 첫째항을 a_1, 공비를 r라 하면
$a_2 = -324$에서 $a_1 r = -324 \cdots$ ㉠
$a_5 = 12$에서 $a_1 r^4 = 12 \cdots$ ㉡
㉡÷㉠을 하면 $\dfrac{a_1 r^4}{a_1 r} = \dfrac{12}{-324}$에서

$r^3 = -\dfrac{1}{27}$ $\therefore r = -\dfrac{1}{3}$

$r = -\dfrac{1}{3}$을 ㉠에 대입하고

$-\dfrac{1}{3} a_1 = -324$ $\therefore a_1 = 972$

$\therefore a_n = 972 \times \left(-\dfrac{1}{3}\right)^{n-1}$

G 20 정답 **6** ·········· *등비수열

세 수 4, x, 9가 등비수열을 이룰 때, x는 4, 9의 등비중항이므로
$x^2 = 4 \times 9 = 36$
$\therefore x = -6$ 또는 $x = 6$
이때, x는 양수이므로 $x = 6$

G 21 정답 **3069** ·········· *등비수열

$S_{10} = \dfrac{3(2^{10} - 1)}{2 - 1} = 3069$

G 22 정답 **-85** ·········· *등비수열

등비수열 $\{a_n\}$의 첫째항을 a_1, 공비를 r라 하면
$a_2 = -2$에서 $a_1 r = -2 \cdots$ ㉠
$a_5 = 16$에서 $a_1 r^4 = 16 \cdots$ ㉡
㉠, ㉡을 연립하여 풀면
$a_1 = 1$, $r = -2$

$\therefore S_8 = \dfrac{1\{1 - (-2)^8\}}{1 - (-2)} = \dfrac{1 - (-2)^8}{3} = -85$

G 23 정답 $\dfrac{43}{16}$ ·········· *등비수열

주어진 식은 첫째항이 4, 공비가 $-\dfrac{1}{2}$인 등비수열의 합을 나타낸 식이다.
등비수열의 일반항을 a_n이라 하면

$a_n = 4 \times \left(-\dfrac{1}{2}\right)^{n-1}$

즉, $4 \times \left(-\dfrac{1}{2}\right)^{n-1} = \dfrac{1}{16}$에서 $n = 7$

따라서 주어진 식은 등비수열 $\{a_n\}$의 첫째항부터 제7항까지의 합이므로

$S_7 = \dfrac{4\left\{1 - \left(-\dfrac{1}{2}\right)^7\right\}}{1 - \left(-\dfrac{1}{2}\right)} = \dfrac{43}{16}$

G 24 정답 $a_n = 2n - 3 (n \geq 1)$
·········· *수열의 합 S_n과 일반항 a_n 사이의 관계

$a_n = S_n - S_{n-1} (n \geq 2)$이므로
$a_n = n^2 - 2n - \{(n-1)^2 - 2(n-1)\}$
$= n^2 - 2n - (n^2 - 2n + 1 - 2n + 2)$
$= 2n - 3 (n \geq 2)$
이때, $a_1 = S_1 = -1$이므로 구하는 일반항 a_n은 $a_n = 2n - 3 (n \geq 1)$

G 25 정답 $a_n = \begin{cases} 0 & (n=1) \\ 2n-1 & (n \geq 2) \end{cases}$
·········· *수열의 합 S_n과 일반항 a_n 사이의 관계

$a_n = S_n - S_{n-1} (n \geq 2)$이므로
$a_n = n^2 - 1 - \{(n-1)^2 - 1\}$
$= n^2 - 1 - (n^2 - 2n + 1 - 1)$
$= 2n - 1 (n \geq 2)$

이때, $a_1 = S_1 = 0$이므로 구하는 일반항 a_n은 $a_n = \begin{cases} 0 & (n=1) \\ 2n-1 & (n \geq 2) \end{cases}$

G 26 정답 **20** ·········· *수열의 합 S_n과 일반항 a_n 사이의 관계

수열 $\{a_n\}$의 첫째항부터 제n항까지의 합 S_n이 $S_n = n^2 + 3n$이므로
$a_n = S_n - S_{n-1}$
$= (n^2 + 3n) - (n-1)^2 - 3(n-1)$
$= 2n + 2 (n \geq 2)$
또한, $a_1 = S_1 = 4$이므로 $a_n = 2n + 2 (n \geq 1)$
$\therefore a_{30} - a_{20} = 62 - 42 = 20$

 수능 유형별 기출 문제 [2점, 3점, 쉬운 4점]

G 27 정답 **④** *등차수열의 특정 항 구하기 - 첫째항 이용 [정답률 91%]

(정답 공식: 첫째항이 a, 공차가 d인 등차수열의 일반항 a_n은 $a_n = a + (n-1)d$)

> 등차수열 $\{a_n\}$에 대하여 $a_1 = 3$, $a_2 = 5$일 때, a_4의 값은? (2점)
> 단서 등차수열의 연속된 두 항이 주어졌으니까 공차를 구할 수 있지
> ① 6   ② 7   ③ 8
> ④ 9   ⑤ 10

1st 등차수열 $\{a_n\}$의 공차 d를 유도하고, a_4의 값을 구하자.
등차수열 $\{a_n\}$의 공차를 d라 하면
$d = a_2 - a_1 = 5 - 3 = 2$ 실수 ⟨ 공차가 d인 등차수열에서 $a_2 = a_1 + d$ 니까 $a_2 - a_1 = d$임을 알 수 있어.
$\therefore a_4 = a_1 + 3d = 3 + 3 \times 2 = 9$

G 28 정답 ① *등차수열의 특정 항 구하기 −첫째항 이용 ── [정답률 82%]

(정답 공식: 등차수열의 일반항은 $a_n=a+(n-1)d$이다.)

> 첫째항이 4인 등차수열 $\{a_n\}$에 대하여
> $a_{10}-a_7=6$ **단서** 등차수열의 정의에 의해 공차를 d라고 하면
> $a_{10}=a_7+3d$임을 알 수 있어.
> 일 때, a_4의 값은? (3점)
> ① 10 ② 11 ③ 12 ④ 13 ⑤ 14

1st 주어진 관계식에서 등차수열 $\{a_n\}$의 공차를 구해.

등차수열 $\{a_n\}$의 공차를 d라 할 때

$a_{10}-a_7=3d=6$이므로 $d=2$

2nd a_4의 값을 구해.

$a_4=4+3d=4+3\times2=10$
등차수열의 일반항은 $a_n=a+(n-1)d$임을 이용한 거야.

G 29 정답 ① *등차수열의 특정 항 구하기 −첫째항 이용 [정답률 85%]

(정답 공식: $a_4+a_5+a_6+a_7+a_8=5a_6$, $a_{11}=2a_6-a_1$)

> **①** 등차수열 $\{a_n\}$에 대하여 **단서** 등차수열 **①**에서 항의 합 **②**가 주어진 경우 수열의 규칙과 등차중항을 이용해 볼까?
> $a_1=1$, **②** $a_4+a_5+a_6+a_7+a_8=55$ 즉, $a_4+a_8=a_5+a_7=2a_6$
> 일 때, a_{11}의 값은? (3점)
> ① 21 ② 24 ③ 27 ④ 30 ⑤ 33

1st 등차수열에서 항의 합이 주어질 때, 두 항씩 묶은 경우 규칙이 생길 수 있어.

수열 $\{a_n\}$이 등차수열이므로 a_5와 a_7의 등차중항이 a_6이고,
a_4와 a_8의 등차중항도 a_6이다. $a_m=\dfrac{a_l+a_n}{2}\left(\text{단, } m=\dfrac{l+n}{2}\right)$ $a_l+a_m=a_n+a_k$
이면 $l+m=n+k$이어야 해.

즉, $a_5+a_7=2a_6$, $a_4+a_8=2a_6$이므로
$a_4+a_5+a_6+a_7+a_8=(a_4+a_8)+(a_5+a_7)+a_6$
$=2a_6+2a_6+a_6=5a_6=55$

$\therefore a_6=11$

2nd a_6의 또다른 등차중항을 이용하여 a_{11}의 값을 구하자.

이때, a_6은 a_1과 a_{11}의 등차중항도 되므로 $2a_6=a_1+a_{11}=a_2+a_{10}=a_3+a_9=\cdots$ 등 여러 가지가 존재해.

$a_6=\dfrac{a_1+a_{11}}{2}$

$\therefore a_{11}=2a_6-a_1=2\times11-1=21$

🔸 **다른 풀이: 주어진 항들을 첫째항과 공차를 이용하여 나타낸 후 조건을 만족시키는 공차 구하기**
[일반항] $a_n=a_1+(n-1)d$

등차수열 $\{a_n\}$의 첫째항을 a_1, 공차를 d라 하면

$a_4=a_1+3d$, $a_5=a_1+4d$, $a_6=a_1+5d$, $a_7=a_1+6d$, $a_8=a_1+7d$이므로

$a_4+a_5+a_6+a_7+a_8$
$=(a_1+3d)+(a_1+4d)+(a_1+5d)+(a_1+6d)+(a_1+7d)$
$=5a_1+25d=55\cdots\unicode{x1D4D5}$

이때, $a_1=1$이므로 $\unicode{x1D4D5}$에 대입하면

$5+25d=55$ $\therefore d=2$

$\therefore a_{11}=a_1+10d=1+10\times2=21$

⚙️ **등차수열의 일반항** 개념·공식

첫째항이 a_1, 공차가 d인 등차수열 $\{a_n\}$의 일반항 a_n은
$a_n=a_1+(n-1)d$ $(n=1, 2, 3, \cdots)$

G 30 정답 20 *등차수열의 특정 항 구하기 −공차 이용 ── [정답률 92%]

[정답 공식: 첫째항이 a_1이고, 공차가 d인 등차수열 $\{a_n\}$의 일반항은
$a_n=a_1+(n-1)d$이다.]

> 첫째항이 10이고 공차가 5인 등차수열 $\{a_n\}$에 대하여 a_3의 값을 구하시오. (3점) **단서** 첫째항 a와 공차 d가 주어졌으니 등차수열의 일반항 a_n을 구할 수 있겠지?

1st 주어진 조건을 이용하여 등차수열의 일반항을 구해.

첫째항이 10이고 공차가 5인 등차수열 $\{a_n\}$의 일반항 a_n은

$a_n=10+(n-1)\times5=5n+5$ 첫째항 a, 공차가 d인 등차수열의 일반항 a_n은 $a_n=a+(n-1)d$

2nd a_3의 값을 구해.

$\therefore a_3=5\times3+5=20$

G 31 정답 ④ *등차수열의 특정 항 구하기 −공차 이용 [정답률 92%]

[정답 공식: 첫째항이 a, 공차가 d인 등차수열의 일반항 a_n은
$a_n=a+(n-1)d$이다.]

> 공차가 3인 등차수열 $\{a_n\}$에 대하여 a_7-a_2의 값은? (2점)
> **단서** 등차수열의 일반항을 이용하여 두 항의 차를 구하면 되지.
> ① 6 ② 9 ③ 12 ④ 15 ⑤ 18

1st 공차가 3인 등차수열의 일반항을 구해.

등차수열 $\{a_n\}$의 공차가 3이므로 일반항은 $a_n=a_1+3\times(n-1)$이다.

$a_7=a_1+3\times6=a_1+18$이고, $a_2=a_1+3\times1=a_1+3$이므로

$a_7-a_2=15$ → $a_7-a_2=(a_1+18)-(a_1+3)=15$

🔸 **다른 풀이: 공차의 뜻을 이용하기**

공차는 등차수열에서 $a_{n+1}-a_n=d$이므로 $a_m-a_n=(m-n)d$야.

$\therefore a_7-a_2=(7-2)\times3=15$

G 32 정답 ⑤ *등차수열의 특정 항 구하기 −공차 이용 [정답률 94%]

(정답 공식: 등차수열은 이웃하는 두 항의 차가 일정하다.)

> 네 수 2, a, b, 14가 이 순서대로 등차수열을 이룰 때,
> $a+b$의 값은? (2점) **단서** 등차수열에서 연속된 두 항의 차는 공차로 일정해.
> ① 8 ② 10 ③ 12 ④ 14 ⑤ 16

1st 등차수열의 정의를 이용하여 a, b에 관한 식을 세우자.

네 수 2, a, b, 14가 이 순서대로 등차수열을 이루므로 $a-2=14-b$

$\therefore a+b=16$ 등차수열 $\{a_n\}$의 공차를 d라 하면 $a_{n+1}=a_n+d$에서 $d=a_{n+1}-a_n$이 성립해.

🔸 **다른 풀이 ❶: 등차수열의 정의 이용하기**

공차를 d라 할 때, 첫 번째 숫자 2에 공차 d를 3번 더하면 14가 되므로

$2+3d=14$에서 $3d=12$ $\therefore d=4$

따라서 $a=2+d=2+4=6$, $b=a+d=6+4=10$이므로 $a+b=16$

🔸 **다른 풀이 ❷: 등차중항 이용하기**

a는 두 수 2, b의 등차중항이므로 $2a=2+b\cdots\unicode{x1D4D5}$
세 수 l, m, n이 이 순서대로 등차수열을 이루면 $2m=l+n$이 성립하고 m을 l, n의 등차중항이라 해.
b는 두 수 a, 14의 등차중항이므로 $2b=a+14\cdots\unicode{x1D4DB}$

$\unicode{x1D4D5}+\unicode{x1D4DB}$을 하면 $2a+2b=a+b+16$ $\therefore a+b=16$

G 33 정답 ④ *등차수열의 특정 항 구하기 – 공차 이용 … [정답률 59%]

정답 공식: 첫째항이 a_1이고, 공차가 d일 때, 등차수열 $\{a_n\}$의 일반항은 $a_n=a_1+(n-1)d$이다.

첫째항이 a이고 공차가 -2인 등차수열 $\{a_n\}$에 대하여
$$a_3 \neq 0, \ (a_2+a_4)^2=16a_3$$
일 때, a의 값은? (3점)

단서 등차수열의 공차와 항 사이의 관계식이 주어져 있지? 이것을 이용해서 첫째항을 구할 수 있어.

① 5　　　　② 6　　　　③ 7
④ 8　　　　⑤ 9

1st 등차수열 $\{a_n\}$의 일반항을 구해.

첫째항이 a이고 공차가 -2이므로
$$a_n=a+(n-1)\times(-2)=-2n+a+2$$

첫째항이 a이고, 공차가 d인 등차수열의 일반항 a_n은 $a_n=a+(n-1)d$

2nd $(a_2+a_4)^2=16a_3$을 이용해서 a의 값을 구하자.

$$a_2+a_4=-4+a+2+(-8)+a+2=2a-8$$
$$a_3=-6+a+2=a-4\neq 0$$
이므로 $(a_2+a_4)^2=16a_3$에서
$$(2a-8)^2=16(a-4), \ 4a^2-32a+64=16a-64$$
$$a^2-12a+32=0, \ \underline{(a-4)(a-8)=0}$$
$a_3\neq 0$이므로 $a\neq 4$이지?
$$\therefore a=8$$

🔲 **다른 풀이: $(a_2+a_4)^2=16a_3$에서 a_2와 a_4의 등차중항이 a_3임을 이용하기**

$(a_2+a_4)^2=16a_3$에서 a_3은 a_2와 a_4의 등차중항이므로 $a_2+a_4=2a_3$
$(2a_3)^2=16a_3$에서 $a_3=4$ ($\because a_3\neq 0$)
$a_3=a+2d=a-4=a$ $\quad \therefore a=8$

G 34 정답 ⑤ * 등차수열의 특정 항 구하기 – 특정 항 이용 … [정답률 73%]

정답 공식: 첫째항이 a, 공차가 d인 등차수열의 일반항은 $a_n=a+(n-1)d$이다.

등차수열 $\{a_n\}$에 대하여 $a_6-a_2=a_4$, $a_1+a_3=20$일 때, a_{10}의 값은? (4점)

단서 등차수열은 첫째항(a)과 공차(d)를 알면 일반항을 구할 수 있어. 즉, 주어진 두 식을 a, d로 나타낸 연립방정식을 풀어!

① 30　　② 35　　③ 40　　④ 45　　⑤ 50

1st 첫째항과 공차를 이용하여 주어진 식을 나타내자.

등차수열 $\{a_n\}$의 첫째항을 a, 공차를 d라 하면

첫째항이 a, 공차가 d인 등차수열의 일반항 $a_n=a+(n-1)d$

$a_6-a_2=4d$, $a_4=a+3d$이므로
$$4d=a+3d \quad \therefore a=d \ \cdots \ \text{㉠}$$
$a_3=a+2d$이므로 $2a+2d=20 \ \cdots \ \text{㉡}$

2nd 연립방정식을 해를 구해.

㉠, ㉡을 연립하면
$$2a+2a=20, \ 4a=20 \quad \therefore a=d=5$$

3rd 이제 a_{10}의 값을 계산하자.

$a_n=5+(n-1)\times 5=5n$이므로 $a_{10}=50$

🔲 **다른 풀이: 등차중항 이용하기**

등차수열에서 연속한 세 항 a_n, a_{n+1}, a_{n+2}에 대하여
$$a_{n+1}=\frac{a_n+a_{n+2}}{2}$$
즉, $a_1+a_3=2a_2$이므로 $2a_2=20$
$$\therefore a_2=a+d=10$$
(이하 동일)

G 35 정답 ③ *등차수열의 특정 항 구하기 – 특정 항 이용 … [정답률 90%]

정답 공식: 등차수열 $\{a_n\}$에서 공차를 d라 하면 $a_{n+1}-a_n=d$

네 수 a, 4, b, 10이 이 순서대로 등차수열을 이룰 때, $a+2b$의 값은? (3점)

단서 공차를 d라 하면 순서대로 등차수열을 이루므로 마지막 항은 $10=4+2d$와 같이 나타내어 공차를 구해.

① 11　　② 13　　③ 15　　④ 17　　⑤ 19

1st 공차를 구해서 $a+2b$의 값을 구해.

등차수열 $\{a_n\}$의 공차를 d라 하면
$a_1=a$, $a_2=4$, $a_3=b$, $a_4=10$에서
$a_4=a_2+2d=4+2d=10$이므로 $d=3$
$a_1=a_2-d=4-3=1$

등차수열 $a_n=a+d(n-1)$을 먼저 생각하고, 등차수열의 정의에 따라 순서대로 주어진 항들에 대하여 다음과 같은 항들의 관계를 활용하는 것도 좋은 방법이야.
(앞의 항)+(공차)=(뒤의 항)
(뒤의 항)-(공차)=(앞의 항)

$\therefore a=1$, $b=a_3=a_2+d=4+3=7$
$$\therefore a+2b=1+14=15$$

🔲 **다른 풀이: 등차중항 이용하기**

네 수 a, 4, b, 10가 이 순서대로 등차수열을 이루니까
4와 10의 등차중항은 b이므로 $4+10=2b$ $\quad \therefore b=7$
a와 7의 등차중항이 4이므로 $a+7=8$ $\quad \therefore a=1$
$$\therefore a+2b=1+14=15$$

G 36 정답 35 *등차수열의 특정 항 구하기 – 특정 항 이용 … [정답률 83%]

정답 공식: 첫째항이 a_1이고, 공차가 d일 때, 등차수열 $\{a_n\}$의 일반항은 $a_n=a_1+(n-1)d$이다.

등차수열 $\{a_n\}$에 대하여
$$a_5=5, \ a_{15}=25$$
일 때, a_{20}의 값을 구하시오. (3점)

단서 등차수열 $\{a_n\}$의 첫째항을 a, 공차를 d라 하면 $a_5=a+4d$, $a_{15}=a+14d$로 나타낼 수 있어.

1st 주어진 조건을 첫째항과 공차에 대한 연립방정식으로 나타내.

등차수열 $\{a_n\}$의 첫째항을 a, 공차를 d라 하면
$a_5=a+4d=5 \ \cdots \ \text{㉠}$

첫째항이 a, 공차가 d인 등차수열의 일반항은 $a_n=a+(n-1)d$

$a_{15}=a+14d=25 \ \cdots \ \text{㉡}$

2nd 등차수열 $\{a_n\}$의 첫째항과 공차로부터 a_{20}의 값을 구해.

㉡-㉠을 하면
$$10d=20 \quad \therefore d=2$$
$d=2$를 ㉠에 대입하면
$$a+4\times 2=5 \quad \therefore a=-3$$
$$\therefore a_{20}=a+19d=-3+19\times 2=35$$

수능 핵강

＊ 등차수열의 특정 항을 이용하여 일반항까지 구하기
등차수열에서 두 개의 항이 주어지면 첫째항과 공차를 구할 수 있어.
즉 일반항 a_n을 구할 수 있으므로 모든 항을 알 수 있게 돼.

G 37 정답 6 ＊등차수열의 특정 항 구하기 - 특정 항 이용 [정답률 80%]

┌ 정답 공식: 첫째항이 a_1, 공차가 d인 등차수열 $\{a_n\}$의 일반항 ┐
└ $a_n=a_1+(n-1)d$ 꼴로 나타낸다. ┘

첫째항이 양수인 등차수열 $\{a_n\}$에 대하여
$$a_5=3a_1,\ a_1^2+a_3^2=20$$ 〔단서〕 $a_1,\ d$의 관계식을 구하자.
일 때, a_5의 값을 구하시오. (3점)

1st 등차수열의 첫째항과 공차를 각각 구하자.

첫째항이 양수인 등차수열 $\{a_n\}$에 대하여 $a_1>0$, 공차를 d라 하면
$a_n=a_1+(n-1)d$
$a_5=3a_1$에서
$\underline{a_1+4d=3a_1,\ 2a_1=4d} \qquad \therefore a_1=2d \cdots ㉠$ → $a_5=a_1+4d, a_3=a_1+2d$로 나타내 봐.
$\underline{a_1^2+a_3^2=20}$에서
$a_1^2+(a_1+2d)^2=20,\ a_1^2+a_1^2+4a_1d+4d^2=20$
$2a_1^2+4a_1d+4d^2=20 \qquad \therefore a_1^2+2a_1d+2d^2=10 \cdots ㉡$
㉠을 ㉡에 대입하면
$(2d)^2+2\times 2d\times d+2d^2=10,\ 4d^2+4d^2+2d^2=10$
$10d^2=10,\ d^2=1$
$\therefore d=1(\because d>0),\ a_1=2$
→ $d=-1$이면 ㉠에 의하여 $a_1=-2$이므로 음수가 되지? 그러면 문제의 처음 조건 $a_1>0$에 위배되므로 $d\ne -1$
$\therefore a_5=a_1+4d=2+4=6$

G 38 정답 ① ＊등차수열의 특정 항 구하기 - 특정 항 이용 [정답률 94%]

┌ 정답 공식: 첫째항이 a이고 공차가 d인 등차수열 $\{a_n\}$의 일반항은 ┐
└ $a_n=a+(n-1)d$이다. ┘

등차수열 $\{a_n\}$에 대하여 $a_4=10,\ a_7-a_5=6$일 때, a_1의 값은?
〔단서〕 등차수열 $\{a_n\}$의 공차를 d라 하면 $a_4=a_1+3d, a_7=a_1+6d,$ (2점)
$a_5=a_1+4d$야.

① 1   ② 2   ③ 3
④ 4   ⑤ 5

1st 등차수열 $\{a_n\}$의 공차를 구해.

등차수열 $\{a_n\}$의 공차를 d라 하면 $a_n=a_1+(n-1)d$이므로
$\underline{a_7-a_5=6}$에서 $(a_1+6d)-(a_1+4d)=6,\ 2d=6 \qquad \therefore d=3$
공차가 d인 등차수열 $\{a_n\}$과 $l>m$인 두 자연수 l, m에 대하여 $a_l-a_m=(l-m)d$야.

2nd a_4의 값을 이용하여 a_1의 값을 구해.

$a_4=a_1+3d=a_1+3\times3=a_1+9$
이때, $a_4=10$이므로 $a_1+9=10$에서 $a_1=1$

G 39 정답 12 ＊등차중항 [정답률 75%]

(정답 공식: 세 수 a, b, c에 대하여 b가 a와 c의 등차중항일 때, $b=\dfrac{a+c}{2}$이다.)

이차방정식 $x^2-24x+10=0$의 두 근 $\alpha,\ \beta$에 대하여 세 수 $\alpha,\ k,\ \beta$
가 이 순서대로 등차수열을 이룬다. 상수 k의 값을 구하시오. (3점)
〔단서〕 k가 α와 β의 등차중항이므로 등차중항의 성질을 이용하면 되겠지?

1st 등차중항의 성질을 이용하자.

이차방정식 $x^2-24x+10=0$의 두 근이 $\alpha,\ \beta$이므로
이차방정식의 근과 계수의 관계에 의하여 [이차방정식의 근과 계수의 관계]
이차방정식 $ax^2+bx+c=0$의 두 근을
$\alpha+\beta=24 \cdots ㉠$ α, β라 하면 $\alpha+\beta=-\dfrac{b}{a}, \alpha\beta=\dfrac{c}{a}$
세 수 $\alpha,\ k,\ \beta$가 이 순서대로 등차수열을 이룬다고 하므로
k가 α와 β의 등차중항이다. → 세 수 α, k, β가 이 순서대로 등차수열을 이룰 때, k를 α와 β의 등차중항이라 한다.
$\therefore k=\dfrac{\alpha+\beta}{2}=\dfrac{24}{2} (\because ㉠)=12$

G 40 정답 12 ＊등차중항 [정답률 87%]

┌ 정답 공식: 세 수 a, b, c가 이 순서대로 등차수열을 이룰 때 $a+c=2b$가 ┐
└ 성립하고 b를 a, c의 등차중항이라 한다. ┘

등차수열 $\{a_n\}$에 대하여 $a_3+a_5+a_7=18$일 때, a_4+a_6의 값을
구하시오. (3점) 〔단서1〕 a_5는 a_3, a_7의 등차중항이야. 〔단서2〕 a_4, a_6의 등차중항은 a_5야.

1st 등차중항을 이용하여 a_5의 값을 구해.

등차수열 $\{a_n\}$에 대하여 a_5는 a_3, a_7의 등차중항이므로
$2a_5=a_3+a_7$ 등차수열 $\{a_n\}$의 공차를 d라 하면 $a_5=a_3+2d, a_7=a_3+4d$이므로 a_3, a_5, a_7은 이 순서대로 공차가 $2d$인 등차수열이야.
이것을 $a_3+a_5+a_7=18$, 즉 $(a_3+a_7)+a_5=18$에 대입하면
$2a_5+a_5=18,\ 3a_5=18 \qquad \therefore a_5=6$

2nd 등차중항을 이용하여 a_4+a_6의 값을 구해.

a_5는 a_4, a_6의 등차중항이므로 $a_4+a_6=2a_5=2\times6=12$

🔷 **다른 풀이:** 등차수열 $\{a_n\}$의 일반항 이용하기

등차수열 $\{a_n\}$의 첫째항을 a, 공차를 d라 하면
등차수열 $\{a_n\}$의 첫째항을 a, 공차를 d라 하면 수열 $\{a_n\}$의 일반항은 $a_n=a+(n-1)d$야.
$a_3+a_5+a_7=18$에서 $(a+2d)+(a+4d)+(a+6d)=18$
$3a+12d=18 \qquad \therefore a+4d=6$
$\therefore a_4+a_6=(a+3d)+(a+5d)=2a+8d=2(a+4d)=2\times6=12$

G 41 정답 ③ ＊등차중항 [정답률 88%]

(정답 공식: 등차중항을 이용해 등식을 만들 수 있다.)

등차수열 $\{a_n\}$에 대하여 세 수 $a_1,\ a_1+a_2,\ a_2+a_3$이 이 순서대로 등
차수열을 이룰 때, $\dfrac{a_3}{a_2}$의 값은? (단, $a_1\ne 0$) (3점)
〔단서〕 세 수가 순서대로 등차수열을 이루니까 등차중항을 생각할 수 있어.

① $\dfrac{1}{2}$ ② 1   ③ $\dfrac{3}{2}$ ④ 2   ⑤ $\dfrac{5}{2}$

1st 세 수 x, y, z가 등차수열을 이루면 $2y=x+z$가 성립하지?

세 수 $a_1,\ a_1+a_2,\ a_2+a_3$이 이 순서대로 등차수열을 이루므로
$\underline{2(a_1+a_2)=a_1+(a_2+a_3)}$ → [등차중항]
세 수 a, b, c가 등차수열을 이루면 $2b=a+c$가 성립한다.
$\therefore a_1+a_2=a_3 \cdots ㉠$ 역으로 $2b=a+c$가 성립하면 a, b, c 또는 c, b, a의 순서로 등차수열을 이룬다.

2nd 등차수열 $\{a_n\}$의 공차를 d라 놓고, a_2, a_3을 구하여 대입하자.

$a_1=a$, 등차수열 $\{a_n\}$의 공차를 d라 하면 $a_2=a+d,\ a_3=a+2d$이므
로 ㉠에 대입하면
$a+(a+d)=a+2d \qquad \therefore a=d$
$\therefore \dfrac{a_3}{a_2}=\dfrac{a+2d}{a+d}=\dfrac{3d}{2d}=\dfrac{3}{2} (\because a_1=a=d\ne 0)$

G 42 정답 ③ *등차중항 [정답률 48%]

> 정답 공식: 세 수 a, b, c가 이 순서대로 등차수열을 이루면 b는 a와 c의 등차중항이다. 즉, $2b = a + c$가 성립한다.

> 자연수 n에 대하여 x에 대한 이차방정식
> $$x^2 - nx + 4(n-4) = 0$$
> 단세2 x에 대한 이차방정식을 인수분해 할 수 있는지 체크하자.
> 이 서로 다른 두 실근 α, β ($\alpha < \beta$)를 갖고, 세 수 1, α, β가 이 순서대로 등차수열을 이룰 때, n의 값은? (3점) 단세1 등차수열을 이루는 세 수가 주어지면 등차중항의 성질을 이용하자.
>
> ① 5　　　　② 8　　　　③ 11
> ④ 14　　　　⑤ 17

1st 등차중항의 성질을 이용하자.

세 수 1, α, β가 등차수열을 이루므로 α는 1과 β의 등차중항이므로
$$2\alpha = \beta + 1 \cdots ㉠$$

2nd 이차방정식의 근을 구하자.

x에 대한 이차방정식 $x^2 - nx + 4(n-4) = 0$을 풀면
$$(x-4)(x-n+4) = 0$$

$$\begin{array}{ccc} 1 & & -4 \to -4 \\ 1 & \times & -(n-4) \to -n+4 \\ \hline & & -n \end{array}$$

$$\therefore x = 4 \text{ 또는 } x = n-4$$

3rd 이차방정식의 근에 따라 경우를 나누어 계산하자.

이때, 다음 각 경우로 나눌 수 있다.

> 실수🔁 이차방정식의 두 근이 $x=4$ 또는 $x=n-4$이고, 두 근 중 작은 값이 α이고 나머지가 β이어야 하므로 $\alpha=4$, $\beta=n-4$와 $\alpha=n-4$, $\beta=4$인 두 가지로 나누어서 생각해야 해.

(i) $\alpha = 4$, $\beta = n-4$인 경우
　이때, $\alpha < \beta$이므로 $4 < n-4$
　$\therefore n > 8$
　또, ㉠에서 $8 = (n-4) + 1$
　$\therefore n = 11$ —OK!

(ii) $\alpha = n-4$, $\beta = 4$인 경우
　이때, $\alpha < \beta$이므로 $n-4 < 4$
　$\therefore n < 8$
　또, ㉠에서 $2(n-4) = 4 + 1$
　$\therefore n = \dfrac{13}{2}$

　n은 자연수가 아니므로 조건을 만족시키지 못한다.

따라서 (i), (ii)에서 구하는 자연수 n의 값은 11이다.

G 43 정답 ② *등차수열의 활용 – 등차수열의 변형 [정답률 66%]

> 정답 공식: 등차수열의 첫째항을 a, 공차를 d라고 하면 일반항은 $a_n = a + (n-1)d$이다.

> 등차수열 $\{a_n\}$에 대하여
> $$a_1 = a_3 + 8, \quad 2a_4 - 3a_6 = 3$$
> 단서 등차수열의 정의에 의해 공차를 d라고 하면 $a_3 = a_1 + 2d$이므로 d의 값을 구할 수 있지.
> 일 때, $a_k < 0$을 만족시키는 자연수 k의 최솟값은? (3점)
>
> ① 8　　　　② 10　　　　③ 12
> ④ 14　　　　⑤ 16

1st 주어진 관계식에서 등차수열 $\{a_n\}$의 공차와 첫째항을 구하자.

등차수열 $\{a_n\}$의 공차를 d라 하면
$a_1 = a_3 + 8$에서
$$a_1 = (a_1 + 2d) + 8$$
$a_n = a + (n-1)d$에서 n 대신 3을 대입하면 $a_3 = a + 2d$
$$2d = -8 \qquad \therefore d = -4 \cdots ㉠$$

또, $2a_4 - 3a_6 = 3$에서
$$2(a_1 + 3d) - 3(a_1 + 5d) = 3$$
$a_n = a_1 + (n-1)d$에서 n 대신 4, 6을 각각 대입하면 $a_4 = a_1 + 3d$, $a_6 = a_1 + 5d$
$$-a_1 - 9d = 3$$
$$-a_1 + 36 = 3 \ (\because ㉠)$$
$$\therefore a_1 = 33 \cdots ㉡$$

2nd 일반항 a_n을 구하고 조건을 만족하는 자연수 k의 최솟값을 구하자.

㉠, ㉡에 의하여 등차수열 $\{a_n\}$의 일반항 a_n을 구하면
$$a_n = 33 + (n-1) \times (-4) = -4n + 37$$
$a_k = -4k + 37 < 0$에서
$$k > \frac{37}{4} = 9.25$$
k는 수열의 항을 나타내므로 자연수이어야 해.

따라서 자연수 k의 최솟값은 10

G 44 정답 16 *등차수열의 활용 – 등차수열의 변형 [정답률 81%]

> 정답 공식: 첫째항이 a_1, 공차가 d일 때, 등차수열의 일반항은 $a_n = a_1 + (n-1)d$이다.

> 수열 $\{a_n\}$과 공차가 3인 등차수열 $\{b_n\}$에 대하여
> $$❶ b_n - a_n = 2n$$
> 단서 등차수열 $\{b_n\}$의 일반항을 ❶에서 a_n을 b_1의 식으로 표현하여 ❷로 b_1의 값을 찾자.
> 이 성립한다. ❷ $a_{10} = 11$일 때, b_5의 값을 구하시오. (3점)

1st 등차수열 $\{b_n\}$의 첫째항을 b_1이라 하고 일반항을 구하자. $b_n = b_1 + (n-1)d$ (단, d는 공차)

수열 $\{b_n\}$은 공차가 3인 등차수열이므로 첫째항을 b_1이라 하면 일반항은
$$b_n = b_1 + 3(n-1) = 3n - 3 + b_1 \cdots ㉠$$

2nd 수열 $\{a_n\}$의 일반항을 구하여 b_1의 값을 찾은 후 b_5의 값을 구하자.

$$a_n = b_n - 2n$$
$$= (3n - 3 + b_1) - 2n$$
$b_n - a_n = 2n$이니까.
$$= n - 3 + b_1$$

이때, $a_{10} = 10 - 3 + b_1 = 11$이므로 $b_1 = 4$

따라서 ㉠에서 $b_n = 3n - 3 + 4 = 3n + 1$이므로
$$b_5 = 3 \times 5 + 1 = 16$$

> 💡 다른 풀이: a_{10}의 값이 주어졌으므로 $b_{10} - a_{10} = 2 \times 10$을 이용하여 b_{10}의 값을 먼저 구하기

$$b_{10} - a_{10} = 20$$
$$\therefore b_{10} = 20 + a_{10} = 31$$
등차수열 $\{b_n\}$의 공차가 3이므로
$$b_{10} - b_5 = (b_1 + 9 \times 3) - (b_1 + 4 \times 3) = 15$$
$$\therefore b_5 = b_{10} - 15 = 16$$
일반항 $b_n = b_1 + 3 \times (n-1)$이고 $(b_m - b_n) = (m-n) \times d$

G 45 정답 ① *등차수열의 활용 – 등차수열의 변형 [정답률 85%]

> 정답 공식: 조건 (가)에서 $a_7 = 0$을 알 수 있고, 이 항의 전후로 부호가 바뀐다.

> 공차가 양수인 등차수열 $\{a_n\}$이 다음 조건을 만족시킬 때, a_2의 값은? (4점) 단서1 등차수열은 첫째항과 공차를 알면 모든 항의 값을 구할 수 있어.
>
> | (가) $a_6 + a_8 = 0$ |
> | (나) $|a_6| = |a_7| + 3$ |
>
> 단서2 등차수열 $\{a_n\}$의 일반항을 세워 조건 (가), (나)를 이용하여 첫째항과 공차를 구해. 이때, 조건 (나)에서 절댓값 기호가 있으니까 일반항이 음수가 될 수 있음을 주의해.
>
> ① -15　　② -13　　③ -11　　④ -9　　⑤ -7

1st 조건 (가)를 이용하여 등차수열 $\{a_n\}$의 첫째항과 공차 사이의 관계를 알아보자.

등차수열 $\{a_n\}$의 첫째항을 a_1, 공차를 d $(d>0)$라 하면
$a_6=a_1+5d$, $a_7=a_1+6d$, $a_8=a_1+7d$

> [등차수열의 일반항]
> 첫째항이 a_1, 공차가 d인 등차수열의 일반항 a_n은
> $a_n=a_1+(n-1)d$ $(n=1,2,3,\cdots)$

조건 (가)에서
$a_6+a_8=(a_1+5d)+(a_1+7d)$
$\qquad\quad=2a_1+12d=0$
$\therefore a_1=-6d \cdots \bigcirc$

2nd 조건 (나)를 이용하여 공차를 구해.

조건 (나)에서 $|a_6|=|a_7|+3$이므로
$|a_1+5d|=|a_1+6d|+3$
$\underline{|-6d+5d|=|-6d+6d|+3} \rightarrow |-d|=|d|$이니까.
$\therefore \underline{|d|=3} \rightarrow |a|=\begin{cases} a\,(a>0) \\ -a\,(a\leq 0) \end{cases}$
그런데 $d>0$이므로 $d=3$

3rd a_2의 값을 구해.

$\bigcirc$에서 $a_1=-6\times 3=-18$
$\therefore \underline{a_2=a_1+d=-18+3=-15}$
$a_2=a_1+d=-6d+d=-5d=-5\times 3=-15$와 같이 구할 수도 있어.

🔧 톡톡 풀이: a_6과 a_8의 등차중항이 a_7임을 이용하여 조건을 만족시키는 a_7, a_6의 값부터 차례로 구하기

등차수열 $\{a_n\}$의 공차를 d $(d>0)$라 하면
a_6, a_7, a_8은 이 순서대로 등차수열을 이루므로
$2a_7=a_6+a_8$이야.

> 세수 a,b,c가 이 순서대로 등차수열을 이룰 때, b를 a와 c의 등차중항이라 하고, $2b=a+c$가 성립해.

조건 (가)에서 $a_6+a_8=0$이므로 $2a_7=0$ $\qquad \therefore a_7=0$
조건 (나)에서 $|a_6|=|a_7|+3=3$
그런데 $\underline{a_7=0}$이고, $d>0$이므로 $a_6<0$
$\therefore a_6=-3$ ← $d>0$이면 $a_6<a_7=0$이니까.
따라서 $d=a_7-a_6=0-(-3)=3$이고, $a_2=a_6-4d$이므로
$a_2=-3-4\times 3=-15$야.

> **주의**
> 등차수열 $\{a_n\}$의 첫째항을 a_1, 공차를 d라 하면
> $a_2=a_1+d$, $a_6=a_1+5d$이므로 $a_2=a_6-4d$야.

G 46 정답 ④ ＊등차수열의 활용 – 등차수열의 변형 [정답률 77%]

(정답 공식: 수열 $\{3a_n\}$의 공차는 -6이다.)

> 등차수열 $\{a_n\}$, $\{b_n\}$의 공차가 각각 -2, 3일 때, 등차수열 $\{3a_n+5b_n\}$의 공차는? (3점)
> **단서** $3a_n+5b_n=c_n$이라 하고 $c_n=c_1+(n-1)d$ 꼴에서 d의 값을 구하면 되겠지?
> ① 4 ② 6 ③ 8
> ④ 9 ⑤ 15

1st 두 등차수열 $\{a_n\}$, $\{b_n\}$의 첫째항을 각각 지정하여 놓고 일반항 a_n, b_n을 구하자.
등차수열에서 일반항을 구하기 위해서는 첫째항과 공차가 필요해.

두 등차수열 $\{a_n\}$, $\{b_n\}$의 공차가 각각 -2, 3이므로
수열 $\{a_n\}$의 첫째항을 a_1, 수열 $\{b_n\}$의 첫째항을 b_1이라 하면
$a_n=a_1+(n-1)\times(-2)$
$\quad=-2n+a_1+2 \cdots \bigcirc$
$b_n=b_1+(n-1)\times 3$
$\quad=3n+b_1-3 \cdots \bigcirc$

2nd 이제 등차수열 $\{3a_n+5b_n\}$을 등차수열의 일반항 꼴로 바꾸자.

$\bigcirc$, $\bigcirc$을 $3a_n+5b_n$에 대입하면
$a_n=a_1+(n-1)d$, 즉 $a_n=\blacksquare+(n-1)\blacktriangle$
$3a_n+5b_n=3(-2n+a_1+2)+5(3n+b_1-3)$
$\qquad\qquad=-6n+3a_1+6+15n+5b_1-15$
$\qquad\qquad=3a_1+5b_1+\underline{9(n-1)}$ n의 계수가 공차야.
따라서 수열 $\{3a_n+5b_n\}$은 첫째항이 $3a_1+5b_1$이고, 공차는 9인 등차수열이다.

> **수능 핵강**
> ＊등차수열끼리 ＋, －의 연산으로 만든 새로운 수열의 공차 빠르게 구하기
>
> 공차가 d인 등차수열 $\{a_n\}$은 n에 대한 일차식 $dn+\square$ 꼴이므로 등차수열끼리의 ＋, －한 연산으로 만들어진 새로운 수열의 공차는 일반항을 굳이 다 구하지 않고 공차만 생각해도 돼.
> 즉, 수열 $\{a_n\}$의 공차 -2, 수열 $\{b_n\}$의 공차 3에 대하여 수열 $\{3a_n+5b_n\}$의 공차는 $3\times(-2)+5\times 3=9$임을 바로 알 수 있어. 수능에서는 좀 더 빠르고 정확한 풀이로 이런 유형의 문제에서 시간을 버는 것도 중요해.

G 47 정답 ① ＊등차수열의 활용 – 그래프와 도형 [정답률 67%]

(정답 공식: 두 점 A, B의 x좌표는 $y=k=f(x)$를 만족시키는 x의 값이다.)

> 두 함수 $f(x)=x^2$과 $g(x)=-(x-3)^2+k(k>0)$에 대하여 직선 $y=k$와 함수 $y=f(x)$의 그래프가 만나는 두 점을 A, B라 하고, 함수 $y=g(x)$의 꼭짓점을 C라 하자. 세 점 A, B, C의 x좌표가 이 순서대로 등차수열을 이룰 때, 상수 k의 값은? (단, A는 제2사분면 위의 점이다.) (3점)
> **단서** 세 점 A, B, C를 그래프 위에 표시하면 각각의 x좌표가 보일 거야. 단서를 이용하여 식을 세우자.

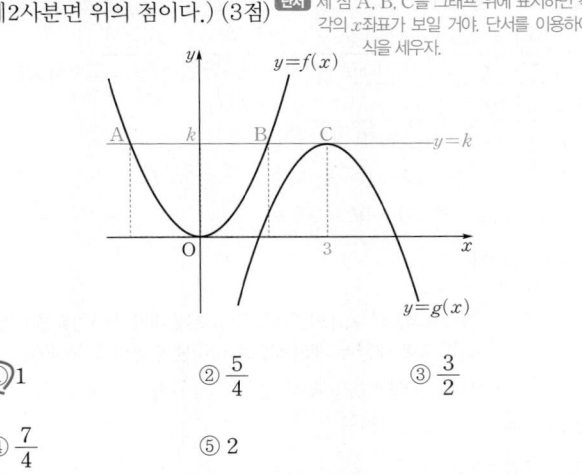

① 1 ② $\dfrac{5}{4}$ ③ $\dfrac{3}{2}$
④ $\dfrac{7}{4}$ ⑤ 2

1st 세 점 A, B, C의 x좌표를 구해.
방정식 $x^2=k$의 두 근은 직선 $y=k$와 함수 $y=f(x)$의 그래프의 교점의 x좌표야.
$x=\sqrt{k}$ 또는 $x=-\sqrt{k}$ $(\because k>0)$
이때, 점 A는 제2사분면 위의 점이므로 두 점 A, B의 x좌표는 각각
$-\sqrt{k}$, $\sqrt{k}$이다. $f(x)=a(x-p)^2+q$ 꼴일 때, 이 함수의 꼭짓점의 좌표는 (p,q)야.
한편, 함수 $g(x)=-(x-3)^2+k$의 그래프의 꼭짓점 C의 x좌표는 3이고 세 점 A, B, C의 x좌표 $-\sqrt{k}$, $\sqrt{k}$, 3이 이 순서대로 등차수열을 이루므로
$2\sqrt{k}=-\sqrt{k}+3$, $3\sqrt{k}=3$ $\quad\therefore \sqrt{k}=1 \Rightarrow k=1$
세 수 a,b,c가 등차수열을 이루면 $2b=a+c$ (등차중항)

G 48 정답 ③   *등차수열의 활용 – 그래프와 도형 ····· [정답률 41%]

[정답 공식: $y=|x^2-9|$의 그래프가 y축에 대하여 대칭인 것을 이용하면 a_1, a_2, a_3, a_4 사이의 관계를 알 수 있다.]

그림과 같이 함수 $y=|x^2-9|$의 그래프가 직선 $y=k$와 서로 다른 네 점에서 만날 때, 네 점의 x좌표를 각각 a_1, a_2, a_3, a_4라 하자. 네

단서2 $y=f(x)$와 $y=k$의 교점의 x좌표는 방정식 $f(x)=k$의 해야.

수 a_1, a_2, a_3, a_4가 이 순서대로 등차수열을 이룰 때, 상수 k의 값은? (단, $a_1<a_2<a_3<a_4$) (4점)

단서1 등차중항을 이용할 수 있겠지? 우선 곡선과 직선의 교점을 알아야 해.

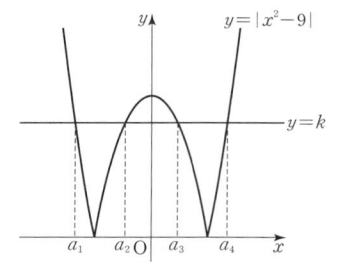

① $\dfrac{34}{5}$ ② 7   ③ $\dfrac{36}{5}$ ④ $\dfrac{37}{5}$ ⑤ $\dfrac{38}{5}$

1st 함수의 그래프와 직선의 교점의 x좌표를 구해.

$y=|x^2-9|$와 $y=k$에서

$|x^2-9|=k\,(0<k<4)$ → 교점이 4개 존재하기 위해서는 k의 범위가 제한되지?

$x^2-9=\pm k$에서

$x^2=9\pm k$

실수 절댓값 함수와의 교점의 개수를 구할 때에는 0이 되는 지점, 즉 함수가 접하는 부분에 유의하여 개수를 세자.

→ $x^2=a\,(a\geq0)$일 때, $x=\pm\sqrt{a}$이지?

$\therefore x=\pm\sqrt{9+k}$

2nd a_1, a_2, a_3, a_4를 k의 식으로 표현해.

$a_1<a_2<a_3<a_4$이므로

→ $-\sqrt{9+k}<-\sqrt{9-k}<\sqrt{9-k}<\sqrt{9+k}$이니까.

$a_1=-\sqrt{9+k}$, $a_2=-\sqrt{9-k}$, $a_3=\sqrt{9-k}$, $a_4=\sqrt{9+k}$

3rd 세 수 a, b, c가 이 순서대로 등차수열이니까 등차중항으로 k의 값을 구해.

a_1, a_2, a_3이 이 순서대로 등차수열을 이루므로 → $2b=a+c$

$2a_2=a_1+a_3$에서 a_2가 a_1과 a_3의 등차중항이야.

$-2\sqrt{9-k}=-\sqrt{9+k}+\sqrt{9-k}$, $3\sqrt{9-k}=\sqrt{9+k}$

$\sqrt{9(9-k)}=\sqrt{9+k}$, $81-9k=9+k$

$\therefore k=\dfrac{72}{10}=\dfrac{36}{5}$

다른 풀이: 함수 $y=|x^2-9|$의 그래프가 y축에 대하여 대칭임을 이용하여 $a_3{}^2$을 k에 대한 두 개의 식으로 나타낸 후 k의 값 구하기

함수 $y=|x^2-9|$의 그래프는 y축에 대칭이므로 $a_2=-a_3$

또, 공차는 $a_3-a_2=2a_3$이므로

$a_4=a_3+2a_3=3a_3\cdots$㉠

→ 공차 d에 대하여 $a_{n+1}=a_n+d$로 표현할 수 있으니까

이때, 점 (a_3, k)는 곡선 $y=-x^2+9$ 위의 점이므로

$k=-a_3{}^2+9\,(\because a_3<3)$

$a_3{}^2=9-k\cdots$㉡

또, 점 (a_4, k)도 곡선 $y=x^2-9$ 위의 점이므로

$k=a_4{}^2-9=9a_3{}^2-9\,(\because$㉠$)$

$a_3{}^2=\dfrac{k+9}{9}\cdots$㉢

㉡=㉢이므로

$\dfrac{k+9}{9}=9-k$, $10k=72$

$\therefore k=\dfrac{36}{5}$

톡톡 풀이: 함수 $y=|x^2-9|$의 그래프가 y축에 대하여 대칭임을 이용하여 $a_3{}^2$의 값을 먼저 찾은 후 k의 값 구하기

함수 $y=|x^2-9|$의 그래프는 y축에 대칭이므로

$a_3=a\,(0<a<3)$라 하면 $a_2=-a$

  $x^2-9=0$이니까 $x=\pm3$

즉, 공차가 $a_3-a_2=a-(-a)=2a$이므로 $a_4=3a$

  $d=a_{n+1}-a_n$이니까.

이때, $x=a_3$, $x=a_4$를 $y=|x^2-9|$에 대입하면

y의 값은 k로 같으므로

  $|x^2-9|=k$의 x의 값이 a_1, a_2, a_3, a_4이니까.

$9-a^2=9a^2-9\,(\because0<a<3)$

$10a^2=18$

$\therefore a^2=\dfrac{9}{5}\cdots$㉠

한편, 함수 $y=|x^2-9|$의 그래프와 직선 $y=k$의 교점의 x좌표 중 $a_3=a$이므로 점 (a, k)를 $y=|x^2-9|$에 대입하면

$k=9-a^2=9-\dfrac{9}{5}\,(\because$㉠$)=\dfrac{36}{5}$

G 49 정답 ⑤   *등차수열의 활용 – 그래프와 도형 ····· [정답률 33%]

[정답 공식: 원의 중심과 접점을 지나는 직선은 접선과 수직이라는 것을 이용해 각 AOC의 크기를 구할 수 있다. 나머지 두 각의 크기를 미지수로 표현해 본다.]

원 O 위에 두 점 A, B가 있다. 점 A에서 원 O에 접하는 접선 l과

단서1 원과 접선이 나오면 원의 중심을 지나는 직선 OA와 직선 l의 관계를 바로 확인!!

선분 AB가 이루는 예각의 크기가 $18°$이다. 선분 OB 위의 한 점 C에 대하여 삼각형 OAC의 세 내각의 크기가 등차수열을 이룰 때, 가장 큰 내각의 크기는? (4점)

단서3 세 내각의 크기가 a, b, c이면 $2b=a+c$네. (단, $a<b<c$ 또는 $a>b>c$)

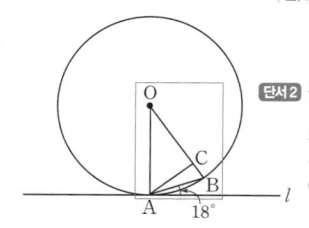

단서2 원의 중심과 원 위의 두 점을 꼭짓점으로 하는 삼각형 OAB에서 OA=OB이지?

① $68°$ ② $72°$ ③ $76°$
④ $80°$ ⑤ $84°$

1st 직선 l과 선분 AB가 이루는 예각의 크기가 $18°$인 것을 이용하여 $\angle AOB$의 크기를 구해 보자.

→ 원의 반지름이니까.

삼각형 AOB는 $\overline{OA}=\overline{OB}$인 이등변삼각형이므로 $\angle OAB=\angle OBA$이고

직선 l과 선분 OA는 수직이므로

[원의 성질] 원의 접선은 원의 중심과 접점을 지나는 직선과 서로 수직이야. $\overline{OA}\perp l$

$\angle OAB=90°-18°=72°$

따라서 삼각형 AOB의 내각의 크기의 합은 $180°$이므로

$\angle AOB=180°-2\angle OAB=180°-2\times72°=36°$

2nd 세 수가 등차수열을 이룰 때 등차중항의 성질을 이용하면 돼.

$\angle CAB=\theta$라 하면

$\angle OAC=\angle OAB-\angle CAB=72°-\theta$, $\underline{\angle OCA=72°+\theta}$

  $\angle OCA=180°-(\angle AOB+\angle OAC)$
  $=180°-(36°+72°-\theta)$

함정 등차수열을 이용한 활용 문제에서는 미지수를 이용하여 모든 각들을 나타낼 수 있어야 해.

즉, 삼각형 OAC의 세 내각의 크기는 각각 $36°$, $72°-\theta$, $72°+\theta$이고 이 중 $72°+\theta$가 가장 크므로 등차중항이 $36°$인지, $72°-\theta$인지 알아보자.

(i) $36°$가 등차중항이면

  a, b, c가 이 순서대로 등차수열이면 $2b=a+c$이지만 $b<a<c$이면 $2a=b+c$이지?

$(72°-\theta)+(72°+\theta)=2\times36°$ 등차중항을 이용할 때는 순서가 중요해

그런데 $144°\neq72°$이므로 모순이다.

(ii) $72°-\theta$가 등차중항이면

$36°+(72°+\theta)=2(72°-\theta)$에서 $\theta=12°$

(i), (ii)에 의하여 $\theta=12°$이므로 삼각형 AOC의 <u>세 내각의 크기</u> 중 가장
36°, 60°, 84°
큰 내각의 크기는 $84°$이다.

🔷 **다른 풀이**: **2nd** 에서 삼각형 OAC의 세 내각의 크기를 $36°$와 공차를
사용하여 나타낸 후 세 내각의 크기의 합이 $180°$임을 이용하기

(i) $36°-x,\ 36°,\ 36°+x$일 경우 $(x>0°)$

세 각이 합이 $108°$이므로 삼각형이 그려지지 않아.

(ii) $36°,\ 36°-x,\ 36°-2x\ (x>0°)$

세 각의 합이 $108°-3x<180°$이므로 삼각형이 그려지지 않아.

(iii) $36°,\ 36°+x,\ 36°+2x\ (x>0°)$

세 각의 합이 $108°+3x=180°$ $\therefore x=24°$

따라서 가장 큰 내각의 크기는 $36°+24°\times2=84°$

Ⓖ 50 정답 ① *등차수열의 활용 – 그래프와 도형 ····· [정답률 35%]

> **정답 공식**: 기울기와 점 A의 좌표를 미지수로 설정하면, 직각삼각형의 닮음의
> 비를 이용하여 $\overline{OC}$, $\overline{EA}$의 길이를 각각 구할 수 있다.

그림과 같이 좌표축 위의 다섯 개의 점 A, B, C, D, E에 대하여 **단서1** 수직인 두 직선의 기울기의 곱은 −1임을 이용해.
$\overline{AB}\perp\overline{BC},\ \overline{BC}\perp\overline{CD},\ \overline{CD}\perp\overline{DE}$가 성립한다.
세 선분 AO, OC, EA의 길이가 이 순서대로 등차수열을 이룰 때,
직선 AB의 기울기는? (단, O는 원점이고 $\overline{OA}<\overline{OB}$이다.) (4점)
단서2 $2\overline{OC}=\overline{AO}+\overline{EA}$이므로 각 선분의 길이를 구해야겠네.

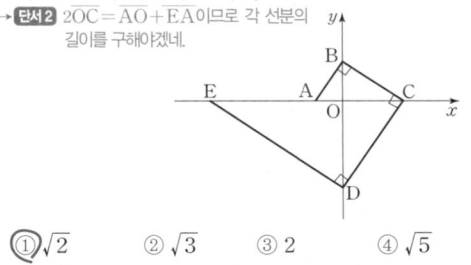

① $\sqrt{2}$ ② $\sqrt{3}$ ③ 2 ④ $\sqrt{5}$ ⑤ $\sqrt{6}$

1st 두 직선이 수직이면 두 직선의 기울기의 곱이 -1임을 이용하자.

점 A의 좌표를 $(-a,0)(a>0)$이라 놓고 <u>직선 AB의 기울기를 $m(m>0)$</u>
직선 AB에서 x가 증가할 때 y도 증가하니까 기울기는 양수야.
이라 하면 <u>점 B의 좌표는 $(0,am)$이다.</u> $\overline{OA}=a$이고 직선

직선 AB와 직선 BC가 수직이므로 직선 BC의 기울기는   AB의 기울기는
수직인 두 직선의 기울기의 곱은 −1이야. $\dfrac{\overline{OB}}{\overline{OA}}=m$이니까.

$-\dfrac{1}{m}=-\dfrac{\overline{OB}}{\overline{OC}}\Rightarrow\overline{OC}=am^2$

직선 BC는 감소함수이니까 기울기가 음수야.

따라서 점 C의 좌표는 $(am^2,0)$

마찬가지로 직선 BC와 직선 CD가 수직이므로

(직선 CD의 기울기)$=-\dfrac{1}{(\text{직선 BC의 기울기})}=m=\dfrac{\overline{OD}}{\overline{OC}}$

점 D의 좌표는 $(0,-am^3)$이고, 직선 CD와 직선 DE가 수직이므로
점 E의 좌표는 $(-am^4,0)$이다. y축의 음의 방향 쪽에 D가 위치하니까.

2nd $\overline{AO}$, $\overline{OC}$, $\overline{EA}$의 길이가 이 순서대로 등차수열을 이루므로 $\overline{OC}$는 $\overline{AO}$와
$\overline{EA}$의 등차중항이지?   세 수 a,b,c가 이 순서대로 등차수열을 이루면 $2b=a+c$야.

$\overline{AO}=a,\ \overline{OC}=am^2,\ \overline{EA}=\overline{OE}-\overline{OA}=am^4-a$이고,

$\overline{AO}$, $\overline{OC}$, $\overline{EA}$가 이 순서대로 등차수열을 이루므로

$2\overline{OC}=\overline{AO}+\overline{EA},\ 2am^2=a+am^4-a$

$m^4-2m^2=0\ (\because a>0),\ m^2(m^2-2)=0$

$m^2(m+\sqrt{2})(m-\sqrt{2})=0$

따라서 $m>0$이므로 $m=\sqrt{2}$ **주의** 처음 설정한 범위를 잘 확인하여 답을 찾도록 하자.

🔶 **톡톡 풀이**: 네 직각삼각형 AOB, BOC, COD, DOE가 모두 닮음임을
이용하여 $\overline{OC}$, $\overline{OD}$, $\overline{OE}$의 길이를 점 A의 x좌표와 직선 AB의
기울기에 대한 식으로 나타내기

직선 AB의 기울기를 $m(m>0)$, 점 A의 좌표를 $(-a,0)(a>0)$이라
놓고 삼각형의 닮음을 이용하자.

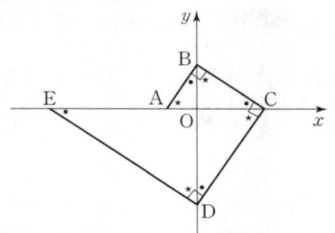

즉, $\triangle AOB$, $\triangle BOC$, $\triangle COD$, $\triangle DOE$는 모두 닮음 관계이고,
$\triangle AOB\backsim\triangle BOC$에서 $\overline{OA}=a$,   직각을 공유하고 있으니까 그림과 같이 ●, ★로 표현 가능해.
$\overline{OB}=am$이므로
$\overline{OA}:\overline{OB}=\overline{OB}:\overline{OC},\ a:am=am:\overline{OC}$ $\therefore\overline{OC}=am^2$
같은 방법으로 하면 $\overline{OD}=am^3$, $\overline{OE}=am^4$
(이하 동일)

Ⓖ 51 정답 10 *여러 가지 등차수열의 활용 ········· [정답률 85%]

> **정답 공식**: 등차수열의 일반항은 첫째항과 공차를 알면 구할 수 있다. 따라서 두
> 항의 값을 알면 연립일차방정식으로 일반항을 구할 수 있다.

등차수열 $\{a_n\}$에 대하여 $a_2=16$, $a_5=10$일 때, $a_k=0$을 만족시키는
k의 값을 구하시오. (3점)   **단서** 등차수열의 일반항을 구하면 돼. a_2, a_5, 즉, 특정한
두 항이 주어졌으니까 a_1과 공차 d를 구할 수 있지?

1st a_2와 a_5를 이용하여 첫째항과 공차를 찾아 a_k를 만족시키는 k의 값을 구해.

등차수열 $\{a_n\}$의 첫째항을 a_1, 공차를 d라 하면

$a_2=a_1+d=16\cdots\bigcirc$ [일반항] $a_n=a_1+(n-1)d$

$a_5=a_1+4d=10$

두 식을 변끼리 빼면

$-3d=6$에서 $d=-2$

$\bigcirc$에 대입하면 $a_1=18$

따라서 $a_k=a_1+(k-1)d=18-2(k-1)=20-2k$이므로 $a_k=0$을
만족시키는 k의 값은 $k=10$이다.   즉, $20-2k=0$

🔭 **쉬운 풀이**: a_2와 a_5의 차로 공차를 구한 후, a_k를 a_2를 첫째항으로 하는
등차수열의 일반항으로 나타내기

등차수열의 공차는 두 항의 차로 구할 수 있어. $a_n=a_1+(n-1)d$이고, $a_m=a_1+(m-1)d$

$a_5-a_2=(a_1+4d)-(a_1+d)=3d$이므로 두 항의 차는 a_1을 없애는 방법이니까 공차
$=10-16=-6$ d에 대한 식만 남겠지?

$\therefore d=-2$

이때, a_k를 a_2가 첫째항인 수열로 표현해 볼 수 있겠지?

$a_k=a_2+\{(k-1)-1\}d$

$=16+(k-2)\times(-2)=0$ 제2항을 시작으로 $k-1(=k-2+1)$번째에 제k항이
있으니까.

$k-2=8$

$\therefore k=10$

G 52 정답 ② *여러 가지 등차수열의 활용 ········· [정답률 65%]

> [정답 공식: a_n을 $a_n=a_1+(n-1)d$을 이용해 표현하고, n에 대해서 정리해보자.
> d가 자연수임을 이용한다.]

> 첫째항이 3이고 공차가 d인 등차수열 $\{a_n\}$에 대하여 $a_n=3d$를
> **단서1** 일반항을 d와 n에 대한 식으로 표현해.
> 만족시키는 n이 존재하도록 하는 모든 자연수 d의 값의 합은? (3점)
> **단서2** n은 자연수야.
> ① 3   ②4   ③ 5
> ④ 6   ⑤ 7

1st 등차수열의 일반항을 구하여 n을 d의 식으로 표현하자.
첫째항 a_1, 공차 d일 때 $a_n=a_1+(n-1)d$야.
첫째항이 3이고 공차가 d인 등차수열 $\{a_n\}$의 일반항은

$a_n=3+(n-1)d$

이때, $a_n=3d$이므로

$3+(n-1)d=3d$

$\therefore (4-n)d=3$

2nd 주어진 조건에서 n, d가 자연수임을 이용하며 d의 값의 합을 구해.

이때, $\underline{n,\ d$가 모두 자연수}$이므로
$(4-n)d=3\times1$ 또는 1×3인 경우를 나누어 생각하자.

$\begin{cases} 4-n=3,\ d=1 & \therefore d=1,\ n=1 \\ 4-n=1,\ d=3 & \therefore d=3,\ n=3 \end{cases}$

따라서 모든 자연수 d의 합은 $1+3=4$

G 53 정답 ④ *여러 가지 등차수열의 활용 ········· [정답률 63%]

(정답 공식: $a>0$, $b>0$일 때, $a+b\geq2\sqrt{ab}$ (단, 등호는 $a=b$일 때 성립))

> 모든 항이 양수이고 다음 조건을 만족시키는 모든 수열 $\{a_n\}$에
> 대하여 a_4+a_6의 최솟값은? (4점)
> **단서1** $2a_{n+1}=a_n+a_{n+2} \Rightarrow a_{n+1}-a_n=a_{n+2}-a_{n+1}$이므로
> 수열 $\{a_n\}$은 등차수열이야.
> (가) 모든 자연수 n에 대하여 $2a_{n+1}=a_n+a_{n+2}$이다.
> (나) $a_3\times a_{22}=a_7\times a_8+10$ → **단서2** $a_n=a+(n-1)d$로 두고 a와 d의
> 관계식을 찾아야 해.
> ① 5   ② 6   ③ 7   ④8   ⑤ 9

1st 조건 (가)에서 수열 $\{a_n\}$이 등차수열임을 확인해.

조건 (가)에서 모든 자연수 n에 대하여
$\underline{2a_{n+1}=a_n+a_{n+2}$이므로 수열 $\{a_n\}$은 등차수열이다.}$
$2a_{n+1}=a_n+a_{n+2}\Leftrightarrow a_{n+1}-a_n=a_{n+2}-a_{n+1}$에서 $a_2-a_1=a_3-a_2=a_4-a_3=\cdots$이므로
등차수열이야.

2nd 조건 (나)에서 첫째항 a와 공차 d의 관계를 구해.

등차수열 $\{a_n\}$의 첫째항을 $a(a>0)$, 공차를 $d(d>0)$라 하면
조건 (나)에서

$a_3\times a_{22}=(a+2d)(a+21d)=a^2+23ad+42d^2$이고,
$a_7\times a_8=(a+6d)(a+7d)=a^2+13ad+42d^2$이므로
$a_3\times a_{22}=a_7\times a_8+10$, $a^2+23ad+42d^2=a^2+13ad+42d^2+10$

$10ad=10$ $\therefore ad=1\cdots$ ㉠

$a_4+a_6=a+3d+a+5d=2a+8d$이고
절대부등식의 성질에 의하여

$2a+8d\geq2\sqrt{2a\times8d}=2\sqrt{16ad}=8\ (\because$ ㉠$)$
$\underline{($단, 등호는 $2a=8d$일 때 성립$)}$ [산술평균과 기하평균의 관계]
$a>0,b>0$일 때 $a+b\geq2\sqrt{ab}$

따라서 a_4+a_8의 최솟값은 8이다. (단, 등호는 $a=b$일 때 성립)

다른 풀이: $a_3\times a_{22}=a_7\times a_8+10$을 a_5로 표현하기

조건 (가)에 의하여 수열 $\{a_n\}$은 등차수열이고, 공차를 d라 하면 모든
항이 양수이므로 $d>0$이야.
조건 (나)에서

$a_3\times a_{22}=(a_5-2d)(a_5+17d)=a_5^2+15da_5-34d^2$이고,
$a_7\times a_8=(a_5+2d)(a_5+3d)=a_5^2+5da_5+6d^2$이므로
$a_3\times a_{22}=a_7\times a_8+10$

$a_5^2+15da_5-34d^2=a_5^2+5da_5+6d^2+10$

$10da_5=40d^2+10$

$\therefore a_5=4d+\dfrac{1}{d}$

절대부등식의 성질에 의하여

$a_5=4d+\dfrac{1}{d}\geq2\sqrt{4d\times\dfrac{1}{d}}=4\ \left($단, 등호는 $4d=\dfrac{1}{d}$일 때 성립$\right)$

이고, 등차중항에 의하여 $a_4+a_6=2a_5$이므로

$a_4+a_6=2a_5\geq8$

따라서 a_4+a_6의 최솟값은 8이야.

⚙ **등차수열의 일반항**   개념·공식

첫째항이 a_1, 공차가 d인 등차수열 $\{a_n\}$의 일반항 a_n은
$a_n=a_1+(n-1)d\ (n=1,\ 2,\ 3,\ \cdots)$

G 54 정답 24 *여러 가지 등차수열의 활용 ········· [정답률 69%]

> [정답 공식: 등차중항을 이용해 a_4의 값을 구하고, 다른 등식에 대입해 a_2의 값을
> 구한다.]

> 등차수열 $\{a_n\}$에 대하여 $a_3+a_5=36$이고 $a_2a_4=180$일 때,
> **단서1** 등차수열의 일반항을 구하여 첫째항과 공차를 찾자.
> $a_n<100$을 만족시키는 n의 최댓값을 구하시오. (3점)
> **단서2** n은 항의 수니까 조건을 만족시키는 최대 자연수를 구해.

1st 등차수열의 일반항 조건을 이용하여 첫째항과 공차에 관한 식을 찾자.

등차수열 $\{a_n\}$의 첫째항을 a_1, 공차를 d라 하면 [일반항] $a_n=a_1+(n-1)d$
$a_3+a_5=36$이므로

$a_1+2d+a_1+4d=36$

$2a_1+6d=36$

$\therefore a_1+3d=18\cdots$ ㉠

또, $a_2a_4=180$이므로

$\underline{(a_1+d)(a_1+3d)=180}$
㉠에 의하여 $(a_1+d)\times18=180$

$\therefore a_1+d=10(\because$ ㉠$)\cdots$ ㉡

㉠, ㉡을 연립하면

$d=4$, $a_1=6$

2nd 등차수열의 항이 100보다 작은 n의 범위를 구하여 자연수 n의 최댓값을 찾자.

$a_n=6+(n-1)\times4=4n+2$이므로

$a_n<100$을 만족시키는 n을 구하면

$4n+2<100$, $4n<98$

$\therefore n<24.5$ —→ 항의 수 n은 자연수이니까 24.5보다 작은 자연수를 생각하면 돼.

따라서 자연수 n의 최댓값은 24이다.

정답 18 *여러 가지 등차수열의 활용 ·········· [정답률 42%]

정답 공식: 공차 d가 양수인 등차수열 $\{a_n\}$의 각 항은 n의 값이 커지면 a_n의 값도 커진다.

공차가 d인 등차수열 $\{a_n\}$이 다음 조건을 만족시키도록 하는 모든 자연수 d의 값의 합을 구하시오. (4점)

> 단서 1 공차가 자연수이므로 모든 자연수 n에 대하여 $a_n < a_{n+1}$

(가) $a_8 = 2a_5 + 10$ 단서 2 $a_n \times a_{n+1} < 0$가 될 수 없다고 생각하면 돼. 즉, $a_n < 0 < a_{n+1}$인 경우는 없어.

(나) 모든 자연수 n에 대하여 $a_n \times a_{n+1} \geq 0$이다.

1st a_1의 부호와 수열 $\{a_n\}$을 파악해.

$a_5 = a_1 + 4d$, $a_8 = a_1 + 7d$이므로

조건 (가)의 $a_8 = 2a_5 + 10$에서

$a_1 + 7d = 2(a_1 + 4d) + 10$

$\therefore a_1 = -d - 10$

이때, 수열 $\{a_n\}$의 공차 d가 자연수이므로 $a_1 < 0$이고 모든 자연수 n에 대하여 $a_n < a_{n+1}$이 성립한다.   첫째항이 음수이고 공차가 양수이므로 수열 $\{a_n\}$의 항은 점점 커지다가 양수가 돼.

2nd 조건을 만족시키는 d의 값을 모두 구하자.

임의의 자연수 n에 대하여 $a_n \neq 0$이라 하면,

$a_n < 0$, $a_{n+1} > 0$을 만족시키는 자연수 n이 존재하고 이때의 두 항 a_n, a_{n+1}의 곱은 $a_n \times a_{n+1} < 0$이므로 조건 (나)를 만족시키지 않는다.

> 모든 실수 n에 대하여 $a_n \times a_{n+1} \geq 0$이 성립해야 해.

즉, 수열 $\{a_n\}$의 항 중에는 반드시 0이 존재해야 한다.

이때, $a_n < 0$을 만족시키는 자연수 n의 최댓값을 k라 하면

$a_k < 0$이고, $a_{k+1} = 0$이므로

> $a_{k-1} < 0$, $a_k = 0$으로 설정해도 돼.

$a_{k+1} = a_1 + \{(k+1) - 1\}d = (-d - 10) + kd = 0$

$\therefore k = \dfrac{10}{d} + 1$

한편, k, d는 모두 자연수이므로 d는 10의 약수가 되어야 한다.

따라서 조건을 만족시키는 모든 자연수 d의 값은 1, 2, 5, 10이고 그 합은 $1 + 2 + 5 + 10 = 18$이다.

다른 풀이: a_5의 값을 d로 나타내어 해결하기

등차수열 $\{a_n\}$의 공차가 d이므로 $a_8 = a_5 + 3d$

이것을 조건 (가)의 $a_8 = 2a_5 + 10$에 대입하면

$a_5 + 3d = 2a_5 + 10$ $\therefore a_5 = 3d - 10$

또한, $d > 0$이므로 $a_1 = a_5 - 4d = (3d - 10) - 4d = -d - 10 < 0$이고 모든 자연수 n에 대하여 $a_n < a_{n+1}$이야.

한편, 모든 자연수 n에 대하여 $a_n \neq 0$이라 하면 $a_n < 0 < a_{n+1}$을 만족시키는 자연수 n이 존재해. 그럼 이때의 자연수 n에 대하여 $a_n \times a_{n+1} < 0$이므로 조건 (나)를 만족시키지 않아.

따라서 수열 $\{a_n\}$은 0인 항이 반드시 존재해야 해.

이때, -3 이상인 정수 k에 대하여 $a_{5+k} = 0$이라 하면

> $k = -4$이면 $a_{5-4} = a_1$인데 $a_1 < 0$이므로 $k = -4$가 될 수 없어.

$a_{5+k} = a_5 + kd = (3d - 10) + kd = 0$에서 $3d + kd = 10$

> $a_2 = a_5 - 3d$, $a_3 = a_5 - 2d$, $a_4 = a_5 - d$, $a_6 = a_5 + d$, $\cdots$이므로 $a_{5+k} = a_5 + kd$야.

$\therefore (3 + k)d = 10 \cdots \text{㉠}$

d는 자연수이고 k는 -3 이상인 정수이므로 $3 + k$는 음이 아닌 정수지?

따라서 ㉠을 만족시키는 자연수 d는 10의 약수이므로 1, 2, 5, 10이고 그 합은 $1 + 2 + 5 + 10 = 18$이야.

정답 ④ *여러 가지 등차수열의 활용 ·········· [정답률 67%]

정답 공식: 넓이를 a, d에 대한 식으로 나타내고, 넓이의 비를 간단하게 정리해 본다.

오른쪽 그림과 같이 삼각형 ABC의 변 AB를 2 : 1로 내분하는 내분점을 P로 잡고, 변 AC 위에 두 점 Q, R를 잡자. 삼각형 APQ, PRQ와 사각형 PBCR 의 넓이가 차례로 첫째항이 a이고 공차가 d인 단서 1 넓이가 순서대로 a, $a+d$, $a+2d$가 되네. 등차수열을 이룰 때, 다음은 $\dfrac{\overline{CQ}}{\overline{AR}}$의 값을 a와 d로 나타내는 과정이다.

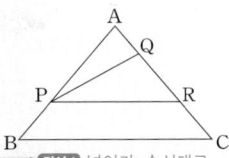

삼각형 APQ의 넓이는 a이므로 삼각형 APR의 넓이는 $2a + d$가 되어

$a : 2a + d = \triangle\text{APQ} : \triangle\text{APR}$

$\qquad = \dfrac{1}{2}\overline{AP} \times \overline{AQ}\sin A : \dfrac{1}{2}\overline{AP} \times \overline{AR}\sin A$

가 성립한다. 따라서 $\dfrac{\overline{AQ}}{\overline{AR}} = \dfrac{a}{2a + d} \cdots \text{㉠}$

같은 방법으로, 삼각형 ABC의 넓이는 (가) 이므로

$a : $ (가) $ = \triangle\text{APQ} : \triangle\text{ABC}$ 단서 2 a, d의 식으로 표현!!

$\qquad = \dfrac{1}{2}\overline{AP} \times \overline{AQ}\sin A : \dfrac{1}{2}\overline{AB} \times \overline{AC}\sin A \cdots \text{ⓐ}$

또한, 점 P는 변 AB를 2 : 1로 내분하는 내분점이므로

$\overline{AP} = \dfrac{2}{3}\overline{AB} \cdots \text{ⓑ}$

단서 3 ⓐ, ⓑ를 연립하여 정리!

따라서 $\dfrac{\overline{AQ}}{\overline{AC}} = $ (나)

단서 4 식을 정리하여 (나)의 식을 대입해.

그러므로 $\dfrac{\overline{CQ}}{\overline{AQ}} = \dfrac{\overline{AC} - \overline{AQ}}{\overline{AQ}} = $ (다) $\cdots \text{㉡}$

㉠, ㉡에 의하여 $\dfrac{\overline{CQ}}{\overline{AR}} = \dfrac{\overline{CQ}}{\overline{AQ}} \times \dfrac{\overline{AQ}}{\overline{AR}} = \dfrac{a + 2d}{2a + d}$

위의 과정에서 (가), (나), (다)에 알맞은 것은? (4점)

	(가)	(나)	(다)
①	$a + 2d$	$\dfrac{a}{3(a+d)}$	$\dfrac{2a+3d}{a}$
②	$a + 2d$	$\dfrac{a+d}{2a+3d}$	$\dfrac{a+2d}{a+d}$
③	$3(a+d)$	$\dfrac{a}{2(a+d)}$	$\dfrac{a+2d}{a+d}$
④	$3(a+d)$	$\dfrac{a}{2(a+d)}$	$\dfrac{a+2d}{a}$
⑤	$3(a+d)$	$\dfrac{a}{3(a+d)}$	$\dfrac{2a+3d}{a}$

1st 첫째항이 a, 공차가 d인 등차수열임을 이용하여 $\triangle$ABC의 넓이를 구해.

$\triangle\text{APQ} = a$, $\triangle\text{PRQ} = a + d$, $\square\text{PBCR} = a + 2d$이므로

> $= \triangle\text{APQ} + \triangle\text{PRQ} + \square\text{PBCR}$

$\triangle\text{ABC} = a + (a + d) + (a + 2d) = 3(a + d)$ ← (가)

2nd $\dfrac{\overline{CQ}}{\overline{AR}}$의 값을 알기 위해서 $\triangle$APQ와 $\triangle$ABC의 관계를 알아야 해.

점 P는 변 AB를 2 : 1로 내분하는 점이므로   바로 알 수 없으니까

$\overline{AP} = \dfrac{2}{3}\overline{AB}$이고 $\overline{AP} : \overline{PB} = 2 : 1$이니까 $\overline{AB} : \overline{AP} = 3 : 2$야.

(i) $\overline{AQ}$와 $\overline{AR}$의 관계 $\Rightarrow \triangle$APQ와 $\triangle$APR의 관계 확인
(ii) $\overline{AQ}$와 $\overline{AC}$의 관계 $\Rightarrow \triangle$APQ와 $\triangle$ABC의 관계 확인
(iii) $\overline{AC} - \overline{AQ} = \overline{CQ}$이니까 (i), (ii)를 이용

$$a = \triangle APQ = \frac{1}{2}\overline{AP} \times \overline{AQ}\sin A$$

두 변의 길이와 그 끼인각의 크기가 주어질 때의 넓이

$$= \frac{1}{2} \times \frac{2}{3}\overline{AB} \times \overline{AQ}\sin A \qquad \triangle ABC = \frac{1}{2}ac\sin B$$

$$3(a+d) = \triangle ABC = \frac{1}{2}\overline{AB} \times \overline{AC}\sin A \text{이므로}$$

$$a : 3(a+d) = \triangle APQ : \triangle ABC = \frac{2}{3}\overline{AQ} : \overline{AC}$$

비례식에서 내항의 곱과 외항의 곱이 같으니까.

$$a\overline{AC} = \frac{2}{3} \times 3(a+d)\overline{AQ}$$

따라서 $\dfrac{\overline{AQ}}{\overline{AC}} = \dfrac{a}{2(a+d)}$ (나) 이므로

$$\frac{\overline{CQ}}{\overline{AQ}} = \frac{\overline{AC} - \overline{AQ}}{\overline{AQ}}$$

→ $\overline{CQ}$의 값을 삼각형에서 바로 구할 수 없으니까 △ABC에서 $\overline{AC}$를, △APQ에서 $\overline{AQ}$를 이용해야 해. 즉, $\overline{AC} - \overline{AQ}$

$$= \frac{\overline{AC}}{\overline{AQ}} - 1$$

$$= \frac{2(a+d)}{a} - 1$$

$$= \frac{a+2d}{a} \quad \text{← (다)}$$

G 57 정답 ⑤ *등차수열의 합 구하기 .... [정답률 82%]

[정답 공식: 등차수열의 첫째항부터 제n항까지의 합 $S_n = \dfrac{n\{2a_1 + (n-1)d\}}{2}$]

> 첫째항이 3이고 공차가 2인 등차수열 $\{a_n\}$의 첫째항부터 제10항까지의 합은? (3점) [단서] 첫째항, 공차, 항수가 정해졌으니까 합의 공식을 이용할 수 있지?
>
> ① 80 ② 90 ③ 100
> ④ 110 ⑤120

1st 첫째항, 공차, 항수를 파악해서 합을 구하자.

첫째항이 3이고 공차가 2인 등차수열 $\{a_n\}$의 첫째항부터 제10항까지의 합 S_{10}은

첫째항이 a, 공비가 d인 등차수열 $\{a_n\}$의 첫째항부터 제n항까지의 합은 $S_n = \dfrac{n\{2a+(n-1)d\}}{2}$

$$S_{10} = \frac{10 \times (2\times 3 + 9 \times 2)}{2}$$

$$= 5 \times (6+18) = 120$$

G 58 정답 10 *등차수열의 합 구하기 .... [정답률 85%]

[정답 공식: 등차수열의 첫째항부터 제n항까지의 합 $S_n = \dfrac{n\{2a_1 + (n-1)d\}}{2}$ 이다.]

> 첫째항이 -6이고 공차가 2인 등차수열의 첫째항부터 제n항까지의 합이 30일 때, n의 값을 구하시오. (3점) [단서] 주어진 조건으로 등차수열의 합을 n의 식으로 나타내어 방정식 $S_n = 30$을 풀자.

1st 첫째항과 공차가 주어진 등차수열의 합을 n의 식으로 표현해.

첫째항이 -6, 공차가 2인 등차수열의 합은

첫째항이 a_1, 공차가 d일 때, $S_n = \dfrac{n\{2a_1 + (n-1)d\}}{2}$

$$\frac{n\{2 \times (-6) + (n-1) \times 2\}}{2} = 30 \text{이므로}$$

$$n^2 - 7n - 30 = 0, \quad (n-10)(n+3) = 0$$

$$\therefore n = 10 \ (\because n > 0) \quad \text{n은 항의 수로 자연수야. 즉, 0보다 크지.}$$

⊕ 다른 풀이: 등차수열의 일반항을 구한 후 Σ를 이용하여 등차수열의 합 나타내기

첫째항이 -6이고 공차가 2인 등차수열 $\{a_n\}$의 일반항은 $a_n = -6 + (n-1) \times 2 = 2n-8$이고 등차수열 $\{a_n\}$의 첫째항부터 제n항까지의 합이 30이므로

→ 두 상수 p, q에 대하여

$$\sum_{k=1}^{n}(2k-8) = 2 \times \frac{n(n+1)}{2} - 8n \qquad \sum_{k=1}^{n}(pa_k+q) = \sum_{k=1}^{n}pa_k + \sum_{k=1}^{n}q = p\sum_{k=1}^{n}a_k + qn$$

$$= n^2 + n - 8n = n^2 - 7n = 30$$

$$n^2 - 7n - 30 = 0$$

$$(n-10)(n+3) = 0 \qquad \therefore n = 10 \ (\because n > 0)$$

⚙ 등차수열의 일반항 개념·공식

첫째항이 a_1, 공차가 d인 등차수열 $\{a_n\}$의 일반항 a_n은
$a_n = a_1 + (n-1)d \ (n = 1, 2, 3, \cdots)$

G 59 정답 240 *등차수열의 합 구하기 .... [정답률 67%]

(정답 공식: 양수인 a_n, 음수인 a_n을 나누어서 합을 계산해본다.)

> 등차수열 $\{a_n\}$에서 $a_3 = -2$, $a_9 = 46$일 때, [단서1] 일반항을 구해 a_1, 공차 d의 값을 찾자.
> $|a_1| + |a_2| + |a_3| + \cdots + |a_{10}|$의 값을 구하시오. (3점)
> [단서2] 절댓값 기호에 주의하여 일반항이 음수인 경우와 양수인 경우로 나누자.

1st 주어진 조건으로 등차수열 $\{a_n\}$의 일반항을 구하자.

등차수열 $\{a_n\}$의 첫째항을 a_1, 공차를 d라 하면 $a_n = a_1 + (n-1)d$

이때, $a_3 = -2$, $a_9 = 46$이므로 → [일반항] $a_n = a_1 + (n-1)d$

$$a_3 = a_1 + 2d = -2 \cdots \bigcirc$$

$$a_9 = a_1 + 8d = 46 \cdots \bigcirc$$

$\bigcirc - \bigcirc$을 하면 $6d = 48$ $\quad \therefore d = 8$

$\bigcirc$에 의하여 $a_1 = -2 - 2d = -18$

→ $a_9 - a_3 = 6d \Rightarrow 6d = 48$ $\quad \therefore d = 8$ $\quad a_n = a + 8(n-1)$ 이렇게 구할 수 있어.

$$\therefore a_n = -18 + (n-1) \times 8 = 8n - 26$$

2nd 첫째항부터 몇 번째 항까지 음수가 나오는지 찾아 절댓값의 합을 구하자.

등차수열 $\{a_n\}$은 첫째항이 -18이고, 공차가 8이므로

$\{a_n\} : -18, -10, -2, 6, 14, 22, \cdots$ (각 항 사이 $+8$)

→ $|a_1| + |a_2| + \cdots + |a_n|$ $\neq a_1 + a_2 + \cdots + a_n = S_n$ 이니까 a_n이 음수인 경우를 확인해야 해.

즉, 등차수열 $\{a_n\}$은 첫째항부터 제3항까지 음수이므로

$$|a_1| + |a_2| + |a_3| + |a_4| + \cdots + |a_{10}|$$

[주의] 절댓값을 없애줄 때 절댓값 안의 수가 양수인지 음수인지에 따라 부호가 달라지므로 유의하자.

$$= -a_1 - a_2 - a_3 + a_4 + \cdots + a_{10}$$

$$= a_1 + a_2 + a_3 + \cdots + a_{10} - 2(a_1 + a_2 + a_3)$$

$$= \underbrace{\frac{10 \times \{2 \times (-18) + (10-1) \times 8\}}{2}}_{= S_{10}} - 2 \times (-18 - 10 - 2)$$

$$= 180 + 60 = 240 \qquad \text{첫째항이 a_1, 공차가 d일 때, $S_n = \dfrac{n\{2a_1 + (n-1)d\}}{2}$}$$

⊕ 다른 풀이: $|a_1| + |a_2| + |a_3| + |a_4| + \cdots + |a_{10}|$
$= -(a_1 + a_2 + a_3) + (a_4 + \cdots + a_{10})$에서 $a_4 + \cdots + a_{10}$의 값을 구해 계산하기

$$|a_1| + |a_2| + |a_3| + |a_4| + \cdots + |a_{10}|$$

$$= -(a_1 + a_2 + a_3) + (a_4 + \cdots + a_{10}) \text{이지?}$$

이때, 제4항에서 제10항까지의 합은 첫째항이 $a_4 = 6$, 공차가 8이고 항의 개수가 7인 등차수열의 합이므로 → $a_4 + a_5 + \cdots + a_{10}$

$$|a_1| + |a_2| + \cdots + |a_{10}| = -(-18 - 10 - 2) + \frac{7 \times \{2 \times 6 + (7-1) \times 8\}}{2}$$

$$= 30 + 210 = 240$$

G 60 정답 ② *등차수열의 합 구하기 ────── [정답률 87%]

> 정답 공식: 첫째항이 a이고 공차가 d인 등차수열의 첫째항부터 제n항까지의 합을 S_n이라 하면 $S_n=\dfrac{n\{2a+(n-1)d\}}{2}$이다.

첫째항이 2인 등차수열 $\{a_n\}$의 첫째항부터 제n항까지의 합을 S_n이라 하자. $a_6=2(S_3-S_2)$일 때, S_{10}의 값은? (3점)
단서 $S_3-S_2=a_3$이지?

① 100 ② 110 ③ 120
④ 130 ⑤ 140

1st 등차수열 $\{a_n\}$의 공차를 구해.

$S_3-S_2=a_3$이고 등차수열 $\{a_n\}$의 공차를 d라 하면
$S_3=a_1+a_2+a_3, S_2=a_1+a_2$이므로
$S_3-S_2=(a_1+a_2+a_3)-(a_1+a_2)=a_3$

$a_n=2+(n-1)d$이므로 ──▶ 첫째항이 a이고 공차가 d인 등차수열 $\{a_n\}$의 일반항은 $a_n=a+(n-1)d$
$a_6=2(S_3-S_2)=2a_3$에서
$2+5d=2(2+2d), 2+5d=4+4d$ ∴ $d=2$
따라서 등차수열 $\{a_n\}$의 공차는 2이다.

2nd S_{10}의 값을 구해.

S_{10}은 등차수열 $\{a_n\}$의 첫째항부터 제10항까지의 합이므로

$S_{10}=\dfrac{10\times\{2\times2+(10-1)\times2\}}{2}$ 첫째항이 a, 공차가 d, 제n항이 l인 등차수열의 첫째항부터 제n항까지의 합을 S_n이라 하면
$=5\times(4+18)=110$ $S_n=\dfrac{n\{2a+(n-1)d\}}{2}=\dfrac{n(a+l)}{2}$

🔎 다른 풀이: **2nd** 에서 등차수열 $\{a_n\}$의 일반항을 구한 후 $\sum$를 이용하여 S_{10}의 값 구하기

등차수열 $\{a_n\}$의 첫째항이 2이고 공차도 2이므로 일반항은
$a_n=2+(n-1)\times2=2n$이지?
이때, S_{10}은 수열 $\{a_n\}$의 첫째항부터 제10항까지의 합이므로

$S_{10}=\displaystyle\sum_{n=1}^{10}a_n=\sum_{n=1}^{10}2n=2\sum_{n=1}^{10}n=2\times\dfrac{10\times11}{2}=110$
상수 c에 대하여 $\displaystyle\sum_{k=1}^{n}ca_k=c\sum_{k=1}^{n}a_k$ ──▶ $\displaystyle\sum_{k=1}^{n}k=\dfrac{n(n+1)}{2}$

G 61 정답 43 *등차수열의 합의 활용 ────── [정답률 84%]

> 정답 공식: 첫째항이 a_1이고, 공차가 d인 등차수열 $\{a_n\}$의 일반항은 $a_n=a_1+(n-1)d$이다.

> 단서1 첫째항이 a, 공차가 d인 등차수열의 일반항은 $a_n=a+(n-1)d$야.

등차수열 $\{a_n\}$의 첫째항부터 제n항까지의 합을 S_n이라 하자.
$a_2=7, S_7-S_5=50$ 단서2 $S_7-S_5=a_6+a_7$이지?
일 때, a_{11}의 값을 구하시오. (3점)

1st 등차수열의 정의를 이용하여 주어진 조건을 첫째항과 공차에 관한 식으로 나타내.

등차수열 $\{a_n\}$의 첫째항을 a, 공차를 d라 하면
$a_2=a+d=7$ … ㉠
$S_7-S_5=a_7+a_6=(a+6d)+(a+5d)=2a+11d=50$ … ㉡
$S_7-S_5=(a_1+a_2+\cdots+a_7)-(a_1+a_2+\cdots+a_5)=a_6+a_7$

2nd 연립방정식을 풀어 첫째항 a과 공차 d의 값을 각각 구해.

㉠, ㉡을 연립하면
$a=3, d=4$
∴ $a_{11}=a+10d=3+10\times4=43$

G 62 정답 ④ *등차수열의 합의 활용 ────── [정답률 85%]

> 정답 공식: 등차수열의 첫째항부터 제n항까지의 합
> $S_n=\dfrac{n\{2a_1+(n-1)d\}}{2}=\dfrac{n(a_1+l)}{2}$

1과 2 사이에 n개의 수를 넣어 만든 등차수열
1, $a_1, a_2, \cdots, a_n$, 2 단서 등차수열의 첫째항과 끝항을 알 수 있으니까 $(n+2)$개의 합을 구할 수 있지?
의 합이 24일 때, n의 값은? (3점)

① 11 ② 12 ③ 13
④ 14 ⑤ 15

1st 첫째항 a와 끝항 l의 값을 알고 있으니까 등차수열의 합의 공식
$S_n=\dfrac{n(a+l)}{2}$을 이용하여 n의 값을 구해. ──▶ 첫째항부터 제n항까지의 합!

주어진 등차수열은 항의 수가 $(n+2)$개이고 첫째항 $a=1$, 끝항 $l=2$이 므로
1과 2, n개의 수가 있으니까 전체 개수를 알 수 있지?

$S_{n+2}=\dfrac{(n+2)(1+2)}{2}=24$ ──▶ 첫째항부터 제$(n+2)$항까지의 합!
$3(n+2)=48$
∴ $n=14$

G 63 정답 60 *등차수열의 합의 활용 ────── [정답률 67%]

> 정답 공식: 한 부채꼴의 넓이를 미지수로 설정하고 나머지 부채꼴의 넓이를 주어진 조건을 이용해 나타내본다.

그림과 같이 반지름의 길이가 15인 원을 5개의 부채꼴로 나누었더니 부채꼴의 넓이가 작은 것부터 차례로 등차수열을 이루었다. 가장 큰 부채꼴의 넓이가 가장 작은 부채꼴의 넓이의 2배일 때, 가장 큰 부채꼴의 넓이는 $k\pi$이다. 이때, k의 값을 구하시오. (4점)
단서 가장 작고, 큰 부채꼴의 넓이를 각각 S_1, S_5라 하고 5개의 부채꼴의 합을 이것으로 나타낼 수 있겠지?

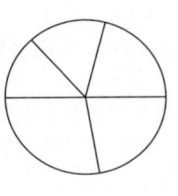

1st 부채꼴의 넓이가 등차수열을 이루므로 등차수열의 합이 원의 넓이와 같겠지?

가장 작은 부채꼴의 넓이를 a라 두면 가장 큰 부채꼴의 넓이는 $2a$이다.
가장 작은 부채꼴의 2배이니까.

등차수열을 이루는 다섯 개 부채꼴의 넓이의 합은 $\dfrac{5(a+2a)}{2}$
──▶ 첫째항이 $a_1=a$이고 끝항 $a_5=2a$이니까 $S_n=\dfrac{n(a_1+a_n)}{2}$을 이용해.
$\dfrac{5(a+2a)}{2}=15^2\pi \Rightarrow a=30\pi$
5개의 부채꼴의 합은 반지름의 길이가 15인 원의 넓이이지?
이때, 가장 큰 부채꼴의 넓이는 $2a=60\pi=k\pi$이므로 $k=60$

🔧 **다른 풀이: 5개의 부채꼴의 넓이를 등차수열의 항으로 각각 나타낸 후 주어진 조건 이용하기**

5개의 부채꼴의 넓이를 작은 것부터 차례로

$a-2d$, $a-d$, a, $a+d$, $a+2d$ $(d>0)$라 하면 5개의 부채꼴의 넓이의

합을 이용할 때는 중항을 a로 놓고 왼쪽으로 d만큼 감소 오른쪽으로 d만큼 증가하도록 표시해.

합은 원의 넓이이므로 $5a=15^2\pi$ ∴ $a=45\pi$

└ 반지름의 길이가 r인 원의 넓이 πr^2

💢 **실수** a, $a+d$, $a+2d$, $a+3d$, $a+4d$로 놓으면 계산할 때 수가 복잡해지니까 가운데 a 놓고 계산할 수 있는 센스가 필요해.

또, 주어진 조건으로부터 $a+2d=2(a-2d)$에서 $d=\dfrac{a}{6}=\dfrac{45\pi}{6}=\dfrac{15}{2}\pi$

따라서 가장 큰 부채꼴의 넓이는 $a+2d=45\pi+2\times\dfrac{15}{2}\pi=60\pi$

∴ $k=60$

G 64 정답 315 　*등차수열의 합의 활용 ·········· [정답률 67%]

(정답 공식: 14개의 선분이 등차수열을 이룬다.)

그림과 같이 두 직선 $y=x$, $y=a(x-1)$ $(a>1)$의 교점에서 오른쪽 방향으로 y축에 평행한 14개의 선분을 같은 간격으로 그렸다.

단서1 두 도형은 직선이니까 간격이 일정한 크기로 커지지?

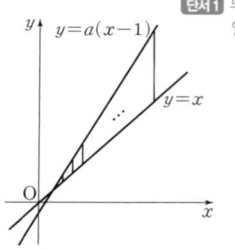

이들 중 가장 짧은 선분의 길이는 3이고, 가장 긴 선분의 길이는 42일 때, 14개의 선분의 길이의 합을 구하시오. (단, 각 선분의 양 끝점은 두 직선 위에 있다.) (3점) 단서2 14개의 선분의 길이의 특징을 파악해야 해.

1st 14개의 선분을 같은 간격으로 그린 것이므로 x의 값들은 등차수열을 이루게 돼.

y축에 평행한 14개의 선분을 같은 간격으로 그린 것이므로 x의 값들은 등차수열을 이루고, 마찬가지로 생각하면

직선 $f(x)=a(x-1)$, $g(x)=x$에 대하여 $h(x)=f(x)-g(x)=(a-1)x-a$로 x의 값이 일정하게 커지면 $h(x)$의 값도 일정하게 커지지?

주어진 14개의 선분의 길이도 등차수열을 이루게 된다. ··· (*)

2nd 선분의 길이를 수열로 나타내고 그 합을 구하자.

14개의 선분의 길이가 등차수열을 이루므로

가장 짧은 것부터 가장 긴 것까지 선분의 길이를 수열 $\{a_n\}$이라 하면

$\{a_n\}: a_1=3$, a_2, a_3, $\cdots$, $a_{14}=42$

첫째항 a와 끝항 l을 알고 있으므로 $S_n=\dfrac{n(a+l)}{2}$임을 이용하자.

따라서 구하는 선분의 길이의 합은 $\dfrac{14(3+42)}{2}=315$

수능 핵강

＊ 등차수열을 k배한 새로운 수열도 역시 등차수열!

(＊)가 이해가 안 된다고?

일차함수 $f(x)=ax+b$에서 x_1, x_2, x_3의 값들이 공차가 d인 등차수열을 이루면 $x_2=x_1+d$, $x_3=x_1+2d$라 할 수 있지?

따라서 $f(x_1)=ax_1+b$, $f(x_2)=ax_2+b=a(x_1+d)+b=ax_1+b+ad$, $f(x_3)=ax_3+b=a(x_1+2d)+b=ax_1+b+2ad$이므로 $f(x_1)$, $f(x_2)$, $f(x_3)$은 첫째항이 ax_1+b, 공차가 ad인 등차수열을 이루는 거야.

G 65 정답 ② 　*등차수열의 합의 활용 ·········· [정답률 63%]

[정답 공식: 첫째항이 a, 공차가 d인 등차수열의 첫째항부터 제n항까지의 합을 S_n이라 하면 $S_n=\dfrac{n\{2a+(n-1)d\}}{2}$이다.]

단서1 공차가 주어졌으니까 첫째항만 알면 등차수열 $\{a_n\}$의 일반항을 구할 수 있지?

공차가 2인 등차수열 $\{a_n\}$의 첫째항부터 제n항까지의 합을 S_n이라 하자. $S_k=-16$, $S_{k+2}=-12$를 만족시키는 자연수 k에 대하여 a_{2k}의 값은? (4점)

단서2 $S_k=a_1+a_2+\cdots+a_k$, $S_{k+2}=a_1+a_2+\cdots+a_k+a_{k+1}+a_{k+2}$

① 6 　　 ② 7 　　 ③ 8
④ 9 　　 ⑤ 10

1st 등차수열 $\{a_n\}$의 첫째항과 자연수 k의 값을 각각 구하자.

공차가 2인 등차수열 $\{a_n\}$의 첫째항을 a라 하면

$S_{k+2}-S_k=a_{k+1}+a_{k+2}=-12-(-16)=4$에서

$S_{k+2}-S_k=(a_1+a_2+\cdots+a_k+a_{k+1}+a_{k+2})-(a_1+a_2+\cdots+a_k)=a_{k+1}+a_{k+2}$

$(a+2k)+\{a+(k+1)\times2\}=4$, $2a+4k+2=4$

등차수열 $\{a_n\}$의 일반항은 $a_n=a+(n-1)\times2$이므로
$a_{k+1}=a+(k+1-1)\times2=a+2k$이고
$a_{k+2}=a+(k+2-1)\times2=a+(k+1)\times2$야.

$2a+4k=2$, $a+2k=1$ ∴ $a=-2k+1$ ··· ㉠

또, $S_k=-16$에서 $\dfrac{k\{2a+(k-1)\times2\}}{2}=-16$

∴ $k(a+k-1)=-16$ ··· ㉡

㉠을 ㉡에 대입하면

$k\{(-2k+1)+k-1\}=-16$, $-k^2=-16$

$k^2=16$ ∴ $k=4$ ($\because$ k는 자연수)

이것을 ㉠에 대입하면 $a=-2\times4+1=-7$

2nd a_{2k}의 값을 구하자.

∴ $a_{2k}=a_8=-7+7\times2=7$

등차수열 $\{a_n\}$의 일반항은 $a_n=-7+(n-1)\times2$

G 66 정답 ⑤ 　*등차수열의 합의 활용 ·········· [정답률 68%]

[정답 공식: 첫째항이 a, 끝항이 l, 총 항수가 n인 등차수열의 합은 $S_n=\dfrac{n(a+l)}{2}$이다.]

단서1 $a_{n+1}=a_n+2$라고 할 수 있어.

첫째항이 양수이고 공차가 2인 등차수열 $\{a_n\}$의 첫째항부터 제n항까지의 합을 S_n이라 하자. $a_k=31$, $S_{k+10}=640$을 만족시키는 자연수 k에 대하여 S_k의 값은? (4점)

단서2 $S_{k+10}=S_k+(a_{k+1}+a_{k+2}+\cdots+a_{k+10})$으로 나타낼 수 있지?

① 200 　　 ② 205 　　 ③ 210
④ 215 　　 ⑤ 220

1st S_{k+10}을 S_k와 일반항 a_n의 합을 이용하여 나타내자.

$S_{k+10}=S_k+(a_{k+1}+a_{k+2}+\cdots+a_{k+10})$이고, 수열 $\{a_n\}$의 공차가 2이므로

$640=S_k+(a_{k+1}+a_{k+2}+\cdots+a_{k+10})$

└ 수열 $\{a_n\}$의 공차가 2이므로 $a_{k+m}=a_k+2m$

$=S_k+\{(a_k+2)+(a_k+4)+\cdots+(a_k+20)\}$

$=S_k+\{10a_k+(2+4+\cdots+20)\}$

└ 첫째항이 a, 끝항이 l, 총 항수가 n인 등차수열의 합은 $S_n=\dfrac{n(a+l)}{2}$

$=S_k+\left\{10\times31+\dfrac{10\times(2+20)}{2}\right\}$

에서 $S_k=640-(310+110)$이므로 $S_k=220$

공차가 2인 등차수열 $\{a_n\}$의 일반항을 $a_n=2n-m\,(2n>m)$ 이라 놓고 조건을 만족시키는 k,m의 값 구하기

수열 $\{a_n\}$의 공차가 2이므로

$a_n=2n-m\,(2n>m)$이라 하자. (m은 상수)

┗→ 첫째항이 양수이고 공차가 2인 등차수열 $\{a_n\}$이므로 모든 항이 양수야.
　　즉 $2n-m>0$이므로 $2n>m$이야.

$a_k=31$, $S_{k+10}=640$을 만족시키는 자연수 k에 대하여

$a_k=2k-m=31\,(k\text{는 자연수})\;\cdots\;\text{㉠}$

한편, 등차수열의 합의 공식에 의하여

$S_n=\dfrac{n\{2(2-m)+2(n-1)\}}{2}$

$=\dfrac{n(4-2m+2n-2)}{2}$ ┗→ 첫째항이 a, 공차가 d인 등차수열의 합 S_n은
　　　　　　　　　　　　　　　　　　　$S_n=\dfrac{n\{2a+d(n-1)\}}{2}$

$=n(n-m+1)\;\cdots\;\text{㉡}$

이므로 $S_{k+10}=(k+10)(k+10-m+1)=640$이고,

$(k+10)(k-m+11)=640$이야.

이 식에 ㉠을 변형하여 대입하면

┗→ $k-m$을 묶어서 없애주도록 다음과 같이 식을 정리해 보자.
　　$2k-m=31$, $k+k-m=31$　∴ $k-m=31-k$

$(k+10)(31-k+11)=640$, $(k+10)(-k+42)=640$

$-k^2+32k+420=640$, $k^2-32k+220=0$

$(k-10)(k-22)=0$　∴ $k=10$ 또는 $k=22$

(ⅰ) $k=10$인 경우

$m=2k-31\,(\because\text{㉠})=2\times10-31=-11$이고,

$a_n=2n-m=2n+11$이므로 $a_n>0$을 만족시켜.

∴ $m=-11$

(ⅱ) $k=22$인 경우

$m=2k-31\,(\because\text{㉠})=2\times22-31=44-31=13$이고,

$a_n=2n-13$이므로 $n<7$인 자연수 n에 대하여

$a_n<0$이므로 모순이야.

(ⅰ), (ⅱ)에 의하여 $k=10$, $m=-11$이므로

$S_k=k(k+12)\,(\because\text{㉡})=10\times22=220$

G 67 정답 ③　*등차수열의 합의 활용　[정답률 33%]

(**정답 공식:** $|f(n)|=|g(n)|$이면 $f(n)=g(n)$ 또는 $f(n)=-g(n)$이다.)

> 공차가 음수인 등차수열 $\{a_n\}$이 다음 조건을 만족시킬 때, 모든 a_1의 값의 합은? (4점)
>
> | $|a_m|=2|a_{m+2}|$이면서　　단서 S_m, S_{m+1}, S_{m+2} 셋 중 어느 것의 값이
> 460이고 450이 되는지 각각 찾아야 하지.
> S_m, S_{m+1}, S_{m+2} 중에서 가장 큰 값이 460이고
> 가장 작은 값이 450이 되도록 하는 자연수 m이 존재한다.
> (단, S_n은 수열 $\{a_n\}$의 첫째항부터 제n항까지의 합이다.)
>
> ① 144　　② 148　　③ 152　　④ 156　　⑤ 160

1st $a_m=2a_{m+2}$인 경우 m의 값을 구해.

등차수열 $\{a_n\}$의 공차를 $d\,(d<0)$라 하자.

$a_{m+2}=a_m+2d$이므로　등차수열 $\{a_n\}$에 대하여 $a_{m+2}=a_{m+1}+d$,
　　　　　　　　　　　　　$a_{m+1}=a_m+d$가 성립하지.

$a_m=2a_{m+2}$, $a_m=2(a_m+2d)$, $a_m=2a_m+4d$

에서 $a_m=-4d$이다.

$a_{m+1}=-3d$, $a_{m+2}=-2d$이므로　$a_{m+1}=a_m+d=-4d+d=-3d$,
　　　　　　　　　　　　　　　　　　$a_{m+2}=a_{m+1}+d=-3d+d=-2d$가 되지.

$S_{m+1}=S_m+a_{m+1}=S_m+(-3d)>S_m$,

$S_{m+2}=S_{m+1}+a_{m+2}=S_{m+1}+(-2d)>S_{m+1}$이다. ┐
　　　　　　　　　　　　　　　　　　　　　　　　　　　↓

그러므로 $S_{m+2}>S_{m+1}>S_m$이고, $d<0$이므로 $-3d$와 $-2d$의 값이 모두 양수가 되지.

$S_{m+2}=460$, $S_m=450\;\cdots\;\text{㉠}$이다.

$S_{m+2}-S_m=a_{m+1}+a_{m+2}$에서

$460-450=-3d+(-2d)$

$10=-5d$

∴ $d=-2$

$a_m=-4d=8$이고,

$a_m=a_1+(m-1)\times(-2)$에서 $8=a_1-2m+2$이므로

$a_1=2m+6$이다. ㉠에 의하여

$S_m=\dfrac{m(a_1+a_m)}{2}$　등차수열의 첫째항부터
　　　　　　　　　　　　　제n항까지의 합을 S_n이라 하면
$=\dfrac{m(2m+6+8)}{2}$　첫째항이 a, 제n항이 l일 때,
　　　　　　　　　　　　　$S_n=\dfrac{n(a+l)}{2}$
$=\dfrac{m(2m+14)}{2}$

$=m(m+7)=450$

이므로 $m^2+7m-450=0$에서 $(m+25)(m-18)=0$

∴ $m=18\,(\because m\text{은 자연수})$

∴ $a_1=2\times18+6=42$

2nd $a_m=-2a_{m+2}$인 경우 m의 값을 구해.

$a_{m+2}=a_m+2d$이므로

$a_m=-2a_{m+2}$, $a_m=-2(a_m+2d)$, $a_m=-2a_m-4d$, $3a_m=-4d$

에서 $a_m=-\dfrac{4}{3}d$이다.

$a_{m+1}=-\dfrac{d}{3}$, $a_{m+2}=\dfrac{2}{3}d$이므로　$a_{m+1}=a_m+d=-\dfrac{4}{3}d+d=-\dfrac{d}{3}$,
　　　　　　　　　　　　　　　　　　$a_{m+2}=a_{m+1}+d=-\dfrac{d}{3}+d=\dfrac{2}{3}d$가 되지.

$S_{m+1}=S_m+a_{m+1}=S_m-\dfrac{d}{3}>S_m$,

$S_{m+2}=S_{m+1}+a_{m+2}=S_{m+1}+\dfrac{2}{3}d=S_m-\dfrac{d}{3}+\dfrac{2}{3}d=S_m+\dfrac{d}{3}<S_m$이다.

그러므로 $S_{m+2}<S_m<S_{m+1}$이고,　$d<0$이므로 $\dfrac{d}{3}<0$이지.

$S_{m+1}=460\;\cdots\;\text{㉡}$, $S_{m+2}=450$이다.

$S_{m+2}-S_{m+1}=a_{m+2}$에서

$450-460=\dfrac{2}{3}d$

$\dfrac{2}{3}d=-10$

∴ $d=-10\times\dfrac{3}{2}=-15$

$a_{m+1}=-\dfrac{d}{3}=5$이고, $a_{m+1}=a_1+m\times(-15)$에서 $5=a_1-15m$이므로

$a_1=15m+5$이다. ㉡에 의하여　등차수열의 첫째항부터
　　　　　　　　　　　　　　　제n항까지의 합을 S_n이라 하면
$S_{m+1}=\dfrac{(m+1)(a_1+a_{m+1})}{2}$　첫째항이 a, 제n항이 l일 때,
　　　　　　　　　　　　　　　　$S_n=\dfrac{n(a+l)}{2}$
$\phantom{S_{m+1}}=\dfrac{(m+1)(15m+5+5)}{2}$

$\phantom{S_{m+1}}=\dfrac{(m+1)(15m+10)}{2}=460$　┌→ $5(m+1)(3m+2)=460\times2$
　　　　　　　　　　　　　　　　　　　　　　　$(m+1)(3m+2)=92\times2$
　　　　　　　　　　　　　　　　　　　　　　　$(m+1)(3m+2)=184$
　　　　　　　　　　　　　　　　　　　　　　　$3m^2+5m+2=184$

이므로 $3m^2+5m-182=0$에서 $(3m+26)(m-7)=0$

∴ $m=7\,(\because m\text{은 자연수})$

∴ $a_1=15\times7+5=110$

따라서 모든 a_1의 값의 합은 $42+110=152$이다.

G 68 정답 ① *등차수열의 합의 활용 ──────── [정답률 76%]

> **단서1** $a_3 > a_9$이므로 등차수열 $\{a_n\}$의 공차가 음수임을 알 수 있어.
> 등차수열 $\{a_n\}$에 대하여 $a_3 = 26$, $a_9 = 8$일 때, 첫째항부터 제n항까지의 합이 최대가 되도록 하는 자연수 n의 값은? (3점)
> ① 11 ② 12 ③ 13
> ④ 14 ⑤ 15
> **단서2** 주어진 등차수열 $\{a_n\}$의 항은 양수에서 시작해 일정한 간격으로 작아지다가 어느 순간 음수로 바뀌게 돼. 즉, 합이 최대가 되려면 양수인 항만 모두 더하면 되는 거야.

1st 등차수열의 일반항의 공식을 이용하여 일반항 a_n을 구하자.

등차수열 $\{a_n\}$의 첫째항을 a, 공차를 d라 하면
$a_3 = a + 2d = 26$, $a_9 = a + 8d = 8$
두 식을 연립하면 ──→ $\begin{vmatrix} a + 8d = 8 \\ a + 2d = 26 \end{vmatrix}$
$a = 32$, $d = -3$　$\underline{6d = -18}$　∴ $d = -3$
∴ $a_n = 32 + (n-1) \times (-3) = -3n + 35$

2nd 합이 최대가 되려면 $a_n \geq 0$인 항까지만 더하면 돼.

첫째항부터 양수인 항까지 더하면 그때의 합이 최대가 되므로
$-3n + 35 \geq 0$에서 $n \leq \dfrac{35}{3} = 11. \times \times \times$

따라서 $a_{11} = 2 > 0$, $a_{12} = -1 < 0$이므로 첫째항부터 제 n항까지의 합이 최대가 되도록 하는 자연수 n의 값은 11이다.

G 69 정답 37 *등차수열의 합의 활용 ──────── [정답률 61%]

> 첫째항이 a이고 공차가 -4인 등차수열 $\{a_n\}$의 첫째항부터 제n항
> **단서** S_n을 a와 n에 대한 식으로 표현해. 이때, n에 대한 이차식이지?
> 까지의 합을 S_n이라 하자. 모든 자연수 n에 대하여 $S_n < 200$일 때, 자연수 a의 최댓값을 구하시오. (4점)

1st S_n을 n에 대한 식으로 나타내.

첫째항이 a이고 공차가 -4인 등차수열 $\{a_n\}$의 첫째항부터 제n항까지의
합 S_n은 　→ $S_n = \dfrac{n\{2a + (n-1)d\}}{2}$
$S_n = \dfrac{n\{2a + (n-1) \times (-4)\}}{2}$
$ = -2n^2 + (a+2)n$

2nd 모든 자연수 n에 대하여 $S_n < 200$을 만족시키는 자연수 a의 최댓값을 구해.

모든 자연수 n에 대하여 $S_n < 200$이므로 $-2n^2 + (a+2)n < 200$에서
$2n^2 + 200 > (a+2)n$

양변을 n으로 나누면 $2n + \dfrac{200}{n} > a + 2 \cdots$ ㉠

이때, $2n > 0$, $\dfrac{200}{n} > 0$이므로

산술평균과 기하평균의 관계에 의하여
　　　　　　　　　　　　두 양수 a, b에 대하여 $a + b \geq 2\sqrt{ab}$가 성립해.
$2n + \dfrac{200}{n} \geq 2\sqrt{2n \times \dfrac{200}{n}}$ (단, 등호는 $2n = \dfrac{200}{n}$일 때 성립)
$\phantom{2n + \dfrac{200}{n}} = 2\sqrt{400} = 40$ → ㉠의 좌변의 최댓값이 40이니까 $a + 2$가 40보다 작으면 ㉠이 항상 성립해.

따라서 모든 자연수 n에 대하여 ㉠이 성립하려면 $a + 2 < 40$에서 $a < 38$이어야 하므로 자연수 a의 최댓값은 37이다.

G 70 정답 ④ *등차수열의 합의 활용 ──────── [정답률 67%]

> 첫째항과 공차가 같은 등차수열 $\{a_n\}$의 첫째항부터 제n항까지의 합을
> **단서1** 첫째항을 a_1이라 하고 공차 $d = a_1$이라 하자.
> S_n이라 할 때, $S_n = ka_n$을 만족하는 k가 두 자리 자연수가 되게 하는 n의 최댓값은? (단, $a_1 \neq 0$) (3점)
> **단서2** 등차수열의 합과 k의 값의 범위를 확인하자. 즉, $10 \leq k \leq 99$이지?
> ① 191 ② 193 ③ 195 ④ 197 ⑤ 199

1st 조건을 만족시키는 등차수열의 일반항 a_n과 첫째항부터 제n항까지의 합 S_n을 구해 보자.
　　　　　　　　　　　　→ [일반항] 첫째항이 a_1, 공차 d일 때 $a_n = a_1 + (n-1)d$
등차수열 $\{a_n\}$의 첫째항과 공차를 $a_1(a_1 \neq 0)$이라 하면
$a_n = a_1 + (n-1)a_1 = a_1 + na_1 - a_1 = na_1 \cdots$ ㉠
이고, 이 수열의 합 S_n은　첫째항이 a_1, 제n항이 l일 때, $S_n = \dfrac{n(a_1 + l)}{2}$
$S_n = \dfrac{n(a_1 + a_n)}{2} = \dfrac{n(a_1 + na_1)}{2} = \dfrac{n(n+1)}{2}a_1 \cdots$ ㉡

2nd 이제 조건을 만족시키는 k를 n의 식으로 표현해.

주어진 조건 $S_n = ka_n$에 ㉠과 ㉡을 대입하면
$\underline{\dfrac{n(n+1)}{2}a_1 = kna_1}$　∴ $k = \dfrac{n+1}{2}$　양변을 na_1로 나누면 간단해져.

3rd k가 두 자리 자연수가 되는 n의 값의 범위를 구하여 자연수 n의 최댓값을 찾아.

k가 두 자리 자연수이므로 $10 \leq k \leq 99$ **주의**
　　　　　　　　　　　　두 자리 자연수가 되는 범위를 식으로 나타낼 수 있어야 해.
$10 \leq \dfrac{n+1}{2} \leq 99$, $20 \leq n+1 \leq 198$

∴ $19 \leq n \leq 197$
따라서 자연수 n의 최댓값은 197이다.

G 71 정답 22 *등차수열의 합의 활용 ──────── [정답률 67%]

> 등차수열 $\{a_n\}$에서 $a_3 = 40$, $a_8 = 30$일 때,
> **단서1** 일반항을 구해 a_1, 공차 d의 값을 찾자.
> $|a_2 + a_4 + \cdots + a_{2n}|$이 최소가 되는 자연수 n의 값을 구하시오. (3점)
> **단서2** a_n이 감소하니까 절댓값이 0이 될 때가 최소지?

1st 등차수열의 일반항의 공식을 이용하여 수열 $\{a_n\}$의 일반항을 구하자.

수열 $\{a_n\}$에서 첫째항을 a_1, 공차를 d라 하면
　　　　　　　　　　　　→ [일반항] $a_n = a_1 + (n-1)d$
$a_3 = a_1 + (3-1)d = a_1 + 2d = 40 \cdots$ ㉠
$a_8 = a_1 + (8-1)d = a_1 + 7d = 30 \cdots$ ㉡
㉡ − ㉠을 하면 $5d = -10$　∴ $d = -2$
㉠에 의하여 $a_1 = 40 - 2d = 44$
이때, $a_n = 44 + (n-1) \times (-2) = -2n + 46$이므로 $a_{2n} = -4n + 46$

2nd 등차수열의 합을 이용하여 자연수 n의 값을 구하자.

$|a_2 + a_4 + \cdots + a_{2n}| = \left| \dfrac{n\{2 \times 42 + (n-1) \times (-4)\}}{2} \right|$
$\phantom{|a_2 + a_4 + \cdots + a_{2n}|} = \left| \dfrac{n(84 - 4n + 4)}{2} \right|$　$a_2 + a_4 + \cdots + a_{2n}$은 첫째항이 $a_2 = 42$, 공차가 -4이고 항의 개수가 n인 등차수열의 합이야.
$\phantom{|a_2 + a_4 + \cdots + a_{2n}|} = |-2n(n-22)|$

모든 실수 a에 대하여 $|a| \geq 0$이므로 $|a|$의 최솟값은 $a = 0$일 때이다.
$-2n(n-22) = 0$　∴ $n = 0$ 또는 $n = 22$
따라서 $|a_2 + a_4 + \cdots + a_{2n}|$이 최소가 되는 자연수 n은 22이다.

🔷 **다른 풀이:** **2nd** 에서 $a_n=-2n+46$일 때, a_n의 값의 대칭성을 찾아 $|a_2+a_4+\cdots+a_{2n}|$ 이 최솟값을 갖는 n의 값 구하기

$\underbrace{a_{2n}=-4n+46}$에서 $a_n=-2n+46$이므로
$\quad a_{2n}=-2\times 2n+46 \Rightarrow k=2n$이라 하면 $a_k=-2k+46$

$a_n=-2n+46$을 좌표평면 위에 나타내면
그림과 같이
$\rightarrow y=-2x+46$일 때 x절편 23,
y절편 46인 직선이지?

$a_{44}=-a_2$
$a_{42}=-a_4$
$\vdots$
$a_{24}=-a_{22}$

점 $(23, 0)$에 대하여 대칭이지?
즉, $\dfrac{m+n}{2}=23$일 때, $a_n=-a_m$

이때, 절댓값은 항상 0보다 크거나 같으므로
$|a_2+a_4+\cdots+a_{2n}|$의 최솟값은
$a_2+a_4+\cdots+a_{2n}$이 0과 가장 가까울 때야.
따라서 $n=22$일 때, $a_2+a_4+\cdots+a_{44}=0$이므로 최솟값을 가져.

G 72 정답 **375** *등차수열의 합의 활용 – 실생활 응용   [정답률 65%]

[**정답 공식:** 매일 푼 문제 수가 등차수열을 이루므로 등차수열의 합
$S_n=\dfrac{n\{2a_1+(n-1)d\}}{2}$ 를 이용한다.]

선미는 문제 수가 x인 수학책을 첫째 날에는 15문제를 풀고 둘째 날
단서1 푼 문제 수가 등차수열을 이루네. 첫째항은 $a_1=15$이고 a_9일 때, 단서가 주어졌지?
부터 매일 문제 수를 d만큼씩 증가시키면서 풀어 아홉째 날까지 문제를 풀고 나면 24문제가 남게 된다. 또, 첫째 날에는 30문제를 풀고 둘째 날부터 매일 문제 수를 d만큼씩 증가시키면서 풀어 일곱째 날까지 문제를 풀고 나면 39문제가 남게 된다. 선미가 풀고자 하는 이 수학책의 문제 수 x의 값을 구하시오. (4점)
단서2 이번에는, 첫째항은 $b_1=15$이고 b_7일 때, 단서가 주어졌지?

1st 먼저 등차수열을 이용하여 첫째 날 15문제를 푼 것부터 계산해 보자.
첫째 날에는 15문제를 풀고 둘째 날부터 매일 문제 수를 d만큼씩 증가시키면서 풀었다. 즉, $a_1=15$라 하자.
$x=15+(15+d)+(15+2d)+\cdots+\underbrace{(15+8d)}+24$
$\qquad\qquad\qquad\qquad\qquad\qquad a_9$로 아홉째 날에 / 남은
$\qquad\qquad\qquad\qquad\qquad\qquad$푼 문제 수 / 문제 수
$\quad=\dfrac{9(15+15+8d)}{2}+24$
$\qquad\rightarrow$ 첫째항이 a_1과 끝항이 a_9인 등차수열의 합은 $S_9=\dfrac{9(a_1+a_9)}{2}$
$\quad=9(15+4d)+24 \cdots \bigcirc$

2nd 첫째 날 30문제를 푼 것도 등차수열을 이용하여 계산해 보자.
첫째 날에는 30문제를 풀고 둘째 날부터 매일 문제 수를 d만큼씩 증가시키면서 풀었으므로 $b_1=30$이라 하자.
$x=30+(30+d)+(30+2d)+\cdots+\underbrace{(30+6d)}+39$
$\qquad\qquad\qquad\qquad\qquad\qquad b_7$로 일곱째 날에 / 남은
$\qquad\qquad\qquad\qquad\qquad\qquad$푼 문제 수 / 문제 수
$\quad=\dfrac{7(30+30+6d)}{2}+39$
$\quad=7(30+3d)+39 \cdots \bigcirc$

3rd 이제 $\bigcirc=\bigcirc$임을 이용하여 d의 값을 찾아 x의 값을 구하자.
$9(15+4d)+24=7(30+3d)+39$에서
$15d=90$
$\therefore d=6$
따라서 수학책의 문제 수는
$x=9(15+4d)+24=9(15+4\times 6)+24=375$
$(\because \bigcirc)$

G 73 정답 **②** *등차수열의 합의 활용 – 실생활 응용   [정답률 43%]

[**정답 공식:** 수면시간은 첫째항이 14시간이고, 공차가 15분, 마지막 항이 24시간 인 등차수열이다.]

수학자 드 므와브르에 대하여 다음과 같은 일화가 전해지고 있다.
단서1 수면 시간이 일정하게 길어지니까 등차수열이지?

[드 므와브르는 자신의 수면 시간이 매일 15분씩 길어진다는 것을 깨닫고, 수면 시간이 24시간이 되는 날을 계산하여 그 날에 자신이 죽을 것이라고 예측하였다. 그런데 놀랍게도 그 날에 수면하는 상태에서 생을 마쳤다.]

드 므와브르가 매일 밤 12시에 잠든다고 가정할 때, 처음 이 사실을 알게 된 날의 수면 시간이 14시간이었다면 그날부터 생을 마칠 때까지 깨어있는 시간의 합은? (3점) **단서2** $a_1=14$, $a_n=240$이니까 n의 값을 구하여 그 합을 구하면 되겠네.

① 197   ② 205   ③ 214
④ 224   ⑤ 235

1st 드 므와브르의 수면 시간이 일정하게 증가하니까 등차수열의 일반항을 이용하자.
처음 사실을 안 날부터 n일째 수면 시간을 a_n이라 하고, 수면 시간이 14시간인 날을 첫째 날이라 하면
수열 $\{a_n\}$은 첫째항 $a_1=14$, 공차가 $d=\dfrac{15}{60}=\dfrac{1}{4}$이므로
수면 시간이 일정하게 15분씩 증가하니까 등차수열
$a_n=14+(n-1)\times \dfrac{1}{4} \rightarrow$ [등차수열의 일반항] $a_n=a_1+(n-1)d$

🔶 **함정** 시간에 관한 활용 문제를 풀 때는 항상 1시간을 1로 놓고, 분은 분수로 나타내어 풀도록 하자.

2nd 수면 시간이 24시간일 때, 생을 마쳤으니까 이때가 몇 일째인지 계산하자.
$a_n=24$이면 $14+(n-1)\times \dfrac{1}{4}=24$ $\quad\therefore n=41$

3rd 생을 마칠 때 깨어있는 시간을 생각하여 그 합을 구하자.
a_n은 수면 시간이므로 깨어있는 시간은 $24-a_n$이다.
이때, 첫째 날 깨어있는 시간은 $24-a_1=24-14=10$
$\qquad\qquad\qquad\qquad a_n$은 수면 시간이므로 깨어있는 시간은 $24-a_n$이야.
생을 마치는 날 깨어있는 시간은 $24-a_{41}=24-24=0$
따라서 그 합은 첫째항이 a, 끝항 l, 항의 수가 n인 등차수열의 합은 $S_n=\dfrac{n(a+l)}{2}$
$\dfrac{41(10+0)}{2}=205$

🔷 **다른 풀이:** 깨어 있는 시간을 수열 $\{b_n\}$으로 놓고 $b_n=0$이 되는 n의 값을 찾아 깨어 있는 시간의 합 계산하기

이 사실을 알게 된 날을 첫째 날이라 놓고, 드 므와브르가 하루 동안 깨어 있는 시간을 수열 $\{b_n\}$이라고 하자.
$\qquad\qquad\qquad\qquad\qquad$깨어있는 시간의 합을 물어보니까.
그러면 첫째 날의 수면 시간이 14시간이므로 수열 $\{b_n\}$은
$b_1=24-14=10$이고 매일 수면 시간이 15분씩 길어지므로 공차가
$-\dfrac{15}{60}=-\dfrac{1}{4}$인 등차수열이야.

🔸 **주의** 일정한 크기로 증가, 감소하는 등차수열이야. 특히, b_n은 깨어있는 시간이니까 공차는 음수야.

$\therefore b_n=10+(n-1)\times \left(-\dfrac{1}{4}\right)$

이때, 24시간 계속 수면하게 되는 날은 깨어 있는 시간이 0시간이므로
$b_n=10-\dfrac{1}{4}(n-1)=0$ $\quad\therefore n=41$

수면 시간이 14시간인 날부터 생을 마치는 날, 즉 41일째 되는 날까지 깨어 있는 시간의 합은 첫째항이 10시간, 제41항이 0시간, 날 수가 41이므로
(깨어 있는 시간의 합)$=\dfrac{41(10+0)}{2}=205$(시간)
첫째항이 10, 끝항이 0, 항의 수 41인 등차수열의 합이니까.

G 74 정답 243 ＊등비수열의 특정한 항 구하기 -첫째항 또는 공비 이용 … [정답률 78%]

[정답 공식: 첫째항이 a, 공비가 r인 등비수열 $\{a_n\}$의 일반항 a_n은
$a_n=ar^{n-1}$ ($n=1, 2, 3, 4, \cdots$)이다.]

공비가 3인 등비수열 $\{a_n\}$에 대하여 $a_2=9$일 때, a_5의 값을 구하시오. (3점) **단서** $a_2=a_1r$, $a_5=a_1r^4$이므로 두 항 사이의 관계를 이용해.

1st 공비와 a_2의 값을 이용하여 a_5의 값을 구해.

등비수열 $\{a_n\}$의 공비가 $r=3$, $a_2=a_1r=9$이므로
$$a_5=a_1r^4=a_1r \times r^3=9 \times 3^3=243$$

다른 풀이: 등비수열 $\{a_n\}$의 일반항을 찾아 a_5의 값 구하기

등비수열 $\{a_n\}$의 공비가 3이므로 $a_2=a_1 \times 3=9$에서 $a_1=3$
따라서 $a_n=3 \times 3^{n-1}=3^n$이므로 $a_5=3^5=243$
첫째항이 a_1이고, 공비가 r인 등비수열의 일반항 a_n은 $a_n=a_1r^{n-1}$이야.

G 75 정답 ④ ＊등비수열의 특정한 항 구하기 -첫째항 또는 공비 이용 … [정답률 86%]

[정답 공식: 첫째항이 a이고, 공비가 r인 등비수열 $\{a_n\}$의 일반항은 $a_n=ar^{n-1}$이다.]

첫째항이 2이고 공비가 3인 등비수열 $\{a_n\}$에 대하여 a_3의 값은? **단서** 첫째항과 공비를 이용해서 등비수열의 일반항을 구할 수 있어.

(3점)

① 9   ② 12   ③ 15   ④ 18   ⑤ 21

1st a_3의 값을 구해.

첫째항이 2이고, 공비가 3이므로
첫째항이 a이고 공비가 r인 등비수열의 일반항
$a_n=2 \times 3^{n-1}$ $a_n=ar^{n-1}$ ($n=1, 2, 3, \cdots$)
$\therefore a_3=2 \times 3^{3-1}=18$

함정 구하고자 하는 항이 크지 않은 경우에는 직접 구하는 방법도 실제 시험 때 시간을 줄일 수 있다는 점에서 좋을 수 있어.

다른 풀이: 첫째항과 공비를 이용하여 a_2, a_3의 값 차례로 구하기

구하고자 하는 항의 수가 크지 않으므로 직접 구할 수도 있어.
$a_1=2$, $a_2=2 \times 3=6$, $a_3=6 \times 3=18$이야.

G 76 정답 32 ＊등비수열의 특정한 항 구하기 -첫째항 또는 공비 이용 … [정답률 75%]

[정답 공식: 첫째항이 a이고 공비가 r인 등비수열의 일반항 a_n은 $a_n=ar^{n-1}$이다.]

공비가 양수인 등비수열 $\{a_n\}$이 **단서** $a_3=\frac{1}{2}r^2$, $a_4=\frac{1}{2}r^3$, $a_5=\frac{1}{2}r^4$

$$a_1=\frac{1}{2}, \quad a_3 \times a_4=a_5$$

으로 나타낼 수 있으니까 $a_3 \times a_4=a_5$를 이용하여 공비 r을 구할 수 있어.

를 만족시킬 때, a_7의 값을 구하시오. (3점)

1st 등비수열의 일반항 $a_n=ar^{n-1}$을 이용하자.

등비수열 $\{a_n\}$의 공비를 r ($r>0$)라 하면
$a_3 \times a_4=a_5$에서 $a_3=a_1r^2=\frac{1}{2}r^2$, $a_4=a_1r^3=\frac{1}{2}r^3$, $a_5=a_1r^4=\frac{1}{2}r^4$
$$\frac{1}{2}r^2 \times \frac{1}{2}r^3=\frac{1}{2}r^4$$
$$\frac{1}{4}r^5=\frac{1}{2}r^4, \quad r^5=2r^4 \qquad \therefore r=2 \,(\because r>0)$$
$$\therefore a_7=\frac{1}{2} \times 2^6=32$$

G 77 정답 ③ ＊등비수열의 특정한 항 구하기 -첫째항 또는 공비 이용 … [정답률 86%]

[정답 공식: 첫째항이 a이고 공비가 r일 때, 등비수열 $\{a_n\}$의 일반항은 $a_n=ar^{n-1}$이다.]

모든 항이 양수인 등비수열 $\{a_n\}$에 대하여 $a_1=1$, $a_2+a_3=6$일 때, a_6의 값은? (3점) **단서** 등비수열은 첫째항과 공비만 알아내면 어떤 항이든 구할 수 있어.

① 8   ② 16   ③ 32
④ 64   ⑤ 128

1st $a_n=a_1r^{n-1}$으로 놓고 a_2, a_3을 표현하자.
등비수열 $\{a_n\}$의 첫째항을 a_1, 공비를 r라 할 때, 일반항 a_n은 $a_n=a_1r^{n-1}$
공비를 r라 하면 $a_2=a_1r=r$, $a_3=a_1r^2=r^2$

2nd 공비 r의 값을 구하자.
$a_2+a_3=6$이므로
$r+r^2=6$
$r^2+r-6=0$
$(r+3)(r-2)=0$
등비수열 a_n의 모든 항이 양수이므로 $r>0$
$\therefore r=2$

3rd a_6의 값을 구하자.
$\therefore a_6=a_1r^5=r^5=2^5=32$

G 78 정답 19 ＊등비수열의 특정한 항 구하기 -첫째항 또는 공비 이용 … [정답률 73%]

[정답 공식: 등비수열 $\{a_n\}$에서 $\frac{a_{n+1}}{a_n}=r$로 일정하다.]

첫째항이 3인 등비수열 $\{a_n\}$에 대하여

$$\frac{a_3}{a_2}-\frac{a_6}{a_4}=\frac{1}{4}$$ **단서** 등비수열의 일반항은 첫째항과 공비만 알면 구할 수 있지? 문제에 첫째항이 주어졌으니까 공비만 구하면 돼.

일 때, $a_5=\frac{q}{p}$이다. $p+q$의 값을 구하시오. (단, p와 q는 서로소인 자연수이다.) (4점)

1st 주어진 조건식을 이용하여 공비를 구하자.

첫째항이 3인 등비수열 $\{a_n\}$의 공비를 r라 하면 일반항은
첫째항이 a, 공비가 r인 등비수열 $\{a_n\}$의 일반항은 $a_n=ar^{n-1}$
$a_n=3r^{n-1}$이므로 $\dfrac{a_3}{a_2}-\dfrac{a_6}{a_4}=\dfrac{1}{4}$에 대입하면

$$\frac{3r^2}{3r}-\frac{3r^5}{3r^3}=\frac{1}{4}$$ 등비수열의 첫째항을 알지 못하더라도 이 식과 등비수열에서 항 사이의 비를 이용하여 공비를 구할 수 있어.

$$r-r^2=\frac{1}{4}$$ 즉, $\dfrac{a_m}{a_n}=r^{m-n}$ ($m>n$)을 이용하면 돼.

$$4r^2-4r+1=0$$
$$(2r-1)^2=0$$
$$\therefore r=\frac{1}{2} \Rightarrow a_n=3 \times \left(\frac{1}{2}\right)^{n-1}$$

2nd 구한 일반항에 $n=5$를 대입하여 a_5의 값을 구하자.

$$\therefore a_5=3 \times \left(\frac{1}{2}\right)^4=\frac{3}{16}=\frac{q}{p}$$

따라서 $p=16$, $q=3$이므로 $p+q=16+3=19$

G 79 정답 ④ *등비수열의 특정 항 구하기 - 특정 항 이용 ····· [정답률 65%]

(정답 공식: 첫째항이 a, 공비가 r인 등비수열의 일반항은 $a_n=ar^{n-1}$이다.)

> 모든 항이 양수인 등비수열 $\{a_n\}$에 대하여
> $a_3=4a_1+3a_2$ ←── **단서 1** 모든 항은 양수이므로 공비도 양수야. 공비가 음수이면 항이 양수와 음수가 번갈아 나오겠지.
> 일 때, $\dfrac{a_6}{a_4}$의 값은? (3점) ←── **단서 2** 주어진 등식을 이용하여 각 항을 첫째항과 공비에 대한 식으로 나타내자.
> ① 10   ② 12   ③ 14
> ④ 16   ⑤ 18

1st 등비수열의 일반항을 이용하여 식을 구하자.

등비수열 $\{a_n\}$의 첫째항을 a, 공비를 r라 놓자.

$a_3=4a_1+3a_2$에서

$ar^2=4a+3ar$ 등비수열 $\{a_n\}$의 일반항 $a_n=ar^{n-1}$

2nd 등비수열의 모든 항이 양수이므로 공비는 양수야.

양변을 a로 나누면

$r^2=4+3r$ 주어진 조건에서 모든 항은 양수이므로 $a\neq0$ 즉, 양변을 a로 나눌 수 있어.

$r^2-3r-4=0$

$(r-4)(r+1)=0$

$\therefore r=4\ (\because r>0)$

3rd 구하는 식을 정리하자.

$\therefore \dfrac{a_6}{a_4}=\dfrac{ar^5}{ar^3}=r^2=4^2=16$

G 80 정답 18 *등비수열의 특정한 항 구하기 - 첫째항 또는 공비 이용 ·· [정답률 74%]

(정답 공식: 첫째항이 a, 공비가 r인 등비수열 $\{a_n\}$의 일반항 a_n은 $a_n=ar^{n-1}$)

> 등비수열 $\{a_n\}$에 대하여 $a_2=2$, $a_6=9$일 때, $a_3\times a_5$의 값을 구하시오. (3점) **단서** 등비수열의 첫째항을 a, 공비를 r라 하고, a_2, a_6을 각각 나타내.

1st $a_3\times a_5$를 첫째항과 공비를 이용하여 나타내.

첫째항을 a, 공비를 r라 하면 등비수열의 정의에 의하여

$a_3\times a_5=ar^2\times ar^4=(ar)^2\times r^4=a_2^2\times r^4=4r^4\ (\because a_2=2)$

2nd r^4의 값을 구하여 $a_3\times a_5$의 값을 구해.

$a_2=ar$, $a_6=ar^5$이고, $a_6=a_2r^4$에서 $9=2r^4$이므로 $r^4=\dfrac{9}{2}$

$\therefore a_3\times a_5=4r^4=4\times\dfrac{9}{2}=18$

G 81 정답 ⑤ *등비수열의 특정 항 구하기 - 특정 항 이용 ·· [정답률 74%]

(정답 공식: 등비수열 $\{a_n\}$의 첫째항을 a, 공비를 r이라 하면 $a_n=ar^{n-1}$이다.)

> 첫째항이 음수인 등비수열 $\{a_n\}$에 대하여 **단서** 두 식을 등비수열 $\{a_n\}$의 첫째항 a과 공비 r을 이용하여 나타내. 이때, 실수 k에 대하여 $k\geq0$이면 $|k|=k$, $k<0$이면 $|k|=-k$야.
> $a_3a_5=8a_8$, $a_1+|a_2|+|2a_3|=0$
> 일 때, a_2의 값은? (3점)
> ① -1 ② $-\dfrac{1}{2}$ ③ $\dfrac{1}{2}$
> ④ 1 ⑤ 2

1st 등비수열 $\{a_n\}$의 첫째항과 공비 사이의 관계식을 구해.

등비수열 $\{a_n\}$의 공비를 r이라 하면 $a_n=a_1r^{n-1}$이므로

$a_3a_5=8a_8$에서 $a_1r^2\times a_1r^4=8a_1r^7$, $a_1^2r^6=8a_1r^7$

양변을 a_1r^6으로 나누면 $a_1=8r$ $\therefore r=\dfrac{a_1}{8}<0\cdots$ ㉠

$a_1<0$이므로 $r=0$이면 수열 $\{a_n\}$은 2 이상의 자연수 k에 대하여 $a_k=0$이야. 즉, $a_1+|a_2|+|2a_3|=0$에서 $a_1+0+0=a_1<0$이므로 조건식을 만족시키지 않아. 따라서 $r\neq0$에서 $a_1r^6\neq0$이므로 a_1r^6으로 양변을 나눌 수 있는 거야.

2nd a_2의 값을 구해.

㉠에 의하여 공비 r이 음수이므로 $a_2>0$, $a_3<0$

즉, $a_1+|a_2|+|2a_3|=0$에서 $a_1+a_2-2a_3=0$

$a_1+a_1r-2a_1r^2=0$

㉠을 대입하면 $a_1+\dfrac{a_1^2}{8}-\dfrac{a_1^3}{32}=0$

양변에 $-\dfrac{32}{a_1}$를 곱하면 $a_1^2-4a_1-32=0$

$(a_1+4)(a_1-8)=0$ $\therefore a_1=-4\ (\because a_1<0)$

$\therefore a_2=a_1r=a_1\times\dfrac{a_1}{8}=-4\times\left(-\dfrac{4}{8}\right)=2$

G 82 정답 ⑤ *등비수열의 특정 항 구하기 - 특정 항 이용 [정답률 74%]

[정답 공식: 첫째항이 a이고 공비가 r인 등비수열 $\{a_n\}$의 일반항은 $a_n=ar^{n-1}$이다.]

> **단서 1** 공비가 양수이고 $a_3=6>0$이므로 모든 항이 양수겠지? 즉, $a_1>0$이야.
> $a_3=6$이고 공비가 양수인 등비수열 $\{a_n\}$에 대하여
> $a_4+a_5=2(a_6+a_7)+3(a_8+a_9)$일 때, a_1의 값은? (3점)
> **단서 2** 각 항을 첫째항과 공비로 나타내 봐.
> ① 10   ② 12   ③ 14
> ④ 16   ⑤ 18

1st 각 항을 첫째항과 공비에 대한 식으로 나타내어 공비를 구하자.

등비수열 $\{a_n\}$의 공비를 $r(r>0)$이라 하면

$a_4+a_5=2(a_6+a_7)+3(a_8+a_9)$에서

$a_1r^3+a_1r^4=2(a_1r^5+a_1r^6)+3(a_1r^7+a_1r^8)$

$a_1r^3(1+r)=2a_1r^5(1+r)+3a_1r^7(1+r)$

양변을 $a_1r^3(1+r)$로 나누면

$a_1>0$, $r>0$이므로 $a_1r^3(1+r)\neq0$이야. 따라서 $a_1r^3(1+r)$로 양변을 나눌 수 있어.

$3r^4+2r^2-1=0$, $(3r^2-1)(r^2+1)=0$

$3r^2-1=0$, $r^2=\dfrac{1}{3}$ $\therefore r=\dfrac{1}{\sqrt{3}}\ (\because r>0)$ 공비는 양수야.

2nd a_1의 값을 구하자.

$a_3=6$에서 $a_3=a_1r^2=6$

$a_1\times\dfrac{1}{3}=6$

$\therefore a_1=18$

🔖 **다른 풀이:** 등비수열 $\{a_n\}$과 두 자연수 $m, n(m<n)$에 대하여 $a_n=a_mr^{n-m}$임을 이용하기

$a_6+a_7=r^2(a_4+a_5)\ (\because a_6=a_4r^2,\ a_7=a_5r^2)$

$a_8+a_9=r^4(a_4+a_5)\ (\because a_8=a_4r^4,\ a_9=a_5r^4)$이므로

$a_4+a_5=2(a_6+a_7)+3(a_8+a_9)$에서

$a_4+a_5=2r^2(a_4+a_5)+3r^4(a_4+a_5)$

양변을 a_4+a_5로 나누면

$1=2r^2+3r^4$ $a_4>0$, $a_5>0$이므로 $a_4+a_5>0$이야. 즉, a_4+a_5로 양변을 나눌 수 있어.

(이하 동일)

G 83 정답 ④ *등비수열의 특정한 항 구하기-첫째항 또는 공비 이용 ----- [정답률 70%]

[정답 공식: 첫째항이 a, 공비가 $r(r>0)$인 등비수열 $\{a_n\}$의 일반항 a_n은 $a_n = ar^{n-1}$]

모든 항이 양수인 등비수열 $\{a_n\}$에 대하여 $a_3=6$, $a_6=3a_4$일 때, a_9의 값은? (3점) **단서** 공비 r가 주어져 있지 않으므로 등비수열 $\{a_n\}$의 두 항 사이의 관계를 통해 공비의 값을 구할 수 있어. $\frac{a_{n+2}}{a_n}=r^2$

① 153 ② 156 ③ 159
④ 162 ⑤ 165

1st 첫째항과 공비를 설정하여 조건을 식으로 바꾸자.

등비수열 $\{a_n\}$의 첫째항을 a, 공비를 r라 하면

$a_n=ar^{n-1}$ → 구해야 하는 문자가 2개이니 주어진 조건들을 통해 2개의 식을 얻어야 함을 알 수 있어.

$a_3=6$에서 $ar^2=6$ $\cdots$ ㉠

또한, $a_6=ar^5$, $a_4=ar^3$이므로 $a_6=3a_4$에서

$\frac{a_6}{a_4}=r^2=3$ $\cdots$ ㉡

→ 등비수열 $a_n=ar^{n-1}$에서 $\frac{a_{n+2}}{a_n}=\frac{ar^{n+1}}{ar^{n-1}}=r^2$

2nd 두 식을 연립하여 답을 구하자.

㉠, ㉡에 의하여 $3a=6$ $\therefore a=2$

$\therefore a_9=ar^8=a(r^2)^4=2\times3^4=162$

🔧 **다른 풀이: a_4와 a_6의 등비중항이 a_5임을 이용하여 공비 구하기**

등비중항에 의하여 $a_4a_6=a_5{}^2$이므로

$a_4\times3a_4=a_5{}^2$ $(\because a_6=3a_4)$

$3a_4{}^2=a_5{}^2$

$\therefore \sqrt{3}a_4=a_5$ $(\because$ 모든 항이 양수$)$

한편, 등비수열의 공비 $r=\sqrt{3}$이므로 $a_3=a\times(\sqrt{3})^2=6$

$3a=6$ $\therefore a=2$

$\therefore a_9=2\times(\sqrt{3})^8=2\times\left(3^{\frac{1}{2}}\right)^8=2\times3^4=162$

G 84 정답 16 *등비수열의 특정 항 구하기-첫째항 이용 ----- [정답률 74%]

[정답 공식: 첫째항이 a이고 공비가 r인 등비수열 $\{a_n\}$의 일반항은 $a_n=ar^{n-1}$이다.]

첫째항이 $\frac{1}{4}$이고 공비가 양수인 등비수열 $\{a_n\}$에 대하여

$a_3+a_5=\frac{1}{a_3}+\frac{1}{a_5}$ **단서1** a_3, a_5를 등비수열 $\{a_n\}$의 공비를 이용하여 나타낸 후 주어진 식에 대입하여 공비를 구해.

일 때, a_{10}의 값을 구하시오. (3점)
단서2 등비수열 $\{a_n\}$의 공비를 r라 하면 $a_{10}=\frac{1}{4}r^9$이야.

1st 등비수열 $\{a_n\}$의 공비를 구하자.

등비수열 $\{a_n\}$의 공비를 r라 하면 일반항은 $a_n=\frac{1}{4}r^{n-1}$이다.

즉, $a_3=\frac{1}{4}r^2$, $a_5=\frac{1}{4}r^4$이므로 이것을 $a_3+a_5=\frac{1}{a_3}+\frac{1}{a_5}$에 대입하면

$\frac{1}{4}r^2+\frac{1}{4}r^4=\frac{4}{r^2}+\frac{4}{r^4}$에서 $\frac{1}{4}r^2(1+r^2)=\frac{4}{r^4}(r^2+1)$

$r^6=16$, $(r^3)^2=16$ $\therefore r^3=4$ $(\because r>0)$

2nd a_{10}의 값을 구해. $r^6=(r^3)^2=16$이므로 r^3은 16의 제곱근인데 그 값이 양수이어야 하므로 $r^3=4$야.

$\therefore a_{10}=\frac{1}{4}r^9=\frac{1}{4}(r^3)^3=\frac{1}{4}\times4^3=4^2=16$

😎 **쉬운 풀이: 주어진 등식의 우변을 통분 후 정리하여 얻은 조건으로 공비 구하기**

$\frac{1}{a_3}+\frac{1}{a_5}=\frac{a_3+a_5}{a_3a_5}$이므로 $a_3+a_5=\frac{1}{a_3}+\frac{1}{a_5}$에서

$a_3+a_5=\frac{a_3+a_5}{a_3a_5}$ $\therefore a_3a_5=1$

여기에 $a_3=\frac{1}{4}r^2$, $a_5=\frac{1}{4}r^4$을 대입하면

→ 첫째항이 $\frac{1}{4}$이고 공비가 양수이므로 수열 $\{a_n\}$의 모든 항은 양수야. 즉, $a_3+a_5>0$ 이므로 양변을 a_3+a_5로 나눌 수 있어.

$\frac{1}{4}r^2\times\frac{1}{4}r^4=1$

$r^6=16$ $\therefore r^3=4$

(이하 동일)

G 85 정답 12 *등비중항 ----- [정답률 88%]

[정답 공식: 0이 아닌 세 수 a, b, c가 이 순서대로 등비수열을 이루면 $b^2=ac$가 성립한다.]

두 양수 a, b에 대하여 세 수 a^2, 12, b^2이 이 순서대로 등비수열을 이룰 때, $a\times b$의 값을 구하시오. (3점) **단서** 주어진 세 수가 순서대로 등비수열을 이루므로 등비중항에 의해 $12^2=a^2b^2$이지?

1st 등비중항의 성질을 이용해 ab의 값을 구하자.

세 수 a^2, 12, b^2이 이 순서대로 등비수열을 이루므로

$12^2=a^2b^2=(ab)^2$

이때, a, b는 양수이므로 $a\times b=12$이다.

[등비중항]
0이 아닌 세 수 x, y, z가 이 순서대로 등비수열을 이루면 $y^2=xz$

G 86 정답 4 *등비중항 ----- [정답률 85%]

(정답 공식: 세 수 x, y, z가 순서대로 등비수열을 이루면 $y^2=xz$가 성립한다.)

세 수 $\frac{a}{3}$, $4\sqrt{2}$, $6a$가 이 순서대로 등비수열을 이룰 때, 양수 a의 값을 구하시오. (3점) **단서** 순서대로 등비수열을 이루므로 등비중항의 성질에 의하여 $(4\sqrt{2})^2=\frac{a}{3}\times6a$이지?

1st 등비중항의 성질을 이용하여 a의 값을 구해.
→ 세 수 x, y, z가 이 순서대로 등비수열을 이루면 $y^2=xz$

세 수 $\frac{a}{3}$, $4\sqrt{2}$, $6a$가 이 순서대로 등비수열을 이루므로
→ $4\sqrt{2}$는 $\frac{a}{3}$와 $6a$의 등비중항이야.

$\frac{a}{3}\times6a=(4\sqrt{2})^2$, $2a^2=32$, $a^2=16$

$\therefore a=4$ $(\because a>0)$

G 87 정답 10 *등비중항 ----- [정답률 80%]

[정답 공식: 0이 아닌 세 수 a, b, c가 이 순서대로 등비수열을 이루면 $b^2=ac$가 성립한다.]

세 수 $a+10$, a, 5가 이 순서대로 등비수열을 이루도록 하는 양수 a의 값을 구하시오. (3점) **단서** 등비중항의 성질을 떠올려 보자.

1st 등비중항 공식에 대입해 보자.

세 수 $a+10$, a, 5가 이 순서대로 등비수열을 이루므로 등비중항의 성질에 의하여 $a^2=5(a+10)$

[등비중항의 성질] 세 수 a, b, c가 등비수열을 이룰 때, $b^2=ac$

$a^2-5a-50=0$, $(a-10)(a+5)=0$

$\therefore a=-5$ 또는 $a=10$

따라서 양수 a의 값은 10이다.

G 88 정답 ⑤ *등비중항 ·················· [정답률 80%]

[정답 공식: 0이 아닌 세 수 a, b, c가 이 순서대로 등비수열을 이루면 $b^2=ac$가 성립한다.]

실수 a에 대하여 세 수 a, $a+4$, $a+9$가 이 순서대로 등비수열을 이룰 때, a의 값은? (3점) **단서** 등비중항의 공식을 이용하자.

① 8 ② 10 ③ 12
④ 14 ⑤ 16

1st 세 수가 등비수열을 이루므로 등비중항의 공식을 생각해.

세 수 a, $a+4$, $a+9$가 등비수열을 이루므로 → 세 수 a, b, c가 등비수열을 이루면 $b^2=ac$, 즉 $b=\pm\sqrt{ac}$

$(a+4)^2=a(a+9)$

$a^2+8a+16=a^2+9a$

$\therefore a=16$

G 89 정답 36 *등비중항 ·················· [정답률 54%]

[정답 공식: 세 수 x, y, z가 이 순서대로 등비수열을 이루면 y는 x, z의 등비중항이다.]

단서 세 수가 순서대로 등비수열을 이루므로 등비중항의 성질을 떠올려봐.

세 실수 3, a, b가 이 순서대로 등비수열을 이루고 $\log_a 3b+\log_3 b=5$를 만족시킨다. $a+b$의 값을 구하시오. (4점)

1st 등비중항의 성질을 이용하여 식으로 나타내자.

a는 3과 b의 등비중항이므로 → 세 수 x, y, z가 이 순서대로 등비수열을 이루면 $y^2=xz$이고, 이때 y를 x, z의 등비중항이라고 한다.

$a^2=3b$ ··· ㉠

2nd 로그방정식을 간단히 하자.

㉠을 주어진 식에 대입하면

$\log_a 3b+\log_3 b=\underline{\log_a a^2}+\log_3 b$ → $\log_a a^n=n$
$=2+\log_3 b=5$

즉, $\log_3 b=3$이므로
$\underline{b=3^3=27}$ → 로그의 정의를 이용하여 $\log_3 b=3$이면 $b=3^3=27$이야.

b의 값을 ㉠에 대입하면

$a^2=3\times27=81$

$\therefore a=9$ ($\because a>0$)

$\therefore a+b=9+27=36$

✿ **로그방정식의 풀이** 개념·공식

① $\log_a f(x)=\log_a g(x)$ 꼴일 때, $f(x)=g(x)$를 푼다.
(단, $f(x)>0$, $g(x)>0$)

② $\log_a f(x)=\log_b g(x)$ 꼴일 때, 밑을 통일하고 ①과 같이 푼다.

③ $\log_a x$, $(\log_a x)^2$이 포함된 식은 $\log_a x=t$로 치환한다.

④ $\{f(x)\}^{\log_a x}$과 같이 지수에 로그가 있을 때에는 양변에 $\log_a$를 취한다.

G 90 정답 ③ *등비중항 ·················· [정답률 55%]

(정답 공식: $\log_a xy=\log_a x+\log_a y$ (단, $a>0$, $a\neq1$이고 $x>0$, $y>0$))

x에 대한 다항식 x^3-ax+b를 $x-1$로 나눈 나머지가 57이다. 세 수 **단서1** 다항식을 일차식으로 나누는 거니까 나머지정리가 생각나야지?
1, a, b가 이 순서대로 공비가 양수인 등비수열을 이룰 때, $\dfrac{b}{a}$의 값 **단서2** 세 수가 순서대로 등비수열을 이루니까 a가 1, b의 등비중항이야.
은? (단, a와 b는 상수이다.) (4점)

① 2 ② 4 ③ 8
④ 16 ⑤ 32

1st 다항식의 나머지정리와 등비중항을 이용해서 식을 정리하자.

x에 대한 다항식 x^3-ax+b를 $x-1$로 나눈 나머지가 57이므로
나머지정리에 의하여 → 다항식 $P(x)$를 $x-a$로 나눈 몫을 $Q(x)$, 나머지를 R라 하면 $P(x)=(x-a)Q(x)+R$가 성립하므로 $R=P(a)$

$1-a+b=57$

$b=a+56$ ··· ㉠

또, 1, a, b가 이 순서대로 등비수열을 이루므로

$a^2=b$ ··· ㉡ [등비중항] 0이 아닌 세 수 a, b, c가 이 순서대로 등비수열을 이루면 b는 a, c의 등비중항이다. 즉, $b^2=ac$

2nd 두 식 ㉠, ㉡을 연립해서 a, b의 값을 각각 구해보자.

두 식 ㉠, ㉡을 연립하여 정리하면
$\overline{a^2=a+56}$ → ㉠의 식을 ㉡의 b대신 대입해.

$a^2-a-56=(a+7)(a-8)=0$

$\therefore a=-7$ 또는 $a=8$

공비 a가 양수이므로 $a=8$

㉡에 a의 값을 대입하면 $b=8^2=64$

$\therefore \dfrac{b}{a}=\dfrac{64}{8}=8$

🗣 **다른 풀이:** **1st** 에서 나머지정리와 등비수열의 귀납적 정의를 이용하여 a에 대한 이차방정식 세우기

나머지정리에 의하여 $1-a+b=57$이므로 $b=a+56$

세 수 1, a, $a+56$이 등비수열을 이루므로 $\dfrac{a}{1}=\dfrac{a+56}{a}$

$a^2-a-56=(a+7)(a-8)=0$

(이하 동일)

G 91 정답 ⑤ *등비중항 ·················· [정답률 54%]

[정답 공식: 0이 아닌 세 수 a, b, c가 이 순서대로 등비수열을 이루면 $b^2=ac$가 성립한다.]

유리함수 $f(x)=\dfrac{k}{x}$와 $a<b<12$인 두 자연수 a, b에 대하여 $f(a)$, **단서1** 세 수가 등비수열을 이루므로 등비중항을 이용해서 a, b 사이의 관계식을 찾을 수 있어.
$f(b)$, $f(12)$가 이 순서대로 등비수열을 이룬다. $f(a)=3$일 때, $a+b+k$의 값은? (단, k는 상수이다.) (4점) **단서2** 함숫값이 주어져 있으므로 대입하여 하나의 관계식을 만들 수 있어.

① 10 ② 12 ③ 14 ④ 16 ⑤ 18

1st $f(x)$에 $x=a$, b, 12를 각각 대입하여 등비중항을 이용해.

$f(a)=\dfrac{k}{a}$, $f(b)=\dfrac{k}{b}$, $f(12)=\dfrac{k}{12}$가 이 순서대로 등비수열을 이루므로
→ 세 수 x, y, z가 이 순서대로 등비수열을 이루면 $y^2=xz$가 성립한다.

$\left(\dfrac{k}{b}\right)^2=\dfrac{k}{a}\times\dfrac{k}{12}$ $\therefore b^2=12a$

2nd $12a=b^2$이므로 $12a$는 제곱수겠지?

a, b는 $a<b<12$인 자연수이고 $b^2=12a$이므로 $a=3, b=6$

한편, $f(a)=3$이므로 $\dfrac{k}{a}=3$

a, b가 12보다 작은 자연수이고 $12a$는 제곱수니까 a, b를 한꺼번에 구할 수 있어.

$\therefore k=3a=9$ $\therefore a+b+k=18$

G 92 정답 **25** *등비중항 .... [정답률 65%]

(정답 공식: 등비중항과 이차방정식의 근과 계수의 관계를 이용한다.)

이차방정식 $x^2-kx+125=0$의 두 근 $\alpha, \beta(\alpha<\beta)$에 대하여
단서 2 근과 계수의 관계를 이용하여 α, β의 식을 구하자.
$\alpha, \beta-\alpha, \beta$가 이 순서로 등비수열을 이룰 때, 양수 k의 값을 구하
시오. (4점) **단서 1** $(\beta-\alpha)^2=\alpha\times\beta$이지?

1st '이차방정식~의 두 근 α, β' 하면 근과 계수의 관계가 떠오르지?

이차방정식 $x^2-kx+125=0$의 두 근이 $\alpha, \beta(\alpha<\beta)$이므로 근과 계수의

관계에 의하여 $\alpha+\beta=k, \alpha\beta=125$ ⋯ ㉠
이차방정식 $ax^2+bx+c=0$의 두 근을
α, β라 하면 $\alpha+\beta=-\dfrac{b}{a}, \alpha\beta=\dfrac{c}{a}$야.

2nd a, b, c가 이 순서로 등비수열을 이루면 등비중항을 쓰라는 신호야!
$\Longleftrightarrow b^2=ac$

$\alpha, \beta-\alpha, \beta$가 이 순서로 등비수열을 이룬다고 하므로

$(\beta-\alpha)^2=\alpha\times\beta$에서 $(\beta-\alpha)^2=(\alpha+\beta)^2-4\alpha\beta=\alpha\beta$
곱셈 공식의 변형을 이용해.

$\therefore (\alpha+\beta)^2=5\alpha\beta$

㉠에 의하여 $k^2=5\times125$
$=5\times5\times25=(25)^2$

$\therefore k=25 (\because k>0)$

G 93 정답 **④** *등비중항의 활용 .... [정답률 61%]

(정답 공식: 0이 아닌 세 수 a, b, c가 이 순서대로 등비수열을 이루면 $b^2=ac$가 성립한다.)

첫째항과 공차가 모두 0이 아닌 등차수열 $\{a_n\}$에 대하여

세 항 a_2, a_5, a_{14}가 이 순서대로 등비수열을 이룰 때, $\dfrac{a_{23}}{a_3}$의 값
단서 세 항 a, b, c가 이 순서대로 등비수열을 이루면 $b^2=ac$를 만족하지?
은? (4점)

① 6   ② 7   ③ 8

④ 9   ⑤ 10

1st 주어진 조건을 만족시키는 등차수열의 첫째항과 공차의 관계식을 구하자.

세 항 a_2, a_5, a_{14}가 이 순서대로 등비수열을 이루므로 **[등비중항]**

$(a_5)^2=a_2\times a_{14}$
0이 아닌 세 수 a, b, c가 이 순서대로 등비수열을 이룰 때, b를 a와 c의 등비중항이라 하고 $b^2=ac$가 성립한다.

이때, 등차수열 $\{a_n\}$의 첫째항을 a, 공차를 d라 하면

$a_5=a+4d, a_2=a+d, a_{14}=a+13d$이므로 **[등차수열의 일반항]**
등차수열 $\{a_n\}$의 첫째항을 a, 공차를 d라 하면 일반항 $a_n=a+(n-1)d$

$(a+4d)^2=(a+d)(a+13d)$

$a^2+8ad+16d^2=a^2+14ad+13d^2$

$3d^2=6ad$

$3d(d-2a)=0$

$d\neq0$이므로 $d=2a$ ⋯ ㉠

2nd a와 d의 관계를 이용하여 $\dfrac{a_{23}}{a_3}$의 값을 구하자.

$a_{23}=a+22d, a_3=a+2d$이므로

$\dfrac{a_{23}}{a_3}=\dfrac{a+22d}{a+2d}=\dfrac{45a}{5a} (\because ㉠)=9$

G 94 정답 **②** *등비중항의 활용 .... [정답률 81%]

(정답 공식: a_k는 등차중항이므로 k의 값을 바로 안다. 등비중항 공식을 이용해 첫째항의 값을 안다.)

공차가 6인 등차수열 $\{a_n\}$에 대하여 세 항 a_2, a_k, a_8은 이 순서대로
단서 1 $a_k-a_2=a_8-a_k$이지? 일반항으로 k의 값을 구해 볼까?
등차수열을 이루고, 세 항 a_1, a_2, a_k는 이 순서대로 등비수열을 이
룬다. $k+a_1$의 값은? (4점) **단서 2** $a_2^2=a_1a_k$이니까 일반항 a_n을 이용해.

① 7   ② 8   ③ 9   ④ 10   ⑤ 11

1st 세 수 a, b, c가 이 순서대로 등차수열을 이루면 등차중항을, 등비수열을
이루면 등비중항을 이용해. $\Longrightarrow 2b=a+c$ $\Longleftrightarrow b^2=ac$

등차수열 $\{a_n\}$의 첫째항이 a_1, 공차가 6이고 세 항 a_2, a_k, a_8이 이 순서
대로 등차수열을 이루므로 $2a_k=a_2+a_8$에서 k가 2, 8의 평균값이어야 해.

$2\{a_1+(k-1)\times6\}=(a_1+6)+(a_1+42)$ 즉, $k=\dfrac{2+8}{2}=5$

$12k=60$ $\therefore k=5$ $a_2=a_1+1\times6$ $a_8=a_1+7\times6$

또, 세 항 $a_1, a_2, a_k=a_5$는 이 순서대로 등비수열을 이루므로

$a_2^2=a_1\times a_5$에서 a_2가 a_1과 a_5의 등비중항이지?
$a_5=a_1+4\times6$

$(a_1+6)^2=a_1(a_1+24)$, $a_1^2+12a_1+36=a_1^2+24a_1$

$12a_1=36$ $\therefore a_1=3$

$\therefore k+a_1=5+3=8$

G 95 정답 **⑤** *등비중항의 활용 .... [정답률 63%]

(정답 공식: 등차중항, 등비중항 공식을 이용해 a, b에 대한 식 두 개를 추출한다.)

두 양수 a, b에 대하여 세 수 $a+3, 3, b$는 이 순서대로 등차수열을

이루고, 세 수 $\dfrac{2}{b}, 1, \dfrac{2}{a+3}$는 이 순서대로 등비수열을 이룬다. 이
단서 세 수가 순서대로 각각 등차, 등비수열을 이루므로 그 성질인 등차중항, 등비중항을 이용해.
때, $b-a$의 값은? (3점)

① $-5-2\sqrt5$ ② $-3-2\sqrt5$ ③ $-1-2\sqrt5$

④ $1-2\sqrt5$ ⑤ $3-2\sqrt5$

1st 등차중항과 등비중항을 적용하자.

세 수 $a+3, 3, b$가 이 순서대로 등차수열이므로

$6=a+3+b$ $\therefore b=3-a$ ⋯ ㉠

세 수 $\dfrac{2}{b}, 1, \dfrac{2}{a+3}$가 이 순서대로 등비수열이므로

$1=\dfrac{4}{(a+3)b}$ $\therefore (a+3)b=4$ ⋯ ㉡

㉠을 ㉡에 대입하면 $(a+3)(3-a)=4$

$9-a^2=4, a^2=5$ $\therefore a=\sqrt5 (\because a>0) \Rightarrow b=3-\sqrt5 (\because ㉠)$

$\therefore b-a=3-2\sqrt5$

G 96 정답 **④** *등비중항의 활용 .... [정답률 85%]

(정답 공식: $a_1a_2a_4a_5=(a_1a_5)(a_2a_4)$에서 등비중항을 이용한다.)

등비수열 $\{a_n\}$에 대하여 ❶ $a_3=\sqrt5$일 때, ❷ $a_1\times a_2\times a_4\times a_5$의 값은?
단서 조건 ❶을 이용하여 ❷를 구해야 하지? 이때, ❷에서 a_1, a_3, a_5와 a_2, a_3, a_4가
각각 이 순서대로 등비수열을 이루네. (3점)

① $\sqrt5$ ② 5   ③ $5\sqrt5$ ④ 25   ⑤ $25\sqrt5$

1st $a_3=\sqrt{5}$를 이용하여 a_1, a_2, a_4, a_5의 값을 구하기 위해서 등비중항을 이용해.

a_3은 a_1과 a_5 또는 a_2와 a_4의 등비중항이다.

a_m과 a_n에서 $\dfrac{m+n}{2}=l$을 만족시키는 a_l이 a_m과 a_n의 등비중항이야.

a, b, c가 순서대로 등비수열을 이룰 때 $b^2=ac$가 성립해.

즉, $a_3{}^2=a_1a_5=a_2a_4$이므로 $a_1\times a_2\times a_4\times a_5=a_3{}^4=(\sqrt{5})^4=25$

등비중항의 성질에 의하여 $a_3{}^2$이야.

G 97 정답 ① *등비중항의 활용 ⋯⋯⋯⋯ [정답률 72%]

(정답 공식: 세 수 a, b, c가 이 순서대로 등차수열을 이루면 $2b=a+c$가 성립한다.)

단서1 세 수가 순서대로 등차수열을 이루므로 등차중항의 성질을 이용하자.

서로 다른 두 실수 a, b에 대하여 세 수 a, b, 6이 이 순서대로 등차수열을 이루고, 세 수 a, 6, b가 이 순서대로 등비수열을 이룬다. $a+b$의 값은? (4점) **단서2** 세 수가 순서대로 등비수열을 이루므로 등비중항의 성질을 이용하자.

① -15 ② -8 ③ -1
④ 6   ⑤ 13

1st 등차중항을 이용하여 식을 구하자.

서로 다른 두 실수 a, b에 대하여 세 수 a, b, 6이 이 순서대로 등차수열을 이루므로 $2b=a+6$ $\therefore a=2b-6$ … ㉠

2nd 등비중항을 이용하여 식을 구하자.

세 수 a, 6, b가 이 순서대로 등비수열을 이루므로
$6^2=ab$ $\therefore ab=36$ … ㉡

[등비중항] 세 수 x, y, z가 이 순서대로 등비수열을 이루면 $y^2=xz$가 성립하고, y를 x, z의 등비중항이라 해.

3rd ㉠, ㉡을 이용하여 a, b의 값을 각각 구하자.

㉠을 ㉡에 대입하면 $(2b-6)b=36$
$2b^2-6b-36=0$, $b^2-3b-18=0$
$(b+3)(b-6)=0$ $\therefore b=-3$ 또는 $b=6$

㉠에 값을 대입하면 $b=-3$일 때, $a=2\times(-3)-6=-12$
$b=6$일 때, $a=2\times6-6=6$

a, b는 서로 다른 실수이므로 $a=-12$, $b=-3$

$\therefore a+b=-12-3=-15$

G 98 정답 14 *등비중항의 활용 ⋯⋯⋯⋯ [정답률 93%]

(정답 공식: 등차중항과 등비중항 공식을 이용한다.)

세 수 1, x, 5는 이 순서대로 등차수열을 이루고, 세 수 1, y, 5는 이 순서대로 등비수열을 이룰 때, x^2+y^2의 값을 구하시오. (2점)
단서1 등차중항에 의하여 $2x=1+5$지? **단서2** 등비중항에 의하여 $y^2=1\times5$지?

1st 세 수 a, b, c가 이 순서대로 등차수열을 이루면 등차중항을 이용하라는 단서야. $\Longleftrightarrow 2b=a+c$

세 수 1, x, 5가 이 순서대로 등차수열을 이루므로
$2x=1+5$ $\therefore x=3$

x가 1, 5의 등차중항이지?

주의 세 수의 순서에 주의하여 등차중항 또는 등비중항을 이용하도록 하자.

2nd 세 수 d, e, f가 이 순서대로 등비수열을 이루면 등비중항을 이용하라는 단서야. $\Longleftrightarrow e^2=df$

세 수 1, y, 5가 이 순서대로 등비수열을 이루므로 $y^2=5$
$\therefore x^2+y^2=3^2+5=14$

y가 1, 5의 등비중항이야.

주의 세 수의 순서에 주의하여 등차중항 또는 등비중항을 이용하도록 하자.

G 99 정답 18 *등비중항의 활용 ⋯⋯⋯⋯ [정답률 47%]

(정답 공식: $b_2b_7=b_4b_5=a_4a_5$)

등차수열 $\{a_n\}$과 공비가 1보다 작은 등비수열 $\{b_n\}$이
$a_1+a_8=8$, $b_2b_7=12$, $a_4=b_4$, $a_5=b_5$
를 모두 만족시킬 때, a_1의 값을 구하시오. (4점) **단서** 등차수열의 일반항과 등비수열의 일반항으로 나타내면 연립하기 쉽지 않으므로 등차·등비중항을 이용하도록 해보자.

1st a_1+a_8과 a_4와 a_5, b_2b_7과 b_4와 b_5를 좀 더 쉽게 이용하기 위해서는 등차·등비중항을 이용해 볼까? $1+8=2+7=4+5$로 아래첨자의 합이 같으므로 등차중항의 성질을 이용해 봐.

수열 $\{a_n\}$은 등차수열이므로 등차중항의 성질에 의하여
$a_1+a_8=a_4+a_5=8$ … ㉠ 세 수 a, b, c가 이 순서대로 등차수열을 이루면 $2b=a+c$이지?

수열 $\{b_n\}$은 등비수열이므로 등비중항의 성질에 의하여
$b_2b_7=b_4b_5=12$ … ㉡ 세 수 a, b, c가 이 순서대로 등비수열을 이루면 $b^2=ac$이지?

2nd $a_4=b_4$, $a_5=b_5$를 이용하여 일반항 a_n을 세워 a_1의 값을 구해.

$a_4=b_4$, $a_5=b_5$이므로

㉠에서 $b_4+b_5=a_4+a_5=8$과 ㉡에서 $b_4b_5=12$를 연립하면
$b_4b_5=b_4(8-b_4)=12$에서 $b_4{}^2-8b_4+12=0$
$(b_4-2)(b_4-6)=0$ $\therefore b_4=2$ 또는 $b_4=6$

따라서 b_4, b_5의 값을 순서쌍 (b_4, b_5)로 나타내면 $(2, 6)$ 또는 $(6, 2)$

그런데 수열 $\{b_n\}$은 공비가 1보다 작은 등비수열이므로
$a_4=b_4=6$, $a_5=b_5=2$ $\longrightarrow$ 등비수열이 …, 2, 6, …일 땐 공비가 3이고, …, 6, 2, …일 땐 공비가 $\frac{1}{3}$이야.

주의 순서에 따라 공비가 달라질 수 있으므로 주의하자.

따라서 수열 $\{a_n\}$의 공차는 $a_5-a_4=-4$이므로
$a_4=a_1+3\times(-4)=6$ $a_{n+1}-a_n=d$이니까.
$\therefore a_1=18$

G 100 정답 ⑤ *등비수열의 활용 – 등비수열의 변형 ⋯⋯⋯⋯ [정답률 81%]

(정답 공식: b_n을 n에 대해 나타낼 수 있다.)

첫째항이 1이고 공비가 2인 등비수열 $\{a_n\}$에 대하여
$b_n=(a_{n+1})^2-(a_n)^2$ **단서** 일반항 a_n을 세워 b_n의 식을 유도해.
일 때, $\dfrac{b_6}{b_3}$의 값은? (3점)

① 56   ② 58   ③ 60   ④ 62   ⑤ 64

1st 주어진 첫째항과 공비를 가지고 등비수열 $\{a_n\}$의 일반항을 구해.

첫째항 a_1과 공비 r가 주어진 등비수열 $\{a_n\}$의 일반항은 $a_n=a_1r^{n-1}$이지?

첫째항이 1이고 공비가 2인 등비수열 $\{a_n\}$의 일반항은
$a_n=1\times2^{n-1}=2^{n-1}$

2nd 주어진 식을 이용하여 수열 $\{b_n\}$의 일반항을 구하자.

$b_n=(a_{n+1})^2-(a_n)^2$ $a_n=2^{n-1}$이니까 $a_{n+1}=2^{(n+1)-1}=2^n$이야.
$=(2^n)^2-(2^{n-1})^2=4^n-4^{n-1}=4^{n-1}(4-1)=3\times4^{n-1}$

$\therefore \dfrac{b_6}{b_3}=\dfrac{3\times4^5}{3\times4^2}=4^3=64$ $\dfrac{\blacksquare^{\bullet}}{\blacksquare^{\circ}}=\blacksquare^{\bullet-\circ}$이지? 즉, $4^{5-2}=4^3$이야.

다른 풀이: **2nd** 에서 $b_n=2^{2n}-2^{2n-2}$으로 놓고 $\dfrac{b_6}{b_3}$의 값 구하기

$b_n=(2^n)^2-(2^{n-1})^2=2^{2n}-2^{2n-2}$이므로
$\dfrac{b_6}{b_3}=\dfrac{2^{12}-2^{10}}{2^6-2^4}=\dfrac{2^6(2^6-2^4)}{2^6-2^4}=2^6=64$

G 101 정답 ⑤   *등비수열의 활용 – 등비수열의 변형 ·· [정답률 83%]

[정답 공식: 등차중항과 등비중항을 이용하고 a_n, b_n 중 한 문자에 대하여 식을
정리해 n에 대해 표현해본다.]

모든 항이 양수인 두 수열 $\{a_n\}$, $\{b_n\}$에 대하여 a_n, b_n, a_{n+1}은 이 순서대로 등차수열을 이루고 b_n, a_{n+1}, b_{n+1}은 이 순서대로 등비수열을 이룰 때, 일반항 a_n과 b_n을 구하는 과정이다.

(단, $a_1=1$, $a_2=3$, $b_1=2$)

> a_n, b_n, a_{n+1}은 이 순서대로 등차수열을 이루므로
> $$2b_n=a_n+a_{n+1} \cdots ㉠$$
> 이다.
> b_n, a_{n+1}, b_{n+1}은 이 순서대로 등비수열을 이루므로
> $$(a_{n+1})^2=b_nb_{n+1}$$
> 이고, $a_{n+1}>0$, $a_{n+2}>0$이므로
> $$a_{n+1}=\sqrt{b_nb_{n+1}},\quad a_{n+2}=\sqrt{b_{n+1}b_{n+2}} \cdots ㉡$$
> 이다.
> 또한, ㉠, ㉡에서 얻어진 $2b_{n+1}=\sqrt{b_nb_{n+1}}+\sqrt{b_{n+1}b_{n+2}}$의 양변을 $\sqrt{b_{n+1}}$로 나누면 $2\sqrt{b_{n+1}}=\sqrt{b_n}+\sqrt{b_{n+2}}$이므로 수열 $\{\sqrt{b_n}\}$은 <u>(가)</u> 수열이다. _{단서1} ㉠과 같은 꼴이지?
> 그러므로 $a_2=3$❶, $b_1=2$, $(a_2)^2=b_1b_2$에서
> ❷ $b_2=\dfrac{9}{2}$이므로 $b_n=$ <u>(나)</u> 이다. _{단서2} 수열 $\{\sqrt{b_n}\}$이 어떤 수열임을 이용하여 ❶, ❷를 가지고 b_n의 일반항을 구해.
> 따라서 $a_n=$ <u>(다)</u> 이다.
> _{단서3} ㉡에서 $a_n=\sqrt{b_{n-1}\times b_n}$이지?

위 증명에서 (가), (나), (다)에 알맞은 것은? (4점)

	(가)	(나)	(다)
①	등차	$\frac{1}{2}(n+1)^2$	$\frac{n(n+1)}{4}$
②	등비	$\frac{1}{2}(n+1)^2$	$\frac{n(n+1)}{2}$
③	등차	$\frac{1}{4}(n+1)^2$	$\frac{n(n+1)}{4}$
④	등비	$\frac{1}{4}(n+1)^2$	$\frac{n(n+1)}{4}$
⑤	등차	$\frac{1}{2}(n+1)^2$	$\frac{n(n+1)}{2}$

1st 0이 아닌 세 수 a, b, c가 순서대로 등차수열을 이루면 등차중항을, 등비수열을 이루면 등비중항을 이용해. $\Longleftrightarrow 2b=a+c$ $\Longleftrightarrow b^2=ac$

a_n, b_n, a_{n+1}은 이 순서대로 등차수열을 이루므로 $2b_n=a_n+a_{n+1} \cdots ㉠$
b_n은 a_n과 a_{n+1}의 등차중항이지?
한편, b_n, a_{n+1}, b_{n+1}은 이 순서대로 등비수열을 이루므로
$a_{n+1}^2=b_nb_{n+1} \cdots ㉡$ a_{n+1}은 b_n과 b_{n+1}의 등비중항이야.
이때, $a_{n+1}>0$, $a_{n+2}>0$이므로 $\rightarrow x^2=a^2$에서 $x=\pm a$ (단, $a>0$)
$a_{n+1}=\sqrt{b_nb_{n+1}}$, $a_{n+2}=\sqrt{b_{n+1}b_{n+2}} \cdots ㉢$
2nd 수열 $\{\sqrt{b_n}\}$의 일반항을 구하면서 빈칸 (가), (나), (다)를 채우자.
또한, ㉠, ㉢에서 얻어진 $2b_{n+1}=a_{n+1}+a_{n+2}=\sqrt{b_nb_{n+1}}+\sqrt{b_{n+1}b_{n+2}}$의 양변을 $\sqrt{b_{n+1}}$로 나누면 $2\sqrt{b_{n+1}}=\sqrt{b_n}+\sqrt{b_{n+2}}$이므로 수열 $\{\sqrt{b_n}\}$은 등차수열이다.
$2a_{n+1}=a_n+a_{n+2}$가 성립하면 수열 $\{a_n\}$은 등차수열이야. ← (가)

그러므로 $a_2=3$, $b_1=2$, $a_2^2=b_1b_2$에서 $b_2=\dfrac{9}{2}$이므로 수열 $\{\sqrt{b_n}\}$은 공차
$b_2=\dfrac{a_2^2}{b_1}=\dfrac{3^2}{2}$
가 $\sqrt{b_2}-\sqrt{b_1}=\dfrac{3}{\sqrt{2}}-\sqrt{2}=\dfrac{\sqrt{2}}{2}$이고 첫째항이 $\sqrt{b_1}=\sqrt{2}$인 등차수열이다.

$\sqrt{b_n}=\sqrt{2}+(n-1)\times\dfrac{\sqrt{2}}{2}=\dfrac{\sqrt{2}}{2}(n+1)$ $\therefore b_n=\dfrac{1}{2}(n+1)^2$ ← (나)
양변을 제곱하여 b_n을 구해.

이때, ㉡에 의하여
$$a_n^2=b_{n-1}b_n=\dfrac{1}{2}n^2\times\dfrac{1}{2}(n+1)^2=\dfrac{1}{4}n^2(n+1)^2$$
$a_n>0$에서
$$\therefore a_n=\dfrac{n(n+1)}{2} \; (\because a_n>0) \qquad a_n=\sqrt{\dfrac{n^2(n+1)^2}{4}}=\sqrt{\left\{\dfrac{n(n+1)}{2}\right\}^2}$$
← (다)

G 102 정답 ③   *등비수열의 활용 – 등비수열의 변형 ·· [정답률 55%]

(정답 공식: 첫째항이 a_1, 공비가 r인 등비수열 $\{a_n\}$의 일반항은 $a_n=a_1r^{n-1}$이다.)

첫째항이 양수이고 공비가 음수인 등비수열 $\{a_n\}$의 첫째항부터 제 n항까지의 합 S_n에 대하여
$$a_2a_6=1,\; S_3=3a_3$$
일 때, a_7의 값은? (4점)
_{단서1} 등비수열 $\{a_n\}$의 첫째항이 양수이고, 공비가 음수로 부호가 결정된 것은 식을 푸는 과정에서 첫째항과 공비가 양수 또는 음수로 나올 때 결정할 수 있는 주요 단서야.
_{단서2} 등비수열의 일반항을 이용하여 각각의 식을 첫째항과 공비로 정리할 수 있지.

① $\dfrac{1}{32}$ ② $\dfrac{1}{16}$ ③ $\dfrac{1}{8}$

④ $\dfrac{1}{4}$ ⑤ $\dfrac{1}{2}$

1st 등비수열의 일반항을 이용하여 $S_3=3a_3$을 정리해보자.
등비수열 $\{a_n\}$의 첫째항을 a, 공비를 r라 놓으면 일반항 $a_n=ar^{n-1}$이므로 $S_3=3a_3$에서
$$a+ar+ar^2=3\times ar^2$$
양변을 a로 나누면   _{주의}

> **주의** a로 나눌 때, a가 0이 되지 않아야 된다는 조건이 필요해. 그런데 주어진 조건에서 첫째항이 양수라 하므로 0이 아닌 것이 확실하지. 문자로 나눌 때 항상 주의해야 할 것은 나누는 것이 0이 안 되어야 한다는 거야.

$1+r+r^2=3r^2$
$2r^2-r-1=0$
$(r-1)(2r+1)=0$
$\therefore r=-\dfrac{1}{2} \;(\because r<0)$

2nd $a_2a_6=1$을 정리하자.
또, $a_2a_6=1$에서 $ar\times ar^5=1$ $\therefore a^2r^6=1$
이 식에 $r=-\dfrac{1}{2}$을 대입하면
$a^2\times\left(-\dfrac{1}{2}\right)^6=1$, $a^2=2^6$
$\therefore a=8 \;(\because a>0)$

3rd a_7의 값을 구하자.
$\therefore a_7=ar^6=8\times\left(-\dfrac{1}{2}\right)^6=\dfrac{1}{8}$

✿ 등비수열의 일반항   개념·공식

첫째항이 a_1이고 공비가 r인 등비수열 $\{a_n\}$의 일반항은
$a_n=a_1r^{n-1}$

G 103 정답 46 ＊등비수열의 활용 – 등비수열의 변형 ┈ [정답률 67%]

(정답 공식: a_1, a_2, a_3을 이용해 수열 $\{a_{n+1}-a_n\}$의 첫째항과 공비를 구할 수 있다.)

수열 $\{a_n\}$에서 $a_1=1$, $a_2=4$, $a_3=10$이고, 수열 $\{a_{n+1}-a_n\}$은 등비수열일 때, a_5의 값을 구하시오. (3점)

단서 $b_n=a_{n+1}-a_n$이라 하고 일반항을 구해. 이때, 첫째항은 $b_1=a_2-a_1$, 공비는 $\dfrac{b_2}{b_1}$이지?

1st 등비수열 $\{a_{n+1}-a_n\}$의 첫째항과 공비를 각각 구해.

$a_1=1$, $a_2=4$, $a_3=10$이므로

$a_2-a_1=4-1=3$ … ㉠

$a_3-a_2=10-4=6$ … ㉡

$\dfrac{b_2}{b_1}=\dfrac{a_3-a_2}{a_2-a_1}=\dfrac{6}{3}=2$

즉, 수열 $\{a_{n+1}-a_n\}$은 첫째항이 3이고, 공비가 2인 등비수열이다.

$b_1=a_2-a_1=3$

2nd 수열 $\{a_{n+1}-a_n\}$의 4번째 항, 5번째 항도 구해서 a_5를 얻어 내!

즉, $a_{n+1}-a_n=3\times 2^{n-1}$이므로 → 첫째항이 a_1이고, 공비가 r인 등비수열 $\{a_n\}$의 일반항은 $a_n=a_1 r^{n-1}$이야.

$a_4-a_3=12$ … ㉢

$a_5-a_4=24$ … ㉣

㉠~㉣의 각 변을 더하면 $a_5-a_1=45$

$\begin{aligned} a_5-a_4&=24\\ a_4-a_3&=12\\ a_3-a_2&=6\\ +)\,a_2-a_1&=3\\ \hline a_5-a_1&=24+12+6+3 \end{aligned}$

$\therefore a_5=45+a_1=45+1=46$

G 104 정답 64 ＊등비수열의 활용 – 등비수열의 변형 ┈ [정답률 65%]

(정답 공식: 첫째항이 a, 공비가 r인 등비수열의 일반항은 $a_n=ar^{n-1}$이다.)

$\dfrac{1}{4}$과 16사이에 n개의 수를 넣어 만든 공비가 양수 r인 등비수열

$\dfrac{1}{4}$, a_1, a_2, a_3, $\cdots$, a_n, 16

단서 두 항 사이에 n개의 수를 넣어 만든 등비수열의 항수는 $n+2$가 돼. 그리고 공비가 음수가 아닌 양수임에 유의해야 해.

의 모든 항의 곱이 1024일 때, r^9의 값을 구하시오. (4점)

1st 공비 r를 이용하여 마지막 항인 16을 표현해보자.

등비수열 $\dfrac{1}{4}$, a_1, a_2, $\cdots$, a_n, 16이 공비 r가 양수인 등비수열을 이루므로

등비수열의 첫째항은 $\dfrac{1}{4}$, $n+2$번째 항은 16이므로

$16=\dfrac{1}{4}r^{n+1}$ $\quad\dfrac{1}{4}\times r^{(n+2)-1}=16 \Rightarrow 16=\dfrac{1}{4}r^{n+1}$

$r^{n+1}=64$ … ㉠

2nd 등비수열의 각 항을 구하여 곱한 값이 1024가 되는 n과 r를 구하자.

주어진 등비수열의 모든 항의 곱이 1024이므로

$\dfrac{1}{4}\times a_1 \times a_2 \times \cdots \times a_n \times 16$

$=\dfrac{1}{4}\times\dfrac{1}{4}r\times\dfrac{1}{4}r^2\times\cdots\times\dfrac{1}{4}r^n\times 16 \left(\because a_n=\dfrac{1}{4}r^n\right)$

$=\left(\dfrac{1}{4}\right)^{n+1}\times 16\times r^{1+2+\cdots+n}$

$=2^{-2n-2}\times 2^4 \times r^{\frac{n(n+1)}{2}}$ → 지수법칙을 이용하여 $\left(\dfrac{1}{4}\right)^{n+1}=(2^{-2})^{n+1}=2^{-2n-2}$ 또, 자연수의 거듭제곱의 합을 이용하여 $1+2+3+\cdots+n=\displaystyle\sum_{k=1}^{n}k=\dfrac{n(n+1)}{2}$

$=2^{-2n+2}\times (r^{n+1})^{\frac{n}{2}}=1024$ … ㉡

㉠을 ㉡에 대입하면

$2^{-2n+2}\times (2^6)^{\frac{n}{2}}=1024$, $2^{n+2}=2^{10}$

밑이 2로 같으므로

$n+2=10$ $\quad\therefore n=8$

따라서 $n=8$을 ㉠에 대입하면

$r^9=64$

G 105 정답 ③ ＊등비수열의 활용 – 등비수열의 변형 ┈ [정답률 47%]

(정답 공식: 등차수열을 이루면 $2b=a+c$, 등비수열을 이루면 $b^2=ac$이다.)

a, b, c가 서로 다른 세 실수일 때, 이차함수 $f(x)=ax^2+2bx+c$에 대한 [보기]의 설명 중 옳은 것을 모두 고른 것은? (4점)

─────[보기]─────

단서1 $2b=a+c$이지?

ㄱ. a, b, c가 이 순서로 등차수열을 이루면 $f(1)=4b$이다.

ㄴ. a, b, c가 이 순서로 등차수열을 이루면 $y=f(x)$의 그래프는 x축과 서로 다른 두 점에서 만난다.
⇒ 이차방정식 $f(x)=0$의 판별식 D가 $\dfrac{D}{4}>0$이어야 해.

ㄷ. a, b, c가 이 순서로 등비수열을 이루면 $y=f(x)$의 그래프는 x축과 만나지 않는다. **단서2** $b^2=ac$이지?
⇒ $\dfrac{D}{4}<0$이어야 해.

① ㄱ ② ㄷ ③ ㄱ, ㄴ ④ ㄴ, ㄷ ⑤ ㄱ, ㄴ, ㄷ

1st a, b, c가 이 순서로 등차수열을 이루므로 b는 a와 c의 등차중항이지?

ㄱ. a, b, c가 이 순서로 등차수열을 이루므로 $2b=a+c$ … ⓐ

$\therefore f(1)=a+2b+c=2b+2b=4b$ (참)
$f(x)=ax^2+2bx+c$에 $x=1$을 대입.

2nd 이차함수가 x축과 서로 다른 두 점에서 만나면 이차방정식이 서로 다른 두 실근을 가짐을 이용하자.

함정 x축에 만나는 점에 관한 문제를 구할 때에는 항상 이차방정식을 구하여 그 판별식을 이용하여 풀도록 하자.

x축과의 교점이 2개일 때, $f(x)=0$을 만족시키는 x의 값이 2개야.

ㄴ. 이차방정식 $ax^2+2bx+c=0$의 판별식을 D라 하면

$a^2+2ac+c^2-4ac=a^2-2ac+c^2=(a-c)^2$

$D=(2b)^2-4ac=(a+c)^2-4ac$

$\dfrac{D}{4}$를 사용하지 않고 ⓐ를 이용하기 위하여 D를 사용!

$=(a-c)^2>0$ $(\because a\neq c)$ → 모든 실수 A에 대하여 $A^2\geq 0$이야. 이때, a, b, c가 이 순서로 등차수열을 이루니까 $a\neq c$야.

이므로 이 이차방정식은 서로 다른 두 실근을 가진다.

따라서 함수 $y=f(x)$의 그래프는 x축과 서로 다른 두 점에서 만난다.

→ 판별식 $D>0$이면 서로 다른 두 실근을 가져. $D\geq 0$이면 $D=0$에서 중근을 가질 수 있으니까 주의해. (참)

ㄷ. a, b, c가 이 순서로 등비수열을 이루므로

$b^2=ac$ … ⓑ b는 a와 c의 등비중항이야.

이차방정식 $ax^2+2bx+c=0$의 판별식을 D라 하면

$\dfrac{D}{4}=b^2-ac=0$ $\because$ ⓑ

→ 판별식 $D=0$이므로 중근을 가져, 즉 x축과의 교점이 1개야.

이 이차방정식은 중근을 가진다.

따라서 함수 $y=f(x)$의 그래프는 x축에 접한다. (거짓)

따라서 옳은 것은 ㄱ, ㄴ이다.

다른 풀이 ❶ : ㄱ, ㄴ. 등차수열을 이루는 a, b, c를 a, $a+d$, $a+2d$로 놓고 참·거짓 판별하기

ㄱ. a, b, c가 등차수열을 이루므로 공차를 d라 하면 a, b, c는 a, $a+d$, $a+2d$가 돼.

따라서 $f(x)=ax^2+2bx+c=ax^2+2(a+d)x+a+2d$이므로

$f(1)=a+2a+2d+a+2d=4a+4d=4b$ (참)
$=4(a+d)=4b$

ㄴ. ㄱ에서 $f(x)=ax^2+2(a+d)x+a+2d$가 x축과 서로 다른 두 점에서 만나려면 이차방정식 $f(x)=0$의 판별식 $D>0$이어야 해.

$\therefore \dfrac{D}{4}=(a+d)^2-a(a+2d)=d^2>0$ $(\because d\neq 0)$ (참)
$d=0$이면 a, b, c가 서로 다른 실수일 수 없어.

🔎 다른 풀이 ❷ : ㄷ. 등비수열을 이루는 a, b, c를 a, ar, ar^2으로 놓고
참·거짓 판별하기

ㄷ. a, b, c가 등비수열을 이루므로 공비를 r라 하면 a, b, c는 a, ar, ar^2
즉, $f(x)=ax^2+2bx+c=ax^2+2arx+ar^2$이 x축과 만나지 않으려면
이차방정식 $f(x)=0$의 판별식 $D<0$이어야 해.
그런데 $\dfrac{D}{4}=a^2r^2-a^2r^2=0$이지?
따라서 $f(x)$는 x축과 한 점에서 만나. (거짓)

x축과의 교점이 0개일 때
$f(x)=0$을 만족시키는 x의
값은 0개야.

$y=f(x)$

✿ 이차함수의 그래프와 x축의 위치 관계   개념·공식

이차함수 $y=ax^2+bx+c$의 그래프와 x축이 아래와 같은 위치 관계를
가질 때 이차방정식 $ax^2+bx+c=0$의 판별식을 D라 하면
① 서로 다른 두 점에서 만난다. $\iff D>0$
② 접한다. $\iff D=0$
③ 만나지 않는다. $\iff D<0$

G 106   정답 ⑤   *등비수열의 활용 – 등비수열의 변형 … [정답률 45%]

정답 공식: (가)에서 e는 등비중항이다. 즉, c, e, d 또는 d, e, c 순서대로 공비가
1보다 큰 등비수열을 이룬다. (나) 조건을 이용해 가능한 a의 위치를 파악하고
(다) 조건을 이용해 가능한 b의 위치를 파악한다.

다섯 개의 실수 a, b, c, d, e를 적당히 배열하여 공비가 1보다 큰
등비수열을 만들었다. a, b, c, d, e가 다음 조건을 만족시킬 때, b
가 이 수열의 제 n항이라면, n의 값은? (4점)

단서 조건을 이용하여 5개 실수가 등비수열이 되도록 순서를 정하자.

(가) $e=\sqrt{cd}$ (나) $\dfrac{a}{e}=\dfrac{c}{d}$ (다) $a<b$
$\Rightarrow e^2=cd$ $\Rightarrow ad=ce$

① 1   ② 2   ③ 3
④ 4   ⑤ 5

1st 다섯 개의 실수 a, b, c, d, e를 적당히 배열하여 공비가 1보다 큰 등비수열을
만든다지? 주어진 조건 (가), (나), (다)를 차례로 이용하여 실수의 순서를 정해.

먼저 조건 (가)에서 $e=\sqrt{cd} \Rightarrow e^2=cd$가 성립하므로 e는 c, d의 등비
중항이다. [등비중항] a, b, c가 이 순서대로 등비수열을 이룰 때 $b^2=ac$가 성립해.

그러면 c, e, d 또는 d, e, c의 순서대로 등비수열을 이룬다.

한편, 조건 (나)에서 $\dfrac{a}{e}=\dfrac{c}{d} \iff ad=ce$가 성립하므로 $a, \boxed{c, e, d}$ 또는
$a, \boxed{e, c, d}$ 또는 $\boxed{d, c, e}, a$ 또는 $\boxed{d, e, c}, a$의 순서대로 등비수열을 이룬다.
마지막으로 조건 (다)에서 $a<b$이므로 a, c, e, d, b 또는 d, e, c, a, b
의 순서대로 등비수열을 이룬다.
따라서 b는 이 수열의 제 5항이므로 $n=5$

수능 핵강

∗ 조건 (나)에서 $\dfrac{a}{e}=\dfrac{c}{d} \iff ad=ce$의 의미 알아보기

x, y, z, u이 이 순서대로 공비가 r인 등비수열을 이룬다고 하면
$y=xr, z=xr^2, u=xr^3$이라 둘 수 있어.
그럼, $xu=x\times xr^3=x^2r^3$, $yz=xr\times xr^2=x^2r^3$이므로 $xu=yz$
결국 등비수열에서 $ad=ce$가 성립한다고 하면 등비수열 ○, △, △, ○에서
○에는 순서대로 a와 d, △에는 순서대로 c, e가 들어가면 돼.

G 107   정답 ①   *등비수열의 활용 – 그래프와 도형 … [정답률 63%]

(정답 공식: 제4단과 제8단의 부피의 비는 제2단과 제4단의 부피의 비의 제곱이다.)

그림과 같이 각 단의 부피가 일정한 비율로 감소하는 8단 케이크
를 만들었다. 이 케이크의 제2단의 부피를 p, 제4단의 부피를 q라
할 때, 제8단의 부피를 p와 q로 나타낸 것은? (4점)

단서 부피가 등비수열을 이루
니까 일반항을 구하여
각 부피를 표현해.

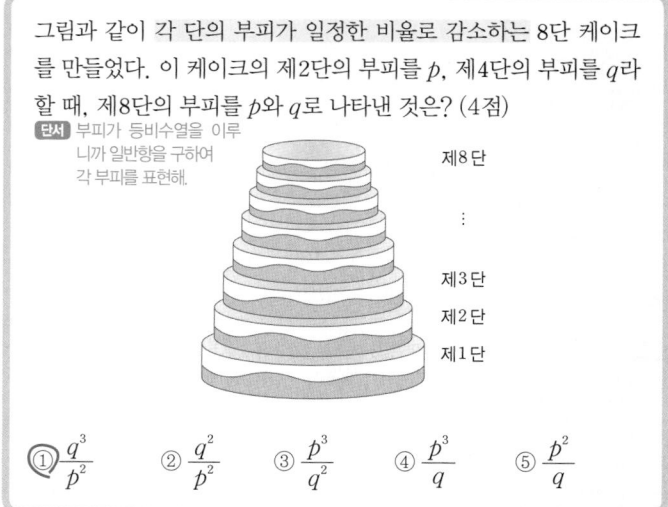

제8단
⋮
제3단
제2단
제1단

① $\dfrac{q^3}{p^2}$ ② $\dfrac{q^2}{p^2}$ ③ $\dfrac{p^3}{q^2}$ ④ $\dfrac{p^3}{q}$ ⑤ $\dfrac{p^2}{q}$

1st 일정한 비율로 각 단의 부피가 감소하니까 등비수열의 일반항을 이용하자.

첫째항이 a_1, 공비가 r일 때 $a_n=a_1r^{n-1}$

케이크의 제1단의 부피를 a라 하고 각 단의 부피가 r배씩 감소한다고 하면

$\underset{=a_2}{p=ar}$, $\underset{=a_4}{q=ar^3}$

일정한 비율로 증가하거나 감소하는 경우 등비수열을
이용하여 일반항을 구할 수 있어.

위 두 식의 각 변을 나누면 $\dfrac{q}{p}=r^2$ $\therefore r=\sqrt{\dfrac{q}{p}}$

2nd 제8단은 등비수열의 8번째 항임을 이용하여 p, q로 표현하자.

따라서 케이크의 제8단의 부피를 구하면

주의

$\underset{=a_8}{ar^7}=ar^3\times r^4$

$=q\left(\sqrt{\dfrac{q}{p}}\right)^4$

$=\dfrac{q^3}{p^2}$ ${(\sqrt{A})^4=A^2, \left(\dfrac{C}{B}\right)^2=\dfrac{C^2}{B^2}}$ 을 이용하여 정리해.

등차수열과 다르게 등비수열
은 첫째항과 공비가 곱해져
있는 꼴이므로 첫째항과 공비
의 값을 모두 몰라도 두 항을
나누어서 구할 수 있어.

G 108   정답 ①   *등비수열의 활용 – 그래프와 도형 … [정답률 69%]

(정답 공식: $f(\sqrt{3})$이 등비중항임을 이용해 등식을 만든다.)

구간 $x>0$에서 정의된 함수
$f(x)=\dfrac{p}{x}$ ($p>1$)의 그래프는 그림과
같다. 세 수 $f(a), f(\sqrt{3}), f(a+2)$가
이 순서대로 등비수열을 이룰 때, 양
수 a의 값은? (3점) 단서 함숫값을 구하여
$\{f(\sqrt{3})\}^2=f(a)f(a+2)$임을 이용해.

y

$f(x)=\dfrac{p}{x}$

O x

① 1   ② $\dfrac{9}{8}$ ③ $\dfrac{5}{4}$ ④ $\dfrac{11}{8}$ ⑤ $\dfrac{3}{2}$

1st a, b, c가 이 순서대로 등비수열을 이루므로 등비중항을 이용해.
$\Rightarrow b^2=ac$

세 수 $f(a), f(\sqrt{3}), f(a+2)$가 이 순서대로 등비수열을 이루므로
$\{f(\sqrt{3})\}^2=f(a)\times f(a+2) \cdots$ ㉠가 성립한다. $f(\sqrt{3})$이 $f(a)$와 $f(a+2)$의
등비중항이지?

이때, $f(a)=\dfrac{p}{a}$, $f(\sqrt{3})=\dfrac{p}{\sqrt{3}}$, $f(a+2)=\dfrac{p}{a+2}$이므로 ㉠에 대입하면

$\left(\dfrac{p}{\sqrt{3}}\right)^2=\dfrac{p}{a}\times\dfrac{p}{a+2}$에서 $\dfrac{p^2}{3}=\dfrac{p^2}{a(a+2)}$ ┈ 함수 $f(x)=\dfrac{p}{x}$ $(p>1)$이지?

$a(a+2)=3$, $a^2+2a-3=0$ ┈ $p>1$이므로 양변을 p^2으로 나누어 주면 돼.

$(a-1)(a+3)=0$ **주의**

$\therefore a=1 \ (\because a>0)$ ┈ 문제의 조건에서 $a>0$임을 잊지 말자.

$a_1=1$

$a_2=\dfrac{1}{2}+\dfrac{1}{4}=\dfrac{3}{4}$

$a_3=\dfrac{1}{2}\left(\dfrac{1}{2}+\dfrac{1}{4}\right)+\dfrac{1}{4}\left(\dfrac{1}{2}+\dfrac{1}{4}\right)=\dfrac{9}{16}=\left(\dfrac{3}{4}\right)^2$

┈ $a_2=\dfrac{1}{2}+\dfrac{1}{4}$이므로 [3단계]에서 왼쪽에는 $\dfrac{1}{2}\left(\dfrac{1}{2}+\dfrac{1}{4}\right)$의 길이를 갖는 선분을 붙이고,
오른쪽에는 $\dfrac{1}{4}\left(\dfrac{1}{2}+\dfrac{1}{4}\right)$의 길이를 갖는 선분을 붙이므로 [3단계]에서 그린 선분들의 길이의
합은 $\dfrac{1}{2}\left(\dfrac{1}{2}+\dfrac{1}{4}\right)+\dfrac{1}{4}\left(\dfrac{1}{2}+\dfrac{1}{4}\right)=\dfrac{1}{4}+\dfrac{1}{8}+\dfrac{1}{8}+\dfrac{1}{16}=\dfrac{4}{16}+\dfrac{2}{16}+\dfrac{2}{16}+\dfrac{1}{16}=\dfrac{9}{16}$

이므로 $a_n=\left(\dfrac{3}{4}\right)^{n-1}$ $\therefore a_{10}=\left(\dfrac{3}{4}\right)^9$

G 109 정답 ② *등비수열의 활용 – 그래프와 도형 ┈ [정답률 63%]

[정답 공식: 수열 $\{a_n\}$이 어떤 수열인지 구하기 위해 a_1, a_2, a_3, …을 직접 구해 수열의 규칙을 파악한다.]

한 평면 위에 다음과 같은 단계에 따라 선분들을 차례대로 그림과 같이 그려 나간다.

[1단계]: 길이가 1인 선분을 그린다.

[2단계]: [1단계]에서 그린 선분의 길이의 $\dfrac{1}{2}$만큼 왼쪽에, $\dfrac{1}{4}$만큼 오른쪽에 [1단계]에 그려진 선분에 붙여 그린다.

[3단계]: [2단계]에서 그린 각 선분의 길이의 $\dfrac{1}{2}$만큼 왼쪽에, $\dfrac{1}{4}$만큼 오른쪽에 [2단계]에 그려진 선분에 붙여 그린다.

⋮

⋮

[그림: 3단계 · 2단계 · 1단계 선분, $\dfrac{1}{2}$, $\dfrac{1}{4}$, 1]

이와 같은 과정을 계속하여 [n단계]에서 그린 선분들의 길이의 합을 a_n이라 하자. 이때, a_{10}의 값은? (4점)

단서 $n=1, 2, 3, \cdots$인 경우의 선분의 길이의 합 a_n을 각각 구해 규칙을 찾아야 해.

① $\left(\dfrac{4}{5}\right)^{10}$ ② $\left(\dfrac{3}{4}\right)^9$ ③ $\left(\dfrac{4}{5}\right)^9$

④ $\left(\dfrac{3}{4}\right)^8$ ⑤ $\left(\dfrac{4}{5}\right)^8$

G 110 정답 ④ *등비수열의 활용 – 그래프와 도형 ┈ [정답률 79%]

[정답 공식: 선분 OP는 반지름이고, R의 좌표도 r를 이용해 나타낼 수 있다. 선분 OR가 등비중항임을 이용해 등식을 만들어내고 r의 값을 구한다.]

그림과 같이 좌표평면 위의 두 원

$C_1 : x^2+y^2=1$ ⇒ 중심은 $(0, 0)$이고 반지름의 길이 1

$C_2 : (x-1)^2+y^2=r^2 (0<r<\sqrt{2})$ ⇒ 중심은 $(1, 0)$이고 반지름의 길이 r

이 제1사분면에서 만나는 점을 P라 하고, 원 C_1이 x축과 만나는 점 P(a, b)라 하면 $a>0, b>0$

중에서 x좌표가 0보다 작은 점을 Q, 원 C_2가 x축과 만나는 점 중에서 x좌표가 1보다 큰 점을 R라 하자.

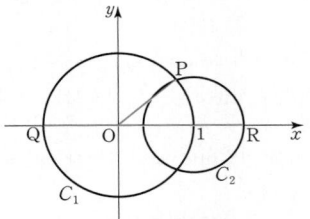

단서 등비중항을 이용해 $\overline{\text{OR}}^2=\overline{\text{OP}}\cdot\overline{\text{QR}}$

$\overline{\text{OP}}$, $\overline{\text{OR}}$, $\overline{\text{QR}}$가 이 순서대로 등비수열을 이룰 때, 원 C_2의 반지름의 길이는? (단, O는 원점이다.) (3점)

① $\dfrac{-2+\sqrt{5}}{2}$ ② $\dfrac{2-\sqrt{3}}{2}$ ③ $\dfrac{-1+\sqrt{3}}{2}$

④ $\dfrac{-1+\sqrt{5}}{2}$ ⑤ $\dfrac{3-\sqrt{3}}{2}$

1st 연속한 세 항이 등비수열을 이루는 경우 등비중항을 생각해.

a_1, a_2, a_3이 이 순서대로 등비수열이면 $a_2{}^2=a_1\times a_3$

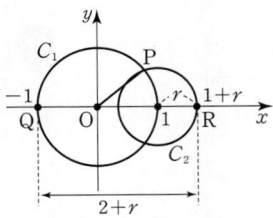

두 원 C_1, C_2의 반지름의 길이가 각각 1, r이므로

$\overline{\text{OP}}=1$, $\overline{\text{OR}}=1+r$, $\overline{\text{QR}}=2+r$

이때, $\overline{\text{OP}}$, $\overline{\text{OR}}$, $\overline{\text{QR}}$의 길이, 즉 1, $1+r$, $2+r$가

이 순서대로 등비수열을 이루므로 등비중항의 성질에 의하여

$(1+r)^2=1\times(2+r)$, $r^2+r-1=0$

$\therefore r=\dfrac{-1+\sqrt{5}}{2} \ (\because 0<r<\sqrt{2})$

G 111 정답 ③ *등비수열의 활용 – 그래프와 도형 [정답률 39%]

정답 공식: $y=-ax_nx+2ax_n^2$, $y=ax^2$이 만나는 점의 x좌표는
$-ax_nx+2ax_n^2=ax^2$을 만족시키는 x의 값이고, 이 값이 곧 x_{n+1}이다.

자연수 n에 대하여 곡선 $y=ax^2(a>0)$ 위의 점 P_n을 다음 규칙에 따라 정한다.

(가) 점 P_1의 좌표는 (x_1, ax_1^2)이다.

(나) 점 P_{n+1}은 점 $P_n(x_n, ax_n^2)$을 지나는

직선 $y=-ax_nx+2ax_n^2$과 곡선 $y=ax^2$이 만나는 점 중에서 점 P_n이 아닌 점이다. 단서 2 직선과 곡선의 식을 연립하여 교점의 x좌표를 구해.

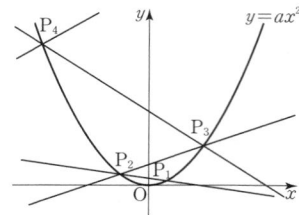

점 P_n의 x좌표로 이루어진 수열 $\{x_n\}$에서 $x_1=\dfrac{1}{2}$일 때, x_{10}의 값은? (4점) 단서 2 교점의 x좌표를 찾아 x_n이 어떤 수열인지 확인해야겠네.

① -1024 ② -512 ③ -256

④ 512 ⑤ 1024

1st 조건 (나)를 이용하여 직선 $y=-ax_nx+2ax_n^2$과 곡선 $y=ax^2$의 교점의 x좌표를 구하자.

직선과 곡선의 방정식을 연립하여 교점의 x좌표를 구하면
$-ax_nx+2ax_n^2=ax^2$에서

$a(\underline{x^2+x_nx-2x_n^2})=0$ → 문자가 복잡할 때는 $x^2+tx-2t^2=0$이라 나타내 볼까?

$a(x+2x_n)(x-x_n)=0$ $(x+2t)(x-t)=0$이야.

$\therefore x=x_n$ 또는 $x=-2x_n$

2nd 점 P_n의 x좌표의 일반항을 구하자.

이때, 직선과 곡선의 두 교점 중에서 점 $P_n(x_n, ax_n^2)$이 아닌 점이 점 $P_{n+1}(x_{n+1}, ax_{n+1}^2)$이다. 즉, 점 P_n의 x좌표가 x_n이므로 점 P_{n+1}의 x좌표는 $\underline{x_{n+1}=-2x_n}$이다. $a_{n+1}=\blacksquare a_n$이면 $\dfrac{a_{n+1}}{a_n}=\blacksquare$이고 $\blacksquare$는 공비야.

따라서 수열 $\{x_n\}$은 공비가 -2, $x_1=\dfrac{1}{2}$인 등비수열이므로 첫째항부터 차례대로 0이 아닌 일정한 수를 곱하여 만든 수열이야.

$x_n=\dfrac{1}{2}\times(-2)^{n-1}$ 첫째항이 a_1, 공비가 r인 등비수열의 일반항 $a_n=a_1r^{n-1}$이야.

함정 등차수열과 다르게 등비수열은 첫째항과 공비가 곱해져 있는 꼴이므로 두 항을 나누어서 공비를 구하자.

$\therefore x_{10}=\dfrac{1}{2}\times(-2)^9=-256$

등비수열의 합 개념·공식

첫째항이 a, 공비가 r인 등비수열의 첫째항부터 제n항까지의 합 S_n은

① $r\neq1$일 때, $S_n=\dfrac{a(1-r^n)}{1-r}=\dfrac{a(r^n-1)}{r-1}$

② $r=1$일 때, $S_n=na$

G 112 정답 ② *등비수열의 합 구하기 [정답률 67%]

정답 공식: $a_n=a_1r^{n-1}$을 이용해 첫째항과 공비를 구한다. a_1, a_3, a_5, a_7, a_9로 이루어진 수열의 공비, $a_1, -a_3, a_5, -a_7, a_9$로 이루어진 수열의 공비를 구한다.

모든 항이 양수인 등비수열 $\{a_n\}$에 대하여 ❶ $a_1a_2=a_{10}$, 단서1 등비수열의 일반항을 세워 ❶과 ❷를 이용해 첫째항 a_1과 공비 r를 구해. ❷ $a_1+a_9=20$일 때, $(a_1+a_3+a_5+a_7+a_9)(a_1-a_3+a_5-a_7+a_9)$ 의 값은? (4점) 단서2 $a_1, a_3, a_5, \cdots$의 공비는 r^2, $a_1, -a_3, a_5, \cdots$의 공비는 $-r^2$이지?

① 494 ② 496 ③ 498 ④ 500 ⑤ 502

1st 등비수열 $\{a_n\}$의 공비를 $r (r>0)$라 놓고 주어진 조건에 대입하여 그 값을 구해. →[일반항] $a_n=a_1r^{n-1}$

등비수열 $\{a_n\}$의 첫째항이 a_1, 공비를 $r (r>0)$라 하면

$a_1a_2=a_{10}$에서 $a_1\times a_1r=a_1r^9$이므로 $a_1=r^8 (\because a_1>0, r>0)$ $\cdots$ ㉠ 등비수열의 모든 항이 양수이므로 첫째항과 공비도 양수야!

$a_1+a_9=20$에서 $a_1+a_1r^8=20$ $\cdots$ ㉡

㉠을 ㉡에 대입하면 $a_1+a_1^2=20$

실수 '모든 항이 양수인 등비수열'이라는 문제의 뜻을 파악하자.

$a_1^2+a_1-20=0$, $(a_1-4)(a_1+5)=0$

$\therefore a_1=4 (\because a_1>0)$ $\cdots$ ㉢

이때, ㉠에 의하여 $r^8=4$이고 $r^4=2 (\because r>0)$ $\cdots$ ㉣ $r^8=(r^4)^2=2^2$이니까.

2nd 구해야 하는 식의 값을 등비수열의 합의 공식을 이용하여 구해.
첫째항이 a_1, 공비가 r일 때, 그 합은 $S_n=\dfrac{a_1(1-r^n)}{1-r}$ (단, $r\neq1$)

수열 $\{a_n\}$이 공비가 r인 등비수열이므로 $a_1, a_3, a_5, a_7, a_9, \cdots$로 이루어진 $a_1, a_3=a_1r^2, a_5=a_1r^4, a_7=a_1r^6, a_9=a_1r^8, \cdots$이니까 r^2배씩 돼. 수열은 첫째항이 a_1이고 공비가 r^2인 등비수열이고, $a_1, -a_3, a_5, -a_7, a_9, \cdots$로 이루어진 수열은 첫째항이 a_1이고 공비가 $-r^2$인 등비수열이다. $a_1, -a_3=-a_1r^2, a_5=a_1r^4, -a_7=-a_1r^6, a_9=a_1r^8, \cdots$이니까 $-r^2$배씩 돼.

$\therefore (a_1+a_3+a_5+a_7+a_9)(a_1-a_3+a_5-a_7+a_9)$

$=\dfrac{a_1\{1-(r^2)^5\}}{1-r^2}\times\dfrac{a_1\{1-(-r^2)^5\}}{1-(-r^2)}$

$(1-x)(1+x)=1-x^2$

$=\dfrac{a_1(1-r^{10})}{1-r^2}\times\dfrac{a_1(1+r^{10})}{1+r^2}$

$=\dfrac{a_1^2(1-r^{20})}{1-r^4}=\dfrac{a_1^2\{1-(r^4)^5\}}{1-r^4}$

$=\dfrac{4^2(1-2^5)}{1-2}$ $(\because ㉢, ㉣)$

$=\dfrac{16\times(-31)}{-1}=496$

G 113 정답 ② *등비수열의 합 구하기 [정답률 82%]

정답 공식: 첫째항이 a이고 공비가 r인 등비수열의 첫째항부터 제n항까지의 합을 S_n이라 하면 $r=1$이면 $S_n=an$이고 $r\neq1$이면 $S_n=\dfrac{a(1-r^n)}{1-r}=\dfrac{a(r^n-1)}{r-1}$이다.

공비가 양수인 등비수열 $\{a_n\}$의 첫째항부터 제n항까지의 합을 S_n이라 하자. $a_2=2$, $S_6=9S_3$일 때, a_4의 값은? (3점)

① 6 ② 8 ③ 10

④ 12 ⑤ 14 단서 등비수열 $\{a_n\}$의 첫째항과 공비를 미지수로 두고 이 조건을 이용하여 식을 세우면 돼.

1st 등비수열 $\{a_n\}$의 공비를 구해. 주의 문제의 조건에서 공비는 양수라고 했지?

등비수열 $\{a_n\}$의 첫째항을 $a(a\neq0)$, 공비를 $r(r>0)$이라 하면 $a=0$이면 $a_2=0$이어야 하는데 $a_2=2$이므로 $a\neq0$이야.

(i) $r=1$일 때,

$S_n=an$이므로 $S_6=9S_3$에서 $6a=9\times3a$ $\therefore a=0$

→ 첫째항이 a이고 공비가 1인 등비수열 $\{a_n\}$의 항을

그런데 $a\neq0$이므로 $r\neq1$이다. 나열하면 $a,a,a,\cdots$이므로 이 수열의 첫째항부터

제n항까지의 합은 $a+a+a+\cdots+a=an$이야.

(ii) $r\neq1$일 때,

$S_n=\dfrac{a(1-r^n)}{1-r}$이므로 $S_6=9S_3$에서

$\dfrac{a(1-r^6)}{1-r}=9\times\dfrac{a(1-r^3)}{1-r}$, $1-r^6=9(1-r^3)$

$(1+r^3)(1-r^3)=9(1-r^3)$, $1+r^3=9$, $r^3=8$

$r\neq1$이므로 $1-r^3\neq0$이야. 즉, 양변을 $1-r^3$으로 나누어 정리한 거야.

$\therefore r=2$

2nd a_4의 값을 구해.

$\therefore a_4=a_2r^2=2\times2^2=8$

$a_4=a_3\times r=(a_2\times r)\times r=a_2r^2$

🔖 **다른 풀이: 등비수열 $\{a_n\}$의 일반항 이용하기**

$a_n=ar^{n-1}=a\times2^{n-1}$이므로 $a_2=a\times2=2$에서 $a=1$

첫째항이 a이고 공비가 r인 등비수열 $\{a_n\}$의 일반항은 $a_n=ar^{n-1}$이야.

따라서 $a_n=1\times2^{n-1}=2^{n-1}$이므로 $a_4=2^3=8$

G 114 정답 ② *등비수열의 합 구하기 [정답률 65%]

[정답 공식: $S_n=\dfrac{a_1(r^n-1)}{r-1}$을 구한다. 수열이 등비수열을 이루기 위해서는 연속된 두 항의 비가 일정해야 한다.]

첫째항이 1, 공비가 3인 등비수열 $\{a_n\}$에서 첫째항부터 제n항까지

단서1 그 합인 S_n의 식을 첫째항과 공비로 나타내.

지의 합을 S_n이라 하자. 수열 $\{S_n+p\}$가 등비수열을 이루도록 하는

상수 p의 값은? (3점) **단서2** 등비수열이 되기 위해서는 $\dfrac{S_{n+1}+p}{S_n+p}=C$ (C는 0이 아닌 상수)

여야 해. 즉, $S_n+p=(S_1+p)C^{n-1}$ 꼴로 표현되겠네?

① 1 ② $\dfrac{1}{2}$ ③ $\dfrac{1}{3}$ ④ $\dfrac{1}{4}$ ⑤ $\dfrac{1}{5}$

1st 등비수열의 첫째항과 공비가 주어졌으니까 합의 공식을 이용하여 S_n을 구해.

첫째항 a_1, 공비가 r(단, $r\neq1$)일 때, 등비수열의 합은 $S_n=\dfrac{a_1(r^n-1)}{r-1}$이야.

첫째항이 1, 공비가 3인 등비수열 $\{a_n\}$에서 첫째항부터 제n항까지의 합

S_n을 구하면 $S_n=\dfrac{1\times(3^n-1)}{3-1}=\dfrac{3^n-1}{2}$

2nd 어떤 수열이 등비수열이 되기 위해서는 일반항이 ar^{n-1} 꼴이어야 해.

수열 $\{S_n+p\}$의 일반항 S_n+p를 구하면

$S_n+p=\dfrac{3^n-1}{2}+p=\dfrac{3}{2}\times3^{n-1}+\dfrac{2p-1}{2}$

수열 $\{S_n+p\}$가 등비수열이기 위해서는 그 일반항이 $(S_1+p)\times\blacksquare^{n-1}$ 꼴이야. 이때, $\blacksquare$는 이 수열의 공비야.

수열 $\{S_n+p\}$가 등비수열이 되기 위해서는 $\dfrac{2p-1}{2}=0$이어야 한다.

$\therefore p=\dfrac{1}{2}$ ⇒ 재확인: $S_1+p=\dfrac{3}{2}$이고 $S_1=a_1=1$이니까 $1+p=\dfrac{3}{2}$이지?

⚙️ **등비수열의 합** 개념·공식

첫째항이 a, 공비가 r인 등비수열의 첫째항부터 제n항까지의 합 S_n은

① $r\neq1$일 때, $S_n=\dfrac{a(1-r^n)}{1-r}=\dfrac{a(r^n-1)}{r-1}$

② $r=1$일 때, $S_n=na$

G 115 정답 ④ *등비수열의 합의 활용 [정답률 87%]

[정답 공식: 등비수열의 합 $S_n=\dfrac{a_1(r^n-1)}{r-1}$을 이용해 공비를 구한다.]

등비수열 $\{a_n\}$의 첫째항부터 제n항까지의 합 S_n에 대하여

단서1 그 합인 S_n의 식을 첫째항과 공비로 나타내.

$\dfrac{S_4}{S_2}=9$일 때, $\dfrac{a_4}{a_2}$의 값은? (3점)

단서2 a_1이 소거되니까 r의 값을 구할 수 있지. $\dfrac{a_1}{a_2}=r^2$

① 3 ② 4 ③ 6

④ 8 ⑤ 9

1st 등비수열의 합의 공식을 이용하여 S_n을 구해. → $S_n=\dfrac{a_1(r^n-1)}{r-1}$ (단, $r\neq1$)

등비수열 $\{a_n\}$의 첫째항을 a_1, 공비를 r라 하면 $a_n=a_1r^{n-1}$이고 첫째항부터

제n항까지의 합 $S_n=\dfrac{a_1(r^n-1)}{r-1}$이므로

$r^2-1=(r+1)(r-1)$

$S_2=\dfrac{a_1(r^2-1)}{r-1}$

$=a_1(r+1)$

$r^4-1=(r^2+1)(r^2-1)=(r^2+1)(r+1)(r-1)$

$S_4=\dfrac{a_1(r^4-1)}{r-1}$

$=\dfrac{a_1(r^2+1)(r-1)(r+1)}{r-1}$

$=a_1(r+1)(r^2+1)$

이때, $\dfrac{S_4}{S_2}=9$이므로 $\dfrac{S_4}{S_2}=\dfrac{a_1(r+1)(r^2+1)}{a_1(r+1)}=9$

$r^2+1=9$ $\therefore r^2=8$

2nd 등비수열의 일반항을 세워 주어진 $\dfrac{a_4}{a_2}$의 값을 구하자.

→ 첫째항 a_1, 공차 r일 때 등비수열의 일반항은 $a_n=a_1r^{n-1}$이야.

$\dfrac{a_4}{a_2}=\dfrac{a_1r^3}{a_1r}=r^2=8$

→ 등비수열의 두 항의 비는 공비의 식으로 표현돼.

$a_m=a_1r^{m-1}$, $a_n=a_1r^{n-1}$이니까 $\dfrac{a_m}{a_n}=r^{m-n}$

G 116 정답 ① *등비수열의 합의 활용 [정답률 75%]

[정답 공식: $\sum_{k=1}^{n}ar^{k-1}=\dfrac{a(r^n-1)}{r-1}$ $a_n=ar^{n-1}$ ($r\neq1$)]

첫째항이 3이고 공비가 1보다 큰 등비수열 $\{a_n\}$의 첫째항부터

제 n항까지의 합을 S_n이라 하자.

$\dfrac{S_4}{S_2}=\dfrac{6a_3}{a_5}$ **단서** 첫째항은 주어져 있으니 공비만 구하면 돼. 주어진 조건에서 공비를 구해야 해.

일 때, a_7의 값은? (3점)

① 24 ② 27 ③ 30 ④ 33 ⑤ 36

1st 공비 r를 구하고 a_7을 구해.

등비수열 $\{a_n\}$의 공비를 $r(r>1)$이라 하면 $S_n=\dfrac{a_1(r^n-1)}{r-1}$이다.

주어진 식의 좌변을 정리하면

$\dfrac{S_4}{S_2}=\dfrac{\dfrac{3(r^4-1)}{r-1}}{\dfrac{3(r^2-1)}{r-1}}=\dfrac{r^4-1}{r^2-1}=\dfrac{(r^2+1)(r^2-1)}{r^2-1}=r^2+1$

주어진 식의 우변을 정리하면

$$\frac{6a_3}{a_5} = \frac{6 \times 3r^2}{3r^4} = \frac{6}{r^2}$$

정리한 두 식을 비교하면

$$r^2 + 1 = \frac{6}{r^2}, \ r^4 + r^2 - 6 = 0, \ (r^2-2)(r^2+3) = 0$$

$$\therefore r^2 = 2 \ (\because r^2 > 1)$$

$$\therefore a_7 = 3r^6 = 3(r^2)^3 = 3 \times 2^3 = 24$$

💡 **다른 풀이:** $S_4 = a_1 + a_2 + a_3 + a_4$, $S_2 = a_1 + a_2$라 놓고 식 정리하기

$$\frac{S_4}{S_2} = \frac{a_1+a_2+a_3+a_4}{a_1+a_2} = 1 + \frac{a_3+a_4}{a_1+a_2}$$

$$= 1 + \frac{a_1 r^2 + a_2 r^2}{a_1 + a_2} = 1 + \frac{r^2(a_1+a_2)}{a_1+a_2}$$

$$= 1 + r^2$$

(이하 동일)

$$2a_5 + 2a_6 = 3a_6 - 3a_4$$

$$a_6 - 2a_5 - 3a_4 = 0 \cdots \ㄱ$$

㉠의 양변을 a_4로 나누면

$$\frac{a_6}{a_4} - \frac{2a_5}{a_4} - \frac{3a_4}{a_4} = 0, \ 즉 \ \frac{a_6}{a_4} - \frac{2a_5}{a_4} - 3 = 0이므로$$

$$r^2 - 2r - 3 = 0, \ (r+1)(r-3) = 0 \quad {\scriptstyle \frac{a_6}{a_4} = \frac{r^5}{r^3} = r^2, \ \frac{a_5}{a_4} = \frac{r^4}{r^3} = r야.}$$

$$r = -1 \ 또는 \ r = 3$$

$$r > 0이므로 \ r = 3$$

⚙️ **등비수열** 개념·공식

① **등비수열의 일반항**
첫째항이 a, 공비가 r인 등비수열의 일반항 a_n은
$a_n = ar^{n-1}$ (단, $n = 1, 2, 3, \cdots$)

② **등비중항**
세 실수 a, b, c가 이 순서대로 등비수열을 이룰 때,
$b^2 = ac$가 성립하고, b를 a와 c의 **등비중항**이라고 한다.

G 117 정답 ③ *등비수열의 합의 활용 ──────── [정답률 74%]

> 정답 공식: 첫째항이 a이고, 공비가 r일 때, 등비수열 $\{a_n\}$의 일반항은 $a_n = ar^{n-1}$ 이다.

첫째항이 1이고 공비가 r인 등비수열 $\{a_n\}$의 첫째항부터 제n항까지의 합을 S_n이라 할 때,

$$\frac{S_6 - S_4}{3} = \frac{a_6 - a_4}{2}$$ **단서** 수열의 합과 일반항 사이의 관계를 생각하면 $S_6 - S_4 = a_5 + a_6$임을 알 수 있어.

가 성립한다. 양수 r의 값은? (3점)

① 2 　　　② $\frac{5}{2}$ 　　　③ 3

④ $\frac{7}{2}$ 　　　⑤ 4

1st S_n이 수열 $\{a_n\}$의 첫째항부터 제n항까지의 합임을 이용해서 주어진 식을 수열의 항에 대한 식으로 나타내 보자.

$\dfrac{S_6 - S_4}{3} = \dfrac{a_6 - a_4}{2}$에서

$2(S_6 - S_4) = 3(a_6 - a_4)$이고
$S_6 - S_4 = \underbrace{(a_1+a_2+a_3+a_4+a_5+a_6)}_{\substack{S_6은 \ 첫째항부터 \\ 제 6 항까지의 \ 합이야.}} - \underbrace{(a_1+a_2+a_3+a_4)}_{\substack{S_4는 \ 첫째항부터 \\ 제 4 항까지의 \ 합이야.}}$
$= a_5 + a_6$

이므로 $2(a_5 + a_6) = 3(a_6 - a_4)$

2nd 수열 $\{a_n\}$은 첫째항이 1, 공비가 r인 등비수열이므로 $a_n = 1 \times r^{n-1}$이야.

$a_n = r^{n-1}$이므로 ⟶ {\scriptstyle 첫째항이 a, 공비가 r인 등비수열 $\{a_n\}$의 제 n항은 $a_n = ar^{n-1}$이야.}
$2(r^4 + r^5) = 3(r^5 - r^3)$

$2r^4(r+1) = 3r^3(r+1)(r-1) \cdots \ㄱ$

$r > 0$이므로 ㉠의 양변을 $r^3(r+1)$로 나누면

$2r = 3(r-1)$　　∴ $r = 3$

💡 **다른 풀이:** **1st** 에서 $2(a_5 + a_6) = 3(a_6 - a_4)$를 정리한 후 등비수열의 귀납적 정의를 이용하여 공비 구하기

$\dfrac{S_6 - S_4}{3} = \dfrac{a_6 - a_4}{2}$에서

$2(S_6 - S_4) = 3(a_6 - a_4)$
$S_6 - S_4 = (a_1+a_2+a_3+a_4+a_5+a_6) - (a_1+a_2+a_3+a_4)$
$= a_5 + a_6$

이므로 $2(a_5 + a_6) = 3(a_6 - a_4)$

G 118 정답 ② *등비수열의 합의 활용 ──────── [정답률 66%]

> 정답 공식: 첫째항이 a이고, 공비가 r일 때, 등비수열 $\{a_n\}$의 일반항은 $a_n = ar^{n-1}$ 이고, 첫째항부터 제n항까지의 합 S_n은 $S_n = \dfrac{a(1-r^n)}{1-r}(r \neq 1)$이다.

등비수열 $\{a_n\}$의 첫째항부터 제n항까지의 합 S_n에 대하여 $S_3 = 21$, $S_6 = 189$일 때, a_5의 값은? (3점)

단서 등비수열의 합의 값이 두 개 주어졌으므로 두 관계식을 이용해서 첫째항 a와 공비 r를 구할 수 있어.

① 45 　　　②48 　　　③ 51

④ 54 　　　⑤ 57

1st S_3, S_6을 첫째항 a와 공비 r를 이용하여 나타내 봐.

첫째항이 a이고 공비가 r인 등비수열의 첫째항부터 제n항까지의 합 S_n은

$$S_n = \frac{a(1-r^n)}{1-r}$$ **주의** 첫째항이 0일 수는 없어. 또한 만약 $r=1$이라면 $S_3 = 21$과 $S_6 = 189$를 동시에 만족할 수가 없어. 따라서 $r \neq 1$이야.

$$S_3 = \frac{a(1-r^3)}{1-r} = 21 \cdots \ㄱ$$

$$S_6 = \frac{a(1-r^6)}{1-r} = \frac{a(1-r^3)(1+r^3)}{1-r} = 189 \cdots \ㄴ$$

2nd 첫째항과 공비를 구하고 a_5의 값을 구해.

㉠을 ㉡에 대입하면

$21(1+r^3) = 189$, $1 + r^3 = 9$, $r^3 = 8$

이때, r는 실수이므로 $r = 2$

$r = 2$를 ㉠에 대입하면

$\dfrac{a(1-8)}{1-2} = 21$에서 $a = 3$

따라서 $a_n = ar^{n-1} = 3 \times 2^{n-1}$이므로

$a_5 = 3 \times 2^{5-1} = 48$ {\scriptstyle 첫째항이 a이고 공비가 r인 등비수열 $\{a_n\}$의 일반항은 $a_n = ar^{n-1}$}

🎯 **톡톡 풀이:** $S_6 - S_3$을 등비수열의 항들의 합으로 나타낸 후 이를 이용하여 공비와 첫째항 구하기

첫째항이 a이고 공비가 r인 등비수열의 일반항은 $a_n = ar^{n-1}$이므로

$S_6 = a + ar + ar^2 + ar^3 + ar^4 + ar^5 = 189 \cdots \ㄱ$ {\scriptstyle $S_6 = a_1+a_2+a_3+a_4+a_5+a_6$}
$S_3 = a + ar + ar^2 = 21 \cdots \ㄴ$

㉠ - ㉡을 하면 {\scriptstyle $S_3 = a_1+a_2+a_3$}

$ar^3 + ar^4 + ar^5 = 168$

$r^3(a + ar + ar^2) = 168 \cdots \ㄷ$

ⓒ에서 $a+ar+ar^2=21$이므로 ⓔ에 대입하면

$r^3=8$이고 r는 실수이므로 $r=2$가 돼.

$r=2$를 ⓒ에 대입하면 $a=3$이야.

$\therefore a_5=3\times2^{5-1}=48$

※ 등비수열의 합   개념·공식

첫째항이 a, 공비가 r인 등비수열의 첫째항부터 제n항까지의 합 S_n은

① $r\neq1$일 때, $S_n=\dfrac{a(1-r^n)}{1-r}=\dfrac{a(r^n-1)}{r-1}$

② $r=1$일 때, $S_n=na$

G **119** 정답 ② *등비수열의 합의 활용 ········· [정답률 65%]

[정답 공식: 첫째항이 a, 공비가 r인 등비수열의 합 S_n은 $S_n=\dfrac{a(r^n-1)}{r-1}$이다.]

첫째항이 2인 등비수열 $\{a_n\}$의 첫째항부터 제n항까지의 합 S_n이 다음 조건을 만족시킬 때, a_4의 값은? (4점) ⟶ 단서 등비수열의 합 공식을 알아야 해.

(가) $S_{12}-S_2=4S_{10}$

(나) $S_{12}<S_{10}$

① -24 ② -16 ③ -8

④ 16 ⑤ 24

1st 공비를 r라 하고 S_n을 구해 보자. ⟶ 첫째항이 a, 공비가 r인 등비수열의 합

등비수열 $\{a_n\}$의 공비를 r라 하자. ⟶ $S_n=\begin{cases}\dfrac{a(r^n-1)}{r-1}&(r\neq1)\\na&(r=1)\end{cases}$

$r\neq1$이므로 $S_n=\dfrac{2(r^n-1)}{r-1}$

조건 (가)에서 ⟶ $r=1$이면 $a_n=2$이므로 $S_{12}=24$, $S_{10}=20$이 되어 조건 (나)를 만족시키지 않아. 즉, $r\neq1$임을 알 수 있지.

$\dfrac{2(r^{12}-1)}{r-1}-\dfrac{2(r^2-1)}{r-1}=4\times\dfrac{2(r^{10}-1)}{r-1}$

⟶ 양변을 $\dfrac{2}{r-1}$로 나누어 봐.

$r^{12}-1-(r^2-1)=4r^{10}-4$

$r^{12}-4r^{10}-r^2+4=0$ ⟶ r에 대한 내림차순으로 정리!

$(r^{10}-1)(r^2-4)=0$

$r^{10}=1$ 또는 $r^2=4$

$r^{10}-1=(r^5-1)(r^5+1)=(r-1)(r^4+r^3+r^2+r+1)(r+1)(r^4-r^3+r^2-r+1)$ 이므로 $r^{10}=1$이면 $r=1$ 또는 $r=-1$

$\therefore r=-1$ 또는 $r=2$ 또는 $r=-2$ $(\because r\neq1)$

(함정) $r=1$이면 조건 (나)를 만족시키지 않기 때문에 $r\neq1$임을 알고 있어야 해.

2nd 조건 (나)를 만족시키는 r의 값을 구해야 해.

조건 (나)에서

$\underset{(a_1+\cdots+a_{10}+a_{11}+a_{12})-(a_1+\cdots+a_{10})}{S_{12}-S_{10}}=a_{11}+a_{12}=2r^{10}+2r^{11}=2r^{10}(r+1)$

$r=-1$, $r=2$일 때 $S_{12}-S_{10}$의 값은 각각 0, 3×2^{11}이므로 조건 (나)를 만족시키지 않는다. ⟶ $S_{12}<S_{10}$이면 $S_{12}-S_{10}<0$

$r=-2$일 때, $S_{12}-S_{10}=-2^{11}<0$

조건 (나)를 만족시키므로 $r=-2$

3rd a_4의 값을 구해.

$\therefore a_4=2\times(-2)^3=-16$

G **120** 정답 ② *등비수열의 합의 활용 ·············· [정답률 83%]

(정답 공식: 첫째항이 a이고 공비가 r인 등비수열 $\{a_n\}$의 일반항은 $a_n=ar^{n-1}$이다.)

첫째항이 $a\,(a>0)$이고, 공비가 r인 등비수열 $\{a_n\}$의 첫째항부터 제n항까지의 합을 S_n이라 하자. $2a=S_2+S_3$, $r^2=64a^2$일 때, a_5의 값은? (3점) ⟶ 단서1 등비수열 $\{a_n\}$의 일반항은 $a_n=ar^{n-1}$이야.

① 2 ② 4 ③ 6

④ 8 ⑤ 10

단서2 $S_2=a_1+a_2$, $S_3=a_1+a_2+a_3$이므로 $2a=2a_1+2a_2+a_3=2a+2a_2+a_3$ $\therefore 2a_2+a_3=0$

1st 등비수열 $\{a_n\}$의 첫째항 a의 값과 공비 r의 값을 각각 구해.

첫째항이 a이고 공비가 r인 등비수열 $\{a_n\}$의 일반항은 $a_n=ar^{n-1}$이다. 이때, 수열 $\{a_n\}$의 첫째항부터 제n항까지의 합 S_n에 대하여

$2a=S_2+S_3$에서 $2a=(a_1+a_2)+(a_1+a_2+a_3)$

$2a=(a+ar)+(a+ar+ar^2)$, $2a=2a+2ar+ar^2$

$ar(2+r)=0$ $\therefore r=0$ 또는 $r=-2$

(i) $r=0$이면 $r^2=64a^2$에서 $0=64a^2$ $\therefore a=0$ ⟶ $ar(2+r)=0$에서 $a=0$ 또는 $r=0$ 또는 $r=-2$야.

그런데 $a>0$이므로 모순이다. ⟶ 그런데 조건에서 $a>0$이므로 $a\neq0$이지?

(ii) $r=-2$이면 $r^2=64a^2$에서 $4=64a^2$, $a^2=\dfrac{1}{16}$

$\therefore a=\dfrac{1}{4}\,(\because a>0)$

(i), (ii)에 의하여 $a=\dfrac{1}{4}$, $r=-2$이다.

2nd a_5의 값을 구해.

따라서 $a_n=\dfrac{1}{4}\times(-2)^{n-1}$이므로

$a_5=\dfrac{1}{4}\times(-2)^4=\dfrac{1}{4}\times16=4$

🔖 다른 풀이: $2a=S_2+S_3$에서 $S_n=\dfrac{a(r^n-1)}{r-1}$을 대입한 후 식을 정리하여 공비와 첫째항 구하기

⟶ 공비가 1이면 수열 $\{a_n\}$의 모든 항이 a이므로 $S_n=an$이야.

$r=1$일 때, $S_n=an$이므로 $2a=S_2+S_3$에서

$2a=2a+3a$, $3a=0$ $\therefore a=0$

그런데 조건에서 $a>0$이므로 $r\neq1$이야.

즉, $S_n=\dfrac{a(r^n-1)}{r-1}$이므로 $2a=S_2+S_3$에서

⟶ 첫째항이 a이고 공비가 $r\,(r\neq1)$인 등비수열의 첫째항부터 제n항까지의 합을 S_n이라 하면 $S_n=\dfrac{a(1-r^n)}{1-r}=\dfrac{a(r^n-1)}{r-1}$이야.

$2a=\dfrac{a(r^2-1)}{r-1}+\dfrac{a(r^3-1)}{r-1}$

$2a=\dfrac{a(r-1)(r+1)}{r-1}+\dfrac{a(r-1)(r^2+r+1)}{r-1}$ ⟶ $r\neq1$에서 $r-1\neq0$이므로 $r-1$을 약분할 수 있지?

$2a=a(r+1)+a(r^2+r+1)$, $2=(r+1)+(r^2+r+1)$

$r^2+2r+2=2$, $r^2+2r=0$, $r(r+2)=0$ ⟶ $a\neq0$이므로 양변을 a로 나눠.

$\therefore r=0$ 또는 $r=-2$

그런데 $r^2=64a^2$에서 $r=0$이면 $a=0$이므로 $r\neq0$이야.

$\therefore r=-2$

$r^2=64a^2$에 대입하면 $4=64a^2$, $a^2=\dfrac{1}{16}$

$\therefore a=\dfrac{1}{4}\,(\because a>0)$

따라서 $a_n=\dfrac{1}{4}\times(-2)^{n-1}$이므로 $a_5=\dfrac{1}{4}\times(-2)^4=\dfrac{1}{4}\times16=4$

G 121 정답 257 *등비수열의 합의 활용 ──────── [정답률 25%]

함수 $f(x) = (1+x^4+x^8+x^{12})(1+x+x^2+x^3)$ 일 때,

$\dfrac{f(2)}{\{f(1)-1\}\{f(1)+1\}}$ 의 값을 구하시오. (3점)

단서 함수 $f(x)$를 등비수열의 합의 공식을 이용하여 간단히 나타내.

1st 주어진 함수를 간단히 하자.

(i) $x \neq 1$일 때, ▶ **실수** 등비수열의 합의 공식은 공비가 1이 아닐 때만 사용해야 해. 공비가 1이고 첫째항이 a인 등비수열의 첫째항부터 제n항까지의 합은 $S_n = an$이야.

$f(x) = (1+x^4+x^8+x^{12})(1+x+x^2+x^3)$

$= \dfrac{1 \times \{(x^4)^4-1\}}{x^4-1} \times \dfrac{1 \times (x^4-1)}{x-1}$

첫째항이 1이고 공비가 x인 등비수열의 첫째항부터 제4항까지의 합이야.

첫째항이 1이고 공비가 x^4인 등비수열의 첫째항부터 제4항까지의 합이야.

$= \dfrac{x^{16}-1}{x-1}$

(ii) $x=1$일 때,

$f(1) = (1+1^4+1^8+1^{12})(1+1+1^2+1^3)$

$= 4 \times 4 = 16$

2nd $\dfrac{f(2)}{\{f(1)-1\}\{f(1)+1\}}$ 의 값을 구하자.

$f(2) = \dfrac{2^{16}-1}{2-1} = 2^{16}-1$ 이고 $f(1)=16$이므로

$\dfrac{f(2)}{\{f(1)-1\}\{f(1)+1\}}$

$= \dfrac{2^{16}-1}{(16-1)(16+1)}$

$= \dfrac{(2^8-1)(2^8+1)}{(2^4-1)(2^4+1)}$

$= \dfrac{(2^4-1)(2^4+1)(2^8+1)}{(2^4-1)(2^4+1)}$

$= 2^8+1 = 257$

⚙ 등비수열의 합 　　　　　개념·공식

첫째항이 a, 공비가 r인 등비수열의 첫째항부터 제n항지의 합 S_n은

① $r \neq 1$일 때, $S_n = \dfrac{a(1-r^n)}{1-r} = \dfrac{a(r^n-1)}{r-1}$

② $r=1$일 때, $S_n = na$

G 122 정답 ② *등비수열의 합의 활용 ──────── [정답률 70%]

모든 항이 양수인 수열 $\{a_n\}$이 모든 자연수 n에 대하여

$\log_2 \dfrac{a_{n+1}}{a_n} = \dfrac{1}{2}$ **단서1** 로그의 정의를 이용하면 a_n과 a_{n+1} 사이의 관계를 알 수 있어.

을 만족시킨다. 수열 $\{a_n\}$의 첫째항부터 제n항까지의 합을 S_n이라 할 때, $\dfrac{S_{12}}{S_6}$의 값은? (3점) **단서2** **단서1** 을 통해 등비수열임을 알아냈다면 a_1을 몰라도 약분을 통해 답을 구할 수 있어.

① $\dfrac{17}{2}$　　　② 9　　　③ $\dfrac{19}{2}$

④ 10　　　⑤ $\dfrac{21}{2}$

1st 수열 $\{a_n\}$의 규칙을 파악하자.

로그의 정의에 의하여 $\log_2 \dfrac{a_{n+1}}{a_n} = \dfrac{1}{2}$에서

$\log_a m = n$이면 $m = a^n$

$a > 0, a \neq 1$일 때, 임의의 양수 b에 대하여 $a^x = b$를 만족시키는 실수 x를 $\log_a b$로 나타내고, 이 값 x를 a를 밑으로 하는 b의 로그라 해.

$\dfrac{a_{n+1}}{a_n} = 2^{\frac{1}{2}} = \sqrt{2}$ 　 $\therefore a_{n+1} = \sqrt{2} a_n$

따라서 수열 $\{a_n\}$은 공비가 $\sqrt{2}$인 등비수열이다.

2nd $\dfrac{S_{12}}{S_6}$의 값을 구하자.

$S_n = \dfrac{a_1(r^n-1)}{r-1}$ (단, $r \neq 1, r > 1$)

등비수열의 합 공식에 의하여

$S_{12} = \dfrac{a_1\{(\sqrt{2})^{12}-1\}}{\sqrt{2}-1}$, $S_6 = \dfrac{a_1\{(\sqrt{2})^6-1\}}{\sqrt{2}-1}$ 이므로

등비수열의 합 공식 $S_n = \dfrac{a_1\{(\sqrt{2})^n-1\}}{\sqrt{2}-1}$에 $n=6$과 $n=12$를 대입하면 S_6과 S_{12}를 구할 수 있어.

$\dfrac{S_{12}}{S_6} = \dfrac{(\sqrt{2})^{12}-1}{(\sqrt{2})^6-1}$

$= \dfrac{\{(\sqrt{2})^6+1\}\{(\sqrt{2})^6-1\}}{(\sqrt{2})^6-1}$

$= (\sqrt{2})^6+1 = 2^3+1 = 9$

$(2^{\frac{1}{2}})^6 = 2^{\frac{1}{2} \times 6} = 2^3$

▶ **실수** 등비수열의 합은 $a^2-b^2 = (a+b)(a-b)$를 이용하여 식을 간단하게 정리할 수 있는 유형이 많으니 계산을 하기 전에 구조를 먼저 파악하는 연습을 하는 것이 중요해.

G 123 정답 ② *등비수열의 합의 활용 ──────── [정답률 69%]

등비수열 $\{a_n\}$에서 첫째항부터 제5항까지의 합이 ❶ $\dfrac{31}{2}$이고 곱이 ❷ 32 **단서** 공비를 r라 하고 a_1, r로 ❶, ❷를 나타내자.

일 때, $\dfrac{1}{a_1} + \dfrac{1}{a_2} + \dfrac{1}{a_3} + \dfrac{1}{a_4} + \dfrac{1}{a_5}$의 값은? (3점)

① $\dfrac{31}{4}$　　　② $\dfrac{31}{8}$　　　③ $\dfrac{31}{12}$

④ $\dfrac{8}{31}$　　　⑤ $\dfrac{4}{31}$

1st 등비수열 $\{a_n\}$의 첫째항과 공비를 지정하여 일반항을 구하자.

등비수열 $\{a_n\}$의 첫째항을 a_1, 공비를 r라 하면 $a_n = a_1 r^{n-1}$

2nd 주어진 조건을 a, r에 대한 식으로 나타내자.

첫째항부터 제5항까지의 합이 $\frac{31}{2}$이므로

$$a_1+a_2+a_3+a_4+a_5=a_1+a_1r+a_1r^2+a_1r^3+a_1r^4$$
$$=a_1(1+r+r^2+r^3+r^4)$$
$$=\frac{31}{2} \cdots \bigcirc$$

또, 첫째항부터 제5항까지의 곱이 32라고 하므로

$$a_1a_2a_3a_4a_5=a_1\times a_1r\times a_1r^2\times a_1r^3\times a_1r^4$$
$$=a_1^5r^{10}=\underline{(a_1r^2)^5=32=2^5}$$
$$\therefore a_1r^2=2 \cdots \bigcirc$$
<small>└── ●=▲⁵이면■=▲야.</small>

<small>한편, 지수가 짝수이면 ■=−일 수도 있으니까 주의하자.</small>

3rd 구해야 하는 식을 $\bigcirc$, $\bigcirc$을 이용할 수 있게 변형하자.

$$\frac{1}{a_1}+\frac{1}{a_2}+\frac{1}{a_3}+\frac{1}{a_4}+\frac{1}{a_5}=\frac{1}{a_1}+\frac{1}{a_1r}+\frac{1}{a_1r^2}+\frac{1}{a_1r^3}+\frac{1}{a_1r^4}$$

<small>등비수열 $\{b_n\}$에 대하여 $b_{n+1}\div b_n=r$이지?</small>

$$=\frac{1}{a_1r^4}(1+r+r^2+r^3+r^4)$$

<small>$\bigcirc$, $\bigcirc$을 이용하기 위해</small>

$$\frac{1}{a_1r^4}\times\frac{1}{a_1}\times a_1(1+r+r^2+r^3+r^4)$$
$$=\frac{1}{(a_1r^2)^2}\times a_1(1+r+r^2+r^3+r^4)$$
$$=\frac{1}{a_1^2r^4}\times a_1(1+r+r^2+r^3+r^4)=\frac{1}{2^2}\times\frac{31}{2}\,(\because \bigcirc, \bigcirc)$$
$$=\frac{1}{(a_1r^2)^2}\times a_1(1+r+r^2+r^3+r^4)$$
$$=\frac{31}{8}$$

G 124 정답 ③ *등비수열의 합의 활용 ────── [정답률 67%]

> 정답 공식: $x^{10}+x^9+\cdots+x+1=(x-1)f(x)+$(나머지)로 표현할 수 있다.
> 나머지를 구하고 x에 2를 대입하면 된다.

> 다항식 $x^{10}+x^9+\cdots+x^2+x+1$을 $x-1$로 나눈 몫을 $f(x)$라고 할 때, $f(x)$를 $x-2$로 나눈 나머지는? (3점) <small>단서</small> 나눗셈의 정리를 이용하여 $f(x)$를 x에 대한 식으로 표현해.
> ① $2^{10}-10$ ② $2^{10}+11$ ③ $2^{11}-12$
> ④ $2^{11}-10$ ⑤ $2^{11}+11$

1st 나눗셈의 정리를 이용하여 몫이 $f(x)$일 때 나머지를 구하여 $f(x)$를 x의 식으로 표현해. <small>└─ 다항식 A를 B로 나눈 몫이 Q, 나머지를 R라 하면 $A=BQ+R$지?</small>

$x^{10}+x^9+\cdots+x^2+x+1$을 $x-1$로 나눈 몫이 $f(x)$라 하므로 나머지를 R라 하자. <small>$(x-1)f(x)$에서 $f(x)$를 모르니까 이 항이 소거될 수 있는 x의 값을 대입하면 돼. 즉, 계수가 1인 항이 10개, 상수항이 1이니까 R의 값을 쉽게 구할 수 있지?</small>

$$x^{10}+x^9+\cdots+x^2+x+1=(x-1)f(x)+R$$

이때, 양변에 $x=1$을 대입하면

$$R=11$$
$$\therefore x^{10}+x^9+\cdots+x^2+x+1=(x-1)f(x)+11 \cdots \bigcirc$$

2nd 다항식 $f(x)$를 $x-a$로 나눈 나머지는 $f(a)$야. <small>$f(x)=(x-a)Q'+R'$이라 하면 나머지는 양변에 $x=a$를 대입하여 $R'=f(a)$야.</small>

한편, $f(x)$를 $x-2$로 나눈 나머지는 $f(2)$이므로

$\bigcirc$에 $x=2$를 대입하면

$$2^{10}+2^9+\cdots+2+1=f(2)+11$$

3rd 좌변의 식이 첫째항이 1, 공비가 2인 등비수열의 합이므로 등비수열의 합의 공식을 이용해.

<small>첫째항이 a_1, 공비가 r일 때, 등비수열의 합은 $S_n=\frac{a_1(r^n-1)}{r-1}$ (단, $r\neq1$)이야.</small>

$$\therefore f(2)=\frac{2^{11}-1}{2-1}-11=2^{11}-12$$

G 125 정답 ① *등비수열의 합의 응용 ────── [정답률 42%]

> 정답 공식: 접는 종이가 몇 겹인지를 파악해서, 만들어진 정사각형의 길이에 그 만큼 곱해줘야 한다.

> 그림과 같이 한 변의 길이가 2인 정사각형 모양의 종이 ABCD에서 각 변의 중점을 각각 A_1, B_1, C_1, D_1이라 하고 $\overline{A_1B_1}$, $\overline{B_1C_1}$, $\overline{C_1D_1}$, $\overline{D_1A_1}$을 접는 선으로 하여 네 점 A, B, C, D가 한 점에서 만나도록 접은 모양을 S_1이라 하자. S_1에서 정사각형 $A_1B_1C_1D_1$의 각 변의 중점을 각각 A_2, B_2, C_2, D_2라 하고 $\overline{A_2B_2}$, $\overline{B_2C_2}$, $\overline{C_2D_2}$, $\overline{D_2A_2}$를 접는 선으로 하여 네 점 A_1, B_1, C_1, D_1이 한 점에서 만나도록 접은 모양을 S_2라 하자. 이와 같은 과정을 계속하여 n번째 얻은 모양을 S_n이라 하고, S_n을 정사각형 모양의 종이 ABCD와 같도록 펼쳤을 때 접힌 모든 선들의 길이의 합을 l_n이라 하자. 예를 들어, $l_1=4\sqrt{2}$이다. l_5의 값은? (단, 종이의 두께는 고려하지 않는다.) (4점)
>
> <small>단서</small> S_n의 모양을 통해 l_n의 규칙을 찾아 봐.
>
>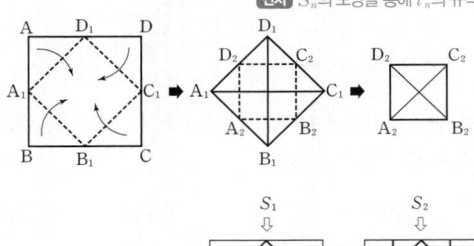
>
> S_1을 펼친 그림 S_2를 펼친 그림
>
> ① $24+28\sqrt{2}$ ② $28+28\sqrt{2}$ ③ $28+32\sqrt{2}$
> ④ $32+32\sqrt{2}$ ⑤ $36+32\sqrt{2}$

1st S_1, S_2, S_3의 각각의 모양에서 생기는 선들의 길이의 합의 규칙을 찾아보자.

종이 ABCD를 접는 선은 한 변의 길이가 $\sqrt{2}$인 정사각형이므로, S_1을 펼친 그림에서 접힌 모든 선들의 길이의 합은 $4\sqrt{2}$이다.

S_1을 접는 선은 한 변의 길이가 1인 정사각형이고 종이가 2겹이므로, S_2를 펼친 그림에서 새로 접힌 모든 선들의 길이의 합은 8이다.

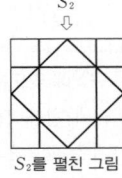 <small>한 변의 길이가 1인 정사각형은 네 변의 종이가 2겹이므로 $1\times4\times2=8$</small>

S_2를 접는 선은 한 변의 길이가 $\frac{1}{\sqrt{2}}$인 정사각형이고 종이가 4겹이므로, S_3을 펼친 그림에서 새로 접힌 모든 선들의 길이의 합은 $8\sqrt{2}$이다. 즉, S_1, S_2, S_3의 접히는 선들의 합은 각각 $4\sqrt{2}$, 8, $8\sqrt{2}$이고, 같은 규칙으로 시행하는 것이므로 등비수열이다. <small>한 변의 길이가 $\frac{1}{\sqrt{2}}=\frac{\sqrt{2}}{2}$인 정사각형은 네 변의 종이가</small>

그러므로 새로 접힌 모든 선들의 길이의 합은 첫째항이 $4\sqrt{2}$이고 공비가 $\sqrt{2}$인 등비수열이다. <small>4겹이므로 $\frac{\sqrt{2}}{2}\times4\times4=8\sqrt{2}$</small>

2nd l_n의 규칙을 찾아서 l_5를 구해.

따라서 S_n을 펼친 그림에서 접힌 모든 선들의 길이의 합 l_n은 첫째항이 $4\sqrt{2}$이고 공비가 $\sqrt{2}$인 등비수열의 첫째항부터 제n항까지의 합이다.

<small>첫째항이 a_1, 공비가 r인 등비수열의 첫째항부터 제n항까지의 합은</small>

$$\therefore l_5=\frac{4\sqrt{2}\times\{(\sqrt{2})^5-1\}}{\sqrt{2}-1}$$
$$=24+28\sqrt{2}$$

<small>$S_n=\frac{a_1(r^n-1)}{r-1}$ (단, $r\neq1$)</small>

정답 및 해설 397

G 126 정답 ② *등비수열의 합의 응용 ············· [정답률 82%]

그림은 16개의 칸 중 3개의 칸에 다음 규칙을 만족시키도록 수를 써 넣은 것이다.

> (가) 가로로 인접한 두 칸에서 **오른쪽 칸의 수**는 **왼쪽 칸의 수의 2배**이다. **단서1** 가로로 인접한 두 수에서 왼쪽의 수의 2배가 오른쪽의 수라는 거야.
>
> (나) 세로로 인접한 두 칸에서 **아래쪽 칸의 수**는 **위쪽 칸의 수의 2배**이다. **단서2** 세로로 인접한 두 수에서 위쪽의 수의 2배가 아래쪽의 수라는 거야.

첫 번째 줄 →
두 번째 줄 →   2 4
세 번째 줄 →   4
네 번째 줄 →

이 규칙을 만족시키도록 나머지 칸에 수를 써 넣을 때, 네 번째 줄에 있는 모든 수의 합은? (3점)

① 119   ②127   ③ 135   ④ 143   ⑤ 151

1st 주어진 규칙에 맞도록 그림의 빈칸에 수를 써.

세 번째 줄의 세 번째 칸에 쓰여 있는 수가 4이므로 이와 세로로 인접한 아래쪽 칸의 수는 $4 \times 2 = 8$이다.

즉, 네 번째 줄의 네 번째 칸에 쓰여진 수가 8이므로 그와 인접한 오른쪽 칸의 수는 $8 \times 2 = 16$, 16이 쓰여진 칸의 오른쪽 칸의 수는 $16 \times 2 = 32$, 32가 쓰여진 칸의 오른쪽 칸의 수는 $32 \times 2 = 64$이다.

또, 네 번째 줄의 8이 쓰여진 칸의 왼쪽 칸에 쓰여질 수는 2배해서 8이 되어야 하므로 4, 4가 쓰여진 칸의 왼쪽 칸에 쓰여질 수는 2배해서 4가 되어야 하므로 2, 2가 쓰여진 칸의 왼쪽 칸에 쓰여질 수는 2배해서 2가 되어야 하므로 1이다. 따라서 그림과 같이 네 번째 줄에 있는 수를 왼쪽부터 차례로 나열하면 1, 2, 4, 8, 16, 32, 64이다.

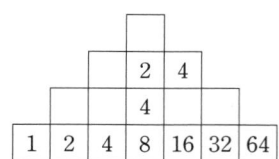

         2 4
            4
1 2 4 8 16 32 64

2nd 네 번째 줄에 있는 모든 수의 합을 구해.

즉, 네 번째 줄에 있는 수의 합은 첫째항이 1이고 공비가 2인 등비수열의 첫째항부터 제7항까지의 합이므로

$$(\text{구하는 합}) = \frac{1 \times (2^7 - 1)}{2 - 1} = 127$$

→ 첫째항이 a이고 공비가 r인 등비수열의 첫째항부터 제n항까지의 합
$$\frac{a(1 - r^n)}{1 - r} = \frac{a(r^n - 1)}{r - 1} \ (r \neq 1)$$

✿ 등비수열의 합   개념·공식

첫째항이 a, 공비가 r인 등비수열의 첫째항부터 제n항까지의 합 S_n은

① $r \neq 1$일 때, $S_n = \dfrac{a(1 - r^n)}{1 - r} = \dfrac{a(r^n - 1)}{r - 1}$

② $r = 1$일 때, $S_n = na$

G 127 정답 13 *등비수열의 합의 응용 ············· [정답률 53%]

그림과 같이 자연수를 다음 규칙에 따라 나열하였다.
단서 규칙으로 각 행의 수를 추론해 볼까?

> [규칙1] 1행에는 2, 3, 6의 3개의 수를 차례대로 나열한다.
> [규칙2] $n+1$행에 나열된 수는 1열에 2, 2열부터는 n행에 나열된 각 수에 2를 곱하여 차례대로 나열한다.

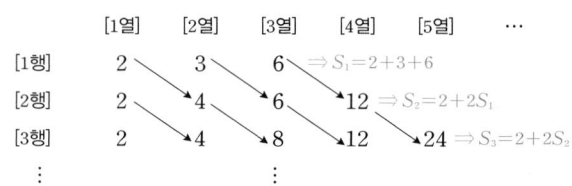

10행에 나열된 모든 자연수의 합을 S라 할 때, $S = p \times 2^9 - 2$이다. 이때, p의 값을 구하시오. (3점)

1st 각 행에 나열된 모든 자연수의 합을 유추하자.

	[1열]	[2열]	[3열]	[4열]	[5열] …
[1행]	2	3	6		
[2행]	2	4	6	12	
[3행]	2	4	8	12	24
⋮					

n행에 나열된 모든 자연수의 합을 S_n이라 하면

$S_1 = 2 + 3 + 3 \times 2$

$S_2 = 2 + 2S_1 = \underline{2 + 2^2} + \underline{3 \times 2 + 3 \times 2^2}$

$S_3 = 2 + 2S_2 = \underline{2 + 2^2 + 2^3} + \underline{3 \times 2^2 + 3 \times 2^3}$

⋮

실수 ↻ 활용 문제를 풀기 위해선 규칙을 찾아 일반화시켜서 식으로 나타낼 수 있어야 해.

$S_n = \underline{2 + 2^2 + \cdots + 2^n} + \underline{3 \times 2^{n-1} + 3 \times 2^n}$
첫째항이 2, 공비가 2인 등비수열의 첫째항부터 제n항까지의 합이야.

2nd 10행에 나열된 자연수의 합을 구하기 위하여 **등비수열의 합의 공식**을 이용하자.

$S_{10} = (2 + 2^2 + \cdots + 2^{10}) + (3 \times 2^9 + 3 \times 2^{10})$
첫째항이 a_1, 공비가 r일 때, 등비수열의 합은

$= \dfrac{2(2^{10} - 1)}{2 - 1} + 3 \times 2^9 + 3 \times 2^{10}$
$S_n = \dfrac{a_1(r^n - 1)}{r - 1}$ (단, $r \neq 1$)

$= \underline{2^{11} - 2 + 3 \times 2^9 + 3 \times 2^{10}}$ → $p \times 2^q - 2$ 꼴로 만들자.

$= 2^{11} + 3 \times 2^9 + 3 \times 2^{10} - 2$

$= \underset{a^{m+n} = a^m a^n}{2^2 \times 2^9} + 3 \times 2^9 + 3 \times 2 \times 2^9 - 2$

$= (4 + 3 + 6) \times 2^9 - 2 = 13 \times 2^9 - 2$

그런데 $S = p \times 2^9 - 2$라고 하므로 $p = 13$이다.

✦ 톡톡 풀이: **1st** 에서 $S_n = 2 + 2S_{n-1}$을 변형하여 S_n에 대한 수열의 일반항을 찾아 S_{10}의 값 구하기

n행에 나열된 모든 자연수의 합을 S_n이라 하면 $S_n = \boxed{2} + 2S_{n-1}$ … ㉠
상수 α에 대하여 $S_n - \alpha = 2(S_{n-1} - \alpha)$라 하면
$S_n - \alpha = 2S_{n-1} - 2\alpha$, $S_n = 2S_{n-1} \boxed{-\alpha}$ … ㉡
㉠=㉡이므로 $-\alpha = 2$
㉠=㉡이므로 $\alpha = -2$
$\therefore S_n + 2 = 2(S_{n-1} + 2)$

즉, 수열 $\{S_n + 2\}$는 첫째항이 $S_1 + 2 = 11 + 2 = 13$이고, 공비가 2인 **등비수열**이야.
첫째항이 a_1, 공비가 r일 때, 등비수열의 일반항은 $a_n = a_1 \times r^{n-1}$이야.
따라서 $S_n + 2 = 13 \times 2^{n-1}$에서 $S_n = 13 \times 2^{n-1} - 2$
여기에 $n = 10$을 대입하면 $S_{10} = 13 \times 2^9 - 2 = p \times 2^9 - 2$ $\therefore p = 13$

G 128 정답 ③ *등비수열의 합의 응용 ------- [정답률 35%]

정답 공식: $(n, 2^n)$이 $(n+1, 2^{n+1})$이 되기 위해서 몇 개의 좌표를 거쳐야 하는지 생각해본다.

자연수 n에 대하여 점 P_n을 다음 규칙에 따라 정한다.

단서1 두 규칙으로 점 P_n의 좌표를 추론해야 해.

(가) 점 P_1의 좌표는 $(1, 1)$이다. ⇒ $a_1=1, b_1=1$

(나) 점 P_n의 좌표가 (a, b)일 때,

❶ $b<2^a$이면 점 P_{n+1}의 좌표는 $(a, b+1)$이고

❷ $b=2^a$이면 점 P_{n+1}의 좌표는 $(a+1, 1)$이다.
⇒ $b_1=1<2^a$으로 시작하여 ❶, ❷의 크기를 기준으로 좌표를 나열해 보자.

단서2 n의 값은 점 P_n의 개수이니까 점 P_n의 좌표의 규칙을 따지면서 그 개수를 확인하자.

점 P_n의 좌표가 $(10, 2^{10})$일 때, n의 값은? (4점)

① $2^{10}-2$ ② $2^{10}+2$ ③ $2^{11}-2$
④ 2^{11} ⑤ $2^{11}+2$

1st 주어진 규칙에 따라 점 P_n의 좌표를 구해 봐.

점 P_n의 좌표를 차례로 나열하면 다음과 같다.

$P_1(1, 1)$에서 $\underline{b=1<2^a=2}$이므로 $(a, b+1)$을 적용해.

$(1, 1) \rightarrow (1, ②)$: 2^1개
$b=2$이니까 $b=2^a$에서 $(a+1, 1)$을 적용해.

$P_3(2, 1)$에서 $\underline{b=1<2^a=4}$이므로 $b=2^a$이 될 때까지 $(a, b+1)$을 적용해.

$(2, 1) \rightarrow (2, 2) \rightarrow (2, 3) \rightarrow (2, ②)$: 2^2개
$b=2^2$이니까 $b=2^a$에서 $(a+1, 1)$을 적용!

이와 같이

$\underline{(3, 1) \rightarrow (3, 2) \rightarrow \cdots \rightarrow (3, 2^3)}$: 2^3개
$b=2^3$이 될 때까지 $(a, b+1)$을 적용해.

$\underline{(4, 1) \rightarrow (4, 2) \rightarrow \cdots \rightarrow (4, 2^4)}$: 2^4개
$b=2^4$이 될 때까지 $(a, b+1)$을 적용해.

⋮

$\underline{(10, 1) \rightarrow (10, 2) \rightarrow \cdots \rightarrow (10, 2^{10})}$: 2^{10}개
$b=2^{10}$이 될 때까지 $(a, b+1)$을 적용해.

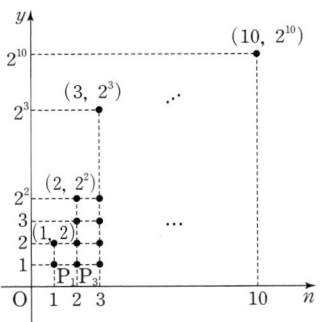

2nd 등비수열의 합의 공식을 이용해.

첫째항이 a_1, 공비가 r (단, $r \neq 1$)일 때,
등비수열의 합은 $S_n = \dfrac{a_1(r^n-1)}{r-1}$이야.

점 P_n의 좌표가 $(10, 2^{10})$일 때 n의 값은 점 P_n의 개수와 같으므로

$n=2+2^2+2^3+\cdots+2^{10}$
첫째항이 2이고, 공비가 2인 등비수열의 첫째항부터 제10항까지의 합이지?

$=\dfrac{2(2^{10}-1)}{2-1}$

$=2^{11}-2$

G 129 정답 ② *수열의 합을 이용한 일반항 구하기 [정답률 91%]

정답 공식: $n \geq 2$일 때, $a_n = S_n - S_{n-1}$임을 안다.

수열 $\{a_n\}$의 첫째항부터 제n항까지의 합 S_n이 $S_n = n+2^n$일 때, a_6의 값은? (3점)

단서 합으로 일반항을 구하는 경우는 $a_6 = S_6 - S_5$를 이용해야겠지?

① 31   ② 33   ③ 35   ④ 37   ⑤ 39

1st 주어진 수열의 합을 이용하여 a_6의 값을 구해야겠지?
$a_n = S_n - S_{n-1}(n \geq 2)$임을 이용해.

수열 $\{a_n\}$의 첫째항부터 제n항까지의 합 $S_n = n+2^n$에 대하여

$a_6 = S_6 - S_5 = (6+2^6)-(5+2^5)=(6-5)+2^5(2-1)=1+32=33$

다른 풀이: 주어진 조건을 이용해 수열 $\{a_n\}$의 일반항을 찾아 a_6의 값 구하기

주의 $a_n = S_n - S_{n-1}$에서 $n \geq 2$임에 주의해.

$a_n = S_n - S_{n-1} = (n+2^n)-\{(n-1)+2^{n-1}\}=2^{n-1}+1(n \geq 2)$

∴ $a_6 = 2^{6-1}+1=33$

$n=1$일 때 $2^0+1=2$이고
$a_1=S_1=1+2=3$이니까 이 식은
모든 자연수 n에서는 성립하지 않아.

G 130 정답 11 *수열의 합을 이용한 일반항 구하기 --- [정답률 90%]

정답 공식: $a_1 = S_1$, $a_n = S_n - S_{n-1}$ $(n \geq 2)$

수열 $\{a_n\}$의 첫째항부터 제n항까지의 합을 S_n이라 하자.
$$S_n = n^2+n+1$$
일 때, a_1+a_4의 값을 구하시오. (3점)

단서 수열의 합만 주어졌어. 구하는 것은 항의 값이므로 수열의 합과 일반항 사이의 관계를 이용하여 항의 값을 구하자.

1st 수열의 합과 일반항 사이의 관계를 이용하여 a_4의 값을 구하자.

[수열의 합과 일반항 사이의 관계]

$a_1=S_1=3$,
수열 $\{a_n\}$의 첫째항부터 제n항까지의 합 S_n에 대하여

$a_4=S_4-S_3$ (i) $a_1=S_1$ (ii) $a_n=S_n-S_{n-1}$ $(n \geq 2)$

$=(4^2+4+1)-(3^2+3+1)$

$=21-13$

$=8$

∴ $a_1+a_4=3+8=11$

G 131 정답 ② *수열의 합을 이용한 일반항 구하기 [정답률 91%]

정답 공식: $n \geq 2$일 때, $a_n = S_n - S_{n-1}$임을 안다.

수열 $\{a_n\}$의 첫째항부터 제n항까지의 합 S_n이 $S_n = \dfrac{n}{n+1}$일 때, a_4의 값은? (3점)

단서 합으로 일반항을 구하는 경우는 $a_4 = S_4 - S_3$을 이용해야겠지?

① $\dfrac{1}{22}$ ② $\dfrac{1}{20}$ ③ $\dfrac{1}{18}$
④ $\dfrac{1}{16}$ ⑤ $\dfrac{1}{14}$

1st 주어진 수열의 합을 이용하여 a_4의 값을 구해야겠지?
$a_n = S_n - S_{n-1}(n \geq 2)$임을 이용해.

수열 $\{a_n\}$의 첫째항부터 제n항까지의 합 $S_n = \dfrac{n}{n+1}$에 대하여

$a_4=S_4-S_3=\dfrac{4}{5}-\dfrac{3}{4}=\dfrac{16-15}{20}=\dfrac{1}{20}$

정답 및 해설 **399**

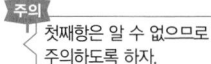 다른 풀이: **주어진 조건을 이용해 수열 $\{a_n\}$의 일반항을 찾아 a_4의 값 구하기**

> 주의
> 첫째항은 알 수 없으므로 주의하도록 하자.

$$a_n = S_n - S_{n-1} = \frac{n}{n+1} - \frac{n-1}{n} = \frac{1}{n^2+n} \ (n \geq 2)$$

$$\therefore a_4 = \frac{1}{4^2+4} = \frac{1}{20}$$

$n=1$일 때 $\frac{1}{1+1} = \frac{1}{2}$이고

$a_1 = S_1 = \frac{1}{1+1} = \frac{1}{2}$이니까

이 식은 모든 자연수 n에 대하여 성립해.

G 132 정답 ① *수열의 합을 이용한 일반항 구하기 [정답률 85%]

(정답 공식: $n \geq 2$일 때, $a_n = S_n - S_{n-1}$이고, $n=1$일 때, $a_1 = S_1$이다.)

> 수열 $\{a_n\}$의 첫째항부터 제n항까지의 합 S_n이 $S_n = n^2 - 10n$일 때, $a_n < 0$을 만족시키는 자연수 n의 개수는? (3점)
>
> ① 5   ② 6   ③ 7   ④ 8   ⑤ 9
>
> 단서 합으로 일반항을 구하는 경우는 $a_n = S_n - S_{n-1}(n \geq 2)$을 이용해야겠지? 이때, $a_n < 0$을 만족시키는 n의 범위를 찾자.

1st 주어진 수열의 합을 이용하여 수열의 일반항을 찾아.

$a_n = S_n - S_{n-1}(n \geq 2), a_1 = S_1$임을 이용해.

$$a_n = S_n - S_{n-1} = (n^2 - 10n) - \{(n-1)^2 - 10(n-1)\}$$
$$= (n^2 - 10n) - (n^2 - 12n + 11) = 2n - 11 \ (n \geq 2) \cdots @$$

이때, $a_1 = S_1 = -9$이므로 $\underline{a_n = 2n - 11 \ (n \geq 1)}$

@에서 구한 식에 $n=1$을 대입한 값과 $S_1 = -9$가 같으니까 @의 식은 모든 자연수에서 성립해.

2nd $a_n < 0$을 만족시키는 자연수 n을 구해.

$a_n < 0$에서 $2n - 11 < 0$ $\therefore n < \frac{11}{2} = 5.5$

n은 5 이하의 자연수야.

따라서 $a_n < 0$을 만족시키는 자연수 n의 개수는 1, 2, 3, 4, 5로 5이다.

G 133 정답 ④ *수열의 합을 이용한 일반항 구하기 ··· [정답률 80%]

(정답 공식: $n \geq 2$일 때, $a_n = S_n - S_{n-1}$임을 안다.)

> 수열 $\{a_n\}$의 첫째항부터 제 n항까지의 합을 S_n이라 하자. $S_n = n^3 + n$일 때, a_4의 값은? (3점)
>
> 단서 합으로 일반항을 구하는 경우는 $a_4 = S_4 - S_3$을 이용해.
>
> ① 32   ② 34   ③ 36
> ④ 38   ⑤ 40

$a_n = S_n - S_{n-1} \ (n \geq 2)$임을 이용해.

1st 주어진 수열의 합을 이용하여 a_4의 값을 구하자.

수열 $\{a_n\}$의 첫째항부터 제 n항까지의 합 $S_n = n^3 + n$에 대하여

$$a_4 = S_4 - S_3 = (4^3 + 4) - (3^3 + 3) = 68 - 30 = 38$$

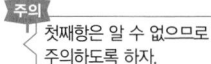 다른 풀이: **주어진 조건을 이용해 수열 $\{a_n\}$의 일반항을 찾아 a_4의 값 구하기**

일반항 a_n을 구하면

$$a_n = S_n - S_{n-1}$$

수열의 합과 일반항 사이의 관계를 이용해 a_4의 값을 구하자.

$$= (n^3 + n) - \{(n-1)^3 + (n-1)\}$$
$$= (n^3 + n) - (n^3 - 3n^2 + 4n - 2)$$
$$= 3n^2 - 3n + 2 \ (n \geq 2)$$

$$\therefore a_4 = 3 \times 4^2 - 3 \times 4 + 2 = 38$$

G 134 정답 ③ *수열의 합을 이용한 일반항 구하기 - 활용 [정답률 70%]

(정답 공식: S_n을 n에 대해 나타낸 뒤, $a_6 = S_6 - S_5$이다.)

> 단서 1 함수의 그래프가 주어진 경우는 그래프를 활용하여 푸는 경우가 대부분이지만, 여기서는 함수의 식만 알면 되니까 그림이 주어져 있지 않아도 상관없겠지?
>
> 수열 $\{a_n\}$의 첫째항부터 제n항까지의 합을 S_n이라 할 때,
>
> 이차함수 $f(x) = -\frac{1}{2}x^2 + 3x$에 대하여 $S_n = 2f(n)$이다.
>
> a_6의 값은? (3점)   단서 2 합을 주고 특정 항을 구하는 문제니까 $a_6 = S_6 - S_5$임을 이용해.
>
>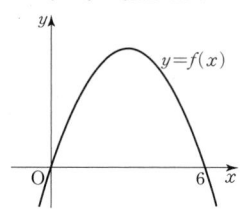
>
> ① -9 ② -7 ③ -5 ④ -3 ⑤ -1

1st S_n의 식을 구해.

$f(n) = -\frac{1}{2}n^2 + 3n$이고, $S_n = 2f(n)$이므로 $S_n = -n^2 + 6n$

2nd 합으로 일반항을 나타내는 방법을 이용하여 a_6의 값을 구해.

$a_6 = S_6 - S_5$이므로 $a_n = S_n - S_{n-1}$(단, $n \geq 2$)

$\underline{a_6 = S_6 - S_5} \to S_6 - S_5 = (a_1 + a_2 + \cdots + a_5 + a_6) - (a_1 + a_2 + \cdots + a_5)$
$$= (-6^2 + 6 \times 6) - (-5^2 + 6 \times 5) = 25 - 30 = -5$$

G 135 정답 ① *수열의 합을 이용한 일반항 구하기 - 활용 [정답률 64%]

(정답 공식: 수열 $\{a_n\}$의 첫째항부터 제n항까지의 합을 S_n이라 할 때, $a_1 = S_1$이고 $a_n = S_n - S_{n-1} \ (n \geq 2)$이다.)

> 수열 $\{a_n\}$의 첫째항부터 제n항까지의 합을 S_n이라 할 때, 두 수열 $\{a_n\}$, $\{S_n\}$과 상수 k가 다음 조건을 만족시킨다.
>
> 단서 1 수열의 합과 일반항 사이의 관계를 이용하여 식을 정리하자.
>
> > 모든 자연수 n에 대하여 $a_n + S_n = k$이다.
>
> 단서 2 문제의 조건에서 $a_6 + S_6 = k$를 이용해.
>
> $S_6 = 189$일 때, k의 값은? (4점)
>
> ① 192   ② 196   ③ 200   ④ 204   ⑤ 208

1st a_n, a_{n-1}의 사이의 관계식을 구하자.

$n=1$일 때, $a_1 + \underset{S_1 = a_1}{S_1} = 2a_1 = k$에서 $a_1 = \frac{k}{2}$

$n \geq 2$일 때,

$$a_n = S_n - S_{n-1} = (k - a_n) - (k - a_{n-1}) = -a_n + a_{n-1}$$

$a_n + S_n = k$에서 $S_n = k - a_n$이고 n 대신 $n-1$을 대입하면 $S_{n-1} = k - a_{n-1}$

이므로 $a_n = \frac{1}{2}a_{n-1} \ (n \geq 2)$

> 주의
> $a_n + S_n = k$에 $n=2$를 대입하면
> $a_2 + S_2 = a_2 + (a_1 + a_2) = 2a_2 + a_1 = 2a_2 + \frac{k}{2} = k$
> $a_2 = \frac{k}{4}$이므로 $n \geq 1$에서 성립함을 알 수 있어.

2nd k의 값을 구하자.

수열 $\{a_n\}$은 첫째항이 $\frac{k}{2}$이고 공비가 $\frac{1}{2}$인 등비수열이므로

$$a_n = \frac{k}{2} \times \left(\frac{1}{2}\right)^{n-1}$$

첫째항이 a이고 공비가 r인 등비수열 $\{a_n\}$의 일반항은 $a_n = ar^{n-1}$이야.

즉, $a_6 = \dfrac{k}{2} \times \left(\dfrac{1}{2}\right)^5 = \dfrac{k}{64}$이고 $S_6 = 189$이므로

$a_n + S_n = k$에 $n = 6$을 대입하면

$a_6 + S_6 = k$에서 $\dfrac{k}{64} + 189 = k$, $\dfrac{63}{64}k = 189$

$\therefore k = 192$

다른 풀이: 등비수열의 합 이용하기

수열 $\{a_n\}$은 첫째항이 $\dfrac{k}{2}$이고 공비가 $\dfrac{1}{2}$인 등비수열이므로

$$S_6 = \dfrac{\dfrac{k}{2}\left\{1 - \left(\dfrac{1}{2}\right)^6\right\}}{1 - \dfrac{1}{2}} = \dfrac{63k}{64} = 189$$

$\therefore k = 192$

첫째항이 a이고 공비가 $r(r \neq 1)$인
등비수열 $\{a_n\}$에 대하여 $S_n = a_1 + a_2 + a_3 + \cdots + a_n$이라 하면
$$S_n = \dfrac{a(r^n - 1)}{r - 1} = \dfrac{a(1 - r^n)}{1 - r}$$이야.

G 136 정답 16 *수열의 합을 이용한 일반항 구하기-활용 ·· [정답률 57%]

> 정답 공식: S_{2n-1}, S_{2n}의 일반항을 구할 수 있다. 이후, $a_{2n} = S_{2n} - S_{2n-1}$임을 이용해본다.

수열 $\{a_n\}$에 대하여 첫째항부터 제n항까지의 합을 S_n이라 하자.
수열 $\{S_{2n-1}\}$은 공차가 -3인 등차수열이고, 수열 $\{S_{2n}\}$은 공차가 2인 등차수열이다. $a_2 = 1$일 때, a_8의 값을 구하시오. (4점)

> **단서** 등차수열의 정의를 이용하여 S_{2n-1}, S_{2n}의 일반항을 찾자.
> 정리할 때, $S_1 = a_1$과 $S_2 = a_1 + a_2$, $a_2 = 1$을 이용해.

1st 등차수열의 일반항을 이용하여 S_{2n-1}, S_{2n}을 구해.

첫째항이 a_1, 공차 d일 때 등차수열의 일반항은 $a_n = a_1 + (n-1)d$야.

수열 $\{S_{2n-1}\}$은 $S_1, S_3, S_5 \cdots$이므로 첫째항이 S_1 (=a_1), 공차가 -3인 등차수열이다.

$\therefore S_{2n-1} = S_1 + (n-1) \times (-3) = a_1 + 3 - 3n \cdots$ ㉠

또, 수열 $\{S_{2n}\}$은 $S_2, S_4, S_6, \cdots$이므로 첫째항이 S_2 (=$a_1 + a_2$), 공차가 2인 등차수열이다.

$\therefore S_{2n} = S_2 + (n-1) \times 2 = a_1 + a_2 + 2n - 2$
$= a_1 + 1 + 2n - 2 = a_1 - 1 + 2n \cdots$ ㉡

2nd 주어진 수열의 합을 이용하여 a_8의 값을 구해야겠지?

㉠과 ㉡에 의하여 $a_n = S_n - S_{n-1}(n \geq 2)$임을 이용해.

$a_8 = S_8 - S_7 = (a_1 - 1 + 8) - (a_1 + 3 - 12) = 7 + 9 = 16$

짝수항이니까 ㉡에 $n = 4$를 대입.
홀수항이니까 ㉠에 $n = 4$를 대입.

수능 핵강

* S_n의 특징을 파악하여 공차 확인하기

기존 문제들은 보면 a_n(일반항)을 통해 S_n(합)을 구하는 문제가 많아.
하지만 이 문제는 S_n(합)의 성질을 통해 수열의 특정 항(a_8)에 대한 값을 구할 수 있는가를 묻고 있어.
우선 S_n은 수열 $\{a_n\}$의 첫째항부터 제n항까지의 합이니까
수열 $\{S_{2n-1}\}$에서는
$S_1 = a_1$, $S_3 = a_1 + a_2 + a_3$, $S_5 = a_1 + a_2 + a_3 + a_4 + a_5$
수열 $\{S_{2n}\}$에서는
$S_2 = a_1 + a_2$, $S_4 = a_1 + a_2 + a_3 + a_4$, $S_6 = a_1 + a_2 + a_3 + a_4 + a_5 + a_6$
이때, 공차가 각각 $a_2 + a_3 = a_4 + a_5 = a_6 + a_7 = -3$과
$a_3 + a_4 = a_5 + a_6 = a_7 + a_8$로 수열 $\{a_n\}$의 이웃한 항들이 공차가 됨을 확인할 수 있어.

G 137 정답 ③ *수열의 합을 이용한 일반항 구하기-활용 ·· [정답률 33%]

> 정답 공식: $S_n = \dfrac{n\{2a_1 + (n-1)d_1\}}{2}$임을 안다. S_n은 n에 대한 이차식이다.
> $S_n T_n$의 식에서 S_n의 인수들을 찾을 수 있다.

공차가 d_1, d_2인 두 등차수열 $\{a_n\}$, $\{b_n\}$의 첫째항부터 제n항까지의 합을 각각 S_n, T_n이라 하자.

단서 1 보기가 a_n, b_n에 대한 조건들이므로 $a_n = S_n - S_{n-1}(n \geq 2)$을 이용해야겠지?

$$S_n T_n = n^2(n^2 - 1) \cdots ⓐ$$

일 때, [보기]에서 항상 옳은 것을 모두 고른 것은? (4점)

— [보기] —

ㄱ. $a_n = n$이면 $b_n = 4n - 4$이다. **단서 2** S_n을 구하여 ⓐ에서 T_n을 찾자.

ㄴ. $d_1 d_2 = 4$ **단서 3** S_n, T_n을 첫째항과 공차의 식으로 표현해.

ㄷ. $a_1 \neq 0$이면 $a_n = n$이다. **단서 4** $a_1 = S_1 \neq 0$이니까 S_n의 인수가 $(n-1)$을 가지지 않네.

① ㄱ　　　　　② ㄴ　　　　　③ ㄱ, ㄴ
④ ㄱ, ㄷ　　　　⑤ ㄱ, ㄴ, ㄷ

1st ㄱ에서 $a_n = n$일 때, 주어진 조건에 의해 S_n, T_n의 값을 구하고, $b_n = T_n - T_{n-1}(n \geq 2)$을 이용하여 일반항 b_n을 구해.

$S_n T_n = n^2(n^2 - 1)$에서

ㄱ. $a_n = n$일 때, $S_n = \dfrac{n(n+1)}{2}$이므로 $S_n T_n = n^2(n^2 - 1)$에 대입하면

$$\dfrac{n(n+1)}{2} \times T_n = n^2(n^2 - 1)$$

실수 ↻ 첫째항이 1, 공차가 1인 등차수열의 합은 $\dfrac{n \times \{2 \times 1 + (n-1) \times 1\}}{2}$이야.

$\therefore T_n = 2n(n-1)$

$b_n = T_n - T_{n-1}$
$= 2n(n-1) - 2(n-1)(n-2)$
$= 4n - 4(n \geq 2) \cdots$ ㉠

이때, $b_1 = T_1 = 0$이고 이것이 ㉠에 $n = 1$을 대입한 값과 같으므로
$b_n = 4n - 4(n \geq 1)$ (참)

2nd 등차수열의 합 S_n, T_n을 주어진 조건에 대입하여 계수를 비교해 봐.

ㄴ. S_n, T_n은 등차수열의 합이므로

첫째항이 a_1, 공차가 d인 등차수열의 첫째항부터 제n항까지의 합은 $S_n = \dfrac{n\{2a_1 + (n-1)d\}}{2}$

$$S_n = \dfrac{n\{2a_1 + (n-1)d_1\}}{2} = \dfrac{d_1}{2} n^2 + \cdots$$

$$T_n = \dfrac{n\{2b_1 + (n-1)d_2\}}{2} = \dfrac{d_2}{2} n^2 + \cdots$$

등차수열의 합은 n의 이차식이야.

따라서 주어진 조건에서 $S_n T_n = n^2(n^2 - 1) = n^4 - n^2 = \dfrac{d_1 d_2}{4} n^4 + \cdots$

이므로 계수를 비교하면 $1 = \dfrac{d_1 d_2}{4}$ $\therefore d_1 d_2 = 4$ (참)

3rd 등차수열의 합 S_n과 T_n이 n의 이차식이므로 $S_n T_n$을 적절히 인수분해하여 S_n을 구하여 일반항 a_n을 구해. $a_n = S_n - S_{n-1}(n \geq 2)$을 이용하자.

ㄷ. $a_1 = S_1 \neq 0$이므로 S_n은 $(n-1)$을 인수로 가지지 않는다.

【반례】 $S_n T_n = n \times n \times (n+1)(n-1) = (n^2 + n)(n^2 - n)$

실수 ↻ 식을 논리적으로 전개하여 보기의 참과 거짓을 판단하여도 좋지만 이처럼 반례를 하나 찾으면 보기가 거짓임을 쉽고 빠르게 파악할 수 있어.

일 때, $S_n = n^2 + n$이라 하면 $a_n = S_n - S_{n-1} = 2n(n \geq 2)$이다.
$S_n = n^2$이라 하면 $a_n = 2n - 1$로 이것도 반례가 될 수 있어.
이때, $a_1 = 2$이므로 $a_1 \neq 0$이고, $a_n = 2n$ (거짓)

따라서 옳은 것은 ㄱ, ㄴ이다.

[정답 공식: 평균이 1씩 증가하므로, x_1, x_2, $\cdots x_n$까지의 평균은 $n+3$이다. 이를 통해 $x_1+x_2+\cdots+x_n$의 값도 구할 수 있다.]

자료 x_1, x_2, x_3, $\cdots$, x_{100}에 대하여 다음 과정을 순서대로 시행하였다.

(가) 처음 두 수 x_1과 x_2의 평균을 구한다. ⇒ $\dfrac{x_1+x_2}{2}=5$

(나) x_3을 추가하여 x_1, x_2, x_3의 평균을 구한다. ⇒ $\dfrac{x_1+x_2+x_3}{3}$

(다) x_4를 추가하여 x_1, x_2, x_3, x_4의 평균을 구한다.

⇒ $\dfrac{x_1+x_2+\cdots+x_{100}}{100}$ ⋮   ⇒ $\dfrac{x_1+x_2+x_3+x_4}{4}$

└ x_{100}을 추가하여 x_1, x_2, $\cdots$, x_{100}의 평균을 구한다.

위의 과정을 시행한 결과, x_1과 x_2의 평균이 5이고, 자료 하나가 추가될 때마다 평균이 1씩 증가하였다. 이때, x_{100}의 값은? (3점)

단서 주어진 평균에 대한 조건을 정리하면, 추가하여 구한 평균의 합이 등차수열을 이루네.

① 194   ② 196   ③ 198   ④ 200   ⑤ 202

1st x_1과 x_2의 평균을 구하여 자료가 추가될 때마다의 규칙을 생각해.
자료 전체의 합을 자료의 개수로 나눈 값

x_1과 x_2의 평균이 5이므로 $\dfrac{x_1+x_2}{2}=5$

또한, 자료 하나가 추가될 때마다 평균이 1씩 증가하므로 각 평균은 순서대로 첫째항이 5이고 공차가 1인 등차수열을 이룬다.

2nd 평균의 증가를 등차수열을 이용하여 일반적으로 표현하고, x_n의 합을 이용하여 x_n의 일반항을 찾자. $x_n=S_n-S_{n-1}(n\geq2)$

x_n일 때 추가된 자료의 개수가 $(n-1)$이므로 이 등차수열의 일반항은

$5+\{(n-1)-1\}\times1=5+(n-2)=n+3$

따라서 x_n을 추가할 때의 평균은

$\dfrac{x_1+x_2+\cdots+x_n}{n}=n+3$

주의 문제에서 주어진 정보를 활용하여 식을 세우고, 수열의 합을 일반화한 식을 구할 수 있어야 해.

$\therefore x_1+x_2+\cdots+x_n=n(n+3)$

이때, $S_n=x_1+x_2+\cdots+x_n$이라 하면

$x_n=S_n-S_{n-1}=n(n+3)-(n-1)(n+2)=2n+2$이므로

$x_{100}=2\times100+2=202$

쉬운 풀이: 규칙에 의해 x_3, x_4, x_5, $\cdots$를 찾은 후 수열 $\{x_n\}$의 일반항을 추측하여 x_{100}의 값 구하기

$\dfrac{x_1+x_2}{2}=5 \Rightarrow x_1+x_2=10$

$\dfrac{x_1+x_2+x_3}{3}=5+1=6 \Rightarrow x_1+x_2+x_3=18$

$\therefore x_3=18-10=8$

$\dfrac{x_1+x_2+x_3+x_4}{4}=6+1=7 \Rightarrow x_1+x_2+x_3+x_4=28$

$\therefore x_4=28-18=10$

$\dfrac{x_1+x_2+x_3+x_4+x_5}{5}=7+1=8 \Rightarrow x_1+x_2+x_3+x_4+x_5=40$

$\therefore x_5=40-28=12$

⋮

수열 $\{x_n\}$은 공차가 2인 등차수열이네.

이때, $x_n=x_3+(n-3)\times2(n\geq3)=8+2n-6=2n+2$이므로

$x_{100}=202$ a_1의 값을 알 수 없으니까 첫째항을 a_3으로 두고 일반항을 세우자. 단, $n\geq3$임을 주의해.

[정답 공식: 2의 거듭제곱 중에서 3으로 나누었을 때의 나머지가 1인 수를 찾는다. 지수가 짝수이면 그렇다는 것을 안다.]

두 집합
단서 두 집합의 원소를 나열하여 교집합의 원소가 가지는 규칙을 찾아볼까?

$A=\{2^l \mid l$은 자연수$\}$, $B=\{3m-2 \mid m$은 자연수$\}$

에 대하여 집합 $A\cap B$의 모든 원소를 작은 수부터 순서대로 모두 나열하여 만든 수열을 $\{a_n\}$이라 하자. a_4의 값을 구하시오. (4점)

1st 집합 A의 원소는 2^n 꼴이고 집합 B의 원소는 3으로 나누었을 때의 나머지가 1인 자연수임을 이용하여 두 집합을 원소나열법으로 나타내자. ↓

$A=\{2, 4, 8, 16, 32, 64, 128, 256, \cdots\}$이고   음이 아닌 정수 k에 대하여 $3k+1$ 꼴이야.

집합 B의 원소는 3으로 나눈 나머지가 1인 자연수이므로

$B=\{1, 4, 7, 10, 13, 16, \cdots\}$

2nd 집합 $A\cap B$의 원소를 나열하여 규칙을 찾자.

집합 $A\cap B$의 원소는 집합 A의 원소를 3으로 나눈 나머지가 1인 수이므로 작은 수부터 차례로 나열하면

$4, 16, 64, 256, 1024, \cdots$

$\therefore a_4=256$

톡톡 풀이: 집합 $A\cap B$의 원소가 되는 자연수 l, m의 조건을 찾아 수열 $\{a_n\}$의 항을 나열하여 a_4의 값 구하기

수열 $\{a_n\}$은 집합 $A\cap B$의 모든 원소를 작은 수부터 순서대로 나열한 것이므로 집합 $A\cap B$의 원소는 두 자연수 l, m에 대하여 $2^l=3m-2$를 만족해.

(i) $l=1$일 때, $3m-2=2$에서 $m=\dfrac{4}{3}$

(ii) $l=②$일 때, $3m-2=4$에서 $m=②$

(iii) $l=3$일 때, $3m-2=8$에서 $m=\dfrac{10}{3}$

(iv) $l=④$일 때, $3m-2=16$에서 $m=⑥$ m이 자연수니까.

(v) $l=5$일 때, $3m-2=32$에서 $m=\dfrac{34}{3}$

(vi) $l=⑥$일 때, $3m-2=64$에서 $m=㉒$

⋮

즉, l, m은 자연수이므로 $l=2k(k$는 자연수$)$를 만족시키면 돼. 따라서 집합 $A\cap B$의 원소는 2^{2k} 꼴이므로 $\{a_n\}$: $4, 16, 64, 256, 1024, \cdots$

$\therefore a_4=256$

G 140 정답 ③ *수열의 규칙 찾기 ⋯⋯⋯⋯ [정답률 81%]

(정답 공식: $n=1, 2, 3, \cdots$을 차례로 대입한다.)

첫째항이 $\dfrac{1}{2}$인 수열 $\{a_n\}$이 모든 자연수 n에 대하여

단서 a_1의 값을 알기 때문에 이를 대입하면 a_2를 구할 수 있고, $a_3, a_4, \cdots$를 같은 방법으로

$a_{n+1}=-\dfrac{1}{a_n-1}$ 구할 수 있어. 마이너스 부호를 없애주면 $a_{n+1}=\dfrac{1}{1-a_n}$이므로 더 간단하게 $a_2, a_3, \cdots$의 값을 구할 수 있겠지?

을 만족시킨다. 수열 $\{a_n\}$의 첫째항부터 제n항까지의 합을 S_n이라 할 때, $S_m=11$을 만족시키는 자연수 m의 값은? (3점)

① 20   ② 21   ③ 22

④ 23   ⑤ 24

1st 수열 $\{a_n\}$을 알아보자.

$a_{n+1}=-\dfrac{1}{a_n-1}=\dfrac{1}{1-a_n}$이므로

$a_1=\dfrac{1}{2}$, $a_2=\dfrac{1}{1-a_1}=\dfrac{1}{\frac{1}{2}}=2$, $a_3=\dfrac{1}{1-a_2}=-1$,

$a_4=\dfrac{1}{1-a_3}=\dfrac{1}{2}=a_1$, $a_5=a_2$, $\cdots$

→특별한 힌트가 없을 때는 주어진 점화식에 $n=1, 2, 3, \cdots$을 차례로 대입해봐.

→반복되는 값이 나오는 것은 중요한 힌트야. $a_4=a_1$이므로 $a_5=a_2, a_6=a_3, a_7=a_4=a_1, \cdots$ 이 될거야. 즉, $\dfrac{1}{2}, 2, -1, \dfrac{1}{2}, 2, -1, \cdots$로 3개씩 같은 항들이 반복돼.

따라서 수열 $\{a_n\}$은 모든 자연수 n에 대하여

$a_{n+3}=a_n$

2nd $S_{3n}<11$을 만족시키는 자연수 n의 최댓값을 구하자.

모든 자연수 n에 대하여

$a_{3n-2}+a_{3n-1}+a_{3n}=\dfrac{1}{2}+2+(-1)=\dfrac{3}{2}$이므로 $S_{3n}=\dfrac{3}{2}n$ $\cdots$ ㉠

$S_{3n}<11$을 만족시키는 최댓값 n을 구하면

$\dfrac{3}{2}n<11$, $n<\dfrac{22}{3}=7.\times\times\times$ $\therefore n=7$

3rd $S_m=11$을 만족시키는 자연수 m의 값을 구하자.

$n=7$을 ㉠에 대입하면 $S_{21}=\dfrac{3}{2}\times 7=\dfrac{21}{2}$이고

$a_{22}=a_{3\times 7+1}=a_1=\dfrac{1}{2}$이므로

$S_{22}=S_{21}+a_{22}=\dfrac{21}{2}+\dfrac{1}{2}=\dfrac{22}{2}=11$

따라서 $S_m=11$을 만족시키는 자연수 m의 값은 22이다.

다른 풀이: **2nd** 에서 $S_{3n}=\dfrac{3}{2}n$을 이용하여 S_{3n+1}, S_{3n+2}를 구해 $S_m=11$을 만족시키는 m의 값 찾기

$a_{n+3}=a_n$을 만족시키는 수열 $\{a_n\}$이 모든 자연수 n에 대하여

$a_{3n-2}+a_{3n-1}+a_{3n}=\dfrac{1}{2}+2+(-1)=\dfrac{3}{2}$이므로

$S_{3n}=\dfrac{3}{2}n$, →$\dfrac{1}{2}, 2, -1, \dfrac{1}{2}, 2, -1, \cdots$로 3개씩 같은 항들이 반복되므로 S_{3n}도 일정한 값 $\dfrac{1}{2}+2+(-1)=\dfrac{3}{2}$만큼 늘어남을 알 수 있어. 즉, S_{3n}은 등차수열이야.

$S_{3n+1}=S_{3n}+a_{3n+1}=S_{3n}+\dfrac{1}{2}=\dfrac{3}{2}n+\dfrac{1}{2}$,

$S_{3n+2}=S_{3n+1}+a_{3n+2}=S_{3n+1}+2=\dfrac{3}{2}n+\dfrac{5}{2}$

$S_m=11$인 자연수 m의 값을 찾아 보면

$11=\dfrac{22}{2}=\dfrac{3}{2}\times 7+\dfrac{1}{2}=S_{3\times 7+1}=S_{22}$ $\therefore m=22$

G 141 정답 ④ *수열의 규칙 찾기 ⋯⋯⋯⋯ [정답률 68%]

(정답 공식: 첫째항이 a, 공차가 d인 등차수열의 일반항 $a_n=a+(n-1)d$이다.)

다음과 같은 등차수열 $\{a_n\}$, $\{b_n\}$, $\{c_n\}$이 있다.

○ 수열 $\{a_n\}$은 첫째항 a_1이 5이고 공차는 2이다.

○ 수열 $\{b_n\}$은 첫째항 b_1이 2이고 공차는 3이다.

○ 수열 $\{c_n\}$은 첫째항 c_1이 28이고 공차는 -2이다.

$a_i(i=1, 2, \cdots, 12)$, $b_j(j=1, 2, \cdots, 12)$, $c_k(k=1, 2, \cdots, 12)$가 시계방향 순서대로 적혀 있는 크기가 서로 다른 세 개의 원판이 있다.

각각의 원판은 같은 중심을 축으로 자유롭게 따로따로 회전하도록 되어 있으며, 세 개의 원판이 회전하다가 모두 멈추었을 때는 수열 $\{a_n\}$, $\{b_n\}$, $\{c_n\}$의 각각의 항을 구분하는 직선들은 반드시 일직선상에 놓이게 된다고 하자.

그림은 세 개의 원판이 모두 멈추었을 때, 세 개의 항 a_2, b_7, c_3이 일렬로 놓인 경우의 예이다.

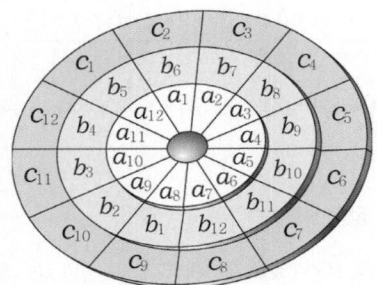

단서 a_3, b_2, c_{12}가 일렬로 놓였을 때, 또 다른 11개의 일렬로 놓인 세 개의 항들을 나타내봐.

위의 세 개의 원판들이 회전하다가 모두 멈추었을 때, 세 개의 항 a_3, b_2, c_{12}가 일렬로 놓였다면, 일렬로 놓인 세 개의 항 a_i, b_j, c_k의 합 $a_i+b_j+c_k$의 최솟값은? (4점)

① 10   ② 12   ③ 15

④ 17   ⑤ 19

1st a_3, b_2, c_{12}가 일렬로 놓인 상황을 표현해보자.

세 개의 항 a_3, b_2, c_{12}가 일렬로 놓여 있을 때 a_3, b_2, c_{12}를 기준으로 시계 방향 순서대로 세 수열 $\{a_n\}$, $\{b_n\}$, $\{c_n\}$을 배열하면 아래 표와 같다.

a_3	a_4	a_5	a_6	a_7	a_8	a_9	a_{10}	a_{11}	a_{12}	a_1	a_2
b_2	b_3	b_4	b_5	b_6	b_7	b_8	b_9	b_{10}	b_{11}	b_{12}	b_1
c_{12}	c_1	c_2	c_3	c_4	c_5	c_6	c_7	c_8	c_9	c_{10}	c_{11}
d_1	d_2	d_3	d_4	d_5	d_6	d_7	d_8	d_9	d_{10}	d_{11}	d_{12}

2nd 각 열의 합의 규칙을 찾자.

[등차수열] 첫째항 a, 공차 d라 하면 등차수열 $\{a_n\}$의 일반항 $a_n=a+(n-1)d$

각 열의 합을 차례로 $d_1, d_2, \cdots, d_{12}$라 할 때, d_2부터 d_{10}까지는 첫째항이 d_2이고 공차가 3인 등차수열이므로

→a_4부터 a_{12}는 공차가 2, b_3부터 b_{11}은 공차가 3, c_1부터 c_9는 공차가 -2인 등차수열이므로 세 수열을 차례로 더한 값인 d_2부터 d_{10}은 첫째항 d_2부터 d_{10}까지 $2+3+(-2)=3$씩 커짐을 알 수 있어.

d_2부터 d_{10}까지의 최솟값은 d_2이다.

$d_2=a_4+b_3+c_1$

$=(5+3\times 2)+(2+2\times 3)+28$

$=11+8+28=47$

또한, d_1, d_{11}, d_{12}는 등차수열이 아니므로 d_1, d_{11}, d_{12}의 값을 각각
구하면 $\underline{d_1=20,\ d_{11}=50,\ d_{12}=17}$이다.

$\;\;\;\rightarrow d_1=a_3+b_2+c_{12}=(5+2\times2)+(2+1\times3)+\{28+11\times(-2)\}$
$\qquad\quad =9+5+6=20$
$\qquad d_{11}=a_1+b_{12}+c_{10}=5+(2+11\times3)+\{28+9\times(-2)\}$
$\qquad\quad =5+35+10=50$
$\qquad d_{12}=a_2+b_1+c_{11}=(5+1\times2)+2+\{28+10\times(-2)\}$
$\qquad\quad =7+2+8=17$

따라서 일렬로 놓인 세 개의 항 a_i, b_j, c_k의 합 $a_i+b_j+c_k$의 최솟값은 17

다른 풀이: $X_1=a_3+b_2+c_{12}$, $X_i=a_{i+2}+b_{i+1}+c_{i+11}$로 놓고
$\qquad\qquad\qquad X_1, X_2, X_3, \cdots, X_{12}$를 모두 구해 이 중 가장 작은 값 찾기

수열 $\{a_n\}$, $\{b_n\}$, $\{c_n\}$에 대하여 $a_{12+n}=a_n(n=1, 2, 3, \cdots, 12)$,
$b_{12+n}=b_n(n=1, 2, 3, \cdots, 12)$, $c_{12+n}=c_n(n=1, 2, 3, \cdots, 12)$,
$X_1=a_3+b_2+c_{12}$라 하고 순차적으로
$X_i=a_{i+2}+b_{i+1}+c_{i+11}(i=1, 2, 3, \cdots, 12)$를 구해 보자.

$X_1=a_3+b_2+c_{12}=a_1+b_1+c_1+\{2\times2+1\times3+11\times(-2)\}=20$
$\underline{X_2=a_4+b_3+c_1}=a_1+b_1+c_1+\{3\times2+2\times3+0\times(-2)\}=47$

$X_2=a_4+b_3+c_{13}$
$\quad =a_4+b_3+c_1$

$X_3=a_5+b_4+c_2=a_1+b_1+c_1+\{4\times2+3\times3+1\times(-2)\}=50$
$\qquad\qquad\vdots$
$X_{10}=a_{12}+b_{11}+c_9=a_1+b_1+c_1+\{11\times2+10\times3+8\times(-2)\}=71$
$X_{11}=a_1+b_{12}+c_{10}=a_1+b_1+c_1+\{0\times2+11\times3+9\times(-2)\}=50$
$X_{12}=a_2+b_1+c_{11}=a_1+b_1+c_1+\{1\times2+0\times3+10\times(-2)\}=17$

함정 수열 $\{X_n\}$은 X_2부터 X_{10}까지는 증가하고, $a_{12+n}=a_n(n=1, 2, 3, \cdots, 12)$, $b_{12+n}=b_n(n=1, 2, 3, \cdots, 12)$, $c_{12+n}=c_n(n=1, 2, 3, \cdots, 12)$에 의하여 c_{12}에서 c_1로, a_{12}에서 a_1로, b_{12}에서 b_1로 바뀌는 X_1과 X_2, X_{10}과 X_{11}, X_{11}과 X_{12} 사이의 차이가 크겠지?

G 142 **정답 8** ＊수열의 규칙 찾기 ──────── [정답률 65%]

정답 공식: $n=1$일 때부터 값을 계산해보면 (x_n, y_n)의 값이 순환하면서 반복
된다는 것을 알 수 있다.

자연수 n에 대하여 순서쌍 (x_n, y_n)을 다음 규칙에 따라 정한다.

(가) $(x_1, y_1)=(1, 1)$ **단서 ❶, ❷**의 규칙을 가지고 좌표를 나열하여 규칙을 찾자.
(나) ❶ n이 홀수이면 $(x_{n+1}, y_{n+1})=(x_n, (y_n-3)^2)$이고,
　　 ❷ n이 짝수이면 $(x_{n+1}, y_{n+1})=((x_n-3)^2, y_n)$이다.

순서쌍 (x_{2015}, y_{2015})에서 $x_{2015}+y_{2015}$의 값을 구하시오. (4점)

1st $n=1, 2, 3, \cdots$을 차례로 대입하여 규칙을 찾아보자.

조건에서 $(x_1, y_1)=\boxed{(1, 1)}$
$n=1$일 때, $(x_2, y_2)=(x_1, (y_1-3)^2)=(1, 4)$
$n=2$일 때, $(x_3, y_3)=((x_2-3)^2, y_2)=(4, 4)$
$n=3$일 때, $(x_4, y_4)=(x_3, (y_3-3)^2)=(4, 1)$
$n=4$일 때, $(x_5, y_5)=((x_4-3)^2, y_4)=\boxed{(1, 1)}$
$\qquad\qquad\vdots$

$\rightarrow (x_1, y_1)=(x_5, y_5)$
원래대로 돌아오면 이것은 일정한 주기를 가지는 수열이네.

2nd 주기를 찾아 (x_{2015}, y_{2015})의 값을 구해.

$(x_1, y_1)=(x_5, y_5)$이므로 (x_n, y_n)의 값은 4를 주기로 값이 반복됨을
알 수 있다. 즉, 음이 아닌 정수 k에 대하여
$(x_1, y_1)=(x_5, y_5)=\cdots=(x_{4k+1}, y_{4k+1})=(1, 1)$
$(x_2, y_2)=(x_6, y_6)=\cdots=(x_{4k+2}, y_{4k+2})=(1, 4)$
$(x_3, y_3)=(x_7, y_7)=\cdots=(x_{4k+3}, y_{4k+3})=(4, 4)$
$(x_4, y_4)=(x_8, y_8)=\cdots=(x_{4k+4}, y_{4k+4})=(4, 1)$

첫째항이 1이고 공차가
4라고 생각하면
$1+4(k-1)$
$=4k-3(k\geq1)$
이때, $k=0$부터
생각하면 $4k+1$로
표현 가능.

이때, $2015=4\times503+\boxed{3}$이므로 → 3번째와 동일한 좌표를 가져.
$(x_{2015}, y_{2015})=(x_3, y_3)=(4, 4)$
$\therefore x_{2015}+y_{2015}=4+4=8$

G 143 **정답 ④** ＊수열의 규칙 찾기 ──────── [정답률 37%]

정답 공식: $m=2\times(홀수)$이다. $1m, 2m, \cdots, 10m$ 각각에 대해 2로 몇 번 나누
어 떨어지는지를 생각한다.

수열 $\{a_n\}$에 대하여 **단서** 주어진 식을 예를 보고 잘 이해해야 해.
　　　　　　　　　　　　　$a_m=1$이면 $m=2^1\times q$이고, $2m=2^2\times q$가 되는 거야.
$\qquad n=2^p\times q\,(p$는 음이 아닌 정수, q는 홀수$)$
일 때, $a_n=p$이다. 예를 들어, $20=2^2\times5$이므로 $a_{20}=2$이다.
$a_m=1$일 때,
$\qquad a_m+a_{2m}+a_{3m}+a_{4m}+a_{5m}+a_{6m}+a_{7m}+a_{8m}+a_{9m}+a_{10m}$
의 값은? (4점)

① 15　　　　　　② 16　　　　　　③ 17
④ 18　　　　　　⑤ 19

1st 수열 $\{a_n\}$을 이해하여 $a_m=1$일 때, m을 q에 관한 식으로 나타내 봐.
　　　$n=2^p\times q\,(p$는 음이 아닌 정수, q는 홀수$)$

$a_m=1$에서 $n=m$이고 $p=1$이므로
$m=2^1\times q=2q$ (q는 홀수)

2nd $2m, 3m, \cdots, 10m$을 q의 식으로 나타내어 $a_{2m}, a_{3m}, \cdots, a_{10m}$의 값을 차례
로 구해.

홀수 q에 대하여 $2m=2\times2q=2^{②}\times q$이므로 $a_{2m}=2$ ← $p=2$
$3m=3\times2q=2^{①}\times3q$이고, $3q$는 홀수이므로 $a_{3m}=1$ ← $p=1$
$4m=\underline{4}\times2q=2^{③}\times q$이므로 $a_{4m}=3$ ← $p=3$ 이와 같이 2의 지수 p가 수열의 값이야.
$\quad =2^2$
$5m=5\times2q=2\times5q$이고, $5q$는 홀수이므로 $a_{5m}=1$
$6m=\underline{6}\times2q=2^2\times3q$이고, $3q$는 홀수이므로 $a_{6m}=2$
$\quad =2\times3$
$7m=7\times2q=2\times7q$이고, $7q$는 홀수이므로 $a_{7m}=1$
$8m=\underline{8}\times2q=2^4\times q$이므로 $a_{8m}=4$
$\quad =2^3$
$9m=9\times2q=2\times9q$이고, $9q$는 홀수이므로 $a_{9m}=1$
$10m=\underline{10}\times2q=2^2\times5q$이고, $5q$는 홀수이므로 $a_{10m}=2$
$\quad\;\; =2\times5$
$\therefore a_m+a_{2m}+\cdots+a_{10m}=1+2+1+3+1+2+1+4+1+2=18$

수능 핵강

＊ k가 홀수이면 a_{km}의 값이 어떻게 변화할지 알아보기
km에서 k가 홀수이면 항상 $a_{km}=1$임을 알 수 있어.
왜 그러냐고? 그건 $a_m=1$에서 $m=2q$(단, q는 홀수)이므로 $km=2kq$인데
kq는 두 홀수의 곱으로, 항상 홀수이기 때문에 두 홀수 k, q에 대하여
a_{km}의 값은 항상 1이 될 수밖에 없어.
위의 풀이에서는 $a_{2m}, a_{3m}, \cdots, a_{10m}$의 값을 각각 다 구했지만 수능에서는
$a_{2m}, a_{4m}, a_{6m}, a_{8m}, a_{10m}$의 값만 구하여 시간을 단축하는게 좋겠지?

(정답 공식: $n=1$일 때부터 값을 계산해보면 규칙성을 찾을 수 있다.)

자연수 n에 대하여 좌표평면 위의 점 A_n을 다음 규칙에 따라 정한다.

(가) 점 A_1의 좌표는 $(0, 0)$이다.
(나) n이 짝수이면 점 A_n은 점 A_{n-1}을 y축의 방향으로 ❶$(-1)^{\frac{n}{2}} \times (n+1)$만큼 평행이동한 점이다.
(다) n이 3 이상의 홀수이면 점 A_n은 점 A_{n-1}을 x축의 방향으로 ❷$(-1)^{\frac{n-1}{2}} \times n$만큼 평행이동한 점이다.

위의 규칙에 따라 정해진 점 A_{30}의 좌표를 (p, q)라 할 때, $p+q$의 값은? (4점) 단서 ❶, ❷에 의하여 n이 짝수일 때와 홀수일 때, y좌표, x좌표가 바뀌므로 p와 q의 변화를 각각 확인하자.

① -6 ② -3 ③ 0
④ 3 ⑤ 6

1st n이 홀수, 짝수인 경우의 각각 주어진 조건을 이용하여 규칙을 찾아야 해.

조건 (가)에서 $A_1(0, 0)$

$n=2$이면 조건 (나)에 의하여 $A_2(0, -3)$
n은 짝수이므로 $(-1)^{\frac{2}{2}} \times (2+1) = -3$

$n=3$이면 조건 (다)에 의하여 $A_3(-3, -3)$
n은 홀수이므로 $(-1)^{\frac{3-1}{2}} \times 3 = -3$

[평행이동]
y축으로 b만큼 평행이동이면 $(x, y) \longrightarrow (x, y+b)$
x축으로 a만큼 평행이동이면 $(x, y) \longrightarrow (x+a, y)$

마찬가지 방법으로

$n=4$이면 $A_4(-3, -3+⑤)$
$n=5$이면 $A_5(-3+⑤, -3+⑤)$
$n=6$이면 $A_6(-3+5, -3+5\boxed{-7})$
$n=7$이면 $A_7(-3+5\boxed{-7}, -3+5\boxed{-7})$

A_2와 A_3, A_4와 A_5, A_6과 A_7처럼 묶음으로 같은 수만큼 각각 y축, x축으로 평행이동하네.

2nd $n=30$일 때, 점 A_{30}의 좌표를 유추해.

$n=29$일 때, $A_{29}(-3+5-7+\cdots+29, -3+5-7+\cdots+29)$이므로
$n=28$일 때 y축으로 $(-1)^{14} \times (28+1) = 29$, $n=29$일 때 x축으로 $(-1)^{14} \times 29 = 29$만큼 평행이동!!

$n=30$일 때, 점 A_{30}의 좌표 (p, q)는
짝수이니까 x좌표는 A_{29}와 동일하고 y좌표만 $(-1)^{15} \times (30+1) = -31$을 더해 줘야 해.

$p = -3+5-7+\cdots+29$
$\quad = (-3+5) + (-7+9) + \cdots + (-27+29) = 2 \times 7 = 14$

$q = -3+5-7+\cdots+29-31$
$\quad = (-3+5) + (-7+9) + \cdots + (-27+29) - 31$
$\quad = 2 \times 7 - 31 = 14 - 31 = -17$

$\therefore p+q = 14 + (-17) = -3$

[정답 공식: n을 소인수분해해보고, 짝수인 소인수들이 얼마나 있는지를 확인한다. x_n은 짝수인 양의 약수의 개수에서 홀수인 양의 약수의 개수를 뺀 값이다.]

자연수 n의 모든 양의 약수를 $a_1, a_2, \cdots, a_k$라 할 때,
$$x_n = (-1)^{a_1} + (-1)^{a_2} + \cdots + (-1)^{a_k}$$
이라 하자. [보기]에서 옳은 것을 모두 고른 것은? (4점)

[보기]
ㄱ. $x_8 = 2$ 단서1 8의 양의 약수를 찾자.
ㄴ. $n = 3^m$이면 $x_n = -m+1$이다. 단서2 3^m의 양의 약수와 그 개수를 따져 보자.
ㄷ. $n = 10^m$이면 $x_n = m^2 - 1$이다. 단서3 $10^m = 2^m 5^m$의 양의 약수와 그 개수를 따져 보자.

① ㄱ   ② ㄴ   ③ ㄱ, ㄴ
④ ㄱ, ㄷ   ⑤ ㄱ, ㄴ, ㄷ

1st 자연수 n의 양의 약수와 그 약수의 개수를 이용하여 ㄱ~ㄷ의 참, 거짓을 판별해 보자. 어떤 수를 나누어떨어지게 하는 수야.

주의 1일 때는 3^0이므로 $m=0$일 때도 포함하여 총 $(m+1)$개야.

ㄱ. 8의 양의 약수는 1, 2, 4, 8이므로
$$x_8 = \underbrace{(-1)^1}_{=-1} + (-1)^2 + (-1)^4 + (-1)^8 = 2 (참)$$

ㄴ. $n = 3^m$의 양의 약수는 $\underbrace{1, 3, 3^2, \cdots, 3^m}_{\text{모두 홀수이지?}}$이고 그 개수가 $m+1$이면서 모두 홀수이므로

$$x_n = (-1)^1 + (-1)^3 + (-1)^{3^2} + \cdots + (-1)^{3^m}$$
$$= (-1) + (-1) + (-1) + \cdots + (-1)$$
$$= -(m+1) (거짓)$$

양수 a에 대하여 $(-a)^n = \begin{cases} a^n & (n은 짝수) \\ -a^n & (n은 홀수) \end{cases}$

ㄷ. $\underbrace{n = 10^m = 2^m 5^m}_{\text{소인수분해}}$이므로 10^m의 양의 약수의 개수는 [n의 소인수분해]
$n = p_1^{a_1} \times p_2^{a_2} \times \cdots \times p_n^{a_n} (p_1, p_2, \cdots, p_n은 소수)$일 때 n의 양의 약수의 개수는 $(a_1+1)(a_2+1) \times \cdots \times (a_n+1)$이야.

$(m+1)(m+1) = (m+1)^2$이고
이 중 홀수의 약수의 개수는 1, 5^1, $\cdots$, 5^m의 $m+1$
따라서 짝수인 약수의 개수는

2^m에서 1, 2, 2^2, $\cdots$, 2^m이니까 $(m+1)$개라 하면 안 돼. (짝)$\times$(홀) = (짝)이니까 5^m과 곱하여 짝수인 양수가 생길 수 있어.

$(m+1)^2 - (m+1) = m^2 + m$이므로
$x_n = (-1) \times (m+1) + 1 \times (m^2+m)$
$\quad = m^2 - 1$ ← 평가원 해설 참조

🦉 평가원 해설

본 문항의 x_n은 n의 양의 약수 중 짝수인 약수의 개수에서 홀수인 약수의 개수를 뺀 값이다. 따라서 이 문항에서 문자 m에 대한 구체적 설명이 없더라도 m을 자연수로 간주하는 것이 자연스럽고, 그 경우 [보기] ㄷ은 참인 명제가 되어 이 문항의 정답은 ④가 된다. 그러나 문자 m에 제한을 두지 않았으므로 m의 값으로 모든 실수가 될 수 있다고 해석하여, 예컨대 $m = \log 2$가 [보기] ㄷ의 반례가 된다고 생각할 수도 있다.

따라서 본 문항에서는 ①도 정답으로 인정한다.

G 146 정답 0 *등차수열의 특정 항 구하기 ──── [정답률 75%]

(정답 공식: 등차수열의 일반항 $a_n = a + (n-1)d$ (a는 첫째항, d는 공차))

> **단서1** 등차수열의 일반항 $a_n = a_1 + (n-1)d$야.
>
> $\log_3 2$와 $\log_3 \dfrac{1}{2}$ 사이에 19개의 수 $a_1, a_2, a_3, \cdots, a_{19}$를 넣어
>
> 등차수열을 이루도록 할 때, a_{10}의 값을 구하고 그 과정을
>
> 서술하시오. (10점) **단서2** 등차수열의 공차를 구하면 a_{10}의 값을 구할 수 있어.

 단서＋발상

단서1 등차수열의 일반항은 $a_n = a_1 + (n-1)d$이고, **개념**

$b_1 = \log_3 2, b_2 = a_1, b_3 = a_2, \cdots, b_{20} = a_{19}, b_{21} = \log_3 \dfrac{1}{2}$로 둘 수 있다. **적용**

단서2 등차수열의 일반항의 정의에 의해

$b_{21} = b_1 + 20d = \log_3 2 + 20d = \log_3 \dfrac{1}{2}$이 성립하며, **개념**

공차 d를 구하면 $a_{10} = b_{11}$의 값을 구할 수 있다. **적용**

--- [문제 풀이 순서] ----------------------

1st 등차수열 $b_1, b_2 = a_1, b_3 = a_2, \cdots, b_{20} = a_{19}, b_{21}$이라 하고
$b_{21} = b_1 + 20d$에서 공차 d를 구하자.

첫째항을 $b_1 = \log_3 2$라 하면 $b_2 = a_1, b_3 = a_2, \cdots, b_{20} = a_{19}$이므로

$b_{21} = \underbrace{b_1 + (21-1)d}_{\text{등차수열의 일반항은 } a_n = a_1 + (n-1)d \text{야.}} = \log_3 2 + 20d = \log_3 \dfrac{1}{2}$

$20d = \log_3 \dfrac{1}{2} - \log_3 2 = \log_3 \dfrac{1}{4}$에서

$d = \dfrac{1}{20} \log_3 \dfrac{1}{4}$

2nd $a_{10} = b_{11} = b_1 + 10d$를 이용하여 a_{10}의 값을 구하자.

$b_1 = \log_3 2, d = \dfrac{1}{20} \log_3 \dfrac{1}{4}$이므로

$a_{10} = b_{11} = \log_3 2 + (11-1) \times \dfrac{1}{20} \log_3 \dfrac{1}{4}$

$= \log_3 2 + \dfrac{1}{2} \log_3 2^{-2}$ $\quad$ $\underbrace{10 \times \dfrac{1}{20} \log_3 \dfrac{1}{4} = \dfrac{1}{2} \log_3 \dfrac{1}{4} \text{인데}}_{\dfrac{1}{4} = \left(\dfrac{1}{2}\right)^2 = 2^{-2} \text{이므로 } \dfrac{1}{2} \log_3 2^{-2} \text{이야.}}$

$= \log_3 2 - \log_3 2$

$= 0$

[채점 기준표]

1st	등차수열 $b_1, b_2 = a_1, b_3 = a_2, \cdots, b_{20} = a_{19}, b_{21}$이라 하고 $b_{21} = b_1 + 20d$에서 공차 d를 구한다.	5점
2nd	$a_{10} = b_{11} = b_1 + 10d$를 이용하여 a_{10}의 값을 구한다.	5점

🔧 **톡톡 풀이:** 등차수열의 항의 성질을 이용하여 a_{10}의 값 구하기

$b_1, b_2 = a_1, b_3 = a_2, \cdots, b_{20} = a_{19}, b_{21}$이라 하면

$b_1 + b_{21} = 0$이므로 등차수열의 성질에 의하여

$\underbrace{\log_3 2 + \log_3 \dfrac{1}{2} = \log_3 2 - \log_3 2 = 0}$

$b_2 + b_{20} = a_1 + a_{19} = 0$이 성립해.

마찬가지로 $a_2 + a_{18} = 0, \cdots, a_9 + a_{11} = 0$이 성립하므로

$a_{10} = \dfrac{a_9 + a_{11}}{2} = 0$이야.

G 147 정답 11 *등차수열의 합의 최댓값과 최솟값 ── [정답률 70%]

> 정답 공식: 등차수열의 일반항 $a_n = a + (n-1)d$,
> 등차수열의 합 $S_n = \dfrac{n\{2a + (n-1)d\}}{2}$ (a는 첫째항, d는 공차)

수열 $\{a_n\}$이 다음 조건을 만족시킨다.

> (가) $a_3 = 3a_1$ **단서1** 두 항 사이의 차가 상수이므로 등차수열이야.
> (나) $a_{n+1} = a_n + 2$ ($n = 1, 2, 3, \cdots$)

$a_1 + a_2 + a_3 + \cdots + a_{2n} > 500$을 만족시키는 자연수 n의 최솟값을
구하고 그 과정을 서술하시오. (10점) **단서2** 등차수열의 합의 공식을 바탕으로 n의 최솟값을 구할 수 있어.

 단서＋발상

단서1 두 항 사이의 차가 상수이면 등차수열이므로 **발상**
$a_{n+1} - a_n = d$를 만족하면 공차가 d인 등차수열이다. **개념**

단서2 등차수열의 합은 $S_n = \dfrac{n\{2a + (n-1)d\}}{2}$이다. ($a$는 첫째항, d는 공차) **개념**

$S_{2n} = a_1 + a_2 + \cdots + a_{2n} = \dfrac{2n\{2a + (2n-1)d\}}{2}$

또는 $S_{2n} = \dfrac{2n(a_1 + a_{2n})}{2} = \dfrac{2n\{a + a + (2n-1)d\}}{2}$

$= n\{2a + (2n-1)d\}$로 둘 수 있다. **적용**

--- [문제 풀이 순서] ----------------------

1st 조건 (나)에서 두 항의 차가 상수인 것을 이용하여 등차수열의 공차를 구하자.

조건 (나)에서 $a_{n+1} = a_n + 2$이므로 $\underline{a_{n+1} - a_n = 2}$ 등차수열에서 공차가 d이면

따라서 수열 $\{a_n\}$은 공차 d가 2인 등차수열이다. $a_{n+1} - a_n = d$가 성립해.

2nd 조건 (가)에서 첫째항과 공차와의 관계식을 구하자.

수열 $\{a_n\}$은 등차수열이므로

등차수열의 일반항은 $a_n = a_1 + 2(n-1)$이다.

조건 (가)에서 $a_3 = 3a_1$이므로 $a_1 + 4 = 3a_1$

$\therefore a_1 = 2$

3rd 등차수열의 합 $S_n = \dfrac{n\{2a_1 + (n-1)d\}}{2}$를 이용하여 $S_{2n} > 500$을
만족하는 자연수 n의 최솟값을 구하자.

등차수열의 합은 $S_n = \dfrac{n\{2a_1 + (n-1)d\}}{2}$이므로

$a_1 + a_2 + a_3 + \cdots + a_{2n} = \dfrac{2n\{2 \times 2 + (2n-1) \times 2\}}{2}$

$= n(4n + 2)$

이므로 $n(4n+2) > 500$, 즉 $n(2n+1) > 250 \cdots \bigcirc$

$n = 10$이면 $10 \times 21 = 210$ $a_1 + a_2 + a_3 + \cdots + a_{2n}$은 항이 $2n$개이고

$n = 11$이면 $11 \times 23 = 253$ $a_1 = 2, a_{2n} = a_1 + (2n-1)d = 2 + (2n-1) \times 2$이므로

따라서 $\bigcirc$을 만족시키는 등차수열 합 S_{2n}에 의해 $\dfrac{2n\{2 \times 2 + (2n-1) \times 2\}}{2}$가 성립해.

자연수 n의 최솟값은 11이다.

[채점 기준표]

1st	조건 (나)에서 두 항의 차가 상수인 것을 이용하여 등차수열의 공차를 구한다.	3점
2nd	조건 (가)에서 첫째항과 공차와의 관계식을 구한다.	3점
3rd	등차수열의 합 $S_n = \dfrac{n\{2a + (n-1)d\}}{2}$를 이용하여 $S_{2n} > 500$을 만족시키는 자연수 n의 최솟값을 구한다.	4점

G 148 정답 **324** ＊등차중항 ──────── [정답률 75%]

정답 공식: 등차수열의 일반항 $a_n=a+(n-1)d$ (a는 첫째항, d는 공차)이고, a, b, c가 이 순서대로 등차수열이면 $b=\dfrac{a+c}{2}$

> **단서1** 이차방정식의 근과 계수의 관계를 통해 α, β에 대한 식을 세울 수 있어.
> 이차방정식 $x^2-8x+14=0$의 두 근을 α, β라 하자. 세 수 $\alpha^2, k,$ β^2이 이 순서대로 등차수열을 만족시킨다. 이때 첫째항과 공차가 모두 실수 k인 수열 $\{a_n\}$에서 a_{18}의 값을 구하고 그 과정을 서술하시오. (10점) **단서2** 0이 아닌 세 수 a, b, c가 이 순서대로 등차수열을 이룰 때 등차중항을 생각할 수 있어.

🧠 **단서＋발상**

단서1 이차방정식 $ax^2+bx+c=0$의 두 근이 α, β이면 근과 계수의 관계에 의하여
$\alpha+\beta=-\dfrac{b}{a}, \alpha\beta=\dfrac{c}{a}$이다. (개념)

단서2 a, b, c가 이 순서대로 등차수열이면
$b=\dfrac{a+c}{2}$를 만족하며, b는 등차중항이다. (개념)

등차수열의 일반항 $a_n=a_1+(n-1)d$로 (개념)
첫째항과 공차를 알면 등차수열의 일반항을 구할 수 있다. (적용)

--- [문제 풀이 순서] ---------------

1st 이차방정식에서 근과 계수의 관계를 이용하여 $\alpha+\beta, \alpha\beta$의 값을 구하자.
이차방정식 $x^2-8x+14=0$의 두 근을 α, β라 할 때, 이차방정식의 근과 계수의 관계에 의하여
$\alpha+\beta=8, \alpha\beta=14$

> 이차방정식 $ax^2+bx+c=0$의 두 근이 α, β이면 근과 계수의 관계에 의하여 $\alpha+\beta=-\dfrac{b}{a}, \alpha\beta=\dfrac{c}{a}$가 성립해.

2nd 등차중항을 이용하여 실수 k의 값을 구하자.
세 수 α^2, k, β^2이 이 순서대로 등차수열을 만족시키므로 k는 α^2과 β^2의 등차중항이다.
따라서 $k=\dfrac{\alpha^2+\beta^2}{2}$이므로
$k=\dfrac{\alpha^2+\beta^2}{2}=\dfrac{(\alpha+\beta)^2-2\alpha\beta}{2}=\dfrac{8^2-2\times14}{2}=18$
$\underline{\alpha^2+\beta^2=(\alpha+\beta)^2-2\alpha\beta}$

3rd 등차수열의 일반항 $a_n=a_1+(n-1)d$를 이용하여 a_{18}의 값을 구하자.
첫째항과 공차가 모두 실수 k인 등차수열 $\{a_n\}$의 일반항은
$a_n=k+(n-1)k=kn$ 첫째항이 a_1, 공차가 d인 등차수열 일반항 a_n은
∴ $a_{18}=18\times18=324$ $a_n=a_1+(n-1)d$야.

[채점 기준표]

1st	이차방정식에서 근과 계수와의 관계를 이용하여 $\alpha+\beta, \alpha\beta$의 값을 구한다.	3점
2nd	등차중항을 이용하여 실수 k의 값을 구한다.	3점
3rd	등차수열의 일반항 $a_n=a_1+(n-1)d$를 이용하여 a_{18}의 값을 구한다.	4점

⚙️ **등차중항** 개념·공식

세 항 a_{n-1}, a_n, a_{n+1}이 이 순서대로 등차수열을 이루면 a_n을 a_{n-1}와 a_{n+1}의 등차중항이라 하고 이웃하는 두 항의 차가 일정하므로
$a_n-a_{n-1}=a_{n+1}-a_n=$(공차)
즉, $2a_n=a_{n-1}+a_{n+1}$이 성립한다.

G 149 정답 $\dfrac{15}{16}$ ＊수열의 합을 이용한 일반항 구하기 [정답률 60%]

정답 공식: 등비수열의 일반항 $a_n=ar^{n-1}$ (a는 첫째항, r는 공비)

> 첫째항이 1인 수열 $\{a_n\}$이 $0<k<1$인 실수 k에 대하여
> $$\dfrac{1}{a_1}+\dfrac{1}{a_2}+\dfrac{1}{a_3}+\cdots+\dfrac{1}{a_n}=\dfrac{1}{a_{n+1}}+k \ (n=1, 2, 3, \cdots)$$
> 을 만족시킨다. $a_{12}=\dfrac{1}{64}$일 때, k의 값을 구하고 그 과정을 서술하시오.
> **단서** $n=1, 2, 3, \cdots$에 대해 성립하므로 $n\geq2$에 대해 성립하는 식으로 나타낼 수 있어. (10점)

🧠 **단서＋발상**

단서 $a_1=1$이고, $\dfrac{1}{a_1}+\dfrac{1}{a_2}+\dfrac{1}{a_3}+\cdots+\dfrac{1}{a_n}=\dfrac{1}{a_{n+1}}+k$가 성립하므로
$\dfrac{1}{a_1}+\dfrac{1}{a_2}+\dfrac{1}{a_3}+\cdots+\dfrac{1}{a_{n-1}}=\dfrac{1}{a_n}+k$ $(n\geq2)$도 성립한다. (발상)
수열의 합과 일반항 사이의 관계식을 활용할 수 있다. (적용)
$S_{n+1}=a_1+a_2+\cdots+a_n+a_{n+1},$
$S_n=a_1+a_2+\cdots+a_{n-1}+a_n$이므로 좌변과 우변을 빼면
$S_{n+1}-S_n=a_{n+1}$임을 알 수 있다. (해결)

--- [문제 풀이 순서] ---------------

1st 주어진 식을 a_n과 a_{n+1}의 식으로 변형하자.
$\dfrac{1}{a_1}+\dfrac{1}{a_2}+\dfrac{1}{a_3}+\cdots+\dfrac{1}{a_n}=\dfrac{1}{a_{n+1}}+k$ ⋯ ㉠
$n\geq2$일 때,
$\dfrac{1}{a_1}+\dfrac{1}{a_2}+\dfrac{1}{a_3}+\cdots+\dfrac{1}{a_{n-1}}=\dfrac{1}{a_n}+k$ ⋯ ㉡
㉠에서 ㉡을 빼면 첫째항부터 $n-1$항까지의 합에 대한 식이야.
$\dfrac{1}{a_n}=\dfrac{1}{a_{n+1}}-\dfrac{1}{a_n}, \dfrac{1}{a_{n+1}}=\dfrac{2}{a_n}$
∴ $a_{n+1}=\dfrac{1}{2}a_n$ (단, $n\geq2$) ⋯ ㉢

2nd 일반항 a_n을 n과 k의 식으로 나타내자.
㉢에서 $n\geq2$이므로
$a_{n+1}=\dfrac{1}{2}a_n=\left(\dfrac{1}{2}\right)^2a_{n-1}=\left(\dfrac{1}{2}\right)^3a_{n-2}=\cdots=\left(\dfrac{1}{2}\right)^{n-1}a_2$
한편 $\dfrac{1}{a_1}+\dfrac{1}{a_2}+\dfrac{1}{a_3}+\cdots+\dfrac{1}{a_n}=\dfrac{1}{a_{n+1}}+k$에 $n=1$을 대입하면
$\dfrac{1}{a_1}=\dfrac{1}{a_2}+k$
$\dfrac{1}{a_2}=\dfrac{1}{a_1}-k=1-k$ (∵ $a_1=1$)

> $a_{n+1}=\dfrac{1}{2}a_n$이므로 $a_n=\dfrac{1}{2}a_{n-1}$이 성립해.
> $a_n=\dfrac{1}{2}a_{n-1}$을 $a_{n+1}=\dfrac{1}{2}a_n$에 대입하면 $a_{n+1}=\dfrac{1}{2}\times\dfrac{1}{2}a_{n-1}=\left(\dfrac{1}{2}\right)^2a_{n-1}$이 돼.

따라서 $a_2=\dfrac{1}{1-k}$이므로 $a_2=\dfrac{1}{1-k}$을 $a_n=\left(\dfrac{1}{2}\right)^{n-2}a_2$에 대입하여 식을 정리할 수 있어.
$a_n=\dfrac{1}{2^{n-2}(1-k)}$ (단, $n\geq2$)

3rd $a_{12}=\dfrac{1}{64}$을 이용하여 실수 k의 값을 구하자.
$a_n=\dfrac{1}{2^{n-2}(1-k)}$ $(n\geq2)$이고, $a_{12}=\dfrac{1}{64}$이므로
$n=12$를 대입하면 $\dfrac{1}{2^{10}(1-k)}=\dfrac{1}{64}$
$2^{10}(1-k)=2^6, 1-k=\dfrac{1}{2^4}$ ∴ $k=1-\dfrac{1}{16}=\dfrac{15}{16}$

1st	주어진 식을 a_n과 a_{n+1}의 식으로 변형한다.	4점
2nd	일반항 a_n을 n과 k의 식으로 나타낸다.	4점
3rd	$a_{12}=\dfrac{1}{64}$을 이용하여 실수 k의 값을 구한다.	2점

🎯 **다른 풀이:** a_{n+1}과 a_n의 관계 $a_{n+1}=\dfrac{1}{2}a_n$을 이용하여 k의 값 구하기

$\dfrac{1}{a_{n+1}}=\dfrac{1}{a_1}+\dfrac{1}{a_2}+\cdots+\dfrac{1}{a_n}-k$이므로

$n=12$일 때,

$\dfrac{1}{a_{12}}=\dfrac{1}{a_1}+\dfrac{1}{a_2}+\cdots+\dfrac{1}{a_{11}}-k \longrightarrow \dfrac{1}{a_{11}}=\dfrac{1}{a_1}+\dfrac{1}{a_2}+\cdots+\dfrac{1}{a_{10}}-k$를 대입해.

$=2\left(\dfrac{1}{a_1}+\dfrac{1}{a_2}+\cdots+\dfrac{1}{a_{10}}-k\right)$

$=2^2\left(\dfrac{1}{a_1}+\dfrac{1}{a_2}+\cdots+\dfrac{1}{a_9}-k\right)$

$\vdots$

$=2^{10}\left(\dfrac{1}{a_1}-k\right)$

$a_1=1$, $a_{12}=\dfrac{1}{64}$이므로 $64=2^{10}(1-k)$가 되고 이를 정리하면

$1-k=\dfrac{1}{2^4}$

$\therefore k=\dfrac{15}{16}$

⚙️ **수열의 합에 관련된 공식**　　　　　개념·공식

① 첫째항이 a이고 공차가 d인 등차수열의 첫째항부터 제n항까지의 합을 S_n이라 하면

$S_n=\dfrac{n\{2a+(n-1)d\}}{2}$

② 첫째항이 a이고 제n항이 l인 등차수열의 첫째항부터 제n항까지의 합을 S_n이라 하면

$S_n=\dfrac{n(a+l)}{2}$

③ 첫째항이 a이고 공비가 r인 등비수열의 첫째항부터 제n항까지의 합을 S_n이라 하면

$r=1$일 때, $S_n=an$

$r\neq1$일 때, $S_n=\dfrac{a(1-r^n)}{1-r}=\dfrac{a(r^n-1)}{r-1}$

④ 수열의 합 S_n과 일반항 a_n 사이의 관계

수열 $\{a_n\}$의 첫째항부터 제n항까지의 합 S_n에 대하여

$a_1=S_1$, $a_n=S_n-S_{n-1}(n\geq2)$

G 150 정답 **757** *등비수열의 합의 활용 ·········· [정답률 68%]

$$\begin{bmatrix} \text{정답 공식: 등비수열 일반항 } a_n=ar^{n-1} \\ \text{등비수열의 합 } S_n=\dfrac{a(r^n-1)}{r-1} \text{ (단, } a\text{는 첫째항, } r\text{는 1이 아닌 공비)} \end{bmatrix}$$

> **단서1** 등비수열 $\{a_n\}$의 일반항 a_n을 ar^{n-1}으로 세울 수 있어.
>
> 모든 항이 실수인 **등비수열** $\{a_n\}$에 대하여
>
> $a_1a_2a_3a_4a_5=243$, $a_4a_6a_8=81a_5a_7$
>
> 이다. 수열 $\{a_n\}$의 **첫째항부터 제n항까지의 합**을 S_n이라 할 때,
>
> $\dfrac{S_9}{S_3}$의 값을 구하고 그 과정을 서술하시오. (10점)
>
> **단서2** 첫째항이 a, 공비가 r인 등비수열의 합 S_n을 $\dfrac{a(r^n-1)}{r-1}$으로 세울 수 있어.

🗣 **단서+발상**

단서1 등비수열의 일반항 $a_n=ar^{n-1}$을 이용하여 $a_1a_2a_3a_4a_5=243$, $a_4a_6a_8=81a_5a_7$의 식을 a, r에 관한 식으로 변형하여 나타낼 수 있다. 발상

단서2 등비수열의 합 $S_n=\dfrac{a(r^n-1)}{r-1}$을 이용하여 $\dfrac{S_9}{S_3}$를 a, r에 대한 식으로 나타낼 수 있다. 발상

식을 간략하게 한 후, a, r의 값을 대입하여 $\dfrac{S_9}{S_3}$의 값을 구할 수 있다. 적용

--- [문제 풀이 순서] -----------------------

1st 등비수열의 일반항 $a_n=ar^{n-1}$을 적용해서 주어진 조건의 식을 변형하자.

첫째항을 a, 공비를 r라 하면

등비수열 $\{a_n\}$의 일반항은 $a_n=ar^{n-1}$이므로

$a_1a_2a_3a_4a_5=a\times ar\times ar^2\times ar^3\times ar^4=a^5r^{10}=(ar^2)^5=243$

$\therefore ar^2=3\cdots$ ㉠ ← $(ar^2)^5=243=3^5$이므로 $ar^2=3$이 돼

$a_4a_6a_8=ar^3\times ar^5\times ar^7=a^3r^{15}$이고

$a_5a_7=ar^4\times ar^6=a^2r^{10}$이므로

$a_4a_6a_8=81a_5a_7$에서 $a^3r^{15}=81a^2r^{10}$

$\therefore ar^5=3^4\cdots$ ㉡

2nd 관계식을 연립하여 공비 r의 값을 구하자.

㉠, ㉡을 연립하여 풀면

$r^3=3^3$이고 r는 실수이므로 $r=3$

3rd $\dfrac{S_9}{S_3}$의 값을 구하자.

$\dfrac{S_9}{S_3}=\dfrac{\dfrac{a(r^9-1)}{r-1}}{\dfrac{a(r^3-1)}{r-1}}=\dfrac{r^9-1}{r^3-1}$ 다항식의 곱셈 공식에 의해 $a^3-b^3=(a-b)(a^2+ab+b^2)$이 성립해.

등비수열의 합 $S_n=\dfrac{a(r^n-1)}{r-1}$이야.

$=\dfrac{(r^3-1)(r^6+r^3+1)}{r^3-1}=r^6+r^3+1$

따라서 $r=3$이므로 $\dfrac{S_9}{S_3}=3^6+3^3+1=757$이다.

[채점 기준표]

1st	등비수열의 일반항 $a_n=ar^{n-1}$을 적용해서 주어진 조건의 식을 변형한다.	5점
2nd	관계식을 연립하여 공비 r의 값을 구한다.	3점
3rd	$\dfrac{S_9}{S_3}$의 값을 구한다.	2점

G 151 정답 6 ＊수열의 합을 이용한 일반항 구하기 ·· [정답률 70%]

[정답 공식: 수열 $\{a_n\}$의 첫째항부터 제n항까지의 합 S_n에 대하여 ⑴ $a_1=S_1$, ⑵ $a_n=S_n-S_{n-1}\,(n\geq 2)$이 성립한다.]

첫째항이 $\sqrt{3}$이고 모든 항이 양수인 수열 $\{a_n\}$의 첫째항부터 제n항까지의 합을 S_n이라 할 때, 단서 로그의 성질을 이용하여 수열의 합인 S_{n-1}, S_n 사이의 관계식을 구할 수 있어.

$$\log_3 S_n-\log_3 S_{n-1}=\frac{1}{2}\ (n=2,\,3,\,4,\,\cdots)$$

가 성립한다. $\dfrac{a_5}{a_1}=p+q\sqrt{3}$일 때, 두 유리수 p, q의 합 $p+q$의 값을 구하고 그 과정을 서술하시오. (10점)

🧠 **단서+발상**

단서 로그의 성질 $\log_a x-\log_a y=\log_a \dfrac{x}{y}$를 이용하여 두 항 S_{n-1}, S_n 사이의 관계식을 구할 수 있다. **발상**

관계식을 바탕으로 수열의 합 S_n을 구할 수 있고, 이를 바탕으로 합과 일반항 사이의 관계식 $a_n=S_n-S_{n-1}\,(n\geq 2)$을 이용하여 수열 $\{a_n\}$의 일반항을 구할 수 있다. **해결**

--- [문제 풀이 순서] --------------------

1st 로그의 성질을 이용하여 S_{n-1}, S_n 사이의 관계식을 구하자.

첫째항이 $\sqrt{3}$이고 $a_1=S_1$이므로 $S_1=\sqrt{3}$이다.

$\dfrac{\log_3 S_n-\log_3 S_{n-1}=\dfrac{1}{2}\,(n\geq 2)}{}$에서 ↓ $\log b-\log a=\log\dfrac{b}{a}$

$$\log_3 \frac{S_n}{S_{n-1}}=\frac{1}{2}$$

$$\frac{S_n}{S_{n-1}}=3^{\frac{1}{2}}$$

$$\therefore S_n=\sqrt{3}\,S_{n-1}\,(n\geq 2)\ \cdots \text{㉠}$$

2nd 수열의 합 S_n의 식을 구하자.

$S_1=\sqrt{3}$이고, $S_n=\sqrt{3}\,S_{n-1}\,(n\geq 2)$이므로 수열 $\{S_n\}$은 첫째항이 $\sqrt{3}$이고 공비가 $\sqrt{3}$인 등비수열이다.

첫째항이 a_1, 공비가 r인 등비수열 일반항은 $a_n=a_1\times r^{n-1}$이야.

$$\therefore S_n=\sqrt{3}\times(\sqrt{3})^{n-1}=(\sqrt{3})^n\,(n\geq 1)$$

3rd 합과 일반항 사이의 관계식 $a_n=S_n-S_{n-1}\,(n\geq 2)$을 적용해서 일반항 a_n을 구하자.

수열의 합과 일반항 사이의 관계에 의하여 → $(\sqrt{3})^n=\sqrt{3}\times(\sqrt{3})^{n-1}$이므로 인수 $(\sqrt{3})^{n-1}$을 묶어 정리하면 $(\sqrt{3}-1)\times(\sqrt{3})^{n-1}$이야.

$$a_n=S_n-S_{n-1}=\underline{(\sqrt{3})^n-(\sqrt{3})^{n-1}}$$
$$=(\sqrt{3}-1)\times(\sqrt{3})^{n-1}\,(n=2,\,3,\,4,\,\cdots)$$

$a_1=\sqrt{3}$이고, $a_5=(\sqrt{3}-1)\times(\sqrt{3})^4$이므로

$$\frac{a_5}{a_1}=\frac{(\sqrt{3}-1)\times(\sqrt{3})^4}{\sqrt{3}}=(\sqrt{3}-1)\times 3\sqrt{3}=9-3\sqrt{3}$$

$$\therefore p+q=9-3=6$$

[채점 기준표]

1st	로그의 성질을 이용하여 S_{n-1}, S_n 사이의 관계식을 구한다.	4점
2nd	수열의 합 S_n의 식을 구한다.	3점
3rd	합과 일반항 사이의 관계식 $a_n=S_n-S_{n-1}\,(n\geq 2)$을 적용해서 일반항 a_n을 구한다.	3점

G 152 정답 $\dfrac{1}{11}$ ＊여러 가지 등차수열의 활용 ······ [정답률 60%]

(정답 공식: 공차가 d인 등차수열 $\{a_n\}$에서 $a_{n+1}-a_n=d$가 성립한다.)

두 수열 $\{a_n\}$, $\{b_n\}$이 모든 자연수 k에 대하여

$$b_{2k-1}=\left(\frac{1}{3}\right)^{a_2+a_4+a_6+\cdots+a_{2k}}$$ 단서1 밑이 역수 관계이므로 지수의 성질을 이용하여 수열을 정리할 수 있어.

$$b_{2k}=3^{a_1+a_3+a_5+\cdots+a_{2k-1}}$$

을 만족시킨다. 수열 $\{a_n\}$은 등차수열이고, 단서2 $a_{n+1}-a_n=d$가 성립해.

$b_1\times b_2\times b_3\times\cdots\times b_{20}=\dfrac{1}{243}$일 때, 수열 $\{a_n\}$의 공차를 구하고 그 과정을 서술하시오. (10점)

🧠 **단서+발상**

단서1 b_{2k-1}과 b_{2k}의 일반항에서 밑이 역수 관계이므로 **발상**

지수의 성질 $\left(\dfrac{1}{a}\right)^n=a^{-n}$, $a^m\times a^n=a^{m+n}$을 이용할 수 있다. **개념**

$b_1\times b_2\times\cdots\times b_{20}=(b_1 b_2)(b_3 b_4)\cdots(b_{19}b_{20})$이고 $b_{2k-1}\times b_{2k}$의 식에서 각각의 지수 $a_2+a_4+a_6+\cdots+a_{2k}$, $a_1+a_3+a_5+\cdots+a_{2k-1}$의 항의 개수는 모두 k이다. **발상**

단서2 등차수열 $\{a_n\}$의 일반항은 $a_{n+1}-a_n=d$를 만족하므로 $b_{2k-1}\times b_{2k}$의 식에서 지수를 d에 대한 식으로 나타내어 정리할 수 있다. **적용**

--- [문제 풀이 순서] --------------------

1st $b_{2k-1}\times b_{2k}$의 식을 구하자.

$b_{2k-1}=\left(\dfrac{1}{3}\right)^{a_2+a_4+a_6+\cdots+a_{2k}}$, $b_{2k}=3^{a_1+a_3+a_5+\cdots+a_{2k-1}}$에서

b_{2k-1}은 지수법칙에 의해 $b_{2k-1}=3^{-a_2-a_4-a_6-\cdots-a_{2k}}$

b_{2k-1}과 b_{2k}를 곱하면

$$b_{2k-1}\times b_{2k}=3^{-a_2-a_4-\cdots-a_{2k}}\times 3^{a_1+a_3+\cdots+a_{2k-1}}$$ $a>0$이고, x, y가 실수일 때, 지수법칙 $a^x\times a^y=a^{x+y}$이 성립해.
$$=3^{a_1-a_2+a_3-a_4+\cdots+a_{2k-1}-a_{2k}}$$

한편 등차수열 $\{a_n\}$의 공차를 d라 하면 $a_{n+1}-a_n=d$이므로

$$a_n-a_{n+1}=-d \qquad \therefore b_{2k-1}\times b_{2k}=3^{-dk}\ \cdots \text{㉠}$$

2nd $b_1\times b_2\times\cdots\times b_{20}=(b_1 b_2)(b_3 b_4)\cdots(b_{19}b_{20})$임을 이용하자.

㉠에 $k=1$부터 $k=10$까지 차례대로 대입하면

$b_1\times b_2=3^{-d}$

$b_3\times b_4=3^{-2d}$

$\qquad \vdots$

$b_{19}\times b_{20}=3^{-10d}$ → 결합법칙에 의해 $b_1\times b_2\times b_3\times\cdots\times b_{19}\times b_{20}=(b_1\times b_2)\times(b_3\times b_4)\times\cdots\times(b_{19}\times b_{20})$ 으로 정리할 수 있어.

이므로

$$\underline{b_1\times b_2\times b_3\times\cdots\times b_{19}\times b_{20}=(b_1 b_2)(b_3 b_4)\cdots(b_{19}b_{20})}$$
$$=3^{-(d+2d+\cdots+10d)}=3^{-55d}$$

3rd $b_1\times b_2\times b_3\times\cdots\times b_{20}=\dfrac{1}{243}$을 이용하여 수열 $\{a_n\}$의 공차를 구하자.

$3^{-55d}=\dfrac{1}{243}$이므로 $\dfrac{1}{243}=3^{-5}$에서 $-55d=-5$ $\therefore d=\dfrac{1}{11}$

[채점 기준표]

1st	$b_{2k-1}\times b_{2k}$의 식을 구한다.	4점
2nd	$b_1\times b_2\times\cdots\times b_{20}=(b_1 b_2)(b_3 b_4)\cdots(b_{19}b_{20})$임을 이용한다.	4점
3rd	$b_1\times b_2\times b_3\times\cdots\times b_{20}=\dfrac{1}{243}$을 이용하여 수열 $\{a_n\}$의 공차를 구한다.	2점

G 153 정답 10 *등비수열의 활용–그래프와 도형 [정답률 58%]

> 정답 공식: 0이 아닌 세 수 a, b, c가 이 순서대로 등비수열을 이룰 때, $b^2=ac$가 성립한다.

> **단서1** 이차함수의 그래프와 직선이 두 점에서 만나므로 α, β는 $x^2-kx+9=0$의 두 근이야.
>
> 이차함수 $y=-x^2+kx$의 그래프와 직선 $y=9$가
> 서로 다른 두 점 A, B에서 만난다. 두 점 A, B의 x좌표를 각각
> α, β라 할 때, 세 수 $\dfrac{2}{\alpha^2}$, $\dfrac{1}{\alpha}+\dfrac{1}{\beta}$, $\dfrac{50}{\beta^2}$이 이 순서대로 등비수열을
> 이루도록 하는 실수 k의 값을 구하고 그 과정을 서술하시오.
> **단서2** 0이 아닌 세 수 a, b, c가 등비수열을 이룰 때 →
> 등비중항을 생각할 수 있어.   (단, $0<\alpha<\beta<k$) (10점)

  단서 + 발상

단서1 이차함수 $y=-x^2+kx$의 그래프와 직선 $y=9$의 교점의 x좌표가 α, β이므로 α, β는 $x^2-kx+9=0$의 두 근이다. 이차방정식의 근과 계수의 관계에 의하여 α, β에 대한 식을 세울 수 있다. **발상**

단서2 0이 아닌 세 수 $\dfrac{2}{\alpha^2}$, $\dfrac{1}{\alpha}+\dfrac{1}{\beta}$, $\dfrac{50}{\beta^2}$이 등비수열을 이루므로 등비중항의 관계 $b^2=ac$가 성립하며 **개념**

이차방정식의 근과 계수의 관계로 세운 α, β에 대한 식과 등비중항을 이용하여 k의 값을 구할 수 있다. **해결** $y=ax^2+bx+c$의 그래프와 직선 $y=d$가 서로 다른 두 점에서 만날 때 각각 점의 x좌표를 α, β라 하면, α, β는 $ax^2+bx+c-d=0$의 해가 돼.

--- [문제 풀이 순서] ---

1st 이차함수 $y=-x^2+kx$의 그래프와 직선 $y=9$가 만나므로 이차방정식을 구하자.

이차함수 $y=-x^2+kx$의 그래프와 직선 $y=9$가 서로 다른 두 점에서 만나므로 $-x^2+kx=9$, 즉 $x^2-kx+9=0$

2nd 이차방정식에서 근과 계수의 관계를 적용하여 두 근의 합과 곱을 구하자.

두 점 A, B의 각각의 x좌표 α, β는 이차방정식 $x^2-kx+9=0$의 두 근이다.

따라서 이차방정식의 근과 계수의 관계에 의하여
$\alpha+\beta=k$, $\alpha\beta=9$ 이차방정식 $ax^2+bx+c=0$의 두 근이 α, β이면 근과 계수의 관계에 의하여 $\alpha+\beta=-\dfrac{b}{a}$, $\alpha\beta=\dfrac{c}{a}$가 성립해.

3rd 등비중항의 식을 적용하여 실수 k의 값을 구하자.

세 수 $\dfrac{2}{\alpha^2}$, $\dfrac{1}{\alpha}+\dfrac{1}{\beta}$, $\dfrac{50}{\beta^2}$이 이 순서대로 등비수열을 이루므로 0이 아닌 세 수 a, b, c가 이 순서대로 등비수열을 이룰 때, b를 a와 c의 등비중항이라 하고, $b^2=ac$가 성립해.

등비중항의 관계를 이용하면 $\left(\dfrac{1}{\alpha}+\dfrac{1}{\beta}\right)^2=\dfrac{100}{\alpha^2\beta^2}$

$\left(\dfrac{\alpha+\beta}{\alpha\beta}\right)^2=\dfrac{100}{(\alpha\beta)^2}$

$\therefore (\alpha+\beta)^2=100$

$\alpha+\beta=k$에 의해
$(\alpha+\beta)^2=k^2$이므로 $k^2=100$ $\therefore k=10\,(k>0)$
따라서 $k=10$이다.

[채점 기준표]

1st	이차함수 $y=-x^2+kx$의 그래프와 직선 $y=9$가 만나므로 이차방정식을 구한다.	3점
2nd	이차방정식에서 근과 계수와의 관계를 적용하여 두 근의 합과 곱을 구한다.	2점
3rd	등비중항의 식을 적용하여 실수 k의 값을 구한다.	5점

G 154 정답 550 *등차수열의 합의 활용 [정답률 75%]

> 정답 공식: 등차수열의 합 $S_n=\dfrac{n(2a+(n-1)d)}{2}=\dfrac{n(a+l)}{2}$
> (단, a: 첫째항, d: 공차, l: 제n항)

> **단서1** 등차수열의 일반항을 생각할 수 있어.
>
> 등차수열 $\{a_n\}$이 모든 자연수 n에 대하여
> $a_1+a_3+a_5+\cdots+a_{2n-1}=5n^2$ **단서2** 등차수열 $\{a_n\}$의 홀수항의 합으로 생각할 수 있어.
> 을 만족시킬 때, $a_2+a_4+a_6+a_8+\cdots+a_{20}$의 값을 구하고
> 그 과정을 서술하시오. (10점)

단서 + 발상

단서1 첫째항이 a, 공차가 d인 등차수열 $\{a_n\}$의 일반항은 $a_n=a+(n-1)d$이다.
개념

단서2 $a_1+a_3+a_5+\cdots+a_{2n-1}$은 첫째항이 a_1이고 공차가 $2d$, 항의 개수는 n인 수열의 합이다. **발상**
등차수열의 홀수 항의 합 S_{2n-1}의 식을 이용하여 등차수열 $\{a_n\}$의 첫째항 a, 공차 d를 구할 수 있다. **적용**

--- [문제 풀이 순서] ---

1st 등차수열의 홀수항의 합 S_{2n-1}의 식을 구하자.

등차수열 $\{a_{2n-1}\}$은 첫째항이 a, 공차가 $2d$인 등차수열이므로 일반항은 등차수열 $\{a_n\}$의 첫째항을 a, 공차를 d라 하면 일반항은 $a_n=a+(n-1)d$야. $a_{2n-1}=a+(n-1)\times 2d$이다.

$a_1+a_3+a_5+\cdots+a_{2n-1}$은 첫째항이 a_1이고 공차가 $2d$, 항의 개수가 n인 수열의 합으로 등차수열의 합 S_{2n-1}은 다음과 같은 식으로 정리할 수 있다. 등차수열 $a_1+a_3+a_5+\cdots+a_{2n-1}$의 합은 홀수항끼리의 합이므로 공차는 d가 아닌 $2d$가 되고, 항의 개수는 n이야.

$S_{2n-1}=a_1+a_3+a_5+\cdots+a_{2n-1}=\dfrac{n\{2a_1+(n-1)\times 2d\}}{2}$
$=n\{a_1+(n-1)d\}$
$=dn^2+(a_1-d)n$

2nd 등차수열 $\{a_n\}$의 첫째항과 공차를 구하자.

$a_1+a_3+a_5+\cdots+a_{2n-1}=5n^2$이고 $S_{2n-1}=dn^2+(a_1-d)n$이므로
$dn^2+(a_1-d)n=5n^2$ 우변의 n항의 계수가 0이므로 $a_1=d$가 성립해.
따라서 항등식 정리에 의하여 $a_1=d=5$이다.

3rd $a_2+a_4+a_6+\cdots+a_{20}$의 값을 구하자.

등차수열 $\{a_n\}$의 일반항은 $a_n=5+(n-1)5=5n$이다.
첫째항이 a_1, 공차가 d인 등차수열 일반항 a_n은 $a_n=a_1+(n-1)d$야.

$a_2+a_4+a_6+a_8+\cdots+a_{20}$은 첫째항이 10, 공차가 10, 항의 개수가 10인 수열의 합이므로 $a_2=5\times 2=10$, $a_4=5\times 4=20$이므로 첫째항이 10, 공차가 $20-10=10$이 돼.

$a_2+a_4+a_6+\cdots+a_{20}=\dfrac{10\{10\times 2+(10-1)\times 10\}}{2}$
$=\dfrac{10(20+90)}{2}=550$

[채점 기준표]

1st	등차수열의 홀수항의 합 S_{2n-1}의 식을 구한다.	4점
2nd	등차수열 $\{a_n\}$의 첫째항과 공차를 구한다.	2점
3rd	$a_2+a_4+a_6+\cdots+a_{20}$의 값을 구한다.	4점

G 155 정답 5 *수열의 합을 이용한 일반항 구하기-활용 [정답률 58%]

정답 공식: 수열의 합 S_n과 일반항 a_n 사이의 관계
(1) $a_1=S_1$ (2) $a_n=S_n-S_{n-1}(n\geq2)$

> 단서 원 O_n의 둘레의 길이와 넓이는 각각 $l_n=2\pi r_n$, $a_n=\pi r_n^2$야.
>
> 자연수 n에 대하여 원 O_n의 둘레의 길이와 넓이를 각각 l_n, a_n 이라 하고, 수열 $\{a_n\}$의 첫째항부터 제 n항까지의 합을 S_n이라 하자. 모든 자연수 n에 대하여 $S_n=\dfrac{n^2(n+1)^2}{2}\pi$일 때, $l_m=10\sqrt{10}\pi$를 만족시키는 자연수 m의 값을 구하고 그 과정을 서술하시오. (10점)

🧠 단서+발상

단서 반지름의 길이가 r인 원의 둘레의 길이와 넓이는 각각 $2\pi r$, πr^2이다. **개념**
원 O_n의 반지름의 길이를 r_n이라 하면 원 O_n의 둘레의 길이와 넓이는 각각 $l_n=2\pi r_n$, $a_n=\pi r_n^2$이다. **발상**
합 S_n이 주어졌으므로 $a_1=S_1$, $a_n=S_n-S_{n-1}(n\geq2)$을 이용하여 일반항 a_n을 구할 수 있다. **해결**

---- [문제 풀이 순서] ----------------------

1st $a_1=S_1$임을 이용하여 반지름의 길이 r_1을 구하자.

원 O_n의 반지름의 길이를 r_n이라 하고 원 O_n의 넓이가 a_n이므로 $a_n=r_n^2\pi$이다. <small>원의 반지름의 길이가 r일 때, 넓이는 $r^2\pi$야.</small>

$a_1=S_1$이고 모든 자연수 n에 대하여 $S_n=\dfrac{n^2(n+1)^2}{2}\pi$이므로

$n=1$을 대입하면

$a_1=S_1=r_1^2\pi=\dfrac{1^2\times(1+1)^2}{2}\pi=2\pi$ <small>r_1은 반지름의 길이이므로 음수가 될 수 없어 성립하지 않아.</small>

따라서 $r_1^2=2$이므로 $r_1=\sqrt{2}$ <small>따라서 r_1은 $-\sqrt{2}$가 될 수 없어.</small>

2nd $a_n=S_n-S_{n-1}(n\geq2)$을 적용해서 r_n을 구하자.

$a_n=r_n^2\pi$이고 $a_n=S_n-S_{n-1}$ $(n\geq2)$이므로

$r_n^2\pi=\dfrac{n^2(n+1)^2}{2}\pi-\dfrac{(n-1)^2n^2}{2}\pi$ $(n=2,3,4\cdots)$

$2r_n^2=\underline{n^2(n+1)^2-(n-1)^2n^2}$ <small>공통인수 n^2을 묶어 식을 간단하게 정리할 수 있어.</small>
$\quad=n^2\{(n+1)^2-(n-1)^2\}$
$\quad=n^2\times4n$

$r_n^2=2n^3$

$\therefore r_n=\sqrt{2n^3}$ $(n=2,3,4,\cdots)\cdots$ ㉠
<small>r_n 역시 음수가 성립하지 않으므로 $-\sqrt{2n^3}$이 될 수 없어.</small>

3rd $l_m=10\sqrt{10}\pi$를 이용하여 자연수 m의 값을 구하자.

㉠에서 $n=1$일 때, $r_1=\sqrt{2}$이므로

모든 자연수 n에 대하여 $r_n=\sqrt{2n^3}$이 성립한다.

원 O_n의 둘레의 길이가 l_n이므로 반지름의 길이가 r_n일 때 $l_n=2\pi r_n$이다.

$\therefore l_n=2\sqrt{2n^3}\pi$ $(n=2,3,4,\cdots)$ <small>원의 반지름의 길이가 r일 때, 둘레의 길이는 $2\pi r$야.</small>

따라서 $l_m=2\sqrt{2m^3}\pi=10\sqrt{10}\pi$이므로

$2\sqrt{2m^3}=10\sqrt{10}$, $\sqrt{m^3}=5\sqrt{5}$, $m^{\frac{3}{2}}=5^{\frac{5}{2}}$

$\therefore m=5$

[채점 기준표]

1st	$a_1=S_1$임을 이용하여 반지름의 길이 r_1을 구한다.	3점
2nd	$a_n=S_n-S_{n-1}$ $(n\geq2)$을 적용해서 r_n을 구한다.	3점
3rd	$l_m=10\sqrt{10}\pi$를 이용하여 자연수 m의 값을 구한다.	4점

G 156 정답 ① *등차수열의 활용 [정답률 39%]

정답 공식: 등차중항을 이용하면 $a_{n+2}x^2+(a_{n+2}+a_n)x+a_n=0$이다.

> 등차수열 $\{a_n\}$의 공차와 각 항이 0이 아닌 실수일 때, 방정식
> **단서1** 방정식의 계수와 상수 a_{n+2}, a_{n+1}, a_n이 이 순서대로 등차수열을 이루지?
> $a_{n+2}x^2+2a_{n+1}x+a_n=0$의 한 근을 b_n이라 하면 등차수열
> $\left\{\dfrac{b_n}{b_n+1}\right\}$의 공차는? (단, $b_n\neq-1$) (4점)
> **단서2** b_n을 구하여 주어진 수열을 ▲$+(n-1)$■ 꼴로 정리하자.
>
> ① $-\dfrac{1}{2}$ ② $-\dfrac{1}{4}$ ③ $\dfrac{1}{8}$
> ④ $\dfrac{1}{4}$ ⑤ $\dfrac{1}{2}$

1st a_n, a_{n+1}, a_{n+2}가 이 순서대로 등차수열이면 a_{n+1}은 a_n과 a_{n+2}의 등차중항 이니까 방정식을 정리한 후 b_n의 식을 찾자. $a_{n+1}=\dfrac{a_n+a_{n+2}}{2}$

세 수열 a_n, a_{n+1}, a_{n+2}가 등차수열이므로

$2a_{n+1}=a_n+a_{n+2}\cdots$ ㉠

주어진 방정식에 ㉠을 대입하여 나타내면

$\underline{a_{n+2}x^2+(a_n+a_{n+2})x+a_n=0}$ [조립제법] <small>a_{n+2} ✕ a_n → a_n / 1 ✕ 1 → a_{n+2} (+ a_n+a_{n+2}</small>

$a_{n+2}x(x+1)+a_n(x+1)=0$

$(x+1)(a_{n+2}x+a_n)=0$ $\quad\therefore x=-1$ 또는 $x=-\dfrac{a_n}{a_{n+2}}$
<small>수열 $\{a_n\}$의 각 항은 0이 아니니까.</small>

$\therefore b_n=-\dfrac{a_n}{a_{n+2}}$ $(\because b_n\neq-1)$
<small>단서에 주의</small>

2nd 이제 등차수열 $\left\{\dfrac{b_n}{b_n+1}\right\}$의 일반항을 구해 보자.

등차수열 $\left\{\dfrac{b_n}{b_n+1}\right\}$의 일반항은 $\dfrac{b_n}{b_n+1}$이고 수열 $\{a_n\}$의 첫째항을 a_1,
<small>$a_n=a_1+(n-1)d$, $a_{n+2}=a_n+2d$</small>
공차를 d라 하면

$\dfrac{b_n}{b_n+1}=\dfrac{-\dfrac{a_n}{a_{n+2}}}{-\dfrac{a_n}{a_{n+2}}+1}$

$=\dfrac{-a_n}{-a_n+a_{n+2}}$

$=\dfrac{-a_n}{-a_n+a_n+2d}$

$=-\dfrac{a_n}{2d}$

$=-\dfrac{a_1+(n-1)d}{2d}$

$=-\dfrac{a_1}{2d}+(n-1)\times\left(-\dfrac{1}{2}\right)$

🔖 **함정** $-a_n=-a_1-(n-1)d$라고 할 수 있는 것처럼 $-\dfrac{a_1}{2d}+(n-1)\times\left(-\dfrac{1}{2}\right)$에서 수열을 판단할 수 있어야 해.

<small>수열 $\{c_n\}$이 등차수열이면 그 일반항은 ▲$+(n-1)$■ 꼴로 나타낼 수 있어. 이때, ▲는 첫째항, ■는 공차가 되지.</small>

따라서 등차수열 $\left\{\dfrac{b_n}{b_n+1}\right\}$의 공차는 $-\dfrac{1}{2}$이다.

수능 핵강

＊ 일반항이 n에 대한 일차식일 때, 공차 쉽게 파악하기
등차수열 $\{a_n\}$의 첫째항이 a_1, 공차가 d이면 일반항
$$a_n=a_1+(n-1)d=nd+(a_1-d)$$
이므로 n의 계수가 공차가 돼.

G 157 정답 13   *등차수열의 합의 활용   [정답률 35%]

(정답 공식: 처음 4개 항과 마지막 4개 항을 모두 더한 식을 a_1, a_n으로 나타내본다.)

> n개의 항으로 이루어진 등차수열 a_1, a_2, a_3, $\cdots$, a_n이 다음 조건을 만족한다. **단서1** 일정한 수만큼 증가 또는 감소하지?
>
> > (가) 처음 4개 항의 합은 26이다. $\Rightarrow a_1+a_2+a_3+a_4=26$
> > (나) 마지막 4개 항의 합은 134이다. $\Rightarrow a_{n-3}+a_{n-2}+a_{n-1}+a_n=134$
> > (다) $a_1+a_2+a_3+\cdots+a_n=260$
> > **단서2** 등차수열이니까 $a_1+a_n=a_2+a_{n-1}=\cdots$이 성립하지?
>
> 이때, n의 값을 구하시오. (4점)

1st 두 조건 (가), (나)에서 두 식의 합을 구하여 첫째항과 마지막 항의 합을 구하자.

두 조건 (가)와 (나)에서

$a_1+a_2+a_3+a_4=26$, $a_{n-3}+a_{n-2}+a_{n-1}+a_n=134$이므로

$a_1+a_2+a_3+a_4+a_{n-3}+a_{n-2}+a_{n-1}+a_n=160$

이때, $a_1+a_n=a_2+a_{n-1}=a_3+a_{n-2}=a_4+a_{n-3}$이므로

$4(a_1+a_n)=160$ 공차를 d라 하면
  $a_1+a_n=a_1+\{a_1+(n-1)d\}=2a_1+(n-1)d$.

$\therefore a_1+a_n=40 \cdots$ ㉠ $a_2+a_{n-1}=a_1+d+\{a_1+(n-2)d\}=2a_1+(n-1)d$이니까
  $l+m=n+k$이면 $a_l+a_m=a_n+a_k$가 성립.

> **주의**
> 등차중항을 활용하여 문제를 풀었어. 이때 등비수열일 때는 해당하지 않는 것을 알고 있어야 해.

2nd 조건 (다)를 이용하여 $S_n=\dfrac{n(a+l)}{2}$의 값을 구하자.   첫째항 a에서 제n항 l까지의 합 S_n은

한편, $S_n=\dfrac{n(a_1+a_n)}{2}=260$이므로 $S_n=\dfrac{n(a+l)}{2}$

㉠에 의하여 $\dfrac{40n}{2}=260$ (다)와 $a_1+a_n=40$을 이용하기 위해 합을 a_1과 a_n으로 나타내.

$\therefore n=13$

수능 핵강

* 첫째항과 끝항만 알면 S_n의 값을 쉽게 알 수 있는 이유 알아보기

첫째항과 끝항을 이용한 등차수열의 합은 다음과 같이 구해져.

첫째항이 a, 공차가 d, n번째 항이 l인 등차수열에서

첫째항부터 제n항까지의 합 S_n은

$S_n=a+(a+d)+\cdots+(l-d)+l$

$=\dfrac{n}{2}(a+l)=\dfrac{n\{2a+(n-1)d\}}{2}$ $(\because l=a+(n-1)d)$

G 158 정답 513   *수열의 규칙 찾기   [정답률 21%]

(정답 공식: 등비수열 $\{a_n\}$의 공비가 r이면 $a_{n+1}=ra_n$이다.)

> 수열 $\{a_n\}$의 첫째항부터 제 n항까지의 합을 S_n이라 할 때, 수열 $\{a_n\}$이 모든 자연수 n에 대하여 다음 조건을 만족시킨다.
>
> > (가) $S_{2n-1}=1$ **단서1** $S_1=S_3=S_5=\cdots=1$이야.
> > (나) 수열 $\{a_na_{n+1}\}$은 등비수열이다. **단서2** a_1a_2, a_2a_3, a_3a_4, $\cdots$, a_na_{n+1}의 비가 일정하다는 뜻이지?
>
> $S_{10}=33$일 때, S_{18}의 값을 구하시오. (4점)

1st 두 조건 (가), (나)를 만족시키는 수열 $\{a_n\}$에 대한 관계식을 구하자.

수열 $\{b_n\}$에 대하여 $b_n=a_na_{n+1}$이라 놓고, 등비수열 $\{b_n\}$의 공비를 r라 하자. 조건 (가)에서 $S_1=a_1=1$이고,

조건 (나)에 의하여 모든 자연수 n에 대하여

$r=\dfrac{b_{n+1}}{b_n}=\dfrac{a_{n+1}a_{n+2}}{a_na_{n+1}}=\dfrac{a_{n+2}}{a_n}$ $\therefore a_{n+2}=ra_n$

2nd 공비 r의 값을 구해.

     $a_{n+2}=ra_n$이므로
     $a_{11}=ra_9=r^2a_7=r^3a_5=r^4a_3=r^5a_1=r^5$

$S_{10}=S_{11}-a_{11}$ 조건 (가)에 의하여 $S_{11}=1$

$=1-r^5=33$

에서 $r^5=-32$ $\therefore r=-2$

$\therefore S_{18}=S_{19}-a_{19}$ $a_{19}=ra_{17}=r^2a_{15}=\cdots=r^pa_{19-2p}=\cdots=r^9a_1=r^9$이므로

$=1-r^9$ $a_{19}=(-2)^9$

$=1-(-2)^9$

$=1+512=513$

⚙ 세 항의 관계식으로 나타낸 등비중항   개념·공식

세 항 a_{n-1}, a_n, a_{n+1}이 이 순서대로 등비수열을 이루면 a_n을 a_{n-1}과 a_{n+1}의 등비중항이라고 하고 이웃하는 두 항의 비가 일정하므로

$\dfrac{a_n}{a_{n-1}}=\dfrac{a_{n+1}}{a_n}=(공비)$

즉, $(a_n)^2=a_{n-1}\times a_{n+1}$이 성립한다.

G 159 정답 11   ★1등급 대비 [정답률 12%]

[정답 공식: 함수 $y=|f(x)|$의 그래프는 함수 $y=f(x)$의 그래프에서 $y<0$인 부분을 x축에 대하여 대칭이동하여 그린다.]

> 자연수 p와 실수 $q(q\geq 0)$에 대하여 함수 $f(x)$는
>
> $f(x)=|p\sin x-q|$ **단서1** $x>0$에서 함수 $y=f(x)$의 그래프와 직선 $y=q$가 만나는 점들의 x좌표가 a_n이야.
>
> 이다. $f(a)=q$인 서로 다른 모든 양수 a를 작은 수부터 크기순으로 나열할 때, n번째 수를 a_n이라 하자.
>
> 수열 $\{a_n\}$과 함수 $f(x)$가 다음 조건을 만족시킨다.
> **단서2** 함수 $y=f(x)$의 그래프는 주기함수이므로 주기를 이용하여 $a_4-a_1=a_7-a_4$가 성립하는 경우를 찾아야 해.
>
> > (가) 세 항 a_1, a_4, a_7은 이 순서대로 등차수열을 이룬다.
> > (나) 함수 $f(x)$의 최댓값은 15이다.
> > **단서3** 함수 $f(x)$의 최댓값은 p, q의 값에 의하여 결정돼.
>
> 두 수 p, q의 모든 순서쌍 (p, q)의 개수를 구하시오. (4점)

🧠 단서+발상 [유형 06+07]

단서1 $f(a)=q$인 a의 값은 함수 $y=f(x)$의 그래프와 직선 $y=q$의 교점의 x좌표이다. **개념**

이때, 구하는 것이 $f(a)=q$인 양수 a이므로 $x>0$에서 함수 $y=f(x)$의 그래프와 직선 $y=q$를 그려 교점을 찾는다. **발상**

단서2 $a_1<a_4<a_7$이고 세 항 a_1, a_4, a_7이 이 순서대로 등차수열을 이루므로 $a_7-a_4=a_4-a_1$이다. **개념**

즉, 함수 $y=f(x)$의 그래프의 주기와 대칭성을 이용하여 두 항 a_1과 a_4, 두 항 a_4와 a_7 사이의 차를 구해본다. **적용**

단서3 $f(x)=|p\sin x-q|$이므로 함수 $f(x)$의 최댓값은 $|p-q|$의 값과 $|p+q|$의 값 중 큰 값으로 결정되는데, p와 q가 모두 음이 아닌 실수이므로 $|p-q|\leq|p+q|$이다. 즉, $p+q=15$를 만족시키는 p, q의 순서쌍 (p, q)를 찾는다. **해결**

1st 함수 $y=p\sin x-q$의 그래프부터 그려.

함수 $y=p\sin x-q$의 그래프는 함수 $y=p\sin x$의 그래프를 y축의
방향으로 $-q$만큼 평행이동한 것이다.
이때, $p>0$이므로 $x\geq0$에서 함수 $y=p\sin x-q$의 그래프는
[그림 1]과 같다.

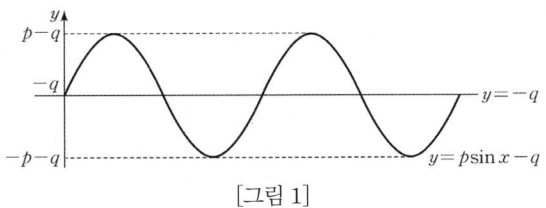

[그림 1]

2nd q의 값의 범위에 따라 함수 $y=f(x)$의 그래프를 그려 조건을 만족시키는
순서쌍 (p,q)를 구해.

p는 자연수이고 $q\geq0$이므로 q의 값의 범위에 따라 경우를 나누자.
(i) $q=0$일 때,
함수 $y=f(x)$의 그래프는 [그림 2]와 같다.

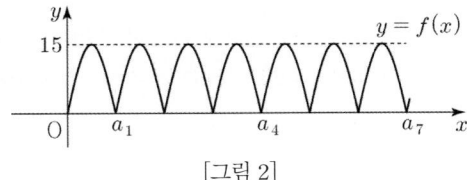

[그림 2]

즉, 함수 $f(x)$의 주기는 π이므로 $f(a)=q=0$을 만족시키는
$x>0$에서 함수 $y=f(x)$의 그래프와 직선 $y=q=0$, 즉 x축이 만나는 점의 x좌표야.
양수 a의 값을 작은 값부터 나열하면 $a_1=\pi$, $a_2=2\pi$, $a_3=3\pi$, $\cdots$,
$a_n=n\pi$이다.
이때, $a_7-a_4=7\pi-4\pi=3\pi$이고 $a_4-a_1=4\pi-\pi=3\pi$이므로
세 항 a_1, a_4, a_7은 이 순서대로 등차수열을 이룬다.
한편, $f(x)=|p\sin x-q|=|p\sin x|\leq p$이고 최댓값이
15이므로 $p=15$
따라서 이때의 조건을 만족시키는 p, q의 순서쌍 (p,q)는
$(15,0)$으로 1개이다.

(ii) $q>0$일 때,
i) $p-q\leq0$, 즉 $p\leq q$ $\cdots$ ㉠이면 함수 $y=f(x)$의 그래프는
[그림 3]과 같다. x축이 직선 $y=p-q$의 위쪽에 있는 경우야.

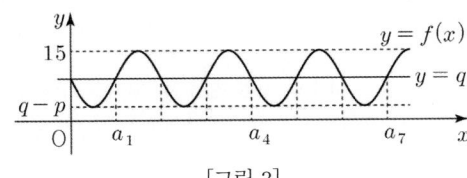

[그림 3]

즉, 함수 $f(x)$의 주기는 2π이므로 $f(a)=q$를 만족시키는
양수 a의 값을 작은 값부터 나열하면 $a_1=\pi$, $a_2=2\pi$, $a_3=3\pi$,
$\cdots$, $a_n=n\pi$이다.
이때, $a_7-a_4=7\pi-4\pi=3\pi$이고 $a_4-a_1=4\pi-\pi=3\pi$이므로
세 항 a_1, a_4, a_7은 이 순서대로 등차수열을 이룬다.
한편, $f(x)=|p\sin x-q|\leq p+q$이고 최댓값이 15이므로
$p+q=15$ $\cdots$ ㉡
따라서 ㉠, ㉡을 모두 만족시키는 p, q의 순서쌍 (p,q)는
$(1,14)$, $(2,13)$, $(3,12)$, $(4,11)$, $(5,10)$, $(6,9)$,
$(7,8)$로 7개이다.

ii) $\frac{p}{2}-q<0<p-q$, 즉 $\frac{p}{2}<q<p$ $\cdots$ ㉢이면 함수 $y=f(x)$의
그래프는 [그림 4]와 같다. x축이 두 직선 $y=p-q, y=\frac{p}{2}-q$ 사이에 있는 경우야.

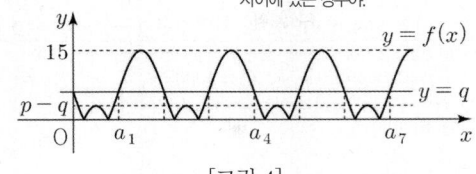

[그림 4]

즉, 함수 $f(x)$의 주기는 2π이므로 $f(a)=q$를 만족시키는 양수
a의 값을 작은 값부터 나열하면 $a_1=\pi$, $a_2=2\pi$, $a_3=3\pi$, $\cdots$,
$a_n=n\pi$이다.
이때, $a_7-a_4=7\pi-4\pi=3\pi$이고 $a_4-a_1=4\pi-\pi=3\pi$이므로
세 항 a_1, a_4, a_7은 이 순서대로 등차수열을 이룬다.
한편, $f(x)=|p\sin x-q|\leq p+q$이고 최댓값이 15이므로
$p+q=15$ $\cdots$ ㉣
따라서 ㉢, ㉣을 모두 만족시키는 p, q의 순서쌍 (p,q)는
$(8,7)$, $(9,6)$으로 2개이다.

iii) $\frac{p}{2}-q=0$, 즉 $q=\frac{p}{2}$ $\cdots$ ㉤이면 함수 $y=f(x)$의 그래프는
[그림 5]와 같다. x축이 직선 $y=\frac{p}{2}-q$인 경우야.

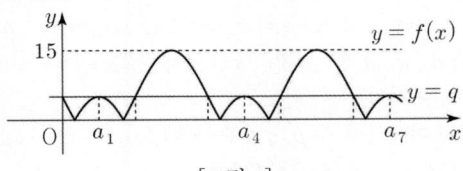

[그림 5]

즉, 함수 $f(x)$의 주기는 2π이므로 $f(a)=q$를 만족시키는 양수
a의 값을 작은 값부터 나열하면 $a_1=\frac{\pi}{2}$, $a_2=\pi$, $a_3=2\pi$,
$a_4=\frac{5}{2}\pi$, $a_5=3\pi$, $a_6=4\pi$, $a_7=\frac{9}{2}\pi$, $\cdots$이다.
이때, $a_7-a_4=\frac{9}{2}\pi-\frac{5}{2}\pi=2\pi$, $a_4-a_1=\frac{5}{2}\pi-\frac{\pi}{2}=2\pi$이므로
세 항 a_1, a_4, a_7은 이 순서대로 등차수열을 이룬다.
한편, $f(x)=|p\sin x-q|\leq p+q$이고 최댓값이 15이므로
$p+q=15$ $\cdots$ ㉥
따라서 ㉤, ㉥을 모두 만족시키는 p, q의 순서쌍 (p,q)는
$(10,5)$로 1개이다.

iv) $\frac{p}{2}-q>0$, 즉 $q<\frac{p}{2}$이면 함수 $y=f(x)$의 그래프는 [그림 6]과
같다. x축이 두 직선 $y=-q, y=\frac{p}{2}-q$ 사이에 있는 경우야.

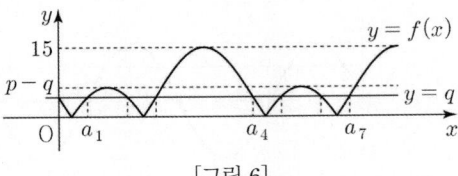

[그림 6]

즉, 함수 $f(x)$의 주기는 2π이므로 $f(a)=q$를 만족시키는 양수
a의 값에 대하여 $a_7-a_4=\pi$이고 $a_4-a_1>\pi$이므로 조건 (가)를
만족시키지 않는다. 따라서 조건을 만족시키는 p, q의
순서쌍 (p,q)는 존재하지 않는다.
i)~iv)에 의하여 $q>0$일 때 조건을 만족시키는 p, q의 순서쌍
(p,q)는 $7+2+1+0=10$(개)이다.
(i), (ii)에 의하여 구하는 p, q의 순서쌍 (p,q)의 개수는 $1+10=11$이다.

자연수 p와 0 이상인 실수 q에 대하여 함수 $y=p\sin x-q$의 최댓값은 $p-q$이고 최솟값은 $-p-q$야.

즉, 함수 $f(x)=|p\sin x-q|$의 최댓값은 $|-p-q|=p+q$이므로

<small>함수 $f(x)$의 최댓값은 $|p-q|$ 또는 $|-p-q|=p+q$야. 그런데 $p\geq q$이면 $|p-q|=p-q$이므로 $|p-q|\leq p+q$이고 $p<q$이면 $|p-q|=-p+q$이므로 $|p-q|<p+q$야. 즉, 어떤 경우에도 최댓값은 $p+q$야.</small>

조건 (나)에 의하여

$$p+q=15 \cdots ㉠$$

한편, $f(a)=q$, 즉 $|p\sin a-q|=q$에서

$$p\sin a-q=\pm q$$

$$p\sin a=2q \text{ 또는 } p\sin a=0$$

$$\therefore \sin a=\frac{2q}{p} \text{ 또는 } \sin a=0$$

<small>이것을 만족시키는 양수 a의 값을 작은 값부터 나열하면 π, 2π, 3π, $\cdots$이지?</small>

따라서 $f(a)=q$를 만족시키는 양수 a의 값은 $\sin a=\frac{2q}{p}$를 만족시키는 양수 a와 π, 2π, 3π, $\cdots$이야.

이때, ㉠에 의하여

(i) $2q>p$, 즉 $p<10$일 때, <small>㉠에서 $q=15-p$이므로 $2q>p$에 대입하면 $30-2p>p$, $3p<30$ $\therefore p<10$</small>

$\frac{2q}{p}>1$이므로 $\sin a=\frac{2q}{p}$를 만족시키는 양수 a의 값은 존재하지 않아. 즉, $f(a)=q$를 만족시키는 a의 값을 작은 값부터 나열하면 π, 2π, 3π, $\cdots$이므로 $a_1=\pi$, $a_2=2\pi$, $a_3=3\pi$, $\cdots$, $a_n=n\pi$이고 세 항 a_1, a_4, a_7은 공차가 3π인 등차수열을 이루므로 주어진 조건을 모두 만족시켜.

따라서 이때의 두 수 p, q의 순서쌍 (p, q)는 $(1, 14)$, $(2, 13)$, $(3, 12)$, $\cdots$, $(9, 6)$으로 9개야.

(ii) $2q=p$, 즉 $p=10$, $q=5$일 때,

$\frac{2q}{p}=1$이므로 $\sin a=1$을 만족시키는 양수 a의 값은 $\frac{\pi}{2}$, $\frac{5}{2}\pi$, $\frac{9}{2}\pi$, $\frac{13}{2}\pi$, $\cdots$이야.

즉, $f(a)=q$를 만족시키는 a의 값을 작은 값부터 나열하면 $a_1=\frac{\pi}{2}$, $a_2=\pi$, $a_3=2\pi$, $a_4=\frac{5}{2}\pi$, $a_5=3\pi$, $a_6=4\pi$, $a_7=\frac{9}{2}\pi$, $\cdots$이고 세 항 a_1, a_4, a_7은 공차가 2π인 등차수열을 이루므로 주어진 조건을 모두 만족시켜.

따라서 이때의 두 수 p, q의 순서쌍 (p, q)는 $(10, 5)$로 1개야.

(iii) $2q<p$, 즉 $p>10$일 때,

i) $10<p<15$이면 $a>0$에서 함수 $y=\sin a$의 그래프와 두 직선 $y=\frac{2q}{p}$, $y=0$의 교점은 그림과 같아.

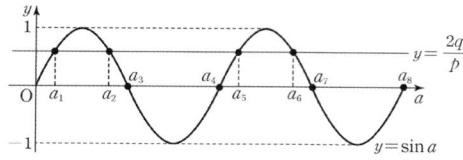

즉, $f(a)=q$를 만족시키는 a의 값을 작은 값부터 나열하면 a_1, a_2, $a_3=\pi$, $a_4=2\pi$, a_5, a_6, $a_7=3\pi$, $\cdots$이고 $\pi<a_4-a_1<2\pi$, $a_7-a_4=3\pi-2\pi=\pi$이므로 세 항 a_1, a_4, a_7은 등차수열을 이루지 않아.

따라서 조건을 만족시키지 않으므로 이때의 두 수 p, q의 순서쌍 (p, q)는 없어.

ii) $p=15$이면 $q=0$이므로 $\frac{2q}{p}=0$이야.

즉, $f(a)=q$를 만족시키는 a의 값을 작은 값부터 나열하면 π, 2π, 3π, $\cdots$이므로 $a_1=\pi$, $a_2=2\pi$, $a_3=3\pi$, $\cdots$, $a_n=n\pi$이고 세 항 a_1, a_4, a_7은 공차가 3π인 등차수열을 이루므로 주어진 조건을 모두 만족시켜.

따라서 이때의 두 수 p, q의 순서쌍 (p, q)는 $(15, 0)$으로 1개야.

i), ii)에 의하여 이때의 두 수 p, q의 순서쌍 (p, q)는 $(15, 0)$으로 1개야.

(i)~(iii)에 의하여 구하는 순서쌍의 개수는 $9+1+1=11$이야.

 My Top Secret   서울대 선배의 **1** 등급 대비 전략

이 문제의 출제 의도는 p, q의 값에 따른 삼각함수 $y=f(x)$의 그래프를 그릴 수 있는지를 묻는 문제야. 그런데 이렇게 난이도가 높은 문제에서는 그래프가 복잡하게 그려지기 때문에 $f(a)=q$에서 방정식 $f(x)=q$를 만족시키는 x의 값이 a임에 착안하여 방정식을 이용하여 풀어도 돼. 즉, $|p\sin x-q|=q$에서 $p\sin x-q=\pm q$이므로 $\sin x=0$ 또는 $\sin x=\frac{2q}{p}$이고 이 방정식의 해는 함수 $y=\sin x$의 그래프와 두 직선 $y=0$, $y=\frac{2q}{p}$의 교점의 x좌표이므로 p, q의 값에 따라 직선을 움직여가며 조건을 만족시키는 값을 더 쉽게 찾을 수 있어.

G 160 정답 **11**   ★2등급 대비 [정답률 15%]

＊등차수열과 등비수열의 일반항을 통해 조건을 만족시키는 경우 구하기

[유형 02+12+24]

두 수열 $\{a_n\}$, $\{b_n\}$이 다음 조건을 만족시킨다.
단서1 첫째항과 공차, 공비가 각각 주어졌으니까 일반항을 세우자.

(가) $a_1=b_1=6$
(나) 수열 $\{a_n\}$은 공차가 p인 등차수열이고, 수열 $\{b_n\}$은 공비가 p인 등비수열이다.

수열 $\{b_n\}$의 모든 항이 수열 $\{a_n\}$의 항이 되도록 하는 1보다 큰 모든 자연수 p의 합을 구하시오. (4점) **단서2** 수열 $\{b_n\}$이 수열 $\{a_n\}$에 속하도록 하는 p의 값을 찾자.

왜 2등급? 수열 $\{b_n\}$의 모든 항이 수열 $\{a_n\}$의 항이 되도록 하는 자연수 p의 값을 구하는 문제이다.
등차수열 $\{a_n\}$과 등비수열 $\{b_n\}$의 일반항을 세우고 수열 $\{b_n\}$의 모든 항에 대해서 a_m과 같은 값을 갖는 자연수 m이 존재하도록 하는 자연수 p의 값을 따져볼 수 있어야 한다.

단서+발상

단서1 등차수열 $\{a_n\}$의 첫째항과 공차, 등비수열 $\{b_n\}$의 첫째항과 공비가 주어졌으므로 일반항을 세울 수 있다. **발상**
$a_n=6+(n-1)p$이고 $b_n=6\times p^{n-1}$이다. **적용**

단서2 모든 자연수 n에 대하여 $6\times p^{n-1}$이 $6+(m-1)p$인 자연수 m이 존재하도록 하는 자연수 p의 값을 구해보자. **발상**
일단 $n=1$일 때는 $m=1$이 있다. $n\geq 2$일 때는 $6\times p^{n-1}=6+p(m-1)$을 m에 대해 정리하여 m이 자연수가 되는 조건을 구하면 된다. **적용**
$m=1+6\times p^{n-2}-\frac{6}{p}$이 자연수가 되도록 하는 1보다 큰 자연수 p의 값을 구하면 된다. **해결**

주의 수열 $\{b_n\}$의 모든 항이 수열 $\{a_n\}$의 항이 되지만 수열 $\{a_n\}$의 모든 항이 수열 $\{b_n\}$에 속하는 것은 아니다. 또한, p는 1보다 큰 자연수이므로 1을 제외하고 따져보아야 한다.

> **핵심 정답 공식**: a_n, b_n을 식으로 나타내보고 수열 b_n의 특정 항이 a_n의 특정 항과 같다고 미지수를 세워서 등식을 만든다. n, p가 자연수라는 조건을 이용해서 p의 값을 구한다. 등식을 잘 살펴보면 p가 6의 약수여야 한다는 사실을 안다.

------------------------ [문제 풀이 순서] ------------------------

1st 두 수열 $\{a_n\}$, $\{b_n\}$의 일반항을 구해.

두 조건 (가), (나)에 의하여 두 수열 $\{a_n\}$, $\{b_n\}$의 일반항은 각각
$a_n=6+(n-1)p$, $b_n=6p^{n-1}$ ① 등차수열: 공차가 d일 때 $a_n=a_1+(n-1)d$ ② 등비수열: 공비가 r일 때 $b_n=b_1r^{n-1}$

2nd **단서2** 를 만족시키는 p의 값을 구하기 위해 수열 $\{b_n\}$의 n번째 항이 수열 $\{a_n\}$의 k번째 항과 같다고 가정하고 식을 세우자.

이때, $a_1=b_1=6$이므로 1보다 큰 자연수 n에 대하여 수열 $\{b_n\}$의 n번째 항이 수열 $\{a_n\}$의 k번째 항과 같다고 하면 $6p^{n-1}=6+(k-1)p$인 자연수 k가 존재해야 한다.

즉, $(k-1)p=6p^{n-1}-6$이므로

$k-1=6p^{n-2}-\dfrac{6}{p}$

> **함정** p는 자연수이고 1보다 크다고 조건에 나와 있어. $3-\dfrac{6}{4}$은 자연수가 될 수 없는 것처럼 p는 1을 제외한 6의 양의 약수 2, 3, 6만 해당해.

$\therefore k=6p^{n-2}-\dfrac{6}{p}+1$

→ $6p^{n-2}+1$이 자연수이니까 k가 자연수이기 위해서 $\dfrac{6}{p}$도 자연수이어야 해.

여기서 $p^{n-2}(n\geq2)$과 k가 모두 자연수이므로 $\dfrac{6}{p}$도 자연수이어야 한다.

따라서 p는 6의 약수가 되어야 하므로 $p>1$인 자연수 p는 2, 3, 6이다.

$\therefore$ (구하는 합)$=2+3+6=11$ → 어떤 수를 나누어떨어지게 하는 수야.

다른 풀이: $a_k=b_2$를 만족시키는 자연수 k가 존재하도록 하는 p의 조건을 구해 해결하기

$a_n=b_2$, b_3, $\cdots$ b_m을 만족시키는 n이 존재해야 하니까
$a_k=b_2$인 자연수 k가 존재한다면 $6+(k-1)p=6p$
$(k-1)p=6p-6$

$k-1=6-\dfrac{6}{p}$

$\therefore k=7-\dfrac{6}{p}$

이때, k가 자연수이므로 $\dfrac{6}{p}$도 자연수이어야 하겠지? 즉, p는 6의 약수야.
→ $p>1$이니까 1을 제외한 6의 약수를 생각해.

(i) $p=2$일 때,
$a_k=6+(k-1)\times2=2k+4$, $b_n=6\times2^{n-1}$

(ii) $p=3$일 때,
$a_k=6+(k-1)\times3=3k+3$, $b_n=6\times3^{n-1}$

(iii) $p=6$일 때,
$a_k=6+(k-1)\times6=6k$, $b_n=6\times6^{n-1}=6^n$

(i), (ii), (iii)의 모든 경우 임의의 자연수 n에 대하여 $b_n=a_k$를 만족시키는 자연수 k가 존재하므로 수열 $\{b_n\}$의 모든 항은 수열 $\{a_n\}$의 항이 돼.
$\therefore$ (구하는 합)$=2+3+6=11$

1등급 대비 **특강**

* 공차가 p인 등차수열과 공비가 p인 등비수열 사이의 관계 이해하기

수열 $\{b_n\}$의 공비가 p이므로 b_2-b_1은 등차수열 $\{a_n\}$의 공차 p에 어떤 자연수 t를 곱한 것과 같다. 즉 $6(p-1)=pt$이다. b_2-b_1에 자연수 r를 곱하면 b_3-b_2이므로 $6(p-1)=pt$이면 수열 $\{b_n\}$의 모든 항이 등차수열 $\{a_n\}$에 속한다. 결국 $6-\dfrac{6}{p}$이 자연수가 되도록 하는 p의 값을 구하는 것과 같다.

G 161 정답 ③ ············· ☆2등급 대비 [정답률 15%]

*등차수열의 합의 최댓값을 통해 등차수열의 공차 구하기 [유형 08+09+10]

> 양수 a와 0이 아닌 실수 d에 대하여 첫째항이 모두 a이고, 공차가 각각 d, $-2d$인 두 등차수열 $\{a_n\}$과 $\{b_n\}$이 다음 조건을 만족시킨다. **단서1** 두 등차수열 $\{a_n\}$과 $\{b_n\}$의 일반항은 각각 $a_n=a+(n-1)d$, $b_n=a+(n-1)\times(-2d)$
>
> (가) $|a_1|=|b_7|$ **단서2** **단서1** 에서 구한 등차수열 $\{a_n\}$과 $\{b_n\}$의 일반항을 주어진 조건에 대입하여 a와 d의 관계를 찾아.
>
> (나) $S_n=\displaystyle\sum_{k=1}^{n}(|a_k|-|b_k|)$라 할 때, 모든 자연수 n에 대하여 $S_n\leq108$이고, $S_p=108$인 자연수 p가 존재한다. **단서3** 등차수열의 합은 일반항이 처음으로 음수가 되기 직전까지의 합이 최대가 돼.

$S_n\geq0$을 만족시키는 자연수 n의 최댓값을 m이라 할 때, **단서4** S_n이 처음으로 음수가 되는 항 바로 앞의 항까지 $S_n\geq0$을 만족시켜. a_m의 값은? (4점)

① 46 ② 50 ③54

④ 58 ⑤ 62

왜 2등급? 주어진 조건을 만족시키는 등차수열을 구하는 문제로, 문제의 조건을 이용하여 등차수열을 공차 d에 대하여 표현하고 수열의 합 S_n이 언제 최댓값을 갖는지를 찾는 것이 문제의 키포인트이다.

단서+발상

단서1, 2 두 등차수열 $\{a_n\}$, $\{b_n\}$의 첫째항과 공차를 각각 알기 때문에, 두 등차수열의 일반항은 각각 $a_n=a+(n-1)d$, $b_n=a+(n-1)\times(-2d)$임을 알 수 있다. **공식**
조건 (가)에서 a_1과 b_7에 앞에서 구한 식을 대입한 후 정리하여 양수 a를 d에 대하여 표현할 수 있고 두 등차수열 또한 d에 대한 식으로 표현할 수 있다. **적용**

단서3 $c_n=|a_n|-|b_n|$이라 하고 **단서1, 2** 에서 구한 식을 이용하여 n에 따른 c_n의 값을 구할 수 있다. 이때, 조건 (나)에서 모든 자연수 n에 대하여 $S_n\leq108$이고, $S_p=108$인 자연수 p가 존재한다고 했으므로 S_n의 최댓값이 108임을 유추할 수 있어야 한다. **발상**
이때, 수열 $\{c_n\}$의 부호 변화를 통해 자연수 n이 어떤 값을 가질 때, S_n이 최댓값을 가지는지 유추할 수 있다. **해결**

단서4 **단서3** 에서 구한 자연수 n의 값을 대입하여 공차 d의 값을 구할 수 있다. 이후 각각의 c_n을 구하여 $S_n\geq0$을 만족시키는 자연수 n의 최댓값 m을 구할 수 있고, 이를 통해 a_m의 값을 구할 수 있다. **해결**

주의 등차수열의 합이 최댓값을 가지는 경우는 일반항의 값이 음수가 되기 직전까지의 합임을 알아야 한다.

> **핵심 정답 공식**: 첫째항이 a이고 공차가 d인 등차수열 $\{a_n\}$의 일반항은 $a_n=a+(n-1)d$이다.

------------------------ [문제 풀이 순서] ------------------------

1st $|a_1|=|b_7|$을 만족시키도록 두 등차수열 $\{a_n\}$과 $\{b_n\}$의 일반항을 구하자.

등차수열의 일반항에 의하여
$a_n=a+(n-1)d$, $b_n=a+(n-1)\times(-2d)$
조건 (가)에서 $|a_1|=|b_7|$이므로 $|a|=|a-12d|$
$a=a-12d$ 또는 $a=-a+12d$ → $a_1=a$, $b_7=a-12d$이고, $|a|=|a-12d|$ $\therefore a=\pm(a-12d)$
$a=a-12d$이면 $d=0$이므로 모순이다.
$d\neq0$이므로 $a=-a+12d$ $\therefore a=6d$ $\cdots$ ㉠
$\therefore a_n=6d+(n-1)d=(n+5)d$ $\cdots$ ㉡
$b_n=6d+(n-1)\times(-2d)=(-2n+8)d$

2nd $c_n=|a_n|-|b_n|$이라 하고, $S_n=\sum_{k=1}^{n}(|a_k|-|b_k|)$의 값이 최대가 되는 n의 값을 구하자.

a가 양수이고, $d>0(\because ㉠)$이므로
모든 자연수 n에 대하여 $a_n>0$이다.
한편, $1\le n\le 3$일 때, $b_n>0$이고,
$n\ge 4$일 때, $b_n\le 0$이므로
수열 $\{c_n\}$을 $c_n=|a_n|-|b_n|$이라 하면

$$c_n=\begin{cases}(n+5)d-(-2n+8)d & (1\le n\le 3)\\(n+5)d-(2n-8)d & (n\ge 4)\end{cases}$$
$$=\begin{cases}3(n-1)d & (1\le n\le 3)\\(13-n)d & (n\ge 4)\end{cases}$$

따라서 $1\le n\le 13$일 때 $c_n\ge 0$이고,
$n\ge 14$일 때 $c_n<0$이므로
$c_{13}=0$이므로 $S_{13}=S_{12}+c_{13}=S_{12}$ ←
$S_n=\sum_{k=1}^{n}c_k$의 값이 최대가 되는 $n=12$ 또는 $n=13$
→ 일반항 $c_n=|a_n|-|b_n|$이 음수가 되기 직전까지의 합

3rd 공차 d의 값을 구하자.
S_n이 최댓값이 돼

$S_p=108$인 p는 12 또는 13이고,

$S_{12}=S_{13}=\sum_{n=1}^{13}c_n$

$=\sum_{n=1}^{3}3(n-1)d+\sum_{n=4}^{13}(13-n)d$
→ $\sum_{k=1}^{n}ca_k=c\sum_{k=1}^{n}a_k$

$=3d\sum_{n=1}^{3}(n-1)+d\sum_{n=4}^{13}n$
→ $=3d(0+1+2)$, $\sum_{n=4}^{13}(13-n)d=d(9+8+\cdots+1+0)=d\sum_{n=1}^{9}n$

$=3d\times 3+d\times\dfrac{9\times 10}{2}$
→ $\sum_{k=1}^{n}k=\dfrac{n(n+1)}{2}$

$=9d+45d$
$=54d=108$
$\therefore d=2$

4th $S_n\ge 0$을 만족시키는 자연수 n의 최댓값 m을 구하고, a_m의 값을 구하자.

수열 $\{c_n\}$은 $c_n=\begin{cases}6(n-1) & (1\le n\le 3)\\2(13-n) & (n\ge 4)\end{cases}$이므로

$1\le n\le 3$일 때, $c_n\ge 0$이고, $c_1=0$, $c_2=6$, $c_3=12$이다.
$4\le n\le 13$일 때, $c_n\ge 0$이고,
$n\ge 14$일 때, $c_n<0$이다.
이때, $c_4=-c_{22}$, $c_5=-c_{21}$, $c_6=-c_{20}$, $\cdots$,
$c_{12}=-c_{14}$, $c_{13}=0$, $c_{23}=-20$이므로
$S_{22}=(c_1+c_2+c_3)+\underbrace{(c_4+c_5+c_6+\cdots+c_{22})}_{c_4+c_5+c_6+\cdots+c_{22}=0}$
$=(0+6+12)+0=18$
$S_{23}=S_{22}+c_{23}=18+(-20)=-2$
이므로 $n\ge 23$일 때 $S_n<0$이다.
따라서 $S_n\ge 0$을 만족시키는 자연수 n의 최댓값
$m=22$이므로 $a_{22}=(22+5)\times 2=54(\because ㉡)$

> **주의** 처음으로 음의 값이 나오는 항을 반드시 찾고, 그 항 바로 전항이 $S_n\ge 0$을 만족시키는 자연수 n의 최댓값이 되겠지?

My Top Secret　　서울대 선배의 ❶ 등급 대비 전략

수열의 합이 다뤄지는 문제의 경우, 기존 등차수열의 조건이 꼭 필요하기 때문에 문제의 조건을 잘 파악하는 것이 중요해. 특히 이런 문제의 경우 문제에 주어진 조건이 순서대로 배치되어 있는데, 처음에는 해결책이 안 보일 듯 하지만, 문제를 잘 따라가다보면 문제가 쉽게 해결되는 경우도 많으니 차례대로 따라가보는 것도 좋은 방법이야.

G 162 정답 125　⭐1등급 대비 [정답률 8%]

*두 그래프가 만나도록 하는 자연수 m의 최솟값 구하기 [유형 24]

> **단서1** 이차함수의 그래프와 직선이 만나기 위한 조건을 찾기 위해서는 두 식을 연립하여 나온 이차방정식의 판별식을 조사해야겠지?
> 자연수 n에 대하여 함수 $f(x)$는 $f(x)=x^2+n$이다. 함수 $y=f(x)$의 그래프와 직선 $y=mx$가 만나도록 하는 자연수 m의 최솟값을 a_n이라 하자. $a_n<a_{n+1}$을 만족시키는 33 이하의 모든 n의 값의 합을 구하시오. (4점) **단서2** $n=1, 2, 3, \cdots$을 차례대로 대입하여 조건을 만족시키는 자연수 n의 값을 찾아야 해.

왜 1등급? 함수 $y=x^2+n$의 그래프와 직선 $y=mx$가 만나도록 하는 자연수 m의 최솟값을 구하는 문제이다.
이를 위해서 $x^2-mx+n=0$의 판별식이 0 이상이 되도록 하는 자연수 m의 범위를 구하고, 33 이하의 자연수 n에 대해 a_n이 a_{n+1}보다 작다고 하는 n을 구해야 하므로 a_n과 a_{n+1}이 어떻게 다른지 나누어 판단해야 하는 과정이 까다롭다.

단서+발상

단서1 두 곡선 $y=x^2+n$과 $y=mx$가 만나도록 하는 자연수 m의 범위를 판별식을 통해 구하면 $m^2\ge 4n$이다. 발상
즉 a_n은 $2\sqrt{n}$ 이상인 자연수 중 가장 작은 자연수이다. 해결
단서2 $p<2\sqrt{n}\le p+1$인 자연수 p를 기준으로 n의 범위를 나눌 수 있다. 발상
$a_n<a_{n+1}$인 자연수 n의 값을 구하는 것이므로 $p<2\sqrt{n}\le p+1$을 만족시키는 가장 큰 n을 찾으면 되고, 이때 $a_n=p+1$이다. 적용

주의 부등식을 세울 때 등호를 생각하여 한 점에서만 만나는 경우를 빠트리지 않아야 한다.

> **핵심 정답 공식**: 이차함수 $y=ax^2+bx+c$와 직선 $y=mx+n$에 대하여 이차함수의 그래프와 직선이 만나려면 연립한 이차방정식 $ax^2+(b-m)x+c-n=0$의 판별식 D가 $D=(b-m)^2-4a(c-n)\ge 0$이어야 한다.

-------------------- [문제 풀이 순서] --------------------

1st 함수 $f(x)$의 그래프와 직선이 만나기 위한 조건을 구하자.
함수 $f(x)=x^2+n$과 직선 $y=mx$의 식을 연립하면
$x^2+n=mx$
$x^2-mx+n=0$
즉, 함수 $f(x)=x^2+n$의 그래프와 직선 $y=mx$가 만나기 위해서는 이차방정식 $x^2-mx+n=0$이 실근을 가져야 한다.
이차방정식 $x^2-mx+n=0$의 판별식 D에 대하여
$D=m^2-4n\ge 0$ [이차방정식과 판별식]
이차방정식 $ax^2+bx+c=0$의 판별식 $D=b^2-4ac$에 대하여
$\therefore m^2\ge 4n \cdots ㉠$ ① $D>0$이면 서로 다른 두 실근을 갖는다. ② $D=0$이면 중근을 갖는다. ③ $D<0$이면 서로 다른 두 허근을 갖는다.

2nd $a_1, a_2, \cdots$의 값을 차례대로 구해보자.
함수 $y=f(x)$의 그래프와 직선 $y=mx$가 만나도록 하는 자연수 m의 최솟값을 a_n이라 하므로 ㉠에
$n=1, 2, 3, \cdots$을 대입하여 각 항을 구하자.
(ⅰ) $n=1$이면 $m^2\ge 4$를 만족시키는 자연수 m의 최솟값은 2이므로
$a_1=2$
(ⅱ) $n=2$이면 $m^2\ge 8$를 만족시키는 자연수 m의 최솟값은 3이므로
$a_2=3$
(ⅲ) $n=3$이면 $m^2\ge 12$를 만족시키는 자연수 m의 최솟값은 4이므로
$a_3=4$
(ⅳ) $n=4$이면 $m^2\ge 16$을 만족시키는 자연수 m의 최솟값은 4이므로
$a_4=4$

3rd 조건을 만족시키는 33 이하의 모든 자연수 n의 값을 추론하자.

다음과 같은 방법으로 n의 값을 추론하면

$4 \times 5 < 5^2 < 4 \times 7$이므로

> $4 \times 5 < 5^2, 4 \times 6 < 5^2$이므로 $a_5 = a_6 = 5$이고, $5^2 < 4 \times 7 < 6^2$이므로 $a_7 = 6$이야.

$a_n = 5$를 만족시키는 자연수 n은 5, ⑥

$4 \times 7 < 6^2 \leq 4 \times 9$이므로

> $4 \times 7 < 6^2, 4 \times 8 < 6^2, 4 \times 9 \leq 6^2$이므로 $a_7 = a_8 = a_9 = 6$이야.

$a_n = 6$을 만족시키는 자연수 n은 7, 8, ⑨ 마찬가지 방법으로 수열 $\{a_n\}$을 추론해 가면 돼.

$4 \times 10 < 7^2 < 4 \times 13$이므로

$a_n = 7$을 만족시키는 자연수 n은 10, 11, ⑫

$4 \times 13 < 8^2 \leq 4 \times 16$이므로

$a_n = 8$을 만족시키는 자연수 n은 13, 14, 15, ⑯

$4 \times 17 < 9^2 < 4 \times 21$이므로

$a_n = 9$를 만족시키는 자연수 n은 17, 18, 19, ⑳

$4 \times 21 < 10^2 \leq 4 \times 25$이므로

$a_n = 10$을 만족시키는 자연수 n은 21, 22, 23, 24, ㉕

$4 \times 25 < 11^2 < 4 \times 31$이므로

$a_n = 11$을 만족시키는 자연수 n은 26, 27, 28, 29, ㉚

$4 \times 31 < 12^2 \leq 4 \times 36$이므로

$a_n = 12$를 만족시키는 자연수 n은 31, 32, 33, 34, 35, 36

따라서 $a_n < a_{n+1}$을 만족시키는 33 이하의 모든 n의 값은 1, 2, 4, 6, 9, 12, 16, 20, 25, 30이므로 모든 n의 값의 합은

$1 + 2 + 4 + 6 + 9 + 12 + 16 + 20 + 25 + 30 = 125$

다른 풀이: **1st** 에서 자연수 n에 대하여 $m^2 \geq 4n \geq 4$, 즉 $m \geq 2$임을 이용해 $a_n = 2, 3, 4, \cdots$가 되도록 하는 n의 값을 차례로 구하기

함수 $f(x) = x^2 + n$의 그래프와 직선 $y = mx$가 만나기 위해서는 연립한 이차방정식 $x^2 - mx + n = 0$이 실근을 가져야 해.

즉, 이차방정식 $x^2 - mx + n = 0$의 판별식 D에 대하여 $D = m^2 - 4n \geq 0$에서 $m^2 \geq 4n$

> m은 자연수이므로 $m^2 \geq 4$에서 $m \geq 2$야.

$4 \leq 4n \leq m^2$에서 $2 \leq m$이므로 모든 자연수 n에 대하여 $a_n \geq 2$이야.

> $n \geq 1$이므로 $4n \geq 4$야.

$a_n = 2$가 되려면 $1^2 < 4n \leq 2^2 \Rightarrow \frac{1}{4} < n \leq 1$이어야 하므로 $n = 1$

$a_n = 3$이 되려면 $2^2 < 4n \leq 3^2 \Rightarrow 1 < n \leq \frac{9}{4}$이어야 하므로 $n = 2$

$a_n = 4$가 되려면 $3^2 < 4n \leq 4^2 \Rightarrow \frac{9}{4} < n \leq 4$이어야 하므로 $n = 3, 4$

$a_n = 5$가 되려면 $4^2 < 4n \leq 5^2 \Rightarrow 4 < n \leq \frac{25}{4}$이어야 하므로 $n = 5, 6$

$a_n = 6$이 되려면 $5^2 < 4n \leq 6^2 \Rightarrow \frac{25}{4} < n \leq 9$이어야 하므로 $n = 7, 8, 9$

$\vdots$

$a_n = 11$이 되려면 $10^2 < 4n \leq 11^2 \Rightarrow 25 < n \leq \frac{121}{4}$이어야 하므로

$n = 26, 27, 28, 29, 30$

$a_n = 12$가 되려면 $11^2 < 4n \leq 12^2 \Rightarrow \frac{121}{4} < n \leq 36$ 이어야 하므로

$n = 31, 32, 33, 34, 35, 36$

(이하 동일)

1등급 대비 **특강**

＊ 자연수 n의 조건을 이용하여 일반항 a_n 유추하기

문항에서 묻고 있는 것은 $a_n < a_{n}+1$인 자연수 n이야.
따라서 모든 자연수 n에 대해 a_n을 구할 필요는 없어. a_n은 $2\sqrt{n}$ 이상인 자연수 중 가장 작은 자연수이므로 $p < 2\sqrt{n} \leq p+1$을 만족시키는 가장 큰 n을 찾으면 $a_n = p+1$이고, $a_n + 1 = p+2$가 되므로 문제에서 구하고자 하는 값을 쉽게 찾을 수 있어.

H 수열의 합

개념 확인 문제

H 01 정답 $2 + 4 + 6 + \cdots + 12$ ──── ＊합의 기호 $\sum$

$\displaystyle\sum_{k=1}^{6} 2k = 2 + 4 + 6 + \cdots + 12$

H 02 정답 $3 + 6 + 11 + 18 + 27$ ──── ＊합의 기호 $\sum$

$\displaystyle\sum_{i=1}^{5} (i^2 + 2) = 3 + 6 + 11 + 18 + 27$

H 03 정답 $4 + 7 + 10 + \cdots + 31$ ──── ＊합의 기호 $\sum$

$\displaystyle\sum_{j=1}^{10} (3j + 1) = 4 + 7 + 10 + \cdots + 31$

H 04 정답 $\displaystyle\sum_{k=1}^{100} k$ ──── ＊합의 기호 $\sum$

$1 + 2 + 3 + \cdots + 100 = \displaystyle\sum_{k=1}^{100} k$

H 05 정답 $\displaystyle\sum_{k=1}^{50} k^2$ ──── ＊합의 기호 $\sum$

$1^2 + 2^2 + 3^2 + \cdots + 50^2 = \displaystyle\sum_{k=1}^{50} k^2$

H 06 정답 $\displaystyle\sum_{k=1}^{100} k(k+1)$ ──── ＊합의 기호 $\sum$

$1 \times 2 + 2 \times 3 + \cdots + 100 \times 101 = \displaystyle\sum_{k=1}^{100} k(k+1)$

H 07 정답 10 ──── ＊$\sum$의 성질

$\displaystyle\sum_{k=1}^{10} (2a_k - b_k) = 2\sum_{k=1}^{10} a_k - \sum_{k=1}^{10} b_k = 40 - 30 = 10$

H 08 정답 -30 ──── ＊$\sum$의 성질

$\displaystyle\sum_{k=1}^{10} (4a_k - 3b_k - 2) = 4\sum_{k=1}^{10} a_k - 3\sum_{k=1}^{10} b_k - 2 \times 10$

$\qquad\qquad = 80 - 90 - 20 = -30$

H 09 정답 550 ──── ＊$\sum$의 성질

$\displaystyle\sum_{k=1}^{100} (a_k + 2b_k)^2 = \sum_{k=1}^{100} a_k^2 + 4\sum_{k=1}^{100} b_k^2 + 4\sum_{k=1}^{100} a_k b_k = 150 \cdots \text{㉠}$

$\displaystyle\sum_{k=1}^{100} (2a_k - b_k)^2 = 4\sum_{k=1}^{100} a_k^2 + \sum_{k=1}^{100} b_k^2 - 4\sum_{k=1}^{100} a_k b_k = 100 \cdots \text{㉡}$

㉠, ㉡을 연립하면 $5\displaystyle\sum_{k=1}^{100} (a_k^2 + b_k^2) = 250$이므로 $\displaystyle\sum_{k=1}^{100} (a_k^2 + b_k^2) = 50$

$\therefore \displaystyle\sum_{k=1}^{100} (a_k^2 + b_k^2 + 5) = 50 + 5 \times 100 = 550$

H 10 정답 35 ──────────── *∑의 성질

$$\sum_{k=1}^{5}(k+5)-\sum_{k=1}^{5}(k-2)=\sum_{k=1}^{5}\{(k+5)-(k-2)\}=\sum_{k=1}^{5}7=7\times5=35$$

H 11 정답 20 ──────────── *∑의 성질

$$\sum_{k=1}^{20}(k+1)^2-\sum_{k=1}^{20}(k^2+2k)=\sum_{k=1}^{20}\{(k^2+2k+1)-(k^2+2k)\}$$
$$=\sum_{k=1}^{20}1=1\times20=20$$

H 12 정답 880 ──────────── *자연수의 거듭제곱의 합

$$\sum_{k=1}^{10}(4k+1)^2-\sum_{k=1}^{10}(4k-1)^2=\sum_{k=1}^{10}(16k^2+8k+1)-\sum_{k=1}^{10}(16k^2-8k+1)$$
$$=\sum_{k=1}^{10}16k=16\times\frac{10\times11}{2}=880$$

H 13 정답 2790 ──────────── *자연수의 거듭제곱의 합

$$\sum_{k=1}^{20}(k+2)(k-2)=\sum_{k=1}^{20}(k^2-4)=\frac{20\times21\times41}{6}-4\times20=2790$$

H 14 정답 2750 ──────────── *자연수의 거듭제곱의 합

$$\sum_{k=1}^{10}(k^3-k^2+2k)=\left(\frac{10\times11}{2}\right)^2-\frac{10\times11\times21}{6}+2\times\frac{10\times11}{2}$$
$$=3025-385+110=2750$$

H 15 정답 318 ──────────── *자연수의 거듭제곱의 합

$$\sum_{k=1}^{5}(3^k-3k)=\frac{3(3^5-1)}{2}-3\times\frac{5\times6}{2}=363-45=318$$

H 16 정답 825 ──────────── *자연수의 거듭제곱의 합

$$1\times3+2\times5+3\times7+\cdots+10\times21=\sum_{k=1}^{10}k(2k+1)=\sum_{k=1}^{10}(2k^2+k)$$
$$=2\sum_{k=1}^{10}k^2+\sum_{k=1}^{10}k$$
$$=2\times\frac{10\times11\times21}{6}+\frac{10\times11}{2}$$
$$=770+55=825$$

H 17 정답 220 ──────────── *자연수의 거듭제곱의 합

$1+(1+2)+(1+2+3)+\cdots+(1+2+3+\cdots+10)$에서

일반항은 $a_n=1+2+3+\cdots+n=\dfrac{n(n+1)}{2}$

$\therefore\ 1+(1+2)+(1+2+3)+\cdots+(1+2+3+\cdots+10)$
$$=\sum_{k=1}^{10}\frac{k(k+1)}{2}=\frac{1}{2}\left(\sum_{k=1}^{10}k^2+\sum_{k=1}^{10}k\right)$$
$$=\frac{1}{2}\left(\frac{10\times11\times21}{6}+\frac{10\times11}{2}\right)$$
$$=220$$

H 18 정답 410 ──────────── *자연수의 거듭제곱의 합

$$a_n=S_n-S_{n-1}=(2n^2-n)-\{2(n-1)^2-(n-1)\}$$
$$=4n-3\,(n\geq2)$$

이때, $a_1=S_1=2-1=1$이므로 $a_n=4n-3\,(n\geq1)$

따라서 $a_{2k}=8k-3$이므로

$$\sum_{k=1}^{10}a_{2k}=\sum_{k=1}^{10}(8k-3)$$
$$=8\times\frac{10\times11}{2}-3\times10$$
$$=440-30=410$$

H 19 정답 255 ──────────── *자연수의 거듭제곱의 합

근과 계수의 관계에 의하여 $\alpha+\beta=2$, $\alpha\beta=-2$

$$\sum_{k=1}^{10}(k-\alpha)(k-\beta)=\sum_{k=1}^{10}\{k^2-(\alpha+\beta)k+\alpha\beta\}$$
$$=\sum_{k=1}^{10}(k^2-2k-2)$$
$$=\frac{10\times11\times21}{6}-2\times\frac{10\times11}{2}-20$$
$$=385-110-20=255$$

H 20 정답 $\dfrac{20}{21}$ ──────────── *여러 가지 수열의 합

$$\sum_{k=1}^{10}\frac{2}{(2k-1)(2k+1)}=\sum_{k=1}^{10}\left(\frac{1}{2k-1}-\frac{1}{2k+1}\right)$$
$$=\left(1-\frac{1}{3}\right)+\left(\frac{1}{3}-\frac{1}{5}\right)+\left(\frac{1}{5}-\frac{1}{7}\right)+\cdots$$
$$+\left(\frac{1}{17}-\frac{1}{19}\right)+\left(\frac{1}{19}-\frac{1}{21}\right)$$
$$=1-\frac{1}{21}=\frac{20}{21}$$

H 21 정답 9 ──────────── *여러 가지 수열의 합

$\dfrac{1}{1+\sqrt{2}}+\dfrac{1}{\sqrt{2}+\sqrt{3}}+\cdots+\dfrac{1}{\sqrt{99}+\sqrt{100}}=\displaystyle\sum_{k=1}^{99}\dfrac{1}{\sqrt{k}+\sqrt{k+1}}$이므로

$$\sum_{k=1}^{99}\frac{1}{\sqrt{k}+\sqrt{k+1}}=\sum_{k=1}^{99}(\sqrt{k+1}-\sqrt{k})$$
$$=(\sqrt{2}-1)+(\sqrt{3}-\sqrt{2})+\cdots+(\sqrt{100}-\sqrt{99})$$
$$=-1+\sqrt{100}$$
$$=-1+10=9$$

H 22 정답 50 ──────────── *여러 가지 수열의 합

$$\sum_{k=1}^{n}\frac{1}{(2k-1)(2k+1)}=\sum_{k=1}^{n}\frac{1}{2}\left(\frac{1}{2k-1}-\frac{1}{2k+1}\right)$$
$$=\frac{1}{2}\left(1-\frac{1}{2n+1}\right)$$
$$=\frac{50}{101}$$

즉, $1-\dfrac{1}{2n+1}=\dfrac{100}{101}$에서 $\dfrac{1}{2n+1}=\dfrac{1}{101}$

$\therefore\ n=50$

H 23 정답 ⑤ *합의 기호 $\sum$ [정답률 86%]

[정답 공식: $\sum_{k=1}^{n} a_k$는 k에 1, 2, $\cdots$, n을 차례대로 대입하여 얻은 항들의 합이다.]

등식 $\sum_{k=1}^{5} \dfrac{1}{k} = a + \sum_{k=1}^{5} \dfrac{1}{k+1}$ 을 만족시키는 a의 값은? (3점)

단서 $k=1, 2, \cdots, 5$를 차례로 대입해서 합의 꼴로 나타내 봐.

① $\dfrac{1}{6}$ ② $\dfrac{1}{3}$ ③ $\dfrac{1}{2}$ ④ $\dfrac{2}{3}$ ⑤ $\dfrac{5}{6}$

1st $\sum$의 정의를 이용하여 a의 값을 구해.

$\sum_{k=1}^{5} \dfrac{1}{k} = \dfrac{1}{1} + \dfrac{1}{2} + \cdots + \dfrac{1}{5}$ ⟶ $\sum_{k=1}^{n} a_k = a_1 + a_2 + \cdots + a_n$, 즉 $\sum_{k=1}^{n} a_k$는 k에 1, 2, 3, $\cdots$, n을 차례대로 대입하여 얻은 항 $a_1, a_2, a_3, \cdots, a_n$의 합이야.

$\sum_{k=1}^{5} \dfrac{1}{k+1} = \dfrac{1}{2} + \dfrac{1}{3} + \cdots + \dfrac{1}{6}$ 이므로 $\sum_{k=1}^{5} \dfrac{1}{k} = a + \sum_{k=1}^{5} \dfrac{1}{k+1}$ 에서

$\dfrac{1}{1} + \dfrac{1}{2} + \cdots + \dfrac{1}{5} = a + \left(\dfrac{1}{2} + \dfrac{1}{3} + \cdots + \dfrac{1}{6} \right)$

$1 = a + \dfrac{1}{6}$ ⟶ $\dfrac{1}{1} + \dfrac{1}{\cancel{2}} + \dfrac{1}{\cancel{3}} + \dfrac{1}{\cancel{4}} + \dfrac{1}{\cancel{5}} = a + \left(\dfrac{1}{\cancel{2}} + \dfrac{1}{\cancel{3}} + \dfrac{1}{\cancel{4}} + \dfrac{1}{\cancel{5}} + \dfrac{1}{6} \right)$

$\therefore a = 1 - \dfrac{1}{6} = \dfrac{5}{6}$

H 24 정답 ② *합의 기호 $\sum$ [정답률 93%]

[정답 공식: $\sum_{k=1}^{n} a_k = a_1 + a_2 + a_3 + \cdots + a_n$이다.]

함수 $f(x)$에 대하여 $f(22) = 45$, $f(3) = 6$일 때,

$\sum_{k=1}^{19} f(k+3) - \sum_{k=5}^{23} f(k-2)$ 의 값은? (3점)

단서 합의 기호 $\sum$의 의미를 잘 생각해봐.

① 38 ② 39 ③ 40 ④ 41 ⑤ 42

1st 합의 기호의 정의를 이용하여 주어진 식을 정리하자.

$\sum_{k=1}^{19} f(k+3) - \sum_{k=5}^{23} f(k-2)$ ⟶ $\sum_{k=1}^{n} a_k = a_1 + a_2 + \cdots + a_n$, 즉 $\sum_{k=1}^{n} a_k$는 k에 차례대로 대입하여 얻은 항 $a_1, a_2, a_3, \cdots, a_n$의 합이야.

$= \{ f(4) + f(5) + f(6) + \cdots + f(22) \}$
$\qquad - \{ f(3) + f(4) + f(5) + \cdots + f(21) \}$

$= f(22) - f(3) = 45 - 6 = 39$

H 25 정답 ⑤ *합의 기호 $\sum$의 성질 [정답률 78%]

[정답 공식: $\sum_{k=1}^{n} a_k = a_1 + a_2 + a_3 + \cdots + a_n$]

$\sum_{k=1}^{9} (k+1)^2 - \sum_{k=1}^{10} (k-1)^2$의 값은? (3점)

단서 k에 차례대로 자연수를 대입하면 $\sum_{k=1}^{9} (k+1)^2$, $\sum_{k=1}^{10} (k-1)^2$은 겹치는 항들이 있어.

① 91 ② 93 ③ 95 ④ 97 ⑤ 99

1st 합의 기호 $\sum$의 성질을 이용하자.

$\underbrace{\sum_{k=1}^{9} (k+1)^2 - \sum_{k=1}^{10} (k-1)^2}$ ⟶ $\sum_{k=1}^{n} a_k = a_1 + a_2 + a_3 + \cdots + a_n$

$= (2^2 + 3^2 + \cdots + 10^2) - (0^2 + 1^2 + 2^2 + \cdots + 9^2)$

$= 10^2 - 1^2 = 100 - 1 = 99$

다른 풀이: $\sum_{k=1}^{10} (k-1)^2$을 변형하여 $\sum$의 성질 이용하기

$\sum_{k=1}^{9} (k+1)^2 - \sum_{k=1}^{10} (k-1)^2$

$= \sum_{k=1}^{9} (k+1)^2 - \left\{ \sum_{k=1}^{9} (k-1)^2 + 9^2 \right\}$ ⟶ $\sum_{k=1}^{m+1} a_k = \sum_{k=1}^{m} a_k + a_{m+1}$

$= \sum_{k=1}^{9} (k+1)^2 - \sum_{k=1}^{9} (k-1)^2 - 81$

$= \sum_{k=1}^{9} \{ (k+1)^2 - (k-1)^2 \} - 81$ ⟶ $(k+1)^2 - (k-1)^2 = k^2 + 2k + 1 - (k^2 - 2k + 1) = 4k$

$= \sum_{k=1}^{9} 4k - 81 = 4 \times \dfrac{9 \times 10}{2} - 81$

$= 180 - 81 = 99$ ⟶ $\sum_{k=1}^{n} k = \dfrac{n(n+1)}{2}$

H 26 정답 ② *합의 기호 $\sum$ [정답률 83%]

[정답 공식: 수열 $\{a_n\}$에 대하여 $\sum_{k=1}^{n} a_k = a_1 + a_2 + a_3 + \cdots + a_n$이다.]

수열 $\{a_n\}$은 $a_1 = 1$이고, 모든 자연수 n에 대하여

$\sum_{k=1}^{n} (a_k - a_{k+1}) = -n^2 + n$을 만족시킨다. a_{11}의 값은? (3점)

단서 $\sum$를 풀어 간단히 나타내.

① 88 ② 91 ③ 94
④ 97 ⑤ 100

1st 주어진 등식의 좌변을 간단히 나타내 봐.

주어진 등식의 좌변은 ⟶ $b_n = a_n - a_{n+1}$이라 하면

$\sum_{k=1}^{n} (a_k - a_{k+1})$ ⟶ $\sum_{k=1}^{n} (a_k - a_{k+1}) = \sum_{k=1}^{n} b_k = b_1 + b_2 + b_3 + \cdots + b_n$
$\qquad = (a_1 - a_2) + (a_2 - a_3) + (a_3 - a_4) + \cdots$
$= (a_1 - a_2) + (a_2 - a_3) + (a_3 - a_4) + \cdots + (a_n - a_{n+1})$ $\qquad + (a_n - a_{n+1})$

$= a_1 - a_{n+1} = 1 - a_{n+1}$ ($\because a_1 = 1$)

2nd a_{11}의 값을 구해.

즉, $\sum_{k=1}^{n} (a_k - a_{k+1}) = -n^2 + n$에서

$1 - a_{n+1} = -n^2 + n$

$\therefore a_{n+1} = n^2 - n + 1$

이것의 양변에 $n = 10$을 대입하면

$a_{11} = 10^2 - 10 + 1 = 91$

강혜윤 서울대 인문계열 2021년 입학 · 경기 수지고 졸

첫째항부터 등차수열을 이루는 수열의 첫째항부터 제n항까지의 합은 상수항이 없는 이차식으로 나타난다는 것 다들 알아? 그런데 이 문제가 딱 그렇게 주어졌잖아. 그래서 나는 $b_n = a_n - a_{n+1}$이라 하고 수열 $\{b_n\}$이 등차수열이라는 것을 추측해서 문제를 풀었어.

이때, (이차항의 계수)$\times 2$가 공차이므로 수열 $\{b_n\}$의 공차는 $-1 \times 2 = -2$라는 것을 찾았고 주어진 식의 양변에 $n=1$을 대입하면 $b_1 = 0$이기 때문에 $b_n = 0 + (n-1) \times (-2) = -2n + 2$에서 $a_n - a_{n+1} = -2n + 2$라는 것을 구했어. 이를 통해 $a_n = n^2 - 3n + 3$이라는 것을 찾았고 a_{11}의 값을 구할 수 있었어. 하지만 검토할 때, 나는 내 접근이 비효율적이라는 것을 깨달았어. 주어진 식을 나열하다 보면 결국 a_1과 a_{n+1} 밖에 남지 않는 간단한 문제였던 거야. 이렇게 쉬운 문제를 도러어 어렵게 푸는 오류를 범하지 않으려면 평소에 다양한 접근법을 생각해 봐야 해. 또, 검토를 할 때는 내가 처음 풀었던 것과 다른 방법으로 풀어보는 것도 좋아!

H 27 정답 ② *합의 기호 $\sum$의 성질 ································· [정답률 72%]

[정답 공식 : $\sum\limits_{k=1}^{n}(a_k\pm b_k)=\sum\limits_{k=1}^{n}a_k\pm\sum\limits_{k=1}^{n}b_k$(복호동순), $\sum\limits_{k=1}^{n}ca_k=c\sum\limits_{k=1}^{n}a_k$ (c는 상수)]

두 수열 $\{a_n\}$, $\{b_n\}$에 대하여
$$\sum_{n=1}^{10}(2a_n-b_n)=7,\ \sum_{n=1}^{10}(a_n+b_n)=5$$
일 때, $\sum\limits_{n=1}^{10}(a_n-2b_n)$의 값은? (3점) **단서** 모두 n이 1부터 10까지의 합이니까 $\sum$의 성질을 이용하자.

① 1   ②2   ③ 3   ④ 4   ⑤ 5

1st $\sum$의 성질을 이용하여 $\sum\limits_{n=1}^{10}a_n$, $\sum\limits_{n=1}^{10}b_n$을 유도하자.

$\sum\limits_{n=1}^{10}(2a_n-b_n)=7$, $\sum\limits_{n=1}^{10}(a_n+b_n)=5\cdots$㉠이므로

$\underline{\sum\limits_{n=1}^{10}(2a_n-b_n)+\sum\limits_{n=1}^{10}(a_n+b_n)}$

$=\sum\limits_{n=1}^{10}\{(2a_n-b_n)+(a_n+b_n)\}$ → $\sum\limits_{k=1}^{n}a_k+\sum\limits_{k=1}^{n}b_k=\sum\limits_{k=1}^{n}(a_k+b_k)$

$=\sum\limits_{n=1}^{10}3a_n=7+5=12$ **실수** $(2a_n-b_n)+(a_n+b_n)=3a_n$을 유도할 수 있다.

즉, $\sum\limits_{n=1}^{10}3a_n=12$이므로 $3\sum\limits_{n=1}^{10}a_n=12$

→ $\sum\limits_{k=1}^{n}ca_k=c\sum\limits_{k=1}^{n}a_k$(단, c는 상수)

∴ $\sum\limits_{n=1}^{10}a_n=4$

이를 ㉠에 대입하면

$\sum\limits_{n=1}^{10}(a_n+b_n)=\sum\limits_{n=1}^{10}a_n+\sum\limits_{n=1}^{10}b_n=4+\sum\limits_{n=1}^{10}b_n=5$ ∴ $\sum\limits_{n=1}^{10}b_n=1$

2nd $\sum$의 성질을 이용하여 값을 구하자.

$\underline{\sum\limits_{n=1}^{10}(a_n-2b_n)}=\sum\limits_{n=1}^{10}a_n-\sum\limits_{n=1}^{10}2b_n$

→ $\sum\limits_{k=1}^{n}(a_k-b_k)=\sum\limits_{k=1}^{n}a_k-\sum\limits_{k=1}^{n}b_k$

$=\sum\limits_{n=1}^{10}a_n-2\sum\limits_{n=1}^{10}b_n=4-2\times1=2$

H 28 정답 ④ *합의 기호 $\sum$의 성질 ················· [정답률 82%]

[정답 공식 : $\sum\limits_{k=1}^{n}(Aa_k+Bb_k)=A\sum\limits_{k=1}^{n}a_k+B\sum\limits_{k=1}^{n}b_k$ (단, A, B는 상수)]

수열 $\{a_n\}$에 대하여
$$\sum_{k=1}^{5}(2a_k-1)^2=61,\ \sum_{k=1}^{5}a_k(a_k-4)=11$$
일 때, $\sum\limits_{k=1}^{5}a_k^2$의 값은? (3점) **단서** $\sum$ 안의 식들을 전개한 뒤 $\sum$의 성질을 활용해서 $\sum a_k^2$, $\sum a_k$로 식을 나눠.

① 12   ② 13   ③ 14   ④15   ⑤ 16

1st $\sum$의 성질을 활용하여 $\sum\limits_{k=1}^{5}a_k^2$의 값을 구해.

$\sum\limits_{k=1}^{5}(2a_k-1)^2=\underline{\sum\limits_{k=1}^{5}(4a_k^2-4a_k+1)=4\sum\limits_{k=1}^{5}a_k^2-4\sum\limits_{k=1}^{5}a_k+5}=61$이므로

$4\sum\limits_{k=1}^{5}a_k^2-4\sum\limits_{k=1}^{5}a_k=56\cdots$㉠ $\sum\limits_{k=1}^{n}(Aa_k+Bb_k+C)=A\sum\limits_{k=1}^{n}a_k+B\sum\limits_{k=1}^{n}b_k+Cn$

$\sum\limits_{k=1}^{5}a_k(a_k-4)=\sum\limits_{k=1}^{5}(a_k^2-4a_k)=\sum\limits_{k=1}^{5}a_k^2-4\sum\limits_{k=1}^{5}a_k=11\cdots$㉡

㉠, ㉡의 식을 연립하면

$\left(4\sum\limits_{k=1}^{5}a_k^2-4\sum\limits_{k=1}^{5}a_k\right)-\left(\sum\limits_{k=1}^{5}a_k^2-4\sum\limits_{k=1}^{5}a_k\right)=45$, $3\sum\limits_{k=1}^{5}a_k^2=45$
  ㉠-㉡

∴ $\sum\limits_{k=1}^{5}a_k^2=15$

H 29 정답 18 *합의 기호 $\sum$의 성질 ··············· [정답률 59%]

[정답 공식 : $\sum\limits_{k=1}^{n}(a_k\pm b_k)=\sum\limits_{k=1}^{n}a_k\pm\sum\limits_{k=1}^{n}b_k$ (복호동순), $\sum\limits_{k=1}^{n}ma_k=m\sum\limits_{k=1}^{n}a_k$]

두 수열 $\{a_n\}$, $\{b_n\}$에 대하여
$$\sum_{n=1}^{5}(a_n-b_n)=10,\ \sum_{n=1}^{6}(2a_n-2b_n)=56$$
일 때, a_6-b_6의 값을 구하시오. (3점) **단서** $\sum$의 성질을 이용하여 식을 간단히 해보자.

1st $\sum$의 성질을 이용하여 식을 간단히 하자.

$\sum\limits_{n=1}^{6}(2a_n-2b_n)=56$에서 $2\sum\limits_{n=1}^{6}(a_n-b_n)=56$

$\sum\limits_{n=1}^{6}(a_n-b_n)=28$이므로 $\sum\limits_{k=1}^{n}ma_k=m\sum\limits_{k=1}^{n}a_k$를 이용한 거야.

$a_6-b_6=\sum\limits_{n=1}^{6}(a_n-b_n)-\sum\limits_{n=1}^{5}(a_n-b_n)$

$\qquad=28-10$ $\sum\limits_{n=1}^{6}(a_n-b_n)-\sum\limits_{n=1}^{5}(a_n-b_n)$

$\qquad=18$ $=(a_1-b_1)+(a_2-b_2)+\cdots+(a_5-b_5)+(a_6-b_6)$
$\qquad\qquad\quad-\{(a_1-b_1)+(a_2-b_2)+\cdots+(a_5-b_5)\}$
$\qquad\qquad=a_6-b_6$

H 30 정답 ⑤ *합의 기호 $\sum$의 성질 ··············· [정답률 70%]

(정답 공식 : $\sum\limits_{k=1}^{n}(a_k+b_k)=\sum\limits_{k=1}^{n}a_k+\sum\limits_{k=1}^{n}b_k$)

어떤 자연수 m에 대하여 수열 $\{a_n\}$이 $\sum\limits_{k=1}^{m}a_k=-1$, $\sum\limits_{k=1}^{m}a_k^2=3$을 만족시킨다. $\sum\limits_{k=1}^{m}(a_k+3)^2=60$일 때, m의 값은? (4점) **단서** $(a_k+3)^2=a_k^2+6a_k+9$이므로 각 항을 분리하여 나타낼 수 있어.

① 3   ② 4   ③ 5   ④ 6   ⑤7

1st 합의 기호 $\sum$의 성질을 이용하여 계산하자.

$\sum\limits_{k=1}^{m}(a_k+3)^2=\sum\limits_{k=1}^{m}(a_k^2+6a_k+9)=\sum\limits_{k=1}^{m}a_k^2+6\sum\limits_{k=1}^{m}a_k+\sum\limits_{k=1}^{m}9$

$\qquad=3+6\times(-1)+9m=-3+9m=60$

∴ $m=7$ $\sum\limits_{k=1}^{n}(a_k+b_k)=\sum\limits_{k=1}^{n}a_k+\sum\limits_{k=1}^{n}b_k$를 이용한 거야.

H 31 정답 ③ *합의 기호 $\sum$의 성질 ··············· [정답률 88%]

[정답 공식 : $\sum\limits_{k=1}^{10}(a_k+2b_k-1)=\sum\limits_{k=1}^{10}a_k+2\sum\limits_{k=1}^{10}b_k-\sum\limits_{k=1}^{10}1$]

두 수열 $\{a_n\}$, $\{b_n\}$에 대하여 $\sum\limits_{k=1}^{10}a_k=5$, $\sum\limits_{k=1}^{10}b_k=20$일 때, $\sum\limits_{k=1}^{10}(a_k+2b_k-1)$의 값은? (3점) **단서** $\sum\limits_{k=1}^{10}(a_k+2b_k-1)=\sum\limits_{k=1}^{10}a_k+2\sum\limits_{k=1}^{10}b_k-\sum\limits_{k=1}^{10}1$로 나타낼 수 있어.

① 25   ② 30   ③35   ④ 40   ⑤ 45

1st 합의 기호 $\sum$의 성질을 이용하자.

$\underline{\sum\limits_{k=1}^{10}(a_k+2b_k-1)}$

$=\sum\limits_{k=1}^{10}a_k+2\sum\limits_{k=1}^{10}b_k-\sum\limits_{k=1}^{10}1$ $\sum\limits_{k=1}^{n}(a_k+b_k+c_k)=\sum\limits_{k=1}^{n}a_k+\sum\limits_{k=1}^{n}b_k+\sum\limits_{k=1}^{n}c_k$

$=5+2\times20-1\times10=35$ **실수** 1이 10개 있는 것과 같은 뜻이므로 $1\times10=10$이야.

H 32 정답 ④ *합의 기호 Σ의 성질 ············ [정답률 86%]

정답 공식: $\sum\limits_{k=1}^{10}(2a_k^2-a_k)=2\sum\limits_{k=1}^{10}a_k^2-\sum\limits_{k=1}^{10}a_k$

> 수열 $\{a_n\}$에 대하여 $\sum\limits_{k=1}^{10}a_k=3$, $\sum\limits_{k=1}^{10}a_k^2=7$일 때,
> $\sum\limits_{k=1}^{10}(2a_k^2-a_k)$의 값은? (3점) **단서** $\sum\limits_{k=1}^{10}(2a_k^2-a_k)=2\sum\limits_{k=1}^{10}a_k^2-\sum\limits_{k=1}^{10}a_k$로 나타낼 수 있어.
> ① 8   ② 9   ③ 10   ④ 11   ⑤ 12

1st 합의 기호 Σ의 성질을 이용해.

$\sum\limits_{k=1}^{10}a_k=3$, $\sum\limits_{k=1}^{10}a_k^2=7$이므로 → Σ의 기호는 합과 차, 실수배를 적절히 이용할 수 있어야 해.

$\sum\limits_{k=1}^{10}(2a_k^2-a_k)=2\sum\limits_{k=1}^{10}a_k^2-\sum\limits_{k=1}^{10}a_k=2\times7-3=11$

주의 시그마의 성질을 이용하여 $\sum\limits_{k=1}^{10}2a_k^2$, $\sum\limits_{k=1}^{10}a_k$로 분리하여 계산하자.

H 33 정답 ① *합의 기호 Σ의 성질 ············ [정답률 87%]

정답 공식: $\sum\limits_{k=1}^{7}a_k-\sum\limits_{k=1}^{6}a_k=a_7$

> 수열 $\{a_n\}$이
> $$\sum\limits_{k=1}^{7}a_k=\sum\limits_{k=1}^{6}(a_k+1)$$
> **단서** 시그마의 성질을 이용하여 좌변에는 $\sum a_k$를 포함한 항, 우변에는 상수항, 이렇게 정리하면 식의 계산이 쉽게 보일 거야.
> 을 만족시킬 때, a_7의 값은? (3점)
> ① 6   ② 7   ③ 8   ④ 9   ⑤ 10

1st 주어진 식을 이항하여 정리해 볼까? → 항의 부호를 바꾸어 다른 쪽 변으로 이동하는 거야.

$\sum\limits_{k=1}^{7}a_k=\sum\limits_{k=1}^{6}(a_k+1)=\sum\limits_{k=1}^{6}a_k+\sum\limits_{k=1}^{6}1$이므로
→ 1을 6번 더하라는 의미야.

$\sum\limits_{k=1}^{7}a_k-\sum\limits_{k=1}^{6}a_k=6\cdots\boxed{\bigcirc}$

2nd 시그마의 정의를 이용하여 a_7의 값을 구해. → [합의 기호 Σ]

$\sum\limits_{k=1}^{7}a_k=a_1+a_2+\cdots+a_6+a_7$, $\sum\limits_{k=1}^{n}a_k$는 일반항 a_k의 k에 1, 2, 3, ⋯, n을 차례대로 대입하여 얻은 항 $a_1, a_2, a_3, \cdots, a_n$의 합이야.

$\sum\limits_{k=1}^{6}a_k=a_1+a_2+\cdots+a_6$이므로

$\sum\limits_{k=1}^{7}a_k-\sum\limits_{k=1}^{6}a_k=a_7$

따라서 $\bigcirc$에 의하여 $a_7=6$

H 34 정답 ③ *합의 기호 Σ의 성질 ············ [정답률 87%]

정답 공식: 주어진 두 등식을 빼서 $\sum\limits_{k=1}^{20}a_kb_k$의 값을 구할 수 있다.

> 두 수열 $\{a_n\}$, $\{b_n\}$에 대하여
> $$\sum\limits_{k=1}^{20}(a_k+b_k)^2=81,\ \sum\limits_{k=1}^{20}(a_k-b_k)^2=25$$
> **단서** $(a_k+b_k)^2$, $(a_k-b_k)^2$을 전개한 후 Σ의 성질을 이용하여 주어진 등식을 변끼리 빼서 정리해.
> 일 때, $\sum\limits_{k=1}^{20}(a_kb_k-2)$의 값은? (3점)
> ① −38   ② −32   ③ −26   ④ −20   ⑤ −14

1st $\sum\limits_{k=1}^{20}(a_k+b_k)^2-\sum\limits_{k=1}^{20}(a_k-b_k)^2$을 정리하여 $\sum\limits_{k=1}^{20}a_kb_k$의 값을 구해.

$\sum\limits_{k=1}^{20}(a_k+b_k)^2=81$, $\sum\limits_{k=1}^{20}(a_k-b_k)^2=25$에서

$\sum\limits_{k=1}^{20}(a_k+b_k)^2-\sum\limits_{k=1}^{20}(a_k-b_k)^2$ → Σ의 아래끝과 위끝이 같아야 합칠 수 있어.

$=\sum\limits_{k=1}^{20}\{(a_k)^2+2a_kb_k+(b_k)^2\}-\sum\limits_{k=1}^{20}\{(a_k)^2-2a_kb_k+(b_k)^2\}$

$=\sum\limits_{k=1}^{20}\{(a_k)^2+2a_kb_k+(b_k)^2-(a_k)^2+2a_kb_k-(b_k)^2\}$
$\sum\limits_{k=1}^{n}a_k\pm\sum\limits_{k=1}^{n}b_k=\sum\limits_{k=1}^{n}(a_k\pm b_k)$ (복호동순)

$=\sum\limits_{k=1}^{20}4a_kb_k=4\sum\limits_{k=1}^{20}a_kb_k$

따라서 $4\sum\limits_{k=1}^{20}a_kb_k=81-25=56$이므로 $\sum\limits_{k=1}^{20}a_kb_k=14$

2nd $\sum\limits_{k=1}^{20}(a_kb_k-2)$의 값을 구하자.

$\therefore\sum\limits_{k=1}^{20}(a_kb_k-2)=\sum\limits_{k=1}^{20}a_kb_k-\sum\limits_{k=1}^{20}2$ $\sum\limits_{k=1}^{20}2=\overbrace{2+2+\cdots+2}^{20개}=2\times20=40$

$=14-20\times2$
$=-26$

H 35 정답 ④ *합의 기호 Σ의 성질 ············ [정답률 67%]

정답 공식: $\sum\limits_{k=1}^{n}(a_k\pm b_k)=\sum\limits_{k=1}^{n}a_k\pm\sum\limits_{k=1}^{n}b_k$ (복호동순)

> 수열 $\{a_n\}$이 모든 자연수 n에 대하여
> $$\sum\limits_{k=1}^{n}a_{2k-1}=3n^2-n,\ \sum\limits_{k=1}^{2n}a_k=6n^2+n$$
> **단서** Σ는 밑과 위끝이 어떻게 구성되어 있는지 살펴보고, 구하는 식에 적용할 수 있도록 만드는 것이 핵심이야.
> 을 만족시킬 때, $\sum\limits_{k=1}^{24}(-1)^k a_k$의 값은? (4점)
> ① 18   ② 24   ③ 30   ④ 36   ⑤ 42

1st 주어진 수열을 먼저 파악하자.

$\sum\limits_{k=1}^{n}a_{2k-1}=a_1+a_3+a_5+\cdots+a_{2n-1}$은 홀수 번째 항의 합을 의미한다.

또, $\sum\limits_{k=1}^{2n}a_k=a_1+a_2+a_3+\cdots+a_{2n}$은 a_1부터 a_{2n}까지의 합을 의미한다.

2nd $\sum\limits_{k=1}^{24}(-1)^k a_k$의 값을 구할 수 있게 식을 정리해 보자.

$\sum\limits_{k=1}^{24}(-1)^k a_k$ → Σ의 정의를 이용하여 합으로 나타내보고, 그 합을 홀수 번째 항의 합과 전체 항의 합으로 나타내야 해.

$=-a_1+a_2-a_3+a_4-\cdots-a_{23}+a_{24}$

$=(a_1+a_2+a_3+\cdots+a_{24})-2(a_1+a_3+a_5+\cdots+a_{23})$

$=\sum\limits_{k=1}^{24}a_k-2\sum\limits_{k=1}^{12}a_{2k-1}=\sum\limits_{k=1}^{2\times12}a_k-2\sum\limits_{k=1}^{12}a_{2k-1}$

주의 $\sum\limits_{k=1}^{2n}a_k=6n^2+n$을 적용하기 위해서 $\sum\limits_{k=1}^{24}a_k$를 $\sum\limits_{k=1}^{2\times12}a_k$로 바꾼 거야. 위끝이 2의 배수이어야 한다는 것에 주의해.

$=(6\times12^2+12)-2\times(3\times12^2-12)$
$=876-840=36$

H 36 정답 10 *합의 기호 $\sum$의 성질 ································ [정답률 65%]

정답 공식: 두 수열 $\{a_n\}$, $\{b_n\}$과 상수 c에 대하여
$$\sum_{k=1}^{n}(a_k+b_k)=\sum_{k=1}^{n}a_k+\sum_{k=1}^{n}b_k,\ \sum_{k=1}^{n}ca_k=c\sum_{k=1}^{n}a_k,\ \sum_{k=1}^{n}c=cn$$

수열 $\{a_n\}$에 대하여
$$\sum_{k=1}^{10}(a_k)^2=20,\ \sum_{k=1}^{10}(a_k+1)^2=50$$
[단서] $(a_k+1)^2$의 식을 전개한 다음 $\sum$의 성질을 이용해야 해.

일 때, $\sum_{k=1}^{10}a_k$의 값을 구하시오. (3점)

1st $\sum_{k=1}^{10}(a_k+1)^2$의 식을 전개하자.

$$\sum_{k=1}^{10}(a_k+1)^2=\sum_{k=1}^{10}\{(a_k)^2+2a_k+1\}$$
$$=\sum_{k=1}^{10}(a_k)^2+2\sum_{k=1}^{10}a_k+\underline{\sum_{k=1}^{10}1}=50$$
$\longrightarrow \sum_{k=1}^{n}c=cn$

[주의] 학생들이 $\sum$ 계산에서 자주 하는 실수가 바로 $\sum_{k=1}^{10}1=1$ 등으로 계산하는 경우야. 특히나 단답형인 문제인 경우 틀려도 확인이 어려운 경우가 많으니 상수항 계산에서는 항상 주의를 기울일 필요가 있어.

이므로 $20+2\sum_{k=1}^{10}a_k+10=50$ ∴ $\sum_{k=1}^{10}a_k=10$

H 37 정답 14 *합의 기호 $\sum$의 성질 ················· [정답률 64%]

정답 공식: $\sum_{k=1}^{10}a_k^2+2\sum_{k=1}^{10}a_k+\sum_{k=1}^{10}1=28$, $\sum_{k=1}^{10}a_k^2+\sum_{k=1}^{10}a_k=16$ 이렇게 정리할 수 있다. 두 등식을 조합해본다.

수열 $\{a_n\}$에 대하여
$$\sum_{k=1}^{10}(a_k+1)^2=28,\ \sum_{k=1}^{10}a_k(a_k+1)=16$$
[단서] 주어진 조건이 $k=1$부터 $k=10$까지의 합으로 동일하니까 시그마의 성질을 이용해.

일 때, $\sum_{k=1}^{10}(a_k)^2$의 값을 구하시오. (4점)

1st 주어진 조건에 $\sum_{k=1}^{10}$이 모두 있으니까 $\sum$의 성질을 이용해서 식을 정리해.

$\sum_{k=1}^{10}(a_k+1)^2=28$에서 $\longrightarrow (a+b)^2=a^2+2ab+b^2$을 이용하여 $(a_k+1)^2$을 전개하자.

$$\sum_{k=1}^{10}\{(a_k)^2+2a_k+1\}=28$$
$$\sum_{k=1}^{10}(a_k)^2+2\sum_{k=1}^{10}a_k+\sum_{k=1}^{10}1=28$$
$\longrightarrow \sum_{k=1}^{n}(a_k+b_k)=\sum_{k=1}^{n}a_k+\sum_{k=1}^{n}b_k,$
$\sum_{k=1}^{n}ca_k=c\sum_{k=1}^{n}a_k$ (단, c는 상수)
$\sum_{k=1}^{n}c=cn$ (단, c는 상수)

$$\sum_{k=1}^{10}(a_k)^2+2\sum_{k=1}^{10}a_k+10=28 \quad ∴ \sum_{k=1}^{10}(a_k)^2+2\sum_{k=1}^{10}a_k=18 \cdots ㉠$$

또, $\sum_{k=1}^{10}a_k(a_k+1)=16$에서

$$\sum_{k=1}^{10}\{(a_k)^2+a_k\}=16 \quad ∴ \sum_{k=1}^{10}(a_k)^2+\sum_{k=1}^{10}a_k=16 \cdots ㉡$$

2nd ㉠, ㉡의 식을 연립해서 $\sum_{k=1}^{10}(a_k)^2$의 값을 구해.

㉡$\times 2-$㉠을 하면

$$2\sum_{k=1}^{10}(a_k)^2+2\sum_{k=1}^{10}a_k-\sum_{k=1}^{10}(a_k)^2-2\sum_{k=1}^{10}a_k=32-18=14$$

∴ $\sum_{k=1}^{10}(a_k)^2=14$

H 38 정답 ⑤ *합의 기호 $\sum$의 성질 ················· [정답률 82%]

정답 공식: $\sum_{k=1}^{10}(a_k+b_k)=\sum_{k=1}^{10}a_k+\sum_{k=1}^{10}b_k$

수열 $\{a_n\}$에 대하여 $a_1=1$, $a_{10}=4$이고
[단서] 합의 기호 $\sum_{k=1}^{9}$ 를 $\sum_{k=1}^{10}$ 이 되도록 변형하면 되지.
$$\sum_{k=1}^{9}(a_k+a_{k+1})=25$$일 때, $\sum_{k=1}^{10}a_k$의 값은? (3점)

① 11 ② 12 ③ 13 ④ 14 ⑤ 15

1st $\sum$의 성질을 이용하여 식의 값을 구해.

$$\sum_{k=1}^{9}(a_k+a_{k+1})=\sum_{k=1}^{9}a_k+\sum_{k=1}^{9}a_{k+1}=\left(\sum_{k=1}^{10}a_k-a_{10}\right)+\left(\sum_{k=1}^{10}a_k-a_1\right)$$
$$=2\sum_{k=1}^{10}a_k-a_1-a_{10}$$
$\sum_{k=1}^{9}a_{k+1}=a_2+a_3+\cdots+a_{10}$이므로
양변에 a_1을 더하면
$$=2\sum_{k=1}^{10}a_k-5=25$$
$a_1+\sum_{k=1}^{9}a_{k+1}=a_1+a_2+a_3+\cdots+a_{10}=\sum_{k=1}^{10}a_k$

이므로 $2\sum_{k=1}^{10}a_k=30$ ∴ $\sum_{k=1}^{10}a_k=15$

H 39 정답 ① *합의 기호 $\sum$의 성질 ················· [정답률 80%]

정답 공식: n의 값에 관계없이 $a_n+b_n=10$이므로 a_n을 b_n으로 표현할 수 있다.

두 수열 $\{a_n\}$, $\{b_n\}$이 모든 자연수 n에 대하여 $a_n+b_n=10$을 만족시킨다. $\sum_{k=1}^{10}(a_k+2b_k)=160$일 때, $\sum_{k=1}^{10}b_k$의 값은? (3점)
[단서] $a_k+2b_k=(a_k+b_k)+b_k$로 놓고 시그마의 성질을 이용해.

① 60 ② 70 ③ 80 ④ 90 ⑤ 100

1st 주어진 식을 변형하고, $\sum$의 성질을 이용하자.

모든 자연수 n에 대하여 $a_n+b_n=10$을 만족시키므로 $a_k+b_k=10$ (k는 자연수)이다.

$\sum$의 성질을 이용하여
$$\sum_{k=1}^{10}(a_k+2b_k)=\sum_{k=1}^{10}\{(a_k+b_k)+b_k\}$$
$\sum_{k=1}^{n}(a_k+b_k), \sum_{k=1}^{n}b_k$를 분리하자.
$$=\sum_{k=1}^{10}(a_k+b_k)+\sum_{k=1}^{10}b_k$$
[실수] 10이 10개 있는 것과 같은 뜻이므로 100이 돼.
$$=\sum_{k=1}^{10}10+\sum_{k=1}^{10}b_k=10\times10+\sum_{k=1}^{10}b_k=100+\sum_{k=1}^{10}b_k$$
$\longrightarrow \sum_{k=1}^{n}c=cn$($c$는 상수)

2nd 주어진 값을 이용하여 $\sum_{k=1}^{10}b_k$의 값을 구하자.

$\sum_{k=1}^{10}(a_k+2b_k)=160$이므로 $100+\sum_{k=1}^{10}b_k=160$ ∴ $\sum_{k=1}^{10}b_k=60$

H 40 정답 221 *합의 기호 $\sum$의 성질 ············· [정답률 60%]

정답 공식: 두 수열 $\{a_n\}$, $\{b_n\}$과 상수 c, s에 대하여 $\sum_{k=1}^{n}(ca_k\pm sb_k)=c\sum_{k=1}^{n}a_k\pm s\sum_{k=1}^{n}b_k$가 성립한다.

두 수열 $\{a_n\}$, $\{b_n\}$에 대하여
$$\sum_{n=1}^{10}a_n^2=10,\ \sum_{n=1}^{10}a_n(2b_n-3a_n)=16$$

일 때, $\sum_{n=1}^{10}a_n(6a_n+7b_n)$의 값을 구하시오. (3점)
[단서] $\sum_{n=1}^{10}a_n(2b_n-3a_n)=2\sum_{n=1}^{10}a_nb_n-3\sum_{n=1}^{10}a_n^2$으로 나누어 $\sum$의 성질을 이용해야 해.

1st $\sum$의 성질을 이용하여 $\sum\limits_{n=1}^{10} a_n b_n$의 값을 구해.

$$\sum_{n=1}^{10} a_n(2b_n - 3a_n) = 2\sum_{n=1}^{10} a_n b_n - 3\sum_{n=1}^{10} a_n^2$$

$$= 2\sum_{n=1}^{10} a_n b_n - 3 \times 10$$

→ 두 수열 $\{a_n\}$, $\{b_n\}$과 상수 c, s에 대하여
$\sum\limits_{k=1}^{n}(ca_k \pm sb_k) = c\sum\limits_{k=1}^{n} a_k \pm s\sum\limits_{k=1}^{n} b_k$

$$= 2\sum_{n=1}^{10} a_n b_n - 30 = 16 \text{ (복호동순)}$$

이므로 $2\sum\limits_{n=1}^{10} a_n b_n = 46$이고, $\sum\limits_{n=1}^{10} a_n b_n = 23$이다.

$$\therefore \sum_{n=1}^{10} a_n(6a_n + 7b_n) = \sum_{n=1}^{10}(6a_n^2 + 7a_n b_n) = 6\sum_{n=1}^{10} a_n^2 + 7\sum_{n=1}^{10} a_n b_n$$

$$= 6 \times 10 + 7 \times 23 = 221$$

H 41 정답 121 *자연수의 거듭제곱의 합 ┈┈┈┈ [정답률 82%]

[정답 공식: $\sum\limits_{k=1}^{6}(k^2+5) = \sum\limits_{k=1}^{6} k^2 + \sum\limits_{k=1}^{6} 5$]

$\sum\limits_{k=1}^{6}(k^2+5)$의 값을 구하시오. (3점)

단서 시그마의 성질을 이용하여 변수 k^2과 상수 5를 분배하여 자연수의 거듭제곱의 합을 구해야 해.

1st 자연수의 거듭제곱의 합을 이용하여 계산하자.

$$\sum_{k=1}^{6}(k^2+5) = \sum_{k=1}^{6} k^2 + \sum_{k=1}^{6} 5$$

→ $\sum\limits_{k=1}^{n} k^2 = \dfrac{n(n+1)(2n+1)}{6}$

c가 상수일 때, $\sum\limits_{k=1}^{n} c = cn$

주의 반대로 $\sum$의 아래끝과 위끝이 같아야 합칠 수 있어.

$$= \frac{6 \times 7 \times 13}{6} + 5 \times 6 = 121$$

🔷 **다른 풀이: $\sum$의 정의를 이용하여 직접 계산하기**

$\sum$의 공식이 생각나지 않으면 직접 다 계산해.

$$\sum_{k=1}^{6}(k^2+5) = (1^2+5) + (2^2+5) + (3^2+5) + (4^2+5)$$

$$+ (5^2+5) + (6^2+5)$$

$$= 91 + 30 = 121$$

H 42 정답 55 *자연수의 거듭제곱의 합 ┈┈┈┈ [정답률 91%]

[정답 공식: $\sum\limits_{k=1}^{n} k^2 = \dfrac{n(n+1)(2n+1)}{6}$]

$\sum\limits_{k=1}^{5} k^2$의 값을 구하시오. (3점)

단서 1에서 5까지의 자연수의 제곱의 합을 구하는 거야.

1st 자연수의 거듭제곱의 합을 구하자.

$$\sum_{k=1}^{5} k^2 = \frac{5 \times (5+1) \times (2 \times 5 + 1)}{6} = \frac{5 \times 6 \times 11}{6} = 55$$

$\sum\limits_{k=1}^{n} k = \dfrac{n(n+1)}{2}$, $\sum\limits_{k=1}^{n} k^2 = \dfrac{n(n+1)(2n+1)}{6}$, $\sum\limits_{k=1}^{n} k^3 = \left\{\dfrac{n(n+1)}{2}\right\}^2$

H 43 정답 19 *자연수의 거듭제곱의 합 ┈┈┈┈ [정답률 85%]

[정답 공식: $\sum\limits_{k=1}^{10}(2k+a) = 2\sum\limits_{k=1}^{10} k + 10a$]

$\sum\limits_{k=1}^{10}(2k+a) = 300$일 때, 상수 a의 값을 구하시오. (3점)

단서 시그마의 성질로 전개하여 a의 방정식을 세워.

1st $\sum$의 성질로 괄호 안의 식을 전개하여 상수 a의 값을 구해.

$$\sum_{k=1}^{10}(2k+a) = 2\sum_{k=1}^{10} k + \sum_{k=1}^{10} a$$

→ 상수 a를 10번 더하는 거지?

→ $\sum\limits_{k=1}^{n} k = \dfrac{n(n+1)}{2}$, $\sum\limits_{k=1}^{n} c = cn$ (c는 상수)

$$= 2 \times \frac{10 \times 11}{2} + 10a$$

$$= 110 + 10a = 300$$

$$10a = 190$$

$$\therefore a = 19$$

H 44 정답 2 *자연수의 거듭제곱의 합 ┈┈┈┈ [정답률 65%]

[정답 공식: $\sum\limits_{k=1}^{10}(k^2-ak) = \sum\limits_{k=1}^{10} k^2 - a\sum\limits_{k=1}^{10} k$]

$\sum\limits_{k=1}^{10}(k^2-ak) = 275$일 때, 상수 a의 값을 구하시오. (3점)

단서 시그마의 성질을 이용하여 k^2과 ak를 전개하고 자연수의 거듭제곱의 합을 이용해야 해.

1st $\sum$의 성질로 괄호 안의 식을 전개하여 상수 a의 값을 구해.

$$\sum_{k=1}^{10}(k^2-ak) = \sum_{k=1}^{10} k^2 - a\sum_{k=1}^{10} k$$

→ a는 상수이므로 $\sum ak = a\sum k$

$$= \frac{10 \times 11 \times 21}{6} - a \times \frac{10 \times 11}{2}$$

$$= 385 - 55a = 275$$

에서 $55a = 110$ $\therefore a = 2$

H 45 정답 ④ *자연수의 거듭제곱의 합 ┈┈┈┈ [정답률 82%]

[정답 공식: $\sum\limits_{k=1}^{n}(Aa_k + Bb_k) = A\sum\limits_{k=1}^{n} a_k + B\sum\limits_{k=1}^{n} b_k$ (단, A, B는 상수)]

두 수열 $\{a_n\}$, $\{b_n\}$이 모든 자연수 n에 대하여 $a_n + b_n = n$을 만족시킨다. $\sum\limits_{k=1}^{10}(3a_k+1) = 40$일 때, $\sum\limits_{k=1}^{10} b_k$의 값은? (3점)

단서 $a_k = k - b_k$를 대입해서 정리해 봐.

① 30   ② 35   ③ 40
④ 45   ⑤ 50

1st $\sum\limits_{k=1}^{10} a_k$의 값을 구하자.

→ 두 수열 $\{a_n\}$, $\{b_n\}$과 상수 c에 대하여
$\sum\limits_{k=1}^{10}(a_k \pm b_k) = \sum\limits_{k=1}^{n} a_k \pm \sum\limits_{k=1}^{n} b_k$ (복호동순),
$\sum\limits_{k=1}^{n} ca_k = c\sum\limits_{k=1}^{n} a_k$

$\sum\limits_{k=1}^{10}(3a_k+1) = 40$에서

$$\sum_{k=1}^{10} 3a_k + \sum_{k=1}^{10} 1 = 40, \quad 3\sum_{k=1}^{10} a_k + 1 \times 10 = 40$$

$$\sum_{k=1}^{10} 3a_k = 30$$

$$\therefore \sum_{k=1}^{10} a_k = 10 \cdots \text{㉠}$$

2nd $\sum\limits_{k=1}^{10} b_k$의 값을 구하자.

$a_k + b_k = k$에서 $b_k = k - a_k$이므로

$$\sum_{k=1}^{10} b_k = \sum_{k=1}^{10}(k - a_k) = \sum_{k=1}^{10} k - \sum_{k=1}^{10} a_k$$

$$= \frac{10 \times 11}{2} - 10 \; (\because \text{㉠}) = 45$$

→ $\sum\limits_{k=1}^{n} k = \dfrac{n(n+1)}{2}$

정답 및 해설 **423**

H 46 정답 ① ＊자연수의 거듭제곱의 합 ┄┄┄┄┄ [정답률 57%]

(정답 공식: 하나의 시그마로 항을 합쳐본다.)

$\sum\limits_{k=1}^{10}\dfrac{k^3}{k+1}+\sum\limits_{k=1}^{10}\dfrac{1}{k+1}$ 의 값은? (4점)

단서 $\sum$의 기본 성질에 의해 $\sum\limits_{k=1}^{n}a_k+\sum\limits_{k=1}^{n}b_k=\sum\limits_{k=1}^{n}(a_k+b_k)$

① 340　② 360　③ 380　④ 400　⑤ 420

1st $\sum$의 기본 성질 $\sum\limits_{k=1}^{n}a_k+\sum\limits_{k=1}^{n}b_k=\sum\limits_{k=1}^{n}(a_k+b_k)$ 를 이용해.

$k^3+1=(k+1)(k^2-k+1)$

$\sum\limits_{k=1}^{10}\dfrac{k^3}{k+1}+\sum\limits_{k=1}^{10}\dfrac{1}{k+1}=\sum\limits_{k=1}^{10}\dfrac{k^3+1}{k+1}=\sum\limits_{k=1}^{10}(k^2-k+1)$

$\sum$로 표현된 두 수열의 합이 첫째항부터 제10항까지 같으므로 $\sum$를 하나로 합칠 수 있어.

$=\sum\limits_{k=1}^{10}k^2-\sum\limits_{k=1}^{10}k+\sum\limits_{k=1}^{10}1$

① $\sum\limits_{k=1}^{n}k=\dfrac{n(n+1)}{2}$

② $\sum\limits_{k=1}^{n}k^2=\dfrac{n(n+1)(2n+1)}{6}$

③ $\sum\limits_{k=1}^{n}c=cn$ (단, c는 상수)

$=\dfrac{10\times11\times21}{6}-\dfrac{10\times11}{2}+10$

$=340$

H 47 정답 61 ＊자연수의 거듭제곱의 합 ┄┄┄┄┄ [정답률 68%]

[정답 공식: 시그마의 성질 $\sum\limits_{k=1}^{n}(a_k+b_k)=\sum\limits_{k=1}^{n}a_k+\sum\limits_{k=1}^{n}b_k$를 이용하자.]

두 수열 $\{a_n\}$, $\{b_n\}$에 대하여 $\sum\limits_{k=1}^{10}a_k=3$, $\sum\limits_{k=1}^{10}(a_k+b_k)=9$일 때,

$\sum\limits_{k=1}^{10}(b_k+k)$의 값을 구하시오. (4점)　단서 $\sum\limits_{k=1}^{10}b_k$와 $\sum\limits_{k=1}^{10}k$의 값을 각각 구하자.

1st 시그마의 성질을 이용하여 값을 구하자.

$\sum\limits_{k=1}^{10}(a_k+b_k)=\sum\limits_{k=1}^{10}a_k+\sum\limits_{k=1}^{10}b_k=9$, $3+\sum\limits_{k=1}^{10}b_k=9$ ∴ $\sum\limits_{k=1}^{10}b_k=6$

∴ $\sum\limits_{k=1}^{10}(b_k+k)=\sum\limits_{k=1}^{10}b_k+\sum\limits_{k=1}^{10}k=6+\dfrac{10\times11}{2}=61$

$\sum\limits_{k=1}^{n}(a_k+b_k)$ $=\sum\limits_{k=1}^{n}a_k+\sum\limits_{k=1}^{n}b_k$　$\sum\limits_{k=1}^{n}k=\dfrac{n(n+1)}{2}$에 대입해야 해.

H 48 정답 ③ ＊자연수의 거듭제곱의 합의 활용 ┄┄┄ [정답률 62%]

[정답 공식: $\sum\limits_{k=1}^{n}k^2=\dfrac{n(n+1)(2n+1)}{6}$]

자연수 n에 대하여 직선 $y=-2x+n^2+1$의 x절편을 x_n이라 할 때,

$\sum\limits_{n=1}^{8}x_n$의 값은? (3점)　단서 직선의 방정식에 $y=0$을 대입하여 x절편을 구할 수 있지

① 104　② 105　③ 106　④ 107　⑤ 108

1st 직선의 x절편을 구하여 x_n을 구하자.

직선 $y=-2x+n^2+1$의 x절편은 $y=0$일 때의 x의 값이므로

$-2x+n^2+1=0$, $x=\dfrac{1}{2}(n^2+1)$ ∴ $x_n=\dfrac{1}{2}(n^2+1)$

2nd 수열의 합을 이용하여 $\sum\limits_{n=1}^{8}x_n$의 값을 구하자.

$\sum\limits_{n=1}^{8}\dfrac{1}{2}(n^2+1)=\dfrac{1}{2}\left(\sum\limits_{n=1}^{8}n^2+\sum\limits_{n=1}^{8}1\right)=\dfrac{1}{2}\left(\dfrac{8\times9\times17}{6}+8\right)$

$=\dfrac{1}{2}\times(204+8)=106$

$\sum\limits_{k=1}^{n}(a_k+b_k)=\sum\limits_{k=1}^{n}a_k+\sum\limits_{k=1}^{n}b_k$,

$\sum\limits_{k=1}^{n}ca_k=c\sum\limits_{k=1}^{n}a_k$, $\sum\limits_{k=1}^{n}c=cn$(단, c는 상수)

H 49 정답 150 ＊자연수의 거듭제곱의 합의 활용 ┄ [정답률 83%]

(정답 공식: $f(2k)$를 k에 관한 식으로 표현한다.)

함수 $f(x)=\dfrac{1}{2}x+2$에 대하여 $\sum\limits_{k=1}^{15}f(2k)$의 값을 구하시오. (3점)

단서 함수 $f(x)$의 식에 $x=2k$를 대입하면 $f(2k)$의 식을 구할 수 있겠지? 그 다음 $k=1,2,\cdots,15$까지의 합을 구해.

1st 함수 $f(x)$의 식을 이용하여 $f(2k)$의 식을 구해.

함수 $f(x)=\dfrac{1}{2}x+2$이므로 $f(2k)=\dfrac{1}{2}\times2k+2=k+2$

구해야 하는 함수의 값이 $f(2k)$이니까 $x=2k$를 대입.

실수 치환하는 것과 비슷한 원리로 $x=2k$를 대입하여 식으로 나타내기만 하면 돼.

2nd 시그마의 성질을 이용하여 $\sum\limits_{k=1}^{15}f(2k)$의 값을 구해.

$\sum\limits_{k=1}^{n}(a_k+c)=\sum\limits_{k=1}^{n}a_k+\sum\limits_{k=1}^{n}c$ (단, c는 상수)

$\sum\limits_{k=1}^{15}f(2k)=\sum\limits_{k=1}^{15}(k+2)=\sum\limits_{k=1}^{15}k+\sum\limits_{k=1}^{15}2$

$\sum\limits_{k=1}^{n}k=\dfrac{n(n+1)}{2}$

$=\dfrac{15\times16}{2}+2\times15=150$

H 50 정답 ⑤ ＊자연수의 거듭제곱의 합의 활용 ┄ [정답률 84%]

(정답 공식: 근과 계수의 관계를 이용한다.)

x에 대한 이차방정식 $nx^2-(2n^2-n)x-5=0$의 두 근의 합을 a_n(n은 자연수)이라 하자. $\sum\limits_{k=1}^{10}a_k$의 값은? (3점)　단서 a_n의 식을 구하기 위해 근과 계수의 관계를 이용하자.

① 88　② 91　③ 94　④ 97　⑤ 100

1st 이차방정식의 근과 계수의 관계로 a_n을 구해.

이차방정식의 두 근의 합 a_n은 근과 계수의 관계에 의하여

이차방정식 $ax^2+bx+c=0$의 두 실근을 α, β라 할 때, 두 실근의 합은 $\alpha+\beta=-\dfrac{b}{a}$야.

$a_n=\dfrac{2n^2-n}{n}=2n-1$

$\sum\limits_{k=1}^{10}a_k=\sum\limits_{k=1}^{10}(2k-1)=\sum\limits_{k=1}^{10}2k-\sum\limits_{k=1}^{10}1$

1이 10번 더해진다는 의미로 1×10이지?

$=2\sum\limits_{k=1}^{10}k-10$

$\sum\limits_{k=1}^{n}k=\dfrac{n(n+1)}{2}$　$\sum\limits_{k=1}^{n}c\neq c$임을 주의해.

$=2\times\dfrac{10\times11}{2}-10=100$

H 51 정답 385 ＊자연수의 거듭제곱의 합의 활용 ┄ [정답률 74%]

[정답 공식: $\sum\limits_{k=1}^{n}k^2=\dfrac{n(n+1)(2n+1)}{6}$]

수열 $\{a_n\}$이 모든 자연수 n에 대하여

$a_n=\begin{cases} n^2-1 & (n\text{이 홀수인 경우}) \\ n^2+1 & (n\text{이 짝수인 경우}) \end{cases}$

를 만족시킬 때, $\sum\limits_{k=1}^{10}a_k$의 값을 구하시오. (3점)

단서 수열 $\{a_n\}$의 일반항에 $n=1,2,3,\cdots,10$을 차례로 대입한 후 $\sum\limits_{k=1}^{10}a_k=a_1+a_2+a_3+\cdots+a_{10}$의 값을 직접 구해.

1st 수열 $\{a_n\}$의 각 항을 구해 봐.

n이 홀수일 때, $a_n=n^2-1$이므로

$a_1=1^2-1$, $a_3=3^2-1$, $a_5=5^2-1$, $\cdots$이고

n이 짝수일 때, $a_n=n^2+1$이므로

$a_2=2^2+1$, $a_4=4^2+1$, $a_6=6^2+1$, $\cdots$이다.

2nd $\sum$의 정의를 이용하여 $\sum\limits_{k=1}^{n} a_k$의 값을 구해.

$$\therefore \sum_{k=1}^{10} a_k = a_1+a_2+\cdots+a_9+a_{10}$$
$$=(1^2-1)+(2^2+1)+\cdots+(9^2-1)+(10^2+1)$$
$$=1^2+2^2+\cdots+9^2+10^2 \quad \substack{\text{1에서 10까지의 자연수 중에서 홀수와 짝수는} \\ \text{모두 5개씩이므로} -1, 1\text{도 5개씩이야.}}$$
$$=\sum_{k=1}^{10} k^2 = \frac{10\times 11\times 21}{6} = 385$$

다른 풀이: $\sum$의 성질 이용하기

$a_n=\begin{cases} n^2-1 & (n\text{이 홀수인 경우}) \\ n^2+1 & (n\text{이 짝수인 경우}) \end{cases}$ 이므로 자연수 k에 대하여

$n=2k-1$일 때,

$a_n=a_{2k-1}=(2k-1)^2-1=4k^2-4k+1-1=4k^2-4k$

$n=2k$일 때,

$a_n=a_{2k}=(2k)^2+1=4k^2+1$

$$\therefore \sum_{k=1}^{10} a_k = a_1+a_2+a_3+a_4+\cdots+a_9+a_{10}$$
$$=(a_1+a_3+\cdots+a_9)+(a_2+a_4+\cdots+a_{10})$$
$$=\sum_{k=1}^{5} a_{2k-1}+\sum_{k=1}^{5} a_{2k}=\sum_{k=1}^{5}(a_{2k-1}+a_{2k}) \quad \substack{\text{두 수열} \{a_n\}, \{b_n\}\text{에 대하여} \\ \sum\limits_{k=1}^{n} a_k \pm \sum\limits_{k=1}^{n} b_k = \sum\limits_{k=1}^{n}(a_k \pm b_k) \\ \text{(복호동순)}}$$
$$=\sum_{k=1}^{5}\{(4k^2-4k)+(4k^2+1)\}=\sum_{k=1}^{5}(8k^2-4k+1)$$
$$=8\sum_{k=1}^{5}k^2-4\sum_{k=1}^{5}k+\sum_{k=1}^{5}1 \quad \substack{\sum\limits_{k=1}^{n}k=\frac{n(n+1)}{2} \\ \text{상수 } c\text{에 대하여} \sum\limits_{k=1}^{n}c=cn}$$
$$=8\times\frac{5\times 6\times 11}{6}-4\times\frac{5\times 6}{2}+1\times 5$$
$$=440-60+5=385$$

H 52 정답 ④ *자연수의 거듭제곱의 합의 활용 ····· [정답률 75%]

(정답 공식: 먼저 주어진 $\sum$를 풀어 간단히 나타내본다.)

$\sum\limits_{n=1}^{20}(-1)^n n^2$의 값은? (3점)

단서 이런 형태의 문제가 나오면 먼저 $\sum$를 풀어 '+'로 연결해 봐.

① 195　　② 200　　③ 205

④ 210　　⑤ 215

1st $\sum$를 풀어 간단히 정리해.

$$\sum_{n=1}^{20}(-1)^n n^2$$
$$=(-1)^1\times 1^2+(-1)^2\times 2^2+(-1)^3\times 3^2+\cdots+(-1)^{19}\times 19^2$$
$$+(-1)^{20}\times 20^2$$
$$=-1^2+2^2-3^2+\cdots-19^2+20^2$$
$$=\underbrace{(2^2+4^2+\cdots+20^2)}_{\substack{\text{수열} \{(2n)^2\}\text{의 첫째항부터} \\ \text{제10 항까지의 합이야.}}}-\underbrace{(1^2+3^2+\cdots+19^2)}_{\substack{\text{수열} \{(2n-1)^2\}\text{의 첫째항부터} \\ \text{제10 항까지의 합이야.}}}$$
$$=\sum_{n=1}^{10}(2n)^2-\sum_{n=1}^{10}(2n-1)^2=\sum_{n=1}^{10}4n^2-\sum_{n=1}^{10}(4n^2-4n+1)$$
$$=\sum_{n=1}^{10}4n^2-\sum_{n=1}^{10}4n^2+\sum_{n=1}^{10}4n-\sum_{n=1}^{10}1=4\sum_{n=1}^{10}n-\sum_{n=1}^{10}1 \quad \substack{\sum\limits_{k=1}^{n}(a_k+b_k)=\sum\limits_{k=1}^{n}a_k+\sum\limits_{k=1}^{n}b_k}$$

2nd 자연수의 거듭제곱의 합을 이용하여 답을 구해. $\sum\limits_{k=1}^{n}k=\frac{n(n+1)}{2}$

$$4\sum_{n=1}^{10}n-\sum_{n=1}^{10}1=4\times\frac{10\times 11}{2}-1\times 10 \quad \substack{\sum\limits_{k=1}^{n}c=cn (c\text{는 상수})}$$
$$=220-10=210$$

H 53 정답 ① *자연수의 거듭제곱의 합의 활용 ····· [정답률 86%]

정답 공식: x에 대한 이차방정식 $ax^2+bx+c=0$의 두 근의 합은 $-\dfrac{b}{a}$이고 두 근의 곱은 $\dfrac{c}{a}$이다.

n이 자연수일 때, x에 대한 이차방정식
$$(n^2+6n+5)x^2-(n+5)x-1=0$$
의 두 근의 합을 a_n이라 하자. $\sum\limits_{k=1}^{10}\dfrac{1}{a_k}$의 값은? (3점)

단서 이차방정식의 두 근의 합이라고 했으니까 이차방정식의 근과 계수의 관계를 생각해야 해.

① 65　　② 70　　③ 75　　④ 80　　⑤ 85

1st a_n을 구하자.

x에 대한 이차방정식 $(n^2+6n+5)x^2-(n+5)x-1=0$의 두 근의 합이 a_n이므로 이차방정식의 근과 계수의 관계에 의하여

$$a_n=-\frac{-(n+5)}{n^2+6n+5}=\frac{n+5}{(n+5)(n+1)} \quad \substack{\text{이차방정식 } ax^2+bx+c=0\text{의 두 근을} \\ \alpha, \beta\text{라 할 때}, \alpha+\beta=-\frac{b}{a}\text{이고} \\ \alpha\beta=\frac{c}{a}\text{야.}}$$
$$=\frac{1}{n+1}$$

2nd $\sum\limits_{k=1}^{10}\dfrac{1}{a_k}$의 값을 구하자.

따라서 $\dfrac{1}{a_n}=n+1$이므로

두 수열 $\{a_n\}, \{b_n\}$에 대하여
$\sum\limits_{k=1}^{n}(a_k+b_k)=\sum\limits_{k=1}^{n}a_k\pm\sum\limits_{k=1}^{n}b_k$ (복호동순)

$$\sum_{k=1}^{10}\frac{1}{a_k}=\sum_{k=1}^{10}(k+1)=\sum_{k=1}^{10}k+\sum_{k=1}^{10}1$$
$$=\frac{10\times 11}{2}+1\times 10 \quad \substack{\sum\limits_{k=1}^{n}k=\frac{n(n+1)}{2}, \sum\limits_{k=1}^{n}c=cn (c\text{는 상수})}$$
$$=55+10=65$$

H 54 정답 ② *$\sum$로 나타내어진 등차수열의 합 ····· [정답률 85%]

정답 공식: 첫째항이 a, 공차가 d, 제n항이 l인 등차수열의 첫째항부터 제n항까지의 합을 S_n이라 하면
$$S_n=\frac{n\{2a+(n-1)d\}}{2}=\frac{n(a+l)}{2}$$

등차수열 $\{a_n\}$이
$$\sum_{k=1}^{15}a_k=165, \quad \sum_{k=1}^{21}(-1)^k a_k=-20$$

단서 $k=1$에서부터 21까지 순서대로 대입해보면서 규칙을 찾아보자.

을 만족시킬 때, a_{21}의 값은? (4점)

① 45　　② 50　　③ 55　　④ 60　　⑤ 65

1st 등차수열의 합의 공식을 이용해서 첫째항과 공차에 대한 식을 정리하자.

등차수열 $\{a_n\}$의 공차를 d라 하면

$$\sum_{k=1}^{15}a_k=\frac{15\times(2a_1+14d)}{2}=165 \quad \therefore a_1+7d=11 \cdots \bigcirc$$

$$\sum_{k=1}^{21}(-1)^k a_k=\overbrace{d+d+d+\cdots+d}^{\text{10개}}-a_{21}$$
$$=10d-a_{21}$$
$$=10d-(a_1+20d)$$
$$=-a_1-10d=-20$$

함정 $\sum\limits_{k=1}^{21}(-1)^k a_k=-a_1+a_2-a_3+a_4+\cdots-a_{21}$ 에서 $-a_1+a_2=d$, $-a_3+a_4=d$가 성립하므로 위의 식은 a_1에서 a_{20}까지 총 10쌍이 나오지? 그래서 $10d-a_{21}$이 되는 거야.

$$\therefore a_1+10d=20 \cdots \bigcirc$$

2nd $\bigcirc, \bigcirc$을 이용해서 a_{21}의 값을 구해보자.

$\bigcirc-\bigcirc$을 하면 $-3d=-9$ $\therefore d=3$, $a_1=-10$

$\therefore a_{21}=a_1+20d=-10+60=50$

$\bigcirc$ 또는 $\bigcirc$의 식에 $d=3$을 대입하면 a_1의 값을 구할 수 있어.

H 55 정답 ① ＊∑로 나타내어진 등차수열의 합 ···· [정답률 90%]

> 정답 공식: 세 수 a, b, c가 이 순서대로 등차수열을 이룰 때, b를 a와 c의 등차중항이라 하고 $b=\dfrac{a+c}{2}$가 성립한다.

> 등차수열 $\{a_n\}$에 대하여 $\sum\limits_{k=1}^{5} a_k=30$일 때, a_2+a_4의 값은? (3점)
>
> **단서** a_2, a_3, a_4는 이 순서대로 등차수열을 이루니 등차중항의 성질을 이용하여 a_3의 값을 구하면 이 문제를 해결할 수 있어.
>
> ① 12   ② 14   ③ 16
> ④ 18   ⑤ 20

1st 주어진 수열의 특징을 살펴보자.

등차수열 $\{a_n\}$에 대하여 a_3은 a_1과 a_5의 등차중항이고, a_2와 a_4의 등차중항이므로 $a_1+a_5=a_2+a_4=2a_3$ ···㉠이다.

주어진 조건 $\sum\limits_{k=1}^{5} a_k=30$에서

$a_1+a_2+a_3+a_4+a_5=30$, $5a_3=30$
∴ $a_3=6$

∴ $a_2+a_4=2\times6$ (∵ ㉠)$=12$

↳ 순서를 바꾸어 정리해 보면
$(a_1+a_5)+(a_2+a_4)+a_3=30$,
$2a_3+2a_3+a_3=30$이므로
$5a_3=30$이 됨을 확인할 수 있어.

> **주의**
>
> 등차수열 $\{a_n\}$에 대하여 등차중항에 대한 문제에서 학생들이 어려움을 겪는 이유는 a_{n-1}, a_n, a_{n+1}과 같이 연속된 수열에 대해서만 등차중항으로 생각하고 a_{n-m}, a_n, a_{n+m}과 같은 수열을 등차중항으로 생각하지 못하는 점이야. 등차수열의 정의를 생각해보면 "첫째항부터 차례로 일정한 수를 더하여 만든 수열"이므로 등차수열의 구조를 올바르게 볼 줄 알아야 다양한 세 항 사이의 등차중항의 관계도 제대로 파악할 수 있어.

H 56 정답 42 ＊∑로 나타내어진 등차수열의 합 ··· [정답률 83%]

> 정답 공식: 등차수열의 합의 공식은 $S_n=\dfrac{n\{2a+(n-1)d\}}{2}$이다.

> 첫째항이 2인 등차수열 $\{a_n\}$에서 $\sum\limits_{n=1}^{10} a_n=200$일 때, a_{11}의 값을 구하시오. (3점)
>
> **단서** 등차수열의 합이 주어졌으니까 공차를 구하여 일반항을 세울 수 있지?

1st 첫째항을 아니까 공차를 d로 놓고 일반항 a_n부터 구해.

첫째항이 2인 등차수열 $\{a_n\}$의 공차를 d라 하면 일반항 a_n은

$a_n=2+(n-1)d$ ···㉠ **[등차수열의 일반항]**
첫째항이 a_1, 공차가 d일 때, $a_n=a_1+(n-1)d$

2nd 등차수열의 합의 공식으로 첫째항부터 제10항까지의 합이 200임을 이용하면 공차를 구할 수 있어.
↳ 첫째항이 a_1, 공차가 d일 때, 첫째항부터 제n항까지 합은 $S_n=\dfrac{n\{2a_1+(n-1)d\}}{2}$

이때, $\sum\limits_{n=1}^{10} a_n=200$이므로

$\dfrac{10\times\{2\times2+(10-1)\times d\}}{2}=200$에서 $4+9d=40$ ∴ $d=4$

3rd 첫째항과 공차를 모두 아니까 a_{11}의 값을 구할 수 있어.

따라서 첫째항이 2, 공차가 4인 등차수열 $\{a_n\}$의 제11항은 ㉠에 의하여
$a_{11}=2+(11-1)\times4=42$ 일반항은 $a_n=2+(n-1)\times4$

✿ 등차수열의 합   개념·공식

① 첫째항이 a이고 공차가 d인 등차수열의 첫째항부터 제n항까지의 합을 S_n이라 하면 $S_n=\dfrac{n\{2a+(n-1)d\}}{2}$

② 첫째항이 a이고 제n항이 l인 등차수열의 첫째항부터 제n항까지의 합을 S_n이라 하면 $S_n=\dfrac{n(a+l)}{2}$

H 57 정답 ① ＊∑로 나타내어진 등차수열의 합 ···· [정답률 45%]

> 정답 공식: 등차중항을 이용하고, 등차수열의 일반항을 표현해서 시그마를 계산해본다.

> 등차수열 $\{a_n\}$이 $a_5+a_{13}=3a_9$, $\sum\limits_{k=1}^{18} a_k=\dfrac{9}{2}$를 만족시킬 때, a_{13}의 값은? (4점)
>
> **단서** 등차수열의 세 항 a_5, a_9, a_{13}을 살펴 봐. 이 세 항 a_5, a_9, a_{13}은 이 순서대로 등차수열을 이루지? 즉, a_9는 a_5와 a_{13}의 등차중항이야.
>
> ① 2   ② 1   ③ 0   ④ −1   ⑤ −2

1st 주어진 등차수열 $\{a_n\}$에서 세 항 a_5, a_9, a_{13}의 특징을 살펴보자.

등차수열 $\{a_n\}$에 대하여 세 항 a_5, a_9, a_{13}은 이 순서대로 등차수열을 이루므로 a_9은 a_5와 a_{13}의 등차중항이다.

> 등차수열 $\{a_n\}$에서 a_5, a_9, a_{13}이 네 항씩 규칙적으로 건너뛰니까 이것도 등차수열을 이루지?

즉, $2a_9=a_5+a_{13}$
주어진 조건 $a_5+a_{13}=3a_9$에 대입하면
$2a_9=3a_9$ ∴ $a_9=0$

> **실수** a_n, a_m, a_l에서 반드시 $m=\dfrac{n+l}{2}$일 때만 등차중항을 사용할 수 있어.

등차수열 $\{a_n\}$의 첫째항을 a, 공차를 d라 하면 일반항은
$a_n=a+(n-1)d$이므로 $a_9=a+8d=0$ ···㉠

2nd 등차수열의 합의 공식에 의해 $\sum\limits_{k=1}^{18} a_k=\dfrac{9}{2}$를 이용해서 a와 d의 관계식을 구하자.

$\sum\limits_{k=1}^{18} a_k=\dfrac{18\times(a_1+a_{18})}{2}=9(2a+17d)=\dfrac{9}{2}$ ∴ $2a+17d=\dfrac{1}{2}$ ···㉡

↳ $\sum\limits_{k=1}^{18} a_k$는 등차수열 $\{a_n\}$을 첫째항부터 제18항까지 합의 공식.
즉 첫째항이 a_1, 제n항이 l일 때, $S_n=\dfrac{n(a_1+l)}{2}$을 이용해서 식을 세운 거야.

3rd 첫째항과 공차에 대한 두 식을 연립하여 a, d를 구하자.

㉠, ㉡을 연립하여 풀면

$a=-4$, $d=\dfrac{1}{2}$ ㉡−㉠×2를 하면

$\begin{aligned} 2a+17d&=\dfrac{1}{2} \\ -)\ 2a+16d&=0 \\ \hline d&=\dfrac{1}{2} \end{aligned}$ ∴ $a=-4$

∴ $a_{13}=a+12d=-4+12\times\dfrac{1}{2}=2$

H 58 정답 ② ＊∑로 나타내어진 등차수열의 합 ····· [정답률 73%]

> 정답 공식: 이차방정식의 두 근을 바로 구할 수 있다. 공차가 양수라는 조건으로, 등차수열의 일반항을 구한다.

> 공차가 양수인 등차수열 $\{a_n\}$에 대하여 이차방정식 $x^2-14x+24=0$의 두 근이 a_3, a_8이다. $\sum\limits_{n=3}^{8} a_n$의 값은? (4점)
>
> ① 40   ② 42   ③ 44
> ④ 46   ⑤ 48
>
> **단서** 수열 $\{a_n\}$이 등차수열이므로 $\sum\limits_{n=3}^{8} a_n$은 첫째항이 a_3이고 여섯 번째 항이 a_8인 등차수열의 첫째항부터 여섯 번째 항까지의 합이야.

1st 이차방정식의 해를 구하여 a_3, a_8의 값을 결정하자.

$x^2-14x+24=0$에서
$(x-2)(x-12)=0$ ∴ $x=2$ 또는 $x=12$
이때, 등차수열 $\{a_n\}$의 공차가 양수이므로 $a_3<a_8$
∴ $a_3=2$, $a_8=12$

2nd $\sum\limits_{n=3}^{8} a_n$의 값을 구하자.

구하는 것은 등차수열 $\{a_n\}$의 세 번째 항부터 여덟 번째 항까지의 합이므로

$\sum\limits_{n=3}^{8} a_n=a_3+a_4+a_5+\cdots+a_8=\dfrac{6\times(a_3+a_8)}{2}=\dfrac{6\times(2+12)}{2}=42$

등차수열의 첫째항이 a, 끝항이 l, 항수가 n인 등차수열의 합은 $\dfrac{n(a+l)}{2}$이지? a_3이 첫째항, a_8이 끝항, 항수는 6으로 계산해.

$a_3=2$, $a_8=12$이므로 등차수열 $\{a_n\}$의 첫째항을 a, 공차를 d라 하면

$\begin{cases} a+2d=2 & \cdots \text{㉠} \\ a+7d=12 & \cdots \text{㉡} \end{cases}$ 첫째항이 a, 공차가 d인 등차수열 $\{a_n\}$의 일반항은 $a_n=a+(n-1)d$야.

㉡−㉠에서 $5d=10$ $\therefore d=2$

$d=2$를 ㉠에 대입하면

$a+2\times2=2$ $\therefore a=-2$

따라서 등차수열 $\{a_n\}$의 일반항은

$a_n=-2+(n-1)\times2=2n-4$

$\therefore \sum_{n=3}^{8}a_n=a_3+\cdots+a_8=2+4+6+\cdots+12$ 첫째항이 2이고 제6항이 12인 등차수열의 첫째항부터 제6항까지의 합이야.

$=\dfrac{6\times(2+12)}{2}=42$

H 59 정답 ④   * Σ로 나타내진 등차수열의 합 ····· [정답률 76%]

정답 공식: $\sum_{k=2}^{m}a_{k+1}=\sum_{k=3}^{m+1}a_k=\sum_{k=1}^{m+1}a_k-\sum_{k=1}^{2}a_k$

수열 $\{a_n\}$에서 $a_n=2n-3$일 때, $\sum_{k=2}^{m}a_{k+1}=48$을 만족시키는 m의 값은? (3점)   단서 a_{n+1}을 구해서 $\sum_{n=2}^{m}a_{k+1}=48$에 대입하면 m에 관한 식이 될 거야.

① 4   ② 5   ③ 6   ④ 7   ⑤ 8

1st 일반항 a_n을 이용하여 a_{n+1}을 구해.

$a_n=2n-3$이므로

$a_{n+1}=2(n+1)-3=2n-1$

2nd 구한 a_{n+1}을 $\sum_{k=2}^{m}a_{k+1}$에 대입해서 m에 관한 식을 만들어.

$\sum_{k=2}^{m}a_{k+1}=\sum_{k=2}^{m}(2k-1)$

$=\sum_{k=1}^{m}(2k-1)-(2\times1-1)$ $\sum_{k=2}^{m}(2k-1)=\sum_{k=1}^{m}(2k-1)-\sum_{k=1}^{1}(2k-1)$

$=2\times\dfrac{m(m+1)}{2}-m-1$

$=m^2-1=48$

$m^2=49$ $\therefore m=7(\because m>0)$

H 60 정답 34   * Σ로 나타내진 등차수열의 합 ····· [정답률 67%]

정답 공식: $\sum_{k=1}^{n}(a_{k+1}-a_k)=\sum_{k=1}^{n}a_{k+1}-\sum_{k=1}^{n}a_k=a_{n+1}-a_1$

수열 $\{a_n\}$은 $a_1=15$이고,

$\sum_{k=1}^{n}(a_{k+1}-a_k)=2n+1 \ (n\geq1)$ 단서 시그마의 정의로 식을 전개하자. 이때, $n=9$로 하면 되겠지?

을 만족시킨다. a_{10}의 값을 구하시오. (4점)

1st 시그마의 정의로 주어진 식을 정리하여 a_{10}의 값을 구하자.

수열 $\{a_n\}$의 첫째항부터 제n항까지의 합 $a_1+a_2+\cdots+a_n$을 합의 기호 Σ를 이용해.

$\sum_{k=1}^{n}(a_{k+1}-a_k)=(a_2-a_1)+(a_3-a_2)+\cdots+(a_{n+1}-a_n)$

$=a_{n+1}-a_1=2n+1$ → $k=1$부터 $k=n$까지의 합이야.

이므로 $n=9$를 대입하면

$a_{k+1}-a_k$에서 끝항이 10으로 끝나야 하니까.

$\sum_{k=1}^{9}(a_{k+1}-a_k)=a_{10}-a_1=2\times9+1=19$

$\therefore a_{10}=19+a_1=19+15=34$

$\sum_{k=1}^{n}(a_{k+1}-a_k)=a_{n+1}-a_1=2n+1$이므로

$a_1=15$를 대입하면 $a_{n+1}-15=2n+1$

$\therefore a_{n+1}=2n+16 \cdots$ ㉠

㉠에 $n=9$를 대입하면

$a_{10}=2\times9+16=34$

H 61 정답 250   * Σ로 나타내진 등차수열의 합 [정답률 65%]

(정답 공식: 공차와 첫째항을 구할 수 있으므로 수열의 일반항도 구할 수 있다.)

등차수열 $\{a_n\}$이 $a_2=-2$, $a_5=7$일 때, $\sum_{k=1}^{10}a_{2k}$의 값을 구하시오. (3점)   단서 등차수열의 공차 d를 구할 수 있지? 이때, 일반항 a_n을 구하여 $n=2k$를 대입해.

1st 등차수열 $\{a_n\}$에 대하여 일반항 a_{2n}을 구해.

등차수열 $\{a_n\}$의 첫째항을 a_1, 공차를 d라 하면

$a_2=a_1+d=-2 \cdots$ ㉠, $a_5=a_1+4d=7 \cdots$ ㉡

㉠, ㉡을 연립하면 $a_1=-5$, $d=3$ [등차수열의 일반항] $a_n=a_1+(n-1)d$

$\therefore a_n=-5+(n-1)\times3=3n-8 \Rightarrow a_{2n}=6n-8$

2nd $\sum_{k=1}^{10}a_{2k}$의 값을 구하자.   실수 n 자리에 $2n$을 대입하여 정리해.

$\therefore \sum_{k=1}^{10}a_{2k}=\sum_{k=1}^{10}(6k-8)=6\sum_{k=1}^{10}k-\sum_{k=1}^{10}8$ $\sum_{k=1}^{n}k=\dfrac{n(n+1)}{2}$, $\sum_{k=1}^{n}c=cn$ (c는 상수)

$=6\times\dfrac{10\times11}{2}-80=330-80=250$

🔍 쉬운 풀이: 주어진 특정한 항의 값을 이용하여 공차를 유도하고 합의 공식 이용하기

$\sum_{k=1}^{10}a_{2k}=a_2+a_4+\cdots+a_{20}$이니까 첫째항 $a_2=-2$,

공차 $a_4-a_2=2d=2\times3=6$인 수열의 첫째항부터 제10항까지의 합이야. → 등차수열 $\{a_n\}$에 대하여

$\therefore \sum_{k=1}^{10}a_{2k}=\dfrac{10\times\{(-2)\times2+(10-1)\times6\}}{2}=250$ $a_n-a_m=(n-m)d$야.

H 62 정답 55   * Σ로 나타내진 등차수열의 합 ····· [정답률 71%]

정답 공식: 첫째항이 a_1, 끝항이 l인 등차수열의 첫째항부터 제n항까지의 합 S_n은 $S_n=\dfrac{n(a_1+l)}{2}$이다.

두 등차수열 $\{a_n\}$, $\{b_n\}$에 대하여   단서 주어진 조건이 $n=1$, $n=10$이지? 등차수열의 합을 첫째항과 끝항으로 표현해 볼까?

$a_1+b_1=45$, $\sum_{k=1}^{10}a_k+\sum_{k=1}^{10}b_k=500$

일 때, $a_{10}+b_{10}$의 값을 구하시오. (3점)

1st a_1은 첫째항, a_{10}은 끝항이네? 이들로 이루어진 등차수열의 합의 공식을 떠올려 봐.

첫째항이 a_1, 끝항이 l인 등차수열의 첫째항부터 제n항까지의 합은

두 수열 $\{a_n\}$, $\{b_n\}$이 등차수열이므로 $S_n=\dfrac{n(a_1+l)}{2}$

$\sum_{k=1}^{10}a_k+\sum_{k=1}^{10}b_k=\dfrac{10(a_1+a_{10})}{2}+\dfrac{10(b_1+b_{10})}{2}$

$=5\{(a_1+b_1)+(a_{10}+b_{10})\}=500$

즉, $a_1+b_1+a_{10}+b_{10}=100$이고, $a_1+b_1=45$이므로 $45+a_{10}+b_{10}=100$

$\therefore a_{10}+b_{10}=55$

다른 풀이: 두 등차수열의 공차를 미지수로 나타내어 관계식 유도하기

두 등차수열 $\{a_n\}$, $\{b_n\}$의 공차를 각각 α, β라 하고 일반항을 구해 보면

$a_n = a_1 + (n-1)\alpha$, $b_n = b_1 + (n-1)\beta$ 첫째항이 a_1, 공차가 d일 때, $a_n = a_1 + (n-1)d$

$\therefore \sum_{k=1}^{10} a_k + \sum_{k=1}^{10} b_k$ $a_1 - \alpha$, α, $b_1 - \beta$, β 모두 상수이지? $\sum_{k=1}^{n} c = cn$ (단, c는 상수)

$= \sum_{k=1}^{10} (a_1 - \alpha + k\alpha) + \sum_{k=1}^{10} (b_1 - \beta + k\beta)$

주의 $\sum$가 k에 관한 것이므로 나머지는 상수로 처리해야 해.

$= 10a_1 - 10\alpha + \alpha \times \dfrac{10 \times 11}{2} + 10b_1 - 10\beta + \beta \times \dfrac{10 \times 11}{2}$

    $\sum_{k=1}^{10} k\alpha = \alpha \sum_{k=1}^{10} k$ $\sum_{k=1}^{10} k\beta = \beta \sum_{k=1}^{10} k$

$= 10(a_1 + b_1) + 45\alpha + 45\beta = 500$

$45\alpha + 45\beta = 50$ $\therefore 9\alpha + 9\beta = 10$

이때, $a_{10} + b_{10} = (a_1 + 9\alpha) + (b_1 + 9\beta) = 45 + 10 = 55$

          $\longrightarrow (a_1 + b_1) + (9\alpha + 9\beta)$

H 63 정답 ⑤   * $\sum$로 나타내어진 등차수열의 합 …… [정답률 71%]

(정답 공식: 일반항을 구하여 $\sum_{k=1}^{20} a_k$의 값을 구한다.)

> 첫째항이 -5이고 공차가 2인 등차수열 $\{a_n\}$에 대하여 $\sum_{k=1}^{20} a_k$의 값
> **단서** 등차수열의 일반항으로 첫째항부터 제20 항까지의 합을 구할 수 있지?
> 은? (3점)
> ① 260   ② 265   ③ 270   ④ 275   ⑤ 280

1st 등차수열의 일반항을 구하자.   첫째항이 a_1, 공차가 d일 때 $a_n = a_1 + (n-1)d$

첫째항이 -5이고 공차가 2인 등차수열 $\{a_n\}$의 일반항은

$a_n = -5 + (n-1) \times 2 = 2n - 7$

2nd 첫째항부터 제20 항까지의 합을 구하자. $\sum_{k=1}^{20} a_k = \dfrac{10 \times (a_1 + a_{20})}{2}$

이때, $a_{20} = 2 \times 20 - 7 = 33$이므로

$\sum_{k=1}^{20} (2k - 7) = \dfrac{20(-5 + 33)}{2} = 280$

이때, $\sum_{k=1}^{20} (2k-7)$은 첫째항이 $a_1 = -5$, 끝항이 $a_{20} = 33$인

등차수열의 첫째항부터 제20 항까지의 합과 같다.

다른 풀이: 상수항에 대한 $\sum$의 성질을 이용하기

$\sum_{k=1}^{20} (2k - 7) = 2\sum_{k=1}^{20} k - 140 = 2 \times \dfrac{20 \times 21}{2} - 140 = 280$

   $\longrightarrow$ 상수 k에 대하여 $\sum_{k=1}^{n} c = cn$ [자연수의 거듭제곱의 합] $\sum_{k=1}^{n} k = \dfrac{n(n+1)}{2}$

H 64 정답 25   * $\sum$로 나타내어진 등차수열의 합 …… [정답률 64%]

(정답 공식: 세 수 a, b, c가 이 순서대로 등차수열을 이루면 $2b = a + c$가 성립하고 b를 a와 c의 등차중항이라 한다.)

> 공차가 정수인 등차수열 $\{a_n\}$에 대하여
> **단서1** a_4의 값을 알 수 있어.
> $a_3 + a_5 = 0$, $\sum_{k=1}^{6} (|a_k| + a_k) = 30$ **단서2** $a_k \geq 0$이면 $|a_k| + a_k = 2a_k$, $a_k < 0$이면 $|a_k| + a_k = 0$이야.
> 일 때, a_9의 값을 구하시오. (4점)

1st 등차수열 a_n의 공차를 이용하여 첫째항부터 여섯째 항까지 나타내.

a_3, a_4, a_5는 이 순서대로 등차수열을 이루므로

$2a_4 = a_3 + a_5 = 0$ $\therefore a_4 = 0$ a_4가 a_3과 a_5의 등차중항이므로 $a_4 = \dfrac{a_3 + a_5}{2}$야.

이때, 등차수열 $\{a_n\}$의 공차를 d라 하면 $a_4 = 0$이므로 수열 $\{a_n\}$의 첫째 항부터 여섯째 항까지 나열하면 $-3d$, $-2d$, $-d$, 0, d, $2d$이다.

2nd 공차 d의 부호에 따라 경우를 나누어 조건을 만족시키는 d의 값을 구해.

(i) $d \geq 0$이면

$\sum_{k=1}^{6} (|a_k| + a_k) = (|a_1| + a_1) + (|a_2| + a_2) + \cdots + (|a_6| + a_6)$

         $= 0 + 0 + 0 + 0 + 2d + 4d = 6d = 30$

     $\therefore d = 5$ $d \geq 0$이면 $-d \leq 0$이므로 음이 아닌 정수 n에 대하여

(ii) $d < 0$이면 $|-nd| + (-nd) = nd - nd = 0$이고 $|nd| + nd = nd + nd = 2nd$야.

$\sum_{k=1}^{6} (|a_k| + a_k) = (|a_1| + a_1) + (|a_2| + a_2) + \cdots + (|a_6| + a_6)$

         $= (-6d) + (-4d) + (-2d) + 0 + 0 + 0$

         $= -12d = 30$ $d < 0$이면 $-d > 0$이므로

     $\therefore d = -\dfrac{5}{2}$ 음이 아닌 정수 n에 대하여

            $|-nd| + (-nd) = -nd - nd = -2nd$

            $\therefore |nd| + nd = -nd + nd = 0$

그런데 공차 d는 정수이므로 조건을 만족시키지 않는다.

3rd a_9의 값을 구해.

따라서 등차수열 $\{a_n\}$의 공차 $d = 5$이므로

$a_9 = a_4 + 5d = 0 + 5 \times 5 = 25$ $a_9 = a_8 + d = (a_7 + d) + d$

                     $= a_7 + 2d = (a_6 + d) + 2d$

                     $= a_6 + 3d = (a_5 + d) + 3d$

                     $= a_5 + 4d = (a_4 + d) + 4d$

                     $= a_4 + 5d$

다른 풀이: 주어진 등차수열의 공차의 부호에 따른 경우 나누기

등차수열 $\{a_n\}$의 첫째항을 a_1, 공차를 d라 하면

$a_n = a_1 + (n-1)d$ 첫째항이 a이고 공차가 d인 등차수열의 일반항은 $a_n = a + (n-1)d$야.

이때, $a_3 + a_5 = 0$에서

$(a_1 + 2d) + (a_1 + 4d) = 0$, $2a_1 + 6d = 0$

$a_1 + 3d = 0$ … ㉠

$\therefore a_4 = 0$

이제 공차 d의 부호를 나누어 생각해 보자.

(i) $d < 0$이면 $a_4 = 0$이므로 a_1, a_2, a_3은 양수이고 a_5, a_6은 음수야.

한편, $a_2 + a_6 = a_3 + a_5 = 0$이므로 a_4는 a_3, a_5의 등차중항이기도 하고 a_2, a_6의 등차중항이기도 해.

$\sum_{k=1}^{6} |a_k| = |a_1| + |a_2| + |a_3| + |a_4| + |a_5| + |a_6|$

       $= a_1 + a_2 + a_3 + a_4 + (-a_5) + (-a_6)$

       $= a_1 + (a_2 - a_6) + (a_3 - a_5) + a_4$

       $= a_1 + 2a_2 + 2a_3 + 0$ $a_2 + a_6 = 0$에서 $a_6 = -a_2$

       $= a_1 + 2a_2 + 2a_3$ … ㉡ $a_3 + a_5 = 0$에서 $a_5 = -a_3$

$\sum_{k=1}^{6} a_k = a_1 + a_2 + a_3 + a_4 + a_5 + a_6$

       $= a_1 + (a_2 + a_6) + (a_3 + a_5) + a_4$

       $= a_1 + 0 + 0 + 0 = a_1$ … ㉢

㉡, ㉢에 의하여

$\sum_{k=1}^{6} (|a_k| + a_k) = \sum_{k=1}^{6} |a_k| + \sum_{k=1}^{6} a_k = (a_1 + 2a_2 + 2a_3) + a_1$

                     $\longrightarrow$ 두 수열 $\{a_n\}$, $\{b_n\}$에 대하여

         $= 2a_1 + 2a_2 + 2a_3 = 30$ $\sum_{k=1}^{n} (a_k + b_k) = \sum_{k=1}^{n} a_k + \sum_{k=1}^{n} b_k$

에서 $a_1 + a_2 + a_3 = 15$

$a_1 + (a_1 + d) + (a_1 + 2d) = 15$

$3a_1 + 3d = 15$

$\therefore a_1 + d = 5$ … ㉣

㉠, ㉣을 연립하여 풀면

$d = -\dfrac{5}{2}$, $a_1 = \dfrac{15}{2}$

그런데 d는 정수이므로 조건을 만족시키지 않아.

(ii) $d = 0$이면 $a_1 = a_2 = \cdots = a_6 = 0$이므로 $\sum_{k=1}^{6} (|a_k| + a_k) = 0$

그런데 $\sum_{k=1}^{6} (|a_k| + a_k) = 30$이므로 조건을 만족시키지 않지.

(iii) $d>0$이면 $a_4=0$이므로 a_1, a_2, a_3은 음수이고 a_5, a_6은 양수야.

한편, $a_2+a_6=a_3+a_5=0$이므로

$$\sum_{k=1}^{6}|a_k|=|a_1|+|a_2|+|a_3|+|a_4|+|a_5|+|a_6|$$
$$=(-a_1)+(-a_2)+(-a_3)+a_4+a_5+a_6$$
$$=(-a_1)+(-a_2+a_6)+(-a_3+a_5)+a_4 \quad {}^{a_2+a_6=0에서\ a_6=-a_2}_{a_3+a_5=0에서\ a_5=-a_3}$$
$$=-a_1-2a_2-2a_3+0$$
$$=-a_1-2a_2-2a_3 \cdots \text{⑩}$$

$$\sum_{k=1}^{6}a_k=a_1+a_2+a_3+a_4+a_5+a_6$$
$$=a_1+(a_2+a_6)+(a_3+a_5)+a_4$$
$$=a_1+0+0+0=a_1 \cdots \text{⑭}$$

⑩, ⑭에 의하여

$$\sum_{k=1}^{6}(|a_k|+a_k)=\sum_{k=1}^{6}|a_k|+\sum_{k=1}^{6}a_k=(-a_1-2a_2-2a_3)+a_1$$
$$=-2a_2-2a_3=30$$

에서 $a_2+a_3=-15$, $(a_1+d)+(a_1+2d)=-15$

$$\therefore 2a_1+3d=-15 \cdots \text{⑳}$$

㉠, ⑳을 연립하여 풀면 $a_1=-15$, $d=5$

(i)~(iii)에 의하여 $a_n=-15+(n-1)\times 5=5n-20$이므로

$$a_9=5\times 9-20=25$$

H 65 정답 ① *∑로 나타내어진 등차수열의 합 ······ [정답률 69%]

[정답 공식: 등차수열 $\{a_n\}$은 $m+l=42$인 두 자연수 m, l에 대하여 a_m+a_l의 값이 일정하다.]

$a_3=1$인 등차수열 $\{a_n\}$이 $\sum_{k=1}^{20}a_{2k}-\sum_{k=1}^{12}a_{2k+8}=48$을 만족시킬 때, a_{39}의 값은? (4점) **단서** $k=1, 2, 3, \cdots$을 대입해서 각 항을 나열한 다음 정리해 봐.

① 11 ② 12 ③ 13
④ 14 ⑤ 15

1st 주어진 수열의 합 $\sum_{k=1}^{20}a_{2k}-\sum_{k=1}^{12}a_{2k+8}=48$에 알맞은 $k=1, 2, 3, \cdots$을 각각 대입해서 정리하자.

→ $k=1, 2, 3, \cdots, 20$을 a_{2k}에 대입해보면 짝수항 $a_2, a_4, \cdots, a_{40}$이 나오는 걸 알 수 있어. 또, $k=1, 2, 3, \cdots, 12$를 a_{2k+8}에 대입하면 $a_{10}, a_{12}, a_{14}, \cdots, a_{32}$가 나오는 걸 알 수 있어.

$$\sum_{k=1}^{20}a_{2k}-\sum_{k=1}^{12}a_{2k+8}$$
$$=(a_2+a_4+\cdots+a_{40})-(a_{10}+a_{12}+a_{14}+\cdots+a_{30}+a_{32})$$
$$=(a_2+a_4+a_6+a_8)+(a_{34}+a_{36}+a_{38}+a_{40})$$
$$=48$$

한편, $a_2+a_{40}=k$이라 하면 등차중항의 성질에 의하여

$a_2+a_{40}=a_4+a_{38}=a_6+a_{36}=a_8+a_{34}=k$이므로

$4k=48$ **[등차중항]** 세 수 a, b, c가 이 순서대로 등차수열을 이루면 $2b=a+c$가 성립하고 b를 a와 c의 등차중항이라 해.

$$\therefore k=\frac{48}{4}=12$$

즉, 등차수열 $\{a_n\}$은 $m+l=42$인 두 자연수 m, l에 대하여 $a_m+a_l=12$임을 알 수 있다.

2nd a_{39}의 값을 구하자.

a_3, a_{39}는 아래 첨자의 합이 42이므로 **주의** 등차수열에서 아래 첨자의 합이 일정하게 주어진 경우 등차중항의 성질을 이용하면 쉬워.

$a_3+a_{39}=12$

$$\therefore a_{39}=12-a_3=11\ (\because a_3=1)$$

H 66 정답 ⑤ *∑로 나타내어진 등차수열의 합 ······ [정답률 48%]

[정답 공식: 첫째항이 a, 공차가 d인 등차수열 $\{a_n\}$의 첫째항부터 제 n항까지의 합은 $\frac{n\{2a+(n-1)d\}}{2}$이다.]

공차가 정수인 등차수열 $\{a_n\}$이 다음 조건을 만족시킨다.
단서1 공차가 정수이므로 유리수가 나오는 경우를 조심해야 해.

(가) $a_7=37$
(나) 모든 자연수 n에 대하여 $\sum_{k=1}^{n}a_k\leq\sum_{k=1}^{13}a_k$

→ **단서2** $\sum_{k=1}^{n}a_k\leq\sum_{k=1}^{13}a_k$는 공차는 음수이고, $a_{13}\geq 0$, $a_{14}<0$이라는 것을 의미해.

$\sum_{k=1}^{21}|a_k|$의 값은? (4점)

① 681 ② 683 ③ 685 ④ 687 ⑤ 689

1st 조건 (가)를 이용하여 첫째항을 공차에 관한 식으로 나타내자.

등차수열 $\{a_n\}$의 첫째항을 a, 공차를 d라 하면

조건 (가)에서 첫째항이 a, 공차가 d인 등차수열 $\{a_n\}$의 일반항 $a_n=a+(n-1)d$

$a_7=a+6d=37$

$\therefore a=37-6d \cdots$ ㉠

2nd 조건 (나)가 무엇을 의미하는지 파악하여 공차 d를 구하자.

조건 (나)에서 모든 자연수 n에 대하여 $\sum_{k=1}^{n}a_k\leq\sum_{k=1}^{13}a_k$를 만족시키므로

$a_{13}\geq 0$이고 $a_{14}<0$이다. 즉,

$a+12d\geq 0$이고 $a+13d<0$이므로

여기에 ㉠을 대입하면

$37-6d+12d\geq 0$이고

$37-6d+13d<0$

$d\geq -\dfrac{37}{6}$이고 $d<-\dfrac{37}{7}$

즉, $-\dfrac{37}{6}\leq d<-\dfrac{37}{7}$ ${}^{-\frac{37}{6}=-6.1\times\times\times,\ -\frac{37}{7}=-5.2\times\times\times}$이므로 정수 $d=-6$

공차 d가 정수이므로 $d=-6$이고,

이것을 ㉠에 대입하면

$a=37-6\times(-6)=37+36=73$

실수 이 조건에서 알 수 있는 것은 $a_1, a_2, a_3, \cdots, a_{13}$의 항은 양수이지만 $a_{14}, a_{15}, a_{16}, \cdots$의 항은 음수가 된다는 것을 의미해. 즉, 첫째항부터 제13항까지의 합은 양수들끼리의 합이므로 최대가 되지만 제14항 이후부터는 음수이므로 더할수록 값이 작아지게 되는 거야.

3rd 항에 절댓값이 포함된 수열의 합을 구하자.

$$\therefore \sum_{k=1}^{21}|a_k|=|a_1|+|a_2|+|a_3|+\cdots+|a_{21}|$$

→ $|a|=\begin{cases}a & (a\geq 0) \\ -a & (a<0)\end{cases}$

$$=a_1+a_2+a_3+\cdots+a_{13}+(-a_{14})+(-a_{15})+\cdots+(-a_{21})$$
$$=(a_1+a_2+a_3+\cdots+a_{13})-(a_{14}+a_{15}+\cdots+a_{21})$$
$$=\sum_{k=1}^{13}a_k-\sum_{k=14}^{21}a_k$$
$$=\sum_{k=1}^{13}a_k-\left(\sum_{k=1}^{21}a_k-\sum_{k=1}^{13}a_k\right)$$
$$=2\sum_{k=1}^{13}a_k-\sum_{k=1}^{21}a_k \quad {}^{\sum_{k=m}^{n}a_k=\sum_{k=1}^{n}a_k-\sum_{k=1}^{m-1}a_k}$$
$$=2\times\frac{13\{2\times 73+12\times(-6)\}}{2}$$
$$-\frac{21\{2\times 73+20\times(-6)\}}{2}$$
$$=2\times 481-273=689$$

첫째항이 a, 공차가 d인 등차수열 $\{a_n\}$의 첫째항부터 제n항까지의 합은 $\dfrac{n\{2a+(n-1)d\}}{2}$

H 67 정답 **13** * Σ로 나타내어진 등차수열의 합 ········ [정답률 42%]

> 정답 공식: 첫째항이 a, 공차가 d인 등차수열의 첫째항부터 제 n번째 항까지의 합 S_n은 $S_n = \dfrac{n\{2a_1 + (n-1)d\}}{2}$

> **단서 1** 첫째항이 자연수이고 공차가 음수이므로 어떤 항부터 음수가 나온다는 걸 알 수 있어.

첫째항이 자연수이고 공차가 음수인 등차수열 $\{a_n\}$이 다음 조건을 만족시킬 때, a_1의 값을 구하시오. (4점)

> (가) $|a_5| + |a_6| = |a_5 + a_6| + 2$
> (나) $\displaystyle\sum_{n=1}^{6} |a_n| = 37$
> **단서 2** 공차가 음수이므로 항의 값은 점점 작아지겠지? 그런데 조건 (가)를 보면 a_5와 a_6의 값의 부호가 같지 않음을 알 수 있어.

1st 조건 (가)에서 a_5와 a_6의 값의 부호가 결정되겠지?

조건 (가)에서 $|a_5| + |a_6| = |a_5 + a_6| + 2$이고

공차가 음수이므로 $\underline{a_5 > 0, \ a_6 < 0}$

> **실수** 만약 $a_5 > 0, a_6 > 0$ 또는 $a_5 < 0, a_6 < 0$이면 $|a_5| + |a_6| = |a_5 + a_6|$이 성립해. 그런데 조건 (가)를 만족시키기 위해서는 a_5, a_6의 부호가 달라야 해. 그런데 공차가 음수이기 때문에 항의 값은 점점 작아지므로 $a_5 > a_6$, 즉 $a_5 > 0, a_6 < 0$

2nd 공차를 d로 놓고, 식을 세우자.

이 등차수열의 공차를 d라 하면 $|a_5| + |a_6| = |a_5 + a_6| + 2$에서

$(a_1 + 4d) - (a_1 + 5d) = |2a_1 + 9d| + 2$

$|2a_1 + 9d| = -d - 2$

$2a_1 + 9d = d + 2$ 또는 $2a_1 + 9d = -d - 2$ ← $k > 0$에 대하여 $|X| = k$

$\therefore \begin{cases} 2a_1 + 9d = d + 2 \Rightarrow a_1 + 4d = 1 \cdots \bigcirc \\ 2a_1 + 9d = -d - 2 \Rightarrow a_1 + 5d = -1 \cdots \bigcirc \end{cases}$ ⟺ $X = k$ 또는 $X = -k$

조건 (나)에서 a_1, a_2, a_3, a_4, a_5는 모두 양수이고, a_6는 음수이므로

$\displaystyle\sum_{n=1}^{6} |a_n| = \sum_{n=1}^{5} a_n - a_6$ ← $\displaystyle\sum_{n=1}^{6}|a_n| = |a_1| + |a_2| + |a_3| + |a_4| + |a_5| + |a_6|$
$= a_1 + a_2 + a_3 + a_4 + a_5 - a_6 = \displaystyle\sum_{n=1}^{5} a_n - a_6$

$= \dfrac{5(2a_1 + 4d)}{2} - a_1 - 5d = 37$

$4a_1 + 5d = 37 \cdots \bigcirc$

3rd 각 경우에 대하여 자연수인 a_1을 구하자.

(i) $\bigcirc \times 5 - \bigcirc \times 4$를 하면

$5a_1 + 20d - (16a_1 + 20d) = 5 - 148$

$-11a_1 = -143 \qquad \therefore a_1 = 13$

(ii) $\bigcirc - \bigcirc$을 하면

$a_1 + 5d - (4a_1 + 5d) = -1 - 37$

$-3a_1 = -38 \qquad a_1 = \dfrac{38}{3}$

이것은 자연수가 아니다.

$\therefore a_1 = 13$

⚙ **등차수열** 개념·공식

① 등차수열의 일반항

첫째항이 a, 공차가 d인 등차수열의 일반항 a_n은

$a_n = a + (n-1)d$ (단, $n = 1, 2, 3, \cdots$)

② 등차중항

세 실수 a, b, c가 이 순서대로 등차수열을 이룰 때,

$b = \dfrac{a+c}{2}$가 성립하고, b를 a와 c의 **등차중항**이라고 한다.

H 68 정답 **③** * Σ로 나타내어진 등차수열의 합 ········ [정답률 53%]

> 정답 공식: $2a_n + n$이 n의 값에 관계없이 항상 동일하다. $\displaystyle\sum_{n=1}^{20}(2a_n + n)$을 생각해 본다.

수열 $\{a_n\}$에 대하여 ❶ $\displaystyle\sum_{n=1}^{20} a_n = p$라 할 때, 등식

❷ $2a_n + n = p \ (n \geq 1)$

가 성립한다. a_{10}의 값은? (단, p는 상수이다.) (4점)

① $\dfrac{2}{3}$ ② $\dfrac{3}{4}$ ③ $\dfrac{5}{6}$

④ $\dfrac{11}{12}$ ⑤ 1

> **단서** ❶을 이용하기 위해서 ❷의 양변에 시그마를 취하면 ❷는 p에 대한 식으로 표현 가능하지? 이때, p는 상수이니까 주의하고!

1st $\displaystyle\sum_{n=1}^{20} a_n = p$를 이용하여 등식 $2a_n + n = p$를 p의 식으로 나타내.

상수 p에 대하여 $2a_n + n = p$에서 $\underline{a_n = -\dfrac{1}{2}n + \dfrac{1}{2}p \cdots \bigcirc}$이므로 ← 수열 $\{a_n\}$의 일반항이

$\displaystyle\sum_{n=1}^{20} a_n = \sum_{n=1}^{20}\left(-\dfrac{1}{2}n + \dfrac{1}{2}p\right) = -\dfrac{1}{2}\sum_{n=1}^{20}n + \sum_{n=1}^{20}\dfrac{1}{2}p$ $a_n = -\dfrac{1}{2}n + \dfrac{1}{2}p$($p$는 상수) 이므로 등차수열이야.

$= -\dfrac{1}{2} \times \dfrac{20 \times 21}{2} + 10p = p$ $\dfrac{1}{2}p$는 상수니까 $\displaystyle\sum_{k=1}^{n}c = cn$($c$는 상수)을 이용해.

$9p = 105 \qquad \therefore p = \dfrac{105}{9} = \dfrac{35}{3}$ $\displaystyle\sum_{k=1}^{n}k = \dfrac{n(n+1)}{2}$

2nd a_{10}의 값을 구하기 위하여 수열 $\{a_n\}$의 일반항을 구해.

$p = \dfrac{35}{3}$를 $\bigcirc$에 대입하면 $a_n = -\dfrac{1}{2}n + \dfrac{35}{6}$이므로

$a_{10} = -\dfrac{1}{2} \times 10 + \dfrac{35}{6} = -5 + \dfrac{35}{6} = \dfrac{5}{6}$

👓 **쉬운 풀이:** 주어진 등식에 n 대신 $1, 2, 3, \cdots, 20$을 대입하여 나온 식을 변변 더하여 p의 값 구하기

$2a_n + n = p$에서 n 대신 $n = 1, 2, 3, \cdots, 20$을 대입하면

$2a_1 + 1 = p$
$2a_2 + 2 = p$
$2a_3 + 3 = p$
$\vdots$
$2a_{20} + 20 = p$

변변 더하면

$2(a_1 + a_2 + \cdots + a_{20}) + (1 + 2 + \cdots + 20) = 20p$

이때, $\displaystyle\sum_{n=1}^{20} a_n = p$이니까 $2p + \dfrac{20 \times 21}{2} = 20p$

$18p = 210$

$\therefore p = \dfrac{35}{3} \Rightarrow 2a_n + n = \dfrac{35}{3}$

> **실수** 등차수열의 합을 구하는 방법은
> ① 첫째항과 끝항을 이용 $\Rightarrow \dfrac{20(1+20)}{2} = 210$
> ② $\displaystyle\sum_{k=1}^{n}k = \dfrac{n(n+1)}{2}$을 이용
> $\Rightarrow \displaystyle\sum_{k=1}^{20}k = \dfrac{20 \times 21}{2} = 210$

따라서 $2a_{10} + 10 = \dfrac{35}{3}$에서

$a_{10} = \dfrac{1}{2}\left(\dfrac{35}{3} - 10\right)$

$= \dfrac{1}{2} \times \dfrac{5}{3}$

$= \dfrac{5}{6}$

H 69 정답 640 $*\sum$로 나타내어진 등비수열의 합 [정답률 68%]

> 정답 공식: 첫째항이 a, 공비가 $r(r\neq1)$인 등비수열 $\{a_n\}$의 첫째항부터 제n항까지의 합 S_n은 $S_n=\displaystyle\sum_{k=1}^{n}a_k=\dfrac{a(r^n-1)}{r-1}$이다.

> 공비가 2인 등비수열 $\{a_n\}$이 $\displaystyle\sum_{n=1}^{5}a_n=310$을 만족시킬 때, a_7의 값을 구하시오. (3점) 단서1 등비수열의 합을 구하는 식을 이용하면 첫째항을 구할 수 있어. 단서2 공비는 주어져 있으니 첫째항만 구하면 되겠지?

1st 등비수열의 첫째항을 구하자.

등비수열 $\{a_n\}$의 첫째항을 a라 하면 공비가 2이므로

$\displaystyle\sum_{n=1}^{5}a_n=\dfrac{a(2^5-1)}{2-1}=310$ 　[등비수열의 합]

$31a=310$ 　첫째항 a, 공비가 r인 등비수열의 첫째항부터 제n항까지의 합 S_n은

$\therefore a=10$ 　(i) $r\neq1$일 때, $S_n=\dfrac{a(1-r^n)}{1-r}=\dfrac{a(r^n-1)}{r-1}$

2nd a_7의 값을 구해. 　(ii) $r=1$일 때, $S_n=na$

$\therefore a_7=10\times2^6=640$

H 70 정답 80 $*\sum$로 나타내어진 등비수열의 합 [정답률 78%]

> 정답 공식: 첫째항이 a, 공비가 $r(r\neq1)$인 등비수열의 첫째항부터 제n항까지의 합 $S_n=\dfrac{a(1-r^n)}{1-r}$

> 공비가 양수인 등비수열 $\{a_n\}$에 대하여
>
> $a_1=2$, $\dfrac{a_5}{a_3}=9$ 단서 등비수열에서 항들 사이의 관계를 파악해야 해. 등비수열 $\{a_n\}$의 공비를 r라고 하면 $a_5=a_4\times r=(a_3\times r)\times r=a_3\times r^2$이야.
>
> 일 때, $\displaystyle\sum_{k=1}^{4}a_k$의 값을 구하시오. (3점)

1st 등비수열의 정의를 이용하여 공비를 구하자.

등비수열 $\{a_n\}$의 공비를 r라 하면

$\dfrac{a_5}{a_3}=\dfrac{2\times r^4}{2\times r^2}=r^2=9$에서

$\therefore r=3\ (\because r>0)$

2nd 등비수열의 합의 공식을 이용하여 계산해.

$\therefore \displaystyle\sum_{k=1}^{4}a_k=\sum_{k=1}^{4}(2\times3^{k-1})=\dfrac{2(3^4-1)}{3-1}=80$

등비수열의 첫째항이 a, 공비를 r라고 할 때, $r\neq1$이면 첫째항부터 제n항까지의 합

$S_n=\dfrac{a(1-r^n)}{1-r}=\dfrac{a(r^n-1)}{r-1}$

H 71 정답 ③ $*\sum$로 나타내어진 등비수열의 합 [정답률 81%]

> 정답 공식: 첫번째 조건을 통해 공비를 구해 두번째 조건에서 등비수열의 합을 구하는데 사용한다.

> 등비수열 $\{a_n\}$에 대하여
>
> $a_3=4(a_2-a_1)$, $\displaystyle\sum_{k=1}^{6}a_k=15$ 단서 등비수열 $\{a_n\}$의 첫째항을 a, 공비를 r라 하고, 주어진 조건을 a와 r에 관한 식으로 나타내 보자.
>
> 일 때, $a_1+a_3+a_5$의 값은? (4점)
>
> ① 3 　② 4 　③ 5 　④ 6 　⑤ 7

1st 주어진 조건을 첫째항과 공비로 나타내.

등비수열 $\{a_n\}$의 첫째항을 a, 공비를 r라 하면

$a_3=4(a_2-a_1)$에서

$ar^2=4(ar-a)$

$\therefore a(r-2)^2=0$

이때, $a=0$이면 $\displaystyle\sum_{k=1}^{6}a_k=0$이므로 $a\neq0$

$\therefore r=2$

한편 $\displaystyle\sum_{k=1}^{6}a_k=\dfrac{a(2^6-1)}{2-1}=15$에서 $a\times63=15$

$\therefore a=\dfrac{15}{63}=\dfrac{5}{21}$ 　첫째항부터 제6항까지의 등비수열의 합이므로 등비수열의 합의 공식 $S_n=\dfrac{a(r^n-1)}{r-1}$에 $r=2$, $n=6$을 대입해서 구할 수 있어.

2nd 식의 값을 구해.

$\therefore a_1+a_3+a_5=\dfrac{5}{21}\times(1+2^2+2^4)$

$\qquad\qquad\quad=\dfrac{5}{21}\times21$

$\qquad\qquad\quad=5$

H 72 정답 ② $*\sum$로 나타내어진 등비수열의 합 [정답률 68%]

> 정답 공식: 첫째항이 a, 공비가 r인 등비수열 $\{a_n\}$의 합은
>
> $\displaystyle\sum_{k=1}^{n}ar^{k-1}=\dfrac{a(r^n-1)}{r-1}$

> 첫째항이 $\dfrac{1}{5}$이고 공비가 양수인 등비수열 $\{a_n\}$에 대하여
>
> $a_4=4a_2$일 때, $\displaystyle\sum_{k=1}^{n}a_k=\dfrac{3}{13}\sum_{k=1}^{n}a_k{}^2$을 만족시키는 자연수 n의 값은? 단서1 첫째항이 주어지고 이웃하는 항 사이의 관계가 주어진 등비수열을 이용하여 공비를 유도할 수 있어. 단서2 등비수열 $\{a_n\}$의 각 항을 제곱한 수열 $\{a_n{}^2\}$도 등비수열임을 알아야 해. (3점)
>
> ① 5 　② 6 　③ 7 　④ 8 　⑤ 9

1st 등비수열 $\{a_n\}$의 공비를 구하자.

첫째항이 $\dfrac{1}{5}$이고 공비가 양수인 등비수열 $\{a_n\}$의 공비를 $r(r>0)$라 하자.

$a_4=4a_2$이므로

$\dfrac{1}{5}r^3=4\times\dfrac{1}{5}r$

$r^2=4$ 　$\therefore r=2\ (\because r>0)$

2nd 주어진 조건을 만족시키는 자연수 n의 값을 구하자.

$\displaystyle\sum_{k=1}^{n}a_k=\dfrac{3}{13}\sum_{k=1}^{n}a_k{}^2$이므로 　첫째항이 a, 공비가 r인 등비수열 $\{a_n\}$에 대하여 각 항을 제곱한 수열 $\{a_n{}^2\}$은 a^2, a^2r^2, a^2r^4, a^2r^6, $\cdots$ 이므로 첫째항이 a^2이고, 공비가 r^2인 등비수열이야.

$\dfrac{\dfrac{1}{5}(2^n-1)}{2-1}=\dfrac{3}{13}\times\dfrac{\left(\dfrac{1}{5}\right)^2\{(2^2)^n-1\}}{2^2-1}$ 　첫째항이 a, 공비가 r인 등비수열 $\{a_n\}$의 합은 $\displaystyle\sum_{k=1}^{n}ar^{k-1}=\dfrac{a(r^n-1)}{r-1}$

$2^n-1=\dfrac{3}{13}\times\dfrac{\dfrac{1}{5}(4^n-1)}{3}$

$2^n-1=\dfrac{1}{65}(2^n-1)(2^n+1)$ 　$4^n-1=(2^2)^n-1=(2^n-1)(2^n+1)$

$65=2^n+1$

$2^n=64=2^6$

$\therefore n=6$

H 73 정답 510 　＊∑로 나타내어진 등비수열의 합 ─ [정답률 53%]

정답 공식: 이차방정식이 중근을 가질 조건은 판별식이 0인 경우이다.
또, 등비수열의 합의 공식은 $\dfrac{a(1-r^n)}{1-r}$ 이다.

첫째항이 2이고 모든 항이 양수인 수열 $\{a_n\}$이 있다. x에 대한 이차방정식 $a_nx^2-a_{n+1}x+a_n=0$이 모든 자연수 n에 대하여 중근을 가질 때, $\sum\limits_{k=1}^{8}a_k$의 값을 구하시오. (4점) 　단서 x에 대한 이차방정식이 중근을 가지니까 판별식이 0임을 이용하여 수열 $\{a_n\}$을 유추할 수 있어.

1st 이차방정식이 중근을 가지니까 판별식 $D=0$이지?

이차방정식 $a_nx^2-a_{n+1}x+a_n=0$이 중근을 가지므로 판별식 $D=0$이므로
$D=(a_{n+1})^2-4(a_n)^2=0$
$\underbrace{(a_{n+1})^2-(2a_n)^2=0}_{x^2-y^2=(x+y)(x-y)}$
$(a_{n+1}+2a_n)(a_{n+1}-2a_n)=0$ 　 $\longrightarrow \dfrac{a_{n+1}}{a_n}=2$이므로 수열 $\{a_n\}$은 공비가 2인 등비수열이야.
주어진 조건에서 $a_n>0$이므로 $a_{n+1}=2a_n$
즉, 수열 $\{a_n\}$은 공비가 2인 등비수열이다.
그런데 수열 $\{a_n\}$은 첫째항이 2이므로 $a_n=2\times2^{n-1}=2^n$

2nd 구한 등비수열을 이용하여 수열의 합을 구하자.

$\therefore \sum\limits_{k=1}^{8}a_k=\sum\limits_{k=1}^{8}2^k=\dfrac{2\times(2^8-1)}{2-1}=2\times255=510$

H 74 정답 ① 　＊∑로 나타내어진 등비수열의 합 ── [정답률 77%]

정답 공식: $\sum\limits_{n=1}^{9}2^n+\sum\limits_{n=1}^{9}(-1)^n$을 계산해본다.

수열 $\{a_n\}$에서 $a_n=2^n+(-1)^n$일 때, $a_1+a_2+a_3+\cdots+a_9$의 값은? (3점) 　단서 구해야 하는 합을 시그마로 나타내어 등비수열의 합을 구해.

① $2^{10}-3$ 　　　 ② $2^{10}-1$ 　　　 ③ 2^{10}
④ $2^{10}+1$ 　　　 ⑤ $2^{10}+3$

1st 일반항 a_n을 2^n과 $(-1)^n$으로 분리하여 두 등비수열의 합으로 나타내.

$a_n=2^n+(-1)^n$이므로
$\underbrace{a_1+a_2+a_3+\cdots+a_9}_{=\sum\limits_{k=1}^{9}a_k}=\sum\limits_{k=1}^{9}\{2^k+(-1)^k\}=\sum\limits_{k=1}^{9}2^k+\sum\limits_{k=1}^{9}(-1)^k$

2nd 등비수열의 합의 공식을 이용하여 계산하면 돼.

첫째항이 a_1, 공비가 r(단, $|r|>1$)인 등비수열의 첫째항부터 제 n항까지의 합은 $\dfrac{a_1(r^n-1)}{r-1}$

$\sum\limits_{k=1}^{9}a_k=\dfrac{2(2^9-1)}{2-1}+\underbrace{(-1+1)+(-1+1)+(-1+1)+(-1+1)}_{=0}\underbrace{-1}_{=(-1)^9}$
$=2^{10}-3$ 　 $\longrightarrow \sum\limits_{k=1}^{9}2^k$은 첫째항이 2, 공비가 2인 등비수열의 합이니까.

수능 핵강

＊ 일반항에 n 대신 1, 2, 3, …을 구하여 주어진 수열의 규칙 찾기보다는 ∑의 성질을 이용하기

$a_n=2^n+(-1)^n$이니까 각 항을 하나씩 구해 보면
$a_1=2^1+(-1)^1=1$
$a_2=2^2+(-1)^2=5$
$a_3=2^3+(-1)^3=7$
$a_4=2^4+(-1)^4=17$
　　⋮
이므로 수열 $\{a_n\}$의 규칙을 하나하나 나열해서 찾기는 힘들어.
∑의 성질을 이용하여 식을 정리하고 계산하는 게 훨씬 간단하지.

H 75 정답 242 　＊∑로 나타내어진 등비수열의 합 ─ [정답률 53%]

정답 공식: 첫째항이 a, 공비가 r인 등비수열의 일반항은 $a_n=ar^{n-1}$이고, 첫째항부터 제 n항까지의 합은 $\sum\limits_{k=1}^{n}ar^{k-1}=\dfrac{a(r^n-1)}{r-1}$

첫째항과 공비가 모두 자연수인 등비수열 $\{a_n\}$에 대하여 $5\leq a_2\leq6$, $42\leq a_4\leq96$일 때, $\sum\limits_{n=1}^{5}a_n$의 값을 구하시오. (4점)
단서1 두 조건을 통해 등비수열 $\{a_n\}$의 첫째항과 공비에 대한 식을 세울 수 있어. 　 단서2 등비수열 $\{a_n\}$의 첫째항부터 제5항까지의 합을 구하는 거니까 첫째항과 공비를 구하면 돼.

1st 주어진 조건을 이용하여 등비수열의 첫째항과 공비를 구하자.

등비수열 $\{a_n\}$의 첫째항을 a, 공비를 r라 하면 일반항 a_n은
$a_n=ar^{n-1}$
$5\leq a_2\leq6$에서
$5\leq ar\leq6 \ (\because a_2=ar)$
a와 r는 자연수이므로
$ar=5$ 또는 $ar=6$ … ㉠
또, $42\leq a_4\leq96$에서
$42\leq ar^3\leq96 \ (\because a_4=ar^3)$
ar로 각 변을 나누면 　주의
$\dfrac{42}{ar}\leq r^2\leq\dfrac{96}{ar}$ … ㉡ 　 a, r는 모두 자연수이므로 $ar>0$이지. 따라서 양변을 ar로 나누어도 부등호 방향은 그대로야.

2nd ㉠의 경우를 나눠서 생각해 봐.

(i) $ar=5$일 때,
㉡에 의하여 　 $\dfrac{42}{5}=8.4$, $\dfrac{96}{5}=19.2$이므로 $8.4\leq r^2\leq19.2$를 만족시키는 제곱수는 $9(=3^2)$, $16(=4^2)$이야.
$\dfrac{42}{5}\leq r^2\leq\dfrac{96}{5}$ 　 즉 자연수 $r=3$ 또는 $r=4$
즉, $r=3$ 또는 $r=4$
그런데 $ar=5$를 만족시키는 자연수 a는 존재하지 않는다.

(ii) $ar=6$일 때,
㉡에 의하여 $\dfrac{42}{6}\leq r^2\leq\dfrac{96}{6}$
$7\leq r^2\leq16$ 　 $\longrightarrow r=4$이면 $ar=6$에서 $4a=6 \Rightarrow a=\dfrac{3}{2}$
즉, $r=3$ 또는 $r=4$ 　 즉, a가 자연수가 아니므로 성립하지 않아.
$ar=6$을 만족시키는 자연수 $r=3$이고, $a=2$

3rd 등비수열의 첫째항부터 제5항까지의 합을 구하자.

따라서 등비수열 $\{a_n\}$은 첫째항 $a=2$, 공비 $r=3$인 등비수열이므로
$\sum\limits_{n=1}^{5}a_n=\dfrac{2\times(3^5-1)}{3-1}=\dfrac{2\times(243-1)}{2}$
$=242$

H 76 정답 128 　＊∑로 나타내어진 등비수열의 합 ── [정답률 43%]

정답 공식: 첫째항이 a, 공비가 $r(r\neq1)$인 등비수열의 첫째항부터 제 n항까지의 합은 $\dfrac{a(1-r^n)}{1-r}$이다.

모든 항이 양수인 등비수열 $\{a_n\}$이 다음 조건을 만족시킬 때, a_3의 값을 구하시오. (4점) 　단서 등비수열의 모든 항이 양수인 조건에 모순이 되는 경우에 주의하자.

(가) $a_1\times a_2=2a_3$

(나) $\sum\limits_{k=1}^{20}a_k=\dfrac{a_{21}-a_1}{3}$

1st 조건 (가)의 식을 a_1과 공비(r)로 나타내자.

등비수열 $\{a_n\}$의 공비를 r라 하면 조건 (가)에서

$$a_1 \times a_2 = a_1^2 r, \ 2a_3 = 2a_1 r^2 \text{이므로}$$
$$a_1^2 r = 2a_1 r^2$$

→ $a_2 = a_1 \times r, \ a_3 = a_2 \times r = a_1 \times r^2 \text{이야}.$

$\therefore a_1 = 2r \ (\because a_n > 0, \ \underline{r > 0}) \cdots \ominus$ → 모든 항이 양수이므로 공비 r도 양수임을 알 수 있어.

2nd 등비수열의 합을 구하는 공식을 이용해 조건 (나)의 식을 정리하자.

만약 $r = 1$이면 조건 (나)에서

$$\sum_{k=1}^{20} a_k = 20a_1, \ \frac{a_{21} - a_1}{3} = 0 \text{이므로}$$

$$a_1 = 0$$

그런데 이것은 모든 항이 양수라는 것에 모순이다.

즉, $r \neq 1$이고

$$\sum_{k=1}^{20} a_k = \frac{a_1(r^{20} - 1)}{r - 1}$$

$$\frac{a_{21} - a_1}{3} = \frac{a_1(r^{20} - 1)}{3}$$

이므로 조건 (나)에 의하여

$$\frac{a_1(r^{20} - 1)}{r - 1} = \frac{a_1(r^{20} - 1)}{3}$$

$$\frac{1}{r - 1} = \frac{1}{3} \qquad \therefore r = 4$$

> **주의**
> 등비수열 $\{a_n\}$에서 공비 $r = 1$이면
> $a_1 = a_2 = a_3 = \cdots = a_{20} = a_{21} = \cdots$ 이므로
> $$\sum_{k=1}^{20} a_k = a_1 + a_2 + a_3 + \cdots + a_{20}$$
> $$= a_1 + a_1 + a_1 + \cdots = 20a_1$$
> $$\frac{a_{21} - a_1}{3} = \frac{a_1 - a_1}{3} = 0$$

3rd a_3의 값을 계산하자.

$\ominus$의 식에 $r = 4$를 대입하면

$$a_1 = 2 \times 4 = 8$$

$$\therefore a_3 = a_1 \times r^2 = 8 \times 4^2 = 128$$

H 77 정답 ④ *$\sum$로 나타내어진 등비수열의 합 ···· [정답률 69%]

> 정답 공식: $\sum_{k=1}^{20} a_k = \sum_{k=1}^{10} a_{2k-1} + \sum_{k=1}^{10} a_{2k}$가 성립한다.

> 모든 항이 실수인 등비수열 $\{a_n\}$에 대하여
> $$\sum_{k=1}^{20} a_k + \sum_{k=1}^{10} a_{2k} = 0$$
> **단서** $\sum_{k=1}^{20} a_k = (a_1 + a_2 + \cdots + a_{19}) + \underbrace{(a_2 + a_4 + \cdots + a_{20})}_{\left(= \sum_{k=1}^{10} a_{2k}\right)}$ 임을 이용하면 되지
> 이 성립한다. $a_3 + a_4 = 3$일 때, a_1의 값은? (4점)
> ① 12   ② 16   ③ 20   ④ 24   ⑤ 28

1st 등비수열 $\{a_n\}$의 공비를 r라 하고, r의 값을 구해.

등비수열 $\{a_n\}$의 공비를 r라 하자.

$$\sum_{k=1}^{10} a_{2k} = \underline{a_1 r + a_1 r^3 + a_1 r^5 + \cdots + a_1 r^{19}} = A \ (A \neq 0) \text{라 두면}$$

$$\sum_{k=1}^{20} a_k = a_1 + a_1 r + a_1 r^2 + \cdots + a_1 r^{19}$$

$$= (a_1 + a_1 r^2 + a_1 r^4 + \cdots + a_1 r^{18})$$
$$+ (a_1 r + a_1 r^3 + a_1 r^5 + \cdots + a_1 r^{19})$$

에서 $\sum_{k=1}^{20} a_k = \frac{1}{r} A + A$이므로

> $a_1 r + a_1 r^3 + a_1 r^5 + \cdots + a_1 r^{19}$에서
> $a_1 \neq 0, \ r \neq 0$인 경우 $r^2 > 0$이므로
> 모든 항 $a_1, a_1 r^3, \cdots, a_1 r^{19}$의
> 부호가 양수 또는 음수로 같지.
> 그러므로 $A = 0$이면 $a_1 = 0$이거나
> $r = 0$이지.
> 두 경우 모두 $a_3 + a_4 = 3$을
> 만족시킬 수 없으므로 $A \neq 0$임을
> 알 수 있지.

$$\sum_{k=1}^{20} a_k + \sum_{k=1}^{10} a_{2k} = \left(\frac{1}{r} A + A\right) + A = 0 \text{이다.}$$

이때, $A\left(\frac{1}{r} + 2\right) = 0$에서 $\frac{1}{r} + 2 = 0$이므로

$$r = -\frac{1}{2} \text{이다.}$$

2nd $a_3 + a_4 = 3$을 만족시키는 a_1의 값을 구해.

$a_3 + a_4 = 3$에서 $a_1 r^2 + a_1 r^3 = \frac{a_1}{4} - \frac{a_1}{8} = 3$

$$2a_1 - a_1 = 24 \qquad \therefore a_1 = 24$$

H 78 정답 13 *$\sum$로 나타내어진 등비수열의 합 ··· [정답률 51%]

> 정답 공식: a_n의 일반항을 구한다. 수열 a_n이 등비수열이면 수열 $\frac{1}{a_n}$도 등비수열이다.

> 수열 $\{a_n\}$은 첫째항이 양수이고 공비가 1보다 큰 등비수열이다.
> **단서1** 첫째항을 a_1, 공비를 r라 하고 일반항을 세워.
> $a_3 a_5 = a_1$일 때, $\sum_{k=1}^{n} \frac{1}{a_k} = \sum_{k=1}^{n} a_k$를 만족시키는 자연수 n의 값을 구하시오. (4점)
> **단서2** 두 조건으로 a_1과 r에 대한 식을 만들어 보자.

첫째항이 a_1, 공비가 r일 때, $a_n = a_1 r^{n-1}$

1st 등비수열의 일반항을 이용하여 첫째항과 공비의 관계식을 구하자.

등비수열 $\{a_n\}$의 첫째항을 a_1, 공비를 $r \ (r > 1)$라 하면 $a_n = a_1 r^{n-1}$

$a_3 a_5 = a_1$에서 $a_1 r^2 \times a_1 r^4 = a_1, \ a_1 r^6 = 1$

$$\therefore a_1 = r^{-6} \cdots \ominus$$

2nd 수열 $\left\{\frac{1}{a_n}\right\}$의 일반항을 구하여 등비수열의 합의 공식으로 $\sum_{k=1}^{n} \frac{1}{a_k} = \sum_{k=1}^{n} a_k$를 정리하자.

첫째항이 a_1, 공비가 r (단, $r \neq 1$)일 때, 첫째항부터 제n항까지의 합은 $S_n = \frac{a_1(r^n - 1)}{r - 1}$

수열 $\left\{\frac{1}{a_n}\right\}$은 첫째항이 $\frac{1}{a_1}$이고 공비가 $\frac{1}{r}\left(\frac{1}{r} < 1\right)$인 등비수열이므로

$$\sum_{k=1}^{n} \frac{1}{a_k} = \frac{\frac{1}{a_1}\left\{1 - \left(\frac{1}{r}\right)^n\right\}}{1 - \frac{1}{r}} = \frac{r(r^n - 1)}{a_1 r^n (r - 1)} \text{이고}$$

$$\sum_{k=1}^{n} a_k = \frac{a_1(r^n - 1)}{r - 1} \text{이다.}$$

이때, $\sum_{k=1}^{n} \frac{1}{a_k} = \sum_{k=1}^{n} a_k$에서 $\frac{r(r^n - 1)}{a_1 r^n (r - 1)} = \frac{a_1(r^n - 1)}{r - 1}$

$$\therefore a_1^2 r^n = r$$

$\ominus$에 의하여 $(r^{-6})^2 r^n = r$에서 $\underline{r^{-12+n} = r}$이므로

$$-12 + n = 1 \ (\because r > 1) \qquad \therefore n = 13$$

▲■ = ▲● ⟹ ● = ■

다른 풀이: 일반항을 이용하여 등식을 만족시키는 자연수 n의 값 구하기

$\ominus$에 의하여 수열 $\{a_n\}$의 일반항은 $a_n = ar^{n-1} = \underline{r^{-6} \times r^{n-1}} = r^{n-7}$이므로

$r^s \times r^t = r^{s+t}$

$$\sum_{k=1}^{n} a_k = \sum_{k=1}^{n} r^{k-7} = r^{-6} + r^{-5} + r^{-4} + \cdots + r^{n-7} \cdots \mathbb{L}$$

→ k에 1부터 n까지 대입하여 합 구하기

$$\sum_{k=1}^{n} \frac{1}{a_k} = \sum_{k=1}^{n} \frac{1}{r^{k-7}}$$

→ $a^{-1} = \frac{1}{a}$이니까 $\blacksquare^{-\bullet} = \frac{1}{\blacksquare^{\bullet}}$

$$= \sum_{k=1}^{n} r^{7-k} = r^6 + r^5 + r^4 + \cdots + r^{7-n} \cdots \mathbb{C}$$

$\mathbb{L} = \mathbb{C}$이고 $r > 1$이므로

$$r^{-6} = r^{7-n}, \ r^6 = r^{n-7}, \ n - 7 = 6$$

$$\therefore n = 13$$

H 79 정답 ③ *$\sum_{k=1}^{n} a_k$와 a_n 사이의 관계 ········· [정답률 76%]

> 정답 공식: 수열 $\{a_n\}$의 첫째항부터 제n항까지의 합을 S_n이라 하면
> $$\begin{cases} a_1 = S_1 \\ a_n = S_n - S_{n-1} \ (n \geq 2) \end{cases}$$

> 수열 $\{a_n\}$이 모든 자연수 n에 대하여 $\sum_{k=1}^{n} a_k = n^2 + 5n$을 만족시킬 때, a_6의 값은? (3점)
> **단서** $\sum_{k=1}^{n} = S_n$이지? 즉, 수열의 합 S_n과 일반항 a_n 사이의 관계를 이용해서 a_6을 구하면 돼.
> ① 8   ② 12   ③ 16
> ④ 20   ⑤ 24

1st 수열의 합과 일반항 사이의 관계를 이용해보자.

$\sum\limits_{k=1}^{n} a_k = n^2 + 5n = S_n$이라 하면 $S_6 - S_5 = a_6$

$S_6 = 6^2 + 5 \times 6 = 66$,
$S_5 = 5^2 + 5 \times 5 = 50$이므로
$a_6 = 66 - 50 = 16$

> $S_6 = (a_1 + a_2 + a_3 + a_4 + a_5) + a_6$
> $= S_5 + a_6$에서 $S_6 - S_5 = a_6$
> 을 유도할 수 있어.

H 80 정답 ② * $\sum\limits_{k=1}^{n} a_k$와 a_n 사이의 관계 ········· [정답률 45%]

[정답 공식: $\sum\limits_{k=1}^{n} ka_k$를 알면 na_n을 구할 수 있다.]

수열 $\{a_n\}$이 $\sum\limits_{k=1}^{n} ka_k = n(n+1)(n+2)$를 만족시킬 때,
$\sum\limits_{k=1}^{10} a_k$의 값은? (4점)   **단서** 수열의 합과 일반항 사이의 관계를 이용하여 일반항을 구하자.

① 185   ② 195   ③ 205   ④ 215   ⑤ 225

1st 수열의 합으로 일반항을 나타내어 일반항 a_n을 구하자.

$na_n = \sum\limits_{k=1}^{n} ka_k - \sum\limits_{k=1}^{n-1} ka_k = n(n+1)(n+2) - (n-1)n(n+1)$
$= 3n(n+1)$
$\therefore a_n = 3(n+1) \ (n \geq 2) \cdots \bigcirc$

주어진 등식에 $n=1$을 대입하면 $\sum\limits_{k=1}^{1} ka_k = a_1 = 6$이고,

$\bigcirc$에 $n=1$을 대입해도 $a_1 = 3 \times 2 = 6$이므로 $\sum\limits_{k=1}^{1} ka_k = 1 \times 2 \times 3 = 6$
모든 자연수 n에 대하여 $a_n = 3(n+1)$이다.

$\therefore \sum\limits_{k=1}^{10} a_k = \sum\limits_{k=1}^{10} (3k+3) = 3 \times \dfrac{10 \times 11}{2} + 30 = 195$

> $\sum\limits_{k=1}^{n} k = \dfrac{n(n+1)}{2}$, $\sum\limits_{k=1}^{n} c = cn$ (단, c는 상수)

H 81 정답 2 * $\sum\limits_{k=1}^{n} a_k$와 a_n 사이의 관계 ········· [정답률 67%]

(정답 공식: S_n을 알면 a_n도 구할 수 있다.)

수열 $\{a_n\}$이 $\sum\limits_{k=1}^{n} a_k = 2n - 1$을 만족시킬 때, a_{10}의 값을 구하시오. (3점)
단서 $S_n = \sum\limits_{k=1}^{n} a_k$이니까 수열의 합을 일반항으로 나타내어야 a_{10}의 값을 구할 수 있지.

1st 수열의 합을 일반항으로 나타내어 a_{10}의 값을 구해.
> $a_n = S_n - S_{n-1}(n \geq 2)$을 이용하면 일반항도 구할 수 있어.
첫째항부터 제n항까지의 합을 S_n이라 하면

$S_n = \sum\limits_{k=1}^{n} a_k = 2n - 1$이고,

$a_n = S_n - S_{n-1} \ (n \geq 2)$이므로

$a_n = 2n - 1 - 2(n-1) + 1 = 2 \ (n \geq 2)$
$\therefore a_{10} = 2$

> $n=1$일 때도 $S_n - S_{n-1}$을 이용하여 구한 일반항이 성립할까?
> $a_1 = S_1 = 2 \times 1 - 1 = 1 \neq 2$이니까 아니네. 하지만 구하는 건 제10항이니까 상관없지?

🖊️ **톡톡 풀이:** $a_n = S_n - S_{n-1}(n \geq 2)$을 이용해서 계산하기

시그마의 의미를 잘 보면 $\sum\limits_{k=1}^{n}$은 첫째항에서 제n항까지의 합을 표시하는 거지?

a_{10}을 구하기 위해서는 제10항까지 합에서 제9항까지의 합을 빼주면 구할 수 있겠지? $(a_1 + a_2 + \cdots + a_{10}) - (a_1 + a_2 + \cdots + a_9)$

$\therefore a_{10} = \sum\limits_{k=1}^{10} a_k - \sum\limits_{k=1}^{9} a_k = (2 \times 10 - 1) - (2 \times 9 - 1) = 19 - 17 = 2$
> $= S_{10} - S_9$

H 82 정답 ① * $\sum\limits_{k=1}^{n} a_k$와 a_n 사이의 관계 ········· [정답률 83%]

[정답 공식: 등비수열 $\{a_n\}$의 일반항이 $a_n = a_1 r^{n-1}$일 때, S_n은
$S_n = \dfrac{a_1(r^n - 1)}{r-1}$ (단, $r \neq 1$)이다.]

모든 항이 양수인 등비수열 $\{a_n\}$의 첫째항부터 제n항까지의 합을 S_n이라 하자.   **단서** 등비수열의 합의 공식을 기억하고 있어야 해.

$a_1 = 3$, $\dfrac{S_6}{S_5 - S_2} = \dfrac{a_2}{2}$일 때, a_4의 값은? (4점)

① 6   ② 9   ③ 12   ④ 15   ⑤ 18

1st $r = 1$인 경우를 생각해봐.   **주의** 등비수열의 합의 공식은 공비가 1이 아닌 경우에만 적용할 수 있어. 공비가 1인 경우는 따로 확인해야 해.

등비수열 $\{a_n\}$의 $a_1 = 3$이고, 공비를 $r \ (r > 0)$라 하자.

$r = 1$이면 $a_2 = a_1 r = 3 \times 1 = 3$이므로 (우변)$= \dfrac{a_2}{2} = \dfrac{3}{2}$
> $a_n = a_1 r^{n-1} = 3 \times 1^{n-1} = 3$이므로 수열 $\{a_n\}$은 모든 항이 3인 수열이야.

(좌변)$= \dfrac{S_6}{S_5 - S_2} = \dfrac{3 \times 6}{3 \times 5 - 3 \times 2} = \dfrac{6}{3} = 2$
> $r = 1$이면 $a_1 = a_2 = a_3 = \cdots = a_n$이므로 $S_n = 3n$이야.

따라서 $\dfrac{S_6}{S_5 - S_2} = \dfrac{a_2}{2}$가 성립하지 않으므로 $r \neq 1$

2nd $r \neq 1$인 경우를 생각해봐.

(우변)$= \dfrac{a_2}{2} = \dfrac{3r}{2}$이고,

(좌변)$= \dfrac{S_6}{S_5 - S_2} = \dfrac{\dfrac{3(r^6 - 1)}{r-1}}{\dfrac{3(r^5-1)}{r-1} - \dfrac{3(r^2-1)}{r-1}} = \dfrac{r^6 - 1}{r^5 - r^2}$

$= \dfrac{(r^3+1)(r^3-1)}{r^2(r^3-1)} = \dfrac{r^3+1}{r^2}$

이므로 $\dfrac{r^3+1}{r^2} = \dfrac{3r}{2}$에서 $2(r^3+1) = 3r^3$, $r^3 = 2$

$\therefore a_4 = ar^3 = 3 \times 2 = 6$

H 83 정답 ④ * $\sum\limits_{k=1}^{n} a_k$와 a_n 사이의 관계 ········· [정답률 73%]

(정답 공식: S_n을 알면 a_n도 구할 수 있다.)

수열 $\{a_n\}$에 대하여 $\sum\limits_{k=1}^{n} a_k = n^2 - n \ (n \geq 1)$일 때, $\sum\limits_{k=1}^{10} ka_{4k+1}$의 값은?
단서 수열 $\{a_n\}$의 합으로 일반항을 구하여 na_{4n+1}의 일반항을 찾자.   (3점)

① 2960   ② 3000   ③ 3040   ④ 3080   ⑤ 3120

1st 수열의 합으로부터 일반항을 구하자.   ▶ $a_n = S_n - S_{n-1}(n \geq 2)$을 이용해.

수열 $\{a_n\}$의 첫째항부터 제n항까지의 합을 S_n이라 하면

$S_n = \sum\limits_{k=1}^{n} a_k = n^2 - n$이므로 $S_n = \sum\limits_{k=1}^{n} a_k$

$a_n = S_n - S_{n-1} = (n^2 - n) - \{(n-1)^2 - (n-1)\} = 2n - 2 \ (n \geq 2)$

이때, $a_1 = S_1 = 0$이므로 $a_n = 2n - 2 \ (n \geq 1)$
> $a_n = 2n - 2$에 $n=1$을 대입한 값이 $S_1 = 0$과 같으니까.

2nd ka_{4k+1}의 식을 세워 주어진 식의 값을 구하자.

이때, $ka_{4k+1} = k\{2(4k+1) - 2\} = 8k^2$이므로

$\sum\limits_{k=1}^{10} ka_{4k+1} = \sum\limits_{k=1}^{10} 8k^2 = 8\sum\limits_{k=1}^{10} k^2 = 8 \times \dfrac{10 \times 11 \times 21}{6} = 3080$

H 84 정답 **15** * $\sum\limits_{k=1}^{n}a_k$와 a_n 사이의 관계 ········· [정답률 46%]

(정답 공식: $a_nb_n=c_n$으로 두면 c_n의 일반항을 구할 수 있다.)

> **단서 1** 첫째항과 공차가 주어진 등차수열 $\{a_n\}$의 일반항 a_n을 구할 수 있지.
>
> 첫째항이 2, 공차가 4인 등차수열 $\{a_n\}$에 대하여
>
> $$\sum_{k=1}^{n}a_kb_k=4n^3+3n^2-n$$ 일 때, b_5의 값을 구하시오. (4점)
>
> **단서 2** 주어진 수열의 합을 이용하여 수열의 합과 일반항 사이의 관계를 이용하여 b_n을 유도할 수 있어.

1st 먼저 등차수열 $\{a_n\}$의 일반항 a_n을 구하자.

첫째항이 2, 공차가 4인 등차수열 $\{a_n\}$의 일반항 a_n을 구하면

$a_n=2+(n-1)\times4=4n-2$ ··· ㉠   첫째항이 a, 공차가 d인 등차수열 $\{a_n\}$ 의 일반항은 $a_n=a+(n-1)d$

2nd 수열의 합과 일반항 사이의 관계를 이용하자.

$$\sum_{k=1}^{n}a_kb_k=4n^3+3n^2-n=n(4n^2+3n-1)=n(n+1)(4n-1)$$

이므로 $\sum\limits_{k=1}^{n}a_kb_k=S_n$이라 놓으면

$$S_n-S_{n-1}=\sum_{k=1}^{n}a_kb_k-\sum_{k=1}^{n-1}a_kb_k$$
$$\sum\limits_{k=1}^{n}a_kb_k-\sum\limits_{k=1}^{n-1}a_kb_k=(a_1b_1+a_2b_2+\cdots+a_nb_n)$$
$$-(a_1b_1+a_2b_2+\cdots+a_{n-1}b_{n-1})$$
$$=a_nb_n$$

$$=n(n+1)(4n-1)-(n-1)n\{4(n-1)-1\}$$
$$=n(12n-6)=6n(2n-1)\ (n\geq2)$$
S_n-S_{n-1}에서 $n\geq2$이어야 해.

3rd 구한 a_n을 대입하여 b_n을 유도하여 b_5의 값을 구하자.

즉, $a_nb_n=6n(2n-1)$이므로 ㉠을 대입하면

$(4n-2)b_n=6n(2n-1)$, $2(2n-1)b_n=6n(2n-1)$

$\therefore b_n=3n\ (n\geq2)\Rightarrow b_5=3\times5=15$

> **주의** $n\geq2$이므로 $2n-1\neq0$이므로 양변을 $2n-1$로 나눈 거야.

H 85 정답 **120** * $\sum\limits_{k=1}^{n}a_k$와 a_n 사이의 관계 ········· [정답률 43%]

(정답 공식: $(2n-1)a_n=b_n$으로 두고 b_n의 일반항을 먼저 구해 본다.)

> 수열 $\{a_n\}$에 대하여
>
> $$\sum_{k=1}^{n}(2k-1)a_k=n(n+1)(4n-1)$$
>
> 일 때, a_{20}의 값을 구하시오. (4점)
>
> **단서** 수열의 합에 대한 식이 주어졌으니까 수열의 합과 일반항 사이의 관계를 이용하여 일반항을 구할 수 있어.

1st 주어진 식을 S_n이라 놓고 a_n을 유도해 보자.

$$\sum_{k=1}^{n}(2k-1)a_k=n(n+1)(4n-1)=S_n$$이라 놓자.

$\underline{S_n-S_{n-1}=(2n-1)a_n\ (n\geq2)}$이므로

$S_n-S_{n-1}=\sum\limits_{k=1}^{n}(2k-1)a_k-\sum\limits_{k=1}^{n-1}(2k-1)a_k$
$(2n-1)a_n$ $=a_1+3a_2+5a_3+\cdots+(2n-1)a_n-\{a_1+3a_2+\cdots+(2n-3)a_{n-1}\}$
$=(2n-1)a_n$

$=n(n+1)(4n-1)-(n-1)n\{4(n-1)-1\}$
$=n(n+1)(4n-1)-(n-1)n(4n-5)$
$=n\{(n+1)(4n-1)-(n-1)(4n-5)\}$
$=n(4n^2+3n-1-4n^2+9n-5)$
$=n(12n-6)=6n(2n-1)\underline{(n\geq2)}$ S_n-S_{n-1}에서 $n\geq2$이어야 해.

2nd 수열 $\{a_n\}$의 일반항 a_n을 구하여 a_{20}의 값을 계산하자.

$(2n-1)a_n=6n(2n-1)$이므로

$\underline{a_n=6n\ (n\geq2)}$ → $n\geq2$에서 $2n-1>0$, 즉 $2n-1\neq0$이니까 양변을 $2n-1$로 나눈 거야.

$\therefore a_{20}=6\times20=120$

H 86 정답 **358** * $\sum\limits_{k=1}^{n}a_k$와 a_n 사이의 관계 ········· [정답률 46%]

[정답 공식: 수열 a_n의 첫째항부터 제n항까지의 합을 S_n이라 하면 $a_1=S_1$, $a_n=S_n-S_{n-1}\ (n\geq2)$]

> 수열 $\{a_n\}$의 첫째항부터 제n항까지의 합을 S_n이라 하자.
>
> 모든 자연수 n에 대하여 $S_n=\dfrac{n}{2n+1}$일 때,
>
> **단서** 수열 $\{a_n\}$의 일반항을 $a_n=S_n-S_{n-1}$로 구할 수 있지.
>
> $$\sum_{k=1}^{6}\frac{1}{a_k}$$의 값을 구하시오. (4점)

1st $S_n=\dfrac{n}{2n+1}$을 이용하여 수열 $\{a_n\}$의 일반항을 구해.

$a_1=S_1=\dfrac{1}{3}$

$n\geq2$일 때,

$a_n=S_n-S_{n-1}$

$=\dfrac{n}{2n+1}-\dfrac{n-1}{2(n-1)+1}=\dfrac{n}{2n+1}-\dfrac{n-1}{2n-1}$

$=\dfrac{n(2n-1)-(n-1)(2n+1)}{(2n+1)(2n-1)}$

$=\dfrac{2n^2-n-(2n^2-n-1)}{(2n+1)(2n-1)}$

$=\dfrac{1}{4n^2-1}$

2nd $\sum\limits_{k=1}^{6}\dfrac{1}{a_k}$의 값을 구해.

$a_n=\dfrac{1}{4n^2-1}\ (n\geq2)$에 $k=1$을 대입하면

$a_1=\dfrac{1}{3}=S_1$이므로

> **주의** 수열의 합과 일반항 사이의 관계로 구한 일반항은 $n\geq2$ 에서만 성립함에 주의해야 하지. $n=1$인 경우는 따로 확인을 해야해.

모든 자연수 n에 대하여 $a_n=\dfrac{1}{4n^2-1}$이다.

$\therefore \sum\limits_{k=1}^{6}\dfrac{1}{a_k}=\sum\limits_{k=1}^{6}(4k^2-1)$

$=4\sum\limits_{k=1}^{6}k^2-\sum\limits_{k=1}^{6}1$ → $1^2+2^2+3^2+\cdots+n^2=\sum\limits_{k=1}^{n}k^2=\dfrac{n(n+1)(2n+1)}{6}$ 이 성립하지.

$=4\times\dfrac{6\times7\times13}{6}-6$

$=364-6=358$

H 87 정답 **③** * $\sum\limits_{k=1}^{n}a_k$와 a_n 사이의 관계 ········· [정답률 56%]

[정답 공식: 수열 $\{a_n\}$에 대하여 $S_n=\sum\limits_{k=1}^{n}a_k$라 하면 $a_1=S_1$, $a_n=S_n-S_{n-1}\ (n\geq2)$이다.]

> 수열 $\{a_n\}$이 다음 조건을 만족시킨다.
>
> (가) $a_{12}-a_{10}=5$ **단서** 수열의 합과 일반항 사이의 관계를 이용해.
>
> (나) 모든 자연수 n에 대하여 $\sum\limits_{k=1}^{n}a_{2k}=\sum\limits_{k=1}^{n}a_{2k-1}+n^2$이다.
>
> $a_9=16$일 때, a_{11}의 값은? (4점)
>
> ① 17 ② 18 ③ 19 ④ 20 ⑤ 21

1st 조건 (나)의 식을 변형하여 a_{2n}과 a_{2n-1} 사이의 관계식을 구해.

조건 (나)에서 모든 자연수 n에 대하여 $\sum\limits_{k=1}^{n} a_{2k}=\sum\limits_{k=1}^{n} a_{2k-1}+n^2$이

성립하므로 $\sum\limits_{k=1}^{n} a_{2k}-\sum\limits_{k=1}^{n} a_{2k-1}=n^2$

$\therefore \sum\limits_{k=1}^{n}(a_{2k}-a_{2k-1})=n^2 \cdots$ ㉠ → 두 수열 $\{a_n\}$, $\{b_n\}$에 대하여

$\sum\limits_{k=1}^{n} a_k \pm \sum\limits_{k=1}^{n} b_k = \sum\limits_{k=1}^{n}(a_k \pm b_k)$ (복호동순)

즉, $n \geq 2$인 자연수 n에 대하여

$\sum\limits_{k=1}^{n-1}(a_{2k}-a_{2k-1})=(n-1)^2 \cdots$ ㉡이므로 ㉠－㉡을 하면

$\underbrace{\sum\limits_{k=1}^{n}(a_{2k}-a_{2k-1})-\sum\limits_{k=1}^{n-1}(a_{2k}-a_{2k-1})}_{a_{2k}-a_{2k-1}=b_k라 하면}=n^2-(n-1)^2$

$\sum\limits_{k=1}^{n}(a_{2k}-a_{2k-1})-\sum\limits_{k=1}^{n-1}(a_{2k}-a_{2k-1})=\sum\limits_{k=1}^{n} b_k-\sum\limits_{k=1}^{n-1} b_k$
$=b_n=a_{2n}-a_{2n-1}$

$\therefore a_{2n}-a_{2n-1}=n^2-(n^2-2n+1)=2n-1 \ (n \geq 2)$

이때, ㉠에 의하여 $a_2-a_1=1^2=1$이므로

$\underline{a_{2n}-a_{2n-1}=2n-1 \ (n \geq 1)} \cdots$ ㉢
$a_{2n}-a_{2n-1}=2n-1$의 양변에 $n=1$을 대입하면 $a_2-a_1=2 \times 1-1=1$이고
이 값은 ㉠의 양변에 $n=1$을 대입한 값과 같으므로 $n \geq 1$에서 성립해.

2nd a_{11}의 값을 구해.

㉢에 $n=5$를 대입하면 $a_{10}-a_9=2 \times 5-1=9$

이때, $a_9=16$이므로 $a_{10}-16=9$에서 $a_{10}=25$

이것을 조건 (가)의 $a_{12}-a_{10}=5$에 대입하면 $a_{12}-25=5$

$\therefore a_{12}=30$

또, ㉢에 $n=6$을 대입하면 $a_{12}-a_{11}=2 \times 6-1=11$

즉, $30-a_{11}=11$에서 $a_{11}=19$

다른 풀이: n 대신 $1, 2, 3, \cdots$을 차례로 대입하여 수열 $\{a_{2n}-a_{2n-1}\}$의 일반항 구하기

조건 (나)의 $\sum\limits_{k=1}^{n} a_{2k}=\sum\limits_{k=1}^{n} a_{2k-1}+n^2$에서 $\sum\limits_{k=1}^{n}(a_{2k}-a_{2k-1})=n^2$

이 식의 양변에 n 대신 $1, 2, 3, \cdots$을 차례로 대입하면

$a_2-a_1=1^2=1$ ← $n=1$ 대입

$(a_4-a_3)+(a_2-a_1)=2^2=4$ ← $n=2$ 대입

$\therefore a_4-a_3=4-(a_2-a_1)=4-1=3$

$(a_6-a_5)+(a_4-a_3)+(a_2-a_1)=3^2=9$ ← $n=3$ 대입

$\therefore a_6-a_5=9-\{(a_4-a_3)+(a_2-a_1)\}=9-4=5$

$(a_8-a_7)+(a_6-a_5)+(a_4-a_3)+(a_2-a_1)=4^2=16$ ← $n=4$ 대입

$\therefore a_8-a_7=16-\{(a_6-a_5)+(a_4-a_3)+(a_2-a_1)\}=16-9=7$
$\vdots$

따라서 수열 $\{a_{2n}-a_{2n-1}\}$은 첫째항이 1이고 공차가 2인

등차수열이므로 $a_{2n}-a_{2n-1}=1+(n-1)\times 2=2n-1$

(이하 동일) 첫째항이 a이고 공차가 d인 등차수열 $\{a_n\}$의 일반항은 $a_n=a+(n-1)d$야.

H88 정답 ④ ＊$\sum$의 활용 − 부분분수 ·········· [정답률 63%]

[**정답 공식:** 나머지정리에 의해 x에 대한 다항식 $f(x)$를 $x-n$으로 나눈 나머지는 $f(n)$이다.]

n이 자연수일 때, x에 대한 다항식 $x^3+(1-n)x^2+n$을 $x-n$으로 나눈 나머지를 a_n이라 하자. **단서** x에 대한 다항식 $f(x)$를 $x-a$로 나눈 나머지는 나머지정리를 이용하자.
$\sum\limits_{n=1}^{10} \dfrac{1}{a_n}$의 값은? (3점)

① $\dfrac{7}{8}$　② $\dfrac{8}{9}$　③ $\dfrac{9}{10}$　④ $\dfrac{10}{11}$　⑤ $\dfrac{11}{12}$

1st 나머지 a_n을 구하자.

$f(x)=x^3+(1-n)x^2+n$이라 할 때, $a_n=f(n)$이므로
$a_n=n^3+(1-n)n^2+n=n(n+1)$
나머지정리에 의해 $f(x)$를 $x-n$으로 나눈 나머지는 $f(n)$이야.

2nd 부분분수를 이용하여 합을 구하자. **실수**

$\sum\limits_{n=1}^{10} \dfrac{1}{n(n+1)}=\sum\limits_{n=1}^{10}\left(\dfrac{1}{n}-\dfrac{1}{n+1}\right)$

부분분수
$\dfrac{1}{AB}=\dfrac{1}{B-A}\left(\dfrac{1}{A}-\dfrac{1}{B}\right)$
(단, $A \neq B$)을 이용해.

$=\left(1-\dfrac{1}{2}\right)+\left(\dfrac{1}{2}-\dfrac{1}{3}\right)+\cdots+\left(\dfrac{1}{10}-\dfrac{1}{11}\right)$

$=1-\dfrac{1}{11}=\dfrac{10}{11}$

H89 정답 ⑤ ＊$\sum$의 활용 − 부분분수 ·········· [정답률 81%]

[**정답 공식:** $\dfrac{1}{k(k+1)}=\dfrac{1}{k}-\dfrac{1}{k+1}$]

$\sum\limits_{k=1}^{n} \dfrac{4}{k(k+1)}=\dfrac{15}{4}$일 때, n의 값은? (3점)
단서 유리식과 시그마가 주어진 경우 부분분수를 이용하여 정리하자.
① 11　② 12　③ 13　④ 14　⑤ 15

1st 부분분수의 공식을 이용하자. $\dfrac{1}{AB}=\dfrac{1}{B-A}\left(\dfrac{1}{A}-\dfrac{1}{B}\right)$

$\sum\limits_{k=1}^{n} \dfrac{④}{k(k+1)}=4\sum\limits_{k=1}^{n} \dfrac{1}{k(k+1)}=4\sum\limits_{k=1}^{n}\left(\dfrac{1}{k}-\dfrac{1}{k+1}\right)$
상수
$\sum\limits_{k=1}^{n} ck=c\sum\limits_{k=1}^{n} k$야.

$=4\left\{\left(\dfrac{1}{1}-\dfrac{1}{2}\right)+\left(\dfrac{1}{2}-\dfrac{1}{3}\right)+\cdots+\left(\dfrac{1}{n}-\dfrac{1}{n+1}\right)\right\}$

$=4\left(1-\dfrac{1}{n+1}\right)=\dfrac{4n}{n+1}$

2nd 주어진 값을 이용하여 n의 값을 구하자.

따라서 $\dfrac{4n}{n+1}=\dfrac{15}{4}$이므로 $16n=15(n+1)$ $\therefore n=15$
$\dfrac{n}{n+1}=\dfrac{15}{16}$이니까 $n=15$야.

H90 정답 ② ＊$\sum$의 활용 − 부분분수 ·········· [정답률 91%]

[**정답 공식:** $\dfrac{1}{AB}=\dfrac{1}{B-A}\left(\dfrac{1}{A}-\dfrac{1}{B}\right)$을 이용한다.]

수열 $\{a_n\}$의 일반항이 $a_n=2n+1$일 때, $\sum\limits_{n=1}^{12} \dfrac{1}{a_n a_{n+1}}$의 값은?
단서 일반항 a_n이 n에 대한 일차식이니까 $\dfrac{1}{a_n a_{n+1}}$이 부분분수로 분해될 수 있다고 생각하고 문제에 접근해. (3점)
① $\dfrac{1}{9}$　② $\dfrac{4}{27}$　③ $\dfrac{5}{27}$　④ $\dfrac{2}{9}$　⑤ $\dfrac{7}{27}$

1st $\dfrac{1}{a_n a_{n+1}}$을 n에 대하여 나타내자.

$a_n=2n+1$에서 $a_{n+1}=2(n+1)+1=2n+3$이므로

$\dfrac{1}{a_n a_{n+1}}=\dfrac{1}{(2n+1)(2n+3)}$ $\dfrac{1}{AB}=\dfrac{1}{B-A}\left(\dfrac{1}{A}-\dfrac{1}{B}\right)$

$=\dfrac{1}{(2n+3)-(2n+1)}\left(\dfrac{1}{2n+1}-\dfrac{1}{2n+3}\right)$

$=\dfrac{1}{2}\left(\dfrac{1}{2n+1}-\dfrac{1}{2n+3}\right)$

2nd $\sum\limits_{n=1}^{12} \dfrac{1}{a_n a_{n+1}}$의 값을 구하자.

$\therefore \sum\limits_{n=1}^{12} \dfrac{1}{a_n a_{n+1}}=\sum\limits_{n=1}^{12} \dfrac{1}{2}\left(\dfrac{1}{2n+1}-\dfrac{1}{2n+3}\right)$

$=\dfrac{1}{2}\left\{\left(\dfrac{1}{3}-\dfrac{1}{5}\right)+\left(\dfrac{1}{5}-\dfrac{1}{7}\right)+\left(\dfrac{1}{7}-\dfrac{1}{9}\right)+\cdots+\left(\dfrac{1}{25}-\dfrac{1}{27}\right)\right\}$

$=\dfrac{1}{2}\left(\dfrac{1}{3}-\dfrac{1}{27}\right)=\dfrac{1}{2} \times \dfrac{8}{27}=\dfrac{4}{27}$

H 91 정답 ① *∑의 활용–부분분수 ⋯⋯⋯ [정답률 75%]

> 정답 공식: $A \neq B$인 두 식 A, B에 대하여 $\dfrac{1}{AB} = \dfrac{1}{B-A}\left(\dfrac{1}{A} - \dfrac{1}{B}\right)$을 이용하여 $\dfrac{1}{a_k a_{k+1}}$의 식을 간단히 한 뒤, $\sum\limits_{k=1}^{10} \dfrac{1}{a_k a_{k+1}}$의 값을 구한다.

첫째항이 1이고 공차가 3인 등차수열 $\{a_n\}$에 대하여

> **[단서1]** 등차수열 $\{a_n\}$은 공차 d에 대하여 $a_n = dn + \square$ 꼴이므로 $a_n = 3n + \square$이고, $n=1$을 대입하면 $a_1 = 1$이므로 $\square = -2$를 쉽게 알 수 있어서 일반항을 구할 수 있어.

$\sum\limits_{k=1}^{10} \dfrac{1}{a_k a_{k+1}}$의 값은? (3점)

> **[단서2]** 두 항의 곱이 분모에 있는 형태의 문제로 부분분수 분해 공식을 이용해야 함을 알 수 있어.

① $\dfrac{10}{31}$ ② $\dfrac{11}{31}$ ③ $\dfrac{12}{31}$

④ $\dfrac{13}{31}$ ⑤ $\dfrac{14}{31}$

[1st] 등차수열의 일반항을 구하자.

등차수열 $\{a_n\}$의 첫째항이 1, 공차가 3이므로

일반항 $a_n = 1 + 3(n-1) = 3n - 2$이다.
→ 등차수열 $\{a_n\}$의 첫째항을 a, 공차를 d라 하면 $a_n = a + (n-1)d$

[2nd] 부분분수를 이용하여 $\sum\limits_{k=1}^{10} \dfrac{1}{a_k a_{k+1}}$의 값을 구하자.

n 대신에 k를 대입하면 $a_k = 3k - 2$, $a_{k+1} = 3k + 1$이므로

$\sum\limits_{k=1}^{10} \dfrac{1}{a_k a_{k+1}}$

$= \sum\limits_{k=1}^{10} \dfrac{1}{(3k-2)(3k+1)}$

> $3k + 1 - (3k-2) = 3$을 역수로 곱해줘야 한다는 거 잊지마.

$= \sum\limits_{k=1}^{10} \dfrac{1}{3}\left(\dfrac{1}{3k-2} - \dfrac{1}{3k+1}\right)$

부분분수 $\dfrac{1}{AB} = \dfrac{1}{B-A}\left(\dfrac{1}{A} - \dfrac{1}{B}\right)$의 공식을 이용해서 식을 먼저 분리해야 해.

$= \dfrac{1}{3} \sum\limits_{k=1}^{10}\left(\dfrac{1}{3k-2} - \dfrac{1}{3k+1}\right)$

$= \dfrac{1}{3} \times \left\{\left(\dfrac{1}{1} - \dfrac{1}{4}\right) + \left(\dfrac{1}{4} - \dfrac{1}{7}\right) + \cdots + \left(\dfrac{1}{25} - \dfrac{1}{28}\right) + \left(\dfrac{1}{28} - \dfrac{1}{31}\right)\right\}$

$= \dfrac{1}{3} \times \left(\dfrac{1}{1} - \dfrac{1}{31}\right) = \dfrac{10}{31}$

→ 한 항의 우측 값과 다음 항의 좌측 값이 서로 소거되는 형태이니 첫째항의 좌측 값과 마지막 항의 우측 값만 남길 수 있어. 즉 수열의 양 끝이 대칭이 되게 남을 수 밖에 없어.

[주의] 여러 가지 수열의 합에 대한 문제에서 학생들이 주의해야 할 부분은 바로 소거되는 과정을 확인할 필요가 있다는 점이야. 이 수열과 같은 경우는 인접한 두 항이 바로 소거가 되지만, 만약 인접한 두 항이 소거가 되지 않으면 그 다음항도 전개해서 소거가 되는지 확인하고, 소거가 되는 규칙을 확인해야 수열의 양 끝이 대칭이 되도록 뒷 부분 항도 소거를 할 수 있어.

[수능 핵강]

＊ 여러 가지 수열의 합에서 부분분수를 이용하기

여러 가지 수열의 합을 구할 때 다음 순서에 따라 쉽고 정확하게 계산하자.

(ⅰ) 부분분수를 이용하여 수열을 나타내.

(ⅱ) 직접적으로 수열을 나열한 뒤 인접한 항에서 소거되는 부분이 있는지 확인하고, 그 규칙에 따라 끝항까지 소거하고 남은 부분을 확인하자.

(ⅲ) 수열의 첫째항과 끝항, 양 끝이 대칭이 되도록 소거되는지 확인한다.

(ⅳ) 이러한 계산 방법은 나중에 미적분에서의 수열의 극한 내용과 관련하여 극한값을 구하는 내용과도 연계되어 있으니 정확하게 파악하자.

❖ 부분분수를 이용한 수열의 합 개념·공식

$\sum\limits_{k=1}^{n} \dfrac{1}{k(k+1)} = \sum\limits_{k=1}^{n}\left(\dfrac{1}{k} - \dfrac{1}{k+1}\right)$

H 92 정답 ⑤ *∑의 활용–부분분수 ⋯⋯⋯ [정답률 64%]

> 정답 공식: $_nC_r = \dfrac{n!}{r!(n-r)!}$

수열 $\{a_n\}$이 모든 자연수 n에 대하여

$a_n = {}_{n+1}C_2$

> **[단서]** 조합의 수 $_{n+1}C_2$를 계산하면 수열의 일반항 a_n을 구할 수 있지.

를 만족시킬 때, $\sum\limits_{n=1}^{9} \dfrac{1}{a_n}$의 값은? (4점)

① $\dfrac{7}{5}$ ② $\dfrac{3}{2}$ ③ $\dfrac{8}{5}$

④ $\dfrac{17}{10}$ ⑤ $\dfrac{9}{5}$

[1st] 조합의 값을 이용하여 a_n을 구하고 그 역수인 $\dfrac{1}{a_n}$을 구하자.

$a_n = {}_{n+1}C_2 = \dfrac{(n+1)n}{2}$이므로

→ $_nC_r = n(n-1)(n-2)\cdots(n-r+1) = \dfrac{{}_nP_r}{r!}$

$\dfrac{1}{a_n} = \dfrac{2}{n(n+1)} = 2\left(\dfrac{1}{n} - \dfrac{1}{n+1}\right)$

$\dfrac{1}{AB} = \dfrac{1}{B-A}\left(\dfrac{1}{A} - \dfrac{1}{B}\right)$ (단, $A \neq B$)

[2nd] ∑의 정의를 이용하여 값을 구하자.

$\therefore \sum\limits_{n=1}^{9} \dfrac{1}{a_n} = 2 \sum\limits_{n=1}^{9}\left(\dfrac{1}{n} - \dfrac{1}{n+1}\right)$

$= 2\left\{\left(1 - \dfrac{1}{2}\right) + \left(\dfrac{1}{2} - \dfrac{1}{3}\right) + \cdots + \left(\dfrac{1}{9} - \dfrac{1}{10}\right)\right\}$

$= 2\left(1 - \dfrac{1}{10}\right) = 2 \times \dfrac{9}{10} = \dfrac{9}{5}$

H 93 정답 ⑤ *∑의 활용–부분분수 ⋯⋯⋯ [정답률 76%]

> 정답 공식: 부분분수 $\dfrac{1}{AB} = \dfrac{1}{B-A}\left(\dfrac{1}{A} - \dfrac{1}{B}\right)$을 이용한다.

$\sum\limits_{k=1}^{7} \dfrac{1}{(k+1)(k+2)}$의 값은? (3점)

> **[단서]** 부분분수를 이용하여 수열의 합을 계산하면 돼.

① $\dfrac{1}{6}$ ② $\dfrac{2}{9}$ ③ $\dfrac{5}{18}$

④ $\dfrac{1}{3}$ ⑤ $\dfrac{7}{18}$

[1st] $\dfrac{1}{(k+1)(k+2)}$을 부분분수로 표현하자.

$\dfrac{1}{(k+1)(k+2)} = \dfrac{1}{(k+1)} - \dfrac{1}{(k+2)}$

$\dfrac{1}{AB} = \dfrac{1}{B-A}\left(\dfrac{1}{A} - \dfrac{1}{B}\right)$

[2nd] $k=1$부터 $k=7$까지 대입하자.

$\sum\limits_{k=1}^{7} \dfrac{1}{(k+1)(k+2)}$

$= \sum\limits_{k=1}^{7}\left(\dfrac{1}{k+1} - \dfrac{1}{k+2}\right)$

$= \left(\dfrac{1}{2} - \dfrac{1}{3}\right) + \left(\dfrac{1}{3} - \dfrac{1}{4}\right) + \left(\dfrac{1}{4} - \dfrac{1}{5}\right) + \cdots + \left(\dfrac{1}{8} - \dfrac{1}{9}\right)$

→ k 대신 $1, 2, 3, \cdots, 7$을 대입해서 모두 더하면 소거되는 항이 생겨.

$= \dfrac{1}{2} - \dfrac{1}{9} = \dfrac{7}{18}$

[정답 공식: 부분분수 $\dfrac{1}{AB}=\dfrac{1}{B-A}\left(\dfrac{1}{A}-\dfrac{1}{B}\right)$이다. (단, $A\neq B$)]

자연수 n에 대하여 곡선 $y=x^2$과 직선 $y=\sqrt{n}x$가 만나는 서로 다른 두 점 사이의 거리를 $f(n)$이라 하자.

$\displaystyle\sum_{n=1}^{10}\dfrac{1}{\{f(n)\}^2}$의 값은? (3점)

단서 두 식을 연립하여 나온 이차방정식으로 두 교점의 x좌표를 구할 수 있어.

① $\dfrac{9}{11}$　　② $\dfrac{19}{22}$　　③ $\dfrac{10}{11}$

④ $\dfrac{21}{22}$　　⑤ 1

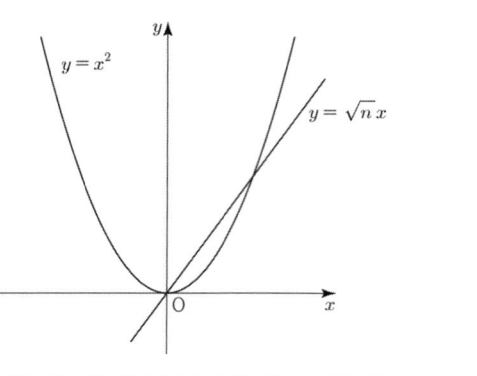

1st 두 점 사이의 거리 $f(n)$을 식으로 나타내자.

곡선 $y=x^2$과 직선 $y=\sqrt{n}x$가 만나는 두 점의 좌표를 구하려면 다음 방정식의 해를 구하면 된다.

$x^2=\sqrt{n}x$, $x(x-\sqrt{n})=0$

$\therefore x=0$ 또는 $x=\sqrt{n}$

따라서 곡선 $y=x^2$과 직선 $y=\sqrt{n}x$가 만나는 서로 다른 두 점의 좌표는 $(0,0)$, $(\sqrt{n},n)$이므로

$f(n)=\sqrt{(\sqrt{n}-0)^2+(n-0)^2}=\sqrt{n+n^2}$

2nd $\displaystyle\sum_{n=1}^{10}\dfrac{1}{\{f(n)\}^2}$의 값을 구해.

$\{f(n)\}^2=(\sqrt{n+n^2})^2=n+n^2=n(n+1)$이므로

$\displaystyle\sum_{n=1}^{10}\dfrac{1}{\{f(n)\}^2}=\sum_{n=1}^{10}\dfrac{1}{n(n+1)}=\sum_{n=1}^{10}\left(\dfrac{1}{n}-\dfrac{1}{n+1}\right)$

$=\left(1-\dfrac{1}{2}\right)+\left(\dfrac{1}{2}-\dfrac{1}{3}\right)+\cdots+\left(\dfrac{1}{10}-\dfrac{1}{11}\right)$

$=1-\dfrac{1}{11}=\dfrac{10}{11}$

→ 분모가 곱의 형태이니 $\dfrac{1}{AB}=\dfrac{1}{B-A}\left(\dfrac{1}{A}-\dfrac{1}{B}\right)$ (단, $A\neq B$)임을 이용해 봐.

✿ ∑의 활용 – 유리식과 무리식　　개념·공식

(1) 부분분수를 이용한 수열의 합

$\displaystyle\sum_{k=1}^{n}\dfrac{1}{k(k+1)}=\sum_{k=1}^{n}\left(\dfrac{1}{k}-\dfrac{1}{k+1}\right)$

(2) 근호를 포함한 식으로 나타내어지는 수열의 합

　(i) 일반항의 분모를 유리화한다.

　(ii) 합의 기호 ∑를 풀어 계산한다.

[정답 공식: 원 $(x-m)^2+(y-n)^2=r^2$의 중심과 직선 $ax+by+c=0$ 사이의 거리가 d일 때, 원과 직선이 접하면 $r=d$가 성립한다.]

자연수 n에 대하여 좌표평면 위의 점 $(n,0)$을 중심으로 하고 반지름의 길이가 1인 원을 O_n이라 하자.

점 $(-1,0)$을 지나고 원 O_n과 제1사분면에서 접하는 직선의 기울기를 a_n이라 할 때, $\displaystyle\sum_{n=1}^{5}a_n^2$의 값은? (3점)

단서 원과 직선이 접하므로 원의 반지름의 길이와 원의 중심과 직선 사이의 거리가 같아.

① $\dfrac{1}{2}$　　② $\dfrac{23}{42}$　　③ $\dfrac{25}{42}$

④ $\dfrac{9}{14}$　　⑤ $\dfrac{29}{42}$

1st 원의 중심과 접선 사이의 거리를 구하자.

점 $(n,0)$을 중심으로 하고 반지름의 길이가 1인 원 O_n을 구하면

$(x-n)^2+y^2=1$

점 $(-1,0)$을 지나고 원 O_n과 제1사분면에 접하는 직선의 기울기 a_n인 직선의 방정식은

점 (x_1,y_1)을 지나고 기울기가 m인 직선의 방정식 $y-y_1=m(x-x_1)$

$y-0=a_n(x+1)$

$\therefore a_nx-y+a_n=0$

원의 중심 $(n,0)$과 직선 $a_nx-y+a_n=0$ $(a_n>0)$ 사이의 거리를 d라 하면

$d=\dfrac{|a_n(n+1)|}{\sqrt{a_n^2+(-1)^2}}$ 점 (x_1,y_1)과 직선 $ax+by+c=0$ 사이의 거리는 $\dfrac{|ax_1+by_1+c|}{\sqrt{a^2+b^2}}$

2nd 기울기 a_n을 구하자.

원 O_n과 직선 $a_nx-y+a_n=0$이 접하므로 원의 중심과 직선 사이의 거리 d는 반지름의 길이 1과 같다.

[원과 직선의 관계] 반지름의 길이가 r인 원의 중심과 직선 사이의 거리가 d일 때, (1) 만나지 않는다. : $d>r$ (2) 한 점에서 만난다.(접한다.) : $d=r$ (3) 두 점에서 만난다. : $d<r$

$\dfrac{|a_n(n+1)|}{\sqrt{a_n^2+(-1)^2}}=1$

$|a_n(n+1)|=\sqrt{a_n^2+1}$

양변을 제곱하면

$\{a_n(n+1)\}^2=a_n^2+1$

$a_n^2(n^2+2n+1)=a_n^2+1$

$a_n^2(n^2+2n)=1$

$\therefore a_n^2=\dfrac{1}{n^2+2n}$

$=\dfrac{1}{n(n+2)}$

3rd 부분분수 $\dfrac{1}{AB}=\dfrac{1}{B-A}\left(\dfrac{1}{A}-\dfrac{1}{B}\right)$을 이용하자.

$\displaystyle\sum_{n=1}^{5}a_n^2=\sum_{n=1}^{5}\dfrac{1}{n(n+2)}=\dfrac{1}{2}\sum_{n=1}^{5}\left(\dfrac{1}{n}-\dfrac{1}{n+2}\right)$

$\dfrac{1}{n(n+2)}=\dfrac{1}{(n+2)-n}\left(\dfrac{1}{n}-\dfrac{1}{n+2}\right)=\dfrac{1}{2}\left(\dfrac{1}{n}-\dfrac{1}{n+2}\right)$

$=\dfrac{1}{2}\left\{\left(\dfrac{1}{1}-\dfrac{1}{3}\right)+\left(\dfrac{1}{2}-\dfrac{1}{4}\right)+\left(\dfrac{1}{3}-\dfrac{1}{5}\right)+\left(\dfrac{1}{4}-\dfrac{1}{6}\right)+\left(\dfrac{1}{5}-\dfrac{1}{7}\right)\right\}$

$=\dfrac{1}{2}\left(\dfrac{1}{1}+\dfrac{1}{2}-\dfrac{1}{6}-\dfrac{1}{7}\right)$

$=\dfrac{25}{42}$

H 96 정답 201 ＊∑의 활용 – 부분분수 ━━━━━━ [정답률 53%]

(정답 공식: n이 자연수이므로 정수 $k=n^2+n=a_n$임을 안다.)

함수 $f(x)=x^2+x-\dfrac{1}{3}$에 대하여 부등식

$f(n)<k<f(n)+1(n=1, 2, 3, \cdots)$

을 만족시키는 정수 k의 값을 a_n이라 하자.

$\displaystyle\sum_{n=1}^{100}\dfrac{1}{a_n}=\dfrac{q}{p}$일 때, $p+q$의 값을 구하시오. (단, p와 q는 서로소인

단서 $f(n)<k<f(n)+1(n=1, 2, 3, \cdots)$에서 $f(n)$과

자연수이다.) (4점) $f(n)+1$이 정수가 아닐 때, 정수 k는 항상 존재해.

1st 주어진 부등식을 만족시키는 정수 k의 값, 즉 a_n을 구하자.

함수 $f(x)=x^2+x-\dfrac{1}{3}$이므로

실수 $f(n)+1$과 $f(n)$의 차이가 1이므로 이 두 수 사이에 존재하는 정수 k는 단 하나만 존재해.

부등식 $f(n)<k<f(n)+1(n=1, 2, 3, \cdots)$은

$n^2+n-\dfrac{1}{3}<k<n^2+n+\dfrac{2}{3}$

k의 값의 범위가 1 차이가 나니까 정수 k가 존재해.

위 부등식을 만족시키는 정수 $k=n^2+n$이므로

$a_n=n^2+n=n(n+1)$

2nd 부분분수를 이용하여 합을 간단히 구하자.

$\displaystyle\sum_{n=1}^{100}\dfrac{1}{a_n}=\sum_{n=1}^{100}\dfrac{1}{n^2+n}=\sum_{n=1}^{100}\dfrac{1}{n(n+1)}$

$\dfrac{1}{AB}=\dfrac{1}{B-A}\left(\dfrac{1}{A}-\dfrac{1}{B}\right)$ (단, $A\neq B$)

$\displaystyle=\sum_{n=1}^{100}\left(\dfrac{1}{n}-\dfrac{1}{n+1}\right)$

$=\left(\dfrac{1}{1}-\dfrac{1}{2}\right)+\left(\dfrac{1}{2}-\dfrac{1}{3}\right)+\cdots+\left(\dfrac{1}{100}-\dfrac{1}{101}\right)$

$=1-\dfrac{1}{101}=\dfrac{100}{101}$

$\therefore p=101, q=100 \Rightarrow p+q=201$

H 97 정답 ① ＊∑의 활용 – 부분분수 ━━━━━━ [정답률 47%]

[정답 공식: $b_n=\dfrac{a_n}{n+1}$이라 하면 b_n의 합을 이용하여 수열 $\{b_n\}$의 일반항을 구할 수 있다.]

수열 $\{a_n\}$이 자연수 n에 대하여 $\displaystyle\sum_{k=1}^{n}\dfrac{a_k}{k+1}=n^2+n$을 만족시킬 때,

$\displaystyle\sum_{n=1}^{10}\dfrac{1}{a_n}$의 값은? (4점)

단서 $b_n=\dfrac{a_n}{n+1}$이라 하고 수열 $\{b_n\}$의 합으로 일반항을 구하여 a_n의 일반항을 찾자.

① $\dfrac{5}{11}$ ② $\dfrac{1}{2}$ ③ $\dfrac{6}{11}$

④ $\dfrac{13}{22}$ ⑤ $\dfrac{7}{11}$

1st 수열의 합으로 일반항을 구하는 방법을 이용하여 일반항 a_n을 구해 보자.

$a_n=S_n-S_{n-1}$ $(n\geq 2)$를 이용해.

$b_n=\dfrac{a_n}{n+1}$이라 하고 수열 $\{b_n\}$의 첫째항부터 제n항까지의 합을

$S_n=\sum_{k=1}^{n}b_k$

$S_n=\displaystyle\sum_{k=1}^{n}\dfrac{a_k}{k+1}=n^2+n$이라 하면

$b_n=S_n-S_{n-1}=n^2+n-\{(n-1)^2+(n-1)\}=2n$ $(n\geq 2)$

이때, $b_1=S_1=2$에서 $b_n=2n$ $(n\geq 1)$이므로

$b_n=2n$에 $n=1$을 대입한 값과 $S_1=2$가 같으니까.

$b_n=2n=\dfrac{a_n}{n+1}$

$\therefore a_n=2n(n+1) \Rightarrow \dfrac{1}{a_n}=\dfrac{1}{2n(n+1)}$

2nd 유리식이 포함된 시그마의 식은 부분분수를 이용하여 합을 계산해.

$\displaystyle\sum_{n=1}^{10}\dfrac{1}{a_n}=\sum_{n=1}^{10}\dfrac{1}{2n(n+1)}$

$\dfrac{1}{AB}=\dfrac{1}{B-A}\left(\dfrac{1}{A}-\dfrac{1}{B}\right)$

$\displaystyle=\dfrac{1}{2}\sum_{n=1}^{10}\left(\dfrac{1}{n}-\dfrac{1}{n+1}\right)$

$=\dfrac{1}{2}\left\{\left(1-\dfrac{1}{2}\right)+\left(\dfrac{1}{2}-\dfrac{1}{3}\right)+\cdots+\left(\dfrac{1}{10}-\dfrac{1}{11}\right)\right\}$

$=\dfrac{1}{2}\left(1-\dfrac{1}{11}\right)=\dfrac{1}{2}\times\dfrac{10}{11}=\dfrac{5}{11}$

🔎 **다른 풀이: 시그마의 정의로 일반항 구하기**

$a_n=S_n-S_{n-1}$이 생각나지 않는다면 시그마의 정의를 이용해도 같은 방법으로 구할 수 있어.

$\displaystyle\sum_{k=1}^{n}\dfrac{a_k}{k+1}=n^2+n$에서

$k=1$부터 $k=n$까지의 합이야.

$\underbrace{\dfrac{a_1}{2}+\dfrac{a_2}{3}+\dfrac{a_3}{4}+\cdots+\dfrac{a_n}{n+1}}_{=S_n}=n^2+n \cdots ㉠$

㉠에 의해 2 이상의 자연수 n에 대하여

$\underbrace{\dfrac{a_1}{2}+\dfrac{a_2}{3}+\dfrac{a_3}{4}+\cdots+\dfrac{a_{n-1}}{n}}_{=S_{n-1}}=(n-1)^2+(n-1) \cdots ㉡$

㉠－㉡을 하면

$\dfrac{a_n}{n+1}=n^2+n-\{(n-1)^2+(n-1)\}=2n$

$\therefore a_n=2n(n+1)$ $(n\geq 2)$

이때, ㉠에서 $\dfrac{a_1}{2}=2$이므로 $a_1=4$

$\therefore a_n=2n(n+1)$ $(n\geq 1)$

(이하 동일)

H 98 정답 30 ＊∑의 활용 – 부분분수 ━━━━━━ [정답률 55%]

[정답 공식: 근과 계수의 관계를 이용하면 $\dfrac{1}{\alpha_n}+\dfrac{1}{\beta_n}=\dfrac{\alpha_n+\beta_n}{\alpha_n\beta_n}$을 n에 대해서 나타낼 수 있다.]

n이 자연수일 때, x에 대한 이차방정식 $x^2-33x+n(n+1)=0$

의 두 근을 α_n, β_n이라 하자. 이때, $\displaystyle\sum_{n=1}^{10}\left(\dfrac{1}{\alpha_n}+\dfrac{1}{\beta_n}\right)$의 값을 구하시오.

단서 이차방정식의 근과 계수의 관계를 이용하여 구해야 하는 시그마를 n의 식으로 표현해. (3점)

1st '이차방정식의 두 근〜'이라고 하면 근과 계수의 관계가 떠올라야지?

$\dfrac{1}{\alpha_n}+\dfrac{1}{\beta_n}$을 n의 식으로 표현해.

이차방정식 $x^2-33x+n(n+1)=0$의 두 근을 α_n, β_n이라 하므로 이차

방정식의 근과 계수의 관계에 의하여

$ax^2+bx+c=0$의 두 근 α, β에 대하여 $\alpha+\beta=-\dfrac{b}{a}, \alpha\beta=\dfrac{c}{a}$야.

$\alpha_n+\beta_n=33, \alpha_n\beta_n=n(n+1)$

$\therefore \dfrac{1}{\alpha_n}+\dfrac{1}{\beta_n}=\dfrac{\alpha_n+\beta_n}{\alpha_n\beta_n}=\dfrac{33}{n(n+1)}$

$\dfrac{1}{AB}=\dfrac{1}{B-A}\left(\dfrac{1}{A}-\dfrac{1}{B}\right)$

2nd 유리식의 시그마 계산은 부분분수를 이용하여 식을 간단히 나타내자.

$\therefore \displaystyle\sum_{n=1}^{10}\left(\dfrac{1}{\alpha_n}+\dfrac{1}{\beta_n}\right)=\sum_{n=1}^{10}\dfrac{33}{n(n+1)}=33\sum_{n=1}^{10}\left(\dfrac{1}{n}-\dfrac{1}{n+1}\right)$

$=33\left\{\left(1-\dfrac{1}{2}\right)+\left(\dfrac{1}{2}-\dfrac{1}{3}\right)+\cdots+\left(\dfrac{1}{10}-\dfrac{1}{11}\right)\right\}$

$=33\left(1-\dfrac{1}{11}\right)=33\times\dfrac{10}{11}=30$

H 99 정답 ③ * ∑의 활용 – 부분분수 ·········· [정답률 47%]

[정답 공식: $\sum_{k=1}^{n}k^2$, $\sum_{k=1}^{n}k$의 값을 이용한다.]

[보기]에서 항상 옳은 것을 모두 고르면? (3점)

[보기]

ㄱ. $\sum_{k=1}^{n}(2k-1)=n^2$ **단서1** 시그마의 성질로 식을 정리해.

ㄴ. $\sum_{k=1}^{n}\dfrac{1}{k}=\dfrac{2}{n(n+1)}$ **단서2** 반례를 들어볼까?

ㄷ. $\sum_{k=1}^{n}\left(\sum_{l=1}^{k}l\right)=\dfrac{n(n+1)(n+2)}{6}$ **단서3** $a_l=l$의 합을 k의 식으로, 다시 그 합을 n의 식으로 표현해야 해.

① ㄱ   ② ㄴ   ③ ㄱ, ㄷ

④ ㄴ, ㄷ   ⑤ ㄱ, ㄴ, ㄷ

1st $\sum_{k=1}^{n}k=\dfrac{n(n+1)}{2}$이라고 $\sum_{k=1}^{n}\dfrac{1}{k}=\dfrac{1}{\sum_{k=1}^{n}k}=\dfrac{2}{n(n+1)}$가 될까? 아니야!

틀린 것은 반례를 하나 들자.

ㄴ. 【반례】 $n=2$일 때, (좌변)$=\sum_{k=1}^{2}\dfrac{1}{k}=1+\dfrac{1}{2}=\dfrac{3}{2}$, (우변)$=\dfrac{2}{2\times3}=\dfrac{1}{3}$

∴ $\sum_{k=1}^{n}\dfrac{1}{k}\neq\dfrac{2}{n(n+1)}$ (거짓)

주의 식을 논리적으로 전개하여 참과 거짓을 판단하여도 좋지만 이처럼 반례를 하나 찾으면 거짓임을 쉽고 빠르게 파악할 수 있어.

2nd 옳은 것은 왜 그런지 ∑의 정의와 성질을 이용하여 증명하자.

ㄱ. $\sum_{k=1}^{n}(2k-1)$ → $\sum_{k=1}^{n}2k-\sum_{k=1}^{n}1=2\sum_{k=1}^{n}k-1\times n$

$=2\sum_{k=1}^{n}k-n$

$=2\times\dfrac{n(n+1)}{2}-n$

$=n^2$ (참)

ㄷ. $\sum_{k=1}^{n}\left(\sum_{l=1}^{k}l\right)=\sum_{k=1}^{n}\dfrac{k(k+1)}{2}$ ← k의 식

$a_l=l$을 $l=1$부터 $l=k$까지 더하는 거야.

$=\dfrac{1}{2}\sum_{k=1}^{n}(k^2+k)$

[자연수의 거듭제곱의 합]
① $\sum_{k=1}^{n}k^2=\dfrac{n(n+1)(2n+1)}{6}$
② $\sum_{k=1}^{n}k=\dfrac{n(n+1)}{2}$

$=\dfrac{1}{2}\left\{\dfrac{n(n+1)(2n+1)}{6}+\dfrac{n(n+1)}{2}\right\}$

$=\dfrac{1}{2}\times\dfrac{n(n+1)}{2}\left(\dfrac{2n+1}{3}+1\right)$

$=\dfrac{1}{2}\times\dfrac{n(n+1)}{2}\times\dfrac{2n+4}{3}$

$=\dfrac{1}{2}\times\dfrac{n(n+1)(2n+4)}{6}$

$=\dfrac{n(n+1)(n+2)}{6}$ (참)

따라서 옳은 것은 ㄱ, ㄷ이다.

✿ ∑의 활용 – 유리식과 무리식   개념·공식

(1) 부분분수를 이용한 수열의 합

$\sum_{k=1}^{n}\dfrac{1}{k(k+1)}=\sum_{k=1}^{n}\left(\dfrac{1}{k}-\dfrac{1}{k+1}\right)$

(2) 근호를 포함한 식으로 나타내어지는 수열의 합

(i) 일반항의 분모를 유리화한다.

(ii) 합의 기호 ∑를 풀어 계산한다.

H 100 정답 ② * ∑의 활용 – 유리화 ·········· [정답률 82%]

(정답 공식: 분모에 근호가 있는 경우, 유리화 해본다.)

❶ 첫째항이 4이고 공차가 1인 등차수열 $\{a_n\}$에 대하여

❷ $\sum_{k=1}^{12}\dfrac{1}{\sqrt{a_{k+1}}+\sqrt{a_k}}$ **단서** 등차수열❶의 일반항을 세워 ❷를 구해야 해. 이때, ❷는 분모에 무리식이 있으니까 유리화 해야겠네.

의 값은? (4점)

① 1   ② 2   ③ 3

④ 4   ⑤ 5

1st $\dfrac{1}{\sqrt{a_{k+1}}+\sqrt{a_k}}$을 유리화를 하여 간단히 정리하자.

$\dfrac{1}{\sqrt{a}+\sqrt{b}}=\dfrac{\sqrt{a}-\sqrt{b}}{(\sqrt{a}+\sqrt{b})(\sqrt{a}-\sqrt{b})}$

$\dfrac{1}{\sqrt{a_{k+1}}+\sqrt{a_k}}$

$=\dfrac{1}{\sqrt{a_{k+1}}+\sqrt{a_k}}\times\dfrac{(\sqrt{a_{k+1}}-\sqrt{a_k})}{(\sqrt{a_{k+1}}-\sqrt{a_k})}$

$=\dfrac{\sqrt{a_{k+1}}-\sqrt{a_k}}{a_{k+1}-a_k}$

이때, 주어진 등차수열의 공차가 1이므로

$a_{k+1}-a_k=1$ → 등차수열은 일정한 수(공차 d)만큼 증가하거나 감소하니까 인접한 두 항의 차는 d야.

∴ $\dfrac{\sqrt{a_{k+1}}-\sqrt{a_k}}{a_{k+1}-a_k}=\sqrt{a_{k+1}}-\sqrt{a_k}$

2nd ∑를 나열하여 계산해 보자.

$\sum_{k=1}^{12}\dfrac{1}{\sqrt{a_{k+1}}+\sqrt{a_k}}=\sum_{k=1}^{12}(\sqrt{a_{k+1}}-\sqrt{a_k})$

$=(\sqrt{a_2}-\sqrt{a_1})+(\sqrt{a_3}-\sqrt{a_2})+\cdots$
$+(\sqrt{a_{12}}-\sqrt{a_{11}})+(\sqrt{a_{13}}-\sqrt{a_{12}})$

$=\sqrt{a_{13}}-\sqrt{a_1}$ ··· ㉠

3rd 등차수열의 일반항을 세워 ㉠에 대입하여 그 값을 구해.

첫째항이 a_1, 공차가 d일 때, $a_n=a_1+(n-1)d$야.

등차수열 $\{a_n\}$은 첫째항이 4이고 공차가 1이므로

$a_n=4+(n-1)\times1=n+3$

이때, $\sqrt{a_{13}}=\sqrt{13+3}=4$, $\sqrt{a_1}=\sqrt{1+3}=2$이므로 ㉠에서

$\sum_{k=1}^{12}\dfrac{1}{\sqrt{a_{k+1}}+\sqrt{a_k}}=\sqrt{a_{13}}-\sqrt{a_1}=4-2=2$

다른 풀이: 등차수열의 일반항을 구하고 대입하여 계산하기

등차수열 $\{a_n\}$은 첫째항이 4이고 공차가 1이니까

$a_n=4+(n-1)\times1=n+3$이야.

∴ $\sum_{k=1}^{12}\dfrac{1}{\sqrt{a_{k+1}}+\sqrt{a_k}}$

$=\sum_{k=1}^{12}\dfrac{1}{\sqrt{k+4}+\sqrt{k+3}}$

$=\sum_{k=1}^{12}\dfrac{\sqrt{k+4}-\sqrt{k+3}}{(\sqrt{k+4}+\sqrt{k+3})(\sqrt{k+4}-\sqrt{k+3})}$

$=\sum_{k=1}^{12}(\sqrt{k+4}-\sqrt{k+3})$

$=(\sqrt{5}-\sqrt{4})+(\sqrt{6}-\sqrt{5})+\cdots+(\sqrt{15}-\sqrt{14})+(\sqrt{16}-\sqrt{15})$

$=\sqrt{16}-\sqrt{4}=4-2=2$

✿ 등차수열의 일반항   개념·공식

첫째항이 a_1, 공차가 d인 등차수열 $\{a_n\}$의 일반항 a_n은
$a_n=a_1+(n-1)d\ (n=1,\ 2,\ 3,\ \cdots)$

정답 ④ ＊∑의 활용-유리화 ………… [정답률 51%]

정답 공식: $\sum_{k=1}^{n}(\sqrt{k+1}-\sqrt{k})=(\sqrt{2}-1)+(\sqrt{3}-\sqrt{2})+\cdots+(\sqrt{n+1}-\sqrt{n})$
$=\sqrt{n+1}-1$

자연수 n에 대하여 직선 $x=n$이 두 곡선 $y=\sqrt{x}$, $y=-\sqrt{x+1}$ 과 만나는 점을 각각 A_n, B_n이라 하자. 삼각형 A_nOB_n의 넓이를 T_n이라 할 때, $\sum_{n=1}^{24}\dfrac{n}{T_n}$의 값은? (단, O는 원점이다.) (4점)

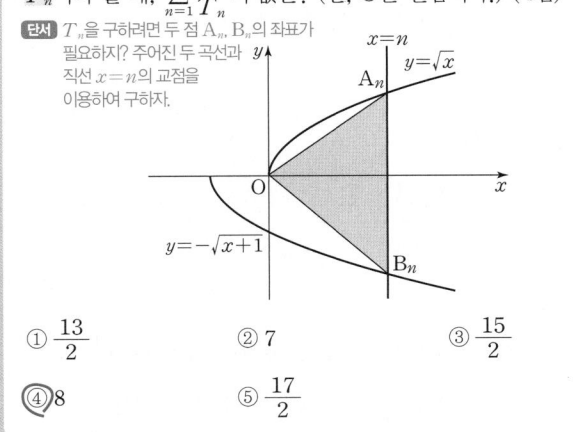

① $\dfrac{13}{2}$
② 7
③ $\dfrac{15}{2}$
④ 8
⑤ $\dfrac{17}{2}$

1st 두 곡선과 직선 $x=n$의 교점의 좌표를 구하여 T_n을 구하자.
직선 $x=n$이 두 곡선 $y=\sqrt{x}$, $y=-\sqrt{x+1}$과 만나는 점은 각각
$A_n(n, \sqrt{n})$, $B_n(n, -\sqrt{n+1})$이다.
삼각형 A_nOB_n에서 높이는 n이고, 밑변은 $\overline{A_nB_n}$이므로
$T_n=\dfrac{1}{2}n(\sqrt{n}+\sqrt{n+1})$ $\overline{A_nB_n}=\sqrt{n}-(-\sqrt{n+1})=\sqrt{n}+\sqrt{n+1}$이므로 $T_n=\dfrac{1}{2}\times n\times \overline{A_nB_n}$

2nd $\sum_{n=1}^{24}\dfrac{n}{T_n}$의 값을 구하자.

$\sum_{n=1}^{24}\dfrac{n}{T_n}=\sum_{n=1}^{24}\dfrac{2n}{n(\sqrt{n}+\sqrt{n+1})}=\sum_{n=1}^{24}\dfrac{2}{\sqrt{n}+\sqrt{n+1}}$
$=\sum_{n=1}^{24}\dfrac{2(\sqrt{n+1}-\sqrt{n})}{(\sqrt{n+1}+\sqrt{n})(\sqrt{n+1}-\sqrt{n})}$
$=2\sum_{n=1}^{24}(\sqrt{n+1}-\sqrt{n})$
$=2\{(\sqrt{2}-1)+(\sqrt{3}-\sqrt{2})+\cdots+(\sqrt{25}-\sqrt{24})\}$
$=2\times(5-1)=8$

분모를 유리화하기 위해 분모, 분자에 $(\sqrt{n+1}-\sqrt{n})$을 곱해.
n에 1부터 24까지의 자연수를 대입해.

정답 9 ＊∑의 활용-유리화 ………… [정답률 52%]

정답 공식: $\dfrac{1}{\sqrt{a}+\sqrt{b}}=\dfrac{\sqrt{a}-\sqrt{b}}{a-b}(a\neq b)$

n이 자연수일 때, x에 대한 이차방정식
$x^2-(2n-1)x+n(n-1)=0$
의 두 근을 α_n, β_n이라 하자.
$\sum_{n=1}^{81}\dfrac{1}{\sqrt{\alpha_n}+\sqrt{\beta_n}}$의 값을 구하시오. (4점)

단서 n이라는 문자가 나와있어서 복잡해 보이지만 인수분해가 되는 이차방정식이야. 인수분해를 하면 바로 해를 구할 수 있어.

1st 이차방정식을 풀어서 α_n, β_n을 구하자.
이차방정식 $x^2-(2n-1)x+n(n-1)=0$에서
$(x-n)(x-n+1)=0$
$\therefore x=n$ 또는 $x=n-1$
즉, $\alpha_n=n$, $\beta_n=n-1$ 또는 $\alpha_n=n-1$, $\beta_n=n$

2nd 시그마의 성질을 이용하여 합을 구해.

$\sum_{n=1}^{81}\dfrac{1}{\sqrt{\alpha_n}+\sqrt{\beta_n}}$
$=\sum_{n=1}^{81}\dfrac{1}{\sqrt{n}+\sqrt{n-1}}$
$\dfrac{1}{\sqrt{n}+\sqrt{n-1}}=\dfrac{\sqrt{n}-\sqrt{n-1}}{(\sqrt{n}+\sqrt{n-1})(\sqrt{n}-\sqrt{n-1})}$
$=\dfrac{\sqrt{n}-\sqrt{n-1}}{n-(n-1)}$
$=\sqrt{n}-\sqrt{n-1}$
$=\sum_{n=1}^{81}(\sqrt{n}-\sqrt{n-1})$
$=(1-0)+(\sqrt{2}-1)+(\sqrt{3}-\sqrt{2})+\cdots+(\sqrt{81}-\sqrt{80})$
$=\sqrt{81}=\sqrt{9^2}=9$

📝 **다른 풀이: 이차방정식의 근과 계수의 관계를 이용하기**
x에 대한 이차방정식
$x^2-(2n-1)x+n(n-1)=0$
의 두 근을 α_n, β_n이라 하므로 근과 계수의 관계에 의해
$\alpha_n+\beta_n=2n-1$, $\alpha_n\beta_n=n(n-1)$ … ㉠
n이 자연수이므로 $\alpha_n+\beta_n>0$, $\alpha_n\beta_n\geq 0 \Rightarrow \alpha_n\geq 0, \beta_n\geq 0$ … ㉡
$(\sqrt{\alpha_n}+\sqrt{\beta_n})^2=\alpha_n+2\sqrt{\alpha_n}\sqrt{\beta_n}+\beta_n$
$=\alpha_n+\beta_n+2\sqrt{\alpha_n\beta_n}$
$=2n-1+2\sqrt{n(n-1)}$ (∵ ㉠)
$=n+2\sqrt{n(n-1)}+(n-1)$
$=(\sqrt{n})^2+2\sqrt{n}\sqrt{n-1}+(\sqrt{n-1})^2$ (∵ ㉡)
$=(\sqrt{n}+\sqrt{n-1})^2$
㉡에 의해
$\sqrt{\alpha_n}+\sqrt{\beta_n}=\sqrt{n}+\sqrt{n-1}$
(이하 동일)

실수 $2n-1=n+n-1$임을 이용할 수 있어야 한다.

⚙️ **∑의 성질** 개념·공식

① $\sum_{k=1}^{n}(a_k+b_k)=\sum_{k=1}^{n}a_k+\sum_{k=1}^{n}b_k$ ② $\sum_{k=1}^{n}(a_k-b_k)=\sum_{k=1}^{n}a_k-\sum_{k=1}^{n}b_k$

③ $\sum_{k=1}^{n}ca_k=c\sum_{k=1}^{n}a_k$ ④ $\sum_{k=1}^{n}c=cn$ (단, c는 상수)

정답 ④ ＊∑의 활용-새롭게 정의된 수열 [정답률 73%]

정답 공식: 정의를 적용해보면, $d(A, P_n)=|n-1|+|2^n|$

두 점 $P(x_1, y_1)$, $Q(x_2, y_2)$에 대하여 $d(P, Q)$를
$d(P, Q)=|x_1-x_2|+|y_1-y_2|$ 단서2 두 점 P, Q의 각 x좌표, y좌표의 차의 합이네.
라 정의하자. 두 점 $A(1, 0)$과 $P_n(n, 2^n)$에 대하여
$\sum_{n=1}^{10}d(A, P_n)$의 값은? (3점) 단서1 $d(A, P_n)$의 정의가 무엇인지 이해하고 시그마를 계산해 볼까?

① 2^9+45
② $2^{10}+43$
③ $2^{10}+45$
④ $2^{11}+43$
⑤ $2^{11}+45$

1st 정의된 대로 $d(A, P_n)$을 간단하게 표현해 보자.
두 점 $A(1, 0)$과 $P_n(n, 2^n)$에 대하여 두 점 $P(x_1, y_1)$, $Q(x_2, y_2)$에 대하여 $d(P, Q)=|x_1-x_2|+|y_1-y_2|$
$d(A, P_n)=|1-n|+|0-2^n|$ n은 자연수로 $n\geq 1$이니까 $1-n\leq 0$이야.
$=n-1+2^n$ (∵ $n\geq 1$) 즉, $|1-n|=-(1-n)=n-1$

실수 길이를 나타낼 때에는 반드시 절댓값을 이용하여 나타낸 후 부호를 판별하도록 하자.

2nd 등비수열의 합과 $\sum$의 성질로 $\sum\limits_{n=1}^{10} d(A, P_n)$의 값을 계산해.

$\therefore \sum\limits_{n=1}^{10} d(A, P_n) = \sum\limits_{n=1}^{10} (n-1+2^n)$ ← 첫째항이 a_1, 공비가 r (단, $r \neq 1$)인 등비수열의 첫째항부터 제n항까지의 합은 $S_n = \dfrac{a_1(r^n-1)}{r-1}$

$= \sum\limits_{n=1}^{10} (n-1) + \sum\limits_{n=1}^{10} 2^n = 2+2^2+\cdots+2^{10}$으로 등비수열의 합이네.

$\underbrace{\sum\limits_{n=1}^{10} n - \sum\limits_{n=1}^{10} 1}$

$= \dfrac{10 \times 11}{2} - 10 + \dfrac{2(2^{10}-1)}{2-1}$

$\left(\because \sum\limits_{k=1}^{n} k = \dfrac{n(n+1)}{2}, \ \sum\limits_{k=1}^{n} c = cn(\text{단, } c\text{는 상수}) \right)$

$= 55 - 10 + 2^{11} - 2 = 2^{11} + 43$

H 104 정답 ⑤ ＊$\sum$의 활용 – 새롭게 정의된 수열 [정답률 70%]

(정답 공식: $\sqrt[m]{\sqrt[n]{a}} = \sqrt[mn]{a}$과 $\log_a x + \log_a y = \log_a xy$를 이용한다.)

> 자연수 n에 대하여 수열 $\{a_n\}$의 일반항이 $a_n = \sqrt[n+1]{\sqrt[n+2]{4}}$일 때, $\sum\limits_{k=1}^{10} \log_2 a_k$의 값은? (4점)
>
> **단서** a_n을 지수표현으로 나타내 보자.
>
> ① $\dfrac{1}{6}$　　　② $\dfrac{1}{3}$　　　③ $\dfrac{1}{2}$
>
> ④ $\dfrac{2}{3}$　　　⑤ $\dfrac{5}{6}$

1st a_n의 거듭제곱근을 지수법칙을 이용하여 지수로 표현하자.

$a_n = \sqrt[n+1]{\sqrt[n+2]{4}} = \sqrt[n+1]{\sqrt[n+2]{2^2}} = \sqrt[n+1]{2^{\frac{2}{n+2}}}$

$= \left(2^{\frac{2}{n+2}}\right)^{\frac{1}{n+1}} = 2^{\frac{2}{(n+1)(n+2)}}$ ← $a > 0$일 때, 유리수 m, n에 대하여 $\sqrt[n]{a^m} = a^{\frac{m}{n}}$

$\log_2 a_k = \log_2 2^{\frac{2}{(k+1)(k+2)}}$ ← $\log_a a^b = b$

$= \dfrac{2}{(k+1)(k+2)} = 2\left(\dfrac{1}{k+1} - \dfrac{1}{k+2}\right)$

2nd 시그마의 합을 계산하자. [부분분수]

$\sum\limits_{k=1}^{10} \log_2 a_k = \sum\limits_{k=1}^{10} 2\left(\dfrac{1}{k+1} - \dfrac{1}{k+2}\right)$ ← $\dfrac{1}{AB} = \dfrac{1}{B-A}\left(\dfrac{1}{A} - \dfrac{1}{B}\right)$을 이용하자. (단, $A \neq B$)

$= 2\left\{\left(\dfrac{1}{2} - \dfrac{1}{3}\right) + \left(\dfrac{1}{3} - \dfrac{1}{4}\right) + \cdots + \left(\dfrac{1}{11} - \dfrac{1}{12}\right)\right\}$

$= 2\left\{\left(\dfrac{1}{2} - \dfrac{\cancel{1}}{\cancel{3}}\right) + \left(\dfrac{\cancel{1}}{\cancel{3}} - \dfrac{\cancel{1}}{\cancel{4}}\right) + \cdots + \left(\dfrac{\cancel{1}}{\cancel{11}} - \dfrac{1}{12}\right)\right\}$

$= 2\left(\dfrac{1}{2} - \dfrac{1}{12}\right) = \dfrac{5}{6}$

H 105 정답 ② ＊$\sum$의 활용 – 새롭게 정의된 수열 [정답률 53%]

(정답 공식: 부등식을 m에 관해 정리해보면 n에 대한 다항식으로 표현할 수 있다.)

> ❶ 자연수 n에 대하여
>
> ❷ $\left|\left(n+\dfrac{1}{2}\right)^2 - m\right| < \dfrac{1}{2}$
>
> 을 만족시키는 자연수 m을 a_n이라 하자. $\sum\limits_{k=1}^{5} a_k$의 값은? (4점)
>
> **단서** ❶, ❷를 이용하여 m의 식을 만들어야겠지? 이때, m은 자연수이니까 ❷의 범위에서 m을 찾아보자.
>
> ① 65　　　② 70　　　③ 75
>
> ④ 80　　　⑤ 85

H 106 정답 502 ＊$\sum$의 활용 – 새롭게 정의된 수열 [정답률 57%]

(정답 공식: $a_n = 1 + 2 + \cdots + 2^{n-1}$)

1st 절댓값을 풀어서 자연수라는 조건을 적용하여 a_n의 식을 찾자.

$|x| < a \Longleftrightarrow -a < x < a$

$\left|\left(n+\dfrac{1}{2}\right)^2 - m\right| < \dfrac{1}{2}$ 에서

$-\dfrac{1}{2} < \left(n+\dfrac{1}{2}\right)^2 - m < \dfrac{1}{2}$

$-\dfrac{1}{2} < n^2 + n + \dfrac{1}{4} - m < \dfrac{1}{2}$

$\therefore -\dfrac{3}{4} < n^2 + n - m < \dfrac{1}{4}$ → $-\dfrac{3}{4} < x < \dfrac{1}{4}$일 때 정수 x의 값은 0뿐이지?

이때, m, n은 자연수로 두 수의 연산은 정수이므로

$n^2 + n - m = 0$

$\therefore m = a_n = n^2 + n$

2nd $\sum\limits_{k=1}^{5} a_k$의 값을 구해.

$\therefore \sum\limits_{k=1}^{5} a_k = \sum\limits_{k=1}^{5} (k^2 + k) = \sum\limits_{k=1}^{5} k^2 + \sum\limits_{k=1}^{5} k$ ← $\sum\limits_{k=1}^{n} k^2 = \dfrac{n(n+1)(2n+1)}{6}$,

$= \dfrac{5 \times 6 \times 11}{6} + \dfrac{5 \times 6}{2}$ ← $\sum\limits_{k=1}^{n} k = \dfrac{n(n+1)}{2}$

$= 55 + 15 = 70$

다른 풀이: 부등식에 n 대신 $1, 2, 3, 4, 5$를 대입하여 계산하기

$\left|\left(n+\dfrac{1}{2}\right)^2 - m\right| < \dfrac{1}{2}$에 $n = 1, 2, 3, 4, 5$를 대입하여 계산하자.
n은 자연수이고, $\sum\limits_{k=1}^{5} a_k$이니까 첫째항에서 제5항까지야.

$n=1$일 때, $\left|\dfrac{9}{4} - m\right| < \dfrac{1}{2}$에서 $\dfrac{7}{4} < m < \dfrac{11}{4}$이므로

$a_① = 2 = ① \times 2$

$n=2$일 때 $\left|\dfrac{25}{4} - m\right| < \dfrac{1}{2}$에서 $\dfrac{23}{4} < m < \dfrac{27}{4}$이므로

$a_② = 6 = ② \times 3$

$\vdots$

$a_ⓝ = ⓝ(n+1) = n^2 + n$

(이하 동일)

1st 2^{n-1}의 모든 양의 약수를 구하여 일반항 a_n을 구하자.

2^{n-1}의 양의 약수는 $1, 2, 2^2, \cdots, 2^{n-1}$이므로 모든 수의 합은

$\therefore a_n = 1 + 2 + 2^2 + \cdots + 2^{n-1} = \dfrac{1 \times (2^n - 1)}{2 - 1} = 2^n - 1$ ← 첫째항이 1, 공비가 2인 등비수열의 첫째항부터 제n항까지의 합이야.

2nd $\sum$의 성질을 이용하여 $\sum\limits_{n=1}^{8} a_n$의 값을 구해.

$\therefore \sum\limits_{n=1}^{8} a_n = \sum\limits_{n=1}^{8} (2^n - 1)$

$= \sum\limits_{n=1}^{8} 2^n - \sum\limits_{n=1}^{8} 1$

$= \dfrac{2(2^8 - 1)}{2 - 1} - 8$ ← 1은 상수니까 $\sum\limits_{k=1}^{n} c = cn$ (단, c는 상수)

$= 2^9 - 2 - 8 = 502$

> 자연수 n에 대하여 2^{n-1}의 모든 양의 약수의 합을 a_n이라 할 때, $\sum\limits_{n=1}^{8} a_n$의 값을 구하시오. (3점)
>
> **단서** a_n이 바로 이해가 되지 않을 때는 $n = 1, 2, 3, \cdots$ 을 대입하여 나열해 보자.

H 107 정답 ③ ＊∑의 활용 – 대입하여 수열 유추 ·· [정답률 85%]

(정답 공식: $n=1$일 때부터 차례로 구하면, a_n이 순환한다는 것을 알 수 있다.)

첫째항이 $\frac{1}{5}$인 수열 $\{a_n\}$이 모든 자연수 n에 대하여

$$a_{n+1}=\begin{cases}2a_n & (a_n\leq1)\\a_n-1 & (a_n>1)\end{cases}$$ **단서** n 대신에 1, 2, 3, ···, 20을 대입해야겠지? 이런 유형은 규칙성이 있으니까 하나씩 실수 없이 계산하자.

을 만족시킬 때, $\sum\limits_{n=1}^{20}a_n$의 값은? (3점)

① 13　　② 14　　③ 15
④ 16　　⑤ 17

1st 주어진 a_1의 값에서 a_2, a_3, a_4, ···를 차례로 구해 봐.

$n=1, 2, 3, \cdots$을 차례로 대입하면

$a_1=\frac{1}{5}$, $a_2=2a_1=\frac{2}{5}$, $a_3=2a_2=\frac{4}{5}$,

$a_4=2a_3=\frac{8}{5}$, $a_5=a_4-1=\frac{3}{5}$, $a_6=2a_5=\frac{6}{5}$

$a_7=a_6-1=\frac{1}{5}=a_1, \cdots$ → $a_7=a_1$이므로 a_7을 대입하면 $a_8=a_2$가 되겠지? 즉, 6을 주기로 반복되므로 $a_n=a_{n+6}$ $(n\geq1)$라 쓸 수 있어.

따라서 수열 $\{a_n\}$은 6을 주기로 반복되는 수열이다.

2nd 1항부터 20항까지의 합을 구해.

→ $19=6\times3+1$, $20=6\times3+2$이므로

$\sum\limits_{n=1}^{20}a_n=3(a_1+a_2+a_3+a_4+a_5+a_6)+\underline{a_{19}+a_{20}}$ $a_{19}=a_1, a_{20}=a_2$야.

$=3\times\left(\frac{1}{5}+\frac{2}{5}+\frac{4}{5}+\frac{8}{5}+\frac{3}{5}+\frac{6}{5}\right)+\left(\frac{1}{5}+\frac{2}{5}\right)$

$=3\times\frac{24}{5}+\frac{3}{5}=15$

H 108 정답 105 ＊∑의 활용 – 대입하여 수열 유추 ·· [정답률 55%]

(정답 공식: $n=1$, ···, 9를 차례로 대입하여 b_n의 값을 얻을 수 있다.)

두 수열 $\{a_n\}$, $\{b_n\}$이

$a_n=$(자연수 n을 3으로 나누었을 때의 몫),
$b_n=(-1)^{n-1}\times5^{a_n}$ **단서** a_n의 값에 따라 b_n의 값이 어떻게 되는지 확인하자.

일 때, $\sum\limits_{k=1}^{9}b_k$의 값을 구하시오. (3점)

1st $n=1, 2, 3, \cdots, 9$를 대입하여 두 수열 $\{a_n\}$, $\{b_n\}$을 각각 구하자.

$n=1$일 때, $a_1=0$이므로 $b_1=(-1)^0\times5^0=1$
$n=2$일 때, $a_2=0$이므로 $b_2=(-1)^1\times5^0=-1$
$n=3$일 때, $a_3=1$이므로 $b_3=(-1)^2\times5^1=5$
$n=4$일 때, $a_4=1$이므로 $b_4=(-1)^3\times5^1=-5$
$n=5$일 때, $a_5=1$이므로 $b_5=(-1)^4\times5^1=5$
$n=6$일 때, $a_6=2$이므로 $b_6=(-1)^5\times5^2=-25$
$n=7$일 때, $a_7=2$이므로 $b_7=(-1)^6\times5^2=25$
$n=8$일 때, $a_8=2$이므로 $b_8=(-1)^7\times5^2=-25$
$n=9$일 때, $a_9=3$이므로 $b_9=(-1)^8\times5^3=125$

2nd $\sum\limits_{k=1}^{9}b_k$의 값을 구해.

$\sum\limits_{k=1}^{9}b_k=1+(-1)+5+(-5)+5+(-25)+25+(-25)+125=105$
$\sum\limits_{k=1}^{n}a_k=a_1+a_2+a_3+\cdots+a_n$

H 109 정답 ① ＊∑의 활용 – 대입하여 수열 유추 ·· [정답률 57%]

[정답 공식: $n=1$일 때부터 차례로 a_n을 구해보면 4를 주기로 순환하며 반복된다는 것을 안다.]

수열 $\{a_n\}$에서 $a_n=(-1)^{\frac{n(n+1)}{2}}$일 때, $\sum\limits_{n=1}^{2010}na_n$의 값은? (4점)
단서 수열 $\{a_n\}$이 가지는 규칙을 $n=1, 2, 3, \cdots$을 대입해서 찾자.

① -2011　② -2010　③ 0　④ 2010　⑤ 2011

1st 주어진 수열 $\{a_n\}$에 $n=1, 2, 3, \cdots$을 대입하여 규칙성을 찾자.

$a_n=(-1)^{\frac{n(n+1)}{2}}$에서 규칙을 찾으면

$-1=a_1=a_5=\cdots\Rightarrow a_1=(-1)^{\frac{1\times2}{2}}=(-1)^1=-1$
$-1=a_2=a_6=\cdots\Rightarrow a_2=(-1)^{\frac{2\times3}{2}}=(-1)^3=-1$
$1=a_3=a_7=\cdots\Rightarrow a_3=(-1)^{\frac{3\times4}{2}}=(-1)^6=1$
$1=a_4=a_8=\cdots\Rightarrow a_4=(-1)^{\frac{4\times5}{2}}=(-1)^{10}=1$

따라서 주기는 4이다.

2nd 주기가 4이므로 4개씩 묶어서 계산하자.

$\sum\limits_{n=1}^{2010}na_n=\underset{=4}{(-1-2+3+4)}+\underset{=4}{(-5-6+7+8)}+\cdots$
$\qquad+\underset{=4}{(-2005-2006+2007+2008)}-2009-2010$

$=\underset{2008\div4=502(개)}{4+4+\cdots+4}-2009-2010=4\times502-2009-2010$

$=2008-2009-2010=-2011$

H 110 정답 ⑤ ＊∑의 활용 – 대입하여 수열 유추 ·· [정답률 39%]

(정답 공식: 네 수가 등비수열을 이루면 a, ar, ar^2, ar^3이다.)

수열 $\{a_n\}$이 다음 조건을 만족시킨다.
　　단서1 네 수가 순서대로 등비수열을 이루고 있으니 첫째항과 공비를 각각 a, r로 두고 표현할 수 있어.

(가) 네 수 a_1, a_3, a_5, a_7은 이 순서대로 공비가 양수인 등비수열을 이룬다. **단서2** 이 관계식을 통하여 8개의 항 중 a_2, a_4, a_6, a_8을 a와 r로 표현해.
(나) 8 이하의 모든 자연수 n에 대하여 $a_n\times a_{9-n}=75$이다.

$a_1+a_2=\frac{10}{3}$, $\sum\limits_{k=1}^{8}a_k=\frac{400}{3}$일 때, a_3+a_8의 값은? (4점)
　　단서3 미지수가 a와 r로 2개, 주어진 조건이 2개야. 이를 연립해서 a와 r를 구할 수 있어.

① $\frac{110}{3}$　② 40　③ $\frac{130}{3}$　④ $\frac{140}{3}$　⑤ 50

1st a_1, a_2, a_3, $\cdots$, a_8을 첫째항과 공비로 표현해.

조건 (가)에서 네 수 a_1, a_3, a_5, a_7은 이 순서대로 공비가 양수인 등비수열을 이루므로
상수 a, $r(a>0, r>0)$에 대하여
$a_1=a$, $a_3=ar$, $a_5=ar^2$, $a_7=ar^3$이다.
조건 (나)에서

$n=1$일 때, $a_1a_8=75$, $a_8=\frac{75}{a_1}=\frac{75}{a}$,

$n=2$일 때, $a_2a_7=75$, $a_2=\frac{75}{a_7}=\frac{75}{ar^3}$,

$n=3$일 때, $a_3a_6=75$, $a_6=\frac{75}{a_3}=\frac{75}{ar}$,

$n=4$일 때, $a_4a_5=75$, $a_4=\frac{75}{a_5}=\frac{75}{ar^2}$이다.

n	1	2	3	4	5	6	7	8
a_n	a	$\dfrac{75}{ar^3}$	ar	$\dfrac{75}{ar^2}$	ar^2	$\dfrac{75}{ar}$	ar^3	$\dfrac{75}{a}$

수열의 규칙이 잘 보이지 않을 때는 표로 적으면 잘 보여.

2nd a와 r의 값을 각각 구하고 a_3+a_8의 값을 구해.

$a_1+a_2=\dfrac{10}{3}$이므로 $a+\dfrac{75}{ar^3}=\dfrac{10}{3}$ $\cdots$ ㉠이고,

$$\sum_{k=1}^{8}a_k=a_1+a_2+a_3+a_4+a_5+a_6+a_7+a_8$$

$$=(a_1+a_3+a_5+a_7)+(a_2+a_4+a_6+a_8)$$

$$=(a+ar+ar^2+ar^3)+\left(\dfrac{75}{ar^3}+\dfrac{75}{ar^2}+\dfrac{75}{ar}+\dfrac{75}{a}\right)$$

$$=a(1+r+r^2+r^3)+\dfrac{75}{ar^3}(1+r+r^2+r^3)$$

$$=\left(a+\dfrac{75}{ar^3}\right)(1+r+r^2+r^3)$$

$$=\dfrac{10}{3}(1+r+r^2+r^3)\ (\because ㉠)=\dfrac{400}{3}$$

이므로 $1+r+r^2+r^3=40$에서

$r^3+r^2+r-39=0$, $(r-3)(r^2+4r+13)=0$

→ 조립제법으로 인수분해하면

3	1	1	1	-39
		3	12	39
	1	4	13	0

이차방정식 $r^2+4r+13=0$의 판별식을 D라 하면

$D=16-52<0$이므로 실근이 존재하지 않는다.

$\therefore r=3$

이를 ㉠에 대입하면

$a+\dfrac{75}{27a}=\dfrac{10}{3}$, $a+\dfrac{25}{9a}=\dfrac{10}{3}$

$9a^2-30a+25=0$, $(3a-5)^2=0$ $\quad\therefore a=\dfrac{5}{3}$

$\therefore a_3+a_8=ar+\dfrac{75}{a}=\dfrac{5}{3}\times3+\dfrac{75}{\frac{5}{3}}=5+45=50$

다른 풀이: 등비수열 $a_n=ar^{n-1}$에 대하여 수열 $\left\{\dfrac{1}{a_n}\right\}$도 등비수열임을 **이용하기**

조건 (가)에서 첫째항을 a_1, 공비를 r라 하면

$a_1=a_1$, $a_3=a_1r$, $a_5=a_1r^2$, $a_7=a_1r^3$이므로

조건 (나)에서

$n=1$일 때, $a_1a_8=75$, $a_8=\dfrac{75}{a_1}$,

$n=2$일 때, $a_2a_7=75$, $a_2=\dfrac{75}{a_7}=\dfrac{75}{a_1r^3}$ $\cdots$ ㉡

$n=3$일 때, $a_3a_6=75$, $a_6=\dfrac{75}{a_3}$,

$n=4$일 때, $a_4a_5=75$, $a_4=\dfrac{75}{a_5}$야.

$$\sum_{k=1}^{8}a_k=(a_1+a_3+a_5+a_7)+(a_2+a_4+a_6+a_8)$$

$$=(a_1+a_3+a_5+a_7)+75\left(\dfrac{1}{a_1}+\dfrac{1}{a_3}+\dfrac{1}{a_5}+\dfrac{1}{a_7}\right)$$

등비수열 $\{a_n\}$의 첫째항이 a, 공비가 r이면 수열 $\left\{\dfrac{1}{a_n}\right\}$도 $\dfrac{1}{a_n}=\dfrac{1}{ar^{n-1}}=\dfrac{1}{a}\left(\dfrac{1}{r}\right)^{n-1}$이므로

등비수열이고, 첫째항이 $\dfrac{1}{a}$, 공비가 $\dfrac{1}{r}$

$$=\dfrac{a_1(1-r^4)}{1-r}+\dfrac{75\times\dfrac{1}{a_1}\left(1-\dfrac{1}{r^4}\right)}{1-\dfrac{1}{r}}=\dfrac{a_1(r^4-1)}{r-1}+\dfrac{75(r^4-1)}{a_1r^3(r-1)}$$

$$=\dfrac{(r^4-1)}{r-1}\left(a_1+\dfrac{75}{a_1r^3}\right)=\dfrac{(r^4-1)}{r-1}(a_1+a_2)\ (\because ㉡)=\dfrac{400}{3}$$

에서 $\dfrac{(r^4-1)}{r-1}\times\dfrac{10}{3}=\dfrac{400}{3}$이므로 $r^4-1=40(r-1)$

$(r-1)(r^3+r^2+r+1)=40(r-1)$, $r^3+r^2+r-39=0$,

$(r-3)(r^2+4r+13)=0$

→ 조립제법으로 인수분해하면

3	1	1	1	-39
		3	12	39
	1	4	13	0

이차방정식 $r^2+4r+13=0$의

판별식을 D라 하면 $D=16-52<0$

이므로 실근이 존재하지 않아. $\quad\therefore r=3$

(이하 동일)

H 111 정답 **332** *$\sum$의 활용 — 대입하여 수열 유추 ··· [정답률 47%]

> **정답 공식:** $\omega^3+1=0$, $\omega^2-\omega+1=0$. ω의 실수부분은 근의 공식을 이용하면 $\dfrac{1}{2}$ 임을 알 수 있다. $\omega^3=-1$임을 이용하면 $f(n)$의 값은 특정 주기로 반복된다는 것을 안다.

> 방정식 $x^3+1=0$의 한 허근을 ω라 하자.
> 자연수 n에 대하여 $f(n)$을 ω^n의 실수 부분으로 정의할 때,
> **단서** ω^1, ω^2, ω^3, $\cdots$을 차례로 나열하여 규칙을 찾아볼까?
> $\displaystyle\sum_{k=1}^{999}\left\{f(k)+\dfrac{1}{3}\right\}$의 값을 구하시오. (3점)

1st 방정식 $x^3+1=0$을 인수분해하여 허근 ω를 구해.

방정식 $x^3+1=0$에서 $(x+1)(x^2-x+1)=0$의 한 허근을 ω라 하므로

$\omega^3=-1$ $\cdots$ ㉠ → $x^3+1=0\Longleftrightarrow(\omega+1)(\omega^2-\omega+1)=0$

$\omega^2-\omega+1=0\ (\because \omega\neq-1)$ $\cdots$ ㉡ **주의** 실근과 허근을 잘 구별할 줄 알아야 해.

$\therefore \omega=\dfrac{1\pm\sqrt{3}i}{2}=\dfrac{1}{2}\pm\dfrac{\sqrt{3}}{2}i$

2nd $f(1)$, $f(2)$를 구하여 같은 방법으로 $f(3)$, $f(4)$, $f(5)$, $\cdots$를 구해.

$f(n)$은 ω^n의 실수 부분이므로 $f(1)=\dfrac{1}{2}$

또, ㉡에서 $\underset{\omega^2-\omega+1=0}{\omega^2=\omega-1}=\left(\dfrac{1}{2}\pm\dfrac{\sqrt{3}}{2}i\right)-1=\underset{\text{실수 부분이야.}}{-\dfrac{1}{2}\pm\dfrac{\sqrt{3}}{2}i}$이므로

$f(2)=-\dfrac{1}{2}$ $\quad f(3)=-1\Rightarrow$ ㉠에서 $\omega^3=-1$

$f(4)=-\dfrac{1}{2}\Rightarrow\omega^4=\omega^3\cdot\omega=-\omega=-\dfrac{1}{2}\mp\dfrac{\sqrt{3}}{2}i$

$f(5)=\dfrac{1}{2}\Rightarrow\omega^5=\omega^3\cdot\omega^2=-\omega^2=\dfrac{1}{2}\mp\dfrac{\sqrt{3}}{2}i$

$f(6)=1\Rightarrow\omega^6=\omega^3\cdot\omega^3=1$

3rd $f(n)$의 규칙을 찾아 $\displaystyle\sum_{k=1}^{999}\left\{f(k)+\dfrac{1}{3}\right\}$의 값을 구해. → $f(6)=1$이니까 $n=7$부터 다시 반복되겠네.

여기서 $\omega^7=(\omega^3)^2\times\omega=\omega$, $\omega^8=(\omega^3)^2\times\omega^2=\omega^2$, $\cdots$이므로

$f(7)=f(1)$, $f(8)=f(2)$, $\cdots$

즉, $f(n)$은 $\dfrac{1}{2}$, $-\dfrac{1}{2}$, -1, $-\dfrac{1}{2}$, $\dfrac{1}{2}$, 1의 값이 순서대로 반복되어 나타난다.

$$\therefore \sum_{k=1}^{999}\left\{f(k)+\dfrac{1}{3}\right\}$$

$$=\sum_{k=1}^{999}f(k)+\sum_{k=1}^{999}\dfrac{1}{3}$$

$999=6\times166+3$이니까 6개씩 166묶음이고 나머지는 $f(997)+f(998)+f(999)=f(1)+f(2)+f(3)$이야.

$$=f(1)+f(2)+f(3)+\cdots+f(999)+\dfrac{1}{3}\times999$$

$$=\{f(1)+f(2)+f(3)+f(4)+f(5)+f(6)\}\times166$$
$$+f(1)+f(2)+f(3)+333$$

$$=\underset{=0}{\left(\dfrac{1}{2}-\dfrac{1}{2}-1-\dfrac{1}{2}+\dfrac{1}{2}+1\right)}\times166+\dfrac{1}{2}-\dfrac{1}{2}-1+333=332$$

H 112 정답 ⑤ *∑의 활용 –대입하여 수열 유추 [정답률 66%]

[정답 공식: 주기가 p인 함수 $f(x)$는 모든 실수 x에 대하여 $f(x+p)=f(x)$가 성립한다.]

> 실수 전체의 집합에서 정의된 함수 $f(x)$가 구간 $(0, 1]$에서
> $$f(x)=\begin{cases} 3 & (0<x<1) \\ 1 & (x=1) \end{cases}$$ 단서1 $0<x\le1$에서 x가 정수일 때 $f(x)=1$, 정수가 아닐 때 $f(x)=3$이라는 거야.
> 이고 모든 실수 x에 대하여 $f(x+1)=f(x)$를 만족시킨다.
> └─ 단서2 함수 $f(x)$는 주기가 1인 함수야.
> $\displaystyle\sum_{k=1}^{20}\frac{k\times f(\sqrt{k})}{3}$의 값은? (4점)
>
> ① 150 ② 160 ③ 170
> ④ 180 ⑤ 190

1st $f(\sqrt{k})$의 값을 구해.

함수 $y=f(x)$의 그래프는 그림과 같다.

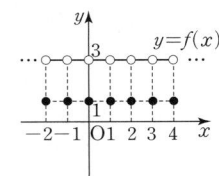

즉, x가 정수일 때 $f(x)=1$이고 x가 정수가 아닐 때 $f(x)=3$이다.
한편, $\sqrt{k}$가 정수가 되려면 k는 제곱수이어야 하므로 20 이하의 자연수 중 $\sqrt{k}$가 정수가 되는 k의 값은 1, 4, 9, 16이다.
└─ 어떤 자연수의 제곱이 되는 수를 의미해.

$$\therefore f(\sqrt{k})=\begin{cases} 1 & (k=1,\ 4,\ 9,\ 16) \\ 3 & (k\ne 1,\ 4,\ 9,\ 16) \end{cases}$$
$1\le k\le 20$인 자연수 k에 대하여 $f(\sqrt{k})=3$이라 하고 $\displaystyle\sum_{k=1}^{20}\frac{k\times f(\sqrt{k})}{3}$의 값을 구한 것에서 $k=1$,

2nd $\displaystyle\sum_{k=1}^{20}\frac{k\times f(\sqrt{k})}{3}$의 값을 구해.

4, 9, 16일 때의 $\dfrac{k\times 3}{3}$의 값을 빼고 $k=1, 4, 9, 16$일 때의 실제 $\dfrac{k\times f(\sqrt{k})}{3}$의 값을 더해 준거야.

$$\therefore \sum_{k=1}^{20}\frac{k\times f(\sqrt{k})}{3}$$
$$=\sum_{k=1}^{20}\frac{k\times 3}{3}-\left(\frac{1\times 3}{3}+\frac{4\times 3}{3}+\frac{9\times 3}{3}+\frac{16\times 3}{3}\right)$$
$$+\left\{\frac{1\times f(\sqrt{1})}{3}+\frac{4\times f(\sqrt{4})}{3}+\frac{9\times f(\sqrt{9})}{3}+\frac{16\times f(\sqrt{16})}{3}\right\}$$
$$=\sum_{k=1}^{20}k-(1+4+9+16)+\left(\frac{1}{3}+\frac{4}{3}+\frac{9}{3}+\frac{16}{3}\right)$$
$\sum_{k=1}^{n}k=\dfrac{n(n+1)}{2}$
$$=\frac{20\times 21}{2}-30+10=190$$

✿ ∑의 성질 개념·공식

① $\displaystyle\sum_{k=1}^{n}(a_k+b_k)=\sum_{k=1}^{n}a_k+\sum_{k=1}^{n}b_k$

② $\displaystyle\sum_{k=1}^{n}(a_k-b_k)=\sum_{k=1}^{n}a_k-\sum_{k=1}^{n}b_k$

③ $\displaystyle\sum_{k=1}^{n}ca_k=c\sum_{k=1}^{n}a_k$

④ $\displaystyle\sum_{k=1}^{n}c=cn$ (단, c는 상수)

H 113 정답 ② *∑의 활용 –대입하여 수열 유추 [정답률 55%]

[정답 공식: 실수 a의 n제곱근(단, n은 2 이상의 자연수) 중 실수인 것의 개수는
$\begin{cases} n\text{이 홀수: 1개} \\ n\text{이 짝수}\begin{cases} a>0\text{: 2개} \\ a=0\text{: 1개} \\ a<0\text{: 0개} \end{cases} \end{cases}$]

> 2 이상의 자연수 n에 대하여 $2^{n-3}-8$의 n제곱근 중 실수인 것의
> 개수를 $f(n)$이라 할 때, $\displaystyle\sum_{n=2}^{m}f(n)=15$가 되도록 하는 자연수 m의
> 값은? (4점) 단서2 거듭제곱근의 정의에 의하여 x는 a의 n제곱근(a는 상수)이라 하면 방정식 $x^n=a$의 실근의 개수를 묻고 있어.
>
> ① 12 ② 14 ③ 16
> ④ 18 ⑤ 20
> └─ 단서1 2 이상의 자연수라는 말이 나오면 무조건! $n=2$부터 차례로 대입해보면서 규칙을 파악해 봐야 해 $2^{n-3}-8$에서 $2^{2-3}-8=\dfrac{1}{2}-8=-\dfrac{15}{2}<0$으로 음수이므로 음수의 짝수 제곱근은 존재하지 않음을 확인할 수 있어.

1st $2^{n-3}-8$의 값에 따라서 경우를 나누어 보자.

(i) $2^{n-3}-8$의 값이 음수인 경우 $2^{n-3}-8=0$이면 $2^{n-3}=2^3$, $n-3=3$ $\therefore n=6$ 따라서 $n<6$, $n=6$, $n>6$인 경우로 나누어야 해.
$2^{n-3}-8<0$이므로 $2\le n\le 5$이다.
$2^{n-3}-8<0$, $2^{n-3}<2^3$이고, 밑이 같으므로 지수만 비교해.
$$f(n)=\begin{cases} 1 & (n\text{은 홀수}) \\ 0 & (n\text{은 짝수}) \end{cases}$$
$n-3<3$ $\therefore n<6$
2 이상인 자연수라고 했으므로 자연수 n의 값의 범위를 정리하면 $2\le n\le 5$라고 할 수 있어.
└─ 홀수 제곱근 중 실수는 1개이고, 음수의 짝수 제곱근은 존재하지 않아.
따라서 n이 홀수이면 $f(n)=1$이고, n이 짝수이면 $f(n)=0$

(ii) $2^{n-3}-8$의 값이 0인 경우
$2^{n-3}-8=0$, $2^{n-3}=2^3$
밑이 2로 같으므로 지수만 비교하면 $n-3=3$ $\therefore n=6$
$f(6)=1$ 함정
> 0의 제곱근은 1개이므로 $f(6)=1$이야.
> 이것을 빠뜨리고 계산하면 $\displaystyle\sum_{n=2}^{m}f(n)=15$가 나오지 않아 당황할 수 있어!

(iii) $2^{n-3}-8$의 값이 양수인 경우
$2^{n-3}-8>0$, $2^{n-3}>2^3$
밑이 2로 같으므로 지수만 비교하면 $n-3>3$ $\therefore n>6$
$$f(n)=\begin{cases} 1 & (n\text{은 홀수}) \\ 2 & (n\text{은 짝수}) \end{cases}$$
└─ 홀수 제곱근 중 실수는 1개이고, 양수의 짝수 제곱근 중 실수는 2개야.
(i)~(iii)에 의하여 따라서 n이 홀수이면 $f(n)=1$, n이 짝수이면 $f(n)=2$
$$\sum_{n=2}^{6}f(n)=f(2)+f(3)+f(4)+f(5)+f(6)$$
실수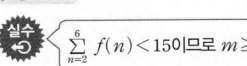
> $\displaystyle\sum_{n=2}^{6}f(n)<15$이므로 $m\ge 7$이야.
$$=0+1+0+1+1=3$$
$$\sum_{n=7}^{14}f(n)$$
$$=f(7)+f(8)+f(9)+f(10)+f(11)+f(12)+f(13)+f(14)$$
$$=1+2+1+2+\cdots+1+2=12$$
$$\therefore \sum_{n=2}^{14}f(n)=\sum_{n=2}^{6}f(n)+\sum_{n=7}^{14}f(n)=3+12=15$$

2nd $\displaystyle\sum_{n=2}^{m}f(n)=15$인 m의 값을 구하자.

한편, $l\ge 15$인 자연수 l에 대하여 $f(l)\ge 1$이므로
$$\sum_{n=2}^{l}f(n)>15$$ └─ $f(15)=1, f(16)=2, f(17)=1, f(18)=2, \cdots$이므로 $\sum_{n=2}^{l}f(n)>15$
$$\therefore m=14$$

H 114 정답 ③ *∑의 활용 – 대입하여 수열 유추 [정답률 50%]

[정답 공식: 실수 a와 2 이상인 자연수 n에 대하여 방정식 $x^n=a$의 해 x를 a의 n제곱근이라고 한다.]

> 2 이상의 자연수 n에 대하여 $(2n-5)(2n-9)$의 n제곱근 중 실수인 것의 개수를 $f(n)$이라 하자. **단서** n이 홀수인 경우와 짝수인 경우, 그리고 $(2n-5)(2n-9)>0$인 경우와 $(2n-5)(2n-9)<0$인 경우로 나누어야 하지.
> $\displaystyle\sum_{n=2}^{8} f(n)$의 값은? (4점)
>
> ① 5 ② 7 ③ 9
> ④ 11 ⑤ 13

1st n제곱근을 표현해 보자.

2 이상의 자연수 n에 대하여 $(2n-5)(2n-9)$의 n제곱근 중에서 실수인 것을 x라 하면

> **주의**
> a의 n제곱근, 즉 $x^n=a$의 해 중 실수인 것은 a의 부호와 n에 따라 달라.
>
> | | $a>0$ | $a=0$ | $a<0$ |
> |---|---|---|---|
> | n이 홀수 | $\sqrt[n]{a}$ | 0 | $\sqrt[n]{a}$ |
> | n이 짝수 | $\sqrt[n]{a},\ -\sqrt[n]{a}$ | 0 | 없다. |

$x^n=(2n-5)(2n-9)$ ∴ $x=\sqrt[n]{(2n-5)(2n-9)}$

2nd n이 홀수인 경우 $f(n)$의 값을 구해.

n이 홀수인 경우 $f(n)=1$이므로 $n=3,\ 5,\ 7$인 경우도 모두 $f(n)=1$ 이다. ⟶ n이 홀수일 때 함수 $y=x^n$의 그래프는 원점에 대하여 대칭이지? 따라서 a의 n제곱근 중에서 실수인 것은 a의 값에 관계없이 $\sqrt[n]{a}$ 하나뿐이야.

3rd n이 짝수인 경우 $f(n)$의 값을 구해.

(i) $(2n-5)(2n-9)<0$인 경우

$(2n-5)(2n-9)<0$이면 실수 x는 존재하지 않으므로 $f(n)=0$

따라서 $n=4$인 경우 $f(n)=0$이다. $(2n-5)(2n-9)<0$이므로 $\frac{5}{2}<n<\frac{9}{2}$ ⟶ 를 만족시키는 짝수 n은 4뿐이지.

(ii) $(2n-5)(2n-9)>0$인 경우

$(2n-5)(2n-9)>0$이면 $x=\pm\sqrt[n]{(2n-5)(2n-9)}$이므로 ⟶ n이 짝수일 때 함수 $y=x^n$의 그래프는 y축에 대하여 대칭이지 이때, $a>0$인 경우 a의 n제곱근 중에서 실수인 것은 양수와 음수 각각 한 개씩으로 모두 2개야.

$n<\frac{5}{2}$ 또는 $n>\frac{9}{2}$인 짝수 n에 대하여

$f(n)=2$이므로 $n=2,\ 6,\ 8$인 경우도 모두 $f(n)=2$이다.

(i), (ii)에 의하여 $2\le n\le 8$인 자연수 n에 대하여

$$f(n)=\begin{cases} 0 & (n=4) \\ 1 & (n=3,\ 5,\ 7) \\ 2 & (n=2,\ 6,\ 8) \end{cases}$$

∴ $\displaystyle\sum_{n=2}^{8} f(n)=0\times 1+1\times 3+2\times 3=9$

✿ **실수 a의 n제곱근 (n이 짝수인 경우)** 개념·공식

① 함수 $y=x^n$의 그래프와 직선 $y=a\ (a<0)$의 교점은 없다.
② 함수 $y=x^n$의 그래프와 직선 $y=a\ (a>0)$의 교점은 서로 다른 두 점이다.

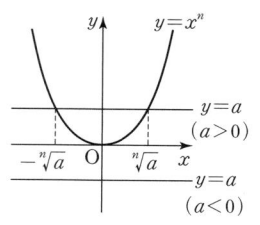

 H 115 정답 ④ *∑의 활용 – 대입하여 수열 유추 [정답률 45%]

(정답 공식: $\log_a m+\log_a n=\log_a mn$)

> 수열 $\{a_n\}$의 일반항은
> $$a_n=\log_2\sqrt{\frac{2(n+1)}{n+2}}$$
> 이다. $\displaystyle\sum_{k=1}^{m} a_k$의 값이 100 이하의 자연수가 되도록 하는 모든 자연수 m의 값의 합은? (4점) **단서** 밑이 같은 두 로그의 합은 진수끼리의 곱으로 나타낼 수 있지? 이를 이용하여 $\displaystyle\sum_{k=1}^{m} a_k$를 m에 대한 식으로 간단히 나타낼 수 있어.
>
> ① 150 ② 154 ③ 158 ④ 162 ⑤ 166

1st 로그의 성질을 이용하여 $\displaystyle\sum_{k=1}^{m} a_k$를 m에 관한 식으로 나타내.

$$\sum_{k=1}^{m} a_k=\sum_{k=1}^{m}\log_2\sqrt{\frac{2(k+1)}{k+2}}=\frac{1}{2}\sum_{k=1}^{m}\log_2\frac{2(k+1)}{k+2}$$ $\log_a m^k=k\log_a m$

$$=\frac{1}{2}\left\{\log_2\frac{2\times 2}{3}+\log_2\frac{2\times 3}{4}+\log_2\frac{2\times 4}{5}+\cdots\right.$$
$\log_a m+\log_a n=\log_a mn$
$$\left. +\log_2\frac{2(m+1)}{m+2}\right\}$$

$$=\frac{1}{2}\log_2\left\{\frac{2\times 2}{\cancel{3}}\times\frac{2\times\cancel{3}}{\cancel{4}}\times\frac{2\times\cancel{4}}{\cancel{5}}\times\cdots\times\frac{2(\cancel{m+1})}{m+2}\right\}$$

$$=\frac{1}{2}\log_2\frac{2^{m+1}}{m+2}$$

2nd 조건을 만족시키는 모든 자연수 m의 값을 구해.

$\displaystyle\sum_{k=1}^{m} a_k=N$ (N은 100 이하의 자연수)라 하면

$\frac{1}{2}\log_2\frac{2^{m+1}}{m+2}=N$에서 $\log_2\frac{2^{m+1}}{m+2}=2N$, $\frac{2^{m+1}}{m+2}=2^{2N}$

$2^{m+1}=2^{2N}(m+2)$ **주의**

∴ $2^{m+1-2N}=m+2$

> $m+2$가 2의 거듭제곱이라 할지라도 N이 자연수가 아닐 수도 있어.

따라서 $m+2$는 2의 거듭제곱이어야 한다.

(i) $m+2=2^2$, 즉 $m=2$일 때
$m+2=2$이면 $m=0$인데 m은 자연수이므로 조건을 만족시키지 않아. 즉, $m+2=2^2$인 경우부터 따져주면 돼.

$2^{3-2N}=2^2$에서 $3-2N=2$, $2N=1$ ∴ $N=\frac{1}{2}$
$a^{f(x)}=a^{g(x)}\ (a>0,\ a\ne 1)$이면 $f(x)=g(x)$

그런데 N은 100 이하의 자연수이므로 $m\ne 2$

(ii) $m+2=2^3$, 즉 $m=6$일 때
$2^{7-2N}=2^3$에서 $7-2N=3$, $2N=4$
∴ $N=2$
따라서 $m=6$은 조건을 만족시킨다.

(iii) $m+2=2^4$, 즉 $m=14$일 때
$2^{15-2N}=2^4$에서 $15-2N=4$, $2N=11$
∴ $N=\frac{11}{2}$
그런데 N은 100 이하의 자연수이므로 $m\ne 14$

(iv) $m+2=2^5$, 즉 $m=30$일 때
$2^{31-2N}=2^5$에서 $31-2N=5$, $2N=26$
∴ $N=13$
따라서 $m=30$은 조건을 만족시킨다.

(v) $m+2=2^6$, 즉 $m=62$일 때
$2^{63-2N}=2^6$에서 $63-2N=6$, $2N=57$
∴ $N=\frac{57}{2}$
그런데 N은 100 이하의 자연수이므로 $m\ne 62$

(vi) $m+2=2^7$, 즉 $m=126$일 때

$2^{127-2N}=2^7$에서 $127-2N=7$, $2N=120$

$\therefore N=60$

따라서 $m=126$은 조건을 만족시킨다.

(vii) $m+2 \geq 2^8$, 즉, $m \geq 254$일 때 $N>100$

$m+2=2^8$, 즉 $m=254$이면

$2^{255-2N}=2^8$에서 $255-2N=8$, $2N=247$ $\therefore N=\dfrac{247}{2}$

따라서 $N>100$이므로 조건을 만족시키지 않아. 또, m의 값이 커질수록 N의
값도 커지므로 $m+2 \geq 2^8$일 때 $N>100$이야.

(i)~(vii)에 의하여 조건을 만족시키는 m의 값은 6, 30, 126이므로

(구하는 합)$=6+30+126=162$

H 116 정답 11 $*\sum$의 활용 – 조건을 만족시키는 수열 ·· [정답률 63%]

(정답 공식: a_2의 값을 미지수로 설정하면 모든 a_n을 a_1, a_2로 표현할 수 있다.)

수열 $\{a_n\}$은 $a_1=7$이고, 다음 조건을 만족시킨다.

⇒ $n=1$부터 4까지 순서대로 대입해서 a_3부터 a_6까지 a_1과 a_2로 표현 가능해.

(가) $a_{n+2}=a_n-4$ $(n=1, 2, 3, 4)$

(나) 모든 자연수 n에 대하여 $a_{n+6}=a_n$이다. ⇒ 6을 주기로 같
아지지?

$\displaystyle\sum_{k=1}^{50} a_k=258$일 때, a_2의 값을 구하시오. (4점)

단서 조건을 최대한 활용해야 해. 즉, (가)에서 모든 n이 아니라 4 이하인 자연수이고, (나)에서
수열 $\{a_n\}$의 주기가 주어졌으니까 두 조건으로 수열 $\{a_n\}$을 모두 표현할 수 있어.

1st 두 조건으로 수열 $\{a_n\}$을 a_1과 a_2로 표현해 볼까?

조건 (가)에서 $a_{n+2}=a_n-4$ $(n=1, 2, 3, 4)$이므로

$a_3=a_1-4=7-4=3$ ⇒ $a_1=7$이니까 식의 값을 정리해 두자.

$a_4=a_2-4$, $a_5=a_3-4=3-4=-1$

$a_6=a_4-4=(a_2-4)-4=a_2-8$

조건 (나)에서 모든 자연수 n에 대하여 $a_{n+6}=a_n$이므로

$\underset{=7}{a_7(=a_1)}=\cdots$, $\underset{ }{a_8(=a_2)}=\cdots$, $\underset{=3}{a_9(=a_3)}=\cdots$이고,

$\underset{=a_2-4}{a_{10}(=a_4)}=\cdots$, $\underset{=-1}{a_{11}(=a_5)}=\cdots$, $\underset{=a_2-8}{a_{12}(=a_6)}=\cdots$

2nd $\displaystyle\sum_{k=1}^{50} a_k$의 값을 a_2의 식으로 나타내어 a_2의 값을 구해.

$\displaystyle\sum_{k=1}^{50} a_k=\underset{\text{6개씩 묶음으로 하면 8묶음이야.}}{a_1+a_2+a_3+\cdots+a_{48}}+\underset{a_{n+6}=a_n\text{에서 } a_{49}=a_1, a_{50}=a_2\text{야.}}{a_{49}+a_{50}}$

$=8(a_1+a_2+a_3+a_4+a_5+a_6)+a_1+a_2$

$=8\{7+a_2+3+(a_2-4)+(-1)+(a_2-8)\}+7+a_2$

$=25a_2-17=258$

$25a_2=275$ $\therefore a_2=11$

❖ $\sum$의 성질   개념·공식

① $\displaystyle\sum_{k=1}^{n}(a_k+b_k)=\sum_{k=1}^{n}a_k+\sum_{k=1}^{n}b_k$

② $\displaystyle\sum_{k=1}^{n}(a_k-b_k)=\sum_{k=1}^{n}a_k-\sum_{k=1}^{n}b_k$

③ $\displaystyle\sum_{k=1}^{n}ca_k=c\sum_{k=1}^{n}a_k$

④ $\displaystyle\sum_{k=1}^{n}c=cn$ (단, c는 상수)

H 117 정답 123 $*\sum$의 활용 – 조건을 만족시키는 수열 ·· [정답률 52%]

[정답 공식: n에 값을 대입해보면 일정 주기로 a_n의 값이 반복된다는 것을 알 수
있다.]

수열 $\{a_n\}$은 다음 조건을 만족시킨다.

(가) $a_1=1$, $a_2=2$

(나) a_n은 a_{n-2}와 a_{n-1}의 합을 4로 나눈 나머지 $(n \geq 3)$

단서 수열 $\{a_n\}$의 규칙을 찾기 위해서 n 대신 3, 4, 5, …을 a_{n-2}와 a_{n-1}에 대입해 보면서
$\displaystyle\sum_{k=1}^{m} a_k=166$일 때, m의 값을 구하시오. (4점) a_{n-2}와 a_{n-1}의 합을 4로 나눈
나머지를 찾아야 해.

1st n 대신 3, 4, 5, …를 대입하면서 조건에 맞는 a_n의 값의 규칙을 구해 봐.

(가)에서 $a_1=1$, $a_2=2$

(나)에서 $n \geq 3$인 자연수에 대하여 a_n은 a_{n-2}와 a_{n-1}의 합을 4로 나눈
나머지이므로

실수 $n=3$일 때, $a_{n-2}=a_1=1$, $a_{n-1}=a_2=2$이므로
a_{n-2}와 a_{n-1}의 합을 4로 나눈 나머지 $a_3=3$

$a_1=1$, $a_2=2$, $a_3=3$, $a_4=1$, $a_5=0$, $a_6=1$, $a_7=1$, $a_8=2$, $\cdots$

2nd 수열 $\{a_n\}$의 규칙성을 이용해서 $\displaystyle\sum_{k=1}^{m} a_k=166$을 만족하는 m의 값을 구하자.

$\displaystyle\sum_{k=1}^{6} a_k=8$, $a_{n+6}=a_n$이므로

$\longrightarrow a_n$의 값은 1, 2, 3, 1, 0, 1의 6개의 수가 반복되니까 $a_{n+6}=a_n$이야.

$\displaystyle\sum_{k=1}^{6n} a_k=8n$

$n=20$일 때, $\displaystyle\sum_{k=1}^{120} a_k=160$

$a_{121}=a_1=1$, $a_{122}=a_2=2$, $a_{123}=a_3=3$

$\longrightarrow a_n$의 값은 6개의 수가 반복되고 120은 6의 배수이니까 a_{121}은 a_1의 값과 같게 돼.

$\displaystyle\sum_{k=1}^{m} a_k=166=160+1+2+3$

$=\displaystyle\sum_{k=1}^{120} a_k+a_{121}+a_{122}+a_{123}$

$=\displaystyle\sum_{k=1}^{123} a_k$

$\therefore m=123$

❖ $\sum$의 활용 – 유리식과 무리식   개념·공식

(1) 부분분수를 이용한 수열의 합

$\displaystyle\sum_{k=1}^{n}\frac{1}{k(k+1)}=\sum_{k=1}^{n}\left(\frac{1}{k}-\frac{1}{k+1}\right)$

(2) 근호를 포함한 식으로 나타내어지는 수열의 합

(i) 일반항의 분모를 유리화한다.

(ii) 합의 기호 $\sum$를 풀어 계산한다.

정답 공식: k, p의 값에 특정 값을 대입해보면 규칙성을 알 수 있다. $a_1, \cdots a_p$까지 공차가 1인 등차수열을 이루다가 $a_{p+1}=a_1$이 되면서, 일정 주기로 $a_1, \cdots a_p$까지의 값을 반복한다.

$p \geq 2$인 자연수 p에 대하여 수열 $\{a_n\}$이 다음 세 조건을 만족시킨다.

단서 조건으로 a_1에서 a_p까지 수열 $\{a_n\}$의 일반항을 구할 수 있지? 이것으로 보기의 진위를 판단해.

(가) $a_1 = 0$
(나) $a_{k+1} = a_k + 1$ $(1 \leq k \leq p-1)$ ⟹ 공차 1
(다) $a_{k+p} = a_k$ $(k=1, 2, 3, \cdots)$ ⟹ 주기 p

[보기]에서 옳은 것을 모두 고른 것은? (4점)

─────────── [보기] ───────────
ㄱ. $a_{2k} = 2a_k$
ㄴ. $a_1 + a_2 + \cdots + a_p = \dfrac{p(p-1)}{2}$
ㄷ. $a_p + a_{2p} + \cdots + a_{kp} = k(p-1)$

① ㄱ　　② ㄴ　　③ ㄷ　　④ ㄴ, ㄷ　　⑤ ㄱ, ㄴ, ㄷ

1st 주어진 조건을 분석하여 a_1부터 a_p까지 구해 볼까?

조건 (가), (나)에서 $a_1 = 0$, $a_{k+1} = a_k + 1(1 \leq k \leq p-1)$이므로

$k = p-1$까지이니까 a_p까지 구할 수 있겠지?

$a_1 = 0$
$a_2 = a_1 + 1 = 1$ ⎫ $+1$
$a_3 = a_2 + 1 = 2$ ⎬ $+1$　⟸ $a_{n+1} - a_n = 1$에서 수열 $\{a_n\}$은 공차가 1인 등차수열이야.
$a_4 = a_3 + 1 = 3$ ⎭
⋮
∴ $a_p = p-1$

그런데 조건 (다)에서 $\underline{a_{k+p} = a_k}(k=1, 2, 3, \cdots)$이므로

$a_{1+p} = a_1, a_{2+p} = a_2, \cdots, a_{2p} = a_p$

수열 $\{a_n\}$은 $0, 1, 2, \cdots, p-1$이 이 순서대로 반복되는 수열이다.

2nd 이를 바탕으로 ㄱ~ㄷ의 참·거짓을 알아 봐.

ㄱ. 【반례】 조건 (나)에서 $a_2 = 1$이지만 $k=1$이라 하면
∴ $a_2 \neq 2a_1$ (거짓)

주의 식을 논리적으로 전개하여 보기의 참과 거짓을 판단하여도 좋지만 이처럼 반례를 하나 찾아보면 보기가 거짓임을 쉽고 빠르게 파악할 수 있어.

ㄴ. $a_1 + a_2 + a_3 + \cdots + a_p = \underline{0 + 1 + 2 + \cdots + (p-1)}$
[연속된 수의 합]
$= \dfrac{p(p-1)}{2}$ (참)　$\sum\limits_{k=1}^{n} k = \dfrac{n(n+1)}{2}$에서

ㄷ. $\underline{a_p = a_{2p} = a_{3p} = \cdots = a_{kp} = p-1}$이므로
조건 (다)에서 $a_p = a_{p+p} = a_{p+p+p} = \cdots$　$\sum\limits_{k=1}^{n-1} k = \dfrac{p(p-1)}{2}$
$a_p + a_{2p} + a_{3p} + \cdots + a_{kp} = \underbrace{(p-1) + (p-1) + (p-1) + \cdots + (p-1)}_{k\text{개야.}}$
$= k(p-1)$ (참)

따라서 옳은 것은 ㄴ, ㄷ이다.

다른 풀이: ㄱ에서 반례가 될 p의 값 제시하기

ㄱ. 【반례】 $p=2$이면 $a_1 = 0, a_2 = 1, a_3 = 0, a_4 = 1, \cdots$
∴ $a_4 \neq 2a_2$ (거짓)

정답 공식: $a > 0$, $a \neq 1$, $b > 0$, $c > 0$, $c \neq 1$일 때, $\log_a b = \dfrac{\log_c b}{\log_c a}$

다음은 $\sum\limits_{k=1}^{14} \log_2 \{\log_{k+1}(k+2)\}$의 값을 구하는 과정이다.

자연수 n에 대하여
$$\log_{n+1}(n+2) = \frac{\boxed{(가)}}{\log_2(n+1)}$$이므로

단서 밑이 $n+1$인 로그를 밑이 2인 로그로 바꾸는 과정이야.

$\sum\limits_{k=1}^{14} \log_2 \{\log_{k+1}(k+2)\}$
$= \log_2 \left(\dfrac{\boxed{(나)}}{\log_2 2} \right)$

따라서
$\sum\limits_{k=1}^{14} \log_2 \{\log_{k+1}(k+2)\} = \boxed{(다)}$

위의 (가)에 알맞은 식을 $f(n)$이라 하고, (나), (다)에 알맞은 수를 각각 p, q라 할 때, $f(p+q)$의 값은? (4점)

① 3　　　② 4　　　③ 5
④ 6　　　⑤ 7

1st 로그의 밑이 2가 되도록 변환하자.

자연수 n에 대하여
$$\log_{n+1}(n+2) = \frac{\log_2(n+2)}{\log_2(n+1)}$$　(가)

2nd 로그의 성질을 이용하여 합을 계산하자.

$\sum\limits_{k=1}^{14} \log_2 \{\log_{k+1}(k+2)\}$
$= \log_2(\log_2 3) + \log_2(\log_3 4) + \log_2(\log_4 5) + \cdots + \log_2(\log_{15} 16)$
$= \log_2 \left(\dfrac{\log_2 3}{\log_2 2} \right) + \log_2 \left(\dfrac{\log_2 4}{\log_2 3} \right) + \cdots + \log_2 \left(\dfrac{\log_2 16}{\log_2 15} \right)$
$= \log_2 \left(\dfrac{\log_2 3}{\log_2 2} \times \dfrac{\log_2 4}{\log_2 3} \times \cdots \times \dfrac{\log_2 16}{\log_2 15} \right)$
$= \log_2 \left(\dfrac{\log_2 16}{\log_2 2} \right)$　⟶ $\log_a x + \log_a y = \log_a xy$
$= \log_2 \left(\dfrac{\log_2 2^4}{\log_2 2} \right) = \log_2 \left(\dfrac{4}{\log_2 2} \right)$　(나)
$= \log_2 4 = 2$ ⟵(다)

즉, $f(n) = \log_2(n+2)$, $p=4$, $q=2$이므로
$f(p+q) = \log_2(4+2+2)$
$= \log_2 8$
$= \log_2 2^3$
$= 3$

∑의 활용 - 빈칸 채우기　개념·공식

(1) 빈칸을 채우는 문제 : 앞뒤의 계산 과정을 비교해 나가며 빈칸을 채운다.
(2) 시그마의 성질
$$\sum\limits_{k=1}^{n}(a_k \pm b_k) = \sum\limits_{k=1}^{n} a_k \pm \sum\limits_{k=1}^{n} b_k \text{ (복호동순)}$$
$$\sum\limits_{k=1}^{n} ca_k = c\sum\limits_{k=1}^{n} a_k, \ \sum\limits_{k=1}^{n} c = cn \text{ (단, } c\text{는 상수)}$$
(3) 자연수의 거듭제곱의 합
$$\sum\limits_{k=1}^{n} k = \frac{n(n+1)}{2} \qquad\qquad \sum\limits_{k=1}^{n} k^2 = \frac{n(n+1)(2n+1)}{6}$$

(정답 공식: 시그마를 풀어서 두 항씩 묶은 후, 등차수열의 합의 공식을 이용한다.)

수열 $\{a_n\}$이 $a_1=0$, ❶ $a_n+a_{n+1}=n$을 만족시킨다. 다음은 두 자연수 m, n에 대하여 $\sum\limits_{k=n-m+1}^{n+m} a_k$의 값을 구하는 과정이다. (단, $m<n$)

$$\sum\limits_{k=n-m+1}^{n+m} a_k$$

단서1 이 식을 둘씩 묶고, ❶을 $a_\blacksquare+a_{\blacksquare+1}=\blacksquare$라 생각하면 (가)가 보이지?

$$=a_{n-m+1}+a_{n-m+2}+\cdots+a_{n+m-1}+a_{n+m}$$
$$=(n-m+1)+(n-m+3)+\cdots+(n+m-3)+(\boxed{\text{(가)}})$$

단서2 첫째항이 $n-m+1$, 끝항이 (가)인 등차수열의 합이 다음 식이므로 (나)는 항의 수이지?

$$=\frac{(\boxed{\text{(나)}})\{(n-m+1)+(\boxed{\text{(가)}})\}}{2}$$
$$=\boxed{\text{(다)}}$$

위 과정에서 (가), (나), (다)에 알맞은 것은? (3점)

	(가)	(나)	(다)
①	$n+m-1$	m	mn
②	$n+m-1$	m	n^2
③	$n+m-1$	n	n^2
④	$n+m$	$m-1$	mn
⑤	$n+m$	$n-1$	n^2

1st 조건 $a_n+a_{n+1}=n$을 이용하여 $a_{n+m-1}+a_{n+m}$을 정리한 식이 빈칸 (가)야!
$a_{\widehat{n}}+a_{n+1}=n$이므로 $a_{\widehat{n+m-1}}+a_{n+m}=n+m-1$이다.

$$\therefore \sum\limits_{k=n-m+1}^{n+m} a_k=(a_{n-m+1}+a_{n-m+2})+(a_{n-m+3}+a_{n-m+4})+\cdots$$
$$+(a_{n+m-1}+a_{n+m})$$
$$=(n-m+1)+\underset{+2}{(n-m+3)}+\cdots+(\underset{\text{(가)}}{n+m-1})$$

2nd 위의 식은 공차가 2인 등차수열이므로 등차수열의 합의 공식을 이용하여 (나), (다)의 빈칸을 채우자.

이때, $\sum\limits_{k=n-m+1}^{n+m} a_k$의 식은 첫째항이 $n-m+1$, 공차가 2인 등차수열의 합이므로 끝항인 $n+m-1$은

주의 $a_n=a_1+(n-1)d$ 꼴로 나타내어 항의 수 n의 값을 찾자.

$n+m-1=(n-m+1)+2(m-1)$에 대하여 제m항이다.

이 등차수열의 합은 → 첫째항이 a_1, 끝항이 l일 때, 첫째항부터 제n항까지의 합은 $S_n=\dfrac{n(a_1+l)}{2}$

$$\underset{\text{(나)}}{\dfrac{m\{(n-m+1)+(n+m-1)\}}{2}}=\dfrac{m\times 2n}{2}$$
$$=mn \leftarrow \text{(다)}$$

수능 핵강

＊ 항의 개수 구하는 다른 방법 알아보기

$\sum\limits_{k=n-m+1}^{n+m} a_k$에서 첫째항이 $n-m+1$, 끝항이 $n+m$이고, 두 항이 묶여서 하나가 되므로 (항의 개수)$=\dfrac{n+m-(n-m+1)+1}{2}=m$

[정답 공식: $\sum\limits_{k=2}^{n} k(k-1)=\sum\limits_{k=1}^{n} k(k-1)=\sum\limits_{k=1}^{n} k^2-\sum\limits_{k=1}^{n} k$, b_{n+1}을 b_n을 이용해서 나타내 본다.]

두 수열 $\{a_n\}$, $\{b_n\}$에 대하여
$$b_n=\frac{a_1+2a_2+3a_3+\cdots+na_n}{1+2+\cdots+n} \ (n\geq 1)$$
이 성립한다. 다음은 $\{a_n\}$이 등차수열이기 위한 필요충분조건은 $\{b_n\}$이 등차수열임을 증명하는 과정이다.

[증명]

수열 $\{a_n\}$을 첫째항 a, 공차 d인 등차수열이라 하면,
$$b_n=\frac{a+2(a+d)+3(a+2d)+\cdots+n\{a+(n-1)d\}}{1+2+\cdots+n}$$
$$=\frac{a(1+2+\cdots+n)+d\{2+3\times 2+\cdots+n\times(n-1)\}}{1+2+\cdots+n}$$

단서1 이 식의 합이 (가)이지? 즉, $\sum\limits_{k=2}^{n} k(k-1)$이야.

$$=a+\frac{2d\left\{\boxed{\text{(가)}}-\frac{n(n+1)}{2}\right\}}{n(n+1)}$$

단서2 이 식을 정리하면 (상수)$\times d$꼴로 (나)이지?

$$=a+\boxed{\text{(나)}}\times(n-1)$$
이므로 수열 $\{b_n\}$은 공차가 $\boxed{\text{(나)}}$인 등차수열이다.

역으로 수열 $\{b_n\}$을 등차수열이라 하면,
$$b_{n+1}=\frac{a_1+2a_2+3a_3+\cdots+na_n}{1+2+\cdots+(n+1)}+\frac{(n+1)a_{n+1}}{1+2+\cdots+(n+1)}$$

단서3 (다)처럼 b_n의 꼴로 만들기 위해서 분자, 분모를 $1+2+\cdots+n$으로 나눠.

$$=\boxed{\text{(다)}}\times b_n+\frac{2}{n+2}a_{n+1}$$
$$\vdots$$
이므로 수열 $\{a_n\}$은 등차수열이다.

위의 증명 과정에서 (가), (나), (다)에 알맞은 것은? (4점)

	(가)	(나)	(다)
①	$\dfrac{n(n+1)(2n+1)}{6}$	$\dfrac{2}{3}d$	$\dfrac{n}{n+2}$
②	$\dfrac{n(n+1)(2n+1)}{6}$	$\dfrac{2}{3}d$	$\dfrac{n-1}{n+2}$
③	$\dfrac{n(n+1)(2n+1)}{3}$	$\dfrac{3}{2}d$	$\dfrac{n}{n+2}$
④	$\dfrac{n(n+1)(2n+1)}{3}$	$\dfrac{2}{3}d$	$\dfrac{n}{n+2}$
⑤	$\dfrac{n(n+1)(2n+1)}{3}$	$\dfrac{3}{2}d$	$\dfrac{n+1}{n+2}$

1st 앞뒤의 계산 과정을 비교해 가면서 (가), (나), (다)에 알맞은 식을 구해.

$$\frac{\overbrace{d\{2+3\times 2+\cdots+n\times(n-1)\}}}{1+2+\cdots+n}$$

이것을 시그마로 표현하면 $\sum\limits_{k=2}^{n} k(k-1)$이지?

[자연수의 거듭제곱의 합] $1+2+\cdots+n=\sum\limits_{k=1}^{n}k=\dfrac{n(n+1)}{2}$

$$=\frac{d\sum\limits_{k=2}^{n}k(k-1)}{\frac{n(n+1)}{2}}=\frac{2d\sum\limits_{k=1}^{n}k(k-1)}{n(n+1)}$$

→ $k=1$일 때, $k(k-1)=0$이므로 $\sum\limits_{k=2}^{n}a_k=\sum\limits_{k=1}^{n}a_k$

$$=\frac{2d\sum\limits_{k=1}^{n}(k^2-k)}{n(n+1)}=\frac{2d\left\{\overbrace{\dfrac{n(n+1)(2n+1)}{6}}^{\text{(가)}}-\dfrac{n(n+1)}{2}\right\}}{n(n+1)}$$

$$=2d\left(\frac{2n+1}{6}-\frac{1}{2}\right)=2d\times\frac{2n-2}{6}=\frac{2}{3}d(n-1)$$

따라서 $b_n=a+\dfrac{2}{3}d(n-1)$이므로 수열 $\{b_n\}$은 공차가 $\dfrac{2}{3}d$인 등차수열이다.

(나)

$\underline{\text{수열 } \{b_n\}\text{이 }■+▲(n-1)\text{ 꼴이면 }b_1=■,\text{ 공차는 }▲\text{야.}}$

역으로 수열 $\{b_n\}$을 등차수열이라 하면

$$b_{n+1}=\dfrac{a_1+2a_2+3a_3+\cdots+na_n}{1+2+\cdots+(n+1)}+\dfrac{(n+1)a_{n+1}}{1+2+\cdots+(n+1)}$$

등차수열의 합이지? 첫째항 1, 끝항 $n+1$인 등차수열의 첫째항부터 제$(n+1)$항까지의 합은
$\dfrac{(n+1)\{1+(n+1)\}}{2}=\dfrac{(n+1)(n+2)}{2}$

$$=\dfrac{\dfrac{a_1+2a_2+3a_3+\cdots+na_n}{1+2+\cdots+n}}{\dfrac{1+2+\cdots+(n+1)}{1+2+\cdots+n}}+\dfrac{(n+1)a_{n+1}}{\dfrac{(n+1)(n+2)}{2}}$$

$$=\dfrac{b_n}{\dfrac{(n+1)(n+2)}{n(n+1)}}+\dfrac{2}{n+2}a_{n+1}$$

$$=\underline{\dfrac{n}{n+2}}b_n+\dfrac{2}{n+2}a_{n+1}$$

(다)

H 122 정답 ③   ＊$\sum$의 활용-빈칸 채우기 ········· [정답률 60%]

$\left[\text{정답 공식}: \displaystyle\sum_{k=1}^{n}\dfrac{a_k}{n+1}=\dfrac{1}{n+1}\sum_{k=1}^{n}a_k, \ \sum_{k=1}^{n}\dfrac{a_k}{k}-\sum_{k=1}^{n-1}\dfrac{a_k}{k}=\dfrac{a_n}{n}\right]$

다음은 수열 $\{a_n\}$이 모든 자연수 n에 대하여

$$\sum_{k=1}^{n}\left(\dfrac{1}{k}-\dfrac{1}{n+1}\right)a_k=n^2$$

을 만족시킬 때, $\displaystyle\sum_{k=1}^{n}a_k$를 구하는 과정이다.

$T_n=\displaystyle\sum_{k=1}^{n}\left(\dfrac{1}{k}-\dfrac{1}{n+1}\right)a_k$라 하자.

(ⅰ) $T_1=1$이므로 $a_1=\boxed{\text{(가)}}$이다.

단서 $n=1$을 대입하여 구할 수 있어.

(ⅱ) 2 이상의 자연수 n에 대하여

$T_n=n^2$에서

$T_n-T_{n-1}=2n-1$이고

$T_n=\displaystyle\sum_{k=1}^{n}\dfrac{a_k}{k}-\dfrac{1}{\boxed{\text{(나)}}}\times\sum_{k=1}^{n}a_k$에서

$T_n-T_{n-1}=\dfrac{1}{\boxed{\text{(다)}}}\times\displaystyle\sum_{k=1}^{n}a_k$이므로

$\displaystyle\sum_{k=1}^{n}a_k=(2n-1)\times(\boxed{\text{(다)}})$이다.

(ⅰ), (ⅱ)에 의하여 모든 자연수 n에 대하여

$\displaystyle\sum_{k=1}^{n}a_k=(2n-1)\times(\boxed{\text{(다)}})$이다.

(가)에 알맞은 수를 p, (나), (다)에 알맞은 식을 각각 $f(n)$, $g(n)$

이라 할 때, $f(2p)\times g(3p)$의 값은? (4점)

① 190   ② 200   ③ 210

④ 220   ⑤ 230

1st $n=1$일 때 양변이 같음을 확인하자.

$T_n=\displaystyle\sum_{k=1}^{n}\left(\dfrac{1}{k}-\dfrac{1}{n+1}\right)a_k$라 하자.

(ⅰ) $T_1=1$이므로 $a_1=\underline{2}$ ← (가)

$T_n=\displaystyle\sum_{k=1}^{n}\left(\dfrac{1}{k}-\dfrac{1}{n+1}\right)a_k$에서 $n=1$을 대입해봐.

$T_1=\displaystyle\sum_{k=1}^{1}\left(\dfrac{1}{k}-\dfrac{1}{1+1}\right)a_k=\left(1-\dfrac{1}{1+1}\right)a_1=\dfrac{1}{2}a_1$

한편, $T_1=1^2=1$이므로 $\dfrac{1}{2}a_1=1$ $\therefore a_1=2$

2nd $T_n=n^2$일 때, T_n-T_{n-1}을 구하자.

(ⅱ) 2 이상의 자연수 n에 대하여

$T_n=n^2$에서

$T_n-T_{n-1}=\underline{n^2-(n-1)^2}=(n+n-1)\{n-(n-1)\}=2n-1$

$\underset{\downarrow a^2-b^2=(a+b)(a-b)}{}$

3rd $T_n=\displaystyle\sum_{k=1}^{n}\left(\dfrac{1}{k}-\dfrac{1}{n+1}\right)a_k$일 때, T_n-T_{n-1}을 구하자.

$T_n=\displaystyle\sum_{k=1}^{n}\left(\dfrac{1}{k}-\dfrac{1}{n+1}\right)a_k$ → 합의 기호에서 k의 값이 변화되므로 $\dfrac{1}{n+1}$은 상수처럼 생각해도 돼.

$=\displaystyle\sum_{k=1}^{n}\dfrac{a_k}{k}-\sum_{k=1}^{n}\dfrac{a_k}{n+1}$ $\displaystyle\sum_{k=1}^{n}\dfrac{a_k}{n+1}=\dfrac{a_1}{n+1}+\dfrac{a_2}{n+1}+\dfrac{a_3}{n+1}+\cdots+\dfrac{a_n}{n+1}$
$\qquad\qquad\qquad\qquad\quad =\dfrac{1}{n+1}(a_1+a_2+a_3+\cdots+a_n)$

$=\displaystyle\sum_{k=1}^{n}\dfrac{a_k}{k}-\dfrac{1}{\underline{n+1}}\times\sum_{k=1}^{n}a_k$에서 $=\dfrac{1}{n+1}\displaystyle\sum_{k=1}^{n}a_k$

(나)

T_n-T_{n-1}

$=\left(\displaystyle\sum_{k=1}^{n}\dfrac{a_k}{k}-\dfrac{1}{n+1}\sum_{k=1}^{n}a_k\right)-\left(\sum_{k=1}^{n-1}\dfrac{a_k}{k}-\dfrac{1}{n}\sum_{k=1}^{n-1}a_k\right)$

$\displaystyle\sum_{k=1}^{n}\dfrac{a_k}{k}-\sum_{k=1}^{n-1}\dfrac{a_k}{k}=\left(\dfrac{a_1}{1}+\dfrac{a_2}{2}+\cdots+\dfrac{a_n}{n}\right)-\left(\dfrac{a_1}{1}+\dfrac{a_2}{2}+\cdots+\dfrac{a_{n-1}}{n-1}\right)=\dfrac{a_n}{n}$으로 간단히 바꿀 수 있지?

$=\dfrac{a_n}{n}-\dfrac{1}{n+1}\displaystyle\sum_{k=1}^{n}a_k+\dfrac{1}{n}\sum_{k=1}^{n-1}a_k$

$\dfrac{a_n}{n}+\dfrac{1}{n}\displaystyle\sum_{k=1}^{n-1}a_k=\dfrac{a_n}{n}+\dfrac{1}{n}(a_1+a_2+\cdots+a_{n-1})=\dfrac{1}{n}\sum_{k=1}^{n}a_k$

$=-\dfrac{1}{n+1}\displaystyle\sum_{k=1}^{n}a_k+\dfrac{1}{n}\sum_{k=1}^{n}a_k$

$=\left(\dfrac{1}{n}-\dfrac{1}{n+1}\right)\displaystyle\sum_{k=1}^{n}a_k$

$=\dfrac{1}{\underline{n(n+1)}}\times\displaystyle\sum_{k=1}^{n}a_k$이므로

(다)

2nd, **3rd** 에서 구한 T_n-T_{n-1}을 비교하면

$\dfrac{1}{n(n+1)}\times\displaystyle\sum_{k=1}^{n}a_k=2n-1$

$\displaystyle\sum_{k=1}^{n}a_k=(2n-1)\times(\,n(n+1)\,)$이다.

(ⅰ), (ⅱ)에 의하여 모든 자연수 n에 대하여

$\displaystyle\sum_{k=1}^{n}a_k=(2n-1)\times(\,n(n+1)\,)$이다.

4th $f(2p)\times g(3p)$를 계산하자.

따라서 $p=2$, $f(n)=n+1$, $g(n)=n(n+1)$이므로

$f(2p)\times g(3p)=f(4)\times g(6)=5\times42=210$

✿ **$\sum$의 활용-빈칸 채우기**   개념·공식

(1) 빈칸을 채우는 문제 : 앞뒤의 계산 과정을 비교해 나가며 빈칸을 채운다.
(2) 시그마의 성질

$\displaystyle\sum_{}(a_k\pm b_k)=\sum_{}a_k\pm\sum_{}b_k$ (복호동순)

$\displaystyle\sum_{}ca_k=c\sum_{}a_k, \ \sum_{}c=cn$ (단, c는 상수)

(3) 자연수의 거듭제곱의 합

$\displaystyle\sum_{k=1}^{n}k=\dfrac{n(n+1)}{2}$ $\displaystyle\sum_{k=1}^{n}k^2=\dfrac{n(n+1)(2n+1)}{6}$

H **123** 정답 ④ *∑의 활용 – 빈칸 채우기 [정답률 55%]

[정답 공식: 첫째항이 a_1, 공차가 d인 등차수열의 일반항 $a_n=a_1+(n-1)d$ 꼴로 나타내어 정리한다.]

다음은 공차가 1보다 크고 $a_3+a_5=2$인 등차수열 $\{a_n\}$에 대하여 **단서1** 등차중항의 성질에서 $a_4=1$임을 알 수 있어. $\sum_{k=1}^{5}(a_k^2-5|a_k|)$의 값이 최소가 되도록 하는 수열 $\{a_n\}$의 공차를 구하는 과정이다.

> $a_3+a_5=2$에서 $a_4=$ (가)
> 등차수열 $\{a_n\}$의 공차를 d라 하고
> $\sum_{k=1}^{5}a_k^2$과 $\sum_{k=1}^{5}|a_k|$를 각각 d에 대한 식으로 나타내면
> $\sum_{k=1}^{5}a_k^2=15d^2-10d+5$ **단서2** $a_k^2=\{a+(k-1)d\}^2$으로 계산하자.
> $\sum_{k=1}^{5}|a_k|=$ (나) **단서3** 공차가 1보다 크므로 등차수열 a_4가 양수이면 a_5도 양수가 되어야 해.
> 따라서 $\sum_{k=1}^{5}(a_k^2-5|a_k|)$의 값이 최소가 되도록 하는 수열 $\{a_n\}$의 공차는 (다) 이다.

위의 (가), (다)에 알맞은 수를 각각 p, q라 하고 (나)에 알맞은 식을 $f(d)$라 할 때, $f(p+2q)$의 값은? (4점)

① 21 ② 23 ③ 25 ④ 27 ⑤ 29

1st 등차중항의 성질에서 a_4의 값을 구하자.
등차수열 $\{a_n\}$의 공차를 $d(d>1)$라 하므로
$a_3+a_5=2a_4$이므로 $a_3+a_5=2$에서 $a_4=$ 1 ← (가)

$a_3+a_5=(a+2d)+(a+4d)$
$=2a+6d=2(a+3d)=2a_4$
$2a_4=2$ ∴ $a_4=1$

등차수열의 정의에 의하여 $a_4=1$이므로
$a_3=1-d$, $a_2=1-2d$, $a_1=1-3d$, 등차수열 $\{a_n\}$은 자연수 n에 대하여 $a_n=a_{n+1}-d$
$a_5=1+d$, $a_6=1+2d$, $\cdots$이다.
등차수열 $\{a_n\}$은 자연수 n에 대하여 $a_{n+1}=a_n+d$

2nd $\sum_{k=1}^{5}a_k^2$과 $\sum_{k=1}^{5}|a_k|$를 각각 풀어 d에 대한 식으로 나타내자.
$\sum_{k=1}^{5}a_k^2=a_1^2+a_2^2+a_3^2+a_4^2+a_5^2$
$=(1-3d)^2+(1-2d)^2+(1-d)^2+1^2+(1+d)^2$
$=15d^2-10d+5$

$\sum_{k=1}^{5}|a_k|=|a_1|+|a_2|+|a_3|+|a_4|+|a_5|$
$=|1-3d|+|1-2d|+|1-d|+|1|+|1+d|$
$d>1$이므로 / $d>1$이므로
$3d>3, 3d-1>2, 1-3d<-2$ / $2d>2, 2d-1>1, 1-2d<-1$
∴ $|1-3d|=3d-1$ / ∴ $|1-2d|=2d-1$
$=(3d-1)+(2d-1)+(d-1)+1+(1+d)$
$=7d-1$ ← (나)
주의 $d>1$을 이용해 절댓값 기호를 벗겨서 정리하자.

3rd d의 값을 구하자.
$\sum_{k=1}^{5}(a_k^2-5|a_k|)$
$=a_1^2-5|a_1|+a_2^2-5|a_2|+a_3^2-5|a_3|+a_4^2-5|a_4|+a_5^2-5|a_5|$
$=a_1^2+a_2^2+a_3^2+a_4^2+a_5^2-5|a_1|-5|a_2|-5|a_3|-5|a_4|-5|a_5|$
$=\sum_{k=1}^{5}a_k^5$ / $=-\sum_{k=1}^{5}|a_k|$
$=(15d^2-10d+5)-5(7d-1)$
$=(15d^2-10d+5)-35d+5$

$=15d^2-45d+10$
이차식의 최대, 최소는 완전제곱꼴에서 찾아야 해.
$=15\left\{d^2-3d+\left(\frac{3}{2}\right)^2-\left(\frac{3}{2}\right)^2\right\}+10$
(이차식)$=15\left\{d^2-3d+\left(\frac{3}{2}\right)^2-\left(\frac{3}{2}\right)^2\right\}+10$
$=15\left(d-\frac{3}{2}\right)^2-15\times\frac{9}{4}+\frac{40}{4}$
$=15\left(d-\frac{3}{2}\right)^2-\frac{95}{4}$
$=15\left(d-\frac{3}{2}\right)^2-\frac{95}{4}$

따라서 $\sum_{k=1}^{5}(a_k^2-5|a_k|)$의 값이 최소가 되도록 하는 수열 $\{a_n\}$의 공차는 $\frac{3}{2}$ 이다.
d의 값의 범위가 $d>1$이고, d에 대한 이차식의 그래프의 꼭짓점이 직선 $d=\frac{3}{2}$ 위에 있으므로 이차식의 최솟값은 $d=\frac{3}{2}$일 때야.
← (다)

따라서 $p=1$, $q=\frac{3}{2}$, $f(d)=7d-1$이므로
$f(p+2q)=f(4)=28-1=27$

H **124** 정답 ③ *∑의 활용 – 빈칸 채우기 [정답률 35%]

[정답 공식: $\sum_{k=1}^{n}k=\frac{n(n+1)}{2}$, $\sum_{k=1}^{n}k^2=\frac{n(n+1)(2n+1)}{6}$]

단서 서로 다른 4개의 자연수 a, b, c, d에서 $2b=a+d$를 만족시키려면 세 자연수 a, b, d가 등차수열이 되어야 함을 알아야 해.
다음은 21 이하의 서로 다른 4개의 자연수 a, b, c, d $(a<b<c<d)$에 대하여 $2b=a+d$를 만족시키는 모든 순서쌍 (a, b, c, d)의 개수를 구하는 과정이다.

> 세 자연수 a, b, d는 $2b=a+d$를 만족시키므로 이 순서대로 등차수열을 이룬다.
> 이 등차수열의 공차가 될 수 있는 가장 작은 값은 2, 가장 큰 값은 (가) 이다.
> 이 등차수열의 공차를 $k(2\leq k\leq$ (가) $)$라 하면 $a<a+k<c<a+2k$이므로
> c가 될 수 있는 모든 자연수의 개수는 $k-1$이고
> a가 될 수 있는 모든 자연수의 개수는 (나) 이다.
> 따라서 구하는 모든 순서쌍 (a, b, c, d)의 개수는
> $\sum_{k=2}^{(가)}\{(k-1)\times($ (나) $)\}=$ (다)

위의 (가), (다)에 알맞은 수를 각각 p, q라 하고, (나)에 알맞은 식을 $f(k)$라 할 때, $p+q+f(3)$의 값은? (4점)

① 304 ② 307 ③ 310 ④ 313 ⑤ 316

1st 공차가 가장 작을 때와 클 때를 구하자.
세 자연수 a, b, d는 $2b=a+d$를 만족시키므로 이 순서대로 등차수열을 이룬다.
b는 a와 d의 등차중항이야.
이 등차수열의 공차가 될 수 있는 가장 작은 값은 2, 가장 큰 값은 10 이 (가) 다.

실수 서로 다른 네 자연수 a, b, c, d $(a<b<c<d)$의 공차가 1이면 $2b=a+d$를 만족시키는 c가 존재하지 않게 돼. 그래서 최소 공차가 2는 되어야 해. 최소 공차가 1이라고 실수하기 쉽다. 그리고 공차가 가장 큰 경우는 $a=1$, $b=11$, $d=21$일 때이므로 이때의 공차는 10이야.

2nd c와 a가 될 수 있는 모든 자연수의 개수를 구하자.
이 등차수열의 공차를 k $(2\leq k\leq 10)$라 하면
$1\leq a<a+k<c<a+2k\leq21$이므로
c가 될 수 있는 모든 자연수의 개수는 $k-1$이고 a가 될 수 있는 모든 자연수의 개수는 $21-2k$ 이다. (나)
c가 될 수 있는 모든 자연수의 개수는 $a+k<c<a+2k$에서 $(a+2k)-(a+k)-1=k-1$
a는 $1\leq a$이고, $a+2k\leq21 \Rightarrow a\leq21-2k$가 성립해야 하므로 $1\leq a\leq21-2k$, 즉 a가 될 수 있는 모든 자연수의 개수는 $21-2k$

정답 및 해설 451

3rd 구하는 모든 순서쌍 (a, b, c, d)의 개수를 $\sum$를 이용하여 구하자.

따라서 구하는 모든 순서쌍 (a, b, c, d)의 개수는

$\sum\limits_{k=2}^{10}\{(k-1)\times(21-2k)\}$

$=\sum\limits_{k=2}^{10}(-2k^2+23k-21)$

$=\sum\limits_{k=1}^{10}(-2k^2+23k-21)-(-2\times1^2+23\times1-21)$ $\sum\limits_{k=2}^{n}a_k=\sum\limits_{k=1}^{n}a_k-a_1$

$=-2\times\dfrac{10\times11\times21}{6}+23\times\dfrac{10\times11}{2}-21\times10$

$\left(\because \sum\limits_{k=1}^{n}k=\dfrac{n(n+1)}{2}, \sum\limits_{k=1}^{n}k^2=\dfrac{n(n+1)(2n+1)}{6}\right)$

$=-770+1265-210=\boxed{285}$ ←(다)

따라서 $p=10$, $f(k)=21-2k$, $q=285$이므로

$p+q+f(3)=10+285+15=310$

2nd $\sum\limits_{k=1}^{n}k=\dfrac{n(n+1)}{2}$, $\sum\limits_{k=1}^{n}k^2=\dfrac{n(n+1)(2n+1)}{6}$의 식을 이용하자.

($\bigstar$)의 식에서

$=2(n+1)\{n(n+1)-n\}-2\left\{\dfrac{n(n+1)(2n+1)}{3}\text{←(나)}-\dfrac{n(n+1)}{2}\right\}$

$=2(n+1)n^2-\dfrac{1}{3}n(n+1)(\boxed{4n-1})$ ←(다)

$=n(n+1)\left(2n-\dfrac{4n-1}{3}\right)$

$=n(n+1)\left(\dfrac{6n-4n+1}{3}\right)$

$=\dfrac{n(n+1)(2n+1)}{3}$

$2\sum\limits_{k=1}^{n}(2k^2-k)$
$=2\left\{2\times\dfrac{n(n+1)(2n+1)}{6}-\dfrac{n(n+1)}{2}\right\}$
$=2\left\{\dfrac{n(n+1)(2n+1)}{3}-\dfrac{n(n+1)}{2}\right\}$

3rd a의 값을 대입해서 $f(a)g(a)$의 값을 구하자.

$f(k)=2k-1$, $a=3$, $g(n)=4n-1$ 이므로

$f(3)\times g(3)=5\times11=55$

H 125 정답 ② *$\sum$의 활용 – 빈칸 채우기 ·········· [정답률 49%]

정답 공식: $\sum\limits_{k=1}^{n}k=\dfrac{n(n+1)}{2}$, $\sum\limits_{k=1}^{n}k^2=\dfrac{n(n+1)(2n+1)}{6}$

다음은 모든 자연수 n에 대하여

$1\times2n+3\times(2n-2)+5\times(2n-4)+\cdots+(2n-1)\times2$

$=\dfrac{n(n+1)(2n+1)}{3}$

이 성립함을 보이는 과정이다.

$1\times2n+3\times(2n-2)+5\times(2n-4)+\cdots+(2n-1)\times2$

$=\sum\limits_{k=1}^{n}(\boxed{(가)})\{2n-(2k-2)\}$ **단서1** $1, 3, 5, \cdots, 2n-1$에서 k번째의 식은 $2k-1$이야.

$=\sum\limits_{k=1}^{n}(\boxed{(가)})\{2(n+1)-2k\}$ **단서2** k의 값이 1부터 n까지 변하는 값의 합이야.

$=2(n+1)\sum\limits_{k=1}^{n}(\boxed{(가)})-2\sum\limits_{k=1}^{n}(2k^2-k)$ 이때, $\sum$ 안에 있는 n은 상수 취급해.

$=2(n+1)\{n(n+1)-n\}$

$\qquad -2\left\{\dfrac{n(n+1)(2n+1)}{\boxed{(나)}}-\dfrac{n(n+1)}{2}\right\}$

$=2(n+1)n^2-\dfrac{1}{3}n(n+1)(\boxed{(다)})$

$=\dfrac{n(n+1)(2n+1)}{3}$

이다.

위의 (가), (다)에 알맞은 식을 각각 $f(k)$, $g(n)$이라 하고, (나)에 알맞은 수를 a라 할 때, $f(a)\times g(a)$의 값은? (4점)

① 50   ② 55   ③ 60

④ 65   ⑤ 70

1st 주어진 등식의 좌변을 $\sum$로 나타내자.

$1\times2n+3\times(2n-2)+5\times(2n-4)+\cdots+(2n-1)\times2$

$=\sum\limits_{k=1}^{n}(\underset{\text{(가)}}{2k-1})\{2n-(2k-2)\}$

$=\sum\limits_{k=1}^{n}(2k-1)\{2(n+1)-2k\}$

$=2(n+1)\sum\limits_{k=1}^{n}(2k-1)-2\sum\limits_{k=1}^{n}(2k^2-k)\cdots(\bigstar)$ $2n-(2k-2)=2n+2-2k=2(n+1)-2k$

H 126 정답 ④ *$\sum$의 활용 – 빈칸 채우기 ·········· [정답률 57%]

정답 공식: 첫째항이 a, 공비가 r인 등비수열 $\{a_n\}$의 합은
$\sum\limits_{k=1}^{n}ar^{k-1}=\dfrac{a(r^n-1)}{r-1}=\dfrac{a(1-r^n)}{1-r}$ (단, $r\neq1$)

단서1 사다리꼴의 넓이를 구하기 위해 윗변, 아랫변을 y축에 평행한 변으로 설정해 문제를 해결하는 방향으로 풀이 과정이 제시되어 있어.

실수 $a(a>1)$과 자연수 n에 대하여 직선 $x=n$이 두 함수

$y=3a^x$, $y=3a^{x-1}$

의 그래프와 만나는 점을 각각 P_n, Q_n이라 하자. 선분 P_nQ_n의 길이를 l_n, 사다리꼴 $P_nQ_nQ_{n+2}P_{n+2}$의 넓이를 S_n이라 하자.

두 실수 L, S에 대하여 $\sum\limits_{k=1}^{20}l_k=L$, $\sum\limits_{k=1}^{5}S_{4k-3}=S$일 때,

단서2 $\sum$의 항이 k가 1부터 5까지이므로 직접 전개해보고 규칙을 찾아보자.

다음은 $\dfrac{S}{L}=\dfrac{2}{5}$를 만족시키는 a의 값을 구하는 과정이다.

두 점 P_n, Q_n의 좌표는 각각 $(n, 3a^n)$, $(n, 3a^{n-1})$

선분 P_nQ_n의 길이 l_n은

$l_n=3(a-1)\times a^{n-1}$이므로

$L=\sum\limits_{k=1}^{20}l_k=3\times(\boxed{(가)})$이다.

사다리꼴 $P_nQ_nQ_{n+2}P_{n+2}$의 넓이 S_n은

$S_n=3(a-1)\times(a^{n-1}+a^{n+1})$이므로

$S=\sum\limits_{k=1}^{5}S_{4k-3}$ **단서3** 처음 문제를 읽고 사다리꼴 $P_nQ_nQ_{n+2}P_{n+2}$의 넓이를 구해야 하나 싶겠지만 이미 식이 주어졌기 때문에 문제를 풀 때 잠깐 쓰고 마는 식일 뿐이야.

$=S_1+S_5+S_9+S_{13}+S_{17}$

$=\dfrac{3}{\boxed{(나)}}\times(\boxed{(가)})$이다.

따라서

$\dfrac{S}{L}=\dfrac{\dfrac{3}{\boxed{(나)}}\times(\boxed{(가)})}{3\times(\boxed{(가)})}=\dfrac{1}{\boxed{(나)}}=\dfrac{2}{5}$

이므로 $a=\boxed{(다)}$이다.

위의 (가), (나)에 알맞은 식을 각각 $f(a)$, $g(a)$라 하고,
(다)에 알맞은 수를 p라 할 때, $\dfrac{f(\sqrt{2})}{g(20p)}$의 값은? (4점)

① 24   ② 27   ③ 30
④ 33   ⑤ 36

1st l_n을 이용하여 (가)에 들어갈 식을 찾자.
두 점 P_n, Q_n의 좌표는 각각 $(n, 3a^n)$, $(n, 3a^{n-1})$
선분 P_nQ_n의 길이 l_n은
$l_n = 3(a-1) \times a^{n-1}$이므로
└ 두 점 P_n, Q_n의 x좌표의 값이 같으므로 y좌표의 차가 l_n이야.
$l_n = |3a^n - 3a^{n-1}| = 3a^{n-1}(a-1) \ (\because a > 1)$
$L = \displaystyle\sum_{k=1}^{20} l_k = \dfrac{3(a-1)(a^{20}-1)}{a-1} = 3 \times (a^{20}-1)$이다.
                ↗ (가)
└ l_n은 첫째항이 $3(a-1)$이고 공비가 a인 등비수열이므로 그 합인 L은
    등비수열의 합 공식으로 구해.

2nd S를 이용하여 (나)에 들어갈 식을 찾자.
사다리꼴 $P_nQ_nQ_{n+2}P_{n+2}$의 넓이 S_n은
$S_n = 3(a-1) \times (a^{n-1} + a^{n+1})$이므로
$S = \displaystyle\sum_{k=1}^{5} S_{4k-3}$
$= S_1 + S_5 + S_9 + S_{13} + S_{17}$
$= 3(a-1) \times \{(a^{1-1}+a^{1+1}) + (a^{5-1}+a^{5+1})$
                 $+ (a^{9-1}+a^{9+1}) + (a^{13-1}+a^{13+1}) + (a^{17-1}+a^{17+1})\}$
$= 3(a-1) \times (1 + a^2 + a^4 + \cdots + a^{16} + a^{18})$
$= 3(a-1) \times \dfrac{(a^{20}-1)}{a^2-1}$ └ 첫째항이 1이고 공비가 a^2인 10개 항의 등비수열의 합임을 확인할 수 있어.
$= 3(a-1) \times \dfrac{(a^{20}-1)}{(a-1)(a+1)}$
$= \dfrac{3}{(a+1)} \times (a^{20}-1)$이다.
        ↗ (나)

3rd (다)에 들어갈 식을 찾자.
따라서
$\dfrac{S}{L} = \dfrac{\dfrac{3}{(a+1)} \times (a^{20}-1)}{3 \times (a^{20}-1)} = \dfrac{1}{(a+1)} = \dfrac{2}{5}$
        ↗ (다)
이므로 $a = \dfrac{3}{2}$이다.

4th $\dfrac{f(\sqrt{2})}{g(20p)}$의 값을 구하자.

따라서 $p = \dfrac{3}{2}$, $f(a) = a^{20}-1$이고, $g(a) = a+1$이므로
$\dfrac{f(\sqrt{2})}{g(20p)} = \dfrac{f(\sqrt{2})}{g(30)} = \dfrac{2^{10}-1}{30+1} = \dfrac{1023}{31} = \dfrac{31 \times 33}{31} = 33$이다.

H 127 정답 ④   ＊∑의 활용 – 빈칸 채우기   [정답률 52%]

[정답 공식: 점의 좌표 중 y좌표가 k일 때, 가능한 x좌표를 그래프를 통해 확인해 본다. $y=\sqrt{x}$ 위에 점 (k^2, k)가 있다는 것을 안다.]

다음은 2 이상의 자연수 n에 대하여 함수 $y=\sqrt{x}$의 그래프와 x축 및 직선 $x=n^2$으로 둘러싸인 도형의 내부에 있는 점 중에서 x좌 표와 y좌표가 모두 정수인 점의 개수 a_n을 구하는 과정이다.
단서 x좌표와 y좌표가 모두 정수인 점의 개수를 찾는 과정의 빈칸을 구하려면 앞뒤 상황을 정확히 파악해야 해.

> $n=2$일 때, 곡선 $y=\sqrt{x}$, x축 및 직선 $x=4$로 둘러싸인 도형의 내부에 있는 점 중에서 x좌표와 y좌표가 모두 정수인 점은 $(2, 1)$, $(3, 1)$이므로
> $a_2 = \boxed{\text{(가)}}$
> 이다. 3 이상의 자연수 n에 대하여 a_n을 구하여 보자.
>
>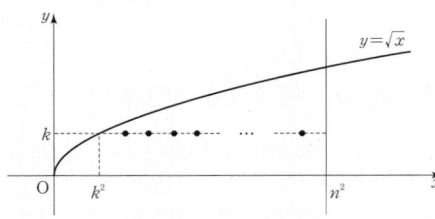
>
> 위의 그림과 같이 $1 \le k \le n-1$인 정수 k에 대하여 주어진 도형의 내부에 있는 점 중에서 x좌표가 정수이고, y좌표가 k인 점은
> (k^2+1, k), (k^2+2, k), $\cdots$, $(\boxed{\text{(나)}}, k)$
> 이므로 이 점의 개수를 b_k라 하면
> $b_k = \boxed{\text{(나)}} - k^2$
> 이다. 따라서
> $a_n = \displaystyle\sum_{k=1}^{n-1} b_k = \boxed{\text{(다)}}$
> 이다.

위의 (가)에 알맞은 수를 p라 하고, (나), (다)에 알맞은 식을 각각 $f(n)$, $g(n)$이라 할 때, $p + f(4) + g(6)$의 값은? (4점)

① 131   ② 133   ③ 135   ④ 137   ⑤ 139

1st $n=2$일 때, x의 좌표와 y좌표가 모두 정수인 점의 개수 a_2를 구해 보자.
곡선 $y=\sqrt{x}$, x축 및 직선 $x=4$로
둘러싸인 도형의 내부에 있는 점 중에서
x좌표와 y좌표가 모두 정수인 점은
$(2, 1)$, $(3, 1)$이므로
$a_2 = 2$ ← (가)

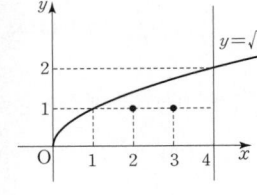

2nd $n \ge 3$일 때의 a_n을 구해보자.

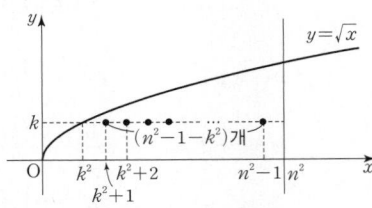

$n \ge 3$일 때, $1 \le k \le n-1$인 정수 k에 대하여
주어진 도형의 내부에 있는 점 중 y좌표가 k인 점은
(k^2+1, k), (k^2+2, k), $\cdots$, $(\underbrace{n^2-1}_{\text{(나)}}, k)$
이므로 이 점의 개수를 b_k라 하자. y좌표는 k로 일정하고 x좌표는 1씩 증가해.

$$b_k = n^2 - 1 - k^2 \quad \cdots \text{㉠}$$

→ a, b가 자연수일 때, $a < x \le b$를 만족시키는 자연수 x의 개수는 $b-a$야.

$$a_n = \sum_{k=1}^{n-1} b_k = \sum_{k=1}^{n-1} (n^2 - 1 - k^2)$$

$$= (n-1)(n^2-1) - \sum_{k=1}^{n-1} k^2$$

$$= (n-1)(n^2-1) - \frac{(n-1)n(2n-1)}{6}$$

$$= \frac{(n-1)(4n^2+n-6)}{6} \quad \text{←(다)}$$

$p = 2$, $f(n) = n^2 - 1$, $g(n) = \dfrac{(n-1)(4n^2+n-6)}{6}$ 이므로

$$p + f(4) + g(6) = 2 + 15 + 120 = 137$$

Ⓗ **128** 정답 ④ *∑의 활용 – 빈칸 채우기 ────── [정답률 53%]

[정답 공식: 점 B의 x좌표의 최솟값은 k, 최댓값은 $n+1$, 점 D의 y좌표의 최솟값은 k, 최댓값은 n이 된다는 것을 안다.]

자연수 n과 $0 \le p < r \le n+1$, $0 \le q < s \le n$을 만족시키는 네 정수 p, q, r, s에 대하여 좌표평면에서 네 점 $A(p, q)$, $B(r, q)$, $C(r, s)$, $D(p, s)$를 꼭짓점으로 하고 넓이가 k^2인 정사각형의 개수를 a_k라고 하자. 다음은 $\displaystyle\sum_{k=1}^{n} a_k$의 값을 구하는 과정이다. (단, k는 n 이하의 자연수이다.) 단서1 정사각형의 변의 길이는 자연수이지? 이때, $1 \le k \le n$이니까 정사각형의 경우 모두 따져 ❶, ❷를 구해 보자.

그림과 같이 넓이가 k^2인 정사각형 ABCD를 만들 때, 두 점 A, B의 y좌표가 주어지면 ❶ x좌표의 차가 $r-p=k$인 변 AB를 택하는 경우의 수는 (가) 이다. 또 두 점 A, D의 x좌표가 주어지면 ❷ y좌표의 차가 $s-q=k$인 변 AD를 택하는 경우의 수는 (나) 이다. 따라서

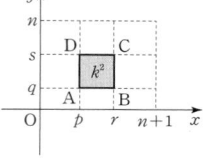

$$a_k = (n+1)(n+2) - (2n+3)k + k^2$$

이다. 그러므로 단서2 k의 식이 아닌 경우는 상수로 취급하여 시그마의 성질을 이용해 정리해.

$$\sum_{k=1}^{n} a_k = \sum_{k=1}^{n} \{(n+1)(n+2) - (2n+3)k + k^2\} = \boxed{\text{(다)}}$$

(가), (나), (다)에 들어갈 식으로 알맞은 것은? (3점)

	(가)	(나)	(다)
①	$n-k+1$	$n-k+2$	$\dfrac{n(n+1)(n+2)}{6}$
②	$n-k+2$	$n-k+1$	$\dfrac{n(n+1)(n+2)}{6}$
③	$n-k+1$	$n-k+2$	$\dfrac{n(n+1)(n+2)}{3}$
④	$n-k+2$	$n-k+1$	$\dfrac{n(n+1)(n+2)}{3}$
⑤	$n-k+1$	$n-k+2$	$\dfrac{n(n+1)(n+2)}{2}$

1st $r-p=k$, $s-q=k$가 취할 수 있는 변의 길이를 각각 구해 봐.

$r-p=k$가 취할 수 있는 변의 길이는 1부터 $n+1$까지이고, $s-q=k$가 취할 수 있는 변의 길이는 1부터 n까지이므로 k의 값에 따라 변 AB, 변 AD를 택하는 경우를 표로 나타내자.

k	변 AB의 경우의 수	변 AD의 경우의 수
1	$0 \le p < r \le n+1$ $n+1$ 〉-1	$0 \le q < s \le n$ n 〉-1
2	n 〉-1	$n-1$ 〉-1
3	$n-1$ ↙	$n-2$ ↙
⋮	⋮ $-(k-1)$	⋮ $-(k-1)$
k	$n-k+2$ ←(가)	$n-k+1$ ←(나)

2nd a_k를 구하여 $\displaystyle\sum_{k=1}^{n} a_k$의 값을 구해.

$$a_k = (n-k+2)(n-k+1)$$

$$= \{(n+2)-k\}\{(n+1)-k\}$$

$$= (n+1)(n+2) - (2n+3)k + k^2$$

$$\therefore \sum_{k=1}^{n} a_k = \sum_{\substack{k=1 \\ k\text{의 식}}}^{n} \{\underbrace{(n+1)(n+2)}_{\text{상수}} - (2n+3)k + k^2\}$$

$$= n(n+1)(n+2) - \frac{n(n+1)(2n+3)}{2} + \frac{n(n+1)(2n+1)}{6}$$

$$= \frac{n(n+1)(n+2)}{3} \quad \text{←(다)}$$

Ⓗ **129** 정답 ⑤ *∑의 활용 – 빈칸 채우기 ────── [정답률 73%]

(정답 공식: 자연수의 거듭제곱의 합의 공식을 이용한다.)

자연수 n에 대하여 $A_n(n, n^2)$을 지나고 직선 $y=nx$에 수직인 직선이 x축과 만나는 점을 B_n이라 하자.

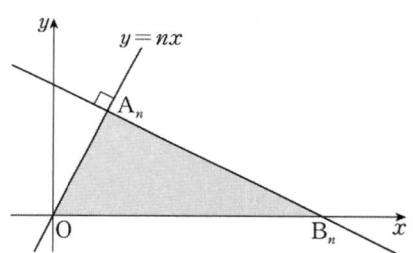

단서1 삼각형 $A_n O B_n$의 넓이는 선분 OB_n의 길이와 점 A_n의 y좌표만 알면 구할 수 있어.

다음은 삼각형 $A_n O B_n$의 넓이를 S_n이라 할 때, $\displaystyle\sum_{n=1}^{8} \frac{S_n}{n^3}$의 값을 구하는 과정이다. (단, O는 원점이다.)

점 $A_n(n, n^2)$을 지나고 직선 $y=nx$에 수직인 직선의 방정식은 단서2 기울기가 0이 아니고 서로 수직인 두 직선의 기울기의 곱은 -1이야.

$$y = \boxed{\text{(가)}} \times x + n^2 + 1$$

이므로 두 점 A_n, B_n의 좌표를 이용하여 S_n을 구하면

$$S_n = \boxed{\text{(나)}}$$

따라서 $\displaystyle\sum_{n=1}^{8} \frac{S_n}{n^3} = \boxed{\text{(다)}}$ 이다.

위의 (가), (나)에 알맞은 식을 각각 $f(n)$, $g(n)$이라 하고, (다)에 알맞은 수를 r라 할 때, $f(1) + g(2) + r$의 값은? (4점)

① 105   ② 110   ③ 115   ④ 120   ⑤ 125

1st 직선 A_nB_n의 방정식을 구해. → 두 직선의 기울기가 각각 m, $n(m\neq0,\ n\neq0)$일 때, 이 두 직선이 서로 수직이면 $mn=-1$이 성립해.

직선 $y=nx$에 수직인 직선의 기울기는 $-\dfrac{1}{n}$이므로

점 $A_n(n,\ n^2)$을 지나고 직선 $y=nx$에 수직인 직선의 방정식은

$y=-\dfrac{1}{n}(x-n)+n^2 = \overset{\text{(가)}}{-\dfrac{1}{n}}x+n^2+1$ → 기울기가 m이고 점 (a,b)를 지나는 직선의 방정식은 $y=m(x-a)+b$야.

2nd 삼각형 A_nOB_n의 넓이 S_n을 구해.

점 B_n은 직선 $y=-\dfrac{1}{n}x+n^2+1$이 x축과 만나는 점이므로

$y=0$을 대입하면 $0=-\dfrac{1}{n}x+n^2+1$에서 $\dfrac{1}{n}x=n^2+1$

$\therefore\ x=n^3+n$ → x축 위의 점의 y좌표는 항상 0이야. 따라서 함수 $y=f(x)$의 그래프와 x축이 만나는 점의 x좌표를 구할 때는 $y=0$을 대입해.

따라서 점 B_n의 좌표는 $(n^3+n,\ 0)$이므로 $\overline{OB_n}=n^3+n$이고 점 A_n의 y좌표는 n^2이므로 삼각형 A_nOB_n의 넓이 S_n은

$S_n=\dfrac{1}{2}\times\overline{OB_n}\times(\text{점 }A_n\text{의 }y\text{좌표})=\dfrac{1}{2}\times(n^3+n)\times n^2$

$\quad= \overset{\text{(나)}}{\dfrac{n^5+n^3}{2}}$

3rd $\displaystyle\sum_{n=1}^{8}\dfrac{S_n}{n^3}$의 값을 구해.

→ 상수 c에 대하여 $\displaystyle\sum_{k=1}^{n}ca_k=c\sum_{k=1}^{n}a_k$이고 $\displaystyle\sum_{k=1}^{n}(a_k\pm b_k)=\sum_{k=1}^{n}a_k\pm\sum_{k=1}^{n}b_k$(복호동순)이야.

$\therefore\ \displaystyle\sum_{n=1}^{8}\dfrac{S_n}{n^3}=\sum_{n=1}^{8}\dfrac{n^5+n^3}{2n^3}=\sum_{n=1}^{8}\dfrac{n^2+1}{2}$

$\quad=\dfrac{1}{2}\displaystyle\sum_{n=1}^{8}n^2+\dfrac{1}{2}\sum_{n=1}^{8}1$ → $\displaystyle\sum_{k=1}^{n}k^2=\dfrac{n(n+1)(2n+1)}{6}$, $\displaystyle\sum_{k=1}^{n}c=cn(c\text{는 상수})$

$\quad=\dfrac{1}{2}\times\dfrac{8\times9\times17}{6}+\dfrac{1}{2}\times1\times8=102+4=\overset{\text{(다)}}{106}$

4th $f(1)+g(2)+r$의 값을 구해.

따라서 $r=106$이고 $f(n)=-\dfrac{1}{n}$, $g(n)=\dfrac{n^5+n^3}{2}$이므로

$f(1)=-\dfrac{1}{1}=-1$, $g(2)=\dfrac{n^5+n^3}{2}=\dfrac{2^5+2^3}{2}=20$

$\therefore\ f(1)+g(2)+r=-1+20+106$
$\qquad\qquad\qquad\ =125$

H 130 정답 ④ ＊∑의 활용 – 도형 ·········· [정답률 81%]

┌ 정답 공식: (삼각형의넓이)$=\dfrac{1}{2}\times$(밑변)$\times$(높이)를 이용해서 a_n을 n에 대한 식으로 나타낼 수 있다. ┐

자연수 n에 대하여 곡선 $y=\dfrac{3}{x}$ $(x>0)$ 위의 점 $\left(n,\ \dfrac{3}{n}\right)$과 두 점 $(n-1,\ 0)$, $(n+1,\ 0)$을 세 꼭짓점으로 하는 삼각형의 넓이를 a_n이라 할 때, $\displaystyle\sum_{n=1}^{10}\dfrac{9}{a_na_{n+1}}$의 값은? (4점)

단서 a_n이 삼각형의 넓이니까 밑변의 길이와 높이를 알면 되지? a_n을 n의 식으로 나타내자.

① 410 ② 420 ③ 430 ④ 440 ⑤ 450

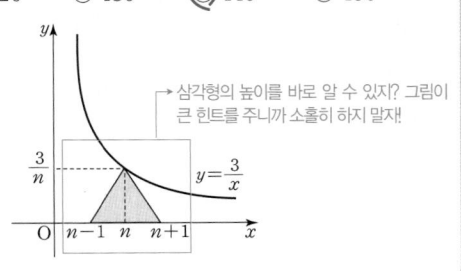

→ 삼각형의 높이를 바로 알 수 있지? 그림이 큰 힌트를 주니까 소홀히 하지 말자!

1st 삼각형의 밑변의 길이와 높이를 확인하여 a_n을 n의 식으로 나타내어 보자.

세 점 $\left(n,\ \dfrac{3}{n}\right)$, $(n-1,\ 0)$, $(n+1,\ 0)$을 꼭짓점으로 하는 삼각형의 밑변의 길이는 $(n+1)-(n-1)=2$이고, 높이는 $\left(n,\ \dfrac{3}{n}\right)$의 y좌표인 $\dfrac{3}{n}$이므로 삼각형의 넓이 a_n은 $a_n=\dfrac{1}{2}\times2\times\dfrac{3}{n}=\dfrac{3}{n}$

실수 점 $\left(n,\ \dfrac{3}{n}\right)$이 꼭짓점이니까 밑변을 포함하는 x축과 $x=n$은 수직이야.

2nd $\displaystyle\sum_{n=1}^{10}\dfrac{9}{a_na_{n+1}}$에 a_n의 식을 대입하여 그 값을 구해.

$\displaystyle\sum_{n=1}^{10}\dfrac{9}{a_na_{n+1}}=\sum_{n=1}^{10}\dfrac{9}{\dfrac{3}{n}\times\dfrac{3}{n+1}}=\sum_{n=1}^{10}n(n+1)$

$\quad=\displaystyle\sum_{n=1}^{10}n^2+\sum_{n=1}^{10}n$ $\scriptsize\sum_{k=1}^{n}k=\dfrac{n(n+1)}{2},\ \sum_{k=1}^{n}k^2=\dfrac{n(n+1)(2n+1)}{6}$

$\quad=\dfrac{10\times11\times21}{6}+\dfrac{10\times11}{2}=440$

🎯 톡톡 풀이: **부분분수 꼴로 바꿔서 식 변형하기**

$\dfrac{9}{a_na_{n+1}}=\dfrac{9}{a_{n+1}-a_n}\left(\dfrac{1}{a_n}-\dfrac{1}{a_{n+1}}\right)$ ► $\dfrac{1}{AB}=\dfrac{1}{B-A}\left(\dfrac{1}{A}-\dfrac{1}{B}\right)$

$\quad=\dfrac{9}{\dfrac{3}{n+1}-\dfrac{3}{n}}\left(\dfrac{n}{3}-\dfrac{n+1}{3}\right)=n(n+1)$

(이하 동일)

H 131 정답 ⑤ ＊∑의 활용 – 도형 ·········· [정답률 69%]

┌ 정답 공식: $\displaystyle\sum_{k=1}^{n}(\sqrt{k+1}-\sqrt{k})=(\sqrt{2}-1)+(\sqrt{3}-\sqrt{2})+\cdots$ ┐
│ $\qquad\qquad\qquad\qquad\quad +(\sqrt{n}-\sqrt{n-1})+(\sqrt{n+1}-\sqrt{n})$ │
└ $\qquad\qquad\qquad\qquad\ =\sqrt{n+1}-1$ ┘

자연수 n에 대하여 원 $x^2+y^2=n$이 직선 $y=\sqrt{3}x$와 제1사분면에서 만나는 점의 x좌표를 x_n이라 하자. $\displaystyle\sum_{k=1}^{80}\dfrac{1}{x_k+x_{k+1}}$의 값은? (4점)

단서1 두 도형의 방정식을 연립해서 x_n을 구해야 해.
단서2 $\dfrac{1}{x_k+x_{k+1}}=\dfrac{2}{\sqrt{k+1}+\sqrt{k}}$이므로 분모를 유리화하면 이웃한 항들이 더해지면서 서로 상쇄되는 부분이 보일 거야.

① 8 ② 10 ③ 12 ④ 14 ⑤ 16

1st x_n을 구해.

원 $x^2+y^2=n$이 직선 $y=\sqrt{3}x$와 제1사분면에서 만나는 점의 x좌표를 $(x_n,\ y_n)$이라 하면 ${x_n}^2+{y_n}^2=n$, $y_n=\sqrt{3}x_n$이다. 이를 연립하면

$(x_n)^2+(\sqrt{3}x_n)^2=n$, $4{x_n}^2=n$

$\therefore\ x_n=\dfrac{\sqrt{n}}{2}$ ($\because\ x_n>0$)

→ 제1사분면에서 만나므로 $x_n>0,\ y_n>0$이어야 해.

2nd $\displaystyle\sum_{k=1}^{80}\dfrac{1}{x_k+x_{k+1}}$의 값을 구해.

$\dfrac{1}{x_k+x_{k+1}}=\dfrac{1}{\dfrac{\sqrt{k}}{2}+\dfrac{\sqrt{k+1}}{2}}=\dfrac{2}{\sqrt{k+1}+\sqrt{k}}$

$\quad=\dfrac{2(\sqrt{k+1}-\sqrt{k})}{(\sqrt{k+1}+\sqrt{k})(\sqrt{k+1}-\sqrt{k})}=2(\sqrt{k+1}-\sqrt{k})$

$\therefore\ \displaystyle\sum_{k=1}^{80}\dfrac{1}{x_k+x_{k+1}}$ [분모의 유리화] $\dfrac{1}{\sqrt{x+1}+\sqrt{x}}=\dfrac{\sqrt{x+1}-\sqrt{x}}{(\sqrt{x+1}+\sqrt{x})(\sqrt{x+1}-\sqrt{x})}=\sqrt{x+1}-\sqrt{x}$

$\quad=2\displaystyle\sum_{k=1}^{80}(\sqrt{k+1}-\sqrt{k})$

$\quad=2\{(\sqrt{2}-1)+(\sqrt{3}-\sqrt{2})+(\sqrt{4}-\sqrt{3})+\cdots+(\sqrt{81}-\sqrt{80})\}$

$\quad=2(\sqrt{81}-1)=2\times(9-1)=2\times8=16$

H 132 정답 308   *∑의 활용 – 도형   [정답률 68%]

> 정답 공식: 첫째항이 a, 끝항이 l, 모든 항의 수가 n인 등차수열의 합은
> $S_n = \dfrac{n(a+l)}{2}$ 이다.

그림은 한 변의 길이가 10인 정삼각형을 한 변의 길이가 1인 작은 정삼각형으로 나눈 후 총 66개의 꼭짓점에 숫자를 써넣을 수 있게 만든 숫자판이다.

위 숫자판에 모든 수들이 일직선 위에서 차례대로 등차수열이 되도록 써넣었다. A가 1, B가 4, C가 9일 때, 꼭짓점에 쓰인 66개의 수들의 총합을 구하시오. (4점)

> **단서** A에서 B까지 일렬로 놓인 11개의 숫자들은 $a_1 = 1$, $a_{11} = 4$인 등차수열의 항들로, A에서 C까지 11개의 숫자들은 $b_1 = 1$, $b_{11} = 9$인 등차수열의 항들로 생각할 수 있어.

1st k행의 수들의 합을 구해.

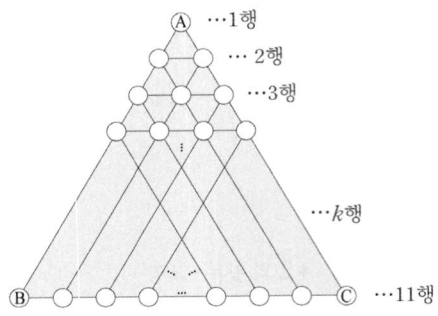

A = 1, B = 4, C = 9이고,

점 A에서 왼쪽 일직선 위에 적힌 숫자들이 이루는 등차수열 $\{a_n\}$의 첫째항을 $a_1 = 1$, 공차를 d_1이라 하면

> **[등차수열]**
> 첫째항부터 차례대로 일정한 수를 더하여 만든 수열로
> $a_n - a_{n-1} = a_{n+1} - a_n (n$은 2 이상의 자연수$)= d$를 공차라고 해.

$a_{11} = a_1 + 10d_1$이고, B = a_{11} = 4이므로 $4 = 1 + 10d_1$ $\therefore d_1 = \dfrac{3}{10}$

$\therefore a_k = 1 + (k-1)d_1 = 1 + \dfrac{3}{10}(k-1)$ $\cdots$ ㉠

또한, 점 A에서 오른쪽 일직선 위에 적힌 숫자들이 이루는 등차수열 $\{b_n\}$의 첫째항을 $b_1 = 1$, 공차를 d_2라 하면

$b_{11} = b_1 + 10d_2$이고, C = b_{11} = 9이므로 $9 = 1 + 10d_2$ $\therefore d_2 = \dfrac{8}{10}$

$\therefore b_k = 1 + (k-1)d_2 = 1 + \dfrac{8}{10}(k-1)$ $\cdots$ ㉡

따라서 등차수열을 이루는 k행의 첫째항은

$1 + \dfrac{3}{10}(k-1)(\because$ ㉠$)$, 끝항은 $1 + \dfrac{8}{10}(k-1)(\because$ ㉡$)$,

모든 항의 수는 k이다.

k행의 숫자들의 합을 S_k라 하면

> 등차수열인 k개의 숫자의 합이지? 첫째항과 마지막항을 알고 있으니 첫째항과 끝항을 알 때, 등차수열의 합 공식에 대입해서 계산할 수 있어.

$$S_k = \dfrac{k\left[\left\{1 + \dfrac{3}{10}(k-1)\right\} + \left\{1 + \dfrac{8}{10}(k-1)\right\}\right]}{2}$$

> **[등차수열의 합 공식]**
> 첫째항이 a, 끝항이 l, 모든 항의 수가 n인 등차수열의 합은
> $S_n = \dfrac{n(a+l)}{2}$

$$= \dfrac{k\left(2 + \dfrac{11}{10}k - \dfrac{11}{10}\right)}{2}$$

$$= \dfrac{1}{2}k\left(\dfrac{11}{10}k + \dfrac{9}{10}\right)$$

$$= \dfrac{11}{20}k^2 + \dfrac{9}{20}k$$

2nd 꼭짓점에 쓰인 66개의 수들의 총합을 구해.

따라서 66개의 꼭짓점에 쓰인 수들의 총합은

$$\sum_{k=1}^{11} S_k = \sum_{k=1}^{11}\left(\dfrac{11}{20}k^2 + \dfrac{9}{20}k\right)$$

$$= \dfrac{11}{20}\sum_{k=1}^{11}k^2 + \dfrac{9}{20}\sum_{k=1}^{11}k$$

> $\sum_{k=1}^{n}k = \dfrac{n(n+1)}{2}$
> $\sum_{k=1}^{n}k^2 = \dfrac{n(n+1)(2n+1)}{6}$

$$= \dfrac{11}{20} \times \dfrac{11 \times 12 \times 23}{6} + \dfrac{9}{20} \times \dfrac{11 \times 12}{2}$$

$$= \dfrac{2783}{10} + \dfrac{297}{10}$$

$$= \dfrac{3080}{10}$$

$$= 308$$

H 133 정답 ①   *∑의 활용 – 도형   [정답률 46%]

(정답 공식: $\log_a x + \log_a y = \log_a xy$)

> **단서** 함수의 그래프와 직선이 만나는 점의 x좌표는 식을 연립하면 구할 수 있어.
>
> 그림과 같이 자연수 n에 대하여 함수 $y = a^x - 1 (a > 1)$의 그래프가 두 직선 $y = n$, $y = n+1$과 만나는 점을 각각 A_n, A_{n+1}이라 하자. 선분 $A_n A_{n+1}$을 대각선으로 하고, 각 변이 x축 또는 y축과 평행한 직사각형의 넓이를 S_n이라 하자. $\sum_{n=1}^{14} S_n = 6$일 때, 상수 a의 값은? (4점)

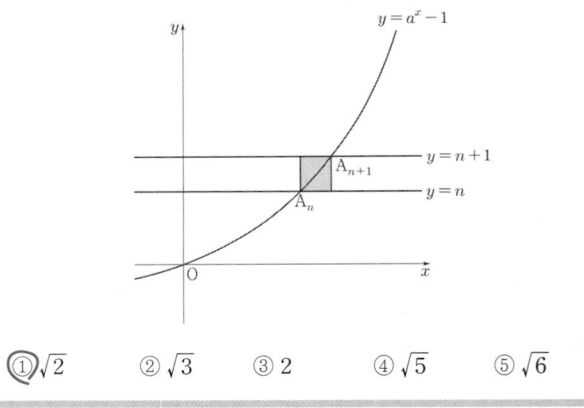

① $\sqrt{2}$ ② $\sqrt{3}$ ③ 2   ④ $\sqrt{5}$ ⑤ $\sqrt{6}$

1st 지수함수의 그래프와 두 직선 $y = n$, $y = n+1$이 만나는 점의 각각의 x좌표를 구하자.

함수 $y = a^x - 1 (a > 1)$의 그래프가 직선 $y = n$과 만나는 점인 A_n의 x좌표를 구하면

> 두 그래프의 교점을 구하기 위해서는 먼저 두 식을 연립하여 x좌표를 구해야 해.

$a^x - 1 = n$

$a^x = n + 1$

$\therefore x = \log_a (n+1)$ $a \neq 1$, $a > 0$, $N > 0$에 대하여 $a^x = N \Longleftrightarrow x = \log_a N$

즉, $A_n(\log_a (n+1), n)$

또, 함수 $y = a^x - 1 (a > 1)$의 그래프가 직선 $y = n+1$과 만나는 점인 A_{n+1}의 x좌표를 구하면

$a^x - 1 = n + 1$

$a^x = n + 2$

$\therefore x = \log_a (n+2)$

즉, $A_{n+1}(\log_a (n+2), n+1)$

2nd 직사각형의 넓이 S_n을 구하고, $\sum\limits_{n=1}^{14} S_n=6$이 되는 상수 a의 값을 구하자.

선분 A_nA_{n+1}을 대각선으로 하는 직사각형의 넓이 S_n은

$S_n=\{\log_a(n+2)-\log_a(n+1)\}\times(n+1-n)$

$=\log_a\dfrac{n+2}{n+1}$

> 직사각형의 가로의 길이는 두 점 A_n, A_{n+1}의 x좌표의 차인 $\log_a(n+2)-\log_a(n+1)$이고, 세로의 길이는 y좌표의 차인 $n+1-n$이야.

$\sum\limits_{n=1}^{14} S_n=\sum\limits_{n=1}^{14}\log_a\dfrac{n+2}{n+1}$

$=\log_a\dfrac{3}{2}+\log_a\dfrac{4}{3}+\log_a\dfrac{5}{4}+\cdots+\log_a\dfrac{16}{15}$

$=\log_a\left(\dfrac{3}{2}\times\dfrac{4}{3}\times\dfrac{5}{4}\times\cdots\times\dfrac{16}{15}\right)=\log_a 8$

$\sum\limits_{n=1}^{14} S_n=6$이므로 $\log_a 8=6$ $\quad\therefore a^6=8$

$a^6=2^3$이고 $a>1$이므로

$a=(a^6)^{\frac{1}{6}}=(2^3)^{\frac{1}{6}}=2^{\frac{1}{2}}=\sqrt{2}$

---

 134 정답 ③ *∑의 활용－도형 ·········· [정답률 48%]

> **정답 공식:** 보조선을 그어 만든 삼각형의 합동을 이용하여 선분 EG의 길이를 구할 수 있다.

그림과 같이 자연수 n에 대하여 한 변의 길이가 $2n$인 정사각형 ABCD가 있고, 네 점 E, F, G, H가 각각 네 변 AB, BC, CD, DA 위에 있다. 선분 HF의 길이는 $\sqrt{4n^2+1}$이고 선분 HF와 선분 EG가 서로 수직일 때, 사각형 EFGH의 넓이를 S_n이라 하자. $\sum\limits_{n=1}^{10} S_n$의 값은? (4점)

단서 2 S_n은 n에 관한 식이므로 사각형 EFGH의 넓이를 n에 관한 식으로 만들어 봐.

단서 1 정사각형 내부에서 수직으로 만나는 두 선분의 길이의 특징을 파악하자.

① 765 ② 770 ③ 775 ④ 780 ⑤ 785

1st 보조선을 그어 삼각형을 만들고 삼각형의 합동을 이용하여 선분 HF와 선분 EG의 길이가 같음을 보이자.

점 H에서 선분 BC에 내린 수선의 발을 I라 하고 점 E에서 선분 CD에 내린 수선의 발을 J라 하자. 두 선분 HF, HI와 선분 EJ가 만나는 점을 각각 K, L이라 하고, 선분 EG와 선분 HF가 만나는 점을 N이라 하면

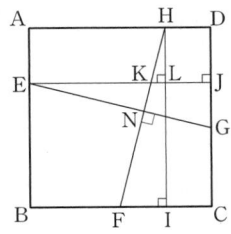

$\underline{\angle HKL=\angle NKE}$이고,

> $\angle HKL$과 $\angle NKE$는 맞꼭지각으로 같아.

$\angle KLH=\angle ENK=90°$이므로 $\angle KEN=\angle KHL$

또한 $\overline{HI}=\overline{EJ}$이고 $\angle FIH=\angle GJE=90°$이므로

두 삼각형 HFI, EGJ는 합동이다.

> 두 직각삼각형의 한 변과 직각이 아닌 다른 한 각의 크기가 같으므로 RHA합동이야.

따라서 $\overline{EG}=\overline{HF}=\sqrt{4n^2+1}$

2nd 사각형 EFGH의 넓이를 구하자.

$S_n=\dfrac{1}{2}\times\sqrt{4n^2+1}\times\sqrt{4n^2+1}$

$=\dfrac{4n^2+1}{2}=2n^2+\dfrac{1}{2}$

> 사각형의 대각선이 서로 수직이면 사각형의 넓이는 $\dfrac{1}{2}\times$(두 대각선의 길이의 곱)이야.

3rd $\sum\limits_{n=1}^{10} S_n$의 값을 구하자.

$\therefore\sum\limits_{n=1}^{10} S_n=\sum\limits_{n=1}^{10}\left(2n^2+\dfrac{1}{2}\right)=2\sum\limits_{n=1}^{10} n^2+\sum\limits_{n=1}^{10}\dfrac{1}{2}$

$=2\times\dfrac{10\times11\times21}{6}+\dfrac{1}{2}\times10$

$=770+5=775$

H 135 정답 ① *∑의 활용－도형 ·········· [정답률 53%]

> **정답 공식:** 점 P_k의 좌표를 설정하고 x좌표와 y좌표가 같다는 것을 이용한다. A_k의 값은 점 P_k의 x, y좌표를 곱한 값이다.

자연수 n에 대하여 함수 $f(x)$가 다음과 같다.

$$f(x)=\dfrac{x+2n^2+n}{x-n}$$

$n=k(k=1,2,3,\cdots)$일 때, 곡선 $y=f(x)$의 제1사분면 위의 점 중에서 x축, y축까지의 거리가 같게 되는 점을 P_k라 하고, 점 P_k에서 x축, y축에 내린 수선의 발을 각각 Q_k, R_k라 하자. 사각형 $OQ_kP_kR_k$의 넓이를 A_k라 할 때, $\sum\limits_{k=1}^{10} A_k$의 값은? (4점)

단서 사각형의 넓이는 (가로)×(세로)이니까 $A_k=$(점 P_k의 x좌표)×(점 P_k의 y좌표)이지. 이때, 사각형 $OQ_kP_kR_k$는 정사각형이네.

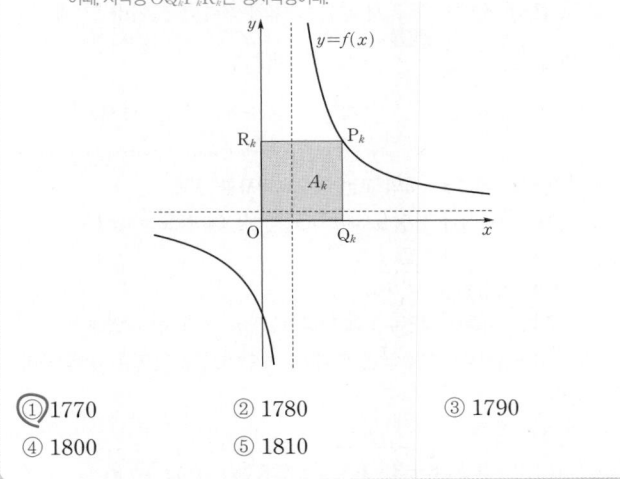

① 1770 ② 1780 ③ 1790 ④ 1800 ⑤ 1810

1st 점 P_k에서 x축과 y축에 내린 수선의 길이가 같으므로 점 P_k는 함수 $f(x)$의 그래프와 직선 $y=x$의 교점이야. 점 P_k의 좌표를 (x,x)라 할 수 있으니까.

점 P_k는 함수 $f(x)$의 그래프와 직선 $y=x$의 교점의 x좌표이므로

> 즉, 방정식 $f(x)=x$의 해이지?

$\dfrac{x+2k^2+k}{x-k}=x$에서 $x+2k^2+k=x^2-kx$

$x^2-(k+1)x-k(2k+1)=0$

$(x+k)(x-2k-1)=0$

$\therefore x=-k$ 또는 $x=2k+1$

그런데 점 P_k는 제1사분면 위의 점이므로 $P_k(2k+1,2k+1)$이다.

2nd 넓이 A_k를 주어진 식에 대입한 후 계산하자.

이때, 사각형 $OQ_kP_kR_k$는 한 변의 길이가 $2k+1$인 정사각형이므로

> 한 변의 길이가 a인 정사각형의 넓이는 a^2이지?

$A_k=(2k+1)^2$이다.

$\therefore\sum\limits_{k=1}^{10} A_k=\sum\limits_{k=1}^{10}(2k+1)^2=\sum\limits_{k=1}^{10}(4k^2+4k+1)$ [자연수의 거듭제곱의 합]

> ① $\sum\limits_{k=1}^{n} k=\dfrac{n(n+1)}{2}$
> ② $\sum\limits_{k=1}^{n} k^2=\dfrac{n(n+1)(2n+1)}{6}$
> ③ $\sum\limits_{k=1}^{n} c=cn$

$=4\times\dfrac{10\times11\times21}{6}+4\times\dfrac{10\times11}{2}+1\times10$

$=1540+220+10=1770$

⚙ 자연수의 거듭제곱의 합 개념·공식

① $\sum\limits_{k=1}^{n} k=\dfrac{n(n+1)}{2}$

② $\sum\limits_{k=1}^{n} k^2=\dfrac{n(n+1)(2n+1)}{6}$

③ $\sum\limits_{k=1}^{n} k^3=\left\{\dfrac{n(n+1)}{2}\right\}^2$

H 136 정답 ① *∑의 활용 – 그래프 ⋯⋯⋯ [정답률 33%]

자연수 n에 대하여 직선 $x=n$이 무리함수 $f(x)=\sqrt{2x+2}+3$의 그래프와 만나는 점을 A_n, x축과 만나는 점을 B_n이라 하자.

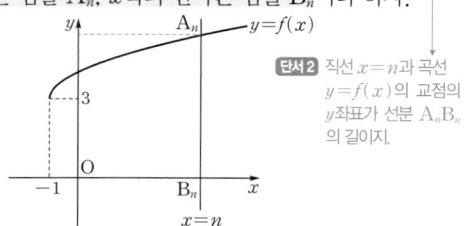

단서 2 직선 $x=n$과 곡선 $y=f(x)$의 교점의 y좌표가 선분 A_nB_n의 길이지.

선분 A_nB_n의 길이보다 크지 않은 최대의 정수를 a_n이라 할 때, $\sum_{n=1}^{10} a_n$의 값은? (4점)

단서 1 a_n은 점 A_n의 y좌표의 값을 넘지 않는 최대의 정수니까 점 A_n의 y좌표를 찾자.

① 61   ② 62   ③ 63   ④ 64   ⑤ 65

1st 곡선 $f(x)$와 직선 $x=n$의 교점 A_n의 y좌표를 구해.

곡선 $y=\sqrt{2x+2}+3$과 직선 $x=n$의 교점 A_n의 좌표는
$A_n(n, \sqrt{2n+2}+3)$이므로
$\overline{A_nB_n}=$(점 A_n의 y좌표)$=\sqrt{2n+2}+3$ ← $=f(n)$

2nd a_n을 구하기 위하여 자연수 n에 대하여 $a_1, a_2, a_3, \cdots$을 나열해 봐.

a_n은 $\sqrt{2n+2}+3$보다 크지 않은 최대의 정수이므로 자연수 n에 따라 a_n을 나열하면

(i) $1 \le n \le 3$인 경우
$5 \le \sqrt{2n+2}+3 \le \sqrt{8}+3 < 6$
$\therefore a_1=a_2=a_3=5$
→ $n=1$일 때 $\sqrt{4}+3=5$,
$n=2$일 때 $\sqrt{6}+3>5$,
$n=3$일 때 $\sqrt{8}+3>5$

(ii) $4 \le n \le 6$인 경우
$6 < \sqrt{10}+3 \le \sqrt{2n+2}+3 \le \sqrt{14}+3 < 7$
$\therefore a_4=a_5=a_6=6$
→ $n=4$일 때 $\sqrt{10}+3>6$,
$n=5$일 때 $\sqrt{12}+3>6$,
$n=6$일 때 $\sqrt{14}+3>6$

(iii) $7 \le n \le 10$인 경우
$7 \le \sqrt{2n+2}+3 \le \sqrt{22}+3 < 8$
$\therefore a_7=a_8=a_9=a_{10}=7$
→ $n=7$일 때 $\sqrt{16}+3=4+3=7$,
$n=8$일 때 $\sqrt{18}+3>7$,
$n=9$일 때 $\sqrt{20}+3>7$,
$n=10$일 때 $\sqrt{22}+3>7$

(i), (ii), (iii)에 의하여 $\sum_{n=1}^{10} a_n = \underbrace{5 \times 3}_{a_1+a_2+a_3} + \underbrace{6 \times 3}_{a_4+a_5+a_6} + \underbrace{7 \times 4}_{a_7+a_8+a_9+a_{10}} = 61$

🏃 **톡톡 풀이**: 선분 A_nB_n의 길이를 부등식으로 나타내고 n에 대한 부등식 유도하기

선분 A_nB_n의 길이보다 크지 않은 최대의 정수를 a라 하면
$a \le \sqrt{2n+2}+3 < a+1$에서
$a-3 \le \sqrt{2n+2} < a-2$ ($\because \overline{A_nB_n} \ge 3$이므로 $a-3 \ge 0$)
따라서 각 변을 제곱하면
$(a-3)^2 \le 2n+2 < (a-2)^2$
$(a-3)^2-2 \le 2n < (a-2)^2-2$
$\therefore \frac{1}{2}(a-3)^2-1 \le n < \frac{1}{2}(a-2)^2-1 \cdots \bigcirc$

한편, $n=1$이면 $a \le \sqrt{2+2}+3 < a+1$에서 $a=5$이지?
$a \ge 5$인 정수 a에 따라 자연수 n의 범위를 구해 볼까?
$a=5, 6, 7, \cdots$에서 a_{10}의 값을 알 수 있을 때까지 나열해 봐.

(i) $a=5$인 경우 n의 값의 범위를 구하면 ㉠에 의하여
$\frac{1}{2}(5-3)^2-1 \le n < \frac{1}{2}(5-2)^2-1$ $\therefore 1 \le n < \frac{7}{2} = 3.5$
즉, $n=1, 2, 3$일 때 최대 정수는 5이므로 $a_1=a_2=a_3=5$

(ii) $a=6$인 경우 n의 값의 범위를 구하면 ㉠에 의하여
$\frac{1}{2}(6-3)^2-1 \le n < \frac{1}{2}(6-2)^2-1$
$\therefore \frac{7}{2} \le n < 7$
    $=3.5$
즉, $n=4, 5, 6$일 때 최대 정수는 6이므로 $a_4=a_5=a_6=6$

(iii) $a=7$인 경우 n의 값의 범위를 구하면 ㉠에 의하여
$\frac{1}{2}(7-3)^2-1 \le n < \frac{1}{2}(7-2)^2-1$
$\therefore 7 \le n < \frac{23}{2} = 11.5$
즉, $n=7, 8, 9, 10, 11$일 때 최대 정수는 7이므로
$a_7=a_8=a_9=a_{10}=7$

(i)~(iii)에 의하여
$\sum_{n=1}^{10} a_n = 5 \times 3 + 6 \times 3 + 7 \times 4 = 61$

H 137 정답 16 *∑의 활용 – 그래프 ⋯⋯⋯ [정답률 60%]

유리함수 $f(x)=\dfrac{8x}{2x-15}$와 수열 $\{a_n\}$에 대하여 $a_n=f(n)$이다.

단서 1 수열 $\{a_n\}$이 함수식이니까 함수의 그래프를 그려 보자. 이때, a_n은 $x=n$이 자연수일 때 함숫값이야.

$\sum_{n=1}^{m} a_n \le 73$을 만족시키는 자연수 m의 최댓값을 구하시오. (4점)

단서 2 자연수일 때의 함숫값을 더하여 그 값의 합이 언제 73보다 작거나 같은지를 따져야겠네.

1st 유리함수 $f(x)=\dfrac{8x}{2x-15}$의 그래프부터 그리자.

곡선 $f(x)=\dfrac{8x}{2x-15}=\dfrac{4(2x-15)+60}{2x-15}=4+\dfrac{60}{2x-15}$
$y=a+\dfrac{k}{x-b}$일 때, $x=b$, $y=a$가 점근선이야.

의 점근선이 $x=\dfrac{15}{2}$, $y=4$이므로 그래프는 그림과 같다.
$60>0$이니까 그래프의 개형은 $y=\dfrac{1}{x}$의 그래프와 같은 형태로 점 $\left(\dfrac{15}{2}, 4\right)$에 대하여 대칭이 되는 거야.

주의 유리함수는 항상 점근선을 확인하고 대칭성을 이용하자.

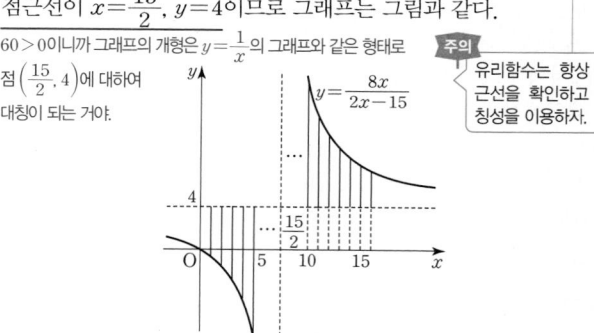

2nd 유리함수의 그래프의 대칭성을 이용하여 함숫값을 계산해 보자.
유리함수는 점근선의 교점에 대하여 대칭이야.

곡선 $y=f(x)$의 그래프는 점 $\left(\dfrac{15}{2}, 4\right)$에 대해 대칭이므로
$x=n$ $(n=1, 2, \cdots)$에 대하여   점 $\left(\dfrac{15}{2}, 4\right)$에 대하여 대칭이 되니까
$f(7)+f(8)=8$
$f(6)+f(9)=8$ 두 x값의 중점이 $\dfrac{15}{2}$가 되는 곳.
$f(5)+f(10)=8$
$f(4)+f(11)=8$ 예를 들어 $f(7)=4-A$이면
$f(3)+f(12)=8$ $f(8)$의 값은 x값의 합이 15가 되는
$f(2)+f(13)=8$ $f(8)=4+A$야. 그래서 함숫값의 합은
$f(1)+f(14)=8$ $f(7)+f(8)=4-A+4+A=8$이야.
$f(15)=8$
$f(0)+f(15)=8$이니까.

3rd $\sum\limits_{n=1}^{m} a_n \le 73$이 되는 m의 최댓값을 찾자.

이때, $\sum\limits_{n=1}^{14} a_n = f(1)+f(2)+f(3)+\cdots+f(14)=8\times 7=56$이고,

$a_{15}=f(15)=4+\dfrac{60}{2\times 15-15}=8, \Rightarrow \sum\limits_{n=1}^{15} a_n=56+8=64$

$a_{16}=f(16)=4+\dfrac{60}{2\times 16-15}=7+\dfrac{9}{17}<8 \Rightarrow \sum\limits_{n=1}^{16} a_n<64+8=72$

$a_{17}=f(17)>4$이므로 $\sum\limits_{n=1}^{16} a_n<73<\sum\limits_{n=1}^{17} a_n$이다.

따라서 자연수 m의 최댓값은 16이다.

다른 풀이: 주어진 함수의 대칭성을 이용하여 함숫값의 합을 간단히 구하기

함수의 그래프의 대칭성을 모르면 못 푸는 문제일까? 그건 아니야. 하나씩 다 대입해서 해결하면 돼.

$f(x)=\dfrac{8x}{2x-15}=4+\dfrac{60}{2x-15}$에서

$f(1)=4+\dfrac{60}{2-15}=4-\dfrac{60}{13}$

$f(2)=4+\dfrac{60}{4-15}=4-\dfrac{60}{11}$

$\vdots$

$f(7)=4+\dfrac{60}{14-15}=4-60$

$f(8)=4+\dfrac{60}{16-15}=4+60$

$\vdots$

$f(13)=4+\dfrac{60}{26-15}=4+\dfrac{60}{11}$

$f(14)=4+\dfrac{60}{28-15}=4+\dfrac{60}{13}$

⇒ 분수가 서로 지워지는게 보이지?

이므로 $f(1)+f(2)+f(3)+\cdots+f(14)=4\times 14=56$이야.

또, $f(15)=4+\dfrac{60}{30-15}=4+4=8$이고,

$f(16)=4+\dfrac{60}{32-15}=4+3.\times\times\times=7.\times\times\times$,

$f(17)=4+\dfrac{60}{34-15}=4+3.\times\times\times=7.\times\times\times$

(이하 동일)

함수의 대칭성 개념·공식

(1) 유리함수 $y=\dfrac{p}{x-m}+n$의 대칭성 : 점 (m,n)에 대하여 대칭

(2) 삼각함수 $y=\sin x$, $y=\tan x$의 대칭성 : 원점에 대하여 대칭

(3) 삼각함수 $y=\cos x$의 대칭성 : y축에 대하여 대칭

H 138 정답 ③ * $\sum$의 활용 – 그래프 .... [정답률 51%]

H

[정답 공식: 점 P_n의 좌표를 구한다. 직선 $Q_n R_n$의 방정식을 구할 수 있다. 그 직선의 방정식의 x, y절편을 이용해 S_n을 구한다.]

좌표평면에서 자연수 n에 대하여 그림과 같이 곡선 $y=x^2$과 직선 〈단서 1〉 곡선과 직선의 교점의 좌표를 구해. $y=\sqrt{n}x$가 제1사분면에서 만나는 점을 P_n이라 하자. 점 P_n을 지나고 직선 $y=\sqrt{n}x$와 수직인 직선이 x축, y축과 만나는 점을 각각 Q_n, R_n이라 하자. 삼각형 $OQ_n R_n$의 넓이를 S_n이라 할 때, 〈단서 2〉 $S_n=\dfrac{1}{2}\times$(점 Q_n의 x좌표)$\times$(점 R_n의 y좌표)이지? $\sum\limits_{n=1}^{5}\dfrac{2S_n}{\sqrt{n}}$의 값은? (단, O는 원점이다.) (4점)

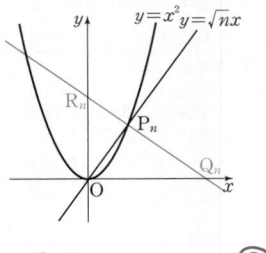

① 80   ② 85   ③ 90

④ 95   ⑤ 100

1st 곡선 $y=x^2$과 직선 $y=\sqrt{n}x$의 교점 P_n의 좌표를 구해.

곡선 $y=x^2$과 직선 $y=\sqrt{n}x$의 교점 P_n의 x좌표는 방정식 $x^2=\sqrt{n}x$, 즉, $x^2-\sqrt{n}x=0$의 해이므로

$x(x-\sqrt{n})=0$

$\therefore x=\sqrt{n}$ ($\because x>0$) ── 점 P_n은 제1사분면 위의 점이므로 (x좌표)>0, (y좌표)>0이야.

주의
문제에서 주어진 그래프를 통해 정보를 얻어낼 수 있어야 해.

점 P_n의 좌표는 $x=\sqrt{n}$을 $y=x^2$에 대입하면 $y=(\sqrt{n})^2=n$이므로 $P_n(\sqrt{n},n)$

2nd 점 P_n을 지나고 직선 $y=\sqrt{n}x$와 수직인 직선의 방정식을 구하여 두 점 Q_n, R_n의 좌표를 각각 구해.

점 $P_n(\sqrt{n},n)$을 지나고 직선 $y=\sqrt{n}x$와 수직인 직선의 방정식은 직선과 수직인 직선과의 기울기의 곱은 -1이니까 이 직선의 기울기는 $-\dfrac{1}{\sqrt{n}}$이야.

$y=-\dfrac{1}{\sqrt{n}}(x-\sqrt{n})+n$

$\therefore y=-\dfrac{1}{\sqrt{n}}x+n+1$

따라서 이 직선의 x절편과 y절편이 각각 $\sqrt{n}(n+1)$, $n+1$이므로 직선 $y=ax+b$의 x절편은 $ax+b=0$에서 $x=-\dfrac{b}{a}$, y절편은 $y=a\times 0+b=b$ 두 점 Q_n, R_n의 좌표는 각각 $(\sqrt{n}(n+1),0)$, $(0,n+1)$이다.

3rd 직각삼각형 $OQ_n R_n$의 넓이 S_n의 식을 세우고 $\sum\limits_{n=1}^{5}\dfrac{2S_n}{\sqrt{n}}$의 값을 구하자.

$S_n=\dfrac{1}{2}\times\overline{OQ_n}\times\overline{OR_n}=\dfrac{1}{2}\times\sqrt{n}(n+1)\times(n+1)=\dfrac{\sqrt{n}(n+1)^2}{2}$

└ (점 Q_n의 x좌표)$\times$(점 R_n의 y좌표)

$\therefore \sum\limits_{n=1}^{5}\dfrac{2S_n}{\sqrt{n}}=\sum\limits_{n=1}^{5}\left\{\dfrac{2}{\sqrt{n}}\times\dfrac{\sqrt{n}(n+1)^2}{2}\right\}$

$=\sum\limits_{n=1}^{5}(n+1)^2=\sum\limits_{n=1}^{5}(n^2+2n+1)$

$=\dfrac{5\times 6\times 11}{6}+2\times\dfrac{5\times 6}{2}+5$

[자연수의 거듭제곱의 합]

① $\sum\limits_{k=1}^{n}k=\dfrac{n(n+1)}{2}$

② $\sum\limits_{k=1}^{n}k^2=\dfrac{n(n+1)(2n+1)}{6}$

$=55+30+5=90$

(정답 공식: $f(x)=g(x)$를 만족시키는 x의 값을 찾는다.)

> 자연수 n에 대하여 두 함수 $f(x)=x^2-(n+1)x+n^2$,
> $g(x)=n(x-1)$의 그래프의 두 교점의 x좌표를 a_n, b_n이라 할 때,
> $\displaystyle\sum_{n=1}^{19}\dfrac{100}{a_nb_n}$의 값은? (3점) 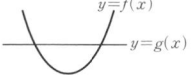 두 함수의 그래프의 교점의 x좌표는 방정식 $f(x)=g(x)$의 근과 같아! a_n, b_n을 n의 식으로 표현해.
>
> ① 80 　　　② 85 　　　③ 90
> ④ 95 　　　⑤ 100

1st 두 함수의 그래프의 교점의 x좌표를 구해.

두 함수 $f(x)=x^2-(n+1)x+n^2$, $g(x)=n(x-1)$에 대하여
직선과 이차곡선의 교점은 2개 이하로 생길 수 있어.
문제에서 두 교점이라고 했으니까 $f(x)=g(x)$,
즉 $f(x)-g(x)=0$인 이차방정식의 해를 인수분해를
이용해서 구해 볼까?
$y=f(x)$ 　　　$y=g(x)$

$x^2-(n+1)x+n^2=nx-n$

$x^2-(2n+1)x+n(n+1)=0$

$(x-n)(x-n-1)=0$

$\therefore x=n$ 또는 $x=n+1$

2nd 유리식이 있는 시그마의 계산의 경우 <u>부분분수</u>를 이용하여 수열의 합을 구하자.

즉, $a_nb_n=n(n+1)$이므로 　　$\dfrac{1}{AB}=\dfrac{1}{B-A}\left(\dfrac{1}{A}-\dfrac{1}{B}\right)$

$\displaystyle\sum_{n=1}^{19}\dfrac{100}{n(n+1)}$

$=100\displaystyle\sum_{n=1}^{19}\left(\dfrac{1}{n}-\dfrac{1}{n+1}\right)$

$=100\left(1-\dfrac{1}{20}\right)$ ← $\left(\dfrac{1}{1}-\dfrac{1}{2}\right)+\left(\dfrac{1}{2}-\dfrac{1}{3}\right)+\cdots+\left(\dfrac{1}{19}-\dfrac{1}{20}\right)$

$=100\times\dfrac{19}{20}$

$=95$

✿ 부분분수 　　　　　　　　　　　　개념·공식

① $\dfrac{1}{n(n+1)}=\dfrac{1}{n}-\dfrac{1}{n+1}$

② $\dfrac{1}{n(n+2)}=\dfrac{1}{2}\left(\dfrac{1}{n}-\dfrac{1}{n+2}\right)$

③ $\dfrac{1}{(n+\alpha)(n+\beta)}=\dfrac{1}{\beta-\alpha}\left(\dfrac{1}{n+\alpha}-\dfrac{1}{n+\beta}\right)$

[정답 공식: 점 P_{25}가 $y=\dfrac{3}{4}x$, $y=0$ 중 어느 직선 위에 있는지, 어떤 원 위에 있는지 파악한다. 점 P_n의 위치의 규칙성을 찾는다.]

> 다음 그림은 좌표평면에서 원점을 중심으로 하고 반지름의 길이가
> 1부터 1씩 증가하는 원들이 두 직선 $y=\dfrac{3}{4}x$, $y=0$과 각각 만나는
> 점들의 일부를 P_1부터 시작하여 화살표 방향을 따라 P_1, P_2, P_3, …
> 으로 나타낸 것이다. 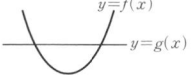 그림과 같이 $P_1{\sim}P_4$, $P_5{\sim}P_8$을 주기로 위치가 돌아오지? 점 P_{25}의 위치와 이때 원의 크기도 확인해야 해.

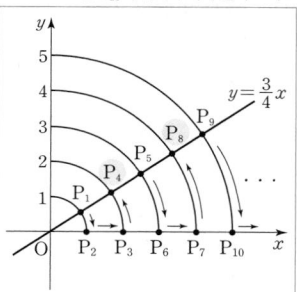

> 점 P_{25}의 x좌표는? (3점)
>
> ① $\dfrac{52}{5}$ 　　② 11 　　③ $\dfrac{56}{5}$ 　　④ 12 　　⑤ $\dfrac{64}{5}$

1st 점 P_{25}가 x축 위에 있는 점인지 직선 $y=\dfrac{3}{4}x$ 위에 있는 점인지 따져 보자.

직선 $y=\dfrac{3}{4}x$ 위의 점을 나열해 보면 P_1, P_4, P_5, P_8, P_9, P_{12}, P_{13}, P_{16}, P_{17},
4의 배수를 주기로 진행되는 것을 확인할 수 있으면 좀 더 빨리 풀 수 있어.

P_{20}, P_{21}, P_{24}, P_{25}, …이므로 점 P_{25}는 직선 $y=\dfrac{3}{4}x$ 위의 점이다.

2nd 점 P_{25}가 위치한 원 위의 반지름의 길이를 구해 볼까?

$P_④$일 때, 반지름의 길이 ② $=2\times1$ ┐
　　　　　　　　　　　　$=4\times1$ │
$P_⑧$일 때, 반지름의 길이 ④ $=2\times2$ │
　　　　　　　　　　　　$=4\times2$ │
$P_⑫$일 때, 반지름의 길이 ⑥ $=2\times3$ ├→ P_{4n}의 반지름의 길이는 $2n$이야.
　　　　　　　　　　　　$=4\times3$ │
⋮ 　　　　　　　　　　　　　　　│
$P_㉔$일 때, 반지름의 길이 $2\times6=⑫$ ┘
　　　　　　　　　　　　$=4\times6$

점 P_{25}는 점 P_{24}보다 1만큼 증가되므로 반지름의 길이는 $12+1=13$이다.

3rd 원점과 점 P_{25} 사이의 거리가 반지름의 길이 13임을 이용하여 점 P_{25}의 x좌표를 구해.

이때, P_{25}의 x좌표를 t라 하면 점 $A(a,b)$와 원점 사이의 거리는 $\overline{OA}=\sqrt{(a-0)^2+(b-0)^2}=\sqrt{a^2+b^2}$이야.

점 $P_{25}\left(t, \dfrac{3}{4}t\right)$는 원 $x^2+y^2=13^2$ 위의

점이고, <u>원점과의 거리가 13</u>이므로

$\overline{OP_{25}}=\sqrt{t^2+\left(\dfrac{3}{4}t\right)^2}=13$

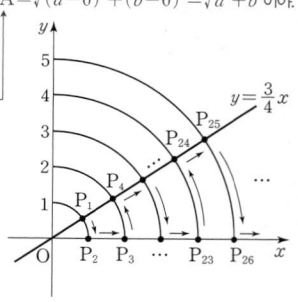

양변을 제곱하여 정리하면

$t^2+\dfrac{9}{16}t^2=13^2$에서

$\dfrac{25}{16}t^2=13^2$

$t^2=13^2\times\dfrac{4^2}{5^2}=\left(\dfrac{13\times4}{5}\right)^2=\left(\dfrac{52}{5}\right)^2$

$\therefore t=\dfrac{52}{5}(\because t>0)$

H 141 정답 ② ＊∑의 활용 - 그래프 .... [정답률 55%]

정답 공식: 함수 $y=b\sin ax$의 그래프의 주기는 $\dfrac{2\pi}{|a|}$이다.

> **단서1** 함수 $y=2\sin\left(\dfrac{\pi}{2^n}x\right)$의 그래프의 주기를 구할 수 있지.

자연수 n에 대하여 $0\le x\le 2^{n+1}$에서

함수 $y=2\sin\left(\dfrac{\pi}{2^n}x\right)$의 그래프가 직선 $y=\dfrac{1}{n}$과 만나는

모든 점의 x좌표의 합을 x_n이라 하자. $\sum_{n=1}^{6} x_n$의 값은? (4점)

> **단서2** 삼각함수의 그래프를 이용하여 곡선과 직선이 만나는 점들의 x좌표의 합을 구할 수 있지.

① 122   ② 126   ③ 130
④ 134   ⑤ 138

1st 함수 $y=2\sin\left(\dfrac{\pi}{2^n}x\right)$의 주기를 구해.

함수 $y=f(x)=2\sin\left(\dfrac{\pi}{2^n}x\right)$의 그래프의 주기는

$\dfrac{2\pi}{\frac{\pi}{2^n}}=2^{n+1}$이고, 최댓값은 2, 최솟값은 -2이다.

2nd 함수 $y=2\sin\left(\dfrac{\pi}{2^n}x\right)$의 그래프와 직선 $y=\dfrac{1}{n}$이 만나는 점의 x좌표의 합을 구해.

자연수 n에 대하여 $0<\dfrac{1}{n}\le 1<2$이므로

$0\le x\le 2^{n+1}$에서 함수 $y=f(x)$의 그래프와 직선 $y=\dfrac{1}{n}$은 다음 그림과 같이 서로 다른 두 점에서 만난다.

> 함수 $y=f(x)$의 그래프의 주기가 2^{n+1}이고, x의 값의 범위가 $0\le x\le 2^{n+1}$이므로 그래프를 한 주기 만큼 그려서 만나는 점을 구하면 되지.

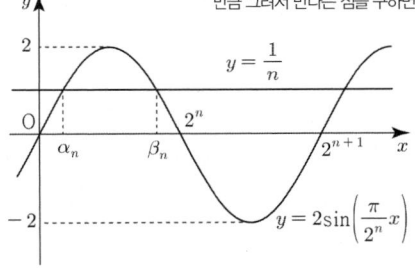

이때, 만나는 두 점의 x좌표를 각각 α_n, β_n이라 하면

$\beta_n=2^n-\alpha_n$이므로 모든 점의 x좌표의 합 x_n은

$x_n=\alpha_n+\beta_n=2^n$

> $x=2^{n-1}$일 때 $f(2^{n-1})=2\sin\dfrac{\pi}{2}=2$이고 $x=2^n$일 때 $f(2^n)=2\sin\pi=0$이므로
> 함수 $y=f(x)$의 그래프는 직선 $x=2^{n-1}$에 대하여 대칭이고 $\alpha_n=2^{n-1}-k$ (k는 실수)라 할 때 $\beta_n=2^{n-1}+k$가 되지.
> 따라서 $\alpha_n+\beta_n=2^{n-1}-k+2^{n-1}+k=2\times 2^{n-1}=2^n$이라 할 수 있어.

$\therefore \sum_{n=1}^{6} x_n=\sum_{n=1}^{6} 2^n=\dfrac{2\times(2^6-1)}{2-1}$

> 첫째항이 a, 공비가 r인 등비수열의 첫째항부터 제n항까지의 합을 S_n이라 하면
> $r\ne 1$일 때, $S_n=\dfrac{a(1-r^n)}{1-r}=\dfrac{a(r^n-1)}{r-1}$

$=2^7-2$

$=128-2=126$

H 142 정답 ⑤ ＊∑의 활용 - 규칙 찾기 .... [정답률 62%]

정답 공식: $\sum_{k=1}^{n} k=\dfrac{n(n+1)}{2}$

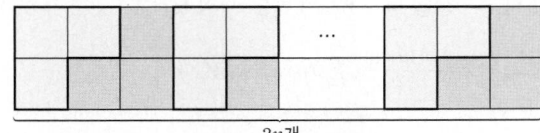

그림과 같이 한 변의 길이가 1인 정사각형 3개로 이루어진 도형 R이 있다.

자연수 n에 대하여 $2n$개의 도형 R를 겹치지 않게 빈틈없이 붙여서 만든 직사각형의 넓이를 a_n이라 할 때, $\sum_{n=10}^{15} a_n$의 값은? (3점)

> **단서** $2n$개의 도형 R를 빈틈없이 붙여서 직사각형을 만들려면 주어진 도형을 시계 방향으로 회전하여 붙여보면 된다.

① 378   ② 396   ③ 414   ④ 432   ⑤ 450

1st $2n$개의 도형 R를 겹치지 않게 빈틈없이 붙여서 만든 직사각형을 생각하고 그 넓이를 n으로 나타내자.

도형 R의 넓이가 3이므로 $2n$개의 도형 R를 겹치지 않게 빈틈없이 붙여서 만든 직사각형은 다음과 같다.

$2n$개

즉, 넓이 a_n은 $a_n=6n$ ← 도형 R의 넓이가 3이므로 R가 $2n$개 있으면 그 넓이는 $3\times 2n=6n$이야.

2nd $\sum$의 성질을 사용해서 값을 구하자.

$\therefore \sum_{n=10}^{15} a_n=\sum_{n=10}^{15} 6n=\sum_{n=1}^{15} 6n-\sum_{n=1}^{9} 6n$

> $\sum_{k=m}^{n} a_k=\sum_{k=1}^{n} a_k-\sum_{k=1}^{m-1} a_k$

$=6\times\dfrac{15\times 16}{2}-6\times\dfrac{9\times 10}{2}$

$=450$

> $1+2+3+\cdots+n=\sum_{k=1}^{n} k=\dfrac{n(n+1)}{2}$

다른 풀이: 주어진 $\sum$를 전개한 후 더 간단한 $\sum$로 고친 후 계산하기

$a_n=3\times 2n=6n$이므로

$\sum_{n=10}^{15} 6n=60+66+72+\cdots+90=\sum_{k=1}^{6}(6k+54)$

$=6\times\dfrac{6\times 7}{2}+6\times 54=6\times(21+54)$

$=6\times 75=450$

H 143 정답 ④ ＊∑의 활용 - 규칙 찾기 .... [정답률 54%]

정답 공식: $a>0$, $a\ne 1$이고 $b>0$일 때, $\log_a b=\dfrac{\log_c b}{\log_c a}$ (단, $c>0$, $c\ne 1$)

첫째항이 3이고 공비가 $r(r>1)$인 등비수열 $\{a_n\}$에 대하여 수열 $\{b_n\}$의 각 항이

> **단서1** $a_n=3\cdot r^{n-1}$

$b_1=\log_{a_1} a_2$

$b_2=(\log_{a_1} a_2)\times(\log_{a_2} a_3)$

$b_3=(\log_{a_1} a_2)\times(\log_{a_2} a_3)\times(\log_{a_3} a_4)$

$\vdots$

$b_n=(\log_{a_1} a_2)\times(\log_{a_2} a_3)\times(\log_{a_3} a_4)\times\cdots\times(\log_{a_n} a_{n+1})$

일 때, $\sum_{k=1}^{10} b_k=120$이다. $\log_3 r$의 값은? (4점)

> **단서2** 수열 $\{b_n\}$의 일반항을 찾아야겠지?

① $\dfrac{1}{2}$ ② 1   ③ $\dfrac{3}{2}$ ④ 2   ⑤ $\dfrac{5}{2}$

1st 먼저 주어진 b_n을 정리해보자.

$$b_n = (\log_{a_1} a_2) \times (\log_{a_2} a_3) \times (\log_{a_3} a_4) \times \cdots \times (\log_{a_n} a_{n+1})$$

$$= \frac{\log a_2}{\log a_1} \times \frac{\log a_3}{\log a_2} \times \frac{\log a_4}{\log a_3} \times \cdots \times \frac{\log a_{n+1}}{\log a_n} \quad \rightarrow \text{밑의 변환 공식을 이용하여 밑이 10인 로그로 변환한 거야.}$$

$$= \log_{a_1} a_{n+1} = \log_3(3r^n) = 1 + n\log_3 r$$

2nd $\sum\limits_{k=1}^{10} b_k = 120$임을 이용해서 $\log_3 r$의 값을 구해 보자.

$$\sum_{k=1}^{10} b_k = \sum_{k=1}^{10}(1 + k\log_3 r) \quad \rightarrow \begin{array}{l}\text{수열 } \{a_n\} \text{의 일반항} \\ a_n = a_1 \times r^{n-1} = 3r^{n-1}(r>1) \text{이니까} \\ a_{n+1}\text{에 } 3r^n \text{을 대입}\end{array}$$

$$= \sum_{k=1}^{10} 1 + \log_3 r \sum_{k=1}^{10} k$$

$$= 10 + \log_3 r \times \frac{10 \times 11}{2}$$

$$= 10 + 55\log_3 r = 120$$

$$\therefore \log_3 r = 2$$

H 144 정답 ④ ＊$\sum$의 활용 － 규칙 찾기 ·········· [정답률 75%]

[정답 공식: $\sum\limits_{k=1}^{n} k = \dfrac{n(n+1)}{2}$, $\sum\limits_{k=1}^{n} c = cn$을 이용한다.]

[그림 1]은 가로와 세로가 각각 20개의 칸으로 되어 있는 정사각형에 1부터 400까지의 자연수를 차례로 써넣은 것이다.

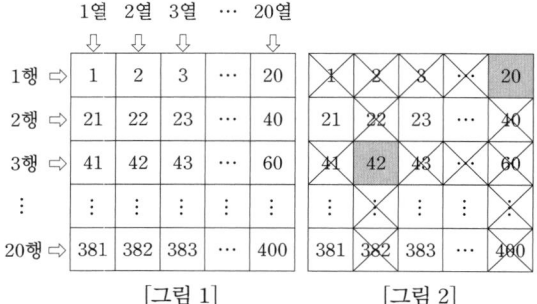

[그림 1]에서 각각의 행과 열에 대하여 중복되거나 빠지지 않게 각 행마다 한 개씩 수를 선택하고자 한다. 예를 들어 1행의 20과 3행의 42가 이미 선택되었다면, 다른 행의 수를 선택할 때에는 [그림 2]와 같이 20과 42가 포함된 행과 열의 어떤 수도 선택할 수 없다. 이와 같이 20개의 수들을 선택할 때, 선택되어진 수들의 합은? (4점) 단서 어떤 행도 열도 겹쳐서 선택할 수 없으므로 m행 n열에 있는 수를 m, n을 사용하여 간단하게 나타내 보자.

① 2090 ② 3030 ③ 3070 ④ 4010 ⑤ 4050

1st 행과 열로 수를 나타내자.

m행 n열에 있는 수는 항상 $20(m-1)+n$의 꼴로 나타낼 수 있다.

$\rightarrow$ 1행에 있는 수들은 순서대로 $20 \times 0 + 1, 20 \times 0 + 2, 20 \times 0 + 3, \cdots, 20 \times 0 + 20$
2행에 있는 수들은 순서대로 $20 \times 1 + 1, 20 \times 1 + 2, 20 \times 1 + 3, \cdots, 20 \times 1 + 20$
3행에 있는 수들은 순서대로 $20 \times 2 + 1, 20 \times 2 + 2, 20 \times 2 + 3, \cdots, 20 \times 2 + 20$
⋮
m행에 있는 수들은 순서대로 $20 \times (m-1) + 1, \cdots, 20 \times (m-1) + n, \cdots, 20 \times (m-1) + 20$으로 표현할 수 있어.

이때, [그림 3]과 같이 각각의 행 또는 열에 중복되거나 빠지지 않게 각 행마다 하나의 수를 택하면 m과 n은 각각 1, 2, 3, $\cdots$, 20의 값들을 중복되지 않게 모두 한 번씩 취하게 된다.

	1열	2열	3열	$\cdots$	20열
1행 ⇨	1	2	3	$\cdots$	20
2행 ⇨	20+1	20+2	20+3		20+20
3행 ⇨	40+1	40+2	40+3		40+20
⋮	⋮	⋮	⋮	$20(m-1)+n$	⋮
20행 ⇨	380+1	380+2	380+3	$\cdots$	380+20

[그림 3]

2nd 선택되어진 수들의 합을 구하자. 실수 $\sum\limits_{k=1}^{n} c \neq c$임을 조심해야 해. $\sum\limits_{k=1}^{n} c = cn$이야.

따라서 선택된 20개의 수들의 합은

$$\sum_{m=1}^{20} 20(m-1) + \sum_{n=1}^{20} n = 20\underbrace{\sum_{m=1}^{20} m}_{\sum\limits_{k=1}^{n} k = \frac{n(n+1)}{2}} - \underbrace{\sum_{m=1}^{20} 20}_{} + \sum_{n=1}^{20} n$$

$$= 20 \times \frac{20 \times 21}{2} - 20 \times 20 + \frac{20 \times 21}{2}$$

$$= 4200 - 400 + 210 = 4010$$

H 145 정답 ① ＊$\sum$의 활용 － 규칙 찾기 ·········· [정답률 58%]

(정답 공식: 15와 서로소인 자연수는 3의 배수, 5의 배수가 아닌 자연수이다.)

수열 $\{a_n\}$은 15와 서로소인 자연수를 작은 수부터 차례대로 모두 나열하여 만든 것이다. 예를 들면 $a_2 = 2$, $a_4 = 7$이다.

$\sum\limits_{n=1}^{16} a_n$의 값은? (4점) 단서 수열 $\{a_n\}$의 규칙이 쉽게 보이지 않을 때에는 n의 범위를 좁혀서 생각해 보자.

① 240 ② 280 ③ 320 ④ 360 ⑤ 400

1st 수열 $\{a_n\}$의 규칙을 찾아보자.

$1 \le n \le 15$를 만족시키는 자연수 n 중 15와 서로소인 자연수 8개

$16 \le n \le 30$을 만족시키는 자연수 n 중 15와 서로소인 자연수 8개
$\rightarrow 1 \le n \le 15$를 만족시키는 자연수 중 3의 배수 5개, 5의 배수 3개, 15의 배수 1개이므로 $15 - (3+5-1) = 8$

⋮

$15(k-1)+1 \le n \le 15k$를 만족시키는 자연수 n 중 15와 서로소인 자연수 8개 ($k = 1, 2, 3, \cdots$)

2nd $\sum\limits_{n=1}^{16} a_n$의 값을 구하자. $\rightarrow 1 \le n \le 15$, $16 \le n \le 30$에서 15와 서로소인 자연수가 각각 8개이니까 1부터 30까지의 합에서 빼는 거야.

$\sum\limits_{n=1}^{16} a_n$은 1부터 30까지의 자연수의 합에서 15와 서로소가 아닌 수들의 합, 즉 3의 배수 또는 5의 배수들의 합을 빼서 구할 수 있다.

1부터 30까지의 자연수 중에는 10개의 3의 배수, 6개의 5의 배수, 2개의 15의 배수가 있으므로 → (3의 배수들의 합) + (5의 배수들의 합) － (15의 배수들의 합)

$$\sum_{n=1}^{16} a_n = \sum_{n=1}^{30} n - \left(\sum_{n=1}^{10} 3n + \sum_{n=1}^{6} 5n - \sum_{n=1}^{2} 15n \right)$$

$$= \frac{30 \times 31}{2} - \left(3 \times \frac{10 \times 11}{2} + 5 \times \frac{6 \times 7}{2} - 15 \times \frac{2 \times 3}{2} \right)$$

$$= 240$$

참고 $n(A \cup B) = n(A) + n(B) - n(A \cap B)$와 같이 교집합을 빼야하는 것을 잊지 말자.

$a_1=1$, $a_2=2$, $a_3=4$, $a_4=7$, $a_5=8$, $a_6=11$, $a_7=13$, $a_8=14$이고
k $(k=1, 2, \cdots, 14)$가 15와 서로소이면 $15+k$도 15와 서로소이므로
$a_9=a_1+15$, $a_{10}=a_2+15$, $\cdots$, $a_{16}=a_8+15$

$$\sum_{n=1}^{8} a_n = 1+2+4+7+8+11+13+14=60$$

$$\therefore \sum_{n=1}^{16} a_n = \sum_{n=1}^{8} a_n + \sum_{n=9}^{16} a_n = \sum_{n=1}^{8} a_n + \sum_{n=1}^{8} a_n + 15 \times 8$$
$$= 2\sum_{n=1}^{8} a_n + 15 \times 8$$
$$= 2 \times 60 + 120 = 240$$

$a_9+a_{10}+\cdots+a_{16}$
$=(a_1+15)+(a_2+15)+\cdots+(a_8+15)$
$=\sum_{n=1}^{8} a_n + 15 \times 8$

H 146 정답 ③   * $\sum$의 활용 – 규칙 찾기   [정답률 63%]

정답 공식: $36=6^2$이므로 n의 값을 구할 수 있다. 5부터 40까지의 전체 합을 이용해 m의 값을 구한다.

1부터 9까지 번호가 적힌 9개의 공이 있다. 아래 그림과 같이 가로, 세로, 대각선의 방향에 놓여 있는 공에 적힌 수들의 합이 각각 15가 되도록 3×3 격자판 위에 빈칸 없이 공을 배열하였다.

단서1 이런 유형은 예로 좀 더 쉽게 이해가 되는 경우야. 1부터 n^2까지 번호일 때, $n \times n$의 격자판이 되지? 또한, (1행)+(2행)+(3행)=$1+2+3+\cdots+9$야!

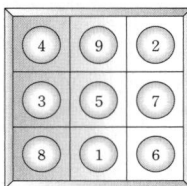

위와 같은 방법으로 5부터 40까지 번호가 적힌 36개의 공을 가로, 세로, 대각선 방향에 놓여 있는 공에 적힌 수들의 합이 각각 m이 되도록 $n \times n$ 격자판 위에 빈칸 없이 모두 배열할 때, $m+n$의 값은?

단서2 예와 다른 조건을 확인하여 단서1 과 같이 접근하면 되겠네. (4점)

① 137   ② 139   ③ 141   ④ 143   ⑤ 145

1st 36개의 공에 적힌 모든 수의 합을 이용하여 m의 값을 구해.

36개의 공에 적힌 번호는 5부터 40까지이므로

$$5+6+7+\cdots+40 = \sum_{k=5}^{40} k = \sum_{k=1}^{40} k - \sum_{k=1}^{4} k$$

$\sum_{k=m}^{n} a_k = \sum_{k=1}^{n} a_k - \sum_{k=1}^{m-1} a_k$

$$= \frac{40 \times 41}{2} - \frac{4 \times 5}{2}$$
$$= 820 - 10 = 810$$

주의 이 격자판에 공을 놓을 수 있는 공간이 $n \times n = n^2$개 있지? 즉, $n^2=36$!!

2nd 단서를 이용하여 n의 값을 구해 볼까?

5부터 40까지 번호가 적힌 36개의 공을 $n \times n$격자판 위에 빈칸 없이 모두 배열하므로 $n=6$이다. 이때, 가로, 세로, 대각선 방향에 놓여 있는 공에 적힌 수들의 합이 모두 m이 되도록 하므로 가로줄의 합은 m이고, 가로줄이 6개가 있으므로

$$6 \times m = 810$$
$$\therefore m = 135$$
$$\therefore m+n = 135+6 = 141$$

H 147 정답 ⑤   * $\sum$의 활용 – 규칙 찾기   [정답률 45%]

정답 공식: 점 F, F'의 좌표를 구할 수 있다. 변 PF 위에 있는 격자점의 개수는 변 OF 위에 있는 격자점의 개수와 같다.

그림과 같이 좌표평면에 x축 위의 두 점 F, F'과 점 $P(0, n)$ $(n>0)$이 있다. 삼각형 PF'F가 $\angle FPF'=90°$인 직각이등변삼각 단서1 PF'=PF이네. 이때, OP=n이고, OF'=OF=n이지? 형이다. n이 자연수일 때, 삼각형 PF'F의 세 변 위에 있는 점 중에 단서2 $n=1, 2, \cdots$일 때 세 변 위의 정수 개수를 각각 따져주자. 서 x좌표와 y좌표가 모두 정수인 점의 개수를 a_n이라 하자. $\sum_{n=1}^{5} a_n$의 값은? (3점)

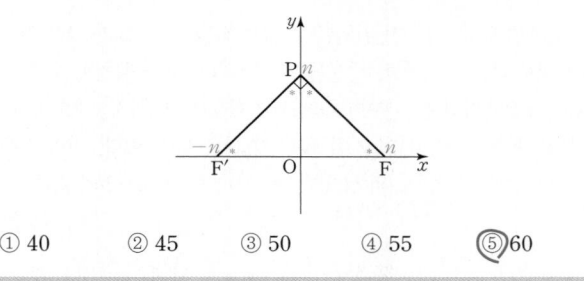

① 40   ② 45   ③ 50   ④ 55   ⑤ 60

1st 직각이등변삼각형의 성질을 이용하여 수열 $\{a_n\}$을 나열해 볼까?

삼각형 PF'F가 직각이등변삼각형이므로 두 점 F, F'의 좌표는 각각 $(n, 0)$, $(-n, 0)$이다. 점 P에서 선분 FF'에 내린 수선의 발 H에 대하여 $\overline{PH}=\overline{HF}=\overline{HF'}$야.

따라서 자연수 n에 대하여 삼각형 PF'F의 세 변 위의 x좌표와 y좌표가 모두 정수인 점의 개수를 점 $P(0, n)$, 두 변 PF와 PF'(단, x축, y축과의 교점은 제외), 변 F'F의 순서로 따져 주면

서로 대칭으로 양쪽에 같이 존재하지? 이때, 세 꼭짓점은 제외!

y축에 대칭으로 두 쌍씩 존재

$n=1$일 때, $a_1 = 1 + \underbrace{(1 \times 2 + 1)}_{\text{원점}}$

$n=2$일 때, $a_2 = 1 + (1 \times 2) + (2 \times 2 + 1)$

$n=3$일 때, $a_3 = 1 + (2 \times 2) + (3 \times 2 + 1)$

$n=4$일 때, $a_4 = 1 + (3 \times 2) + (4 \times 2 + 1)$

$n=5$일 때, $a_5 = 1 + (4 \times 2) + (5 \times 2 + 1)$

$\vdots$

2nd $\sum_{n=1}^{5} a_n$의 값을 계산하자.

$$\sum_{n=1}^{5} a_n = a_1 + a_2 + a_3 + a_4 + a_5$$
$$= 1 \times 5 + (1+2+3+4) \times 2 + (1+2+3+4+5) \times 2 + 1 \times 5$$
$$= 5 + 20 + 30 + 5 = 60$$

[연속된 수의 합] $\sum_{k=1}^{n} k = \frac{n(n+1)}{2}$을 이용해.

톡톡 풀이: 직선의 방정식을 직접 구하여 일반항 구하기

삼각형 PF'F가 직각이등변삼각형이므로 직선 PF의 방정식은 $y=-x+n$이고 직선 PF'의 방정식은 $y=x+n$이야. 즉, 두 직선 PF, PF'의 x좌표가 정수이면 y좌표도 정수야. 직선의 방정식에서 n도 자연수이니까.

(i) 세 점 P, F, F'의 x좌표와 y좌표는 모두 정수이므로 3개

(ii) 변 PF 위, 즉 직선 $y=-x+n$ $(0<x<n)$ 위의 $P(0, n)$, $F(n, 0)$, $F'(-n, 0)$ x좌표와 y좌표가 모두 정수인 점은 $(n-1)$개 $0<y=-x+n<n$

(iii) 변 PF' 위, 즉 직선 $y=x+n$ $(-n<x<0)$ 위의 x좌표와 y좌표가 모두 정수인 점은 $(n-1)$개 $0<y=x+n<n$

(iv) 변 F'F 위, 즉 직선 $y=0$ $(-n<x<n)$ 위의 x좌표와 y좌표가 모두 정수인 점은 $(2n-1)$개

(i)~(iv)에 의하여 구하는 점의 개수는

$$a_n = 3 + (n-1) + (n-1) + (2n-1)$$
$$= 4n$$

(이하 동일)

[부등식과 정수 x의 개수]
두 정수 a, b에 대하여
① $a<x<b$인 x의 개수는 $b-a-1$
② $a \leq x<b$(또는 $a<x \leq b$)인 x의 개수는 $b-a$
③ $a \leq x \leq b$인 x의 개수는 $b-a+1$

H 148 정답 ③ *∑의 활용 – 규칙 찾기 [정답률 47%]

> 정답 공식: 시행을 n번 했을 때 점 P는 직선 $x+y=n$ 위에 있다. $x+y=n$ 위의 점 P가 가능한 위치의 개수를 파악할 수 있다.

좌표평면의 원점에 점 P가 있다. 한 개의 동전을 1번 던질 때마다 다음 규칙에 따라 점 P를 이동시키는 시행을 한다.

(가) 앞면이 나오면 x축의 방향으로 1만큼 평행이동시킨다.
(나) 뒷면이 나오면 y축의 방향으로 1만큼 평행이동시킨다.

단서1 규칙을 이용하면 $P_1(0,1), P_2(1,0) / P_3(0,2), P_4(1,1), P_5(2,0), \cdots$ 점 P_n을 나열하면서 규칙을 찾아볼까?

시행을 1번 한 후 점 P가 위치할 수 있는 점들을 x좌표가 작은 것부터 차례로 P_1, P_2라 하고, 시행을 2번 한 후 점 P가 위치할 수 있는 점들을 x좌표가 작은 것부터 차례로 P_3, P_4, P_5라 하자. 예를 들어, 점 P_5의 좌표는 $(2,0)$이고 점 P_6의 좌표는 $(0,3)$이다. 이와 같은 방법으로 정해진 점 P_{100}의 좌표를 (a,b)라 할 때, $a-b$의 값은?
단서2 100번째 위치할 점 P의 좌표를 구해. (4점)

① 1 ② 3 ③ 5
④ 7 ⑤ 9

1st 정해진 규칙에 따라 P_1, P_2, P_3, $\cdots$의 좌표를 확인하여 n번 시행 후 점 P가 위치할 수 있는 좌표를 구해 보자.

동전을 n번 던질 때 점 P가 위치할 수 있는 좌표는 $(0,n), (1,n-1), \cdots, (n,0)$으로 $(n+1)$개이다. → x좌표 작은 것부터 차례로 배열하자.

실수 0부터 n까지는 총 n개가 아닌 $(n+1)$개의 수가 존재해.

2nd 100번째 위치할 점 P의 좌표를 구해. → 점 P_{100}이야.

시행을 n번 한 후 점 P가 위치할 수 있는 좌표의 모든 개수의 합은

$$2+3+\cdots+(n+1)=\sum_{k=1}^{n}(k+1)=\frac{n(n+1)}{2}+n=\frac{n(n+3)}{2}$$

$\sum_{k=1}^{n}k=\frac{n(n+1)}{2}$

이때, $n=12$이면 점 P가 위치할 수 있는 좌표의 모든 개수의 합은

$\dfrac{12\times15}{2}=90$이므로 P_{100}은 동전을 13번 던져 x좌표가 10번째로 작은 것
$P_{91}(0,13), P_{92}(1,12), \cdots, P_{100}(9,\blacksquare)$

이다.

즉, 앞면이 9번 나오는 경우이므로 $P_{100}(9,4)$가 된다.
따라서 $a=9$, $b=4$이므로 → 동전을 n번 던져 앞면이 r번 나오면 뒷면은 $(n-r)$번 나와.
$a-b=9-4=5$

톡톡 풀이: 각각의 시행에서 구해지는 점의 개수의 규칙 찾기

1번 시행 : $P_1(0,1), P_2(1,0) \Rightarrow$ 2개
2번 시행 : $P_3(0,2), P_4(1,1), P_5(2,0) \Rightarrow$ 3개
3번 시행 : $P_6(0,3), P_7(1,2), P_8(2,1), P_9(3,0) \Rightarrow$ 4개
$\vdots$
n번 시행 : $P_{\frac{n(n+1)}{2}}(0,n), \cdots, P_{\frac{n(n+3)}{2}}(n,0) \Rightarrow (n+1)$개

이때, $91=\dfrac{\boxed{13}\times14}{2}<100<\dfrac{\boxed{13}\times16}{2}=104$이므로 $P_{100}(a,b)$는 시행을 13번 한 후 위치할 수 있는 점이야.

따라서 점 P의 x좌표와 y좌표의 합은 시행한 횟수 $n=13$과 같고
$P_{91}(0,13), \cdots, P_{104}(13,0)$이므로 → ($x$좌표)=(동전의 앞면이 나오는 횟수) / ($y$좌표)=(동전의 뒷면이 나오는 횟수)
$P_{100}(13-4,0+4)=P_{100}(9,4)$에서
$a=9$, $b=4$ $\therefore a-b=5$

H 149 정답 63 *∑의 활용 – 규칙 찾기 [정답률 45%]

> 정답 공식: 2의 거듭제곱수의 행에 나열된 원 안에 1이 있다는 것을 안다.

그림과 같이 1행에는 1개, 2행에는 2개, $\cdots$, n행에는 n개의 원을 나열하고 그 안에 다음 규칙에 따라 0 또는 1을 써넣는다.
단서 규칙에 따라 1의 개수와 그 합을 계속 확인하면서 행에 따른 수의 합의 일정한 패턴을 찾아볼까?

(가) 1행의 원 안에는 1을 써넣는다.
(나) $n\geq2$일 때, 1행부터 $(n-1)$행까지 나열된 모든 원 안의 수의 합이 n 이상이면 n행에 나열된 모든 원 안에 0을 써넣고, n 미만이면 n행에 나열된 모든 원 안에 1을 써넣는다.

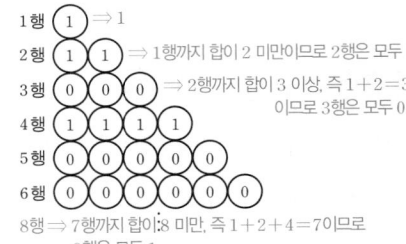

1행 ⇒ 1
2행 ⇒ 1행까지 합이 2 미만이므로 2행은 모두 1
3행 ⇒ 2행까지 합이 3 이상, 즉 $1+2=3$ 이므로 3행은 모두 0
4행
5행
6행

8행까지 합이 8 미만, 즉 $1+2+4=7$이므로 8행은 모두 1

1행부터 32행까지 나열된 원 안에 써넣은 모든 수의 합을 구하시오. (4점)

1st 단서에서 정리한 것처럼 주어진 조건대로 수를 나열하여 규칙성을 찾아보자.

조건에 따라 수를 배열하여 1이 쓰여진 원의 개수를 구하면

1행에 1개, 2행에 2개, 4행에 4개, 8행에 8개, $\cdots$이므로
4행까지만 구하고 판단하면 n행에 $2(n-1)$개의 1의 수를 써넣었다고 착각할 수 있어. 2의 배수인지 2의 거듭제곱 꼴인지 꼭 다음 항까지 확인하자.

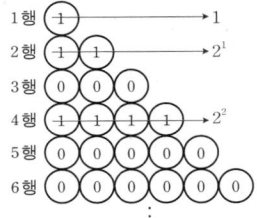

1행 → 1
2행 → 2^1
3행
4행 → 2^2
5행
6행
$\vdots$

자연수 n에 대하여 2^{n-1}행에 2^{n-1}개의 1이 나오는 것을 알 수 있다.

2nd 1행부터 32행까지 모든 수의 합을 등비수열의 합으로 구해.

따라서 1행부터 32행까지 모든 수의 합은 → 첫째항이 a_1, 공비가 r (단, $r\neq1$)인 등비수열의 첫째항부터 제n항까지의 합은 $S_n=\dfrac{a_1(r^n-1)}{r-1}$

$$1+2+4+8+16+32=\sum_{k=1}^{6}2^{k-1}=\frac{2^6-1}{2-1}=63$$
$1+2+2^2+2^3+2^4+2^5$으로

첫째항이 1, 공비가 2인 등비수열의 첫째항부터 제6항까지의 합이야.

⚙ 등비수열의 합과 자연수의 거듭제곱의 합 개념·공식

(1) 등비수열의 합
첫째항이 a, 공비가 r인 등비수열의 첫째항부터 제n항까지의 합 S_n은
① $r\neq1$일 때, $S_n=\dfrac{a(1-r^n)}{1-r}=\dfrac{a(r^n-1)}{r-1}$
② $r=1$일 때, $S_n=na$

(2) 자연수의 거듭제곱의 합
① $\sum_{k=1}^{n}k=\dfrac{n(n+1)}{2}$
② $\sum_{k=1}^{n}k^2=\dfrac{n(n+1)(2n+1)}{6}$
③ $\sum_{k=1}^{n}k^3=\left\{\dfrac{n(n+1)}{2}\right\}^2$

H 150 정답 136 *∑의 활용 - 규칙 찾기 ·········· [정답률 53%]

(정답 공식: 더해지는 삼각형의 개수가 3의 배수 형태를 띤다는 점을 안다.)

그림과 같이 넓이가 1인 정삼각형 모양의 타일을 다음과 같은 규칙으로 붙인다. **단서** n단계의 규칙으로 10단계의 모양을 유추해. 그림과 같이 타일의 개수만큼 넓이도 커지지?

> [1단계] : 정삼각형 모양의 타일을 한 개 붙인다.
> [n단계] : (n−1)단계에서 붙여진 타일의 바깥쪽 테두리의 각 변에 정삼각형 모양의 타일을 붙인다.

이와 같이 10단계를 시행했을 때, 타일로 덮인 부분의 전체의 넓이를 구하시오. (3점)

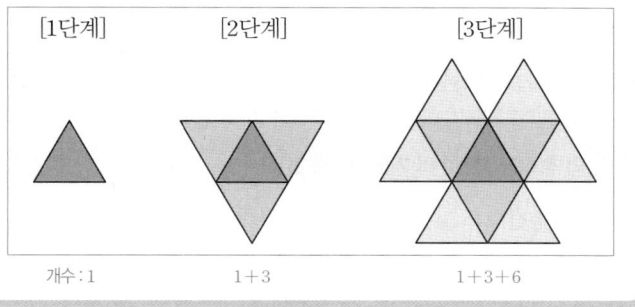

[1단계]   [2단계]   [3단계]

개수 : 1   1+3   1+3+6

1st 각 단계에서 붙여지는 정삼각형의 타일의 개수를 유추해 보자.

[1단계] [2단계] [3단계] [4단계]

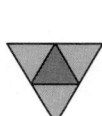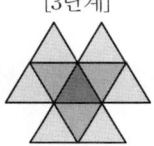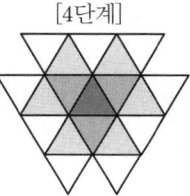

n단계에서 넓이가 1인 정삼각형의 모양의 타일로 덮인 부분의 넓이를 S_n이라 하고 수열 $\{S_n\}$을 구하자.
1단계에서 타일로 덮인 부분의 넓이 $S_1=1$

[3단계] [4단계]

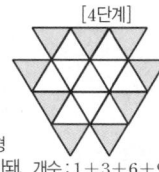

2단계의 추가된 한 삼각형에 2개의 정삼각형이 추가돼. 개수 : 1+3+6+9

2단계에서 타일로 덮인 부분의 넓이 $S_2=1+3$
3단계에서 타일로 덮인 부분의 넓이 $S_3=1+\underline{3+6}$ ⇒ 3+2×3
4단계에서 타일로 덮인 부분의 넓이 $S_4=1+\underline{3+6+9}$ ⇒ 3+2×3+3×3
⋮
1 뒤에 더하는 숫자는 3, 6, 9, 12, …로 3의 배수이다.

2nd 이제 10단계에서 타일로 덮인 부분의 전체 넓이를 구하면 되겠지?

따라서 10단계에서 타일로 덮인 부분의 전체 넓이를 구하면
$S_{10}=1+3+6+9+\cdots+27$ ← 추가되는 타일의 수는 3×(10−1)이야.
$=1+\dfrac{9(3+27)}{2}=1+135=136$ ← 공차가 3인 등차수열이니까 첫째항이 3, 끝항이 27인 등차수열의 첫째항부터 제9항까지의 합이야.

← 첫째항이 a, 끝항이 l인 등차수열의 첫째항부터 제n항까지의 합은 $S_n=\dfrac{n(a+l)}{2}$

🔄 다른 풀이: S_n을 유도하여 S_{10}의 값 구하기

S_n의 일반항을 구하여 계산해 볼까?
$S_n=1+3+6+9+\cdots+3(n-1)$ $(n\geq 2)$ ← (n−1)개
$=1+\displaystyle\sum_{k=1}^{n-1}3k=1+3\times\dfrac{(n-1)n}{2}$
← $\displaystyle\sum_{k=1}^{n}k=\dfrac{n(n+1)}{2}$이지만 $\displaystyle\sum_{k=1}^{n-1}k$는 (n−1)항까지니까 주의해.
$\therefore S_{10}=1+3\times\dfrac{9\times 10}{2}=136$

H 151 정답 $\dfrac{50}{101}$ *∑의 활용 - 부분분수 ·········· [정답률 70%]

(정답 공식: 부분분수 $\dfrac{C}{AB}=\dfrac{C}{B-A}\left(\dfrac{1}{A}-\dfrac{1}{B}\right)$이 성립한다.)

단서1 이차방정식의 근과 계수와의 관계를 통해 서로 다른 두 실근에 대한 식을 세울 수 있어.
자연수 n에 대하여 이차방정식 $x^2-(4n^2-n)x+n-2=0$의 서로 다른 두 실근을 α_n, β_n이라 할 때, $\displaystyle\sum_{n=1}^{50}\dfrac{1}{(\alpha_n+1)(\beta_n+1)}$의 값을 구하고 그 과정을 서술하시오. (10점)
단서2 분수 꼴로 나타내어진 수열의 합을 부분분수로 나타내어 정리할 수 있어.

🧠 단서+발상

단서1 서로 다른 두 실근 α_n, β_n에 대하여 이차방정식의 근과 계수의 관계를 적용하여 두 실근의 합과 곱에 대한 식을 구할 수 있다. **발상**

단서2 수열의 합이 분수 꼴의 형태이므로 합의 기호 ∑를 적용하기 전에 부분분수로 나타낸 후, 수열의 합을 구할 수 있다. **적용**

--- [문제 풀이 순서] -----------------------------

1st 근과 계수의 관계를 이용하여 $\alpha_n+\beta_n$, $\alpha_n\beta_n$의 식을 구하자.
이차방정식 $x^2-(4n^2-n)x+n-2=0$의 서로 다른 두 실근이 α_n, β_n이므로 이차방정식의 근과 계수의 관계에 의하여
$\alpha_n+\beta_n=4n^2-n$, $\alpha_n\beta_n=n-2$
의 식이 성립한다.
← 이차방정식 $ax^2+bx+c=0$의 두 근이 α, β이면 근과 계수의 관계에 의하여 $\alpha+\beta=-\dfrac{b}{a}$, $\alpha\beta=\dfrac{c}{a}$야.

2nd 부분분수를 이용하여 $\dfrac{1}{(\alpha_n+1)(\beta_n+1)}$을 정리하자.
$(\alpha_n+1)(\beta_n+1)$을 전개하면 $\alpha_n\beta_n+\alpha_n+\beta_n+1$이고
$\alpha_n+\beta_n=4n^2-n$, $\alpha_n\beta_n=n-2$이므로
$\alpha_n\beta_n+\alpha_n+\beta_n+1=n-2+4n^2-n+1=4n^2-1$
$\therefore \dfrac{1}{(\alpha_n+1)(\beta_n+1)}=\dfrac{1}{4n^2-1}=\dfrac{1}{(2n-1)(2n+1)}$

3rd $\displaystyle\sum_{n=1}^{50}\dfrac{1}{(\alpha_n+1)(\beta_n+1)}$의 값을 구하자.
$\displaystyle\sum_{n=1}^{50}\dfrac{1}{(\alpha_n+1)(\beta_n+1)}=\sum_{n=1}^{50}\dfrac{1}{(2n-1)(2n+1)}$
← 부분분수 $\dfrac{1}{AB}=\dfrac{1}{B-A}\left(\dfrac{1}{A}-\dfrac{1}{B}\right)$ (단, $A\neq B$)로 고칠 수 있어.
$=\displaystyle\sum_{n=1}^{50}\dfrac{1}{2}\left(\dfrac{1}{2n-1}-\dfrac{1}{2n+1}\right)$
$=\dfrac{1}{2}\left\{\left(\dfrac{1}{1}-\dfrac{1}{3}\right)+\left(\dfrac{1}{3}-\dfrac{1}{5}\right)+\cdots+\left(\dfrac{1}{99}-\dfrac{1}{101}\right)\right\}$
$=\dfrac{1}{2}\left(1-\dfrac{1}{101}\right)$
$=\dfrac{50}{101}$

[채점 기준표]

1st 근과 계수의 관계를 이용하여 $\alpha_n+\beta_n$, $\alpha_n\beta_n$의 식을 구한다.	2점
2nd 부분분수를 이용하여 $\dfrac{1}{(\alpha_n+1)(\beta_n+1)}$을 정리한다.	3점
3rd $\displaystyle\sum_{n=1}^{50}\dfrac{1}{(\alpha_n+1)(\beta_n+1)}$의 값을 구한다.	5점

[정답 공식: 수열의 규칙을 찾아 n단계와 $(n-1)$단계 사이의 a_n과 a_{n-1}에 대한 관계식을 구할 수 있다.]

그림과 같이 크기가 같은 정육각형을 [1단계]에서는 1개를 그리고 [2단계]에서는 [1단계]에서 그린 정육각형 아래로 2개의 정육각형을 더 그린다. [3단계]에서는 [2단계]에서 그린 정육각형 아래로 3개의 정육각형을 더 그린다. 이와 같은 방법으로 [n단계]에서 n개의 정육각형을 그릴 때, [n단계]에 그려진 모든 정육각형의 변의 개수를 $a_n(n=1, 2, 3, \cdots)$이라 하자. 예를 들면 $a_1=6$, $a_2=15$이다. 이때 $\sum\limits_{k=1}^{10}\frac{2}{3}a_k$의 값을 구하고 그 과정을 서술하시오.

단서 $(n-1)$단계, n단계를 이용하여 a_n을 n에 대한 식으로 나타낼 수 있어.   (10점)

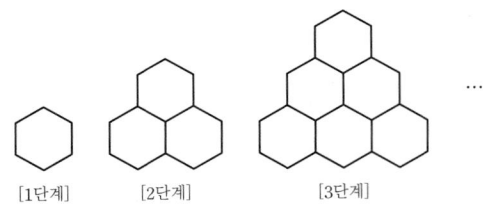

[1단계]   [2단계]   [3단계]

 단서+발상

단서 [3단계]에서의 정육각형의 변의 개수 a_3을 구한 후 a_1, a_2, a_3을 바탕으로 규칙을 찾아 n단계와 $(n-1)$단계 사이의 관계식을 구할 수 있다. 발상 관계식을 이용해서 수열 $\{a_n\}$을 n에 대한 식으로 나타낸 후 ∑에 대입하여 $\sum\limits_{k=1}^{10}\frac{2}{3}a_k$의 값을 구할 수 있다. 해결

---- [문제 풀이 순서] ----------------------------------

1st 수열 $\{a_n\}$의 n항과 $(n-1)$항 사이의 규칙을 찾자.

[3단계]의 변의 개수에 해당하는 a_3은 a_2에 3개를 아래로 더 그린 정육각형의 변의 개수의 합이므로 $a_3=a_2+12$

[4단계]의 변의 개수에 해당하는 a_4는 [3단계]에서 그린 정육각형 아래로 4개의 정육각형을 더 그린 모든 정육각형의 변의 개수이다.

따라서 추가된 정육각형의 변의 개수를 세어 a_3에 더하면 되므로 $a_4=a_3+15$

즉, n단계의 변의 개수인 a_n은 $(n-1)$단계에서 추가된 변의 개수를 더하면 되는데 a_2, a_3, a_4의 식을 통해

$a_2=a_1+9=a_1+3(2+1)$

$a_1=6, a_2=15$이므로 둘의 차이는 9가 돼. 따라서 $a_2=a_1+9$로 나타낼 수 있어.

$a_3=a_2+12=a_2+3(3+1)$

$a_4=a_3+15=a_3+3(4+1)$

$\vdots$

$a_n=a_{n-1}+3(n+1)$

임을 알 수 있다.

2nd a_n을 n에 대한 식으로 나타내자.

$a_n=a_{n-1}+3(n+1)$

$\quad=a_{n-2}+3n+3(n+1)$

$\quad=a_{n-3}+3(n-1)+3n+3(n+1)$

$\quad\vdots$

$\quad=a_1+9+12+15+\cdots+3n+3(n+1)$

$\quad=6+9+12+15+\cdots+3n+3(n+1)$ $(\because a_1=6)$

$\quad=3\{2+3+4+5+\cdots+n+(n+1)\}$

$\quad=\sum\limits_{k=1}^{n}3(k+1)=\sum\limits_{k=1}^{n}3k+\sum\limits_{k=1}^{n}3=\frac{3n(n+1)}{2}+3n$

$\quad=\frac{3n(n+3)}{2}$ $\sum\limits_{k=1}^{n}k=\frac{n(n+1)}{2}$, $\sum\limits_{k=1}^{n}c=cn$ (단, c는 상수)

3rd 거듭제곱의 합의 공식을 이용하여 $\sum\limits_{k=1}^{10}\frac{2}{3}a_k$의 값을 구하자.

$\sum\limits_{k=1}^{10}\frac{2}{3}a_k$에 $a_k=\frac{3k(k+3)}{2}$을 대입하면

$\sum\limits_{k=1}^{10}\frac{2}{3}a_k=\sum\limits_{k=1}^{10}k(k+3)=\sum\limits_{k=1}^{10}k^2+\sum\limits_{k=1}^{10}3k$ $\sum\limits_{k=1}^{n}k^2=\frac{n(n+1)(2n+1)}{6}$, $\sum\limits_{k=1}^{n}k=\frac{n(n+1)}{2}$

$\quad=\frac{10\times11\times21}{6}+3\times\frac{10\times11}{2}=550$

[채점 기준표]

1st 수열 $\{a_n\}$의 n항과 $(n-1)$항 사이의 규칙을 찾는다.	5점
2nd a_n을 n에 대한 식으로 나타낸다.	3점
3rd 거듭제곱의 합의 공식을 이용하여 $\sum\limits_{k=1}^{10}\frac{2}{3}a_k$의 값을 구한다.	2점

✿ ∑의 성질과 자연수의 거듭제곱의 합   개념·공식

(1) ∑의 성질
두 수열 $\{a_n\}$, $\{b_n\}$과 상수 c에 대하여

① $\sum\limits_{k=1}^{n}(a_k\pm b_k)=\sum\limits_{k=1}^{n}a_k\pm\sum\limits_{k=1}^{n}b_k$ (복호동순)

② $\sum\limits_{k=1}^{n}ca_k=c\sum\limits_{k=1}^{n}a_k$

③ $\sum\limits_{k=1}^{n}c=cn$

(2) 자연수의 거듭제곱의 합

① $\sum\limits_{k=1}^{n}k=\frac{n(n+1)}{2}$

② $\sum\limits_{k=1}^{n}k^2=\frac{n(n+1)(2n+1)}{6}$

③ $\sum\limits_{k=1}^{n}k^3=\left\{\frac{n(n+1)}{2}\right\}^2$

[정답 공식: $\sum\limits_{k=1}^{n}k=\frac{n(n+1)}{2}$, $\sum\limits_{k=1}^{n}c=cn$ (단, c는 상수)]

단서1 x축에 접하므로 $f(x)=(x-\alpha)^2$의 식으로 나타낼 수 있어.
이차항의 계수가 1인 이차함수 $f(x)$의 그래프는 x축에 접하고 모든 실수 x에 대하여 $f(1+x)=f(1-x)$를 만족한다. 자연수 n에 대하여 함수 $y=f(x)$의 그래프와 직선 $y=x+n$이 만나는 두 점을 각각 P_n, Q_n이라 할 때, $\sum\limits_{k=1}^{10}\overline{\mathrm{P}_k\mathrm{Q}_k}^2$의 값을 구하고 그 과정을 서술하시오. (10점)

단서2 두 점의 x좌표와 y좌표를 바탕으로 두 점 사이의 거리를 구할 수 있어.

🧠 단서+발상

단서1 이차항의 계수가 1인 이차함수 $f(x)$가 x축에 접하면 중근을 가지며, $f(x)$가 $f(a-x)=f(a+x)$를 만족하면 $x=a$를 기준으로 좌우대칭인 그래프이다. 개념

단서2 이차함수의 그래프와 직선과의 두 교점 P_n, Q_n의 x좌표를 각각 α_n, β_n이라 하면 이차방정식의 근과 계수의 관계에 의하여 α_n, β_n에 대한 식을 구할 수 있고, 적용 두 교점의 x좌표를 바탕으로 거리 공식을 이용하여 $\overline{\mathrm{P}_n\mathrm{Q}_n}$의 길이를 구할 수 있다. 해결

--- [문제 풀이 순서] ------------------------------------

1st 조건을 만족하는 이차함수 $f(x)$를 구하자.

이차항의 계수가 1인 이차함수 $f(x)$의 그래프는 x축에 접하므로
$f(x)=(x-a)^2$ (a는 상수)라 하자.

한편 $f(x)$는 모든 실수 x에 대하여 $f(1+x)=f(1-x)$를 만족하므로
$x=1$에 대하여 대칭이다. — $f(x)$가 $f(a-x)=f(a+x)$를 만족하면 $x=a$를 기준으로 좌우대칭인 그래프야.

따라서 이차함수는 꼭짓점 x좌표에 대하여 대칭이므로 $a=1$이다.

$\therefore f(x)=(x-1)^2=x^2-2x+1$

2nd 두 점 P_n, Q_n의 x좌표 사이의 관계식을 구하자.

함수 $y=f(x)$의 그래프와 직선 $y=x+n$이 만나는 두 점 P_n, Q_n의
x좌표를 각각 a_n, β_n이라 하면, a_n, β_n은 방정식 $x^2-2x+1=x+n$, 즉
$x^2-3x+1-n=0$의 두 근이다.

따라서 <u>이차방정식의 근과 계수의 관계에 의하여</u>
$a_n+\beta_n=3$, $a_n\beta_n=1-n$ — 이차방정식 $ax^2+bx+c=0$의 두 근이 α, β이면 근과 계수의 관계에 의하여 $\alpha+\beta=-\dfrac{b}{a}$, $\alpha\beta=\dfrac{c}{a}$야.

3rd 두 점 사이의 길이를 n에 대한 식으로 나타내고 $\sum\limits_{k=1}^{10}\overline{\mathrm{P}_k\mathrm{Q}_k}^2$의 값을 구하자.

$\mathrm{P}_n(a_n,\ a_n+n)$, $\mathrm{Q}_n(\beta_n,\ \beta_n+n)$이라 하면
두 점 P_n, Q_n은 함수 $y=f(x)$의 그래프와 직선 $y=x+n$의 교점에 해당하므로 각각의 점의 y좌표는 x좌표를 $y=x+n$에 대입하여 간단하게 나타낼 수 있어.

$\overline{\mathrm{P}_n\mathrm{Q}_n}^2=(a_n-\beta_n)^2+(a_n-\beta_n)^2$
두 점 $\mathrm{A}(x_1,y_1)$, $\mathrm{B}(x_2,y_2)$ 사이의 거리를 d라 하면 $d=\sqrt{(x_2-x_1)^2+(y_2-y_1)^2}$이야.

$=2\{(a_n+\beta_n)^2-4a_n\beta_n\}$
$=2\{3^2-4(1-n)\}=18-8(1-n)$
$=8n+10$

$\therefore \sum\limits_{k=1}^{10}\overline{\mathrm{P}_k\mathrm{Q}_k}^2=\sum\limits_{k=1}^{10}(8k+10)=8\times\dfrac{10\times11}{2}+10\times10=540$

[채점 기준표]

1st 조건을 만족시키는 이차함수 $f(x)$를 구한다.		3점
2nd 두 점 P_n, Q_n의 x좌표 사이의 관계식을 구한다.		2점
3rd 두 점 사이의 길이를 n에 대한 식으로 나타내고 $\sum\limits_{k=1}^{10}\overline{\mathrm{P}_k\mathrm{Q}_k}^2$의 값을 구한다.		5점

H **154** 정답 375 　*∑의 활용 − 도형 　　　　　 [정답률 65%]

정답 공식: 수열의 규칙을 찾아 n단계와 $(n-1)$단계 사이의 a_n과 a_{n-1}에 대한 관계식을 구할 수 있다.

자연수 n에 대하여 한 변의 길이가 n인 정삼각형의 각 변을 n등분한 점을 각 변에 평행하게 연결하여 만든 도형을 T_n이라 하자. 그림은 도형 T_1, T_2, T_3을 나타낸 것이다. 도형 T_n에 그려진 <u>모든 선분의 길이를 a_n</u>이라 하고 $a_{n+1}-a_n=b_n (n=1, 2, 3, \cdots)$이라 할 때, $\sum\limits_{k=1}^{10}\dfrac{2a_k-b_k}{3}$의 값을 구하고 그 과정을 서술하시오.

단서 $(n-1)$단계, n단계를 이용하여 a_n을 n에 대한 식으로 나타낼 수 있어. 　(10점)

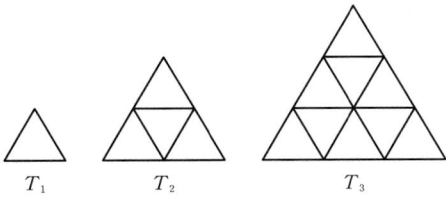
T_1　　T_2　　　T_3

🧠 단서+발상

단서 T_1, T_2, T_3, T_4의 모든 선분의 길이 a_1, a_2, a_3, a_4를 구한 후 이를 바탕으로 규칙을 찾아 n단계와 $(n-1)$단계 사이의 관계식을 구할 수 있다. 발상
a_{n-1}, a_{n-2}, $\cdots$, a_2의 식을 이용하여 수열 $\{a_n\}$을 n에 대한 식으로 나타낼 수 있고, 수열 $\{a_n\}$의 일반항을 통해 수열 $\{b_n\}$을 구할 수 있다. 해결

--- [문제 풀이 순서] ------------------------------------

1st 수열 $\{a_n\}$의 n항과 $(n-1)$항 사이의 규칙을 찾자.

도형 T_1에 그려진 모든 선분의 길이 $a_1=3$이다.

도형 T_2에 그려진 모든 선분의 길이 a_2는 a_1에 6을 더한 값이므로
$a_2=a_1+6$
한 변의 길이가 1인 정삼각형의 변이 6개가 추가되었으므로 6을 더한 거야.

도형 T_3에 그려진 모든 선분의 길이 a_3은 a_2에 9를 더한 값이므로
$a_3=a_2+9$

도형 T_4는 도형 T_3에 한 변의 길이가 1인 정삼각형의 변이 12개가 추가된 형태로 a_4는 a_3에 12를 더한 값이므로 $a_4=a_3+12$

a_n은 a_{n-1}에서 한 변의 길이가 1인 정삼각형의 변이 추가된 개수를 더하면 되는데 a_2, a_3, a_4의 식을 통해

$a_2=a_1+6=a_1+3\times2$
$a_3=a_2+9=a_2+3\times3$
$a_4=a_3+12=a_3+3\times4$
$\vdots$
$a_n=a_{n-1}+3n$

2nd a_n을 n에 대한 식으로 나타내자.

$a_n=\underline{a_{n-1}+3n}$
$a_n=a_{n-1}+3n$의 n에 $n-1$을 대입하면 $a_{n-1}=a_{n-2}+3(n-1)$이 돼. 이 식을 대입하면 $a_n=a_{n-2}+3(n-1)+3n$임을 알 수 있어.
$=a_{n-2}+3(n-1)+3n$
$=a_{n-3}+3(n-2)+3(n-1)+3n$
$\vdots$
$=a_1+3\times2+3\times3+\cdots+3(n-2)+3(n-1)+3n$
$=3+3\times2+3\times3+\cdots+3(n-2)+3(n-1)+3n\ (\because a_1=3)$
$=3(1+2+3+\cdots+n)$
$=3\sum\limits_{k=1}^{n}k=\dfrac{3n(n+1)}{2}$
$\sum\limits_{k=1}^{n}k=\dfrac{n(n+1)}{2}$

3rd a_n의 식을 이용하여 b_n을 구한 후 $\sum\limits_{k=1}^{10}\dfrac{2a_k-b_k}{3}$의 값을 구하자.

$a_n=\dfrac{3n(n+1)}{2}$의 n 대신 $n+1$을 대입하면
$a_{n+1}=\dfrac{3(n+1)(n+2)}{2}$이므로

$b_n=a_{n+1}-a_n=\dfrac{3(n+1)(n+2)}{2}-\dfrac{3n(n+1)}{2}=3(n+1)$

$\therefore \sum\limits_{k=1}^{10}\dfrac{2a_k-b_k}{3}=\sum\limits_{k=1}^{10}\dfrac{3k(k+1)-3(k+1)}{3}=\sum\limits_{k=1}^{10}\{k(k+1)-(k+1)\}$
$=\sum\limits_{k=1}^{10}(k^2-1)=\dfrac{10\times11\times21}{6}-10=375$
$\sum\limits_{k=1}^{n}k^2=\dfrac{n(n+1)(2n+1)}{6}$

[채점 기준표]

1st 수열 $\{a_n\}$의 n항과 $(n-1)$항 사이의 규칙을 찾는다.		3점
2nd a_n을 n에 대한 식으로 나타낸다.		4점
3rd a_n의 식을 이용하여 b_n을 구한 후 $\sum\limits_{k=1}^{10}\dfrac{2a_k-b_k}{3}$의 값을 구한다.		3점

정답 25 ＊∑의 활용 – 새롭게 정의된 수열 [정답률 55%]

$\left[\ 정답 공식: S_{2n}=\sum\limits_{k=1}^{n}(a_{2k-1}+a_{2k}),\ S_{2n+1}=S_{2n}+a_{2n+1}\ \right]$

수열 $\{a_n\}$을 다음과 같이 정의하고
$$a_n=(-1)^n\times n^2\,(n=1,\ 2,\ 3,\ \cdots)$$

단서1 수열 $\{a_n\}$은 홀수항의 부호는 음수, 짝수항의 부호는 양수야.

수열 $\{a_n\}$의 첫째항부터 제n항까지의 합을 S_n이라 할 때,

$\dfrac{S_{2n+1}-S_{2n}}{S_{2n+1}+S_{2n}}=51$을 만족시키는 자연수 n의 값을 구하고

그 과정을 서술하시오. (10점)

단서2 S_{2n}은 홀수항 n개의 합과 짝수항 n개의 합으로 나타낼 수 있어.

🧠 단서+발상

단서1 수열 $\{a_n\}$의 일반항을 보면 $(-1)^n$이 포함되어 있으므로
홀수항($n=1, 3, 5, \cdots$)은 음수, 짝수항($n=2, 4, 6, \cdots$)은 양수이다. **발상**

단서2 S_{2n}은 첫째항 a_1부터 $2n$번째항 a_{2n}까지의 합으로 홀수항은 음수이고,
짝수항은 양수이므로 $S_{2n}=-1^2+2^2-3^2+4^2-\cdots-(2n-1)^2+(2n)^2$으로 나타낼
수 있다. **발상**
S_{2n+1}은 S_{2n}에 $(2n+1)$항 a_{2n+1}을 더한 것으로 S_{2n}과 a_{2n+1}에 대한 식으로
나타낼 수 있다. **적용**

--- [문제 풀이 순서] ------------------------------

1st 수열 $\{a_n\}$의 홀수항과 짝수항의 규칙을 찾자.

수열 $\{a_n\}$의 일반항 $a_n=(-1)^n\times n^2\,(n=1, 2, 3, \cdots)$에 대하여
첫째항부터 순서대로 나열하면
$a_1=-1^2,\ a_2=2^2,\ a_3=-3^2,\ a_4=4^2,\ a_5=-5^2,\ a_6=6^2,\ \cdots$
$(-1)^n$의 n이 홀수이면 -1, n이 짝수이면 1이므로 홀수항은 음수, 짝수항은 양수가 돼.
a_n이 홀수항이면 음수이고, 짝수항이면 양수이므로 a_n을 홀수항과
짝수항으로 나누어 배열하면
$a_{2n-1}=-1^2,\ -3^2,\ -5^2,\ \cdots$　　$a_{2n}=2^2,\ 4^2,\ 6^2,\ \cdots$
따라서 홀수항은 $a_{2n-1}=-(2n-1)^2$, 짝수항은 $a_{2n}=(2n)^2$이다.

2nd 홀수항과 짝수항으로 나누어서 S_{2n}의 식을 구하자.

$S_{2n}=a_1+a_2+a_3+\cdots+a_n+a_{n+1}+\cdots+a_{2n-1}+a_{2n}$
홀수항과 짝수항으로 나누어 재배열하면
$S_{2n}=(a_1+a_3+a_5+\cdots+a_{2n-1})+(a_2+a_4+a_6+\cdots+a_{2n})$

$\therefore S_{2n}=\sum\limits_{k=1}^{n}a_{2k-1}+\sum\limits_{k=1}^{n}a_{2k}$
$\underset{\sum\limits_{k=1}^{n}a_k+\sum\limits_{k=1}^{n}b_k=\sum\limits_{k=1}^{n}(a_k+b_k)}{}$
$=\sum\limits_{k=1}^{n}(a_{2k-1}+a_{2k})=\sum\limits_{k=1}^{n}\{-(2k-1)^2+(2k)^2\}$
$=\sum\limits_{k=1}^{n}(4k-1)=4\times\dfrac{n(n+1)}{2}-n=2n^2+n$
$\underset{\sum\limits_{k=1}^{n}k=\frac{n(n+1)}{2},\ \sum\limits_{k=1}^{n}c=cn\ (단,\ c는 상수)}{}$

3rd $S_{2n+1}=S_{2n}+a_{2n+1}$을 이용하여 주어진 식의 자연수 n의 값을 구하자.

$S_{2n}=2n^2+n$, $\underline{a_{2n+1}=-(2n+1)^2}$이므로
$\qquad\qquad\quad a_{2n-1}=-(2n-1)^2$의 n에 $n+1$을 대입하여 나타낼 수 있어.
$S_{2n+1}=S_{2n}+a_{2n+1}=(2n^2+n)-(2n+1)^2=-2n^2-3n-1$
수열의 합 S_{2n+1}은 S_{2n}에 $(2n+1)$항인 a_{2n+1}을 더한 값이야.
$S_{2n+1}+S_{2n}$과 $S_{2n+1}-S_{2n}$을 정리하면
$S_{2n+1}+S_{2n}=-2n^2-3n-1+2n^2+n=-(2n+1)$,
$S_{2n+1}-S_{2n}=a_{2n+1}=-(2n+1)^2$이고
$\dfrac{S_{2n+1}-S_{2n}}{S_{2n+1}+S_{2n}}=\dfrac{-(2n+1)^2}{-(2n+1)}=2n+1=51$이므로 $n=25$

따라서 $\dfrac{S_{2n+1}-S_{2n}}{S_{2n+1}+S_{2n}}=51$을 만족시키는 자연수 n의 값은 25이다.

[채점 기준표]

1st 수열 $\{a_n\}$의 홀수항과 짝수항의 규칙을 찾는다.		3점
2nd 홀수항과 짝수항으로 나누어서 S_{2n}의 식을 구한다.		4점
3rd $S_{2n+1}=S_{2n}+a_{2n+1}$을 이용하여 주어진 식의 자연수 n의 값을 구한다.		3점

⚙ 자연수의 거듭제곱의 합 　개념·공식

① $\sum\limits_{k=1}^{n}k=\dfrac{n(n+1)}{2}$

② $\sum\limits_{k=1}^{n}k^2=\dfrac{n(n+1)(2n+1)}{6}$

③ $\sum\limits_{k=1}^{n}k^3=\left\{\dfrac{n(n+1)}{2}\right\}^2$

---

 156 정답 $\dfrac{1}{15}$ ＊∑의 활용 – 규칙 찾기 ········· [정답률 58%]

$\left[\ 정답 공식: \sum\limits_{k=1}^{n}(a_{k+1}-a_k)=a_{n+1}-a_1\ \right]$

자연수 n에 대하여 수열 $\{a_n\}$은 **단서** 등차수열이나 등비수열이 아니므로 n에 값을 대입하여 수열의 규칙을 찾아야 해.
$$a_1=1,\ a_{n+1}-a_n=(-1)^n\times\dfrac{2n+1}{n(n+1)}$$
을 만족시킨다. $a_{30}-a_{10}$의 값을 구하고 그 과정을 서술하시오.

(10점)

🧠 단서+발상

단서 수열 $\{a_n\}$을 보면 일반적인 등차수열이나 등비수열이 아니므로 자연수 n에
1부터 숫자를 순차적으로 대입하여 수열의 규칙을 찾아야 한다. **발상**
수열 $\{a_n\}$의 $(n+1)$항과 n항의 차이인 일반항은 분수끼리의 합 형태로
나타낼 수 있으므로 수열의 규칙을 바탕으로 짝수항의 일반항 a_{2n}을 구할 수 있다. **해결**

--- [문제 풀이 순서] ------------------------------

1st 주어진 식을 변형하자.

$a_{n+1}-a_n=(-1)^n\times\dfrac{2n+1}{n(n+1)}$에서

$\dfrac{2n+1}{n(n+1)}=\dfrac{1}{n}+\dfrac{1}{n+1}$이므로

$\dfrac{1}{n}+\dfrac{1}{n+1}=\dfrac{n+1+n}{n(n+1)}=\dfrac{2n+1}{n(n+1)}$

$a_{n+1}-a_n=(-1)^n\left(\dfrac{1}{n}+\dfrac{1}{n+1}\right)$

2nd $a_{n+1}-a_n$의 식을 이용하여 a_{2n}을 구하자.

$a_{n+1}-a_n=(-1)^n\left(\dfrac{1}{n}+\dfrac{1}{n+1}\right)$에 $n=1$부터 순차적으로 대입하면

$n=1$을 대입하면 $a_2-a_1=-\left(1+\dfrac{1}{2}\right)$

$n=2$를 대입하면 $a_3-a_2=\dfrac{1}{2}+\dfrac{1}{3}$

$n=3$을 대입하면 $a_4-a_3=-\left(\dfrac{1}{3}+\dfrac{1}{4}\right)$

$\vdots$

n 대신 $(2n-2)$를 대입하면

$a_{2n-1}-a_{2n-2}=\dfrac{1}{2n-2}+\dfrac{1}{2n-1}$

n 대신 $(2n-1)$을 대입하면

$$a_{2n}-a_{2n-1}=-\left(\frac{1}{2n-1}+\frac{1}{2n}\right)$$

위 식을 변변 더하면

$$(a_2-a_1)+(a_3-a_2)+(a_4-a_3)+\cdots+(a_{2n-1}-a_{2n-2})+(a_{2n}-a_{2n-1})$$

첫째항 a_1과 마지막항 a_{2n}을 제외한 나머지항은 모두 소거돼. 따라서 $\sum\limits_{k=1}^{2n-1}(a_{k+1}-a_k)=a_{2n}-a_1$이야.

$$=-1-\frac{1}{2}+\frac{1}{2}+\frac{1}{3}-\frac{1}{3}-\frac{1}{4}+$$

$$\cdots+\frac{1}{2n-2}+\frac{1}{2n-1}-\frac{1}{2n-1}-\frac{1}{2n}$$

즉, $a_{2n}-a_1=-\dfrac{1}{2n}-1$에서

$a_{2n}=a_1-\dfrac{1}{2n}-1$이고 $a_1=1$이므로

$$a_{2n}=1-\frac{1}{2n}-1=-\frac{1}{2n}$$

3rd a_{2n}의 식을 이용하여 $a_{30}-a_{10}$의 값을 구하자.

$a_{2n}=-\dfrac{1}{2n}$에 $n=5$, $n=15$를 각각 대입하면

$$a_{10}=-\frac{1}{10},\ a_{30}=-\frac{1}{30}$$

$$\therefore a_{30}-a_{10}=-\frac{1}{30}+\frac{1}{10}=\frac{1}{15}$$

[채점 기준표]

1st	주어진 식을 변형한다.	2점
2nd	$a_{n+1}-a_n$의 식을 이용하여 a_{2n}을 구한다.	5점
3rd	a_{2n}의 식을 이용하여 $a_{30}-a_{10}$의 값을 구한다.	3점

H 157 정답 $\dfrac{25}{52}$ *$\sum$의 활용 – 그래프 [정답률 65%]

$$\left[\text{정답 공식: } \sum_{k=1}^{n}\left(\frac{1}{k}-\frac{1}{k+1}\right)=1-\frac{1}{n+1}\right]$$

오른쪽 그림과 같이 자연수 n에 대하여 좌표평면에서 직선

$y=\dfrac{x}{n+1}$와 곡선 $y=\dfrac{n}{x}$이 만나는

점 P의 y좌표를 a_n이라 하자.

$\sum\limits_{n=1}^{50}(a_{n+1}{}^2-a_n{}^2)$의 값을 구하고 그

과정을 서술하시오. (단, 점 P는 제

1사분면 위의 점이고, O는 원점이다.) (10점)

단서 직선과 곡선이 만나는 점 P의 x좌표를 구한 후 직선 또는 곡선에 대입하여 y좌표를 구할 수 있어.

🧠 단서+발상

단서 점 P는 직선 $y=\dfrac{x}{n+1}$와 곡선 $y=\dfrac{n}{x}$의 교점이므로 방정식을 통해 x좌표를 구할 수 있고, x좌표를 대입하여 y좌표에 해당하는 a_n을 구할 수 있다. **발상** 일반항 a_n을 n에 대한 식으로 정리한 후 n 대신 $n+1$에 대입하여 일반항 a_{n+1}을 구한다. 이를 바탕으로 $\sum$의 값을 구할 수 있다. **해결**

- - - [문제 풀이 순서] -

1st 직선 $y=\dfrac{x}{n+1}$와 곡선 $y=\dfrac{n}{x}$이 만나는 점 P의 y좌표를 구하자.

직선 $y=\dfrac{x}{n+1}$와 곡선 $y=\dfrac{n}{x}$의 교점의 x좌표는 방정식

$\dfrac{n}{x}=\dfrac{x}{n+1}$의 근이다.

$x^2=n(n+1)$이므로 $x=\pm\sqrt{n(n+1)}$

점 P는 제 1사분면에 있으므로 점 P의 x좌표는 $\sqrt{n(n+1)}$이다.

점 P의 y좌표를 구하기 위해 $y=\dfrac{x}{n+1}$에 대입하면

$y=\dfrac{n}{x}$에 대입해도 상관없어. $=\sqrt{\dfrac{n(n+1)}{(n+1)^2}}$

$$y=\frac{x}{n+1}=\frac{\sqrt{n(n+1)}}{n+1}=\sqrt{\frac{n}{n+1}}=\frac{\sqrt{n}}{\sqrt{n+1}}$$

따라서 점 P의 y좌표는 $\dfrac{\sqrt{n}}{\sqrt{n+1}}$이므로

$$a_n=\frac{\sqrt{n}}{\sqrt{n+1}}$$

2nd a_n을 이용하여 $a_{n+1}{}^2-a_n{}^2$의 식을 구하자.

$a_n=\dfrac{\sqrt{n}}{\sqrt{n+1}}$에 n 대신 $n+1$을 대입하면 $a_{n+1}=\dfrac{\sqrt{n+1}}{\sqrt{n+2}}$

따라서 $a_n{}^2=\dfrac{n}{n+1}$, $a_{n+1}{}^2=\dfrac{n+1}{n+2}$이므로

$$a_{n+1}{}^2-a_n{}^2=\frac{n+1}{n+2}-\frac{n}{n+1}=1-\frac{1}{n+2}-\left(1-\frac{1}{n+1}\right)$$

$$=\frac{1}{n+1}-\frac{1}{n+2}$$

3rd $\sum\limits_{n=1}^{50}(a_{n+1}{}^2-a_n{}^2)$의 값을 구하자.

$$\sum_{n=1}^{50}(a_{n+1}{}^2-a_n{}^2)=\sum_{n=1}^{50}\left(\frac{1}{n+1}-\frac{1}{n+2}\right)$$

$$=\left(\frac{1}{2}-\frac{1}{3}+\frac{1}{3}-\frac{1}{4}+\cdots+\frac{1}{51}-\frac{1}{52}\right)$$

첫째항과 마지막항을 제외한 나머지항은 모두 소거돼.

$$=\frac{1}{2}-\frac{1}{52}=\frac{25}{52}$$

[채점 기준표]

1st	직선 $y=\dfrac{x}{n+1}$와 곡선 $y=\dfrac{n}{x}$이 만나는 점 P의 y좌표를 구한다.	4점
2nd	a_n을 이용하여 $a_{n+1}{}^2-a_n{}^2$의 식을 구한다.	3점
3rd	$\sum\limits_{n=1}^{50}(a_{n+1}{}^2-a_n{}^2)$의 값을 구한다.	3점

✿ $\sum$의 활용 – 유리식과 무리식 개념·공식

(1) 부분분수를 이용한 수열의 합

$$\sum_{k=1}^{n}\frac{1}{k(k+1)}=\sum_{k=1}^{n}\left(\frac{1}{k}-\frac{1}{k+1}\right)$$

(2) 근호를 포함한 식으로 나타내어지는 수열의 합

(i) 일반항의 분모를 유리화한다.

(ii) 합의 기호 $\sum$를 풀어 계산한다.

H 158 정답 **217** *∑의 활용 – 규칙 찾기 ········· [정답률 58%]

$$\boxed{\text{정답 공식: } \sum_{k=1}^{n} k = 1+2+\cdots+n = \frac{n(n+1)}{2}}$$

> **단서1** 자연수 n이 9의 배수이면 $R(n)$은 0임을 알 수 있어.
>
> 자연수 n에 대하여 n을 9로 나눈 나머지를 $R(n)$이라 하자.
> $a_1 = 9$, $a_{18} - a_9 = 18$을 만족하는 수열 $\{a_n\}$에 대하여
> $b_n = a_n + R(n)(n=1,2,3,\cdots)$으로 정의된 수열 $\{b_n\}$이
> 등차수열일 때, $\sum_{k=1}^{20} \dfrac{a_k + b_k}{5}$의 값을 구하고 그 과정을 서술하시오.
> **단서2** 공차 d인 등차수열의 일반항 b_n은 $b_n = b_1 + (n-1)d$야.
> (10점)

🧠 **단서+발상**

단서1 자연수 n을 9로 나눈 나머지가 $R(n)$이므로 $R(9)$, $R(18)$은 모두 0임을 알 수 있다. **발상**

단서2 $b_n = a_n + R(n)$으로 정의된 수열 $\{b_n\}$이 등차수열이므로 공차가 d일 때 일반항 b_n은 $b_n = b_1 + (n-1)d$로 나타낼 수 있다. **개념**

조건을 통해 등차수열의 공차 d와 일반항 b_n을 구할 수 있고, $a_k + b_k$를 b_k에 대한 식으로 변형하여 ∑의 값을 구할 수 있다. **해결**

--- [문제 풀이 순서] ---------------------------------

1st 등차수열의 일반항과 $b_{18} - b_9$를 이용하여 수열 $\{b_n\}$의 공차를 구하자.
수열 $\{b_n\}$이 등차수열이므로 공차를 d라 할 때 일반항 b_n은
$b_n = b_1 + (n-1)d$이다.
정의된 $b_n = a_n + R(n)$에 $n=9$, $n=18$을 각각 대입하면
$b_9 = a_9 + R(9)$
$b_{18} = a_{18} + R(18)$
한편 자연수 n에 대하여 n을 9로 나눈 나머지가 $R(n)$이므로
$R(9)$, $R(18)$은 모두 0이다.

> $f(x)$를 $g(x)$로 나눈 몫을 $Q(x)$라 하고 나머지를 $R(x)$라 할 때, $f(x) = g(x)Q(x) + R(x)$야.

$\therefore b_{18} - b_9 = \{a_{18} + R(18)\} - \{a_9 + R(9)\}$
$\quad = (a_{18} + 0) - (a_9 + 0)$
$\quad = a_{18} - a_9 = 18$
$b_9 = b_1 + 8d$, $b_{18} = b_1 + 17d$이므로
$b_{18} - b_9 = (b_1 + 17d) - (b_1 + 8d) = 9d = 18$
$\therefore d = 2$

2nd $b_1 = a_1 + R(1)$과 공차 d를 이용하여 일반항 b_n을 구하자.
$b_n = a_n + R(n)$에 $n=1$을 대입하면
$b_1 = a_1 + R(1) = 9 + 1 = 10 \ (\because a_1 = 9)$
수열 $\{b_n\}$은 첫째항이 10, 공차가 2인 등차수열이므로
$b_n = 10 + (n-1) \times 2 = 2n + 8$

3rd $a_k + b_k = 2b_k - R(k)$로 변형한 후 $\sum_{k=1}^{20} \dfrac{a_k + b_k}{5}$의 값을 구하자.

$a_k = b_k - R(k)$이므로
$a_k + b_k = 2b_k - R(k)$
또한 $b_k = 2k + 8$이므로

$\sum_{k=1}^{20} \dfrac{a_k + b_k}{5} = \dfrac{1}{5}\sum_{k=1}^{20} \{2b_k - R(k)\}$

$\quad = \dfrac{1}{5}\sum_{k=1}^{20} (4k+16) - \dfrac{1}{5}\sum_{k=1}^{20} R(k)$

$\quad = \dfrac{1}{5}\sum_{k=1}^{20} 4k + \dfrac{1}{5}\sum_{k=1}^{20} 16 - \dfrac{1}{5}\sum_{k=1}^{20} R(k)$

$\sum_{k=1}^{n} k = \dfrac{n(n+1)}{2}, \ \sum_{k=1}^{n} c = cn$ (단, c는 상수)

$\quad = \dfrac{1}{5} \times 4 \times \dfrac{20 \times 21}{2} + \dfrac{320}{5} - \dfrac{1}{5}\{R(1) + R(2) + \cdots + R(20)\}$

$\quad = 232 - \dfrac{1}{5}\{2(1+2+\cdots+8+0)+1+2\}$

> $R(n)$은 n을 9로 나눈 나머지이므로 $n=1, \cdots, 8$일 때 $R(n)=n$이 되고 $R(9)=0$이야. $10 = 9 \times 1 + 1$이므로 $R(10) = 1$이 돼. 따라서 9의 배수를 기준으로 $R(n)$은 $1, 2, \cdots, 8, 0$이 반복됨을 알 수 있어.

$\quad = 232 - \dfrac{1}{5}\left(2 \times \dfrac{8 \times 9}{2} + 3\right)$

$\quad = 232 - 15 = 217$

[채점 기준표]

1st 등차수열의 일반항과 $b_{18} - b_9$를 이용하여 수열 $\{b_n\}$의 공차를 구한다.	4점
2nd $b_1 = a_1 + R(1)$과 공차 d를 이용하여 일반항 b_n을 구한다.	2점
3rd $a_k + b_k = 2b_k - R(k)$로 변형한 후 $\sum_{k=1}^{20} \dfrac{a_k + b_k}{5}$의 값을 구한다.	4점

 H 159 정답 **165** *∑의 활용 – 도형 ········· [정답률 60%]

$$\boxed{\text{정답 공식: } \log b - \log a = \log \dfrac{b}{a}, \ \sum_{k=1}^{n} k = 1+2+\cdots+n = \frac{n(n+1)}{2}}$$

> 오른쪽 그림과 같이 함수
> $f(x) = \log_a x \ (a>1)$의
> 그래프와 x축의 교점을 P,
> 함수 $y = f(x)$의 그래프 위의
> 제1사분면에 점 A에서 x축,
> y축에 내린 수선의 발을 각각
> Q, R라 할 때, $\overline{\text{OR}} = 3$이고, 사각형 OPAR와 삼각형 APQ의
> 넓이의 비는 5 : 3이다. 이때 $\sum_{k=1}^{10} \{f(16^k) - f(4^k)\}$의 값을 구하고
> 그 과정을 서술하시오. (단, O는 원점이다.) (10점)
> **단서** 도형의 넓이의 비를 이용하려면 선분 OQ의 길이를 미지수로 놓아야 해.

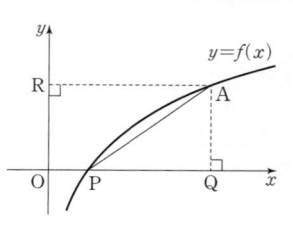

🧠 **단서+발상**

단서 함수 $f(x)$는 로그함수이므로 $\overline{\text{OP}}$의 길이는 1이 된다. **개념**
사각형 OPAR와 삼각형 APQ의 넓이를 구하려면 선분 PQ의 길이를 알아야 하므로 점 Q의 x좌표를 미지수로 놓아야 한다. **발상**
사각형 OPAR와 삼각형 APQ의 넓이의 비를 이용하면 $\log_a x$의 밑 a의 값을 구할 수 있다. **해결**

- - - [문제 풀이 순서] -

1st 점 Q의 x좌표를 미지수로 설정하고 사각형 OPAR와 삼각형 APQ의 넓이를 미지수에 대한 식으로 나타내자.

함수 $f(x)=\log_a x$의 그래프는 x축과 점 $(1, 0)$에서 만나므로

점 P의 좌표는 $(1, 0)$이고 $\overline{OP}=1$

점 Q의 x좌표를 $m\ (m>1)$이라 하면 $\overline{OQ}=m$

$\overline{PQ}=\overline{OQ}-\overline{OP}$이므로

$\overline{PQ}=m-1$

<u>사각형 OPAR의 넓이는</u> $\dfrac{1}{2}\times(m+1)\times3=\dfrac{3}{2}(m+1)$이고
<small>사다리꼴의 아랫변의 길이가 a, 윗변의 길이가 b,
높이가 h일 때, 사다리꼴의 넓이 S는 $S=\dfrac{1}{2}(a+b)h$야.</small>

삼각형 APQ의 넓이는 $\dfrac{1}{2}\times(m-1)\times3=\dfrac{3}{2}(m-1)$

2nd 넓이의 비를 이용하여 m과 a의 값을 구하자.

사각형 OPAR와 삼각형 APQ의 넓이의 비는 5 : 3이므로

$\dfrac{3}{2}(m+1):\dfrac{3}{2}(m-1)=5:3$
<small>$a:b=c:d$이면 $bc=ad$가 성립해.</small>

$5m-5=3m+3$

$2m=8$ $\therefore m=4$

점 A의 좌표는 $(4, \underline{3})$이고 점 A$(4, 3)$은 $f(x)=\log_a x$ 위의
점이므로 <small>점 R과 점 A의 y좌표는 같으므로 점 A의 y좌표는 3이 돼.</small>

$f(4)=\log_a 4=3$에서

$a^3=4$ $\therefore a=4^{\frac{1}{3}}$

3rd $\displaystyle\sum_{k=1}^{10}\{f(16^k)-f(4^k)\}$의 값을 구하자.

$f(x)=\log_{4^{\frac{1}{3}}} x=3\log_4 x$에 $x=16^k$, $x=4^k$을 각각 대입하면

$f(16^k)=3\log_4 16^k,\ f(4^k)=3\log_4 4^k$

$\therefore \displaystyle\sum_{k=1}^{10}\{f(16^k)-f(4^k)\}=\sum_{k=1}^{10}(3\log_4 16^k-3\log_4 4^k)$
<small>$\log b-\log a=\log\dfrac{b}{a}$</small>

$=\displaystyle\sum_{k=1}^{10}3\log_4\dfrac{16^k}{4^k}=\sum_{k=1}^{10}3\log_4 4^k$

$=\displaystyle\sum_{k=1}^{10}3k=3\times\dfrac{10\times11}{2}$

$=165$ <small>$\displaystyle\sum_{k=1}^{n}k=\dfrac{n(n+1)}{2}$</small>

[채점 기준표]

1st 점 Q의 x좌표를 미지수로 설정하고 사각형 OPAR와 삼각형 APQ의 넓이를 미지수에 대한 식으로 나타낸다.	3점
2nd 넓이의 비를 이용하여 m과 a의 값을 구한다.	3점
3rd $\displaystyle\sum_{k=1}^{10}\{f(16^k)-f(4^k)\}$의 값을 구한다.	4점

H 160 정답 464 *∑의 활용 - 대입하여 수열 유추 [정답률 55%]

(정답 공식: $\displaystyle\sum_{k=1}^{n}(a_k\pm b_k)=\sum_{k=1}^{n}a_k\pm\sum_{k=1}^{n}b_k$ (복호동순))

수열 $\{a_n\}$이 $a_1=1$, $a_2=3$이고 모든 자연수 n에 대하여

$a_n+a_{n+1}+a_{n+2}=0$ **단서1** a_1, a_2의 값을 이용하여 a_3의 값을 구할 수 있어.

이 성립한다. $\displaystyle\sum_{k=1}^{n}|a_k|>1234$를 만족시키는 자연수 n의 최솟값을
구하고 그 과정을 서술하시오. (10점) **단서2** 반복되는 수열의 값을 확인하여 주기를 이용할 수 있어.

단서+발상

단서1 일반항을 보면 연속하는 세 항의 합이 0이므로 같은 값의 항이 반복되어 나타남을 알 수 있다. **발상**
조건의 일반항에 $a_1=1$, $a_2=3$를 대입하여 a_3의 값을 구할 수 있고, a_2, a_3의 값을 대입하여 a_4의 값을 구할 수 있다. 이 과정을 반복하면 수열의 값이 반복적으로 나오므로 수열 $\{a_n\}$을 구할 수 있다. **적용**

단서2 $|a_1|+|a_2|+|a_3|+\cdots+|a_n|$은 반복되는 수열의 값을 바탕으로 주기를 이용하고 식을 변형하여 나타낼 수 있다. **해결**

- - - [문제 풀이 순서] -

1st 연속한 세 항의 합이 0인 것을 이용하여 a_n을 구하자.

수열 $\{a_n\}$이 모든 자연수 n에 대하여 $a_n+a_{n+1}+a_{n+2}=0$이 성립한다.

$a_n+a_{n+1}+a_{n+2}=0$에서 $a_{n+2}=-a_{n+1}-a_n$이므로

$n=1$부터 순차적으로 대입하자.

$n=1$을 대입하면 $a_3=-a_2-a_1=-3-1=-4$

$n=2$를 대입하면 $a_4=-a_3-a_2=4-3=1$

$n=3$을 대입하면 $a_5=-a_4-a_3=-1+4=3$

$n=4$를 대입하면 $a_6=-a_5-a_4=-3-1=-4$

$\vdots$

수열 $\{a_n\}$은 1, 3, -4가 반복되므로 모든 자연수 n에 대하여

$\underline{a_n=a_{n+3}}$이다.
<small>세 값이 반복되므로 수열의 주기가 3이 돼.</small>

2nd 연속한 세 항의 절댓값의 합을 구하자.

$a_n=a_{n+3}$이므로

$|a_1|+|a_2|+|a_3|=|a_4|+|a_5|+|a_6|=\cdots$

이 성립한다.

$a_1=1$, $a_2=3$, $a_3=-4$이므로

$|a_1|+|a_2|+|a_3|=|1|+|3|+|-4|=8$

즉, 연속한 세 항의 절댓값의 합은 항상 8이다.

3rd 연속한 세 항의 절댓값의 합이 항상 8임을 이용하여 $\displaystyle\sum_{k=1}^{n}|a_k|>1234$를 만족시키는 자연수 n의 최솟값을 구하자.

$1234=8\times154+2$이므로

1234를 8로 나누면 몫이 154이고 나머지가 2이다.

$8\times154=(|a_1|+|a_2|+|a_3|)\times154=1232$에서

$(|a_1|+|a_2|+|a_3|)$의 항의 개수는 3이므로

1232를 만족하는 a_n의 항의 개수는 $3\times154=462$이다.

즉, $\displaystyle\sum_{k=1}^{462}|a_k|=1232$이고 $|a_{463}|=1$, $|a_{464}|=3$이므로

$\displaystyle\sum_{k=1}^{462}|a_k|+|a_{463}|=1232+1=1233$

$\displaystyle\sum_{k=1}^{462}|a_k|+|a_{463}|+|a_{464}|=1232+1+3=1236$

<small>$\displaystyle\sum_{k=1}^{n}a_k=a_1+a_2+a_3+\cdots+a_n$,
$\displaystyle\sum_{k=1}^{n+2}a_k=(a_1+a_2+a_3+\cdots+a_n)+a_{n+1}+a_{n+2}$</small>

따라서 $\displaystyle\sum_{k=1}^{n}|a_k|>1234$를 만족시키는 자연수 n의 최솟값은 464이다.

[채점 기준표]

1st 연속한 세 항이 합이 0인 것을 이용하여 a_n을 구한다.	4점
2nd 연속한 세 항의 절댓값의 합을 구한다.	2점
3rd 연속한 세 항의 절댓값의 합이 항상 8임을 이용하여 $\displaystyle\sum_{k=1}^{n}|a_k|>1234$를 만족시키는 자연수 n의 최솟값을 구한다.	4점

H 161 정답 11 *자연수의 거듭제곱의 합의 활용 [정답률 37%]

(정답 공식: 구하고자 하는 자연수는 $np+p(p=1, 2, \cdots n-1)$로 나타낼 수 있다.)

> 자연수 $n(n \geq 2)$으로 나누었을 때, 몫과 나머지가 같아지는 자연수를 모두 더한 값을 a_n이라 하자. 예를 들어 4로 나누었을 때, 몫과 나머지가 같아지는 자연수는 5, 10, 15이므로 $a_4 = 5 + 10 + 15 = 30$이다. $a_n > 500$을 만족시키는 자연수 n의 최솟값을 구하시오. (4점)
> 단서 다항식의 나눗셈을 이용하여 새롭게 정의된 수열의 일반항을 세워 볼까?

1st 다항식의 나눗셈을 이용하여 수열 $\{a_n\}$의 일반항을 구해.

자연수 n으로 나누었을 때의 몫과 나머지가 k로 같다고 하고, 이러한 자연수를 b_k라 하면 → A를 B로 나눈 몫을 Q, 나머지를 R라 하면 $A = BQ + R$

$b_k = nk + k = (n+1)k$

이때, a_n은 이러한 자연수 b_n을 모두 더한 값이고, $k = 1, 2, \cdots, n-1$이므로

$a_n = \sum_{k=1}^{n-1} b_k = \sum_{k=1}^{n-1}(n+1)k$ → k외의 문자와 수는 상수이니까 $(n+1)$도 상수야.

$= (n+1)\sum_{k=1}^{n-1} k$ → $\sum_{k=1}^{n} k = \dfrac{n(n+1)}{2}$에서 n 대신에 $n-1$을 대입해.

$= (n+1) \times \dfrac{(n-1) \times n}{2} = \dfrac{(n-1)n(n+1)}{2}$

함정 나머지정리에서 $A = BQ + R$일 때 $B > R$이니까 $n > k$이어야 해.

2nd $a_n > 500$을 만족시키는 자연수 n의 최솟값을 구해.

이때, $a_n > 500$을 만족시키므로

$\dfrac{(n-1)n(n+1)}{2} > 500$

$\therefore (n-1)n(n+1) > 1000$

(i) $n = 10$일 때, $9 \times 10 \times 11 = 990 < 1000$
(ii) $n = 11$일 때, $10 \times 11 \times 12 = 1320 > 1000$

$\therefore n \geq 11$

따라서 조건을 만족시키는 자연수 n의 최솟값은 11이다.

수능 핵강

* 조건을 만족시키는 수열의 일반항을 몫과 나머지를 이용하여 나타내기

n으로 나누었을 때 몫과 나머지가 같다고 했네? 그 수는 $nk+k$이고, n으로 나눈 나머지는 n보다 작으므로 $k < n$이야. 몫과 나머지가 같으므로 몫 k는 1부터 $(n-1)$까지야.

$a_n = \sum_{k=1}^{n-1}(nk+k)$. 수열의 합 공식을 이용해서 풀어준 뒤 $a_n > 500$인 최초의 n을 구하면 돼. 그러나 이렇게 a_n을 구하는 것이 어려우면 수열은 나열해서 규칙성을 찾는 방법이 제일 쉬울 거야.

⚙ 나머지정리
개념·공식

다항식 A를 다항식 $B(B \neq 0)$로 나눌 때의 몫을 Q, 나머지를 R라 하면
$A = BQ + R$ (단, (R의 차수) < (B의 차수))
특히, $R = 0$, 즉 $A = BQ$이면 A는 B로 나누어떨어진다고 한다.

H 162 정답 110 *자연수의 거듭제곱의 합의 활용 [정답률 35%]

(정답 공식: $n - 0.5 \leq \sqrt{k} < n + 0.5$를 만족시킨다.)

> 수열 $\{a_n\}$의 제n항 a_n을 자연수 k의 양의 제곱근 $\sqrt{k}$를 소수점 아래 첫째 자리에서 반올림하여 n이 되는 k의 개수라 하자. $\sum_{i=1}^{10} a_i$의 값을 구하시오. (4점)
> 단서 $\sqrt{k}$의 범위를 n으로 표현하여 k의 개수를 n의 식으로 나타내.

1st 일반항 a_n을 구하기 위해서는 조건을 만족시키는 k의 개수를 알아야 해. 즉, k의 범위를 구해. 정수 a, b에 대하여 $a \leq k < b$이면 정수 k의 개수는 $b-a$이니까 범위를 먼저 구해야 해.

자연수 k의 양의 제곱근 $\sqrt{k}$를 소수점 아래 첫째 자리에서 반올림하여 0.5를 반올림하면 1, 1.4를 반올림하면 1이 됨을 고려해.

자연수 n이 되는 k의 범위는
→ $n + 0.4 \times \times \times$는 반올림하면 n이야.

$(n-1) + \dfrac{1}{2} \leq \sqrt{k} < n + \dfrac{1}{2}$
→ $(n-1) + 0.5 \times \times \times$는 반올림하면 n이야.

실수 양쪽의 부등호에 등호가 있고 없음이 서로 다름을 반드시 확인해야 해

$n - \dfrac{1}{2} \leq \sqrt{k} < n + \dfrac{1}{2}$

부등식의 양변을 제곱하면 → 각 변이 양수이므로 제곱해도 부등호 방향은 바뀌지 않지?

$\therefore n^2 - n + \dfrac{1}{4} \leq k < n^2 + n + \dfrac{1}{4}$

2nd k는 자연수이니까 구한 범위를 $a \leq k \leq b$ 꼴로 나타내어 $\sum_{i=1}^{10} a_i$의 값을 구해.

k는 자연수이므로 $n^2 - n + 1 \leq k \leq n^2 + n$ 위 식을 만족시키는 자연수 k는 $n^2 - n + 1$부터 $n^2 + n$까지의 수이므로!

$a_n = (n^2 + n) - (n^2 - n + 1) + 1 = 2n$ → 두 자연수 a, b에 대하여 $a \leq x \leq b$를 만족시키는 자연수 x는 $(b-a+1)$개야.

$\therefore \sum_{i=1}^{10} a_i = \sum_{i=1}^{10} 2i = 2 \times \dfrac{10 \times 11}{2} = 110$ → 통일하여 표현!!

H 163 정답 29 *∑로 나타내어진 등차수열의 합 [정답률 49%]

(정답 공식: 공차가 d인 등차수열 $\{a_n\}$에서 $a_{n+1} - a_n = d$이다.)

> 공차가 2인 등차수열 $\{a_n\}$과 자연수 m이
> $\sum_{k=1}^{m} a_{k+1} = 240$, $\sum_{k=1}^{m}(a_k + m) = 360$
> 을 만족시킬 때, a_m의 값을 구하시오. (4점)
> 단서 공차가 2인 수열이므로 $a_{n+1} = a_n + 2$라는 식이 성립하겠지?

1st 공차가 2임을 이용해봐.

수열 $\{a_n\}$은 공차가 2인 등차수열이므로 모든 자연수 n에 대하여
$a_{n+1} - a_n = 2 \cdots$ ㉠

$\sum_{k=1}^{m} a_{k+1} = 240$, $\sum_{k=1}^{m}(a_k + m) = 360$에서 두 식의 차를 구하면

$\sum_{k=1}^{m} a_{k+1} - \sum_{k=1}^{m}(a_k + m)$

실수 $\sum$가 k에 대한 것이므로 $2-m$은 상수로 생각해야 하고, $\sum_{k=1}^{n} c = c$가 아니라 $\sum_{k=1}^{n} c = cn$이야! (단, c는 상수)

$= \sum_{k=1}^{m}(a_{k+1} - a_k - m)$ $= 2(\because ㉠)$

$= \sum_{k=1}^{m}(2 - m) = (2-m)m = -120$
→ $\sum_{k=1}^{n} c = cn$ (단, c는 상수)

에서 $2m - m^2 = -120$, $m^2 - 2m - 120 = 0$

$(m+10)(m-12) = 0$

따라서 m은 자연수이므로 $m = 12$이다.

2nd a_m의 값을 구하자.

$\sum_{k=1}^{m}(a_k+m)=360$에 $m=12$를 대입하면

$\sum_{k=1}^{12}(a_k+12)=\sum_{k=1}^{12}a_k+\sum_{k=1}^{12}12$

$=\dfrac{12(2a_1+11\times2)}{2}+12\times12=360$

└→ [등차수열의 합의 공식]
첫째항이 a_1이고 공차가 d인 등차수열의 첫번째항부터 제 n항까지의 합
$S_n=\dfrac{n(a_1+a_n)}{2}=\dfrac{n\{2a_1+(n-1)d\}}{2}$야.

에서 $6(2a_1+22)+144=360$, $12a_1=84$

$\therefore a_1=7$

따라서 $a_m=a_{12}=7+11\times2=29$

└→ 첫째항이 a_1이고 공차가 d인 등차수열에서
$a_n=a_1+(n-1)d$

다른 풀이: 등차수열의 일반항을 유도하여 주어진 조건의 식을 간단히 정리하기

첫째항을 a_1이라 하면 공차가 2인 등차수열이므로

$a_n=a_1+(n-1)\times2=2n+(a_1-2)$,

$a_{n+1}=a_1+n\times2=2n+a_1$

$\sum_{k=1}^{m}a_{k+1}=\sum_{k=1}^{m}(2k+a_1)=2\sum_{k=1}^{m}k+ma_1=240$

에서 $2\times\dfrac{m(m+1)}{2}+ma_1=240$ … ㉠

$\sum_{k=1}^{m}(a_k+m)=\sum_{k=1}^{m}\{2k+(a_1-2)+m\}$

$=2\sum_{k=1}^{m}k+m(a_1-2)+m^2=360$

에서 $2\times\dfrac{m(m+1)}{2}+ma_1-2m+m^2=360$ … ㉡

㉡$-$㉠을 계산하면 $m^2-2m=120$, $m^2-2m-120=0$

$(m-12)(m+10)=0$

$\therefore m=12$ ($\because m$은 자연수)

(이하 동일)

☆ $\sum$의 성질과 등차수열의 합　　　　　　　개념·공식

(1) $\sum$의 성질
두 수열 $\{a_n\}$, $\{b_n\}$과 상수 c에 대하여

① $\sum_{k=1}^{n}(a_k+b_k)=\sum_{k=1}^{n}a_k+\sum_{k=1}^{n}b_k$

② $\sum_{k=1}^{n}(a_k-b_k)=\sum_{k=1}^{n}a_k-\sum_{k=1}^{n}b_k$

③ $\sum_{k=1}^{n}ca_k=c\sum_{k=1}^{n}a_k$

④ $\sum_{k=1}^{n}c=cn$

(2) 등차수열의 합
① 첫째항이 a이고 공차가 d인 등차수열의 첫째항부터 제 n항까지의 합을 S_n이라 하면 $S_n=\dfrac{n\{2a+(n-1)d\}}{2}$

② 첫째항이 a이고 제 n항이 l인 등차수열의 첫째항부터 제 n항까지의 합을 S_n이라 하면 $S_n=\dfrac{n(a+l)}{2}$

H 164 정답 ④ ＊$\sum$의 활용 – 도형 ·············· [정답률 17%]

[정답 공식: 정사각형과 함수의 그래프가 만날 때, k의 최솟값은 $(4n^2,\ n^2)$을 지날 때고, 최댓값은 $(n^2,\ 4n^2)$을 지날 때이다.]

좌표평면에서 자연수 n에 대하여 A_n을 4개의 점

$(n^2,\ n^2)$, $(4n^2,\ n^2)$, $(4n^2,\ 4n^2)$, $(n^2,\ 4n^2)$

을 꼭짓점으로 하는 정사각형이라 하자.

정사각형 A_n과 함수 $y=k\sqrt{x}$의 그래프가 만나도록 하는 자연수 k의 개수를 a_n이라 할 때, [보기]에서 옳은 것을 모두 고른 것은? (4점)

단서1 k에 따라 $y=k\sqrt{x}$의 정사각형과 만나는 범위를 생각하여 k의 범위를 구해야겠네.
그 다음, a_n을 일반화해야 하는 지 판단하자.

[보기]

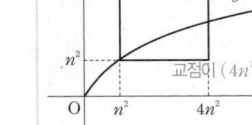
교점이 $(n^2,\ 4n^2)$일 때
$y=k\sqrt{x}$
교점이 $(4n^2,\ n^2)$일 때

ㄱ. $a_5=15$

ㄴ. $a_{n+2}-a_n=7$

ㄷ. $\sum_{k=1}^{10}a_k=200$

단서2 구한 k의 범위로 $a_3-a_1=7$, $a_4-a_2=7$이면 모든 자연수에 대해 성립하기 위해 일반화를 해야 해. 그럼 n을 짝수와 홀수로 나누어 볼까?

① ㄴ　　　　② ㄷ　　　　③ ㄱ, ㄴ

④ ㄴ, ㄷ　　　　⑤ ㄱ, ㄴ, ㄷ

1st 정사각형 A_n과 무리함수 $y=k\sqrt{x}$가 만날 때를 생각해.

그림과 같이 함수 $y=k\sqrt{x}$의 그래프가 k의 값에 따라 그래프와 정사각형의 위치 관계가 바뀔 수가 있으니까.
점 $(4n^2,\ n^2)$과 점 $(n^2,\ 4n^2)$ 사이에 존재하면 정사각형 A_n과 함수 $y=k\sqrt{x}$의 그래프는 만난다.

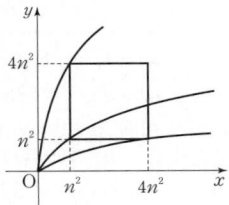

2nd 각 경우의 k의 값을 구한 후 k의 범위를 정해.

(i) $y=k\sqrt{x}$가 점 $(4n^2,\ n^2)$을 지날 때,

$n^2=k\underset{=2n}{\sqrt{4n^2}}$

$\therefore k=\dfrac{1}{2}n$

(ii) $y=k\sqrt{x}$가 점 $(n^2,\ 4n^2)$을 지날 때,

$4n^2=k\underset{=n}{\sqrt{n^2}}\qquad\therefore k=4n$

주의 n은 자연수이기 때문에 $\sqrt{n^2}=|n|=n$이 성립해.

따라서 함수 $y=k\sqrt{x}$의 그래프가 정사각형 A_n과 만나기 위한 k의 범위는

$\dfrac{1}{2}n\leq k\leq4n$ … ㉠

3rd n에 숫자를 대입하여 ㉠을 확인하고, ㄴ과 ㄷ은 n이 짝수, 홀수일 때로 나누어서 해결해.

확정 n이 자연수라는 조건만 있고 범위에서 $\dfrac{1}{2}n$으로 인해 짝수일 경우와 홀수일 경우가 달라짐을 알고 경우를 나눌 줄 알아야 해.

ㄱ. $n=5$일 때, ㉠에서 $\dfrac{5}{2}\leq k\leq20$인데 k는 자연수이므로 $3\leq k\leq20$

$\underset{2.5\leq k\leq20}{}$

[자연수의 개수]
두 자연수 a, b에 대하여 $a\leq k\leq b$일 때 자연수 k의 개수는 $b-a+1$이야.

$\therefore a_5=20-3+1=18$ (거짓)

ㄴ. (i) n이 홀수일 때, ㉠에서

$a_n=\underset{}{4n-\dfrac{1}{2}(n+1)+1}=\dfrac{7}{2}n+\dfrac{1}{2}$

$a_{n+2}=4(n+2)-\dfrac{1}{2}(n+3)+1=\dfrac{7}{2}n+\dfrac{15}{2}$

$\therefore a_{n+2}-a_n=7$

㉠에서 $\dfrac{1}{2}n\leq k\leq4n$일 때 n이 홀수이면 $\dfrac{1}{2}n$은 자연수가 아니지. 자연수로 만들어 k의 개수를 구해.
즉, $n+1$은 짝수이고 $\dfrac{1}{2}(n+1)$은 자연수야.

(ii) n이 짝수일 때, ㉠에서

$$a_n = 4n - \frac{1}{2}n + 1 = \frac{7}{2}n + 1$$
$$\underset{\text{자연수}}{}$$

$$a_{n+2} = 4(n+2) - \frac{1}{2}(n+2) + 1$$

$$= \frac{7}{2}n + 8$$

$$\therefore a_{n+2} - a_n = 7$$

따라서 n이 홀수, 짝수일 때 모두 $a_{n+2} - a_n = 7$이 성립한다. (참)

ㄴ. (i)에서 $a_n = \frac{7}{2}n + \frac{1}{2}$

ㄷ. $\sum_{k=1}^{10} a_k = \sum_{k=1}^{5} a_{2k-1} + \sum_{k=1}^{5} a_{2k}$

ㄴ. (ii)에서 $a_n = \frac{7}{2}n + 1$

$$= \sum_{k=1}^{5}\left\{\frac{7}{2}(2k-1) + \frac{1}{2}\right\} + \sum_{k=1}^{5}\left\{\frac{7}{2} \times 2k + 1\right\}$$

$$= \sum_{k=1}^{5}(14k - 2) = 14 \times \frac{5 \times 6}{2} - 2 \times 5$$

$$= 210 - 10 = 200 \text{ (참)}$$

따라서 옳은 것은 ㄴ, ㄷ이다.

🔧 **다른 풀이: 항의 개수를 구하여 ㄴ이 참임을 보이기**

$\frac{1}{2}n \leq k \leq 4n$에서

ㄴ. (i) $n = 2m - 1$일 때,

$m - \frac{1}{2} \leq k \leq 8m - 4$이므로 이를 만족시키는 자연수 k는 m, $m+1, \cdots, 8m-4$로 개수는 $\longrightarrow m \leq k \leq 8m-4$

$a_n = a_{2m-1} = (8m-4) - m + 1 = 7m - 3$

이때, $\underset{=(2m-1)+2}{n+2 = 2m+1 = 2(m+1) - 1}$에서

$a_{n+2} = a_{2m+1} = 7(m+1) - 3 = 7m + 4$이므로

$a_{n+2} - a_n = (7m+4) - (7m-3) = 7$

(ii) $n = 2m$일 때,

$m \leq k \leq 8m$이므로 이를 만족시키는 자연수 k는 $m, m+1, \cdots, 8m$으로 개수는

$a_n = a_{2m} = 8m - m + 1 = 7m + 1$

이때, $n+2 = 2m+2 = 2(m+1)$에서

$a_{n+2} = a_{2m+2} = 7(m+1) + 1 = 7m + 8$이므로

$a_{n+2} - a_n = (7m+8) - (7m+1) = 7$

(i), (ii)에 의하여 자연수 n에 대하여 $a_{n+2} - a_n = 7$이 성립해. (참)

ㄷ. $\underset{a_1+a_2+a_3+\cdots+a_{10}=(a_1+a_3+\cdots+a_9)+(a_2+a_4+\cdots+a_{10})}{\sum_{k=1}^{10} a_k = \sum_{m=1}^{5} a_{2m-1} + \sum_{m=1}^{5} a_{2m}}$

$$= \sum_{m=1}^{5}(7m-3) + \sum_{m=1}^{5}(7m+1)$$

$$= \sum_{m=1}^{5}(14m-2)$$

$$= 14 \times \frac{5 \times 6}{2} - 5 \times 2$$

$$= 200 \text{ (참)}$$

H 165 정답 **74** *∑의 활용 – 그래프 [정답률 17%]

> **정답 공식:** 방정식 $f(x) = g(x)$의 실근의 합은 두 함수 $y = f(x)$, $y = g(x)$의 그래프의 교점의 x좌표의 합으로 구한다.

$n \geq 4$인 자연수 n에 대하여 집합 $\{x \mid 0 \leq x \leq 4\}$에서 정의된 함수

$$f(x) = \frac{n}{2}\cos \pi x + 1$$ **단서1** 최댓값 $\frac{n}{2}+1$, 최솟값 $-\frac{n}{2}+1$, 주기 2인 cos 함수야.

이 있다. 방정식 $|f(x)| = 3$의 서로 다른 모든 실근의 합을
단서2 $|f(x)| = 3 \Leftrightarrow f(x) = \pm 3$

단서3 방정식의 실근은 두 그래프 $y = f(x)$, $y = 3$의 교점 또는 두 그래프 $y = f(x)$, $y = -3$의 교점의 x좌표와 같아.

$g(n)$이라 할 때, $\sum_{n=4}^{10} g(n)$의 값을 구하시오. (4점)

단서4 $n \geq 4$인 $n = 4, 5, 6, \cdots$에 대하여 $g(4), g(5), \cdots, g(10)$을 차분히 모두 구해봐.

1st $g(n)$의 의미를 파악해.

$g(n)$은 방정식 $|f(x)| = 3$의 서로 다른 모든 실근의 합이고

> **주의** 삼각함수에서 '실근의 합'은 실근을 직접 구하는 경우보다 그래프를 그려서 '대칭'과 '주기'를 활용하는 경우가 더 많아. 방정식에서 근을 직접 구하려 하지 말고 그래프를 그려서 2개 이상의 그래프의 교점을 찾아.

> 함수 $y = |f(x)|$의 그래프를 그리기 보다는 함수 $y = f(x)$의 그래프를 그리고 대신 두 직선 $y = 3$ 또는 $y = -3$으로 접근하자.

$|f(x)| = 3 \Leftrightarrow f(x) = \pm 3$이므로

$g(n)$은 두 함수 $\begin{cases} y = f(x) \\ y = 3 \end{cases}$ 또는 $\begin{cases} y = f(x) \\ y = -3 \end{cases}$의 그래프의 서로 다른 교점의 x좌표의 합과 같다.

> **주의** 문제에서 x의 값의 범위가 $0 \leq x \leq 4$이므로 정의역의 범위에 주의하여 함수 $y = \frac{n}{2}\cos \pi x + 1$의 그래프를 그려야 해.

2nd 함수 $y = \frac{n}{2}\cos \pi x + 1$의 그래프와 직선 $y = \pm 3$의 그래프를 n의 값에 따라 그리고 교점의 x좌표를 관찰해서 $g(n)$을 구해.

함수 $y = \frac{n}{2}\cos \pi x + 1$의 주기는 $\frac{2\pi}{2} = \pi$이고,

$0 \leq x \leq 4$에서 함수의 최댓값은 $\frac{n}{2} + 1$, 최솟값은 $1 - \frac{n}{2}$을 갖는다.

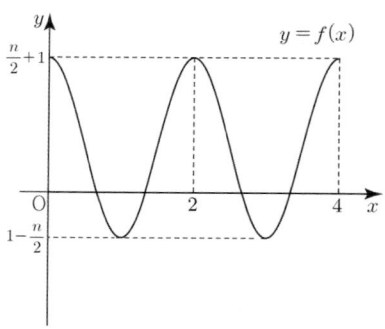

각각의 n의 값에 따른 함수 $y = \frac{n}{2}\cos \pi x + 1$의 그래프를 그리고 두 직선 $y = 3$, $y = -3$과의 교점을 조사하자.

> 교점의 개수를 확인하기 위해서 삼각함수의 최댓값 최솟값 3의 대소 관계를 따지면 돼.

(i) $n = 4$일 때,

$$\frac{n}{2} + 1 = 3, \quad 1 - \frac{n}{2} = -1 > -3$$

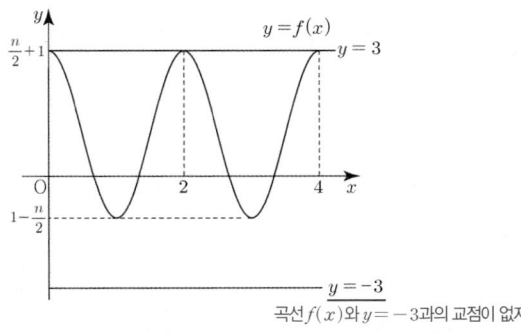

함수 $y=\dfrac{n}{2}\cos \pi x+1$의 그래프와 직선 $y=3$이 만나는 점의

x좌표는 0, 2, 4이므로 $g(4)=6$

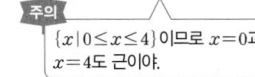

주의 $\{x\,|\,0\le x\le 4\}$이므로 $x=0$과 $x=4$도 근이야.

(ii) $n=5, 6, 7$일 때,

$$\frac{n}{2}+1>3,\ 1-\frac{n}{2}>-3$$

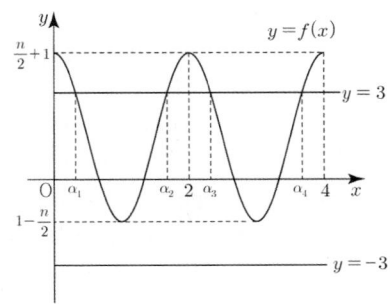

함수 $y=\dfrac{n}{2}\cos \pi x+1$의 그래프와 직선 $y=3$이 만나는 점의

x좌표를 $\alpha_1, \alpha_2, \alpha_3, \alpha_4$라 하면 <u>삼각함수의 대칭성에 의하여</u>

삼각함수의 그래프의 대칭성을 잘 활용해야 해.
함수 $y=\dfrac{n}{2}\cos \pi x+1$의 그래프는
직선 $x=n$ (n은 정수)에 대하여 대칭이야.

$$\frac{\alpha_1+\alpha_2}{2}=1,\ \alpha_1+\alpha_2=2$$

$$\frac{\alpha_3+\alpha_4}{2}=3,\ \alpha_3+\alpha_4=6$$

이므로 $g(n)=\alpha_1+\alpha_2+\alpha_3+\alpha_4=8$

(iii) $n=8$일 때, $\dfrac{n}{2}+1>3,\ 1-\dfrac{n}{2}=-3$

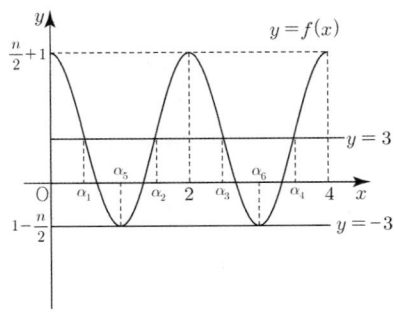

함수 $y=\dfrac{n}{2}\cos \pi x+1$의 그래프와 직선 $y=\pm 3$이 만나는 점의

x좌표를 $\alpha_1, \alpha_2, \alpha_3, \cdots, \alpha_6$이라 하면 <u>삼각함수의 대칭성에 의하여</u>

삼각함수의 그래프의 대칭성을 잘 활용해야 해.
함수 $y=\dfrac{n}{2}\cos \pi x+1$의 그래프는
직선 $x=n$ (n은 정수)에 대하여 대칭이야.

$$\frac{\alpha_1+\alpha_2}{2}=1,\ \alpha_1+\alpha_2=2$$

$$\frac{\alpha_3+\alpha_4}{2}=3,\ \alpha_3+\alpha_4=6$$

주의 $n=8$일 때, $1-\dfrac{n}{2}=-3$이므로 직선 $y=-3$에 접하고 있어.

$\alpha_5=1,\ \alpha_6=3$

이므로 $g(8)=\alpha_1+\alpha_2+\alpha_3+\alpha_4+\alpha_5+\alpha_6=12$

(iv) $n=9, 10$일 때, $\dfrac{n}{2}+1>3,\ 1-\dfrac{n}{2}<-3$

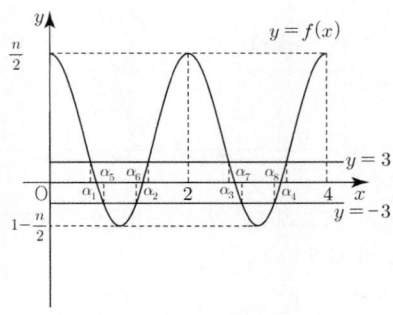

함수 $y=\dfrac{n}{2}\cos \pi x+1$의 그래프와 직선 $y=\pm 3$이 만나는 점의

x좌표를 $\alpha_1, \alpha_2, \alpha_3, \cdots, \alpha_8$이라 하면 삼각함수의 대칭성에 의하여

삼각함수의 그래프의 대칭성을 잘 활용해야 해.
함수 $y=\dfrac{n}{2}\cos \pi x+1$의 그래프는
직선 $x=n$ (n은 정수)에 대하여 대칭이야.

$\alpha_1+\alpha_2=\alpha_5+\alpha_6=2$,

$\alpha_3+\alpha_4=\alpha_7+\alpha_8=6$

이므로 $g(n)=\alpha_1+\alpha_2+\alpha_3+\alpha_4+\alpha_5+\alpha_6+\alpha_7+\alpha_8=16$

(i) ~ (iv)에 의하여

$$\sum_{n=1}^{10}g(n)=6+(8+8+8)+12+(16+16)=74$$

다른 풀이: **함수 $y=|f(x)|$의 그래프와 직선 $y=3$의 교점 찾기**

함수 $y=|f(x)|$의 그래프는 다음과 같아.

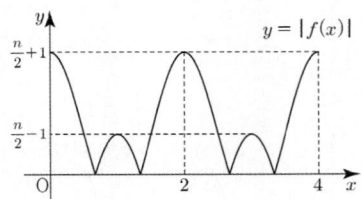

$g(n)$은 함수 $y=|f(x)|$의 그래프와 직선 $y=3$이 만나는 서로 다른
모든 점의 x좌표의 합과 같아.

$n\ge 4$일 때,

$\dfrac{n}{2}+1\ge 3$이고, $\dfrac{n}{2}+1$은 함수 $y=|f(x)|$의 최댓값이므로

함수 $y=|f(x)|$의 그래프와 직선 $y=3$이 만나는 서로 다른 모든 점의
x좌표의 합은 다음과 같다.

I. $\dfrac{n}{2}+1=3$ ($n=4$일 때)

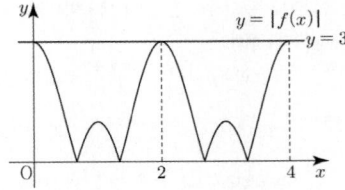

함수 $y=|f(x)|$의 그래프와 직선 $y=3$이 만나는 점의 x좌표를
$\alpha_1, \alpha_2, \alpha_3$이라 하면

$\alpha_1+\alpha_2+\alpha_3=0+2+4=6$

이므로 $g(4)=6$

Ⅱ. $\dfrac{n}{2}-1<3<\dfrac{n}{2}+1$ ($n=5$, 6, 7일 때)

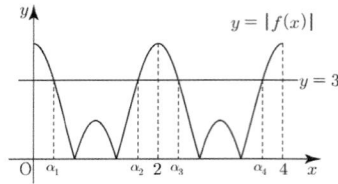

함수 $y=|f(x)|$의 그래프와 직선 $y=3$이 만나는 점의 x좌표를
α_1, α_2, α_3, α_4라 하면
$\alpha_1+\alpha_2=2$, $\alpha_3+\alpha_4=6$
이므로 $g(n)=8$

Ⅲ. $\dfrac{n}{2}-1=3$ ($n=8$일 때)

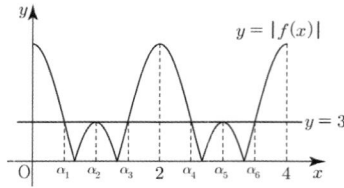

함수 $y=|f(x)|$의 그래프와 직선 $y=3$이 만나는 점의 x좌표를
α_1, α_2, α_3, $\cdots$, α_6이라 하면
$\alpha_1+\alpha_3=2$, $\alpha_2=1$, $\alpha_4+\alpha_6=6$, $\alpha_5=3$
이므로 $g(8)=12$

Ⅳ. $\dfrac{n}{2}-1>3$ ($n\geq9$일 때)

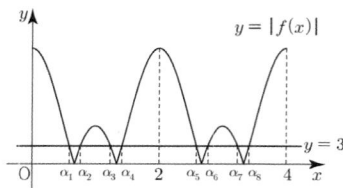

함수 $y=|f(x)|$의 그래프와 직선 $y=3$이 만나는 점의 x좌표를
α_1, α_2, α_3, $\cdots$, α_8이라 하면
$\alpha_1+\alpha_4=\alpha_2+\alpha_3=2$, $\alpha_5+\alpha_8=\alpha_6+\alpha_7=6$
이므로 $g(n)=16$

Ⅰ~Ⅳ에 의하여 $\displaystyle\sum_{n=1}^{10}g(n)=6+(8+8+8)+12+(16+16)=74$

함정
문제를 읽고 $g(n)$을 한 번에 파악하기는 어려워. $\displaystyle\sum_{n=4}^{10}g(n)$에 겁먹지 말고 n에
$n=4$, 5, 6, 7, 8, 9, 10을 하나씩 대입해봐.

$g(4)$는 함수 $y=\begin{cases}2\cos\pi x+1\\y=3\end{cases}$ 또는 함수 $y=\begin{cases}2\cos\pi x+1\\y=-3\end{cases}$의 그래프의 교점의 x좌표의 합

$g(5)$는 함수 $y=\begin{cases}\frac{5}{2}\cos\pi x+1\\y=3\end{cases}$ 또는 함수 $y=\begin{cases}\frac{5}{2}\cos\pi x+1\\y=-3\end{cases}$의 그래프의 교점의 x좌표의 합

$g(6)$은 함수 $y=\begin{cases}3\cos\pi x+1\\y=3\end{cases}$ 또는 함수 $y=\begin{cases}3\cos\pi x+1\\y=-3\end{cases}$의 그래프의 교점의 x좌표의 합

$g(7)$은 함수 $y=\begin{cases}\frac{7}{2}\cos\pi x+1\\y=3\end{cases}$ 또는 함수 $y=\begin{cases}\frac{7}{2}\cos\pi x+1\\y=-3\end{cases}$의 그래프의 교점의 x좌표의 합

$g(8)$은 함수 $y=\begin{cases}4\cos\pi x+1\\y=3\end{cases}$ 또는 $y=\begin{cases}4\cos\pi x+1\\y=-3\end{cases}$의 그래프의 교점의 x좌표의 합

$g(9)$은 함수 $y=\begin{cases}\frac{9}{2}\cos\pi x+1\\y=3\end{cases}$ 또는 $y=\begin{cases}\frac{9}{2}\cos\pi x+1\\y=-3\end{cases}$의 그래프의 교점의 x좌표의 합

$g(10)$은 함수 $y=\begin{cases}5\cos\pi x+1\\y=3\end{cases}$ 또는 $y=\begin{cases}5\cos\pi x+1\\y=-3\end{cases}$의 그래프의 교점의 x좌표의 합

삼각함수의 그래프와 두 직선 의 교점의 x좌표의 합을 구하는 문제는 그래프를 직접 그려보면
답이 보일 거야.

H 166 정답 3 ··········· ★ 1등급 대비 [정답률 7%]

* 어떤 실수의 n제곱근 중 실수인 것의 개수의 합이 19가 되는 자연수 구하기
[유형 10+15]

> **단서1** 이 식의 값이 0, 양수, 음수가 되는 순간이 언제인지를 우선 파악해야 해.
>
> 2 이상의 자연수 n과 상수 k에 대하여 $n^2-17n+19k$의 n제곱근
> 중 실수인 것의 개수를 $f(n)$이라 하자. $\displaystyle\sum_{n=2}^{19}f(n)=19$를 만족시키는
> 자연수 k의 값을 구하시오. (4점)
>
> **단서2** n이 홀수일 때에는 항상 $f(n)$의 값이 1이므로 n이 짝수일 때의 $f(n)$의 값에 대해 파악하는 방향으로 문제 풀이를 진행해야 해.
>
> **단서3** 상수 k라고 주어진 조건이 더 강력한 자연수 k로 바뀐 것을 기억해야 해.

왜 1등급? 어떤 실수의 n제곱근 중 실수인 것의 개수인 $f(n)$에 대하여 $n=2$부터
19까지 $f(n)$의 합이 19가 되는 자연수 k의 값을 구하는 문제이다.
조건을 만족시키는 자연수 n의 개수를 구하는 과정이 복잡하다.

단서+발상
단서1 $g(n)=n^2-17n+19k$라 하자. 자연수 n의 값에 따라 $g(n)$의 값에 부호에
따라 $f(n)$의 값을 확인한다. (발상)
단서2 $\displaystyle\sum_{n=2}^{19}f(n)=19$임을 이용하여 $g(n)>0$인 짝수인 n의 개수가 몇 개인지 구해야
한다. (적용)
단서3 이차함수 $g(n)$의 그래프를 통해서 **단서2**에서 구한 짝수인 n의 개수가 맞도록
하는 실수 k의 값의 범위를 구하여 자연수 k의 값을 구할 수 있다. (해결)
주의 n이 짝수일 때, $g(n)=0$을 만족시키는 실수 n과 k가 존재하지 않음을
찾아야 한다.

[**핵심 정답 공식**: n이 짝수일 때 양수 a의 n제곱근 중에서 실수인 것의 개수는
2이고 n이 홀수일 때 실수 a의 n제곱근 중에서 실수인 것의 개수는 1이다.]

---------------- [문제 풀이 순서] --------------------

1st $f(n)$의 값을 파악하자.
2 이상의 자연수 n에 대하여 $g(n)=n^2-17n+19k$ (k는 자연수)라
하자.
$g(n)$의 n제곱근 중 실수인 것의 개수를 $f(n)$이라 하므로 n제곱근의
특징을 염두하여 정리해 보자.

실수
> 거듭제곱근과 관련하여 학생들이 많은 함정에 걸리는 이유가 실근의 개수를 제대로 파악하지
> 못하기 때문이야. n이 홀수인 경우에는 언제나 실근의 개수가 1이지만 n이 짝수인
> 경우에는 그 수가 양수인지, 음수인지, 0인지에 따라 실근의 개수가 달라지므로 처음 수의
> 부호를 먼저 살펴보는 방향으로 연습해야 실수하지 않을 수 있어.

(i) n이 홀수일 때, $n=2m+1$ (m은 자연수)
$\quad g(2m+1)$의 값에 상관없이 $f(2m+1)=1$ $\quad\cdots$ ㉠

(ii) n이 짝수일 때, $n=2m$ (m은 자연수)
$\quad g(2m)>0$이면 $f(2m)=2$
$\quad g(2m)<0$이면 $f(2m)=0$
$\quad g(2m)=0$이면 $(2m)^2-17\times2m+19k=0$,

주의
> n이 짝수일 때 $x^n=a$인 a의 n제곱근의 개수는 ① $a>0$일 때 2, ② $a<0$일 때 0,
> ③ $a=0$일 때 1이야.
> 그런데 이 문제는 완전제곱근에 대한 n제곱근의 개수를 구하는 문제가 아니므로
> $g(2m)=0$일 때는 주의해서 봐야 해.

$19k=2m(17-2m)$이고 이를 만족시키는 두 자연수

> └→ 좌변은 19의 배수이고, 이때 19는 소수이지? 그러니 8 이하의 자연수 m을 우변에 대입하여 우변을 19의 배수로 만들 수 없으니 $19k\neq2m(17-2m)$임을 확인할 수 있어.

m, k는 존재하지 않는다. 즉, $f(2m)\neq0$

함정
> k, m이 자연수이고, 좌변이 19의 배수이므로 우변도 19의 배수여야 해. 즉,
> $17-2m\neq$(19의 배수)이므로 $m=$(19의 배수)여야 하고, 그러면 우변은 음수이므로
> 좌변도 음수이려면 $k<0$이어야 해. 이것은 k가 자연수라는 조건에 모순이야.

(i), (ii)에 의하여

$$\sum_{n=2}^{19} f(n) = \sum_{k=1}^{9} f(2k) + \sum_{k=1}^{9} f(2k+1)$$

↳이렇게 함숫값을 나누어야 홀수일 때의 함숫값은 모두 1이 되고 짝수일 때의 함숫값의 합을 생각해볼 수 있어.

$$19 = \sum_{k=1}^{9} f(2k) + 9 \ (\because ㉠) \qquad \therefore \sum_{p=1}^{9} f(2p) = 10$$

따라서 $g(2m) > 0$인 자연수 m의 개수가 5이다.

2nd 자연수 k의 값을 구하자.

이차함수 $g(n) = n^2 - 17n + 19k$의 그래프의 대칭축은 $n = \dfrac{17}{2}$이고,

2 이상의 짝수인 자연수 $n = 2m$에 대하여
$g(2m) > 0$인 m의 개수가 5가 되려면 함수 $y = g(n)$의 그래프는
다음 그림과 같아야 한다.

↳n이 $\dfrac{17}{2}$로부터 차이가 커질수록 $g(n)$의 값이 커지지? $f(n) = 2$를 갖는 짝수 n의 값은 $g(n)$의 값이 큰 자연수 n부터 나열하면 18, 16, 2, 14, 4의 5개야.

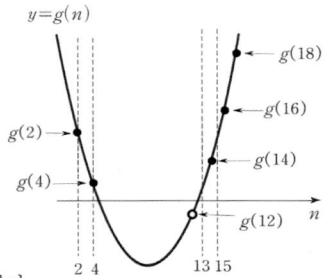

즉, $g(12) < 0 < g(4)$가 성립해야 한다.

$g(4) = -52 + 19k > 0$에서 $k > \dfrac{52}{19} = 2.73 \times \times \times$ $\cdots$ ㉡

$g(12) = -60 + 19k < 0$에서 $k < \dfrac{60}{19} = 3.15 \times \times \times$ $\cdots$ ㉢

따라서 ㉡, ㉢을 동시에 만족시키는 자연수 $k = 3$

1등급 대비 **특강**

* 이차함수의 그래프의 성질에 의해 $g(n)$의 값의 크기 구하기

이차함수 $g(n)$의 그래프가 $n = \dfrac{17}{2}$에서 최솟값을 가지므로
$g(19) > g(18) > g(17) > g(16) > g(2) = g(15) > g(3) = g(14) > g(4)$
$> g(13) > g(5) = g(12) > \cdots$
를 이용하면 양수가 되어야 하는 짝수 5개는 2, 4, 14, 16, 18임을 구할 수 있어.

⚙️ **실수 a의 n제곱근**

개념·공식

(1) n이 짝수인 경우
  ① 함수 $y = x^n$의 그래프와 직선
    $y = a \ (a < 0)$의 교점은 없다.
  ② 함수 $y = x^n$의 그래프와 직선
    $y = a \ (a > 0)$의 교점은 서로
    다른 두 점이다.
  ③ 함수 $y = x^n$의 그래프와 직선
    $y = a \ (a = 0)$의 교점은 1개이다.

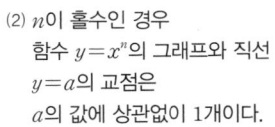

(2) n이 홀수인 경우
  함수 $y = x^n$의 그래프와 직선
  $y = a$의 교점은
  a의 값에 상관없이 1개이다.

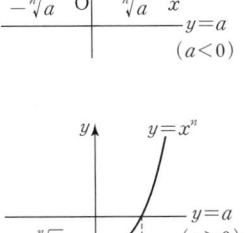

H 167 정답 **7** ⭐1등급 대비 [정답률 8%]

* 절댓값 기호가 사용된 등차수열의 합을 통해 두 수열의 공차 구하기

[유형 03 + 12]

두 정수 l, m에 대하여 두 등차수열 $\{a_n\}$, $\{b_n\}$의 일반항이
$a_n = 12 + (n-1)l$, **단서1** 두 등차수열의 일반항으로 첫째항을 알 수 있어.
$b_n = -10 + (n-1)m$
일 때, **단서2** 세 수열 $\{|a_n + b_n|\}$, $\{|a_n|\}$, $\{|b_n|\}$의 공차의 부호에 따라 값이 달라짐에 주의해.

$$\sum_{k=1}^{10} |a_k + b_k| = \sum_{k=1}^{10} (|a_k| - |b_k|) = 31$$

을 만족시키는 모든 순서쌍 (l, m)의 개수를 구하시오. (4점)

왜 1등급? 절댓값 기호가 사용된 등차수열의 합을 이용하여 공차를 구하는 문제이다. 공차가 정수이며 두 등차수열의 합도 등차수열임을 이용하여 두 공차의 합을 따져보는 과정이 복잡하다.

🧠 **단서 + 발상**

단서1 등차수열의 첫째항을 a, 공차를 d라 하면, 일반항은 $a + (n-1)d$로 나타난다. **발상**

이를 통해 두 등차수열의 첫째항은 $a_1 = 12$, $b_1 = -10$이고,
공차는 각각 l, m임을 알 수 있다. **적용**

단서2 수열 $\{|a_n + b_n|\}$은 수열 $\{a_n + b_n\}$이 공차가 $l + m$, 첫째항이 2인 등차수열임을 이용하여 $l + m$의 값에 따라 계산할 수 있다. **개념**
마찬가지로 수열 $\{|a_n|\}$, $\{|b_n|\}$도 수열 $\{a_n\}$, $\{b_n\}$의 공차가 각각 l, m이고, 첫째항이 각각 12, -10임을 이용해 l, m의 값에 따라 계산할 수 있다. **해결**

주의 l과 m은 정수이므로 $\sum_{k=1}^{10} |a_k + b_k| = 31$에서 $l + m$의 값을 구할 수 있다.

[**핵심 정답 공식**: 첫째항이 a, 공차가 d, 항의 수가 n인 등차수열 $\{a_n\}$에 대하여 $\sum_{k=1}^{n} a_k = \dfrac{n\{2a_1 + (n-1)d\}}{2}$이다.]

-------------------- [문제 풀이 순서] --------------------

1st 두 등차수열의 합이 어떤 수열이 되는지 살펴보자.
두 등차수열 $\{a_n\}$, $\{b_n\}$의 각각의 일반항
$a_n = 12 + (n-1)l$, $b_n = -10 + (n-1)m$
을 변변 더하면
$a_n + b_n = 12 + (n-1)l + (-10) + (n-1)m = 2 + (n-1)(l + m)$
즉, 수열 $\{a_n + b_n\}$은 첫째항이 2이고 공차가 $l + m$인 등차수열이다.
↳두 등차수열의 합의 첫째항은 두 수열의 첫째항끼리의 합이고, 공차는 두 수열의 공차의 합이 돼

2nd 수열 $\{|a_n + b_n|\}$에 대한 주어진 수열의 합이 31이 되는 공차 $l + m$의 값을 구하자.
(i) $l + m \geq 0$이라 하면
수열 $\{|a_n + b_n|\}$은 첫째항이 2이고 공차가 $l + m$인 등차수열이다.
l과 m이 정수이므로 공차 $l + m$도 정수이다. 수열 $\{|a_n + b_n|\}$의 공차는 $|l + m|$이지만 $l + m \geq 0$이라 하므로 $|l + m| = l + m$이 되는 거야.
$\sum_{k=1}^{10} |a_k + b_k| = 31$이므로

$$\dfrac{10\{2 \times 2 + (10-1) \times (l + m)\}}{2} = 31$$

$5\{4 + 9(l + m)\} = 31$
$20 + 45(l + m) = 31$
$45(l + m) = 11$

$\therefore l + m = \dfrac{11}{45}$ 두 정수끼리의 합은 항상 정수가 나오니까 식을 만족시키는 두 정수 l, m은 존재하지 않아.
그런데 위 식을 만족시키는 두 정수 l, m은 존재하지 않는다.

H

(ii) $l+m \leq -2$라 하면

$l+m=-2$일 때, 수열 $\{|a_n+b_n|\}$을 구하면

$2, 0, |-2|, |-4|, |-6|, |-8|, |-10|, |-12|, \cdots$

$l+m=-3$일 때, 수열 $\{|a_n+b_n|\}$을 구하면

$2, |-1|, |-4|, |-7|, |-10|, |-13|, |-16|,$

$|-19|, \cdots$와 같이 $l+m$가 -2보다 작을수록 첫째항부터
제10 항까지의 합은 점점 더 커지고 있어.

수열 $\{|a_n+b_n|\}$은 첫째항과 제2항이 각각 $2, |a_2+b_2|$이고,
제2항부터 공차가 $|l+m|$인 등차수열이다.

l과 m이 정수이므로 공차 $|l+m|$도 정수이므로

$$\sum_{k=1}^{10}|a_k+b_k|=2+\frac{9(2|a_2+b_2|+8|l+m|)}{2}=31$$

(첫째항)$+\dfrac{(\text{제2항부터 제10 항까지의 항의 수})\times\{2\times(\text{제2항})+(9-1)\times(\text{공차})\}}{2}$

$|a_2+b_2|+4|l+m|=\dfrac{29}{9}$를 만족시키는 두 정수 l, m은 존재하지
않는다.

$|a_2+b_2|, 4|l+m|$은 모두 정수이므로
(정수)$+$(정수)$=$(정수가 아닌 유리수)가 되어 성립하지 않아.

(iii) $l+m=-1$이라 하면 수열 $\{|a_n+b_n|\}$은 첫째항, 제2항, 제3항이
각각 $2, 1, 0$이고, 제3항부터 공차가 1인 등차수열이다.

$$\sum_{k=1}^{10}|a_k+b_k|=2+1+\frac{8(2\times0+7\times1)}{2}=31$$

즉, $l+m=-1$일 때, 성립한다.

3rd 구한 $l+m=-1$을 이용하여 두 정수 l, m의 순서쌍의 개수를 구하자.

$m=-l-1$에서 $b_n=-10+(n-1)(-l-1)$

여기서 $|a_3|=|12+2l|$, $|b_3|=|-12-2l|$이므로
두 정수 l, m에 관계없이 $|a_3|=|b_3|$이 성립한다.

(i) $l \geq 0$일 때

$m < 0$이고, 모든 자연수 k에 대하여 $a_k > 0$, $b_k < 0$이다.

$m=-l-1$이 성립하므로 $l \geq 0$이면 $m<0$이 성립하지

$|a_k|-|b_k|=a_k+b_k=3-k$이므로

$$\sum_{k=1}^{10}(|a_k|-|b_k|)=\sum_{k=1}^{10}(3-k)$$
$$=\sum_{k=1}^{10}3-\sum_{k=1}^{10}k$$
$$=30-\frac{10\times11}{2}$$
$$=-25$$

(ii) $-4 \leq l \leq -1$일 때

　i) $l=-1$인 경우

　　$m=-l-1$에 의해 $m=0$
　　$a_k=13-k, b_k=-10$

$$\sum_{k=1}^{10}(|a_k|-|b_k|)$$
$$=2+1+0+(-1)+(-2)+(-3)+(-4)$$
$$\qquad\qquad\qquad +(-5)+(-6)+(-7)$$
$$=-25$$

　ii) $l=-2$인 경우

　　$m=-l-1$에 의해 $m=1$
　　$a_k=14-2k, b_k=-11+k$

$$\sum_{k=1}^{10}(|a_k|-|b_k|)$$
$$=2+1+0+(-1)+(-2)+(-3)+(-4)+(-1)+2+5$$
$$=-1$$

　iii) $l=-3$인 경우

　　$m=-l-1$에 의해 $m=2$
　　$a_k=15-3k, b_k=-12+2k$

$$\sum_{k=1}^{10}(|a_k|-|b_k|)$$
$$=2+1+0+(-1)+(-2)+3+4+5+6+7=25$$

　iv) $l=-4$인 경우

　　$m=-l-1$에 의해 $m=3$
　　$a_k=16-4k, b_k=-13+3k$

$$\sum_{k=1}^{10}(|a_k|-|b_k|)=2+1+0+(-1)+2+3+4+5+6+7=29$$

(iii) $-11 \leq l \leq -5$일 때

$|a_1|-|b_1|=2$,

$|a_2|-|b_2|=(12+l)-(11+l)=1$이고,

$k \geq 3$인 자연수 k에 대하여

$|a_k|-|b_k|=\{-12-(k-1)l\}+\{10+(k-1)(l+1)\}=k-3$

$$\sum_{k=1}^{10}(|a_k|-|b_k|)=2+1+\sum_{k=3}^{10}(k-3)=2+1+\frac{8\times(0+7)}{2}=31$$

(iv) $l \leq -12$일 때

$|a_1|-|b_1|=2$,

$|a_2|-|b_2|=(-12-l)-(-11-l)=-1$이고,

$k \geq 3$인 자연수 k에 대하여

$|a_k|-|b_k|=\{-12-(k-1)l\}-\{-10-(k-1)(l+1)\}=k-3$

이므로

$$\sum_{k=1}^{10}(|a_k|-|b_k|)=2+(-1)+\sum_{k=3}^{10}(k-3)$$
$$=2+(-1)+\frac{8\times(0+7)}{2}=29$$

(i) $\sim$ (iv)에서 구하는 모든 순서쌍 (l, m)은 $(-11, 10)$, $(-10, 9)$,
$(-9, 8)$, $\cdots$, $(-5, 4)$이므로 7개이다.

1등급 대비 **특강**

＊ 등차수열의 특별한 성질

수열 $\{a_n\}$, $\{b_n\}$이 등차수열이면 수열 $\{a_n+b_n\}$도 등차수열이 됨을 이용하면 $\sum_{k=1}^{10}|a_k+b_k|$를 계산할 수 있어. 이를 통해 두 등차수열 $\{a_n\}$, $\{b_n\}$의 공차의 합이 -1이고 공차가 정수임을 이용하여 경우를 나누어 $\left|\sum_{k=1}^{10}|a_k|-\sum_{k=1}^{10}|b_k|\right|$의 값을 구할 수 있어.

 My Top Secret　　　서울대 선배의 **1** 등급 대비 전략

등차수열에 절댓값 기호가 포함된 수열의 합은 부호가 바뀌는 항에 주의해서 구하면 돼. 부호가 바뀌는 항은 하나이므로 어려울 것이 없어. 그래서 두 등차수열의 합이 등차수열임을 이용하면 두 공차의 합을 구할 수 있어.

* $a_{n+6}=a_n$의 규칙을 찾아 조건을 만족시키는 모든 a_1의 값 구하기 [유형 11]

수열 $\{a_n\}$이 다음 조건을 만족시킨다. ————[단서1] a_1이 1이 아닌 양수이므로 $0<a_1<1$ 또는 $a_1>1$ 두 가지 경우를 생각해야 해.

(가) a_1은 1이 아닌 양수이다.
(나) 모든 자연수 n에 대하여
$a_{2n-1}+a_{2n}=1$이고 $a_{2n}\times a_{2n+1}=1$이다.

[단서2] 연속한 세 항 a_{2n-1}, a_{2n}, a_{2n+1} 사이의 관계식이야.
즉, 조금 더 쉽게 수열을 파악하기 위해 해석을 해 보자면
① 연속한 (홀수항)+(짝수항)=1
② 연속한 (짝수항)×(홀수항)=1

$\sum_{n=1}^{14}(|a_n|-a_n)=10$이 되도록 하는 모든 a_1의 값의 합은? (4점)

[단서3] $a_n\geq0$이면 $|a_n|-a_n=0$이고, $a_n<0$이면 $|a_n|-a_n=-2a_n>0$이야.
따라서 각 항의 부호가 음수일 때가 중요하겠지?

① $\dfrac{10}{3}$ ② 4   ③ $\dfrac{14}{3}$

④ $\dfrac{16}{3}$ ⑤ 6

왜 2등급? 연속한 항의 특징을 파악하고,

$|a_n|-a_n=\begin{cases}0 & (a_n\geq0)\\ -2a_n & (a_n<0)\end{cases}$ 의 규칙을 찾아 낼 수 있어야 한다. 이를 위해서 직접

첫째항 a_1부터 대입을 하여 반복되는 항이 나올때까지 정리하고, 각 항을 간단하게 나타낼 때, $a_{2n-1}+a_{2n}=1$, $a_{2n}\times a_{2n+1}=1$의 관계를 이용하는 과정이 복잡하다.

단서 + 발상

[단서1] a_1의 값의 범위를 보고 $0<a_1<1$인 경우와 $a_1>1$인 경우를 나누어야 한다. (발상)

[단서2] $a_{2n-1}+a_{2n}=1$, $a_{2n}\times a_{2n+1}=1$의 관계를 이용하여 자연수 $n=2$부터 대입하여 규칙을 파악한다. (발상)

[단서3] 구하려는 수열의 합의 특징은 음수인 항일 경우에만 결과에 영향을 미치는 것이므로 음수인 항을 찾아야 한다. (적용)

주의 $|a_n|-a_n$에 구체적인 수를 직접 대입해 보면서 주어진 수열의 규칙성과 $\sum_{n=1}^{14}(|a_n|-a_n)$의 값의 특징을 눈으로 직접 파악해야 한다.

(핵심 정답 공식 : $n=1, 2, 3, \cdots$을 직접 대입하여 수열의 규칙을 파악한다.)

------------------- [문제 풀이 순서] -------------------

1st n에 자연수를 차례로 대입하여 규칙을 파악하자.

조건 (가), (나)에 의하여

주의 아무리 복잡해보이는 21번 문제라 할지라도 수열에 대한 문제라면 제일 작은 자연수부터 대입해서 나열해보는 게 정말 중요해. 아무리 조언을 해줘도 눈으로만 바라보고 있는 친구들! 어서 연필로 수열을 직접 써서 나열해 봐.

$a_1>0$

$a_2=1-a_1$ ———— $a_1+a_2=1$

$a_3=\dfrac{1}{a_2}=\dfrac{1}{1-a_1}$ $\therefore a_2=1-a_1$

————$a_2\times a_3=1$ $\therefore a_3=\dfrac{1}{a_2}=\dfrac{1}{1-a_1}$

$a_4=1-a_3=-\dfrac{a_1}{1-a_1}$

$a_5=\dfrac{1}{a_4}=1-\dfrac{1}{a_1}$

$a_6=1-a_5=\dfrac{1}{a_1}$

$a_7=\dfrac{1}{a_6}=a_1$

$a_8=1-a_7=1-a_1=a_2$
$\vdots$

$a_{14}=a_{2+6\times2}=a_2$

함정 일단 수열의 합에 영향을 주려면 항의 값이 0이면 안되겠지? 따라서 항이 음수인 경우를 찾아야 해. 만일 음수인 항이라면 $|a_n|-a_n=-a_n-a_n=-2a_n$이므로 $\sum_{n=1}^{14}(|a_n|-a_n)$의 값은 음수인 항들을 더하여 -2배씩 해준거겠지?

따라서 수열 $\{a_n\}$은 모든 자연수 n에 대하여 $a_{n+6}=a_n$을 만족시킨다.
$\cdots$ ㉠

2nd $\sum_{n=1}^{14}(|a_n|-a_n)=10$인 경우를 생각하자.

$|a_n|-a_n=\begin{cases}0 & (a_n\geq0)\\ -2a_n & (a_n<0)\end{cases}$ 이므로

————$a_n\geq0$이면 $|a_n|=a_n$이므로 $|a_n|-a_n=a_n-a_n=0$
$a_n<0$이면 $|a_n|=-a_n$이므로 $|a_n|-a_n=-a_n-a_n=-2a_n$

$\sum_{n=1}^{14}(|a_n|-a_n)=10$이 되기 위해서는 $a_1, a_2, \cdots, a_{14}$ 중에서 음수인 모든 항의 합이 -5이어야 한다. ———— 각 항의 부호를 따져줘야 해. $a_1>0$이므로 $0<a_1<1$과 $a_1>1$인 경우로 나누어서 생각해야 해.

(i) $0<a_1<1$인 경우

$a_2>0, a_3>0, a_4<0, a_5<0, a_6>0$이므로

————**1st** 에 의하여 $a_2=1-a_1>0, a_3=\dfrac{1}{a_2}>0, a_4=-\dfrac{a_1}{1-a_1}<0, a_5=\dfrac{1}{a_4}<0, a_6=\dfrac{1}{a_1}>0$

음수인 모든 항의 합은 $a_4+a_5+a_{10}+a_{11}=-5$이다.

$a_4=a_{10}, a_5=a_{11} (\because$ ㉠)이므로

$2\left(-\dfrac{a_1}{1-a_1}+1-\dfrac{1}{a_1}\right)=-5, 9a_1^2-9a_1+2=0$

————$2\left(-\dfrac{a_1}{1-a_1}+1-\dfrac{1}{a_1}\right)=-5, 2\times\dfrac{-a_1^2+a_1(1-a_1)-(1-a_1)}{a_1(1-a_1)}=-5$
$\dfrac{2(-a_1^2+a_1-a_1^2-1+a_1)}{a_1-a_1^2}=-5$
$2(-2a_1^2+2a_1-1)=-5a_1+5a_1^2, 9a_1^2-9a_1+2=0$

$(3a_1-1)(3a_1-2)=0$이므로

$a_1=\dfrac{1}{3}$ 또는 $a_1=\dfrac{2}{3}$

(ii) $a_1>1$인 경우

$a_2<0, a_3<0, a_4>0, a_5>0, a_6>0$이므로

————**1st** 에 의하여 $a_2=1-a_1<0, a_3=\dfrac{1}{a_2}<0, a_4=-\dfrac{a_1}{1-a_1}>0, a_5=\dfrac{1}{a_4}>0, a_6=\dfrac{1}{a_1}>0$

음수인 모든 항의 합은 $a_2+a_3+a_8+a_9+a_{14}=-5$이다.

$a_2=a_8=a_{14}, a_3=a_9 (\because$ ㉠)이므로

$3(1-a_1)+\dfrac{2}{1-a_1}=-5, 3a_1^2-11a_1+10=0$

————$3(1-a_1)+\dfrac{2}{1-a_1}=-5, 3(1-a_1)^2+2=-5(1-a_1)$
$3-6a_1+3a_1^2+2+5-5a_1=0, 3a_1^2-11a_1+10=0$

$(3a_1-5)(a_1-2)=0$이므로

$a_1=\dfrac{5}{3}$ 또는 $a_1=2$

(i), (ii)에 의하여 모든 a_1의 값의 합은

$\dfrac{1}{3}+\dfrac{2}{3}+\dfrac{5}{3}+2=\dfrac{14}{3}$이다.

*∑의 활용 – 조건을 만족시키는 수열을 찾기 [유형 12]

다음 조건을 만족시키는 모든 수열 $\{a_n\}$에 대하여 $\sum\limits_{n=1}^{10} a_n$의 최댓값을

구하시오. (4점) ──▶ **단서1** 수열 $\{a_n\}$의 첫째항부터 제10항까지의 합의 최댓값을

묻는 거니까 $a_1, a_2, \cdots, a_{10}$을 차례로 나열해 봐.

(가) 모든 자연수 k에 대하여 a_k는 x에 대한 방정식

$x^2 + 3x + (8-k)(k-5) = 0$의 근이다.

──▶ **단서2** x에 대한 이차방정식을 풀어서 a_k로 가능한 값을 구해야겠지?

(나) $a_n \times a_{n+1} \leq 0$을 만족시키는 10 이하의 자연수 n의

개수는 2이다. ──▶ **단서3** a_n, a_{n+1}의 부호에 따라 결정돼

왜 1등급? 이차방정식의 근을 구하고, 수열의 합의 최댓값을 구하는 문제이다.
각 항마다 될 수 있는 값이 두 개씩 존재하기 때문에 조건을 이용해 고정되는
값을 먼저 찾는 발상이 어려웠다.

단서+발상

단서1 a_1부터 a_{10}까지의 항을 나열하고 각각의 값으로 가능한 수들을 찾아야 한다.

단서2 주어진 이차방정식은 $(x+8-k)(x+k-5)=0$으로 인수분해가 가능하다.
따라서 a_k는 $k-8$ 또는 $-k+5$임을 알 수 있다. **적용**

단서3 $a_n \times a_{n+1} \leq 0$인 경우는 둘의 부호가 서로 다르거나 둘 중 하나가 0이 되는
경우이다. 앞서 구한 값들 중 부호가 음수로 고정되는 항은 a_6과 a_7이다. **발상**
0이 될 수 있는 항은 a_5와 a_8이므로 이 두 개의 항의 값에 따른 경우를 나누어
합이 최대가 되는 경우를 찾는다. **해결**

주의 문제에서 값이 정해지지 않은 수열의 합이 최대가 되려면, 양수인 항이 최대한
많게 유도해 본다.

(**핵심 정답 공식**: 이차방정식 $a(x-\alpha)(x-\beta)=0$의 근은 $x=\alpha$ 또는 $x=\beta$이다.)

[문제 풀이 순서]

1st 수열 $\{a_n\}$의 첫째항부터 제10항까지 구해 봐.

$x^2 + 3x + (8-k)(k-5) = 0$에서 $(x+8-k)(x+k-5)=0$

$\therefore x = k-8$ 또는 $x = -k+5$

즉, $a_k = k-8$ 또는 $a_k = -k+5$이므로 수열 $\{a_n\}$의 첫째항부터
제10항까지 가능한 값을 나열하면 다음과 같다.

a_n	a_1	a_2	a_3	a_4	a_5	a_6	a_7	a_8	a_9	a_{10}
$n-8$	-7	-6	-5	-4	-3	-2	-1	0	1	2
$-n+5$	4	3	2	1	0	-1	-2	-3	-4	-5

주의

a_k의 값의 후보들일 뿐,
$a_k = k-8$이면 수열 $\{a_n\}$은 첫째항이 -7이고 공차가 1인 등차수열이고
$a_k = -k+5$이면 수열 $\{a_n\}$은 첫째항이 4이고 공차가 -1인 등차수열이라는 뜻은 아니야.

2nd a_6, a_7의 값을 먼저 결정해.

조건 (나)에서 $a_n \times a_{n+1} \leq 0$을 만족시키는 10 이하의 두 자연수 n을
각각 $p, q(p<q)$라 하자. ⋯ ㉠

$a_6 = -2$ 또는 $a_6 = -1$이고 $a_7 = -1$ 또는 $a_7 = -2$이다.

a_6, a_7이 될 수 있는 값들은 모두 음수. 즉 $a_6 < 0, a_7 < 0$이므로 어떤 수를 선택하더라도
$a_6 \times a_7 > 0$이야.

이때, $\sum\limits_{n=1}^{10} a_n$의 최댓값을 구해야 하므로 $a_6 = -1, a_7 = -1$이 되어야 한다.

수열의 합의 최댓값을 구하는 것이므로 a_6, a_7이
될 수 있는 값 중 최대인 값을 선택해야 해.

$\therefore \sum\limits_{n=6}^{7} a_n = -2$

3rd a_5, a_8의 값에 따라 경우를 나누어 $\sum\limits_{n=1}^{10} a_n$의 최댓값을 구해.

수열 $\{a_n\}$의 항 중에서 0이 될 수 있는 항은 a_5 또는 a_8인데
$a_5 = -3$ 또는 $a_5 = 0$이고 $a_8 = 0$ 또는 $a_8 = -3$이므로 a_5, a_8의 값에

따라 경우를 나누어 $\sum\limits_{n=1}^{10} a_n$의 최댓값을 구하면 다음과 같다.

(i) $a_5 = -3$, $a_8 = 0$일 때,

$a_7 \times a_8 = 0$, $a_8 \times a_9 = 0$이므로 $p=7$, $q=8$이다. ($\because$ ㉠) 즉,
조건 (나)를 만족시키는 n의 값은 7, 8로 2개뿐이어야 한다.
$1 \leq n \leq 5$에서 a_n의 부호는 모두 동일해야 하고, $a_5 = -3 < 0$이므로
$a_4 = -4$, $a_3 = -5$, $a_2 = -6$, $a_1 = -7$이다.

$a_n \times a_{n+1} \leq 0$을 만족시키는 n의 값은 7, 8 뿐이어야 하므로 나머지
n의 값에 대해서는 $a_n \times a_{n+1} > 0$이어야 해. 따라서 부호가 다 같아야 해.

이때, $\sum\limits_{n=1}^{10} a_n$의 값이 최대가 되려면

$a_8 = 0$이므로 a_9의 값은 어떤 값이 되어도 상관없어. 그런데 $\sum\limits_{n=1}^{10} a_n$의 값이 최대가 되려면
a_9가 될 수 있는 값 중 가장 큰 값을 선택해야 해.

$a_9 = 1$, $a_{10} = 2$가 되어야 한다.

$\therefore \sum\limits_{n=1}^{10} a_n = \sum\limits_{n=1}^{4} a_n + a_5 + \sum\limits_{n=6}^{7} a_n + a_8 + \sum\limits_{n=9}^{10} a_n$

$\quad = (-22) + (-3) + (-2) + 0 + 3$

$\quad = -24$

(ii) $a_5 = -3$, $a_8 = -3$일 때,

$\sum\limits_{n=1}^{10} a_n$의 값이 최대가 되려면

$1 \leq n \leq 4$에서 $a_n > 0$이고
$9 \leq n \leq 10$에서 $a_n > 0$일 때이다.

이때 $a_4 \times a_5 < 0$, $a_8 \times a_9 < 0$이므로 $p=4$, $q=8$이고, ($\because$ ㉠)
$a_1 = 4$, $a_2 = 3$, $a_3 = 2$, $a_4 = 1$, $a_9 = 1$, $a_{10} = 2$이다.

이때, $a_n \times a_{n+1} \leq 0$을 만족시키는 n의 값이 4, 8로 2개 뿐이므로
조건 (나)를 만족시킨다.

$\therefore \sum\limits_{n=1}^{10} a_n = \sum\limits_{n=1}^{4} a_n + a_5 + \sum\limits_{n=6}^{7} a_n + a_8 + \sum\limits_{n=9}^{10} a_n$

$\quad = 10 + (-3) + (-2) + (-3) + 3 = 5$

(iii) $a_5 = 0$, $a_8 = 0$일 때,

$a_4 \times a_5 = 0$, $a_5 \times a_6 = 0$, $a_7 \times a_8 = 0$, $a_8 \times a_9 = 0$이므로

여기에서 $a_n \times a_{n+1} \leq 0$을 만족시키는 n의 값이 벌써 4, 5, 7, 8로 4개지?

$a_n \times a_{n+1} \leq 0$을 만족시키는 n의 값은 4개 이상이므로 조건 (나)를
만족시키지 않는다.

(iv) $a_5 = 0$, $a_8 = -3$일 때,

$a_4 \times a_5 = 0$, $a_5 \times a_6 = 0$이므로 $p=4$, $q=5$이다. ($\because$ ㉠) 즉,
조건 (나)를 만족시키는 n의 값은 4, 5로 2개뿐이어야 한다.

$a_n \times a_{n+1} \leq 0$을 만족시키는 n의 값은 4, 5 뿐이어야 하므로 나머지 n의 값에 대해서는
$a_n \times a_{n+1} > 0$이 되어야 해.

$6 \leq n \leq 10$에서 a_n의 부호는 동일하고 $a_8 = -3 < 0$이므로
$a_9 = -4$, $a_{10} = -5$이다.
$1 \leq n \leq 4$에서 a_n의 부호는 모두 동일하고 $a_1 = 4$ 또는 $a_1 = -7$이다.

이때, $a_4 = 1$이 되어야 $\sum\limits_{n=1}^{10} a_n$의 값이 최대가 되고 a_4의 값에 따라

$a_5 = 0$이므로 a_4의 값은 어떤 값이 되어도 상관없어. 그런데 $\sum\limits_{n=1}^{10} a_n$의 값이 최대가 되려면
a_4가 될 수 있는 값 중 가장 큰 값을 선택해야 해.

$a_3 = 2$, $a_2 = 3$, $a_1 = 4$가 되어야 한다.

$\therefore \sum\limits_{n=1}^{10} a_n = \sum\limits_{n=1}^{4} a_n + a_5 + \sum\limits_{n=6}^{7} a_n + a_8 + \sum\limits_{n=9}^{10} a_n$

$\quad = 10 + 0 + (-2) + (-3) + (-9) = -4$

(i)~(iv)에 의하여 조건을 만족시키는 $\sum\limits_{n=1}^{10} a_n$의 최댓값은 5이다.

참고 표: $\sum\limits_{n=1}^{10} a_n$의 값이 최대가 될 때 수열 $\{a_n\}$

n	a_1	a_2	a_3	a_4	a_5	a_6	a_7	a_8	a_9	a_{10}
$n-8$	-7	-6	-5	-4	-3	-2	-1	0	1	2
$-n+5$	4	3	2	1	0	-1	-2	-3	-4	-5

1등급 대비 **특강**

❋ a_6과 a_7의 값이 -1로 결정되는 이유

이 문제에서 항의 부호가 동일한 한, 항의 절댓값이 변화하는 것은 조건 (나)에 영향을 미치지 않아. 따라서 나열한 전체 항 중 될 수 있는 값들이 모두 음수인 a_6과 a_7만의 값을 고정할 수 있어. 수열의 합의 최댓값을 구하는 것이기 때문에, a_6과 a_7은 둘 다 -1로 값이 결정된다는 게 보이지?

My Top Secret

서울대 선배의 **1**등급 대비 전략

a_5와 a_7 중 0이 되는 항이 존재한다면 $a_n \times a_{n+1} \leq 0$를 만족시키는 자연수 n의 개수가 2개 채워져. 따라서 0이 되는 항 앞에 있는 항들의 부호가 동일해야 하고, 뒤에 있는 항들도 마찬가지로 동일해야 해. a_6과 a_7이 음수로 고정되기 때문에 값이 0이 되는 항이 존재한다면 수열의 합은 최댓값이 될 수 없어. 그래서 나는 a_5와 a_7이 0이 되는 경우를 모두 제외하고 풀었어!

Ⓗ 170 **정답 53** ⭐1등급 대비 [정답률 3%]

❋삼각함수로 이루어진 함수의 그래프와 직선의 교점의 개수가 각 항인 수열의 합 구하기 [유형 12+15]

> **단서2** $\dfrac{12}{5} < k \leq 4$에서 $\dfrac{1}{4} \leq \dfrac{1}{k} < \dfrac{5}{12}$이므로 $\dfrac{1}{2} \leq \dfrac{1}{\sqrt{k}} < \sqrt{\dfrac{5}{12}} < 1$
>
> $\dfrac{12}{5} < k \leq 4$인 상수 k와 자연수 n에 대하여 수열 $\{a_n\}$이 다음 조건을 만족시킨다. **단서1** $\sin\left(n\pi x + \dfrac{\pi}{2}\right) = \cos n\pi x$, $\sin^2(n\pi x) = 1 - \cos^2(n\pi x)$로 고쳐서 식을 간단히 하자.
>
> (가) n이 짝수이면
>
> $\quad a_n$은 $0 \leq x \leq 2$에서 직선 $y = -\dfrac{k}{2n}$와 곡선
>
> $\quad y = 2\sin\left(n\pi x + \dfrac{\pi}{2}\right) + |k\sin^2(n\pi x) - (k-1)|$이
>
> 만나는 서로 다른 점의 개수와 같다.
>
> (나) n이 홀수이면
>
> $\quad a_n$은 $0 \leq x \leq 2$에서 직선 $y = \dfrac{k+1}{n}$과 곡선
>
> $\quad y = 2\sin\left(n\pi x + \dfrac{\pi}{2}\right) + |k\sin^2(n\pi x) - (k-1)|$이
>
> 만나는 서로 다른 점의 개수와 같다.

$0 < a_2 < 6$일 때, $\sum\limits_{n=1}^{5} a_n$의 값을 구하시오. (4점)

왜 1등급? 삼각함수로 이루어진 함수의 그래프와 직선의 교점의 개수가 각 항인 수열의 합을 구하는 문제이다.
삼각함수로 이루어진 함수의 그래프를 그리고 이를 이용하여 a_2의 값과 k의 값을 구하는 과정이 복잡하다.

🧠 단서+발상

단서1 삼각함수로 이루어진 식에서 $\sin\left(n\pi x + \dfrac{\pi}{2}\right)$와 $\sin^2(n\pi x)$를 $\cos(n\pi x)$로 표현한다. **발상**
$t = \cos(n\pi x)$라 하면 문제의 곡선을 t에 대한 함수 $f(t)$를 얻을 수 있다.
함수 $f(t)$에 포함된 절댓값의 범위에 따라 함수 $f(t)$를 구하고 함수 $y = f(t)$의 그래프의 개형을 구할 수 있다. **적용**

단서2 $n=2$일 때, a_2의 값을 구한다. 이때, a_2는 $f(t_0) = -\dfrac{k}{4}$인 실수 t_0에 대하여 곡선 $t = \cos 2\pi x$와 직선 $t = t_0$의 교점의 개수임을 이용하여야 한다. **개념**
문제에서 주어진 상수 k의 값의 범위를 이용하여 $-\dfrac{k}{4}$의 값의 범위를 구하고 이를 이용하여 k의 값에 따라 함수 $y = f(t)$의 그래프와 직선 $y = -\dfrac{k}{4}$의 교점의 개수를 구할 수 있다. 각각의 경우에 대하여 a_2의 값을 구하고 $0 < a_2 < 6$을 만족시키는 k의 값을 구할 수 있다. **적용**
구한 k의 값을 바탕으로 함수 $y = f(t)$의 그래프의 개형을 그리고 각 n에 대하여 a_n의 값을 구하여 $\sum\limits_{n=1}^{5} a_n$의 값을 구할 수 있다. **해결**

주의 k의 값의 범위를 이용하여 함수 $y = f(t)$의 그래프에서 찾을 수 있는 함숫값들과 비교할 수 있어야 한다.

> **핵심 정답 공식:** 함수 $y = \cos ax$의 주기는 $\dfrac{2\pi}{|a|}$이다.

1st 곡선 $y=2\sin\left(n\pi x+\dfrac{\pi}{2}\right)+|k\sin^2(n\pi x)-(k-1)|$ 의 개형을 그리자.

$$y=2\sin\left(n\pi x+\dfrac{\pi}{2}\right)+|k\sin^2(n\pi x)-(k-1)|$$

$\downarrow \sin\left(\dfrac{\pi}{2}+\theta\right)=\cos\theta$

$$=2\cos(n\pi x)+|k\{1-\cos^2(n\pi x)\}-(k-1)|$$

$$=2\cos(n\pi x)+|1-k\cos^2(n\pi x)| \quad \downarrow k-k\cos^2(n\pi x)-k+1$$

$\underbrace{}_{=f(x)$라 하자.}

$0\le x\le 2$에서 $t=\cos(n\pi x)(-1\le t\le 1)$라 하면

실수 ↩
> $t=\cos(n\pi x)$의 주기는 $\dfrac{2\pi}{n\pi}=\dfrac{2}{n}$ (n은 자연수)야.
> $n=1$이면 주기는 2,
> $n=2$이면 주기는 1,
> ⋮
> $n=k$이면 주기는 $0<\dfrac{2}{k}<1$이므로
> $0\le x\le 2$에 대하여 주기는 짧아지는 것을 확인하자.
> 또한, n에 관계없이 최댓값 1, 최솟값 -1을 가지므로 $-1\le t\le 1$이야.

함수 $f(t)=2t+|1-kt^2|$ 이다.

함수 $f(t)$의 그래프의 개형을 그리기 위해서 $f(t)=0$인 t의 값을 구하자.

$$1-kt^2=0 \qquad \therefore t=-\dfrac{1}{\sqrt{k}} \text{ 또는 } t=\dfrac{1}{\sqrt{k}}$$

$f(t)$
$$=\begin{cases} -kt^2+2t+1 & \cdots \text{㉠} \quad \left(-\dfrac{1}{\sqrt{k}}\le t\le \dfrac{1}{\sqrt{k}}\right) \\ kt^2+2t-1 & \cdots \text{㉡} \quad \left(-1\le t<-\dfrac{1}{\sqrt{k}} \text{ 또는 } \dfrac{1}{\sqrt{k}}<t\le 1\right) \end{cases}$$

$\downarrow 1-kt^2\ge0$이면 $t^2\le\dfrac{1}{k}$이므로 $-\dfrac{1}{\sqrt{k}}\le t\le\dfrac{1}{\sqrt{k}}$이고, 이때

$f(t)=2t+|1-kt^2|=-kt^2+2t+1$이야. $1-kt^2<0$인 경우도 같은 과정을 반복하면 돼.

$$=\begin{cases} -k\left(t-\dfrac{1}{k}\right)^2+\left(1+\dfrac{1}{k}\right) & \left(-\dfrac{1}{\sqrt{k}}\le t\le \dfrac{1}{\sqrt{k}}\right) \\ k\left(t+\dfrac{1}{k}\right)^2-\left(1+\dfrac{1}{k}\right) & \left(-1\le t<-\dfrac{1}{\sqrt{k}} \text{ 또는 } \dfrac{1}{\sqrt{k}}<t\le 1\right) \end{cases}$$

$\overset{-k\left(t^2-\frac{2t}{k}+\frac{1}{k^2}\right)}{=-kt^2+2t-\frac{1}{k}}$

$\underbrace{k\left(t^2+\frac{2t}{k}+\frac{1}{k^2}\right)=kt^2+2t+\frac{1}{k}}$

$f(-1)=k-3$, $f\left(-\dfrac{1}{\sqrt{k}}\right)=-\dfrac{2}{\sqrt{k}}$,

$\underset{\text{㉡에 의하여}}{k-2-1=k-3}$ $\quad \underset{\text{㉠에 의하여 } -k\times\frac{1}{k}-\frac{2}{\sqrt{k}}+1=-\frac{2}{\sqrt{k}}}{}$

$f\left(\dfrac{1}{\sqrt{k}}\right)=\dfrac{2}{\sqrt{k}}$, $f(1)=k+1$

$\underset{\text{㉠에 의하여}}{}$ $\quad$ **주의** ㉡에 의하여 $k+2-1=k+1$

$-k\times\dfrac{1}{k}+\dfrac{2}{\sqrt{k}}+1=\dfrac{2}{\sqrt{k}}$ $\quad$ → $k\le 4$이므로 $1\le\dfrac{2}{\sqrt{k}}$

따라서 함수 $y=f(t)$의 그래프의 개형은 다음과 같다.

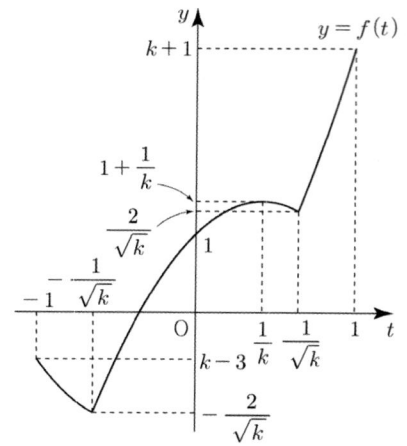

2nd $0<a_2<6$임을 이용하여 k의 값을 구하자.

조건 (가)에 의하여 a_2는 $n=2$일 때,

$f(t_0)=-\dfrac{k}{2n}=-\dfrac{k}{4}$인 실수 $t_0(-1\le t_0\le 1)$에 대하여 곡선

$t=\cos 2\pi x$와

직선 $t=t_0$이 만나는 서로 다른 점의 개수와 같다.

$\dfrac{12}{5}<k\le 4$에서 $-\dfrac{2}{\sqrt{k}}\le -\dfrac{k}{4}<k-3$

$\downarrow$번거롭지만 직접 확인해야 해. $\dfrac{12}{5}<k\le 4$ $\cdots$ ⓒ이므로 $-1\le -\dfrac{k}{4}<-\dfrac{3}{5}$이지?

한편, ⓒ의 각 변에서 3을 빼면 $-\dfrac{3}{5}<k-3\le 1$이고, $-\dfrac{2}{\sqrt{k}}\le -1$이므로

$-\dfrac{2}{\sqrt{k}}\le -\dfrac{k}{4}<k-3$이라고 할 수 있어.

(i) $-\dfrac{2}{\sqrt{k}}<-\dfrac{k}{4}<k-3$인 경우

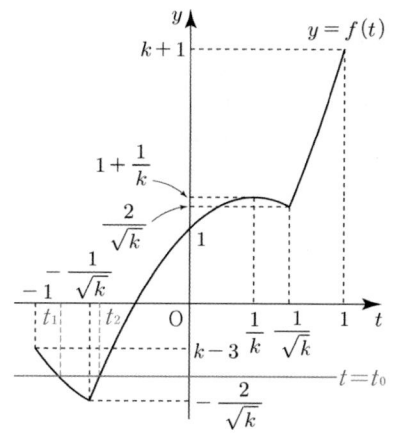

$f(t)=-\dfrac{k}{4}$인 실수 t를 t_1, $t_2 (-1<t_1<t_2<0)$이라 하면

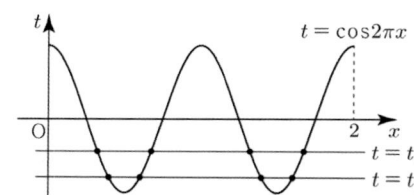

$0\le x\le 2$에서 주기가 1인 곡선 $t=\cos 2\pi x$와 두 직선 $t=t_1$, $t=t_2$가 만나는 서로 다른 점의 개수 주어진 구간에서 곡선이 2번 반복돼

$a_2=(2\times 2)\times 2=8$

이는 $0<a_2<6$을 만족시키지 않으므로 제외시킨다.

(ii) $-\dfrac{2}{\sqrt{k}}=-\dfrac{k}{4}$인 경우

실수 ↩ 교점의 개수 a_2를 줄이려면 직선과 곡선의 교점의 개수가 적어지면 되겠어.

$f(t)=-\dfrac{k}{4}$인 실수 t를 $t_3=-\dfrac{1}{\sqrt{k}}(-1<t_3<0)$이라 하면

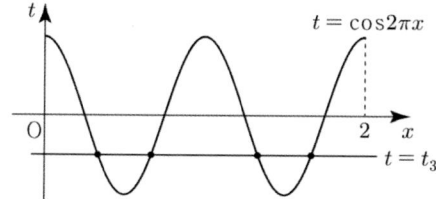

$0\le x\le 2$에서 주기가 1인 곡선 $t=\cos 2\pi x$와 직선 $t=t_3$이 만나는 서로 다른 점의 개수 $a_2=2\times 2=4$ $\cdots$ ㉣

(i), (ii)에 의하여 $0<a_2<6$을 만족시키는 k의 값은

$-\dfrac{2}{\sqrt{k}}=-\dfrac{k}{4}$, $\dfrac{4}{k}=\dfrac{k^2}{16}$, $k^3=64$ $\qquad \therefore k=4$

3rd $k=4$일 때 함수 $y=f(x)$의 그래프의 개형을 그리자.

따라서 모든 자연수 n에 대하여

$0\le x\le 2$에서 $t=\cos(n\pi x)(-1\le t\le 1)$일 때,

$$f(t)=\begin{cases} -4\left(t-\dfrac{1}{4}\right)^2+\dfrac{5}{4} & \left(-\dfrac{1}{2}\le t\le\dfrac{1}{2}\right) \\ 4\left(t+\dfrac{1}{4}\right)^2-\dfrac{5}{4} & \left(-1\le t<-\dfrac{1}{2},\ \dfrac{1}{2}<t\le 1\right) \end{cases}$$

이므로 함수 $y=f(t)$의 그래프의 개형은 다음과 같다.

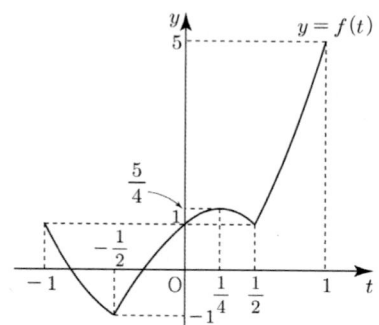

4th a_1, a_2, a_3, a_4, a_5를 각각 구하자.

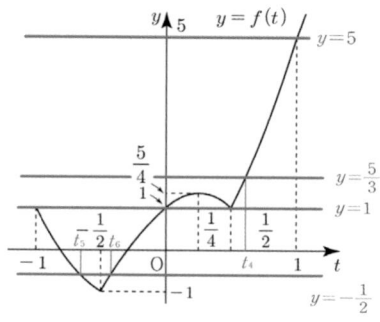

Ⅰ. $n=1$인 경우

└▸ n이 홀수이므로 조건 (나)를 이용하여 a_1을 구해야 해. 직선 $y=\dfrac{4+1}{1}=5$와 곡선 $y=f(t)$의 교점을 먼저 찾아야 해. 이후에 $t=\cos\pi x$를 만족시키는 서로 다른 x의 개수를 구하면 돼.

조건 (나)에 의하여 $f(t)=5$인 실수 $t=1$

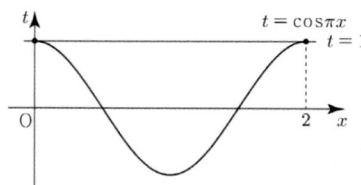

$0\le x\le 2$에서 주기가 2인 곡선 $t=\cos\pi x$와 직선 $t=1$이 만나는 서로 다른 점의 개수 $a_1=2$

Ⅱ. $n=2$인 경우

㉣에 의하여 $a_2=4$

Ⅲ. $n=3$인 경우

조건 (나)에 의하여 $f(t)=\dfrac{5}{3}$인 실수 t를 $t_4(0<t_4<1)$이라 하면

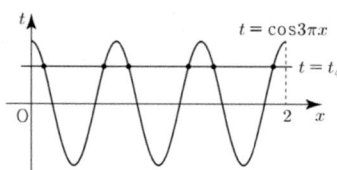

$0\le x\le 2$에서 주기가 $\dfrac{2}{3}$인 곡선 $t=\cos3\pi x$와 직선 $t=t_4$가 만나는 서로 다른 점의 개수 $a_3=2\times 3=6$ 주어진 구간 $0\le x\le\dfrac{6}{3}$에서 곡선은 3번 반복돼.

Ⅳ. $n=4$인 경우

조건 (가)에 의하여 $f(t)=-\dfrac{1}{2}$인 실수 t를 t_5, $t_6(-1<t_5<t_6<0)$이라 하면

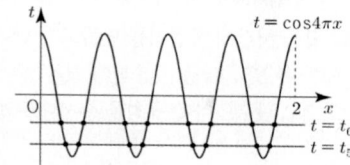

$0\le x\le 2$에서 주기가 $\dfrac{1}{2}$인 곡선 $t=\cos4\pi x$와 두 직선 $t=t_5$, 주어진 구간 $0\le x\le\dfrac{4}{2}$에서 곡선은 4번 반복돼 $t=t_6$이 만나는 서로 다른 점의 개수 $a_4=(2\times 4)\times 2=16$

Ⅴ. $n=5$인 경우

조건 (나)에 의하여 $f(t)=1$인 실수 t는 -1, 0, $\dfrac{1}{2}$

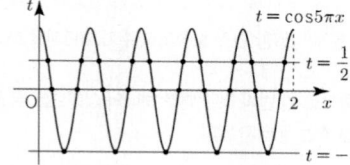

$0\le x\le 2$에서 주기가 $\dfrac{2}{5}$인 곡선 $t=\cos5\pi x$와 세 직선 $t=-1$, 주어진 구간 $0\le x\le\dfrac{10}{5}$에서 곡선은 5번 반복돼. $t=0$, $t=\dfrac{1}{2}$이 만나는 서로 다른 점의 개수 $a_5=5+(2\times 5)\times 2=25$

Ⅰ~Ⅴ에 의하여 $\displaystyle\sum_{n=1}^{5}a_n=2+4+6+16+25=53$

 My Top Secret 　　　　서울대 선배의 **①** 등급 대비 전략

n이 정해져 있다고 하더라도 k의 값에 따라서 곡선 $y=2\sin\left(n\pi x+\dfrac{\pi}{2}\right)+|k\sin^2(n\pi x)-(k-1)|$ 의 그래프의 개형을 그리기 힘들어. 그렇기 때문에 이렇게 복잡한 삼각함수로 이루어진 식은 치환을 이용하여 간단히 하고, 간단히 만든 합성함수의 근을 구하는 방식을 이용하여 그래프의 교점의 개수를 구하는 것이 편리해.

H 171 정답 64 ────── ⭐2등급 대비 [정답률 15%]

*주어진 규칙을 바탕으로 일반항 구성하기 [유형 14+16]

어떤 학생이 계발 활동 시간에 목걸이를 만들고자 한다.
세 종류의 인조 보석 ◈, ◎, ☆을 사용하여 처음에는 ◈ 1개,
◎ 1개, ☆ 2개를 꿰고 난 뒤, 다음 규칙을 순서대로 반복한다.

단서1 세 종류의 보석의 증가율이 각각 일정하지? 그럼 등차수열!! 일반항을 세우고, 200개일 때의 모양을 유추해.

> Ⅰ. ◈는 바로 전 단계에 꿴 ◈의 개수보다 1개 더 많이 꿴다.
> Ⅱ. ◎는 바로 전 단계에 꿴 ◎의 개수보다 2개 더 많이 꿴다.
> Ⅲ. ☆는 Ⅰ과 Ⅱ에서 꿴 ◈과 ◎의 개수를 더한 만큼 꿴다.

인조 보석 200개를 사용하여 목걸이를 만들었을 때, 목걸이에 있는
◎의 개수를 구하시오. (4점) **단서2** 200개를 일일이 나열하기보다는 규칙을 찾자.

왜 2등급? 규칙을 통해 나열한 인조 보석의 개수가 200개일 때, 특정 보석의 개수를 구하는 문제이다.
Ⅰ, Ⅱ, Ⅲ의 규칙을 바탕으로 한 번씩 꿰맬 때를 하나의 시행으로 두고 n번째 시행에서의 일반항을 구하는 과정을 찾는 게 쉽지 않다.

단서+발상

단서1 규칙 Ⅰ, Ⅱ를 보고 ◈, ◎이 n번째 시행에서 규칙적으로 늘어나고 있음을 알 수 있다. (발상)
◈은 이전의 시행보다 하나 더 많이 꿰고 첫 번째 시행에서 1개이므로 첫째항이 1이고 공차가 1인 등차수열의 개수만큼 꿴다. 즉, n개를 꿴다. 같은 방법으로 ☆은 $2n-1$개를 꿴다. ◎은 규칙 Ⅲ을 통해 ◈, ◎의 개수를 구하면 바로 알 수 있다. $3n-1$개를 꿴다. (적용)

단서2 하나의 시행에서 인조 보석을 총 $6n-2$개를 꿴다. 200개를 꿰었을 때 몇 번째 시행인지 살펴본다면 $\sum_{n=1}^{8}6n-2=200$을 통해 8번째 시행이 완료된 후임을 알 수 있다. (개념)
따라서 이를 바탕으로 각 n번째 시행에서 ◎의 개수를 구하고 8번째 시행까지 더하면 된다. (해결)

주의 200개를 하나씩 나열하기에는 많으므로 규칙을 찾아보는 것이 간단하다.

> **핵심 정답 공식**: 각각의 보석에 대하여, 규칙을 반복한 횟수에 따라 일반항을 구할 수 있다.

------------------ [문제 풀이 순서] ------------------

1st n번째 시행 후 세 가지 보석의 개수의 일반항을 구하고, 전체 보석의 개수도 구하자.

주의 처음에 힘들더라도 문제를 나열하여 일반화시킬 수 있어야 해.

첫 번째 − ◈ : 1개, ◎ : 1개, ☆ : 2개
　　　　　　　)+1　　　)+2　　　　)+3
두 번째 − ◈ : 2개, ◎ : 3개, ☆ : 5개
　　　　　　　)+1　　　)+2　　　　)+3
세 번째 − ◈ : 3개, ◎ : 5개, ☆ : 8개
　　　　　⋮

첫째항 1, 공차 2
$\Rightarrow 1+(n-1)\times2=2n-1$

n번째 − ◈ : n개, ◎ : $\overline{(2n-1)}$개, ☆ : $(3n-1)$개
　　　　첫째항 1, 공차 1　　　　　　첫째항 2, 공차 3
　　　　$\Rightarrow 1+(n-1)\times1=n$　　$\Rightarrow 2+(n-1)\times3=3n-1$

n번째 시행 후 전체 보석의 개수는

$$\underbrace{\sum_{k=1}^{n}k+\sum_{k=1}^{n}(2k-1)+\sum_{k=1}^{n}(3k-1)}_{[\sum \text{의 성질}]}=\sum_{k=1}^{n}(6k-2)=6\sum_{k=1}^{n}k-\sum_{k=1}^{n}2$$

$\sum_{k=1}^{n}(a_k\pm b_k)=\sum_{k=1}^{n}a_k\pm\sum_{k=1}^{n}b_k$ (복호동순)

$$=6\times\frac{n(n+1)}{2}-2n$$
$$=n(3n+1) \qquad \sum_{k=1}^{n}k=\frac{n(n+1)}{2}$$

2nd 인조 보석의 개수가 200개가 될 때의 n의 값을 찾아 ◎의 개수를 구하자.
이때, $n=8$이면 $n(3n+1)=8\times(3\times8+1)=200$이므로
$n=8$까지 꿴 보석은 모두 200개이다.
따라서 200개의 인조 보석 중 보석 ◎의 개수는

n번째 시행에서 $(2n-1)$개이지?

$$\sum_{n=1}^{8}(2n-1)=\sum_{n=1}^{8}2n-\sum_{n=1}^{8}1=2\times\frac{8\times9}{2}-8=72-8=64$$

[$\sum$의 성질] 상수 c에 대하여 ① $\sum_{k=1}^{n}ca_k=c\sum_{k=1}^{n}a_k$ ② $\sum_{k=1}^{n}c=cn$

1등급 대비 **특강**

＊ 보석의 개수의 규칙 찾기

문제에서 물어보는 개수가 많으면 규칙을 찾아 간단히 해결할 방법을 고민해야 해. 이 문제처럼 200개의 인조 보석을 사용한 경우 모두 나열하기에는 많아. 따라서 규칙을 찾아내야 해. 이 문제에서 제시된 조건에서 각 보석의 개수가 등차수열이라는 규칙을 쉽게 이끌어낼 수 있어.

I 수학적 귀납법

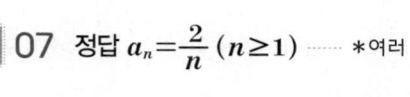

🐝 개념 확인 문제

I 01 정답 8 ·········· *수열의 귀납적 정의

$n=1$을 대입하면 $a_3=a_1+a_2=1+2=3$
$n=2$을 대입하면 $a_4=a_2+a_3=2+3=5$
$n=3$을 대입하면 $a_5=a_3+a_4=3+5=8$

I 02 정답 65 ·········· *수열의 귀납적 정의

$n=1$을 대입하면 $a_2=2a_1-1=10-1=9$
$n=2$를 대입하면 $a_3=2a_2-1=18-1=17$
$n=3$을 대입하면 $a_4=2a_3-1=34-1=33$
$n=4$를 대입하면 $a_5=2a_4-1=66-1=65$

I 03 정답 15 ·········· *수열의 귀납적 정의

$n=1$을 대입하면 $a_2=a_1+2=1+2=3$
$n=2$를 대입하면 $a_3=a_2+3=3+3=6$
$n=3$을 대입하면 $a_4=a_3+4=6+4=10$
$n=4$를 대입하면 $a_5=a_4+5=10+5=15$

I 04 정답 $a_n=5n-4$ ·········· *수열의 귀납적 정의

$a_{n+1}=a_n+5$에서 주어진 수열은 공차가 5인 등차수열이다.
이때, 첫째항이 $a_1=1$이므로
$a_n=1+(n-1)\times5=5n-4$

I 05 정답 $a_n=2\times3^{n-1}$ ·········· *수열의 귀납적 정의

$a_{n+1}=3a_n$에서 주어진 수열은 공비가 3인 등비수열이다.
이때, 첫째항이 $a_1=2$이므로
$a_n=2\times3^{n-1}$

I 06 정답 $a_n=\dfrac{n^2-n+2}{2}\ (n\geq1)$
·········· *여러 가지 수열의 귀납적 정의

$n=1$을 대입하면 $a_2=a_1+1$
$n=2$를 대입하면 $a_3=a_2+2$
$\vdots$
n 대신 $n-1$을 대입하면 $a_n=a_{n-1}+n-1$
위 식을 양변 각각 더하면
$a_2+a_3+\cdots+a_n=a_1+a_2+\cdots+a_{n-1}+(1+2+3+\cdots+n-1)$
$\therefore a_n=a_1+\sum\limits_{k=1}^{n-1}k=1+\dfrac{(n-1)n}{2}=\dfrac{n^2-n+2}{2}(n\geq1)$

I 07 정답 $a_n=\dfrac{2}{n}\ (n\geq1)$ ·········· *여러 가지 수열의 귀납적 정의

$n=1$을 대입하면 $a_2=\dfrac{1}{2}a_1$

$n=2$를 대입하면 $a_3=\dfrac{2}{3}a_2$

$\vdots$

n 대신 $n-1$을 대입하면 $a_n=\dfrac{n-1}{n}a_{n-1}$
위 식을 양변 각각 곱하면

$a_2\times a_3\times\cdots\times a_n=a_1\times a_2\times\cdots\times a_{n-1}\times\dfrac{1}{2}\times\dfrac{2}{3}\times\cdots\times\dfrac{n-1}{n}$

$\therefore a_n=\dfrac{1}{n}a_1=\dfrac{2}{n}\ (n\geq1)$

I 08 정답 39 ·········· *여러 가지 수열의 귀납적 정의

수열 $\{a_n\}$은 $a_1=1, a_{n+1}=\dfrac{2n+1}{2n-1}a_n$이므로

$a_2=\dfrac{3}{1}a_1$

$a_3=\dfrac{5}{3}a_2=\dfrac{5}{3}\times\dfrac{3}{1}a_1$

$a_4=\dfrac{7}{5}a_3=\dfrac{7}{5}\times\dfrac{5}{3}\times\dfrac{3}{1}a_1$

$\vdots$

$a_n=\dfrac{2n-1}{2n-3}a_{n-1}=\dfrac{2n-1}{2n-3}\times\dfrac{2n-3}{2n-5}\times\cdots\times\dfrac{3}{1}a_1=2n-1$

$\therefore a_{20}=2\times20-1=39$

I 09 정답 100 ·········· *여러 가지 수열의 귀납적 정의

$a_{n+1}=\dfrac{a_n}{2a_n+1}$에서 양변의 역수를 취하면

$\dfrac{1}{a_{n+1}}=\dfrac{2a_n+1}{a_n}=2+\dfrac{1}{a_n}\cdots\text{㉠}$

$\dfrac{1}{a_n}=b_n$이라 하면 ㉠에서 $b_{n+1}=b_n+2$

이때, $b_1=\dfrac{1}{a_1}=1$이므로 수열 $\{b_n\}$은 첫째항이 1, 공차가 2인 등차수열이다.

따라서 $b_n=1+2(n-1)=2n-1$이므로 $a_n=\dfrac{1}{2n-1}$

즉, $a_2=\dfrac{1}{3}$, $a_3=\dfrac{1}{5}$, $\cdots$, $a_{100}=\dfrac{1}{199}$, $a_{101}=\dfrac{1}{201}$이므로

$a_n>\dfrac{1}{200}$을 만족시키는 자연수 n의 최댓값은 100이다.

정답 (가) $n=1$ (나) $2k+1$ ────── *수학적 귀납법

모든 자연수 n에 대하여 성립하므로

(ⅰ) $n=1$일 때,
   ──(가)
   (좌변)$=1$, (우변)$=1$이므로 ㉠이 성립한다.

(ⅱ) $n=k$일 때 성립한다고 가정하면
   $1+3+5+\cdots+(2k-1)=k^2$ $\cdots$ ㉡
   ㉡의 양변에 제$k+1$항인 $2k+1$을 더하면
                        ──(나)
   $1+3+5+\cdots+(2k-1)+2k+1=k^2+2k+1$
                        ──(나)   ──(나)
                              $=(k+1)^2$

   이므로 $n=k+1$일 때도 ㉠이 성립한다.

(ⅰ), (ⅱ)에 의하여 모든 자연수 n에 대하여 ㉠이 성립한다.

Ⅰ 11 **정답 36** ───────────────── *수학적 귀납법

(ⅰ) $n=5$일 때,
   ──(가)
   (좌변)$=2^5=32$, (우변)$=5^2=25$이므로 주어진 식이 성립한다.

(ⅱ) $n=k(k\geq5)$일 때 성립한다고 가정하면
   $2^k>k^2$
   양변에 2를 곱하면 $2^{k+1}>2k^2$
   $k\geq5$일 때, $2k^2-(k+1)^2=k^2-2k-1=(k-1)^2-2>0$
   즉, $2k^2>(k+1)^2$이므로 $2^{k+1}>(k+1)^2$
                        ──(나)
   따라서 $n=k+1$일 때에도 주어진 부등식은 성립한다.

(ⅰ), (ⅱ)에 의하여 주어진 부등식은 $n\geq5$인 모든 자연수 n에 대하여 성립한다.
따라서 $p=5, f(k)=(k+1)^2$이므로
$f(p)=(5+1)^2=36$

⭕ **수능 유형별 기출 문제** [2점, 3점, 쉬운 4점]

Ⅰ 12 **정답 ③** *수열의 귀납적 정의 ──────── [정답률 63%]

[정답 공식: 귀납적으로 정의된 수열은 직접 $n=1, 2, 3, \cdots$을 대입하여 a_n의 값을 추론한다.]

┌──────────────────────────────────────┐
│ 수열 $\{a_n\}$은 $a_1=3$이고, 모든 자연수 n에 대하여 │
│ $a_{n+1}=\begin{cases} a_n+3 & (n\text{이 홀수인 경우}) \\ 2a_n & (n\text{이 짝수인 경우}) \end{cases}$ │
│ 를 만족시킨다. a_6의 값은? (3점) 단서 n이 짝수나 홀수에 따라 │
│   다음 항을 만족시키는 식이 다르지 │
│ ① 27   ② 30   ③ 33 │
│ ④ 36   ⑤ 39 │
└──────────────────────────────────────┘

1st $n=1$에서 $n=5$까지 주어진 수열의 관계식에 대입하여 a_6의 값을 구하자.

$a_1=3$이므로   주의
$a_2=a_1+3=3+3=6$
$a_3=2a_2=2\times6=12$
$a_4=a_3+3=12+3=15$
$a_5=2a_4=2\times15=30$
$\therefore a_6=a_5+3=30+3=33$

> a_1에서 $n=1$이 홀수이므로 a_2의 값을 구하기 위하여 $a_{n+1}=a_n+3$의 관계식에 $n=1$을 대입해야 해. a_2에서 $n=2$는 짝수이므로 a_3의 값을 구하기 위하여 $a_{n+1}=2a_n$의 관계식에 $n=2$를 대입해야 하지. 이와 같이 n이 홀수와 짝수가 번갈아 나오므로 관계식을 번갈아 사용해야 해.

Ⅰ 13 **정답 ①** *수열의 귀납적 정의 ──────── [정답률 73%]

[정답 공식: 이웃하는 항 사이의 관계가 주어지면 $n=1, 2, 3, \cdots$을 차례로 대입하여 항의 값을 구한다.]

┌──────────────────────────────────────┐
│ 수열 $\{a_n\}$이 모든 자연수 n에 대하여 │
│ $a_{n+1}=2a_n+1$ 단서 이웃하는 항 사이의 관계에 n 대신 적당한 값을 대입하여 │
│   구하는 값을 유도할 수 있어. │
│ 을 만족시킨다. $a_4=31$일 때, a_2의 값은? (3점) │
│ ① 7   ② 8   ③ 9 │
│ ④ 10   ⑤ 11 │
└──────────────────────────────────────┘

1st a_2의 값을 구하기 위해 주어진 식에 $n=3, 2$를 대입하자.

정의된 $a_{n+1}=2a_n+1$ $\cdots$ ㉠
에 $n=3$을 대입하면
$a_4=2a_3+1$
$31=2a_3+1$ ($\because a_4=31$)
$\therefore a_3=15$ $\cdots$ ㉡
㉠에 $n=2$를 대입하면
$a_3=2a_2+1$
$15=2a_2+1$ ($\because$ ㉡)
$\therefore a_2=7$

> 문제에서 주어진 것은 a_4의 값이고, 구하는 것은 a_2의 값이니까 $n=1, 2, 3$을 대입하지 않고, $n=3, 2$를 대입해야 하는 거야.

Ⅰ 14 **정답 ④** *수열의 귀납적 정의 ──────── [정답률 87%]

(정답 공식: 수열 $\{a_n\}$은 a_1의 값, a_n과 a_{n+1}의 관계가 주어지면 정의된다.)

┌──────────────────────────────────────┐
│ 수열 $\{a_n\}$은 $a_1=1$이고, 모든 자연수 n에 대하여 │
│ $a_{n+1}+a_n=n+3$ 단서1 수열이 정의되어 있는 대로 이웃하는 항 사이의 │
│   관계를 이용하여 각각의 항의 값을 구하자. │
│ 을 만족시킨다. a_4의 값은? (3점) │
│ ① 1   ② 2   ③ 3 │
│ ④ 4   ⑤ 5 단서2 a_4의 값을 구하는 것이므로 정의된 것에 $n=1,$ │
│   2, 3을 차례로 대입하여 값을 구하자. │
└──────────────────────────────────────┘

1st a_2, a_3, a_4을 차례로 구하자.

주어진 $a_{n+1}+a_n=n+3$에 $n=1, 2, 3$을 대입하여 a_4를 구하자.
$a_2+a_1=1+3, a_2+1=4$ ($\because a_1=1$)
$\therefore a_2=3$
$a_3+a_2=2+3, a_3+3=5$ ($\because a_2=3$)
$\therefore a_3=2$
$a_4+a_3=3+3, a_4+2=6$ ($\because a_3=2$)
$\therefore a_4=4$

> 구하는 것이 a_3, a_4, a_5와 같이 첫째항과 가까울 때는 정의된 것이 아무리 복잡해도 하나씩 대입하면 구할 수 있어.

수능 핵강

＊ 홀수항끼리, 짝수항끼리 나열하기
만약 일반항 a_n을 구하는 것이라면 다음과 같이 값을 유추할 수 있어.
$\underline{a_1=1, a_3=2, a_5=3, \cdots}$
$\underline{a_2=3, a_4=4, a_6=5, \cdots}$
$\therefore a_n=\begin{cases} k & (n=2k-1) \\ k+2 & (n=2k) \end{cases}$ (k는 자연수)
여기서 a_4의 값은 $k=2$일 때, $a_4=2+2=4$

I 15 정답 ⑤ *수열의 귀납적 정의 [정답률 79%]

정답 공식: a_n의 값에 따라 6보다 크거나 같은지 6보다 작은지에 따라 알맞은 식에 대입하여 a_{n+1}의 값을 구한다.

수열 $\{a_n\}$은 $a_1=4$이고, 모든 자연수 n에 대하여
$$a_{n+1}=\begin{cases} a_n-3 & (a_n \geq 6) \\ (a_n-1)^2 & (a_n < 6) \end{cases}$$
단서 $a_1=4$를 이용하여 a_2, a_3, $\cdots$를 차례로 구해보자.

을 만족시킨다. a_{10}의 값은? (3점)

① 1   ② 3   ③ 5
④ 7   ⑤ 9

1st $a_1=4$를 대입해서 a_2, a_3, $\cdots$의 값을 직접 구하면서 반복되는 숫자에서 규칙을 알아보자.

$a_1=4$이고, $a_1<6$이므로

주의 $a_n \geq 6$인지 $a_n<6$인지 꼭 확인해서 알맞은 식에 대입해야 a_{n+1}의 값을 구할 수 있어.

$a_2=(a_1-1)^2=(4-1)^2=3^2=9$

$a_2 \geq 6$이므로 $a_3=a_2-3=9-3=6$

$a_3 \geq 6$이므로 $a_4=a_3-3=6-3=3$
$a_5=a_1$이므로, 4를 주기로 수열의 값이 반복됨을 알 수 있어.

$a_4<6$이므로 $a_5=(a_4-1)^2=(3-1)^2=4=a_1$

$a_5<6$이므로 $a_6=(a_5-1)^2=(4-1)^2=9=a_2$

$\vdots$

즉, $a_5=a_1$에서 $a_{1+4}=a_1$이고, $a_6=a_2$에서 $a_{2+4}=a_2$이다.
따라서 수열 $\{a_n\}$이 모든 자연수 n에 대하여

$a_{n+4}=a_n$을 만족시키므로 $a_{10}=a_6=a_2=9$
주기함수를 $f(x+p)=f(x)$로 나타내듯이, 주기수열을 $a_{n+p}=a_n$으로 나타낼 수 있어. (단, p는 자연수)

I 16 정답 ⑤ *수열의 귀납적 정의 [정답률 61%]

정답 공식: a_n의 값이 짝수인지 홀수인지에 따라 알맞은 식에 대입하여 a_{n+1}의 값을 구한다.

수열 $\{a_n\}$은 $a_1=1$이고, 모든 자연수 n에 대하여
$$a_{n+1}=\begin{cases} (a_n)^2+1 & (a_n\text{이 짝수인 경우}) \\ 3a_n-1 & (a_n\text{이 홀수인 경우}) \end{cases}$$
단서 a_n이 홀수인지 짝수인지에 따라 a_{n+1}을 구하는 식이 달라짐에 유의해야 해.

를 만족시킨다. a_4의 값은? (3점)

① 10   ② 11   ③ 12
④ 13   ⑤ 14

1st $a_1=1$을 이용하여 a_2, a_3, a_4를 차례로 구하자.

$a_1=1$이므로

$a_2=3a_1-1=3-1=2$ → a_1이 홀수이므로 $a_2=3a_1-1$로 계산해.

$a_3=(a_2)^2+1=2^2+1=5$ → a_2가 짝수이므로 $a_3=(a_2)^2+1$로 계산해.

$\therefore a_4=3a_3-1=3\times5-1=14$ → a_3가 홀수이므로 $a_4=3a_3-1$로 계산해.

❖ 수열의 귀납적 정의 개념·공식

일반적으로 수열 $\{a_n\}$을
① 첫째항 a_1의 값
② 두 항 a_n, a_{n+1} 사이의 관계식 ($n=1, 2, 3, \cdots$)과 같이 처음 몇 개의 항과 이웃하는 여러 항 사이의 관계식
으로 정의하는 것을 수열의 귀납적 정의라 한다.

I 17 정답 15 *수열의 귀납적 정의 [정답률 63%]

정답 공식: 주어진 식에 $n=1$, $n=2$를 대입하여 $a_3=a_2+a_1$, $a_4=a_3+a_2$의 식을 적용한다.

첫째항이 4인 수열 $\{a_n\}$이 모든 자연수 n에 대하여
$$a_{n+2}=a_{n+1}+a_n$$
단서 귀납적으로 정의된 수열은 모든 자연수 n에 대하여 성립하므로 $n=1$과 $n=2$를 대입하여 식을 구하자.

을 만족시킨다. $a_4=34$일 때, a_2의 값을 구하시오. (3점)

1st 귀납적으로 정의된 수열의 관계식을 이용하여 a_2의 값을 구해.

모든 자연수 n에 대하여 $a_{n+2}=a_{n+1}+a_n$ $\cdots$ ㉠을 만족시키므로 ㉠에 $n=2$를 대입하면

$a_4=a_3+a_2$

주어진 조건에서 $a_4=34$이므로

$34=a_3+a_2$ $\cdots$ ㉡

㉠에 $n=1$을 대입하면

$a_3=a_2+a_1$

이것을 ㉡에 대입하면

$\underline{34=a_3+a_2=2a_2+a_1}$ ⟶ $34=a_3+a_2=(a_2+a_1)+a_2=2a_2+a_1$

수열 $\{a_n\}$의 첫째항이 $a_1=4$라 하므로

$\underline{34=2a_2+4}$ ⟶ $34=2a_2+4 \Rightarrow 30=2a_2 \Rightarrow a_2=15$

$\therefore a_2=15$

🔧 **톡톡 풀이:** a_4를 a_2에 대한 식으로 나타낸 후 $a_4=34$를 이용하여 a_2의 값 구하기

$a_2=p$라 하면

$a_1=4$, $a_2=p$이므로

$a_3=a_2+a_1=p+4$

$a_4=a_3+a_2=(p+4)+p=2p+4$

$a_4=34$이므로 $2p+4=34$

$\therefore a_2=p=15$

I 18 정답 ⑤ *수열의 귀납적 정의 [정답률 77%]

정답 공식: 주어진 조건식은 공비가 3인 등비수열임을 말해준다.

수열 $\{a_n\}$이 모든 자연수 n에 대하여 $a_{n+1}=3a_n$을 만족시킨다. $a_2=2$일 때, a_4의 값은? (3점)
단서 $a_{n+1}=ra_n$ 꼴이네? 등비수열을 나타내는 점화식이야.

① 6   ② 9   ③ 12   ④ 15   ⑤ 18

1st 이웃하는 항 사이의 관계를 어떻게 정의했는지 살펴보자.

수열 $\{a_n\}$이 모든 자연수 n에 대하여

$a_{n+1}=3a_n$, 즉 $\dfrac{a_{n+1}}{a_n}=3$이 성립한다. → 이웃하는 항 사이에 일정한 비가 성립하니까 등비수열임을 알 수 있어.

수열 $\{a_n\}$은 공비 $r=3$인 등비수열이다.

2nd $a_2=2$를 이용하여 첫째항을 구하고, a_4의 값을 알아내자.

첫째항을 a라고 하면 $a_2=2$이므로

주의 $a_n=ar^{n-1}$인 등비수열이라 할 때 $\dfrac{a_{n+1}}{a_n}=\dfrac{ar^n}{ar^{n-1}}=r$이므로 공비가 3임을 알 수 있어.

$a_2=ar=3a=2$

$\therefore a=\dfrac{2}{3}$

즉, 수열 $\{a_n\}$의 일반항은 $a_n=\dfrac{2}{3}\times3^{n-1}=2\times3^{n-2}$

$\therefore a_4=2\times3^2=18$
첫째항이 a, 공비가 r인 등비수열 $\{a_n\}$의 일반항 $a_n=ar^{n-1}$

I 19 정답 256 *수열의 귀납적 정의 ──────── [정답률 85%]

[정답 공식: 조건 (나)에 $n=1$을 대입하면 a_1의 값을 구할 수 있고, a_n이 등비수
열이고 공비가 -2임을 안다.]

수열 $\{a_n\}$이 다음 조건을 만족시킨다.

(가) $a_1=a_2+3$ **단서2** (나)에서 공비를 알 수 있으니까 (가)에서 첫째항을 구하여 일반항 a_n을 세우자.

(나) $a_{n+1}=-2a_n(n\geq1)$ **단서1** $\frac{a_{n+1}}{a_n}=-2$로 일정하므로 등비수열이지?

a_9의 값을 구하시오. (3점)

1st 조건에 의하여 수열 $\{a_n\}$이 등비수열이니까 a_1부터 구하자.

조건 (나)에서 수열 $\{a_n\}$은 공비가 -2인 등비수열이다.

이때, $a_{n+1}=-2a_n$에 n 대신 1을 대입하면 ── 일정한 비율로 증가 또는 감소하는 수열로 $\frac{a_{n+1}}{a_n}=r$ (r는 상수)이고, r는 공비야.

$a_2=-2a_1$

이것을 조건 (가)에 대입하면

$a_1=-2a_1+3$, $3a_1=3$

$\therefore a_1=1$

따라서 수열 $\{a_n\}$은 첫째항이 1이고 공비가 -2인 등비수열이므로

$a_n=1\times(-2)^{n-1}=(-2)^{n-1}$ 첫째항이 a_1, 공비가 r인 등비수열의 일반항은 $a_n=a_1r^{n-1}$이야.

$\therefore a_9=(-2)^8=256$

I 20 정답 ① *수열의 귀납적 정의 ──────── [정답률 65%]

(정답 공식: $S_{n+1}-S_{n-1}=a_{n+1}+a_n$이다.)

수열 $\{a_n\}$에 대하여 첫째항부터 제 n항까지의 합을 S_n이라 하자.
(단, $a_1<a_2<a_3<\cdots<a_n<\cdots$이다.)

$a_1=1$, $a_2=3$, $(S_{n+1}-S_{n-1})^2=4a_na_{n+1}+4(n=2, 3, 4, \cdots)$
일 때, a_{20}의 값은? (3점) **단서** 일반항을 구해야 하니까 합을 일반항으로 나타내어 볼까?

① 39 ② 43 ③ 47
④ 51 ⑤ 55

1st S_n에 관한 식을 a_n에 관한 식으로 바꿔.

수열 $\{a_n\}$에 대하여 첫째항부터 제 n항까지의 합이 S_n이므로

$\underline{S_{n+1}-S_{n-1}}=(a_1+a_2+\cdots+a_{n-1}+a_n+a_{n+1})-(a_1+a_2+\cdots+a_{n-1})$

$=a_{n+1}+a_n$ ── $a_n=S_n-S_{n-1}$이고 $a_{n+1}=S_{n+1}-S_n$이니까 두 식을 더해도 돼.

즉, $n=2, 3, 4, \cdots$일 때,

$(S_{n+1}-S_{n-1})^2=4a_na_{n+1}+4$에서

$(a_{n+1}+a_n)^2=4a_na_{n-1}+4$

2nd 식을 정리하여 a_{n+1}과 a_n 사이의 관계식을 구해.

$\dfrac{a_{n+1}^2+2a_{n+1}a_n+a_n^2=4a_na_{n+1}+4}{a_{n+1}^2-2a_{n+1}a_n+a_n^2=4}$ ── ① $(a+b)^2=a^2+2ab+b^2$ ② $(a-b)^2=a^2-2ab+b^2$

$\therefore (a_{n+1}-a_n)^2=4$

그런데 $a_1<a_2<a_3<\cdots<a_n<\cdots$이라고 하므로 $\underline{a_{n+1}>a_n}$이다.

$\therefore a_{n+1}-a_n=2$ $a_{n+1}-a_n>0$이니까 $a_{n+1}-a_n=\pm2$에서 양수만 돼.

3rd 수열 $\{a_n\}$이 어떤 수열인지 파악되면 a_{20}의 값을 구하는 건 쉬워.

수열 $\{a_n\}$의 각 항의 차가 2이므로 수열 $\{a_n\}$은 첫째항이 $a_1=1$이고 공차가 2인 등차수열이다.

$\therefore a_{20}=1+(20-1)\times2=1+38=39$ [등차수열의 일반항] 첫째항이 a_1, 공차가 d일 때, $a_n=a_1+(n-1)d$야.

I 21 정답 ① *수열의 귀납적 정의 ──────── [정답률 80%]

[정답 공식: n의 값이 짝수인지 홀수인지에 따라 알맞은 식에 대입하여 a_{n+1}의 값을 구한다.]

수열 $\{a_n\}$이 모든 자연수 n에 대하여 **단서** n이 홀수인지 짝수인지에 따라 a_n과 a_{n+1}의 관계식이 달라짐에 유의해.

$a_{n+1}=\begin{cases}\log_2 a_n & (n\text{이 홀수인 경우})\\ 2^{a_n+1} & (n\text{이 짝수인 경우})\end{cases}$

를 만족시킨다. $a_8=5$일 때, a_6+a_7의 값은? (3점)

① 36 ② 38 ③ 40 ④ 42 ⑤ 44

1st 주어진 식에 $n=7$을 대입하자.

$a_8=\log_2 a_7=5$ $\therefore a_7=2^5=32$ ── $n=7$이 홀수이므로 $a_{n+1}=\log_2 a_n$에 대입하면 a_7과 a_8의 관계식이 나오겠지?

2nd 주어진 식에 $n=6$을 대입하자.

$a_7=2^{a_6+1}=2^5$, $a_6+1=5$ $\therefore a_6=4$ ── $n=6$이 짝수이므로 $a_{n+1}=2^{a_n+1}$에 대입하면 a_6과 a_7의 관계식이 나오겠지?

$\therefore a_6+a_7=4+32=36$

I 22 정답 ⑤ *수열의 귀납적 정의 ──────── [정답률 50%]

[정답 공식: 귀납적으로 정의된 수열은 $n=1, 2, 3, \cdots$을 차례로 대입하여 수열의 규칙성을 추론하면 된다.]

두 수열 $\{a_n\}$, $\{b_n\}$은 $a_1=1$, $b_1=-1$이고,
모든 자연수 n에 대하여

$a_{n+1}=a_n+b_n$, $b_{n+1}=2\cos\dfrac{a_n}{3}\pi$ **단서** 주어진 식에 $n=1$부터 차례로 대입하여 규칙성을 찾으면 되지.

를 만족시킨다. $a_{2021}-b_{2021}$의 값은? (4점)

① -2 ② 0 ③ 2 ④ 4 ⑤ 6

1st $n=1, 2, 3, \cdots$을 차례로 대입하여 두 수열 $\{a_n\}$, $\{b_n\}$의 값이 반복되는 주기를 각각 구해.

$a_1=1$, $b_1=-1$이므로

$a_2=a_1+b_1=1+(-1)=0$, $b_2=2\cos\dfrac{\pi}{3}=1$

$a_3=a_2+b_2=0+1=1$, $b_3=2\cos 0=2$

$a_4=a_3+b_3=1+2=3$, $b_4=2\cos\dfrac{\pi}{3}=1$

$a_5=a_4+b_4=3+1=4$, $b_5=2\cos\dfrac{3}{3}\pi=2\cos\pi=-2$

$a_6=a_5+b_5=4+(-2)=2$, $b_6=2\cos\dfrac{4}{3}\pi=-1$

$2\cos\dfrac{4}{3}\pi=2\cos\left(\pi+\dfrac{\pi}{3}\right)=-2\cos\dfrac{\pi}{3}=-2\times\dfrac{1}{2}=-1$

$a_7=a_6+b_6=2+(-1)=1$, $b_7=2\cos\dfrac{2}{3}\pi=-1$
$\vdots$

$2\cos\dfrac{2}{3}\pi=2\cos\left(\pi-\dfrac{\pi}{3}\right)=-2\cos\dfrac{\pi}{3}=-2\times\dfrac{1}{2}=-1$

따라서 두 수열 $\{a_n\}$, $\{b_n\}$은 모든 자연수 n에 대하여

$a_{n+6}=a_n$, $b_{n+6}=b_n$이 성립한다.

함정 일반적으로 귀납적으로 정의된 수열에서 첫째항 a_1이 두 번째 반복해서 다시 나오는 항이 $a_{p+1}=a_1$인 경우 $a_{n+p}=a_n$이 성립하지. $(p>1)$

그러나 이 문제는 $a_{n+1}=a_n+b_n$에서 두 수열 a_n, b_n의 항이 함께 영향을 주면서 변화하기 때문에 두 수열 $\{a_n\}$, $\{b_n\}$을 모두 생각하여 $a_{n+p}=a_n$, $b_{n+p}=b_n$을 동시에 만족시키는 p의 최솟값을 찾아야 해. 즉, $a_1=1$, $b_1=-1$이 동시에 다시 나오는 a_p, b_p를 찾아야 해.

2nd 두 수열 $\{a_n\}$, $\{b_n\}$의 값의 주기성을 이용하여 a_{2021}, b_{2021}의 값을 각각 구해.

두 수열 $\{a_n\}$, $\{b_n\}$의 값의 주기가 모두 6이고,

$2021=6\times336+5$이므로 $\underline{a_{2021}=a_{2015}=\cdots=a_5=4}$이고,
$\quad\quad\quad\quad\quad\quad\quad\quad\quad\quad{\scriptstyle\rightarrow\, a_{2021}=a_{6\times336+5}=a_5=5}$

$\underline{b_{2021}=b_{2015}=\cdots=b_5=-2}$이다.
$\quad{\scriptstyle\rightarrow\, b_{2021}=b_{6\times336+5}=b_5=-2}$

$\therefore a_{2021}-b_{2021}=4-(-2)=6$

I 23 정답 162 *수열의 귀납적 정의 [정답률 58%]

(정답 공식: n 대신 2, 3, 4를 차례로 대입하여 S_5의 값을 구한다.)

> 수열 $\{a_n\}$의 첫째항부터 제n항까지의 합을 S_n이라 하자.
> $a_1=2$, $a_2=4$이고 2 이상의 모든 자연수 n에 대하여
> $$a_{n+1}S_n=a_nS_{n+1}$$
> **단서** a_{n+1}과 S_{n+1}이 동시에 나타나면 접근하기 어렵겠지? 둘 중 하나를 없애는 방법을 고민해야 해.
> 이 성립할 때, S_5의 값을 구하시오. (3점)

1st $n-1$, n번째 항을 알면 그 다음 항인 $(n+1)$번째 항을 알 수 있도록 주어진 관계식을 정리해.

$a_{n+1}S_n=a_nS_{n+1}$에서 $a_{n+1}S_n=a_n(S_n+a_{n+1})$
$\quad\quad\quad\quad{\scriptstyle\rightarrow\, S_{n+1}=(a_1+a_2+\cdots+a_n)+a_{n+1}=S_n+a_{n+1}}$

$a_{n+1}S_n=a_nS_n+a_na_{n+1}$, $a_{n+1}S_n-a_na_{n+1}=a_nS_n$

$\underline{(S_n-a_n)a_{n+1}=a_nS_n}$, $S_{n-1}a_{n+1}=a_nS_n$
$\quad\quad\quad\quad{\scriptstyle\rightarrow\, S_n-a_n=(a_1+a_2+a_3+\cdots+a_{n-1}+a_n)-a_n}$
$\quad\quad\quad\quad\quad\quad{\scriptstyle =a_1+a_2+a_3+\cdots+a_{n-1}=S_{n-1}}$

$\therefore a_{n+1}=\dfrac{a_nS_n}{S_{n-1}}\ (n\geq2)\ \cdots\ \unicode{x24B6}$

2nd S_5의 값을 구해.

$a_1=S_1=2$, $a_2=4$이고 $S_2=a_1+a_2=2+4=6$이므로

$\unicode{x24B6}$의 양변에 n 대신 2를 대입하면

$a_3=\dfrac{a_2S_2}{S_1}=\dfrac{4\times6}{2}=12$　　$\therefore S_3=S_2+a_3=6+12=18$

$\unicode{x24B6}$의 양변에 n 대신 3을 대입하면

$a_4=\dfrac{a_3S_3}{S_2}=\dfrac{12\times18}{6}=36$　　$\therefore S_4=S_3+a_4=18+36=54$

$\unicode{x24B6}$의 양변에 n 대신 4를 대입하면

$a_5=\dfrac{a_4S_4}{S_3}=\dfrac{36\times54}{18}=108$　　$\therefore S_5=S_4+a_5=54+108=162$

다른 풀이: S_n을 a_n과 a_{n+1}에 대한 식으로 정리한 후 S_3, S_4, S_5의 값을 차례로 구하기

$a_{n+1}S_n=a_nS_{n+1}$에서 $a_{n+1}S_n=a_n(S_n+a_{n+1})$

$a_{n+1}S_n=a_nS_n+a_na_{n+1}$, $a_{n+1}S_n-a_nS_n=a_na_{n+1}$

$(a_{n+1}-a_n)S_n=a_na_{n+1}$　　$\therefore S_n=\dfrac{a_na_{n+1}}{a_{n+1}-a_n}\ (n\geq2)\ \cdots\ \unicode{x24B7}$

이때, $a_1=2$, $a_2=4$이고 $S_2=a_1+a_2=2+4=6$이므로

$\unicode{x24B7}$의 양변에 n 대신 2를 대입하면 $S_2=\dfrac{a_2a_3}{a_3-a_2}$에서

$6=\dfrac{4a_3}{a_3-4}$, $4a_3=6a_3-6\times4$, $2a_3=6\times4$

$\therefore a_3=12\Rightarrow S_3=S_2+a_3=6+12=18$

$\unicode{x24B7}$의 양변에 n 대신 3을 대입하면 $S_3=\dfrac{a_3a_4}{a_4-a_3}$에서

$18=\dfrac{12a_4}{a_4-12}$, $12a_4=18a_4-18\times12$, $6a_4=18\times12$

$\therefore a_4=36\Rightarrow S_4=S_3+a_4=18+36=54$

$\unicode{x24B7}$의 양변에 n 대신 4를 대입하면 $S_4=\dfrac{a_4a_5}{a_5-a_4}$에서

$54=\dfrac{36a_5}{a_5-36}$, $36a_5=54a_5-54\times36$, $18a_5=54\times36$

$\therefore a_5=108\Rightarrow S_5=S_4+a_5=54+108=162$

I 24 정답 ③ *수열의 귀납적 정의 $-a_{n+1}=a_n+f(n)$ [정답률 86%]

> 정답 공식: $a_{n+1}=a_n+f(n)$ 꼴은 n 대신에 1, 2, 3, $\cdots$, $n-1$을 대입하여 변변 더하면 $a_n=a_1+f(1)+f(2)+\cdots+f(n-1)=a_1+\sum\limits_{k=1}^{n-1}f(k)$

> 수열 $\{a_n\}$에 대하여
> $$a_1=6,\ a_{n+1}=a_n+3^n\ (n=1, 2, 3, \cdots)$$
> 일 때, a_4의 값은? (3점)
> **단서** $a_{n+1}=a_n+f(n)$ 꼴로 수열이 정의되어 있으니까 n 대신 1, 2, 3을 대입하여 a_4의 값을 구해야지.
>
> ① 39　　② 42　　③ 45
> ④ 48　　⑤ 51

1st 주어진 식에 n 대신 1, 2, 3을 대입하여 a_4의 값을 구하자.

$a_{n+1}=a_n+3^n$에 n 대신에 1, 2, 3을 대입하면

$a_2=a_1+3^1$　　${\scriptstyle a_4}$의 값을 구하는 거니까 주어진
$\quad=6+3(\because a_1=6)$　　${\scriptstyle n}$ 대신에 1, 2, 3까지만 대입하면 되겠지.
$\quad=9$

$a_3=a_2+3^2$
$\quad=9+9=18$

$\therefore a_4=a_3+3^3=18+27=45$

톡톡 풀이: 주어진 식을 통해 수열 $\{a_n\}$의 일반항을 구한 후 a_4의 값 구하기

$a_{n+1}=a_n+3^n$에서 $a_{n+1}-a_n=3^n$이므로

$a_n-a_1=\sum\limits_{k=1}^{n-1}3^k$
$\quad\quad\quad{\scriptstyle a_{n+1}=a_n+3^n}$에 n 대신 1, 2, 3, $\cdots$, $n-1$
$a_n=a_1+\sum\limits_{k=1}^{n-1}3^k$　${\scriptstyle\rightarrow}$대입하여 변변하자.
$\quad\quad\quad\quad\quad{\scriptstyle a_2=a_1+3^1}$
$\quad=6+\dfrac{3(3^{n-1}-1)}{2}$　${\scriptstyle a_3=a_2+3^2}$
$\quad\quad\quad\quad\quad{\scriptstyle a_4=a_3+3^2}$
$\quad\quad\quad\quad\quad\quad\quad\vdots$
$\therefore a_4=6+\dfrac{3(3^3-1)}{2}$　${\scriptstyle +)\,a_n=a_{n-1}+3^{n-1}}$
$\quad\quad\quad\quad\quad\quad\quad{\scriptstyle a_n=a_1+(3^1+3^2+3^3+\cdots+3^{n-1})}$
$\quad=6+39=45$　　${\scriptstyle =a_1+\sum\limits_{k=1}^{n-1}3^k}$

수능 핵강

＊ 공식을 적용하기 부담스러우면 직접 수열 구하기

수열의 귀납적 정의를 이용하여 a_4의 값을 구하는 문제야. a_n에서 n의 값이 작을 때는 일반항 공식을 외워서 적용하기보다는 a_2부터 수열의 값을 하나씩 구하는 것이 더 효과적이야.

귀납적으로 정의된 수열의 일반항　　개념·공식

① $a_{n+1}=a_n+f(n)$ 꼴
　n 대신 1, 2, 3, $\cdots$, $n-1$을 대입하면
　$a_2=a_1+f(1)$
　$a_3=a_2+f(2)$
　　　$\vdots$
$+)\ a_n=a_{n-1}+f(n-1)$
$\overline{\quad a_n=a_1+f(1)+f(2)+\cdots+f(n-1)=a_1+\sum\limits_{k=1}^{n-1}f(k)}$

② $a_{n+1}=a_nf(n)$ 꼴
　n 대신 1, 2, 3, $\cdots$, $n-1$을 대입하여 변변 곱하면
　$a_2=a_1f(1)$
　$a_3=a_2f(2)$
　　　$\vdots$
$\times)\ a_n=a_{n-1}f(n-1)$
$\overline{\quad a_n=a_1\times f(1)\times f(2)\times\cdots\times f(n-1)}$

I

I 25 정답 15 * 수열의 귀납적 정의 $-a_{n+1}=a_n+f(n)$ ··· [정답률 65%]

【정답 공식: 조건 (나)의 조건식의 n 대신에 1, 2, ···, $n-1$을 차례로 대입하여 각 변을 더하면, a_n을 n에 대한 식으로 나타낼 수 있다.】

수열 $\{a_n\}$이 다음 조건을 만족시킨다.

(가) $a_1=36$ **단서2** 일반항 a_n을 구하기 위해서 $a_{n+1}-a_n=f(n)$의 양변에 $n=1, 2, 3, \cdots, n-1$을 대입하여 각 변을 더해 주면 되겠네.

(나) $a_{n+1}-a_n=2n-14$ $(n \geq 1)$

단서1 일반항 a_n을 세워 n의 값을 구해야겠지?

$a_n=6$일 때, 모든 n의 값의 합을 구하시오. (4점)

1st 조건 (나)의 식에 $n=1, 2, 3, \cdots, n-1$을 차례로 대입해 보자.

$a_{n+1}-a_n=2n-14$에 n 대신 1, 2, 3, ···, $n-1$을 차례로 대입하면

$a_2-a_1=2\times1-14$
$a_3-a_2=2\times2-14$
$\vdots$
$+)\underline{\,a_n-a_{n-1}=2(n-1)-14\,}$
$a_n-a_1=2\{1+2+\cdots+(n-1)\}-14(n-1)$
$=2\times\dfrac{(n-1)n}{2}-14(n-1)$
$=n^2-15n+14$

→ [연속한 자연수의 합] $\sum\limits_{k=1}^{n}k=1+2+\cdots+n$ $=\dfrac{n(n+1)}{2}$ 을 이용해.

$\therefore a_n=a_1+n^2-15n+14$
$=36+n^2-15n+14$
$=n^2-15n+50$

2nd $a_n=6$을 만족시키는 모든 자연수 n의 값의 합을 구해.

이때, $a_n=6$이므로 $n^2-15n+50=6$에서
$n^2-15n+44=0$

주의 n의 방정식이고 근과 계수의 관계에 의하여 n의 값의 합을 두 근의 합 $\alpha+\beta=15$라고 바로 구하면 안 돼. n이 자연수이니까 이차식을 인수분해하여 n의 값을 구하고, 조건에 맞지 않는 경우는 제외해야 해.

$(n-4)(n-11)=0$
$\therefore n=4$ 또는 $n=11$

따라서 모든 자연수 n의 값의 합은 $4+11=15$이다.

I 26 정답 ② * 수열의 귀납적 정의 $-a_{n+1}=a_n+f(n)$ [정답률 81%]

【정답 공식: n 대신에 1, 2, ···, $n-1$을 차례로 대입하여 각 변을 더하면, a_n을 n에 대한 식으로 나타낼 수 있다.】

수열 $\{a_n\}$이 $a_{n+1}-a_n=2n$을 만족시킨다. $a_{10}=94$일 때, a_1의 값은? (3점) **단서** 주어진 식에 $n=1, 2, 3, \cdots9$를 대입하여 각 변을 더해 줄까?

① 5 ② 4 ③ 3 ④ 2 ⑤ 1

1st $a_{n+1}-a_n=2n$에 $n=1, 2, 3, \cdots$을 대입해.

$a_{n+1}-a_n=2n$에 n 대신 1, 2, 3, ···, 9를 대입하면

$a_2-a_1=2\times1$
$a_3-a_2=2\times2$
$a_4-a_3=2\times3 \Rightarrow n=4$라 하면 $a_5-a_4=2\times4$라 할 수 있지?
$\vdots$
$+)\underline{\,a_{10}-a_9=2\times9\,}$
$a_{10}-a_1=2(1+2+3+\cdots+9)=2\times\dfrac{9(1+9)}{2}=90$

$\therefore a_1=a_{10}-90=94-90=4$

톡톡 풀이: 수열 $\{a_n\}$의 일반항 이용하기

$a_n-a_{n-1}=2(n-1)$이니까 $a_n-a_1=\sum\limits_{k=1}^{n-1}2k$

주의 $a_{n+1}-a_n=2n$의 식에서 n 대신 $n-1$을 대입한 식이야.

$\therefore a_n=a_1+\underline{\sum\limits_{k=1}^{n-1}2k}=a_1+2\times\dfrac{n(n-1)}{2}=n^2-n+a_1$

→ 상수 c에 대하여 $\sum\limits_{k=1}^{n}ca_k=c\sum\limits_{k=1}^{n}a_k$야.

이때, $a_{10}=94$이므로 $a_{10}=10^2-10+a_1=94$, $90+a_1=94$ $\therefore a_1=4$

I 27 정답 381 * 수열의 귀납적 정의 $-a_{n+1}=a_n+f(n)$ ··· [정답률 75%]

【정답 공식: n 대신에 1, 2, ···, $n-1$을 차례로 대입하여 각 변을 더하면, a_n을 n에 대한 식으로 나타낼 수 있다.】

수열 $\{a_n\}$이 $a_1=3$이고 $a_{n+1}-a_n=4n-3$일 때, a_{15}의 값을 구하시오. (3점) **단서** 주어진 식에 $n=1, 2, 3, \cdots, 15$를 대입하여 각 변을 더해 줄까?

1st 주어진 식에 $n=1, 2, 3, \cdots$을 대입하여 규칙을 찾아 a_{15}의 값을 구해.

$a_{n+1}-a_n=4n-3$에 n 대신에 1, 2, 3, ···, $n-1$을 대입하면

$a_2-a_1=4\times1-3=1$
$a_3-a_2=4\times2-3=5$
$a_4-a_3=4\times3-3=9 \Rightarrow a_n-a_{n-1}=4(n-1)-3$이라 할 수 있지? $n=4$를 대입해.
$\vdots$
$+)\underline{\,a_{15}-a_{14}=4\times14-3\,}$
$a_{15}-a_1=4(1+2+3+\cdots+14)-3\times14$
$=4\times\dfrac{14(1+14)}{2}-42=420-42=378$

→ [등차수열의 합] 첫째항이 a_1, 끝항이 l일 때, $S_n=\dfrac{n(a_1+l)}{2}$

$\therefore a_{15}=378+a_1=378+3=381$

톡톡 풀이: 주어진 식을 통해 수열 $\{a_n\}$의 일반항을 구한 후 a_{15}의 값 구하기

$a_n-a_{n-1}=4(n-1)-3$이니까 $a_n-a_1=\sum\limits_{k=1}^{n-1}(4k-3)$이야.

주의 $a_{n+1}-a_n=4n-3$의 식에서 n 대신 $n-1$을 대입한 식이야.

$a_n=a_1+\sum\limits_{k=1}^{n-1}(4k-3)=3+2n(n-1)-3(n-1)=2n^2-5n+6$

→ $\sum\limits_{k=1}^{n-1}k=\dfrac{(n-1)n}{2}$이야.

$\therefore a_{15}=450-75+6=381$

I 28 정답 ② * 수열의 귀납적 정의 $-a_{n+1}=f(n)a_n$ [정답률 91%]

【정답 공식: n에 1, 2, ···, $n-1$을 차례로 대입하여 각 변을 곱하면, a_n을 n에 대한 식으로 나타낼 수 있다.】

수열 $\{a_n\}$이 $a_1=1$이고, 모든 자연수 n에 대하여

$a_{n+1}=\dfrac{2n}{n+1}a_n$ **단서** 주어진 식에 $n=1, 2, 3$을 대입하여 각 변을 곱할까?

을 만족시킬 때, a_4의 값은? (3점)

① $\dfrac{3}{2}$ ② 2 ③ $\dfrac{5}{2}$ ④ 3 ⑤ $\dfrac{7}{2}$

1st 주어진 식에 $n=1, 2, 3$을 차례로 대입하여 a_4의 값을 구하자.

$a_{n+1}=\dfrac{2n}{n+1}a_n$에 n 대신에 1, 2, 3을 차례로 대입하여 각각 구하면

$a_2=\dfrac{2\times1}{2}\underline{a_1}=1$, $a_3=\dfrac{2\times2}{3}a_2=\dfrac{2\times2}{3}\times1=\dfrac{4}{3}$

$\therefore a_4=\dfrac{2\times3}{4}a_3=\dfrac{2\times3}{4}\times\dfrac{4}{3}=2$

$$a_2 = \frac{2 \times 1}{2} a_1, \quad a_3 = \frac{2 \times 2}{3} a_2, \quad a_4 = \frac{2 \times 3}{4} a_3$$

위 식의 각 변을 곱하면

> $\frac{a_{n+1}}{a_n} = f(n)$ 꼴인 유형에서는 $n=1, 2, 3, \cdots$을 대입하여 각 변을 곱하는 게 일반적이야.

$$\underbrace{a_2 a_3 a_4} = \frac{2 \times 1}{2} \times \frac{2 \times 2}{3} \times \frac{2 \times 3}{4} \underbrace{a_1 a_2 a_3}$$

양변을 $a_2 a_3$으로 나누기

$$\therefore a_4 = 2a_1 = 2 \;(\because a_1 = 1)$$

* $\dfrac{a_{n-1}}{a_n} = f(n)$ 꼴이 주어질 때, a_n의 일반항 구하기

$a_1 = 1$이고, $a_{n+1} = \dfrac{2n}{n+1} a_n$에서 n 대신 $1, 2, 3, \cdots, n-1$을 대입하면

$$a_2 = \frac{2 \times 1}{2} a_1$$
$$a_3 = \frac{2 \times 2}{3} a_2$$
$$a_4 = \frac{2 \times 3}{4} a_3$$
$$\vdots$$
$$\times\Big)\; a_n = \frac{2 \times (n-1)}{n} a_{n-1}$$
$$a_n = \frac{(2 \times 1) \times (2 \times 2) \times (2 \times 3) \times \cdots \times \{2 \times (n-1)\}}{2 \times 3 \times \cdots \times n} a_1 = \frac{2^{n-1}}{n}$$

Ⅰ 29 정답 ② *수열의 귀납법 정의 - $a_{n+1} = f(n) a_n$ [정답률 80%]

> 정답 공식: n에 $1, 2, \cdots, n-1$을 차례로 대입하여 각 변을 곱하면, a_n을 n에 대한 식으로 나타낼 수 있다.

수열 $\{a_n\}$이 $a_1 = 10$이고, 모든 자연수 n에 대하여

$$a_{n+1} = \frac{n}{n+2} a_n$$

단서 주어진 식에 $n = 1, 2, 3, \cdots, 9$를 차례로 대입하여 각 변을 곱하자.

을 만족시킬 때, a_{10}의 값은? (3점)

① $\dfrac{1}{10}$ ② $\dfrac{2}{11}$ ③ $\dfrac{1}{4}$

④ $\dfrac{4}{13}$ ⑤ $\dfrac{5}{14}$

1st 주어진 식에 $1, 2, 3, \cdots, 9$를 대입하여 a_{10}의 값을 구하자.

$(n+2) a_{n+1} = n a_n$이므로

n 대신에 $1, 2, 3, \cdots, 9$를 대입하여 변끼리 곱하면

$$3a_2 = a_1$$
$$4a_3 = 2a_2$$
$$5a_4 = 3a_3$$
$$\vdots$$
$$\times\Big)\; 11 a_{10} = 9 a_9$$
$$10 \times 11 \times a_{10} = 2 \times a_1$$
$$\therefore a_{10} = \frac{2a_1}{110} = \frac{2}{11}$$

$a_1 = 10$

Ⅰ 30 정답 55 *수열의 귀납적 정의 - $a_{n+1} = f(n) a_n$ ⋯ [정답률 75%]

> 정답 공식: n에 $1, 2, \cdots, n-1$을 차례로 대입하여 각 변을 곱하면, a_n을 n에 대한 식으로 나타낼 수 있다.

수열 $\{a_n\}$이 $a_1 = 1$이고, 모든 자연수 n에 대하여

$$\frac{a_{n+1}}{a_n} = 1 - \frac{1}{(n+1)^2}$$

단서 주어진 식에 $n = 1, 2, 3, \cdots, 9$를 대입하여 각 변을 곱해 줄까?

을 만족시킬 때, $100 a_{10}$의 값을 구하시오. (3점)

1st 주어진 식에 $1, 2, 3, \cdots, 9$를 대입하여 a_{10}을 구하자.

$$\frac{a_{n+1}}{a_n} = 1 - \frac{1}{(n+1)^2} = \frac{n^2 + 2n}{(n+1)^2} = \frac{n}{n+1} \times \frac{n+2}{n+1}$$

이므로 n 대신에 $1, 2, 3, \cdots, 9$를 대입하면

$$\frac{a_2}{a_1} = \frac{1}{2} \times \frac{3}{2}$$
$$\frac{a_3}{a_2} = \frac{2}{3} \times \frac{4}{3}$$
$$\frac{a_4}{a_3} = \frac{3}{4} \times \frac{5}{4}$$
$$\vdots$$
$$\times\Big)\; \frac{a_{10}}{a_9} = \frac{9}{10} \times \frac{11}{10}$$
$$\frac{a_{10}}{a_1} = \frac{1}{2} \times \frac{11}{10} = \frac{11}{20}$$

이므로 $a_{10} = \frac{11}{20} \underset{a_1 = 1}{a_1} = \frac{11}{20}$

$$\therefore 100 a_{10} = 100 \times \frac{11}{20} = 55$$

Ⅰ 31 정답 8 *수열의 귀납적 정의의 활용 ⋯⋯⋯ [정답률 53%]

(정답 공식: 주어진 수열의 정의를 이용하여 항들이 가지는 규칙을 파악한다.)

수열 $\{a_n\}$이 모든 자연수 n에 대하여

$$a_{n+1} + a_n = 3n - 1$$

단서 연속한 두 항 사이의 관계를 나타내는 식이야. n에 자연수를 차례로 대입하면 항들 사이의 관계를 구할 수 있어.

을 만족시킨다. $a_3 = 4$일 때, $a_1 + a_5$의 값을 구하시오. (3점)

1st $n = 1, 2, 3, \cdots$을 차례대로 대입하여 항들 사이의 관계식을 구해.

$a_{n+1} + a_n = 3n - 1$에서

→ 귀납적으로 정의된 수열은 n 대신 $1, 2, 3, \cdots$을 대입하여 규칙을 구하는 경우가 대부분이야.

$n = 1$일 때, $a_2 + a_1 = 2 \cdots$ ㉠
$n = 2$일 때, $a_3 + a_2 = 5 \cdots$ ㉡
$n = 3$일 때, $a_4 + a_3 = 8 \cdots$ ㉢
$n = 4$일 때, $a_5 + a_4 = 11 \cdots$ ㉣

2nd $a_3 = 4$임을 이용하여 나머지 항의 값을 구해.

$a_3 = 4$를 ㉢에 대입하면 $a_4 + 4 = 8$ $\therefore a_4 = 4$

이것을 ㉣에 대입하면 $a_5 + 4 = 11$ $\therefore a_5 = 7$

또, $a_3 = 4$를 ㉡에 대입하면 $4 + a_2 = 5$ $\therefore a_2 = 1$

이것을 ㉠에 대입하면 $1 + a_1 = 2$ $\therefore a_1 = 1$

$\therefore a_1 + a_5 = 1 + 7 = 8$

[정답 공식: 귀납적으로 정의된 수열 $\{a_n\}$은 주어진 관계식에 $n=1, 2, 3, \cdots$을 차례로 대입하여 수열 $\{a_n\}$의 규칙성을 파악할 수 있다.]

첫째항이 1인 수열 $\{a_n\}$이 모든 자연수 n에 대하여
$$a_{n+1}=\begin{cases} a_n-4 & (a_n \geq 0) \\ a_n^2 & (a_n < 0) \end{cases}$$ 단서 $n=1, 2, 3, \cdots$을 차례로 대입하여 a_n의 규칙성을 파악해야 해.

일 때, $\sum\limits_{k=1}^{22} a_k$의 값은? (4점)

① 50 ② 54 ③ 58 ④ 62 ⑤ 66

1st 주어진 수열의 관계식에 $n=1, 2, 3, \cdots$을 차례로 대입하여 수열 $\{a_n\}$의 규칙성을 파악해.

$a_1=1$이므로
$a_2=a_1-4=-3$
$a_3=a_2^2=(-3)^2=9$
$a_4=a_3-4=9-4=5$
$\underline{a_5=a_4-4=5-4=1}$
⋮ $a_5=1=a_1$이 됨을 확인할 수 있지.

따라서 수열 $\{a_n\}$은 모든 자연수 n에 대하여
$a_{n+4}=a_n$을 만족시킨다.

2nd 주어진 수열 $\{a_n\}$의 규칙성을 이용하여 $\sum\limits_{k=1}^{22} a_k$의 값을 구해.

$\sum\limits_{k=1}^{22} a_k = \sum\limits_{k=1}^{20} a_k + a_{21} + a_{22}$ $a_{n+4}=a_n$이므로 수열의 합 $\sum\limits_{k=1}^{22} a_k$도 $a_1+a_2+a_3+a_4$의 값이 반복되는 형태임을 알 수 있어.
$= 5 \times \sum\limits_{k=1}^{4} a_k + a_1 + a_2$
$= 5 \times \{1+(-3)+9+5\} + 1 + (-3)$
$= 5 \times 12 - 2$
$= 60 - 2 = 58$

(정답 공식: $a_{n+1}+4=2(a_n+4)$이다.)

수열 $\{a_n\}$이 $a_1=2$이고, 모든 자연수 n에 대하여
$$a_{n+1}=2(a_n+2)$$ 단서 수열 $\{a_n\}$이 귀납적으로 정의되었어. a_5의 값을 구하는 거니까 n 대신 1, 2, 3, 4를 대입하여 구하면 돼.
를 만족시킨다. a_5의 값을 구하시오. (3점)

1st 주어진 수열의 귀납적 정의에서 n 대신 1, 2, 3, 4를 대입하여 a_5의 값을 구하자.

수열 $\{a_n\}$이 $a_1=2$이고, 모든 자연수 n에 대하여
$\underline{a_{n+1}=2(a_n+2)} \cdots \text{㉠}$ 수열 $\{a_n\}$에 대하여 첫째항과 두 항 사이의 관계식이 주어지면 n 대신 1, 2, 3, $\cdots$을 대입하여 각 항의 값을 구할 수 있어.
를 만족시킨다고 하므로 n 대신 1, 2, 3, 4를 차례로 대입하면

㉠에 $n=1$을 대입하면
$a_2=2(a_1+2)=2\times(2+2)=8$
㉠에 $n=2$를 대입하면
$a_3=2(a_2+2)=2\times(8+2)=20$
㉠에 $n=3$을 대입하면
$a_4=2(a_3+2)=2\times(20+2)=44$
㉠에 $n=4$를 대입하면
$a_5=2(a_4+2)=2\times(44+2)=92$

(정답 공식: 주어진 항들의 관계식에 $n=1, 2, 3, 4$를 차례로 대입하여 a_5를 구한다.)

수열 $\{a_n\}$은 $a_1=1$이고, 모든 자연수 n에 대하여
$a_{n+1}+(-1)^n \times a_n = 2^n$ 단서 식이 복잡해 보이지만 a_n의 값을 알면 다음 항인 a_{n+1}을 구할 수 있어. a_1의 값이 주어져 있으니 $n=1, 2, 3, \cdots$을 차례로 대입하여 $a_2, a_3, a_4, \cdots$의 값을 구할 수 있지.
을 만족시킨다. a_5의 값은? (3점)

① 1 ② 3 ③ 5 ④ 7 ⑤ 9

1st 주어진 식을 간단히 한 후, $n=1$을 대입하여 a_2를 구하자.

$a_{n+1}+(-1)^n \times a_n = 2^n$에서
$a_{n+1}=-(-1)^n \times a_n + 2^n = (-1)^{n+1} \times a_n + 2^n \cdots \text{㉠}$
㉠에 $n=1$을 대입하면
$a_2=(-1)^2 \times a_1 + 2^1 = 1 + 2 = 3$

실수 a_{n+1}에 대해 식을 정리하는 과정이야. $-(-1)^n=(-1)\times(-1)^n=(-1)^{n+1}$

2nd $n=2, 3, 4$를 차례로 대입하여 a_3, a_4, a_5를 구하자.

㉠에 $n=2, 3$을 차례로 대입하면
$a_3=(-1)^3 \times a_2 + 2^2 = -3 + 4 = 1$
$a_4=(-1)^4 \times a_3 + 2^3 = 1 + 8 = 9$
㉠에 $n=4$를 대입하면 $a_5=(-1)^5 \times a_4 + 2^4 = -9 + 16 = 7$

(정답 공식: 나열을 통한 수열의 규칙성을 발견한다.)

단서 a_1부터 시작해서 $a_2, a_3, a_4, a_5, \cdots$를 구하면서 규칙을 찾아야 해.
첫째항이 2인 수열 $\{a_n\}$이 모든 자연수 n에 대하여
$$a_{n+1}=\begin{cases} 2a_n-1 & (a_n < 8) \\ \dfrac{1}{3}a_n & (a_n \geq 8) \end{cases}$$
을 만족시킬 때, $\sum\limits_{k=1}^{16} a_k$의 값은? (3점)

① 78 ② 81 ③ 84 ④ 87 ⑤ 90

1st 수열 $\{a_n\}$의 규칙성을 파악해.

$a_1=2$이므로 $a_2=2a_1-1=2\times 2-1=3$ 나열하니까 반복되는 부분을 찾을 수 있어!
$a_2=3$이므로 $a_3=2a_2-1=2\times 3-1=5$
$a_3=5$이므로 $a_4=2a_3-1=2\times 5-1=9$
$a_4=9$이므로 $a_5=\dfrac{1}{3}a_4=\dfrac{1}{3}\times 9=3$

$a_6=a_3=5$
$a_7=a_4=9$
⋮
이므로 $a_{n+3}=a_n \ (n \geq 2)$가 성립한다.
$n \geq 2$에서 주기가 3인 수열이야.

2nd $\sum\limits_{k=1}^{16} a_k$의 값을 구해.

$\therefore \sum\limits_{k=1}^{16} a_k = a_1 + (a_2+a_3+a_4) + (a_5+a_6+a_7) + \cdots + (a_{14}+a_{15}+a_{16})$
$= 2 + (3+5+9) \times 5 = 87$
$n \geq 2$에서 주기가 3인 수열이므로

$a_2 \xrightarrow{+3} a_5 \xrightarrow{+3} a_8 \xrightarrow{+3} a_{11} \xrightarrow{+3} a_{14}$

이므로 $a_2+a_3+a_4=(3+5+9)$의 묶음이 5개 있어.

I 36 정답 ② *수열의 귀납적 정의의 활용 ·········· [정답률 57%]

수열 $\{a_n\}$이 모든 자연수 n에 대하여
$$a_{n+1}+a_n=2n^2$$
단서 a_n, a_{n+1}에 대한 관계식에 n 대신 1, 2, 3, …을 대입하면서 값을 하나씩 구하면 돼.
을 만족시킨다. $a_3+a_5=26$일 때, a_2의 값은? (4점)

① 1　　② 2　　③ 3　　④ 4　　⑤ 5

1st $n=1, 2, 3, 4$를 차례로 대입하여 모든 항을 a_1로 나타내자.

$a_{n+1}+a_n=2n^2$에서
$n=1$을 대입한 후 정리하면 a_2는 a_1에 관한 식으로 나타낼 수 있어. $n=2, 3, 4$도 앞에서 구한 값을 다시 대입하여 a_1로 표현할 수 있어.

$n=1$일 때, $a_2+a_1=2\times1^2$이므로
$a_2=2-a_1 \cdots \bigcirc$

$n=2$일 때, $a_3+a_2=2\times2^2$이므로
$a_3=8-a_2=6+a_1 \cdots \bigcirc$

$n=3$일 때, $a_4+a_3=2\times3^2$이므로
$a_4=18-a_3=12-a_1$

$n=4$일 때, $a_5+a_4=2\times4^2$이므로
$a_5=32-a_4=20+a_1 \cdots \bigcirc$

2nd 주어진 조건을 이용하여 a_1의 값을 구하자.

$a_3+a_5=26$에서 a_3, a_5에 각각 ⓒ, ⓒ을 대입하면
$a_3+a_5=(6+a_1)+(20+a_1)=26+2a_1=26$
$2a_1=0$　∴ $a_1=0$
이를 ⊙의 식에 대입하면 $a_2=2-a_1=2$

I 37 정답 ② *수열의 귀납적 정의의 활용 ·········· [정답률 72%]

수열 $\{a_n\}$이 모든 자연수 n에 대하여
$$a_na_{n+1}=2n$$
단서 구해야 하는 항이 a_2, a_5이고, 주어진 항이 a_3이니까, 주어진 식에 $n=2, 3, 4$를 대입해 보자.
이고 $a_3=1$일 때, a_2+a_5의 값은? (3점)

① $\dfrac{13}{3}$　　② $\dfrac{16}{3}$　　③ $\dfrac{19}{3}$

④ $\dfrac{22}{3}$　　⑤ $\dfrac{25}{3}$

1st $n=2, 3, 4$를 차례대로 대입해 봐.

주어진 식에 $n=2, 3, 4$를 대입해 보자.
$a_na_{n+1}=2n \cdots \bigcirc$
이렇게 정의된 수열 문제에 가장 단순하게 접근하는 방법 중 하나가 바로, n에 차례로 숫자를 대입하는 거야.
⊙에 $n=2$를 대입하면 $a_2a_3=4$
$a_3=1$이므로
$a_2\times1=4$　∴ $a_2=4$

⊙에 $n=3$을 대입하면 $a_3a_4=6$
$a_3=1$이므로
$1\times a_4=6$　∴ $a_4=6$

⊙에 $n=4$를 대입하면 $a_4a_5=8$
$a_4=6$이므로
$6\times a_5=8$　∴ $a_5=\dfrac{8}{6}=\dfrac{4}{3}$

∴ $a_2+a_5=4+\dfrac{4}{3}=\dfrac{16}{3}$

I 38 정답 747 *수열의 귀납법 정의의 활용 ·········· [정답률 72%]

수열 $\{a_n\}$이 $a_1=88$이고, 모든 자연수 n에 대하여
$$a_{n+1}=\begin{cases} a_n-3 & (a_n \geq 65) \\ \dfrac{1}{2}a_n & (a_n < 65) \end{cases}$$
단서 주어진 식에 $n=1, 2, 3, \cdots$을 차례로 대입하여 이웃하는 두 항 사이의 규칙을 알아보자.
를 만족시킬 때, $\displaystyle\sum_{n=1}^{15}a_n$의 값을 구하시오. (4점)

1st 주어진 식에 1, 2, 3, …을 대입하여 수열 $\{a_n\}$의 일반항을 구하자.

$n=1$일 때, $a_1=88\geq65$이므로
$a_2=a_1-3=88-3=85$

$n=2$일 때, $a_2=85\geq65$이므로
$a_3=a_2-3=85-3=82$

$n=3$일 때, $a_3=82\geq65$이므로
$a_4=a_3-3=82-3=79$
$\vdots$

$n=8$일 때, $a_8=67\geq65$
$a_8=a_7-3=a_6-6=a_5-9=a_4-12=79-12=67$
$a_9=a_8-3=67-3=64$

즉, $n<9$일 때, 수열 $\{a_n\}$은 첫째항이 88이고 공차가 -3인 등차수열이므로 $a_n=88+(n-1)\times(-3)=-3n+91$
첫째항이 a이고 공차가 d인 등차수열 $\{a_n\}$의 일반항은 $a_n=a+(n-1)d$

$n=9$일 때, $a_{10}=\dfrac{1}{2}a_9=\dfrac{1}{2}\times64=32$

$n=10$일 때, $a_{11}=\dfrac{1}{2}a_{10}=\dfrac{1}{2}\times32=16$

$n=11$일 때, $a_{12}=\dfrac{1}{2}a_{11}=\dfrac{1}{2}\times16=8$
$\vdots$

즉, $n\geq9$일 때, 수열 $\{a_n\}$은 첫째항이 64이고 공비가 $\dfrac{1}{2}$인 등비수열이므로

$a_n=64\times\left(\dfrac{1}{2}\right)^{n-1}$
첫째항이 a이고 공비가 r인 등비수열 $\{a_n\}$의 일반항은 $a_n=ar^{n-1}$

∴ $a_n=\begin{cases} -3n+91 & (n<9) \\ 64\times\left(\dfrac{1}{2}\right)^{n-9} & (n\geq9) \end{cases}$

2nd $\displaystyle\sum_{n=1}^{15}a_n$의 값을 구하자.

주의 일반항이 $n=9$일 때를 기준으로 다르지? 따라서 $n<9$일 때는 등차수열의 합, $n\geq9$일 때는 등비수열의 합을 이용해야 해.

$\displaystyle\sum_{n=1}^{15}a_n=\sum_{n=1}^{8}a_n+\sum_{n=9}^{15}a_n$

$=\dfrac{8\times(88+67)}{2}+\dfrac{64\times\left(1-\dfrac{1}{2^7}\right)}{1-\dfrac{1}{2}}$

첫째항이 a, 공차가 d, n번째 항이 l인 등차수열에서 첫째항부터 제n항까지의 합 S_n은
$S_n=\dfrac{n(a+l)}{2}=\dfrac{n\{2a+(n-1)d\}}{2}$

첫째항이 a_1, 공비가 r일 때, $S_n=\dfrac{a_1(1-r^n)}{1-r}$ (단, $r\neq1$)

$=620+127$
$=747$

I 39 정답 ① ＊수열의 귀납법 정의의 활용 [정답률 70%]

(정답 공식: a_3, a_4, …의 값을 차례로 구해본다.)

> 수열 $\{a_n\}$은 $a_1=2$, $a_2=3$이고, 모든 자연수 n에 대하여
> $$a_{n+2}-a_{n+1}+2a_n=5$$ **단서** $n=1, 2, 3, \cdots$을 차례로 대입해 보자.
> 를 만족시킨다. a_6의 값은? (3점)
>
> ① −1　　　　② 0　　　　③ 1
> ④ 2　　　　⑤ 3

1st $n=1, 2, 3, 4$를 차례로 대입해 봐.

$a_1=2$, $a_2=3$, $a_{n+2}=a_{n+1}-2a_n+5$이므로

$n=1$을 대입하면

$a_3=a_2-2a_1+5=3-4+5=4$

$n=2$를 대입하면

$a_4=a_3-2a_2+5=4-6+5=3$

$n=3$을 대입하면

$a_5=a_4-2a_3+5=3-8+5=0$

$n=4$를 대입하면

$a_6=a_5-2a_4+5=0-6+5=-1$

I 40 정답 ② ＊수열의 귀납적 정의의 활용 [정답률 66%]

(정답 공식: a_2, a_3, …의 값을 차례로 구해본다.)

> 수열 $\{a_n\}$은 $a_1=2$이고, 모든 자연수 n에 대하여
> $$a_{n+1}=\begin{cases} a_n-1 & (a_n\text{이 짝수인 경우}) \\ a_n+n & (a_n\text{이 홀수인 경우}) \end{cases}$$ **단서 1** a_n이 짝수냐 홀수이냐에 따라 값이 달라. n 대신 1, 2, 3, …을 대입해 보면서 a_n을 구해 봐.
> 를 만족시킨다. a_7의 값은? (3점)
> **단서 2** 구하는 값이 a_7이니까 n 대신 1, 2, …, 6을 대입해 보면 돼.
> ① 7　　②9　　③ 11　　④ 13　　⑤ 15

1st 주어진 조건에 주의하면서 정의에 n 대신 1, 2, 3, …, 6을 대입하여 a_7을 구하자.

$a_1=2$는 짝수이므로 $a_2=a_1-1=1$

a_2는 홀수이므로

$\underline{a_3=a_2+2=1+2=3}$　→ $a_2=1$로 홀수니까 a_3는 $a_{n+1}=a_n+n$에 $n=2$를 대입해야 해.

a_3은 홀수이므로

$a_4=a_3+3=3+3=6$

a_4는 짝수이므로

$\underline{a_5=a_4-1=6-1=5}$

a_5는 홀수이므로　→ $a_4=6$으로 짝수니까 a_5는 $a_{n+1}=a_n-1$에 $n=4$를 대입해야 해.

$a_6=a_5+5=5+5=10$

a_6은 짝수이므로

$a_7=a_6-1=10-1=9$

🌸 수열의 귀납적 정의 　　개념·공식

일반적으로 수열 $\{a_n\}$을

① 첫째항 a_1의 값

② 두 항 a_n, a_{n+1} 사이의 관계식 ($n=1, 2, 3, \cdots$)과 같이 처음 몇 개의
항과 이웃하는 여러 항 사이의 관계식

으로 정의하는 것을 수열의 귀납적 정의라 한다.

I 41 정답 ⑤ ＊수열의 귀납적 정의의 활용 [정답률 75%]

[정답 공식: a_{12}의 값이 주어졌으므로 n 대신 11, 10, 9, …, 1을 차례로 대입하여 a_1, a_4의 값을 각각 구한다.]

> 수열 $\{a_n\}$이 모든 자연수 n에 대하여
> $$a_{n+1}=\begin{cases} \dfrac{1}{a_n} & (n\text{이 홀수인 경우}) \\ 8a_n & (n\text{이 짝수인 경우}) \end{cases}$$ **단서** n이 홀수인지, 짝수인지에 따라서 a_{n+1}의 값이 달라지지?
> 이고 $a_{12}=\dfrac{1}{2}$일 때, a_1+a_4의 값은? (4점)
>
> ① $\dfrac{3}{4}$　　　② $\dfrac{9}{4}$　　　③ $\dfrac{5}{2}$
> ④ $\dfrac{17}{4}$　　　⑤ $\dfrac{9}{2}$

1st 귀납적으로 정의된 수열 $\{a_n\}$에 대하여 a_1, a_4의 값을 각각 구해.
→ 밑에서 구한 a_n을 보면 수열 $\{a_n\}$은 첫째항부터 4, $\frac{1}{4}$, 2, $\frac{1}{2}$이 반복되며 나타나고 있어. 즉, 수열 $\{a_n\}$은 4를 주기로 반복되는 수열이야.

11은 홀수이므로 $a_{12}=\dfrac{1}{a_{11}}=\dfrac{1}{2}$에서 $a_{11}=2$

10은 짝수이므로 $a_{11}=8a_{10}=2$에서 $a_{10}=\dfrac{1}{4}$

9는 홀수이므로 $a_{10}=\dfrac{1}{a_9}=\dfrac{1}{4}$에서 $a_9=4$

8은 짝수이므로 $a_9=8a_8=4$에서 $a_8=\dfrac{1}{2}$

7은 홀수이므로 $a_8=\dfrac{1}{a_7}=\dfrac{1}{2}$에서 $a_7=2$

6은 짝수이므로 $a_7=8a_6=2$에서 $a_6=\dfrac{1}{4}$

5는 홀수이므로 $a_6=\dfrac{1}{a_5}=\dfrac{1}{4}$에서 $a_5=4$

4는 짝수이므로 $a_5=8a_4=4$에서 $a_4=\dfrac{1}{2}$

3은 홀수이므로 $a_4=\dfrac{1}{a_3}=\dfrac{1}{2}$에서 $a_3=2$

2는 짝수이므로 $a_3=8a_2=2$에서 $a_2=\dfrac{1}{4}$

1은 홀수이므로 $a_2=\dfrac{1}{a_1}=\dfrac{1}{4}$에서 $a_1=4$

2nd a_1+a_4의 값을 구해.

$\therefore a_1+a_4=4+\dfrac{1}{2}=\dfrac{9}{2}$

🔎 다른 풀이: $a_1, a_2, a_3, a_4, \cdots$를 통해 수열 $\{a_n\}$의 항들의 규칙을 찾아 a_4의 값 구하기

수열 $\{a_n\}$의 첫째항을 $a_1=a$라 하면

$a_2=\dfrac{1}{a_1}=\dfrac{1}{a}$, $a_3=8a_2=\dfrac{8}{a}$, $a_4=\dfrac{1}{a_3}=\dfrac{a}{8}$, $a_5=8a_4=a$,

$a_6=\dfrac{1}{a_5}=\dfrac{1}{a}$, …이지?

따라서 수열 $\{a_n\}$은 a, $\dfrac{1}{a}$, $\dfrac{8}{a}$, $\dfrac{a}{8}$가 반복되는, 즉 4를 주기로 반복되는

수열이므로 자연수 k에 대하여 $a_{n+4}=a_n$이 성립해.

이때, $a_{12}=\dfrac{1}{2}$이므로 $a_{12}=a_{4\times3}=a_4=\dfrac{a}{8}=\dfrac{1}{2}$　$\therefore a=4$

따라서 $a_1=a=4$, $a_4=\dfrac{a}{8}=\dfrac{4}{8}=\dfrac{1}{2}$이므로

$$a_1+a_4=4+\dfrac{1}{2}=\dfrac{9}{2}$$

I 42 정답 ③ *수열의 귀납적 정의의 활용 [정답률 62%]

(정답 공식: 주어진 등식을 이용해서 a_2, a_3의 값을 구해본다.)

수열 $\{a_n\}$이 모든 자연수 n에 대하여

$$a_1=1, \ a_{n+1}=\frac{k}{a_n+2}$$

[단서] 수열이 귀납적으로 정의되어 있지? n에 1, 2, 3, ⋯을 대입하면 각 항들의 값을 구할 수 있어.

를 만족시킬 때, $a_3=\frac{3}{2}$이 되도록 하는 상수 k의 값은? (3점)

① 4   ② 5   ③ 6
④ 7   ⑤ 8

1st 정의된 식에 n 대신 1, 2를 대입하여 a_3의 값을 구해보자.

수열 $\{a_n\}$이 모든 자연수 n에 대하여

$$a_1=1, \ a_{n+1}=\frac{k}{a_n+2} \quad \cdots \ ㉠$$

→ 이웃하는 항 사이의 관계식에 n 대신 1, 2, 3, ⋯을 대입하면 a_1, a_2, a_3, ⋯의 값을 구할 수 있어.

로 정의되었으므로 ㉠에 $n=1$을 대입하면

$$a_2=\frac{k}{a_1+2}=\frac{k}{1+2}(\because a_1=1)=\frac{k}{3} \quad \cdots \ ㉡$$

㉠에 $n=2$를 대입하면

$$a_3=\frac{k}{a_2+2}=\frac{k}{\frac{k}{3}+2}(\because ㉡)$$

$$=\frac{3k}{k+6}$$

[실수] 분모, 분자에 3을 곱하면 $\dfrac{3\times k}{3\times\frac{k}{3}+3\times2}=\dfrac{3k}{k+6}$ 가 나오지.

2nd a_3의 값이 주어졌으니까 상수 k의 값을 구하자.

$a_3=\frac{3}{2}$이므로 $\frac{3k}{k+6}=\frac{3}{2}$

양변에 $2(k+6)$을 곱하면 $6k=3k+18$, $3k=18$ $\therefore k=6$

I 43 정답 27 *수열의 귀납법 정의의 활용 [정답률 54%]

[정답 공식: a_1, a_2가 홀수인 경우와 짝수인 경우를 나누어 주어진 조건을 만족시키는 경우를 찾는다.]

$a_3=3$인 수열 $\{a_n\}$이 모든 자연수 n에 대하여

$$a_{n+1}=\begin{cases}\dfrac{a_n+3}{2} & (a_n\text{이 홀수인 경우})\\[2mm]\dfrac{a_n}{2} & (a_n\text{이 짝수인 경우})\end{cases}$$

[단서] a_n이 홀수인 경우와 짝수인 경우에 따라 값이 다르지? n 대신 1, 2, 3, ⋯을 대입하며 a_n의 값을 구해봐.

이다. $a_1\geq10$일 때, $\sum\limits_{k=1}^{5}a_k$의 값을 구하시오. (4점)

1st a_2가 홀수인 경우와 짝수인 경우로 나누어 a_1, a_2의 값을 각각 구해보자.

(i) a_2가 홀수인 경우

$$a_3=\frac{a_2+3}{2}\text{에서 } 3=\frac{a_2+3}{2} \quad \therefore a_2=3$$

a_1이 홀수이면 $3=\frac{a_1+3}{2}$에서 $a_1=3$

→ a_n이 홀수이면 $a_{n+1}=\frac{a_n+3}{2}$을 만족시키므로 a_1이 홀수이면 $a_2=\frac{a_1+3}{2}$이야.

a_1이 짝수이면 $3=\frac{a_1}{2}$에서 $a_1=6$

→ a_n이 짝수이면 $a_{n+1}=\frac{a_n}{2}$을 만족시키므로 a_1이 짝수이면 $a_2=\frac{a_1}{2}$이야.

이때, $a_1\geq10$을 만족시키는 a_1의 값이 존재하지 않으므로 a_2는 홀수가 아니다.

[주의] a_2가 홀수이면 $a_1=3$ 또는 $a_1=6$이지? 근데 문제에서 $a_1\geq10$이라 했어. 즉, a_2가 홀수이면 주어진 조건에 모순이 되니까 a_2는 짝수여야 해.

(ii) a_2가 짝수인 경우

$$a_3=\frac{a_2}{2}\text{에서 } 3=\frac{a_2}{2} \quad \therefore a_2=6$$

a_1이 홀수이면 $6=\frac{a_1+3}{2}$에서 $a_1=9$

a_1이 짝수이면 $6=\frac{a_1}{2}$에서 $a_1=12$

이때, $a_1\geq10$이어야 하므로 $a_1=12$, $a_2=6$이다.

따라서 $a_4=3$, $a_5=3$이므로

$$\sum_{k=1}^{5}a_k=12+6+3+3+3=27$$

→ $a_3=3$으로 홀수이므로 $a_4=\frac{a_3+3}{2}=\frac{6}{2}=3$

마찬가지로 $a_5=a_4+\frac{a_4+3}{2}=\frac{6}{2}=3$

$\sum\limits_{k=1}^{n}a_k=a_1+a_2+a_3+\cdots+a_n$

✿ 귀납적으로 정의된 수열의 일반항   개념·공식

① $a_{n+1}=a_n+f(n)$ 꼴
n 대신 1, 2, 3, ⋯, $n-1$을 대입하면
$a_2=a_1+f(1)$
$a_3=a_2+f(2)$
$\vdots$
$+)\ a_n=a_{n-1}+f(n-1)$
$a_n=a_1+f(1)+f(2)+\cdots+f(n-1)=a_1+\sum\limits_{k=1}^{n-1}f(k)$

② $a_{n+1}=a_n f(n)$ 꼴
n 대신 1, 2, 3, ⋯, $n-1$을 대입하여 변변 곱하면
$a_2=a_1 f(1)$
$a_3=a_2 f(2)$
$\vdots$
$\times)\ a_n=a_{n-1}f(n-1)$
$a_n=a_1\times f(1)\times f(2)\times\cdots\times f(n-1)$

I 44 정답 8 *수열의 귀납법 정의의 활용 [정답률 45%]

[정답 공식: a_{n+1}은 a_n의 부호에 따라 계산하는 방법이 다르므로 값을 모르는 a_3가 양수인 경우와 음수인 경우를 나누어야 한다.]

첫째항이 6인 수열 $\{a_n\}$이 모든 자연수 n에 대하여

$$a_{n+1}=\begin{cases}2-a_n & (a_n\geq0)\\a_n+p & (a_n<0)\end{cases}$$

[단서] a_n의 값의 부호에 따라 다음 항인 a_{n+1}을 계산하는 식이 달라지고 있으므로 각 항의 부호에 유의해서 풀어야 해.

을 만족시킨다. $a_4=0$이 되도록 하는 모든 실수 p의 값의 합을 구하시오. (4점)

1st 첫째항 6을 이용하여 차례대로 다음 항들을 구해보자.

수열 $\{a_n\}$의 첫째항 $a_1=6$

$a_1\geq0$이므로 $a_2=2-6=-4$

$a_2<0$이므로 $a_3=a_2+p=-4+p$

2nd $a_3\geq0$, $a_3<0$인 경우로 나누어서 계산해야 해.

→ a_3의 값을 알 수 없으므로 $a_3\geq0$, $a_3<0$의 두 가지 경우로 각각 나누어 풀어야 해.

(i) $a_3=-4+p\geq0$, 즉 $p\geq4$일 때

$a_4=2-a_3=2-(-4+p)=6-p$

$a_4=0$에서 $p=6$

(ii) $a_3=-4+p<0$, 즉 $p<4$일 때

$a_4=a_3+p=(-4+p)+p=-4+2p$

$a_4=0$에서 $p=2$

(i), (ii)에 의하여 $a_4=0$이 되도록 하는 모든 실수 p의 값의 합은

$6+2=8$

[정답 공식: a_n의 값에 규칙성이 있음을 찾아낸다. a_n의 값을 이용해서 b_n의 값을 구한다. $b_{n+1}+b_n=a_n+n$의 n에 $n+1$을 대입하고 서로 뺀 식을 이용해서 좀 더 간단하게 b_n에 대해 정리할 수 있다.]

두 수열 $\{a_n\}$, $\{b_n\}$은 $a_1=a_2=1$, $b_1=k$이고, 모든 자연수 n에 대하여

단서 n 대신 1, 2, 3, …을 대입하여 수열 $\{a_n\}$의 규칙을 찾아야 해.

$$a_{n+2}=(a_{n+1})^2-(a_n)^2, \quad b_{n+1}=a_n-b_n+n$$

을 만족시킨다. $b_{20}=14$일 때, k의 값은? (4점)

① -3　　　② -1　　　③ 1
④ 3　　　⑤ 5

1st $a_{n+2}=(a_{n+1})^2-(a_n)^2$에 n 대신 1, 2, 3, …을 대입하여 수열 $\{a_n\}$의 규칙을 찾자.

[실수 규칙성을 찾기 힘든 문제는 $n=1, 2, 3 \cdots$을 직접 대입하여 실수하지 않고 풀어야 해.]

$a_1=a_2=1$이고 모든 자연수 n에 대하여

$a_{n+2}=(a_{n+1})^2-(a_n)^2$이므로 n 대신 1, 2, 3, …을 대입하자.

$a_3=(a_2)^2-(a_1)^2=1^2-1^2=0$

$a_4=(a_3)^2-(a_2)^2=0^2-1^2=-1$

$a_5=(a_4)^2-(a_3)^2=(-1)^2-0^2=1$

$a_6=(a_5)^2-(a_4)^2=1^2-(-1)^2=0$

$a_7=(a_6)^2-(a_5)^2=0^2-1^2=-1$

$\vdots$

즉, $a_1=a_2=1$이고

$a_{3n}=0$, $a_{3n+1}=-1$, $a_{3n+2}=1$ $(n=1, 2, 3, \cdots)$이다.

2nd b_{20}의 값을 이용하여 수열 $\{b_n\}$의 규칙을 찾자.

$b_1=k$이고 $b_{n+1}=a_n-b_n+n$이므로 $b_{n+1}+b_n=a_n+n$ … ㉠

n 대신 $n+1$을 대입하면 $b_{n+2}+b_{n+1}=a_{n+1}+(n+1)$ … ㉡

㉡-㉠을 하면 [수열 $\{b_n\}$에 대하여 귀납적으로 정리하기 위해 b_{n+2}를 구해서 변끼리 차를 구하는 거야.]

$b_{n+2}-b_n=a_{n+1}-a_n+1$

여기서 n 대신 18, 16, 14, …, 2를 대입하면

$b_{20}-b_{18}=a_{19}-a_{18}+1$

$b_{18}-b_{16}=a_{17}-a_{16}+1$

$b_{16}-b_{14}=a_{15}-a_{14}+1$

$\vdots$

$b_6-b_4=a_5-a_4+1$

$b_4-b_2=a_3-a_2+1$

각 변을 더하면

$b_{20}-b_2=(a_3+a_5+\cdots+a_{19})-(a_2+a_4+\cdots+a_{18})+9$

그런데 [수열 $\{a_n\}$은 세 개씩 -1, 0, 1의 값이 나오기 때문에 세 개씩 묶어서 합을 구하면 0이 됨을 이용할 수 있어.]

$a_3+a_5+\cdots+a_{19}=0-1+1+0-1+1+0-1+1=0$

$a_2+a_4+\cdots+a_{18}=1-1+0+1-1+0+1-1+0=0$

$\therefore b_{20}-b_2=9$

이때, $b_{20}=14$이므로 $b_2=5$

$b_{n+1}=a_n-b_n+n$이므로 $n=1$을 대입하면

$b_2=a_1-b_1+1=1-k+1=5$

$\therefore k=-3$

[그림] 다른 풀이: $b_{n+1}=a_n-b_n+n$에 $n=1, 2, 3, \cdots, 19$를 대입하기

$a_1=a_2=1$이고 $a_{3n}=0$, $a_{3n+1}=-1$, $a_{3n+2}=1$ $(n=1, 2, 3, \cdots)$을 구하고, $b_{n+1}=a_n-b_n+n$이므로 n 대신 1, 2, 3, …, 19를 대입하면

$b_2=a_1-b_1+1=1-k+1=2-k$

$b_3=a_2-b_2+2=1-(2-k)+2=1+k$

$b_4=a_3-b_3+3=0-(1+k)+3=2-k$

$b_5=a_4-b_4+4=-1-(2-k)+4=1+k$

$b_6=a_5-b_5+5=1-(1+k)+5=5-k$

$b_7=a_6-b_6+6=0-(5-k)+6=1+k$

$b_8=a_7-b_7+7=-1-(1+k)+7=5-k$

$b_9=a_8-b_8+8=1-(5-k)+8=4+k$

$b_{10}=a_9-b_9+9=0-(4+k)+9=5-k$

$b_{11}=a_{10}-b_{10}+10=-1-(5-k)+10=4+k$

$b_{12}=a_{11}-b_{11}+11=1-(4+k)+11=8-k$

$b_{13}=a_{12}-b_{12}+12=0-(8-k)+12=4+k$

$b_{14}=a_{13}-b_{13}+13=-1-(4+k)+13=8-k$

$b_{15}=a_{14}-b_{14}+14=1-(8-k)+14=7+k$

$b_{16}=a_{15}-b_{15}+15=0-(7+k)+15=8-k$

$b_{17}=a_{16}-b_{16}+16=-1-(8-k)+16=7+k$

$b_{18}=a_{17}-b_{17}+17=1-(7+k)+17=11-k$

$b_{19}=a_{18}-b_{18}+18=0-(11-k)+18=7+k$

$b_{20}=a_{19}-b_{19}+19=-1-(7+k)+19=11-k$

이때, $b_{20}=14$이므로 $11-k=14$

$\therefore k=-3$

I 46 정답 ⑤ *수열의 귀납적 정의의 활용 ────── [정답률 59%]

[정답 공식: $a_{15}=a+(-1)^1\times2+(-1)^2\times2+1+(-1)^4\times2+(-1)^5\times2+1+\cdots+1$]

첫째항이 a인 수열 $\{a_n\}$은 모든 자연수 n에 대하여

$$a_{n+1}=\begin{cases} a_n+(-1)^n\times2 & (n\text{이 3의 배수가 아닌 경우}) \\ a_n+1 & (n\text{이 3의 배수인 경우}) \end{cases}$$

를 만족시킨다. $a_{15}=43$일 때, a의 값은? (4점)

① 35　　　② 36　　　③ 37
④ 38　　　⑤ 39

단서 n에 따라 주어진 조건이 다르니까 $n=1, 2, 3,$ …을 대입하여 규칙을 발견하는 게 포인트야.

1st 규칙이 발견될 때까지 $n=1, 2, 3, \cdots$을 순차적으로 대입해 보자.

첫째항이 a인 수열 $\{a_n\}$에 대하여

$a_2=a+(-1)^1\times2=a-2$

$a_3=(a-2)+(-1)^2\times2=a$

$\boxed{a_4=a+1} \Leftarrow a_4=a_{3+1}$에서 n이 3의 배수

$a_5=(a+1)+(-1)^4\times2=a+3$

$a_6=(a+3)+(-1)^5\times2=a+1$

$\boxed{a_7=(a+1)+1=a+2} \Leftarrow a_7=a_{6+1}$에서 n이 3의 배수

$a_8=(a+2)+(-1)^7\times2=a$

$a_9=a+(-1)^8\times2=a+2$

$\boxed{a_{10}=(a+2)+1=a+3} \Leftarrow a_{10}=a_{9+1}$에서 n이 3의 배수

$\vdots$

따라서 $n=3k$일 때, $a_{n+1}=a+k$이다.

2nd 추론한 결과와 a_{15}의 값을 이용하여 a의 값을 구해.

이때, $a_{15}=43$에서 $\underline{a_{16}=a_{15}+1}$이고, → n이 3의 배수일 때, $a_{n+1}=a_n+1$

$\underline{a_{16}=a+5}$이므로 $a+5=43+1$

$\therefore a=39$ → $16=15+1$에서 15는 3의 배수이고 $3k=15$이니까 $k=5$야.

I 47 정답 ④ * 수열의 귀납적 정의의 활용 ············ [정답률 41%]

(정답 공식: a_5가 홀수임을 이용하여 a_3, a_4가 될 수 있는 조건을 먼저 찾는다.)

> **단서 1** 모든 자연수는 짝수 아니면 홀수야.
> 모든 항이 자연수이고 다음 조건을 만족시키는 모든 수열 $\{a_n\}$에 대하여 a_1의 최댓값과 최솟값을 각각 M, m이라 할 때, $M-m$의 값은? (4점)
>
> > (가) $\underline{a_5=63}$ **단서 2** a_3, a_4가 짝수, 홀수일 때의 경우를 나누어 $a_5=63$이 될 수 있는 경우를 찾아.
> > (나) 모든 자연수 n에 대하여
> > **단서 3** a_n, a_{n+1}은 모두 홀수야.
> > $$a_{n+2}=\begin{cases} a_{n+1}+a_n & (a_{n+1}\times a_n\text{이 홀수인 경우}) \\ a_{n+1}+a_n-2 & (a_{n+1}\times a_n\text{이 짝수인 경우}) \end{cases}$$
> > 이다. **단서 4** a_n, a_{n+1} 중에서 적어도 하나는 짝수야.
>
> ① 16　　　　② 19　　　　③ 22
> ④ 25　　　　⑤ 28

1st a_3, a_4의 값의 조건을 찾자.

조건 (나)에서

a_n이 홀수이고 a_{n+1}이 홀수이면 a_{n+2}는 짝수,

a_n이 홀수이고 a_{n+1}이 짝수이면 a_{n+2}는 홀수,

a_n이 짝수이고 a_{n+1}이 홀수이면 a_{n+2}는 홀수,

a_n이 짝수이고 a_{n+1}이 짝수이면 a_{n+2}는 짝수이다.

조건 (가)에서 a_5가 홀수이므로

$\underline{a_3\text{과 } a_4\text{ 중에서 하나는 홀수, 하나는 짝수가 되어야 한다.}}$
a_5의 값이 조건에 주어져 있으므로 a_3, a_4의 조건을 따져 보는 거야.

2nd 가능한 a_1의 값을 모두 구하자.

(i) a_3이 홀수이고 a_4가 짝수인 경우

a_2는 홀수이고 a_1은 짝수이다.

즉, $a_1=2k$, $a_2=2l-1$ (k, l은 자연수)라 하면

조건 (나)에 의하여

$a_2\times a_1$는 짝수이므로

$a_3=a_2+a_1-2=(2l-1)+2k-2=2k+2l-3$

$a_3\times a_2$은 홀수이므로

$a_4=a_3+a_2=(2k+2l-3)+(2l-1)=2k+4l-4$

$a_4\times a_3$는 짝수이므로

$a_5=a_4+a_3-2=(2k+4l-4)+(2k+2l-3)-2=4k+6l-9$

즉, $a_5=63$에서 $4k+6l-9=63$

$\therefore k=\dfrac{1}{4}(72-6l)=18-\dfrac{3}{2}l$

따라서 $a_1=2k=36-3l$이므로

> **함정** $36-3l$ 꼴의 자연수 중 짝수만 구해야 해.

가능한 a_1의 값은 6, 12, 18, 24, 30이다.

(ii) a_3이 짝수이고 a_4가 홀수인 경우

a_2는 홀수이고 a_1도 홀수이다.

$a_1=2p-1$, $a_2=2q-1$ (p, q는 자연수)라 하면

조건 (나)에 의하여

$a_2\times a_1$는 홀수이므로

$a_3=a_2+a_1=(2q-1)+(2p-1)=2p+2q-2$

$a_3\times a_2$는 짝수이므로

$a_4=a_3+a_2-2=(2p+2q-2)+(2q-1)-2=2p+4q-5$

$a_4\times a_3$는 짝수이므로

$a_5=a_4+a_3-2=(2p+4q-5)+(2p+2q-2)-2=4p+6q-9$

즉, $a_5=63$에서 $4p+6q-9=63$

$\therefore p=\dfrac{1}{4}(72-6q)=18-\dfrac{3}{2}q$

따라서 $a_1=2p-1=35-3q$이므로

> **함정** $35-3q$ 꼴의 자연수 중 홀수만 구해야 해.

가능한 a_1의 값은 5, 11, 17, 23, 29이다.

3rd M, m을 구하자.

(i), (ii)에 의하여 a_1의 최댓값은 30, 최솟값은 5이므로 $M=30$, $m=5$

$\therefore M-m=30-5=25$

I 48 정답 ③ * 수열의 귀납적 정의의 활용 ············ [정답률 35%]

(정답 공식: 나열을 통한 수열의 규칙성을 발견한다.)

> 수열 $\{a_n\}$이 모든 자연수 n에 대하여 다음 조건을 만족시킨다.
> **단서 1** $(-1)^n$은 3의 배수 아닌 n이 짝수냐 홀수냐에 따라 값이 달라져. n이 3의 배수가 아니면서 짝수인 경우 $a_{n+1}=a_n$, n이 3의 배수가 아니면서 홀수인 경우 $a_{n+1}=-a_n$
> > (가) n이 3의 배수가 아닌 경우 $a_{n+1}=(-1)^n\times a_n$이다.
> > (나) n이 3의 배수인 경우 $a_{n+3}=-a_n-n$이다.
> > **단서 2** 항들 간의 관계를 파악하기 위해 n에 직접 자연수 3, 6, 9, …를 대입해 봐야 해.
> > **단서 3** 조건 (가를 이용해서 a_{20}, a_{21}의 값을 각각 구할 수 있어.
> > $a_{20}+a_{21}=0$일 때, $\displaystyle\sum_{k=1}^{18}a_k$의 값은? (4점)
> > **단서 4** 규칙성을 발견하면 18개의 항을 구하면 $\displaystyle\sum_{k=1}^{18}a_k$를 구할 수 있어.
>
> ① 57　　② 60　　③ 63　　④ 66　　⑤ 69

1st a_{20}, a_{21}의 값을 각각 구해.

조건 (가)에서 $n=20$인 경우 $a_{21}=(-1)^{20}\times a_{20}=a_{20}$이므로
귀납적으로 정의된 수열 문제의 시작은 항상 구체적인 수를 이용해 주어진 조건에서 시작해야 해. 첫째항에 대한 정보가 없고 $a_{20}+a_{21}=0$이므로 $n=20$이나 $n=21$에서 시작해야겠지? 그래서 조건 (가), (나)를 적절히 활용해서 a_{20}, a_{21}에서 시작해서 a_1까지 항을 구하자.

주어진 조건 $a_{20}+a_{21}=0$과 이를 연립하면

$a_{20}=a_{21}=0$

2nd 조건 (나)를 활용해 n이 3의 배수인 경우 a_n의 값을 구해.

$a_{21}=a_{20}=0$을 구했으니 a_{19}, a_{18}, a_{17}, a_{16}, a_{15}, … 순서대로 구해도 괜찮아. 꼭 조건 (나)를 먼저 활용하고 나중에 조건 (가를 활용할 필요는 없어.

조건 (나)에서

$n=18$인 경우

$a_{21}=-a_{18}-18$　　　$\therefore a_{18}=-18$

$n=15$인 경우

$a_{18}=-a_{15}-15$, $-18=-a_{15}-15$　　　$\therefore a_{15}=3$

$n=12$인 경우

$a_{15}=-a_{12}-12$, $3=-a_{12}-12$　　　$\therefore a_{12}=-15$

$n=9$인 경우

$a_{12}=-a_9-9$, $-15=-a_9-9$　　　$\therefore a_9=6$

$n=6$인 경우

$a_9=-a_6-6$, $6=-a_6-6$　　　$\therefore a_6=-12$

$n=3$인 경우

$a_6=-a_3-3$, $-12=-a_3-3$　　　$\therefore a_3=9$

3rd 조건 (가)를 활용해 n이 3의 배수가 아닌 경우 a_n의 값을 구해.

조건 (가)에서

n이 3의 배수가 아닌 홀수인 경우 $a_{n+1}=-a_n$,

3의 배수가 아닌 n이 짝수인 경우 $a_{n+1}=a_n$이다.

$n=17$인 경우

$a_{18}=-a_{17}=-18$　　　$\therefore a_{17}=18$

$n=16$인 경우

$a_{17}=a_{16}=18$　　　$\therefore a_{16}=18$

$n=14$인 경우

$a_{15}=a_{14}=3$ $\therefore a_{14}=3$

$n=13$인 경우

$a_{14}=-a_{13}=3$ $\therefore a_{13}=-3$

$\vdots$

이와 같은 방법으로 n이 3의 배수가 아닌 경우를 모두 구해 보면 아래 표와 같다.

a_{18}	-18	a_{12}	-15	a_6	-12
a_{17}	18	a_{11}	15	a_5	12
a_{16}	18	a_{10}	15	a_4	12
a_{15}	3	a_9	6	a_3	9
a_{14}	3	a_8	6	a_2	9
a_{13}	-3	a_7	-6	a_1	-9

주의

수열 $\{a_n\}$을 생각하지 말고 그 값들만 3개씩 따로 생각해 보자.

$-18, 18, 18 / 3, 3, -3 / \cdots / 9, 9, -9$

이렇게 3개씩 묶어보면 음수 1개, 양수 2개씩이지?

$S=18+3+15+6+12+9$라 하면

$\sum\limits_{k=1}^{18} a_k = -S+S+S=S=63$으로 구해도 돼.

4th $\sum\limits_{k=1}^{18} a_k$를 구해.

$\therefore \sum\limits_{k=1}^{18} a_k = (a_1+a_2+a_3)+(a_4+a_5+a_6)+\cdots+(a_{16}+a_{17}+a_{18})$

$= (-9+9+9)+(12+12-12)+\cdots+(18+18-18)$

$= 9+12+6+15+3+18$

$= 63$

＊n이 3의 배수가 아니면서 짝수이거나 홀수인 경우로 나누기

조건 (가)에서 $(-1)^n$은 n이 홀수인 경우와 짝수인 경우 값이 달라진다는 걸 알 수 있어.

조건 (가)와 (나)에서는 n이 3의 배수일 때와 아닐 때로 나누고 있어.

그래서 조건 (가)와 (나)를 모두 고려하면 n을 $n=6k+1, 6k+2, 6k+4, 6k+5$로 나누어 접근하는 방법도 있어.

하지만 이 문제는 나열을 통해서 규칙을 파악하고 해결하는 게 더 빨라.

❖ 귀납적으로 정의된 수열의 일반항 개념·공식

① $a_{n+1}=a_n+f(n)$ 꼴

n 대신 $1, 2, 3, \cdots, n-1$을 대입하면

$a_2=a_1+f(1)$

$a_3=a_2+f(2)$

$\vdots$

$+) \ a_n=a_{n-1}+f(n-1)$

$a_n=a_1+f(1)+f(2)+\cdots+f(n-1)=a_1+\sum\limits_{k=1}^{n-1} f(k)$

② $a_{n+1}=a_n f(n)$ 꼴

n 대신 $1, 2, 3, \cdots, n-1$을 대입하여 변변 곱하면

$a_2=a_1 f(1)$

$a_3=a_2 f(2)$

$\vdots$

$\times) \ a_n=a_{n-1}f(n-1)$

$a_n=a_1 \times f(1) \times f(2) \times \cdots \times f(n-1)$

I 49 정답 ③ ＊수열의 귀납적 정의의 활용 – 항의 수 [정답률 49%]

(정답 공식: $a_{k+1}-a_k$의 값의 규칙을 찾아 일반항을 구한다.)

수열 $\{a_n\}$이

$\begin{cases} a_1=2 \\ 2a_{n+1}=a_n+6 \ (n=1, 2, 3, \cdots) \end{cases}$

단서 n 대신에 $1, 2, 3, \cdots$을 대입하며 a_n의 값을 각각 구하고 자연수 k에 따른 $a_{k+1}-a_k$의 값의 규칙을 찾아봐.

으로 정의될 때, $a_{k+1}-a_k < \dfrac{1}{250}$을 만족시키는 자연수 k의 최솟값은? (3점)

① 8   ② 9   ③ 10

④ 11   ⑤ 12

1st n 대신에 $1, 2, 3, \cdots$을 대입하여 $a_1, a_2, a_3, \cdots$의 값을 각각 구하자.

$\underline{2a_{n+1}=a_n+6}$, 즉 $a_{n+1}=\dfrac{1}{2}a_n+3$에 n 대신에 $1, 2, 3, \cdots$을 대입하면

→ 이웃하는 두 항 사이의 관계식이 나왔네?
관계식에서 규칙이 한 눈에 보이지 않을 때에는 n 대신에 $1, 2, 3, \cdots$을 대입하여 규칙을 찾아봐.

$a_1=2$이므로

$a_2=\dfrac{1}{2}a_1+3=1+3=4$

$a_3=\dfrac{1}{2}a_2+3=2+3=5$

$a_4=\dfrac{1}{2}a_3+3=\dfrac{5}{2}+3=\dfrac{11}{2}$

$a_5=\dfrac{1}{2}a_4+3=\dfrac{11}{4}+3=\dfrac{23}{4}$

$a_6=\dfrac{1}{2}a_5+3=\dfrac{23}{8}+3=\dfrac{47}{8}$

$\vdots$

2nd 자연수 k에 따른 $a_{k+1}-a_k$의 값의 규칙을 찾고, 수열 $\{a_{k+1}-a_k\}$의 일반항을 구하자.

$k=1$일 때,

$a_2-a_1=4-2=2$

$k=2$일 때,

$a_3-a_2=5-4=1$

$k=3$일 때,

$a_4-a_3=\dfrac{11}{2}-5=\dfrac{1}{2}$

$k=4$일 때,

$a_5-a_4=\dfrac{23}{4}-\dfrac{11}{2}=\dfrac{1}{4}$

$\vdots$

즉, 수열 $\{a_{k+1}-a_k\}$는 첫째항이 2, 공비가 $\dfrac{1}{2}$인 등비수열이므로 일반항은

$a_{k+1}-a_k = 2 \times \left(\dfrac{1}{2}\right)^{k-1}$

[등비수열의 일반항] 첫째항이 a이고 공비가 r인 등비수열 $\{a_n\}$의 일반항은 $a_n=ar^{n-1}$

3rd $a_{k+1}-a_k < \dfrac{1}{250}$을 만족시키는 자연수 k의 최솟값을 구해.

$2 \times \left(\dfrac{1}{2}\right)^{k-1} < \dfrac{1}{250}$에서

$\left(\dfrac{1}{2}\right)^k < \dfrac{1}{1000}$

이때, $2^9=512$, $2^{10}=1024$이므로

구하는 자연수 k의 최솟값은 10이다.

🎯 **톡톡 풀이:** a_1, a_2, a_3, $\cdots$의 항을 일일이 구하지 않고 $2a_{n+1}=a_n+6$의 식을 변형하여 수열 $\{a_{n+1}-a_n\}$의 일반항을 찾아 해결하기

$2a_{n+1}=a_n+6$에서

$a_{n+1}=\dfrac{1}{2}a_n+3$

이때, $a_{n+1}-\alpha=\dfrac{1}{2}(a_n-\alpha)$라 하면

> **함정** $(a_{n+1}-\alpha)$, $(a_n-\alpha)$ 꼴로 만들어 준 후에 α 값을 구하여 $a_{n+1}-\alpha=b_{n+1}$, $a_n-\alpha=b_n$으로 치환하여 등비수열을 구할 수 있어.

$a_{n+1}=\dfrac{1}{2}a_n+\dfrac{1}{2}\alpha$이므로

$\dfrac{1}{2}\alpha=3$에서 $\alpha=6$

즉, 주어진 식을 $a_{n+1}-6=\dfrac{1}{2}(a_n-6)$으로 변형하고

$a_n-6=b_n$이라 하면 $b_{n+1}=\dfrac{1}{2}b_n$에서 수열 $\{b_n\}$은 첫째항이

$b_1=a_1-6=-4$이고 공비가 $\dfrac{1}{2}$인 등비수열이야.

따라서 $b_n=-4\left(\dfrac{1}{2}\right)^{n-1}$이므로

$a_n-6=-4\times\left(\dfrac{1}{2}\right)^{n-1}$

$\therefore a_n=-4\times\left(\dfrac{1}{2}\right)^{n-1}+6$

$a_{k+1}-a_k$

$=\left\{-4\times\left(\dfrac{1}{2}\right)^{k}+6\right\}-\left\{-4\times\left(\dfrac{1}{2}\right)^{k-1}+6\right\}$

$=4\left(\dfrac{1}{2}\right)^{k-1}-4\left(\dfrac{1}{2}\right)^{k}$

$=4\left(\dfrac{1}{2}\right)^{k-1}\times\left(1-\dfrac{1}{2}\right)$

$=4\left(\dfrac{1}{2}\right)^{k}$

한편, $a_{k+1}-a_k<\dfrac{1}{250}$에서

$4\left(\dfrac{1}{2}\right)^{k}<\dfrac{1}{250}$

$\left(\dfrac{1}{2}\right)^{k}<\dfrac{1}{1000}$ $\therefore 2^k>1000$

이때, $2^9=512$, $2^{10}=1024$이므로 구하는 자연수 k의 최솟값은 10이야.

✿ 수열의 귀납적 정의   개념·공식

(1) **수열의 귀납적 정의**
일반적으로 수열 $\{a_n\}$을
① 첫째항 a_1의 값
② 두 항 a_n, a_{n+1} 사이의 관계식 ($n=1, 2, 3, \cdots$)과 같이 처음 몇 개의 항과 이웃하는 여러 항 사이의 관계식
으로 정의하는 것을 수열의 귀납적 정의라 한다.

(2) **등차수열의 귀납적 정의**
첫째항이 a, 공차가 d인 등차수열의 귀납적 정의는
$a_1=a$, $a_{n+1}=a_n+d$ ($n=1, 2, 3, \cdots$)

I 50   정답 235   *수열의 귀납적 정의의 활용 – 항의 수 [정답률 65%]

(정답 공식: a_n의 값이 주기적으로 반복된다.)

> 수열 $\{a_n\}$이 $a_1=3$이고,
>
> $a_{n+1}=\begin{cases}\dfrac{a_n}{2} & (a_n\text{은 짝수}) \\[2mm] \dfrac{a_n+93}{2} & (a_n\text{은 홀수})\end{cases}$
>
> **단서** a_n에 따라 주어진 조건이 다르니까 $n=1, 2, 3, \cdots$을 대입하여 a_n의 규칙을 발견해야 해.
>
> 가 성립한다. $a_k=3$을 만족시키는 50 이하의 모든 자연수 k의 값의 합을 구하시오. (4점)

1st 규칙이 발견될 때까지 n 대신 1, 2, 3, $\cdots$을 대입해 보자.

$a_1=3$

$a_2=\dfrac{3+93}{2}=48$ → $a_1=3$이 홀수이니까 $\dfrac{a_1+93}{2}$을 구한 거야.

$a_3=\dfrac{48}{2}=24$ → a_2는 짝수이니까 $\dfrac{a_2}{2}$를 구한 거야.

$a_4=\dfrac{24}{2}=12$

$a_5=\dfrac{12}{2}=6$

$a_6=\dfrac{6}{2}=3$

$a_7=\dfrac{3+93}{2}=48$

$\vdots$

즉, a_n의 값이 3, 48, 24, 12, 6의 5개의 수가 반복된다.

2nd 추론한 결과를 이용해서 조건을 만족하는 50 이하의 모든 자연수 k의 값의 합을 구해. → $a_1=3$이고 a_n의 값이 5개 반복되므로 첫째항이 1, 공차가 5인 등차수열이야.

$a_k=3$을 만족시키는 50 이하의 모든 자연수 k는 1, 6, 11, 16, $\cdots$, 46

이 수열은 첫째항이 1이고 공차가 5인 등차수열이므로 일반항은
$1+5(n-1)=5n-4$이고 항의 개수는 10이다.

> **[등차수열의 일반항]** 첫째항이 a_1, 공차가 d인 등차수열의 일반항은 $a_n=a_1+(n-1)d$

따라서 모든 자연수 k의 값의 합은

$\displaystyle\sum_{n=1}^{10}(5n-4)=5\times\dfrac{10\times(10+1)}{2}-4\times10$

$=235$

> **주의** $\displaystyle\sum_{k=1}^{n}k=\dfrac{n(n+1)}{2}$ 임을 이용하자.

I 51   정답 ②   *수열의 귀납적 정의의 활용 – 항의 수 [정답률 73%]

[정답 공식: $a_1=6^6-1$, a_n의 값을 순차적으로 구해보면 $a_7=6^5-1$이고 규칙성을 찾을 수 있다.]

> 수열 $\{a_n\}$은   **단서 1** $a_1=5(6^5+6^4+\cdots+1)$로 6의 배수가 아니지?
>
> $a_1=5\times6^5+5\times6^4+5\times6^3+5\times6^2+5\times6+5$,
>
> $a_{n+1}=\begin{cases}\dfrac{1}{6}a_n & (a_n\text{이 6의 배수일 때}) \\[2mm] a_n-1 & (a_n\text{이 6의 배수가 아닐 때})\end{cases}$
>
> **단서 2** a_n이 6의 배수가 아닐 때는 1씩 작아지니까 a_1에서 -5를 해야 6의 배수가 되지? 그리고 다시 6의 배수가 되는 n의 값을 찾아가겠네. 이때, 일정한 규칙을 찾아 보자.
>
> 이다. $a_k=1$일 때, k의 값은? (4점)

① 34   ② 35   ③ 36

④ 37   ⑤ 38

1st 등비수열의 합의 공식으로 a_1을 계산하자.

첫째항이 a_1, 공비가 r인 등비수열의 첫째항부터 제n 항까지의 합은 $S_n = \dfrac{a_1(r^n-1)}{r-1}$

$$a_1 = 5 \times 6^5 + 5 \times 6^4 + 5 \times 6^3 + 5 \times 6^2 + 5 \times 6 + 5$$
$$= 5(6^0 + 6^1 + 6^2 + 6^3 + 6^4 + 6^5)$$

첫째항이 1, 공비가 6인 등비수열의 첫째항부터 제6 항까지의 합이야.

$$= 5 \times \dfrac{6^6-1}{6-1} = 6^6 - 1$$

2nd n 대신 1, 2, 3, …을 대입하여 규칙을 찾자.

> **주의**
> 규칙성을 찾기 힘든 문제는 $n = 1, 2, 3$ …을 직접 대입하여 실수하지 않고 풀어야 해.

$a_2 = a_1 - 1 = 6^6 - 2 \Rightarrow a_{n+1} = a_n - 1$

$a_3 = a_2 - 1 = 6^6 - 3$

$\vdots$

$a_⑥ = a_5 - 1 = 6^6 - 6 = 6(6^5 - 1) \Rightarrow$ 6의 배수

$a_7 = \dfrac{1}{6}a_6 = 6^5 - 1 \Rightarrow a_{n+1} = \dfrac{1}{6}a_n$

$a_8 = a_7 - 1 = 6^5 - 2$

$a_9 = a_8 - 1 = 6^5 - 3$

$\vdots$

$a_⑫ = a_{11} - 1 = 6^5 - 6 = 6(6^4 - 1) \Rightarrow$ 6의 배수

$a_{13} = \dfrac{1}{6}a_{12} = 6^4 - 1 \Rightarrow a_{n+1} = \dfrac{1}{6}a_n$

$\vdots$

$a_⑱ = 6(6^③ - 1)$

$\vdots$

$a_㉔ = 6(6^② - 1)$

$ = 6^{1} \vdots$

$a_㉚ = 6(6 - 1)$

$ = 6^{0} \vdots$

$a_㊱ = 6(1 - 1) = 0$

따라서 $a_{36} = a_{35} - 1 = 0$이므로

$a_{35} = 1$ $\quad \therefore k = 35$

🔧 톡톡 풀이: **2nd** 에서 a_n이 6의 배수일 때의 일반항을 구해 해결하기

규칙에 의하여 6의 배수일 때 일반항을 구하면

$a_{6n} = 6(6^{6-n} - 1)$이므로

$a_{30} = 6(6^{6-5} - 1) = 6^2 - 6 \Rightarrow$ 6의 배수

$a_{31} = \dfrac{1}{6}a_{30} = 6 - 1$

$a_{32} = 6 - 2$

$a_{33} = 6 - 3$

$a_{34} = 6 - 4$

$a_{35} = 6 - 5 = 1$

따라서 $a_k = 1$인 k의 값은 35야.

✿ 합의 기호 $\sum$

개념·공식

수열 $\{a_n\}$의 첫째항부터 제n항까지의 합 $a_1 + a_2 + a_3 + \cdots + a_n$을 합의 기호 $\sum$를 사용하여 다음과 같이 나타낸다. 즉,

$$a_1 + a_2 + a_3 + \cdots + a_n = \sum_{k=1}^{n} a_k = S_n$$

I 52 정답 ④ *수열의 귀납적 정의의 응용 [정답률 75%]

(**정답 공식:** 관계식이 복잡할 경우에는 $n = 1, 2, 3, \cdots, 7$을 대입한다.)

다음은 어느 시력검사표에 표시된 시력과 그에 해당되는 문자의 크기를 나타낸 것의 일부이다. **단서1** 문자 크기가 a_n일 때, 시력이 $0.1 \times n$이지?

시력	0.1	0.2	0.3	0.4	...	1.0
문자의 크기	a_1	a_2	a_3	a_4	...	a_{10}

문자의 크기 a_n은 다음 관계식을 만족시킨다.

$$a_1 = 10A, \quad a_{n+1} = \dfrac{10A \times a_n}{10A + a_n}$$

단서2 n 대신에 $1, 2, 3, \cdots, 7$을 대입하여 a_8의 값을 구해.

(단, A는 상수이고, $n = 1, 2, 3, \cdots, 9$이다.)

이 시력검사표에서 0.8에 해당되는 문자의 크기는? (4점)

① $2A$ ② $\dfrac{3}{2}A$ ③ $\dfrac{4}{3}A$ ④ $\dfrac{5}{4}A$ ⑤ $\dfrac{6}{5}A$

1st 주어진 관계식에 $n = 1, 2, 3, \cdots, 7$을 대입하여 a_8의 값을 구해.

$a_{n+1} = \dfrac{10A \times a_n}{10A + a_n}$에서 $a_1 = 10A$이므로

$$a_2 = \dfrac{10A \times a_1}{10A + a_1} = \dfrac{10A \times 10A}{10A + 10A} = 5A = \dfrac{10}{2}A$$

$$a_3 = \dfrac{10A \times a_2}{10A + a_2} = \dfrac{10A \times 5A}{10A + 5A} = \dfrac{10}{3}A$$

$$a_4 = \dfrac{10A \times a_3}{10A + a_3} = \dfrac{10A \times \dfrac{10}{3}A}{10A + \dfrac{10}{3}A}$$

$$= \dfrac{\dfrac{(10A)^2}{3}}{\dfrac{10A}{3} \times 4} = \dfrac{10}{4}A$$

$\vdots$

$$\therefore a_8 = \dfrac{10}{8}A = \dfrac{5}{4}A$$

따라서 시력 0.8에 해당되는 문자의 크기는 $\dfrac{5}{4}A$이다.

🔧 톡톡 풀이: $a_{n+1} = \dfrac{10A \times a_n}{10A + a_n}$의 식을 변형하여 수열 $\left\{\dfrac{1}{a_n}\right\}$의 일반항을 구한 후 a_8의 값 구하기

$a_{n+1} = \dfrac{10A \times a_n}{10A + a_n}$에서 양변의 역수를 취하면

$\dfrac{1}{a_{n+1}} = \dfrac{10A + a_n}{10A \times a_n}$이므로

$\dfrac{1}{a_{n+1}} = \dfrac{1}{a_n} + \dfrac{1}{10A}$

상수 A에 대하여 $\dfrac{1}{a_{n+1}} - \dfrac{1}{a_n}$이 일정한 값을 가지지. 연속한 두 수의 차가 일정한 값을 가지면 등차수열이야.

수열 $\left\{\dfrac{1}{a_n}\right\}$은 첫째항이 $\dfrac{1}{a_1} = \dfrac{1}{10A}$이고 공차가 $\dfrac{1}{10A}$인 등차수열이야.

$\therefore \dfrac{1}{a_8} = \dfrac{1}{10A} + (8-1) \times \dfrac{1}{10A} = \dfrac{8}{10A}$

> **함정**
> 첫째항 a_1, 공차 d인 등차수열의 일반항은 $a_n = a_1 + (n-1)d$야.

따라서 시력 0.8에 해당되는 문자의 크기는

$$a_8 = \dfrac{10A}{8} = \dfrac{5}{4}A$$

I 53 정답 ⑤   *수열의 귀납적 정의의 응용   [정답률 63%]

정답 공식: 수열 $\{a_n\}$의 첫째항부터 제 n항까지의 합을 S_n이라 하면 $a_1=S_1$이고 $a_n=S_n-S_{n-1}\,(n\geq2)$이다.

수열 $\{a_n\}$의 첫째항부터 제 n항까지의 합을 S_n이라 하자. 다음은 모든 자연수 n에 대하여

$$\sum_{k=1}^{n}\frac{S_k}{k!}=\frac{1}{(n+1)!}$$

이 성립할 때, $\sum_{k=1}^{n}\frac{1}{a_k}$을 구하는 과정이다.

$n=1$일 때, $a_1=S_1=\dfrac{1}{2}$이므로 $\dfrac{1}{a_1}=2$이다.

$n=2$일 때, $a_2=S_2-S_1=-\dfrac{7}{6}$이므로 $\sum_{k=1}^{2}\dfrac{1}{a_k}=\dfrac{8}{7}$이다.

$n\geq3$인 모든 자연수 n에 대하여

$$\frac{S_n}{n!}=\sum_{k=1}^{n}\frac{S_k}{k!}-\sum_{k=1}^{n-1}\frac{S_k}{k!}=-\frac{\boxed{(가)}}{(n+1)!}$$

단서 1 $\sum_{k=1}^{n}\dfrac{S_k}{k!}-\sum_{k=1}^{n-1}\dfrac{S_k}{k!}$를 정리하여 (가)에 알맞은 식을 찾아.

즉, $S_n=-\dfrac{\boxed{(가)}}{n+1}$이므로

$$a_n=S_n-S_{n-1}=-\left(\boxed{(나)}\right)$$

이다. 한편 $\sum_{k=3}^{n}k(k+1)=-8+\sum_{k=1}^{n}k(k+1)$이므로

$$\sum_{k=1}^{n}\frac{1}{a_k}=\frac{8}{7}-\sum_{k=3}^{n}k(k+1)$$

단서 2 $-\sum_{k=3}^{n}k(k+1)$ $=-\dfrac{n(n+1)}{2}-\sum_{k=1}^{n}\boxed{(다)}$임을 이용하여 (다)에 알맞은 식을 찾아.

$$=\frac{64}{7}-\frac{n(n+1)}{2}-\sum_{k=1}^{n}\boxed{(다)}$$

$$=-\frac{1}{3}n^3-n^2-\frac{2}{3}n+\frac{64}{7}$$

이다.

위의 (가), (나), (다)에 알맞은 식을 각각 $f(n)$, $g(n)$, $h(k)$라 할 때, $f(5)\times g(3)\times h(6)$의 값은? (4점)

① 3   ② 6   ③ 9   ④ 12   ⑤ 15

1st $n=1, 2$일 때, $\sum_{k=1}^{n}\dfrac{1}{a_k}$을 구해.

모든 자연수 n에 대하여 $\sum_{k=1}^{n}\dfrac{S_k}{k!}=\dfrac{1}{(n+1)!}$ $\cdots$ ㉠이 성립하므로

$n=1$일 때, ㉠의 좌변은 $\sum_{k=1}^{1}\dfrac{S_k}{k!}=\dfrac{S_1}{1!}=S_1$이고

우변은 $\dfrac{1}{(1+1)!}=\dfrac{1}{2!}=\dfrac{1}{2}$이므로 $S_1=\dfrac{1}{2}$ $\therefore a_1=S_1=\dfrac{1}{2}$ $\cdots$ ㉡

$\therefore \sum_{k=1}^{1}\dfrac{1}{a_k}=\dfrac{1}{a_1}=2$

$n=2$일 때, ㉠의 좌변은 $\sum_{k=1}^{2}\dfrac{S_k}{k!}=\dfrac{S_1}{1!}+\dfrac{S_2}{2!}=S_1+\dfrac{1}{2}S_2$이고

우변은 $\dfrac{1}{(2+1)!}=\dfrac{1}{3!}=\dfrac{1}{6}$ $\therefore S_1+\dfrac{1}{2}S_2=\dfrac{1}{6}$ $\cdots$ ㉢

㉡을 ㉢에 대입하면 $\dfrac{1}{2}+\dfrac{1}{2}S_2=\dfrac{1}{6}$, $\dfrac{1}{2}S_2=-\dfrac{1}{3}$

$\therefore S_2=-\dfrac{2}{3}$

따라서 $a_2=S_2-S_1=-\dfrac{2}{3}-\dfrac{1}{2}=-\dfrac{7}{6}$이므로

→ 수열 $\{a_n\}$의 첫째항부터 제 n항까지의 합을 S_n이라 하면 $a_n=S_n-S_{n-1}\,(n\geq2)$이 성립해.

$\sum_{k=1}^{2}\dfrac{1}{a_k}=\dfrac{1}{a_1}+\dfrac{1}{a_2}=2+\left(-\dfrac{6}{7}\right)=\dfrac{8}{7}$이다.

2nd $n\geq3$일 때, $\sum_{k=1}^{n}\dfrac{1}{a_k}$을 구해.

$n\geq3$인 모든 자연수 n에 대하여

$$\frac{S_n}{n!}=\sum_{k=1}^{n}\frac{S_k}{k!}-\sum_{k=1}^{n-1}\frac{S_k}{k!}$$

$$=\frac{1}{(n+1)!}-\frac{1}{n!} \quad (\because ㉠)$$

$$\frac{1}{(n+1)!}-\frac{1}{n!}=\frac{1}{(n+1)!}-\frac{n+1}{n!(n+1)}$$

$$=\frac{1}{(n+1)!}-\frac{n+1}{(n+1)!}$$

$$=\frac{1-(n+1)}{(n+1)!}=-\frac{n}{(n+1)!}\;\text{(가)}$$

즉, $S_n=-\dfrac{n}{(n+1)!}\times n!=-\dfrac{n}{n+1}$이므로

$-\dfrac{n}{(n+1)!}\times n!=-\dfrac{n}{n!(n+1)}\times n!$

$\qquad\qquad =-\dfrac{n}{n+1}$

$$a_n=S_n-S_{n-1}$$

$$=-\frac{n}{n+1}-\left(-\frac{n-1}{n}\right)=-\frac{n}{n+1}+\frac{n-1}{n}$$

$$=\frac{-n^2+(n-1)(n+1)}{n(n+1)}=\frac{-n^2+n^2-1}{n(n+1)}$$

$$=-\frac{1}{n(n+1)}\;\text{(나)}$$

이다.

한편, $\dfrac{1}{a_n}=-n(n+1)$이고

$$\sum_{k=3}^{n}k(k+1)=-\sum_{k=1}^{2}k(k+1)+\sum_{k=1}^{n}k(k+1)$$

→ 자연수 p에 대하여 $\sum_{k=p}^{n}a_k=\sum_{k=1}^{n}a_k-\sum_{k=1}^{p-1}a_k$ 가 성립해.

$$=-(1\times2+2\times3)+\sum_{k=1}^{n}k(k+1)$$

$$=-8+\sum_{k=1}^{n}k(k+1)$$

이므로

$$\sum_{k=1}^{n}\frac{1}{a_k}=\sum_{k=1}^{2}\frac{1}{a_k}+\sum_{k=3}^{n}\frac{1}{a_k}=\frac{8}{7}+\sum_{k=3}^{n}\{-k(k+1)\}$$

$$=\frac{8}{7}-\sum_{k=3}^{n}k(k+1)=\frac{8}{7}-\left\{-8+\sum_{k=1}^{n}k(k+1)\right\}$$

$$=\frac{64}{7}-\sum_{k=1}^{n}(k+k^2)$$

→ $\sum_{k=1}^{n}(a_k+b_k)=\sum_{k=1}^{n}a_k+\sum_{k=1}^{n}b_k$

$$=\frac{64}{7}-\sum_{k=1}^{n}k-\sum_{k=1}^{n}k^2$$

→ $\sum_{k=1}^{n}k=\dfrac{n(n+1)}{2}$, $\sum_{k=1}^{n}k^2=\dfrac{n(n+1)(2n+1)}{6}$

$$=\frac{64}{7}-\frac{n(n+1)}{2}-\sum_{k=1}^{n}k^2\;\text{(다)}$$

$$=\frac{64}{7}-\frac{n(n+1)}{2}-\frac{n(n+1)(2n+1)}{6}$$

$$=-\frac{1}{3}n^3-n^2-\frac{2}{3}n+\frac{64}{7}$$

이다.

3rd $f(5)\times g(3)\times h(6)$의 값을 구해.

따라서 $f(n)=n$, $g(n)=\dfrac{1}{n(n+1)}$, $h(k)=k^2$이므로

$$f(5)\times g(3)\times h(6)=5\times\frac{1}{3\times4}\times6^2=15$$

> [정답 공식: 점 P_n의 좌표를 하나씩 구해보면 x, y좌표의 값에 규칙성을 찾을 수 있다.]

자연수 n에 대하여 좌표평면 위의 점 P_n을 다음 규칙에 따라 정한다.

> (가) 세 점 P_1, P_2, P_3의 좌표는 각각 $(-1, 0)$, $(1, 0)$, $(-1, 2)$ 이다.
>
> (나) 선분 P_nP_{n+1}의 중점과 선분 $P_{n+2}P_{n+3}$의 중점은 같다.

예를 들어, 점 P_4의 좌표는 $(1, -2)$이다. 점 P_{25}의 좌표가 (a, b) 일 때, $a+b$의 값을 구하시오. (4점)

> **단서** $P(x_n, y_n)$이라 하고 규칙을 만족시키는 x_{n+3}과 y_{n+3}의 관계식을 세워 점 P_n의 좌표의 일정한 패턴을 찾자.

1st x좌표와 y좌표의 규칙을 찾아 봐.

점 P_n의 좌표를 $P_n(x_n, y_n)$이라 하면 $P_{n+1}(x_{n+1}, y_{n+1})$, $P_{n+2}(x_{n+2}, y_{n+2})$, $P_{n+3}(x_{n+3}, y_{n+3})$.

선분 P_nP_{n+1}의 중점의 좌표는 $\left(\dfrac{x_n+x_{n+1}}{2}, \dfrac{y_n+y_{n+1}}{2}\right)$이고

선분 $P_{n+2}P_{n+3}$의 중점의 좌표는 $\left(\dfrac{x_{n+2}+x_{n+3}}{2}, \dfrac{y_{n+2}+y_{n+3}}{2}\right)$

조건 (나)에 의하여 $\longrightarrow \dfrac{x_n+x_{n+1}}{2}=\dfrac{x_{n+2}+x_{n+3}}{2}$, $\dfrac{y_n+y_{n+1}}{2}=\dfrac{y_{n+2}+y_{n+3}}{2}$

$x_{n+3}=x_n+x_{n+1}-x_{n+2} \cdots$ ㉠, $y_{n+3}=y_n+y_{n+1}-y_{n+2} \cdots$ ㉡

2nd P_5, P_6, P_7, $\cdots$을 구하여 x좌표와 y좌표의 규칙을 찾아.

$x_1=-1$, $x_2=1$, $x_3=-1$을 ㉠에 대입하면

$x_4=x_1+x_2-x_3=1$

$x_5=x_2+x_3-x_4=-1$

$\vdots$

$\therefore x_n=\begin{cases} -1 & (n\text{이 홀수}) \\ 1 & (n\text{이 짝수}) \end{cases}$

마찬가지로 $y_1=0$, $y_2=0$, $y_3=2$를 ㉡에 대입하면

$y_4=y_1+y_2-y_3=-2$

$y_5=y_2+y_3-y_4=4$

$y_6=y_3+y_4-y_5=-4$

$y_7=y_4+y_5-y_6=6$

$y_8=y_5+y_6-y_7=-6$

$\vdots$

$\therefore y_n=\begin{cases} n-1 & (n\text{이 홀수}) \\ -(n-2) & (n\text{이 짝수}) \end{cases}$

이때, $n=25$는 홀수이므로

$x_{25}=-1$, $\underline{y_{25}=24}$

$\quad \longrightarrow y_n=n-1$에 $n=25$를 대입해.

따라서 $P_{25}(a, b)=(-1, 24)$이므로

$a+b=(-1)+24=23$

> [정답 공식: 조건 (다)의 n대신에 2, 3, $\cdots$, n을 대입하여 각 변을 곱하면 일반항을 구할 수 있다.]

수직선 위에 점 P_n $(n=1, 2, 3, \cdots)$을 다음 규칙에 따라 정한다.

> (가) 점 P_1의 좌표는 $P_1(0)$이다.
>
> (나) $\overline{P_1P_2}=1$이다.
>
> (다) $\overline{P_nP_{n+1}}=\dfrac{n-1}{n+1}\times\overline{P_{n-1}P_n}$ $(n=2, 3, 4, \cdots)$

선분 P_nP_{n+1}을 밑변으로 하고 높이가 1인 직각삼각형의 넓이를 S_n이라 하자. $S_1+S_2+S_3+\cdots+S_{50}=\dfrac{q}{p}$일 때, $p+q$의 값을 구하시오. (단, p, q는 서로소인 자연수이다.) (4점)

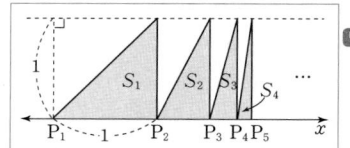

> **단서** 높이는 같고, 삼각형의 밑변의 길이가 (다)에 의하여 축소되지.

1st 주어진 조건을 이용하여 선분 P_nP_{n+1}의 길이를 구해 보자.

$\overline{P_1P_2}=1 \Rightarrow$ 조건 (나)

$\overline{P_2P_3}=\dfrac{1}{3}\overline{P_1P_2}=\dfrac{1}{3} \Rightarrow \overline{P_nP_{n+1}}=\dfrac{n-1}{n+1}\times\overline{P_{n-1}P_n}$

$\overline{P_3P_4}=\dfrac{2}{4}\overline{P_2P_3}=\dfrac{1}{3}\times\dfrac{2}{4}=\dfrac{1\times2}{3\times4}$

$\overline{P_4P_5}=\dfrac{3}{5}\overline{P_3P_4}=\dfrac{1\times2}{3\times4}\times\dfrac{3}{5}=\dfrac{1\times2}{4\times5}$

$\overline{P_5P_6}=\dfrac{4}{6}\overline{P_4P_5}=\dfrac{1\times2}{4\times5}\times\dfrac{4}{6}=\dfrac{1\times2}{5\times6}$

$\vdots$

$\overline{P_nP_{n+1}}=\dfrac{n-1}{n+1}\overline{P_{n-1}P_n}=\dfrac{2}{n(n+1)}$

2nd 밑변이 선분 P_nP_{n+1}이고 높이가 1인 직각삼각형의 넓이의 합을 구하자.

$S_n=\dfrac{1}{2}\times1\times\overline{P_nP_{n+1}}=\dfrac{1}{n(n+1)}$

$\therefore S_1+S_2+S_3+\cdots+S_{50}=\displaystyle\sum_{n=1}^{50}S_n$

$\qquad\qquad =\displaystyle\sum_{n=1}^{50}\dfrac{1}{n(n+1)}$

[부분분수] $\longleftarrow$

$\dfrac{1}{AB}=\dfrac{1}{B-A}\left(\dfrac{1}{A}-\dfrac{1}{B}\right) = \displaystyle\sum_{n=1}^{50}\left(\dfrac{1}{n}-\dfrac{1}{n+1}\right)$

(단, $A\ne B$)

$\qquad\qquad =\left(1-\dfrac{1}{2}\right)+\left(\dfrac{1}{2}-\dfrac{1}{3}\right)+\cdots+\left(\dfrac{1}{50}-\dfrac{1}{51}\right)$

$\qquad\qquad =1-\dfrac{1}{51}=\dfrac{50}{51}=\dfrac{q}{p}$

$\therefore p+q=51+50=101$

I 56 정답 21 *수열의 귀납적 정의의 응용 ·········· [정답률 55%]

[정답 공식: 세 점 P_n, Q_n, R_n의 좌표가 각각 $P_n\left(x_n, \dfrac{1}{x_n}\right)$, $Q_n\left(\dfrac{1}{x_n}, x_n\right)$, $R_n\left(\dfrac{1}{x_n}, 0\right)$ 임을 안다.]

자연수 n에 대하여 점 A_n이 x축 위의 점일 때, 점 A_{n+1}을 다음 규칙에 따라 정한다.

> (가) 점 A_1의 좌표는 $(2, 0)$이다.
> (나) (1) 점 A_n을 지나고 y축에 평행한 직선이 곡선
>
> $$y=\frac{1}{x}\ (x>0)$$과 만나는 점을 P_n이라 한다.
> ⇒ P_n의 x좌표가 a이면 y좌표는 $\dfrac{1}{a}$이야.
>
> (2) 점 P_n을 직선 $y=x$에 대하여 대칭이동한 점을 Q_n이라 한다. ⇒ $P_n(a,b)$이면 $Q_n(b,a)$야.
>
> (3) 점 Q_n을 지나고 y축에 평행한 직선이 x축과 만나는 점을 R_n이라 한다. ⇒ $Q_n(b,a)$이니까 $R_n(b, 0)$이야.
>
> (4) 점 R_n을 x축의 방향으로 1만큼 평행이동한 점을 A_{n+1}이라 한다. ⇒ $R_n(b,0)$이니까 $A_{n+1}(b+1, 0)$

점 A_n의 x좌표를 x_n이라 하자. $x_5=\dfrac{q}{p}$일 때, $p+q$의 값을 구하시오. (단, p, q는 서로소인 자연수이다.) (3점)

단서 규칙 (나)로 점 A_n의 x좌표를 이용하여 점 A_{n+1}의 x좌표를 나타내어 보자.

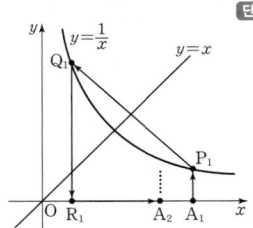

1st 점 A_n의 좌표를 이용하여 점 A_{n+1}의 좌표를 구해.

$A_n(x_n, 0)$이라 하면 점 P_n은 규칙 (1)에 의하여 x좌표가 x_n인 곡선 $y=\dfrac{1}{x}$ 위의 점이므로 실수⤾ 점 $P(a,b)$가 곡선 $y=f(x)$ 위의 점이면 $b=f(a)$가 성립해.

$P_n\left(x_n, \dfrac{1}{x_n}\right)$ → 점 (a,b)이면 점 (b,a)가 $y=x$에 대하여 대칭이동한 점이야.

이를 $y=x$에 대하여 대칭이동하면 x, y의 좌표가 바뀌므로

$Q_n\left(\dfrac{1}{x_n}, x_n\right)$

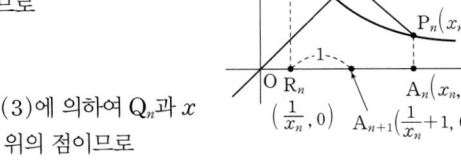

한편, R_n은 규칙 (3)에 의하여 Q_n과 x좌표가 같은 x축 위의 점이므로

$R_n\left(\dfrac{1}{x_n}, 0\right)$

다시 R_n을 x축의 방향으로 1만큼 평행이동하면 A_{n+1}이므로
x축의 방향으로 c만큼 평행이동하면 점 (a,b)에서 점 $(a+c,b)$야.

$A_{n+1}\left(\dfrac{1}{x_n}+1, 0\right)$ → 점 A_{n+1}의 좌표는 $(x_{n+1}, 0)$이지?

$\therefore x_{n+1}=\dfrac{1}{x_n}+1$

실수⤾ 문제의 정보를 이용하여 점 A_n의 좌표를 구하고, 이를 일반화하여 A_{n+1}의 좌표를 구해 관계식을 세울 수 있어야 해.

2nd $n=1, 2, 3, 4$를 대입하여 x_5의 값을 구해.

구한 식에 $n=1, 2, 3, 4$를 차례로 대입하면

$x_2=\dfrac{1}{x_1}+1=\dfrac{1}{2}+1=\dfrac{3}{2}$

$x_3=\dfrac{1}{x_2}+1=\dfrac{2}{3}+1=\dfrac{5}{3}$

$x_4=\dfrac{1}{x_3}+1=\dfrac{3}{5}+1=\dfrac{8}{5}$

$x_5=\dfrac{1}{x_4}+1=\dfrac{5}{8}+1=\dfrac{13}{8}$

$\therefore p+q=8+13=21$

I 57 정답 ② *수열의 귀납법 정의의 응용 ·········· [정답률 59%]

(정답 공식: $p_n=p-1-2-\cdots-n$)

다음은 19세기 초 조선의 유학자 홍길주가 소개한 제곱근을 구하는 계산법의 일부를 재구성한 것이다.

> 1보다 큰 자연수 p에서 1을 뺀 수를 p_1이라 한다. ⇒ $p_1=p-1$
> p_1이 2보다 크면 p_1에서 2를 뺀 수를 p_2라 한다. ⇒ $p_2=p_1-2$ $=(p-1)-2$
> p_2가 3보다 크면 p_2에서 3을 뺀 수를 p_3이라 한다.
> $\vdots$
> p_{k-1}이 k보다 크면 p_{k-1}에서 k를 뺀 수를 p_k라 한다.
> 이와 같은 과정을 계속하여 n번째 얻은 수 p_n이 $(n+1)$보다 작으면 이 과정을 멈춘다.
> 이때, $2p_n$이 $(n+1)$과 같으면 p는 (가) 이다.
>
> 단서 일반항 p_n을 구하여 $2p_n=n+1$을 이용하여 p의 식을 구해.

(가)에 들어갈 식으로 알맞은 것은? (4점)

① $n+1$ ② $\dfrac{(n+1)^2}{2}$ ③ $\left\{\dfrac{(n+1)}{2}\right\}^2$

④ 2^{n+1} ⑤ $(n+1)!$

1st 주어진 과정을 식으로 표현해 보자.

1보다 큰 자연수 p에서 1을 뺀 수를 p_1이라 하므로 $p-1=p_1$

p_1이 2보다 크면 p_1에서 2를 뺀 수를 p_2라 하므로 $p_1-2=p_2$

p_2가 3보다 크면 p_2에서 3을 뺀 수를 p_3이라 하므로 $p_2-3=p_3$
$\vdots$

p_{n-1}이 n보다 크면 p_{n-1}에서 n을 뺀 수를 p_n이라 하므로

$p_{n-1}-n=p_n$

2nd 구한 식을 변변끼리 더하자.

$$
\begin{aligned}
p-1&=p_1\\
p_1-2&=p_2\\
p_2-3&=p_3\\
&\vdots\\
+)\ p_{n-1}-n&=p_n\\
\hline
p-(1+2+3+\cdots+n)&=p_n
\end{aligned}
$$

[연속한 자연수의 합] $\displaystyle\sum_{k=1}^{n}k=\dfrac{n(n+1)}{2}$ 을 이용해.

$p-\dfrac{n(n+1)}{2}=p_n$, $2p-n(n+1)=2p_n$

그런데 $2p_n=n+1$이라 하므로 $2p-n(n+1)=n+1$

$2p=n(n+1)+(n+1)=(n+1)^2$

$\therefore p=\dfrac{(n+1)^2}{2}$ ←(가)

I

I 58 정답 ① *수학적 귀납법 – 등식의 증명 ·········· [정답률 74%]

정답 공식: $\displaystyle\sum_{k=m+1}^{m+1} k\{k+(k+1)+\cdots+(m+1)\}=\sum_{k=m+1}^{m+1} k^2=(m+1)^2$

다음은 모든 자연수 n에 대하여

$$\sum_{k=1}^{n} k\{k+(k+1)+(k+2)+\cdots+n\}$$
$$=\frac{n(n+1)(n+2)(3n+1)}{24} \cdots (*)$$

단서 증명을 따라가면서 과정을 이해해야 해.

이 성립함을 수학적 귀납법으로 증명하는 과정이다.

[증명]

(i) $n=1$일 때,
(좌변)=(우변)= (가) 이므로 (*)이 성립한다.

(ii) $n=m$일 때, (*)이 성립한다고 가정하면

$$\sum_{k=1}^{m} k\{k+(k+1)+(k+2)+\cdots+m\}$$
$$=\frac{m(m+1)(m+2)(3m+1)}{24}$$

이다. $n=m+1$일 때, (*)이 성립함을 보이자.

$$\sum_{k=1}^{m+1} k\{k+(k+1)+(k+2)+\cdots+(m+1)\}$$
$$=\sum_{k=1}^{m} k\{k+(k+1)+(k+2)+\cdots+(m+1)\}+\boxed{(나)}$$
$$=\boxed{(다)}+\frac{m(m+1)^2}{2}+\boxed{(나)}$$
$$=\frac{(m+1)(m+2)(m+3)(3m+4)}{24}$$

따라서 $n=m+1$일 때도 성립한다.

(i), (ii)에 의하여 모든 자연수 n에 대하여 (*)이 성립한다.

위의 (가)에 알맞은 수를 a, (나), (다)에 알맞은 식을 각각 $f(m)$, $g(m)$이라 할 때, $a+f(2)+g(3)$의 값은? (4점)

① 35　　② 36　　③ 37　　④ 38　　⑤ 39

1st 수학적 귀납법은 $n=1$일 때를 먼저 체크해야 해.

(i) $n=1$일 때, (좌변)$=1\times1=1$, (우변)$=\dfrac{1\times2\times3\times4}{24}=1$
(좌변)=(우변)=1이므로 (*)이 성립한다.
(가)

2nd 이제 $n=m$일 때, (*)이 성립한다고 가정했을 때, $n=m+1$에서도 성립함을 보이자.

(ii) $n=m$일 때, (*)이 성립한다고 가정하면

$$\sum_{k=1}^{m} k\{k+(k+1)+(k+2)+\cdots+m\}=\frac{m(m+1)(m+2)(3m+1)}{24}$$

이다. $n=m+1$일 때, (*)이 성립함을 보이자.

$$\sum_{k=1}^{m+1} k\{k+(k+1)+(k+2)+\cdots+(m+1)\}$$
$$=\sum_{k=1}^{m} k\{k+(k+1)+(k+2)+\cdots+(m+1)\}$$

$k=m+1$이므로
$$\sum_{k=m+1}^{m+1} k\{k+(k+1)+\cdots+(m+1)\}+\sum_{k=m+1}^{m+1} k\{k+(k+1)+\cdots+(m+1)\}$$
$$=\sum_{k=m+1}^{m+1} k^2=(m+1)^2$$

$$=\sum_{k=1}^{m} k\{k+(k+1)+(k+2)+\cdots+(m+1)\}+(m+1)^2$$
　　　　　　　　　　　　　　　　　　　　　　　　(나)
$$=\sum_{k=1}^{m} k\{k+(k+1)+(k+2)+\cdots+m\}+(m+1)\sum_{k=1}^{m} k+(m+1)^2$$

$$=\frac{m(m+1)(m+2)(3m+1)}{24}+\frac{m(m+1)^2}{2}+(m+1)^2$$
　　　　　　　　　　　　　　　　　　(다)
$$=\frac{(m+1)(m+2)(m+3)(3m+4)}{24}$$

따라서 $n=m+1$일 때도 성립한다.

(i), (ii)에 의하여 모든 자연수 n에 대하여 (*)이 성립한다. 즉,

$a=1$, $f(m)=(m+1)^2$, $g(m)=\dfrac{m(m+1)(m+2)(3m+1)}{24}$이므로

$$a+f(2)+g(3)=1+3^2+\frac{3\times4\times5\times10}{24}$$
$$=1+9+25=35$$

❖ 수학적 귀납법 – 등식의 증명　　　　개념·공식

모든 자연수 n에 대하여 등식이 성립함을 증명할 때,
(i) $n=1$일 때, 등식이 성립함을 확인한다.
(ii) $n=k$일 때, 등식이 성립한다고 가정하고,
　　$n=k+1$일 때 등식이 성립함을 확인한다.

I 59 정답 ⑤ *수학적 귀납법 – 등식의 증명 ·········· [정답률 74%]

정답 공식: $n=k$일 때의 식을 이용하여 $n=k+1$일 때 만족해야 하는 식의 좌변을 맞춰보고 우변을 확인한다.

다음은 모든 자연수 n에 대하여

$$\frac{4}{3}+\frac{8}{3^2}+\frac{12}{3^3}+\cdots+\frac{4n}{3^n}=3-\frac{2n+3}{3^n} \cdots (*)$$

이 성립함을 수학적 귀납법으로 증명한 것이다.

[증명]

(1) $n=1$일 때, (좌변)$=\dfrac{4}{3}$,

(우변)$=3-\dfrac{5}{3}=\dfrac{4}{3}$이므로 (*)이 성립한다.

(2) $n=k$일 때, (*)이 성립한다고 가정하면

$$\frac{4}{3}+\frac{8}{3^2}+\frac{12}{3^3}+\cdots+\frac{4k}{3^k}=3-\frac{2k+3}{3^k} \cdots ⓐ$$

이다. **단서1** ❶은 $n=k+1$일 때 성립함을 보이기 위해서야.
❷ = ⓐ이니까 식을 정리하면 (가)를 유추할 수 있어.

❶ 위 등식의 양변에 $\dfrac{4(k+1)}{3^{k+1}}$ 을 더하여 정리하면

❷ $\dfrac{4}{3}+\dfrac{8}{3^2}+\dfrac{12}{3^3}+\cdots+\dfrac{4k}{3^k}+\dfrac{4(k+1)}{3^{k+1}}$

$$=3-\frac{1}{3^k}\{(2k+3)-(\boxed{(가)})\}$$
단서2 이 식을 정리하여 (나)를 유추해.
$$=3-\frac{\boxed{(나)}}{3^{k+1}}$$

따라서 $n=k+1$일 때도 (*)이 성립한다.
(1), (2)에 의하여 모든 자연수 n에 대하여 (*)이 성립한다.

위의 (가), (나)에 알맞은 식을 각각 $f(k)$, $g(k)$이라 할 때, $f(3)\times g(2)$의 값은? (4점)

① 36　　② 39　　③ 42　　④ 45　　⑤ 48

1st 앞의 식을 보면서 (가), (나)를 유추해 보자.

$$\frac{4}{3}+\frac{8}{3^2}+\frac{12}{3^3}+\cdots+\frac{4k}{3^k}=3-\frac{2k+3}{3^k}$$

위 등식의 양변에 $\frac{4(k+1)}{3^{k+1}}$ 을 더하여 정리하면

$$\frac{4}{3}+\frac{8}{3^2}+\frac{12}{3^3}+\cdots+\frac{4k}{3^k}+\frac{4(k+1)}{3^{k+1}}$$

$$=3-\frac{2k+3}{3^k}+\frac{4(k+1)}{3^{k+1}} \quad \cdots ⓐ$$

$$=3-\frac{1}{3^k}\left\{(2k+3)-\left(\boxed{\frac{4k+4}{3}}\right)\right\}$$
$$\quad\quad\quad\quad\quad\quad\quad\quad\quad\quad\quad\quad {}^{(가)}$$

$$=3-\frac{1}{3^k}\left(\frac{2}{3}k+\frac{5}{3}\right) \quad {}_{\frac{1}{3^k}\times\frac{2k+5}{3}=\frac{2k+5}{3^k\times3}}$$

$$=3-\frac{2k+5}{3^{k+1}} \quad {}^{(나)}$$

2nd $f(3)\times g(2)$의 값을 구해.

$f(k)=\dfrac{4k+4}{3}$, $g(k)=2k+5$이므로

$$f(3)\times g(2)=\frac{16}{3}\times 9=48$$

I 60 정답 ③ *수학적 귀납법 – 등식의 증명 ········· [정답률 68%]

정답 공식: $\sum_{k=1}^{m+1}(-1)^{k+1}k^2=\sum_{k=1}^{m}(-1)^{k+1}k^2+\sum_{k=m+1}^{m+1}(-1)^{k+1}k^2=\sum_{k=1}^{m}(-1)^{k+1}k^2$
$\quad\quad\quad\quad\quad\quad\quad\quad\quad\quad\quad\quad\quad\quad\quad\quad\quad +(-1)^{m+2}(m+1)^2$

다음은 모든 자연수 n에 대하여

$$\sum_{k=1}^{n}(-1)^{k+1}k^2=(-1)^{n+1}\times\frac{n(n+1)}{2} \cdots (*)$$

이 성립함을 수학적 귀납법으로 증명한 것이다.

[증명]

(ⅰ) $n=1$일 때,
(좌변)$=(-1)^2\times 1^2=1$
(우변)$=(-1)^2\times\dfrac{1\times2}{2}=1$

단서 ❶은 $m+1$까지의 합이고, ❷는 m까지의 합이니까 (가)를 유추할 수 있지? 이때, (나)는 (*)에서 채울 수 있어.

따라서 (*)이 성립한다.

(ⅱ) $n=m$일 때, (*)이 성립한다고 가정하면

$${}^❶\sum_{k=1}^{m+1}(-1)^{k+1}k^2={}^❷\sum_{k=1}^{m}(-1)^{k+1}k^2+\boxed{(가)}$$

$$=\boxed{(나)}+\boxed{(가)}$$

$$=(-1)^{m+2}\times\frac{(m+1)(m+2)}{2}$$

이다.

따라서 $n=m+1$일 때도 (*)이 성립한다.

(ⅰ), (ⅱ)에 의하여 모든 자연수 n에 대하여 (*)이 성립한다.

위의 (가), (나)에 알맞은 식을 각각 $f(m)$, $g(m)$이라 할 때, $\dfrac{f(5)}{g(2)}$의 값은? (4점)

① 8 ② 10 ③ 12 ④ 14 ⑤ 16

1st $\sum_{k=1}^{m}$과 $\sum_{k=1}^{m+1}$을 비교해 보면 $\sum_{k=1}^{m+1}$은 $\sum_{k=1}^{m}$보다 제$m+1$항이 더해진 거야.

$a_k=(-1)^{k+1}k^2$이라 하면

$$\sum_{k=1}^{m+1}(-1)^{k+1}k^2=\sum_{k=1}^{m}(-1)^{k+1}k^2+\boxed{(가)}$$

에서 $\sum_{k=1}^{m+1}a_k=\sum_{k=1}^{m}a_k+\boxed{(가)}$

주의
$\sum_{k=1}^{m+1}$과 $\sum_{k=1}^{m}$ 사이의 관계를 잘 알고 있어야 해.

$$\sum_{k=1}^{m+1}a_k-\sum_{k=1}^{m}a_k=a_{m+1}=(-1)^{m+2}(m+1)^2 \quad {}^{(가)}$$
$$=a_1+a_2+\cdots+a_m+a_{m+1}-(a_1+a_2+\cdots+a_m)$$

2nd (*)을 이용하여 (가) 앞의 식을 변형한 후 (나)를 찾자.

또, 등식

$$\sum_{k=1}^{m}(-1)^{k+1}k^2+\boxed{(가)}=\boxed{(나)}+\boxed{(가)}$$ 에서

(*)에 의하여 등식을 보면 $a+b=\square+b$이니까 $\square=a$야.

$$\boxed{(나)}=\sum_{k=1}^{m}(-1)^{k+1}k^2$$

$$=(-1)^{m+1}\times\frac{m(m+1)}{2} \quad {}^{(나)}$$

3rd $\dfrac{f(5)}{g(2)}$의 값을 구해.

$f(m)=(-1)^{m+2}(m+1)^2$,

$g(m)=(-1)^{m+1}\times\dfrac{m(m+1)}{2}$이므로

$$f(5)=(-1)^{5+2}(5+1)^2$$
$$=-36,$$

$$g(2)=(-1)^{2+1}\times\frac{2(2+1)}{2}$$
$$=-3$$

$$\therefore \frac{f(5)}{g(2)}=\frac{-36}{-3}$$
$$=12$$

✿ 수학적 귀납법 개념·공식

자연수 n에 대한 명제 $p(n)$이 모든 자연수에 대하여 성립함을 증명하려면
(ⅰ) $n=1$일 때 명제 $p(n)$이 성립
(ⅱ) $n=k$일 때 명제 $p(n)$이 성립한다고 가정하면,
$\quad n=k+1$일 때도 명제 $p(n)$이 성립
함을 보이면 된다.

I 61 정답 ③ *수학적 귀납법 – 등식의 증명 ········· [정답률 48%]

> 정답 공식: 자연수 n에 대하여 (i) $n=1$일 때 명제 $p(n)$이 성립하고, (ii) $n=k$일 때 명제 $p(n)$이 성립한다고 가정하면 $n=k+1$일 때도 명제 $p(n)$은 성립하면 명제 $p(n)$이 모든 자연수 n에 대하여 성립한다.

다음은 모든 자연수 n에 대하여

$$\sum_{k=1}^{2n}(-1)^{k-1}\frac{1}{k}=\sum_{k=1}^{n}\frac{1}{n+k} \cdots (\bigstar)$$

이 성립함을 수학적 귀납법으로 증명한 것이다.

[증명]

$(\bigstar)$에서

$S_n=\sum_{k=1}^{2n}(-1)^{k-1}\frac{1}{k}$, $T_n=\sum_{k=1}^{n}\frac{1}{n+k}$이라 하자.

(i) $n=1$일 때,

$S_1=\boxed{(가)}=T_1$이므로 $(\bigstar)$이 성립한다.

(ii) $n=m$일 때,

$(\bigstar)$이 성립한다고 가정하면 $S_m=T_m$이다.

$n=m+1$일 때, $(\bigstar)$이 성립함을 보이자.

$S_{m+1}=S_m+\dfrac{1}{2m+1}+\boxed{(나)}$,

$T_{m+1}=T_m+\boxed{(다)}+\dfrac{1}{2m+1}+\dfrac{1}{2m+2}$이다.

> **단서** $S_n=\sum_{k=1}^{2n}(-1)^{k-1}\frac{1}{k}$의 n에 각각 m과 $m+1$을 대입하여 전개한 식과
> $T_n=\sum_{k=1}^{n}\frac{1}{n+k}$의 n에 각각 m과 $m+1$을 대입하여 전개한 식을 비교해야 해.

$S_{m+1}-T_{m+1}=S_m-T_m$이고,

$S_m=T_m$이므로 $S_{m+1}=T_{m+1}$이다.

따라서 $n=m+1$일 때도 $(\bigstar)$이 성립한다.

(i), (ii)에 의하여 모든 자연수 n에 대하여 $(\bigstar)$이 성립한다.

위의 (가)에 알맞은 수를 a라 하고, (나), (다)에 알맞은 식을 각각 $f(m)$, $g(m)$이라 할 때, $a+\dfrac{g(5)}{f(14)}$의 값은? (4점)

① $\dfrac{7}{2}$ ② $\dfrac{9}{2}$ ③ $\dfrac{11}{2}$

④ $\dfrac{13}{2}$ ⑤ $\dfrac{15}{2}$

1st S_n과 T_n에 $n=1$을 대입하고 (가)에 알맞은 값을 구하자.

$(\bigstar)$에서 $S_n=\sum_{k=1}^{2n}(-1)^{k-1}\frac{1}{k}$, $T_n=\sum_{k=1}^{n}\frac{1}{n+k}$이라 하자.

(i) $n=1$일 때,

$S_1=1-\dfrac{1}{2}=\dfrac{1}{2}$, $T_1=\dfrac{1}{1+1}=\dfrac{1}{2}$

$S_1=\underset{(가)}{\dfrac{1}{2}}=T_1$이므로 $(\bigstar)$이 성립한다.

2nd S_m과 S_{m+1}을 비교하여 (나)에 알맞은 식을 구하자.

$S_n=\sum_{k=1}^{2n}(-1)^{k-1}\dfrac{1}{k}$에서

> $S_n=\sum_{k=1}^{2n}(-1)^{k-1}\frac{1}{k}$에서 $a_k=(-1)^{k-1}\frac{1}{k}$이라 두면
> $S_{m+1}=S_m+a_{2m+1}+a_{2m+2}$가 성립하지.

$S_{m+1}=S_m+(-1)^{2m+1-1}\dfrac{1}{2m+1}+(-1)^{2m+2-1}\dfrac{1}{2m+2}$

$=S_m+\dfrac{1}{2m+1}\underset{(나)}{-\dfrac{1}{2m+2}}$

3rd T_m과 T_{m+1}을 비교하여 (다)에 알맞은 식을 구하자.

$T_n=\sum_{k=1}^{n}\dfrac{1}{n+k}$에서

$T_{m+1}=\sum_{k=1}^{m+1}\dfrac{1}{m+1+k}=\underbrace{\dfrac{1}{m+2}+\dfrac{1}{m+3}+\cdots+\dfrac{1}{2m+2}}$이고

$T_m=\sum_{k=1}^{m}\dfrac{1}{m+k}=\dfrac{1}{m+1}+\dfrac{1}{m+2}+\cdots+\dfrac{1}{2m}$이다.

> **주의**
> $T_m=\sum_{k=1}^{m}\frac{1}{m+k}$이므로 수열의 합의 첫째항이 $\frac{1}{m+1}$인데,
> $T_{m+1}=\sum_{k=1}^{m+1}\frac{1}{m+1+k}$이므로 수열의 합의 첫째항이 $\frac{1}{m+2}$임에 주의해야 해. 즉, 수열의 합의 첫째항과 마지막 두 항이 모두 다르지.

따라서

$T_{m+1}=T_m\underset{(다)}{-\dfrac{1}{m+1}}+\dfrac{1}{2m+1}+\dfrac{1}{2m+2}$이다.

여기서

$T_m+1=\sum_{k=1}^{m+1}\dfrac{1}{m+1+k}$

$=\dfrac{1}{m+2}+\dfrac{1}{m+3}+\cdots+\dfrac{1}{2m+2}$

$=-\dfrac{1}{m+1}+\dfrac{1}{m+1}+\dfrac{1}{m+2}+\dfrac{1}{m+3}+\cdots+\dfrac{1}{2m+2}$

$=\left(\dfrac{1}{m+1}+\dfrac{1}{m+2}+\cdots+\dfrac{1}{2m}\right)$

$\qquad\qquad -\dfrac{1}{m+1}+\dfrac{1}{2m+1}+\dfrac{1}{2m+2}$

$=T_m-\dfrac{1}{m+1}+\dfrac{1}{2m+1}+\dfrac{1}{2m+2}$

이 성립함을 알 수 있다.

$S_{m+1}-T_{m+1}=S_m-T_m$이고,

$S_m=T_m$이므로 $S_{m+1}=T_{m+1}$이다.

따라서 $n=m+1$일 때도 $(\bigstar)$이 성립한다.

$a=\dfrac{1}{2}$, $f(m)=-\dfrac{1}{2m+2}$, $g(m)=-\dfrac{1}{m+1}$이므로

$a+\dfrac{g(5)}{f(14)}=\dfrac{1}{2}+\dfrac{-\dfrac{1}{6}}{-\dfrac{1}{30}}$

$=\dfrac{1}{2}+5=\dfrac{11}{2}$

✿ 수학적 귀납법 – 등식의 증명   개념·공식

모든 자연수 n에 대하여 등식이 성립함을 증명할 때,
(i) $n=1$일 때, 등식이 성립함을 확인한다.
(ii) $n=k$일 때, 등식이 성립한다고 가정하고,
$\quad n=k+1$일 때 등식이 성립함을 확인한다.

I 62 정답 ① *수학적 귀납법–등식의 증명 ········· [정답률 49%]

정답 공식: $f(3^{2k-1}+1)=2$이면 $3^{2k-1}+1=2^2\times p$(p는 홀수)로 나타낼 수 있다.

자연수 N을 음이 아닌 정수 m과 홀수 p에 대하여 $N=2^m\times p$
로 나타낼 때, $f(N)=m$이라 하자.
예를 들어, $40=2^3\times 5$이므로 $f(40)=3$이다.
다음은 모든 자연수 n에 대하여 $f(3^{2n-1}+1)=2 \cdots (*)$
임을 <u>수학적 귀납법</u>을 이용하여 증명한 것이다.

단서 증명을 따라가면서 과정을 이해해야 해.

[증명]

(i) $n=1$일 때,
$3^1+1=2^2\times 1$이므로 $f(3^1+1)=2$이다.
따라서 $n=1$일 때 $(*)$이 성립한다.

(ii) $n=k$일 때 $(*)$이 성립한다고 가정하면
$$f(3^{2k-1}+1)=2$$
음이 아닌 정수 m과 홀수 p에 대하여
$$3^{2k-1}+1=2^m\times p$$
로 나타낼 수 있으므로 $3^{2k-1}+1=\boxed{(가)}\times p$이다.
$$3^{2(k+1)-1}+1=9\times 3^{2k-1}+1=2^2(\boxed{(나)})$$
이고, p는 홀수이므로 $\boxed{(나)}$도 홀수이다.
따라서 $f(3^{2(k+1)-1}+1)=2$이다.
그러므로 $n=k+1$일 때도 $(*)$이 성립한다.

(i), (ii)에 의하여 모든 자연수 n에 대하여
$f(3^{2n-1}+1)=2$이다.

위의 (가)에 알맞은 수를 a, (나)에 알맞은 식을 $g(p)$라 할 때,
$a+g(7)$의 값은? (4점)

① 65   ② 67   ③ 69   ④ 71   ⑤ 73

1st 모든 자연수 n에 대하여 주어진 식이 성립함을 보이려면 먼저 $n=1$일 때 성립함을 보여야 해.

(i) $n=1$일 때, $3^1+1=2^2\times 1$이므로 $f(3^1+1)=2$이다.
따라서 $n=1$일 때 $(*)$이 성립한다.

2nd $n=k$일 때 주어진 식이 성립한다고 가정하면 $n=k+1$일 때도 성립함을 보여야 해.

(ii) $n=k$일 때 $(*)$이 성립한다고 가정하면
$$f(3^{2k-1}+1)=2$$
음이 아닌 정수 m과 홀수 p에 대하여
$$\underline{3^{2k-1}+1=2^m\times p}$$

→ 자연수 N을 음이 아닌 정수 m과 홀수 p에 대하여 $N=2^m\times p$로 나타낼 때 $f(N)=m$으로 정의하고 있어. 즉, $f(3^{2k-1}+1)=2$이면 $3^{2k-1}+1=2^2\times p$(p는 홀수)로 나타낼 수 있지.

로 나타낼 수 있고, $m=2$이므로
$$3^{2k-1}+1=\boxed{4}\,p \quad \text{(가)}$$
$$\therefore 3^{2k-1}=4p-1$$

또, $3^{2(k+1)-1}+1=\underline{9\times 3^{2k-1}}+1$
→ $3^{2(k+1)-1}=3^{2k+1}=3^2\times 3^{2k-1}$
$$=9(4p-1)+1=36p-8$$
$$=2^2\times(\boxed{9p-2}) \quad \text{(나)}$$
이고, p는 홀수이므로 $9p-2$도 홀수이다.
→ p가 홀수이면 $9p$도 홀수, (홀수)$-$(짝수)$=$(홀수)이므로 $9p-2$는 홀수
따라서 $f(3^{2(k+1)-1}+1)=2$이다.
그러므로 $n=k+1$일 때도 $(*)$이 성립한다.

(i), (ii)에 의하여 모든 자연수 n에 대하여 $f(3^{2n-1}+1)=2$이다.

(가)에서 $a=4$이고 (나)에서 $g(p)=9p-2$이므로
$$a+g(7)=4+(9\times 7-2)=65$$

I 63 정답 ③ *수학적 귀납법–등식의 증명 ········· [정답률 51%]

정답 공식:
$$(2m+3-2k)^2=(2m+1-2k+2)^2$$
$$=(2m+1-2k)^2+4+4(2m+1-2k)$$
$$=(2m+1-2k)^2+8(m+1-k)$$

다음은 모든 자연수 n에 대하여
$$\sum_{k=1}^{n}(2k-1)(2n+1-2k)^2=\frac{n^2(2n^2+1)}{3}$$
이 성립함을 수학적 귀납법으로 증명한 것이다.

[증명]

(i) $n=1$일 때, (좌변)$=1$, (우변)$=1$
이므로 주어진 등식은 성립한다.

(ii) $n=m$일 때, 등식
$$\sum_{k=1}^{m}(2k-1)(2m+1-2k)^2=\frac{m^2(2m^2+1)}{3}$$
이 성립한다고 가정하자. $n=m+1$일 때,

단서 ❶은 $m+1$까지의 합이고, ❷는 m까지의 합이니까 (가)를 유추할 수 있어. 또한, ❷와 ❸의 식을 비교하면 $\sum$ 안의 식이 $2m+3-2k$에서 $2m+1-2k$로 바뀌었지? 앞뒤의 식의 변화가 빈칸 추론의 단서야!!

$$❶\sum_{k=1}^{m+1}(2k-1)(2m+3-2k)^2$$
$$=❷\sum_{k=1}^{m}(2k-1)(2m+3-2k)^2+\boxed{(가)}$$
$$=❸\sum_{k=1}^{m}(2k-1)(2m+1-2k)^2$$
$$+\boxed{(나)}\times\sum_{k=1}^{m}(2k-1)(m+1-k)+\boxed{(가)}$$
$$=\frac{(m+1)^2\{2(m+1)^2+1\}}{3}$$
이다. 따라서 $n=m+1$일 때도 주어진 등식이 성립한다.

(i), (ii)에 의하여 모든 자연수 n에 대하여 주어진 등식이 성립한다.

위의 (가)에 알맞은 식을 $f(m)$, (나)에 알맞은 수를 p라 할 때,
$f(3)+p$의 값은? (4점)

① 11   ② 13   ③ 15   ④ 17   ⑤ 19

1st 문맥의 앞뒤 단계별 변화에 집중해.

$$\sum_{k=1}^{m+1}(2k-1)(2m+3-2k)^2 \cdots ⓐ$$
→ $k=1$에서 $k=m+1$까지 항의 합이니까 $k=1$에서 $k=m$까지 항의 합에 $k=m+1$항을 더하면 돼.
$$=\sum_{k=1}^{m}(2k-1)(2m+3-2k)^2$$
$$+\{2(m+1)-1\}\{2m+3-2(m+1)\}^2$$
→ ⓐ의 일반항에 k 대신에 $m+1$을 대입해.
$$=\sum_{k=1}^{m}(2k-1)(2m+3-2k)^2+\boxed{2m+1} \quad \text{(가)}$$

이때,
$2m+1-2k=a$로 보면
$$(2m+3-2k)^2=\underline{(2m+1-2k+2)^2} \quad \begin{array}{l}(2m+1-2k+2)^2=(a+2)^2\\=a^2+4a+4\end{array}$$
$$=(2m+1-2k)^2+4(2m+1-2k)+4$$
$$=(2m+1-2k)^2+8(m+1-k)$$

이므로 위 식은
$$\sum_{k=1}^{m}(2k-1)(2m+3-2k)^2+2m+1$$

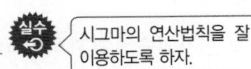
시그마의 연산법칙을 잘 이용하도록 하자.

$$=\sum_{k=1}^{m}(2k-1)\{(2m+1-2k)^2+8(m+1-k)\}+2m+1$$

$$=\sum_{k=1}^{m}(2k-1)(2m+1-2k)^2+\underline{8}\times\sum_{k=1}^{m}(2k-1)(m+1-k)+2m+1$$

2nd $f(3)+p$의 값을 구해. (나)

$f(m)=2m+1$, $p=8$이므로 $f(3)+p=7+8=15$

I 64 정답 ⑤ *수학적 귀납법 –등식의 증명 ·········· [정답률 47%]

수열 $\{a_n\}$은 $a_1=3$이고

$$na_{n+1}-2na_n+\frac{n+2}{n+1}=0(n\geq1)$$

을 만족시킨다. 다음은 일반항 a_n이 $a_n=2^n+\frac{1}{n}$ ··· ($*$)임을
수학적 귀납법을 이용하여 증명한 것이다.

[증명]

(i) $n=1$일 때, (좌변)$=a_1=3$, (우변)$=2^1+\frac{1}{1}=3$이므로

($*$)이 성립한다.

(ii) $n=k$일 때, ($*$)이 성립한다고 가정하면

❶ $a_k=2^k+\frac{1}{k}$이므로 [단서1] (가)는 k의 식으로 ❷에 ❶을 대입하면 되겠네.

$ka_{k+1}\overset{❷}{=}2ka_k-\frac{k+2}{k+1}$ [단서2] 등호로 연결된 식이니까 앞의 식에서
$k2^{k+1}$을 제외하여 (나)를 유추해 볼까?

$=\boxed{(가)}-\frac{k+2}{k+1}=k\times2^{k+1}+\boxed{(나)}$

이다. 따라서 $a_{k+1}=2^{k+1}+\frac{1}{k+1}$이므로

$n=k+1$일 때도 ($*$)이 성립한다.

(i), (ii)에 의하여 모든 자연수 n에 대하여 $a_n=2^n+\frac{1}{n}$이다.

위의 (가), (나)에 알맞은 식을 각각 $f(k)$, $g(k)$라 할 때,
$f(3)\times g(4)$의 값은? (3점)

① 32　　② 34　　③ 36　　④ 38　　⑤ 40

[1st] $n=k$일 때 성립한다고 가정하고, $n=k+1$일 때도 성립함을 보이자.

[주의] 수학적 귀납법을 이용할 때 기본이 되는 방법이니까 잘 알아두도록 하자.

$n=k$일 때, ($*$)이 성립한다고 가정하면 $a_k=2^k+\frac{1}{k}$이므로

$ka_{k+1}=2ka_k-\frac{k+2}{k+1}$ ⇒ $na_{n+1}-2na_n+\frac{n+2}{n+1}=0$을 만족시키니까 $n=k$라 하고
❶에 대입해 보자.

$=2k\underbrace{\left(2^k+\frac{1}{k}\right)}_{a^n\times a^m=a^{n+m}\text{이니까 }2\times2^k=2^{k+1}}-\frac{k+2}{k+1}=\underset{(가)}{k\times2^{k+1}}+2-\frac{k+2}{k+1}$

$=k\times2^{k+1}+\frac{2k+2-k-2}{k+1}$

$=k\times2^{k+1}+\underset{(나)}{\frac{k}{k+1}}$ ··· ㉠

㉠의 양변을 k로 나누면 $a_{k+1}=2^{k+1}+\frac{1}{k+1}$이므로 $n=k+1$일 때도
($*$)이 성립한다.

따라서 모든 자연수 n에 대하여 $a_n=2^n+\frac{1}{n}$이다.

[2nd] $f(3)\times g(4)$의 값을 구하자.

$f(k)=k\times2^{k+1}+2$, $g(k)=\frac{k}{k+1}$이므로

$f(3)=3\times2^{3+1}+2=50$, $g(4)=\frac{4}{4+1}=\frac{4}{5}$

$\therefore f(3)\times g(4)=50\times\frac{4}{5}=40$

I 65 정답 ① *수학적 귀납법 –등식의 증명 ·········· [정답률 41%]

다음 모든 자연수 n에 대하여 등식

$$\sum_{k=1}^{n}(-1)^{k-1}(n+1-k)^2=\sum_{k=1}^{n}k \cdots ㉠$$

가 성립함을 수학적 귀납법으로 증명한 것이다.

[증명]

(1) $n=1$일 때, (좌변)$=1$, (우변)$=1$이므로 ㉠이 성립한다.

(2) $n=m$일 때, ㉠이 성립한다고 가정하면

$$\sum_{k=1}^{m}(-1)^{k-1}(m+1-k)^2=\sum_{k=1}^{m}k \cdots ⓐ$$

이다. $n=m+1$일 때 ㉠이 성립함을 보이자.

$\sum\limits_{k=1}^{m+1}(-1)^{k-1}(m+2-k)^2$

❶ [단서1] ❶과 ❷를 비교하여 (가)를 유추해.

$=(-1)^0(m+1)^2+(-1)^1m^2+\cdots+(-1)^m\cdot1^2$

$=(m+1)^2+\boxed{(가)}\cdot\overset{❷}{\sum\limits_{k=1}^{m}}(-1)^{k-1}(m+1-k)^2$

[단서2] ⓐ를 이용하여 (가)×❷의
식을 정리해야겠네.

$=(m+1)^2+\boxed{(나)}=\sum\limits_{k=1}^{m+1}k$

그러므로 $n=m+1$일 때도 ㉠이 성립한다.

따라서 (1), (2)에 의하여 모든 자연수 n에 대하여 ㉠이 성립한다.

위의 증명에서 (가)에 알맞은 수를 a라 하고, (나)에 알맞은 식을
$f(m)$이라 할 때, $a+f(9)$의 값은? (4점)

① -46　　② -44　　③ -42　　④ -40　　⑤ -38

[1st] 수학적 귀납법의 첫 번째 단계! $n=1$일 때 증명하려는 식이 맞는지 확인해야지?

(1) $n=1$일 때, (좌변)$=$(우변)$=1$이므로 ㉠이 성립한다.

[2nd] 수학적 귀납법의 두 번째 단계! $n=m$일 때 등식이 성립한다고 가정하고,
$n=m+1$일 때도 등식이 성립함을 보이자.

(2) $n=m$일 때, ㉠이 성립한다고 가정하면

$$\sum_{k=1}^{m}(-1)^{k-1}(m+1-k)^2=\sum_{k=1}^{m}k \cdots ㉡$$

이제 $n=m+1$일 때 ㉠이 성립함을 보이자.

$\sum\limits_{k=1}^{m+1}(-1)^{k-1}(m+2-k)^2$

$=(-1)^0(m+1)^2+(-1)^1m^2+\cdots+(-1)^m\cdot1^2$

$=(m+1)^2+(-1)\underbrace{\{m^2+(-1)(m-1)^2+\cdots+(-1)^{m-1}\}}_{㉡\text{의 좌변을 전개한 식이지}}$

$=(m+1)^2+\underset{(가)}{(-1)}\cdot\sum\limits_{k=1}^{m}(-1)^{k-1}(m+1-k)^2$

$=(m+1)^2+(-1)\cdot\underset{(∵㉡)}{\sum\limits_{k=1}^{m}k}$ → $\sum\limits_{k=1}^{n}k=\frac{n(n+1)}{2}$

$=(m+1)^2+\boxed{-\frac{m(m+1)}{2}}$ ← (나)

$=(m+1)\left\{(m+1)-\frac{m}{2}\right\}$

$=\underbrace{\frac{(m+1)(m+2)}{2}}=\sum\limits_{k=1}^{m+1}k$ ⇒ $n=m+1$일 때도 ㉠이 성립해.

[3rd] 이제 $a, f(m)$을 각각 찾아 $a+f(9)$의 값을 찾아. → $\frac{n(n+1)}{2}=\sum\limits_{k=1}^{n}k$

따라서 $a=-1$, $f(m)=-\frac{m(m+1)}{2}$이므로 $a+f(9)=-46$

정답 ④ ＊수학적 귀납법 −등식의 증명 ·········· [정답률 45%]

[정답 공식: $T_{m+1}-T_m=(m+2)a_{m+1}=\dfrac{m+1}{2m+6}-\dfrac{m}{2m+4}$]

수열 $\{a_n\}$이

$$T_n=2a_1+3a_2+\cdots+(n+1)a_n=\frac{n}{2n+4}\quad\cdots\ @\ (단,\ n=1,2,3,\cdots)$$

을 만족할 때, 다음은 모든 자연수 n에 대하여

$$\sum_{k=1}^{n}a_k=\sum_{k=1}^{n}\frac{1}{(k+1)^2}-T_n\quad\cdots(*)$$

이 성립함을 수학적 귀납법으로 증명한 것이다.

[증명]

(i) $n=1$일 때,

(좌변)$=a_1=$ (가) _{단서1} $(*)$의 좌변에 $n=1$의 값을 알기 위해서 @에 $n=1$을 대입해야겠지?

(우변)$=\dfrac{1}{(1+1)^2}-T_1=$ (가)

이므로 $(*)$이 성립한다.

(ii) $n=m$일 때, $(*)$이 성립한다고 가정하면

$$\sum_{k=1}^{m}a_k=\sum_{k=1}^{m}\frac{1}{(k+1)^2}-T_m$$

이다. $n=m+1$일 때, $(*)$이 성립함을 보이자.

_{단서2} @를 이용하여 $T_{m+1}-T_m$으로 a_{m+1}을 나타내어 (나)를 유추하자.

$$\sum_{k=1}^{m+1}a_k=\sum_{k=1}^{m}\frac{1}{(k+1)^2}-T_m+a_{m+1}$$

$$=\sum_{k=1}^{m}\frac{1}{(k+1)^2}-T_m+\boxed{(나)}(T_{m+1}-T_m)$$

$$=\sum_{k=1}^{m}\frac{1}{(k+1)^2}-T_{m+1}+\frac{m+3}{m+2}(T_{m+1}-T_m)$$

$$=\sum_{k=1}^{m}\frac{1}{(k+1)^2}-T_{m+1}+\frac{1}{(m+2)^2}$$

$$=\sum_{k=1}^{m+1}\frac{1}{(k+1)^2}-T_{m+1}$$

그러므로 $n=m+1$일 때도 $(*)$이 성립한다.
따라서 모든 자연수 n에 대하여 $(*)$이 성립한다.

위의 (가)에 알맞은 수를 a, (나)에 알맞은 식을 $f(m)$이라 할 때,

$\dfrac{a}{f(2)}$의 값은? (3점)

① $\dfrac{1}{12}$　② $\dfrac{1}{6}$　③ $\dfrac{1}{4}$　④ $\dfrac{1}{3}$　⑤ $\dfrac{1}{2}$

_{1st} 먼저 주어진 T_n의 식을 이용하여 a_1부터 찾아.

수열 $\{a_n\}$이 $n=1,2,3,\cdots$에서 다음을 만족한다.

$$T_n=2a_1+3a_2+\cdots+(n+1)a_n=\frac{n}{2n+4}\quad\cdots\ \text{㉠}$$

모든 자연수 n에 대하여

$$\sum_{k=1}^{n}a_k=\sum_{k=1}^{n}\frac{1}{(k+1)^2}-T_n\quad\cdots(*)$$

_{주의} 수학적 귀납법을 사용한다고 했으니까 T_m과 T_{m+1}을 구하는 방법이 나올 것을 예상하고 빈칸을 채워보자.

이 성립함을 수학적 귀납법으로 증명해 보자.

(i) $n=1$일 때, ㉠에 $n=1$을 대입하면 $T_1=2a_1=\dfrac{1}{6}$　∴ $a_1=\dfrac{1}{12}$

$\longrightarrow$ $(*)$의 좌변에서 $\sum_{k=1}^{1}a_k=a_1$의 값을 알아야 해.

∴ $((*)$의 좌변$)=a_1=\dfrac{1}{12}\leftarrow$ (가)

또, $(*)$의 우변에 $n=1$을 대입하면

$((*)$의 우변$)=\dfrac{1}{(1+1)^2}-T_1=\dfrac{1}{4}-\dfrac{1}{6}=\dfrac{1}{12}$이므로 $(*)$이 성립한다.

_{2nd} 빈칸의 앞뒤 식의 변화를 보면서 어떤 식이 들어가야 등호가 성립할지 결정하자.

(ii) $n=m$일 때, $(*)$이 성립한다고 가정하면

$$\sum_{k=1}^{m}a_k=\sum_{k=1}^{m}\frac{1}{(k+1)^2}-T_m$$

이제 $(*)$이 $n=m+1$일 때, 성립함을 보이자.

위의 식의 양변에 a_{m+1}을 더해 주자.

$$\sum_{k=1}^{m+1}a_k=\sum_{k=1}^{m}\frac{1}{(k+1)^2}-T_m+a_{m+1}\quad\cdots\ \text{㉡}$$

㉠에서

$T_{m+1},\ T_m$을 각각 구하면

$$T_{m+1}=2a_1+3a_2+\cdots+(m+1)a_m+(m+2)a_{m+1}\quad\cdots\ \text{㉢}$$

$$T_m=2a_1+3a_2+\cdots+(m+1)a_m\quad\cdots\ \text{㉣}$$

a_{m+1}의 식을 찾아야 하니까
$T_{m+1}-T_m=\{2a_1+\cdots+(m+1)a_m+(m+2)a_{m+1}\}-\{2a_1+\cdots+(m+1)a_m\}$을 이용해.

㉢−㉣을 하면

$$T_{m+1}-T_m=(m+2)a_{m+1}$$

$$\therefore a_{m+1}=\frac{1}{m+2}(T_{m+1}-T_m)$$

㉡에서

$$\sum_{k=1}^{m+1}a_k=\sum_{k=1}^{m}\frac{1}{(k+1)^2}-T_m+\underbrace{\frac{1}{m+2}}_{(나)}(T_{m+1}-T_m)$$

(생략)

_{3rd} $a,\ f(m)$을 찾아 $\dfrac{a}{f(2)}$의 값을 구해.

$a=\dfrac{1}{12}$, $f(m)=\dfrac{1}{m+2}$이므로

$$\frac{a}{f(2)}=\frac{\dfrac{1}{12}}{\dfrac{1}{4}}=\frac{1}{3}$$

_{수능 핵강}

＊ (생략) 부분에 대하여 직접 식으로 확인하기

$$\sum_{k=1}^{m+1}a_k=\sum_{k=1}^{m}\frac{1}{(k+1)^2}-T_m+\frac{1}{m+2}T_{m+1}-\frac{1}{m+2}T_m$$

$$=\sum_{k=1}^{m}\frac{1}{(k+1)^2}+\frac{1}{m+2}T_{m+1}-\frac{m+3}{m+2}T_m$$

$$=\sum_{k=1}^{m}\frac{1}{(k+1)^2}-T_{m+1}+T_{m+1}+\frac{1}{m+2}T_{m+1}-\frac{m+3}{m+2}T_m$$

$$=\sum_{k=1}^{m}\frac{1}{(k+1)^2}-T_{m+1}+\frac{m+3}{m+2}T_{m+1}-\frac{m+3}{m+2}T_m$$

$$=\sum_{k=1}^{m}\frac{1}{(k+1)^2}-T_{m+1}+\frac{m+3}{m+2}(T_{m+1}-T_m)$$

$$=\sum_{k=1}^{m}\frac{1}{(k+1)^2}-T_{m+1}+\frac{m+3}{m+2}\left\{\frac{m+1}{2(m+3)}-\frac{m}{2(m+2)}\right\}\ (\because \text{㉠})$$

$$=\sum_{k=1}^{m}\frac{1}{(k+1)^2}-T_{m+1}+\frac{m+1}{2(m+2)}-\frac{m(m+3)}{2(m+2)^2}$$

$$=\sum_{k=1}^{m}\frac{1}{(k+1)^2}-T_{m+1}+\frac{(m+1)(m+2)-m(m+3)}{2(m+2)^2}$$

$$=\sum_{k=1}^{m}\frac{1}{(k+1)^2}-T_{m+1}+\frac{1}{(m+2)^2}$$

$$=\sum_{k=1}^{m}\frac{1}{(k+1)^2}+\frac{1}{(m+2)^2}-T_{m+1}$$

$$=\sum_{k=1}^{m+1}\frac{1}{(k+1)^2}-T_{m+1}$$

그러므로 $n=m+1$일 때도 $(*)$이 성립해.
따라서 모든 자연수 n에 대하여 $(*)$이 성립해.

정답 ⑤ *수학적 귀납법–등식의 증명 .... [정답률 52%]

정답 공식: $n=1$일 때 명제 $p(n)$이 성립함을 보인다. $n=k$일 때 명제 $p(n)$이 성립한다고 가정하고, $n=k+1$일 때도 명제 $p(n)$이 성립함을 보일 수 있으면 모든 자연수 n에 대하여 명제 $p(n)$이 성립함을 증명할 수 있다.

수열 $\{a_n\}$을 $a_n = \sum_{k=1}^{n} \frac{1}{k}$이라 할 때,

다음은 모든 자연수 n에 대하여 등식

$$a_1 + 2a_2 + 3a_3 + \cdots + na_n = \frac{n(n+1)}{4}(2a_{n+1}-1) \cdots (\bigstar)$$

이 성립함을 수학적 귀납법으로 증명한 것이다.

> (i) $n=1$일 때, **단서1** $n=1$을 대입하면 되지.
>   (좌변)$=a_1$, (우변)$=a_2 - \boxed{(가)} = 1 = a_1$
>   이므로 ($\bigstar$)이 성립한다.
>
> (ii) $n=m$일 때, ($\bigstar$)이 성립한다고 가정하면
> $$a_1 + 2a_2 + 3a_3 + \cdots + ma_m$$
> $$= \frac{m(m+1)}{4}(2a_{m+1}-1)$$
>   **단서2** (나)에 알맞은 식을 구하기 위하여 주어진 식을 정리하고 $(m+1)a_{m+1}$로 묶어내자.
>   이다.
> $n=m+1$일 때, ($\bigstar$)이 성립함을 보이자.
> $$a_1 + 2a_2 + 3a_3 + \cdots + ma_m + (m+1)a_{m+1}$$
> $$= \frac{m(m+1)}{4}(2a_{m+1}-1) + (m+1)a_{m+1}$$
> $$= (m+1)a_{m+1}\left(\boxed{(나)}+1\right) - \frac{m(m+1)}{4}$$
> $$= \frac{(m+1)(m+2)}{2}(a_{m+2}-\boxed{(다)}) - \frac{m(m+1)}{4}$$
> $$= \frac{(m+1)(m+2)}{4}(2a_{m+2}-1)$$
>   **단서3** (다)에 알맞은 식을 구하기 위하여 주어진 식을 $a_{m+2}=a_{m+1}+\frac{1}{m+2}$을 이용하여 정리하자.
>   따라서 $n=m+1$일 때도 ($\bigstar$)이 성립한다.
>
> (i), (ii)에 의하여 모든 자연수 n에 대하여
> $$a_1 + 2a_2 + 3a_3 + \cdots + na_n = \frac{n(n+1)}{4}(2a_{n+1}-1)$$
>   이 성립한다.

위의 (가)에 알맞은 수를 p, (나), (다)에 알맞은 식을 각각 $f(m)$, $g(m)$이라 할 때, $p + \frac{f(5)}{g(3)}$의 값은? (4점)

① 9 ② 10 ③ 11
④ 12 ⑤ 13

1st 주어진 등식에 $n=1$을 대입해.

$a_1 = \sum_{k=1}^{1} \frac{1}{k} = 1$, $a_2 = \sum_{k=1}^{2} \frac{1}{k} = 1 + \frac{1}{2} = \frac{3}{2}$이다. $\cdots$ ㉠

(i) $n=1$일 때,

(좌변)$=a_1$,

(우변)$= \frac{1 \times 2}{4}(2a_2-1) = a_2 - \boxed{\frac{1}{2}} = 1 = a_1 \ (\because$ ㉠$)$

이므로 ($\bigstar$)이 성립한다.
  └(가)

2nd (나)에 알맞은 식을 구하기 위하여 주어진 식을 정리하여 $(m+1)a_{m+1}$로 묶어내.

(ii) $n=m$일 때, ($\bigstar$)이 성립한다고 가정하면

$$a_1 + 2a_2 + 3a_3 + \cdots + ma_m = \frac{m(m+1)}{4}(2a_{m+1}-1)$$

이고, 양변에 $(m+1)a_{m+1}$을 더해주면

$$a_1 + 2a_2 + 3a_3 + \cdots + ma_m + (m+1)a_{m+1}$$
$$= \frac{m(m+1)}{4}(2a_{m+1}-1) + (m+1)a_{m+1}$$
$$= \frac{m(m+1)}{2}a_{m+1} + (m+1)a_{m+1} - \frac{m(m+1)}{4}$$
$$= (m+1)a_{m+1}\left(\boxed{\frac{m}{2}}+1\right) - \frac{m(m+1)}{4}$$
  └(나)
$$= (m+1)a_{m+1}\frac{m+2}{2} - \frac{m(m+1)}{4}$$
$$= \frac{(m+1)(m+2)}{2}a_{m+1} - \frac{m(m+1)}{4} \cdots ㉡$$

3rd $a_{m+2}=a_{m+1}+\frac{1}{m+2}$임을 이용하여 식을 정리하고 (다)에 알맞은 식을 구해.

$a_{m+2}=a_{m+1}+\frac{1}{m+2}$이므로

$a_{m+1}=a_{m+2}-\frac{1}{m+2}$
$\rightarrow a_{m+2}=\sum_{k=1}^{m+2}\frac{1}{k}=\left(\frac{1}{1}+\cdots+\frac{1}{m+1}\right)+\frac{1}{m+2}$
$\qquad =\sum_{k=1}^{m+1}\frac{1}{k}+\frac{1}{m+2}=a_{m+1}+\frac{1}{m+2}$

이것을 ㉡의 식에 대입하면

$$\frac{(m+1)(m+2)}{2}\left(a_{m+2}-\boxed{\frac{1}{m+2}}\right) - \frac{m(m+1)}{4}$$
  └(다)
$$= \frac{(m+1)(m+2)}{2}a_{m+2} - \frac{m+1}{2} - \frac{m(m+1)}{4}$$
$$= \frac{2(m+1)(m+2)}{4}a_{m+2} - \frac{2(m+1)}{4} - \frac{m(m+1)}{4}$$
$$= \frac{2(m+1)(m+2)}{4}a_{m+2} - \frac{(m+1)(2+m)}{4}$$
$$= \frac{(m+1)(m+2)}{4}(2a_{m+2}-1)$$

따라서 $n=m+1$일 때도 ($\bigstar$)이 성립한다.

(i), (ii)에 의하여 모든 자연수 n에 대하여

$$a_1 + 2a_2 + 3a_3 + \cdots + na_n = \frac{n(n+1)}{4}(2a_{n+1}-1)$$

4th $p+\frac{f(5)}{g(3)}$의 값을 구하자.

$p=\frac{1}{2}$, $f(m)=\frac{m}{2}$, $g(m)=\frac{1}{m+2}$이므로

$$p+\frac{f(5)}{g(3)} = \frac{1}{2} + \frac{\frac{5}{2}}{\frac{1}{5}} = \frac{1}{2} + \frac{25}{2} = 13$$

✿ 수학적 귀납법 – 등식의 증명　　　　개념·공식

모든 자연수 n에 대하여 등식이 성립함을 증명할 때,
(i) $n=1$일 때, 등식이 성립함을 확인한다.
(ii) $n=k$일 때, 등식이 성립한다고 가정하고,
　　$n=k+1$일 때 등식이 성립함을 확인한다.

Ⅰ 68 정답 ① *수학적 귀납법 − 등식의 증명 ········· [정답률 57%]

$\left[\text{정답 공식}: \log_a M + \log_a N = \log_a MN, \ \log_a M - \log_a N = \log_a \dfrac{M}{N}\right]$

첫째항이 1인 수열 $\{a_n\}$의 첫째항부터 제 n항까지의 합을 S_n이라
하자. 다음은 모든 자연수 n에 대하여

$$(n+1)S_{n+1} = \log_2(n+2) + \sum_{k=1}^{n} S_k \cdots (*)$$

가 성립할 때, $\displaystyle\sum_{k=1}^{n} ka_k$를 구하는 과정이다.

주어진 식 $(*)$에 의하여

단서 1 $(*)$의 n 대신 $n-1$을 대입한 거야.

$$nS_n = \log_2(n+1) + \sum_{k=1}^{n-1} S_k \ (n \geq 2) \cdots \text{㉠}$$

단서 2 이 식의 우변이 $\log_2 \dfrac{n+2}{n+1}$만 남게하여 (가)에 알맞은 식을 구하면 돼.

이다. $(*)$에서 ㉠을 빼서 정리하면

$$(n+1)S_{n+1} - nS_n$$

$$= \log_2(n+2) - \log_2(n+1) + \sum_{k=1}^{n} S_k - \sum_{k=1}^{n-1} S_k \ (n \geq 2)$$

이므로 ((가)) $\times a_{n+1} = \log_2 \dfrac{n+2}{n+1} \ (n \geq 2)$이다.

$a_1 = 1 = \log_2 2$이고, $2S_2 = \log_2 3 + S_1 = \log_2 3 + a_1$이므
로 모든 자연수 n에 대하여 $na_n = $ (나) 이다.

따라서 $\displaystyle\sum_{k=1}^{n} ka_k = $ (다) 이다.

위의 (가), (나), (다)에 알맞은 식을 각각 $f(n)$, $g(n)$, $h(n)$이라
할 때, $f(8) - g(8) + h(8)$의 값은? (4점)

① 12　　　　② 13　　　　③ 14
④ 15　　　　⑤ 16

1st 수열 $\{na_n\}$의 일반항을 구해.

$(n+1)S_{n+1} = \log_2(n+2) + \sum_{k=1}^{n} S_k \cdots (*)$에 의하여

$nS_n = \log_2(n+1) + \sum_{k=1}^{n-1} S_k \ (n \geq 2) \cdots \text{㉠}$

이다.

$(*)$에서 ㉠을 빼면

$$(n+1)S_{n+1} - nS_n = \left\{\log_2(n+2) + \sum_{k=1}^{n} S_k\right\} - \left\{\log_2(n+1) + \sum_{k=1}^{n-1} S_k\right\}$$

이고

(좌변) $= nS_{n+1} + S_{n+1} - nS_n$

$\quad = n(\underline{S_{n+1} - S_n}) + S_{n+1}$

$\quad = na_{n+1} + S_{n+1}$　$S_{n+1} - S_n = (a_1 + a_2 + \cdots + a_n + a_{n+1}) - (a_1 + a_2 + \cdots + a_n) = a_{n+1}$

(우변) $= \underbrace{\log_2(n+2) - \log_2(n+1)}_{\log_a M - \log_a N = \log_a \frac{M}{N}} + \underbrace{\sum_{k=1}^{n} S_k - \sum_{k=1}^{n-1} S_k}_{\substack{\sum\limits_{k=1}^{n} S_k - \sum\limits_{k=1}^{n-1} S_k \\ = (S_1 + S_2 + \cdots + S_{n-1} + S_n) \\ \ - (S_1 + S_2 + \cdots + S_{n-1}) \\ = S_n}}$

$\quad = \log_2 \dfrac{n+2}{n+1} + S_n$

이므로

$na_{n+1} + S_{n+1} = \log_2 \dfrac{n+2}{n+1} + S_n$

$na_{n+1} + \underline{S_{n+1} - S_n} = \log_2 \dfrac{n+2}{n+1}$

$na_{n+1} + a_{n+1} = \log_2 \dfrac{n+2}{n+1}$　$\xrightarrow{\substack{S_{n+1} - S_n \\ = (a_1 + a_2 + \cdots + a_n + a_{n+1}) - (a_1 + a_2 + \cdots + a_n) \\ = a_{n+1}}}$

$\therefore \overset{\text{(가)}}{(n+1)} a_{n+1} = \log_2 \dfrac{n+2}{n+1} \ (n \geq 2) \cdots \text{㉡}$

2nd $n = 1$일 때를 살펴보자.

㉡의 양변에 $n = 1$을 대입하면 $2a_2 = \log_2 \dfrac{3}{2} \cdots \text{㉢}$

또, $(*)$에 $n = 1$을 대입하면

$2S_2 = \log_2 3 + \sum_{k=1}^{1} S_k$에서 $2S_2 = \log_2 3 + S_1$

$2(a_1 + a_2) = \log_2 3 + a_1$

$\therefore 2a_2 = \log_2 3 - a_1 = \log_2 3 - 1 = \log_2 3 - \log_2 2 = \log_2 \dfrac{3}{2} \cdots \text{㉣}$

3rd 모든 자연수 n에 대하여 $(*)$가 성립할 때, $\displaystyle\sum_{k=1}^{n} ka_k$의 식을 정리하자.

㉢, ㉣에 의하여 모든 자연수 n에 대하여

$(n+1)a_{n+1} = \log_2 \dfrac{n+2}{n+1}$이고,

이 식의 n 대신 $n-1$을 대입하면

$na_n = \log_2 \dfrac{n+1}{n} \ (n \geq 2)$이다.

이 식의 양변에 $n = 1$을 대입하면 $a_1 = \log_2 2 = 1$

이는 주어진 조건에서 $a_1 = 1$이므로 모든 자연수 n에 대하여

$na_n = \log_2 \overset{\text{(나)}}{\dfrac{n+1}{n}}$이다.

$\therefore \displaystyle\sum_{k=1}^{n} ka_k = \sum_{k=1}^{n} \log_2 \dfrac{k+1}{k}$　$\rightarrow \log_a M + \log_a N + \cdots + \log_a L = \log_a MN \cdots L$

$\qquad = \log_2 \dfrac{2}{1} + \log_2 \dfrac{3}{2} + \log_2 \dfrac{4}{3} + \cdots + \log_2 \dfrac{n+1}{n}$

$\qquad = \log_2 \left(\dfrac{2}{1} \times \dfrac{3}{2} \times \dfrac{4}{3} \times \cdots \times \dfrac{n+1}{n}\right) = \overset{\text{(다)}}{\log_2(n+1)}$

4th $f(8) - g(8) + h(8)$의 값을 구해.

따라서 $f(n) = n+1$, $g(n) = \log_2 \dfrac{n+1}{n}$, $h(n) = \log_2(n+1)$이므로

$f(8) = 9$, $g(8) = \log_2 \dfrac{9}{8} = \log_2 9 - \underset{\log_2 8 = \log_2 2^3 = 3\log_2 2 = 3 \times 1 = 3}{\underline{\log_2 8}} = \log_2 9 - 3$,

$h(8) = \log_2 9$

$\therefore f(8) - g(8) + h(8) = 9 - (\log_2 9 - 3) + \log_2 9$

$\qquad = 9 - \log_2 9 + 3 + \log_2 9 = 12$

⚙ 로그　　　　개념·공식

(1) **로그가 정의될 조건**
　① $a^x = N \iff x = \log_a N$
　② $\log_a N$에서 a를 로그의 밑, N을 로그의 진수라고 한다.
　　이때, 로그가 정의되기 위한 조건은 다음과 같다.
　　(ⅰ) 밑의 조건 : $a > 0$, $a \neq 1$
　　(ⅱ) 진수의 조건 : $N > 0$

(2) **로그의 중요한 성질**
　a, b, c, x, y가 양수이고, $a \neq 1$, $b \neq 1$, $c \neq 1$일 때,
　① $\log_a a = 1$
　② $\log_a 1 = 0$
　③ $\log_a x + \log_a y = \log_a xy$
　④ $\log_a x - \log_a y = \log_a \dfrac{x}{y}$
　⑤ $\log_a b = \dfrac{\log_c b}{\log_c a}$
　⑥ $\log_a b = \dfrac{1}{\log_b a}$
　⑦ $\log_a b \times \log_b c \times \log_c a = 1$
　⑧ $\log_{a^m} b^n = \dfrac{n}{m} \log_a b \ (m \neq 0)$

〔 정답 공식: $n=k$일 때, $1+\dfrac{1}{2}+\dfrac{1}{3}+\cdots+\dfrac{1}{k}>\dfrac{2k}{k+1}$라고 가정하면 $n=k+1$일 때 성립함을 보여야 한다. 〕

다음은 $n \geq 2$인 모든 자연수 n에 대하여 부등식

$$\left(1+\frac{1}{2}+\frac{1}{3}+\cdots+\frac{1}{n}\right)(1+2+3+\cdots+n)>n^2 \cdots (*)$$

이 성립함을 수학적 귀납법을 이용하여 증명하는 과정이다.

──────[증명]────── 단서1 수학적 귀납법의 증명 과정에서 빈칸에 넣기는 앞뒤 식을 잘 살펴보면 어렵지 않게 찾아낼 수 있어.

주어진 식 $(*)$의 양변을 $\dfrac{n(n+1)}{2}$로 나누면

$$1+\frac{1}{2}+\frac{1}{3}+\cdots+\frac{1}{n}>\frac{2n}{n+1} \cdots ㉠$$

이다. $n \geq 2$인 자연수 n에 대하여

(ⅰ) $n=2$일 때, 단서2 ㉠의 좌변에 $n=2$를 대입해.

(좌변)=$\boxed{\text{(가)}}$, (우변)=$\dfrac{4}{3}$이므로 ㉠이 성립한다.

(ⅱ) $n=k \ (k \geq 2)$일 때, ㉠이 성립한다고 가정하면

$$1+\frac{1}{2}+\frac{1}{3}+\cdots+\frac{1}{k}>\frac{2k}{k+1} \cdots ㉡$$

이다. ㉡의 양변에 $\dfrac{1}{k+1}$을 더하면

$$1+\frac{1}{2}+\frac{1}{3}+\cdots+\frac{1}{k}+\frac{1}{k+1}>\frac{2k+1}{k+1}$$

이 성립한다. 한편,

$$\frac{2k+1}{k+1}-\boxed{\text{(나)}}=\frac{k}{(k+1)(k+2)}>0$$

이므로 단서3 등호(=)가 있는 식이야. (나)를 구할 수 있는 일종의 방정식으로 볼 수 있어.

$$1+\frac{1}{2}+\frac{1}{3}+\cdots+\frac{1}{k}+\frac{1}{k+1}>\boxed{\text{(나)}}$$

이다. 따라서 $n=k+1$일 때도 ㉠이 성립한다.

(ⅰ), (ⅱ)에 의하여 $n \geq 2$인 모든 자연수 n에 대하여 ㉠이 성립하므로 $(*)$도 성립한다.

위의 (가)에 알맞은 수를 p, (나)에 알맞은 식을 $f(k)$라 할 때, $8p \times f(10)$의 값은? (4점)

① 14　　② 16　　③ 18　　④ 20　　⑤ 22

1st ㉠의 좌변에 $n=2$를 대입하여 (가)에 알맞은 식을 구해.

$n=2$를 ㉠의 좌변에 대입하면 (좌변)$=1+\dfrac{1}{2}=\boxed{\dfrac{3}{2}}$ ←(가)

2nd (나)에 알맞은 식을 구해.

$$(나)=\frac{2k+1}{k+1}-\frac{k}{(k+1)(k+2)}$$

$$=\frac{(2k+1)(k+2)-k}{(k+1)(k+2)}$$
실수〔$(2k+1)(k+2)-k$ $=2k^2+4k+2$ $=2(k^2+2k+1)$ $=2(k+1)^2$〕

$$=\frac{2(k+1)^2}{(k+1)(k+2)}$$

$$=\frac{2(k+1)}{k+2}=\frac{2(k+1)}{(k+1)+1}$$ ←(나)

3rd $8p \times f(10)$의 값을 구해.

따라서 $p=\dfrac{3}{2}$, $f(k)=\dfrac{2(k+1)}{(k+1)+1}$이므로

$$8p \times f(10)=8 \times \frac{3}{2} \times \frac{2 \times 11}{12}=22$$

〔 정답 공식: $a_{k+1}=(1+a_k)\dfrac{1}{k+2}$ 〕

다음은 모든 자연수 n에 대하여 부등식

$$\frac{1!+2!+3!+\cdots+n!}{(n+1)!}<\frac{2}{n+1}$$

가 성립함을 수학적 귀납법으로 증명한 것이다.

──────[증명]──────

자연수 n에 대하여

❶ $$a_n=\frac{1!+2!+3!+\cdots+n!}{(n+1)!}$$

이라 할 때, $a_n<\dfrac{2}{n+1}$임을 보이면 된다.

(1) $n=1$일 때, $a_1=\dfrac{1!}{2!}=\dfrac{1}{2}<1$이므로 주어진 부등식은 성립한다.

(2) $n=k$일 때, $a_k<\dfrac{2}{k+1}$라고 가정하면

$n=k+1$일 때,

❷ $$a_{k+1}=\frac{1!+2!+3!+\cdots+(k+1)!}{(k+2)!}$$ 단서1 ❷에서 ❶의 좌변식을 만들어야 해.

$$=\boxed{\text{(가)}}(1+a_k)$$

$$<\boxed{\text{(가)}}\left(1+\frac{2}{k+1}\right)=\frac{1}{k+2}+\boxed{\text{(나)}}$$

이다. 단서2 이 식을 정리하여 (나)를 유추해.

자연수 k에 대하여 $\dfrac{2}{k+1} \leq 1$이므로 $\boxed{\text{(나)}} \leq \dfrac{1}{k+2}$이고

$a_{k+1}<\dfrac{2}{k+2}$이다.

따라서 $n=k+1$일 때도 주어진 부등식은 성립한다.

그러므로 모든 자연수 n에 대하여 주어진 부등식은 성립한다.

위 증명에서 (가), (나)에 들어갈 식으로 알맞은 것은? (3점)

	(가)	(나)
①	$\dfrac{1}{k+2}$	$\dfrac{1}{(k+1)(k+2)}$
②	$\dfrac{1}{k+2}$	$\dfrac{2}{(k+1)(k+2)}$
③	$\dfrac{1}{k+1}$	$\dfrac{1}{(k+1)(k+2)}$
④	$\dfrac{1}{k+1}$	$\dfrac{2}{(k+1)(k+2)}$
⑤	$\dfrac{1}{k+1}$	$\dfrac{2}{(k+1)^2}$

1st $n=k$일 때, $a_k<\dfrac{2}{k+1}$라고 가정하여 $n=k+1$일 때 성립함을 보이자.

$n=k+1$일 때,

$$a_{k+1}=\frac{1!+2!+3!+\cdots+(k+1)!}{(k+2)!}$$

$$=\frac{1}{k+2}\left\{\underbrace{\frac{1!}{(k+1)!}+\frac{2!}{(k+1)!}+\frac{3!}{(k+1)!}+\cdots+\frac{k!}{(k+1)!}}_{=a_k}\right.$$

$$\left.+\frac{(k+1)!}{(k+1)!}\right\}$$

$$=\frac{1}{k+2}\overset{\text{(가)}}{(1+a_k)}<\frac{1}{k+2}\left(1+\overset{\text{(나)}}{\frac{2}{k+1}}\right)=\frac{1}{k+2}+\frac{2}{(k+1)(k+2)} \cdots ㉠$$

2nd $a_{k+1} < \dfrac{2}{k+2}$로 유도하자.

자연수 k에 대하여 $\dfrac{2}{k+1} \leq 1$이므로 양변에 $\dfrac{1}{k+2}$을 곱하면

$\dfrac{2}{(k+1)(k+2)} \leq \dfrac{1}{k+2}$이므로 ㉠에서

$a_{k+1} < \dfrac{1}{k+2} + \underbrace{\dfrac{2}{(k+1)(k+2)} \leq \dfrac{1}{k+2} + \dfrac{1}{k+2}}_{\leq} = \dfrac{2}{k+2}$

그러므로 $n=k+1$일 때도 성립한다.
따라서 모든 자연수 n에 대하여 주어진 부등식이 성립한다.

I 71 정답 ③ *수학적 귀납법 -부등식의 증명 ······· [정답률 47%]

정답 공식: $\dfrac{1}{\sqrt{3k+1}} \times \dfrac{1}{\sqrt{\left(1+\frac{1}{2k+1}\right)^2}}$

$= \dfrac{1}{\sqrt{3k+1+2(3k+1)\left(\frac{1}{2k+1}\right)+(3k+1)\left(\frac{1}{2k+1}\right)^2}}$

$< \dfrac{1}{\sqrt{3k+1+2(3k+1)\left(\frac{1}{2k+1}\right)+(2k+1)\left(\frac{1}{2k+1}\right)^2}}$

다음은 모든 자연수 n에 대하여

$\dfrac{1}{2} \times \dfrac{3}{4} \times \dfrac{5}{6} \times \cdots \times \dfrac{2n-1}{2n} \leq \dfrac{1}{\sqrt{3n+1}}$ $\cdots$ (*)

이 성립함을 증명하는 과정이다.

[증명]

(i) $n=1$일 때,

$\dfrac{1}{2} \leq \dfrac{1}{\sqrt{4}}$이므로 (*)이 성립한다.

(ii) $n=k$일 때, (*)이 성립한다고 가정하면

$\dfrac{1}{2} \times \dfrac{3}{4} \times \dfrac{5}{6} \times \cdots \times \dfrac{2k-1}{2k} \times \dfrac{2k+1}{2k+2}$

$\leq \dfrac{1}{\sqrt{3k+1}} \times \dfrac{2k+1}{2k+2}$ ① $= \dfrac{1}{\sqrt{3k+1}} \times \dfrac{1}{1+ \boxed{(가)}}$ ②

$= \dfrac{1}{\sqrt{3k+1}} \times \dfrac{1}{\sqrt{\left(1 + \boxed{(가)}\right)^2}}$

단서1 ❶과 ❷의 식을 비교하면, ❷에서 분자가 1로 바뀌었으니까 ❶을 $2k+1$로 나누어 줄까?

$= \dfrac{1}{\sqrt{3k+1+2(3k+1)\times\left(\boxed{(가)}\right)+(3k+1)\times\left(\boxed{(가)}\right)^2}}$

$< \dfrac{1}{\sqrt{3k+1+2(3k+1)\times\left(\boxed{(가)}\right)+\left(\boxed{(나)}\right)\times\left(\boxed{(가)}\right)^2}}$ ③

$= \dfrac{1}{\sqrt{3(k+1)+1}}$ ④ 단서2 ❸과 ❹를 비교하여 (나)의 식을 유추해.

따라서 $n=k+1$일 때도 (*)이 성립한다.

그러므로 (i), (ii)에 의하여 모든 자연수 n에 대하여 (*)이 성립한다.

위의 증명에서 (가), (나)에 알맞은 식을 각각 $f(k)$, $g(k)$라 할 때, $f(4) \times g(13)$의 값은? (4점)

① 1   ② 2   ③ 3
④ 4   ⑤ 5

1st $n=k$일 때 성립한다고 가정하고, $n=k+1$일 때, 식 (*)을 유도해.

$\dfrac{1}{2} \times \dfrac{3}{4} \times \dfrac{5}{6} \times \cdots \times \dfrac{2n-1}{2n} \leq \dfrac{1}{\sqrt{3n+1}}$ $\cdots$ (*)에서

(i) $n=1$일 때, $\dfrac{1}{2} \leq \dfrac{1}{\sqrt{3\times1+1}} = \dfrac{1}{\sqrt{4}} = \dfrac{1}{2}$이므로 (*)이 성립한다.

(ii) $n=k$일 때, (*)이 성립한다고 가정하면

$\dfrac{1}{2} \times \dfrac{3}{4} \times \dfrac{5}{6} \times \cdots \times \dfrac{2k-1}{2k} \leq \dfrac{1}{\sqrt{3k+1}}$ $\cdots$ ㉠

㉠의 양변에 $\dfrac{2k+1}{2k+2}$을 곱하면 $_{(*)에서\ n=k+1일\ 때,\ 성립함을\ 보이기\ 위해서야.}$

$\dfrac{1}{2} \times \dfrac{3}{4} \times \dfrac{5}{6} \times \cdots \times \dfrac{2k-1}{2k} \times \dfrac{2k+1}{2k+2}$

$\leq \dfrac{1}{\sqrt{3k+1}} \times \dfrac{2k+1}{2k+2} = \dfrac{1}{\sqrt{3k+1}} \times \dfrac{1}{\frac{2k+2}{2k+1}}$ ① → 단서2 처럼 분자를 1로 만들기 $\dfrac{2k+2}{2k+1} = \dfrac{2k+1+1}{2k+1} = 1 + \dfrac{1}{2k+1}$

$= \dfrac{1}{\sqrt{3k+1}} \times \dfrac{1}{1 + \frac{1}{2k+1}}$ ←(가) 빈칸 추론문제를 풀 때 문제에 나와 있는 꼴을 참고하여 풀도록 하자.

$= \dfrac{1}{\sqrt{3k+1}} \times \dfrac{1}{\sqrt{\left(1 + \frac{1}{2k+1}\right)^2}}$ $_{(a+b)^2 = a^2 + 2ab + b^2}$

$= \dfrac{1}{\sqrt{3k+1}} \times \dfrac{1}{\sqrt{1 + \frac{2}{2k+1} + \left(\frac{1}{2k+1}\right)^2}}$

$= \dfrac{1}{\sqrt{3k+1+2(3k+1)\times\frac{1}{2k+1}+(3k+1)\left(\frac{1}{2k+1}\right)^2}}$

$< \dfrac{1}{\sqrt{3k+1+2(3k+1)\times\frac{1}{2k+1}+(2k+1)\times\left(\frac{1}{2k+1}\right)^2}}$ ←(나)

밑줄 친 부분이 3이면 $\dfrac{1}{\sqrt{(식)}}$의 $(식) = 3k+1+3 = 3k+4 = 3(k+1)+1$로 정리할 수 있어.

즉, $2(3k+1) \times \dfrac{1}{2k+1} + \boxed{(나)} \times \left(\dfrac{1}{2k+1}\right)^2 = 3$에서 양변에 $(2k+1)^2$을 곱하여 정리하면

$\boxed{(나)} = 3(2k+1)^2 - 2(3k+1)(2k+1) = (2k+1)(6k+3-6k-2) = 2k+1$

$= \dfrac{1}{\sqrt{(3k+1)+\frac{6k+2}{2k+1}+\frac{1}{2k+1}}}$

$= \dfrac{1}{\sqrt{(3k+1)+3}}$

$= \dfrac{1}{\sqrt{3(k+1)+1}}$

따라서 $n=k+1$일 때도 (*)이 성립한다.

(i), (ii)에 의하여 모든 자연수 n에 대하여 (*)이 성립한다.

2nd $f(4) \times g(13)$의 값을 구하자.

따라서 $f(k) = \dfrac{1}{2k+1}$, $g(k) = 2k+1$이므로

$f(4) \times g(13) = \dfrac{1}{2\times4+1} \times (2\times13+1)$

$= \dfrac{1}{9} \times 27 = 3$

🔹 **수학적 귀납법** 개념·공식

자연수 n에 대한 명제 $p(n)$이 모든 자연수에 대하여 성립함을 증명하려면
(i) $n=1$일 때 명제 $p(n)$이 성립
(ii) $n=k$일 때 명제 $p(n)$이 성립한다고 가정하면,
   $n=k+1$일 때도 명제 $p(n)$이 성립
함을 보이면 된다.

I 72 정답 ② *수학적 귀납법 – 부등식의 증명 ·········· [정답률 53%]

(정답 공식: $(3k+2)(3k+4)=(3k+3)^2-1$)

다음은 모든 자연수 n에 대하여 부등식

$$\sum_{i=1}^{2n+1}\frac{1}{n+i}=\frac{1}{n+1}+\frac{1}{n+2}+\cdots+\frac{1}{3n+1}>1$$

이 성립함을 수학적 귀납법으로 증명한 것이다.

[증명]

자연수 n에 대하여

❶$a_n=\dfrac{1}{n+1}+\dfrac{1}{n+2}+\cdots+\dfrac{1}{3n+1}$이라 할 때,

$a_n>1$임을 보이면 된다.

(1) $n=1$일 때, $a_1=\dfrac{1}{2}+\dfrac{1}{3}+\dfrac{1}{4}>1$이다.

(2) $n=k$일 때, $a_k>1$이라고 가정하면 $n=k+1$일 때,

$a_{k+1}=\overset{❷}{\dfrac{1}{k+2}+\dfrac{1}{k+3}+\cdots+\dfrac{1}{3k+4}}$ 【단서1】 ❷에서 ❶의 좌변 식을 만들어 볼까?

$=a_k+\left(\dfrac{1}{3k+2}+\dfrac{1}{3k+3}+\dfrac{1}{3k+4}\right)-\boxed{(가)}$

한편, $(3k+2)(3k+4)\boxed{(나)}(3k+3)^2$이므로

$\dfrac{1}{3k+2}+\dfrac{1}{3k+4}>\boxed{(다)}$ 【단서2】 부등호가 들어가니까 양쪽의 크기를 비교하자.

【단서3】 【단서2】의 부등식을 정리하여 (다)를 유추해.

그런데 $a_k>1$이므로

$a_{k+1}>a_k+\left(\dfrac{1}{3k+3}+\boxed{(다)}\right)-\boxed{(가)}>1$

그러므로 (1), (2)에 의해서 모든 자연수 n에 대하여 $a_n>1$이다.

위의 증명에서 (가), (나), (다)에 알맞은 것은? (3점)

	(가)	(나)	(다)		(가)	(나)	(다)
①	$\dfrac{1}{k+1}$	$>$	$\dfrac{2}{3k+3}$	②	$\dfrac{1}{k+1}$	$<$	$\dfrac{2}{3k+3}$
③	$\dfrac{1}{k+1}$	$<$	$\dfrac{4}{3k+3}$	④	$\dfrac{2}{k+1}$	$>$	$\dfrac{4}{3k+3}$
⑤	$\dfrac{2}{k+1}$	$<$	$\dfrac{1}{k+1}$				

1st 수학적 귀납법을 통해 증명 과정을 따져 봐.

자연수 n에 대하여 $a_n=\dfrac{1}{n+1}+\dfrac{1}{n+2}+\cdots+\dfrac{1}{3n+1}$이라 할 때,

$a_n>1$임을 보이면 된다.

(ⅰ) $n=1$일 때,

$a_1=\dfrac{1}{2}+\dfrac{1}{3}+\dfrac{1}{4}>1$ ⟸ 성립!

(ⅱ) $n=k$일 때,

$a_k>1$이라 가정하면 $n=k+1$일 때

$a_{k+1}=\dfrac{1}{k+2}+\dfrac{1}{k+3}+\cdots+\dfrac{1}{3k+4}$

$=\underbrace{\left(\dfrac{1}{k+1}+\dfrac{1}{k+2}+\cdots+\dfrac{1}{3k+1}\right)}_{=a_k}+\dfrac{1}{3k+2}+\dfrac{1}{3k+3}$

$\qquad\qquad\qquad\qquad\qquad+\dfrac{1}{3k+4}-\dfrac{1}{k+1}$

$=a_k+\left(\dfrac{1}{3k+2}+\dfrac{1}{3k+3}+\dfrac{1}{3k+4}\right)-\dfrac{1}{k+1}$ ← (가) … ⓐ

한편, $\underset{9k^2+18k+8<9k^2+18k+9}{(3k+2)(3k+4)\overset{(나)}{<}(3k+3)^2}$이므로

양변을 $(3k+2)(3k+4)(3k+3)$으로 나누면

$\dfrac{1}{3k+3}<\dfrac{3k+3}{(3k+2)(3k+4)}$ $\dfrac{1}{3k+2}+\dfrac{1}{3k+4}=\dfrac{3k+2+3k+4}{(3k+2)(3k+4)}$
$\qquad\qquad\qquad\qquad\qquad\qquad =\dfrac{6k+6}{(3k+2)(3k+4)}$

이것의 양변에 2를 곱하면

$\dfrac{2}{3k+3}<\dfrac{6k+6}{(3k+2)(3k+4)}$ 이니까 ⓑ의 $\dfrac{1}{3k+2}+\dfrac{1}{3k+4}$ 꼴을 만들기 위해 부등식의 양변에 2를 곱해.

$\dfrac{1}{3k+2}+\dfrac{1}{3k+4}>\overset{(다)}{\dfrac{2}{3k+3}}$ …ⓑ

그런데 $a_k>1$이므로

$a_{k+1}>a_k+\left(\underset{=0}{\dfrac{1}{3k+3}+\dfrac{2}{3k+3}}\right)\overset{(다)}{-\dfrac{1}{k+1}}>1$ ⇒ ⓐ, ⓑ에 의하여

그러므로 (ⅰ), (ⅱ)에 의하여 모든 자연수 n에 대하여

$a_n>1$이다.

 내신 유형별 서술형 문제

I 73 정답 풀이 참조 *수학적 귀납법 – 등식의 증명 [정답률 78%]

(정답 공식: 4^n-1이 3의 배수이면 $4^n-1=3a$ (a는 자연수) 꼴로 나타낼 수 있다.)

모든 자연수 n에 대하여 4^n-1이 3의 배수임을 수학적 귀납법으로 증명하는 과정을 서술하시오. (10점)

【단서】 $n=k$일 때 4^n-1이 3의 배수라 가정하면 $n=k+1$일 때도 3의 배수가 되는지 확인할 수 있어.

단서+발상

【단서】 $n=1$일 때 4^n-1이 3의 배수가 되는지 확인한다. **개념**

$n=k$일 때 4^n-1이 3의 배수가 된다고 가정하면 $4^k-1=3a$ (a는 자연수) 꼴이 되어야 한다. **발상**

$n=k+1$일 때 $4^{k+1}-1$ 역시 $3b$ (b는 자연수) 꼴임을 보이면 모든 자연수 n에 대하여 성립한다는 것을 증명할 수 있다. **해결**

- - - [문제 풀이 순서] - - - - - - - - - - - - - - - - - - -

1st $n=1$일 때 식의 값이 3의 배수인지 확인하자.

$n=1$을 대입하면 $4^1-1=3$이므로

$n=1$일 때 4^n-1은 3의 배수이다.

2nd $n=k$일 때 4^k-1이 3의 배수라 가정하고 $n=k+1$일 때 3의 배수가 되는지 증명해 보자.

$n=k$일 때 4^k-1이 3의 배수라 가정하고

$4^k-1=3l$ (l은 자연수)라 하자.

양변에 4를 곱하면 $4^{k+1}-4=12l$

$4^{k+1}-1=12l+3=3(4l+1)$

4^k-1이 3의 배수라 가정하였고 $n=k+1$일 때 3의 배수임을 보여야 하므로 k에 대한 변수 외에는 식의 형태를 같게 해야 돼.

이때 $(4l+1)$은 자연수이므로 $n=k+1$일 때도 $4^{k+1}-1$은 3의 배수이다.

따라서 모든 자연수 n에 대하여 4^n-1이 3의 배수이다.

[채점 기준표]

1st	$n=1$일 때 식의 값이 3의 배수인지 확인한다.	2.5점
2nd	$n=k$일 때 4^k-1이 3의 배수라 가정하고 $n=k+1$일 때 3의 배수가 되는지 증명해 본다.	7.5점

> **정답 공식:** 명제 $p(n)$이 $a_1+a_2+\cdots+a_n=f(n)$인 경우 $n=k$일 때 $a_1+a_2+\cdots+a_k=f(k)$가 성립함을 가정한 뒤 양변에 a_{k+1}을 더해서 $n=k+1$일 때도 성립함을 보이면 된다.

모든 자연수 n에 대하여

단서 $n=k$일 때 성립한다고 가정하면 $n=k+1$일 때 성립하는지 증명할 수 있어.

$$1^3+2^3+3^3+\cdots+n^3=\left\{\frac{n(n+1)}{2}\right\}^2$$

이 성립함을 수학적 귀납법으로 증명하는 과정을 서술하시오.

(10점)

🧠 단서+발상

단서 $n=k$일 때 $1^3+2^3+3^3+\cdots+k^3=\left\{\frac{k(k+1)}{2}\right\}^2$이 성립한다고 가정할 수 있다. **발상**

양변에 $(k+1)^3$을 더하면 $n=k+1$일 때 성립하는지 증명할 수 있다. **해결**

- - - [문제 풀이 순서] -

1st $n=1$일 때 등식이 성립하는지 확인하자.

등식 $1^3+2^3+3^3+\cdots+n^3=\left\{\frac{n(n+1)}{2}\right\}^2$을 (*)이라 하자.

(i) $n=1$일 때 등식의 (좌변)=(우변)=1이다.

$1^3=\left(\frac{1\times2}{2}\right)^2=1$이야.

따라서 $n=1$일 때 (*)이 성립한다.

2nd $n=k$일 때 등식이 성립한다 가정하고 $n=k+1$일 때 등식이 성립하는지 증명해 보자.

(ii) $n=k$일 때 (*)이 성립한다고 가정하면

$$1^3+2^3+3^3+\cdots+k^3=\left\{\frac{k(k+1)}{2}\right\}^2$$

$n=k+1$일 때, (*)이 성립함을 보이자.
양변에 $(k+1)^3$을 더하면
$$1^3+2^3+3^3+\cdots+k^3+(k+1)^3$$
$$=\left\{\frac{k(k+1)}{2}\right\}^2+(k+1)^3$$
$$=\frac{k^2(k+1)^2}{4}+(k+1)^3$$

$\frac{k^2(k+1)^2}{4}+(k+1)^3=\frac{k^2(k+1)^2}{4}+\frac{4(k+1)^3}{4}$
$\qquad\qquad=\frac{(k+1)^2\{k^2+4(k+1)\}}{4}$

$$=\frac{(k+1)^2(k^2+4k+4)}{4}$$
$$=\frac{(k+1)^2(k+2)^2}{4}$$
$$=\left\{\frac{(k+1)(k+2)}{2}\right\}^2$$

따라서 $n=k+1$일 때도 (*)이 성립한다.

(i), (ii)에서 등식 $1^3+2^3+3^3+\cdots+n^3=\left\{\frac{n(n+1)}{2}\right\}^2$은 모든 자연수 n에 대하여 성립한다.

[채점 기준표]

1st	$n=1$일 때 등식이 성립하는지 확인한다.	3점
2nd	$n=k$일 때 등식이 성립한다 가정하고 $n=k+1$일 때 등식이 성립하는지 증명해 본다.	7점

> **정답 공식:** 명제 $p(n)$이 모든 자연수 n에 대하여 성립함을 증명하려면 $n=1$일 때 성립함을 확인하고, $n=k$일 때 성립한다고 가정한 뒤 $n=k+1$일 때도 성립함을 보이면 된다.

단서 $n=k$일 때 성립한다고 가정하면 $n=k+1$일 때 성립하는지 증명할 수 있어.

$n\geq5$인 모든 자연수 n에 대하여 부등식 $2^n>n^2$이 성립함을 수학적 귀납법으로 증명하는 과정을 서술하시오. (10점)

🧠 단서+발상

단서 $n=k$일 때 $2^k>k^2$이 성립한다고 가정하면 $n=k+1$일 때 $2^{k+1}>(k+1)^2$이 성립하는지 증명할 수 있다. **발상**

부등식 $2^k>k^2$의 양변에 2를 곱하면 $2^{k+1}>2k^2$이 성립함을 알 수 있다. **적용**

두 식 $(k+1)^2$과 $2k^2$의 대소를 비교하여 부등식이 성립하는지 증명할 수 있다. **해결**

- - - [문제 풀이 순서] -

1st $n=5$일 때 부등식이 성립하는지 확인하자.

부등식 $2^n>n^2$을 (*)이라 하자.

(i) $n=5$일 때

문제의 조건에서 $n\geq5$라 했으므로 자연수 중 최소가 되는 5를 대입하여 부등식이 성립하는지 확인해야 해.

부등식의 좌변은 $2^5=32$, 우변은 $5^2=25$이므로
$32>25$이다.

따라서 $n=5$일 때 (*)이 성립한다.

2nd $n=k$일 때 부등식 $2^n>n^2$이 성립한다 가정하고 $n=k+1$일 때 부등식이 성립하는지 증명해 보자.

(ii) $n=k(k\geq5)$일 때 (*)이 성립한다고 가정하면
$2^k>k^2$이므로
양변에 2를 곱하면 $2^{k+1}>2k^2$
이때 $k\geq5$에서 $2k^2-(k+1)^2=k^2-2k-1>0$이므로
$2k^2>(k+1)^2$
즉, $2^{k+1}>(k+1)^2$

$k^2-2k-1=(k-1)^2-2$로 $k=1$에서 최솟값을 가지고 $k\geq1$에서 증가해. $k=5$일 때 14이므로 $k\geq5$이면 $k^2-2k-1>0$임을 알 수 있어.

자연수 a,b,c에 대하여 $a>b$이고, $b>c$이면 $a>c$가 성립해.

따라서 $n=k+1$일 때도 (*)이 성립한다.

(i), (ii)에서 부등식 $2^n>n^2$은 $n\geq5$인 모든 자연수 n에 대하여 성립한다.

[채점 기준표]

1st	$n=5$일 때 부등식이 성립하는지 확인한다.	3점
2nd	$n=k$일 때 부등식 $2^k>k^2$이 성립한다 가정하고 $n=k+1$일 때 부등식이 성립하는지 증명해 본다.	7점

I 76 정답 풀이 참조   *수학적 귀납법 – 부등식의 증명 [정답률 58%]

> 정답 공식: 수열 $\{a_n\}$에 대하여 명제 $p(n)$이 $3-a_n\leq f(n)$인 경우 $n=k$일 때 $3-a_k\leq f(k)$가 성립함을 가정한 뒤 $n=k+1$을 대입하여 부등식이 성립함을 보이면 된다.

> 모든 자연수 n에 대하여 $2\leq a_n<3$인 수열 $\{a_n\}$이
>
> $a_1=2$, $a_{n+1}=4-\dfrac{3}{a_n}$ $(n=1, 2, 3, \cdots)$으로 정의될 때,
>
> $3-a_n\leq\dfrac{1}{2^{n-1}}$이 성립함을 수학적 귀납법으로 증명하는 과정을
>
> 서술하시오. (10점)   **단서** $n=k$일 때 성립한다고 가정하면 $n=k+1$일 때 성립하는지 증명할 수 있어.

🧠 **단서+발상**

단서 수열 $\{a_n\}$이 모든 자연수 n에 대하여 $a_{n+1}\geq a_n$이 성립함을 보일 수 있다. **발상**

$n=k$일 때 부등식 $3-a_k\leq\dfrac{1}{2^{k-1}}$이 성립한다고 가정할 수 있다. **발상**

$n=k+1$을 부등식에 대입하고 $a_{n+1}\geq a_n$이 성립함을 이용하여

$3-a_{k+1}\leq\dfrac{1}{2^k}$이 성립하는지 증명할 수 있다. **해결**

--- [문제 풀이 순서] --------------------------------

1st 모든 자연수 n에 대하여 $a_{n+1}\geq a_n$이 성립함을 확인하자.

$a_2=4-\dfrac{3}{a_1}=\dfrac{5}{2}>2=a_1$이므로

$n=1$일 때, $a_{n+1}\geq a_n$이 성립한다.

$n=k$일 때, $a_{k+1}\geq a_k$가 성립한다고 가정하면

$a_{k+2}-a_{k+1}=\left(4-\dfrac{3}{a_{k+1}}\right)-\left(4-\dfrac{3}{a_k}\right)$

$a_{n+1}=4-\dfrac{3}{a_n}$에 $n=k+1$을 대입하면 $a_{k+2}=4-\dfrac{3}{a_{k+1}}$이 돼

$\qquad=\dfrac{3(a_{k+1}-a_k)}{a_ka_{k+1}}\geq 0$

a_k, a_{k+1}은 양수이고 $a_{k+1}\geq a_k$이므로 $\dfrac{3(a_{k+1}-a_k)}{a_ka_{k+1}}\geq 0$이 성립해.

이므로 $a_{k+2}\geq a_{k+1}$이 성립한다.

따라서 모든 자연수 n에 대하여 $a_{n+1}\geq a_n$이 성립한다.

2nd $n=1$일 때 부등식이 성립하는지 확인하자.

부등식 $3-a_n\leq\dfrac{1}{2^{n-1}}$을 (*)이라 하자.

$a_1=2$이므로

(i) $n=1$일 때

부등식의 좌변은 $3-a_1=3-2=1$,

우변은 $\dfrac{1}{2^0}=1$이므로

$1\leq 1$이다.

따라서 $n=1$일 때 (*)이 성립한다.

3rd $n=k$일 때 부등식이 성립한다 가정하고, $n=k+1$일 때 부등식이 성립하는지 증명해 보자.

(ii) $n=k$일 때 (*)이 성립한다고 가정하면

$3-a_k\leq\dfrac{1}{2^{k-1}}$ ⋯ ㉠

이때 $n=k+1$을 (*)에 대입하면

$3-a_{k+1}=3-\left(4-\dfrac{3}{a_k}\right)=-1+\dfrac{3}{a_k}=\dfrac{3-a_k}{a_k}$

$\qquad\leq\dfrac{1}{a_k}\times\dfrac{1}{2^{k-1}}$ ($\because$ ㉠)

$\qquad\leq\dfrac{1}{a_1}\times\dfrac{1}{2^{k-1}}$ ($\because a_{n+1}\geq a_n$, $a_1=2$)$=\dfrac{1}{2^k}$

즉, $3-a_{k+1}\leq\dfrac{1}{2^k}$이다. $a_{n+1}\geq a_n$이면, $\dfrac{1}{a_{n+1}}\leq\dfrac{1}{a_n}$이 성립해.

따라서 $n=k+1$일 때도 (*)이 성립한다.

(i), (ii)에서 $3-a_n\leq\dfrac{1}{2^{n-1}}$은 모든 자연수 n에 대하여 성립한다.

[채점 기준표]

1st	모든 자연수 n에 대하여 $a_{n+1}\geq a_n$이 성립함을 확인한다.	3.5점
2nd	$n=1$일 때 부등식이 성립하는지 확인한다.	2점
3rd	$n=k$일 때 부등식이 성립한다 가정하고, $n=k+1$일 때 부등식이 성립하는지 증명해 본다.	4.5점

I 77 정답 풀이 참조   *수학적 귀납법 – 부등식의 증명 [정답률 75%]

> 정답 공식: 명제 $p(n)$이 $a_1+a_2+\cdots+a_n>f(n)$인 경우 $n=k$일 때 $a_1+a_2+\cdots+a_k>f(k)$가 성립함을 가정한 뒤 양변에 a_{k+1}을 더해서 $n=k+1$일 때도 성립함을 보이면 된다.

> $n\geq 2$인 모든 자연수 n에 대하여 부등식
>
> $1+\dfrac{1}{2}+\dfrac{1}{3}+\cdots+\dfrac{1}{n}>\dfrac{2n}{n+1}$ **단서** $n=k$일 때 성립한다고 가정하면 $n=k+1$일 때 성립하는지 증명할 수 있어.
>
> 이 성립함을 수학적 귀납법으로 증명하는 과정을 서술하시오.
>
> (10점)

🧠 **단서+발상**

단서 $n=k$일 때 $1+\dfrac{1}{2}+\dfrac{1}{3}+\cdots+\dfrac{1}{k}>\dfrac{2k}{k+1}$가 성립한다고 가정할 수 있다. **발상**

양변에 $\dfrac{1}{k+1}$을 더하면 $n=k+1$일 때 성립하는지 증명할 수 있다. **해결**

--- [문제 풀이 순서] --------------------------------

1st $n=2$일 때 부등식이 성립하는지 확인하자.

부등식 $1+\dfrac{1}{2}+\dfrac{1}{3}+\cdots+\dfrac{1}{n}>\dfrac{2n}{n+1}$을 (*)이라 하자.

(i) $n=2$일 때 → 문제의 조건에서 $n\geq 2$라 했으므로 자연수 중 최소가 되는 2를 대입하여 부등식이 성립하는지 확인해야 해.

부등식의 좌변은 $1+\dfrac{1}{2}=\dfrac{3}{2}$, 우변은 $\dfrac{4}{3}$이므로 $\dfrac{3}{2}>\dfrac{4}{3}$이다.

따라서 $n=2$일 때 (*)이 성립한다.

2nd $n=k$일 때 부등식이 성립한다 가정하고 $n=k+1$일 때 부등식이 성립하는지 증명해 보자.

(ii) $n=k$일 때 (*)이 성립한다고 가정하면

$1+\dfrac{1}{2}+\dfrac{1}{3}+\cdots+\dfrac{1}{k}>\dfrac{2k}{k+1}$

이 부등식의 양변에 $\dfrac{1}{k+1}$을 더하면

$1+\dfrac{1}{2}+\dfrac{1}{3}+\cdots+\dfrac{1}{k}+\dfrac{1}{k+1}>\dfrac{2k}{k+1}+\dfrac{1}{k+1}$ ⋯ ㉠

이 성립한다.

한편

$$\frac{2k}{k+1}+\frac{1}{k+1}-\frac{2(k+1)}{(k+1)+1}$$

$$=\frac{2k+1}{k+1}-\frac{2k+2}{k+2}$$

$$=\frac{2k^2+5k+2-2k^2-4k-2}{(k+1)(k+2)}=\frac{k}{(k+1)(k+2)}>0$$

<small>$k\geq2$인 자연수이므로 $\dfrac{k}{(k+1)(k+2)}>0$이 성립해.</small>

즉, $1+\dfrac{1}{2}+\dfrac{1}{3}+\cdots+\dfrac{1}{k}+\dfrac{1}{k+1}>\dfrac{2(k+1)}{(k+1)+1}$ $(\because \bigcirc)$이다.

따라서 $n=k+1$일 때도 $(*)$이 성립한다.

(i), (ii)에서 부등식 $1+\dfrac{1}{2}+\dfrac{1}{3}+\cdots+\dfrac{1}{n}>\dfrac{2n}{n+1}$은 $n\geq2$인 모든

자연수 n에 대하여 성립한다.

[채점 기준표]

1st	$n=2$일 때 부등식이 성립하는지 확인한다.	3점
2nd	$n=k$일 때 부등식이 성립한다 가정하고 $n=k+1$일 때 부등식이 성립하는지 증명해 본다.	7점

Ⅰ 78 정답 풀이 참조 ＊수학적 귀납법 – 등식의 증명 [정답률 70%]

> 정답 공식: 3^n+2n+3이 4의 배수이면 $3^n+2n+3=4a(a$는 자연수) 꼴로 나타낼 수 있다.

> 모든 자연수 n에 대하여 3^n+2n+3이 4의 배수임을 수학적 귀납법으로 증명하는 과정을 서술하시오. (10점)
> **[단서]** $n=k$일 때 3^n+2n+3이 4의 배수라 가정하면 $n=k+1$일 때 4의 배수가 되는지 확인할 수 있어.

🧠 단서+발상

[단서] $n=1$일 때 3^n+2n+3이 4의 배수가 되는지 확인한다. **[개념]**

$n=k$일 때 3^n+2n+3이 4의 배수가 된다고 가정하면 $3^n+2n+3=4a$ (a는 자연수) 꼴이 되어야 한다. **[발상]**

$n=k+1$일 때 $3^{k+1}+2(k+1)+3$ 역시 $4b$(b는 자연수) 꼴임을 보이면 모든 자연수 n에 대하여 성립한다는 것을 증명할 수 있다. **[해결]**

- - - **[문제 풀이 순서]** -

1st $n=1$일 때 식의 값이 4의 배수인지 확인하자.

$n=1$을 대입하면 $3^1+2\times1+3=8$이므로

$n=1$일 때 3^n+2n+3은 4의 배수이다.

2nd $n=k$일 때 3^k+2k+3이 4의 배수라 가정하고 $n=k+1$일 때 4의 배수가 되는지 증명해 보자.

$n=k$일 때 3^k+2k+3이 4의 배수라 가정하고

$3^k+2k+3=4l$ (l은 자연수)이라 하자.

양변에 3을 곱하면 $3^{k+1}+6k+9=12l$이므로

$3^{k+1}+(2k+2+4k-2)+(3+6)=12l$이고,

<small>3^k+2k+3이 4의 배수라 가정하였고 $n=k+1$일 때 4의 배수임을 보여야 하므로 k에 대한 변수 외에는 식의 형태를 같게 해야 돼</small>

$3^{k+1}+2(k+1)+3=12l-(4k-2)-6$

$$=12l-4k-4=4(3l-k-1)$$

이때 l, k는 자연수이므로 $3l-k-1$은 정수이고 $4(3l-k-1)$은 4의 배수가 된다.

즉, $n=k+1$일 때도 $3^{k+1}+2(k+1)+3$은 4의 배수이다.

따라서 모든 자연수 n에 대하여 3^n+2n+3이 4의 배수이다.

[채점 기준표]

1st	$n=1$일 때 식의 값이 4의 배수인지 확인한다.	2.5점
2nd	$n=k$일 때 3^k+2k+3이 4의 배수라 가정하고 $n=k+1$일 때 4의 배수가 되는지 증명해 본다.	7.5점

Ⅰ 79 정답 풀이 참조 ＊수학적 귀납법 – 부등식의 증명 [정답률 69%]

> 정답 공식: 명제 $p(n)$이 $f(n)>g(n)$의 꼴인 경우 $n=k$일 때 $f(n)>g(n)$가 성립함을 가정한 뒤 $n=k+1$일 때도 부등식이 성립함을 보이면 된다.

> $n\geq2$인 모든 자연수 n에 대하여 부등식
> $$(a+b)^n>a^n+b^n$$
> 이 성립함을 수학적 귀납법으로 증명하는 과정을 서술하시오.
> **[단서]** $n=k$일 때 성립한다고 가정하면 $n=k+1$일 때 성립하는지 증명할 수 있어. (단, $a>0$, $b>0$) (10점)

🧠 단서+발상

[단서] $n=k$일 때 $(a+b)^k>a^k+b^k$이 성립한다고 가정하면 $n=k+1$일 때 $(a+b)^{k+1}>a^{k+1}+b^{k+1}$이 성립하는지 증명할 수 있다. **[발상]**

부등식 $(a+b)^k>a^k+b^k$의 양변에 $(a+b)$를 곱하면 $(a+b)^{k+1}>(a^k+b^k)(a+b)$가 성립함을 할 수 있다. **[적용]**

두 식 $(a^k+b^k)(a+b)$와 $a^{k+1}+b^{k+1}$의 대소를 비교하여 $n=k+1$일 때 부등식이 성립하는지 증명할 수 있다. **[해결]**

- - - **[문제 풀이 순서]** -

1st $n=2$일 때 부등식이 성립하는지 확인하자.

부등식 $(a+b)^n>a^n+b^n$을 $(*)$이라 하자.

(i) $n=2$일 때

부등식의 좌변은 $(a+b)^2$, 우변은 a^2+b^2이므로

$(a+b)^2-(a^2+b^2)=2ab>0$ $(\because a>0, b>0)$

따라서 $n=2$일 때 $(*)$이 성립한다.

2nd $n=k$일 때 부등식 $(a+b)^n>a^n+b^n$이 성립한다 가정하고 $n=k+1$일 때 부등식이 성립하는지 증명해 보자.

(ii) $n=k(k\geq2)$일 때 $(*)$이 성립한다고 가정하면

$(a+b)^k>a^k+b^k$이다.

양변에 $(a+b)$를 각각 곱하면

$(a+b)^k(a+b)>(a^k+b^k)(a+b)$

$(a+b)^{k+1}>(a^k+b^k)(a+b)$ $\cdots \bigcirc$

이때 a, b가 양수이므로

$(a^k+b^k)(a+b)-(a^{k+1}+b^{k+1})=a^kb+ab^k>0$

<small>$(a^k+b^k)(a+b)$를 전개하면 $a^{k+1}+a^kb+b^ka+b^{k+1}$이야. 따라서 $(a^k+b^k)(a+b)-(a^{k+1}+b^{k+1})=a^kb+ab^k$이 되고, a,b 모두 0보다 크므로 $a^kb+ab^k>0$임을 알 수 있어.</small>

즉, $(a+b)^{k+1}>a^{k+1}+b^{k+1}$ $(\because \bigcirc)$이므로

<small>자연수 a,b,c에 대하여 $a>b$이고, $b>c$이면 $a>c$가 성립해.</small>

따라서 $n=k+1$일 때도 $(*)$이 성립한다.

(i), (ii)에서 부등식 $(a+b)^n>a^n+b^n$은 $n\geq2$인 모든 자연수 n에 대하여 성립한다.

[채점 기준표]

1st	$n=2$일 때 부등식이 성립하는지 확인한다.	3점
2nd	$n=k$일 때 부등식 $(a+b)^k>a^k+b^k$이 성립한다 가정하고 $n=k+1$일 때 부등식이 성립하는지 증명해 본다.	7점

정답 풀이 참조 *수학적 귀납법 – 등식의 증명 [정답률 80%]

> 정답 공식: 명제 $p(n)$이 $a_1+a_2+\cdots+a_n=f(n)$인 경우 $n=k$일 때 $a_1+a_2+\cdots+a_k=f(k)$가 성립함을 가정한 뒤 양변에 a_{k+1}을 더해서 $n=k+1$일 때도 성립함을 보이면 된다.

> **단서** $n=k$일 때 성립한다고 가정하면 $n=k+1$일 때 성립하는지 증명할 수 있어.
>
> 모든 자연수 n에 대하여
>
> $$1^2+2^2+3^2+\cdots+n^2=\frac{n(n+1)(2n+1)}{6}$$
>
> 이 성립함을 수학적 귀납법으로 증명하는 과정을 서술하시오. (10점)

🧠 단서+발상

단서 $n=k$일 때 $1^2+2^2+3^2+\cdots+k^2=\dfrac{k(k+1)(2k+1)}{6}$이 성립한다고 가정할 수 있다. **발상**

양변에 $(k+1)^2$을 더하면 $n=k+1$일 때 성립하는지 증명할 수 있다. **해결**

--- [문제 풀이 순서] ---------------------------

1st $n=1$일 때 등식이 성립하는지 확인하자.

등식 $1^2+2^2+3^2+\cdots+n^2=\dfrac{n(n+1)(2n+1)}{6}$을 (*)이라 하자.

(i) $n=1$일 때 (좌변)=(우변)=1이다. → $1^2=\dfrac{1\times2\times3}{6}=1$이야.

따라서 $n=1$일 때 (*)이 성립한다.

2nd $n=k$일 때 문제의 등식이 성립한다 가정하고 $n=k+1$일 때 등식이 성립하는지 증명해 보자.

(ii) $n=k$일 때 (*)이 성립한다고 가정하면

$$1^2+2^2+3^2+\cdots+k^2=\frac{k(k+1)(2k+1)}{6}$$

양변에 $(k+1)^2$을 더하면

$$1^2+2^2+3^2+\cdots+k^2+(k+1)^2=\frac{k(k+1)(2k+1)}{6}+(k+1)^2$$
$$=\frac{(k+1)(k+2)(2k+3)}{6}$$

따라서 $n=k+1$일 때도 (*)이 성립한다.

(i), (ii)에서 등식 $1^2+2^2+3^2+\cdots+n^2=\dfrac{n(n+1)(2n+1)}{6}$은 모든 자연수 n에 대하여 성립한다.

[채점 기준표]

1st	$n=1$일 때 등식이 성립하는지 확인한다.	3점
2nd	$n=k$일 때 문제의 등식이 성립한다 가정하고 $n=k+1$일 때 등식이 성립하는지 증명해 본다.	7점

정답 풀이 참조 *수학적 귀납법 – 부등식의 증명 … [정답률 64%]

> 정답 공식: 명제 $p(n)$이 $a_1+a_2+\cdots+a_n<f(n)$인 경우 $n=k$일 때 $a_1+a_2+\cdots+a_k<f(k)$가 성립함을 가정한 뒤 양변에 a_{k+1}을 더해서 $n=k+1$일 때도 성립함을 보이면 된다.

> **단서** $n=k$일 때 성립한다고 가정하면 $n=k+1$일 때 성립하는지 증명할 수 있어.
>
> $n\ge2$인 모든 자연수 n에 대하여 부등식
>
> $$1+\frac{1}{2^3}+\frac{1}{3^3}+\cdots+\frac{1}{n^3}<\frac{1}{2}\left(3-\frac{1}{n^2}\right)$$
>
> 이 성립함을 수학적 귀납법으로 증명하는 과정을 서술하시오. (10점)

🧠 단서+발상

단서 $n=k$일 때 $1+\dfrac{1}{2^3}+\dfrac{1}{3^3}+\cdots+\dfrac{1}{n^3}<\dfrac{1}{2}\left(3-\dfrac{1}{n^2}\right)$이 성립한다고 가정할 수 있다. **발상**

양변에 $\dfrac{1}{(k+1)^3}$을 더하면 $n=k+1$일 때 성립하는지 증명할 수 있다. **해결**

--- [문제 풀이 순서] ---------------------------

1st $n=2$일 때 부등식이 성립하는지 확인하자.

부등식 $1+\dfrac{1}{2^3}+\dfrac{1}{3^3}+\cdots+\dfrac{1}{n^3}<\dfrac{1}{2}\left(3-\dfrac{1}{n^2}\right)$을 (*)이라 하자.

(i) $n=2$일 때
문제의 조건에서 $n\ge2$라 했으므로 자연수 중 최소가 되는 2를 대입하여 부등식이 성립하는지 확인해야 해.

부등식의 좌변은 $1+\dfrac{1}{2^3}=\dfrac{9}{8}$,

우변은 $\dfrac{1}{2}\left(3-\dfrac{1}{2^2}\right)=\dfrac{1}{2}\times\dfrac{11}{4}=\dfrac{11}{8}$

이므로 $\dfrac{9}{8}<\dfrac{11}{8}$이다.

따라서 $n=2$일 때 (*)이 성립한다.

2nd $n=k$일 때 부등식이 성립한다 가정하고 $n=k+1$일 때 부등식이 성립하는지 증명해 보자.

(ii) $n=k$일 때 (*)이 성립한다고 가정하면

$$1+\frac{1}{2^3}+\frac{1}{3^3}+\cdots+\frac{1}{k^3}<\frac{1}{2}\left(3-\frac{1}{k^2}\right)$$

이 부등식의 양변에 $\dfrac{1}{(k+1)^3}$을 더하면

$$1+\frac{1}{2^3}+\frac{1}{3^3}+\cdots+\frac{1}{k^3}+\frac{1}{(k+1)^3}<\frac{1}{2}\left(3-\frac{1}{k^2}\right)+\frac{1}{(k+1)^3}\;\cdots\;㉠$$

이 성립한다.

$$\frac{1}{2}\left(3-\frac{1}{k^2}\right)+\frac{1}{(k+1)^3}-\frac{1}{2}\left\{3-\frac{1}{(k+1)^2}\right\}$$
$$=-\frac{1}{2k^2}+\frac{1}{(k+1)^3}+\frac{1}{2(k+1)^2}$$
$$=\frac{-(k+1)^3+2k^2+k^2(k+1)}{2k^2(k+1)^3}$$
$$=\frac{-3k-1}{2k^2(k+1)^3}<0$$

$k\ge2$인 자연수이므로 $2k^2>0$, $(k+1)^3>0$이고 $-3k-1<0$이야.
따라서 $\dfrac{-3k-1}{2k^2(k+1)^3}<0$이 성립해.

즉, $1+\dfrac{1}{2^3}+\dfrac{1}{3^3}+\cdots+\dfrac{1}{k^3}+\dfrac{1}{(k+1)^3}<\dfrac{1}{2}\left\{3-\dfrac{1}{(k+1)^2}\right\}$ ($\because$ ㉠)

따라서 $n=k+1$일 때도 (*)이 성립한다.

(i), (ii)에서 부등식 $1+\dfrac{1}{2^3}+\dfrac{1}{3^3}+\cdots+\dfrac{1}{n^3}<\dfrac{1}{2}\left(3-\dfrac{1}{n^2}\right)$은 $n\ge2$인 모든 자연수 n에 대하여 성립한다.

[채점 기준표]

1st	$n=2$일 때 부등식이 성립하는지 확인한다.	3점
2nd	$n=k$일 때 부등식이 성립한다 가정하고 $n=k+1$일 때 부등식이 성립하는지 증명해 본다.	7점

즉,

$$\sum_{k=1}^{m+1}\left(\frac{1}{2k-1}-\frac{1}{2k}\right)=\frac{1}{m+2}+\frac{1}{m+3}+\cdots+\frac{1}{2m+1}+\frac{1}{2m+2}$$

이 성립한다. 따라서 $n=m+1$일 때도 (*)이 성립한다.

(i), (ii)에서

등식 $\displaystyle\sum_{k=1}^{n}\left(\frac{1}{2k-1}-\frac{1}{2k}\right)=\frac{1}{n+1}+\frac{1}{n+2}+\frac{1}{n+3}+\cdots+\frac{1}{2n}$ 은 모든

자연수 n에 대하여 성립한다.

[채점 기준표]

1st	$n=1$일 때 등식이 성립하는지 확인한다.	2점
2nd	$n=m$일 때 등식이 성립한다 가정하고 $n=m+1$일 때 등식이 성립하는지 증명해 본다.	8점

I

🔴 **1등급 마스터 문제** [4점 + 2등급 대비 + 1등급 대비] ◯

I 83 **정답 5** ＊수열의 귀납적 정의의 활용 ⋯⋯⋯⋯ [정답률 32%]

[정답 공식: 첫째항을 가장 작은 자연수 1부터 시작해서 조건을 만족시키는 가
장 작은 첫째항을 구한다.]

첫째항이 자연수인 수열 $\{a_n\}$이 모든 자연수 n에 대하여
　　→ **단서1** 첫째항이 될 수 있는 것은 1, 2, 3, ⋯이야.
$$a_{n+1}=\begin{cases} a_n-2 & (a_n\geq 0) \\ a_n+5 & (a_n<0) \end{cases}$$
을 만족시킨다. $a_{15}<0$이 되도록 하는 a_1의 최솟값을 구하시오.
　　단서2 첫째항을 1, 2, 3, ⋯이라 하고 각각에 대하여
　　$a_{15}<0$을 만족시키는 첫째항을 찾아 봐. (4점)

1st 첫째항을 1, 2, 3, ⋯이라 하고 각각에 대하여 $a_{15}<0$이 되는 최소의 a_1의
값을 구해.

(i) $a_1=1$이라 하면

$a_1\geq 0$이므로 $a_2=a_1-2=1-2=-1$

$a_2<0$이므로 $a_3=a_2+5=-1+5=4$

$a_3\geq 0$이므로 $a_4=a_3-2=4-2=2$

$a_4\geq 0$이므로 $a_5=a_4-2=2-2=0$

$a_5\geq 0$이므로 $a_6=a_5-2=0-2=-2$

$a_6<0$이므로 $a_7=a_6+5=-2+5=3$

$a_7\geq 0$이므로 $a_8=a_7-2=3-2=1=a_1$

$a_8\geq 0$이므로 $a_9=a_8-2=1-2=-1=a_2$

　⋮　┌ $a_1=1$일 때, 각 항을 구한 것을 보면 첫째항부터 제7항까지 1, −1, 4, 2, 0,
　　　└ −2, 3이 나오고 1부터 다시 반복되므로 수열 $\{a_n\}$은 7을 주기로 값이 반복돼.

즉, 수열 $\{a_n\}$은 모든 자연수 n에 대하여 $a_{n+7}=a_n$을 만족시키므로

$a_{15}=a_8=a_1=1>0$

따라서 $a_1=1$일 때, $a_{15}<0$을 만족시키지 않는다.

(ii) $a_1=2$라 하고 (i)과 같은 방법으로 하면

$a_2=0$, $a_3=-2$, $a_4=3$, $a_5=1$, $a_6=-1$, $a_7=4$,

$a_8=2=a_1$, $a_9=0=a_2$, ⋯

즉, 수열 $\{a_n\}$은 모든 자연수 n에 대하여 $a_{n+7}=a_n$을 만족시키므로

$a_{15}=a_8=a_1=2>0$

(iii) $a_1=3$이라 하고 (i)과 같은 방법으로 하면

$a_2=1$, $a_3=-1$, $a_4=4$, $a_5=2$, $a_6=0$, $a_7=-2$,

$a_8=3=a_1$, $a_9=1=a_2$, ⋯

즉, 수열 $\{a_n\}$은 모든 자연수 n에 대하여 $a_{n+7}=a_n$을 만족시키므로

$a_{15}=a_8=a_1=3>0$

I 82 **정답** 풀이 참조 ＊수학적 귀납법 − 등식의 증명 [정답률 65%]

[정답 공식: 명제 $p(n)$이 $\displaystyle\sum_{k=1}^{n}a_k=f(1)+f(2)+\cdots+f(n)$인 경우 $n=m$일 때
$\displaystyle\sum_{k=1}^{m}a_k=f(1)+f(2)+\cdots+f(m)$이 성립함을 가정한 뒤 양변에 a_{m+1}을 더해서
$n=m+1$일 때도 성립함을 보이면 된다.]

단서 $n=m$일 때 성립한다고 가정하면 $n=m+1$일 때 성립하는지 증명할 수 있어.

모든 자연수 n에 대하여

$$\sum_{k=1}^{n}\left(\frac{1}{2k-1}-\frac{1}{2k}\right)=\frac{1}{n+1}+\frac{1}{n+2}+\frac{1}{n+3}+\cdots+\frac{1}{2n}$$

이 성립함을 수학적 귀납법으로 증명하는 과정을 서술하시오.

(10점)

🧠 **단서＋발상**

단서 $n=m$일 때

$\displaystyle\sum_{k=1}^{m}\left(\frac{1}{2k-1}-\frac{1}{2k}\right)=\frac{1}{m+1}+\frac{1}{m+2}+\frac{1}{m+3}+\cdots+\frac{1}{2m}$이 성립한다고
가정할 수 있다. **발상**

양변에 $\dfrac{1}{2m+1}-\dfrac{1}{2m+2}$을 더하면 $n=m+1$일 때 성립하는지 증명할 수
있다. **해결**

- - - **[문제 풀이 순서]** -

1st $n=1$일 때 등식이 성립하는지 확인하자.

등식 $\displaystyle\sum_{k=1}^{n}\left(\frac{1}{2k-1}-\frac{1}{2k}\right)=\frac{1}{n+1}+\frac{1}{n+2}+\frac{1}{n+3}+\cdots+\frac{1}{2n}$ 을 (*)

이라 하자.

(i) $n=1$일 때 (좌변)＝(우변)＝$\dfrac{1}{2}$이다.
　　$1-\dfrac{1}{2}=\dfrac{1}{2}=\dfrac{1}{1+1}=\dfrac{1}{2}$이야.

따라서 $n=1$일 때 (*)이 성립한다.

2nd $n=m$일 때 문제의 등식이 성립한다 가정하고 $n=m+1$일 때 등식이
성립하는지 증명해 보자.

(ii) $n=m$일 때 (*)이 성립한다고 가정하면

$$\sum_{k=1}^{m}\left(\frac{1}{2k-1}-\frac{1}{2k}\right)=\frac{1}{m+1}+\frac{1}{m+2}+\frac{1}{m+3}+\cdots+\frac{1}{2m}$$

양변에 $\dfrac{1}{2m+1}-\dfrac{1}{2m+2}$을 더하면

$$\sum_{k=1}^{m}\left(\frac{1}{2k-1}-\frac{1}{2k}\right)+\frac{1}{2m+1}-\frac{1}{2m+2}$$

$$=\frac{1}{m+1}+\frac{1}{m+2}+\frac{1}{m+3}+\cdots+\frac{1}{2m}+\frac{1}{2m+1}-\frac{1}{2m+2}$$

$$=\frac{1}{m+2}+\frac{1}{m+3}+\cdots+\frac{1}{2m+1}+\frac{1}{m+1}-\frac{1}{2m+2}$$

주의

우변의 음수에 해당하는 항인 $-\dfrac{1}{2m+2}$을 양수로 변환하기 위해 우변에서 첫 번째로 위
치한 항인 $\dfrac{1}{m+1}$의 위치를 옮긴 거야.

$$=\frac{1}{m+2}+\frac{1}{m+3}+\cdots+\frac{1}{2m+1}+\frac{2m+2-m-1}{(m+1)(2m+2)}$$

$$=\frac{1}{m+2}+\frac{1}{m+3}+\cdots+\frac{1}{2m+1}+\frac{1}{2m+2}$$

정답 및 해설　**519**

(ⅳ) $a_1=4$라 하고 (ⅰ)과 같은 방법으로 하면

$a_2=2$, $a_3=0$, $a_4=-2$, $a_5=3$, $a_6=1$, $a_7=-1$,

$a_8=4=a_1$, $a_9=2=a_2$, $\cdots$

즉, 수열 $\{a_n\}$은 모든 자연수 n에 대하여 $a_{n+7}=a_n$을 만족시키므로

$a_{15}=a_8=a_1=4>0$

(ⅴ) $a_1=5$라 하고 (ⅰ)과 같은 방법으로 하면

$a_2=3$, $a_3=1$, $a_4=-1$, $a_5=4$, $a_6=2$, $a_7=0$, $a_8=-2$,

$a_9=3=a_2$, $a_{10}=1=a_3$, $\cdots$

즉, 수열 $\{a_n\}$은 $n \ge 2$인 자연수 n에 대하여 $a_{n+7}=a_n$을 만족시키므로 $a_{15}=a_8=-2<0$

따라서 $a_{15}<0$이 되도록 하는 a_1의 최솟값은 5이다.

Ⅰ 84 정답 132　*수열의 귀납법 정의의 활용 ·········· [정답률 33%]

[정답 공식: 점 P_1의 좌표가 $(1, 0)$임을 이용하여 점 Q_3의 좌표를 구하고, 점 Q_n의 좌표의 규칙성을 찾는다.]

자연수 n에 대하여 좌표평면 위의 점 P_n의 좌표를 $(n, an-a)$라 하자. 두 점 Q_n, Q_{n+1}에 대하여 점 P_n이 삼각형 $Q_nQ_{n+1}Q_{n+2}$의 무게중심이 되도록 점 Q_{n+2}를 정한다. 두 점 Q_1, Q_2의 좌표가 각각 $(0, 0)$, $(1, -1)$이고 점 Q_{10}의 좌표가 $(9, 90)$이다. 점 Q_{13}의 좌표를 (p, q)라 할 때, $p+q$의 값을 구하시오. (단, $a>1$) (4점)

단서 두 점 Q_1, Q_2이 주어졌으니까 Q_n을 차례로 구하여 Q_{10}까지 유도하면 식을 유도할 수 있을 거야.

1st 주어진 두 점 Q_1, Q_2과 점 P_1을 이용하여 Q_3, Q_4, Q_5를 유도하자.

점 P_1의 좌표는 $(1, 0)$, 두 점 Q_1, Q_2의 좌표가 각각 $(0, 0)$, $(1, -1)$이고 점 P_1이 삼각형 $Q_1Q_2Q_3$의 무게중심이므로 Q_3의 좌표를 (a_1, b_1)이라 하면

실수 점 P_n의 좌표가 $(n, an-a)$이니까 $n=1$을 대입하면 점 P_1은 $(1, a-a)=(1, 0)$이야.

$\left(\dfrac{0+1+a_1}{3}, \dfrac{0+1+b_1}{3} \right)=(1, 0)$이므로

$a_1=2$, $b_1=1$

즉, 점 Q_3의 좌표는 $(2, 1)$이다.

점 P_2의 좌표는 $(2, a)$, 두 점 Q_2, Q_3의 좌표가 각각 $(1, -1)$, $(2, 1)$이고 점 P_2는 삼각형 $Q_2Q_3Q_4$의 무게중심이므로 Q_4의 좌표를 (a_2, b_2)라 하면

$\left(\dfrac{1+2+a_2}{3}, \dfrac{-1+1+b_2}{3} \right)$, 즉 $(2, a)$이므로

$a_2=3$, $b_2=3a$

$Q_4(3, 3a)$, $Q_7(6, 6a)$, $Q_{10}(9, 9a)$의 규칙을 살펴보면 4, 7, 10에서 $3k+1$로 추론할 수 있고, x좌표, y좌표는 각각 3배씩 커지므로 $Q_{3k+1}(3k, 3ka)$(k는 자연수)를 추론할 수 있어.

즉, 점 Q_4의 좌표는 $(3, 3a)$이다.

점 P_3의 좌표는 $(3, 2a)$, 두 점 Q_3, Q_4의 좌표가 각각 $(2, 1)$, $(3, 3a)$이고 점 P_3는 삼각형 $Q_3Q_4Q_5$의 무게중심이므로 Q_5의 좌표를 (a_3, b_3)이라 하면 $\left(\dfrac{2+3+a_3}{3}, \dfrac{1+3a+b_3}{3} \right)$, 즉 $(3, 2a)$이므로

$a_3=4$, $b_3=3a-1$

즉, 점 Q_5의 좌표는 $(4, 3a-1)$이다.

2nd 같은 방법으로 Q_7, $\cdots$, Q_{10}을 구하여 Q_n을 추론하자.

같은 방법으로 구하면

$P_4(4, 3a)$, $Q_4(3, 3a)$, $Q_5(4, 3a-1)$에서

점 Q_6의 좌표는 $(5, 3a+1)$

$P_5(5, 4a)$, $Q_5(4, 3a-1)$, $Q_6(5, 3a+1)$에서

점 Q_7의 좌표는 $(6, 6a)$

$P_6(6, 5a)$, $Q_6(5, 3a+1)$, $Q_7(6, 6a)$에서

점 Q_8의 좌표는 $(7, 6a-1)$

$P_7(7, 6a)$, $Q_7(6, 6a)$, $Q_8(7, 6a-1)$에서

점 Q_9의 좌표는 $(8, 6a+1)$

$P_8(8, 7a)$, $Q_8(7, 6a-1)$, $Q_9(8, 6a+1)$에서

점 Q_{10}의 좌표는 $(9, 9a)$

$\vdots$

주의 직접 Q_4, Q_5, Q_6 $\cdots$을 순서대로 구하여 $3k+1$마다 보이는 특징을 찾아 일반화시킬 줄 알아야 해.

즉, $Q_{3k+1}(3k, 3ka)$(k는 자연수) $\cdots$ ㉠

3rd 점 Q_{10}의 좌표가 $(9, 90)$이므로 a의 값을 구하고, 점 Q_{13}을 구하자.

점 Q_{10}의 좌표가 $(9, 90)$이므로

$9a=90$

$\therefore a=10$

구하려는 것은 점 Q_{13}의 좌표이므로 ㉠에 $k=4$를 대입하면

점 $(3 \times 4, 3 \times 4 \times 10)=(12, 120)$이므로 $p=12$, $q=120$

$\therefore p+q=132$

Ⅰ 85 정답 13　*수열의 귀납적 정의의 활용 ·········· [정답률 32%]

[정답 공식: 수열 $\{b_n\}$의 n대신에 1, 2, 3, $\cdots$, 10을 대입하여 각 변을 더하면 수열 $\{a_n\}$의 첫째항과 공차 사이의 관계를 구할 수 있다. 이를 통해 b_n의 값의 비도 구할 수 있다.]

공차가 0이 아닌 등차수열 $\{a_n\}$이 있다. 수열 $\{b_n\}$은

$b_1=a_1$

단서 n의 값에 따라 b_n을 구하는 식이 다르니까 n 대신 2, 3, 4, $\cdots$를 대입하면서 규칙을 파악해.

이고, 2 이상의 자연수 n에 대하여

$b_n=\begin{cases} b_{n-1}+a_n & (n\text{이 3의 배수가 아닌 경우}) \\ b_{n-1}-a_n & (n\text{이 3의 배수인 경우}) \end{cases}$

이다. $b_{10}=a_{10}$일 때, $\dfrac{b_8}{b_{10}}=\dfrac{q}{p}$이다. $p+q$의 값을 구하시오.

(단, p와 q는 서로소인 자연수이다.) (4점)

1st n 대신 2, 3, 4, $\cdots$, 10을 대입하여 수열 $\{a_n\}$의 첫째항과 공차에 대한 관계식을 찾자.

$b_n=\begin{cases} b_{n-1}+a_n & (n\text{이 3의 배수가 아닌 경우}) \\ b_{n-1}-a_n & (n\text{이 3의 배수인 경우}) \end{cases}$에 n 대신 2, 3, 4, $\cdots$, 10을 차례로 대입하면

실수 n이 3의 배수일 때 반드시 식 $b_n=b_{n-1}-a_n$을 적용해주도록 하자.

$b_2=b_1+a_2$　$n=2$를 대입한 것이고 2는 3의 배수가 아니니까 $b_n=b_{n-1}+a_n$에서 b_2의 값을 구해야겠지?

$b_3=b_2-a_3$

$b_4=b_3+a_4$

$b_5=b_4+a_5$

$b_6=b_5-a_6$

$b_7=b_6+a_7$

$b_8=b_7+a_8$

$b_9=b_8-a_9 \cdots$ ㉠

$b_{10}=b_9+a_{10} \cdots$ ㉡

이 식들의 각 변을 더하면

$b_{10}=b_1+a_2-a_3+a_4+a_5-a_6+a_7+a_8-a_9+a_{10}$

$\quad =a_1+a_2-a_3+a_4+a_5-a_6+a_7+a_8-a_9+a_{10}$ ($\because b_1=a_1$)

$a_{10}=a_1+a_2-a_3+a_4+a_5-a_6+a_7+a_8-a_9+a_{10}$ ($\because b_{10}=a_{10}$)

$\therefore a_1+a_2-a_3+a_4+a_5-a_6+a_7+a_8-a_9=0 \cdots$ ㉢

이때, 등차수열 $\{a_n\}$의 첫째항을 a_1, 공차를 d $(d \neq 0)$라 하면 ㉢에서
$$a_1 + (a_1+d) - (a_1+2d) + (a_1+3d) + (a_1+4d) - (a_1+5d)$$
$$+ (a_1+6d) + (a_1+7d) - (a_1+8d) = 0$$
$$3a_1 + 6d = 0$$
$$\therefore a_1 = -2d$$

2nd $\dfrac{b_8}{b_{10}}$의 값을 구하자.

└→ 첫째항이 a, 공차가 d인 등차수열 $\{a_n\}$의 일

등차수열 $\{a_n\}$의 <u>일반항</u>은 반항은 $a_n = a + (n-1)d$

$a_n = -2d + (n-1)d = (n-3)d$ 이므로

$b_{10} = a_{10} = 7d$

또, ㉡에서

$b_9 = b_{10} - a_{10} = 0$

㉠에서 $b_8 = b_9 + a_9 = 0 + 6d = 6d$ 이므로

$$\dfrac{b_8}{b_{10}} = \dfrac{6d}{7d} = \dfrac{6}{7} = \dfrac{q}{p}$$

$$\therefore p + q = 7 + 6 = 13$$

🔧 **다른 풀이:** b_n의 각 항을 다르게 구하는 방법

$b_n = \begin{cases} b_{n-1} + a_n & (n \text{이 } 3\text{의 배수가 아닌 경우}) \\ b_{n-1} - a_n & (n \text{이 } 3\text{의 배수인 경우}) \end{cases}$ 에 n 대신 $2, 3, 4, \cdots, 10$을

차례로 대입하면

$b_2 = b_1 + a_2 = a_1 + a_2$ $(\because b_1 = a_1)$

$b_3 = b_2 - a_3 = a_1 + a_2 - a_3$

$b_4 = b_3 + a_4 = a_1 + a_2 - a_3 + a_4$

$\vdots$

$b_8 = b_7 + a_8 = a_1 + (a_2 - a_3) + a_4 + (a_5 - a_6) + a_7 + a_8 \cdots ㉣$

$\vdots$

$b_{10} = b_9 + a_{10} = a_1 + (a_2 - a_3) + a_4 + (a_5 - a_6) + a_7 + (a_8 - a_9) + a_{10} \cdots ㉤$

이때, 등차수열 $\{a_n\}$의 첫째항을 a_1, 공차를 d $(d \neq 0)$이라 하면 자연수 k에 대하여 <u>$a_k - a_{k+1} = -d$</u>이므로 ㉤에서

$b_{10} = a_1 - d + (a_1 + 3d) - d + (a_1 + 6d) - d + (a_1 + 9d)$

$\quad = 4a_1 + 15d$

└→ $a_k = a_1 + (k-1)d$, $a_{k+1} = a_1 + \{(k+1)-1\}d = a_1 + kd$이므로

$a_k - a_{k+1} = \{a_1 + (k-1)d\} - (a_1 + kd) = -d$

이때, $b_{10} = a_{10}$이므로

$4a_1 + 15d = a_1 + 9d$

$3a_1 = -6d$

$\therefore a_1 = -2d \Rightarrow b_{10} = 4 \times (-2d) + 15d = 7d$

또, ㉣에서

$b_8 = a_1 - d + (a_1 + 3d) - d + (a_1 + 6d) + (a_1 + 7d)$

$\quad = 4a_1 + 14d$

$\quad = 4 \times (-2d) + 14d = 6d$

$\therefore \dfrac{b_8}{b_{10}} = \dfrac{6d}{7d} = \dfrac{6}{7} = \dfrac{q}{p} \Rightarrow p + q = 13$

📘 **수학적 귀납법**   개념·공식

자연수 n에 대한 명제 $p(n)$이 모든 자연수에 대하여 성립함을 증명하려면
(i) $n=1$일 때 명제 $p(n)$이 성립
(ii) $n=k$일 때 명제 $p(n)$이 성립한다고 가정하면,
       $n=k+1$일 때도 명제 $p(n)$이 성립
함을 보이면 된다.

I 86 정답 725   *수열의 귀납적 정의의 응용 ────── [정답률 38%]

[정답 공식: 세 점 A_n, B_n, C_n의 좌표를 구할 수 있다. n이 1일 때부터 a_n의 값을 구해보고 규칙성을 찾는다.]

그림과 같이 자연수 n에 대하여 기울기가 1이고 y절편이 양수인 직선이 원 $x^2 + y^2 = \dfrac{n^2}{2}$❶에 접할 때, 이 직선이 x축, y축과 만나는 점을 각각 A_n, B_n이라 하자. 점 A_n을 지나고 기울기가 -2인 직선이 y축❷과 만나는 점을 C_n이라 할 때, 삼각형 $A_n C_n B_n$과 그 내부의 점들 중

단서1 우선 ❶, ❷를 이용하여 두 직선의 방정식을 세워 세 점 A_n, B_n, C_n의 좌표를 찾아야 해.

x좌표와 y좌표가 모두 정수인 점의 개수를 a_n이라 하자. $\displaystyle\sum_{n=1}^{10} a_n$의 값을 구하시오. (4점)

단서2 이런 형태로 주어진다는 것은 수열의 규칙이 반드시 존재한다는 뜻임을 염두에 두고 규칙을 찾기 위해 $n=1$부터 대입해 보자.

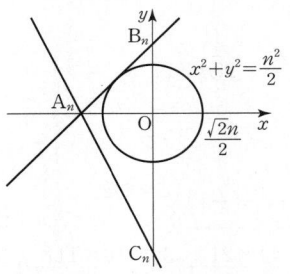

1st 조건 ❶, ❷에 맞게 직선의 방정식을 구해서 각 점의 좌표부터 구하자.

기울기가 1이고 y절편이 양수인 원 $x^2 + y^2 = \dfrac{n^2}{2}$의 접선의 방정식은

기울기가 m이고, 원 $x^2 + y^2 = r^2$에 접하는 직선의 방정식은

$y = x + \dfrac{n}{\sqrt{2}}\sqrt{1 + 1^2}$ $y = mx \pm r\sqrt{1 + m^2}$

이때, y절편이 양수이면 $y = mx + r\sqrt{1+m^2}$

$\therefore y = x + n$

직선 $y = x + n$이 x축, y축과 만나는 점은 각각 $A_n(-n, 0)$, $B_n(0, n)$

한편, 점 A_n을 지나고 기울기가 -2인 직선의 방정식은 $y = -2x - 2n$

이므로 y축과의 교점인 점 C_n의 좌표는 $C_n(0, -2n)$ $\quad y = -2(x+n) + 0$

2nd $n = 1, 2, 3, \cdots$을 대입하여 조건을 만족하는 점의 개수를 찾자.

삼각형 $A_n C_n B_n$과 그 내부의 점들 중 x좌표와 y좌표가 모두 정수인 점의 개수가 a_n이므로

(i) $n = 1$일 때,

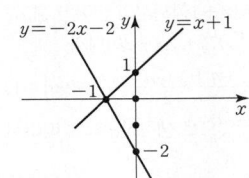

그림과 같이 x좌표가 0인 점의 개수는 4이고, x좌표가 -1인 점의 개수는 1이므로

$a_1 = 1 + 4 = 5$

(ii) $n = 2$일 때, $\Rightarrow A_2(-2, 0), B_2(0, 2), C_2(0, -4)$

x좌표가 0인 점의 개수는 7, $\Rightarrow$ (점 B_2, C_2의 y좌표의 차)$+1$

x좌표가 -1인 점의 개수는 4, $\Rightarrow$ (직선 A_2B_2과 직선 A_2C_2의 교점의

x좌표가 -2인 점의 개수는 1이므로 $x = -1$일 때의 y좌표의 차)$+1$

$a_2 = 1 + 4 + 7 = 12$

(iii) $n=3$일 때, $\Rightarrow A_3(-3, 0), B_3(0, 3), C_3(0, -6)$ $\qquad$ $n=3$일 때

x좌표가 0인 점의 개수는 10,

x좌표가 -1인 점의 개수는 7,

x좌표가 -2인 점의 개수는 4,

x좌표가 -3인 점의 개수는 1이므로

$a_3 = 1 + 4 + 7 + 10 = 22$

$\vdots$ 3씩 일정하게 증가하고, $10 = 3 \times 3 + 1$이니까 a_n의 끝에 더해지는 수는 $3 \times n + 1$이겠지?

3rd a_n을 추론한 후에 $\sum$를 실수없이 계산해.

$a_n = 1 + 4 + 7 + 10 + \cdots + (3n+1)$ $\Rightarrow$ 첫째항이 1, 공차가 3인 등차수열이니까 일반항은 $3n-2$야. 그리고 제1항부터 제$n+1$항까지의 합임을 확인해야 해.

$= \sum_{k=1}^{n+1}(3k-2)$

$= 3\sum_{k=1}^{n+1}k - 2(n+1)$

$= \dfrac{3(n+1)(n+2)}{2} - 2(n+1)$

$= \dfrac{3}{2}n^2 + \dfrac{5}{2}n + 1$

$\therefore \sum_{n=1}^{10} a_n = \sum_{n=1}^{10}\left(\dfrac{3}{2}n^2 + \dfrac{5}{2}n + 1\right)$ [$\sum$의 성질] $\sum_{k=1}^{n}(a_k+b_k) = \sum_{k=1}^{n}a_k + \sum_{k=1}^{n}b_k$

$= \dfrac{3}{2} \times \dfrac{10 \times 11 \times 21}{6} + \dfrac{5}{2} \times \dfrac{10 \times 11}{2} + 1 \times 10 = 725$

다른 풀이: 직선과 원의 중심 사이의 거리 공식 이용하기

기울기가 1이고 y절편이 양수인 직선을 $y = x + b$ $(b > 0)$이라 하면

직선 $x - y + b = 0$과 원 $x^2 + y^2 = \dfrac{n^2}{2}$의 중심 $(0, 0)$ 사이의 거리가

$\sqrt{\dfrac{n^2}{2}}$이므로 $\dfrac{|0-0+b|}{\sqrt{1^2+1^2}} = \sqrt{\dfrac{n^2}{2}}$ 직선 $ax+by+c=0$과 원점 $(0, 0)$ 사이의 거리는 $\dfrac{|c|}{\sqrt{a^2+b^2}}$

$\therefore b = n$

(이하 동일)

수능 핵강

＊ 첫째항에 따라 a_n을 나타나는 다양한 경우 알아보기

$4 + 7 + \cdots + (3n+1)$은 첫째항이 4이고, 공차가 3인 등차수열의 제n항까지의 합이야. 그래서 $\sum$를 안 쓰고 등차수열의 합의 공식을 써도 돼.

즉, $\dfrac{n\{4 + 3n + 1\}}{2} = \dfrac{3}{2}n^2 + \dfrac{5}{2}n$이 되는 거지.

반면, $a_n = 1 + 4 + 7 + 10 + \cdots + (3n+1)$로 보면 첫째항을 1, 공차를 3인 등차수열의 첫째항부터 제$n+1$항까지의 합이라 할 수 있어.

이때, 일반항은 $1 + (n-1) \times 3 = 3n - 20$이니까

$\therefore a_n = \sum_{k=1}^{n+1}(3k-2) = 3 \times \dfrac{(n+1)(n+2)}{2} - 2(n+1) = \dfrac{3}{2}n^2 + \dfrac{5}{2}n + 1$

등차수열에서 첫째항을 무엇으로 생각하는지에 따라서 방법이 다르니까 다양하게 연습하자.

✿ 자연수의 거듭제곱의 합 $\qquad$ 개념·공식

① $\sum_{k=1}^{n}k = \dfrac{n(n+1)}{2}$

② $\sum_{k=1}^{n}k^2 = \dfrac{n(n+1)(2n+1)}{6}$

③ $\sum_{k=1}^{n}k^3 = \left\{\dfrac{n(n+1)}{2}\right\}^2$

I 87 정답 ③ ＊수열의 귀납법 정의의 응용 $\qquad$ [정답률 37%]

(정답 공식: $a_{n+1} = a_n + b_n$, $b_{n+1} = a_n$임을 이해한다.)

어느 공원에는 아래 그림과 같이 A 지점에서 출발하여 A 지점으로 돌아오는 제1산책로, A 지점에서 출발하여 B 지점으로 이어지는 제2산책로, B 지점에서 출발하여 A 지점으로 이어지는 제3산책로가 있고, 각 산책로의 거리는 1 km이다.

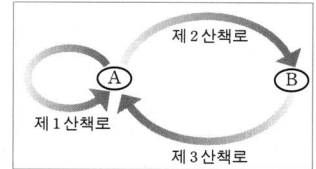

A → A : 제1산책로
A → B : 제2산책로
B → A : 제3산책로

제2산책로
제1산책로
제3산책로

이 산책로들을 따라 다음과 같은 규칙으로 산책한 거리가 n km ❶일 때, A 지점에서 출발하여 A 지점에 도착하는 방법의 수를 a_n, ❷A 지점에서 출발하여 B 지점에 도착하는 방법의 수를 b_n이라 하자.

단서 ❶에서 n km일 때, A → A로 가는 경우가 a_n, ❷에서도 A → B로 가는 경우가 b_n이야. $(n+1)$ km일 때, a_{n+1}과 b_{n+1}을 유추해.

(가) 각 산책로에서는 화살표 방향으로만 진행해야 한다.

(나) 같은 산책로를 반복할 수 있다.

(다) 지나지 않는 산책로가 있을 수 있다.

$a_7 + b_7$의 값은? (단, n은 자연수이다.) (4점)

① 21 $\qquad$ ② 29 $\qquad$ ③ 34

④ 42 $\qquad$ ⑤ 55

1st a_n과 b_n, a_{n+1}과 b_{n+1} 사이의 관계를 구해서 문제를 해결하자.

$(n+1)$ km 만에 A로 가는 방법은 $\Rightarrow a_{n+1}$

n km일 때 A에 있다가 제1산책로를 이용하는 방법과 $\Rightarrow a_n$

n km일 때 B에 있다가 제3산책로를 이용하는 방법이 있다. $\Rightarrow b_n$

또한, $(n+1)$ km 만에 B로 가는 방법은 $\Rightarrow b_{n+1}$

n km일 때 A에 있다가 제2산책로를 이용하는 방법밖에 없다. $\Rightarrow a_n$

따라서 $a_1 = 1$, $b_1 = 1$이고, $a_{n+1} = a_n + b_n$, $b_{n+1} = a_n$이다.

주의 문제를 파악하여 관계식을 세울 수 있어야 해.

2nd $n = 1, 2, 3, \cdots$을 대입하여 $a_7 + b_7$의 값을 구하자.

$a_2 = 2$, $b_2 = 1$ $\Leftarrow$ a_2 : A → B → A, A → A → A, b_2 : B → A → B

$a_3 = a_2 + b_2 = 3$, $b_3 = a_2 = 2$

$a_4 = a_3 + b_3 = 5$, $b_4 = a_3 = 3$

$a_5 = a_4 + b_4 = 8$, $b_5 = a_4 = 5$

$a_6 = a_5 + b_5 = 13$, $b_6 = a_5 = 8$

$a_7 = a_6 + b_6 = 21$, $b_7 = a_6 = 13$

$\therefore a_7 + b_7 = 21 + 13 = 34$

✿ 수열의 귀납적 정의의 응용 $\qquad$ 개념·공식

이웃하는 항 사이의 관계가 수식이나 문장으로 주어지고 특정한 항의 값을 구하는 문제는

(i) 주어진 조건을 수식으로 나타낸 후

(ii) $n = 1, 2, 3, \cdots$을 차례로 대입해 보거나

(iii) 여러 가지 수열의 귀납적 정의를 이용하여 일반항을 찾는다.

[정답 공식: $a_2+a_3=0$, $a_5=16$을 만족시키도록 하는 a_2, a_3, d, r에 대한 조건을 먼저 찾는다.]

첫째항이 정수인 수열 $\{a_n\}$이 두 정수 d, r에 대하여 다음 조건을 만족시킨다.

(가) 모든 자연수 n에 대하여
$$a_{n+1}=\begin{cases} a_n+d & (a_n\geq 0) \\ ra_n & (a_n<0) \end{cases}$$
이다.

단서1 수열 $\{a_n\}$의 관계식에서 a_{n+1}은 a_n에 d를 더하거나 r을 곱하여 만들어진 항이고 첫째항 a_1과 d, r이 모두 정수이므로 수열 $\{a_n\}$의 모든 항은 정수야.

(나) $a_k=a_{k+12}=0$인 자연수 k가 존재한다.

단서2 수열 $\{a_n\}$은 주기성을 가짐을 유추할 수 있어.

$a_2+a_3=0$, $a_5=16$이 되도록 하는 모든 a_1의 값의 합을 구하시오.

단서3 $a_2=a_3=0$ 또는 $a_2>0$, $a_3<0$ 또는 $a_2<0$, $a_3>0$인 경우로 나누어 생각해. (4점)

단서+발상 [유형 04]

단서1 a_1은 정수인데 a_2는 a_1에 정수를 더하거나 a_1에 정수를 곱하여 만들어지므로 a_2도 정수이다. 마찬가지로 a_3, a_4, $\cdots$도 정수이므로 수열 $\{a_n\}$의 모든 항은 정수이다. (개념)

단서2 a_n의 부호에 따라 a_{n+1}의 값이 결정되는 수열 $\{a_n\}$이 $a_k=a_{k+12}$를 만족시키므로 임의의 자연수 k에 대하여 $a_k=a_{k+12}=a_{k+24}=\cdots$가 성립한다. 따라서 수열 $\{a_n\}$은 n이 충분히 클 때 주기를 갖는 것을 파악할 수 있다. (발상)

단서3 $a_2+a_3=0$이므로 $a_2=a_3=0$이거나 a_2의 값과 a_3의 값은 절댓값이 같고 부호만 반대임을 알 수 있다. 그런데 조건 (가)에 의하여 $a_2\geq 0$이면 $a_3=a_2+d$이고 $a_2<0$이면 $a_3=ra_2$이므로 이를 이용하여 숨겨진 조건을 찾아야 한다. (해결)

-------------------- [문제 풀이 순서] --------------------

1st $a_2+a_3=0$, $a_5=16$을 만족시키도록 하는 조건을 찾아.

$d\geq 0$이면 $a_5=16>0$이므로
$a_6=a_5+d\geq 16$, $a_7=a_6+d\geq 16$, $\cdots$
따라서 5 이상인 자연수 n에 대하여 $a_n\geq 16$이므로 조건 (나)를 만족시키지 않는다. 조건 (나)에서 k는 자연수이므로 $k+12\geq 13$이야. 즉, $d\geq 0$이면 $a_{k+12}\geq 16$이므로 조건 (나)를 만족시키지 않아.

$\therefore d<0 \cdots$ ㉠

한편, $a_2+a_3=0$이므로 $a_2=0$, $a_3=0$ 이거나 두 항 a_2, a_3의 절댓값이 같고 부호만 반대이다.

(i) $a_2=a_3=0$일 때,
$a_3=a_2+d$인데 $a_2=a_3=0$이므로 $d=0$
따라서 ㉠을 만족시키지 않으므로 $a_2=a_3=0$일 수 없다.

(ii) $a_2<0$, $a_3>0$일 때,
$a_3=ra_2$이므로 $a_2+a_3=0$에서 $a_2+ra_2=0$, $a_2(1+r)=0$
$\therefore r=-1 \;(\because a_2\neq 0)$

i) $a_1=0$이면
$a_2=a_1+d=d<0$
$a_3=ra_2=-a_2=-d>0$
$a_4=a_3+d=-d+d=0$
$a_5=a_4+d=0+d=d<0$
따라서 $a_5=16>0$을 만족시키지 않는다.

ii) $a_1>0$이면
$a_2=a_1+d<0$
$a_3=ra_2=-a_2=-a_1-d>0$

$a_4=a_3+d=(-a_1-d)+d=-a_1<0$
$a_5=ra_4=-a_4=-(-a_1)=a_1>0$
$\vdots$
즉, 수열 $\{a_n\}$은 a_1, a_2, a_3, a_4가 반복되고 자연수 l에 대하여
$a_{4l-3}=a_1>0$, $a_{4l-2}=a_2<0$, $a_{4l-1}=a_3>0$, $a_{4l}=a_4<0$이므로 수열 $\{a_n\}$의 모든 항은 0이 아니다.
따라서 조건 (나)를 만족시키지 않는다.

iii) $a_1<0$이면
$a_2=ra_1=-a_1>0$
따라서 $a_2<0$을 만족시키지 않는다.

i)~iii)에 의하여 $a_2<0$, $a_3>0$일 수 없다.

(iii) $a_2>0$, $a_3<0$일 때,
i) $r=0$이면
$a_4=ra_3=0$
$a_5=a_4+d=0+d=d<0$
따라서 $a_5=16>0$을 만족시키지 않는다.

ii) $r>0$이면
$a_4=ra_3<0$
$a_5=ra_4=r\times ra_3=r^2a_3<0$
따라서 $a_5=16>0$을 만족시키지 않는다.

$a_3<0$, $r>0$이고 $a_n<0$일 때 $a_{n+1}=ra_n$이므로 3 이상인 모든 자연수 n에 대하여 $a_n<0$이야. 따라서 $a_5<0$이므로 $a_5=16$을 만족시키지 않아.

i), ii)에 의하여 $r<0$이다.

(i)~(iii)에 의하여 $a_2>0$, $a_3<0$, $r<0$이다.

2nd $a_2>0$, $a_3<0$, $d<0$, $r<0$일 때, 조건 (나)를 만족시키는 수열 $\{a_n\}$을 찾아 그 때의 a_1의 값을 구해.

$a_2>0$이므로 $a_3=a_2+d$
이때, $a_2+a_3=0$에서 $a_2+(a_2+d)=0$ $\therefore d=-2a_2 \cdots$ ㉡
즉, $a_3=a_2+d=a_2-2a_2=-a_2<0$
$a_4=ra_3=r\times(-a_2)=-ra_2>0$
$a_5=a_4+d=(-ra_2)+(-2a_2)=-ra_2-2a_2$
그런데 $a_5=16$이므로 $-ra_2-2a_2=16$에서
$a_2(-r-2)=16$
그런데 a_2, $-r-2$는 정수이므로 가능한 a_2, $-r-2$의 값을 표로 나타내면 다음과 같다. a_2는 양의 정수이므로 $a_2(-r-2)=16$이려면 $-r-2$도 양의 정수가 되어야 해.

a_2	1	2	4	8	16
$-r-2$	16	8	4	2	1

(Ⅰ) $a_2=1$이고 $-r-2=16$, 즉 $r=-18$일 때,
㉡에 의하여 $d=-2a_2=-2$이므로
$a_3=a_2+d=1+(-2)=-1$, $a_4=ra_3=(-18)\times(-1)=18$,
$a_5=a_4+d=18+(-2)=16$, $a_6=a_5+d=16+(-2)=14$, $\cdots$,
$a_{12}=a_{11}+d=4+(-2)=2$, $a_{13}=a_{12}+d=2+(-2)=0$,
$a_{14}=a_{13}+d=0+(-2)=-2$, $a_{15}=ra_{14}=(-18)\times(-2)=36$,
$a_{16}=a_{15}+d=36+(-2)=34$, $\cdots$,
$a_{32}=a_{31}+d=4+(-2)=2$, $a_{33}=a_{32}+d=2+(-2)=0$, $\cdots$
즉, 이때의 수열 $\{a_n\}$의 각 항 중에서 0인 항은 $a_{13}=0$, $a_{33}=0$,
이때의 수열 $\{a_n\}$은 0이 처음 나온 항을 기준으로 제13항부터 a_{13}, a_{14}, a_{15}, $\cdots$, a_{32}가 반복되는 수열이야.
$a_{53}=0$, $\cdots$이므로 조건 (나)를 만족시키지 않는다.

(Ⅱ) $a_2=2$이고 $-r-2=8$, 즉 $r=-10$일 때,
㉡에 의하여 $d=-2a_2=-4$이므로
$a_3=a_2+d=2+(-4)=-2$, $a_4=ra_3=(-10)\times(-2)=20$,
$a_5=a_4+d=20+(-4)=16$, $\cdots$,
$a_8=a_7+d=8+(-4)=4$, $a_9=a_8+d=4+(-4)=0$,

$a_{10}=a_9+d=0+(-4)=-4,$

$a_{11}=ra_{10}=(-10)\times(-4)=40,$

$a_{12}=a_{11}+d=40+(-4)=36, \cdots,$

$a_{20}=a_{19}+d=8+(-4)=4, a_{21}=a_{20}+d=4+(-4)=0, \cdots$

즉, 이때의 수열 $\{a_n\}$의 각 항 중에서 0인 항은 $a_9=0, a_{21}=0,$

이때의 수열 $\{a_n\}$은 0이 처음 나온 항을 기준으로 제9항부터 $a_9, a_{10}, a_{11}, \cdots, a_{20}$이 반복되는 수열이야.

$a_{33}=0, \cdots$이므로 조건 (나)를 만족시킨다.

따라서 $a_2=2, d=-4, r=-10$이므로

Ⅰ) $a_1 \geq 0$이면

$a_2=a_1+d$에서 $2=a_1+(-4)$ $\therefore a_1=6$

Ⅱ) $a_1 < 0$이면

$a_2=ra_1$에서 $2=(-10)\times a_1$ $\therefore a_1=-\dfrac{1}{5}$

이것은 a_1이 정수인 조건을 만족시키지 않는다.

Ⅰ), Ⅱ)에 의하여 이때의 a_1의 값은 6이다.

(Ⅲ) $a_2=4$이고 $-r-2=4$, 즉 $r=-6$일 때,

㉡에 의하여 $d=-2a_2=-8$이므로

$a_3=a_2+d=4+(-8)=-4, a_4=ra_3=(-6)\times(-4)=24,$

$a_5=a_4+d=24+(-8)=16, a_6=a_5+d=16+(-8)=8,$

$a_7=a_6+d=8+(-8)=0, a_8=a_7+d=0+(-8)=-8,$

$a_9=ra_8=(-6)\times(-8)=48, a_{10}=a_9+d=48+(-8)=40,$

$\cdots, a_{14}=a_{13}+d=16+(-8)=8,$

$a_{15}=a_{14}+d=8+(-8)=0, \cdots$

즉, 이때의 수열 $\{a_n\}$의 각 항 중에서 0인 항은 $a_7=0, a_{15}=0,$

이때의 수열 $\{a_n\}$은 0이 처음 나온 항을 기준으로 제7항부터 $a_7, a_8, a_9, \cdots, a_{14}$가 반복되는 수열이야.

$a_{23}=0, \cdots$이므로 조건 (나)를 만족시키지 않는다.

(Ⅳ) $a_2=8$이고 $-r-2=2$, 즉 $r=-4$일 때,

㉡에 의하여 $d=-2a_2=-16$이므로

$a_3=a_2+d=8+(-16)=-8, a_4=ra_3=(-4)\times(-8)=32,$

$a_5=a_4+d=32+(-16)=16, a_6=a_5+d=16+(-16)=0,$

$a_7=a_6+d=0+(-16)=-16,$

$a_8=ra_7=(-4)\times(-16)=64,$

$a_9=a_8+d=64+(-16)=48, \cdots,$

$a_{11}=a_{10}+d=32+(-16)=16,$

$a_{12}=a_{11}+d=16+(-16)=0, \cdots$

즉, 이때의 수열 $\{a_n\}$의 각 항 중에서 0인 항은 $a_6=0, a_{12}=0,$

이때의 수열 $\{a_n\}$은 0이 처음 나온 항을 기준으로 제6항부터 $a_6, a_7, a_8, \cdots, a_{11}$이 반복되는 수열이야.

$a_{18}=0, \cdots$이므로 조건 (나)를 만족시킨다.

따라서 $a_2=8, d=-16, r=-4$이므로

Ⅰ) $a_1 \geq 0$이면

$a_2=a_1+d$에서 $8=a_1+(-16)$ $\therefore a_1=24$

Ⅱ) $a_1 < 0$이면

$a_2=ra_1$에서 $8=(-4)\times a_1$ $\therefore a_1=-2$

Ⅰ), Ⅱ)에 의하여 이때의 a_1의 값은 24 또는 -2이다.

(Ⅴ) $a_2=16$이고 $-r-2=1$, 즉 $r=-3$일 때,

㉡에 의하여 $d=-2a_2=-32$이므로

$a_3=a_2+d=16+(-32)=-16,$

$a_4=ra_3=(-3)\times(-16)=48,$

$a_5=a_4+d=48+(-32)=16,$

$a_6=a_5+d=16+(-32)=-16, \cdots$

즉, 이때의 수열 $\{a_n\}$의 각 항 중 0인 항이 없으므로 조건 (나)를

이때의 수열 $\{a_n\}$은 제2항부터 a_2, a_3, a_4가 반복되는 수열이야.

만족시키지 않는다.

(Ⅰ)~(Ⅴ)에 의하여 조건을 만족시키는 모든 a_1의 값은 6, 24, -2이므로 그 합은 $6+24+(-2)=28$이다.

＊ 귀납적으로 정의된 수열 $\{a_n\}$의 주기성

주기를 가지는 수열이 항상 첫 번째 항부터 주기를 가진다고 생각할 수 있지만 수열의 특성상 앞의 유한한 항들이 주기를 가지지 않아도 n의 값이 충분히 클 때 주기를 가지는 것이 가능해. 따라서 이 문제의 조건 (나)는 n의 값이 충분히 클 때 수열 $\{a_n\}$이 주기를 가진다고 해석해야 해.

Ⅰ 89 정답 ③ ★1등급 대비 [정답률 8%]

＊귀납적으로 정의된 수열의 첫 번째 항부터 백 번째 항까지의 합의 최대·최소 구하기 [유형 04+05]

다음 조건을 만족시키는 모든 수열 $\{a_n\}$에 대하여 $\displaystyle\sum_{k=1}^{100} a_k$의 최댓값과 최솟값을 각각 M, m이라 할 때, $M-m$의 값은? (4점)

(가) $a_5=5$
단서1 a_5의 값과 수열 $\{a_n\}$의 관계식을 이용하여 $a_6, a_7, \cdots, a_{100}$을 구할 수 있어. 그럼 n이 5 이상인 경우의 수열 $\{a_n\}$의 각 항은 결정되어 있으니까 a_1, a_2, a_3, a_4에 따라 $\displaystyle\sum_{k=1}^{100} a_k$의 값을 구하면 돼.

(나) 모든 자연수 n에 대하여

$$a_{n+1}=\begin{cases} a_n-6 & (a_n \geq 0) \\ -2a_n+3 & (a_n < 0) \end{cases}$$

이다.
단서2 a_{n+1}은 a_n이 양수냐 음수냐에 따라 다르게 구해야 해.

① 64 ② 68 ③ 72

④ 76 ⑤ 80

왜 1등급? 귀납적으로 정의된 수열의 합의 최댓값과 최솟값을 구하는 문제이다. 항의 값이 음수가 되는 개수에 따라 달라지는 개수를 구하는 것이 어렵다.

단서+발상

단서1 $a_5=5$이므로 주어진 식에 대입하여 $n \geq 5$일 때 a_n의 값을 구할 수 있다.

따라서 $\displaystyle\sum_{k=1}^{100} a_k$는 a_1, a_2, a_3, a_4의 값에 따라 결정된다. 발상

단서2 $a_5=5$가 되도록 하는 a_4의 값을 결정하면 된다. 즉, a_{n+1}과 a_n의 관계식을 활용하여 a_4, a_3, a_2, a_1을 차례로 구할 수 있다. 이때,

$a_n=a_{n+1}+6$이면 $a_n \geq 0$이어야 하고, $a_n=-\dfrac{1}{2}a_{n+1}+\dfrac{3}{2}$이면 $a_n < 0$이어야 한다. 적용

주의 a_{n+1}과 a_n의 관계에서 a_n의 부호에 주의하여 a_4, a_3, a_2, a_1을 구할 때 될 수 없는 값을 알아야 한다.

[핵심 정답 공식: 관계식이 주어졌으므로 n의 값을 차례로 대입하여 수열 $\{a_n\}$을 유추한다.]

------------------ [문제 풀이 순서] ------------------

1st $a_6, a_7, \cdots$의 값을 먼저 구해.

$a_5=5>0$이므로

$a_6=a_5-6=5-6=-1<0$

$a_7=-2a_6+3=-2\times(-1)+3=5>0$

$a_8=a_7-6=5-6=-1<0$

$\vdots$

따라서 n이 5 이상의 자연수일 때,

$a_n=\begin{cases} 5\ (n\text{이 홀수일 때}) \\ -1\ (n\text{이 짝수일 때}) \end{cases}$ <u>n이 5 이상일 때 수열 $\{a_n\}$의 각 항이 결정되어 있으므로 $\displaystyle\sum_{k=1}^{100}a_k$의 최댓값과 최솟값은 $a_1,\ a_2,\ a_3,\ a_4$의 값에 따라 결정되겠지?</u>

2nd $\displaystyle\sum_{k=1}^{100}a_k$의 최댓값 M과 최솟값 m을 각각 구해.

$a_1,\ a_2,\ a_3,\ a_4$의 값 중 음수는 최대 2개가 나올 수 있으므로 다음과 같이 음수의 개수에 따라 경우를 나누자. 즉, $a_5=5$이므로 ↓ <u>$a_n<0$이면 $a_{n+1}=-2a_n+3>0$이므로 수열 $\{a_n\}$의 항이 연속하여 음수인 경우는 없다. 즉, $a_1,\ a_2,\ a_3,\ a_4$의 값 중 음수는 최대 2개 나올 수 있어.</u>

(ⅰ) 음수의 개수가 2일 때,

ⅰ) $a_4\geq0,\ a_3<0,\ a_2\geq0,\ a_1<0$이면

$a_5=a_4-6$에서 $5=a_4-6$ $\quad\therefore a_4=11$

$a_4=-2a_3+3$에서 $11=-2a_3+3,\ -2a_3=8$ $\quad\therefore a_3=-4$

$a_3=a_2-6$에서 $-4=a_2-6$ $\quad\therefore a_2=2$

$a_2=-2a_1+3$에서 $2=-2a_1+3,\ -2a_1=-1$ $\quad\therefore a_1=\dfrac{1}{2}$

그런데 $a_1<0$이어야 하므로 모순이다.

ⅱ) $a_4<0,\ a_3\geq0,\ a_2<0,\ a_1\geq0$이면

$a_5=-2a_4+3$에서 $5=-2a_4+3,\ -2a_4=2$ $\quad\therefore a_4=-1$

$a_4=a_3-6$에서 $-1=a_3-6$ $\quad\therefore a_3=5$

$a_3=-2a_2+3$에서 $5=-2a_2+3,\ -2a_2=2$ $\quad\therefore a_2=-1$

$a_2=a_1-6$에서 $-1=a_1-6$ $\quad\therefore a_1=5$

$\therefore \displaystyle\sum_{k=1}^{100}a_k=5+(-1)+5+(-1)+\sum_{k=5}^{100}a_k=8+\sum_{k=5}^{100}a_k$

(ⅱ) 음수의 개수가 1일 때,

ⅰ) $a_4\geq0,\ a_3\geq0,\ a_2\geq0,\ a_1<0$이면

$a_5=a_4-6$에서 $5=a_4-6$ $\quad\therefore a_4=11$

$a_4=a_3-6$에서 $11=a_3-6$ $\quad\therefore a_3=17$

$a_3=a_2-6$에서 $17=a_2-6$ $\quad\therefore a_2=23$

$a_2=-2a_1+3$에서 $23=-2a_1+3,\ -2a_1=20$ $\quad\therefore a_1=-10$

$\therefore \displaystyle\sum_{k=1}^{100}a_k=-10+23+17+11+\sum_{k=5}^{100}a_k=41+\sum_{k=5}^{100}a_k$

ⅱ) $a_4\geq0,\ a_3\geq0,\ a_2<0,\ a_1\geq0$이면

$a_5=a_4-6$에서 $5=a_4-6$ $\quad\therefore a_4=11$

$a_4=a_3-6$에서 $11=a_3-6$ $\quad\therefore a_3=17$

$a_3=-2a_2+3$에서 $17=-2a_2+3,\ -2a_2=14$ $\quad\therefore a_2=-7$

$a_2=a_1-6$에서 $-7=a_1-6$ $\quad\therefore a_1=-1$

그런데 $a_1\geq0$이어야 하므로 모순이다.

ⅲ) $a_4\geq0,\ a_3<0,\ a_2\geq0,\ a_1\geq0$이면

$a_5=a_4-6$에서 $5=a_4-6$ $\quad\therefore a_4=11$

$a_4=-2a_3+3$에서 $11=-2a_3+3,\ -2a_3=8$ $\quad\therefore a_3=-4$

$a_3=a_2-6$에서 $-4=a_2-6$ $\quad\therefore a_2=2$

$a_2=a_1-6$에서 $2=a_1-6$ $\quad\therefore a_1=8$

$\therefore \displaystyle\sum_{k=1}^{100}a_k=8+2+(-4)+11+\sum_{k=5}^{100}a_k=17+\sum_{k=5}^{100}a_k$

ⅳ) $a_4<0,\ a_3\geq0,\ a_2\geq0,\ a_1\geq0$이면

$a_5=-2a_4+3$에서 $5=-2a_4+3,\ -2a_4=2$ $\quad\therefore a_4=-1$

$a_4=a_3-6$에서 $-1=a_3-6$ $\quad\therefore a_3=5$

$a_3=a_2-6$에서 $5=a_2-6$ $\quad\therefore a_2=11$

$a_2=a_1-6$에서 $11=a_1-6$ $\quad\therefore a_1=17$

$\therefore \displaystyle\sum_{k=1}^{100}a_k=17+11+5+(-1)+\sum_{k=5}^{100}a_k=32+\sum_{k=5}^{100}a_k$

(ⅲ) 음수의 개수가 0일 때, 즉 $a_4\geq0,\ a_3\geq0,\ a_2\geq0,\ a_1\geq0$이면

$a_5=a_4-6$에서 $5=a_4-6$ $\quad\therefore a_4=11$

$a_4=a_3-6$에서 $11=a_3-6$ $\quad\therefore a_3=17$

$a_3=a_2-6$에서 $17=a_2-6$ $\quad\therefore a_2=23$

$a_2=a_1-6$에서 $23=a_1-6$ $\quad\therefore a_1=29$

$\therefore \displaystyle\sum_{k=1}^{100}a_k=29+23+17+11+\sum_{k=5}^{100}a_k=80+\sum_{k=5}^{100}a_k$

(ⅰ)~(ⅲ)에 의하여 $\displaystyle\sum_{k=1}^{100}a_k$의 최댓값 M과 최솟값 m은 각각

$M=80+\displaystyle\sum_{k=5}^{100}a_k,\ m=8+\sum_{k=5}^{100}a_k$

3rd $M-m$의 값을 구하자.

$\therefore M-m=\left(80+\displaystyle\sum_{k=5}^{100}a_k\right)-\left(8+\sum_{k=5}^{100}a_k\right)=72$

 My Top Secret　　　　서울대 선배의 **❶** 등급 대비 전략

귀납적으로 정의된 수열을 묻는 문항에서는 식을 정리해서 일반적인 경우를 도출하는 것이 아니라, 주어진 항을 바탕으로 하나씩 대입하면서 규칙을 추론하는 것이 핵심이야. 이 문항에서도 다섯 번째 항을 바탕으로 그 이후의 항을 추론하고, 그 이전의 항도 조건을 나누어 구할 수 있어.

1등급 대비 특강

＊ 수형도를 이용하여 수열 나열하기

최댓값과 최솟값을 모두 구해야 하므로 가능한 경우를 모두 생각해야 해.
따라서 놓치는 경우가 없도록 수형도를 그려 가능한 경우를 모두 따져볼 수 있어.
a_5의 값으로 a_4가 될 수 있는 값을 구하고, a_4를 바탕으로 a_3이 될 수 있는 경우를 구하고, 이런 과정을 반복하면 되겠지?
이때, $a_3=5$인 경우가 있는데, 이 경우에서 $a_1,\ a_2$를 구할 때는 $a_3,\ a_4$를 구하는 것과 똑같으므로 계산을 생략할 수도 있어.

Ⅰ

모의

A 01 정답 2 *거듭제곱근의 정의 ──────── [정답률 89%]

(정답 공식: $a>0$일 때, n이 홀수이면 $\sqrt[n]{a}$이고, n이 짝수이면 $\sqrt[n]{a}$, $-\sqrt[n]{a}$이다.)

❶ -216의 세제곱근 중 실수인 것을 a, ❷ $\dfrac{1}{81}$의 네제곱근 중 실수인 것

단서 거듭제곱근의 정의를 알아야 해. 이때, ❶은 음수, ❷는 실수의 거듭제곱근이므로 주의하자.

을 b라 할 때, ab의 최댓값을 구하시오. (3점)

1st 거듭제곱근의 정의를 이용하여 두 실수 a, b의 값을 각각 구하자.

-216의 세제곱근을 x라 하면

$x^3=-216$이므로 $x^3+216=0$

$(x+6)(x^2-6x+36)=0$

이때, $\underline{x^2-6x+36=0}$은 실근을 갖지 않으므로 ⎤ $x^2-6x+36=0$에서 $x=3\pm3\sqrt{3}i$이므로

$x+6=0$에서 $x=-6$ ⎦ 실수가 아닌 허수야. **주의**

$\therefore a=-6$

> **주의** 실근과 허근의 차이를 잘 알고 있자.

$\dfrac{1}{81}$의 네제곱근을 x라 하면

$x^4=\dfrac{1}{81}$이므로 $81x^4-1=0$

$(3x+1)(3x-1)(9x^2+1)=0$

이때, $\underline{9x^2+1=0}$은 실근을 갖지 않으므로

$(3x+1)(3x-1)=0$에서 $x=-\dfrac{1}{3}$ 또는 $x=\dfrac{1}{3}$

⎤ $9x^2+1=0$에서 $x^2\geq0$이므로 모든 실수 x에 대하여 $9x^2+1\geq0$이야. 즉, $9x^2+1=0$을 만족시키는 실근은 존재하지 않아.

$\therefore b=-\dfrac{1}{3}$ 또는 $b=\dfrac{1}{3}$

2nd ab의 최댓값을 구하자.

$ab=-6\times\left(-\dfrac{1}{3}\right)=2$ 또는 $ab=-6\times\dfrac{1}{3}=-2$이므로

ab의 최댓값은 2이다.

모의

A 02 정답 ④ *거듭제곱근의 성질 ──────── [정답률 87%]

(정답 공식: $\sqrt[n]{a^n}=a(a>0)$)

$3\times\sqrt[3]{16}+2\times\sqrt[3]{54}=\sqrt[3]{k}$를 만족시키는 자연수 k에 대하여 $\dfrac{k}{48}$의

단서 $a>0$일 때, $\sqrt[n]{a^n}=a$임을 이용하자.

값은? (4점)

① 12　　　　② 36　　　　③ 54

④ 72　　　　⑤ 96

1st $a>0$일 때, $\sqrt[n]{a^n}=a$지?

$3\times\sqrt[3]{16}+2\times\sqrt[3]{54}$

$=3\times\sqrt[3]{2^3\times2}+2\times\sqrt[3]{3^3\times2}$

$=6\times\sqrt[3]{2}+6\times\sqrt[3]{2}$ 　$\sqrt[n]{a^n}=a(a>0)$

$=12\times\sqrt[3]{2}=\sqrt[3]{12^3\times2}$

따라서 $k=12^3\times2$이므로

$\dfrac{k}{48}=\dfrac{12^3\times2}{48}=\dfrac{12^3\times2}{12\times2^2}=\dfrac{144}{2}=72$

모의

A 03 정답 ② *지수법칙 – 밑이 다른 계산(곱셈) ──── [정답률 92%]

(정답 공식: $(a^m)^n=a^{mn}$, $a^{-1}=\dfrac{1}{a}$임을 이용한다.)

$8^{\frac{2}{3}}\times27^{-\frac{1}{3}}$의 값은? (2점)

단서 $8=2^3$, $27=3^3$임을 이용하자.

① $\dfrac{7}{6}$　　　　② $\dfrac{4}{3}$　　　　③ $\dfrac{3}{2}$

④ $\dfrac{5}{3}$　　　　⑤ $\dfrac{11}{6}$

1st 지수법칙을 이용하자.

$8^{\frac{2}{3}}\times27^{-\frac{1}{3}}=(2^3)^{\frac{2}{3}}\times(3^3)^{-\frac{1}{3}}$ ⎤

$=2^2\times3^{-1}$ 　　$(a^m)^n=a^{mn}$

$=\dfrac{4}{3}$ 　　$a^{-1}=\dfrac{1}{a}$

모의

A 04 정답 16 *거듭제곱근이 자연수, 유리수가 되는 조건 [정답률 67%]

(정답 공식: 어떤 자연수의 n제곱근은 n제곱을 했을 때 자연수가 나옴을 의미한다.)

$2\leq n\leq100$인 자연수 n에 대하여 $\left(\sqrt[3]{3^5}\right)^{\frac{1}{2}}$이 어떤 자연수의 n제곱근이 되도록 하는 n의 개수를 구하시오. (4점)

단서 어떤 자연수를 N이라 하면 $\sqrt[n]{N}$이지? 이때, n은 자연수이고 $2\leq n\leq100$이야.

1st 어떤 자연수를 $\left(\sqrt[3]{3^5}\right)^{\frac{1}{2}}$으로 나타내.

어떤 자연수를 N이라 하면 $\left(\sqrt[3]{3^5}\right)^{\frac{1}{2}}$이 자연수 N의 n제곱근이므로

x가 a의 n제곱근이면 $x^n=a$이야.

$\underbrace{\left\{\left(\sqrt[3]{3^5}\right)^{\frac{1}{2}}\right\}^n}_{\sqrt[m]{a^n}=a^{\frac{n}{m}}}=\left\{\left(3^{\frac{5}{3}}\right)^{\frac{1}{2}}\right\}^n=3^{\frac{5n}{6}}=N$

$n=6k$ (k는 자연수)라 하면 $\dfrac{5}{6}n=\dfrac{5}{6}\times6k=5k$도 자연수야.

2nd N, n이 자연수이니까 $2\leq n\leq100$에서 n의 개수를 구해.

n이 6의 배수이면 N은 3의 거듭제곱으로 자연수가 된다.

즉, n의 개수는 100 이하의 자연수 중 6의 배수의 개수와 같다.

따라서 자연수 n의 개수는 16이다. 　$\dfrac{100}{6}=16.\times\times\times$

모의

A 05 정답 30 *지수법칙의 활용 ──────── [정답률 69%]

(정답 공식: 최소의 자연수 n은 2, 5, 6의 최소공배수가 되어야 한다.)

세 양수 a, b, c에 대하여 $a^6=3$, $b^5=7$, $c^2=11$일 때, $(abc)^n$이 자연수가 되는 최소의 자연수 n의 값을 구하시오. (3점)

단서 $(abc)^n$이 자연수가 되려면 (abc)의 지수가 0, 1, 2, $\cdots$가 되어야 해. 이때, a, b, c는 지수가 유리수인 수이니까 그 곱의 지수가 자연수가 되는 경우를 생각해 보자.

1st 세 양수 a, b, c를 지수가 유리수인 수로 간단히 나타내.

$a^6=3$에서 $a=3^{\frac{1}{6}}$

$a^6=3$이면 a는 3의 6제곱근이지? 즉, $a=\sqrt[6]{3}=3^{\frac{1}{6}}$이야.

$b^5=7$에서 $b=7^{\frac{1}{5}}$

$c^2=11$에서 $c=11^{\frac{1}{2}}$

$\therefore (abc)^n=\left(3^{\frac{1}{6}}\times7^{\frac{1}{5}}\times11^{\frac{1}{2}}\right)^n$ … ㉠

> **실수 ↓** $(a^n\times b^m)^l=a^{n\times l}\times b^{m\times l}$이므로 6, 5, 2의 최소공배수를 구해야 해.

2nd 주어진 값이 자연수가 되기 위한 조건을 생각하여 n의 값을 구해.

㉠이 자연수가 되려면 n은 6, 5, 2의 공배수가 되어야 한다.

세 수 a, b, c를 곱한 수의 지수가 0 또는 자연수이어야 해. 즉 ㉠의 지수로 자연수를 만들어야 하니까 지수의 분수를 통분해야 해.

따라서 최소의 자연수 n은 6, 5, 2의 최소공배수이므로 30이다.

공배수 중에서 가장 작은 것을 최소공배수라 해.

모의 ❙A❙ 06 정답 ④ ＊지수법칙의 활용 – 식 변형 [정답률 88%]

(정답 공식: 2^a, 3^b의 값에서 지수를 밑에 따라 비교해본다.)

두 실수 a, b에 대하여 $2^a=3$, $3^b=\sqrt{2}$가 성립할 때, ab의 값은?

단서 $3^b=\sqrt{2}$의 3에 2^a을 대입해 봐. (3점)

① $\dfrac{1}{6}$　　② $\dfrac{1}{4}$　　③ $\dfrac{1}{3}$

④ $\dfrac{1}{2}$　　⑤ 1

1st $2^a=3$을 $3^b=\sqrt{2}$에 대입하자.

$2^a=3$이므로 이 식을 $3^b=\sqrt{2}$에 대입하면

$(2^a)^b=\sqrt{2}$　→ $(a^m)^n=a^{mn}$

이 식을 정리하면 $2^{ab}=2^{\frac{1}{2}}$이므로 $ab=\dfrac{1}{2}$

　→ $a>0$이고 x, y가 실수일 때, $a^x=a^y$이면 $x=y$야.

🔧 다른 풀이: **로그의 정의 이용하기**

로그의 정의에 의해

$a=\log_2 3$, $b=\log_3\sqrt{2}$

주의 $\log_a b\times\log_b a=1$임을 알고 있어야 해.

$\therefore ab=\log_2 3\times\log_3\sqrt{2}=\log_2\sqrt{2}=\dfrac{1}{2}$

모의 ❙A❙ 07 정답 ② ＊지수법칙의 활용 – 식 변형 [정답률 73%]

(정답 공식: 양변을 제곱해 본다.)

실수 a가 ❶$\dfrac{2^a+2^{-a}}{2^a-2^{-a}}=-2$를 만족시킬 때, ❷$4^a+4^{-a}$의 값은? (3점)

단서 ❶의 양변을 제곱하면 곱셈 공식에 의하여 ❷의 꼴이 나오지?

① $\dfrac{5}{2}$　　② $\dfrac{10}{3}$　　③ $\dfrac{17}{4}$

④ $\dfrac{26}{5}$　　⑤ $\dfrac{37}{6}$

1st 주어진 식의 양변을 제곱하여 4^a+4^{-a} 꼴로 나타내.

주어진 식에서 $2^a+2^{-a}=-2(2^a-2^{-a})$

양변을 제곱하면 $4^a+4^{-a}+2=4(4^a+4^{-a}-2)$이므로

$3(4^a+4^{-a})=10$　→ $\left(t+\dfrac{1}{t}\right)^2=t^2+\dfrac{1}{t^2}+2$

$\therefore 4^a+4^{-a}=\dfrac{10}{3}$

🔧 다른 풀이: **분모, 분자에 2^a을 곱하여 식 변형하기**

$\dfrac{2^a+2^{-a}}{2^a-2^{-a}}=-2$의 좌변의 분모, 분자에 2^a을 곱하면

$\dfrac{2^{2a}+1}{2^{2a}-1}=-2$

$\underbrace{2^{2a}+1=-2\times2^{2a}+2}_{\text{이항하면 }3\times2^{2a}=1}$

$2^{2a}=\dfrac{1}{3}$

따라서 $\underbrace{4^a=\dfrac{1}{3}}_{\text{역수를 취해.}}$, $4^{-a}=3$이므로

$4^a+4^{-a}=\dfrac{1}{3}+3=\dfrac{10}{3}$

모의 ❙A❙ 08 정답 25 ＊지수법칙의 활용 [정답률 51%]

(정답 공식: $\dfrac{1}{n(n+1)}=\dfrac{1}{n}-\dfrac{1}{n+1}$)

$f(n)=a^{\frac{1}{n}}$(단, $a>0$, $a\neq1$)일 때,

$f(2\times3)\times f(3\times4)\times\cdots\times f(9\times10)=f(k)$

를 만족하는 상수 k에 대하여 $10k$의 값을 구하시오. (4점)

단서 좌변의 함숫값을 대입하여 우변 $f(k)=a^{\frac{1}{k}}$인 k의 값을 구해.

이때, 좌변의 지수인 $\dfrac{1}{n(n+1)}$은 부분분수로 정리하면 순차적으로 소거할 수 있네!

1st $f(n)$의 정의와 **부분분수**를 이용하여 주어진 식의 좌변을 간단히 해.

$f(n)=a^{\frac{1}{n}}$이므로 $\dfrac{1}{AB}=\dfrac{1}{B-A}\left(\dfrac{1}{A}-\dfrac{1}{B}\right)$

$f(2\times3)\times f(3\times4)\times\cdots\times f(9\times10)$

$=a^{\frac{1}{2\times3}}\times a^{\frac{1}{3\times4}}\times\cdots\times a^{\frac{1}{9\times10}}$　$a^l\times a^m\times\cdots\times a^n=a^{l+m+\cdots+n}$

$=a^{\frac{1}{2\times3}+\frac{1}{3\times4}+\cdots+\frac{1}{9\times10}}$

$=a^{\left(\frac{1}{2}-\frac{1}{3}\right)+\left(\frac{1}{3}-\frac{1}{4}\right)+\cdots+\left(\frac{1}{9}-\frac{1}{10}\right)}$　$\dfrac{1}{k(k+1)}$ 꼴이 연속된 유리수의 합은 부분분수를 이용해.

$=a^{\frac{1}{2}-\frac{1}{10}}=a^{\frac{2}{5}}$

2nd 주어진 방정식을 이용하여 k의 값을 구해.

$f(2\times3)\times f(3\times4)\times\cdots\times f(9\times10)=f(k)$에서

$a^{\frac{2}{5}}=a^{\frac{1}{k}}$이므로 $\dfrac{1}{k}=\dfrac{2}{5}$　$\therefore k=\dfrac{5}{2}$

　→ 밑이 같으니까 지수만 같으면 OK.

$\therefore 10k=10\times\dfrac{5}{2}=25$

모의 ❙A❙ 09 정답 ③ ＊지수법칙의 실생활 응용 [정답률 53%]

(정답 공식: 반지름의 길이를 이용해 S, L을 나타낼 수 있고, 물의 속력의 비를 구한다.)

원기둥 모양의 수도관에서 단면인 원의 넓이를 S, 원의 둘레의 길이를 L이라 하고, 수도관의 기울기를 I라 하자. 이 수도관에서 물이 가득 찬 상태로 흐를 때 물의 속력을 v라 하면

$v=c\left(\dfrac{S}{L}\right)^{\frac{2}{3}}\times I^{\frac{1}{2}}$ (단, c는 상수이다.) ⋯ ⓐ 이 성립한다고 한다.

⇒ $L_A=2a\pi$, $L_B=2b\pi$

단면인 원의 반지름의 길이가 각각 a, b인 원기둥 모양의 두 수도관 A, B에서 물이 가득 찬 상태로 흐르고 있다. 두 수도관 A, B의 기울기가 각각 0.01, 0.04이고, 흐르는 물의 속력을 각각 v_A, v_B라

⇒ $I_A=0.01$, $I_B=0.04$

고 하자. $\dfrac{v_A}{v_B}=2$일 때, $\dfrac{a}{b}$의 값은? (단, 두 수도관 A, B에 대한 상수 c의 값은 서로 같다.) (4점)

단서 ⓐ에서 미지수 S, L, I가 문제에서 무엇으로 주어졌는지 확인하는 게 우선!! 그 후 두 수도관에 대한 자료를 정리하자.

① 4　　② $4\sqrt{2}$　　③ 8　　④ $8\sqrt{2}$　　⑤ 16

1st 수도관 A, B의 물의 속도를 구하자.

수도관 A의 기울기 $I_A=0.01=\dfrac{1}{100}$이고 단면인 원의 넓이 $S_A=\pi a^2$, 원의 둘레의 길이 $L_A=2\pi a$이므로

→ 단면인 원의 반지름의 길이가 a, 수도관의 기울기가 0.01

반지름의 길이가 r인 원의 넓이는 $r^2\pi$, 원의 둘레의 길이는 $2\pi r$

$v_A=c\left(\dfrac{\pi a^2}{2\pi a}\right)^{\frac{2}{3}}\times\left(\dfrac{1}{100}\right)^{\frac{1}{2}}=c\times\left(\dfrac{a}{2}\right)^{\frac{2}{3}}\times\dfrac{1}{10}$

수도관 B의 기울기 $I_B=0.04=\dfrac{4}{100}$이고 단면인 원의 넓이 $S_B=\pi b^2$, 원의 둘레의 길이 $L_B=2\pi b$이므로

→ 단면인 원의 반지름의 길이가 b, 수도관의 기울기가 0.04

$v_B=c\left(\dfrac{\pi b^2}{2\pi b}\right)^{\frac{2}{3}}\times\left(\dfrac{4}{100}\right)^{\frac{1}{2}}=c\times\left(\dfrac{b}{2}\right)^{\frac{2}{3}}\times\dfrac{2}{10}$

$v_A=2v_B$에 의하여 $c\times\left(\dfrac{a}{2}\right)^{\frac{2}{3}}\times\dfrac{1}{10}=2\times c\times\left(\dfrac{b}{2}\right)^{\frac{2}{3}}\times\dfrac{2}{10}$

$\left(\dfrac{a}{b}\right)^{\frac{2}{3}}=4 \longrightarrow a^{\frac{2}{3}}=4b^{\frac{2}{3}} \Rightarrow \dfrac{a^{\frac{2}{3}}}{b^{\frac{2}{3}}}=4 \Rightarrow \left(\dfrac{a}{b}\right)^{\frac{2}{3}}=4$

$\therefore \dfrac{a}{b}=4^{\frac{3}{2}}=2^{2\times\frac{3}{2}}=2^3=8$
$\underset{=(2^2)^{\frac{3}{2}}}{}$

모의

A 10 정답 **19** ＊지수법칙의 실생활 응용 .... [정답률 45%]

┌ 정답 공식: $t=5$, $t=7$일 때의 $N(t)$의 값을 이용하여 c, a^{-b}의 값을 구한 뒤 ┐
└ $t=9$일 때의 $N(t)$의 값을 구해본다.　　　　　　　　　　　　　　　┘

어떤 생물의 개체수를 측정하기 시작하여 시각 t에서의 개체수를 $N(t)$라 할 때, 다음 관계식이 성립한다고 한다.

$$N(t)=\dfrac{K}{1+c\cdot a^{-bt}} \text{ (단, } a, b, c\text{는 양의 상수)} \cdots ⓐ$$

이때, K는 이 생물의 최대개체량이다.
이 생물의 개체수를 측정하기 시작하여 ❶ $t=5$일 때의 개체수는 최대
❷ 개체량의 $\dfrac{1}{2}$이었고, $t=7$일 때의 개체수는 최대개체량의 $\dfrac{3}{4}$이었다.
$\Rightarrow N(5)=\dfrac{1}{2}K \qquad \Rightarrow N(7)=\dfrac{3}{4}K$
이 생물의 개체수를 측정하기 시작하여 $t=9$일 때의 개체수를 나타
내는 것을 $\dfrac{q}{p}K$라 할 때, $p+q$의 값을 구하시오. (단, p와 q는 서로
소인 자연수이다.) (10점) [단서] ⓐ를 가지고 ❶과 ❷의 자료를 대입한 후 정리하여
$N(9)=\dfrac{K}{1+c\cdot a^{-9b}}$를 구하기 위한 $c\cdot a^{-9b}$의 값을 찾자.

1st $t=5$일 때와 $t=7$일 때 나오는 식을 각각 정리하자.

(ⅰ) $t=5$일 때의 개체수는 최대개체량의 $\dfrac{1}{2}$이므로

$N(⑤)=\dfrac{K}{1+c\times a^{⊖}}=\dfrac{1}{2}K \Rightarrow \dfrac{1}{1+c\times a^{-5b}}=\dfrac{1}{2}$이니까 분모가 같으면 돼.

즉, $1+c\times a^{-5b}=2$에서 $c\times a^{-5b}=1 \cdots ⊙$

(ⅱ) $t=7$일 때의 개체수는 최대개체량의 $\dfrac{3}{4}$이므로

$N(⑦)=\dfrac{K}{1+c\times a^{⊖b}}=\dfrac{3}{4}K \quad \underset{=\frac{3}{4}K}{}$

즉, $3+3c\times a^{-7b}=4$에서 $c\times a^{-7b}=\dfrac{1}{3} \cdots ⊙ \cdots$ ❶

2nd ⊙과 ⊙의 식을 이용하여 상수를 정하자.

$⊙\div⊙$에서
c를 소거하기 위해서야.
$a^{-7b+5b}=\dfrac{1}{3} \Rightarrow a^{-2b}=\dfrac{1}{3} \Rightarrow a^{2b}=3 \Rightarrow a^b=\sqrt{3}$

한편, ⊙에서 $c\times(\sqrt{3})^{-5}=1$이므로 $c=(\sqrt{3})^5 \cdots$ ❷
$\longrightarrow a^{-1}=b \Rightarrow a=\dfrac{1}{b}$

3rd 이제 $t=9$일 때의 개체수를 구해 보자.

$t=9$일 때의 개체수는

$N(9)=\dfrac{K}{1+c\times a^{-9b}}=\dfrac{K}{1+(\sqrt{3})^5\times(\sqrt{3})^{-9}}=\dfrac{K}{1+\dfrac{1}{9}}=\dfrac{9}{10}K$
$\underset{=(\sqrt{3})^{5-9}=(\sqrt{3})^{-4}}{}$

따라서 $p=10$, $q=9$이므로 $p+q=19$이다. $\cdots$ ❸

[채점 기준표]

❶ $t=5$, $t=7$을 주어진 식에 대입하여 식을 정리한다.		40%
❷ 상수 c의 값을 구한다.		30%
❸ $p+q$의 값을 구한다.		30%

B 내신+수능 대비 단원별 모의고사 문제편 p.308

모의

B 01 정답 **128** ＊로그의 정의 .... [정답률 98%]

(정답 공식: $\log_a b=c \Longleftrightarrow a^c=b$)

$\log_4 a=\dfrac{7}{2}$일 때, a의 값을 구하시오. (3점)
[단서] $\log_★ ◆=$(상수)일 때, 로그의 정의를 이용하면 미지수 ◆의 값을 쉽게 구할 수 있지?

1st 로그의 정의를 이용하여 a의 값을 구해.
$a=4^{\frac{7}{2}}=(2^2)^{\frac{7}{2}}=2^7=128 \longrightarrow \log_a x=b \Longleftrightarrow x=a^b$

수능 핵강

＊ **로그의 정의**
로그의 정의를 정리해 보자.
$a>0$, $a\ne1$일 때, 임의의 양수 N에 대하여 $a^x=N$을 만족시키는 실수 x를
$x=\log_a N$과 같이 나타내기로 약속했지? 이것을 a를 밑으로 하는 N의
로그라고 하는 거야. 이때 N은? $\log_a N$의 진수!!
다시 말하자면 수학은 정의부터 출발하는 거구, 정의는 새로운 약속이야!!

모의

B 02 정답 ① ＊로그의 성질 .... [정답률 92%]

(정답 공식: $\log_a M+\log_a N=\log_a MN$, $\log_a a=1$)

$\log_{15} 3+\log_{15} 5$의 값은? (2점)
[단서] $\log_{15} 3$과 $\log_{15} 5$가 밑이 15로 같네. 그럼 로그의 합은 진수의 곱으로 계산할 수 있지?
① 1　　　　　② 2　　　　　③ 3
④ 4　　　　　⑤ 5

1st 밑이 같을 때 로그의 성질을 이용하여 계산해.
$\log_{15} 3+\log_{15} 5=\log_{15}(3\times5)=\log_{15} 15=1$
[로그의 성질] $\log_a M+\log_a N=\log_a MN$

다른 풀이: 로그의 정의 이용하기

$\log_{15} 3=x$, $\log_{15} 5=y$라 하면 로그의 정의에 의하여
$15^x=3$, $15^y=5$이므로 [로그의 정의]
$a>0$, $a\ne1$, $N>0$일 때, $a^x=N \Longleftrightarrow x=\log_a N$
$15^x\times15^y=3\times5 \longrightarrow a^★=a^▲(a>0, a\ne1)$일 때, $★=▲$야.
따라서 $15^{x+y}=15$이므로
$\log_{15} 3+\log_{15} 5=x+y=1$
실수 $a^x\times a^y$는 $a^{x\times y}$가 아니라 a^{x+y}임을 알
고 실수하지 않도록 주의해야 해.

모의

B 03 정답 ③ ＊로그의 여러 가지 성질 .... [정답률 91%]

(정답 공식: $\log_a b=\dfrac{\log_c b}{\log_c a}$임을 이용한다.)

$\log_5 27\times\log_3 5$의 값은? (3점)
[단서] 로그의 밑이 각각 다르니까 밑의 변환을 이용해.
① 1　　　　　② 2　　　　　③ 3
④ 4　　　　　⑤ 5

1st 로그의 밑을 같게 만들어 계산하자.

$$\underset{\log_a b = \frac{\log b}{\log a}}{\log_5 27 \times \log_3 5} = \frac{\log 27}{\log 5} \times \frac{\log 5}{\log 3} = \frac{\log 3^3}{\log 5} \times \frac{\log 5}{\log 3}$$

$$= \frac{3\log 3}{\log 5} \times \frac{\log 5}{\log 3} = 3$$

🔁 **다른 풀이: 로그의 밑을 3으로 통일하기**

로그의 밑을 3으로 통일하면

$$\log_5 27 \times \log_3 5 = \frac{\underset{=\log_3 3^3}{\log_3 3^3}}{\log_3 5} \times \log_3 5 = 3\log_3 3 = 3$$

모의
B 04 정답 ② *로그의 여러 가지 성질 ·········· [정답률 91%]

[정답 공식: $\log_a b = \dfrac{1}{\log_b a}$]

---
❶ $a = \log_2 10$, ❷ $b = 2\sqrt{2}$일 때, $a\log b$의 값은? (3점)
단서 ❶을 ❷에 대입하여 식을 정리해.

① 1 ② $\dfrac{3}{2}$ ③ 2 ④ $\dfrac{5}{2}$ ⑤ 3

1st $a = \log_2 10$, $b = 2\sqrt{2}$를 $a\log b$에 대입해.

$$a\log b = \log_2 10 \times \underset{\log 2^{\frac{3}{2}}}{\log 2\sqrt{2}} = \log_2 10 \times \frac{3}{2}\log 2$$

주의 상용로그의 밑은 10임을 알고 있어야 해.

$$= \frac{3}{2}\log_2 10 \times \frac{1}{\log_2 10} = \frac{3}{2}$$

$\log_a b = \dfrac{1}{\log_b a}$임을 이용하여 밑을 10이나 2로 통일해.

모의
B 05 정답 32 *로그의 성질의 활용 – 식의 정리 ···· [정답률 83%]

(정답 공식: $\log_3 a$, $\log_3 b$의 값을 주어진 두 식을 이용해 구한다.)

두 양수 a, b에 대하여

❶ $ab = 27$
❷ $\log_3 \dfrac{b}{a} = 5$

단서 먼저 ❷를 로그의 정의로 정리한 후, ❶, ❷를 연립하여 a, b의 값을 구해야겠네.

가 성립할 때, $4\log_3 a + 9\log_3 b$의 값을 구하시오. (3점)

1st 주어진 두 식을 연립하여 a, b의 값을 구해.

$$\underset{[\text{로그의 정의}]\ a^x = N \Longleftrightarrow \log_a N = x}{\log_3 \frac{b}{a} = 5}$$에서 $\frac{b}{a} = 3^5$

$$\therefore b = 3^5 a \cdots ㉠$$

㉠을 $ab = 27$에 대입하면 $3^5 a^2 = 3^3$, $a^2 = \underset{=3^{3-5}}{\frac{3^3}{3^5}} = 3^{-2}$

$$\therefore a = 3^{-1}, \ b = 3^5 \times 3^{-1} = 3^4 \ (\because ㉠)$$

2nd 구한 a, b의 값을 $4\log_3 a + 9\log_3 b$에 대입하여 계산해.

$$\therefore 4\log_3 a + 9\log_3 b = 4\log_3 3^{-1} + 9\log_3 3^4$$
$$= -4\log_3 3 + 36\log_3 3$$
$$= -4 + 36 = 32$$

$\log_a b^n = n\log_a b$, $\log_a a = 1$

🔁 **다른 풀이: 조건의 식을 밑이 3인 로그로 나타내어 연립하기**

$ab = 27$의 양변에 밑이 3인 로그를 취하면 $\log_3 ab = \underset{=\log_3 3^3 = 3\log_3 3}{\log_3 27}$

$$\therefore \log_3 a + \log_3 b = 3 \cdots ㉠$$

한편, $\log_3 \dfrac{b}{a} = 5$에서 $\log_3 b - \log_3 a = 5 \cdots ㉡$

㉠, ㉡을 연립하면

$$\underset{A+B=3,\ B-A=5\text{니까}}{\log_3 a = -1, \ \log_3 b = 4}$$ $\log_3 a = A$, $\log_3 b = B$라 하면

$$\therefore 4\log_3 a + 9\log_3 b = 4 \times (-1) + 9 \times 4 = 32$$

모의
B 06 정답 12 *로그의 성질의 활용 – 식의 값 ·········· [정답률 85%]

[정답 공식: $\log_a b - \log_a c = \log_a \dfrac{b}{c}$를 이용하여 두 번째 식을 간단히 해본다.]

두 실수 a, b가

❶ $a\log_3 2 = 4$
❷ $\log_3 b = 1 - \log_3 (\log_2 3)$ **단서** ❶, ❷를 각각 a, b에 대한 식으로 정리해.

을 만족시킬 때, ab의 값을 구하시오. (3점)

1st 첫 번째 식에서 a의 값을 구해.

$a\log_3 2 = 4$에서 $a = \dfrac{4}{\log_3 2}$ → 방정식의 풀이처럼 미지수를 좌변에 두고, 나머지를 이항하여 식을 정리해.

2nd 두 번째 식에서 로그의 성질을 이용하여 b의 값을 구해.

$\log_3 b = 1 - \log_3 (\log_2 3)$의 우변에서

$$\underset{1=\log_a a}{1} - \log_3(\log_2 3) = \log_3 3 - \log_3(\log_2 3)$$
$$= \log_3 \frac{3}{\log_2 3}$$ → $\log_a x - \log_a y = \log_a \dfrac{x}{y}$

따라서 $\log_3 b = \log_3 \dfrac{3}{\log_2 3}$에서 $b = \dfrac{3}{\log_2 3}$

$\log_3 ■ = \log_3 ▲$처럼 밑이 3인 로그에서 $■ = ▲$야.

3rd 로그의 성질을 이용해서 ab를 계산하면 끝!

$$\therefore ab = \frac{4}{\log_3 2} \times \frac{3}{\log_2 3} = \frac{12}{\underset{=1}{\log_3 2 \times \log_2 3}} = 12$$

$\log_b a = \dfrac{1}{\log_a b}$이니까 $\log_b a \times \log_a b = 1$

모의
B 07 정답 ② *로그의 성질을 이용한 추론 ·········· [정답률 53%]

(정답 공식: (가)의 조건식을 정리해서 a, b, c에 대한 관계식을 구한다.)

세 자연수 a, b, c가 다음 조건을 만족시킨다.

(가) $a\log_{500} 2 + b\log_{500} 5 = c$ ⇒ 밑이 500으로 같으니까 로그의 정의로 로그를 없애고, a, b, c의 식을 세울 수 있지?
(나) a, b, c의 최대공약수는 2이다.

이때, $a + b + c$의 값은? (4점) **단서** 조건 (가), (나)를 가지고, a, b, c의 값을 구해야 하니까 식 3개를 만들어야 해.

① 6 ② 12 ③ 18
④ 24 ⑤ 30

1st 조건 (가)를 로그의 기본 성질을 이용하여 정리해.

조건 (가) $a\log_{500} 2 + b\log_{500} 5 = c$에서 → $\log_a x^n = n\log_a x$, $\log_a x + \log_a y = \log_a xy$

$$\log_{500} 2^a + \log_{500} 5^b = c$$
$$\log_{500} 2^a 5^b = c$$
$$2^a 5^b = 500^c \cdots ㉠$$ → [로그의 정의] $a^x = N \Longleftrightarrow \log_a N = x$

2nd 500을 2, 5의 소인수로 만들어 a, b, c의 관계식을 간단히 해.

$500 = 5 \times 10^2 = 5 \times (2 \times 5)^2 = 2^2 \times 5^3$이므로

㉠에서 $2^a 5^b = (2^2 5^3)^c = 2^{2c} 5^{3c}$ → $(a^m b^n)^l = a^{ml} b^{nl}$

$$\therefore a = 2c, \ b = 3c$$

3rd 조건 (나)에서 a, b, c의 최대공약수가 2임을 이용하여 a, b, c의 값을 구하자.

즉, $a = 2c$, $b = 3c$, c의 최대공약수는 c이고,

조건 (나)에 의하여 a, b, c의 최대공약수가 2라 하므로 $c = 2$

따라서 $a = 4$, $b = 6$, $c = 2$이므로 → $c \mid 2c \ 3c \ c$ / $2 \ 3 \ 1$

$$a + b + c = 12$$

모의고사 **B**

B 08 정답 ③ *상용로그의 응용 – 식 대입 ············ [정답률 75%]

[정답 공식: $V_1=aV_0$, $V_2=bV_0$ 각각에 대하여 식을 정리하고, 두 식을 빼면 $\frac{b}{a}$ 의 값을 구할 수 있다.]

이상기체 1몰의 부피가 V_0에서 V_i로 변할 때, 엔트로피 변화량 S_i(J/K)는 다음과 같이 구할 수 있다고 한다.

$$S_i = C\log\frac{V_i}{V_0}$$ (단, C는 상수이고 부피의 단위는 m³이다.)

❶ 이상기체 1몰의 부피가 V_0에서 V_1로 a배 변할 때 $S_1=6.02$이고,
❷ 이상기체 1몰의 부피가 V_0에서 V_2로 b배 변할 때 $S_2=36.02$이다.

이때, $\frac{b}{a}$의 값은? (단, 몰은 기체입자수의 단위이고 $C=20$(J/K) 으로 계산한다.) (3점)

① 10 ② $6\sqrt{6}$ ③ $10\sqrt{10}$
④ $15\sqrt{15}$ ⑤ 100

단서 ❶, ❷에서 $\frac{V_1}{V_0}=a$, $\frac{V_2}{V_0}=b$이니까 식 ⓐ에 ❶, ❷의 자료를 각각 대입하여 정리해야겠네.
이때, C는 상수이니까 ❶, ❷에서 동일!!

1st S_1과 S_2를 주어진 공식을 이용하여 구하자.
$C=20$(J/K)이고 이상기체 1몰의 부피가 V_0에서 V_1로 a배 변할 때,
$S_1=6.02$이므로 ($V_1=aV_0$이니까 $\frac{V_1}{V_0}=a$)

$S_1=20\log\frac{V_1}{V_0}$

$=20\log\frac{aV_0}{V_0}$ ⇒ ⓐ에 $i=1$을 대입해.

$=20\log a=6.02$ ··· ㉠

> 주의
> 활용 문제에서는 글로 주어진 정보를 식으로 나타내는 것이 가장 중요해.

또, 이상기체 1몰의 부피가 V_0에서 V_2로 b배 변할 때, $S_2=36.02$이므로
($V_2=bV_0$이니까 $\frac{V_2}{V_0}=b$)

$S_2=20\log\frac{V_2}{V_0}$

$=20\log\frac{bV_0}{V_0}$ ⇒ ⓐ에 $i=2$을 대입해.

$=20\log b=36.02$ ··· ㉡

2nd 로그의 성질을 이용하여 $\frac{b}{a}$의 값을 구해.
㉡－㉠을 하면

$36.02-6.02=20\log b-20\log a$
($c\log b-c\log a=c\log\frac{b}{a}$)

$30=20\log\frac{b}{a}$

$\log\frac{b}{a}=\frac{3}{2}$ → [로그의 정의] $\log_a N=x\Longleftrightarrow a^x=N$

$\therefore \frac{b}{a}=10^{\frac{3}{2}}=10\sqrt{10}$

✿ 로그의 정의　　　　　　　　　　개념·공식

$a>0$, $a\neq 1$이고 $N>0$일 때,
$$a^x=N\Longleftrightarrow x=\log_a N$$
$\log_a N$은 a를 밑으로 하는 N의 로그라고 한다. 또, N을 진수라고 한다.

B 09 정답 14 *상용로그의 응용 – 식 비교 ········· [정답률 73%]

(정답 공식: 단위 면적당 질량이 5배가 되면 m 대신 $5m$을 대입하면 된다.)

단일 재료로 만들어진 벽면의 소음차단 성능을 표시하는 방법 중의 하나는 음향투과손실을 측정하는 것이다. 어느 주파수 영역에서 벽면의 음향투과손실 L(데시벨)은 벽의 단위면적당 질량 m(kg/m²)과 음향의 주파수 f(헤르츠)에 대하여

$$L=20\log mf-48$$ ··· ⓐ 　　⇒ $5m$

이라 한다. 주파수가 일정할 때, 벽의 단위 면적당 질량이 5배가 되면 음향투과손실은 a(데시벨)만큼 증가한다. a의 값을 구하시오. ⇒ $L+a$
(단, $\log 2=0.3$으로 계산한다.) (4점)

단서 면적당 질량이 5배 증가 전후로 L, m의 값을 확인한 후 ⓐ에 대입하여 식을 정리해. 이때, f는 일정!!

1st 처음에 비해 질량이 5배가 될 때 조건에 맞게 주어진 식에 대입하여 식을 세워.
처음의 주파수를 f_1, 단위 면적당 질량을 m_1, 음향투과손실을 L_1이라 하면
$L_1=20\log m_1 f_1-48$
주파수가 일정하고, 질량이 5배가 되었을 때의 음향투과손실 L은
이때에도 f_1이야. ┌→ $\log ab=\log a+\log b$이니까 $\log 5m_1 f_1=\log 5+\log m_1 f_1$
$L=20\log 5m_1 f_1-48$
$=20(\log 5+\log m_1 f_1)-48$
$=20\log 5+\underbrace{20\log m_1 f_1-48}_{=L_1}=20\log 5+L_1$

2nd 음향투과손실이 얼마만큼 증가했는지를 알 수 있으니깐 a를 구할 수 있겠지.
따라서 음향투과손실은 $20\log 5$만큼 증가하였으므로
$a=20\log 5=20(1-\log 2)=20(1-0.3)=14$
$=\log\frac{10}{2}=\log 10-\log 2$로 $\log 2=0.3$을 이용해야 하니까.

B 10 정답 11 *상용로그의 활용 – 정수 부분과 소수 부분 – [정답률 47%]

[정답 공식: $\log\frac{x}{y}=\log x-\log y$를 이용해서 식을 정리하고 $\log x$, $\log y$의 범위를 통해 정리한 식의 범위를 구한다.]

$\log x$의 정수 부분이 4이고 $\log y$의 정수 부분이 1일 때,
단서1 두 상용로그의 범위를 정할 수 있지?
$\left(\log\frac{x}{y}\right)\left(\log\frac{y}{x}\right)$의 값 중에서 정수의 개수를 구하시오. (7점)
단서2 단서1을 이용하여 이 식의 범위를 구해 볼까?

1st 로그의 성질을 이용하여 $\left(\log\frac{x}{y}\right)\left(\log\frac{y}{x}\right)$를 간단히 정리해.
　　　　　　　　　　　　　　　→ $\log\frac{b}{a}=-\log\frac{a}{b}$
$\left(\log\frac{x}{y}\right)\left(\log\frac{y}{x}\right)=-\left(\log\frac{x}{y}\right)^2=-(\log x-\log y)^2$ ··· ㉠ ··· ❶

2nd $\log a$의 정수 부분이 n일 때, $n\leq\log a<n+1$을 이용하여
$\left(\log\frac{x}{y}\right)\left(\log\frac{y}{x}\right)$의 값의 범위를 구해.

이때, $4\leq\log x<5$, $1\leq\log y<2$이므로
$2<\log x-\log y<4$
$-2<-\log y\leq -1$이고 $\log x$, $-\log y$로 표현된 두 부등식을 더하면 돼.

㉠에 의하여
　　　　　　　　　　　　→ $a\leq x\leq b$ ··· ㉠
　　　　　　　　　　　　　$c<y<d$ ··· ㉡
$-16<\left(\log\frac{x}{y}\right)\left(\log\frac{y}{x}\right)<-4$
㉠＋㉡을 하면 $a+c<x+y<b+d$
㉠－㉡을 하면 $a-d<x-y<b-c$

따라서 조건을 만족시키는 정수의 개수는 11이다. ··· ❷
$-15, -14, \cdots, -5$로 $-5-(-15)+1=11$

[채점 기준표]

❶	주어진 식을 간단하게 정리한다.	40%
❷	상용로그의 정수 부분의 성질을 이용하여 조건을 만족시키는 정수의 개수를 구한다.	60%

^{모의}
C 01   **정답 27**   *지수함수의 그래프 위의 점 ········· [정답률 87%]

[정답 공식: 함수 $y=f(x)$의 그래프가 점 (a, b)를 지나면 $f(a)=b$가 성립함을 이용한다.]

지수함수 $y=5^{x-1}$의 그래프가 두 점 $(a, 5)$, $(3, b)$를 지날 때, $a+b$의 값을 구하시오. (3점)   ^{단서} 함수 $y=f(x)$의 그래프가 점 (a, b)를 지나면 $b=f(a)$가 성립함을 이용하여 해결해.

1st   두 점의 좌표를 대입해서 해결해.

지수함수 $y=5^{x-1}$의 그래프가 두 점 $(a, 5)$, $(3, b)$를 지나므로
함수 $y=f(x)$의 그래프가 점 (a, b)를 지나면 $f(a)=b$가 성립해.

$\underline{5=5^{a-1}}$에서 $a-1=1$ $\therefore a=2$

$b=5^{3-1}=25$ → [지수방정식의 풀이]
밑이 같을 때, 즉 방정식 $a^{f(x)}=a^{g(x)}$ (단, $a>0, a\neq 1$)의 해는 방정식 $f(x)=g(x)$의 해와 같아.

$\therefore a+b=2+25=27$

^{모의}
C 02   **정답 ③**   *지수함수의 그래프의 대칭이동 ········· [정답률 88%]

[정답 공식: $y=f(x)$의 그래프를 원점에 대해 대칭시키면 $-y=f(-x)$이고, x축의 방향으로 m, y축의 방향으로 n만큼 평행이동시키면 $y-n=f(x-m)$이다.]

좌표평면에서 지수함수 $y=a\cdot 3^x$ $(a\neq 0)$의 그래프를 원점에 대하여 대칭이동시킨 후, x축의 방향으로 2만큼, y축의 방향으로 3만큼 평행이동시킨 그래프가 점 $(1, -6)$을 지난다. 이때, 상수 a의 값은? (3점)   ^{단서} 주어진 조건에 맞게 함수 $y=a\cdot 3^x$의 그래프를 이동시킨 그래프가 나타내는 식을 구해.

① 1   ② 2   ③ 3
④ 4   ⑤ 5

1st   주어진 조건에 맞게 지수함수 $y=a\cdot 3^x$의 그래프를 이동시켜.

^{주의} 원점에 대해 대칭이동할 때 x, y를 각각 $-x, -y$로 식을 바꿔주자.

지수함수 $y=a\cdot 3^x$의 그래프를 원점에 대하여 대칭이동시킨 그래프의 식은
$-y=a\cdot 3^{-x}$
지수함수 $y=a^x$ $(a>0, a\neq 1)$의 그래프를 x축, y축, 원점에 대하여 대칭이동한 그래프가 나타내는 식은 각각 $y=-a^x, y=a^{-x}, y=-a^{-x}$

$\therefore y=-a\cdot 3^{-x}$

이 함수의 그래프를 x축의 방향으로 2만큼, y축의 방향으로 3만큼 평행이동시킨 그래프의 식은
$y-3=-a\cdot 3^{-(x-2)}$ $\therefore y=-a\cdot 3^{-x+2}+3$

2nd   그래프가 점 $(1, -6)$을 지난다는 것을 이용하여 상수 a의 값을 구해.

따라서 함수 $y=-a\cdot 3^{-x+2}+3$의 그래프가 점 $(1, -6)$을 지나므로
$-6=-a\cdot 3^{-1+2}+3$, $3a=9$
$\therefore a=3$

🔧 **톡톡 풀이:** 지수함수 위의 점을 대칭이동, 평행이동시킨 점의 좌표 이용하기

지수함수 $y=a\cdot 3^x$의 그래프가 점 (m, n)을 지난다고 하자.
점 (m, n)을 원점에 대하여 대칭이동시키면 점 $(-m, -n)$이고,
점 $(-m, -n)$을 x축의 방향으로 2만큼, y축의 방향으로 3만큼 평행이동시키면 점 $(-m+2, -n+3)$이 돼.
이때, 점 $(-m+2, -n+3)$이 점 $(1, -6)$이면
$-m+2=1, -n+3=-6$ $\therefore m=1, n=9$
따라서 지수함수 $y=a\cdot 3^x$의 그래프가 점 $(1, 9)$를 지나므로
$9=3a$에서 $a=3$이야.

^{모의}
C 03   **정답 64**   *지수가 이차식인 지수함수의 최대·최소   [정답률 72%]

[정답 공식: 밑이 1보다 큰 지수함수는 증가함수이다.]

$0\leq x\leq 3$에서 함수 $f(x)=2^{-x^2+4x+a}$의 최솟값이 4일 때, $f(x)$의 최댓값을 구하시오. (단, a는 상수이다.) (3점)
^{단서} $0\leq x\leq 3$일 때, $-x^2+4x+a$의 값의 범위를 구한 후, 2^{-x^2+4x+a}의 값의 범위를 구하면 함수 $f(x)$의 최댓값과 최솟값을 구할 수 있어.

1st   주어진 x의 값의 범위에 대하여 $-x^2+4x+a$의 값의 범위를 구해 봐.

$g(x)=-x^2+4x+a$라 하면
$g(x)=-x^2+4x+a$
$\quad\quad=-(x-2)^2+a+4$

이때, $0\leq x\leq 3$에서 함수 $g(x)$는
^{함정} 이차함수가 위로 볼록인지 아래로 볼록인지 먼저 파악해.

$x=0$일 때, 최솟값이 a이고, $x=2$일 때, 최댓값이 $a+4$이다.
$g(x)=-x^2+4x+a=-(x-2)^2+a+4$의 그래프는 위로 볼록인 이차함수의 그래프이고, 꼭짓점의 x좌표가 $0\leq x\leq 3$에 포함되므로 꼭짓점에서 최댓값을 갖게 돼.
한편, 꼭짓점의 x좌표인 $x=2$에서 $x=0$이 더 멀리 떨어져 있으므로 함수 $g(x)$의 최솟값은 $g(0)$이야.

(그래프: $g(x)=-x^2+4x+a$, $a+4$, a, O 2 3 x)

2nd   함수 $f(x)$의 최솟값이 4임을 이용하여 상수 a의 값을 구하자.

즉, 함수 $f(x)=2^{-x^2+4x+a}=2^{g(x)}$에 대하여
$a\leq g(x)\leq a+4$이므로 $2^a\leq 2^{g(x)}\leq 2^{a+4}$이다.
① $a>1$일 때, $x_1<x_2\Longleftrightarrow a^{x_1}<a^{x_2}$
② $0<a<1$일 때, $x_1<x_2\Longleftrightarrow a^{x_1}>a^{x_2}$

그런데 함수 $f(x)$의 최솟값이 4이므로
$2^a=4$ $\therefore a=2$ → $4=2^2$

3rd   함수 $f(x)$의 최댓값을 구해.

따라서 함수 $f(x)$의 최댓값은
$2^{a+4}=2^{2+4}=2^6=64$

^{모의}
C 04   **정답 ⑤**   *지수함수의 그래프의 교점 ········· [정답률 71%]

[정답 공식: 점 A, B, C, D의 좌표를 k와 m에 대한 식으로 나타낸다.]

두 곡선 $y=2^x$, $y=4^x$이 직선 $x=k$와 만나는 점을 각각 A와 B, 직선 $y=m$ $(0<m<1)$과 만나는 점을 각각 C와 D라 하자. $k=\log_2 3$이고 $\overline{\mathrm{AB}}=\overline{\mathrm{CD}}$일 때, m의 값은? (3점)

① $\dfrac{1}{2^4}$ ② $\dfrac{1}{2^6}$ ③ $\dfrac{1}{2^8}$
④ $\dfrac{1}{2^{10}}$ ⑤ $\dfrac{1}{2^{12}}$

^{단서} 두 점 A, B의 x좌표는 k이므로 두 점 A, B가 두 곡선 $y=2^x$, $y=4^x$ 위의 점임을 이용하여 두 점 A, B의 좌표를 k에 관한 식으로 표현해 봐. 마찬가지로 두 점 C, D의 좌표를 m에 관한 식으로 표현해 봐.

1st   네 점 A, B, C, D의 좌표를 각각 k, m에 관한 식으로 나타내자.

곡선 $y=2^x$이 직선 $x=k$와 만나는 점이 A이므로 A$(k, 2^k)$
곡선 $y=4^x$이 직선 $x=k$와 만나는 점이 B이므로 B$(k, 4^k)$
또한, 곡선 $y=2^x$이 직선 $y=m$와 만나는 점이 C이므로
$m=2^x$에서 $x=\log_2 m$
$\therefore$ C$(\log_2 m, m)$
곡선 $y=4^x$이 직선 $y=m$과 만나는 점이 D이므로
$m=4^x$에서 $x=\log_4 m$
$\therefore$ D$(\log_4 m, m)$

^{모의고사} **C**

이때, $k=\log_2 3$이므로

$\rightarrow 2^{2\log_2 3}=2^{\log_2 3^2}=2^{\log_2 9}=9$

$\overline{AB}=4^k-2^k=4^{\log_2 3}-2^{\log_2 3}=2^{2\log_2 3}-2^{\log_2 3}=9-3=6$

한편, $0<m<1$이므로

$\rightarrow \log_4 m > \log_2 m$이야.

$\overline{CD}=\log_4 m-\log_2 m=\dfrac{1}{2}\log_2 m-\log_2 m=-\dfrac{1}{2}\log_2 m$

따라서 $\overline{AB}=\overline{CD}$이므로

$-\dfrac{1}{2}\log_2 m=6,\ \log_2 m=-12$

$\therefore m=2^{-12}=\dfrac{1}{2^{12}}$

수능 핵강

✴ 함수식이 주어지면 함수의 그래프 그려보기

이 문제 상황을 그래프로 나타내면 그림과 같아. 그림에서 보면
(점 B의 y좌표)>(점 A의 y좌표)이고,
(점 D의 x좌표)>(점 C의 x좌표)임이
한 눈에 보이지?
보통은 문제 상황을 나타낸 그림을 제시하지만 위의 문제와 같이 그림이 제시되지 않을 때가 있어. 함수 문제에서 그래프를 그리는 것은 매우 기본적이고 중요한 것이니 평상시 그래프 그리는 연습을 충분히 하도록 해.

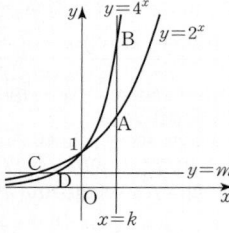

모의
C 05 정답 ④ ✴로그함수의 그래프의 평행이동과 대칭이동 [정답률 71%]

[정답 공식: 주어진 그래프를 통해 구한 a, b의 값의 범위를 이용하여
$y=\log_b(x+a)$의 그래프를 예상한다.]

함수 $y=\log_a(x+b)$ $(a>0,\ a\neq 1)$의 그래프가 그림과 같다.

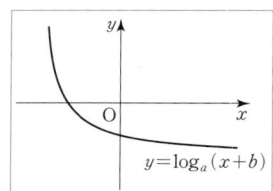

단서 함수 $y=\log_a(x+b)$의 그래프는 함수 $y=\log_a x$의 그래프를 어떻게 이동시킨 것인지 파악해야 해. 그래야 a의 값과 b의 값의 범위를 알 수 있어.

이때, 함수 $y=\log_b(x+a)$의 그래프로 알맞은 것은? (4점)

①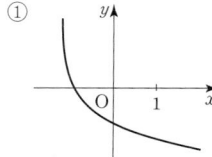
②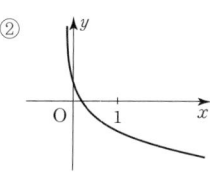
③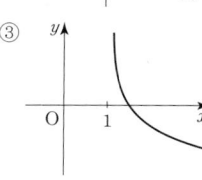
④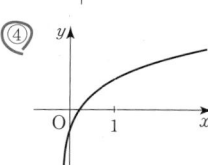
⑤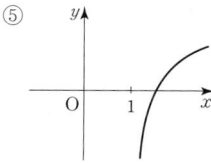

1st 주어진 그래프 개형을 이용하여 a, b의 값의 범위를 각각 구해야 해.

함수 $y=\log_a(x+b)$의 그래프는 함수 $y=\log_a x$의 그래프를 x축의 방향으로 $-b$만큼 평행이동시킨 것이다.

이때, 주어진 그래프가 x의 값이 증가할 때, y의 값이 감소하는 감소함수이므로 함수 $y=\log_a x$의 그래프도 감소함수가 된다.

즉, $0<a<1$이다.

또한, 함수 $y=\log_a(x+b)$의 그래프가 x축과 만나는 점의 x좌표는 $1-b$
에서 $1-b<0$이므로 $b>1$이다.

$\rightarrow$ x축과 만나는 점의 y좌표는 0이지?
즉, $0=\log_a(x+b)$에서 $x+b=1$ $\therefore x=1-b$

2nd **1st**에서 구한 a, b의 값의 범위를 이용하여 함수 $y=\log_b(x+a)$의 그래프의 개형을 찾아.

한편, 함수 $y=\log_b(x+a)$의 그래프는 함수 $y=\log_b x$의 그래프를 x축의 방향으로 $-a$만큼 평행이동시킨 것이다.

$\rightarrow$ 함수 $y=\log_b(x+a)$에서 $b>1$이므로 이 함수의 그래프는 x의 값이 증가하면 y의 값도 증가하는 증가함수야.

따라서 $0<a<1$에서 $-1<-a<0$이고, $b>1$이므로

함수 $y=\log_b(x+a)$의 그래프의 개형은 ④이다.

$\rightarrow$ $-a<0$이므로 $y=\log_b x$의 그래프를 x축의 방향에서 왼쪽으로 a만큼 평행이동!

🔍 **쉬운 풀이:** 주어진 함수의 그래프 개형이 나오는 함수 중 하나를 찾아 해결하기

주어진 함수 $y=\log_a(x+b)$의 그래프 개형이 나오는 함수 중 하나를 찾아보자.

주어진 그래프가 x축과 만나는 점의 x좌표가 음수이므로 점 $(-1, 0)$을 지난다고 가정하면 주어진 그래프 개형이 나오는 함수 중에는

$y=\log_{\frac{1}{2}}(x+2)$가 있어.

$\rightarrow$ $x=-1$일 때 $y=\log_{\frac{1}{2}}(-1+2)=\log_{\frac{1}{2}}1=0$

즉, $a=\dfrac{1}{2}$, $b=2$이므로 함수 $y=\log_b(x+a)=\log_2\left(x+\dfrac{1}{2}\right)$이 돼.

따라서 함수 $y=\log_2\left(x+\dfrac{1}{2}\right)$는 함수 $y=\log_2 x$의 그래프를 x축

의 방향으로 $-\dfrac{1}{2}$만큼 평행이동한 것이므로 구하는 그래프의 개형은 ④야.

모의
C 06 정답 70 ✴로그함수의 그래프의 평행이동과 대칭이동 … [정답률 83%]

[정답 공식: $y=\log_3 x$의 그래프를 x축의 방향으로 m만큼, y축의 방향으로 n만큼 평행이동시키면 $y=\log_3(x-m)+n$임을 이용한다.]

단서 로그의 성질을 이용하여 주어진 함수의 식을 $y=\log_3(x-m)+n$ 꼴로 고쳐.

함수 $y=\log_3\left(\dfrac{x}{9}-1\right)$의 그래프는 함수 $y=\log_3 x$의 그래프를 x축의 방향으로 m만큼, y축의 방향으로 n만큼 평행이동시킨 것이라 할 때, $10(m+n)$의 값을 구하시오. (3점)

1st 로그함수의 그래프를 평행이동시키자.

함수 $y=\log_3 x$의 그래프를 x축의 방향으로 m만큼, y축의 방향으로 n만큼 평행이동시키면 $y=\log_3(x-m)+n$ … ㉠

2nd 로그의 성질을 이용하여 식을 변형하자.

$y=\log_3\left(\dfrac{x}{9}-1\right)$

$=\log_3\dfrac{x-9}{9}=\log_3(x-9)-\log_3 9$

└[로그의 성질]
① $\log_a xy=\log_a x+\log_a y$
② $\log_a \dfrac{x}{y}=\log_a x-\log_a y$
③ $\log_{a^m} x^n=\dfrac{n}{m}\log_a x$

$=\log_3(x-9)-2$ … ㉡

이때, ㉠과 ㉡의 식이 같으므로

$m=9$, $n=-2$ $\therefore 10(m+n)=10\times\{9+(-2)\}=70$

모의 C 07 정답 15 *로그함수의 최대·최소 ────── [정답률 88%]

> **정답 공식**: 함수 $y=\log_{\frac{1}{5}}(x+a)$는 밑이 1보다 작은 로그함수이므로 x의 값이 증가하면 y의 값은 감소한다.

> **단서** 함수 $y=\log_{\frac{1}{5}}(x+a)$의 그래프의 성질을 파악해. 즉, 로그함수에서 최댓값과 최솟값을 구하려면 이 함수가 증가함수인지 감소함수인지 파악하는 것이 중요해.
>
> 정의역이 $\{x \mid -5 \le x \le 10\}$인 함수 $y=\log_{\frac{1}{5}}(x+a)$의 최솟값이 -2일 때, 상수 a의 값을 구하시오. (3점)

1st 함수 $y=\log_{\frac{1}{5}}(x+a)$가 증가함수인지 감소함수인지 판단해 봐.

함수 $y=\log_{\frac{1}{5}}(x+a)$에서 밑인 $\frac{1}{5}$는 1보다 작으므로

함수 $y=\log_{\frac{1}{5}}(x+a)$의 그래프는 함수 $y=\log_{\frac{1}{5}}x$의 그래프를 x축의 방향으로 $-a$만큼 평행이동한 거야.

함수 $y=\log_{\frac{1}{5}}(x+a)$는 x의 값이 증가하면 y의 값은 감소한다.

즉, $x=10$일 때, 최솟값 -2를 가지므로

$-2=\log_{\frac{1}{5}}(10+a)$에서 $10+a=\left(\frac{1}{5}\right)^{-2}$

$10+a=25$ ∴ $a=15$

$\left(\frac{1}{5}\right)^{-2}=(5^{-1})^{-2}=5^2=25$

모의 C 08 정답 ⑤ *로그함수와 지수함수의 그래프 ────── [정답률 88%]

> **정답 공식**: 함수 $y=f(x)$의 역함수는 주어진 함수를 x에 대하여 정리한 후 x와 y를 서로 바꿔 얻을 수 있다.

> 지수함수 $y=3^{\frac{x-1}{2}}-4$의 역함수가 $y=a\log_3(x+b)+c$일 때, 세 상수 a, b, c의 합 $a+b+c$의 값은? (3점)
>
> ① 3 ② 4 ③ 5
> ④ 6 ⑤ 7
>
> **단서** 지수함수 $y=3^{\frac{x-1}{2}}-4$의 역함수를 구하여 $y=a\log_3(x+b)+c$의 꼴로 나타내 봐.

1st 주어진 지수함수를 x에 관하여 나타내 봐.

지수함수 $y=3^{\frac{x-1}{2}}-4$에서

$y+4=3^{\frac{x-1}{2}}$

양변에 밑이 3인 로그를 취하면

$\log_3(y+4)=\frac{x-1}{2}$ $(y>-4)$이므로

> **주의** 로그함수 문제를 풀 때에는 항상 진수 조건을 잊지 말자.

> $y+4$는 진수이므로 $y+4>0$이어야 해. 따라서 $y>-4$인 거야.

$x=2\log_3(y+4)+1$

따라서 구하는 역함수는 $y=2\log_3(x+4)+1$ $(x>-4)$이므로

→ 주어진 함수를 x에 대하여 정리한 후 x와 y를 서로 바꾸면 돼.

$a=2$, $b=4$, $c=1$

∴ $a+b+c=2+4+1=7$

🧭 다른 풀이: 주어진 로그함수의 역함수 구하기

함수 $y=a\log_3(x+b)+c$의 역함수를 구해 보자.

$y-c=a\log_3(x+b)$에서

$\log_3(x+b)=\frac{y-c}{a}$

$x+b=3^{\frac{y-c}{a}}$, $x=3^{\frac{y-c}{a}}-b$ $(x>-b)$

즉, 구하는 역함수는 $y=3^{\frac{x-c}{a}}-b$ $(y>-b)$야.

따라서 함수 $y=3^{\frac{x-c}{a}}-b$의 그래프는 지수함수 $y=3^{\frac{x-1}{2}}-4$의 그래프와 일치하므로 $a=2$, $b=4$, $c=1$이지.

∴ $a+b+c=2+4+1=7$

모의 C 09 정답 ⑤ *로그함수의 그래프 위의 점 ────── [정답률 70%]

> **정답 공식**: 점 E의 y좌표가 선분 AD를 $2:3$으로 내분하는 점의 y좌표와 같음을 이용하여 점 D의 좌표를 구할 수 있다.

> 좌표평면에서 꼭짓점의 좌표가 $O(0, 0)$, $A(2^n, 0)$, $B(2^n, 2^n)$, $C(0, 2^n)$인 정사각형 OABC와 두 곡선 $y=2^x$, $y=\log_2 x$에 대하여 선분 AB가 곡선 $y=\log_2 x$와 만나는 점을 D라 하자. 선분 AD를 $2:3$으로 내분하는 점을 지나고 y축에 수직인 직선이 곡선 $y=\log_2 x$와 만나는 점을 E, 점 E를 지나고 x축에 수직인 직선이 곡선 $y=2^x$과 만나는 점을 F라 하자. 점 F의 y좌표가 16일 때, 직선 DF의 기울기는? (단, n은 자연수이다.) (3점)

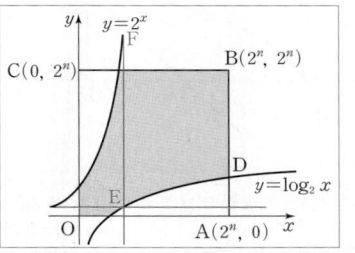

> **단서** 곡선 $y=2^x$ 위의 점 F의 y좌표가 16이라 주어졌으므로 이를 이용해 두 점 F, E의 좌표를 구할 수 있어. 또한, 점 E의 y좌표를 이용해 점 D의 좌표도 구할 수 있지.

① $-\frac{13}{28}$ ② $-\frac{25}{56}$ ③ $-\frac{3}{7}$ ④ $-\frac{23}{56}$ ⑤ $-\frac{11}{28}$

1st 점 E의 좌표를 (a, b)라 하고 두 점 E, F의 좌표를 구하자.

점 E의 좌표를 (a, b)라 하면 두 점 E, F는 x좌표가 같고 점 F는 곡선 $y=2^x$ 위의 점이므로 점 F의 좌표는 $(a, 2^a)$이다.

이때, 점 F의 y좌표가 16이므로

$2^a=16=2^4$에서 $a=4$

∴ F(4, 16)

또, 점 E는 x좌표가 4이고 곡선 $y=\log_2 x$ 위의 점이므로 $b=\log_2 4=2$

∴ E(4, 2)

2nd 선분 AD를 $2:3$으로 내분하는 점의 y좌표와 점 E의 y좌표가 같아.

점 $A(2^n, 0)$에 대하여 x좌표가 같은 점 D의 좌표는 $(2^n, n)$이다.

→ 점 D는 곡선 $y=\log_2 x$ 위의 점이므로 $y=\log_2 2^n = n$

한편, 선분 AD를 $2:3$으로 내분하는 점의 y좌표가 점 E의 y좌표와 같으므로

$\frac{2}{5}n=2$에서 $n=5$

→ $2^5=32$

∴ D(32, 5)

3rd 직선 DF의 기울기를 구해.

따라서 두 점 D(32, 5), F(4, 16)을 지나는 직선 DF의 기울기는

$\frac{16-5}{4-32}=-\frac{11}{28}$

> **주의** 기울기: $\frac{y_2-y_1}{x_2-x_1}$

⚙️ 지수함수와 로그함수의 관계 개념·공식

지수함수 $y=a^x$과 로그함수 $y=\log_a x$는 서로 역함수 관계이므로 두 함수의 그래프는 직선 $y=x$에 대하여 대칭이다.

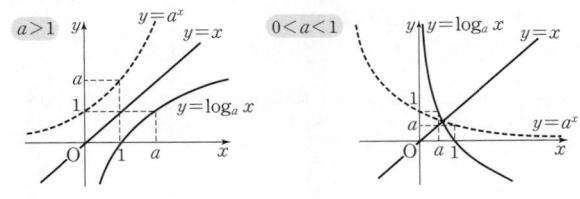

$a>1$: $y=a^x$, $y=x$, $y=\log_a x$
$0<a<1$: $y=\log_a x$, $y=x$, $y=a^x$

[정답 공식: 점 D의 x좌표를 k 하고, 점 A, B, C, D를 k와 p에 대한 식으로 나타낸다.]

그림과 같이 곡선 $y=\log_2 x$와 직선 $y=x-p$가 x축과 만나는 점을 각각 A, B라 하자. 곡선 $y=\log_2 x$와 직선 $y=x-p$가 제1사분면에서 만나는 점을 C라 하고 점 C에서 x축에 내린 수선의 발을 D라 하자. △BDC의 넓이가 8일 때, △ABC의 넓이를 구하시오. (단, $p>1$) (7점)

단서 네 점 A, B, C, D의 좌표를 알아야 △BDC의 넓이와 △ABC의 넓이를 구할 수 있어. 점 D의 x좌표를 k라 한 후, 나머지 세 점 A, B, C의 좌표를 k, p를 이용하여 나타내 봐.

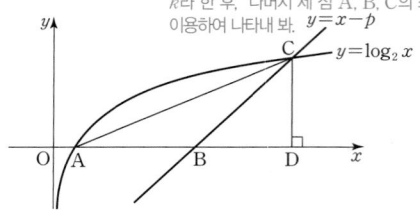

1st 네 점 A, B, C, D의 좌표를 이용하여 △BDC의 넓이를 구하는 식을 세워.

$\log_2 x=0$에서 $x=1$ → 두 점 A, B의 좌표는 각각 A(①, 0), B(ⓟ, 0)이다.   ← $x-p=0$에서 $x=p$

이때, 점 D의 좌표를 $(k, 0)$이라 하면 점 C는 직선 $y=x-p$ 위의 점이므로 C$(k, k-p)$이다.

또한, 점 C는 곡선 $y=\log_2 x$ 위에 있으므로

$k-p=\log_2 k$ … ㉠

한편, △BDC의 넓이가 8이라 했으므로

$$\triangle BDC=\frac{1}{2}\times\overline{BD}\times\overline{CD}=\frac{1}{2}\times(k-p)\times(k-p)$$
$$=\frac{1}{2}(k-p)^2 \cdots \text{❶}$$

↳ $\overline{BD}$=(점 D의 x좌표)−(점 B의 x좌표)
$\overline{CD}$=(점 C의 y좌표)

에서 $\frac{1}{2}(k-p)^2=8$이므로

$(k-p)^2=16$ ∴ $k-p=4$ $(\because k-p>0)$ … ㉡

2nd k, p의 값을 구하여 △ABC의 넓이를 구하자.   점 D가 점 B보다 x축의 오른쪽에 있지?

㉠, ㉡에 의하여 $\log_2 k=4$이므로 $k=2^4=16$이고,

$k=16$을 ㉡에 대입하면

$16-p=4$ ∴ $p=12$ … ❷

$$\therefore \triangle ABC=\frac{1}{2}\times\overline{AB}\times\overline{CD}$$

↳ $\overline{AB}$=(점 B의 x좌표)−(점 A의 x좌표)
$=p-1=12-1=11$
$\overline{CD}$=(점 C의 y좌표)$=k-p=4 (\because$ ㉡)

$$=\frac{1}{2}\times 11\times 4=22 \cdots \text{❸}$$

[채점 기준표]

❶	△BDC의 넓이를 점 D의 x좌표와 p를 사용한 식으로 나타낸다.	50%
❷	p의 값을 구한다.	30%
❸	△ABC의 넓이를 구한다.	20%

✿ 로그의 성질   개념·공식

$a>0$, $a\neq 1$, $x>0$, $y>0$일 때

① $\log_a 1=0$, $\log_a a=1$ ② $\log_a xy=\log_a x+\log_a y$

③ $\log_a \frac{x}{y}=\log_a x-\log_a y$ ④ $\log_a x^n=n\log_a x$ (단, n은 실수)

D 내신+수능 대비 단원별 모의고사   문제편 p. 312

D 01   정답 ①   *밑을 같게 할 수 있는 지수방정식의 해   [정답률 92%]

(정답 공식: $a=2^{\frac{2}{3}}$을 방정식에 대입하고, 밑을 2로 통일하여 해를 구한다.)

4의 세제곱근 중 실수인 것을 a라 할 때, 지수방정식 $\left(\frac{1}{2}\right)^{x+1}=a$의 해는? (3점)

단서1 $x^3=4$를 만족시키는 실수 x의 값이 a지?

단서2 지수방정식은 양변의 밑을 같게 변형하여 지수끼리 비교하면 돼.

① $-\frac{5}{3}$ ② $-\frac{4}{3}$ ③ -1 ④ $-\frac{2}{3}$ ⑤ $-\frac{1}{3}$

1st a의 값을 구해.

4의 세제곱근 중 실수인 것은 $\sqrt[3]{4}$이므로

$a=\sqrt[3]{4}=2^{\frac{2}{3}}$

↳ $a>0$이고 m, n $(n\geq 2)$이 정수일 때, $a^{\frac{m}{n}}=\sqrt[n]{a^m}$

→ 함수 $y=x^3$과 직선 $y=4$의 그래프는 그림과 같으므로 $a^3=4$를 만족시키는 실수 a의 값은 $\sqrt[3]{4}$의 1개야.

2nd 주어진 지수방정식의 해를 구해.

따라서 주어진 방정식은 $\left(\frac{1}{2}\right)^{x+1}=2^{\frac{2}{3}}$이므로

$2^{-(x+1)}=2^{\frac{2}{3}}$, $-x-1=\frac{2}{3}$

$\therefore x=-\frac{5}{3}$

🔧 톡톡 풀이: $a^3=4$임을 이용하기

주어진 지수방정식의 양변을 세제곱하면

$\left(\frac{1}{2}\right)^{3x+3}=a^3$이야.

그런데 $a^3=4$이므로 $\left(\frac{1}{2}\right)^{3x+3}=4=2^2$에서

$2^{-3x-3}=2^2$

따라서 $-3x-3=2$이므로 $x=-\frac{5}{3}$야.

✿ 거듭제곱의 성질   개념·공식

$a>0$, $b>0$이고 m, n이 양의 정수일 때,

① $\sqrt[n]{a}\sqrt[n]{b}=\sqrt[n]{ab}$ ② $\frac{\sqrt[n]{a}}{\sqrt[n]{b}}=\sqrt[n]{\frac{a}{b}}$ ③ $(\sqrt[n]{a})^m=\sqrt[n]{a^m}$

④ $\sqrt[m]{\sqrt[n]{a}}=\sqrt[mn]{a}$ ⑤ $\sqrt[np]{a^{mp}}=\sqrt[n]{a^m}$ ⑥ $\sqrt[n]{a^m}=a^{\frac{m}{n}}$

D 02 정답 ④ *a^x 꼴이 반복되는 지수방정식의 해 [정답률 90%]

(정답 공식: $2^x=t\,(t>0)$로 치환하여 방정식을 푼다.)

> 지수방정식 $2^{2x+1}-9\times2^x+4=0$의 모든 실근의 합은? (3점)
> 단서 주어진 방정식은 2^x의 꼴이 반복되는 지수를 포함한 방정식이므로 $2^x=t$로 치환하자.
> ① -2　　　　② -1　　　　③ 0
> ④ 1　　　　⑤ 2

1st $2^x=t\,(t>0)$로 치환하여 t에 관한 이차방정식을 풀어.

$2^x=t\,(t>0)$라 하면 주어진 방정식은

$2t^2-9t+4=0,\ (2t-1)(t-4)=0$

> $2^{2x+1}-9\times2^x+4=0$에서
> $2\times2^{2x}-9\times2^x+4=0,$
> $2\times(2^x)^2-9\times2^x+4=0$
> $\therefore 2t^2-9t+4=0$

$\therefore t=\dfrac{1}{2}$ 또는 $t=4$

2nd 모든 실근을 구하여 합해.

> 실수 $2^x=t$로 치환하였으므로 t의 근을 x에 대한 근으로 다시 구해주는 것을 잊지 말자.

따라서 $2^x=\dfrac{1}{2}$ 또는 $2^x=4$에서 $x=-1$ 또는 $x=2$이므로

모든 실근의 합은 $(-1)+2=1$이다.

🔄 다른 풀이: $2^x=t\,(t>0)$로 치환한 다음 이차방정식의 판별식, 근과 계수의 관계 활용하기

$2^x=t\,(t>0)$라 하면 주어진 방정식은 $2t^2-9t+4=0$ ··· ㉠이야.

이차방정식 ㉠에서 $D=(-9)^2-4\times2\times4=49>0$이고,

(두 근의 합)$=\dfrac{9}{2}>0$, (두 근의 곱)$=\dfrac{4}{2}=2>0$이므로

두 근은 서로 다른 양수야.

즉, 지수방정식 $2^{2x+1}-9\times2^x+4=0$은 서로 다른 두 근을 가지므로 주어진 지수방정식의 두 근을 α, β라 하면 이차방정식 ㉠의 두 근은 2^α, 2^β이 되지.

이때, 이차방정식 ㉠에서 근과 계수의 관계에 의하여

$2^\alpha\cdot2^\beta=\dfrac{4}{2}=2$이므로 $2^{\alpha+\beta}=2$에서 $\alpha+\beta=1$이야.

따라서 구하는 모든 실근의 합은 1임을 알 수 있어.

⚙️ **a^x 꼴이 반복되는 지수방정식의 해**　　개념·공식

a^x 꼴이 반복되는 지수방정식은 다음과 같이 푼다.
(ⅰ) $a^x=t\,(t>0)$로 치환한다.
(ⅱ) $t>0$임에 주의하여 t에 대한 방정식을 푼다.
(ⅲ) x의 값을 구한다.

D 03 정답 10 *지수방정식의 활용 [정답률 67%]

(정답 공식: $2^x=t\,(t>0)$로 치환하여 $f(x)=g(x)$의 방정식을 푼다.)

> 두 함수 $f(x)=2^x$과 $g(x)=10-2^{4-x}$의 그래프의 교점을 각각 A, B라 하고 A와 B에서 x축에 내린 수선 발을 각각 C, D라 할 때, 사다리꼴 ACDB의 넓이를 구하시오. (4점)
> 단서 1 두 함수의 그래프의 교점인 A, B의 좌표를 알기 위해서는 우선 방정식 $f(x)=g(x)$를 풀어야 해.
> 단서 2 (사다리꼴 ACDB의 넓이)$=(\overline{AC}+\overline{BD})\times\overline{CD}\times\dfrac{1}{2}$
>
>

1st 두 함수 $f(x)$, $g(x)$의 그래프의 교점의 좌표를 구해.

두 함수 $f(x)=2^x$과 $g(x)=10-2^{4-x}$의 그래프의 교점의 x좌표를 구하기 위해 두 식을 연립하면

$2^x=10-2^{4-x}$에서 $(2^x)^2-10\times2^x+16=0$

$2^x=t\,(t>0)$로 치환하면

> $2^x=10-2^{4-x}$의 양변에 2^x을 곱하면 $(2^x)^2=10\times2^x-2^{4-x}\times2^x$, 즉 $(2^x)^2-10\times2^x+16=0$이야.

$t^2-10t+16=0,\ (t-2)(t-8)=0$　$\therefore t=2$ 또는 $t=8$

즉, $2^x=2$ 또는 $2^x=8=2^3$이므로 $x=1$ 또는 $x=3$이다.

$\therefore$ A$(1, 2)$, B$(3, 8)$ → $f(1)=2^1=2,\ f(3)=2^3=8$

2nd 사다리꼴 ACDB의 넓이를 구하자.

따라서 $\overline{AC}=2$, $\overline{BD}=8$, $\overline{CD}=2$이므로 사다리꼴 ACDB의 넓이는

$\square ACDB=(2+8)\times2\times\dfrac{1}{2}=10$

> $\overline{AC}=$(점 A의 y좌표)$=2$
> $\overline{BD}=$(점 B의 y좌표)$=8$
> $\overline{CD}=$(점 B의 x좌표)$-$(점 A의 x좌표)$=3-1=2$

D 04 정답 26 *밑을 같게 할 수 있는 로그방정식의 해 [정답률 92%]

(정답 공식: $a>0$, $a\neq1$일 때, $a^x=b \Longleftrightarrow \log_a b=x$)

> 로그방정식 $\log_2(x+6)=5$의 해를 구하시오. (3점)
> 단서 지수와 로그의 관계를 떠올리면 바로 해결 가능하지?

1st $\log_a f(x)=b$에서 $f(x)=a^b$임을 이용하여 로그방정식을 풀자.

우선, $x+6>0$이어야 하고, $\log_2(x+6)=5$에서

$x+6=2^5=32$

> $a>0$, $a\neq1$일 때, $a^x=b \Longleftrightarrow \log_a b=x$

$\therefore x=26$ → 진수의 조건인 $x+6>0$이 성립함을 확인해야 해.

> 주의 로그함수의 진수 조건에 항상 주의하자.

⚙️ **지수법칙**　　개념·공식

$a>0$, $b>0$이고, x, y가 실수일 때
① $a^xa^y=a^{x+y}$　　　　② $a^x\div a^y=a^{x-y}$
③ $(a^x)^y=a^{xy}$　　　　④ $(ab)^x=a^xb^x$

D 05 정답 ③ *로그방정식의 활용 ────────── [정답률 64%]

(정답 공식: $\overline{BQ}=2\overline{AP}$임을 이용해 점 B의 좌표를 구한다.)

함수 $y=\log_2 x+1$의 그래프 위의 서로 다른 두 점 A, B에서 x축에 내린 수선의 발을 각각 P, Q라 하자. 점 P의 좌표가 $\left(\dfrac{3}{2},\ 0\right)$이고 $\overline{AB}=\overline{AQ}$일 때, △ABQ의 넓이는? (4점)

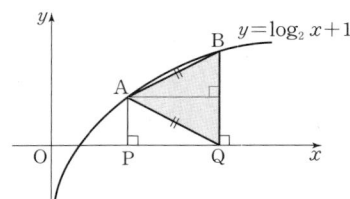

① $2\log_2 3$ ② $\dfrac{5}{2}\log_2 3$ ③ $3\log_2 3$

④ $\dfrac{7}{2}\log_2 3$ ⑤ $4\log_2 3$

단서 삼각형 ABQ는 이등변삼각형이므로 점 A에서 선분 BQ에 수선을 그었을 때, 그 수선은 선분 BQ를 수직이등분해. 이를 이용하면 선분 AP와 선분 BQ 사이의 관계를 찾을 수 있어.

1st 점 A에서 선분 BQ에 수선을 그어 $\overline{AP}$의 길이와 $\overline{BQ}$의 길이 사이에 어떤 관계가 있는지 찾아.

점 A에서 선분 BQ에 내린 수선의 발을 H라 하자.

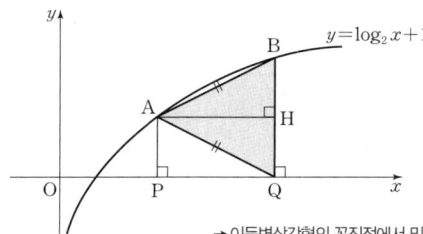

이때, $\overline{AB}=\overline{AQ}$이므로 $\overline{BH}=\overline{HQ}$ → 이등변삼각형의 꼭짓점에서 밑변에 내린 수선은 밑변을 이등분하지?
또한, 사각형 APQH는 직사각형이므로
$\overline{AP}=\overline{HQ}$
∴ $\overline{BQ}=\overline{BH}+\overline{HQ}=2\overline{HQ}=2\overline{AP}$

2nd 점 P의 좌표를 이용하여 $\overline{BQ}$의 길이를 구한 후, 점 Q의 좌표를 구해.

점 P의 x좌표가 $\dfrac{3}{2}$이므로

$\overline{AP}=\log_2\dfrac{3}{2}+1=\log_2 3$ → $\overline{AP}=\log_2\dfrac{3}{2}+1=\log_2 3-\log_2 2+1$
$=\log_2 3-1+1=\log_2 3$

$\overline{BQ}=2\overline{AP}=2\log_2 3$

점 Q의 좌표를 $(a,\ 0)$이라 하면
점 B의 좌표는 $(a,\ \log_2 a+1)$이고,
$\overline{BQ}=2\log_2 3$이므로
$2\log_2 3=\log_2 a+1$, $\log_2 9=\log_2 2a$
$2a=9$ ∴ $a=\dfrac{9}{2}$

∴ $Q\left(\dfrac{9}{2},\ 0\right)$

∴ $\triangle ABQ=\dfrac{1}{2}\times\overline{BQ}\times\overline{AH}$

$=\dfrac{1}{2}\times 2\log_2 3\times③$ → $\overline{AH}=\overline{PQ}=\dfrac{9}{2}-\dfrac{3}{2}=3$

$=3\log_2 3$

D 06 정답 6 *a^x 꼴이 반복되는 지수부등식의 해 ─── [정답률 84%]

(정답 공식: 2^x을 치환하여 이차부등식의 형태로 만든다.)

부등식 $4^x-10\times 2^x+16\leq 0$을 만족시키는 모든 자연수 x의 값의 합을 구하시오. (3점) 단서 $4^x=(2^2)^x=(2^x)^2$이므로 $2^x=t(t>0)$로 치환하여 부등식을 풀어.

1st $2^x=t$로 치환하여 주어진 부등식을 만족시키는 t의 값의 범위를 구하자.
$4^x-10\times 2^x+16\leq 0$에서
$(2^x)^2-10\times 2^x+16\leq 0$
이때, $2^x=t(t>0)$라 하면
$t^2-10t+16\leq 0$ → 모든 실수 x에 대하여 $2^x>0$이지?
$(t-2)(t-8)\leq 0$
∴ $2\leq t\leq 8$

2nd 1st 에서 구한 t의 값의 범위를 이용하여 x의 값의 범위를 구해.
즉, $2^1\leq 2^x\leq 2^3$이므로 $1\leq x\leq 3$ (밑)=2>1이므로 부등호 방향은 변하지 않아.
따라서 주어진 부등식을 만족시키는 모든 자연수 x의 값의 합은
$1+2+3=6$이다.

⚙ **a^x 꼴이 반복되는 지수부등식의 해** 개념·공식

a^x 꼴이 반복되는 지수부등식은 다음과 같이 푼다.
(ⅰ) $a^x=t\ (t>0)$로 치환한다.
(ⅱ) $t>0$임에 주의하여 t에 대한 부등식을 푼다.
(ⅲ) x의 값의 범위를 구한다.

D 07 정답 32 *로그방정식의 실생활 응용 – 두 변수의 비율 ··· [정답률 90%]

(정답 공식: 주어진 조건을 관계식에 대입한 후 로그의 성질을 이용해 정리한다.)

화학 퍼텐셜 이론에 의하면 절대온도 $T(\mathrm{K})$에서 이상 기체의 압력을 P_1(기압)에서 P_2(기압)으로 변화시켰을 때의 이상 기체의 화학 퍼텐셜 변화량을 $E(\mathrm{kJ/mol})$이라 하면 다음 관계식이 성립한다고 한다.

$$E=RT\log_a\dfrac{P_2}{P_1}\ (단,\ a,\ R는\ 1이\ 아닌\ 양의\ 상수이다.)$$

절대온도 300K에서 이상 기체의 압력을 1기압에서 16기압으로 변화시켰을 때의 이상 기체의 화학 퍼텐셜 변화량을 E_1, 절대온도 240K에서 이상 기체의 압력을 1기압에서 x기압으로 변화시켰을 때의 이상 기체의 화학 퍼텐셜 변화량을 E_2라 하자. $E_1=E_2$를 만족시키는 x의 값을 구하시오. (3점)
단서 $P_1=1,\ P_2=16,\ T=300$일 때의 E의 값이 E_1, $P_1=1,\ P_2=x,\ T=240$일 때의 E의 값이 E_2이므로 주어진 관계식에 대입하면 $E_1,\ E_2$를 각각 구할 수 있어.

1st 주어진 관계식에 P_1, P_2, T의 값을 대입하여 E_1과 E_2를 각각 구해.
$E=RT\log_a\dfrac{P_2}{P_1}$에 $P_1=1,\ P_2=16,\ E=E_1,\ T=300$을 대입하면
$E_1=R\times 300\times\log_a 16$
$=300R\log_a 16$
또한, $P_1=1,\ P_2=x,\ E=E_2,\ T=240$을 대입하면
$E_2=R\times 240\times\log_a x=240R\log_a x$

2nd $E_1 = E_2$임을 이용하여 x의 값을 구하자.

$E_1 = E_2$이므로 $300R\log_a 16 = 240R\log_a x$에서

$\dfrac{5}{4}\log_a 16 = \log_a x$

$\log_a 16^{\frac{5}{4}} = \log_a x$

$\therefore x = 16^{\frac{5}{4}} = 32$ $\rightarrow 16^{\frac{5}{4}} = (2^4)^{\frac{5}{4}} = 2^5 = 32$

모의
D 08 정답 ⑤   *밑을 같게 할 수 있는 지수부등식의 해 ··· [정답률 91%]

(정답 공식: 주어진 부등식의 밑을 5로 통일한다.)

> 지수부등식 $\left(\dfrac{1}{5}\right)^{1-2x} \leq 5^{x+4}$을 만족시키는 모든 자연수 x의 값의 합은? (4점)   _{단서} $\dfrac{1}{5} = 5^{-1}$이지? 주어진 부등식의 밑을 5로 통일할 수 있어.
>
> ① 11   ② 12   ③ 13
> ④ 14   ⑤ 15

1st 주어진 부등식의 밑을 5로 통일하여 정리해.

$\left(\dfrac{1}{5}\right)^{1-2x} \leq 5^{x+4}$에서 $5^{2x-1} \leq 5^{x+4}$ $\rightarrow \left(\dfrac{1}{5}\right)^{1-2x} = (5^{-1})^{1-2x} = 5^{-1+2x}$

이때, 밑이 1보다 크므로

$2x-1 \leq x+4$

$\therefore x \leq 5$

따라서 주어진 부등식을 만족시키는 모든 자연수 x는 1, 2, 3, 4, 5이므로 구하는 합은 $1+2+3+4+5 = 15$

모의
D 09 정답 25   *a^x 꼴이 반복되는 지수부등식의 해 ··· [정답률 37%]

[정답 공식: $5^x = t$ $(t>0)$로 치환한 후, 함수의 그래프를 통해 부등식이 항상 성립하는 상황을 찾는다.]

> 모든 실수 x에 대하여 지수부등식 $5^{2x} \geq k\cdot 5^x - 2k - 5$가 항상 성립하도록 하는 실수 k의 값의 범위는 $\alpha \leq k \leq \beta$이다. $|\alpha\beta|$의 값을 구하시오. (4점)   _{단서} 5^x의 꼴이 반복되는 지수를 포함한 부등식이므로 $5^x = t$ $(t>0)$로 치환한 후, 함수의 그래프를 이용하여 문제 상황을 나타내 보자.

1st $5^x = t$ $(t>0)$로 치환하여 주어진 부등식을 변형한 후, 함수의 그래프로 문제 상황을 해석해 봐.

_{실수} 부등호를 사용한 비교 문제가 나왔을 때에는 식을 적당히 변형하여 두 함수 사이의 관계로 풀면 쉽게 풀 수 있어.

$5^x = t$ $(t>0)$라 하면 주어진 부등식은
$t^2 \geq kt - 2k - 5$, $t^2 + 5 \geq k(t-2)$
이때, $f(t) = t^2 + 5$, $g(t) = k(t-2)$라 하면 두 함수 $y = f(t)$, $y = g(t)$의 그래프는 그림과 같고, 주어진 부등식이 성립하기 위해서는 $t>0$인 모든 실수 t에 대하여 $f(t) \geq g(t)$이어야 한다.

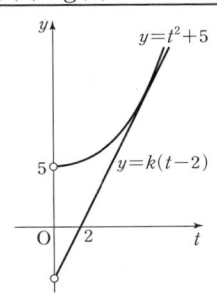

함수 $g(t) = k(t-2)$의 그래프는 k의 값에 관계없이 항상 점 $(2, 0)$을 지나면서 기울기가 k인 직선이야. 따라서 점 $(2, 0)$을 지나는 직선을 움직여 보면서 문제 조건에 맞는 k의 값의 범위를 생각해야 해. 직선 $g(t)$를 움직여 보면 직선 $g(t)$가 점 $(0, 5)$를 지날 때보다는 기울기가 크거나 같고, 곡선 $y = f(t)$와 접할 때보다는 기울기가 작거나 같아야 $t>0$인 모든 실수 t에 대하여 $f(t) \geq g(t)$를 만족하게 돼.

2nd 주어진 조건을 만족시키는 경우를 모두 찾아 k의 값의 범위를 구해.

(ⅰ) 함수 $y = g(t)$의 그래프가 점 $(0, 5)$를 지날 때,

$5 = k(0-2)$에서 $k = -\dfrac{5}{2}$

(ⅱ) 두 함수 $f(t)$, $g(t)$의 그래프가 접할 때, 방정식 $t^2 + 5 = k(t-2)$, 즉
$t^2 - kt + 2k + 5 = 0$이 중근을 가지므로   _{이차함수 $y = ax^2 + bx + c$의 그래프와 직선 $y = mx + n$의 위치 관계는 이차방정식 $ax^2 + bx + c = mx + n$의 판별식을 D라 하면
① $D>0$: 서로 다른 두 점에서 만난다.
② $D=0$: 한 점에서 만난다. (접한다.)
③ $D<0$: 만나지 않는다.}

$D = k^2 - 8k - 20 = 0$에서
$(k-10)(k+2) = 0$ $\therefore k = 10$ 또는 $k = -2$
이때, 기울기 k는 양수이므로 $k = 10$이다.

(ⅰ), (ⅱ)에서 $-\dfrac{5}{2} \leq k \leq 10$

따라서 $\alpha = -\dfrac{5}{2}$, $\beta = 10$이므로

$|\alpha\beta| = \left|\left(-\dfrac{5}{2}\right) \times 10\right| = 25$

🎯 **다른 풀이: $5^x = t$ $(t>0)$로 치환한 다음 이차부등식의 해 구하기**

$5^x = t$ $(t>0)$라 치환하면 주어진 부등식은 $t^2 \geq kt - 2k - 5$, 즉 $t^2 - kt + 2k + 5 \geq 0$이야. 주어진 부등식이 모든 실수 x에 대하여 성립하려면 t에 대한 이차부등식 $t^2 - kt + 2k + 5 \geq 0$이 $t>0$인 모든 실수 t에 대하여 성립해야 해. 이때, $h(t) = t^2 - kt + 2k + 5$라 하면 이차함수 $h(t)$의 그래프의 축이 직선 $t = \dfrac{k}{2}$이므로 다음과 같이 나눌 수 있어.

(ⅰ) $\dfrac{k}{2} < 0$, 즉 $k < 0$일 때

$t>0$인 모든 실수 t에 대하여 $h(t) \geq 0$이 성립하려면 함수 $y = h(t)$의 그래프는 [그림 1]과 같아야 하므로 $h(0) \geq 0$에서

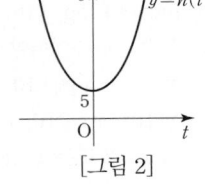

[그림 1]

$2k+5 \geq 0$ $\therefore k \geq -\dfrac{5}{2}$

이때, $k < 0$이므로 $-\dfrac{5}{2} \leq k < 0$

(ⅱ) $\dfrac{k}{2} = 0$, 즉 $k = 0$일 때

$h(t) = t^2 + 5$의 그래프는 [그림 2]와 같으므로 $t>0$인 모든 실수 t에 대하여 $h(t) \geq 0$이 성립해.

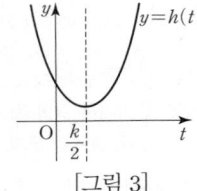

[그림 2]

(ⅲ) $\dfrac{k}{2} > 0$, 즉 $k > 0$일 때

$t>0$인 모든 실수 t에 대하여 $h(t) \geq 0$이 성립하려면 함수 $y = h(t)$의 그래프는 [그림 3]과 같아야 하므로

$h(t) = t^2 - kt + 2k + 5$
$\quad = \left(t - \dfrac{k}{2}\right)^2 - \dfrac{k^2}{4} + 2k + 5$

[그림 3]

에서 $-\dfrac{k^2}{4} + 2k + 5 \geq 0$이어야 해. 즉, $\rightarrow$ 함수 $h(t)$의 최솟값이 0 이상이면 $h(t)$의 값은 항상 0 이상이겠지?

$k^2 - 8k - 20 \leq 0$
$(k+2)(k-10) \leq 0$ $\therefore -2 \leq k \leq 10$
이때, $k > 0$이므로 $0 < k \leq 10$

(ⅰ)~(ⅲ)에서 $-\dfrac{5}{2} \leq k \leq 10$이야.

(이하 동일)

모의고사
D

D 10 정답 ③ *밑을 같게 할 수 있는 로그부등식 ⸻ [정답률 82%]

모의

〔 정답 공식: 로그의 성질을 알고 진수는 항상 양수라는 걸 안다. 〕

> 부등식 $\log_3(x-1)+\log_3(4x-7)\leq 3$을 만족시키는 정수 x의
> 개수는? (3점)
> 단서 부등식의 우변을 밑이 3이 되도록 변형하여 부등식을 풀면 돼.
> 이때, 로그부등식을 풀 때는 항상 진수조건에 주의해.
>
> ① 1   ② 2   ③3   ④ 4   ⑤ 5

1st 진수조건을 만족시키는 x의 값의 범위부터 구해.

진수조건에 의하여 $x-1>0$, $4x-7>0$이므로 $x>\dfrac{7}{4}$ ⋯ ㉠
진수는 양수이어야 해. 즉, $\log_a b$에서 진수는 b이고 $b>0$이야.

2nd 로그의 성질을 사용하여 부등식을 풀자.

$\log_3(x-1)+\log_3(4x-7)\leq 3$ $\longrightarrow \log_a m+\log_a n=\log_a mn$

$\log_3(x-1)(4x-7)\leq\log_3 3^3=\log_3 27$

$(x-1)(4x-7)\leq 27$ 밑이 1보다 큰 로그를 없앴으니까 부등호의 방향은 변하지 않아.

$4x^2-11x-20\leq 0$, $(x-4)(4x+5)\leq 0$ $\qquad\therefore -\dfrac{5}{4}\leq x\leq 4$ ⋯ ㉡

㉠, ㉡에 의하여 $\dfrac{7}{4}<x\leq 4$이므로 주어진 부등식을 만족시키는 정수 x의
개수는 2, 3, 4로 3이다.

D 11 정답 6 *로그부등식의 활용 ⸻ [정답률 72%]

모의

〔 정답 공식: 진수의 조건과 로그의 성질을 이용해 부등식의 해를 구한다. 〕

> x에 대한 연립부등식 $\begin{cases}\log_2 x+\log_2(10-x)\leq 4 \\ x^2-ax<0\end{cases}$을 만족시키는
> 단서1 주어진 두 부등식의 해를 각각 구해.
> x의 값 중 정수가 2개가 되도록 하는 자연수 a의 개수를 구하시오.
> 단서2 각 부등식의 해를 수직선 위에 나타내어 정수 해가
> 2개만 나오도록 하는 a의 값의 범위를 구하자. (6점)

1st 두 부등식의 해를 각각 구해.

(i) $\log_2 x+\log_2(10-x)\leq 4$에서
진수는 양수이어야 하므로 $0<x<10$ ⋯ ㉠이고,
$\longrightarrow \log_2 x$에서 $x>0$이어야 하고, $\log_2(10-x)$에서 $10-x>0$, 즉 $x<10$이어야 하므로 $0<x<10$인 거야.

$\log_2 x+\log_2(10-x)\leq 4$, 즉 $\log_2 x(10-x)\leq\log_2 2^4$이다.

$x(10-x)\leq 16$, $x^2-10x+16\geq 0$, $(x-2)(x-8)\geq 0$

$\therefore x\leq 2$ 또는 $x\geq 8$ ⋯ ㉡

㉠, ㉡에서 $0<x\leq 2$ 또는 $8\leq x<10$ ⋯ ㉢

(ii) $x^2-ax<0$에서 $x(x-a)<0$

$\therefore 0<x<a$ ⋯ ㉣ ⋯ **❶**
a는 자연수이므로 $a>0$이야.

> 실수 수직선 위에 나타내어 문제를 풀면
> 실수없이 쉽게 풀 수 있어.

2nd **1st** 에서 구한 해를 수직선 위에 나타내어 주어진 조건을 만족시키는 a의
값의 범위를 구해.

㉢, ㉣에서 x의 값 중 정수가 2개가 되려면 그림과 같아야 하므로

$2<a\leq 8$이어야 한다. ⋯ **❷**

따라서 조건을 만족시키는 자연수 a는 3, 4, 5, 6, 7, 8의 6개이다. ⋯ **❸**

[채점 기준표]
$a=2$이면 연립부등식의 정수해는 1의 1개, $a=8$이면 연립부등식의 정수해는 1, 2의 2개,
$8<a<9$이면 연립부등식의 정수해는 1, 2, 8의 3개

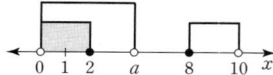

❶ 연립부등식의 해를 구한다.	50%
❷ a의 값의 범위를 구한다.	30%
❸ 자연수 a의 개수를 구한다.	20%

E 내신+수능 대비 단원별 모의고사 문제편 p. 314

E 01 정답 ④ *호도법 ⸻ [정답률 60%]

모의

〔 정답 공식: 각 θ를 나타내는 동경이 존재하는 사분면에 따라 각 θ의 범위를 일반 각으로 나타낸다. 〕

> θ가 제2사분면의 각일 때, $\dfrac{\theta}{3}$가 속하는 사분면은? (3점)
> 단서 제2사분면의 각인 θ의 범위를 일반각으로 표현해 봐.
>
> ① 제1사분면 또는 제2사분면
> ② 제1사분면 또는 제3사분면
> ③ 제1사분면 또는 제4사분면
> ④ 제1사분면 또는 제2사분면 또는 제4사분면
> ⑤ 제1사분면 또는 제3사분면 또는 제4사분면

1st 제2사분면의 각을 일반각으로 나타낼 수 있어야 해.

θ가 제2사분면의 각이므로 $\longrightarrow$ ① 제1사분면의 각: $2n\pi<\theta<2n\pi+\dfrac{\pi}{2}$ (n은 정수)

$2n\pi+\dfrac{\pi}{2}<\theta<2n\pi+\pi$ (n은 정수)

② 제2사분면의 각: $2n\pi+\dfrac{\pi}{2}<\theta<2n\pi+\pi$ (n은 정수)

$\therefore \dfrac{2}{3}n\pi+\dfrac{\pi}{6}<\dfrac{\theta}{3}<\dfrac{2}{3}n\pi+\dfrac{\pi}{3}$

③ 제3사분면의 각: $2n\pi+\pi<\theta<2n\pi+\dfrac{3}{2}\pi$ (n은 정수)

④ 제4사분면의 각: $2n\pi+\dfrac{3}{2}\pi<\theta<2n\pi+2\pi$ (n은 정수)

2nd $n=3k$, $3k+1$, $3k+2$ (k는 정수)로 나누어 판단하자.

(i) $n=3k$ (k는 정수)일 때,

$\dfrac{2}{3}\times 3k\pi+\dfrac{\pi}{6}<\dfrac{\theta}{3}<\dfrac{2}{3}\times 3k\pi+\dfrac{\pi}{3}$에서

$2k\pi+\dfrac{\pi}{6}<\dfrac{\theta}{3}<2k\pi+\dfrac{\pi}{3}$, 즉 $\dfrac{\theta}{3}$는 제1사분면의 각이다.

(ii) $n=3k+1$ (k는 정수)일 때,

$\dfrac{2}{3}(3k+1)\pi+\dfrac{\pi}{6}<\dfrac{\theta}{3}<\dfrac{2}{3}(3k+1)\pi+\dfrac{\pi}{3}$에서

$2k\pi+\dfrac{5}{6}\pi<\dfrac{\theta}{3}<2k\pi+\pi$
$\longrightarrow \dfrac{2}{3}(3k+1)\pi+\dfrac{\pi}{6}=2k\pi+\dfrac{2}{3}\pi+\dfrac{\pi}{6}$
$=2k\pi+\dfrac{5}{6}\pi$

즉, $\dfrac{\theta}{3}$는 제2사분면의 각이다.
$\dfrac{2}{3}(3k+1)\pi+\dfrac{\pi}{3}=2k\pi+\dfrac{2}{3}\pi+\dfrac{\pi}{3}$
$=2k\pi+\pi$

(iii) $n=3k+2$ (k는 정수)일 때,

$\dfrac{2}{3}(3k+2)\pi+\dfrac{\pi}{6}<\dfrac{\theta}{3}<\dfrac{2}{3}(3k+2)\pi+\dfrac{\pi}{3}$에서

$2k\pi+\dfrac{3}{2}\pi<\dfrac{\theta}{3}<2k\pi+\dfrac{5}{3}\pi$
$\longrightarrow \dfrac{2}{3}(3k+2)\pi+\dfrac{\pi}{6}=2k\pi+\dfrac{4}{3}\pi+\dfrac{\pi}{6}$
$=2k\pi+\dfrac{3}{2}\pi$

즉, $\dfrac{\theta}{3}$는 제4사분면의 각이다.
$\dfrac{2}{3}(3k+2)\pi+\dfrac{\pi}{3}=2k\pi+\dfrac{4}{3}\pi+\dfrac{\pi}{3}$
$=2k\pi+\dfrac{5}{3}\pi$

따라서 $\dfrac{\theta}{3}$는 제1사분면 또는 제2사분면 또는 제4사분면에 속한다.

🔖 사분면의 각   개념·공식

각 θ를 나타내는 동경이 존재하는 사분면에 따라 θ의 범위를 일반각으로
표현하면 다음과 같다. (단, n은 정수)

(1) θ가 제1사분면의 각: $360°\times n<\theta<360°\times n+90°$
(2) θ가 제2사분면의 각: $360°\times n+90°<\theta<360°\times n+180°$
(3) θ가 제3사분면의 각: $360°\times n+180°<\theta<360°\times n+270°$
(4) θ가 제4사분면의 각: $360°\times n+270°<\theta<360°\times n+360°$

모의

E 02 정답 150 *부채꼴의 호의 길이와 넓이 ----- [정답률 40%]

[정답 공식: 반지름의 길이가 r, 중심각의 크기가 θ인 부채꼴의 넓이는 $S=\dfrac{1}{2}r^2\theta$ 이다.]

그림과 같이 △ABC의 두 꼭짓점 A, B를 각각 중심으로 하고 반지름의 길이가 같은 두 원이 외접한다. $\angle B=\dfrac{\pi}{3}$, $\overline{AC}=2\sqrt{6}$, $\overline{CD}=2\sqrt{3}$일 때, △ABC의 내부의 두 부채꼴(어두운 부분)의 넓이의 합은 $k\pi$이다. $100k$의 값을 구하시오. (4점)

단서1 두 부채꼴의 넓이를 구하려면 부채꼴의 반지름의 길이와 $\angle BAC$의 크기를 알아야겠지?

단서2 원의 반지름의 길이를 r라 하면 $\overline{AB}=2r$, $\overline{BD}=r$야. 이때, $\angle B=\dfrac{\pi}{3}$라 했으므로 $\angle ADB$의 크기를 구할 수 있어.

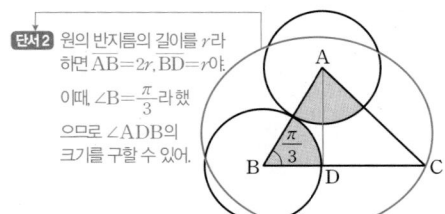

1st 원의 반지름의 길이부터 구하자.

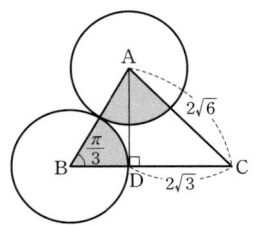

원의 반지름의 길이를 r라 하면 $\overline{AB}=2r$, $\overline{BD}=r$이다.

그런데 $\angle B=\dfrac{\pi}{3}$에서 $\cos\dfrac{\pi}{3}=\dfrac{1}{2}$이고

실수 삼각형의 특수각을 알면 더 쉽게 풀 수 있어.

$\dfrac{\overline{BD}}{\overline{AB}}=\dfrac{r}{2r}=\dfrac{1}{2}$이므로 $\angle ADB=\dfrac{\pi}{2}$이다.

$\cos\dfrac{\pi}{3}=\dfrac{\overline{BD}}{\overline{AB}}=\dfrac{1}{2}$이므로 △ABD는 직각삼각형임을 알 수 있어.
즉, 점 A에서 변 BC에 수선을 그으면 수선의 발이 점 D가 되는 거야.

즉, 직각삼각형 ACD에서 $\overline{AC}=2\sqrt{6}$, $\overline{CD}=2\sqrt{3}$이므로 피타고라스 정리에 의하여 $\overline{AD}=\sqrt{(2\sqrt{6})^2-(2\sqrt{3})^2}=2\sqrt{3}$

따라서 직각삼각형 ABD에서

$\tan\dfrac{\pi}{3}=\dfrac{\overline{AD}}{\overline{BD}}=\dfrac{2\sqrt{3}}{r}=\sqrt{3}$이므로

$\sqrt{3}r=2\sqrt{3}$ ∴ $r=2$

2nd $\angle BAC$의 크기를 구하자.

직각삼각형 ABD에서 $\angle BAD=\dfrac{\pi}{2}-\dfrac{\pi}{3}=\dfrac{\pi}{6}$

한편, $\overline{AD}=\overline{CD}=2\sqrt{3}$에서 삼각형 ACD가 직각이등변삼각형이므로

$\angle CAD=\dfrac{\pi}{4}$이다.

∴ $\angle BAC=\angle BAD+\angle CAD=\dfrac{\pi}{6}+\dfrac{\pi}{4}=\dfrac{5}{12}\pi$

3rd 부채꼴의 넓이를 구하자.

→ 반지름의 길이가 r, 중심각의 크기가 θ (라디안)인 부채꼴의 넓이를 S라 하면 $S=\dfrac{1}{2}r^2\theta$

따라서 두 부채꼴의 넓이의 합은

$\dfrac{1}{2}\times2^2\times\dfrac{\pi}{3}+\dfrac{1}{2}\times2^2\times\dfrac{5}{12}\pi=\dfrac{2}{3}\pi+\dfrac{5}{6}\pi=\dfrac{3}{2}\pi$

이므로 $k=\dfrac{3}{2}$이다.

∴ $100k=100\times\dfrac{3}{2}=150$

모의

E 03 정답 ③ *삼각함수 사이의 관계 $-\sin\theta\times\cos\theta$, $\sin\theta\pm\cos\theta$ ----- [정답률 87%]

[정답 공식: $\sin^2\theta+\cos^2\theta=1$이고, $\tan\theta=\dfrac{\sin\theta}{\cos\theta}$이다.]

$\sin\theta-\cos\theta=\dfrac{\sqrt{3}}{2}$일 때, $\tan\theta+\dfrac{1}{\tan\theta}$의 값은? (3점)

단서 주어진 조건식이 sin, cos으로 주어졌으니까 구하는 식도 sin, cos으로 나타내야 한다고 생각해 봐.

① 6 　② 7 　③ 8 　④ 9 　⑤ 10

1st 조건식의 양변을 제곱해 보자.

$\sin\theta-\cos\theta=\dfrac{\sqrt{3}}{2}$의 양변을 제곱하면

$\sin^2\theta-2\sin\theta\cos\theta+\cos^2\theta=\dfrac{3}{4}$, $1-2\sin\theta\cos\theta=\dfrac{3}{4}$

$\underline{\sin^2\theta+\cos^2\theta=1}$

$2\sin\theta\cos\theta=\dfrac{1}{4}$

∴ $\sin\theta\cos\theta=\dfrac{1}{8}$

∴ $\tan\theta+\dfrac{1}{\tan\theta}=\dfrac{\sin\theta}{\cos\theta}+\dfrac{\cos\theta}{\sin\theta}=\dfrac{\overbrace{\sin^2\theta+\cos^2\theta}^{\sin^2\theta+\cos^2\theta=1}}{\sin\theta\cos\theta}$

→ $\tan\theta=\dfrac{\sin\theta}{\cos\theta}$

$=\dfrac{1}{\sin\theta\cos\theta}=\dfrac{1}{\dfrac{1}{8}}=8$

모의

E 04 정답 6 *삼각함수의 미정계수 구하기 ----- [정답률 88%]

(정답 공식: 그래프를 이용하여 a의 값을 구하고, 주기를 이용하여 b의 값을 구한다.)

두 양수 a, b에 대하여 삼각함수 $y=a\sin bx$의 그래프가 그림과 같을 때, ab의 값을 구하시오. (3점)

단서 a는 최대, 최소를 결정하고, b는 주기를 결정해.

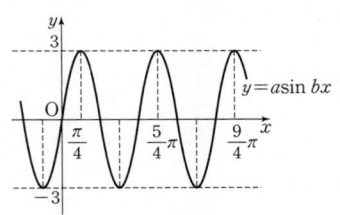

1st 함수 $y=a\sin bx$의 최댓값과 최솟값은 각각 $|a|$, $-|a|$지?

주어진 $y=a\sin bx$의 그래프에서 최댓값은 3, 최솟값은 -3이므로

$|a|=3$ ∴ $a=3$ ($\because a>0$)

2nd 함수 $y=a\sin bx$의 주기는 $\dfrac{2\pi}{|b|}$야.

또, 주기가 $\dfrac{5}{4}\pi-\dfrac{\pi}{4}=\pi$이므로

사인함수의 그래프는 ⌇ 모양이 반복되니까 이때의 x의 값의 차가 주기가 되는 거야.

$\dfrac{2\pi}{|b|}=\pi$에서 $|b|=2$

∴ $b=2$ ($\because b>0$)

∴ $ab=3\times2=6$

모의고사 E

E 05 정답 8 　＊삼각함수의 미정계수 구하기 ·········· [정답률 64%]

（ 정답 공식: 주기와 그래프가 지나는 점을 이용하여 미지수 a, b의 값을 각각 구한다. ）

함수 $y=\tan(ax+b\pi)$의 그래프가 그림과 같을 때, 상수 a, b에 대하여 ab의 값을 구하시오. (단, $a>0$, $0<b<1$) (3점)

[단서] 주어진 그래프는 $\frac{\pi}{32}-\left(-\frac{\pi}{32}\right)=\frac{\pi}{16}$마다 같은 그래프가 반복됨을 알 수 있어.

또한, 그래프가 점 $\left(\frac{\pi}{32}, 0\right)$을 지나네?

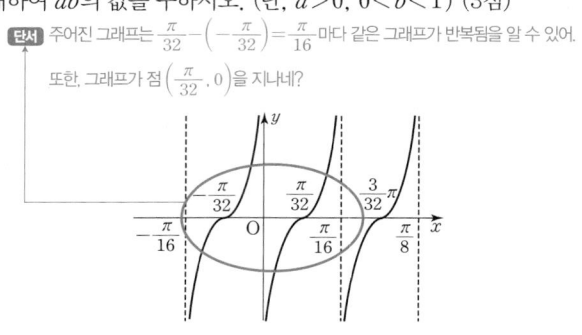

1st 함수 $y=p\tan(mx+n)+q$의 그래프의 주기는 $\frac{\pi}{|m|}$야.

$y=\tan(ax+b\pi)=\tan a\left(x+\frac{b}{a}\pi\right)$이고

주어진 그래프에서 주기가 $\frac{\pi}{32}-\left(-\frac{\pi}{32}\right)=\frac{\pi}{16}$이므로 $a>0$에서
[함수의 그래프가 일정한 간격으로 같은 모양이 반복될 때, 이 일정한 간격을 주기라 해!]

$\frac{\pi}{a}=\frac{\pi}{16}$

$\therefore a=16$

2nd 함수 $y=\tan(ax+b\pi)$의 그래프가 점 $\left(\frac{\pi}{32}, 0\right)$을 지나고 있어.

이때, $y=\tan 16\left(x+\frac{b}{16}\pi\right)$의 그래프는 점 $\left(\frac{\pi}{32}, 0\right)$을 지나므로

$\tan 16\left(\frac{\pi}{32}+\frac{b}{16}\pi\right)=0$에서

$\underbrace{\tan\left(\frac{\pi}{2}+b\pi\right)=0}_{n\text{이 정수일 때, }\tan n\pi=0}$

그런데 조건에서 $0<b<1$이므로

$\underbrace{\frac{\pi}{2}<\frac{\pi}{2}+b\pi<\frac{\pi}{2}+\pi}_{0<b<1\text{에서 }0<b\pi<\pi}$

$\therefore \frac{\pi}{2}<\frac{\pi}{2}+b\pi<\frac{\pi}{2}+\pi$

$\therefore \frac{\pi}{2}<\frac{\pi}{2}+b\pi<\frac{3}{2}\pi$

즉, $\frac{\pi}{2}+b\pi=\pi$이므로 $b=\frac{1}{2}$이다.
[$\tan\left(\frac{\pi}{2}+b\pi\right)=0$에서 $\frac{\pi}{2}+b\pi=n\pi$ (n은 정수)이어야 하는데 $\frac{\pi}{2}<\frac{\pi}{2}+b\pi<\frac{3}{2}\pi$이므로 부등식 $\frac{\pi}{2}<n\pi<\frac{3}{2}\pi$를 만족시키는 정수 n은 1뿐이지.]

$\therefore ab=16\times\frac{1}{2}=8$

⚙ 삼각함수의 그래프의 성질　　　　개념·공식

(1) $y=a\sin(bx+c)+d$, $y=a\cos(bx+c)+d$의 그래프
　① 치역: $\{y\,|-|a|+d\leq y\leq|a|+d\}$
　② 주기: $\frac{2\pi}{|b|}$

(2) $y=a\tan(bx+c)+d$의 그래프
　① 치역: 실수 전체의 집합
　② 주기: $\frac{\pi}{|b|}$

E 06 정답 ③ 　＊삼각함수의 최대·최소 − 일차식 꼴 ···· [정답률 89%]

（ 정답 공식: 함수 $y=\sin x$의 최댓값, 최솟값을 이용한다. ）

함수 $f(x)=a\sin x+1$의 최댓값을 M, 최솟값을 m이라 하자. $M-m=6$일 때, 양수 a의 값은? (3점)

① 2　　　　　② $\frac{5}{2}$　　　　　③ 3

④ $\frac{7}{2}$　　　　　⑤ 4

[단서] 함수 $f(x)$는 함수 $y=\sin x$를 a배한 후 y축의 방향으로 1만큼 평행이동한 함수지? 그럼 함수 $y=\sin x$의 최댓값과 최솟값을 이용하여 함수 $f(x)$의 최댓값과 최솟값을 구할 수 있어.

1st 함수 $y=\sin x$의 최댓값과 최솟값은 각각 1, -1임을 이용하여 함수 $f(x)$의 최댓값과 최솟값을 구해.

$-1\leq\sin x\leq1$이므로 각 변에 a를 곱하면

$-a\leq a\sin x\leq a$ $(\because a>0)$ → [함수 $y=\sin x$의 치역은 $\{y\,|-1\leq y\leq1\}$이야.]

다시 각 변에 1을 더하면 $-a+1\leq a\sin x+1\leq a+1$

따라서 함수 $f(x)$의 최댓값과 최솟값은 각각

$M=a+1$, $m=-a+1$이다.

2nd $M-m=6$의 값을 이용해서 양수 a의 값을 구하자.

이때, $M-m=6$이므로

$M-m=a+1-(-a+1)=6$에서

$2a=6$　　$\therefore a=3$

E 07 정답 ④ 　＊삼각함수의 성질 ··········· [정답률 94%]

（ 정답 공식: $\sin(\pi+\theta)=-\sin\theta$이다. ）

$\sin\frac{7}{6}\pi$의 값은? (2점)

[단서] $\frac{7}{6}\pi=\pi+\theta$의 꼴로 나타낸 후 값을 구해.

① -1　　② $-\frac{\sqrt{3}}{2}$　　③ $-\frac{\sqrt{2}}{2}$　　④ $-\frac{1}{2}$　　⑤ 0

1st $\sin\frac{7}{6}\pi$의 값을 구하자.

$\underbrace{\sin\frac{7}{6}\pi=\sin\left(\pi+\frac{\pi}{6}\right)=-\sin\frac{\pi}{6}}_{\sin(\pi+\theta)=-\sin\theta}=-\frac{1}{2}$

E 08 정답 ① 　＊삼각함수의 성질 ··········· [정답률 85%]

（ 정답 공식: 직선이 x축의 양의 방향과 이루는 각의 크기가 θ일 때, 직선의 기울기는 $\tan\theta$이다. ）

직선 $3x-y+3=0$이 x축의 양의 방향과 이루는 각의 크기를 θ라 할 때,

$\sin(\pi+\theta)+\cos\left(\frac{\pi}{2}-\theta\right)+\tan(-\theta)$의 값은? (3점)

① -3　　② $-\frac{1}{3}$　　③ 0

④ $\frac{1}{3}$　　⑤ 3

[단서] 직선이 x축의 양의 방향과 이루는 각의 크기에 대한 $\tan$값과 직선의 기울기의 관계를 이용하여 주어진 식을 간단히 정리하자.

1st 직선이 x축의 양의 방향과 이루는 각의 크기가 θ일 때, 직선의 기울기가 $\tan\theta$임을 이용해.

직선의 방정식 $3x-y+3=0$을 정리하면

$y=3x+3$

이고, 이는 결국 tan의 정의와 같아.

(직선의 기울기) $=\dfrac{(y의\ 값의\ 증가량)}{(x의\ 값의\ 증가량)}$

즉, (직선의 기울기) $=\tan\theta$야.

즉, 직선의 기울기는 3이므로 $\tan\theta=3$

2nd $\sin(\pi+\theta)=-\sin\theta$,

$\cos\left(\dfrac{\pi}{2}-\theta\right)=\sin\theta$,

$\tan(-\theta)=-\tan\theta$임을 이용하여 식을 간단히 하자.

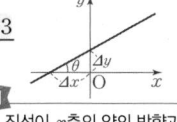

주의 직선이 x축의 양의 방향과 이루는 각의 크기와 tan의 관계는 반드시 알아두고 있어.

$\therefore \sin(\pi+\theta)+\cos\left(\dfrac{\pi}{2}-\theta\right)+\tan(-\theta)$

$=-\sin\theta+\sin\theta-\tan\theta$

$=-\tan\theta=-3$

✿ $-\theta$의 삼각함수   개념·공식

① $\sin(-\theta)=-\sin\theta$

② $\cos(-\theta)=\cos\theta$

③ $\tan(-\theta)=-\tan\theta$

모의

E 09 정답 ①   *삼각방정식 – 이차식 꼴   [정답률 88%]

(정답 공식: 삼각함수 사이의 관계를 이용해 식을 간단하게 바꾼다.)

$0\le x\le\pi$일 때, 방정식 **단서** $\sin^2 x+\cos^2 x=1$을 이용하여 주어진 등식을 정리해.

$(\sin x+\cos x)^2=\sqrt{3}\sin x+1$의 모든 실근의 합은? (3점)

① $\dfrac{7}{6}\pi$ ② $\dfrac{4}{3}\pi$ ③ $\dfrac{3}{2}\pi$

④ $\dfrac{5}{3}\pi$ ⑤ $\dfrac{11}{6}\pi$

1st $\sin^2 x+\cos^2 x=1$임을 이용해서 주어진 식을 간단히 하자.

$(\sin x+\cos x)^2=\sqrt{3}\sin x+1$에서

$\sin^2 x+2\sin x\cos x+\cos^2 x=\sqrt{3}\sin x+1$

$1+2\sin x\cos x=\sqrt{3}\sin x+1$ $\underset{\sin^2 x+\cos^2 x=1}{}$

$\sin x(2\cos x-\sqrt{3})=0$

$\therefore \sin x=0$ 또는 $\cos x=\dfrac{\sqrt{3}}{2}$

2nd $0\le x\le\pi$에서 $\sin x=0$, $\cos x=\dfrac{\sqrt{3}}{2}$을 만족시키는 x의 값을 구해.

이때, $0\le x\le\pi$이므로

$\sin x=0$에서 $x=0$ 또는 $x=\pi$

$\cos x=\dfrac{\sqrt{3}}{2}$에서 $x=\dfrac{\pi}{6}$

$0\le x\le\pi$에서 함수 $y=\sin x$의 그래프는 그림과 같아.

따라서 모든 실근의 합은

$0\le x\le\pi$에서 함수 $y=\cos x$의 그래프와 직선 $y=\dfrac{\sqrt{3}}{2}$은 그림과 같아.

$0+\pi+\dfrac{\pi}{6}=\dfrac{7}{6}\pi$

모의

E 10 정답 ④   *삼각방정식과 삼각부등식의 활용   [정답률 40%]

(정답 공식: 삼각함수의 그래프의 성질을 이용하여 a, b, c의 값을 각각 구한다.)

하루 중 해수면의 높이가 가장 높아졌을 때를 만조, 가장 낮아졌을 때를 간조라 하고, 만조와 간조 때의 해수면 높이의 차를 조차라 한다. 어느 날 A지점에서 시각 x(시)와 해수면의 높이 y(m) 사이에는 다음과 같은 식이 성립한다고 한다.

	시각
만조	04시 30분
	17시 00분
간조	10시 45분
	23시 15분

단서1 x(시)와 해수면의 높이 y(m) 사이의 관계식에서 만조일 때의 높이가 y의 최댓값이고 간조일 때의 높이가 y의 최솟값이야.

$y=a\cos b\pi(x-c)+4.5\ (0\le x<24)$

이 날 A지점의 조차가 8 m이고, 만조와 간조 시각이 표와 같다. 이때, $a+100b+10c$의 값은? (단, $a>0$, $b>0$, $0<c<6$이다.)

단서2 만조와 간조 때의 해수면 높이의 차가 조차이므로 조차가 8이면 함수 y의 최댓값과 최솟값의 차가 8이라는 뜻이지.

(4점)

① 35   ② 45   ③ 55

④ 65   ⑤ 75

1st 조차가 8임을 이용하여 a의 값을 구할 수 있어.

$f(x)=a\cos b\pi(x-c)+4.5$라 하자.

만조 때의 해수면의 높이, 즉 함수 $f(x)$의 최댓값은 $a+4.5$이고, 간조 때의 해수면의 높이, 즉 함수 $f(x)$의 최솟값은 $-a+4.5$이다.

이때, 조차는 만조 때와 간조 때의 해수면의 높이의 차, 즉 $f(x)$의 최댓값과 최솟값의 차이므로

$(a+4.5)-(-a+4.5)=8$

$2a=8$ $\therefore a=4$

주의 삼각함수의 최댓값과 최솟값에 영향을 미치는 것은 a와 상수야.

cos 함수인 $f(x)$의 최댓값과 최솟값은 각각 $|a|+4.5$, $-|a|+4.5$지? 그런데 조건에서 $a>0$이라 했으므로 최댓값과 최솟값은 각각 $a+4.5$, $-a+4.5$가 되는 거야.

2nd 만조와 만조 또는 간조와 간조 사이의 시간이 함수의 주기임을 이용해.

한편, 만조와 만조 또는 간조와 간조 사이의 시간이 함수 $f(x)$의 주기이고, 만조 시각은 4.5시와 17시이므로 $f(x)$의 주기는

$17-4.5=12.5$

이때,

주기는 같은 모양이 반복되는 폭이므로 만조에서 만조 또는 간조에서 간조까지의 시간이 주기가 돼. 즉, 만조에서 만조까지의 시간은 $17-4.5=12.5$이고, 간조에서 간조까지의 시간도 $\left(23+\dfrac{15}{60}\right)-\left(10+\dfrac{45}{60}\right)=13-\dfrac{30}{60}=12.5$이므로 주기는 12.5야.

$f(x)=a\cos b\pi(x-c)+4.5$에서 주기는 $\dfrac{2\pi}{b\pi}$이므로

cos 함수인 $f(x)$의 주기는 $\dfrac{2\pi}{|b\pi|}$인데 $b>0$이라 했으므로 주기는 $\dfrac{2\pi}{b\pi}$가 돼.

$12.5=\dfrac{2\pi}{b\pi}$에서 $\dfrac{2}{b}=\dfrac{25}{2}$ $\therefore b=\dfrac{4}{25}$

3rd 만조일 때의 높이가 $f(x)$의 최댓값이지?

함수 $f(x)=4\cos\left\{\dfrac{4}{25}\pi(x-c)\right\}+4.5$는

$x=4.5$일 때 최댓값 $4+4.5=8.5$를 가지므로

첫 번째 만조 시각인 4시 30분을 뜻해.

$4\cos\left\{\dfrac{4}{25}\pi(4.5-c)\right\}+4.5=8.5$에서

$\cos\left\{\dfrac{4}{25}\pi(4.5-c)\right\}=1$

따라서 $\dfrac{4}{25}\pi(4.5-c)=2n\pi$ (n은 정수)이므로

$c=4.5\ (0<c<6)$

정수 n에 대하여 $\dfrac{4}{25}\pi(4.5-c)=2n\pi$에서 $c=4.5-\dfrac{25}{2}n$

이때, 정수 n이 $-1, -2, \cdots$이면 $c\ge 4.5+\dfrac{25}{2}=17$이고,

정수 n이 $1, 2, \cdots$이면 $c\le 4.5-\dfrac{25}{2}=-8$이므로

$0<c<6$을 만족시키려면 $n=0$일 때 $c=4.5$야.

$\therefore a+100b+10c=4+100\times\dfrac{4}{25}+10\times 4.5=4+16+45=65$

E 11 정답 18 *삼각방정식 – 이차식 꼴 ─────── [정답률 71%]

(정답 공식: $\sin^2\theta + \cos^2\theta = 1$)

> $0 \le x \le 6\pi$일 때, 방정식 $2\sin^2 x + 7\cos x + 2 = 0$의 모든 실근의 합은 $a\pi$이다. a의 값을 구하시오. (9점)
> **단서** $\sin^2 x = 1 - \cos^2 x$임을 이용하여 주어진 방정식을 $\cos x$에 대한 이차방정식으로 정리한 후 방정식을 풀자.

1st 주어진 방정식을 $\cos x$에 관한 방정식으로 정리하자.

$2\sin^2 x + 7\cos x + 2 = 0$에서 $\sin^2 x = 1 - \cos^2 x$이므로

$2(1 - \cos^2 x) + 7\cos x + 2 = 0$, $2\cos^2 x - 7\cos x - 4 = 0$

$(2\cos x + 1)(\cos x - 4) = 0$ $\therefore \cos x = -\dfrac{1}{2}$ 또는 $\cos x = 4$

이때, $-1 \le \cos x \le 1$이므로 $\cos x = -\dfrac{1}{2}$이다. … **Ⅰ**

2nd $0 \le x \le 6\pi$에서 $\cos x = -\dfrac{1}{2}$을 만족시키는 x의 값들의 합을 구해.

$0 \le x \le 2\pi$에서 함수 $y = \cos x$의 그래프는 그림과 같으므로

방정식 $\cos x = -\dfrac{1}{2}$의 해는

$x = \dfrac{2}{3}\pi$ 또는 $x = \dfrac{4}{3}\pi$이다. … **Ⅱ**

즉, $0 \le x \le 6\pi$일 때, 방정식

$\cos x = -\dfrac{1}{2}$의 해는

$x = \dfrac{2}{3}\pi$ 또는 $x = \dfrac{4}{3}\pi$

또는 $x = \dfrac{8}{3}\pi$ 또는 $x = \dfrac{10}{3}\pi$

또는 $x = \dfrac{14}{3}\pi$ 또는 $x = \dfrac{16}{3}\pi$이다.

$\cos\dfrac{\pi}{3} = \dfrac{1}{2}$이므로 $0 \le x \le 2\pi$에서 $\cos x = -\dfrac{1}{2}$의 해는 $\pi - \dfrac{\pi}{3} = \dfrac{2}{3}\pi$, $x = \pi + \dfrac{\pi}{3} = \dfrac{4}{3}\pi$임을 알 수 있어. 따라서 함수 $y = \cos x$의 그래프의 주기가 2π이므로 $2\pi \le x \le 6\pi$에서 나머지 4개의 해는 $\dfrac{2}{3}\pi + 2\pi = \dfrac{8}{3}\pi$, $\dfrac{4}{3}\pi + 2\pi = \dfrac{10}{3}\pi$, $\dfrac{2}{3}\pi + 4\pi = \dfrac{14}{3}\pi$, $\dfrac{4}{3}\pi + 4\pi = \dfrac{16}{3}\pi$ 가 되는 거야.

실수❤ 삼각함수의 해를 구할 때에는 대칭성을 이용하면 쉽게 구할 수 있어.

따라서 구하는 모든 실근의 합은

$\dfrac{2}{3}\pi + \dfrac{4}{3}\pi + \dfrac{8}{3}\pi + \dfrac{10}{3}\pi + \dfrac{14}{3}\pi + \dfrac{16}{3}\pi = 18\pi = a\pi$

$\therefore a = 18$ … **Ⅲ**

[채점 기준표]

Ⅰ	주어진 방정식을 정리하여 $\cos x = k$ 꼴의 식을 얻는다.	40%
Ⅱ	$0 \le x \le 2\pi$에서 방정식 $\cos x = k$의 해를 구한다.	30%
Ⅲ	$0 \le x \le 6\pi$에서 주어진 방정식의 모든 실근의 합을 계산해 a의 값을 구한다.	30%

🖊 **톡톡 풀이:** **삼각함수의 대칭성과 주기성 이용하여 해 구하기**

$0 \le x \le 6\pi$일 때, 방정식 $\cos x = \dfrac{1}{2}$의 해 중 가장 작은 해를 $x = \alpha$라 하자.

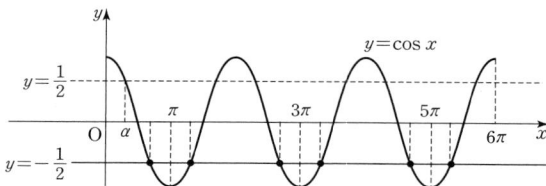

이때, $\cos x = -\dfrac{1}{2}$ $(0 \le x \le 6\pi)$의 해는 그림과 같이

$x = \pi - \alpha$ 또는 $x = \pi + \alpha$ 또는 $x = 3\pi - \alpha$ 또는 $x = 3\pi + \alpha$

또는 $x = 5\pi - \alpha$ 또는 $x = 5\pi + \alpha$이므로 구하는 모든 실근의 합은

$(\pi - \alpha) + (\pi + \alpha) + (3\pi - \alpha) + (3\pi + \alpha) + (5\pi - \alpha) + (5\pi + \alpha)$

$= 2\pi + 6\pi + 10\pi = 18\pi = a\pi$ $\therefore a = 18$

F 내신+수능 대비 단원별 모의고사 문제편 p. 316

F 01 정답 ③ *사인법칙 ─────── [정답률 87%]

(정답 공식: 사인법칙은 $\dfrac{a}{\sin A} = \dfrac{b}{\sin B} = \dfrac{c}{\sin C}$이다.)

> 그림과 같이 삼각형 ABC에서 $\angle A = \dfrac{\pi}{6}$, $a = 3$, $c = 6$일 때, $\angle B$의 크기는? (3점)
> **단서** 사인법칙을 이용하면 $\angle C$의 크기를 구할 수 있고, 삼각형의 세 내각의 크기의 합은 180°이므로 나머지 한 각의 크기도 알 수 있어.

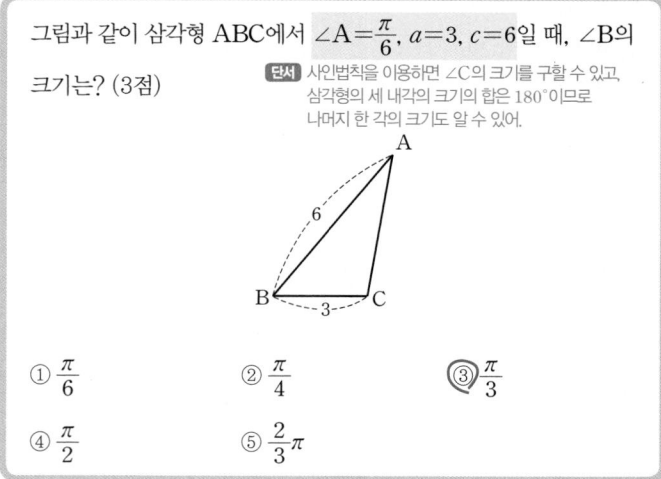

① $\dfrac{\pi}{6}$　　② $\dfrac{\pi}{4}$　　③ $\dfrac{\pi}{3}$

④ $\dfrac{\pi}{2}$　　⑤ $\dfrac{2}{3}\pi$

1st 사인법칙 $\dfrac{a}{\sin A} = \dfrac{b}{\sin B} = \dfrac{c}{\sin C}$를 이용하여 $\angle B$의 크기를 구하자.

사인법칙에 의하여

$\dfrac{a}{\sin A} = \dfrac{b}{\sin B} = \dfrac{c}{\sin C} = 2R$

$\dfrac{a}{\sin A} = \dfrac{c}{\sin C}$에서 $\dfrac{3}{\sin\frac{\pi}{6}} = \dfrac{6}{\sin C}$

$\therefore \sin C = 2\sin\dfrac{\pi}{6} = 2 \times \dfrac{1}{2} = 1$

따라서 $\angle C = \dfrac{\pi}{2}$이므로 $\angle B = \pi - \left(\dfrac{\pi}{6} + \dfrac{\pi}{2}\right) = \dfrac{\pi}{3}$이다.

$\sin\dfrac{\pi}{2} = 1$이므로 $\angle C = \dfrac{\pi}{2}$야. 즉, 삼각형 ABC는 $\angle C = \dfrac{\pi}{2}$인 직각삼각형이야.

삼각형의 세 내각의 크기의 합이 180°, 즉 π이므로 $\angle B$의 크기는 π에서 $\angle A$, $\angle C$의 크기의 합을 빼면 돼.

F 02 정답 ④ *사인법칙과 삼각형의 외접원 ─── [정답률 85%]

(정답 공식: 삼각형 ABC의 외접원의 반지름의 길이를 R라 하면
$\dfrac{a}{\sin A} = \dfrac{b}{\sin B} = \dfrac{c}{\sin C} = 2R$가 성립한다.)

> 그림과 같이 삼각형 ABC에서 $\angle A = \dfrac{\pi}{3}$, $\overline{BC} = 4$일 때, 외접원의 반지름 R의 길이는? (3점)
> **단서** 사인법칙 $\dfrac{a}{\sin A} = \dfrac{b}{\sin B} = \dfrac{c}{\sin C} = 2R$를 이용할 수 있어.

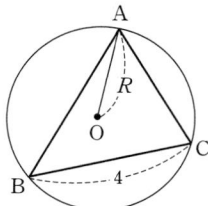

① $\dfrac{\sqrt{3}}{3}$　② $\dfrac{2\sqrt{3}}{3}$　③ $\sqrt{3}$　④ $\dfrac{4\sqrt{3}}{3}$　⑤ $\dfrac{5\sqrt{3}}{3}$

외접원의 반지름을 R라 하면 사인법칙에 의하여

$$\frac{4}{\sin \dfrac{\pi}{3}}=2R \quad \sin \frac{\pi}{3}=\frac{\sqrt{3}}{2}$$

$$\therefore R=\frac{2}{\dfrac{\sqrt{3}}{2}}=\frac{4\sqrt{3}}{3}$$

모의 F 03 정답 ② *사인법칙의 활용 ⋯⋯⋯⋯⋯⋯ [정답률 73%]

(정답 공식: 사인법칙은 $\dfrac{a}{\sin A}=\dfrac{b}{\sin B}=\dfrac{c}{\sin C}$ 이다.)

그림은 유미가 공중에 떠 있는 드론을 올려다본 각도를 나타낸 것이다. 유미가 A지점에서 드론을 올려다 본 각의 크기가 $\dfrac{\pi}{6}$이고, 동

단서1 드론이 있는 지점을 C라 하고 조건을 이용하여 선분 BC의 길이를 구할 수 있어.

쪽으로 $30\sqrt{3}$ m걸어간 B지점에서 드론을 올려다 본 각의 크기가 $\dfrac{\pi}{3}$이다. 이 드론은 지면으로부터 몇 m 높이에 있는가?

단서2 유미의 눈높이에서 점 C까지를 높이 h라 하고 사인법칙을 이용할 수 있어.

(단, 유미의 눈의 높이는 1.6 m로 한다.) (3점)

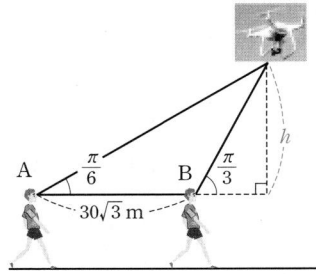

① 45.6 m   ② 46.6 m   ③ 47.6 m
④ 48.6 m   ⑤ 49.6 m

1st 드론의 위치를 점 C라 하고 직선 AB에 내린 수선의 발을 점 D라 하고 선분 BC의 길이를 구하자.

그림과 같이 드론이 떠 있는 지점을 C라 하고, 점 C에서 직선 AB에 내린 수선을 점 D라 하고, 점 D에서 드론까지의 높이를 h라 하면

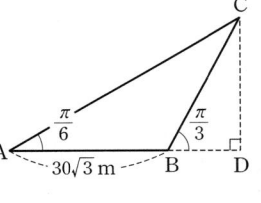

$$\angle ABC=\pi-\angle DBC$$
$$=\pi-\frac{\pi}{3}=\frac{2}{3}\pi$$

$$\angle ACB=\pi-(\angle CAB+\angle ABC)=\pi-\left(\frac{\pi}{6}+\frac{2}{3}\pi\right)=\frac{\pi}{6}$$

삼각형의 세 내각의 크기의 합은 180°, 즉 π이다.

따라서 삼각형 ABC는 이등변삼각형이므로

$$\overline{AB}=\overline{BC}=30\sqrt{3}$$

2nd 사인법칙을 이용해서 높이 h를 구하자.

삼각형 DBC에서 사인법칙에 의하여

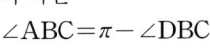

$$\frac{h}{\sin \dfrac{\pi}{3}}=\frac{30\sqrt{3}}{\sin \dfrac{\pi}{2}},\ h\sin \frac{\pi}{2}=30\sqrt{3} \quad \frac{\sin \dfrac{\pi}{3}}{\sin \dfrac{\pi}{3}}=\frac{\sqrt{3}}{2}$$

$$\therefore h=30\sqrt{3}\times\frac{\sqrt{3}}{2}=45$$

따라서 지면과 드론 사이의 높이는 $45+1.6=46.6$(m)이다.

모의 F 04 정답 ① *사인법칙의 활용 ⋯⋯⋯⋯⋯⋯ [정답률 64%]

(정답 공식: 삼각형 ABC에서 사인법칙 $\dfrac{a}{\sin A}=\dfrac{b}{\sin B}=\dfrac{c}{\sin C}$ 가 성립한다.)

다음은 반지름의 길이가 6인 원의 두 현 AC, BD가 원의 내부에서 수직으로 만날 때, $\overline{AB}+\overline{CD}$의 최댓값을 구하는 과정이다.

단서1 $\overline{AC}\perp\overline{BD}$

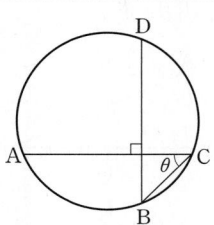

$\angle ACB=\theta$라 하면 $\angle DBC=$ (가) 이다.

사인법칙에 의하여

단서2 $\angle ACB+\angle DBC=\dfrac{\pi}{2}$이므로 $\angle DBC=\dfrac{\pi}{2}-\theta$이다.

$\dfrac{\overline{AB}}{\sin \theta}=12$이고 $\overline{CD}=$ (나) 이다.

따라서, $\overline{AB}+\overline{CD}$의 최댓값은 (다) 이다.

위의 과정에서 (가), (다)에 들어갈 알맞은 수를 각각 a, b라 하고, (나)에 들어갈 알맞은 식을 $f(\theta)$라 할 때, $b+f(a+\theta)$의 값은? (4점)

① $12\sqrt{2}$ ② $12\sqrt{3}$ ③ 24   ④ $12\sqrt{5}$ ⑤ $12\sqrt{6}$

1st $\angle DBC$의 크기를 θ로 나타내고 선분 CD의 길이를 구하자.

두 선분 AC, BD의 교점을 P라 하면

삼각형 PBC에서 $\angle BPC=\dfrac{\pi}{2}$이므로

(가)

$$\angle DBC=\frac{\pi}{2}-\theta\left(0<\theta<\frac{\pi}{2}\right)$$이다.

또한, 삼각형 BCD에서 사인법칙에 의하여

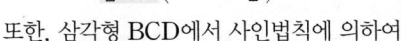

$$\frac{\overline{CD}}{\sin\left(\dfrac{\pi}{2}-\theta\right)}=\frac{\overline{CD}}{\cos \theta}=12 \quad \frac{a}{\sin A}=\frac{b}{\sin B}=\frac{c}{\sin C}=2R$$

$$\therefore \overline{CD}=12\cos \theta \leftarrow (나)$$

2nd $\overline{AB}+\overline{CD}=12\sin \theta+12\cos \theta$의 최댓값은 $\cos \theta=x$, $\sin \theta=y$로 놓고 구하자.

삼각함수 사이의 관계에 의하여 $\cos^2 \theta+\sin^2 \theta=1$이므로 $\cos \theta=x$, $\sin \theta=y$라 하면 $x^2+y^2=1$이야.

$\overline{AB}+\overline{CD}=12\sin \theta+12\cos \theta$이므로

$\cos \theta=x$, $\sin \theta=y$라 하면 $x^2+y^2=1$이다.

주의

$x^2+y^2=r^2$ 위의 한 점의 좌표를 $(r\cos \theta, r\sin \theta)$라고 나타낼 수 있어.

$12x+12y=k$라 하면 원과 직선이 접할 때 k가 최대 또는 최소가 된다.

원점 O과 직선 $12x+12y=k$사이의 거리는

점 (x_1, y_1)과 직선 $ax+by+c=0$ 사이의 거리를 d라 하면 $d=\dfrac{|ax_1+by_1+c|}{\sqrt{a^2+b^2}}$이다.

$$\frac{|-k|}{\sqrt{12^2+12^2}}=1 \quad \therefore k=\pm 12\sqrt{2}$$

$$\therefore \overline{AB}+\overline{CD}$$
$$=12(\sin \theta+\cos \theta)\leq 12\sqrt{2}$$
(다)

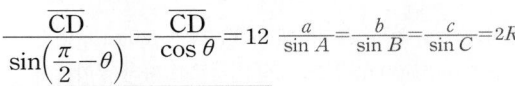

3rd $b+f(a)$의 값을 구하자.

$a=\dfrac{\pi}{2}-\theta$, $f(\theta)=12\cos \theta$, $b=12\sqrt{2}$이므로

$$b+f(a+\theta)=12\sqrt{2}+f\left(\frac{\pi}{2}\right)=12\sqrt{2}+12\cos \frac{\pi}{2}=12\sqrt{2}$$

F 05 정답 ③ *코사인법칙의 변형 [정답률 89%]

〔 정답 공식: $b^2=a^2+c^2-2ac\cos B$에서 $\cos B=\dfrac{a^2+c^2-b^2}{2ac}$이다. 〕

그림과 같이 삼각형 ABC에서
$\overline{AB}=\sqrt{2}$, $\overline{BC}=\sqrt{6}$, $\overline{CA}=\sqrt{7}$
일 때, $\cos B$의 값은? (3점)

단서 세 변의 길이가 주어졌으므로 코사인법칙의 변형에 의하여 $\cos A$, $\cos B$, $\cos C$를 구할 수 있어.

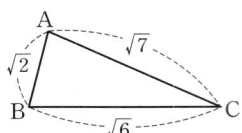

① $\dfrac{1}{12}$ ② $\dfrac{\sqrt{2}}{12}$ ③ $\dfrac{\sqrt{3}}{12}$ ④ $\dfrac{\sqrt{5}}{12}$ ⑤ $\dfrac{\sqrt{7}}{12}$

1st 세 변의 길이가 주어졌으므로 코사인법칙의 변형을 이용해.

삼각형 ABC에서 코사인법칙의 변형에 의하여

$$\cos B=\frac{\sqrt{6}^2+\sqrt{2}^2-\sqrt{7}^2}{2\times\sqrt{6}\times\sqrt{2}}$$
$$=\frac{1}{4\sqrt{3}}=\frac{\sqrt{3}}{12}$$

$b^2=a^2+c^2-2ac\cos B$에서 $\cos B=\dfrac{a^2+c^2-b^2}{2ac}$

✿ 코사인법칙의 변형
개념·공식

① $\cos A=\dfrac{b^2+c^2-a^2}{2bc}$ ② $\cos B=\dfrac{c^2+a^2-b^2}{2ca}$

③ $\cos C=\dfrac{a^2+b^2-c^2}{2ab}$

F 06 정답 ③ *코사인법칙의 활용 [정답률 54%]

〔 정답 공식: 코사인법칙은 $b^2=a^2+c^2-2ac\cos B$이다. 〕

단서1 t초 후 갑이 간 거리는 $100t$, 을이 간 거리는 $200t$야.

그림과 같이 갑이 탄 배는 항구 A지점에서 출발하여 800 m 떨어진 등대 B지점을 향해 속력 100 m/분으로 직선 경로를 따라서 항해하고, 을이 탄 배는 섬 C지점에서 출발하여 1000 m 떨어진 A지점을 향해 속력 200 m/분으로 직선 경로를 따라서 항해하고 있다. 동시에 출발한 갑, 을이 탄 두 배가 지나는 지점을 잇는 선분이 B지점과 C지점을 잇는 선분과 평행이 되는 순간의 두 배 사이의 거리는?

단서2 선분 BC와 평행인 길이를 구하는 것이므로 두 변의 길이와 그 끼인각의 크기를 이용하여 코사인법칙의 변형으로 선분 BC를 구할 수 있다.

(단, $\angle A=\dfrac{\pi}{3}$이고, 두 배의 크기는 무시한다.) (4점)

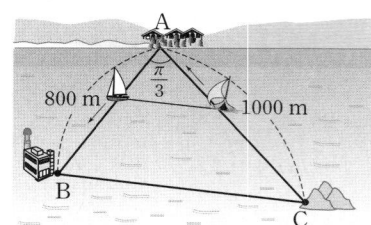

① $\dfrac{1000\sqrt{21}}{9}$ ② $\dfrac{1000\sqrt{21}}{11}$ ③ $\dfrac{1000\sqrt{21}}{13}$

④ $\dfrac{1000\sqrt{21}}{17}$ ⑤ $\dfrac{1000\sqrt{21}}{19}$

1st 갑과 을이 탄 배를 각각 점 P, Q라 하고 조건을 만족시키는 도형을 그려서 선분 BC의 길이를 구하자.

갑과 을이 탄 배를 각각 점 P, Q로 표시하고 $\overline{PQ}\,/\!/\,\overline{BC}$가 되도록 도형을 그리면 다음과 같다.

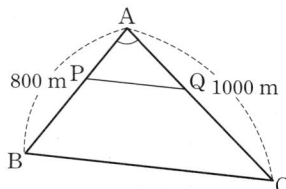

삼각형 ABC에서 코사인법칙의 변형을 이용하면

$b^2=a^2+c^2-2ac\cos B$

$$\overline{BC}^2=800^2+1000^2-2\times800\times1000\times\cos\frac{\pi}{3}=200^2\times21$$

$$\therefore\ \overline{BC}=200\sqrt{21}$$

2nd t분 후 갑과 을의 움직인 거리를 구하고 두 삼각형 ABC, APQ가 닮음임을 이용하자.

t분 후 갑과 을이 움직이는 거리는 $\overline{AP}=100t$, $\overline{CQ}=200t$
갑이 탄 배의 속도는 100 m/분이므로 $\overline{AP}=100t$, 을이 탄 배의 속도는 200 m/분이므로 $\overline{CQ}=200t$
이므로 $\overline{AQ}=1000-200t$

$\overline{BC}$와 $\overline{PQ}$가 평행이므로 $\triangle ABC \backsim \triangle APQ$
$\angle APQ=\angle ABC$, $\angle AQP=\angle ACB$(동위각)
$100t:800=(1000-200t):1000$ 이므로 두 삼각형 APQ, ABC는 AA 닮음이야.
$\overline{AP}:\overline{AB}=\overline{AQ}:\overline{AC}$
$\therefore\ t=\dfrac{40}{13}$

3rd $t=\dfrac{40}{13}$를 대입하여 선분 PQ의 길이를 구해.

$\overline{AB}=800$, $\overline{AP}=100\times\dfrac{40}{13}$이므로 $\overline{AB}:\overline{AP}=13:5$

$13:5=200\sqrt{21}:\overline{PQ}$ $\therefore\ \overline{PQ}=\dfrac{1000\sqrt{21}}{13}$

F 07 정답 ③ *사인법칙 [정답률 76%]

〔 정답 공식: 사인법칙에 의하여 $\sin A:\sin B:\sin C=a:b:c$가 성립한다. 〕

삼각형 ABC에서 $\dfrac{\sin A}{7}=\dfrac{\sin B}{5}=\dfrac{\sin C}{3}$일 때, 이 삼각형의 가장 큰 각의 크기는? (4점)

단서 주어진 비례식을 이용하여 삼각형의 세 변의 길이의 비를 구할 수 있어.

① $\dfrac{\pi}{3}$ ② $\dfrac{\pi}{2}$ ③ $\dfrac{2}{3}\pi$ ④ $\dfrac{3}{4}\pi$ ⑤ $\dfrac{4}{5}\pi$

1st 사인법칙을 이용하여 세 변의 길이의 비를 구하자.

사인법칙에 의하여 $\dfrac{\sin A}{7}=\dfrac{\sin B}{5}=\dfrac{\sin C}{3}=k\,(k\neq0)$라 하면
$\sin A:\sin B:\sin C=a:b:c$ $\sin A=7k$, $\sin B=5k$, $\sin C=3k$이므로
이므로 세 변의 길이를 양수 k에 대하여 $\sin A:\sin B:\sin C=7k:5k:3k=7:5:3$

$a=7k$, $b=5k$, $c=3k$

2nd 변 BC의 길이, 즉 a의 값이 가장 크므로 코사인법칙의 변형을 이용하여 $\cos A$의 최댓값을 구하자.

삼각형 ABC의 가장 긴 변의 대각의 크기가 가장 크므로 가장 큰 각은 $\angle A$이다. 즉, 코사인법칙의 변형에 의하여

$$\cos A=\frac{(5k)^2+(3k)^2-(7k)^2}{2\times5k\times3k}=-\frac{1}{2}$$

$\cos B=\dfrac{a^2+c^2-b^2}{2ac}$

함정 위 사실을 모르더라도 코사인법칙을 통해 가장 큰 각을 구할 수 있어.

$\therefore\ \angle A=\dfrac{2}{3}\pi$ ($\because\ 0<\angle A<\pi$)
함수 $y=\cos x$의 그래프는 그림과 같으므로

$\cos A=-\dfrac{1}{2}$에서 $\angle A=\dfrac{2}{3}\pi$ ($\because\ 0<\angle A<\pi$)

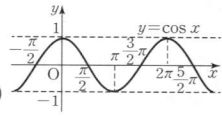

F 08 모의 정답 ③ *삼각형의 넓이 .... [정답률 92%]

정답 공식: 두 변의 길이가 a, b이고 그 끼인각의 크기가 θ인 삼각형 ABC의 넓이는 $\frac{1}{2}ab\sin\theta$이다.

그림과 같이 $\angle B=\frac{2}{3}\pi$, $\overline{AB}=3$, $\overline{BC}=4$인 삼각형 ABC의 넓이는? (3점)

단서 삼각형의 넓이 공식인 $\frac{1}{2}ab\sin\theta$를 이용해서 삼각형 ABC의 넓이를 구할 수 있어.

① $\sqrt{3}$ ② $2\sqrt{3}$ ③ $3\sqrt{3}$
④ $4\sqrt{3}$ ⑤ $5\sqrt{3}$

1st 삼각형의 넓이 공식 $\frac{1}{2}ab\sin\theta$를 이용하자.

$$\triangle ABC=\frac{1}{2}\times\overline{AB}\times\overline{BC}\times\sin\frac{2}{3}\pi$$
$$=\frac{1}{2}\times 3\times 4\times\sin\frac{2}{3}\pi$$
$$=6\times\frac{\sqrt{3}}{2} \quad {\scriptstyle\sin\frac{2}{3}\pi=\sin\left(\pi-\frac{\pi}{3}\right)=\sin\frac{\pi}{3}=\frac{\sqrt{3}}{2}}$$
$$=3\sqrt{3}$$

F 09 모의 정답 ④ *삼각형의 넓이의 활용 .... [정답률 78%]

정답 공식: 두 변의 길이가 a, b이고 그 끼인각의 크기가 θ인 삼각형 ABC의 넓이는 $\frac{1}{2}ab\sin\theta$이다.

그림과 같이 $\angle A=120°$, $\overline{AB}=6$, $\overline{AC}=3$인 삼각형 ABC에서 $\angle A$의 이등분선의 선분 BC와 만나는 점을 D라 할 때, 선분 AD의 길이는? (3점)

단서 $\triangle ABC=\triangle ABD+\triangle ACD$이므로 삼각형의 넓이를 이용하여 선분 AD의 길이를 구해.

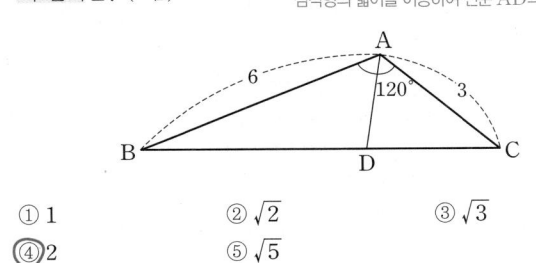

① 1   ② $\sqrt{2}$ ③ $\sqrt{3}$
④ 2   ⑤ $\sqrt{5}$

1st 두 삼각형 ABD, ACD의 넓이의 합이 삼각형 ABC의 넓이와 같음을 이용해.

$\triangle ABD+\triangle ACD=\triangle ABC$에서

$\frac{1}{2}\times\overline{AB}\times\overline{AD}\times\sin 60°+\frac{1}{2}\times\overline{AC}\times\overline{AD}\times\sin 60°$

$=\frac{1}{2}\times\overline{AB}\times\overline{AC}\times\sin 120°$ ${\scriptstyle\text{삼각형 ABC의 넓이를 }S\text{라 할 때,}\\ S=\frac{1}{2}ab\sin C=\frac{1}{2}bc\sin A=\frac{1}{2}ca\sin B}$

$6\overline{AD}+3\overline{AD}=6\times 3$, $9\overline{AD}=18$

$\therefore \overline{AD}=2$

F 10 모의 정답 51 *코사인법칙의 활용 .... [정답률 54%]

정답 공식: 사인법칙과 코사인법칙을 이용하자.

그림과 같이 세 변의 길이가 5, 6, 7인 삼각형 ABC의 내접원의 넓이를 S_1, 외접원의 넓이를 S_2라 할 때, $\sqrt{\dfrac{S_2}{S_1}}=\dfrac{q}{p}$이다. $p+q$의

단서1 삼각형 ABC의 세 변의 길이를 알면 코사인법칙의 변형을 사용해서 각의 크기를 구할 수 있어.

단서2 사인법칙을 사용해서 외접원의 반지름의 길이를 구할 수 있어.

값을 구하시오. (단, p와 q는 서로소인 자연수이다.) (10점)

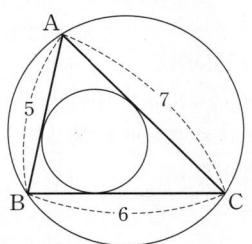

1st 코사인법칙의 변형을 이용하여 $\sin B$의 값을 구하자.

삼각형 ABC에서 코사인법칙의 변형에 의하여

$$\cos B=\frac{25+36-49}{2\times 5\times 6}=\frac{1}{5}$$

$$\underbrace{\sin B=\sqrt{1-\cos^2 B}=\sqrt{1-\left(\frac{1}{5}\right)^2}=\frac{2\sqrt{6}}{5}}_{\sin^2 x+\cos^2 x=1\text{이므로 } \sin x=\sqrt{1-\cos^2 x}\,(0\leq x\leq\pi)} \cdots \text{❶}$$

2nd 내접원의 반지름의 길이와 외접원의 반지름의 길이를 각각 구하자.

내접원의 반지름의 길이를 r라 하면

$$\underbrace{S=\frac{1}{2}\times 5\times 6\times\frac{2\sqrt{6}}{5}=\frac{r}{2}(5+6+7)=9r}_{\text{세변의 길이가 }a,b,c\text{인 삼각형 ABC에서 내접원의 반지름의 길이가}}$$

$$\therefore r=\frac{2\sqrt{6}}{3} \cdots \text{㉠} \quad {\scriptstyle r\text{라 하면 }S=\frac{1}{2}r(a+b+c)}$$

또한, 삼각형 ABC에서 외접원의 반지름을 R라 하면 사인법칙에 의하여

$$\frac{7}{\frac{2\sqrt{6}}{5}}=2R\text{에서 }R=\frac{35\sqrt{6}}{24} \cdots \text{㉡} \cdots \text{❷}$$

${\scriptstyle\frac{a}{\sin A}=\frac{b}{\sin B}=\frac{c}{\sin C}=2R}$

확장 사인법칙에서의 R가 외접원의 반지름을 나타내.

3rd $\sqrt{\dfrac{S_2}{S_1}}$의 값을 구하자.

따라서 ㉠, ㉡에 의하여 $S_1=\pi\left(\dfrac{2\sqrt{6}}{3}\right)^2$, $S_2=\pi\left(\dfrac{35\sqrt{6}}{24}\right)^2$이므로

$$\sqrt{\frac{S_2}{S_1}}=\frac{\frac{35\sqrt{6}}{24}}{\frac{2\sqrt{6}}{3}}=\frac{35}{16}$$

따라서 $p=16$, $q=35$이므로 $p+q=51$ $\cdots$ ❸

[채점 기준표]

❶	$\sin B$의 값을 구한다.	30%
❷	삼각형의 넓이와 사인법칙을 이용하여 내접원과 외접원의 넓이를 각각 구한다.	50%
❸	$p+q$의 값을 구한다.	20%

⚙ 사인법칙과 삼각형의 외접원   개념·공식

삼각형 ABC의 외접원의 반지름의 길이를 R라 하면 삼각형의 세 변의 길이와 세 각 사이에는 다음과 같은 관계가 성립한다.

$$\frac{a}{\sin A}=\frac{b}{\sin B}=\frac{c}{\sin C}=2R$$

모의고사 **F**

G 내신+수능 대비 단원별 모의고사
문제편 p. 318

모의
G 01 정답 12 *등차중항 ────────── [정답률 84%]

(정답 공식: 세 수 a, b, c가 이 순서대로 등차수열을 이루면 $2b=a+c$가 성립한다.)

등차수열 $\{a_n\}$에 대하여 $a_2=8$, $a_6=16$일 때, a_4의 값을 구하시오. (3점) 단서 등차수열 $\{a_n\}$에 대하여 a_2, a_4, a_6를 잘 살펴 봐. 그 순서대로 등차수열을 이루니까 등차중항을 이용하자.

1st a_4는 a_2와 a_6의 등차중항이야.

등차수열 $\{a_n\}$에 대하여 $a_2=8$, $a_6=16$이고,

주의 a_2, a_4, a_6도 이 순서대로 등차수열을 이루고 있어.

a_4는 a_2와 a_6의 등차중항이므로

$2a_4=a_2+a_6=8+16=24$ ──[등차중항] 세 수 a, b, c가 이 순서대로 등차수열을 이루면 b는 a와 b의 등차중항이다. 즉, $2b=a+c$

$\therefore a_4=12$

⚙ 등차중항
개념·공식

세 실수 a, b, c가 이 순서대로 등차수열을 이룰 때, $b=\dfrac{a+c}{2}$가 성립하고, b를 a와 c의 등차중항이라 한다.

모의
G 02 정답 183 *여러 가지 등차수열의 활용 ───── [정답률 81%]

[정답 공식: 수열 a_n은 3 이상의 홀수를 나열한 것이다. 수열 b_n 중 홀수의 값을 가지는 항을 나열한 수열이 c_n이다.]

두 수열 $\{a_n\}$, $\{b_n\}$이 다음과 같이 정의되어 있다.

$a_n=2n+1$, $b_n=3n+3$ ($n=1, 2, 3, \cdots$) 단서 두 수열이 등차수열 꼴이지? 나열하여 수열 $\{c_n\}$의 규칙을 찾자.

두 수열 $\{a_n\}$, $\{b_n\}$에서 공통인 항을 작은 것부터 순서대로 나열한 수열을 $\{c_n\}$이라 한다. 이때, c_{30}의 값을 구하시오. (4점)

1st 두 수열 $\{a_n\}$, $\{b_n\}$을 나열하여 공통인 부분을 찾자.

$a_n=2n+1$, $b_n=3n+3$($n=1, 2, 3, \cdots$)이므로

$\{a_n\}$: 3, 5, 7, ⑨, 11, 13, ⑮, 17, 19, ㉑, $\cdots$

$\{b_n\}$: 6, ⑨, 12, ⑮, 18, ㉑, 24, $\cdots$

2nd 두 수열의 공통인 항을 작은 것부터 나열한 수열 $\{c_n\}$의 일반항을 구하여 c_{30}의 값을 찾자.

두 수열의 공통인 항을 작은 것부터 나열한 수열 $\{c_n\}$은

$\{c_n\}$: 9, 15, 21, $\cdots$
　　　+6 +6 첫째항부터 차례로 일정한 수를 더하여 만든 수열이야.

즉, 수열 $\{c_n\}$은 첫째항이 9, 공차가 6인 등차수열이므로

$c_n=9+(n-1)\times6=6n+3$

$\therefore c_{30}=6\times30+3=183$

⚙ 등차수열의 일반항
개념·공식

첫째항이 a, 공차가 d인 등차수열의 일반항 a_n은

$a_n=a+(n-1)d$ (단, $n=1, 2, 3, \cdots$)

모의
G 03 정답 64 *여러 가지 등차수열의 활용 ───────── [정답률 33%]

(정답 공식: 각 원의 첫번째 숫자의 값과 위치한 직선의 규칙성을 찾는다.)

다음 그림은 동심원 O_1, O_2, O_3, $\cdots$과 직선 l_1, l_2, l_3, l_4의 교점 위에 자연수를 1부터 차례로 적은 것이다.

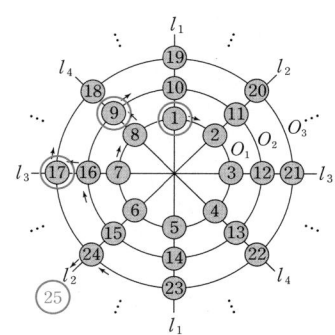

단서 그림과 같이 동심원에서 첫 번째 시작되는 수를 확인하여 규칙을 찾자.

이미 채워진 수들의 규칙에 따라 계속하여 적어 나가면 475는 원 O_m과 직선 l_n의 교점 위에 있다. $m+n$의 값을 구하시오. (4점)

1st 먼저 규칙을 발견하자.

가장 작은 원과 l_1이 만나는 원에서부터 시작하여 시계 방향으로 숫자가 매겨지고, 숫자가 다 채워지면 다음 바깥쪽 원에 숫자가 채워지고 있다.

각 원에 숫자는 8개씩 채워지고, 각 원의 첫 번째 숫자는 직선 l_1, l_2, l_3, l_4, l_1, l_2, l_3, l_4, $\cdots$에 위치하게 된다.
　　앞의 l_1의 정반대편이야.

2nd 이제 규칙에 따라 475의 위치를 파악해 보자.

가장 작은 원에 있는 숫자부터 각각 원의 첫 번째 숫자를 나열하면

1, 9, 17, 25, $\cdots$
　+8 +8 +8 ──[일반항] 첫째항이 a_1, 공차가 d일 때 $a_n=a_1+(n-1)d$

이것은 첫째항이 1, 공차가 8인 등차수열이므로 일반항은

$1+(n-1)\times8=8n-7$

이때, $8n-7<475$이므로 $8n<482$에서 $n<60.\times\times\times$, 즉 $n=60$을 대입하자. ──각 원의 첫째항을 가지고 따져주면 n의 값이 중심원의 위치를 말해 주지?

$8\times60-7=473$이므로 473은 원 O_{60} 위의 첫 번째 숫자이다.

첫 번째 숫자의 위치는 l_1에서 출발하여 시계 반대 방향으로 이동하고 있는데 8번을 주기로 반복되고 있다. ──$473=8\times59+1$이므로

원 O_{60}의 첫 번째 숫자인 473은 직선 l_2에 있으므로

$\begin{array}{cccc} l_1 & l_2 & l_3 & l_4 \\ & & & \\ 473 & 474 & 475 \end{array}$

475는 시계 반대 방향으로 두 칸 이동하여 직선 l_4에 있게 된다.

따라서 475는 원 O_{60}과 직선 l_4의 교점 위에 있으므로

$m=60$, $n=4$

$\therefore m+n=64$

모의
G 04 정답 ① *등차수열의 활용 – 등차수열의 변형 ─ [정답률 61%]

(정답 공식: 분모에 근호가 포함된 식은 분모를 유리화한다. $a_n-a_{n+2}=-2d$이다.)

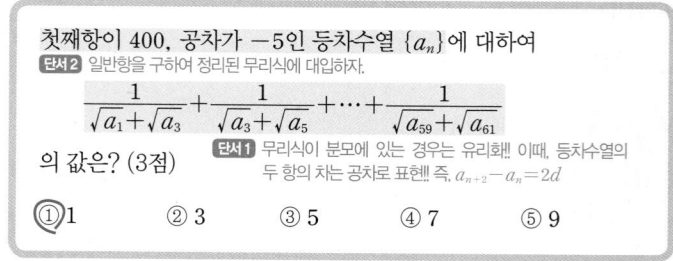

첫째항이 400, 공차가 -5인 등차수열 $\{a_n\}$에 대하여 단서2 일반항을 구하여 정리된 무리식에 대입하자.

$$\dfrac{1}{\sqrt{a_1}+\sqrt{a_3}}+\dfrac{1}{\sqrt{a_3}+\sqrt{a_5}}+\cdots+\dfrac{1}{\sqrt{a_{59}}+\sqrt{a_{61}}}$$

의 값은? (3점) 단서1 무리식이 분모에 있는 경우는 유리화! 이때, 등차수열의 두 항의 차는 공차로 표현! 즉, $a_{n+2}-a_n=2d$

① 1　　　② 3　　　③ 5　　　④ 7　　　⑤ 9

1st 구하는 식의 분모에 $\sqrt{\ }$가 보이지? 유리화를 하여 간단히 해 볼까?

$$\frac{1}{\sqrt{a_1}+\sqrt{a_3}}+\frac{1}{\sqrt{a_3}+\sqrt{a_5}}+\cdots+\frac{1}{\sqrt{a_{59}}+\sqrt{a_{61}}}$$

$$=\frac{\sqrt{a_1}-\sqrt{a_3}}{(\sqrt{a_1}+\sqrt{a_3})(\sqrt{a_1}-\sqrt{a_3})}+\frac{\sqrt{a_3}-\sqrt{a_5}}{(\sqrt{a_3}+\sqrt{a_5})(\sqrt{a_3}-\sqrt{a_5})}+\cdots$$

> **함정** 등비수열과 다르게 등차수열은 각각의 항 사이의 차가 일정해.

$$+\frac{\sqrt{a_{59}}-\sqrt{a_{61}}}{(\sqrt{a_{59}}+\sqrt{a_{61}})(\sqrt{a_{59}}-\sqrt{a_{61}})}$$

$$=\frac{\sqrt{a_1}-\sqrt{a_3}}{a_1-a_3}+\frac{\sqrt{a_3}-\sqrt{a_5}}{a_3-a_5}+\cdots+\frac{\sqrt{a_{59}}-\sqrt{a_{61}}}{a_{59}-a_{61}}\cdots\text{㉠}$$

2nd 등차수열 $\{a_n\}$의 일반항을 구하자. 첫째항이 a_1, 공차가 d이면 $a_n=a_1+(n-1)d$야.

이때, 두 항의 차는 공차로 나타낼 수 있으므로 수열 $\{a_n\}$의 공차를 d라 하면

$$a_n-a_{n+2}=-2d$$

> 두 항의 차로 공차를 구할 수 있지?
> 즉, $a_{n+l}-a_n=a_1+(n+l-1)d-\{a_1+(n-1)d\}=ld$ 로 d의 식이 남지?

㉠에서

$$\frac{\sqrt{a_1}-\sqrt{a_3}}{-2d}+\frac{\sqrt{a_3}-\sqrt{a_5}}{-2d}+\cdots+\frac{\sqrt{a_{59}}-\sqrt{a_{61}}}{-2d}$$

> $a_n-a_{n+2}=a_1+(n-1)d-\{a_1+(n+2-1)d\}$
> $=-2d$

$$=-\frac{1}{2d}(\sqrt{a_1}-\sqrt{a_{61}})\cdots\text{㉡}$$

첫째항이 400, 공차가 -5인 등차수열 $\{a_n\}$에 대하여 일반항 a_n은

$$a_n=400+(n-1)\times(-5)=405-5n$$이므로

$$a_{61}=405-5\times61=100$$

따라서 ㉡에 의하여 구하는 값은

$$-\frac{1}{2\times(-5)}(\sqrt{400}-\sqrt{100})=1$$

⚙️ **등차수열의 활용 – 등차수열의 변형**　　　　　개념·공식

(1) 등차수열의 활용문제는 공차, 등차중항 등의 성질을 이용한다.

(2) 등차수열의 일반항은 n에 대한 일차식 또는 상수로 표현된다.
　　이때, n의 계수가 공차이다.

G 05 정답 ① ＊등차수열의 합의 활용 ⋯⋯⋯⋯⋯⋯⋯ [정답률 73%]

(정답 공식: $S_8-S_6=a_7+a_8$)

> 첫째항이 6이고 공차가 d인 등차수열 $\{a_n\}$의 첫째항부터 제n항까지의 합을 S_n이라 할 때, **단서1** 등차수열의 일반항으로 공차를 구해야겠지?
>
> $$\frac{a_8-a_6}{S_8-S_6}=2$$ **단서2** S_8-S_6을 a_n으로 표현해 식을 간단히 하여 d를 구해.
>
> 가 성립한다. d의 값은? (3점)
>
> ① -1　　　　② -2　　　　③ -3
> ④ -4　　　　⑤ -5

1st 등차수열의 일반항을 이용하여 **단서1**을 정리하여 공차를 구해.

> 첫째항이 a_1, 공차가 d일 때, 일반항 $a_n=a_1+(n-1)d$

첫째항이 6이고, 공차가 d인 등차수열 $\{a_n\}$의 일반항은 $a_n=6+(n-1)d$이므로 주어진 식에서 (분자)$=a_8-a_6=(6+7d)-(6+5d)=2d$

(분모)$=S_8-S_6=(a_1+a_2+\cdots+a_8)-(a_1+a_2+\cdots+a_6)$

> S_n은 a_1에서 a_n까지의 합이야.

$$=a_7+a_8=(6+6d)+(6+7d)=12+13d$$

따라서 주어진 식에 대입하면

$$\frac{a_8-a_6}{S_8-S_6}=\frac{2d}{12+13d}=2$$

> 첫째항이 주어졌으니까 일반항은 공차 d에 관한 식으로만 표현 가능해.

$$d=12+13d$$

$$\therefore d=-1$$

G 06 정답 ④ ＊등비수열의 특정 항 구하기 – 첫째항 또는 공비 이용 ⋯ [정답률 85%]

(정답 공식: 첫째항이 a, 공비가 r인 등비수열 $\{a_n\}$의 일반항은 $a_n=ar^{n-1}$이다.)

> **단서1** 등비수열 $\{a_n\}$의 일반항은 첫째항이 a이고 공비가 r일 때, $a_n=ar^{n-1}$이지?
>
> 공비가 $\frac{1}{3}$이고 모든 항이 양수인 등비수열 $\{a_n\}$에 대하여 $a_3a_5=1$일 때, a_2의 값은? (3점) **단서2** 공비와 두 항의 곱의 값이 주어졌으므로 첫째항을 구할 수 있다.
>
> ① 1　　　　② 3　　　　③ 6
> ④ 9　　　　⑤ 12

1st 등비수열 $\{a_n\}$의 첫째항을 구해 보자.

등비수열 $\{a_n\}$의 첫째항을 a라 하면

$$a_3=a\times\left(\frac{1}{3}\right)^2, \ a_5=a\times\left(\frac{1}{3}\right)^4$$

$a_3a_5=1$에서 $a_3a_5=a\times\left(\frac{1}{3}\right)^2\times a\times\left(\frac{1}{3}\right)^4=a^2\times\left(\frac{1}{3}\right)^6=1$이므로

$$a^2=3^6$$

등비수열 $\{a_n\}$은 모든 항이 양수인 수열이므로 $a=3^3=27$

$$\therefore a_2=a\times\frac{1}{3}=27\times\frac{1}{3}=9$$

> **주의** 등비수열이 모든 항이 양수란 조건이 있으면 첫째항과 공비 모두 양수라는 것을 뜻해.

🔭 **쉬운 풀이: 등비중항 이용하기**

> 0이 아닌 세 수 a, b, c가 이 순서대로 등비수열을 이루면 $b^2=ac$를 만족한다. 이때, b를 a와 c의 등비중항이라 한다.

등비중항을 이용해 풀 수도 있어.

$a_3a_5=(a_4)^2=1$이고 모든 항이 양수이므로 $a_4=1$이야.

$$a_4=a_2\times\left(\frac{1}{3}\right)^2=1$$이므로 $a_2=3^2=9$

> $a_4=a_3\times r=a_2\times r^2=a_1\times r^3$

G 07 정답 ⑤ ＊등비수열의 특정 항 구하기 – 특정 항 이용 ⋯ [정답률 81%]

[정답 공식: 첫째항이 a_1이고 공비가 r인 등비수열 $\{a_n\}$의 일반항은 $a_n=a_1\times r^{n-1}$임을 이용한다.]

> 모든 항이 실수인 등비수열 $\{a_n\}$에 대하여 $a_2{}^3=8$, $a_3=4$일 때, a_5의 값은? (3점) **단서** 등비수열의 일반항을 이용해서 첫째항과 공비를 구해.
>
> ① 4　　　　② $4\sqrt{2}$　　　　③ 8
> ④ $8\sqrt{2}$　　　　⑤ 16

1st 주어진 식을 이용해서 첫째항과 공비를 구하자.

> 첫째항이 a_1, 공비가 r인 등비수열의 일반항은 $a_n=a_1r^{n-1}$

등비수열 $\{a_n\}$의 첫째항을 a, 공비를 r라 하면 $a_2=ar$, $a_3=ar^2$이므로

$a_2{}^3=8$에서 $a_2=2$, $a_3=4$이므로 공비는 $r=\dfrac{a_3}{a_2}=\dfrac{4}{2}=2$

$a_2=ar=2$이므로 $a=1$

> 등비수열의 귀납적 정의 $a_{n+1}\div a_n=r$ (일정)

2nd 첫째항과 공비를 이용해서 a_5를 구하자.

$$\therefore a_5=ar^4=1\times2^4=16$$

🔧 **다른 풀이: 등비수열의 일반항 이용하기**

등비수열 $\{a_n\}$의 첫째항을 a, 공비를 r라 하면

$$a_2{}^3=(ar)^3=a^3r^3=8\cdots\text{㉠}, \ a_3=ar^2=4\cdots\text{㉡}$$

㉡에서 $a=\dfrac{4}{r^2}$이므로 ㉠에 대입하면

$$\frac{64}{r^6}\times r^3=\frac{64}{r^3}=8, \ r^3=8, \ r=2 \quad \therefore a=1$$

$$\therefore a_5=1\times2^4=16$$

G 08 정답 ② *등비중항 ---------------------- [정답률 92%]

모의

[정답 공식: 0이 아닌 세 수 a, b, c가 이 순서대로 등비수열을 이루면 $b^2=ac$가 성립한다.]

세 수 $\dfrac{9}{4}$, a, 4가 이 순서대로 등비수열을 이룰 때, 양수 a의 값은?

단서 주어진 세 수가 순서대로 등비수열을 이루므로 a는 $\dfrac{9}{4}$와 4의 등비중항이야.　　(3점)

① $\dfrac{8}{3}$ 　　　② 3 　　　③ $\dfrac{10}{3}$

④ $\dfrac{11}{3}$ 　　　⑤ 4

1st a가 $\dfrac{9}{4}$와 4의 **등비중항임을 이용해.** → 모두 0이 아닌 세 수 x, y, z가 이 순서대로 등비수열을 이룰 때, y를 x와 z의 등비중항이라고 하며, $y^2=xz$가 성립해.

$a^2=\dfrac{9}{4}\times4=9$이므로 양수 a의 값은 3이다.

$a^2=9$를 만족시키는 a의 값은 -3, 3이지만 a의 값이 양수이기 때문에 3만 답이 되는 거야.

🔑 **다른 풀이:** $a_{n+1}=a_n\times(공비)$, $a_{n+2}=a_n\times(공비)^2$ **이용하기**

주어진 등비수열의 공비를 r, 첫째항을 $\dfrac{9}{4}$라 하면

$\dfrac{9}{4}$, $a=\dfrac{9}{4}r$, $4=\dfrac{9}{4}r^2$이므로

[등비수열의 일반항] 첫째항이 a_1, 공비가 r인 등비수열의 일반항 a_n은 $a_n=a_1r^{n-1}$ ($n=1, 2, 3, \cdots$)

$\dfrac{9}{4}\times r^2=4$에서 $r^2=\dfrac{16}{9}$

그런데 $\underline{a>0}$에서 $r>0$이므로 $r=\dfrac{4}{3}$야.
$a=\dfrac{9}{4}r>0$이니까

따라서 양수 a의 값은

$a=\dfrac{9}{4}\times\dfrac{4}{3}=3$

⚙ 세 항의 관계식으로 나타낸 등비중항　　개념·공식

세 항 a_{n-1}, a_n, a_{n+1}이 이 순서대로 등비수열을 이루면 a_n을 a_{n-1}과 a_{n+1}의 등비중항이라고 하고 이웃하는 두 항의 비가 일정하므로

$\dfrac{a_n}{a_{n-1}}=\dfrac{a_{n+1}}{a_n}=(공비)$

즉, $(a_n)^2=a_{n-1}\times a_{n+1}$이 성립한다.

G 09 정답 15 *등비중항 ---------------------- [정답률 69%]

모의

(정답 공식: 등차수열의 일반항과 등비중항을 통해 a_1과 d의 관계식을 얻는다.)

공차가 0이 아닌 등차수열 $\{a_n\}$의 세 항 a_2, a_4, a_9가 이 순서대로
단서2 등차수열의 일반항을 세워, r의 값을 구해.
공비 r인 등비수열을 이룰 때, $6r$의 값을 구하시오. (4점)
단서1 $\dfrac{a_1}{a_2}=\dfrac{a_9}{a_4}=r$이지?

1st 첫째항을 a, 공차를 d라 두고 a_2, a_4, a_9를 표현해 보자.

수열 $\{a_n\}$의 첫째항을 a_1, 공차를 d라 하면
[일반항] $a_n=a_1+(n-1)d$
$a_2=a_1+d$, $a_4=a_1+3d$, $a_9=a_1+8d$

이때, a_2, a_4, a_9가 이 순서대로 등비수열을 이루므로
[등비중항] a, b, c가 이 순서대로 등비수열을 이룰 때, $b^2=ac$야.
$(a_1+3d)^2=(a_1+d)(a_1+8d)$
$a_1^2+6a_1d+9d^2=a_1^2+9a_1d+8d^2$
$3a_1d-d^2=0$, $d(3a_1-d)=0$
$\therefore d=3a_1$ ($\because d\neq0$)
문제에서 공차가 0이 아닌 등차수열 $\{a_n\}$이라 했으니까

2nd a_2, a_4, a_9를 a_1로 나타내자.

$a_2=a_1+d=a_1+3a_1=4a_1$
$a_4=a_1+3d=a_1+9a_1=10a_1$
$a_9=a_1+8d=a_1+24a_1=25a_1$
이 순서대로 등비수열을 이루므로
$r=\dfrac{a_4}{a_2}=\dfrac{10a_1}{4a_1}=\dfrac{5}{2}$　등비수열 $\{b_n\}$에 대하여 $b_{n+1}\div b_n=r$이지?

$\therefore 6r=6\times\dfrac{5}{2}=15$

수능 핵강

✳ 등차수열 꼴로 표현된 등비수열의 공비 찾기

등차수열을 일반항 $a_n=a_1+(n-1)d$를 사용해서 나타내 보자.
$a_2=a_1+d$, $a_4=a_1+3d$, $a_9=a_1+8d$
그런데 이 세 항이 등비수열이라는 데에서 등비중항의 성질을 활용하면
$(a_1+3d)^2=(a_1+d)(a_1+8d)$가 돼.
이 식을 정리하면 $d=3a_1$이 되고 이것을 $a_n=a_1+(n-1)d$에 대입하고
풀면, $a_2=a_1+d=4a_1$, $a_4=a_1+3d=10a_1$이 되는데, 이게 등비수열을
이루므로 $r=\dfrac{5}{2}$라는 것을 쉽게 알 수 있어.

따라서 $6r=6\times\dfrac{5}{2}=15$

G 10 정답 ③ *등비수열의 활용 – 그래프와 도형 --------- [정답률 61%]

모의

(정답 공식: $\overline{OC}$는 $\overline{BC}$와 $\overline{AC}$의 등비중항이므로 $\overline{OC}^2=\overline{BC}\times\overline{AC}$이다.)

그림과 같이 두 함수 $y=3\sqrt{x}$, $y=\sqrt{x}$의 그래프와 직선 $x=k$가
만나는 점을 각각 A, B라 하고, 직선 $x=k$가 x축과 만나는 점을
C라 하자.

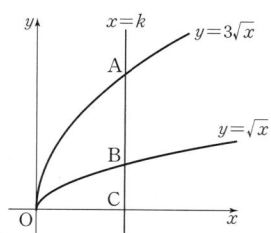

단서 $\overline{OC}^2=\overline{BC}\times\overline{AC}$이니까 선분의 길이를 구해야겠네.

$\overline{BC}$, $\overline{OC}$, $\overline{AC}$가 이 순서대로 등비수열을 이룰 때, 양수 k의 값은? (단, $k>0$이고, O는 원점이다.) (3점)

① 1 　　　② $\sqrt{3}$ 　　　③ 3

④ $3\sqrt{3}$ 　　　⑤ 9

1st $\overline{BC}$, $\overline{OC}$, $\overline{AC}$의 길이부터 구하자.
$\overline{OC}=|$점 C의 x좌표$|$, $\overline{BC}=|$점 B의 y좌표$|$, $\overline{AC}=|$점 A의 y좌표$|$
두 곡선 $y=3\sqrt{x}$, $y=\sqrt{x}$와 직선 $x=k$가 만나는 점이 각각 A, B이고 x
축과 직선 $x=k$가 만나는 점이 C이므로 세 점 A, B, C의 좌표는 각각
A$(k, 3\sqrt{k})$, B$(k, \sqrt{k})$, C$(k, 0)$　세 점의 x좌표는 모두 k야.
$\therefore \overline{BC}=\sqrt{k}$, $\overline{OC}=k$, $\overline{AC}=3\sqrt{k}$　A의 y좌표는 $y=3\sqrt{x}$에서 $3\sqrt{k}$, B의 y좌표는 $y=\sqrt{x}$에서 $\sqrt{k}$이고, C의 y좌표는 0이야.

2nd $\overline{BC}$, $\overline{OC}$, $\overline{AC}$가 이 순서대로 등비수열을 이루므로 등비중항을 이용하자.
$\Longleftrightarrow \overline{OC}^2=\overline{BC}\times\overline{AC}$
즉, $\sqrt{k}$, k, $3\sqrt{k}$가 이 순서대로 등비수열을 이루므로
$k^2=\sqrt{k}\times3\sqrt{k}$에서 $k^2=3k$, $k(k-3)=0$　→ k가 $\sqrt{k}$와 $3\sqrt{k}$의 등비중항이지?
$\therefore k=3$ ($\because k>0$)

주의 a, b, c가 순서대로 등비수열을 이룰 때 $b^2=ac$임을 이용하자.

G11 정답 ③ *수열의 합을 이용한 일반항 구하기 ⸻ [정답률 81%]

(정답 공식: $n \geq 2$일 때, $a_n = S_n - S_{n-1}$이고, $n=1$일 때, $a_1 = S_1$이다.)

수열 $\{a_n\}$에 대하여 첫째항부터 제 n항까지의 합 S_n이
$S_n = n^2 + 3n + 1$일 때, $a_1 + a_6$의 값은? (3점)

단서 합으로 일반항을 구하는 경우는 $a_n = S_n - S_{n-1}(n \geq 2)$를 이용해야겠지? 이때, $a_1 = S_1$야.

① 17　　② 18　　③ 19　　④ 20　　⑤ 21

1st 주어진 수열의 합을 이용하여 a_1과 a_6의 값을 구해야겠지?
$a_n = S_n - S_{n-1}(n \geq 2)$, $a_1 = S_1$임을 이용하자.

수열 $\{a_n\}$의 첫째항부터 제 n항까지의 합 $S_n = n^2 + 3n + 1$에 대하여

$a_1 = S_1 = 1 + 3 + 1 = 5$

$a_6 = S_6 - S_5 = (6^2 + 3 \times 6 + 1) - (5^2 + 3 \times 5 + 1)$

$ = \underset{a^2-b^2=(a+b)(a-b)}{(6^2 - 5^2)} + 3(6-5)$

$ = (6+5)(6-5) + 3$

$ = 11 + 3 = 14$

$\therefore a_1 + a_6 = 5 + 14 = 19$

G12 정답 72 *등비중항 ⸻ [정답률 55%]

[정답 공식: 0이 아닌 세 수 a, b, c가 순서대로 등비수열을 이루면 $b^2 = ac$가 성립한다.]

단서1 다항식을 일차식으로 나누는 거니까 나머지정리가 생각나야지?
x에 대한 다항식 $x^3 - ax + b$를 $x-1$로 나눈 나머지가 57이다.

세 수 1, a, b가 이 순서대로 공비가 양수인 등비수열을 이룰 때,
$a+b$의 값을 구하시오. (단, a와 b는 상수이다.) (4점)

단서2 세 수가 순서대로 등비수열을 이루니까 a가 1, b의 등비중항이야.

1st 다항식의 나머지정리와 등비중항을 이용해서 식을 정리하자.

x에 대한 다항식 $x^3 - ax + b$를 $x-1$로 나눈 나머지가 57이므로 나머지정리에 의하여

[나머지정리]
다항식 $P(x)$를 $x-a$로 나눌 때, 나머지를 R라 하면 $R = P(a)$이다.

$1 - a + b = 57$, $b = a + 56$　…　㉠

또, 1, a, b가 이 순서대로 등비수열을 이루므로

$a^2 = b$　…　㉡

[등비중항]
0이 아닌 세 수 a, b, c가 이 순서대로 등비수열을 이루면 b는 a, c의 등비중항이다.
즉, $b^2 = ac$

2nd 구한 두 식을 연립해서 a, b의 값을 각각 구해보자.

두 식 ㉠, ㉡을 연립하여 정리하면

$a^2 = a + 56$, $a^2 - a - 56 = (a-8)(a+7) = 0$

$\therefore a = -7$ 또는 $a = 8$

공비 a가 양수이므로 $a = 8$

㉡에 a의 값을 대입하면

$b = 8^2 = 64$

$\therefore a + b = 72$

✿ 등비중항

개념·공식

0이 아닌 세 수 a, b, c가 이 순서대로 등비수열을 이룰 때, b를 a와 c의 **등비중항**이라 한다.

이때, $\dfrac{b}{a} = \dfrac{c}{b}$이므로 $b^2 = ac$이다.

G13 정답 218 *수열의 규칙 찾기 ⸻ [정답률 27%]

[정답 공식: $n=1$일 때부터 원의 교점을 세보면 규칙성을 찾을 수 있다. 이 때 n이 두 중심의 거리보다 커질 때까지 충분한 경우를 고려해야 한다.]

거리가 3인 두 점 O, O'이 있다. 점 O를 중심으로 반지름의 길이가 각각 1, 2, $\cdots$, n인 n개의 원과 점 O'을 중심으로 반지름의 길이가 각각 1, 2, $\cdots$, n인 n개의 원이 있다. 이 $2n$개 원의 모든 교점의 개수를 a_n이라 하자. 예를 들어, 그림에서와 같이 $a_3 = 14$, $a_4 = 26$이다. a_{20}의 값을 구하시오. (4점)

단서2 중심이 다르고 반지름의 길이가 4인 원과의 교점의 개수를 세 봐.

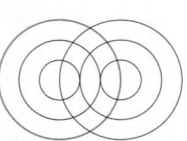
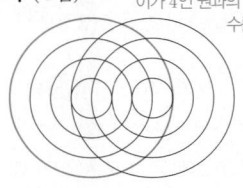

단서1 중심이 다르고 반지름의 길이가 3인 원과의 교점의 개수를 세 봐.

1st 규칙을 찾자.

$a_1 = 0$　　　　$a_2 = 4$

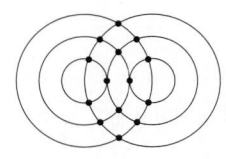
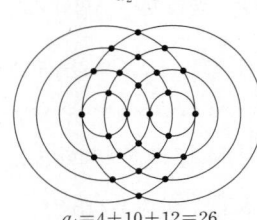

$a_3 = 4 + 10 = 14$　　$a_4 = \underset{a_3}{\underbrace{4 + 10}} + 12 = 26$

$\cdots \cdots$ ❶

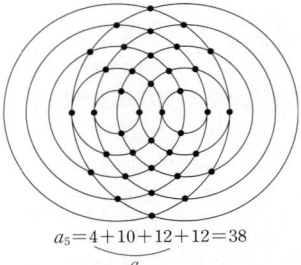

$a_5 = \underset{a_4}{\underbrace{4 + 10 + 12}} + 12 = 38$

2nd 규칙을 일반화하자.

두 점 O, O'을 중심으로 원을 또 그리면 교점은 마찬가지로 12개가 생기므로 $n \geq 4$일 경우에는

함정 문제의 조건에 맞게 a_1, a_2, a_3 $\cdots$을 구하고 이를 일반화시킬 수 있어야 해.

$a_n = 4 + 10 + 12 \times (n-3)$

$ = 14 + 12(n-3)$

$\therefore a_{20} = 14 + 12 \times (20-3)$

$\phantom{\therefore a_{20}} = 14 + 204 = 218$ $\cdots$ ❷

반지름의 길이가 늘어난다고 해서 교점도 마냥 늘어나지는 않겠지? 반지름의 길이가 1씩 간격을 유지하며 늘어나니까 교점은 12개씩만 늘어나. 이해가 잘 안 되면 수능핵강으로!

[채점 기준표]

❶	$n = 1, 2, 3, \cdots$일 때, 교점의 개수를 구하여 규칙을 찾는다.	60%
❷	a_{20}의 값을 구한다.	40%

모의 H 01 정답 ③ *합의 기호 $\sum$의 성질 ───── [정답률 91%]

[정답 공식: $\sum\limits_{k=1}^{11}(5a_k+b_k)=5\sum\limits_{k=1}^{11}a_k+\sum\limits_{k=1}^{11}b_k$]

두 수열 $\{a_n\}$, $\{b_n\}$에 대하여 $\sum\limits_{k=1}^{11}a_k=4$, $\sum\limits_{k=1}^{11}b_k=24$일 때,

$\sum\limits_{k=1}^{11}(5a_k+b_k)$의 값은? (3점) 단서 주어진 조건이 $k=1$부터 $k=11$까지의 합이니까 시그마의 성질을 이용해.

① 36 ② 40 ③ 44 ④ 48 ⑤ 52

1st 주어진 조건에 $\sum\limits_{k=1}^{11}$이 모두 있으니까 $\sum$의 성질을 이용하여 값을 구해.

$\sum\limits_{k=1}^{11}a_k=4$, $\sum\limits_{k=1}^{11}b_k=24$이므로

$\sum\limits_{k=1}^{n}(a_k+b_k)=\sum\limits_{k=1}^{n}a_k+\sum\limits_{k=1}^{n}b_k$, $\sum\limits_{k=1}^{n}ca_k=c\sum\limits_{k=1}^{n}a_k$(단, c는 상수)

$\sum\limits_{k=1}^{11}(⑤a_k+b_k)=5\sum\limits_{k=1}^{11}a_k+\sum\limits_{k=1}^{11}b_k=5\times4+24=44$
상수

주의 $\sum\limits_{k=1}^{n}ca_k=c\sum\limits_{k=1}^{n}a_k$를 이용하자

모의 H 02 정답 ④ *합의 기호 $\sum$의 성질 ───── [정답률 73%]

[정답 공식: $2\sum\limits_{k=1}^{10}a_k+\sum\limits_{k=1}^{10}b_k$의 값을 구한다.]

두 수열 $\{a_n\}$, $\{b_n\}$에 대하여 $\sum\limits_{k=1}^{10}a_k=2$, $\sum\limits_{k=1}^{10}b_k=3$일 때,

$\sum\limits_{k=1}^{10}(2a_k+b_k)$의 값은? (3점)

단서 $\sum$의 기본 성질만 이용하면 쉽게 풀 수 있어.

① 4 ② 5 ③ 6 ④ 7 ⑤ 8

1st $\sum$의 기본 성질을 이용하여 주어진 조건을 적용할 수 있게 식을 변형하자.

두 수열 $\{a_n\}$, $\{b_n\}$에 대하여

$\sum\limits_{k=1}^{10}a_k=2$, $\sum\limits_{k=1}^{10}b_k=3$ … ㉠

$\sum$의 성질
① $\sum\limits_{k=1}^{n}(a_k\pm b_k)=\sum\limits_{k=1}^{n}a_k\pm\sum\limits_{k=1}^{n}b_k$ (복호동순)

$\therefore \sum\limits_{k=1}^{10}(2a_k+b_k)=\sum\limits_{k=1}^{10}2a_k+\sum\limits_{k=1}^{10}b_k=2\sum\limits_{k=1}^{10}a_k+\sum\limits_{k=1}^{10}b_k$ ② $\sum\limits_{k=1}^{n}ca_k=c\sum\limits_{k=1}^{n}a_k$ (c는 상수)

$=2\times2+3(\because ㉠)=7$ ③ $\sum\limits_{k=1}^{n}c=cn$ (c는 상수)

모의 H 03 정답 ⑤ *자연수의 거듭제곱의 합 ───── [정답률 85%]

(정답 공식: 하나의 시그마로 항을 합쳐본다.)

$\sum\limits_{k=1}^{10}(k+1)^2-2\sum\limits_{k=1}^{10}(k+2)+\sum\limits_{k=1}^{10}3$의 값은? (2점)

단서 시그마의 결합법칙을 이용하여 식을 간단히 하고, 자연수의 거듭제곱의 합을 이용해.

① 365 ② 370 ③ 375 ④ 380 ⑤ 385

1st $\sum$의 성질을 이용하여 식을 정리해.

$\sum\limits_{k=1}^{10}(k+1)^2-2\sum\limits_{k=1}^{10}(k+2)+\sum\limits_{k=1}^{10}3$
→ $\sum\limits_{k=1}^{n}a_k\pm\sum\limits_{k=1}^{n}b_k=\sum\limits_{k=1}^{n}(a_k\pm b_k)$ (복호동순)
모두 $n=1$에서 $n=10$까지의 합이니까 묶자.

$=\sum\limits_{k=1}^{10}\{(k+1)^2-2(k+2)+3\}=\sum\limits_{k=1}^{10}(k^2+2k+1-2k-4+3)$

$=\sum\limits_{k=1}^{10}k^2=\dfrac{10\times11\times21}{6}=385$

→ [자연수의 거듭제곱의 합] $\sum\limits_{k=1}^{n}k^2=\dfrac{n(n+1)(2n+1)}{6}$

모의 H 04 정답 ② *자연수의 거듭제곱의 합의 활용 ───── [정답률 81%]

[정답 공식: k에 대한 이차식을 전개하고 근과 계수의 관계를 이용해서 α, β를 풀고 항별로 시그마를 계산한다.]

이차방정식 $x^2-2x-1=0$의 두 근을 α, β라 할 때,

$\sum\limits_{k=1}^{10}(k-\alpha)(k-\beta)$의 값은? (4점) 단서1 근과 계수의 관계를 이용하여 상수 α, β의 관계를 나타내.

단서2 괄호의 식을 풀어 자연수의 거듭제곱의 합을 구해. 이때, 제1항에서 제10항까지의 합임에 주의!

① 255 ② 265 ③ 275 ④ 285 ⑤ 295

1st 이차방정식의 근과 계수의 관계를 이용하자.

이차방정식 $x^2-2x-1=0$의 두 근이 α, β이므로 근과 계수의 관계에 의하여

이차방정식 $ax^2+bx+c=0$의 두 근을 α, β라 하면 $\alpha+\beta=-\dfrac{b}{a}$, $\alpha\beta=\dfrac{c}{a}$

$\alpha+\beta=2$, $\alpha\beta=-1$

2nd $\sum$의 성질과 자연수의 거듭제곱의 합으로 주어진 식의 값을 계산해 볼까?

$\therefore \sum\limits_{k=1}^{10}(k-\alpha)(k-\beta)=\sum\limits_{k=1}^{10}\{k^2-(\alpha+\beta)k+\alpha\beta\}$

$=\sum\limits_{k=1}^{10}(k^2-2k-1)$

$=\sum\limits_{k=1}^{10}k^2-2\sum\limits_{k=1}^{10}k-\sum\limits_{k=1}^{10}1$

$=\dfrac{10\times11\times21}{6}-2\times\dfrac{10\times11}{2}-1\times10$

$=385-110-10=265$

[자연수의 거듭제곱의 합]
① $\sum\limits_{k=1}^{n}k^2=\dfrac{n(n+1)(2n+1)}{6}$ ② $\sum\limits_{k=1}^{n}k=\dfrac{n(n+1)}{2}$

③ $\sum\limits_{k=1}^{n}c=cn$ (단, c는 상수)

모의 H 05 정답 88 *$\sum$로 나타내어진 등차수열의 합 ───── [정답률 75%]

[정답 공식: 등차수열의 성질을 이용하여 구해야 하는 등차수열의 합을 a_1+a_{10}에 대한 식으로 만들 수 있다.]

등차수열 $\{a_n\}$에 대하여 $a_1+a_{10}=22$일 때, $\sum\limits_{k=2}^{9}a_k$의 값을 구하시오. (3점)

단서 등차수열의 일반항을 세워 제2항부터 제9항까지의 합을 구해.

1st 등차수열의 일반항을 세워 $\sum\limits_{n=2}^{9}a_k$를 첫째항과 공차로 나타내.

첫째항이 a_1, 공차가 d일 때, $a_n=a_1+(n-1)d$야.

등차수열 $\{a_n\}$의 첫째항을 a_1, 공차를 d라 하면

$a_1+a_{10}=a_1+(a_1+9d)=2a_1+9d=22$이므로

$\sum\limits_{k=2}^{9}a_k=a_2+a_3+\cdots+a_9$

$=(a_1+d)+(a_1+2d)+\cdots+(a_1+8d)$

$=8a_1+36d$

$=4(2a_1+9d)$

$=4\times22=88$

톡톡 풀이: 등차수열의 성질 이용하기

등차수열의 성질에 의하여

$\underbrace{a_1+a_{10}=a_2+a_9=a_3+a_8=a_4+a_7=a_5+a_6}=22$이므로
$a_1+(a_1+9d)=a_1+d+(a_1+8d)=\cdots$이니까.

$\sum\limits_{k=2}^{9}a_k=a_2+a_3+\cdots+a_9$

$=(a_2+a_9)+(a_3+a_8)+(a_4+a_7)+(a_5+a_6)$

$=22\times4=88$

H 06 정답 511 ＊∑로 나타내어진 등비수열의 합 ⸻ [정답률 85%]

(정답 공식: 등비수열의 합을 구하는 시그마임을 안다.)

다음 식의 값을 구하시오. (3점)

$$\sum_{n=1}^{9} 2^{n-1}$$ 단서 등비수열이니까 첫째항부터 제 9항까지 등비수열의 합을 구하면 되겠지?

1st 시그마에 2^{n-1}인 등비수열이 주어졌으니까 등비수열의 합을 이용해.

$\sum_{n=1}^{9} 2^{n-1} = 1+2+2^2+\cdots+2^8$은 첫째항이 1이고, 공비가 2인 등비수열의
첫째항부터 제9항까지의 합이다. → 첫째항이 a, 공비가 r (단, $r \neq 1$)인
등비수열의 첫째항부터 제n항까지의 합은

$\therefore \sum_{n=1}^{9} 2^{n-1} = \dfrac{2^9-1}{2-1} = 512-1 = 511$ ⸻ $\dfrac{a(r^n-1)}{r-1}$

H 07 정답 ④ ＊∑로 나타내어진 등차수열의 합 ⸻ [정답률 65%]

(정답 공식: $a_{2k-1} = b_k$로 두고 새로운 수열 b_k의 일반항을 먼저 구해본다.)

등차수열 $\{a_n\}$이 $\sum_{k=1}^{n} a_{2k-1} = 3n^2+n$을 만족시킬 때, a_8의 값은? (4점)

① 16　　　　② 19　　　　③ 22
④ 25　　　　⑤ 28

단서 수열 $\{a_n\}$의 공차를 d라 하고 $n=1, 2$일 때의 시그마의 차로 d의 값을 구하여 일반항을 세우자.

1st $\sum_{k=1}^{2} a_{2k-1} - \sum_{k=1}^{1} a_{2k-1} = a_3$의 값으로 수열 $\{a_n\}$의 첫째항과 공차를 찾자.

$\sum_{k=1}^{1} a_{2k-1} = a_1 = 3 \times 1^2 + 1 = 4 \cdots ㉠$

$\sum_{k=1}^{2} a_{2k-1} = a_1 + a_3 = 3 \times 2^2 + 2 = 14 \cdots ㉡$

㉡－㉠을 하면 $a_3 = 10$

이때, 수열 $\{a_n\}$은 등차수열이므로 공차를 d라 하면
수열 $\{a_{2n-1}\}$의 공차는 $2d$이므로 → $a_3 - a_2 = a_2 - a_1 = d$
$2d = a_3 - a_1 = 10-4 = 6$　　$\therefore d = 3$ → $a_3 - a_1 = 2d$

2nd 등차수열 $\{a_n\}$의 일반항을 세워 a_8의 값을 구해.

수열 $\{a_n\}$이 첫째항이 $a_1 = 4$이고 공차가 $d=3$인 등차수열이므로
↓ 첫째항이 a_1, 공차가 d일 때, $a_n = a_1 + (n-1)d$야.
$a_n = 4 + (n-1) \times 3 = 3n+1$
$\therefore a_8 = 3 \times 8 + 1 = 25$

다른 풀이: 등차수열 $\{a_{2n-1}\}$의 일반항을 구한 다음 등차중항 이용하기

$b_n = a_{2n-1}$이라 하고 수열 $\{b_n\}$의 첫째항부터 제n항까지의 합을 S_n이라
하면 ⸻ $S_n = \sum_{k=1}^{n} b_k$

$\sum_{k=1}^{n} a_{2k-1} = 3n^2 + n$에서 $S_n = \sum_{k=1}^{n} b_k = 3n^2 + n$이므로

$b_1 = S_1 = 3 \times 1^2 + 1 = 4$
$b_n = S_n - S_{n-1} = 3n^2 + n - \{3(n-1)^2 + (n-1)\} = 6n-2 \, (n \geq 2)$
이때, $b_1 = S_1 = 4$이므로 → $b_n = 6n-2$에 $n=1$을 대입한 값이
$b_n = 6n-2 \,(n \geq 1)$　　$\therefore a_{2n-1} = 6n-2 \cdots ㉠$ $S_1 = 4$와 같으니까.

이때, 수열 $\{a_n\}$은 등차수열이므로 $a_8 = \dfrac{a_7+a_9}{2}$가 성립하니까 a_8의 값은
a_7, a_9의 값을 알면 구할 수 있지? → [등차중항]
따라서 ㉠에 $n=4$, $n=5$를 각각 대입하면 세 수 a, b, c가 이 순서대로 등차수열을 이루면 $2b = a+c$야.
$a_7 = 6 \times 4 - 2 = 22$, $a_9 = 6 \times 5 - 2 = 28$
$\therefore a_8 = \dfrac{a_7+a_9}{2} = \dfrac{22+28}{2} = 25$

H 08 정답 94 ＊$\sum_{k=1}^{n} a_k$와 a_n 사이의 관계 ⸻ [정답률 67%]

(정답 공식: S_n을 알면 a_n도 구할 수 있다.)

수열 $\{a_n\}$에 대하여 $\sum_{k=1}^{n} a_k = n^2 + n$일 때, a_{47}의 값을 구하시오. (3점)

단서 $S_n = \sum_{k=1}^{n} a_k$로 수열의 합을 일반항으로 나타내면 방법이 보이지?

1st $S_n = \sum_{k=1}^{n} a_k$이니까 $S_{47} - S_{46}$으로 a_{47}을 구해. $a_n = S_n - S_{n-1}(n \geq 2)$

수열 $\{a_n\}$의 첫째항부터 제n항까지의 합을 S_n이라 하면
$a_{47} = S_{47} - S_{46} = (47^2 + 47) - (46^2 + 46) = (47^2 - 46^2) + (47-46)$
$= (47+46)(47-46) + 1 = 93 + 1 = 94$ 시그마의 정의에 의하여 $\sum_{k=1}^{n} a_k$야.

다른 풀이: 수열 $\{a_n\}$의 일반항 구하기

$S_n = \sum_{k=1}^{n} a_k = n^2 + n$이므로
$a_n = S_n - S_{n-1} = n^2 + n - \{(n-1)^2 + (n-1)\} = 2n \,(n \geq 2)$
이때, $a_1 = S_1$이므로 $a_n = 2n \,(n \geq 1)$로 모든 자연수 n에 대하여 성립해.
$\therefore a_{47} = 2 \times 47 = 94$

H 09 정답 ③ ＊∑의 활용－도형 ⸻ [정답률 69%]

정답 공식: 두 점 (x_1, y_1), (x_2, y_2)를 $m:n$으로 내분하는 점의 좌표는 $\left(\dfrac{mx_2+nx_1}{m+n}, \dfrac{my_2+ny_1}{m+n}\right)$이다.

자연수 n에 대하여 좌표평면 위의 점 P_n을 다음 규칙에 따라 정한다.

(가) 점 A의 좌표는 $(1, 0)$이다. 단서 2 점 P_n은 x축 위의 점으로 $l_n = |점 P_n의 x좌표|$
(나) 점 P_n은 선분 OA를 $2^n : 1$로 내분하는 점이다.

단서 1 점 P_n의 좌표를 구한 다음 l_n의 길이를 구해야 해. 이때, l_n은 n의 식으로 표현되어야겠지?

$l_n = \overline{OP_n}$이라 할 때, $\sum_{n=1}^{10} \dfrac{1}{l_n}$의 값은? (단, O는 원점이다.) (4점)

① $10 - \left(\dfrac{1}{2}\right)^{10}$　　② $10 + \left(\dfrac{1}{2}\right)^{10}$　　③ $11 - \left(\dfrac{1}{2}\right)^{10}$

④ $11 + \left(\dfrac{1}{2}\right)^{10}$　　⑤ $12 - \left(\dfrac{1}{2}\right)^{10}$

1st 점 P_n의 좌표를 구해.

두 점 $O(0, 0)$, $A(1, 0)$을 $2^n : 1$로 내분하는 점 P_n의 좌표는
$\left(\dfrac{2^n}{2^n+1}, 0\right)$ 두 점 (x_1, y_1), (x_2, y_2)를 $m:n$으로 내분하는 점의 좌표는 $\left(\dfrac{mx_2+nx_1}{m+n}, \dfrac{my_2+ny_1}{m+n}\right)$

따라서 $\overline{OP_n}$의 길이는 $l_n = \dfrac{2^n}{2^n+1}$

2nd $\sum_{n=1}^{10} \dfrac{1}{l_n}$의 값을 구해. → $\sum_{k=1}^{n}(c+a_k) = \sum_{k=1}^{n} c + \sum_{k=1}^{n} a_k = cn + \sum_{k=1}^{n} a_k$

$\sum_{n=1}^{10} \dfrac{1}{l_n} = \sum_{n=1}^{10} \dfrac{2^n+1}{2^n} = \sum_{n=1}^{10} \left\{1 + \left(\dfrac{1}{2}\right)^n\right\}$

$= \sum_{n=1}^{10} 1 + \sum_{n=1}^{10} \left(\dfrac{1}{2}\right)^n = 10 + \dfrac{\frac{1}{2}\left\{1-\left(\frac{1}{2}\right)^{10}\right\}}{1-\frac{1}{2}}$

$= 10 + \left\{1 - \left(\dfrac{1}{2}\right)^{10}\right\} = 11 - \left(\dfrac{1}{2}\right)^{10}$ 첫째항이 a, 공비가 $r(r \neq 1)$인 등비수열의 첫째항부터 제n항까지의 합은
↑ 첫째항이 $\frac{1}{2}$, 공비가 $\frac{1}{2}$인 등비수열의 첫째항부터 제10항까지의 합이야. $S_n = \dfrac{a(1-r^n)}{1-r}$

실수 ➡ $\sum_{k=1}^{n} c = cn$을 종종 잊기 쉬워.

모의고사 H

［ **정답 공식:** 근과 계수의 관계를 통해 $\frac{1}{\alpha_n}+\frac{1}{\beta_n}$ 을 구할 수 있다. ］

x에 대한 이차방정식 $x^2+4x-(2n-1)(2n+1)=0$의 두 근 α_n, β_n에 대하여 $\sum\limits_{n=1}^{10}\left(\frac{1}{\alpha_n}+\frac{1}{\beta_n}\right)$의 값이 $\frac{q}{p}$일 때,

단서 이차방정식의 두 근에 관한 거니까 근과 계수의 관계를 이용해.

$p+q$의 값을 구하시오. (단 p와 q는 서로소인 자연수이다.) (6점)

1st '이차방정식의 두 근~'에서 근과 계수의 관계를 떠올려야지?

이차방정식 $x^2+4x-(2n-1)(2n+1)=0$에 근과 계수의 관계를 적용하면

$ax^2+bx+c=0\ (a\neq0)$의 두 근을 α, β라 하면

$\alpha_n+\beta_n=-4,\ \alpha_n\beta_n=-(2n-1)(2n+1)$ $\cdots$ **ⅰ**

$\alpha+\beta=-\frac{b}{a},\ \alpha\beta=\frac{c}{a}$

$\therefore\ \frac{1}{\alpha_n}+\frac{1}{\beta_n}=\frac{\alpha_n+\beta_n}{\alpha_n\beta_n}=\frac{4}{(2n-1)(2n+1)}$ $\cdots$ **ⅱ**

2nd 부분분수 $\frac{1}{AB}=\frac{1}{B-A}\left(\frac{1}{A}-\frac{1}{B}\right)$로 나눠서 풀자.

$$\sum_{n=1}^{10}\left(\frac{1}{\alpha_n}+\frac{1}{\beta_n}\right)=\sum_{n=1}^{10}\frac{4}{(2n-1)(2n+1)}$$

$$=4\sum_{n=1}^{10}\frac{1}{2}\left(\frac{1}{2n-1}-\frac{1}{2n+1}\right)$$

$(2n+1)-(2n-1)=2$

$$=2\left\{\left(1-\frac{1}{3}\right)+\left(\frac{1}{3}-\frac{1}{5}\right)+\cdots+\left(\frac{1}{19}-\frac{1}{21}\right)\right\}$$

맨 앞에서 한 항이 남으니까 맨 뒤에서도 한 항이 남아.

$$=2\left(1-\frac{1}{21}\right)=\frac{40}{21}$$

따라서 $p=21,\ q=40$이므로 $p+q=21+40=61$ $\cdots$ **ⅲ**

[채점 기준표]

ⅰ	근과 계수의 관계를 이용하여 $\alpha_n+\beta_n$, $\alpha_n\beta_n$의 값을 각각 구한다.	30%
ⅱ	$\frac{1}{\alpha_n}+\frac{1}{\beta_n}$ 을 n에 대한 식으로 나타낸다.	20%
ⅲ	$\sum\limits_{n=1}^{10}\left(\frac{1}{\alpha_n}+\frac{1}{\beta_n}\right)$의 값을 구하고, $p+q$의 값을 구한다.	50%

Ⅰ 내신+수능 대비 단원별 모의고사
문제편 p. 322

［ **정답 공식:** $a_{n+1}-a_n$의 첫째항과 공차를 구한다. ］

수열 $\{a_n\}$이 다음 조건을 만족시킨다.

(가) $a_1=1$, $a_2=3$, $a_3=7$
(나) 수열 $\{a_{n+1}-a_n\}$은 등차수열이다.

단서 등차수열의 일반항을 구하여 $a_{n+1}-a_n=f(n)$ 꼴로 표현한 후 $n=1, 2, 3, \cdots$, 7을 대입하여 각 변을 더해 주면 되겠네.

a_8의 값은? (3점)

① 49   ② 51   ③ 53   ④ 55   ⑤ 57

1st 수열 $\{a_{n+1}-a_n\}$의 일반항을 구해.

$b_n=a_{n+1}-a_n$이라 하면

조건 (가)에서 $b_1=a_2-a_1=2$, $b_2=a_3-a_2=4$이므로 수열 $\{b_n\}$은 첫째항이 2이고 공차가 2인 등차수열이다.

$\therefore\ b_n=2+(n-1)\times2=2n$

$d=b_2-b_1$

2nd 일반항 $a_{n+1}-a_n$을 이용하여 a_8의 값을 구해.

$a_{n+1}-a_n=2n$이므로 n 대신에 1, 2, 3, $\cdots$, 7을 대입하면

$$a_2-a_1=2\times1$$
$$a_3-a_2=2\times2$$
$$\vdots$$
$$+)\ a_8-a_7=2\times7$$

$$a_8-a_1=2\times(1+2+3+\cdots+7)$$

첫째항이 a_1, 끝항이 l인 등차수열의 첫째항부터 제n항까지의 합은 $S_n=\frac{n(a_1+l)}{2}$이야.

$$=2\times\frac{7(1+7)}{2}$$
$$=56$$

$\therefore\ a_8=a_1+56=57$

✿ **귀납적으로 정의된 수열의 일반항**
개념·공식

① $a_{n+1}=a_n+f(n)$ 꼴

n 대신 1, 2, 3, $\cdots$, $n-1$을 대입하면

$$a_2=a_1+f(1)$$
$$a_3=a_2+f(2)$$
$$\vdots$$
$$+)\ a_n=a_{n-1}+f(n-1)$$
$$a_n=a_1+f(1)+f(2)+\cdots+f(n-1)=a_1+\sum_{k=1}^{n-1}f(k)$$

② $a_{n+1}=a_nf(n)$ 꼴

n 대신 1, 2, 3, $\cdots$, $n-1$을 대입하여 변변 곱하면

$$a_2=a_1f(1)$$
$$a_3=a_2f(2)$$
$$\vdots$$
$$\times)\ a_n=a_{n-1}f(n-1)$$
$$a_n=a_1\times f(1)\times f(2)\times\cdots\times f(n-1)$$

I 02 정답 ④ *수열의 귀납적 정의 [정답률 78%]

(정답 공식: 주어진 조건식이 공비가 $\frac{1}{3}$인 등비수열임을 안다.)

수열 $\{a_n\}$이 [단서 $\frac{a_{n+1}}{a_n}=r$의 꼴이니까 등비수열을 나타내는 점화식이지?]

$$a_1=27^3, \ \frac{a_{n+1}}{a_n}=\frac{1}{3} \ (n=1, 2, 3, \cdots)$$

로 정의될 때, $a_k=\frac{1}{3^5}$을 만족시키는 자연수 k의 값은? (3점)

① 9   ② 11   ③ 13   ④ 15   ⑤ 17

1st 이웃하는 항 사이의 관계를 어떻게 정의했는지 살펴보자.

$\frac{a_{n+1}}{a_n}=\frac{1}{3}$에서 $a_{n+1}=\frac{1}{3}a_n$이므로 수열 $\{a_n\}$은 첫째항이

$27^3=(3^3)^3=3^9$, 공비가 $\frac{1}{3}$인 등비수열이다.

[주의 등비수열의 귀납적 정의임을 알 수 있어야 해.]

2nd 수열 $\{a_n\}$의 일반항을 구하여 조건을 만족시키는 자연수 k의 값을 구하자.

수열 $\{a_n\}$의 일반항은 [첫째항이 a, 공비가 r인 등비수열의 $\{a_n\}$의 일반항은 $a_n=ar^{n-1}$]

$a_n=3^9\left(\frac{1}{3}\right)^{n-1}=\left(\frac{1}{3}\right)^{-9}\times\left(\frac{1}{3}\right)^{n-1}=\left(\frac{1}{3}\right)^{n-10}$

$a_k=\frac{1}{3^5}$에서 $\left(\frac{1}{3}\right)^{k-10}=\frac{1}{3^5}=\left(\frac{1}{3}\right)^5$, $k-10=5$

$\therefore k=15$ [$\rightarrow a^{-n}=\left(\frac{1}{a}\right)^n (a\neq0)$]

I 03 정답 ④ *수열의 귀납적 정의의 활용 [정답률 75%]

(정답 공식: $a_{n+1}+2=2(a_n+2)$ 꼴로 만들어본다.)

수열 $\{a_n\}$에 대하여 $a_1=2$이고 $a_{n+1}=2a_n+2$일 때, a_{10}의 값은?
[단서 주어진 식에 $n=1, 2, 3, \cdots$ 10을 대입하여 연립해 볼까?] (3점)

① 1022   ② 1024   ③ 2021   ④ 2046   ⑤ 2082

1st 주어진 식에 $n=1, 2, 3, \cdots$을 대입하여 규칙을 찾아 a_{10}의 값을 찾자.

$a_{n+1}=2a_n+2$에 n 대신에 $1, 2, 3, \cdots, n-1$을 대입하면

$a_2=2a_1+2=2^2+2$

$a_3=2a_2+2=2(2^2+2)+2=2^3+2^2+2$

$a_4=2a_3+2=2(2^3+2^2+2)+2=2^4+2^3+2^2+2$

$\vdots$

$a_{10}=2^{10}+2^9+2^8+\cdots+2$ [첫째항이 2, 공비가 2인 등비수열의 첫째항부터 제10항까지의 합이지?]

$=\frac{2(2^{10}-1)}{2-1}=2\times1023=2046$ [첫째항이 a_1, 공비가 r인 등비수열의 첫째항부터 제n 항까지의 합은 $S_n=\frac{a_1(r^n-1)}{r-1}$]

I 04 정답 ③ *수열의 귀납적 정의의 활용 [정답률 71%]

(정답 공식: $a_n=a_{n-2}+1$이므로 짝수항과 홀수항을 나눠서 a_n을 구할 수 있다.)

수열 $\{a_n\}$은 $a_1=2$이고, $S_n=\sum_{k=1}^{n}a_k$라 할 때,

$$a_{n+1}=\frac{S_n}{a_n}(n\geq1)$$

을 만족시킨다. 다음은 S_n을 구하는 과정이다.

주어진 식으로부터 $a_2=\frac{S_1}{a_1}=1$이다.

$n\geq3$일 때, [$=a_1+a_2+\cdots+a_{n-2}+a_{n-1}$]

$a_n=\frac{\boxed{S_{n-1}}}{a_{n-1}}=\frac{S_{n-2}+a_{n-1}}{a_{n-1}}=\frac{a_{n-2}a_{n-1}+a_{n-1}}{a_{n-1}}$ [$\downarrow S_n=a_na_{n+1}$]

이므로

$a_n=a_{n-2}+1 \cdots$ ⓐ

이다. 따라서 일반항 a_n을 구하면, 자연수 k에 대하여

$n=2k-1$일 때, $a_{2k-1}=k+1$

$n=2k$일 때, $a_{2k}=\boxed{(가)}$ [단서1 ⓐ에 $n=2k$를 대입하면 $a_{2k}=a_{2(k-1)}+1$이니까 공차가 보이지?]

이다. 한편, $S_n=a_na_{n+1}$이므로

$S_n=\begin{cases} (k+1)\times\boxed{(가)} & (n=2k-1) \\ \boxed{(나)} & (n=2k) \end{cases}$ [단서2 $S_{2k}=a_{2k}a_{2k+1}$이니까 위에서 구하는 것을 대입해.]

이다.

위의 (가), (나)에 알맞은 식을 각각 $f(k)$, $g(k)$라 할 때, $f(6)+g(7)$의 값은? (4점)

① 65   ② 67   ③ 69   ④ 71   ⑤ 73

1st n이 짝수일 때와 홀수일 때를 구별하여 일반항 a_n을 구해 보자.

$a_n=a_{n-2}+1$에서 일반항 a_n을 구하면, 자연수 k에 대하여

(i) $n=2k-1$일 때,

$a_{2k-1}=a_{2k-3}+1(k\geq2)$ [$\rightarrow a_3-a_1=1, a_5-a_3=1, a_7-a_5=1, \cdots$]

즉, 수열 $\{a_{2k-1}\}$은 첫째항 $a_1=2$이고 공차가 1인 등차수열이므로 [등차수열의 일반항 첫째항이 a_1, 공차가 d인 등차수열은 $a_n=a_1+(n-1)d$]

$a_{2k-1}=2+(k-1)\times1=k+1(k\geq1)$

$a_{2k}=a_{2k-2}+1(k\geq2)$ [$\rightarrow a_4-a_2=1, a_6-a_4=1, a_8-a_6=1, \cdots$]

즉, 수열 $\{a_{2k}\}$는 첫째항 $a_2=1$이고 공차가 1인 등차수열이므로

$a_{2k}=1+(k-1)\times1=k \ (k\geq1)$ [(가)]

한편, $S_n=a_na_{n+1}$이므로

$n=2k-1$일 때,

$S_n=a_{2k-1}a_{2k}=(k+1)k$

$n=2k$일 때,

$S_n=a_{2k}a_{2k+1}=k(k+2)$ [$\rightarrow a_{2k-1}=k+1$이니까 k 대신 $k+1$을 대입하면 $a_{2k+1}=k+2$야.]

$\therefore S_n=\begin{cases} (k+1)k & (n=2k-1) \\ k(k+2) & (n=2k) \end{cases}$ [(나)]

2nd $f(k)$, $g(k)$에 k의 값을 각각 대입하여 구하면 해결!!

따라서 $f(k)=k$이고 $g(k)=k(k+2)$이므로

$f(6)+g(7)=6+7\times9=69$

Ⅰ 05 정답 ① *수열의 귀납적 정의의 활용 [정답률 53%]

(정답 공식: 양변에 $(n+2)(n+1)$을 곱한다.)

수열 $\{a_n\}$은 $a_1=1$이고 $a_{n+1}=\dfrac{na_n+6}{n+2}$ $(n\geq1)$을 만족시킨다.
다음은 일반항 a_n을 구하는 과정이다.

주어진 식에 의하여
$$(n+2)a_{n+1}=na_n+6 \cdots ⓐ$$
이다. $b_n=n(n+1)a_n$이라 하면 [단서1] ⓐ를 b_n 꼴로 나타내어 볼까?
$$b_{n+1}=b_n+\boxed{(가)} \cdots ⓑ$$
이고, $b_1=2$이므로
$$b_n=\boxed{(나)} \; (n\geq1)$$
이다. 따라서 [단서2] 일반항 b_n을 구하기 위해서 ⓑ에서 $b_{n+1}-b_n=f(n)$의 양변에 $n=1, 2, 3, \cdots, n-1$을 대입하여 각 변을 더해 주면 되겠네.
$$a_n=\dfrac{\boxed{(나)}}{n(n+1)} \; (n\geq1)$$
이다.

위의 (가), (나)에 들어갈 식을 각각 $f(n)$, $g(n)$이라 할 때,
$f(4)+g(10)$의 값은? (4점)

① 356 ② 357 ③ 358
④ 359 ⑤ 360

[1st] $b_n=n(n+1)a_n$으로 주어진 식을 변형하여 (가)$=b_{n+1}-b_n$을 찾자.

$a_{n+1}=\dfrac{na_n+6}{n+2}$의 양변에 $(n+2)$를 곱하면

$(n+2)a_{n+1}=na_n+6$

다시 양변에 $(n+1)$을 곱하면 ── $b_{n+1}=(n+1)(n+2)a_{n+1}$ 꼴을 만들기 위해!!
$(n+1)(n+2)a_{n+1}=n(n+1)a_n+6(n+1)$

이때, $b_n=n(n+1)a_n$이라 하면 $b_{n+1}=(n+1)(n+2)a_{n+1}$이므로
$b_{n+1}=b_n+6(n+1) \leftarrow$ (가)

한편, $a_1=1$에서 $b_1=1\times2\times a_1=2$이고
$b_{n+1}=b_n+6(n+1)$에서 n 대신에 $1, 2, 3, \cdots, n-1$을 대입하면
$$b_2=b_1+6(1+1)$$
$$b_3=b_2+6(2+1)$$
$$b_4=b_3+6(3+1)$$
$$\vdots$$
$+) \; b_n=b_{n-1}+6(n-1+1)$

$a_{n+1}=a_n+f(n)$ 꼴은 $n=1, 2, 3, \cdots n-1$을 대입하여 변변 더해서 일반항 a_n을 찾자.

$$b_n=b_1+\sum_{k=1}^{n-1}6(k+1)$$
$$=b_1+6\left(\sum_{k=1}^{n-1}k+\sum_{k=1}^{n-1}1\right)$$ → ① $\sum_{k=1}^{n}k=\dfrac{n(n+1)}{2}$ ② $\sum_{k=1}^{n}c=cn$ (단, c는 상수)
$$=2+6\left\{\dfrac{n(n-1)}{2}+(n-1)\right\}$$
(나) $=3n^2+3n-4 \; (n\geq1)$

따라서 $b_n=n(n+1)a_n=3n^2+3n-4$이므로
$$a_n=\dfrac{3n^2+3n-4}{n(n+1)} \; (n\geq1)$$

[2nd] $f(4)+g(10)$의 값을 구하자.

따라서 $f(n)=6(n+1)$, $g(n)=3n^2+3n-4$이므로
$f(4)+g(10)=6(4+1)+3\times10^2+3\times10-4$
$\qquad\qquad\quad =30+326=356$

Ⅰ 06 정답 496 *수열의 귀납적 정의의 활용 [정답률 53%]

[정답 공식: $a_{k+4}=2a_k$를 이용하면 a_n의 값을 4개씩 묶어서 더하면 그 더한 값이 등비수열을 이룬다는 것을 안다.]

수열 $\{a_n\}$이
$$\begin{cases} a_1=1, \; a_2=3, \; a_3=5, \; a_4=7 \\ a_{k+4}=2a_k(k=1, 2, 3, \cdots) \end{cases}$$ [단서] 4를 주기로 2의 배수가 되니까 나열해 볼까?
로 정의될 때, $\sum_{k=1}^{20}a_k$의 값을 구하시오. (4점)

[1st] 주어진 식 $a_{k+4}=2a_k(k=1, 2, 3, \cdots)$를 나열하여 $\sum_{k=1}^{20}a_k$를 계산해.

$a_1=1, \; a_2=3, \; a_3=5, \; a_4=7$이고, $a_{k+4}=2a_k$이므로
$a_1+a_2+a_3+a_4=16$
$a_5+a_6+a_7+a_8=2(a_1+a_2+a_3+a_4)=2\times16$
$a_9+a_{10}+a_{11}+a_{12}=2(a_5+a_6+a_7+a_8)$
$\qquad\qquad\qquad\qquad =2\times2\times16$
$\qquad\qquad\qquad\qquad =2^2\times16$
$a_{13}+a_{14}+a_{15}+a_{16}=2^3\times16$
$a_{17}+a_{18}+a_{19}+a_{20}=2^4\times16$
$\therefore \sum_{k=1}^{20}a_k=16(\underline{1+2+2^2+2^3+2^4})$
$\qquad\qquad\qquad\qquad$ └ [등비수열의 합] 첫째항이 a_1, 공비가 r인 등비수열의 첫째항부터 제n 항까지의 합은 $S_n=\dfrac{a_1(r^n-1)}{r-1}$이야.
$\qquad\quad =16\times\dfrac{2^5-1}{2-1}$
$\qquad\quad =496$

🏃 톡톡 풀이: 수열 $\{a_n\}$의 일반항 구하기

$a_{k+4}=2a_k$이므로
$n=4k-3$일 때, $a_n=2^{n-1} \Rightarrow$ 첫째항 $a_1=1$
$n=4k-2$일 때, $a_n=3\times2^{n-1} \Rightarrow$ 첫째항 $a_2=3$
$n=4k-1$일 때, $a_n=5\times2^{n-1} \Rightarrow$ 첫째항 $a_3=5$
$n=4k$일 때, $a_n=7\times2^{n-1} \Rightarrow$ 첫째항 $a_4=7$
1항부터 20항까지를 4묶음하면 5항씩이니까
$\therefore \sum_{k=1}^{20}a_k=\sum_{n=1}^{⑤}(2^{n-1}+3\times2^{n-1}+5\times2^{n-1}+7\times2^{n-1})$
$\qquad\quad =\dfrac{2^5-1}{2-1}+\dfrac{3(2^5-1)}{2-1}+\dfrac{5(2^5-1)}{2-1}+\dfrac{7(2^5-1)}{2-1}$
$\qquad\quad =31+93+155+217=496$

Ⅰ 07 정답 ⑤ *수열의 귀납적 정의의 응용 [정답률 55%]

[정답 공식: 점 P_n의 x좌표를 a_n이라 하고 이를 조건 (나)에 적용하면, $a_{n+1}+a_n=n$의 관계식을 얻을 수 있다.]

함수 $y=x^2$의 그래프 위에 다음 조건을 만족시키도록 점 P_1, P_2, $P_3, \cdots$을 차례로 정한다.

(가) 점 P_1의 좌표는 $(1, 1)$이다.
(나) 직선 P_nP_{n+1}의 기울기는 n이다. $(n=1, 2, 3, \cdots)$

점 P_{2009}의 x좌표는? (4점) [단서] P_n, P_{n+1}의 x좌표를 각각 a_n, a_{n+1}이라 하고 두 점의 좌표로 기울기의 식을 세워 볼까?

① 1001 ② 1002 ③ 1003
④ 1004 ⑤ 1005

1st 점 P_n의 x좌표를 지정하여 먼저 조건 (나)를 이용하자.

점 P_n의 x좌표를 a_n이라 하면 $P_n(a_n, a_n{}^2)$, $P_{n+1}(a_{n+1}, a_{n+1}{}^2)$

점 P_n은 함수 $y=x^2$의 그래프 위의 점이니까 $x=a_n$이면 $y=a_n{}^2$이야.

조건 (나)에서 직선 P_nP_{n+1}의 기울기가 n이므로

$\dfrac{a_{n+1}{}^2-a_n{}^2}{a_{n+1}-a_n}=n$ ← $a^2-b^2=(a+b)(a-b)$이니까 $(a_{n+1}+a_n)(a_{n+1}-a_n)$으로 인수분해돼.

$\therefore a_n+a_{n+1}=n \cdots$ ㉠

2nd 수열 $\{a_n\}$의 규칙을 찾아 일반항을 구하자.

$a_1=1$이고, ㉠을 이용하여 수열 $\{a_n\}$을 구하면

$\underline{a_1=1}$ → $P_1(1,1)$이니까

$\underline{a_2=0} \Leftarrow a_1+a_2=1$

$\underline{a_3=2} \Leftarrow a_2+a_3=2$

$\underline{a_4=1} \Leftarrow a_3+a_4=3$

$\underline{a_5=3} \Leftarrow a_4+a_5=4$

$\underline{a_6=2} \Leftarrow a_5+a_6=5$

$\underline{a_7=4} \Leftarrow a_6+a_7=6$

$\underline{a_8=3} \Leftarrow a_7+a_8=7$

$a_9=5$

$\vdots$

따라서 자연수 k에 대하여

$\begin{cases} a_{2k-1}=k \Leftarrow a_1=1, a_3=2, a_5=3, a_7=4, a_9=5, \cdots \\ a_{2k}=k-1 \Leftarrow a_2=0, a_4=1, a_6=2, a_8=3, \cdots \end{cases}$

3rd $2009=2\times1005-1$로 놓을 수 있지?

2009가 홀수이니까 $a_{2k-1}=k$에서

$2k-1=2009$이므로 $k=1005$

$\therefore a_{2009}=a_{2\times1005-1}=1005$

모의 I 08 정답 34 *수학적 귀납법 - 등식의 증명 .... [정답률 37%]

정답 공식: $\displaystyle\sum_{i=1}^{2k+1}(i+k^2)=\sum_{i=1}^{2k-1}(i+(k-1)^2+2k-1)+\sum_{i=2k}^{2k+1}(i+k^2)$

다음은 자연수 n에 대하여 등식

$$\sum_{i=1}^{2n-1}\{i+(n-1)^2\}=(n-1)^3+n^3 \cdots (*)$$

이 성립함을 수학적 귀납법으로 증명한 것이다.

─── [증명] ───

(1) $n=1$일 때, $1+0^2=0^3+1^3$이므로 $(*)$이 성립한다.

(2) $n=k$일 때, $(*)$이 성립한다고 가정하고,

$n=k+1$일 때 $(*)$이 성립함을 보이자.

❶ $\displaystyle\sum_{i=1}^{2k+1}(i+k^2)$ 〔단서1〕 시그마 ❶에서 1에서 $2k+1$까지 합에서 1에서 $2k-1$까지의 합으로 변경되었으니까 등식을 비교하여 (가)를 유추해 볼까?

❷ $=\displaystyle\sum_{i=1}^{2k-1}\{i+(k-1)^2\}+\sum_{i=1}^{2k-1}(2k-1)+$ (가)

$=$ (나) 〔단서2〕 위 식을 $(*)$을 이용하여 n의 식으로 정리하자.

그러므로 $n=k+1$일 때도 $(*)$이 성립한다.

따라서 (1), (2)에 의하여 모든 자연수 n에 대하여 $(*)$이 성립한다.

위의 (가)에 알맞은 식을 $f(k)$, (나)에 알맞은 식을 $g(k)$라 할 때,

$\dfrac{g(4)}{f(4)}=\dfrac{q}{p}$이다. $p+q$의 값을 구하시오.

(단, p와 q는 서로소인 자연수이다.) (10점)

1st $n=1$일 때 성립함을 보이자.

자연수 n에 대하여 등식 $\displaystyle\sum_{i=1}^{2n-1}\{i+(n-1)^2\}=(n-1)^3+n^3 \cdots (*)$

이 성립함을 수학적 귀납법으로 증명해 보자.

(1) $n=1$일 때, (좌변)$=1+(1-1)^2=1$, (우변)$=(1-1)^3+1^3=1$

$\therefore$ (좌변)$=$(우변) $\cdots$ ❶

2nd 이제 $n=k$일 때, $(*)$이 성립한다고 가정하고 $n=k+1$일 때도 성립하는지 따지자.

📍 확정 수학의 귀납적 방법을 사용할 때 $n=k$일 때 성립하면 $n=k+1$일 때도 성립하는지 항상 확인해야 해.

(2) $n=k$일 때, $(*)$이 성립한다고 가정하면

$\displaystyle\sum_{i=1}^{2k-1}\{i+(k-1)^2\}=(k-1)^3+k^3 \cdots$ ㉠이 성립한다.

$n=k+1$일 때도 $(*)$이 성립하는지 따져 보자. ㉠에서 k 대신 $k+1$을 대입하자.

$\displaystyle\sum_{i=1}^{2k+1}(i+k^2)=\sum_{i=1}^{2k-1}(i+k^2)+\sum_{i=2k}^{2k+1}(i+k^2)$ ← $\displaystyle\sum_{k=1}^{n}a_k=\sum_{k=1}^{m}a_k+\sum_{k=m+1}^{n}a_k$

$=\displaystyle\sum_{i=1}^{2k-1}(i+k^2)+\underbrace{(2k+k^2)+(2k+1+k^2)}_{i+k^2\text{에서 }i=2k\text{일 때와 }i=2k+1\text{일 때의 합}}$

$=\displaystyle\sum_{i=1}^{2k-1}\{i+(k-1)^2+(2k-1)\}+(2k^2+4k+1)$

$=\displaystyle\sum_{i=1}^{2k-1}\{i+(k-1)^2\}+\underbrace{\sum_{i=1}^{2k-1}(2k-1)}_{\text{변수는 }i\text{이니까 }2k-1\text{은 상수야.}}+\boxed{2k^2+4k+1}$ ← (가)

$=(k-1)^3+k^3+\displaystyle\sum_{i=1}^{2k-1}(2k-1)+(2k^2+4k+1)$ ($\because$ ㉠)

$=(k-1)^3+k^3+(2k-1)^2+(2k^2+4k+1)$ 〕 상수 c에 대하여 $\displaystyle\sum_{k=1}^{n}ca_k=c\sum_{k=1}^{n}a_k$야.

$=(k^3-3k^2+3k-1+k^3)+(4k^2-4k+1)+(2k^2+4k+1)$

$=k^3+k^3+3k^2+3k+1$

$=k^3+(k+1)^3$ ← (나) → $(a+b)^3=a^3+3a^2b+3ab^2+b^3$에서 $a=k, b=1$을 대입한 거야.

즉, $n=k+1$일 때도 $(*)$이 성립한다.

따라서 (1), (2)에 의하여 모든 자연수 n에 대하여 $(*)$이 성립한다. $\cdots$ ❷

3rd $f(k), g(k)$를 찾아 $\dfrac{g(4)}{f(4)}$의 값을 구해.

$f(k)=2k^2+4k+1$, $g(k)=k^3+(k+1)^3$이므로 $\dfrac{g(4)}{f(4)}=\dfrac{189}{49}=\dfrac{27}{7}$

따라서 $p=7$, $q=27$이므로 $p+q=34$이다. $\cdots$ ❸

😄 쉬운 풀이: 앞·뒤 식을 비교하여 (가)에 알맞은 식 찾기

(가) 부분을 논리적인 흐름이 아니라 앞·뒤 식을 비교하여 찾아 볼까?

$\displaystyle\sum_{i=1}^{2k-1}\{i+(k-1)^2\}+\sum_{i=1}^{2k-1}(2k-1)+\boxed{(\text{가})}=\sum_{i=1}^{2k+1}(i+k^2)$에서

(좌변)$=\displaystyle\sum_{i=1}^{2k-1}\{i+(k-1)^2+(2k-1)\}+\boxed{(\text{가})}=\underbrace{\sum_{i=1}^{2k-1}(i+k^2)}+\boxed{(\text{가})}$

$=\displaystyle\sum_{i=1}^{2k+1}(i+k^2)-\sum_{i=2k}^{2k+1}(i+k^2)+\boxed{(\text{가})}$

$\displaystyle\sum_{i=1}^{n}a_i=\sum_{i=1}^{m}a_i-\sum_{i=?}^{?}a_i \Longleftrightarrow \sum_{i=1}^{m}a_i+\sum_{i}^{}a_i=\sum_{i=1}^{n}a_i$

이때, (우변)과 비교하면 $-\displaystyle\sum_{i=2k}^{2k+1}(i+k^2)+\boxed{(\text{가})}=0$

$\therefore \boxed{(\text{가})}=\displaystyle\sum_{i=2k}^{2k+1}(i+k^2)=(2k+k^2)+(2k+1+k^2)=2k^2+4k+1$

(이하 동일)

[채점 기준표]

❶	$n=1$일 때 성립함을 보인다.	30%
❷	$n=k$일 때 성립한다고 가정하고, $n=k+1$일 때 성립함을 보인다.	30%
❸	$p+q$의 값을 구한다.	40%

모의고사 **I**

 *memo*

memo

memo